THOMSON REUTERS

MINI VADE MECUM TRIBUTÁRIO
Legislação Selecionada para OAB, Concursos e
Prática Profissional

**CÓDIGO TRIBUTÁRIO NACIONAL
CÓDIGO DE PROCESSO CIVIL
CONSTITUIÇÃO FEDERAL
LEGISLAÇÃO TRIBUTÁRIA
E PROCESSUAL TRIBUTÁRIA
SÚMULAS SELECIONADAS**

Mini Vade Mecum Tributário
Legislação selecionada para OAB, Concursos e Prática Profissional

Código Tributário Nacional • Código de Processo Civil • Constituição Federal • Legislação Tributária e Processual Tributária • Súmulas selecionadas.

Organizadores Caio Marco Bartine; Leandro Leão e Roberta Boldrin dos Anjos

5. ed. rev., ampl. e atual. São Paulo. RT, 2016.

Dados Internacionais de Catalogação na Publicação (CIP)
(Câmara Brasileira do Livro, SP, Brasil)

Mini Vade Mecum tributário : legislação selecionada para OAB, concursos e prática profissional / Caio Marco Bartine, Leandro Leão e Roberta Boldrin dos Anjos, organizadores; Darlan Barroso, Marco Antonio Araujo Junior, coordenação. – 5. ed. rev., ampl. e atual. – São Paulo : Editora Revista dos Tribunais, 2016.

ISBN 978-85-203-6975-3

1. Direito – Manuais 2. Direito tributário – Brasil 3. Direito tributário – Brasil – Concursos 4. Manuais, vade-mécuns etc. I. Bartine, Caio Marco. II. Leão, Leandro. III. Barroso, Darlan. IV. Araujo Junior, Marco Antonio.

16-04234   CDU-34(81)(02)

Índices para catálogo sistemático: 1. Direito : Brasil : Vademécuns 34(81)(02) 2. Vademécuns : Direito : Brasil 34(81)(02)

CAIO MARCO BARTINE
LEANDRO LEÃO
ROBERTA BOLDRIN DOS ANJOS
organizadores

2016 • 2017

MINI VADE MECUM
TRIBUTÁRIO

Legislação selecionada para **OAB, CONCURSOS** *e* **PRÁTICA PROFISSIONAL**

CÓDIGO TRIBUTÁRIO NACIONAL
CÓDIGO DE PROCESSO CIVIL
CONSTITUIÇÃO FEDERAL
LEGISLAÇÃO TRIBUTÁRIA E PROCESSUAL TRIBUTÁRIA
SÚMULAS SELECIONADAS

5.ª edição
revista, ampliada
e atualizada
até 14.06.2016

Coordenação
DARLAN BARROSO
MARCO ANTONIO ARAUJO JUNIOR

THOMSON REUTERS
REVISTA DOS TRIBUNAIS

Mini Vade Mecum Tributário

Legislação selecionada para OAB, Concursos e Prática Profissional

*Código Tributário Nacional • Código de Processo Civil •
Constituição Federal • Legislação Tributária
e Processual Tributária • Súmulas selecionadas.*

Organizadores Caio Marco Bartine; Leandro Leão e Roberta Boldrin dos Anjos

5. ed. rev., ampl. e atual. São Paulo. RT, 2016.

Diagramação eletrônica: Editora Revista dos Tribunais Ltda., CNPJ 60.501.293/0001-12.
Impressão e encadernação: Geo-Gráfica e Editora Ltda., CNPJ 44.197.044/0001-29.

© desta edição [2016]

EDITORA REVISTA DOS TRIBUNAIS LTDA.

MARISA HARMS
Diretora responsável

Visite nosso *site*
www.rt.com.br

CENTRAL DE RELACIONAMENTO RT
(atendimento, em dias úteis, das 8 às 17 horas)
Tel. 0800-702-2433

e-mail de atendimento ao consumidor
sac@rt.com.br

Rua do Bosque, 820 – Barra Funda
Tel. 11 3613-8400 – Fax 11 3613-8450
CEP 01136-000 – São Paulo, SP, Brasil

TODOS OS DIREITOS RESERVADOS. Proibida a reprodução total ou parcial, por qualquer meio ou processo, especialmente por sistemas gráficos, microfílmicos, fotográficos, reprográficos, fonográficos, videográficos. Vedada a memorização e/ou a recuperação total ou parcial, bem como a inclusão de qualquer parte desta obra em qualquer sistema de processamento de dados. Essas proibições aplicam-se também às características gráficas da obra e à sua editoração. A violação dos direitos autorais é punível como crime (art. 184 e parágrafos, do Código Penal), com pena de prisão e multa, conjuntamente com busca e apreensão e indenizações diversas (arts. 101 a 110 da Lei 9.610, de 19.02.1998, Lei dos Direitos Autorais).

Impresso no Brasil [06- 2016]

Atualizada até [14.06.2016]

ISBN 978-85-203-6975-3

Apresentação

A EDITORA REVISTA DOS TRIBUNAIS lança a 5.ª edição da Coleção Mini Vade Mecum, destinada a oferecer aos candidatos do Exame da OAB, concursos públicos e profissionais da prática jurídica um material legislativo selecionado e específico de cada área de atuação.

Em seu segmento, a Coleção Mini Vade Mecum não encontra similar, inicialmente por ser organizada e coordenada por professores com altíssima experiência em concursos públicos, Exame de Ordem e atividade profissional, e, depois, por ter como suporte a legislação compilada pela RT, criteriosamente reproduzida das publicações oficiais e sempre atualizada.

Cada volume da Coleção é dedicado a um ramo do Direito. Organizado por juristas de renome, seu formato, tipo de letra e diagramação foram especialmente selecionados para proporcionar mais praticidade e agilidade à pesquisa, que é ainda mais facilitada e sistematizada pelo auxílio de fitas marcadoras coloridas.

O presente volume foi organizado por CAIO BARTINE – mestrando em Direito pela FADISP; especialista em Direito Tributário e Processo Tributário; MBA em Direito Empresarial – FGV; professor de Direito Tributário e Administrativo do Curso Damásio; consultor jurídico empresarial na MMAB Bussiness Consulting; autor de diversas obras jurídicas pela Editora Revista dos Tribunais; advogado e sócio do escritório Bartine Vicenre Advogados; LEANDRO LEÃO – mestrando em Direito pela FADISP; especialista em Direito Empresarial pela GVLaw; professor de Processo Civil nos cursos preparatórios do Damásio Educacional e da Faculdade Damásio; membro da Associação Brasileira de Direito Processual (ABDPro); advogado e sócio do escritório Amorim & Leão Advogados; e ROBERTA BOLDRIN DOS ANJOS – graduada pela Faculdade de Direito de São Bernardo do Campo; mestranda em Direito Internacional dos Direitos Humanos pela Universidade Metodista de Piracicaba; especialista em Direito Tributário pela PUC-SP; coordenadora pedagógica dos cursos preparatórios do Curso Damásio; professora de Direito Tributário do Curso Damásio para Concursos Públicos.

Para facilitar ainda mais os estudos e consultas do dia a dia, a obra traz índice de súmulas de cada área. Em conformidade com os editais, os organizadores prepararam um índice remissivo com os assuntos de cada súmula selecionada. Isso facilita muito a busca durante as provas e vida profissional.

A EDITORA REVISTA DOS TRIBUNAIS procura sempre consultar as necessidades dos seus leitores, esperando, assim, merecer a sua preferência. Para isso, garante empenho permanente no aperfeiçoamento dos seus produtos e não prescinde de críticas e sugestões.

Esperamos que esse material seja de grande auxílio no sucesso dos candidatos ao Exame de Ordem, concursos públicos, bem como instrumento hábil para a prática profissional.

DARLAN BARROSO
MARCO ANTONIO ARAUJO JUNIOR
Coordenadores

Índice geral

Apresentação 5

CONSTITUIÇÃO FEDERAL

Índice Sistemático da Constituição da República Federativa do Brasil..... 11
Índice Cronológico das Emendas à Constituição da República Federativa do Brasil.. 15
Constituição da República Federativa do Brasil............................. 23
Ato das Disposições Constitucionais Transitórias 145
Emendas à Constituição da República Federativa do Brasil 173
Lei de Introdução às normas do Direito Brasileiro......................... 213

CÓDIGO TRIBUTÁRIO NACIONAL

Índice Sistemático do Código Tributário Nacional......................... 221
Código Tributário Nacional 225

CÓDIGO DE PROCESSO CIVIL

Índice Sistemático do Código de Processo Civil 267
Código de Processo Civil... 275

LEGISLAÇÃO TRIBUTÁRIA E PROCESSUAL TRIBUTÁRIA............... 499

SÚMULAS SELECIONADAS

Supremo Tribunal Federal – STF
I. Súmulas vinculantes... 1449
II. Súmulas.. 1451
Superior Tribunal de Justiça – STJ... 1468
Tribunal Federal de Recursos – TFR.. 1484

ÍNDICES

Índice Alfabético-remissivo da Constituição da República Federativa do Brasil 1495
Índice Alfabético-remissivo do Código Tributário Nacional, da Legislação e das Súmulas selecionadas 1575
Índice Alfabético-remissivo do Código de Processo Civil 1597
Índice de Súmulas 1605
Índice Cronológico da Legislação Tributária e Processual Tributária 1609

CONSTITUIÇÃO FEDERAL

Índice Sistemático da Constituição da República Federativa do Brasil

Índice Cronológico das Emendas à Constituição da República Federativa do Brasil

Constituição da República Federativa do Brasil

Ato das Disposições Constitucionais Transitórias

Emendas à Constituição da República Federativa do Brasil

Lei de Introdução às normas do Direito Brasileiro

ÍNDICE SISTEMÁTICO DA CONSTITUIÇÃO DA REPÚBLICA FEDERATIVA DO BRASIL

Preâmbulo, **23**

TÍTULO I
DOS PRINCÍPIOS FUNDAMENTAIS

Arts. 1º a 4º, **23**

TÍTULO II
DOS DIREITOS E GARANTIAS FUNDAMENTAIS

Arts. 5º a 17, **24**

Capítulo I – Dos direitos e deveres individuais e coletivos (art. 5º), **24**

Capítulo II – Dos direitos sociais (arts. 6º a 11), **31**

Capítulo III – Da nacionalidade (arts. 12 e 13), **34**

Capítulo IV – Dos direitos políticos (arts. 14 a 16), **35**

Capítulo V – Dos partidos políticos (art. 17), **37**

TÍTULO III
DA ORGANIZAÇÃO DO ESTADO

Arts. 18 a 43, **37**

Capítulo I – Da organização político-administrativa (arts. 18 e 19), **37**

Capítulo II – Da União (arts. 20 a 24), **38**

Capítulo III – Dos Estados federados (arts. 25 a 28), **43**

Capítulo IV – Dos Municípios (arts. 29 a 31), **44**

Capítulo V – Do Distrito Federal e dos Territórios (arts. 32 e 33), **48**

Seção I – Do Distrito Federal (art. 32), **48**

Seção II – Dos Territórios (art. 33), **48**

Capítulo VI – Da intervenção (arts. 34 a 36), **49**

Capítulo VII – Da administração pública (arts. 37 a 43), **50**

Seção I – Disposições gerais (arts. 37 e 38), **50**

Seção II – Dos servidores públicos (arts. 39 a 41), **54**

Seção III – Dos militares dos Estados, do Distrito Federal e dos Territórios (art. 42), **58**

Seção IV – Das regiões (art. 43), **59**

TÍTULO IV
DA ORGANIZAÇÃO DOS PODERES

Arts. 44 a 135, **59**

Capítulo I – Do Poder Legislativo (arts. 44 a 75), **59**

Seção I – Do Congresso Nacional (arts. 44 a 47), **59**

Seção II – Das atribuições do Congresso Nacional (arts. 48 a 50), **60**

Seção III – Da Câmara dos Deputados (art. 51), **61**

Seção IV – Do Senado Federal (art. 52), **62**

Seção V – Dos Deputados e dos Senadores (arts. 53 a 56), **63**

Seção VI – Das reuniões (art. 57), **64**

ÍNDICE SISTEMÁTICO DA CF

Seção VII – Das comissões (art. 58), **65**

Seção VIII – Do processo legislativo (arts. 59 a 69), **65**

   Subseção I – Disposição geral (art. 59), **65**

   Subseção II – Da emenda à Constituição (art. 60), **66**

   Subseção III – Das leis (arts. 61 a 69), **66**

Seção IX – Da fiscalização contábil, financeira e orçamentária (arts. 70 a 75), **69**

Capítulo II – Do Poder Executivo (arts. 76 a 91), **71**

Seção I – Do Presidente e do Vice-Presidente da República (arts. 76 a 83), **71**

Seção II – Das atribuições do Presidente da República (art. 84), **72**

Seção III – Da responsabilidade do Presidente da República (arts. 85 e 86), **73**

Seção IV – Dos Ministros de Estado (arts. 87 e 88), **74**

Seção V – Do Conselho da República e do Conselho de Defesa Nacional (arts. 89 a 91), **74**

   Subseção I – Do Conselho da República (arts. 89 e 90), **74**

   Subseção II – Do Conselho de Defesa Nacional (art. 91), **74**

Capítulo III – Do Poder Judiciário (arts. 92 a 126), **75**

Seção I – Disposições gerais (arts. 92 a 100), **75**

Seção II – Do Supremo Tribunal Federal (arts. 101 a 103-B), **80**

Seção III – Do Superior Tribunal de Justiça (arts. 104 e 105), **85**

Seção IV – Dos Tribunais Regionais Federais e dos Juízes Federais (arts. 106 a 110), **86**

Seção V – Dos Tribunais e Juízes do Trabalho (arts. 111 a 117), **88**

Seção VI – Dos Tribunais e Juízes Eleitorais (arts. 118 a 121), **90**

Seção VII – Dos Tribunais e Juízes Militares (arts. 122 a 124), **91**

Seção VIII – Dos Tribunais e Juízes dos Estados (arts. 125 e 126), **91**

Capítulo IV – Das funções essenciais à Justiça (arts. 127 a 135), **92**

Seção I – Do Ministério Público (arts. 127 a 130-A), **92**

Seção II – Da Advocacia Pública (arts. 131 e 132), **95**

Seção III – Da Advocacia (art. 133), **96**

Seção IV – Da Defensoria Pública (arts. 134 e 135), **96**

TÍTULO V
DA DEFESA DO ESTADO E DAS INSTITUIÇÕES DEMOCRÁTICAS

Arts. 136 a 144, **97**

Capítulo I – Do estado de defesa e do estado de sítio (arts. 136 a 141), **97**

Seção I – Do estado de defesa (art. 136), **97**

Seção II – Do estado de sítio (arts. 137 a 139), **97**

Seção III – Disposições gerais (arts. 140 e 141), **98**

Capítulo II – Das Forças Armadas (arts. 142 e 143), **98**

Capítulo III – Da segurança pública (art. 144), **99**

TÍTULO VI
DA TRIBUTAÇÃO E DO ORÇAMENTO

Arts. 145 a 169, **101**

Capítulo I – Do sistema tributário nacional (arts. 145 a 162), **101**

Seção I – Dos princípios gerais (arts. 145 a 149-A), **101**

ÍNDICE SISTEMÁTICO DA CF

Seção II – Das limitações do poder de tributar (arts. 150 a 152), *102*

Seção III – Dos impostos da União (arts. 153 e 154), *104*

Seção IV – Dos impostos dos Estados e do Distrito Federal (art. 155), *105*

Seção V – Dos impostos dos Municípios (art. 156), *108*

Seção VI – Da repartição das receitas tributárias (arts. 157 a 162), *109*

Capítulo II – Das finanças públicas (arts. 163 a 169), *111*

Seção I – Normas gerais (arts. 163 e 164), *111*

Seção II – Dos orçamentos (arts. 165 a 169), *112*

TÍTULO VII
DA ORDEM ECONÔMICA E FINANCEIRA

Arts. 170 a 192, *117*

Capítulo I – Dos princípios gerais da atividade econômica (arts. 170 a 181), *117*

Capítulo II – Da política urbana (arts. 182 e 183), *120*

Capítulo III – Da política agrícola e fundiária e da reforma agrária (arts. 184 a 191), *121*

Capítulo IV – Do sistema financeiro nacional (art. 192), *122*

TÍTULO VIII
DA ORDEM SOCIAL

Arts. 193 a 232, *123*

Capítulo I – Disposição geral (art. 193), *123*

Capítulo II – Da seguridade social (arts. 194 a 204), *123*

Seção I – Disposições gerais (arts. 194 e 195), *123*

Seção II – Da saúde (arts. 196 a 200), *125*

Seção III – Da previdência social (arts. 201 e 202), *127*

Seção IV – Da assistência social (arts. 203 e 204), *129*

Capítulo III – Da educação, da cultura e do desporto (arts. 205 a 217), *130*

Seção I – Da educação (arts. 205 a 214), *130*

Seção II – Da cultura (arts. 215 a 216-A), *133*

Seção III – Do desporto (art. 217), *135*

Capítulo IV – Da ciência, tecnologia e inovação (arts. 218 a 219-B), *135*

Capítulo V – Da comunicação social (arts. 220 a 224), *136*

Capítulo VI – Do meio ambiente (art. 225), *138*

Capítulo VII – Da família, da criança, do adolescente, do jovem e do idoso (arts. 226 a 230), *139*

Capítulo VIII – Dos índios (arts. 231 e 232), *141*

TÍTULO IX
DAS DISPOSIÇÕES CONSTITUCIONAIS GERAIS

Arts. 233 a 250, *141*

ATO DAS DISPOSIÇÕES CONSTITUCIONAIS TRANSITÓRIAS

Arts. 1º a 100, *145*

ÍNDICE CRONOLÓGICO DAS EMENDAS À CONSTITUIÇÃO DA REPÚBLICA FEDERATIVA DO BRASIL

EMENDAS CONSTITUCIONAIS DE REVISÃO

n. 1 – de 1º de março de 1994 174
n. 2 – de 7 de junho de 1994 174
n. 3 – de 7 de junho de 1994 175
n. 4 – de 7 de junho de 1994 175
n. 5 – de 7 de junho de 1994 175
n. 6 – de 7 de junho de 1994 175

EMENDAS CONSTITUCIONAIS

n. 1 – de 31 de março de 1992 – Dispõe sobre a remuneração dos Deputados Estaduais e dos Vereadores. 173

n. 2 – de 25 de agosto de 1992 – Dispõe sobre o plebiscito previsto no art. 2º do Ato das Disposições Constitucionais Transitórias. 173

n. 3 – de 17 de março de 1993 – Altera dispositivos da Constituição Federal. 173

n. 4 – de 14 de setembro de 1993 – Dá nova redação ao art. 16 da Constituição Federal. 174

n. 5 – de 15 de agosto de 1995 – Altera o § 2º do art. 25 da Constituição Federal. 176

n. 6 – de 15 de agosto de 1995 – Altera o inciso IX do art. 170, o art. 171 e o § 1º do art. 176 da Constituição Federal. 176

n. 7 – de 15 de agosto de 1995 – Altera o art. 178 da Constituição Federal e dispõe sobre a adoção de Medidas Provisórias. 176

n. 8 – de 15 de agosto de 1995 – Altera o inciso XI e a alínea a do inciso XII do art. 21 da Constituição Federal. 176

n. 9 – de 9 de novembro de 1995 – Dá nova redação ao art. 177 da Constituição Federal, alterando e inserindo parágrafos. 177

n. 10 – de 4 de março de 1996 – Altera os arts. 71 e 72 do Ato das Disposições Constitucionais Transitórias, introduzidos pela Emenda Constitucional de Revisão n. 1, de 1994. 177

n. 11 – de 30 de abril de 1996 – Permite a admissão de professores, técnicos e cientistas estrangeiros pelas universidades brasileiras e concede autonomia às instituições de pesquisa científica e tecnológica. 177

CRONOLÓGICO DAS EMENDAS À CF

n. 12 – de 15 de agosto de 1996 – Outorga competência à União, para instituir contribuição provisória sobre movimentação ou transmissão de valores e de créditos e direitos de natureza financeira. 177

n. 13 – de 21 de agosto de 1996 – Dá nova redação ao inciso II do art. 192 da Constituição Federal. 178

n. 14 – de 12 de setembro de 1996 – Modifica os arts. 34, 208, 211 e 212 da Constituição Federal e dá nova redação ao art. 60 do Ato das Disposições Constitucionais Transitórias. 178

n. 15 – de 12 de setembro de 1996 – Dá nova redação ao § 4º do art. 18 da Constituição Federal. 178

n. 16 – de 4 de junho de 1997 – Dá nova redação ao § 5º do art. 14, ao *caput* do art. 28, ao inciso II do art. 29, ao *caput* do art. 77 e ao art. 82 da Constituição Federal. 179

n. 17 – de 22 de novembro de 1997 – Altera dispositivos dos arts. 71 e 72 do Ato das Disposições Constitucionais Transitórias, introduzidos pela Emenda Constitucional de Revisão n. 1, de 1994. 179

n. 18 – de 5 de fevereiro de 1998 – Dispõe sobre o regime constitucional dos militares. 180

n. 19 – de 4 de junho de 1998 – Modifica o regime e dispõe sobre princípios e normas da Administração Pública, servidores e agentes políticos, controle de despesas e finanças públicas e custeio de atividades a cargo do Distrito Federal, e dá outras providências. 180

n. 20 – de 15 de dezembro de 1998 – Modifica o sistema de previdência social, estabelece normas de transição e dá outras providências. 182

n. 21 – de 18 de março de 1999 – Prorroga, alterando a alíquota, a contribuição provisória sobre movimentação ou transmissão de valores e de créditos e de direitos de natureza financeira, a que se refere o art. 74 do Ato das Disposições Constitucionais Transitórias. 184

n. 22 – de 18 de março de 1999 – Acrescenta parágrafo único ao art. 98 e altera as alíneas *i* do inciso I do art. 102 e *c* do inciso I do art. 105 da Constituição Federal 185

n. 23 – de 2 de setembro de 1999 – Altera os arts. 12, 52, 84, 91, 102 e 105 da Constituição Federal (criação do Ministério da Defesa) 185

n. 24 – de 9 de dezembro de 1999 – Altera dispositivos da Constituição Federal pertinentes à representação classista na Justiça do Trabalho. 185

n. 25 – de 14 de fevereiro de 2000 – Altera o inciso VI do art. 29 e acrescenta o art. 29-A à Constituição Federal, que dispõem sobre limites de despesas com o Poder Legislativo Municipal 186

n. 26 – de 14 de fevereiro de 2000 – Altera a redação do art. 6º da Constituição Federal 186

n. 27 – de 21 de março de 2000 – Acrescenta o art. 76 ao Ato das Disposições Constitucionais Transitórias, instituindo a desvinculação de arrecadação de impostos e contribuições sociais da União 186

n. 28 – de 25 de maio de 2000 – Dá nova redação ao inciso XXIX do art. 7º e revoga o art. 233 da Constituição Federal. 186

Cronológico das Emendas à CF

n. 29 – de 13 de setembro de 2000 – Altera os arts. 34, 35, 156, 160, 167 e 198 da Constituição Federal e acrescenta artigo ao Ato das Disposições Constitucionais Transitórias, para assegurar os recursos mínimos para o financiamento das ações e serviços públicos de saúde. 187

n. 30 – de 13 de setembro de 2000 – Altera a redação do art. 100 da Constituição Federal e acrescenta o art. 78 no Ato das Disposições Constitucionais Transitórias, referente ao pagamento de precatórios judiciários. 187

n. 31 – de 14 de dezembro de 2000 – Altera o Ato das Disposições Constitucionais Transitórias, introduzindo artigos que criam o Fundo de Combate e Erradicação da Pobreza. 187

n. 32 – de 11 de setembro de 2001 – Altera dispositivos dos arts. 48, 57, 61, 62, 64, 66, 84, 88 e 246 da Constituição Federal, e dá outras providências. 188

n. 33 – de 11 de dezembro de 2001 – Altera os arts. 149, 155 e 177 da Constituição Federal. 188

n. 34 – de 13 de dezembro de 2001 – Dá nova redação à alínea c do inciso XVI do art. 37 da Constituição Federal. 188

n. 35 – de 20 de dezembro de 2001 – Dá nova redação ao art. 53 da Constituição Federal. 189

n. 36 – de 28 de maio de 2002 – Dá nova redação ao art. 222 da Constituição Federal, para permitir a participação de pessoas jurídicas no capital social de empresas jornalísticas e de radiodifusão sonora e de sons e imagens, nas condições que especifica. 189

n. 37 – de 12 de junho de 2002 – Altera os arts. 100 e 156 da Constituição Federal e acrescenta os arts. 84, 85, 86, 87 e 88 ao Ato das Disposições Constitucionais Transitórias. 189

n. 38 – de 12 de junho de 2002 – Acrescenta o art. 89 ao Ato das Disposições Constitucionais Transitórias, incorporando os Policiais Militares do extinto Território Federal de Rondônia aos Quadros da União. 189

n. 39 – de 19 de dezembro de 2002 – Acrescenta o art. 149-A à Constituição Federal (instituindo contribuição para custeio do serviço de iluminação pública nos Municípios e no Distrito Federal). 190

n. 40 – de 29 de maio de 2003 – Altera o inciso V do art. 163 e o art. 192 da Constituição Federal, e o *caput* do art. 52 do Ato das Disposições Constitucionais Transitórias. 190

n. 41 – de 19 de dezembro de 2003 – Modifica os arts. 37, 40, 42, 48, 96, 149 e 201 da Constituição Federal, revoga o inciso IX do § 3º do art. 142 da Constituição Federal e dispositivos da Emenda Constitucional n. 20, de 15 de dezembro de 1998, e dá outras providências. 190

n. 42 – de 19 de dezembro de 2003 – Altera o Sistema Tributário Nacional e dá outras providências. 193

n. 43 – de 15 de abril de 2004 – Altera o art. 42 do Ato das Disposições Constitucionais Transitórias, prorrogando, por 10 (dez) anos, a aplicação, por parte da União, de percentuais mínimos do total dos recursos destinados à irrigação nas Regiões Centro-Oeste e Nordeste. 194

n. 44 – de 30 de junho de 2004 – Altera o Sistema Tributário Nacional e dá outras providências. 194

CRONOLÓGICO DAS EMENDAS À CF

n. 45 – de 8 de dezembro de 2004 – Altera dispositivos dos arts. 5º, 36, 52, 92, 93, 95, 98, 99, 102, 103, 104, 105, 107, 109, 111, 112, 114, 115, 125, 126, 127, 128, 129, 134 e 168 da Constituição Federal, e acrescenta os arts. 103-A, 103-B, 111-A e 130-A, e dá outras providências. 195

n. 46 – de 5 de maio de 2005 – Altera o inciso IV do art. 20 da Constituição Federal. 196

n. 47 – de 5 de julho de 2005 – Altera os arts. 37, 40, 195 e 201 da Constituição Federal, para dispor sobre a previdência social, e dá outras providências. ... 196

n. 48 – de 10 de agosto de 2005 – Acrescenta o § 3º ao art. 215 da Constituição Federal, instituindo o Plano Nacional de Cultura. 197

n. 49 – de 8 de fevereiro de 2006 – Altera a redação da alínea *b* e acrescenta alínea *c* ao inciso XXIII do *caput* do art. 21 e altera a redação do inciso V do *caput* do art. 177 da Constituição Federal para excluir do monopólio da União a produção, a comercialização e a utilização de radioisótopos de meia-vida curta, para usos médicos, agrícolas e industriais. 197

n. 50 – de 14 de fevereiro de 2006 – Modifica o art. 57 da Constituição Federal. ... 197

n. 51 – de 14 de fevereiro de 2006 – Acrescenta os §§ 4º, 5º e 6º ao art. 198 da Constituição Federal. 197

n. 52 – de 8 de março de 2006 – Dá nova redação ao § 1º do art. 17 da Constituição Federal para disciplinar as coligações eleitorais. 198

n. 53 – de 19 de dezembro de 2006 – Dá nova redação aos arts. 7º, 23, 30, 206, 208, 211 e 212 da Constituição Federal e ao art. 60 do Ato das Disposições Constitucionais Transitórias. 198

n. 54 – de 20 de setembro de 2007 – Dá nova redação à alínea *c* do inciso I do art. 12 da Constituição Federal e acrescenta art. 95 ao Ato das Disposições Constitucionais Transitórias, assegurando o registro nos consulados de brasileiros nascidos no estrangeiro. 198

n. 55 – de 20 de setembro de 2007 – Altera o art. 159 da Constituição Federal, aumentando a entrega de recursos pela União ao Fundo de Participação dos Municípios. 199

n. 56 – de 20 de dezembro de 2007 – Prorroga o prazo previsto no *caput* do art. 76 do Ato das Disposições Constitucionais Transitórias e dá outras providências. 199

n. 57 – de 18 de dezembro de 2008 – Acrescenta artigo ao Ato das Disposições Constitucionais Transitórias para convalidar os atos de criação, fusão, incorporação e desmembramento de Municípios 199

n. 58 – de 23 de setembro de 2009 – Altera a redação do inciso IV do *caput* do art. 29 e do art. 29-A da Constituição Federal, tratando das disposições relativas à recomposição das Câmaras Municipais 200

n. 59 – de 11 de novembro de 2009 – Acrescenta § 3º ao art. 76 do Ato das Disposições Constitucionais Transitórias para reduzir, anualmente, a partir do exercício de 2009, o percentual da Desvinculação das Receitas da União incidente sobre os recursos destinados à manutenção e desenvolvimento do ensino de que trata o art. 212 da Constituição Federal, dá nova redação aos incisos I e VII do art. 208, de forma a prever a obrigatoriedade do ensino de quatro a dezessete anos e ampliar a abrangência dos programas suplementares para todas as etapas da educação básica, e dá nova redação ao § 4º do art. 211 e ao § 3º do art. 212 e ao *caput* do art. 214, com a inserção neste dispositivo de inciso VI. 200

Cronológico das Emendas à CF

n. 60 – de 11 de novembro de 2009 – Altera o art. 89 do Ato das Disposições Constitucionais Transitórias para dispor sobre o quadro de servidores civis e militares do ex-Território Federal de Rondônia 201

n. 61 – de 11 de novembro de 2009 – Altera o art. 103-B da Constituição Federal, para modificar a composição do Conselho Nacional de Justiça 201

n. 62 – de 9 de dezembro de 2009 – Altera o art. 100 da Constituição Federal e acrescenta o art. 97 ao Ato das Disposições Constitucionais Transitórias, instituindo regime especial de pagamento de precatórios pelos Estados, Distrito Federal e Municípios 201

n. 63 – de 4 de fevereiro de 2010 – Altera o § 5º do art. 198 da Constituição Federal para dispor sobre piso salarial profissional nacional e diretrizes para os Planos de Carreira de agentes comunitários de saúde e de agentes de combate às endemias 202

n. 64 – de 4 de fevereiro de 2010 – Altera o art. 6º da Constituição Federal, para introduzir a alimentação como direito social 202

n. 65 – de 13 de julho de 2010 – Altera a denominação do Capítulo VII do Título VIII da Constituição Federal e modifica o seu art. 227, para cuidar dos interesses da juventude 202

n. 66 – de 13 de julho de 2010 – Dá nova redação ao § 6º do art. 226 da Constituição Federal, que dispõe sobre a dissolubilidade do casamento civil pelo divórcio, suprimindo o requisito de prévia separação judicial por mais de 1 (um) ano ou de comprovada separação de fato por mais de 2 (dois) anos .. 203

n. 67 – de 22 de dezembro de 2010 – Prorroga, por tempo indeterminado, o prazo de vigência do Fundo de Combate e Erradicação da Pobreza 203

n. 68 – de 21 de dezembro de 2011 – Altera o art. 76 do Ato da Disposições Constitucionais Transitórias 203

n. 69 – de 29 de março de 2012 – Altera os arts. 21, 22 e 48 da Constituição Federal, para transferir da União para o Distrito Federal as atribuições de organizar e manter a Defensoria Pública do Distrito Federal. 203

n. 70 – de 29 de março de 2012 – Acrescenta art. 6º-A à Emenda Constitucional 41, de 2003, para estabelecer critérios para o cálculo e a correção dos proventos da aposentadoria por invalidez dos servidores públicos que ingressaram no serviço público até a data da publicação daquela Emenda Constitucional. .. 204

n. 71 – de 29 de novembro de 2012 – Acrescenta o art. 216-A à Constituição Federal para instituir o Sistema Nacional de Cultura. 204

n. 72 – de 2 de abril de 2013 – Altera a redação do parágrafo único do art. 7º da Constituição Federal para estabelecer a igualdade de direitos trabalhistas entre os trabalhadores domésticos e os demais trabalhadores urbanos e rurais. 204

n. 73 – de 6 de junho de 2013 – Cria os Tribunais Regionais Federais da 6ª, 7ª, 8ª e 9ª Regiões. 205

n. 74 – de 6 de agosto de 2013 – Altera o art. 134 da Constituição Federal.. 205

CRONOLÓGICO DAS EMENDAS À CF

n. 75 – de 15 de outubro de 2013 – Acrescenta a alínea e ao inciso VI do art. 150 da Constituição Federal, instituindo imunidade tributária sobre os fonogramas e videofonogramas musicais produzidos no Brasil contendo obras musicais ou lítero musicais de autores brasileiros e/ou obras em geral interpretadas por artistas brasileiros bem como os suportes materiais ou arquivos digitais que os contenham.. 205

n. 76 – de 28 de novembro de 2013 – Altera o § 2º do art. 55 e o § 4º do art. 66 da Constituição Federal, para abolir a votação secreta nos casos de perda de mandato de Deputado ou Senador e de apreciação de veto.. 205

n. 77 – de 11 de fevereiro de 2014 – Altera os incisos II, III e VIII do § 3º do art. 142 da Constituição Federal, para estender aos profissionais de saúde das Forças Armadas a possibilidade de cumulação de cargo a que se refere o art. 37, inciso XVI, alínea c.. 206

n. 78 – de 14 de maio de 2014 – Acrescenta art. 54-A ao Ato das Disposições Constitucionais Transitórias, para dispor sobre indenização devida aos seringueiros de que trata o art. 54 desse Ato.. 206

n. 79 – de 27 de maio de 2014 – Altera o art. 31 da Emenda Constitucional n. 19, de 4 de junho de 1998, para prever a inclusão, em quadro em extinção da Administração Federal, de servidores e policiais militares admitidos pelos Estados do Amapá e de Roraima, na fase de instalação dessas unidades federadas, e dá outras providências.. 206

n. 80 – de 4 de junho de 2014 – Altera o Capítulo IV – Das Funções Essenciais à Justiça, do Título IV – Da Organização dos Poderes, e acrescenta artigo ao Ato das Disposições Constitucionais Transitórias da Constituição Federal.. 207

n. 81 – de 5 de junho de 2014 – Dá nova redação ao art. 243 da Constituição Federal. 208

n. 82 – de 16 de julho de 2014 – Inclui o § 10 ao art. 144 da Constituição Federal, para disciplinar a segurança viária no âmbito dos Estados, do Distrito Federal e dos Municípios. 208

n. 83 – de 5 de agosto de 2014 – Acrescenta o art. 92-A ao Ato das Disposições Constitucionais Transitórias – ADCT 208

n. 84 – de 2 de dezembro de 2014 – Altera o art. 159 da Constituição Federal para aumentar a entrega de recursos pela União para o Fundo de Participação dos Municípios. 209

n. 85 – de 26 de fevereiro de 2015 – Altera e adiciona dispositivos na Constituição Federal para atualizar o tratamento das atividades de ciência, tecnologia e inovação. 209

n. 86 – de 17 de março de 2015 – Altera os arts. 165, 166 e 198 da Constituição Federal, para tornar obrigatória a execução da programação orçamentária que especifica. 209

n. 87 – de 16 de abril de 2015 – Altera o § 2º do art. 155 da Constituição Federal e inclui o art. 99 no Ato das Disposições Constitucionais Transitórias, para tratar da sistemática de cobrança do imposto sobre operações relativas à circulação de mercadorias e sobre prestações de serviços de transporte interestadual e intermunicipal e de comunicação incidente sobre as operações e prestações que destinem bens e serviços a consumidor final, contribuinte ou não do imposto, localizado em outro Estado.. 210

Cronológico das Emendas à CF

n. 88 – de 7 de maio de 2015 – Altera o art. 40 da Constituição Federal, relativamente ao limite de idade para a aposentadoria compulsória do servidor público em geral, e acrescenta dispositivo ao Ato das Disposições Constitucionais Transitórias. 210

n. 89 – de 15 de setembro de 2015 – Dá nova redação ao art. 42 do Ato das Disposições Constitucionais Transitórias, ampliando o prazo em que a União deverá destinar às Regiões Centro-Oeste e Nordeste percentuais mínimos dos recursos destinados à irrigação. 211

n. 90 – de 15 de setembro de 2015 – Dá nova redação ao art. 6º da Constituição Federal, para introduzir o transporte como direito social. 211

n. 91 – de 18 de fevereiro de 2016 – Altera a Constituição Federal para estabelecer a possibilidade, excepcional e em período determinado, de desfiliação partidária, sem prejuízo do mandato. 211

CONSTITUIÇÃO DA REPÚBLICA FEDERATIVA DO BRASIL

Promulgada em 05.10.1988
Preâmbulo
Nós, representantes do povo brasileiro, reunidos em Assembleia Nacional Constituinte para instituir um Estado Democrático, destinado a assegurar o exercício dos direitos sociais e individuais, a liberdade, a segurança, o bem-estar, o desenvolvimento, a igualdade e a justiça como valores supremos de uma sociedade fraterna, pluralista e sem preconceitos, fundada na harmonia social e comprometida, na ordem interna e internacional, com a solução pacífica das controvérsias, promulgamos, sob a proteção de Deus, a seguinte Constituição da República Federativa do Brasil.

TÍTULO I
DOS PRINCÍPIOS FUNDAMENTAIS

Art. 1° A República Federativa do Brasil, formada pela união indissolúvel dos Estados e Municípios e do Distrito Federal, constitui-se em Estado Democrático de Direito e tem como fundamentos:

- V. arts. 18, *caput*, e 60, § 4°, I, CF.

I – a soberania;

- V. arts. 20, VI, 21, I e III, 84, VII, VIII, XIX e XX, CF.
- V. arts. 36, *caput*, 237, 260 e 263, CPC/2015.
- V. arts. 780 a 790, CPP.
- V. arts. 215 a 229, RISTF.

II – a cidadania;

- V. arts. 5°, XXXIV, LIV, LXXI, LXXIII e LXXVII, e 60, § 4°, IV, CF.
- V. Lei 9.265/1996 (Gratuidade dos atos necessários ao exercício da cidadania).

III – a dignidade da pessoa humana;

- V. arts. 5°, XLII, XLIII, XLVIII, XLIX, L, 34, VII, *b*, 226, § 7°, 227 e 230, CF.
- V. art. 8°, III, Lei 11.340/2006 (Violência doméstica e familiar contra a mulher).
- V. Súmula vinculante 11, STF.
- V. Súmula vinculante 14, STF.

IV – os valores sociais do trabalho e da livre iniciativa;

- V. arts. 6° a 11 e 170, CF.

V – o pluralismo político.

- V. art. 17, CF.
- V. Lei 9.096/1995 (Partidos políticos).

Parágrafo único. Todo o poder emana do povo, que o exerce por meio de representantes eleitos ou diretamente, nos termos desta Constituição.

- V. arts. 14, 27, § 4°, 29, XIII, 60, § 4°, II, e 61, § 2°, CF.
- V. art. 1°, Lei 9.709/1998 (Regulamenta a execução do disposto nos incisos I, II e III do art. 14 da CF).

Art. 2° São Poderes da União, independentes e harmônicos entre si, o Legislativo, o Executivo e o Judiciário.

- V. art. 60, § 4°, III, CF.
- V. Súmulas Vinculantes 37 e 42, STF.

Art. 3° Constituem objetivos fundamentais da República Federativa do Brasil:

I – construir uma sociedade livre, justa e solidária;

- V. art. 29-1, *d*, Dec. 99.710/1990 (Promulga a Convenção sobre os Direitos da Criança).
- V. art. 10-1, Dec. 591/1992 (Pacto Internacional sobre Direitos Econômicos, Sociais e Culturais).

II – garantir o desenvolvimento nacional;

- V. arts. 23, parágrafo único, e 174, § 1°, CF.

III – erradicar a pobreza e a marginalização e reduzir as desigualdades sociais e regionais;

- V. arts. 23, X, e 214, CF.
- V. arts. 79 a 81, ADCT.
- V. Emenda Constitucional n. 31/2000 (Fundo de Combate e Erradicação da Pobreza).
- V. LC 111/2001 (Fundo de Combate e Erradicação da Pobreza).

IV – promover o bem de todos, sem preconceitos de origem, raça, sexo, cor, idade e quaisquer outras formas de discriminação.

- V. Lei 7.716/1989 (Crimes resultantes de preconceito de raça ou de cor).

Art. 4°

- V. Lei 8.081/1990 (Penas aplicáveis aos atos discriminatórios ou de preconceito de raça, cor, religião, etnia, ou procedência nacional, praticados pelos meios de comunicação ou por publicação de qualquer natureza).
- V. art. 8°, III, Lei 11.340/2006 (Violência doméstica e familiar contra a mulher).
- V. Lei 12.288/2010 (Estatuto da Igualdade Racial).
- ** V. Dec. 3.956/2001 (Convenção interamericana para a eliminação de todas as formas de discriminação contra as pessoas portadoras de deficiência).
- ** V. Dec. 4.377/2002 (Convenção sobre a eliminação de todas as formas de discriminação contra a mulher).
- ** V. Dec. 4.886/2003 (Política Nacional de Promoção da Igualdade Racial – PNPIR).
- ** V. Dec. 6.872/2009 (Plano Nacional de Promoção da Igualdade Racial – PLANAPIR).
- ** V. Dec. 7.388/2010 (Composição, estruturação, competências e funcionamento do Conselho Nacional de Combate à Discriminação – CNCD).

Art. 4° A República Federativa do Brasil rege-se nas suas relações internacionais pelos seguintes princípios:

- V. arts. 21, I, e 84, VII e VIII, CF.
- V. art. 3°, *a*, LC 75/1993 (Estatuto do Ministério Público da União).
- V. art. 39, V, Lei 9.082/1995 (Lei Orçamentária de 1996).

I – independência nacional;

- V. arts. 78, *caput*, e 91, § 1°, III e IV, CF.
- V. Lei 8.183/1991 (Conselho de Defesa Nacional).
- V. Dec. 893/1993 (Conselho de Defesa Nacional – Regulamento).

II – prevalência dos direitos humanos;

- V. Dec. 678/1992 (Promulga a Convenção Americana sobre Direitos Humanos – Pacto de São José da Costa Rica).
- V. art. 28, Dec. 678/1992 (Promulga a Convenção Americana sobre Direitos Humanos – Pacto de São José da Costa Rica).

III – autodeterminação dos povos;
IV – não intervenção;

- V. art. 2°, Dec. Leg. 44/1995 (Organização dos Estados Americanos – Protocolo de Reforma).

V – igualdade entre os Estados;
VI – defesa da paz;
VII – solução pacífica dos conflitos;
VIII – repúdio ao terrorismo e ao racismo;

- V. art. 5°, XLIII, CF.
- V. Lei 7.716/1989 (Crimes resultantes de preconceito de raça ou de cor).
- V. Lei 8.072/1990 (Crimes hediondos).
- V. Lei 12.288/2010 (Estatuto da Igualdade Racial).
- ** V. Dec. 5.639/2005 (Convenção Interamericana contra o Terrorismo).

IX – cooperação entre os povos para o progresso da humanidade;
X – concessão de asilo político.

- V. art. 98, II, Dec. 99.244/1990 (Reorganização e funcionamento dos órgãos da Presidência da República e dos Ministérios).
- V. Lei 9.474/1997 (Estatuto dos Refugiados).

Parágrafo único. A República Federativa do Brasil buscará a integração econômica, política, social e cultural dos povos da América Latina, visando à formação de uma comunidade latino-americana de nações.

- V. Dec. 350/1991 (Promulga o Tratado para a Constituição de um Mercado Comum – Mercosul).
- V. Dec. 922/1993 (Protocolo para a solução de controvérsias – Mercosul).

TÍTULO II
DOS DIREITOS E GARANTIAS FUNDAMENTAIS

Capítulo I
DOS DIREITOS E DEVERES INDIVIDUAIS E COLETIVOS

Art. 5° Todos são iguais perante a lei, sem distinção de qualquer natureza, garantindo-se aos brasileiros e aos estrangeiros residentes no País a inviolabilidade do direito à vida, à liberdade, à igualdade, à segurança e à propriedade, nos termos seguintes:

- V. arts. 5°, §§ 1° e 2°, 14, *caput*, e 60, § 4°, IV, CF.
- V. Lei 1.542/1952 (Casamento de funcionário da carreira diplomática com estrangeiros).
- V. Lei 5.709/1971 (Aquisição de imóvel rural por estrangeiro residente ou pessoa jurídica estrangeira).
- V. Dec. 74.965/1974 (Regulamenta a Lei 5.709/1971).
- V. Lei 6.815/1980 (Estatuto do Estrangeiro).
- V. Dec. 86.715/1981 (Regulamenta a Lei 6.815/1980).
- V. art. 4°, Lei 8.159/1991 (Política nacional de arquivos públicos e privados).
- V. Dec. 678/1992 (Promulga a Convenção Americana sobre Direitos Humanos – Pacto de São José da Costa Rica).
- V. Lei 9.047/1995 (Altera o Dec.-lei 4.657/1942).
- V. Lei 12.288/2010 (Estatuto da Igualdade Racial).
- V. Súmulas Vinculantes 34 e 37, STF.

Art. 5°

Constituição Federal

I – homens e mulheres são iguais em direitos e obrigações, nos termos desta Constituição;
- V. arts. 143, § 2°, e 226, § 5°, CF.
- V. art. 372, CLT.

II – ninguém será obrigado a fazer ou deixar de fazer alguma coisa senão em virtude de lei;
- V. arts. 14, § 1°, I, e 143, CF.
- V. Súmulas Vinculantes 37 e 44, STF.
- V. Súmulas 636 e 686, STF.

III – ninguém será submetido a tortura nem a tratamento desumano ou degradante;
- V. art. 5°, XLVII, XLIX, LXII, LXIII, LXV e LXVI, CF.
- V. art. 4°, b, Lei 4.898/1965 (Abuso de autoridade).
- V. arts. 2° e 8°, Lei 8.072/1990 (Crimes hediondos).
- V. Dec. 40/1991 (Ratifica convenção contra a tortura e outros tratamentos ou penas cruéis, desumanos ou degradantes).
- V. art. 5°, Dec. 678/1992 (Promulga a Convenção Americana sobre Direitos Humanos – Pacto de São José da Costa Rica).
- V. Lei 9.455/1997 (Crime de tortura).
- V. Súmula vinculante 11, STF.

IV – é livre a manifestação do pensamento, sendo vedado o anonimato;
- V. art. 220, § 1°, CF.
- V. art. 1°, Lei 7.524/1986 (Manifestação de pensamentos e opinião política por militar inativo).
- V. art. 2°, a, Lei 8.389/1991 (Conselho de Comunicação Social).
- V. art. 6°, XIV, e, LC 75/1993 (Estatuto do Ministério Público da União).

V – é assegurado o direito de resposta, proporcional ao agravo, além da indenização por dano material, moral ou à imagem;
- V. art. 220, § 1°, CF.
- V. art. 6°, Lei 8.159/1991 (Política nacional de arquivos públicos e privados).
- V. Dec. 1.171/1994 (Código de Ética Profissional do Servidor Público Civil do Poder Executivo Federal).
- V. Súmulas 37, 227 e 403, STJ.

VI – é inviolável a liberdade de consciência e de crença, sendo assegurado o livre exercício dos cultos religiosos e garantida, na forma da lei, a proteção aos locais de culto e a suas liturgias;
- V. art. 208, CP.
- V. art. 3°, d e e, Lei 4.898/1965 (Abuso de autoridade).
- V. art. 24, Lei 7.210/1984 (Lei de Execução Penal).
- V. arts. 16, III, e 124, XIV, Lei 8.069/1990 (Estatuto da Criança e do Adolescente).
- V. art. 39, Lei 8.313/1991 (Programa Nacional de Apoio à Cultura – PRONAC).
- V. art. 12-1, Dec. 678/1992 (Promulga a Convenção Americana sobre Direitos Humanos – Pacto de São José da Costa Rica).

VII – é assegurada, nos termos da lei, a prestação de assistência religiosa nas entidades civis e militares de internação coletiva;
- V. Lei 6.923/1981 (Assistência religiosa nas Forças Armadas).
- V. art. 24, Lei 7.210/1984 (Lei de Execução Penal).
- V. art. 124, XIV, Lei 8.069/1990 (Estatuto da Criança e do Adolescente).

VIII – ninguém será privado de direitos por motivo de crença religiosa ou de convicção filosófica ou política, salvo se as invocar para eximir-se de obrigação legal a todos imposta e recusar-se a cumprir prestação alternativa, fixada em lei;
- V. arts. 15, IV, e 143, §§ 1° e 2°, CF.
- V. Dec.-lei 1.002/1969 (Código de Processo Penal Militar).
- V. Lei 7.210/1984 (Lei de Execução Penal).
- V. Lei 8.239/1991 (Prestação de serviço alternativo ao serviço militar).

IX – é livre a expressão da atividade intelectual, artística, científica e de comunicação, independentemente de censura ou licença;
- V. art. 220, § 2°, CF.
- V. art. 39, Lei 8.313/1991 (Programa Nacional de Apoio à Cultura – PRONAC).
- V. art. 5°, II, d, LC 75/1993 (Estatuto do Ministério Público da União).
- V. Lei 9.456/1997 (Lei de Proteção de Cultivares).
- V. Lei 9.610/1998 (Direitos autorais).

X – são invioláveis a intimidade, a vida privada, a honra e a imagem das pessoas, assegurado o direito a indenização pelo dano material ou moral decorrente de sua violação;
- V. art. 37, § 3°, II, CF.
- V. arts. 4° e 6°, Lei 8.159/1991 (Política nacional de arquivos públicos e privados).
- V. art. 11-2, Dec. 678/1992 (Promulga a Convenção Americana sobre Direitos Humanos – Pacto de São José da Costa Rica).
- V. art. 30, V, Lei 8.935/1994 (Serviços notariais e de registro).
- V. art. 101, § 1°, Lei 11.101/2005 (Lei de Recuperação de Empresas e Falência).
- V. Súmula vinculante 11, STF.
- V. Súmula 714, STF.
- V. Súmulas 227 e 403, STJ.

Art. 5°

CONSTITUIÇÃO FEDERAL

XI – a casa é asilo inviolável do indivíduo, ninguém nela podendo penetrar sem consentimento do morador, salvo em caso de flagrante delito ou desastre, ou para prestar socorro, ou, durante o dia, por determinação judicial;
- V. art. 150, CP.
- V. art. 301, CPP.

XII – é inviolável o sigilo da correspondência e das comunicações telegráficas, de dados e das comunicações telefônicas, salvo, no último caso, por ordem judicial, nas hipóteses e na forma que a lei estabelecer para fins de investigação criminal ou instrução processual penal;
- V. arts. 136, § 1°, I, b e c, e 139, III, CF.
- V. arts. 151 e 152, CP.
- V. arts. 56 e 57, Lei 4.117/1962 (Código Brasileiro de Telecomunicações).
- V. art. 3°, c, Lei 4.898/1965 (Abuso de autoridade).
- V. Lei 6.538/1978 (Serviços postais).
- V. art. 6°, XVIII, a, LC 75/1993 (Estatuto do Ministério Público da União).
- V. art. 7°, II, Lei 8.906/1994 (Estatuto da Advocacia e da OAB).
- V. Lei 9.296/1996 (Escuta telefônica).

XIII – é livre o exercício de qualquer trabalho, ofício ou profissão, atendidas as qualificações profissionais que a lei estabelecer;
- V. arts. 170 e 220, § 1°, CF.

XIV – é assegurado a todos o acesso à informação e resguardado o sigilo da fonte, quando necessário ao exercício profissional;
- V. art. 220, § 1°, CF.
- V. art. 154, CP.
- V. art. 6°, Lei 8.394/1991 (Preservação, organização e proteção dos acervos documentais privados dos Presidentes da República).
- V. art. 8°, § 2°, LC 75/1993 (Estatuto do Ministério Público da União).

XV – é livre a locomoção no território nacional em tempo de paz, podendo qualquer pessoa, nos termos da lei, nele entrar, permanecer ou dele sair com seus bens;
- V. arts. 109, X, e 139, CF.
- V. art. 3°, a, Lei 4.898/1965 (Abuso de autoridade).
- V. art. 2°, III, Lei 7.685/1988 (Registro provisório para o estrangeiro em situação ilegal no território nacional).
- V. art. 2°, III, Dec. 96.998/1988 (Regulamenta o Dec.-lei 2.481/1988).

XVI – todos podem reunir-se pacificamente, sem armas, em locais abertos ao público, independentemente de autorização, desde que não frustrem outra reunião anteriormente convocada para o mesmo local, sendo apenas exigido prévio aviso à autoridade competente;
- V. arts. 136, § 1°, I, a, e 139, IV, CF.
- V. art. 21, Dec. 592/1992 (Pacto Internacional sobre Direitos Civis e Políticos).
- V. art. 15, Dec. 678/1992 (Promulga a Convenção Americana sobre Direitos Humanos – Pacto de São José da Costa Rica).

XVII – é plena a liberdade de associação para fins lícitos, vedada a de caráter paramilitar;
- V. arts. 8°, 17, § 4°, e 37, VI, CF.
- V. art. 199, CP.
- V. art. 3°, f, Lei 4.898/1965 (Abuso de autoridade).
- V. art. 117, VII, Lei 8.112/1990 (Regime jurídico dos servidores públicos civis da União, das autarquias e das fundações públicas).

XVIII – a criação de associações e, na forma da lei, a de cooperativas independem de autorização, sendo vedada a interferência estatal em seu funcionamento;
- V. arts. 8°, I, e 37, VI, CF.
- V. Lei 5.764/1971 (Regime jurídico das sociedades cooperativas).

XIX – as associações só poderão ser compulsoriamente dissolvidas ou ter suas atividades suspensas por decisão judicial, exigindo-se, no primeiro caso, o trânsito em julgado;

XX – ninguém poderá ser compelido a associar-se ou a permanecer associado;
- V. arts. 4°, II, a, e 5°, V, Lei 8.078/1990 (Código de Defesa do Consumidor).
- V. art. 117, VII, Lei 8.112/1990 (Regime jurídico dos servidores públicos civis da União, das autarquias e das fundações públicas).

XXI – as entidades associativas, quando expressamente autorizadas, têm legitimidade para representar seus filiados judicial ou extrajudicialmente;
- V. art. 5°, Lei 7.347/1985 (Ação civil pública).
- V. art. 5°, e I e III, Lei 7.802/1989 (Agrotóxicos).
- V. art. 3°, Lei 7.853/1989 (Apoio às pessoas portadoras de deficiência).
- V. art. 210, III, Lei 8.069/1990 (Estatuto da Criança e do Adolescente).
- V. art. 82, IV, Lei 8.078/1990 (Código de Defesa do Consumidor).
- V. Súmula 629, STF.

Art. 5°

Constituição Federal

XXII – é garantido o direito de propriedade;
- V. art. 243, CF.
- V. arts. 1.228 a 1.368, CC.
- V. Lei 4.504/1964 (Estatuto da Terra).
- V. arts. 1°, 4° e 15, Lei 8.257/1991 (Expropriação das glebas nas quais se localizem culturas ilegais de plantas psicotrópicas).

XXIII – a propriedade atenderá a sua função social;
- V. arts. 156, § 1°, 170, III, 182, § 2°, 185, parágrafo único, e 186, CF.
- V. art. 5°, Dec.-lei 4.657/1942 (Lei de Introdução às normas do Direito Brasileiro).
- V. arts. 2°, 12, 18, a, e 47, I, Lei 4.504/1964 (Estatuto da Terra).
- V. art. 2°, I, Lei 8.171/1991 (Política agrícola).
- V. arts. 2°, § 1°, 5°, § 2°, e 9°, Lei 8.629/1993 (Regulamentação dos dispositivos constitucionais relativos à reforma agrária).

XXIV – a lei estabelecerá o procedimento para desapropriação por necessidade ou utilidade pública, ou por interesse social, mediante justa e prévia indenização em dinheiro, ressalvados os casos previstos nesta Constituição;
- V. arts. 182, § 2°, 184 e 185, I e II, CF.
- V. art. 1.275, V, CC.
- V. Dec.-lei 3.365/1941 (Desapropriação por utilidade pública).
- V. Lei 4.132/1962 (Desapropriação por interesse social).
- V. arts. 17, a, 18, 19, §§ 1° a 4°, 31, IV, e 35, caput, Lei 4.504/1964 (Estatuto da Terra).
- V. Dec.-lei 1.075/1970 (Imissão de posse, *initio litis*, em imóveis residenciais urbanos).
- V. Lei 6.602/1978 (Desapropriação por utilidade pública – alterações).
- V. arts. 1° a 4° e 18, LC 76/1993 (Procedimento contraditório especial para o processo de desapropriação de imóvel rural por interesse social).
- V. arts. 2°, § 1°, 5°, § 2°, e 7°, IV, Lei 8.629/1993 (Regulamentação dos dispositivos constitucionais relativos à reforma agrária).
- V. art. 10, Lei 9.074/1995 (Concessões e permissões de serviços públicos – Prorrogações).
- V. art. 34, IV, Lei 9.082/1995 (Lei Orçamentária de 1996).
- V. Súmulas 23, 111, 157, 164, 218, 345, 378, 416, 561, 618 e 652, STF.
- V. Súmulas 69, 70, 113, 114 e 119, STJ.

XXV – no caso de iminente perigo público, a autoridade competente poderá usar de propriedade particular, assegurada ao proprietário indenização ulterior, se houver dano;

XXVI – a pequena propriedade rural, assim definida em lei, desde que trabalhada pela família, não será objeto de penhora para pagamento de débitos decorrentes de sua atividade produtiva, dispondo a lei sobre os meios de financiar o seu desenvolvimento;
- V. art. 185, CF.
- V. Lei 4.504/1964 (Estatuto da Terra).
- V. art. 19, IX, Lei 4.595/1964 (Conselho Monetário Nacional).
- V. art. 4°, § 2°, Lei 8.009/1990 (Impenhorabilidade do bem de família).
- V. art. 4°, I, LC 76/1993 (Procedimento contraditório especial para o processo de desapropriação de imóvel rural por interesse social).
- V. art. 4°, II e parágrafo único, Lei 8.629/1993 (Regulamentação dos dispositivos constitucionais relativos à reforma agrária).

XXVII – aos autores pertence o direito exclusivo de utilização, publicação ou reprodução de suas obras, transmissível aos herdeiros pelo tempo que a lei fixar;
- V. art. 184, CP.
- V. art. 30, Lei 8.977/1995 (Serviço de TV a Cabo).
- V. Dec. 2.206/1997 (Regulamento do Serviço de TV a Cabo).
- V. Lei 9.609/1998 (Proteção da propriedade intelectual sobre programas de computador).
- V. Lei 9.610/1998 (Direitos autorais).
- V. Súmula 386, STF.

XXVIII – são assegurados, nos termos da lei:
a) a proteção às participações individuais em obras coletivas e à reprodução da imagem e voz humanas, inclusive nas atividades desportivas;
- V. Lei 6.533/1978 (Regulamentação das profissões de artista e de técnico em espetáculos de diversões).
- V. Lei 9.610/1998 (Direitos autorais).

b) o direito de fiscalização do aproveitamento econômico das obras que criarem ou de que participarem aos criadores, aos intérpretes e às respectivas representações sindicais e associativas;

XXIX – a lei assegurará aos autores de inventos industriais privilégio temporário para sua utilização, bem como proteção às criações industriais, à propriedade das marcas, aos nomes de empresas e a outros signos distintivos, tendo em vista o interesse social e o desenvolvimento tecnológico e econômico do País;
- V. art. 4°, VI, Lei 8.078/1990 (Código de Defesa do Consumidor).
- V. Lei 9.279/1996 (Propriedade industrial).
- V. Lei 9.456/1997 (Lei de Proteção de Cultivares).
- V. art. 48, IV, Lei 11.101/2005 (Lei de Recuperação de Empresas e Falência).

Art. 5°

CONSTITUIÇÃO FEDERAL

XXX – é garantido o direito de herança;

- V. arts. 1.784 a 2.027, CC.
- V. arts. 743, § 2°, CPC/2015.
- V. arts. 2° e 3°, Lei 8.971/1994 (Regula os direitos dos companheiros a alimentos e à sucessão).
- V. Lei 9.278/1996 (Regula o § 3° do art. 226 da CF).

XXXI – a sucessão de bens de estrangeiros situados no País será regulada pela lei brasileira em benefício do cônjuge ou dos filhos brasileiros, sempre que não lhes seja mais favorável a lei pessoal do *de cujus*;

XXXII – o Estado promoverá, na forma da lei, a defesa do consumidor;

- V. art. 48, ADCT.
- V. Lei 8.078/1990 (Código de Defesa do Consumidor).
- V. art. 4°, Lei 8.137/1990 (Crimes contra a ordem tributária, econômica e contra as relações de consumo).
- V. Lei 8.178/1991 (Preços e salários).
- V. Lei 8.979/1995 (Torna obrigatória divulgação de preço total de mercadorias à venda).

XXXIII – todos têm direito a receber dos órgãos públicos informações de seu interesse particular, ou de interesse coletivo ou geral, que serão prestadas no prazo da lei, sob pena de responsabilidade, ressalvadas aquelas cujo sigilo seja imprescindível à segurança da sociedade e do Estado;

- V. arts. 5°, LXXII, e 37, § 3°, II, CF.
- V. Lei 12.527/2011 (Lei Geral de Acesso à Informação Pública).
- V. Dec. 7.724/2012 (Regulamenta a Lei 12.527/2012).
- V. Dec. 7.845/2012 (Regulamenta procedimentos para credenciamento de segurança e tratamento de informações sigilosas).

XXXIV – são a todos assegurados, independentemente do pagamento de taxas:

a) o direito de petição aos Poderes Públicos em defesa de direitos ou contra ilegalidade ou abuso de poder;

- V. Súmula vinculante 21, STF.
- V. Súmula 373, STJ.

b) a obtenção de certidões em repartições públicas, para defesa de direitos e esclarecimento de situações de interesse pessoal;

XXXV – a lei não excluirá da apreciação do Poder Judiciário lesão ou ameaça a direito;

- V. Lei 9.307/1996 (Arbitragem).
- V. art. 40, Lei 11.101/2005 (Lei de Recuperação de Empresas e Falência).
- V. Súmula vinculante 28, STF.
- V. Súmula 533, STJ.

XXXVI – a lei não prejudicará o direito adquirido, o ato jurídico perfeito e a coisa julgada;

- V. art. 6°, Dec.-lei 4.657/1942 (Lei de Introdução às normas do Direito Brasileiro).
- V. Súmulas 654 e 678, STF.
- V. Súmulas Vinculantes 1, 9 e 35, STF.

XXXVII – não haverá juízo ou tribunal de exceção;

XXXVIII – é reconhecida a instituição do júri, com a organização que lhe der a lei, assegurados:

- • V. Súmula vinculante 45, STF.

a) a plenitude de defesa;
b) o sigilo das votações;
c) a soberania dos veredictos;
d) a competência para o julgamento dos crimes dolosos contra a vida;

- V. arts. 74, § 1°, e 406 a 497, CPP.
- V. Súmula Vinculante 45, STF.
- V. Súmula 721, STF.

XXXIX – não há crime sem lei anterior que o defina, nem pena sem prévia cominação legal;

- V. art. 1°, CP.

XL – a lei penal não retroagirá, salvo para beneficiar o réu;

- V. art. 2°, parágrafo único, CP.
- V. art. 66, Lei 7.210/1984 (Lei de Execução Penal).
- V. Súmula 471, STJ.

XLI – a lei punirá qualquer discriminação atentatória dos direitos e liberdades fundamentais;

- V. Lei 12.288/2010 (Estatuto da Igualdade Racial).
- V. Dec. 7.388/2010 (Composição, estruturação, competências e funcionamento do Conselho Nacional de Combate à Discriminação – CNCD).

XLII – a prática do racismo constitui crime inafiançável e imprescritível, sujeito à pena de reclusão, nos termos da lei;

- V. Lei 7.716/1989 (Crimes resultantes de preconceito de raça ou de cor).
- V. Lei 12.288/2010 (Estatuto da Igualdade Racial).

XLIII – a lei considerará crimes inafiançáveis e insuscetíveis de graça ou anistia a prática da tortura, o tráfico ilícito de entorpecentes e drogas afins, o terrorismo e os definidos como crimes hediondos, por eles respondendo os mandantes, os executores e os que, podendo evitá-los, se omitirem;

- V. Lei 8.072/1990 (Crimes hediondos).

Art. 5°

Constituição Federal

- V. Lei 9.455/1997 (Crimes de tortura).
- V. Lei 11.343/2006 (Lei Antidrogas).
- V. Lei 13.260/2016 (Regulamenta o disposto no inc. XLIII do art. 5° da CF/1988).
- V. Súmula 512, STJ.

XLIV – constitui crime inafiançável e imprescritível a ação de grupos armados, civis ou militares, contra a ordem constitucional e o Estado Democrático;

•• V. Dec. 5.015/2004 (Convenção das Nações Unidas contra o Crime Organizado Transnacional).

XLV – nenhuma pena passará da pessoa do condenado, podendo a obrigação de reparar o dano e a decretação do perdimento de bens ser, nos termos da lei, estendidas aos sucessores e contra eles executadas, até o limite do valor do patrimônio transferido;

- V. arts. 932 e 935, CC.
- V. art. 59, CP.

XLVI – a lei regulará a individualização da pena e adotará, entre outras, as seguintes:

- V. Súmula vinculante 26, STF.

a) privação ou restrição da liberdade;
b) perda de bens;
c) multa;
d) prestação social alternativa;
e) suspensão ou interdição de direitos;

XLVII – não haverá penas:
a) de morte, salvo em caso de guerra declarada, nos termos do art. 84, XIX;

- V. art. 60, § 4°, IV, CF.

•• V. arts. 55, a, e 355 a 362, Dec.-lei 1.001/1969 (Código Penal Militar).

b) de caráter perpétuo;

- V. Súmula 527, STJ.

c) de trabalhos forçados;
d) de banimento;
e) cruéis;

XLVIII – a pena será cumprida em estabelecimentos distintos, de acordo com a natureza do delito, a idade e o sexo do apenado;

- V. arts. 5° a 9° e 82 a 104, Lei 7.210/1984 (Lei de Execução Penal).

XLIX – é assegurado aos presos o respeito à integridade física e moral;

- V. art. 5°, III, CF.
- V. art. 38, CP.
- V. Súmula vinculante 11, STF.

L – às presidiárias serão asseguradas condições para que possam permanecer com seus filhos durante o período de amamentação;

- V. art. 89, Lei 7.210/1984 (Lei de Execução Penal).

LI – nenhum brasileiro será extraditado, salvo o naturalizado, em caso de crime comum, praticado antes da naturalização, ou de comprovado envolvimento em tráfico ilícito de entorpecentes e drogas afins, na forma da lei;

- V. art. 12, II, CF.
- V. art. 77, Lei 6.815/1980 (Estatuto do Estrangeiro).
- V. Dec. 98.961/1990 (Expulsão de estrangeiro condenado por tráfico de entorpecentes).
- V. Lei 11.343/2006 (Lei Antidrogas).

•• V. Dec. 4.388/2002 (Estatuto de Roma do Tribunal Penal Internacional).

LII – não será concedida extradição de estrangeiro por crime político ou de opinião;

- V. arts. 76 a 94, Lei 6.815/1980 (Estatuto do Estrangeiro).
- V. Dec. 86.715/1981 (Regulamenta a Lei 6.815/1980).

LIII – ninguém será processado nem sentenciado senão pela autoridade competente;

- V. Súmula 704, STF.

•• V. arts. 69 e 564, I, CPP.

LIV – ninguém será privado da liberdade ou de seus bens sem o devido processo legal;

- V. Súmulas Vinculantes 14 e 35, STF.
- V. Súmula 704, STF.
- V. Súmula 347, STJ.

•• V. art. 564, IV, CPP.

LV – aos litigantes, em processo judicial ou administrativo, e aos acusados em geral são assegurados o contraditório e ampla defesa, com os meios e recursos a ela inerentes;

- V. Lei 8.112/1990 (Regime jurídico dos servidores públicos civis da União, das autarquias e das fundações públicas federais).
- V. Lei 9.784/1999 (Regula o processo administrativo no âmbito federal).
- V. Súmulas vinculantes 5, 14, 21 e 28, STF.
- V. Súmulas 701, 704, 705 e 712, STF.
- V. Súmulas 347, 358 e 373, STJ.

•• V. art. 15, CPC/2015.
•• V. art. 564, IV, CPP.
•• V. art. 8°, Dec. 678/1992 (Promulga a Convenção Americana sobre Direitos Humanos – Pacto de São José da Costa Rica).
•• V. Súmula 522, STJ.

LVI – são inadmissíveis, no processo, as provas obtidas por meios ilícitos;

- V. art. 372 e ss., CPC/2015.
- V. art. 157, CPP.
- V. Lei 9.296/1996 (Escuta telefônica).

Art. 5°

Constituição Federal

LVII – ninguém será considerado culpado até o trânsito em julgado de sentença penal condenatória;

- V. Súmula 9, STJ.
- • V. art. 8°, Dec. 678/1992 (Promulga a Convenção Americana sobre Direitos Humanos – Pacto de São José da Costa Rica).

LVIII – o civilmente identificado não será submetido a identificação criminal, salvo nas hipóteses previstas em lei;

- V. art. 6°, VIII, CPP.
- V. Lei 12.037/2009 (Identificação criminal do civilmente identificado).

LIX – será admitida ação privada nos crimes de ação pública, se esta não for intentada no prazo legal;

- V. art. 29, CPP.
- • V. art. 100, § 3°, CP.

LX – a lei só poderá restringir a publicidade dos atos processuais quando a defesa da intimidade ou o interesse social o exigirem;

- V. art. 93, IX, CF.
- V. arts. 189 e 368, CPC/2015.
- V. art. 20, CPP.

LXI – ninguém será preso senão em flagrante delito ou por ordem escrita e fundamentada de autoridade judiciária competente, salvo nos casos de transgressão militar ou crime propriamente militar, definidos em lei;

- V. art. 301 e ss., CPP.
- V. Dec.-lei 1.001/1969 (Código Penal Militar).
- V. Lei 6.880/1980 (Estatuto dos Militares).

LXII – a prisão de qualquer pessoa e o local onde se encontre serão comunicados imediatamente ao juiz competente e à família do preso ou à pessoa por ele indicada;

- V. art. 136, § 3°, IV, CF.

LXIII – o preso será informado de seus direitos, entre os quais o de permanecer calado, sendo-lhe assegurada a assistência da família e de advogado;

LXIV – o preso tem direito à identificação dos responsáveis por sua prisão ou por seu interrogatório policial;

LXV – a prisão ilegal será imediatamente relaxada pela autoridade judiciária;

- V. arts. 307 a 310, CPP.
- V. Súmula 697, STF.

LXVI – ninguém será levado à prisão ou nela mantido, quando a lei admitir a liberdade provisória, com ou sem fiança;

- V. arts. 321 a 350, CPP.

LXVII – não haverá prisão civil por dívida, salvo a do responsável pelo inadimplemento voluntário e inescusável de obrigação alimentícia e a do depositário infiel;

- V. art. 652, CC.
- V. art. 911, parágrafo único, CPC/2015.
- V. arts. 19 e 22, Lei 5.478/1968 (Ação de alimentos).
- V. Dec.-lei 911/1969 (Alienação fiduciária).
- V. art. 7°, 7, Dec. 678/1992 (Promulga a Convenção Americana sobre Direitos Humanos – Pacto de São José da Costa Rica).
- V. Lei 8.866/1994 (Depositário infiel).
- V. Súmula vinculante 25, STF.
- V. Súmulas 309 e 419, STJ.

LXVIII – conceder-se-á *habeas corpus* sempre que alguém sofrer ou se achar ameaçado de sofrer violência ou coação em sua liberdade de locomoção, por ilegalidade ou abuso de poder;

- V. art. 142, § 2°, CF.
- V. art. 647 e ss., CPP.
- V. art. 5°, Lei 9.289/1996 (Custas na Justiça Federal).
- V. Súmulas 693 a 695, STF.

LXIX – conceder-se-á mandado de segurança para proteger direito líquido e certo, não amparado por *habeas corpus* ou *habeas data*, quando o responsável pela ilegalidade ou abuso de poder for autoridade pública ou agente de pessoa jurídica no exercício de atribuições do Poder Público;

- V. Lei 9.507/1997 (*Habeas data*).
- V. Lei 12.016/2009 (Nova Lei do Mandado de Segurança).
- V. Súmula 632, STF.

LXX – o mandado de segurança coletivo pode ser impetrado por:

- V. Lei 12.016/2009 (Nova Lei do Mandado de Segurança).

a) partido político com representação no Congresso Nacional;
b) organização sindical, entidade de classe ou associação legalmente constituída e em funcionamento há pelo menos um ano, em defesa dos interesses de seus membros ou associados;

- V. art. 5°, Lei 7.347/1985 (Ação civil pública).
- V. Súmulas 629 e 630, STF.

LXXI – conceder-se-á mandado de injunção sempre que a falta de norma regulamentadora torne inviável o exercício dos direitos e

Constituição Federal

liberdades constitucionais e das prerrogativas inerentes à nacionalidade, à soberania e à cidadania;

- V. Lei 9.265/1996 (Gratuidade dos atos necessários ao exercício da cidadania).
- •• V. art. 24, parágrafo único, Lei 8.038/1990 (Normas procedimentais perante o STJ e o STF).

LXXII – conceder-se-á *habeas data*:

- V. art. 5º, Lei 9.289/1996 (Custas na Justiça Federal).
- V. Lei 9.507/1997 (*Habeas data*).

a) para assegurar o conhecimento de informações relativas à pessoa do impetrante, constantes de registros ou bancos de dados de entidades governamentais ou de caráter público;
b) para a retificação de dados, quando não se prefira fazê-lo por processo sigiloso, judicial ou administrativo;

LXXIII – qualquer cidadão é parte legítima para propor ação popular que vise a anular ato lesivo ao patrimônio público ou de entidade de que o Estado participe, à moralidade administrativa, ao meio ambiente e ao patrimônio histórico e cultural, ficando o autor, salvo comprovada má-fé, isento de custas judiciais e do ônus da sucumbência;

- V. Lei 4.717/1965 (Ação popular).
- V. Lei 6.938/1981 (Política nacional do meio ambiente).

LXXIV – o Estado prestará assistência jurídica integral e gratuita aos que comprovarem insuficiência de recursos;

- V. art. 134, CF.
- V. Lei 1.060/1950 (Lei de Assistência Judiciária).
- V. LC 80/1994 (Organiza a Defensoria Pública da União e prescreve normas gerais para sua organização nos Estados).

LXXV – o Estado indenizará o condenado por erro judiciário, assim como o que ficar preso além do tempo fixado na sentença;
LXXVI – são gratuitos para os reconhecidamente pobres, na forma da lei:

- V. art. 30, §§ 1º e 2º, Lei 6.015/1973 (Lei de Registros Públicos).
- V. art. 45, Lei 8.935/1994 (Regulamenta o art. 236 da CF).

a) o registro civil de nascimento;

- V. arts. 50 a 66, Lei 6.015/1973 (Lei de Registros Públicos).

b) a certidão de óbito;

Art. 6º

- V. arts. 77 a 88, Lei 6.015/1973 (Lei de Registros Públicos).

LXXVII – são gratuitas as ações de *habeas corpus* e *habeas data*, e, na forma da lei, os atos necessários ao exercício da cidadania;

- V. Lei 9.265/1996 (Gratuidade dos atos necessários ao exercício da cidadania).
- V. Lei 9.507/1997 (*Habeas data*).

LXXVIII – a todos, no âmbito judicial e administrativo, são assegurados a razoável duração do processo e os meios que garantam a celeridade de sua tramitação.

- Inciso LXXVIII acrescentado pela Emenda Constitucional n. 45/2004.
- V. art. 75, parágrafo único, Lei 11.101/2005 (Lei de Recuperação de Empresas e Falência).

§ 1º As normas definidoras dos direitos e garantias fundamentais têm aplicação imediata.

§ 2º Os direitos e garantias expressos nesta Constituição não excluem outros decorrentes do regime e dos princípios por ela adotados, ou dos tratados internacionais em que a República Federativa do Brasil seja parte.

- V. Súmula vinculante 25, STF.

§ 3º Os tratados e convenções internacionais sobre direitos humanos que forem aprovados, em cada Casa do Congresso Nacional, em dois turnos, por três quintos dos votos dos respectivos membros, serão equivalentes às emendas constitucionais.

- § 3º acrescentado pela Emenda Constitucional n. 45/2004.
- •• V. Dec. 6.949/2009 (Promulga a Convenção Internacional sobre os Direitos das Pessoas com Deficiência e seu Protocolo Facultativo).

§ 4º O Brasil se submete à jurisdição de Tribunal Penal Internacional a cuja criação tenha manifestado adesão.

- § 4º acrescentado pela Emenda Constitucional n. 45/2004.
- V. Dec. 4.388/2002 (Estatuto de Roma do Tribunal Penal Internacional).

Capítulo II
DOS DIREITOS SOCIAIS

Art. 6º São direitos sociais a educação, a saúde, a alimentação, o trabalho, a moradia, o transporte, o lazer, a segurança, a previdência social, a proteção à maternidade e à infância, a assistência aos desamparados, na forma desta Constituição.

Art. 7°

Constituição Federal

- Artigo com redação determinada pela Emenda Constitucional n. 90/2015.

Art. 7° São direitos dos trabalhadores urbanos e rurais, além de outros que visem à melhoria de sua condição social:

I – relação de emprego protegida contra despedida arbitrária ou sem justa causa, nos termos de lei complementar, que preverá indenização compensatória, dentre outros direitos;

- V. art. 10, ADCT.

II – seguro-desemprego, em caso de desemprego involuntário;

- V. art. 201, III, CF.
- V. art. 12, CLT.
- V. Lei 7.998/1990 (Fundo de Amparo ao Trabalhador – FAT).
- V. Lei 8.178/1991 (Preços e salários).
- V. Lei 10.779/2003 (Concessão do benefício de seguro-desemprego, durante o período de defeso, ao pescador profissional).

III – fundo de garantia do tempo de serviço;

- V. arts. 7º, 477, 478 e 492, CLT.
- V. Lei 8.036/1990 (Fundo de Garantia do Tempo de Serviço).
- V. Súmula 353, STJ.

IV – salário mínimo, fixado em lei, nacionalmente unificado, capaz de atender a suas necessidades vitais básicas e às de sua família com moradia, alimentação, educação, saúde, lazer, vestuário, higiene, transporte e previdência social, com reajustes periódicos que lhe preservem o poder aquisitivo, sendo vedada sua vinculação para qualquer fim;

- V. art. 39, § 3º, CF.
- V. Súmulas vinculantes 4, 6, 15 e 16, STF.

V – piso salarial proporcional à extensão e à complexidade do trabalho;

- V. LC 103/2000 (Piso salarial a que se refere o inciso V do art. 7º da CF).

VI – irredutibilidade do salário, salvo o disposto em convenção ou acordo coletivo;

VII – garantia de salário, nunca inferior ao mínimo, para os que percebem remuneração variável;

- V. art. 39, § 3º, CF.
- V. Lei 8.716/1993 (Garantia do salário mínimo).
- V. Lei 9.032/1995 (Valor do salário mínimo).

VIII – décimo terceiro salário com base na remuneração integral ou no valor da aposentadoria;

- V. arts. 39, § 3º, e 142, § 3º, VIII, CF.
- V. Lei 4.090/1962 (Gratificação de Natal para trabalhadores).

IX – remuneração do trabalho noturno superior à do diurno;

- V. art. 39, § 3º, CF.
- V. art. 73, CLT.

X – proteção do salário na forma da lei, constituindo crime sua retenção dolosa;

XI – participação nos lucros, ou resultados, desvinculada da remuneração, e, excepcionalmente, participação na gestão da empresa, conforme definido em lei;

- V. arts. 543 e 621, CLT.

XII – salário-família pago em razão do dependente do trabalhador de baixa renda nos termos da lei;

- Inciso XII com redação determinada pela Emenda Constitucional n. 20/1998.
- V. arts. 39, § 3º, e 142, § 3º, VIII, CF.
- V. art. 12, CLT.

XIII – duração do trabalho normal não superior a oito horas diárias e quarenta e quatro semanais, facultada a compensação de horários e a redução da jornada, mediante acordo ou convenção coletiva de trabalho;

- V. art. 39, § 3º, CF.
- V. arts. 58 e 67, CLT.

XIV – jornada de seis horas para o trabalho realizado em turnos ininterruptos de revezamento, salvo negociação coletiva;

- V. art. 58, CLT.
- V. Súmula 675, STF.
- •• V. Súmula 423, TST.

XV – repouso semanal remunerado, preferencialmente aos domingos;

- V. art. 39, §§ 2º e 3º, CF.
- V. art. 67, CLT.

XVI – remuneração do serviço extraordinário superior, no mínimo, em cinquenta por cento à do normal;

- V. art. 39, §§ 2º e 3º, CF.
- V. art. 59, CLT.

XVII – gozo de férias anuais remuneradas com, pelo menos, um terço a mais do que o salário normal;

- V. art. 39, §§ 2º e 3º, CF.
- V. arts. 7º, 129, 142 e 143, CLT.
- V. Súmula 386, STJ.

XVIII – licença à gestante, sem prejuízo do emprego e do salário, com a duração de cento e vinte dias;

Art. 7°

CONSTITUIÇÃO FEDERAL

- O STF, na ADIn 1.946-5 (*DJU* 16.05.2003 e *DOU* 03.06.2003), julgou parcialmente procedente o pedido formulado na ação para dar "ao art. 14 da EC n. 20/1998, sem redução de texto, interpretação conforme a CF, para excluir sua aplicação ao salário da licença à gestante a que se refere o art. 7º, inciso XVIII da referida Carta".
- V. art. 39, §§ 2º e 3º, CF.
- V. arts. 391 e 392, CLT.
- V. Lei 11.770/2008 (Programa Empresa Cidadã – licença-maternidade).
- V. Dec. 7.052/2009 (Regulamenta a Lei 11.770/2008).

XIX – licença-paternidade, nos termos fixados em lei;

- V. art. 39, §§ 2º e 3º, CF.
- V. art. 10, § 1º, ADCT.

XX – proteção do mercado de trabalho da mulher, mediante incentivos específicos, nos termos da lei;

- V. art. 39, §§ 2º e 3º, CF.
- V. art. 372, CLT.

XXI – aviso-prévio proporcional ao tempo de serviço, sendo no mínimo de trinta dias, nos termos da lei;

- V. arts. 7º e 487, CLT.

XXII – redução dos riscos inerentes ao trabalho, por meio de normas de saúde, higiene e segurança;

- V. art. 39, §§ 2º e 3º, CF.
- V. arts. 154 e 192, CLT.

XXIII – adicional de remuneração para as atividades penosas, insalubres ou perigosas, na forma da lei;

- V. art. 39, § 2º, CF.
- V. arts. 154, 192 e 193, CLT.

XXIV – aposentadoria;

- V. art. 154, CLT.
- V. art. 42 e ss., Lei 8.213/1991 (Planos de Benefícios da Previdência Social).

XXV – assistência gratuita aos filhos e dependentes desde o nascimento até 5 (cinco) anos de idade em creches e pré-escolas;

- Inciso XXV com redação determinada pela Emenda Constitucional n. 53/2006.
- V. art. 142, § 3º, VIII, CF.

XXVI – reconhecimento das convenções e acordos coletivos de trabalho;

- V. art. 611, CLT.

XXVII – proteção em face de automação, na forma da lei;

XXVIII – seguro contra acidentes de trabalho, a cargo do empregador, sem excluir a indenização a que este está obrigado, quando incorrer em dolo ou culpa;

- V. arts. 12 e 154, CLT.
- V. Lei 6.338/1976 (Indenização por acidente de trabalho).
- V. art. 83, I, Lei 11.101/2005 (Lei de Recuperação de Empresas e Falência).
- V. Súmula vinculante 22, STF.

XXIX – ação, quanto aos créditos resultantes das relações de trabalho, com prazo prescricional de 5 (cinco) anos para os trabalhadores urbanos e rurais, até o limite de 2 (dois) anos após a extinção do contrato de trabalho;

- Inciso XXIX com redação determinada pela Emenda Constitucional n. 28/2000, e retificado no *DOU* 29.05.2000.
- V. art. 11, I e II, CLT.
- V. art. 10, Lei 5.889/1973 (Trabalho rural).

a) (Revogada pela Emenda Constitucional n. 28/2000.)
b) (Revogada pela Emenda Constitucional n. 28/2000.)

XXX – proibição de diferença de salários, de exercício de funções e de critério de admissão por motivo de sexo, idade, cor ou estado civil;

- V. art. 39, § 3º, CF.
- V. Lei 9.029/1995 (Proíbe a exigência de atestados de gravidez e esterilização para efeitos admissionais).
- V. Súmula 683, STF.

XXXI – proibição de qualquer discriminação no tocante a salário e critérios de admissão do trabalhador portador de deficiência;

XXXII – proibição de distinção entre trabalho manual, técnico e intelectual ou entre os profissionais respectivos;

XXXIII – proibição de trabalho noturno, perigoso ou insalubre a menores de dezoito e de qualquer trabalho a menores de dezesseis anos, salvo na condição de aprendiz, a partir de quatorze anos;

- Inciso XXXIII com redação determinada pela Emenda Constitucional n. 20/1998.
- V. art. 227, CF.
- V. arts. 192, 402 e 792, CLT.

XXXIV – igualdade de direitos entre o trabalhador com vínculo empregatício permanente e o trabalhador avulso.

Art. 8°

CONSTITUIÇÃO FEDERAL

Parágrafo único. São assegurados à categoria dos trabalhadores domésticos os direitos previstos nos incisos IV, VI, VII, VIII, X, XIII, XV, XVI, XVII, XVIII, XIX, XXI, XXII, XXIV, XXVI, XXX, XXXI e XXXIII e, atendidas as condições estabelecidas em lei e observada a simplificação do cumprimento das obrigações tributárias, principais e acessórias, decorrentes da relação de trabalho e suas peculiaridades, os previstos nos incisos I, II, III, IX, XII, XXV e XXVIII, bem como a sua integração à previdência social.

- Parágrafo único com redação determinada pela EC n. 72/2013.
- V. art. 7°, CLT.
- V. LC 150/2015 (Contrato de trabalho doméstico).

Art. 8° É livre a associação profissional ou sindical, observado o seguinte:

- V. arts. 511, 515, 524, 537, 543, 553, 558 e 570, CLT.

I – a lei não poderá exigir autorização do Estado para a fundação de sindicato, ressalvado o registro no órgão competente, vedadas ao Poder Público a interferência e a intervenção na organização sindical;

- V. Súmula 677, STF.

II – é vedada a criação de mais de uma organização sindical, em qualquer grau, representativa de categoria profissional ou econômica, na mesma base territorial, que será definida pelos trabalhadores ou empregadores interessados, não podendo ser inferior à área de um Município;

- V. Súmula 677, STF.

III – ao sindicato cabe a defesa dos direitos e interesses coletivos ou individuais da categoria, inclusive em questões judiciais ou administrativas;

IV – a assembleia geral fixará a contribuição que, em se tratando de categoria profissional, será descontada em folha, para custeio do sistema confederativo da representação sindical respectiva, independentemente da contribuição prevista em lei;

- V. Súmula Vinculante 40, STF.
- V. Súmula 666, STF.
- V. Súmula 396, STJ.

V – ninguém será obrigado a filiar-se ou a manter-se filiado a sindicato;

- • V. OJ 20, SDC.

VI – é obrigatória a participação dos sindicatos nas negociações coletivas de trabalho;

VII – o aposentado filiado tem direito a votar e ser votado nas organizações sindicais;

VIII – é vedada a dispensa do empregado sindicalizado a partir do registro da candidatura a cargo de direção ou representação sindical e, se eleito, ainda que suplente, até um ano após o final do mandato, salvo se cometer falta grave nos termos da lei.

- V. art. 543, CLT.

Parágrafo único. As disposições deste artigo aplicam-se à organização de sindicatos rurais e de colônias de pescadores, atendidas as condições que a lei estabelecer.

- V. Lei 11.699/2008 (Colônias, Federações e Confederação Nacional dos Pescadores, regulamentando este parágrafo).

Art. 9° É assegurado o direito de greve, competindo aos trabalhadores decidir sobre a oportunidade de exercê-lo e sobre os interesses que devam por meio dele defender.

- V. art. 114, II, CF.
- V. Lei 7.783/1989 (Direito de greve).

§ 1° A lei definirá os serviços ou atividades essenciais e disporá sobre o atendimento das necessidades inadiáveis da comunidade.

§ 2° Os abusos cometidos sujeitam os responsáveis às penas da lei.

Art. 10. É assegurada a participação dos trabalhadores e empregadores nos colegiados dos órgãos públicos em que seus interesses profissionais ou previdenciários sejam objeto de discussão e deliberação.

Art. 11. Nas empresas de mais de duzentos empregados, é assegurada a eleição de um representante destes com a finalidade exclusiva de promover-lhes o entendimento direto com os empregadores.

- V. art. 543, CLT.

Capítulo III
DA NACIONALIDADE

- V. art. 5°, LXXI, CF.
- •• V. art. XV, Declaração Universal dos Direitos Humanos.
- •• V. art. 20, Dec. 678/1992 (Promulga a Convenção Americana sobre Direitos Humanos – Pacto de São José da Costa Rica).

Art. 12. São brasileiros:
I – natos:

Constituição Federal

a) os nascidos na República Federativa do Brasil, ainda que de pais estrangeiros, desde que estes não estejam a serviço de seu país;
b) os nascidos no estrangeiro, de pai brasileiro ou mãe brasileira, desde que qualquer deles esteja a serviço da República Federativa do Brasil;
c) os nascidos no estrangeiro de pai brasileiro ou de mãe brasileira, desde que sejam registrados em repartição brasileira competente ou venham a residir na República Federativa do Brasil e optem, em qualquer tempo, depois de atingida a maioridade, pela nacionalidade brasileira;

- Alínea *c* com redação determinada pela Emenda Constitucional n. 54/2007.

II – naturalizados:

- V. Lei 818/1949 (Aquisição, perda e reaquisição da nacionalidade e perda dos direitos políticos).
- V. art. 111 e ss., Lei 6.815/1980 (Estatuto do Estrangeiro).
- V. art. 119 e ss., Dec. 86.715/1981 (Regulamenta a Lei 6.815/1980).
- V. Dec. 3.453/2000 (Delega competência ao Ministro da Justiça para declarar a perda e a requisição da nacionalidade brasileira).

a) os que, na forma da lei, adquiram a nacionalidade brasileira, exigidas aos originários de países de língua portuguesa apenas residência por um ano ininterrupto e idoneidade moral;
b) os estrangeiros de qualquer nacionalidade residentes na República Federativa do Brasil há mais de quinze anos ininterruptos e sem condenação penal, desde que requeiram a nacionalidade brasileira.

- Alínea *b* com redação determinada pela Emenda Constitucional de Revisão n. 3/1994.

§ 1º Aos portugueses com residência permanente no País, se houver reciprocidade em favor de brasileiros, serão atribuídos os direitos inerentes ao brasileiro, salvo os casos previstos nesta Constituição.

- § 1º com redação determinada pela Emenda Constitucional de Revisão n. 3/1994.
- ** V. Dec. 3.927/2001 (Promulga o Tratado de Amizade, Cooperação e Consulta entre Brasil e Portugal).

§ 2º A lei não poderá estabelecer distinção entre brasileiros natos e naturalizados, salvo nos casos previstos nesta Constituição.

§ 3º São privativos de brasileiro nato os cargos:
I – de Presidente e Vice-Presidente da República;
II – de Presidente da Câmara dos Deputados;
III – de Presidente do Senado Federal;
IV – de Ministro do Supremo Tribunal Federal;
V – da carreira diplomática;
VI – de oficial das Forças Armadas;
VII – de Ministro de Estado da Defesa.

- Inciso VII acrescentado pela Emenda Constitucional n. 23/1999.

§ 4º Será declarada a perda da nacionalidade do brasileiro que:
I – tiver cancelada sua naturalização, por sentença judicial, em virtude de atividade nociva ao interesse nacional;
II – adquirir outra nacionalidade, salvo nos casos:

- Inciso II com redação determinada pela Emenda Constitucional de Revisão n. 3/1994.
- V. Dec. 3.453/2000 (Delega competência ao Ministro da Justiça para declarar a perda e a requisição da nacionalidade brasileira).

a) de reconhecimento de nacionalidade originária pela lei estrangeira;
b) de imposição de naturalização, pela norma estrangeira, ao brasileiro residente em Estado estrangeiro, como condição para permanência em seu território ou para o exercício de direitos civis.

Art. 13. A língua portuguesa é o idioma oficial da República Federativa do Brasil.
§ 1º São símbolos da República Federativa do Brasil a bandeira, o hino, as armas e o selo nacionais.

- V. Lei 5.700/1971 (Símbolos nacionais).

§ 2º Os Estados, o Distrito Federal e os Municípios poderão ter símbolos próprios.

Capítulo IV
DOS DIREITOS POLÍTICOS

- V. art. 5º, LXXI, CF.
- ** V. art. XXI, Declaração Universal dos Direitos Humanos.
- ** V. art. 23, Dec. 678/1992 (Promulga a Convenção Americana sobre Direitos Humanos – Pacto de São José da Costa Rica).

Art. 14

Constituição Federal

Art. 14. A soberania popular será exercida pelo sufrágio universal e pelo voto direto e secreto, com valor igual para todos, e, nos termos da lei, mediante:

- V. Lei 4.737/1965 (Código Eleitoral).
- V. Lei 9.709/1998 (Regulamenta a execução do disposto nos incisos I, II e III do art. 14 da CF).

I – plebiscito;

- V. art. 18, §§ 3º e 4º, CF.
- V. arts. 1º, I, 2º, § 2º, 3º a 10 e 12, Lei 9.709/1998 (Regulamenta a execução do disposto nos incisos I, II e III do art. 14 da CF).

II – referendo;

- V. arts. 1º, II, 2º, § 2º, 3º, 6º, 8º e 10 a 12, Lei 9.709/1998 (Regulamenta a execução do disposto nos incisos I, II e III do art. 14 da CF).

III – iniciativa popular.

- V. art. 61, § 2º, CF.
- V. arts. 1º, III, 13 e 14, Lei 9.709/1998 (Regulamenta a execução do disposto nos incisos I, II e III do art. 14 da CF).

§ 1º O alistamento eleitoral e o voto são:

- V. arts. 42 a 81 e 133 a 156, Lei 4.737/1965 (Código Eleitoral).

I – obrigatórios para os maiores de dezoito anos;

- V. Lei 9.274/1996 (Anistia relativamente às eleições de 3 de outubro e de 15 de novembro dos anos de 1992 e 1994).

II – facultativos para:
a) os analfabetos;
b) os maiores de setenta anos;
c) os maiores de dezesseis e menores de dezoito anos.

§ 2º Não podem alistar-se como eleitores os estrangeiros e, durante o período do serviço militar obrigatório, os conscritos.

§ 3º São condições de elegibilidade, na forma da lei:
I – a nacionalidade brasileira;
II – o pleno exercício dos direitos políticos;

- V. art. 47, I, CP.

III – o alistamento eleitoral;
IV – o domicílio eleitoral na circunscrição;
V – a filiação partidária;

- V. Lei 9.096/1995 (Partidos políticos).
- V. Emenda Constitucional n. 91/2016 (Desfiliação partidária).

VI – a idade mínima de:
a) trinta e cinco anos para Presidente e Vice-Presidente da República e Senador;
b) trinta anos para Governador e Vice-Governador de Estado e do Distrito Federal;
c) vinte e um anos para Deputado Federal, Deputado Estadual ou Distrital, Prefeito, Vice-Prefeito e juiz de paz;
d) dezoito anos para Vereador.

- V. Dec.-lei 201/1967 (Responsabilidade de Prefeitos e Vereadores).

§ 4º São inelegíveis os inalistáveis e os analfabetos.

§ 5º O Presidente da República, os Governadores de Estado e do Distrito Federal, os Prefeitos e quem os houver sucedido ou substituído no curso dos mandatos poderão ser reeleitos para um único período subsequente.

- § 5º com redação determinada pela Emenda Constitucional n. 16/1997.

§ 6º Para concorrerem a outros cargos, o Presidente da República, os Governadores de Estado e do Distrito Federal e os Prefeitos devem renunciar aos respectivos mandatos até seis meses antes do pleito.

§ 7º São inelegíveis, no território de jurisdição do titular, o cônjuge e os parentes consanguíneos ou afins, até o segundo grau ou por adoção, do Presidente da República, de Governador de Estado ou Território, do Distrito Federal, de Prefeito ou de quem os haja substituído dentro dos seis meses anteriores ao pleito, salvo se já titular de mandato eletivo e candidato à reeleição.

- V. Súmula vinculante 18, STF.

§ 8º O militar alistável é elegível, atendidas as seguintes condições:
I – se contar menos de dez anos de serviço, deverá afastar-se da atividade;
II – se contar mais de dez anos de serviço, será agregado pela autoridade superior e, se eleito, passará automaticamente, no ato da diplomação, para a inatividade.

- V. art. 42, § 1º, CF.

§ 9º Lei complementar estabelecerá outros casos de inelegibilidade e os prazos de sua cessação, a fim de proteger a probidade administrativa, a moralidade para o exercício do mandato, considerada a vida pregressa do candidato, e a normalidade e legitimidade das eleições contra a influência do poder econômico ou o abuso do exercício de função, cargo ou emprego na administração direta ou indireta.

CONSTITUIÇÃO FEDERAL

- § 9º com redação determinada pela Emenda Constitucional de Revisão n. 4/1994.
- V. art. 37, § 4º, CF.
- V. LC 64/1990 (Inelegibilidades).
- V. LC 135/2010 (Altera a LC 64/1990).

§ 10. O mandato eletivo poderá ser impugnado ante a Justiça Eleitoral no prazo de quinze dias contados da diplomação, instruída a ação com provas de abuso do poder econômico, corrupção ou fraude.

§ 11. A ação de impugnação de mandato tramitará em segredo de justiça, respondendo o autor, na forma da lei, se temerária ou de manifesta má-fé.

Art. 15. É vedada a cassação de direitos políticos, cuja perda ou suspensão só se dará nos casos de:

- V. Lei 9.096/1995 (Partidos políticos).

I – cancelamento da naturalização por sentença transitada em julgado;
II – incapacidade civil absoluta;
III – condenação criminal transitada em julgado, enquanto durarem seus efeitos;

- V. art. 92, I, CP.

IV – recusa de cumprir obrigação a todos imposta ou prestação alternativa, nos termos do art. 5º, VIII;

- V. art. 143, CF.
- V. Lei 8.239/1991 (Prestação de serviço alternativo ao serviço militar).

V – improbidade administrativa, nos termos do art. 37, § 4º.

Art. 16. A lei que alterar o processo eleitoral entrará em vigor na data de sua publicação, não se aplicando à eleição que ocorra até 1 (um) ano da data de sua vigência.

- Artigo com redação determinada pela Emenda Constitucional n. 4/1993.
- V. Lei 9.504/1997 (Normas para as eleições).

Capítulo V
DOS PARTIDOS POLÍTICOS

Art. 17. É livre a criação, fusão, incorporação e extinção de partidos políticos, resguardados a soberania nacional, o regime democrático, o pluripartidarismo, os direitos fundamentais da pessoa humana e observados os seguintes preceitos:

- V. Lei 9.096/1995 (Partidos políticos).
- V. Lei 9.504/1997 (Normas para as eleições).
- V. Emenda Constitucional n. 91/2016 (Desfiliação partidária).

I – caráter nacional;
II – proibição de recebimento de recursos financeiros de entidade ou governo estrangeiros ou de subordinação a estes;
III – prestação de contas à Justiça Eleitoral;
IV – funcionamento parlamentar de acordo com a lei.

§ 1º É assegurada aos partidos políticos autonomia para definir sua estrutura interna, organização e funcionamento e para adotar os critérios de escolha e o regime de suas coligações eleitorais, sem obrigatoriedade de vinculação entre as candidaturas em âmbito nacional, estadual, distrital ou municipal, devendo seus estatutos estabelecer normas de disciplina e fidelidade partidária.

- § 1º com redação determinada pela Emenda Constitucional n. 52/2006.
- O STF, na ADIn 3.685-8 (DOU 31.03.2006 e DJU 10.08.2006), julgou procedente a ação "para fixar que o § 1º do artigo 17 da Constituição, com a redação dada pela Emenda Constitucional n. 52, de 8 de março de 2006, não se aplica às eleições de 2006, remanescendo aplicável à tal eleição a redação original do mesmo artigo".

§ 2º Os partidos políticos, após adquirirem personalidade jurídica, na forma da lei civil, registrarão seus estatutos no Tribunal Superior Eleitoral.

§ 3º Os partidos políticos têm direito a recursos do fundo partidário e acesso gratuito ao rádio e à televisão, na forma da lei.

- V. art. 241, Lei 4.737/1965 (Código Eleitoral).

§ 4º É vedada a utilização pelos partidos políticos de organização paramilitar.

TÍTULO III
DA ORGANIZAÇÃO DO ESTADO

Capítulo I
DA ORGANIZAÇÃO POLÍTICO-ADMINISTRATIVA

Art. 18. A organização político-administrativa da República Federativa do Brasil compreende a União, os Estados, o Distrito Federal e os Municípios, todos autônomos, nos termos desta Constituição.

§ 1º Brasília é a Capital Federal.
§ 2º Os Territórios Federais integram a União, e sua criação, transformação em Es-

tado ou reintegração ao Estado de origem serão reguladas em lei complementar.

§ 3º Os Estados podem incorporar-se entre si, subdividir-se ou desmembrar-se para se anexarem a outros, ou formarem novos Estados ou Territórios Federais, mediante aprovação da população diretamente interessada, através de plebiscito, e do Congresso Nacional, por lei complementar.

- V. arts. 3º e 4º, Lei 9.709/1998 (Regulamenta a execução do disposto nos incisos I, II e III do art. 14 da CF).

§ 4º A criação, a incorporação, a fusão e o desmembramento de Municípios far-se-ão por lei estadual, dentro do período determinado por lei complementar federal, e dependerão de consulta prévia, mediante plebiscito, às populações dos Municípios envolvidos, após divulgação dos Estudos de Viabilidade Municipal, apresentados e publicados na forma da lei.

- § 4º com redação determinada pela Emenda Constitucional n. 15/1996.
- V. art. 5º, Lei 9.709/1998 (Regulamenta a execução do disposto nos incisos I, II e III do art. 14 da CF).

Art. 19. É vedado à União, aos Estados, ao Distrito Federal e aos Municípios:

I – estabelecer cultos religiosos ou igrejas, subvencioná-los, embaraçar-lhes o funcionamento ou manter com eles ou seus representantes relações de dependência ou aliança, ressalvada, na forma da lei, a colaboração de interesse público;

II – recusar fé aos documentos públicos;

III – criar distinções entre brasileiros ou preferências entre si.

- V. art. 325, CLT.

Capítulo II
DA UNIÃO

Art. 20. São bens da União:

- V. art. 176, §§ 1º a 4º, CF.
- V. Dec.-lei 9.760/1946 (Bens imóveis da União).

I – os que atualmente lhe pertencem e os que lhe vierem a ser atribuídos;

- V. Súmula 650, STF.

II – as terras devolutas indispensáveis à defesa das fronteiras, das fortificações e construções militares, das vias federais de comunicação e à preservação ambiental, definidas em lei;

- V. Lei 4.504/1964 (Estatuto da Terra).
- V. Dec.-lei 227/1967 (Altera o Dec.-lei 1.985/1940).
- V. Dec.-lei 1.135/1970 (Organização, competência e funcionamento do Conselho de Segurança Nacional).
- V. Lei 6.383/1976 (Processo discriminatório de terras devolutas da União).
- V. Lei 6.431/1977 (Doação de porções de terras devolutas a Municípios incluídos na região da Amazônia Legal).
- V. Lei 6.442/1977 (Áreas de proteção para o funcionamento das estações radiogoniométricas de alta frequência do Ministério da Marinha e de radiomonitoragem do Ministério das Comunicações).
- V. Lei 6.634/1979 (Faixa de fronteira).
- V. Lei 6.925/1981 (Altera o Dec.-lei 1.414/1975).
- V. Lei 9.314/1996 (Altera o Dec.-lei 227/1967).
- V. Súmula 477, STF.

III – os lagos, rios e quaisquer correntes de água em terrenos de seu domínio, ou que banhem mais de um Estado, sirvam de limites com outros países, ou se estendam a território estrangeiro ou dele provenham, bem como os terrenos marginais e as praias fluviais;

- V. Dec. 1.265/1994 (Política marítima nacional).

IV – as ilhas fluviais e lacustres nas zonas limítrofes com outros países; as praias marítimas; as ilhas oceânicas e as costeiras, excluídas, destas, as que contenham a sede de Municípios, exceto aquelas áreas afetadas ao serviço público e a unidade ambiental federal, e as referidas no art. 26, II;

- Inciso IV com redação determinada pela Emenda Constitucional n. 46/2005.
- V. Dec. 1.265/1994 (Política marítima nacional).

V – os recursos naturais da plataforma continental e da zona econômica exclusiva;

- V. Lei 8.617/1993 (Mar territorial).
- V. Dec. 1.265/1994 (Política marítima nacional).

VI – o mar territorial;

- V. Lei 8.617/1993 (Mar territorial).
- V. Dec. 1.265/1994 (Política marítima nacional).

VII – os terrenos de marinha e seus acrescidos;

VIII – os potenciais de energia hidráulica;

IX – os recursos minerais, inclusive os do subsolo;

Constituição Federal

X – as cavidades naturais subterrâneas e os sítios arqueológicos e pré-históricos;
XI – as terras tradicionalmente ocupadas pelos índios.

- V. Súmula 650, STF.

§ 1º É assegurada, nos termos da lei, aos Estados, ao Distrito Federal e aos Municípios, bem como a órgãos da administração direta da União, participação no resultado da exploração de petróleo ou gás natural, de recursos hídricos para fins de geração de energia elétrica e de outros recursos minerais no respectivo território, plataforma continental, mar territorial ou zona econômica exclusiva, ou compensação financeira por essa exploração.

- V. art. 177, CF.
- V. Lei 7.990/1989 (Exploração de recursos energéticos e compensação financeira).
- V. Lei 8.001/1990 (Percentuais da distribuição da compensação da Lei 7.990/1989).
- V. Dec. 1/1991 (Pagamento da compensação financeira da Lei 7.990/1989).

§ 2º A faixa de até cento e cinquenta quilômetros de largura, ao longo das fronteiras terrestres, designada como faixa de fronteira, é considerada fundamental para defesa do território nacional, e sua ocupação e utilização serão reguladas em lei.

- V. Dec.-lei 1.135/1970 (Organização, competência e funcionamento do Conselho de Segurança Nacional).
- V. Lei 6.634/1979 (Faixa de fronteira).

Art. 21. Compete à União:

I – manter relações com Estados estrangeiros e participar de organizações internacionais;
II – declarar a guerra e celebrar a paz;
III – assegurar a defesa nacional;
IV – permitir, nos casos previstos em lei complementar, que forças estrangeiras transitem pelo território nacional ou nele permaneçam temporariamente;
V – decretar o estado de sítio, o estado de defesa e a intervenção federal;
VI – autorizar e fiscalizar a produção e o comércio de material bélico;
VII – emitir moeda;
VIII – administrar as reservas cambiais do País e fiscalizar as operações de natureza financeira, especialmente as de crédito, câmbio e capitalização, bem como as de seguros e de previdência privada;
IX – elaborar e executar planos nacionais e regionais de ordenação do território e de desenvolvimento econômico e social;

- V. Lei 9.491/1997 (Programa Nacional de Desestatização).

X – manter o serviço postal e o correio aéreo nacional;

- V. Lei 6.538/1978 (Serviços postais).

XI – explorar, diretamente ou mediante autorização, concessão ou permissão, os serviços de telecomunicações, nos termos da lei, que disporá sobre a organização dos serviços, a criação de um órgão regulador e outros aspectos institucionais;

- Inciso XI com redação determinada pela Emenda Constitucional n. 8/1995.
- V. art. 246, CF.
- V. Lei 9.295/1996 (Serviços de telecomunicações).
- V. Lei 9.472/1997 (Organização dos serviços de telecomunicações).

XII – explorar, diretamente ou mediante autorização, concessão ou permissão:

- V. Lei 4.117/1962 (Código Brasileiro de Telecomunicações).
- V. Dec. 2.196/1997 (Regulamento de Serviços Especiais).
- V. Dec. 2.197/1997 (Regulamento de Serviço Limitado).
- V. Dec. 2.198/1997 (Regulamento de Serviços Público-Restritos).

a) os serviços de radiodifusão sonora e de sons e imagens;

- Alínea a com redação determinada pela Emenda Constitucional n. 8/1995.
- V. art. 246, CF.
- V. Lei 9.472/1997 (Organização dos serviços de telecomunicações).

b) os serviços e instalações de energia elétrica e o aproveitamento energético dos cursos de água, em articulação com os Estados onde se situam os potenciais hidroenergéticos;

c) a navegação aérea, aeroespacial e a infraestrutura aeroportuária;

- V. Lei 7.565/1986 (Código Brasileiro de Aeronáutica).
- V. Lei 9.994/2000 (Programa de Desenvolvimento Científico e Tecnológico do Setor Espacial).

Art. 21

Constituição Federal

d) os serviços de transporte ferroviário e aquaviário entre portos brasileiros e fronteiras nacionais, ou que transponham os limites de Estado ou Território;

- V. Lei 9.277/1996 (Autoriza a União a delegar aos Municípios, Estados da Federação e ao Distrito Federal a administração e exploração de rodovias e portos federais).
- V. Lei 9.432/1997 (Transporte aquaviário).

e) os serviços de transporte rodoviário interestadual e internacional de passageiros;

f) os portos marítimos, fluviais e lacustres;

- V. Dec. 1.265/1994 (Política marítima nacional).

XIII – organizar e manter o Poder Judiciário, o Ministério Público do Distrito Federal e dos Territórios e a Defensoria Pública dos Territórios;

- Inciso XIII com redação determinada pela Emenda Constitucional n. 69/2012 (*DOU* 30.03.2012), em vigor na data de sua publicação, produzindo efeitos após decorridos 120 (cento e vinte) dias de sua publicação oficial (v. art. 4º, da referida EC).

XIV – organizar e manter a polícia civil, a polícia militar e o corpo de bombeiros militar do Distrito Federal, bem como prestar assistência financeira ao Distrito Federal para a execução de serviços públicos, por meio de fundo próprio;

- Inciso XIV com redação determinada pela Emenda Constitucional n. 19/1998.
- V. art. 25, Emenda Constitucional n. 19/1998.
- V. Súmula Vinculante 39, STF.
- V. Súmula 647, STF.

XV – organizar e manter os serviços oficiais de estatística, geografia, geologia e cartografia de âmbito nacional;

XVI – exercer a classificação, para efeito indicativo, de diversões públicas e de programas de rádio e televisão;

- V. art. 23, ADCT.

XVII – conceder anistia;

XVIII – planejar e promover a defesa permanente contra as calamidades públicas, especialmente as secas e as inundações;

XIX – instituir sistema nacional de gerenciamento de recursos hídricos e definir critérios de outorga de direitos de seu uso;

- V. Lei 9.433/1997 (Política Nacional de Recursos Hídricos e Sistema Nacional de Gerenciamento de Recursos Hídricos).

XX – instituir diretrizes para o desenvolvimento urbano, inclusive habitação, saneamento básico e transportes urbanos;

- V. Lei 11.445/2007 (Diretrizes nacionais para o saneamento básico).
- V. Lei 12.587/2012 (Política Nacional de Mobilidade Urbana).

XXI – estabelecer princípios e diretrizes para o sistema nacional de viação;

- V. Lei 12.379/2011 (Sistema Nacional de Viação – SNV).

XXII – executar os serviços de polícia marítima, aeroportuária e de fronteiras;

- Inciso XXII com redação determinada pela Emenda Constitucional n. 19/1998.
- V. Súmula Vinculante 36, STF.

XXIII – explorar os serviços e instalações nucleares de qualquer natureza e exercer monopólio estatal sobre a pesquisa, a lavra, o enriquecimento e reprocessamento, a industrialização e o comércio de minérios nucleares e seus derivados, atendidos os seguintes princípios e condições:

a) toda atividade nuclear em território nacional somente será admitida para fins pacíficos e mediante aprovação do Congresso Nacional;

b) sob regime de permissão, são autorizadas a comercialização e a utilização de radioisótopos para a pesquisa e usos médicos, agrícolas e industriais;

- Alínea *b* com redação determinada pela Emenda Constitucional n. 49/2006.

c) sob regime de permissão, são autorizadas a produção, comercialização e utilização de radioisótopos de meia-vida igual ou inferior a duas horas;

- Alínea *c* acrescentada pela Emenda Constitucional n. 49/2006.

d) a responsabilidade civil por danos nucleares independe da existência de culpa;

- Primitiva alínea *c* renumerada pela Emenda Constitucional n. 49/2006.
- V. Lei 9.425/1996 (Concessão de pensão especial às vítimas do acidente nuclear ocorrido em Goiânia).

XXIV – organizar, manter e executar a inspeção do trabalho;

- V. art. 174, CF.

XXV – estabelecer as áreas e as condições para o exercício da atividade de garimpagem, em forma associativa.

Constituição Federal

- V. Lei 11.685/2008 (Estatuto do Garimpeiro).

Art. 22. Compete privativamente à União legislar sobre:

I – direito civil, comercial, penal, processual, eleitoral, agrário, marítimo, aeronáutico, espacial e do trabalho;

- V. Lei 556/1850 (Código Comercial).
- V. Dec.-lei 2.848/1940 (Código Penal).
- V. Dec.-lei 3.689/1941 (Código de Processo Penal).
- V. Dec.-lei 5.452/1943 (Consolidação das Leis do Trabalho).
- V. Lei 4.504/1964 (Estatuto da Terra).
- V. Lei 4.737/1965 (Código Eleitoral).
- V. Lei 4.947/1966 (Fixa normas de direito agrário).
- V. Lei 7.565/1986 (Código Brasileiro de Aeronáutica).
- V. Dec. 1.265/1994 (Política marítima nacional).
- V. Lei 10.406/2002 (Código Civil).
- V. Lei 13.105/2015 (Código de Processo Civil).
- V. Súmula Vinculante 46, STF.
- V. Súmula 722, STF.
- •• V. Súmula vinculante 46, STF.

II – desapropriação;

- V. arts. 184 e 185, I e II, CF.
- V. art. 1.275, V, CC.
- V. Dec.-lei 3.365/1941 (Desapropriação por utilidade pública).
- V. Lei 4.132/1962 (Desapropriação por interesse social).
- V. Dec.-lei 1.075/1970 (Imissão de posse, *initio litis*, em imóveis residenciais urbanos).
- V. Lei 6.602/1978 (Desapropriação por utilidade pública – alterações).

III – requisições civis e militares, em caso de iminente perigo e em tempo de guerra;

IV – águas, energia, informática, telecomunicações e radiodifusão;

- V. Lei 4.117/1962 (Código Brasileiro de Telecomunicações).
- V. Lei 9.295/1996 (Serviços de telecomunicações).
- V. Dec. 2.196/1997 (Regulamento de Serviços Especiais).
- V. Dec. 2.197/1997 (Regulamento de Serviço Limitado).
- V. Dec. 2.198/1997 (Regulamento de Serviços Público-Restritos).
- V. Lei 9.984/2000 (Agência Nacional de Águas – ANA).

V – serviço postal;

- V. Lei 6.538/1978 (Serviços postais).

VI – sistema monetário e de medidas, títulos e garantias dos metais;

VII – política de crédito, câmbio, seguros e transferência de valores;

- V. Súmula vinculante 32, STF.

VIII – comércio exterior e interestadual;

IX – diretrizes da política nacional de transportes;

X – regime dos portos, navegação lacustre, fluvial, marítima, aérea e aeroespacial;

- V. Dec. 1.265/1994 (Política marítima nacional).
- V. Lei 9.277/1996 (Autoriza a União a delegar aos Municípios, Estados da Federação e ao Distrito Federal a administração e exploração de rodovias e portos federais).
- V. Lei 9.994/2000 (Programa de Desenvolvimento Científico e Tecnológico do Setor Espacial).

XI – trânsito e transporte;

- V. Lei 9.503/1997 (Código de Trânsito Brasileiro).

XII – jazidas, minas, outros recursos minerais e metalurgia;

XIII – nacionalidade, cidadania e naturalização;

- V. Lei 6.815/1980 (Estatuto do Estrangeiro).
- V. Dec. 86.715/1981 (Regulamenta a Lei 6.815/1980).

XIV – populações indígenas;

- V. art. 231, CF.
- V. Lei 6.001/1973 (Estatuto do Índio).

XV – emigração e imigração, entrada, extradição e expulsão de estrangeiros;

XVI – organização do sistema nacional de emprego e condições para o exercício de profissões;

XVII – organização judiciária, do Ministério Público do Distrito Federal e dos Territórios e da Defensoria Pública dos Territórios, bem como organização administrativa destes;

- Inciso XVII com redação determinada pela Emenda Constitucional n. 69/2012 (*DOU* 30.03.2012), em vigor na data de sua publicação, produzindo efeitos após decorridos 120 (cento e vinte) dias de sua publicação oficial (v. art. 4º, da referida EC).
- •• V. Súmula vinculante 39, STF.

XVIII – sistema estatístico, sistema cartográfico e de geologia nacionais;

XIX – sistemas de poupança, captação e garantia da poupança popular;

- V. Lei 8.177/1991 (Desindexação da economia).

XX – sistemas de consórcios e sorteios;

- V. Súmula vinculante 2, STF.

XXI – normas gerais de organização, efetivos, material bélico, garantias, convocação e mobilização das polícias militares e corpos de bombeiros militares;

XXII – competência da polícia federal e das polícias rodoviária e ferroviária federais;

XXIII – seguridade social;

Art. 23

CONSTITUIÇÃO FEDERAL

- V. Lei 8.212/1991 (Organização da Seguridade Social e Plano de Custeio).

XXIV – diretrizes e bases da educação nacional;

- V. Lei 9.394/1996 (Diretrizes e bases da educação nacional).

XXV – registros públicos;

- V. Lei 6.015/1973 (Lei de Registros Públicos).

XXVI – atividades nucleares de qualquer natureza;

XXVII – normas gerais de licitação e contratação, em todas as modalidades, para as administrações públicas diretas, autárquicas e fundacionais da União, Estados, Distrito Federal e Municípios, obedecido o disposto no art. 37, XXI, e para as empresas públicas e sociedades de economia mista, nos termos do art. 173, § 1º, III;

- Inciso XXVII com redação determinada pela Emenda Constitucional n. 19/1998.
- V. art. 37, XXI, CF.
- V. Lei 8.666/1993 (Lei de Licitações).

XXVIII – defesa territorial, defesa aeroespacial, defesa marítima, defesa civil e mobilização nacional;

- V. Dec. 7.257/2010 (Sistema Nacional de Defesa Civil – Sindec).

XXIX – propaganda comercial.

- V. Lei 8.078/1990 (Código de Defesa do Consumidor).

Parágrafo único. Lei complementar poderá autorizar os Estados a legislar sobre questões específicas das matérias relacionadas neste artigo.

Art. 23. É competência comum da União, dos Estados, do Distrito Federal e dos Municípios:

I – zelar pela guarda da Constituição, das leis e das instituições democráticas e conservar o patrimônio público;

II – cuidar da saúde e assistência pública, da proteção e garantia das pessoas portadoras de deficiência;

- V. art. 203, V, CF.

III – proteger os documentos, as obras e outros bens de valor histórico, artístico e cultural, os monumentos, as paisagens naturais notáveis e os sítios arqueológicos;

- V. LC 140/2011 (Ações de cooperação para a proteção do meio ambiente).

IV – impedir a evasão, a destruição e a descaracterização de obras de arte e de outros bens de valor histórico, artístico e cultural;

V – proporcionar os meios de acesso à cultura, à educação, à ciência, à tecnologia, à pesquisa e à inovação;

- Inciso V com redação determinada pela Emenda Constitucional n. 85/2015.

VI – proteger o meio ambiente e combater a poluição em qualquer de suas formas;

- V. Lei 6.938/1981 (Política nacional do meio ambiente).
- V. Lei 9.605/1998 (Lei de Crimes Ambientais).
- V. Dec. 6.514/2008 (Infrações e sanções administrativas ao meio ambiente, e processo administrativo federal para apuração destas infrações).
- V. LC 140/2011 (Ações de cooperação para a proteção do meio ambiente).

VII – preservar as florestas, a fauna e a flora;

- V. Lei 5.197/1967 (Código de Caça).
- V. Dec.-lei 221/1967 (Código de Pesca).
- V. LC 140/2011 (Ações de cooperação para a proteção do meio ambiente).
- V. Emenda Constitucional n. 91/2016 (Desfiliação partidária).

VIII – fomentar a produção agropecuária e organizar o abastecimento alimentar;

IX – promover programas de construção de moradias e a melhoria das condições habitacionais e de saneamento básico;

- V. Lei 11.445/2007 (Diretrizes nacionais para o saneamento básico).

X – combater as causas da pobreza e os fatores de marginalização, promovendo a integração social dos setores desfavorecidos;

- V. Emenda Constitucional n. 31/2000 (Fundo de Combate e Erradicação da Pobreza).

XI – registrar, acompanhar e fiscalizar as concessões de direitos de pesquisa e exploração de recursos hídricos e minerais em seus territórios;

XII – estabelecer e implantar política de educação para a segurança do trânsito.

Parágrafo único. Leis complementares fixarão normas para a cooperação entre a União e os Estados, o Distrito Federal e os Municípios, tendo em vista o equilíbrio do desenvolvimento e do bem-estar em âmbito nacional.

- Parágrafo único com redação determinada pela Emenda Constitucional n. 53/2006.

Art. 24. Compete à União, aos Estados e ao Distrito Federal legislar concorrentemente sobre:

I – direito tributário, financeiro, penitenciário, econômico e urbanístico;

Constituição Federal

- V. Lei 4.320/1964 (Lei de Orçamentos).
- V. Lei 5.172/1966 (Código Tributário Nacional).
- V. Lei 7.210/1984 (Lei de Execução Penal).

II – orçamento;
III – juntas comerciais;

- V. Lei 8.934/1994 (Registro público de empresas mercantis).
- V. Dec. 1.800/1996 (Regulamenta a Lei 8.934/1994).

IV – custas dos serviços forenses;

- V. Lei 9.289/1996 (Custas na Justiça Federal).

V – produção e consumo;
VI – florestas, caça, pesca, fauna, conservação da natureza, defesa do solo e dos recursos naturais, proteção do meio ambiente e controle da poluição;

- V. Lei 5.197/1967 (Código de Caça).
- V. Dec.-lei 221/1967 (Código de Pesca).
- V. Lei 9.605/1998 (Lei de Crimes Ambientais).
- V. Lei 9.795/1999 (Educação ambiental).
- V. Dec. 6.514/2008 (Infrações e sanções administrativas ao meio ambiente, e processo administrativo federal para apuração destas infrações).
- V. Lei 12.651/2012 (Novo Código Florestal).

VII – proteção ao patrimônio histórico, cultural, artístico, turístico e paisagístico;
VIII – responsabilidade por dano ao meio ambiente, ao consumidor, a bens e direitos de valor artístico, estético, histórico, turístico e paisagístico;

- V. Lei 7.347/1985 (Ação civil pública).
- V. Lei 8.625/1993 (Lei Orgânica Nacional do Ministério Público).
- V. Dec. 6.514/2008 (Infrações e sanções administrativas ao meio ambiente, e processo administrativo federal para apuração destas infrações).

IX – educação, cultura, ensino, desporto, ciência, tecnologia, pesquisa, desenvolvimento e inovação;

- Inciso IX com redação determinada pela Emenda Constitucional n. 85/2015.

X – criação, funcionamento e processo do juizado de pequenas causas;

- V. art. 98, I, CF.
- V. Lei 9.099/1995 (Juizados Especiais Cíveis e Criminais).

XI – procedimentos em matéria processual;

- V. art. 98, I, CF.
- V. Lei 9.099/1995 (Juizados Especiais Cíveis e Criminais).

XII – previdência social, proteção e defesa da saúde;

- V. Lei 9.273/1996 (Torna obrigatória a inclusão de dispositivo de segurança que impeça a reutilização das seringas descartáveis).

XIII – assistência jurídica e defensoria pública;

- V. Lei 1.060/1950 (Assistência judiciária).

XIV – proteção e integração social das pessoas portadoras de deficiência;

- V. art. 203, V, CF.

XV – proteção à infância e à juventude;

- V. Lei 8.069/1990 (Estatuto da Criança e do Adolescente).

XVI – organização, garantias, direitos e deveres das polícias civis.

§ 1º No âmbito da legislação concorrente, a competência da União limitar-se-á a estabelecer normas gerais.

§ 2º A competência da União para legislar sobre normas gerais não exclui a competência suplementar dos Estados.

§ 3º Inexistindo lei federal sobre normas gerais, os Estados exercerão a competência legislativa plena, para atender a suas peculiaridades.

§ 4º A superveniência de lei federal sobre normas gerais suspende a eficácia da lei estadual, no que lhe for contrário.

Capítulo III
DOS ESTADOS FEDERADOS

Art. 25. Os Estados organizam-se e regem-se pelas Constituições e leis que adotarem, observados os princípios desta Constituição.

- V. Súmula Vinculante 42, STF.

§ 1º São reservadas aos Estados as competências que não lhes sejam vedadas por esta Constituição.

- V. art. 19, CF.

§ 2º Cabe aos Estados explorar diretamente, ou mediante concessão, os serviços locais de gás canalizado, na forma da lei, vedada a edição de medida provisória para a sua regulamentação.

- § 2º com redação determinada pela Emenda Constitucional n. 5/1995.
- V. art. 246, CF.
- V. Lei 9.478/1997 (Política energética nacional e atividades relativas ao monopólio do petróleo).

§ 3º Os Estados poderão, mediante lei complementar, instituir regiões metropolitanas, aglomerações urbanas e microrregiões,

Art. 26

constituídas por agrupamentos de municípios limítrofes, para integrar a organização, o planejamento e a execução de funções públicas de interesse comum.

Art. 26. Incluem-se entre os bens dos Estados:

I – as águas superficiais ou subterrâneas, fluentes, emergentes e em depósito, ressalvadas, neste caso, na forma da lei, as decorrentes de obras da União;

- V. art. 29, Dec. 24.643/1934 (Código das Águas).
- V. Lei 9.984/2000 (Agência Nacional de Águas – ANA).

II – as áreas, nas ilhas oceânicas e costeiras, que estiverem no seu domínio, excluídas aquelas sob domínio da União, Municípios ou terceiros;

III – as ilhas fluviais e lacustres não pertencentes à União;

IV – as terras devolutas não compreendidas entre as da União.

Art. 27. O número de Deputados à Assembleia Legislativa corresponderá ao triplo da representação do Estado na Câmara dos Deputados e, atingindo o número de trinta e seis, será acrescido de tantos quantos forem os Deputados Federais acima de doze.

- V. art. 32, CF.

§ 1º Será de quatro anos o mandato dos Deputados Estaduais, aplicando-se-lhes as regras desta Constituição sobre sistema eleitoral, inviolabilidade, imunidades, remuneração, perda de mandato, licença, impedimentos e incorporação às Forças Armadas.

§ 2º O subsídio dos Deputados Estaduais será fixado por lei de iniciativa da Assembleia Legislativa, na razão de, no máximo, setenta e cinco por cento daquele estabelecido, em espécie, para os Deputados Federais, observado o que dispõem os arts. 39, § 4º, 57, § 7º, 150, II, 153, III, e 153, § 2º, I.

- § 2º com redação determinada pela Emenda Constitucional n. 19/1998.

§ 3º Compete às Assembleias Legislativas dispor sobre seu regimento interno, polícia e serviços administrativos de sua secretaria, e prover os respectivos cargos.

§ 4º A lei disporá sobre a iniciativa popular no processo legislativo estadual.

- V. art. 6º, Lei 9.709/1998 (Regulamenta a execução do disposto nos incisos I, II e III do art. 14 da CF).

Art. 28. A eleição do Governador e do Vice-Governador de Estado, para mandato de quatro anos, realizar-se-á no primeiro domingo de outubro, em primeiro turno, e no último domingo de outubro, em segundo turno, se houver, do ano anterior ao do término do mandato de seus antecessores, e a posse ocorrerá em primeiro de janeiro do ano subsequente, observado, quanto ao mais, o disposto no art. 77.

- *Caput* com redação determinada pela Emenda Constitucional n. 16/1997.

§ 1º Perderá o mandato o Governador que assumir outro cargo ou função na administração pública direta ou indireta, ressalvada a posse em virtude de concurso público e observado o disposto no art. 38, I, IV e V.

- Primitivo parágrafo único renumerado pela Emenda Constitucional n. 19/1998.
- V. art. 29, XIV, CF.

§ 2º Os subsídios do Governador, do Vice-Governador e dos Secretários de Estado serão fixados por lei de iniciativa da Assembleia Legislativa, observado o que dispõem os arts. 37, XI, 39, § 4º, 150, II, 153, III, e 153, § 2º, I.

- § 2º acrescentado pela Emenda Constitucional n. 19/1998.

Capítulo IV
DOS MUNICÍPIOS

Art. 29. O Município reger-se-á por lei orgânica, votada em dois turnos, com o interstício mínimo de dez dias, e aprovada por dois terços dos membros da Câmara Municipal, que a promulgará, atendidos os princípios estabelecidos nesta Constituição, na Constituição do respectivo Estado e os seguintes preceitos:

- V. Súmula Vinculante 42, STF.

I – eleição do Prefeito, do Vice-Prefeito e dos Vereadores, para mandato de quatro anos, mediante pleito direto e simultâneo realizado em todo o País;

II – eleição do Prefeito e do Vice-Prefeito realizada no primeiro domingo de outubro do ano anterior ao término do mandato dos que devam suceder, aplicadas as regras do

Art. 29

CONSTITUIÇÃO FEDERAL

art. 77 no caso de Municípios com mais de duzentos mil eleitores;

- Inciso II com redação determinada pela Emenda Constitucional n. 16/1997.

III – posse do Prefeito e do Vice-Prefeito no dia 1º de janeiro do ano subsequente ao da eleição;

IV – para a composição das Câmaras Municipais, será observado o limite máximo de:

- Inciso IV com redação determinada pela Emenda Constitucional n. 58/2009 (DOU 24.09.2009), em vigor na data de sua promulgação, produzindo efeitos a partir do processo eleitoral de 2008 (v. art. 3º, I, da referida EC).
- O STF, na Med. Caut. em ADIn 4.307-2 (DJE 08.10.2009, divulgado em 07.10.2009), deferiu medida cautelar com efeito ex tunc, ad referendum do Plenário, para sustar os efeitos do inciso I do art. 3º da EC n. 58/2009. A cautelar concedida foi referendada pelo Tribunal (DOU e DJE 27.11.2009). O STF, na ADIn 4.307 (DOU e DJE 23.04.2013), julgou procedente a ação direta.

a) 9 (nove) Vereadores, nos Municípios de até 15.000 (quinze mil) habitantes;

b) 11 (onze) Vereadores, nos Municípios de mais de 15.000 (quinze mil) habitantes e de até 30.000 (trinta mil) habitantes;

c) 13 (treze) Vereadores, nos Municípios com mais de 30.000 (trinta mil) habitantes e de até 50.000 (cinquenta mil) habitantes;

d) 15 (quinze) Vereadores, nos Municípios de mais de 50.000 (cinquenta mil) habitantes e de até 80.000 (oitenta mil) habitantes;

e) 17 (dezessete) Vereadores, nos Municípios de mais de 80.000 (oitenta mil) habitantes e de até 120.000 (cento e vinte mil) habitantes;

f) 19 (dezenove) Vereadores, nos Municípios de mais de 120.000 (cento e vinte mil) habitantes e de até 160.000 (cento e sessenta mil) habitantes;

g) 21 (vinte e um) Vereadores, nos Municípios de mais de 160.000 (cento e sessenta mil) habitantes e de até 300.000 (trezentos mil) habitantes;

h) 23 (vinte e três) Vereadores, nos Municípios de mais de 300.000 (trezentos mil) habitantes e de até 450.000 (quatrocentos e cinquenta mil) habitantes;

i) 25 (vinte e cinco) Vereadores, nos Municípios de mais de 450.000 (quatrocentos e cinquenta mil) habitantes e de até 600.000 (seiscentos mil) habitantes;

j) 27 (vinte e sete) Vereadores, nos Municípios de mais de 600.000 (seiscentos mil) habitantes e de até 750.000 (setecentos e cinquenta mil) habitantes;

k) 29 (vinte e nove) Vereadores, nos Municípios de mais de 750.000 (setecentos e cinquenta mil) habitantes e de até 900.000 (novecentos mil) habitantes;

l) 31 (trinta e um) Vereadores, nos Municípios de mais de 900.000 (novecentos mil) habitantes e de até 1.050.000 (um milhão e cinquenta mil) habitantes;

m) 33 (trinta e três) Vereadores, nos Municípios de mais de 1.050.000 (um milhão e cinquenta mil) habitantes e de até 1.200.000 (um milhão e duzentos mil) habitantes;

n) 35 (trinta e cinco) Vereadores, nos Municípios de mais de 1.200.000 (um milhão e duzentos mil) habitantes e de até 1.350.000 (um milhão e trezentos e cinquenta mil) habitantes;

o) 37 (trinta e sete) Vereadores, nos Municípios de 1.350.000 (um milhão e trezentos e cinquenta mil) habitantes e de até 1.500.000 (um milhão e quinhentos mil) habitantes;

p) 39 (trinta e nove) Vereadores, nos Municípios de mais de 1.500.000 (um milhão e quinhentos mil) habitantes e de até 1.800.000 (um milhão e oitocentos mil) habitantes;

q) 41 (quarenta e um) Vereadores, nos Municípios de mais de 1.800.000 (um milhão e oitocentos mil) habitantes e de até 2.400.000 (dois milhões e quatrocentos mil) habitantes;

r) 43 (quarenta e três) Vereadores, nos Municípios de mais de 2.400.000 (dois milhões e quatrocentos mil) habitantes e de até 3.000.000 (três milhões) de habitantes;

s) 45 (quarenta e cinco) Vereadores, nos Municípios de mais de 3.000.000 (três milhões) de habitantes e de até 4.000.000 (quatro milhões) de habitantes;

t) 47 (quarenta e sete) Vereadores, nos Municípios de mais de 4.000.000 (quatro milhões) de habitantes e de até 5.000.000 (cinco milhões) de habitantes;

u) 49 (quarenta e nove) Vereadores, nos Municípios de mais de 5.000.000 (cinco mi-

lhões) de habitantes e de até 6.000.000 (seis milhões) de habitantes;
v) 51 (cinquenta e um) Vereadores, nos Municípios de mais de 6.000.000 (seis milhões) de habitantes e de até 7.000.000 (sete milhões) de habitantes;
w) 53 (cinquenta e três) Vereadores, nos Municípios de mais de 7.000.000 (sete milhões) de habitantes e de até 8.000.000 (oito milhões) de habitantes; e
x) 55 (cinquenta e cinco) Vereadores, nos Municípios de mais de 8.000.000 (oito milhões) de habitantes;
V – subsídios do Prefeito, do Vice-Prefeito e dos Secretários Municipais fixados por lei de iniciativa da Câmara Municipal, observado o que dispõem os arts. 37, XI, 39, § 4º, 150, II, 153, III, e 153, § 2º, I;

• Inciso V com redação determinada pela Emenda Constitucional n. 19/1998.

VI – o subsídio dos Vereadores será fixado pelas respectivas Câmaras Municipais em cada legislatura para a subsequente, observado o que dispõe esta Constituição, observados os critérios estabelecidos na respectiva Lei Orgânica e os seguintes limites máximos:

• Inciso VI com redação determinada pela Emenda Constitucional n. 25/2000 (*DOU* 15.02.2000), em vigor em 1º.01.2001.

a) em Municípios de até dez mil habitantes, o subsídio máximo dos Vereadores corresponderá a vinte por cento do subsídio dos Deputados Estaduais;
b) em Municípios de dez mil e um a cinquenta mil habitantes, o subsídio máximo dos Vereadores corresponderá a trinta por cento do subsídio dos Deputados Estaduais;
c) em Municípios de cinquenta mil e um a cem mil habitantes, o subsídio máximo dos Vereadores corresponderá a quarenta por cento do subsídio dos Deputados Estaduais;
d) em Municípios de cem mil e um a trezentos mil habitantes, o subsídio máximo dos Vereadores corresponderá a cinquenta por cento do subsídio dos Deputados Estaduais;
e) em Municípios de trezentos mil e um a quinhentos mil habitantes, o subsídio máximo dos Vereadores corresponderá a sessenta por cento do subsídio dos Deputados Estaduais;
f) em Municípios de mais de quinhentos mil habitantes, o subsídio máximo dos Vereadores corresponderá a setenta e cinco por cento do subsídio dos Deputados Estaduais;
VII – o total da despesa com a remuneração dos Vereadores não poderá ultrapassar o montante de cinco por cento da receita do município;

• Inciso VII acrescentado pela Emenda Constitucional n. 1/1992.

VIII – inviolabilidade dos Vereadores por suas opiniões, palavras e votos no exercício do mandato e na circunscrição do Município;

• Primitivo inciso VI renumerado pela Emenda Constitucional n. 1/1992.

IX – proibições e incompatibilidades, no exercício da vereança, similares, no que couber, ao disposto nesta Constituição para os membros do Congresso Nacional e, na Constituição do respectivo Estado, para os membros da Assembleia Legislativa;

• Primitivo inciso VII renumerado pela Emenda Constitucional n. 1/1992.

X – julgamento do Prefeito perante o Tribunal de Justiça;

• Primitivo inciso VIII renumerado pela Emenda Constitucional n. 1/1992.
• V. Dec.-lei 201/1967 (Responsabilidade de Prefeitos e Vereadores).
• V. Súmulas 702 e 703, STF.

XI – organização das funções legislativas e fiscalizadoras da Câmara Municipal;

• Primitivo inciso IX renumerado pela Emenda Constitucional n. 1/1992.

XII – cooperação das associações representativas no planejamento municipal;

• Primitivo inciso X renumerado pela Emenda Constitucional n. 1/1992.

XIII – iniciativa popular de projetos de lei de interesse específico do Município, da cidade ou de bairros, através de manifestação de, pelo menos, cinco por cento do eleitorado;

• Primitivo inciso XI renumerado pela Emenda Constitucional n. 1/1992.

XIV – perda do mandato do Prefeito, nos termos do art. 28, parágrafo único.

• Primitivo inciso XII renumerado pela Emenda Constitucional n. 1/1992.
• A Emenda Constitucional n. 19/1998 transformou o parágrafo único do art. 28 em § 1º.

Art. 30

Constituição Federal

Art. 29-A. O total da despesa do Poder Legislativo Municipal, incluídos os subsídios dos Vereadores e excluídos os gastos com inativos, não poderá ultrapassar os seguintes percentuais, relativos ao somatório da receita tributária e das transferências previstas no § 5º do art. 153 e nos arts. 158 e 159, efetivamente realizado no exercício anterior:

- *Caput* acrescentado pela Emenda Constitucional n. 25/2000 (*DOU* 15.02.2000), em vigor em 1º.01.2001.

I – 7% (sete por cento) para Municípios com população de até 100.000 (cem mil) habitantes;

- Inciso I com redação determinada pela Emenda Constitucional n. 58/2009 (*DOU* 24.09.2009), em vigor na data de sua promulgação, produzindo efeitos a partir de 1º de janeiro do ano subsequente ao da promulgação desta Emenda (v. art. 3º, II, da referida EC).

II – 6% (seis por cento) para Municípios com população entre 100.000 (cem mil) e 300.000 (trezentos mil) habitantes;

- Inciso II com redação determinada pela Emenda Constitucional n. 58/2009 (*DOU* 24.09.2009), em vigor na data de sua promulgação, produzindo efeitos a partir de 1º de janeiro do ano subsequente ao da promulgação desta Emenda (v. art. 3º, II, da referida EC).

III – 5% (cinco por cento) para Municípios com população entre 300.001 (trezentos mil e um) e 500.000 (quinhentos mil) habitantes;

- Inciso III com redação determinada pela Emenda Constitucional n. 58/2009 (*DOU* 24.09.2009), em vigor na data de sua promulgação, produzindo efeitos a partir de 1º de janeiro do ano subsequente ao da promulgação desta Emenda (v. art. 3º, II, da referida EC).

IV – 4,5% (quatro inteiros e cinco décimos por cento) para Municípios com população entre 500.001 (quinhentos mil e um) e 3.000.000 (três milhões) de habitantes;

- Inciso IV com redação determinada pela Emenda Constitucional n. 58/2009 (*DOU* 24.09.2009), em vigor na data de sua promulgação, produzindo efeitos a partir de 1º de janeiro do ano subsequente ao da promulgação desta Emenda (v. art. 3º, II, da referida EC).

V – 4% (quatro por cento) para Municípios com população entre 3.000.001 (três milhões e um) e 8.000.000 (oito milhões) de habitantes;

- Inciso V acrescentado pela Emenda Constitucional n. 58/2009 (*DOU* 24.09.2009), em vigor na data de sua promulgação, produzindo efeitos a partir de 1º de janeiro do ano subsequente ao da promulgação desta Emenda (v. art. 3º, II, da referida EC).

VI – 3,5% (três inteiros e cinco décimos por cento) para Municípios com população acima de 8.000.001 (oito milhões e um) habitantes.

- Inciso VI acrescentado pela Emenda Constitucional n. 58/2009 (*DOU* 24.09.2009), em vigor na data de sua promulgação, produzindo efeitos a partir de 1º de janeiro do ano subsequente ao da promulgação desta Emenda (v. art. 3º, II, da referida EC).

§ 1º A Câmara Municipal não gastará mais de setenta por cento de sua receita com folha de pagamento, incluído o gasto com o subsídio de seus Vereadores.

- § 1º acrescentado pela Emenda Constitucional n. 25/2000 (*DOU* 15.02.2000), em vigor em 1º.01.2001.

§ 2º Constitui crime de responsabilidade do Prefeito Municipal:

- § 2º acrescentado pela Emenda Constitucional n. 25/2000 (*DOU* 15.02.2000), em vigor em 1º.01.2001.

I – efetuar repasse que supere os limites definidos neste artigo;
II – não enviar o repasse até o dia vinte de cada mês; ou
III – enviá-lo a menor em relação à proporção fixada na Lei Orçamentária.

§ 3º Constitui crime de responsabilidade do Presidente da Câmara Municipal o desrespeito ao § 1º deste artigo.

- § 3º acrescentado pela Emenda Constitucional n. 25/2000 (*DOU* 15.02.2000), em vigor em 1º.01.2001.

Art. 30. Compete aos Municípios:
I – legislar sobre assuntos de interesse local;

- V. Súmulas Vinculantes 38 e 42, STF.
- V. Súmula 645, STF.

II – suplementar a legislação federal e a estadual no que couber;
III – instituir e arrecadar os tributos de sua competência, bem como aplicar suas rendas, sem prejuízo da obrigatoriedade de prestar contas e publicar balancetes nos prazos fixados em lei;

- V. art. 156, CF.

IV – criar, organizar e suprimir distritos, observada a legislação estadual;

V – organizar e prestar, diretamente ou sob regime de concessão ou permissão, os serviços públicos de interesse local, incluído o de transporte coletivo, que tem caráter essencial;

•• V. Lei 8.987/1995 (Concessão e permissão da prestação de serviços públicos).

VI – manter, com a cooperação técnica e financeira da União e do Estado, programas de educação infantil e de ensino fundamental;

- Inciso VI com redação determinada pela Emenda Constitucional n. 53/2006.

VII – prestar, com cooperação técnica e financeira da União e do Estado, serviços de atendimento à saúde da população;

VIII – promover, no que couber, adequado ordenamento territorial, mediante planejamento e controle do uso, do parcelamento e da ocupação do solo urbano;

- V. art. 182, CF.

IX – promover a proteção do patrimônio histórico-cultural local, observada a legislação e a ação fiscalizadora federal e estadual.

Art. 31. A fiscalização do Município será exercida pelo Poder Legislativo Municipal, mediante controle externo, e pelos sistemas de controle interno do Poder Executivo Municipal, na forma da lei.

§ 1º O controle externo da Câmara Municipal será exercido com o auxílio dos Tribunais de Contas dos Estados ou do Município ou dos Conselhos ou Tribunais de Contas dos Municípios, onde houver.

§ 2º O parecer prévio, emitido pelo órgão competente sobre as contas que o Prefeito deve anualmente prestar, só deixará de prevalecer por decisão de dois terços dos membros da Câmara Municipal.

§ 3º As contas dos Municípios ficarão, durante sessenta dias, anualmente, à disposição de qualquer contribuinte, para exame e apreciação, o qual poderá questionar-lhes a legitimidade, nos termos da lei.

§ 4º É vedada a criação de Tribunais, Conselhos ou órgãos de Contas Municipais.

Capítulo V
DO DISTRITO FEDERAL E DOS TERRITÓRIOS

Seção I
Do Distrito Federal

- A Lei Orgânica do Distrito Federal foi publicada no Diário da Câmara Legislativa do DF, de 08.06.1993 (suplemento especial).

Art. 32. O Distrito Federal, vedada sua divisão em Municípios, reger-se-á por lei orgânica, votada em dois turnos com interstício mínimo de dez dias, e aprovada por dois terços da Câmara Legislativa, que a promulgará, atendidos os princípios estabelecidos nesta Constituição.

§ 1º Ao Distrito Federal são atribuídas as competências legislativas reservadas aos Estados e Municípios.

- V. Súmula 642, STF.

§ 2º A eleição do Governador e do Vice-Governador, observadas as regras do art. 77, e dos Deputados Distritais coincidirá com a dos Governadores e Deputados Estaduais, para mandato de igual duração.

§ 3º Aos Deputados Distritais e à Câmara Legislativa aplica-se o disposto no art. 27.

§ 4º Lei federal disporá sobre a utilização, pelo Governo do Distrito Federal, das polícias civil e militar e do corpo de bombeiros militar.

- V. Dec.-lei 667/1969 (Polícias militares e corpos de bombeiros militares dos Estados, dos Territórios e do Distrito Federal).
- V. Lei 6.450/1977 (Organização básica da polícia militar do Distrito Federal).
- V. Lei 7.289/1984 (Estatuto dos Policiais Militares da Polícia Militar do Distrito Federal).
- V. Lei 7.479/1986 (Estatuto dos Bombeiros Militares do Corpo de Bombeiros do Distrito Federal).

Seção II
Dos Territórios

Art. 33. A lei disporá sobre a organização administrativa e judiciária dos Territórios.

- V. Lei 11.697/2008 (Organização judiciária do Distrito Federal e dos Territórios).

§ 1º Os Territórios poderão ser divididos em Municípios, aos quais se aplicará, no que couber, o disposto no Capítulo IV deste Título.

Constituição Federal

§ 2º As contas do Governo do Território serão submetidas ao Congresso Nacional, com parecer prévio do Tribunal de Contas da União.

§ 3º Nos Territórios Federais com mais de cem mil habitantes, além do Governador nomeado na forma desta Constituição, haverá órgãos judiciários de primeira e segunda instância, membros do Ministério Público e defensores públicos federais; a lei disporá sobre as eleições para a Câmara Territorial e sua competência deliberativa.

Capítulo VI
DA INTERVENÇÃO

Art. 34. A União não intervirá nos Estados nem no Distrito Federal, exceto para:

I – manter a integridade nacional;

- V. art. 1º, CF.

II – repelir invasão estrangeira ou de uma unidade da Federação em outra;

III – pôr termo a grave comprometimento da ordem pública;

IV – garantir o livre exercício de qualquer dos Poderes nas unidades da Federação;

- V. art. 36, I, CF.

V – reorganizar as finanças da unidade da Federação que:

a) suspender o pagamento da dívida fundada por mais de dois anos consecutivos, salvo motivo de força maior;

b) deixar de entregar aos Municípios receitas tributárias fixadas nesta Constituição, dentro dos prazos estabelecidos em lei;

- V. art. 10, LC 63/1990 (Critérios e prazos de crédito das parcelas do produto da arrecadação de impostos de competência dos Estados e de transferências por estes recebidas pertencentes aos Municípios).

VI – prover a execução de lei federal, ordem ou decisão judicial;

- V. art. 36, § 3º, CF.
- V. Súmula 637, STF.

VII – assegurar a observância dos seguintes princípios constitucionais:

- V. art. 36, III e § 3º, CF.

a) forma republicana, sistema representativo e regime democrático;

b) direitos da pessoa humana;

c) autonomia municipal;

d) prestação de contas da administração pública, direta e indireta;

e) aplicação do mínimo exigido da receita resultante de impostos estaduais, compreendida a proveniente de transferências, na manutenção e desenvolvimento do ensino e nas ações e serviços públicos de saúde.

- Alínea e acrescentada pela Emenda Constitucional n. 29/2000.

Art. 35. O Estado não intervirá em seus Municípios, nem a União nos Municípios localizados em Território Federal, exceto quando:

I – deixar de ser paga, sem motivo de força maior, por dois anos consecutivos, a dívida fundada;

II – não forem prestadas contas devidas, na forma da lei;

III – não tiver sido aplicado o mínimo exigido da receita municipal na manutenção e desenvolvimento do ensino e nas ações e serviços públicos de saúde;

- Inciso III com redação determinada pela Emenda Constitucional n. 29/2000.

IV – o Tribunal de Justiça der provimento a representação para assegurar a observância de princípios indicados na Constituição Estadual, ou para prover a execução de lei, de ordem ou de decisão judicial.

Art. 36. A decretação da intervenção dependerá:

I – no caso do art. 34, IV, de solicitação do Poder Legislativo ou do Poder Executivo coacto ou impedido, ou de requisição do Supremo Tribunal Federal, se a coação for exercida contra o Poder Judiciário;

II – no caso de desobediência a ordem ou decisão judiciária, de requisição do Supremo Tribunal Federal, do Superior Tribunal de Justiça ou do Tribunal Superior Eleitoral;

III – de provimento, pelo Supremo Tribunal Federal, de representação do Procurador-Geral da República, na hipótese do art. 34, VII, e no caso de recusa à execução de lei federal.

- Inciso III com redação determinada pela Emenda Constitucional n. 45/2004.
- V. Lei 12.562/2011 (Regulamenta o inciso III do art. 36 da CF).

IV – *(Revogado pela Emenda Constitucional n. 45/2004.)*

Art. 37

CONSTITUIÇÃO FEDERAL

§ 1º O decreto de intervenção, que especificará a amplitude, o prazo e as condições de execução e que, se couber, nomeará o interventor, será submetido à apreciação do Congresso Nacional ou da Assembleia Legislativa do Estado, no prazo de vinte e quatro horas.

§ 2º Se não estiver funcionando o Congresso Nacional ou a Assembleia Legislativa, far-se-á convocação extraordinária, no mesmo prazo de vinte e quatro horas.

§ 3º Nos casos do art. 34, VI e VII, ou do art. 35, IV, dispensada a apreciação pelo Congresso Nacional ou pela Assembleia Legislativa, o decreto limitar-se-á a suspender a execução do ato impugnado, se essa medida bastar ao restabelecimento da normalidade.

§ 4º Cessados os motivos da intervenção, as autoridades afastadas de seus cargos a estes voltarão, salvo impedimento legal.

Capítulo VII
DA ADMINISTRAÇÃO PÚBLICA

Seção I
Disposições gerais

Art. 37. A administração pública direta e indireta de qualquer dos Poderes da União, dos Estados, do Distrito Federal e dos Municípios obedecerá aos princípios de legalidade, impessoalidade, moralidade, publicidade e eficiência e, também, ao seguinte:

- *Caput* com redação determinada pela Emenda Constitucional n. 19/1998.
- V. art. 19, ADCT.
- V. Lei 8.112/1990 (Regime jurídico dos servidores públicos civis da União, das autarquias e das fundações públicas federais).
- V. Lei 8.727/1993 (Reescalonamento, pela União, de dívidas das administrações direta e indireta dos Estados, do Distrito Federal e dos Municípios).
- V. Lei 8.730/1993 (Obrigatoriedade de declaração de bens e rendas para o exercício de cargos, empregos e funções nos Poderes Executivo, Legislativo e Judiciário).
- V. Súmula vinculante 13, STF.
- •• V. art. 5º, IV, Lei 12.846/2013 (Responsabilização administrativa e civil de pessoas jurídicas pela prática de atos contra a administração pública, nacional ou estrangeira).

I – os cargos, empregos e funções públicas são acessíveis aos brasileiros que preencham os requisitos estabelecidos em lei, assim como aos estrangeiros, na forma da lei;

- Inciso I com redação determinada pela Emenda Constitucional n. 19/1998.
- V. art. 7º, CLT.
- V. arts. 3º e 5º, Lei 8.112/1990 (Regime jurídico dos servidores públicos civis da União, das autarquias e das fundações públicas federais).
- V. Súmula Vinculante 44, STF.
- V. Súmula 686, STF.

II – a investidura em cargo ou emprego público depende de aprovação prévia em concurso público de provas ou de provas e títulos, de acordo com a natureza e a complexidade do cargo ou emprego, na forma prevista em lei, ressalvadas as nomeações para cargo em comissão declarado em lei de livre nomeação e exoneração;

- Inciso II com redação determinada pela Emenda Constitucional n. 19/1998.
- V. art. 7º, CLT.
- V. arts. 11 e 12, Lei 8.112/1990 (Regime jurídico dos servidores públicos civis da União, das autarquias e das fundações públicas federais).
- V. Lei 9.962/2000 (Disciplina o regime de emprego público).
- V. Súmula Vinculante 43, STF.
- V. Súmula 685, STF.
- •• V. Súmula vinculante 44, STF.

III – o prazo de validade do concurso público será de até dois anos, prorrogável uma vez, por igual período;

- V. art. 12, Lei 8.112/1990 (Regime jurídico dos servidores públicos civis da União, das autarquias e das fundações públicas federais).

IV – durante o prazo improrrogável previsto no edital de convocação, aquele aprovado em concurso público de provas ou de provas e títulos será convocado com prioridade sobre novos concursados para assumir cargo ou emprego, na carreira;

- V. art. 7º, CLT.

V – as funções de confiança, exercidas exclusivamente por servidores ocupantes de cargo efetivo, e os cargos em comissão, a serem preenchidos por servidores de carreira nos casos, condições e percentuais mínimos previstos em lei, destinam-se apenas às atribuições de direção, chefia e assessoramento;

- Inciso V com redação determinada pela Emenda Constitucional n. 19/1998.

VI – é garantido ao servidor público civil o direito à livre associação sindical;

VII – o direito de greve será exercido nos termos e nos limites definidos em lei específica;

- Inciso VII com redação determinada pela Emenda Constitucional n. 19/1998.

CONSTITUIÇÃO FEDERAL

- V. Lei 7.783/1989 (Direito de greve).

VIII – a lei reservará percentual dos cargos e empregos públicos para as pessoas portadoras de deficiência e definirá os critérios de sua admissão;

- V. Lei 7.853/1989 (Integração social das pessoas portadoras de deficiência).
- V. art. 5º, § 2º, Lei 8.112/1990 (Regime jurídico dos servidores públicos civis da União, das autarquias e das fundações públicas federais).
- V. Súmula 377, STJ.
- •• V. Súmula 522, STJ.

IX – a lei estabelecerá os casos de contratação por tempo determinado para atender a necessidade temporária de excepcional interesse público;

- V. Lei 8.745/1993 (Contratação por tempo determinado para atender a necessidade temporária de excepcional interesse público).
- V. Lei 9.849/1999 (Altera a Lei 8.745/1993).
- V. art. 30, Lei 10.871/2004 (Criação de carreiras e organização de cargos efetivos das autarquias especiais).

X – a remuneração dos servidores públicos e o subsídio de que trata o § 4º do art. 39 somente poderão ser fixados ou alterados por lei específica, observada a iniciativa privativa em cada caso, assegurada revisão geral anual, sempre na mesma data e sem distinção de índices;

- Inciso X com redação determinada pela Emenda Constitucional n. 19/1998.
- V. arts. 39, § 4º, 95, III, e 128, § 5º, I, c, CF.
- V. Lei 7.706/1988 (Revisão de vencimentos, salários, soldos e proventos dos servidores civis e militares).
- V. MP 2.215-10/2001 (Reestruturação da remuneração dos militares das Forças Armadas)
- V. Súmula Vinculante 37, STF.
- •• V. Súmula vinculante 42, STF.

XI – a remuneração e o subsídio dos ocupantes de cargos, funções e empregos públicos da administração direta, autárquica e fundacional, dos membros de qualquer dos Poderes da União, dos Estados, do Distrito Federal e dos Municípios, dos detentores de mandato eletivo e dos demais agentes políticos e os proventos, pensões ou outra espécie remuneratória, percebidos cumulativamente ou não, incluídas as vantagens pessoais ou de qualquer outra natureza, não poderão exceder o subsídio mensal, em espécie, dos Ministros do Supremo Tribunal Federal, aplicando-se como limite, nos Municípios, o subsídio do Prefeito, e nos Estados e no Distrito Federal, o subsídio mensal do Governador no âmbito do Poder Executivo, o subsídio dos Deputados Estaduais e Distritais no âmbito do Poder Legislativo e o subsídio dos Desembargadores do Tribunal de Justiça, limitado a noventa inteiros e vinte e cinco centésimos por cento do subsídio mensal, em espécie, dos Ministros do Supremo Tribunal Federal, no âmbito do Poder Judiciário, aplicável este limite aos membros do Ministério Público, aos Procuradores e aos Defensores Públicos;

- Inciso XI com redação determinada pela Emenda Constitucional n. 41/2003.
- O STF, na ADIn 3.854-1 (*DOU* e *DJU* 08.03.2007), concedeu liminar para, "dando interpretação conforme à Constituição ao artigo 37, inciso XI, e § 12, da Constituição da República, o primeiro dispositivo, na redação da EC n. 41/2003, e o segundo, introduzido pela EC n. 47/2005, excluir a submissão dos membros da magistratura estadual ao subteto de remuneração [...]".
- V. arts. 27, § 2º, 28, § 2º, 29, V e VI, 39, §§ 4º e 5º, 49, VII e VIII, 93, V, 95, III, 128, § 5º, I, c, e 142, § 3º, VIII, CF.
- V. art. 3º, § 3º, Emenda Constitucional n. 20/1998.
- V. arts. 7º e 8º, Emenda Constitucional n. 41/2003.
- V. Lei 8.112/1990 (Regime jurídico dos servidores públicos civis da União, das autarquias e das fundações públicas federais).
- V. Lei Delegada 13/1992 (Gratificações de atividade para os servidores civis do Poder Executivo).
- V. Lei 12.042/2009 (Revisão do subsídio do Procurador-Geral da República).

XII – os vencimentos dos cargos do Poder Legislativo e do Poder Judiciário não poderão ser superiores aos pagos pelo Poder Executivo;

- V. art. 135, CF.
- V. art. 42, Lei 8.112/1990 (Regime jurídico dos servidores públicos civis da União, das autarquias e das fundações públicas federais).
- V. Lei 8.852/1994 (Aplicação dos arts. 37, XI e XII, e 39, § 1º, CF).

XIII – é vedada a vinculação ou equiparação de quaisquer espécies remuneratórias para o efeito de remuneração de pessoal do serviço público;

- Inciso XIII com redação determinada pela Emenda Constitucional n. 19/1998.
- V. art. 142, § 3º, VIII.
- V. Súmula Vinculante 42, STF.

XIV – os acréscimos pecuniários percebidos por servidor público não serão computados nem acumulados para fins de concessão de acréscimos ulteriores;

- Inciso XIV com redação determinada pela Emenda Constitucional n. 19/1998.
- V. art. 142, § 3º, VIII, CF.

XV – o subsídio e os vencimentos dos ocupantes de cargos e empregos públicos são irredutíveis, ressalvado o disposto nos incisos XI e XIV deste artigo e nos arts. 39, § 4º, 150, II, 153, III, e 153, § 2º, I;

- Inciso XV com redação determinada pela Emenda Constitucional n. 19/1998.
- V. art. 142, § 3º, VIII, CF.

XVI – é vedada a acumulação remunerada de cargos públicos, exceto, quando houver compatibilidade de horários, observado em qualquer caso o disposto no inciso XI:

- Caput do inciso XVI com redação determinada pela Emenda Constitucional n. 19/1998.

a) a de dois cargos de professor;

- Alínea a com redação determinada pela Emenda Constitucional n. 19/1998.

b) a de um cargo de professor com outro, técnico ou científico;

- Alínea b com redação determinada pela Emenda Constitucional n. 19/1998.

c) a de dois cargos ou empregos privativos de profissionais de saúde, com profissões regulamentadas;

- Alínea c com redação determinada pela Emenda Constitucional n. 34/2001.
- V. arts. 118 a 120, Lei 8.112/1990 (Regime jurídico dos servidores públicos civis da União, das autarquias e das fundações públicas federais).

XVII – a proibição de acumular estende-se a empregos e funções e abrange autarquias, fundações, empresas públicas, sociedades de economia mista, suas subsidiárias, e sociedades controladas, direta ou indiretamente, pelo poder público;

- Inciso XVII com redação determinada pela Emenda Constitucional n. 19/1998.
- V. art. 118, § 1º, Lei 8.112/1990 (Regime jurídico dos servidores públicos civis da União, das autarquias e das fundações públicas federais).

XVIII – a administração fazendária e seus servidores fiscais terão, dentro de suas áreas de competência e jurisdição, precedência sobre os demais setores administrativos, na forma da lei;

XIX – somente por lei específica poderá ser criada autarquia e autorizada a instituição de empresa pública, de sociedade de economia mista e de fundação, cabendo à lei complementar, neste último caso, definir as áreas de sua atuação;

- Inciso XIX com redação determinada pela Emenda Constitucional n. 19/1998.

XX – depende de autorização legislativa, em cada caso, a criação de subsidiárias das entidades mencionadas no inciso anterior, assim como a participação de qualquer delas em empresa privada;

XXI – ressalvados os casos especificados na legislação, as obras, serviços, compras e alienações serão contratados mediante processo de licitação pública que assegure igualdade de condições a todos os concorrentes, com cláusulas que estabeleçam obrigações de pagamento, mantidas as condições efetivas da proposta, nos termos da lei, o qual somente permitirá as exigências de qualificação técnica e econômica indispensáveis à garantia do cumprimento das obrigações.

- V. art. 22, XXVII, CF.
- V. art. 3º, Lei 8.666/1993 (Lei de Licitações).
- V. Lei 8.883/1994 (Altera a Lei 8.666/1993).
- V. Lei 9.854/1999 (Altera a Lei 8.666/1993).
- V. Súmula 333, STJ.

XXII – as administrações tributárias da União, dos Estados, do Distrito Federal e dos Municípios, atividades essenciais ao funcionamento do Estado, exercidas por servidores de carreiras específicas, terão recursos prioritários para a realização de suas atividades e atuarão de forma integrada, inclusive com o compartilhamento de cadastros e de informações fiscais, na forma da lei ou convênio.

- Inciso XXII acrescentado pela Emenda Constitucional n. 42/2003.

§ 1º A publicidade dos atos, programas, obras, serviços e campanhas dos órgãos públicos deverá ter caráter educativo, informativo ou de orientação social, dela não podendo constar nomes, símbolos ou imagens que caracterizem promoção pessoal de autoridades ou servidores públicos.

- V. Lei 8.389/1991 (Conselho de Comunicação Social).

§ 2º A não observância do disposto nos incisos II e III implicará a nulidade do ato e a punição da autoridade responsável, nos termos da lei.

CONSTITUIÇÃO FEDERAL

- V. arts. 116 a 142, Lei 8.112/1990 (Regime jurídico dos servidores públicos civis da União, das autarquias e das fundações públicas federais).
- V. Lei 8.429/1992 (Enriquecimento ilícito – sanções aplicáveis).

§ 3º A lei disciplinará as formas de participação do usuário na administração pública direta e indireta, regulando especialmente:

- § 3º com redação determinada pela Emenda Constitucional n. 19/1998.

I – as reclamações relativas à prestação dos serviços públicos em geral, asseguradas a manutenção de serviços de atendimento ao usuário e a avaliação periódica, externa e interna, da qualidade dos serviços;

II – o acesso dos usuários a registros administrativos e a informações sobre atos de governo, observado o disposto no art. 5º, X e XXXIII;

- V. Lei 12.527/2011 (Lei Geral de Acesso à Informação Pública).
- V. Dec. 7.724/2012 (Regulamenta a Lei 12.527/2012).

III – a disciplina da representação contra o exercício negligente ou abusivo de cargo, emprego ou função na administração pública.

§ 4º Os atos de improbidade administrativa importarão a suspensão dos direitos políticos, a perda da função pública, a indisponibilidade dos bens e o ressarcimento ao erário, na forma e gradação previstas em lei, sem prejuízo da ação penal cabível.

- V. art. 15, V, CF.
- V. Dos crimes praticados por funcionário público contra a administração em geral, Capítulo I do Título XI, CP.
- V. Dec.-lei 3.240/1941 (Crimes contra a Fazenda Pública – sequestro de bens).
- V. Dec.-lei 502/1969 (Confisco de bens).
- V. Lei 8.026/1990 (Aplicação da pena de demissão a funcionário público).
- V. Lei 8.027/1990 (Conduta dos servidores públicos civis da União, das autarquias e das fundações públicas).
- V. Lei 8.112/1990 (Regime jurídico dos servidores públicos civis da União, das autarquias e das fundações públicas federais).
- V. art. 3º, Lei 8.137/1990 (Crimes contra a ordem tributária, econômica e contra as relações de consumo).
- V. Lei 8.429/1992 (Enriquecimento ilícito – sanções aplicáveis).
- V. arts. 81 a 99, Lei 8.666/1993 (Lei de Licitações).

§ 5º A lei estabelecerá os prazos de prescrição para ilícitos praticados por qualquer agente, servidor ou não, que causem prejuízos ao erário, ressalvadas as respectivas ações de ressarcimento.

- V. art. 142, Lei 8.112/1990 (Regime jurídico dos servidores públicos civis da União, das autarquias e das fundações públicas federais).
- V. art. 23, Lei 8.429/1992 (Enriquecimento ilícito – sanções aplicáveis).

§ 6º As pessoas jurídicas de direito público e as de direito privado prestadoras de serviços públicos responderão pelos danos que seus agentes, nessa qualidade, causarem a terceiros, assegurado o direito de regresso contra o responsável nos casos de dolo ou culpa.

- V. art. 43, CC.
- V. Lei 6.453/1977 (Responsabilidade civil e criminal por danos nucleares).

§ 7º A lei disporá sobre os requisitos e as restrições ao ocupante de cargo ou emprego da administração direta e indireta que possibilite o acesso a informações privilegiadas.

- § 7º acrescentado pela Emenda Constitucional n. 19/1998.

§ 8º A autonomia gerencial, orçamentária e financeira dos órgãos e entidades da administração direta e indireta poderá ser ampliada mediante contrato, a ser firmado entre seus administradores e o poder público, que tenha por objeto a fixação de metas de desempenho para o órgão ou entidade, cabendo à lei dispor sobre:

- § 8º acrescentado pela Emenda Constitucional n. 19/1998.

I – o prazo de duração do contrato;

II – os controles e critérios de avaliação de desempenho, direitos, obrigações e responsabilidade dos dirigentes;

III – a remuneração do pessoal.

§ 9º O disposto no inciso XI aplica-se às empresas públicas e às sociedades de economia mista, e suas subsidiárias, que receberem recursos da União, dos Estados, do Distrito Federal ou dos Municípios para pagamento de despesas de pessoal ou de custeio em geral.

- § 9º acrescentado pela Emenda Constitucional n. 19/1998.

§ 10. É vedada a percepção simultânea de proventos de aposentadoria decorrentes do art. 40 ou dos arts. 42 e 142 com a remuneração de cargo, emprego ou função pública, ressalvados os cargos acumuláveis na forma desta Constituição, os cargos eletivos e os cargos em comissão declarados em lei de livre nomeação e exoneração.

- § 10 acrescentado pela Emenda Constitucional n. 20/1998.

§ 11. Não serão computadas, para efeito dos limites remuneratórios de que trata o inciso XI do *caput* deste artigo, as parcelas de caráter indenizatório previstas em lei.

- § 11 acrescentado pela Emenda Constitucional n. 47/2005 (*DOU* 06.07.2005), em vigor na data de sua publicação, com efeitos retroativos à data de vigência da Emenda Constitucional n. 41/2003 (*DOU* 31.12.2003).
- V. art. 4º, Emenda Constitucional n. 47/2005.

§ 12. Para os fins do disposto no inciso XI do *caput* deste artigo, fica facultado aos Estados e ao Distrito Federal fixar, em seu âmbito, mediante emenda às respectivas Constituições e Lei Orgânica, como limite único, o subsídio mensal dos Desembargadores do respectivo Tribunal de Justiça, limitado a noventa inteiros e vinte e cinco centésimos por cento do subsídio mensal dos Ministros do Supremo Tribunal Federal, não se aplicando o disposto neste parágrafo aos subsídios dos Deputados Estaduais e Distritais e dos Vereadores.

- § 12 acrescentado pela Emenda Constitucional n. 47/2005 (*DOU* 06.07.2005), em vigor na data de sua publicação, com efeitos retroativos à data de vigência da Emenda Constitucional n. 41/2003 (*DOU* 31.12.2003).

Art. 38. Ao servidor público da administração direta, autárquica e fundacional, no exercício de mandato eletivo, aplicam-se as seguintes disposições:

- *Caput* com redação determinada pela Emenda Constitucional n. 19/1998.
- V. art. 28, CF.
- V. Lei 8.112/1990 (Regime jurídico dos servidores públicos civis da União, das autarquias e das fundações públicas federais).

I – tratando-se de mandato eletivo federal, estadual ou distrital, ficará afastado de seu cargo, emprego ou função;

- V. art. 28, § 1º, CF.

II – investido no mandato de Prefeito, será afastado do cargo, emprego ou função, sendo-lhe facultado optar pela sua remuneração;

III – investido no mandato de Vereador, havendo compatibilidade de horários, perceberá as vantagens de seu cargo, emprego ou função, sem prejuízo da remuneração do cargo eletivo, e, não havendo compatibilidade, será aplicada a norma do inciso anterior;

IV – em qualquer caso que exija o afastamento para o exercício de mandato eletivo, seu tempo de serviço será contado para todos os efeitos legais, exceto para promoção por merecimento;

- V. art. 28, § 1º, CF.

V – para efeito de benefício previdenciário, no caso de afastamento, os valores serão determinados como se no exercício estivesse.

- V. art. 28, § 1º, CF.

Seção II
Dos servidores públicos

- Rubrica da Seção II renomeada pela Emenda Constitucional n. 18/1998.
- V. Súmula 378, STJ.

Art. 39. A União, os Estados, o Distrito Federal e os Municípios instituirão conselho de política de administração e remuneração de pessoal, integrado por servidores designados pelos respectivos Poderes.

- Artigo com redação determinada pela Emenda Constitucional n. 19/1998.
- O STF, na ADIn 2.135-4 (*DOU* e *DJU* 14.08.2007), deferiu parcialmente a medida cautelar, com efeitos *ex nunc*, para suspender a eficácia do art. 39, *caput*, da CF, com a redação determinada pela EC n. 19/1998. De acordo com o voto do relator, em função da liminar concedida, volta a vigorar a redação original: "Art. 39. A União, os Estados, o Distrito Federal e os Municípios instituirão, no âmbito de sua competência, regime jurídico único e planos de carreira para os servidores da administração pública direta, das autarquias e das fundações públicas".
- V. art. 24, ADCT.
- V. Lei 8.026/1990 (Aplicação da pena de demissão a funcionário público).
- V. Lei 8.027/1990 (Conduta dos servidores públicos civis da União, das autarquias e das fundações públicas).

Art. 40

CONSTITUIÇÃO FEDERAL

- V. Lei 8.112/1990 (Regime jurídico dos servidores públicos civis da União, das autarquias e das fundações públicas federais).

§ 1º A fixação dos padrões de vencimento e dos demais componentes do sistema remuneratório observará:

- V. Súmula vinculante 4, STF.
- ** V. Súmula vinculante 51, STF.

I – a natureza, o grau de responsabilidade e a complexidade dos cargos componentes de cada carreira;
II – os requisitos para a investidura;
III – as peculiaridades dos cargos.

- V. art. 41, § 4º, Lei 8.112/1990 (Regime jurídico dos servidores públicos civis da União, das autarquias e das fundações públicas federais).
- V. Lei 8.448/1992 (Regulamenta o art. 39, § 1º, CF).
- V. Res. CN 1/1992 (Poderes ao Presidente da República para legislar sobre revisão e instituição de gratificações de atividade dos servidores do Poder Executivo, civis e militares, com o fim específico de lhes assegurar a isonomia).
- V. Lei 8.852/1994 (Aplicação dos arts. 37, XI e XII, e 39, § 1º, CF).
- V. Lei 9.367/1996 (Fixa critérios para unificação das tabelas de vencimentos dos servidores).

§ 2º A União, os Estados e o Distrito Federal manterão escolas de governo para a formação e o aperfeiçoamento dos servidores públicos, constituindo-se a participação nos cursos um dos requisitos para a promoção na carreira, facultada, para isso, a celebração de convênios ou contratos entre os entes federados.

§ 3º Aplica-se aos servidores ocupantes de cargo público o disposto no art. 7º, IV, VII, VIII, IX, XII, XIII, XV, XVI, XVII, XVIII, XIX, XX, XXII e XXX, podendo a lei estabelecer requisitos diferenciados de admissão quando a natureza do cargo o exigir.

- V. Dec.-lei 5.452/1943 (Consolidação das Leis do Trabalho).
- V. Súmula vinculante 16, STF.

§ 4º O membro de Poder, o detentor de mandato eletivo, os Ministros de Estado e os Secretários Estaduais e Municipais serão remunerados exclusivamente por subsídio fixado em parcela única, vedado o acréscimo de qualquer gratificação, adicional, abono, prêmio, verba de representação ou outra espécie remuneratória, obedecido, em qualquer caso, o disposto no art. 37, X e XI.

- V. arts. 27, § 2º, 28, § 2º, 29, V e VI, 37, XV, 48, XV, 49, VII e VIII, 93, V, 95, III, 128, § 5º, I, c, e 135, CF.
- V. Lei 11.144/2005 (Subsídio do Procurador Geral da República).
- V. Lei 12.042/2009 (Revisão do subsídio do Procurador-Geral da República).

§ 5º Lei da União, dos Estados, do Distrito Federal e dos Municípios poderá estabelecer a relação entre a maior e a menor remuneração dos servidores públicos, obedecido, em qualquer caso, o disposto no art. 37, XI.

§ 6º Os Poderes Executivo, Legislativo e Judiciário publicarão anualmente os valores do subsídio e da remuneração dos cargos e empregos públicos.

§ 7º Lei da União, dos Estados, do Distrito Federal e dos Municípios disciplinará a aplicação de recursos orçamentários provenientes da economia com despesas correntes em cada órgão, autarquia e fundação, para aplicação no desenvolvimento de programas de qualidade e produtividade, treinamento e desenvolvimento, modernização, reaparelhamento e racionalização do serviço público, inclusive sob a forma de adicional ou prêmio de produtividade.

§ 8º A remuneração dos servidores públicos organizados em carreira poderá ser fixada nos termos do § 4º.

Art. 40. Aos servidores titulares de cargos efetivos da União, dos Estados, do Distrito Federal e dos Municípios, incluídas suas autarquias e fundações, é assegurado regime de previdência de caráter contributivo e solidário, mediante contribuição do respectivo ente público, dos servidores ativos e inativos e dos pensionistas, observados critérios que preservem o equilíbrio financeiro e atuarial e o disposto neste artigo.

- *Caput* com redação determinada pela Emenda Constitucional n. 41/2003.
- V. arts. 37, § 10, 73, § 3º, e 93, VI, CF.
- V. arts. 4º e 6º, Emenda Constitucional n. 41/2003.
- V. art. 3º, Emenda Constitucional n. 47/2005.
- V. art. 3º, Lei 12.618/2012 (Regime de Previdência Complementar para os servidores públicos federais).

§ 1º Os servidores abrangidos pelo regime de previdência de que trata este artigo serão aposentados, calculados os seus proventos

55

Art. 40

a partir dos valores fixados na forma dos §§ 3º e 17:

- *Caput* do § 1º com redação determinada pela Emenda Constitucional n. 41/2003.
- V. art. 2º, § 5º, Emenda Constitucional n. 41/2003.

I – por invalidez permanente, sendo os proventos proporcionais ao tempo de contribuição, exceto se decorrente de acidente em serviço, moléstia profissional ou doença grave, contagiosa ou incurável, na forma da lei;

- Inciso I com redação determinada pela Emenda Constitucional n. 41/2003.

II – compulsoriamente, com proventos proporcionais ao tempo de contribuição, aos 70 (setenta) anos de idade, ou aos 75 (setenta e cinco) anos de idade, na forma de lei complementar;

- Inciso II com redação determinada pela Emenda Constitucional n. 88/2015.
- V. arts. 2º, § 5º, e 3º, § 1º, Emenda Constitucional n. 41/2003.

III – voluntariamente, desde que cumprido tempo mínimo de dez anos de efetivo exercício no serviço público e cinco anos no cargo efetivo em que se dará a aposentadoria, observadas as seguintes condições:

- Inciso III acrescentado pela Emenda Constitucional n. 20/1998.
- V. art. 2º, § 1º, Emenda Constitucional n. 41/2003.

a) sessenta anos de idade e trinta e cinco de contribuição, se homem, e cinquenta e cinco anos de idade e trinta de contribuição, se mulher;

- V. art. 3º, § 1º, Emenda Constitucional n. 20/1998.

b) sessenta e cinco anos de idade, se homem, e sessenta anos de idade, se mulher, com proventos proporcionais ao tempo de contribuição.

§ 2º Os proventos de aposentadoria e as pensões, por ocasião de sua concessão, não poderão exceder a remuneração do respectivo servidor, no cargo efetivo em que se deu a aposentadoria ou que serviu de referência para a concessão da pensão.

- § 2º com redação determinada pela Emenda Constitucional n. 20/1998.

§ 3º Para o cálculo dos proventos de aposentadoria, por ocasião da sua concessão, serão consideradas as remunerações utilizadas como base para as contribuições do servidor aos regimes de previdência de que tratam este artigo e o art. 201, na forma da lei.

- § 3º com redação determinada pela Emenda Constitucional n. 41/2003.
- V. art. 2º, Emenda Constitucional n. 41/2003.
- V. art. 1º, Lei 10.887/2004 (Aplicação de disposições da EC n. 41/2003).

§ 4º É vedada a adoção de requisitos e critérios diferenciados para a concessão de aposentadoria aos abrangidos pelo regime de que trata este artigo, ressalvados, nos termos definidos em leis complementares, os casos de servidores:

- § 4º com redação determinada pela Emenda Constitucional n. 47/2005 (*DOU* 06.07.2005), em vigor na data de sua publicação, com efeitos retroativos à data de vigência da Emenda Constitucional n. 41/2003 (*DOU* 31.12.2003).

I – portadores de deficiência;
II – que exerçam atividades de risco;
III – cujas atividades sejam exercidas sob condições especiais que prejudiquem a saúde ou a integridade física.

- V. Súmula vinculante 33, STF.

§ 5º Os requisitos de idade e de tempo de contribuição serão reduzidos em cinco anos, em relação ao disposto no § 1º, III, *a*, para o professor que comprove exclusivamente tempo de efetivo exercício das funções de magistério na educação infantil e no ensino fundamental e médio.

- § 5º com redação determinada pela Emenda Constitucional n. 20/1998.
- V. arts. 2º, § 1º, e 6º, Emenda Constitucional n. 41/2003.
- V. art. 67, § 2º, Lei 9.394/1996 (Diretrizes e bases da educação nacional).
- V. Súmula 726, STF.

§ 6º Ressalvadas as aposentadorias decorrentes dos cargos acumuláveis na forma desta Constituição, é vedada a percepção de mais de uma aposentadoria à conta do regime de previdência previsto neste artigo.

- § 6º com redação determinada pela Emenda Constitucional n. 20/1998.

§ 7º Lei disporá sobre a concessão do benefício de pensão por morte, que será igual:

- § 7º com redação determinada pela Emenda Constitucional n. 41/2003.
- V. art. 42, § 2º, CF.

Art. 40

Constituição Federal

I – ao valor da totalidade dos proventos do servidor falecido, até o limite máximo estabelecido para os benefícios do regime geral de previdência social de que trata o art. 201, acrescido de setenta por cento da parcela excedente a este limite, caso aposentado à data do óbito; ou

II – ao valor da totalidade da remuneração do servidor no cargo efetivo em que se deu o falecimento, até o limite máximo estabelecido para os benefícios do regime geral de previdência social de que trata o art. 201, acrescido de setenta por cento da parcela excedente a este limite, caso em atividade na data do óbito.

§ 8º É assegurado o reajustamento dos benefícios para preservar-lhes, em caráter permanente, o valor real, conforme critérios estabelecidos em lei.

- § 8º com redação determinada pela Emenda Constitucional n. 41/2003.
- V. art. 2º, § 6º, Emenda Constitucional n. 41/2003.
- V. Súmula Vinculante 34, STF.

§ 9º O tempo de contribuição federal, estadual ou municipal será contado para efeito de aposentadoria e o tempo de serviço correspondente para efeito de disponibilidade.

- § 9º acrescentado pela Emenda Constitucional n. 20/1998.
- V. art. 42, § 1º, CF.

§ 10. A lei não poderá estabelecer qualquer forma de contagem de tempo de contribuição fictício.

- § 10 acrescentado pela Emenda Constitucional n. 20/1998.
- V. art. 4º, Emenda Constitucional n. 20/1998.

§ 11. Aplica-se o limite fixado no art. 37, XI, à soma total dos proventos de inatividade, inclusive quando decorrentes da acumulação de cargos ou empregos públicos, bem como de outras atividades sujeitas a contribuição para o regime geral de previdência social, e ao montante resultante da adição de proventos de inatividade com remuneração de cargo acumulável na forma desta Constituição, cargo em comissão declarado em lei de livre nomeação e exoneração, e de cargo eletivo.

- § 11 acrescentado pela Emenda Constitucional n. 20/1998.

§ 12. Além do disposto neste artigo, o regime de previdência dos servidores públicos titulares de cargo efetivo observará, no que couber, os requisitos e critérios fixados para o regime geral de previdência social.

- § 12 acrescentado pela Emenda Constitucional n. 20/1998.

§ 13. Ao servidor ocupante, exclusivamente, de cargo em comissão declarado em lei de livre nomeação e exoneração bem como de outro cargo temporário ou de emprego público, aplica-se o regime geral de previdência social.

- § 13 acrescentado pela Emenda Constitucional n. 20/1998.
- V. Lei 9.962/2000 (Disciplina o regime de emprego público).

§ 14. A União, os Estados, o Distrito Federal e os Municípios, desde que instituam regime de previdência complementar para os seus respectivos servidores titulares de cargo efetivo, poderão fixar, para o valor das aposentadorias e pensões a serem concedidas pelo regime de que trata este artigo, o limite máximo estabelecido para os benefícios do regime geral de previdência social de que trata o art. 201.

- § 14 acrescentado pela Emenda Constitucional n. 20/1998.
- V. Lei 12.618/2012 (Regime de Previdência Complementar para os servidores públicos federais).

§ 15. O regime de previdência complementar de que trata o § 14 será instituído por lei de iniciativa do respectivo Poder Executivo, observado o disposto no art. 202 e seus parágrafos, no que couber, por intermédio de entidades fechadas de previdência complementar, de natureza pública, que oferecerão aos respectivos participantes planos de benefícios somente na modalidade de contribuição definida.

- § 15 com redação determinada pela Emenda Constitucional n. 41/2003.
- V. Lei 12.618/2012 (Regime de Previdência Complementar para os servidores públicos federais).

§ 16. Somente mediante sua prévia e expressa opção, o disposto nos §§ 14 e 15 poderá ser aplicado ao servidor que tiver ingressado no serviço público até a data da publicação do ato de instituição do correspondente regime de previdência complementar.

Art. 41

- § 16 acrescentado pela Emenda Constitucional n. 20/1998.
- V. Lei 12.618/2012 (Regime de Previdência Complementar para os servidores públicos federais).

§ 17. Todos os valores de remuneração considerados para o cálculo do benefício previsto no § 3º serão devidamente atualizados, na forma da lei.

- § 17 acrescentado pela Emenda Constitucional n. 41/2003.
- V. art. 2º, Emenda Constitucional n. 41/2003.

§ 18. Incidirá contribuição sobre os proventos de aposentadorias e pensões concedidas pelo regime de que trata este artigo que superem o limite máximo estabelecido para os benefícios do regime geral de previdência social de que trata o art. 201, com percentual igual ao estabelecido para os servidores titulares de cargos efetivos.

- § 18 acrescentado pela Emenda Constitucional n. 41/2003.
- V. art. 4º, I e II, Emenda Constitucional n. 41/2003.

§ 19. O servidor de que trata este artigo que tenha completado as exigências para aposentadoria voluntária estabelecidas no § 1º, III, *a*, e que opte por permanecer em atividade fará jus a um abono de permanência equivalente ao valor da sua contribuição previdenciária até completar as exigências para aposentadoria compulsória contidas no § 1º, II.

- § 19 acrescentado pela Emenda Constitucional n. 41/2003.

§ 20. Fica vedada a existência de mais de um regime próprio de previdência social para os servidores titulares de cargos efetivos, e de mais de uma unidade gestora do respectivo regime em cada ente estatal, ressalvado o disposto no art. 142, § 3º, X.

- § 20 acrescentado pela Emenda Constitucional n. 41/2003.
- V. art. 2º, Emenda Constitucional n. 41/2003.

§ 21. A contribuição prevista no § 18 deste artigo incidirá apenas sobre as parcelas de proventos de aposentadoria e de pensão que superem o dobro do limite máximo estabelecido para os benefícios do regime geral de previdência social de que trata o art. 201 desta Constituição, quando o beneficiário, na forma da lei, for portador de doença incapacitante.

- § 21 acrescentado pela Emenda Constitucional n. 47/2005 (*DOU* 06.07.2005), em vigor na data de sua publicação, com efeitos retroativos à data de vigência da Emenda Constitucional n. 41/2003 (*DOU* 31.12.2003).

Art. 41. São estáveis após três anos de efetivo exercício os servidores nomeados para cargo de provimento efetivo em virtude de concurso público.

- Artigo com redação determinada pela Emenda Constitucional n. 19/1998.
- •• V. Súmula 390, TST.

§ 1º O servidor público estável só perderá o cargo:
I – em virtude de sentença judicial transitada em julgado;
II – mediante processo administrativo em que lhe seja assegurada ampla defesa;
III – mediante procedimento de avaliação periódica de desempenho, na forma de lei complementar, assegurada ampla defesa.

- V. art. 247, CF.

§ 2º Invalidada por sentença judicial a demissão do servidor estável, será ele reintegrado, e o eventual ocupante da vaga, se estável, reconduzido ao cargo de origem, sem direito a indenização, aproveitado em outro cargo ou posto em disponibilidade com remuneração proporcional ao tempo de serviço.

§ 3º Extinto o cargo ou declarada a sua desnecessidade, o servidor estável ficará em disponibilidade, com remuneração proporcional ao tempo de serviço, até seu adequado aproveitamento em outro cargo.

§ 4º Como condição para a aquisição da estabilidade, é obrigatória a avaliação especial de desempenho por comissão instituída para essa finalidade.

- V. art. 28, Emenda Constitucional n. 19/1998.

Seção III
Dos militares dos Estados, do Distrito Federal e dos Territórios

- Rubrica da Seção III renomeada pela Emenda Constitucional n. 18/1998.

Art. 42. Os membros das Polícias Militares e Corpos de Bombeiros Militares, instituições organizadas com base na hierarquia e disciplina, são militares dos Estados, do Distrito Federal e dos Territórios.

Constituição Federal

- *Caput* com redação determinada pela Emenda Constitucional n. 18/1998.
- V. MP 2.215-10/2001 (Reestruturação da remuneração dos militares das Forças Armadas).
- V. art. 37, § 10, CF.

§ 1º Aplicam-se aos militares dos Estados, do Distrito Federal e dos Territórios, além do que vier a ser fixado em lei, as disposições do art. 14, § 8º; do art. 40, § 9º; e do art. 142, §§ 2º e 3º, cabendo a lei estadual específica dispor sobre as matérias do art. 142, § 3º, inciso X, sendo as patentes dos oficiais conferidas pelos respectivos governadores.

- § 1º com redação determinada pela Emenda Constitucional n. 20/1998.

§ 2º Aos pensionistas dos militares dos Estados, do Distrito Federal e dos Territórios aplica-se o que for fixado em lei específica do respectivo ente estatal.

- § 2º com redação determinada pela Emenda Constitucional n. 41/2003.

Seção IV
Das regiões

Art. 43. Para efeitos administrativos, a União poderá articular sua ação em um mesmo complexo geoeconômico e social, visando a seu desenvolvimento e à redução das desigualdades regionais.

§ 1º Lei complementar disporá sobre:
I – as condições para integração de regiões em desenvolvimento;
II – a composição dos organismos regionais que executarão, na forma da lei, os planos regionais, integrantes dos planos nacionais de desenvolvimento econômico e social, aprovados juntamente com estes.

- V. LC 124/2007 (Sudam).
- V. LC 125/2007 (Sudene).
- V. LC 129/2009 (Sudeco).

§ 2º Os incentivos regionais compreenderão, além de outros, na forma da lei:
I – igualdade de tarifas, fretes, seguros e outros itens de custos e preços de responsabilidade do Poder Público;
II – juros favorecidos para financiamento de atividades prioritárias;
III – isenções, reduções ou diferimento temporário de tributos federais devidos por pessoas físicas ou jurídicas;
IV – prioridade para o aproveitamento econômico e social dos rios e das massas de água represadas ou represáveis nas regiões de baixa renda, sujeitas a secas periódicas.

§ 3º Nas áreas a que se refere o § 2º, IV, a União incentivará a recuperação de terras áridas e cooperará com os pequenos e médios proprietários rurais para o estabelecimento, em suas glebas, de fontes de água e de pequena irrigação.

TÍTULO IV
DA ORGANIZAÇÃO DOS PODERES
Capítulo I
DO PODER LEGISLATIVO

Seção I
Do Congresso Nacional

Art. 44. O Poder Legislativo é exercido pelo Congresso Nacional, que se compõe da Câmara dos Deputados e do Senado Federal.

Parágrafo único. Cada legislatura terá a duração de quatro anos.

Art. 45. A Câmara dos Deputados compõe-se de representantes do povo, eleitos, pelo sistema proporcional, em cada Estado, em cada Território e no Distrito Federal.

§ 1º O número total de Deputados, bem como a representação por Estado e pelo Distrito Federal, será estabelecido por lei complementar, proporcionalmente à população, procedendo-se aos ajustes necessários, no ano anterior às eleições, para que nenhuma daquelas unidades da Federação tenha menos de oito ou mais de setenta Deputados.

- V. LC 78/1993 (Fixação do número de deputados).

§ 2º Cada Território elegerá quatro Deputados.

Art. 46. O Senado Federal compõe-se de representantes dos Estados e do Distrito Federal, eleitos segundo o princípio majoritário.

§ 1º Cada Estado e o Distrito Federal elegerão três Senadores, com mandato de oito anos.

§ 2º A representação de cada Estado e do Distrito Federal será renovada de quatro em quatro anos, alternadamente, por um e dois terços.

§ 3º Cada Senador será eleito com dois suplentes.

Art. 47. Salvo disposição constitucional em contrário, as deliberações de cada Casa e de suas Comissões serão tomadas por maioria dos votos, presente a maioria absoluta de seus membros.

Seção II
Das atribuições do Congresso Nacional

Art. 48. Cabe ao Congresso Nacional, com a sanção do Presidente da República, não exigida esta para o especificado nos arts. 49, 51 e 52, dispor sobre todas as matérias de competência da União, especialmente sobre:

I – sistema tributário, arrecadação e distribuição de rendas;

II – plano plurianual, diretrizes orçamentárias, orçamento anual, operações de crédito, dívida pública e emissões de curso forçado;

- V. Lei 9.276/1996 (Plano Plurianual para o período de 1996/1999).

III – fixação e modificação do efetivo das Forças Armadas;

IV – planos e programas nacionais, regionais e setoriais de desenvolvimento;

V – limites do território nacional, espaço aéreo e marítimo e bens do domínio da União;

VI – incorporação, subdivisão ou desmembramento de áreas de Territórios ou Estados, ouvidas as respectivas Assembleias Legislativas;

- V. art. 4º, Lei 9.709/1998 (Regulamenta a execução do disposto nos incisos I, II e III do art. 14 da CF).

VII – transferência temporária da sede do Governo Federal;

VIII – concessão de anistia;

IX – organização administrativa, judiciária, do Ministério Público e da Defensoria Pública da União e dos Territórios e organização judiciária e do Ministério Público do Distrito Federal;

- Inciso IX com redação determinada pela Emenda Constitucional n. 69/2012 (*DOU* 30.03.2012), em vigor na data de sua publicação, produzindo efeitos após decorridos 120 (cento e vinte) dias de sua publicação oficial (v. art. 4º, da referida EC).

X – criação, transformação e extinção de cargos, empregos e funções públicas, observado o que estabelece o art. 84, VI, *b*;

- Inciso X com redação determinada pela Emenda Constitucional n. 32/2001.

XI – criação e extinção de Ministérios e órgãos da administração pública;

- Inciso XI com redação determinada pela Emenda Constitucional n. 32/2001.

XII – telecomunicações e radiodifusão;

- V. Lei 9.295/1996 (Serviços de telecomunicações).

XIII – matéria financeira, cambial e monetária, instituições financeiras e suas operações;

XIV – moeda, seus limites de emissão, e montante da dívida mobiliária federal;

XV – fixação do subsídio dos Ministros do Supremo Tribunal Federal, observado o que dispõem os arts. 39, § 4º; 150, II; 153, III; e 153, § 2º, I.

- Inciso XV com redação determinada pela Emenda Constitucional n. 41/2003.
- V. Lei 11.143/2005 (Subsídio de Ministro do Supremo Tribunal Federal).
- V. Lei 12.041/2009 (Revisão do subsídio de Ministro do STF).

Art. 49. É da competência exclusiva do Congresso Nacional:

- V. art. 48, CF.

I – resolver definitivamente sobre tratados, acordos ou atos internacionais que acarretem encargos ou compromissos gravosos ao patrimônio nacional;

II – autorizar o Presidente da República a declarar guerra, a celebrar a paz, a permitir que forças estrangeiras transitem pelo território nacional ou nele permaneçam temporariamente, ressalvados os casos previstos em lei complementar;

III – autorizar o Presidente e o Vice-Presidente da República a se ausentarem do País, quando a ausência exceder a quinze dias;

Constituição Federal

IV – aprovar o estado de defesa e a intervenção federal, autorizar o estado de sítio, ou suspender qualquer uma dessas medidas;
V – sustar os atos normativos do Poder Executivo que exorbitem do poder regulamentar ou dos limites de delegação legislativa;
VI – mudar temporariamente sua sede;
VII – fixar idêntico subsídio para os Deputados Federais e os Senadores, observado o que dispõem os arts. 37, XI, 39, § 4º, 150, II, 153, III, e 153, § 2º, I;

* Inciso VII com redação determinada pela Emenda Constitucional n. 19/1998.

VIII – fixar os subsídios do Presidente e do Vice-Presidente da República e dos Ministros de Estado, observado o que dispõem os arts. 37, XI, 39, § 4º, 150, II, 153, III, e 153, § 2º, I;

* Inciso VIII com redação determinada pela Emenda Constitucional n. 19/1998.

IX – julgar anualmente as contas prestadas pelo Presidente da República e apreciar os relatórios sobre a execução dos planos de governo;
X – fiscalizar e controlar, diretamente, ou por qualquer de suas Casas, os atos do Poder Executivo, incluídos os da administração indireta;
XI – zelar pela preservação de sua competência legislativa em face da atribuição normativa dos outros Poderes;
XII – apreciar os atos de concessão e renovação de concessão de emissoras de rádio e televisão;
XIII – escolher dois terços dos membros do Tribunal de Contas da União;

* V. Dec. Leg. 6/1993 (Escolha de Ministros do Tribunal de Contas da União pelo Congresso Nacional).

XIV – aprovar iniciativas do Poder Executivo referentes a atividades nucleares;
XV – autorizar referendo e convocar plebiscito;

* V. arts. 1º a 12, Lei 9.709/1998 (Regulamenta a execução do disposto nos incisos I, II e III do art. 14 da CF).

XVI – autorizar, em terras indígenas, a exploração e o aproveitamento de recursos hídricos e a pesquisa e lavra de riquezas minerais;

XVII – aprovar, previamente, a alienação ou concessão de terras públicas com área superior a dois mil e quinhentos hectares.

Art. 50. A Câmara dos Deputados e o Senado Federal, ou qualquer de suas Comissões, poderão convocar Ministro de Estado ou quaisquer titulares de órgãos diretamente subordinados à Presidência da República para prestarem, pessoalmente, informações sobre assunto previamente determinado, importando em crime de responsabilidade a ausência sem justificação adequada.

* *Caput* com redação determinada pela Emenda Constitucional de Revisão n. 2/1994.

§ 1º Os Ministros de Estado poderão comparecer ao Senado Federal, à Câmara dos Deputados, ou a qualquer de suas Comissões, por sua iniciativa e mediante entendimentos com a Mesa respectiva, para expor assunto de relevância de seu Ministério.
§ 2º As Mesas da Câmara dos Deputados e do Senado Federal poderão encaminhar pedidos escritos de informação a Ministros de Estado ou a qualquer das pessoas referidas no *caput* deste artigo, importando em crime de responsabilidade a recusa, ou o não atendimento, no prazo de trinta dias, bem como a prestação de informações falsas.

* § 2º com redação determinada pela Emenda Constitucional de Revisão n. 2/1994.

Seção III
Da Câmara dos Deputados

Art. 51. Compete privativamente à Câmara dos Deputados:

* V. art. 48, CF.

I – autorizar, por dois terços de seus membros, a instauração de processo contra o Presidente e o Vice-Presidente da República e os Ministros de Estado;
II – proceder à tomada de contas do Presidente da República, quando não apresentadas ao Congresso Nacional dentro de sessenta dias após a abertura da sessão legislativa;
III – elaborar seu regimento interno;
IV – dispor sobre sua organização, funcionamento, polícia, criação, transformação ou extinção dos cargos, empregos e funções de seus serviços, e a iniciativa de lei para fixa-

ção da respectiva remuneração, observados os parâmetros estabelecidos na lei de diretrizes orçamentárias;

- Inciso IV com redação determinada pela Emenda Constitucional n. 19/1998.

V – eleger membros do Conselho da República, nos termos do art. 89, VII.

Seção IV
Do Senado Federal

Art. 52. Compete privativamente ao Senado Federal:

- V. art. 48, CF.

I – processar e julgar o Presidente e o Vice-Presidente da República nos crimes de responsabilidade, bem como os Ministros de Estado e os Comandantes da Marinha, do Exército e da Aeronáutica nos crimes da mesma natureza conexos com aqueles;

- Inciso I com redação determinada pela Emenda Constitucional n. 23/1999.
- V. art. 102, I, c, CF.

II – processar e julgar os Ministros do Supremo Tribunal Federal, os membros do Conselho Nacional de Justiça e do Conselho Nacional do Ministério Público, o Procurador-Geral da República e o Advogado-Geral da União nos crimes de responsabilidade;

- Inciso II com redação determinada pela Emenda Constitucional n. 45/2004.
- V. arts. 103-B e 130-A, CF.
- V. art. 5º, Emenda Constitucional n. 45/2004.

III – aprovar previamente, por voto secreto, após arguição pública, a escolha de:
a) magistrados, nos casos estabelecidos nesta Constituição;
b) Ministros do Tribunal de Contas da União indicados pelo Presidente da República;
c) Governador de Território;
d) Presidente e Diretores do Banco Central;
e) Procurador-Geral da República;
f) titulares de outros cargos que a lei determinar;

IV – aprovar previamente, por voto secreto, após arguição em sessão secreta, a escolha dos chefes de missão diplomática de caráter permanente;

V – autorizar operações externas de natureza financeira, de interesse da União, dos Estados, do Distrito Federal, dos Territórios e dos Municípios;

- V. Res. SF 50/1993 (Operações de financiamento externo com recursos orçamentários da União).

VI – fixar, por proposta do Presidente da República, limites globais para o montante da dívida consolidada da União, dos Estados, do Distrito Federal e dos Municípios;

VII – dispor sobre limites globais e condições para as operações de crédito externo e interno da União, dos Estados, do Distrito Federal e dos Municípios, de suas autarquias e demais entidades controladas pelo Poder Público federal;

- V. Res. SF 50/1993 (Operações de financiamento externo com recursos orçamentários da União).

VIII – dispor sobre limites e condições para a concessão de garantia da União em operações de crédito externo e interno;

IX – estabelecer limites globais e condições para o montante da dívida mobiliária dos Estados, do Distrito Federal e dos Municípios;

X – suspender a execução, no todo ou em parte, de lei declarada inconstitucional por decisão definitiva do Supremo Tribunal Federal;

XI – aprovar, por maioria absoluta e por voto secreto, a exoneração, de ofício, do Procurador-Geral da República antes do término de seu mandato;

XII – elaborar seu regimento interno;

XIII – dispor sobre sua organização, funcionamento, polícia, criação, transformação ou extinção dos cargos, empregos e funções de seus serviços, e a iniciativa de lei para fixação da respectiva remuneração, observados os parâmetros estabelecidos na lei de diretrizes orçamentárias;

- Inciso XIII com redação determinada pela Emenda Constitucional n. 19/1998.

XIV – eleger membros do Conselho da República, nos termos do art. 89, VII;

XV – avaliar periodicamente a funcionalidade do Sistema Tributário Nacional, em sua estrutura e seus componentes, e o desempenho das administrações tributárias da União, dos Estados e do Distrito Federal e dos Municípios.

- Inciso XV acrescentado pela Emenda Constitucional n. 42/2003.

Parágrafo único. Nos casos previstos nos incisos I e II, funcionará como Presidente o do Supremo Tribunal Federal, limitando-se a condenação, que somente será proferida por dois terços dos votos do Senado Federal, à perda do cargo, com inabilitação, por oito anos, para o exercício de função pública, sem prejuízo das demais sanções judiciais cabíveis.

Seção V
Dos Deputados e dos Senadores

Art. 53. Os Deputados e Senadores são invioláveis, civil e penalmente, por quaisquer de suas opiniões, palavras e votos.

- Artigo com redação determinada pela Emenda Constitucional n. 35/2001.

§ 1º Os Deputados e Senadores, desde a expedição do diploma, serão submetidos a julgamento perante o Supremo Tribunal Federal.

- V. art. 102, I, b, CF.

§ 2º Desde a expedição do diploma, os membros do Congresso Nacional não poderão ser presos, salvo em flagrante de crime inafiançável. Nesse caso, os autos serão remetidos dentro de vinte e quatro horas à Casa respectiva, para que, pelo voto da maioria de seus membros, resolva sobre a prisão.

- V. art. 301, CPP.

§ 3º Recebida a denúncia contra o Senador ou Deputado, por crime ocorrido após a diplomação, o Supremo Tribunal Federal dará ciência à Casa respectiva, que, por iniciativa de partido político nela representado e pelo voto da maioria de seus membros, poderá, até a decisão final, sustar o andamento da ação.

§ 4º O pedido de sustação será apreciado pela Casa respectiva no prazo improrrogável de quarenta e cinco dias do seu recebimento pela Mesa Diretora.

§ 5º A sustação do processo suspende a prescrição, enquanto durar o mandato.

§ 6º Os Deputados e Senadores não serão obrigados a testemunhar sobre informações recebidas ou prestadas em razão do exercício do mandato, nem sobre as pessoas que lhes confiaram ou deles receberam informações.

§ 7º A incorporação às Forças Armadas de Deputados e Senadores, embora militares e ainda que em tempo de guerra, dependerá de prévia licença da Casa respectiva.

§ 8º As imunidades de Deputados ou Senadores subsistirão durante o estado de sítio, só podendo ser suspensas mediante o voto de dois terços dos membros da Casa respectiva, nos casos de atos praticados fora do recinto do Congresso Nacional, que sejam incompatíveis com a execução da medida.

- V. arts. 137 a 141, CF.
- V. arts. 138 a 145, CP.

Art. 54. Os Deputados e Senadores não poderão:

I – desde a expedição do diploma:

a) firmar ou manter contrato com pessoa jurídica de direito público, autarquia, empresa pública, sociedade de economia mista ou empresa concessionária de serviço público, salvo quando o contrato obedecer a cláusulas uniformes;

b) aceitar ou exercer cargo, função ou emprego remunerado, inclusive os de que sejam demissíveis *ad nutum*, nas entidades constantes da alínea anterior;

II – desde a posse:

a) ser proprietários, controladores ou diretores de empresa que goze de favor decorrente de contrato com pessoa jurídica de direito público, ou nela exercer função remunerada;

b) ocupar cargo ou função de que sejam demissíveis *ad nutum*, nas entidades referidas no inciso I, a;

c) patrocinar causa em que seja interessada qualquer das entidades a que se refere o inciso I, a;

d) ser titulares de mais de um cargo ou mandato público eletivo.

Art. 55. Perderá o mandato o Deputado ou Senador:

I – que infringir qualquer das proibições estabelecidas no artigo anterior;

II – cujo procedimento for declarado incompatível com o decoro parlamentar;

III – que deixar de comparecer, em cada sessão legislativa, à terça parte das sessões ordinárias da Casa a que pertencer, salvo licença ou missão por esta autorizada;

Art. 56

CONSTITUIÇÃO FEDERAL

IV – que perder ou tiver suspensos os direitos políticos;
V – quando o decretar a Justiça Eleitoral, nos casos previstos nesta Constituição;
VI – que sofrer condenação criminal em sentença transitada em julgado.

• V. art. 92, I, CP.

§ 1º É incompatível com o decoro parlamentar, além dos casos definidos no regimento interno, o abuso das prerrogativas asseguradas a membro do Congresso Nacional ou a percepção de vantagens indevidas.

§ 2º Nos casos dos incisos I, II e VI, a perda do mandato será decidida pela Câmara dos Deputados ou pelo Senado Federal, por maioria absoluta, mediante provocação da respectiva Mesa ou de partido político representado no Congresso Nacional, assegurada ampla defesa.

• § 2º com redação determinada pela Emenda Constitucional n. 76/2013.

§ 3º Nos casos previstos nos incisos III a V, a perda será declarada pela Mesa da Casa respectiva, de ofício ou mediante provocação de qualquer de seus membros, ou de partido político representado no Congresso Nacional, assegurada ampla defesa.

§ 4º A renúncia de parlamentar submetido a processo que vise ou possa levar à perda do mandato, nos termos deste artigo, terá seus efeitos suspensos até as deliberações finais de que tratam os §§ 2º e 3º.

• § 4º acrescentado pela Emenda Constitucional de Revisão n. 6/1994.

Art. 56. Não perderá o mandato o Deputado ou Senador:
I – investido no cargo de Ministro de Estado, Governador de Território, Secretário de Estado, do Distrito Federal, de Território, de Prefeitura de Capital ou chefe de missão diplomática temporária;
II – licenciado pela respectiva Casa por motivo de doença, ou para tratar, sem remuneração, de interesse particular, desde que, neste caso, o afastamento não ultrapasse cento e vinte dias por sessão legislativa.

§ 1º O suplente será convocado nos casos de vaga, de investidura em funções previstas neste artigo ou de licença superior a cento e vinte dias.

§ 2º Ocorrendo vaga e não havendo suplente, far-se-á eleição para preenchê-la se faltarem mais de quinze meses para o término do mandato.

§ 3º Na hipótese do inciso I, o Deputado ou Senador poderá optar pela remuneração do mandato.

Seção VI
Das reuniões

Art. 57. O Congresso Nacional reunir-se-á, anualmente, na Capital Federal, de 2 de fevereiro a 17 de julho e de 1º de agosto a 22 de dezembro.

• *Caput* com redação determinada pela Emenda Constitucional n. 50/2006.

§ 1º As reuniões marcadas para essas datas serão transferidas para o primeiro dia útil subsequente, quando recaírem em sábados, domingos ou feriados.

§ 2º A sessão legislativa não será interrompida sem a aprovação do projeto de lei de diretrizes orçamentárias.

§ 3º Além de outros casos previstos nesta Constituição, a Câmara dos Deputados e o Senado Federal reunir-se-ão em sessão conjunta para:
I – inaugurar a sessão legislativa;
II – elaborar o regimento comum e regular a criação de serviços comuns às duas Casas;
III – receber o compromisso do Presidente e do Vice-Presidente da República;
IV – conhecer do veto e sobre ele deliberar.

§ 4º Cada uma das Casas reunir-se-á em sessões preparatórias, a partir de 1º de fevereiro, no primeiro ano da legislatura, para a posse de seus membros e eleição das respectivas Mesas, para mandato de 2 (dois) anos, vedada a recondução para o mesmo cargo na eleição imediatamente subsequente.

• § 4º com redação determinada pela Emenda Constitucional n. 50/2006, que manteve a redação original.

§ 5º A Mesa do Congresso Nacional será presidida pelo Presidente do Senado Federal, e os demais cargos serão exercidos, alternadamente, pelos ocupantes de cargos equivalentes na Câmara dos Deputados e no Senado Federal.

Constituição Federal

§ 6º A convocação extraordinária do Congresso Nacional far-se-á:

* *Caput* do § 6º com redação determinada pela Emenda Constitucional n. 50/2006, que manteve a redação original.

I – pelo Presidente do Senado Federal, em caso de decretação de estado de defesa ou de intervenção federal, de pedido de autorização para a decretação de estado de sítio e para o compromisso e a posse do Presidente e do Vice-Presidente da República;

II – pelo Presidente da República, pelos Presidentes da Câmara dos Deputados e do Senado Federal ou a requerimento da maioria dos membros de ambas as Casas, em caso de urgência ou interesse público relevante, em todas as hipóteses deste inciso com a aprovação da maioria absoluta de cada uma das Casas do Congresso Nacional.

* Inciso II com redação determinada pela Emenda Constitucional n. 50/2006.

§ 7º Na sessão legislativa extraordinária, o Congresso Nacional somente deliberará sobre a matéria para a qual foi convocado, ressalvada a hipótese do § 8º deste artigo, vedado o pagamento de parcela indenizatória, em razão da convocação.

* § 7º com redação determinada pela Emenda Constitucional n. 50/2006.

§ 8º Havendo medidas provisórias em vigor na data de convocação extraordinária do Congresso Nacional, serão elas automaticamente incluídas na pauta da convocação.

* § 8º acrescentado pela Emenda Constitucional n. 32/2001.

Seção VII
Das comissões

Art. 58. O Congresso Nacional e suas Casas terão comissões permanentes e temporárias, constituídas na forma e com as atribuições previstas no respectivo regimento ou no ato de que resultar sua criação.

§ 1º Na constituição das Mesas e de cada Comissão, é assegurada, tanto quanto possível, a representação proporcional dos partidos ou dos blocos parlamentares que participam da respectiva Casa.

§ 2º Às comissões, em razão da matéria de sua competência, cabe:

I – discutir e votar projeto de lei que dispensar, na forma do regimento, a competência do Plenário, salvo se houver recurso de um décimo dos membros da Casa;

II – realizar audiências públicas com entidades da sociedade civil;

III – convocar Ministro de Estado para prestar informações sobre assuntos inerentes a suas atribuições;

IV – receber petições, reclamações, representações ou queixas de qualquer pessoa contra atos ou omissões das autoridades ou entidades públicas;

V – solicitar depoimento de qualquer autoridade ou cidadão;

VI – apreciar programas de obras, planos nacionais, regionais e setoriais de desenvolvimento e sobre eles emitir parecer.

§ 3º As comissões parlamentares de inquérito, que terão poderes de investigação próprios das autoridades judiciais, além de outros previstos nos regimentos das respectivas Casas, serão criadas pela Câmara dos Deputados e pelo Senado Federal, em conjunto ou separadamente, mediante requerimento de um terço de seus membros, para a apuração de fato determinado e por prazo certo, sendo suas conclusões, se for o caso, encaminhadas ao Ministério Público, para que promova a responsabilidade civil ou criminal dos infratores.

* V. Lei 10.001/2000 (Prioridade nos procedimentos a serem adotados pelo Ministério Público a respeito das conclusões da Comissão Parlamentar de Inquérito).

§ 4º Durante o recesso, haverá uma Comissão representativa do Congresso Nacional, eleita por suas Casas na última sessão ordinária do período legislativo, com atribuições definidas no regimento comum, cuja composição reproduzirá, quanto possível, a proporcionalidade da representação partidária.

Seção VIII
Do processo legislativo

Subseção I
Disposição geral

Art. 59. O processo legislativo compreende a elaboração de:

I – emendas à Constituição;

II – leis complementares;
III – leis ordinárias;
IV – leis delegadas;
V – medidas provisórias;

- V. art. 73, ADCT.

VI – decretos legislativos;

- V. art. 3º, Lei 9.709/1998 (Regulamenta a execução do disposto nos incisos I, II e III do art. 14 da CF).

VII – resoluções.

Parágrafo único. Lei complementar disporá sobre a elaboração, redação, alteração e consolidação das leis.

- V. LC 95/1998 (Elaboração das leis).
- V. Dec. 4.176/2002 (Regulamenta a LC 95/1998).

Subseção II
Da emenda à Constituição

Art. 60. A Constituição poderá ser emendada mediante proposta:
I – de um terço, no mínimo, dos membros da Câmara dos Deputados ou do Senado Federal;
II – do Presidente da República;
III – de mais da metade das Assembleias Legislativas das unidades da Federação, manifestando-se, cada uma delas, pela maioria relativa de seus membros.
§ 1º A Constituição não poderá ser emendada na vigência de intervenção federal, de estado de defesa ou de estado de sítio.

- V. arts. 34 a 36 e 136 a 141, CF.

§ 2º A proposta será discutida e votada em cada Casa do Congresso Nacional, em dois turnos, considerando-se aprovada se obtiver, em ambos, três quintos dos votos dos respectivos membros.
§ 3º A emenda à Constituição será promulgada pelas Mesas da Câmara dos Deputados e do Senado Federal, com o respectivo número de ordem.
§ 4º Não será objeto de deliberação a proposta de emenda tendente a abolir:
I – a forma federativa de Estado;

- V. arts. 1º e 18, CF.

II – o voto direto, secreto, universal e periódico;

- V. arts. 1º, 14 e 81, § 1º, CF.
- V. Lei 9.709/1998 (Regulamenta a execução do disposto nos incisos I, II e III do art. 14 da CF).

III – a separação dos Poderes;

- V. art. 2º, CF.

IV – os direitos e garantias individuais.

- V. art. 5º, CF.

§ 5º A matéria constante de proposta de emenda rejeitada ou havida por prejudicada não pode ser objeto de nova proposta na mesma sessão legislativa.

Subseção III
Das leis

Art. 61. A iniciativa das leis complementares e ordinárias cabe a qualquer membro ou Comissão da Câmara dos Deputados, do Senado Federal ou do Congresso Nacional, ao Presidente da República, ao Supremo Tribunal Federal, aos Tribunais Superiores, ao Procurador-Geral da República e aos cidadãos, na forma e nos casos previstos nesta Constituição.
§ 1º São de iniciativa privativa do Presidente da República as leis que:
I – fixem ou modifiquem os efetivos das Forças Armadas;
II – disponham sobre:
a) criação de cargos, funções ou empregos públicos na administração direta e autárquica ou aumento de sua remuneração;

- V. Súmula 679, STF.

b) organização administrativa e judiciária, matéria tributária e orçamentária, serviços públicos e pessoal da administração dos Territórios;
c) servidores públicos da União e Territórios, seu regime jurídico, provimento de cargos, estabilidade e aposentadoria;

- Alínea *c* com redação determinada pela Emenda Constitucional n. 18/1998.

d) organização do Ministério Público e da Defensoria Pública da União, bem como normas gerais para a organização do Ministério Público e da Defensoria Pública dos Estados, do Distrito Federal e dos Territórios;
e) criação e extinção de Ministérios e órgãos da administração pública, observado o disposto no art. 84, VI;

- Alínea *e* com redação determinada pela Emenda Constitucional n. 32/2001.

f) militares das Forças Armadas, seu regime jurídico, provimento de cargos, promoções,

Constituição Federal

estabilidade, remuneração, reforma e transferência para a reserva.

- Alínea *f* acrescentada pela Emenda Constitucional n. 18/1998.

§ 2º A iniciativa popular pode ser exercida pela apresentação à Câmara dos Deputados de projeto de lei subscrito por, no mínimo, um por cento do eleitorado nacional, distribuído pelo menos por cinco Estados, com não menos de três décimos por cento dos eleitores de cada um deles.

- V. arts. 1º, III, 13 e 14, Lei 9.709/1998 (Regulamenta a execução do disposto nos incisos I, II e III do art. 14 da CF).

Art. 62. Em caso de relevância e urgência, o Presidente da República poderá adotar medidas provisórias, com força de lei, devendo submetê-las de imediato ao Congresso Nacional.

- Artigo com redação determinada pela Emenda Constitucional n. 32/2001.
- V. art. 246, CF.
- V. Res. CN 1/2002 (Apreciação, pelo Congresso Nacional, das Medidas Provisórias a que se refere o art. 62 da CF).

§ 1º É vedada a edição de medidas provisórias sobre matéria:
I – relativa a:
a) nacionalidade, cidadania, direitos políticos, partidos políticos e direito eleitoral;
b) direito penal, processual penal e processual civil;
c) organização do Poder Judiciário e do Ministério Público, a carreira e a garantia de seus membros;
d) planos plurianuais, diretrizes orçamentárias, orçamento e créditos adicionais e suplementares, ressalvado o previsto no art. 167, § 3º;
II – que vise a detenção ou sequestro de bens, de poupança popular ou qualquer outro ativo financeiro;
III – reservada a lei complementar;
IV – já disciplinada em projeto de lei aprovado pelo Congresso Nacional e pendente de sanção ou veto do Presidente da República.

§ 2º Medida provisória que implique instituição ou majoração de impostos, exceto os previstos nos arts. 153, I, II, IV, V, e 154, II, só produzirá efeitos no exercício financeiro seguinte se houver sido convertida em lei até o último dia daquele em que foi editada.

§ 3º As medidas provisórias, ressalvado o disposto nos §§ 11 e 12 perderão eficácia, desde a edição, se não forem convertidas em lei no prazo de sessenta dias, prorrogável, nos termos do § 7º, uma vez por igual período, devendo o Congresso Nacional disciplinar, por decreto legislativo, as relações jurídicas delas decorrentes.

§ 4º O prazo a que se refere o § 3º contar-se-á da publicação da medida provisória, suspendendo-se durante os períodos de recesso do Congresso Nacional.

§ 5º A deliberação de cada uma das Casas do Congresso Nacional sobre o mérito das medidas provisórias dependerá de juízo prévio sobre o atendimento de seus pressupostos constitucionais.

§ 6º Se a medida provisória não for apreciada em até quarenta e cinco dias contados de sua publicação, entrará em regime de urgência, subsequentemente, em cada uma das Casas do Congresso Nacional, ficando sobrestadas, até que se ultime a votação, todas as demais deliberações legislativas da Casa em que estiver tramitando.

§ 7º Prorrogar-se-á uma única vez por igual período a vigência de medida provisória que, no prazo de sessenta dias, contado de sua publicação, não tiver a sua votação encerrada nas duas Casas do Congresso Nacional.

§ 8º As medidas provisórias terão sua votação iniciada na Câmara dos Deputados.

§ 9º Caberá à comissão mista de Deputados e Senadores examinar as medidas provisórias e sobre elas emitir parecer, antes de serem apreciadas, em sessão separada, pelo plenário de cada uma das Casas do Congresso Nacional.

§ 10. É vedada a reedição, na mesma sessão legislativa, de medida provisória que tenha sido rejeitada ou que tenha perdido sua eficácia por decurso de prazo.

§ 11. Não editado o decreto legislativo a que se refere o § 3º até sessenta dias após a rejeição ou perda de eficácia de medida provisória, as relações jurídicas constituídas e decorrentes de atos praticados durante sua vigência conservar-se-ão por ela regidas.

§ 12. Aprovado projeto de lei de conversão alterando o texto original da medida provisória, esta manter-se-á integralmente em vigor até que seja sancionado ou vetado o projeto.

Art. 63. Não será admitido aumento da despesa prevista:

I – nos projetos de iniciativa exclusiva do Presidente da República, ressalvado o disposto no art. 166, §§ 3º e 4º;

II – nos projetos sobre organização dos serviços administrativos da Câmara dos Deputados, do Senado Federal, dos Tribunais Federais e do Ministério Público.

Art. 64. A discussão e votação dos projetos de lei de iniciativa do Presidente da República, do Supremo Tribunal Federal e dos Tribunais Superiores terão início na Câmara dos Deputados.

§ 1º O Presidente da República poderá solicitar urgência para apreciação de projetos de sua iniciativa.

§ 2º Se, no caso do § 1º, a Câmara dos Deputados e o Senado Federal não se manifestarem sobre a proposição, cada qual sucessivamente, em até quarenta e cinco dias, sobrestar-se-ão todas as demais deliberações legislativas da respectiva Casa, com exceção das que tenham prazo constitucional determinado, até que se ultime a votação.

• § 2º com redação determinada pela Emenda Constitucional n. 32/2001.

§ 3º A apreciação das emendas do Senado Federal pela Câmara dos Deputados far-se-á no prazo de dez dias, observado quanto ao mais o disposto no parágrafo anterior.

§ 4º Os prazos do § 2º não correm nos períodos de recesso do Congresso Nacional, nem se aplicam aos projetos de código.

Art. 65. O projeto de lei aprovado por uma Casa será revisto pela outra, em um só turno de discussão e votação, e enviado à sanção ou promulgação, se a Casa revisora o aprovar, ou arquivado, se o rejeitar.

Parágrafo único. Sendo o projeto emendado, voltará à Casa iniciadora.

Art. 66. A Casa na qual tenha sido concluída a votação enviará o projeto de lei ao Presidente da República, que, aquiescendo, o sancionará.

§ 1º Se o Presidente da República considerar o projeto, no todo ou em parte, inconstitucional ou contrário ao interesse público, ve-tá-lo-á total ou parcialmente, no prazo de quinze dias úteis, contados da data do recebimento, e comunicará, dentro de quarenta e oito horas, ao Presidente do Senado Federal os motivos do veto.

§ 2º O veto parcial somente abrangerá texto integral de artigo, de parágrafo, de inciso ou de alínea.

§ 3º Decorrido o prazo de quinze dias, o silêncio do Presidente da República importará sanção.

§ 4º O veto será apreciado em sessão conjunta, dentro de trinta dias a contar de seu recebimento, só podendo ser rejeitado pelo voto da maioria absoluta dos Deputados e Senadores.

• § 4º com redação determinada pela Emenda Constitucional n. 76/2013.

§ 5º Se o veto não for mantido, será o projeto enviado, para promulgação, ao Presidente da República.

§ 6º Esgotado sem deliberação o prazo estabelecido no § 4º, o veto será colocado na ordem do dia da sessão imediata, sobrestadas as demais proposições, até sua votação final.

• § 6º com redação determinada pela Emenda Constitucional n. 32/2001.

§ 7º Se a lei não for promulgada dentro de quarenta e oito horas pelo Presidente da República, nos casos dos §§ 3º e 5º, o Presidente do Senado a promulgará e, se este não fizer em igual prazo, caberá ao Vice-Presidente do Senado fazê-lo.

Art. 67. A matéria constante de projeto de lei rejeitado somente poderá constituir objeto de novo projeto, na mesma sessão legislativa, mediante proposta da maioria absoluta dos membros de qualquer das Casas do Congresso Nacional.

Art. 68. As leis delegadas serão elaboradas pelo Presidente da República, que deverá solicitar a delegação ao Congresso Nacional.

§ 1º Não serão objeto de delegação os atos de competência exclusiva do Congresso Nacional, os de competência privativa da Câmara dos Deputados ou do Senado Federal, a matéria reservada à lei complementar, nem a legislação sobre:

Constituição Federal

I – organização do Poder Judiciário e do Ministério Público, a carreira e a garantia de seus membros;
II – nacionalidade, cidadania, direitos individuais, políticos e eleitorais;
III – planos plurianuais, diretrizes orçamentárias e orçamentos.
§ 2º A delegação ao Presidente da República terá a forma de resolução do Congresso Nacional, que especificará seu conteúdo e os termos de seu exercício.
§ 3º Se a resolução determinar a apreciação do projeto pelo Congresso Nacional, este a fará em votação única, vedada qualquer emenda.

Art. 69. As leis complementares serão aprovadas por maioria absoluta.

Seção IX
Da fiscalização contábil, financeira e orçamentária

Art. 70. A fiscalização contábil, financeira, orçamentária, operacional e patrimonial da União e das entidades da administração direta e indireta, quanto à legalidade, legitimidade, economicidade, aplicação das subvenções e renúncia de receitas, será exercida pelo Congresso Nacional, mediante controle externo, e pelo sistema de controle interno de cada Poder.

Parágrafo único. Prestará contas qualquer pessoa física ou jurídica, pública ou privada, que utilize, arrecade, guarde, gerencie ou administre dinheiros, bens e valores públicos ou pelos quais a União responda, ou que, em nome desta, assuma obrigações de natureza pecuniária.

• Parágrafo único com redação determinada pela Emenda Constitucional n. 19/1998.

Art. 71. O controle externo, a cargo do Congresso Nacional, será exercido com o auxílio do Tribunal de Contas da União, ao qual compete:

• V. Lei 8.443/1992 (Lei Orgânica do Tribunal de Contas da União).
•• V. Súmula 347, STF.

I – apreciar as contas prestadas anualmente pelo Presidente da República, mediante parecer prévio que deverá ser elaborado em sessenta dias a contar de seu recebimento;
II – julgar as contas dos administradores e demais responsáveis por dinheiros, bens e valores públicos da administração direta e indireta, incluídas as fundações e sociedades instituídas e mantidas pelo Poder Público federal, e as contas daqueles que derem causa a perda, extravio ou outra irregularidade de que resulte prejuízo ao erário público;
III – apreciar, para fins de registro, a legalidade dos atos de admissão de pessoal, a qualquer título, na administração direta e indireta, incluídas as fundações instituídas e mantidas pelo Poder Público, excetuadas as nomeações para cargo de provimento em comissão, bem como a das concessões de aposentadorias, reformas e pensões, ressalvadas as melhorias posteriores que não alterem o fundamento legal do ato concessório;

• V. Súmula vinculante 3, STF.

IV – realizar, por iniciativa própria, da Câmara dos Deputados, do Senado Federal, de Comissão técnica ou de inquérito, inspeções e auditorias de natureza contábil, financeira, orçamentária, operacional e patrimonial, nas unidades administrativas dos Poderes Legislativo, Executivo e Judiciário, e demais entidades referidas no inciso II;
V – fiscalizar as contas nacionais das empresas supranacionais de cujo capital social a União participe, de forma direta ou indireta, nos termos do tratado constitutivo;
VI – fiscalizar a aplicação de quaisquer recursos repassados pela União mediante convênio, acordo, ajuste ou outros instrumentos congêneres, a Estado, ao Distrito Federal ou a Município;
VII – prestar as informações solicitadas pelo Congresso Nacional, por qualquer de suas Casas, ou por qualquer das respectivas Comissões, sobre a fiscalização contábil, financeira, orçamentária, operacional e patrimonial e sobre resultados de auditorias e inspeções realizadas;
VIII – aplicar aos responsáveis, em caso de ilegalidade de despesa ou irregularidade de contas, as sanções previstas em lei, que estabelecerá, entre outras cominações, multa proporcional ao dano causado ao erário;
IX – assinar prazo para que o órgão ou entidade adote as providências necessárias ao

exato cumprimento da lei, se verificada ilegalidade;

X – sustar, se não atendido, a execução do ato impugnado, comunicando a decisão à Câmara dos Deputados e ao Senado Federal;

XI – representar ao Poder competente sobre irregularidades ou abusos apurados.

§ 1º No caso de contrato, o ato de sustação será adotado diretamente pelo Congresso Nacional, que solicitará, de imediato, ao Poder Executivo as medidas cabíveis.

§ 2º Se o Congresso Nacional ou o Poder Executivo, no prazo de noventa dias, não efetivar as medidas previstas no parágrafo anterior, o Tribunal decidirá a respeito.

§ 3º As decisões do Tribunal de que resulte imputação de débito ou multa terão eficácia de título executivo.

§ 4º O Tribunal encaminhará ao Congresso Nacional, trimestral e anualmente, relatório de suas atividades.

Art. 72. A Comissão mista permanente a que se refere o art. 166, § 1º, diante de indícios de despesas não autorizadas, ainda que sob a forma de investimentos não programados ou de subsídios não aprovados, poderá solicitar à autoridade governamental responsável que, no prazo de cinco dias, preste os esclarecimentos necessários.

- V. art. 16, § 2º, ADCT.

§ 1º Não prestados os esclarecimentos, ou considerados estes insuficientes, a Comissão solicitará ao Tribunal pronunciamento conclusivo sobre a matéria, no prazo de trinta dias.

§ 2º Entendendo o Tribunal irregular a despesa, a Comissão, se julgar que o gasto possa causar dano irreparável ou grave lesão à economia pública, proporá ao Congresso Nacional sua sustação.

Art. 73. O Tribunal de Contas da União, integrado por nove Ministros, tem sede no Distrito Federal, quadro próprio de pessoal e jurisdição em todo o território nacional, exercendo, no que couber, as atribuições previstas no art. 96.

- V. art. 84, XV, CF.
- V. Lei 8.443/1992 (Lei Orgânica do Tribunal de Contas da União).

§ 1º Os Ministros do Tribunal de Contas da União serão nomeados dentre brasileiros que satisfaçam os seguintes requisitos:

I – mais de trinta e cinco e menos de sessenta e cinco anos de idade;

II – idoneidade moral e reputação ilibada;

III – notórios conhecimentos jurídicos, contábeis, econômicos e financeiros ou de administração pública;

IV – mais de dez anos de exercício de função ou de efetiva atividade profissional que exija os conhecimentos mencionados no inciso anterior.

§ 2º Os Ministros do Tribunal de Contas da União serão escolhidos:

I – um terço pelo Presidente da República, com aprovação do Senado Federal, sendo dois alternadamente dentre auditores e membros do Ministério Público junto ao Tribunal, indicados em lista tríplice pelo Tribunal, segundo os critérios de antiguidade e merecimento;

II – dois terços pelo Congresso Nacional.

- V. Dec. Leg. 6/1993 (Escolha de Ministros do Tribunal de Contas da União pelo Congresso Nacional).

§ 3º Os Ministros do Tribunal de Contas da União terão as mesmas garantias, prerrogativas, impedimentos, vencimentos e vantagens dos Ministros do Superior Tribunal de Justiça, aplicando-se-lhes, quanto à aposentadoria e pensão, as normas constantes do art. 40.

- § 3º com redação determinada pela Emenda Constitucional n. 20/1998.

§ 4º O auditor, quando em substituição a Ministro, terá as mesmas garantias e impedimentos do titular e, quando no exercício das demais atribuições da judicatura, as de juiz de Tribunal Regional Federal.

Art. 74. Os Poderes Legislativo, Executivo e Judiciário manterão, de forma integrada, sistema de controle interno com a finalidade de:

I – avaliar o cumprimento das metas previstas no plano plurianual, a execução dos programas de governo e dos orçamentos da União;

II – comprovar a legalidade e avaliar os resultados, quanto à eficácia e eficiência, da gestão orçamentária, financeira e patrimonial

Constituição Federal

nos órgãos e entidades da administração federal, bem como da aplicação de recursos públicos por entidades de direito privado;

III – exercer o controle das operações de crédito, avais e garantias, bem como dos direitos e haveres da União;

IV – apoiar o controle externo no exercício de sua missão institucional.

§ 1º Os responsáveis pelo controle interno, ao tomarem conhecimento de qualquer irregularidade ou ilegalidade, dela darão ciência ao Tribunal de Contas da União, sob pena de responsabilidade solidária.

§ 2º Qualquer cidadão, partido político, associação ou sindicato é parte legítima para, na forma da lei, denunciar irregularidades ou ilegalidades perante o Tribunal de Contas da União.

• V. arts. 1º, XVI, e 53, Lei 8.443/1992 (Lei Orgânica do Tribunal de Contas da União).

Art. 75. As normas estabelecidas nesta seção aplicam-se, no que couber, à organização, composição e fiscalização dos Tribunais de Contas dos Estados e do Distrito Federal, bem como dos Tribunais e Conselhos de Contas dos Municípios.

•• V. art. 31, § 4º, CF.

Parágrafo único. As Constituições estaduais disporão sobre os Tribunais de Contas respectivos, que serão integrados por sete Conselheiros.

Capítulo II
DO PODER EXECUTIVO

Seção I
Do Presidente e do Vice-Presidente da República

Art. 76. O Poder Executivo é exercido pelo Presidente da República, auxiliado pelos Ministros de Estado.

Art. 77. A eleição do Presidente e do Vice-Presidente da República realizar-se-á, simultaneamente, no primeiro domingo de outubro, em primeiro turno, e no último domingo de outubro, em segundo turno, se houver, do ano anterior ao do término do mandato presidencial vigente.

• *Caput* com redação determinada pela Emenda Constitucional n. 16/1997.
• V. arts. 28, 29, II, 32, § 2º, CF.

§ 1º A eleição do Presidente da República importará a do Vice-Presidente com ele registrado.

§ 2º Será considerado eleito Presidente o candidato que, registrado por partido político, obtiver a maioria absoluta de votos, não computados os em branco e os nulos.

§ 3º Se nenhum candidato alcançar maioria absoluta na primeira votação, far-se-á nova eleição em até vinte dias após a proclamação do resultado, concorrendo os dois candidatos mais votados e considerando-se eleito aquele que obtiver a maioria dos votos válidos.

§ 4º Se, antes de realizado o segundo turno, ocorrer morte, desistência ou impedimento legal de candidato, convocar-se-á, dentre os remanescentes, o de maior votação.

§ 5º Se, na hipótese dos parágrafos anteriores, remanescer, em segundo lugar, mais de um candidato com a mesma votação, qualificar-se-á o mais idoso.

Art. 78. O Presidente e o Vice-Presidente da República tomarão posse em sessão do Congresso Nacional, prestando o compromisso de manter, defender e cumprir a Constituição, observar as leis, promover o bem geral do povo brasileiro, sustentar a união, a integridade e a independência do Brasil.

Parágrafo único. Se, decorridos dez dias da data fixada para a posse, o Presidente ou o Vice-Presidente, salvo motivo de força maior, não tiver assumido o cargo, este será declarado vago.

Art. 79. Substituirá o Presidente, no caso de impedimento, e suceder-lhe-á, no de vaga, o Vice-Presidente.

Parágrafo único. O Vice-Presidente da República, além de outras atribuições que lhe forem conferidas por lei complementar, auxiliará o Presidente, sempre que por ele convocado para missões especiais.

Art. 80. Em caso de impedimento do Presidente e do Vice-Presidente, ou vacância dos respectivos cargos, serão sucessivamente chamados ao exercício da Presidência o Presidente da Câmara dos Deputados, o do

Senado Federal e o do Supremo Tribunal Federal.

Art. 81. Vagando os cargos de Presidente e Vice-Presidente da República, far-se-á eleição noventa dias depois de aberta a última vaga.

§ 1º Ocorrendo a vacância nos últimos dois anos do período presidencial, a eleição para ambos os cargos será feita trinta dias depois da última vaga, pelo Congresso Nacional, na forma da lei.

§ 2º Em qualquer dos casos, os eleitos deverão completar o período de seus antecessores.

Art. 82. O mandato do Presidente da República é de quatro anos e terá início em primeiro de janeiro do ano seguinte ao da sua eleição.

- Artigo com redação determinada pela Emenda Constitucional n. 16/1997.

Art. 83. O Presidente e o Vice-Presidente da República não poderão, sem licença do Congresso Nacional, ausentar-se do País por período superior a quinze dias, sob pena de perda do cargo.

Seção II
Das atribuições
do Presidente da República

Art. 84. Compete privativamente ao Presidente da República:

I – nomear e exonerar os Ministros de Estado;

II – exercer, com o auxílio dos Ministros de Estado, a direção superior da administração federal;

III – iniciar o processo legislativo, na forma e nos casos previstos nesta Constituição;

IV – sancionar, promulgar e fazer publicar as leis, bem como expedir decretos e regulamentos para sua fiel execução;

V – vetar projetos de lei, total ou parcialmente;

- V. art. 66, §§ 1º a 7º, CF.

VI – dispor, mediante decreto, sobre:

- Inciso VI com redação determinada pela Emenda Constitucional n. 32/2001.

a) organização e funcionamento da administração federal, quando não implicar aumento de despesa nem criação ou extinção de órgãos públicos;

b) extinção de funções ou cargos públicos, quando vagos;

VII – manter relações com Estados estrangeiros e acreditar seus representantes diplomáticos;

VIII – celebrar tratados, convenções e atos internacionais, sujeitos a referendo do Congresso Nacional;

IX – decretar o estado de defesa e o estado de sítio;

X – decretar e executar a intervenção federal;

XI – remeter mensagem e plano de governo ao Congresso Nacional por ocasião da abertura da sessão legislativa, expondo a situação do País e solicitando as providências que julgar necessárias;

XII – conceder indulto e comutar penas, com audiência, se necessário, dos órgãos instituídos em lei;

- V. Dec. 1.860/1996 (Indulto especial e condicional).
- V. Dec. 2.002/1996 (Indulto e comutação de penas).

XIII – exercer o comando supremo das Forças Armadas, nomear os Comandantes da Marinha, do Exército e da Aeronáutica, promover seus oficiais-generais e nomeá-los para os cargos que lhes são privativos;

- Inciso XIII com redação determinada pela Emenda Constitucional n. 23/1999.

XIV – nomear, após aprovação pelo Senado Federal, os Ministros do Supremo Tribunal Federal e dos Tribunais Superiores, os Governadores de Territórios, o Procurador-Geral da República, o presidente e os diretores do Banco Central e outros servidores, quando determinado em lei;

XV – nomear, observado o disposto no art. 73, os Ministros do Tribunal de Contas da União;

XVI – nomear os magistrados, nos casos previstos nesta Constituição, e o Advogado-Geral da União;

XVII – nomear membros do Conselho da República, nos termos do art. 89, VII;

XVIII – convocar e presidir o Conselho da República e o Conselho de Defesa Nacional;

Constituição Federal

XIX – declarar guerra, no caso de agressão estrangeira, autorizado pelo Congresso Nacional ou referendado por ele, quando ocorrida no intervalo das sessões legislativas, e, nas mesmas condições, decretar, total ou parcialmente, a mobilização nacional;

- V. art. 5º, XLVII, a, CF.
- V. Lei 11.631/2007 (Mobilização nacional e Sistema Nacional de Mobilização – Sinamob).

XX – celebrar a paz, autorizado ou com o referendo do Congresso Nacional;

XXI – conferir condecorações e distinções honoríficas;

XXII – permitir, nos casos previstos em lei complementar, que forças estrangeiras transitem pelo território nacional ou nele permaneçam temporariamente;

- V. LC 90/1997 (Determina os casos em que forças estrangeiras possam transitar pelo território nacional ou nele permanecer temporariamente).

XXIII – enviar ao Congresso Nacional o plano plurianual, o projeto de lei de diretrizes orçamentárias e as propostas de orçamento previstos nesta Constituição;

XXIV – prestar, anualmente, ao Congresso Nacional, dentro de sessenta dias após a abertura da sessão legislativa, as contas referentes ao exercício anterior;

XXV – prover e extinguir os cargos públicos federais, na forma da lei;

XXVI – editar medidas provisórias com força de lei, nos termos do art. 62;

XXVII – exercer outras atribuições previstas nesta Constituição.

Parágrafo único. O Presidente da República poderá delegar as atribuições mencionadas nos incisos VI, XII e XXV, primeira parte, aos Ministros de Estado, ao Procurador-Geral da República ou ao Advogado-Geral da União, que observarão os limites traçados nas respectivas delegações.

Seção III
Da responsabilidade do Presidente da República

Art. 85. São crimes de responsabilidade os atos do Presidente da República que atentem contra a Constituição Federal e, especialmente, contra:

•• V. Súmula vinculante 46, STF.

I – a existência da União;

II – o livre exercício do Poder Legislativo, do Poder Judiciário, do Ministério Público e dos Poderes constitucionais das unidades da Federação;

III – o exercício dos direitos políticos, individuais e sociais;

IV – a segurança interna do País;

V – a probidade na administração;

- V. art. 37, § 4º, CF.

VI – a lei orçamentária;

VII – o cumprimento das leis e das decisões judiciais.

Parágrafo único. Esses crimes serão definidos em lei especial, que estabelecerá as normas de processo e julgamento.

- V. Lei 1.079/1950 (Crimes de responsabilidade).
- V. Súmula Vinculante 46, STF.
- V. Súmula 722, STF.

Art. 86. Admitida a acusação contra o Presidente da República, por dois terços da Câmara dos Deputados, será ele submetido a julgamento perante o Supremo Tribunal Federal, nas infrações penais comuns, ou perante o Senado Federal, nos crimes de responsabilidade.

§ 1º O Presidente ficará suspenso de suas funções:

I – nas infrações penais comuns, se recebida a denúncia ou queixa-crime pelo Supremo Tribunal Federal;

II – nos crimes de responsabilidade, após a instauração do processo pelo Senado Federal.

§ 2º Se, decorrido o prazo de cento e oitenta dias, o julgamento não estiver concluído, cessará o afastamento do Presidente, sem prejuízo do regular prosseguimento do processo.

§ 3º Enquanto não sobrevier sentença condenatória, nas infrações comuns, o Presidente da República não estará sujeito a prisão.

§ 4º O Presidente da República, na vigência de seu mandato, não pode ser responsabilizado por atos estranhos ao exercício de suas funções.

•• V. Lei 1.079/1950 (Crimes de responsabilidade).

Art. 87

Seção IV
Dos Ministros de Estado

Art. 87. Os Ministros de Estado serão escolhidos dentre brasileiros maiores de vinte um anos e no exercício dos direitos políticos.

Parágrafo único. Compete ao Ministro de Estado, além de outras atribuições estabelecidas nesta Constituição e na lei:

I – exercer a orientação, coordenação e supervisão dos órgãos e entidades da administração federal na área de sua competência e referendar os atos e decretos assinados pelo Presidente da República;

II – expedir instruções para a execução das leis, decretos e regulamentos;

III – apresentar ao Presidente da República relatório anual de sua gestão no Ministério;

IV – praticar os atos pertinentes às atribuições que lhe forem outorgadas ou delegadas pelo Presidente da República.

Art. 88. A lei disporá sobre a criação e extinção de Ministérios e órgãos da administração pública.

- Artigo com redação determinada pela Emenda Constitucional n. 32/2001.

Seção V
Do Conselho da República e do Conselho de Defesa Nacional

Subseção I
Do Conselho da República

Art. 89. O Conselho da República é órgão superior de consulta do Presidente da República, e dele participam:

- V. Lei 8.041/1990 (Organização e funcionamento do Conselho da República).

I – o Vice-Presidente da República;
II – o Presidente da Câmara dos Deputados;
III – o Presidente do Senado Federal;
IV – os líderes da maioria e da minoria na Câmara dos Deputados;
V – os líderes da maioria e da minoria no Senado Federal;
VI – o Ministro da Justiça;
VII – seis cidadãos brasileiros natos, com mais de trinta e cinco anos de idade, sendo dois nomeados pelo Presidente da República, dois eleitos pelo Senado Federal e dois eleitos pela Câmara dos Deputados, todos com mandato de três anos, vedada a recondução.

- V. arts. 51, V, 52, XIV, e 84, XVII, CF.

Art. 90. Compete ao Conselho da República pronunciar-se sobre:

I – intervenção federal, estado de defesa e estado de sítio;

II – as questões relevantes para a estabilidade das instituições democráticas.

§ 1º O Presidente da República poderá convocar Ministro de Estado para participar da reunião do Conselho, quando constar da pauta questão relacionada com o respectivo Ministério.

§ 2º A lei regulará a organização e o funcionamento do Conselho da República.

- V. Lei 8.041/1990 (Organização e funcionamento do Conselho da República).

Subseção II
Do Conselho de Defesa Nacional

Art. 91. O Conselho de Defesa Nacional é órgão de consulta do Presidente da República nos assuntos relacionados com a soberania nacional e a defesa do Estado democrático, e dele participam como membros natos:

- V. Lei 8.183/1991 (Conselho de Defesa Nacional).
- V. Dec. 893/1993 (Regulamento do Conselho de Defesa Nacional).

I – o Vice-Presidente da República;
II – o Presidente da Câmara dos Deputados;
III – o Presidente do Senado Federal;
IV – o Ministro da Justiça;
V – o Ministro de Estado da Defesa;

- Inciso V com redação determinada pela Emenda Constitucional n. 23/1999.

VI – o Ministro das Relações Exteriores;
VII – o Ministro do Planejamento;
VIII – os Comandantes da Marinha, do Exército e da Aeronáutica.

- Inciso VIII acrescentado pela Emenda Constitucional n. 23/1999.

§ 1º Compete ao Conselho de Defesa Nacional:

I – opinar nas hipóteses de declaração de guerra e de celebração da paz, nos termos desta Constituição;

II – opinar sobre a decretação do estado de defesa, do estado de sítio e da intervenção federal;

Art. 93

CONSTITUIÇÃO FEDERAL

III – propor os critérios e condições de utilização de áreas indispensáveis à segurança do território nacional e opinar sobre seu efetivo uso, especialmente na faixa de fronteira e nas relacionadas com a preservação e a exploração dos recursos naturais de qualquer tipo;

IV – estudar, propor e acompanhar o desenvolvimento de iniciativas necessárias a garantir a independência nacional e a defesa do Estado democrático.

§ 2º A lei regulará a organização e o funcionamento do Conselho de Defesa Nacional.

- V. Lei 8.183/1991 (Conselho de Defesa Nacional).
- V. Dec. 893/1993 (Regulamento do Conselho de Defesa Nacional).

Capítulo III
DO PODER JUDICIÁRIO

Seção I
Disposições gerais

Art. 92. São órgãos do Poder Judiciário:
I – o Supremo Tribunal Federal;
I-A – o Conselho Nacional de Justiça;

- Inciso I-A acrescentado pela Emenda Constitucional n. 45/2004.
- V. art. 103-B, CF.
- V. art. 5º, Emenda Constitucional n. 45/2004.

II – o Superior Tribunal de Justiça;
III – os Tribunais Regionais Federais e Juízes Federais;
IV – os Tribunais e Juízes do Trabalho;
V – os Tribunais e Juízes Eleitorais;
VI – os Tribunais e Juízes Militares;
VII – os Tribunais e Juízes dos Estados e do Distrito Federal e Territórios.

§ 1º O Supremo Tribunal Federal, o Conselho Nacional de Justiça e os Tribunais Superiores têm sede na Capital Federal.

- § 1º acrescentado pela Emenda Constitucional n. 45/2004.
- V. art. 103-B, CF.

§ 2º O Supremo Tribunal Federal e os Tribunais Superiores têm jurisdição em todo o território nacional.

- § 2º acrescentado pela Emenda Constitucional n. 45/2004.

Art. 93. Lei complementar, de iniciativa do Supremo Tribunal Federal, disporá sobre o Estatuto da Magistratura, observados os seguintes princípios:

- V. LC 35/1979 (Lei Orgânica da Magistratura Nacional).

I – ingresso na carreira, cujo cargo inicial será o de juiz substituto, mediante concurso público de provas e títulos, com a participação da Ordem dos Advogados do Brasil em todas as fases, exigindo-se do bacharel em direito, no mínimo, 3 (três) anos de atividade jurídica e obedecendo-se, nas nomeações, à ordem de classificação;

- Inciso I com redação determinada pela Emenda Constitucional n. 45/2004.

II – promoção de entrância para entrância, alternadamente, por antiguidade e merecimento, atendidas as seguintes normas:

a) é obrigatória a promoção do juiz que figure por três vezes consecutivas ou cinco alternadas em lista de merecimento;

b) a promoção por merecimento pressupõe dois anos de exercício na respectiva entrância e integrar o juiz a primeira quinta parte da lista de antiguidade desta, salvo se não houver com tais requisitos quem aceite o lugar vago;

c) aferição do merecimento conforme o desempenho e pelos critérios objetivos de produtividade e presteza no exercício da jurisdição e pela frequência e aproveitamento em cursos oficiais ou reconhecidos de aperfeiçoamento;

- Alínea c com redação determinada pela Emenda Constitucional n. 45/2004.

d) na apuração de antiguidade, o tribunal somente poderá recusar o juiz mais antigo pelo voto fundamentado de dois terços de seus membros, conforme procedimento próprio, e assegurada ampla defesa, repetindo-se a votação até fixar-se a indicação;

- Alínea d com redação determinada pela Emenda Constitucional n. 45/2004.

e) não será promovido o juiz que, injustificadamente, retiver autos em seu poder além do prazo legal, não podendo devolvê-los ao cartório sem o devido despacho ou decisão;

- Alínea e acrescentada pela Emenda Constitucional n. 45/2004.

III – o acesso aos tribunais de segundo grau far-se-á por antiguidade e merecimento, alternadamente, apurados na última ou única entrância;

* Inciso III com redação determinada pela Emenda Constitucional n. 45/2004.

IV – previsão de cursos oficiais de preparação, aperfeiçoamento e promoção de magistrados, constituindo etapa obrigatória do processo de vitaliciamento a participação em curso oficial ou reconhecido por escola nacional de formação e aperfeiçoamento de magistrados;

* Inciso IV com redação determinada pela Emenda Constitucional n. 45/2004.

V – o subsídio dos Ministros dos Tribunais Superiores corresponderá a noventa e cinco por cento do subsídio mensal fixado para os Ministros do Supremo Tribunal Federal e os subsídios dos demais magistrados serão fixados em lei e escalonados, em nível federal e estadual, conforme as respectivas categorias da estrutura judiciária nacional, não podendo a diferença entre uma e outra ser superior a dez por cento ou inferior a cinco por cento, nem exceder a noventa e cinco por cento do subsídio mensal dos Ministros dos Tribunais Superiores, obedecido, em qualquer caso, o disposto nos arts. 37, XI, e 39, § 4º;

* Inciso V com redação determinada pela Emenda Constitucional n. 19/1998.

VI – a aposentadoria dos magistrados e a pensão de seus dependentes observarão o disposto no art. 40;

* Inciso VI com redação determinada pela Emenda Constitucional n. 20/1998.

VII – o juiz titular residirá na respectiva comarca, salvo autorização do tribunal;

* Inciso VII com redação determinada pela Emenda Constitucional n. 45/2004.

VIII – o ato de remoção, disponibilidade e aposentadoria do magistrado, por interesse público, fundar-se-á em decisão por voto da maioria absoluta do respectivo tribunal ou do Conselho Nacional de Justiça, assegurada ampla defesa;

* Inciso VIII com redação determinada pela Emenda Constitucional n. 45/2004.
* V. arts. 95, II, e 103-B, CF.
* V. art. 5º, Emenda Constitucional n. 45/2004.

VIII-A – a remoção a pedido ou a permuta de magistrados de comarca de igual entrância atenderá, no que couber, ao disposto nas alíneas a, b, c e e do inciso II;

* Inciso VIII-A acrescentado pela Emenda Constitucional n. 45/2004.

IX – todos os julgamentos dos órgãos do Poder Judiciário serão públicos, e fundamentadas todas as decisões, sob pena de nulidade, podendo a lei limitar a presença, em determinados atos, às próprias partes e a seus advogados, ou somente a estes, em casos nos quais a preservação do direito à intimidade do interessado no sigilo não prejudique o interesse público à informação;

* Inciso IX com redação determinada pela Emenda Constitucional n. 45/2004.

X – as decisões administrativas dos tribunais serão motivadas e em sessão pública, sendo as disciplinares tomadas pelo voto da maioria absoluta de seus membros;

* Inciso X com redação determinada pela Emenda Constitucional n. 45/2004.

XI – nos tribunais com número superior a vinte e cinco julgadores, poderá ser constituído órgão especial, com o mínimo de onze e o máximo de vinte e cinco membros, para o exercício das atribuições administrativas e jurisdicionais delegadas da competência do tribunal pleno, provendo-se metade das vagas por antiguidade e a outra metade por eleição pelo tribunal pleno;

* Inciso XI com redação determinada pela Emenda Constitucional n. 45/2004.

XII – a atividade jurisdicional será ininterrupta, sendo vedado férias coletivas nos juízos e tribunais de segundo grau, funcionando, nos dias em que não houver expediente forense normal, juízes em plantão permanente;

* Inciso XII acrescentado pela Emenda Constitucional n. 45/2004.

XIII – o número de juízes na unidade jurisdicional será proporcional à efetiva demanda judicial e à respectiva população;

* Inciso XIII acrescentado pela Emenda Constitucional n. 45/2004.

XIV – os servidores receberão delegação para a prática de atos de administração e atos de mero expediente sem caráter decisório;

* Inciso XIV acrescentado pela Emenda Constitucional n. 45/2004.

Constituição Federal

XV – a distribuição de processos será imediata, em todos os graus de jurisdição.

* Inciso XV acrescentado pela Emenda Constitucional n. 45/2004.

Art. 94. Um quinto dos lugares dos Tribunais Regionais Federais, dos Tribunais dos Estados, e do Distrito Federal e Territórios será composto de membros, do Ministério Público, com mais de dez anos de carreira, e de advogados de notório saber jurídico e de reputação ilibada, com mais de dez anos de efetiva atividade profissional, indicados em lista sêxtupla pelos órgãos de representação das respectivas classes.

* V. arts. 104, p.u., II e 115, II, CF.

Parágrafo único. Recebidas as indicações, o tribunal formará lista tríplice, enviando-a ao Poder Executivo, que, nos vinte dias subsequentes, escolherá um de seus integrantes para nomeação.

Art. 95. Os juízes gozam das seguintes garantias:

I – vitaliciedade, que, no primeiro grau, só será adquirida após dois anos de exercício, dependendo a perda do cargo, nesse período, de deliberação do tribunal a que o juiz estiver vinculado, e, nos demais casos, de sentença judicial transitada em julgado;

II – inamovibilidade, salvo por motivo de interesse público, na forma do art. 93, VIII;

III – irredutibilidade de subsídio, ressalvado o disposto nos arts. 37, X e XI, 39, § 4º, 150, II, 153, III, e 153, § 2º, I.

* Inciso III com redação determinada pela Emenda Constitucional n. 19/1998.

Parágrafo único. Aos juízes é vedado:

* Caput do parágrafo único com redação determinada pela Emenda Constitucional n. 45/2004.

I – exercer, ainda que em disponibilidade, outro cargo ou função, salvo uma de magistério;

II – receber, a qualquer título ou pretexto, custas ou participação em processo;

III – dedicar-se à atividade político-partidária;

IV – receber, a qualquer título ou pretexto, auxílios ou contribuições de pessoas físicas, entidades públicas ou privadas, ressalvadas as exceções previstas em lei;

* Inciso IV acrescentado pela Emenda Constitucional n. 45/2004.

V – exercer a advocacia no juízo ou tribunal do qual se afastou, antes de decorridos três anos do afastamento do cargo por aposentadoria ou exoneração.

* Inciso V acrescentado Emenda Constitucional n. 45/2004.
* V. art. 128, § 6º, CF.

Art. 96. Compete privativamente:

* V. art. 4º, Emenda Constitucional n. 45/2004.

I – aos tribunais:

a) eleger seus órgãos diretivos e elaborar seus regimentos internos, com observância das normas de processo e das garantias processuais das partes, dispondo sobre a competência e o funcionamento dos respectivos órgãos jurisdicionais e administrativos;

b) organizar suas secretarias e serviços auxiliares e os dos juízos que lhes forem vinculados, velando pelo exercício da atividade correicional respectiva;

c) prover, na forma prevista nesta Constituição, os cargos de juiz de carreira da respectiva jurisdição;

d) propor a criação de novas varas judiciárias;

e) prover, por concurso público de provas, ou provas e títulos, obedecido o disposto no art. 169, parágrafo único, os cargos necessários à administração da Justiça, exceto os de confiança assim definidos em lei;

f) conceder licença, férias e outros afastamentos a seus membros e aos juízes e servidores que lhes forem imediatamente vinculados;

II – ao Supremo Tribunal Federal, aos Tribunais Superiores e aos Tribunais de Justiça propor ao Poder Legislativo respectivo, observado o disposto no art. 169:

a) a alteração do número de membros dos tribunais inferiores;

b) a criação e a extinção de cargos e a remuneração dos seus serviços auxiliares e dos juízos que lhes forem vinculados, bem como a fixação do subsídio de seus membros e dos juízes, inclusive dos tribunais inferiores, onde houver;

* Alínea b com redação determinada pela Emenda Constitucional n. 41/2003.

c) a criação ou extinção dos tribunais inferiores;
d) a alteração da organização e da divisão judiciárias;
III – aos Tribunais de Justiça julgar os juízes estaduais e do Distrito Federal e Territórios, bem como os membros do Ministério Público, nos crimes comuns e de responsabilidade, ressalvada a competência da Justiça Eleitoral.

Art. 97. Somente pelo voto da maioria absoluta de seus membros ou dos membros do respectivo órgão especial poderão os tribunais declarar a inconstitucionalidade de lei ou ato normativo do Poder Público.

- V. Súmula vinculante 10, STF.

Art. 98. A União, no Distrito Federal e nos Territórios, e os Estados criarão:
I – juizados especiais, providos por juízes togados, ou togados e leigos, competentes para a conciliação, o julgamento e a execução de causas cíveis de menor complexidade e infrações penais de menor potencial ofensivo, mediante os procedimentos oral e sumaríssimo, permitidos, nas hipóteses previstas em lei, a transação e o julgamento de recursos por turmas de juízes de primeiro grau;

- V. Lei 9.099/1995 (Juizados Especiais Cíveis e Criminais).
- V. Súmulas Vinculantes 27 e 35, STF.
- V. Súmula 376, STJ.

II – justiça de paz, remunerada, composta de cidadãos eleitos pelo voto direto, universal e secreto, com mandato de quatro anos e competência para, na forma da lei, celebrar casamentos, verificar, de ofício ou em face de impugnação apresentada, o processo de habilitação e exercer atribuições conciliatórias, sem caráter jurisdicional, além de outras previstas na legislação.

- V. art. 30, ADCT.

§ 1º Lei federal disporá sobre a criação de juizados especiais no âmbito da Justiça Federal.

- Anterior parágrafo único renumerado pela Emenda Constitucional n. 45/2004.
- V. Lei 10.259/2001 (Juizados Especiais Cíveis e Criminais no âmbito da Justiça Federal).

§ 2º As custas e emolumentos serão destinados exclusivamente ao custeio dos serviços afetos às atividades específicas da Justiça.

- § 2º acrescentado pela Emenda Constitucional n. 45/2004.

Art. 99. Ao Poder Judiciário é assegurada autonomia administrativa e financeira.
§ 1º Os tribunais elaborarão suas propostas orçamentárias dentro dos limites estipulados conjuntamente com os demais Poderes na lei de diretrizes orçamentárias.
§ 2º O encaminhamento da proposta, ouvidos os outros tribunais interessados, compete:

- V. art. 134, § 2º, CF.

I – no âmbito da União, aos Presidentes do Supremo Tribunal Federal e dos Tribunais Superiores, com a aprovação dos respectivos tribunais;
II – no âmbito dos Estados e no do Distrito Federal e Territórios, aos Presidentes dos Tribunais de Justiça, com a aprovação dos respectivos tribunais.
§ 3º Se os órgãos referidos no § 2º não encaminharem as respectivas propostas orçamentárias dentro do prazo estabelecido na lei de diretrizes orçamentárias, o Poder Executivo considerará, para fins de consolidação da proposta orçamentária anual, os valores aprovados na lei orçamentária vigente, ajustados de acordo com os limites estipulados na forma do § 1º deste artigo.

- § 3º acrescentado pela Emenda Constitucional n. 45/2004.

§ 4º Se as propostas orçamentárias de que trata este artigo forem encaminhadas em desacordo com os limites estipulados na forma do § 1º, o Poder Executivo procederá aos ajustes necessários para fins de consolidação da proposta orçamentária anual.

- § 4º acrescentado pela Emenda Constitucional n. 45/2004.

§ 5º Durante a execução orçamentária do exercício, não poderá haver a realização de despesas ou a assunção de obrigações que extrapolem os limites estabelecidos na lei de diretrizes orçamentárias, exceto se previamente autorizadas, mediante a abertura de créditos suplementares ou especiais.

- § 5º acrescentado pela Emenda Constitucional n. 45/2004.

Art. 100

CONSTITUIÇÃO FEDERAL

Art. 100. Os pagamentos devidos pelas Fazendas Públicas Federal, Estaduais, Distrital e Municipais, em virtude de sentença judiciária, far-se-ão exclusivamente na ordem cronológica de apresentação dos precatórios e à conta dos créditos respectivos, proibida a designação de casos ou de pessoas nas dotações orçamentárias e nos créditos adicionais abertos para este fim.

- Artigo com redação determinada pela Emenda Constitucional n. 62/2009.
- V. ADIn 4.357.
- V. art. 97, ADCT.
- V. Súmula 339, STJ.

§ 1º Os débitos de natureza alimentícia compreendem aqueles decorrentes de salários, vencimentos, proventos, pensões e suas complementações, benefícios previdenciários e indenizações por morte ou por invalidez, fundadas em responsabilidade civil, em virtude de sentença judicial transitada em julgado, e serão pagos com preferência sobre todos os demais débitos, exceto sobre aqueles referidos no § 2º deste artigo.

- V. Súmula vinculante 47, STF.
- V. Súmula 655, STF.

§ 2º Os débitos de natureza alimentícia cujos titulares tenham 60 (sessenta) anos de idade ou mais na data de expedição do precatório, ou sejam portadores de doença grave, definidos na forma da lei, serão pagos com preferência sobre todos os demais débitos, até o valor equivalente ao triplo do fixado em lei para os fins do disposto no § 3º deste artigo, admitido o fracionamento para essa finalidade, sendo que o restante será pago na ordem cronológica de apresentação do precatório.

- O STF, na ADIn 4.425 (*DJE* 19.12.2013), julgou procedente a ação para declarar a inconstitucionalidade da expressão "na data de expedição do precatório", contida no § 2º; os §§ 9º e 10; e das expressões "índice oficial de remuneração básica da caderneta de poupança" e "independentemente de sua natureza", constantes do § 12, todos dispositivos do art. 100 da CF, com a redação dada pela EC 62/2009 [...].

§ 3º O disposto no *caput* deste artigo relativamente à expedição de precatórios não se aplica aos pagamentos de obrigações definidas em leis como de pequeno valor que as Fazendas referidas devam fazer em virtude de sentença judicial transitada em julgado.

§ 4º Para os fins do disposto no § 3º, poderão ser fixados, por leis próprias, valores distintos às entidades de direito público, segundo as diferentes capacidades econômicas, sendo o mínimo igual ao valor do maior benefício do regime geral de previdência social.

§ 5º É obrigatória a inclusão, no orçamento das entidades de direito público, de verba necessária ao pagamento de seus débitos, oriundos de sentenças transitadas em julgado, constantes de precatórios judiciários apresentados até 1º de julho, fazendo-se o pagamento até o final do exercício seguinte, quando terão seus valores atualizados monetariamente.

- V. Súmula vinculante 17, STF.

§ 6º As dotações orçamentárias e os créditos abertos serão consignados diretamente ao Poder Judiciário, cabendo ao Presidente do Tribunal que proferir a decisão exequenda determinar o pagamento integral e autorizar, a requerimento do credor e exclusivamente para os casos de preterimento de seu direito de precedência ou de não alocação orçamentária do valor necessário à satisfação do seu débito, o sequestro da quantia respectiva.

§ 7º O Presidente do Tribunal competente que, por ato comissivo ou omissivo, retardar ou tentar frustrar a liquidação regular de precatórios incorrerá em crime de responsabilidade e responderá, também, perante o Conselho Nacional de Justiça.

§ 8º É vedada a expedição de precatórios complementares ou suplementares de valor pago, bem como o fracionamento, repartição ou quebra do valor da execução para fins de enquadramento de parcela do total ao que dispõe o § 3º deste artigo.

§ 9º No momento da expedição dos precatórios, independentemente de regulamentação, deles deverá ser abatido, a título de compensação, valor correspondente aos débitos líquidos e certos, inscritos ou não em dívida ativa e constituídos contra o credor original pela Fazenda Pública devedora, incluídas parcelas vincendas de parcelamentos, ressalvados aqueles cuja execução esteja suspensa em virtude de contestação administrativa ou judicial.

- O STF, na ADIn 4.425 (*DJE* 19.12.2013), julgou procedente a ação para declarar a inconstitucionalidade da expressão "na data de expedição do precatório", contida no § 2º; os §§ 9º e 10; e das expressões "índice oficial de remuneração básica da caderneta de poupança" e "independentemente de sua natureza", constantes do § 12, todos dispositivos do art. 100 da CF, com a redação dada pela EC 62/2009 [...].

§ 10. Antes da expedição dos precatórios, o Tribunal solicitará à Fazenda Pública devedora, para resposta em até 30 (trinta) dias, sob pena de perda do direito de abatimento, informação sobre os débitos que preencham as condições estabelecidas no § 9º, para os fins nele previstos.

- O STF, na ADIn 4.425 (*DJE* 19.12.2013), julgou procedente a ação para declarar a inconstitucionalidade da expressão "na data de expedição do precatório", contida no § 2º; os §§ 9º e 10; e das expressões "índice oficial de remuneração básica da caderneta de poupança" e "independentemente de sua natureza", constantes do § 12, todos dispositivos do art. 100 da CF, com a redação dada pela EC 62/2009 [...].

§ 11. É facultada ao credor, conforme estabelecido em lei da entidade federativa devedora, a entrega de créditos em precatórios para compra de imóveis públicos do respectivo ente federado.

§ 12. A partir da promulgação desta Emenda Constitucional, a atualização de valores de requisitórios, após sua expedição, até o efetivo pagamento, independentemente de sua natureza, será feita pelo índice oficial de remuneração básica da caderneta de poupança, e, para fins de compensação da mora, incidirão juros simples no mesmo percentual de juros incidentes sobre a caderneta de poupança, ficando excluída a incidência de juros compensatórios.

- O STF, na ADIn 4.425 (*DJE* 19.12.2013), julgou procedente a ação para declarar a inconstitucionalidade da expressão "na data de expedição do precatório", contida no § 2º; os §§ 9º e 10; e das expressões "índice oficial de remuneração básica da caderneta de poupança" e "independentemente de sua natureza", constantes do § 12, todos dispositivos do art. 100 da CF, com a redação dada pela EC 62/2009 [...].

§ 13. O credor poderá ceder, total ou parcialmente, seus créditos em precatórios a terceiros, independentemente da concordância do devedor, não se aplicando ao cessionário o disposto nos §§ 2º e 3º.

§ 14. A cessão de precatórios somente produzirá efeitos após comunicação, por meio de petição protocolizada, ao tribunal de origem e à entidade devedora.

§ 15. Sem prejuízo do disposto neste artigo, lei complementar a esta Constituição Federal poderá estabelecer regime especial para pagamento de crédito de precatórios de Estados, Distrito Federal e Municípios, dispondo sobre vinculações à receita corrente líquida e forma e prazo de liquidação.

§ 16. A seu critério exclusivo e na forma de lei, a União poderá assumir débitos, oriundos de precatórios, de Estados, Distrito Federal e Municípios, refinanciando-os diretamente.

Seção II
Do Supremo Tribunal Federal

Art. 101. O Supremo Tribunal Federal compõe-se de onze Ministros, escolhidos dentre cidadãos com mais de trinta e cinco e menos de sessenta e cinco anos de idade, de notável saber jurídico e reputação ilibada.

- V. Lei 8.038/1990 (Normas procedimentais perante o STJ e o STF).

Parágrafo único. Os Ministros do Supremo Tribunal Federal serão nomeados pelo Presidente da República, depois de aprovada a escolha pela maioria absoluta do Senado Federal.

Art. 102. Compete ao Supremo Tribunal Federal, precipuamente, a guarda da Constituição, cabendo-lhe:

I – processar e julgar, originariamente:

a) a ação direta de inconstitucionalidade de lei ou ato normativo federal ou estadual e a ação declaratória de constitucionalidade de lei ou ato normativo federal;

- Alínea *a* com redação determinada pela Emenda Constitucional n. 3/1993.
- V. Lei 9.868/1999 (Processo e julgamento da ação direta de inconstitucionalidade e da ação declaratória de constitucionalidade).
- V. Súmula 642, STF.

b) nas infrações penais comuns, o Presidente da República, o Vice-Presidente, os membros do Congresso Nacional, seus próprios Ministros e o Procurador-Geral da República;

c) nas infrações penais comuns e nos crimes de responsabilidade, os Ministros de Estado e os Comandantes da Marinha, do Exército e da Aeronáutica, ressalvado o disposto no art. 52, I, os membros dos Tribunais Superiores, os do Tribunal de Contas da União e os chefes de missão diplomática de caráter permanente;

- Alínea *c* com redação determinada pela Emenda Constitucional n. 23/1999.

d) o *habeas corpus*, sendo paciente qualquer das pessoas referidas nas alíneas anteriores; o mandado de segurança e o *habeas data* contra atos do Presidente da República, das Mesas da Câmara dos Deputados e do Senado Federal, do Tribunal de Contas da União, do Procurador-Geral da República e do próprio Supremo Tribunal Federal;

- V. Lei 9.507/1997 (*Habeas data*).
- V. Súmula 692, STF.

e) o litígio entre Estado estrangeiro ou organismo internacional e a União, o Estado, o Distrito Federal ou o Território;

f) as causas e os conflitos entre a União e os Estados, a União e o Distrito Federal, ou entre uns e outros, inclusive as respectivas entidades da administração indireta;

g) a extradição solicitada por Estado estrangeiro;

h) (Revogada pela Emenda Constitucional n. 45/2004.)

i) o *habeas corpus*, quando o coator for Tribunal Superior ou quando o coator ou o paciente for autoridade ou funcionário cujos atos estejam sujeitos diretamente à jurisdição do Supremo Tribunal Federal, ou se trate de crime sujeito à mesma jurisdição em uma única instância;

- Alínea *i* com redação determinada pela Emenda Constitucional n. 22/1999.
- V. Súmula 691, STF.

j) a revisão criminal e a ação rescisória de seus julgados;

l) a reclamação para a preservação de sua competência e garantia da autoridade de suas decisões;

- V. art. 13, Lei 8.038/1990 (Normas procedimentais perante o STJ e o STF).
- V. art. 156, RISTF.
- V. Súmula 734, STF.

m) a execução de sentença nas causas de sua competência originária, facultada a delegação de atribuições para a prática de atos processuais;

n) a ação em que todos os membros da magistratura sejam direta ou indiretamente interessados, e aquela em que mais da metade dos membros do tribunal de origem estejam impedidos ou sejam direta ou indiretamente interessados;

- V. Súmula 731, STF.

o) os conflitos de competência entre o Superior Tribunal de Justiça e quaisquer tribunais, entre Tribunais Superiores, ou entre estes e qualquer outro tribunal;

p) o pedido de medida cautelar das ações diretas de inconstitucionalidade;

q) o mandado de injunção, quando a elaboração da norma regulamentadora for atribuição do Presidente da República, do Congresso Nacional, da Câmara dos Deputados, do Senado Federal, das Mesas de uma dessas Casas Legislativas, do Tribunal de Contas da União, de um dos Tribunais Superiores, ou do próprio Supremo Tribunal Federal;

r) as ações contra o Conselho Nacional de Justiça e contra o Conselho Nacional do Ministério Público;

- Alínea *r* acrescentada pela Emenda Constitucional n. 45/2004.
- V. arts. 103-B e 130-A, CF.

II – julgar, em recurso ordinário:

a) o *habeas corpus*, o mandado de segurança, o *habeas data* e o mandado de injunção decididos em única instância pelos Tribunais Superiores, se denegatória a decisão;

- V. Lei 9.507/1997 (*Habeas data*).

b) o crime político;

III – julgar, mediante recurso extraordinário, as causas decididas em única ou última instância, quando a decisão recorrida:

- V. Lei 8.038/1990 (Normas procedimentais perante o STJ e o STF).
- V. Lei 8.658/1993 (Aplicação da Lei 8.038/1990 nos Tribunais de Justiça e nos Tribunais Regionais Federais).

a) contrariar dispositivo desta Constituição;

- V. Súmula 735, STF.

b) declarar a inconstitucionalidade de tratado ou lei federal;

Art. 103

CONSTITUIÇÃO FEDERAL

c) julgar válida lei ou ato de governo local contestado em face desta Constituição;
d) julgar válida lei local contestada em face de lei federal.

- Alínea *d* acrescentada pela Emenda Constitucional n. 45/2004.
- • V. arts. 22 a 24, CF.

§ 1º A arguição de descumprimento de preceito fundamental, decorrente desta Constituição, será apreciada pelo Supremo Tribunal Federal, na forma da lei.

- § 1º com redação determinada pela Emenda Constitucional n. 3/1993.
- V. Lei 9.882/1999 (Processo e julgamento da arguição de descumprimento de preceito fundamental).

§ 2º As decisões definitivas de mérito, proferidas pelo Supremo Tribunal Federal, nas ações diretas de inconstitucionalidade e nas ações declaratórias de constitucionalidade, produzirão eficácia contra todos e efeito vinculante, relativamente aos demais órgãos do Poder Judiciário e à administração pública direta e indireta, nas esferas federal, estadual e municipal.

- § 2º com redação determinada pela Emenda Constitucional n. 45/2004.
- • V. art. 28, parágrafo único, Lei 9.868/1999 (Processo e julgamento da ação direta de inconstitucionalidade e da ação declaratória de constitucionalidade).

§ 3º No recurso extraordinário o recorrente deverá demonstrar a repercussão geral das questões constitucionais discutidas no caso, nos termos da lei, a fim de que o Tribunal examine a admissão do recurso, somente podendo recusá-lo pela manifestação de dois terços de seus membros.

- § 3º acrescentado pela Emenda Constitucional n. 45/2004.
- V. arts. 1.035, 1.036, *caput* e § 1.º, e 1.039, CPC/2015.
- V. Lei 11.418/2006 (Acrescenta ao CPC dispositivos que regulamentam o § 3º do art. 102 da CF – Repercussão Geral).

Art. 103. Podem propor a ação direta de inconstitucionalidade e a ação declaratória de constitucionalidade:

- *Caput* com redação determinada pela Emenda Constitucional n. 45/2004.

I – o Presidente da República;
II – a Mesa do Senado Federal;
III – a Mesa da Câmara dos Deputados;
IV – a Mesa de Assembleia Legislativa ou da Câmara Legislativa do Distrito Federal;

- Inciso IV com redação determinada pela Emenda Constitucional n. 45/2004.

V – o Governador de Estado ou do Distrito Federal;

- Inciso V com redação determinada pela Emenda Constitucional n. 45/2004.

VI – o Procurador-Geral da República;
VII – o Conselho Federal da Ordem dos Advogados do Brasil;
VIII – partido político com representação no Congresso Nacional;
IX – confederação sindical ou entidade de classe de âmbito nacional.

§ 1º O Procurador-Geral da República deverá ser previamente ouvido nas ações de inconstitucionalidade e em todos os processos de competência do Supremo Tribunal Federal.

§ 2º Declarada a inconstitucionalidade por omissão de medida para tornar efetiva norma constitucional, será dada ciência ao Poder competente para a adoção das providências necessárias e, em se tratando de órgão administrativo, para fazê-lo em trinta dias.

- • V. art. 12-H, Lei 9.868/1999 (Processo e julgamento da ação direta de inconstitucionalidade e da ação declaratória de constitucionalidade).

§ 3º Quando o Supremo Tribunal Federal apreciar a inconstitucionalidade, em tese, de norma legal ou ato normativo, citará, previamente, o Advogado-Geral da União, que defenderá o ato ou texto impugnado.

§ 4º (*Revogado pela Emenda Constitucional n. 45/2004.*)

Art. 103-A. O Supremo Tribunal Federal poderá, de ofício ou por provocação, mediante decisão de dois terços dos seus membros, após reiteradas decisões sobre matéria constitucional, aprovar súmula que, a partir de sua publicação na imprensa oficial, terá efeito vinculante em relação aos demais órgãos do Poder Judiciário e à administração pública direta e indireta, nas esferas federal, estadual e municipal, bem como proceder à sua revisão ou cancelamento, na forma estabelecida em lei.

- Artigo acrescentado pela Emenda Constitucional n. 45/2004.

Constituição Federal

- V. art. 8º, Emenda Constitucional n. 45/2004.
- V. Lei 11.417/2006 (Regulamenta o art. 103-A da CF – Súmula vinculante).

§ 1º A súmula terá por objetivo a validade, a interpretação e a eficácia de normas determinadas, acerca das quais haja controvérsia atual entre órgãos judiciários ou entre esses e a administração pública que acarrete grave insegurança jurídica e relevante multiplicação de processos sobre questão idêntica.

§ 2º Sem prejuízo do que vier a ser estabelecido em lei, a aprovação, revisão ou cancelamento de súmula poderá ser provocada por aqueles que podem propor a ação direta de inconstitucionalidade.

§ 3º Do ato administrativo ou decisão judicial que contrariar a súmula aplicável ou que indevidamente a aplicar, caberá reclamação ao Supremo Tribunal Federal que, julgando-a procedente, anulará o ato administrativo ou cassará a decisão judicial reclamada, e determinará que outra seja proferida com ou sem a aplicação da súmula, conforme o caso.

- •• V. art. 102, I, *l*, CF.
- •• V. art. 13, Lei 8.038/1990 (Normas procedimentais perante o STJ e o STF).

Art. 103-B.
O Conselho Nacional de Justiça compõe-se de 15 (quinze) membros com mandato de 2 (dois) anos, admitida 1 (uma) recondução, sendo:

- *Caput* com redação determinada pela Emenda Constitucional n. 61/2009.
- V. art. 5º, Emenda Constitucional n. 45/2004.
- V. Lei 11.364/2006 (Conselho Nacional de Justiça).

I – o Presidente do Supremo Tribunal Federal;

- Inciso I com redação determinada pela Emenda Constitucional n. 61/2009.

II – um Ministro do Superior Tribunal de Justiça, indicado pelo respectivo tribunal;

- Inciso II acrescentado pela Emenda Constitucional n. 45/2004.

III – um Ministro do Tribunal Superior do Trabalho, indicado pelo respectivo tribunal;

- Inciso III acrescentado pela Emenda Constitucional n. 45/2004.

IV – um desembargador de Tribunal de Justiça, indicado pelo Supremo Tribunal Federal;

- Inciso IV acrescentado pela Emenda Constitucional n. 45/2004.

V – um juiz estadual, indicado pelo Supremo Tribunal Federal;

- Inciso V acrescentado pela Emenda Constitucional n. 45/2004.

VI – um juiz de Tribunal Regional Federal, indicado pelo Superior Tribunal de Justiça;

- Inciso VI acrescentado pela Emenda Constitucional n. 45/2004.

VII – um juiz federal, indicado pelo Superior Tribunal de Justiça;

- Inciso VII acrescentado pela Emenda Constitucional n. 45/2004.

VIII – um juiz de Tribunal Regional do Trabalho, indicado pelo Tribunal Superior do Trabalho;

- Inciso VIII acrescentado pela Emenda Constitucional n. 45/2004.

IX – um juiz do trabalho, indicado pelo Tribunal Superior do Trabalho;

- Inciso IX acrescentado pela Emenda Constitucional n. 45/2004.

X – um membro do Ministério Público da União, indicado pelo Procurador-Geral da República;

- Inciso X acrescentado pela Emenda Constitucional n. 45/2004.

XI – um membro do Ministério Público estadual, escolhido pelo Procurador-Geral da República dentre os nomes indicados pelo órgão competente de cada instituição estadual;

- Inciso XI acrescentado pela Emenda Constitucional n. 45/2004.

XII – dois advogados, indicados pelo Conselho Federal da Ordem dos Advogados do Brasil;

- Inciso XII acrescentado pela Emenda Constitucional n. 45/2004.

XIII – dois cidadãos, de notável saber jurídico e reputação ilibada, indicados um pela Câmara dos Deputados e outro pelo Senado Federal.

- Inciso XIII acrescentado pela Emenda Constitucional n. 45/2004.

§ 1º O Conselho será presidido pelo Presidente do Supremo Tribunal Federal e, nas

Art. 103-B

suas ausências e impedimentos, pelo Vice-Presidente do Supremo Tribunal Federal.

* § 1º com redação determinada pela Emenda Constitucional n. 61/2009.

§ 2º Os demais membros do Conselho serão nomeados pelo Presidente da República, depois de aprovada a escolha pela maioria absoluta do Senado Federal.

* § 2º com redação determinada pela Emenda Constitucional n. 61/2009.

§ 3º Não efetuadas, no prazo legal, as indicações previstas neste artigo, caberá a escolha ao Supremo Tribunal Federal.

* § 3º acrescentado pela Emenda Constitucional n. 45/2004.

§ 4º Compete ao Conselho o controle da atuação administrativa e financeira do Poder Judiciário e do cumprimento dos deveres funcionais dos juízes, cabendo-lhe, além de outras atribuições que lhe forem conferidas pelo Estatuto da Magistratura:

* § 4º acrescentado pela Emenda Constitucional n. 45/2004.

I – zelar pela autonomia do Poder Judiciário e pelo cumprimento do Estatuto da Magistratura, podendo expedir atos regulamentares, no âmbito de sua competência, ou recomendar providências;

II – zelar pela observância do art. 37 e apreciar, de ofício ou mediante provocação, a legalidade dos atos administrativos praticados por membros ou órgãos do Poder Judiciário, podendo desconstituí-los, revê-los ou fixar prazo para que se adotem as providências necessárias ao exato cumprimento da lei, sem prejuízo da competência do Tribunal de Contas da União;

III – receber e conhecer das reclamações contra membros ou órgãos do Poder Judiciário, inclusive contra seus serviços auxiliares, serventias e órgãos prestadores de serviços notariais e de registro que atuem por delegação do poder público ou oficializados, sem prejuízo da competência disciplinar e correicional dos tribunais, podendo avocar processos disciplinares em curso e determinar a remoção, a disponibilidade ou a aposentadoria com subsídios ou proventos proporcionais ao tempo de serviço e aplicar outras sanções administrativas, assegurada ampla defesa;

IV – representar ao Ministério Público, no caso de crime contra a administração pública ou de abuso de autoridade;

V – rever, de ofício ou mediante provocação, os processos disciplinares de juízes e membros de tribunais julgados há menos de um ano;

VI – elaborar semestralmente relatório estatístico sobre processos e sentenças prolatadas, por unidade da Federação, nos diferentes órgãos do Poder Judiciário;

VII – elaborar relatório anual, propondo as providências que julgar necessárias, sobre a situação do Poder Judiciário no País e as atividades do Conselho, o qual deve integrar mensagem do Presidente do Supremo Tribunal Federal a ser remetida ao Congresso Nacional, por ocasião da abertura da sessão legislativa.

§ 5º O Ministro do Superior Tribunal de Justiça exercerá a função de Ministro-Corregedor e ficará excluído da distribuição de processos no Tribunal, competindo-lhe, além das atribuições que lhe forem conferidas pelo Estatuto da Magistratura, as seguintes:

* § 5º acrescentado pela Emenda Constitucional n. 45/2004.

I – receber as reclamações e denúncias, de qualquer interessado, relativas aos magistrados e aos serviços judiciários;

II – exercer funções executivas do Conselho, de inspeção e de correição geral;

III – requisitar e designar magistrados, delegando-lhes atribuições, e requisitar servidores de juízos ou tribunais, inclusive nos Estados, Distrito Federal e Territórios.

§ 6º Junto ao Conselho oficiarão o Procurador-Geral da República e o Presidente do Conselho Federal da Ordem dos Advogados do Brasil.

* § 6º acrescentado pela Emenda Constitucional n. 45/2004.

§ 7º A União, inclusive no Distrito Federal e nos Territórios, criará ouvidorias de justiça, competentes para receber reclamações e denúncias de qualquer interessado contra membros ou órgãos do Poder Judiciário, ou contra seus serviços auxiliares, representan-

CONSTITUIÇÃO FEDERAL

do diretamente ao Conselho Nacional de Justiça.

- § 7º acrescentado pela Emenda Constitucional n. 45/2004.

Seção III
Do Superior Tribunal de Justiça

Art. 104. O Superior Tribunal de Justiça compõe-se de, no mínimo, trinta e três Ministros.

- V. Lei 8.038/1990 (Normas procedimentais perante o STJ e o STF).

Parágrafo único. Os Ministros do Superior Tribunal de Justiça serão nomeados pelo Presidente da República, dentre brasileiros com mais de trinta e cinco e menos de sessenta e cinco anos, de notável saber jurídico e reputação ilibada, depois de aprovada a escolha pela maioria absoluta do Senado Federal, sendo:

- Caput do parágrafo único com redação determinada pela Emenda Constitucional n. 45/2004.

I – um terço dentre juízes dos Tribunais Regionais Federais e um terço dentre desembargadores dos Tribunais de Justiça, indicados em lista tríplice elaborada pelo próprio Tribunal;

II – um terço, em partes iguais, dentre advogados e membros do Ministério Público Federal, Estadual, do Distrito Federal e Territórios, alternadamente, indicados na forma do art. 94.

Art. 105. Compete ao Superior Tribunal de Justiça:

I – processar e julgar, originariamente:

a) nos crimes comuns, os Governadores dos Estados e do Distrito Federal, e, nestes e nos de responsabilidade, os desembargadores dos Tribunais de Justiça dos Estados e do Distrito Federal, os membros dos Tribunais de Contas dos Estados e do Distrito Federal, os dos Tribunais Regionais Federais, dos Tribunais Regionais Eleitorais e do Trabalho, os membros dos Conselhos ou Tribunais de Contas dos Municípios e os do Ministério Público da União que oficiem perante tribunais;

b) os mandados de segurança e os habeas data contra ato de Ministro de Estado, dos Comandantes da Marinha, do Exército e da Aeronáutica ou do próprio Tribunal;

- Alínea b com redação determinada pela Emenda Constitucional n. 23/1999.
- V. Lei 9.507/1997 (Habeas data).

c) os habeas corpus, quando o coator ou paciente for qualquer das pessoas mencionadas na alínea a, ou quando o coator for tribunal sujeito à sua jurisdição, Ministro de Estado ou Comandante da Marinha, do Exército ou da Aeronáutica, ressalvada a competência da Justiça Eleitoral;

- Alínea c com redação determinada pela Emenda Constitucional n. 23/1999.

d) os conflitos de competência entre quaisquer tribunais, ressalvado o disposto no art. 102, I, o, bem como entre tribunal e juízes a ele não vinculados e entre juízes vinculados a tribunais diversos;

e) as revisões criminais e as ações rescisórias de seus julgados;

f) a reclamação para a preservação de sua competência e garantia da autoridade de suas decisões;

- •• V. art. 13, Lei 8.038/1990 (Normas procedimentais perante o STJ e o STF).

g) os conflitos de atribuições entre autoridades administrativas e judiciárias da União, ou entre autoridades judiciárias de um Estado e administrativas de outro ou do Distrito Federal, ou entre as deste e da União;

h) o mandado de injunção, quando a elaboração da norma regulamentadora for atribuição de órgão, entidade ou autoridade federal, da administração direta ou indireta, excetuados os casos de competência do Supremo Tribunal Federal e dos órgãos da Justiça Militar, da Justiça Eleitoral, da Justiça do Trabalho e da Justiça Federal;

i) a homologação de sentenças estrangeiras e a concessão de exequatur às cartas rogatórias;

- Alínea i acrescentada pela Emenda Constitucional n. 45/2004.
- V. art. 109, X, CF.
- V. arts. 961 e 965, parágrafo único, CPC/2015.
- •• V. art. 15, Dec.-lei 4.657/1942 (Lei de Introdução às normas do Direito Brasileiro).

II – julgar, em recurso ordinário:

a) os habeas corpus decididos em única ou última instância pelos Tribunais Regionais Federais ou pelos Tribunais dos Estados, do

Distrito Federal e Territórios, quando a decisão for denegatória;

b) os mandados de segurança decididos em única instância pelos Tribunais Regionais Federais ou pelos Tribunais dos Estados, do Distrito Federal e Territórios, quando denegatória a decisão;

c) as causas em que forem partes Estado estrangeiro ou organismo internacional, de um lado, e, do outro, Município ou pessoa residente ou domiciliada no País;

III – julgar, em recurso especial, as causas decididas, em única ou última instância, pelos Tribunais Regionais Federais ou pelos Tribunais dos Estados, do Distrito Federal e Territórios, quando a decisão recorrida:

- V. Lei 8.038/1990 (Normas procedimentais perante o STJ e o STF).
- V. Lei 8.658/1993 (Aplicação da Lei 8.038/1990 nos Tribunais de Justiça e nos Tribunais Regionais Federais).
- V. Súmulas 320 e 418, STJ.

a) contrariar tratado ou lei federal, ou negar-lhes vigência;

•• V. Súmula 518, STJ.

b) julgar válido ato de governo local contestado em face de lei federal;

- Alínea *b* com redação determinada pela Emenda Constitucional n. 45/2004.

c) der a lei federal interpretação divergente da que lhe haja atribuído outro tribunal.

Parágrafo único. Funcionarão junto ao Superior Tribunal de Justiça:

- Parágrafo único com redação determinada pela Emenda Constitucional n. 45/2004.

I – a escola nacional de formação e aperfeiçoamento de magistrados, cabendo-lhe, dentre outras funções, regulamentar os cursos oficiais para o ingresso e promoção na carreira;

II – o Conselho da Justiça Federal, cabendo-lhe exercer, na forma da lei, a supervisão administrativa e orçamentária da Justiça Federal de primeiro e segundo graus, como órgão central do sistema e com poderes correicionais, cujas decisões terão caráter vinculante.

Seção IV
Dos Tribunais Regionais Federais e dos Juízes Federais

Art. 106. São órgãos da Justiça Federal:
I – os Tribunais Regionais Federais;

- V. Lei 7.727/1989 (Composição e instalação dos Tribunais Regionais Federais).

II – os Juízes Federais.

Art. 107. Os Tribunais Regionais Federais compõem-se de, no mínimo, sete juízes, recrutados, quando possível, na respectiva região e nomeados pelo Presidente da República dentre brasileiros com mais de trinta e menos de sessenta e cinco anos, sendo:

I – um quinto dentre advogados com mais de dez anos de efetiva atividade profissional e membros do Ministério Público Federal com mais de dez anos de carreira;

II – os demais, mediante promoção de juízes federais com mais de cinco anos de exercício, por antiguidade e merecimento, alternadamente.

- V. art. 27, § 9º, ADCT.

§ 1º A lei disciplinará a remoção ou permuta de juízes dos Tribunais Regionais Federais e determinará sua jurisdição e sede.

- Primitivo parágrafo único renumerado pela Emenda Constitucional n. 45/2004.

§ 2º Os Tribunais Regionais Federais instalarão a justiça itinerante, com a realização de audiências e demais funções da atividade jurisdicional, nos limites territoriais da respectiva jurisdição, servindo-se de equipamentos públicos e comunitários.

- § 2º acrescentado pela Emenda Constitucional n. 45/2004.

§ 3º Os Tribunais Regionais Federais poderão funcionar descentralizadamente, constituindo Câmaras regionais, a fim de assegurar o pleno acesso do jurisdicionado à justiça em todas as fases do processo.

- § 3º acrescentado pela Emenda Constitucional n. 45/2004.

Art. 108. Compete aos Tribunais Regionais Federais:
I – processar e julgar, originariamente:
a) os juízes federais da área de sua jurisdição, incluídos os da Justiça Militar e da Justiça do Trabalho, nos crimes comuns e de res-

Constituição Federal

ponsabilidade, e os membros do Ministério Público da União, ressalvada a competência da Justiça Eleitoral;
b) as revisões criminais e as ações rescisórias de julgados seus ou dos juízes federais da região;
c) os mandados de segurança e os *habeas data* contra ato do próprio Tribunal ou de juiz federal;

- V. Lei 9.507/1997 (*Habeas data*).

d) os *habeas corpus*, quando a autoridade coatora for juiz federal;
e) os conflitos de competência entre juízes federais vinculados ao Tribunal;
II – julgar, em grau de recurso, as causas decididas pelos juízes federais e pelos juízes estaduais no exercício da competência federal da área de sua jurisdição.

Art. 109. Aos juízes federais compete processar e julgar:

- V. Lei 7.492/1986 (Crimes contra o sistema financeiro nacional).
- V. art. 70, Lei 11.343/2006 (Lei Antidrogas).
- ** V. arts. 38, 42, 73, 107, 122, 140, 147, 151, 165, 173, 192 e 200, STJ.

I – as causas em que a União, entidade autárquica ou empresa pública federal forem interessadas na condição de autoras, rés, assistentes ou oponentes, exceto as de falência, as de acidentes de trabalho e as sujeitas à Justiça Eleitoral e à Justiça do Trabalho;

- V. Súmulas vinculantes 22 e 27, STF.
- V. Súmulas 324 e 365, STJ.
- ** V. Súmula 489, STJ.

II – as causas entre Estado estrangeiro ou organismo internacional e Município ou pessoa domiciliada ou residente no País;
III – as causas fundadas em tratado ou contrato da União com Estado estrangeiro ou organismo internacional;
IV – os crimes políticos e as infrações penais praticadas em detrimento de bens, serviços ou interesse da União ou de suas entidades autárquicas ou empresas públicas, excluídas as contravenções e ressalvada a competência da Justiça Militar e da Justiça Eleitoral;

- ** V. Súmula vinculante 36, STF.

V – os crimes previstos em tratado ou convenção internacional, quando, iniciada a execução no País, o resultado tenha ou devesse ter ocorrido no estrangeiro, ou reciprocamente;
V-A – as causas relativas a direitos humanos a que se refere o § 5º deste artigo;

- Inciso V-A acrescentado pela Emenda Constitucional n. 45/2004.

VI – os crimes contra a organização do trabalho e, nos casos determinados por lei, contra o sistema financeiro e a ordem econômico-financeira;

- V. Lei 8.137/1990 (Crimes contra a ordem tributária, econômica e contra as relações de consumo).
- V. Lei 8.176/1991 (Crimes contra a ordem econômica – Cria o sistema de estoques de combustíveis).

VII – os *habeas corpus*, em matéria criminal de sua competência ou quando o constrangimento provier de autoridade cujos atos não estejam diretamente sujeitos a outra jurisdição;
VIII – os mandados de segurança e os *habeas data* contra ato de autoridade federal, excetuados os casos de competência dos tribunais federais;

- V. Lei 9.507/1997 (*Habeas data*).

IX – os crimes cometidos a bordo de navios ou aeronaves, ressalvada a competência da Justiça Militar;

- V. art. 125, § 4º, CF.

X – os crimes de ingresso ou permanência irregular de estrangeiro, a execução de carta rogatória, após o *exequatur*, e de sentença estrangeira, após a homologação, as causas referentes à nacionalidade, inclusive a respectiva opção, e à naturalização;

- V. art. 105, I, *i*, CF.
- V. art. 965, CPC/2015.

XI – a disputa sobre direitos indígenas.
§ 1º As causas em que a União for autora serão aforadas na seção judiciária onde tiver domicílio a outra parte.
§ 2º As causas intentadas contra a União poderão ser aforadas na seção judiciária em que for domiciliado o autor, naquela onde houver ocorrido o ato ou fato que deu origem à demanda ou onde esteja situada a coisa, ou, ainda, no Distrito Federal.
§ 3º Serão processadas e julgadas na justiça estadual, no foro do domicílio dos segurados ou beneficiários, as causas em que fo-

Art. 110

CONSTITUIÇÃO FEDERAL

rem parte instituição de previdência social e segurado, sempre que a comarca não seja sede de vara do juízo federal, e, se verificada essa condição, a lei poderá permitir que outras causas sejam também processadas e julgadas pela justiça estadual.

* V. Lei 5.010/1966 (Organiza a Justiça Federal de 1ª instância).
* V. Dec.-lei 253/1967 (Modifica a Lei 5.010/1966).

§ 4º Na hipótese do parágrafo anterior, o recurso cabível será sempre para o Tribunal Regional Federal na área de jurisdição do juiz de primeiro grau.

§ 5º Nas hipóteses de grave violação de direitos humanos, o Procurador-Geral da República, com a finalidade de assegurar o cumprimento de obrigações decorrentes de tratados internacionais de direitos humanos dos quais o Brasil seja parte, poderá suscitar, perante o Superior Tribunal de Justiça, em qualquer fase do inquérito ou processo, incidente de deslocamento de competência para a Justiça Federal.

* § 5º acrescentado pela Emenda Constitucional n. 45/2004.

Art. 110. Cada Estado, bem como o Distrito Federal, constituirá uma seção judiciária que terá por sede a respectiva Capital, e varas localizadas segundo o estabelecido em lei.

* V. Lei 5.010/1966 (Organiza a Justiça Federal de 1ª instância).

Parágrafo único. Nos Territórios Federais, a jurisdição e as atribuições cometidas aos juízes federais caberão aos juízes da justiça local, na forma da lei.

Seção V
Dos Tribunais e Juízes do Trabalho

* V. art. 644, CLT.

Art. 111. São órgãos da Justiça do Trabalho:
I – o Tribunal Superior do Trabalho;
II – os Tribunais Regionais do Trabalho;
III – Juízes do Trabalho.

* Inciso III com redação determinada pela Emenda Constitucional n. 24/1999.

§ 1º *(Revogado pela Emenda Constitucional n. 45/2004.)*

I – *(Revogado pela Emenda Constitucional n. 24/1999.)*
II – *(Revogado pela Emenda Constitucional n. 24/1999.)*
§ 2º *(Revogado pela Emenda Constitucional n. 45/2004.)*
§ 3º *(Revogado pela Emenda Constitucional n. 45/2004.)*

Art. 111-A. O Tribunal Superior do Trabalho compor-se-á de vinte e sete Ministros, escolhidos dentre brasileiros com mais de trinta e cinco e menos de sessenta e cinco anos, nomeados pelo Presidente da República após aprovação pela maioria absoluta do Senado Federal, sendo:

* Artigo acrescentado pela Emenda Constitucional n. 45/2004.

I – um quinto dentre advogados com mais de 10 (dez) anos de efetiva atividade profissional e membros do Ministério Público do Trabalho com mais de 10 (dez) anos de efetivo exercício, observado o disposto no art. 94;
II – os demais dentre juízes dos Tribunais Regionais do Trabalho, oriundos da magistratura da carreira, indicados pelo próprio Tribunal Superior.

§ 1º A lei disporá sobre a competência do Tribunal Superior do Trabalho.
§ 2º Funcionarão junto ao Tribunal Superior do Trabalho:
I – a Escola Nacional de Formação e Aperfeiçoamento de Magistrados do Trabalho, cabendo-lhe, dentre outras funções, regulamentar os cursos oficiais para o ingresso e promoção na carreira;
II – o Conselho Superior da Justiça do Trabalho, cabendo-lhe exercer, na forma da lei, a supervisão administrativa, orçamentária, financeira e patrimonial da Justiça do Trabalho de primeiro e segundo graus, como órgão central do sistema, cujas decisões terão efeito vinculante.

* V. art. 6º, Emenda Constitucional n. 45/2004.

Art. 112. A lei criará varas da Justiça do Trabalho, podendo, nas comarcas não abrangidas por sua jurisdição, atribuí-la aos juízes de direito, com recurso para o respectivo Tribunal Regional do Trabalho.

* Artigo com redação determinada pela Emenda Constitucional n. 45/2004.

Constituição Federal

Art. 113. A lei disporá sobre a constituição, investidura, jurisdição, competência, garantias e condições de exercício dos órgãos da Justiça do Trabalho.

- Artigo com redação determinada pela Emenda Constitucional n. 24/1999.
- V. arts. 643 a 673, CLT.
- V. LC 35/1979 (Lei Orgânica da Magistratura Nacional).

Art. 114. Compete à Justiça do Trabalho processar e julgar:

- *Caput* com redação determinada pela Emenda Constitucional n. 45/2004.
- V. art. 6º, § 2º, Lei 11.101/2005 (Lei de Recuperação de Empresas e Falência).
- V. Súmula vinculante 22, STF.
- V. Súmula 349, STJ.

I – as ações oriundas da relação de trabalho, abrangidos os entes de direito público externo e da administração pública direta e indireta da União, dos Estados, do Distrito Federal e dos Municípios;

- Inciso I acrescentado pela Emenda Constitucional n. 45/2004.
- O STF, na ADIn 3.395-6 (*DJU* 04.02.2005), concedeu liminar com efeito *ex tunc*, suspendendo *ad referendum* "... toda e qualquer interpretação dada ao inciso I do art. 114 da CF, na redação dada pela EC 45/2004, que inclua na competência da Justiça do Trabalho, a '... apreciação... de causas que ... sejam instauradas entre o Poder Público e seus servidores, a ele vinculados por típica relação de ordem estatutária ou de caráter jurídico-administrativo'". A liminar concedida foi referendada pelo Tribunal (*DJU* 10.11.2006).
- O STF, na ADIn 3.684-0 (*DJU* 03.08.2007), deferiu a medida cautelar, com eficácia *ex tunc*, para dar interpretação conforme, decidindo que "o disposto no art. 114, incs. I, IV e IX, da Constituição da República, acrescidos pela Emenda Constitucional n. 45, não atribui à Justiça do Trabalho competência para processar e julgar ações penais".

II – as ações que envolvam exercício do direito de greve;

- Inciso II acrescentado pela Emenda Constitucional n. 45/2004.
- V. art. 9º, CF.
- V. Lei 7.783/1989 (Direito de greve).
- V. Súmula vinculante 23, STF.

III – as ações sobre representação sindical, entre sindicatos, entre sindicatos e trabalhadores, e entre sindicatos e empregadores;

- Inciso III acrescentado pela Emenda Constitucional n. 45/2004.
- V. Lei 8.984/1995 (Estende a competência da Justiça do Trabalho).

IV – os mandados de segurança, *habeas corpus* e *habeas data*, quando o ato questionado envolver matéria sujeita à sua jurisdição;

- Inciso IV acrescentado pela Emenda Constitucional n. 45/2004.
- O STF, na ADIn 3.684-0 (*DJU* 03.08.2007), deferiu a medida cautelar, com eficácia *ex tunc*, para dar interpretação conforme, decidindo que "o disposto no art. 114, incs. I, IV e IX, da Constituição da República, acrescidos pela Emenda Constitucional n. 45, não atribui à Justiça do Trabalho competência para processar e julgar ações penais".
- V. art. 5º, LXVIII, LXIX, LXXII, CF.
- V. Lei 9.507/1997 (*Habeas data*).
- V. Lei 12.016/2009 (Nova Lei do Mandado de Segurança).

V – os conflitos de competência entre órgãos com jurisdição trabalhista, ressalvado o disposto no art. 102, I, *o*;

- Inciso V acrescentado pela Emenda Constitucional n. 45/2004.

VI – as ações de indenização por dano moral ou patrimonial, decorrentes da relação de trabalho;

- Inciso VI acrescentado pela Emenda Constitucional n. 45/2004.

VII – as ações relativas às penalidades administrativas impostas aos empregadores pelos órgãos de fiscalização das relações de trabalho;

- Inciso VII acrescentado pela Emenda Constitucional n. 45/2004.

VIII – a execução, de ofício, das contribuições sociais previstas no art. 195, I, *a*, e II, e seus acréscimos legais, decorrentes das sentenças que proferir;

- Inciso VIII acrescentado pela Emenda Constitucional n. 45/2004.
- •• V. Súmula vinculante 53, STF.

IX – outras controvérsias decorrentes da relação de trabalho, na forma da lei.

- Inciso IX acrescentado pela Emenda Constitucional n. 45/2004.
- O STF, na ADIn 3.684-0 (*DJU* 03.08.2007), deferiu a medida cautelar, com eficácia *ex tunc*, para dar interpretação conforme, decidindo que "o disposto no art. 114, incs. I, IV e IX, da Constituição da República, acrescidos pela Emenda Constitucional n. 45, não atribui à Justiça do Trabalho competência para processar e julgar ações penais".
- V. Súmula 736, STF.

Art. 115

§ 1º Frustrada a negociação coletiva, as partes poderão eleger árbitros.

§ 2º Recusando-se qualquer das partes à negociação coletiva ou à arbitragem, é facultado às mesmas, de comum acordo, ajuizar dissídio coletivo de natureza econômica, podendo a Justiça do Trabalho decidir o conflito, respeitadas as disposições mínimas legais de proteção ao trabalho, bem como as convencionadas anteriormente.

- § 2º com redação determinada pela Emenda Constitucional n. 45/2004.

§ 3º Em caso de greve em atividade essencial, com possibilidade de lesão do interesse público, o Ministério Público do Trabalho poderá ajuizar dissídio coletivo, competindo à Justiça do Trabalho decidir o conflito.

- § 3º com redação determinada pela Emenda Constitucional n. 45/2004.
- V. art. 9º, § 1º, CF.
- V. Lei 7.783/1989 (Direito de greve).

Art. 115. Os Tribunais Regionais do Trabalho compõem-se de, no mínimo, sete juízes, recrutados, quando possível, na respectiva região, e nomeados pelo Presidente da República dentre brasileiros com mais de trinta e menos de sessenta e cinco anos, sendo:

- Artigo com redação determinada pela Emenda Constitucional n. 45/2004.

I – um quinto dentre advogados com mais de 10 (dez) anos de efetiva atividade profissional e membros do Ministério Público do Trabalho com mais de 10 (dez) anos de efetivo exercício, observado o disposto no art. 94;

II – os demais, mediante promoção de juízes do trabalho por antiguidade e merecimento, alternadamente.

§ 1º Os Tribunais Regionais do Trabalho instalarão a justiça itinerante, com a realização de audiências e demais funções de atividade jurisdicional, nos limites territoriais da respectiva jurisdição, servindo-se de equipamentos públicos e comunitários.

§ 2º Os Tribunais Regionais do Trabalho poderão funcionar descentralizadamente, constituindo Câmaras regionais, a fim de assegurar o pleno acesso do jurisdicionado à justiça em todas as fases do processo.

Constituição Federal

Art. 116. Nas Varas do Trabalho, a jurisdição será exercida por um juiz singular.

- *Caput* com redação determinada pela Emenda Constitucional n. 24/1999.

Parágrafo único. *(Revogado pela Emenda Constitucional n. 24/1999.)*

Art. 117. *(Revogado pela Emenda Constitucional n. 24/1999.)*

Seção VI
Dos Tribunais e Juízes Eleitorais

- V. arts. 12 a 41, Lei 4.737/1965 (Código Eleitoral).

Art. 118. São órgãos da Justiça Eleitoral:
I – o Tribunal Superior Eleitoral;
II – os Tribunais Regionais Eleitorais;
III – os Juízes Eleitorais;
IV – as Juntas Eleitorais.

Art. 119. O Tribunal Superior Eleitoral compor-se-á, no mínimo, de sete membros, escolhidos:
I – mediante eleição, pelo voto secreto:
a) três juízes dentre os Ministros do Supremo Tribunal Federal;
b) dois juízes dentre os Ministros do Superior Tribunal de Justiça;
II – por nomeação do Presidente da República, dois juízes dentre seis advogados de notável saber jurídico e idoneidade moral, indicados pelo Supremo Tribunal Federal.

Parágrafo único. O Tribunal Superior Eleitoral elegerá seu Presidente e o Vice-Presidente dentre os Ministros do Supremo Tribunal Federal, e o Corregedor Eleitoral dentre os Ministros do Superior Tribunal de Justiça.

Art. 120. Haverá um Tribunal Regional Eleitoral na Capital de cada Estado e no Distrito Federal.

§ 1º Os Tribunais Regionais Eleitorais compor-se-ão:
I – mediante eleição, pelo voto secreto:
a) de dois juízes dentre os desembargadores do Tribunal de Justiça;
b) de dois juízes, dentre juízes de direito, escolhidos pelo Tribunal de Justiça;
II – de um juiz do Tribunal Regional Federal com sede na Capital do Estado ou no Distrito Federal, ou, não havendo, de juiz federal, escolhido, em qualquer caso, pelo Tribunal Regional Federal respectivo;

Art. 125

Constituição Federal

III – por nomeação, pelo Presidente da República, de dois juízes dentre seis advogados de notável saber jurídico e idoneidade moral, indicados pelo Tribunal de Justiça.

§ 2º O Tribunal Regional Eleitoral elegerá seu Presidente e o Vice-Presidente dentre os desembargadores.

Art. 121. Lei complementar disporá sobre a organização e competência dos tribunais, dos juízes de direito e das juntas eleitorais.

- V. arts. 22, 23, 29, 30, 34, 40 e 41, Lei 4.737/1965 (Código Eleitoral).
- V. Súmula 368, STJ.

§ 1º Os membros dos tribunais, os juízes de direito e os integrantes das juntas eleitorais, no exercício de suas funções, e no que lhes for aplicável, gozarão de plenas garantias e serão inamovíveis.

§ 2º Os juízes dos tribunais eleitorais, salvo motivo justificado, servirão por dois anos, no mínimo, e nunca por mais de dois biênios consecutivos, sendo os substitutos escolhidos na mesma ocasião e pelo mesmo processo, em número igual para cada categoria.

§ 3º São irrecorríveis as decisões do Tribunal Superior Eleitoral, salvo as que contrariarem esta Constituição e as denegatórias de *habeas corpus* ou mandado de segurança.

§ 4º Das decisões dos Tribunais Regionais Eleitorais somente caberá recurso quando:

I – forem proferidas contra disposição expressa desta Constituição ou de lei;

II – ocorrer divergência na interpretação de lei entre dois ou mais tribunais eleitorais;

III – versarem sobre inelegibilidade ou expedição de diplomas nas eleições federais ou estaduais;

IV – anularem diplomas ou decretarem a perda de mandatos eletivos federais ou estaduais;

V – denegarem *habeas corpus*, mandado de segurança, *habeas data* ou mandado de injunção.

Seção VII
Dos Tribunais e Juízes Militares

Art. 122. São órgãos da Justiça Militar:

- V. Lei 8.457/1992 (Justiça Militar da União e funcionamento de seus serviços auxiliares).
- V. Lei 9.839/1999 (Veda a aplicação da Lei 9.099/1995 na Justiça Militar).

I – o Superior Tribunal Militar;

II – os Tribunais e Juízes Militares instituídos por lei.

Art. 123. O Superior Tribunal Militar compor-se-á de quinze Ministros vitalícios, nomeados pelo Presidente da República, depois de aprovada a indicação pelo Senado Federal, sendo três dentre oficiais-generais da Marinha, quatro dentre oficiais-generais do Exército, três dentre oficiais-generais da Aeronáutica, todos da ativa e do posto mais elevado da carreira, e cinco dentre civis.

Parágrafo único. Os Ministros civis serão escolhidos pelo Presidente da República dentre brasileiros maiores de trinta e cinco anos, sendo:

I – três dentre advogados de notório saber jurídico e conduta ilibada, com mais de dez anos de efetiva atividade profissional;

II – dois, por escolha paritária, dentre juízes auditores e membros do Ministério Público da Justiça Militar.

Art. 124. À Justiça Militar compete processar e julgar os crimes militares definidos em lei.

- V. Dec.-lei 1.002/1969 (Código de Processo Penal Militar).
- V. Lei 9.839/1999 (Veda a aplicação da Lei 9.099/1995 na Justiça Militar).

Parágrafo único. A lei disporá sobre a organização, o funcionamento e a competência da Justiça Militar.

- V. Lei 8.457/1992 (Justiça Militar da União e funcionamento de seus serviços auxiliares).

Seção VIII
Dos Tribunais e Juízes dos Estados

Art. 125. Os Estados organizarão sua Justiça, observados os princípios estabelecidos nesta Constituição.

§ 1º A competência dos tribunais será definida na Constituição do Estado, sendo a lei de organização judiciária de iniciativa do Tribunal de Justiça.

- V. art. 70, ADCT.
- V. Súmula Vinculante 45, STF.
- V. Súmula 721, STF.

§ 2º Cabe aos Estados a instituição de representação de inconstitucionalidade de leis ou atos normativos estaduais ou municipais em face da Constituição Estadual, vedada a atribuição da legitimação para agir a um único órgão.

§ 3º A lei estadual poderá criar, mediante proposta do Tribunal de Justiça, a Justiça Militar estadual, constituída, em primeiro grau, pelos juízes de direito e pelos Conselhos de Justiça e, em segundo grau, pelo próprio Tribunal de Justiça, ou por Tribunal de Justiça Militar nos Estados em que o efetivo militar seja superior a vinte mil integrantes.

- § 3º com redação determinada pela Emenda Constitucional n. 45/2004.

§ 4º Compete à Justiça Militar estadual processar e julgar os militares dos Estados, nos crimes militares definidos em lei e as ações judiciais contra atos disciplinares militares, ressalvada a competência do júri quando a vítima for civil, cabendo ao tribunal competente decidir sobre a perda do posto e da patente dos oficiais e da graduação das praças.

- § 4º com redação determinada pela Emenda Constitucional n. 45/2004.
- V. Súmula 673, STF.

§ 5º Compete aos juízes de direito do juízo militar processar e julgar, singularmente, os crimes militares cometidos contra civis e as ações judiciais contra atos disciplinares militares, cabendo ao Conselho de Justiça, sob a presidência de juiz de direito, processar e julgar os demais crimes militares.

- § 5º acrescentado pela Emenda Constitucional n. 45/2004.

§ 6º O Tribunal de Justiça poderá funcionar descentralizadamente, constituindo Câmaras regionais, a fim de assegurar o pleno acesso do jurisdicionado à justiça em todas as fases do processo.

- § 6º acrescentado pela Emenda Constitucional n. 45/2004.

§ 7º O Tribunal de Justiça instalará a justiça itinerante, com a realização de audiências e demais funções da atividade jurisdicional, nos limites territoriais da respectiva jurisdição, servindo-se de equipamentos públicos e comunitários.

- § 7º acrescentado pela Emenda Constitucional n. 45/2004.

Art. 126. Para dirimir conflitos fundiários, o Tribunal de Justiça proporá a criação de varas especializadas, com competência exclusiva para questões agrárias.

- *Caput* com redação determinada pela Emenda Constitucional n. 45/2004.

Parágrafo único. Sempre que necessário à eficiente prestação jurisdicional, o juiz far-se-á presente no local do litígio.

Capítulo IV
DAS FUNÇÕES ESSENCIAIS À JUSTIÇA

Seção I
Do Ministério Público

- V. Lei 8.625/1993 (Lei Orgânica Nacional do Ministério Público).
- V. LC 75/1993 (Estatuto do Ministério Público da União).

Art. 127. O Ministério Público é instituição permanente, essencial à função jurisdicional do Estado, incumbindo-lhe a defesa da ordem jurídica, do regime democrático e dos interesses sociais e individuais indisponíveis.

§ 1º São princípios institucionais do Ministério Público a unidade, a indivisibilidade e a independência funcional.

§ 2º Ao Ministério Público é assegurada autonomia funcional e administrativa, podendo, observado o disposto no art. 169, propor ao Poder Legislativo a criação e extinção de seus cargos e serviços auxiliares, provendo-os por concurso público de provas ou de provas e títulos, a política remuneratória e os planos de carreira; a lei disporá sobre sua organização e funcionamento.

- § 2º com redação determinada pela Emenda Constitucional n. 19/1998.
- V. Lei 11.144/2005 (Subsídio do Procurador-Geral da República).

§ 3º O Ministério Público elaborará sua proposta orçamentária dentro dos limites estabelecidos na lei de diretrizes orçamentárias.

§ 4º Se o Ministério Público não encaminhar a respectiva proposta orçamentária dentro

Constituição Federal

do prazo estabelecido na lei de diretrizes orçamentárias, o Poder Executivo considerará, para fins de consolidação da proposta orçamentária anual, os valores aprovados na lei orçamentária vigente, ajustados de acordo com os limites estipulados na forma do § 3º.

- § 4º acrescentado pela Emenda Constitucional n. 45/2004.

§ 5º Se a proposta orçamentária de que trata este artigo for encaminhada em desacordo com os limites estabelecidos na lei do § 3º, o Poder Executivo procederá aos ajustes necessários para fins de consolidação da proposta orçamentária anual.

- § 5º acrescentado pela Emenda Constitucional n. 45/2004.

§ 6º Durante a execução orçamentária do exercício, não poderá haver a realização de despesas ou a assunção de obrigações que extrapolem os limites estabelecidos na lei de diretrizes orçamentárias, exceto se previamente autorizadas, mediante a abertura de créditos suplementares ou especiais.

- § 6º acrescentado pela Emenda Constitucional n. 45/2004.

Art. 128. O Ministério Público abrange:
I – o Ministério Público da União, que compreende:

- V. LC 75/1993 (Estatuto do Ministério Público da União).

a) o Ministério Público Federal;
b) o Ministério Público do Trabalho;
c) o Ministério Público Militar;
d) o Ministério Público do Distrito Federal e Territórios;
II – os Ministérios Públicos dos Estados.

§ 1º O Ministério Público da União tem por chefe o Procurador-Geral da República, nomeado pelo Presidente da República dentre integrantes da carreira, maiores de trinta e cinco anos, após a aprovação de seu nome pela maioria absoluta dos membros do Senado Federal, para mandato de dois anos, permitida a recondução.

§ 2º A destituição do Procurador-Geral da República, por iniciativa do Presidente da República, deverá ser precedida de autorização da maioria absoluta do Senado Federal.

§ 3º Os Ministérios Públicos dos Estados e o do Distrito Federal e Territórios formarão lista tríplice dentre integrantes da carreira, na forma da lei respectiva, para escolha de seu Procurador-Geral, que será nomeado pelo Chefe do Poder Executivo, para mandato de dois anos, permitida uma recondução.

§ 4º Os Procuradores-Gerais nos Estados e no Distrito Federal e Territórios poderão ser destituídos por deliberação da maioria absoluta do Poder Legislativo, na forma da lei complementar respectiva.

§ 5º Leis complementares da União e dos Estados, cuja iniciativa é facultada aos respectivos Procuradores-Gerais, estabelecerão a organização, as atribuições e o estatuto de cada Ministério Público, observadas, relativamente a seus membros:

I – as seguintes garantias:
a) vitaliciedade, após dois anos de exercício, não podendo perder o cargo senão por sentença judicial transitada em julgado;
b) inamovibilidade, salvo por motivo de interesse público, mediante decisão do órgão colegiado competente do Ministério Público, pelo voto da maioria absoluta de seus membros, assegurada ampla defesa;

- Alínea b com redação determinada pela Emenda Constitucional n. 45/2004.

c) irredutibilidade de subsídio, fixado na forma do art. 39, § 4º, e ressalvado o disposto nos arts. 37, X e XI, 150, II, 153, III, 153, § 2º, I;

- Alínea c com redação determinada pela Emenda Constitucional n. 19/1998.
- V. Lei 11.144/2005 (Subsídio do Procurador-Geral da República).
- V. Lei 12.042/2009 (Revisão do subsídio do Procurador-Geral da República).

II – as seguintes vedações:
a) receber, a qualquer título e sob qualquer pretexto, honorários, percentagens ou custas processuais;
b) exercer a advocacia;
c) participar de sociedade comercial, na forma da lei;
d) exercer, ainda que em disponibilidade, qualquer outra função pública, salvo uma de magistério;
e) exercer atividade político-partidária;

- Alínea e com redação determinada pela Emenda Constitucional n. 45/2004.

Art. 129

f) receber, a qualquer título ou pretexto, auxílios ou contribuições de pessoas físicas, entidades públicas ou privadas, ressalvadas as exceções previstas em lei.

* Alínea *f* acrescentada pela Emenda Constitucional n. 45/2004.

§ 6º Aplica-se aos membros do Ministério Público o disposto no art. 95, parágrafo único, V.

* § 6º acrescentado pela Emenda Constitucional n. 45/2004.

Art. 129. São funções institucionais do Ministério Público:

I – promover, privativamente, a ação penal pública, na forma da lei;

* V. art. 100, § 1º, CP.
* V. art. 24, CPP.
* V. Lei 8.625/1993 (Lei Orgânica Nacional do Ministério Público).

II – zelar pelo efetivo respeito dos Poderes Públicos e dos serviços de relevância pública aos direitos assegurados nesta Constituição, promovendo as medidas necessárias a sua garantia;

III – promover o inquérito civil e a ação civil pública, para a proteção do patrimônio público e social, do meio ambiente e de outros interesses difusos e coletivos;

* V. Lei 7.347/1985 (Ação civil pública).
* V. Súmula 643, STF.
* V. Súmula 329, STJ.

IV – promover a ação de inconstitucionalidade ou representação para fins de intervenção da União e dos Estados, nos casos previstos nesta Constituição;

* V. arts. 34 a 36, CF.

V – defender judicialmente os direitos e interesses das populações indígenas;

* V. art. 231, CF.

VI – expedir notificações nos procedimentos administrativos de sua competência, requisitando informações e documentos para instruí-los, na forma da lei complementar respectiva;

VII – exercer o controle externo da atividade policial, na forma da lei complementar mencionada no artigo anterior;

* V. arts. 3º, 9º, 10 e 38, IV, LC 75/1993 (Estatuto do Ministério Público da União).

VIII – requisitar diligências investigatórias e a instauração de inquérito policial, indicados os fundamentos jurídicos de suas manifestações processuais;

IX – exercer outras funções que lhe forem conferidas, desde que compatíveis com sua finalidade, sendo-lhe vedada a representação judicial e a consultoria jurídica de entidades públicas.

§ 1º A legitimação do Ministério Público para as ações civis previstas neste artigo não impede a de terceiros, nas mesmas hipóteses, segundo o disposto nesta Constituição e na lei.

* V. Lei 7.347/1985 (Ação civil pública).

§ 2º As funções do Ministério Público só podem ser exercidas por integrantes da carreira, que deverão residir na comarca da respectiva lotação, salvo autorização do chefe da instituição.

* § 2º com redação determinada pela Emenda Constitucional n. 45/2004.

§ 3º O ingresso na carreira do Ministério Público far-se-á mediante concurso público de provas e títulos, assegurada a participação da Ordem dos Advogados do Brasil em sua realização, exigindo-se do bacharel em direito, no mínimo, 3 (três) anos de atividade jurídica e observando-se, nas nomeações, a ordem de classificação.

* § 3º com redação determinada pela Emenda Constitucional n. 45/2004.

§ 4º Aplica-se ao Ministério Público, no que couber, o disposto no art. 93.

* § 4º com redação determinada pela Emenda Constitucional n. 45/2004.

§ 5º A distribuição de processos no Ministério Público será imediata.

* § 5º acrescentado pela Emenda Constitucional n. 45/2004.

Art. 130. Aos membros do Ministério Público junto aos Tribunais de Contas aplicam-se as disposições desta seção pertinentes a direitos, vedações e forma de investidura.

Art. 130-A. O Conselho Nacional do Ministério Público compõe-se de quatorze membros nomeados pelo Presidente da República, depois de aprovada a escolha pela maioria absoluta do Senado Federal, para um mandato de 2 (dois) anos, admitida uma recondução, sendo:

- Artigo acrescentado pela Emenda Constitucional n. 45/2004.
- V. art. 5º, Emenda Constitucional n. 45/2004.

I – o Procurador-Geral da República, que o preside;
II – quatro membros do Ministério Público da União, assegurada a representação de cada uma de suas carreiras;
III – três membros do Ministério Público dos Estados;
IV – dois juízes, indicados um pelo Supremo Tribunal Federal e outro pelo Superior Tribunal de Justiça;
V – dois advogados, indicados pelo Conselho Federal da Ordem dos Advogados do Brasil;
VI – dois cidadãos de notável saber jurídico e reputação ilibada, indicados um pela Câmara dos Deputados e outro pelo Senado Federal.
§ 1º Os membros do Conselho oriundos do Ministério Público serão indicados pelos respectivos Ministérios Públicos, na forma da lei.

- V. Lei 11.372/2006 (Regulamenta o § 1º do art. 130-A da CF).

§ 2º Compete ao Conselho Nacional do Ministério Público o controle da atuação administrativa e financeira do Ministério Público e do cumprimento dos deveres funcionais de seus membros, cabendo-lhe:
I – zelar pela autonomia funcional e administrativa do Ministério Público, podendo expedir atos regulamentares, no âmbito de sua competência, ou recomendar providências;
II – zelar pela observância do art. 37 e apreciar, de ofício ou mediante provocação, a legalidade dos atos administrativos praticados por membros ou órgãos do Ministério Público da União e dos Estados, podendo desconstituí-los, revê-los ou fixar prazo para que se adotem as providências necessárias ao exato cumprimento da lei, sem prejuízo da competência dos Tribunais de Contas;
III – receber e conhecer das reclamações contra membros ou órgãos do Ministério Público da União ou dos Estados, inclusive contra seus serviços auxiliares, sem prejuízo da competência disciplinar e correicional da instituição, podendo avocar processos disciplinares em curso, determinar a remoção, a disponibilidade ou a aposentadoria com subsídios ou proventos proporcionais ao tempo de serviço e aplicar outras sanções administrativas, assegurada ampla defesa;
IV – rever, de ofício ou mediante provocação, os processos disciplinares de membros do Ministério Público da União ou dos Estados julgados há menos de 1 (um) ano;
V – elaborar relatório anual, propondo as providências que julgar necessárias sobre a situação do Ministério Público no País e as atividades do Conselho, o qual deve integrar a mensagem prevista no art. 84, XI.
§ 3º O Conselho escolherá, em votação secreta, um Corregedor nacional, dentre os membros do Ministério Público que o integram, vedada a recondução, competindo-lhe, além das atribuições que lhe forem conferidas pela lei, as seguintes:
I – receber reclamações e denúncias, de qualquer interessado, relativas aos membros do Ministério Público e dos seus serviços auxiliares;
II – exercer funções executivas do Conselho, de inspeção e correição geral;
III – requisitar e designar membros do Ministério Público, delegando-lhes atribuições, e requisitar servidores de órgãos do Ministério Público.
§ 4º O Presidente do Conselho Federal da Ordem dos Advogados do Brasil oficiará junto ao Conselho.
§ 5º Leis da União e dos Estados criarão ouvidorias do Ministério Público, competentes para receber reclamações e denúncias de qualquer interessado contra membros ou órgãos do Ministério Público, inclusive contra seus serviços auxiliares, representando diretamente ao Conselho Nacional do Ministério Público.

Seção II
Da Advocacia Pública

- Rubrica da Seção II renomeada pela Emenda Constitucional n. 19/1998.

Art. 131. A Advocacia-Geral da União é a instituição que, diretamente ou através de órgão vinculado, representa a União, judicial e extrajudicialmente, cabendo-lhe, nos termos da lei complementar que dispuser sobre sua organização e funcionamento, as atividades de consultoria e assessoramento jurídico do Poder Executivo.

- V. LC 73/1993 (Lei Orgânica da Advocacia-Geral da União).
- V. Dec. 767/1993 (Controle interno da Advocacia-Geral da União).
- V. Lei 9.028/1995 (Exercício das atribuições institucionais da Advocacia-Geral da União em caráter emergencial e provisório).
- V. Lei 9.469/1997 (Regulamenta o art. 4º, VI, da LC 73/1993).

§ 1º A Advocacia-Geral da União tem por chefe o Advogado-Geral da União, de livre nomeação pelo Presidente da República dentre cidadãos maiores de trinta e cinco anos, de notável saber jurídico e reputação ilibada.

§ 2º O ingresso nas classes iniciais das carreiras da instituição de que trata este artigo far-se-á mediante concurso público de provas e títulos.

§ 3º Na execução da dívida ativa de natureza tributária, a representação da União cabe à Procuradoria-Geral da Fazenda Nacional, observado o disposto em lei.

Art. 132. Os Procuradores dos Estados e do Distrito Federal, organizados em carreira, na qual o ingresso dependerá de concurso público de provas e títulos, com a participação da Ordem dos Advogados do Brasil em todas as suas fases, exercerão a representação judicial e a consultoria jurídica das respectivas unidades federadas.

- Artigo com redação determinada pela Emenda Constitucional n. 19/1998.

Parágrafo único. Aos procuradores referidos neste artigo é assegurada estabilidade após três anos de efetivo exercício, mediante avaliação de desempenho perante os órgãos próprios, após relatório circunstanciado das corregedorias.

Seção III
Da Advocacia

- Rubrica da Seção III com redação determinada pela Emenda Constitucional n. 80/2014.

Art. 133. O advogado é indispensável à administração da justiça, sendo inviolável por seus atos e manifestações no exercício da profissão, nos limites da lei.

- V. Lei 8.906/1994 (Estatuto da Advocacia e da OAB).
- ** V. Súmula vinculante 14, STF.

Seção IV
Da Defensoria Pública

- Seção IV acrescentada pela Emenda Constitucional n. 80/2014.

Art. 134. A Defensoria Pública é instituição permanente, essencial à função jurisdicional do Estado, incumbindo-lhe, como expressão e instrumento do regime democrático, fundamentalmente, a orientação jurídica, a promoção dos direitos humanos e a defesa, em todos os graus, judicial e extrajudicial, dos direitos individuais e coletivos, de forma integral e gratuita, aos necessitados, na forma do inciso LXXIV do art. 5º desta Constituição Federal.

- *Caput* com redação determinada pela Emenda Constitucional n. 80/2014.
- V. Súmula 421, STJ.

§ 1º Lei complementar organizará a Defensoria Pública da União e do Distrito Federal e dos Territórios e prescreverá normas gerais para sua organização nos Estados, em cargos de carreira, providos, na classe inicial, mediante concurso público de provas e títulos, assegurada a seus integrantes a garantia da inamovibilidade e vedado o exercício da advocacia fora das atribuições institucionais.

- Primitivo parágrafo único renumerado pela Emenda Constitucional n. 45/2004.
- V. LC 80/1994 (Organiza a Defensoria Pública da União e prescreve normas gerais para sua organização nos Estados).
- V. LC 98/1999 (Altera a LC 80/1994).

§ 2º Às Defensorias Públicas Estaduais são asseguradas autonomia funcional e administrativa e a iniciativa de sua proposta orçamentária dentro dos limites estabelecidos na lei de diretrizes orçamentárias e subordinação ao disposto no art. 99, § 2º.

- § 2º acrescentado pela Emenda Constitucional 45/2004.

§ 3º Aplica-se o disposto no § 2º às Defensorias Públicas da União e do Distrito Federal.

- § 3º acrescentado pela Emenda Constitucional n. 74/2013.

§ 4º São princípios institucionais da Defensoria Pública a unidade, a indivisibilidade e a independência funcional, aplicando-se também, no que couber, o disposto no art.

93 e no inciso II do art. 96 desta Constituição Federal.

- § 4º acrescentado pela Emenda Constitucional n. 80/2014.

Art. 135. Os servidores integrantes das carreiras disciplinadas nas Seções II e III deste Capítulo serão remunerados na forma do art. 39, § 4º.

- Artigo com redação determinada pela Emenda Constitucional n. 19/1998.
- V. art. 132, CF.

TÍTULO V
DA DEFESA DO ESTADO E DAS INSTITUIÇÕES DEMOCRÁTICAS

Capítulo I
DO ESTADO DE DEFESA E DO ESTADO DE SÍTIO

Seção I
Do estado de defesa

Art. 136. O Presidente da República pode, ouvidos o Conselho da República e o Conselho de Defesa Nacional, decretar estado de defesa para preservar ou prontamente restabelecer, em locais restritos e determinados, a ordem pública ou a paz social ameaçadas por grave e iminente instabilidade institucional ou atingidas por calamidades de grandes proporções na natureza.

- V. arts. 89 a 91, CF.
- V. Lei 8.041/1990 (Organização e funcionamento do Conselho da República).
- V. Lei 8.183/1991 (Conselho de Defesa Nacional).
- V. Dec. 893/1993 (Conselho de Defesa Nacional – Regulamento).

§ 1º O decreto que instituir o estado de defesa determinará o tempo de sua duração, especificará as áreas a serem abrangidas e indicará, nos termos e limites da lei, as medidas coercitivas a vigorarem, dentre as seguintes:

I – restrições aos direitos de:

a) reunião, ainda que exercida no seio das associações;

b) sigilo de correspondência;

c) sigilo de comunicação telegráfica e telefônica;

II – ocupação e uso temporário de bens e serviços públicos, na hipótese de calamidade pública, respondendo a União pelos danos e custos decorrentes.

§ 2º O tempo de duração do estado de defesa não será superior a trinta dias, podendo ser prorrogado uma vez, por igual período, se persistirem as razões que justificaram a sua decretação.

§ 3º Na vigência do estado de defesa:

I – a prisão por crime contra o Estado, determinada pelo executor da medida, será por este comunicada imediatamente ao juiz competente, que a relaxará, se não for legal, facultado ao preso requerer exame de corpo de delito à autoridade policial;

II – a comunicação será acompanhada de declaração, pela autoridade, do estado físico e mental do detido no momento de sua autuação;

III – a prisão ou detenção de qualquer pessoa não poderá ser superior a dez dias, salvo quando autorizada pelo Poder Judiciário;

IV – é vedada a incomunicabilidade do preso.

§ 4º Decretado o estado de defesa ou sua prorrogação, o Presidente da República, dentro de vinte e quatro horas, submeterá o ato com a respectiva justificação ao Congresso Nacional, que decidirá por maioria absoluta.

§ 5º Se o Congresso Nacional estiver em recesso, será convocado, extraordinariamente, no prazo de cinco dias.

§ 6º O Congresso Nacional apreciará o decreto dentro de dez dias contados de seu recebimento, devendo continuar funcionando enquanto vigorar o estado de defesa.

§ 7º Rejeitado o decreto, cessa imediatamente o estado de defesa.

Seção II
Do estado de sítio

Art. 137. O Presidente da República pode, ouvidos o Conselho da República e o Conselho de Defesa Nacional, solicitar ao Congresso Nacional autorização para decretar o estado de sítio nos casos de:

I – comoção grave de repercussão nacional ou ocorrência de fatos que comprovem a ineficácia de medida tomada durante o estado de defesa;

II – declaração de estado de guerra ou resposta a agressão armada estrangeira.
Parágrafo único. O Presidente da República, ao solicitar autorização para decretar o estado de sítio ou sua prorrogação, relatará os motivos determinantes do pedido, devendo o Congresso Nacional decidir por maioria absoluta.

Art. 138. O decreto do estado de sítio indicará sua duração, as normas necessárias a sua execução e as garantias constitucionais que ficarão suspensas, e, depois de publicado, o Presidente da República designará o executor das medidas específicas e as áreas abrangidas.

§ 1º O estado de sítio, no caso do art. 137, I, não poderá ser decretado por mais de trinta dias, nem prorrogado, de cada vez, por prazo superior; no do inciso II, poderá ser decretado por todo o tempo que perdurar a guerra ou a agressão armada estrangeira.

§ 2º Solicitada autorização para decretar o estado de sítio durante o recesso parlamentar, o Presidente do Senado Federal, de imediato, convocará extraordinariamente o Congresso Nacional para se reunir dentro de cinco dias, a fim de apreciar o ato.

§ 3º O Congresso Nacional permanecerá em funcionamento até o término das medidas coercitivas.

Art. 139. Na vigência do estado de sítio decretado com fundamento no art. 137, I, só poderão ser tomadas contra as pessoas as seguintes medidas:

I – obrigação de permanência em localidade determinada;
II – detenção em edifício não destinado a acusados ou condenados por crimes comuns;
III – restrições relativas à inviolabilidade da correspondência, ao sigilo das comunicações, à prestação de informações e à liberdade de imprensa, radiodifusão e televisão, na forma da lei;

• V. Lei 9.296/1996 (Escuta telefônica).

IV – suspensão da liberdade de reunião;
V – busca e apreensão em domicílio;
VI – intervenção nas empresas de serviços públicos;
VII – requisição de bens.

Parágrafo único. Não se inclui nas restrições do inciso III a difusão de pronunciamentos de parlamentares efetuados em suas Casas Legislativas, desde que liberada pela respectiva Mesa.

Seção III
Disposições gerais

Art. 140. A Mesa do Congresso Nacional, ouvidos os líderes partidários, designará Comissão composta de cinco de seus membros para acompanhar e fiscalizar a execução das medidas referentes ao estado de defesa e ao estado de sítio.

Art. 141. Cessado o estado de defesa ou o estado de sítio, cessarão também seus efeitos, sem prejuízo da responsabilidade pelos ilícitos cometidos por seus executores ou agentes.

Parágrafo único. Logo que cesse o estado de defesa ou o estado de sítio, as medidas aplicadas em sua vigência serão relatadas pelo Presidente da República, em mensagem ao Congresso Nacional, com especificação e justificação das providências adotadas, com relação nominal dos atingidos e indicação das restrições aplicadas.

Capítulo II
DAS FORÇAS ARMADAS

Art. 142. As Forças Armadas, constituídas pela Marinha, pelo Exército e pela Aeronáutica, são instituições nacionais permanentes e regulares, organizadas com base na hierarquia e na disciplina, sob a autoridade suprema do Presidente da República, e destinam-se à defesa da Pátria, à garantia dos poderes constitucionais e, por iniciativa de qualquer destes, da lei e da ordem.

• V. art. 37, X, CF.
• V. Lei 8.071/1990 (Efetivos do Exército em tempo de paz).

§ 1º Lei complementar estabelecerá as normas gerais a serem adotadas na organização, no preparo e no emprego das Forças Armadas.

• V. LC 97/1999 (Organização, preparo e emprego das Forças Armadas).

§ 2º Não caberá *habeas corpus* em relação a punições disciplinares militares.

• V. art. 42, § 1º, CF.
• V. Dec.-lei 1.001/1969 (Código Penal Militar).

§ 3º Os membros das Forças Armadas são denominados militares, aplicando-se-lhes, além das que vierem a ser fixadas em lei, as seguintes disposições:

- *Caput* do § 3º acrescentado pela Emenda Constitucional n. 18/1998.
- V. art. 42, § 1º, CF.

I – as patentes, com prerrogativas, direitos e deveres a elas inerentes, são conferidas pelo Presidente da República e asseguradas em plenitude aos oficiais da ativa, da reserva ou reformados, sendo-lhes privativos os títulos e postos militares e, juntamente com os demais membros, o uso dos uniformes das Forças Armadas;

- Inciso I acrescentado pela Emenda Constitucional n. 18/1998.

II – o militar em atividade que tomar posse em cargo ou emprego público civil permanente, ressalvada a hipótese prevista no art. 37, inciso XVI, alínea c, será transferido para a reserva, nos termos da lei;

- Inciso II com redação determinada pela Emenda Constitucional n. 77/2014.

III – o militar da ativa que, de acordo com a lei, tomar posse em cargo, emprego ou função pública civil temporária, não eletiva, ainda que da administração indireta, ressalvada a hipótese prevista no art. 37, inciso XVI, alínea c, ficará agregado ao respectivo quadro e somente poderá, enquanto permanecer nessa situação, ser promovido por antiguidade, contando-se-lhe o tempo de serviço apenas para aquela promoção e transferência para a reserva, sendo depois de dois anos de afastamento, contínuos ou não, transferido para a reserva, nos termos da lei;

- Inciso III com redação determinada pela Emenda Constitucional n. 77/2014.

IV – ao militar são proibidas a sindicalização e a greve;

- Inciso IV acrescentado pela Emenda Constitucional n. 18/1998.

V – o militar, enquanto em serviço ativo, não pode estar filiado a partidos políticos;

- Inciso V acrescentado pela Emenda Constitucional n. 18/1998.

VI – o oficial só perderá o posto e a patente se for julgado indigno do oficialato ou com ele incompatível, por decisão de tribunal militar de caráter permanente, em tempo de paz, ou de tribunal especial, em tempo de guerra;

- Inciso VI acrescentado pela Emenda Constitucional n. 18/1998.

VII – o oficial condenado na justiça comum ou militar a pena privativa de liberdade superior a dois anos, por sentença transitada em julgado, será submetido ao julgamento previsto no inciso anterior;

- Inciso VII acrescentado pela Emenda Constitucional n. 18/1998.

VIII – aplica-se aos militares o disposto no art. 7º, incisos VIII, XII, XVII, XVIII, XIX e XXV, e no art. 37, incisos XI, XIII, XIV e XV, bem como, na forma da lei e com prevalência da atividade militar, no art. 37, inciso XVI, alínea c;

- Inciso VIII com redação determinada pela Emenda Constitucional n. 77/2014.

IX – *(Revogado pela Emenda Constitucional n. 41/2003.)*

X – a lei disporá sobre o ingresso nas Forças Armadas, os limites de idade, a estabilidade e outras condições de transferência do militar para a inatividade, os direitos, os deveres, a remuneração, as prerrogativas e outras situações especiais dos militares, consideradas as peculiaridades de suas atividades, inclusive aquelas cumpridas por força de compromissos internacionais e de guerra.

- Inciso X acrescentado pela Emenda Constitucional n. 18/1998.
- V. art. 42, § 1º, CF.

Art. 143. O serviço militar é obrigatório nos termos da lei.

§ 1º Às Forças Armadas compete, na forma da lei, atribuir serviço alternativo aos que, em tempo de paz, após alistados, alegarem imperativo de consciência, entendendo-se como tal o decorrente de crença religiosa e de convicção filosófica ou política, para se eximirem de atividades de caráter essencialmente militar.

- V. art. 5º, VIII, CF.
- V. Lei 8.239/1991 (Prestação de serviço alternativo ao serviço militar).

§ 2º As mulheres e os eclesiásticos ficam isentos do serviço militar obrigatório em tempo de paz, sujeitos, porém, a outros encargos que a lei lhes atribuir.

- V. Lei 8.239/1991 (Prestação de serviço alternativo ao serviço militar).

Capítulo III
DA SEGURANÇA PÚBLICA

Art. 144. A segurança pública, dever do Estado, direito e responsabilidade de todos,

Art. 144

é exercida para a preservação da ordem pública e da incolumidade das pessoas e do patrimônio, através dos seguintes órgãos:

I – polícia federal;

II – polícia rodoviária federal;

III – polícia ferroviária federal;

IV – polícias civis;

V – polícias militares e corpos de bombeiros militares.

§ 1º A polícia federal, instituída por lei como órgão permanente, organizado e mantido pela União e estruturado em carreira, destina-se a:

- *Caput* do § 1º com redação determinada pela Emenda Constitucional n. 19/1998.

I – apurar infrações penais contra a ordem política e social ou em detrimento de bens, serviços e interesses da União ou de suas entidades autárquicas e empresas públicas, assim como outras infrações cuja prática tenha repercussão interestadual ou internacional e exija repressão uniforme, segundo se dispuser em lei;

II – prevenir e reprimir o tráfico ilícito de entorpecentes e drogas afins, o contrabando e o descaminho, sem prejuízo da ação fazendária e de outros órgãos públicos nas respectivas áreas de competência;

- V. Lei 11.343/2006 (Lei Antidrogas).

III – exercer as funções de polícia marítima, aeroportuária e de fronteiras;

- Inciso III com redação determinada pela Emenda Constitucional n. 19/1998.
- V. Súmula Vinculante 36, STF.

IV – exercer, com exclusividade, as funções de polícia judiciária da União.

§ 2º A polícia rodoviária federal, órgão permanente, organizado e mantido pela União e estruturado em carreira, destina-se, na forma da lei, ao patrulhamento ostensivo das rodovias federais.

- § 2º com redação determinada pela Emenda Constitucional n. 19/1998.

§ 3º A polícia ferroviária federal, órgão permanente, organizado e mantido pela União e estruturado em carreira, destina-se, na forma da lei, ao patrulhamento ostensivo das ferrovias federais.

- § 3º com redação determinada pela Emenda Constitucional n. 19/1998.

§ 4º Às polícias civis, dirigidas por delegados de polícia de carreira, incumbem, ressalvada a competência da União, as funções de polícia judiciária e a apuração de infrações penais, exceto as militares.

§ 5º Às polícias militares cabem a polícia ostensiva e a preservação da ordem pública; aos corpos de bombeiros militares, além das atribuições definidas em lei, incumbe a execução de atividades de defesa civil.

- V. Dec.-lei 667/1969 (Polícias militares e corpos de bombeiros militares dos Estados, dos Territórios e do Distrito Federal).

§ 6º As polícias militares e corpos de bombeiros militares, forças auxiliares e reserva do Exército subordinam-se, juntamente com as polícias civis, aos Governadores dos Estados, do Distrito Federal e dos Territórios.

§ 7º A lei disciplinará a organização e o funcionamento dos órgãos responsáveis pela segurança pública, de maneira a garantir a eficiência de suas atividades.

- V. Dec.-lei 200/1967 (Organização da administração federal).

§ 8º Os Municípios poderão constituir guardas municipais destinadas à proteção de seus bens, serviços e instalações, conforme dispuser a lei.

§ 9º A remuneração dos servidores policiais integrantes dos órgãos relacionados neste artigo será fixada na forma do § 4º do art. 39.

- § 9º acrescentado pela Emenda Constitucional n. 19/1998.

§ 10. A segurança viária, exercida para a preservação da ordem pública e da incolumidade das pessoas e do seu patrimônio nas vias públicas:

- § 10 acrescentado pela Emenda Constitucional n. 82/2014.

I – compreende a educação, engenharia e fiscalização de trânsito, além de outras atividades previstas em lei, que assegurem ao cidadão o direito à mobilidade urbana eficiente; e

II – compete, no âmbito dos Estados, do Distrito Federal e dos Municípios, aos respectivos órgãos ou entidades executivos e seus agentes de trânsito, estruturados em Carreira, na forma da lei.

Constituição Federal

TÍTULO VI
DA TRIBUTAÇÃO E DO ORÇAMENTO

Capítulo I
DO SISTEMA TRIBUTÁRIO NACIONAL

- V. Lei 8.137/1990 (Crimes contra a ordem tributária, econômica e contra as relações de consumo).
- V. Lei 8.981/1995 (Altera a legislação tributária federal).
- V. Dec. 2.730/1998 (Representação fiscal para fins penais).

Seção I
Dos princípios gerais

Art. 145. A União, os Estados, o Distrito Federal e os Municípios poderão instituir os seguintes tributos:

- V. arts. 1º a 5º, CTN.

I – impostos;

- V. art. 16 e ss., CTN.

II – taxas, em razão do exercício do poder de polícia ou pela utilização, efetiva ou potencial, de serviços públicos específicos e divisíveis, prestados ao contribuinte ou postos a sua disposição;

- V. art. 77 e ss., CTN.
- V. Lei 7.940/1989 (Taxa de fiscalização dos mercados de títulos e valores mobiliários).
- V. Lei 8.003/1990 (Legislação tributária federal – alterações).
- V. Súmulas Vinculantes 19 e 41, STF.
- V. Súmulas 665 e 670, STF.

III – contribuição de melhoria, decorrente de obras públicas.

- V. art. 81 e ss., CTN.

§ 1º Sempre que possível, os impostos terão caráter pessoal e serão graduados segundo a capacidade econômica do contribuinte, facultado à administração tributária, especialmente para conferir efetividade a esses objetivos, identificar, respeitados os direitos individuais e nos termos da lei, o patrimônio, os rendimentos e as atividades econômicas do contribuinte.

- V. Lei 8.021/1990 (Identificação dos contribuintes para fins fiscais).
- V. Súmulas 656 e 668, STF.

§ 2º As taxas não poderão ter base de cálculo própria de impostos.

- V. art. 77, parágrafo único, CTN.
- V. Súmula vinculante 29, STF.
- V. Súmula 665, STF.

Art. 146. Cabe à lei complementar:
I – dispor sobre conflitos de competência, em matéria tributária, entre a União, os Estados, o Distrito Federal e os Municípios;

- V. arts. 6º a 8º, CTN.

II – regular as limitações constitucionais ao poder de tributar;

- V. arts. 9º a 15, CTN.

III – estabelecer normas gerais em matéria de legislação tributária, especialmente sobre:

- V. art. 149, CF.

a) definição de tributos e de suas espécies, bem como, em relação aos impostos discriminados nesta Constituição, a dos respectivos fatos geradores, bases de cálculo e contribuintes;
b) obrigação, lançamento, crédito, prescrição e decadência tributários;
c) adequado tratamento tributário ao ato cooperativo praticado pelas sociedades cooperativas;
d) definição de tratamento diferenciado e favorecido para as microempresas e para as empresas de pequeno porte, inclusive regimes especiais ou simplificados no caso do imposto previsto no art. 155, II, das contribuições previstas no art. 195, I e §§ 12 e 13, e da contribuição a que se refere o art. 239.

- Alínea *d* acrescentada pela Emenda Constitucional n. 42/2003.
- V. art. 94, ADCT.

Parágrafo único. A lei complementar de que trata o inciso III, *d*, também poderá instituir um regime único de arrecadação dos impostos e contribuições da União, dos Estados, do Distrito Federal e dos Municípios, observado os:

- Parágrafo único acrescentado pela Emenda Constitucional n. 42/2003.

I – será opcional para o contribuinte;
II – poderão ser estabelecidas condições de enquadramento diferenciadas por Estado;
III – o recolhimento será unificado e centralizado e a distribuição da parcela de recursos pertencentes aos respectivos entes federados será imediata, vedada qualquer retenção ou condicionamento;

Art. 146-A

CONSTITUIÇÃO FEDERAL

IV – a arrecadação, a fiscalização e a cobrança poderão ser compartilhadas pelos entes federados, adotado cadastro nacional único de contribuintes.

Art. 146-A. Lei complementar poderá estabelecer critérios especiais de tributação, com o objetivo de prevenir desequilíbrios da concorrência, sem prejuízo da competência de a União, por lei, estabelecer normas de igual objetivo.

* Artigo acrescentado pela Emenda Constitucional n. 42/2003.

Art. 147. Competem à União, em Território Federal, os impostos estaduais e, se o Território não for dividido em Municípios, cumulativamente, os impostos municipais; ao Distrito Federal cabem os impostos municipais.

Art. 148. A União, mediante lei complementar, poderá instituir empréstimos compulsórios:

I – para atender a despesas extraordinárias, decorrentes de calamidade pública, de guerra externa ou sua iminência;

II – no caso de investimento público de caráter urgente e de relevante interesse nacional, observado o disposto no art. 150, III, *b*.

* V. art. 34, § 12, ADCT.

Parágrafo único. A aplicação dos recursos provenientes de empréstimo compulsório será vinculada à despesa que fundamentou sua instituição.

Art. 149. Compete exclusivamente à União instituir contribuições sociais, de intervenção no domínio econômico e de interesse das categorias profissionais ou econômicas, como instrumento de sua atuação nas respectivas áreas, observado o disposto nos arts. 146, III, e 150, I e III, e sem prejuízo do previsto no art. 195, § 6º, relativamente às contribuições a que alude o dispositivo.

§ 1º Os Estados, o Distrito Federal e os Municípios instituirão contribuição, cobrada de seus servidores, para o custeio, em benefício destes, do regime previdenciário de que trata o art. 40, cuja alíquota não será inferior à da contribuição dos servidores titulares de cargos efetivos da União.

* § 1º com redação determinada pela Emenda Constitucional n. 41/2003.

§ 2º As contribuições sociais e de intervenção no domínio econômico de que trata o *caput* deste artigo:

* *Caput* do § 2º acrescentado pela Emenda Constitucional n. 33/2001.

I – não incidirão sobre as receitas decorrentes de exportação;

* Inciso I acrescentado pela Emenda Constitucional n. 33/2001.

II – incidirão também sobre a importação de produtos estrangeiros ou serviços;

* Inciso II com redação determinada pela Emenda Constitucional n. 42/2003.

III – poderão ter alíquotas:

* Inciso III acrescentado pela Emenda Constitucional n. 33/2001.

a) ad valorem, tendo por base o faturamento, a receita bruta ou o valor da operação e, no caso de importação, o valor aduaneiro;
b) específica, tendo por base a unidade de medida adotada.

§ 3º A pessoa natural destinatária das operações de importação poderá ser equiparada a pessoa jurídica, na forma da lei.

* § 3º acrescentado pela Emenda Constitucional n. 33/2001.

§ 4º A lei definirá as hipóteses em que as contribuições incidirão uma única vez.

* § 4º acrescentado pela Emenda Constitucional n. 33/2001.

Art. 149-A. Os Municípios e o Distrito Federal poderão instituir contribuição, na forma das respectivas leis, para o custeio do serviço de iluminação pública, observado o disposto no art. 150, I e III.

* Artigo acrescentado pela Emenda Constitucional n. 39/2002.
** V. Súmula vinculante 41, STF.

Parágrafo único. É facultada a cobrança da contribuição a que se refere o *caput*, na fatura de consumo de energia elétrica.

Seção II
Das limitações do poder de tributar

Art. 150. Sem prejuízo de outras garantias asseguradas ao contribuinte, é vedado à União, aos Estados, ao Distrito Federal e aos Municípios:

* V. Lei 5.172/1966 (Código Tributário Nacional).

Art. 150

Constituição Federal

I – exigir ou aumentar tributo sem lei que o estabeleça;

- V. arts. 3º e 97, I e II, CTN.

II – instituir tratamento desigual entre contribuintes que se encontrem em situação equivalente, proibida qualquer distinção em razão de ocupação profissional ou função por eles exercida, independentemente da denominação jurídica dos rendimentos, títulos ou direitos;

III – cobrar tributos:

a) em relação a fatos geradores ocorridos antes do início da vigência da lei que os houver instituído ou aumentado;

- V. art. 9º, II, CTN.
- •• V. Súmula 518, STJ.

b) no mesmo exercício financeiro em que haja sido publicada a lei que os instituiu ou aumentou;

- V. art. 195, § 6º, CF.
- •• V. Súmula vinculante 50, STF.

c) antes de decorridos noventa dias da data em que haja sido publicada a lei que os instituiu ou aumentou, observado o disposto na alínea b;

- Alínea c acrescentada pela Emenda Constitucional n. 42/2003.

IV – utilizar tributo com efeito de confisco;

V – estabelecer limitações ao tráfego de pessoas ou bens, por meio de tributos interestaduais ou intermunicipais, ressalvada a cobrança de pedágio pela utilização de vias conservadas pelo Poder Público;

- V. art. 9º, III, CTN.

VI – instituir impostos sobre:

a) patrimônio, renda ou serviços, uns dos outros;

- V. art. 9º, IV, a, CTN.

b) templos de qualquer culto;

- V. art. 9º, IV, b, CTN.

c) patrimônio, renda ou serviços dos partidos políticos, inclusive suas fundações, das entidades sindicais dos trabalhadores, das instituições de educação e de assistência social, sem fins lucrativos, atendidos os requisitos da lei;

- V. arts. 9º, IV, c, e 14, CTN.
- V. Súmulas 724 e 730, STF.
- •• V. Súmula vinculante 52, STF.

d) livros, jornais, periódicos e o papel destinado a sua impressão.

- V. art. 9º, IV, d, CTN.
- V. Súmula 657, STF.

e) fonogramas e videofonogramas musicais produzidos no Brasil contendo obras musicais ou litero musicais de autores brasileiros e/ou obras em geral interpretadas por artistas brasileiros bem como os suportes materiais ou arquivos digitais que os contenham, salvo na etapa de replicação industrial de mídias ópticas de leitura a laser.

- Alínea e acrescentada pela Emenda Constitucional n. 75/2013.

§ 1º A vedação do inciso III, b, não se aplica aos tributos previstos nos arts. 148, I, 153, I, II, IV e V; e 154, II; e a vedação do inciso III, c, não se aplica aos tributos previstos nos arts. 148, I, 153, I, II, III e V; e 154, II, nem à fixação da base de cálculo dos impostos previstos nos arts. 155, III, e 156, I.

- § 1º com redação determinada pela Emenda Constitucional n. 42/2003.

§ 2º A vedação do inciso VI, a, é extensiva às autarquias e às fundações instituídas e mantidas pelo Poder Público, no que se refere ao patrimônio, à renda e aos serviços, vinculados a suas finalidades essenciais ou às delas decorrentes.

§ 3º As vedações do inciso VI, a, e do parágrafo anterior não se aplicam ao patrimônio, à renda e aos serviços, relacionados com exploração de atividades econômicas regidas pelas normas aplicáveis a empreendimentos privados, ou em que haja contraprestação ou pagamento de preços ou tarifas pelo usuário, nem exonera o promitente comprador da obrigação de pagar imposto relativamente ao bem imóvel.

§ 4º As vedações expressas no inciso VI, alíneas b e c, compreendem somente o patrimônio, a renda e os serviços, relacionados com as finalidades essenciais das entidades nelas mencionadas.

§ 5º A lei determinará medidas para que os consumidores sejam esclarecidos acerca dos impostos que incidam sobre mercadorias e serviços.

§ 6º Qualquer subsídio ou isenção, redução de base de cálculo, concessão de crédito presumido, anistia ou remissão, relativos a impostos, taxas ou contribuições, só poderá ser concedido mediante lei específica, federal, estadual ou municipal, que regule exclusivamente as matérias acima enumeradas ou o correspondente tributo ou contribuição, sem prejuízo do disposto no art. 155, § 2º, XII, g.

- § 6º com redação determinada pela Emenda Constitucional n. 3/1993.

§ 7º A lei poderá atribuir a sujeito passivo de obrigação tributária a condição de responsável pelo pagamento de imposto ou contribuição, cujo fato gerador deva ocorrer posteriormente, assegurada a imediata e preferencial restituição da quantia paga, caso não se realize o fato gerador presumido.

- § 7º acrescentado pela Emenda Constitucional n. 3/1993.

Art. 151. É vedado à União:

I – instituir tributo que não seja uniforme em todo o território nacional ou que implique distinção ou preferência em relação a Estado, ao Distrito Federal ou a Município, em detrimento de outro, admitida a concessão de incentivos fiscais destinados a promover o equilíbrio do desenvolvimento socioeconômico entre as diferentes regiões do País;

- V. art. 10, CTN.
- V. Lei 9.440/1997 (Estabelece incentivos fiscais para o desenvolvimento regional).

II – tributar a renda das obrigações da dívida pública dos Estados, do Distrito Federal e dos Municípios, bem como a remuneração e os proventos dos respectivos agentes públicos, em níveis superiores aos que fixar para suas obrigações e para seus agentes;

III – instituir isenções de tributos da competência dos Estados, do Distrito Federal ou dos Municípios.

•• V. Súmula 575, STF.

Art. 152. É vedado aos Estados, ao Distrito Federal e aos Municípios estabelecer diferença tributária entre bens e serviços, de qualquer natureza, em razão de sua procedência ou destino.

- V. art. 11, CTN.

Seção III
Dos impostos da União

Art. 153. Compete à União instituir impostos sobre:

- V. art. 154, I, CF.

I – importação de produtos estrangeiros;

- V. Lei 7.810/1989 (Imposto de Importação – redução).
- V. Lei 8.003/1990 (Legislação tributária federal – alterações).
- V. Lei 8.032/1990 (Isenção ou redução do Imposto de Importação).
- V. Lei 9.449/1997 (Reduz o Imposto de Importação para produtos que especifica).

•• V. Dec.-lei 37/1966 (Imposto de Importação).

II – exportação, para o exterior, de produtos nacionais ou nacionalizados;

•• V. Dec.-lei 1.578/1977 (Imposto sobre a Exportação).

III – renda e proventos de qualquer natureza;

- V. arts. 27, § 2º, 28, § 2º, 29, V e VI, 37, XV, 48, XV, 49, VII e VIII, 95, III, 128, § 5º, I, c, CF.
- V. art. 34, § 2º, I, ADCT.
- V. Lei 8.034/1990 (Imposto de Renda – alterações – pessoas jurídicas).
- V. Lei 8.166/1991 (Imposto de Renda – não incidência sobre lucros ou dividendos distribuídos a residentes ou domiciliados no exterior, doados a instituições sem fins lucrativos).
- V. Lei 8.848/1994 (Imposto de Renda – alterações).
- V. Lei 8.849/1994 (Imposto de Renda – alterações).
- V. Lei 8.981/1995 (Altera a legislação tributária federal).
- V. Lei 9.316/1996 (Altera a legislação do Imposto de Renda e da Contribuição Social sobre o Lucro Líquido).
- V. Lei 9.430/1996 (Altera a legislação tributária federal).
- V. Lei 9.532/1997 (Altera a legislação tributária federal).

IV – produtos industrializados;

- V. art. 34, § 2º, I, ADCT.
- V. Lei 8.003/1990 (Legislação tributária federal – alterações).
- V. Lei 9.363/1996 (Crédito presumido do IPI para ressarcimento do valor do PIS/Pasep e Cofins).
- V. Lei 9.493/1997 (Isenções do IPI).

•• V. Dec. 7.212/2010 (Regulamenta a cobrança, fiscalização, arrecadação e administração do IPI).

V – operações de crédito, câmbio e seguro, ou relativas a títulos ou valores mobiliários;

- V. arts. 63 a 67, CTN.
- V. Lei 8.894/1994 (IOF).
- V. Dec. 6.306/2007 (Regulamenta o Imposto sobre Operações de Crédito, Câmbio e Seguro, ou relativas a Títulos ou Valores Mobiliários – IOF).
- V. Súmula vinculante 32, STF.

VI – propriedade territorial rural;

- V. Lei 8.847/1994 (ITR).

- V. Lei 9.321/1996 (Programa Nacional de Fortalecimento da Agricultura Familiar – PRONAF).
- V. Lei 9.393/1996 (ITR e Títulos da Dívida Agrária).
- • V. Lei 11.250/2005 (Regulamenta o inc. III do § 4º do art. 153 da CF).

VII – grandes fortunas, nos termos de lei complementar.

§ 1º É facultado ao Poder Executivo, atendidas as condições e os limites estabelecidos em lei, alterar as alíquotas dos impostos enumerados nos incisos I, II, IV e V.

- V. art. 150, § 1º, CF.
- V. Lei 8.088/1990 (Atualização do Bônus do Tesouro Nacional e depósitos de poupança).

§ 2º O imposto previsto no inciso III:

- V. Dec.-lei 1.351/1974 (Altera a legislação do Imposto de Renda).

I – será informado pelos critérios da generalidade, da universalidade e da progressividade, na forma da lei;

- V. arts. 27, § 2º, 28, § 2º, 29, V e VI, 37, XV, 48, XV, 49, VII e VIII, 95, III, e 128, § 5º, I, c, CF.

II – *(Revogado pela Emenda Constitucional n. 20/1998.)*

§ 3º O imposto previsto no inciso IV:
I – será seletivo, em função da essencialidade do produto;
II – será não cumulativo, compensando-se o que for devido em cada operação com o montante cobrado nas anteriores;
III – não incidirá sobre produtos industrializados destinados ao exterior;
IV – terá reduzido seu impacto sobre a aquisição de bens de capital pelo contribuinte do imposto, na forma da lei.

- Inciso IV acrescentado pela Emenda Constitucional n. 42/2003.

§ 4º O imposto previsto no inciso VI do *caput*:

- § 4º com redação determinada pela Emenda Constitucional n. 42/2003.
- V. Lei 8.629/1993 (Regulamenta os dispositivos constitucionais relativos à reforma agrária).

I – será progressivo e terá suas alíquotas fixadas de forma a desestimular a manutenção de propriedades improdutivas;
II – não incidirá sobre pequenas glebas rurais, definidas em lei, quando as explore o proprietário que não possua outro imóvel;

- • V. art. 2º, Lei 9.393/1996 (Imposto sobre a Propriedade Territorial Rural – ITR).

III – será fiscalizado e cobrado pelos Municípios que assim optarem, na forma da lei, desde que não implique redução do imposto ou qualquer outra forma de renúncia fiscal.

- V. Lei 11.250/2005 (Regulamenta o inciso III do § 4º do art. 153 da CF).

§ 5º O ouro, quando definido em lei como ativo financeiro ou instrumento cambial, sujeita-se exclusivamente à incidência do imposto de que trata o inciso V do *caput* deste artigo, devido na operação de origem; a alíquota mínima será de um por cento, assegurada a transferência do montante da arrecadação nos seguintes termos:

- V. art. 74, § 2º, ADCT.
- V. Lei 7.766/1989 (Ouro como ativo financeiro).

I – trinta por cento para o Estado, o Distrito Federal ou o Território, conforme a origem;
II – setenta por cento para o Município de origem.

- V. art. 72, § 3º, ADCT.

Art. 154. A União poderá instituir:
I – mediante lei complementar, impostos não previstos no artigo anterior, desde que sejam não cumulativos e não tenham fato gerador ou base de cálculo próprios dos discriminados nesta Constituição;

- V. art. 195, § 4º, CF.
- V. art. 74, § 2º, ADCT.

II – na iminência ou no caso de guerra externa, impostos extraordinários, compreendidos ou não em sua competência tributária, os quais serão suprimidos, gradativamente, cessadas as causas de sua criação.

- V. art. 150, § 1º, CF.

Seção IV
Dos impostos dos Estados e do Distrito Federal

Art. 155. Compete aos Estados e ao Distrito Federal instituir impostos sobre:

- *Caput* com redação determinada pela Emenda Constitucional n. 3/1993.

I – transmissão *causa mortis* e doação, de quaisquer bens ou direitos;
II – operações relativas à circulação de mercadorias e sobre prestações de serviços de transporte interestadual e intermunicipal e

Art. 155

CONSTITUIÇÃO FEDERAL

de comunicação, ainda que as operações e as prestações se iniciem no exterior;

- V. LC 24/1975 (Convênios para a concessão de isenção de ICMS).
- V. LC 87/1996 (ICMS).
- V. LC 102/2000 (Altera a LC 87/1996).
- V. Súmula 662, STF.
- V. Súmulas 334 e 457, STJ.
- •• V. Súmula vinculante 48, STF.

III – propriedade de veículos automotores.

§ 1º O imposto previsto no inciso I:

- *Caput* do § 1º com redação determinada pela Emenda Constitucional n. 3/1993.

I – relativamente a bens imóveis e respectivos direitos, compete ao Estado da situação do bem, ou ao Distrito Federal;

II – relativamente a bens móveis, títulos e créditos, compete ao Estado onde se processar o inventário ou arrolamento, ou tiver domicílio o doador, ou ao Distrito Federal;

III – terá a competência para sua instituição regulada por lei complementar:

a) se o doador tiver domicílio ou residência no exterior;

b) se o *de cujus* possuía bens, era residente ou domiciliado ou teve o seu inventário processado no exterior;

IV – terá suas alíquotas máximas fixadas pelo Senado Federal.

- •• V. Res. SF 9/1992 (Estabelece alíquota máxima para o Imposto sobre Transmissão *Causa Mortis* e Doação).

§ 2º O imposto previsto no inciso II atenderá ao seguinte:

- *Caput do* § 2º com redação determinada pela Emenda Constitucional n. 3/1993.
- V. Dec.-lei 406/1968 (Normas gerais de direito financeiro aplicáveis ao ICMS e ISS).
- V. LC 24/1975 (Convênios para concessão de isenções de ICMS).
- V. LC 101/2000 (Lei da Responsabilidade Fiscal).

I – será não cumulativo, compensando-se o que for devido em cada operação relativa à circulação de mercadorias ou prestação de serviços com o montante cobrado nas anteriores pelo mesmo ou outro Estado ou pelo Distrito Federal;

II – a isenção ou não incidência, salvo determinação em contrário da legislação:

a) não implicará crédito para compensação com o montante devido nas operações ou prestações seguintes;

b) acarretará a anulação do crédito relativo às operações anteriores;

III – poderá ser seletivo, em função da essencialidade das mercadorias e dos serviços;

IV – resolução do Senado Federal, de iniciativa do Presidente da República ou de um terço dos Senadores, aprovada pela maioria absoluta de seus membros, estabelecerá as alíquotas aplicáveis às operações e prestações, interestaduais e de exportação;

V – é facultado ao Senado Federal:

a) estabelecer alíquotas mínimas nas operações internas, mediante resolução de iniciativa de um terço e aprovada pela maioria absoluta de seus membros;

b) fixar alíquotas máximas nas mesmas operações para resolver conflito específico que envolva interesse de Estados, mediante resolução de iniciativa da maioria absoluta e aprovada por dois terços de seus membros;

VI – salvo deliberação em contrário dos Estados e do Distrito Federal, nos termos do disposto no inciso XII, *g*, as alíquotas internas, nas operações relativas à circulação de mercadorias e nas prestações de serviços, não poderão ser inferiores às previstas para as operações interestaduais;

VII – nas operações e prestações que destinem bens e serviços a consumidor final, contribuinte ou não do imposto, localizado em outro Estado, adotar-se-á a alíquota interestadual e caberá ao Estado de localização do destinatário o imposto correspondente à diferença entre a alíquota interna do Estado destinatário e a alíquota interestadual;

- *Caput* do inciso VII com redação determinada pela Emenda Constitucional n. 87/2015 (*DOU* 17.04.2015), em vigor na data de sua publicação, produzindo efeitos no ano subsequente e após 90 (noventa) dias desta.

a) (Revogado pela Emenda Constitucional n. 87/2015 – DOU *17.04.2015, em vigor na data de sua publicação, produzindo efeitos no ano subsequente e após 90 (noventa) dias desta.)*

b) (Revogado pela Emenda Constitucional n. 87/2015 – DOU *17.04.2015, em vigor na data de sua publicação, produzindo efeitos no ano subsequente e após 90 (noventa) dias desta.)*

Art. 155

Constituição Federal

VIII – a responsabilidade pelo recolhimento do imposto correspondente à diferença entre a alíquota interna e a interestadual de que trata o inciso VII será atribuída:

- Inciso VIII com redação determinada pela Emenda Constitucional n. 87/2015 (*DOU* 17.04.2015), em vigor na data de sua publicação, produzindo efeitos no ano subsequente e após 90 (noventa) dias desta.

a) ao destinatário, quando este for contribuinte do imposto;
b) ao remetente, quando o destinatário não for contribuinte do imposto;
IX – incidirá também:
a) sobre a entrada de bem ou mercadoria importados do exterior por pessoa física ou jurídica, ainda que não seja contribuinte habitual do imposto, qualquer que seja a sua finalidade, assim como sobre o serviço prestado no exterior, cabendo o imposto ao Estado onde estiver situado o domicílio ou o estabelecimento do destinatário da mercadoria, bem ou serviço;

- Alínea *a* com redação determinada pela Emenda Constitucional n. 33/2001.
- V. Súmula vinculante 48, STF.
- V. Súmulas 660 e 661, STF.

b) sobre o valor total da operação, quando mercadorias forem fornecidas com serviços não compreendidos na competência tributária dos Municípios;
X – não incidirá:
a) sobre operações que destinem mercadorias para o exterior, nem sobre serviços prestados a destinatários no exterior, assegurada a manutenção e o aproveitamento do montante do imposto cobrado nas operações e prestações anteriores;

- Alínea *a* com redação determinada pela Emenda Constitucional n. 42/2003.

b) sobre operações que destinem a outros Estados petróleo, inclusive lubrificantes, combustíveis líquidos e gasosos dele derivados, e energia elétrica;
c) sobre o ouro, nas hipóteses definidas no art. 153, § 5º;

- V. Lei 7.766/1989 (Ouro como ativo financeiro).

d) nas prestações de serviço de comunicação nas modalidades de radiodifusão sonora e de sons e imagens de recepção livre e gratuita;

- Alínea *d* acrescentada pela Emenda Constitucional n. 42/2003.

XI – não compreenderá, em sua base de cálculo, o montante do imposto sobre produtos industrializados, quando a operação, realizada entre contribuintes e relativa a produto destinado à industrialização ou à comercialização, configure fato gerador dos dois impostos;
XII – cabe à lei complementar:

- V. art. 4º, Emenda Constitucional n. 42/2003.

a) definir seus contribuintes;
b) dispor sobre substituição tributária;
c) disciplinar o regime de compensação do imposto;
d) fixar, para efeito de sua cobrança e definição do estabelecimento responsável, o local das operações relativas à circulação de mercadorias e das prestações de serviços;
e) excluir da incidência do imposto, nas exportações para o exterior, serviços e outros produtos além dos mencionados no inciso X, *a*;
f) prever casos de manutenção de crédito, relativamente à remessa para outro Estado e exportação para o exterior, de serviços e de mercadorias;
g) regular a forma como, mediante deliberação dos Estados e do Distrito Federal, isenções, incentivos e benefícios fiscais serão concedidos e revogados;
h) definir os combustíveis e lubrificantes sobre os quais o imposto incidirá uma única vez, qualquer que seja a sua finalidade, hipótese em que não se aplicará o disposto no inciso X, *b*;

- Alínea *h* acrescentada pela Emenda Constitucional n. 33/2001.

i) fixar a base de cálculo, de modo que o montante do imposto a integre, também na importação do exterior de bem, mercadoria ou serviço.

- Alínea *i* acrescentada pela Emenda Constitucional n. 33/2001.

§ 3º À exceção dos impostos de que tratam o inciso II do *caput* deste artigo e o art. 153, I e II, nenhum outro imposto poderá incidir sobre operações relativas a energia elétrica, serviços de telecomunicações, derivados de petróleo, combustíveis e minerais do País.

Art. 156

CONSTITUIÇÃO FEDERAL

- § 3º com redação determinada pela Emenda Constitucional n. 33/2001.
- V. Súmula 659, STF.

§ 4º Na hipótese do inciso XII, *h*, observar-se-á o seguinte:

- § 4º acrescentado pela Emenda Constitucional n. 33/2001.

I – nas operações com os lubrificantes e combustíveis derivados de petróleo, o imposto caberá ao Estado onde ocorrer o consumo;

II – nas operações interestaduais, entre contribuintes, com gás natural e seus derivados, e lubrificantes e combustíveis não incluídos no inciso I deste parágrafo, o imposto será repartido entre os Estados de origem e de destino, mantendo-se a mesma proporcionalidade que ocorre nas operações com as demais mercadorias;

III – nas operações interestaduais com gás natural e seus derivados, e lubrificantes e combustíveis não incluídos no inciso I deste parágrafo, destinadas a não contribuinte, o imposto caberá ao Estado de origem;

IV – as alíquotas do imposto serão definidas mediante deliberação dos Estados e Distrito Federal, nos termos do § 2º, XII, *g*, observando-se o seguinte:

a) serão uniformes em todo o território nacional, podendo ser diferenciadas por produto;

b) poderão ser específicas, por unidade de medida adotada, ou *ad valorem*, incidindo sobre o valor da operação ou sobre o preço que o produto ou seu similar alcançaria em uma venda em condições de livre concorrência;

c) poderão ser reduzidas e restabelecidas, não se lhes aplicando o disposto no art. 150, III, *b*.

§ 5º As regras necessárias à aplicação do disposto no § 4º, inclusive as relativas à apuração e à destinação do imposto, serão estabelecidas mediante deliberação dos Estados e do Distrito Federal, nos termos do § 2º, XII, *g*.

- § 5º acrescentado pela Emenda Constitucional n. 33/2001.

§ 6º O imposto previsto no inciso III:

- § 6º acrescentado pela Emenda Constitucional n. 42/2003.

I – terá alíquotas mínimas fixadas pelo Senado Federal;

II – poderá ter alíquotas diferenciadas em função do tipo e utilização.

Seção V
Dos impostos dos Municípios

Art. 156. Compete aos Municípios instituir impostos sobre:

- V. art. 167, § 4º, CF.

I – propriedade predial e territorial urbana;

- V. arts. 32 a 34, CTN.

II – transmissão *inter vivos*, a qualquer título, por ato oneroso, de bens imóveis, por natureza ou acessão física, e de direitos reais sobre imóveis, exceto os de garantia, bem como cessão de direitos a sua aquisição;

- V. arts. 35 a 42, CTN.
- V. Súmula 656, STF.

III – serviços de qualquer natureza, não compreendidos no art. 155, II, definidos em lei complementar;

- Inciso III com redação determinada pela Emenda Constitucional n. 3/1993.
- •• V. LC 116/2003 (Imposto sobre Serviços de Qualquer Natureza).

IV – *(Revogado pela Emenda Constitucional n. 3/1993.)*

§ 1º Sem prejuízo da progressividade no tempo a que se refere o art. 182, § 4º, inciso II, o imposto previsto no inciso I poderá:

- § 1º com redação determinada pela Emenda Constitucional n. 29/2000.
- V. arts. 182, §§ 2º e 4º, e 186, CF.
- V. Súmula 589, STF.

I – ser progressivo em razão do valor do imóvel; e

II – ter alíquotas diferentes de acordo com a localização e o uso do imóvel.

§ 2º O imposto previsto no inciso II:

I – não incide sobre a transmissão de bens ou direitos incorporados ao patrimônio de pessoa jurídica em realização de capital, nem sobre a transmissão de bens ou direitos decorrente de fusão, incorporação, cisão ou extinção de pessoa jurídica, salvo se, nesses casos, a atividade preponderante do adquirente for a compra e venda desses bens ou

Constituição Federal

direitos, locação de bens imóveis ou arrendamento mercantil;

II – compete ao Município da situação do bem.

§ 3º Em relação ao imposto previsto no inciso III do *caput* deste artigo, cabe à lei complementar:

- *Caput* do § 3º com redação determinada pela Emenda Constitucional n. 37/2002.

I – fixar as suas alíquotas máximas e mínimas;

- Inciso I com redação determinada pela Emenda Constitucional n. 37/2002.
- • V. art. 88, I, ADCT.
- • V. art. 8º, II, LC 116/2003 (Imposto sobre Serviços de Qualquer Natureza).

II – excluir da sua incidência exportações de serviços para o exterior;

- Inciso II com redação determinada pela Emenda Constitucional n. 3/1993.

III – regular a forma e as condições como isenções, incentivos e benefícios fiscais serão concedidos e revogados.

- Inciso III acrescentado pela Emenda Constitucional n. 37/2002.

§ 4º *(Revogado pela Emenda Constitucional n. 3/1993.)*

Seção VI
Da repartição das receitas tributárias

Art. 157. Pertencem aos Estados e ao Distrito Federal:

- V. art. 167, § 4º, CF.

I – o produto da arrecadação do imposto da União sobre renda e proventos de qualquer natureza, incidente na fonte, sobre rendimentos pagos, a qualquer título, por eles, suas autarquias e pelas fundações que instituírem e mantiverem;

- V. art. 159, § 1º, CF.
- V. Súmula 447, STJ.

II – vinte por cento do produto da arrecadação do imposto que a União instituir no exercício da competência que lhe é atribuída pelo art. 154, I.

- V. art. 72, § 3º, ADCT.

Art. 158. Pertencem aos Municípios:

I – o produto da arrecadação do imposto da União sobre renda e proventos de qualquer natureza, incidente na fonte, sobre rendimentos pagos, a qualquer título, por eles, suas autarquias e pelas fundações que instituírem e mantiverem;

- V. art. 159, § 1º, CF.

II – cinquenta por cento do produto da arrecadação do imposto da União sobre a propriedade territorial rural, relativamente aos imóveis neles situados, cabendo a totalidade na hipótese da opção a que se refere o art. 153, § 4º, III;

- Inciso II com redação determinada pela Emenda Constitucional n. 42/2003.
- V. art. 72, § 4º, ADCT.

III – cinquenta por cento do produto da arrecadação do imposto do Estado sobre a propriedade de veículos automotores licenciados em seus territórios;

- V. art. 1º, LC 63/1990 (Critérios e prazos de crédito das parcelas do produto da arrecadação de impostos de competência dos Estados e de transferências por estes recebidas, pertencentes aos Municípios).

IV – vinte e cinco por cento do produto da arrecadação do imposto do Estado sobre operações relativas à circulação de mercadorias e sobre prestações de serviços de transporte interestadual e intermunicipal e de comunicação.

- V. art. 1º, LC 63/1990 (Critérios e prazos de crédito das parcelas do produto da arrecadação de impostos de competência dos Estados e de transferências por estes recebidas, pertencentes aos Municípios).

Parágrafo único. As parcelas de receita pertencentes aos Municípios, mencionadas no inciso IV, serão creditadas conforme os seguintes critérios:

I – três quartos, no mínimo, na proporção do valor adicionado nas operações relativas à circulação de mercadorias e nas prestações de serviços, realizadas em seus territórios;

II – até um quarto, de acordo com o que dispuser lei estadual ou, no caso dos Territórios, lei federal.

Art. 159. A União entregará:

- V. art. 72, §§ 2º e 4º, ADCT.
- V. LC 62/1989 (Fundos de Participação – normas sobre cálculo e entrega).

Art. 159

CONSTITUIÇÃO FEDERAL

I – do produto da arrecadação dos impostos sobre renda e proventos de qualquer natureza e sobre produtos industrializados, 49% (quarenta e nove por cento), na seguinte forma:

- *Caput* do inciso I com redação determinada pela Emenda Constitucional n. 84/2014 (*DOU* 03.12.2014), em vigor na data de sua publicação, com efeitos financeiros a partir de 1º de janeiro do exercício subsequente.

a) vinte um inteiros e cinco décimos por cento ao Fundo de Participação dos Estados e do Distrito Federal;

- V. arts. 34, § 2º, II, e 60, § 2º, ADCT.
- V. LC 62/1989 (Estabelece normas sobre o cálculo, a entrega e o controle das liberações dos recursos dos Fundos de Participação).

b) vinte e dois inteiros e cinco décimos por cento ao Fundo de Participação dos Municípios;

- V. LC 62/1989 (Estabelece normas sobre o cálculo, a entrega e o controle das liberações dos recursos dos Fundos de Participação).

c) três por cento, para aplicação em programas de financiamento ao setor produtivo das Regiões Norte, Nordeste e Centro-Oeste, através de suas instituições financeiras de caráter regional, de acordo com os planos regionais de desenvolvimento, ficando assegurada ao semiárido do Nordeste a metade dos recursos destinados à Região, na forma que a lei estabelecer;

- V. Lei 7.827/1989 (Fundos Constitucionais de Financiamento).

d) um por cento ao Fundo de Participação dos Municípios, que será entregue no primeiro decêndio do mês de dezembro de cada ano;

- Alínea *d* acrescentada pela Emenda Constitucional n. 55/2007.
- V. art. 2º, Emenda Constitucional n. 55/2007, que determina que, no exercício de 2007, as alterações do art. 159 da CF previstas na referida Emenda Constitucional somente se aplicam sobre a arrecadação dos impostos sobre renda e proventos de qualquer natureza e sobre produtos industrializados realizada a partir de 1º.09.2007.

e) 1% (um por cento) ao Fundo de Participação dos Municípios, que será entregue no primeiro decêndio do mês de julho de cada ano;

- Alínea *e* acrescentada pela Emenda Constitucional n. 84/2014 (*DOU* 03.12.2014), em vigor na data de sua publicação, com efeitos financeiros a partir de 1º de janeiro do exercício subsequente.
- V. art. 2º, Emenda Constitucional n. 84/2014, que determina que a União entregará ao Fundo de Participação dos Municípios o percentual de 0,5% (cinco décimos por cento) do produto da arrecadação dos impostos sobre renda e proventos de qualquer natureza e sobre produtos industrializados no primeiro exercício em que esta Emenda Constitucional gerar efeitos financeiros, acrescentando-se 0,5% (cinco décimos por cento) a cada exercício, até que se alcance o percentual de 1% (um por cento).

II – do produto da arrecadação do imposto sobre produtos industrializados, dez por cento aos Estados e ao Distrito Federal, proporcionalmente ao valor das respectivas exportações de produtos industrializados;

- V. art. 1º, LC 63/1990 (Critérios e prazos de crédito das parcelas do produto da arrecadação de impostos de competência dos Estados e de transferências por estes recebidas, pertencentes aos Municípios).
- V. Lei 8.016/1990 (Entrega das cotas de participação dos Estados e do Distrito Federal na arrecadação do IPI de que trata o inciso II do art. 159 da CF/1988).

III – do produto da arrecadação da contribuição de intervenção no domínio econômico prevista no art. 177, § 4º, 29% (vinte e nove por cento) para os Estados e o Distrito Federal, distribuídos na forma da lei, observada a destinação a que se refere o inciso II, c, do referido parágrafo.

- Inciso III com redação determinada pela Emenda Constitucional n. 44/2004.
- V. art. 93, ADCT.

§ 1º Para efeito de cálculo da entrega a ser efetuada de acordo com o previsto no inciso I, excluir-se-á a parcela da arrecadação do imposto de renda e proventos de qualquer natureza pertencentes aos Estados, ao Distrito Federal e aos Municípios, nos termos do disposto nos arts. 157, I, e 158, I.

§ 2º A nenhuma unidade federada poderá ser destinada parcela superior a vinte por cento do montante a que se refere o inciso II, devendo o eventual excedente ser distribuído entre os demais participantes, mantido, em relação a esses, o critério de partilha nele estabelecido.

- V. LC 61/1989 (IPI – Fundo de Participação dos Estados).

Art. 163

Constituição Federal

§ 3º Os Estados entregarão aos respectivos Municípios vinte e cinco por cento dos recursos que receberem nos termos do inciso II, observados os critérios estabelecidos no art. 158, parágrafo único, I e II.

- V. art. 1º, LC 63/1990 (Critérios e prazos de crédito das parcelas do produto da arrecadação de impostos de competência dos Estados e de transferências por estes recebidas, pertencentes aos Municípios).

§ 4º Do montante de recursos de que trata o inciso III que cabe a cada Estado, vinte e cinco por cento serão destinados aos seus Municípios, na forma da lei a que se refere o mencionado inciso.

- § 4º acrescentado pela Emenda Constitucional n. 42/2003.
- V. art. 93, ADCT.

Art. 160. É vedada a retenção ou qualquer restrição à entrega e ao emprego dos recursos atribuídos, nesta seção, aos Estados, ao Distrito Federal e aos Municípios, neles compreendidos adicionais e acréscimos relativos a impostos.

Parágrafo único. A vedação prevista neste artigo não impede a União e os Estados de condicionarem a entrega de recursos:

- Parágrafo único com redação determinada pela Emenda Constitucional n. 29/2000.

I – ao pagamento de seus créditos, inclusive de suas autarquias;
II – ao cumprimento do disposto no art. 198, § 2º, incisos II e III.

Art. 161. Cabe à lei complementar:
I – definir valor adicionado para fins do disposto no art. 158, parágrafo único, I;

- V. LC 63/1990 (Critérios e prazos de crédito das parcelas do produto da arrecadação de impostos de competência dos Estados e de transferências por estes recebidas, pertencentes aos Municípios).

II – estabelecer normas sobre a entrega dos recursos de que trata o art. 159, especialmente sobre os critérios de rateio dos fundos previstos em seu inciso I, objetivando promover o equilíbrio socioeconômico entre Estados e entre Municípios;

- V. art. 34, § 2º, ADCT.
- V. LC 62/1989 (Estabelece normas sobre o cálculo, a entrega e o controle das liberações dos recursos dos Fundos de Participação).

III – dispor sobre o acompanhamento, pelos beneficiários, do cálculo das quotas e da liberação das participações previstas nos arts. 157, 158 e 159.

- V. LC 62/1989 (Estabelece normas sobre o cálculo, a entrega e o controle das liberações dos recursos dos Fundos de Participação).

Parágrafo único. O Tribunal de Contas da União efetuará o cálculo das quotas referentes aos fundos de participação a que alude o inciso II.

Art. 162. A União, os Estados, o Distrito Federal e os Municípios divulgarão, até o último dia do mês subsequente ao da arrecadação, os montantes de cada um dos tributos arrecadados, os recursos recebidos, os valores de origem tributária entregues e a entregar e a expressão numérica dos critérios de rateio.

Parágrafo único. Os dados divulgados pela União serão discriminados por Estado e por Município; os dos Estados, por Município.

Capítulo II
DAS FINANÇAS PÚBLICAS

Seção I
Normas gerais

Art. 163. Lei complementar disporá sobre:

- V. art. 30, Emenda Constitucional n. 19/1998.
- V. Lei 4.320/1964 (Normas gerais de direito financeiro para elaboração e controle dos orçamentos e balanços da União, dos Estados, dos Municípios e do Distrito Federal).
- V. Lei 6.830/1980 (Lei de Execução Fiscal).
- V. Dec.-lei 1.833/1980 (Extingue a vinculação a categorias econômicas, na aplicação dos Estados, Distrito Federal, Territórios e Municípios, de recursos tributários transferidos pela União).

I – finanças públicas;

- V. LC 101/2000 (Lei da Responsabilidade Fiscal).

II – dívida pública externa e interna, incluída a das autarquias, fundações e demais entidades controladas pelo Poder Público;

- V. Lei 8.388/1991 (Diretrizes para o reescalonamento, pela União, de dívidas das administrações direta e indireta dos Estados, do Distrito Federal e dos Municípios).
- V. Dec. 456/1992 (Regulamenta a Lei 8.388/1991).

Art. 164

CONSTITUIÇÃO FEDERAL

III – concessão de garantias pelas entidades públicas;

IV – emissão e resgate de títulos da dívida pública;

- V. art. 34, § 2º, I, ADCT.

V – fiscalização financeira da administração pública direta e indireta;

- Inciso V com redação determinada pela Emenda Constitucional n. 40/2003.
- V. Lei 4.595/1964 (Conselho Monetário Nacional).

VI – operações de câmbio realizadas por órgãos e entidades da União, dos Estados, do Distrito Federal e dos Municípios;

- V. Dec.-lei 9.025/1946 (Operações de câmbio).
- V. Dec.-lei 9.602/1946 (Operações de câmbio).
- V. Lei 1.807/1953 (Operações de câmbio).
- V. Lei 4.131/1962 (Aplicação do capital estrangeiro e as remessas de valores para o exterior).

VII – compatibilização das funções das instituições oficiais de crédito da União, resguardadas as características e condições operacionais plenas das voltadas ao desenvolvimento regional.

- V. Lei 4.595/1964 (Conselho Monetário Nacional).

Art. 164. A competência da União para emitir moeda será exercida exclusivamente pelo Banco Central.

§ 1º É vedado ao Banco Central conceder, direta ou indiretamente, empréstimos ao Tesouro Nacional e a qualquer órgão ou entidade que não seja instituição financeira.

§ 2º O Banco Central poderá comprar e vender títulos de emissão do Tesouro Nacional, com o objetivo de regular a oferta de moeda ou a taxa de juros.

§ 3º As disponibilidades de caixa da União serão depositadas no Banco Central; as dos Estados, do Distrito Federal, dos Municípios e dos órgãos ou entidades do Poder Público e das empresas por ele controladas, em instituições financeiras oficiais, ressalvados os casos previstos em lei.

Seção II
Dos orçamentos

Art. 165. Leis de iniciativa do Poder Executivo estabelecerão:

I – o plano plurianual;

II – as diretrizes orçamentárias;

III – os orçamentos anuais.

§ 1º A lei que instituir o plano plurianual estabelecerá, de forma regionalizada, as diretrizes, objetivos e metas da administração pública federal para as despesas de capital e outras delas decorrentes e para as relativas aos programas de duração continuada.

§ 2º A lei de diretrizes orçamentárias compreenderá as metas e prioridades da administração pública federal, incluindo as despesas de capital para o exercício financeiro subsequente, orientará a elaboração da lei orçamentária anual, disporá sobre as alterações na legislação tributária e estabelecerá a política de aplicação das agências financeiras oficiais de fomento.

§ 3º O Poder Executivo publicará, até trinta dias após o encerramento de cada bimestre, relatório resumido da execução orçamentária.

§ 4º Os planos e programas nacionais, regionais e setoriais previstos nesta Constituição serão elaborados em consonância com o plano plurianual e apreciados pelo Congresso Nacional.

- V. Lei 9.491/1997 (Programa Nacional de Desestatização).

§ 5º A lei orçamentária anual compreenderá:

I – o orçamento fiscal referente aos Poderes da União, seus fundos, órgãos e entidades da administração direta e indireta, inclusive fundações instituídas e mantidas pelo Poder Público;

II – o orçamento de investimento das empresas em que a União, direta ou indiretamente, detenha a maioria do capital social com direito a voto;

III – o orçamento da seguridade social, abrangendo todas as entidades e órgãos a ela vinculados, da administração direta ou indireta, bem como os fundos e fundações instituídos e mantidos pelo Poder Público.

§ 6º O projeto de lei orçamentária será acompanhado de demonstrativo regionalizado do efeito, sobre as receitas e despesas, decorrente de isenções, anistias, remissões, subsídios e benefícios de natureza financeira, tributária e creditícia.

CONSTITUIÇÃO FEDERAL

§ 7º Os orçamentos previstos no § 5º, I e II, deste artigo, compatibilizados com o plano plurianual, terão entre suas funções a de reduzir desigualdades inter-regionais, segundo o critério populacional.

- V. art. 35, ADCT.

§ 8º A lei orçamentária anual não conterá dispositivo estranho à previsão da receita e à fixação da despesa, não se incluindo na proibição a autorização para abertura de créditos suplementares e contratação de operações de crédito, ainda que por antecipação de receita, nos termos da lei.

§ 9º Cabe à lei complementar:

- V. art. 168, CF.
- V. art. 35, § 2º, ADCT.
- V. Lei 4.320/1964 (Normas gerais de direito financeiro para elaboração e controle dos orçamentos e balanços da União, dos Estados, dos Municípios e do Distrito Federal).
- V. Dec.-lei 200/1967 (Organização da administração federal).
- V. Dec.-lei 900/1969 (Altera o Dec.-lei 200/1967).

I – dispor sobre o exercício financeiro, a vigência, os prazos, a elaboração e a organização do plano plurianual, da lei de diretrizes orçamentárias e da lei orçamentária anual;

II – estabelecer normas de gestão financeira e patrimonial da administração direta e indireta, bem como condições para a instituição e funcionamento de fundos.

- V. art. 35, § 2º, ADCT.
- V. LC 89/1997 (Fundo para Aparelhamento e Operacionalização das Atividades-fim da Polícia Federal – FUNAPOL).

III – dispor sobre critérios para a execução equitativa, além de procedimentos que serão adotados quando houver impedimentos legais e técnicos, cumprimento de restos a pagar e limitação das programações de caráter obrigatório, para a realização do disposto no § 11 do art. 166.

- Inciso III acrescentado pela Emenda Constitucional n. 86/2015 (DOU 18.03.2015), em vigor na data de sua publicação e produzirá efeitos a partir da execução orçamentária do exercício de 2014.

Art. 166. Os projetos de lei relativos ao plano plurianual, às diretrizes orçamentárias, ao orçamento anual e aos créditos adicionais serão apreciados pelas duas Casas do Congresso Nacional, na forma do regimento comum.

§ 1º Caberá a uma Comissão mista permanente de Senadores e Deputados:

- V. Res. CN 1/2006 (Comissão Mista Permanente a que se refere o § 1º do art. 166 da CF).

I – examinar e emitir parecer sobre os projetos referidos neste artigo e sobre as contas apresentadas anualmente pelo Presidente da República;

II – examinar e emitir parecer sobre os planos e programas nacionais, regionais e setoriais previstos nesta Constituição e exercer o acompanhamento e a fiscalização orçamentária, sem prejuízo da atuação das demais comissões do Congresso Nacional e de suas Casas, criadas de acordo com o art. 58.

§ 2º As emendas serão apresentadas na Comissão mista, que sobre elas emitirá parecer, e apreciadas, na forma regimental, pelo Plenário das duas Casas do Congresso Nacional.

§ 3º As emendas ao projeto de lei do orçamento anual ou aos projetos que o modifiquem somente podem ser aprovadas caso:

I – sejam compatíveis com o plano plurianual e com a lei de diretrizes orçamentárias;

II – indiquem os recursos necessários, admitidos apenas os provenientes de anulação de despesa, excluídas as que incidam sobre:

a) dotações para pessoal e seus encargos;
b) serviço da dívida;
c) transferências tributárias constitucionais para Estados, Municípios e Distrito Federal; ou

III – sejam relacionadas:

a) com a correção de erros ou omissões; ou
b) com os dispositivos do texto do projeto de lei.

§ 4º As emendas ao projeto de lei de diretrizes orçamentárias não poderão ser aprovadas quando incompatíveis com o plano plurianual.

- V. art. 63, I, CF.

§ 5º O Presidente da República poderá enviar mensagem ao Congresso Nacional para propor modificação nos projetos a que se refere este artigo enquanto não iniciada a votação, na Comissão mista, da parte cuja alteração é proposta.

Art. 166

§ 6º Os projetos de lei do plano plurianual, das diretrizes orçamentárias e do orçamento anual serão enviados pelo Presidente da República ao Congresso Nacional, nos termos da lei complementar a que se refere o art. 165, § 9º.

§ 7º Aplicam-se aos projetos mencionados neste artigo, no que não contrariar o disposto nesta seção, as demais normas relativas ao processo legislativo.

§ 8º Os recursos que, em decorrência de veto, emenda ou rejeição do projeto de lei orçamentária anual, ficarem sem despesas correspondentes poderão ser utilizados, conforme o caso, mediante créditos especiais ou suplementares, com prévia e específica autorização legislativa.

§ 9º As emendas individuais ao projeto de lei orçamentária serão aprovadas no limite de 1,2% (um inteiro e dois décimos por cento) da receita corrente líquida prevista no projeto encaminhado pelo Poder Executivo, sendo que a metade deste percentual será destinada a ações e serviços públicos de saúde.

- § 9º acrescentado pela Emenda Constitucional n. 86/2015 (*DOU* 18.03.2015), em vigor na data de sua publicação e produzirá efeitos a partir da execução orçamentária do exercício de 2014.

§ 10. A execução do montante destinado a ações e serviços públicos de saúde previsto no § 9º, inclusive custeio, será computada para fins do cumprimento do inciso I do § 2º do art. 198, vedada a destinação para pagamento de pessoal ou encargos sociais.

- § 10 acrescentado pela Emenda Constitucional n. 86/2015 (*DOU* 18.03.2015), em vigor na data de sua publicação e produzirá efeitos a partir da execução orçamentária do exercício de 2014.

§ 11. É obrigatória a execução orçamentária e financeira das programações a que se refere o § 9º deste artigo, em montante correspondente a 1,2% (um inteiro e dois décimos por cento) da receita corrente líquida realizada no exercício anterior, conforme os critérios para a execução equitativa da programação definidos na lei complementar prevista no § 9º do art. 165.

- § 11 acrescentado pela Emenda Constitucional n. 86/2015 (*DOU* 18.03.2015), em vigor na data de sua publicação e produzirá efeitos a partir da execução orçamentária do exercício de 2014.

§ 12. As programações orçamentárias previstas no § 9º deste artigo não serão de execução obrigatória nos casos dos impedimentos de ordem técnica.

- § 12 acrescentado pela Emenda Constitucional n. 86/2015 (*DOU* 18.03.2015), em vigor na data de sua publicação e produzirá efeitos a partir da execução orçamentária do exercício de 2014.

§ 13. Quando a transferência obrigatória da União, para a execução da programação prevista no § 11 deste artigo, for destinada a Estados, ao Distrito Federal e a Municípios, independerá da adimplência do ente federativo destinatário e não integrará a base de cálculo da receita corrente líquida para fins de aplicação dos limites de despesa de pessoal de que trata o caput do art. 169.

- § 13 acrescentado pela Emenda Constitucional n. 86/2015 (*DOU* 18.03.2015), em vigor na data de sua publicação e produzirá efeitos a partir da execução orçamentária do exercício de 2014.

§ 14. No caso de impedimento de ordem técnica, no empenho de despesa que integre a programação, na forma do § 11 deste artigo, serão adotadas as seguintes medidas:

- § 14 acrescentado pela Emenda Constitucional n. 86/2015 (*DOU* 18.03.2015), em vigor na data de sua publicação e produzirá efeitos a partir da execução orçamentária do exercício de 2014.

I – até 120 (cento e vinte) dias após a publicação da lei orçamentária, o Poder Executivo, o Poder Legislativo, o Poder Judiciário, o Ministério Público e a Defensoria Pública enviarão ao Poder Legislativo as justificativas do impedimento;

II – até 30 (trinta) dias após o término do prazo previsto no inciso I, o Poder Legislativo indicará ao Poder Executivo o remanejamento da programação cujo impedimento seja insuperável;

III – até 30 de setembro ou até 30 (trinta) dias após o prazo previsto no inciso II, o Poder Executivo encaminhará projeto de lei sobre o remanejamento da programação cujo impedimento seja insuperável;

IV – se, até 20 de novembro ou até 30 (trinta) dias após o término do prazo previsto no inciso III, o Congresso Nacional não deliberar sobre o projeto, o remanejamento será implementado por ato do Poder Executivo, nos termos previstos na lei orçamentária.

Art. 167

Constituição Federal

§ 15. Após o prazo previsto no inciso IV do § 14, as programações orçamentárias previstas no § 11 não serão de execução obrigatória nos casos dos impedimentos justificados na notificação prevista no inciso I do § 14.

- § 15 acrescentado pela Emenda Constitucional n. 86/2015 (*DOU* 18.03.2015), em vigor na data de sua publicação e produzirá efeitos a partir da execução orçamentária do exercício de 2014.

§ 16. Os restos a pagar poderão ser considerados para fins de cumprimento da execução financeira prevista no § 11 deste artigo, até o limite de 0,6% (seis décimos por cento) da receita corrente líquida realizada no exercício anterior.

- § 16 acrescentado pela Emenda Constitucional n. 86/2015 (*DOU* 18.03.2015), em vigor na data de sua publicação e produzirá efeitos a partir da execução orçamentária do exercício de 2014.

§ 17. Se for verificado que a reestimativa da receita e da despesa poderá resultar no não cumprimento da meta de resultado fiscal estabelecida na lei de diretrizes orçamentárias, o montante previsto no § 11 deste artigo poderá ser reduzido em até a mesma proporção da limitação incidente sobre o conjunto das despesas discricionárias.

- § 17 acrescentado pela Emenda Constitucional n. 86/2015 (*DOU* 18.03.2015), em vigor na data de sua publicação e produzirá efeitos a partir da execução orçamentária do exercício de 2014.

§ 18. Considera-se equitativa a execução das programações de caráter obrigatório que atenda de forma igualitária e impessoal às emendas apresentadas, independentemente da autoria.

- § 18 acrescentado pela Emenda Constitucional n. 86/2015 (*DOU* 18.03.2015), em vigor na data de sua publicação e produzirá efeitos a partir da execução orçamentária do exercício de 2014.

Art. 167. São vedados:

I – o início de programas ou projetos não incluídos na lei orçamentária anual;

II – a realização de despesas ou a assunção de obrigações diretas que excedam os créditos orçamentários ou adicionais;

III – a realização de operações de créditos que excedam o montante das despesas de capital, ressalvadas as autorizadas mediante créditos suplementares ou especiais com finalidade precisa, aprovados pelo Poder Legislativo por maioria absoluta;

- V. art. 37, ADCT.

IV – a vinculação de receita de impostos a órgão, fundo ou despesa, ressalvadas a repartição do produto da arrecadação dos impostos a que se referem os arts. 158 e 159, a destinação de recursos para as ações e serviços públicos de saúde, para manutenção e desenvolvimento do ensino e para realização de atividades da administração tributária, como determinado, respectivamente, pelos arts. 198, § 2º, 212 e 37, XXII, e a prestação de garantias às operações de crédito por antecipação de receita, previstas no art. 165, § 8º, bem como o disposto no § 4º deste artigo;

- Inciso IV com redação determinada pela Emenda Constitucional n. 42/2003.

V – a abertura de crédito suplementar ou especial sem prévia autorização legislativa e sem indicação dos recursos correspondentes;

VI – a transposição, o remanejamento ou a transferência de recursos de uma categoria de programação para outra ou de um órgão para outro, sem prévia autorização legislativa;

VII – a concessão ou utilização de créditos ilimitados;

VIII – a utilização, sem autorização legislativa específica, de recursos dos orçamentos fiscal e da seguridade social para suprir necessidade ou cobrir déficit de empresas, fundações e fundos, inclusive dos mencionados no art. 165, § 5º;

IX – a instituição de fundos de qualquer natureza, sem prévia autorização legislativa;

X – a transferência voluntária de recursos e a concessão de empréstimos, inclusive por antecipação de receita, pelos Governos Federal e Estaduais e suas instituições financeiras, para pagamento de despesas com pessoal ativo, inativo e pensionista, dos Estados, do Distrito Federal e dos Municípios;

- Inciso X acrescentado pela Emenda Constitucional n. 19/1998.

XI – a utilização dos recursos provenientes das contribuições sociais de que trata o art. 195, I, *a*, e II, para a realização de despesas distintas do pagamento de benefícios do regime geral de previdência social de que trata o art. 201.

Art. 168

Constituição Federal

- Inciso XI acrescentado pela Emenda Constitucional n. 20/1998.

§ 1º Nenhum investimento cuja execução ultrapasse um exercício financeiro poderá ser iniciado sem prévia inclusão no plano plurianual, ou sem lei que autorize a inclusão, sob pena de crime de responsabilidade.

§ 2º Os créditos especiais e extraordinários terão vigência no exercício financeiro em que forem autorizados, salvo se o ato de autorização for promulgado nos últimos quatro meses daquele exercício, caso em que, reabertos nos limites de seus saldos, serão incorporados ao orçamento do exercício financeiro subsequente.

§ 3º A abertura de crédito extraordinário somente será admitida para atender a despesas imprevisíveis e urgentes, como as decorrentes de guerra, comoção interna ou calamidade pública, observado o disposto no art. 62.

- O art. 2º, § 6º, da Res. CN 1/2002 dispõe: "Quando se tratar de Medida Provisória que abra crédito extraordinário à lei orçamentária anual, conforme os arts. 62 e 167, § 3º da Constituição Federal, o exame e o parecer serão realizados pela Comissão Mista prevista no art. 166, § 1º, da Constituição, observando-se os prazos e o rito estabelecidos nesta Resolução".

§ 4º É permitida a vinculação de receitas próprias geradas pelos impostos a que se referem os arts. 155 e 156, e dos recursos de que tratam os arts. 157, 158 e 159, I, *a* e *b*, e II, para a prestação de garantia ou contragarantia à União e para pagamento de débitos para com esta.

- § 4º acrescentado pela Emenda Constitucional n. 3/1993.

§ 5º A transposição, o remanejamento ou a transferência de recursos de uma categoria de programação para outra poderão ser admitidos, no âmbito das atividades de ciência, tecnologia e inovação, com o objetivo de viabilizar os resultados de projetos restritos a essas funções, mediante ato do Poder Executivo, sem necessidade da prévia autorização legislativa prevista no inciso VI deste artigo.

- § 5º acrescentado pela Emenda Constitucional n. 85/2015.

Art. 168. Os recursos correspondentes às dotações orçamentárias, compreendidos os créditos suplementares e especiais, destinados aos órgãos dos Poderes Legislativo e Judiciário, do Ministério Público e da Defensoria Pública, ser-lhes-ão entregues até o dia 20 de cada mês, em duodécimos, na forma da lei complementar a que se refere o art. 165, § 9º.

- Artigo com redação determinada pela Emenda Constitucional n. 45/2004.

Art. 169. A despesa com pessoal ativo e inativo da União, dos Estados, do Distrito Federal e dos Municípios não poderá exceder os limites estabelecidos em lei complementar.

- Artigo com redação determinada pela Emenda Constitucional n. 19/1998.
- V. arts. 96, II, e 127, § 2º, CF.
- V. LC 101/2000 (Lei da Responsabilidade Fiscal).

§ 1º A concessão de qualquer vantagem ou aumento de remuneração, a criação de cargos, empregos e funções ou alteração de estrutura de carreiras, bem como a admissão ou contratação de pessoal, a qualquer título, pelos órgãos e entidades da administração direta ou indireta, inclusive fundações instituídas e mantidas pelo poder público, só poderão ser feitas:

- V. art. 96, I, *e*, CF.

I – se houver prévia dotação orçamentária suficiente para atender às projeções de despesa de pessoal e aos acréscimos dela decorrentes;

II – se houver autorização específica na lei de diretrizes orçamentárias, ressalvadas as empresas públicas e as sociedades de economia mista.

§ 2º Decorrido o prazo estabelecido na lei complementar referida neste artigo para a adaptação aos parâmetros ali previstos, serão imediatamente suspensos todos os repasses de verbas federais ou estaduais aos Estados, ao Distrito Federal e aos Municípios que não observarem os referidos limites.

§ 3º Para o cumprimento dos limites estabelecidos com base neste artigo, durante o prazo fixado na lei complementar referida no *caput*, a União, os Estados, o Distrito Federal e os Municípios adotarão as seguintes providências:

Constituição Federal

I – redução em pelo menos vinte por cento das despesas com cargos em comissão e funções de confiança;

II – exoneração dos servidores não estáveis.

- V. art. 33, Emenda Constitucional n. 19/1998.

§ 4º Se as medidas adotadas com base no parágrafo anterior não forem suficientes para assegurar o cumprimento da determinação da lei complementar referida neste artigo, o servidor estável poderá perder o cargo, desde que ato normativo motivado de cada um dos Poderes especifique a atividade funcional, o órgão ou unidade administrativa objeto da redução de pessoal.

§ 5º O servidor que perder o cargo na forma do parágrafo anterior fará jus a indenização correspondente a um mês de remuneração por ano de serviço.

§ 6º O cargo objeto da redução prevista nos parágrafos anteriores será considerado extinto, vedada a criação de cargo, emprego ou função com atribuições iguais ou assemelhadas pelo prazo de quatro anos.

§ 7º Lei federal disporá sobre as normas gerais a serem obedecidas na efetivação do disposto no § 4º.

- V. art. 247, CF.

TÍTULO VII
DA ORDEM ECONÔMICA E FINANCEIRA

Capítulo I
DOS PRINCÍPIOS GERAIS DA ATIVIDADE ECONÔMICA

Art. 170. A ordem econômica, fundada na valorização do trabalho humano e na livre iniciativa, tem por fim assegurar a todos existência digna, conforme os ditames da justiça social, observados os seguintes princípios:

I – soberania nacional;

- V. art. 1º, I, CF.

II – propriedade privada;

- V. art. 5º, XXII, CF.
- V. arts. 1.228 a 1.368-B, CC.

III – função social da propriedade;

IV – livre concorrência;

- V. Súmula 646, STF.
- •• V. Súmula vinculante 49, STF.

V – defesa do consumidor;

- V. Lei 8.078/1990 (Código de Defesa do Consumidor).

VI – defesa do meio ambiente, inclusive mediante tratamento diferenciado conforme o impacto ambiental dos produtos e serviços e de seus processos de elaboração e prestação;

- Inciso VI com redação determinada pela Emenda Constitucional n. 42/2003.
- V. art. 5º, LXXIII, CF.
- V. Lei 7.347/1985 (Ação civil pública).

VII – redução das desigualdades regionais e sociais;

- V. art. 3º, III, CF.

VIII – busca do pleno emprego;

- V. arts. 6º e 7º, CF.
- V. art. 47, Lei 11.101/2005 (Lei de Recuperação de Empresas e Falência).

IX – tratamento favorecido para as empresas de pequeno porte constituídas sob as leis brasileiras e que tenham sua sede e administração no País.

- Inciso IX com redação determinada pela Emenda Constitucional n. 6/1995.
- V. art. 246, CF.
- V. LC 123/2006 (Supersimples).

Parágrafo único. É assegurado a todos o livre exercício de qualquer atividade econômica, independentemente de autorização de órgãos públicos, salvo nos casos previstos em lei.

- V. Súmula 646, STF.

Art. 171. (Revogado pela Emenda Constitucional n. 6/1995.)

Art. 172. A lei disciplinará, com base no interesse nacional, os investimentos de capital estrangeiro, incentivará os reinvestimentos e regulará a remessa de lucros.

- V. Lei 4.131/1962 (Aplicação do capital estrangeiro e as remessas de valores para o exterior).
- V. Dec.-lei 37/1966 (Reorganiza os serviços aduaneiros).
- V. Dec.-lei 94/1966 (Imposto de Renda).

Art. 173. Ressalvados os casos previstos nesta Constituição, a exploração direta de atividade econômica pelo Estado só será permitida quando necessária aos imperativos da segurança nacional ou a relevante interesse coletivo, conforme definidos em lei.

§ 1º A lei estabelecerá o estatuto jurídico da empresa pública, da sociedade de economia mista e de suas subsidiárias que explorem atividade econômica de produção ou comercialização de bens ou de prestação de serviços, dispondo sobre:

- § 1º com redação determinada pela Emenda Constitucional n. 19/1998.

I – sua função social e formas de fiscalização pelo Estado e pela sociedade;

II – a sujeição ao regime jurídico próprio das empresas privadas, inclusive quanto aos direitos e obrigações civis, comerciais, trabalhistas e tributários;

III – licitação e contratação de obras, serviços, compras e alienações, observados os princípios da administração pública;

- V. art. 22, XXVII, CF.
- V. Súmula 333, STJ.

IV – a constituição e o funcionamento dos conselhos de administração e fiscal, com a participação de acionistas minoritários;

V – os mandatos, a avaliação de desempenho e a responsabilidade dos administradores.

§ 2º As empresas públicas e as sociedades de economia mista não poderão gozar de privilégios fiscais não extensivos às do setor privado.

§ 3º A lei regulamentará as relações da empresa pública com o Estado e a sociedade.

§ 4º A lei reprimirá o abuso do poder econômico que vise à dominação dos mercados, à eliminação da concorrência e ao aumento arbitrário dos lucros.

- V. Lei 8.137/1990 (Crimes contra a ordem tributária, econômica e contra as relações de consumo).
- V. Lei 8.176/1991 (Crimes contra a ordem econômica – Cria o sistema de estoques de combustíveis).
- V. Lei 8.884/1994 (Infrações à ordem econômica – CADE).
- V. Lei 9.069/1995 (Plano Real).
- V. Súmula 646, STF.

§ 5º A lei, sem prejuízo da responsabilidade individual dos dirigentes da pessoa jurídica, estabelecerá a responsabilidade desta, sujeitando-a às punições compatíveis com sua natureza, nos atos praticados contra a ordem econômica e financeira e contra a economia popular.

- V. Lei Del. 4/1962 (Intervenção no domínio econômico para assegurar a livre distribuição de produtos necessários ao consumo do povo).

Art. 174. Como agente normativo e regulador da atividade econômica, o Estado exercerá, na forma da lei, as funções de fiscalização, incentivo e planejamento, sendo este determinante para o setor público e indicativo para o setor privado.

§ 1º A lei estabelecerá as diretrizes e bases do planejamento do desenvolvimento nacional equilibrado, o qual incorporará e compatibilizará os planos nacionais e regionais de desenvolvimento.

§ 2º A lei apoiará e estimulará o cooperativismo e outras formas de associativismo.

- V. Lei 5.764/1971 (Política nacional de cooperativismo).
- V. Lei 9.867/1999 (Criação e funcionamento de cooperativas sociais).

§ 3º O Estado favorecerá a organização da atividade garimpeira em cooperativas, levando em conta a proteção do meio ambiente e a promoção econômico-social dos garimpeiros.

- V. Dec.-lei 227/1967 (Altera o Dec.-lei 1.985/1940).
- V. Lei 9.314/1996 (Altera o Dec.-lei 227/1967).
- V. Lei 11.685/2008 (Estatuto do Garimpeiro).

§ 4º As cooperativas a que se refere o parágrafo anterior terão prioridade na autorização ou concessão para pesquisa e lavra dos recursos e jazidas de minerais garimpáveis, nas áreas onde estejam atuando, e naquelas fixadas de acordo com o art. 21, XXV, na forma da lei.

Art. 175. Incumbe ao Poder Público, na forma da lei, diretamente ou sob regime de concessão ou permissão, sempre através de licitação, a prestação de serviços públicos.

- V. Lei 8.987/1995 (Concessão e permissão da prestação de serviços públicos).
- V. Lei 9.427/1996 (Agência Nacional de Energia Elétrica).
- V. Dec. 2.196/1997 (Regulamento de Serviços Especiais).
- V. Dec. 2.206/1997 (Regulamento do Serviço de TV a Cabo).
- V. Dec. 3.896/2001 (Serviços de Telecomunicações).
- V. Súmula 407, STJ.

Parágrafo único. A lei disporá sobre:

Constituição Federal

I – o regime das empresas concessionárias e permissionárias de serviços públicos, o caráter especial de seu contrato e de sua prorrogação, bem como as condições de caducidade, fiscalização e rescisão da concessão ou permissão;
II – os direitos dos usuários;
III – política tarifária;
IV – a obrigação de manter serviço adequado.

Art. 176. As jazidas, em lavra ou não, e demais recursos minerais e os potenciais de energia hidráulica constituem propriedade distinta da do solo, para efeito de exploração ou aproveitamento, e pertencem à União, garantida ao concessionário a propriedade do produto da lavra.
§ 1º A pesquisa e a lavra de recursos minerais e o aproveitamento dos potenciais a que se refere o *caput* deste artigo somente poderão ser efetuados mediante autorização ou concessão da União, no interesse nacional, por brasileiros ou empresa constituída sob as leis brasileiras e que tenham sua sede e administração no País, na forma da lei, que estabelecerá as condições específicas quando essas atividades se desenvolverem em faixa de fronteira ou terras indígenas.

- § 1º com redação determinada pela Emenda Constitucional n. 6/1995.
- V. art. 246, CF.
- V. Dec.-lei 227/1967 (Altera o Dec.-lei 1.985/1940).
- V. Lei 9.314/1996 (Altera o Dec.-lei 227/1967).

§ 2º É assegurada participação ao proprietário do solo nos resultados da lavra, na forma e no valor que dispuser a lei.

- V. Dec.-lei 227/1967 (Altera o Dec.-lei 1.985/1940).
- V. Lei 8.901/1994 (Altera o Dec.-lei 227/1967).
- V. Lei 9.314/1996 (Altera o Dec.-lei 227/1967).

§ 3º A autorização de pesquisa será sempre por prazo determinado, e as autorizações e concessões previstas neste artigo não poderão ser cedidas ou transferidas, total ou parcialmente, sem prévia anuência do poder concedente.
§ 4º Não dependerá de autorização ou concessão o aproveitamento do potencial de energia renovável de capacidade reduzida.

Art. 177. Constituem monopólio da União:

- V. Lei 9.478/1997 (Política energética nacional e atividades relativas ao monopólio do petróleo).
- V. Lei 11.909/2009 (Atividades relativas ao transporte de gás natural, de que trata o art. 177 da CF).

I – a pesquisa e a lavra das jazidas de petróleo e gás natural e outros hidrocarbonetos fluidos;
II – a refinação do petróleo nacional ou estrangeiro;

- V. art. 45, ADCT.

III – a importação e exportação dos produtos e derivados básicos resultantes das atividades previstas nos incisos anteriores;
IV – o transporte marítimo do petróleo bruto de origem nacional ou de derivados básicos de petróleo produzidos no País, bem assim o transporte, por meio de conduto, de petróleo bruto, seus derivados e gás natural de qualquer origem;
V – a pesquisa, a lavra, o enriquecimento, o reprocessamento, a industrialização e o comércio de minérios e minerais nucleares e seus derivados, com exceção dos radioisótopos cuja produção, comercialização e utilização poderão ser autorizadas sob regime de permissão, conforme as alíneas *b* e *c* do inciso XXIII do *caput* do art. 21 desta Constituição Federal.

- Inciso V com redação determinada pela Emenda Constitucional n. 49/2006.
- V. Lei 7.781/1989 (Altera a Lei 6.189/1974, que criou a CNEN e a NUCLEBRÁS).

§ 1º A União poderá contratar com empresas estatais ou privadas a realização das atividades previstas nos incisos I a IV deste artigo, observadas as condições estabelecidas em lei.

- § 1º com redação determinada pela Emenda Constitucional n. 9/1995.

§ 2º A lei a que se refere o § 1º disporá sobre:

- § 2º acrescentado pela Emenda Constitucional n. 9/1995.

I – a garantia do fornecimento dos derivados de petróleo em todo o território nacional;
II – as condições de contratação;

III – a estrutura e atribuições do órgão regulador do monopólio da União.

- V. Lei 9.478/1997 (Política energética nacional e atividades relativas ao monopólio do petróleo).

§ 3º A lei disporá sobre o transporte e a utilização de materiais radioativos no território nacional.

- Primitivo § 2º renumerado pela Emenda Constitucional n. 9/1995.

§ 4º A lei que instituir contribuição de intervenção no domínio econômico relativa às atividades de importação ou comercialização de petróleo e seus derivados, gás natural e seus derivados e álcool combustível deverá atender aos seguintes requisitos:

- § 4º acrescentado pela Emenda Constitucional n. 33/2001.
- V. Lei 10.336/2001 (CIDE).

I – a alíquota da contribuição poderá ser:
a) diferenciada por produto ou uso;
b) reduzida e restabelecida por ato do Poder Executivo, não se lhe aplicando o disposto no art. 150, III, *b*;
II – os recursos arrecadados serão destinados:
a) ao pagamento de subsídios a preços ou transporte de álcool combustível, gás natural e seus derivados e derivados de petróleo;
b) ao financiamento de projetos ambientais relacionados com a indústria do petróleo e do gás;
c) ao financiamento de programas de infraestrutura de transportes.

Art. 178. A lei disporá sobre a ordenação dos transportes aéreo, aquático e terrestre, devendo, quanto à ordenação do transporte internacional, observar os acordos firmados pela União, atendido o princípio da reciprocidade.

- Artigo com redação determinada pela Emenda Constitucional n. 7/1995.
- V. art. 246, CF.
- V. Dec.-lei 116/1967 (Operações inerentes ao transporte de mercadorias por via d'água).
- V. Lei 7.565/1986 (Código Brasileiro de Aeronáutica).
- V. Lei 11.442/2007 (Transporte rodoviário de cargas).

Parágrafo único. Na ordenação do transporte aquático, a lei estabelecerá as condições em que o transporte de mercadorias na cabotagem e a navegação interior poderão ser feitos por embarcações estrangeiras.

- V. art. 246, CF.

Art. 179. A União, os Estados, o Distrito Federal e os Municípios dispensarão às microempresas e às empresas de pequeno porte, assim definidas em lei, tratamento jurídico diferenciado, visando a incentivá-las pela simplificação de suas obrigações administrativas, tributárias, previdenciárias e creditícias, ou pela eliminação ou redução destas por meio de lei.

- V. art. 47, § 1º, ADCT.
- V. LC 123/2006 (Supersimples).

Art. 180. A União, os Estados, o Distrito Federal e os Municípios promoverão e incentivarão o turismo como fator de desenvolvimento social e econômico.

Art. 181. O atendimento de requisição de documento ou informação de natureza comercial, feita por autoridade administrativa ou judiciária estrangeira, a pessoa física ou jurídica residente ou domiciliada no País dependerá de autorização do Poder competente.

Capítulo II
DA POLÍTICA URBANA

Art. 182. A política de desenvolvimento urbano, executada pelo Poder Público municipal, conforme diretrizes gerais fixadas em lei, tem por objetivo ordenar o pleno desenvolvimento das funções sociais da cidade e garantir o bem-estar de seus habitantes.

- V. Lei 10.257/2001 (Estatuto da Cidade).
- V. Lei 12.587/2012 (Política Nacional de Mobilidade Urbana).

§ 1º O plano diretor, aprovado pela Câmara Municipal, obrigatório para cidades com mais de vinte mil habitantes, é o instrumento básico da política de desenvolvimento e de expansão urbana.

§ 2º A propriedade urbana cumpre sua função social quando atende às exigências fundamentais de ordenação da cidade expressas no plano diretor.

- V. art. 186, CF.
- V. Súmula 668, STF.

Constituição Federal

§ 3º As desapropriações de imóveis urbanos serão feitas com prévia e justa indenização em dinheiro.

§ 4º É facultado ao Poder Público municipal, mediante lei específica para área incluída no plano diretor, exigir, nos termos da lei federal, do proprietário do solo urbano não edificado, subutilizado ou não utilizado, que promova seu adequado aproveitamento, sob pena, sucessivamente de:

I – parcelamento ou edificação compulsórios;

II – imposto sobre a propriedade predial e territorial urbana progressivo no tempo;

• V. Súmula 668, STF.

III – desapropriação com pagamento mediante títulos da dívida pública de emissão previamente aprovada pelo Senado Federal, com prazo de resgate de até dez anos, em parcelas anuais, iguais e sucessivas, assegurados o valor real da indenização e os juros legais.

Art. 183. Aquele que possuir como sua área urbana de até duzentos e cinquenta metros quadrados, por cinco anos, ininterruptamente e sem oposição, utilizando-a para sua moradia ou de sua família, adquirir-lhe-á o domínio, desde que não seja proprietário de outro imóvel urbano ou rural.

• V. Lei 10.257/2001 (Estatuto da Cidade).

§ 1º O título de domínio e a concessão de uso serão conferidos ao homem ou à mulher, ou a ambos, independentemente do estado civil.

§ 2º Esse direito não será reconhecido ao mesmo possuidor mais de uma vez.

§ 3º Os imóveis públicos não serão adquiridos por usucapião.

Capítulo III
DA POLÍTICA AGRÍCOLA E FUNDIÁRIA E DA REFORMA AGRÁRIA

• V. Lei 4.504/1964 (Estatuto da Terra).
• V. Lei 8.174/1991 (Princípios da política agrícola).
• V. Lei 8.629/1993 (Regulamentação dos dispositivos constitucionais relativos à reforma agrária).

Art. 184. Compete à União desapropriar por interesse social, para fins de reforma agrária, o imóvel rural que não esteja cumprindo sua função social, mediante prévia e justa indenização em títulos da dívida agrária, com cláusula de preservação do valor real, resgatáveis no prazo de até vinte anos, a partir do segundo ano de sua emissão, e cuja utilização será definida em lei.

• V. Lei 8.629/1993 (Regulamentação dos dispositivos constitucionais relativos à reforma agrária).

§ 1º As benfeitorias úteis e necessárias serão indenizadas em dinheiro.

§ 2º O decreto que declarar o imóvel como de interesse social, para fins de reforma agrária, autoriza a União a propor a ação de desapropriação.

§ 3º Cabe à lei complementar estabelecer procedimento contraditório especial, de rito sumário, para o processo judicial de desapropriação.

• V. LC 76/1993 (Procedimento contraditório especial para o processo de desapropriação de imóvel rural por interesse social).

§ 4º O orçamento fixará anualmente o volume total de títulos da dívida agrária, assim como o montante de recursos para atender ao programa de reforma agrária no exercício.

§ 5º São isentas de impostos federais, estaduais e municipais as operações de transferência de imóveis desapropriados para fins de reforma agrária.

Art. 185. São insuscetíveis de desapropriação para fins de reforma agrária:

• V. Lei 8.629/1993 (Regulamentação dos dispositivos constitucionais relativos à reforma agrária).

I – a pequena e média propriedade rural, assim definida em lei, desde que seu proprietário não possua outra;

II – a propriedade produtiva.

Parágrafo único. A lei garantirá tratamento especial à propriedade produtiva e fixará normas para o cumprimento dos requisitos relativos a sua função social.

Art. 186. A função social é cumprida quando a propriedade rural atende, simultaneamente, segundo critérios e graus de exigência estabelecidos em lei, aos seguintes requisitos:

• V. Lei 8.629/1993 (Regulamentação dos dispositivos constitucionais relativos à reforma agrária).

I – aproveitamento racional e adequado;

Art. 187

CONSTITUIÇÃO FEDERAL

II – utilização adequada dos recursos naturais disponíveis e preservação do meio ambiente;
III – observância das disposições que regulam as relações de trabalho;
IV – exploração que favoreça o bem-estar dos proprietários e dos trabalhadores.

Art. 187. A política agrícola será planejada e executada na forma da lei, com a participação efetiva do setor de produção, envolvendo produtores e trabalhadores rurais, bem como dos setores de comercialização, de armazenamento e de transportes, levando em conta, especialmente:

• V. Lei 8.171/1991 (Política agrícola).
• V. Lei 8.174/1991 (Princípios da política agrícola).

I – os instrumentos creditícios e fiscais;
II – os preços compatíveis com os custos de produção e a garantia de comercialização;
III – o incentivo à pesquisa e à tecnologia;
IV – a assistência técnica e extensão rural;
V – o seguro agrícola;
VI – o cooperativismo;
VII – a eletrificação rural e irrigação;
VIII – a habitação para o trabalhador rural.
§ 1º Incluem-se no planejamento agrícola as atividades agroindustriais, agropecuárias, pesqueiras e florestais.
§ 2º Serão compatibilizadas as ações de política agrícola e de reforma agrária.

Art. 188. A destinação de terras públicas e devolutas será compatibilizada com a política agrícola e com o plano nacional de reforma agrária.
§ 1º A alienação ou a concessão, a qualquer título, de terras públicas com área superior a dois mil e quinhentos hectares a pessoa física ou jurídica, ainda que por interposta pessoa, dependerá de prévia aprovação do Congresso Nacional.
§ 2º Excetuam-se do disposto no parágrafo anterior as alienações ou as concessões de terras públicas para fins de reforma agrária.

Art. 189. Os beneficiários da distribuição de imóveis rurais pela reforma agrária receberão títulos de domínio ou de concessão de uso, inegociáveis pelo prazo de dez anos.
Parágrafo único. O título de domínio e a concessão de uso serão conferidos ao homem ou à mulher, ou a ambos, independentemente do estado civil, nos termos e condições previstos em lei.

• V. Lei 8.629/1993 (Regulamentação dos dispositivos constitucionais relativos à reforma agrária).

Art. 190. A lei regulará e limitará a aquisição ou o arrendamento de propriedade rural por pessoa física ou jurídica estrangeira e estabelecerá os casos que dependerão de autorização do Congresso Nacional.

• V. Lei 8.629/1993 (Regulamentação dos dispositivos constitucionais relativos à reforma agrária).

Art. 191. Aquele que, não sendo proprietário de imóvel rural ou urbano, possua como seu, por cinco anos ininterruptos, sem oposição, área de terra, em zona rural, não superior a cinquenta hectares, tornando-a produtiva por seu trabalho ou de sua família, tendo nela sua moradia, adquirir-lhe-á a propriedade.
Parágrafo único. Os imóveis públicos não serão adquiridos por usucapião.

Capítulo IV
DO SISTEMA FINANCEIRO NACIONAL

Art. 192. O sistema financeiro nacional, estruturado de forma a promover o desenvolvimento equilibrado do País e a servir aos interesses da coletividade, em todas as partes que o compõem, abrangendo as cooperativas de crédito, será regulado por leis complementares que disporão, inclusive, sobre a participação do capital estrangeiro nas instituições que o integram.

• Artigo com redação determinada pela Emenda Constitucional n. 40/2003.

I – *(Revogado pela Emenda Constitucional n. 40/2003.)*
II – *(Revogado pela Emenda Constitucional n. 40/2003.)*
III – *(Revogado pela Emenda Constitucional n. 40/2003.)*
IV – *(Revogado pela Emenda Constitucional n. 40/2003.)*
V – *(Revogado pela Emenda Constitucional n. 40/2003.)*
VI – *(Revogado pela Emenda Constitucional n. 40/2003.)*
VII – *(Revogado pela Emenda Constitucional n. 40/2003.)*

Constituição Federal

VIII – *(Revogado pela Emenda Constitucional n. 40/2003.)*
§ 1º *(Revogado pela Emenda Constitucional n. 40/2003.)*
§ 2º *(Revogado pela Emenda Constitucional n. 40/2003.)*
§ 3º *(Revogado pela Emenda Constitucional n. 40/2003.)*

TÍTULO VIII
DA ORDEM SOCIAL

Capítulo I
DISPOSIÇÃO GERAL

Art. 193. A ordem social tem como base o primado do trabalho, e como objetivo o bem-estar e a justiça sociais.

Capítulo II
DA SEGURIDADE SOCIAL

- V. Lei 8.212/1991 (Organização da Seguridade Social e Plano de Custeio).
- V. Lei 8.213/1991 (Planos de Benefícios da Previdência Social).
- V. Lei 8.742/1993 (Lei Orgânica da Assistência Social).
- V. Dec. 3.048/1999 (Regulamento da Previdência Social).

Seção I
Disposições gerais

Art. 194. A seguridade social compreende um conjunto integrado de ações de iniciativa dos Poderes Públicos e da sociedade, destinadas a assegurar os direitos relativos à saúde, à previdência e à assistência social.

Parágrafo único. Compete ao Poder Público, nos termos da lei, organizar a seguridade social, com base nos seguintes objetivos:
I – universalidade da cobertura e do atendimento;
II – uniformidade e equivalência dos benefícios e serviços às populações urbanas e rurais;
III – seletividade e distributividade na prestação dos benefícios e serviços;
IV – irredutibilidade do valor dos benefícios;
V – equidade na forma de participação no custeio;
VI – diversidade da base de financiamento;
VII – caráter democrático e descentralizado da administração, mediante gestão quadripartite, com participação dos trabalhadores, dos empregadores, dos aposentados e do Governo nos órgãos colegiados.

- Inciso VII com redação determinada pela Emenda Constitucional n. 20/1998.

Art. 195. A seguridade social será financiada por toda a sociedade, de forma direta e indireta, nos termos da lei, mediante recursos provenientes dos orçamentos da União, dos Estados, do Distrito Federal e dos Municípios, e das seguintes contribuições sociais:

- V. art. 12, Emenda Constitucional n. 20/1998.
- V. Lei 7.689/1988 (Contribuição Social sobre o lucro das pessoas jurídicas).
- V. Lei 7.894/1989 (Contribuição para Finsocial e PIS/Pasep).
- V. LC 70/1991 (Contribuição para financiamento da Seguridade Social).
- V. Lei 9.316/1996 (Altera a legislação do Imposto de Renda e da Contribuição Social sobre o Lucro Líquido).
- V. Lei 9.363/1996 (Crédito presumido do IPI para ressarcimento do valor do PIS/Pasep e Cofins).
- V. Lei 9.477/1997 (Fundo de Aposentadoria Programada Individual – Fapi).
- V. Súmulas 658 e 659, STF.

I – do empregador, da empresa e da entidade a ela equiparada na forma da lei, incidentes sobre:

- Inciso I com redação determinada pela Emenda Constitucional n. 20/1998.
- V. Súmula 688, STF.

a) a folha de salários e demais rendimentos do trabalho pagos ou creditados, a qualquer título, à pessoa física que lhe preste serviço, mesmo sem vínculo empregatício;

- V. arts. 114, VIII, e 167, XI, CF.

b) a receita ou o faturamento;
c) o lucro;
II – do trabalhador e dos demais segurados da previdência social, não incidindo contribuição sobre aposentadoria e pensão concedidas pelo regime geral de previdência social de que trata o art. 201;

- Inciso II com redação determinada pela Emenda Constitucional n. 20/1998.
- V. arts. 114, VIII, e 167, XI, CF.

III – sobre a receita de concursos de prognósticos;

Art. 195

CONSTITUIÇÃO FEDERAL

* V. art. 4º, Lei 7.856/1989 (Destinação da renda de concursos de prognósticos).

IV – do importador de bens ou serviços do exterior, ou de quem a lei a ele equiparar.

* Inciso IV acrescentado pela Emenda Constitucional n. 42/2003.

§ 1º As receitas dos Estados, do Distrito Federal e dos Municípios destinadas à seguridade social constarão dos respectivos orçamentos, não integrando o orçamento da União.

§ 2º A proposta de orçamento da seguridade social será elaborada de forma integrada pelos órgãos responsáveis pela saúde, previdência social e assistência social, tendo em vista as metas e prioridades estabelecidas na lei de diretrizes orçamentárias, assegurada a cada área a gestão de seus recursos.

§ 3º A pessoa jurídica em débito com o sistema da seguridade social, como estabelecido em lei, não poderá contratar com o Poder Público nem dele receber benefícios ou incentivos fiscais ou creditícios.

* V. Capítulo X, Lei 8.212/1991 (Organização da Seguridade Social e Plano de Custeio).

§ 4º A lei poderá instituir outras fontes destinadas a garantir a manutenção ou expansão da seguridade social, obedecido o disposto no art. 154, I.

§ 5º Nenhum benefício ou serviço da seguridade social poderá ser criado, majorado ou estendido sem a correspondente fonte de custeio total.

§ 6º As contribuições sociais de que trata este artigo só poderão ser exigidas após decorridos noventa dias da data da publicação da lei que as houver instituído ou modificado, não se lhes aplicando o disposto no art. 150, III, *b*.

* V. art. 74, § 4º, ADCT.
* V. Súmula 669, STF.

§ 7º São isentas de contribuição para a seguridade social as entidades beneficentes de assistência social que atendam às exigências estabelecidas em lei.

* V. Súmula 659, STF.
* V. Súmula 352, STJ.

§ 8º O produtor, o parceiro, o meeiro e o arrendatário rurais e o pescador artesanal, bem como os respectivos cônjuges, que exerçam suas atividades em regime de economia familiar, sem empregados permanentes, contribuirão para a seguridade social mediante a aplicação de uma alíquota sobre o resultado da comercialização da produção e farão jus aos benefícios nos termos da lei.

* § 8º com redação determinada pela Emenda Constitucional n. 20/1998.

§ 9º As contribuições sociais previstas no inciso I do *caput* deste artigo poderão ter alíquotas ou bases de cálculo diferenciadas, em razão da atividade econômica, da utilização intensiva de mão de obra, do porte da empresa ou da condição estrutural do mercado de trabalho.

* § 9º com redação determinada pela Emenda Constitucional n. 47/2005 (*DOU* 06.07.2005), em vigor na data de sua publicação, com efeitos retroativos à data de vigência da Emenda Constitucional n. 41/2003 (*DOU* 31.12.2003).

§ 10. A lei definirá os critérios de transferência de recursos para o sistema único de saúde e ações de assistência social da União para os Estados, o Distrito Federal e os Municípios, e dos Estados para os Municípios, observada a respectiva contrapartida de recursos.

* § 10 acrescentado pela Emenda Constitucional n. 20/1998.

§ 11. É vedada a concessão de remissão ou anistia das contribuições sociais de que tratam os incisos I, *a*, e II deste artigo, para débitos em montante superior ao fixado em lei complementar.

* § 11 acrescentado pela Emenda Constitucional n. 20/1998.

§ 12. A lei definirá os setores de atividade econômica para os quais as contribuições incidentes na forma dos incisos I, *b*; e IV do *caput*, serão não cumulativas.

* § 12 acrescentado pela Emenda Constitucional n. 42/2003.

§ 13. Aplica-se o disposto no § 12 inclusive na hipótese de substituição gradual, total ou parcial, da contribuição incidente na forma do inciso I, *a*, pela incidente sobre a receita ou o faturamento.

* § 13 acrescentado pela Emenda Constitucional n. 42/2003.

Art. 198

CONSTITUIÇÃO FEDERAL

Seção II
Da saúde

- V. Lei 8.147/1990 (Alíquota do Finsocial).
- V. Lei 9.961/2000 (Agência Nacional de Saúde Suplementar – ANS).
- V. Dec. 3.327/2000 (Regulamento da Lei 9.961/2000).

Art. 196. A saúde é direito de todos e dever do Estado, garantido mediante políticas sociais e econômicas que visem à redução do risco de doença e de outros agravos e ao acesso universal e igualitário às ações e serviços para sua promoção, proteção e recuperação.

- V. Lei 9.273/1996 (Torna obrigatória a inclusão de dispositivo de segurança que impeça a reutilização das seringas descartáveis).
- V. Lei 9.313/1996 (Distribuição gratuita de medicamentos aos portadores e doentes de AIDS).
- V. Lei 9.797/1999 (Obrigatoriedade da cirurgia plástica reparadora da mama pela rede do SUS).

Art. 197. São de relevância pública as ações e serviços de saúde, cabendo ao Poder Público dispor, nos termos da lei, sobre sua regulamentação, fiscalização e controle, devendo sua execução ser feita diretamente ou através de terceiros e, também, por pessoa física ou jurídica de direito privado.

- V. Lei 8.080/1990 (Condições para a promoção, proteção e recuperação da saúde).
- V. Lei 9.273/1996 (Torna obrigatória a inclusão de dispositivo de segurança que impeça a reutilização das seringas descartáveis).

Art. 198. As ações e serviços públicos de saúde integram uma rede regionalizada e hierarquizada e constituem um sistema único, organizado de acordo com as seguintes diretrizes:

I – descentralização, com direção única em cada esfera de governo;

- V. Lei 8.080/1990 (Condições para a promoção, proteção e recuperação da saúde).

II – atendimento integral, com prioridade para as atividades preventivas, sem prejuízo dos serviços assistenciais;

III – participação da comunidade.

§ 1º O sistema único de saúde será financiado, nos termos do art. 195, com recursos do orçamento da seguridade social, da União, dos Estados, do Distrito Federal e dos Municípios, além de outras fontes.

- Primitivo parágrafo único renumerado pela Emenda Constitucional n. 29/2000.

§ 2º A União, os Estados, o Distrito Federal e os Municípios aplicarão, anualmente, em ações e serviços públicos de saúde recursos mínimos derivados da aplicação de percentuais calculados sobre:

- *Caput* do § 2º acrescentado pela Emenda Constitucional n. 29/2000.

I – no caso da União, a receita corrente líquida do respectivo exercício financeiro, não podendo ser inferior a 15% (quinze por cento);

- Inciso I com redação determinada pela Emenda Constitucional n. 86/2015 (*DOU* 18.03.2015), em vigor na data de sua publicação e produzirá efeitos a partir da execução orçamentária do exercício de 2014.
- V. art. 2º, Emenda Constitucional n. 86/2015, que estabelece progressão para o cumprimento deste dispositivo.

II – no caso dos Estados e do Distrito Federal, o produto da arrecadação dos impostos a que se refere o art. 155 e dos recursos de que tratam os arts. 157 e 159, inciso I, alínea *a*, e inciso II, deduzidas as parcelas que forem transferidas aos respectivos Municípios;

- Inciso II acrescentado pela Emenda Constitucional n. 29/2000.

III – no caso dos Municípios e do Distrito Federal, o produto da arrecadação dos impostos a que se refere o art. 156 e dos recursos de que tratam os arts. 158 e 159, inciso I, alínea *b* e § 3º.

- Inciso III acrescentado pela Emenda Constitucional n. 29/2000.

§ 3º Lei complementar, que será reavaliada pelo menos a cada 5 (cinco) anos, estabelecerá:

- *Caput* do § 3º acrescentado pela Emenda Constitucional n. 29/2000.

I – os percentuais de que tratam os incisos II e III do § 2º;

- Inciso I com redação determinada pela Emenda Constitucional n. 86/2015 (*DOU* 18.03.2015), em vigor na data de sua publicação e produzirá efeitos a partir da execução orçamentária do exercício de 2014.

II – os critérios de rateio dos recursos da União vinculados à saúde destinados aos Estados, ao Distrito Federal e aos Municípios,

Art. 199

e dos Estados destinados a seus respectivos Municípios, objetivando a progressiva redução das disparidades regionais;

- Inciso II acrescentado pela Emenda Constitucional n. 29/2000.

III – as normas de fiscalização, avaliação e controle das despesas com saúde nas esferas federal, estadual, distrital e municipal;

- Inciso III acrescentado pela Emenda Constitucional n. 29/2000.

IV – *(Revogado pela Emenda Constitucional n. 86/2015 – DOU 18.03.2015, em vigor na data de sua publicação e produzirá efeitos a partir da execução orçamentária do exercício de 2014.)*

§ 4º Os gestores locais do sistema único de saúde poderão admitir agentes comunitários de saúde e agentes de combate às endemias por meio de processo seletivo público, de acordo com a natureza e complexidade de suas atribuições e requisitos específicos para sua atuação.

- § 4º acrescentado pela Emenda Constitucional n. 51/2006.
- V. art. 2º, Emenda Constitucional n. 51/2006.

§ 5º Lei federal disporá sobre o regime jurídico, o piso salarial profissional nacional, as diretrizes para os Planos de Carreira e a regulamentação das atividades de agente comunitário de saúde e agente de combate às endemias, competindo à União, nos termos da lei, prestar assistência financeira complementar aos Estados, ao Distrito Federal e aos Municípios, para o cumprimento do referido piso salarial.

- § 5º com redação determinada pela Emenda Constitucional n. 63/2010.
- V. Lei 11.350/2006 (Regulamenta o § 5º do art. 198 da CF e dispõe sobre o aproveitamento de pessoal amparado pelo parágrafo único do art. 2º da EC n. 51/2006).

§ 6º Além das hipóteses previstas no § 1º do art. 41 e no § 4º do art. 169 da Constituição Federal, o servidor que exerça funções equivalentes às de agente comunitário de saúde ou de agente de combate às endemias poderá perder o cargo em caso de descumprimento dos requisitos específicos, fixados em lei, para o seu exercício.

- § 6º acrescentado pela Emenda Constitucional n. 51/2006.

Art. 199. A assistência à saúde é livre à iniciativa privada.

§ 1º As instituições privadas poderão participar de forma complementar do sistema único de saúde, segundo diretrizes deste, mediante contrato de direito público ou convênio, tendo preferência as entidades filantrópicas e as sem fins lucrativos.

§ 2º É vedada a destinação de recursos públicos para auxílios ou subvenções às instituições privadas com fins lucrativos.

§ 3º É vedada a participação direta ou indireta de empresas ou capitais estrangeiros na assistência à saúde no País, salvo nos casos previstos em lei.

- V. Lei 8.080/1990 (Condições para a promoção, proteção e recuperação da saúde).

§ 4º A lei disporá sobre as condições e os requisitos que facilitem a remoção de órgãos, tecidos ou substâncias humanas para fins de transplante, pesquisa e tratamento, bem como a coleta, processamento e transfusão de sangue e seus derivados, sendo vedado todo tipo de comercialização.

- V. Lei 8.501/1992 (Utilização de cadáver não reclamado para fins de estudo ou pesquisa científica).
- V. Lei 9.434/1997 (Transplantes).
- V. Dec. 2.268/1997 (Regulamenta a Lei 9.434/1997).
- V. Lei 10.205/2001 (Regulamenta o § 4º do art. 199 da CF).

Art. 200. Ao sistema único de saúde compete, além de outras atribuições, nos termos da lei:

- V. Lei 8.080/1990 (Condições para a promoção, proteção e recuperação da saúde).

I – controlar e fiscalizar procedimentos, produtos e substâncias de interesse para a saúde e participar da produção de medicamentos, equipamentos, imunobiológicos, hemoderivados e outros insumos;

- V. Lei 9.431/1997 (Programas de controle de infecções hospitalares).

II – executar as ações de vigilância sanitária e epidemiológica, bem como as de saúde do trabalhador;

III – ordenar a formação de recursos humanos na área de saúde;

IV – participar da formulação da política e da execução das ações de saneamento básico;

Constituição Federal

V – incrementar, em sua área de atuação, o desenvolvimento científico e tecnológico e a inovação;

- Inciso V com redação determinada pela Emenda Constitucional n. 85/2015.

VI – fiscalizar e inspecionar alimentos, compreendido o controle de seu teor nutricional, bem como bebidas e águas para consumo humano;

VII – participar do controle e fiscalização da produção, transporte, guarda e utilização de substâncias e produtos psicoativos, tóxicos e radioativos;

- V. Lei 7.802/1989 (Agrotóxicos).
- V. Lei 9.974/2000 (Altera a Lei 7.802/1989).

VIII – colaborar na proteção do meio ambiente, nele compreendido o do trabalho.

Seção III
Da previdência social

- V. Lei 8.147/1990 (Alíquota do Finsocial).

Art. 201. A previdência social será organizada sob a forma de regime geral, de caráter contributivo e de filiação obrigatória, observados critérios que preservem o equilíbrio financeiro e atuarial, e atenderá, nos termos da lei, a:

- *Caput* com redação determinada pela Emenda Constitucional n. 20/1998.
- V. arts. 167, XI, e 195, II, CF.
- V. art. 14, Emenda Constitucional n. 20/1998.
- V. arts. 4º, parágrafo único, I e II, e 5º, Emenda Constitucional n. 41/2003.
- V. Lei 8.213/1991 (Planos de Benefícios da Previdência Social).
- V. Dec. 3.048/1999 (Regulamento da Previdência Social).

I – cobertura dos eventos de doença, invalidez, morte e idade avançada;

II – proteção à maternidade, especialmente à gestante;

III – proteção ao trabalhador em situação de desemprego involuntário;

- V. Lei 7.998/1990 (Fundo de Amparo ao Trabalhador – FAT).
- V. Lei 10.779/2003 (Concessão do benefício de seguro-desemprego, durante o período de defeso, ao pescador profissional).

IV – salário-família e auxílio-reclusão para os dependentes dos segurados de baixa renda;

V – pensão por morte do segurado, homem ou mulher, ao cônjuge ou companheiro e dependentes, observado o disposto no § 2º.

§ 1º É vedada a adoção de requisitos e critérios diferenciados para a concessão de aposentadoria aos beneficiários do regime geral de previdência social, ressalvados os casos de atividades exercidas sob condições especiais que prejudiquem a saúde ou a integridade física e quando se tratar de segurados portadores de deficiência, nos termos definidos em lei complementar.

- § 1º com redação determinada pela Emenda Constitucional n. 47/2005 (*DOU* 06.07.2005), em vigor na data de sua publicação, com efeitos retroativos à data de vigência da Emenda Constitucional n. 41/2003 (*DOU* 31.12.2003).
- V. art. 15, Emenda Constitucional n. 20/1998.
- V. LC 142/2013 (Regulamenta o § 1º do art. 201 da CF).

§ 2º Nenhum benefício que substitua o salário de contribuição ou o rendimento do trabalho do segurado terá valor mensal inferior ao salário mínimo.

- § 2º com redação determinada pela Emenda Constitucional n. 20/1998.

§ 3º Todos os salários de contribuição considerados para o cálculo de benefício serão devidamente atualizados, na forma da lei.

- § 3º com redação determinada pela Emenda Constitucional n. 20/1998.

§ 4º É assegurado o reajustamento dos benefícios para preservar-lhes, em caráter permanente, o valor real, conforme critérios definidos em lei.

- § 4º com redação determinada pela Emenda Constitucional n. 20/1998.
- V. art. 3º, § 4º, Lei 11.430/2006 (Aumenta o valor dos benefícios da previdência social).

§ 5º É vedada a filiação ao regime geral de previdência social, na qualidade de segurado facultativo, de pessoa participante de regime próprio de previdência.

- § 5º com redação determinada pela Emenda Constitucional n. 20/1998.

§ 6º A gratificação natalina dos aposentados e pensionistas terá por base o valor dos proventos do mês de dezembro de cada ano.

- § 6º com redação determinada pela Emenda Constitucional n. 20/1998.

Art. 202

§ 7º É assegurada aposentadoria no regime geral de previdência social, nos termos da lei, obedecidas as seguintes condições:

- § 7º com redação determinada pela Emenda Constitucional n. 20/1998.

I – trinta e cinco anos de contribuição, se homem, e trinta anos de contribuição, se mulher;

II – sessenta e cinco anos de idade, se homem, e sessenta anos de idade, se mulher, reduzido em cinco anos o limite para os trabalhadores rurais de ambos os sexos e para os que exerçam suas atividades em regime de economia familiar, nestes incluídos o produtor rural, o garimpeiro e o pescador artesanal.

§ 8º Os requisitos a que se refere o inciso I do parágrafo anterior serão reduzidos em cinco anos, para o professor que comprove exclusivamente tempo de efetivo exercício das funções de magistério na educação infantil e no ensino fundamental e médio.

- § 8º com redação determinada pela Emenda Constitucional n. 20/1998.
- V. art. 67, § 2º, Lei 9.394/1996 (Diretrizes e bases da educação nacional).

§ 9º Para efeito de aposentadoria, é assegurada a contagem recíproca do tempo de contribuição na administração pública e na atividade privada, rural e urbana, hipótese em que os diversos regimes de previdência social se compensarão financeiramente, segundo critérios estabelecidos em lei.

- § 9º com redação determinada pela Emenda Constitucional n. 20/1998.
- V. Lei 9.796/1999 (Regime Geral de Previdência Social e regimes de previdência dos servidores da União, dos Estados, do Distrito Federal e dos Municípios, nos casos de contagem recíproca de tempo de contribuição para efeito de aposentadoria).

§ 10. Lei disciplinará a cobertura do risco de acidente do trabalho, a ser atendida concorrentemente pelo regime geral de previdência social e pelo setor privado.

- § 10 com redação determinada pela Emenda Constitucional n. 20/1998.

§ 11. Os ganhos habituais do empregado, a qualquer título, serão incorporados ao salário para efeito de contribuição previdenciária e consequente repercussão em benefícios, nos casos e na forma da lei.

- § 11 com redação determinada pela Emenda Constitucional n. 20/1998.

§ 12. Lei disporá sobre sistema especial de inclusão previdenciária para atender a trabalhadores de baixa renda e àqueles sem renda própria que se dediquem exclusivamente ao trabalho doméstico no âmbito de sua residência, desde que pertencentes a famílias de baixa renda, garantindo-lhes acesso a benefícios de valor igual a um salário mínimo.

- § 12 com redação determinada pela Emenda Constitucional n. 47/2005 (*DOU* 06.07.2005), em vigor na data de sua publicação, com efeitos retroativos à data de vigência da Emenda Constitucional n. 41/2003 (*DOU* 31.12.2003).

§ 13. O sistema especial de inclusão previdenciária de que trata o § 12 deste artigo terá alíquotas e carências inferiores às vigentes para os demais segurados do regime geral de previdência social.

- § 13 acrescentado pela Emenda Constitucional n. 47/2005 (*DOU* 06.07.2005), em vigor na data de sua publicação, com efeitos retroativos à data de vigência da Emenda Constitucional n. 41/2003 (*DOU* 31.12.2003).

Art. 202. O regime de previdência privada, de caráter complementar e organizado de forma autônoma em relação ao regime geral de previdência social, será facultativo, baseado na constituição de reservas que garantam o benefício contratado, e regulado por lei complementar.

- Artigo com redação determinada pela Emenda Constitucional n. 20/1998.
- V. art. 7º, Emenda Constitucional n. 20/1998.

§ 1º A lei complementar de que trata este artigo assegurará ao participante de planos de benefícios de entidades de previdência privada o pleno acesso às informações relativas à gestão de seus respectivos planos.

§ 2º As contribuições do empregador, os benefícios e as condições contratuais previstas nos estatutos, regulamentos e planos de benefícios das entidades de previdência privada não integram o contrato de trabalho dos participantes, assim como, à exceção dos benefícios concedidos, não integram a remuneração dos participantes, nos termos da lei.

§ 3º É vedado o aporte de recursos a entidade de previdência privada pela União, Esta-

Constituição Federal

dos, Distrito Federal e Municípios, suas autarquias, fundações, empresas públicas, sociedades de economia mista e outras entidades públicas, salvo na qualidade de patrocinador, situação na qual, em hipótese alguma, sua contribuição normal poderá exceder a do segurado.

• V. art. 5º, Emenda Constitucional n. 20/1998.

§ 4º Lei complementar disciplinará a relação entre a União, Estados, Distrito Federal ou Municípios, inclusive suas autarquias, fundações, sociedades de economia mista e empresas controladas direta ou indiretamente, enquanto patrocinadoras de entidades fechadas de previdência privada, e suas respectivas entidades fechadas de previdência privada.

§ 5º A lei complementar de que trata o parágrafo anterior aplicar-se-á, no que couber, às empresas privadas permissionárias ou concessionárias de prestação de serviços públicos, quando patrocinadoras de entidades fechadas de previdência privada.

§ 6º A lei complementar a que se refere o § 4º deste artigo estabelecerá os requisitos para a designação dos membros das diretorias das entidades fechadas de previdência privada e disciplinará a inserção dos participantes nos colegiados e instâncias de decisão em que seus interesses sejam objeto de discussão e deliberação.

Seção IV
Da assistência social

• V. Lei 8.147/1990 (Alíquota do Finsocial).

Art. 203. A assistência social será prestada a quem dela necessitar, independentemente da contribuição à seguridade social, e tem por objetivos:

• V. Lei 8.213/1991 (Planos de Benefícios da Previdência Social).
• V. Lei 8.742/1993 (Organização da Assistência Social).
• V. Lei 8.909/1994 (Prestação de serviços por entidades de assistência social, entidades beneficentes de assistência social e entidades de fins filantrópicos – Conselho Nacional de Assistência Social).
• V. Lei 9.429/1996 (Certificado de Entidades de Fins Filantrópicos).

I – a proteção à família, à maternidade, à infância, à adolescência e à velhice;

II – o amparo às crianças e adolescentes carentes;

III – a promoção da integração ao mercado de trabalho;

IV – a habilitação e reabilitação das pessoas portadoras de deficiência e a promoção de sua integração à vida comunitária;

V – a garantia de um salário mínimo de benefício mensal à pessoa portadora de deficiência e ao idoso que comprovem não possuir meios de prover à própria manutenção ou de tê-la provida por sua família, conforme dispuser a lei.

Art. 204. As ações governamentais na área da assistência social serão realizadas com recursos do orçamento da seguridade social, previstos no art. 195, além de outras fontes, e organizadas com base nas seguintes diretrizes:

I – descentralização político-administrativa, cabendo a coordenação e as normas gerais à esfera federal e a coordenação e a execução dos respectivos programas às esferas estadual e municipal, bem como a entidades beneficentes e de assistência social;

II – participação da população, por meio de organizações representativas, na formulação das políticas e no controle das ações em todos os níveis.

Parágrafo único. É facultado aos Estados e ao Distrito Federal vincular a programa de apoio à inclusão e promoção social até cinco décimos por cento de sua receita tributária líquida, vedada a aplicação desses recursos no pagamento de:

• Parágrafo único acrescentado pela Emenda Constitucional n. 42/2003.

I – despesas com pessoal e encargos sociais;

II – serviço da dívida;

III – qualquer outra despesa corrente não vinculada diretamente aos investimentos ou ações apoiados.

Art. 205

CONSTITUIÇÃO FEDERAL

Capítulo III
DA EDUCAÇÃO, DA CULTURA E DO DESPORTO

Seção I
Da educação

Art. 205. A educação, direito de todos e dever do Estado e da família, será promovida e incentivada com a colaboração da sociedade, visando ao pleno desenvolvimento da pessoa, seu preparo para o exercício da cidadania e sua qualificação para o trabalho.

- V. Lei 8.147/1990 (Alíquota do Finsocial).
- V. Lei 9.394/1996 (Diretrizes e bases da educação nacional).

Art. 206. O ensino será ministrado com base nos seguintes princípios:
I – igualdade de condições para o acesso e permanência na escola;
II – liberdade de aprender, ensinar, pesquisar e divulgar o pensamento, a arte e o saber;
III – pluralismo de ideias e de concepções pedagógicas, e coexistência de instituições públicas e privadas de ensino;
IV – gratuidade do ensino público em estabelecimentos oficiais;

- V. art. 242, CF.
- V. Súmula vinculante 12, STF.

V – valorização dos profissionais da educação escolar, garantidos, na forma da lei, planos de carreira, com ingresso exclusivamente por concurso público de provas e títulos, aos das redes públicas;

- Inciso V com redação determinada pela Emenda Constitucional n. 53/2006.
- V. Lei 9.424/1996 (Fundo de Manutenção e Desenvolvimento do Ensino Fundamental e de Valorização do Magistério).

VI – gestão democrática do ensino público, na forma da lei;

- V. Lei 9.394/1996 (Diretrizes e bases da educação nacional).

VII – garantia de padrão de qualidade;
VIII – piso salarial profissional nacional para os profissionais da educação escolar pública, nos termos de lei federal.

- Inciso VIII acrescentado pela Emenda Constitucional n. 53/2006.

Parágrafo único. A lei disporá sobre as categorias de trabalhadores considerados profissionais da educação básica e sobre a fixação de prazo para a elaboração ou adequação de seus planos de carreira, no âmbito da União, dos Estados, do Distrito Federal e dos Municípios.

- Parágrafo único acrescentado pela Emenda Constitucional n. 53/2006.

Art. 207. As universidades gozam de autonomia didático-científica, administrativa e de gestão financeira e patrimonial, e obedecerão ao princípio de indissociabilidade entre ensino, pesquisa e extensão.
§ 1º É facultado às universidades admitir professores, técnicos e cientistas estrangeiros, na forma da lei.

- § 1º acrescentado pela Emenda Constitucional n. 11/1996.

§ 2º O disposto neste artigo aplica-se às instituições de pesquisa científica e tecnológica.

- § 2º acrescentado pela Emenda Constitucional n. 11/1996.

Art. 208. O dever do Estado com a educação será efetivado mediante a garantia de:
I – educação básica obrigatória e gratuita dos 4 (quatro) aos 17 (dezessete) anos de idade, assegurada inclusive sua oferta gratuita para todos os que a ela não tiveram acesso na idade própria;

- Inciso I com redação determinada pela Emenda Constitucional n. 59/2009.
- V. art. 6º, Emenda Constitucional n. 59/2009, que determina que o disposto neste inciso deverá ser implementado progressivamente, até 2016, nos termos do Plano Nacional de Educação, com apoio técnico e financeiro da União.

II – progressiva universalização do ensino médio gratuito;

- Inciso II com redação determinada pela Emenda Constitucional n. 14/1996.
- V. art. 6º, Emenda Constitucional n. 14/1996.

III – atendimento educacional especializado aos portadores de deficiência, preferencialmente na rede regular de ensino;

- V. Lei 10.845/2004 (Programa de Complementação ao Atendimento Educacional Especializado às Pessoas Portadoras de Deficiência).

Art. 212

Constituição Federal

IV – educação infantil, em creche e pré-escola, às crianças até 5 (cinco) anos de idade;

- Inciso IV com redação determinada pela Emenda Constitucional n. 53/2006.

V – acesso aos níveis mais elevados do ensino, da pesquisa e da criação artística, segundo a capacidade de cada um;

VI – oferta de ensino noturno regular, adequado às condições do educando;

VII – atendimento ao educando, em todas as etapas da educação básica, por meio de programas suplementares de material didático-escolar, transporte, alimentação e assistência à saúde.

- Inciso VII com redação determinada pela Emenda Constitucional n. 59/2009.
- V. art. 212, § 4º, CF.

§ 1º O acesso ao ensino obrigatório e gratuito é direito público subjetivo.

§ 2º O não oferecimento do ensino obrigatório pelo Poder Público, ou sua oferta irregular, importa responsabilidade da autoridade competente.

§ 3º Compete ao Poder Público recensear os educandos no ensino fundamental, fazer-lhes a chamada e zelar, junto aos pais ou responsáveis, pela frequência à escola.

Art. 209. O ensino é livre à iniciativa privada, atendidas as seguintes condições:

I – cumprimento das normas gerais da educação nacional;

II – autorização e avaliação de qualidade pelo Poder Público.

Art. 210. Serão fixados conteúdos mínimos para o ensino fundamental, de maneira a assegurar formação básica comum e respeito aos valores culturais e artísticos, nacionais e regionais.

§ 1º O ensino religioso, de matrícula facultativa, constituirá disciplina dos horários normais das escolas públicas de ensino fundamental.

§ 2º O ensino fundamental regular será ministrado em língua portuguesa, assegurada às comunidades indígenas também a utilização de suas línguas maternas e processos próprios de aprendizagem.

Art. 211. A União, os Estados, o Distrito Federal e os Municípios organizarão em regime de colaboração seus sistemas de ensino.

- V. art. 60, § 1º, ADCT.
- V. art. 6º, Emenda Constitucional n. 14/1996.

§ 1º A União organizará o sistema federal de ensino e o dos Territórios, financiará as instituições de ensino públicas federais e exercerá, em matéria educacional, função redistributiva e supletiva, de forma a garantir equalização de oportunidades educacionais e padrão mínimo de qualidade do ensino mediante assistência técnica e financeira aos Estados, ao Distrito Federal e aos Municípios.

- § 1º com redação determinada pela Emenda Constitucional n. 14/1996.

§ 2º Os Municípios atuarão prioritariamente no ensino fundamental e na educação infantil.

- § 2º com redação determinada pela Emenda Constitucional n. 14/1996.

§ 3º Os Estados e o Distrito Federal atuarão prioritariamente no ensino fundamental e médio.

- § 3º acrescentado pela Emenda Constitucional n. 14/1996.

§ 4º Na organização de seus sistemas de ensino, a União, os Estados, o Distrito Federal e os Municípios definirão formas de colaboração, de modo a assegurar a universalização do ensino obrigatório.

- § 4º com redação determinada pela Emenda Constitucional n. 59/2009.

§ 5º A educação básica pública atenderá prioritariamente ao ensino regular.

- § 5º acrescentado pela Emenda Constitucional n. 53/2006.

Art. 212. A União aplicará, anualmente, nunca menos de dezoito, e os Estados, o Distrito Federal e os Municípios vinte e cinco por cento, no mínimo, da receita resultante de impostos, compreendida a proveniente de transferências, na manutenção e desenvolvimento do ensino.

- V. art. 167, IV, CF.
- V. arts. 60 e 72, §§ 2º e 3º e 76, § 3º, ADCT.
- V. Lei 9.424/1996 (Fundo de Manutenção e Desenvolvimento do Ensino Fundamental e de Valorização do Magistério).

Art. 213

CONSTITUIÇÃO FEDERAL

- V. Lei 11.494/2007 (Fundo de Manutenção e Desenvolvimento da Educação Básica e de Valorização dos Profissionais da Educação – Fundeb).

§ 1º A parcela da arrecadação de impostos transferida pela União aos Estados, ao Distrito Federal e aos Municípios, ou pelos Estados aos respectivos Municípios, não é considerada, para efeito do cálculo previsto neste artigo, receita do governo que a transferir.

§ 2º Para efeito do cumprimento do disposto no *caput* deste artigo, serão considerados os sistemas de ensino federal, estadual e municipal e os recursos aplicados na forma do art. 213.

§ 3º A distribuição dos recursos públicos assegurará prioridade ao atendimento das necessidades do ensino obrigatório, no que se refere a universalização, garantia de padrão de qualidade e equidade, nos termos do plano nacional de educação.

- § 3º com redação determinada pela Emenda Constitucional n. 59/2009.

§ 4º Os programas suplementares de alimentação e assistência à saúde previstos no art. 208, VII, serão financiados com recursos provenientes de contribuições sociais e outros recursos orçamentários.

§ 5º A educação básica pública terá como fonte adicional de financiamento a contribuição social do salário-educação, recolhida pelas empresas na forma da lei.

- § 5º com redação determinada pela Emenda Constitucional n. 53/2006.
- V. art. 76, § 2º, ADCT.
- V. Lei 9.766/1998 (Salário-educação).
- V. Dec. 6.003/2006 (Regulamenta a arrecadação, a fiscalização e a cobrança da contribuição social do salário-educação, a que se refere o art. 212, § 5º, da CF).
- V. Súmula 732, STF.

§ 6º As cotas estaduais e municipais da arrecadação da contribuição social do salário-educação serão distribuídas proporcionalmente ao número de alunos matriculados na educação básica nas respectivas redes públicas de ensino.

- § 6º acrescentado pela Emenda Constitucional n. 53/2006.

Art. 213. Os recursos públicos serão destinados às escolas públicas, podendo ser dirigidos a escolas comunitárias, confessionais ou filantrópicas, definidas em lei, que:

- V. art. 212, CF.
- V. art. 61, ADCT.
- V. Lei 9.394/1996 (Diretrizes e bases da educação nacional).

I – comprovem finalidade não lucrativa e apliquem seus excedentes financeiros em educação;

II – assegurem a destinação de seu patrimônio a outra escola comunitária, filantrópica ou confessional, ou ao Poder Público, no caso de encerramento de suas atividades.

- V. art. 61, ADCT.

§ 1º Os recursos de que trata este artigo poderão ser destinados a bolsas de estudo para o ensino fundamental e médio, na forma da lei, para os que demonstrarem insuficiência de recursos, quando houver falta de vagas e cursos regulares da rede pública na localidade da residência do educando, ficando o Poder Público obrigado a investir prioritariamente na expansão de sua rede na localidade.

- V. Lei 9.394/1996 (Diretrizes e bases da educação nacional).

§ 2º As atividades de pesquisa, de extensão e de estímulo e fomento à inovação realizadas por universidades e/ou por instituições de educação profissional e tecnológica poderão receber apoio financeiro do Poder Público.

- § 2º com redação determinada pela Emenda Constitucional n. 85/2015.
- V. Lei 8.436/1992 (Programa do crédito educativo para estudantes carentes).

Art. 214. A lei estabelecerá o plano nacional de educação, de duração decenal, com o objetivo de articular o sistema nacional de educação em regime de colaboração e definir diretrizes, objetivos, metas e estratégias de implementação para assegurar a manutenção e desenvolvimento do ensino em seus diversos níveis, etapas e modalidades por meio de ações integradas dos poderes públicos das diferentes esferas federativas que conduzam a:

- *Caput* com redação determinada pela Emenda Constitucional n. 59/2009.
- V. Lei 9.394/1996 (Diretrizes e bases da educação nacional).

Art. 216

CONSTITUIÇÃO FEDERAL

I – erradicação do analfabetismo;
II – universalização do atendimento escolar;
III – melhoria da qualidade do ensino;
IV – formação para o trabalho;
V – promoção humanística, científica e tecnológica do País;
VI – estabelecimento de meta de aplicação de recursos públicos em educação como proporção do produto interno bruto.

- Inciso VI acrescentado pela Emenda Constitucional n. 59/2009.

Seção II
Da cultura

Art. 215. O Estado garantirá a todos o pleno exercício dos direitos culturais e acesso às fontes da cultura nacional, e apoiará e incentivará a valorização e a difusão das manifestações culturais.

- V. Lei 8.313/1991 (Programa Nacional de Apoio à Cultura – Pronac).
- V. Lei 8.685/1993 (Mecanismos de fomento à atividade audiovisual).
- V. Lei 9.312/1996 (Modifica a Lei 8.313/1991).
- V. Dec. 2.290/1997 (Regulamenta o disposto no art. 5º, inciso VIII, da Lei 8.313/1991).
- V. Lei 9.874/1999 (Altera a Lei 8.313/1991).
- V. Lei 9.999/2000 (Altera a Lei 8.313/1991).
- V. MP 2.228-1/2001 (Agência Nacional do Cinema – Ancine).
- V. Lei 10.454/2002 (Remissão da Condecine e alteração da MP 2.228-1/2001).
- V. Dec. 4.456/2002 (Regulamenta o art. 67 da MP 2.228-1/2001).
- V. Dec. 5.761/2006 (Regulamenta a Lei 8.313/1991).
- V. Dec. 6.304/2007 (Regulamenta a Lei 8.685/1993).

§ 1º O Estado protegerá as manifestações das culturas populares, indígenas e afro-brasileiras, e das de outros grupos participantes do processo civilizatório nacional.
§ 2º A lei disporá sobre a fixação de datas comemorativas de alta significação para os diferentes segmentos étnicos nacionais.
§ 3º A lei estabelecerá o Plano Nacional de Cultura, de duração plurianual, visando ao desenvolvimento cultural do País e à integração das ações do poder público que conduzem à:

- § 3º acrescentado pela Emenda Constitucional n. 48/2005.

- V. Lei 12.343/2010 (Plano Nacional de Cultura – PNC e Sistema Nacional de Informação e Indicadores Culturais – SNIIC).

I – defesa e valorização do patrimônio cultural brasileiro;
II – produção, promoção e difusão de bens culturais;
III – formação de pessoal qualificado para a gestão da cultura em suas múltiplas dimensões;
IV – democratização do acesso aos bens de cultura;
V – valorização da diversidade étnica e regional.

Art. 216. Constituem patrimônio cultural brasileiro os bens de natureza material e imaterial, tomados individualmente ou em conjunto, portadores de referência à identidade, à ação, à memória dos diferentes grupos formadores da sociedade brasileira, nos quais se incluem:
I – as formas de expressão;
II – os modos de criar, fazer e viver;
III – as criações científicas, artísticas e tecnológicas;

- V. Lei 9.610/1998 (Direitos autorais).

IV – as obras, objetos, documentos, edificações e demais espaços destinados às manifestações artístico-culturais;
V – os conjuntos urbanos e sítios de valor histórico, paisagístico, artístico, arqueológico, paleontológico, ecológico e científico.
§ 1º O Poder Público, com a colaboração da comunidade, promoverá e protegerá o patrimônio cultural brasileiro, por meio de inventários, registros, vigilância, tombamento e desapropriação, e de outras formas de acautelamento e preservação.

- V. Lei 7.347/1985 (Ação civil pública).
- V. Lei 8.394/1991 (Preservação, organização e proteção dos acervos documentais privados dos Presidentes da República).

§ 2º Cabem à administração pública, na forma da lei, a gestão da documentação governamental e as providências para franquear sua consulta a quantos dela necessitem.

- V. Lei 8.159/1991 (Sistema nacional de arquivos públicos e privados).
- V. Lei 12.527/2011 (Lei Geral de Acesso à Informação Pública).
- V. Dec. 7.724/2012 (Regulamenta a Lei 12.527/2012).

Art. 216-A

§ 3º A lei estabelecerá incentivos para a produção e o conhecimento de bens e valores culturais.

- V. Lei 8.313/1991 (Programa nacional de apoio à cultura).
- V. Lei 8.685/1993 (Mecanismos de fomento à atividade audiovisual).
- V. Lei 9.312/1996 (Modifica a Lei 8.313/1991).
- V. Lei 9.323/1996 (Altera o limite de dedução de que trata a Lei 8.685/1993).
- V. MP 2.228-1/2001 (Agência Nacional do Cinema – Ancine).
- V. Lei 10.454/2002 (Remissão da Condecine e alteração da MP 2.228-1/2001).
- V. Dec. 4.456/2002 (Regulamenta o art. 67 da MP 2.228-1/2001).
- V. Dec. 6.304/2007 (Regulamenta a Lei 8.685/1993).

§ 4º Os danos e ameaças ao patrimônio cultural serão punidos, na forma da lei.

- V. Lei 3.924/1961 (Movimentos arqueológicos e pré-históricos).
- V. Lei 4.717/1965 (Ação popular).
- V. Lei 7.347/1985 (Ação civil pública).

§ 5º Ficam tombados todos os documentos e os sítios detentores de reminiscências históricas dos antigos quilombos.

§ 6º É facultado aos Estados e ao Distrito Federal vincular a fundo estadual de fomento à cultura até cinco décimos por cento de sua receita tributária líquida, para o financiamento de programas e projetos culturais, vedada a aplicação desses recursos no pagamento de:

- § 6º acrescentado pela Emenda Constitucional n. 42/2003.

I – despesas com pessoal e encargos sociais;
II – serviço da dívida;
III – qualquer outra despesa corrente não vinculada diretamente aos investimentos ou ações apoiados.

Art. 216-A. O Sistema Nacional de Cultura, organizado em regime de colaboração, de forma descentralizada e participativa, institui um processo de gestão e promoção conjunta de políticas públicas de cultura, democráticas e permanentes, pactuadas entre os entes da Federação e a sociedade, tendo por objetivo promover o desenvolvimento humano, social e econômico com pleno exercício dos direitos culturais.

- Artigo acrescentado pela Emenda Constitucional n. 71/2012.

§ 1º O Sistema Nacional de Cultura fundamenta-se na política nacional de cultura e nas suas diretrizes, estabelecidas no Plano Nacional de Cultura, e rege-se pelos seguintes princípios:

I – diversidade das expressões culturais;
II – universalização do acesso aos bens e serviços culturais;
III – fomento à produção, difusão e circulação de conhecimento e bens culturais;
IV – cooperação entre os entes federados, os agentes públicos e privados atuantes na área cultural;
V – integração e interação na execução das políticas, programas, projetos e ações desenvolvidas;
VI – complementaridade nos papéis dos agentes culturais;
VII – transversalidade das políticas culturais;
VIII – autonomia dos entes federados e das instituições da sociedade civil;
IX – transparência e compartilhamento das informações;
X – democratização dos processos decisórios com participação e controle social;
XI – descentralização articulada e pactuada da gestão, dos recursos e das ações;
XII – ampliação progressiva dos recursos contidos nos orçamentos públicos para a cultura.

§ 2º Constitui a estrutura do Sistema Nacional de Cultura, nas respectivas esferas da Federação:

I – órgãos gestores da cultura;
II – conselhos de política cultural;
III – conferências de cultura;
IV – comissões intergestores;
V – planos de cultura;
VI – sistemas de financiamento à cultura;
VII – sistemas de informações e indicadores culturais;
VIII – programas de formação na área da cultura; e
IX – sistemas setoriais de cultura.

§ 3º Lei federal disporá sobre a regulamentação do Sistema Nacional de Cultura, bem como de sua articulação com os demais sistemas nacionais ou políticas setoriais de governo.

Constituição Federal

§ 4º Os Estados, o Distrito Federal e os Municípios organizarão seus respectivos sistemas de cultura em leis próprias.

Seção III
Do desporto

Art. 217. É dever do Estado fomentar práticas desportivas formais e não formais, como direito de cada um, observados:

I – a autonomia das entidades desportivas dirigentes e associações, quanto a sua organização e funcionamento;

II – a destinação de recursos públicos para a promoção prioritária do desporto educacional e, em casos específicos, para a do desporto de alto rendimento;

III – o tratamento diferenciado para o desporto profissional e o não profissional;

IV – a proteção e o incentivo às manifestações desportivas de criação nacional.

§ 1º O Poder Judiciário só admitirá ações relativas à disciplina e às competições desportivas após esgotarem-se as instâncias da justiça desportiva, regulada em lei.

§ 2º A justiça desportiva terá o prazo máximo de sessenta dias, contados da instauração do processo, para proferir decisão final.

§ 3º O Poder Público incentivará o lazer, como forma de promoção social.

Capítulo IV
DA CIÊNCIA, TECNOLOGIA E INOVAÇÃO

- Rubrica do Capítulo IV com redação determinada pela Emenda Constitucional n.85/2015.

Art. 218. O Estado promoverá e incentivará o desenvolvimento científico, a pesquisa, a capacitação científica e tecnológica e a inovação.

- *Caput* com redação determinada pela Emenda Constitucional n. 85/2015.

§ 1º A pesquisa científica básica e tecnológica receberá tratamento prioritário do Estado, tendo em vista o bem público e o progresso da ciência, tecnologia e inovação.

- § 1º com redação determinada pela Emenda Constitucional n. 85/2015.

§ 2º A pesquisa tecnológica voltar-se-á preponderantemente para a solução dos problemas brasileiros e para o desenvolvimento do sistema produtivo nacional e regional.

§ 3º O Estado apoiará a formação de recursos humanos nas áreas de ciência pesquisa, tecnologia e inovação, inclusive por meio do apoio às atividades de extensão tecnológica, e concederá aos que delas se ocupem meios e condições especiais de trabalho.

- § 3º com redação determinada pela Emenda Constitucional n. 85/2015.

§ 4º A lei apoiará e estimulará as empresas que invistam em pesquisa, criação de tecnologia adequada ao País, formação e aperfeiçoamento de seus recursos humanos e que pratiquem sistemas de remuneração que assegurem ao empregado, desvinculada do salário, participação nos ganhos econômicos resultantes da produtividade de seu trabalho.

- V. Lei 8.248/1991 (Capacitação e competitividade no setor de informática e automação).
- V. Lei 8.387/1991 (Altera e consolida a legislação sobre zona franca).
- V. Lei 9.257/1996 (Conselho Nacional de Ciência e Tecnologia).
- V. Lei 10.176/2001 (Altera as Leis 8.248/1991 e 8.387/1991 e o Dec.-lei 288/1967).

§ 5º É facultado aos Estados e ao Distrito Federal vincular parcela de sua receita orçamentária a entidades públicas de fomento ao ensino e à pesquisa científica e tecnológica.

§ 6º O Estado, na execução das atividades previstas no *caput*, estimulará a articulação entre entes, tanto públicos quanto privados, nas diversas esferas de governo.

- § 6º acrescentado pela Emenda Constitucional n. 85/2015.

§ 7º O Estado promoverá e incentivará a atuação no exterior das instituições públicas de ciência, tecnologia e inovação, com vistas à execução das atividades previstas no *caput*.

- § 7º acrescentado pela Emenda Constitucional n. 85/2015.

Art. 219. O mercado interno integra o patrimônio nacional e será incentivado de modo a viabilizar o desenvolvimento cultural e socioeconômico, o bem-estar da população e a autonomia tecnológica do País, nos termos de lei federal.

Art. 219-A

Constituição Federal

Parágrafo único. O Estado estimulará a formação e o fortalecimento da inovação nas empresas, bem como nos demais entes, públicos ou privados, a constituição e a manutenção de parques e polos tecnológicos e de demais ambientes promotores da inovação, a atuação dos inventores independentes e a criação, absorção, difusão e transferência de tecnologia.

- Parágrafo único acrescentado pela Emenda Constitucional n. 85/2015.

Art. 219-A. A União, os Estados, o Distrito Federal e os Municípios poderão firmar instrumentos de cooperação com órgãos e entidades públicos e com entidades privadas, inclusive para o compartilhamento de recursos humanos especializados e capacidade instalada, para a execução de projetos de pesquisa, de desenvolvimento científico e tecnológico e de inovação, mediante contrapartida financeira ou não financeira assumida pelo ente beneficiário, na forma da lei.

- Artigo acrescentado pela Emenda Constitucional n. 85/2015.

Art. 219-B. O Sistema Nacional de Ciência, Tecnologia e Inovação será organizado em regime de colaboração entre entes, tanto públicos quanto privados, com vistas a promover o desenvolvimento científico e tecnológico e a inovação.

- Artigo acrescentado pela Emenda Constitucional n. 85/2015.

§ 1º Lei federal disporá sobre as normas gerais do Sistema Nacional de Ciência, Tecnologia e Inovação.

§ 2º Os Estados, o Distrito Federal e os Municípios legislarão concorrentemente sobre suas peculiaridades.

Capítulo V
DA COMUNICAÇÃO SOCIAL

Art. 220. A manifestação do pensamento, a criação, a expressão e a informação, sob qualquer forma, processo ou veículo não sofrerão qualquer restrição, observado o disposto nesta Constituição.

- V. arts. 1º, III e IV, 3º, III e IV, 4º, II, 5º, IX, XII, XIV, XXVII, XXVIII e XXIX, CF.
- V. art. 1º, Lei 7.524/1986 (Manifestação, por militar inativo, de pensamento e opinião políticos ou filosóficos).
- V. arts. 36, 37, 43 e 44, Lei 8.078/1990 (Código de Defesa do Consumidor).
- V. art. 2º, Lei 8.389/1991 (Conselho de Comunicação Social).
- V. art. 7º, Lei 9.610/1998 (Direitos autorais).

§ 1º Nenhuma lei conterá dispositivo que possa constituir embaraço à plena liberdade de informação jornalística em qualquer veículo de comunicação social, observado o disposto no art. 5º, IV, V, X, XIII e XIV.

- V. art. 45, Lei 9.504/1997 (Normas para as eleições).

§ 2º É vedada toda e qualquer censura de natureza política, ideológica e artística.

- V. art. 139, III, CF.

§ 3º Compete à lei federal:

I – regular as diversões e espetáculos públicos, cabendo ao Poder Público informar sobre a natureza deles, as faixas etárias a que não se recomendem, locais e horários em que sua apresentação se mostre inadequada;

- V. art. 21, XVI, CF.
- V. arts. 74, 80, 247 e 258, Lei 8.069/1990 (Estatuto da Criança e do Adolescente).
- V. Lei 10.359/2001 (Obrigatoriedade de os novos aparelhos de televisão conterem dispositivo que possibilite o bloqueio temporário da recepção de programação inadequada).
- V. Portaria MJ 368/2014 (Regulamenta as disposições das Leis 8.069/1990, 10.359/2001 e 12.485/2011, relativas ao processo de classificação indicativa).

II – estabelecer os meios legais que garantam à pessoa e à família a possibilidade de se defenderem de programas ou programações de rádio e televisão que contrariem o disposto no art. 221, bem como da propaganda de produtos, práticas e serviços que possam ser nocivos à saúde e ao meio ambiente.

- V. arts. 9º e 10, Lei 8.078/1990 (Código de Defesa do Consumidor).
- V. art. 2º, Lei 8.389/1991 (Conselho de Comunicação Social).

§ 4º A propaganda comercial de tabaco, bebidas alcoólicas, agrotóxicos, medicamentos e terapias estará sujeita a restrições legais, nos termos do inciso II do parágrafo anterior, e conterá, sempre que necessário, advertência sobre os malefícios decorrentes de seu uso.

- V. Lei 9.294/1996 (Restrições ao uso e à propaganda de produtos fumígeros, bebidas alcoólicas, medicamentos, terapias e defensivos agrícolas).
- V. Lei 10.167/2000 (Altera a Lei 9.294/1996).

§ 5º Os meios de comunicação social não podem, direta ou indiretamente, ser objeto de monopólio ou oligopólio.

§ 6º A publicação de veículo impresso de comunicação independe de licença de autoridade.

- V. art. 114, parágrafo único, Lei 6.015/1973 (Lei de Registros Públicos).

Art. 221. A produção e a programação das emissoras de rádio e televisão atenderão aos seguintes princípios:

I – preferência a finalidades educativas, artísticas, culturais e informativas;

II – promoção da cultura nacional e regional e estímulo à produção independente que objetive sua divulgação;

- V. art. 2º, MP 2.228-1/2001 (Agência Nacional do Cinema – Ancine).
- V. Lei 10.454/2002 (Remissão da Condecine e alteração da MP 2.228-1/2001).
- V. Dec. 4.456/2002 (Regulamenta o art. 67 da MP 2.228-1/2001).

III – regionalização da produção cultural, artística e jornalística, conforme percentuais estabelecidos em lei;

- V. art. 3º, III, CF.

IV – respeito aos valores éticos e sociais da pessoa e da família.

- V. arts. 1º, III, 5º, XLII, XLIII, XLVIII, XLIX, L, 34, VII, b, 225 a 227 e 230, CF.
- V. art. 8º, III, Lei 11.340/2006 (Violência doméstica e familiar contra a mulher).

Art. 222. A propriedade de empresa jornalística e de radiodifusão sonora e de sons e imagens é privativa de brasileiros natos ou naturalizados há mais de dez anos, ou de pessoas jurídicas constituídas sob as leis brasileiras e que tenham sede no País.

- Artigo com redação determinada pela Emenda Constitucional n. 36/2002.

§ 1º Em qualquer caso, pelo menos setenta por cento do capital total e do capital votante das empresas jornalísticas e de radiodifusão sonora e de sons e imagens deverá pertencer, direta ou indiretamente, a brasileiros natos ou naturalizados há mais de dez anos, que exercerão obrigatoriamente a gestão das atividades e estabelecerão o conteúdo da programação.

§ 2º A responsabilidade editorial e as atividades de seleção e direção da programação veiculada são privativas de brasileiros natos ou naturalizados há mais de dez anos, em qualquer meio de comunicação social.

§ 3º Os meios de comunicação social eletrônica, independentemente da tecnologia utilizada para a prestação do serviço, deverão observar os princípios enunciados no art. 221, na forma de lei específica, que também garantirá a prioridade de profissionais brasileiros na execução de produções nacionais.

§ 4º Lei disciplinará a participação de capital estrangeiro nas empresas de que trata o § 1º.

- V. Lei 10.610/2002 (Participação de capital estrangeiro nas empresas jornalísticas e de radiodifusão).

§ 5º As alterações de controle societário das empresas de que trata o § 1º serão comunicadas ao Congresso Nacional.

Art. 223. Compete ao Poder Executivo outorgar e renovar concessão, permissão e autorização para o serviço de radiodifusão sonora e de sons e imagens, observado o princípio da complementaridade dos sistemas privado, público e estatal.

- V. arts 2º e 10, Dec. 52.795/1963 (Aprova o Regulamento dos Serviços de Radiodifusão).
- V. Dec.-lei 236/1967 (Complementa e modifica a Lei 4.117/1962).
- V. Dec. 88.066/1983 (Prorroga prazo das concessões outorgadas para exploração de serviços de radiodifusão).
- V. Decreto de 10 de maio de 1991 (Consolida decretos de outorga de concessões e de autorizações para execução dos serviços de radiodifusão).
- V. Dec. 2.108/1996 (Altera o Regulamento dos Serviços de Radiodifusão).

§ 1º O Congresso Nacional apreciará o ato no prazo do art. 64, §§ 2º e 4º, a contar do recebimento da mensagem.

§ 2º A não renovação da concessão ou permissão dependerá de aprovação de, no mínimo, dois quintos do Congresso Nacional, em votação nominal.

§ 3º O ato de outorga ou renovação somente produzirá efeitos legais após deliberação do Congresso Nacional, na forma dos parágrafos anteriores.

§ 4º O cancelamento da concessão ou permissão, antes de vencido o prazo, depende de decisão judicial.

§ 5º O prazo da concessão ou permissão será de dez anos para as emissoras de rádio e de quinze para as de televisão.

Art. 224. Para os efeitos do disposto neste capítulo, o Congresso Nacional instituirá, como seu órgão auxiliar, o Conselho de Comunicação Social, na forma da lei.

- V. Lei 6.650/1979 (Secretaria de Comunicação Social).
- V. Lei 8.389/1991 (Conselho de Comunicação Social).

Capítulo VI
DO MEIO AMBIENTE

Art. 225. Todos têm direito ao meio ambiente ecologicamente equilibrado, bem de uso comum do povo e essencial à sadia qualidade de vida, impondo-se ao Poder Público e à coletividade o dever de defendê-lo e preservá-lo para as presentes e futuras gerações.

- V. Lei 7.735/1989 (Instituto Brasileiro do Meio Ambiente e dos Recursos Naturais Renováveis).
- V. Lei 7.797/1989 (Fundo Nacional do Meio Ambiente).
- V. Dec. 3.524/2000 (Fundo Nacional do Meio Ambiente).
- V. Dec. 4.339/2002 (Princípios e diretrizes para a implementação da Política Nacional da Biodiversidade).
- V. Lei 11.284/2006 (Gestão de florestas públicas).

§ 1º Para assegurar a efetividade desse direito, incumbe ao Poder Público:

I – preservar e restaurar os processos ecológicos essenciais e prover o manejo ecológico das espécies e ecossistemas;

- V. Lei 9.985/2000 (Sistema Nacional de Unidades de Conservação da Natureza).

II – preservar a diversidade e a integridade do patrimônio genético do País e fiscalizar as entidades dedicadas à pesquisa e manipulação de material genético;

- V. Lei 9.985/2000 (Sistema Nacional de Unidades de Conservação da Natureza).
- V. Lei 11.105/2005 (Lei de Biossegurança).
- V. Lei 13.123/2015 (Regulamenta o inc. II do § 1º e o § 4º do art. 225 da CF/1988).

III – definir, em todas as unidades da Federação, espaços territoriais e seus componentes a serem especialmente protegidos, sendo a alteração e a supressão permitidas somente através de lei, vedada qualquer utilização que comprometa a integridade dos atributos que justifiquem sua proteção;

- V. Lei 9.985/2000 (Sistema Nacional de Unidades de Conservação da Natureza).

IV – exigir, na forma da lei, para instalação de obra ou atividade potencialmente causadora de significativa degradação do meio ambiente, estudo prévio de impacto ambiental, a que se dará publicidade;

- V. Lei 11.105/2005 (Lei de Biossegurança).

V – controlar a produção, a comercialização e o emprego de técnicas, métodos e substâncias que comportem risco para a vida, a qualidade de vida e o meio ambiente;

- V. Lei 7.802/1989 (Agrotóxicos).
- V. Lei 11.105/2005 (Lei de Biossegurança).

VI – promover a educação ambiental em todos os níveis de ensino e a conscientização pública para a preservação do meio ambiente;

- V. Lei 9.795/1999 (Educação ambiental).

VII – proteger a fauna e a flora, vedadas, na forma da lei, as práticas que coloquem em risco sua função ecológica, provoquem a extinção de espécies ou submetam os animais a crueldade.

- V. Lei 9.985/2000 (Sistema Nacional de Unidades de Conservação da Natureza).
- V. Lei 11.794/2008 (Regulamenta o inciso VII do § 1º do art. 225 da CF, estabelecendo procedimentos para o uso científico de animais).

§ 2º Aquele que explorar recursos minerais fica obrigado a recuperar o meio ambiente degradado, de acordo com solução técnica exigida pelo órgão público competente, na forma da lei.

§ 3º As condutas e atividades consideradas lesivas ao meio ambiente sujeitarão os infratores, pessoas físicas ou jurídicas, a sanções penais e administrativas, independentemente da obrigação de reparar os danos causados.

- V. Lei 9.605/1998 (Lei de Crimes Ambientais).
- V. Dec. 6.514/2008 (Infrações e sanções administrativas ao meio ambiente, e processo administrativo federal para apuração destas infrações).

Constituição Federal

§ 4º A Floresta Amazônica brasileira, a Mata Atlântica, a Serra do Mar, o Pantanal Mato-Grossense e a Zona Costeira são patrimônio nacional, e sua utilização far-se-á, na forma da lei, dentro de condições que assegurem a preservação do meio ambiente, inclusive quanto ao uso dos recursos naturais.

- V. Lei 13.123/2015 (Regulamenta o inc. II do § 1º e o § 4º do art. 225 da CF/1988).

§ 5º São indisponíveis as terras devolutas ou arrecadadas pelos Estados, por ações discriminatórias, necessárias à proteção dos ecossistemas naturais.

§ 6º As usinas que operem com reator nuclear deverão ter sua localização definida em lei federal, sem o que não poderão ser instaladas.

Capítulo VII
DA FAMÍLIA, DA CRIANÇA, DO ADOLESCENTE, DO JOVEM E DO IDOSO

- Rubrica do Capítulo VII com redação determinada pela Emenda Constitucional n. 65/2010.
- V. Lei 8.069/1990 (Estatuto da Criança e do Adolescente).
- V. Lei 10.741/2003 (Estatuto do Idoso).

Art. 226. A família, base da sociedade, tem especial proteção do Estado.

§ 1º O casamento é civil e gratuita a celebração.

- V. arts. 1.533 a 1.542, CC.
- V. Lei 4.121/1962 (Estatuto da Mulher Casada).
- V. art. 67 e ss., Lei 6.015/1973 (Lei de Registros Públicos).

§ 2º O casamento religioso tem efeito civil, nos termos da lei.

- V. Lei 1.110/1950 (Reconhecimento dos efeitos civis do casamento religioso).
- V. Lei 6.015/1973 (Lei de Registros Públicos).

§ 3º Para efeito da proteção do Estado, é reconhecida a união estável entre o homem e a mulher como entidade familiar, devendo a lei facilitar sua conversão em casamento.

- V. Lei 8.971/1994 (Regula os direitos dos companheiros a alimentos e à sucessão).
- V. Lei 9.278/1996 (Regula o § 3º do art. 226 da CF).

§ 4º Entende-se, também, como entidade familiar a comunidade formada por qualquer dos pais e seus descendentes.

- V. art. 25, Lei 8.069/1990 (Estatuto da Criança e do Adolescente).
- V. Súmula 364, STJ.

§ 5º Os direitos e deveres referentes à sociedade conjugal são exercidos igualmente pelo homem e pela mulher.

- V. arts. 1.565 e 1.567, CC.
- V. art. 2º e ss., Lei 6.515/1977 (Lei do Divórcio).
- V. Súmula 364, STJ.

§ 6º O casamento civil pode ser dissolvido pelo divórcio.

- § 6º com redação determinada pela Emenda Constitucional n. 66/2010.
- V. Lei 6.515/1977 (Lei do Divórcio).

§ 7º Fundado nos princípios da dignidade da pessoa humana e da paternidade responsável, o planejamento familiar é livre decisão do casal, competindo ao Estado propiciar recursos educacionais e científicos para o exercício desse direito, vedada qualquer forma coercitiva por parte de instituições oficiais ou privadas.

- V. Lei 9.263/1996 (Planejamento familiar).

§ 8º O Estado assegurará a assistência à família na pessoa de cada um dos que a integram, criando mecanismos para coibir a violência no âmbito de suas relações.

- V. Lei 11.340/2006 (Violência doméstica e familiar contra a mulher).
- V. Súmula 536, STJ.

Art. 227. É dever da família, da sociedade e do Estado assegurar à criança, ao adolescente e ao jovem, com absoluta prioridade, o direito à vida, à saúde, à alimentação, à educação, ao lazer, à profissionalização, à cultura, à dignidade, ao respeito, à liberdade e à convivência familiar e comunitária, além de colocá-los a salvo de toda forma de negligência, discriminação, exploração, violência, crueldade e opressão.

- Caput com redação determinada pela Emenda Constitucional n. 65/2010.
- V. Lei 8.069/1990 (Estatuto da Criança e do Adolescente).
- V. Lei 12.288/2010 (Estatuto da Igualdade Racial).

§ 1º O Estado promoverá programas de assistência integral à saúde da criança, do adolescente e do jovem, admitida a participação de entidades não governamentais, mediante políticas específicas e obedecendo aos seguintes preceitos:

- Caput do § 1º com redação determinada pela Emenda Constitucional n. 65/2010.

- V. Lei 8.642/1993 (Programa Nacional de Atenção Integral à Criança e ao Adolescente – Pronaica).

I – aplicação de percentual dos recursos públicos destinados à saúde na assistência materno-infantil;

II – criação de programas de prevenção e atendimento especializado para as pessoas portadoras de deficiência física, sensorial ou mental, bem como de integração social do adolescente e do jovem portador de deficiência, mediante o treinamento para o trabalho e a convivência, e a facilitação do acesso aos bens e serviços coletivos, com a eliminação de obstáculos arquitetônicos e de todas as formas de discriminação.

- Inciso II com redação determinada pela Emenda Constitucional n. 65/2010.
- V. arts. 7º a 14, Lei 8.069/1990 (Estatuto da Criança e do Adolescente).

§ 2º A lei disporá sobre normas de construção dos logradouros e dos edifícios de uso público e de fabricação de veículos de transporte coletivo, a fim de garantir acesso adequado às pessoas portadoras de deficiência.

- V. art. 244, CF.
- V. art. 3º, Lei 7.853/1989 (Apoio às pessoas portadoras de deficiência).

§ 3º O direito a proteção especial abrangerá os seguintes aspectos:

I – idade mínima de quatorze anos para admissão ao trabalho, observado o disposto no art. 7º, XXXIII;

II – garantia de direitos previdenciários e trabalhistas;

III – garantia de acesso do trabalhador adolescente e jovem à escola;

- Inciso III com redação determinada pela Emenda Constitucional n. 65/2010.

IV – garantia de pleno e formal conhecimento da atribuição de ato infracional, igualdade na relação processual e defesa técnica por profissional habilitado, segundo dispuser a legislação tutelar específica;

V – obediência aos princípios de brevidade, excepcionalidade e respeito à condição peculiar de pessoa em desenvolvimento, quando da aplicação de qualquer medida privativa da liberdade;

VI – estímulo do Poder Público, através de assistência jurídica, incentivos fiscais e subsídios, nos termos da lei, ao acolhimento, sob a forma de guarda, de criança ou adolescente órfão ou abandonado;

- V. arts. 33 a 35, Lei 8.069/1990 (Estatuto da Criança e do Adolescente).

VII – programas de prevenção e atendimento especializado à criança, ao adolescente e ao jovem dependente de entorpecentes e drogas afins.

- Inciso VII com redação determinada pela Emenda Constitucional n. 65/2010.
- V. Lei 11.343/2006 (Lei Antidrogas).

§ 4º A lei punirá severamente o abuso, a violência e a exploração sexual da criança e do adolescente.

- V. art. 217-A a 218-B, CP.
- V. art. 225 e ss., Lei 8.069/1990 (Estatuto da Criança e do Adolescente).

§ 5º A adoção será assistida pelo Poder Público, na forma da lei, que estabelecerá casos e condições de sua efetivação por parte de estrangeiros.

- V. arts 1.618 e 1.619, CC.
- V. arts. 39 a 52-D, Lei 8.069/1990 (Estatuto da Criança e do Adolescente).

§ 6º Os filhos, havidos ou não da relação do casamento, ou por adoção, terão os mesmos direitos e qualificações, proibidas quaisquer designações discriminatórias relativas à filiação.

- V. art. 41, §§ 1º e 2º, Lei 8.069/1990 (Estatuto da Criança e do Adolescente).
- V. Lei 8.560/1992 (Regula a investigação de paternidade dos filhos havidos fora do casamento).

§ 7º No atendimento dos direitos da criança e do adolescente levar-se-á em consideração o disposto no art. 204.

§ 8º A lei estabelecerá:

- § 8º acrescentado pela Emenda Constitucional n. 65/2010.

I – o estatuto da juventude, destinado a regular os direitos dos jovens;

II – o plano nacional de juventude, de duração decenal, visando à articulação das várias esferas do poder público para a execução de políticas públicas.

Art. 228. São penalmente inimputáveis os menores de dezoito anos, sujeitos às normas da legislação especial.

Constituição Federal

- V. art. 27, CP.
- V. art. 104, Lei 8.069/1990 (Estatuto da Criança e do Adolescente).

Art. 229. Os pais têm o dever de assistir, criar e educar os filhos menores, e os filhos maiores têm o dever de ajudar e amparar os pais na velhice, carência ou enfermidade.

- V. art. 22, Lei 8.069/1990 (Estatuto da Criança e do Adolescente).

Art. 230. A família, a sociedade e o Estado têm o dever de amparar as pessoas idosas, assegurando sua participação na comunidade, defendendo sua dignidade e bem-estar e garantindo-lhes o direito à vida.

- V. Lei 8.842/1994 (Conselho Nacional do Idoso).
- V. Lei 10.741/2003 (Estatuto do Idoso).

§ 1º Os programas de amparo aos idosos serão executados preferencialmente em seus lares.

§ 2º Aos maiores de sessenta e cinco anos é garantida a gratuidade dos transportes coletivos urbanos.

Capítulo VIII
DOS ÍNDIOS

Art. 231. São reconhecidos aos índios sua organização social, costumes, línguas, crenças e tradições, e os direitos originários sobre as terras que tradicionalmente ocupam, competindo à União demarcá-las, proteger e fazer respeitar todos os seus bens.

- V. Lei 6.001/1973 (Estatuto do Índio).
- V. Dec. 26/1991 (Educação indígena no Brasil).
- V. Dec. 1.775/1996 (Procedimento administrativo de demarcação das terras indígenas).
- V. Dec. 7.747/2012 (Política Nacional de Gestão Territorial e Ambiental de Terras Indígenas – PNGATI).

§ 1º São terras tradicionalmente ocupadas pelos índios as por eles habitadas em caráter permanente, as utilizadas para suas atividades produtivas, as imprescindíveis à preservação dos recursos ambientais necessários a seu bem-estar e as necessárias a sua reprodução física e cultural, segundo seus usos, costumes e tradições.

§ 2º As terras tradicionalmente ocupadas pelos índios destinam-se a sua posse permanente, cabendo-lhes o usufruto exclusivo das riquezas do solo, dos rios e dos lagos nelas existentes.

§ 3º O aproveitamento dos recursos hídricos, incluídos os potenciais energéticos, a pesquisa e a lavra das riquezas minerais em terras indígenas só podem ser efetivados com autorização do Congresso Nacional, ouvidas as comunidades afetadas, ficando-lhes assegurada participação nos resultados da lavra, na forma da lei.

- V. Dec.-lei 227/1967 (Altera o Dec.-lei 1.985/1940).
- V. Lei 9.314/1996 (Altera o Dec.-lei 227/1967).

§ 4º As terras de que trata este artigo são inalienáveis e indisponíveis, e os direitos sobre elas, imprescritíveis.

§ 5º É vedada a remoção dos grupos indígenas de suas terras, salvo, *ad referendum* do Congresso Nacional, em caso de catástrofe ou epidemia que ponha em risco sua população, ou no interesse da soberania do País, após deliberação do Congresso Nacional, garantido, em qualquer hipótese, o retorno imediato logo que cesse o risco.

§ 6º São nulos e extintos, não produzindo efeitos jurídicos, os atos que tenham por objeto a ocupação, o domínio e a posse das terras a que se refere este artigo, ou a exploração das riquezas naturais do solo, dos rios e dos lagos nelas existentes, ressalvado relevante interesse público da União, segundo o que dispuser lei complementar, não gerando a nulidade e a extinção direito a indenização ou a ações contra a União, salvo, na forma da lei, quanto às benfeitorias derivadas da ocupação de boa-fé.

- V. art. 62, Lei 6.001/1973 (Estatuto do Índio).

§ 7º Não se aplica às terras indígenas o disposto no art. 174, §§ 3º e 4º.

Art. 232. Os índios, suas comunidades e organizações são partes legítimas para ingressar em juízo em defesa de seus direitos e interesses, intervindo o Ministério Público em todos os atos do processo.

TÍTULO IX
DAS DISPOSIÇÕES CONSTITUCIONAIS GERAIS

Art. 233. *(Revogado pela Emenda Constitucional n. 28/2000.)*

Art. 234. É vedado à União, direta ou indiretamente, assumir, em decorrência da criação de Estado, encargos referentes a despesas com pessoal inativo e com encargos e amortizações da dívida interna ou externa da administração pública, inclusive da indireta.

• V. art. 13, § 6º, ADCT.

Art. 235. Nos dez primeiros anos da criação de Estado, serão observadas as seguintes normas básicas:

I – a Assembleia Legislativa será composta de dezessete Deputados se a população do Estado for inferior a seiscentos mil habitantes, e de vinte e quatro, se igual ou superior a esse número, até um milhão e quinhentos mil;

II – o Governo terá no máximo dez Secretarias;

III – o Tribunal de Contas terá três membros, nomeados, pelo Governador eleito, dentre brasileiros de comprovada idoneidade e notório saber;

IV – o Tribunal de Justiça terá sete Desembargadores;

V – os primeiros Desembargadores serão nomeados pelo Governador eleito, escolhidos da seguinte forma:

a) cinco dentre os magistrados com mais de trinta e cinco anos de idade, em exercício na área do novo Estado ou do Estado originário;

b) dois dentre promotores, nas mesmas condições, e advogados de comprovada idoneidade e saber jurídico, com dez anos, no mínimo, de exercício profissional, obedecido o procedimento fixado na Constituição;

VI – no caso de Estado proveniente de Território Federal, os cinco primeiros Desembargadores poderão ser escolhidos dentre juízes de direito de qualquer parte do País;

VII – em cada Comarca, o primeiro Juiz de Direito, o primeiro Promotor de Justiça e o primeiro Defensor Público serão nomeados pelo Governador eleito após concurso público de provas e títulos;

VIII – até a promulgação da Constituição Estadual, responderão pela Procuradoria-Geral, pela Advocacia-Geral e pela Defensoria-Geral do Estado advogados de notório saber, com trinta e cinco anos de idade, no mínimo, nomeados pelo Governador eleito e demissíveis *ad nutum*;

IX – se o novo Estado for resultado de transformação de Território Federal, a transferência de encargos financeiros da União para pagamento dos servidores optantes que pertenciam à Administração Federal ocorrerá da seguinte forma:

a) no sexto ano de instalação, o Estado assumirá vinte por cento dos encargos financeiros para fazer face ao pagamento dos servidores públicos, ficando ainda o restante sob a responsabilidade da União;

b) no sétimo ano, os encargos do Estado serão acrescidos de trinta por cento e, no oitavo, dos restantes cinquenta por cento;

X – as nomeações que se seguirem às primeiras, para os cargos mencionados neste artigo, serão disciplinadas na Constituição Estadual;

XI – as despesas orçamentárias com pessoal não poderão ultrapassar cinquenta por cento da receita do Estado.

Art. 236. Os serviços notariais e de registro são exercidos em caráter privado, por delegação do Poder Público.

• V. art. 32, ADCT.
• V. Lei 8.935/1994 (Regulamenta o art. 236 da CF).

§ 1º Lei regulará as atividades, disciplinará a responsabilidade civil e criminal dos notários, dos oficiais de registro e de seus prepostos, e definirá a fiscalização de seus atos pelo Poder Judiciário.

§ 2º Lei federal estabelecerá normas gerais para fixação de emolumentos relativos aos atos praticados pelos serviços notariais e de registro.

§ 3º O ingresso na atividade notarial e de registro depende de concurso público de provas e títulos, não se permitindo que qualquer serventia fique vaga, sem abertura de concurso de provimento ou de remoção, por mais de seis meses.

Art. 237. A fiscalização e o controle sobre o comércio exterior, essenciais à defesa dos interesses fazendários nacionais, serão exercidos pelo Ministério da Fazenda.

Art. 238. A lei ordenará a venda e revenda de combustíveis de petróleo, álcool carburante e outros combustíveis derivados de matérias-primas renováveis, respeitados os princípios desta Constituição.

- V. Lei 9.478/1997 (Abastecimento nacional de combustíveis).
- V. Lei 9.847/1999 (Fiscalização das atividades relativas ao abastecimento nacional de combustíveis).

Art. 239. A arrecadação decorrente das contribuições para o Programa de Integração Social, criado pela Lei Complementar 7, de 7 de setembro de 1970, e para o Programa de Formação do Patrimônio do Servidor Público, criado pela Lei Complementar 8, de 3 de dezembro de 1970, passa, a partir da promulgação desta Constituição, a financiar, nos termos que a lei dispuser, o programa do seguro-desemprego e o abono de que trata o § 3º deste artigo.

- V. art. 72, §§ 2º e 3º, ADCT.
- V. Lei 7.998/1990 (Fundo de Amparo ao Trabalhador – FAT).
- V. Lei 9.715/1998 (PIS/Pasep).

§ 1º Dos recursos mencionados no *caput* deste artigo, pelo menos quarenta por cento serão destinados a financiar programas de desenvolvimento econômico, através do Banco Nacional do Desenvolvimento Econômico e Social, com critérios de remuneração que lhes preservem o valor.

§ 2º Os patrimônios acumulados do Programa de Integração Social e do Programa de Formação do Patrimônio do Servidor Público são preservados, mantendo-se os critérios de saque nas situações previstas nas leis específicas, com exceção da retirada por motivo de casamento, ficando vedada a distribuição da arrecadação de que trata o *caput* deste artigo, para depósito nas contas individuais dos participantes.

§ 3º Aos empregados que percebam de empregadores que contribuem para o Programa de Integração Social ou para o Programa de Formação do Patrimônio do Servidor Público, até dois salários mínimos de remuneração mensal, é assegurado o pagamento de um salário mínimo anual, computado neste valor o rendimento das contas individuais, no caso daqueles que já participavam dos referidos programas, até a data da promulgação desta Constituição.

§ 4º O financiamento do seguro-desemprego receberá uma contribuição adicional da empresa cujo índice de rotatividade da força de trabalho superar o índice médio da rotatividade do setor, na forma estabelecida por lei.

- V. Lei 7.998/1990 (Fundo de Amparo ao Trabalhador – FAT).
- V. Lei 8.352/1991 (Disponibilidades financeiras para o FAT).

Art. 240. Ficam ressalvadas do disposto no art. 195 as atuais contribuições compulsórias dos empregadores sobre a folha de salários, destinadas às entidades privadas de serviço social e de formação profissional vinculadas ao sistema sindical.

- V. Súmula 499, STJ.

Art. 241. A União, os Estados, o Distrito Federal e os Municípios disciplinarão por meio de lei os consórcios públicos e os convênios de cooperação entre os entes federados, autorizando a gestão associada de serviços públicos, bem como a transferência total ou parcial de encargos, serviços, pessoal e bens essenciais à continuidade dos serviços transferidos.

- Artigo com redação determinada pela Emenda Constitucional n. 19/1998.

Art. 242. O princípio do art. 206, IV, não se aplica às instituições educacionais oficiais criadas por lei estadual ou municipal e existentes na data da promulgação desta Constituição, que não sejam total ou preponderantemente mantidas com recursos públicos.

§ 1º O ensino da História do Brasil levará em conta as contribuições das diferentes culturas e etnias para a formação do povo brasileiro.

§ 2º O Colégio Pedro II, localizado na cidade do Rio de Janeiro, será mantido na órbita federal.

Art. 243. As propriedades rurais e urbanas de qualquer região do País onde forem localizadas culturas ilegais de plantas psicotrópicas ou a exploração de trabalho escravo na forma da lei serão expropriadas e destinadas à reforma agrária e a programas de habitação popular, sem qualquer indenização ao proprietário e sem prejuízo de outras sanções previstas em lei, observado, no que couber, o disposto no art. 5º.

- Artigo com redação determinada pela Emenda Constitucional n. 81/2014.
- V. Lei 8.257/1991 (Expropriação das glebas nas quais se localizem culturas ilegais de plantas psicotrópicas).
- V. Dec. 577/1992 (Culturas ilegais de plantas psicotrópicas).

Parágrafo único. Todo e qualquer bem de valor econômico apreendido em decorrência do tráfico ilícito de entorpecentes e drogas afins e da exploração de trabalho escravo será confiscado e reverterá a fundo especial com destinação específica, na forma da lei.

- V. Lei 11.343/2006 (Lei Antidrogas).

Art. 244. A lei disporá sobre a adaptação dos logradouros, dos edifícios de uso público e dos veículos de transporte coletivo atualmente existentes a fim de garantir acesso adequado às pessoas portadoras de deficiência, conforme o disposto no art. 227, § 2º.

- V. Lei 7.853/1989 (Apoio às pessoas portadoras de deficiência).
- V. Lei 8.899/1994 (Passe livre às pessoas portadoras de deficiência no sistema de transporte coletivo interestadual).

Art. 245. A lei disporá sobre as hipóteses e condições em que o Poder Público dará assistência aos herdeiros e dependentes carentes de pessoas vitimadas por crime doloso, sem prejuízo da responsabilidade civil do autor do ilícito.

- V. LC 79/1994 (Fundo Penitenciário Nacional – FUPEN).

Art. 246. É vedada a adoção de medida provisória na regulamentação de artigo da Constituição cuja redação tenha sido alterada por meio de emenda promulgada entre 1º de janeiro de 1995 até a promulgação desta emenda, inclusive.

- Artigo com redação determinada pela Emenda Constitucional n. 32/2001.
- V. art. 62, CF.

Art. 247. As leis previstas no inciso III do § 1º do art. 41 e no § 7º do art. 169 estabelecerão critérios e garantias especiais para a perda do cargo pelo servidor público estável que, em decorrência das atribuições de seu cargo efetivo, desenvolva atividades exclusivas de Estado.

- Artigo acrescentado pela Emenda Constitucional n. 19/1998.

Parágrafo único. Na hipótese de insuficiência de desempenho, a perda do cargo somente ocorrerá mediante processo administrativo em que lhe sejam assegurados o contraditório e a ampla defesa.

Art. 248. Os benefícios pagos, a qualquer título, pelo órgão responsável pelo regime geral de previdência social, ainda que à conta do Tesouro Nacional, e os não sujeitos ao limite máximo de valor fixado para os benefícios concedidos por esse regime observarão os limites fixados no art. 37, XI.

- Artigo acrescentado pela Emenda Constitucional n. 20/1998.

Art. 249. Com o objetivo de assegurar recursos para o pagamento de proventos de aposentadoria e pensões concedidas aos respectivos servidores e seus dependentes, em adição aos recursos dos respectivos tesouros, a União, os Estados, o Distrito Federal e os Municípios poderão constituir fundos integrados pelos recursos provenientes de contribuições e por bens, direitos e ativos de qualquer natureza, mediante lei que disporá sobre a natureza e administração desses fundos.

- Artigo acrescentado pela Emenda Constitucional n. 20/1998.

Art. 250. Com o objetivo de assegurar recursos para o pagamento dos benefícios concedidos pelo regime geral de previdência social, em adição aos recursos de sua arrecadação, a União poderá constituir fundo integrado por bens, direitos e ativos de qualquer natureza, mediante lei que disporá sobre a natureza e administração desse fundo.

- Artigo acrescentado pela Emenda Constitucional n. 20/1998.

Brasília, 5 de outubro de 1988.
Ulysses Guimarães
Presidente
Mauro Benevides
Vice-Presidente
Jorge Arbage
Vice-Presidente

ADCT

ATO DAS DISPOSIÇÕES CONSTITUCIONAIS TRANSITÓRIAS

Art. 1º O Presidente da República, o Presidente do Supremo Tribunal Federal e os membros do Congresso Nacional prestarão o compromisso de manter, defender e cumprir a Constituição, no ato e na data de sua promulgação.

Art. 2º No dia 7 de setembro de 1993 o eleitorado definirá, através de plebiscito, a forma (república ou monarquia constitucional) e o sistema de governo (parlamentarismo ou presidencialismo) que devem vigorar no País.

- V. Emenda Constitucional n. 2/1992.
- V. Lei 8.624/1993 (Regulamenta o art. 2º do ADCT).

§ 1º Será assegurada gratuidade na livre divulgação dessas formas e sistemas, através dos meios de comunicação de massa cessionários de serviço público.

§ 2º O Tribunal Superior Eleitoral, promulgada a Constituição, expedirá as normas regulamentadoras deste artigo.

Art. 3º A revisão constitucional será realizada após cinco anos, contados da promulgação da Constituição, pelo voto da maioria absoluta dos membros do Congresso Nacional, em sessão unicameral.

- V. Emendas Constitucionais de Revisão n. 1 a 6/1994.

Art. 4º O mandato do atual Presidente da República terminará em 15 de março de 1990.

§ 1º A primeira eleição para Presidente da República após a promulgação da Constituição será realizada no dia 15 de novembro de 1989, não se lhe aplicando o disposto no art. 16 da Constituição.

§ 2º É assegurada a irredutibilidade da atual representação dos Estados e do Distrito Federal na Câmara dos Deputados.

§ 3º Os mandatos dos Governadores e dos Vice-Governadores eleitos em 15 de novembro de 1986 terminarão em 15 de março de 1991.

§ 4º Os mandatos dos atuais Prefeitos, Vice-Prefeitos e Vereadores terminarão no dia 1º de janeiro de 1989, com a posse dos eleitos.

Art. 5º Não se aplicam às eleições previstas para 15 de novembro de 1988 o disposto no art. 16 e as regras do art. 77 da Constituição.

§ 1º Para as eleições de 15 de novembro de 1988 será exigido domicílio eleitoral na circunscrição pelo menos durante os quatro meses anteriores ao pleito, podendo os candidatos que preencham este requisito, atendidas as demais exigências da lei, ter seu registro efetivado pela Justiça Eleitoral após a promulgação da Constituição.

§ 2º Na ausência de norma legal específica, caberá ao Tribunal Superior Eleitoral editar as normas necessárias à realização das eleições de 1988, respeitada a legislação vigente.

§ 3º Os atuais parlamentares federais e estaduais eleitos Vice-Prefeitos, se convocados a exercer a função de Prefeito, não perderão o mandato parlamentar.

§ 4º O número de vereadores por município será fixado, para a representação a ser eleita em 1988, pelo respectivo Tribunal Regional Eleitoral, respeitados os limites estipulados no art. 29, IV, da Constituição.

§ 5º Para as eleições de 15 de novembro de 1988, ressalvados os que já exercem mandato eletivo, são inelegíveis para qualquer cargo, no território de jurisdição do titular, o cônjuge e os parentes por consanguinidade ou afinidade, até o segundo grau, ou por adoção, do Presidente da República, do Governador do Estado, do Governador do Distrito Federal e do Prefeito que tenham exercido mais da metade do mandato.

Art. 6º Nos seis meses posteriores à promulgação da Constituição, parlamentares federais, reunidos em número não inferior a trinta, poderão requerer ao Tribunal Superior Eleitoral o registro de novo partido político, juntando ao requerimento o manifesto, o estatuto e o programa devidamente assinados pelos requerentes.

§ 1º O registro provisório, que será concedido de plano pelo Tribunal Superior Eleitoral, nos termos deste artigo, defere ao novo partido todos os direitos, deveres e prerrogativas dos atuais, entre eles o de participar, sob legenda própria, das eleições que vierem a ser realizadas nos doze meses seguintes a sua formação.

§ 2º O novo partido perderá automaticamente seu registro provisório se, no prazo de vinte e quatro meses, contados de sua formação, não obtiver registro definitivo no Tribunal Superior Eleitoral, na forma que a lei dispuser.

Art. 7º O Brasil propugnará pela formação de um tribunal internacional dos direitos humanos.

Art. 8º É concedida anistia aos que, no período de 18 de setembro de 1946 até a data da promulgação da Constituição, foram atingidos, em decorrência de motivação exclusivamente política, por atos de exceção, institucionais ou complementares, aos que foram abrangidos pelo Decreto Legislativo 18, de 15 de dezembro de 1961, e aos atingidos pelo Dec.-lei 864, de 12 de setembro de 1969, asseguradas as promoções, na inatividade, ao cargo, emprego, posto ou graduação a que teriam direito se estivessem em serviço ativo, obedecidos os prazos de permanência em atividade previstos nas leis e regulamentos vigentes, respeitadas as características e peculiaridades das carreiras dos servidores públicos civis e militares e observados os respectivos regimes jurídicos.

• V. Súmula 674, STF.

§ 1º O disposto neste artigo somente gerará efeitos financeiros a partir da promulgação da Constituição, vedada a remuneração de qualquer espécie em caráter retroativo.

§ 2º Ficam assegurados os benefícios estabelecidos neste artigo aos trabalhadores do setor privado, dirigentes e representantes sindicais que, por motivos exclusivamente políticos, tenham sido punidos, demitidos ou compelidos ao afastamento das atividades remuneradas que exercem, bem como aos que foram impedidos de exercer atividades profissionais em virtude de pressões ostensivas ou expedientes oficiais sigilosos.

§ 3º Aos cidadãos que foram impedidos de exercer, na vida civil, atividade profissional específica, em decorrência das Portarias Reservadas do Ministério da Aeronáutica n. S-50-GM5, de 19 de junho de 1964, e n. S-285-GM5 será concedida reparação de natureza econômica, na forma que dispuser lei de iniciativa do Congresso Nacional e a entrar em vigor no prazo de doze meses a contar da promulgação da Constituição.

§ 4º Aos que, por força de atos institucionais, tenham exercido gratuitamente mandato eletivo de vereador serão computados, para efeito de aposentadoria no serviço público e previdência social, os respectivos períodos.

§ 5º A anistia concedida nos termos deste artigo aplica-se aos servidores públicos civis e aos empregados em todos os níveis de governo ou em suas fundações, empresas públicas ou empresas mistas sob controle estatal, exceto nos Ministérios militares, que tenham sido punidos ou demitidos por atividades profissionais interrompidas em virtude de decisão de seus trabalhadores, bem como em decorrência do Dec.-lei 1.632, de 4 de agosto de 1978, ou por motivos exclusivamente políticos, assegurada a readmissão dos que foram atingidos a partir de 1979, observado o disposto no § 1º.

Art. 9º Os que, por motivos exclusivamente políticos, foram cassados ou tiveram seus direitos políticos suspensos no período de 15 de julho a 31 de dezembro de 1969, por ato do então Presidente da República, poderão requerer ao Supremo Tribunal Federal o reconhecimento dos direitos e vantagens interrompidos pelos atos punitivos, desde que comprovem terem sido estes eivados de vício grave.

Parágrafo único. O Supremo Tribunal Federal proferirá a decisão no prazo de cento e vinte dias, a contar do pedido do interessado.

Art. 10. Até que seja promulgada a Lei Complementar a que se refere o art. 7º, I, da Constituição:

I – fica limitada a proteção nele referida ao aumento, para quatro vezes, da porcentagem prevista no art. 6º, *caput* e § 1º, da Lei 5.107, de 13 de setembro de 1966;

• V. Lei 8.036/1990 (Fundo de Garantia do Tempo de Serviço).

II – fica vedada a dispensa arbitrária ou sem justa causa:

a) do empregado eleito para cargo de direção de comissões internas de prevenção de

Art. 13

ADCT

acidentes, desde o registro de sua candidatura até um ano após o final de seu mandato;

• V. Súmula 676, STF.

b) da empregada gestante, desde a confirmação da gravidez até cinco meses após o parto.

§ 1º Até que a lei venha a disciplinar o disposto no art. 7º, XIX, da Constituição, o prazo da licença-paternidade a que se refere o inciso é de cinco dias.

§ 2º Até ulterior disposição legal, a cobrança das contribuições para o custeio das atividades dos sindicatos rurais será feita juntamente com a do imposto territorial rural, pelo mesmo órgão arrecadador.

§ 3º Na primeira comprovação do cumprimento das obrigações trabalhistas pelo empregador rural, na forma do art. 233, após a promulgação da Constituição, será certificada perante a Justiça do Trabalho a regularidade do contrato e das atualizações das obrigações trabalhistas de todo o período.

Art. 11. Cada Assembleia Legislativa, com poderes constituintes, elaborará a Constituição do Estado, no prazo de um ano, contado da promulgação da Constituição Federal, obedecidos os princípios desta.

Parágrafo único. Promulgada a Constituição do Estado, caberá à Câmara Municipal, no prazo de seis meses, votar a Lei Orgânica respectiva, em dois turnos de discussão e votação, respeitado o disposto na Constituição Federal e na Constituição Estadual.

Art. 12. Será criada, dentro de noventa dias da promulgação da Constituição, Comissão de Estudos Territoriais, com dez membros indicados pelo Congresso Nacional e cinco pelo Poder Executivo, com a finalidade de apresentar estudos sobre o território nacional e anteprojetos relativos a novas unidades territoriais, notadamente na Amazônia Legal e em áreas pendentes de solução.

§ 1º No prazo de um ano, a Comissão submeterá ao Congresso Nacional os resultados de seus estudos para, nos termos da Constituição, serem apreciados nos doze meses subsequentes, extinguindo-se logo após.

§ 2º Os Estados e os Municípios deverão no prazo de três anos, a contar da promulgação da Constituição, promover, mediante acordo ou arbitramento, a demarcação de suas linhas divisórias atualmente litigiosas, podendo para isso fazer alterações e compensações de área que atendam aos acidentes naturais, critérios históricos, conveniências administrativas e comodidade das populações limítrofes.

§ 3º Havendo solicitação dos Estados e Municípios interessados, a União poderá encarregar-se dos trabalhos demarcatórios.

§ 4º Se, decorrido o prazo de três anos, a contar da promulgação da Constituição, os trabalhos demarcatórios não tiverem sido concluídos, caberá à União determinar os limites das áreas litigiosas.

§ 5º Ficam reconhecidos e homologados os atuais limites do Estado do Acre com os Estados do Amazonas e de Rondônia, conforme levantamentos cartográficos e geodésicos realizados pela Comissão Tripartite integrada por representantes dos Estados e dos serviços técnico-especializados do Instituto Brasileiro de Geografia e Estatística.

Art. 13. É criado o Estado do Tocantins, pelo desmembramento da área descrita neste artigo, dando-se sua instalação no quadragésimo sexto dia após a eleição prevista no § 3º, mas não antes de 1º de janeiro de 1989.

§ 1º O Estado do Tocantins integra a Região Norte e limita-se com o Estado de Goiás pelas divisas norte dos Municípios de São Miguel do Araguaia, Porangatu, Formoso, Minaçu, Cavalcante, Monte Alegre de Goiás e Campos Belos, conservando a leste, norte e oeste as divisas atuais de Goiás com os Estados da Bahia, Piauí, Maranhão, Pará e Mato Grosso.

§ 2º O Poder Executivo designará uma das cidades do Estado para sua Capital provisória até a aprovação da sede definitiva do governo pela Assembleia Constituinte.

§ 3º O Governador, o Vice-Governador, os Senadores, os Deputados Federais e os Deputados Estaduais serão eleitos, em um único turno, até setenta e cinco dias após a promulgação da Constituição, mas não antes de 15 de novembro de 1988, a critério do

Art. 14

ADCT

Tribunal Superior Eleitoral, obedecidas, entre outras, as seguintes normas:

I – o prazo de filiação partidária dos candidatos será encerrado setenta e cinco dias antes da data das eleições;

II – as datas das convenções regionais partidárias destinadas a deliberar sobre coligações e escolha de candidatos, de apresentação de requerimento de registro dos candidatos escolhidos e dos demais procedimentos legais serão fixadas, em calendário especial, pela Justiça Eleitoral;

III – são inelegíveis os ocupantes de cargos estaduais ou municipais que não se tenham deles afastado, em caráter definitivo, setenta e cinco dias antes da data das eleições previstas neste parágrafo;

IV – ficam mantidos os atuais diretórios regionais dos partidos políticos do Estado de Goiás, cabendo às comissões executivas nacionais designar comissões provisórias no Estado do Tocantins, nos termos e para os fins previstos na lei.

§ 4º Os mandatos do Governador, do Vice-Governador, dos Deputados Federais e Estaduais eleitos na forma do parágrafo anterior extinguir-se-ão concomitantemente aos das demais unidades da Federação; o mandato do Senador eleito menos votado extinguir-se-á nessa mesma oportunidade, e os dos outros dois, juntamente com os dos Senadores eleitos em 1986, nos demais Estados.

§ 5º A Assembleia Estadual Constituinte será instalada no quadragésimo sexto dia da eleição de seus integrantes, mas não antes de 1º de janeiro de 1989, sob a presidência do Presidente do Tribunal Regional Eleitoral do Estado de Goiás, e dará posse, na mesma data, ao Governador e ao Vice-Governador eleitos.

§ 6º Aplicam-se à criação e instalação do Estado do Tocantins, no que couber, as normas legais disciplinadoras da divisão do Estado de Mato Grosso, observado o disposto no art. 234 da Constituição.

§ 7º Fica o Estado de Goiás liberado dos débitos e encargos decorrentes de empreendimentos no território do novo Estado, e autorizada a União, a seu critério, a assumir os referidos débitos.

Art. 14. Os Territórios Federais de Roraima e do Amapá são transformados em Estados Federados, mantidos seus atuais limites geográficos.

§ 1º A instalação dos Estados dar-se-á com a posse dos governadores eleitos em 1990.

§ 2º Aplicam-se à transformação e instalação dos Estados de Roraima e Amapá as normas e critérios seguidos na criação do Estado de Rondônia, respeitado o disposto na Constituição e neste Ato.

§ 3º O Presidente da República, até quarenta e cinco dias após a promulgação da Constituição, encaminhará à apreciação do Senado Federal os nomes dos governadores dos Estados de Roraima e do Amapá que exercerão o Poder Executivo até a instalação dos novos Estados com a posse dos governadores eleitos.

§ 4º Enquanto não concretizada a transformação em Estados, nos termos deste artigo, os Territórios Federais de Roraima e do Amapá serão beneficiados pela transferência de recursos prevista nos arts. 159, I, a, da Constituição, e 34, § 2º, II, deste Ato.

Art. 15. Fica extinto o Território Federal de Fernando de Noronha, sendo sua área reincorporada ao Estado de Pernambuco.

Art. 16. Até que se efetive o disposto no art. 32, § 2º, da Constituição, caberá ao Presidente da República, com a aprovação do Senado Federal, indicar o Governador e o Vice-Governador do Distrito Federal.

§ 1º A competência da Câmara Legislativa do Distrito Federal, até que se instale, será exercida pelo Senado Federal.

§ 2º A fiscalização contábil, financeira, orçamentária, operacional e patrimonial do Distrito Federal, enquanto não for instalada a Câmara Legislativa, será exercida pelo Senado Federal, mediante controle externo, com o auxílio do Tribunal de Contas do Distrito Federal, observado o disposto no art. 72 da Constituição.

§ 3º Incluem-se entre os bens do Distrito Federal aqueles que lhe vierem a ser atribuídos pela União na forma da lei.

Art. 17. Os vencimentos, a remuneração, as vantagens e os adicionais, bem como os proventos de aposentadoria que estejam sendo percebidos em desacordo com a

Art. 25

ADCT

Constituição serão imediatamente reduzidos aos limites dela decorrentes, não se admitindo, neste caso, invocação de direito adquirido ou percepção de excesso a qualquer título.

• V. art. 9º, Emenda Constitucional n. 41/2003.

§ 1º É assegurado o exercício cumulativo de dois cargos ou empregos privativos de médico que estejam sendo exercidos por médico militar na administração pública direta ou indireta.

§ 2º É assegurado o exercício cumulativo de dois cargos ou empregos privativos de profissionais de saúde que estejam sendo exercidos na administração pública direta ou indireta.

Art. 18. Ficam extintos os efeitos jurídicos de qualquer ato legislativo ou administrativo, lavrado a partir da instalação da Assembleia Nacional Constituinte, que tenha por objeto a concessão de estabilidade a servidor admitido sem concurso público, da administração direta ou indireta, inclusive das fundações instituídas e mantidas pelo Poder Público.

Art. 19. Os servidores públicos civis da União, dos Estados, do Distrito Federal e dos Municípios, da administração direta, autárquica e das fundações públicas, em exercício na data da promulgação da Constituição, há pelo menos cinco anos continuados, e que não tenham sido admitidos na forma regulada no art. 37, da Constituição, são considerados estáveis no serviço público.

§ 1º O tempo de serviço dos servidores referidos neste artigo será contado como título quando se submeterem a concurso para fins de efetivação, na forma da lei.

§ 2º O disposto neste artigo não se aplica aos ocupantes de cargos, funções e empregos de confiança ou em comissão, nem aos que a lei declare de livre exoneração, cujo tempo de serviço não será computado para os fins do *caput* deste artigo, exceto se se tratar de servidor.

§ 3º O disposto neste artigo não se aplica aos professores de nível superior, nos termos da lei.

Art. 20. Dentro de cento e oitenta dias, proceder-se-á à revisão dos direitos dos servidores públicos inativos e pensionistas e à atualização dos proventos e pensões a eles devidos, a fim de ajustá-los ao disposto na Constituição.

Art. 21. Os juízes togados de investidura limitada no tempo, admitidos mediante concurso público de provas e títulos e que estejam em exercício na data da promulgação da Constituição, adquirem estabilidade, observado o estágio probatório, e passam a compor quadro em extinção, mantidas as competências, prerrogativas e restrições da legislação a que se achavam submetidos, salvo as inerentes à transitoriedade da investidura.

Parágrafo único. A aposentadoria dos juízes de que trata este artigo regular-se-á pelas normas fixadas para os demais juízes estaduais.

Art. 22. É assegurado aos defensores públicos investidos na função até a data de instalação da Assembleia Nacional Constituinte o direito de opção pela carreira, com a observância das garantias e vedações previstas no art. 134, parágrafo único, da Constituição.

Art. 23. Até que se edite a regulamentação do art. 21, XVI, da Constituição, os atuais ocupantes do cargo de censor federal continuarão exercendo funções com este compatíveis, no Departamento de Polícia Federal, observadas as disposições constitucionais.

Parágrafo único. A lei referida disporá sobre o aproveitamento dos Censores Federais, nos termos deste artigo.

Art. 24. A União, os Estados, o Distrito Federal e os Municípios editarão leis que estabeleçam critérios para a compatibilização de seus quadros de pessoal ao disposto no art. 39 da Constituição e à reforma administrativa dela decorrente, no prazo de dezoito meses, contados da sua promulgação.

Art. 25. Ficam revogados, a partir de cento e oitenta dias da promulgação da Constituição, sujeito este prazo a prorrogação por lei, todos os dispositivos legais que atribuam ou deleguem a órgão do Poder Executivo competência assinalada pela Constituição ao Congresso Nacional, especialmente no que tange a:

Art. 26

ADCT

- V. Lei 7.763/1989 (Prorroga o prazo de dispositivos legais que menciona, com base no art. 25 do ADCT).

I – ação normativa;
II – alocação ou transferência de recursos de qualquer espécie.

§ 1º Os decretos-leis em tramitação no Congresso Nacional e por este não apreciados até a promulgação da Constituição terão seus efeitos regulados da seguinte forma:
I – se editados até 2 de setembro de 1988, serão apreciados pelo Congresso Nacional no prazo de até cento e oitenta dias a contar da promulgação da Constituição, não computado o recesso parlamentar;
II – decorrido o prazo definido no inciso anterior, e não havendo apreciação, os decretos-leis ali mencionados serão considerados rejeitados;
III – nas hipóteses definidas nos incisos I e II, terão plena validade os atos praticados na vigência dos respectivos decretos-leis, podendo o Congresso Nacional, se necessário, legislar sobre os efeitos deles remanescentes.
§ 2º Os decretos-leis editados entre 3 de setembro de 1988 e a promulgação da Constituição serão convertidos, nesta data, em medidas provisórias, aplicando-se-lhes as regras estabelecidas no art. 62, parágrafo único.

- V. art. 62, § 3º, CF.

Art. 26. No prazo de um ano a contar da promulgação da Constituição, o Congresso Nacional promoverá, através de Comissão mista, exame analítico e pericial dos atos e fatos geradores do endividamento externo brasileiro.
§ 1º A Comissão terá a força legal de Comissão parlamentar de inquérito para os fins de requisição e convocação, e atuará com o auxílio do Tribunal de Contas da União.
§ 2º Apurada irregularidade, o Congresso Nacional proporá ao Poder Executivo a declaração de nulidade do ato e encaminhará o processo ao Ministério Público Federal, que formalizará, no prazo de sessenta dias, a ação cabível.

Art. 27. O Superior Tribunal de Justiça será instalado sob a Presidência do Supremo Tribunal Federal.

§ 1º Até que se instale o Superior Tribunal de Justiça, o Supremo Tribunal Federal exercerá as atribuições e competências definidas na ordem constitucional precedente.
§ 2º A composição inicial do Superior Tribunal de Justiça far-se-á:
I – pelo aproveitamento dos Ministros do Tribunal Federal de Recursos;
II – pela nomeação dos Ministros que sejam necessários para completar o número estabelecido na Constituição.
§ 3º Para os efeitos do disposto na Constituição, os atuais Ministros do Tribunal Federal de Recursos serão considerados pertencentes à classe de que provieram, quando de sua nomeação.
§ 4º Instalado o Tribunal, os Ministros aposentados do Tribunal Federal de Recursos tornar-se-ão, automaticamente, Ministros aposentados do Superior Tribunal de Justiça.
§ 5º Os Ministros a que se refere o § 2º, II, serão indicados em lista tríplice pelo Tribunal Federal de Recursos, observado o disposto no art. 104, parágrafo único, da Constituição.
§ 6º Ficam criados cinco Tribunais Regionais Federais, a serem instalados no prazo de seis meses a contar da promulgação da Constituição, com a jurisdição e sede que lhes fixar o Tribunal Federal de Recursos, tendo em conta o número de processos e sua localização geográfica.

- V. Lei 7.727/1989 (Composição e instalação dos Tribunais Regionais Federais).

§ 7º Até que se instalem os Tribunais Regionais Federais, o Tribunal Federal de Recursos exercerá a competência a eles atribuída em todo o território nacional, cabendo-lhe promover sua instalação e indicar os candidatos a todos os cargos da composição inicial, mediante lista tríplice, podendo desta constar juízes federais de qualquer região, observado o disposto no § 9º.
§ 8º É vedado, a partir da promulgação da Constituição, o provimento de vagas de Ministros do Tribunal Federal de Recursos.
§ 9º Quando não houver juiz federal que conte o tempo mínimo previsto no art. 107, II, da Constituição, a promoção poderá contemplar juiz com menos de cinco anos no exercício do cargo.

ADCT

§ 10. Compete à Justiça Federal julgar as ações nela propostas até a data da promulgação da Constituição, e aos Tribunais Regionais Federais bem como ao Superior Tribunal de Justiça julgar as ações rescisórias das decisões até então proferidas pela Justiça Federal, inclusive daquelas cuja matéria tenha passado à competência de outro ramo do Judiciário.

§ 11. São criados, ainda, os seguintes Tribunais Regionais Federais: o da 6ª Região, com sede em Curitiba, Estado do Paraná, e jurisdição nos Estados do Paraná, Santa Catarina e Mato Grosso do Sul; o da 7ª Região, com sede em Belo Horizonte, Estado de Minas Gerais, e jurisdição no Estado de Minas Gerais; o da 8ª Região, com sede em Salvador, Estado da Bahia, e jurisdição nos Estados da Bahia e Sergipe; e o da 9ª Região, com sede em Manaus, Estado do Amazonas, e jurisdição nos Estados do Amazonas, Acre, Rondônia e Roraima.

- § 11 acrescentado pela Emenda Constitucional n. 73/2013.
- V. Med. Caut. em ADIn 5.017.
- V. art. 2º, Emenda Constitucional n. 73/2013 (Cria os Tribunais Regionais Federais da 6ª, 7ª, 8ª e 9ª Regiões).

Art. 28. Os juízes federais de que trata o art. 123, § 2º, da Constituição de 1967, com a redação dada pela Emenda Constitucional n. 7, de 1977, ficam investidos na titularidade de varas na Seção Judiciária para a qual tenham sido nomeados ou designados; na inexistência de vagas, proceder-se-á ao desdobramento das varas existentes.

Parágrafo único. Para efeito de promoção por antiguidade, o tempo de serviço desses juízes será computado a partir do dia de sua posse.

Art. 29. Enquanto não aprovadas as leis complementares relativas ao Ministério Público e à Advocacia-Geral da União, o Ministério Público Federal, a Procuradoria-Geral da Fazenda Nacional, as Consultorias Jurídicas dos Ministérios, as Procuradorias e Departamentos Jurídicos de autarquias federais com representação própria e os membros das Procuradorias das Universidades fundacionais públicas continuarão a exercer suas atividades na área das respectivas atribuições.

- V. LC 73/1993 (Lei Orgânica da Advocacia-Geral da União).
- V. LC 75/1993 (Estatuto do Ministério Público da União).
- V. Dec. 767/1993 (Controle interno da Advocacia-Geral da União).

§ 1º O Presidente da República, no prazo de cento e vinte dias, encaminhará ao Congresso Nacional projeto de lei complementar dispondo sobre a organização e o funcionamento da Advocacia-Geral da União.

§ 2º Aos atuais Procuradores da República, nos termos da Lei Complementar, será facultada a opção, de forma irretratável, entre as carreiras do Ministério Público Federal e da Advocacia-Geral da União.

§ 3º Poderá optar pelo regime anterior, no que respeita às garantias e vantagens, o membro do Ministério Público admitido antes da promulgação da Constituição, observando-se, quanto às vedações, a situação jurídica na data desta.

§ 4º Os atuais integrantes do quadro suplementar dos Ministérios Públicos do Trabalho e Militar que tenham adquirido estabilidade nessas funções passam a integrar o quadro da respectiva carreira.

§ 5º Cabe à atual Procuradoria-Geral da Fazenda Nacional, diretamente ou por delegação, que pode ser ao Ministério Público Estadual, representar judicialmente a União nas causas de natureza fiscal, na área da respectiva competência, até a promulgação das Leis Complementares previstas neste artigo.

Art. 30. A legislação que criar a justiça de paz manterá os atuais juízes de paz até a posse dos novos titulares, assegurando-lhes os direitos e atribuições conferidos a estes, e designará o dia para a eleição prevista no art. 98, II, da Constituição.

Art. 31. Serão estatizadas as serventias do foro judicial, assim definidas em lei, respeitados os direitos dos atuais titulares.

Art. 32. O disposto no art. 236 não se aplica aos serviços notariais e de registro que já tenham sido oficializados pelo Poder Público, respeitando-se o direito de seus servidores.

- V. Lei 8.935/1994 (Regulamenta o art. 236 da CF).

Art. 33. Ressalvados os créditos de natureza alimentar, o valor dos precatórios judi-

Art. 34

ADCT

ciais pendentes de pagamento na data da promulgação da Constituição, incluído o remanescente de juros e correção monetária, poderá ser pago em moeda corrente, com atualização, em prestações anuais, iguais e sucessivas, no prazo máximo de oito anos, a partir de 1º de julho de 1989, por decisão editada pelo Poder Executivo até cento e oitenta dias da promulgação da Constituição.

• V. art. 97, § 15, ADCT.

Parágrafo único. Poderão as entidades devedoras, para o cumprimento do disposto neste artigo, emitir, em cada ano, no exato montante do dispêndio, títulos de dívida pública não computáveis para efeito do limite global de endividamento.

Art. 34. O sistema tributário nacional entrará em vigor a partir do primeiro dia do quinto mês seguinte ao da promulgação da Constituição, mantido, até então, o da Constituição de 1967, com redação dada pela Emenda n. 1, de 1969, e pelas posteriores.

§ 1º Entrarão em vigor com a promulgação da Constituição os arts. 148, 149, 150, 154, I, 156, III, e 159, I, c, revogadas as disposições em contrário da Constituição de 1967 e das Emendas que a modificaram, especialmente de seu art. 25, III.

§ 2º O Fundo de Participação dos Estados e do Distrito Federal e o Fundo de Participação dos Municípios obedecerão às seguintes determinações:

I – a partir da promulgação da Constituição, os percentuais serão, respectivamente, de dezoito por cento e de vinte por cento, calculados sobre o produto da arrecadação dos impostos referidos no art. 153, III e IV, mantidos os atuais critérios de rateio até a entrada em vigor da lei complementar a que se refere o art. 161, II;

II – o percentual relativo ao Fundo de Participação dos Estados e do Distrito Federal será acrescido de um ponto percentual no exercício financeiro de 1989 e, a partir de 1990, inclusive, à razão de meio ponto por exercício, até 1992, inclusive, atingindo em 1993 o percentual estabelecido no art. 159, I, a;

III – o percentual relativo ao Fundo de Participação dos Municípios, a partir de 1989, inclusive, será elevado à razão de meio ponto percentual por exercício financeiro, até atingir o estabelecido no art. 159, I, b.

§ 3º Promulgada a Constituição, a União, os Estados, o Distrito Federal e os Municípios poderão editar as leis necessárias à aplicação do sistema tributário nacional nela previsto.

§ 4º As leis editadas nos termos do parágrafo anterior produzirão efeitos a partir da entrada em vigor do sistema tributário nacional previsto na Constituição.

§ 5º Vigente o novo sistema tributário nacional, fica assegurada a aplicação da legislação anterior, no que não seja incompatível com ele e com a legislação referida nos §§ 3º e 4º.

• V. Súmula 663, STF.

§ 6º Até 31 de dezembro de 1989, o disposto no art. 150, III, b, não se aplica aos impostos de que tratam os arts. 155, I, a e b, e 156, II e III, que podem ser cobrados trinta dias após a publicação da lei que os tenha instituído ou aumentado.

• Em virtude da Emenda Constitucional n. 3/1993, a referência ao art. 155, I, a e b, passou a ser ao art. 155, I e II.

§ 7º Até que sejam fixadas em lei complementar, as alíquotas máximas do imposto municipal sobre vendas a varejo de combustíveis líquidos e gasosos não excederão a três por cento.

§ 8º Se, no prazo de sessenta dias contados da promulgação da Constituição, não for editada a lei complementar necessária à instituição do imposto de que trata o art. 155, I, b, os Estados e o Distrito Federal, mediante convênio celebrado nos termos da Lei Complementar 24, de 7 de janeiro de 1975, fixarão normas para regular provisoriamente a matéria.

• Em virtude da Emenda Constitucional n. 3/1993, a referência ao art. 155, I, a e b, passou a ser ao art. 155, I e II.
• V. LC 87/1996 (ICMS).

§ 9º Até que lei complementar disponha sobre a matéria, as empresas distribuidoras de energia elétrica, na condição de contribuintes ou de substitutos tributários, serão as responsáveis, por ocasião da saída do produto de seus estabelecimentos, ainda que destinado a outra unidade da Federação, pelo pagamento do imposto sobre opera-

ADCT

ções relativas à circulação de mercadorias incidente sobre energia elétrica, desde a produção ou importação até a última operação, calculado o imposto sobre o preço então praticado na operação final e assegurado seu recolhimento ao Estado ou ao Distrito Federal, conforme o local onde deva ocorrer essa operação.

§ 10. Enquanto não entrar em vigor a lei prevista no art. 159, I, c, cuja promulgação se fará até 31 de dezembro de 1989, é assegurada a aplicação dos recursos previstos naquele dispositivo da seguinte maneira:

- V. Lei 7.827/1989 (Fundos Constitucionais de Financiamento).

I – seis décimos por cento na Região Norte, através do Banco da Amazônia S.A.;

II – um inteiro e oito décimos por cento na Região Nordeste, através do Banco do Nordeste do Brasil S.A.;

III – seis décimos por cento na Região Centro-Oeste, através do Banco do Brasil S.A.

§ 11. Fica criado, nos termos da lei, o Banco de Desenvolvimento do Centro-Oeste, para dar cumprimento, na referida região, ao que determinam os arts. 159, I, c, e 192, § 2º, da Constituição.

§ 12. A urgência prevista no art. 148, II, não prejudica a cobrança do empréstimo compulsório instituído, em benefício das Centrais Elétricas Brasileiras S.A. (Eletrobrás), pela Lei 4.156, de 28 de novembro de 1962, com as alterações posteriores.

Art. 35. O disposto no art. 165, § 7º, será cumprido de forma progressiva, no prazo de até dez anos, distribuindo-se os recursos entre as regiões macroeconômicas em razão proporcional à população, a partir da situação verificada no biênio 1986-1987.

§ 1º Para aplicação dos critérios de que trata este artigo, excluem-se das despesas totais as relativas:

I – aos projetos considerados prioritários no plano plurianual;

II – à segurança e defesa nacional;

III – à manutenção dos órgãos federais no Distrito Federal;

IV – ao Congresso Nacional, ao Tribunal de Contas da União e ao Poder Judiciário;

V – ao serviço da dívida da administração direta e indireta da União, inclusive fundações instituídas e mantidas pelo Poder Público federal.

§ 2º Até a entrada em vigor da Lei Complementar a que se refere o art. 165, § 9º, I e II, serão obedecidas as seguintes normas:

I – o projeto do plano plurianual, para vigência até o final do primeiro exercício financeiro do mandato presidencial subsequente, será encaminhado até quatro meses antes do encerramento do primeiro exercício financeiro e devolvido para sanção até o encerramento da sessão legislativa;

II – o projeto de lei de diretrizes orçamentárias será encaminhado até oito meses e meio antes do encerramento do exercício financeiro e devolvido para sanção até o encerramento do primeiro período da sessão legislativa;

III – o projeto de lei orçamentária da União será encaminhado até quatro meses antes do encerramento do exercício financeiro e devolvido para sanção até o encerramento da sessão legislativa.

Art. 36. Os fundos existentes na data da promulgação da Constituição, excetuados os resultantes de isenções fiscais que passem a integrar patrimônio privado e os que interessem à defesa nacional, extinguir-se-ão, se não forem ratificados pelo Congresso Nacional no prazo de dois anos.

Art. 37. A adaptação ao que estabelece o art. 167, III, deverá processar-se no prazo de cinco anos, reduzindo-se o excesso à base de, pelo menos, um quinto por ano.

Art. 38. Até a promulgação da lei complementar referida no art. 169, a União, os Estados, o Distrito Federal e os Municípios não poderão despender com pessoal mais do que sessenta e cinco por cento do valor das respectivas receitas correntes.

Parágrafo único. A União, os Estados, o Distrito Federal e os Municípios, quando a respectiva despesa de pessoal exceder o limite previsto neste artigo, deverão retornar àquele limite, reduzindo o percentual excedente à razão de um quinto por ano.

Art. 39. Para efeito do cumprimento das disposições constitucionais que impliquem variações de despesas e receitas da União, após a promulgação da Constituição, o Poder Executivo deverá elaborar e o Poder Legislativo apreciar projeto de revisão da lei orçamentária referente ao exercício financeiro de 1989.

Parágrafo único. O Congresso Nacional deverá votar no prazo de doze meses a Lei Complementar prevista no art. 161, II.

Art. 40. É mantida a Zona Franca de Manaus, com suas características de área livre de comércio, de exportação e importação, e de incentivos fiscais, pelo prazo de vinte e cinco anos, a partir da promulgação da Constituição.

- V. arts. 92 e 92-A, ADCT.

Parágrafo único. Somente por lei federal podem ser modificados os critérios que disciplinaram ou venham a disciplinar a aprovação dos projetos na Zona Franca de Manaus.

Art. 41. Os Poderes Executivos da União, dos Estados, do Distrito Federal e dos Municípios reavaliarão todos os incentivos fiscais de natureza setorial ora em vigor, propondo aos Poderes Legislativos respectivos as medidas cabíveis.

- V. arts. 151, I, 155, XII, g, 195, § 3º, e 227, § 3º, VI, CF.
- V. Lei 8.402/1992 (Incentivos fiscais).

§ 1º Considerar-se-ão revogados após dois anos, a partir da data da promulgação da Constituição, os incentivos que não forem confirmados por lei.

§ 2º A revogação não prejudicará os direitos que já tiverem sido adquiridos, àquela data, em relação a incentivos concedidos sob condição e com prazo certo.

§ 3º Os incentivos concedidos por convênio entre Estados, celebrados nos termos do art. 23, § 6º, da Constituição de 1967, com a redação da Emenda n. 1, de 17 de outubro de 1969, também deverão ser reavaliados e reconfirmados nos prazos deste artigo.

Art. 42. Durante 40 (quarenta) anos, a União aplicará dos recursos destinados à irrigação:

- Artigo com redação determinada pela Emenda Constitucional n. 89/2015.

I – 20% (vinte por cento) na Região Centro-Oeste;

II – 50% (cinquenta por cento) na Região Nordeste, preferencialmente no Semiárido.

Parágrafo único. Dos percentuais previstos nos incisos I e II do *caput*, no mínimo 50% (cinquenta por cento) serão destinados a projetos de irrigação que beneficiem agricultores familiares que atendam aos requisitos previstos em legislação específica.

Art. 43. Na data da promulgação da lei que disciplinar a pesquisa e a lavra de recursos e jazidas minerais, ou no prazo de um ano, a contar da promulgação da Constituição, tornar-se-ão sem efeito as autorizações, concessões e demais títulos atributivos de direitos minerários, caso os trabalhos de pesquisa ou de lavra não hajam sido comprovadamente iniciados nos prazos legais ou estejam inativos.

- V. Lei 7.886/1989 (Regulamenta o art. 43 do ADCT).

Art. 44. As atuais empresas brasileiras titulares de autorização de pesquisa, concessão de lavra de recursos minerais e de aproveitamento dos potenciais de energia hidráulica em vigor terão quatro anos, a partir da promulgação da Constituição, para cumprir os requisitos do art. 176, § 1º.

§ 1º Ressalvadas as disposições de interesse nacional previstas no texto constitucional, as empresas brasileiras ficarão dispensadas do cumprimento do disposto no art. 176, § 1º, desde que, no prazo de até quatro anos da data da promulgação da Constituição, tenham o produto de sua lavra e beneficiamento destinado a industrialização no território nacional, em seus próprios estabelecimentos ou em empresa industrial controladora ou controlada.

§ 2º Ficarão também dispensadas do cumprimento do disposto no art. 176, § 1º, as empresas brasileiras titulares de concessão de energia hidráulica para uso em seu processo de industrialização.

§ 3º As empresas brasileiras referidas no § 1º, somente poderão ter autorizações de pesquisa e concessões de lavra ou potenciais de energia hidráulica, desde que a energia e o produto da lavra sejam utilizados nos respectivos processos industriais.

Art. 45. Ficam excluídas do monopólio estabelecido pelo art. 177, II, da Constituição as refinarias em funcionamento no País amparadas pelo art. 43 e nas condições do art. 45 da Lei 2.004, de 3 de outubro de 1953.

Parágrafo único. Ficam ressalvados da vedação do art. 177, § 1º, os contratos de risco feitos com a Petróleo Brasileiro S.A.

ADCT

(Petrobrás), para pesquisa de petróleo, que estejam em vigor na data da promulgação da Constituição.

Art. 46. São sujeitos à correção monetária desde o vencimento, até seu efetivo pagamento, sem interrupção ou suspensão, os créditos junto a entidades submetidas aos regimes de intervenção ou liquidação extrajudicial, mesmo quando esses regimes sejam convertidos em falência.

Parágrafo único. O disposto neste artigo aplica-se também:

I – às operações realizadas posteriormente à decretação dos regimes referidos no *caput* deste artigo;

II – às operações de empréstimo, financiamento, refinanciamento, assistência financeira de liquidez, cessão ou sub-rogação de créditos ou cédulas hipotecárias, efetivação de garantia de depósitos do público ou de compra de obrigações passivas, inclusive as realizadas com recursos de fundos que tenham essas destinações;

III – aos créditos anteriores à promulgação da Constituição;

IV – aos créditos das entidades da administração pública anteriores à promulgação da Constituição, não liquidados até 1º de janeiro de 1988.

Art. 47. Na liquidação dos débitos, inclusive suas renegociações e composições posteriores, ainda que ajuizados, decorrentes de quaisquer empréstimos concedidos por bancos e por instituições financeiras, não existirá correção monetária desde que o empréstimo tenha sido concedido:

I – aos micro e pequenos empresários ou seus estabelecimentos no período de 28 de fevereiro de 1986 a 28 de fevereiro de 1987;

II – aos mini, pequenos e médios produtores rurais no período de 28 de fevereiro de 1986 a 31 de dezembro de 1987, desde que relativos a crédito rural.

§ 1º Consideram-se, para efeito deste artigo, microempresas as pessoas jurídicas e as firmas individuais com receitas anuais de até dez mil Obrigações do Tesouro Nacional, e pequenas empresas as pessoas jurídicas e as firmas individuais com receita anual de até vinte e cinco mil Obrigações do Tesouro Nacional.

• V. art. 179, CF.

§ 2º A classificação de mini, pequeno e médio produtor rural será feita obedecendo-se às normas de crédito rural vigentes à época do contrato.

§ 3º A isenção da correção monetária a que se refere este artigo só será concedida nos seguintes casos:

I – se a liquidação do débito inicial, acrescido de juros legais e taxas judiciais, vier a ser efetivada no prazo de noventa dias, a contar da data da promulgação da Constituição;

II – se a aplicação dos recursos não contrariar a finalidade do financiamento, cabendo o ônus da prova à instituição credora;

III – se não for demonstrado pela instituição credora que o mutuário dispõe de meios para o pagamento de seu débito, excluído desta demonstração seu estabelecimento, a casa de moradia e os instrumentos de trabalho e produção;

IV – se o financiamento inicial não ultrapassar o limite de cinco mil Obrigações do Tesouro Nacional;

V – se o beneficiário não for proprietário de mais de cinco módulos rurais.

§ 4º Os benefícios de que trata este artigo não se estendem aos débitos já quitados e aos devedores que sejam constituintes.

§ 5º No caso de operações com prazos de vencimento posteriores à data limite de liquidação da dívida, havendo interesse do mutuário, os bancos e as instituições financeiras promoverão, por instrumento próprio, alteração nas condições contratuais originais de forma a ajustá-las ao presente benefício.

§ 6º A concessão do presente benefício por bancos comerciais privados em nenhuma hipótese acarretará ônus para o Poder Público, ainda que através de refinanciamento e repasse de recursos pelo Banco Central.

§ 7º No caso de repasse a agentes financeiros oficiais ou cooperativas de crédito, o ônus recairá sobre a fonte de recursos originária.

Art. 48. O Congresso Nacional, dentro de cento e vinte dias da promulgação da Constituição, elaborará código de defesa do consumidor.

• V. Lei 8.078/1990 (Código de Defesa do Consumidor).

Art. 49

Art. 49. A lei disporá sobre o instituto da enfiteuse em imóveis urbanos, sendo facultada aos foreiros, no caso de sua extinção, a remição dos aforamentos mediante aquisição do domínio direto, na conformidade do que dispuserem os respectivos contratos.

- V. Dec.-lei 9.760/1946 (Bens imóveis da União).

§ 1º Quando não existir cláusula contratual, serão adotados os critérios e bases hoje vigentes na legislação especial dos imóveis da União.

§ 2º Os direitos dos atuais ocupantes inscritos ficam assegurados pela aplicação de outra modalidade de contrato.

§ 3º A enfiteuse continuará sendo aplicada aos terrenos de marinha e seus acrescidos, situados na faixa de segurança, a partir da orla marítima.

§ 4º Remido o foro, o antigo titular do domínio direto deverá, no prazo de noventa dias, sob pena de responsabilidade, confiar à guarda do registro de imóveis competente toda a documentação a ele relativa.

Art. 50. Lei agrícola a ser promulgada no prazo de um ano disporá, nos termos da Constituição, sobre os objetivos e instrumentos de política agrícola, prioridades, planejamento de safras, comercialização, abastecimento interno, mercado externo e instituição de crédito fundiário.

- V. Lei 8.171/1991 (Princípios da política agrícola).

Art. 51. Serão revistos pelo Congresso Nacional, através de Comissão mista, nos três anos a contar da data da promulgação da Constituição, todas as doações, vendas e concessões de terras públicas com área superior a três mil hectares, realizadas no período de 1º de janeiro de 1962 a 31 de dezembro de 1987.

§ 1º No tocante às vendas, a revisão será feita com base exclusivamente no critério de legalidade da operação.

§ 2º No caso de concessões e doações, a revisão obedecerá aos critérios de legalidade e de conveniência do interesse público.

§ 3º Nas hipóteses previstas nos parágrafos anteriores, comprovada a ilegalidade, ou havendo interesse público, as terras reverterão ao patrimônio da União, dos Estados, do Distrito Federal ou dos Municípios.

Art. 52. Até que sejam fixadas as condições do art. 192, são vedados:

- *Caput* com redação determinada pela Emenda Constitucional n. 40/2003.

I – a instalação, no País, de novas agências de instituições financeiras domiciliadas no exterior;

II – o aumento do percentual de participação, no capital de instituições financeiras com sede no País, de pessoas físicas ou jurídicas residentes ou domiciliadas no exterior.

Parágrafo único. A vedação a que se refere este artigo não se aplica às autorizações resultantes de acordos internacionais, de reciprocidade, ou de interesse do Governo brasileiro.

Art. 53. Ao ex-combatente que tenha efetivamente participado de operações bélicas durante a Segunda Guerra Mundial, nos termos da Lei 5.315, de 12 de setembro de 1967, serão assegurados os seguintes direitos:

I – aproveitamento no serviço público, sem a exigência de concurso com estabilidade;

II – pensão especial correspondente à deixada por segundo-tenente das Forças Armadas, que poderá ser requerida a qualquer tempo, sendo inacumulável com quaisquer rendimentos recebidos dos cofres públicos, exceto os benefícios previdenciários, ressalvado o direito de opção;

III – em caso de morte, pensão à viúva ou companheira ou dependente, de forma proporcional, de valor igual à do inciso anterior;

IV – assistência médica, hospitalar e educacional gratuita, extensiva aos dependentes;

V – aposentadoria com proventos integrais aos vinte e cinco anos de serviço efetivo, em qualquer regime jurídico;

VI – prioridade na aquisição da casa própria, para os que não a possuam ou para suas viúvas ou companheiras.

Parágrafo único. A concessão da pensão especial do inciso II substitui, para todos os efeitos legais, qualquer outra pensão já concedida ao ex-combatente.

Art. 54. Os seringueiros recrutados nos termos do Dec.-lei 5.813, de 14 de setembro de 1943, e amparados pelo Dec.-lei 9.882, de 16 de setembro de 1946, recebe-

ADCT

rão, quando carentes, pensão mensal vitalícia no valor de dois salários mínimos.

* V. Lei 7.986/1989 (Regulamenta a concessão do benefício previsto no art. 54 do ADCT).

§ 1º O benefício é estendido aos seringueiros que, atendendo a apelo do Governo brasileiro, contribuíram para o esforço de guerra, trabalhando na produção de borracha, na Região Amazônica, durante a Segunda Guerra Mundial.

§ 2º Os benefícios estabelecidos neste artigo são transferíveis aos dependentes reconhecidamente carentes.

§ 3º A concessão do benefício far-se-á conforme lei a ser proposta pelo Poder Executivo dentro de cento e cinquenta dias da promulgação da Constituição.

Art. 54-A. Os seringueiros de que trata o art. 54 deste Ato das Disposições Constitucionais Transitórias receberão indenização, em parcela única, no valor de R$ 25.000,00 (vinte e cinco mil reais).

* Artigo acrescentado pela Emenda Constitucional n. 78/2014, em vigor no exercício financeiro seguinte ao da publicação.
* V. art. 2º, EC 78/2014 (Indenização devida aos seringueiros).

Art. 55. Até que seja aprovada a lei de diretrizes orçamentárias, trinta por cento, no mínimo, do orçamento da seguridade social, excluído o seguro-desemprego, serão destinados ao setor de saúde.

Art. 56. Até que a lei disponha sobre o art. 195, I, a arrecadação decorrente de, no mínimo, cinco dos seis décimos percentuais correspondentes à alíquota da contribuição de que trata o Dec.-lei 1.940, de 25 de maio de 1982, alterada pelo Dec.-lei 2.049, de 1º de agosto de 1983, pelo Decreto 91.236, de 8 de maio de 1985, e pela Lei 7.611, de 8 de julho de 1987, passa a integrar a receita da seguridade social, ressalvados, exclusivamente no exercício de 1988, os compromissos assumidos com programas e projetos em andamento.

Art. 57. Os débitos dos Estados e dos Municípios relativos às contribuições previdenciárias até 30 de junho de 1988 serão liquidados, com correção monetária, em cento e vinte parcelas mensais, dispensados os juros e multas sobre eles incidentes, desde que os devedores requeiram o parcelamento e iniciem seu pagamento no prazo de cento e oitenta dias a contar da promulgação da Constituição.

§ 1º O montante a ser pago em cada um dos dois primeiros anos não será inferior a cinco por cento do total do débito consolidado e atualizado, sendo o restante dividido em parcelas mensais de igual valor.

§ 2º A liquidação poderá incluir pagamentos na forma de cessão de bens e prestação de serviços, nos termos da Lei 7.578, de 23 de dezembro de 1986.

§ 3º Em garantia do cumprimento do parcelamento, os Estados e os Municípios consignarão, anualmente, nos respectivos orçamentos as dotações necessárias ao pagamento de seus débitos.

§ 4º Descumprida qualquer das condições estabelecidas para concessão do parcelamento, o débito será considerado vencido em sua totalidade, sobre ele incidindo juros de mora; nesta hipótese, parcela dos recursos correspondentes aos Fundos de Participação, destinada aos Estados e Municípios devedores, será bloqueada e repassada à previdência social para pagamento de seus débitos.

Art. 58. Os benefícios de prestação continuada, mantidos pela previdência social na data da promulgação da Constituição, terão seus valores revistos, a fim de que seja restabelecido o poder aquisitivo, expresso em número de salários mínimos, que tinham na data de sua concessão, obedecendo-se a esse critério de atualização até a implantação do plano de custeio e benefícios referidos no artigo seguinte.

* V. Súmula 687, STF.

Parágrafo único. As prestações mensais dos benefícios atualizadas de acordo com este artigo serão devidas e pagas a partir do sétimo mês a contar da promulgação da Constituição.

Art. 59. Os projetos de lei relativos à organização da seguridade social e aos planos de custeio e de benefício serão apresentados no prazo máximo de seis meses da promulgação da Constituição ao Congresso Nacional, que terá seis meses para apreciá-los.

Art. 60

ADCT

Parágrafo único. Aprovados pelo Congresso Nacional, os planos serão implantados progressivamente nos dezoito meses seguintes.

Art. 60. Até o 14º (décimo quarto) ano a partir da promulgação desta Emenda Constitucional, os Estados, o Distrito Federal e os Municípios destinarão parte dos recursos a que se refere o *caput* do art. 212 da Constituição Federal à manutenção e desenvolvimento da educação básica e à remuneração condigna dos trabalhadores da educação, respeitadas as seguintes disposições:

- Artigo com redação determinada pela Emenda Constitucional n. 53/2006 (*DOU* 20.12.2006), em vigor na data de sua publicação, mantidos os efeitos do art. 60 do ADCT, conforme estabelecido pela EC n. 14/1996, até o início da vigência dos Fundos, nos termos da EC n. 53/2006.
- V. Lei 11.494/2007 (Regulamenta o Fundo de Manutenção e Desenvolvimento da Educação Básica e de Valorização dos Profissionais da Educação – Fundeb, de que trata o art. 60 do ADCT).
- V. Dec. 6.253/2007 (Regulamenta a Lei 11.494/2007).

I – a distribuição dos recursos e de responsabilidades entre o Distrito Federal, os Estados e seus Municípios é assegurada mediante a criação, no âmbito de cada Estado e do Distrito Federal, de um Fundo de Manutenção e Desenvolvimento da Educação Básica e de Valorização dos Profissionais da Educação – FUNDEB, de natureza contábil;

II – os Fundos referidos no inciso I do *caput* deste artigo serão constituídos por 20% (vinte por cento) dos recursos a que se referem os incisos I, II e III do art. 155; o inciso II do *caput* do art. 157; os incisos II, III e IV do *caput* do art. 158; e as alíneas *a* e *b* do inciso I e o inciso II do *caput* do art. 159, todos da Constituição Federal, e distribuídos entre cada Estado e seus Municípios, proporcionalmente ao número de alunos das diversas etapas e modalidades da educação básica presencial, matriculados nas respectivas redes, nos respectivos âmbitos de atuação prioritária estabelecidos nos §§ 2º e 3º do art. 211 da Constituição Federal;

III – observadas as garantias estabelecidas nos incisos I, II, III e IV do *caput* do art. 208 da Constituição Federal e as metas de universalização da educação básica estabelecidas no Plano Nacional de Educação, a lei disporá sobre:

- V. Lei 9.424/1996 (Fundo de Manutenção e Desenvolvimento do Ensino Fundamental e de Valorização do Magistério).

a) a organização dos Fundos, a distribuição proporcional de seus recursos, as diferenças e as ponderações quanto ao valor anual por aluno entre etapas e modalidades da educação básica e tipos de estabelecimento de ensino;

b) a forma de cálculo do valor anual mínimo por aluno;

c) os percentuais máximos de apropriação dos recursos dos Fundos pelas diversas etapas e modalidades da educação básica, observados os arts. 208 e 214 da Constituição Federal, bem como as metas do Plano Nacional de Educação;

d) a fiscalização e o controle dos Fundos;

e) prazo para fixar, em lei específica, piso salarial profissional nacional para os profissionais do magistério público da educação básica;

- V. Lei 11.738/2008 (Regulamenta a alínea *e* do inciso III do *caput* do art. 60 do ADCT, para instituir o piso salarial profissional nacional para os profissionais do magistério público da educação básica).

IV – os recursos recebidos à conta dos Fundos instituídos nos termos do inciso I do *caput* deste artigo serão aplicados pelos Estados e Municípios exclusivamente nos respectivos âmbitos de atuação prioritária, conforme estabelecido nos §§ 2º e 3º do art. 211 da Constituição Federal;

V – a União complementará os recursos dos Fundos a que se refere o inciso II do *caput* deste artigo sempre que, no Distrito Federal e em cada Estado, o valor por aluno não alcançar o mínimo definido nacionalmente, fixado em observância ao disposto no inciso VII do *caput* deste artigo, vedada a utilização dos recursos a que se refere o § 5º do art. 212 da Constituição Federal;

VI – até 10% (dez por cento) da complementação da União prevista no inciso V do *caput* deste artigo poderá ser distribuída para os Fundos por meio de programas direcionados para a melhoria da qualidade da educação, na forma da lei a que se refere o inciso III do *caput* deste artigo;

Art. 60

ADCT

VII – a complementação da União de que trata o inciso V do *caput* deste artigo será de, no mínimo:
a) R$ 2.000.000.000,00 (dois bilhões de reais), no primeiro ano de vigência dos Fundos;
b) R$ 3.000.000.000,00 (três bilhões de reais), no segundo ano de vigência dos Fundos;
c) R$ 4.500.000.000,00 (quatro bilhões e quinhentos milhões de reais), no terceiro ano de vigência dos Fundos;
d) 10% (dez por cento) do total dos recursos a que se refere o inciso II do *caput* deste artigo, a partir do quarto ano de vigência dos Fundos;
VIII – a vinculação de recursos à manutenção e desenvolvimento do ensino estabelecida no art. 212 da Constituição Federal suportará, no máximo, 30% (trinta por cento) da complementação da União, considerando-se para os fins deste inciso os valores previstos no inciso VII do *caput* deste artigo;
IX – os valores a que se referem as alíneas *a*, *b*, e *c* do inciso VII do *caput* deste artigo serão atualizados, anualmente, a partir da promulgação desta Emenda Constitucional, de forma a preservar, em caráter permanente, o valor real da complementação da União;
X – aplica-se à complementação da União o disposto no art. 160 da Constituição Federal;
XI – o não cumprimento do disposto nos incisos V e VII do *caput* deste artigo importará crime de responsabilidade da autoridade competente;
XII – proporção não inferior a 60% (sessenta por cento) de cada Fundo referido no inciso I do *caput* deste artigo será destinada ao pagamento dos profissionais do magistério da educação básica em efetivo exercício.
§ 1º A União, os Estados, o Distrito Federal e os Municípios deverão assegurar, no financiamento da educação básica, a melhoria da qualidade de ensino, de forma a garantir padrão mínimo definido nacionalmente.
§ 2º O valor por aluno do ensino fundamental, no Fundo de cada Estado e do Distrito Federal, não poderá ser inferior ao praticado no âmbito do Fundo de Manutenção e Desenvolvimento do Ensino Fundamental e de Valorização do Magistério – Fundef, no ano anterior à vigência desta Emenda Constitucional.
§ 3º O valor anual mínimo por aluno do ensino fundamental, no âmbito do Fundo de Manutenção e Desenvolvimento da Educação Básica e de Valorização dos Profissionais da Educação – Fundeb, não poderá ser inferior ao valor mínimo fixado nacionalmente no ano anterior ao da vigência desta Emenda Constitucional.
§ 4º Para efeito de distribuição de recursos dos Fundos a que se refere o inciso I do *caput* deste artigo, levar-se-á em conta a totalidade das matrículas no ensino fundamental e considerar-se-á para a educação infantil, para o ensino médio e para a educação de jovens e adultos 1/3 (um terço) das matrículas no primeiro ano, 2/3 (dois terços) no segundo ano e sua totalidade a partir do terceiro ano.
§ 5º A porcentagem dos recursos de constituição dos Fundos, conforme o inciso II do *caput* deste artigo, será alcançada gradativamente nos primeiros 3 (três) anos de vigência dos Fundos, da seguinte forma:
I – no caso dos impostos e transferências constantes do inciso II do *caput* do art. 155; do inciso IV do *caput* do art. 158; e das alíneas *a* e *b* do inciso I e do inciso II do *caput* do art. 159 da Constituição Federal:
a) 16,66% (dezesseis inteiros e sessenta e seis centésimos por cento), no primeiro ano;
b) 18,33% (dezoito inteiros e trinta e três centésimos por cento), no segundo ano;
c) 20% (vinte por cento), a partir do terceiro ano;
II – no caso dos impostos e transferências constantes dos incisos I e III do *caput* do art. 155; do inciso II do *caput* do art. 157; e dos incisos II e III do *caput* do art. 158 da Constituição Federal:
a) 6,66% (seis inteiros e sessenta e seis centésimos por cento), no primeiro ano;
b) 13,33% (treze inteiros e trinta e três centésimos por cento), no segundo ano;
c) 20% (vinte por cento), a partir do terceiro ano.
§ 6º *(Revogado pela Emenda Constitucional n. 53/2006.)*
§ 7º *(Revogado pela Emenda Constitucional n. 53/2006.)*

Art. 61

ADCT

Art. 61. As entidades educacionais a que se refere o art. 213, bem como as fundações de ensino e pesquisa cuja criação tenha sido autorizada por lei, que preencham os requisitos dos incisos I e II do referido artigo e que, nos últimos três anos, tenham recebido recursos públicos, poderão continuar a recebê-los, salvo disposição legal em contrário.

Art. 62. A lei criará o Serviço Nacional de Aprendizagem Rural (Senar) nos moldes da legislação relativa ao Serviço Nacional de Aprendizagem Industrial (Senai) e ao Serviço Nacional de Aprendizagem do Comércio (Senac), sem prejuízo das atribuições dos órgãos públicos que atuam na área.

• V. Lei 8.315/1991 (Regulamenta o art. 62 do ADCT).

Art. 63. É criada uma Comissão composta de nove membros, sendo três do Poder Legislativo, três do Poder Judiciário e três do Poder Executivo, para promover as comemorações do centenário da proclamação da República e da promulgação da primeira Constituição republicana do país, podendo, a seu critério, desdobrar-se em tantas subcomissões quantas forem necessárias.

Parágrafo único. No desenvolvimento de suas atribuições, a Comissão promoverá estudos, debates e avaliações sobre a evolução política, social, econômica e cultural do País, podendo articular-se com os governos estaduais e municipais e com instituições públicas e privadas que desejem participar dos eventos.

Art. 64. A Imprensa Nacional e demais gráficas da União, dos Estados, do Distrito Federal e dos Municípios, da administração direta ou indireta, inclusive fundações instituídas e mantidas pelo Poder Público, promoverão edição popular do texto integral da Constituição, que será posta à disposição das escolas e dos cartórios, dos sindicatos, dos quartéis, das igrejas e de outras instituições representativas da comunidade, gratuitamente, de modo que cada cidadão brasileiro possa receber do Estado um exemplar da Constituição do Brasil.

Art. 65. O Poder Legislativo regulamentará, no prazo de doze meses, o art. 220, § 4º.

Art. 66. São mantidas as concessões de serviços públicos de telecomunicações atualmente em vigor, nos termos da lei.

Art. 67. A União concluirá a demarcação das terras indígenas no prazo de cinco anos a partir da promulgação da Constituição.

Art. 68. Aos remanescentes das comunidades dos quilombos que estejam ocupando suas terras é reconhecida a propriedade definitiva, devendo o Estado emitir-lhes os títulos respectivos.

Art. 69. Será permitido aos Estados manter consultorias jurídicas separadas de suas Procuradorias-Gerais ou Advocacias-Gerais, desde que, na data da promulgação da Constituição, tenham órgãos distintos para as respectivas funções.

Art. 70. Fica mantida a atual competência dos tribunais estaduais até que a mesma seja definida na Constituição do Estado, nos termos do art. 125, § 1º, da Constituição.

• V. art. 4º, Emenda Constitucional n. 45/2004.

Art. 71. É instituído, nos exercícios financeiros de 1994 e 1995, bem assim nos períodos de 1º de janeiro de 1996 a 30 de junho de 1997 e 1º de julho de 1997 a 31 de dezembro de 1999, o Fundo Social de Emergência, com o objetivo de saneamento financeiro da Fazenda Pública Federal e de estabilização econômica, cujos recursos serão aplicados prioritariamente no custeio das ações dos sistemas de saúde e educação, incluindo a complementação de recursos de que trata o § 3º do art. 60 do Ato das Disposições Constitucionais Transitórias, benefícios previdenciários e auxílios assistenciais de prestação continuada, inclusive liquidação de passivo previdenciário, e despesas orçamentárias associadas a programas de relevante interesse econômico e social.

• *Caput* com redação determinada pela Emenda Constitucional n. 17/1997.

§ 1º Ao Fundo criado por este artigo não se aplica o disposto na parte final do inciso II do § 9º do art. 165 da Constituição.

• § 1º acrescentado pela Emenda Constitucional n. 10/1996.

§ 2º O Fundo criado por este artigo passa a ser denominado Fundo de Estabilização Fiscal a partir do início do exercício financeiro de 1996.

Art. 72

ADCT

- § 2º acrescentado pela Emenda Constitucional n. 10/1996.

§ 3º O Poder Executivo publicará demonstrativo da execução orçamentária, de periodicidade bimestral, no qual se discriminarão as fontes e usos do Fundo criado por este artigo.

- § 3º acrescentado pela Emenda Constitucional n. 10/1996.

Art. 72. Integram o Fundo Social de Emergência:

- *Caput* acrescentado pela Emenda Constitucional de Revisão n. 1/1994.

I – o produto da arrecadação do imposto sobre renda e proventos de qualquer natureza incidente na fonte sobre pagamentos efetuados, a qualquer título, pela União, inclusive suas autarquias e fundações;

- Inciso I acrescentado pela Emenda Constitucional de Revisão n. 1/1994.

II – a parcela do produto da arrecadação do imposto sobre renda e proventos de qualquer natureza e do imposto sobre operações de crédito, câmbio e seguro, ou relativas a títulos e valores mobiliários, decorrente das alterações produzidas pela Lei 8.894, de 21 de junho de 1994, e pelas Leis 8.849 e 8.848, ambas de 28 de janeiro de 1994, e modificações posteriores;

- Inciso II com redação determinada pela Emenda Constitucional n. 10/1996.

III – a parcela do produto da arrecadação resultante da elevação da alíquota da contribuição social sobre o lucro dos contribuintes a que se refere o § 1º do art. 22 da Lei 8.212, de 24 de julho de 1991, a qual, nos exercícios financeiros de 1994 e 1995, bem assim no período de 1º de janeiro de 1996 a 30 de junho de 1997, passa a ser de trinta por cento, sujeita a alteração por lei ordinária, mantidas as demais normas da Lei 7.689, de 15 de dezembro de 1988;

- Inciso III com redação determinada pela Emenda Constitucional n. 10/1996.

IV – vinte por cento do produto da arrecadação de todos os impostos e contribuições da União, já instituídos ou a serem criados, excetuado o previsto nos incisos I, II e III, observado o disposto nos §§ 3º e 4º;

- Inciso IV com redação determinada pela Emenda Constitucional n. 10/1996.

V – a parcela do produto da arrecadação da contribuição de que trata a Lei Complementar 7, de 7 de setembro de 1970, devida pelas pessoas jurídicas a que se refere o inciso III deste artigo, a qual será calculada, nos exercícios financeiros de 1994 a 1995, bem assim nos períodos de 1º de janeiro de 1996 a 30 de junho de 1997 e de 1º de julho de 1997 a 31 de dezembro de 1999, mediante a aplicação da alíquota de setenta e cinco centésimos por cento, sujeita a alteração por lei ordinária posterior, sobre a receita bruta operacional, como definida na legislação do imposto sobre renda e proventos de qualquer natureza;

- Inciso V com redação determinada pela Emenda Constitucional n. 17/1997.

VI – outras receitas previstas em lei específica.

- Inciso VI acrescentado pela Emenda Constitucional de Revisão n. 1/1994.

§ 1º As alíquotas e a base de cálculo previstas nos incisos III e V aplicar-se-ão a partir do primeiro dia do mês seguinte aos noventa dias posteriores à promulgação desta Emenda.

- § 1º acrescentado pela Emenda Constitucional de Revisão n. 1/1994.

§ 2º As parcelas de que tratam os incisos I, II, III e V serão previamente deduzidas da base de cálculo de qualquer vinculação ou participação constitucional ou legal, não se lhes aplicando o disposto nos arts. 159, 212 e 239 da Constituição.

- § 2º com redação determinada pela Emenda Constitucional n. 10/1996.

§ 3º A parcela de que trata o inciso IV será previamente deduzida da base de cálculo das vinculações ou participações constitucionais previstas nos arts. 153, § 5º, 157, II, 212 e 239 da Constituição.

- § 3º com redação determinada pela Emenda Constitucional n. 10/1996.

§ 4º O disposto no parágrafo anterior não se aplica aos recursos previstos nos arts. 158, II, e 159 da Constituição.

- § 4º com redação determinada pela Emenda Constitucional n. 10/1996.

§ 5º A parcela dos recursos provenientes do imposto sobre renda e proventos de qualquer natureza, destinada ao Fundo Social de Emergência, nos termos do inciso II deste

Art. 73

ADCT

artigo, não poderá exceder a cinco inteiros e seis décimos por cento do total do produto da sua arrecadação.

• § 5º com redação determinada pela Emenda Constitucional n. 10/1996.

Art. 73. Na regulação do Fundo Social de Emergência não poderá ser utilizado o instrumento previsto no inciso V do art. 59 da Constituição.

• Artigo acrescentado pela Emenda Constitucional de Revisão n. 1/1994.

Art. 74. A União poderá instituir contribuição provisória sobre movimentação ou transmissão de valores e de créditos e direitos de natureza financeira.

• Artigo acrescentado pela Emenda Constitucional n. 12/1996.

§ 1º A alíquota da contribuição de que trata este artigo não excederá a vinte e cinco centésimos por cento, facultado ao Poder Executivo reduzi-la ou restabelecê-la, total ou parcialmente, nas condições e limites fixados em lei.

§ 2º À contribuição de que trata este artigo não se aplica o disposto nos arts. 153, § 5º, e 154, I, da Constituição.

§ 3º O produto da arrecadação da contribuição de que trata este artigo será destinado integralmente ao Fundo Nacional de Saúde, para financiamento das ações e serviços de saúde.

§ 4º A contribuição de que trata este artigo terá sua exigibilidade subordinada ao disposto no art. 195, § 6º, da Constituição, e não poderá ser cobrada por prazo superior a dois anos.

• V. Lei 9.311/1996 (Contribuição provisória sobre movimentação ou transmissão de valores e de créditos e direitos de natureza financeira – CPMF).

Art. 75. É prorrogada, por trinta e seis meses, a cobrança da contribuição provisória sobre movimentação ou transmissão de valores e de créditos e direitos de natureza financeira de que trata o art. 74, instituída pela Lei 9.311, de 24 de outubro de 1996, modificada pela Lei 9.539, de 12 de dezembro de 1997, cuja vigência é também prorrogada por idêntico prazo.

• Artigo acrescentado pela Emenda Constitucional n. 21/1999.

§ 1º Observado o disposto no § 6º do art. 195 da Constituição Federal, a alíquota da contribuição será de trinta e oito centésimos por cento, nos primeiros doze meses, e de trinta centésimos, nos meses subsequentes, facultado ao Poder Executivo reduzi-la total ou parcialmente, nos limites aqui definidos.

§ 2º O resultado do aumento da arrecadação, decorrente da alteração da alíquota, nos exercícios financeiros de 1999, 2000 e 2001, será destinado ao custeio da previdência social.

§ 3º É a União autorizada a emitir títulos da dívida pública interna, cujos recursos serão destinados ao custeio da saúde e da previdência social, em montante equivalente ao produto da arrecadação da contribuição, prevista e não realizada em 1999.

• O STF, na ADIn 2.031-5 (*DOU* e *DJU* 05.11.2003), julgou parcialmente procedente o pedido formulado na ação para declarar a inconstitucionalidade do § 3º do art. 75 do ADCT, incluído pela EC n. 21/1999.

Art. 76. São desvinculados de órgão, fundo ou despesa, até 31 de dezembro de 2015, 20% (vinte por cento) da arrecadação da União de impostos, contribuições sociais e de intervenção no domínio econômico, já instituídos ou que vierem a ser criados até a referida data, seus adicionais e respectivos acréscimos legais.

• Artigo com redação determinada pela Emenda Constitucional n. 68/2011.

§ 1º O disposto no *caput* não reduzirá a base de cálculo das transferências a Estados, Distrito Federal e Municípios, na forma do § 5º do art. 153, do inciso I do art. 157, dos incisos I e II do art. 158 e das alíneas *a*, *b* e *d* do inciso I e do inciso II do art. 159 da Constituição Federal, nem a base de cálculo das destinações a que se refere a alínea *c* do inciso I do art. 159 da Constituição Federal.

§ 2º Excetua-se da desvinculação de que trata o *caput* a arrecadação da contribuição social do salário-educação a que se refere o § 5º do art. 212 da Constituição Federal.

§ 3º Para efeito do cálculo dos recursos para manutenção e desenvolvimento do ensino de que trata o art. 212 da Constituição Federal, o percentual referido no *caput* será nulo.

Art. 77. Até o exercício financeiro de 2004, os recursos mínimos aplicados nas

ADCT

ações e serviços públicos de saúde serão equivalentes:

• Artigo acrescentado pela Emenda Constitucional n. 29/2000.

I – no caso da União:

a) no ano 2000, o montante empenhado em ações e serviços públicos de saúde no exercício financeiro de 1999 acrescido de, no mínimo, cinco por cento;

b) do ano 2001 ao ano 2004, o valor apurado no ano anterior, corrigido pela variação nominal do Produto Interno Bruto – PIB;

II – no caso dos Estados e do Distrito Federal, doze por cento do produto da arrecadação dos impostos a que se refere o art. 155 e dos recursos de que tratam os arts. 157 e 159, inciso I, alínea a, e inciso II, deduzidas as parcelas que forem transferidas aos respectivos Municípios; e

III – no caso dos Municípios e do Distrito Federal, quinze por cento do produto da arrecadação dos impostos a que se refere o art. 156 e dos recursos de que tratam os arts. 158 e 159, inciso I, alínea b e § 3º.

§ 1º Os Estados, o Distrito Federal e os Municípios que apliquem percentuais inferiores aos fixados nos incisos II e III deverão elevá-los gradualmente, até o exercício financeiro de 2004, reduzida a diferença à razão de, pelo menos, um quinto por ano, sendo que, a partir de 2000, a aplicação será de pelo menos sete por cento.

§ 2º Dos recursos da União apurados nos termos deste artigo, quinze por cento, no mínimo, serão aplicados nos Municípios, segundo o critério populacional, em ações e serviços básicos de saúde, na forma da lei.

§ 3º Os recursos dos Estados, do Distrito Federal e dos Municípios destinados às ações e serviços públicos de saúde e os transferidos pela União para a mesma finalidade serão aplicados por meio de Fundo de Saúde que será acompanhado e fiscalizado por Conselho de Saúde, sem prejuízo do disposto no art. 74 da Constituição Federal.

§ 4º Na ausência da lei complementar a que se refere o art. 198, § 3º, a partir do exercício financeiro de 2005, aplicar-se-á à União, aos Estados, ao Distrito Federal e aos Municípios o disposto neste artigo.

Art. 78. Ressalvados os créditos definidos em lei como de pequeno valor, os de natureza alimentícia, os de que trata o art. 33 deste Ato das Disposições Constitucionais Transitórias e suas complementações e os que já tiverem os seus respectivos recursos liberados ou depositados em juízo, os precatórios pendentes na data de promulgação desta Emenda e os que decorram de ações iniciais ajuizadas até 31 de dezembro de 1999 serão liquidadas pelo seu valor real, em moeda corrente, acrescido de juros legais, em prestações anuais, iguais e sucessivas, no prazo máximo de dez anos, permitida a cessão dos créditos.

• Artigo acrescentado pela Emenda Constitucional n. 30/2000.
• V. art. 97, ADCT.
• O STF, na Med. Caut. em ADIn 2.356 e 2.362, deferiu a cautelar (DOU e DJE 07.12.2010; DJE 19.05.2011) para suspender a eficácia do art. 2º da Emenda Constitucional 30/2000, que introduziu o art. 78 no ADCT.

§ 1º É permitida a decomposição de parcelas, a critério do credor.

§ 2º As prestações anuais a que se refere o caput deste artigo terão, se não liquidadas até o final do exercício a que se referem, poder liberatório do pagamento de tributos da entidade devedora.

• V. art. 6º, Emenda Constitucional n. 62/2009.

§ 3º O prazo referido no caput deste artigo fica reduzido para dois anos, nos casos de precatórios judiciais originários de desapropriação de imóvel residencial do credor, desde que comprovadamente único à época da imissão na posse.

§ 4º O Presidente do Tribunal competente deverá, vencido o prazo ou em caso de omissão no orçamento, ou preterição ao direito de precedência, a requerimento do credor, requisitar ou determinar o sequestro de recursos financeiros da entidade executada, suficientes à satisfação da prestação.

Art. 79. É instituído, para vigorar até o ano de 2010, no âmbito do Poder Executivo Federal, o Fundo de Combate e Erradicação da Pobreza, a ser regulado por lei complementar com o objetivo de viabilizar a todos os brasileiros acesso a níveis dignos de subsistência, cujos recursos serão aplicados em ações suplementares de nutrição, habitação, educação, saúde, reforço de renda familiar e outros programas de relevante inte-

Art. 80

ADCT

resse social voltados para melhoria da qualidade de vida.

- Artigo acrescentado pela Emenda Constitucional n. 31/2000.
- V. art. 4º, Emenda Constitucional n. 42/2003.
- V. art. 1º, Emenda Constitucional n. 67/2010 (*DOU* 23.12.2010), que prorroga por tempo indeterminado, o prazo de vigência do Fundo de Combate e Erradicação da Pobreza a que se refere o *caput* do art. 79 do ADCT e, igualmente, o prazo de vigência da LC 111/2001.

Parágrafo único. O Fundo previsto neste artigo terá Conselho Consultivo e de Acompanhamento que conte com a participação de representantes da sociedade civil, nos termos da lei.

Art. 80. Compõem o Fundo de Combate e Erradicação da Pobreza:

- Artigo acrescentado pela Emenda Constitucional n. 31/2000.
- V. art. 4º, Emenda Constitucional n. 42/2003.

I – a parcela do produto da arrecadação correspondente a um adicional de oito centésimos por cento, aplicável de 18 de junho de 2000 a 17 de junho de 2002, na alíquota da contribuição social de que trata o art. 75 do Ato das Disposições Constitucionais Transitórias;

II – a parcela do produto da arrecadação correspondente a um adicional de cinco pontos percentuais na alíquota do Imposto sobre Produtos Industrializados – IPI, ou do imposto que vier a substituí-lo, incidente sobre produtos supérfluos e aplicável até a extinção do Fundo;

III – o produto da arrecadação do imposto de que trata o art. 153, inciso VII, da Constituição;

IV – dotações orçamentárias;

V – doações, de qualquer natureza, de pessoas físicas ou jurídicas do País ou do exterior;

VI – outras receitas, a serem definidas na regulamentação do referido Fundo.

§ 1º Aos recursos integrantes do Fundo de que trata este artigo não se aplica o disposto nos arts. 159 e 167, inciso IV, da Constituição, assim como qualquer desvinculação de recursos orçamentários.

§ 2º A arrecadação decorrente do disposto no inciso I deste artigo, no período compreendido entre 18 de junho de 2000 e o início da vigência da lei complementar a que se refere o art. 79, será integralmente repassada ao Fundo, preservado o seu valor real, em títulos públicos federais, progressivamente resgatáveis após 18 de junho de 2002, na forma da lei.

Art. 81. É instituído Fundo constituído pelos recursos recebidos pela União em decorrência da desestatização de sociedades de economia mista ou empresas públicas por ela controladas, direta ou indiretamente, quando a operação envolver a alienação do respectivo controle acionário a pessoa ou entidade não integrante da Administração Pública, ou de participação societária remanescente após a alienação, cujos rendimentos, gerados a partir de 18 de junho de 2002, reverterão ao Fundo de Combate e Erradicação da Pobreza.

- Artigo acrescentado pela Emenda Constitucional n. 31/2000.

§ 1º Caso o montante anual previsto nos rendimentos transferidos ao Fundo de Combate e Erradicação da Pobreza, na forma deste artigo, não alcance o valor de quatro bilhões de reais, far-se-á complementação na forma do art. 80, inciso IV, do Ato das Disposições Constitucionais Transitórias.

§ 2º Sem prejuízo do disposto no § 1º, o Poder Executivo poderá destinar ao Fundo a que se refere este artigo outras receitas decorrentes da alienação de bens da União.

§ 3º A constituição do Fundo a que se refere o *caput*, a transferência de recursos ao Fundo de Combate e Erradicação da Pobreza e as demais disposições referentes ao § 1º deste artigo serão disciplinadas em lei, não se aplicando o disposto no art. 165, § 9º, inciso II, da Constituição.

Art. 82. Os Estados, o Distrito Federal e os Municípios devem instituir Fundos de Combate à Pobreza, com os recursos de que trata este artigo e outros que vierem a destinar, devendo os referidos Fundos ser geridos por entidades que contem com a participação da sociedade civil.

- *Caput* acrescentado pela Emenda Constitucional n. 31/2000.
- V. art. 4º, Emenda Constitucional n. 42/2003.

§ 1º Para o financiamento dos Fundos Estaduais e Distrital, poderá ser criado adicional de até dois pontos percentuais na alíquota do Imposto sobre Circulação de Mercado-

Art. 85

ADCT

rias e Serviços – ICMS, sobre os produtos e serviços supérfluos e nas condições definidas na lei complementar de que trata o art. 155, § 2º, XII, da Constituição, não se aplicando, sobre este percentual, o disposto no art. 158, IV, da Constituição.

* § 1º com redação determinada pela Emenda Constitucional n. 42/2003.

§ 2º Para o financiamento dos Fundos Municipais, poderá ser criado adicional de até meio ponto percentual na alíquota do Imposto sobre Serviços ou do imposto que vier a substituí-lo, sobre serviços supérfluos.

* § 2º acrescentado pela Emenda Constitucional n. 31/2000.

Art. 83. Lei federal definirá os produtos e serviços supérfluos a que se referem os arts. 80, II, e 82, § 2º.

* Artigo com redação determinada pela Emenda Constitucional n. 42/2003.

Art. 84. A contribuição provisória sobre movimentação ou transmissão de valores e de créditos e direitos de natureza financeira, prevista nos arts. 74, 75 e 80, I, deste Ato das Disposições Constitucionais Transitórias, será cobrada até 31 de dezembro de 2004.

* Artigo acrescentado pela Emenda Constitucional n. 37/2002.
* V. art. 90, ADCT.

§ 1º Fica prorrogada, até a data referida no *caput* deste artigo, a vigência da Lei 9.311, de 24 de outubro de 1996, e suas alterações.

§ 2º Do produto da arrecadação da contribuição social de que trata este artigo será destinada a parcela correspondente à alíquota de:

I – vinte centésimos por cento ao Fundo Nacional de Saúde, para financiamento das ações e serviços de saúde;

II – dez centésimos por cento ao custeio da previdência social;

III – oito centésimos por cento ao Fundo de Combate e Erradicação da Pobreza, de que tratam os arts. 80 e 81 deste Ato das Disposições Constitucionais Transitórias.

§ 3º A alíquota da contribuição de que trata este artigo será de:

I – trinta e oito centésimos por cento, nos exercícios financeiros de 2002 e 2003;

II – *(Revogado pela Emenda Constitucional n. 42/2003.)*

Art. 85. A contribuição a que se refere o art. 84 deste Ato das Disposições Constitucionais Transitórias não incidirá, a partir do trigésimo dia da data de publicação desta Emenda Constitucional, nos lançamentos:

* Artigo acrescentado pela Emenda Constitucional n. 37/2002.

I – em contas-correntes de depósito especialmente abertas e exclusivamente utilizadas para operações de:

* V. art. 2º, Lei 10.892/2004 (*DOU* 14.07.2004), em vigor em 1º.10.2004, que dispõe sobre multas nos casos de utilização diversa da prevista na legislação das contas-correntes de depósito beneficiárias da alíquota 0 (zero), bem como da inobservância de normas baixadas pelo BACEN que resulte na falta de cobrança da CPMF devida.

a) câmaras e prestadoras de serviços de compensação e de liquidação de que trata o parágrafo único do art. 2º da Lei 10.214, de 27 de março de 2001;

b) companhias securitizadoras de que trata a Lei 9.514, de 20 de novembro de 1997;

c) sociedades anônimas que tenham por objeto exclusivo a aquisição de créditos oriundos de operações praticadas no mercado financeiro;

II – em contas-correntes de depósito, relativos a:

a) operações de compra e venda de ações, realizadas em recintos ou sistemas de negociação de bolsas de valores e no mercado de balcão organizado;

b) contratos referenciados em ações ou índices de ações, em suas diversas modalidades, negociados em bolsas de valores, de mercadorias e de futuros;

III – em contas de investidores estrangeiros, relativos a entradas no País e a remessas para o exterior de recursos financeiros empregados, exclusivamente, em operações e contratos referidos no inciso II deste artigo.

§ 1º O Poder Executivo disciplinará o disposto neste artigo no prazo de trinta dias da data de publicação desta Emenda Constitucional.

§ 2º O disposto no inciso I deste artigo aplica-se somente às operações relacionadas em ato do Poder Executivo, dentre aquelas que constituam o objeto social das referidas entidades.

§ 3º O disposto no inciso II deste artigo aplica-se somente a operações e contratos efetuados por intermédio de instituições financeiras, sociedades corretoras de títulos e valores mobiliários, sociedades distribuidoras de títulos e valores mobiliários e sociedades corretoras de mercadorias.

Art. 86. Serão pagos conforme disposto no art. 100 da Constituição Federal, não se lhes aplicando a regra de parcelamento estabelecida no *caput* do art. 78 deste Ato das Disposições Constitucionais Transitórias, os débitos da Fazenda Federal, Estadual, Distrital ou Municipal oriundos de sentenças transitadas em julgado, que preencham, cumulativamente, as seguintes condições:

- Artigo acrescentado pela Emenda Constitucional n. 37/2002.

I – ter sido objeto de emissão de precatórios judiciários;

II – ter sido definidos como de pequeno valor pela lei de que trata o § 3º do art. 100 da Constituição Federal ou pelo art. 87 deste Ato das Disposições Constitucionais Transitórias;

III – estar, total ou parcialmente, pendentes de pagamento na data da publicação desta Emenda Constitucional.

§ 1º Os débitos a que se refere o *caput* deste artigo, ou os respectivos saldos, serão pagos na ordem cronológica de apresentação dos respectivos precatórios, com precedência sobre os de maior valor.

§ 2º Os débitos a que se refere o *caput* deste artigo, se ainda não tiverem sido objeto de pagamento parcial, nos termos do art. 78 deste Ato das Disposições Constitucionais Transitórias, poderão ser pagos em duas parcelas anuais, se assim dispuser a lei.

§ 3º Observada a ordem cronológica de sua apresentação, os débitos de natureza alimentícia previstos neste artigo terão precedência para pagamento sobre todos os demais.

Art. 87. Para efeito do que dispõem o § 3º do art. 100 da Constituição Federal e o art. 78 deste Ato das Disposições Constitucionais Transitórias serão considerados de pequeno valor, até que se dê a publicação oficial das respectivas leis definidoras pelos entes da Federação, observado o disposto no § 4º do art. 100 da Constituição Federal, os débitos ou obrigações consignados em precatório judiciário, que tenham valor igual ou inferior a:

- Artigo acrescentado pela Emenda Constitucional n. 37/2002.

I – quarenta salários mínimos, perante a Fazenda dos Estados e do Distrito Federal;

II – trinta salários mínimos, perante a Fazenda dos Municípios.

Parágrafo único. Se o valor da execução ultrapassar o estabelecido neste artigo, o pagamento far-se-á, sempre, por meio de precatório, sendo facultada à parte exequente a renúncia ao crédito do valor excedente, para que possa optar pelo pagamento do saldo sem o precatório, da forma prevista no § 3º do art. 100.

Art. 88. Enquanto lei complementar não disciplinar o disposto nos incisos I e III do § 3º do art. 156 da Constituição Federal, o imposto a que se refere o inciso III do *caput* do mesmo artigo:

- Artigo acrescentado pela Emenda Constitucional n. 37/2002.

I – terá alíquota mínima de dois por cento, exceto para os serviços a que se referem os itens 32, 33 e 34 da Lista de Serviços anexa ao Decreto-lei 406, de 31 de dezembro de 1968;

II – não será objeto de concessão de isenções, incentivos e benefícios fiscais, que resulte, direta ou indiretamente, na redução da alíquota mínima estabelecida no inciso I.

Art. 89. Os integrantes da carreira policial militar e os servidores municipais do ex-Território Federal de Rondônia que, comprovadamente, se encontravam no exercício regular de suas funções prestando serviço àquele ex-Território na data em que foi transformado em Estado, bem como os servidores e os policiais militares alcançados pelo disposto no art. 36 da Lei Complementar 41, de 22 de dezembro de 1981, e aqueles admitidos regularmente nos quadros do Estado de Rondônia até a data de posse do primeiro Governador eleito, em 15 de março de 1987, constituirão, mediante opção, quadro em extinção da administração federal, assegurados os direitos e as vantagens a eles inerentes, vedado o paga-

Art. 94

ADCT

mento, a qualquer título, de diferenças remuneratórias.

- Artigo com redação determinada pela Emenda Constitucional n. 60/2009 (*DOU* 12.11.2009), em vigor na data de sua publicação, não produzindo efeitos retroativos.
- V. art. 1º, Emenda Constitucional n. 60/2009 (Quadro de servidores civis e militares do ex-Território Federal de Rondônia).

§ 1º Os membros da Polícia Militar continuarão prestando serviços ao Estado de Rondônia, na condição de cedidos, submetidos às corporações da Polícia Militar, observadas as atribuições de função compatíveis com o grau hierárquico.

§ 2º Os servidores a que se refere o *caput* continuarão prestando serviços ao Estado de Rondônia na condição de cedidos, até seu aproveitamento em órgão ou entidade da administração federal direta, autárquica ou fundacional.

Art. 90. O prazo previsto no *caput* do art. 84 deste Ato das Disposições Constitucionais Transitórias fica prorrogado até 31 de dezembro de 2007.

- Artigo acrescentado pela Emenda Constitucional n. 42/2003.

§ 1º Fica prorrogada, até a data referida no *caput* deste artigo, a vigência da Lei 9.311, de 24 de outubro de 1996, e suas alterações.

§ 2º Até a data referida no *caput* deste artigo, a alíquota da contribuição de que trata o art. 84 deste Ato das Disposições Constitucionais Transitórias será de trinta e oito centésimos por cento.

Art. 91. A União entregará aos Estados e ao Distrito Federal o montante definido em lei complementar, de acordo com critérios, prazos e condições nela determinados, podendo considerar as exportações para o exterior de produtos primários e semielaborados, a relação entre as exportações e as importações, os créditos decorrentes de aquisições destinadas ao ativo permanente e a efetiva manutenção e aproveitamento do crédito do imposto a que se refere o art. 155, § 2º, X, *a*.

- Artigo acrescentado pela Emenda Constitucional n. 42/2003.

§ 1º Do montante de recursos que cabe a cada Estado, setenta e cinco por cento pertencem ao próprio Estado, e vinte e cinco por cento, aos seus Municípios, distribuídos segundo os critérios a que se refere o art. 158, parágrafo único, da Constituição.

§ 2º A entrega de recursos prevista neste artigo perdurará, conforme definido em lei complementar, até que o imposto a que se refere o art. 155, II, tenha o produto de sua arrecadação destinado predominantemente, em proporção não inferior a oitenta por cento, ao Estado onde ocorrer o consumo das mercadorias, bens ou serviços.

§ 3º Enquanto não for editada a lei complementar de que trata o *caput*, em substituição ao sistema de entrega de recursos nele previsto, permanecerá vigente o sistema de entrega de recursos previsto no art. 31 e Anexo da Lei Complementar 87, de 13 de setembro de 1996, com a redação dada pela Lei Complementar 115, de 26 de dezembro de 2002.

§ 4º Os Estados e o Distrito Federal deverão apresentar à União, nos termos das instruções baixadas pelo Ministério da Fazenda, as informações relativas ao imposto de que trata o art. 155, II, declaradas pelos contribuintes que realizarem operações ou prestações com destino ao exterior.

Art. 92. São acrescidos dez anos ao prazo fixado no art. 40 deste Ato das Disposições Constitucionais Transitórias.

- Artigo acrescentado pela Emenda Constitucional n. 42/2003.

Art. 92-A. São acrescidos 50 (cinquenta) anos ao prazo fixado pelo art. 92 deste Ato das Disposições Constitucionais Transitórias.

- Artigo acrescentado pela Emenda Constitucional n. 83/2014.

Art. 93. A vigência do disposto no art. 159, III, e § 4º, iniciará somente após a edição da lei de que trata o referido inciso III.

- Artigo acrescentado pela Emenda Constitucional n. 42/2003.

Art. 94. Os regimes especiais de tributação para microempresas e empresas de pequeno porte próprios da União, dos Estados, do Distrito Federal e dos Municípios cessarão a partir da entrada em vigor do regime previsto no art. 146, III, *d*, da Constituição.

- Artigo acrescentado pela Emenda Constitucional n. 42/2003.

Art. 95

ADCT

Art. 95. Os nascidos no estrangeiro entre 7 de junho de 1994 e a data da promulgação desta Emenda Constitucional, filhos de pai brasileiro ou mãe brasileira, poderão ser registrados em repartição diplomática ou consular brasileira competente ou em ofício de registro, se vierem a residir na República Federativa do Brasil.

- Artigo acrescentado pela Emenda Constitucional n. 54/2007 (DOU 21.09.2007).

Art. 96. Ficam convalidados os atos de criação, fusão, incorporação e desmembramento de Municípios, cuja lei tenha sido publicada até 31 de dezembro de 2006, atendidos os requisitos estabelecidos na legislação do respectivo Estado à época de sua criação.

- Artigo acrescentado pela Emenda Constitucional n. 57/2008.

Art. 97. Até que seja editada a lei complementar de que trata o § 15 do art. 100 da Constituição Federal, os Estados, o Distrito Federal e os Municípios que, na data de publicação desta Emenda Constitucional, estejam em mora na quitação de precatórios vencidos, relativos às suas administrações direta e indireta, inclusive os emitidos durante o período de vigência do regime especial instituído por este artigo, farão esses pagamentos de acordo com as normas a seguir estabelecidas, sendo inaplicável o disposto no art. 100 da Constituição Federal, exceto em seus §§ 2º, 3º, 9º, 10, 11, 12, 13 e 14, e sem prejuízo dos acordos de juízos conciliatórios já formalizados na data de promulgação desta Emenda Constitucional.

- Artigo acrescentado pela Emenda Constitucional n. 62/2009.
- V. ADIn 4.425.
- V. art. 3º, Emenda Constitucional n. 62/2009, que determina que a implantação do regime de pagamento criado por este artigo, deverá ocorrer no prazo de até 90 (noventa) dias, contados da publicação da referida EC.
- V. art. 100, CF.

§ 1º Os Estados, o Distrito Federal e os Municípios sujeitos ao regime especial de que trata este artigo optarão, por meio de ato do Poder Executivo:

I – pelo depósito em conta especial do valor referido pelo § 2º deste artigo; ou

II – pela adoção do regime especial pelo prazo de até 15 (quinze) anos, caso em que o percentual a ser depositado na conta especial a que se refere o § 2º deste artigo corresponderá, anualmente, ao saldo total dos precatórios devidos, acrescido do índice oficial de remuneração básica da caderneta de poupança e de juros simples no mesmo percentual de juros incidentes sobre a caderneta de poupança para fins de compensação da mora, excluída a incidência de juros compensatórios, diminuído das amortizações e dividido pelo número de anos restantes no regime especial de pagamento.

§ 2º Para saldar os precatórios, vencidos e a vencer, pelo regime especial, os Estados, o Distrito Federal e os Municípios devedores depositarão mensalmente, em conta especial criada para tal fim, 1/12 (um doze avos) do valor calculado percentualmente sobre as respectivas receitas correntes líquidas, apuradas no segundo mês anterior ao mês de pagamento, sendo que esse percentual, calculado no momento de opção pelo regime e mantido fixo até o final do prazo a que se refere o § 14 deste artigo, será:

I – para os Estados e para o Distrito Federal:
a) de, no mínimo, 1,5% (um inteiro e cinco décimos por cento), para os Estados das regiões Norte, Nordeste e Centro-Oeste, além do Distrito Federal, ou cujo estoque de precatórios pendentes das suas administrações direta e indireta corresponder a até 35% (trinta e cinco por cento) do total da receita corrente líquida;

b) de, no mínimo, 2% (dois por cento), para os Estados das regiões Sul e Sudeste, cujo estoque de precatórios pendentes das suas administrações direta e indireta corresponder a mais de 35% (trinta e cinco por cento) da receita corrente líquida;

II – para Municípios:
a) de, no mínimo, 1% (um por cento), para Municípios das regiões Norte, Nordeste e Centro-Oeste, ou cujo estoque de precatórios pendentes das suas administrações direta e indireta corresponder a até 35% (trinta e cinco por cento) da receita líquida;

b) de, no mínimo, 1,5% (um inteiro e cinco décimos por cento), para Municípios das regiões Sul e Sudeste, cujo estoque de preca-

ADCT

tórios pendentes das suas administrações direta e indireta corresponder a mais de 35% (trinta e cinco por cento) da receita corrente líquida.

§ 3º Entende-se como receita corrente líquida, para os fins de que trata este artigo, o somatório das receitas tributárias, patrimoniais, industriais, agropecuárias, de contribuições e de serviços, transferências correntes e outras receitas correntes, incluindo as oriundas do § 1º do art. 20 da Constituição Federal, verificado no período compreendido pelo mês de referência e os 11 (onze) meses anteriores, excluídas as duplicidades, e deduzidas:

I – nos Estados, as parcelas entregues aos Municípios por determinação constitucional;

II – nos Estados, no Distrito Federal e nos Municípios, a contribuição dos servidores para custeio do seu sistema de previdência e assistência social e as receitas provenientes da compensação financeira referida no § 9º do art. 201 da Constituição Federal.

§ 4º As contas especiais de que tratam os §§ 1º e 2º serão administradas pelo Tribunal de Justiça local, para pagamento de precatórios expedidos pelos tribunais.

§ 5º Os recursos depositados nas contas especiais de que tratam os §§ 1º e 2º deste artigo não poderão retornar para Estados, Distrito Federal e Municípios devedores.

§ 6º Pelo menos 50% (cinquenta por cento) dos recursos de que tratam os §§ 1º e 2º deste artigo serão utilizados para pagamento de precatórios em ordem cronológica de apresentação, respeitadas as preferências definidas no § 1º, para os requisitórios do mesmo ano e no § 2º do art. 100, para requisitórios de todos os anos.

§ 7º Nos casos em que não se possa estabelecer a precedência cronológica entre 2 (dois) precatórios, pagar-se-á primeiramente o precatório de menor valor.

§ 8º A aplicação dos recursos restantes dependerá de opção a ser exercida por Estados, Distrito Federal e Municípios devedores, por ato do Poder Executivo, obedecendo à seguinte forma, que poderá ser aplicada isoladamente ou simultaneamente:

I – destinados ao pagamento dos precatórios por meio do leilão;

II – destinados a pagamento a vista de precatórios não quitados na forma do § 6º e do inciso I, em ordem única e crescente de valor por precatório;

III – destinados a pagamento por acordo direto com os credores, na forma estabelecida por lei própria da entidade devedora, que poderá prever criação e forma de funcionamento de câmara de conciliação.

§ 9º Os leilões de que trata o inciso I do § 8º deste artigo:

I – serão realizados por meio de sistema eletrônico administrado por entidade autorizada pela Comissão de Valores Mobiliários ou pelo Banco Central do Brasil;

II – admitirão a habilitação de precatórios, ou parcela de cada precatório indicada pelo seu detentor, em relação aos quais não esteja pendente, no âmbito do Poder Judiciário, recurso ou impugnação de qualquer natureza, permitida por iniciativa do Poder Executivo a compensação com débitos líquidos e certos, inscritos ou não em dívida ativa e constituídos contra devedor originário pela Fazenda Pública devedora até a data da expedição do precatório, ressalvados aqueles cuja exigibilidade esteja suspensa nos termos da legislação, ou que já tenham sido objeto de abatimento nos termos do § 9º do art. 100 da Constituição Federal;

III – ocorrerão por meio de oferta pública a todos os credores habilitados pelo respectivo ente federativo devedor;

IV – considerarão automaticamente habilitado o credor que satisfaça o que consta no inciso II;

V – serão realizados tantas vezes quanto necessário em função do valor disponível;

VI – a competição por parcela do valor total ocorrerá a critério do credor, com deságio sobre o valor desta;

VII – ocorrerão na modalidade deságio, associado ao maior volume ofertado cumulado ou não com o maior percentual de deságio, pelo maior percentual de deságio, podendo ser fixado valor máximo por credor, ou por outro critério a ser definido em edital;

VIII – o mecanismo de formação de preço constará nos editais publicados para cada leilão;

IX – a quitação parcial dos precatórios será homologada pelo respectivo Tribunal que o expediu.

Art. 97

ADCT

§ 10. No caso de não liberação tempestiva dos recursos de que tratam o inciso II do § 1º e os §§ 2º e 6º deste artigo:

I – haverá o sequestro de quantia nas contas de Estados, Distrito Federal e Municípios devedores, por ordem do Presidente do Tribunal referido no § 4º, até o limite do valor não liberado;

II – constituir-se-á, alternativamente, por ordem do Presidente do Tribunal requerido, em favor dos credores de precatórios, contra Estados, Distrito Federal e Municípios devedores, direito líquido e certo, autoaplicável e independentemente de regulamentação, à compensação automática com débitos líquidos lançados por esta contra aqueles, e, havendo saldo em favor do credor, o valor terá automaticamente poder liberatório do pagamento de tributos de Estados, Distrito Federal e Municípios devedores, até onde se compensarem;

III – o chefe do Poder Executivo responderá na forma da legislação de responsabilidade fiscal e de improbidade administrativa;

IV – enquanto perdurar a omissão, a entidade devedora:

a) não poderá contrair empréstimo externo ou interno;

b) ficará impedida de receber transferências voluntárias;

V – a União reterá os repasses relativos ao Fundo de Participação dos Estados e do Distrito Federal e ao Fundo de Participação dos Municípios, e os depositará nas contas especiais referidas no § 1º, devendo sua utilização obedecer ao que prescreve o § 5º, ambos deste artigo.

§ 11. No caso de precatórios relativos a diversos credores, em litisconsórcio, admite-se o desmembramento do valor, realizado pelo Tribunal de origem do precatório, por credor, e, por este, a habilitação do valor total a que tem direito, não se aplicando, neste caso, a regra do § 3º do art. 100 da Constituição Federal.

§ 12. Se a lei a que se refere o § 4º do art. 100 não estiver publicada em até 180 (cento e oitenta) dias, contados da data de publicação desta Emenda Constitucional, será considerado, para os fins referidos, em relação a Estados, Distrito Federal e Municípios devedores, omissos na regulamentação, o valor de:

I – 40 (quarenta) salários mínimos para Estados e para o Distrito Federal;

II – 30 (trinta) salários mínimos para Municípios.

§ 13. Enquanto Estados, Distrito Federal e Municípios devedores estiverem realizando pagamentos de precatórios pelo regime especial, não poderão sofrer sequestro de valores, exceto no caso de não liberação tempestiva dos recursos de que tratam o inciso II do § 1º e o § 2º deste artigo.

§ 14. O regime especial de pagamento de precatório previsto no inciso I do § 1º vigorará enquanto o valor dos precatórios devidos for superior ao valor dos recursos vinculados, nos termos do § 2º, ambos deste artigo, ou pelo prazo fixo de até 15 (quinze) anos, no caso da opção prevista no inciso II do § 1º.

§ 15. Os precatórios parcelados na forma do art. 33 ou do art. 78 deste Ato das Disposições Constitucionais Transitórias e ainda pendentes de pagamento ingressarão no regime especial com o valor atualizado das parcelas não pagas relativas a cada precatório, bem como o saldo dos acordos judiciais e extrajudiciais.

§ 16. A partir da promulgação desta Emenda Constitucional, a atualização de valores de requisitórios, até o efetivo pagamento, independentemente de sua natureza, será feita pelo índice oficial de remuneração básica da caderneta de poupança, e, para fins de compensação da mora, incidirão juros simples no mesmo percentual de juros incidentes sobre a caderneta de poupança, ficando excluída a incidência de juros compensatórios.

§ 17. O valor que exceder o limite previsto no § 2º do art. 100 da Constituição Federal será pago, durante a vigência do regime especial, na forma prevista nos §§ 6º e 7º ou nos incisos I, II e III do § 8º deste artigo, devendo os valores dispendidos para o atendimento do disposto no § 2º do art. 100 da Constituição Federal serem computados para efeito do § 6º deste artigo.

§ 18. Durante a vigência do regime especial a que se refere este artigo, gozarão também da preferência a que se refere o § 6º os titu-

ADCT

lares originais de precatórios que tenham completado 60 (sessenta) anos de idade até a data da promulgação desta Emenda Constitucional.

Art. 98. O número de defensores públicos na unidade jurisdicional será proporcional à efetiva demanda pelo serviço da Defensoria Pública e à respectiva população.

- Artigo acrescentado pela Emenda Constitucional n. 80/2014.

§ 1º No prazo de 8 (oito) anos, a União, os Estados e o Distrito Federal deverão contar com defensores públicos em todas as unidades jurisdicionais, observado o disposto no *caput* deste artigo.

§ 2º Durante o decurso do prazo previsto no § 1º deste artigo, a lotação dos defensores públicos ocorrerá, prioritariamente, atendendo as regiões com maiores índices de exclusão social e adensamento populacional.

Art. 99. Para efeito do disposto no inciso VII do § 2º do art. 155, no caso de operações e prestações que destinem bens e serviços a consumidor final não contribuinte localizado em outro Estado, o imposto correspondente à diferença entre a alíquota interna e a interestadual será partilhado entre os Estados de origem e de destino, na seguinte proporção:

- Artigo acrescentado pela Emenda Constitucional n. 87/2015 (*DOU* 17.04.2015), em vigor na data de sua publicação, produzindo efeitos no ano subsequente e após 90 (noventa) dias desta.

I – para o ano de 2015: 20% (vinte por cento) para o Estado de destino e 80% (oitenta por cento) para o Estado de origem;

II – para o ano de 2016: 40% (quarenta por cento) para o Estado de destino e 60% (sessenta por cento) para o Estado de origem;

III – para o ano de 2017: 60% (sessenta por cento) para o Estado de destino e 40% (quarenta por cento) para o Estado de origem;

IV – para o ano de 2018: 80% (oitenta por cento) para o Estado de destino e 20% (vinte por cento) para o Estado de origem;

V – a partir do ano de 2019: 100% (cem por cento) para o Estado de destino.

Art. 100. Até que entre em vigor a lei complementar de que trata o inciso II do § 1º do art. 40 da Constituição Federal, os Ministros do Supremo Tribunal Federal, dos Tribunais Superiores e do Tribunal de Contas da União aposentar-se-ão, compulsoriamente, aos 75 (setenta e cinco) anos de idade, nas condições do art. 52 da Constituição Federal.

- Artigo acrescentado pela Emenda Constitucional n. 88/2015.

Brasília, 5 de outubro de 1988.

Ulysses Guimarães
Presidente

Mauro Benevides
Vice-Presidente

Jorge Arbage
Vice-Presidente

EMENDAS À CONSTITUIÇÃO DA REPÚBLICA FEDERATIVA DO BRASIL

EC N. 1, DE 31 DE MARÇO DE 1992

Dispõe sobre a remuneração dos Deputados Estaduais e dos Vereadores.

As Mesas da Câmara dos Deputados e do Senado Federal, nos termos do § 3º do artigo 60, da Constituição Federal, promulgam a seguinte Emenda ao texto constitucional:

Art. 1º O § 2º do artigo 27 da Constituição passa a vigorar com a seguinte redação:

- Alteração processada no texto do referido artigo.

Art. 2º São acrescentados ao artigo 29 da Constituição os seguintes incisos, VI e VII, renumerando-se os demais:

- Acréscimos processados no texto do referido artigo.

Art. 3º Esta Emenda Constitucional entra em vigor na data de sua publicação.

Brasília, 31 de março de 1992.

Mesa da Câmara dos Deputados: *Ibsen Pinheiro*, Presidente

Mesa do Senado Federal: *Mauro Benevides*, Presidente

(DOU 06.04.1992)

EC N. 2, DE 25 DE AGOSTO DE 1992

Dispõe sobre o plebiscito previsto no art. 2º do Ato das Disposições Constitucionais Transitórias.

As Mesas da Câmara dos Deputados e do Senado Federal, nos termos do § 3º do artigo 60 da Constituição Federal, promulgam a seguinte Emenda ao texto constitucional:

Artigo único. O plebiscito de que trata o artigo 2º do Ato das Disposições Constitucionais Transitórias realizar-se-á no dia 21 de abril de 1993.

§ 1º A forma e o sistema de governo definidos pelo plebiscito terão vigência em 1º de janeiro de 1995.

§ 2º A lei poderá dispor sobre a realização do plebiscito, inclusive sobre a gratuidade da livre divulgação das formas e sistemas de governo, através dos meios de comunicação de massa concessionários ou permissionários de serviço público, assegurada igualdade de tempo e paridade de horários.

§ 3º A norma constante do parágrafo anterior não exclui a competência do Tribunal Superior Eleitoral para expedir instruções necessárias à realização da consulta plebiscitária.

Brasília, 25 de agosto de 1992.

Mesa da Câmara dos Deputados: *Ibsen Pinheiro*, Presidente

Mesa do Senado Federal: *Mauro Benevides*, Presidente

(DOU 1º.09.1992)

EC N. 3, DE 17 DE MARÇO DE 1993

Altera dispositivos da Constituição Federal.

As Mesas da Câmara dos Deputados e do Senado Federal, nos termos do § 3º do art. 60 da Constituição Federal, promulgam a seguinte Emenda ao texto constitucional:

Art. 1º Os dispositivos da Constituição Federal abaixo enumerados passam a vigorar com as seguintes alterações:

- Alterações do art. 40, § 6º; art. 42, § 10; art. 102, I, *a*, §§ 1º e 2º; art. 103, § 4º; art. 150, §§ 6º e 7º; art. 155, I a III, §§ 1º, 2º, *caput*, e § 3º; art. 156, III, § 3º, I e II; art. 160, parágrafo único e art. 167, IV, § 4º processadas no texto da Constituição.

Art. 2º A União poderá instituir, nos termos de lei complementar, com vigência até 31 de dezembro de 1994, imposto sobre movimentação ou transmissão de valores e de créditos e direitos de natureza financeira.

§ 1º A alíquota do imposto de que trata este artigo não excederá a vinte e cinco centésimos por cento, facultado ao Poder Executivo reduzi-la ou restabelecê-la, total ou parcialmente, nas condições e limites fixados em lei.

§ 2º Ao imposto de que trata este artigo não se aplica o art. 150, III, b, e VI, nem o disposto no § 5º do artigo 153 da Constituição.

§ 3º O produto da arrecadação do imposto de que trata este artigo não se encontra sujeito a qualquer modalidade de repartição com outra entidade federada.

§ 4º *(Revogado pela Emenda Constitucional de Revisão n. 1/1994.)*

Art. 3º A eliminação do adicional ao Imposto sobre a Renda, de competência dos Estados, decorrente desta Emenda Constitucional, somente produzirá efeitos a partir de 1º de janeiro de 1996, reduzindo-se a correspondente alíquota, pelo menos, a dois e meio por cento no exercício financeiro de 1995.

Art. 4º A eliminação do imposto sobre vendas a varejo de combustíveis líquidos e gasosos, de competência dos Municípios, decorrente desta Emenda Constitucional, somente produzirá efeitos a partir de 1º de janeiro de 1996, reduzindo-se a correspondente alíquota, pelo menos, a um e meio por cento no exercício financeiro de 1995.

Art. 5º Até 31 de dezembro de 1999, os Estados, o Distrito Federal e os Municípios somente poderão emitir títulos da dívida pública no montante necessário ao refinanciamento do principal devidamente atualizado de suas obrigações, representadas por essa espécie de títulos, ressalvado o disposto no art. 33, parágrafo único, do Ato das Disposições Constitucionais Transitórias.

Art. 6º Revogam-se o inciso IV e o § 4º do art. 156 da Constituição Federal.

Brasília, 17 de março de 1993.

Mesa da Câmara dos Deputados: *Deputado Inocêncio Oliveira,* Presidente

Mesa do Senado Federal: *Senador Humberto Lucena,* Presidente

(*DOU* 18.03.1993)

EC N. 4,
DE 14 DE SETEMBRO DE 1993

Dá nova redação ao art. 16 da Constituição Federal.

As Mesas da Câmara dos Deputados e do Senado Federal, nos termos do § 3º do art. 60 da Constituição Federal, promulgam a seguinte Emenda ao texto constitucional:

Artigo único. O art. 16 da Constituição Federal passa a vigorar com a seguinte redação:

• Alteração processada no texto do referido artigo.

Brasília, 14 de setembro de 1993.

Mesa da Câmara dos Deputados: *Deputado Inocêncio Oliveira,* Presidente

Mesa do Senado Federal: *Senador Humberto Lucena,* Presidente

(*DOU* 15.09.1993)

EC DE REVISÃO N. 1,
DE 1º DE MARÇO DE 1994

A Mesa do Congresso Nacional, nos termos do art. 60 da Constituição Federal, combinado com o art. 3º do Ato das Disposições Constitucionais Transitórias, promulga a seguinte Emenda Constitucional:

Art. 1º Ficam incluídos os arts. 71, 72 e 73 no Ato das Disposições Constitucionais Transitórias, com a seguinte redação:

• Acréscimos processados no texto do Ato das Disposições Constitucionais Transitórias.

Art. 2º Fica revogado o § 4º do art. 2º da Emenda Constitucional n. 3, de 1993.

Art. 3º Esta Emenda entra em vigor na data de sua publicação.

Brasília, 1º de março de 1994.

Humberto Lucena, Presidente

(*DOU* 02.03.1994)

EC DE REVISÃO N. 2,
DE 7 DE JUNHO DE 1994

A Mesa do Congresso Nacional, nos termos do art. 60 da Constituição Federal, combinado com o art. 3º do Ato das Disposições Constitucionais Transitórias, promulga a seguinte Emenda Constitucional:

Art. 1º É acrescentada a expressão "ou quaisquer titulares de órgãos diretamente

EC de Rev. n. 3/1994

EMENDAS CONSTITUCIONAIS

subordinados à Presidência da República" ao texto do art. 50 da Constituição, que passa a vigorar com a redação seguinte:

* Acréscimo processado no texto do referido artigo.

Art. 2º É acrescentada a expressão "ou a qualquer das pessoas referidas no *caput* deste artigo" ao § 2º do art. 50, que passa a vigorar com a redação seguinte:

* Acréscimo processado no texto do referido artigo.

Art. 3º Esta Emenda Constitucional entra em vigor na data de sua publicação.

Brasília, 7 de junho de 1994.

Humberto Lucena, Presidente

(DOU 09.06.1994)

EC DE REVISÃO N. 3,
DE 7 DE JUNHO DE 1994

A Mesa do Congresso Nacional, nos termos do art. 60 da Constituição Federal, combinado com o art. 3º do Ato das Disposições Constitucionais Transitórias, promulga a seguinte Emenda Constitucional:

Art. 1º A alínea *c* do inciso I, a alínea *b* do inciso II, o § 1º e o inciso II do § 4º do art. 12 da Constituição Federal passam a vigorar com a seguinte redação:

* Alterações processadas no texto do referido artigo.

Art. 2º Esta Emenda Constitucional entra em vigor na data de sua publicação.

Brasília, 7 de junho de 1994.

Humberto Lucena, Presidente

(DOU 09.06.1994)

EC DE REVISÃO N. 4,
DE 7 DE JUNHO DE 1994

A Mesa do Congresso Nacional, nos termos do art. 60 da Constituição Federal, combinado com o art. 3º do Ato das Disposições Constitucionais Transitórias, promulga a seguinte Emenda Constitucional:

Art. 1º São acrescentados ao § 9º do art. 14 da Constituição as expressões "a probidade administrativa, a moralidade para o exercício do mandato, considerada a vida pregressa do candidato, e", após a expressão "a fim de proteger", passando o dispositivo a vigorar com a seguinte redação:

* Acréscimos processados no texto do referido artigo.

Art. 2º Esta Emenda Constitucional entra em vigor na data de sua publicação.

Brasília, 7 de junho de 1994.

Humberto Lucena, Presidente

(DOU 09.06.1994)

EC DE REVISÃO N. 5,
DE 7 DE JUNHO DE 1994

A Mesa do Congresso Nacional, nos termos do art. 60 da Constituição Federal, combinado com o art. 3º do Ato das Disposições Constitucionais Transitórias, promulga a seguinte Emenda Constitucional:

Art. 1º No art. 82 fica substituída a expressão "cinco anos" por "quatro anos".

* Alteração processada no texto do referido artigo.

Art. 2º Esta Emenda Constitucional entra em vigor no dia 1º de janeiro de 1995.

Brasília, 7 de junho de 1994.

Humberto Lucena, Presidente

(DOU 09.06.1994)

EC DE REVISÃO N. 6,
DE 7 DE JUNHO DE 1994

A Mesa do Congresso Nacional, nos termos do art. 60 da Constituição Federal, combinado com o art. 3º do Ato das Disposições Constitucionais Transitórias, promulga a seguinte Emenda Constitucional:

Art. 1º Fica acrescido, no art. 55, o § 4º, com a seguinte redação:

* Acréscimo processado no texto do referido artigo.

Art. 2º Esta Emenda Constitucional entra em vigor na data de sua publicação.

Brasília, 7 de junho de 1994.

Humberto Lucena, Presidente

(DOU 09.06.1994)

EC n. 5/1995

EMENDAS CONSTITUCIONAIS

EC N. 5, DE 15 DE AGOSTO DE 1995

Altera o § 2º do art. 25 da Constituição Federal.

As Mesas da Câmara dos Deputados e do Senado Federal, nos termos do § 3º do art. 60 da Constituição Federal, promulgam a seguinte Emenda ao texto constitucional:

Artigo único. O § 2º do art. 25 da Constituição Federal passa a vigorar com a seguinte redação:

- Alteração processada no texto do referido artigo.

Brasília, 15 de agosto de 1995.

Mesa da Câmara dos Deputados: *Deputado Luís Eduardo,* Presidente

Mesa do Senado Federal: *Senador José Sarney,* Presidente

(*DOU* 16.08.1995)

EC N. 6, DE 15 DE AGOSTO DE 1995

Altera o inciso IX do art. 170, o art. 171 e o § 1º do art. 176 da Constituição Federal.

As Mesas da Câmara dos Deputados e do Senado Federal, nos termos do § 3º do art. 60 da Constituição Federal, promulgam a seguinte Emenda ao texto constitucional:

Art. 1º O inciso IX do art. 170 e o § 1º do art. 176 da Constituição Federal passam a vigorar com a seguinte redação:

- Alterações processadas no texto dos referidos artigos.

Art. 2º Fica incluído o seguinte art. 246 no Título IX – "Das Disposições Constitucionais Gerais":

- Inclusão processada no texto do referido Título.

Art. 3º Fica revogado o art. 171 da Constituição Federal.

Brasília, 15 de agosto de 1995.

Mesa da Câmara dos Deputados: *Deputado Luís Eduardo,* Presidente

Mesa do Senado Federal: *Senador José Sarney,* Presidente

(*DOU* 16.08.1995)

EC N. 7, DE 15 DE AGOSTO DE 1995

Altera o art. 178 da Constituição Federal e dispõe sobre a adoção de Medidas Provisórias.

As Mesas da Câmara dos Deputados e do Senado Federal, nos termos do § 3º do art. 60 da Constituição Federal, promulgam a seguinte Emenda ao texto constitucional:

Art. 1º O art. 178 da Constituição Federal passa a vigorar com a seguinte redação:

- Alteração processada no texto do referido artigo.

Art. 2º Fica incluído o seguinte art. 246 no Título IX – "Das Disposições Constitucionais Gerais":

- Inclusão processada no texto do referido Título.

Brasília, 15 de agosto de 1995.

Mesa da Câmara dos Deputados: *Deputado Luís Eduardo,* Presidente

Mesa do Senado Federal: *Senador José Sarney,* Presidente

(*DOU* 16.08.1995)

EC N. 8, DE 15 DE AGOSTO DE 1995

Altera o inciso XI e a alínea a do inciso XII do art. 21 da Constituição Federal.

As Mesas da Câmara dos Deputados e do Senado Federal, nos termos do § 3º do art. 60 da Constituição Federal, promulgam a seguinte Emenda ao texto constitucional:

Art. 1º O inciso XI e a alínea a do inciso XII do art. 21 da Constituição Federal passam a vigorar com a seguinte redação:

- Alterações processadas no texto do referido artigo.

Art. 2º É vedada a adoção de medida provisória para regulamentar o disposto no inciso XI do art. 21 com a redação dada por esta emenda constitucional.

Brasília, 15 de agosto de 1995.

Mesa da Câmara dos Deputados: *Deputado Luís Eduardo,* Presidente

Mesa do Senado Federal: *Senador José Sarney,* Presidente

(*DOU* 16.08.1995)

EMENDAS CONSTITUCIONAIS

EC N. 9,
DE 9 DE NOVEMBRO DE 1995

Dá nova redação ao art. 177 da Constituição Federal, alterando e inserindo parágrafos.

As mesas da Câmara dos Deputados e do Senado Federal, nos termos do § 3º do art. 60 da Constituição Federal, promulgam a seguinte Emenda ao texto constitucional:

Art. 1º O § 1º do art. 177 da Constituição Federal passa a vigorar com a seguinte redação:

• Alteração processada no texto do referido artigo.

Art. 2º Inclua-se um parágrafo, a ser enumerado como § 2º com a redação seguinte, passando o atual § 2º para § 3º, no art. 177 da Constituição Federal:

• Alterações processadas no texto do referido artigo.

Art. 3º É vedada a edição de medida provisória para a regulamentação da matéria prevista nos incisos I a IV dos §§ 1º e 2º do art. 177 da Constituição Federal.

Brasília, 9 de novembro de 1995.

Mesa da Câmara dos Deputados: *Deputado Luís Eduardo,* Presidente

Mesa do Senado Federal: *Senador José Sarney,* Presidente

(*DOU* 10.11.1995)

EC N. 10,
DE 4 DE MARÇO DE 1996

Altera os arts. 71 e 72 do Ato das Disposições Constitucionais Transitórias, introduzidos pela Emenda Constitucional de Revisão n. 1, de 1994.

As Mesas da Câmara dos Deputados e do Senado Federal, nos termos do § 3º do art. 60 da Constituição Federal, promulgam a seguinte Emenda ao texto constitucional:

Art. 1º O art. 71 do Ato das Disposições Constitucionais Transitórias passa a vigorar com a seguinte redação:

• Alteração processada no texto do Ato das Disposições Constitucionais Transitórias.

Art. 2º O art. 72 do Ato das Disposições Constitucionais Transitórias passa a vigorar com a seguinte redação:

• Alteração processada no texto do Ato das Disposições Constitucionais Transitórias.

Art. 3º Esta Emenda Constitucional entra em vigor na data de sua publicação.

Brasília, 4 de março de 1996.

Mesa da Câmara dos Deputados: *Deputado Luís Eduardo,* Presidente

Mesa do Senado Federal: *Senador José Sarney,* Presidente

(*DOU* 07.03.1996)

EC N. 11,
DE 30 DE ABRIL DE 1996

Permite a admissão de professores, técnicos e cientistas estrangeiros pelas universidades brasileiras e concede autonomia às instituições de pesquisa científica e tecnológica.

As Mesas da Câmara dos Deputados e do Senado Federal, nos termos do § 3º do art. 60 da Constituição Federal, promulgam a seguinte Emenda ao texto constitucional:

Art. 1º São acrescentados ao art. 207 da Constituição Federal dois parágrafos com a seguinte redação:

• Acréscimos processados no texto do referido artigo.

Art. 2º Esta Emenda entra em vigor na data de sua publicação.

Brasília, 30 de abril de 1996.

Mesa da Câmara dos Deputados: *Deputado Luís Eduardo,* Presidente

Mesa do Senado Federal: *Senador José Sarney,* Presidente

(*DOU* 02.05.1996)

EC N. 12,
DE 15 DE AGOSTO DE 1996

Outorga competência à União, para instituir contribuição provisória sobre movimentação ou transmissão de valores e de créditos e direitos de natureza financeira.

As Mesas da Câmara dos Deputados e do Senado Federal promulgam, nos termos do

§ 3º do art. 60 da Constituição Federal, a seguinte Emenda ao texto constitucional:

Artigo único. Fica incluído o art. 74 no Ato das Disposições Constitucionais Transitórias, com a seguinte redação:

- Acréscimo processado no texto do Ato das Disposições Constitucionais Transitórias.

Brasília, em 15 de agosto de 1996.

Mesa da Câmara dos Deputados: *Deputado Luis Eduardo,* Presidente

Mesa do Senado Federal: *Senador José Sarney,* Presidente

(*DOU* 16.08.1996)

EC N. 13,
DE 21 DE AGOSTO DE 1996

Dá nova redação ao inciso II do art. 192 da Constituição Federal.

As Mesas da Câmara dos Deputados e do Senado Federal, nos termos do § 3º do art. 60 da Constituição Federal, promulgam a seguinte Emenda ao texto constitucional:

Artigo único. O inciso II do art. 192 da Constituição Federal passa a vigorar com a seguinte redação:

- Alteração processada no texto do referido artigo.

Brasília, 21 de agosto de 1996.

Mesa da Câmara dos Deputados: *Deputado Luís Eduardo,* Presidente

Mesa do Senado Federal: *Senador José Sarney,* Presidente

(*DOU* 22.08.1996)

EC N. 14,
DE 12 DE SETEMBRO DE 1996

Modifica os arts. 34, 208, 211 e 212 da Constituição Federal e dá nova redação ao art. 60 do Ato das Disposições Constitucionais Transitórias.

As Mesas da Câmara dos Deputados e do Senado Federal, nos termos do § 3º do art. 60 da Constituição Federal, promulgam a seguinte Emenda ao texto constitucional:

Art. 1º É acrescentada no inciso VII do art. 34, da Constituição Federal, a alínea e, com a seguinte redação:

- Acréscimo processado no texto do referido artigo.

Art. 2º É dada nova redação aos incisos I e II do art. 208 da Constituição Federal nos seguintes termos:

- Alterações processadas no texto do referido artigo.

Art. 3º É dada nova redação aos §§ 1º e 2º do art. 211 da Constituição Federal e nele são inseridos mais dois parágrafos passando a ter a seguinte redação:

- Alterações processadas e §§ 3º e 4º acrescentados no texto do referido artigo.

Art. 4º É dada nova redação ao § 5º do art. 212 da Constituição Federal nos seguintes termos:

- Alteração processada no texto do referido artigo.

Art. 5º É alterado o art. 60 do Ato das Disposições Constitucionais Transitórias e nele são inseridos novos parágrafos, passando o artigo a ter a seguinte redação:

- Alteração e acréscimos processados no texto do referido artigo.

Art. 6º Esta Emenda entra em vigor a primeiro de janeiro do ano subsequente ao de sua promulgação.

Brasília, 12 de setembro de 1996.

Mesa da Câmara dos Deputados: *Deputado Luiz Eduardo,* Presidente

Mesa do Senado Federal: *Senador José Sarney,* Presidente

(*DOU* 13.09.1996)

EC N. 15,
DE 12 DE SETEMBRO DE 1996

Dá nova redação ao § 4º do art. 18 da Constituição Federal.

As Mesas da Câmara dos Deputados e do Senado Federal, nos termos do § 3º do art. 60 da Constituição Federal, promulgam a seguinte Emenda ao texto constitucional:

Artigo único. O § 4º do art. 18 da Constituição Federal passa a vigorar com a seguinte redação:

- Alteração processada no texto do referido artigo.

Brasília, 12 de setembro de 1996.

Mesa da Câmara dos Deputados: *Deputado Luiz Eduardo,* Presidente

Mesa do Senado Federal: *Senador José Sarney,* Presidente

(*DOU* 13.09.1996)

EMENDAS CONSTITUCIONAIS

EC N. 16,
DE 4 DE JUNHO DE 1997

Dá nova redação ao § 5º do art. 14, ao caput do art. 28, ao inciso II do art. 29, ao caput do art. 77 e ao art. 82 da Constituição Federal.

As Mesas da Câmara dos Deputados e do Senado Federal, nos termos do § 3º do art. 60 da Constituição Federal, promulgam a seguinte Emenda ao texto constitucional:

Art. 1º O § 5º do art. 14, o *caput* do art. 28, o inciso II do art. 29, o *caput* do art. 77 e o art. 82 da Constituição Federal passam a vigorar com a seguinte redação:

- Alterações processadas no texto dos referidos artigos.

Art. 2º Esta Emenda Constitucional entra em vigor na data de sua publicação.

Brasília, 4 de junho de 1997.

Mesa da Câmara dos Deputados: *Deputado Michel Temer,* Presidente

Mesa do Senado Federal: *Senador Antônio Carlos Magalhães,* Presidente

(*DOU* 05.06.1997)

EC N. 17,
DE 22 DE NOVEMBRO DE 1997

Altera dispositivos dos arts. 71 e 72 do Ato das Disposições Constitucionais Transitórias, introduzidos pela Emenda Constitucional de Revisão n. 1, de 1994.

As Mesas da Câmara dos Deputados e do Senado Federal, nos termos do § 3º do art. 60 da Constituição Federal, promulgam a seguinte Emenda ao texto constitucional:

Art. 1º O *caput* do art. 71 do Ato das Disposições Constitucionais Transitórias passa a vigorar com a seguinte redação:

- Alteração processada no texto do referido artigo.

Art. 2º O inc. V do art. 72 do Ato das Disposições Constitucionais Transitórias passa a vigorar com a seguinte redação:

- Alteração processada no texto do referido artigo.

Art. 3º A União repassará aos Municípios, do produto da arrecadação do Imposto sobre a Renda e Proventos de Qualquer Natureza, tal como considerado na constituição dos fundos de que trata o art. 159, I, da Constituição, excluída a parcela referida no art. 72, I, do Ato das Disposições Constitucionais Transitórias, os seguintes percentuais:

I – um inteiro e cinquenta e seis centésimos por cento, no período de 1º de julho de 1997 a 31 de dezembro de 1997;

II – um inteiro e oitocentos e setenta e cinco milésimos por cento, no período de 1º de janeiro de 1998 a 31 de dezembro de 1998;

III – dois inteiros e cinco décimos por cento, no período de 1º de janeiro de 1999 a 31 de dezembro de 1999.

Parágrafo único. O repasse dos recursos de que trata este artigo obedecerá à mesma periodicidade e aos mesmos critérios de repartição e normas adotadas no Fundo de Participação dos Municípios, observado o disposto no art. 160 da Constituição.

Art. 4º Os efeitos do disposto nos arts. 71 e 72 do Ato das Disposições Constitucionais Transitórias, com a redação dada pelos arts. 1º e 2º desta Emenda, são retroativos a 1º de julho de 1997.

Parágrafo único. As parcelas de recursos destinados ao Fundo de Estabilização Fiscal e entregues na forma do art. 159, I, da Constituição, no período compreendido entre 1º de julho de 1997 e a data de promulgação desta Emenda, serão deduzidas das cotas subsequentes, limitada a dedução a um décimo do valor total entregue em cada mês.

Art. 5º Observado o disposto no artigo anterior, a União aplicará as disposições do art. 3º desta Emenda retroativamente a 1º de julho de 1997.

Art. 6º Esta Emenda Constitucional entra em vigor na data de sua publicação.

Brasília, 22 de novembro de 1997.

Mesa da Câmara dos Deputados: *Deputado Michel Temer,* Presidente

Mesa do Senado Federal: *Senador Antonio Carlos Magalhães,* Presidente

(*DOU* 25.11.1997)

EC n. 18/1998

EMENDAS CONSTITUCIONAIS

EC N. 18,
DE 5 DE FEVEREIRO DE 1998

Dispõe sobre o regime constitucional dos militares.

As Mesas da Câmara dos Deputados e do Senado Federal, nos termos do § 3º do art. 60 da Constituição Federal, promulgam a seguinte Emenda ao texto constitucional:

Art. 1º O art. 37, inciso XV, da Constituição passa a vigorar com a seguinte redação:

• Alteração processada no texto do referido artigo.

Art. 2º A Seção II do Capítulo VII do Título III da Constituição passa a denominar-se "DOS SERVIDORES PÚBLICOS" e a Seção III do Capítulo VII do Título III da Constituição Federal passa a denominar-se "DOS MILITARES DOS ESTADOS, DO DISTRITO FEDERAL E DOS TERRITÓRIOS", dando-se ao art. 42 a seguinte redação:

• Alterações processadas no texto do referido artigo e das referidas Seções.

Art. 3º O inciso II do § 1º do art. 61 da Constituição passa a vigorar com as seguintes alterações:

• Alteração processada no texto do referido artigo.

Art. 4º Acrescente-se o seguinte § 3º ao art. 142 da Constituição.

• Acréscimo processado no texto do referido artigo.

Art. 5º Esta Emenda Constitucional entra em vigor na data de sua publicação.

Brasília, 5 de fevereiro de 1998.

Mesa da Câmara dos Deputados: *Deputado Michel Temer,* Presidente

Mesa do Senado Federal: *Senador Antonio Carlos Magalhães,* Presidente

(*DOU* 06.02.1998)

EC N. 19,
DE 4 DE JUNHO DE 1998

Modifica o regime e dispõe sobre princípios e normas da Administração Pública, servidores e agentes políticos, controle de despesas e finanças públicas e custeio de atividades a cargo do Distrito Federal, e dá outras providências.

As Mesas da Câmara dos Deputados e do Senado Federal, nos termos do § 3º do art. 60 da Constituição Federal, promulgam esta Emenda ao texto constitucional:

Art. 1º Os incisos XIV e XXII do art. 21 e XXVII do art. 22 da Constituição Federal passam a vigorar com a seguinte redação:

• Alterações processadas no texto dos referidos artigos.

Art. 2º O § 2º do art. 27 e os incisos V e VI do art. 29 da Constituição Federal passam a vigorar com a seguinte redação, inserindo-se § 2º no art. 28 e renumerando-se para o § 1º o atual parágrafo único:

• Alterações processadas no texto dos referidos artigos.

Art. 3º O *caput*, os incisos I, II, V, VII, X, XI, XIII, XIV, XV, XVI, XVII e XIX e o § 3º do art. 37 da Constituição Federal passam a vigorar com a seguinte redação, acrescendo-se ao artigo os §§ 7º a 9º:

• Alterações e acréscimos processados no texto do referido artigo.

Art. 4º O *caput* do art. 38 da Constituição Federal passa a vigorar com a seguinte redação:

• Alteração processada no texto do referido artigo.

Art. 5º O art. 39 da Constituição Federal passa a vigorar com a seguinte redação:

• Alteração processada no texto do referido artigo.
• V. ADIn 2.135-4.

Art. 6º O art. 41 da Constituição Federal passa a vigorar com a seguinte redação:

• Alteração processada no texto do referido artigo.

Art. 7º O art. 48 da Constituição Federal passa a vigorar acrescido do seguinte inciso XV:

• Acréscimo processado no texto do referido artigo.

Art. 8º Os incisos VII e VIII do art. 49 da Constituição Federal passam a vigorar com a seguinte redação:

• Alterações processadas no texto do referido artigo.

Art. 9º O inciso IV do art. 51 da Constituição Federal passa a vigorar com a seguinte redação:

• Alteração processada no texto do referido artigo.

EC n. 19/1998

Emendas Constitucionais

Art. 10. O inciso XIII do art. 52 da Constituição Federal passa a vigorar com a seguinte redação:

- Alteração processada no texto do referido artigo.

Art. 11. O § 7º do art. 57 da Constituição Federal passa a vigorar com a seguinte redação:

- Alteração processada no texto do referido artigo.

Art. 12. O parágrafo único do art. 70 da Constituição Federal passa a vigorar com a seguinte redação:

- Alteração processada no texto do referido artigo.

Art. 13. O inciso V do art. 93, o inciso III do art. 95 e a alínea *b* do inciso II do art. 96 da Constituição Federal passam a vigorar com a seguinte redação:

- Alterações processadas no texto dos referidos artigos.

Art. 14. O § 2º do art. 127 da Constituição Federal passa a vigorar com a seguinte redação:

- Alteração processada no texto do referido artigo.

Art. 15. A alínea c do inciso I do § 5º do art. 128 da Constituição Federal passa a vigorar com a seguinte redação:

- Alteração processada no texto do referido artigo.

Art. 16. A Seção II do Capítulo IV do Título IV da Constituição Federal passa a denominar-se "DA ADVOCACIA PÚBLICA".

- Alteração processada no texto da referida Seção.

Art. 17. O art. 132 da Constituição Federal passa a vigorar com a seguinte redação:

- Alteração processada no texto do referido artigo.

Art. 18. O art. 135 da Constituição Federal passa a vigorar com a seguinte redação:

- Alteração processada no texto do referido artigo.

Art. 19. O § 1º e seu inciso III e os §§ 2º e 3º do art. 144 da Constituição Federal passam a vigorar com a seguinte redação, inserindo-se no artigo § 9º:

- Alterações e acréscimo processados no texto do referido artigo.

Art. 20. O *caput* do art. 167 da Constituição Federal passa a vigorar acrescido de inciso X, com a seguinte redação:

- Acréscimo processado no texto do referido artigo.

Art. 21. O art. 169 da Constituição Federal passa a vigorar com a seguinte redação:

- Alteração processada no texto do referido artigo.

Art. 22. O § 1º do art. 173 da Constituição Federal passa a vigorar com a seguinte redação:

- Alteração processada no texto do referido artigo.

Art. 23. O inciso V do art. 206 da Constituição Federal passa a vigorar com a seguinte redação:

- Alteração processada no texto do referido artigo.

Art. 24. O art. 241 da Constituição Federal passa a vigorar com a seguinte redação:

- Alteração processada no texto do referido artigo.

Art. 25. Até a instituição do fundo a que se refere o inciso XIV do art. 21 da Constituição Federal, compete à União manter os atuais compromissos financeiros com a prestação de serviços públicos do Distrito Federal.

Art. 26. No prazo de dois anos da promulgação desta Emenda, as entidades da administração indireta terão seus estatutos revistos quanto à respectiva natureza jurídica, tendo em conta a finalidade e as competências efetivamente executadas.

Art. 27. O Congresso Nacional, dentro de cento e vinte dias da promulgação desta Emenda, elaborará lei de defesa do usuário de serviços públicos.

Art. 28. É assegurado o prazo de dois anos de efetivo exercício para aquisição da estabilidade aos atuais servidores em estágio probatório, sem prejuízo da avaliação a que se refere o § 4º do art. 41 da Constituição Federal.

Art. 29. Os subsídios, vencimentos, remuneração, proventos da aposentadoria e pensões e quaisquer outras espécies remuneratórias adequar-se-ão, a partir da promulgação desta Emenda, aos limites decorrentes da Constituição Federal, não se admitindo a percepção de excesso à qualquer título.

Art. 30. O projeto de lei complementar a que se refere o art. 163 da Constituição Federal será apresentado pelo Poder Executivo ao Congresso Nacional no prazo máximo de cento e oitenta dias da promulgação desta Emenda.

EC n. 20/1998

EMENDAS CONSTITUCIONAIS

Art. 31. Os servidores públicos federais da administração direta e indireta, os servidores municipais e os integrantes da carreira policial militar dos ex-Territórios Federais do Amapá e de Roraima que comprovadamente encontravam-se no exercício regular de suas funções prestando serviços àqueles ex-Territórios na data em que foram transformados em Estados, os servidores e os policiais militares admitidos regularmente pelos governos dos Estados do Amapá e de Roraima no período entre a transformação e a efetiva instalação desses Estados em outubro de 1993 e, ainda, os servidores nesses Estados com vínculo funcional já reconhecido pela União integrarão, mediante opção, quadro em extinção da administração federal.

- Artigo com redação determinada pela Emenda Constitucional n. 79/2014.

§ 1º O enquadramento referido no *caput* para os servidores ou para os policiais militares admitidos regularmente entre a transformação e a instalação dos Estados em outubro de 1993 deverá dar-se no cargo em que foram originariamente admitidos ou em cargo equivalente.

§ 2º Os integrantes da carreira policial militar a que se refere o *caput* continuarão prestando serviços aos respectivos Estados, na condição de cedidos, submetidos às disposições estatutárias a que estão sujeitas as corporações das respectivas Polícias Militares, observados as atribuições de função compatíveis com seu grau hierárquico e o direito às devidas promoções.

§ 3º Os servidores a que se refere o *caput* continuarão prestando serviços aos respectivos Estados e a seus Municípios, na condição de cedidos, até seu aproveitamento em órgão ou entidade da administração federal direta, autárquica ou fundacional.

Art. 32. A Constituição Federal passa a vigorar acrescida do seguinte artigo:

- Artigo 247 acrescentado ao texto da Constituição.

Art. 33. Consideram-se servidores não estáveis, para os fins do art. 169, § 3º, II, da Constituição Federal aqueles admitidos na administração direta, autárquica e fundacional sem concurso público de provas ou de provas e títulos após o dia 5 de outubro de 1983.

Art. 34. Esta Emenda Constitucional entra em vigor na data de sua promulgação.

Brasília, 4 de junho de 1998.

Mesa da Câmara dos Deputados: *Deputado Michel Temer,* Presidente

Mesa do Senado Federal: *Senador Antonio Carlos Magalhães,* Presidente

(*DOU* 05.06.1998)

EC N. 20, DE 15 DE DEZEMBRO DE 1998

Modifica o sistema de previdência social, estabelece normas de transição e dá outras providências.

- V. Súmula Vinculante 34, STF.

As Mesas da Câmara dos Deputados e do Senado Federal, nos termos do § 3º do art. 60 da Constituição Federal, promulgam a seguinte emenda ao texto constitucional:

Art. 1º A Constituição Federal passa a vigorar com as seguintes alterações:

- Alterações do art. 7º, XII, XXXIII; art. 37, § 10; art. 40; §§ 1º a 16; art. 42, §§ 1º e 2º; art. 73, § 3º; art. 93, VI; art. 100, § 3º; art. 114, § 3º; art. 142, § 3º, IX; art. 167, XI; art. 194, parágrafo único, VII; art. 195, I, II e §§ 8º a 11; art. 201, I a V, §§ 1º a 11 e art. 202, §§ 1º a 6º processadas no texto da Constituição.

Art. 2º A Constituição Federal, nas Disposições Constitucionais Gerais, é acrescida dos seguintes artigos:

- Artigos 248, 249 e 250 acrescentados no texto da Constituição.

Art. 3º É assegurada a concessão de aposentadoria e pensão, a qualquer tempo, aos servidores públicos e aos segurados do regime geral de previdência social, bem como aos seus dependentes, que, até a data da publicação desta Emenda, tenham cumprido os requisitos para a obtenção destes benefícios, com base nos critérios da legislação então vigente.

§ 1º O servidor de que trata este artigo, que tenha completado as exigências para aposentadoria integral e que opte por permanecer em atividade fará jus à isenção da contribuição previdenciária até completar as exigências para aposentadoria contidas no art. 40, § 1º, III, *a*, da Constituição Federal.

EMENDAS CONSTITUCIONAIS

§ 2º Os proventos da aposentadoria a ser concedida aos servidores públicos referidos no *caput*, em termos integrais ou proporcionais ao tempo de serviço já exercido até a data de publicação desta Emenda, bem como as pensões de seus dependentes, serão calculados de acordo com a legislação em vigor à época em que foram atendidas as prescrições nela estabelecidas para a concessão destes benefícios ou nas condições da legislação vigente.

§ 3º São mantidos todos os direitos e garantias assegurados nas disposições constitucionais vigentes à data de publicação desta Emenda aos servidores e militares, inativos e pensionistas, aos anistiados e aos ex-combatentes, assim como àqueles que já cumpriram, até aquela data, os requisitos para usufruírem tais direitos, observado o disposto no art. 37, XI, da Constituição Federal.

Art. 4º Observado o disposto no art. 40, § 10, da Constituição Federal, o tempo de serviço considerado pela legislação vigente para efeito de aposentadoria, cumprido até que a lei discipline a matéria, será contado como tempo de contribuição.

• V. art. 2º, Emenda Constitucional n. 41/2003.

Art. 5º O disposto no art. 202, § 3º, da Constituição Federal, quanto à exigência de paridade entre a contribuição da patrocinadora e a contribuição do segurado, terá vigência no prazo de dois anos a partir da publicação desta Emenda, ou, caso ocorra antes, na data de publicação da lei complementar a que se refere o § 4º do mesmo artigo.

Art. 6º As entidades fechadas de previdência privada patrocinadas por entidades públicas, inclusive empresas públicas e sociedades de economia mista, deverão rever, no prazo de dois anos, a contar da publicação desta Emenda, seus planos de benefícios e serviços, de modo a ajustá-los atuarialmente a seus ativos, sob pena de intervenção, sendo seus dirigentes e os de suas respectivas patrocinadoras responsáveis civil e criminalmente pelo descumprimento do disposto neste artigo.

Art. 7º Os projetos das leis complementares previstas no art. 202 da Constituição Federal deverão ser apresentados ao Congresso Nacional no prazo máximo de noventa dias após a publicação desta Emenda.

Art. 8º *(Revogado pela Emenda Constitucional n. 41/2003.)*

Art. 9º Observado o disposto no art. 4º desta Emenda e ressalvado o direito de opção à aposentadoria pelas normas por ela estabelecidas para o regime geral de previdência social, é assegurado o direito à aposentadoria ao segurado que se tenha filiado ao regime geral de previdência social, até a data de publicação desta Emenda, quando, cumulativamente, atender aos seguintes requisitos:

I – contar com cinquenta e três anos de idade, se homem, e quarenta e oito anos de idade, se mulher; e

II – contar tempo de contribuição igual, no mínimo, à soma de:

a) trinta e cinco anos, se homem, e trinta anos, se mulher; e

b) um período adicional de contribuição equivalente a vinte por cento do tempo que, na data da publicação desta Emenda, faltaria para atingir o limite de tempo constante da alínea anterior.

§ 1º O segurado de que trata este artigo, desde que atendido o disposto no inciso I do *caput*, e observado o disposto no art. 4º desta Emenda, pode aposentar-se com valores proporcionais ao tempo de contribuição, quando atendidas as seguintes condições:

I – contar tempo de contribuição igual, no mínimo, à soma de:

a) trinta anos, se homem, e vinte e cinco anos, se mulher; e

b) um período adicional de contribuição equivalente a quarenta por cento do tempo que, na data da publicação desta Emenda, faltaria para atingir o limite de tempo constante da alínea anterior;

II – o valor da aposentadoria proporcional será equivalente a setenta por cento do valor da aposentadoria a que se refere o *caput*, acrescido de cinco por cento por ano de contribuição que supere a soma a que se refere o inciso anterior, até o limite de cem por cento.

§ 2º O professor que, até a data da publicação desta Emenda, tenha exercido atividade de magistério e que opte por aposentar-se na forma do disposto no *caput*, terá o tempo de serviço exercido até a publicação desta Emenda contado com o acréscimo de dezessete por cento, se homem, e de vinte por cento, se mulher, desde que se aposente, exclusivamente, com tempo de efetivo exercício de atividade de magistério.

Art. 10. *(Revogado pela Emenda Constitucional n. 41/2003.)*

Art. 11. A vedação prevista no art. 37, § 10, da Constituição Federal, não se aplica aos membros de poder e aos inativos, servidores e militares, que, até a publicação desta Emenda, tenham ingressado novamente no serviço público por concurso público de provas ou de provas e títulos, e pelas demais formas previstas na Constituição Federal, sendo-lhes proibida a percepção de mais de uma aposentadoria pelo regime de previdência a que se refere o art. 40 da Constituição Federal, aplicando-se-lhes, em qualquer hipótese, o limite de que trata o § 11 deste mesmo artigo.

Art. 12. Até que produzam efeitos as leis que irão dispor sobre as contribuições de que trata o art. 195 da Constituição Federal, são exigíveis as estabelecidas em lei, destinadas ao custeio da seguridade social e dos diversos regimes previdenciários.

Art. 13. Até que a lei discipline o acesso ao salário-família e auxílio-reclusão para os servidores, segurados e seus dependentes, esses benefícios serão concedidos apenas àqueles que tenham renda bruta mensal igual ou inferior a R$ 360,00 (trezentos e sessenta reais), que, até a publicação da lei, serão corrigidos pelos mesmos índices aplicados aos benefícios do regime geral de previdência social.

Art. 14. O limite máximo para o valor dos benefícios do regime geral de previdência social de que trata o art. 201 da Constituição Federal é fixado em R$ 1.200,00 (um mil e duzentos reais), devendo, a partir da data da publicação desta Emenda, ser reajustado de forma a preservar, em caráter permanente, seu valor real, atualizado pelos mesmos índices aplicados aos benefícios do regime geral de previdência social.

- O STF, na ADIn 1.946-5 (*DJU* 16.05.2003; *DOU* 03.06.2003), julgou parcialmente procedente o pedido formulado na ação para dar "ao art. 14 da EC n. 20/1998, sem redução de texto, interpretação conforme a CF, para excluir sua aplicação ao salário da licença à gestante a que se refere o art. 7º, inciso XVIII da referida Carta".

Art. 15. Até que a lei complementar a que se refere o art. 201, § 1º, da Constituição Federal, seja publicada, permanece em vigor o disposto nos arts. 57 e 58 da Lei 8.213, de 24 de julho de 1991, na redação vigente à data da publicação desta Emenda.

Art. 16. Esta Emenda Constitucional entra em vigor na data de sua publicação.

Art. 17. Revoga-se o inciso II do § 2º do art. 153 da Constituição Federal.

Brasília, 15 de dezembro de 1998.

Mesa da Câmara dos Deputados: *Deputado Michel Temer,* Presidente

Mesa do Senado Federal: *Senador Antonio Carlos Magalhães,* Presidente

(*DOU* 16.12.1998)

EC N. 21,
DE 18 DE MARÇO DE 1999

Prorroga, alterando a alíquota, a contribuição provisória sobre movimentação ou transmissão de valores e de créditos e de direitos de natureza financeira, a que se refere o art. 74 do Ato das Disposições Constitucionais Transitórias.

As Mesas da Câmara dos Deputados e do Senado Federal, nos termos do § 3º do art. 60 da Constituição Federal, promulgam a seguinte Emenda ao texto constitucional:

Art. 1º Fica incluído o art. 75 no Ato das Disposições Constitucionais Transitórias, com a seguinte redação:

- Inclusão processada no texto do Ato das Disposições Constitucionais Transitórias.

Art. 2º Esta Emenda entra em vigor na data de sua publicação.

EC n. 22/1999

EMENDAS CONSTITUCIONAIS

Brasília, 18 de março de 1999.

Mesa da Câmara dos Deputados: *Deputado Michel Temer,* Presidente

Mesa do Senado Federal: *Senador Antonio Carlos Magalhães,* Presidente

(DOU 19.03.1999)

EC N. 22,
DE 18 DE MARÇO DE 1999

Acrescenta parágrafo único ao art. 98 e altera as alíneas i do inciso I do art. 102 e c do inciso I do art. 105 da Constituição Federal.

As Mesas da Câmara dos Deputados e do Senado Federal, nos termos do § 3º do art. 60 da Constituição Federal, promulgam a seguinte Emenda ao texto constitucional:

Art. 1º É acrescentado ao art. 98 da Constituição Federal o seguinte parágrafo único:

- Acréscimo processado no texto do referido artigo.

Art. 2º A alínea *i* do inciso I do art. 102 da Constituição Federal passa a vigorar com a seguinte redação:

- Alteração processada no texto do referido artigo.

Art. 3º A alínea c do inciso I do art. 105 da Constituição Federal passa a vigorar com a seguinte redação:

- Alteração processada no texto do referido artigo.

Art. 4º Esta Emenda Constitucional entra em vigor na data de sua publicação.

Brasília, 18 de março de 1999.

Mesa da Câmara dos Deputados: *Deputado Michel Temer,* Presidente

Mesa do Senado Federal: *Senador Antonio Carlos Magalhães,* Presidente

(DOU 19.03.1999)

EC N. 23,
DE 2 DE SETEMBRO DE 1999

Altera os arts. 12, 52, 84, 91, 102 e 105 da Constituição Federal (criação do Ministério da Defesa).

As Mesas da Câmara dos Deputados e do Senado Federal, nos termos do § 3º do art. 60 da Constituição Federal, promulgam a seguinte Emenda ao texto constitucional:

Art. 1º Os arts. 12, 52, 84, 91, 102 e 105 da Constituição Federal, passam a vigorar com as seguintes alterações:

- Alterações processadas no texto dos referidos artigos.

Art. 2º Esta Emenda Constitucional entra em vigor na data de sua publicação.

Brasília, 2 de setembro de 1999.

Mesa da Câmara dos Deputados: *Deputado Michel Temer,* Presidente

Mesa do Senado Federal: *Senador Antonio Carlos Magalhães,* Presidente

(DOU 03.09.1999)

EC N. 24,
DE 9 DE DEZEMBRO DE 1999

Altera dispositivos da Constituição Federal pertinentes à representação classista na Justiça do Trabalho.

As Mesas da Câmara dos Deputados e do Senado Federal, nos termos do § 3º do art. 60 da Constituição Federal, promulgam a seguinte Emenda ao texto constitucional:

Art. 1º Os arts. 111, 112, 113, 115 e 116 da Constituição Federal passam a vigorar com a seguinte redação:

- Alterações processadas no texto dos referidos artigos.

Art. 2º É assegurado o cumprimento dos mandatos dos atuais ministros classistas temporários do Tribunal Superior do Trabalho e dos atuais juízes classistas temporários dos Tribunais Regionais do Trabalho e das Juntas de Conciliação e Julgamento.

Art. 3º Esta Emenda Constitucional entra em vigor na data de sua publicação.

Art. 4º Revoga-se o art. 117 da Constituição Federal.

Brasília, em 9 de dezembro de 1999.

Mesa da Câmara dos Deputados: *Deputado Michel Temer,* Presidente

Mesa do Senado Federal: *Senador Antonio Carlos Magalhães,* Presidente

(DOU 10.12.1999)

EC n. 25/2000

EMENDAS CONSTITUCIONAIS

EC N. 25, DE 14 DE FEVEREIRO DE 2000

Altera o inciso VI do art. 29 e acrescenta o art. 29-A à Constituição Federal, que dispõem sobre limites de despesas com o Poder Legislativo Municipal.

As Mesas da Câmara dos Deputados e do Senado Federal, nos termos do § 3º do art. 60 da Constituição Federal, promulgam a seguinte Emenda ao texto constitucional:

Art. 1º O inciso VI do art. 29 da Constituição Federal passa a vigorar com a seguinte redação:

• Alteração processada no texto do referido artigo.

Art. 2º A Constituição Federal passa a vigorar acrescida do seguinte art. 29-A:

• Acréscimo processado no texto da Constituição.

Art. 3º Esta Emenda Constitucional entra em vigor em 1º de janeiro de 2001.

Brasília, 14 de fevereiro de 2000.

Mesa da Câmara dos Deputados: *Deputado Michel Temer,* Presidente

Mesa do Senado Federal: *Senador Antonio Carlos Magalhães,* Presidente

(*DOU* 15.02.2000)

EC N. 26, DE 14 DE FEVEREIRO DE 2000

Altera a redação do art. 6º da Constituição Federal.

As Mesas da Câmara dos Deputados e do Senado Federal, nos termos do § 3º do art. 60 da Constituição Federal, promulgam a seguinte Emenda ao texto constitucional:

Art. 1º O art. 6º da Constituição Federal passa a vigorar com a seguinte redação:

• Alteração processada no texto do referido artigo.

Art. 2º Esta Emenda Constitucional entra em vigor na data de sua publicação.

Brasília, 14 de fevereiro de 2000.

Mesa da Câmara dos Deputados: *Deputado Michel Temer,* Presidente

Mesa do Senado Federal: *Senador Antonio Carlos Magalhães,* Presidente

(*DOU* 15.02.2000)

EC N. 27, DE 21 DE MARÇO DE 2000

Acrescenta o art. 76 ao Ato das Disposições Constitucionais Transitórias, instituindo a desvinculação de arrecadação de impostos e contribuições sociais da União.

As Mesas da Câmara dos Deputados e do Senado Federal, nos termos do § 3º do art. 60 da Constituição Federal, promulgam a seguinte Emenda ao texto constitucional:

Art. 1º É incluído o art. 76 ao Ato das Disposições Constitucionais Transitórias, com a seguinte redação:

• Acréscimo processado no texto do Ato das Disposições Constitucionais Transitórias.

Art. 2º Esta Emenda Constitucional entra em vigor na data de sua publicação.

Brasília, 21 de março de 2000.

Mesa da Câmara dos Deputados: *Deputado Michel Temer,* Presidente

Mesa do Senado Federal: *Senador Antonio Carlos Magalhães,* Presidente

(*DOU* 22.03.2000)

EC N. 28, DE 25 DE MAIO DE 2000

Dá nova redação ao inciso XXIX do art. 7º e revoga o art. 233 da Constituição Federal.

As Mesas da Câmara dos Deputados e do Senado Federal, nos termos do § 3º do art. 60 da Constituição Federal, promulgam a seguinte Emenda ao texto constitucional:

Art. 1º O inciso XXIX do art. 7º da Constituição Federal passa a vigorar com a seguinte redação:

• Alteração processada no texto do referido artigo.

Art. 2º Revoga-se o art. 233 da Constituição Federal.

Art. 3º Esta Emenda Constitucional entra em vigor na data de sua publicação.

Brasília, em 25 de maio de 2000.

Mesa da Câmara dos Deputados: *Deputado Michel Temer,* Presidente

Mesa do Senado Federal: *Senador Antonio Carlos Magalhães,* Presidente

(*DOU* 29.05.2000)

EMENDAS CONSTITUCIONAIS

EC N. 29, DE 13 DE SETEMBRO DE 2000

Altera os arts. 34, 35, 156, 160, 167 e 198 da Constituição Federal e acrescenta artigo ao Ato das Disposições Constitucionais Transitórias, para assegurar os recursos mínimos para o financiamento das ações e serviços públicos de saúde.

As Mesas da Câmara dos Deputados e do Senado Federal, nos termos do § 3º do art. 60 da Constituição Federal, promulgam a seguinte Emenda ao texto constitucional:

Art. 1º A alínea e do inciso VII do art. 34 passa a vigorar com a seguinte redação:

- Alteração processada no texto do referido artigo.

Art. 2º O inciso III do art. 35 passa a vigorar com a seguinte redação:

- Alteração processada no texto do referido artigo.

Art. 3º O § 1º do art. 156 da Constituição Federal passa a vigorar com a seguinte redação:

- Alteração processada no texto do referido artigo.

Art. 4º O parágrafo único do art. 160 passa a vigorar com a seguinte redação:

- Alteração processada no texto do referido artigo.

Art. 5º O inciso IV do art. 167 passa a vigorar com a seguinte redação:

- Alteração processada no texto do referido artigo.

Art. 6º O art. 198 passa a vigorar acrescido dos seguintes §§ 2º e 3º, numerando-se o atual parágrafo único como § 1º:

- Acréscimos processados no texto do referido artigo.

Art. 7º O Ato das Disposições Constitucionais Transitórias passa a vigorar acrescido do seguinte art. 77:

- Acréscimo processado no texto do Ato das Disposições Constitucionais Transitórias.

Art. 8º Esta Emenda Constitucional entra em vigor na data de sua publicação.

Brasília, 13 de setembro de 2000.

Mesa da Câmara dos Deputados: *Deputado Michel Temer,* Presidente

Mesa do Senado Federal: *Senador Antonio Carlos Magalhães,* Presidente

(*DOU* 14.09.2000)

EC N. 30, DE 13 DE SETEMBRO DE 2000

Altera a redação do art. 100 da Constituição Federal e acrescenta o art. 78 no Ato das Disposições Constitucionais Transitórias, referente ao pagamento de precatórios judiciários.

As Mesas da Câmara dos Deputados e do Senado Federal, nos termos do § 3º do art. 60 da Constituição Federal, promulgam a seguinte Emenda ao texto constitucional:

Art. 1º O art. 100 da Constituição Federal passa a vigorar com a seguinte redação:

- Alteração processada no texto do referido artigo.

Art. 2º É acrescido, no Ato das Disposições Constitucionais Transitórias, o art. 78, com a seguinte redação:

- Acréscimo processado no texto do Ato das Disposições Constitucionais Transitórias.
- O STF, na Med. Caut. em ADIn 2.356 e 2.362, deferiu a cautelar (*DOU* e *DJE* 07.12.2010; *DJE* 19.05.2011) para suspender a eficácia do art. 2º da Emenda Constitucional 30/2000.

Art. 3º Esta Emenda Constitucional entra em vigor na data de sua publicação.

Brasília, em 13 de setembro de 2000.

Mesa da Câmara dos Deputados: *Deputado Michel Temer,* Presidente

Mesa do Senado Federal: *Senador Antonio Carlos Magalhães,* Presidente

(*DOU* 14.09.2000)

EC N. 31, DE 14 DE DEZEMBRO DE 2000

Altera o Ato das Disposições Constitucionais Transitórias, introduzindo artigos que criam o Fundo de Combate e Erradicação da Pobreza.

As Mesas da Câmara dos Deputados e do Senado Federal, nos termos do § 3º do art. 60 da Constituição Federal, promulgam a seguinte emenda ao texto constitucional:

Art. 1º A Constituição Federal, no Ato das Disposições Constitucionais Transitórias, é acrescida dos seguintes artigos:

- Artigos 79, 80, 81, 82 e 83 acrescentados no texto do Ato das Disposições Constitucionais Transitórias.

EC n. 32/2001

EMENDAS CONSTITUCIONAIS

Art. 2º Esta Emenda Constitucional entra em vigor na data de sua publicação.
Brasília, 14 de dezembro de 2000.

Mesa da Câmara dos Deputados: *Deputado Michel Temer,* Presidente

Mesa do Senado Federal: *Senador Antonio Carlos Magalhães,* Presidente

(*DOU* 18.12.2000)

EC N. 32, DE 11 DE SETEMBRO DE 2001

Altera dispositivos dos arts. 48, 57, 61, 62, 64, 66, 84, 88 e 246 da Constituição Federal, e dá outras providências.

As Mesas da Câmara dos Deputados e do Senado Federal, nos termos do § 3º do art. 60 da Constituição Federal, promulgam a seguinte Emenda ao texto constitucional:

Art. 1º Os arts. 48, 57, 61, 62, 64, 66, 84, 88 e 246 da Constituição Federal passam a vigorar com as seguintes alterações:

- Alterações processadas no texto dos referidos artigos.

Art. 2º As medidas provisórias editadas em data anterior à da publicação desta emenda continuam em vigor até que medida provisória ulterior as revogue explicitamente ou até deliberação definitiva do Congresso Nacional.

Art. 3º Esta Emenda Constitucional entra em vigor na data de sua publicação.
Brasília, 11 de setembro de 2001.

Mesa da Câmara dos Deputados: *Deputado Aécio Neves,* Presidente

Mesa do Senado Federal: *Senador Edison Lobão,* Presidente

(*DOU* 12.09.2001)

EC N. 33, DE 11 DE DEZEMBRO DE 2001

Altera os arts. 149, 155 e 177 da Constituição Federal.

As Mesas da Câmara dos Deputados e do Senado Federal, nos termos do § 3º do art. 60 da Constituição Federal, promulgam a seguinte Emenda ao texto constitucional:

Art. 1º O art. 149 da Constituição Federal passa a vigorar acrescido dos seguintes parágrafos, renumerando-se o atual parágrafo único para § 1º:

- Parágrafo único renumerado e §§ 2º a 4º acrescentados no texto do referido artigo.

Art. 2º O art. 155 da Constituição Federal passa a vigorar com as seguintes alterações:

- Alterações processadas no texto do referido artigo.

Art. 3º O art. 177 da Constituição Federal passa a vigorar acrescido do seguinte parágrafo:

- § 4º acrescentado no texto do referido artigo.

Art. 4º Enquanto não entrar em vigor a lei complementar de que trata o art. 155, § 2º, XII, *h*, da Constituição Federal, os Estados e o Distrito Federal, mediante convênio celebrado nos termos do § 2º, XII, *g*, do mesmo artigo, fixarão normas para regular provisoriamente a matéria.

Art. 5º Esta Emenda Constitucional entra em vigor na data de sua promulgação.
Brasília, 11 de dezembro de 2001.

Mesa da Câmara dos Deputados: *Deputado Aécio Neves,* Presidente

Mesa do Senado Federal: *Senador Ramez Tebet,* Presidente

(*DOU* 12.12.2001)

EC N. 34, DE 13 DE DEZEMBRO DE 2001

Dá nova redação à alínea c do inciso XVI do art. 37 da Constituição Federal.

As Mesas da Câmara dos Deputados e do Senado Federal, nos termos do § 3º do art. 60 da Constituição Federal, promulgam a seguinte Emenda ao texto constitucional:

Art. 1º A alínea *c* do inciso XVI do art. 37 da Constituição Federal passa a vigorar com a seguinte redação:

- Alteração processada no texto do referido artigo.

Art. 2º Esta Emenda Constitucional entra em vigor na data de sua publicação.
Brasília, 13 de dezembro de 2001.

Mesa da Câmara dos Deputados: *Deputado Aécio Neves,* Presidente

Mesa do Senado Federal: *Senador Ramez Tebet,* Presidente

(*DOU* 14.12.2001)

EC n. 35/2001

EMENDAS CONSTITUCIONAIS

EC N. 35,
DE 20 DE DEZEMBRO DE 2001

Dá nova redação ao art. 53 da Constituição Federal.

As Mesas da Câmara dos Deputados e do Senado Federal, nos termos do § 3º do art. 60 da Constituição Federal, promulgam a seguinte Emenda ao texto constitucional:

Art. 1º O art. 53 da Constituição Federal passa a vigorar com as seguintes alterações:

- Alterações processadas no texto do referido artigo.

Art. 2º Esta Emenda Constitucional entra em vigor na data de sua publicação.

Brasília, 20 de dezembro de 2001.

Mesa da Câmara dos Deputados: *Deputado Aécio Neves,* Presidente

Mesa do Senado Federal: *Senador Ramez Tebet,* Presidente

(*DOU* 21.12.2001)

EC N. 36,
DE 28 DE MAIO DE 2002

Dá nova redação ao art. 222 da Constituição Federal, para permitir a participação de pessoas jurídicas no capital social de empresas jornalísticas e de radiodifusão sonora e de sons e imagens, nas condições que especifica.

As Mesas da Câmara dos Deputados e do Senado Federal, nos termos do § 3º do art. 60 da Constituição Federal, promulgam a seguinte Emenda ao texto constitucional:

Art. 1º O art. 222 da Constituição Federal passa a vigorar com a seguinte redação:

- Alteração processada no texto do referido artigo.

Art. 2º Esta Emenda Constitucional entra em vigor na data de sua publicação.

Brasília, 28 de maio de 2002.

Mesa da Câmara dos Deputados: *Deputado Aécio Neves,* Presidente

Mesa do Senado Federal: *Senador Ramez Tebet,* Presidente

(*DOU* 29.05.2002)

EC N. 37,
DE 12 DE JUNHO DE 2002

Altera os arts. 100 e 156 da Constituição Federal e acrescenta os arts. 84, 85, 86, 87 e 88 ao Ato das Disposições Constitucionais Transitórias.

As Mesas da Câmara dos Deputados e do Senado Federal, nos termos do § 3º do art. 60 da Constituição Federal, promulgam a seguinte Emenda ao texto constitucional:

Art. 1º O art. 100 da Constituição Federal passa a vigorar acrescido do seguinte § 4º, renumerando-se os subsequentes:

- § 4º acrescentado e renumeração processada no texto do referido artigo.

Art. 2º O § 3º do art. 156 da Constituição Federal passa a vigorar com a seguinte redação:

- Alteração processada no texto do referido artigo.

Art. 3º O Ato das Disposições Constitucionais Transitórias passa a vigorar acrescido dos seguintes arts. 84, 85, 86, 87 e 88:

- Acréscimos processados no texto do Ato das Disposições Constitucionais Transitórias.

Art. 4º Esta Emenda Constitucional entra em vigor na data de sua publicação.

Brasília, em 12 de junho de 2002.

Mesa da Câmara dos Deputados: *Deputado Aécio Neves,* Presidente

Mesa do Senado Federal: *Senador Ramez Tebet,* Presidente

(*DOU* 13.06.2002)

EC N. 38,
DE 12 DE JUNHO DE 2002

Acrescenta o art. 89 ao Ato das Disposições Constitucionais Transitórias, incorporando os Policiais Militares do extinto Território Federal de Rondônia aos Quadros da União.

As Mesas da Câmara dos Deputados e do Senado Federal, nos termos do § 3º do art. 60 da Constituição Federal, promulgam a seguinte Emenda ao texto constitucional:

Art. 1º O Ato das Disposições Constitucionais Transitórias passa a vigorar acrescido do seguinte art. 89:

EC n. 39/2002

EMENDAS CONSTITUCIONAIS

• Acréscimo processado no texto do Ato das Disposições Constitucionais Transitórias.

Art. 2º Esta Emenda Constitucional entra em vigor na data de sua publicação.

Brasília, em 12 de junho de 2002.

Mesa da Câmara dos Deputados: *Deputado Aécio Neves,* Presidente

Mesa do Senado Federal: *Senador Ramez Tebet,* Presidente

(DOU 13.06.2002)

EC N. 39,
DE 19 DE DEZEMBRO DE 2002

Acrescenta o art. 149-A à Constituição Federal (instituindo contribuição para custeio do serviço de iluminação pública nos Municípios e no Distrito Federal).

As Mesas da Câmara dos Deputados e do Senado Federal, nos termos do § 3º do art. 60 da Constituição Federal, promulgam a seguinte Emenda ao texto constitucional:

Art. 1º A Constituição Federal passa a vigorar acrescida do seguinte art. 149-A:

• Acréscimo processado no texto da Constituição.

Art. 2º Esta Emenda Constitucional entra em vigor na data de sua publicação.

Brasília, em 19 de dezembro de 2002.

Mesa da Câmara dos Deputados: *Deputado Efraim Morais,* Presidente

Mesa do Senado Federal: *Senador Ramez Tebet,* Presidente

(DOU 20.12.2002)

EC N. 40,
DE 29 DE MAIO DE 2003

Altera o inciso V do art. 163 e o art. 192 da Constituição Federal, e o caput do art. 52 do Ato das Disposições Constitucionais Transitórias.

As Mesas da Câmara dos Deputados e do Senado Federal, nos termos do § 3º do art. 60 da Constituição Federal, promulgam a seguinte Emenda ao texto constitucional:

Art. 1º O inciso V do art. 163 da Constituição Federal passa a vigorar com a seguinte redação:

• Alteração processada no texto do referido artigo.

Art. 2º O art. 192 da Constituição Federal passa a vigorar com a seguinte redação:

• Alteração processada no texto do referido artigo.

Art. 3º O *caput* do art. 52 do Ato das Disposições Constitucionais Transitórias passa a vigorar com a seguinte redação:

• Alteração processada no texto do referido artigo.

Art. 4º Esta Emenda Constitucional entra em vigor na data de sua publicação.

Brasília, em 29 de maio de 2003.

Mesa da Câmara dos Deputados: *Deputado João Paulo Cunha,* Presidente

Mesa do Senado Federal: *Senador José Sarney,* Presidente

(DOU 30.05.2003)

EC N. 41,
DE 19 DE DEZEMBRO DE 2003

Modifica os arts. 37, 40, 42, 48, 96, 149 e 201 da Constituição Federal, revoga o inciso IX do § 3º do art. 142 da Constituição Federal e dispositivos da Emenda Constitucional n. 20, de 15 de dezembro de 1998, e dá outras providências.

• V. Súmula Vinculante 34, STF.

As Mesas da Câmara dos Deputados e do Senado Federal, nos termos do § 3º do art. 60 da Constituição Federal, promulgam a seguinte Emenda ao texto constitucional:

Art. 1º A Constituição Federal passa a vigorar com as seguintes alterações:

• Alterações do art. 37, XI; art. 40, *caput*, § 1º, I, § 3º, § 7º, I e II, § 8º, § 15 e §§ 17 a 20; art. 42, § 2º; art. 48, XV; art. 96, II, b; art. 149, § 1º e art. 201, § 12 processadas no texto da Constituição.

Art. 2º Observado o disposto no art. 4º da Emenda Constitucional n. 20, de 15 de dezembro de 1998, é assegurado o direito de opção pela aposentadoria voluntária com proventos calculados de acordo com o art. 40, §§ 3º e 17, da Constituição Federal, àquele que tenha ingressado regularmente em cargo efetivo na Administração Pública direta, autárquica e fundacional, até a data da publicação daquela Emenda, quando o servidor, cumulativamente:

• V. art. 1º, Lei 10.887/2004 (Dispõe sobre a aplicação de disposições da EC n. 41/2003).

• V. art. 3º, Emenda Constitucional n. 47/2005.

190

EMENDAS CONSTITUCIONAIS

I – tiver cinquenta e três anos de idade, se homem, e quarenta e oito anos de idade, se mulher;

II – tiver cinco anos de efetivo exercício no cargo em que se der a aposentadoria;

III – contar tempo de contribuição igual, no mínimo, à soma de:

a) trinta e cinco anos, se homem, e trinta anos, se mulher; e

b) um período adicional de contribuição equivalente a vinte por cento do tempo que, na data de publicação daquela Emenda, faltaria para atingir o limite de tempo constante da alínea *a* deste inciso.

§ 1º O servidor de que trata este artigo que cumprir as exigências para aposentadoria na forma do *caput* terá os seus proventos de inatividade reduzidos para cada ano antecipado em relação aos limites de idade estabelecidos pelo art. 40, § 1º, III, *a*, e § 5º da Constituição Federal, na seguinte proporção:

I – três inteiros e cinco décimos por cento, para aquele que completar as exigências para aposentadoria na forma do *caput* até 31 de dezembro de 2005;

II – cinco por cento, para aquele que completar as exigências para aposentadoria na forma do *caput* a partir de 1º de janeiro de 2006.

§ 2º Aplica-se ao magistrado e ao membro do Ministério Público e de Tribunal de Contas o disposto neste artigo.

§ 3º Na aplicação do disposto no § 2º deste artigo, o magistrado ou o membro do Ministério Público ou de Tribunal de Contas, se homem, terá o tempo de serviço exercido até a data de publicação da Emenda Constitucional n. 20, de 15 de dezembro de 1998, contado com acréscimo de dezessete por cento, observado o disposto no § 1º deste artigo.

§ 4º O professor, servidor da União, dos Estados, do Distrito Federal e dos Municípios, incluídas suas autarquias e fundações, que, até a data de publicação da Emenda Constitucional n. 20, de 15 de dezembro de 1998, tenha ingressado, regularmente, em cargo efetivo de magistério e que opte por aposentar-se na forma do disposto no *caput*, terá o tempo de serviço exercido até a publicação daquela Emenda contado com o acréscimo de dezessete por cento, se homem, e de vinte por cento, se mulher, desde que se aposente, exclusivamente, com tempo de efetivo exercício nas funções de magistério, observado o disposto no § 1º.

§ 5º O servidor de que trata este artigo, que tenha completado as exigências para aposentadoria voluntária estabelecidas no *caput*, e que opte por permanecer em atividade, fará jus a um abono de permanência equivalente ao valor da sua contribuição previdenciária até completar as exigências para aposentadoria compulsória contidas no art. 40, § 1º, II, da Constituição Federal.

§ 6º Às aposentadorias concedidas de acordo com este artigo aplica-se o disposto no art. 40, § 8º, da Constituição Federal.

Art. 3º É assegurada a concessão, a qualquer tempo, de aposentadoria aos servidores públicos, bem como pensão aos seus dependentes, que, até a data de publicação desta Emenda tenham cumprido todos os requisitos para obtenção desses benefícios, com base nos critérios da legislação então vigente.

§ 1º O servidor de que trata este artigo que opte por permanecer em atividade tendo completado as exigências para aposentadoria voluntária e que conte com, no mínimo, vinte e cinco anos de contribuição, se mulher, ou trinta anos de contribuição, se homem, fará jus a um abono de permanência equivalente ao valor da sua contribuição previdenciária até completar as exigências para aposentadoria compulsória contidas no art. 40, § 1º, II, da Constituição Federal.

§ 2º Os proventos da aposentadoria a ser concedida aos servidores públicos referidos no *caput*, em termos integrais ou proporcionais ao tempo de contribuição já exercido até a data de publicação desta Emenda, bem como as pensões de seus dependentes, serão calculados de acordo com a legislação em vigor à época em que foram atendidos os requisitos nela estabelecidos para a

EC n. 41/2003

concessão desses benefícios ou nas condições da legislação vigente.

Art. 4º Os servidores inativos e os pensionistas da União, dos Estados, do Distrito Federal e dos Municípios, incluídas suas autarquias e fundações, em gozo de benefícios na data de publicação desta Emenda, bem como os alcançados pelo disposto no seu art. 3º, contribuirão para o custeio do regime de que trata o art. 40 da Constituição Federal com percentual igual ao estabelecido para os servidores titulares de cargos efetivos.

Parágrafo único. A contribuição previdenciária a que se refere o *caput* incidirá apenas sobre a parcela dos proventos e das pensões que supere:

I – cinquenta por cento do limite máximo estabelecido para os benefícios do regime geral de previdência social de que trata o art. 201 da Constituição Federal, para os servidores inativos e os pensionistas dos Estados, do Distrito Federal e dos Municípios;

- O STF, nas ADIns 3.105-8 e 3.128-7 (*DOU* e *DJU* 27.08.2004), julgou inconstitucionais as expressões "cinquenta por cento do" e "sessenta por cento do", contidas, respectivamente, nos incisos I e II do parágrafo único do art. 4º da EC n. 41/2003, pelo que se aplica, então, à hipótese do art. 4º da EC n. 41/2003 o § 18 do art. 40 do texto permanente da Constituição, introduzido pela mesma Emenda Constitucional.

II – sessenta por cento do limite máximo estabelecido para os benefícios do regime geral de previdência social de que trata o art. 201 da Constituição Federal, para os servidores inativos e os pensionistas da União.

- O STF, nas ADIns 3.105-8 e 3.128-7 (*DOU* e *DJU* 27.08.2004), julgou inconstitucionais as expressões "cinquenta por cento do" e "sessenta por cento do", contidas, respectivamente, nos incisos I e II do parágrafo único do art. 4º da EC n. 41/2003, pelo que se aplica, então, à hipótese do art. 4º da EC n. 41/2003 o § 18 do art. 40 do texto permanente da Constituição, introduzido pela mesma Emenda Constitucional.

Art. 5º O limite máximo para o valor dos benefícios do regime geral de previdência social de que trata o art. 201 da Constituição Federal é fixado em R$ 2.400,00 (dois mil e quatrocentos reais), devendo, a partir da data de publicação desta Emenda, ser reajustado de forma a preservar, em caráter permanente, seu valor real, atualizado pelos mesmos índices aplicados aos benefícios do regime geral de previdência social.

Art. 6º Ressalvado o direito de opção à aposentadoria pelas normas estabelecidas pelo art. 40 da Constituição Federal ou pelas regras estabelecidas pelo art. 2º desta Emenda, o servidor da União, dos Estados, do Distrito Federal e dos Municípios, incluídas suas autarquias e fundações, que tenha ingressado no serviço público até a data de publicação desta Emenda poderá aposentar-se com proventos integrais, que corresponderão à totalidade da remuneração do servidor no cargo efetivo em que se der a aposentadoria, na forma da lei, quando, observadas as reduções de idade e tempo de contribuição contidas no § 5º do art. 40 da Constituição Federal, vier a preencher, cumulativamente, as seguintes condições:

- V. arts. 2º e 3º, Emenda Constitucional n. 47/2005.

I – sessenta anos de idade, se homem, e cinquenta e cinco anos de idade, se mulher;

II – trinta e cinco anos de contribuição, se homem, e trinta anos de contribuição, se mulher;

III – vinte anos de efetivo exercício no serviço público; e

IV – dez anos de carreira e cinco anos de efetivo exercício no cargo em que se der a aposentadoria.

Parágrafo único. *(Revogado pela Emenda Constitucional n. 47/2005 (DOU 06.07.2005), em vigor na data de sua publicação, com efeitos retroativos à data de vigência da Emenda Constitucional n. 41/2003.)*

Art. 6º-A. O servidor da União, dos Estados, do Distrito Federal e dos Municípios, incluídas suas autarquias e fundações, que tenha ingressado no serviço público até a data de publicação desta Emenda Constitucional e que tenha se aposentado ou venha a se aposentar por invalidez permanente, com fundamento no inciso I do § 1º do art. 40 da Constituição Federal, tem direito a proventos de aposentadoria calculados com base na remuneração do cargo efetivo em que se der a aposentadoria, na forma da lei, não sendo aplicáveis as disposições constantes dos §§ 3º, 8º e 17 do art. 40 da Constituição Federal.

• Artigo acrescentado pela Emenda Constitucional n. 70/2012.

Parágrafo único. Aplica-se ao valor dos proventos de aposentadorias concedidas com base no *caput* o disposto no art. 7º desta Emenda Constitucional, observando-se igual critério de revisão às pensões derivadas dos proventos desses servidores.

Art. 7º Observado o disposto no art. 37, XI, da Constituição Federal, os proventos de aposentadoria dos servidores públicos titulares de cargo efetivo e as pensões dos seus dependentes pagos pela União, Estados, Distrito Federal e Municípios, incluídas suas autarquias e fundações, em fruição na data de publicação desta Emenda, bem como os proventos de aposentadoria dos servidores e as pensões dos dependentes abrangidos pelo art. 3º desta Emenda, serão revistos na mesma proporção e na mesma data, sempre que se modificar a remuneração dos servidores em atividade, sendo também estendidos aos aposentados e pensionistas quaisquer benefícios ou vantagens posteriormente concedidos aos servidores em atividade, inclusive quando decorrentes da transformação ou reclassificação do cargo ou função em que se deu a aposentadoria ou que serviu de referência para a concessão da pensão, na forma da lei.

Art. 8º Até que seja fixado o valor do subsídio de que trata o art. 37, XI, da Constituição Federal, será considerado, para os fins do limite fixado naquele inciso, o valor da maior remuneração atribuída por lei na data de publicação desta Emenda a Ministro do Supremo Tribunal Federal, a título de vencimento, de representação mensal e da parcela recebida em razão de tempo de serviço, aplicando-se como limite, nos Municípios, o subsídio do Prefeito, e nos Estados e no Distrito Federal, o subsídio mensal do Governador no âmbito do Poder Executivo, o subsídio dos Deputados Estaduais e Distritais no âmbito do Poder Legislativo e o subsídio dos Desembargadores do Tribunal de Justiça, limitado a noventa inteiros e vinte e cinco centésimos por cento da maior remuneração mensal de Ministro do Supremo Tribunal Federal a que se refere este artigo, no âmbito do Poder Judiciário, aplicável este limite aos membros do Ministério Público, aos Procuradores e aos Defensores Públicos.

Art. 9º Aplica-se o disposto no art. 17 do Ato das Disposições Constitucionais Transitórias aos vencimentos, remunerações e subsídios dos ocupantes de cargos, funções e empregos públicos da administração direta, autárquica e fundacional, dos membros de qualquer dos Poderes da União, dos Estados, do Distrito Federal e dos Municípios, dos detentores de mandato eletivo e dos demais agentes políticos e os proventos, pensões ou outra espécie remuneratória percebidos cumulativamente ou não, incluídas as vantagens pessoais ou de qualquer outra natureza.

Art. 10. Revogam-se o inciso IX do § 3º do art. 142 da Constituição Federal, bem como os arts. 8º e 10 da Emenda Constitucional n. 20, de 15 de dezembro de 1998.

Art. 11. Esta Emenda Constitucional entra em vigor na data de sua publicação.

Brasília, em 19 de dezembro de 2003.

Mesa da Câmara dos Deputados: *Deputado João Paulo Cunha,* Presidente

Mesa do Senado Federal: *Senador José Sarney,* Presidente

(*DOU* 31.12.2003)

EC N. 42, DE 19 DE DEZEMBRO DE 2003

Altera o Sistema Tributário Nacional e dá outras providências.

As Mesas da Câmara dos Deputados e do Senado Federal, nos termos do § 3º do art. 60 da Constituição Federal, promulgam a seguinte Emenda ao texto constitucional:

Art. 1º Os artigos da Constituição a seguir enumerados passam a vigorar com as seguintes alterações:

• Alterações do art. 37, XXII; art. 52, XV; art. 146, III, *d*, parágrafo único, I a IV; art. 146-A; art. 149, § 2º, II; art. 150, III, *c*, § 1º; art.153, § 3º, IV e § 4º, I a III; art. 155, § 2º, X, *a, d*, § 6º, I e II; art. 158, II; art.

159, III e § 4º; art. 167, IV; art. 170, VI; art. 195, IV, §§ 12 e 13; art. 204, parágrafo único, I a III e art. 216, § 6º, I a III processadas no texto da Constituição.

Art. 2º Os artigos do Ato das Disposições Constitucionais Transitórias a seguir enumerados passam a vigorar com as seguintes alterações:

- Alterações do art. 76, *caput* e § 1º; art. 82, § 1º e art. 83 processadas no texto do Ato das Disposições Constitucionais Transitórias.

Art. 3º O Ato das Disposições Constitucionais Transitórias passa a vigorar acrescido dos seguintes artigos:

- Artigos 90, 91, 92, 93 e 94 acrescentados no texto do Ato das Disposições Constitucionais Transitórias.

Art. 4º Os adicionais criados pelos Estados e pelo Distrito Federal até a data da promulgação desta Emenda, naquilo em que estiverem em desacordo com o previsto nesta Emenda, na Emenda Constitucional n. 31, de 14 de dezembro de 2000, ou na lei complementar de que trata o art. 155, § 2º, XII, da Constituição, terão vigência, no máximo, até o prazo previsto no art. 79 do Ato das Disposições Constitucionais Transitórias.

Art. 5º O Poder Executivo, em até sessenta dias contados da data da promulgação desta Emenda, encaminhará ao Congresso Nacional projeto de lei, sob o regime de urgência constitucional, que disciplinará os benefícios fiscais para a capacitação do setor de tecnologia da informação, que vigerão até 2019 nas condições que estiverem em vigor no ato da aprovação desta Emenda.

Art. 6º Fica revogado o inciso II do § 3º do art. 84 do Ato das Disposições Constitucionais Transitórias.

Brasília, em 19 de dezembro de 2003.

Mesa da Câmara dos Deputados: *Deputado João Paulo Cunha,* Presidente

Mesa do Senado Federal: *Senador José Sarney,* Presidente

(*DOU* 31.12.2003)

EC N. 43, DE 15 DE ABRIL DE 2004

Altera o art. 42 do Ato das Disposições Constitucionais Transitórias, prorrogando, por 10 (dez) anos, a aplicação, por parte da União, de percentuais mínimos do total dos recursos destinados à irrigação nas Regiões Centro-Oeste e Nordeste.

As Mesas da Câmara dos Deputados e do Senado Federal, nos termos do § 3º do art. 60 da Constituição Federal, promulgam a seguinte Emenda ao texto constitucional:

Art. 1º O *caput* do art. 42 do Ato das Disposições Constitucionais Transitórias passa a vigorar com a seguinte redação:

- Alteração processada no texto do referido artigo.

Art. 2º Esta Emenda Constitucional entra em vigor na data de sua publicação.

Mesa da Câmara dos Deputados: *Deputado João Paulo Cunha,* Presidente

Mesa do Senado Federal: *Senador José Sarney,* Presidente

(*DOU* 16.04.2004)

EC N. 44, DE 30 DE JUNHO DE 2004

Altera o Sistema Tributário Nacional e dá outras providências.

As Mesas da Câmara dos Deputados e do Senado Federal, nos termos do § 3º do art. 60 da Constituição Federal, promulgam a seguinte Emenda ao texto constitucional:

Art. 1º O inciso III do art. 159 da Constituição passa a vigorar com a seguinte redação:

- Alteração processada no texto do referido artigo.

Art. 2º Esta Emenda à Constituição entra em vigor na data de sua publicação.

Mesa da Câmara dos Deputados: *Deputado João Paulo Cunha,* Presidente

Mesa do Senado Federal: *Senador José Sarney,* Presidente

(*DOU* 1º.07.2004)

EMENDAS CONSTITUCIONAIS

EC N. 45,
DE 8 DE DEZEMBRO DE 2004

Altera dispositivos dos arts. 5º, 36, 52, 92, 93, 95, 98, 99, 102, 103, 104, 105, 107, 109, 111, 112, 114, 115, 125, 126, 127, 128, 129, 134 e 168 da Constituição Federal, e acrescenta os arts. 103-A, 103-B, 111-A e 130-A, e dá outras providências.

• V. Súmula 367, STJ.

As Mesas da Câmara dos Deputados e do Senado Federal, nos termos do § 3º do art. 60 da Constituição Federal, promulgam a seguinte Emenda ao texto constitucional:

Art. 1º Os arts. 5º, 36, 52, 92, 93, 95, 98, 99, 102, 103, 104, 105, 107, 109, 111, 112, 114, 115, 125, 126, 127, 128, 129, 134 e 168 da Constituição Federal passam a vigorar com a seguinte redação:

• Alterações processadas no texto dos referidos artigos.

Art. 2º A Constituição Federal passa a vigorar acrescida dos seguintes arts. 103-A, 103-B, 111-A e 130-A:

• Acréscimos processados no texto da Constituição.

Art. 3º A lei criará o Fundo de Garantia das Execuções Trabalhistas, integrado pelas multas decorrentes de condenações trabalhistas e administrativas oriundas da fiscalização do trabalho, além de outras receitas.

Art. 4º Ficam extintos os tribunais de Alçada, onde houver, passando os seus membros a integrar os Tribunais de Justiça dos respectivos Estados, respeitadas a antiguidade e classe de origem.

Parágrafo único. No prazo de 180 (cento e oitenta) dias, contado da promulgação desta Emenda, os Tribunais de Justiça, por ato administrativo, promoverão a integração dos membros dos tribunais extintos em seus quadros, fixando-lhes a competência e remetendo, em igual prazo, ao Poder Legislativo, proposta de alteração da organização e da divisão judiciária correspondentes, assegurados os direitos dos inativos e pensionistas e o aproveitamento dos servidores no Poder Judiciário estadual.

Art. 5º O Conselho Nacional de Justiça e o Conselho Nacional do Ministério Público serão instalados no prazo de 180 (cento e oitenta) dias a contar da promulgação desta Emenda, devendo a indicação ou escolha de seus membros ser efetuada até 30 (trinta) dias antes do termo final.

§ 1º Não efetuadas as indicações e escolha dos nomes para os Conselhos Nacional de Justiça e do Ministério Público dentro do prazo fixado no *caput* deste artigo, caberá, respectivamente, ao Supremo Tribunal Federal e ao Ministério Público da União realizá-las.

§ 2º Até que entre em vigor o Estatuto da Magistratura, o Conselho Nacional de Justiça, mediante resolução, disciplinará seu funcionamento e definirá as atribuições do Ministro-Corregedor.

Art. 6º O Conselho Superior da Justiça do Trabalho será instalado no prazo de cento e oitenta dias, cabendo ao Tribunal Superior do Trabalho regulamentar seu funcionamento por resolução, enquanto não promulgada a lei a que se refere o art. 111-A, § 2º, II.

Art. 7º O Congresso Nacional instalará, imediatamente após a promulgação desta Emenda Constitucional, comissão especial mista, destinada a elaborar, em cento e oitenta dias, os projetos de lei necessários à regulamentação da matéria nela tratada, bem como promover alterações na legislação federal objetivando tornar mais amplo o acesso à Justiça e mais célere a prestação jurisdicional.

Art. 8º As atuais súmulas do Supremo Tribunal Federal somente produzirão efeito vinculante após sua confirmação por dois terços de seus integrantes e publicação na imprensa oficial.

Art. 9º São revogados o inciso IV do art. 36; a alínea *h* do inciso I do art. 102; o § 4º do art. 103; e os §§ 1º a 3º do art. 111.

Art. 10. Esta Emenda Constitucional entra em vigor na data de sua publicação.

Brasília, em 8 de dezembro de 2004.

Mesa da Câmara dos Deputados: *Deputado João Paulo Cunha*, Presidente

Mesa do Senado Federal: *Senador José Sarney*, Presidente

(*DOU* 31.12.2004)

EC n. 46/2005

EMENDAS CONSTITUCIONAIS

EC N. 46, DE 5 DE MAIO DE 2005

Altera o inciso IV do art. 20 da Constituição Federal.

As Mesas da Câmara dos Deputados e do Senado Federal, nos termos do § 3º do art. 60 da Constituição Federal, promulgam a seguinte Emenda ao texto constitucional:

Art. 1º O inciso IV do art. 20 da Constituição Federal passa a vigorar com a seguinte redação:

• Alteração processada no texto do referido artigo.

Art. 2º Esta Emenda Constitucional entra em vigor na data de sua publicação.

Brasília, em 5 de maio de 2005.

Mesa da Câmara dos Deputados: *Deputado Severino Cavalcanti*, Presidente

Mesa do Senado Federal: *Senador Renan Calheiros*, Presidente

(*DOU* 06.05.2005)

EC N. 47, DE 5 DE JULHO DE 2005

Altera os arts. 37, 40, 195 e 201 da Constituição Federal, para dispor sobre a previdência social, e dá outras providências.

• V. Súmula Vinculante 34, STF.

As Mesas da Câmara dos Deputados e do Senado Federal, nos termos do § 3º do art. 60 da Constituição Federal, promulgam a seguinte Emenda ao texto constitucional:

Art. 1º Os arts. 37, 40, 195 e 201 da Constituição Federal passam a vigorar com a seguinte redação:

• Alterações processadas no texto dos referidos artigos.

Art. 2º Aplica-se aos proventos de aposentadorias dos servidores públicos que se aposentarem na forma do *caput* do art. 6º da Emenda Constitucional n. 41, de 2003, o disposto no art. 7º da mesma Emenda.

Art. 3º Ressalvado o direito de opção à aposentadoria pelas normas estabelecidas pelo art. 40 da Constituição Federal ou pelas regras estabelecidas pelos arts. 2º e 6º da Emenda Constitucional n. 41, de 2003, o servidor da União, dos Estados, do Distrito Federal e dos Municípios, incluídas suas autarquias e fundações, que tenha ingressado no serviço público até 16 de dezembro de 1998 poderá aposentar-se com proventos integrais, desde que preencha, cumulativamente, as seguintes condições:

I – trinta e cinco anos de contribuição, se homem, e trinta anos de contribuição, se mulher;

II – vinte e cinco anos de efetivo exercício no serviço público, quinze anos de carreira e cinco anos no cargo em que se der a aposentadoria;

III – idade mínima resultante da redução, relativamente aos limites do art. 40, § 1º, inciso III, alínea *a*, da Constituição Federal, de um ano de idade para cada ano de contribuição que exceder a condição prevista no inciso I do *caput* deste artigo.

Parágrafo único. Aplica-se ao valor dos proventos de aposentadorias concedidas com base neste artigo o disposto no art. 7º da Emenda Constitucional n. 41, de 2003, observando-se igual critério de revisão às pensões derivadas dos proventos de servidores falecidos que tenham se aposentado em conformidade com este artigo.

Art. 4º Enquanto não editada a lei a que se refere o § 11 do art. 37 da Constituição Federal, não será computada, para efeito dos limites remuneratórios de que trata o inciso XI do *caput* do mesmo artigo, qualquer parcela de caráter indenizatório, assim definida pela legislação em vigor na data de publicação da Emenda Constitucional n. 41, de 2003.

Art. 5º Revoga-se o parágrafo único do art. 6º da Emenda Constitucional n. 41, de 19 de dezembro de 2003.

Art. 6º Esta Emenda Constitucional entra em vigor na data de sua publicação, com efeitos retroativos à data de vigência da Emenda Constitucional n. 41, de 2003.

Brasília, em 5 de julho de 2005.

Mesa da Câmara dos Deputados: *Deputado Severino Cavalcanti,* Presidente

Mesa do Senado Federal: *Senador Renan Calheiros,* Presidente

(*DOU* 06.07.2005)

EMENDAS CONSTITUCIONAIS

EC N. 48,
DE 10 DE AGOSTO DE 2005

Acrescenta o § 3º ao art. 215 da Constituição Federal, instituindo o Plano Nacional de Cultura.

As Mesas da Câmara dos Deputados e do Senado Federal, nos termos do art. 60 da Constituição Federal, promulgam a seguinte Emenda ao texto constitucional:

Art. 1º O art. 215 da Constituição Federal passa a vigorar acrescido do seguinte § 3º:

- Acréscimo processado no texto do referido artigo.

Art. 2º Esta Emenda Constitucional entra em vigor na data de sua publicação.

Brasília, em 10 de agosto de 2005.

Mesa da Câmara dos Deputados: *Deputado Severino Cavalcanti,* Presidente

Mesa do Senado Federal: *Senador Renan Calheiros,* Presidente

(*DOU* 11.08.2005)

EC N. 49,
DE 8 DE FEVEREIRO DE 2006

Altera a redação da alínea b e acrescenta alínea c ao inciso XXIII do caput do art. 21 e altera a redação do inciso V do caput do art. 177 da Constituição Federal para excluir do monopólio da União a produção, a comercialização e a utilização de radioisótopos de meia-vida curta, para usos médicos, agrícolas e industriais.

As Mesas da Câmara dos Deputados e do Senado Federal, nos termos do art. 60 da Constituição Federal, promulgam a seguinte Emenda ao texto constitucional:

Art. 1º O inciso XXIII do art. 21 da Constituição Federal passa a vigorar com a seguinte redação:

- Alteração processada no texto do referido artigo.

Art. 2º O inciso V do *caput* do art. 177 da Constituição Federal passa a vigorar com a seguinte redação:

- Alteração processada no texto do referido artigo.

Art. 3º Esta Emenda Constitucional entra em vigor na data de sua publicação.

Brasília, em 8 de fevereiro de 2006.

Mesa da Câmara dos Deputados: *Deputado Aldo Rebelo,* Presidente

Mesa do Senado Federal: *Senador Renan Calheiros,* Presidente

(*DOU* 09.02.2006)

EC N. 50,
DE 14 DE FEVEREIRO DE 2006

Modifica o art. 57 da Constituição Federal.

As Mesas da Câmara dos Deputados e do Senado Federal, nos termos do art. 60 da Constituição Federal, promulgam a seguinte Emenda ao texto constitucional:

Art. 1º O art. 57 da Constituição Federal passa a vigorar com a seguinte redação:

- Alteração processada no texto do referido artigo.

Art. 2º Esta Emenda Constitucional entra em vigor na data de sua publicação.

Brasília, em 14 de fevereiro de 2006.

Mesa da Câmara dos Deputados: *Deputado Aldo Rebelo,* Presidente

Mesa do Senado Federal: *Senador Renan Calheiros,* Presidente

(*DOU* 15.02.2006)

EC N. 51,
DE 14 DE FEVEREIRO DE 2006

Acrescenta os §§ 4º, 5º e 6º ao art. 198 da Constituição Federal.

As Mesas da Câmara dos Deputados e do Senado Federal, nos termos do art. 60 da Constituição Federal, promulgam a seguinte Emenda ao texto constitucional:

Art. 1º O art. 198 da Constituição Federal passa a vigorar acrescido dos seguintes §§ 4º, 5º e 6º:

- Acréscimos processados no texto do referido artigo.

Art. 2º Após a promulgação da presente Emenda Constitucional, os agentes comunitários de saúde e os agentes de combate às endemias somente poderão ser contratados diretamente pelos Estados, pelo Distrito Federal ou pelos Municípios na forma do § 4º do art. 198 da Constituição Federal, observado o limite de gasto estabelecido na Lei

EC n. 52/2006

EMENDAS CONSTITUCIONAIS

Complementar de que trata o art. 169 da Constituição Federal.

Parágrafo único. Os profissionais que, na data de promulgação desta Emenda e a qualquer título, desempenharem as atividades de agente comunitário de saúde ou de agente de combate às endemias, na forma da lei, ficam dispensados de se submeter ao processo seletivo público a que se refere o § 4º do art. 198 da Constituição Federal, desde que tenham sido contratados a partir de anterior processo de Seleção Pública efetuado por órgãos ou entes da administração direta ou indireta de Estado, Distrito Federal ou Município ou por outras instituições com a efetiva supervisão e autorização da administração direta dos entes da federação.

Art. 3º Esta Emenda Constitucional entra em vigor na data da sua publicação.

Brasília, em 14 de fevereiro de 2006.

Mesa da Câmara dos Deputados: *Deputado Aldo Rebelo,* Presidente

Mesa do Senado Federal: *Senador Renan Calheiros,* Presidente

(*DOU* 15.02.2006)

EC N. 52,
DE 8 DE MARÇO DE 2006

Dá nova redação ao § 1º do art. 17 da Constituição Federal para disciplinar as coligações eleitorais.

As Mesas da Câmara dos Deputados e do Senado Federal, nos termos do § 3º do art. 60 da Constituição Federal, promulgam a seguinte Emenda ao texto constitucional:

Art. 1º O § 1º do art. 17 da Constituição Federal passa a vigorar com a seguinte redação:

• Alteração processada no texto do referido artigo.

Art. 2º Esta Emenda Constitucional entra em vigor na data de sua publicação, aplicando-se às eleições que ocorrerão no ano de 2002.

Brasília, em 8 de março de 2006.

Mesa da Câmara dos Deputados: *Deputado Aldo Rebelo,* Presidente

Mesa do Senado Federal: *Senador Renan Calheiros,* Presidente

(*DOU* 09.03.2006)

EC N. 53,
DE 19 DE DEZEMBRO DE 2006

Dá nova redação aos arts. 7º, 23, 30, 206, 208, 211 e 212 da Constituição Federal e ao art. 60 do Ato das Disposições Constitucionais Transitórias.

As Mesas da Câmara dos Deputados e do Senado Federal, nos termos do § 3º do art. 60 da Constituição Federal, promulgam a seguinte Emenda ao texto constitucional:

Art. 1º A Constituição Federal passa a vigorar com as seguintes alterações:

• Alterações do art. 7º, XXV; art. 23, parágrafo único; art. 30, VI; art. 206, V, VIII e parágrafo único; art. 208, IV; art. 211, § 5º e art. 212, §§ 5º e 6º processadas no texto da Constituição.

Art. 2º O art. 60 do Ato das Disposições Constitucionais Transitórias passa a vigorar com a seguinte redação:

• Alterações processadas no texto do Ato das Disposições Constitucionais Transitórias.

Art. 3º Esta Emenda Constitucional entra em vigor na data de sua publicação, mantidos os efeitos do art. 60 do Ato das Disposições Constitucionais Transitórias, conforme estabelecido pela Emenda Constitucional n. 14, de 12 de setembro de 1996, até o início da vigência dos Fundos, nos termos desta Emenda Constitucional.

Brasília, em 19 de dezembro de 2006.

Mesa da Câmara dos Deputados: *Deputado Aldo Rebelo,* Presidente

Mesa do Senado Federal: *Senador Renan Calheiros,* Presidente

(*DOU* 20.12.2006)

EC N. 54,
DE 20 DE SETEMBRO DE 2007

Dá nova redação à alínea c do inciso I do art. 12 da Constituição Federal e acrescenta art. 95 ao Ato das Disposições Constitucionais Transitórias, assegurando o registro nos consulados de brasileiros nascidos no estrangeiro.

As Mesas da Câmara dos Deputados e do Senado Federal, nos termos do § 3º do art. 60 da Constituição Federal, promulgam a seguinte Emenda ao texto constitucional:

EC n. 55/2007

EMENDAS CONSTITUCIONAIS

Art. 1º A alínea c do inciso I do art. 12 da Constituição Federal passa a vigorar com a seguinte redação:

- Alteração processada no texto do referido artigo.

Art. 2º O Ato das Disposições Constitucionais Transitórias passa a vigorar acrescido do seguinte art. 95:

- Alteração processada no texto do Ato das Disposições Constitucionais Transitórias.

Art. 3º Esta Emenda Constitucional entra em vigor na data de sua publicação.

Mesa da Câmara dos Deputados: *Deputado Arlindo Chinaglia,* Presidente

Mesa do Senado Federal: *Senador Renan Calheiros,* Presidente

(*DOU* 21.09.2007)

EC N. 55,
DE 20 DE SETEMBRO DE 2007

Altera o art. 159 da Constituição Federal, aumentando a entrega de recursos pela União ao Fundo de Participação dos Municípios.

As Mesas da Câmara dos Deputados e do Senado Federal, nos termos do § 3º do art. 60 da Constituição Federal, promulgam a seguinte Emenda ao texto constitucional:

Art. 1º O art. 159 da Constituição Federal passa a vigorar com as seguintes alterações:

- Alterações processadas no texto da Constituição.

Art. 2º No exercício de 2007, as alterações do art. 159 da Constituição Federal previstas nesta Emenda Constitucional somente se aplicam sobre a arrecadação dos impostos sobre renda e proventos de qualquer natureza e sobre produtos industrializados realizada a partir de 1º de setembro de 2007.

Art. 3º Esta Emenda Constitucional entra em vigor na data de sua publicação.

Mesa da Câmara dos Deputados: *Deputado Arlindo Chinaglia,* Presidente

Mesa do Senado Federal: *Senador Renan Calheiros,* Presidente

(*DOU* 21.09.2007)

EC N. 56,
DE 20 DE DEZEMBRO DE 2007

Prorroga o prazo previsto no caput *do art. 76 do Ato das Disposições Constitucionais Transitórias e dá outras providências.*

As Mesas da Câmara dos Deputados e do Senado Federal, nos termos do § 3º do art. 60 da Constituição Federal, promulgam a seguinte Emenda ao texto constitucional:

Art. 1º O *caput* do art. 76 do Ato das Disposições Constitucionais Transitórias passa a vigorar com a seguinte redação:

- Alteração processada no texto do Ato das Disposições Constitucionais Transitórias.

Art. 2º Esta Emenda Constitucional entra em vigor na data da sua publicação.

Brasília, em 20 de dezembro de 2007.

Mesa da Câmara dos Deputados: *Deputado Arlindo Chinaglia,* Presidente

Mesa do Senado Federal: *Senador Garibaldi Alves Filho,* Presidente

(*DOU* 21.12.2007)

EC N. 57,
DE 18 DE DEZEMBRO DE 2008

Acrescenta artigo ao Ato das Disposições Constitucionais Transitórias para convalidar os atos de criação, fusão, incorporação e desmembramento de Municípios.

As Mesas da Câmara dos Deputados e do Senado Federal, nos termos do § 3º do art. 60 da Constituição Federal, promulgam a seguinte Emenda ao texto constitucional:

Art. 1º O Ato das Disposições Constitucionais Transitórias passa a vigorar acrescido do seguinte art. 96:

- Acréscimo processado no texto do Ato das Disposições Constitucionais Transitórias.

Art. 2º Esta Emenda Constitucional entra em vigor na data de sua publicação.

Brasília, em 18 de dezembro de 2008.

Mesa da Câmara dos Deputados: *Deputado Arlindo Chinaglia,* Presidente

Mesa do Senado Federal: *Senador Garibaldi Alves Filho,* Presidente

(*DOU* 18.12.2008, edição extra)

EC n. 58/2009

EC N. 58,
DE 23 DE SETEMBRO DE 2009

Altera a redação do inciso IV do caput do art. 29 e do art. 29-A da Constituição Federal, tratando das disposições relativas à recomposição das Câmaras Municipais.

As Mesas da Câmara dos Deputados e do Senado Federal, nos termos do § 3º do art. 60 da Constituição Federal, promulgam a seguinte Emenda ao texto constitucional:

Art. 1º O inciso IV do *caput* do art. 29 da Constituição Federal passa a vigorar com a seguinte redação:

- Alteração processada no texto do referido artigo.

Art. 2º O art. 29-A da Constituição Federal passa a vigorar com a seguinte redação:

- Alteração processada no texto do referido artigo.

Art. 3º Esta Emenda Constitucional entra em vigor na data de sua promulgação, produzindo efeitos:

I – o disposto no art. 1º, a partir do processo eleitoral de 2008; e

- V. O STF, na ADIn 4.307 (*DJE* 28.10.2013), julgou procedente a ação para declarar a inconstitucionalidade do disposto no inc. I do art. 3º da Emenda Constitucional n. 58/2010.
- O STF, na Med. Caut. em ADIn 4.310, (*DJE* 14.08.2012), deferiu medida cautelar com efeitos ex tunc, para sustar os efeitos do inciso I do art. 3º da EC n. 58/2009.

II – o disposto no art. 2º, a partir de 1º de janeiro do ano subsequente ao da promulgação desta Emenda.

Brasília, em 23 de setembro de 2009.

Mesa da Câmara dos Deputados: *Deputado Michel Temer,* Presidente

Mesa do Senado Federal: *Senador José Sarney,* Presidente

(*DOU* 24.09.2009)

EC N. 59,
DE 11 DE NOVEMBRO DE 2009

Acrescenta § 3º ao art. 76 do Ato das Disposições Constitucionais Transitórias para reduzir, anualmente, a partir do exercício de 2009, o percentual da Desvinculação das Receitas da União incidente sobre os recursos destinados à manutenção e desenvolvimento do ensino de que trata o art. 212 da Constituição Federal, dá nova redação aos incisos I e VII do art. 208, de forma a prever a obrigatoriedade do ensino de quatro a dezessete anos e ampliar a abrangência dos programas suplementares para todas as etapas da educação básica, e dá nova redação ao § 4º do art. 211 e ao § 3º do art. 212 e ao caput do art. 214, com a inserção neste dispositivo de inciso VI.

As Mesas da Câmara dos Deputados e do Senado Federal, nos termos do § 3º do art. 60 da Constituição Federal, promulgam a seguinte Emenda ao texto constitucional:

Art. 1º Os incisos I e VII do art. 208 da Constituição Federal, passam a vigorar com as seguintes alterações:

- Alterações processadas no texto do referido artigo.

Art. 2º O § 4º do art. 211 da Constituição Federal passa a vigorar com a seguinte redação:

- Alteração processada no texto do referido artigo.

Art. 3º O § 3º do art. 212 da Constituição Federal passa a vigorar com a seguinte redação:

- Alteração processada no texto do referido artigo.

Art. 4º O *caput* do art. 214 da Constituição Federal passa a vigorar com a seguinte redação, acrescido do inciso VI:

- Alterações processadas no texto do referido artigo.

Art. 5º O art. 76 do Ato das Disposições Constitucionais Transitórias passa a vigorar acrescido do seguinte § 3º:

- Acréscimo processado no texto do Ato das Disposições Constitucionais Transitórias.

Art. 6º O disposto no inciso I do art. 208 da Constituição Federal deverá ser implementado progressivamente, até 2016, nos termos do Plano Nacional de Educação, com apoio técnico e financeiro da União.

Art. 7º Esta Emenda Constitucional entra em vigor na data da sua publicação.

Brasília, em 11 de novembro de 2009.

EC n. 60/2009

EMENDAS CONSTITUCIONAIS

Mesa da Câmara dos Deputados: *Deputado Michel Temer,* Presidente

Mesa do Senado Federal: *Senador José Sarney,* Presidente

(*DOU* 12.11.2009)

EC N. 60, DE 11 DE NOVEMBRO DE 2009

Altera o art. 89 do Ato das Disposições Constitucionais Transitórias para dispor sobre o quadro de servidores civis e militares do ex-Território Federal de Rondônia.

As Mesas da Câmara dos Deputados e do Senado Federal, nos termos do § 3º do art. 60 da Constituição Federal, promulgam a seguinte Emenda ao texto constitucional:

Art. 1º O art. 89 do Ato das Disposições Constitucionais Transitórias passa a vigorar com a seguinte redação, vedado o pagamento, a qualquer título, em virtude de tal alteração, de ressarcimentos ou indenizações, de qualquer espécie, referentes a períodos anteriores à data de publicação desta Emenda Constitucional:

- Alteração processada no texto do Ato das Disposições Contitucionais Transitórias.

Art. 2º Esta Emenda Constitucional entra em vigor na data de sua publicação, não produzindo efeitos retroativos.

Brasília, em 11 de novembro de 2009.

Mesa da Câmara dos Deputados: *Deputado Michel Temer,* Presidente

Mesa do Senado Federal: *Senador José Sarney,* Presidente

(*DOU* 12.11.2009)

EC N. 61, DE 11 DE NOVEMBRO DE 2009

Altera o art. 103-B da Constituição Federal, para modificar a composição do Conselho Nacional de Justiça.

As Mesas da Câmara dos Deputados e do Senado Federal, nos termos do § 3º do art. 60 da Constituição Federal, promulgam a seguinte Emenda ao texto constitucional:

Art. 1º O art. 103-B da Constituição Federal passa a vigorar com a seguinte redação:

- Alteração processada no texto do referido artigo.

Art. 2º Esta Emenda Constitucional entra em vigor na data de sua publicação.

Brasília, em 11 de novembro de 2009.

Mesa da Câmara dos Deputados: *Deputado Michel Temer,* Presidente

Mesa do Senado Federal: *Senador José Sarney,* Presidente

(*DOU* 12.11.2009)

EC N. 62, DE 9 DE DEZEMBRO DE 2009

Altera o art. 100 da Constituição Federal e acrescenta o art. 97 ao Ato das Disposições Constitucionais Transitórias, instituindo regime especial de pagamento de precatórios pelos Estados, Distrito Federal e Municípios.

- O STF, na ADIn 4.425 (*DJE* 19.12.2013), julgou procedente a ação para declarar a inconstitucionalidade da expressão "na data de expedição do precatório", contida no § 2º; os §§ 9º e 10; e das expressões "índice oficial de remuneração básica da caderneta de poupança" e "independentemente de sua natureza", constantes do § 12, todos dispositivos do art. 100 da CF, com a redação dada pela EC 62/2009 [...].

As Mesas da Câmara dos Deputados e do Senado Federal, nos termos do § 3º do art. 60 da Constituição Federal, promulgam a seguinte Emenda ao texto constitucional:

Art. 1º O art. 100 da Constituição Federal passa a vigorar com a seguinte redação:

- Alteração processada no texto do referido artigo.

Art. 2º O Ato das Disposições Constitucionais Transitórias passa a vigorar acrescido do seguinte art. 97:

- Acréscimo processado no texto do Ato das Disposições Constitucionais Transitórias.

Art. 3º A implantação do regime de pagamento criado pelo art. 97 do Ato das Disposições Constitucionais Transitórias deverá ocorrer no prazo de até 90 (noventa dias), contados da data da publicação desta Emenda Constitucional.

Art. 4º A entidade federativa voltará a observar somente o disposto no art. 100 da Constituição Federal:

I – no caso de opção pelo sistema previsto no inciso I do § 1º do art. 97 do Ato das Disposições Constitucionais Transitórias, quando o valor dos precatórios devidos for inferior ao dos recursos destinados ao seu pagamento;

EC n. 63/2010

EMENDAS CONSTITUCIONAIS

II – no caso de opção pelo sistema previsto no inciso II do § 1º do art. 97 do Ato das Disposições Constitucionais Transitórias, ao final do prazo.

Art. 5º Ficam convalidadas todas as cessões de precatórios efetuadas antes da promulgação desta Emenda Constitucional, independentemente da concordância da entidade devedora.

Art. 6º Ficam também convalidadas todas as compensações de precatórios com tributos vencidos até 31 de outubro de 2009 da entidade devedora, efetuadas na forma do disposto no § 2º do art. 78 do ADCT, realizadas antes da promulgação desta Emenda Constitucional.

Art. 7º Esta Emenda Constitucional entra em vigor na data de sua publicação.

Brasília, em 9 de dezembro de 2009.

Mesa da Câmara dos Deputados: *Deputado Michel Temer,* Presidente

Mesa do Senado Federal: *Senador Marconi Perillo,* 1º Vice-Presidente, no exercício da Presidência

(*DOU* 10.12.2009)

EC N. 63, DE 4 DE FEVEREIRO DE 2010

Altera o § 5º do art. 198 da Constituição Federal para dispor sobre piso salarial profissional nacional e diretrizes para os Planos de Carreira de agentes comunitários de saúde e de agentes de combate às endemias.

As Mesas da Câmara dos Deputados e do Senado Federal, nos termos do art. 60 da Constituição Federal, promulgam a seguinte Emenda ao texto constitucional:

Art. 1º O § 5º do art. 198 da Constituição Federal passa a vigorar com a seguinte redação:

• Alteração processada no texto do referido artigo.

Art. 2º Esta Emenda Constitucional entra em vigor na data de sua publicação.

Brasília, em 4 de fevereiro de 2010.

Mesa da Câmara dos Deputados: *Deputado Michel Temer,* Presidente

Mesa do Senado Federal: *Senador José Sarney,* Presidente

(*DOU* 05.02.2010)

EC N. 64, DE 4 DE FEVEREIRO DE 2010

Altera o art. 6º da Constituição Federal, para introduzir a alimentação como direito social.

As Mesas da Câmara dos Deputados e do Senado Federal, nos termos do art. 60 da Constituição Federal, promulgam a seguinte Emenda ao texto constitucional:

Art. 1º O art. 6º da Constituição Federal passa a vigorar com a seguinte redação:

• Alteração processada no texto do referido artigo.

Art. 2º Esta Emenda Constitucional entra em vigor na data de sua publicação.

Brasília, em 4 de fevereiro de 2010.

Mesa da Câmara dos Deputados: *Deputado Michel Temer,* Presidente

Mesa do Senado Federal: *Senador José Sarney,* Presidente

(*DOU* 05.02.2010)

EC N. 65, DE 13 DE JULHO DE 2010

Altera a denominação do Capítulo VII do Título VIII da Constituição Federal e modifica o seu art. 227, para cuidar dos interesses da juventude.

As Mesas da Câmara dos Deputados e do Senado Federal, nos termos do art. 60 da Constituição Federal, promulgam a seguinte Emenda ao texto constitucional:

Art. 1º O Capítulo VII do Título VIII da Constituição Federal passa a denominar-se "Da Família, da Criança, do Adolescente, do Jovem e do Idoso".

Art. 2º O art. 227 da Constituição Federal passa a vigorar com a seguinte redação:

• Alterações processadas no texto do referido artigo.

Art. 3º Esta Emenda Constitucional entra em vigor na data de sua publicação.

Brasília, em 13 de julho de 2010.

Mesa da Câmara dos Deputados: *Deputado Michel Temer,* Presidente

Mesa do Senado Federal: *Senador José Sarney,* Presidente

(*DOU* 14.07.2010)

Emendas Constitucionais

EC N. 66, DE 13 DE JULHO DE 2010

Dá nova redação ao § 6º do art. 226 da Constituição Federal, que dispõe sobre a dissolubilidade do casamento civil pelo divórcio, suprimindo o requisito de prévia separação judicial por mais de 1 (um) ano ou de comprovada separação de fato por mais de 2 (dois) anos.

As Mesas da Câmara dos Deputados e do Senado Federal, nos termos do art. 60 da Constituição Federal, promulgam a seguinte Emenda ao texto constitucional:

Art. 1º O § 6º do art. 226 da Constituição Federal passa a vigorar com a seguinte redação:

• Alteração processada no texto do referido artigo.

Art. 2º Esta Emenda Constitucional entra em vigor na data de sua publicação.

Brasília, em 13 de julho de 2010.

Mesa da Câmara dos Deputados: *Deputado Michel Temer,* Presidente

Mesa do Senado Federal: *Senador José Sarney,* Presidente

(DOU 14.07.2010)

EC N. 67, DE 22 DE DEZEMBRO DE 2010

Prorroga, por tempo indeterminado, o prazo de vigência do Fundo de Combate e Erradicação da Pobreza.

As Mesas da Câmara dos Deputados e do Senado Federal, nos termos do § 3º do art. 60 da Constituição Federal, promulgam a seguinte Emenda ao texto constitucional:

Art. 1º Prorrogam-se, por tempo indeterminado, o prazo de vigência do Fundo de Combate e Erradicação da Pobreza a que se refere o *caput* do art. 79 do Ato das Disposições Constitucionais Transitórias e, igualmente, o prazo de vigência da Lei Complementar 111, de 6 de julho de 2001, que "Dispõe sobre o Fundo de Combate e Erradicação da Pobreza, na forma prevista nos arts. 79, 80 e 81 do Ato das Disposições Constitucionais Transitórias".

Art. 2º Esta Emenda Constitucional entra em vigor na data de sua publicação.

Brasília, em 22 de dezembro de 2010.

Mesa da Câmara dos Deputados: *Deputado Marco Maia,* Presidente

Mesa do Senado Federal: *Senador José Sarney,* Presidente

(DOU 23.12.2010)

EC N. 68, DE 21 DE DEZEMBRO DE 2011

Altera o art. 76 do Ato das Disposições Constitucionais Transitórias.

As Mesas da Câmara dos Deputados e do Senado Federal, nos termos do § 3º do art. 60 da Constituição Federal, promulgam a seguinte Emenda ao texto constitucional:

Art. 1º O art. 76 do Ato das Disposições Constitucionais Transitórias passa a vigorar com a seguinte redação:

• Alterações processadas no texto do referido artigo.

Art. 2º Esta Emenda Constitucional entra em vigor na data da sua publicação.

Brasília, 21 de dezembro de 2011.

Mesa da Câmara dos Deputados: *Deputado Marco Maia,* Presidente

Mesa do Senado Federal: *Senador José Sarney,* Presidente

(DOU 22.12.2011)

EC N. 69, DE 29 DE MARÇO DE 2012

Altera os arts. 21, 22 e 48 da Constituição Federal, para transferir da União para o Distrito Federal as atribuições de organizar e manter a Defensoria Pública do Distrito Federal.

As Mesas da Câmara dos Deputados e do Senado Federal, nos termos do art. 60 da Constituição Federal, promulgam a seguinte Emenda ao texto constitucional:

Art. 1º Os arts. 21, 22 e 48 da Constituição Federal passam a vigorar com a seguinte redação:

• Alterações processadas no texto dos referidos artigos.

Art. 2º Sem prejuízo dos preceitos estabelecidos na Lei Orgânica do Distrito Federal, aplicam-se à Defensoria Pública do Distrito Federal os mesmos princípios e regras que, nos termos da Constituição Federal, regem as Defensorias Públicas dos Estados.

Art. 3º O Congresso Nacional e a Câmara Legislativa do Distrito Federal, imediatamente após a promulgação desta Emenda Constitucional e de acordo com suas competências, instalarão comissões especiais destinadas a elaborar, em 60 (sessenta) dias, os projetos de lei necessários à adequação da legislação infraconstitucional à matéria nela tratada.

Art. 4º Esta Emenda Constitucional entra em vigor na data de sua publicação, produzindo efeitos quanto ao disposto no art. 1º após decorridos 120 (cento e vinte) dias de sua publicação oficial.

Brasília, 29 de março de 2012.

Mesa da Câmara dos Deputados: *Deputado Marco Maia*, Presidente

Mesa do Senado Federal: *Senador José Sarney*, Presidente

(DOU 30.03.2012)

EC N. 70, DE 29 DE MARÇO DE 2012

Acrescenta art. 6º-A à Emenda Constitucional 41, de 2003, para estabelecer critérios para o cálculo e a correção dos proventos da aposentadoria por invalidez dos servidores públicos que ingressaram no serviço público até a data da publicação daquela Emenda Constitucional.

As Mesas da Câmara dos Deputados e do Senado Federal, nos termos do § 3º do art. 60 da Constituição Federal, promulgam a seguinte Emenda ao texto constitucional:

Art. 1º A Emenda Constitucional 41, de 19 de dezembro de 2003, passa a vigorar acrescida do seguinte art. 6º-A:

• Acréscimo processado no texto da referida Emenda Constitucional.

Art. 2º A União, os Estados, o Distrito Federal e os Municípios, assim como as respectivas autarquias e fundações, procederão, no prazo de 180 (cento e oitenta) dias da entrada em vigor desta Emenda Constitucional, à revisão das aposentadorias, e das pensões delas decorrentes, concedidas a partir de 1º de janeiro de 2004, com base na redação dada ao § 1º do art. 40 da Constituição Federal pela Emenda Constitucional 20, de 15 de dezembro de 1998, com efeitos financeiros a partir da data de promulgação desta Emenda Constitucional.

Art. 3º Esta Emenda Constitucional entra em vigor na data de sua publicação.

Brasília, 29 de março de 2012.

Mesa da Câmara dos Deputados: *Deputado Marco Maia*, Presidente

Mesa do Senado Federal: *Senador José Sarney*, Presidente

(DOU 30.03.2012)

EC N. 71, DE 29 DE NOVEMBRO DE 2012

Acrescenta o art. 216-A à Constituição Federal para instituir o Sistema Nacional de Cultura.

As Mesas da Câmara dos Deputados e do Senado Federal, nos termos do § 3º do art. 60 da Constituição Federal, promulgam a seguinte Emenda ao texto constitucional:

Art. 1º A Constituição Federal passa a vigorar acrescida do seguinte art. 216-A:

• Acréscimo processado no texto da Constituição.

Art. 2º Esta Emenda Constitucional entra em vigor na data de sua publicação.

Brasília, em 29 de novembro de 2012.

Mesa da Câmara dos Deputados: *Deputado Marco Maia*, Presidente

Mesa do Senado Federal: *Senador José Sarney*, Presidente

(DOU 30.11.2012)

EC N. 72, DE 2 DE ABRIL DE 2013

Altera a redação do parágrafo único do art. 7º da Constituição Federal para estabelecer a igualdade de direitos trabalhistas entre os trabalhadores domésticos e os demais trabalhadores urbanos e rurais.

As Mesas da Câmara dos Deputados e do Senado Federal, nos termos do § 3º do art. 60 da Constituição Federal, promulgam a seguinte Emenda ao texto constitucional:

EC n. 73/2013

EMENDAS CONSTITUCIONAIS

Artigo único. O parágrafo único do art. 7º da Constituição Federal passa a vigorar com a seguinte redação:

• Alteração processada no texto do referido artigo.

Brasília, em 2 de abril de 2013.

Mesa da Câmara dos Deputados: *Deputado Henrique Eduardo Alves,* Presidente

Mesa do Senado Federal: *Senador Renan Calheiros,* Presidente

(DOU 03.04.2013)

EC N. 73,
DE 6 DE JUNHO DE 2013

Cria os Tribunais Regionais Federais da 6ª, 7ª, 8ª e 9ª Regiões.

• O STF, na Med. Caut. em ADIn 5.017 (*DJE* 01.08.2013), sujeito ao referendo do Colegiado, deferiu medida cautelar para suspender os efeitos da EC 73/2013.

As Mesas da Câmara dos Deputados e do Senado Federal, nos termos do § 3º do art. 60 da Constituição Federal, promulgam a seguinte Emenda ao texto Constitucional:

Art. 1º O art. 27 do Ato das Disposições Constitucionais Transitórias passa a vigorar acrescido do seguinte § 11:

• Acréscimo processado no texto do referido artigo.

Art. 2º Os Tribunais Regionais Federais da 6ª, 7ª, 8ª e 9ª Regiões deverão ser instalados no prazo de 6 (seis) meses, a contar da promulgação desta Emenda Constitucional.

Art. 3º Esta Emenda Constitucional entra em vigor na data de sua publicação.

Brasília, em 6 de junho de 2013.

Mesa da Câmara dos Deputados: *Deputado André Vargas,* 1º Vice-Presidente no exercício da Presidência

Mesa do Senado Federal: *Senador Romero Jucá,* 2º Vice-Presidente no exercício da Presidência

(DOU 07.06.2013)

EC N. 74,
DE 6 DE AGOSTO DE 2013

Altera o art. 134 da Constituição Federal.

As Mesas da Câmara dos Deputados e do Senado Federal, nos termos do § 3º do art. 60 da Constituição Federal, promulgam a seguinte Emenda ao texto constitucional:

Art. 1º O art. 134 da Constituição Federal passa a vigorar acrescido do seguinte § 3º:

• Acréscimo processado no texto do referido artigo.

Art. 2º Esta Emenda Constitucional entra em vigor na data de sua publicação.

Brasília, em 6 de agosto de 2013.

Mesa da Câmara dos Deputados: *Deputado Henrique Eduardo Alves,* Presidente

Mesa do Senado Federal: *Senador Renan Calheiros,* Presidente

(DOU 07.08.2013)

EC N. 75,
DE 15 DE OUTUBRO DE 2013

Acrescenta a alínea e ao inciso VI do art. 150 da Constituição Federal, instituindo imunidade tributária sobre os fonogramas e videofonogramas musicais produzidos no Brasil contendo obras musicais ou lítero musicais de autores brasileiros e/ou obras em geral interpretadas por artistas brasileiros bem como os suportes materiais ou arquivos digitais que os contenham.

As Mesas da Câmara dos Deputados e do Senado Federal, nos termos do § 3º do art. 60 da Constituição Federal, promulgam a seguinte Emenda ao texto constitucional:

Art. 1º O inciso VI do art. 150 da Constituição Federal passa a vigorar acrescido da seguinte alínea e:

• Acréscimo processado no texto do referido artigo.

Art. 2º Esta Emenda Constitucional entra em vigor na data de sua publicação.

Brasília, em 15 de outubro de 2013.

Mesa da Câmara dos Deputados: *Deputado Henrique Eduardo Alves*, Presidente

Mesa do Senado Federal: *Senador Renan Calheiros*, Presidente

(DOU 16.10.2013)

EC N. 76,
DE 28 DE NOVEMBRO DE 2013

Altera o § 2º do art. 55 e o § 4º do art. 66 da Constituição Federal, para abolir a votação secreta nos casos de perda de mandato de Deputado ou Senador e de apreciação de veto.

As Mesas da Câmara dos Deputados e do Senado Federal, nos termos do § 3º do art.

EC n. 77/2014

60 da Constituição Federal, promulgam a seguinte Emenda ao texto constitucional:

Art. 1º Os arts. 55 e 66 da Constituição Federal passam a vigorar com as seguintes alterações:

• Alterações processadas no texto dos referidos artigos.

Art. 2º Esta Emenda Constitucional entra em vigor na data de sua publicação.

Brasília, em 28 de novembro de 2013.

Mesa da Câmara dos Deputados: *Deputado Henrique Eduardo Alves*, Presidente

Mesa do Senado Federal: *Senador Renan Calheiros*, Presidente

(*DOU* 29.11.2013)

EC N. 77, DE 11 DE FEVEREIRO DE 2014

Altera os incisos II, III e VIII do § 3º do art. 142 da Constituição Federal, para estender aos profissionais de saúde das Forças Armadas a possibilidade de cumulação de cargo a que se refere o art. 37, inciso XVI, alínea c.

As Mesas da Câmara dos Deputados e do Senado Federal, nos termos do § 3º do art. 60 da Constituição Federal, promulgam a seguinte Emenda ao texto constitucional:

Artigo único. Os incisos II, III e VIII do § 3º do art. 142 da Constituição Federal passam a vigorar com as seguintes alterações:

• Alterações processadas no texto do referido artigo.

Brasília, em 11 de fevereiro de 2014.

Mesa da Câmara dos Deputados: *Deputado Henrique Eduardo Alves*, Presidente

Mesa do Senado Federal: Senador *Renan Calheiros*, Presidente

(*DOU* 12.02.2014)

EC N. 78, DE 14 DE MAIO DE 2014

Acrescenta art. 54-A ao Ato das Disposições Constitucionais Transitórias, para dispor sobre indenização devida aos seringueiros de que trata o art. 54 desse Ato.

As Mesas da Câmara dos Deputados e do Senado Federal, nos termos do § 3º do art. 60 da Constituição Federal, promulgam a seguinte Emenda ao texto constitucional:

Art. 1º O Ato das Disposições Constitucionais Transitórias passa a vigorar acrescido do seguinte art. 54-A:

• Acréscimo processado no texto do ADCT.

Art. 2º A indenização de que trata o art. 54-A do Ato das Disposições Constitucionais Transitórias somente se estende aos dependentes dos seringueiros que, na data de entrada em vigor desta Emenda Constitucional, detenham a condição de dependentes na forma do § 2º do art. 54 do Ato das Disposições Constitucionais Transitórias, devendo o valor de R$ 25.000,00 (vinte e cinco mil reais) ser rateado entre os pensionistas na proporção de sua cota-parte na pensão.

Art. 3º Esta Emenda Constitucional entra em vigor no exercício financeiro seguinte ao de sua publicação.

Brasília, em 14 de maio de 2014.

Mesa da Câmara dos Deputados: Deputado *Henrique Eduardo Alves*, Presidente

Mesa do Senado Federal: Senador *Renan Calheiros*, Presidente

(*DOU* 15.05.2014)

EC N. 79, DE 27 DE MAIO DE 2014

Altera o art. 31 da Emenda Constitucional n. 19, de 4 de junho de 1998, para prever a inclusão, em quadro em extinção da Administração Federal, de servidores e policiais militares admitidos pelos Estados do Amapá e de Roraima, na fase de instalação dessas unidades federadas, e dá outras providências.

As Mesas da Câmara dos Deputados e do Senado Federal, nos termos do § 3º do art. 60 da Constituição Federal, promulgam a seguinte Emenda ao texto constitucional:

Art. 1º O art. 31 da Emenda Constitucional n. 19, de 4 de junho de 1998, passa a vigorar com a seguinte redação:

• Alterações processadas no texto do referido artigo.

Art. 2º Para fins do enquadramento disposto no *caput* do art. 31 da Emenda Constitucional n. 19, de 4 de junho de

1998, e no caput do art. 89 do Ato das Disposições Constitucionais Transitórias, é reconhecido o vínculo funcional, com a União, dos servidores regularmente admitidos nos quadros dos Municípios integrantes dos ex-Territórios do Amapá, de Roraima e de Rondônia em efetivo exercício na data de transformação desses ex-Territórios em Estados.

Art. 3º Os servidores dos ex-Territórios do Amapá, de Roraima e de Rondônia incorporados a quadro em extinção da União serão enquadrados em cargos de atribuições equivalentes ou assemelhadas, integrantes de planos de cargos e carreiras da União, no nível de progressão alcançado, assegurados os direitos, vantagens e padrões remuneratórios a eles inerentes.

Art. 4º Cabe à União, no prazo máximo de 180 (cento e oitenta) dias, contado a partir da data de publicação desta Emenda Constitucional, regulamentar o enquadramento de servidores estabelecido no art. 31 da Emenda Constitucional n. 19, de 4 de junho de 1998, e no art. 89 do Ato das Disposições Constitucionais Transitórias.

Parágrafo único. No caso de a União não regulamentar o enquadramento previsto no *caput*, o optante tem direito ao pagamento retroativo das diferenças remuneratórias desde a data do encerramento do prazo para a regulamentação referida neste artigo.

Art. 5º A opção para incorporação em quadro em extinção da União, conforme disposto no art. 31 da Emenda Constitucional n. 19, de 4 de junho de 1998, e no art. 89 do Ato das Disposições Constitucionais Transitórias, deverá ser formalizada pelos servidores e policiais militares interessados perante a administração, no prazo máximo de 180 (cento e oitenta) dias, contado a partir da regulamentação prevista no art. 4º.

Art. 6º Os servidores admitidos regularmente que comprovadamente se encontravam no exercício de funções policiais nas Secretarias de Segurança Pública dos ex-Territórios do Amapá, de Roraima e de Rondônia na data em que foram transformados em Estados serão enquadrados no quadro da Polícia Civil dos ex-Territórios, no prazo de 180 (cento e oitenta) dias, assegurados os direitos, vantagens e padrões remuneratórios a eles inerentes.

Art. 7º Aos servidores admitidos regularmente pela União nas Carreiras do Grupo Tributação, Arrecadação e Fiscalização de que trata a Lei 6.550, de 5 de julho de 1978, cedidos aos Estados do Amapá, de Roraima e de Rondônia são assegurados os mesmos direitos remuneratórios auferidos pelos integrantes das Carreiras correspondentes do Grupo Tributação, Arrecadação e Fiscalização da União de que trata a Lei 5.645, de 10 de dezembro de 1970.

Art. 8º Os proventos das aposentadorias, pensões, reformas e reservas remuneradas, originados no período de outubro de 1988 a outubro de 1993, passam a ser mantidos pela União a partir da data de publicação desta Emenda Constitucional, vedado o pagamento, a qualquer título, de valores referentes a períodos anteriores a sua publicação.

Art. 9º É vedado o pagamento, a qualquer título, em virtude das alterações promovidas por esta Emenda Constitucional, de remunerações, proventos, pensões ou indenizações referentes a períodos anteriores à data do enquadramento, salvo o disposto no parágrafo único do art. 4º.

Art. 10. Esta Emenda Constitucional entra em vigor na data de sua publicação.

Brasília, em 27 de maio de 2014.

Mesa da Câmara dos Deputados: Deputado *Henrique Eduardo Alves*, Presidente

Mesa do Senado Federal: Senador *Renan Calheiros*, Presidente

(*DOU* 28.05.2014)

EC N. 80, DE 4 DE JUNHO DE 2014

Altera o Capítulo IV – Das Funções Essenciais à Justiça, do Título IV – Da Organização dos Poderes, e acrescenta artigo ao Ato das Disposições Constitucionais Transitórias da Constituição Federal.

As Mesas da Câmara dos Deputados e do Senado Federal, nos termos do § 3º do art.

EC n. 81/2014

EMENDAS CONSTITUCIONAIS

60 da Constituição Federal, promulgam a seguinte Emenda ao texto constitucional:

Art. 1º O Capítulo IV – Das Funções Essenciais à Justiça, do Título IV – Da Organização dos Poderes, passa a vigorar com as seguintes alterações:

- Alterações processadas no texto do referido Capítulo.

Art. 2º O Ato das Disposições Constitucionais Transitórias passa a vigorar acrescido do seguinte art. 98:

- Acréscimo processado no texto do ADCT.

Art. 3º Esta Emenda Constitucional entra em vigor na data de sua publicação.

Brasília, em 4 de junho de 2014.

Mesa da Câmara dos Deputados: Deputado *Henrique Eduardo Alves*, Presidente

Mesa do Senado Federal: Senador *Renan Calheiros*, Presidente

(*DOU* 05.06.2014)

EC N. 81, DE 5 DE JUNHO DE 2014

Dá nova redação ao art. 243 da Constituição Federal.

As Mesas da Câmara dos Deputados e do Senado Federal, nos termos do § 3º do art. 60 da Constituição Federal, promulgam a seguinte Emenda ao texto constitucional:

Art. 1º O art. 243 da Constituição Federal passa a vigorar com a seguinte redação:

- Alterações processadas no texto do referido artigo.

Art. 2º Esta Emenda Constitucional entra em vigor na data de sua publicação.

Brasília, em 5 de junho de 2014

Mesa da Câmara dos Deputados: Deputado *Henrique Eduardo Alves*, Presidente

Mesa do Senado Federal: Senador *Renan Calheiros*, Presidente

(*DOU* 06.06.2014)

EC N. 82, DE 16 DE JULHO DE 2014

Inclui o § 10 ao art. 144 da Constituição Federal, para disciplinar a segurança viária no âmbito dos Estados, do Distrito Federal e dos Municípios.

As Mesas da Câmara dos Deputados e do Senado Federal, nos termos do § 3º do art. 60 da Constituição Federal, promulgam a seguinte Emenda ao texto constitucional:

Art. 1º O art. 144 da Constituição Federal passa a vigorar acrescido do seguinte § 10:

- Acréscimo processado no texto do referido artigo.

Art. 2º Esta Emenda Constitucional entra em vigor na data de sua publicação.

Brasília, em 16 de julho de 2014.

Mesa da Câmara dos Deputados: Deputado *Henrique Eduardo Alves*, Presidente

Mesa do Senado Federal: Senador *Renan Calheiros*, Presidente

(*DOU* 17.07.2014)

EC N. 83, DE 5 DE AGOSTO DE 2014

Acrescenta o art. 92-A ao Ato das Disposições Constitucionais Transitórias – ADCT.

As Mesas da Câmara dos Deputados e do Senado Federal, nos termos do § 3º do art. 60 da Constituição Federal, promulgam a seguinte Emenda ao texto constitucional:

Art. 1º O Ato das Disposições Constitucionais Transitórias passa a vigorar acrescido do seguinte art. 92-A:

- Acréscimo processado no texto do ADCT.

Art. 2º Esta Emenda Constitucional entra em vigor na data de sua publicação.

Brasília, em 5 de agosto de 2014.

Mesa da Câmara dos Deputados: Deputado *Henrique Eduardo Alves*, Presidente

Mesa do Senado Federal: Senador *Renan Calheiros*, Presidente

(*DOU* 06.08.2014)

EC n. 84/2014

EMENDAS CONSTITUCIONAIS

EC N. 84, DE 2 DE DEZEMBRO DE 2014

Altera o art. 159 da Constituição Federal para aumentar a entrega de recursos pela União para o Fundo de Participação dos Municípios.

As Mesas da Câmara dos Deputados e do Senado Federal, nos termos do § 3º do art. 60 da Constituição Federal, promulgam a seguinte Emenda ao texto constitucional:

Art. 1º O art. 159 da Constituição Federal passa a vigorar com a seguinte redação:

- Alterações processadas no texto do referido artigo.

Art. 2º Para os fins do disposto na alínea *e* do inciso I do *caput* do art. 159 da Constituição Federal, a União entregará ao Fundo de Participação dos Municípios o percentual de 0,5% (cinco décimos por cento) do produto da arrecadação dos impostos sobre renda e proventos de qualquer natureza e sobre produtos industrializados no primeiro exercício em que esta Emenda Constitucional gerar efeitos financeiros, acrescentando-se 0,5% (cinco décimos por cento) a cada exercício, até que se alcance o percentual de 1% (um por cento).

Art. 3º Esta Emenda Constitucional entra em vigor na data de sua publicação, com efeitos financeiros a partir de 1º de janeiro do exercício subsequente.

Brasília, em 2 de dezembro de 2014.

Mesa da Câmara dos Deputados: Deputado *Henrique Eduardo Alves*, Presidente

Mesa do Senado Federal: Senador *Renan Calheiros*, Presidente

(DOU 03.12.2014)

EC N. 85, DE 26 DE FEVEREIRO DE 2015

Altera e adiciona dispositivos na Constituição Federal para atualizar o tratamento das atividades de ciência, tecnologia e inovação.

As Mesas da Câmara dos Deputados e do Senado Federal, nos termos do § 3º do art. 60 da Constituição Federal, promulgam a seguinte Emenda ao texto constitucional:

Art. 1º A Constituição Federal passa a vigorar com as seguintes alterações:

- Alterações processadas no texto da Constituição.

Art. 2º O Capítulo IV do Título VIII da Constituição Federal passa a vigorar acrescido dos seguintes arts. 219-A e 219-B:

- Acréscimos processados no texto da Constituição.

Art. 3º Esta Emenda Constitucional entra em vigor na data de sua publicação.

Brasília, em 26 de fevereiro de 2015.

Mesa da Câmara dos Deputados: Deputado *Eduardo Cunha*, Presidente

Mesa do Senado Federal: Senador *Renan Calheiros*, Presidente

(DOU 27.02.2015; rep. 03.03.2015)

EC N. 86, DE 17 DE MARÇO DE 2015

Altera os arts. 165, 166 e 198 da Constituição Federal, para tornar obrigatória a execução da programação orçamentária que especifica.

As Mesas da Câmara dos Deputados e do Senado Federal, nos termos do § 3º do art. 60 da Constituição Federal, promulgam a seguinte Emenda ao texto constitucional:

Art. 1º Os arts. 165, 166 e 198 da Constituição Federal passam a vigorar com as seguintes alterações:

- Alterações processadas no texto dos referidos artigos.

Art. 2º O disposto no inciso I do § 2º do art. 198 da Constituição Federal será cumprido progressivamente, garantidos, no mínimo:

I – 13,2% (treze inteiros e dois décimos por cento) da receita corrente líquida no primeiro exercício financeiro subsequente ao da promulgação desta Emenda Constitucional;

II – 13,7% (treze inteiros e sete décimos por cento) da receita corrente líquida no segundo exercício financeiro subsequente ao da promulgação desta Emenda Constitucional;

III – 14,1% (quatorze inteiros e um décimo por cento) da receita corrente líquida no terceiro exercício financeiro subsequente ao da promulgação desta Emenda Constitucional;

EC n. 87/2015

EMENDAS CONSTITUCIONAIS

IV – 14,5% (quatorze inteiros e cinco décimos por cento) da receita corrente líquida no quarto exercício financeiro subsequente ao da promulgação desta Emenda Constitucional;

V – 15% (quinze por cento) da receita corrente líquida no quinto exercício financeiro subsequente ao da promulgação desta Emenda Constitucional.

Art. 3º As despesas com ações e serviços públicos de saúde custeados com a parcela da União oriunda da participação no resultado ou da compensação financeira pela exploração de petróleo e gás natural, de que trata o § 1º do art. 20 da Constituição Federal, serão computadas para fins de cumprimento do disposto no inciso I do § 2º do art. 198 da Constituição Federal.

Art. 4º Esta Emenda Constitucional entra em vigor na data de sua publicação e produzirá efeitos a partir da execução orçamentária do exercício de 2014.

Art. 5º Fica revogado o inciso IV do § 3º do art. 198 da Constituição Federal.

Brasília, em 17 de março de 2015.

Mesa da Câmara dos Deputados: Deputado *Eduardo Cunha*, Presidente

Mesa do Senado Federal: Senador *Renan Calheiros*, Presidente

(DOU 18.03.2015)

EC N. 87, DE 16 DE ABRIL DE 2015

Altera o § 2º do art. 155 da Constituição Federal e inclui o art. 99 no Ato das Disposições Constitucionais Transitórias, para tratar da sistemática de cobrança do imposto sobre operações relativas à circulação de mercadorias e sobre prestações de serviços de transporte interestadual e intermunicipal e de comunicação incidente sobre as operações e prestações que destinem bens e serviços a consumidor final, contribuinte ou não do imposto, localizado em outro Estado.

As Mesas da Câmara dos Deputados e do Senado Federal, nos termos do § 3º do art. 60 da Constituição Federal, promulgam a seguinte Emenda ao texto constitucional:

Art. 1º Os incisos VII e VIII do § 2º do art. 155 da Constituição Federal passam a vigorar com as seguintes alterações:

- Alterações processadas no texto do referido artigo.

Art. 2º O Ato das Disposições Constitucionais Transitórias passa a vigorar acrescido do seguinte art. 99:

- Acréscimo processado no texto do ADCT.

Art. 3º Esta Emenda Constitucional entra em vigor na data de sua publicação, produzindo efeitos no ano subsequente e após 90 (noventa) dias desta.

Brasília, em 16 de abril de 2015.

Mesa da Câmara dos Deputados: Deputado *Eduardo Cunha*, Presidente

Mesa do Senado Federal: Senador *Renan Calheiros*, Presidente

(DOU 17.04.2015)

EC N. 88, DE 7 DE MAIO DE 2015

Altera o art. 40 da Constituição Federal, relativamente ao limite de idade para a aposentadoria compulsória do servidor público em geral, e acrescenta dispositivo ao Ato das Disposições Constitucionais Transitórias.

As Mesas da Câmara dos Deputados e do Senado Federal, nos termos do § 3º do art. 60 da Constituição Federal, promulgam a seguinte Emenda ao texto constitucional:

Art. 1º O art. 40 da Constituição Federal passa a vigorar com a seguinte alteração:

- Alteração processada no texto do referido artigo.

Art. 2º O Ato das Disposições Constitucionais Transitórias passa a vigorar acrescido do seguinte art. 100:

- Acréscimo processado no texto do ADCT.

Art. 3º Esta Emenda Constitucional entra em vigor na data de sua publicação.

Brasília, em 7 de maio de 2015.

Mesa da Câmara dos Deputados: Deputado *Eduardo Cunha*, Presidente

Mesa do Senado Federal: Senador *Renan Calheiros*, Presidente

(DOU 08.05.2015)

EMENDAS CONSTITUCIONAIS

EC N. 89, DE 15 DE SETEMBRO DE 2015

Dá nova redação ao art. 42 do Ato das Disposições Constitucionais Transitórias, ampliando o prazo em que a União deverá destinar às Regiões Centro-Oeste e Nordeste percentuais mínimos dos recursos destinados à irrigação.

As Mesas da Câmara dos Deputados e do Senado Federal, nos termos do art. 60 da Constituição Federal, promulgam a seguinte Emenda ao texto constitucional:

Art. 1º O art. 42 do Ato das Disposições Constitucionais Transitórias passa a vigorar com a seguinte redação:

"Art. 42. Durante 40 (quarenta) anos, a União aplicará dos recursos destinados à irrigação:

"I – 20% (vinte por cento) na Região Centro-Oeste;

"II – 50% (cinquenta por cento) na Região Nordeste, preferencialmente no Semiárido.

"Parágrafo único. Dos percentuais previstos nos incisos I e II do *caput*, no mínimo 50% (cinquenta por cento) serão destinados a projetos de irrigação que beneficiem agricultores familiares que atendam aos requisitos previstos em legislação específica."

Art. 2º Esta Emenda Constitucional entra em vigor na data de sua publicação.

Brasília, em 15 de setembro de 2015.

Mesa da Câmara dos Deputados: Deputado *Eduardo Cunha, Presidente*

Mesa do Senado Federal: Senador Renan Calheiros, *Presidente*

(*DOU* 16.09.2015)

EC N. 90, DE 15 DE SETEMBRO DE 2015

Dá nova redação ao art. 6º da Constituição Federal, para introduzir o transporte como direito social.

As Mesas da Câmara dos Deputados e do Senado Federal, nos termos do art. 60 da Constituição Federal, promulgam a seguinte Emenda ao texto constitucional:

Artigo único. O art. 6º da Constituição Federal de 1988 passa a vigorar com a seguinte redação:

"Art. 6º São direitos sociais a educação, a saúde, a alimentação, o trabalho, a moradia, o transporte, o lazer, a segurança, a previdência social, a proteção à maternidade e à infância, a assistência aos desamparados, na forma desta Constituição."

Brasília, em 15 de setembro de 2015.

Mesa da Câmara dos Deputados: Deputado Eduardo Cunha, *Presidente*

Mesa do Senado Federal: Senador Renan Calheiros, *Presidente*

(*DOU* 16.09.2015)

EC N. 91, DE 18 DE FEVEREIRO DE 2016

Altera a Constituição Federal para estabelecer a possibilidade, excepcional e em período determinado, de desfiliação partidária, sem prejuízo do mandato.

As Mesas da Câmara dos Deputados e do Senado Federal, nos termos do § 3º do art. 60 da Constituição Federal, promulgam a seguinte Emenda ao texto constitucional:

Art. 1º É facultado ao detentor de mandato eletivo desligar-se do partido pelo qual foi eleito nos 30 (trinta) dias seguintes à promulgação desta Emenda Constitucional, sem prejuízo do mandato, não sendo essa desfiliação considerada para fins de distribuição dos recursos do Fundo Partidário e de acesso gratuito ao tempo de rádio e televisão.

Art. 2º Esta Emenda Constitucional entra em vigor na data de sua publicação.

Brasília, em 18 de fevereiro de 2016.

Mesa da Câmara dos Deputados: Deputado Eduardo Cunha, *Presidente*

Mesa do Senado Federal: Senador Renan Calheiros, *Presidente*

(*DOU* 19.02.2016)

LEI DE INTRODUÇÃO ÀS NORMAS DO DIREITO BRASILEIRO

DECRETO-LEI 4.657, DE 4 DE SETEMBRO DE 1942

Lei de Introdução às normas do Direito Brasileiro.

- Ementa com redação determinada pela Lei 12.376/2010.

O Presidente da República, usando da atribuição que lhe confere o art. 180 da Constituição, decreta:

Art. 1º Salvo disposição contrária, a lei começa a vigorar em todo o país 45 (quarenta e cinco) dias depois de oficialmente publicada.

- V. art. 62, §§ 3º, 4º, 6º e 7º, CF.
- V. arts. 101 a 104, CTN.
- V. art. 8º, LC 95/1998 (Elaboração das Leis).

§ 1º Nos Estados estrangeiros, a obrigatoriedade da lei brasileira, quando admitida, se inicia 3 (três) meses depois de oficialmente publicada.

- V. art. 16, Lei 2.145/1953 (Carteira de Comércio Exterior).

§ 2º *(Revogado pela Lei 12.036/2009.)*

§ 3º Se, antes de entrar a lei em vigor, ocorrer nova publicação de seu texto, destinada à correção, o prazo deste artigo e dos parágrafos anteriores começará a correr da nova publicação.

§ 4º As correções a texto de lei já em vigor consideram-se lei nova.

Art. 2º Não se destinando à vigência temporária, a lei terá vigor até que outra a modifique ou revogue.

- V. LC 95/1998 (Elaboração das Leis).

§ 1º A lei posterior revoga a anterior quando expressamente o declare, quando seja com ela incompatível ou quando regule inteiramente a matéria de que tratava a lei anterior.

§ 2º A lei nova, que estabeleça disposições gerais ou especiais a par das já existentes, não revoga nem modifica a lei anterior.

§ 3º Salvo disposição em contrário, a lei revogada não se restaura por ter a lei revogadora perdido a vigência.

Art. 3º Ninguém se escusa de cumprir a lei, alegando que não a conhece.

Art. 4º Quando a lei for omissa, o juiz decidirá o caso de acordo com a analogia, os costumes e os princípios gerais de direito.

- V. arts. 140, 375 e 723, CPC/2015.
- V. arts. 100, 101 e 107 a 111, CTN.
- V. art. 8º, CLT.
- V. art. 2º, Lei 9.307/1996 (Arbitragem).

Art. 5º Na aplicação da lei, o juiz atenderá aos fins sociais a que ela se dirige e às exigências do bem comum.

- V. art. 5º, LIV, CF.
- V. arts. 107 a 111, CTN.
- V. art. 6º, Lei 9.099/1995 (Juizados Especiais Cíveis e Criminais).

Art. 6º A lei em vigor terá efeito imediato e geral, respeitados o ato jurídico perfeito, o direito adquirido e a coisa julgada.

- Artigo com redação determinada pela Lei 3.238/1957.
- V. art. 5º, XXXVI, CF.
- V. art. 1.787, CC.

§ 1º Reputa-se ato jurídico perfeito o já consumado segundo a lei vigente ao tempo em que se efetuou.

§ 2º Consideram-se adquiridos assim os direitos que o seu titular, ou alguém por ele, possa exercer, como aqueles cujo começo do exercício tenha termo pré-fixo, ou condição preestabelecida inalterável, a arbítrio de outrem.

- V. arts. 121, 126, 130, 131 e 135, CC.

§ 3º Chama-se coisa julgada ou caso julgado a decisão judicial de que já não caiba recurso.

- V. art. 5º, XXXVI, CF.
- V. arts. 121, 126 a 128, 131 e 135, CC.
- V. arts. 337, § 1º, e 502, CPC/2015.

Dec.-lei 4.657/1942

LEI DE INTRODUÇÃO

Art. 7º A lei do país em que for domiciliada a pessoa determina as regras sobre o começo e o fim da personalidade, o nome, a capacidade e os direitos de família.

- V. arts. 1º a 10, 22 a 39, 70 a 78 e 1.511 a 1.638, CC.
- V. Dec. 66.605/1970 (Convenção sobre Consentimento para Casamento).
- V. arts. 55 a 58, Lei 6.015/1973 (Lei de Registros Públicos).
- V. arts. 31, 42 e ss., Lei 6.815/1980 (Estatuto do Estrangeiro).

§ 1º Realizando-se o casamento no Brasil, será aplicada a lei brasileira quanto aos impedimentos dirimentes e às formalidades da celebração.

- V. arts. 1.517, 1.521, 1.523 e 1.533 a 1542, CC.
- V. arts. 8º e 9º, Lei 1.110/1950 (Reconhecimento dos efeitos civis do casamento religioso).
- V. Lei 6.015/1973 (Lei de Registros Públicos).

§ 2º O casamento de estrangeiros poderá celebrar-se perante autoridades diplomáticas ou consulares do país de ambos os nubentes.

- § 2º com redação determinada pela Lei 3.238/1957.
- V. art. 1.544, CC.

§ 3º Tendo os nubentes domicílio diverso, regerá os casos de invalidade do matrimônio a lei do primeiro domicílio conjugal.

- V. arts. 1.548 a 1.564, CC.

§ 4º O regime de bens, legal ou convencional, obedece à lei do país em que tiverem os nubentes domicílio, e, se este for diverso, à do primeiro domicílio conjugal.

- V. arts. 1.639 a 1.653, CC.

§ 5º O estrangeiro casado, que se naturalizar brasileiro, pode, mediante expressa anuência de seu cônjuge, requerer ao juiz, no ato de entrega do decreto de naturalização, se apostile ao mesmo a adoção do regime de comunhão parcial de bens, respeitados os direitos de terceiros e dada esta adoção ao competente registro.

- § 5º com redação determinada pela Lei 6.515/1977.
- V. arts. 1.658 a 1.666, CC.

§ 6º O divórcio realizado no estrangeiro, se um ou ambos os cônjuges forem brasileiros, só será reconhecido no Brasil depois de 1 (um) ano da data da sentença, salvo se houver sido antecedida de separação judicial por igual prazo, caso em que a homologação produzirá efeito imediato, obedecidas as condições estabelecidas para a eficácia das sentenças estrangeiras no país. O Superior Tribunal de Justiça, na forma de seu regimento interno, poderá reexaminar, a requerimento do interessado, decisões já proferidas em pedidos de homologação de sentenças estrangeiras de divórcio de brasileiros, a fim de que passem a produzir todos os efeitos legais.

- § 6º com redação determinada pela Lei 12.036/2009.
- V. art. 15.
- V. arts. 105, I, *i*, e 227, § 6º, CF.
- V. art. 961, CPC/2015.

§ 7º Salvo o caso de abandono, o domicílio do chefe da família estende-se ao outro cônjuge e aos filhos não emancipados, e o do tutor ou curador aos incapazes sob sua guarda.

- V. arts. 226, § 5º, e 227, § 6º, CF.
- V. arts. 3º, 4º e 76, parágrafo único, CC.
- V. Lei 10.216/2001 (Proteção a pessoas portadoras de transtornos mentais).

§ 8º Quando a pessoa não tiver domicílio, considerar-se-á domiciliada no lugar de sua residência ou naquele em que se encontre.

- V. arts. 70, 71 e 73, CC.
- V. art. 46, § 3º, CPC/2015.

Art. 8º Para qualificar os bens e regular as relações a eles concernentes, aplicar-se-á a lei do país em que estiverem situados.

- V. Lei 8.617/1993 (Mar territorial).

§ 1º Aplicar-se-á a lei do país em que for domiciliado o proprietário, quanto aos bens móveis que ele trouxer ou se destinarem a transporte para outros lugares.

§ 2º O penhor regula-se pela lei do domicílio que tiver a pessoa, em cuja posse se encontre a coisa apenhada.

- V. arts. 1.431 a 1.435, 1.438 a 1.440, 1.442, 1.445, 1.446, 1.451 a 1.460 e 1.467 a 1.471, CC.

Art. 9º Para qualificar e reger as obrigações, aplicar-se-á a lei do país em que se constituírem.

§ 1º Destinando-se a obrigação a ser executada no Brasil e dependendo de forma essencial, será esta observada, admitidas as peculiaridades da lei estrangeira quanto aos requisitos extrínsecos do ato.

- V. Dec.-lei 857/1969 (Moeda para pagamento de obrigações exequíveis no Brasil).

Dec.-lei 4.657/1942

Lei de Introdução

§ 2º A obrigação resultante do contrato reputa-se constituída no lugar em que residir o proponente.
- V. art. 435, CC.

Art. 10. A sucessão por morte ou por ausência obedece à lei do país em que era domiciliado o defunto ou o desaparecido, qualquer que seja a natureza e a situação dos bens.
- V. arts. 26 a 39 e 1.784 a 1.990, CC.

§ 1º A sucessão de bens de estrangeiros, situados no país, será regulada pela lei brasileira em benefício do cônjuge ou dos filhos brasileiros, ou de quem os represente, sempre que não lhes seja mais favorável a lei pessoal do *de cujus*.
- § 1º com redação determinada pela Lei 9.047/1995.
- V. art. 5º, XXXI, CF.
- V. arts. 1.851 a 1.856, CC.

§ 2º A lei do domicílio do herdeiro ou legatário regula a capacidade para suceder.
- V. art. 5º, XXX e XXXI, CF.
- V. arts. 1.787, 1.799, 1.801 e 1.802, CC.
- V. arts. 23, II, 48 e 610, CPC/2015.

Art. 11. As organizações destinadas a fins de interesse coletivo, como as sociedades e as fundações, obedecem à lei do Estado em que se constituírem.
- V. arts. 62, 63, 65 a 69 e 681 a 1.141, CC.
- V. art. 75, § 3º, CPC/2015.

§ 1º Não poderão, entretanto, ter no Brasil filiais, agências ou estabelecimentos antes de serem os atos constitutivos aprovados pelo Governo brasileiro, ficando sujeitas à lei brasileira.
- V. art. 170, parágrafo único, CF.
- V. arts. 21, parágrafo único, e 75, IX, § 3º, CPC/2015.
- V. Dec. 24.643/1934 (Código de Águas).
- V. Dec.-lei 2.980/1941 (Loterias).
- V. art. 74, Dec.-lei 73/1966 (Sistema Nacional de Seguros Privados).
- V. art. 12, Dec.-lei 200/1967 (Alterações nos atos que regem o funcionamento das sociedades estrangeiras).
- V. Dec.-lei 227/1967 (Código de Mineração).
- V. art. 32, II, Lei 8.934/1994 (Registro público de empresas mercantis e atividades afins).

§ 2º Os Governos estrangeiros, bem como as organizações de qualquer natureza, que eles tenham constituído, dirijam ou hajam investido de funções públicas, não poderão adquirir no Brasil bens imóveis ou suscetíveis de desapropriação.

§ 3º Os Governos estrangeiros podem adquirir a propriedade dos prédios necessários à sede dos representantes diplomáticos ou dos agentes consulares.
- V. Lei 4.331/1964 (Aquisição de imóveis no Distrito Federal por governos estrangeiros).

Art. 12. É competente a autoridade judiciária brasileira, quando for o réu domiciliado no Brasil ou aqui tiver de ser cumprida a obrigação.
- V. arts. 21 a 25, CPC/2015.

§ 1º Só à autoridade judiciária brasileira compete conhecer das ações relativas a imóveis situados no Brasil.
- V. art. 23, I, CPC/2015.

§ 2º A autoridade judiciária brasileira cumprirá, concedido o *exequatur* e segundo a forma estabelecida pela lei brasileira, as diligências deprecadas por autoridade estrangeira competente, observando a lei desta, quanto ao objeto das diligências.
- V. arts. 105, I, *i*, e 109, X, CF.
- V. arts. 21, 23, 36, 46, § 3º, 47, 256 e 268, § 1º, CPC/2015.

Art. 13. A prova dos fatos ocorridos em país estrangeiro rege-se pela lei que nele vigorar, quanto ao ônus e aos meios de produzir-se, não admitindo os tribunais brasileiros provas que a lei brasileira desconheça.
- V. art. 224, CC.
- V. arts. 372, 374 e 376, CPC/2015.
- V. art. 32, *caput*, Lei 6.015/1973 (Lei de Registros Públicos).

Art. 14. Não conhecendo a lei estrangeira, poderá o juiz exigir de quem a invoca prova do texto e da vigência.
- V. art. 376, CPC/2015.
- V. art. 116, RISTF.

Art. 15. Será executada no Brasil a sentença proferida no estrangeiro, que reúna os seguintes requisitos:
- V. art. 12, § 2º.
- V. arts. 36, *caput*, 268, 961 e 965, CPC/2015.
- V. arts. 13, IX, 52, III, 215 a 347, I, e 367, RISTF

a) haver sido proferida por juiz competente;
- V. Súmula 381, STF.

b) terem sido as partes citadas ou haver-se legalmente verificado a revelia;

Lei 12.376/2010

LEI DE INTRODUÇÃO

c) ter passado em julgado e estar revestida das formalidades necessárias para a execução no lugar em que foi proferida;

- V. Súmula 420, STF.

d) estar traduzida por intérprete autorizado;
e) ter sido homologada pelo Supremo Tribunal Federal.

- Com a promulgação da EC n. 45/2004, que modificou o art. 105, I, *i*, da CF, a competência para homologação de sentença estrangeira passou a ser do Superior Tribunal de Justiça.
- V. art. 105, I, *i*, CF.
- V. art. 961, CPC/2015.
- V. art. 9º, CP.
- V. arts. 787 a 790, CPP.
- V. art. 35, Lei 9.307/1996 (Arbitragem).

Parágrafo único. (*Revogado pela Lei 12.036/2009.*)

Art. 16. Quando, nos termos dos artigos precedentes, se houver de aplicar a lei estrangeira, ter-se-á em vista a disposição desta, sem considerar-se qualquer remissão por ela feita a outra lei.

Art. 17. As leis, atos e sentenças de outro país, bem como quaisquer declarações de vontade, não terão eficácia no Brasil, quando ofenderem a soberania nacional, a ordem pública e os bons costumes.

- V. art. 781, CPP.

Art. 18. Tratando-se de brasileiros, são competentes as autoridades consulares brasileiras para lhes celebrar o casamento e os mais atos de Registro Civil e de tabelionato, inclusive o registro de nascimento e de óbito dos filhos de brasileiro ou brasileira nascidos no país da sede do Consulado.

- Artigo com redação determinada pela Lei 3.238/1957.
- V. art. 19.
- V. Dec. 360/1935 (Funções consulares).
- V. art. 32, § 3º, Lei 6.015/1973 (Lei de Registros Públicos).

§ 1º As autoridades consulares brasileiras também poderão celebrar a separação consensual e o divórcio consensual de brasileiros, não havendo filhos menores ou incapazes do casal e observados os requisitos legais quanto aos prazos, devendo constar da respectiva escritura pública as disposições relativas à descrição e à partilha dos bens comuns e à pensão alimentícia e, ainda, ao acordo quanto à retomada pelo cônjuge de seu nome de solteiro ou à manutenção do nome adotado quando se deu o casamento.

- § 1º acrescentado pela Lei 12.874/2013 (*DOU* 30.10.2013), em vigor após decorridos 120 (cento e vinte) dias de sua publicação oficial.

§ 2º É indispensável a assistência de advogado, devidamente constituído, que se dará mediante a subscrição de petição, juntamente com ambas as partes, ou com apenas uma delas, caso a outra constitua advogado próprio, não se fazendo necessário que a assinatura do advogado conste da escritura pública.

- § 2º acrescentado pela Lei 12.874/2013 (*DOU* 30.10.2013), em vigor após decorridos 120 (cento e vinte) dias de sua publicação oficial.

Art. 19. Reputam-se válidos todos os atos indicados no artigo anterior e celebrados pelos cônsules brasileiros na vigência do Dec.-lei 4.657, de 4 de setembro de 1942, desde que satisfaçam todos os requisitos legais.

- Artigo acrescentado pela Lei 3.238/1957.

Parágrafo único. No caso em que a celebração desses atos tiver sido recusada pelas autoridades consulares, com fundamento no art. 18 do mesmo Decreto-lei, ao interessado é facultado renovar o pedido dentre em 90 (noventa) dias contados da data da publicação desta Lei.

Rio de Janeiro, 4 de setembro de 1942; 121º da Independência e 54º da República.

Getúlio Vargas

(*DOU* 09.09.1942; ret. 08.10.1942 e 17.06.1943)

LEI 12.376, DE 30 DE DEZEMBRO DE 2010

Altera a ementa do Decreto-lei 4.657, de 4 de setembro de 1942.

O Presidente da República:

Faço saber que o Congresso Nacional decreta e eu sanciono a seguinte Lei:

Lei 12.376/2010

Lei de Introdução

Art. 1º Esta Lei altera a ementa do Decreto-lei 4.657, de 4 de setembro de 1942, ampliando o seu campo de aplicação.

Art. 2º A ementa do Decreto-lei 4.657, de 4 de setembro de 1942, passa a vigorar com a seguinte redação:
"Lei de Introdução às normas do Direito Brasileiro."

Art. 3º Esta Lei entra em vigor na data de sua publicação.

Brasília, 30 de dezembro de 2010; 189º da Independência e 122º da República.

Luiz Inácio Lula da Silva

(*DOU* 31.12.2010)

CÓDIGO TRIBUTÁRIO NACIONAL

Índice Sistemático do Código Tributário Nacional

Código Tributário Nacional

CÓDIGO TRIBUTÁRIO NACIONAL

Índice Sistemático do Código Tributário Nacional

Código Tributário Nacional

ÍNDICE SISTEMÁTICO DO CÓDIGO TRIBUTÁRIO NACIONAL

LEI 5.172, DE 25 DE OUTUBRO DE 1966

DISPOSIÇÃO PRELIMINAR

Art. 1º, *225*

LIVRO PRIMEIRO
SISTEMA TRIBUTÁRIO NACIONAL

TÍTULO I
DISPOSIÇÕES GERAIS

Arts. 2º a 5º, *225*

TÍTULO II
COMPETÊNCIA TRIBUTÁRIA

Arts. 6º a 15, *225*

Capítulo I – Disposições gerais (arts. 6º a 8º), *225*

Capítulo II – Limitações da competência tributária (arts. 9º a 15), *226*

  Seção I – Disposições gerais (arts. 9º a 11), *226*

  Seção II – Disposições especiais (arts. 12 a 15), *227*

TÍTULO III
IMPOSTOS

Arts. 16 a 76, *227*

Capítulo I – Disposições gerais (arts. 16 a 18), *227*

Capítulo II – Impostos sobre o comércio exterior (arts. 19 a 28), *228*

  Seção I – Imposto sobre a importação (arts. 19 a 22), *228*

  Seção II – Imposto sobre a exportação (arts. 23 a 28), *229*

Capítulo III – Impostos sobre o patrimônio e a renda (arts. 29 a 45), *229*

  Seção I – Imposto sobre a propriedade territorial rural (arts. 29 a 31), *229*

  Seção II – Imposto sobre a propriedade predial e territorial urbana (arts. 32 a 34), *230*

  Seção III – Imposto sobre a transmissão de bens imóveis e de direitos a eles relativos (arts. 35 a 42), *230*

  Seção IV – Imposto sobre a renda e proventos de qualquer natureza (arts. 43 a 45), *231*

Capítulo IV – Impostos sobre a produção e a circulação (arts. 46 a 73), *233*

  Seção I – Imposto sobre produtos industrializados (arts. 46 a 51), *233*

  Seção II – Imposto estadual sobre operações relativas à circulação de mercadorias (arts. 52 a 58) (*Revogados pelo Dec.-lei 406/1968*), *234*

  Seção III – Imposto municipal sobre operações relativas à circulação de mercadorias (arts. 59 a 62) (*Revogados pelo Ato Complementar 31/1966*), *234*

  Seção IV – Imposto sobre operações de crédito, câmbio e seguro, e sobre operações relativas a títulos e valores mobiliários (arts. 63 a 67), *234*

ÍNDICE SISTEMÁTICO DO CTN

Seção V – Imposto sobre serviços de transportes e comunicações (arts. 68 a 70), *235*

Seção VI – Imposto sobre serviços de qualquer natureza (arts. 71 a 73) (*Revogados pelo Dec.-lei 406/1968*), *236*

Capítulo V – Impostos especiais (arts. 74 a 76), *236*

Seção I – Imposto sobre operações relativas a combustíveis, lubrificantes, energia elétrica e minerais do País (arts. 74 e 75), *236*

Seção II – Impostos extraordinários (art. 76), *237*

TÍTULO IV
TAXAS

Arts. 77 a 80, *237*

TÍTULO V
CONTRIBUIÇÃO DE MELHORIA

Arts. 81 e 82, *237*

TÍTULO VI
DISTRIBUIÇÕES DE RECEITAS TRIBUTÁRIAS

Arts. 83 a 95, *238*

Capítulo I – Disposições gerais (arts. 83 e 84), *238*

Capítulo II – Imposto sobre a propriedade territorial rural e sobre a renda e proventos de qualquer natureza (art. 85), *238*

Capítulo III – Fundos de Participação dos Estados e dos Municípios (arts. 86 a 94), *239*

Seção I – Constituição dos Fundos (arts. 86 e 87), *239*

Seção II – Critério de distribuição do Fundo de Participação dos Estados (arts. 88 a 90), *239*

Seção III – Critério de distribuição do Fundo de Participação dos Municípios (art. 91), *240*

Seção IV – Cálculo e pagamento das quotas estaduais e municipais (arts. 92 e 93), *240*

Seção V – Comprovação da aplicação das quotas estaduais e municipais (art. 94), *241*

Capítulo IV – Imposto sobre operações relativas a combustíveis, lubrificantes, energia elétrica e minerais do País (art. 95), *241*

LIVRO SEGUNDO
NORMAS GERAIS DE DIREITO TRIBUTÁRIO

TÍTULO I
LEGISLAÇÃO TRIBUTÁRIA

Arts. 96 a 112, *241*

Capítulo I – Disposições gerais (arts. 96 a 100), *241*

Seção I – Disposição preliminar (art. 96), *241*

Seção II – Leis, tratados e convenções internacionais e decretos (arts. 97 a 99), *241*

Seção III – Normas complementares (art. 100), *242*

Capítulo II – Vigência da legislação tributária (arts. 101 a 104), *242*

Capítulo III – Aplicação da legislação tributária (arts. 105 e 106), *242*

Capítulo IV – Interpretação e integração da legislação tributária (arts. 107 a 112), *243*

TÍTULO II
OBRIGAÇÃO TRIBUTÁRIA

Arts. 113 a 138, *243*

Capítulo I – Disposições gerais (art. 113), *243*

Capítulo II – Fato gerador (arts. 114 a 118), *244*

ÍNDICE SISTEMÁTICO DO CTN

Capítulo III – Sujeito ativo (arts. 119 e 120), *244*

Capítulo IV – Sujeito passivo (arts. 121 a 127), *245*

   Seção I – Disposições gerais (arts. 121 a 123), *245*

   Seção II – Solidariedade (arts. 124 e 125), *245*

   Seção III – Capacidade tributária (art. 126), *245*

   Seção IV – Domicílio tributário (art. 127), *245*

Capítulo V – Responsabilidade tributária (arts. 128 a 138), *246*

   Seção I – Disposição geral (art. 128), *246*

   Seção II – Responsabilidade dos sucessores (arts. 129 a 133), *246*

   Seção III – Responsabilidade de terceiros (arts. 134 e 135), *247*

   Seção IV – Responsabilidade por infrações (arts. 136 a 138), *248*

TÍTULO III
CRÉDITO TRIBUTÁRIO

Arts. 139 a 193, *248*

Capítulo I – Disposições gerais (arts. 139 a 141), *248*

Capítulo II – Constituição do crédito tributário (arts. 142 a 150), *249*

   Seção I – Lançamento (arts. 142 a 146), *249*

   Seção II – Modalidades de lançamento (arts. 147 a 150), *249*

Capítulo III – Suspensão do crédito tributário (arts. 151 a 155-A), *251*

   Seção I – Disposições gerais (art. 151), *251*

   Seção II – Moratória (arts. 152 a 155-A), *251*

Capítulo IV – Extinção do crédito tributário (arts. 156 a 174), *252*

   Seção I – Modalidades de extinção (art. 156), *252*

   Seção II – Pagamento (arts. 157 a 164), *253*

   Seção III – Pagamento indevido (arts. 165 a 169), *254*

   Seção IV – Demais modalidades de extinção (arts. 170 a 174), *255*

Capítulo V – Exclusão do crédito tributário (arts. 175 a 182), *256*

   Seção I – Disposições gerais (art. 175), *256*

   Seção II – Isenção (arts. 176 a 179), *256*

   Seção III – Anistia (arts. 180 a 182), *257*

Capítulo VI – Garantias e privilégios do crédito tributário (arts. 183 a 193), *257*

   Seção I – Disposições gerais (arts. 183 a 185-A), *257*

   Seção II – Preferências (arts. 186 a 193), *258*

TÍTULO IV
ADMINISTRAÇÃO TRIBUTÁRIA

Arts. 194 a 208, *260*

Capítulo I – Fiscalização (arts. 194 a 200), *260*

Capítulo II – Dívida ativa (arts. 201 a 204), *261*

Capítulo III – Certidões negativas (arts. 205 a 208), *262*

DISPOSIÇÕES FINAIS
E TRANSITÓRIAS

Arts. 209 a 218, *262*

CÓDIGO TRIBUTÁRIO NACIONAL

LEI 5.172,
DE 25 DE OUTUBRO DE 1966

Dispõe sobre o Sistema Tributário Nacional e institui normas gerais de direito tributário aplicáveis à União, Estados e Municípios.

- A Lei 5.172, de 25 de outubro de 1966, com alterações posteriores, passa a denominar-se Código Tributário Nacional (Ato Complementar 36, de 13.03.1967, art. 7º).

O Presidente da República:
Faço saber que o Congresso Nacional decreta e eu sanciono a seguinte Lei:

DISPOSIÇÃO PRELIMINAR

Art. 1º Esta Lei regula, com fundamento na Emenda Constitucional n. 18, de 1º de dezembro de 1965, o sistema tributário nacional e estabelece, com fundamento no art. 5º, XV, *b*, da Constituição Federal, as normas gerais de direito tributário aplicáveis à União, aos Estados, ao Distrito Federal e aos Municípios, sem prejuízo da respectiva legislação complementar, supletiva ou regulamentar.

- Refere-se à CF/1946.
- V. arts. 145 a 162, CF.
- V. Lei 4.320/1964 (Normas gerais de direito financeiro).

LIVRO PRIMEIRO
SISTEMA TRIBUTÁRIO NACIONAL

TÍTULO I
DISPOSIÇÕES GERAIS

Art. 2º O sistema tributário nacional é regido pelo disposto na Emenda Constitucional n. 18, de 1º de dezembro de 1965, em leis complementares, em resoluções do Senado Federal e, nos limites das respectivas competências, em leis federais, nas Constituições e em leis estaduais, e em leis municipais.

- V. notas ao art. 1º, CTN.
- V. art. 96, CTN.
- V. Lei 4.320/1964 (Normas gerais de direito financeiro).

Art. 3º Tributo é toda prestação pecuniária compulsória, em moeda ou cujo valor nela se possa exprimir, que não constitua sanção de ato ilícito, instituída em lei e cobrada mediante atividade administrativa plenamente vinculada.

- V. art. 97, CTN.
- V. arts. 186 a 188 e 927, CC.
- V. Súmula 545, STF.
- •• V. art. 142, CTN.

Art. 4º A natureza jurídica específica do tributo é determinada pelo fato gerador da respectiva obrigação, sendo irrelevantes para qualificá-la:

- V. arts. 97, III, e 114 a 118, CTN.

I – a denominação e demais características formais adotadas pela lei;

II – a destinação legal do produto da sua arrecadação.

Art. 5º Os tributos são impostos, taxas e contribuições de melhoria.

- V. arts. 145, 146, III, *a*, 148, 149, 154 e 195, § 6º, CF.
- V. arts. 16 a 82, CTN.

TÍTULO II
COMPETÊNCIA TRIBUTÁRIA

Capítulo I
DISPOSIÇÕES GERAIS

Art. 6º A atribuição constitucional de competência tributária compreende a competência legislativa plena, ressalvadas as limitações contidas na Constituição Federal, nas Constituições dos Estados e nas Leis Orgânicas do Distrito Federal e dos Municípios, e observado o disposto nesta Lei.

Parágrafo único. Os tributos cuja receita seja distribuída, no todo ou em parte, a outras pessoas jurídicas de direito público pertencem à competência legislativa daquela a que tenham sido atribuídos.

- V. arts. 146, I e II, e 150 a 152, CF.
- V. Súmula 69, STF.

Art. 7°

CÓDIGO TRIBUTÁRIO NACIONAL

Art. 7° A competência tributária é indelegável, salvo atribuição das funções de arrecadar ou fiscalizar tributos, ou de executar leis, serviços, atos ou decisões administrativas em matéria tributária, conferida por uma pessoa jurídica de direito público a outra, nos termos do § 3° do art. 18 da Constituição.

- Refere-se à CF/1946.
- • V. art. 153, § 4°, III, CF.

§ 1° A atribuição compreende as garantias e os privilégios processuais que competem à pessoa jurídica de direito público que a conferir.

- V. art. 183 e ss., CTN.

§ 2° A atribuição pode ser revogada, a qualquer tempo, por ato unilateral da pessoa jurídica de direito público que a tenha conferido.

§ 3° Não constitui delegação de competência o cometimento, a pessoas de direito privado, do encargo ou da função de arrecadar tributos.

- V. art. 150, § 6°, CF.
- V. art. 119, CTN.

Art. 8° O não exercício da competência tributária não a defere a pessoa jurídica de direito público diversa daquela a que a Constituição a tenha atribuído.

- V. art. 155, § 2°, XII, g, CF.

Capítulo II
LIMITAÇÕES DA COMPETÊNCIA TRIBUTÁRIA

- V. arts. 150 a 152, CF.

Seção I
Disposições gerais

Art. 9° É vedado à União, aos Estados, ao Distrito Federal e aos Municípios:

- V. art. 150, CF.
- • V. art. 150, § 6°, CF.

I – instituir ou majorar tributos sem que a lei o estabeleça, ressalvado, quanto à majoração, o disposto nos arts. 21, 26 e 65;

- V. arts. 5°, II, e 150, I, CF.
- V. art. 97, I e II, CTN.

II – cobrar imposto sobre patrimônio e a renda com base em lei posterior à data inicial do exercício financeiro a que corresponda;

- V. art. 150, III, CF.

III – estabelecer limitações ao tráfego, no território nacional, de pessoas ou mercadorias, por meio de tributos interestaduais ou intermunicipais;

- V. arts. 5°, XV, 150, V, e 155, II, CF.

IV – cobrar imposto sobre:

a) o patrimônio, a renda ou os serviços uns dos outros;

- V. art. 150, VI, a, e §§ 2° e 3°, CF.
- V. arts. 12 e 13, CTN.

b) templos de qualquer culto;

- V. arts. 19, I, e 150, VI, b, e § 4°, CF.

c) o patrimônio, a renda ou serviços dos partidos políticos, inclusive suas fundações, das entidades sindicais dos trabalhadores, das instituições de educação e de assistência social, sem fins lucrativos, observados os requisitos fixados na Seção II deste Capítulo;

- Alínea c com redação determinada pela LC 104/2001.
- V. art. 150, VI, c, e § 4°, CF.
- V. art. 14 e § 2°, CTN.
- • V. Súmulas 724 e 730, STF.

d) papel destinado exclusivamente à impressão de jornais, periódicos e livros.

- V. art. 150, VI, d, CF.

§ 1° O disposto no inciso IV não exclui a atribuição, por lei, às entidades nele referidas, da condição de responsáveis pelos tributos que lhes caiba reter na fonte, e não as dispensa da prática de atos, previstos em lei, assecuratórios do cumprimento de obrigações tributárias por terceiros.

- V. arts. 12, 13, parágrafo único, 14, § 1°, e 128, CTN.
- • V. art. 122, CTN.
- • V. Súmula 447, STJ.

§ 2° O disposto na alínea a do inciso IV aplica-se, exclusivamente, aos serviços próprios das pessoas jurídicas de direito público a que se refere este artigo, e inerentes aos seus objetivos.

- V. art. 12, CTN.

Art. 10. É vedado à União instituir tributo que não seja uniforme em todo o território nacional, ou que importe distinção ou preferência em favor de determinado Estado ou Município.

- V. arts. 19, III, 150, II, e 151, I, CF.

Art. 11. É vedado aos Estados, ao Distrito Federal e aos Municípios estabelecer diferença tributária entre bens de qualquer natureza, em razão da sua procedência ou do seu destino.

- V. art. 152, CF.
- V. Súmula 591, STF.

Seção II
Disposições especiais

Art. 12. O disposto na alínea *a* do inciso IV do art. 9º, observado o disposto nos seus §§ 1º e 2º, é extensivo às autarquias criadas pela União, pelos Estados, pelo Distrito Federal, ou pelos Municípios, tão somente no que se refere ao patrimônio, à renda ou aos serviços vinculados às suas finalidades essenciais, ou delas decorrentes.

- V. arts. 37, XIX, e 150, §§ 2º e 3º, CF.
- V. Súmulas 73, 74, 75, 336 e 583, STF.

Art. 13. O disposto na alínea *a* do inciso IV do art. 9º não se aplica aos serviços públicos concedidos, cujo tratamento tributário é estabelecido pelo poder concedente, no que se refere aos tributos de sua competência, ressalvado o que dispõe o parágrafo único.

- V. arts. 150, § 3º, e 173, § 1º, CF.

Parágrafo único. Mediante lei especial e tendo em vista o interesse comum, a União pode instituir isenção de tributos federais, estaduais e municipais para os serviços públicos que conceder, observado o disposto no § 1º do art. 9º.

- V. art. 150, § 6º, CF.
- V. Súmulas 77, 78, 79 e 81, STF.
- • V. art. 151, III, CF.
- • V. art. 152, I, *b*, CTN.

Art. 14. O disposto na alínea *c* do inciso IV do art. 9º é subordinado à observância dos seguintes requisitos pelas entidades nele referidas:

- • V. art. 146, II, CF.

I – não distribuírem qualquer parcela de seu patrimônio ou de suas rendas, a qualquer título;

- Inciso I com redação determinada pela LC 104/2001.

II – aplicarem integralmente, no País, os seus recursos na manutenção dos seus objetivos institucionais;
III – manterem escrituração de suas receitas e despesas em livros revestidos de formalidades capazes de assegurar sua exatidão.
§ 1º Na falta de cumprimento do disposto neste artigo, ou no § 1º do art. 9º, a autoridade competente pode suspender a aplicação do benefício.
§ 2º Os serviços a que se refere a alínea *c* do inciso IV do art. 9º são exclusivamente os diretamente relacionados com os objetivos institucionais das entidades de que trata este artigo, previsto nos respectivos estatutos ou atos constitutivos.

- V. art. 150, § 4º, CF.

Art. 15. Somente a União, nos seguintes casos excepcionais, pode instituir empréstimos compulsórios:

- V. art. 148, CF.

I – guerra externa, ou sua iminência;
II – calamidade pública que exija auxílio federal impossível de atender com os recursos orçamentários disponíveis;

- V. Súmula 236, TFR.

III – conjuntura que exija a absorção temporária de poder aquisitivo.

- V. art. 148, CF.

Parágrafo único. A lei fixará obrigatoriamente o prazo do empréstimo e as condições de seu resgate, observando, no que for aplicável, o disposto nesta Lei.

- V. notas ao art. 5º.
- V. Súmula 418, STF.
- V. Súmula 236, TFR.

TÍTULO III
IMPOSTOS

Capítulo I
DISPOSIÇÕES GERAIS

Art. 16. Imposto é o tributo cuja obrigação tem por fato gerador uma situação independente de qualquer atividade estatal específica, relativa ao contribuinte.

- • V. art. 167, IV, CF.

Art. 17. Os impostos componentes do sistema tributário nacional são exclusivamente os que constam deste Título, com as competências e limitações nele previstas.

- V. arts. 146, III, *a*, e 154, I, CF.
- V. art. 217, CTN.

Art. 18. Compete:

- V. arts. 147, 155 e 156, CF.

I – à União instituir, nos Territórios Federais, os impostos atribuídos aos Estados e, se aqueles não forem divididos em Municípios, cumulativamente, os atribuídos a estes;

II – ao Distrito Federal e aos Estados não divididos em Municípios instituir, cumulativamente, os impostos atribuídos aos Estados e aos Municípios.

Capítulo II
IMPOSTOS SOBRE O COMÉRCIO EXTERIOR

- V. Dec. 6.759/2009 (Regulamento Aduaneiro).

Seção I
Imposto sobre a importação

Art. 19. O imposto, de competência da União, sobre a importação de produtos estrangeiros tem como fato gerador a entrada destes no território nacional.

- V. arts. 150, § 1º, e 153, I, CF.
- V. art. 74, II, CTN.
- V. Lei 3.244/1957 (Reforma da tarifa das alfândegas).
- V. arts. 1º, 17, 20 e 23, parágrafo único, Dec.-lei 37/1966 (Imposto de Importação).
- V. Lei 5.314/1967 (Fiscalização de mercadorias estrangeiras).
- V. Dec.-lei 1.427/1975 (Emissão de guia de importação e criação do registro de importador).
- V. Dec.-lei 1.736/1979 (Multa de mora pelo não recolhimento no vencimento do Imposto de Importação).
- V. art. 1º, Dec.-lei 1.804/1980 (Tributação simplificada das remessas postais internacionais).
- V. Dec.-lei 2.120/1984 (Tratamento tributário relativo a bagagem).
- V. Dec.-lei 2.434/1988 (Isenção e redução do Imposto de Importação).
- V. art. 11, Dec.-lei 2.472/1988 (Legislação aduaneira).
- V. Lei 8.010/1990 (Importações de bens destinados à pesquisa científica e tecnológica).
- V. art. 2º, Lei 8.032/1990 (Isenção ou redução de Imposto de Importação).
- V. Lei 8.085/1990 (Imposto de Importação).
- V. Lei 8.961/1994 (Isenção do Imposto de Importação).
- V. Súmulas 89, 132, 142, 302, 404 e 577, STF.
- V. Súmulas 4, 5, 6, 27 e 165, TFR.
- • V. art. 146, III, *a*, CF.

Art. 20. A base de cálculo do imposto é:

- • V. art. 146, III, *a*, CF.

I – quando a alíquota seja específica, a unidade de medida adotada pela lei tributária;

- V. art. 2º, I, Dec.-lei 37/1966 (Imposto de Importação).

II – quando a alíquota seja *ad valorem*, o preço normal que o produto, ou seu similar, alcançaria, ao tempo da importação, em uma venda em condições de livre concorrência, para entrega no porto ou lugar de entrada do produto no País;

- V. arts. 2º, II, e 17 a 21, Dec.-lei 37/1966 (Imposto de Importação).
- V. art. 22, V, e § 5º, Lei 8.666/1993 (Licitações e contratos da administração pública).
- V. Súmula 97, TFR.

III – quando se trate de produto apreendido ou abandonado, levado a leilão, o preço da arrematação.

- V. arts. 1.204 e 1.263, CC.
- V. art. 2º, Dec.-lei 37/1966 (Imposto de Importação).
- V. art. 22, V, e § 5º, Lei 8.666/1993 (Licitações e contratos da administração pública).

Art. 21. O Poder Executivo pode, nas condições e nos limites estabelecidos em lei, alterar as alíquotas ou as bases de cálculo do imposto, a fim de ajustá-lo aos objetivos da política cambial e do comércio exterior.

- V. art. 153, § 1º, CF.
- V. arts. 9º, I, e 97, I e II, CTN.
- V. Lei 7.810/1989 (Imposto de Importação – redução).

Art. 22. Contribuinte do imposto é:

- • V. art. 146, III, *a*, CF.

I – o importador ou quem a lei a ele equiparar;

- V. arts. 31 e 32, Dec.-lei 37/1966 (Imposto de Importação).

II – o arrematante de produtos apreendidos ou abandonados.

- V. nota ao art. 20, III, CTN.

Código Tributário Nacional

Seção II
Imposto sobre a exportação

Art. 23. O imposto, de competência da União, sobre a exportação, para o estrangeiro, de produtos nacionais ou nacionalizados tem como fato gerador a saída destes do território nacional.

- V. art. 153, II, CF.
- V. art. 1º, Dec.-lei 1.578/1977 (Imposto sobre a Exportação).
- •• V. art. 146, III, a, CF.

Art. 24. A base de cálculo do imposto é:

- V. art. 1º, Dec.-lei 1.578/1977 (Imposto sobre a Exportação).
- •• V. art. 146, III, a, CF.

I – quando a alíquota seja específica, a unidade de medida adotada pela lei tributária;

II – quando a alíquota seja *ad valorem*, o preço normal que o produto, ou seu similar, alcançaria, ao tempo da exportação, em uma venda em condições de livre concorrência.

Parágrafo único. Para os efeitos do inciso II, considera-se a entrega como efetuada no porto ou lugar da saída do produto, deduzidos os tributos diretamente incidentes sobre a operação de exportação e, nas vendas efetuadas a prazo superior aos correntes no mercado internacional, o custo do financiamento.

Art. 25. A lei pode adotar como base de cálculo a parcela do valor ou do preço, referidos no artigo anterior, excedente de valor básico, fixado de acordo com os critérios e dentro dos limites por ela estabelecidos.

- V. art. 2º, Dec.-lei 1.578/1977 (Imposto sobre a Exportação).
- •• V. art. 146, III, a, CF.

Art. 26. O Poder Executivo pode, nas condições e nos limites estabelecidos em lei, alterar as alíquotas ou as bases de cálculo do imposto, a fim de ajustá-lo aos objetivos da política cambial e do comércio exterior.

- V. arts. 9º, I, e 97, II, CTN.
- V. arts. 2º e 3º, parágrafo único, Dec.-lei 1.578/1977 (Imposto sobre a Exportação).
- •• V. art. 153, § 1º, CF.

Art. 27. Contribuinte do imposto é o exportador ou quem a lei a ele equiparar.

- V. art. 5º, Dec.-lei 1.578/1977 (Imposto sobre a Exportação).
- •• V. art. 146, III, a, CF.

Art. 28. A receita líquida do imposto destina-se à formação de reservas monetárias, na forma da lei.

- V. art. 9º, Dec.-lei 1.578/1977 (Imposto sobre a Exportação).

Capítulo III
IMPOSTOS SOBRE O PATRIMÔNIO E A RENDA

Seção I
Imposto sobre a propriedade territorial rural

Art. 29. O imposto, de competência da União, sobre a propriedade territorial rural, tem como fato gerador a propriedade, o domínio útil ou a posse de imóvel por natureza, como definido na lei civil, localizado fora da zona urbana do Município.

- V. arts. 153, VI e § 4º, e 191, CF.
- V. art. 32, § 1º, CTN.
- V. arts. 1.196, 1.228, 1.238 a 1.259, 1.473, III, 1.784 e 1.791, CC.
- V. art. 47 e ss., Lei 4.504/1964 (Estatuto da Terra).
- V. arts. 8º a 10, Dec.-lei 57/1966 (Lançamento e cobrança do Imposto Territorial Rural).
- V. arts. 5º e 7º, Lei 5.868/1972 (Sistema Nacional de Cadastro Rural).
- V. Lei 9.393/1996 (Imposto Territorial Rural).
- •• V. art. 146, III, a, CF.

Art. 30. A base do cálculo do imposto é o valor fundiário.

- V. art. 50, Lei 4.504/1964 (Estatuto da Terra).
- V. art. 1º, Lei 9.393/1996 (Imposto Territorial Rural).
- •• V. art. 146, III, a, CF.

Art. 31. Contribuinte do imposto é o proprietário do imóvel, o titular de seu domínio útil, ou o seu possuidor a qualquer título.

- V. arts. 1.196 a 1.224, 1.228 a 1.259, 1.281 e 1.473, III, CC.
- V. art. 1º, Lei 9.393/1996 (Imposto Territorial Rural).
- V. Dec. 6.190/2007 (Isenção do pagamento de foros, taxas de ocupação e laudêmios).

Seção II
Imposto sobre a propriedade predial e territorial urbana

Art. 32. O imposto, de competência dos Municípios, sobre a propriedade predial e territorial urbana tem como fato gerador a propriedade, o domínio útil ou a posse de bem imóvel por natureza ou por acessão física, como definido na lei civil, localizado na zona urbana do Município.

- V. art. 156, I, CF.
- V. arts. 79 a 81, 1.196 a 1.224, 1.228 a 1.259, 1.281, 1.473, III, 1.784 e 1.791, CC.
- • V. art. 146, III, *a*, CF.

§ 1º Para os efeitos deste imposto, entende-se como zona urbana a definida em lei municipal, observado o requisito mínimo da existência de melhoramentos indicados em pelo menos dois dos incisos seguintes, construídos ou mantidos pelo Poder Público:

I – meio-fio ou calçamento, com canalização de águas pluviais;

II – abastecimento de água;

III – sistema de esgotos sanitários;

IV – rede de iluminação pública, com ou sem posteamento para distribuição domiciliar;

V – escola primária ou posto de saúde a uma distância máxima de três quilômetros do imóvel considerado.

§ 2º A lei municipal pode considerar urbanas as áreas urbanizáveis, ou de expansão urbana, constantes de loteamentos aprovados pelos órgãos competentes, destinados à habitação, à indústria ou ao comércio, mesmo que localizados fora das zonas definidas nos termos do parágrafo anterior.

- V. art. 16, Dec.-lei 57/1966 (Lançamento e cobrança do Imposto Territorial Rural).
- V. arts. 2º, § 1º, e 3º, Lei 6.766/1979 (Parcelamento do solo urbano).

Art. 33. A base do cálculo do imposto é o valor venal do imóvel.

- • V. art. 146, III, *a*, CF.

Parágrafo único. Na determinação da base de cálculo, não se considera o valor dos bens móveis mantidos, em caráter permanente ou temporário, no imóvel, para efeito de sua utilização, exploração, aformoseamento ou comodidade.

- V. arts. 156, § 1º, e 182, §§ 2º e 4º, II, CF.
- V. Súmulas 539, 589 e 668, STF.
- V. Súmula 160, STJ.

Art. 34. Contribuinte do imposto é o proprietário do imóvel, o titular do seu domínio útil, ou o seu possuidor a qualquer título.

- V. notas ao art. 31 do CTN.
- V. Súmulas 74 e 583, STF.
- V. Súmula 399, STJ.
- • V. art. 146, III, *a*, CF.
- • V. Súmulas 397 e 399, STJ.

Seção III
Imposto sobre a transmissão de bens imóveis e de direitos a eles relativos

Art. 35. O imposto, de competência dos Estados, sobre a transmissão de bens imóveis e de direitos a eles relativos tem como fato gerador:

- V. arts. 155, I e § 1º, I e II, e 156, II e § 2º, II, CF.
- • V. art. 146, III, *a*, CF.

I – a transmissão, a qualquer título, da propriedade ou do domínio útil de bens imóveis, por natureza ou por acessão física, como definidos na lei civil;

- V. notas ao art. 32.
- • V. art. 1.245, CC.

II – a transmissão, a qualquer título, de direitos reais sobre imóveis, exceto os direitos reais de garantia;

- V. art. 156, II, CF.
- V. arts. 1.228, 1.369, 1.378, 1.390, 1.412, 1.414, 1.417 e 1.419, CC.
- • V. art. 1.225, CC.

III – a cessão de direitos relativos às transmissões referidas nos incisos I e II.

Parágrafo único. Nas transmissões *causa mortis*, ocorrem tantos fatos geradores distintos quantos sejam os herdeiros ou legatários.

- V. arts. 79 a 81, 1.225, 1.228 a 1.232, 1.248, 1.281, 1.473, III, 1.784, 1.786, 1.829 a 1.844 e 1.851 a 1.856, CC.
- V. Súmulas 108, 110 a 115, 326 a 331, 435, 470 e 590, STF.

CÓDIGO TRIBUTÁRIO NACIONAL

Art. 36. Ressalvado o disposto no artigo seguinte, o imposto não incide sobre a transmissão dos bens ou direitos referidos no artigo anterior:

• V. art. 156, § 2º, I, CF.

I – quando efetuado para sua incorporação ao patrimônio de pessoa jurídica em pagamento de capital nela subscrito;

II – quando decorrente da incorporação ou da fusão de uma pessoa jurídica por outra ou com outra.

Parágrafo único. O imposto não incide sobre a transmissão aos mesmos alienantes, dos bens e direitos adquiridos na forma do inciso I deste artigo, em decorrência da sua desincorporação do patrimônio da pessoa jurídica a que foram conferidos.

• V. art. 223, Lei 6.404/1976 (Sociedades por ações).

Art. 37. O disposto no artigo anterior não se aplica quando a pessoa jurídica adquirente tenha como atividade preponderante a venda ou locação de propriedade imobiliária ou a cessão de direitos relativos à sua aquisição.

• V. art. 156, §§ 2º, I, *in fine*, e 3º, CF.

§ 1º Considera-se caracterizada a atividade preponderante referida neste artigo quando mais de 50% (cinquenta por cento) da receita operacional da pessoa jurídica adquirente, nos 2 (dois) anos anteriores e nos 2 (dois) anos subsequentes à aquisição, decorrer de transações mencionadas neste artigo.

§ 2º Se a pessoa jurídica adquirente iniciar suas atividades após a aquisição, ou menos de 2 (dois) anos antes dela, apurar-se-á a preponderância referida no parágrafo anterior, levando em conta os 3 (três) primeiros anos seguintes à data da aquisição.

§ 3º Verificada a preponderância referida neste artigo, tornar-se-á devido o imposto, nos termos da lei vigente à data da aquisição, sobre o valor do bem ou direito nessa data.

§ 4º O disposto neste artigo não se aplica à transmissão de bens ou direitos, quando realizada em conjunto com a da totalidade do patrimônio da pessoa jurídica alienante.

• V. arts. 481 e 565, CC.
• V. Dec.-lei 9.760/1946 (Bens imóveis da União).
• V. Lei 4.504/1964 (Estatuto da Terra).
• V. art. 40, Lei 4.591/1964 (Condomínio em edificações e as incorporações imobiliárias).
• V. Lei 6.120/1974 (Alienação de bens imóveis de instituições federais de ensino).
• V. art. 25, Lei 6.766/1979 (Parcelamento do solo urbano).
• V. Lei 8.245/1991 (Locações).
• V. Súmulas 75, 108, 110, 111, 113, 326, 328, 329, 470 e 590, STF.
• V. Súmula 132, TFR.

Art. 38. A base de cálculo do imposto é o valor venal dos bens ou direitos transmitidos.

• V. arts. 79 e 80, CC.
•• V. art. 146, III, *a*, CF.
•• V. Súmulas 112 a 115, STF.

Art. 39. A alíquota do imposto não excederá os limites fixados em resolução do Senado Federal, que distinguirá, para efeito de aplicação de alíquota mais baixa, as transmissões que atendam à política nacional de habitação.

• V. art. 155, § 1º, IV, CF.
• V. art. 97, II e IV, CTN.

Art. 40. O montante do imposto é dedutível do devido à União, a título do imposto de que trata o art. 43, sobre o provento decorrente da mesma transmissão.

Art. 41. O imposto compete ao Estado da situação do imóvel transmitido, ou sobre que versarem os direitos cedidos, mesmo que a mutação patrimonial decorra de sucessão aberta no estrangeiro.

• V. art. 155, § 1º, III, *a* e *b*, CF.
• V. arts. 1.784 e 1.786, CC.

Art. 42. Contribuinte do imposto é qualquer das partes na operação tributada, como dispuser a lei.

• V. Súmulas 75 e 108, STF.
•• V. art. 146, III, *a*, CF.

Seção IV
Imposto sobre a renda e proventos de qualquer natureza

Art. 43. O imposto, de competência da União, sobre a renda e proventos de qual-

Art. 44

CÓDIGO TRIBUTÁRIO NACIONAL

quer natureza, tem como fato gerador a aquisição da disponibilidade econômica ou jurídica:

- V. art. 153, III e § 2º, I, CF.
- V. arts. 40 e 45, CTN.
- V. Dec.-lei 1.705/1979 (Obrigatoriedade de recolhimento antecipado, pelas pessoas físicas, do Imposto de Renda).
- V. Dec.-lei 1.736/1979 (Cobrança com multa de mora do Imposto de Renda).
- V. Dec.-lei 1.780/1980 (Concede isenção do Imposto de Renda às empresas de pequeno porte e dispensa as obrigações acessórias).
- V. Dec.-lei 2.394/1987 (Altera a legislação do Imposto de Renda).
- V. Lei 9.430/1996 (Altera a legislação tributária federal).
- V. Súmulas 386, 447 e 463, STJ.
- • V. art. 146, III, a, CF.
- • V. Súmula 386, STJ.

I – de renda, assim entendido o produto do capital, do trabalho ou da combinação de ambos;

- V. Súmulas 125 e 136, STJ.

II – de proventos de qualquer natureza, assim entendidos os acréscimos patrimoniais não compreendidos no inciso anterior.

- V. Dec.-lei 5.844/1943 (Cobrança e fiscalização do Imposto de Renda).
- V. Lei 4.506/1964 (Imposto de Renda).
- V. Lei 8.023/1990 (Imposto de Renda sobre o resultado da atividade rural).
- V. Lei 8.034/1990 (Imposto de Renda das pessoas jurídicas).
- V. art. 4º, Lei 8.383/1991 (Altera a legislação do Imposto de Renda – Ufir).
- V. art. 2º, Lei 8.541/1992 (Altera a legislação do Imposto de Renda).
- V. art. 7º, Lei 8.981/1995 (Altera a legislação tributária federal).
- V. Lei 9.249/1995 (Imposto de Renda das pessoas jurídicas).
- V. Lei 9.250/1995 (Imposto de Renda das pessoas físicas).
- V. Lei 9.430/1996 (Altera a legislação tributária federal).
- V. Súmulas 93, 94, 96, 97, 98, 100 e 587, STF.
- V. Súmulas 125 e 136, STJ.
- V. Súmulas 39, 76, 100, 101 e 174, TFR.

§ 1º A incidência do imposto independe da denominação da receita ou do rendimento, da localização, condição jurídica ou nacionalidade da fonte, da origem e da forma de percepção.

- § 1º acrescentado pela LC 104/2001.
- • V. art. 153, § 2º, CF.

§ 2º Na hipótese de receita ou de rendimento oriundos do exterior, a lei estabelecerá as condições e o momento em que se dará sua disponibilidade, para fins de incidência do imposto referido neste artigo.

- § 2º acrescentado pela LC 104/2001.
- • V. art. 74, MP 2.158-35/2001 (Altera a legislação das Contribuições para a Seguridade Social – Cofins, para os Programas de Integração Social e de Formação do Patrimônio do Servidor Público – PIS/Pasep e do Imposto sobre a Renda).

Art. 44. A base de cálculo do imposto é o montante, real, arbitrado, ou presumido, da renda ou dos proventos tributáveis.

- V. art. 35, Lei 7.713/1988 (Imposto sobre a Renda – alterações).
- V. arts. 4º a 19, Lei 8.383/1991 (Altera a legislação do Imposto de Renda – Ufir).
- V. arts. 2º, 3º, 15 e 22, Lei 8.541/1992 (Altera a legislação do Imposto de Renda).
- V. Súmula 584, STF.
- V. Súmulas 130 e 182, TFR.
- • V. art. 146, III, a, CF.

Art. 45. Contribuinte do imposto é o titular da disponibilidade a que se refere o art. 43, sem prejuízo de atribuir a lei essa condição ao possuidor, a qualquer título, dos bens produtores de renda ou dos proventos tributáveis.

- V. art. 6º, Lei 8.134/1990 (Altera a legislação do Imposto de Renda).
- • V. art. 146, III, a, CF.

Parágrafo único. A lei pode atribuir à fonte pagadora da renda ou dos proventos tributáveis a condição de responsável pelo imposto cuja retenção e recolhimento lhe caibam.

- V. art. 5º, Lei 4.154/1962 (Cobrança com multa de mora do Imposto de Renda).
- V. arts. 2º e 5º, Lei 5.421/1968 (Recolhimento do Imposto de Renda).
- V. Dec.-lei 1.736/1979 (Cobrança com multa de mora do Imposto de Renda).
- V. Lei 7.751/1989 (Imposto sobre a Renda – aplicações financeiras).
- V. Lei 7.782/1989 (Imposto sobre a Renda – aplicações de renda fixa).
- V. art. 36, Lei 8.541/1992 (Altera a legislação do Imposto de Renda).

Código Tributário Nacional

- V. art. 64, Lei 9.430/1996 (Altera a legislação tributária federal).
- V. Súmula 94, STF.
- V. Súmula 174, TFR.
- •• V. art. 128, CTN.
- •• V. Súmula 394, STJ.

Capítulo IV
IMPOSTOS SOBRE A PRODUÇÃO E A CIRCULAÇÃO

Seção I
Imposto sobre produtos industrializados

Art. 46. O imposto, de competência da União, sobre produtos industrializados tem como fato gerador:

- •• V. art. 146, III, a, CF.

I – o seu desembaraço aduaneiro, quando de procedência estrangeira;

II – a sua saída dos estabelecimentos a que se refere o parágrafo único do art. 51;

III – a sua arrematação, quando apreendido ou abandonado e levado a leilão.

Parágrafo único. Para os efeitos deste imposto, considera-se industrializado o produto que tenha sido submetido a qualquer operação que lhe modifique a natureza ou a finalidade, ou o aperfeiçoe para o consumo.

- V. art. 153, IV e §§ 1º e 3º, CF.
- V. arts. 74, I, e 83, CTN.
- V. art. 2º, Lei 4.502/1964 (Imposto sobre Produtos Industrializados).
- V. art. 1º, Dec.-lei 2.108/1984 (Isenção sobre Imposto de Importação e Imposto sobre Produtos Industrializados).
- V. Lei 7.798/1989 (Altera a legislação do Imposto sobre Produtos Industrializados).
- V. Dec. 542/1992 (Não incidência do Imposto de Renda sobre bens de pequeno valor).
- V. Lei 8.687/1993 (Não incidência do Imposto de Renda sobre benefícios percebidos por deficientes mentais).
- V. Lei 8.989/1995 (Isenção do Imposto sobre Produtos Industrializados – IPI).
- V. Lei 9.000/1995 (Concede isenção do Imposto sobre Produtos Industrializados).
- V. Dec. 7.212/2010 (Regulamento do IPI).
- V. Súmulas 536 e 591, STF.
- V. Súmulas 43, 81 e 103, TFR.

Art. 47. A base de cálculo do imposto é:

- V. art. 14, Lei 4.502/1964 (Imposto sobre Produtos Industrializados).
- V. Dec. 7.212/2010 (Regulamento do IPI).
- •• V. art. 146, III, a, CF.

I – no caso do inciso I do artigo anterior, o preço normal, como definido no inciso II do art. 20, acrescido do montante:

a) do Imposto sobre a Importação;

b) das taxas exigidas para entrada do produto no País;

c) dos encargos cambiais efetivamente pagos pelo importador ou dele exigíveis;

II – no caso do inciso II do artigo anterior:

a) o valor da operação de que decorrer a saída da mercadoria;

b) na falta do valor a que se refere a alínea anterior, o preço corrente da mercadoria, ou sua similar, no mercado atacadista da praça do remetente;

III – no caso do inciso III do artigo anterior, o preço da arrematação.

Art. 48. O imposto é seletivo em função da essencialidade dos produtos.

- V. art. 153, § 3º, I, CF.
- V. Dec. 7.212/2010 (Regulamento do IPI).

Art. 49. O imposto é não cumulativo, dispondo a lei de forma que o montante devido resulte da diferença a maior, em determinado período, entre o imposto referente aos produtos saídos do estabelecimento e o pago relativamente aos produtos nele entrados.

Parágrafo único. O saldo verificado, em determinado período, em favor do contribuinte, transfere-se para o período ou períodos seguintes.

- V. art. 153, § 3º, II, CF.
- •• V. Súmula 411, STJ.

Art. 50. Os produtos sujeitos ao imposto, quando remetidos de um para outro Estado, ou do ou para o Distrito Federal, serão acompanhados de nota fiscal de modelo especial, emitida em séries próprias e contendo, além dos elementos necessários ao controle fiscal, os dados indispensáveis à elaboração da estatística do comércio por cabotagem e demais vias internas.

- •• V. art. 113, § 2º, CTN.

Art. 51. Contribuinte do imposto é:

- •• V. art. 146, III, a, CF.

Art. 52

I – o importador ou quem a lei a ele equiparar;

II – o industrial ou quem a lei a ele equiparar;

III – o comerciante de produtos sujeitos ao imposto, que os forneça aos contribuintes definidos no inciso anterior;

IV – o arrematante de produtos apreendidos ou abandonados, levados a leilão.

Parágrafo único. Para os efeitos deste imposto, considera-se contribuinte autônomo qualquer estabelecimento de importador, industrial, comerciante ou arrematante.

- V. arts. 20, III, e 46, II, CTN.
- V. arts. 966 a 980 e 1.237, CC.
- V. art. 35, Lei 4.502/1964 (Imposto sobre Produtos Industrializados).
- V. arts. 31 e 32, Dec.-lei 37/1966 (Imposto de Importação).
- V. art. 53, § 2º, Lei 8.666/1993 (Licitações e contratos da administração pública).
- V. Dec. 7.212/2010 (Regulamento do IPI).

Seção II
Imposto estadual sobre operações relativas à circulação de mercadorias

- V. art. 155, II e § 2º, CF.
- V. Dec.-lei 406/1968 (Normas gerais de direito financeiro aplicáveis ao Imposto sobre Circulação de Mercadorias).
- V. Dec.-lei 1.438/1975 (Imposto sobre Transportes).
- V. Dec.-lei 2.186/1984 (Imposto sobre Serviços de Comunicações).
- V. Res. SF 22/1989 (Alíquotas do Imposto sobre Circulação de Mercadorias e Serviços).
- V. LC 65/1991 (Produtos semielaborados).
- V. Súmulas 536, 569, 571 a 574, 576 a 579 e 615, STF.
- •• V. LC 87/1996 (Imposto dos Estados e do Distrito Federal sobre operações relativas à circulação de mercadorias e sobre prestações de serviços de transporte interestadual e intermunicipal e de comunicação).

Art. 52. *(Revogado pelo Dec.-lei 406/1968.)*

- A Lei 5.589/1970 deu nova redação ao art. 52, § 3º, II, da Lei 5.172/1966 (CTN), porém este artigo já havia sido revogado pelo Dec.-lei 406/1968.

Arts. 53 a 58. *(Revogados pelo Dec.-lei 406/1968.)*

Seção III
Imposto municipal sobre operações relativas à circulação de mercadorias

Arts. 59 a 62. *(Revogados pelo Ato Complementar 31/1966.)*

Seção IV
Imposto sobre operações de crédito, câmbio e seguro, e sobre operações relativas a títulos e valores mobiliários

- V. Dec. 6.306/2007 (Regulamenta o Imposto sobre Operações de Crédito, Câmbio e Seguro, ou relativas a Títulos ou Valores Mobiliários – IOF).

Art. 63. O imposto, de competência da União, sobre operações de crédito, câmbio e seguro, e sobre operações relativas a títulos e valores mobiliários tem como fato gerador:

- V. art. 153, V e § 5º, CF.
- •• V. arts. 146, III, *a*, e 155, § 2º, X, *c*, CF.

I – quanto às operações de crédito, a sua efetivação pela entrega total ou parcial do montante ou do valor que constitua o objeto da obrigação, ou sua colocação à disposição do interessado;

II – quanto às operações de câmbio, a sua efetivação pela entrega de moeda nacional ou estrangeira, ou de documento que a represente, ou sua colocação à disposição do interessado, em montante equivalente à moeda estrangeira ou nacional entregue ou posta à disposição por este;

III – quanto às operações de seguro, a sua efetivação pela emissão da apólice ou do documento equivalente, ou recebimento do prêmio, na forma da lei aplicável;

Código Tributário Nacional

IV – quanto às operações relativas a títulos e valores mobiliários, a emissão, transmissão, pagamento ou resgate destes, na forma da lei aplicável.

Parágrafo único. A incidência definida no inciso I exclui a definida no inciso IV, e reciprocamente, quanto à emissão, ao pagamento ou resgate do título representativo de uma mesma operação de crédito.

- V. art. 1º, Lei 5.143/1966 (Imposto sobre Operações Financeiras).
- V. Dec.-lei 73/1966 (Sistema nacional de seguros privados).
- V. Lei 6.385/1976 (Mercado de valores mobiliários).
- V. Dec.-lei 1.783/1980 (Imposto sobre Operações Financeiras).
- V. Lei 7.766/1989 (Ouro como ativo financeiro).
- V. art. 1º, Lei 8.033/1990 (Imposto sobre Operações Financeiras – institui incidências de caráter provisório).
- V. Lei 8.894/1994 (Imposto sobre Operações Financeiras).
- V. Lei 8.981/1995 (Alteração da legislação tributária).
- V. Dec. 1.821/1996 (Redução da alíquota do Imposto sobre Operações Financeiras).
- V. Súmula 588, STF.

Art. 64. A base de cálculo do imposto é:

•• V. art. 146, III, *a*, CF.

I – quanto às operações de crédito, o montante da obrigação, compreendendo o principal e os juros;

II – quanto às operações de câmbio, o respectivo montante em moeda nacional, recebido, entregue ou posto à disposição;

III – quanto às operações de seguro, o montante do prêmio;

IV – quanto às operações relativas a títulos e valores mobiliários:

a) na emissão, o valor nominal mais o ágio, se houver;

b) na transmissão, o preço ou o valor nominal ou o valor da cotação em Bolsa, como determinar a lei;

c) no pagamento ou resgate, o preço.

- V. art. 2º, Lei 5.143/1966 (Imposto sobre Operações Financeiras).
- V. art. 1º, Dec.-lei 1.783/1980 (Imposto sobre Operações Financeiras).

Art. 65. O Poder Executivo pode, nas condições e nos limites estabelecidos em lei, alterar as alíquotas ou as bases de cálculo do imposto, a fim de ajustá-lo aos objetivos da política monetária.

- V. arts. 9º, I, e 97, II e IV, CTN.
- V. arts. 3º e 10, Lei 5.143/1966 (Imposto sobre Operações Financeiras).
- V. Lei 8.894/1994 (Imposto sobre Operações Financeiras).
- V. Dec. 1.612/1995 (Reduz a alíquota do Imposto sobre Operações Financeiras).

•• V. art. 153, § 1º, CF.

Art. 66. Contribuinte do imposto é qualquer das partes na operação tributada, como dispuser a lei.

- V. art. 4º, Lei 5.143/1966 (Imposto sobre Operações Financeiras).

•• V. art. 146, III, *a*, CF.

Art. 67. A receita líquida do imposto destina-se à formação de reservas monetárias, na forma da lei.

- V. art. 12, Lei 5.143/1966 (Imposto sobre Operações Financeiras).

•• V. art. 167, IV, CF.

Seção V
Imposto sobre serviços de transportes e comunicações

Art. 68. O imposto, de competência da União, sobre serviços de transportes e comunicações tem como fato gerador:

- V. art. 155, II e § 2º, CF.

•• V. art. 146, III, *a*, CF.

I – a prestação do serviço de transporte, por qualquer via, de pessoas, bens, mercadorias ou valores, salvo quando o trajeto se contenha inteiramente no território de um mesmo Município;

- V. arts. 1º e 2º, Dec.-lei 1.438/1975 (Altera o Dec.-lei 284/1967 e estende a incidência do Imposto sobre Transportes).
- V. art. 4º, Dec.-lei 2.186/1984 (Imposto sobre Serviços de Comunicações).
- V. Lei 7.450/1985 (Imposto sobre Transportes).

•• V. LC 87/1996 (Imposto dos Estados e do Distrito Federal sobre operações relativas à circulação de mercadorias e sobre prestações de serviços de transporte interestadual e intermunicipal e de comunicação).

Art. 69

II – a prestação do serviço de comunicações, assim se entendendo a transmissão e o recebimento, por qualquer processo, de mensagens escritas, faladas ou visuais, salvo quando os pontos de transmissão de recebimento se situem no território de um mesmo Município e a mensagem em curso não possa ser captada fora deste território.

- V. art. 1º, Dec.-lei 2.186/1984 (Imposto sobre Serviços de Comunicações).
- V. Súmulas 334 e 350, STJ.
- V. LC 87/1996 (Imposto dos Estados e do Distrito Federal sobre operações relativas à circulação de mercadorias e sobre prestações de serviços de transporte interestadual e intermunicipal e de comunicação).

Art. 69. A base de cálculo do imposto é o preço do serviço.

- V. art. 7º, Dec.-lei 1.438/1975 (Imposto sobre Transportes).
- V. art. 4º, Dec.-lei 2.186/1984 (Imposto sobre Serviços de Comunicações).
- V. art. 146, III, a, CF.
- V. LC 87/1996 (Imposto dos Estados e do Distrito Federal sobre operações relativas à circulação de mercadorias e sobre prestações de serviços de transporte interestadual e intermunicipal e de comunicação).

Art. 70. Contribuinte do imposto é o prestador do serviço.

- V. arts. 3º e 4º, Dec.-lei 1.438/1975 (Imposto sobre Transportes).
- V. arts. 3º e 6º, Dec.-lei 2.186/1984 (Imposto sobre Serviços de Comunicações).
- V. LC 87/1996 (Imposto dos Estados e do Distrito Federal sobre operações relativas à circulação de mercadorias e sobre prestações de serviços de transporte interestadual e intermunicipal e de comunicação).
- V. art. 146, III, a, CF.

Seção VI
Imposto sobre serviços de qualquer natureza

- Sobre ISS: v. Dec.-lei 406/1968 (Normas gerais de direito financeiro aplicáveis ao Imposto sobre Circulação de Mercadorias).

Arts. 71 a 73. *(Revogados pelo Dec.-lei 406/1968.)*

Capítulo V
IMPOSTOS ESPECIAIS

Seção I
Imposto sobre operações relativas a combustíveis, lubrificantes, energia elétrica e minerais do País

Art. 74. O imposto, de competência da União, sobre operações relativas a combustíveis, lubrificantes, energia elétrica e minerais do País tem como fato gerador:

- V. art. 155, II, § 2º, XII, h, e §§ 3º e 5º, CF.
- V. art. 146, III, a, CF.
- V. arts. 2º, § 1º, III, e 3º, III, LC 87/1996 (Imposto dos Estados e do Distrito Federal sobre operações relativas à circulação de mercadorias e sobre prestações de serviços de transporte interestadual e intermunicipal e de comunicação).

I – a produção, como definida no art. 46 e seu parágrafo único;

II – a importação, como definida no art. 19;

III – a circulação, como definida no art. 52;

IV – a distribuição, assim entendida a colocação do produto no estabelecimento consumidor ou em local de venda ao público;

V – o consumo, assim entendida a venda do produto ao público.

§ 1º Para os efeitos deste imposto, a energia elétrica considera-se produto industrializado.

§ 2º O imposto incide, uma só vez, sobre uma das operações previstas em cada inciso deste artigo, como dispuser a lei, e exclui quaisquer outros tributos, sejam quais forem sua natureza ou competência, incidentes sobre aquelas operações.

- V. art. 217, CTN.
- V. art. 155, § 3º, CF.

Art. 75. A lei observará o disposto neste Título relativamente:

I – ao Imposto sobre Produtos Industrializados, quando a incidência seja sobre a produção ou sobre o consumo;

- V. arts. 46 a 51, CTN.

II – ao Imposto sobre a Importação, quando a incidência seja sobre essa operação;

- V. arts. 19 a 22, CTN.

Art. 81

CÓDIGO TRIBUTÁRIO NACIONAL

III – ao Imposto sobre Operações Relativas à Circulação de Mercadorias, quando a incidência seja sobre a distribuição.

- V. art. 155, II e § 2º, CF.
- V. arts. 1º a 7º, Dec.-lei 406/1968 (Normas gerais de direito financeiro aplicáveis ao Imposto sobre Circulação de Mercadorias).

Seção II
Impostos extraordinários

Art. 76. Na iminência ou no caso de guerra externa, a União pode instituir, temporariamente, impostos extraordinários compreendidos ou não entre os referidos nesta Lei, suprimidos, gradativamente, no prazo máximo de 5 (cinco) anos, contados da celebração da paz.

- V. art. 154, II, CF.
- • V. art. 150, § 1º, CF.

TÍTULO IV
TAXAS

Art. 77. As taxas cobradas pela União, pelos Estados, pelo Distrito Federal ou pelos Municípios, no âmbito de suas respectivas atribuições, têm como fato gerador o exercício regular do poder de polícia, ou a utilização, efetiva ou potencial, de serviço público específico e divisível, prestado ao contribuinte ou posto à sua disposição.

Parágrafo único. A taxa não pode ter base de cálculo ou fato gerador idênticos aos que correspondam a imposto nem ser calculada em função do capital das empresas.

- Parágrafo único com redação determinada pelo Ato Complementar 34/1967.
- V. arts. 5º, XXXIV, 145, II e § 2º, 150, V, e 206, IV, CF.
- V. arts. 78 e 79, CTN.
- V. Súmulas 82, 128, 129, 132, 140 a 142, 302, 324, 348, 545, 550, 595 e 596, STF.
- V. Súmula 80, STJ.
- • V. Súmulas vinculantes 19 e 29, STF.

Art. 78. Considera-se poder de polícia a atividade da administração pública que, limitando ou disciplinando direito, interesse ou liberdade, regula a prática de ato ou abstenção de fato, em razão de interesse público concernente à segurança, à higiene, à ordem, aos costumes, à disciplina da produção e do mercado, ao exercício de atividades econômicas dependentes de concessão ou autorização do Poder Público, à tranquilidade pública ou ao respeito à propriedade e aos direitos individuais ou coletivos.

- Artigo com redação determinada pelo Ato Complementar 31/1966.

Parágrafo único. Considera-se regular o exercício do poder de polícia quando desempenhado pelo órgão competente nos limites da lei aplicável, com observância do processo legal e, tratando-se de atividade que a lei tenha como discricionária, sem abuso ou desvio de poder.

- V. arts. 61, II, g, 92, I, e 350, CP.
- V. Lei 4.898/1965 (Abuso de autoridade).

Art. 79. Os serviços públicos a que se refere o art. 77 consideram-se:

I – utilizados pelo contribuinte:

a) efetivamente, quando por ele usufruídos a qualquer título;

b) potencialmente, quando, sendo de utilização compulsória, sejam postos à sua disposição mediante atividade administrativa em efetivo funcionamento;

- V. Súmula 670, STF.

II – específicos, quando possam ser destacados em unidades autônomas de intervenção, de utilidade ou de necessidade públicas;

III – divisíveis, quando suscetíveis de utilização, separadamente, por parte de cada um dos seus usuários.

Art. 80. Para efeito de instituição e cobrança de taxas, consideram-se compreendidas no âmbito das atribuições da União, dos Estados, do Distrito Federal ou dos Municípios aquelas que, segundo a Constituição Federal, as Constituições dos Estados, as Leis Orgânicas do Distrito Federal e dos Municípios e legislação com elas compatível, competem a cada uma dessas pessoas de direito público.

- • V. art. 145, II, CF.

TÍTULO V
CONTRIBUIÇÃO DE MELHORIA

Art. 81. A contribuição de melhoria cobrada pela União, pelos Estados, pelo Distrito Federal ou pelos Municípios, no âmbito de suas respectivas atribuições, é instituída

Art. 82

para fazer face ao custo de obras públicas de que decorra valorização imobiliária, tendo como limite total a despesa realizada e como limite individual o acréscimo de valor que da obra resultar para cada imóvel beneficiado.

- V. arts. 5º, XII, 145, III, 150, IV, e 170, II, CF.
- V. arts. 1º a 3º, Dec.-lei 195/1967 (Contribuição de Melhoria).

Art. 82. A lei relativa à contribuição de melhoria observará os seguintes requisitos mínimos:

I – publicação prévia dos seguintes elementos:

a) memorial descritivo do projeto;
b) orçamento do custo da obra;
c) determinação da parcela do custo da obra a ser financiada pela contribuição;
d) delimitação da zona beneficiada;
e) determinação do fator de absorção do benefício da valorização para toda a zona ou para cada uma das áreas diferenciadas, nela contidas;

II – fixação de prazo não inferior a 30 (trinta) dias, para impugnação, pelos interessados, de qualquer dos elementos referidos no inciso anterior;

III – regulamentação do processo administrativo de instrução e julgamento da impugnação a que se refere o inciso anterior, sem prejuízo da sua apreciação judicial.

- V. art. 18, Dec. 70.235/1972 (Processo administrativo fiscal).

§ 1º A contribuição relativa a cada imóvel será determinada pelo rateio da parcela do custo da obra a que se refere a alínea c, do inciso I, pelos imóveis situados na zona beneficiada em função dos respectivos fatores individuais de valorização.

§ 2º Por ocasião do respectivo lançamento, cada contribuinte deverá ser notificado do montante da contribuição, da forma e dos prazos de seu pagamento e dos elementos que integraram o respectivo cálculo.

- V. art. 142, CTN.
- V. arts. 4º a 15, Dec.-lei 195/1967 (Contribuição de Melhoria).
- V. art. 11, Dec. 70.235/1972 (Processo administrativo fiscal).

TÍTULO VI
DISTRIBUIÇÕES DE RECEITAS TRIBUTÁRIAS

Capítulo I
DISPOSIÇÕES GERAIS

Art. 83. Sem prejuízo das demais disposições deste Título, os Estados e Municípios que celebrem com a União convênios destinados a assegurar ampla e eficiente coordenação dos respectivos programas de investimentos e serviços públicos, especialmente no campo da política tributária, poderão participar de até 10% (dez por cento) da arrecadação efetuada, nos respectivos territórios, proveniente do imposto referido no art. 43, incidente sobre o rendimento das pessoas físicas, e no art. 46, excluído o incidente sobre o fumo e bebidas alcoólicas.

Parágrafo único. O processo das distribuições previstas neste artigo será regulado nos convênios nele referidos.

- V. arts. 153, § 5º, 157, I, 158, I, e 159, II e parágrafos, CF.
- V. Lei 8.016/1990 (Entrega de quotas de participação dos Estados e Distrito Federal na arrecadação do Imposto sobre Produtos Industrializados).

Art. 84. A lei federal pode cometer aos Estados, ao Distrito Federal ou aos Municípios o encargo de arrecadar os impostos de competência da União, cujo produto lhes seja distribuído no todo ou em parte.

Parágrafo único. O disposto neste artigo aplica-se à arrecadação dos impostos de competência dos Estados, cujo produto estes venham a distribuir, no todo ou em parte, aos respectivos Municípios.

- V. arts. 6º a 8º, CTN.

Capítulo II
IMPOSTO SOBRE A PROPRIEDADE TERRITORIAL RURAL E SOBRE A RENDA E PROVENTOS DE QUALQUER NATUREZA

Art. 85. Serão distribuídos pela União:
I – aos Municípios da localização dos imóveis, o produto da arrecadação do imposto a que se refere o art. 29;

CÓDIGO TRIBUTÁRIO NACIONAL

II – aos Estados, ao Distrito Federal e aos Municípios, o produto da arrecadação, na fonte, do imposto a que se refere o art. 43, incidente sobre a renda das obrigações de sua dívida pública e sobre os proventos dos seus servidores e dos de suas autarquias.

§ 1º Independentemente de ordem das autoridades superiores e sob pena de demissão, as autoridades arrecadadoras dos impostos a que se refere este artigo farão entrega, aos Estados, ao Distrito Federal e aos Municípios, das importâncias recebidas, à medida que forem sendo arrecadadas, em prazo não superior a 30 (trinta) dias, a contar da data de cada recolhimento.

- V. art. 162, CF.

§ 2º A lei poderá autorizar os Estados, o Distrito Federal e os Municípios a incorporar definitivamente à sua receita o produto da arrecadação do imposto a que se refere o inciso II, estipulando as obrigações acessórias a serem cumpridas por aqueles no interesse da arrecadação, pela União, do imposto a ela devido pelos titulares da renda ou dos proventos tributados.

§ 3º A lei poderá dispor que uma parcela, não superior a 20% (vinte por cento), do imposto de que trata o inciso I seja destinada ao custeio do respectivo serviço de lançamento e arrecadação.

- Inconstitucionalidade do § 3º declarada pela Res. 337/1983, do Senado Federal, suspensa a sua execução.
- V. arts. 47 e 48, Lei 4.504/1964 (Estatuto da Terra).
- V. Dec.-lei 1.595/1977 (Imposto de Renda devido pelos importadores ou distribuidores de filmes estrangeiros).

Capítulo III
FUNDOS DE PARTICIPAÇÃO DOS ESTADOS E DOS MUNICÍPIOS

Seção I
Constituição dos Fundos

Art. 86. *(Revogado pela LC 143/2013 – DOU 18.07.2013, em vigor na data de sua publicação, produzindo efeitos financeiros no primeiro mês que se iniciar após 60 (sessenta) dias desta data).*

Art. 87. *(Revogado pela LC 143/2013 – DOU 18.07.2013, em vigor na data de sua publicação, produzindo efeitos financeiros no primeiro mês que se iniciar após 60 (sessenta) dias desta data).*

Seção II
Critério de distribuição do Fundo de Participação dos Estados

Art. 88. *(Revogado pela LC 143/2013 – DOU 18.07.2013, em vigor na data de sua publicação, produzindo efeitos financeiros no primeiro mês que se iniciar após 60 (sessenta) dias desta data).*

Art. 89. *(Revogado pela LC 143/2013 – DOU 18.07.2013, em vigor na data de sua publicação, produzindo efeitos financeiros no primeiro mês que se iniciar após 60 (sessenta) dias desta data).*

Art. 90. O fator representativo do inverso da renda *per capita*, a que se refere o inc. II do art. 88, será estabelecido da seguinte forma:

Inverso do índice relativo à renda per capita *da entidade participante:*

	Fator
Até 0,0045	0,4
Acima de 0,0045 até 0,0055	0,5
Acima de 0,0055 até 0,0065	0,6
Acima de 0,0065 até 0,0075	0,7
Acima de 0,0075 até 0,0085	0,8
Acima de 0,0085 até 0,0095	0,9
Acima de 0,0095 até 0,0110	1,0
Acima de 0,0110 até 0,0130	1,2
Acima de 0,0130 até 0,0150	1,4
Acima de 0,0150 até 0,0170	1,6
Acima de 0,0170 até 0,0190	1,8
Acima de 0,0190 até 0,0220	2,0
Acima de 0,0220	2,5

Parágrafo único. Para os efeitos deste artigo, determina-se o índice relativo à renda *per capita* de cada entidade participante, tomando-se como cem a renda *per capita* média do País.

- V. art. 91, § 1º, *b*, CTN.
- V. art. 3º, parágrafo único, *b*, Dec.-lei 1.881/1981 (Fundo de Participação dos Municípios – FPM).

Art. 91

Seção III
Critério de distribuição do Fundo de Participação dos Municípios

Art. 91. Do Fundo de Participação dos Municípios a que se refere o art. 86, serão atribuídos:

- *Caput* com redação determinada pelo Ato Complementar 35/1967.
- V. art. 159, I, *b*, e § 3º, CF.
- V. arts. 2º e 3º, Dec.-lei 1.881/1981 (Fundo de Participação dos Municípios – FPM).

I – 10% (dez por cento) aos Municípios das Capitais dos Estados;

II – 90% (noventa por cento) aos demais Municípios do País.

§ 1º A parcela de que trata o inciso I será distribuída proporcionalmente a um coeficiente individual de participação, resultante do produto dos seguintes fatores:

- § 1º com redação determinada pelo Ato Complementar 35/1967.

a) fator representativo da população, assim estabelecido:

Percentual da população de cada Município em relação à do conjunto das Capitais:

                                          Fator
Até 2% 2
Mais de 2% até 5%:
  Pelos primeiros 2% 2
  Cada 0,5% ou fração excedente,
  mais 0,5
Mais de 5% 5

b) fator representativo do inverso da renda *per capita* do respectivo Estado de conformidade com o disposto no art. 90.

§ 2º A distribuição da parcela a que se refere o item II deste artigo, deduzido o percentual referido no art. 3º do Decreto-lei que estabelece a redação deste parágrafo, far-se-á atribuindo-se a cada Município um coeficiente individual de participação determinado na forma seguinte:

- § 2º com redação determinada pelo Dec.-lei 1.881/1981.
- V. Dec. 86.309/1981 (Reajusta os limites das faixas de números de habitantes de que trata o § 2º do art. 91 do CTN).

Categoria do Município, segundo seu número de habitantes:
                                          Coeficiente
a) Até 16.980
  Pelos primeiros 10.188 0,6
  Para cada 3.396 ou fração
  excedente, mais. 0,2
b) Acima de 16.980 até 50.940
  Pelos primeiros 16.980 1,0
  Para cada 6.792 ou fração
  excedente, mais. 0,2
c) Acima de 50.940 até 101.880
  Pelos primeiros 50.940 2,0
  Para cada 10.188 ou fração
  excedente, mais. 0,2
d) Acima de 101.880 até 156.216
  Pelos primeiros 101.880 3,0
  Para cada 13.584 ou fração
  excedente, mais. 0,2
e) Acima de 156.216 4,0

§ 3º Para os efeitos deste artigo, consideram-se os Municípios regularmente instalados, fazendo-se a revisão das quotas anualmente, a partir de 1989, com base em dados oficiais de população produzidos pela Fundação Instituto Brasileiro de Geografia e Estatística – IBGE.

- § 3º com redação determinada pela LC 59/1988.

§ 4º *(Revogado pela LC 91/1997.)*
§ 5º *(Revogado pela LC 91/1997.)*

Seção IV
Cálculo e pagamento das quotas estaduais e municipais

Art. 92. O Tribunal de Contas da União comunicará ao Banco do Brasil S.A., conforme os prazos a seguir especificados, os coeficientes individuais de participação nos fundos previstos no art. 159, inciso I, alíneas *a*, *b* e *d*, da Constituição Federal que prevalecerão no exercício subsequente:

- Artigo com redação determinada pela LC 143/2013 (*DOU* 18.07.2013), em vigor na data de sua publicação, produzindo efeitos financeiros no primeiro mês que se iniciar após 60 (sessenta) dias desta data.

I – até o último dia útil do mês de março de cada exercício financeiro, para cada Estado e para o Distrito Federal;

II – até o último dia útil de cada exercício financeiro, para cada Município.

CÓDIGO TRIBUTÁRIO NACIONAL

Parágrafo único. Far-se-á nova comunicação sempre que houver, transcorrido o prazo fixado no inciso I do *caput*, a criação de novo Estado a ser implantado no exercício subsequente.

Art. 93. *(Revogado pela LC 143/2013 – DOU 18.07.2013, em vigor na data de sua publicação, produzindo efeitos financeiros no primeiro mês que se iniciar após 60 (sessenta) dias desta data).*

Seção V
Comprovação da aplicação das quotas estaduais e municipais

Art. 94. *(Revogado pela LC 143/2013 – DOU 18.07.2013, em vigor na data de sua publicação, produzindo efeitos financeiros no primeiro mês que se iniciar após 60 (sessenta) dias desta data).*

Capítulo IV
IMPOSTO SOBRE OPERAÇÕES RELATIVAS A COMBUSTÍVEIS, LUBRIFICANTES, ENERGIA ELÉTRICA E MINERAIS DO PAÍS

Art. 95. *(Revogado pela LC 143/2013 – DOU 18.07.2013, em vigor na data de sua publicação, produzindo efeitos financeiros no primeiro mês que se iniciar após 60 (sessenta) dias desta data).*

LIVRO SEGUNDO
NORMAS GERAIS DE DIREITO TRIBUTÁRIO
TÍTULO I
LEGISLAÇÃO TRIBUTÁRIA
Capítulo I
DISPOSIÇÕES GERAIS
Seção I
Disposição preliminar

Art. 96. A expressão "legislação tributária" compreende as leis, os tratados e as convenções internacionais, os decretos e as normas complementares que versem, no todo ou em parte, sobre tributos e relações jurídicas a eles pertinentes.

• V. arts. 2º e 194, CTN.

Seção II
Leis, tratados e convenções internacionais e decretos

Art. 97. Somente a lei pode estabelecer:
I – a instituição de tributos, ou a sua extinção;

• V. arts. 5º, II, e 150, III, *b*, CF.
• V. Súmula vinculante 31, STF.
•• v. art. 150, I, CF.
•• V. art. 156, CTN.

II – a majoração de tributos, ou sua redução, ressalvado o disposto nos arts. 21, 26, 39, 57 e 65;

• V. Súmula 95, STJ.
•• V. art. 150, III, *b* e *c*, e § 1º, CF.

III – a definição do fato gerador da obrigação tributária principal, ressalvado o disposto no inciso I do § 3º do art. 52, e do seu sujeito passivo;

• V. art. 4º, CTN.
• V. Súmula vinculante 31, STF.
•• V. art. 113, § 1º, CTN.

IV – a fixação da alíquota do tributo e da sua base de cálculo, ressalvado o disposto nos arts. 21, 26, 39, 57 e 65;

• V. Súmula 95, STJ.
•• V. arts. 112 e 153, CTN.

V – a cominação de penalidades para as ações ou omissões contrárias a seus dispositivos, ou para outras infrações nela definidas;

•• V. arts. 106, II, *c* e 112, CTN.

VI – as hipóteses de exclusão, suspensão e extinção de créditos tributários, ou de dispensa ou redução de penalidades.

• V. arts. 139 a 141 e 151 a 182, CTN.

§ 1º Equipara-se à majoração do tributo a modificação de sua base de cálculo, que importe em torná-lo mais oneroso.

• V. Súmula 160, STJ.
•• V. art. 150, III, *b* e *c*, e § 1º, CF.

§ 2º Não constitui majoração de tributo, para os fins do disposto no inciso II deste arti-

go, a atualização do valor monetário da respectiva base de cálculo.
• V. Súmula 160, STJ.

Art. 98. Os tratados e as convenções internacionais revogam ou modificam a legislação tributária interna, e serão observados pela que lhes sobrevenha.
• V. art. 96, CTN.
• V. Súmulas 20 e 71, STJ.

Art. 99. O conteúdo e o alcance dos decretos restringem-se aos das leis em função das quais sejam expedidos, determinados com a observância das regras de interpretação estabelecidas nesta Lei.

Seção III
Normas complementares

Art. 100. São normas complementares das leis, dos tratados e das convenções internacionais e dos decretos:
I – os atos normativos expedidos pelas autoridades administrativas;
• V. art. 103, I, CTN.

II – as decisões dos órgãos singulares ou coletivos de jurisdição administrativa, a que a lei atribua eficácia normativa;
• V. art. 103, II, CTN.

III – as práticas reiteradamente observadas pelas autoridades administrativas;
• V. art. 108, § 2º, CTN.

IV – os convênios que entre si celebrem a União, os Estados, o Distrito Federal e os Municípios.
• V. art. 155, XII, g, CF.
• V. art. 103, III, CTN.

Parágrafo único. A observância das normas referidas neste artigo exclui a imposição de penalidades, a cobrança de juros de mora e a atualização do valor monetário da base de cálculo do tributo.
• V. art. 84, IV, CF.

Capítulo II
VIGÊNCIA DA LEGISLAÇÃO TRIBUTÁRIA

Art. 101. A vigência, no espaço e no tempo, da legislação tributária rege-se pelas disposições legais aplicáveis às normas jurídicas em geral, ressalvado o previsto neste Capítulo.
• V. arts. 1º a 6º, Dec.-lei 4.657/1942 (Lei de Introdução às normas do Direito Brasileiro).

Art. 102. A legislação tributária dos Estados, do Distrito Federal e dos Municípios vigora, no País, fora dos respectivos territórios, nos limites em que lhe reconheçam extraterritorialidade os convênios de que participem, ou do que disponham esta ou outras leis de normas gerais expedidas pela União.

Art. 103. Salvo disposição em contrário, entram em vigor:
I – os atos administrativos a que se refere o inciso I do art. 100, na data da sua publicação;
II – as decisões a que se refere o inciso II do art. 100 quanto a seus efeitos normativos, 30 (trinta) dias após a data da sua publicação;
III – os convênios a que se refere o inciso IV do art. 100 na data neles prevista.

Art. 104. Entram em vigor no primeiro dia do exercício seguinte àquele em que ocorra a sua publicação os dispositivos de lei, referentes a impostos sobre o patrimônio ou a renda:
• V. art. 150, III, b, e c, e § 1º, CF.

I – que instituem ou majoram tais impostos;
II – que definem novas hipóteses de incidências;
III – que extinguem ou reduzem isenções, salvo se a lei dispuser de maneira mais favorável ao contribuinte, e observado o disposto no art. 178.

Capítulo III
APLICAÇÃO DA LEGISLAÇÃO TRIBUTÁRIA

Art. 105. A legislação tributária aplica-se imediatamente aos fatos geradores futuros e aos pendentes, assim entendidos aqueles cuja ocorrência tenha tido início mas não esteja completa nos termos do art. 116.
• V. arts. 5º, XL, e 150, III, a, CF.
• V. arts. 101 a 104, CTN.
• V. Súmula 669, STF.
•• V. art. 144, CTN.

Art. 106. A lei aplica-se a ato ou fato pretérito:

Código Tributário Nacional

I – em qualquer caso, quando seja expressamente interpretativa, excluída a aplicação de penalidade à infração dos dispositivos interpretados;
II – tratando-se de ato não definitivamente julgado:
a) quando deixe de defini-lo como infração;
b) quando deixe de tratá-lo como contrário a qualquer exigência de ação ou omissão, desde que não tenha sido fraudulento e não tenha implicado em falta de pagamento de tributo;
c) quando lhe comine penalidade menos severa que a prevista na lei vigente ao tempo da sua prática.
- V. art. 5º, XL, CF.
- V. art. 2º, parágrafo único, CP.

Capítulo IV
INTERPRETAÇÃO E INTEGRAÇÃO DA LEGISLAÇÃO TRIBUTÁRIA

Art. 107. A legislação tributária será interpretada conforme o disposto neste Capítulo.

Art. 108. Na ausência de disposição expressa, a autoridade competente para aplicar a legislação tributária utilizará sucessivamente, na ordem indicada:
I – a analogia;
II – os princípios gerais de direito tributário;
III – os princípios gerais de direito público;
IV – a equidade.
- V. art. 140, parágrafo único, CPC/2015.

§ 1º O emprego da analogia não poderá resultar na exigência de tributo não previsto em lei.
- • V. art. 150, I, CF.
- • V. art. 97, CTN.

§ 2º O emprego da equidade não poderá resultar na dispensa do pagamento de tributo devido.
- V. arts. 2º, 4º e 5º, Dec.-lei 4.657/1942 (Lei de Introdução às normas do Direito Brasileiro).
- • V. arts. 175, I, e 176, CTN.

Art. 109. Os princípios gerais de direito privado utilizam-se para pesquisa da definição, do conteúdo e do alcance de seus institutos, conceitos e formas, mas não para definição dos respectivos efeitos tributários.

Art. 110. A lei tributária não pode alterar a definição, o conteúdo e o alcance de institutos, conceitos e formas de direito privado, utilizados, expressa ou implicitamente, pela Constituição Federal, pelas Constituições dos Estados, ou pelas Leis Orgânicas do Distrito Federal ou dos Municípios, para definir ou limitar competências tributárias.

Art. 111. Interpreta-se literalmente a legislação tributária que disponha sobre:
I – suspensão ou exclusão do crédito tributário;
- V. arts. 151 a 155 e 175 a 182, CTN.

II – outorga de isenção;
- V. arts. 176 a 179, CTN.
- V. Súmula 100, STJ.

III – dispensa do cumprimento de obrigações tributárias acessórias.
- V. Súmula 95, STJ.
- • V. art. 113, §§ 2º e 3º, CTN.

Art. 112. A lei tributária que define infrações, ou lhe comina penalidades, interpreta-se da maneira mais favorável ao acusado, em caso de dúvida quanto:
- V. art. 133, CTN.
- V. art. 2º, parágrafo único, CP.
- • V. art. 97, V, CTN.

I – à capitulação legal do fato;
II – à natureza ou às circunstâncias materiais do fato, ou à natureza ou extensão dos seus efeitos;
III – à autoria, imputabilidade, ou punibilidade;
IV – à natureza da penalidade aplicável, ou à sua graduação.

TÍTULO II
OBRIGAÇÃO TRIBUTÁRIA

Capítulo I
DISPOSIÇÕES GERAIS

Art. 113. A obrigação tributária é principal ou acessória.
§ 1º A obrigação principal surge com a ocorrência do fato gerador, tem por objeto o pagamento de tributo ou penalidade pecuniária e extingue-se juntamente com o crédito dela decorrente.
- V. arts. 139 a 193, CTN.

§ 2º A obrigação acessória decorre da legislação tributária e tem por objeto as prestações, positivas ou negativas, nela previstas no interesse da arrecadação ou da fiscalização dos tributos.

* V. arts. 128 a 138, CTN.
* V. art. 5º, Dec.-lei 2.124/1984 (Altera a legislação do Imposto sobre a Renda).
** V. arts. 96 e 111, III, CTN.

§ 3º A obrigação acessória, pelo simples fato da sua inobservância, converte-se em obrigação principal relativamente a penalidade pecuniária.

* V. art. 136, Dec.-lei 82/1966 (Sistema tributário do Distrito Federal).

Capítulo II
FATO GERADOR

Art. 114. Fato gerador da obrigação principal é a situação definida em lei como necessária e suficiente à sua ocorrência.

* V. art. 150, III, *a* e *b*, CF.
* V. art. 2º, EC n. 3/1993.
* V. art. 2º, Lei 4.502/1964 (Imposto sobre Produtos Industrializados).
* V. art. 1º, Lei 5.143/1966 (Imposto sobre Operações Financeiras).
* V. art. 1º, Dec.-lei 37/1966 (Imposto sobre Importações).
* V. art. 1º, Dec.-lei 406/1968 (Imposto sobre Circulação de Mercadorias e Serviços).
* V. art. 1º, Dec.-lei 1.578/1977 (Imposto sobre Exportações).
* V. art. 8º, Lei 7.766/1989 (Imposto sobre Operações Financeiras).
* V. art. 1º, Lei 9.393/1996 (Imposto Territorial Rural).
* V. Dec. 7.212/2010 (Regulamento do IPI).
** V. art. 150, § 7º, CF.

Art. 115. Fato gerador da obrigação acessória é qualquer situação que, na forma da legislação aplicável, impõe a prática ou a abstenção de ato que não configure obrigação principal.

** V. arts. 96 e 113, § 1º, CTN.

Art. 116. Salvo disposição de lei em contrário, considera-se ocorrido o fato gerador e existentes os seus efeitos:

I – tratando-se de situação de fato, desde o momento em que se verifiquem as circunstâncias materiais necessárias a que produza os efeitos que normalmente lhe são próprios;

II – tratando-se da situação jurídica, desde o momento em que esteja definitivamente constituída, nos termos de direito aplicável.

* V. art. 105, CTN.

Parágrafo único. A autoridade administrativa poderá desconsiderar atos ou negócios jurídicos praticados com a finalidade de dissimular a ocorrência do fato gerador do tributo ou a natureza dos elementos constitutivos da obrigação tributária, observados os procedimentos a serem estabelecidos em lei ordinária.

* Parágrafo único acrescentado pela LC 104/2001.

Art. 117. Para os efeitos do inciso II do artigo anterior e salvo disposição de lei em contrário, os atos ou negócios jurídicos condicionais reputam-se perfeitos e acabados:

I – sendo suspensiva a condição, desde o momento de seu implemento;

II – sendo resolutória a condição, desde o momento da prática do ato ou da celebração do negócio.

* V. arts. 121 a 128 e 166, CC.

Art. 118. A definição legal do fato gerador é interpretada abstraindo-se:

I – da validade jurídica dos atos efetivamente praticados pelos contribuintes, responsáveis, ou terceiros, bem como da natureza do seu objeto ou dos seus efeitos;

II – dos efeitos dos fatos efetivamente ocorridos.

* V. arts. 107, 109, 166 a 184, 212, 215 e 219 a 221, CC.

Capítulo III
SUJEITO ATIVO

Art. 119. Sujeito ativo da obrigação é a pessoa jurídica de direito público titular da competência para exigir o seu cumprimento.

* V. arts. 70, parágrafo único, e 71, II e § 2º, CF.
* V. art. 7º, § 3º, CTN.
** V. arts. 145, 147 a 149 e 153 a 156, CF.

Art. 120. Salvo disposição de lei em contrário, a pessoa jurídica de direito público, que se constituir pelo desmembramento territorial de outra, sub-roga-se nos direitos desta, cuja legislação tributária aplicará até que entre em vigor a sua própria.

CÓDIGO TRIBUTÁRIO NACIONAL

Capítulo IV
SUJEITO PASSIVO

Seção I
Disposições gerais

Art. 121. Sujeito passivo da obrigação principal é a pessoa obrigada ao pagamento de tributo ou penalidade pecuniária.
- V. art. 150, § 7º, CF.
- V. art. 139, CTN.
- V. Súmula 192, TFR.
- • V. Súmula 399, STJ.

Parágrafo único. O sujeito passivo da obrigação principal diz-se:
I – contribuinte, quando tenha relação pessoal e direta com a situação que constitua o respectivo fato gerador;
II – responsável, quando, sem revestir a condição de contribuinte, sua obrigação decorra de disposição expressa de lei.
- V. art. 40, Lei 4.502/1964 (Imposto sobre Produtos Industrializados).
- V. Dec. 7.212/2010 (Regulamento do IPI).
- V. Súmula 192, TFR.
- • V. arts. 128 a 138, CTN.

Art. 122. Sujeito passivo da obrigação acessória é a pessoa obrigada às prestações que constituam o seu objeto.

Art. 123. Salvo disposições de lei em contrário, as convenções particulares, relativas à responsabilidade pelo pagamento de tributos, não podem ser opostas à Fazenda Pública, para modificar a definição legal do sujeito passivo das obrigações tributárias correspondentes.

Seção II
Solidariedade

Art. 124. São solidariamente obrigadas:
- V. arts. 264 a 266, CC.
- V. art. 32, Dec.-lei 37/1966 (Imposto sobre Importações).
- V. art. 8º, Dec.-lei 1.736/1979 (Débitos com a Fazenda Pública).
- V. Dec. 7.212/2010 (Regulamento do IPI).

I – as pessoas que tenham interesse comum na situação que constitua o fato gerador da obrigação principal;
- V. arts. 267 a 272, CC.

II – as pessoas expressamente designadas por lei.
- V. arts. 264 a 266 e 275 a 285, CC.

Parágrafo único. A solidariedade referida neste artigo não comporta benefício de ordem.

Art. 125. Salvo disposição de lei em contrário, são os seguintes os efeitos da solidariedade:
I – o pagamento efetuado por um dos obrigados aproveita aos demais;
- V. arts. 157 a 164, CTN.

II – a isenção ou remissão de crédito exonera todos os obrigados, salvo se outorgada pessoalmente a um deles, subsistindo, nesse caso, a solidariedade quanto aos demais pelo saldo;
- V. arts. 172, 176 e 179, § 2º, CTN.

III – a interrupção da prescrição, em favor ou contra um dos obrigados, favorece ou prejudica aos demais.
- V. arts. 155, parágrafo único, 156, V, 165 a 169, 174, parágrafo único, e 195, parágrafo único, CTN.

Seção III
Capacidade tributária

Art. 126. A capacidade tributária passiva independe:
I – da capacidade civil das pessoas naturais;
- V. arts. 1º e 3º a 5º, CC.

II – de achar-se a pessoa natural sujeita a medidas que importem privação ou limitação do exercício de atividades civis, comerciais ou profissionais, ou da administração direta de seus bens ou negócios;
- V. arts. 1º a 5º, CC.

III – de estar a pessoa jurídica regularmente constituída, bastando que configure uma unidade econômica ou profissional.
- V. arts. 1º, 3º a 5º e 40 a 52, CC.
- V. art. 75, VIII e § 2º, CPC/2015.

Seção IV
Domicílio tributário

Art. 127. Na falta de eleição, pelo contribuinte ou responsável, de domicílio tributário, na forma da legislação aplicável, considera-se como tal:
I – quanto às pessoas naturais, a sua residência habitual, ou, sendo esta incerta ou

desconhecida, o centro habitual de sua atividade;

- V. arts. 70 e 71, CC.
- •• V. Súmula 435, STJ.

II – quanto às pessoas jurídicas de direito privado ou às firmas individuais, o lugar da sua sede, ou, em relação aos atos ou fatos que derem origem à obrigação, o de cada estabelecimento;

- V. art. 75, IV e § 1°, CC.

III – quanto às pessoas jurídicas de direito público, qualquer de suas repartições no território da entidade tributante.

- V. art. 109, §§ 1°, 2° e 4°, CF.
- V. art. 75, I a III, CC.

§ 1° Quando não couber a aplicação das regras fixadas em qualquer dos incisos deste artigo, considerar-se-á como domicílio tributário do contribuinte ou responsável o lugar da situação dos bens ou da ocorrência dos atos ou fatos que deram origem à obrigação.

§ 2° A autoridade administrativa pode recusar o domicílio eleito, quando impossibilite ou dificulte a arrecadação ou a fiscalização do tributo, aplicando-se então a regra do parágrafo anterior.

- V. arts. 70, 71 e 75, § 1°, CC.

Capítulo V
RESPONSABILIDADE TRIBUTÁRIA

Seção I
Disposição geral

Art. 128. Sem prejuízo do disposto neste Capítulo, a lei pode atribuir de modo expresso a responsabilidade pelo crédito tributário a terceira pessoa, vinculada ao fato gerador da respectiva obrigação, excluindo a responsabilidade do contribuinte ou atribuindo-a a este em caráter supletivo do cumprimento total ou parcial da referida obrigação.

- V. arts. 121 e 128 a 193, CTN.
- V. art. 30, Lei 8.383/1991 (Altera a legislação do Imposto de Renda – Ufir).
- V. art. 79, Lei 8.981/1995 (Altera a legislação tributária federal).
- •• V. art. 150, § 7°, CF.

Seção II
Responsabilidade dos sucessores

Art. 129. O disposto nesta Seção aplica-se por igual aos créditos tributários definitivamente constituídos ou em curso de constituição à data dos atos nela referidos, e aos constituídos posteriormente aos mesmos atos, desde que relativos a obrigações tributárias surgidas até a referida data.

- V. art. 1.787, CC.
- V. art. 6°, Dec.-lei 4.657/1942 (Lei de Introdução às normas do Direito Brasileiro).

Art. 130. Os créditos tributários relativos a impostos cujo fato gerador seja a propriedade, o domínio útil ou a posse de bens imóveis, e bem assim os relativos a taxas pela prestação de serviços referentes a tais bens, ou a contribuições de melhoria, sub-rogam-se na pessoa dos respectivos adquirentes, salvo quando conste do título a prova de sua quitação.

- •• V. arts. 29 a 34, CTN.

Parágrafo único. No caso de arrematação em hasta pública, a sub-rogação ocorre sobre o respectivo preço.

- V. arts. 79 a 81, 1.196 a 1.224, 1.228 a 1.232, 1.281 e 1.473, III, CC.

Art. 131. São pessoalmente responsáveis:

- V. art. 141, § 1°, Lei 11.101/2005 (Lei de Recuperação de Empresas e Falência).

I – o adquirente ou remitente, pelos tributos relativos aos bens adquiridos ou remidos;

- Expressão "com observância do disposto no art. 191" suprimida pelo Dec.-lei 28/1966.

II – o sucessor a qualquer título e o cônjuge meeiro, pelos tributos devidos pelo *de cujus* até a data da partilha ou adjudicação, limitada esta responsabilidade ao montante do quinhão, do legado ou da meação;

- V. arts. 1.784, 1.786, 1.787, 1.796 e 1.846, CC.

III – o espólio, pelos tributos devidos pelo *de cujus* até a data da abertura da sucessão.

Art. 132. A pessoa jurídica de direito privado que resultar de fusão, transformação ou incorporação de outra ou em outra é responsável pelos tributos devidos até a data do ato pelas pessoas jurídicas de direito privado fusionadas, transformadas ou incorporadas.

- V. arts. 220, 223 e 227 a 229, Lei 6.404/1976 (Sociedades por ações).

Parágrafo único. O disposto neste artigo aplica-se aos casos de extinção de pessoas jurídicas de direito privado, quando a exploração da respectiva atividade seja continuada por qualquer sócio remanescente, ou seu espólio, sob a mesma ou outra razão social, ou sob firma individual.

- V. arts. 206 a 209 e 219, Lei 6.404/1976 (Sociedades por ações).

Art. 133. A pessoa natural ou jurídica de direito privado que adquirir de outra, por qualquer título, fundo de comércio ou estabelecimento comercial, industrial ou profissional, e continuar a respectiva exploração, sob a mesma ou outra razão social ou sob firma ou nome individual, responde pelos tributos, relativos ao fundo ou estabelecimento adquirido, devidos até a data do ato:

- V. Capítulo V, Seção X, e arts. 111 e 166, Lei 11.101/2005 (Lei de Recuperação de Empresas e Falência).

I – integralmente, se o alienante cessar a exploração do comércio, indústria ou atividade;

II – subsidiariamente com o alienante, se este prosseguir na exploração ou iniciar dentro de 6 (seis) meses, a contar da data da alienação, nova atividade no mesmo ou em outro ramo de comércio, indústria ou profissão.

§ 1º O disposto no *caput* deste artigo não se aplica na hipótese de alienação judicial:

- § 1º acrescentado pela LC 118/2005 (*DOU* 09.02.2005, edição extra), em vigor 120 (cento e vinte) dias após sua publicação.

I – em processo de falência;

II – de filial ou unidade produtiva isolada, em processo de recuperação judicial.

- V. art. 60, Lei 11.101/2005 (Lei de Recuperação de Empresas e Falência).

§ 2º Não se aplica o disposto no § 1º deste artigo quando o adquirente for:

- § 2º acrescentado pela LC 118/2005 (*DOU* 09.02.2005, edição extra), em vigor 120 (cento e vinte) dias após sua publicação.

- V. art. 60, Lei 11.101/2005 (Lei de Recuperação de Empresas e Falência).

I – sócio da sociedade falida ou em recuperação judicial, ou sociedade controlada pelo devedor falido ou em recuperação judicial;

II – parente, em linha reta ou colateral até o quarto grau, consanguíneo ou afim, do devedor falido ou em recuperação judicial ou de qualquer de seus sócios; ou

III – identificado como agente do falido ou do devedor em recuperação judicial com o objetivo de fraudar a sucessão tributária.

§ 3º Em processo da falência, o produto da alienação judicial de empresa, filial ou unidade produtiva isolada permanecerá em conta de depósito à disposição do juízo de falência pelo prazo de 1 (um) ano, contado da data de alienação, somente podendo ser utilizado para o pagamento de créditos extraconcursais ou de créditos que preferem ao tributário.

- § 3º acrescentado pela LC 118/2005 (*DOU* 09.02.2005, edição extra), em vigor 120 (cento e vinte) dias após sua publicação.

Seção III
Responsabilidade de terceiros

Art. 134. Nos casos de impossibilidade de exigência do cumprimento da obrigação principal pelo contribuinte, respondem solidariamente com este nos atos em que intervierem ou pelas omissões de que forem responsáveis:

- V. art. 137, III, *a*, CTN.
- V. art. 33, Lei 11.101/2005 (Lei de Recuperação de Empresas e Falência).
- • V. art. 150, III, *b* e *c*, e § 1º, CF.
- • V. arts. 124 e 128, CTN.

I – os pais, pelos tributos devidos por seus filhos menores;

- V. arts. 3º, I e II, e 4º, I e IV, CC.

II – os tutores e curadores, pelos tributos devidos por seus tutelados ou curatelados;

- V. arts. 3º e 4º, CC.

III – os administradores de bens de terceiros, pelos tributos devidos por estes;

IV – o inventariante, pelos tributos devidos pelo espólio;

•• V. art. 131, III, CTN.

V – o síndico e o comissário, pelos tributos devidos pela massa falida ou pelo concordatário;

- V. art. 33, Lei 11.101/2005 (Lei de Recuperação de Empresas e Falência).
- V. Súmula 192, TFR.

VI – os tabeliães, escrivães e demais serventuários de ofício, pelos tributos devidos sobre os atos praticados por eles, ou perante eles, em razão do seu ofício;

VII – os sócios, no caso de liquidação de sociedade de pessoas.

•• V. Súmulas 430 e 435, STJ.

Parágrafo único. O disposto neste artigo só se aplica, em matéria de penalidades, às de caráter moratório.

Art. 135. São pessoalmente responsáveis pelos créditos correspondentes a obrigações tributárias resultantes de atos praticados com excesso de poderes ou infração de lei, contrato social ou estatutos:

I – as pessoas referidas no artigo anterior;

II – os mandatários, prepostos e empregados;

III – os diretores, gerentes ou representantes de pessoas jurídicas de direito privado.

- V. art. 158, Lei 6.404/1976 (Sociedades por ações).
- V. Súmula 430, STJ.
- V. Súmula 112, TFR.

•• V. Súmulas 430 e 435, STJ.

Seção IV
Responsabilidade por infrações

Art. 136. Salvo disposição de lei em contrário, a responsabilidade por infrações da legislação tributária independe da intenção do agente ou do responsável e da efetividade, natureza e extensão dos efeitos do ato.

Art. 137. A responsabilidade é pessoal ao agente:

I – quanto às infrações conceituadas por lei como crimes ou contravenções, salvo quando praticadas no exercício regular de administração, mandato, função, cargo ou emprego, ou no cumprimento de ordem expressa emitida por quem de direito;

•• V. Súmula vinculante 24, STF.

II – quanto às infrações em cuja definição o dolo específico do agente seja elementar;

III – quanto às infrações que decorram direta e exclusivamente de dolo específico:

a) das pessoas referidas no art. 134, contra aquelas por quem respondem;

b) dos mandatários, prepostos ou empregados, contra seus mandantes, preponentes ou empregadores;

c) dos diretores, gerentes ou representantes de pessoas jurídicas de direito privado, contra estas.

Art. 138. A responsabilidade é excluída pela denúncia espontânea da infração, acompanhada, se for o caso, do pagamento do tributo devido e dos juros de mora, ou do depósito da importância arbitrada pela autoridade administrativa, quando o montante do tributo dependa de apuração.

- V. art. 34, Lei 9.249/1995 (Imposto de Renda das pessoas jurídicas).
- V. Súmula 360, STJ.
- V. Súmula 208, TFR.

•• V. Dec. 70.235/1972 (Processo administrativo fiscal).

Parágrafo único. Não se considera espontânea a denúncia apresentada após o início de qualquer procedimento administrativo ou medida de fiscalização, relacionados com a infração.

•• V. Dec. 70.235/1972 (Processo administrativo fiscal).

TÍTULO III
CRÉDITO TRIBUTÁRIO

Capítulo I
DISPOSIÇÕES GERAIS

Art. 139. O crédito tributário decorre da obrigação principal e tem a mesma natureza desta.

- V. arts. 113 e 121, CTN.

Art. 140. As circunstâncias que modificam o crédito tributário, sua extensão ou seus efeitos, ou as garantias ou os privilégios a ele atribuídos, ou que excluem sua exigibilidade, não afetam a obrigação tributária que lhe deu origem.

- V. art. 113, § 1º, CTN.

CÓDIGO TRIBUTÁRIO NACIONAL

Art. 141. O crédito tributário regularmente constituído somente se modifica ou extingue, ou tem sua exigibilidade suspensa ou excluída, nos casos previstos nesta Lei, fora dos quais não podem ser dispensadas, sob pena de responsabilidade funcional na forma da lei, a sua efetivação ou as respectivas garantias.

- V. arts. 156, 168, 170 e 175, CTN.
- •• V. art. 151, CTN.

Capítulo II
CONSTITUIÇÃO DO CRÉDITO TRIBUTÁRIO

Seção I
Lançamento

Art. 142. Compete privativamente à autoridade administrativa constituir o crédito tributário pelo lançamento, assim entendido o procedimento administrativo tendente a verificar a ocorrência do fato gerador da obrigação correspondente, determinar a matéria tributável, calcular o montante do tributo devido, identificar o sujeito passivo e, sendo caso, propor a aplicação da penalidade cabível.

- V. art. 2°, Lei 6.830/1980 (Lei de Execução Fiscal).
- V. Súmula vinculante 24, STF.
- •• V. Súmulas 397 e 436, STJ.

Parágrafo único. A atividade administrativa de lançamento é vinculada e obrigatória, sob pena de responsabilidade funcional.

- V. art. 149, IX, CTN.

Art. 143. Salvo disposição de lei em contrário, quando o valor tributário esteja expresso em moeda estrangeira, no lançamento far-se-á sua conversão em moeda nacional ao câmbio do dia da ocorrência do fato gerador da obrigação.

- V. Dec. 96.915/1988 (Administração federal – liquidação de obrigações em moeda estrangeira).

Art. 144. O lançamento reporta-se à data da ocorrência do fato gerador da obrigação e rege-se pela lei então vigente, ainda que posteriormente modificada ou revogada.

- V. art. 156, parágrafo único, CTN.
- •• V. art. 150, III, *a*, CF.

§ 1° Aplica-se ao lançamento a legislação que, posteriormente à ocorrência do fato gerador da obrigação, tenha instituído novos critérios de apuração ou processos de fiscalização, ampliado os poderes de investigação das autoridades administrativas, ou outorgado ao crédito maiores garantias ou privilégios, exceto, neste último caso, para o efeito de atribuir responsabilidade tributária a terceiros.

§ 2° O disposto neste artigo não se aplica aos impostos lançados por períodos certos de tempo, desde que a respectiva lei fixe expressamente a data em que o fato gerador se considera ocorrido.

Art. 145. O lançamento regularmente notificado ao sujeito passivo só pode ser alterado em virtude de:

I – impugnação do sujeito passivo;

- •• V. art. 151, III, CTN.

II – recurso de ofício;

- V. art. 496, II, CPC/2015.
- •• V. Dec. 70.235/1972 (Processo administrativo fiscal).

III – iniciativa de ofício da autoridade administrativa, nos casos previstos no art. 149.

- V. arts. 121 e 122, CTN.

Art. 146. A modificação introduzida, de ofício ou em consequência de decisão administrativa ou judicial, nos critérios jurídicos adotados pela autoridade administrativa no exercício do lançamento somente pode ser efetivada, em relação a um mesmo sujeito passivo, quanto a fato gerador ocorrido posteriormente à sua introdução.

- V. arts. 121 e 122, CTN.

Seção II
Modalidades de lançamento

Art. 147. O lançamento é efetuado com base na declaração do sujeito passivo ou de terceiro, quando um ou outro, na forma da legislação tributária, presta à autoridade administrativa informações sobre matéria de fato, indispensáveis à sua efetivação.

- V. arts. 121 e 122, CTN.

§ 1° A retificação da declaração por iniciativa do próprio declarante, quando vise a reduzir ou a excluir tributo, só é admissível mediante comprovação do erro em que se funde, e antes de notificado o lançamento.

§ 2º Os erros contidos na declaração e apuráveis pelo seu exame serão retificados de ofício pela autoridade administrativa a que competir a revisão daquela.

Art. 148. Quando o cálculo do tributo tenha por base, ou tome em consideração, o valor ou o preço de bens, direitos, serviços ou atos jurídicos, a autoridade lançadora, mediante processo regular, arbitrará aquele valor ou preço, sempre que sejam omissos ou não mereçam fé as declarações ou os esclarecimentos prestados, ou os documentos expedidos pelo sujeito passivo ou pelo terceiro legalmente obrigado, ressalvada, em caso de contestação, avaliação contraditória, administrativa ou judicial.

•• V. Súmula 431, STJ.

Art. 149. O lançamento é efetuado e revisto de ofício pela autoridade administrativa nos seguintes casos:

I – quando a lei assim o determine;

II – quando a declaração não seja prestada, por quem de direito, no prazo e na forma da legislação tributária;

• V. art. 145, III, CTN.

III – quando a pessoa legalmente obrigada, embora tenha prestado declaração nos termos do inciso anterior, deixe de atender, no prazo e na forma da legislação tributária, a pedido de esclarecimento formulado pela autoridade administrativa, recuse-se a prestá-lo ou não o preste satisfatoriamente, a juízo daquela autoridade;

IV – quando se comprove falsidade, erro ou omissão quanto a qualquer elemento definido na legislação tributária como sendo de declaração obrigatória;

V – quando se comprove omissão ou inexatidão, por parte da pessoa legalmente obrigada, no exercício da atividade a que se refere o artigo seguinte;

VI – quando se comprove ação ou omissão do sujeito passivo, ou de terceiro legalmente obrigado, que dê lugar à aplicação de penalidade pecuniária;

VII – quando se comprove que o sujeito passivo, ou terceiro em benefício daquele, agiu com dolo, fraude ou simulação;

• V. arts. 145 a 150, 158 a 165 e 167, CC.

VIII – quando deva ser apreciado fato não conhecido ou não provado por ocasião do lançamento anterior;

IX – quando se comprove que, no lançamento anterior, ocorreu fraude ou falta funcional da autoridade que o efetuou, ou omissão, pela mesma autoridade, de ato ou formalidade essencial.

• V. art. 142, parágrafo único, CTN.

Parágrafo único. A revisão do lançamento só pode ser iniciada enquanto não extinto o direito da Fazenda Pública.

•• V. art. 173, CTN.

Art. 150. O lançamento por homologação, que ocorre quanto aos tributos cuja legislação atribua ao sujeito passivo o dever de antecipar o pagamento sem prévio exame da autoridade administrativa, opera-se pelo ato em que a referida autoridade, tomando conhecimento da atividade assim exercida pelo obrigado, expressamente a homologa.

• V. Súmula 436, STJ.

•• V. Súmulas 360 e 446, STJ.

§ 1º O pagamento antecipado pelo obrigado nos termos deste artigo extingue o crédito, sob condição resolutória da ulterior homologação do lançamento.

§ 2º Não influem sobre a obrigação tributária quaisquer atos anteriores à homologação, praticados pelo sujeito passivo ou por terceiro, visando à extinção total ou parcial do crédito.

• V. art. 156, parágrafo único, CTN.

§ 3º Os atos a que se refere o parágrafo anterior serão, porém, considerados na apuração do saldo porventura devido e, sendo o caso, na imposição de penalidade, ou sua graduação.

§ 4º Se a lei não fixar prazo à homologação, será ele de 5 (cinco) anos, a contar da ocorrência do fato gerador; expirado esse prazo sem que a Fazenda Pública se tenha pronunciado, considera-se homologado o lançamento e definitivamente extinto o crédito, salvo se comprovada a ocorrência de dolo, fraude ou simulação.

•• V. art. 173, I, CTN.

Art. 154

CÓDIGO TRIBUTÁRIO NACIONAL

Capítulo III
SUSPENSÃO DO CRÉDITO TRIBUTÁRIO
Seção I
Disposições gerais

Art. 151. Suspendem a exigibilidade do crédito tributário:

- V. art. 50, § 5º, Lei 4.504/1964 (Estatuto da Terra).
- V. art. 8º, Lei 8.541/1992 (Altera a legislação do Imposto de Renda).
- V. Súmula 373, STJ.
- • V. art. 111, CTN.
- • V. Súmula 437, STJ.

I – moratória;

- • V. arts. 152 a 155-A, CTN.

II – o depósito do seu montante integral;

- V. Lei 8.866/1994 (Depositário infiel).
- V. Súmula 112, STJ.
- • V. Súmula vinculante 28, STF.
- • V. Súmula 112, STJ.

III – as reclamações e os recursos, nos termos das leis reguladoras do processo tributário administrativo;

- V. art. 784, § 1º, CPC/2015.
- • V. Súmula vinculante 21, STF.
- • V. Súmula 373, STJ.

IV – a concessão de medida liminar em mandado de segurança;

- V. art. 5º, LXIX e LXX, CF.
- V. art. 41, § 1º, Lei 8.981/1995 (Altera a legislação tributária federal).
- V. art. 63, § 2º, Lei 9.430/1996 (Altera a legislação tributária federal).
- V. Lei 12.016/2009 (Nova Lei do Mandado de Segurança).
- V. Súmulas 266 e 510, STF.

V – a concessão de medida liminar ou de tutela antecipada, em outras espécies de ação judicial;

- Inciso V acrescentado pela LC 104/2001.

VI – o parcelamento.

- Inciso VI acrescentado pela LC 104/2001.
- V. art. 6º, § 7º, Lei 11.101/2005 (Lei de Recuperação de Empresas e Falência).

Parágrafo único. O disposto neste artigo não dispensa o cumprimento das obrigações acessórias dependentes da obrigação principal cujo crédito seja suspenso, ou dela consequentes.

- V. Dec. 70.235/1972 (Processo administrativo fiscal).

Seção II
Moratória

Art. 152. A moratória somente pode ser concedida:

I – em caráter geral:

a) pela pessoa jurídica de direito público competente para instituir o tributo a que se refira;

b) pela União, quanto a tributos de competência dos Estados, do Distrito Federal ou dos Municípios, quando simultaneamente concedida quanto aos tributos de competência federal e às obrigações de direito privado;

- V. arts. 155 e 156, CF.
- V. art. 10, LC 24/1975 (Convênios para isenção de Imposto sobre Circulação de Mercadorias e Serviços).

II – em caráter individual, por despacho da autoridade administrativa, desde que autorizada por lei nas condições do inciso anterior.

Parágrafo único. A lei concessiva de moratória pode circunscrever expressamente a sua aplicabilidade a determinada região do território da pessoa jurídica de direito público que a expedir, ou a determinada classe ou categoria de sujeitos passivos.

Art. 153. A lei que conceda moratória em caráter geral ou autorize sua concessão em caráter individual especificará, sem prejuízo de outros requisitos:

I – o prazo de duração do favor;

II – as condições da concessão do favor em caráter individual;

III – sendo caso:

a) os tributos a que se aplica;

b) o número de prestações e seus vencimentos, dentro do prazo a que se refere o inciso I, podendo atribuir a fixação de uns e de outros à autoridade administrativa, para cada caso de concessão em caráter individual;

c) as garantias que devem ser fornecidas pelo beneficiado no caso de concessão em caráter individual.

Art. 154. Salvo disposição de lei em contrário, a moratória somente abrange os créditos definitivamente constituídos à data da lei ou do despacho que a conceder, ou cujo lançamento já tenha sido iniciado àquela

Art. 155

data por ato regularmente notificado ao sujeito passivo.
* V. art. 111, CTN.

Parágrafo único. A moratória não aproveita aos casos de dolo, fraude ou simulação do sujeito passivo ou do terceiro em benefício daquele.
* V. arts. 145 e 167, II, CC.

Art. 155. A concessão da moratória em caráter individual não gera direito adquirido e será revogada de ofício, sempre que se apure que o beneficiado não satisfazia ou deixou de satisfazer as condições ou não cumpria ou deixou de cumprir os requisitos para a concessão do favor, cobrando-se o crédito acrescido de juros de mora:
* V. arts. 161, § 1º, e 172, parágrafo único, CTN.
* V. art. 406, CC.

I – com imposição da penalidade cabível, nos casos de dolo ou simulação do beneficiado, ou de terceiro em benefício daquele;
II – sem imposição de penalidade, nos demais casos.

Parágrafo único. No caso do inciso I deste artigo, o tempo decorrido entre a concessão da moratória e sua revogação não se computa para efeito da prescrição do direito à cobrança do crédito; no caso do inciso II deste artigo, a revogação só pode ocorrer antes de prescrito o referido direito.
* V. art. 174, CTN.

Art. 155-A. O parcelamento será concedido na forma e condição estabelecidas em lei específica.
* *Caput* acrescentado pela LC 104/2001.
* V. arts. 6º, § 7º, e 68, Lei 11.101/2005 (Lei de Recuperação de Empresas e Falência).

§ 1º Salvo disposição de lei em contrário, o parcelamento do crédito tributário não exclui a incidência de juros e multas.
* § 1º acrescentado pela LC 104/2001.

§ 2º Aplicam-se, subsidiariamente, ao parcelamento as disposições desta Lei, relativas à moratória.
* § 2º acrescentado pela LC 104/2001.
** V. arts. 152 a 155, CTN.

§ 3º Lei específica disporá sobre as condições de parcelamento dos créditos tributários do devedor em recuperação judicial.
* § 3º acrescentado pela LC 118/2005 (*DOU* 09.02.2005, edição extra), em vigor 120 (cento e vinte) dias após sua publicação.

§ 4º A inexistência da lei específica a que se refere o § 3º deste artigo importa na aplicação das leis gerais de parcelamento do ente da Federação ao devedor em recuperação judicial, não podendo, neste caso, ser o prazo de parcelamento inferior ao concedido pela lei federal específica.
* § 4º acrescentado pela LC 118/2005 (*DOU* 09.02.2005, edição extra), em vigor 120 (cento e vinte) dias após sua publicação.

Capítulo IV
EXTINÇÃO DO CRÉDITO TRIBUTÁRIO

Seção I
Modalidades de extinção

Art. 156. Extinguem o crédito tributário:
* V. arts. 360, 367, 381 e 384, CC.
** V. Súmula 393, STJ.

I – o pagamento;
** V. arts. 157 a 164, CTN.

II – a compensação;
* V. art. 66, Lei 8.383/1991 (Altera a legislação do Imposto de Renda – Ufir).
** V. arts. 170 e 170-A, CTN.
* V. art. 39, Lei 9.250/1995 (Imposto de Renda das pessoas físicas).
** V. art. 74, Lei 9.430/1996 (Altera a legislação tributária federal).
** V. Dec. 2.138/1997 (Compensação de créditos tributários a ser efetuada pela Secretaria da Receita Federal).
** V. art. 38, Lei 10.833/2003 (Altera a legislação tributária federal).

III – a transação;
IV – a remissão;
* V. art. 150, § 6º, CF.
** V. art. 172, CTN.

V – a prescrição e a decadência;
* V. arts. 150, § 4º, 173 e 174, CTN.
* V. art. 53, Lei 11.941/2009 (Altera a legislação tributária federal).
** V. art. 146, III, *b*, CF.
** V. Súmula vinculante 8, STF.

VI – a conversão de depósito em renda;
VII – o pagamento antecipado e a homologação do lançamento nos termos do disposto no art. 150 e seus §§ 1º e 4º;
VIII – a consignação em pagamento, nos termos do disposto no § 2º do art. 164;

IX – a decisão administrativa irreformável, assim entendida a definitiva na órbita administrativa, que não mais possa ser objeto de ação anulatória;
X – a decisão judicial passada em julgado;
XI – a dação em pagamento em bens imóveis, na forma e condições estabelecidas em lei.

- Inciso XI acrescentado pela LC 104/2001.
- V. Lei 13.259/2016 (Regulamenta o inciso XI do art. 156 do CTN).

Parágrafo único. A lei disporá quanto aos efeitos da extinção total ou parcial do crédito sobre a ulterior verificação da irregularidade da sua constituição, observado o disposto nos arts. 144 e 149.

- V. arts. 381 a 384, CC.

Seção II
Pagamento

Art. 157. A imposição de penalidade não ilide o pagamento integral do crédito tributário.

- V. art. 23, Dec-lei 1.455/1976 (Bagagem de passageiro procedente do exterior).
- V. Súmulas 92 e 560, STF.

Art. 158. O pagamento de um crédito não importa em presunção de pagamento:
I – quando parcial, das prestações em que se decomponha;

- V. art. 322, CC.

II – quando total, de outros créditos referentes ao mesmo ou a outros tributos.

Art. 159. Quando a legislação tributária não dispuser a respeito, o pagamento é efetuado na repartição competente do domicílio do sujeito passivo.

- V. art. 127, CTN.
- V. art. 327, CC.
- •• V. art. 96, CTN.

Art. 160. Quando a legislação tributária não fixar o tempo do pagamento, o vencimento do crédito ocorre 30 (trinta) dias depois da data em que se considera o sujeito passivo notificado do lançamento.

- V. arts. 331 a 333, CC.
- •• V. art. 96, CTN.
- •• V. Súmula 360, STJ.

Parágrafo único. A legislação tributária pode conceder desconto pela antecipação do pagamento, nas condições que estabeleça.

- •• V. art. 96, CTN.

Art. 161. O crédito não integralmente pago no vencimento é acrescido de juros de mora, seja qual for o motivo determinante da falta, sem prejuízo da imposição das penalidades cabíveis e da aplicação de quaisquer medidas de garantia previstas nesta Lei ou em lei tributária.

§ 1º Se a lei não dispuser de modo diverso, os juros de mora são calculados à taxa de 1% (um por cento) ao mês.

- V. art. 192, CF.
- v. art. 406, CC.
- V. arts. 84, § 3º, e 85, Lei 8.981/1995 (Alteração da legislação tributária federal).
- V. arts. 38, § 1º, e 40, Lei 9.069/1995 (Plano Real).
- V. arts. 61, Lei 9.430/1996 (Altera a legislação tributária federal).
- V. Súmula 596, STF.
- V. Súmula 523, STJ.

§ 2º O disposto neste artigo não se aplica na pendência de consulta formulada pelo devedor dentro do prazo legal para pagamento do crédito.

- V. art. 394, CC.
- •• V. Dec. 70.235/1972 (Processo administrativo fiscal).
- •• V. Lei 9.430/1996 (Altera a legislação tributária federal).

Art. 162. O pagamento é efetuado:
I – em moeda corrente, cheque ou vale postal;
II – nos casos previstos em lei, em estampilha, em papel selado, ou por processo mecânico.

- V. art. 3º, CTN.

§ 1º A legislação tributária pode determinar as garantias exigidas para o pagamento por cheque ou vale postal, desde que não o torne impossível ou mais oneroso que o pagamento em moeda corrente.

- V. arts. 327 a 333, CC.

§ 2º O crédito pago por cheque somente se considera extinto com o resgate deste pelo sacado.

- V. Dec. 57.595/1966 (Convenções para adoção de uma Lei Uniforme em matéria de cheques).
- V. Lei 7.357/1985 (Cheque).

§ 3º O crédito pagável em estampilha considera-se extinto com a inutilização regular daquela, ressalvado o disposto no art. 150.

§ 4º A perda ou destruição da estampilha, ou o erro no pagamento por esta modalidade não dão direito à restituição, salvo nos casos expressamente previstos na legislação tributária, ou naqueles em que o erro seja imputável à autoridade administrativa.

§ 5º O pagamento em papel selado ou por processo mecânico equipara-se ao pagamento em estampilha.

- V. Dec. 57.595/1966 (Convenções para adoção de uma Lei Uniforme em matéria de cheques).
- V. Lei 7.357/1985 (Cheque).

Art. 163. Existindo simultaneamente dois ou mais débitos vencidos do mesmo sujeito passivo para com a mesma pessoa jurídica de direito público, relativos ao mesmo ou a diferentes tributos ou provenientes de penalidade pecuniária ou juros de mora, a autoridade administrativa competente para receber o pagamento determinará a respectiva imputação, obedecidas as seguintes regras, na ordem em que enumeradas:

- V. art. 352, CC.

I – em primeiro lugar, aos débitos por obrigação própria, e em segundo lugar aos decorrentes de responsabilidade tributária;

- V. art. 128, CTN.

II – primeiramente, às contribuições de melhoria, depois às taxas e por fim aos impostos;

- V. arts. 16, 18, 77, 81 e 82, CTN.

III – na ordem crescente dos prazos de prescrição;

- V. art. 174, CTN.

IV – na ordem decrescente dos montantes.

Art. 164. A importância do crédito tributário pode ser consignada judicialmente pelo sujeito passivo, nos casos:

I – de recusa de recebimento, ou subordinação deste ao pagamento de outro tributo ou de penalidade, ou ao cumprimento de obrigação acessória;

II – de subordinação do recebimento ao cumprimento de exigências administrativas sem fundamento legal;

III – de exigência, por mais de uma pessoa jurídica de direito público, de tributo idêntico sobre um mesmo fato gerador.

- V. arts. 304 e 334 a 345, CC.
- V. arts. 539 a 549, CPC/2015.

§ 1º A consignação só pode versar sobre o crédito que o consignante se propõe pagar.

§ 2º Julgada procedente a consignação, o pagamento se reputa efetuado e a importância consignada é convertida em renda; julgada improcedente a consignação no todo ou em parte, cobra-se o crédito acrescido de juros de mora, sem prejuízo das penalidades cabíveis.

Seção III
Pagamento indevido

Art. 165. O sujeito passivo tem direito, independentemente de prévio protesto, à restituição total ou parcial do tributo, seja qual for a modalidade do seu pagamento, ressalvado o disposto no § 4º do art. 162, nos seguintes casos:

- V. Súmula 162, STJ.
- • V. Súmula 412, STJ.

I – cobrança ou pagamento espontâneo de tributo indevido ou maior que o devido em face da legislação tributária aplicável, ou da natureza ou circunstâncias materiais do fato gerador efetivamente ocorrido;

- V. art. 168, I, CTN.
- V. arts. 876 a 883, CC.
- V. Súmula 461, STJ.

II – erro na *edificação* do sujeito passivo, na determinação da alíquota aplicável, no cálculo do montante do débito ou na elaboração ou conferência de qualquer documento relativo ao pagamento;

- Vocábulo "edificação" empregado equivocadamente. O correto seria "identificação".
- V. art. 168, I, CTN.
- V. Súmulas 71, 546 e 547, STF.

III – reforma, anulação, revogação ou rescisão de decisão condenatória.

- V. art. 168, II, CTN.

Art. 166. A restituição de tributos que comportem, por sua natureza, transferência do respectivo encargo financeiro somente será feita a quem prove haver assumido referido encargo, ou, no caso de tê-lo transferido a terceiro, estar por este expressamente autorizado a recebê-la.

- V. Súmula 546, STF.

Art. 167. A restituição total ou parcial do tributo dá lugar à restituição, na mesma proporção, dos juros de mora e das penalidades pecuniárias, salvo as referentes a infrações de caráter formal não prejudicadas pela causa da restituição.

Parágrafo único. A restituição vence juros não capitalizáveis, a partir do trânsito em julgado da decisão definitiva que a determinar.

Art. 168. O direito de pleitear a restituição extingue-se com o decurso do prazo de 5 (cinco) anos, contados:

I – nas hipóteses dos incisos I e II do art. 165, da data da extinção do crédito tributário;

- V. art. 3º, LC 118/2005 (Interpretação do inciso I do art. 168 do CTN).

II – na hipótese do inciso III do art. 165, da data em que se tornar definitiva a decisão administrativa ou passar em julgado a decisão judicial que tenha reformado, anulado, revogado ou rescindido a decisão condenatória.

Art. 169. Prescreve em 2 (dois) anos a ação anulatória da decisão administrativa que denegar a restituição.

Parágrafo único. O prazo de prescrição é interrompido pelo início da ação judicial, recomeçando o seu curso, por metade, a partir da data da intimação validamente feita ao representante judicial da Fazenda Pública interessada.

Seção IV
Demais modalidades de extinção

Art. 170. A lei pode, nas condições e sob as garantias que estipular, ou cuja estipulação em cada caso atribuir à autoridade administrativa, autorizar a compensação de créditos tributários com créditos líquidos e certos, vencidos ou vincendos, do sujeito passivo contra a Fazenda Pública.

- V. arts. 368 a 380, CC.
- • V. art. 156, II, CTN.
- • V. Súmulas 212 e 213, STJ.

Parágrafo único. Sendo vincendo o crédito do sujeito passivo, a lei determinará, para os efeitos deste artigo, a apuração do seu montante, não podendo, porém, cominar redução maior que a correspondente ao juro de 1% (um por cento) ao mês pelo tempo a decorrer entre a data da compensação e a do vencimento.

Art. 170-A. É vedada a compensação mediante o aproveitamento de tributo, objeto de contestação judicial pelo sujeito passivo, antes do trânsito em julgado da respectiva decisão judicial.

- Artigo acrescentado pela LC 104/2001.

Art. 171. A lei pode facultar, nas condições que estabeleça, aos sujeitos ativo e passivo da obrigação tributária celebrar transação que, mediante concessões mútuas, importe em *determinação* de litígio e consequente extinção de crédito tributário.

- Vocábulo "determinação" empregado equivocadamente. O correto seria "terminação".

Parágrafo único. A lei indicará a autoridade competente para autorizar a transação em cada caso.

- V. arts. 661 e 840, CC.

Art. 172. A lei pode autorizar a autoridade administrativa a conceder, por despacho fundamentado, remissão total ou parcial do crédito tributário, atendendo:

- V. art. 156, IV, CTN.
- V. arts. 385 a 388, CC.

I – à situação econômica do sujeito passivo;

II – ao erro ou ignorância escusáveis do sujeito passivo, quanto a matéria de fato;

III – à diminuta importância do crédito tributário;

IV – a considerações de equidade, em relação com as características pessoais ou materiais do caso;

- V. art. 108, IV, CTN.

V – a condições peculiares a determinada região do território da entidade tributante.

Parágrafo único. O despacho referido neste artigo não gera direito adquirido, aplicando-se, quando cabível, o disposto no art. 155.

Art. 173. O direito de a Fazenda Pública constituir o crédito tributário extingue-se após 5 (cinco) anos, contados:

- • V. Súmulas 108, 153 e 219, TFR.
- •• V. art. 146, III, *b*, CF.
- •• V. Súmula vinculante 8, STF.

I – do primeiro dia do exercício seguinte àquele em que o lançamento poderia ter sido efetuado;

II – da data em que se tornar definitiva a decisão que houver anulado, por vício formal, o lançamento anteriormente efetuado.

Parágrafo único. O direito a que se refere este artigo extingue-se definitivamente com o decurso do prazo nele previsto, contado da data em que tenha sido iniciada a constituição do crédito tributário pela notificação, ao sujeito passivo, de qualquer medida preparatória indispensável ao lançamento.

- • V. arts. 142 a 150, CTN.

Art. 174. A ação para a cobrança do crédito tributário prescreve em 5 (cinco) anos), contados da data da sua constituição definitiva.

- • V. art. 40, Lei 6.830/1980 (Lei de Execução Fiscal).
- • V. Súmula 314, STJ.
- • V. Súmula 107, TFR.
- •• V. art. 146, III, *b*, CF.
- •• V. Súmulas vinculantes 8 e 24, STF.
- •• V. Súmulas 314 e 409, STJ.

Parágrafo único. A prescrição se interrompe:

- •• V. Súmula 414, STJ.

I – pelo despacho do juiz que ordenar a citação em execução fiscal;

- Inciso I com redação determinada pela LC 118/2005 (DOU 09.02.2005, edição extra), em vigor 120 (cento e vinte) dias após sua publicação.
- V. art. 202, I, CC.
- V. art. 8º, § 2º, Lei 6.830/1980 (Lei de Execução Fiscal).
- V. Súmula 78, TFR.

II – pelo protesto judicial;

- V. art. 202, II, CC.

III – por qualquer ato judicial que constitua em mora o devedor;

- V. art. 202, V, CC.

IV – por qualquer ato inequívoco ainda que extrajudicial, que importe em reconhecimento do débito pelo devedor.

- • V. art. 202, VI, CC.
- • V. art. 189, § 1º, Dec.-lei 5.844/1943 (Cobrança e fiscalização do Imposto de Renda).
- • V. Súmula 248, TFR.
- •• V. art. 151, VI, CTN.

Capítulo V
EXCLUSÃO DO CRÉDITO TRIBUTÁRIO

Seção I
Disposições gerais

Art. 175. Excluem o crédito tributário:

- •• V. arts. 97, VI, e 111, I, CTN.

I – a isenção;

II – a anistia.

Parágrafo único. A exclusão do crédito tributário não dispensa o cumprimento das obrigações acessórias, dependentes da obrigação principal cujo crédito seja excluído, ou dela consequente.

- •• V. art. 113, §§ 2º e 3º, CTN.

Seção II
Isenção

Art. 176. A isenção, ainda quando prevista em contrato, é sempre decorrente de lei que especifique as condições e requisitos exigidos para a sua concessão, os tributos a que se aplica e, sendo caso, o prazo de sua duração.

- • V. Súmula 544, STF.
- •• V. art. 150, § 6º, CF.

Parágrafo único. A isenção pode ser restrita a determinada região do território da entidade tributante, em função de condições a ela peculiares.

- • V. art. 151, I, CF.

Art. 177. Salvo disposição de lei em contrário, a isenção não é extensiva:

I – às taxas e às contribuições de melhoria;

II – aos tributos instituídos posteriormente à sua concessão.

Art. 178. A isenção, salvo se concedida por prazo certo e em função de determinadas condições, pode ser revogada ou modi-

Art. 184

ficada por lei, a qualquer tempo, observado o disposto no inciso III do art. 104.

• Artigo com redação determinada pela LC 24/1975.

Art. 179. A isenção, quando não concedida em caráter geral, é efetivada, em cada caso, por despacho da autoridade administrativa, em requerimento com o qual o interessado faça prova do preenchimento das condições e do cumprimento dos requisitos previstos em lei ou contrato para sua concessão.

• V. Súmulas 543 e 544, STF.

§ 1º Tratando-se de tributo lançado por período certo de tempo, o despacho referido neste artigo será renovado antes da expiração de cada período, cessando automaticamente os seus efeitos a partir do primeiro dia do período para o qual o interessado deixar de promover a continuidade do reconhecimento da isenção.

§ 2º O despacho referido neste artigo não gera direito adquirido, aplicando-se, quando cabível, o disposto no art. 155.

Seção III
Anistia

Art. 180. A anistia abrange exclusivamente as infrações cometidas anteriormente à vigência da lei que a concede, não se aplicando:

I – aos atos qualificados em lei como crimes ou contravenções e aos que, mesmo sem essa qualificação, sejam praticados com dolo, fraude ou simulação pelo sujeito passivo ou por terceiro em benefício daquele;

II – salvo disposição em contrário, às infrações resultantes de conluio entre duas ou mais pessoas naturais ou jurídicas.

Art. 181. A anistia pode ser concedida:
I – em caráter geral;
II – limitadamente:
a) às infrações da legislação relativa a determinado tributo;
b) às infrações punidas com penalidades pecuniárias até determinado montante, conjugadas ou não com penalidades de outra natureza;

c) a determinada região do território da entidade tributante, em função de condições a ela peculiares;
d) sob condição do pagamento de tributo no prazo fixado pela lei que a conceder, ou cuja fixação seja atribuída pela mesma lei à autoridade administrativa.

Art. 182. A anistia, quando não concedida em caráter geral, é efetivada, em cada caso, por despacho da autoridade administrativa, em requerimento com o qual o interessado faça prova do preenchimento das condições e do cumprimento dos requisitos previstos em lei para sua concessão.

Parágrafo único. O despacho referido neste artigo não gera direito adquirido, aplicando-se, quando cabível, o disposto no art. 155.

Capítulo VI
GARANTIAS E PRIVILÉGIOS DO CRÉDITO TRIBUTÁRIO

Seção I
Disposições gerais

Art. 183. A enumeração das garantias atribuídas neste Capítulo ao crédito tributário não exclui outras que sejam expressamente previstas em lei, em função da natureza ou das características do tributo a que se refiram.

Parágrafo único. A natureza das garantias atribuídas ao crédito tributário não altera a natureza deste nem a da obrigação tributária a que corresponda.

Art. 184. Sem prejuízo dos privilégios especiais sobre determinados bens, que sejam previstos em lei, responde pelo pagamento do crédito tributário a totalidade dos bens e das rendas, de qualquer origem ou natureza, do sujeito passivo, seu espólio ou sua massa falida, inclusive os gravados por ônus real ou cláusula de inalienabilidade ou de impenhorabilidade, seja qual for a data da constituição do ônus ou da cláusula, excetuados unicamente os bens e rendas que a lei declare absolutamente impenhoráveis.

• V. art. 813, CC.
• V. arts. 832 e 833, CPC/2015.
• V. Lei 4.673/1965 (Normas de impenhorabilidade).

- V. art. 45, Dec. 81.402/1978 (Entidades de previdência privada).
- V. art. 30, Lei 6.830/1980 (Lei de Execução Fiscal).
- V. art. 3º, IV, Lei 8.009/1990 (Impenhorabilidade do bem de família).
- V. art. 38, Lei 9.610/1998 (Direitos autorais).

Art. 185. Presume-se fraudulenta a alienação ou oneração de bens ou rendas, ou seu começo, por sujeito passivo em débito para com a Fazenda Pública, por crédito tributário regularmente inscrito como dívida ativa.

- Artigo com redação determinada pela LC 118/2005 (*DOU* 09.02.2005, edição extra), em vigor 120 (cento e vinte) dias após sua publicação.
- V. art. 204, CTN.
- V. art. 1.813, CC.
- V. art. 792, CPC/2015.
- V. art. 168, Lei 11.101/2005 (Lei de Recuperação de Empresas e Falência).

Parágrafo único. O disposto neste artigo não se aplica na hipótese de terem sido reservados, pelo devedor, bens ou rendas suficientes ao total pagamento da dívida inscrita.

- •• V. art. 204 e parágrafo único, CTN.

Art. 185-A. Na hipótese de o devedor tributário, devidamente citado, não pagar nem apresentar bens à penhora no prazo legal e não forem encontrados bens penhoráveis, o juiz determinará a indisponibilidade de seus bens e direitos, comunicando a decisão, preferencialmente por meio eletrônico, aos órgãos e entidades que promovem registros de transferência de bens, especialmente ao registro público de imóveis e às autoridades supervisoras do mercado bancário e do mercado de capitais, a fim de que, no âmbito de suas atribuições, façam cumprir a ordem judicial.

- Artigo acrescentado pela LC 118/2005 (*DOU* 09.02.2005, edição extra), em vigor 120 (cento e vinte) dias após sua publicação.
- •• V. art. 8º, Lei 6.830/1980 (Lei de Execução Fiscal).

§ 1º A indisponibilidade de que trata o *caput* deste artigo limitar-se-á ao valor total exigível, devendo o juiz determinar o imediato levantamento da indisponibilidade dos bens ou valores que excederem esse limite.

§ 2º Os órgãos e entidades aos quais se fizer a comunicação de que trata o *caput* deste artigo enviarão imediatamente ao juízo a relação discriminada dos bens e direitos cuja indisponibilidade houverem promovido.

Seção II
Preferências

Art. 186. O crédito tributário prefere a qualquer outro, seja qual for sua natureza ou o tempo de sua constituição, ressalvados os créditos decorrentes da legislação do trabalho ou do acidente de trabalho.

- Artigo com redação determinada pela LC 118/2005 (*DOU* 09.02.2005, edição extra), em vigor 120 (cento e vinte) dias após sua publicação.
- V. arts. 148 e 449, CLT.
- V. art. 4º, § 4º, Lei 6.830/1980 (Lei de Execução Fiscal).

Parágrafo único. Na falência:

- V. art. 83, I e III, Lei 11.101/2005 (Lei de Recuperação de Empresas e Falência).

I – o crédito tributário não prefere aos créditos extraconcursais ou às importâncias passíveis de restituição, nos termos da lei falimentar, nem aos créditos com garantia real, no limite do valor do bem gravado;

II – a lei poderá estabelecer limites e condições para a preferência dos créditos decorrentes da legislação do trabalho; e

- V. art. 83, I, Lei 11.101/2005 (Lei de Recuperação de Empresas e Falência).

III – a multa tributária prefere apenas aos créditos subordinados.

- V. art. 83, VII, Lei 11.101/2005 (Lei de Recuperação de Empresas e Falência).

Art. 187. A cobrança judicial do crédito tributário não é sujeita a concurso de credores ou habilitação em falência, recuperação judicial, concordata, inventário ou arrolamento.

- *Caput* com redação determinada pela LC 118/2005 (*DOU* 09.02.2005, edição extra), em vigor 120 (cento e vinte) dias após sua publicação.
- V. arts. 955 a 965 e 1.796, CC.
- V. arts. 76, *caput*, 83, III e VII, e 161, Lei 11.101/2005 (Lei de Recuperação de Empresas e Falência).

CÓDIGO TRIBUTÁRIO NACIONAL

Parágrafo único. O concurso de preferência somente se verifica entre pessoas jurídicas de direito público, na seguinte ordem:
- V. art. 29, parágrafo único, Lei 6.830/1980 (Lei de Execução Fiscal).
- V. Súmula 563, STF.
- • V. art. 163, CTN.

I – União;
- V. Súmula 244, TFR.

II – Estados, Distrito Federal e Territórios, conjuntamente e *pro rata*;

III – Municípios, conjuntamente e *pro rata*.

Art. 188. São extraconcursais os créditos tributários decorrentes de fatos geradores ocorridos no curso do processo de falência.
- *Caput* com redação determinada pela LC 118/2005 (*DOU* 09.02.2005, edição extra), em vigor 120 (cento e vinte) dias após sua publicação.
- V. arts. 83, III, 84 e 150, Lei 11.101/2005 (Lei de Recuperação de Empresas e Falência).

§ 1º Contestado o crédito tributário, o juiz remeterá as partes ao processo competente, mandando reservar bens suficientes à extinção total do crédito e seus acrescidos, se a massa não puder efetuar a garantia da instância por outra forma, ouvido, quanto à natureza e valor dos bens reservados, o representante da Fazenda Pública interessada.
- V. art. 1º, Dec.-lei 822/1969 (Recursos de decisão administrativa fiscal).
- V. art. 4º, § 4º, Lei 6.830/1980 (Lei de Execução Fiscal).

§ 2º O disposto neste artigo aplica-se aos processos de concordata.

Art. 189. São pagos preferencialmente a quaisquer créditos habilitados em inventário ou arrolamento, ou a outros encargos do monte, os créditos tributários vencidos ou vincendos, a cargo do *de cujus* ou de seu espólio, exigíveis no decurso do processo de inventário ou arrolamento.
- V. art. 1.796, CC.
- V. arts. 620, IV, *f*, 654, *caput*, e 663, CPC/2015.
- V. arts. 4º, § 4º, e 31, Lei 6.830/1980 (Lei de Execução Fiscal).

Parágrafo único. Contestado o crédito tributário, proceder-se-á na forma do disposto no § 1º do artigo anterior.

Art. 190. São pagos preferencialmente a quaisquer outros os créditos tributários vencidos ou vincendos, a cargo de pessoas jurídicas de direito privado em liquidação judicial ou voluntária, exigíveis no decurso da liquidação.
- V. art. 186, CTN.
- V. art. 18, *b*, Lei 6.024/1974 (Intervenção e liquidação extrajudicial financeiras).
- V. arts. 1º e 2º, Dec.-lei 1.477/1976 (Correção monetária nos casos de liquidação extrajudicial ou falência).
- V. arts. 4º, § 4º, e 31, Lei 6.830/1980 (Lei de Execução Fiscal).

Art. 191. A extinção das obrigações do falido requer prova de quitação de todos os tributos.
- Artigo com redação determinada pela LC 118/2005 (*DOU* 09.02.2005, edição extra), em vigor 120 (cento e vinte) dias após sua publicação.
- V. art. 1º, §§ 1º e 2º, Dec.-lei 858/1969 (Cobrança e correção monetária dos débitos fiscais na falência).
- V. art. 1º, I, Dec.-lei 1.715/1979 (Expedição de certidão de quitação de tributos federais).
- V. art. 4º, § 4º, Lei 6.830/1980 (Lei de Execução Fiscal).
- V. arts. 48, I, 156, 159 e 160, Lei 11.101/2005 (Lei de Recuperação de Empresas e Falência).

Art. 191-A. A concessão de recuperação judicial depende da apresentação da prova de quitação de todos os tributos, observado o disposto nos arts. 151, 205 e 206 desta Lei.
- Artigo acrescentado pela LC 118/2005 (*DOU* 09.02.2005, edição extra), em vigor 120 (cento e vinte) dias após sua publicação.
- V. arts. 6º, § 7º, 57 e 58, Lei 11.101/2005 (Lei de Recuperação de Empresas e Falência).

Art. 192. Nenhuma sentença de julgamento de partilha ou adjudicação será proferida sem prova da quitação de todos os tributos relativos aos bens do espólio, ou às suas rendas.
- V. art. 1.997, CC.
- V. arts. 651, I, e 655, IV, CPC/2015.
- V. arts. 4º, § 4º, 29 e 31, Lei 6.830/1980 (Lei de Execução Fiscal).

Art. 193. Salvo quando expressamente autorizado por lei, nenhum departamento da administração pública da União, dos Estados, do Distrito Federal ou dos Municípios, ou sua autarquia, celebrará contrato ou aceitará proposta em concorrência pública sem que o contratante ou proponente faça prova da quitação de todos os tributos devidos à Fazenda Pública interessada, relativos à atividade em cujo exercício contrata ou concorre.

- V. arts. 27, IV, e 29, Lei 8.666/1993 (Licitações e contratos da administração pública).
- V. arts. 205 e 206, CTN.

TÍTULO IV
ADMINISTRAÇÃO TRIBUTÁRIA

Capítulo I
FISCALIZAÇÃO

Art. 194. A legislação tributária, observado o disposto nesta Lei, regulará, em caráter geral, ou especificamente em função da natureza do tributo de que se tratar, a competência e os poderes das autoridades administrativas em matéria de fiscalização da sua aplicação.

- V. art. 96, CTN.
- V. art. 144 e §1º, CTN.

Parágrafo único. A legislação a que se refere este artigo aplica-se às pessoas naturais ou jurídicas, contribuintes ou não, inclusive às que gozem de imunidade tributária ou de isenção de caráter pessoal.

Art. 195. Para os efeitos da legislação tributária, não têm aplicação quaisquer disposições legais excludentes ou limitativas do direito de examinar mercadorias, livros, arquivos, documentos, papéis e efeitos comerciais ou fiscais dos comerciantes, industriais ou produtores, ou da obrigação destes de exibi-los.

Parágrafo único. Os livros obrigatórios de escrituração comercial e fiscal e os comprovantes dos lançamentos neles efetuados serão conservados até que ocorra a prescrição dos créditos tributários decorrentes das operações a que se refiram.

- V. Súmula 439, STF.
- V. art. 174, CTN.

Art. 196. A autoridade administrativa que proceder ou presidir a quaisquer diligências de fiscalização lavrará os termos necessários para que se documente o início do procedimento, na forma da legislação aplicável, que fixará prazo máximo para a conclusão daquelas.

- V. Dec. 70.235/1972 (Processo administrativo fiscal).

Parágrafo único. Os termos a que se refere este artigo serão lavrados, sempre que possível, em um dos livros fiscais exibidos; quando lavrados em separado deles se entregará, à pessoa sujeita à fiscalização, cópia autenticada pela autoridade a que se refere este artigo.

Art. 197. Mediante intimação escrita, são obrigados a prestar à autoridade administrativa todas as informações de que disponham com relação aos bens, negócios ou atividades de terceiros:

I – os tabeliães, escrivães e demais serventuários de ofício;

II – os bancos, casas bancárias, Caixas Econômicas e demais instituições financeiras;

III – as empresas de administração de bens;

IV – os corretores, leiloeiros e despachantes oficiais;

V – os inventariantes;

VI – os síndicos, comissários e liquidatários;

VII – quaisquer outras entidades ou pessoas que a lei designe, em razão de seu cargo, ofício, função, ministério, atividade ou profissão.

Parágrafo único. A obrigação prevista neste artigo não abrange a prestação de informações quanto a fatos sobre os quais o informante esteja legalmente obrigado a observar segredo em razão de cargo, ofício, função, ministério, atividade ou profissão.

- V. art. 229, CC.
- V. arts. 388, II, e 404, IV, CPC/2015.
- V. art. 154, CP.
- V. art. 7º, XIX, Lei 8.906/1994 (Estatuto da Advocacia e da OAB).

Art. 198. Sem prejuízo do disposto na legislação criminal, é vedada a divulgação, por parte da Fazenda Pública ou de seus servidores, de informação obtida em razão do ofício sobre a situação econômica ou financeira do sujeito passivo ou de terceiros e sobre a natureza e o estado de seus negócios ou atividades.

- Artigo com redação determinada pela LC 104/2001.
- V. art. 6º, parágrafo único, Lei 11.457/2007 (Super-Receita).

§ 1º Excetuam-se do disposto neste artigo, além dos casos previstos no art. 199, os seguintes:

I – requisição de autoridade judiciária no interesse da justiça;

II – solicitações de autoridade administrativa no interesse da Administração Pública, desde que seja comprovada a instauração regular de processo administrativo, no órgão ou na entidade respectiva, com o objetivo de investigar o sujeito passivo a que se refere a informação, por prática de infração administrativa.

§ 2º O intercâmbio de informação sigilosa, no âmbito da Administração Pública, será realizado mediante processo regularmente instaurado, e a entrega será feita pessoalmente à autoridade solicitante, mediante recibo, que formalize a transferência e assegure a preservação do sigilo.

- •• V. art. 146, parágrafo único, IV, CF.
- •• V. art. 33, LC 123/2006 (Supersimples).

§ 3º Não é vedada a divulgação de informações relativas a:

I – representações fiscais para fins penais;

II – inscrições na Dívida Ativa da Fazenda Pública;

III – parcelamento ou moratória.

Art. 199. A Fazenda Pública da União e as dos Estados, do Distrito Federal e dos Municípios prestar-se-ão mutuamente assistência para a fiscalização dos tributos respectivos e permuta de informações, na forma estabelecida, em caráter geral ou específico, por lei ou convênio.

- •• V. art. 146, parágrafo único, IV, CF.
- •• V. art. 33, LC 123/2006 (Supersimples).

Parágrafo único. A Fazenda Pública da União, na forma estabelecida em tratados, acordos ou convênios, poderá permutar informações com Estados estrangeiros no interesse da arrecadação e da fiscalização de tributos.

- Parágrafo único acrescentado pela LC 104/2001.

Art. 200. As autoridades administrativas federais poderão requisitar o auxílio da força pública federal, estadual ou municipal, e reciprocamente, quando vítimas de embaraço ou desacato no exercício de suas funções, ou quando necessário à efetivação de medida prevista na legislação tributária, ainda que não se configure fato definido em lei como crime ou contravenção.

- V. arts. 316, § 1º, 322 e 329 a 331, CP.
- V. Lei 4.729/1965 (Crimes de sonegação fiscal).
- V. Dec.-lei 1.060/1969 (Declaração de bens, dinheiro ou valores, existentes no estrangeiro, prisão administrativa e o sequestro de bens por infrações fiscais).

Capítulo II
DÍVIDA ATIVA

Art. 201. Constitui dívida ativa tributária a proveniente de crédito dessa natureza, regularmente inscrita na repartição administrativa competente, depois de esgotado o prazo fixado, para pagamento, pela lei ou por decisão final proferida em processo regular.

- V. art. 51, CP.
- V. art. 2º, Lei 6.830/1980 (Lei de Execução Fiscal).
- V. Lei 8.397/1992 (Medida cautelar fiscal).
- V. Súmula 277, STF.
- V. Súmulas 40, 44 a 48 e 59, TFR.

Parágrafo único. A fluência de juros de mora não exclui, para os efeitos deste artigo, a liquidez do crédito.

- V. Súmulas 45 a 47, TFR.

Art. 202. O termo de inscrição da dívida ativa, autenticado pela autoridade competente, indicará obrigatoriamente:

- V. Súmula 392, STJ.
- •• V. art. 2º, § 5º, Lei 6.830/1980 (Lei de Execução Fiscal).

I – o nome do devedor e, sendo caso, o dos corresponsáveis bem como, sempre que possível, o domicílio ou a residência de um e de outros;

II – a quantia devida e a maneira de calcular os juros de mora acrescidos;

III – a origem e a natureza do crédito, mencionada especificamente a disposição da lei em que seja fundado;

IV – a data em que foi inscrita;

V – sendo caso, o número do processo administrativo de que se originar o crédito.

Parágrafo único. A certidão conterá, além dos requisitos deste artigo, a indicação do livro e da folha da inscrição.

Art. 203. A omissão de quaisquer dos requisitos previstos no artigo anterior ou o erro a eles relativo são causas de nulidade da inscrição e do processo de cobrança dela decorrente, mas a nulidade poderá ser sanada até a decisão de primeira instância, mediante substituição da certidão nula, devolvido ao sujeito passivo, acusado ou interessado, o prazo para defesa, que somente poderá versar sobre a parte modificada.

- V. art. 26, Lei 6.830/1980 (Lei de Execução Fiscal).
- V. Súmula 153, STJ.
•• V. art. 2º, § 8º, Lei 6.830/1980 (Lei de Execução Fiscal).
•• V. Súmula 392, STJ.

Art. 204. A dívida regularmente inscrita goza da presunção de certeza e liquidez e tem o efeito de prova pré-constituída.

- V. art. 3º, Lei 6.830/1980 (Lei de Execução Fiscal).
- V. Súmula 393, STJ.

Parágrafo único. A presunção a que se refere este artigo é relativa e pode ser ilidida por prova inequívoca, a cargo do sujeito passivo ou do terceiro a que aproveite.

Capítulo III
CERTIDÕES NEGATIVAS

Art. 205. A lei poderá exigir que a prova da quitação de determinado tributo, quando exigível, seja feita por certidão negativa, expedida à vista de requerimento do interessado, que contenha todas as informações necessárias à identificação de sua pessoa, domicílio fiscal e ramo de negócio ou atividade e indique o período a que se refere o pedido.

- V. Dec.-lei 1.715/1979 (Expedição de certidão de quitação de tributos federais).
- V. Dec. 84.702/1980 (Simplifica prova de quitação de tributos).
- V. Lei 7.711/1988 (Administração portuária).
- V. Dec. 99.476/1990 (Simplificação de prova de quitação de tributos e contribuições).
- V. Portaria Conjunta PGFN/SRF 1/2005 (Emissão de certidão com os efeitos previstos no art. 205 do CTN, nos casos previstos no art. 13 da Lei 11.051/2004).
- V. Súmula 446, STJ.
- V. Súmula 73, TFR.

Parágrafo único. A certidão negativa será sempre expedida nos termos em que tenha sido requerida e será fornecida dentro de 10 (dez) dias da data da entrada do requerimento na repartição.

Art. 206. Tem os mesmos efeitos previstos no artigo anterior a certidão de que conste a existência de créditos não vencidos, em curso de cobrança executiva em que tenha sido efetivada a penhora, ou cuja exigibilidade esteja suspensa.

- V. art. 151, CTN.
- V. Súmula 446, STJ.
- V. Súmula 38, TFR.
•• V. Súmula 446, STJ.

Art. 207. Independentemente de disposição legal permissiva, será dispensada a prova de quitação de tributos, ou o seu suprimento, quando se tratar de prática de ato indispensável para evitar a caducidade de direito, respondendo, porém, todos os participantes no ato pelo tributo porventura devido, juros de mora e penalidades cabíveis, exceto as relativas a infrações cuja responsabilidade seja pessoal ao infrator.

•• V. art. 137, CTN.

Art. 208. A certidão negativa expedida com dolo ou fraude, que contenha erro contra a Fazenda Pública, responsabiliza pessoalmente o funcionário que a expedir, pelo crédito tributário e juros de mora acrescidos.

- V. art. 301, CP.
•• V. art. 142, parágrafo único, CTN.

Parágrafo único. O disposto neste artigo não exclui a responsabilidade criminal e funcional que no caso couber.

DISPOSIÇÕES
FINAIS E TRANSITÓRIAS

Art. 209. A expressão "Fazenda Pública", quando empregada nesta Lei sem qualificação, abrange a Fazenda Pública da União, dos Estados, do Distrito Federal e dos Municípios.

Art. 210. Os prazos fixados nesta Lei ou na legislação tributária serão contínuos, excluindo-se na sua contagem o dia de início e incluindo-se o de vencimento.

- V. art. 224, § 3º, CPC/2015.
- V. Súmula 310, STF.
•• V. art. 96, CTN.

CÓDIGO TRIBUTÁRIO NACIONAL

Parágrafo único. Os prazos só se iniciam ou vencem em dia de expediente normal na repartição em que corra o processo ou deva ser praticado o ato.

• V. art. 230, CPC/2015.

Art. 211. Incumbe ao Conselho Técnico de Economia e Finanças, do Ministério da Fazenda, prestar assistência técnica aos governos estaduais e municipais, com o objetivo de assegurar a uniforme aplicação da presente Lei.

Art. 212. Os Poderes Executivos federal, estaduais e municipais expedirão, por decreto, dentro de 90 (noventa) dias da entrada em vigor desta Lei, a consolidação, em texto único, da legislação vigente, relativa a cada um dos tributos, repetindo-se esta providência até o dia 31 de janeiro de cada ano.

Art. 213. Os Estados pertencentes a uma mesma região geoeconômica celebrarão entre si convênios para o estabelecimento de alíquota uniforme para o imposto a que se refere o art. 52.

• Os arts. 52 e 60 foram revogados pelo Dec.-lei 406/1968 e pelo Ato Complementar 31/1966, respectivamente.

Parágrafo único. Os Municípios de um mesmo Estado procederão igualmente, no que se refere à fixação da alíquota de que trata o art. 60.

Art. 214. O Poder Executivo promoverá a realização de convênios com os Estados, para excluir ou limitar a incidência do Imposto sobre Operações Relativas à Circulação de Mercadorias, no caso de exportação para o Exterior.

• V. art. 155, § 2º, XII, e, CF.

Art. 215. A lei estadual pode autorizar o Poder Executivo a reajustar, no exercício de 1967, a alíquota de imposto a que se refere o art. 52, dentro de limites e segundo critérios por ela estabelecidos.

• V. nota ao art. 213, CTN.

Art. 216. O Poder Executivo proporá as medidas legislativas adequadas a possibilitar, sem compressão dos investimentos previstos na proposta orçamentária de 1967, o cumprimento do disposto no art. 21 da Emenda Constitucional n. 18, de 1965.

Art. 217. As disposições desta Lei, notadamente as dos arts. 17, 74, § 2º, e 77, parágrafo único, bem como a do art. 54 da Lei 5.025, de 10 de junho de 1966, não excluem a incidência e a exigibilidade:

• Artigo acrescentado pelo Dec.-lei 27/1966.

I – da "contribuição sindical", denominação que passa a ter o Imposto Sindical de que tratam os arts. 578 e seguintes da Consolidação das Leis do Trabalho, sem prejuízo do disposto no art. 16 da Lei 4.589, de 11 de dezembro de 1964;

•• V. art. 8º, IV, CF.

II – das denominadas "quotas de previdência" a que aludem os arts. 71 e 74 da Lei 3.807, de 26 de agosto de 1960, com as alterações determinadas pelo art. 34 da Lei 4.863, de 29 de novembro de 1965, que integram a contribuição da União para a Previdência Social, de que trata o art. 157, item XVI, da Constituição Federal;

III – da contribuição destinada a constituir "Fundo de Assistência" e "Previdência do Trabalhador Rural", de que trata o art. 158 da Lei 4.214, de 2 de março de 1963;

IV – da contribuição destinada ao Fundo de Garantia do Tempo de Serviço, criada pelo art. 2º da Lei 5.107, de 13 de setembro de 1966;

•• V. Súmulas 349 e 353, STJ.

V – das contribuições enumeradas no § 2º do art. 34 da Lei 4.863, de 29 de novembro de 1965, com as alterações decorrentes do disposto nos arts. 22 e 23 da Lei 5.107, de 13 de setembro de 1966, e outras de fins sociais criadas por lei.

Art. 218. Esta Lei entrará em vigor, em todo o território nacional, no dia 1º de janeiro de 1967, revogadas as disposições em contrário, especialmente a Lei 854, de 10 de outubro de 1949.

• Primitivo art. 217 renumerado pelo Dec.-lei 27/1966.

Brasília, 25 de outubro de 1966; 145º da Independência e 78º da República.
H. Castello Branco

(*DOU* 27.10.1966, ret. 31.10.1966)

CÓDIGO DE PROCESSO CIVIL

Índice Sistemático do Código de Processo Civil

Código de Processo Civil

ÍNDICE SISTEMÁTICO DO CÓDIGO DE PROCESSO CIVIL

LEI 13.105, DE 16 DE MARÇO DE 2015

PARTE GERAL

LIVRO I
DAS NORMAS PROCESSUAIS CIVIS

TÍTULO ÚNICO
DAS NORMAS FUNDAMENTAIS E DA APLICAÇÃO DAS NORMAS PROCESSUAIS

Arts. 1º a 15, **275**

Capítulo I – Das normas fundamentais do processo civil (arts. 1º a 12), **275**

Capítulo II – Da aplicação das normas processuais (arts. 13 a 15), **276**

LIVRO II
DA FUNÇÃO JURISDICIONAL

TÍTULO I
DA JURISDIÇÃO E DA AÇÃO

Arts. 16 a 20, **277**

TÍTULO II
DOS LIMITES DA JURISDIÇÃO NACIONAL E DA COOPERAÇÃO INTERNACIONAL

Arts. 21 a 41, **277**

Capítulo I – Dos limites da jurisdição nacional (arts. 21 a 25), **277**

Capítulo II – Da cooperação internacional (arts. 26 a 41), **278**

Seção I – Disposições gerais (arts. 26 e 27), **278**

Seção II – Do auxílio direto (arts. 28 a 34), **279**

Seção III – Da carta rogatória (arts. 35 e 36), **279**

Seção IV – Disposições comuns às seções anteriores (arts. 37 a 41), **280**

TÍTULO III
DA COMPETÊNCIA INTERNA

Arts. 42 a 69, **280**

Capítulo I – Da competência (arts. 42 a 66), **280**

Seção I – Disposições gerais (arts. 42 a 53), **280**

Seção II – Da modificação da competência (arts. 54 a 63), **283**

Seção III – Da incompetência (arts. 64 a 66), **284**

Capítulo II – Da cooperação nacional (arts. 67 a 69), **284**

LIVRO III
DOS SUJEITOS DO PROCESSO

TÍTULO I
DAS PARTES E DOS PROCURADORES

Arts. 70 a 112, **285**

Capítulo I – Da capacidade processual (arts. 70 a 76), **285**

Capítulo II – Dos deveres das partes e de seus procuradores (arts. 77 a 102), **287**

Seção I – Dos deveres (arts. 77 e 78), **287**

Seção II – Da responsabilidade das partes por dano processual (arts. 79 a 81), **288**

Seção III – Das despesas, dos honorários advocatícios e das multas (arts. 82 a 97), **289**

Seção IV – Da gratuidade da justiça (arts. 98 a 102), **293**

ÍNDICE SISTEMÁTICO DO CPC

Capítulo III – Dos procuradores (arts. 103 a 107), *295*

Capítulo IV – Da sucessão das partes e dos procuradores (arts. 108 a 112), *297*

TÍTULO II
DO LITISCONSÓRCIO

Arts. 113 a 118, *298*

TÍTULO III
DA INTERVENÇÃO DE TERCEIROS

Arts. 119 a 138, *298*

Capítulo I – Da assistência (arts. 119 a 124), *298*

  Seção I – Disposições comuns (arts. 119 e 120), *298*

  Seção II – Da assistência simples (arts. 121 a 123), *299*

  Seção III – Da assistência litisconsorcial (art. 124), *299*

Capítulo II – Da denunciação da lide (arts. 125 a 129), *299*

Capítulo III – Do chamamento ao processo (arts. 130 a 132), *300*

Capítulo IV – Do incidente de desconsideração da personalidade jurídica (arts. 133 a 137), *301*

Capítulo V – Do *amicus curiae* (art. 138), *301*

TÍTULO IV
DO JUIZ E DOS AUXILIARES DA JUSTIÇA

Arts. 139 a 175, *301*

Capítulo I – Dos poderes, dos deveres e da responsabilidade do juiz (arts. 139 a 143), *301*

Capítulo II – Dos impedimentos e da suspeição (arts. 144 a 148), *303*

Capítulo III – Dos auxiliares da justiça (art. 149 a 175), *305*

  Seção I – Do escrivão, do chefe de secretaria e do oficial de justiça (arts. 150 a 155), *305*

  Seção II – Do perito (arts. 156 a 158), *306*

  Seção III – Do depositário e do administrador (arts. 159 a 161), *307*

  Seção IV – Do intérprete e do tradutor (arts. 162 a 164), *308*

  Seção V – Dos conciliadores e mediadores judiciais (arts. 165 a 175), *308*

TÍTULO V
DO MINISTÉRIO PÚBLICO

Arts. 176 a 181, *310*

TÍTULO VI
DA ADVOCACIA PÚBLICA

Arts. 182 a 184, *311*

TÍTULO VII
DA DEFENSORIA PÚBLICA

Arts. 185 a 187, *312*

LIVRO IV
DOS ATOS PROCESSUAIS

TÍTULO I
DA FORMA, DO TEMPO E DO LUGAR DOS ATOS PROCESSUAIS

Arts. 188 a 235, *312*

Capítulo I – Da forma dos atos processuais (arts. 188 a 211), *312*

  Seção I – Dos atos em geral (arts. 188 a 192), *312*

  Seção II – Da prática eletrônica de atos processuais (arts. 193 a 199), *313*

  Seção III – Dos atos das partes (arts. 200 a 202), *314*

  Seção IV – Dos pronunciamentos do juiz (arts. 203 a 205), *315*

  Seção V – Dos atos do escrivão ou do chefe de secretaria (arts. 206 a 211), *315*

Capítulo II – Do tempo e do lugar dos atos processuais (arts. 212 a 217), *316*

  Seção I – Do tempo (arts. 212 a 216), *316*

  Seção II – Do lugar (art. 217), *317*

Capítulo III – Dos prazos (arts. 218 a 235), *317*

  Seção I – Disposições gerais (arts. 218 a 232), *317*

  Seção II – Da verificação dos prazos e das penalidades (arts. 233 a 235), *320*

TÍTULO II
DA COMUNICAÇÃO DOS ATOS PROCESSUAIS

Arts. 236 a 275, *321*

ÍNDICE SISTEMÁTICO DO CPC

Capítulo I – Disposições gerais (arts. 236 e 237), **321**

Capítulo II – Da citação (arts. 238 a 259), **321**

Capítulo III – Das cartas (arts. 260 a 268), **326**

Capítulo IV – Das intimações (arts. 269 a 275), **327**

TÍTULO III
DAS NULIDADES

Arts. 276 a 283, **329**

TÍTULO IV
DA DISTRIBUIÇÃO E DO REGISTRO

Arts. 284 a 290, **330**

TÍTULO V
DO VALOR DA CAUSA

Arts. 291 a 293, **331**

LIVRO V
DA TUTELA PROVISÓRIA

TÍTULO I
DISPOSIÇÕES GERAIS

Arts. 294 a 299, **331**

TÍTULO II
DA TUTELA DE URGÊNCIA

Arts. 300 a 310, **332**

Capítulo I – Disposições gerais (arts. 300 a 302), **332**

Capítulo II – Do procedimento da tutela antecipada requerida em caráter antecedente (arts. 303 e 304), **333**

Capítulo III – Do procedimento da tutela cautelar requerida em caráter antecedente (arts. 305 a 310), **334**

TÍTULO III
DA TUTELA DA EVIDÊNCIA

Art. 311, **334**

LIVRO VI
DA FORMAÇÃO, DA SUSPENSÃO E DA EXTINÇÃO DO PROCESSO

TÍTULO I
DA FORMAÇÃO DO PROCESSO

Art. 312, **335**

TÍTULO II
DA SUSPENSÃO DO PROCESSO

Arts. 313 a 315, **335**

TÍTULO III
DA EXTINÇÃO DO PROCESSO

Arts. 316 e 317, **336**

PARTE ESPECIAL
LIVRO I
DO PROCESSO DE CONHECIMENTO E DO CUMPRIMENTO DE SENTENÇA

TÍTULO I
DO PROCEDIMENTO COMUM

Arts. 318 a 512, **337**

Capítulo I – Disposições gerais (art. 318), **337**

Capítulo II – Da petição inicial (arts. 319 a 331), **337**

Seção I – Dos requisitos da petição inicial (arts. 319 a 321), **337**

Seção II – Do pedido (arts. 322 a 329), **338**

Seção III – Do indeferimento da petição inicial (arts. 330 e 331), **339**

Capítulo III – Da improcedência liminar do pedido (art. 332), **340**

Capítulo IV – Da conversão da ação individual em ação coletiva (art. 333), **340**

Capítulo V – Da audiência de conciliação ou de mediação (art. 334), **340**

Capítulo VI – Da contestação (arts. 335 a 342), **341**

Capítulo VII – Da reconvenção (art. 343), **344**

Capítulo VIII – Da revelia (arts. 344 a 346), **344**

Capítulo IX – Das providências preliminares e do saneamento (arts. 347 a 353), **345**

Seção I – Da não incidência dos efeitos da revelia (arts. 348 e 349), **345**

Seção II – Do fato impeditivo, modificativo ou extintivo do direito do autor (art. 350), **345**

Seção III – Das alegações do réu (arts. 351 a 353), **345**

Capítulo X – Do julgamento conforme o estado do processo (arts. 354 a 357), **345**

Seção I – Da extinção do processo (art. 354), **345**

ÍNDICE SISTEMÁTICO DO CPC

Seção II – Do julgamento antecipado do mérito (art. 355), **345**

Seção III – Do julgamento antecipado parcial do mérito (art. 356), **346**

Seção IV – Do saneamento e da organização do processo (art. 357), **346**

Capítulo XI – Da audiência de instrução e julgamento (arts. 358 a 368), **347**

Capítulo XII – Das provas (arts. 369 a 484), **349**

Seção I – Disposições gerais (arts. 369 a 380), **349**

Seção II – Da produção antecipada da prova (arts. 381 a 383), **351**

Seção III – Da ata notarial (art. 384), **351**

Seção IV – Do depoimento pessoal (arts. 385 a 388), **352**

Seção V – Da confissão (arts. 389 a 395), **352**

Seção VI – Da exibição de documento ou coisa (arts. 396 a 404), **353**

Seção VII – Da prova documental (arts. 405 a 438), **354**

Subseção I – Da força probante dos documentos (arts. 405 a 429), **354**

Subseção II – Da arguição de falsidade (arts. 430 a 433), **358**

Subseção III – Da produção da prova documental (arts. 434 a 438), **359**

Seção VIII – Dos documentos eletrônicos (arts. 439 a 441), **360**

Seção IX – Da prova testemunhal (arts. 442 a 463), **360**

Subseção I – Da admissibilidade e do valor da prova testemunhal (arts. 442 a 449), **360**

Subseção II – Da produção da prova testemunhal (arts. 450 a 463), **361**

Seção X – Da prova pericial (arts. 464 a 480), **365**

Seção XI – Da inspeção judicial (arts. 481 a 484), **368**

Capítulo XIII – Da sentença e da coisa julgada (arts. 485 a 508), **369**

Seção I – Disposições gerais (arts. 485 a 488), **369**

Seção II – Dos elementos e dos efeitos da sentença (arts. 489 a 495), **370**

Seção III – Da remessa necessária (art. 496), **372**

Seção IV – Do julgamento das ações relativas às prestações de fazer, de não fazer e de entregar coisa (arts. 497 a 501), **373**

Seção V – Da coisa julgada (arts. 502 a 508), **374**

Capítulo XIV – Da liquidação de sentença (arts. 509 a 512), **375**

TÍTULO II
DO CUMPRIMENTO DA SENTENÇA

Arts. 513 a 538, **375**

Capítulo I – Disposições gerais (arts. 513 a 519), **375**

Capítulo II – Do cumprimento provisório da sentença que reconhece a exigibilidade de obrigação de pagar quantia certa (arts. 520 a 522), **377**

Capítulo III – Do cumprimento definitivo da sentença que reconhece a exigibilidade de obrigação de pagar quantia certa (arts. 523 a 527), **378**

Capítulo IV – Do cumprimento de sentença que reconheça a exigibilidade de obrigação de prestar alimentos (arts. 528 a 533), **381**

Capítulo V – Do cumprimento de sentença que reconheça a exigibilidade de obrigação de pagar quantia certa pela Fazenda Pública (arts. 534 a 535), **383**

Capítulo VI – Do cumprimento de sentença que reconheça a exigibilidade de obrigação de fazer, de não fazer ou de entregar coisa (arts. 536 a 538), **384**

Seção I – Do cumprimento de sentença que reconheça a exigibilidade de obrigação de fazer ou de não fazer (arts. 536 e 537), **384**

Seção II – Do cumprimento de sentença que reconheça a exigibilidade de obrigação de entregar coisa (art. 538), **386**

ÍNDICE SISTEMÁTICO DO CPC

TÍTULO III
DOS PROCEDIMENTOS ESPECIAIS

Arts. 539 a 770, **386**

Capítulo I – Da ação de consignação em pagamento (arts. 539 a 549), **386**

Capítulo II – Da ação de exigir contas (arts. 550 a 553), **388**

Capítulo III – Das ações possessórias (arts. 554 a 568), **388**

　Seção I – Disposições gerais (arts. 554 a 559), **388**

　Seção II – Da manutenção e da reintegração de posse (arts. 560 a 566), **389**

　Seção III – Do interdito proibitório (arts. 567 e 568), **390**

Capítulo IV – Da ação de divisão e da demarcação de terras particulares (arts. 569 a 598), **391**

　Seção I – Disposições gerais (arts. 569 a 573), **391**

　Seção II – Da demarcação (arts. 574 a 587), **391**

　Seção III – Da divisão (arts. 588 a 598), **393**

Capítulo V – Da ação de dissolução parcial de sociedade (arts. 599 a 609), **395**

Capítulo VI – Do inventário e da partilha (arts. 610 a 673), **396**

　Seção I – Disposições gerais (arts. 610 a 614), **396**

　Seção II – Da legitimidade para requerer o inventário (arts. 615 e 616), **397**

　Seção III – Do inventariante e das primeiras declarações (arts. 617 a 625), **397**

　Seção IV – Das citações e das impugnações (arts. 626 a 629), **399**

　Seção V – Da avaliação e do cálculo do imposto (arts. 630 a 638), **400**

　Seção VI – Das colações (arts. 639 a 641), **401**

　Seção VII – Do pagamento das dívidas (arts. 642 a 646), **402**

　Seção VIII – Da partilha (arts. 647 a 658), **402**

　Seção IX – Do arrolamento (arts. 659 a 667), **404**

　Seção X – Disposições comuns a todas as seções (arts. 668 a 673), **405**

Capítulo VII – Dos embargos de terceiro (arts. 674 a 681), **406**

Capítulo VIII – Da oposição (arts. 682 a 686), **408**

Capítulo IX – Da habilitação (arts. 687 a 692), **408**

Capítulo X – Das ações de família (arts. 693 a 699), **408**

Capítulo XI – Da ação monitória (arts. 700 a 702), **409**

Capítulo XII – Da homologação do penhor legal (arts. 703 a 706), **411**

Capítulo XIII – Da regulação de avaria grossa (arts. 707 a 711), **412**

Capítulo XIV – Da restauração de autos (arts. 712 a 718), **412**

Capítulo XV – Dos procedimentos de jurisdição voluntária (arts. 719 a 770), **413**

　Seção I – Disposições gerais (arts. 719 a 725), **413**

　Seção II – Da notificação e da interpelação (arts. 726 a 729), **414**

　Seção III – Da alienação judicial (art. 730), **415**

　Seção IV – Do divórcio e da separação consensuais, da extinção consensual de união estável e da alteração do regime de bens do matrimônio (arts. 731 a 734), **415**

　Seção V – Dos testamentos e dos codicilos (arts. 735 a 737), **416**

ÍNDICE SISTEMÁTICO DO CPC

Seção VI – Da herança jacente (arts. 738 a 743), *417*

Seção VII – Dos bens dos ausentes (arts. 744 e 745), *418*

Seção VIII – Das coisas vagas (art. 746), *419*

Seção IX – Da interdição (arts. 747 a 758), *419*

Seção X – Disposições comuns à tutela e à curatela (arts. 759 a 763), *421*

Seção XI – Da organização e da fiscalização das fundações (arts. 764 e 765), *422*

Seção XII – Da ratificação dos protestos marítimos e dos processos testemunháveis formados a bordo (arts. 766 a 770), *423*

LIVRO II
DO PROCESSO DE EXECUÇÃO

TÍTULO I
DA EXECUÇÃO EM GERAL

Arts. 771 a 796, *423*

Capítulo I – Disposições gerais (arts. 771 a 777), *423*

Capítulo II – Das partes (arts. 778 a 780), *424*

Capítulo III – Da competência (arts. 781 e 782), *425*

Capítulo IV – Dos requisitos necessários para realizar qualquer execução (arts. 783 a 788), *426*

Seção I – Do título executivo (arts. 783 a 785), *426*

Seção II – Da exigibilidade da obrigação (arts. 786 a 788), *427*

Capítulo V – Da responsabilidade patrimonial (arts. 789 a 796), *427*

TÍTULO II
DAS DIVERSAS ESPÉCIES DE EXECUÇÃO

Arts. 797 a 913, *429*

Capítulo I – Disposições gerais (arts. 797 a 805), *429*

Capítulo II – Da execução para a entrega de coisa (arts. 806 a 813), *432*

Seção I – Da entrega de coisa certa (arts. 806 a 810), *432*

Seção II – Da entrega de coisa incerta (arts. 811 a 813), *432*

Capítulo III – Da execução das obrigações de fazer ou de não fazer (arts. 814 a 823), *433*

Seção I – Disposições comuns (art. 814), *433*

Seção II – Da obrigação de fazer (arts. 815 a 821), *433*

Seção III – Da obrigação de não fazer (arts. 822 e 823), *434*

Capítulo IV – Da execução por quantia certa (arts. 824 a 909), *434*

Seção I – Disposições gerais (arts. 824 a 826), *434*

Seção II – Da citação do devedor e do arresto (arts. 827 a 830), *434*

Seção III – Da penhora, do depósito e da avaliação (arts. 831 a 875), *435*

Subseção I – Do objeto da penhora (arts. 831 a 836), *435*

Subseção II – Da documentação da penhora, de seu registro e do depósito (arts. 837 a 844), *437*

Subseção III – Do lugar de realização da penhora (arts. 845 e 846), *438*

Subseção IV – Das modificações da penhora (arts. 847 a 853), *439*

Subseção V – Da penhora de dinheiro em depósito ou em aplicação financeira (art. 854), *440*

Subseção VI – Da penhora de créditos (arts. 855 a 860), *441*

Subseção VII – Da penhora das quotas ou das ações de sociedades personificadas (art. 861), *442*

Subseção VIII – Da penhora de empresa, de outros estabelecimentos e de semoventes (arts. 862 a 865), *443*

Subseção IX – Da penhora de percentual de faturamento de empresa (art. 866), *443*

Subseção X – Da penhora de frutos e rendimentos de coisa móvel ou imóvel (arts. 867 a 869), *444*

Índice Sistemático do CPC

Subseção XI – Da avaliação (arts. 870 a 875), *444*

Seção IV – Da expropriação de bens (arts. 876 a 903), *446*

Subseção I – Da adjudicação (arts. 876 a 878), *446*

Subseção II – Da alienação (arts. 879 a 903), *447*

Seção V – Da satisfação do crédito (arts. 904 a 909), *453*

Capítulo V – Da execução contra a Fazenda Pública (art. 910), *454*

Capítulo VI – Da execução de alimentos (arts. 911 a 913), *454*

TÍTULO III
DOS EMBARGOS À EXECUÇÃO

Arts. 914 a 920, *455*

TÍTULO IV
DA SUSPENSÃO E DA EXTINÇÃO DO PROCESSO DE EXECUÇÃO

Arts. 921 a 925, *457*

Capítulo I – Da suspensão do processo de execução (arts. 921 a 923), *457*

Capítulo II – Da extinção do processo de execução (arts. 924 e 925), *458*

LIVRO III
DOS PROCESSOS NOS TRIBUNAIS E DOS MEIOS DE IMPUGNAÇÃO DAS DECISÕES JUDICIAIS

TÍTULO I
DA ORDEM DOS PROCESSOS E DOS PROCESSOS DE COMPETÊNCIA ORIGINÁRIA DOS TRIBUNAIS

Arts. 926 a 993, *458*

Capítulo I – Disposições gerais (arts. 926 a 928), *458*

Capítulo II – Da ordem dos processos no tribunal (arts. 929 a 946), *459*

Capítulo III – Do incidente de assunção de competência (art. 947), *463*

Capítulo IV – Do incidente de arguição de inconstitucionalidade (arts. 948 a 950), *464*

Capítulo V – Do conflito de competência (arts. 951 a 959), *464*

Capítulo VI – Da homologação de decisão estrangeira e da concessão do *exequatur* à carta rogatória (arts. 960 a 965), *465*

Capítulo VII – Da ação rescisória (arts. 966 a 975), *467*

Capítulo VIII – Do incidente de resolução de demandas repetitivas (arts. 976 a 987), *469*

Capítulo IX – Da reclamação (arts. 988 a 993), *472*

TÍTULO II
DOS RECURSOS

Arts. 994 a 1.044, *473*

Capítulo I – Disposições gerais (arts. 994 a 1.008), *473*

Capítulo II – Da apelação (arts. 1.009 a 1.014), *475*

Capítulo III – Do agravo de instrumento (arts. 1.015 a 1.020), *477*

Capítulo IV – Do agravo interno (art. 1.021), *479*

Capítulo V – Dos embargos de declaração (arts. 1.022 a 1.026), *479*

Capítulo VI – Dos recursos para o Supremo Tribunal Federal e para o Superior Tribunal de Justiça (arts. 1.027 a 1.044), *481*

Seção I – Do recurso ordinário (arts. 1.027 e 1.028), *481*

Seção II – Do recurso extraordinário e do recurso especial (arts. 1.029 a 1.041), *481*

Subseção I – Disposições gerais (arts. 1.029 a 1.035), *481*

Subseção II – Do julgamento dos recursos extraordinário e especial repetitivos (arts. 1.036 a 1.041), *484*

Seção III – Do agravo em recurso especial e em recurso extraordinário (art. 1.042), *487*

Seção IV – Dos embargos de divergência (arts. 1.043 e 1.044), *488*

LIVRO COMPLEMENTAR
DISPOSIÇÕES FINAIS E TRANSITÓRIAS

Arts. 1.045 a 1.072, *489*

CÓDIGO DE PROCESSO CIVIL

LEI 13.105,
DE 16 DE MARÇO DE 2015

Código de Processo Civil.

A Presidenta da República:
Faço saber que o Congresso Nacional decreta e eu sanciono a seguinte Lei:

PARTE GERAL
LIVRO I
DAS NORMAS PROCESSUAIS CIVIS
TÍTULO ÚNICO
DAS NORMAS FUNDAMENTAIS E DA APLICAÇÃO DAS NORMAS PROCESSUAIS
Capítulo I
DAS NORMAS FUNDAMENTAIS DO PROCESSO CIVIL

Art. 1º O processo civil será ordenado, disciplinado e interpretado conforme os valores e as normas fundamentais estabelecidos na Constituição da República Federativa do Brasil, observando-se as disposições deste Código.

• Sem correspondência no CPC/1973.

Art. 2º O processo começa por iniciativa da parte e se desenvolve por impulso oficial, salvo as exceções previstas em lei.

• Correspondência: art. 262, CPC/1973.
• V. arts. 736, 738 e 744, CPC/2015.

Art. 3º Não se excluirá da apreciação jurisdicional ameaça ou lesão a direito.

• Sem correspondência no CPC/1973.
• V. art. 5º, XXXV, CF.

§ 1º É permitida a arbitragem, na forma da lei.

• Sem correspondência no CPC/1973.

§ 2º O Estado promoverá, sempre que possível, a solução consensual dos conflitos.

• Sem correspondência no CPC/1973.

§ 3º A conciliação, a mediação e outros métodos de solução consensual de conflitos deverão ser estimulados por juízes, advogados, defensores públicos e membros do Ministério Público, inclusive no curso do processo judicial.

• Correspondência: art. 125, *caput* e IV, CPC/1973.

Art. 4º As partes têm o direito de obter em prazo razoável a solução integral do mérito, incluída a atividade satisfativa.

• Sem correspondência no CPC/1973.
• V. art. 5º, LXXVIII, CF.
•• V. art. 5º, LXXVII, CF.

Art. 5º Aquele que de qualquer forma participa do processo deve comportar-se de acordo com a boa-fé.

• Correspondência: art. 14, *caput* e II, CPC/1973.
• V. arts. 79 a 81, CPC/2015.
•• V. arts. 142, 322, § 2º, e 489, § 3º, CPC/2015.

Art. 6º Todos os sujeitos do processo devem cooperar entre si para que se obtenha, em tempo razoável, decisão de mérito justa e efetiva.

• Sem correspondência no CPC/1973.

Art. 7º É assegurada às partes paridade de tratamento em relação ao exercício de direitos e faculdades processuais, aos meios de defesa, aos ônus, aos deveres e à aplicação de sanções processuais, competindo ao juiz zelar pelo efetivo contraditório.

• Correspondência: art. 125, I, CPC/1973.
• V. arts. 139, I, 180, 183 e 229, CPC/2015.
• V. art. 5º, *caput* e I, CF.

Art. 8º Ao aplicar o ordenamento jurídico, o juiz atenderá aos fins sociais e às exigências do bem comum, resguardando e promovendo a dignidade da pessoa humana e observando a proporcionalidade, a razoabilidade, a legalidade, a publicidade e a eficiência.

• Sem correspondência no CPC/1973.
• V. art. 5º, LX, CF.

Art. 9º

CÓDIGO DE PROCESSO CIVIL

Art. 9º Não se proferirá decisão contra uma das partes sem que ela seja previamente ouvida.
* Sem correspondência no CPC/1973.
* V. art. 5º, LV, CF.

Parágrafo único. O disposto no *caput* não se aplica:
** V. art. 294, CPC/2015.

I – à tutela provisória de urgência;
II – às hipóteses de tutela da evidência previstas no art. 311, incisos II e III;
III – à decisão prevista no art. 701.

Art. 10. O juiz não pode decidir, em grau algum de jurisdição, com base em fundamento a respeito do qual não se tenha dado às partes oportunidade de se manifestar, ainda que se trate de matéria sobre a qual deva decidir de ofício.
* Sem correspondência no CPC/1973.
* V. art. 5º, LV, CF.

Art. 11. Todos os julgamentos dos órgãos do Poder Judiciário serão públicos, e fundamentadas todas as decisões, sob pena de nulidade.
* Correspondência: arts. 131, 155, *caput* e 165, CPC/1973.
* V. arts. 368, 489 e 490, CPC/2015.

Parágrafo único. Nos casos de segredo de justiça, pode ser autorizada a presença somente das partes, de seus advogados, de defensores públicos ou do Ministério Público.
* Correspondência: art. 155, I e II, CPC/1973.
* V. art. 189, CPC/2015.
* V. arts. 5º, LX e 93, IX, CF.

Art. 12. Os juízes e os tribunais atenderão, preferencialmente, à ordem cronológica de conclusão para proferir sentença ou acórdão.
* *Caput* com redação determinada pela Lei 13.256/2016.
* Sem correspondência no CPC/1973.
* V. art. 153, CPC/2015.

§ 1º A lista de processos aptos a julgamento deverá estar permanentemente à disposição para consulta pública em cartório e na rede mundial de computadores.

§ 2º Estão excluídas da regra do *caput*:
I – as sentenças proferidas em audiência, homologatórias de acordo ou de improcedência liminar do pedido;
II – o julgamento de processos em bloco para aplicação de tese jurídica firmada em julgamento de casos repetitivos;
III – o julgamento de recursos repetitivos ou de incidente de resolução de demandas repetitivas;
IV – as decisões proferidas com base nos arts. 485 e 932;
V – o julgamento de embargos de declaração;
VI – o julgamento de agravo interno;
VII – as preferências legais e as metas estabelecidas pelo Conselho Nacional de Justiça;
VIII – os processos criminais, nos órgãos jurisdicionais que tenham competência penal;
IX – a causa que exija urgência no julgamento, assim reconhecida por decisão fundamentada.

§ 3º Após elaboração de lista própria, respeitar-se-á a ordem cronológica das conclusões entre as preferências legais.
* V. art. 1.046, § 5º, CPC/2015.

§ 4º Após a inclusão do processo na lista de que trata o § 1º, o requerimento formulado pela parte não altera a ordem cronológica para a decisão, exceto quando implicar a reabertura da instrução ou a conversão do julgamento em diligência.

§ 5º Decidido o requerimento previsto no § 4º, o processo retornará à mesma posição em que anteriormente se encontrava na lista.

§ 6º Ocupará o primeiro lugar na lista prevista no § 1º ou, conforme o caso, no § 3º, o processo que:
I – tiver sua sentença ou acórdão anulado, salvo quando houver necessidade de realização de diligência ou de complementação da instrução;
II – se enquadrar na hipótese do art. 1.040, inciso II.

Capítulo II
DA APLICAÇÃO DAS NORMAS PROCESSUAIS

Art. 13. A jurisdição civil será regida pelas normas processuais brasileiras, ressalvadas as disposições específicas previstas em tra-

tados, convenções ou acordos internacionais de que o Brasil seja parte.
- Sem correspondência no CPC/1973.

Art. 14. A norma processual não retroagirá e será aplicável imediatamente aos processos em curso, respeitados os atos processuais praticados e as situações jurídicas consolidadas sob a vigência da norma revogada.
- Correspondência: art. 1.211, CPC/1973.
- V. art. 1.046, CPC/2015.

Art. 15. Na ausência de normas que regulem processos eleitorais, trabalhistas ou administrativos, as disposições deste Código lhes serão aplicadas supletiva e subsidiariamente.
- Sem correspondência no CPC/1973.

LIVRO II
DA FUNÇÃO JURISDICIONAL
TÍTULO I
DA JURISDIÇÃO E DA AÇÃO

Art. 16. A jurisdição civil é exercida pelos juízes e pelos tribunais em todo o território nacional, conforme as disposições deste Código.
- Correspondência: art. 1º, CPC/1973.
- V. arts. 318, 539 e 719, CPC/2015.

Art. 17. Para postular em juízo é necessário ter interesse e legitimidade.
- Correspondência: art. 3º, CPC/1973.
- V. arts. 330, II e III, 337, XI, 354 e 485, VI, CPC/2015.

Art. 18. Ninguém poderá pleitear direito alheio em nome próprio, salvo quando autorizado pelo ordenamento jurídico.
- Correspondência: art. 6º, CPC/1973.
- V. arts. 109, § 1º, 329, 330, II e 485, VI, *e*, CPC/2015.
- V. arts. 5º, XXI e LXX, e 103, I a IX, CF.
- V. art. 861, CC.
- V. art. 68, CPP.
- V. Lei 1.134/1950 (Representação dos associados de classes).
- V. art. 1º, Lei 4.717/1965 (Ação popular).
- V. Lei 7.347/1985 (Ação civil pública).
- V. art. 81, Lei 8.078/1990 (Código de Defesa do Consumidor).
- V. Lei 8.906/1994 (Estatuto da Advocacia e da OAB).

Parágrafo único. Havendo substituição processual, o substituído poderá intervir como assistente litisconsorcial.
- Sem correspondência no CPC/1973.

Art. 19. O interesse do autor pode limitar-se à declaração:
- Correspondência: art. 4º, *caput*, CPC/1973.
- V. arts. 20 e 322, CPC/2015.

I – da existência, da inexistência ou do modo de ser de uma relação jurídica;
- Correspondência: art. 4º, I, CPC/1973.
- V. art. 784, § 1º, CPC/2015.

II – da autenticidade ou da falsidade de documento.
- Correspondência: art. 4º, II, CPC/1973.

Art. 20. É admissível a ação meramente declaratória, ainda que tenha ocorrido a violação do direito.
- Correspondência: art. 4º, parágrafo único, CPC/1973.
- V. art. 313, V, *a*, CPC/2015.
- V. Súmula 258, STF.

TÍTULO II
DOS LIMITES DA JURISDIÇÃO NACIONAL E DA COOPERAÇÃO INTERNACIONAL

Capítulo I
DOS LIMITES DA JURISDIÇÃO NACIONAL

Art. 21. Compete à autoridade judiciária brasileira processar e julgar as ações em que:
- Correspondência: art. 88, CPC/1973.

I – o réu, qualquer que seja a sua nacionalidade, estiver domiciliado no Brasil;
- V. arts. 70 a 78, CC.
- V. art. 12, Dec.-lei 4.657/1942 (Lei de Introdução às normas do Direito Brasileiro).

II – no Brasil tiver de ser cumprida a obrigação;
- V. art. 12, Dec.-lei 4.657/1942 (Lei de Introdução às normas do Direito Brasileiro).

III – o fundamento seja fato ocorrido ou ato praticado no Brasil.

Parágrafo único. Para o fim do disposto no inciso I, considera-se domiciliada no Brasil a pessoa jurídica estrangeira que nele tiver agência, filial ou sucursal.
- V. art. 75, IX e § 3º, CPC/2015.

Art. 22

CÓDIGO DE PROCESSO CIVIL

Art. 22. Compete, ainda, à autoridade judiciária brasileira processar e julgar as ações:

• Sem correspondência no CPC/1973.

I – de alimentos, quando:
a) o credor tiver domicílio ou residência no Brasil;
b) o réu mantiver vínculos no Brasil, tais como posse ou propriedade de bens, recebimento de renda ou obtenção de benefícios econômicos;

II – decorrentes de relações de consumo, quando o consumidor tiver domicílio ou residência no Brasil;

III – em que as partes, expressa ou tacitamente, se submeterem à jurisdição nacional.

Art. 23. Compete à autoridade judiciária brasileira, com exclusão de qualquer outra:

• Correspondência: art. 89, *caput*, CPC/1973.
•• V. art. 963, I, CPC/2015.

I – conhecer de ações relativas a imóveis situados no Brasil;

• Correspondência: art. 89, I, CPC/1973.
• V. art. 47, CPC/2015.
• V. art. 12, § 1º, Dec.-lei 4.657/1942 (Lei de Introdução às normas do Direito Brasileiro).

II – em matéria de sucessão hereditária, proceder à confirmação de testamento particular e ao inventário e à partilha de bens situados no Brasil, ainda que o autor da herança seja de nacionalidade estrangeira ou tenha domicílio fora do território nacional;

• Correspondência: art. 89, II, CPC/1973.
• V. art. 10, Dec.-lei 4.657/1942 (Lei de Introdução às normas do Direito Brasileiro).

III – em divórcio, separação judicial ou dissolução de união estável, proceder à partilha de bens situados no Brasil, ainda que o titular seja de nacionalidade estrangeira ou tenha domicílio fora do território nacional.

• Sem correspondência no CPC/1973.

Art. 24. A ação proposta perante tribunal estrangeiro não induz litispendência e não obsta a que a autoridade judiciária brasileira conheça da mesma causa e das que lhe são conexas, ressalvadas as disposições em contrário de tratados internacionais e acordos bilaterais em vigor no Brasil.

• Correspondência: art. 90, CPC/1973.
• V. art. 102, I, *e*, CF.

• V. arts. 55 e 57 e 337, §§ 1º a 3º, CPC/2015.

Parágrafo único. A pendência de causa perante a jurisdição brasileira não impede a homologação de sentença judicial estrangeira quando exigida para produzir efeitos no Brasil.

• Sem correspondência no CPC/1973.

Art. 25. Não compete à autoridade judiciária brasileira o processamento e o julgamento da ação quando houver cláusula de eleição de foro exclusivo estrangeiro em contrato internacional, arguida pelo réu na contestação.

• Sem correspondência no CPC/1973.

§ 1º Não se aplica o disposto no *caput* às hipóteses de competência internacional exclusiva previstas neste Capítulo.

§ 2º Aplica-se à hipótese do *caput* o art. 63, §§ 1º a 4º.

Capítulo II
DA COOPERAÇÃO INTERNACIONAL

Seção I
Disposições gerais

Art. 26. A cooperação jurídica internacional será regida por tratado de que o Brasil faz parte e observará:

• Sem correspondência no CPC/1973.

I – o respeito às garantias do devido processo legal no Estado requerente;

II – a igualdade de tratamento entre nacionais e estrangeiros, residentes ou não no Brasil, em relação ao acesso à justiça e à tramitação dos processos, assegurando-se assistência judiciária aos necessitados;

III – a publicidade processual, exceto nas hipóteses de sigilo previstas na legislação brasileira ou na do Estado requerente;

IV – a existência de autoridade central para recepção e transmissão dos pedidos de cooperação;

V – a espontaneidade na transmissão de informações a autoridades estrangeiras.

§ 1º Na ausência de tratado, a cooperação jurídica internacional poderá realizar-se com base em reciprocidade, manifestada por via diplomática.

CÓDIGO DE PROCESSO CIVIL

§ 2º Não se exigirá a reciprocidade referida no § 1º para homologação de sentença estrangeira.

§ 3º Na cooperação jurídica internacional não será admitida a prática de atos que contrariem ou que produzam resultados incompatíveis com as normas fundamentais que regem o Estado brasileiro.

§ 4º O Ministério da Justiça exercerá as funções de autoridade central na ausência de designação específica.

Art. 27. A cooperação jurídica internacional terá por objeto:

• Sem correspondência no CPC/1973.

I – citação, intimação e notificação judicial e extrajudicial;
II – colheita de provas e obtenção de informações;
III – homologação e cumprimento de decisão;
IV – concessão de medida judicial de urgência;
V – assistência jurídica internacional;
VI – qualquer outra medida judicial ou extrajudicial não proibida pela lei brasileira.

Seção II
Do auxílio direto

Art. 28. Cabe auxílio direto quando a medida não decorrer diretamente de decisão de autoridade jurisdicional estrangeira a ser submetida a juízo de delibação no Brasil.

• Sem correspondência no CPC/1973.

Art. 29. A solicitação de auxílio direto será encaminhada pelo órgão estrangeiro interessado à autoridade central, cabendo ao Estado requerente assegurar a autenticidade e a clareza do pedido.

• Sem correspondência no CPC/1973.

Art. 30. Além dos casos previstos em tratados de que o Brasil faz parte, o auxílio direto terá os seguintes objetos:

• Sem correspondência no CPC/1973.

I – obtenção e prestação de informações sobre o ordenamento jurídico e sobre processos administrativos ou jurisdicionais findos ou em curso;
II – colheita de provas, salvo se a medida for adotada em processo, em curso no estrangeiro, de competência exclusiva de autoridade judiciária brasileira;
III – qualquer outra medida judicial ou extrajudicial não proibida pela lei brasileira.

Art. 31. A autoridade central brasileira comunicar-se-á diretamente com suas congêneres e, se necessário, com outros órgãos estrangeiros responsáveis pela tramitação e pela execução de pedidos de cooperação enviados e recebidos pelo Estado brasileiro, respeitadas disposições específicas constantes de tratado.

• Sem correspondência no CPC/1973.

Art. 32. No caso de auxílio direto para a prática de atos que, segundo a lei brasileira, não necessitem de prestação jurisdicional, a autoridade central adotará as providências necessárias para seu cumprimento.

• Sem correspondência no CPC/1973.

Art. 33. Recebido o pedido de auxílio direto passivo, a autoridade central o encaminhará à Advocacia-Geral da União, que requererá em juízo a medida solicitada.

• Sem correspondência no CPC/1973.

Parágrafo único. O Ministério Público requererá em juízo a medida solicitada quando for autoridade central.

Art. 34. Compete ao juízo federal do lugar em que deva ser executada a medida apreciar pedido de auxílio direto passivo que demande prestação de atividade jurisdicional.

• Sem correspondência no CPC/1973.

Seção III
Da carta rogatória

Art. 35. *(Vetado.)*

Art. 36. O procedimento da carta rogatória perante o Superior Tribunal de Justiça é de jurisdição contenciosa e deve assegurar às partes as garantias do devido processo legal.

• Correspondência: art. 211, CPC/1973.
• V. art. 105, I, *i*, CF.
• V. art. 215, RISTF.
•• V. art. 109, X, CF.

§ 1º A defesa restringir-se-á à discussão quanto ao atendimento dos requisitos para que o pronunciamento judicial estrangeiro produza efeitos no Brasil.

- Sem correspondência no CPC/1973.

§ 2º Em qualquer hipótese, é vedada a revisão do mérito do pronunciamento judicial estrangeiro pela autoridade judiciária brasileira.

- Sem correspondência no CPC/1973.

Seção IV
Disposições comuns às seções anteriores

Art. 37. O pedido de cooperação jurídica internacional oriundo de autoridade brasileira competente será encaminhado à autoridade central para posterior envio ao Estado requerido para lhe dar andamento.

- Sem correspondência no CPC/1973.

Art. 38. O pedido de cooperação oriundo de autoridade brasileira competente e os documentos anexos que o instruem serão encaminhados à autoridade central, acompanhados de tradução para a língua oficial do Estado requerido.

- Sem correspondência no CPC/1973.

Art. 39. O pedido passivo de cooperação jurídica internacional será recusado se configurar manifesta ofensa à ordem pública.

- Sem correspondência no CPC/1973.

Art. 40. A cooperação jurídica internacional para execução de decisão estrangeira dar-se-á por meio de carta rogatória ou de ação de homologação de sentença estrangeira, de acordo com o art. 960.

- Sem correspondência no CPC/1973.

Art. 41. Considera-se autêntico o documento que instruir pedido de cooperação jurídica internacional, inclusive tradução para a língua portuguesa, quando encaminhado ao Estado brasileiro por meio de autoridade central ou por via diplomática, dispensando-se ajuramentação, autenticação ou qualquer procedimento de legalização.

- Sem correspondência no CPC/1973.

Parágrafo único. O disposto no *caput* não impede, quando necessária, a aplicação pelo Estado brasileiro do princípio da reciprocidade de tratamento.

TÍTULO III
DA COMPETÊNCIA INTERNA

Capítulo I
DA COMPETÊNCIA

Seção I
Disposições gerais

Art. 42. As causas cíveis serão processadas e decididas pelo juiz nos limites de sua competência, ressalvado às partes o direito de instituir juízo arbitral, na forma da lei.

- Correspondência: art. 86, CPC/1973.
- V. art. 5º, XXXV, CF.
- V. Lei 9.307/1996 (Arbitragem).
- • V. art. 2º, Lei 7.347/1985 (Ação civil pública).
- • V. art. 101, I, Lei 8.078/1990 (Código de Defesa do Consumidor).
- • V. art. 58, II, Lei 8.245/1991 (Lei de Locações).
- • V. art. 3º, Lei 11.101/2005 (Lei de Recuperação de Empresas e Falência).

Art. 43. Determina-se a competência no momento do registro ou da distribuição da petição inicial, sendo irrelevantes as modificações do estado de fato ou de direito ocorridas posteriormente, salvo quando suprimirem órgão judiciário ou alterarem a competência absoluta.

- Correspondência: art. 87, CPC/1973.
- V. art. 312, CPC/2015.
- V. Súmulas 1, 4, 10, 11, 15, 32 a 34, 46, 58, 66, 82, 97, 137, 170 e 173, STJ.

Art. 44. Obedecidos os limites estabelecidos pela Constituição Federal, a competência é determinada pelas normas previstas neste Código ou em legislação especial, pelas normas de organização judiciária e, ainda, no que couber, pelas constituições dos Estados.

- Correspondência: arts. 91 e 93, CPC/1973.
- V. arts. 54 e 62, CPC/2015.
- V. arts. 102, 105, 108 e 125, § 1º, CF.

Art. 45. Tramitando o processo perante outro juízo, os autos serão remetidos ao juízo federal competente se nele intervier a União, suas empresas públicas, entidades autárquicas e fundações, ou conselho de fiscalização de atividade profissional, na qualidade de parte ou de terceiro interveniente, exceto as ações:

- Correspondência: art. 99, I e II, CPC/1973.
- V. arts. 109, I, e 110, CF.

I – de recuperação judicial, falência, insolvência civil e acidente de trabalho;

- Correspondência: art. 99, parágrafo único, I, CPC/1973.
- V. art. 109, I, CF.

II – sujeitas à justiça eleitoral e à justiça do trabalho.

- Sem correspondência no CPC/1973.
- V. art. 109, I, CF.

§ 1º Os autos não serão remetidos se houver pedido cuja apreciação seja de competência do juízo perante o qual foi proposta a ação.

- Correspondência: art. 99, parágrafo único, CPC/1973.

§ 2º Na hipótese do § 1º, o juiz, ao não admitir a cumulação de pedidos em razão da incompetência para apreciar qualquer deles, não examinará o mérito daquele em que exista interesse da União, de suas entidades autárquicas ou de suas empresas públicas.

- Sem correspondência no CPC/1973.

§ 3º O juízo federal restituirá os autos ao juízo estadual sem suscitar conflito se o ente federal cuja presença ensejou a remessa for excluído do processo.

- Sem correspondência no CPC/1973.

Art. 46. A ação fundada em direito pessoal ou em direito real sobre bens móveis será proposta, em regra, no foro de domicílio do réu.

- Correspondência: art. 94, *caput*, CPC/1973.
- V. arts. 62 e 63, CPC/2015.

§ 1º Tendo mais de um domicílio, o réu será demandado no foro de qualquer deles.

- Correspondência: art. 94, § 1º, CPC/1973.
- V. arts. 70 a 78, CC.

§ 2º Sendo incerto ou desconhecido o domicílio do réu, ele poderá ser demandado onde for encontrado ou no foro de domicílio do autor.

- Correspondência: art. 94, § 2º, CPC/1973.

§ 3º Quando o réu não tiver domicílio ou residência no Brasil, a ação será proposta no foro de domicílio do autor, e, se este também residir fora do Brasil, a ação será proposta em qualquer foro.

- Correspondência: art. 94, § 3º, CPC/1973.
- V. art. 12, Dec.-lei 4.657/1942 (Lei de Introdução às normas do Direito Brasileiro).

§ 4º Havendo 2 (dois) ou mais réus com diferentes domicílios, serão demandados no foro de qualquer deles, à escolha do autor.

- Correspondência: art. 94, § 4º, CPC/1973.

§ 5º A execução fiscal será proposta no foro de domicílio do réu, no de sua residência ou no do lugar onde for encontrado.

- Sem correspondência no CPC/1973.
- V. arts. 127 e 159, CTN.

Art. 47. Para as ações fundadas em direito real sobre imóveis é competente o foro de situação da coisa.

- Correspondência: art. 95, *caput*, 1ª parte, CPC/1973.
- V. arts. 62, 63, 554 a 598, CPC/2015.
- V. arts. 328 e 341, CC.
- V. art. 12, Dec.-lei 4.657/1942 (Lei de Introdução às normas do Direito Brasileiro).
- V. art. 48, Lei 6.766/1979 (Parcelamento do solo urbano).
- V. Súmula 218, STF.

§ 1º O autor pode optar pelo foro de domicílio do réu ou pelo foro de eleição se o litígio não recair sobre direito de propriedade, vizinhança, servidão, divisão e demarcação de terras e de nunciação de obra nova.

- Correspondência: art. 95, *caput*, 2ª parte, CPC/1973.
- V. art. 58, II, Lei 8.245/1991 (Locação de imóveis urbanos).

§ 2º A ação possessória imobiliária será proposta no foro de situação da coisa, cujo juízo tem competência absoluta.

- Correspondência: art. 95, *caput*, 1ª parte, CPC/1973.

Art. 48. O foro de domicílio do autor da herança, no Brasil, é o competente para o inventário, a partilha, a arrecadação, o cumprimento de disposições de última vontade, a impugnação ou anulação de partilha extrajudicial e para todas as ações em que o espólio for réu, ainda que o óbito tenha ocorrido no estrangeiro.

- Correspondência: art. 96, *caput*, CPC/1973.
- V. arts. 23, II, 610 a 673 e 735 a 743, CPC/2015.
- V. arts. 73 e 1.785, CC.

Art. 49

Parágrafo único. Se o autor da herança não possuía domicílio certo, é competente:

- Correspondência: art. 96, parágrafo único, CPC/1973.

I – o foro de situação dos bens imóveis;
II – havendo bens imóveis em foros diferentes, qualquer destes;
III – não havendo bens imóveis, o foro do local de qualquer dos bens do espólio.

Art. 49. A ação em que o ausente for réu será proposta no foro de seu último domicílio, também competente para a arrecadação, o inventário, a partilha e o cumprimento de disposições testamentárias.

- Correspondência: art. 97, CPC/1973.
- V. arts. 744 a 745, CPC/2015.
- V. arts. 22 a 25, 27, 29 a 36, 38 e 39, CC.

Art. 50. A ação em que o incapaz for réu será proposta no foro de domicílio de seu representante ou assistente.

- Correspondência: art. 98, CPC/1973.
- V. art. 76, CC.

Art. 51. É competente o foro de domicílio do réu para as causas em que seja autora a União.

- V. arts. 109, I, e 110, CF.

Parágrafo único. Se a União for a demandada, a ação poderá ser proposta no foro de domicílio do autor, no de ocorrência do ato ou fato que originou a demanda, no de situação da coisa ou no Distrito Federal.

- Correspondência: art. 99, I, CPC/1973.

Art. 52. É competente o foro de domicílio do réu para as causas em que seja autor Estado ou o Distrito Federal.

- Sem correspondência no CPC/1973.

Parágrafo único. Se Estado ou o Distrito Federal for o demandado, a ação poderá ser proposta no foro de domicílio do autor, no de ocorrência do ato ou fato que originou a demanda, no de situação da coisa ou na capital do respectivo ente federado.

Art. 53. É competente o foro:

- Correspondência: art. 100, *caput*, CPC/1973.

I – para a ação de divórcio, separação, anulação de casamento e reconhecimento ou dissolução de união estável:

- Correspondência: art. 100, I, CPC/1973.

a) de domicílio do guardião de filho incapaz;
b) do último domicílio do casal, caso não haja filho incapaz;
c) de domicílio do réu, se nenhuma das partes residir no antigo domicílio do casal;
II – de domicílio ou residência do alimentando, para a ação em que se pedem alimentos;

- Correspondência: art. 100, II, CPC/1973.
- V. art. 26, Lei 5.478/1968 (Ação de alimentos).
- V. Súmula 1, STJ.

III – do lugar:

- Correspondência: art. 100, IV, CPC/1973.

a) onde está a sede, para a ação em que for ré pessoa jurídica;

- Correspondência: art. 100, IV, *a*, CPC/1973.
- V. art. 75, CC.

b) onde se acha agência ou sucursal, quanto às obrigações que a pessoa jurídica contraiu;

- Correspondência: art. 100, IV, *b*, CPC/1973.
- V. Súmula 363, STF.

c) onde exerce suas atividades, para a ação em que for ré sociedade ou associação sem personalidade jurídica;

- Correspondência: art. 100, IV, *c*, CPC/1973.

d) onde a obrigação deve ser satisfeita, para a ação em que se lhe exigir o cumprimento;

- Correspondência: art. 100, IV, *d*, CPC/1973.
- V. art. 540, CPC/2015.
- V. arts. 327 e 328, CC.

e) de residência do idoso, para a causa que verse sobre direito previsto no respectivo estatuto;

- Sem correspondência no CPC/1973.

f) da sede da serventia notarial ou de registro, para a ação de reparação de dano por ato praticado em razão do ofício;

- Sem correspondência no CPC/1973.

IV – do lugar do ato ou fato para a ação:

- Correspondência: art. 100, V, CPC/1973.

a) de reparação de dano;

- Correspondência: art. 100, V, *a*, CPC/1973.

b) em que for réu administrador ou gestor de negócios alheios;

- V. arts. 861 a 875 CC.
- Correspondência: art. 100, V, *b*, CPC/1973.

Art. 63

CÓDIGO DE PROCESSO CIVIL

V – de domicílio do autor ou do local do fato, para a ação de reparação de dano sofrido em razão de delito ou acidente de veículos, inclusive aeronaves.

- Correspondência: art. 100, parágrafo único, CPC/1973.

Seção II
Da modificação da competência

Art. 54. A competência relativa poderá modificar-se pela conexão ou pela continência, observado o disposto nesta Seção.

- Correspondência: art. 102, CPC/1973.
- V. arts. 24, 43, 65, 152, IV, *d*, 286 e 327, CPC/2015.

Art. 55. Reputam-se conexas duas ou mais ações quando lhes for comum o pedido ou a causa de pedir.

- Correspondência: art. 103, CPC/1973.
- V. arts. 113, II, e 319, III, CPC/2015.
- V. Súmula 383, STJ.

§ 1º Os processos de ações conexas serão reunidos para decisão conjunta, salvo se um deles já houver sido sentenciado.

- Correspondência: art. 105, CPC/1973.

§ 2º Aplica-se o disposto no *caput*:

- Sem correspondência no CPC/1973.

I – à execução de título extrajudicial e à ação de conhecimento relativa ao mesmo ato jurídico;

II – às execuções fundadas no mesmo título executivo.

§ 3º Serão reunidos para julgamento conjunto os processos que possam gerar risco de prolação de decisões conflitantes ou contraditórias caso decididos separadamente, mesmo sem conexão entre eles.

- Sem correspondência no CPC/1973.

Art. 56. Dá-se a continência entre 2 (duas) ou mais ações quando houver identidade quanto às partes e à causa de pedir, mas o pedido de uma, por ser mais amplo, abrange o das demais.

- Correspondência: art. 104, CPC/1973.
- V. art. 337, §§ 1º a 3º, CPC/2015.

Art. 57. Quando houver continência e a ação continente tiver sido proposta anteriormente, no processo relativo à ação contida será proferida sentença sem resolução de mérito, caso contrário, as ações serão necessariamente reunidas.

- Correspondência: art. 105, CPC/1973.
- V. art. 337, VIII, CPC/2015.

Art. 58. A reunião das ações propostas em separado far-se-á no juízo prevento, onde serão decididas simultaneamente.

- Correspondência: arts. 105 e 106, CPC/1973.
- V. art. 337, VIII, CPC/2015.
- V. art. 6º, § 8º, Lei 11.101/2005 (Lei de Recuperação de Empresas e Falência).

Art. 59. O registro ou a distribuição da petição inicial torna prevento o juízo.

- Correspondência: arts. 106 e 219, CPC/1973.
- V. arts. 240, 312 e 802, CPC/2015.
- V. art. 6º, § 8º, Lei 11.101/2005 (Lei de Recuperação de Empresas e Falência).

Art. 60. Se o imóvel se achar situado em mais de um Estado, comarca, seção ou subseção judiciária, a competência territorial do juízo prevento estender-se-á sobre a totalidade do imóvel.

- Correspondência: art. 107, CPC/1973.
- V. arts. 47, 240 e 312, CPC/2015.

Art. 61. A ação acessória será proposta no juízo competente para a ação principal.

- Correspondência: art. 108, CPC/1973.
- V. arts. 674, e 712, CPC/2015.
- V. arts. 76 e 134, Lei 11.101/2005 (Lei de Recuperação de Empresas e Falência).

Art. 62. A competência determinada em razão da matéria, da pessoa ou da função é inderrogável por convenção das partes.

- Correspondência: art. 111, 1ª parte, CPC/1973.
- V. art. 1º, Dec.-lei 4.597/1942 (Prescrição das ações contra a Fazenda Pública).

Art. 63. As partes podem modificar a competência em razão do valor e do território, elegendo foro onde será proposta ação oriunda de direitos e obrigações.

- Correspondência: art. 111, 2ª parte, CPC/1973.
- V. art. 78, CC.
- V. art. 58, II, Lei 8.245/1991 (Locação de imóveis urbanos).
- V. Súmula 335, STF.

§ 1º A eleição de foro só produz efeito quando constar de instrumento escrito e aludir expressamente a determinado negócio jurídico.

- Correspondência: art. 111, § 1º, CPC/1973.

283

Art. 64

§ 2º O foro contratual obriga os herdeiros e sucessores das partes.

• Correspondência: art. 111, § 2º, CPC/1973.

§ 3º Antes da citação, a cláusula de eleição de foro, se abusiva, pode ser reputada ineficaz de ofício pelo juiz, que determinará a remessa dos autos ao juízo do foro de domicílio do réu.

• Correspondência: art. 112, parágrafo único, CPC/1973.

§ 4º Citado, incumbe ao réu alegar a abusividade da cláusula de eleição de foro na contestação, sob pena de preclusão.

• Sem correspondência no CPC/1973.
• V. arts. 65 e 337, II, CPC/2015.

Seção III
Da incompetência

Art. 64. A incompetência, absoluta ou relativa, será alegada como questão preliminar de contestação.

• Correspondência: arts. 112, *caput* e 301, II, CPC/1973.
• V. arts. 62, 335, 337, II, 340, 535, V, 917, V, 957 e 966, II, CPC/2015.

§ 1º A incompetência absoluta pode ser alegada em qualquer tempo e grau de jurisdição e deve ser declarada de ofício.

• Correspondência: art. 113, CPC/1973.
• V. Súmula 33, STJ.

§ 2º Após manifestação da parte contrária, o juiz decidirá imediatamente a alegação de incompetência.

• Correspondência: art. 311, CPC/1973.

§ 3º Caso a alegação de incompetência seja acolhida, os autos serão remetidos ao juízo competente.

• Correspondência: art. 311, CPC/1973.

§ 4º Salvo decisão judicial em sentido contrário, conservar-se-ão os efeitos de decisão proferida pelo juízo incompetente até que outra seja proferida, se for o caso, pelo juízo competente.

• Correspondência: art. 113, § 2º, CPC/1973.

Art. 65. Prorrogar-se-á a competência relativa se o réu não alegar a incompetência em preliminar de contestação.

• Correspondência: art. 114, CPC/1973.
• V. art. 337, II e § 5º, CPC/2015.

Parágrafo único. A incompetência relativa pode ser alegada pelo Ministério Público nas causas em que atuar.

• Correspondência: art. 116, CPC/1973.

Art. 66. Há conflito de competência quando:

• Correspondência: art. 115, *caput*, CPC/1973.
• V. arts. 102, I, *o*, 105, I, *d*, e 108, I, *e*, CF.

I – 2 (dois) ou mais juízes se declaram competentes;

• Correspondência: art. 115, I, CPC/1973.
• V. arts. 240 e 485, V, CPC/2015.

II – 2 (dois) ou mais juízes se consideram incompetentes, atribuindo um ao outro a competência;

• Correspondência: art. 115, II, CPC/1973.
• V. arts. 240 e 485, V, CPC/2015.

III – entre 2 (dois) ou mais juízes surge controvérsia acerca da reunião ou separação de processos.

• Correspondência: art. 115, III, CPC/1973.
• V. art. 57, CPC/2015.

Parágrafo único. O juiz que não acolher a competência declinada deverá suscitar o conflito, salvo se a atribuir a outro juízo.

• Sem correspondência no CPC/1973.

Capítulo II
DA COOPERAÇÃO NACIONAL

Art. 67. Aos órgãos do Poder Judiciário, estadual ou federal, especializados ou comum, em todas as instâncias e graus de jurisdição, inclusive aos tribunais superiores, incumbe o dever de recíproca cooperação, por meio de seus magistrados e servidores.

• Sem correspondência no CPC/1973.

Art. 68. Os juízos poderão formular entre si pedido de cooperação para prática de qualquer ato processual.

• Sem correspondência no CPC/1973.

Art. 69. O pedido de cooperação jurisdicional deve ser prontamente atendido, prescinde de forma específica e pode ser executado como:

• Sem correspondência no CPC/1973.
• V. arts. 236 e ss., CPC/2015.

I – auxílio direto;

CÓDIGO DE PROCESSO CIVIL

II – reunião ou apensamento de processos;
III – prestação de informações;
IV – atos concertados entre os juízes cooperantes.

§ 1º As cartas de ordem, precatória e arbitral seguirão o regime previsto neste Código.

§ 2º Os atos concertados entre os juízes cooperantes poderão consistir, além de outros, no estabelecimento de procedimento para:

I – a prática de citação, intimação ou notificação de ato;
II – a obtenção e apresentação de provas e a coleta de depoimentos;
III – a efetivação de tutela provisória;
IV – a efetivação de medidas e providências para recuperação e preservação de empresas;
V – a facilitação de habilitação de créditos na falência e na recuperação judicial;
VI – a centralização de processos repetitivos;
VII – a execução de decisão jurisdicional.

§ 3º O pedido de cooperação judiciária pode ser realizado entre órgãos jurisdicionais de diferentes ramos do Poder Judiciário.

LIVRO III
DOS SUJEITOS DO PROCESSO

TÍTULO I
DAS PARTES E DOS PROCURADORES

Capítulo I
DA CAPACIDADE PROCESSUAL

Art. 70. Toda pessoa que se encontre no exercício de seus direitos tem capacidade para estar em juízo.

- Correspondência: art. 7º, CPC/1973.
- V. arts. 75 e 76, CPC/2015.
- V. art. 15, § 1º, Lei 8.906/1994 (Estatuto da Advocacia e da OAB).
- V. art. 8º, § 2º, Lei 9.099/1995 (Juizados Especiais Cíveis e Criminais).

Art. 71. O incapaz será representado ou assistido por seus pais, por tutor ou por curador, na forma da lei.

- Correspondência: art. 8º, CPC/1973.
- V. art. 178, II, CPC/2015.

- V. arts. 3º, 4º, 1.690, 1.692, 1.747, I, 1.748, V, 1.767, 1.774, 1.775, 1.778, 1.779, 1.781 e 1.782, CC.
- V. arts. 7º a 11, Lei 6.001/1973 (Estatuto do Índio).
- V. art. 21, Lei 8.069/1990 (Estatuto da Criança e do Adolescente).

Art. 72. O juiz nomeará curador especial ao:

- Correspondência: art. 9º, CPC/1973.
- V. arts. 245, §§ 4º e 5º, 341, parágrafo único, e 671, CPC/2015.

I – incapaz, se não tiver representante legal ou se os interesses deste colidirem com os daquele, enquanto durar a incapacidade;

- V. art. 1.692, CC.

II – réu preso revel, bem como ao réu revel citado por edital ou com hora certa, enquanto não for constituído advogado.

- V. art. 8º, Lei 9.099/1995 (Juizados Especiais Cíveis e Criminais).

Parágrafo único. A curatela especial será exercida pela Defensoria Pública, nos termos da lei.

Art. 73. O cônjuge necessitará do consentimento do outro para propor ação que verse sobre direito real imobiliário, salvo quando casados sob o regime de separação absoluta de bens.

- Correspondência: art. 10, *caput*, CPC/1973.
- V. art. 114 e 321, CPC/2015.

§ 1º Ambos os cônjuges serão necessariamente citados para a ação:

- Correspondência: art. 10, § 1º, CPC/1973.
- V. art. 226, § 5º, CF.
- V. arts. 1.567, 1.570, 1.644, 1.647 a 1.649, 1.651, 1.663, *caput* e § 1º, e 1.666, CC.

I – que verse sobre direito real imobiliário, salvo quando casados sob o regime de separação absoluta de bens;

- Correspondência: art. 10, § 1º, I, CPC/1973.

II – resultante de fato que diga respeito a ambos os cônjuges ou de ato praticado por eles;

- Correspondência: art. 10, § 1º, II, CPC/1973.

III – fundada em dívida contraída por um dos cônjuges a bem da família;

- Correspondência: art. 10, § 1º, III, CPC/1973.

IV – que tenha por objeto o reconhecimento, a constituição ou a extinção de ônus sobre imóvel de um ou de ambos os cônjuges.

• Correspondência: art. 10, § 1º, IV, CPC/1973.

§ 2º Nas ações possessórias, a participação do cônjuge do autor ou do réu somente é indispensável nas hipóteses de composse ou de ato por ambos praticado.

• Correspondência: art. 10, § 2º, CPC/1973.

§ 3º Aplica-se o disposto neste artigo à união estável comprovada nos autos.

• Sem correspondência no CPC/1973.

Art. 74. O consentimento previsto no art. 73 pode ser suprido judicialmente quando for negado por um dos cônjuges sem justo motivo, ou quando lhe seja impossível concedê-lo.

• Correspondência: art. 11, CPC/1973.
• V. arts. 76, 337, IX, 351, 485, IV, CPC/2015.
• V. art. 226, § 5º, CF.
• V. art. 1.648, CC.

Parágrafo único. A falta de consentimento, quando necessário e não suprido pelo juiz, invalida o processo.

Art. 75. Serão representados em juízo, ativa e passivamente:

• Correspondência: art. 12, caput, CPC/1973.
• V. arts. 110, 116, 739, § 1º, I, CPC/2015.
• V. art. 132, CF.

I – a União, pela Advocacia-Geral da União, diretamente ou mediante órgão vinculado;

• Correspondência: art. 12, I, CPC/1973.

II – o Estado e o Distrito Federal, por seus procuradores;

• Correspondência: art. 12, I, CPC/1973.

III – o Município, por seu prefeito ou procurador;

• Correspondência: art. 12, II, CPC/1973.
• V. art. 22, III, n, Lei 11.101/2005 (Lei de Recuperação de Empresas e Falência).

IV – a autarquia e a fundação de direito público, por quem a lei do ente federado designar;

• Sem correspondência no CPC/1973.

V – a massa falida, pelo administrador judicial;

• Correspondência: art. 12, III, CPC/1973.

VI – a herança jacente ou vacante, por seu curador;

• Correspondência: art. 12, IV, CPC/1973.
• V. art. 1.819, CC.

VII – o espólio, pelo inventariante;

• Correspondência: art. 12, V, CPC/1973.

VIII – a pessoa jurídica, por quem os respectivos atos constitutivos designarem ou, não havendo essa designação, por seus diretores;

• Correspondência: art. 12, VI, CPC/1973.
• V. art. 47, CC.
• V. art. 68, § 3º, Lei 6.404/1976 (Sociedades por ações).

IX – a sociedade e a associação irregulares e outros entes organizados sem personalidade jurídica, pela pessoa a quem couber a administração de seus bens;

• Correspondência: art. 12, VII, CPC/1973.
• V. art. 987, CC.

X – a pessoa jurídica estrangeira, pelo gerente, representante ou administrador de sua filial, agência ou sucursal aberta ou instalada no Brasil;

• Correspondência: art. 12, VIII, CPC/1973.

XI – o condomínio, pelo administrador ou síndico.

• Correspondência: art. 12, IX, CPC/1973.
• V. art. 1.324, CC.
• V. art. 22, § 1º, a, Lei 4.591/1964 (Condomínio em edificações e as incorporações imobiliárias).

§ 1º Quando o inventariante for dativo, os sucessores do falecido serão intimados no processo no qual o espólio seja parte.

• Correspondência: art. 12, § 1º, CPC/1973.

§ 2º A sociedade ou associação sem personalidade jurídica não poderá opor a irregularidade de sua constituição quando demandada.

• Correspondência: art. 12, § 2º, CPC/1973.

§ 3º O gerente de filial ou agência presume-se autorizado pela pessoa jurídica estrangeira a receber citação para qualquer processo.

• Correspondência: art. 12, § 3º, CPC/1973.

§ 4º Os Estados e o Distrito Federal poderão ajustar compromisso recíproco para prática de ato processual por seus procuradores em favor de outro ente federado, mediante

convênio firmado pelas respectivas procuradorias.
- Sem correspondência no CPC/1973.
- V. art. 1.324, CC.

Art. 76. Verificada a incapacidade processual ou a irregularidade da representação da parte, o juiz suspenderá o processo e designará prazo razoável para que seja sanado o vício.
- Correspondência: art. 13, *caput*, 1ª parte, CPC/1973.
- V. arts. 313, I, 321, 337, IX, e 485, IV, CPC/2015.

§ 1º Descumprida a determinação, caso o processo esteja na instância originária:
- Correspondência: art. 13, *caput*, 2ª parte, CPC/1973.

I – o processo será extinto, se a providência couber ao autor;
- Correspondência: art. 13, I, CPC/1973.

II – o réu será considerado revel, se a providência lhe couber;
- Correspondência: art. 13, II, CPC/1973.

III – o terceiro será considerado revel ou excluído do processo, dependendo do polo em que se encontre.
- Correspondência: art. 13, III, CPC/1973.

§ 2º Descumprida a determinação em fase recursal perante tribunal de justiça, tribunal regional federal ou tribunal superior, o relator:
- Sem correspondência no CPC/1973.

I – não conhecerá do recurso, se a providência couber ao recorrente;

II – determinará o desentranhamento das contrarrazões, se a providência couber ao recorrido.

Capítulo II
DOS DEVERES DAS PARTES E DE SEUS PROCURADORES

Seção I
Dos deveres

Art. 77. Além de outros previstos neste Código, são deveres das partes, de seus procuradores e de todos aqueles que de qualquer forma participem do processo:
- Correspondência: art. 14, *caput*, CPC/1973.

I – expor os fatos em juízo conforme a verdade;
- Correspondência: art. 14, I, CPC/1973.

II – não formular pretensão ou de apresentar defesa quando cientes de que são destituídas de fundamento;
- Correspondência: art. 14, III, CPC/1973.

III – não produzir provas e não praticar atos inúteis ou desnecessários à declaração ou à defesa do direito;
- Correspondência: art. 14, IV, CPC/1973.
- V. arts. 202, 459, § 2º, e 966, III, CPC/2015.

IV – cumprir com exatidão as decisões jurisdicionais, de natureza provisória ou final, e não criar embaraços à sua efetivação;
- Correspondência: art. 14, V, CPC/1973.
- V. art. 379, CPC/2015.

V – declinar, no primeiro momento que lhes couber falar nos autos, o endereço residencial ou profissional onde receberão intimações, atualizando essa informação sempre que ocorrer qualquer modificação temporária ou definitiva;
- Correspondência: art. 238, parágrafo único, CPC/1973.

VI – não praticar inovação ilegal no estado de fato de bem ou direito litigioso.
- Correspondência: art. 879, III, CPC/1973.

§ 1º Nas hipóteses dos incisos IV e VI, o juiz advertirá qualquer das pessoas mencionadas no *caput* de que sua conduta poderá ser punida como ato atentatório à dignidade da justiça.
- Sem correspondência no CPC/1973.
- V. art. 360, I e II, CPC/2015.

§ 2º A violação ao disposto nos incisos IV e VI constitui ato atentatório à dignidade da justiça, devendo o juiz, sem prejuízo das sanções criminais, civis e processuais cabíveis, aplicar ao responsável multa de até 20% (vinte por cento) do valor da causa, de acordo com a gravidade da conduta.
- Correspondência: art. 14, parágrafo único, CPC/1973.

§ 3º Não sendo paga no prazo a ser fixado pelo juiz, a multa prevista no § 2º será inscrita como dívida ativa da União ou do Estado após o trânsito em julgado da decisão que a fixou, e sua execução observará o procedimento da execução fiscal, revertendo-se aos fundos previstos no art. 97.

- Correspondência: art. 14, parágrafo único, CPC/1973.

§ 4º A multa estabelecida no § 2º poderá ser fixada independentemente da incidência das previstas nos arts. 523, § 1º, e 536, § 1º.

- Sem correspondência no CPC/1973.

§ 5º Quando o valor da causa for irrisório ou inestimável, a multa prevista no § 2º poderá ser fixada em até 10 (dez) vezes o valor do salário mínimo.

- Sem correspondência no CPC/1973.

§ 6º Aos advogados públicos ou privados e aos membros da Defensoria Pública e do Ministério Público não se aplica o disposto nos §§ 2º a 5º, devendo eventual responsabilidade disciplinar ser apurada pelo respectivo órgão de classe ou corregedoria, ao qual o juiz oficiará.

- Correspondência: art. 14, parágrafo único, 1ª parte, CPC/1973.

§ 7º Reconhecida violação ao disposto no inciso VI, o juiz determinará o restabelecimento do estado anterior, podendo, ainda, proibir a parte de falar nos autos até a purgação do atentado, sem prejuízo da aplicação do § 2º.

- Sem correspondência no CPC/1973.

§ 8º O representante judicial da parte não pode ser compelido a cumprir decisão em seu lugar.

- Sem correspondência no CPC/1973.

Art. 78. É vedado às partes, a seus procuradores, aos juízes, aos membros do Ministério Público e da Defensoria Pública e a qualquer pessoa que participe do processo empregar expressões ofensivas nos escritos apresentados.

- Correspondência: art. 15, *caput*, 1ª parte, CPC/1973.

§ 1º Quando expressões ou condutas ofensivas forem manifestadas oral ou presencialmente, o juiz advertirá o ofensor de que não as deve usar ou repetir, sob pena de lhe ser cassada a palavra.

- Correspondência: art. 15, parágrafo único, CPC/1973.
- V. art. 360, CPC/2015.
- V. art. 142, I, CP.

§ 2º De ofício ou a requerimento do ofendido, o juiz determinará que as expressões ofensivas sejam riscadas e, a requerimento do ofendido, determinará a expedição de certidão com inteiro teor das expressões ofensivas e a colocará à disposição da parte interessada.

- Correspondência: art. 15, *caput*, 2ª parte, CPC/1973.

Seção II
Da responsabilidade das partes por dano processual

Art. 79. Responde por perdas e danos aquele que litigar de má-fé como autor, réu ou interveniente.

- Correspondência: art. 16, CPC/1973.
- V. arts. 302, 776, CPC/2015.

Art. 80. Considera-se litigante de má-fé aquele que:

- Correspondência: art. 17, CPC/1973.
- V. arts. 77, 142, 772, II, 774, CPC/2015.
- V. art. 32, Lei 8.906/1994 (Estatuto da Advocacia e da OAB).

I – deduzir pretensão ou defesa contra texto expresso de lei ou fato incontroverso;

II – alterar a verdade dos fatos;

III – usar do processo para conseguir objetivo ilegal;

IV – opuser resistência injustificada ao andamento do processo;

V – proceder de modo temerário em qualquer incidente ou ato do processo;

VI – provocar incidente manifestamente infundado;

VII – interpuser recurso com intuito manifestamente protelatório.

Art. 81. De ofício ou a requerimento, o juiz condenará o litigante de má-fé a pagar multa, que deverá ser superior a 1% (um por cento) e inferior a 10% (dez por cento) do valor corrigido da causa, a indenizar a parte contrária pelos prejuízos que esta sofreu e a arcar com os honorários advocatícios e com todas as despesas que efetuou.

- Correspondência: art. 18, CPC/1973.
- V. arts. 130, 339 e 718, CPC/2015.
- V. art. 32, Lei 8.906/1994 (Estatuto da Advocacia e da OAB).

CÓDIGO DE PROCESSO CIVIL

§ 1º Quando forem 2 (dois) ou mais os litigantes de má-fé, o juiz condenará cada um na proporção de seu respectivo interesse na causa ou solidariamente aqueles que se coligaram para lesar a parte contrária.

• Correspondência: art. 18, § 1º, CPC/1973.
• V. art. 130, CPC/2015.

§ 2º Quando o valor da causa for irrisório ou inestimável, a multa poderá ser fixada em até 10 (dez) vezes o valor do salário mínimo.

• Sem correspondência no CPC/1973.

§ 3º O valor da indenização será fixado pelo juiz ou, caso não seja possível mensurá-lo, liquidado por arbitramento ou pelo procedimento comum, nos próprios autos.

• Correspondência: art. 18, § 2º, CPC/1973.

Seção III
Das despesas, dos honorários advocatícios e das multas

Art. 82. Salvo as disposições concernentes à gratuidade da justiça, incumbe às partes prover as despesas dos atos que realizarem ou requererem no processo, antecipando-lhes o pagamento, desde o início até a sentença final ou, na execução, até a plena satisfação do direito reconhecido no título.

• Correspondência: art. 19, *caput*, CPC/1973.
• V. arts 88, 268, 290, 462, 701, § 1º e 974, CPC/2015.
• V. art. 5º, LXXIII e LXXIV, CF.
• V. Lei 1.060/1950 (Lei de Assistência Judiciária).
• V. art. 12, Lei 4.717/1965 (Ação popular).
• V. art. 39, Lei 6.830/1980 (Execução fiscal).
• V. Lei 6.899/1981 (Correção monetária nos débitos oriundos de decisão judicial).
• V. art. 18, Lei 7.347/1985 (Ação civil pública).
• V. art. 62, II, *d*, Lei 8.245/1991 (Locação de imóveis urbanos).
• V. arts. 46, 91 e 130, LC 80/1994 (Defensoria Pública da União).
• V. art. 4º, II, Lei 9.289/1996 (Custas na Justiça Federal).

§ 1º Incumbe ao autor adiantar as despesas relativas a ato cuja realização o juiz determinar de ofício ou a requerimento do Ministério Público, quando sua intervenção ocorrer como fiscal da ordem jurídica.

• Correspondência: art. 19, § 2º, CPC/1973.
• V. arts. 91, 95 e 266, CPC/2015.

§ 2º A sentença condenará o vencido a pagar ao vencedor as despesas que antecipou.

• Correspondência: art. 10, 1ª parte, CPC/1973.
• V. art. 30, Dec.-lei 3.365/1941 (Desapropriações por utilidade pública).
• V. art. 22, parágrafo único, Lei 6.515/1977 (Lei do Divórcio).
• V. art. 61, Lei 8.245/1991 (Locação de imóveis urbanos).

Art. 83. O autor, brasileiro ou estrangeiro, que residir fora do Brasil ou deixar de residir no país ao longo da tramitação de processo prestará caução suficiente ao pagamento das custas e dos honorários de advogado da parte contrária nas ações que propuser, se não tiver no Brasil bens imóveis que lhes assegurem o pagamento.

• Correspondência: art. 835, CPC/1973.
• V. art. 97, § 2º, Lei 11.101/2005 (Lei de Recuperação de Empresas e Falência).

§ 1º Não se exigirá a caução de que trata o *caput*:

• Correspondência: art. 836, *caput*, CPC/1973.

I – quando houver dispensa prevista em acordo ou tratado internacional de que o Brasil faz parte;

• Sem correspondência no CPC/1973.

II – na execução fundada em título extrajudicial e no cumprimento de sentença;

• Correspondência: art. 836, I, CPC/1973.

III – na reconvenção.

• Correspondência: art. 836, II, CPC/1973.

§ 2º Verificando-se no trâmite do processo que se desfalcou a garantia, poderá o interessado exigir reforço da caução, justificando seu pedido com a indicação da depreciação do bem dado em garantia e a importância do reforço que pretende obter.

• Correspondência: art. 837, CPC/1973.
• V. art. 782, CPC/2015.

Art. 84. As despesas abrangem as custas dos atos do processo, a indenização de viagem, a remuneração do assistente técnico e a diária de testemunha.

• Correspondência: art. 20, § 2º, CPC/1973.
• V. arts. 462 e 701, § 1º, CPC/2015.

Art. 85. A sentença condenará o vencido a pagar honorários ao advogado do vencedor.

• Correspondência: art. 20, *caput*, 1ª parte, CPC/1973.

Art. 85

- V. art. 27, § 1º, Dec.-lei 3.365/1941 (Desapropriação por utilidade pública).
- V. art. 12, Lei 4.717/1965 (Ação popular).
- V. art. 22, parágrafo único, Lei 6.515/1977 (Lei do Divórcio).
- V. Súmulas 185, 234, 256, 257, 389, 512 e 616, STF.
- V. Súmulas 14, 105, 110, 111, 345 e 453, STJ.

§ 1º São devidos honorários advocatícios na reconvenção, no cumprimento de sentença, provisório ou definitivo, na execução, resistida ou não, e nos recursos interpostos, cumulativamente.

- Correspondência: art. 34, CPC/1973.
- ** V. arts. 343, 513 e 827, CPC/2015.
- ** V. Súmula 517, STJ.

§ 2º Os honorários serão fixados entre o mínimo de dez e o máximo de 20% (vinte por cento) sobre o valor da condenação, do proveito econômico obtido ou, não sendo possível mensurá-lo, sobre o valor atualizado da causa, atendidos:

- Correspondência: art. 20, § 3º, CPC/1973.
- V. arts. 291, CPC/2015.
- V. arts. 61 e 62, II, d, Lei 8.245/1991 (Locação de imóveis urbanos).

I – o grau de zelo do profissional;

- Correspondência: art. 20, § 3º, a, CPC/1973.

II – o lugar de prestação do serviço;

- Correspondência: art. 20, § 3º, b, CPC/1973.

III – a natureza e a importância da causa;

- Correspondência: art. 20, § 3º, c, CPC/1973.

IV – o trabalho realizado pelo advogado e o tempo exigido para o seu serviço.

- Correspondência: art. 20, § 3º, c, CPC/1973.

§ 3º Nas causas em que a Fazenda Pública for parte, a fixação dos honorários observará os critérios estabelecidos nos incisos I a IV do § 2º e os seguintes percentuais:

- Correspondência: art. 20, § 4º, CPC/1973.

I – mínimo de dez e máximo de 20% (vinte por cento) sobre o valor da condenação ou do proveito econômico obtido até 200 (duzentos) salários mínimos;

- Sem correspondência no CPC/1973.

II – mínimo de oito e máximo de 10% (dez por cento) sobre o valor da condenação ou do proveito econômico obtido acima de 200 (duzentos) salários mínimos até 2.000 (dois mil) salários mínimos;

- Sem correspondência no CPC/1973.

III – mínimo de cinco e máximo de 8% (oito por cento) sobre o valor da condenação ou do proveito econômico obtido acima de 2.000 (dois mil) salários mínimos até 20.000 (vinte mil) salários mínimos;

- Sem correspondência no CPC/1973.

IV – mínimo de três e máximo de 5% (cinco por cento) sobre o valor da condenação ou do proveito econômico obtido acima de 20.000 (vinte mil) salários mínimos até 100.000 (cem mil) salários mínimos;

- Sem correspondência no CPC/1973.

V – mínimo de um e máximo de 3% (três por cento) sobre o valor da condenação ou do proveito econômico obtido acima de 100.000 (cem mil) salários mínimos.

- Sem correspondência no CPC/1973.

§ 4º Em qualquer das hipóteses do § 3º:

- Sem correspondência no CPC/1973.

I – os percentuais previstos nos incisos I a V devem ser aplicados desde logo, quando for líquida a sentença;

- Sem correspondência no CPC/1973.

II – não sendo líquida a sentença, a definição do percentual, nos termos previstos nos incisos I a V, somente ocorrerá quando liquidado o julgado;

- Sem correspondência no CPC/1973.

III – não havendo condenação principal ou não sendo possível mensurar o proveito econômico obtido, a condenação em honorários dar-se-á sobre o valor atualizado da causa;

- Sem correspondência no CPC/1973.

IV – será considerado o salário mínimo vigente quando prolatada sentença líquida ou o que estiver em vigor na data da decisão de liquidação.

- Sem correspondência no CPC/1973.

§ 5º Quando, conforme o caso, a condenação contra a Fazenda Pública ou o benefício econômico obtido pelo vencedor ou o valor da causa for superior ao valor previsto no inciso I do § 3º, a fixação do percentual de honorários deve observar a faixa inicial e, naquilo que a exceder, a faixa subsequente, e assim sucessivamente.

• Sem correspondência no CPC/1973.

§ 6º Os limites e critérios previstos nos §§ 2º e 3º aplicam-se independentemente de qual seja o conteúdo da decisão, inclusive aos casos de improcedência ou de sentença sem resolução de mérito.

• Sem correspondência no CPC/1973.

§ 7º Não serão devidos honorários no cumprimento de sentença contra a Fazenda Pública que enseje expedição de precatório, desde que não tenha sido impugnada.

• Sem correspondência no CPC/1973.

§ 8º Nas causas em que for inestimável ou irrisório o proveito econômico ou, ainda, quando o valor da causa for muito baixo, o juiz fixará o valor dos honorários por apreciação equitativa, observando o disposto nos incisos do § 2º.

• Correspondência: art. 20, § 4º, CPC/1973.

§ 9º Na ação de indenização por ato ilícito contra pessoa, o percentual de honorários incidirá sobre a soma das prestações vencidas acrescida de 12 (doze) prestações vincendas.

• Correspondência: art. 20, § 5º, CPC/1973.

§ 10. Nos casos de perda do objeto, os honorários serão devidos por quem deu causa ao processo.

• Sem correspondência no CPC/1973.

§ 11. O tribunal, ao julgar recurso, majorará os honorários fixados anteriormente levando em conta o trabalho adicional realizado em grau recursal, observando, conforme o caso, o disposto nos §§ 2º a 6º, sendo vedado ao tribunal, no cômputo geral da fixação de honorários devidos ao advogado do vencedor, ultrapassar os respectivos limites estabelecidos nos §§ 2º e 3º para a fase de conhecimento.

• Sem correspondência no CPC/1973.

§ 12. Os honorários referidos no § 11 são cumuláveis com multas e outras sanções processuais, inclusive as previstas no art. 77.

• Sem correspondência no CPC/1973.

§ 13. As verbas de sucumbência arbitradas em embargos à execução rejeitados ou julgados improcedentes e em fase de cumprimento de sentença serão acrescidas no valor do débito principal, para todos os efeitos legais.

• Sem correspondência no CPC/1973.

§ 14. Os honorários constituem direito do advogado e têm natureza alimentar, com os mesmos privilégios dos créditos oriundos da legislação do trabalho, sendo vedada a compensação em caso de sucumbência parcial.

• Sem correspondência no CPC/1973.
• V. arts. 22 a 26, Lei 8.906/1994 (Estatuto da Advocacia e da OAB).

§ 15. O advogado pode requerer que o pagamento dos honorários que lhe caibam seja efetuado em favor da sociedade de advogados que integra na qualidade de sócio, aplicando-se à hipótese o disposto no § 14.

• Sem correspondência no CPC/1973.

§ 16. Quando os honorários forem fixados em quantia certa, os juros moratórios incidirão a partir da data do trânsito em julgado da decisão.

• Sem correspondência no CPC/1973.
• V. Lei 6.899/1981 (Correção monetária nos débitos oriundos de decisão judicial).

§ 17. Os honorários serão devidos quando o advogado atuar em causa própria.

• Correspondência: art. 20, *caput*, 2ª parte, CPC/1973.

§ 18. Caso a decisão transitada em julgado seja omissa quanto ao direito aos honorários ou ao seu valor, é cabível ação autônoma para sua definição e cobrança.

• Sem correspondência no CPC/1973.
•• V. Súmula 453, STJ.

§ 19. Os advogados públicos perceberão honorários de sucumbência, nos termos da lei.

• Sem correspondência no CPC/1973.

Art. 86. Se cada litigante for, em parte, vencedor e vencido, serão proporcionalmente distribuídas entre eles as despesas.

• Correspondência: art. 21, *caput*, CPC/1973.
• V. arts. 87 e 997, CPC/2015.
• V. art. 14, Lei 9.289/1996 (Custas na Justiça Federal).

Parágrafo único. Se um litigante sucumbir em parte mínima do pedido, o outro responderá, por inteiro, pelas despesas e pelos honorários.

- Correspondência: art. 21, parágrafo único, CPC/1973.

Art. 87. Concorrendo diversos autores ou diversos réus, os vencidos respondem proporcionalmente pelas despesas e pelos honorários.

- Correspondência: art. 23, CPC/1973.
- V. art. 86, CPC/2015.
- V. art. 257, CC.

§ 1º A sentença deverá distribuir entre os litisconsortes, de forma expressa, a responsabilidade proporcional pelo pagamento das verbas previstas no *caput*.

- Sem correspondência no CPC/1973.

§ 2º Se a distribuição de que trata o § 1º não for feita, os vencidos responderão solidariamente pelas despesas e pelos honorários.

- Sem correspondência no CPC/1973.

Art. 88. Nos procedimentos de jurisdição voluntária, as despesas serão adiantadas pelo requerente e rateadas entre os interessados.

- Correspondência: art. 24, CPC/1973.
- V. arts. 82 e 719, CPC/2015.

Art. 89. Nos juízos divisórios, não havendo litígio, os interessados pagarão as despesas proporcionalmente a seus quinhões.

- Correspondência: art. 24, CPC/1973.
- V. arts. 569 a 598, CPC/2015.
- V. art. 1.320, CC.
- V. art. 14, § 4º, Lei 9.289/1996 (Custas na Justiça Federal).

Art. 90. Proferida sentença com fundamento em desistência, em renúncia ou em reconhecimento do pedido, as despesas e os honorários serão pagos pela parte que desistiu, renunciou ou reconheceu.

- Correspondência: art. 26, *caput*, CPC/1973.
- V. arts. 485, VIII e § 4º, e 487, III, a e c, CPC/2015.

§ 1º Sendo parcial a desistência, a renúncia ou o reconhecimento, a responsabilidade pelas despesas e pelos honorários será proporcional à parcela reconhecida, à qual se renunciou ou da qual se desistiu.

- Correspondência: art. 26, § 1º, CPC/1973.

§ 2º Havendo transação e nada tendo as partes disposto quanto às despesas, estas serão divididas igualmente.

- Correspondência: art. 26, § 2º, CPC/1973.

§ 3º Se a transação ocorrer antes da sentença, as partes ficam dispensadas do pagamento das custas processuais remanescentes, se houver.

- Sem correspondência no CPC/1973.

§ 4º Se o réu reconhecer a procedência do pedido e, simultaneamente, cumprir integralmente a prestação reconhecida, os honorários serão reduzidos pela metade.

- Sem correspondência no CPC/1973.

Art. 91. As despesas dos atos processuais praticados a requerimento da Fazenda Pública, do Ministério Público ou da Defensoria Pública serão pagas ao final pelo vencido.

- Correspondência: art. 27, CPC/1973.
- V. art. 82, § 1º, CPC/2015.

§ 1º As perícias requeridas pela Fazenda Pública, pelo Ministério Público ou pela Defensoria Pública poderão ser realizadas por entidade pública ou, havendo previsão orçamentária, ter os valores adiantados por aquele que requerer a prova.

- Sem correspondência no CPC/1973.
- V. art. 39, Lei 6.830/1980 (Execução fiscal).

§ 2º Não havendo previsão orçamentária no exercício financeiro para adiantamento dos honorários periciais, eles serão pagos no exercício seguinte ou ao final, pelo vencido, caso o processo se encerre antes do adiantamento a ser feito pelo ente público.

- Sem correspondência no CPC/1973.

Art. 92. Quando, a requerimento do réu, o juiz proferir sentença sem resolver o mérito, o autor não poderá propor novamente a ação sem pagar ou depositar em cartório as despesas e os honorários a que foi condenado.

- Correspondência: art. 28, CPC/1973.
- V. arts. 485, § 2º, e 486, *caput*, CPC/2015.

Art. 93. As despesas de atos adiados ou cuja repetição for necessária ficarão a cargo da parte, do auxiliar da justiça, do órgão do Ministério Público ou da Defensoria Pública

CÓDIGO DE PROCESSO CIVIL

ou do juiz que, sem justo motivo, houver dado causa ao adiamento ou à repetição.

- Correspondência: art. 29, CPC/1973.
- V. arts. 143, 233 e 362, § 3º, CPC/2015.

Art. 94. Se o assistido for vencido, o assistente será condenado ao pagamento das custas em proporção à atividade que houver exercido no processo.

- Correspondência: art. 32, CPC/1973.
- V. arts. 119, 121 e 124, CPC/2015.

Art. 95. Cada parte adiantará a remuneração do assistente técnico que houver indicado, sendo a do perito adiantada pela parte que houver requerido a perícia ou rateada quando a perícia for determinada de ofício ou requerida por ambas as partes.

- Correspondência: art. 33, *caput*, CPC/1973.
- V. arts. 82, 84 e 464 a 480, CPC/2015.
- V. art. 10, Lei 9.289/1996 (Custas na Justiça Federal).

§ 1º O juiz poderá determinar que a parte responsável pelo pagamento dos honorários do perito deposite em juízo o valor correspondente.

- Correspondência: art. 33, parágrafo único, 1ª parte, CPC/1973.

§ 2º A quantia recolhida em depósito bancário à ordem do juízo será corrigida monetariamente e paga de acordo com o art. 465, § 4º.

- Correspondência: art. 33, parágrafo único, 2ª parte, CPC/1973.

§ 3º Quando o pagamento da perícia for de responsabilidade de beneficiário de gratuidade da justiça, ela poderá ser:

- Sem correspondência no CPC/1973.

I – custeada com recursos alocados no orçamento do ente público e realizada por servidor do Poder Judiciário ou por órgão público conveniado;

- Sem correspondência no CPC/1973.

II – paga com recursos alocados no orçamento da União, do Estado ou do Distrito Federal, no caso de ser realizada por particular, hipótese em que o valor será fixado conforme tabela do tribunal respectivo ou, em caso de sua omissão, do Conselho Nacional de Justiça.

- Sem correspondência no CPC/1973.

§ 4º Na hipótese do § 3º, o juiz, após o trânsito em julgado da decisão final, oficiará a Fazenda Pública para que promova, contra quem tiver sido condenado ao pagamento das despesas processuais, a execução dos valores gastos com a perícia particular ou com a utilização de servidor público ou da estrutura de órgão público, observando-se, caso o responsável pelo pagamento das despesas seja beneficiário de gratuidade da justiça, o disposto no art. 98, § 2º.

- Sem correspondência no CPC/1973.

§ 5º Para fins de aplicação do § 3º, é vedada a utilização de recursos do fundo de custeio da Defensoria Pública.

- Sem correspondência no CPC/1973.

Art. 96. O valor das sanções impostas ao litigante de má-fé reverterá em benefício da parte contrária, e o valor das sanções impostas aos serventuários pertencerá ao Estado ou à União.

- Correspondência: art. 35, CPC/1973.
- V. arts. 80, 81, 202, 258, 468, § 1º, 896, § 2º, 897 e 968, II, CPC/2015.

Art. 97. A União e os Estados podem criar fundos de modernização do Poder Judiciário, aos quais serão revertidos os valores das sanções pecuniárias processuais destinadas à União e aos Estados, e outras verbas previstas em lei.

- Sem correspondência no CPC/1973.

Seção IV
Da gratuidade da justiça

Art. 98. A pessoa natural ou jurídica, brasileira ou estrangeira, com insuficiência de recursos para pagar as custas, as despesas processuais e os honorários advocatícios tem direito à gratuidade da justiça, na forma da lei.

- Sem correspondência no CPC/1973.
- •• V. Súmula 481, STJ.

§ 1º A gratuidade da justiça compreende:
I – as taxas ou as custas judiciais;
II – os selos postais;
III – as despesas com publicação na imprensa oficial, dispensando-se a publicação em outros meios;

IV – a indenização devida à testemunha que, quando empregada, receberá do empregador salário integral, como se em serviço estivesse;

V – as despesas com a realização de exame de código genético – DNA e de outros exames considerados essenciais;

VI – os honorários do advogado e do perito e a remuneração do intérprete ou do tradutor nomeado para apresentação de versão em português de documento redigido em língua estrangeira;

VII – o custo com a elaboração de memória de cálculo, quando exigida para instauração da execução;

VIII – os depósitos previstos em lei para interposição de recurso, para propositura de ação e para a prática de outros atos processuais inerentes ao exercício da ampla defesa e do contraditório;

IX – os emolumentos devidos a notários ou registradores em decorrência da prática de registro, averbação ou qualquer outro ato notarial necessário à efetivação de decisão judicial ou à continuidade de processo judicial no qual o benefício tenha sido concedido.

§ 2º A concessão de gratuidade não afasta a responsabilidade do beneficiário pelas despesas processuais e pelos honorários advocatícios decorrentes de sua sucumbência.

§ 3º Vencido o beneficiário, as obrigações decorrentes de sua sucumbência ficarão sob condição suspensiva de exigibilidade e somente poderão ser executadas se, nos 5 (cinco) anos subsequentes ao trânsito em julgado da decisão que as certificou, o credor demonstrar que deixou de existir a situação de insuficiência de recursos que justificou a concessão de gratuidade, extinguindo-se, passado esse prazo, tais obrigações do beneficiário.

§ 4º A concessão de gratuidade não afasta o dever de o beneficiário pagar, ao final, as multas processuais que lhe sejam impostas.

§ 5º A gratuidade poderá ser concedida em relação a algum ou a todos os atos processuais, ou consistir na redução percentual de despesas processuais que o beneficiário tiver de adiantar no curso do procedimento.

§ 6º Conforme o caso, o juiz poderá conceder direito ao parcelamento de despesas processuais que o beneficiário tiver de adiantar no curso do procedimento.

§ 7º Aplica-se o disposto no art. 95, §§ 3º a 5º, ao custeio dos emolumentos previstos no § 1º, inciso IX, do presente artigo, observada a tabela e as condições da lei estadual ou distrital respectiva.

§ 8º Na hipótese do § 1º, inciso IX, havendo dúvida fundada quanto ao preenchimento atual dos pressupostos para a concessão de gratuidade, o notário ou registrador, após praticar o ato, pode requerer, ao juízo competente para decidir questões notariais ou registrais, a revogação total ou parcial do benefício ou a sua substituição pelo parcelamento de que trata o § 6º deste artigo, caso em que o beneficiário será citado para, em 15 (quinze) dias, manifestar-se sobre esse requerimento.

Art. 99. O pedido de gratuidade da justiça pode ser formulado na petição inicial, na contestação, na petição para ingresso de terceiro no processo ou em recurso.

• Sem correspondência no CPC/1973.

§ 1º Se superveniente à primeira manifestação da parte na instância, o pedido poderá ser formulado por petição simples, nos autos do próprio processo, e não suspenderá seu curso.

§ 2º O juiz somente poderá indeferir o pedido se houver nos autos elementos que evidenciem a falta dos pressupostos legais para a concessão de gratuidade, devendo, antes de indeferir o pedido, determinar à parte a comprovação do preenchimento dos referidos pressupostos.

§ 3º Presume-se verdadeira a alegação de insuficiência deduzida exclusivamente por pessoa natural.

§ 4º A assistência do requerente por advogado particular não impede a concessão de gratuidade da justiça.

§ 5º Na hipótese do § 4º, o recurso que verse exclusivamente sobre valor de honorários de sucumbência fixados em favor do advogado de beneficiário estará sujeito a preparo, salvo se o próprio advogado demonstrar que tem direito à gratuidade.

Código de Processo Civil

§ 6º O direito à gratuidade da justiça é pessoal, não se estendendo a litisconsorte ou a sucessor do beneficiário, salvo requerimento e deferimento expressos.

§ 7º Requerida a concessão de gratuidade da justiça em recurso, o recorrente estará dispensado de comprovar o recolhimento do preparo, incumbindo ao relator, neste caso, apreciar o requerimento e, se indeferi-lo, fixar prazo para realização do recolhimento.

Art. 100. Deferido o pedido, a parte contrária poderá oferecer impugnação na contestação, na réplica, nas contrarrazões de recurso ou, nos casos de pedido superveniente ou formulado por terceiro, por meio de petição simples, a ser apresentada no prazo de 15 (quinze) dias, nos autos do próprio processo, sem suspensão de seu curso.

- Sem correspondência no CPC/1973.
- V. art. 337, XIII, CPC/2015.

Parágrafo único. Revogado o benefício, a parte arcará com as despesas processuais que tiver deixado de adiantar e pagará, em caso de má-fé, até o décuplo de seu valor a título de multa, que será revertida em benefício da Fazenda Pública estadual ou federal e poderá ser inscrita em dívida ativa.

Art. 101. Contra a decisão que indeferir a gratuidade ou a que acolher pedido de sua revogação caberá agravo de instrumento, exceto quando a questão for resolvida na sentença, contra a qual caberá apelação.

- Sem correspondência no CPC/1973.
- V. art. 1.015, V, CPC/2015.

§ 1º O recorrente estará dispensado do recolhimento de custas até decisão do relator sobre a questão, preliminarmente ao julgamento do recurso.

§ 2º Confirmada a denegação ou a revogação da gratuidade, o relator ou o órgão colegiado determinará ao recorrente o recolhimento das custas processuais, no prazo de 5 (cinco) dias, sob pena de não conhecimento do recurso.

Art. 102. Sobrevindo o trânsito em julgado de decisão que revoga a gratuidade, a parte deverá efetuar o recolhimento de todas as despesas de cujo adiantamento foi dispensada, inclusive as relativas ao recurso interposto, se houver, no prazo fixado pelo juiz, sem prejuízo de aplicação das sanções previstas em lei.

- Sem correspondência no CPC/1973.

Parágrafo único. Não efetuado o recolhimento, o processo será extinto sem resolução de mérito, tratando-se do autor, e, nos demais casos, não poderá ser deferida a realização de nenhum ato ou diligência requerida pela parte enquanto não efetuado o depósito.

Capítulo III
DOS PROCURADORES

Art. 103. A parte será representada em juízo por advogado regularmente inscrito na Ordem dos Advogados do Brasil.

- Correspondência: art. 36, *caput*, 1ª parte, CPC/1973.
- Correspondência: art. 36, *caput*, 2ª parte, CPC/1973.
- V. arts. 111, 287 e 313, § 3º, CPC/2015.
- V. arts. 133 e 134, CF.
- V. art. 692, CC.
- V. art. 355, CP.
- V. art. 791, §§ 1º e 2º, CLT.
- V. art. 47, Dec.-lei 3.688/1941 (Lei das Contravenções Penais).
- V. art. 6º, § 5º, Lei 818/1949 (Nacionalidade brasileira).
- V. Lei 3.836/1960 (Entrega de autos aos advogados).
- V. art. 2º, Lei 5.478/1968 (Ação de alimentos).
- V. art. 13, Lei 6.367/1976 (Acidente do trabalho).
- V. art. 1º, I, Lei 8.906/1994 (Estatuto da Advocacia e da OAB).
- V. art. 9º, Lei 9.099/1995 (Juizados Especiais Cíveis e Criminais).

Parágrafo único. É lícito à parte postular em causa própria quando tiver habilitação legal.

Art. 104. O advogado não será admitido a postular em juízo sem procuração, salvo para evitar preclusão, decadência ou prescrição, ou para praticar ato considerado urgente.

- Correspondência: art. 37, *caput*, 1ª parte, CPC/1973.
- V. art. 287, parágrafo único, III, CPC/2015.
- V. art. 692, CC.
- V. art. 16, Lei 1.060/1950 (Lei de Assistência Judiciária).

- V. art. 5º, § 1º, Lei 8.906/1994 (Estatuto da Advocacia e da OAB).
- V. Súmula 115, STJ.

§ 1º Nas hipóteses previstas no *caput*, o advogado deverá, independentemente de caução, exibir a procuração no prazo de 15 (quinze) dias, prorrogável por igual período por despacho do juiz.

- Correspondência: art. 37, *caput*, 2ª parte, CPC/1973.
- V. art. 5º, § 1º, Lei 8.906/1994 (Estatuto da Advocacia e da OAB).

§ 2º O ato não ratificado será considerado ineficaz relativamente àquele em cujo nome foi praticado, respondendo o advogado pelas despesas e por perdas e danos.

- Correspondência: art. 37, parágrafo único, CPC/1973.

Art. 105

A procuração geral para o foro, outorgada por instrumento público ou particular assinado pela parte, habilita o advogado a praticar todos os atos do processo, exceto receber citação, confessar, reconhecer a procedência do pedido, transigir, desistir, renunciar ao direito sobre o qual se funda a ação, receber, dar quitação, firmar compromisso e assinar declaração de hipossuficiência econômica, que devem constar de cláusula específica.

- Correspondência: art. 38, *caput*, CPC/1973.
- V. arts. 242, 390, § 1º, e 618, III, CPC/2015.
- V. arts. 654 e 692, CC.
- V. art. 16, parágrafo único, *a*, Lei 1.060/1950 (Lei de Assistência Judiciária).

§ 1º A procuração pode ser assinada digitalmente, na forma da lei.

- Correspondência: art. 38, parágrafo único, CPC/1973.

§ 2º A procuração deverá conter o nome do advogado, seu número de inscrição na Ordem dos Advogados do Brasil e endereço completo.

- Sem correspondência no CPC/1973.

§ 3º Se o outorgado integrar sociedade de advogados, a procuração também deverá conter o nome dessa, seu número de registro na Ordem dos Advogados do Brasil e endereço completo.

- Sem correspondência no CPC/1973.

§ 4º Salvo disposição expressa em sentido contrário constante do próprio instrumento, a procuração outorgada na fase de conhecimento é eficaz para todas as fases do processo, inclusive para o cumprimento de sentença.

- Sem correspondência no CPC/1973.

Art. 106

Quando postular em causa própria, incumbe ao advogado:

- Correspondência: art. 39, *caput*, CPC/1973.

I – declarar, na petição inicial ou na contestação, o endereço, seu número de inscrição na Ordem dos Advogados do Brasil e o nome da sociedade de advogados da qual participa, para o recebimento de intimações;

- Correspondência: art. 39, I, CPC/1973.

II – comunicar ao juízo qualquer mudança de endereço.

- Correspondência: art. 39, II, CPC/1973.

§ 1º Se o advogado descumprir o disposto no inciso I, o juiz ordenará que se supra a omissão, no prazo de 5 (cinco) dias, antes de determinar a citação do réu, sob pena de indeferimento da petição.

- Correspondência: art. 39, parágrafo único, 1ª parte, CPC/1973.
- V. arts. 76, 321 e 330, IV, CPC/2015.

§ 2º Se o advogado infringir o previsto no inciso II, serão consideradas válidas as intimações enviadas por carta registrada ou meio eletrônico ao endereço constante dos autos.

- Correspondência: art. 39, parágrafo único, 2ª parte, CPC/1973.

Art. 107

O advogado tem direito a:

- Correspondência: art. 40, *caput*, CPC/1973.
- V. arts. 207, parágrafo único e 289, CPC/2015.
- V. art. 7º, Lei 8.906/1994 (Estatuto da Advocacia e da OAB).

I – examinar, em cartório de fórum e secretaria de tribunal, mesmo sem procuração, autos de qualquer processo, independentemente da fase de tramitação, assegurados a obtenção de cópias e o registro de anotações, salvo na hipótese de segredo de justiça, nas quais apenas o advogado constituído terá acesso aos autos;

- Correspondência: art. 40, I, CPC/1973.
- V. art. 189, § 1º, CPC/2015.

Código de Processo Civil

II – requerer, como procurador, vista dos autos de qualquer processo, pelo prazo de 5 (cinco) dias;

- Correspondência: art. 40, II, CPC/1973.

III – retirar os autos do cartório ou da secretaria, pelo prazo legal, sempre que neles lhe couber falar por determinação do juiz, nos casos previstos em lei.

- Correspondência: art. 40, IIII, CPC/1973.
- V. art. 234, CPC/2015.

§ 1º Ao receber os autos, o advogado assinará carga em livro ou documento próprio.

- Correspondência: art. 40, § 1º, CPC/1973.

§ 2º Sendo o prazo comum às partes, os procuradores poderão retirar os autos somente em conjunto ou mediante prévio ajuste, por petição nos autos.

- Correspondência: art. 40, § 2º, 1ª parte, CPC/1973.

§ 3º Na hipótese do § 2º, é lícito ao procurador retirar os autos para obtenção de cópias, pelo prazo de 2 (duas) a 6 (seis) horas, independentemente de ajuste e sem prejuízo da continuidade do prazo.

- Correspondência: art. 40, § 2º, 2ª parte, CPC/1973.

§ 4º O procurador perderá no mesmo processo o direito a que se refere o § 3º se não devolver os autos tempestivamente, salvo se o prazo for prorrogado pelo juiz.

- Sem correspondência no CPC/1973.

Capítulo IV
DA SUCESSÃO DAS PARTES E DOS PROCURADORES

Art. 108. No curso do processo, somente é lícita a sucessão voluntária das partes nos casos expressos em lei.

- Correspondência: art. 41, CPC/1973.
- V. arts. 43, 329, 778 e 779, CPC/2015.

Art. 109. A alienação da coisa ou do direito litigioso por ato entre vivos, a título particular, não altera a legitimidade das partes.

- Correspondência: art. 42, *caput*, CPC/1973.
- V. art. 808, CPC/2015.

§ 1º O adquirente ou cessionário não poderá ingressar em juízo, sucedendo o alienante ou cedente, sem que o consinta a parte contrária.

- Correspondência: art. 42, § 1º, CPC/1973.

§ 2º O adquirente ou cessionário poderá intervir no processo como assistente litisconsorcial do alienante ou cedente.

- Correspondência: art. 42, § 2º, CPC/1973.
- V. arts. 119 a 123, CPC/2015.

§ 3º Estendem-se os efeitos da sentença proferida entre as partes originárias ao adquirente ou cessionário.

- Correspondência: art. 42, § 3º, CPC/1973.
- V. arts. 779, II, III e 790, I, CPC/2015.

Art. 110. Ocorrendo a morte de qualquer das partes, dar-se-á a sucessão pelo seu espólio ou pelos seus sucessores, observado o disposto no art. 313, §§ 1º e 2º.

- Correspondência: art. 43, CPC/1973.
- V. arts. 75, VI e § 1º, 485, IX, 618, 687 e 1.004, CPC/2015.

Art. 111. A parte que revogar o mandato outorgado a seu advogado constituirá, no mesmo ato, outro que assuma o patrocínio da causa.

- Correspondência: art. 44, CPC/1973.
- V. art. 687, CC.
- •• V. art. 5º, Lei 8.906/1994 (Estatuto da Advocacia e a OAB).

Parágrafo único. Não sendo constituído novo procurador no prazo de 15 (quinze) dias, observar-se-á o disposto no art. 76.

- Sem correspondência no CPC/1973.

Art. 112. O advogado poderá renunciar ao mandato a qualquer tempo, provando, na forma prevista neste Código, que comunicou a renúncia ao mandante, a fim de que este nomeie sucessor.

- Correspondência: art. 45, 1ª parte, CPC/1973.
- V. art. 313, I, § 1º, CPC/2015.
- V. arts. 682 e 688, CC.
- •• V. art. 5º, Lei 8.906/1994 (Estatuto da Advocacia e a OAB).

§ 1º Durante os 10 (dez) dias seguintes, o advogado continuará a representar o mandante, desde que necessário para lhe evitar prejuízo.

- Correspondência: art. 45, 2ª parte, CPC/1973.

§ 2º Dispensa-se a comunicação referida no *caput* quando a procuração tiver sido outorgada a vários advogados e a parte continuar representada por outro, apesar da renúncia.

- Sem correspondência no CPC/1973.

TÍTULO II
DO LITISCONSÓRCIO

Art. 113. Duas ou mais pessoas podem litigar, no mesmo processo, em conjunto, ativa ou passivamente, quando:

- Correspondência: art. 46, *caput*, CPC/1973.
- V. art. 5º, § 5º, Lei 7.347/1985 (Ação civil pública).
- V. art. 14, § 2º, Lei 9.289/1996 (Custas na Justiça Federal).
- V. art. 94, § 1º, Lei 11.101/2005 (Lei de Recuperação de Empresas e Falência).

I – entre elas houver comunhão de direitos ou de obrigações relativamente à lide;

- Correspondência: art. 46, I, CPC/1973.

II – entre as causas houver conexão pelo pedido ou pela causa de pedir;

- Correspondência: art. 46, III, CPC/1973.

III – ocorrer afinidade de questões por ponto comum de fato ou de direito.

- Correspondência: art. 46, IV, CPC/1973.

§ 1º O juiz poderá limitar o litisconsórcio facultativo quanto ao número de litigantes na fase de conhecimento, na liquidação de sentença ou na execução, quando este comprometer a rápida solução do litígio ou dificultar a defesa ou o cumprimento da sentença.

- Correspondência: art. 46, parágrafo único, 1ª parte, CPC/1973.
- V. art. 139, II, CPC/2015.

§ 2º O requerimento de limitação interrompe o prazo para manifestação ou resposta, que recomeçará da intimação da decisão que o solucionar.

- Correspondência: art. 46, parágrafo único, 2ª parte, CPC/1973.

Art. 114. O litisconsórcio será necessário por disposição de lei ou quando, pela natureza da relação jurídica controvertida, a eficácia da sentença depender da citação de todos que devam ser litisconsortes.

- Correspondência: art. 47, *caput*, CPC/1973.
- V. art. 569, II, CPC/2015.
- V. art. 6º, Lei 4.717/1965 (Ação popular).
- V. art. 94, Lei 8.078/1990 (Código de Defesa do Consumidor).

Art. 115. A sentença de mérito, quando proferida sem a integração do contraditório, será:

- Correspondência: art. 47, *caput*, CPC/1973.

I – nula, se a decisão deveria ser uniforme em relação a todos que deveriam ter integrado o processo;

- Correspondência: art. 47, *caput*, CPC/1973.

II – ineficaz, nos outros casos, apenas para os que não foram citados.

- Correspondência: art. 47, *caput*, CPC/1973.

Parágrafo único. Nos casos de litisconsórcio passivo necessário, o juiz determinará ao autor que requeira a citação de todos que devam ser litisconsortes, dentro do prazo que assinar, sob pena de extinção do processo.

- Correspondência: art. 47, parágrafo único, CPC/1973.
- V. art. 569, II, CPC/2015.

Art. 116. O litisconsórcio será unitário quando, pela natureza da relação jurídica, o juiz tiver de decidir o mérito de modo uniforme para todos os litisconsortes.

- Correspondência: art. 47, *caput*, CPC/1973.
- V. art. 354, CPC/2015.

Art. 117. Os litisconsortes serão considerados, em suas relações com a parte adversa, como litigantes distintos, exceto no litisconsórcio unitário, caso em que os atos e as omissões de um não prejudicarão os outros, mas os poderão beneficiar.

- Correspondência: art. 48, CPC/1973.
- V. arts. 345, I, 391, 997 e 1.005, CPC/2015.

Art. 118. Cada litisconsorte tem o direito de promover o andamento do processo, e todos devem ser intimados dos respectivos atos.

- Correspondência: art. 49, CPC/1973.
- V. art. 229, CPC/2015.

TÍTULO III
DA INTERVENÇÃO DE TERCEIROS
Capítulo I
DA ASSISTÊNCIA
Seção I
Disposições comuns

Art. 119. Pendendo causa entre 2 (duas) ou mais pessoas, o terceiro juridicamente interessado em que a sentença seja favorável a uma delas poderá intervir no processo para assisti-la.

- Correspondência: art. 50, *caput*, CPC/1973.

CÓDIGO DE PROCESSO CIVIL

- V. arts. 109, § 2º, 124 e 364, §§ 1º e 2º, CPC/2015.
- V. art. 6º, Lei 4.717/1965 (Ação popular).
- V. art. 14, § 2º, Lei 9.289/1996 (Custas na Justiça Federal).

Parágrafo único. A assistência será admitida em qualquer procedimento e em todos os graus de jurisdição, recebendo o assistente o processo no estado em que se encontre.

- Correspondência: art. 50, parágrafo único, CPC/1973.

Art. 120. Não havendo impugnação no prazo de 15 (quinze) dias, o pedido do assistente será deferido, salvo se for caso de rejeição liminar.

- Sem correspondência no CPC/1973.

Parágrafo único. Se qualquer parte alegar que falta ao requerente interesse jurídico para intervir, o juiz decidirá o incidente, sem suspensão do processo.

- Correspondência: art. 51, CPC/1973.
- V. arts. 178, I, e 330, III, CPC/2015.

Seção II
Da assistência simples

Art. 121. O assistente simples atuará como auxiliar da parte principal, exercerá os mesmos poderes e sujeitar-se-á aos mesmos ônus processuais que o assistido.

- Correspondência: art. 52, *caput*, CPC/1973.

Parágrafo único. Sendo revel ou, de qualquer outro modo, omisso o assistido, o assistente será considerado seu substituto processual.

- Correspondência: art. 50, parágrafo único, CPC/1973.

Art. 122. A assistência simples não obsta a que a parte principal reconheça a procedência do pedido, desista da ação, renuncie ao direito sobre o que se funda a ação ou transija sobre direitos controvertidos.

- Correspondência: art. 53, CPC/1973.

Art. 123. Transitada em julgado a sentença no processo em que interveio o assistente, este não poderá, em processo posterior, discutir a justiça da decisão, salvo se alegar e provar que:

- Correspondência: art. 55, *caput*, CPC/1973.

I – pelo estado em que recebeu o processo ou pelas declarações e pelos atos do assistido, foi impedido de produzir provas suscetíveis de influir na sentença;

- Correspondência: art. 55, I, CPC/1973.

II – desconhecia a existência de alegações ou de provas das quais o assistido, por dolo ou culpa, não se valeu.

- Correspondência: art. 55, II, CPC/1973.

Seção III
Da assistência litisconsorcial

Art. 124. Considera-se litisconsorte da parte principal o assistente sempre que a sentença influir na relação jurídica entre ele e o adversário do assistido.

- Correspondência: art. 54, CPC/1973.

Capítulo II
DA DENUNCIAÇÃO DA LIDE

Art. 125. É admissível a denunciação da lide, promovida por qualquer das partes:

- Correspondência: art. 70, *caput*, CPC/1973.

I – ao alienante imediato, no processo relativo à coisa cujo domínio foi transferido ao denunciante, a fim de que possa exercer os direitos que da evicção lhe resultam;

- Correspondência: art. 70, I, CPC/1973.
- V. arts. 447 a 457, CC.

II – àquele que estiver obrigado, por lei ou pelo contrato, a indenizar, em ação regressiva, o prejuízo de quem for vencido no processo.

- Correspondência: art. 70, III, CPC/1973.
- V. arts. 1.197 e 1.646, CC.
- V. Súmula 188, STF.

§ 1º O direito regressivo será exercido por ação autônoma quando a denunciação da lide for indeferida, deixar de ser promovida ou não for permitida.

- Sem correspondência no CPC/1973.

§ 2º Admite-se uma única denunciação sucessiva, promovida pelo denunciado, contra seu antecessor imediato na cadeia dominial ou quem seja responsável por indenizá-lo, não podendo o denunciado sucessivo promover nova denunciação, hipótese em que eventual direito de regresso será exercido por ação autônoma.

- Sem correspondência no CPC/1973.

Art. 126

Art. 126. A citação do denunciado será requerida na petição inicial, se o denunciante for autor, ou na contestação, se o denunciante for réu, devendo ser realizada na forma e nos prazos previstos no art. 131.

• Correspondência: art. 71, CPC/1973.

Art. 127. Feita a denunciação pelo autor, o denunciado poderá assumir a posição de litisconsorte do denunciante e acrescentar novos argumentos à petição inicial, procedendo-se em seguida à citação do réu.

• Correspondência: art. 74, CPC/1973.
• V. arts. 113 a 118 e 131, CPC/2015.

Art. 128. Feita a denunciação pelo réu:

• Correspondência: art. 75, *caput*, CPC/1973.

I – se o denunciado contestar o pedido formulado pelo autor, o processo prosseguirá tendo, na ação principal, em litisconsórcio, denunciante e denunciado;

• Correspondência: art. 75, I, CPC/1973.

II – se o denunciado for revel, o denunciante pode deixar de prosseguir com sua defesa, eventualmente oferecida, e abster-se de recorrer, restringindo sua atuação à ação regressiva;

• Correspondência: art. 75, II, CPC/1973.
• V. art. 344, CPC/2015.

III – se o denunciado confessar os fatos alegados pelo autor na ação principal, o denunciante poderá prosseguir com sua defesa ou, aderindo a tal reconhecimento, pedir apenas a procedência da ação de regresso.

• Correspondência: art. 75, III, CPC/1973.
• V. art. 389, CPC/2015.

Parágrafo único. Procedente o pedido da ação principal, pode o autor, se for o caso, requerer o cumprimento da sentença também contra o denunciado, nos limites da condenação deste na ação regressiva.

• Sem correspondência no CPC/1973.
•• V. Súmula 537, STJ.

Art. 129. Se o denunciante for vencido na ação principal, o juiz passará ao julgamento da denunciação da lide.

• Correspondência: art. 76, CPC/1973.
• V. art. 101, II, Lei 8.078/1990 (Código de Defesa do Consumidor).

Parágrafo único. Se o denunciante for vencedor, a ação de denunciação não terá o seu pedido examinado, sem prejuízo da condenação do denunciante ao pagamento das verbas de sucumbência em favor do denunciado.

• Sem correspondência no CPC/1973.

Capítulo III
DO CHAMAMENTO AO PROCESSO

Art. 130. É admissível o chamamento ao processo, requerido pelo réu:

• Correspondência: art. 77, *caput*, CPC/1973.
• V. art. 231, § 1º, CPC/2015.

I – do afiançado, na ação em que o fiador for réu;

• Correspondência: art. 77, I, CPC/1973.
• V. arts. 818, 827 e 831, CC.

II – dos demais fiadores, na ação proposta contra um ou alguns deles;

• Correspondência: art. 77, II, CPC/1973.

III – dos demais devedores solidários, quando o credor exigir de um ou de alguns o pagamento da dívida comum.

• Correspondência: art. 77, III, CPC/1973.
• V. arts. 264, 265, e 275, CC.

Art. 131. A citação daqueles que devam figurar em litisconsórcio passivo será requerida pelo réu na contestação e deve ser promovida no prazo de 30 (trinta) dias, sob pena de ficar sem efeito o chamamento.

• Correspondência: art. 78, CPC/1973.

Parágrafo único. Se o chamado residir em outra comarca, seção ou subseção judiciárias, ou em lugar incerto, o prazo será de 2 (dois) meses.

• Correspondência: art. 72, CPC/1973.

Art. 132. A sentença de procedência valerá como título executivo em favor do réu que satisfizer a dívida, a fim de que possa exigi-la, por inteiro, do devedor principal, ou, de cada um dos codevedores, a sua quota, na proporção que lhes tocar.

• Correspondência: art. 80, CPC/1973.
• V. art. 778, CPC/2015.

Art. 139

CÓDIGO DE PROCESSO CIVIL

Capítulo IV
DO INCIDENTE DE DESCONSIDERAÇÃO DA PERSONALIDADE JURÍDICA

Art. 133. O incidente de desconsideração da personalidade jurídica será instaurado a pedido da parte ou do Ministério Público, quando lhe couber intervir no processo.

- Sem correspondência no CPC/1973.
- V. art. 50, CC.
- V. art. 2º, § 2º, CLT.
- V. art. 28, Lei 8.078/1990 (Código de Defesa do Consumidor).

§ 1º O pedido de desconsideração da personalidade jurídica observará os pressupostos previstos em lei.

§ 2º Aplica-se o disposto neste Capítulo à hipótese de desconsideração inversa da personalidade jurídica.

Art. 134. O incidente de desconsideração é cabível em todas as fases do processo de conhecimento, no cumprimento de sentença e na execução fundada em título executivo extrajudicial.

- Sem correspondência no CPC/1973.

§ 1º A instauração do incidente será imediatamente comunicada ao distribuidor para as anotações devidas.

§ 2º Dispensa-se a instauração do incidente se a desconsideração da personalidade jurídica for requerida na petição inicial, hipótese em que será citado o sócio ou a pessoa jurídica.

§ 3º A instauração do incidente suspenderá o processo, salvo na hipótese do § 2º.

§ 4º O requerimento deve demonstrar o preenchimento dos pressupostos legais específicos para desconsideração da personalidade jurídica.

Art. 135. Instaurado o incidente, o sócio ou a pessoa jurídica será citado para manifestar-se e requerer as provas cabíveis no prazo de 15 (quinze) dias.

- Sem correspondência no CPC/1973.

Art. 136. Concluída a instrução, se necessária, o incidente será resolvido por decisão interlocutória.

- Sem correspondência no CPC/1973.

Parágrafo único. Se a decisão for proferida pelo relator, cabe agravo interno.

Art. 137. Acolhido o pedido de desconsideração, a alienação ou a oneração de bens, havida em fraude de execução, será ineficaz em relação ao requerente.

- Sem correspondência no CPC/1973.

Capítulo V
DO AMICUS CURIAE

Art. 138. O juiz ou o relator, considerando a relevância da matéria, a especificidade do tema objeto da demanda ou a repercussão social da controvérsia, poderá, por decisão irrecorrível, de ofício ou a requerimento das partes ou de quem pretenda manifestar-se, solicitar ou admitir a participação de pessoa natural ou jurídica, órgão ou entidade especializada, com representatividade adequada, no prazo de 15 (quinze) dias de sua intimação.

- Sem correspondência no CPC/1973.
- V. art. 7º, § 2º, Lei 9.868/1999 (Processo e julgamento da ADIn e da ADC).

§ 1º A intervenção de que trata o *caput* não implica alteração de competência nem autoriza a interposição de recursos, ressalvadas a oposição de embargos de declaração e a hipótese do § 3º.

§ 2º Caberá ao juiz ou ao relator, na decisão que solicitar ou admitir a intervenção, definir os poderes do *amicus curiae*.

§ 3º O *amicus curiae* pode recorrer da decisão que julgar o incidente de resolução de demandas repetitivas.

TÍTULO IV
DO JUIZ E DOS AUXILIARES DA JUSTIÇA

Capítulo I
DOS PODERES, DOS DEVERES E DA RESPONSABILIDADE DO JUIZ

Art. 139. O juiz dirigirá o processo conforme as disposições deste Código, incumbindo-lhe:

- Correspondência: art. 125, *caput*, CPC/1973.
- V. arts. 2º, 11, 57, 180, 203 a 205, 226, 229, 235, 359, 370 e 772, CPC/2015.

301

Art. 140

I – assegurar às partes igualdade de tratamento;
- Correspondência: art. 125, I, CPC/1973.
- V. art. 5º, *caput*, I , CF.

II – velar pela duração razoável do processo;
- Correspondência: art. 125, II, CPC/1973.
- V. art. 5º, LXXVIII, CF.
- V. art. 35, II, LC 35/1979 (Lei Orgânica da Magistratura Nacional).

III – prevenir ou reprimir qualquer ato contrário à dignidade da justiça e indeferir postulações meramente protelatórias;
- Correspondência: art. 125, III, CPC/1973.

IV – determinar todas as medidas indutivas, coercitivas, mandamentais ou sub-rogatórias necessárias para assegurar o cumprimento de ordem judicial, inclusive nas ações que tenham por objeto prestação pecuniária;
- Sem correspondência no CPC/1973.

V – promover, a qualquer tempo, a autocomposição, preferencialmente com auxílio de conciliadores e mediadores judiciais;
- Correspondência: art. 125, IV, CPC/1973.

VI – dilatar os prazos processuais e alterar a ordem de produção dos meios de prova, adequando-os às necessidades do conflito de modo a conferir maior efetividade à tutela do direito;
- Sem correspondência no CPC/1973.
- V. art. 35, III, LC 35/1979 (Lei Orgânica da Magistratura Nacional).

VII – exercer o poder de polícia, requisitando, quando necessário, força policial, além da segurança interna dos fóruns e tribunais;
- Correspondência: art. 445, CPC/1973.

VIII – determinar, a qualquer tempo, o comparecimento pessoal das partes, para inquiri-las sobre os fatos da causa, hipótese em que não incidirá a pena de confesso;
- Correspondência: art. 342, CPC/1973.

IX – determinar o suprimento de pressupostos processuais e o saneamento de outros vícios processuais;
- Sem correspondência no CPC/1973.

X – quando se deparar com diversas demandas individuais repetitivas, oficiar o Ministério Público, a Defensoria Pública e, na medida do possível, outros legitimados a que se referem o art. 5º da Lei 7.347, de 24 de julho de 1985, e o art. 82 da Lei 8.078, de 11 de setembro de 1990, para, se for o caso, promover a propositura da ação coletiva respectiva.
- Sem correspondência no CPC/1973.

Parágrafo único. A dilação de prazos prevista no inciso VI somente pode ser determinada antes de encerrado o prazo regular.
- Sem correspondência no CPC/1973.

Art. 140. O juiz não se exime de decidir sob a alegação de lacuna ou obscuridade do ordenamento jurídico.
- Correspondência: art. 126, CPC/1973.
- V. art. 375, CPC/2015.
- V. art. 4º, Dec.-lei 4.657/1942 (Lei de Introdução às normas do Direito Brasileiro).

Parágrafo único. O juiz só decidirá por equidade nos casos previstos em lei.
- Correspondência: art. 127, CPC/1973.

Art. 141. O juiz decidirá o mérito nos limites propostos pelas partes, sendo-lhe vedado conhecer de questões não suscitadas a cujo respeito a lei exige iniciativa da parte.
- Correspondência: art. 128, CPC/1973.
- V. arts. 322, 324, 488 e 492, CPC/2015.

Art. 142. Convencendo-se, pelas circunstâncias, de que autor e réu se serviram do processo para praticar ato simulado ou conseguir fim vedado por lei, o juiz proferirá decisão que impeça os objetivos das partes, aplicando, de ofício, as penalidades da litigância de má-fé.
- Correspondência: art. 129, CPC/1973.
- V. arts. 80 e 139, CPC/2015.

Art. 143. O juiz responderá, civil e regressivamente, por perdas e danos quando:
- Correspondência: art. 133, *caput*, CPC/1973.
- V. arts. 402 a 404, CC.

I – no exercício de suas funções, proceder com dolo ou fraude;
- Correspondência: art. 133, I, CPC/1973.
- V. art. 37, § 6º, CF.
- V. art. 319, CP.

II – recusar, omitir ou retardar, sem justo motivo, providência que deva ordenar de ofício ou a requerimento da parte.
- Correspondência: art. 133, II, CPC/1973.
- V. arts. 93, 226 e 235, CPC/2015.
- V. art. 35, II e III, LC 35/1979 (Lei Orgânica da Magistratura Nacional).

Parágrafo único. As hipóteses previstas no inciso II somente serão verificadas depois que a parte requerer ao juiz que determine a providência e o requerimento não for apreciado no prazo de 10 (dez) dias.

- Correspondência: art. 133, parágrafo único, CPC/1973.
- V. art. 49, parágrafo único, LC 35/1979 (Lei Orgânica da Magistratura Nacional).

Capítulo II
DOS IMPEDIMENTOS E DA SUSPEIÇÃO

Art. 144. Há impedimento do juiz, sendo-lhe vedado exercer suas funções no processo:

- Correspondência: art. 134, *caput*, CPC/1973.
- V. arts. 146 e 966, II, CPC/2015.
- V. arts. 14 e 20, Lei 9.307/1996 (Arbitragem).
- V. Súmula 252, STF.

I – em que interveio como mandatário da parte, oficiou como perito, funcionou como membro do Ministério Público ou prestou depoimento como testemunha;

- Correspondência: art. 134, II, CPC/1973.

II – de que conheceu em outro grau de jurisdição, tendo proferido decisão;

- Correspondência: art. 134, III, CPC/1973.
- V. art. 277, parágrafo único, RISTF.

III – quando nele estiver postulando, como defensor público, advogado ou membro do Ministério Público, seu cônjuge ou companheiro, ou qualquer parente, consanguíneo ou afim, em linha reta ou colateral, até o terceiro grau, inclusive;

- Correspondência: art. 134, IV, CPC/1973.

IV – quando for parte no processo ele próprio, seu cônjuge ou companheiro, ou parente, consanguíneo ou afim, em linha reta ou colateral, até o terceiro grau, inclusive;

- Correspondência: art. 134, V, CPC/1973.

V – quando for sócio ou membro de direção ou de administração de pessoa jurídica parte no processo;

- Correspondência: art. 134, VI, CPC/1973.

VI – quando for herdeiro presuntivo, donatário ou empregador de qualquer das partes;

- Correspondência: art. 135, III, CPC/1973.

VII – em que figure como parte instituição de ensino com a qual tenha relação de emprego ou decorrente de contrato de prestação de serviços;

- Sem correspondência no CPC/1973.

VIII – em que figure como parte cliente do escritório de advocacia de seu cônjuge, companheiro ou parente, consanguíneo ou afim, em linha reta ou colateral, até o terceiro grau, inclusive, mesmo que patrocinado por advogado de outro escritório;

- Sem correspondência no CPC/1973.

IX – quando promover ação contra a parte ou seu advogado.

- Sem correspondência no CPC/1973.

§ 1º Na hipótese do inciso III, o impedimento só se verifica quando o defensor público, o advogado ou o membro do Ministério Público já integrava o processo antes do início da atividade judicante do juiz.

- Correspondência: art. 134, parágrafo único, 1ª parte, CPC/1973.

§ 2º É vedada a criação de fato superveniente a fim de caracterizar impedimento do juiz.

- Correspondência: art. 134, parágrafo único, 2ª parte, CPC/1973.

§ 3º O impedimento previsto no inciso III também se verifica no caso de mandato conferido a membro de escritório de advocacia que tenha em seus quadros advogado que individualmente ostente a condição nele prevista, mesmo que não intervenha diretamente no processo.

- Sem correspondência no CPC/1973.

Art. 145. Há suspeição do juiz:

- Correspondência: art. 135, *caput*, CPC/1973.
- V. art. 146, CPC/2015.
- V. Lei 9.307/1996 (Arbitragem).

I – amigo íntimo ou inimigo de qualquer das partes ou de seus advogados;

- Correspondência: art. 135, I, CPC/1973.

II – que receber presentes de pessoas que tiverem interesse na causa antes ou depois de iniciado o processo, que aconselhar alguma das partes acerca do objeto da causa ou que subministrar meios para atender às despesas do litígio;

- Correspondência: art. 135, IV, CPC/1973.

III – quando qualquer das partes for sua credora ou devedora, de seu cônjuge ou companheiro ou de parentes destes, em linha reta até o terceiro grau, inclusive;

• Correspondência: art. 135, II, CPC/1973.

IV – interessado no julgamento do processo em favor de qualquer das partes.

• Correspondência: art. 135, V, CPC/1973.

§ 1º Poderá o juiz declarar-se suspeito por motivo de foro íntimo, sem necessidade de declarar suas razões.

• Correspondência: art. 135, parágrafo único, CPC/1973.

§ 2º Será ilegítima a alegação de suspeição quando:

• Sem correspondência no CPC/1973.

I – houver sido provocada por quem a alega;

• Sem correspondência no CPC/1973.

II – a parte que a alega houver praticado ato que signifique manifesta aceitação do arguido.

• Sem correspondência no CPC/1973.

Art. 146. No prazo de 15 (quinze) dias, a contar do conhecimento do fato, a parte alegará o impedimento ou a suspeição, em petição específica dirigida ao juiz do processo, na qual indicará o fundamento da recusa, podendo instruí-la com documentos em que se fundar a alegação e com rol de testemunhas.

• Correspondência: art. 312, CPC/1973.
• V. art. 966, II, CPC/2015.

§ 1º Se reconhecer o impedimento ou a suspeição ao receber a petição, o juiz ordenará imediatamente a remessa dos autos a seu substituto legal, caso contrário, determinará a autuação em apartado da petição e, no prazo de 15 (quinze) dias, apresentará suas razões, acompanhadas de documentos e de rol de testemunhas, se houver, ordenando a remessa do incidente ao tribunal.

• Correspondência: art. 313, CPC/1973.

§ 2º Distribuído o incidente, o relator deverá declarar os seus efeitos, sendo que, se o incidente for recebido:

I – sem efeito suspensivo, o processo voltará a correr;

• Sem correspondência no CPC/1973.

II – com efeito suspensivo, o processo permanecerá suspenso até o julgamento do incidente.

• Sem correspondência no CPC/1973.

§ 3º Enquanto não for declarado o efeito em que é recebido o incidente ou quando este for recebido com efeito suspensivo, a tutela de urgência será requerida ao substituto legal.

• Sem correspondência no CPC/1973.

§ 4º Verificando que a alegação de impedimento ou de suspeição é improcedente, o tribunal rejeitá-la-á.

• Correspondência: art. 314, CPC/1973.

§ 5º Acolhida a alegação, tratando-se de impedimento ou de manifesta suspeição, o tribunal condenará o juiz nas custas e remeterá os autos ao seu substituto legal, podendo o juiz recorrer da decisão.

• Correspondência: art. 314, CPC/1973.

§ 6º Reconhecido o impedimento ou a suspeição, o tribunal fixará o momento a partir do qual o juiz não poderia ter atuado.

• Sem correspondência no CPC/1973.

§ 7º O tribunal decretará a nulidade dos atos do juiz, se praticados quando já presente o motivo de impedimento ou de suspeição.

• Sem correspondência no CPC/1973.

Art. 147. Quando 2 (dois) ou mais juízes forem parentes, consanguíneos ou afins, em linha reta ou colateral, até o terceiro grau, inclusive, o primeiro que conhecer do processo impede que o outro nele atue, caso em que o segundo se escusará, remetendo os autos ao seu substituto legal.

• Correspondência: art. 136, CPC/1973.

Art. 148. Aplicam-se os motivos de impedimento e de suspeição:

• Correspondência: arts. 137 e 138, *caput*, CPC/1973.

I – ao membro do Ministério Público;

• Correspondência: art. 138, I, CPC/1973.

II – aos auxiliares da justiça;

• Correspondência: art. 138, II, CPC/1973.
• V. arts. 158 e 466, CPC/2015.

III – aos demais sujeitos imparciais do processo.

• Correspondência: art. 138, III e IV, CPC/1973.

Código de Processo Civil

§ 1º A parte interessada deverá arguir o impedimento ou a suspeição, em petição fundamentada e devidamente instruída, na primeira oportunidade em que lhe couber falar nos autos.

• Correspondência: art. 138, § 1º, CPC/1973.

§ 2º O juiz mandará processar o incidente em separado e sem suspensão do processo, ouvindo o arguido no prazo de 15 (quinze) dias e facultando a produção de prova, quando necessária.

• Correspondência: art. 138, § 1º, CPC/1973.

§ 3º Nos tribunais, a arguição a que se refere o § 1º será disciplinada pelo regimento interno.

• Sem correspondência no CPC/1973.

§ 4º O disposto nos §§ 1º e 2º não se aplica à arguição de impedimento ou de suspeição de testemunha.

• Sem correspondência no CPC/1973.

Capítulo III
DOS AUXILIARES DA JUSTIÇA

Art. 149. São auxiliares da Justiça, além de outros cujas atribuições sejam determinadas pelas normas de organização judiciária, o escrivão, o chefe de secretaria, o oficial de justiça, o perito, o depositário, o administrador, o intérprete, o tradutor, o mediador, o conciliador judicial, o partidor, o distribuidor, o contabilista e o regulador de avarias.

• Correspondência: art. 139, CPC/1973.
• V. arts. 156 a 175, 206 a 211 e 233, CPC/2015.

Seção I
Do escrivão, do chefe de secretaria e do oficial de justiça

Art. 150. Em cada juízo haverá um ou mais ofícios de justiça, cujas atribuições serão determinadas pelas normas de organização judiciária.

• Correspondência: art. 140, CPC/1973.

Art. 151. Em cada comarca, seção ou subseção judiciária haverá, no mínimo, tantos oficiais de justiça quantos sejam os juízos.

• Sem correspondência no CPC/1973.

Art. 152. Incumbe ao escrivão ou ao chefe de secretaria:

• Correspondência: art. 141, *caput*, CPC/1973.
• V. arts. 206 a 211, CPC/2015.

I – redigir, na forma legal, os ofícios, os mandados, as cartas precatórias e os demais atos que pertençam ao seu ofício;

• Correspondência: art. 141, I, CPC/1973.
• V. art.107, II e III, CPC/2015.

II – efetivar as ordens judiciais, realizar citações e intimações, bem como praticar todos os demais atos que lhe forem atribuídos pelas normas de organização judiciária;

• Correspondência: art. 141, II, CPC/1973.
• V. arts. 228, 238, 241 e 269, CPC/2015.

III – comparecer às audiências ou, não podendo fazê-lo, designar servidor para substituí-lo;

• Correspondência: art. 141, III, CPC/1973.

IV – manter sob sua guarda e responsabilidade os autos, não permitindo que saiam do cartório, exceto:

• Correspondência: art. 141, IV, CPC/1973.

a) quando tenham de seguir à conclusão do juiz;

• Correspondência: art. 141, IV, a, CPC/1973.

b) com vista a procurador, à Defensoria Pública, ao Ministério Público ou à Fazenda Pública;

• Correspondência: art. 141, IV, b, CPC/1973.
• V. art. 7º, XV e XVI, Lei 8.906/1994 (Estatuto da Advocacia e da OAB).

c) quando devam ser remetidos ao contabilista ou ao partidor;

• Correspondência: art. 141, IV, c, CPC/1973.

d) quando forem remetidos a outro juízo em razão da modificação da competência;

• Correspondência: art. 141, IV, d, CPC/1973.
• V. art. 43, *in fine*, CPC/2015.

V – fornecer certidão de qualquer ato ou termo do processo, independentemente de despacho, observadas as disposições referentes ao segredo de justiça;

• Correspondência: art. 141, V, CPC/1973.

VI – praticar, de ofício, os atos meramente ordinatórios.

• Correspondência: art. 162, § 4º, CPC/1973.

Art. 153

§ 1º O juiz titular editará ato a fim de regulamentar a atribuição prevista no inciso VI.
* Sem correspondência no CPC/1973.

§ 2º No impedimento do escrivão ou chefe de secretaria, o juiz convocará substituto e, não o havendo, nomeará pessoa idônea para o ato.
* Correspondência: art. 142, CPC/1973.

Art. 153. O escrivão ou o chefe de secretaria atenderá, preferencialmente, à ordem cronológica de recebimento para publicação e efetivação dos pronunciamentos judiciais.
* *Caput* com redação determinada pela Lei 13.256/2016.
* Sem correspondência no CPC/1973.
* V. arts. 12 e 1.046, § 5º, CPC/2015.

§ 1º A lista de processos recebidos deverá ser disponibilizada, de forma permanente, para consulta pública.

§ 2º Estão excluídos da regra do *caput*:
I – os atos urgentes, assim reconhecidos pelo juiz no pronunciamento judicial a ser efetivado;
II – as preferências legais.

§ 3º Após elaboração de lista própria, respeitar-se-ão a ordem cronológica de recebimento entre os atos urgentes e as preferências legais.

§ 4º A parte que se considerar preterida na ordem cronológica poderá reclamar, nos próprios autos, ao juiz do processo, que requisitará informações ao servidor, a serem prestadas no prazo de 2 (dois) dias.

§ 5º Constatada a preterição, o juiz determinará o imediato cumprimento do ato e a instauração de processo administrativo disciplinar contra o servidor.

Art. 154. Incumbe ao oficial de justiça:
* Correspondência: art. 143, *caput*, CPC/1973.
* V. arts. 148, II e 782, CPC/2015.

I – fazer pessoalmente citações, prisões, penhoras, arrestos e demais diligências próprias do seu ofício, sempre que possível na presença de 2 (duas) testemunhas, certificando no mandado o ocorrido, com menção ao lugar, ao dia e à hora;
* Correspondência: art. 143, I, CPC/1973.

II – executar as ordens do juiz a que estiver subordinado;
* Correspondência: art. 143, II, CPC/1973.

III – entregar o mandado em cartório após seu cumprimento;
* Correspondência: art. 143, III, CPC/1973.

IV – auxiliar o juiz na manutenção da ordem;
* Correspondência: art. 143, IV, CPC/1973.

V – efetuar avaliações, quando for o caso;
* Correspondência: art. 143, V, CPC/1973.
* V. art. 870, CPC/2015.

VI – certificar, em mandado, proposta de autocomposição apresentada por qualquer das partes, na ocasião de realização de ato de comunicação que lhe couber.
* Sem correspondência no CPC/1973.

Parágrafo único. Certificada a proposta de autocomposição prevista no inciso VI, o juiz ordenará a intimação da parte contrária para manifestar-se, no prazo de 5 (cinco) dias, sem prejuízo do andamento regular do processo, entendendo-se o silêncio como recusa.
* Sem correspondência no CPC/1973.

Art. 155. O escrivão, o chefe de secretaria e o oficial de justiça são responsáveis, civil e regressivamente, quando:
* Correspondência: art. 144, *caput*, CPC/1973.
* V. art. 37, § 6º, CF.

I – sem justo motivo, se recusarem a cumprir no prazo os atos impostos pela lei ou pelo juiz a que estão subordinados;
* Correspondência: art. 144, I, CPC/1973.

II – praticarem ato nulo com dolo ou culpa.
* Correspondência: art. 144, II, CPC/1973.

Seção II
Do perito

Art. 156. O juiz será assistido por perito quando a prova do fato depender de conhecimento técnico ou científico.
* Correspondência: art. 145, *caput*, CPC/1973.
* V. art. 468, CPC/2015.

§ 1º Os peritos serão nomeados entre os profissionais legalmente habilitados e os órgãos técnicos ou científicos devidamente inscritos em cadastro mantido pelo tribunal ao qual o juiz está vinculado.
* Correspondência: art. 145, § 1º, CPC/1973.

§ 2º Para formação do cadastro, os tribunais devem realizar consulta pública, por meio

Art. 161

de divulgação na rede mundial de computadores ou em jornais de grande circulação, além de consulta direta a universidades, a conselhos de classe, ao Ministério Público, à Defensoria Pública e à Ordem dos Advogados do Brasil, para a indicação de profissionais ou de órgãos técnicos interessados.

• Sem correspondência no CPC/1973.

§ 3º Os tribunais realizarão avaliações e reavaliações periódicas para manutenção do cadastro, considerando a formação profissional, a atualização do conhecimento e a experiência dos peritos interessados.

• Sem correspondência no CPC/1973.

§ 4º Para verificação de eventual impedimento ou motivo de suspeição, nos termos dos arts. 148 e 467, o órgão técnico ou científico nomeado para realização da perícia informará ao juiz os nomes e os dados de qualificação dos profissionais que participarão da atividade.

• Sem correspondência no CPC/1973.

§ 5º Na localidade onde não houver inscrito no cadastro disponibilizado pelo tribunal, a nomeação do perito é de livre escolha pelo juiz e deverá recair sobre profissional ou órgão técnico ou científico comprovadamente detentor do conhecimento necessário à realização da perícia.

• Correspondência: art. 145, § 2º, CPC/1973.

Art. 157. O perito tem o dever de cumprir o ofício no prazo que lhe designar o juiz, empregando toda sua diligência, podendo escusar-se do encargo alegando motivo legítimo.

• Correspondência: art. 146, *caput*, CPC/1973.
• V. arts. 164, 466 e 477, CPC/2015.

§ 1º A escusa será apresentada no prazo de 15 (quinze) dias, contado da intimação, da suspeição ou do impedimento supervenientes, sob pena de renúncia ao direito a alegá-la.

• Correspondência: art. 146, parágrafo único, CPC/1973.
• V. art. 467, CPC/2015.

§ 2º Será organizada lista de peritos na vara ou na secretaria, com disponibilização dos documentos exigidos para habilitação à consulta de interessados, para que a nomeação seja distribuída de modo equitativo, observadas a capacidade técnica e a área de conhecimento.

• Sem correspondência no CPC/1973.

Art. 158. O perito que, por dolo ou culpa, prestar informações inverídicas responderá pelos prejuízos que causar à parte e ficará inabilitado para atuar em outras perícias no prazo de 2 (dois) a 5 (cinco) anos, independentemente das demais sanções previstas em lei, devendo o juiz comunicar o fato ao respectivo órgão de classe para adoção das medidas que entender cabíveis.

• Correspondência: art. 147, CPC/1973.
• V. art. 164, CPC/2015.
• V. arts. 142, III e 342, CP.

Seção III
Do depositário
e do administrador

Art. 159. A guarda e a conservação de bens penhorados, arrestados, sequestrados ou arrecadados serão confiadas a depositário ou a administrador, não dispondo a lei de outro modo.

• Correspondência: art. 148, CPC/1973.
• V. art. 840, CPC/2015.

Art. 160. Por seu trabalho o depositário ou o administrador perceberá remuneração que o juiz fixará levando em conta a situação dos bens, ao tempo do serviço e às dificuldades de sua execução.

• Correspondência: art. 149, *caput*, CPC/1973.

Parágrafo único. O juiz poderá nomear um ou mais prepostos por indicação do depositário ou do administrador.

• Correspondência: art. 149, parágrafo único, CPC/1973.

Art. 161. O depositário ou o administrador responde pelos prejuízos que, por dolo ou culpa, causar à parte, perdendo a remuneração que lhe foi arbitrada, mas tem o direito a haver o que legitimamente despendeu no exercício do encargo.

• Correspondência: art. 150, CPC/1973.
• V. art. 553, CPC/2015.

Parágrafo único. O depositário infiel responde civilmente pelos prejuízos causados, sem prejuízo de sua responsabilidade

Art. 162

penal e da imposição de sanção por ato atentatório à dignidade da justiça.

* Sem correspondência no CPC/1973.
* V. art. 5º, LXVII, CF.
* V. art. 168, § 1º, II, CP.

Seção IV
Do intérprete e do tradutor

Art. 162. O juiz nomeará intérprete ou tradutor quando necessário para:

* Correspondência: art. 151, *caput*, CPC/1973.

I – traduzir documento redigido em língua estrangeira;

* Correspondência: art. 151, I, CPC/1973.

II – verter para o português as declarações das partes e das testemunhas que não conhecerem o idioma nacional;

* Correspondência: art. 151, II, CPC/1973.

III – realizar a interpretação simultânea dos depoimentos das partes e testemunhas com deficiência auditiva que se comuniquem por meio da Língua Brasileira de Sinais, ou equivalente, quando assim for solicitado.

* Correspondência: art. 151, III, CPC/1973.

Art. 163. Não pode ser intérprete ou tradutor quem:

* Correspondência: art. 152, *caput*, CPC/1973.
* V. art. 192, CPC/2015.

I – não tiver a livre administração de seus bens;

* Correspondência: art. 152, I, CPC/1973.

II – for arrolado como testemunha ou atuar como perito no processo;

* Correspondência: art. 152, II, CPC/1973.

III – estiver inabilitado para o exercício da profissão por sentença penal condenatória, enquanto durarem seus efeitos.

* Correspondência: art. 152, III, CPC/1973.
* V. art. 47, II, CP.

Art. 164. O intérprete ou tradutor, oficial ou não, é obrigado a desempenhar seu ofício, aplicando-se-lhe o disposto nos arts. 157 e 158.

* Correspondência: art. 153, CPC/1973.
* V. art. 148, CPC/2015.

Seção V
Dos conciliadores e mediadores judiciais

Art. 165. Os tribunais criarão centros judiciários de solução consensual de conflitos, responsáveis pela realização de sessões e audiências de conciliação e mediação e pelo desenvolvimento de programas destinados a auxiliar, orientar e estimular a autocomposição.

* Sem correspondência no CPC/1973.

§ 1º A composição e a organização dos centros serão definidas pelo respectivo tribunal, observadas as normas do Conselho Nacional de Justiça.

§ 2º O conciliador, que atuará preferencialmente nos casos em que não houver vínculo anterior entre as partes, poderá sugerir soluções para o litígio, sendo vedada a utilização de qualquer tipo de constrangimento ou intimidação para que as partes conciliem.

§ 3º O mediador, que atuará preferencialmente nos casos em que houver vínculo anterior entre as partes, auxiliará aos interessados a compreender as questões e os interesses em conflito, de modo que eles possam, pelo restabelecimento da comunicação, identificar, por si próprios, soluções consensuais que gerem benefícios mútuos.

* V. Res. CNJ 125/2010 (Política Judiciária Nacional de tratamento adequado dos conflitos de interesses no âmbito do Poder Judiciário).

Art. 166. A conciliação e a mediação são informadas pelos princípios da independência, da imparcialidade, da autonomia da vontade, da confidencialidade, da oralidade, da informalidade e da decisão informada.

* Sem correspondência no CPC/1973.
* V. Res. CNJ 125/2010 (Política Judiciária Nacional de tratamento adequado dos conflitos de interesses no âmbito do Poder Judiciário).

§ 1º A confidencialidade estende-se a todas as informações produzidas no curso do procedimento, cujo teor não poderá ser utilizado para fim diverso daquele previsto por expressa deliberação das partes.

§ 2º Em razão do dever de sigilo, inerente às suas funções, o conciliador e o mediador, assim como os membros de suas equipes, não poderão divulgar ou depor acerca de fatos ou elementos oriundos da conciliação ou da mediação.

§ 3º Admite-se a aplicação de técnicas negociais, com o objetivo de proporcionar ambiente favorável à autocomposição.

§ 4º A mediação e a conciliação serão regidas conforme a livre autonomia dos interessados, inclusive no que diz respeito à definição das regras procedimentais.

Art. 167. Os conciliadores, os mediadores e as câmaras privadas de conciliação e mediação serão inscritos em cadastro nacional e em cadastro de tribunal de justiça ou de tribunal regional federal, que manterá registro de profissionais habilitados, com indicação de sua área profissional.

- Sem correspondência no CPC/1973.
- V. Res. CNJ 125/2010 (Política Judiciária Nacional de tratamento adequado dos conflitos de interesses no âmbito do Poder Judiciário).

§ 1º Preenchendo o requisito da capacitação mínima, por meio de curso realizado por entidade credenciada, conforme parâmetro curricular definido pelo Conselho Nacional de Justiça em conjunto com o Ministério da Justiça, o conciliador ou o mediador, com o respectivo certificado, poderá requerer sua inscrição no cadastro nacional e no cadastro de tribunal de justiça ou de tribunal regional federal.

§ 2º Efetivado o registro, que poderá ser precedido de concurso público, o tribunal remeterá ao diretor do foro da comarca, seção ou subseção judiciária onde atuará o conciliador ou o mediador os dados necessários para que seu nome passe a constar da respectiva lista, a ser observada na distribuição alternada e aleatória, respeitado o princípio da igualdade dentro da mesma área de atuação profissional.

§ 3º Do credenciamento das câmaras e do cadastro de conciliadores e mediadores constarão todos os dados relevantes para a sua atuação, tais como o número de processos de que participou, o sucesso ou insucesso da atividade, a matéria sobre a qual versou a controvérsia, bem como outros dados que o tribunal julgar relevantes.

§ 4º Os dados colhidos na forma do § 3º serão classificados sistematicamente pelo tribunal, que os publicará, ao menos anualmente, para conhecimento da população e para fins estatísticos e de avaliação da conciliação, da mediação, das câmaras privadas de conciliação e de mediação, dos conciliadores e dos mediadores.

§ 5º Os conciliadores e mediadores judiciais cadastrados na forma do *caput*, se advogados, estarão impedidos de exercer a advocacia nos juízos em que desempenhem suas funções.

§ 6º O tribunal poderá optar pela criação de quadro próprio de conciliadores e mediadores, a ser preenchido por concurso público de provas e títulos, observadas as disposições deste Capítulo.

Art. 168. As partes podem escolher, de comum acordo, o conciliador, o mediador ou a câmara privada de conciliação e de mediação.

- Sem correspondência no CPC/1973.
- V. Res. CNJ 125/2010 (Política Judiciária Nacional de tratamento adequado dos conflitos de interesses no âmbito do Poder Judiciário).

§ 1º O conciliador ou mediador escolhido pelas partes poderá ou não estar cadastrado no tribunal.

§ 2º Inexistindo acordo quanto à escolha do mediador ou conciliador, haverá distribuição entre aqueles cadastrados no registro do tribunal, observada a respectiva formação.

§ 3º Sempre que recomendável, haverá a designação de mais de um mediador ou conciliador.

Art. 169. Ressalvada a hipótese do art. 167, § 6º, o conciliador e o mediador receberão pelo seu trabalho remuneração prevista em tabela fixada pelo tribunal, conforme parâmetros estabelecidos pelo Conselho Nacional de Justiça.

- Sem correspondência no CPC/1973.
- V. Res. CNJ 125/2010 (Política Judiciária Nacional de tratamento adequado dos conflitos de interesses no âmbito do Poder Judiciário).

§ 1º A mediação e a conciliação podem ser realizadas como trabalho voluntário, observada a legislação pertinente e a regulamentação do tribunal.

§ 2º Os tribunais determinarão o percentual de audiências não remuneradas que deverão ser suportadas pelas câmaras privadas de conciliação e mediação, com o fim de atender aos processos em que deferida gratuidade da justiça, como contrapartida de seu credenciamento.

Art. 170. No caso de impedimento, o conciliador ou mediador o comunicará imediatamente, de preferência por meio eletrônico, e devolverá os autos ao juiz do processo ou ao coordenador do centro judiciário de solução de conflitos, devendo este realizar nova distribuição.

- Sem correspondência no CPC/1973.
- V. Res. CNJ 125/2010 (Política Judiciária Nacional de tratamento adequado dos conflitos de interesses no âmbito do Poder Judiciário).

Parágrafo único. Se a causa de impedimento for apurada quando já iniciado o procedimento, a atividade será interrompida, lavrando-se ata com relatório do ocorrido e solicitação de distribuição para novo conciliador ou mediador.

Art. 171. No caso de impossibilidade temporária do exercício da função, o conciliador ou mediador informará o fato ao centro, preferencial-mente por meio eletrônico, para que, durante o período em que perdurar a impossibilidade, não haja novas distribuições.

- Sem correspondência no CPC/1973.
- V. Res. CNJ 125/2010 (Política Judiciária Nacional de tratamento adequado dos conflitos de interesses no âmbito do Poder Judiciário).

Art. 172. O conciliador e o mediador ficam impedidos, pelo prazo de 1 (um) ano, contado do término da última audiência em que atuaram, de assessorar, representar ou patrocinar qualquer das partes.

- Sem correspondência no CPC/1973.
- V. Res. CNJ 125/2010 (Política Judiciária Nacional de tratamento adequado dos conflitos de interesses no âmbito do Poder Judiciário).

Art. 173. Será excluído do cadastro de conciliadores e mediadores aquele que:

- Sem correspondência no CPC/1973.
- V. Res. CNJ 125/2010 (Política Judiciária Nacional de tratamento adequado dos conflitos de interesses no âmbito do Poder Judiciário).

I – agir com dolo ou culpa na condução da conciliação ou da mediação sob sua responsabilidade ou violar qualquer dos deveres decorrentes do art. 166, §§ 1º e 2º;

II – atuar em procedimento de mediação ou conciliação, apesar de impedido ou suspeito.

§ 1º Os casos previstos neste artigo serão apurados em processo administrativo.

§ 2º O juiz do processo ou o juiz coordenador do centro de conciliação e mediação, se houver, verificando atuação inadequada do mediador ou conciliador, poderá afastá-lo de suas atividades por até 180 (cento e oitenta) dias, por decisão fundamentada, informando o fato imediatamente ao tribunal para instauração do respectivo processo administrativo.

Art. 174. A União, os Estados, o Distrito Federal e os Municípios criarão câmaras de mediação e conciliação, com atribuições relacionadas à solução consensual de conflitos no âmbito administrativo, tais como:

- Sem correspondência no CPC/1973.
- V. Res. CNJ 125/2010 (Política Judiciária Nacional de tratamento adequado dos conflitos de interesses no âmbito do Poder Judiciário).

I – dirimir conflitos envolvendo órgãos e entidades da administração pública;

II – avaliar a admissibilidade dos pedidos de resolução de conflitos, por meio de conciliação, no âmbito da administração pública;

III – promover, quando couber, a celebração de termo de ajustamento de conduta.

Art. 175. As disposições desta Seção não excluem outras formas de conciliação e mediação extrajudiciais vinculadas a órgãos institucionais ou realizadas por intermédio de profissionais independentes, que poderão ser regulamentadas por lei específica.

- Sem correspondência no CPC/1973.
- V. Res. CNJ 125/2010 (Política Judiciária Nacional de tratamento adequado dos conflitos de interesses no âmbito do Poder Judiciário).

Parágrafo único. Os dispositivos desta Seção aplicam-se, no que couber, às câmaras privadas de conciliação e mediação.

TÍTULO V
DO MINISTÉRIO PÚBLICO

Art. 176. O Ministério Público atuará na defesa da ordem jurídica, do regime demo-

crático e dos interesses e direitos sociais e individuais indisponíveis.
- Sem correspondência no CPC/1973.
- V. art. 127, CF.
- V. art. 1º, Lei 8.625/1993 (Lei Orgânica Nacional do Ministério Público).

Art. 177. O Ministério Público exercerá o direito de ação em conformidade com suas atribuições constitucionais.
- Correspondência: art. 81, CPC/1973.
- V. arts. 82, § 1º, 91, 180, 778, § 1º, I, 967, III e 996, CPC/2015.
- V. art. 129, CF.
- V. art. 32, Lei 8.625/1993 (Lei Orgânica Nacional do Ministério Público).

Art. 178. O Ministério Público será intimado para, no prazo de 30 (trinta) dias, intervir como fiscal da ordem jurídica nas hipóteses previstas em lei ou na Constituição Federal e nos processos que envolvam:
- Correspondência: art. 82, *caput*, CPC/1973.
- V. arts. 279, 626, 721, 735, § 2º, 737, § 2º e 740, § 6º, CPC/2015.
- V. arts. 6º, § 4º, Lei 4.717/1965 (Ação popular).
- V. art. 9º, Lei 5.478/1968 (Ação de alimentos).
- V. art. 5º, I, Lei 7.347/1985 (Ação civil pública).

I – interesse público ou social;
- Correspondência: art. 82, III, 2ª parte, CPC/1973.

II – interesse de incapaz;
- Correspondência: art. 82, I, CPC/1973.

III – litígios coletivos pela posse de terra rural ou urbana.
- Correspondência: art. 82, III, 1ª parte, CPC/1973.

Parágrafo único. A participação da Fazenda Pública não configura, por si só, hipótese de intervenção do Ministério Público.
- Sem correspondência no CPC/1973.

Art. 179. Nos casos de intervenção como fiscal da ordem jurídica, o Ministério Público:
- Correspondência: art. 83, *caput*, CPC/1973.
- V. arts. 180 e 234, CPC/2015.

I – terá vista dos autos depois das partes, sendo intimado de todos os atos do processo;
- Correspondência: art. 83, I, CPC/1973.

II – poderá produzir provas, requerer as medidas processuais pertinentes e recorrer.
- Correspondência: art. 83, II, CPC/1973.

Art. 180. O Ministério Público gozará de prazo em dobro para manifestar-se nos autos, que terá início a partir de sua intimação pessoal, nos termos do art. 183, § 1º.
- Correspondência: art. 188, CPC/1973.
- V. art. 230, CPC/2015.
- V. art. 5º, § 5º, Lei 1.060/1950 (Lei de Assistência Judiciária).
- V. art. 10, Lei 9.469/1997 (Estende às autarquias e fundações públicas o disposto nos arts. 188 e 475, *caput* e II, CPC).
- V. Súmula 116, STJ.

§ 1º Findo o prazo para manifestação do Ministério Público sem o oferecimento de parecer, o juiz requisitará os autos e dará andamento ao processo.
- Sem correspondência no CPC/1973.

§ 2º Não se aplica o benefício da contagem em dobro quando a lei estabelecer, de forma expressa, prazo próprio para o Ministério Público.
- Sem correspondência no CPC/1973.

Art. 181. O membro do Ministério Público será civil e regressivamente responsável quando agir com dolo ou fraude no exercício de suas funções.
- Correspondência: art. 85, CPC/1973.
- V. art. 37, § 6º, CF.

TÍTULO VI
DA ADVOCACIA PÚBLICA

Art. 182. Incumbe à Advocacia Pública, na forma da lei, defender e promover os interesses públicos da União, dos Estados, do Distrito Federal e dos Municípios, por meio da representação judicial, em todos os âmbitos federativos, das pessoas jurídicas de direito público que integram a administração direta e indireta.
- Sem correspondência no CPC/1973.
- V. arts. 37, § 6º e 131, CF.

Art. 183. A União, os Estados, o Distrito Federal, os Municípios e suas respectivas autarquias e fundações de direito público gozarão de prazo em dobro para todas as suas manifestações processuais, cuja contagem terá início a partir da intimação pessoal.
- Correspondência: art. 188, CPC/1973.
- V. arts. 180 e 230, CPC/2015.

Art. 184

CÓDIGO DE PROCESSO CIVIL

- V. art. 5º, § 5º, Lei 1.060/1950 (Lei de Assistência Judiciária).
- V. art. 10, Lei 9.469/1997 (Estende às autarquias e fundações públicas o disposto nos arts. 188 e 475, *caput* e II, CPC).
- V. Súmula 116, STJ.

§ 1º A intimação pessoal far-se-á por carga, remessa ou meio eletrônico.

- Sem correspondência no CPC/1973.

§ 2º Não se aplica o benefício da contagem em dobro quando a lei estabelecer, de forma expressa, prazo próprio para o ente público.

- Sem correspondência no CPC/1973.

Art. 184. O membro da Advocacia Pública será civil e regressivamente responsável quando agir com dolo ou fraude no exercício de suas funções.

- Sem correspondência no CPC/1973.

TÍTULO VII
DA DEFENSORIA PÚBLICA

Art. 185. A Defensoria Pública exercerá a orientação jurídica, a promoção dos direitos humanos e a defesa dos direitos individuais e coletivos dos necessitados, em todos os graus, de forma integral e gratuita.

- Sem correspondência no CPC/1973.
- V. art. 134, CF.
- ** V. LC 80/1994 (Lei Orgânica da Defensoria Pública).
- ** V. LC 132/2009 (Altera a LC 80/1994).

Art. 186. A Defensoria Pública gozará de prazo em dobro para todas as suas manifestações processuais.

- Sem correspondência no CPC/1973.
- V. art. 5º, § 5º, Lei 1.060/1950 (Lei de Assistência Judiciária).
- ** V. art. 43, I, LC 80/1994 (Lei Orgânica da Defensoria Pública).

§ 1º O prazo tem início com a intimação pessoal do defensor público, nos termos do art. 183, § 1º.

- V. art. 230, CPC/2015.

§ 2º A requerimento da Defensoria Pública, o juiz determinará a intimação pessoal da parte patrocinada quando o ato processual depender de providência ou informação que somente por ela possa ser realizada ou prestada.

§ 3º O disposto no *caput* aplica-se aos escritórios de prática jurídica das faculdades de Direito reconhecidas na forma da lei e às entidades que prestam assistência jurídica gratuita em razão de convênios firmados com a Defensoria Pública.

§ 4º Não se aplica o benefício da contagem em dobro quando a lei estabelecer, de forma expressa, prazo próprio para a Defensoria Pública.

Art. 187. O membro da Defensoria Pública será civil e regressivamente responsável quando agir com dolo ou fraude no exercício de suas funções.

- Sem correspondência no CPC/1973.
- V. art. 37, § 6º, CF.

LIVRO IV
DOS ATOS PROCESSUAIS

TÍTULO I
DA FORMA, DO TEMPO E DO LUGAR DOS ATOS PROCESSUAIS

Capítulo I
DA FORMA DOS ATOS PROCESSUAIS

Seção I
Dos atos em geral

Art. 188. Os atos e os termos processuais independem de forma determinada, salvo quando a lei expressamente a exigir, considerando-se válidos os que, realizados de outro modo, lhe preencham a finalidade essencial.

- Correspondência: art. 154, CPC/1973.
- V. arts. 277 e 283, CPC/2015.

Art. 189. Os atos processuais são públicos, todavia tramitam em segredo de justiça os processos:

- Correspondência: art. 155, *caput*, CPC/1973.
- V. art. 5º, LX , CF.
- V. art. 368, CPC/2015.

I – em que o exija o interesse público ou social;

- Correspondência: art. 155, I, CPC/1973.

Código de Processo Civil

II – que versem sobre casamento, separação de corpos, divórcio, separação, união estável, filiação, alimentos e guarda de crianças e adolescentes;

- Correspondência: art. 155, II, CPC/1973.

III – em que constem dados protegidos pelo direito constitucional à intimidade;

- Sem correspondência no CPC/1973.

IV – que versem sobre arbitragem, inclusive sobre cumprimento de carta arbitral, desde que a confidencialidade estipulada na arbitragem seja comprovada perante o juízo.

- Sem correspondência no CPC/1973.

§ 1º O direito de consultar os autos de processo que tramite em segredo de justiça e de pedir certidões de seus atos é restrito às partes e aos seus procuradores.

- Correspondência: art. 155, parágrafo único, 1ª parte, CPC/1973.
- V. arts. 5º, XXXIV, b e 133, CF.

§ 2º O terceiro que demonstrar interesse jurídico pode requerer ao juiz certidão do dispositivo da sentença, bem como de inventário e de partilha resultantes de divórcio ou separação.

- Correspondência: art. 155, parágrafo único, 2ª parte, CPC/1973.

Art. 190. Versando o processo sobre direitos que admitam autocomposição, é lícito às partes plenamente capazes estipular mudanças no procedimento para ajustá-lo às especificidades da causa e convencionar sobre os seus ônus, poderes, faculdades e deveres processuais, antes ou durante o processo.

- Correspondência: art. 181, CPC/1973.

Parágrafo único. De ofício ou a requerimento, o juiz controlará a validade das convenções previstas neste artigo, recusando-lhes aplicação somente nos casos de nulidade ou de inserção abusiva em contrato de adesão ou em que alguma parte se encontre em manifesta situação de vulnerabilidade.

- Sem correspondência no CPC/1973.

Art. 191. De comum acordo, o juiz e as partes podem fixar calendário para a prática dos atos processuais, quando for o caso.

- Correspondência: art. 181, § 1º, CPC/1973.
- V. art. 277, CPC/2015.

§ 1º O calendário vincula as partes e o juiz, e os prazos nele previstos somente serão modificados em casos excepcionais, devidamente justificados.

- Sem correspondência no CPC/1973.

§ 2º Dispensa-se a intimação das partes para a prática de ato processual ou a realização de audiência cujas datas tiverem sido designadas no calendário.

- Sem correspondência no CPC/1973.

Art. 192. Em todos os atos e termos do processo é obrigatório o uso da língua portuguesa.

- Correspondência: art. 156, CPC/1973.
- V. art. 162, CPC/2015.
- V. art. 13, CF.

Parágrafo único. O documento redigido em língua estrangeira somente poderá ser juntado aos autos quando acompanhado de versão para a língua portuguesa tramitada por via diplomática ou pela autoridade central, ou firmada por tradutor juramentado.

- Correspondência: art. 157, CPC/1973.
- V. art. 224, CC.
- V. art. 129, 6º, Lei 6.015/1973 (Lei de Registros Públicos).
- V. Súmula 259, STF.

Seção II
Da prática eletrônica de atos processuais

Art. 193. Os atos processuais podem ser total ou parcialmente digitais, de forma a permitir que sejam produzidos, comunicados, armazenados e validados por meio eletrônico, na forma da lei.

- Correspondência: art. 169, § 2º, CPC/1973.
- V. Lei 6.015/1973 (Lei de Registros Públicos).

Parágrafo único. O disposto nesta Seção aplica-se, no que for cabível, à prática de atos notariais e de registro.

- Sem correspondência no CPC/1973.

Art. 194. Os sistemas de automação processual respeitarão a publicidade dos atos, o acesso e a participação das partes e de seus procuradores, inclusive nas audiências e sessões de julgamento, observadas as garantias da disponibilidade, independência da

Art. 195

plataforma computacional, acessibilidade e interoperabilidade dos sistemas, serviços, dados e informações que o Poder Judiciário administre no exercício de suas funções.

- Sem correspondência no CPC/1973.
- V. art. 5º, XXXV e LX, CF.

Art. 195. O registro de ato processual eletrônico deverá ser feito em padrões abertos, que atenderão aos requisitos de autenticidade, integridade, temporalidade, não repúdio, conservação e, nos casos que tramitem em segredo de justiça, confidencialidade, observada a infraestrutura de chaves públicas unificada nacionalmente, nos termos da lei.

- Correspondência: art. 154, parágrafo único, CPC/1973.
- V. art. 5º, LX, CF.
- V. MP 2.200/2001 (Infraestrutura de Chaves Públicas Brasileira – ICP-Brasil).

Art. 196. Compete ao Conselho Nacional de Justiça e, supletivamente, aos tribunais, regulamentar a prática e a comunicação oficial de atos processuais por meio eletrônico e velar pela compatibilidade dos sistemas, disciplinando a incorporação progressiva de novos avanços tecnológicos e editando, para esse fim, os atos que forem necessários, respeitadas as normas fundamentais deste Código.

- Correspondência: art. 154, parágrafo único, CPC/1973.
- V. Res. CNJ 185/2013 (Sistema Processo Judicial Eletrônico – PJe).

Art. 197. Os tribunais divulgarão as informações constantes de seu sistema de automação em página própria na rede mundial de computadores, gozando a divulgação de presunção de veracidade e confiabilidade.

- Sem correspondência no CPC/1973.
- V. Res. CNJ 185/2013 (Sistema Processo Judicial Eletrônico – PJe).

Parágrafo único. Nos casos de problema técnico do sistema e de erro ou omissão do auxiliar da justiça responsável pelo registro dos andamentos, poderá ser configurada a justa causa prevista no art. 223, *caput* e § 1º.

- Sem correspondência no CPC/1973.

Art. 198. As unidades do Poder Judiciário deverão manter gratuitamente, à disposição dos interessados, equipamentos necessários à prática de atos processuais e à consulta e ao acesso ao sistema e aos documentos dele constantes.

- Sem correspondência no CPC/1973.
- V. art. 5º, XIV, XXXIII e XXXIV, *b*, CF.
- V. Lei 12.527/2011 (Acesso às informações sigilosas do governo).
- V. Res. CNJ 185/2013 (Sistema Processo Judicial Eletrônico – PJe).

Parágrafo único. Será admitida a prática de atos por meio não eletrônico no local onde não estiverem disponibilizados os equipamentos previstos no *caput*.

- Sem correspondência no CPC/1973.

Art. 199. As unidades do Poder Judiciário assegurarão às pessoas com deficiência acessibilidade aos seus sítios na rede mundial de computadores, ao meio eletrônico de prática de atos judiciais, à comunicação eletrônica dos atos processuais e à assinatura eletrônica.

- Sem correspondência no CPC/1973.
- V. art. 5º, *caput*, CF.
- V. Dec. 3.298/1999 (Política Nacional para a Integração da Pessoa Portadora de Deficiência).
- V. Res. CNJ 185/2013 (Sistema Processo Judicial Eletrônico – PJe).

Seção III
Dos atos das partes

Art. 200. Os atos das partes consistentes em declarações unilaterais ou bilaterais de vontade produzem imediatamente a constituição, modificação ou extinção de direitos processuais.

- Correspondência: art. 158, *caput*, CPC/1973.
- V. arts. 90, 105, 122, 485, VIII, §§ 4º e 5º e 775, CPC/2015.

Parágrafo único. A desistência da ação só produzirá efeitos após homologação judicial.

- Correspondência: art. 158, parágrafo único, CPC/1973.

Art. 201. As partes poderão exigir recibo de petições, arrazoados, papéis e documentos que entregarem em cartório.

- Correspondência: art. 160, CPC/1973.

Art. 202. É vedado lançar nos autos cotas marginais ou interlineares, as quais o juiz mandará riscar, impondo a quem as escrever multa correspondente à ½ (metade) do salário mínimo.

- Correspondência: art. 161, CPC/1973.
- V. art. 96, CPC/2015.

Seção IV
Dos pronunciamentos do juiz

Art. 203. Os pronunciamentos do juiz consistirão em sentenças, decisões interlocutórias e despachos.

- Correspondência: art. 162, *caput*, CPC/1973.
- V. arts. 226, 330, 336, 481 e 1.009, CPC/2015.

§ 1º Ressalvadas as disposições expressas dos procedimentos especiais, sentença é o pronunciamento por meio do qual o juiz, com fundamento nos arts. 485 e 487, põe fim à fase cognitiva do procedimento comum, bem como extingue a execução.

- Correspondência: art. 162, § 1º, CPC/1973.

§ 2º Decisão interlocutória é todo pronunciamento judicial de natureza decisória que não se enquadre no § 1º.

- Correspondência: art. 162, § 2º, CPC/1973.
- V. art. 1.015, CPC/2015.

§ 3º São despachos todos os demais pronunciamentos do juiz praticados no processo, de ofício ou a requerimento da parte.

- Correspondência: art. 162, § 3º, CPC/1973.

§ 4º Os atos meramente ordinatórios, como a juntada e a vista obrigatória, independem de despacho, devendo ser praticados de ofício pelo servidor e revistos pelo juiz quando necessário.

- Correspondência: art. 162, § 4º, CPC/1973.
- V. art. 93, XIV, CF.

Art. 204. Acórdão é o julgamento colegiado proferido pelos tribunais.

- Correspondência: art. 163, CPC/1973.

Art. 205. Os despachos, as decisões, as sentenças e os acórdãos serão redigidos, datados e assinados pelos juízes.

- Correspondência: art. 164, *caput*, 1ª parte, CPC/1973.
- V. arts. 209 e 210, CPC/2015.

§ 1º Quando os pronunciamentos previstos no *caput* forem proferidos oralmente, o servidor os documentará, submetendo-os aos juízes para revisão e assinatura.

- Correspondência: art. 164, *caput*, 2ª parte, CPC/1973.

§ 2º A assinatura dos juízes, em todos os graus de jurisdição, pode ser feita eletronicamente, na forma da lei.

- Correspondência: art. 164, parágrafo único, CPC/1973.

§ 3º Os despachos, as decisões interlocutórias, o dispositivo das sentenças e a ementa dos acórdãos serão publicados no Diário de Justiça Eletrônico.

- Sem correspondência no CPC/1973.

Seção V
Dos atos do escrivão ou do chefe de secretaria

Art. 206. Ao receber a petição inicial de processo, o escrivão ou o chefe de secretaria a autuará, mencionando o juízo, a natureza do processo, o número de seu registro, os nomes das partes e a data de seu início, e procederá do mesmo modo em relação aos volumes em formação.

- Correspondência: art. 166, CPC/1973.
- V. art. 152, CPC/2015.
- V. art. 16, Lei 9.099/1995 (Juizados Especiais Cíveis e Criminais).

Art. 207. O escrivão ou o chefe de secretaria numerará e rubricará todas as folhas dos autos.

- Correspondência: art. 167, *caput*, CPC/1973.

Parágrafo único. À parte, ao procurador, ao membro do Ministério Público, ao defensor público e aos auxiliares da justiça é facultado rubricar as folhas correspondentes aos atos em que intervierem.

- Correspondência: art. 167, parágrafo único, CPC/1973.

Art. 208. Os termos de juntada, vista, conclusão e outros semelhantes constarão de notas datadas e rubricadas pelo escrivão ou pelo chefe de secretaria.

- Correspondência: art. 168, CPC/1973.

Art. 209. Os atos e os termos do processo serão assinados pelas pessoas que neles intervierem, todavia, quando essas não puderem ou não quiserem firmá-los, o escrivão ou o chefe de secretaria certificará a ocorrência.

• Correspondência: art. 169, *caput*, CPC/1973.

§ 1º Quando se tratar de processo total ou parcialmente documentado em autos eletrônicos, os atos processuais praticados na presença do juiz poderão ser produzidos e armazenados de modo integralmente digital em arquivo eletrônico inviolável, na forma da lei, mediante registro em termo, que será assinado digitalmente pelo juiz e pelo escrivão ou chefe de secretaria, bem como pelos advogados das partes.

• Correspondência: art. 169, § 2º, CPC/1973.

§ 2º Na hipótese do § 1º, eventuais contradições na transcrição deverão ser suscitadas oralmente no momento de realização do ato, sob pena de preclusão, devendo o juiz decidir de plano e ordenar o registro, no termo, da alegação e da decisão.

• Correspondência: art. 169, § 3º, CPC/1973.

Art. 210. É lícito o uso da taquigrafia, da estenotipia ou de outro método idôneo em qualquer juízo ou tribunal.

• Correspondência: art. 170, CPC/1973.
• V. art. 205, CPC/2015.

Art. 211. Não se admitem nos atos e termos processuais espaços em branco, salvo os que forem inutilizados, assim como entrelinhas, emendas ou rasuras, exceto quando do expressamente ressalvadas.

• Correspondência: art. 171, CPC/1973.
• V. art. 426, CPC/2015.

Capítulo II
DO TEMPO E DO LUGAR DOS ATOS PROCESSUAIS

Seção I
Do tempo

Art. 212. Os atos processuais serão realizados em dias úteis, das 6 (seis) às 20 (vinte) horas.

• Correspondência: art. 172, *caput*, CPC/1973.

§ 1º Serão concluídos após as 20 (vinte) horas os atos iniciados antes, quando o adiamento prejudicar a diligência ou causar grave dano.

• Correspondência: art. 172, § 1º, CPC/1973.

§ 2º Independentemente de autorização judicial, as citações, intimações e penhoras poderão realizar-se no período de férias forenses, onde as houver, e nos feriados ou dias úteis fora do horário estabelecido neste artigo, observado o disposto no art. 5º, inciso XI, da Constituição Federal.

• Correspondência: art. 172, § 2º, CPC/1973.
• V. arts. 214 e 900, CPC/2015.

§ 3º Quando o ato tiver de ser praticado por meio de petição em autos não eletrônicos, essa deverá ser protocolada no horário de funcionamento do fórum ou tribunal, conforme o disposto na lei de organização judiciária local.

• Correspondência: art. 172, § 3º, CPC/1973.

Art. 213. A prática eletrônica de ato processual pode ocorrer em qualquer horário até as 24 (vinte e quatro) horas do último dia do prazo.

• Sem correspondência no CPC/1973.
• V. Res. CNJ 185/2013 (Sistema Processo Judicial Eletrônico – Pje).

Parágrafo único. O horário vigente no juízo perante o qual o ato deve ser praticado será considerado para fins de atendimento do prazo.

Art. 214. Durante as férias forenses e nos feriados, não se praticarão atos processuais, excetuando-se:

• Correspondência: art. 173, *caput*, CPC/1973.
• V. art. 216, CPC/2015.
• V. art. 93, XII, CF.
• V. art. 66, § 1º, LC 35/1979 (Lei Orgânica da Magistratura Nacional).

I – os atos previstos no art. 212, § 2º;

• Correspondência: art. 173, II, CPC/1973.

II – a tutela de urgência.

• Sem correspondência no CPC/1973.

Art. 215. Processam-se durante as férias forenses, onde as houver, e não se suspendem pela superveniência delas:

• Correspondência: art. 174, *caput*, CPC/1973.
• V. art. 1º, Lei 6.338/1976 (Ações que têm curso nas férias).
• V. art. 58, I, Lei 8.245/1991 (Locação de imóveis urbanos).

Código de Processo Civil

I – os procedimentos de jurisdição voluntária e os necessários à conservação de direitos, quando puderem ser prejudicados pelo adiamento;

- Correspondência: art. 174, I, CPC/1973.
- V. arts. 719 a 770, CPC/2015.
- V. art. 39, Dec.-lei 3.365/1941 (Desapropriação por utilidade pública).
- V. art. 2º, § 1º, LC 76/1993 (Reforma agrária).

II – a ação de alimentos e os processos de nomeação ou remoção de tutor e curador;

- Correspondência: art. 174, II, CPC/1973.
- V. arts. 528 a 531 e 911 a 913, CPC/2015.

III – os processos que a lei determinar.

- Correspondência: art. 174, III, CPC/1973.

Art. 216. Além dos declarados em lei, são feriados, para efeito forense, os sábados, os domingos e os dias em que não haja expediente forense.

- Correspondência: art. 175, CPC/1973.
- V. arts. 1º e 2º, Lei 9.093/1995 (Feriados).

Seção II
Do lugar

Art. 217. Os atos processuais realizar-se-ão ordinariamente na sede do juízo, ou, excepcionalmente, em outro lugar em razão de deferência, de interesse da justiça, da natureza do ato ou de obstáculo arguido pelo interessado e acolhido pelo juiz.

- Correspondência: art. 176, CPC/1973.
- V. arts. 454 e 483, CPC/2015.

Capítulo III
DOS PRAZOS

Seção I
Disposições gerais

Art. 218. Os atos processuais serão realizados nos prazos prescritos em lei.

- Correspondência: art. 177, 1ª parte, CPC/1973.

§ 1º Quando a lei for omissa, o juiz determinará os prazos em consideração à complexidade do ato.

- Correspondência: art. 177, 2ª parte, CPC/1973.

§ 2º Quando a lei ou o juiz não determinar prazo, as intimações somente obrigarão a comparecimento após decorridas 48 (quarenta e oito) horas.

- Correspondência: art. 192, CPC/1973.

§ 3º Inexistindo preceito legal ou prazo determinado pelo juiz, será de 5 (cinco) dias o prazo para a prática de ato processual a cargo da parte.

- Correspondência: art. 185, CPC/1973.

§ 4º Será considerado tempestivo o ato praticado antes do termo inicial do prazo.

- Sem correspondência no CPC/1973.

Art. 219. Na contagem de prazo em dias, estabelecido por lei ou pelo juiz, computar-se-ão somente os dias úteis.

- Correspondência: art. 178, CPC/1973.

Parágrafo único. O disposto neste artigo aplica-se somente aos prazos processuais.

- Sem correspondência no CPC/1973.

Art. 220. Suspende-se o curso do prazo processual nos dias compreendidos entre 20 de dezembro e 20 de janeiro, inclusive.

- Correspondência: art. 179, CPC/1973.

§ 1º Ressalvadas as férias individuais e os feriados instituídos por lei, os juízes, os membros do Ministério Público, da Defensoria Pública e da Advocacia Pública e os auxiliares da Justiça exercerão suas atribuições durante o período previsto no *caput*.

- Sem correspondência no CPC/1973.

§ 2º Durante a suspensão do prazo, não se realizarão audiências nem sessões de julgamento.

- Sem correspondência no CPC/1973.

Art. 221. Suspende-se o curso do prazo por obstáculo criado em detrimento da parte ou ocorrendo qualquer das hipóteses do art. 313, devendo o prazo ser restituído por tempo igual ao que faltava para sua complementação.

- Correspondência: art. 180, CPC/1973.
- V. Súmula 173, STF.

Parágrafo único. Suspendem-se os prazos durante a execução de programa instituído pelo Poder Judiciário para promover a autocomposição, incumbindo aos tribunais especificar, com antecedência, a duração dos trabalhos.

- Sem correspondência no CPC/1973.

Art. 222

Art. 222. Na comarca, seção ou subseção judiciária onde for difícil o transporte, o juiz poderá prorrogar os prazos por até 2 (dois) meses.
- Correspondência: art. 182, *caput*, 2ª parte, CPC/1973.
- V. arts. 225 e 1.004, CPC/2015.

§ 1º Ao juiz é vedado reduzir prazos peremptórios sem anuência das partes.
- Correspondência: art. 182, *caput*, 1ª parte, CPC/1973.

§ 2º Havendo calamidade pública, o limite previsto no *caput* para prorrogação de prazos poderá ser excedido.
- Correspondência: art. 182, parágrafo único, CPC/1973.

Art. 223. Decorrido o prazo, extingue-se o direito de praticar ou de emendar o ato processual, independentemente de declaração judicial, ficando assegurado, porém, à parte provar que não o realizou por justa causa.
- Correspondência: art. 183, *caput*, CPC/1973.
- V. arts. 507 e 1.004, CPC/2015.

§ 1º Considera-se justa causa o evento alheio à vontade da parte e que a impediu de praticar o ato por si ou por mandatário.
- Correspondência: art. 183, § 1º, CPC/1973.
- V. art. 485, CPC/2015.

§ 2º Verificada a justa causa, o juiz permitirá à parte a prática do ato no prazo que lhe assinar.
- Correspondência: art. 183, § 2º, CPC/1973.

Art. 224. Salvo disposição em contrário, os prazos serão contados excluindo o dia do começo e incluindo o dia do vencimento.
- Correspondência: art. 184, *caput*, CPC/1973.
- V. arts. 214, 230 a 232, 975, § 1º e 1.003, CPC/2015.
- V. art. 132, CC.
- V. art. 210, CTN.
- V. art. 775, CLT.

§ 1º Os dias do começo e do vencimento do prazo serão protraídos para o primeiro dia útil seguinte, se coincidirem com dia em que o expediente forense for encerrado antes ou iniciado depois da hora normal ou houver indisponibilidade da comunicação eletrônica.
- Correspondência: art. 184, § 1º, CPC/1973.
- V. art. 5º, §§ 1º e 2º, Lei 11.419/2006 (Informatização do processo judicial).

§ 2º Considera-se como data de publicação o primeiro dia útil seguinte ao da disponibilização da informação no *Diário da Justiça* eletrônico.
- Sem correspondência no CPC/1973.

§ 3º A contagem do prazo terá início no primeiro dia útil que seguir ao da publicação.
- Correspondência: art. 184, § 2º, CPC/1973.
- V. art. 4º, § 4º, Lei 11.419/2006 (Informatização do processo judicial).

Art. 225. A parte poderá renunciar ao prazo estabelecido exclusivamente em seu favor, desde que o faça de maneira expressa.
- Correspondência: art. 186, CPC/1973.

Art. 226. O juiz proferirá:
- Correspondência: art. 189, *caput*, CPC/1973.

I – os despachos no prazo de 5 (cinco) dias;
- Correspondência: art. 189, I, CPC/1973.

II – as decisões interlocutórias no prazo de 10 (dez) dias;
- Correspondência: art. 189, II, CPC/1973.

III – as sentenças no prazo de 30 (trinta) dias.
- Sem correspondência no CPC/1973.
- V. arts. 235 e 366, CPC/2015.

Art. 227. Em qualquer grau de jurisdição, havendo motivo justificado, pode o juiz exceder, por igual tempo, os prazos a que está submetido.
- Correspondência: art. 187, CPC/1973.
- V. art. 226, CPC/2015.
- V. arts. 35, II, e 39, LC 35/1979 (Lei Orgânica da Magistratura Nacional).

Art. 228. Incumbirá ao serventuário remeter os autos conclusos no prazo de 1 (um) dia e executar os atos processuais no prazo de 5 (cinco) dias, contado da data em que:
- Correspondência: art. 190, *caput*, CPC/1973.
- V. arts. 155, I, e 233, CPC/2015.

I – houver concluído o ato processual anterior, se lhe foi imposto pela lei;
- Correspondência: art. 190, I, CPC/1973.

II – tiver ciência da ordem, quando determinada pelo juiz.
- Correspondência: art. 190, II, CPC/1973.

CÓDIGO DE PROCESSO CIVIL

§ 1º Ao receber os autos, o serventuário certificará o dia e a hora em que teve ciência da ordem referida no inciso II.

• Correspondência: art. 190, parágrafo único, CPC/1973.

§ 2º Nos processos em autos eletrônicos, a juntada de petições ou de manifestações em geral ocorrerá de forma automática, independentemente de ato de serventuário da justiça.

• Sem correspondência no CPC/1973.

Art. 229. Os litisconsortes que tiverem diferentes procuradores, de escritórios de advocacia distintos, terão prazos contados em dobro para todas as suas manifestações, em qualquer juízo ou tribunal, independentemente de requerimento.

• Correspondência: art. 191, CPC/1973.
• V. arts. 107, § 2º, 231, § 1º, 1.004, CPC/2015.

§ 1º Cessa a contagem do prazo em dobro se, havendo apenas 2 (dois) réus, é oferecida defesa por apenas um deles.

• Sem correspondência no CPC/1973.
• V. Súmula 641, STF.

§ 2º Não se aplica o disposto no *caput* aos processos em autos eletrônicos.

• Sem correspondência no CPC/1973.

Art. 230. O prazo para a parte, o procurador, a Advocacia Pública, a Defensoria Pública e o Ministério Público será contado da citação, da intimação ou da notificação.

• Correspondência: art. 240, CPC/1973.
•• V. art. 43, I, LC 80/1994 (Lei Orgânica da Defensoria Pública).

Art. 231. Salvo disposição em sentido diverso, considera-se dia do começo do prazo:

• Correspondência: art. 241, *caput*, CPC/1973.
• V. arts. 224, § 3º, 230, 318 e 915, CPC/2015.

I – a data de juntada aos autos do aviso de recebimento, quando a citação ou a intimação for pelo correio;

• Correspondência: art. 241, I, CPC/1973.

II – a data de juntada aos autos do mandado cumprido, quando a citação ou a intimação for por oficial de justiça;

• Correspondência: art. 241, II, CPC/1973.
• V. art. 362, CPP.

III – a data de ocorrência da citação ou da intimação, quando ela se der por ato do escrivão ou do chefe de secretaria;

• Sem correspondência no CPC/1973.

IV – o dia útil seguinte ao fim da dilação assinada pelo juiz, quando a citação ou a intimação for por edital;

• Correspondência: art. 241, V, CPC/1973.

V – o dia útil seguinte à consulta ao teor da citação ou da intimação ou ao término do prazo para que a consulta se dê, quando a citação ou a intimação for eletrônica;

• Sem correspondência no CPC/1973.

VI – a data de juntada do comunicado de que trata o art. 232 ou, não havendo esse, a data de juntada da carta aos autos de origem devidamente cumprida, quando a citação ou a intimação se realizar em cumprimento de carta;

• Correspondência: art. 241, IV, CPC/1973.

VII – a data de publicação, quando a intimação se der pelo Diário da Justiça impresso ou eletrônico;

• Sem correspondência no CPC/1973.

VIII – o dia da carga, quando a intimação se der por meio da retirada dos autos, em carga, do cartório ou da secretaria.

• Sem correspondência no CPC/1973.

§ 1º Quando houver mais de um réu, o dia do começo do prazo para contestar corresponderá à última das datas a que se referem os incisos I a VI do *caput*.

• Correspondência: art. 241, III, CPC/1973.

§ 2º Havendo mais de um intimado, o prazo para cada um é contado individualmente.

• Sem correspondência no CPC/1973.

§ 3º Quando o ato tiver de ser praticado diretamente pela parte ou por quem, de qualquer forma, participe do processo, sem a intermediação de representante judicial, o dia do começo do prazo para cumprimento da determinação judicial corresponderá à data em que se der a comunicação.

• Sem correspondência no CPC/1973.

§ 4º Aplica-se o disposto no inciso II do *caput* à citação com hora certa.

• Sem correspondência no CPC/1973.

Art. 232

Art. 232. Nos atos de comunicação por carta precatória, rogatória ou de ordem, a realização da citação ou da intimação será imediatamente informada, por meio eletrônico, pelo juiz deprecado ao juiz deprecante.

- Correspondência: art. 738, § 2º, CPC/1973.

Seção II
Da verificação dos prazos e das penalidades

Art. 233. Incumbe ao juiz verificar se o serventuário excedeu, sem motivo legítimo, os prazos estabelecidos em lei.

- Correspondência: art. 193, CPC/1973.
- V. art. 228, CPC/2015.
- V. art. 5º, LV, CF.
- V. art. 35, III, LC 35/1979 (Lei Orgânica da Magistratura Nacional).

§ 1º Constatada a falta, o juiz ordenará a instauração de processo administrativo, na forma da lei.

- Correspondência: art. 194, CPC/1973.

§ 2º Qualquer das partes, o Ministério Público ou a Defensoria Pública poderá representar ao juiz contra o serventuário que injustificadamente exceder os prazos previstos em lei.

- Correspondência: art. 198, CPC/1973.

Art. 234. Os advogados públicos ou privados, o defensor público e o membro do Ministério Público devem restituir os autos no prazo do ato a ser praticado.

- Correspondência: art. 195, CPC/1973.
- V. art. 7º, XV e XVI, Lei 8.906/1994 (Estatuto da Advocacia e da OAB).

§ 1º É lícito a qualquer interessado exigir os autos do advogado que exceder prazo legal.

- Correspondência: art. 196, *caput*, 1ª parte, CPC/1973.
- V. art. 34, XXII, Lei 8.906/1994 (Estatuto da Advocacia e da OAB).

§ 2º Se, intimado, o advogado não devolver os autos no prazo de 3 (três) dias, perderá o direito à vista fora de cartório e incorrerá em multa correspondente à ½ (metade) do salário mínimo.

- Correspondência: art. 196, *caput*, 2ª parte, CPC/1973.

§ 3º Verificada a falta, o juiz comunicará o fato à seção local da Ordem dos Advogados do Brasil para procedimento disciplinar e imposição de multa.

- Correspondência: art. 196, parágrafo único, CPC/1973.

§ 4º Se a situação envolver membro do Ministério Público, da Defensoria Pública ou da Advocacia Pública, a multa, se for o caso, será aplicada ao agente público responsável pelo ato.

- Correspondência: art. 197, CPC/1973.

§ 5º Verificada a falta, o juiz comunicará o fato ao órgão competente responsável pela instauração de procedimento disciplinar contra o membro que atuou no feito.

- Sem correspondência no CPC/1973.
- V. art. 37, I, Lei 8.906/1994 (Estatuto da Advocacia e da OAB).

Art. 235. Qualquer parte, o Ministério Público ou a Defensoria Pública poderá representar ao corregedor do tribunal ou ao Conselho Nacional de Justiça contra juiz ou relator que injustificadamente exceder os prazos previstos em lei, regulamento ou regimento interno.

- Correspondência: arts. 198 e 199, CPC/1973.

§ 1º Distribuída a representação ao órgão competente e ouvido previamente o juiz, não sendo caso de arquivamento liminar, será instaurado procedimento para apuração da responsabilidade, com intimação do representado por meio eletrônico para, querendo, apresentar justificativa no prazo de 15 (quinze) dias.

- Correspondência: art. 198, CPC/1973.

§ 2º Sem prejuízo das sanções administrativas cabíveis, em até 48 (quarenta e oito) horas após a apresentação ou não da justificativa de que trata o § 1º, se for o caso, o corregedor do tribunal ou o relator no Conselho Nacional de Justiça determinará a intimação do representado por meio eletrônico para que, em 10 (dez) dias, pratique o ato.

- Correspondência: art. 198, CPC/1973.

§ 3º Mantida a inércia, os autos serão remetidos ao substituto legal do juiz ou do relator contra o qual se representou para decisão em 10 (dez) dias.

- Correspondência: art. 198, CPC/1973.

TÍTULO II
DA COMUNICAÇÃO DOS ATOS PROCESSUAIS

Capítulo I
DISPOSIÇÕES GERAIS

Art. 236. Os atos processuais serão cumpridos por ordem judicial.

• Correspondência: art. 200, 1ª parte, CPC/1973.

§ 1º Será expedida carta para a prática de atos fora dos limites territoriais do tribunal, da comarca, da seção ou da subseção judiciárias, ressalvadas as hipóteses previstas em lei.

• Correspondência: art. 200, 2ª parte, CPC/1973.

§ 2º O tribunal poderá expedir carta para juízo a ele vinculado, se o ato houver de se realizar fora dos limites territoriais do local de sua sede.

• Correspondência: art. 200, 2ª parte, CPC/1973.

§ 3º Admite-se a prática de atos processuais por meio de videoconferência ou outro recurso tecnológico de transmissão de sons e imagens em tempo real.

• Sem correspondência no CPC/1973.

Art. 237. Será expedida carta:

• Correspondência: art. 201, CPC/1973.
• V. arts. 845, § 2º, e 914, § 2º, CPC/2015.

I – de ordem, pelo tribunal, na hipótese do § 2º do art. 236;

• Correspondência: art. 201, CPC/1973.

II – rogatória, para que órgão jurisdicional estrangeiro pratique ato de cooperação jurídica internacional, relativo a processo em curso perante órgão jurisdicional brasileiro;

• Correspondência: art. 201, CPC/1973.
• V. art. 256, § 1º, CPC/2015.

III – precatória, para que órgão jurisdicional brasileiro pratique ou determine o cumprimento, na área de sua competência territorial, de ato relativo a pedido de cooperação judiciária formulado por órgão jurisdicional de competência territorial diversa;

• Correspondência: art. 201, CPC/1973.

IV – arbitral, para que órgão do Poder Judiciário pratique ou determine o cumprimento, na área de sua competência territorial, de ato objeto de pedido de cooperação judiciária formulado por juízo arbitral, inclusive os que importem efetivação de tutela provisória.

• Sem correspondência no CPC/1973.

Parágrafo único. Se o ato relativo a processo em curso na justiça federal ou em tribunal superior houver de ser praticado em local onde não haja vara federal, a carta poderá ser dirigida ao juízo estadual da respectiva comarca.

• Sem correspondência no CPC/1973.

Capítulo II
DA CITAÇÃO

Art. 238. Citação é o ato pelo qual são convocados o réu, o executado ou o interessado para integrar a relação processual.

• Correspondência: art. 213, CPC/1973.

Art. 239. Para a validade do processo é indispensável a citação do réu ou do executado, ressalvadas as hipóteses de indeferimento da petição inicial ou de improcedência liminar do pedido.

• Correspondência: art. 214, *caput*, CPC/1973.
• V. arts. 280, 332, 337, I, e 910, § 2º, CPC/2015.

§ 1º O comparecimento espontâneo do réu ou do executado supre a falta ou a nulidade da citação, fluindo a partir desta data o prazo para apresentação de contestação ou de embargos à execução.

• Correspondência: art. 214, §§ 1º e 2º, CPC/1973.

§ 2º Rejeitada a alegação de nulidade, tratando-se de processo de:

• Sem correspondência no CPC/1973.

I – conhecimento, o réu será considerado revel;

II – execução, o feito terá seguimento.

Art. 240. A citação válida, ainda quando ordenada por juízo incompetente, induz litispendência, torna litigiosa a coisa e constitui em mora o devedor, ressalvado o disposto nos arts. 397 e 398 da Lei 10.406, de 10 de janeiro de 2002 (Código Civil).

• Correspondência: art. 219, *caput*, CPC/1973.
• V. arts. 58, 312, CPC/2015.
• V. arts. 397 e 398, CC.

§ 1º A interrupção da prescrição, operada pelo despacho que ordena a citação, ainda que proferido por juízo incompetente, retroagirá à data de propositura da ação.

- Correspondência: art. 219, § 1º, CPC/1973.
- V. art. 8º, § 2º, Lei 6.830/1980 (Execução fiscal).

§ 2º Incumbe ao autor adotar, no prazo de 10 (dez) dias, as providências necessárias para viabilizar a citação, sob pena de não se aplicar o disposto no § 1º.

- Correspondência: art. 219, § 2º, 1ª parte, CPC/1973.
- V. art. 802, CPC/2015.

§ 3º A parte não será prejudicada pela demora imputável exclusivamente ao serviço judiciário.

- Correspondência: art. 219, § 2º, 2ª parte, CPC/1973.

§ 4º O efeito retroativo a que se refere o § 1º aplica-se à decadência e aos demais prazos extintivos previstos em lei.

- Correspondência: art. 220, CPC/1973.

Art. 241. Transitada em julgado a sentença de mérito proferida em favor do réu antes da citação, incumbe ao escrivão ou ao chefe de secretaria comunicar-lhe o resultado do julgamento.

- Correspondência: art. 219, § 6º, CPC/1973.
- V. arts. 152, II, 494, 502 e 505, CPC/2015.

Art. 242. A citação será pessoal, podendo, no entanto, ser feita na pessoa do representante legal ou do procurador do réu, do executado ou do interessado.

- Correspondência: art. 215, *caput*, CPC/1973.
- V. arts. 71, 73, §§ 1º, 2º e 3º e 215, CPC/2015.

§ 1º Na ausência do citando, a citação será feita na pessoa de seu mandatário, administrador, preposto ou gerente, quando a ação se originar de atos por eles praticados.

- Correspondência: art. 215, § 1º, CPC/1973.
- V. art. 119, Lei 6.404/1976 (Sociedades por ações).

§ 2º O locador que se ausentar do Brasil sem cientificar o locatário de que deixou, na localidade onde estiver situado o imóvel, procurador com poderes para receber citação será citado na pessoa do administrador do imóvel encarregado do recebimento dos aluguéis, que será considerado habilitado para representar o locador em juízo.

- Correspondência: art. 215, § 2º, CPC/1973.
- V. art. 58, IV, Lei 8.245/1991 (Locação de imóveis urbanos).

§ 3º A citação da União, dos Estados, do Distrito Federal, dos Municípios e de suas respectivas autarquias e fundações de direito público será realizada perante o órgão de Advocacia Pública responsável por sua representação judicial.

- Sem correspondência no CPC/1973.
- V. art. 75, CPC/2015.

Art. 243. A citação poderá ser feita em qualquer lugar em que se encontre o réu, o executado ou o interessado.

- Correspondência: art. 216, *caput*, CPC/1973.

Parágrafo único. O militar em serviço ativo será citado na unidade em que estiver servindo, se não for conhecida sua residência ou nela não for encontrado.

- Correspondência: art. 216, parágrafo único, CPC/1973.

Art. 244. Não se fará a citação, salvo para evitar o perecimento do direito:

- Correspondência: art. 217, *caput*, CPC/1973.
- V. art. 332, CPC/2015.

I – de quem estiver participando de ato de culto religioso;

- Correspondência: art. 217, I, CPC/1973.

II – de cônjuge, de companheiro ou de qualquer parente do morto, consanguíneo ou afim, em linha reta ou na linha colateral em segundo grau, no dia do falecimento e nos 7 (sete) dias seguintes;

- Correspondência: art. 217, II, CPC/1973.

III – de noivos, nos 3 (três) primeiros dias seguintes ao casamento;

- Correspondência: art. 217, III, CPC/1973.

IV – de doente, enquanto grave o seu estado.

- Correspondência: art. 217, IV, CPC/1973.

Art. 245. Não se fará citação quando se verificar que o citando é mentalmente incapaz ou está impossibilitado de recebê-la.

- Correspondência: art. 218, *caput*, CPC/1973.
- V. art. 178, II, CPC/2015.
- V. arts. 1.767 e 1.775, CC.

§ 1º O oficial de justiça descreverá e certificará minuciosamente a ocorrência.

- Correspondência: art. 218, § 1º, 1ª parte, CPC/1973.

Código de Processo Civil

§ 2º Para examinar o citando, o juiz nomeará médico, que apresentará laudo no prazo de 5 (cinco) dias.

- Correspondência: art. 218, § 1º, 2ª parte, CPC/1973.

§ 3º Dispensa-se a nomeação de que trata o § 2º se pessoa da família apresentar declaração do médico do citando que ateste a incapacidade deste.

- Sem correspondência no CPC/1973.

§ 4º Reconhecida a impossibilidade, o juiz nomeará curador ao citando, observando, quanto à sua escolha, a preferência estabelecida em lei e restringindo a nomeação à causa.

- Correspondência: art. 218, § 2º, CPC/1973.

§ 5º A citação será feita na pessoa do curador, a quem incumbirá a defesa dos interesses do citando.

- Correspondência: art. 218, § 3º, CPC/1973.

Art. 246. A citação será feita:

- Correspondência: art. 221, *caput*, CPC/1973.
- V. art. 18, Lei 9.099/1995 (Juizados Especiais Cíveis e Criminais).

I – pelo correio;

- Correspondência: art. 221, I, CPC/1973.
- V. art. 58, IV, Lei 8.245/1991 (Locação de imóveis urbanos).

II – por oficial de justiça;

- Correspondência: art. 221, II, CPC/1973.

III – pelo escrivão ou chefe de secretaria, se o citando comparecer em cartório;

- Sem correspondência no CPC/1973.

IV – por edital;

- Correspondência: art. 221, III, CPC/1973.

V – por meio eletrônico, conforme regulado em lei.

- Correspondência: art. 221, IV, CPC/1973.
- V. art. 9º, Lei 11.419/2006 (Informatização do processo judicial).

§ 1º Com exceção das microempresas e das empresas de pequeno porte, as empresas públicas e privadas são obrigadas a manter cadastro nos sistemas de processo em autos eletrônicos, para efeito de recebimento de citações e intimações, as quais serão efetuadas preferencialmente por esse meio.

- Sem correspondência no CPC/1973.

§ 2º O disposto no § 1º aplica-se à União, aos Estados, ao Distrito Federal, aos Municípios e às entidades da administração indireta.

- Sem correspondência no CPC/1973.

§ 3º Na ação de usucapião de imóvel, os confinantes serão citados pessoalmente, exceto quando tiver por objeto unidade autônoma de prédio em condomínio, caso em que tal citação é dispensada.

- Sem correspondência no CPC/1973.

Art. 247. A citação será feita pelo correio para qualquer comarca do país, exceto:

- Correspondência: art. 222, *caput*, CPC/1973.
- V. art. 249, CPC/2015.

I – nas ações de estado, observado o disposto no art. 695, § 3º;

- Correspondência: art. 222, *a*, CPC/1973.

II – quando o citando for incapaz;

- Correspondência: art. 222, *b*, CPC/1973.

III – quando o citando for pessoa de direito público;

- Correspondência: art. 222, *c*, CPC/1973.

IV – quando o citando residir em local não atendido pela entrega domiciliar de correspondência;

- Correspondência: art. 222, *e*, CPC/1973.

V – quando o autor, justificadamente, a requerer de outra forma.

- Correspondência: art. 222, *f*, CPC/1973.

Art. 248. Deferida a citação pelo correio, o escrivão ou o chefe de secretaria remeterá ao citando cópias da petição inicial e do despacho do juiz e comunicará o prazo para resposta, o endereço do juízo e o respectivo cartório.

- Correspondência: art. 223, *caput*, CPC/1973.
- V. Súmula 429, STJ.

§ 1º A carta será registrada para entrega ao citando, exigindo-lhe o carteiro, ao fazer a entrega, que assine o recibo.

- Correspondência: art. 223, parágrafo único, 1ª parte, CPC/1973.

§ 2º Sendo o citando pessoa jurídica, será válida a entrega do mandado a pessoa com poderes de gerência geral ou de administração ou, ainda, a funcionário responsável pelo recebimento de correspondências.

- Correspondência: art. 223, parágrafo único, 2ª parte, CPC/1973.

§ 3º Da carta de citação no processo de conhecimento constarão os requisitos do art. 250.
- Correspondência: art. 942, CPC/1973.

§ 4º Nos condomínios edilícios ou nos loteamentos com controle de acesso, será válida a entrega do mandado a funcionário da portaria responsável pelo recebimento de correspondência, que, entretanto, poderá recusar o recebimento, se declarar, por escrito, sob as penas da lei, que o destinatário da correspondência está ausente.
- Sem correspondência no CPC/1973.

Art. 249. A citação será feita por meio de oficial de justiça nas hipóteses previstas neste Código ou em lei, ou quando frustrada a citação pelo correio.
- Correspondência: art. 224, CPC/1973.
- V. art. 626, § 1º, CPC/2015.

Art. 250. O mandado que o oficial de justiça tiver de cumprir conterá:
- Correspondência: art. 225, *caput*, CPC/1973.
- V. art. 626, CPC/2015.

I – os nomes do autor e do citando e seus respectivos domicílios ou residências;
- Correspondência: art. 225, I, CPC/1973.

II – a finalidade da citação, com todas as especificações constantes da petição inicial, bem como a menção do prazo para contestar, sob pena de revelia, ou para embargar a execução;
- Correspondência: art. 225, II, CPC/1973.

III – a aplicação de sanção para o caso de descumprimento da ordem, se houver;
- Correspondência: art. 225, III, CPC/1973.
- V. arts. 537 e 814, CPC/2015.

IV – se for o caso, a intimação do citando para comparecer, acompanhado de advogado ou de defensor público, à audiência de conciliação ou de mediação, com a menção do dia, da hora e do lugar do comparecimento;
- Correspondência: art. 225, IV, CPC/1973.

V – a cópia da petição inicial, do despacho ou da decisão que deferir tutela provisória;
- Correspondência: art. 225, V, CPC/1973.

VI – a assinatura do escrivão ou do chefe de secretaria e a declaração de que o subscreve por ordem do juiz.
- Correspondência: art. 225, VII, CPC/1973.

Art. 251. Incumbe ao oficial de justiça procurar o citando e, onde o encontrar, citá-lo:
- Correspondência: art. 226, *caput*, CPC/1973.
- V. arts. 214, II, 216, 626, § 1º, e 829, CPC/2015.

I – lendo-lhe o mandado e entregando-lhe a contrafé;
- Correspondência: art. 226, I, CPC/1973.

II – portando por fé se recebeu ou recusou a contrafé;
- Correspondência: art. 226, II, CPC/1973.

III – obtendo a nota de ciente ou certificando que o citando não a apôs no mandado.
- Correspondência: art. 226, III, CPC/1973.

Art. 252. Quando, por 2 (duas) vezes, o oficial de justiça houver procurado o citando em seu domicílio ou residência sem o encontrar, deverá, havendo suspeita de ocultação, intimar qualquer pessoa da família ou, em sua falta, qualquer vizinho de que, no dia útil imediato, voltará a fim de efetuar a citação, na hora que designar.
- Correspondência: art. 227, CPC/1973.

Parágrafo único. Nos condomínios edilícios ou nos loteamentos com controle de acesso, será válida a intimação a que se refere o *caput* feita a funcionário da portaria responsável pelo recebimento de correspondência.
- Sem correspondência no CPC/1973.

Art. 253. No dia e na hora designados, o oficial de justiça, independentemente de novo despacho, comparecerá ao domicílio ou à residência do citando a fim de realizar a diligência.
- Correspondência: art. 228, *caput*, CPC/1973.
- V. art. 231, § 4º, CPC/2015.
- V. art. 362, CPP.

§ 1º Se o citando não estiver presente, o oficial de justiça procurará informar-se das razões da ausência, dando por feita a citação, ainda que o citando se tenha ocultado em outra comarca, seção ou subseção judiciárias.
- Correspondência: art. 228, § 1º, CPC/1973.

§ 2º A citação com hora certa será efetivada mesmo que a pessoa da família ou o vizinho que houver sido intimado esteja ausente, ou se, embora presente, a pessoa da família ou o vizinho se recusar a receber o mandado.

- Sem correspondência no CPC/1973.

§ 3º Da certidão da ocorrência, o oficial de justiça deixará contrafé com qualquer pessoa da família ou vizinho, conforme o caso, declarando-lhe o nome.

- Correspondência: art. 228, § 2º, CPC/1973.

§ 4º O oficial de justiça fará constar do mandado a advertência de que será nomeado curador especial se houver revelia.

- Sem correspondência no CPC/1973.

Art. 254. Feita a citação com hora certa, o escrivão ou chefe de secretaria enviará ao réu, executado ou interessado, no prazo de 10 (dez) dias, contado da data da juntada do mandado aos autos, carta, telegrama ou correspondência eletrônica, dando-lhe de tudo ciência.

- Correspondência: art. 229, CPC/1973.
- V. art. 72, II, CPC/2015.

Art. 255. Nas comarcas contíguas de fácil comunicação e nas que se situem na mesma região metropolitana, o oficial de justiça poderá efetuar, em qualquer delas, citações, intimações, notificações, penhoras e quaisquer outros atos executivos.

- Correspondência: art. 230, CPC/1973.
- V. arts. 274 e 782, § 1º, CPC/2015.

Art. 256. A citação por edital será feita:

- Correspondência: art. 231, *caput*, CPC/1973.
- V. arts. 72, II, 231, IV, 246, IV, 513, IV, 576, 589, 626, § 1º, 830, § 2º, e 876, § 3º, CPC/2015.

I – quando desconhecido ou incerto o citando;

- Correspondência: art. 231, I, CPC/1973.

II – quando ignorado, incerto ou inacessível o lugar em que se encontrar o citando;

- Correspondência: art. 231, II, CPC/1973.

III – nos casos expressos em lei.

- Correspondência: art. 231, III, CPC/1973.

§ 1º Considera-se inacessível, para efeito de citação por edital, o país que recusar o cumprimento de carta rogatória.

- Correspondência: art. 231, § 1º, CPC/1973.

§ 2º No caso de ser inacessível o lugar em que se encontrar o réu, a notícia de sua citação será divulgada também pelo rádio, se na comarca houver emissora de radiodifusão.

- Correspondência: art. 231, § 2º, CPC/1973.

§ 3º O réu será considerado em local ignorado ou incerto se infrutíferas as tentativas de sua localização, inclusive mediante requisição pelo juízo de informações sobre seu endereço nos cadastros de órgãos públicos ou de concessionárias de serviços públicos.

- Sem correspondência no CPC/1973.

Art. 257. São requisitos da citação por edital:

- Correspondência: art. 232, *caput*, CPC/1973.
- V. art. 259, CPC/2015.
- V. art. 4º, § 1º, Lei 6.739/1979 (Matrícula e registro de imóveis rurais).
- V. art. 5º, § 2º, Lei 6.969/1981 (Aquisição de imóveis rurais por usucapião especial).

I – a afirmação do autor ou a certidão do oficial informando a presença das circunstâncias autorizadoras;

- Correspondência: art. 232, I, CPC/1973.

II – a publicação do edital na rede mundial de computadores, no sítio do respectivo tribunal e na plataforma de editais do Conselho Nacional de Justiça, que deve ser certificada nos autos;

- Correspondência: art. 232, III, CPC/1973.
- V. Lei 8.639/1993 (Uso de caracteres nas publicações obrigatórias).
- V. Res. CNJ 185/2013 (Sistema Processo Judicial Eletrônico – PJe).

III – a determinação, pelo juiz, do prazo, que variará entre 20 (vinte) e 60 (sessenta) dias, fluindo da data da publicação única ou, havendo mais de uma, da primeira;

- Correspondência: art. 232, IV, CPC/1973.

IV – a advertência de que será nomeado curador especial em caso de revelia.

- Correspondência: art. 232, V, CPC/1973.

Parágrafo único. O juiz poderá determinar que a publicação do edital seja feita também em jornal local de ampla circulação ou por outros meios, considerando as peculiaridades da comarca, da seção ou da subseção judiciárias.

- Correspondência: art. 232, III, CPC/1973.

Art. 258. A parte que requerer a citação por edital, alegando dolosamente a ocorrência das circunstâncias autorizadoras para

Art. 259

sua realização, incorrerá em multa de 5 (cinco) vezes o salário mínimo.

- Correspondência: art. 233, *caput*, CPC/1973.
- V. art. 4º, § 1º, Lei 6.739/1979 (Matrícula e registro de imóveis rurais).

Parágrafo único. A multa reverterá em benefício do citando.

- Correspondência: art. 233, parágrafo único, CPC/1973.
- V. art. 96, CPC/2015.

Art. 259. Serão publicados editais:

- Sem correspondência no CPC/1973.

I – na ação de usucapião de imóvel;

- Correspondência: art. 942, CPC/1973.
- V. art. 5º, § 2º, Lei 6.969/1981 (Aquisição de imóveis rurais por usucapião especial).

II – na ação de recuperação ou substituição de título ao portador;

- Correspondência: art. 908, I, CPC/1973.

III – em qualquer ação em que seja necessária, por determinação legal, a provocação, para participação no processo, de interessados incertos ou desconhecidos.

- Sem correspondência no CPC/1973.
- V. art. 4º, § 1º, Lei 6.739/1979 (Matrícula e registro de imóveis rurais).

Capítulo III
DAS CARTAS

Art. 260. São requisitos das cartas de ordem, precatória e rogatória:

- Correspondência: art. 202, *caput*, CPC/1973.
- V. arts. 255, 264, 469 e 632, CPC/2015.

I – a indicação dos juízes de origem e de cumprimento do ato;

- Correspondência: art. 202, I, CPC/1973.

II – o inteiro teor da petição, do despacho judicial e do instrumento do mandato conferido ao advogado;

- Correspondência: art. 202, II, CPC/1973.

III – a menção do ato processual que lhe constitui o objeto;

- Correspondência: art. 202, III, CPC/1973.

IV – o encerramento com a assinatura do juiz.

- Correspondência: art. 202, IV, CPC/1973.

§ 1º O juiz mandará trasladar para a carta quaisquer outras peças, bem como instruí-la com mapa, desenho ou gráfico, sempre que esses documentos devam ser examinados, na diligência, pelas partes, pelos peritos ou pelas testemunhas.

- Correspondência: art. 202 § 1º, CPC/1973.

§ 2º Quando o objeto da carta for exame pericial sobre documento, este será remetido em original, ficando nos autos reprodução fotográfica.

- Correspondência: art. 202, § 2º, CPC/1973.
- V. art. 632, CPC/2015.

§ 3º A carta arbitral atenderá, no que couber, aos requisitos a que se refere o *caput* e será instruída com a convenção de arbitragem e com as provas da nomeação do árbitro e de sua aceitação da função.

- Sem correspondência no CPC/1973.

Art. 261. Em todas as cartas o juiz fixará o prazo para cumprimento, atendendo à facilidade das comunicações e à natureza da diligência.

- Correspondência: art. 203, CPC/1973.
- V. arts. 268, 313, V, *b*, e 377, CPC/2015.

§ 1º As partes deverão ser intimadas pelo juiz do ato de expedição da carta.

- Sem correspondência no CPC/1973.

§ 2º Expedida a carta, as partes acompanharão o cumprimento da diligência perante o juízo destinatário, ao qual compete a prática dos atos de comunicação.

- Sem correspondência no CPC/1973.

§ 3º A parte a quem interessar o cumprimento da diligência cooperará para que o prazo a que se refere o *caput* seja cumprido.

- Sem correspondência no CPC/1973.

Art. 262. A carta tem caráter itinerante, podendo, antes ou depois de lhe ser ordenado o cumprimento, ser encaminhada a juízo diverso do que dela consta, a fim de se praticar o ato.

- Correspondência: art. 204, CPC/1973.

Parágrafo único. O encaminhamento da carta a outro juízo será imediatamente comunicado ao órgão expedidor, que intimará as partes.

- Sem correspondência no CPC/1973.

Art. 263. As cartas deverão, preferencialmente, ser expedidas por meio eletrôni-

co, caso em que a assinatura do juiz deverá ser eletrônica, na forma da lei.
• Correspondência: art. 202, § 3º, CPC/1973.
• V. art. 7º, Lei 11.419/2006 (Informatização do processo judicial).

Art. 264. A carta de ordem e a carta precatória por meio eletrônico, por telefone ou por telegrama conterão, em resumo substancial, os requisitos mencionados no art. 250, especialmente no que se refere à aferição da autenticidade.
• Correspondência: arts. 205 e 206, CPC/1973.
• V. art. 413, CPC/2015.

Art. 265. O secretário do tribunal, o escrivão ou o chefe de secretaria do juízo deprecante transmitirá, por telefone, a carta de ordem ou a carta precatória ao juízo em que houver de se cumprir o ato, por intermédio do escrivão do primeiro ofício da primeira vara, se houver na comarca mais de um ofício ou de uma vara, observando-se, quanto aos requisitos, o disposto no art. 264.
• Correspondência: art. 207, *caput*, CPC/1973.

§ 1º O escrivão ou o chefe de secretaria, no mesmo dia ou no dia útil imediato, telefonará ou enviará mensagem eletrônica ao secretário do tribunal, ao escrivão ou ao chefe de secretaria do juízo deprecante, lendo-lhe os termos da carta e solicitando-lhe que os confirme.
• Correspondência: art. 207, § 1º, CPC/1973.

§ 2º Sendo confirmada, o escrivão ou o chefe de secretaria submeterá a carta a despacho.
• Correspondência: art. 207, § 2º, CPC/1973.

Art. 266. Serão praticados de ofício os atos requisitados por meio eletrônico e de telegrama, devendo a parte depositar, contudo, na secretaria do tribunal ou no cartório do juízo deprecante, a importância correspondente às despesas que serão feitas no juízo em que houver de praticar-se o ato.
• Correspondência: art. 208, CPC/1973.
• V. art. 82, CPC/2015.

Art. 267. O juiz recusará cumprimento a carta precatória ou arbitral, devolvendo-a com decisão motivada quando:
• Correspondência: art. 209, *caput*, CPC/1973.

I – a carta não estiver revestida dos requisitos legais;

• Correspondência: art. 209, I, CPC/1973.

II – faltar ao juiz competência em razão da matéria ou da hierarquia;
• Correspondência: art. 209, II, CPC/1973.

III – o juiz tiver dúvida acerca de sua autenticidade.
• Correspondência: art. 209, III, CPC/1973.

Parágrafo único. No caso de incompetência em razão da matéria ou da hierarquia, o juiz deprecado, conforme o ato a ser praticado, poderá remeter a carta ao juiz ou ao tribunal competente.
• Sem correspondência no CPC/1973.

Art. 268. Cumprida a carta, será devolvida ao juízo de origem no prazo de 10 (dez) dias, independentemente de traslado, pagas as custas pela parte.
• Correspondência: art. 212, CPC/1973.

Capítulo IV
DAS INTIMAÇÕES

Art. 269. Intimação é o ato pelo qual se dá ciência a alguém dos atos e dos termos do processo.
• Correspondência: art. 234, CPC/1973.

§ 1º É facultado aos advogados promover a intimação do advogado da outra parte por meio do correio, juntando aos autos, a seguir, cópia do ofício de intimação e do aviso de recebimento.
• Sem correspondência no CPC/1973.

§ 2º O ofício de intimação deverá ser instruído com cópia do despacho, da decisão ou da sentença.
• Sem correspondência no CPC/1973.

§ 3º A intimação da União, dos Estados, do Distrito Federal, dos Municípios e de suas respectivas autarquias e fundações de direito público será realizada perante o órgão de Advocacia Pública responsável por sua representação judicial.
• Sem correspondência no CPC/1973.

Art. 270. As intimações realizam-se, sempre que possível, por meio eletrônico, na forma da lei.
• Correspondência: art. 237, parágrafo único, CPC/1973.
• V. art. 5º, Lei 11.419/2006 (Informatização do processo judicial).

Art. 271

Parágrafo único. Aplica-se ao Ministério Público, à Defensoria Pública e à Advocacia Pública o disposto no § 1º do art. 246.

• Correspondência: art. 236, § 2º, CPC/1973.

Art. 271. O juiz determinará de ofício as intimações em processos pendentes, salvo disposição em contrário.

• Correspondência: art. 235, CPC/1973.

Art. 272. Quando não realizadas por meio eletrônico, consideram-se feitas as intimações pela publicação dos atos no órgão oficial.

• Correspondência: art. 236, *caput*, CPC/1973.
• V. arts. 239, § 1º, e 363, CPC/2015.

§ 1º Os advogados poderão requerer que, na intimação a eles dirigida, figure apenas o nome da sociedade a que pertençam, desde que devidamente registrada na Ordem dos Advogados do Brasil.

• Sem correspondência no CPC/1973.
• V. Súmula 427, TST.

§ 2º Sob pena de nulidade, é indispensável que da publicação constem os nomes das partes e de seus advogados, com o respectivo número de inscrição na Ordem dos Advogados do Brasil, ou, se assim requerido, da sociedade de advogados.

• Correspondência: art. 236, § 1º, CPC/1973.

§ 3º A grafia dos nomes das partes não deve conter abreviaturas.

• Correspondência: art. 169, § 1º, CPC/1973.

§ 4º A grafia dos nomes dos advogados deve corresponder ao nome completo e ser a mesma que constar da procuração ou que estiver registrada na Ordem dos Advogados do Brasil.

• Sem correspondência no CPC/1973.

§ 5º Constando dos autos pedido expresso para que as comunicações dos atos processuais sejam feitas em nome dos advogados indicados, o seu desatendimento implicará nulidade.

• Sem correspondência no CPC/1973.

§ 6º A retirada dos autos do cartório ou da secretaria em carga pelo advogado, por pessoa credenciada a pedido do advogado ou da sociedade de advogados, pela Advocacia Pública, pela Defensoria Pública ou pelo Ministério Público implicará intimação de qualquer decisão contida no processo retirado, ainda que pendente de publicação.

• Sem correspondência no CPC/1973.
• V. art. 3º, § 2º, Lei 8.906/1994 (Estatuto da Advocacia e da OAB).

§ 7º O advogado e a sociedade de advogados deverão requerer o respectivo credenciamento para a retirada de autos por preposto.

• Sem correspondência no CPC/1973.

§ 8º A parte arguirá a nulidade da intimação em capítulo preliminar do próprio ato que lhe caiba praticar, o qual será tido por tempestivo se o vício for reconhecido.

• Correspondência: art. 245, *caput*, CPC/1973.

§ 9º Não sendo possível a prática imediata do ato diante da necessidade de acesso prévio aos autos, a parte limitar-se-á a arguir a nulidade da intimação, caso em que o prazo será contado da intimação da decisão que a reconheça.

• Sem correspondência no CPC/1973.

Art. 273. Se inviável a intimação por meio eletrônico e não houver na localidade publicação em órgão oficial, incumbirá ao escrivão ou chefe de secretaria intimar de todos os atos do processo os advogados das partes:

• Correspondência: art. 237, *caput*, CPC/1973.
• V. arts. 183, 186, §§ 1º e 2º, 255, 308, § 3º, 385, 485, § 1º, 528, *caput*, 675, parágrafo único, 841, § 2º, 854, § 2º, e 1.019, II, CPC/2015.
• V. Lei 11.419/2006 (Informatização do processo judicial).

I – pessoalmente, se tiverem domicílio na sede do juízo;

• Correspondência: art. 237, I, CPC/1973.

II – por carta registrada, com aviso de recebimento, quando forem domiciliados fora do juízo.

• Correspondência: art. 237, II, CPC/1973.

Art. 274. Não dispondo a lei de outro modo, as intimações serão feitas às partes, aos seus representantes legais, aos advogados e aos demais sujeitos do processo pelo correio ou, se presentes em cartório, diretamente pelo escrivão ou chefe de secretaria.

• Correspondência: art. 238, *caput*, CPC/1973.
• V. arts. 255 e 782, § 1º, CPC/2015.

Parágrafo único. Presumem-se válidas as intimações dirigidas ao endereço constante dos autos, ainda que não recebidas pessoalmente pelo interessado, se a modificação temporária ou definitiva não tiver sido devidamente comunicada ao juízo, fluindo os prazos a partir da juntada aos autos do comprovante de entrega da correspondência no primitivo endereço.

- Correspondência: art. 238, parágrafo único, CPC/1973.

Art. 275. A intimação será feita por oficial de justiça quando frustrada a realização por meio eletrônico ou pelo correio.

- Correspondência: art. 239, *caput*, CPC/1973.
- V. Lei 11.419/2006 (Informatização do processo judicial).

§ 1º A certidão de intimação deve conter:

- Correspondência: art. 239, parágrafo único, CPC/1973.

I – a indicação do lugar e a descrição da pessoa intimada, mencionando, quando possível, o número de seu documento de identidade e o órgão que o expediu;

- Correspondência: art. 239, parágrafo único, I, CPC/1973.

II – a declaração de entrega da contrafé;

- Correspondência: art. 239, parágrafo único, II, CPC/1973.

III – a nota de ciente ou a certidão de que o interessado não a após no mandado.

- Correspondência: art. 239, parágrafo único, III, CPC/1973.

§ 2º Caso necessário, a intimação poderá ser efetuada com hora certa ou por edital.

- Sem correspondência no CPC/1973.

TÍTULO III
DAS NULIDADES

Art. 276. Quando a lei prescrever determinada forma sob pena de nulidade, a decretação desta não pode ser requerida pela parte que lhe deu causa.

- Correspondência: art. 243, CPC/1973.
- V. arts. 74, parágrafo único, 272, § 2º, e 803, CPC/2015.

Art. 277. Quando a lei prescrever determinada forma, o juiz considerará válido o ato se, realizado de outro modo, lhe alcançar a finalidade.

- Correspondência: art. 244, CPC/1973.
- V. arts. 188 e 282, § 2º, CPC/2015.

Art. 278. A nulidade dos atos deve ser alegada na primeira oportunidade em que couber à parte falar nos autos, sob pena de preclusão.

- Correspondência: art. 245, *caput*, CPC/1973.
- V. arts. 223, § 1º, 342, II, e 507, CPC/2015.

Parágrafo único. Não se aplica o disposto no *caput* às nulidades que o juiz deva decretar de ofício, nem prevalece a preclusão provando a parte legítimo impedimento.

- Correspondência: art. 245, parágrafo único, CPC/1973.
- V. art. 485, § 3º, CPC/2015.

Art. 279. É nulo o processo quando o membro do Ministério Público não for intimado a acompanhar o feito em que deva intervir.

- Correspondência: art. 246, *caput*, CPC/1973.
- V. arts. 178 e 282, CPC/2015.

§ 1º Se o processo tiver tramitado sem conhecimento do membro do Ministério Público, o juiz invalidará os atos praticados a partir do momento em que ele deveria ter sido intimado.

- Correspondência: art. 246, parágrafo único, CPC/1973.

§ 2º A nulidade só pode ser decretada após a intimação do Ministério Público, que se manifestará sobre a existência ou a inexistência de prejuízo.

- Sem correspondência no CPC/1973.

Art. 280. As citações e as intimações serão nulas quando feitas sem observância das prescrições legais.

- Correspondência: art. 247, CPC/1973.
- V. arts. 239 e 535, I, CPC/2015.

Art. 281. Anulado o ato, consideram-se de nenhum efeito todos os subsequentes que dele dependam, todavia, a nulidade de uma parte do ato não prejudicará as outras que dela sejam independentes.

- Correspondência: art. 248, CPC/1973.

Art. 282. Ao pronunciar a nulidade, o juiz declarará que atos são atingidos e ordenará as providências necessárias a fim de que sejam repetidos ou retificados.

- Correspondência: art. 249, *caput*, CPC/1973.
- V. arts. 188, 352, 932, parágrafo único, e 938, § 1º, CPC/2015.

§ 1º O ato não será repetido nem sua falta será suprida quando não prejudicar a parte.

- Correspondência: art. 249, § 1º, CPC/1973.

§ 2º Quando puder decidir o mérito a favor da parte a quem aproveite a decretação da nulidade, o juiz não a pronunciará nem mandará repetir o ato ou suprir-lhe a falta.

- Correspondência: art. 249, § 2º, CPC/1973.

Art. 283. O erro de forma do processo acarreta unicamente a anulação dos atos que não possam ser aproveitados, devendo ser praticados os que forem necessários a fim de se observarem as prescrições legais.

- Correspondência: art. 250, *caput*, CPC/1973.

Parágrafo único. Dar-se-á o aproveitamento dos atos praticados desde que não resulte prejuízo à defesa de qualquer parte.

- Correspondência: art. 250, parágrafo único, CPC/1973.

TÍTULO IV
DA DISTRIBUIÇÃO E DO REGISTRO

Art. 284. Todos os processos estão sujeitos a registro, devendo ser distribuídos onde houver mais de um juiz.

- Correspondência: art. 251, CPC/1973.
- V. arts. 206 e 286, parágrafo único, CPC/2015.

Art. 285. A distribuição, que poderá ser eletrônica, será alternada e aleatória, obedecendo-se rigorosa igualdade.

- Correspondência: art. 252, CPC/1973.
- V. Lei 11.419/2006 (Informatização do processo judicial).

Parágrafo único. A lista de distribuição deverá ser publicada no Diário de Justiça.

- Sem correspondência no CPC/1973.

Art. 286. Serão distribuídas por dependência as causas de qualquer natureza:

- Correspondência: art. 253, *caput*, CPC/1973.
- V. arts. 642, § 1º, e 676, CPC/2015.

I – quando se relacionarem, por conexão ou continência, com outra já ajuizada;

- Correspondência: art. 253, I, CPC/1973.
- V. art. 54, CPC/2015.

II – quando, tendo sido extinto o processo sem resolução de mérito, for reiterado o pedido, ainda que em litisconsórcio com outros autores ou que sejam parcialmente alterados os réus da demanda;

- Correspondência: art. 253, II, CPC/1973.

III – quando houver ajuizamento de ações nos termos do art. 55, § 3º, ao juízo prevento.

- Correspondência: art. 253, III, CPC/1973.

Parágrafo único. Havendo intervenção de terceiro, reconvenção ou outra hipótese de ampliação objetiva do processo, o juiz, de ofício, mandará proceder à respectiva anotação pelo distribuidor.

- Correspondência: art. 253, parágrafo único, CPC/1973.
- V. arts. 119, 124, 125, 130 e 343, CPC/2015.

Art. 287. A petição inicial deve vir acompanhada de procuração, que conterá os endereços do advogado, eletrônico e não eletrônico.

- Correspondência: art. 254, *caput*, CPC/1973.

Parágrafo único. Dispensa-se a juntada da procuração:

- Correspondência: art. 254, *caput*, CPC/1973.

I – no caso previsto no art. 104;

- Correspondência: art. 254, III, CPC/1973.

II – se a parte estiver representada pela Defensoria Pública;

- Sem correspondência no CPC/1973.

III – se a representação decorrer diretamente de norma prevista na Constituição Federal ou em lei.

- Sem correspondência no CPC/1973.

Art. 288. O juiz, de ofício ou a requerimento do interessado, corrigirá o erro ou compensará a falta de distribuição.

- Correspondência: art. 255, CPC/1973.

Art. 289. A distribuição poderá ser fiscalizada pela parte, por seu procurador, pelo Ministério Público e pela Defensoria Pública.

- Correspondência: art. 256, CPC/1973.

Art. 290. Será cancelada a distribuição do feito se a parte, intimada na pessoa de seu advogado, não realizar o pagamento das custas e despesas de ingresso em 15 (quinze) dias.

- Correspondência: art. 257, CPC/1973.

TÍTULO V
DO VALOR DA CAUSA

Art. 291. A toda causa será atribuído valor certo, ainda que não tenha conteúdo econômico imediatamente aferível.

- Correspondência: art. 258, CPC/1973.

Art. 292. O valor da causa constará da petição inicial ou da reconvenção e será:

- Correspondência: art. 259, *caput*, CPC/1973.
- V. arts. 319, V e 322, CPC/2015.
- V. art. 58, III, Lei 8.245/1991 (Locação de imóveis urbanos).

I – na ação de cobrança de dívida, a soma monetariamente corrigida do principal, dos juros de mora vencidos e de outras penalidades, se houver, até a data de propositura da ação;

- Correspondência: art. 259, I, CPC/1973.

II – na ação que tiver por objeto a existência, a validade, o cumprimento, a modificação, a resolução, a resilição ou a rescisão de ato jurídico, o valor do ato ou o de sua parte controvertida;

- Correspondência: art. 259, V, CPC/1973.

III – na ação de alimentos, a soma de 12 (doze) prestações mensais pedidas pelo autor;

- Correspondência: art. 259, VI, CPC/1973.

IV – na ação de divisão, de demarcação e de reivindicação, o valor de avaliação da área ou do bem objeto do pedido;

- Correspondência: art. 259, III, CPC/1973.

V – na ação indenizatória, inclusive a fundada em dano moral, o valor pretendido;

- Sem correspondência no CPC/1973.

VI – na ação em que há cumulação de pedidos, a quantia correspondente à soma dos valores de todos eles;

- Correspondência: art. 259, II, CPC/1973.
- V. arts. 327 e 555, CPC/2015.

VII – na ação em que os pedidos são alternativos, o de maior valor;

- Correspondência: art. 259, III, CPC/1973.

VIII – na ação em que houver pedido subsidiário, o valor do pedido principal.

- Correspondência: art. 259, IV, CPC/1973.

§ 1º Quando se pedirem prestações vencidas e vincendas, considerar-se-á o valor de umas e outras.

- Correspondência: art. 260, 1ª parte, CPC/1973.

§ 2º O valor das prestações vincendas será igual a uma prestação anual, se a obrigação for por tempo indeterminado ou por tempo superior a 1 (um) ano, e, se por tempo inferior, será igual à soma das prestações.

- Correspondência: art. 260, 2ª parte, CPC/1973.

§ 3º O juiz corrigirá, de ofício e por arbitramento, o valor da causa quando verificar que não corresponde ao conteúdo patrimonial em discussão ou ao proveito econômico perseguido pelo autor, caso em que se procederá ao recolhimento das custas correspondentes.

- Sem correspondência no CPC/1973.

Art. 293. O réu poderá impugnar, em preliminar da contestação, o valor atribuído à causa pelo autor, sob pena de preclusão, e o juiz decidirá a respeito, impondo, se for o caso, a complementação das custas.

- Correspondência: art. 261, CPC/1973.

LIVRO V
DA TUTELA PROVISÓRIA

TÍTULO I
DISPOSIÇÕES GERAIS

Art. 294. A tutela provisória pode fundamentar-se em urgência ou evidência.

- Sem correspondência no CPC/1973.
- V. art. 102, I, *p*, CF.
- V. Lei 2.770/1956 (Suprime a concessão de medidas liminares nas ações e procedimentos judiciais de qualquer natureza que visem à liberação de bens, mercadorias ou coisas de procedência estrangeira).

Parágrafo único. A tutela provisória de urgência, cautelar ou antecipada, pode ser concedida em caráter antecedente ou incidental.

- Correspondência: art. 796, CPC/1973.

Art. 295

Art. 295. A tutela provisória requerida em caráter incidental independe do pagamento de custas.

- Sem correspondência no CPC/1973.

Art. 296. A tutela provisória conserva sua eficácia na pendência do processo, mas pode, a qualquer tempo, ser revogada ou modificada.

- Correspondência: arts. 273, § 4º e 807, *caput*, CPC/1973.
- V. art. 313, CPC/2015.

Parágrafo único. Salvo decisão judicial em contrário, a tutela provisória conservará a eficácia durante o período de suspensão do processo.

- Correspondência: art. 807, parágrafo único, CPC/1973.

Art. 297. O juiz poderá determinar as medidas que considerar adequadas para efetivação da tutela provisória.

- Correspondência: art. 798, CPC/1973.
- V. arts. 519 e 695, CPC/2015.

Parágrafo único. A efetivação da tutela provisória observará as normas referentes ao cumprimento provisório da sentença, no que couber.

- Correspondência: art. 273, § 3º, CPC/1973.

Art. 298. Na decisão que conceder, negar, modificar ou revogar a tutela provisória, o juiz motivará seu convencimento de modo claro e preciso.

- Correspondência: art. 273, § 1º, CPC/1973.
- V. arts. 11, 203 e 489, II, CPC/2015.
- V. art. 93, IX, CF.

Art. 299. A tutela provisória será requerida ao juízo da causa e, quando antecedente, ao juízo competente para conhecer do pedido principal.

- Correspondência: art. 800, *caput*, CPC/1973.
- V. arts. 55 a 57, 61 e 286, CPC/2015.

Parágrafo único. Ressalvada disposição especial, na ação de competência originária de tribunal e nos recursos a tutela provisória será requerida ao órgão jurisdicional competente para apreciar o mérito.

- Correspondência: art. 800, parágrafo único, CPC/1973.

CÓDIGO DE PROCESSO CIVIL

TÍTULO II
DA TUTELA DE URGÊNCIA
Capítulo I
DISPOSIÇÕES GERAIS

Art. 300. A tutela de urgência será concedida quando houver elementos que evidenciem a probabilidade do direito e o perigo de dano ou o risco ao resultado útil do processo.

- Correspondência: art. 273, I, CPC/1973.
- V. arts. 302, II, 497 e 969, CPC/2015.

§ 1º Para a concessão da tutela de urgência, o juiz pode, conforme o caso, exigir caução real ou fidejussória idônea para ressarcir os danos que a outra parte possa vir a sofrer, podendo a caução ser dispensada se a parte economicamente hipossuficiente não puder oferecê-la.

- Correspondência: art. 804, CPC/1973.

§ 2º A tutela de urgência pode ser concedida liminarmente ou após justificação prévia.

- Correspondência: art. 804, 1ª parte, CPC/1973.
- V. art. 84, § 3º, Lei 8.078/1990 (Código de Defesa do Consumidor).

§ 3º A tutela de urgência de natureza antecipada não será concedida quando houver perigo de irreversibilidade dos efeitos da decisão.

- Correspondência: art. 273, § 2º, CPC/1973.

Art. 301. A tutela de urgência de natureza cautelar pode ser efetivada mediante arresto, sequestro, arrolamento de bens, registro de protesto contra alienação de bem e qualquer outra medida idônea para asseguração do direito.

- Correspondência: arts. 798 e 799, CPC/1973.

Art. 302. Independentemente da reparação por dano processual, a parte responde pelo prejuízo que a efetivação da tutela de urgência causar à parte adversa, se:

- Correspondência: art. 811, *caput*, CPC/1973.

I – a sentença lhe for desfavorável;

- Correspondência: art. 811, I, CPC/1973.

II – obtida liminarmente a tutela em caráter antecedente, não fornecer os meios necessários para a citação do requerido no prazo de 5 (cinco) dias;

- Correspondência: art. 811, II, CPC/1973.

III – ocorrer a cessação da eficácia da medida em qualquer hipótese legal;

- Correspondência: art. 811, III, CPC/1973.

IV – o juiz acolher a alegação de decadência ou prescrição da pretensão do autor.

- Correspondência: art. 811, IV, CPC/1973.

Parágrafo único. A indenização será liquidada nos autos em que a medida tiver sido concedida, sempre que possível.

- Correspondência: art. 811, parágrafo único, CPC/1973.

Capítulo II
DO PROCEDIMENTO DA TUTELA ANTECIPADA REQUERIDA EM CARÁTER ANTECEDENTE

Art. 303. Nos casos em que a urgência for contemporânea à propositura da ação, a petição inicial pode limitar-se ao requerimento da tutela antecipada e à indicação do pedido de tutela final, com a exposição da lide, do direito que se busca realizar e do perigo de dano ou do risco ao resultado útil do processo.

- Sem correspondência no CPC/1973.
- V. art. 319, CPC/2015.
- V. art. 5º, XXXV e LXXVIII, e § 1º, CF.
- V. art. 7º, § 5º, Lei 12.016/2009 (Nova Lei do Mandado de Segurança).

§ 1º Concedida a tutela antecipada a que se refere o *caput* deste artigo:
I – o autor deverá aditar a petição inicial, com a complementação de sua argumentação, a juntada de novos documentos e a confirmação do pedido de tutela final, em 15 (quinze) dias ou em outro prazo maior que o juiz fixar;
II – o réu será citado e intimado para a audiência de conciliação ou de mediação na forma do art. 334;
III – não havendo autocomposição, o prazo para contestação será contado na forma do art. 335.
§ 2º Não realizado o aditamento a que se refere o inciso I do § 1º deste artigo, o processo será extinto sem resolução do mérito.
§ 3º O aditamento a que se refere o inciso I do § 1º deste artigo dar-se-á nos mesmos autos, sem incidência de novas custas processuais.

§ 4º Na petição inicial a que se refere o *caput* deste artigo, o autor terá de indicar o valor da causa, que deve levar em consideração o pedido de tutela final.
§ 5º O autor indicará na petição inicial, ainda, que pretende valer-se do benefício previsto no *caput* deste artigo.
§ 6º Caso entenda que não há elementos para a concessão de tutela antecipada, o órgão jurisdicional determinará a emenda da petição inicial em até 5 (cinco) dias, sob pena de ser indeferida e de o processo ser extinto sem resolução de mérito.

Art. 304. A tutela antecipada, concedida nos termos do art. 303, torna-se estável se da decisão que a conceder não for interposto o respectivo recurso.

- Sem correspondência no CPC/1973.
- V. art. 5º, LXXVIII, CF.

§ 1º No caso previsto no *caput*, o processo será extinto.
§ 2º Qualquer das partes poderá demandar a outra com o intuito de rever, reformar ou invalidar a tutela antecipada estabilizada nos termos do *caput*.

- V. art. 5º, LV, CF.

§ 3º A tutela antecipada conservará seus efeitos enquanto não revista, reformada ou invalidada por decisão de mérito proferida na ação de que trata o § 2º.
§ 4º Qualquer das partes poderá requerer o desarquivamento dos autos em que foi concedida a medida, para instruir a petição inicial da ação a que se refere o § 2º, prevento o juízo em que a tutela antecipada foi concedida.

- V. art. 59, CPC/2015.

§ 5º O direito de rever, reformar ou invalidar a tutela antecipada, previsto no § 2º deste artigo, extingue-se após 2 (dois) anos, contados da ciência da decisão que extinguiu o processo, nos termos do § 1º.

- V. art. 975, CPC/2015.

§ 6º A decisão que concede a tutela não fará coisa julgada, mas a estabilidade dos respectivos efeitos só será afastada por decisão que a revir, reformar ou invalidar, proferida em ação ajuizada por uma das partes, nos termos do § 2º deste artigo.

Capítulo III
DO PROCEDIMENTO DA TUTELA CAUTELAR REQUERIDA EM CARÁTER ANTECEDENTE

Art. 305. A petição inicial da ação que visa à prestação de tutela cautelar em caráter antecedente indicará a lide e seu fundamento, a exposição sumária do direito que se objetiva assegurar e o perigo de dano ou o risco ao resultado útil do processo.

- Correspondência: art. 801, CPC/1973.
- V. art. 319, CPC/2015.

Parágrafo único. Caso entenda que o pedido a que se refere o *caput* tem natureza antecipada, o juiz observará o disposto no art. 303.

- Sem correspondência no CPC/1973.

Art. 306. O réu será citado para, no prazo de 5 (cinco) dias, contestar o pedido e indicar as provas que pretende produzir.

- Correspondência: art. 802, CPC/1973.
- V. arts. 180, 214, 229, 250, II, e 347, CPC/2015.

Art. 307. Não sendo contestado o pedido, os fatos alegados pelo autor presumir-se-ão aceitos pelo réu como ocorridos, caso em que o juiz decidirá dentro de 5 (cinco) dias.

- Correspondência: art. 803, *caput*, CPC/1973.
- V. arts. 341 e 714, CPC/2015.

Parágrafo único. Contestado o pedido no prazo legal, observar-se-á o procedimento comum.

- Correspondência: art. 803, parágrafo único, CPC/1973.
- V. art. 679, e 761, parágrafo único, CPC/2015.

Art. 308. Efetivada a tutela cautelar, o pedido principal terá de ser formulado pelo autor no prazo de 30 (trinta) dias, caso em que será apresentado nos mesmos autos em que deduzido o pedido de tutela cautelar, não dependendo do adiantamento de novas custas processuais.

- Correspondência: art. 806, CPC/1973.
- V. arts. 302, III, e 309, I, CPC/2015.
- V. art. 11, Lei 8.397/1992 (Medida cautelar fiscal).

§ 1º O pedido principal pode ser formulado conjuntamente com o pedido de tutela cautelar.

- Sem correspondência no CPC/1973.

§ 2º A causa de pedir poderá ser aditada no momento de formulação do pedido principal.

- Sem correspondência no CPC/1973.

§ 3º Apresentado o pedido principal, as partes serão intimadas para a audiência de conciliação ou de mediação, na forma do art. 334, por seus advogados ou pessoalmente, sem necessidade de nova citação do réu.

- Sem correspondência no CPC/1973.

§ 4º Não havendo autocomposição, o prazo para contestação será contado na forma do art. 335.

- Sem correspondência no CPC/1973.

Art. 309. Cessa a eficácia da tutela concedida em caráter antecedente, se:

- Correspondência: art. 808, *caput*, CPC/1973.
- V. arts. 302, III, 485, 487 e 668, CPC/2015.

I – o autor não deduzir o pedido principal no prazo legal;

- Correspondência: art. 808, I, CPC/1973.

II – não for efetivada dentro de 30 (trinta) dias;

- Correspondência: art. 808, II, CPC/1973.

III – o juiz julgar improcedente o pedido principal formulado pelo autor ou extinguir o processo sem resolução de mérito.

- Correspondência: art. 808, III, CPC/1973.
- V. art. 485, CPC/2015.

Parágrafo único. Se por qualquer motivo cessar a eficácia da tutela cautelar, é vedado à parte renovar o pedido, salvo sob novo fundamento.

- Correspondência: art. 808, parágrafo único, CPC/1973.

Art. 310. O indeferimento da tutela cautelar não obsta a que a parte formule o pedido principal, nem influi no julgamento desse, salvo se o motivo do indeferimento for o reconhecimento de decadência ou de prescrição.

- Correspondência: art. 810, CPC/1973.

TÍTULO III
DA TUTELA DA EVIDÊNCIA

Art. 311. A tutela da evidência será concedida, independentemente da demonstra-

Art. 313

CÓDIGO DE PROCESSO CIVIL

ção de perigo de dano ou de risco ao resultado útil do processo, quando:

- Correspondência: art. 273, *caput*, CPC/1973.
- V. art. 5º, LXXVIII, CF.

I – ficar caracterizado o abuso do direito de defesa ou o manifesto propósito protelatório da parte;

- Correspondência: art. 273, II, CPC/1973.
- V. art. 80, IV e VI, CPC/2015.

II – as alegações de fato puderem ser comprovadas apenas documentalmente e houver tese firmada em julgamento de casos repetitivos ou em súmula vinculante;

- Sem correspondência no CPC/1973.

III – se tratar de pedido reipersecutório fundado em prova documental adequada do contrato de depósito, caso em que será decretada a ordem de entrega do objeto custodiado, sob cominação de multa;

- Sem correspondência no CPC/1973.

IV – a petição inicial for instruída com prova documental suficiente dos fatos constitutivos do direito do autor, a que o réu não oponha prova capaz de gerar dúvida razoável.

- Sem correspondência no CPC/1973.

Parágrafo único. Nas hipóteses dos incisos II e III, o juiz poderá decidir liminarmente.

- Sem correspondência no CPC/1973.

LIVRO VI
DA FORMAÇÃO, DA SUSPENSÃO E DA EXTINÇÃO DO PROCESSO

TÍTULO I
DA FORMAÇÃO DO PROCESSO

Art. 312. Considera-se proposta a ação quando a petição inicial for protocolada, todavia, a propositura da ação só produz quanto ao réu os efeitos mencionados no art. 240 depois que for validamente citado.

- Correspondência: art. 263, CPC/1973.
- V. arts. 43, 59 e 240, CPC/2015.

TÍTULO II
DA SUSPENSÃO DO PROCESSO

Art. 313. Suspende-se o processo:

- Correspondência: art. 265, *caput*, CPC/1973.
- V. arts. 221 e 921, I, CPC/2015.

I – pela morte ou pela perda da capacidade processual de qualquer das partes, de seu representante legal ou de seu procurador;

- Correspondência: art. 265, I, CPC/1973.
- V. arts. 75 e 76, CPC/2015.

II – pela convenção das partes;

- Correspondência: art. 265, II, CPC/1973.

III – pela arguição de impedimento ou de suspeição;

- Correspondência: art. 265, III, CPC/1973.
- V. art. 146, CPC/2015.
- V. arts. 277 a 287, RISTF.
- V. arts. 272 a 282, RISTJ.

IV – pela admissão de incidente de resolução de demandas repetitivas;

- Sem correspondência no CPC/1973.

V – quando a sentença de mérito:

- Correspondência: art. 265, IV, CPC/1973.

a) depender do julgamento de outra causa ou da declaração de existência ou de inexistência de relação jurídica que constitua o objeto principal de outro processo pendente;

- Correspondência: art. 265, IV, *a*, CPC/1973.

b) tiver de ser proferida somente após a verificação de determinado fato ou a produção de certa prova, requisitada a outro juízo;

- Correspondência: art. 265, IV, *b*, CPC/1973.

VI – por motivo de força maior;

- Correspondência: art. 265, V, CPC/1973.

VII – quando se discutir em juízo questão decorrente de acidentes e fatos da navegação de competência do Tribunal Marítimo;

- Sem correspondência no CPC/1973.

VIII – nos demais casos que este Código regula.

- Correspondência: art. 265, VI, CPC/1973.

§ 1º Na hipótese do inciso I, o juiz suspenderá o processo, nos termos do art. 689.

- Correspondência: art. 265, § 1º, CPC/1973.

§ 2º Não ajuizada ação de habilitação, ao tomar conhecimento da morte, o juiz determinará a suspensão do processo e observará o seguinte:

- Sem correspondência no CPC/1973.
- V. arts. 110, 687 e 1.004, CPC/2015.

I – falecido o réu, ordenará a intimação do autor para que promova a citação do respectivo espólio, de quem for o sucessor ou, se for o caso, dos herdeiros, no prazo que designar, de no mínimo 2 (dois) e no máximo 6 (seis) meses;

• Sem correspondência no CPC/1973.

II – falecido o autor e sendo transmissível o direito em litígio, determinará a intimação de seu espólio, de quem for o sucessor ou, se for o caso, dos herdeiros, pelos meios de divulgação que reputar mais adequados, para que manifestem interesse na sucessão processual e promovam a respectiva habilitação no prazo designado, sob pena de extinção do processo sem resolução de mérito.

• Sem correspondência no CPC/1973.

§ 3º No caso de morte do procurador de qualquer das partes, ainda que iniciada a audiência de instrução e julgamento, o juiz determinará que a parte constitua novo mandatário, no prazo de 15 (quinze) dias, ao final do qual extinguirá o processo sem resolução de mérito, se o autor não nomear novo mandatário, ou ordenará o prosseguimento do processo à revelia do réu, se falecido o procurador deste.

• Correspondência: art. 265, § 2º, CPC/1973.
• V. art. 346, CPC/2015.

§ 4º O prazo de suspensão do processo nunca poderá exceder 1 (um) ano nas hipóteses do inciso V e 6 (seis) meses naquela prevista no inciso II.

• Correspondência: art. 265, §§ 3º e 5º, CPC/1973.

§ 5º O juiz determinará o prosseguimento do processo assim que esgotados os prazos previstos no § 4º.

• Correspondência: art. 265, §§ 3º e 5º, CPC/1973.

Art. 314. Durante a suspensão é vedado praticar qualquer ato processual, podendo o juiz, todavia, determinar a realização de atos urgentes a fim de evitar dano irreparável, salvo no caso de arguição de impedimento e de suspeição.

• Correspondência: art. 266, CPC/1973.
• V. arts. 214, 220, 297 e 923, CPC/2015.

Art. 315. Se o conhecimento do mérito depender de verificação da existência de fato delituoso, o juiz pode determinar a suspensão do processo até que se pronuncie a justiça criminal.

• Correspondência: art. 110, *caput*, CPC/1973.
• V. arts. 313, V, *a* e § 4º, e 516, III, CPC/2015.
• V. art. 935, CC.
• V. art. 91, I, CP.
• V. arts. 64 e 65, CPP.
• V. art. 103, § 4º, Lei 8.078/1990 (Código de Defesa do Consumidor).

§ 1º Se a ação penal não for proposta no prazo de 3 (três) meses, contado da intimação do ato de suspensão, cessará o efeito desse, incumbindo ao juiz cível examinar incidentemente a questão prévia.

• Correspondência: art. 110, parágrafo único, CPC/1973.

§ 2º Proposta a ação penal, o processo ficará suspenso pelo prazo máximo de 1 (um) ano, ao final do qual aplicar-se-á o disposto na parte final do § 1º.

• Sem correspondência no CPC/1973.

TÍTULO III
DA EXTINÇÃO DO PROCESSO

Art. 316. A extinção do processo dar-se-á por sentença.

• Correspondência: art. 329, CPC/1973.
• V. arts. 485 e 487, CPC/2015.

Art. 317. Antes de proferir decisão sem resolução de mérito, o juiz deverá conceder à parte oportunidade para, se possível, corrigir o vício.

• Sem correspondência no CPC/1973.
• V. art. 5º, LV, CF.
• V. art. 487, CPC/2015.

PARTE ESPECIAL
LIVRO I
DO PROCESSO DE CONHECIMENTO E DO CUMPRIMENTO DE SENTENÇA

Art. 321

CÓDIGO DE PROCESSO CIVIL

TÍTULO I
DO PROCEDIMENTO COMUM

Capítulo I
DISPOSIÇÕES GERAIS

Art. 318. Aplica-se a todas as causas o procedimento comum, salvo disposição em contrário deste Código ou de lei.

- Correspondência: art. 271, CPC/1973.
- V. arts. 283, 327, § 2º, CPC/2015.

Parágrafo único. O procedimento comum aplica-se subsidiariamente aos demais procedimentos especiais e ao processo de execução.

- Correspondência: art. 272, parágrafo único, CPC/1973.

Capítulo II
DA PETIÇÃO INICIAL

Seção I
Dos requisitos da petição inicial

Art. 319. A petição inicial indicará:

- Correspondência: art. 282, *caput*, CPC/1973.
- V. art. 2º, Lei 5.741/1971 (Proteção de bens imóveis do SFH).
- V. arts. 67, I, 68, I, e 71, Lei 8.245/1991 (Locação de imóveis urbanos).
- V. art. 37, Lei 9.307/1996 (Arbitragem).
- • V. arts. 246 a 259, 294 a 310 e 330, § 2º, CPC/2015.

I – o juízo a que é dirigida;

- Correspondência: art. 282, I, CPC/1973.
- • V. arts. 46 a 53, CPC/2015.

II – os nomes, os prenomes, o estado civil, a existência de união estável, a profissão, o número de inscrição no Cadastro de Pessoas Físicas ou no Cadastro Nacional da Pessoa Jurídica, o endereço eletrônico, o domicílio e a residência do autor e do réu;

- Correspondência: art. 282, II, CPC/1973.
- • V. art. 77, V, CPC/2015.

III – o fato e os fundamentos jurídicos do pedido;

- Correspondência: art. 282, III, CPC/1973.

IV – o pedido com as suas especificações;

- Correspondência: art. 282, IV, CPC/1973.
- • V. arts. 322 a 327, CPC/2015.

V – o valor da causa;

- Correspondência: art. 282, V, CPC/1973.
- • V. arts. 291 e 292, CPC/2015.

VI – as provas com que o autor pretende demonstrar a verdade dos fatos alegados;

- Correspondência: art. 282, VI, CPC/1973.
- • V. art. 434, CPC/2015.

VII – a opção do autor pela realização ou não de audiência de conciliação ou de mediação.

- Sem correspondência no CPC/1973.
- • V. arts. 334, § 5º, CPC/2015.

§ 1º Caso não disponha das informações previstas no inciso II, poderá o autor, na petição inicial, requerer ao juiz diligências necessárias a sua obtenção.

- Sem correspondência no CPC/1973.

§ 2º A petição inicial não será indeferida se, a despeito da falta de informações a que se refere o inciso II, for possível a citação do réu.

- Sem correspondência no CPC/1973.

§ 3º A petição inicial não será indeferida pelo não atendimento ao disposto no inciso II deste artigo se a obtenção de tais informações tornar impossível ou excessivamente oneroso o acesso à justiça.

- Sem correspondência no CPC/1973.
- • V. arts. 99 e 1.048, CPC/2015.

Art. 320. A petição inicial será instruída com os documentos indispensáveis à propositura da ação.

- Correspondência: art. 283, CPC/1973.
- V. arts. 83, 290, 341, II, 345, III, 406, 434, 435 e 798, I, a, CPC/2015.
- V. art. 46, Lei 6.766/1979 (Parcelamento do solo urbano).
- • V. art. 801, CPC/2015.

Art. 321. O juiz, ao verificar que a petição inicial não preenche os requisitos dos arts. 319 e 320 ou que apresenta defeitos e irregularidades capazes de dificultar o julgamento de mérito, determinará que o autor, no prazo de 15 (quinze) dias, a emende ou a complete, indicando com precisão o que deve ser corrigido ou completado.

- Correspondência: art. 284, *caput*, CPC/1973.
- V. arts. 330, 331, 337, IV, e 485, I, CPC/2015.
- V. art. 106, Lei 11.101/2005 (Lei de Recuperação de Empresas e Falência).

Art. 322

Parágrafo único. Se o autor não cumprir a diligência, o juiz indeferirá a petição inicial.
- Correspondência: art. 284, parágrafo único, CPC/1973.
- • V. arts. 485, I, e 801, CPC/2015.

Seção II
Do pedido

Art. 322. O pedido deve ser certo.
- Correspondência: art. 286, *caput*, 1ª parte, CPC/1973.
- V. art. 329, CPC/2015.
- V. art. 14, Lei 9.099/1995 (Juizados Especiais Cíveis e Criminais).
- • V. arts. 294 e 492, CPC/2015.

§ 1º Compreendem-se no principal os juros legais, a correção monetária e as verbas de sucumbência, inclusive os honorários advocatícios.
- Correspondência: art. 293, CPC/1973.
- V. arts. 406 e 407, CC.
- V. Súmula 254, STF.
- V. Súmula 176, STJ.

§ 2º A interpretação do pedido considerará o conjunto da postulação e observará o princípio da boa-fé.
- Sem correspondência no CPC/1973.

Art. 323. Na ação que tiver por objeto cumprimento de obrigação em prestações sucessivas, essas serão consideradas incluídas no pedido, independentemente de declaração expressa do autor, e serão incluídas na condenação, enquanto durar a obrigação, se o devedor, no curso do processo, deixar de pagá-las ou de consigná-las.
- Correspondência: art. 290, CPC/1973.

Art. 324. O pedido deve ser determinado.
- Correspondência: art. 286, *caput*, 1ª parte, CPC/1973.
- V. art. 329, CPC/2015.
- V. art. 14, Lei 9.099/1995 (Juizados Especiais Cíveis e Criminais).

§ 1º É lícito, porém, formular pedido genérico:
- Correspondência: art. 286, *caput*, 2ª parte, CPC/1973.

I – nas ações universais, se o autor não puder individuar os bens demandados;

- Correspondência: art. 286, I, CPC/1973.

II – quando não for possível determinar, desde logo, as consequências do ato ou do fato;
- Correspondência: art. 286, II, CPC/1973.

III – quando a determinação do objeto ou do valor da condenação depender de ato que deva ser praticado pelo réu.
- Correspondência: art. 286, III, CPC/1973.

§ 2º O disposto neste artigo aplica-se à reconvenção.
- Sem correspondência no CPC/1973.

Art. 325. O pedido será alternativo quando, pela natureza da obrigação, o devedor puder cumprir a prestação de mais de um modo.
- Correspondência: art. 288, *caput*, CPC/1973.
- V. art. 292, VII, CPC/2015.
- V. art. 15, Lei 9.099/1995 (Juizados Especiais Cíveis e Criminais).

Parágrafo único. Quando, pela lei ou pelo contrato, a escolha couber ao devedor, o juiz lhe assegurará o direito de cumprir a prestação de um ou de outro modo, ainda que o autor não tenha formulado pedido alternativo.
- Correspondência: art. 288, parágrafo único, CPC/1973.
- V. arts. 252 a 256, CC.

Art. 326. É lícito formular mais de um pedido em ordem subsidiária, a fim de que o juiz conheça do posterior, quando não acolher o anterior.
- Correspondência: art. 289, CPC/1973.
- V. art. 292, VIII, CPC/2015.

Parágrafo único. É lícito formular mais de um pedido, alternativamente, para que o juiz acolha um deles.
- Sem correspondência no CPC/1973.

Art. 327. É lícita a cumulação, em um único processo, contra o mesmo réu, de vários pedidos, ainda que entre eles não haja conexão.
- Correspondência: art. 292, *caput*, CPC/1973.
- V. arts. 55, 283 e 292, VI, CPC/2015.
- V. Súmula 170, STJ.

§ 1º São requisitos de admissibilidade da cumulação que:

Código de Processo Civil

- Correspondência: art. 292, § 1º, CPC/1973.

I – os pedidos sejam compatíveis entre si;

- Correspondência: art. 292, § 1º, I, CPC/1973.

II – seja competente para conhecer deles o mesmo juízo;

- Correspondência: art. 292, § 1º, II, CPC/1973.
- •• V. Súmula 170, STJ.

III – seja adequado para todos os pedidos o tipo de procedimento.

- Correspondência: art. 292, § 1º, III, CPC/1973.

§ 2º Quando, para cada pedido, corresponder tipo diverso de procedimento, será admitida a cumulação se o autor empregar o procedimento comum, sem prejuízo do emprego das técnicas processuais diferenciadas previstas nos procedimentos especiais a que se sujeitam um ou mais pedidos cumulados, que não forem incompatíveis com as disposições sobre o procedimento comum.

- Correspondência: art. 292, § 2º, CPC/1973.

§ 3º O inciso I do § 1º não se aplica às cumulações de pedidos de que trata o art. 326.

- Sem correspondência no CPC/1973.

Art. 328. Na obrigação indivisível com pluralidade de credores, aquele que não participou do processo receberá sua parte, deduzidas as despesas na proporção de seu crédito.

- Correspondência: art. 291, CPC/1973.
- V. arts. 260 e 261, CC.

Art. 329. O autor poderá:

- Sem correspondência no CPC/1973.
- •• V. arts. 342 e 493, CPC/2015.

I – até a citação, aditar ou alterar o pedido ou a causa de pedir, independentemente de consentimento do réu;

- Correspondência: art. 294, CPC/1973.
- V. art. 2º, § 8º, Lei 6.830/1980 (Execução fiscal).

II – até o saneamento do processo, aditar ou alterar o pedido e a causa de pedir, com consentimento do réu, assegurado o contraditório mediante a possibilidade de manifestação deste no prazo mínimo de 15 (quinze) dias, facultado o requerimento de prova suplementar.

- Correspondência: art. 264, CPC/1973.

Parágrafo único. Aplica-se o disposto neste artigo à reconvenção e à respectiva causa de pedir.

- Sem correspondência no CPC/1973.
- •• V. art. 343, CPC/2015.

Seção III
Do indeferimento da petição inicial

Art. 330. A petição inicial será indeferida quando:

- Correspondência: art. 295, *caput*, CPC/1973.
- V. arts. 120, 178, 225, 487, 554, 918 e 968, CPC/2015.
- •• V. arts. 485, I, 918, II, 924, 968, § 3º, CPC/2015.

I – for inepta;

- Correspondência: art. 295, I, CPC/1973.

II – a parte for manifestamente ilegítima;

- Correspondência: art. 295, II, CPC/1973.
- •• V. arts. 17 e 485, VI, CPC/2015.

III – o autor carecer de interesse processual;

- Correspondência: art. 295, III, CPC/1973.
- V. arts. 17 e 19, CPC/2015.
- •• V. art. 120, *caput*, CPC/2015.

IV – não atendidas as prescrições dos arts. 106 e 321.

- Correspondência: art. 295, VI, CPC/1973.

§ 1º Considera-se inepta a petição inicial quando:

- Correspondência: art. 295, parágrafo único, CPC/1973.
- V. arts. 485, I, CPC/1973.

I – lhe faltar pedido ou causa de pedir;

- Correspondência: art. 295, parágrafo único, I, CPC/1973.

II – o pedido for indeterminado, ressalvadas as hipóteses legais em que se permite o pedido genérico;

- Sem correspondência no CPC/1973.

III – da narração dos fatos não decorrer logicamente a conclusão;

- Correspondência: art. 295, parágrafo único, II, CPC/1973.

IV – contiver pedidos incompatíveis entre si.

- Correspondência: art. 295, parágrafo único, IV, CPC/1973.

§ 2º Nas ações que tenham por objeto a revisão de obrigação decorrente de empréstimo, de financiamento ou de alienação de

Art. 331

CÓDIGO DE PROCESSO CIVIL

bens, o autor terá de, sob pena de inépcia, discriminar na petição inicial, dentre as obrigações contratuais, aquelas que pretende controverter, além de quantificar o valor incontroverso do débito.

- Correspondência: art. 285-B, *caput*, CPC/1973.

§ 3º Na hipótese do § 2º, o valor incontroverso deverá continuar a ser pago no tempo e modo contratados.

- Correspondência: art. 285-B, § 1º, CPC/1973.

Art. 331. Indeferida a petição inicial, o autor poderá apelar, facultado ao juiz, no prazo de 5 (cinco) dias, retratar-se.

- Correspondência: art. 296, *caput*, CPC/1973.
- V. art. 198, VII, Lei 8.069/1990 (Estatuto da Criança e do Adolescente).
- •• V. art. 1.009, CPC/2015.

§ 1º Se não houver retratação, o juiz mandará citar o réu para responder ao recurso.

- Correspondência: art. 296, parágrafo único, CPC/1973.

§ 2º Sendo a sentença reformada pelo tribunal, o prazo para a contestação começará a correr da intimação do retorno dos autos, observado o disposto no art. 334.

- Sem correspondência no CPC/1973.

§ 3º Não interposta a apelação, o réu será intimado do trânsito em julgado da sentença.

- Sem correspondência no CPC/1973.

Capítulo III
DA IMPROCEDÊNCIA LIMINAR DO PEDIDO

Art. 332. Nas causas que dispensem a fase instrutória, o juiz, independentemente da citação do réu, julgará liminarmente improcedente o pedido que contrariar:

- Correspondência: art. 295-A, *caput*, CPC/1973.

I – enunciado de súmula do Supremo Tribunal Federal ou do Superior Tribunal de Justiça;

- Sem correspondência no CPC/1973.

II – acórdão proferido pelo Supremo Tribunal Federal ou pelo Superior Tribunal de Justiça em julgamento de recursos repetitivos;

- Sem correspondência no CPC/1973.

III – entendimento firmado em incidente de resolução de demandas repetitivas ou de assunção de competência;

- Sem correspondência no CPC/1973.

IV – enunciado de súmula de tribunal de justiça sobre direito local.

- Sem correspondência no CPC/1973.

§ 1º O juiz também poderá julgar liminarmente improcedente o pedido se verificar, desde logo, a ocorrência de decadência ou de prescrição.

- Correspondência: art. 295, IV, CPC/1973.
- V. art. 487, II, CPC/2015.

§ 2º Não interposta a apelação, o réu será intimado do trânsito em julgado da sentença, nos termos do art. 241.

- Sem correspondência no CPC/1973.

§ 3º Interposta a apelação, o juiz poderá retratar-se em 5 (cinco) dias.

- Correspondência: art. 285-A, § 1º, CPC/1973.
- •• V. art. 1.009, CPC/2015.

§ 4º Se houver retratação, o juiz determinará o prosseguimento do processo, com a citação do réu, e, se não houver retratação, determinará a citação do réu para apresentar contrarrazões, no prazo de 15 (quinze) dias.

- Correspondência: art. 285-A, § 2º, CPC/1973.

Capítulo IV
DA CONVERSÃO DA AÇÃO INDIVIDUAL EM AÇÃO COLETIVA

Art. 333. *(Vetado.)*

Capítulo V
DA AUDIÊNCIA DE CONCILIAÇÃO OU DE MEDIAÇÃO

Art. 334. Se a petição inicial preencher os requisitos essenciais e não for o caso de improcedência liminar do pedido, o juiz designará audiência de conciliação ou de mediação com antecedência mínima de 30 (trinta) dias, devendo ser citado o réu com pelo menos 20 (vinte) dias de antecedência.

- Correspondência: art. 331, *caput*, CPC/1973.
- V. arts. 3º, § 2º, 103 e 190, CPC/2015.

- V. Res. CNJ 125/2010 (Política Judiciária Nacional de tratamento adequado dos conflitos de interesses no âmbito do Poder Judiciário).
- •• V. arts. 3º, § 3º, 238, 250, IV, 319, VII, CPC/2015.

§ 1º O conciliador ou mediador, onde houver, atuará necessariamente na audiência de conciliação ou de mediação, observando o disposto neste Código, bem como as disposições da lei de organização judiciária.
- Sem correspondência no CPC/1973.
- •• V. arts. 165 a 175, CPC/2015.

§ 2º Poderá haver mais de uma sessão destinada à conciliação e à mediação, não podendo exceder a 2 (dois) meses da data de realização da primeira sessão, desde que necessárias à composição das partes.
- Sem correspondência no CPC/1973.

§ 3º A intimação do autor para a audiência será feita na pessoa de seu advogado.
- Sem correspondência no CPC/1973.

§ 4º A audiência não será realizada:
- Sem correspondência no CPC/1973.

I – se ambas as partes manifestarem, expressamente, desinteresse na composição consensual;
- Correspondência: art. 331, § 3º, CPC/1973.

II – quando não se admitir a autocomposição.
- Correspondência: art. 331, *caput*, CPC/1973.

§ 5º O autor deverá indicar, na petição inicial, seu desinteresse na autocomposição, e o réu deverá fazê-lo, por petição, apresentada com 10 (dez) dias de antecedência, contados da data da audiência.
- Sem correspondência no CPC/1973.
- •• V. art. 319, VII, CPC/2015.

§ 6º Havendo litisconsórcio, o desinteresse na realização da audiência deve ser manifestado por todos os litisconsortes.
- Sem correspondência no CPC/1973.

§ 7º A audiência de conciliação ou de mediação pode realizar-se por meio eletrônico, nos termos da lei.
- Sem correspondência no CPC/1973.

§ 8º O não comparecimento injustificado do autor ou do réu à audiência de conciliação é considerado ato atentatório à dignidade da justiça e será sancionado com multa de até 2% (dois por cento) da vantagem econômica pretendida ou do valor da causa, revertida em favor da União ou do Estado.
- Sem correspondência no CPC/1973.

§ 9º As partes devem estar acompanhadas por seus advogados ou defensores públicos.
- Sem correspondência no CPC/1973.

§ 10. A parte poderá constituir representante, por meio de procuração específica, com poderes para negociar e transigir.
- Sem correspondência no CPC/1973.

§ 11. A autocomposição obtida será reduzida a termo e homologada por sentença.
- Correspondência: art. 331, § 1º, CPC/1973.

§ 12. A pauta das audiências de conciliação ou de mediação será organizada de modo a respeitar o intervalo mínimo de 20 (vinte) minutos entre o início de uma e o início da seguinte.
- Sem correspondência no CPC/1973.

Capítulo VI
DA CONTESTAÇÃO

Art. 335. O réu poderá oferecer contestação, por petição, no prazo de 15 (quinze) dias, cujo termo inicial será a data:
- Correspondência: art. 297, *caput*, CPC/1973.
- V. arts. 17, 180, 337, 340, 343, 344 e 434, CPC/2015.
- •• V. arts. 183, 186, 218, 219, 229 e 231, CPC/2015.

I – da audiência de conciliação ou de mediação, ou da última sessão de conciliação, quando qualquer parte não comparecer ou, comparecendo, não houver autocomposição;
- Sem correspondência no CPC/1973.
- •• V. art. 334, CPC/2015.

II – do protocolo do pedido de cancelamento da audiência de conciliação ou de mediação apresentado pelo réu, quando ocorrer a hipótese do art. 334, § 4º, inciso I;
- Sem correspondência no CPC/1973.

III – prevista no art. 231, de acordo com o modo como foi feita a citação, nos demais casos.
- Sem correspondência no CPC/1973.

§ 1º No caso de litisconsórcio passivo, ocorrendo a hipótese do art. 334, § 6º, o termo inicial previsto no inciso II será, para cada um dos réus, a data de apresentação de seu respectivo pedido de cancelamento da audiência.

- Correspondência: art. 298, *caput*, CPC/1973.
- V. art. 229, CPC/2015.

§ 2º Quando ocorrer a hipótese do art. 334, § 4º, inciso II, havendo litisconsórcio passivo e o autor desistir da ação em relação a réu ainda não citado, o prazo para resposta correrá da data de intimação da decisão que homologar a desistência.

- Correspondência: art. 298, parágrafo único, CPC/1973.

Art. 336. Incumbe ao réu alegar, na contestação, toda a matéria de defesa, expondo as razões de fato e de direito com que impugna o pedido do autor e especificando as provas que pretende produzir.

- Correspondência: art. 300, CPC/1973.
- V. arts. 106, I, e 341, parágrafo único, CPC/2015.
- • V. art. 77, V, CPC/2015.

Art. 337. Incumbe ao réu, antes de discutir o mérito, alegar:

- Correspondência: art. 301, *caput*, CPC/1973.
- V. arts. 351, 485, I, IV e § 1º, e 486, § 3º, CPC/2015.
- • V. art. 351, CPC/2015.

I – inexistência ou nulidade da citação;

- Correspondência: art. 301, I, CPC/1973.
- V. arts. 239, § 1º, 280 e 485, IV e § 1º, CPC/2015.
- • V. arts. 239, § 1º, e 280 a 282, CPC/2015.

II – incompetência absoluta e relativa;

- Correspondência: art. 301, II, CPC/1973.
- V. art. 62, CPC/2015.
- • V. arts. 64, 65 e 340, CPC/2015.

III – incorreção do valor da causa;

- Sem correspondência no CPC/1973.
- V. art. 293, CPC/2015.

IV – inépcia da petição inicial;

- Correspondência: art. 301, III, CPC/1973.
- V. art. 330, I, CPC/2015.
- • V. arts. 330, I e § 1º, e 485, I, CPC/2015.

V – perempção;

- Correspondência: art. 301, IV, CPC/1973.
- • V. arts. 485, V, e 486, § 3º, CPC/2015.

VI – litispendência;

- Correspondência: art. 301, V, CPC/1973.
- • V. arts. 240, 485, V, e 486, § 1º, CPC/2015.

VII – coisa julgada;

- Correspondência: art. 301, VI, CPC/1973.
- V. art. 5º, XXXVI, CF.
- • V. arts. 485, V, 486, § 1º, e 502, CPC/2015.

VIII – conexão;

- Correspondência: art. 301, VII, CPC/1973.
- • V. art. 55, CPC/2015.

IX – incapacidade da parte, defeito de representação ou falta de autorização;

- Correspondência: art. 301, VIII, CPC/1973.
- V. arts. 3º, 4º e 1.634, V, CC.
- • V. arts. 70 a 76, CPC/2015.

X – convenção de arbitragem;

- Correspondência: art. 301, IX, CPC/1973.
- • V. arts. 485, VII, e 1.015, III, CPC/2015.
- • V. Lei 9.307/1996 (Lei de Arbitragem).

XI – ausência de legitimidade ou de interesse processual;

- Correspondência: art. 301, X, CPC/1973.
- • V. arts. 17, 339 e 485, VI, CPC/2015.

XII – falta de caução ou de outra prestação que a lei exige como preliminar;

- Correspondência: art. 301, XI, CPC/1973.
- • V. arts. 678, p.u., e 1.166, CPC/2015.

XIII – indevida concessão do benefício de gratuidade de justiça.

- Sem correspondência no CPC/1973.
- • V. art. 100, CPC/2015.

§ 1º Verifica-se a litispendência ou a coisa julgada quando se reproduz ação anteriormente ajuizada.

- Correspondência: art. 301, § 1º, CPC/1973.
- • V. art. 312, CPC/2015.

§ 2º Uma ação é idêntica a outra quando possui as mesmas partes, a mesma causa de pedir e o mesmo pedido.

- Correspondência: art. 301, § 2º, CPC/1973.

§ 3º Há litispendência quando se repete ação que está em curso.

- Correspondência: art. 301, § 3º, 1ª parte, CPC/1973.

§ 4º Há coisa julgada quando se repete ação que já foi decidida por decisão transitada em julgado.

- Correspondência: art. 301, § 3º, 2ª parte, CPC/1973.

§ 5º Excetuadas a convenção de arbitragem e a incompetência relativa, o juiz conhecerá de ofício das matérias enumeradas neste artigo.

Código de Processo Civil

- Correspondência: art. 301, § 4º, CPC/1973.

§ 6º A ausência de alegação da existência de convenção de arbitragem, na forma prevista neste Capítulo, implica aceitação da jurisdição estatal e renúncia ao juízo arbitral.

- Sem correspondência no CPC/1973.

Art. 338. Alegando o réu, na contestação, ser parte ilegítima ou não ser o responsável pelo prejuízo invocado, o juiz facultará ao autor, em 15 (quinze) dias, a alteração da petição inicial para substituição do réu.

- Sem correspondência no CPC/1973.

Parágrafo único. Realizada a substituição, o autor reembolsará as despesas e pagará os honorários ao procurador do réu excluído, que serão fixados entre 3% (três) e 5% (cinco por cento) do valor da causa ou, sendo este irrisório, nos termos do art. 85, § 8º.

- Sem correspondência no CPC/1973.

Art. 339. Quando alegar sua ilegitimidade, incumbe ao réu indicar o sujeito passivo da relação jurídica discutida sempre que tiver conhecimento, sob pena de arcar com as despesas processuais e de indenizar o autor pelos prejuízos decorrentes da falta de indicação.

- Correspondência: arts. 62, 63 e 69, CPC/1973.
- V. arts. 79 a 81, CPC/2015.

§ 1º O autor, ao aceitar a indicação, procederá, no prazo de 15 (quinze) dias, à alteração da petição inicial para substituição do réu, observando-se, ainda, o parágrafo único do art. 338.

- Sem correspondência no CPC/1973.

§ 2º No prazo de 15 (quinze) dias, o autor pode optar por alterar a petição inicial para incluir, como litisconsorte passivo, o sujeito indicado pelo réu.

- Sem correspondência no CPC/1973.

Art. 340. Havendo alegação de incompetência relativa ou absoluta, a contestação poderá ser protocolada no foro de domicílio do réu, fato que será imediatamente comunicado ao juiz da causa, preferencialmente por meio eletrônico.

- Correspondência: art. 305, parágrafo único, CPC/1973.
- V. arts. 53 e 64, CPC/2015.

§ 1º A contestação será submetida a livre distribuição ou, se o réu houver sido citado por meio de carta precatória, juntada aos autos dessa carta, seguindo-se a sua imediata remessa para o juízo da causa.

- Sem correspondência no CPC/1973.

§ 2º Reconhecida a competência do foro indicado pelo réu, o juízo para o qual for distribuída a contestação ou a carta precatória será considerado prevento.

- Correspondência: art. 311, CPC/1973.

§ 3º Alegada a incompetência nos termos do *caput*, será suspensa a realização da audiência de conciliação ou de mediação, se tiver sido designada.

- Sem correspondência no CPC/1973.

§ 4º Definida a competência, o juízo competente designará nova data para a audiência de conciliação ou de mediação.

- Sem correspondência no CPC/1973.

Art. 341. Incumbe também ao réu manifestar-se precisamente sobre as alegações de fato constantes da petição inicial, presumindo-se verdadeiras as não impugnadas, salvo se:

- Correspondência: art. 302, *caput*, CPC/1973.
- V. arts. 334, 337, § 5º, e 535, VI, CPC/2015.
- • V. arts. 345, 392 e 434, CPC/2015.

I – não for admissível, a seu respeito, a confissão;

- Correspondência: art. 302, I, CPC/1973.

II – a petição inicial não estiver acompanhada de instrumento que a lei considerar da substância do ato;

- Correspondência: art. 302, II, CPC/1973.

III – estiverem em contradição com a defesa, considerada em seu conjunto.

- Correspondência: art. 302, III, CPC/1973.

Parágrafo único. O ônus da impugnação especificada dos fatos não se aplica ao defensor público, ao advogado dativo e ao curador especial.

- Correspondência: art. 302, parágrafo único, CPC/1973.

Art. 342. Depois da contestação, só é lícito ao réu deduzir novas alegações quando:

- Correspondência: art. 303, *caput*, CPC/1973.
- V. arts. 337, § 5º, e 535, VI, CPC/2015.
- • V. arts. 332, § 1º, CPC/2015.

Art. 343

I – relativas a direito ou a fato superveniente;
- Correspondência: art. 303, I, CPC/1973.

II – competir ao juiz conhecer delas de ofício;
- Correspondência: art. 303, II, CPC/1973.

III – por expressa autorização legal, puderem ser formuladas em qualquer tempo e grau de jurisdição.
- Correspondência: art. 303, III, CPC/1973.

Capítulo VII
DA RECONVENÇÃO

Art. 343. Na contestação, é lícito ao réu propor reconvenção para manifestar pretensão própria, conexa com a ação principal ou com o fundamento da defesa.
- Correspondência: art. 315, CPC/1973.
- V. arts. 55, CPC/2015.
- V. art. 36, *caput*, Lei 6.515/1977 (Lei do Divórcio).
- V. art. 16, § 3º, Lei 6.830/1980 (Execução fiscal).
- V. art. 7º, Lei 9.289/1996 (Custas na Justiça Federal).
- •• V. arts. 85, § 1º, 286, p.u., 292 e 487, I, CPC/2015.

§ 1º Proposta a reconvenção, o autor será intimado, na pessoa de seu advogado, para apresentar resposta no prazo de 15 (quinze) dias.
- Correspondência: art. 316, CPC/1973.
- •• V. art. 335, CPC/2015.

§ 2º A desistência da ação ou a ocorrência de causa extintiva que impeça o exame de seu mérito não obsta ao prosseguimento do processo quanto à reconvenção.
- Correspondência: art. 317, CPC/1973.
- •• V. art. 485, § 4º, CPC/2015.

§ 3º A reconvenção pode ser proposta contra o autor e terceiro.
- Sem correspondência no CPC/1973.

§ 4º A reconvenção pode ser proposta pelo réu em litisconsórcio com terceiro.
- Sem correspondência no CPC/1973.

§ 5º Se o autor for substituto processual, o reconvinte deverá afirmar ser titular de direito em face do substituído, e a reconvenção deverá ser proposta em face do autor, também na qualidade de substituto processual.
- Correspondência: art. 315, parágrafo único, CPC/1973.
- •• V. art. 18, p.u., CPC/2015.

§ 6º O réu pode propor reconvenção independentemente de oferecer contestação.
- Sem correspondência no CPC/1973.

Capítulo VIII
DA REVELIA

Art. 344. Se o réu não contestar a ação, será considerado revel e presumir-se-ão verdadeiras as alegações de fato formuladas pelo autor.
- Correspondência: art. 319, CPC/1973.
- V. arts. 76, §1º, II, 240, 308, 355, II, 546 e 702, CPC/2015.
- •• V. arts. 72, II, 239, § 2º, 503, § 1º, II, e 524, § 1º, I, CPC/2015.

Art. 345. A revelia não produz o efeito mencionado no art. 344 se:
- Correspondência: art. 320, *caput*, CPC/1973.

I – havendo pluralidade de réus, algum deles contestar a ação;
- Correspondência: art. 320, I, CPC/1973.
- V. art. 231, § 1º, CPC/2015.
- •• V. arts. 113 a 118 e 231, § 1º, CPC/2015.

II – o litígio versar sobre direitos indisponíveis;
- Correspondência: art. 320, II, CPC/1973.
- V. art. 392, CPC/2015.
- •• V. art. 373, § 3º, I, CPC/2015.

III – a petição inicial não estiver acompanhada de instrumento que a lei considere indispensável à prova do ato;
- Correspondência: art. 320, III, CPC/1973.
- •• V. arts. 320, 341, II, e 406, CPC/2015.

IV – as alegações de fato formuladas pelo autor forem inverossímeis ou estiverem em contradição com prova constante dos autos.
- Sem correspondência no CPC/1973.
- •• V. art. 319, III, CPC/2015.

Art. 346. Os prazos contra o revel que não tenha patrono nos autos fluirão da data de publicação do ato decisório no órgão oficial.
- Correspondência: art. 322, *caput*, CPC/1973.

Parágrafo único. O revel poderá intervir no processo em qualquer fase, recebendo-o no estado em que se encontrar.
- Correspondência: art. 322, parágrafo único, CPC/1973.
- V. art. 355, II, CPC/2015.

Art. 355

CÓDIGO DE PROCESSO CIVIL

Capítulo IX
DAS PROVIDÊNCIAS PRELIMINARES E DO SANEAMENTO

Art. 347. Findo o prazo para a contestação, o juiz tomará, conforme o caso, as providências preliminares constantes das seções deste Capítulo.

- Correspondência: art. 323, CPC/1973.

Seção I
Da não incidência dos efeitos da revelia

Art. 348. Se o réu não contestar a ação, o juiz, verificando a inocorrência do efeito da revelia previsto no art. 344, ordenará que o autor especifique as provas que pretenda produzir, se ainda não as tiver indicado.

- Correspondência: art. 324, CPC/1973.
- V. arts. 329, 344 a 346, e 355, II, CPC/2015.

Art. 349. Ao réu revel será lícita a produção de provas, contrapostas às alegações do autor, desde que se faça representar nos autos a tempo de praticar os atos processuais indispensáveis a essa produção.

- Sem correspondência no CPC/1973.
- V. art. 356, CPC/2015.
- V. Súmula 231, STF.

Seção II
Do fato impeditivo, modificativo ou extintivo do direito do autor

Art. 350. Se o réu alegar fato impeditivo, modificativo ou extintivo do direito do autor, este será ouvido no prazo de 15 (quinze) dias, permitindo-lhe o juiz a produção de prova.

- Correspondência: art. 326, CPC/1973.
- V. arts. 373, II, e 535, VI, CPC/2015.

Seção III
Das alegações do réu

Art. 351. Se o réu alegar qualquer das matérias enumeradas no art. 337, o juiz determinará a oitiva do autor no prazo de 15 (quinze) dias, permitindo-lhe a produção de prova.

- Correspondência: art. 327, 1ª parte, CPC/1973.
- V. art. 276, CPC/2015.

Art. 352. Verificando a existência de irregularidades ou de vícios sanáveis, o juiz determinará sua correção em prazo nunca superior a 30 (trinta) dias.

- Correspondência: art. 327, 2ª parte, CPC/1973.
- V. arts. 76 e 283, CPC/2015.

Art. 353. Cumpridas as providências preliminares ou não havendo necessidade delas, o juiz proferirá julgamento conforme o estado do processo, observando o que dispõe o Capítulo X.

- Correspondência: art. 328, CPC/1973.

Capítulo X
DO JULGAMENTO CONFORME O ESTADO DO PROCESSO

Seção I
Da extinção do processo

Art. 354. Ocorrendo qualquer das hipóteses previstas nos arts. 485 e 487, incisos II e III, o juiz proferirá sentença.

- Correspondência: art. 329, CPC/1973.
- V. arts. 485, 487, II e III, CPC/2015.

Parágrafo único. A decisão a que se refere o *caput* pode dizer respeito a apenas parcela do processo, caso em que será impugnável por agravo de instrumento.

- Sem correspondência no CPC/1973.

Seção II
Do julgamento antecipado do mérito

Art. 355. O juiz julgará antecipadamente o pedido, proferindo sentença com resolução de mérito, quando:

- Correspondência: art. 330, *caput*, CPC/1973.
- V. arts. 345, 348, 485 e 487, II e III, 550, § 4º e 920, II, CPC/2015.

I – não houver necessidade de produção de outras provas;

- Correspondência: art. 330, I, CPC/1973.
- V. art. 37, *caput*, Lei 6.515/1977 (Lei do Divórcio).

- V. art. 87, § 3º, Lei 11.101/2005 (Lei de Recuperação de Empresas e Falência).

II – o réu for revel, ocorrer o efeito previsto no art. 344 e não houver requerimento de prova, na forma do art. 349.

- Correspondência: art. 330, II, CPC/1973.

Seção III
Do julgamento antecipado parcial do mérito

Art. 356. O juiz decidirá parcialmente o mérito quando um ou mais dos pedidos formulados ou parcela deles:

- Correspondência: art. 273, § 6º, 1ª parte, CPC/1973.

I – mostrar-se incontroverso;

- Correspondência: art. 273, § 6º, 2ª parte, CPC/1973.

II – estiver em condições de imediato julgamento, nos termos do art. 355.

- Sem correspondência no CPC/1973.

§ 1º A decisão que julgar parcialmente o mérito poderá reconhecer a existência de obrigação líquida ou ilíquida.

- Sem correspondência no CPC/1973.

§ 2º A parte poderá liquidar ou executar, desde logo, a obrigação reconhecida na decisão que julgar parcialmente o mérito, independentemente de caução, ainda que haja recurso contra essa interposto.

- Sem correspondência no CPC/1973.

§ 3º Na hipótese do § 2º, se houver trânsito em julgado da decisão, a execução será definitiva.

- Sem correspondência no CPC/1973.

§ 4º A liquidação e o cumprimento da decisão que julgar parcialmente o mérito poderão ser processados em autos suplementares, a requerimento da parte ou a critério do juiz.

- Sem correspondência no CPC/1973.

§ 5º A decisão proferida com base neste artigo é impugnável por agravo de instrumento.

- Sem correspondência no CPC/1973.

Seção IV
Do saneamento e da organização do processo

Art. 357. Não ocorrendo nenhuma das hipóteses deste Capítulo, deverá o juiz, em decisão de saneamento e de organização do processo:

- Correspondência: art. 331, *caput*, CPC/1973.
- V. art. 139, V, CPC/2015.

I – resolver as questões processuais pendentes, se houver;

- Correspondência: art. 331, § 2º, CPC/1973.

II – delimitar as questões de fato sobre as quais recairá a atividade probatória, especificando os meios de prova admitidos;

- Correspondência: art. 331, § 2º, CPC/1973.

III – definir a distribuição do ônus da prova, observado o art. 373;

- Correspondência: art. 331, § 2º, CPC/1973.

IV – delimitar as questões de direito relevantes para a decisão do mérito;

- Correspondência: art. 331, § 2º, CPC/1973.

V – designar, se necessário, audiência de instrução e julgamento.

- Correspondência: art. 331, § 2º, CPC/1973.
- V. art. 15, IV, Lei 11.101/2005 (Lei de Recuperação de Empresas e Falência).

§ 1º Realizado o saneamento, as partes têm o direito de pedir esclarecimentos ou solicitar ajustes, no prazo comum de 5 (cinco) dias, findo o qual a decisão se torna estável.

- Sem correspondência no CPC/1973.

§ 2º As partes podem apresentar ao juiz, para homologação, delimitação consensual das questões de fato e de direito a que se referem os incisos II e IV, a qual, se homologada, vincula as partes e o juiz.

- Sem correspondência no CPC/1973.

§ 3º Se a causa apresentar complexidade em matéria de fato ou de direito, deverá o juiz designar audiência para que o saneamento seja feito em cooperação com as partes, oportunidade em que o juiz, se for o caso, convidará as partes a integrar ou esclarecer suas alegações.

- Sem correspondência no CPC/1973.

§ 4º Caso tenha sido determinada a produção de prova testemunhal, o juiz fixará prazo comum não superior a 15 (quinze) dias para que as partes apresentem rol de testemunhas.

• Correspondência: art. 407, *caput*, CPC/1973.

§ 5º Na hipótese do § 3º, as partes devem levar, para a audiência prevista, o respectivo rol de testemunhas.

• Correspondência: art. 407, *caput*, CPC/1973.

§ 6º O número de testemunhas arroladas não pode ser superior a 10 (dez), sendo 3 (três), no máximo, para a prova de cada fato.

• Correspondência: art. 407, parágrafo único, CPC/1973.

§ 7º O juiz poderá limitar o número de testemunhas levando em conta a complexidade da causa e dos fatos individualmente considerados.

• Sem correspondência no CPC/1973.

§ 8º Caso tenha sido determinada a produção de prova pericial, o juiz deve observar o disposto no art. 465 e, se possível, estabelecer, desde logo, calendário para sua realização.

• Sem correspondência no CPC/1973.
• V. art. 156, CPC/2015.

§ 9º As pautas deverão ser preparadas com intervalo mínimo de 1 (uma) hora entre as audiências.

• Sem correspondência no CPC/1973.

Capítulo XI
DA AUDIÊNCIA DE INSTRUÇÃO E JULGAMENTO

Art. 358. No dia e na hora designados, o juiz declarará aberta a audiência de instrução e julgamento e mandará apregoar as partes e os respectivos advogados, bem como outras pessoas que dela devam participar.

• Correspondência: art. 450, CPC/1973.
• V. art. 400, CPP.
• V. art. 28, Lei 9.099/1995 (Juizados Especiais Cíveis e Criminais).

Art. 359. Instalada a audiência, o juiz tentará conciliar as partes, independentemente do emprego anterior de outros métodos de solução consensual de conflitos, como a mediação e a arbitragem.

• Correspondência: art. 448, CPC/1973.
• V. Lei 9.307/1996 (Arbitragem).

Art. 360. O juiz exerce o poder de polícia, incumbindo-lhe:

• Correspondência: art. 445, *caput*, CPC/1973.

I – manter a ordem e o decoro na audiência;

• Correspondência: art. 445, I, CPC/1973.
• V. art.139, IV e VII, CPC/2015.

II – ordenar que se retirem da sala de audiência os que se comportarem inconvenientemente;

• Correspondência: art. 445, II, CPC/1973
• V. art. 78, § 1º,CPC/2015.

III – requisitar, quando necessário, força policial;

• Correspondência: art. 445, III, CPC/1973.
• V. arts. 139, IV e VII, e 782, CPC/2015.

IV – tratar com urbanidade as partes, os advogados, os membros do Ministério Público e da Defensoria Pública e qualquer pessoa que participe do processo;

• Sem correspondência no CPC/1973.

V – registrar em ata, com exatidão, todos os requerimentos apresentados em audiência.

• Sem correspondência no CPC/1973.

Art. 361. As provas orais serão produzidas em audiência, ouvindo-se nesta ordem, preferencialmente:

• Correspondência: art. 452, *caput*, CPC/1973.
• V. art. 36, Lei 9.099/1995 (Juizados Especiais Cíveis e Criminais).

I – o perito e os assistentes técnicos, que responderão aos quesitos de esclarecimentos requeridos no prazo e na forma do art. 477, caso não respondidos anteriormente por escrito;

• Correspondência: art. 452, I, CPC/1973.

II – o autor e, em seguida, o réu, que prestarão depoimentos pessoais;

• Correspondência: art. 452, II, CPC/1973.
• V. arts. 385 a 388, CPC/2015.

III – as testemunhas arroladas pelo autor e pelo réu, que serão inquiridas.

• Correspondência: art. 452, III, CPC/1973.
• V. arts. 456 a 459, CPC/2015.

Parágrafo único. Enquanto depuserem o perito, os assistentes técnicos, as partes e as testemunhas, não poderão os advogados e o Ministério Público intervir ou apartear, sem licença do juiz.

• Correspondência: art. 446, parágrafo único, CPC/1973.

Art. 362. A audiência poderá ser adiada:

• Correspondência: art. 453, *caput*, CPC/1973.

I – por convenção das partes;

• Correspondência: art. 453, I, CPC/1973.

II – se não puder comparecer, por motivo justificado, qualquer pessoa que dela deva necessariamente participar;

• Correspondência: art. 453, II, CPC/1973.

III – por atraso injustificado de seu início em tempo superior a 30 (trinta) minutos do horário marcado.

• Sem correspondência no CPC/1973.

§ 1º O impedimento deverá ser comprovado até a abertura da audiência, e, não o sendo, o juiz procederá à instrução.

• Correspondência: art. 453, § 1º, CPC/1973.

§ 2º O juiz poderá dispensar a produção das provas requeridas pela parte cujo advogado ou defensor público não tenha comparecido à audiência, aplicando-se a mesma regra ao Ministério Público.

• Correspondência: art. 453, § 2º, CPC/1973.

§ 3º Quem der causa ao adiamento responderá pelas despesas acrescidas.

• Correspondência: art. 453, § 3º, CPC/1973.
• V. arts. 93 e 462, CPC/2015.

Art. 363. Havendo antecipação ou adiamento da audiência, o juiz, de ofício ou a requerimento da parte, determinará a intimação dos advogados ou da sociedade de advogados para ciência da nova designação.

• Correspondência: art. 242, § 2º, CPC/1973.

Art. 364. Finda a instrução, o juiz dará a palavra ao advogado do autor e do réu, bem como ao membro do Ministério Público, se for o caso de sua intervenção, sucessivamente, pelo prazo de 20 (vinte) minutos para cada um, prorrogável por 10 (dez) minutos, a critério do juiz.

• Correspondência: art. 454, *caput*, CPC/1973.
• V. art. 10, CPC/2015.

§ 1º Havendo litisconsorte ou terceiro interveniente, o prazo, que formará com o da prorrogação um só todo, dividir-se-á entre os do mesmo grupo, se não convencionarem de modo diverso.

• Correspondência: art. 454, § 1º, CPC/1973.

§ 2º Quando a causa apresentar questões complexas de fato ou de direito, o debate oral poderá ser substituído por razões finais escritas, que serão apresentadas pelo autor e pelo réu, bem como pelo Ministério Público, se for o caso de sua intervenção, em prazos sucessivos de 15 (quinze) dias, assegurada vista dos autos.

• Correspondência: art. 454, § 3º, CPC/1973.

Art. 365. A audiência é una e contínua, podendo ser excepcional e justificadamente cindida na ausência de perito ou de testemunha, desde que haja concordância das partes.

• Correspondência: art. 455, 1ª parte, CPC/1973.

Parágrafo único. Diante da impossibilidade de realização da instrução, do debate e do julgamento no mesmo dia, o juiz marcará seu prosseguimento para a data mais próxima possível, em pauta preferencial.

• Correspondência: art. 455, 2ª parte, CPC/1973.

Art. 366. Encerrado o debate ou oferecidas as razões finais, o juiz proferirá sentença em audiência ou no prazo de 30 (trinta) dias.

• Correspondência: art. 456, CPC/1973.
• V. art. 58, CPC/2015.

Art. 367. O servidor lavrará, sob ditado do juiz, termo que conterá, em resumo, o ocorrido na audiência, bem como, por extenso, os despachos, as decisões e a sentença, se proferida no ato.

• Correspondência: art. 457, *caput*, CPC/1973.

§ 1º Quando o termo não for registrado em meio eletrônico, o juiz rubricar-lhe-á as folhas, que serão encadernadas em volume próprio.

• Correspondência: art. 457, § 1º, CPC/1973.

§ 2º Subscreverão o termo o juiz, os advogados, o membro do Ministério Público e o escrivão ou chefe de secretaria, dispensadas as partes, exceto quando houver ato de disposição para cuja prática os advogados não tenham poderes.

• Correspondência: art. 457, § 2º, CPC/1973.
• V. art. 209, CPC/2015.

§ 3º O escrivão ou chefe de secretaria trasladará para os autos cópia autêntica do termo de audiência.

• Correspondência: art. 457, § 3º, CPC/1973.

Art. 373

CÓDIGO DE PROCESSO CIVIL

§ 4º Tratando-se de autos eletrônicos, observar-se-á o disposto neste Código, em legislação específica e nas normas internas dos tribunais.

- Correspondência: art. 457, § 4º, CPC/1973.

§ 5º A audiência poderá ser integralmente gravada em imagem e em áudio, em meio digital ou analógico, desde que assegure o rápido acesso das partes e dos órgãos julgadores, observada a legislação específica.

- Sem correspondência no CPC/1973.
- V. arts. 210 e 460, CPC/2015.

§ 6º A gravação a que se refere o § 5º também pode ser realizada diretamente por qualquer das partes, independentemente de autorização judicial.

- Sem correspondência no CPC/1973.

Art. 368. A audiência será pública, ressalvadas as exceções legais.

- Correspondência: art. 444, CPC/1973.
- V. arts. 11 e 189, CPC/2015.
- V. art. 93, IX, CF.
- V. art. 792, § 1º, CPP.

Capítulo XII
DAS PROVAS

Seção I
Disposições gerais

Art. 369. As partes têm o direito de empregar todos os meios legais, bem como os moralmente legítimos, ainda que não especificados neste Código, para provar a verdade dos fatos em que se funda o pedido ou a defesa e influir eficazmente na convicção do juiz.

- Correspondência: art. 332, CPC/1973.
- V. art. 5º, LVI, CF.
- V. art. 179, II, CPC/2015.
- V. art. 212, CC.
- V. art. 157, CPP.
- V. Lei 9.296/1996 (Interceptação de comunicações telefônicas).

Art. 370. Caberá ao juiz, de ofício ou a requerimento da parte, determinar as provas necessárias ao julgamento do mérito.

- Correspondência: art. 130, 1ª parte, CPC/1973.
- V. arts. 139, VI e 480, CPC/2015.

Parágrafo único. O juiz indeferirá, em decisão fundamentada, as diligências inúteis ou meramente protelatórias.

- Correspondência: art. 130, 2ª parte, CPC/1973.
- V. arts. 77, III e 139, III, CPC/2015.

Art. 371. O juiz apreciará a prova constante dos autos, independentemente do sujeito que a tiver promovido, e indicará na decisão as razões da formação de seu convencimento.

- Correspondência: art. 131, CPC/1973.
- V. arts. 11 e 489, II, CPC/2015.

Art. 372. O juiz poderá admitir a utilização de prova produzida em outro processo, atribuindo-lhe o valor que considerar adequado, observado o contraditório.

- Correspondência: art. 332, CPC/1973.

Art. 373. O ônus da prova incumbe:

- Correspondência: art. 333, *caput*, CPC/1973.

I – ao autor, quanto ao fato constitutivo de seu direito;

- Correspondência: art. 333, I, CPC/1973.
- V. art. 319, VI, CPC/2015.

II – ao réu, quanto à existência de fato impeditivo, modificativo ou extintivo do direito do autor.

- Correspondência: art. 333, II, CPC/1973.
- V. art. 336, CPC/2015.

§ 1º Nos casos previstos em lei ou diante de peculiaridades da causa relacionadas à impossibilidade ou à excessiva dificuldade de cumprir o encargo nos termos do *caput* ou à maior facilidade de obtenção da prova do fato contrário, poderá o juiz atribuir o ônus da prova de modo diverso, desde que o faça por decisão fundamentada, caso em que deverá dar à parte a oportunidade de se desincumbir do ônus que lhe foi atribuído.

- Sem correspondência no CPC/1973.
- V. art. 841, CC.
- V. arts. 6º, VIII, 38 e 51, VI, Lei 8.078/1990 (Código de Defesa do Consumidor).

§ 2º A decisão prevista no § 1º deste artigo não pode gerar situação em que a desincumbência do encargo pela parte seja impossível ou excessivamente difícil.

- Sem correspondência no CPC/1973.

§ 3º A distribuição diversa do ônus da prova também pode ocorrer por convenção das partes, salvo quando:

- Correspondência: art. 333, parágrafo único, *caput*, CPC/1973.

I – recair sobre direito indisponível da parte;

- Correspondência: art. 333, parágrafo único, I, CPC/1973.
- V. arts. 345, II e 392, CPC/2015.

II – tornar excessivamente difícil a uma parte o exercício do direito.

- Correspondência: art. 333, parágrafo único, II, CPC/1973.

§ 4º A convenção de que trata o § 3º pode ser celebrada antes ou durante o processo.

- Sem correspondência no CPC/1973.

Art. 374. Não dependem de prova os fatos:

- Correspondência: art. 334, *caput*, CPC/1973.

I – notórios;

- Correspondência: art. 334, I, CPC/1973.

II – afirmados por uma parte e confessados pela parte contrária;

- Correspondência: art. 334, II, CPC/1973.
- V. arts. 341 e 389 a 395, CPC/2015.

III – admitidos no processo como incontroversos;

- Correspondência: art. 334, III, CPC/1973.

IV – em cujo favor milita presunção legal de existência ou de veracidade.

- Correspondência: art. 334, IV, CPC/1973.

Art. 375. O juiz aplicará as regras de experiência comum subministradas pela observação do que ordinariamente acontece e, ainda, as regras de experiência técnica, ressalvado, quanto a estas, o exame pericial.

- Correspondência: art. 335, CPC/1973.
- V. art. 140, CPC/2015.

Art. 376. A parte que alegar direito municipal, estadual, estrangeiro ou consuetudinário provar-lhe-á o teor e a vigência, se assim o juiz determinar.

- Correspondência: art. 337, CPC/1973.
- V. art. 14, Dec.-lei 4.657/1942 (Lei de Introdução às normas do Direito Brasileiro).

Art. 377. A carta precatória, a carta rogatória e o auxílio direto suspenderão o julgamento da causa no caso previsto no art. 313, inciso V, alínea *b*, quando, tendo sido requeridos antes da decisão de saneamento, a prova neles solicitada for imprescindível.

- Correspondência: art. 338, *caput*, CPC/1973.
- V. art. 313, V, *b* e § 4º, CPC/2015.

Parágrafo único. A carta precatória e a carta rogatória não devolvidas no prazo ou concedidas sem efeito suspensivo poderão ser juntadas aos autos a qualquer momento.

- Correspondência: art. 338, parágrafo único, CPC/1973.

Art. 378. Ninguém se exime do dever de colaborar com o Poder Judiciário para o descobrimento da verdade.

- Correspondência: art. 339, CPC/1973.
- V. art. 5º, CPC/2015.

Art. 379. Preservado o direito de não produzir prova contra si própria, incumbe à parte:

- Correspondência: art. 340, *caput*, CPC/1973.
- V. art. 5º, II, CF.

I – comparecer em juízo, respondendo ao que lhe for interrogado;

- Correspondência: art. 340, I, CPC/1973.

II – colaborar com o juízo na realização de inspeção judicial que for considerada necessária;

- Correspondência: art. 340, II, CPC/1973.
- V. arts. 481 a 484, CPC/2015.

III – praticar o ato que lhe for determinado.

- Correspondência: art. 340, III, CPC/1973.

Art. 380. Incumbe ao terceiro, em relação a qualquer causa:

- Correspondência: art. 341, *caput*, CPC/1973.

I – informar ao juiz os fatos e as circunstâncias de que tenha conhecimento;

- Correspondência: art. 341, I, CPC/1973.

II – exibir coisa ou documento que esteja em seu poder.

- Correspondência: art. 341, II, CPC/1973.
- V. arts. 396 a 404, CPC/2015.
- V. art. 5º, XIV, CF.

Parágrafo único. Poderá o juiz, em caso de descumprimento, determinar, além da imposição de multa, outras medidas indutivas, coercitivas, mandamentais ou sub-rogatórias.

- Sem correspondência no CPC/1973.

Código de Processo Civil

Seção II
Da produção antecipada da prova

Art. 381. A produção antecipada da prova será admitida nos casos em que:
- Correspondência: art. 846, CPC/1973.
- V. arts. 214, II e 464, CPC/2015.
- V. art. 108, Lei 8.213/1991 (Planos de Benefícios da Previdência Social).

I – haja fundado receio de que venha a tornar-se impossível ou muito difícil a verificação de certos fatos na pendência da ação;
- Correspondência: art. 849, CPC/1973.

II – a prova a ser produzida seja suscetível de viabilizar a autocomposição ou outro meio adequado de solução de conflito;
- Sem correspondência no CPC/1973.

III – o prévio conhecimento dos fatos possa justificar ou evitar o ajuizamento de ação.
- Sem correspondência no CPC/1973.

§ 1º O arrolamento de bens observará o disposto nesta Seção quando tiver por finalidade apenas a realização de documentação e não a prática de atos de apreensão.
- Sem correspondência no CPC/1973.

§ 2º A produção antecipada da prova é da competência do juízo do foro onde esta deva ser produzida ou do foro de domicílio do réu.
- Correspondência: art. 800, CPC/1973.

§ 3º A produção antecipada da prova não previne a competência do juízo para a ação que venha a ser proposta.
- Correspondência: art. 800, CPC/1973.

§ 4º O juízo estadual tem competência para produção antecipada de prova requerida em face da União, de entidade autárquica ou de empresa pública federal se, na localidade, não houver vara federal.
- Sem correspondência no CPC/1973.
- V. art. 109, § 3º, CF.
- V. art. 15, II, Lei 5.010/1966 (Justiça Federal).

§ 5º Aplica-se o disposto nesta Seção àquele que pretender justificar a existência de algum fato ou relação jurídica para simples documento e sem caráter contencioso, que exporá, em petição circunstanciada, a sua intenção.
- Correspondência: art. 861, CPC/1973.

Art. 382. Na petição, o requerente apresentará as razões que justificam a necessidade de antecipação da prova e mencionará com precisão os fatos sobre os quais a prova há de recair.
- Correspondência: art. 848, *caput*, CPC/1973.

§ 1º O juiz determinará, de ofício ou a requerimento da parte, a citação de interessados na produção da prova ou no fato a ser provado, salvo se inexistente caráter contencioso.
- Correspondência: art. 848, parágrafo único, CPC/1973.

§ 2º O juiz não se pronunciará sobre a ocorrência ou a inocorrência do fato, nem sobre as respectivas consequências jurídicas.
- Sem correspondência no CPC/1973.

§ 3º Os interessados poderão requerer a produção de qualquer prova no mesmo procedimento, desde que relacionada ao mesmo fato, salvo se a sua produção conjunta acarretar excessiva demora.
- Sem correspondência no CPC/1973.

§ 4º Neste procedimento, não se admitirá defesa ou recurso, salvo contra decisão que indeferir totalmente a produção da prova pleiteada pelo requerente originário.
- Sem correspondência no CPC/1973.

Art. 383. Os autos permanecerão em cartório durante 1 (um) mês para extração de cópias e certidões pelos interessados.
- Correspondência: art. 851, CPC/1973.

Parágrafo único. Findo o prazo, os autos serão entregues ao promovente da medida.
- Sem correspondência no CPC/1973.

Seção III
Da ata notarial

Art. 384. A existência e o modo de existir de algum fato podem ser atestados ou documentados, a requerimento do interessado, mediante ata lavrada por tabelião.
- Correspondência: art. 364, CPC/1973.

Parágrafo único. Dados representados por imagem ou som gravados em arquivos eletrônicos poderão constar da ata notarial.
- Sem correspondência no CPC/1973.

Seção IV
Do depoimento pessoal

Art. 385. Cabe à parte requerer o depoimento pessoal da outra parte, a fim de que esta seja interrogada na audiência de instrução e julgamento, sem prejuízo do poder do juiz de ordená-lo de ofício.

- Correspondência: art. 343, *caput*, CPC/1973.
- V. arts. 379, I, e 389, CPC/2015.

§ 1º Se a parte, pessoalmente intimada para prestar depoimento pessoal e advertida da pena de confesso, não comparecer ou, comparecendo, se recusar a depor, o juiz aplicar-lhe-á a pena.

- Correspondência: art. 343, § 1º, CPC/1973.

§ 2º É vedado a quem ainda não depôs assistir ao interrogatório da outra parte.

- Correspondência: art. 344, parágrafo único, CPC/1973.

§ 3º O depoimento pessoal da parte que residir em comarca, seção ou subseção judiciária diversa daquela onde tramita o processo poderá ser colhido por meio de videoconferência ou outro recurso tecnológico de transmissão de sons e imagens em tempo real, o que poderá ocorrer, inclusive, durante a realização da audiência de instrução e julgamento.

- Sem correspondência no CPC/1973.

Art. 386. Quando a parte, sem motivo justificado, deixar de responder ao que lhe for perguntado ou empregar evasivas, o juiz, apreciando as demais circunstâncias e os elementos de prova, declarará, na sentença, se houve recusa de depor.

- Correspondência: art. 345, CPC/1973.

Art. 387. A parte responderá pessoalmente sobre os fatos articulados, não podendo servir-se de escritos anteriormente preparados, permitindo-lhe o juiz, todavia, a consulta a notas breves, desde que objetivem completar esclarecimentos.

- Correspondência: art. 346, CPC/1973.

Art. 388. A parte não é obrigada a depor sobre fatos:

- Correspondência: art. 347, *caput*, CPC/1973.
- V. art. 186, CPP.

I – criminosos ou torpes que lhe forem imputados;

- Correspondência: art. 347, I, CPC/1973.

II – a cujo respeito, por estado ou profissão, deva guardar sigilo;

- Correspondência: art. 347, II, CPC/1973.
- V. art. 154, CP.

III – acerca dos quais não possa responder sem desonra própria, de seu cônjuge, de seu companheiro ou de parente em grau sucessível;

- Sem correspondência no CPC/1973.

IV – que coloquem em perigo a vida do depoente ou das pessoas referidas no inciso III.

- Sem correspondência no CPC/1973.

Parágrafo único. Esta disposição não se aplica às ações de estado e de família.

- Correspondência: art. 347, parágrafo único, CPC/1973.

Seção V
Da confissão

Art. 389. Há confissão, judicial ou extrajudicial, quando a parte admite a verdade de fato contrário ao seu interesse e favorável ao do adversário.

- Correspondência: art. 348, CPC/1973.
- V. arts. 117 e 371, CPC/2015.
- V. art. 212, I, CC.
- V. art. 186, parágrafo único, CPP.

Art. 390. A confissão judicial pode ser espontânea ou provocada.

- Correspondência: art. 349, *caput*, 1ª parte, CPC/1973.
- V. art. 105, CPC/2015.

§ 1º A confissão espontânea pode ser feita pela própria parte ou por representante com poder especial.

- Correspondência: art. 349, parágrafo único, CPC/1973.

§ 2º A confissão provocada constará do termo de depoimento pessoal.

- Correspondência: art. 349, *caput*, 2ª parte, CPC/1973.

Art. 391. A confissão judicial faz prova contra o confitente, não prejudicando, todavia, os litisconsortes.

- Correspondência: art. 350, *caput*, CPC/1973.

- V. arts. 117 e 128, III, CPC/2015.

Parágrafo único. Nas ações que versarem sobre bens imóveis ou direitos reais sobre imóveis alheios, a confissão de um cônjuge ou companheiro não valerá sem a do outro, salvo se o regime de casamento for o de separação absoluta de bens.

- Correspondência: art. 350, parágrafo único, CPC/1973.

Art. 392. Não vale com o confissão a admissão, em juízo, de fatos relativos a direitos indisponíveis.

- Correspondência: art. 351, CPC/1973.
- V. art. 345, II, CPC/2015.

§ 1º A confissão será ineficaz se feita por quem não for capaz de dispor do direito a que se referem os fatos confessados.

- Sem correspondência no CPC/1973.

§ 2º A confissão feita por um representante somente é eficaz nos limites em que este pode vincular o representado.

- Sem correspondência no CPC/1973.

Art. 393. A confissão é irrevogável, mas pode ser anulada se decorreu de erro de fato ou de coação.

- Correspondência: art. 352, *caput*, CPC/1973.
- V. arts. 138 e 151, CC.
- V. art. 344, CP.

Parágrafo único. A legitimidade para a ação prevista no *caput* é exclusiva do confitente e pode ser transferida a seus herdeiros se ele falecer após a propositura.

- Correspondência: art. 352, parágrafo único, CPC/1973.

Art. 394. A confissão extrajudicial, quando feita oralmente, só terá eficácia nos casos em que a lei não exija prova literal.

- Correspondência: art. 353, CPC/1973.

Art. 395. A confissão é, em regra, indivisível, não podendo a parte que a quiser invocar como prova aceitá-la no tópico que a beneficiar e rejeitá-la no que lhe for desfavorável, porém cindir-se-á quando o confitente a ela aduzir fatos novos, capazes de constituir fundamento de defesa de direito material ou de reconvenção.

- Correspondência: art. 354, CPC/1973.
- V. arts. 343, 412, parágrafo único, e 419, CPC/2015.

Seção VI
Da exibição de documento ou coisa

Art. 396. O juiz pode ordenar que a parte exiba documento ou coisa que se encontre em seu poder.

- Correspondência: art. 355, CPC/1973.
- V. arts. 380, II, e 772, III, CPC/2015.

Art. 397. O pedido formulado pela parte conterá:

- Correspondência: art. 356, *caput*, CPC/1973.

I – a individuação, tão completa quanto possível, do documento ou da coisa;

- Correspondência: art. 356, I, CPC/1973.

II – a finalidade da prova, indicando os fatos que se relacionam com o documento ou com a coisa;

- Correspondência: art. 356, II, CPC/1973.

III – as circunstâncias em que se funda o requerente para afirmar que o documento ou a coisa existe e se acha em poder da parte contrária.

- Correspondência: art. 356, III, CPC/1973.

Art. 398. O requerido dará sua resposta nos 5 (cinco) dias subsequentes à sua intimação.

- Correspondência: art. 357, 1ª parte, CPC/1973.
- V. arts. 373 e 400, I, CPC/2015.

Parágrafo único. Se o requerido afirmar que não possui o documento ou a coisa, o juiz permitirá que o requerente prove, por qualquer meio, que a declaração não corresponde à verdade.

- Correspondência: art. 357, 2ª parte, CPC/1973.

Art. 399. O juiz não admitirá a recusa se:

- Correspondência: art. 358, *caput*, CPC/1973.

I – o requerido tiver obrigação legal de exibir;

- Correspondência: art. 358, I, CPC/1973.
- V. art. 195, CTN.

II – o requerido tiver aludido ao documento ou à coisa, no processo, com o intuito de constituir prova;

- Correspondência: art. 358, II, CPC/1973.

III – o documento, por seu conteúdo, for comum às partes.

- Correspondência: art. 358, III, CPC/1973.

Art. 400

Art. 400. Ao decidir o pedido, o juiz admitirá como verdadeiros os fatos que, por meio do documento ou da coisa, a parte pretendia provar se:
- Correspondência: art. 359, *caput*, CPC/1973.

I – o requerido não efetuar a exibição nem fizer nenhuma declaração no prazo do art. 398;
- Correspondência: art. 359, I, CPC/1973.

II – a recusa for havida por ilegítima.
- Correspondência: art. 359, II, CPC/1973.

Parágrafo único. Sendo necessário, o juiz pode adotar medidas indutivas, coercitivas, mandamentais ou sub-rogatórias para que o documento seja exibido.
- Sem correspondência no CPC/1973.

Art. 401. Quando o documento ou a coisa estiver em poder de terceiro, o juiz ordenará sua citação para responder no prazo de 15 (quinze) dias.
- Correspondência: art. 360, CPC/1973.
- V. art. 379, II, CPC/2015.

Art. 402. Se o terceiro negar a obrigação de exibir ou a posse do documento ou da coisa, o juiz designará audiência especial, tomando-lhe o depoimento, bem como o das partes e, se necessário, o de testemunhas, e em seguida proferirá decisão.
- Correspondência: art. 361, CPC/1973.

Art. 403. Se o terceiro, sem justo motivo, se recusar a efetuar a exibição, o juiz ordenar-lhe-á que proceda ao respectivo depósito em cartório ou em outro lugar designado, no prazo de 5 (cinco) dias, impondo ao requerente que o ressarça pelas despesas que tiver.
- Correspondência: art. 362, CPC/1973.
- V. art. 330, CP.

Parágrafo único. Se o terceiro descumprir a ordem, o juiz expedirá mandado de apreensão, requisitando, se necessário, força policial, sem prejuízo da responsabilidade por crime de desobediência, pagamento de multa e outras medidas indutivas, coercitivas, mandamentais ou sub-rogatórias necessárias para assegurar a efetivação da decisão.
- Sem correspondência no CPC/1973.
- V. art. 380, parágrafo único, CPC/2015.

Art. 404. A parte e o terceiro se escusam de exibir, em juízo, o documento ou a coisa se:
- Correspondência: art. 363, *caput*, CPC/1973.
- V. arts. 388, II, 674 e 856, CPC/2015.

I – concernente a negócios da própria vida da família;
- Correspondência: art. 363, I, CPC/1973.

II – sua apresentação puder violar dever de honra;
- Correspondência: art. 363, II, CPC/1973.

III – sua publicidade redundar em desonra à parte ou ao terceiro, bem como a seus parentes consanguíneos ou afins até o terceiro grau, ou lhes representar perigo de ação penal;
- Correspondência: art. 363, III, CPC/1973.
- V. art. 5º, X, CF.

IV – sua exibição acarretar a divulgação de fatos a cujo respeito, por estado ou profissão, devam guardar segredo;
- Correspondência: art. 363, IV, CPC/1973.
- V. art. 388, II, CPC/2015.
- V. art. 5º, XIV, CF.
- V. art. 154, CP.
- V. art. 34, VII, Lei 8.906/1994 (Estatuto da Advocacia e da OAB).

V – subsistirem outros motivos graves que, segundo o prudente arbítrio do juiz, justifiquem a recusa da exibição;
- Correspondência: art. 363, V, CPC/1973.

VI – houver disposição legal que justifique a recusa da exibição.
- Sem correspondência no CPC/1973.
- V. art. 8º, § 2º, Lei 7.347/1985 (Ação civil pública).

Parágrafo único. Se os motivos de que tratam os incisos I a VI do *caput* disserem respeito a apenas uma parcela do documento, a parte ou o terceiro exibirá a outra em cartório, para dela ser extraída cópia reprográfica, de tudo sendo lavrado auto circunstanciado.
- Correspondência: art. 363, parágrafo único, CPC/1973.

Seção VII
Da prova documental

Subseção I
Da força probante dos documentos

Art. 405. O documento público faz prova não só da sua formação, mas também dos fatos que o escrivão, o chefe de secretaria, o tabelião ou o servidor declarar que ocorreram em sua presença.

- Correspondência: art. 364, CPC/1973.

Art. 406. Quando a lei exigir instrumento público como da substância do ato, nenhuma outra prova, por mais especial que seja, pode suprir-lhe a falta.

- Correspondência: art. 366, CPC/1973.
- V. art. 215, CC.

Art. 407. O documento feito por oficial público incompetente ou sem a observância das formalidades legais, sendo subscrito pelas partes, tem a mesma eficácia probatória do documento particular.

- Correspondência: art. 367, CPC/1973.

Art. 408. As declarações constantes do documento particular escrito e assinado ou somente assinado presumem-se verdadeiras em relação ao signatário.

- Correspondência: art. 368, *caput*, CPC/1973.
- V. art. 219, CC.
- V. art. 429, II, CPC/2015.

Parágrafo único. Quando, todavia, contiver declaração de ciência de determinado fato, o documento particular prova a ciência, mas não o fato em si, incumbindo o ônus de prová-lo ao interessado em sua veracidade.

- Correspondência: art. 368, parágrafo único, CPC/1973.

Art. 409. A data do documento particular, quando a seu respeito surgir dúvida ou impugnação entre os litigantes, provar-se-á por todos os meios de direito.

- Correspondência: art. 370, *caput*, 1ª parte, CPC/1973.

Parágrafo único. Em relação a terceiros, considerar-se-á datado o documento particular:

- Correspondência: art. 370, *caput*, 2ª parte, CPC/1973.
- V. Súmula 132, STJ.

I – no dia em que foi registrado;

- Correspondência: art. 370, I, CPC/1973.

II – desde a morte de algum dos signatários;

- Correspondência: art. 370, II, CPC/1973.

III – a partir da impossibilidade física que sobreveio a qualquer dos signatários;

- Correspondência: art. 370, III, CPC/1973.

IV – da sua apresentação em repartição pública ou em juízo;

- Correspondência: art. 370, IV, CPC/1973.

V – do ato ou do fato que estabeleça, de modo certo, a anterioridade da formação do documento.

- Correspondência: art. 370, V, CPC/1973.

Art. 410. Considera-se autor do documento particular:

- Correspondência: art. 371, *caput*, CPC/1973.

I – aquele que o fez e o assinou;

- Correspondência: art. 371, I, CPC/1973.

II – aquele por conta de quem ele foi feito, estando assinado;

- Correspondência: art. 371, II, CPC/1973.

III – aquele que, mandando compô-lo, não o firmou porque, conforme a experiência comum, não se costuma assinar, como livros empresariais e assentos domésticos.

- Correspondência: art. 371, III, CPC/1973.

Art. 411. Considera-se autêntico o documento quando:

- Correspondência: art. 369, *caput*, 1ª parte, CPC/1973.

I – o tabelião reconhecer a firma do signatário;

- Correspondência: art. 369, *caput*, 2ª parte, CPC/1973.
- V. art. 654, § 2º, CC.
- V. art. 13, § 1º, Lei 6.015/1973 (Lei de Registros Públicos).

II – a autoria estiver identificada por qualquer outro meio legal de certificação, inclusive eletrônico, nos termos da lei;

- Sem correspondência no CPC/1973.

III – não houver impugnação da parte contra quem foi produzido o documento.

- Sem correspondência no CPC/1973.

Art. 412. O documento particular de cuja autenticidade não se duvida prova que o seu autor fez a declaração que lhe é atribuída.

- Correspondência: art. 373, *caput*, CPC/1973.
- V. art. 219, CC.

Parágrafo único. O documento particular admitido expressa ou tacitamente é indivisível, sendo vedado à parte que pretende utilizar-se dele aceitar os fatos que lhe são favoráveis e recusar os que são contrários ao seu interesse, salvo se provar que estes não ocorreram.

• Correspondência: art. 373, parágrafo único, CPC/1973.
• V. arts. 395 e 419, CPC/2015.

Art. 413. O telegrama, o radiograma ou qualquer outro meio de transmissão tem a mesma força probatória do documento particular se o original constante da estação expedidora tiver sido assinado pelo remetente.

• Correspondência: art. 374, *caput*, CPC/1973.

Parágrafo único. A firma do remetente poderá ser reconhecida pelo tabelião, declarando-se essa circunstância no original depositado na estação expedidora.

• Correspondência: art. 374, parágrafo único, CPC/1973.

Art. 414. O telegrama ou o radiograma presume-se conforme com o original, provando as datas de sua expedição e de seu recebimento pelo destinatário.

• Correspondência: art. 375, CPC/1973.

Art. 415. As cartas e os registros domésticos provam contra quem os escreveu quando:

• Correspondência: art. 376, *caput*, CPC/1973.
• V. art. 219, CC.

I – enunciam o recebimento de um crédito;

• Correspondência: art. 376, I, CPC/1973.

II – contêm anotação que visa a suprir a falta de título em favor de quem é apontado como credor;

• Correspondência: art. 376, II, CPC/1973.

III – expressam conhecimento de fatos para os quais não se exija determinada prova.

• Correspondência: art. 376, III, CPC/1973.

Art. 416. A nota escrita pelo credor em qualquer parte de documento representativo de obrigação, ainda que não assinada, faz prova em benefício do devedor.

• Correspondência: art. 377, *caput*, CPC/1973.
• V. art. 112, CC.
• V. art. 47, Lei 8.078/1990 (Código de Defesa do Consumidor).

Parágrafo único. Aplica-se essa regra tanto para o documento que o credor conservar em seu poder quanto para aquele que se achar em poder do devedor ou de terceiro.

• Correspondência: art. 377, parágrafo único, CPC/1973.

Art. 417. Os livros empresariais provam contra seu autor, sendo lícito ao empresário, todavia, demonstrar, por todos os meios permitidos em direito, que os lançamentos não correspondem à verdade dos fatos.

• Correspondência: art. 378, CPC/1973.
• V. art. 19, Lei 5.474/1968 (Duplicatas).
• V. art. 100, Lei 6.404/1976 (Sociedades por ações).

Art. 418. Os livros empresariais que preencham os requisitos exigidos por lei provam a favor de seu autor no litígio entre empresários.

• Correspondência: art. 379, CPC/1973.
• V. art. 226, CC.

Art. 419. A escrituração contábil é indivisível, e, se dos fatos que resultam dos lançamentos, uns são favoráveis ao interesse de seu autor e outros lhe são contrários, ambos serão considerados em conjunto, como unidade.

• Correspondência: art. 380, CPC/1973.
• V. art. 422, CPC/2015.
• V. art. 1.183, CC.

Art. 420. O juiz pode ordenar, a requerimento da parte, a exibição integral dos livros empresariais e dos documentos do arquivo:

• Correspondência: art. 381, *caput*, CPC/1973.
• V. art. 620, § 1º, CPC/2015.
• V. art. 105, Lei 6.404/1976 (Sociedades por ações).

I – na liquidação de sociedade;

• Correspondência: art. 381, I, CPC/1973.
• V. art. 22, III, *b*, Lei 11.101/2005 (Lei de Recuperação de Empresas e Falência).

II – na sucessão por morte de sócio;

• Correspondência: art. 381, II, CPC/1973.

III – quando e como determinar a lei.

• Correspondência: art. 381, III, CPC/1973.

Art. 421. O juiz pode, de ofício, ordenar à parte a exibição parcial dos livros e dos documentos, extraindo-se deles a suma que interessar ao litígio, bem como reproduções autenticadas.

- Correspondência: art. 382, CPC/1973.
- V. Súmula 260, STF.

Art. 422. Qualquer reprodução mecânica, como a fotográfica, a cinematográfica, a fonográfica ou de outra espécie, tem aptidão para fazer prova dos fatos ou das coisas representadas, se a sua conformidade com o documento original não for impugnada por aquele contra quem foi produzida.

- Correspondência: art. 383, *caput*, CPC/1973.
- V. Lei 5.433/1968 (Microfilmagem de documentos).
- V. art. 141, Lei 6.015/1973 (Lei de Registros Públicos).

§ 1º As fotografias digitais e as extraídas da rede mundial de computadores fazem prova das imagens que reproduzem, devendo, se impugnadas, ser apresentada a respectiva autenticação eletrônica ou, não sendo possível, realizada perícia.

- Correspondência: art. 383, parágrafo único, CPC/1973.

§ 2º Se se tratar de fotografia publicada em jornal ou revista, será exigido um exemplar original do periódico, caso impugnada a veracidade pela outra parte.

- Sem correspondência no CPC/1973.

§ 3º Aplica-se o disposto neste artigo à forma impressa de mensagem eletrônica.

- Sem correspondência no CPC/1973.

Art. 423. As reproduções dos documentos particulares, fotográficas ou obtidas por outros processos de repetição, valem como certidões sempre que o escrivão ou o chefe de secretaria certificar sua conformidade com o original.

- Correspondência: art. 384, CPC/1973.

Art. 424. A cópia de documento particular tem o mesmo valor probante que o original, cabendo ao escrivão, intimadas as partes, proceder à conferência e certificar a conformidade entre a cópia e o original.

- Correspondência: art. 485, CPC/1973.
- V. arts. 407, 408, 411 e 425, CPC/2015.

Art. 425. Fazem a mesma prova que os originais:

- Correspondência: art. 365, *caput*, CPC/1973.
- V. arts. 192 e 424, CPC/2015.
- V. art. 161, Lei 6.015/1973 (Lei de Registros Públicos).

I – as certidões textuais de qualquer peça dos autos, do protocolo das audiências ou de outro livro a cargo do escrivão ou do chefe de secretaria, se extraídas por ele ou sob sua vigilância e por ele subscritas;

- Correspondência: art. 365, I, CPC/1973.
- V. arts. 216 a 218 e 224, CC.

II – os traslados e as certidões extraídas por oficial público de instrumentos ou documentos lançados em suas notas;

- Correspondência: art. 365, II, CPC/1973.
- V. arts. 216 a 218 e 224, CC.

III – as reproduções dos documentos públicos, desde que autenticadas por oficial público ou conferidas em cartório com os respectivos originais;

- Correspondência: art. 365, III, CPC/1973.
- V. arts. 216 a 218 e 224, CC.
- V. Lei 5.433/1968 (Microfilmagem de documentos).

IV – as cópias reprográficas de peças do próprio processo judicial declaradas autênticas pelo advogado, sob sua responsabilidade pessoal, se não lhes for impugnada a autenticidade;

- Correspondência: art. 365, IV, CPC/1973.

V – os extratos digitais de bancos de dados públicos e privados, desde que atestado pelo seu emitente, sob as penas da lei, que as informações conferem com o que consta na origem;

- Correspondência: art. 365, V, CPC/1973.

VI – as reproduções digitalizadas de qualquer documento público ou particular, quando juntadas aos autos pelos órgãos da justiça e seus auxiliares, pelo Ministério Público e seus auxiliares, pela Defensoria Pública e seus auxiliares, pelas procuradorias, pelas repartições públicas em geral e por advogados, ressalvada a alegação motivada e fundamentada de adulteração.

- Correspondência: art. 365, VI, CPC/1973.
- V. Lei 5.433/1968 (Microfilmagem de documentos).

§ 1º Os originais dos documentos digitalizados mencionados no inciso VI deverão ser preservados pelo seu detentor até o final do prazo para propositura de ação rescisória.

• Correspondência: art. 365, § 1º, CPC/1973.

§ 2º Tratando-se de cópia digital de título executivo extrajudicial ou de documento relevante à instrução do processo, o juiz poderá determinar seu depósito em cartório ou secretaria.

• Correspondência: art. 365, § 2º, CPC/1973.

Art. 426. O juiz apreciará fundamentadamente a fé que deva merecer o documento, quando em ponto substancial e sem ressalva contiver entrelinha, emenda, borrão ou cancelamento.

• Correspondência: art. 386, CPC/1973.
• V. art. 211, CPC/2015.

Art. 427. Cessa a fé do documento público ou particular sendo-lhe declarada judicialmente a falsidade.

• Correspondência: art. 387, *caput*, CPC/1973.

Parágrafo único. A falsidade consiste em:

• Correspondência: art. 387, parágrafo único, *caput*, CPC/1973.

I – formar documento não verdadeiro;

• Correspondência: art. 387, parágrafo único, I, CPC/1973.

II – alterar documento verdadeiro.

• Correspondência: art. 387, parágrafo único, II, CPC/1973.

Art. 428. Cessa a fé do documento particular quando:

• Correspondência: art. 388, *caput*, CPC/1973.

I – for impugnada sua autenticidade e enquanto não se comprovar sua veracidade;

• Correspondência: art. 388, I, CPC/1973.

II – assinado em branco, for impugnado seu conteúdo, por preenchimento abusivo.

• Correspondência: art. 388, II, CPC/1973.

Parágrafo único. Dar-se-á abuso quando aquele que recebeu documento assinado com texto não escrito no todo ou em parte formá-lo ou completá-lo por si ou por meio de outrem, violando o pacto feito com o signatário.

• Correspondência: art. 388, parágrafo único, CPC/1973.

Art. 429. Incumbe o ônus da prova quando:

• Correspondência: art. 389, *caput*, CPC/1973.

I – se tratar de falsidade de documento ou de preenchimento abusivo, à parte que a arguir;

• Correspondência: art. 389, I, CPC/1973.

II – se tratar de impugnação da autenticidade, à parte que produziu o documento.

• Correspondência: art. 389, II, CPC/1973.

Subseção II
Da arguição de falsidade

Art. 430. A falsidade deve ser suscitada na contestação, na réplica ou no prazo de 15 (quinze) dias, contado a partir da intimação da juntada do documento aos autos.

• Correspondência: art. 390, CPC/1973.

Parágrafo único. Uma vez arguida, a falsidade será resolvida como questão incidental, salvo se a parte requerer que o juiz a decida como questão principal, nos termos do inciso II do art. 19.

• Sem correspondência no CPC/1973.

Art. 431. A parte arguirá a falsidade expondo os motivos em que funda a sua pretensão e os meios com que provará o alegado.

• Correspondência: art. 391, CPC/1973.

Art. 432. Depois de ouvida a outra parte no prazo de 15 (quinze) dias, será realizado o exame pericial.

• Correspondência: art. 392, *caput*, CPC/1973.
• V. art. 478, CPC/2015.

Parágrafo único. Não se procederá ao exame pericial se a parte que produziu o documento concordar em retirá-lo.

• Correspondência: art. 392, parágrafo único, CPC/1973.

Art. 433. A declaração sobre a falsidade do documento, quando suscitada como questão principal, constará da parte dispositiva da sentença e sobre ela incidirá também a autoridade da coisa julgada.

• Correspondência: art. 395, CPC/1973.

Art. 438

Subseção III
Da produção da prova documental

Art. 434. Incumbe à parte instruir a petição inicial ou a contestação com os documentos destinados a provar suas alegações.

- Correspondência: art. 396, CPC/1973.
- V. arts. 350, 351, 396, 401 e 700, § 5º, CPC/2015.

Parágrafo único. Quando o documento consistir em reprodução cinematográfica ou fonográfica, a parte deverá trazê-lo nos termos do *caput*, mas sua exposição será realizada em audiência, intimando-se previamente as partes.

- Sem correspondência no CPC/1973.

Art. 435. É lícito às partes, em qualquer tempo, juntar aos autos documentos novos, quando destinados a fazer prova de fatos ocorridos depois dos articulados ou para contrapô-los aos que foram produzidos nos autos.

- Correspondência: art. 397, CPC/1973.

Parágrafo único. Admite-se também a juntada posterior de documentos formados após a petição inicial ou a contestação, bem como dos que se tornaram conhecidos, acessíveis ou disponíveis após esses atos, cabendo à parte que os produzir comprovar o motivo que a impediu de juntá-los anteriormente e incumbindo ao juiz, em qualquer caso, avaliar a conduta da parte de acordo com o art. 5º.

- Sem correspondência no CPC/1973.

Art. 436. A parte, intimada a falar sobre documento constante dos autos, poderá:

- Sem correspondência no CPC/1973.

I – impugnar a admissibilidade da prova documental;
II – impugnar sua autenticidade;

- V. art. 11, § 2º, Lei 11.419/2006 (Informatização do processo judicial).

III – suscitar sua falsidade, com ou sem deflagração do incidente de arguição de falsidade;

- V. arts. 297 a 305, CP.
- V. art. 11, § 2º, Lei 11.419/2006 (Informatização do processo judicial).

IV – manifestar-se sobre seu conteúdo.

Parágrafo único. Nas hipóteses dos incisos II e III, a impugnação deverá basear-se em argumentação específica, não se admitindo alegação genérica de falsidade.

Art. 437. O réu manifestar-se-á na contestação sobre os documentos anexados à inicial, e o autor manifestar-se-á na réplica sobre os documentos anexados à contestação.

- Correspondência: art. 396, CPC/1973.
- V. art. 1.001, CPC/2015.

§ 1º Sempre que uma das partes requerer a juntada de documento aos autos, o juiz ouvirá, a seu respeito, a outra parte, que disporá do prazo de 15 (quinze) dias para adotar qualquer das posturas indicadas no art. 436.

- Correspondência: art. 398, CPC/1973.
- V. arts. 350, 351 e 396, CPC/2015.

§ 2º Poderá o juiz, a requerimento da parte, dilatar o prazo para manifestação sobre a prova documental produzida, levando em consideração a quantidade e a complexidade da documentação.

- Sem correspondência no CPC/1973.
- V. art. 401, CPC/2015.

Art. 438. O juiz requisitará às repartições públicas, em qualquer tempo ou grau de jurisdição:

- Correspondência: art. 399, *caput*, CPC/1973.
- V. art. 1º, § 6º, Lei 4.717/1965 (Ação popular).
- V. art. 41, parágrafo único, Lei 6.830/1980 (Execução fiscal).

I – as certidões necessárias à prova das alegações das partes;

- Correspondência: art. 399, I, CPC/1973.
- V. art. 5º, XXXIV, *b*, CF.
- V. art. 8º, Lei 7.347/1985 (Ação civil pública).

II – os procedimentos administrativos nas causas em que forem interessados a União, os Estados, o Distrito Federal, os Municípios ou entidades da administração indireta.

- Correspondência: art. 399, II, CPC/1973.

§ 1º Recebidos os autos, o juiz mandará extrair, no prazo máximo e improrrogável de 1 (um) mês, certidões ou reproduções fotográficas das peças que indicar e das que forem indicadas pelas partes, e, em seguida, devolverá os autos à repartição de origem.

- Correspondência: art. 399, § 1º, CPC/1973.

§ 2º As repartições públicas poderão fornecer todos os documentos em meio eletrônico, conforme disposto em lei, certificando, pelo mesmo meio, que se trata de extrato fiel do que consta em seu banco de dados ou no documento digitalizado.

- Correspondência: art. 399, § 2º, CPC/1973.

Seção VIII
Dos documentos eletrônicos

Art. 439. A utilização de documentos eletrônicos no processo convencional dependerá de sua conversão à forma impressa e da verificação de sua autenticidade, na forma da lei.

- Sem correspondência no CPC/1973.
- V. Lei 11.419/2006 (Informatização do processo judicial).
- V. Res. CNJ 185/2013 (Sistema Processo Judicial Eletrônico – PJe).

Art. 440. O juiz apreciará o valor probante do documento eletrônico não convertido, assegurado às partes o acesso ao seu teor.

- Sem correspondência no CPC/1973.
- V. Lei 11.419/2006 (Informatização do processo judicial).
- V. Res. CNJ 185/2013 (Sistema Processo Judicial Eletrônico – Pje).

Art. 441. Serão admitidos documentos eletrônicos produzidos e conservados com a observância da legislação específica.

- Sem correspondência no CPC/1973.
- V. Lei 11.419/2006 (Informatização do processo judicial).
- V. Res. CNJ 185/2013 (Sistema Processo Judicial Eletrônico – PJe).

Seção IX
Da prova testemunhal

Subseção I
Da admissibilidade e do valor da prova testemunhal

Art. 442. A prova testemunhal é sempre admissível, não dispondo a lei de modo diverso.

- Correspondência: art. 400, primeira parte, CPC/1973.
- V. art. 365, CPC/2015.

Art. 443. O juiz indeferirá a inquirição de testemunhas sobre fatos:

- Correspondência: art. 400, segunda parte, CPC/1973.

I – já provados por documento ou confissão da parte;

- Correspondência: art. 400, I, CPC/1973.
- V. arts. 355 e 389 a 395, CPC/2015.

II – que só por documento ou por exame pericial puderem ser provados.

- Correspondência: art. 400, II, CPC/1973.
- V. art. 156, CPC/2015.

Art. 444. Nos casos em que a lei exigir prova escrita da obrigação, é admissível a prova testemunhal quando houver começo de prova por escrito, emanado da parte contra a qual se pretende produzir a prova.

- Correspondência: art. 402, *caput* e I CPC/1973.
- V. arts. 227, parágrafo único, e 228, CC.

Art. 445. Também se admite a prova testemunhal quando o credor não pode ou não podia, moral ou materialmente, obter a prova escrita da obrigação, em casos como o de parentesco, de depósito necessário ou de hospedagem em hotel ou em razão das práticas comerciais do local onde contraída a obrigação.

- Correspondência: art. 402, II, CPC/1973.

Art. 446. É lícito à parte provar com testemunhas:

- Correspondência: art. 404, *caput*, CPC/1973.

I – nos contratos simulados, a divergência entre a vontade real e a vontade declarada;

- Correspondência: art. 404, I, CPC/1973.
- V. art. 167, § 1º, CC.

II – nos contratos em geral, os vícios de consentimento.

- Correspondência: art. 404, II, CPC/1973.
- V. arts. 138, 145 e 158, *caput*, CC.

Art. 447. Podem depor como testemunhas todas as pessoas, exceto as incapazes, impedidas ou suspeitas.

- Correspondência: art. 405, *caput*, CPC/1973.
- V. arts. 385 e 457, § 1º, CPC/2015.
- V. art. 228, CC.

§ 1º São incapazes:

- Correspondência: art. 405, § 1º, *caput*, CPC/1973.

I – o interdito por enfermidade ou deficiência mental;

- Correspondência: art. 405, § 1º, I, CPC/1973.

II – o que, acometido por enfermidade ou retardamento mental, ao tempo em que ocorreram os fatos, não podia discerni-los, ou, ao tempo em que deve depor, não está habilitado a transmitir as percepções;

- Correspondência: art. 405, § 1º, II, CPC/1973.

III – o que tiver menos de 16 (dezesseis) anos;

- Correspondência: art. 405, § 1º, III, CPC/1973.

IV – o cego e o surdo, quando a ciência do fato depender dos sentidos que lhes faltam.

- Correspondência: art. 405, § 1º, IV, CPC/1973.

§ 2º São impedidos:

- Correspondência: art. 405, § 2º, *caput*, CPC/1973.
- V. art. 452, CPC/2015.

I – o cônjuge, o companheiro, o ascendente e o descendente em qualquer grau e o colateral, até o terceiro grau, de alguma das partes, por consanguinidade ou afinidade, salvo se o exigir o interesse público ou, tratando-se de causa relativa ao estado da pessoa, não se puder obter de outro modo a prova que o juiz repute necessária ao julgamento do mérito;

- Correspondência: art. 405, § 2º, I, CPC/1973.

II – o que é parte na causa;

- Correspondência: art. 405, § 2º, II, CPC/1973.

III – o que intervém em nome de uma parte, como o tutor, o representante legal da pessoa jurídica, o juiz, o advogado e outros que assistam ou tenham assistido as partes.

- Correspondência: art. 405, § 2º, III, CPC/1973.
- V. art. 7º, XIX, Lei 8.906/1994 (Estatuto da Advocacia e da OAB).

§ 3º São suspeitos:

- Correspondência: art. 405, § 3º, *caput*, CPC/1973.

I – o inimigo da parte ou o seu amigo íntimo;

- Correspondência: art. 405, § 3º, III, CPC/1973.

II – o que tiver interesse no litígio.

- Correspondência: art. 405, § 3º, IV, CPC/1973.
- V. arts. 119, 125, e 682, CPC/2015.

§ 4º Sendo necessário, pode o juiz admitir o depoimento das testemunhas menores, impedidas ou suspeitas.

- Correspondência: art. 405, § 4º, CPC/1973.
- V. art. 457, § 1º, CPC/2015.

§ 5º Os depoimentos referidos no § 4º serão prestados independentemente de compromisso, e o juiz lhes atribuirá o valor que possam merecer.

- Correspondência: art. 405, § 4º, CPC/1973.

Art. 448. A testemunha não é obrigada a depor sobre fatos:

- Correspondência: art. 406, *caput*, CPC/1973.
- V. arts. 388, e 457, § 2º, CPC/2015.

I – que lhe acarretem grave dano, bem como ao seu cônjuge ou companheiro e aos seus parentes consanguíneos ou afins, em linha reta ou colateral, até o terceiro grau;

- Correspondência: art. 406, I, CPC/1973.

II – a cujo respeito, por estado ou profissão, deva guardar sigilo.

- Correspondência: art. 406, II, CPC/1973.
- V. arts. 388 e 404, IV, CPC/2015.
- V. arts. 153 e 154, CP.
- V. art. 7º, XIX, Lei 8.906/1994 (Estatuto da Advocacia e da OAB).

Art. 449. Salvo disposição especial em contrário, as testemunhas devem ser ouvidas na sede do juízo.

- Correspondência: art. 336, *caput*, CPC/1973.
- V. arts. 36, 260 a 268, 361, 381 a 391 e 453, CPC/2015.

Parágrafo único. Quando a parte ou a testemunha, por enfermidade ou por outro motivo relevante, estiver impossibilitada de comparecer, mas não de prestar depoimento, o juiz designará, conforme as circunstâncias, dia, hora e lugar para inquiri-la.

- Correspondência: art. 336, parágrafo único, CPC/1973.

Subseção II
Da produção da prova testemunhal

Art. 450. O rol de testemunhas conterá, sempre que possível, o nome, a profissão, o estado civil, a idade, o número de inscrição no Cadastro de Pessoas Físicas, o número de registro de identidade e o endereço completo da residência e do local de trabalho.

- Correspondência: art. 407, CPC/1973.

CÓDIGO DE PROCESSO CIVIL

Art. 451. Depois de apresentado o rol de que tratam os §§ 4º e 5º do art. 357, a parte só pode substituir a testemunha:

- Correspondência: art. 408, *caput*, CPC/1973.

I – que falecer;

- Correspondência: art. 408, I, CPC/1973.

II – que, por enfermidade, não estiver em condições de depor;

- Correspondência: art. 408, II, CPC/1973.

III – que, tendo mudado de residência ou de local de trabalho, não for encontrada.

- Correspondência: art. 408, III, CPC/1973.

Art. 452. Quando for arrolado como testemunha, o juiz da causa:

- Correspondência: art. 409, *caput*, CPC/1973.

I – declarar-se-á impedido, se tiver conhecimento de fatos que possam influir na decisão, caso em que será vedado à parte que o incluiu no rol desistir de seu depoimento;

- Correspondência: art. 409, I, CPC/1973.
- V. art. 144, I, CPC/2015.

II – se nada souber, mandará excluir o seu nome.

- Correspondência: art. 409, II, CPC/1973.

Art. 453. As testemunhas depõem, na audiência de instrução e julgamento, perante o juiz da causa, exceto:

- Correspondência: art. 410, *caput*, CPC/1973.
- V. arts. 217 e 449, CPC/2015.

I – as que prestam depoimento antecipadamente;

- Correspondência: art. 410, I, CPC/1973.
- V. art. 381, CPC/2015.

II – as que são inquiridas por carta.

- Correspondência: art. 410, II, CPC/1973.
- V. arts. 36 e 260 a 268, CPC/2015.

§ 1º A oitiva de testemunha que residir em comarca, seção ou subseção judiciária diversa daquela onde tramita o processo poderá ser realizada por meio de videoconferência ou outro recurso tecnológico de transmissão e recepção de sons e imagens em tempo real, o que poderá ocorrer, inclusive, durante a audiência de instrução e julgamento.

- Sem correspondência no CPC/1973.

§ 2º Os juízos deverão manter equipamento para a transmissão e recepção de sons e imagens a que se refere o § 1º.

- Sem correspondência no CPC/1973.

Art. 454. São inquiridos em sua residência ou onde exercem sua função:

- Correspondência: art. 411, *caput*, CPC/1973.
- V. art. 33, I, LC 35/1979 (Lei Orgânica da Magistratura Nacional).
- V. art. 40, I, Lei 8.625/1993 (Lei Orgânica Nacional do Ministério Público).

I – o presidente e o vice-presidente da República;

- Correspondência: art. 411, I, CPC/1973.

II – os ministros de Estado;

- Correspondência: art. 411, III, CPC/1973.

III – os ministros do Supremo Tribunal Federal, os conselheiros do Conselho Nacional de Justiça e os ministros do Superior Tribunal de Justiça, do Superior Tribunal Militar, do Tribunal Superior Eleitoral, do Tribunal Superior do Trabalho e do Tribunal de Contas da União;

- Correspondência: art. 411, IV, CPC/1973.

IV – o procurador-geral da República e os conselheiros do Conselho Nacional do Ministério Público;

- Correspondência: art. 411, V, CPC/1973.

V – o advogado-geral da União, o procurador-geral do Estado, o procurador-geral do Município, o defensor público-geral federal e o defensor público-geral do Estado;

- Sem correspondência no CPC/1973.

VI – os senadores e os deputados federais;

- Correspondência: art. 411, VI, CPC/1973.

VII – os governadores dos Estados e do Distrito Federal;

- Correspondência: art. 411, VII, CPC/1973.

VIII – o prefeito;

- Sem correspondência no CPC/1973.

IX – os deputados estaduais e distritais;

- Correspondência: art. 411, VIII, CPC/1973.

X – os desembargadores dos Tribunais de Justiça, dos Tribunais Regionais Federais, dos Tribunais Regionais do Trabalho e dos Tribunais Regionais Eleitorais e os conselheiros dos Tribunais de Contas dos Estados e do Distrito Federal;

CÓDIGO DE PROCESSO CIVIL

- Correspondência: art. 411, IX, CPC/1973.

XI – o procurador-geral de justiça;

- Sem correspondência no CPC/1973.

XII – o embaixador de país que, por lei ou tratado, concede idêntica prerrogativa a agente diplomático do Brasil.

- Correspondência: art. 411, X, CPC/1973.

§ 1º O juiz solicitará à autoridade que indique dia, hora e local a fim de ser inquirida, remetendo-lhe cópia da petição inicial ou da defesa oferecida pela parte que a arrolou como testemunha.

- Correspondência: art. 411, parágrafo único, CPC/1973.

§ 2º Passado 1 (um) mês sem manifestação da autoridade, o juiz designará dia, hora e local para o depoimento, preferencialmente na sede do juízo.

- Sem correspondência no CPC/1973.

§ 3º O juiz também designará dia, hora e local para o depoimento, quando a autoridade não comparecer, injustificadamente, à sessão agendada para a colheita de seu testemunho no dia, hora e local por ela mesma indicados.

- Sem correspondência no CPC/1973.

Art. 455. Cabe ao advogado da parte informar ou intimar a testemunha por ele arrolada do dia, da hora e do local da audiência designada, dispensando-se a intimação do juízo.

- Correspondência: art. 412, *caput*, CPC/1973.

§ 1º A intimação deverá ser realizada por carta com aviso de recebimento, cumprindo ao advogado juntar aos autos, com antecedência de pelo menos 3 (três) dias da data da audiência, cópia da correspondência de intimação e do comprovante de recebimento.

- Correspondência: art. 412, § 3º, CPC/1973.

§ 2º A parte pode comprometer-se a levar a testemunha à audiência, independentemente da intimação de que trata o § 1º, presumindo-se, caso a testemunha não compareça, que a parte desistiu de sua inquirição.

- Correspondência: art. 412, § 1º, CPC/1973.

§ 3º A inércia na realização da intimação a que se refere o § 1º importa desistência da inquirição da testemunha.

- Sem correspondência no CPC/1973.

§ 4º A intimação será feita pela via judicial quando:

- Sem correspondência no CPC/1973.

I – for frustrada a intimação prevista no § 1º deste artigo;

- Sem correspondência no CPC/1973.

II – sua necessidade for devidamente demonstrada pela parte ao juiz;

- Sem correspondência no CPC/1973.

III – figurar no rol de testemunhas servidor público ou militar, hipótese em que o juiz o requisitará ao chefe da repartição ou ao comando do corpo em que servir;

- Correspondência: art. 412, § 2º, CPC/1973.

IV – a testemunha houver sido arrolada pelo Ministério Público ou pela Defensoria Pública;

- Sem correspondência no CPC/1973.

V – a testemunha for uma daquelas previstas no art. 454.

- Sem correspondência no CPC/1973.

§ 5º A testemunha que, intimada na forma do § 1º ou do § 4º, deixar de comparecer sem motivo justificado será conduzida e responderá pelas despesas do adiamento.

- Correspondência: art. 412, *caput*, segunda parte, CPC/1973.
- V. art. 5º, CPC/2015.

Art. 456. O juiz inquirirá as testemunhas separada e sucessivamente, primeiro as do autor e depois as do réu, e providenciará para que uma não ouça o depoimento das outras.

- Correspondência: art. 413, CPC/1973.

Parágrafo único. O juiz poderá alterar a ordem estabelecida no *caput* se as partes concordarem.

- Sem correspondência no CPC/1973.

Art. 457. Antes de depor, a testemunha será qualificada, declarará ou confirmará seus dados e informará se tem relações de parentesco com a parte ou interesse no objeto do processo.

- Correspondência: art. 414, *caput*, CPC/1973.

Art. 458

CÓDIGO DE PROCESSO CIVIL

§ 1º É lícito à parte contraditar a testemunha, arguindo-lhe a incapacidade, o impedimento ou a suspeição, bem como, caso a testemunha negue os fatos que lhe são imputados, provar a contradita com documentos ou com testemunhas, até 3 (três), apresentadas no ato e inquiridas em separado.

• Correspondência: art. 414, § 1º, 1ª parte, CPC/1973.

§ 2º Sendo provados ou confessados os fatos a que se refere o § 1º, o juiz dispensará a testemunha ou lhe tomará o depoimento como informante.

• Correspondência: art. 414, § 1º, 2ª parte, CPC/1973.

§ 3º A testemunha pode requerer ao juiz que a escuse de depor, alegando os motivos previstos neste Código, decidindo o juiz de plano após ouvidas as partes.

• Correspondência: art. 414, § 2º, CPC/1973.

Art. 458. Ao início da inquirição, a testemunha prestará o compromisso de dizer a verdade do que souber e lhe for perguntado.

• Correspondência: art. 415, caput, CPC/1973.
• V. arts. 5º e 447, § 4º, CPC/2015.

Parágrafo único. O juiz advertirá à testemunha que incorre em sanção penal quem faz afirmação falsa, cala ou oculta a verdade.

• Correspondência: art. 415, parágrafo único, CPC/1973.
• V. art. 342, CP.

Art. 459. As perguntas serão formuladas pelas partes diretamente à testemunha, começando pela que a arrolou, não admitindo o juiz aquelas que puderem induzir a resposta, não tiverem relação com as questões de fato objeto da atividade probatória ou importarem repetição de outra já respondida.

• Correspondência: art. 416, caput, CPC/1973.
• V. arts. 442 e 443, CPC/2015.
• V. art. 212, CPP.

§ 1º O juiz poderá inquirir a testemunha tanto antes quanto depois da inquirição feita pelas partes.

• Sem correspondência no CPC/1973.

§ 2º As testemunhas devem ser tratadas com urbanidade, não se lhes fazendo perguntas ou considerações impertinentes, capciosas ou vexatórias.

• Correspondência: art. 416, § 1º, CPC/1973.

§ 3º As perguntas que o juiz indeferir serão transcritas no termo, se a parte o requerer.

• Correspondência: art. 416, § 2º, CPC/1973.

Art. 460. O depoimento poderá ser documentado por meio de gravação.

• Correspondência: art. 417, caput, CPC/1973.
• V. Lei 11.419/2006 (Informatização do processo judicial).

§ 1º Quando digitado ou registrado por taquigrafia, estenotipia ou outro método idôneo de documentação, o depoimento será assinado pelo juiz, pelo depoente e pelos procuradores.

• Correspondência: art. 417, § 1º, CPC/1973.

§ 2º Se houver recurso em processo em autos não eletrônicos, o depoimento somente será digitado quando for impossível o envio de sua documentação eletrônica.

• Correspondência: art. 417, § 2º, CPC/1973.

§ 3º Tratando-se de autos eletrônicos, observar-se-á o disposto neste Código e na legislação específica sobre a prática eletrônica de atos processuais.

• Correspondência: art. 417, § 2º, CPC/1973.

Art. 461. O juiz pode ordenar, de ofício ou a requerimento da parte:

• Correspondência: art. 418, caput, CPC/1973.

I – a inquirição de testemunhas referidas nas declarações da parte ou das testemunhas;

• Correspondência: art. 418, I, CPC/1973.
• V. art. 370, CPC/2015.

II – a acareação de 2 (duas) ou mais testemunhas ou de alguma delas com a parte, quando, sobre fato determinado que possa influir na decisão da causa, divergirem as suas declarações.

• Correspondência: art. 418, II, CPC/1973.
• V. art. 80, II , CPC/2015.

§ 1º Os acareados serão reperguntados para que expliquem os pontos de divergência, reduzindo-se a termo o ato de acareação.

• Sem correspondência no CPC/1973.

CÓDIGO DE PROCESSO CIVIL

§ 2º A acareação pode ser realizada por videoconferência ou por outro recurso tecnológico de transmissão de sons e imagens em tempo real.

- Sem correspondência no CPC/1973.

Art. 462. A testemunha pode requerer ao juiz o pagamento da despesa que efetuou para comparecimento à audiência, devendo a parte pagá-la logo que arbitrada ou depositá-la em cartório dentro de 3 (três) dias.

- Correspondência: art. 419, *caput*, CPC/1973.
- V. art. 84, CPC/2015.

Art. 463. O depoimento prestado em juízo é considerado serviço público.

- Correspondência: art. 419, parágrafo único, CPC/1973.

Parágrafo único. A testemunha, quando sujeita ao regime da legislação trabalhista, não sofre, por comparecer à audiência, perda de salário nem desconto no tempo de serviço.

Seção X
Da prova pericial

Art. 464. A prova pericial consiste em exame, vistoria ou avaliação.

- Correspondência: art. 420, *caput*, CPC/1973.
- V. art. 381, CPC/2015.

§ 1º O juiz indeferirá a perícia quando:

- Correspondência: art. 420, parágrafo único, *caput*, CPC/1973.

I – a prova do fato não depender de conhecimento especial de técnico;

- Correspondência: art. 420, parágrafo único, I, CPC/1973.

II – for desnecessária em vista de outras provas produzidas;

- Correspondência: art. 420, parágrafo único, II, CPC/1973.

III – a verificação for impraticável.

- Correspondência: art. 420, parágrafo único, III, CPC/1973.

§ 2º De ofício ou a requerimento das partes, o juiz poderá, em substituição à perícia, determinar a produção de prova técnica simplificada, quando o ponto controvertido for de menor complexidade.

- Sem correspondência no CPC/1973.

§ 3º A prova técnica simplificada consistirá apenas na inquirição de especialista, pelo juiz, sobre ponto controvertido da causa que demande especial conhecimento científico ou técnico.

- Sem correspondência no CPC/1973.

§ 4º Durante a arguição, o especialista, que deverá ter formação acadêmica específica na área objeto de seu depoimento, poderá valer-se de qualquer recurso tecnológico de transmissão de sons e imagens com o fim de esclarecer os pontos controvertidos da causa.

- Sem correspondência no CPC/1973.
- V. Lei 11.419/2006 (Informatização do processo judicial).
- V. Res. CNJ 185/2013 (Sistema Processo Judicial Eletrônico – PJe).

Art. 465. O juiz nomeará perito especializado no objeto da perícia e fixará de imediato o prazo para a entrega do laudo.

- Correspondência: art. 421, *caput*, CPC/1973.
- V. art. 160, CPP.
- V. art. 35, Lei 9.099/1995 (Juizados Especiais Cíveis e Criminais).

§ 1º Incumbe às partes, dentro de 15 (quinze) dias contados da intimação do despacho de nomeação do perito:

- Correspondência: art. 421, § 1º, CPC/1973.

I – arguir o impedimento ou a suspeição do perito, se for o caso;

- Correspondência: art. 423, CPC/1973.
- V. art. 467, CPC/2015.

II – indicar assistente técnico;

- Correspondência: art. 421,§1º,I, CPC/1973.

III – apresentar quesitos.

- Correspondência: art. 421,§1º,II, CPC/1973.
- V. art. 470, II, CPC/2015.

§ 2º Ciente da nomeação, o perito apresentará em 5 (cinco) dias:

- Sem correspondência no CPC/1973.

I – proposta de honorários;

- Sem correspondência no CPC/1973.

II – currículo, com comprovação de especialização;

- Sem correspondência no CPC/1973.

III – contatos profissionais, em especial o endereço eletrônico, para onde serão dirigidas as intimações pessoais.

- Sem correspondência no CPC/1973.

Art. 466

CÓDIGO DE PROCESSO CIVIL

§ 3º As partes serão intimadas da proposta de honorários para, querendo, manifestar-se no prazo comum de 5 (cinco) dias, após o que o juiz arbitrará o valor, intimando-se as partes para os fins do art. 95.

• Sem correspondência no CPC/1973.

§ 4º O juiz poderá autorizar o pagamento de até 50% (cinquenta por cento) dos honorários arbitrados a favor do perito no início dos trabalhos, devendo o remanescente ser pago apenas ao final, depois de entregue o laudo e prestados todos os esclarecimentos necessários.

• Sem correspondência no CPC/1973.

§ 5º Quando a perícia for inconclusiva ou deficiente, o juiz poderá reduzir a remuneração inicialmente arbitrada para o trabalho.

• Sem correspondência no CPC/1973.

§ 6º Quando tiver de realizar-se por carta, poder-se-á proceder à nomeação de perito e à indicação de assistentes técnicos no juízo ao qual se requisitar a perícia.

• Correspondência: art. 428, CPC/1973.

Art. 466. O perito cumprirá escrupulosamente o encargo que lhe foi cometido, independentemente de termo de compromisso.

• Correspondência: art. 422, 1ª parte, CPC/1973.

§ 1º Os assistentes técnicos são de confiança da parte e não estão sujeitos a impedimento ou suspeição.

• Correspondência: art. 422, 2ª parte, CPC/1973.

§ 2º O perito deve assegurar aos assistentes das partes o acesso e o acompanhamento das diligências e dos exames que realizar, com prévia comunicação, comprovada nos autos, com antecedência mínima de 5 (cinco) dias.

• Sem correspondência no CPC/1973.

Art. 467. O perito pode escusar-se ou ser recusado por impedimento ou suspeição.

• Correspondência: art. 423, CPC/1973.

Parágrafo único. O juiz, ao aceitar a escusa ou ao julgar procedente a impugnação, nomeará novo perito.

• Correspondência: art. 423, CPC/1973.

Art. 468. O perito pode ser substituído quando:

• Correspondência: art. 424, *caput*, CPC/1973.

I – faltar-lhe conhecimento técnico ou científico;

• Correspondência: art. 424, I, CPC/1973.

II – sem motivo legítimo, deixar de cumprir o encargo no prazo que lhe foi assinado.

• Correspondência: art. 424, II, CPC/1973.

§ 1º No caso previsto no inciso II, o juiz comunicará a ocorrência à corporação profissional respectiva, podendo, ainda, impor multa ao perito, fixada tendo em vista o valor da causa e o possível prejuízo decorrente do atraso no processo.

• Correspondência: art. 424, parágrafo único, CPC/1973.

§ 2º O perito substituído restituirá, no prazo de 15 (quinze) dias, os valores recebidos pelo trabalho não realizado, sob pena de ficar impedido de atuar como perito judicial pelo prazo de 5 (cinco) anos.

• Sem correspondência no CPC/1973.

§ 3º Não ocorrendo a restituição voluntária de que trata o § 2º, a parte que tiver realizado o adiantamento dos honorários poderá promover execução contra o perito, na forma dos arts. 513 e seguintes deste Código, com fundamento na decisão que determinar a devolução do numerário.

• Sem correspondência no CPC/1973.

Art. 469. As partes poderão apresentar quesitos suplementares durante a diligência, que poderão ser respondidos pelo perito previamente ou na audiência de instrução e julgamento.

• Correspondência: art. 425, 1ª parte, CPC/1973.

Parágrafo único. O escrivão dará à parte contrária ciência da juntada dos quesitos aos autos.

• Correspondência: art. 425, 2ª parte, CPC/1973.

Art. 470. Incumbe ao juiz:

• Correspondência: art. 426, *caput*, CPC/1973.

I – indeferir quesitos impertinentes;

• Correspondência: art. 426, I, CPC/1973.

II – formular os quesitos que entender necessários ao esclarecimento da causa.

• Correspondência: art. 426, II, CPC/1973.

Art. 471. As partes podem, de comum acordo, escolher o perito, indicando-o mediante requerimento, desde que:

Art. 477

CÓDIGO DE PROCESSO CIVIL

• Sem correspondência no CPC/1973.
• V. arts. 370 e 465, § 1º, III, CPC/2015.

I – sejam plenamente capazes;
II – a causa possa ser resolvida por autocomposição.

§ 1º As partes, ao escolher o perito, já devem indicar os respectivos assistentes técnicos para acompanhar a realização da perícia, que se realizará em data e local previamente anunciados.

§ 2º O perito e os assistentes técnicos devem entregar, respectivamente, laudo e pareceres em prazo fixado pelo juiz.

§ 3º A perícia consensual substitui, para todos os efeitos, a que seria realizada por perito nomeado pelo juiz.

Art. 472. O juiz poderá dispensar prova pericial quando as partes, na inicial e na contestação, apresentarem, sobre as questões de fato, pareceres técnicos ou documentos elucidativos que considerar suficientes.

• Correspondência: art. 427, CPC/1973.

Art. 473. O laudo pericial deverá conter:

• Sem correspondência no CPC/1973.

I – a exposição do objeto da perícia;

• Sem correspondência no CPC/1973.

II – a análise técnica ou científica realizada pelo perito;

• Sem correspondência no CPC/1973.

III – a indicação do método utilizado, esclarecendo-o e demonstrando ser predominantemente aceito pelos especialistas da área do conhecimento da qual se originou;

• Sem correspondência no CPC/1973.

IV – resposta conclusiva a todos os quesitos apresentados pelo juiz, pelas partes e pelo órgão do Ministério Público.

• Sem correspondência no CPC/1973.

§ 1º No laudo, o perito deve apresentar sua fundamentação em linguagem simples e com coerência lógica, indicando como alcançou suas conclusões.

• Sem correspondência no CPC/1973.

§ 2º É vedado ao perito ultrapassar os limites de sua designação, bem como emitir opiniões pessoais que excedam o exame técnico ou científico do objeto da perícia.

• Sem correspondência no CPC/1973.

§ 3º Para o desempenho de sua função, o perito e os assistentes técnicos podem valer-se de todos os meios necessários, ouvindo testemunhas, obtendo informações, solicitando documentos que estejam em poder da parte, de terceiros ou em repartições públicas, bem como instruir o laudo com planilhas, mapas, plantas, desenhos, fotografias ou outros elementos necessários ao esclarecimento do objeto da perícia.

• Correspondência: art. 429, CPC/1973.

Art. 474. As partes terão ciência da data e do local designados pelo juiz ou indicados pelo perito para ter início a produção da prova.

• Correspondência: art. 431-A, CPC/1973.

Art. 475. Tratando-se de perícia complexa que abranja mais de uma área de conhecimento especializado, o juiz poderá nomear mais de um perito, e a parte, indicar mais de um assistente técnico.

• Correspondência: art. 431-B, CPC/1973.

Art. 476. Se o perito, por motivo justificado, não puder apresentar o laudo dentro do prazo, o juiz poderá conceder-lhe, por uma vez, prorrogação pela 1/2 (metade) do prazo originalmente fixado.

• Correspondência: art. 432, CPC/1973.
• V. arts. 223, § 2º, 472 e 477, CPC/2015.

Art. 477. O perito protocolará o laudo em juízo, no prazo fixado pelo juiz, pelo menos 20 (vinte) dias antes da audiência de instrução e julgamento.

• Correspondência: art. 433, *caput*, CPC/1973.

§ 1º As partes serão intimadas para, querendo, manifestar-se sobre o laudo do perito do juízo no prazo comum de 15 (quinze) dias, podendo o assistente técnico de cada uma das partes, em igual prazo, apresentar seu respectivo parecer.

• Correspondência: art. 433, parágrafo único, CPC/1973.
• V. art. 107, § 2º, CPC/2015.

§ 2º O perito do juízo tem o dever de, no prazo de 15 (quinze) dias, esclarecer ponto:

• Correspondência: art. 435, parágrafo único, CPC/1973.

Art. 478

I – sobre o qual exista divergência ou dúvida de qualquer das partes, do juiz ou do órgão do Ministério Público;

- Sem correspondência no CPC/1973.

II – divergente apresentado no parecer do assistente técnico da parte.

- Sem correspondência no CPC/1973.

§ 3º Se ainda houver necessidade de esclarecimentos, a parte requererá ao juiz que mande intimar o perito ou o assistente técnico a comparecer à audiência de instrução e julgamento, formulando, desde logo, as perguntas, sob forma de quesitos.

- Correspondência: art. 435, *caput*, CPC/1973.
- V. art. 361, I, CPC/2015.

§ 4º O perito ou o assistente técnico será intimado por meio eletrônico, com pelo menos 10 (dez) dias de antecedência da audiência.

- Correspondência: art. 435, parágrafo único, CPC/1973.

Art. 478. Quando o exame tiver por objeto a autenticidade ou a falsidade de documento ou for de natureza médico-legal, o perito será escolhido, de preferência, entre os técnicos dos estabelecimentos oficiais especializados, a cujos diretores o juiz autorizará a remessa dos autos, bem como do material sujeito a exame.

- Correspondência: art. 434, CPC/1973.

§ 1º Nas hipóteses de gratuidade de justiça, os órgãos e as repartições oficiais deverão cumprir a determinação judicial com preferência, no prazo estabelecido.

- Sem correspondência no CPC/1973.

§ 2º A prorrogação do prazo referido no § 1º pode ser requerida motivadamente.

- Sem correspondência no CPC/1973.

§ 3º Quando o exame tiver por objeto a autenticidade da letra e da firma, o perito poderá requisitar, para efeito de comparação, documentos existentes em repartições públicas e, na falta destes, poderá requerer ao juiz que a pessoa a quem se atribuir a autoria do documento lance em folha de papel, por cópia ou sob ditado, dizeres diferentes, para fins de comparação.

- Correspondência: art. 434, parágrafo único, CPC/1973.

Art. 479. O juiz apreciará a prova pericial de acordo com o disposto no art. 371, indicando na sentença os motivos que o levaram a considerar ou a deixar de considerar as conclusões do laudo, levando em conta o método utilizado pelo perito.

- Correspondência: art. 436, CPC/1973.
- V. art. 371, CPC/2015.
- •• V. Súmula 301, STJ.

Art. 480. O juiz determinará, de ofício ou a requerimento da parte, a realização de nova perícia quando a matéria não estiver suficientemente esclarecida.

- Correspondência: art. 437, CPC/1973.
- V. art. 370, CPC/2015.

§ 1º A segunda perícia tem por objeto os mesmos fatos sobre os quais recaiu a primeira e destina-se a corrigir eventual omissão ou inexatidão dos resultados a que esta conduziu.

- Correspondência: art. 438, CPC/1973.

§ 2º A segunda perícia rege-se pelas disposições estabelecidas para a primeira.

- Correspondência: art. 439, *caput*, CPC/1973

§ 3º A segunda perícia não substitui a primeira, cabendo ao juiz apreciar o valor de uma e de outra.

- Correspondência: art. 439, parágrafo único, CPC/1973.

Seção XI
Da inspeção judicial

Art. 481. O juiz, de ofício ou a requerimento da parte, pode, em qualquer fase do processo, inspecionar pessoas ou coisas, a fim de se esclarecer sobre fato que interesse à decisão da causa.

- Correspondência: art. 440, CPC/1973.
- V. arts. 370 e 379, II, CPC/2015.
- V. art. 35, parágrafo único, Lei 9.099/1995 (Juizados Especiais Cíveis e Criminais).

Art. 482. Ao realizar a inspeção, o juiz poderá ser assistido por um ou mais peritos.

- Correspondência: art. 441, CPC/1973.

Art. 483. O juiz irá ao local onde se encontre a pessoa ou a coisa quando:

- Correspondência: art. 442, *caput*, CPC/1973.
- V. art. 126, parágrafo único, CF.

Art. 485

CÓDIGO DE PROCESSO CIVIL

I – julgar necessário para a melhor verificação ou interpretação dos fatos que deva observar;

- Correspondência: art. 442, I, CPC/1973.

II – a coisa não puder ser apresentada em juízo sem consideráveis despesas ou graves dificuldades;

- Correspondência: art. 442, II, CPC/1973.

III – determinar a reconstituição dos fatos.

- Correspondência: art. 442, III, CPC/1973.

Parágrafo único. As partes têm sempre direito a assistir à inspeção, prestando esclarecimentos e fazendo observações que considerem de interesse para a causa.

- Correspondência: art. 442, parágrafo único, CPC/1973.

Art. 484. Concluída a diligência, o juiz mandará lavrar auto circunstanciado, mencionando nele tudo quanto for útil ao julgamento da causa.

- Correspondência: art. 443, *caput*, CPC/1973.

Parágrafo único. O auto poderá ser instruído com desenho, gráfico ou fotografia.

- Correspondência: art. 443, parágrafo único, CPC/1973.

Capítulo XIII
DA SENTENÇA E DA COISA JULGADA

Seção I
Disposições gerais

Art. 485. O juiz não resolverá o mérito quando:

- Correspondência: art. 267, *caput*, CPC/1973.
- V. arts. 354, 486, 490, 1.009 e 1.013, § 3º, CPC/2015.
- V. art. 6º, § 5º, Lei 12.016/2009 (Nova Lei do Mandado de Segurança).
- ** V. art. 203, CPC/2015.

I – indeferir a petição inicial;

- Correspondência: art. 267, I, CPC/1973.
- V. arts. 330, 337, IV a VII e §§ 1º a 4º, CPC/2015.

II – o processo ficar parado durante mais de 1 (um) ano por negligência das partes;

- Correspondência: art. 267, II, CPC/1973.

III – por não promover os atos e as diligências que lhe incumbir, o autor abandonar a causa por mais de 30 (trinta) dias;

- Correspondência: art. 267, III, CPC/1973.
- V. arts. 321, parágrafo único e 486, § 3º, CPC/2015.
- V. Súmula 216, STF.

IV – verificar a ausência de pressupostos de constituição e de desenvolvimento válido e regular do processo;

- Correspondência: art. 267, IV, CPC/1973.

V – reconhecer a existência de perempção, de litispendência ou de coisa julgada;

- Correspondência: art. 267, V, CPC/1973.
- V. art. 337, V a VII e §§ 1º a 4º, CPC/2015.
- V. art. 5º, XXXVI, CF.

VI – verificar ausência de legitimidade ou de interesse processual;

- Correspondência: art. 267, VI, CPC/1973.
- V. art. 17, CPC/2015.

VII – acolher a alegação de existência de convenção de arbitragem ou quando o juízo arbitral reconhecer sua competência;

- Correspondência: art. 267, VII, CPC/1973.

VIII – homologar a desistência da ação;

- Correspondência: art. 267, VIII, CPC/1973.
- V. art. 200, parágrafo único, CPC/2015.

IX – em caso de morte da parte, a ação for considerada intransmissível por disposição legal; e

- Correspondência: art. 267, IX, CPC/1973.

X – nos demais casos prescritos neste Código.

- Correspondência: art. 267, XI, CPC/1973.

§ 1º Nas hipóteses descritas nos incisos II e III, a parte será intimada pessoalmente para suprir a falta no prazo de 5 (cinco) dias.

- Correspondência: art. 267, § 1º, CPC/1973.

§ 2º No caso do § 1º, quanto ao inciso II, as partes pagarão proporcionalmente as custas, e, quanto ao inciso III, o autor será condenado ao pagamento das despesas e dos honorários de advogado.

- Correspondência: art. 267, § 2º, CPC/1973.
- V. arts. 90 e 92, CPC/2015.

§ 3º O juiz conhecerá de ofício da matéria constante dos incisos IV, V, VI e IX, em qual-

Art. 486

quer tempo e grau de jurisdição, enquanto não ocorrer o trânsito em julgado.

- Correspondência: art. 267, § 3º, CPC/1973.

§ 4º Oferecida a contestação, o autor não poderá, sem o consentimento do réu, desistir da ação.

- Correspondência: art. 267, § 4º, CPC/1973.

§ 5º A desistência da ação pode ser apresentada até a sentença.

- Sem correspondência no CPC/1973.
- V. art. 775, CPC/2015.

§ 6º Oferecida a contestação, a extinção do processo por abandono da causa pelo autor depende de requerimento do réu.

- Sem correspondência no CPC/1973.

§ 7º Interposta a apelação em qualquer dos casos de que tratam os incisos deste artigo, o juiz terá 5 (cinco) dias para retratar-se.

- Sem correspondência no CPC/1973.

Art. 486. O pronunciamento judicial que não resolve o mérito não obsta a que a parte proponha de novo a ação.

- Correspondência: art. 268, *caput*, 1ª parte, CPC/1973.

§ 1º No caso de extinção em razão de litispendência e nos casos dos incisos I, IV, VI e VII do art. 485, a propositura da nova ação depende da correção do vício que levou à sentença sem resolução do mérito.

- Sem correspondência no CPC/1973.

§ 2º A petição inicial, todavia, não será despachada sem a prova do pagamento ou do depósito das custas e dos honorários de advogado.

- Correspondência: art. 268, *caput*, 2ª parte, CPC/1973.

§ 3º Se o autor der causa, por 3 (três) vezes, a sentença fundada em abandono da causa, não poderá propor nova ação contra o réu com o mesmo objeto, ficando-lhe ressalvada, entretanto, a possibilidade de alegar em defesa o seu direito.

- Correspondência: art. 268, parágrafo único, CPC/1973.
- V. art. 485, III, e § 1º, CPC/2015.

Art. 487. Haverá resolução de mérito quando o juiz:

- Correspondência: art. 269, *caput*, CPC/1973.

- V. arts. 141, 354, 924, 1.009, 1.010, §§ 1º e 2º, CPC/2015.

I – acolher ou rejeitar o pedido formulado na ação ou na reconvenção;

- Correspondência: art. 269, I, CPC/1973.

II – decidir, de ofício ou a requerimento, sobre a ocorrência de decadência ou prescrição;

- Correspondência: art. 269, IV, CPC/1973.
- V. art. 96, II, Lei 11.101/2005 (Lei de Recuperação de Empresas e Falência).

III – homologar:

- Sem correspondência no CPC/1973.

a) o reconhecimento da procedência do pedido formulado na ação ou na reconvenção;

- Correspondência: art. 269, II, CPC/1973.

b) a transação;

- Correspondência: art. 269, III, CPC/1973.

c) a renúncia à pretensão formulada na ação ou na reconvenção.

- Correspondência: art. 269, V, CPC/1973.

Parágrafo único. Ressalvada a hipótese do § 1º do art. 332, a prescrição e a decadência não serão reconhecidas sem que antes seja dada às partes oportunidade de manifestar-se.

- Sem correspondência no CPC/1973.
- V. arts. 115, 1.009 e 1.010, §§ 1º e 2º, CPC/2015.

Art. 488. Desde que possível, o juiz resolverá o mérito sempre que a decisão for favorável à parte a quem aproveitaria eventual pronunciamento nos termos do art. 485.

- Sem correspondência no CPC/1973.

Seção II
Dos elementos
e dos efeitos da sentença

Art. 489. São elementos essenciais da sentença:

- Correspondência: art. 458, *caput*, CPC/1973.
- V. art. 381, CPP.
- V. art. 99, Lei 11.101/2005 (Lei de Recuperação de Empresas e Falência).

I – o relatório, que conterá os nomes das partes, a identificação do caso, com a suma do pedido e da contestação, e o registro das principais ocorrências havidas no andamento do processo;

- Correspondência: art. 458, I, CPC/1973.

CÓDIGO DE PROCESSO CIVIL

II – os fundamentos, em que o juiz analisará as questões de fato e de direito;

- Correspondência: art. 458, II, CPC/1973.
- V. arts. 11 e 371, CPC/2015.

III – o dispositivo, em que o juiz resolverá as questões principais que as partes lhe submeterem.

- Correspondência: art. 458, III, CPC/1973.

§ 1º Não se considera fundamentada qualquer decisão judicial, seja ela interlocutória, sentença ou acórdão, que:

- Sem correspondência no CPC/1973.

I – se limitar à indicação, à reprodução ou à paráfrase de ato normativo, sem explicar sua relação com a causa ou a questão decidida;

- Sem correspondência no CPC/1973.

II – empregar conceitos jurídicos indeterminados, sem explicar o motivo concreto de sua incidência no caso;

- Sem correspondência no CPC/1973.

III – invocar motivos que se prestariam a justificar qualquer outra decisão;

- Sem correspondência no CPC/1973.

IV – não enfrentar todos os argumentos deduzidos no processo capazes de, em tese, infirmar a conclusão adotada pelo julgador;

- Sem correspondência no CPC/1973.
- V. art. 140, CPC/2015.

V – se limitar a invocar precedente ou enunciado de súmula, sem identificar seus fundamentos determinantes nem demonstrar que o caso sob julgamento se ajusta àqueles fundamentos;

- Sem correspondência no CPC/1973.

VI – deixar de seguir enunciado de súmula, jurisprudência ou precedente invocado pela parte, sem demonstrar a existência de distinção no caso em julgamento ou a superação do entendimento.

- Sem correspondência no CPC/1973.

§ 2º No caso de colisão entre normas, o juiz deve justificar o objeto e os critérios gerais da ponderação efetuada, enunciando as razões que autorizam a interferência na norma afastada e as premissas fáticas que fundamentam a conclusão.

- Sem correspondência no CPC/1973.

§ 3º A decisão judicial deve ser interpretada a partir da conjugação de todos os seus elementos e em conformidade com o princípio da boa-fé.

- Sem correspondência no CPC/1973.

Art. 490. O juiz resolverá o mérito acolhendo ou rejeitando, no todo ou em parte, os pedidos formulados pelas partes.

- Correspondência: art. 459, *caput*, CPC/1973.
- V. art. 322, CPC/2015.

Art. 491. Na ação relativa à obrigação de pagar quantia, ainda que formulado pedido genérico, a decisão definirá desde logo a extensão da obrigação, o índice de correção monetária, a taxa de juros, o termo inicial de ambos e a periodicidade da capitalização dos juros, se for o caso, salvo quando:

- Sem correspondência no CPC/1973.
- V. arts. 322 a 324, CPC/2015.

I – não for possível determinar, de modo definitivo, o montante devido;

- Sem correspondência no CPC/1973.

II – a apuração do valor devido depender da produção de prova de realização demorada ou excessivamente dispendiosa, assim reconhecida na sentença.

- Sem correspondência no CPC/1973.

§ 1º Nos casos previstos neste artigo, seguir-se-á a apuração do valor devido por liquidação.

- Correspondência: art. 475-A, *caput*, CPC/1973.

§ 2º O disposto no *caput* também se aplica quando o acórdão alterar a sentença.

- Sem correspondência no CPC/1973.

Art. 492. É vedado ao juiz proferir decisão de natureza diversa da pedida, bem como condenar a parte em quantidade superior ou em objeto diverso do que lhe foi demandado.

- Correspondência: art. 460, *caput*, CPC/1973.
- V. art. 141, CPC/2015.

Parágrafo único. A decisão deve ser certa, ainda que resolva relação jurídica condicional.

- Correspondência: art. 460, parágrafo único, CPC/1973.

Art. 493. Se, depois da propositura da ação, algum fato constitutivo, modificativo

Art. 494

ou extintivo do direito influir no julgamento do mérito, caberá ao juiz tomá-lo em consideração, de ofício ou a requerimento da parte, no momento de proferir a decisão.

- Correspondência: art. 462, CPC/1973.
- V. arts. 329 e 342, CPC/2015.

Parágrafo único. Se constatar de ofício o fato novo, o juiz ouvirá as partes sobre ele antes de decidir.

- Sem correspondência no CPC/1973.

Art. 494. Publicada a sentença, o juiz só poderá alterá-la:

- Correspondência: art. 463, *caput*, CPC/1973.
- V. art. 505, CPC/2015.

I – para corrigir-lhe, de ofício ou a requerimento da parte, inexatidões materiais ou erros de cálculo;

- Correspondência: art. 463, I, CPC/1973.
- V. art. 656, CPC/2015.
- V. art. 96, § 6º, RISTF.
- V. art. 103, § 2º, RISTJ.

II – por meio de embargos de declaração.

- Correspondência: art. 463, II, CPC/1973.
- V. arts. 1.021 a 1.023, CPC/2015.

Art. 495. A decisão que condenar o réu ao pagamento de prestação consistente em dinheiro e a que determinar a conversão de prestação de fazer, de não fazer ou de dar coisa em prestação pecuniária valerão como título constitutivo de hipoteca judiciária.

- Correspondência: art. 466, *caput*, CPC/1973.
- V. art. 1.489, CC.

§ 1º A decisão produz a hipoteca judiciária:

- Correspondência: art. 466, parágrafo único, *caput*, CPC/1973.

I – embora a condenação seja genérica;

- Correspondência: art. 466, parágrafo único, I, CPC/1973.

II – ainda que o credor possa promover o cumprimento provisório da sentença ou esteja pendente arresto sobre bem do devedor;

- Correspondência: art. 466, parágrafo único, II e III, CPC/1973.

III – mesmo que impugnada por recurso dotado de efeito suspensivo.

- Sem correspondência no CPC/1973.

§ 2º A hipoteca judiciária poderá ser realizada mediante apresentação de cópia da sentença perante o cartório de registro imobiliário, independentemente de ordem judicial, de declaração expressa do juiz ou de demonstração de urgência.

- Sem correspondência no CPC/1973.

§ 3º No prazo de até 15 (quinze) dias da data de realização da hipoteca, a parte informá-la-á ao juízo da causa, que determinará a intimação da outra parte para que tome ciência do ato.

- Sem correspondência no CPC/1973.

§ 4º A hipoteca judiciária, uma vez constituída, implicará, para o credor hipotecário, o direito de preferência, quanto ao pagamento, em relação a outros credores, observada a prioridade no registro.

- Sem correspondência no CPC/1973.

§ 5º Sobrevindo a reforma ou a invalidação da decisão que impôs o pagamento de quantia, a parte responderá, independentemente de culpa, pelos danos que a outra parte tiver sofrido em razão da constituição da garantia, devendo o valor da indenização ser liquidado e executado nos próprios autos.

- Sem correspondência no CPC/1973.

Seção III
Da remessa necessária

Art. 496. Está sujeita ao duplo grau de jurisdição, não produzindo efeito senão depois de confirmada pelo tribunal, a sentença:

- Correspondência: art. 475, *caput*, CPC/1973.
- V. art. 4º, § 3º, Lei 818/1949 (Nacionalidade brasileira).
- V. art. 19, *caput*, Lei 4.717/1965 (Ação popular).
- V. art. 4º, § 1º, Lei 7.853/1989 (Apoio às pessoas portadoras de deficiência).

I – proferida contra a União, os Estados, o Distrito Federal, os Municípios e suas respectivas autarquias e fundações de direito público;

- Correspondência: art. 475, I, CPC/1973.
- V. art. 784, IX, CPC/2015.
- V. Lei 6.830/1980 (Execução fiscal).

- V. art. 10, Lei 9.469/1997 (Estende às autarquias e fundações públicas o disposto nos arts. 188 e 475, *caput* e II, do CPC/1973).
- V. Súmulas 45 e 325, STJ.

II – que julgar procedentes, no todo ou em parte, os embargos à execução fiscal.

- Correspondência: art. 475, II, CPC/1973.
- V. Súmulas 45 e 325, STJ.

§ 1º Nos casos previstos neste artigo, não interposta a apelação no prazo legal, o juiz ordenará a remessa dos autos ao tribunal, e, se não o fizer, o presidente do respectivo tribunal avocá-los-á.

- Correspondência: art. 475, § 1º, CPC/1973.

§ 2º Em qualquer dos casos referidos no § 1º, o tribunal julgará a remessa necessária.

- Correspondência: art. 475, § 2º, CPC/1973.

§ 3º Não se aplica o disposto neste artigo quando a condenação ou o proveito econômico obtido na causa for de valor certo e líquido inferior a:

- Correspondência: art. 475, § 2º, CPC/1973.
- • V. Súmula 490, STJ.

I – 1.000 (mil) salários mínimos para a União e as respectivas autarquias e fundações de direito público;

II – 500 (quinhentos) salários mínimos para os Estados, o Distrito Federal, as respectivas autarquias e fundações de direito público e os Municípios que constituam capitais dos Estados;

III – 100 (cem) salários mínimos para todos os demais Municípios e respectivas autarquias e fundações de direito público.

§ 4º Também não se aplica o disposto neste artigo quando a sentença estiver fundada em:

- Correspondência: art. 475, § 3º, CPC/1973.

I – súmula de tribunal superior;

- Correspondência: art. 475, § 3º, CPC/1973.
- V. Lei 11.417/2006 (Súmula vinculante).

II – acórdão proferido pelo Supremo Tribunal Federal ou pelo Superior Tribunal de Justiça em julgamento de recursos repetitivos;

- Correspondência: art. 475, § 3º, CPC/1973.

III – entendimento firmado em incidente de resolução de demandas repetitivas ou de assunção de competência;

- Sem correspondência no CPC/1973.

IV – entendimento coincidente com orientação vinculante firmada no âmbito administrativo do próprio ente público, consolidada em manifestação, parecer ou súmula administrativa.

- Sem correspondência no CPC/1973.

Seção IV
Do julgamento das ações relativas às prestações de fazer, de não fazer e de entregar coisa

Art. 497. Na ação que tenha por objeto a prestação de fazer ou de não fazer, o juiz, se procedente o pedido, concederá a tutela específica ou determinará providências que assegurem a obtenção de tutela pelo resultado prático equivalente.

- Correspondência: art. 461, *caput*, CPC/1973.
- V. arts. 513, 536 e 538, CPC/2015.
- V. art. 11, Lei 7.347/1985 (Ação civil pública).
- V. art. 213, *caput*, Lei 8.069/1990 (Estatuto da Criança e do Adolescente).
- V. art. 84, *caput*, Lei 8.078/1990 (Código de Defesa do Consumidor).
- V. art. 52, V e VI, Lei 9.099/1995 (Juizados Especiais Cíveis e Criminais).
- V. art. 7º, § 5º, Lei 12.016/2009 (Nova Lei do Mandado de Segurança).

Parágrafo único. Para a concessão da tutela específica destinada a inibir a prática, a reiteração ou a continuação de um ilícito, ou a sua remoção, é irrelevante a demonstração da ocorrência de dano ou da existência de culpa ou dolo.

- Sem correspondência no CPC/1973.

Art. 498. Na ação que tenha por objeto a entrega de coisa, o juiz, ao conceder a tutela específica, fixará o prazo para o cumprimento da obrigação.

- Correspondência: art. 461-A, *caput*, CPC/1973.
- V. art. 538, CPC/2015.

Parágrafo único. Tratando-se de entrega de coisa determinada pelo gênero e pela quantidade, o autor individualizá-la-á na petição inicial, se lhe couber a escolha, ou, se a escolha couber ao réu, este a entregará individualizada, no prazo fixado pelo juiz.

- Correspondência: art. 461-A, § 1º, CPC/1973.

Art. 499

Art. 499. A obrigação somente será convertida em perdas e danos se o autor o requerer ou se impossível a tutela específica ou a obtenção de tutela pelo resultado prático equivalente.
- Correspondência: art. 461, § 1º, CPC/1973.
- V. art. 84, § 1º, Lei 8.078/1990 (Código de Defesa do Consumidor).

Art. 500. A indenização por perdas e danos dar-se-á sem prejuízo da multa fixada periodicamente para compelir o réu ao cumprimento específico da obrigação.
- Correspondência: art. 461, § 2º, CPC/1973.
- V. art. 84, § 2º, Lei 8.078/1990 (Código de Defesa do Consumidor).

Art. 501. Na ação que tenha por objeto a emissão de declaração de vontade, a sentença que julgar procedente o pedido, uma vez transitada em julgado, produzirá todos os efeitos da declaração não emitida.
- Correspondência: art. 466-A, CPC/1973.

Seção V
Da coisa julgada

Art. 502. Denomina-se coisa julgada material a autoridade que torna imutável e indiscutível a decisão de mérito não mais sujeita a recurso.
- Correspondência: art. 467, CPC/1973.
- V. art. 337, VII e §§ 1º e 4º, CPC/2015.
- V. art. 5º, XXXVI, CF.
- V. art. 65, CPP.
- V. art. 6º, § 3º, Dec.-lei 4.657/1942 (Lei de Introdução às normas do Direito Brasileiro).

Art. 503. A decisão que julgar total ou parcialmente o mérito tem força de lei nos limites da questão principal expressamente decidida.
- Correspondência: art. 468, CPC/1973.
- V. arts. 141, 486 e 490 e 492, CPC/2015.

§ 1º O disposto no *caput* aplica-se à resolução de questão prejudicial, decidida expressa e incidentemente no processo, se:
- Sem correspondência no CPC/1973.

I – dessa resolução depender o julgamento do mérito;
II – a seu respeito tiver havido contraditório prévio e efetivo, não se aplicando no caso de revelia;
III – o juízo tiver competência em razão da matéria e da pessoa para resolvê-la como questão principal.

§ 2º A hipótese do § 1º não se aplica se no processo houver restrições probatórias ou limitações à cognição que impeçam o aprofundamento da análise da questão prejudicial.
- Sem correspondência no CPC/1973.

Art. 504. Não fazem coisa julgada:
- Correspondência: art. 469, *caput*, CPC/1973.

I – os motivos, ainda que importantes para determinar o alcance da parte dispositiva da sentença;
- Correspondência: art. 469, I, CPC/1973.

II – a verdade dos fatos, estabelecida como fundamento da sentença.
- Correspondência: art. 469, II, CPC/1973.

Art. 505. Nenhum juiz decidirá novamente as questões já decididas relativas à mesma lide, salvo:
- Correspondência: art. 471, *caput*, CPC/1973.
- V. art. 493 e 494, CPC/2015.

I – se, tratando-se de relação jurídica de trato continuado, sobreveio modificação no estado de fato ou de direito, caso em que poderá a parte pedir a revisão do que foi estatuído na sentença;
- Correspondência: art. 471, I, CPC/1973.
- V. art. 1.699, CC.
- V. art. 15, Lei 5.478/1968 (Ação de alimentos).

II – nos demais casos prescritos em lei.
- Correspondência: art. 471, II, CPC/1973.

Art. 506. A sentença faz coisa julgada às partes entre as quais é dada, não prejudicando terceiros.
- Correspondência: art. 472, CPC/1973.
- V. arts. 109, § 3º, e 123, CPC/2015.
- V. art. 16, Lei 7.347/1985 (Ação civil pública).

Art. 507. É vedado à parte discutir no curso do processo as questões já decididas a cujo respeito se operou a preclusão.
- Correspondência: art. 473, CPC/1973.
- V. arts. 278 e 1.012, CPC/2015.

Art. 508. Transitada em julgado a decisão de mérito, considerar-se-ão deduzidas e repelidas todas as alegações e as defesas que a parte poderia opor tanto ao acolhimento quanto à rejeição do pedido.
- Correspondência: art. 474, CPC/1973.

Art. 513

CÓDIGO DE PROCESSO CIVIL

Capítulo XIV
DA LIQUIDAÇÃO DE SENTENÇA

Art. 509. Quando a sentença condena ao pagamento de quantia ilíquida, proceder-se-á à sua liquidação, a requerimento do credor ou do devedor:

• Correspondência: art. 475-A, *caput*, CPC/1973.
• V. art. 63, CP.
• V. Res. CSJT 8/2005 (Estabelece a Tabela Única para atualização e conversão de débitos trabalhistas – Sistema Único de Cálculo – SUCJT).

I – por arbitramento, quando determinado pela sentença, convencionado pelas partes ou exigido pela natureza do objeto da liquidação;

• Correspondência: art. 475-C, CPC/1973.

II – pelo procedimento comum, quando houver necessidade de alegar e provar fato novo.

• Correspondência: art. 475-E, CPC/1973.

§ 1º Quando na sentença houver uma parte líquida e outra ilíquida, ao credor é lícito promover simultaneamente a execução daquela e, em autos apartados, a liquidação desta.

• Correspondência: art. 475-I, § 2º, CPC/1973.

§ 2º Quando a apuração do valor depender apenas de cálculo aritmético, o credor poderá promover, desde logo, o cumprimento da sentença.

• Correspondência: art. 475-B, *caput*, CPC/1973.

§ 3º O Conselho Nacional de Justiça desenvolverá e colocará à disposição dos interessados programa de atualização financeira.

• Sem correspondência no CPC/1973.

§ 4º Na liquidação é vedado discutir de novo a lide ou modificar a sentença que a julgou.

• Correspondência: art. 475-G, CPC/1973.

Art. 510. Na liquidação por arbitramento, o juiz intimará as partes para a apresentação de pareceres ou documentos elucidativos, no prazo que fixar, e, caso não possa decidir de plano, nomeará perito, observando-se, no que couber, o procedimento da prova pericial.

• Correspondência: arts. 475-C e 475-D, CPC/1973.

Art. 511. Na liquidação pelo procedimento comum, o juiz determinará a intimação do requerido, na pessoa de seu advogado ou da sociedade de advogados a que estiver vinculado, para, querendo, apresentar contestação no prazo de 15 (quinze) dias, observando-se, a seguir, no que couber, o disposto no Livro I da Parte Especial deste Código.

• Correspondência: arts. 475-E e 475-F, CPC/1973.

Art. 512. A liquidação poderá ser realizada na pendência de recurso, processando-se em autos apartados no juízo de origem, cumprindo ao liquidante instruir o pedido com cópias das peças processuais pertinentes.

• Correspondência: art. 475-A, § 2º, CPC/1973.

TÍTULO II
DO CUMPRIMENTO DA SENTENÇA

Capítulo I
DISPOSIÇÕES GERAIS

Art. 513. O cumprimento da sentença será feito segundo as regras deste Título, observando-se, no que couber e conforme a natureza da obrigação, o disposto no Livro II da Parte Especial deste Código.

• Correspondência: art. 475-I, CPC/1973.

§ 1º O cumprimento da sentença que reconhece o dever de pagar quantia, provisório ou definitivo, far-se-á a requerimento do exequente.

• Sem correspondência no CPC/1973.

§ 2º O devedor será intimado para cumprir a sentença:

• Sem correspondência no CPC/1973.
• V. arts. 269 a 275, CPC/2015.

I – pelo Diário da Justiça, na pessoa de seu advogado constituído nos autos;

II – por carta com aviso de recebimento, quando representado pela Defensoria Pública ou quando não tiver procurador constituído nos autos, ressalvada a hipótese do inciso IV;

III – por meio eletrônico, quando, no caso do § 1º do art. 246, não tiver procurador constituído nos autos;

• V. Lei 11.419/2006 (Informatização do processo judicial).

375

Art. 514

IV – por edital, quando, citado na forma do art. 256, tiver sido revel na fase de conhecimento.
•• V. art. 344, CPC/2015.

§ 3º Na hipótese do § 2º, incisos II e III, considera-se realizada a intimação quando o devedor houver mudado de endereço sem prévia comunicação ao juízo, observado o disposto no parágrafo único do art. 274.
• Sem correspondência no CPC/1973.
• V. Lei 11.419/2006 (Informatização do processo judicial).

§ 4º Se o requerimento a que alude o § 1º for formulado após 1 (um) ano do trânsito em julgado da sentença, a intimação será feita na pessoa do devedor, por meio de carta com aviso de recebimento encaminhada ao endereço constante dos autos, observado o disposto no parágrafo único do art. 274 e no § 3º deste artigo.
• Sem correspondência no CPC/1973.

§ 5º O cumprimento da sentença não poderá ser promovido em face do fiador, do coobrigado ou do corresponsável que não tiver participado da fase de conhecimento.
• Sem correspondência no CPC/1973.

Art. 514. Quando o juiz decidir relação jurídica sujeita a condição ou termo, o cumprimento da sentença dependerá de demonstração de que se realizou a condição ou de que ocorreu o termo.
• Correspondência: art. 572, CPC/1973.
• V. arts. 535, III, 798, I, c, 803, III, e 917, § 2º, V, CPC/2015.
• V. arts. 121 a 135, CC.

Art. 515. São títulos executivos judiciais, cujo cumprimento dar-se-á de acordo com os artigos previstos neste Título:
• Correspondência: art. 475-N, caput, CPC/1973.
• V. Res. CNJ 125/2010 (Política Judiciária Nacional de tratamento adequado dos conflitos de interesses no âmbito do Poder Judiciário).
•• V. art. 784, CPC/2015.

I – as decisões proferidas no processo civil que reconheçam a exigibilidade de obrigação de pagar quantia, de fazer, de não fazer ou de entregar coisa;
• Correspondência: art. 475-N, I, CPC/1973.
•• V. art. 487, CPC/2015.

II – a decisão homologatória de autocomposição judicial;
• Correspondência: art. 475-N, III, CPC/1973.
•• V. arts. 334, § 11, e 487, III, CPC/2015.

III – a decisão homologatória de autocomposição extrajudicial de qualquer natureza;
• Correspondência: art. 475-N, V, CPC/1973.
• V. art. 57, caput, Lei 9.099/1995 (Juizados Especiais Cíveis e Criminais).

IV – o formal e a certidão de partilha, exclusivamente em relação ao inventariante, aos herdeiros e aos sucessores a título singular ou universal;
• Correspondência: art. 475-N, VII, CPC/1973.

V – o crédito de auxiliar da justiça, quando as custas, emolumentos ou honorários tiverem sido aprovados por decisão judicial;
• Correspondência: art. 585, VI, CPC/1973.
•• V. art. 149, CPC/2015.

VI – a sentença penal condenatória transitada em julgado;
• Correspondência: art. 585, II, CPC/1973.
•• V. art. 387, IV, CPP.

VII – a sentença arbitral;
• Correspondência: art. 585, IV, CPC/1973.
•• V. art. 31, Lei 9.307/1996 (Lei de Arbitragem).

VIII – a sentença estrangeira homologada pelo Superior Tribunal de Justiça;
• Correspondência: art. 585, VI, CPC/1973.
•• V. arts. 105, I, i, e 109, X, CF.

IX – a decisão interlocutória estrangeira, após a concessão do exequatur à carta rogatória pelo Superior Tribunal de Justiça;
• Sem correspondência no CPC/1973.

X – (Vetado).

§ 1º Nos casos dos incisos VI a IX, o devedor será citado no juízo cível para o cumprimento da sentença ou para a liquidação no prazo de 15 (quinze) dias.
• Correspondência: art. 475-N, parágrafo único, CPC/1973.
•• V. art. 319, CPC/2015.

§ 2º A autocomposição judicial pode envolver sujeito estranho ao processo e versar sobre relação jurídica que não tenha sido deduzida em juízo.
• Sem correspondência no CPC/1973.

Art. 516. O cumprimento da sentença efetuar-se-á perante:
• Correspondência: art. 475-P, caput, CPC/1973.

Código de Processo Civil

I – os tribunais, nas causas de sua competência originária;

- Correspondência: art. 475-P, I, CPC/1973.

II – o juízo que decidiu a causa no primeiro grau de jurisdição;

- Correspondência: art. 475-P, II, CPC/1973.

III – o juízo cível competente, quando se tratar de sentença penal condenatória, de sentença arbitral, de sentença estrangeira ou de acórdão proferido pelo Tribunal Marítimo.

- Correspondência: art. 475-P, III, CPC/1973.
- • V. arts. 46 e 53, CPC/2015.

Parágrafo único. Nas hipóteses dos incisos II e III, o exequente poderá optar pelo juízo do atual domicílio do executado, pelo juízo do local onde se encontrem os bens sujeitos à execução ou pelo juízo do local onde deva ser executada a obrigação de fazer ou de não fazer, casos em que a remessa dos autos do processo será solicitada ao juízo de origem.

- Correspondência: art. 475-P, parágrafo único, CPC/1973.

Art. 517. A decisão judicial transitada em julgado poderá ser levada a protesto, nos termos da lei, depois de transcorrido o prazo para pagamento voluntário previsto no art. 523.

- Sem correspondência no CPC/1973.

§ 1º Para efetivar o protesto, incumbe ao exequente apresentar certidão de teor da decisão.

§ 2º A certidão de teor da decisão deverá ser fornecida no prazo de 3 (três) dias e indicará o nome e a qualificação do exequente e do executado, o número do processo, o valor da dívida e a data de decurso do prazo para pagamento voluntário.

§ 3º O executado que tiver proposto ação rescisória para impugnar a decisão exequenda pode requerer, a suas expensas e sob sua responsabilidade, a anotação da propositura da ação à margem do título protestado.

§ 4º A requerimento do executado, o protesto será cancelado por determinação do juiz, mediante ofício a ser expedido ao cartório, no prazo de 3 (três) dias, contado da data de protocolo do requerimento, desde que comprovada a satisfação integral da obrigação.

Art. 518. Todas as questões relativas à validade do procedimento de cumprimento da sentença e dos atos executivos subsequentes poderão ser arguidas pelo executado nos próprios autos e nestes serão decididas pelo juiz.

- Sem correspondência no CPC/1973.
- V. arts. 1.009 e 1.014, CPC/2015.

Art. 519. Aplicam-se as disposições relativas ao cumprimento da sentença, provisório ou definitivo, e à liquidação, no que couber, às decisões que concederem tutela provisória.

- Correspondência: art. 273, § 3º, CPC/1973.
- V. art. 300 e ss., CPC/2015.

Capítulo II
DO CUMPRIMENTO PROVISÓRIO DA SENTENÇA QUE RECONHECE A EXIGIBILIDADE DE OBRIGAÇÃO DE PAGAR QUANTIA CERTA

Art. 520. O cumprimento provisório da sentença impugnada por recurso desprovido de efeito suspensivo será realizado da mesma forma que o cumprimento definitivo, sujeitando-se ao seguinte regime:

- Correspondência: art. 475-O, *caput*, CPC/1973.

I – corre por iniciativa e responsabilidade do exequente, que se obriga, se a sentença for reformada, a reparar os danos que o executado haja sofrido;

- Correspondência: art. 475-O, I, CPC/1973.

II – fica sem efeito, sobrevindo decisão que modifique ou anule a sentença objeto da execução, restituindo-se as partes ao estado anterior e liquidando-se eventuais prejuízos nos mesmos autos;

- Correspondência: art. 475-O, II, CPC/1973.

III – se a sentença objeto de cumprimento provisório for modificada ou anulada apenas em parte, somente nesta ficará sem efeito a execução;

- Correspondência: art. 475-O, § 1º, CPC/1973.

IV – o levantamento de depósito em dinheiro e a prática de atos que importem transferência de posse ou alienação de propriedade ou de outro direito real, ou dos quais possa resultar grave dano ao executado, dependem de caução suficiente e idônea, arbitrada de plano pelo juiz e prestada nos próprios autos.

- Correspondência: art. 475-O, III, CPC/1973.

§ 1º No cumprimento provisório da sentença, o executado poderá apresentar impugnação, se quiser, nos termos do art. 525.

- Sem correspondência no CPC/1973.

§ 2º A multa e os honorários a que se refere o § 1º do art. 523 são devidos no cumprimento provisório de sentença condenatória ao pagamento de quantia certa.

- Sem correspondência no CPC/1973.

§ 3º Se o executado comparecer tempestivamente e depositar o valor, com a finalidade de isentar-se da multa, o ato não será havido como incompatível com o recurso por ele interposto.

- Sem correspondência no CPC/1973.

§ 4º A restituição ao estado anterior a que se refere o inciso II não implica o desfazimento da transferência de posse ou da alienação de propriedade ou de outro direito real eventualmente já realizada, ressalvado, sempre, o direito à reparação dos prejuízos causados ao executado.

- Sem correspondência no CPC/1973.

§ 5º Ao cumprimento provisório de sentença que reconheça obrigação de fazer, de não fazer ou de dar coisa aplica-se, no que couber, o disposto neste Capítulo.

- Sem correspondência no CPC/1973.

Art. 521. A caução prevista no inciso IV do art. 520 poderá ser dispensada nos casos em que:

- Correspondência: art. 475-O, § 2º, *caput*, CPC/1973.

I – o crédito for de natureza alimentar, independentemente de sua origem;

- Correspondência: art. 475-O, I, CPC/1973.

II – o credor demonstrar situação de necessidade;

- Correspondência: art. 475-O, I, CPC/1973.

III – pender o agravo do art. 1.042;

- Inciso III com redação determinada pela Lei 13.256/2016.

- Correspondência: art. 475-O, § 2º, II, CPC/1973 (parcial).

IV – a sentença a ser provisoriamente cumprida estiver em consonância com súmula da jurisprudência do Supremo Tribunal Federal ou do Superior Tribunal de Justiça ou em conformidade com acórdão proferido no julgamento de casos repetitivos.

- Sem correspondência no CPC/1973.

Parágrafo único. A exigência de caução será mantida quando da dispensa possa resultar manifesto risco de grave dano de difícil ou incerta reparação.

- Correspondência: art. 475-O, § 2º, II, CPC/1973.

Art. 522. O cumprimento provisório da sentença será requerido por petição dirigida ao juízo competente.

- Correspondência: art. 475-O, § 3º, CPC/1973.

Parágrafo único. Não sendo eletrônicos os autos, a petição será acompanhada de cópias das seguintes peças do processo, cuja autenticidade poderá ser certificada pelo próprio advogado, sob sua responsabilidade pessoal:

- Correspondência: art. 475-O, § 3º, CPC/1973.

I – decisão exequenda;

- Correspondência: art. 475-O, § 3º, I, CPC/1973.

II – certidão de interposição do recurso não dotado de efeito suspensivo;

- Correspondência: art. 475-O, § 3º, II, CPC/1973.

III – procurações outorgadas pelas partes;

- Correspondência: art. 475-O, § 3º, III, CPC/1973.

IV – decisão de habilitação, se for o caso;

- Correspondência: art. 475-O, § 3º, IV, CPC/1973.

V – facultativamente, outras peças processuais consideradas necessárias para demonstrar a existência do crédito.

- Correspondência: art. 475-O, § 3º, V, CPC/1973.

Capítulo III
DO CUMPRIMENTO DEFINITIVO DA SENTENÇA QUE RECONHECE A EXIGIBILIDADE DE OBRIGAÇÃO DE PAGAR QUANTIA CERTA

Art. 523. No caso de condenação em quantia certa, ou já fixada em liquidação, e no caso de decisão sobre parcela incontroversa, o cumprimento definitivo da sentença far-se-á a requerimento do exequente, sendo o executado intimado para pagar o débito, no prazo de 15 (quinze) dias, acrescido de custas, se houver.

* Correspondência: art. 475-J, *caput*, CPC/1973.

§ 1º Não ocorrendo pagamento voluntário no prazo do *caput*, o débito será acrescido de multa de 10% (dez por cento) e, também, de honorários de advogado de 10% (dez por cento).

* Correspondência: art. 475-J, *caput*, CPC/1973.

§ 2º Efetuado o pagamento parcial no prazo previsto no *caput*, a multa e os honorários previstos no § 1º incidirão sobre o restante.

* Correspondência: art. 475-J, § 4º, CPC/1973.

§ 3º Não efetuado tempestivamente o pagamento voluntário, será expedido, desde logo, mandado de penhora e avaliação, seguindo-se os atos de expropriação.

* Correspondência: art. 475-J, *caput*, CPC/1973.
* V. art. 872, CPC/2015.

Art. 524. O requerimento previsto no art. 523 será instruído com demonstrativo discriminado e atualizado do crédito, devendo a petição conter:

* Sem correspondência no CPC/1973.

I – o nome completo, o número de inscrição no Cadastro de Pessoas Físicas ou no Cadastro Nacional da Pessoa Jurídica do exequente e do executado, observado o disposto no art. 319, §§ 1º a 3º;

* Sem correspondência no CPC/1973.

II – o índice de correção monetária adotado;

* Sem correspondência no CPC/1973.

III – os juros aplicados e as respectivas taxas;

* Sem correspondência no CPC/1973.

IV – o termo inicial e o termo final dos juros e da correção monetária utilizados;

* Sem correspondência no CPC/1973.

V – a periodicidade da capitalização dos juros, se for o caso;

* Sem correspondência no CPC/1973.

VI – especificação dos eventuais descontos obrigatórios realizados;

* Sem correspondência no CPC/1973.

VII – indicação dos bens passíveis de penhora, sempre que possível.

* Correspondência: art. 475-J, § 3º, CPC/1973.

§ 1º Quando o valor apontado no demonstrativo aparentemente exceder os limites da condenação, a execução será iniciada pelo valor pretendido, mas a penhora terá por base a importância que o juiz entender adequada.

* Correspondência: art. 475-B, § 4º, CPC/1973.

§ 2º Para a verificação dos cálculos, o juiz poderá valer-se de contabilista do juízo, que terá o prazo máximo de 30 (trinta) dias para efetuá-la, exceto se outro lhe for determinado.

* Correspondência: art. 475-B, § 3º, CPC/1973.

§ 3º Quando a elaboração do demonstrativo depender de dados em poder de terceiros ou do executado, o juiz poderá requisitá-los, sob cominação do crime de desobediência.

* Correspondência: art. 475-B, §§ 1º e 2º, CPC/1973.

§ 4º Quando a complementação do demonstrativo depender de dados adicionais em poder do executado, o juiz poderá, a requerimento do exequente, requisitá-los, fixando prazo de até 30 (trinta) dias para o cumprimento da diligência.

* Correspondência: art. 475-B, § 1º, CPC/1973.

§ 5º Se os dados adicionais a que se refere o § 4º não forem apresentados pelo executado, sem justificativa, no prazo designado, reputar-se-ão corretos os cálculos apresentados pelo exequente apenas com base nos dados de que dispõe.

* Correspondência: art. 475-B, § 2º, CPC/1973.

Art. 525. Transcorrido o prazo previsto no art. 523 sem o pagamento voluntário, inicia-se o prazo de 15 (quinze) dias para que o executado, independentemente de penhora ou nova intimação, apresente, nos próprios autos, sua impugnação.

* Correspondência: art. 475-J, § 1º, CPC/1973.
* V. arts. 872 e 1.061, CPC/2015.

§ 1º Na impugnação, o executado poderá alegar:

* Correspondência: art. 475-L, *caput*, CPC/1973.
* V. art. 917, CPC/2015.

I – falta ou nulidade da citação se, na fase de conhecimento, o processo correu à revelia;

* Correspondência: art. 475-L, I, CPC/1973.

II – ilegitimidade de parte;
- Correspondência: art. 475-L, IV, CPC/1973.

III – inexequibilidade do título ou inexigibilidade da obrigação;
- Correspondência: art. 475-L, II, CPC/1973.

IV – penhora incorreta ou avaliação errônea;
- Correspondência: art. 475-L, III, CPC/1973.

V – excesso de execução ou cumulação indevida de execuções;
- Correspondência: art. 475-L, V, CPC/1973.

VI – incompetência absoluta ou relativa do juízo da execução;
- Sem correspondência no CPC/1973.

VII – qualquer causa modificativa ou extintiva da obrigação, como pagamento, novação, compensação, transação ou prescrição, desde que supervenientes à sentença.
- Correspondência: art. 475-L, VI, CPC/1973.

§ 2º A alegação de impedimento ou suspeição observará o disposto nos arts. 146 e 148.
- Sem correspondência no CPC/1973.

§ 3º Aplica-se à impugnação o disposto no art. 229.
- Sem correspondência no CPC/1973.

§ 4º Quando o executado alegar que o exequente, em excesso de execução, pleiteia quantia superior à resultante da sentença, cumprir-lhe-á declarar de imediato o valor que entende correto, apresentando demonstrativo discriminado e atualizado de seu cálculo.
- Correspondência: art. 475-L, § 2º, CPC/1973.

§ 5º Na hipótese do § 4º, não apontado o valor correto ou não apresentado o demonstrativo, a impugnação será liminarmente rejeitada, se o excesso de execução for o seu único fundamento, ou, se houver outro, a impugnação será processada, mas o juiz não examinará a alegação de excesso de execução.
- Sem correspondência no CPC/1973.

§ 6º A apresentação de impugnação não impede a prática dos atos executivos, inclusive os de expropriação, podendo o juiz, a requerimento do executado e desde que garantido o juízo com penhora, caução ou depósito suficientes, atribuir-lhe efeito suspensivo, se seus fundamentos forem relevantes e se o prosseguimento da execução for manifestamente suscetível de causar ao executado grave dano de difícil ou incerta reparação.
- Correspondência: art. 475-M, caput, CPC/1973.

§ 7º A concessão de efeito suspensivo a que se refere o § 6º não impedirá a efetivação dos atos de substituição, de reforço ou de redução da penhora e de avaliação dos bens.
- Correspondência: art. 739-A, § 6º, CPC/1973.

§ 8º Quando o efeito suspensivo atribuído à impugnação disser respeito apenas a parte do objeto da execução, esta prosseguirá quanto à parte restante.
- Correspondência: art. 739-A, § 3º, CPC/1973.

§ 9º A concessão de efeito suspensivo à impugnação deduzida por um dos executados não suspenderá a execução contra os que não impugnaram, quando o respectivo fundamento disser respeito exclusivamente ao impugnante.
- Correspondência: art. 739-A, § 4º, CPC/1973.

§ 10. Ainda que atribuído efeito suspensivo à impugnação, é lícito ao exequente requerer o prosseguimento da execução, oferecendo e prestando, nos próprios autos, caução suficiente e idônea a ser arbitrada pelo juiz.
- Correspondência: art. 475-M, § 1º, CPC/1973.

§ 11. As questões relativas a fato superveniente ao término do prazo para apresentação da impugnação, assim como aquelas relativas à validade e à adequação da penhora, da avaliação e dos atos executivos subsequentes, podem ser arguidas por simples petição, tendo o executado, em qualquer dos casos, o prazo de 15 (quinze) dias para formular esta arguição, contado da comprovada ciência do fato ou da intimação do ato.
- Sem correspondência no CPC/1973.

§ 12. Para efeito do disposto no inciso III do § 1º deste artigo, considera-se também inexigível a obrigação reconhecida em título executivo judicial fundado em lei ou ato normativo considerado inconstitucional pelo Supremo Tribunal Federal, ou fundado em aplicação ou interpretação da lei ou do ato normativo tido pelo Supremo Tribunal Federal como incompatível com a Constitui-

Art. 528

CÓDIGO DE PROCESSO CIVIL

ção Federal, em controle de constitucionalidade concentrado ou difuso.

- Correspondência: art. 741, parágrafo único, CPC/1973.
- V. art. 27, Lei 9.868/1999 (Processo e julgamento da ADIn e da ADC).

§ 13. No caso do § 12, os efeitos da decisão do Supremo Tribunal Federal poderão ser modulados no tempo, em atenção à segurança jurídica.

- Sem correspondência no CPC/1973.

§ 14. A decisão do Supremo Tribunal Federal referida no § 12 deve ser anterior ao trânsito em julgado da decisão exequenda.

- Sem correspondência no CPC/1973.

§ 15. Se a decisão referida no § 12 for proferida após o trânsito em julgado da decisão exequenda, caberá ação rescisória, cujo prazo será contado do trânsito em julgado da decisão proferida pelo Supremo Tribunal Federal.

- Sem correspondência no CPC/1973.
- V. art. 966, CPC/2015.
- V. Súmula 343, STF.

Art. 526. É lícito ao réu, antes de ser intimado para o cumprimento da sentença, comparecer em juízo e oferecer em pagamento o valor que entender devido, apresentando memória discriminada do cálculo.

- Sem correspondência no CPC/1973.
- V. art. 525, § 5º, CPC/2015.

§ 1º O autor será ouvido no prazo de 5 (cinco) dias, podendo impugnar o valor depositado, sem prejuízo do levantamento do depósito a título de parcela incontroversa.

§ 2º Concluindo o juiz pela insuficiência do depósito, sobre a diferença incidirão multa de 10% (dez por cento) e honorários advocatícios, também fixados em 10% (dez por cento), seguindo-se a execução com penhora e atos subsequentes.

§ 3º Se o autor não se opuser, o juiz declarará satisfeita a obrigação e extinguirá o processo.

- V. art. 924, II, CPC/2015.

Art. 527. Aplicam-se as disposições deste Capítulo ao cumprimento provisório da sentença, no que couber.

- Correspondência: art. 475-O, *caput*, CPC/1973.

Capítulo IV
DO CUMPRIMENTO DE SENTENÇA QUE RECONHEÇA A EXIGIBILIDADE DE OBRIGAÇÃO DE PRESTAR ALIMENTOS

Art. 528. No cumprimento de sentença que condene ao pagamento de prestação alimentícia ou de decisão interlocutória que fixe alimentos, o juiz, a requerimento do exequente, mandará intimar o executado pessoalmente para, em 3 (três) dias, pagar o débito, provar que o fez ou justificar a impossibilidade de efetuá-lo.

- Correspondência: arts. 732 e 733, CPC/1973.
- V. arts. 523, 531 e 911, CPC/2015.
- V. arts. 1.694 a 1.710, CC.
- V. Súmula 144, STJ.

§ 1º Caso o executado, no prazo referido no *caput*, não efetue o pagamento, não prove que o efetuou ou não apresente justificativa da impossibilidade de efetuá-lo, o juiz mandará protestar o pronunciamento judicial, aplicando-se, no que couber, o disposto no art. 517.

- Sem correspondência no CPC/1973.

§ 2º Somente a comprovação de fato que gere a impossibilidade absoluta de pagar justificará o inadimplemento.

- Sem correspondência no CPC/1973.

§ 3º Se o executado não pagar ou se a justificativa apresentada não for aceita, o juiz, além de mandar protestar o pronunciamento judicial na forma do § 1º, decretar-lhe-á a prisão pelo prazo de 1 (um) a 3 (três) meses.

- Correspondência: art. 733, § 1º, CPC/1973.
- V. art. 5º, LXVII, CF.
- V. art. 244, CP.
- V. art. 19, Lei 5.478/1968 (Ação de alimentos).

§ 4º A prisão será cumprida em regime fechado, devendo o preso ficar separado dos presos comuns.

- Sem correspondência no CPC/1973.

§ 5º O cumprimento da pena não exime o executado do pagamento das prestações vencidas e vincendas.

- Correspondência: art. 733, § 2º, CPC/1973.

§ 6º Paga a prestação alimentícia, o juiz suspenderá o cumprimento da ordem de prisão.

- Correspondência: art. 733, § 3º, CPC/1973.

§ 7º O débito alimentar que autoriza a prisão civil do alimentante é o que compreende até as 3 (três) prestações anteriores ao ajuizamento da execução e as que se vencerem no curso do processo.

- Sem correspondência no CPC/1973.
- V. Súmula 309, STJ.

§ 8º O exequente pode optar por promover o cumprimento da sentença ou decisão desde logo, nos termos do disposto neste Livro, Título II, Capítulo III, caso em que não será admissível a prisão do executado, e, recaindo a penhora em dinheiro, a concessão de efeito suspensivo à impugnação não obsta a que o exequente levante mensalmente a importância da prestação.

- Correspondência: art. 732, parágrafo único, CPC/1973.

§ 9º Além das opções previstas no art. 516, parágrafo único, o exequente pode promover o cumprimento da sentença ou decisão que condena ao pagamento de prestação alimentícia no juízo de seu domicílio.

- Sem correspondência no CPC/1973.

Art. 529. Quando o executado for funcionário público, militar, diretor ou gerente de empresa ou empregado sujeito à legislação do trabalho, o exequente poderá requerer o desconto em folha de pagamento da importância da prestação alimentícia.

- Correspondência: art. 734, *caput*, CPC/1973.
- V. arts. 833, IV e 911 a 913, CPC/2015.
- V. art. 1.701, parágrafo único, CC.
- V. art. 462, CLT.
- V. art. 115, IV, Lei 8.213/1991 (Planos de Benefícios da Previdência Social).

§ 1º Ao proferir a decisão, o juiz oficiará à autoridade, à empresa ou ao empregador, determinando, sob pena de crime de desobediência, o desconto a partir da primeira remuneração posterior do executado, a contar do protocolo do ofício.

- Correspondência: art. 734, parágrafo único, CPC/1973.
- V. art. 22, parágrafo único, Lei 5.478/1968 (Ação de alimentos).

§ 2º O ofício conterá o nome e o número de inscrição no Cadastro de Pessoas Físicas do exequente e do executado, a importância a ser descontada mensalmente, o tempo de sua duração e a conta na qual deve ser feito o depósito.

- Sem correspondência no CPC/1973.

§ 3º Sem prejuízo do pagamento dos alimentos vincendos, o débito objeto de execução pode ser descontado dos rendimentos ou rendas do executado, de forma parcelada, nos termos do *caput* deste artigo, contanto que, somado à parcela devida, não ultrapasse 50% (cinquenta por cento) de seus ganhos líquidos.

- Sem correspondência no CPC/1973.

Art. 530. Não cumprida a obrigação, observar-se-á o disposto nos arts. 831 e seguintes.

- Correspondência: art. 732, CPC/1973.
- V. arts. 1.694 a 1.710, CC.
- V. art. 244, CP.
- V. Súmula 144, STJ.

Art. 531. O disposto neste Capítulo aplica-se aos alimentos definitivos ou provisórios.

- Sem correspondência no CPC/1973.
- V. arts. 1.694 a 1.710, CC.
- V. art. 19, Lei 5.478/1968 (Ação de alimentos).

§ 1º A execução dos alimentos provisórios, bem como a dos alimentos fixados em sentença ainda não transitada em julgado, se processa em autos apartados.

§ 2º O cumprimento definitivo da obrigação de prestar alimentos será processado nos mesmos autos em que tenha sido proferida a sentença.

Art. 532. Verificada a conduta procrastinatória do executado, o juiz deverá, se for o caso, dar ciência ao Ministério Público dos indícios da prática do crime de abandono material.

- Sem correspondência no CPC/1973.
- V. art. 244, CP.

Art. 533. Quando a indenização por ato ilícito incluir prestação de alimentos, caberá ao executado, a requerimento do exequente, constituir capital cuja renda assegure o pagamento do valor mensal da pensão.

Art. 535

CÓDIGO DE PROCESSO CIVIL

- Correspondência: art. 475-Q, *caput*, CPC/1973.
- V. arts. 186 a 188, e 927, CC.

§ 1º O capital a que se refere o *caput*, representado por imóveis ou por direitos reais sobre imóveis suscetíveis de alienação, títulos da dívida pública ou aplicações financeiras em banco oficial, será inalienável e impenhorável enquanto durar a obrigação do executado, além de constituir-se em patrimônio de afetação.

- Correspondência: art. 475-Q, § 1º, CPC/1973.

§ 2º O juiz poderá substituir a constituição do capital pela inclusão do exequente em folha de pagamento de pessoa jurídica de notória capacidade econômica ou, a requerimento do executado, por fiança bancária ou garantia real, em valor a ser arbitrado de imediato pelo juiz.

- Correspondência: art. 475-Q, § 2º, CPC/1973.

§ 3º Se sobrevier modificação nas condições econômicas, poderá a parte requerer, conforme as circunstâncias, redução ou aumento da prestação.

- Correspondência: art. 475-Q, § 3º, CPC/1973.

§ 4º A prestação alimentícia poderá ser fixada tomando por base o salário mínimo.

- Correspondência: art. 475-Q, § 4º, CPC/1973.

§ 5º Finda a obrigação de prestar alimentos, o juiz mandará liberar o capital, cessar o desconto em folha ou cancelar as garantias prestadas.

- Correspondência: art. 475-Q, § 5º, CPC/1973.

Capítulo V
DO CUMPRIMENTO DE SENTENÇA QUE RECONHEÇA A EXIGIBILIDADE DE OBRIGAÇÃO DE PAGAR QUANTIA CERTA PELA FAZENDA PÚBLICA

Art. 534. No cumprimento de sentença que impuser à Fazenda Pública o dever de pagar quantia certa, o exequente apresentará demonstrativo discriminado e atualizado do crédito contendo:

- Correspondência: art. 730, *caput*, CPC/1973.
- V. arts. 496 e 910, CPC/2015.
- V. art. 100, CF.
- V. arts. 128 e 130, Lei 8.213/1991 (Planos de Benefícios da Previdência Social).
- V. art. 17, § 1º, Lei 10.259/2001 (Juizados Especiais Federais).
- V. Súmula 339, STJ.

I – o nome completo e o número de inscrição no Cadastro de Pessoas Físicas ou no Cadastro Nacional da Pessoa Jurídica do exequente;

- Sem correspondência no CPC/1973.

II – o índice de correção monetária adotado;

- Sem correspondência no CPC/1973.

III – os juros aplicados e as respectivas taxas;

- Sem correspondência no CPC/1973.

IV – o termo inicial e o termo final dos juros e da correção monetária utilizados;

- Sem correspondência no CPC/1973.

V – a periodicidade da capitalização dos juros, se for o caso;

- Sem correspondência no CPC/1973.

VI – a especificação dos eventuais descontos obrigatórios realizados.

- Sem correspondência no CPC/1973.

§ 1º Havendo pluralidade de exequentes, cada um deverá apresentar o seu próprio demonstrativo, aplicando-se à hipótese, se for o caso, o disposto nos §§ 1º e 2º do art. 113.

- Sem correspondência no CPC/1973.

§ 2º A multa prevista no § 1º do art. 523 não se aplica à Fazenda Pública.

- Sem correspondência no CPC/1973.

Art. 535. A Fazenda Pública será intimada na pessoa de seu representante judicial, por carga, remessa ou meio eletrônico, para, querendo, no prazo de 30 (trinta) dias e nos próprios autos, impugnar a execução, podendo arguir:

- Correspondência: arts. 730, *caput*, e 741, *caput*, CPC/1973.
- V. arts. 239, 344, 496, 516, 778 a 783, 918, II, e 921, II, CPC/2015.
- V. art. 5º, parágrafo único, Lei 5.741/1971 (Proteção de financiamento de bens imóveis – SFH).
- V. Súmula 150, STF.
- V. Súmula 339, STJ.

I – falta ou nulidade da citação se, na fase de conhecimento, o processo correu à revelia;

- Correspondência: art. 741, I, CPC/1973.

II – ilegitimidade de parte;

- Correspondência: art. 741, III, CPC/1973.

III – inexequibilidade do título ou inexigibilidade da obrigação;

- Correspondência: art. 741, II, CPC/1973.

IV – excesso de execução ou cumulação indevida de execuções;

- Correspondência: art. 741, IV e V, CPC/1973.

V – incompetência absoluta ou relativa do juízo da execução;

- Correspondência: art. 741, VII, CPC/1973.

VI – qualquer causa modificativa ou extintiva da obrigação, como pagamento, novação, compensação, transação ou prescrição, desde que supervenientes ao trânsito em julgado da sentença.

- Correspondência: art. 741, VI, CPC/1973.
- V. arts. 917 e 921, CPC/2015.
- V. arts. 304 a 388, CC.

§ 1º A alegação de impedimento ou suspeição observará o disposto nos arts. 146 e 148.

- Sem correspondência no CPC/1973.

§ 2º Quando se alegar que o exequente, em excesso de execução, pleiteia quantia superior à resultante do título, cumprirá a executada declarar de imediato o valor que entende de correto, sob pena de não conhecimento da arguição.

- Sem correspondência no CPC/1973.

§ 3º Não impugnada a execução ou rejeitadas as arguições da executada:

- Sem correspondência no CPC/1973.
- V. arts. 189 a 211, CC.
- V. arts. 128 e 130, Lei 8.213/1991 (Planos de Benefícios da Previdência Social).
- V. art. 17, § 1º, Lei 10.259/2001 (Juizados Especiais Federais).

I – expedir-se-á, por intermédio do presidente do tribunal competente, precatório em favor do exequente, observando-se o disposto na Constituição Federal;

- Correspondência: art. 730, I e II, CPC/1973.
- V. art. 100, CF.

II – por ordem do juiz, dirigida à autoridade na pessoa de quem o ente público foi citado para o processo, o pagamento de obrigação de pequeno valor será realizado no prazo de 2 (dois) meses contado da entrega da requisição, mediante depósito na agência de banco oficial mais próxima da residência do exequente.

- Sem correspondência no CPC/1973.

§ 4º Tratando-se de impugnação parcial, a parte não questionada pela executada será, desde logo, objeto de cumprimento.

- Sem correspondência no CPC/1973.

§ 5º Para efeito do disposto no inciso III do *caput* deste artigo, considera-se também inexigível a obrigação reconhecida em título executivo judicial fundado em lei ou ato normativo considerado inconstitucional pelo Supremo Tribunal Federal, ou fundado em aplicação ou interpretação da lei ou do ato normativo tido pelo Supremo Tribunal Federal como incompatível com a Constituição Federal, em controle de constitucionalidade concentrado ou difuso.

- Correspondência: art. 741, parágrafo único, CPC/1973.

§ 6º No caso do § 5º, os efeitos da decisão do Supremo Tribunal Federal poderão ser modulados no tempo, de modo a favorecer a segurança jurídica.

- Sem correspondência no CPC/1973.

§ 7º A decisão do Supremo Tribunal Federal referida no § 5º deve ter sido proferida antes do trânsito em julgado da decisão exequenda.

- Sem correspondência no CPC/1973.

§ 8º Se a decisão referida no § 5º for proferida após o trânsito em julgado da decisão exequenda, caberá ação rescisória, cujo prazo será contado do trânsito em julgado da decisão proferida pelo Supremo Tribunal Federal.

- Sem correspondência no CPC/1973.

Capítulo VI
DO CUMPRIMENTO DE SENTENÇA QUE RECONHEÇA A EXIGIBILIDADE DE OBRIGAÇÃO DE FAZER, DE NÃO FAZER OU DE ENTREGAR COISA

Seção I
Do cumprimento de sentença que reconheça a exigibilidade de obrigação de fazer ou de não fazer

Art. 536. No cumprimento de sentença que reconheça a exigibilidade de obrigação de fazer ou de não fazer, o juiz poderá, de ofício ou a requerimento, para a efetivação da tutela específica ou a obtenção de tutela pelo resultado prático equivalente, determinar as medidas necessárias à satisfação do exequente.

- Correspondência: art. 461, *caput*, CPC/1973.
- V. arts. 5º, 496, I, 497, CPC/2015.
- V. art. 11, Lei 7.347/1985 (Ação civil pública).
- V. art. 213, *caput*, Lei 8.069/1990 (Estatuto da Criança e do Adolescente).
- V. art. 84, *caput*, § 5º, Lei 8.078/1990 (Código de Defesa do Consumidor).

§ 1º Para atender ao disposto no *caput*, o juiz poderá determinar, entre outras medidas, a imposição de multa, a busca e apreensão, a remoção de pessoas e coisas, o desfazimento de obras e o impedimento de atividade nociva, podendo, caso necessário, requisitar o auxílio de força policial.

- Correspondência: art. 461, § 5º, CPC/1973.
- V. art. 11, Lei 7.347/1985 (Ação civil pública).
- V. art. 52, V e VI, Lei 9.099/1995 (Juizados Especiais Cíveis e Criminais).

§ 2º O mandado de busca e apreensão de pessoas e coisas será cumprido por 2 (dois) oficiais de justiça, observando-se o disposto no art. 846, §§ 1º a 4º, se houver necessidade de arrombamento.

- Correspondência: art. 461-A, § 2º, CPC/1973.

§ 3º O executado incidirá nas penas de litigância de má-fé quando injustificadamente descumprir a ordem judicial, sem prejuízo de sua responsabilização por crime de desobediência.

- Sem correspondência no CPC/1973.

§ 4º No cumprimento de sentença que reconheça a exigibilidade de obrigação de fazer ou de não fazer, aplica-se o art. 525, no que couber.

- Sem correspondência no CPC/1973.

§ 5º O disposto neste artigo aplica-se, no que couber, ao cumprimento de sentença que reconheça deveres de fazer e de não fazer de natureza não obrigacional.

- Sem correspondência no CPC/1973.

Art. 537. A multa independe de requerimento da parte e poderá ser aplicada na fase de conhecimento, em tutela provisória ou na sentença, ou na fase de execução, desde que seja suficiente e compatível com a obrigação e que se determine prazo razoável para cumprimento do preceito.

- Correspondência: art. 461, § 4º, CPC/1973.
- V. art. 500, CPC/2015.
- V. art. 213, § 2º, Lei 8.069/1990 (Estatuto da Criança e do Adolescente).
- V. art. 84, § 4º, Lei 8.078/1990 (Código de Defesa do Consumidor).
- V. Súmula 410, STJ.

§ 1º O juiz poderá, de ofício ou a requerimento, modificar o valor ou a periodicidade da multa vincenda ou excluí-la, caso verifique que:

- Correspondência: art. 461, § 6º, CPC/1973.

I – se tornou insuficiente ou excessiva;

- Correspondência: art. 461, § 6º, CPC/1973.

II – o obrigado demonstrou cumprimento parcial superveniente da obrigação ou justa causa para o descumprimento.

- Sem correspondência no CPC/1973.

§ 2º O valor da multa será devido ao exequente.

- Sem correspondência no CPC/1973.

§ 3º A decisão que fixa a multa é passível de cumprimento provisório, devendo ser depositada em juízo, permitido o levantamento do valor após o trânsito em julgado da sentença favorável à parte.

- § 3º com redação determinada pela Lei 13.256/2016.
- Sem correspondência no CPC/1973.

§ 4º A multa será devida desde o dia em que se configurar o descumprimento da decisão e incidirá enquanto não for cumprida a decisão que a tiver cominado.

- Sem correspondência no CPC/1973.

§ 5º O disposto neste artigo aplica-se, no que couber, ao cumprimento de sentença que reconheça deveres de fazer e de não fazer de natureza não obrigacional.

- Sem correspondência no CPC/1973.

Art. 538

Seção II
Do cumprimento de sentença que reconheça a exigibilidade de obrigação de entregar coisa

Art. 538. Não cumprida a obrigação de entregar coisa no prazo estabelecido na sentença, será expedido mandado de busca e apreensão ou de imissão na posse em favor do credor, conforme se tratar de coisa móvel ou imóvel.

- Correspondência: art. 461-A, § 2º, CPC/1973.
- V. art. 513, CPC/2015.

§ 1º A existência de benfeitorias deve ser alegada na fase de conhecimento, em contestação, de forma discriminada e com atribuição, sempre que possível e justificadamente, do respectivo valor.

- Sem correspondência no CPC/1973.

§ 2º O direito de retenção por benfeitorias deve ser exercido na contestação, na fase de conhecimento.

- Sem correspondência no CPC/1973.

§ 3º Aplicam-se ao procedimento previsto neste artigo, no que couber, as disposições sobre o cumprimento de obrigação de fazer ou de não fazer.

- Correspondência: art. 461-A, § 3º, CPC/1973.

TÍTULO III
DOS PROCEDIMENTOS ESPECIAIS
Capítulo I
DA AÇÃO DE CONSIGNAÇÃO EM PAGAMENTO

Art. 539. Nos casos previstos em lei, poderá o devedor ou terceiro requerer, com efeito de pagamento, a consignação da quantia ou da coisa devida.

- Correspondência: art. 890, *caput*, CPC/1973.
- V. art. 542, I, CPC/2015.

§ 1º Tratando-se de obrigação em dinheiro, poderá o valor ser depositado em estabelecimento bancário, oficial onde houver, situado no lugar do pagamento, cientificando-se o credor por carta com aviso de recebimento, assinado o prazo de 10 (dez) dias para a manifestação de recusa.

- Correspondência: art. 890, § 1º, CPC/1973.
- V. art. 248, §§1º e 2º, CPC/2015.

§ 2º Decorrido o prazo do § 1º, contado do retorno do aviso de recebimento, sem a manifestação de recusa, considerar-se-á o devedor liberado da obrigação, ficando à disposição do credor a quantia depositada.

- Correspondência: art. 890, § 2º, CPC/1973.

§ 3º Ocorrendo a recusa, manifestada por escrito ao estabelecimento bancário, poderá ser proposta, dentro de 1 (um) mês, a ação de consignação, instruindo-se a inicial com a prova do depósito e da recusa.

- Correspondência: art. 890, § 3º, CPC/1973.
- V. arts. 334 a 345, CC.
- V. art. 164, CTN.
- V. art. 67, Lei 8.245/1991 (Locação de imóveis urbanos).

§ 4º Não proposta a ação no prazo do § 3º, ficará sem efeito o depósito, podendo levantá-lo o depositante.

- Correspondência: art. 890, § 4º, CPC/1973.

Art. 540. Requerer-se-á a consignação no lugar do pagamento, cessando para o devedor, à data do depósito, os juros e os riscos, salvo se a demanda for julgada improcedente.

- Correspondência: art. 891, CPC/1973.
- V. art. 53, III, *d*, CPC/2015.
- V. arts. 327 e 328, CC.

Art. 541. Tratando-se de prestações sucessivas, consignada uma delas, pode o devedor continuar a depositar, no mesmo processo e sem mais formalidades, as que se forem vencendo, desde que o faça em até 5 (cinco) dias contados da data do respectivo vencimento.

- Correspondência: art. 892, CPC/1973.
- V. art. 323, CPC/2015.
- V. art. 67, III, Lei 8.245/1991 (Locação de imóveis urbanos).

Art. 542. Na petição inicial, o autor requererá:

- Correspondência: art. 893, *caput*, CPC/1973.

I – o depósito da quantia ou da coisa devida, a ser efetivado no prazo de 5 (cinco) dias contados do deferimento, ressalvada a hipótese do art. 539, § 3º;

- Correspondência: art. 893, I, CPC/1973.
- V. art. 62, II, Lei 8.245/1991 (Locação de imóveis urbanos).

Art. 549

CÓDIGO DE PROCESSO CIVIL

II – a citação do réu para levantar o depósito ou oferecer contestação.

- Correspondência: art. 893, II, CPC/1973.

Parágrafo único. Não realizado o depósito no prazo do inciso I, o processo será extinto sem resolução do mérito.

- Sem correspondência no CPC/1973.

Art. 543. Se o objeto da prestação for coisa indeterminada e a escolha couber ao credor, será este citado para exercer o direito dentro de 5 (cinco) dias, se outro prazo não constar de lei ou do contrato, ou para aceitar que o devedor a faça, devendo o juiz, ao despachar a petição inicial, fixar lugar, dia e hora em que se fará a entrega, sob pena de depósito.

- Correspondência: art. 894, CPC/1973.
- V. art. 811, CPC/2015.
- V. arts. 252 e 342, CC.

Art. 544. Na contestação, o réu poderá alegar que:

- Correspondência: art. 896, *caput*, CPC/1973.
- V. arts. 180, 183, 229, 231 e 335 CPC/2015.

I – não houve recusa ou mora em receber a quantia ou a coisa devida;

- Correspondência: art. 896, I, CPC/1973.

II – foi justa a recusa;

- Correspondência: art. 896, II, CPC/1973.

III – o depósito não se efetuou no prazo ou no lugar do pagamento;

- Correspondência: art. 896, III, CPC/1973.

IV – o depósito não é integral.

- Correspondência: art. 896, IV, CPC/1973.
- V. art. 545, CPC/2015.

Parágrafo único. No caso do inciso IV, a alegação somente será admissível se o réu indicar o montante que entende devido.

- Correspondência: art. 896, parágrafo único, CPC/1973.

Art. 545. Alegada a insuficiência do depósito, é lícito ao autor completá-lo, em 10 (dez) dias, salvo se corresponder a prestação cujo inadimplemento acarrete a rescisão do contrato.

- Correspondência: art. 899, *caput*, CPC/1973.

§ 1º No caso do *caput*, poderá o réu levantar, desde logo, a quantia ou a coisa depositada, com a consequente liberação parcial do autor, prosseguindo o processo quanto à parcela controvertida.

- Correspondência: art. 890, § 1º, CPC/1973.

§ 2º A sentença que concluir pela insuficiência do depósito determinará, sempre que possível, o montante devido e valerá como título executivo, facultado ao credor promover-lhe o cumprimento nos mesmos autos, após liquidação, se necessária.

- Correspondência: art. 890, § 2º, CPC/1973.

Art. 546. Julgado procedente o pedido, o juiz declarará extinta a obrigação e condenará o réu ao pagamento de custas e honorários advocatícios.

- Correspondência: art. 897, *caput*, CPC/1973.

Parágrafo único. Proceder-se-á do mesmo modo se o credor receber e der quitação.

- Correspondência: art. 897, parágrafo único, CPC/1973.

Art. 547. Se ocorrer dúvida sobre quem deva legitimamente receber o pagamento, o autor requererá o depósito e a citação dos possíveis titulares do crédito para provarem o seu direito.

- Correspondência: art. 895, CPC/1973.
- V. arts. 266, 335, IV, e 344, CC.

Art. 548. No caso do art. 547:

- Correspondência: art. 898, CPC/1973.
- V. art. 547, CPC/2015.

I – não comparecendo pretendente algum, converter-se-á o depósito em arrecadação de coisas vagas;

- V. arts. 744 e 745, CPC/2015.

II – comparecendo apenas um, o juiz decidirá de plano;

III – comparecendo mais de um, o juiz declarará efetuado o depósito e extinta a obrigação, continuando o processo a correr unicamente entre os presuntivos credores, observado o procedimento comum.

Art. 549. Aplica-se o procedimento estabelecido neste Capítulo, no que couber, ao resgate do aforamento.

- Correspondência: art. 900, CPC/1973.

Art. 550

Capítulo II
DA AÇÃO DE EXIGIR CONTAS

Art. 550. Aquele que afirmar ser titular do direito de exigir contas requererá a citação do réu para que as preste ou ofereça contestação no prazo de 15 (quinze) dias.

- Correspondência: arts. 914 e 915, *caput*, CPC/1973.
- V. art. 34, XXI, Lei 8.906/1994 (Estatuto da Advocacia e da OAB).
- V. Súmula 259, STJ.

§ 1º Na petição inicial, o autor especificará, detalhadamente, as razões pelas quais exige as contas, instruindo-a com documentos comprobatórios dessa necessidade, se existirem.

- Sem correspondência no CPC/1973.

§ 2º Prestadas as contas, o autor terá 15 (quinze) dias para se manifestar, prosseguindo-se o processo na forma do Capítulo X do Título I deste Livro.

- Correspondência: art. 915, § 1º, CPC/1973.

§ 3º A impugnação das contas apresentadas pelo réu deverá ser fundamentada e específica, com referência expressa ao lançamento questionado.

- Sem correspondência no CPC/1973.

§ 4º Se o réu não contestar o pedido, observar-se-á o disposto no art. 355.

- Correspondência: art. 915, § 2º, 1ª parte, CPC/1973.

§ 5º A decisão que julgar procedente o pedido condenará o réu a prestar as contas no prazo de 15 (quinze) dias, sob pena de não lhe ser lícito impugnar as que o autor apresentar.

- Correspondência: art. 915, § 2º, 2ª parte, CPC/1973.

§ 6º Se o réu apresentar as contas no prazo previsto no § 5º, seguir-se-á o procedimento do § 2º, caso contrário, o autor apresentá-las-á no prazo de 15 (quinze) dias, podendo o juiz determinar a realização de exame pericial, se necessário.

- Correspondência: art. 915, § 3º, CPC/1973.

Art. 551. As contas do réu serão apresentadas na forma adequada, especificando-se as receitas, a aplicação das despesas e os investimentos, se houver.

- Correspondência: art. 917, CPC/1973.

§ 1º Havendo impugnação específica e fundamentada pelo autor, o juiz estabelecerá prazo razoável para que o réu apresente os documentos justificativos dos lançamentos individualmente impugnados.

- Sem correspondência no CPC/1973.

§ 2º As contas do autor, para os fins do art. 550, § 5º, serão apresentadas na forma adequada, já instruídas com os documentos justificativos, especificando-se as receitas, a aplicação das despesas e os investimentos, se houver, bem como o respectivo saldo.

- Correspondência: art. 917, CPC/1973.

Art. 552. A sentença apurará o saldo e constituirá título executivo judicial.

- Correspondência: art. 918, CPC/1973.

Art. 553. As contas do inventariante, do tutor, do curador, do depositário e de qualquer outro administrador serão prestadas em apenso aos autos do processo em que tiver sido nomeado.

- Correspondência: art. 919, CPC/1973.

Parágrafo único. Se qualquer dos referidos no *caput* for condenado a pagar o saldo e não o fizer no prazo legal, o juiz poderá destituí-lo, sequestrar os bens sob sua guarda, glosar o prêmio ou a gratificação a que teria direito e determinar as medidas executivas necessárias à recomposição do prejuízo.

Capítulo III
DAS AÇÕES POSSESSÓRIAS

Seção I
Disposições gerais

Art. 554. A propositura de uma ação possessória em vez de outra não obstará a que o juiz conheça do pedido e outorgue a proteção legal correspondente àquela cujos pressupostos estejam provados.

- Correspondência: art. 920, CPC/1973.
- V. art. 674, CPC/2015.
- V. arts. 1.196, 1.200 e 1.210, CC.
- V. art. 3º, IV, Lei 9.099/1995 (Juizados Especiais Cíveis e Criminais).

§ 1º No caso de ação possessória em que figure no polo passivo grande número de pessoas, serão feitas a citação pessoal dos ocupantes que forem encontrados no local e a citação por edital dos demais, determinando-se, ainda, a intimação do Ministério Público e, se envolver pessoas em situação de hipossuficiência econômica, da Defensoria Pública.

- Sem correspondência no CPC/1973.
- V. arts. 47 e 73, § 2º, CPC/2015.

§ 2º Para fim da citação pessoal prevista no § 1º, o oficial de justiça procurará os ocupantes no local por uma vez, citando-se por edital os que não forem encontrados.

- Sem correspondência no CPC/1973.

§ 3º O juiz deverá determinar que se dê ampla publicidade da existência da ação prevista no § 1º e dos respectivos prazos processuais, podendo, para tanto, valer-se de anúncios em jornal ou rádio locais, da publicação de cartazes na região do conflito e de outros meios.

- Sem correspondência no CPC/1973.

Art. 555. É lícito ao autor cumular ao pedido possessório o de:

- Correspondência: art. 921, *caput*, CPC/1973.

I – condenação em perdas e danos;

- Correspondência: art. 921, I, CPC/1973.

II – indenização dos frutos.

- Correspondência: art. 921, III, CPC/1973.

Parágrafo único. Pode o autor requerer, ainda, imposição de medida necessária e adequada para:

- Sem correspondência no CPC/1973.

I – evitar nova turbação ou esbulho;

- Correspondência: art, 921, II, CPC/1973.
- V. art. 161, §1º, II, CP.

II – cumprir-se a tutela provisória ou final.

- Sem correspondência no CPC/1973.

Art. 556. É lícito ao réu, na contestação, alegando que foi o ofendido em sua posse, demandar a proteção possessória e a indenização pelos prejuízos resultantes da turbação ou do esbulho cometido pelo autor.

- Correspondência: art. 922, CPC/1973.
- V. art. 31, 2ª parte, Lei 9.099/1995 (Juizados Especiais Cíveis e Criminais).

Art. 557. Na pendência de ação possessória é vedado, tanto ao autor quanto ao réu, propor ação de reconhecimento do domínio, exceto se a pretensão for deduzida em face de terceira pessoa.

- Correspondência: art. 923, CPC/1973.
- V. Súmula 487, STF.

Parágrafo único. Não obsta à manutenção ou à reintegração de posse a alegação de propriedade ou de outro direito sobre a coisa.

- Sem correspondência no CPC/1973.
- V. art. 1.210, § 2º, CC.

Art. 558. Regem o procedimento de manutenção e de reintegração de posse as normas da Seção II deste Capítulo quando a ação for proposta dentro de ano e dia da turbação ou do esbulho afirmado na petição inicial.

- Correspondência: art. 924, CPC/1973.

Parágrafo único. Passado o prazo referido no *caput*, será comum o procedimento, não perdendo, contudo, o caráter possessório.

Art. 559. Se o réu provar, em qualquer tempo, que o autor provisoriamente mantido ou reintegrado na posse carece de idoneidade financeira para, no caso de sucumbência, responder por perdas e danos, o juiz designar-lhe-á o prazo de 5 (cinco) dias para requerer caução, real ou fidejussória, sob pena de ser depositada a coisa litigiosa, ressalvada a impossibilidade da parte economicamente hipossuficiente.

- Correspondência: art. 925, CPC/1973.

Seção II
Da manutenção e da reintegração de posse

Art. 560. O possuidor tem direito a ser mantido na posse em caso de turbação e reintegrado em caso de esbulho.

- Correspondência: art. 926, CPC/1973.
- V. art. 1.210, CC.

Art. 561. Incumbe ao autor provar:

- Correspondência: art. 927, *caput*, CPC/1973.
- V. art. 373, I, CPC/2015.

I – a sua posse;

- Correspondência: art. 927, I, CPC/1973.

- V. art. 1.196, CC.

II – a turbação ou o esbulho praticado pelo réu;

- Correspondência: art. 927, II, CPC/1973.
- V. art. 1.210, CC.

III – a data da turbação ou do esbulho;

- Correspondência: art. 927, III, CPC/1973.
- V. art. 1.210, CC.

IV – a continuação da posse, embora turbada, na ação de manutenção, ou a perda da posse, na ação de reintegração.

- Correspondência: art. 927, IV, CPC/1973.
- V. art. 1.210, CC.

Art. 562. Estando a petição inicial devidamente instruída, o juiz deferirá, sem ouvir o réu, a expedição do mandado liminar de manutenção ou de reintegração, caso contrário, determinará que o autor justifique previamente o alegado, citando-se o réu para comparecer à audiência que for designada.

- Correspondência: art. 928, *caput*, CPC/1973.
- V. art. 564, parágrafo único, CPC/2015.

Parágrafo único. Contra as pessoas jurídicas de direito público não será deferida a manutenção ou a reintegração liminar sem prévia audiência dos respectivos representantes judiciais.

- Correspondência: art. 928, parágrafo único, CPC/1973.

Art. 563. Considerada suficiente a justificação, o juiz fará logo expedir mandado de manutenção ou de reintegração.

- Correspondência: art. 929, CPC/1973.

Art. 564. Concedido ou não o mandado liminar de manutenção ou de reintegração, o autor promoverá, nos 5 (cinco) dias subsequentes, a citação do réu para, querendo, contestar a ação no prazo de 15 (quinze) dias.

- Correspondência: art. 930, *caput*, CPC/1973.

Parágrafo único. Quando for ordenada a justificação prévia, o prazo para contestar será contado da intimação da decisão que deferir ou não a medida liminar.

- Correspondência: art. 930, parágrafo único, CPC/1973.

Art. 565. No litígio coletivo pela posse de imóvel, quando o esbulho ou a turbação afirmado na petição inicial houver ocorrido há mais de ano e dia, o juiz, antes de apreciar o pedido de concessão da medida liminar, deverá designar audiência de mediação, a realizar-se em até 30 (trinta) dias, que observará o disposto nos §§ 2º e 4º.

- Sem correspondência no CPC/1973.

§ 1º Concedida a liminar, se essa não for executada no prazo de 1 (um) ano, a contar da data de distribuição, caberá ao juiz designar audiência de mediação, nos termos dos §§ 2º a 4º deste artigo.

§ 2º O Ministério Público será intimado para comparecer à audiência, e a Defensoria Pública será intimada sempre que houver parte beneficiária de gratuidade da justiça.

§ 3º O juiz poderá comparecer à área objeto do litígio quando sua presença se fizer necessária à efetivação da tutela jurisdicional.

§ 4º Os órgãos responsáveis pela política agrária e pela política urbana da União, de Estado ou do Distrito Federal e de Município onde se situe a área objeto do litígio poderão ser intimados para a audiência, a fim de se manifestarem sobre seu interesse no processo e sobre a existência de possibilidade de solução para o conflito possessório.

§ 5º Aplica-se o disposto neste artigo ao litígio sobre propriedade de imóvel.

Art. 566. Aplica-se, quanto ao mais, o procedimento comum.

- Correspondência: art. 931, CPC/1973.

Seção III
Do interdito proibitório

Art. 567. O possuidor direto ou indireto que tenha justo receio de ser molestado na posse poderá requerer ao juiz que o segure da turbação ou esbulho iminente, mediante mandado proibitório em que se comine ao réu determinada pena pecuniária caso transgrida o preceito.

- Correspondência: art. 932, CPC/1973.

Art. 568. Aplica-se ao interdito proibitório o disposto na Seção II deste Capítulo.

- Correspondência: art. 933, CPC/1973.

Capítulo IV
DA AÇÃO DE DIVISÃO E DA DEMARCAÇÃO DE TERRAS PARTICULARES

Seção I
Disposições gerais

Art. 569. Cabe:

- Correspondência: art. 946, *caput*, CPC/1973.
- V. arts. 47, 60 e 588, CPC/2015.

I – ao proprietário a ação de demarcação, para obrigar o seu confinante a estremar os respectivos prédios, fixando-se novos limites entre eles ou aviventando-se os já apagados;

- Correspondência: art. 946, I, CPC/1973.
- V. art. 574, CPC/2015.
- V. arts. 1.297 e 1.298, CC.
- V. Lei 6.383/1976 (Processo discriminatório de terras devolutas da União).

II – ao condômino a ação de divisão, para obrigar os demais consortes a estremar os quinhões.

- Correspondência: art. 946, II, CPC/1973.
- V. arts. 1.297, 1.298, 1.320, CC.
- V. Lei 6.383/1976 (Processo discriminatório de terras devolutas da União).

Art. 570. É lícita a cumulação dessas ações, caso em que deverá processar-se primeiramente a demarcação total ou parcial da coisa comum, citando-se os confinantes e os condôminos.

- Correspondência: art. 947, CPC/1973.

Art. 571. A demarcação e a divisão poderão ser realizadas por escritura pública, desde que maiores, capazes e concordes todos os interessados, observando-se, no que couber, os dispositivos deste Capítulo.

- Sem correspondência no CPC/1973.

Art. 572. Fixados os marcos da linha de demarcação, os confinantes considerar-se-ão terceiros quanto ao processo divisório, ficando-lhes, porém, ressalvado o direito de vindicar os terrenos de que se julguem despojados por invasão das linhas limítrofes constitutivas do perímetro ou de reclamar indenização correspondente ao seu valor.

- Correspondência: art. 948, CPC/1973.

§ 1º No caso do *caput*, serão citados para a ação todos os condôminos, se a sentença homologatória da divisão ainda não houver transitado em julgado, e todos os quinhoeiros dos terrenos vindicados, se a ação for proposta posteriormente.

- Correspondência: art. 949, *caput*, CPC/1973.

§ 2º Neste último caso, a sentença que julga procedente a ação, condenando a restituir os terrenos ou a pagar a indenização, valerá como título executivo em favor dos quinhoeiros para haverem dos outros condôminos que forem parte na divisão ou de seus sucessores a título universal, na proporção que lhes tocar, a composição pecuniária do desfalque sofrido.

- Correspondência: art. 949, parágrafo único, CPC/1973.

Art. 573. Tratando-se de imóvel georreferenciado, com averbação no registro de imóveis, pode o juiz dispensar a realização de prova pericial.

- Sem correspondência no CPC/1973.

Seção II
Da demarcação

Art. 574. Na petição inicial, instruída com os títulos da propriedade, designar-se-á o imóvel pela situação e pela denominação, descrever-se-ão os limites por constituir, aviventar ou renovar e nomear-se-ão todos os confinantes da linha demarcanda.

- Correspondência: art. 950, CPC/1973.
- V. arts. 292, IV, 319, 320, 569, I, CPC/2015.
- V. arts. 1.297 e 1.298, CC.

Art. 575. Qualquer condômino é parte legítima para promover a demarcação do imóvel comum, requerendo a intimação dos demais para, querendo, intervir no processo.

- Correspondência: art. 952, CPC/1973.

Art. 576. A citação dos réus será feita por correio, observado o disposto no art. 247.

- Correspondência: art. 953, CPC/1973.

Parágrafo único. Será publicado edital, nos termos do inciso III do art. 259.

Art. 577. Feitas as citações, terão os réus o prazo comum de 15 (quinze) dias para contestar.
- Correspondência: art. 954, CPC/1973.

Art. 578. Após o prazo de resposta do réu, observar-se-á o procedimento comum.
- Correspondência: art. 955, CPC/1973.

Art. 579. Antes de proferir a sentença, o juiz nomeará um ou mais peritos para levantar o traçado da linha demarcanda.
- Correspondência: art. 956, CPC/1973.

Art. 580. Concluídos os estudos, os peritos apresentarão minucioso laudo sobre o traçado da linha demarcanda, considerando os títulos, os marcos, os rumos, a fama da vizinhança, as informações de antigos moradores do lugar e outros elementos que coligirem.
- Correspondência: art. 957, *caput*, CPC/1973.

Art. 581. A sentença que julgar procedente o pedido determinará o traçado da linha demarcanda.
- Correspondência: art. 958, CPC/1973.

Parágrafo único. A sentença proferida na ação demarcatória determinará a restituição da área invadida, se houver, declarando o domínio ou a posse do prejudicado, ou ambos.
- Sem correspondência no CPC/1973.

Art. 582. Transitada em julgado a sentença, o perito efetuará a demarcação e colocará os marcos necessários.
- Correspondência: art. 959, CPC/1973.
- V. art. 22, parágrafo único, Lei 6.383/1976 (Processo discriminatório de terras devolutas da União).

Parágrafo único. Todas as operações serão consignadas em planta e memorial descritivo com as referências convenientes para a identificação, em qualquer tempo, dos pontos assinalados, observada a legislação especial que dispõe sobre a identificação do imóvel rural.
- V. art. 583, CPC/2015.

Art. 583. As plantas serão acompanhadas das cadernetas de operações de campo e do memorial descritivo, que conterá:
- Correspondência: art. 962, *caput*, CPC/1973.
- V. art. 22, parágrafo único, Lei 6.383/1976 (Processo discriminatório de terras devolutas da União).

I – o ponto de partida, os rumos seguidos e a aviventação dos antigos com os respectivos cálculos;
- Correspondência: art. 962, I, CPC/1973.

II – os acidentes encontrados, as cercas, os valos, os marcos antigos, os córregos, os rios, as lagoas e outros;
- Correspondência: art. 962, II, CPC/1973.

III – a indicação minuciosa dos novos marcos cravados, dos antigos aproveitados, das culturas existentes e da sua produção anual;
- Correspondência: art. 962, III, CPC/1973.

IV – a composição geológica dos terrenos, bem como a qualidade e a extensão dos campos, das matas e das capoeiras;
- Correspondência: art. 962, IV, CPC/1973.

V – as vias de comunicação;
- Correspondência: art. 962, V, CPC/1973.

VI – as distâncias a pontos de referência, tais como rodovias federais e estaduais, ferrovias, portos, aglomerações urbanas e polos comerciais;
- Correspondência: art. 962, VI, CPC/1973.

VII – a indicação de tudo o mais que for útil para o levantamento da linha ou para a identificação da linha já levantada.
- Correspondência: art. 962, VII, CPC/1973.

Art. 584. É obrigatória a colocação de marcos tanto na estação inicial, dita marco primordial, quanto nos vértices dos ângulos, salvo se algum desses últimos pontos for assinalado por acidentes naturais de difícil remoção ou destruição.
- Correspondência: art. 963, CPC/1973.
- V. arts. 583 e 596, CPC/2015.
- V. art. 22, parágrafo único, Lei 6.383/1976 (Processo discriminatório de terras devolutas da União).

Art. 585. A linha será percorrida pelos peritos, que examinarão os marcos e os rumos, consignando em relatório escrito a exatidão do memorial e da planta apresentados pelo agrimensor ou as divergências porventura encontradas.
- Correspondência: art. 964, CPC/1973.
- V. art. 596, CPC/2015.

Art. 594

CÓDIGO DE PROCESSO CIVIL

- V. art. 22, parágrafo único, Lei 6.383/1976 (Processo discriminatório de terras devolutas da União).

Art. 586. Juntado aos autos o relatório dos peritos, o juiz determinará que as partes se manifestem sobre ele no prazo comum de 15 (quinze) dias.

- Correspondência: art. 965, CPC/1973.

Parágrafo único. Executadas as correções e as retificações que o juiz determinar, lavrar-se-á, em seguida, o auto de demarcação em que os limites demarcandos serão minuciosamente descritos de acordo com o memorial e a planta.

- V. art. 597, CPC/2015.
- V. art. 22, parágrafo único, Lei 6.383/1976 (Processo discriminatório de terras devolutas da União).

Art. 587. Assinado o auto pelo juiz e pelos peritos, será proferida a sentença homologatória da demarcação.

- Correspondência: art. 966, CPC/1973.
- V. art. 1.012, § 1º, I, CPC/2015.
- V. art. 22, parágrafo único, Lei 6.383/1976 (Processo discriminatório de terras devolutas da União).

Seção III
Da divisão

Art. 588. A petição inicial será instruída com os títulos de domínio do promovente e conterá:

- Correspondência: art. 967, *caput*, CPC/1973.
- V. arts. 89, 319, 320 e 569, II, CPC/2015.
- V. art. 1.320, CC.

I – a indicação da origem da comunhão e a denominação, a situação, os limites e as características do imóvel;

- Correspondência: art. 967, I, CPC/1973.

II – o nome, o estado civil, a profissão e a residência de todos os condôminos, especificando-se os estabelecidos no imóvel com benfeitorias e culturas;

- Correspondência: art. 967, II, CPC/1973.

III – as benfeitorias comuns.

- Correspondência: art. 967, III, CPC/1973.

Art. 589. Feitas as citações como preceitua o art. 576, prosseguir-se-á na forma dos arts. 577 e 578.

- Correspondência: art. 968, CPC/1973.

Art. 590. O juiz nomeará um ou mais peritos para promover a medição do imóvel e as operações de divisão, observada a legislação especial que dispõe sobre a identificação do imóvel rural.

- Correspondência: art. 969, CPC/1973.

Parágrafo único. O perito deverá indicar as vias de comunicação existentes, as construções e as benfeitorias, com a indicação dos seus valores e dos respectivos proprietários e ocupantes, as águas principais que banham o imóvel e quaisquer outras informações que possam concorrer para facilitar a partilha.

- Correspondência: art. 975, CPC/1973.

Art. 591. Todos os condôminos serão intimados a apresentar, dentro de 10 (dez) dias, os seus títulos, se ainda não os tiverem feito, e a formular os seus pedidos sobre a constituição dos quinhões.

- Correspondência: art. 970, CPC/1973.

Art. 592. O juiz ouvirá as partes no prazo comum de 15 (quinze) dias.

- Correspondência: art. 971, *caput*, CPC/1973.

§ 1º Não havendo impugnação, o juiz determinará a divisão geodésica do imóvel.

- Correspondência: art. 971, parágrafo único, CPC/1973.

§ 2º Havendo impugnação, o juiz proferirá, no prazo de 10 (dez) dias, decisão sobre os pedidos e os títulos que devam ser atendidos na formação dos quinhões.

- Correspondência: art. 971, parágrafo único, CPC/1973.

Art. 593. Se qualquer linha do perímetro atingir benfeitorias permanentes dos confinantes feitas há mais de 1 (um) ano, serão elas respeitadas, bem como os terrenos onde estiverem, os quais não se computarão na área dividenda.

- Correspondência: art. 973, *caput*, CPC/1973.
- V. arts. 96 e 97, CC.

Art. 594. Os confinantes do imóvel dividendo podem demandar a restituição dos terrenos que lhes tenham sido usurpados.

- Correspondência: art. 974, *caput*, CPC/1973.

§ 1º Serão citados para a ação todos os condôminos, se a sentença homologatória da divisão ainda não houver transitado em julgado, e todos os quinhoeiros dos terrenos vindicados, se a ação for proposta posteriormente.

• Correspondência: art. 974, § 1º, CPC/1973.

§ 2º Nesse último caso terão os quinhoeiros o direito, pela mesma sentença que os obrigar à restituição, a haver dos outros condôminos do processo divisório ou de seus sucessores a título universal a composição pecuniária proporcional ao desfalque sofrido.

• Correspondência: art. 974, § 2º, CPC/1973.

Art. 595. Os peritos proporão, em laudo fundamentado, a forma da divisão, devendo consultar, quanto possível, a comodidade das partes, respeitar, para adjudicação a cada condômino, a preferência dos terrenos contíguos às suas residências e benfeitorias e evitar o retalhamento dos quinhões em glebas separadas.

• Correspondência: art. 978, *caput*, CPC/1973.

Art. 596. Ouvidas as partes, no prazo comum de 15 (quinze) dias, sobre o cálculo e o plano da divisão, o juiz deliberará a partilha.

• Correspondência: art. 979, *caput*, CPC/1973.
• V. arts. 96, 97 e 1.378 a 1.389, CC.

Parágrafo único. Em cumprimento dessa decisão, o perito procederá à demarcação dos quinhões, observando, além do disposto nos arts. 584 e 585, as seguintes regras:

• Correspondência: art. 979, *caput*, CPC/1973.

I – as benfeitorias comuns que não comportarem divisão cômoda serão adjudicadas a um dos condôminos mediante compensação;

• Correspondência: art. 979, I, CPC/1973.

II – instituir-se-ão as servidões que forem indispensáveis em favor de uns quinhões sobre os outros, incluindo o respectivo valor no orçamento para que, não se tratando de servidões naturais, seja compensado o condômino aquinhoado com o prédio serviente;

• Correspondência: art. 979, II, CPC/1973.

III – as benfeitorias particulares dos condôminos que excederem à área a que têm direito serão adjudicadas ao quinhoeiro vizinho mediante reposição;

• Correspondência: art. 979, III, CPC/1973.

IV – se outra coisa não acordarem as partes, as compensações e as reposições serão feitas em dinheiro.

• Correspondência: art. 979, IV, CPC/1973.

Art. 597. Terminados os trabalhos e desenhados na planta os quinhões e as servidões aparentes, o perito organizará o memorial descritivo.

• Correspondência: art. 980, *caput*, CPC/1973.

§ 1º Cumprido o disposto no art. 586, o escrivão, em seguida, lavrará o auto de divisão, acompanhado de uma folha de pagamento para cada condômino.

• Correspondência: art. 980, *caput*, CPC/1973.

§ 2º Assinado o auto pelo juiz e pelo perito, será proferida sentença homologatória da divisão.

• Correspondência: art. 980, *caput*, CPC/1973.

§ 3º O auto conterá:

• Correspondência: art. 980, § 1º, *caput*, CPC/1973.

I – a confinação e a extensão superficial do imóvel;

• Correspondência: art. 980, § 1º, I, CPC/1973.

II – a classificação das terras com o cálculo das áreas de cada consorte e com a respectiva avaliação ou, quando a homogeneidade das terras não determinar diversidade de valores, a avaliação do imóvel na sua integridade;

• Correspondência: art. 980, § 1º, II, CPC/1973.

III – o valor e a quantidade geométrica que couber a cada condômino, declarando-se as reduções e as compensações resultantes da diversidade de valores das glebas componentes de cada quinhão.

• Correspondência: art. 980, § 1º, III, CPC/1973.

§ 4º Cada folha de pagamento conterá:

• Correspondência: art. 980, § 2º, *caput*, CPC/1973.

I – a descrição das linhas divisórias do quinhão, mencionadas as confinantes;

• Correspondência: art. 980, § 2º, I, CPC/1973.

II – a relação das benfeitorias e das culturas do próprio quinhoeiro e das que lhe foram adjudicadas por serem comuns ou mediante compensação;

• Correspondência: art. 980, § 2º, II, CPC/1973.

Código de Processo Civil

III – a declaração das servidões instituídas, especificados os lugares, a extensão e o modo de exercício.

• Correspondência: art. 980, § 2º, III, CPC/1973.

Art. 598. Aplica-se às divisões o disposto nos arts. 575 a 578.

• Correspondência: art. 981, CPC/1973.

Capítulo V
DA AÇÃO DE DISSOLUÇÃO PARCIAL DE SOCIEDADE

Art. 599. A ação de dissolução parcial de sociedade pode ter por objeto:

• Sem correspondência no CPC/1973.
• V. arts. 1.028 a 1.038, 1.085, 1.086, e 1.089, CC.
• V. art. 4º, Lei 6.404/1976 (Sociedades por ações).

I – a resolução da sociedade empresária contratual ou simples em relação ao sócio falecido, excluído ou que exerceu o direito de retirada ou recesso; e

II – a apuração dos haveres do sócio falecido, excluído ou que exerceu o direito de retirada ou recesso; ou

III – somente a resolução ou a apuração de haveres.

§ 1º A petição inicial será necessariamente instruída com o contrato social consolidado.

§ 2º A ação de dissolução parcial de sociedade pode ter também por objeto a sociedade anônima de capital fechado quando demonstrado, por acionista ou acionistas que representem 5% (cinco por cento) ou mais do capital social, que não pode preencher o seu fim.

Art. 600. A ação pode ser proposta:

• Sem correspondência no CPC/1973.
• V. art. 113, CPC/2015.

I – pelo espólio do sócio falecido, quando a totalidade dos sucessores não ingressar na sociedade;

II – pelos sucessores, após concluída a partilha do sócio falecido;

III – pela sociedade, se os sócios sobreviventes não admitirem o ingresso do espólio ou dos sucessores do falecido na sociedade, quando esse direito decorrer do contrato social;

IV – pelo sócio que exerceu o direito de retirada ou recesso, se não tiver sido providenciada, pelos demais sócios, a alteração contratual consensual formalizando o desligamento, depois de transcorridos 10 (dez) dias do exercício do direito;

• V. art. 5º, XX, CF.

V – pela sociedade, nos casos em que a lei não autoriza a exclusão extrajudicial; ou

VI – pelo sócio excluído.

Parágrafo único. O cônjuge ou companheiro do sócio cujo casamento, união estável ou convivência terminou poderá requerer a apuração de seus haveres na sociedade, que serão pagos à conta da quota social titulada por este sócio.

Art. 601. Os sócios e a sociedade serão citados para, no prazo de 15 (quinze) dias, concordar com o pedido ou apresentar contestação.

• Sem correspondência no CPC/1973.
• V. art. 113, CPC/2015.

Parágrafo único. A sociedade não será citada se todos os seus sócios o forem, mas ficará sujeita aos efeitos da decisão e à coisa julgada.

Art. 602. A sociedade poderá formular pedido de indenização compensável com o valor dos haveres a apurar.

• Sem correspondência no CPC/1973.
• V. art. 1.107, CC.

Art. 603. Havendo manifestação expressa e unânime pela concordância da dissolução, o juiz a decretará, passando-se imediatamente à fase de liquidação.

• Sem correspondência no CPC/1973.
• V. arts. 1.102 a 1.112, CC.

§ 1º Na hipótese prevista no *caput*, não haverá condenação em honorários advocatícios de nenhuma das partes, e as custas serão rateadas segundo a participação das partes no capital social.

§ 2º Havendo contestação, observar-se-á o procedimento comum, mas a liquidação da sentença seguirá o disposto neste Capítulo.

Art. 604. Para apuração dos haveres, o juiz:

• Sem correspondência no CPC/1973.
• V. art. 1.107, CC.

Art. 605

I – fixará a data da resolução da sociedade;
II – definirá o critério de apuração dos haveres à vista do disposto no contrato social; e
III – nomeará o perito.

§ 1º O juiz determinará à sociedade ou aos sócios que nela permanecerem que depositem em juízo a parte incontroversa dos haveres devidos.

§ 2º O depósito poderá ser, desde logo, levantando pelo ex-sócio, pelo espólio ou pelos sucessores.

§ 3º Se o contrato social estabelecer o pagamento dos haveres, será observado o que nele se dispôs no depósito judicial da parte incontroversa.

Art. 605. A data da resolução da sociedade será:

- Sem correspondência no CPC/1973.

I – no caso de falecimento do sócio, a do óbito;
II – na retirada imotivada, o sexagésimo dia seguinte ao do recebimento, pela sociedade, da notificação do sócio retirante;
III – no recesso, o dia do recebimento, pela sociedade, da notificação do sócio dissidente;
IV – na retirada por justa causa de sociedade por prazo determinado e na exclusão judicial de sócio, a do trânsito em julgado da decisão que dissolver a sociedade; e
V – na exclusão extrajudicial, a data da assembleia ou da reunião de sócios que a tiver deliberado.

Art. 606. Em caso de omissão do contrato social, o juiz definirá, como critério de apuração de haveres, o valor patrimonial apurado em balanço de determinação, tomando-se por referência a data da resolução e avaliando-se bens e direitos do ativo, tangíveis e intangíveis, a preço de saída, além do passivo também a ser apurado de igual forma.

- Sem correspondência no CPC/1973.
- V. arts. 1.020, 1.065 e 1.069, CC.

Parágrafo único. Em todos os casos em que seja necessária a realização de perícia, a nomeação do perito recairá preferencialmente sobre especialista em avaliação de sociedades.

Art. 607. A data da resolução e o critério de apuração de haveres podem ser revistos pelo juiz, a pedido da parte, a qualquer tempo antes do início da perícia.

- Sem correspondência no CPC/1973.

Art. 608. Até a data da resolução, integram o valor devido ao ex-sócio, ao espólio ou aos sucessores a participação nos lucros ou os juros sobre o capital próprio declarados pela sociedade e, se for o caso, a remuneração como administrador.

- Sem correspondência no CPC/1973.

Parágrafo único. Após a data da resolução, o ex-sócio, o espólio ou os sucessores terão direito apenas à correção monetária dos valores apurados e aos juros contratuais ou legais.

Art. 609. Uma vez apurados, os haveres do sócio retirante serão pagos conforme disciplinar o contrato social e, no silêncio deste, nos termos do § 2º do art. 1.031 da Lei 10.406, de 10 de janeiro de 2002 (Código Civil).

- Sem correspondência no CPC/1973.
- V. art. 1.107, CC.

Capítulo VI
DO INVENTÁRIO E DA PARTILHA
Seção I
Disposições gerais

Art. 610. Havendo testamento ou interessado incapaz, proceder-se-á ao inventário judicial.

- Correspondência: art. 982, *caput*, CPC/1973.
- V. arts. 3º e 4º, CC.

§ 1º Se todos forem capazes e concordes, o inventário e a partilha poderão ser feitos por escritura pública, a qual constituirá documento hábil para qualquer ato de registro, bem como para levantamento de importância depositada em instituições financeiras.

- Correspondência: art. 982, *caput*, CPC/1973.
- V. arts. 215 e 2.015, CC.

§ 2º O tabelião somente lavrará a escritura pública se todas as partes interessadas estiverem assistidas por advogado ou por de-

Art. 617

fensor público, cuja qualificação e assinatura constarão do ato notarial.

- Correspondência: art. 982, § 1º, CPC/1973.
- V. Res. CNJ 35/2007 (Disciplina a aplicação da Lei 11.441/2007 pelos serviços notariais e de registro).

Art. 611. O processo de inventário e de partilha deve ser instaurado dentro de 2 (dois) meses, a contar da abertura da sucessão, ultimando-se nos 12 (doze) meses subsequentes, podendo o juiz prorrogar esses prazos, de ofício ou a requerimento de parte.

- Correspondência: art. 983, CPC/1973.
- V. Res. CNJ 35/2007 (Disciplina a aplicação da Lei 11.441/2007 pelos serviços notariais e de registro).

Art. 612. O juiz decidirá todas as questões de direito desde que os fatos relevantes estejam provados por documento, só remetendo para as vias ordinárias as questões que dependerem de outras provas.

- Correspondência: art. 984, CPC/1973.
- V. arts. 627, §§ 1º a 3º, 628, 641, § 2º, e 643, CPC/2015.

Art. 613. Até que o inventariante preste o compromisso, continuará o espólio na posse do administrador provisório.

- Correspondência: art. 985, CPC/1973.

Art. 614. O administrador provisório representa ativa e passivamente o espólio, é obrigado a trazer ao acervo os frutos que desde a abertura da sucessão percebeu, tem direito ao reembolso das despesas necessárias e úteis que fez e responde pelo dano a que, por dolo ou culpa, der causa.

- Correspondência: art. 986, CPC/1973.

Seção II
Da legitimidade para requerer o inventário

Art. 615. O requerimento de inventário e de partilha incumbe a quem estiver na posse e na administração do espólio, no prazo estabelecido no art. 611.

- Correspondência: art. 987, CPC/1973.

Parágrafo único. O requerimento será instruído com a certidão de óbito do autor da herança.

Art. 616. Têm, contudo, legitimidade concorrente:

- Correspondência: art. 988, *caput*, CPC/1973.

I – o cônjuge ou companheiro supérstite;

- Correspondência: art. 988, I, CPC/1973.

II – o herdeiro;

- Correspondência: art. 988, II, CPC/1973.

III – o legatário;

- Correspondência: art. 988, III, CPC/1973.

IV – o testamenteiro;

- Correspondência: art. 988, IV, CPC/1973.

V – o cessionário do herdeiro ou do legatário;

- Correspondência: art. 988, V, CPC/1973.

VI – o credor do herdeiro, do legatário ou do autor da herança;

- Correspondência: art. 988, VI, CPC/1973.

VII – o Ministério Público, havendo herdeiros incapazes;

- Correspondência: art. 988, VIII, CPC/1973.

VIII – a Fazenda Pública, quando tiver interesse;

- Correspondência: art. 988, IX, CPC/1973.

IX – o administrador judicial da falência do herdeiro, do legatário, do autor da herança ou do cônjuge ou companheiro supérstite.

- Correspondência: art. 988, VII, CPC/1973.

Seção III
Do inventariante e das primeiras declarações

Art. 617. O juiz nomeará inventariante na seguinte ordem:

- Correspondência: art. 990, *caput*, CPC/1973.
- V. arts. 613 e 625, CPC/2015.

I – o cônjuge ou companheiro sobrevivente, desde que estivesse convivendo com o outro ao tempo da morte deste;

- Correspondência: art. 990, I, CPC/1973.

II – o herdeiro que se achar na posse e na administração do espólio, se não houver cônjuge ou companheiro sobrevivente ou se estes não puderem ser nomeados;

- Correspondência: art. 990, II, CPC/1973.

III – qualquer herdeiro, quando nenhum deles estiver na posse e na administração do espólio;

- Correspondência: art. 990, III, CPC/1973.

Art. 618

CÓDIGO DE PROCESSO CIVIL

IV – o herdeiro menor, por seu representante legal;
- Sem correspondência no CPC/1973.

V – o testamenteiro, se lhe tiver sido confiada a administração do espólio ou se toda a herança estiver distribuída em legados;
- Correspondência: art. 990, IV, CPC/1973.

VI – o cessionário do herdeiro ou do legatário;
- Sem correspondência no CPC/1973.

VII – o inventariante judicial, se houver;
- Correspondência: art. 990, V, CPC/1973.

VIII – pessoa estranha idônea, quando não houver inventariante judicial.
- Correspondência: art. 990, VI, CPC/1973.

Parágrafo único. O inventariante, intimado da nomeação, prestará, dentro de 5 (cinco) dias, o compromisso de bem e fielmente desempenhar a função.
- Correspondência: art. 990, parágrafo único, CPC/1973.
- V. art. 625, CPC/2015.

Art. 618. Incumbe ao inventariante:
- Correspondência: art. 991, CPC/1973.

I – representar o espólio ativa e passivamente, em juízo ou fora dele, observando-se, quanto ao dativo, o disposto no art. 75, § 1º;
- V. art. 622, IV, CPC/2015.

II – administrar o espólio, velando-lhe os bens com a mesma diligência que teria se seus fossem;
- V. art. 622, IV, CPC/2015.

III – prestar as primeiras e as últimas declarações pessoalmente ou por procurador com poderes especiais;
- V. arts. 620, 622, I, 636, CPC/2015.

IV – exibir em cartório, a qualquer tempo, para exame das partes, os documentos relativos ao espólio;

V – juntar aos autos certidão do testamento, se houver;

VI – trazer à colação os bens recebidos pelo herdeiro ausente, renunciante ou excluído;
- V. arts. 639 a 641, CPC/2015.

VII – prestar contas de sua gestão ao deixar o cargo ou sempre que o juiz lhe determinar;
- V. art. 550, CPC/2015.

VIII – requerer a declaração de insolvência.

Art. 619. Incumbe ainda ao inventariante, ouvidos os interessados e com autorização do juiz:
- Correspondência: art. 992, CPC/1973.

I – alienar bens de qualquer espécie;

II – transigir em juízo ou fora dele;
- V. arts. 840 a 850, CC.

III – pagar dívidas do espólio;
- V. arts. 642 a 646, CPC/2015.
- V. arts. 134, IV, parágrafo único, e 192, CTN.

IV – fazer as despesas necessárias para a conservação e o melhoramento dos bens do espólio.

Art. 620. Dentro de 20 (vinte) dias contados da data em que prestou o compromisso, o inventariante fará as primeiras declarações, das quais se lavrará termo circunstanciado, assinado pelo juiz, pelo escrivão e pelo inventariante, no qual serão exarados:
- Correspondência: art. 993, *caput*, CPC/1973.

I – o nome, o estado, a idade e o domicílio do autor da herança, o dia e o lugar em que faleceu e se deixou testamento;
- Correspondência: art. 993, I, CPC/1973.

II – o nome, o estado, a idade, o endereço eletrônico e a residência dos herdeiros e, havendo cônjuge ou companheiro supérstite, além dos respectivos dados pessoais, o regime de bens do casamento ou da união estável;
- Correspondência: art. 993, II, CPC/1973.

III – a qualidade dos herdeiros e o grau de parentesco com o inventariado;
- Correspondência: art. 993, III, CPC/1973.

IV – a relação completa e individualizada de todos os bens do espólio, inclusive aqueles que devem ser conferidos à colação, e dos bens alheios que nele forem encontrados, descrevendo-se:
- Correspondência: art. 993, IV, CPC/1973.

a) os imóveis, com as suas especificações, nomeadamente local em que se encontram, extensão da área, limites, confrontações, benfeitorias, origem dos títulos, números das matrículas e ônus que os gravam;

b) os móveis, com os sinais característicos;

c) os semoventes, seu número, suas espécies, suas marcas e seus sinais distintivos;

Código de Processo Civil

d) o dinheiro, as joias, os objetos de ouro e prata e as pedras preciosas, declarando-se-lhes especificadamente a qualidade, o peso e a importância;
e) os títulos da dívida pública, bem como as ações, as quotas e os títulos de sociedade, mencionando-se-lhes o número, o valor e a data;
f) as dívidas ativas e passivas, indicando-se-lhes as datas, os títulos, a origem da obrigação e os nomes dos credores e dos devedores;
g) direitos e ações;
h) o valor corrente de cada um dos bens do espólio.

§ 1º O juiz determinará que se proceda:

• Correspondência: art. 993, parágrafo único, CPC/1973.

I – ao balanço do estabelecimento, se o autor da herança era empresário individual;
II – à apuração de haveres, se o autor da herança era sócio de sociedade que não anônima.

§ 2º As declarações podem ser prestadas mediante petição, firmada por procurador com poderes especiais, à qual o termo se reportará.

• Sem correspondência no CPC/1973.

Art. 621. Só se pode arguir sonegação ao inventariante depois de encerrada a descrição dos bens, com a declaração, por ele feita, de não existirem outros por inventariar.

• Correspondência: art. 994, CPC/1973.

Art. 622. O inventariante será removido de ofício ou a requerimento:

• Correspondência: art. 995, CPC/1973.

I – se não prestar, no prazo legal, as primeiras ou as últimas declarações;

• V. arts. 626, § 2º, 627, 633 e 634, CPC/2015.

II – se não der ao inventário andamento regular, se suscitar dúvidas infundadas ou se praticar atos meramente protelatórios;
III – se, por culpa sua, bens do espólio se deteriorarem, forem dilapidados ou sofrerem dano;

• V. art. 674, CPC/2015.

IV – se não defender o espólio nas ações em que for citado, se deixar de cobrar dívidas ativas ou se não promover as medidas necessárias para evitar o perecimento de direitos;
V – se não prestar contas ou se as que prestar não forem julgadas boas;

• V. art. 420, II, CPC/2015.

VI – se sonegar, ocultar ou desviar bens do espólio.

• V. arts. 1.992 a 1.996, CC.

Art. 623. Requerida a remoção com fundamento em qualquer dos incisos do art. 622, será intimado o inventariante para, no prazo de 15 (quinze) dias, defender-se e produzir provas.

• Correspondência: art. 996, CPC/1973.

Parágrafo único. O incidente da remoção correrá em apenso aos autos do inventário.

Art. 624. Decorrido o prazo, com a defesa do inventariante ou sem ela, o juiz decidirá.

• Correspondência: art. 997, CPC/1973.

Parágrafo único. Se remover o inventariante, o juiz nomeará outro, observada a ordem estabelecida no art. 617.

Art. 625. O inventariante removido entregará imediatamente ao substituto os bens do espólio e, caso deixe de fazê-lo, será compelido mediante mandado de busca e apreensão ou de imissão na posse, conforme se tratar de bem móvel ou imóvel, sem prejuízo da multa a ser fixada pelo juiz em montante não superior a 3% (três por cento) do valor dos bens inventariados.

• Correspondência: art. 998, CPC/1973.

Seção IV
Das citações e das impugnações

Art. 626. Feitas as primeiras declarações, o juiz mandará citar, para os termos do inventário e da partilha, o cônjuge, o companheiro, os herdeiros e os legatários e intimar a Fazenda Pública, o Ministério Público, se houver herdeiro incapaz ou ausente, e o testamenteiro, se houver testamento.

• Correspondência: art. 999, CPC/1973.
• V. arts. 256 a 258, CPC/2015.

§ 1º O cônjuge ou o companheiro, os herdeiros e os legatários serão citados pelo correio, observado o disposto no art. 247, sendo, ainda, publicado edital, nos termos do inciso III do art. 259.

§ 2º Das primeiras declarações extrair-se-ão tantas cópias quantas forem as partes.

§ 3º A citação será acompanhada de cópia das primeiras declarações.

§ 4º Incumbe ao escrivão remeter cópias à Fazenda Pública, ao Ministério Público, ao testamenteiro, se houver, e ao advogado, se a parte já estiver representada nos autos.

Art. 627. Concluídas as citações, abrir-se-á vista às partes, em cartório e pelo prazo comum de 15 (quinze) dias, para que se manifestem sobre as primeiras declarações, incumbindo às partes:

- Correspondência: art. 1.000, *caput*, CPC/1973.
- V. arts. 624, 629, 630, 639 e 668, I, CPC/2015.

I – arguir erros, omissões e sonegação de bens;

- Correspondência: art. 1.000, I, CPC/1973.

II – reclamar contra a nomeação de inventariante;

- Correspondência: art. 1.000, III, CPC/1973.
- V. art. 617, CPC/2015.

III – contestar a qualidade de quem foi incluído no título de herdeiro.

- Correspondência: art. 1.000, III, CPC/1973.

§ 1º Julgando procedente a impugnação referida no inciso I, o juiz mandará retificar as primeiras declarações.

- Correspondência: art. 1.000, parágrafo único, CPC/1973.

§ 2º Se acolher o pedido de que trata o inciso II, o juiz nomeará outro inventariante, observada a preferência legal.

- Correspondência: art. 1.000, parágrafo único, CPC/1973.

§ 3º Verificando que a disputa sobre a qualidade de herdeiro a que alude o inciso III demanda produção de provas que não a documental, o juiz remeterá a parte às vias ordinárias e sobrestará, até o julgamento da ação, a entrega do quinhão que na partilha couber ao herdeiro admitido.

- Correspondência: art. 1.000, parágrafo único, CPC/1973.
- V. art. 612, CPC/2015.

Art. 628. Aquele que se julgar preterido poderá demandar sua admissão no inventário, requerendo-a antes da partilha.

- Correspondência: art. 1.001, CPC/1973.
- V. art. 668, I, CPC/2015.

§ 1º Ouvidas as partes no prazo de 15 (quinze) dias, o juiz decidirá.

§ 2º Se para solução da questão for necessária a produção de provas que não a documental, o juiz remeterá o requerente às vias ordinárias, mandando reservar, em poder do inventariante, o quinhão do herdeiro excluído até que se decida o litígio.

- V. art. 612, CPC/2015.

Art. 629. A Fazenda Pública, no prazo de 15 (quinze) dias, após a vista de que trata o art. 627, informará ao juízo, de acordo com os dados que constam de seu cadastro imobiliário, o valor dos bens de raiz descritos nas primeiras declarações.

- Correspondência: art. 1.002, CPC/1973.
- V. art. 633, CPC/2015.

Seção V
Da avaliação e do cálculo do imposto

Art. 630. Findo o prazo previsto no art. 627 sem impugnação ou decidida a impugnação que houver sido oposta, o juiz nomeará, se for o caso, perito para avaliar os bens do espólio, se não houver na comarca avaliador judicial.

- Correspondência: art. 1.003, CPC/1973.
- V. arts. 156 a 158, CPC/2015.

Parágrafo único. Na hipótese prevista no art. 620, § 1º, o juiz nomeará perito para avaliação das quotas sociais ou apuração dos haveres.

Art. 631. Ao avaliar os bens do espólio, o perito observará, no que for aplicável, o disposto nos arts. 872 e 873.

- Correspondência: art. 1.004, CPC/1973.

Art. 632. Não se expedirá carta precatória para a avaliação de bens situados fora da comarca onde corre o inventário se eles forem de pequeno valor ou perfeitamente conhecidos do perito nomeado.

- Correspondência: art. 1.006, CPC/1973.

Art. 633. Sendo capazes todas as partes, não se procederá à avaliação se a Fazenda Pública, intimada pessoalmente, concordar de forma expressa com o valor atribuído, nas primeiras declarações, aos bens do espólio.

- Correspondência: art. 1.007, CPC/1973.
- V. art. 629, CPC/2015.

Art. 634. Se os herdeiros concordarem com o valor dos bens declarados pela Fazenda Pública, a avaliação cingir-se-á aos demais.

- Correspondência: art. 1.008, CPC/1973.

Art. 635. Entregue o laudo de avaliação, o juiz mandará que as partes se manifestem no prazo de 15 (quinze) dias, que correrá em cartório.

- Correspondência: art. 1.009, CPC/1973.

§ 1º Versando a impugnação sobre o valor dado pelo perito, o juiz a decidirá de plano, à vista do que constar dos autos.

§ 2º Julgando procedente a impugnação, o juiz determinará que o perito retifique a avaliação, observando os fundamentos da decisão.

Art. 636. Aceito o laudo ou resolvidas as impugnações suscitadas a seu respeito, lavrar-se-á em seguida o termo de últimas declarações, no qual o inventariante poderá emendar, aditar ou completar as primeiras.

- Correspondência: art. 1.011, CPC/1973.
- V. art. 622, I, CPC/2015.

Art. 637. Ouvidas as partes sobre as últimas declarações no prazo comum de 15 (quinze) dias, proceder-se-á ao cálculo do tributo.

- Correspondência: art. 1.012, CPC/1973.
- V. Súmulas 112 a 115, 331 e 590, STF.

Art. 638. Feito o cálculo, sobre ele serão ouvidas todas as partes no prazo comum de 5 (cinco) dias, que correrá em cartório, e, em seguida, a Fazenda Pública.

- Correspondência: art. 1.013, CPC/1973.

§ 1º Se acolher eventual impugnação, o juiz ordenará nova remessa dos autos ao contabilista, determinando as alterações que devam ser feitas no cálculo.

§ 2º Cumprido o despacho, o juiz julgará o cálculo do tributo.

Seção VI
Das colações

Art. 639. No prazo estabelecido no art. 627, o herdeiro obrigado à colação conferirá por termo nos autos ou por petição à qual o termo se reportará os bens que recebeu ou, se já não os possui, trar-lhes-á o valor.

- Correspondência: art. 1.014, CPC/1973.
- V. arts. 2.002 a 2.012, CC.

Parágrafo único. Os bens a serem conferidos na partilha, assim como as acessões e as benfeitorias que o donatário fez, calcular-se-ão pelo valor que tiverem ao tempo da abertura da sucessão.

Art. 640. O herdeiro que renunciou à herança ou o que dela foi excluído não se exime, pelo fato da renúncia ou da exclusão, de conferir, para o efeito de repor a parte inoficiosa, as liberalidades que obteve do doador.

- Correspondência: art. 1.015, *caput*, CPC/1973.
- V. art. 2.007, CC.

§ 1º É lícito ao donatário escolher, dentre os bens doados, tantos quantos bastem para perfazer a legítima e a metade disponível, entrando na partilha o excedente para ser dividido entre os demais herdeiros.

- Correspondência: art. 1.015, § 1º, CPC/1973.

§ 2º Se a parte inoficiosa da doação recair sobre bem imóvel que não comporte divisão cômoda, o juiz determinará que sobre ela se proceda a licitação entre os herdeiros.

- Correspondência: art. 1.015, § 2º, CPC/1973.

§ 3º O donatário poderá concorrer na licitação referida no § 2º e, em igualdade de condições, terá preferência sobre os herdeiros.

- Correspondência: art. 1.015, § 2º, CPC/1973.

Art. 641. Se o herdeiro negar o recebimento dos bens ou a obrigação de os conferir, o juiz, ouvidas as partes no prazo comum de 15 (quinze) dias, decidirá à vista das alegações e das provas produzidas.

- Correspondência: art. 1.016, CPC/1973
- V. art. 612, CPC/2015.

§ 1º Declarada improcedente a oposição, se o herdeiro, no prazo improrrogável de 15 (quinze) dias, não proceder à conferência, o juiz mandará sequestrar-lhe, para serem inventariados e partilhados, os bens sujeitos à colação ou imputar ao seu quinhão hereditário o valor deles, se já não os possuir.

§ 2º Se a matéria exigir dilação probatória diversa da documental, o juiz remeterá as partes às vias ordinárias, não podendo o herdeiro receber o seu quinhão hereditário, enquanto pender a demanda, sem prestar caução correspondente ao valor dos bens sobre os quais versar a conferência.

• V. art. 83, CPC/2015.

Seção VII
Do pagamento das dívidas

Art. 642. Antes da partilha, poderão os credores do espólio requerer ao juízo do inventário o pagamento das dívidas vencidas e exigíveis.

• Correspondência: art. 1.017, *caput*, CPC/1973.
• V. art. 619, III, CPC/2015.
• V. arts. 1.997 a 2.001, CC.
• V. arts. 187 a 189, CTN.
• V. art. 4º, § 4º, Lei 6.830/1980 (Execução fiscal).

§ 1º A petição, acompanhada de prova literal da dívida, será distribuída por dependência e autuada em apenso aos autos do processo de inventário.

• Correspondência: art. 1.017, § 1º, CPC/1973.

§ 2º Concordando as partes com o pedido, o juiz, ao declarar habilitado o credor, mandará que se faça a separação de dinheiro ou, em sua falta, de bens suficientes para o pagamento.

• Correspondência: art. 1.017, § 2º, CPC/1973.

§ 3º Separados os bens, tantos quantos forem necessários para o pagamento dos credores habilitados, o juiz mandará aliená-los, observando-se as disposições deste Código relativas à expropriação.

• Correspondência: art. 1.017, § 3º, CPC/1973.
• V. arts. 647 e 825 CPC/2015

§ 4º Se o credor requerer que, em vez de dinheiro, lhe sejam adjudicados, para o seu pagamento, os bens já reservados, o juiz deferir-lhe-á o pedido, concordando todas as partes.

• Correspondência: art. 1.017, § 4º, CPC/1973.

§ 5º Os donatários serão chamados a pronunciar-se sobre a aprovação das dívidas, sempre que haja possibilidade de resultar delas a redução das liberalidades.

• Sem correspondência no CPC/1973.

Art. 643. Não havendo concordância de todas as partes sobre o pedido de pagamento feito pelo credor, será o pedido remetido às vias ordinárias.

• Correspondência: art. 1.018, CPC/1973.
• V. arts. 612 e 688, I, CPC/2015.
• V. art. 1.997, § 2º, CC.

Parágrafo único. O juiz mandará, porém, reservar, em poder do inventariante, bens suficientes para pagar o credor quando a dívida constar de documento que comprove suficientemente a obrigação e a impugnação não se fundar em quitação.

Art. 644. O credor de dívida líquida e certa, ainda não vencida, pode requerer habilitação no inventário.

• Correspondência: art. 1.019, CPC/1973.

Parágrafo único. Concordando as partes com o pedido referido no *caput*, o juiz, ao julgar habilitado o crédito, mandará que se faça separação de bens para o futuro pagamento.

• Correspondência: art. 1.019, CPC/1973.

Art. 645. O legatário é parte legítima para manifestar-se sobre as dívidas do espólio:

• Correspondência: art. 1.020, CPC/1973.

I – quando toda a herança for dividida em legados;
II – quando o reconhecimento das dívidas importar redução dos legados.

Art. 646. Sem prejuízo do disposto no art. 860, é lícito aos herdeiros, ao separarem bens para o pagamento de dívidas, autorizar que o inventariante os indique à penhora no processo em que o espólio for executado.

• Correspondência: art. 1.021, CPC/1973.
• V. arts. 1.912 a 1.940, CC.

Seção VIII
Da partilha

Art. 647. Cumprido o disposto no art. 642, § 3º, o juiz facultará às partes que, no prazo comum de 15 (quinze) dias, formulem o pedido de quinhão e, em seguida, proferirá a decisão de deliberação da parti-

CÓDIGO DE PROCESSO CIVIL

lha, resolvendo os pedidos das partes e designando os bens que devam constituir quinhão de cada herdeiro e legatário.

- Correspondência: art. 1.022, CPC/1973.
- V. art. 659, § 1º, CPC/2015.
- V. arts. 2.013 a 2.021, CC.

Parágrafo único. O juiz poderá, em decisão fundamentada, deferir antecipadamente a qualquer dos herdeiros o exercício dos direitos de usar e de fruir de determinado bem, com a condição de que, ao término do inventário, tal bem integre a cota desse herdeiro, cabendo a este, desde o deferimento, todos os ônus e bônus decorrentes do exercício daqueles direitos.

- Sem correspondência no CPC/1973.

Art. 648. Na partilha, serão observadas as seguintes regras:

- Sem correspondência no CPC/1973.

I – a máxima igualdade possível quanto ao valor, à natureza e à qualidade dos bens;
II – a prevenção de litígios futuros;
III – a máxima comodidade dos coerdeiros, do cônjuge ou do companheiro, se for o caso.

Art. 649. Os bens insuscetíveis de divisão cômoda que não couberem na parte do cônjuge ou companheiro supérstite ou no quinhão de um só herdeiro serão licitados entre os interessados ou vendidos judicialmente, partilhando-se o valor apurado, salvo se houver acordo para que sejam adjudicados a todos.

- Sem correspondência no CPC/1973.

Art. 650. Se um dos interessados for nascituro, o quinhão que lhe caberá será reservado em poder do inventariante até o seu nascimento.

- Correspondência: art. 878, CPC/1973.
- V. arts. 2º, 1.630 a 1.638 e 1.779, CC.

Art. 651. O partidor organizará o esboço da partilha de acordo com a decisão judicial, observando nos pagamentos a seguinte ordem:

- Correspondência: art. 1.023, CPC/1973.

I – dívidas atendidas;
II – meação do cônjuge;
III – meação disponível;
IV – quinhões hereditários, a começar pelo coerdeiro mais velho.

Art. 652. Feito o esboço, as partes manifestar-se-ão sobre esse no prazo comum de 15 (quinze) dias, e, resolvidas as reclamações, a partilha será lançada nos autos.

- Correspondência: art. 1.024, CPC/1973.

Art. 653. A partilha constará:

- Correspondência: art. 1.025, CPC/1973.

I – de auto de orçamento, que mencionará:
a) os nomes do autor da herança, do inventariante, do cônjuge ou companheiro supérstite, dos herdeiros, dos legatários e dos credores admitidos;
b) o ativo, o passivo e o líquido partível, com as necessárias especificações;
c) o valor de cada quinhão;
II – de folha de pagamento para cada parte, declarando a quota a pagar-lhe, a razão do pagamento e a relação dos bens que lhe compõem o quinhão, as características que os individualizam e os ônus que os gravam.

Parágrafo único. O auto e cada uma das folhas serão assinados pelo juiz e pelo escrivão.

Art. 654. Pago o imposto de transmissão a título de morte e juntada aos autos certidão ou informação negativa de dívida para com a Fazenda Pública, o juiz julgará por sentença a partilha.

- Correspondência: art. 1.026, CPC/1973.
- V. art. 656, CPC/2015.
- V. art. 192, CTN.
- V. art. 22, § 2º, Lei 4.947/1966 (Direito agrário).

Parágrafo único. A existência de dívida para com a Fazenda Pública não impedirá o julgamento da partilha, desde que o seu pagamento esteja devidamente garantido.

- Sem correspondência no CPC 1973.

Art. 655. Transitada em julgado a sentença mencionada no art. 654, receberá o herdeiro os bens que lhe tocarem e um formal de partilha, do qual constarão as seguintes peças:

- Sem correspondência no CPC/1973.

I – termo de inventariante e título de herdeiros;
II – avaliação dos bens que constituíram o quinhão do herdeiro;

Art. 656

III – pagamento do quinhão hereditário;
IV – quitação dos impostos;
V – sentença.

Parágrafo único. O formal de partilha poderá ser substituído por certidão de pagamento do quinhão hereditário quando esse não exceder a 5 (cinco) vezes o salário mínimo, caso em que se transcreverá nela a sentença de partilha transitada em julgado.

Art. 656. A partilha, mesmo depois de transitada em julgado a sentença, pode ser emendada nos mesmos autos do inventário, convindo todas as partes, quando tenha havido erro de fato na descrição dos bens, podendo o juiz, de ofício ou a requerimento da parte, a qualquer tempo, corrigir-lhe as inexatidões materiais.

* Correspondência: art. 1.028, CPC/1973.

Art. 657. A partilha amigável, lavrada em instrumento público, reduzida a termo nos autos do inventário ou constante de escrito particular homologado pelo juiz, pode ser anulada por dolo, coação, erro essencial ou intervenção de incapaz, observado o disposto no § 4º do art. 966.

* Correspondência: art. 1.029, CPC/1973.
* V. arts. 171, 2.015 e 2.027, CC.

Parágrafo único. O direito à anulação de partilha amigável extingue-se em 1 (um) ano, contado esse prazo:

I – no caso de coação, do dia em que ela cessou;
II – no caso de erro ou dolo, do dia em que se realizou o ato;
III – quanto ao incapaz, do dia em que cessar a incapacidade.

Art. 658. É rescindível a partilha julgada por sentença:

* Correspondência: art. 1.030, CPC/1973.
* V. arts. 657 e 966, CPC/2015.

I – nos casos mencionados no art. 657;
II – se feita com preterição de formalidades legais;
III – se preteriu herdeiro ou incluiu quem não o seja.

CÓDIGO DE PROCESSO CIVIL

Seção IX
Do arrolamento

Art. 659. A partilha amigável, celebrada entre partes capazes, nos termos da lei, será homologada de plano pelo juiz, com observância dos arts. 660 a 663.

* Correspondência: art. 1.031, CPC/1973.
* V. Res. CNJ 35/2007 (Disciplina a aplicação da Lei 11.441/2007 pelos serviços notariais e de registro).

§ 1º O disposto neste artigo aplica-se, também, ao pedido de adjudicação, quando houver herdeiro único.
§ 2º Transitada em julgado a sentença de homologação de partilha ou de adjudicação, será lavrado o formal de partilha ou elaborada a carta de adjudicação e, em seguida, serão expedidos os alvarás referentes aos bens e às rendas por ele abrangidos, intimando-se o fisco para lançamento administrativo do imposto de transmissão e de outros tributos porventura incidentes, conforme dispuser a legislação tributária, nos termos do § 2º do art. 662.

Art. 660. Na petição de inventário, que se processará na forma de arrolamento sumário, independentemente da lavratura de termos de qualquer espécie, os herdeiros:

* Correspondência: art. 1.032, CPC/1973.
* V. art. 659, CPC/2015.

I – requererão ao juiz a nomeação do inventariante que designarem;

* V. arts. 613 e 618 a 625, CPC/2015.

II – declararão os títulos dos herdeiros e os bens do espólio, observado o disposto no art. 630;
III – atribuirão valor aos bens do espólio, para fins de partilha.

Art. 661. Ressalvada a hipótese prevista no parágrafo único do art. 663, não se procederá à avaliação dos bens do espólio para nenhuma finalidade.

* Correspondência: art. 1.033, CPC/1973.
* V. art. 659, CPC/2015.

Art. 662. No arrolamento, não serão conhecidas ou apreciadas questões relativas ao lançamento, ao pagamento ou à quitação de taxas judiciárias e de tributos incidentes sobre a transmissão da propriedade dos bens do espólio.

- Correspondência: art. 1.034, CPC/1973.
- V. arts. 659, 664, § 4º, CPC/2015.

§ 1º A taxa judiciária, se devida, será calculada com base no valor atribuído pelos herdeiros, cabendo ao fisco, se apurar em processo administrativo valor diverso do estimado, exigir a eventual diferença pelos meios adequados ao lançamento de créditos tributários em geral.

§ 2º O imposto de transmissão será objeto de lançamento administrativo, conforme dispuser a legislação tributária, não ficando as autoridades fazendárias adstritas aos valores dos bens do espólio atribuídos pelos herdeiros.

Art. 663. A existência de credores do espólio não impedirá a homologação da partilha ou da adjudicação, se forem reservados bens suficientes para o pagamento da dívida.

- Correspondência: art. 1.035, CPC/1973.
- V. arts. 630, 642, §§ 2º a 4º, 644 e 659, CPC/2015.

Parágrafo único. A reserva de bens será realizada pelo valor estimado pelas partes, salvo se o credor, regularmente notificado, impugnar a estimativa, caso em que se promoverá a avaliação dos bens a serem reservados.

- V. art. 661, CPC/2015.

Art. 664. Quando o valor dos bens do espólio for igual ou inferior a 1.000 (mil) salários mínimos, o inventário processar-se-á na forma de arrolamento, cabendo ao inventariante nomeado, independentemente de assinatura de termo de compromisso, apresentar, com suas declarações, a atribuição de valor aos bens do espólio e o plano da partilha.

- Correspondência: art. 1.036, CPC/1973.
- V. art. 1º, Lei 6.858/1980 (Pagamento aos dependentes ou sucessores de valores não recebidos em vida).
- V. Lei 7.730/1989 (Extinção da OTN).
- V. art. 112, Lei 8.213/1991 (Planos de Benefícios da Previdência Social).

§ 1º Se qualquer das partes ou o Ministério Público impugnar a estimativa, o juiz nomeará avaliador, que oferecerá laudo em 10 (dez) dias.

§ 2º Apresentado o laudo, o juiz, em audiência que designar, deliberará sobre a partilha, decidindo de plano todas as reclamações e mandando pagar as dívidas não impugnadas.

§ 3º Lavrar-se-á de tudo um só termo, assinado pelo juiz, pelo inventariante e pelas partes presentes ou por seus advogados.

§ 4º Aplicam-se a essa espécie de arrolamento, no que couber, as disposições do art. 672, relativamente ao lançamento, ao pagamento e à quitação da taxa judiciária e do imposto sobre a transmissão da propriedade dos bens do espólio.

§ 5º Provada a quitação dos tributos relativos aos bens do espólio e às suas rendas, o juiz julgará a partilha.

Art. 665. O inventário processar-se-á também na forma do art. 664, ainda que haja interessado incapaz, desde que concordem todas as partes e o Ministério Público.

- Correspondência: art. 982, CPC/1973.
- V. art. 178, II, CPC/2015.
- V. Res. CNJ 35/2007 (Disciplina a aplicação da Lei 11.441/2007 pelos serviços notariais e de registro).

Art. 666. Independerá de inventário ou de arrolamento o pagamento dos valores previstos na Lei 6.858, de 24 de novembro de 1980.

- Correspondência: art. 1.037, CPC/1973.

Art. 667. Aplicam-se subsidiariamente a esta Seção as disposições das Seções VII e VIII deste Capítulo.

- Correspondência: art. 1.038, CPC/1973.

Seção X
Disposições comuns a todas as seções

Art. 668. Cessa a eficácia da tutela provisória prevista nas Seções deste Capítulo:

- Correspondência: art. 1.039, CPC/1973.
- V. arts. 309 e 310, CPC/2015.

I – se a ação não for proposta em 30 (trinta) dias contados da data em que da decisão foi

Art. 669

intimado o impugnante, o herdeiro excluído ou o credor não admitido;
II – se o juiz extinguir o processo de inventário com ou sem resolução de mérito.

Art. 669. São sujeitos à sobrepartilha os bens:

- Correspondência: art. 1.040, CPC/1973.

I – sonegados;

- V. arts. 1.992 a 1.996, CC.

II – da herança descobertos após a partilha;

- V. art. 59, CPC/2015.

III – litigiosos, assim como os de liquidação difícil ou morosa;

IV – situados em lugar remoto da sede do juízo onde se processa o inventário.

- V. art. 59, CPC/2015.

Parágrafo único. Os bens mencionados nos incisos III e IV serão reservados à sobrepartilha sob a guarda e a administração do mesmo ou de diverso inventariante, a consentimento da maioria dos herdeiros.

- V. art. 656, CPC/2015.

Art. 670. Na sobrepartilha dos bens, observar-se-á o processo de inventário e de partilha.

- Correspondência: art. 1.041, CPC/1973.

Parágrafo único. A sobrepartilha correrá nos autos do inventário do autor da herança.

Art. 671. O juiz nomeará curador especial:

- Correspondência: art. 1.042, CPC/1973.

I – ao ausente, se não o tiver;
II – ao incapaz, se concorrer na partilha com o seu representante, desde que exista colisão de interesses.

- V. art. 72, I, CPC/2015.
- V. art. 1.692, CC.

Art. 672. É lícita a cumulação de inventários para a partilha de heranças de pessoas diversas quando houver:

- Correspondência: arts. 1.043 e 1.044, CPC/1973.

I – identidade de pessoas entre as quais devam ser repartidos os bens;

- Correspondência: arts. 1.043 e 1.044, CPC/1973.

II – heranças deixadas pelos dois cônjuges ou companheiros;

- Correspondência: arts. 1.043 e 1.044, CPC/1973.

III – dependência de uma das partilhas em relação à outra.

- Correspondência: arts. 1.043 e 1.044, CPC/1973.

Parágrafo único. No caso previsto no inciso III, se a dependência for parcial, por haver outros bens, o juiz pode ordenar a tramitação separada, se melhor convier ao interesse das partes ou à celeridade processual.

- Sem correspondência no CPC/1973.

Art. 673. No caso previsto no art. 672, inciso II, prevalecerão as primeiras declarações, assim como o laudo de avaliação, salvo se alterado o valor dos bens.

- Correspondência: art. 1.045, CPC/1973.

Capítulo VII
DOS EMBARGOS DE TERCEIRO

- V. Súmula 303, STJ.

Art. 674. Quem, não sendo parte no processo, sofrer constrição ou ameaça de constrição sobre bens que possua ou sobre os quais tenha direito incompatível com o ato constritivo, poderá requerer seu desfazimento ou sua inibição por meio de embargos de terceiro.

- Correspondência: art. 1.046, *caput*, CPC/1973.
- V. arts. 790, III, 792, § 4º, 799, IX, 808 a 810, 844, 845, 868, § 1º, 967, II, e 996, CPC/2015.

§ 1º Os embargos podem ser de terceiro proprietário, inclusive fiduciário, ou possuidor.

- Correspondência: art. 1.046, § 1º, CPC/1973.
- V. art. 790, III, CPC/2015.
- V. Súmulas 84, STJ.

§ 2º Considera-se terceiro, para ajuizamento dos embargos:

- Correspondência: art. 1.046, § 3º, CPC/1973.

I – o cônjuge ou companheiro, quando defende a posse de bens próprios ou de sua meação, ressalvado o disposto no art. 843;

- Correspondência: art. 1.046, § 3º, CPC/1973.
- V. art. 734, CPC/2015.
- V. Súmula 134, STJ.

Código de Processo Civil

II – o adquirente de bens cuja constrição decorreu de decisão que declara a ineficácia da alienação realizada em fraude à execução;

• Sem correspondência no CPC/1973.

III – quem sofre constrição judicial de seus bens por força de desconsideração da personalidade jurídica, de cujo incidente não fez parte;

• Sem correspondência no CPC/1973.

IV – o credor com garantia real para obstar expropriação judicial do objeto de direito real de garantia, caso não tenha sido intimado, nos termos legais dos atos expropriatórios respectivos.

• Correspondência: art. 1.047, II, CPC/1973.
• V. art. 416, CPC/2015.

Art. 675. Os embargos podem ser opostos a qualquer tempo no processo de conhecimento enquanto não transitada em julgado a sentença e, no cumprimento de sentença ou no processo de execução, até 5 (cinco) dias depois da adjudicação, da alienação por iniciativa particular ou da arrematação, mas sempre antes da assinatura da respectiva carta.

• Correspondência: art. 1.048, CPC/1973.
• V. art. 214, I, CPC/2015.

Parágrafo único. Caso identifique a existência de terceiro titular de interesse em embargar o ato, o juiz mandará intimá-lo pessoalmente.

• Sem correspondência no CPC/1973

Art. 676. Os embargos serão distribuídos por dependência ao juízo que ordenou a constrição e autuados em apartado.

• Correspondência: art. 1.049, CPC/1973.
• V. art. 914, CPC/2015.

Parágrafo único. Nos casos de ato de constrição realizado por carta, os embargos serão oferecidos no juízo deprecado, salvo se indicado pelo juízo deprecante o bem constrito ou se já devolvida a carta.

• Sem correspondência no CPC/1973

Art. 677. Na petição inicial, o embargante fará a prova sumária de sua posse ou de seu domínio e da qualidade de terceiro, oferecendo documentos e rol de testemunhas.

• Correspondência: art. 1.050, *caput*, CPC/1973.
• V. art. 1.197, CC.

§ 1º É facultada a prova da posse em audiência preliminar designada pelo juiz.

• Correspondência: art. 1.050, § 1º, CPC/1973.

§ 2º O possuidor direto pode alegar, além da sua posse, o domínio alheio.

• Correspondência: art. 1.050, § 2º, CPC/1973.
• V. art. 1.197, CC.

§ 3º A citação será pessoal, se o embargado não tiver procurador constituído nos autos da ação principal.

• Correspondência: art. 1.050, § 3º, CPC/1973.

§ 4º Será legitimado passivo o sujeito a quem o ato de constrição aproveita, assim como o será seu adversário no processo principal quando for sua a indicação do bem para a constrição judicial.

• Sem correspondência no CPC/1973.

Art. 678. A decisão que reconhecer suficientemente provado o domínio ou a posse determinará a suspensão das medidas constritivas sobre os bens litigiosos objeto dos embargos, bem como a manutenção ou a reintegração provisória da posse, se o embargante a houver requerido.

• Correspondência: art. 1.051, CPC/1973.

Parágrafo único. O juiz poderá condicionar a ordem de manutenção ou de reintegração provisória de posse à prestação de caução pelo requerente, ressalvada a impossibilidade da parte economicamente hipossuficiente.

• Correspondência: art. 1.051, CPC/1973.

Art. 679. Os embargos poderão ser contestados no prazo de 15 (quinze) dias, findo o qual se seguirá o procedimento comum.

• Correspondência: art. 1.053, CPC/1973

Art. 680. Contra os embargos do credor com garantia real, o embargado somente poderá alegar que:

• Correspondência: art. 1.054, CPC/1973.

I – o devedor comum é insolvente;
II – o título é nulo ou não obriga a terceiro;
III – outra é a coisa dada em garantia.

Art. 681. Acolhido o pedido inicial, o ato de constrição judicial indevida será cancelado, com o reconhecimento do domínio, da manutenção da posse ou da reintegração definitiva do bem ou do direito ao embargante.

• Sem correspondência no CPC/1973.

Capítulo VIII
DA OPOSIÇÃO

Art. 682. Quem pretender, no todo ou em parte, a coisa ou o direito sobre que controvertem autor e réu poderá, até ser proferida a sentença, oferecer oposição contra ambos.

- Correspondência: art. 56, CPC/1973.
- V. art. 364, CPC/2015.
- V. art. 14, § 2º, Lei 9.289/1996 (Custas na Justiça Federal).

Art. 683. O opoente deduzirá o pedido em observação aos requisitos exigidos para propositura da ação.

- Correspondência: art. 57, CPC/1973.
- V. arts. 231, 238, 242, 246, 249 e 256, CPC/2015.

Parágrafo único. Distribuída a oposição por dependência, serão os opostos citados, na pessoa de seus respectivos advogados, para contestar o pedido no prazo comum de 15 (quinze) dias.

- Correspondência: art. 57, CPC/1973.

Art. 684. Se um dos opostos reconhecer a procedência do pedido, contra o outro prosseguirá o opoente.

- Correspondência: art. 58, CPC/1973.

Art. 685. Admitido o processamento, a oposição será apensada aos autos e tramitará simultaneamente à ação originária, sendo ambas julgadas pela mesma sentença.

- Correspondência: art. 59, CPC/1973.

Parágrafo único. Se a oposição for proposta após o início da audiência de instrução, o juiz suspenderá o curso do processo ao fim da produção das provas, salvo se concluir que a unidade da instrução atende melhor ao princípio da duração razoável do processo.

- Correspondência: art. 60, CPC/1973.

Art. 686. Cabendo ao juiz decidir simultaneamente a ação originária e a oposição, desta conhecerá em primeiro lugar.

- Correspondência: art. 61, CPC/1973.

Capítulo IX
DA HABILITAÇÃO

Art. 687. A habilitação ocorre quando, por falecimento de qualquer das partes, os interessados houverem de suceder-lhe no processo.

- Correspondência: art. 1.055, CPC/1973.
- V. arts. 108 a 110, e 313, I e § 1º, CPC/2015.

Art. 688. A habilitação pode ser requerida:

- Correspondência: art. 1.056, CPC/1973.

I – pela parte, em relação aos sucessores do falecido;
II – pelos sucessores do falecido, em relação à parte.

Art. 689. Proceder-se-á à habilitação nos autos do processo principal, na instância em que estiver, suspendendo-se, a partir de então, o processo.

- Correspondência: art. 1.060, CPC/1973.
- V. art. 110, CPC/2015.

Art. 690. Recebida a petição, o juiz ordenará a citação dos requeridos para se pronunciarem no prazo de 5 (cinco) dias.

- Correspondência: art. 1.057, CPC/1973.

Parágrafo único. A citação será pessoal, se a parte não tiver procurador constituído nos autos.

Art. 691. O juiz decidirá o pedido de habilitação imediatamente, salvo se este for impugnado e houver necessidade de dilação probatória diversa da documental, caso em que determinará que o pedido seja autuado em apartado e disporá sobre a instrução.

- Sem correspondência no CPC/1973
- V. art. 745, CPC/2015.

Art. 692. Transitada em julgado a sentença de habilitação, o processo principal retomará o seu curso, e cópia da sentença será juntada aos autos respectivos.

- Correspondência: art. 1.062, CPC/1973.

Capítulo X
DAS AÇÕES DE FAMÍLIA

Art. 693. As normas deste Capítulo aplicam-se aos processos contenciosos de divórcio, separação, reconhecimento e extinção de união estável, guarda, visitação e filiação.

- Sem correspondência no CPC/1973.
- V. arts. 1.511 a 1.767 e 1.774 a 1.783, CC.

Parágrafo único. A ação de alimentos e a que versar sobre interesse de criança ou de adolescente observarão o procedimento previsto em legislação específica, aplicando-se, no que couber, as disposições deste Capítulo.

- V. art. 148, parágrafo único, *g*, Lei 8.069/1990 (Estatuto da Criança e do Adolescente).

Art. 694. Nas ações de família, todos os esforços serão empreendidos para a solução consensual da controvérsia, devendo o juiz dispor do auxílio de profissionais de outras áreas de conhecimento para a mediação e conciliação.

- Sem correspondência no CPC/1973.
- V. Res. CNJ 125/2010 (Política Judiciária Nacional de tratamento adequado dos conflitos de interesses no âmbito do Poder Judiciário).

Parágrafo único. A requerimento das partes, o juiz pode determinar a suspensão do processo enquanto os litigantes se submetem a mediação extrajudicial ou a atendimento multidisciplinar.

Art. 695. Recebida a petição inicial e, se for o caso, tomadas as providências referentes à tutela provisória, o juiz ordenará a citação do réu para comparecer à audiência de mediação e conciliação, observado o disposto no art. 694.

- Sem correspondência no CPC/1973.
- V. arts. 238, 246, 249, 294 a 299, CPC/2015.
- V. Res. CNJ 125/2010 (Política Judiciária Nacional de tratamento adequado dos conflitos de interesses no âmbito do Poder Judiciário).

§ 1º O mandado de citação conterá apenas os dados necessários à audiência e deverá estar desacompanhado de cópia da petição inicial, assegurado ao réu o direito de examinar seu conteúdo a qualquer tempo.

§ 2º A citação ocorrerá com antecedência mínima de 15 (quinze) dias da data designada para a audiência.

§ 3º A citação será feita na pessoa do réu.

- V. art. 242, CPC/2015.

§ 4º Na audiência, as partes deverão estar acompanhadas de seus advogados ou de defensores públicos.

Art. 696. A audiência de mediação e conciliação poderá dividir-se em tantas sessões quantas sejam necessárias para viabilizar a solução consensual, sem prejuízo de providências jurisdicionais para evitar o perecimento do direito.

- Sem correspondência no CPC/1973.
- V. Res. CNJ 125/2010 (Política Judiciária Nacional de tratamento adequado dos conflitos de interesses no âmbito do Poder Judiciário).

Art. 697. Não realizado o acordo, passarão a incidir, a partir de então, as normas do procedimento comum, observado o art. 335.

- Sem correspondência no CPC/1973.
- V. arts. 269 a 275, CPC/2015.

Art. 698. Nas ações de família, o Ministério Público somente intervirá quando houver interesse de incapaz e deverá ser ouvido previamente à homologação de acordo.

- Correspondência: art. 82, *caput*, I, CPC/1973.
- V. art. 178, CPC/2015.

Art. 699. Quando o processo envolver discussão sobre fato relacionado a abuso ou a alienação parental, o juiz, ao tomar o depoimento do incapaz, deverá estar acompanhado por especialista.

- Sem correspondência no CPC/1973.
- V. art. 1.638, CC.
- V. art. 19, Lei 8.069/1990 (Estatuto da Criança e do Adolescente).
- V. Lei 12.318/2010 (Alienação parental).

Capítulo XI
DA AÇÃO MONITÓRIA

Art. 700. A ação monitória pode ser proposta por aquele que afirmar, com base em prova escrita sem eficácia de título executivo, ter direito de exigir do devedor capaz:

- Correspondência: art. 1.102-A, CPC/1973.
- V. Súmulas 299 e 384, STJ.
- • V. Súmulas 274, 503 e 504, STJ.

I – o pagamento de quantia em dinheiro;

- Correspondência: art. 1.102-A, CPC/1973.

II – a entrega de coisa fungível ou infungível ou de bem móvel ou imóvel;

- Correspondência: art. 1.102-A, CPC/1973.

III – o adimplemento de obrigação de fazer ou de não fazer.
- Sem correspondência no CPC/1973.

§ 1º A prova escrita pode consistir em prova oral documentada, produzida antecipadamente nos termos do art. 381.
- Sem correspondência no CPC/1973.

§ 2º Na petição inicial, incumbe ao autor explicitar, conforme o caso:
- Sem correspondência no CPC/1973.
•• V. Súmula 531, STJ.

I – a importância devida, instruindo-a com memória de cálculo;
- Sem correspondência no CPC/1973.

II – o valor atual da coisa reclamada;
- Sem correspondência no CPC/1973.

III – o conteúdo patrimonial em discussão ou o proveito econômico perseguido.
- Sem correspondência no CPC/1973.

§ 3º O valor da causa deverá corresponder à importância prevista no § 2º, incisos I a III.
- Sem correspondência no CPC/1973.

§ 4º Além das hipóteses do art. 330, a petição inicial será indeferida quando não atendido o disposto no § 2º deste artigo.
- Sem correspondência no CPC/1973.

§ 5º Havendo dúvida quanto à idoneidade de prova documental apresentada pelo autor, o juiz intimá-lo-á para, querendo, emendar a petição inicial, adaptando-a ao procedimento comum.
- Sem correspondência no CPC/1973.

§ 6º É admissível ação monitória em face da Fazenda Pública.
- Sem correspondência no CPC/1973.
• V. Súmula 339, STJ.

§ 7º Na ação monitória, admite-se citação por qualquer dos meios permitidos para o procedimento comum.
- Sem correspondência no CPC/1973.

Art. 701. Sendo evidente o direito do autor, o juiz deferirá a expedição de mandado de pagamento, de entrega de coisa ou para execução de obrigação de fazer ou de não fazer, concedendo ao réu prazo de 15 (quinze) dias para o cumprimento e o pagamento de honorários advocatícios de 5% (cinco por cento) do valor atribuído à causa.
- Correspondência: art. 1.102-B, CPC/1973.

§ 1º O réu será isento do pagamento de custas processuais se cumprir o mandado no prazo.
- Correspondência: art. 1.102-C, § 1º, CPC/1973.

§ 2º Constituir-se-á de pleno direito o título executivo judicial, independentemente de qualquer formalidade, se não realizado o pagamento e não apresentados os embargos previstos no art. 702, observando-se, no que couber, o Título II do Livro I da Parte Especial.
- Correspondência: art. 1.102-C, CPC/1973.

§ 3º É cabível ação rescisória da decisão prevista no *caput* quando ocorrer a hipótese do § 2º.
- Sem correspondência no CPC/1973.

§ 4º Sendo a ré Fazenda Pública, não apresentados os embargos previstos no art. 702, aplicar-se-á o disposto no art. 496, observando-se, a seguir, no que couber, o Título II do Livro I da Parte Especial.
- Sem correspondência no CPC/1973.

§ 5º Aplica-se à ação monitória, no que couber, o art. 916.
- Sem correspondência no CPC/1973.

Art. 702. Independentemente de prévia segurança do juízo, o réu poderá opor, nos próprios autos, no prazo previsto no art. 701, embargos à ação monitória.
- Correspondência: art. 1.102-C, *caput* e § 2º, CPC/1973.
• V. arts. 824 a 910, CPC/2015.

§ 1º Os embargos podem se fundar em matéria passível de alegação como defesa no procedimento comum.
- Sem correspondência no CPC/1973.

§ 2º Quando o réu alegar que o autor pleiteia quantia superior à devida, cumprir-lhe-á declarar de imediato o valor que entende correto, apresentando demonstrativo discriminado e atualizado da dívida.
- Sem correspondência no CPC/1973.

§ 3º Não apontado o valor correto ou não apresentado o demonstrativo, os embargos serão liminarmente rejeitados, se esse for o seu único fundamento, e, se houver outro fundamento, os embargos serão processados, mas o juiz deixará de examinar a alegação de excesso.
- Sem correspondência no CPC/1973.

Código de Processo Civil

§ 4º A oposição dos embargos suspende a eficácia da decisão referida no *caput* do art. 701 até o julgamento em primeiro grau.

- Correspondência: art. 1.102-C, CPC/1973.

§ 5º O autor será intimado para responder aos embargos no prazo de 15 (quinze) dias.

- Sem correspondência no CPC/1973.

§ 6º Na ação monitória admite-se a reconvenção, sendo vedado o oferecimento de reconvenção à reconvenção.

- Sem correspondência no CPC/1973.
- V. art. 343, CPC/2015.
- •• V. Súmula 292, STJ.

§ 7º A critério do juiz, os embargos serão autuados em apartado, se parciais, constituindo-se de pleno direito o título executivo judicial em relação à parcela incontroversa.

- Sem correspondência no CPC/1973.
- •• V. Súmula 282, STJ.

§ 8º Rejeitados os embargos, constituir-se-á de pleno direito o título executivo judicial, prosseguindo-se o processo em observância ao disposto no Título II do Livro I da Parte Especial, no que for cabível.

- Correspondência: art. 1.102-C, § 3º, CPC/1973.

§ 9º Cabe apelação contra a sentença que acolhe ou rejeita os embargos.

- Sem correspondência no CPC/1973.
- V. art. 1.009, CPC/2015.

§ 10. O juiz condenará o autor de ação monitória proposta indevidamente e de má-fé ao pagamento, em favor do réu, de multa de até 10% (dez por cento) sobre o valor da causa.

- Sem correspondência no CPC/1973.
- V. art. 5º, CPC/2015.

§ 11. O juiz condenará o réu que de má-fé opuser embargos à ação monitória ao pagamento de multa de até 10% (dez por cento) sobre o valor atribuído à causa, em favor do autor.

- Sem correspondência no CPC/1973.
- V. art. 5º, CPC/2015.

Capítulo XII
DA HOMOLOGAÇÃO DO PENHOR LEGAL

Art. 703. Tomado o penhor legal nos casos previstos em lei, requererá o credor, ato contínuo, a homologação.

- Correspondência: art. 874, *caput*, 1ª parte, CPC/1973.
- V. arts. 1.467 a 1.472, CC.
- V. art. 16, Dec. 5.492/1928 (Organização das empresas de diversões).

§ 1º Na petição inicial, instruída com o contrato de locação ou a conta pormenorizada das despesas, a tabela dos preços e a relação dos objetos retidos, o credor pedirá a citação do devedor para pagar ou contestar na audiência preliminar que for designada.

- Correspondência: art. 874, *caput*, 2ª parte, CPC/1973.

§ 2º A homologação do penhor legal poderá ser promovida pela via extrajudicial mediante requerimento, que conterá os requisitos previstos no § 1º deste artigo, do credor a notário de sua livre escolha.

- Sem correspondência no CPC/1973.

§ 3º Recebido o requerimento, o notário promoverá a notificação extrajudicial do devedor para, no prazo de 5 (cinco) dias, pagar o débito ou impugnar sua cobrança, alegando por escrito uma das causas previstas no art. 704, hipótese em que o procedimento será encaminhado ao juízo competente para decisão.

- Sem correspondência no CPC/1973.

§ 4º Transcorrido o prazo sem manifestação do devedor, o notário formalizará a homologação do penhor legal por escritura pública.

- Sem correspondência no CPC/1973.

Art. 704. A defesa só pode consistir em:

- Correspondência: art. 875, *caput*, CPC/1973.

I – nulidade do processo;

- Correspondência: art. 875, I, CPC/1973.

II – extinção da obrigação;

- Correspondência: art. 875, II, CPC/1973.

III – não estar a dívida compreendida entre as previstas em lei ou não estarem os bens sujeitos a penhor legal;

- Correspondência: art. 875, III, CPC/1973.

IV – alegação de haver sido ofertada caução idônea, rejeitada pelo credor.

- Sem correspondência no CPC/1973.

Art. 705. A partir da audiência preliminar, observar-se-á o procedimento comum.

- Sem correspondência no CPC/1973.

Art. 706

Art. 706. Homologado judicialmente o penhor legal, consolidar-se-á a posse do autor sobre o objeto.

• Correspondência: art. 876, 1ª parte, CPC/1973.

§ 1º Negada a homologação, o objeto será entregue ao réu, ressalvado ao autor o direito de cobrar a dívida pelo procedimento comum, salvo se acolhida a alegação de extinção da obrigação.

• Correspondência: art. 876, 2ª parte, CPC/1973.

§ 2º Contra a sentença caberá apelação, e, na pendência de recurso, poderá o relator ordenar que a coisa permaneça depositada ou em poder do autor.

• Sem correspondência no CPC/1973.
• V. arts. 1.007 a 1.012, CPC/2015.

Capítulo XIII
DA REGULAÇÃO DE AVARIA GROSSA

Art. 707. Quando inexistir consenso acerca da nomeação de um regulador de avarias, o juiz de direito da comarca do primeiro porto onde o navio houver chegado, provocado por qualquer parte interessada, nomeará um de notório conhecimento.

• Sem correspondência no CPC/1973.

Art. 708. O regulador declarará justificadamente se os danos são passíveis de rateio na forma de avaria grossa e exigirá das partes envolvidas a apresentação de garantias idôneas para que possam ser liberadas as cargas aos consignatários.

• Sem correspondência no CPC/1973.

§ 1º A parte que não concordar com o regulador quanto à declaração de abertura da avaria grossa deverá justificar suas razões ao juiz, que decidirá no prazo de 10 (dez) dias.

§ 2º Se o consignatário não apresentar garantia idônea a critério do regulador, este fixará o valor da contribuição provisória com base nos fatos narrados e nos documentos que instruírem a petição inicial, que deverá ser caucionado sob a forma de depósito judicial ou de garantia bancária.

§ 3º Recusando-se o consignatário a prestar caução, o regulador requererá ao juiz a alienação judicial de sua carga na forma dos arts. 879 a 903.

§ 4º É permitido o levantamento, por alvará, das quantias necessárias ao pagamento das despesas da alienação a serem arcadas pelo consignatário, mantendo-se o saldo remanescente em depósito judicial até o encerramento da regulação.

Art. 709. As partes deverão apresentar nos autos os documentos necessários à regulação da avaria grossa em prazo razoável a ser fixado pelo regulador.

• Sem correspondência no CPC/1973.

Art. 710. O regulador apresentará o regulamento da avaria grossa no prazo de até 12 (doze) meses, contado da data da entrega dos documentos nos autos pelas partes, podendo o prazo ser estendido a critério do juiz.

• Sem correspondência no CPC/1973.

§ 1º Oferecido o regulamento da avaria grossa, dele terão vista as partes pelo prazo comum de 15 (quinze) dias, e, não havendo impugnação, o regulamento será homologado por sentença.

§ 2º Havendo impugnação ao regulamento, o juiz decidirá no prazo de 10 (dez) dias, após a oitiva do regulador.

Art. 711. Aplicam-se ao regulador de avarias os arts. 156 a 158, no que couber.

• Sem correspondência no CPC/1973.
• V. arts. 762 a 765, CCo.

Capítulo XIV
DA RESTAURAÇÃO DE AUTOS

Art. 712. Verificado o desaparecimento dos autos, eletrônicos ou não, pode o juiz, de ofício, qualquer das partes ou o Ministério Público, se for o caso, promover-lhes a restauração.

• Correspondência: art. 1.063, *caput*, CPC/1973.
• V. art. 47, Lei 6.515/1977 (Lei do Divórcio).

Parágrafo único. Havendo autos suplementares, nesses prosseguirá o processo.

• Correspondência: art. 1.063, parágrafo único, CPC/1973.

Art. 713. Na petição inicial, declarará a parte o estado do processo ao tempo do desaparecimento dos autos, oferecendo:

• Correspondência: art. 1.064, *caput*, CPC/1973.

CÓDIGO DE PROCESSO CIVIL

I – certidões dos atos constantes do protocolo de audiências do cartório por onde haja corrido o processo;

• Correspondência: art. 1.064, I, CPC/1973.

II – cópia das peças que tenha em seu poder;

• Correspondência: art. 1.064, II, CPC/1973.

III – qualquer outro documento que facilite a restauração.

• Correspondência: art. 1.064, III, CPC/1973.

Art. 714. A parte contrária será citada para contestar o pedido no prazo de 5 (cinco) dias, cabendo-lhe exibir as cópias, as contrafés e as reproduções dos atos e dos documentos que estiverem em seu poder.

• Correspondência: art. 1.065, *caput*, CPC/1973.

§ 1º Se a parte concordar com a restauração, lavrar-se-á o auto que, assinado pelas partes e homologado pelo juiz, suprirá o processo desaparecido.

• Correspondência: art. 1.065, § 1º, CPC/1973.

§ 2º Se a parte não contestar ou se a concordância for parcial, observar-se-á o procedimento comum.

• Correspondência: art. 1.065, § 2º, CPC/1973.

Art. 715. Se a perda dos autos tiver ocorrido depois da produção das provas em audiência, o juiz, se necessário, mandará repeti-las.

• Correspondência: art. 1.066, *caput*, CPC/1973.

§ 1º Serão reinquiridas as mesmas testemunhas, que, em caso de impossibilidade, poderão ser substituídas de ofício ou a requerimento.

• Correspondência: art. 1.066, § 1º, CPC/1973.

§ 2º Não havendo certidão ou cópia do laudo, far-se-á nova perícia, sempre que possível pelo mesmo perito.

• Correspondência: art. 1.066, § 2º, CPC/1973.

§ 3º Não havendo certidão de documentos, esses serão reconstituídos mediante cópias ou, na falta dessas, pelos meios ordinários de prova.

• Correspondência: art. 1.066, § 3º, CPC/1973.

§ 4º Os serventuários e os auxiliares da justiça não podem eximir-se de depor como testemunhas a respeito de atos que tenham praticado ou assistido.

• Correspondência: art. 1.066, § 4º, CPC/1973.

§ 5º Se o juiz houver proferido sentença da qual ele próprio ou o escrivão possua cópia, esta será juntada aos autos e terá a mesma autoridade da original.

• Correspondência: art. 1.066, § 5º, CPC/1973.

Art. 716. Julgada a restauração, seguirá o processo os seus termos.

• Correspondência: art. 1.067, *caput*, CPC/1973.
• V. art. 1.009, CPC/2015.

Parágrafo único. Aparecendo os autos originais, neles se prosseguirá, sendo-lhes apensados os autos da restauração.

• Correspondência: art. 1.067, § 1º, CPC/1973.

Art. 717. Se o desaparecimento dos autos tiver ocorrido no tribunal, o processo de restauração será distribuído, sempre que possível, ao relator do processo.

• Correspondência: art. 1.068, *caput*, CPC/1973.
• V. arts. 298 a 303, RISTF.

§ 1º A restauração far-se-á no juízo de origem quanto aos atos nele realizados.

• Correspondência: art. 1.068, § 1º, CPC/1973.

§ 2º Remetidos os autos ao tribunal, nele completar-se-á a restauração e proceder-se-á ao julgamento.

• Correspondência: art. 1.068, § 2º, CPC/1973.

Art. 718. Quem houver dado causa ao desaparecimento dos autos responderá pelas custas da restauração e pelos honorários de advogado, sem prejuízo da responsabilidade civil ou penal em que incorrer.

• Correspondência: art. 1.069, CPC/1973.
• V. arts. 79 a 81, e 143, I, CPC/2015.

Capítulo XV
DOS PROCEDIMENTOS DE JURISDIÇÃO VOLUNTÁRIA

Seção I
Disposições gerais

Art. 719. Quando este Código não estabelecer procedimento especial, regem os procedimentos de jurisdição voluntária as disposições constantes desta Seção.

• Correspondência: art. 1.103, CPC/1973.
• V. art. 215, I, CPC/2015.

Art. 720. O procedimento terá início por provocação do interessado, do Ministério

Público ou da Defensoria Pública, cabendo-lhes formular o pedido devidamente instruído com os documentos necessários e com a indicação da providência judicial.
- Correspondência: art. 1.104, CPC/1973.

Art. 721. Serão citados todos os interessados, bem como intimado o Ministério Público, nos casos do art. 178, para que se manifestem, querendo, no prazo de 15 (quinze) dias.
- Correspondência: arts. 1.105 e 1.106, CPC/1973.
- V. arts. 178 e 279, CPC/2015.

Art. 722. A Fazenda Pública será sempre ouvida nos casos em que tiver interesse.
- Correspondência: art. 1.108, CPC/1973.
- V. art. 178, parágrafo único, CPC/2015.

Art. 723. O juiz decidirá o pedido no prazo de 10 (dez) dias.
- Correspondência: art. 1.109, 1ª parte, CPC/1973.

Parágrafo único. O juiz não é obrigado a observar critério de legalidade estrita, podendo adotar em cada caso a solução que considerar mais conveniente ou oportuna.
- Correspondência: art. 1.109, 2ª parte, CPC/1973.

Art. 724. Da sentença caberá apelação.
- Correspondência: art. 1.110, CPC/1973.
- V. art. 1.008, CPC/2015.

Art. 725. Processar-se-á na forma estabelecida nesta Seção o pedido de:
- Correspondência: art. 1.112, *caput*, CPC/1973.
- V. art. 322, CPC/2015.

I – emancipação;
- Correspondência: art. 1.112, I, CPC/1973.
- V. art. 9º, II, CC.
- V. arts. 29, IV, 90 e 91, Lei 6.015/1973 (Lei de Registros Públicos).

II – sub-rogação;
- Correspondência: art. 1.112, II, CPC/1973.
- V. art. 857, § 1º, CPC/2015.
- V. arts. 346 a 351, CC.

III – alienação, arrendamento ou oneração de bens de crianças ou adolescentes, de órfãos e de interditos;
- Correspondência: art. 1.112, III, CPC/1973.
- V. art. 5º, parágrafo único, CC.

IV – alienação, locação e administração da coisa comum;
- Correspondência: art. 1.112, IV, CPC/1973.

V – alienação de quinhão em coisa comum;
- Correspondência: art. 1.112, V, CPC/1973.

VI – extinção de usufruto, quando não decorrer da morte do usufrutuário, do termo da sua duração ou da consolidação, e de fideicomisso, quando decorrer de renúncia ou quando ocorrer antes do evento que caracterizar a condição resolutória;
- Correspondência: art. 1.112, VI, CPC/1973.
- V. arts. 322 e 857, § 1º, CPC/2015.
- V. arts. 1.390 a 1.411, CC.

VII – expedição de alvará judicial;
- Sem correspondência no CPC/1973.

VIII – homologação de autocomposição extrajudicial, de qualquer natureza ou valor.
- Sem correspondência no CPC/1973.

Parágrafo único. As normas desta Seção aplicam-se, no que couber, aos procedimentos regulados nas seções seguintes.
- Sem correspondência no CPC/1973.

Seção II
Da notificação e da interpelação

Art. 726. Quem tiver interesse em manifestar formalmente sua vontade a outrem sobre assunto juridicamente relevante poderá notificar pessoas participantes da mesma relação jurídica para dar lhes ciência de seu propósito.
- Correspondência: art. 867, CPC/1973.

§ 1º Se a pretensão for a de dar conhecimento geral ao público, mediante edital, o juiz só a deferirá se a tiver por fundada e necessária ao resguardo de direito.
- Correspondência: art. 870, *caput* e I, CPC/1973.
- V. arts. 256 e 258, CPC/2015.

§ 2º Aplica-se o disposto nesta Seção, no que couber, ao protesto judicial.
- Correspondência: art. 873, CPC/1973.

Art. 727. Também poderá o interessado interpelar o requerido, no caso do art. 726, para que faça ou deixe de fazer o que o requerente entenda ser de seu direito.
- Sem correspondência no CPC/1973.

Art. 733

CÓDIGO DE PROCESSO CIVIL

Art. 728. O requerido será previamente ouvido antes do deferimento da notificação ou do respectivo edital:

- Correspondência: art. 870, parágrafo único, CPC/1973.

I – se houver suspeita de que o requerente, por meio da notificação ou do edital, pretende alcançar fim ilícito;

- Correspondência: art. 870, parágrafo único, CPC/1973.

II – se tiver sido requerida a averbação da notificação em registro público.

- Sem correspondência no CPC/1973.

Art. 729. Deferida e realizada a notificação ou interpelação, os autos serão entregues ao requerente.

- Correspondência: art. 872, CPC/1973.

Seção III
Da alienação judicial

Art. 730. Nos casos expressos em lei, não havendo acordo entre os interessados sobre o modo como se deve realizar a alienação do bem, o juiz, de ofício ou a requerimento dos interessados ou do depositário, mandará aliená-lo em leilão, observando-se o disposto na Seção I deste Capítulo e, no que couber, o disposto nos arts. 879 a 903.

- Correspondência: art. 1.113, *caput*, CPC/1973.
- V. arts. 642, 742, 881, 883 e 884, e 891, CPC/2015.

Seção IV
Do divórcio e da separação consensuais, da extinção consensual de união estável e da alteração do regime de bens do matrimônio

Art. 731. A homologação do divórcio ou da separação consensuais, observados os requisitos legais, poderá ser requerida em petição assinada por ambos os cônjuges, da qual constarão:

- Correspondência: arts. 1.120, *caput*, e 1.121, *caput*, CPC/1973.
- V. art. 5º, I, e 226, § 6º, CF.
- V. arts. 4º, 31, 34 e 40, § 2º, Lei 6.515/1977 (Lei do Divórcio).

I – as disposições relativas à descrição e à partilha dos bens comuns;

- Correspondência: art. 1.121, I, CPC/1973.
- V. art. 43, Lei 6.515/1977 (Lei do Divórcio).

II – as disposições relativas à pensão alimentícia entre os cônjuges;

- Correspondência: art. 1.121, IV, CPC/1973.
- V. Súmula 379, STF.

III – o acordo relativo à guarda dos filhos incapazes e ao regime de visitas; e

- Correspondência: art. 1.121, II, CPC/1973.
- V. art. 1.634, II, CC.
- V. arts. 9º e 15, Lei 6.515/1977 (Lei do Divórcio).

IV – o valor da contribuição para criar e educar os filhos.

- Correspondência: art. 1.121, III, CPC/1973.
- V. art. 20, Lei 6.515/1977 (Lei do Divórcio).

Parágrafo único. Se os cônjuges não acordarem sobre a partilha dos bens, far-se-á esta depois de homologado o divórcio, na forma estabelecida nos arts. 647 a 658.

- Correspondência: art. 1.121, § 1º, CPC/1973.

Art. 732. As disposições relativas ao processo de homologação judicial de divórcio ou de separação consensuais aplicam-se, no que couber, ao processo de homologação da extinção consensual de união estável.

- Sem correspondência no CPC/1973.
- V. Lei 11.441/2007 (Inventário, partilha, separação consensual e divórcio consensual por via administrativa).
- V. Res. CNJ 35/2007 (Disciplina a aplicação da Lei 11.441/2007 pelos serviços notariais e de registro).

Art. 733. O divórcio consensual, a separação consensual e a extinção consensual de união estável, não havendo nascituro ou filhos incapazes e observados os requisitos legais, poderão ser realizados por escritura pública, da qual constarão as disposições de que trata o art. 731.

- Correspondência: art. 1.124-A, *caput*, CPC/1973.
- V. Res. CNJ 35/2007 (Disciplina a aplicação da Lei 11.441/2007 pelos serviços notariais e de registro).

§ 1º A escritura não depende de homologação judicial e constitui título hábil para qualquer ato de registro, bem como para levantamento de importância depositada em instituições financeiras.

- Correspondência: art. 1.124-A, § 1º, CPC/1973.

Art. 734

§ 2º O tabelião somente lavrará a escritura se os interessados estiverem assistidos por advogado ou por defensor público, cuja qualificação e assinatura constarão do ato notarial.

- Correspondência: art. 1.124-A, § 2º, CPC/1973.

Art. 734. A alteração do regime de bens do casamento, observados os requisitos legais, poderá ser requerida, motivadamente, em petição assinada por ambos os cônjuges, na qual serão expostas as razões que justificam a alteração, ressalvados os direitos de terceiros.

- Sem correspondência no CPC/1973.
- V. art. 1.639, § 2º, CC.

§ 1º Ao receber a petição inicial, o juiz determinará a intimação do Ministério Público e a publicação de edital que divulgue a pretendida alteração de bens, somente podendo decidir depois de decorrido o prazo de 30 (trinta) dias da publicação do edital.

§ 2º Os cônjuges, na petição inicial ou em petição avulsa, podem propor ao juiz meio alternativo de divulgação da alteração do regime de bens, a fim de resguardar direitos de terceiros.

§ 3º Após o trânsito em julgado da sentença, serão expedidos mandados de averbação aos cartórios de registro civil e de imóveis e, caso qualquer dos cônjuges seja empresário, ao Registro Público de Empresas Mercantis e Atividades Afins.

Seção V
Dos testamentos e dos codicilos

Art. 735. Recebendo testamento cerrado, o juiz, se não achar vício externo que o torne suspeito de nulidade ou falsidade, o abrirá e mandará que o escrivão o leia em presença do apresentante.

- Correspondência: art. 1.125, *caput*, CPC/1973.
- V. arts. 553 e 736, CPC/2015.
- V. arts. 1.868 a 1.875, CC.

§ 1º Do termo de abertura constarão o nome do apresentante e como ele obteve o testamento, a data e o lugar do falecimento do testador, com as respectivas provas, e qualquer circunstância digna de nota.

- Correspondência: art. 1.125, parágrafo único, CPC/1973.

§ 2º Depois de ouvido o Ministério Público, não havendo dúvidas a serem esclarecidas, o juiz mandará registrar, arquivar e cumprir o testamento.

- Correspondência: art. 1.126, CPC/1973.

§ 3º Feito o registro, será intimado o testamenteiro para assinar o termo da testamentária.

- Correspondência: art. 1.127, CPC/1973.
- V. arts. 1.976 a 1.990, CC.

§ 4º Se não houver testamenteiro nomeado ou se ele estiver ausente ou não aceitar o encargo, o juiz nomeará testamenteiro dativo, observando-se a preferência legal.

- Correspondência: art. 1.127, CPC/1973.
- V. arts. 1.976 a 1.990, CC.

§ 5º O testamenteiro deverá cumprir as disposições testamentárias e prestar contas em juízo do que recebeu e despendeu, observando-se o disposto em lei.

- Correspondência: art. 1.135, CPC/1973.
- V. arts. 1.976 a 1.990, CC.

Art. 736. Qualquer interessado, exibindo o traslado ou a certidão de testamento público, poderá requerer ao juiz que ordene o seu cumprimento, observando-se, no que couber, o disposto nos parágrafos do art. 735.

- Correspondência: art. 1.128, CPC/1973.
- V. arts. 1.864 a 1.867, CC.

Art. 737. A publicação do testamento particular poderá ser requerida, depois da morte do testador, pelo herdeiro, pelo legatário ou pelo testamenteiro, bem como pelo terceiro detentor do testamento, se impossibilitado de entregá-lo a algum dos outros legitimados para requerê-la.

- Correspondência: art. 1.130, CPC/1973.
- V. arts. 1.876 a 1.885, CC.

§ 1º Serão intimados os herdeiros que não tiverem requerido a publicação do testamento.

- Correspondência: art. 1.131, CPC/1973.

§ 2º Verificando a presença dos requisitos da lei, ouvido o Ministério Público, o juiz confirmará o testamento.

- Correspondência: art. 1.133, CPC/1973.

§ 3º Aplica-se o disposto neste artigo ao codicilo e aos testamentos marítimo, aeronáutico, militar e nuncupativo.
- Correspondência: art. 1.134, CPC/1973.
- V. arts. 1.888 a 1.896, CC.

§ 4º Observar-se-á, no cumprimento do testamento, o disposto nos parágrafos do art. 735.
- Sem correspondência no CPC/1973.

Seção VI
Da herança jacente

Art. 738. Nos casos em que a lei considere jacente a herança, o juiz em cuja comarca tiver domicílio o falecido procederá imediatamente à arrecadação dos respectivos bens.
- Correspondência: art. 1.142, CPC/1973.
- V. arts. 1.819 e 1.823, CC.

Art. 739. A herança jacente ficará sob a guarda, a conservação e a administração de um curador até a respectiva entrega ao sucessor legalmente habilitado ou até a declaração de vacância.
- Correspondência: art. 1.143, CPC/1973.
- V. art. 75, VI, CPC/2015.
- V. art. 1.819, CC.

§ 1º Incumbe ao curador:
- Correspondência: art. 1.144, *caput*, CPC/1973.

I – representar a herança em juízo ou fora dele, com intervenção do Ministério Público;
- Correspondência: art. 1.144, I, CPC/1973.

II – ter em boa guarda e conservação os bens arrecadados e promover a arrecadação de outros porventura existentes;
- Correspondência: art. 1.144, II, CPC/1973.

III – executar as medidas conservatórias dos direitos da herança;
- Correspondência: art. 1.144, III, CPC/1973.

IV – apresentar mensalmente ao juiz balancete da receita e da despesa;
- Correspondência: art. 1.144, IV, CPC/1973.

V – prestar contas ao final de sua gestão.
- Correspondência: art. 1.144, V, CPC/1973.
- V. art. 553, CPC/2015.

§ 2º Aplica-se ao curador o disposto nos arts. 159 a 161.
- Correspondência: art. 1.144, parágrafo único, CPC/1973.

Art. 740. O juiz ordenará que o oficial de justiça, acompanhado do escrivão ou do chefe de secretaria e do curador, arrole os bens e descreva-os em auto circunstanciado.
- Correspondência: art. 1.145, CPC/1973.

§ 1º Não podendo comparecer ao local, o juiz requisitará à autoridade policial que proceda à arrecadação e ao arrolamento dos bens, com 2 (duas) testemunhas, que assistirão às diligências.
- Correspondência: art. 1.148, CPC/1973.

§ 2º Não estando ainda nomeado o curador, o juiz designará depositário e lhe entregará os bens, mediante simples termo nos autos, depois de compromissado.
- Correspondência: art. 1.145, § 1º, CPC/1973.

§ 3º Durante a arrecadação, o juiz ou a autoridade policial inquirirá os moradores da casa e da vizinhança sobre a qualificação do falecido, o paradeiro de seus sucessores e a existência de outros bens, lavrando-se de tudo auto de inquirição e informação.
- Correspondência: art. 1.150, CPC/1973.

§ 4º O juiz examinará reservadamente os papéis, as cartas missivas e os livros domésticos e, verificando que não apresentam interesse, mandará empacotá-los e lacrá-los para serem assim entregues aos sucessores do falecido ou queimados quando os bens forem declarados vacantes.
- Correspondência: art. 1.147, CPC/1973.

§ 5º Se constar ao juiz a existência de bens em outra comarca, mandará expedir carta precatória a fim de serem arrecadados.
- Correspondência: art. 1.149, CPC/1973.

§ 6º Não se fará a arrecadação, ou essa será suspensa, quando, iniciada, apresentarem-se para reclamar os bens o cônjuge ou companheiro, o herdeiro ou o testamenteiro notoriamente reconhecido e não houver oposição motivada do curador, de qualquer interessado, do Ministério Público ou do representante da Fazenda Pública.
- Correspondência: art. 1.151, CPC/1973.

Art. 741. Ultimada a arrecadação, o juiz mandará expedir edital, que será publicado na rede mundial de computadores, no sítio do tribunal a que estiver vinculado o juízo e na plataforma de editais do Conselho Nacional de Justiça, onde permanecerá por 3 (três) meses, ou, não havendo sítio, no órgão oficial e na imprensa da comarca, por 3 (três) vezes com intervalos de 1 (um) mês, para que os sucessores do falecido venham a habilitar-se no prazo de 6 (seis) meses contado da primeira publicação.

- Correspondência: art. 1.152, *caput*, CPC/1973.
- V. arts. 642 a 646, e 743, CPC/2015.

§ 1º Verificada a existência de sucessor ou de testamenteiro em lugar certo, far-se-á a sua citação, sem prejuízo do edital.

- Correspondência: art. 1.152, § 1º, CPC/1973.

§ 2º Quando o falecido for estrangeiro, será também comunicado o fato à autoridade consular.

- Correspondência: art. 1.152, § 2º, CPC/1973.

§ 3º Julgada a habilitação do herdeiro, reconhecida a qualidade do testamenteiro ou provada a identidade do cônjuge ou companheiro, a arrecadação converter-se-á em inventário.

- Correspondência: art. 1.153, CPC/1973.

§ 4º Os credores da herança poderão habilitar-se como nos inventários ou propor a ação de cobrança.

- Correspondência: art. 1.154, CPC/1973.
- V. arts. 642 a 646, CPC/2015.

Art. 742. O juiz poderá autorizar a alienação:

- Correspondência: art. 1.155, *caput*, CPC/1973.
- V. art. 730, CPC/2015.

I – de bens móveis, se forem de conservação difícil ou dispendiosa;

- Correspondência: art. 1.155, I, CPC/1973.

II – de semoventes, quando não empregados na exploração de alguma indústria;

- Correspondência: art. 1.155, II, CPC/1973.

III – de títulos e papéis de crédito, havendo fundado receio de depreciação;

- Correspondência: art. 1.155, III, CPC/1973.

IV – de ações de sociedade quando, reclamada a integralização, não dispuser a herança de dinheiro para o pagamento;

- Correspondência: art. 1.155, IV, CPC/1973.

V – de bens imóveis:

- Correspondência: art. 1.155, V, CPC/1973.

a) se ameaçarem ruína, não convindo a reparação;

- Correspondência: art. 1.155, V, *a*, CPC/1973.

b) se estiverem hipotecados e vencer-se a dívida, não havendo dinheiro para o pagamento.

- Correspondência: art. 1.155, V, *b*, CPC/1973.

§ 1º Não se procederá, entretanto, à venda se a Fazenda Pública ou o habilitando adiantar a importância para as despesas.

- Correspondência: art. 1.155, parágrafo único, CPC/1973.

§ 2º Os bens com valor de afeição, como retratos, objetos de uso pessoal, livros e obras de arte, só serão alienados depois de declarada a vacância da herança.

- Correspondência: art. 1.156, CPC/1973.

Art. 743. Passado 1 (um) ano da primeira publicação do edital e não havendo herdeiro habilitado nem habilitação pendente, será a herança declarada vacante.

- Correspondência: art. 1.157, *caput*, CPC/1973.
- V. arts. 1.820 e 1.822, CC.

§ 1º Pendendo habilitação, a vacância será declarada pela mesma sentença que a julgar improcedente, aguardando-se, no caso de serem diversas as habilitações, o julgamento da última.

- Correspondência: art. 1.157, parágrafo único, CPC/1973.

§ 2º Transitada em julgado a sentença que declarou a vacância, o cônjuge, o companheiro, os herdeiros e os credores só poderão reclamar o seu direito por ação direta.

- Correspondência: art. 1.158, CPC/1973.

Seção VII
Dos bens dos ausentes

Art. 744. Declarada a ausência nos casos previstos em lei, o juiz mandará arrecadar os bens do ausente e nomear-lhes-á curador na forma estabelecida na Seção VI, observando-se o disposto em lei.

- Correspondência: arts. 1.159 e 1.160, CPC/1973.
- V. arts. 671, I e 745, CPC/2015.
- V. arts. 22, 36, 38 e 39, CC.

Art. 748

CÓDIGO DE PROCESSO CIVIL

- V. arts. 29, VI, e 94, Lei 6.015/1973 (Lei de Registros Públicos).

Art. 745. Feita a arrecadação, o juiz mandará publicar editais na rede mundial de computadores, no sítio do tribunal a que estiver vinculado e na plataforma de editais do Conselho Nacional de Justiça, onde permanecerá por 1 (um) ano, ou, não havendo sítio, no órgão oficial e na imprensa da comarca, durante 1 (um) ano, reproduzida de 2 (dois) em 2 (dois) meses, anunciando a arrecadação e chamando o ausente a entrar na posse de seus bens.

- Correspondência: art. 1.161, CPC/1973.
- V. Súmula 331, STF.

§ 1º Findo o prazo previsto no edital, poderão os interessados requerer a abertura da sucessão provisória, observando-se o disposto em lei.

- Correspondência: art. 1.163, *caput*, CPC/1973.
- V. art. 26, CC.

§ 2º O interessado, ao requerer a abertura da sucessão provisória, pedirá a citação pessoal dos herdeiros presentes e do curador e, por editais, a dos ausentes para requererem habilitação, na forma dos arts. 689 a 692.

- Correspondência: art. 1.164, CPC/1973.

§ 3º Presentes os requisitos legais, poderá ser requerida a conversão da sucessão provisória em definitiva.

- Correspondência: art. 1.167, CPC/1973.
- V. arts. 37 e 38, CC.

§ 4º Regressando o ausente ou algum de seus descendentes ou ascendentes para requerer ao juiz a entrega de bens, serão citados para contestar o pedido os sucessores provisórios ou definitivos, o Ministério Público e o representante da Fazenda Pública, seguindo-se o procedimento comum.

- Correspondência: arts. 1.168 e 1.169, CPC/1973.
- V. art. 39, CC.

Seção VIII
Das coisas vagas

Art. 746. Recebendo do descobridor coisa alheia perdida, o juiz mandará lavrar o respectivo auto, do qual constará a descrição do bem e as declarações do descobridor.

- Correspondência: art. 1.170, *caput*, CPC/1973.
- V. arts. 1.233 a 1.237, CC.
- V. art. 169, parágrafo único, II, CP.

§ 1º Recebida a coisa por autoridade policial, esta a remeterá em seguida ao juízo competente.

- Correspondência: art. 1.170, parágrafo único, CPC/1973.

§ 2º Depositada a coisa, o juiz mandará publicar edital na rede mundial de computadores, no sítio do tribunal a que estiver vinculado e na plataforma de editais do Conselho Nacional de Justiça ou, não havendo sítio, no órgão oficial e na imprensa da comarca, para que o dono ou o legítimo possuidor a reclame, salvo se se tratar de coisa de pequeno valor e não for possível a publicação no sítio do tribunal, caso em que o edital será apenas afixado no trio do edifício do fórum.

- Correspondência: art. 1.171, § 2º, CPC/1973.

§ 3º Observar-se-á, quanto ao mais, o disposto em lei.

- Sem correspondência no CPC/1973.

Seção IX
Da interdição

Art. 747. A interdição pode ser promovida:

- Correspondência: art. 1.177, *caput*, CPC/1973.

I – pelo cônjuge ou companheiro;

- Correspondência: art. 1.177, I e II, CPC/1973.

II – pelos parentes ou tutores;

- Correspondência: art. 1.177, I e II, CPC/1973.
- V. arts. 1.767, 1.774 a 1.778 e 1.781 a 1.783, CC.

III – pelo representante da entidade em que se encontra abrigado o interditando;

- Sem correspondência no CPC/1973.

IV – pelo Ministério Público.

- Correspondência: art. 1.177, III, CPC/1973.
- V. art. 177, CPC/2015.

Parágrafo único. A legitimidade deverá ser comprovada por documentação que acompanhe a petição inicial.

- Correspondência: art. 1.180, CPC/1973.

Art. 748. O Ministério Público só promoverá interdição em caso de doença mental grave:

- Correspondência: art. 1.178, I, CPC/1973.

Art. 749

CÓDIGO DE PROCESSO CIVIL

I – se as pessoas designadas nos incisos I, II e III do art. 747 não existirem ou não promoverem a interdição;

• Correspondência: art. 1.178, II, CPC/1973.

II – se, existindo, forem incapazes as pessoas mencionadas nos incisos I e II do art. 747.

• Correspondência: art. 1.178, III, CPC/1973.

Art. 749. Incumbe ao autor, na petição inicial, especificar os fatos que demonstram a incapacidade do interditando para administrar seus bens e, se for o caso, para praticar atos da vida civil, bem como o momento em que a incapacidade se revelou.

• Correspondência: art. 1.180, CPC/1973.

Parágrafo único. Justificada a urgência, o juiz pode nomear curador provisório ao interditando para a prática de determinados atos.

• Sem correspondência no CPC/1973.

Art. 750. O requerente deverá juntar laudo médico para fazer prova de suas alegações ou informar a impossibilidade de fazê-lo.

• Sem correspondência no CPC/1973.

Art. 751. O interditando será citado para, em dia designado, comparecer perante o juiz, que o entrevistará minuciosamente acerca de sua vida, negócios, bens, vontades, preferências e laços familiares e afetivos e sobre o que mais lhe parecer necessário para convencimento quanto à sua capacidade para praticar atos da vida civil, devendo ser reduzidas a termo as perguntas e respostas.

• Correspondência: art. 1.181, CPC/1973.

§ 1º Não podendo o interditando deslocar-se, o juiz o ouvirá no local onde estiver.

• Sem correspondência no CPC/1973.

§ 2º A entrevista poderá ser acompanhada por especialista.

• Sem correspondência no CPC/1973.

§ 3º Durante a entrevista, é assegurado o emprego de recursos tecnológicos capazes de permitir ou de auxiliar o interditando a expressar suas vontades e preferências e a responder às perguntas formuladas.

• Sem correspondência no CPC/1973.

§ 4º A critério do juiz, poderá ser requisitada a oitiva de parentes e de pessoas próximas.

• Sem correspondência no CPC/1973.

Art. 752. Dentro do prazo de 15 (quinze) dias contado da entrevista, o interditando poderá impugnar o pedido.

• Correspondência: art. 1.182, *caput*, CPC/1973.

§ 1º O Ministério Público intervirá como fiscal da ordem jurídica.

• Correspondência: art. 1.182, § 1º, CPC/1973.
• V. art. 178, CPC/2015.

§ 2º O interditando poderá constituir advogado, e, caso não o faça, deverá ser nomeado curador especial.

• Correspondência: art. 1.182, § 2º, CPC/1973.

§ 3º Caso o interditando não constitua advogado, o seu cônjuge, companheiro ou qualquer parente sucessível poderá intervir como assistente.

• Correspondência: art. 1.182, § 3º, CPC/1973.

Art. 753. Decorrido o prazo previsto no art. 752, o juiz determinará a produção de prova pericial para avaliação da capacidade do interditando para praticar atos da vida civil.

• Correspondência: art. 1.183, *caput*, CPC/1973.

§ 1º A perícia pode ser realizada por equipe composta por expertos com formação multidisciplinar.

• Sem correspondência no CPC/1973.

§ 2º O laudo pericial indicará especificadamente, se for o caso, os atos para os quais haverá necessidade de curatela.

• Sem correspondência no CPC/1973.

Art. 754. Apresentado o laudo, produzidas as demais provas e ouvidos os interessados, o juiz proferirá sentença.

• Correspondência: art. 1.183, *caput*, CPC/1973.

Art. 755. Na sentença que decretar a interdição, o juiz:

• Sem correspondência no CPC/1973.

I – nomeará curador, que poderá ser o requerente da interdição, e fixará os limites da curatela, segundo o estado e o desenvolvimento mental do interdito;

• Correspondência: art. 1.183, parágrafo único, CPC/1973.

II – considerará as características pessoais do interdito, observando suas potencialidades, habilidades, vontades e preferências.

• Sem correspondência no CPC/1973.

§ 1º A curatela deve ser atribuída a quem melhor possa atender aos interesses do curatelado.

• Sem correspondência no CPC/1973.

§ 2º Havendo, ao tempo da interdição, pessoa incapaz sob a guarda e a responsabilidade do interdito, o juiz atribuirá a curatela a quem melhor puder atender aos interesses do interdito e do incapaz.

• Sem correspondência no CPC/1973.

§ 3º A sentença de interdição será inscrita no registro de pessoas naturais e imediatamente publicada na rede mundial de computadores, no sítio do tribunal a que estiver vinculado o juízo e na plataforma de editais do Conselho Nacional de Justiça, onde permanecerá por 6 (seis) meses, na imprensa local, 1 (uma) vez, e no órgão oficial, por 3 (três) vezes, com intervalo de 10 (dez) dias, constando do edital os nomes do interdito e do curador, a causa da interdição, os limites da curatela e, não sendo total a interdição, os atos que o interdito poderá praticar autonomamente.

• Correspondência: art. 1.184, CPC/1973.
• V. art. 9º, III, CC.
• V. arts. 29, V, 92 e 107, § 1º, Lei 6.015/1973 (Lei de Registros Públicos).

Art. 756. Levantar-se-á a curatela quando cessar a causa que a determinou.

• Correspondência: art. 1.186, *caput*, CPC/1973.

§ 1º O pedido de levantamento da curatela poderá ser feito pelo interdito, pelo curador ou pelo Ministério Público e será apensado aos autos da interdição.

• Correspondência: art. 1.186, § 1º, CPC/1973.

§ 2º O juiz nomeará perito ou equipe multidisciplinar para proceder ao exame do interdito e designará audiência de instrução e julgamento após a apresentação do laudo.

• Correspondência: art. 1.186, § 1º, CPC/1973.

§ 3º Acolhido o pedido, o juiz decretará o levantamento da interdição e determinará a publicação da sentença, após o trânsito em julgado, na forma do art. 755, § 3º, ou, não sendo possível, na imprensa local e no órgão oficial, por 3 (três) vezes, com intervalo de 10 (dez) dias, seguindo-se a averbação no registro de pessoas naturais.

• Correspondência: art. 1.186, § 2º, CPC/1973.

§ 4º A interdição poderá ser levantada parcialmente quando demonstrada a capacidade do interdito para praticar alguns atos da vida civil.

• Sem correspondência no CPC/1973.

Art. 757. A autoridade do curador estende-se à pessoa e aos bens do incapaz que se encontrar sob a guarda e a responsabilidade do curatelado ao tempo da interdição, salvo se o juiz considerar outra solução como mais conveniente aos interesses do incapaz.

• Sem correspondência no CPC/1973.
• V. art. 1.778, CC.

Art. 758. O curador deverá buscar tratamento e apoio apropriados à conquista da autonomia pelo interdito.

• Sem correspondência no CPC/1973.

Seção X
Disposições comuns à tutela e à curatela

Art. 759. O tutor ou o curador será intimado a prestar compromisso no prazo de 5 (cinco) dias contado da:

• Correspondência: art. 1.187, *caput*, CPC/1973.
• V. arts. 71 e 747, CPC/2015.

I – nomeação feita em conformidade com a lei;

• Correspondência: art. 1.187, I, CPC/1973.
• V. art. 215, II, CPC/2015.

II – intimação do despacho que mandar cumprir o testamento ou o instrumento público que o houver instituído.

• Correspondência: art. 1.187, II, CPC/1973.

§ 1º O tutor ou o curador prestará o compromisso por termo em livro rubricado pelo juiz.

• Correspondência: art. 1.188, CPC/1973.
• V. art. 553, CPC/2015.

§ 2º Prestado o compromisso, o tutor ou o curador assume a administração dos bens do tutelado ou do interditado.

• Correspondência: art. 1.188, CPC/1973.

Art. 760

Art. 760. O tutor ou o curador poderá eximir-se do encargo apresentando escusa ao juiz no prazo de 5 (cinco) dias contado:

- Correspondência: art. 1.192, *caput*, CPC/1973.
- V. arts. 1.736 a 1.739, CC.

I – antes de aceitar o encargo, da intimação para prestar compromisso;

- Correspondência: art. 1.192, I, CPC/1973.

II – depois de entrar em exercício, do dia em que sobrevier o motivo da escusa.

- Correspondência: art. 1.192, II, CPC/1973.

§ 1º Não sendo requerida a escusa no prazo estabelecido neste artigo, considerar-se-á renunciado o direito de alegá-la.

- Correspondência: art. 1.192, parágrafo único, CPC/1973.

§ 2º O juiz decidirá de plano o pedido de escusa, e, não o admitindo, exercerá o nomeado a tutela ou a curatela enquanto não for dispensado por sentença transitada em julgado.

- Correspondência: art. 1.193, CPC/1973.

Art. 761. Incumbe ao Ministério Público ou a quem tenha legítimo interesse requerer, nos casos previstos em lei, a remoção do tutor ou do curador.

- Correspondência: art. 1.194, CPC/1973.
- V. arts. 1.735, 1.766, 1.774 e 1.781, CC.

Parágrafo único. O tutor ou o curador será citado para contestar a arguição no prazo de 5 (cinco) dias, findo o qual observar-se-á o procedimento comum.

- Correspondência: arts. 1.195 e 1.196, CPC/1973.

Art. 762. Em caso de extrema gravidade, o juiz poderá suspender o tutor ou o curador do exercício de suas funções, nomeando substituto interino.

- Correspondência: art. 1.197, CPC/1973.

Art. 763. Cessando as funções do tutor ou do curador pelo decurso do prazo em que era obrigado a servir, ser-lhe-á lícito requerer a exoneração do encargo.

- Correspondência: art. 1.198, CPC/1973.

§ 1º Caso o tutor ou o curador não requeira a exoneração do encargo dentro dos 10 (dez) dias seguintes à expiração do termo, entender-se-á reconduzido, salvo se o juiz o dispensar.

- Correspondência: art. 1.198, CPC/1973.

§ 2º Cessada a tutela ou a curatela, é indispensável a prestação de contas pelo tutor ou pelo curador, na forma da lei civil.

- Sem correspondência no CPC/1973.

Seção XI
Da organização e da fiscalização das fundações

Art. 764. O juiz decidirá sobre a aprovação do estatuto das fundações e de suas alterações sempre que o requeira o interessado, quando:

- Correspondência: art. 1.201, § 1º, CPC/1973.
- V. art. 5º, XXXV, CF.

I – ela for negada previamente pelo Ministério Público ou por este forem exigidas modificações com as quais o interessado não concorde;

- Correspondência: art. 1.201, § 1º, CPC/1973.

II – o interessado discordar do estatuto elaborado pelo Ministério Público.

- Correspondência: art. 1.202, I e II, CPC/1973.

§ 1º O estatuto das fundações deve observar o disposto na Lei 10.406, de 10 de janeiro de 2002 (Código Civil).

- Sem correspondência no CPC/1973.

§ 2º Antes de suprir a aprovação, o juiz poderá mandar fazer no estatuto modificações a fim de adaptá-lo ao objetivo do instituidor.

- Correspondência: art. 1.201, § 2º, CPC/1973.

Art. 765. Qualquer interessado ou o Ministério Público promoverá em juízo a extinção da fundação quando:

- Correspondência: art. 1.204, *caput*, CPC/1973.
- V. art. 69, CC.

I – se tornar ilícito o seu objeto;

- Correspondência: art. 1.204, I, CPC/1973.

II – for impossível a sua manutenção;

- Correspondência: art. 1.204, II, CPC/1973.

III – vencer o prazo de sua existência.

- Correspondência: art. 1.204, III, CPC/1973.

Art. 772

CÓDIGO DE PROCESSO CIVIL

Seção XII
Da ratificação dos protestos marítimos e dos processos testemunháveis formados a bordo

Art. 766. Todos os protestos e os processos testemunháveis formados a bordo e lançados no livro Diário da Navegação deverão ser apresentados pelo comandante ao juiz de direito do primeiro porto, nas primeiras 24 (vinte e quatro) horas de chegada da embarcação, para sua ratificação judicial.

• Sem correspondência no CPC/1973.

Art. 767. A petição inicial conterá a transcrição dos termos lançados no livro Diário da Navegação e deverá ser instruída com cópias das páginas que contenham os termos que serão ratificados, dos documentos de identificação do comandante e das testemunhas arroladas, do rol de tripulantes, do documento de registro da embarcação e, quando for o caso, do manifesto das cargas sinistradas e a qualificação de seus consignatários, traduzidos, quando for o caso, de forma livre para o português.

• Sem correspondência no CPC/1973.
• V. art. 319, CPC/2015.

Art. 768. A petição inicial deverá ser distribuída com urgência e encaminhada ao juiz, que ouvirá, sob compromisso a ser prestado no mesmo dia, o comandante e as testemunhas em número mínimo de 2 (duas) e máximo de 4 (quatro), que deverão comparecer ao ato independentemente de intimação.

• Sem correspondência no CPC/1973.

§ 1º Tratando-se de estrangeiros que não dominem a língua portuguesa, o autor deverá fazer-se acompanhar por tradutor, que prestará compromisso em audiência.

§ 2º Caso o autor não se faça acompanhar por tradutor, o juiz deverá nomear outro que preste compromisso em audiência.

Art. 769. Aberta a audiência, o juiz mandará apregoar os consignatários das cargas indicados na petição inicial e outros eventuais interessados, nomeando para os ausentes curador para o ato.

• Sem correspondência no CPC/1973.
• V. arts. 22 a 25, CC.

Art. 770. Inquiridos o comandante e as testemunhas, o juiz, convencido da veracidade dos termos lançados no Diário da Navegação, em audiência, ratificará por sentença o protesto ou o processo testemunhável lavrado a bordo, dispensado o relatório.

• Sem correspondência no CPC/1973.

Parágrafo único. Independentemente do trânsito em julgado, o juiz determinará a entrega dos autos ao autor ou ao seu advogado, mediante a apresentação de traslado.

LIVRO II
DO PROCESSO DE EXECUÇÃO

TÍTULO I
DA EXECUÇÃO EM GERAL

Capítulo I
DISPOSIÇÕES GERAIS

Art. 771. Este Livro regula o procedimento da execução fundada em título extrajudicial, e suas disposições aplicam-se, também, no que couber, aos procedimentos especiais de execução, aos atos executivos realizados no procedimento de cumprimento de sentença, bem como aos efeitos de atos ou fatos processuais a que a lei atribuir força executiva.

• Sem correspondência no CPC/1973.
• V. art. 513, CPC/2015.

Parágrafo único. Aplicam-se subsidiariamente à execução as disposições do Livro I da Parte Especial.

• Correspondência: art. 598, CPC/1973.

Art. 772. O juiz pode, em qualquer momento do processo:

• Correspondência: art. 152, I, CPC/1973.

I – ordenar o comparecimento das partes;

• Correspondência: art. 152, I, CPC/1973.

II – advertir o executado de que seu procedimento constitui ato atentatório à dignidade da justiça;

• Correspondência: art. 152, I, CPC/1973.

III – determinar que sujeitos indicados pelo exequente forneçam informações em geral relacionadas ao objeto da execução, tais como documentos e dados que tenham em seu poder, assinando-lhes prazo razoável.

- Sem correspondência no CPC/1973.

Art. 773. O juiz poderá, de ofício ou a requerimento, determinar as medidas necessárias ao cumprimento da ordem de entrega de documentos e dados.

- Sem correspondência no CPC/1973.

Parágrafo único. Quando, em decorrência do disposto neste artigo, o juízo receber dados sigilosos para os fins da execução, o juiz adotará as medidas necessárias para assegurar a confidencialidade.

Art. 774. Considera-se atentatória à dignidade da justiça a conduta comissiva ou omissiva do executado que:

- Correspondência: art. 600, *caput*, CPC/1973.
- V. art. 5º, CPC/2015.

I – frauda a execução;

- Correspondência: art. 600, I, CPC/1973.
- V. arts. 792, 808, 856, § 3º, CPC/2015.

II – se opõe maliciosamente à execução, empregando ardis e meios artificiosos;

- Correspondência: art. 600, II, CPC/1973.

III – dificulta ou embaraça a realização da penhora;

- Sem correspondência no CPC/1973.

IV – resiste injustificadamente às ordens judiciais;

- Correspondência: art. 600, III, CPC/1973.

V – intimado, não indica ao juiz quais são e onde estão os bens sujeitos à penhora e os respectivos valores, nem exibe prova de sua propriedade e, se for o caso, certidão negativa de ônus.

- Correspondência: art. 600, IV, CPC/1973.

Parágrafo único. Nos casos previstos neste artigo, o juiz fixará multa em montante não superior a 20% (vinte por cento) do valor atualizado do débito em execução, a qual será revertida em proveito do exequente, exigível nos próprios autos do processo, sem prejuízo de outras sanções de natureza processual ou material.

- Correspondência: art. 601, CPC/1973.

Art. 775. O exequente tem o direito de desistir de toda a execução ou de apenas alguma medida executiva.

- Correspondência: art. 569, *caput*, CPC/1973.

- V. art. 200, parágrafo único, CPC/2015.

Parágrafo único. Na desistência da execução, observar-se-á o seguinte:

- Correspondência: art. 569, parágrafo único, CPC/1973.

I – serão extintos a impugnação e os embargos que versarem apenas sobre questões processuais, pagando o exequente as custas processuais e os honorários advocatícios;

- Correspondência: art. 569, parágrafo único, *a*, CPC/1973.

II – nos demais casos, a extinção dependerá da concordância do impugnante ou do embargante.

- Correspondência: art. 569, parágrafo único, *b*, CPC/1973.
- V. art. 485, § 4º, CPC/2015.

Art. 776. O exequente ressarcirá ao executado os danos que este sofreu, quando a sentença, transitada em julgado, declarar inexistente, no todo ou em parte, a obrigação que ensejou a execução.

- Correspondência: art. 574, CPC/1973.

Art. 777. A cobrança de multas ou de indenizações decorrentes de litigância de má-fé ou de prática de ato atentatório à dignidade da justiça será promovida nos próprios autos do processo.

- Correspondência: art. 739-B, CPC/1973.

Capítulo II
DAS PARTES

Art. 778. Pode promover a execução forçada o credor a quem a lei confere título executivo.

- Correspondência: art. 566, *caput* e I, CPC/1973.
- V. arts. 109, § 1º, 177, 328 e 784, CPC/2015.

§ 1º Podem promover a execução forçada ou nela prosseguir, em sucessão ao exequente originário:

- Correspondência: art. 567, *caput*, CPC/1973.

I – o Ministério Público, nos casos previstos em lei;

- Correspondência: art. 566, II, CPC/1973.

II – o espólio, os herdeiros ou os sucessores do credor, sempre que, por morte deste, lhes for transmitido o direito resultante do título executivo;

- Correspondência: art. 567, I, CPC/1973.

Código de Processo Civil

- V. art. 75, VII , 485, IX, 687 a 692, CPC/2015.

III – o cessionário, quando o direito resultante do título executivo lhe for transferido por ato entre vivos;

- Correspondência: art. 567, II, CPC/1973.
- V. arts. 287 a 289, CC.

IV – o sub-rogado, nos casos de sub-rogação legal ou convencional.

- Correspondência: art. 567, III, CPC/1973.
- V. art. 857, CPC/2015.
- V. arts. 346 a 351, 831 e 834, CC.

§ 2º A sucessão prevista no § 1º independe de consentimento do executado.

- Sem correspondência no CPC/1973.

Art. 779. A execução pode ser promovida contra:

- Correspondência: art. 568, *caput*, CPC/1973.
- V. art. 789, CPC/2015.

I – o devedor, reconhecido como tal no título executivo;

- Correspondência: art. 568, I, CPC/1973.

II – o espólio, os herdeiros ou os sucessores do devedor;

- Correspondência: art. 568, II, CPC/1973.

III – o novo devedor que assumiu, com o consentimento do credor, a obrigação resultante do título executivo;

- Correspondência: art. 568, III, CPC/1973.
- V. art. 109, § 1º, CPC/2015.

IV – o fiador do débito constante em título extrajudicial;

- Correspondência: art. 568, IV, CPC/1973.
- V. art. 794, CPC/2015.

V – o responsável titular do bem vinculado por garantia real ao pagamento do débito;

- Sem correspondência no CPC/1973.

VI – o responsável tributário, assim definido em lei.

- Correspondência: art. 568, V, CPC/1973.
- V. arts. 121, parágrafo único, 128 a 138, CTN.

Art. 780. O exequente pode cumular várias execuções, ainda que fundadas em títulos diferentes, quando o executado for o mesmo e desde que para todas elas seja competente o mesmo juízo e idêntico o procedimento.

- Correspondência: art. 573, CPC/1973.
- V. arts. 327, CPC/2015.
- V. Súmula 27, STJ.

Capítulo III
DA COMPETÊNCIA

Art. 781. A execução fundada em título extrajudicial será processada perante o juízo competente, observando-se o seguinte:

- Correspondência: art. 576, CPC/1973.
- V. arts. 21, 23 e 24, 42 a 63, 951 a 959, CPC/2015.

I – a execução poderá ser proposta no foro de domicílio do executado, de eleição constante do título ou, ainda, de situação dos bens a ela sujeitos;

- Sem correspondência no CPC/1973.

II – tendo mais de um domicílio, o executado poderá ser demandado no foro de qualquer deles;

- Sem correspondência no CPC/1973.

III – sendo incerto ou desconhecido o domicílio do executado, a execução poderá ser proposta no lugar onde for encontrado ou no foro de domicílio do exequente;

- Sem correspondência no CPC/1973.

IV – havendo mais de um devedor, com diferentes domicílios, a execução será proposta no foro de qualquer deles, à escolha do exequente;

- Sem correspondência no CPC/1973.

V – a execução poderá ser proposta no foro do lugar em que se praticou o ato ou em que ocorreu o fato que deu origem ao título, mesmo que nele não mais resida o executado.

- Sem correspondência no CPC/1973.

Art. 782. Não dispondo a lei de modo diverso, o juiz determinará os atos executivos, e o oficial de justiça os cumprirá.

- Correspondência: art. 577, CPC/1973.
- V. arts. 154, 155 e 233, CPC/2015.

§ 1º O oficial de justiça poderá cumprir os atos executivos determinados pelo juiz também nas comarcas contíguas, de fácil comunicação, e nas que se situem na mesma região metropolitana.

- Correspondência: art. 230, CPC/1973.

§ 2º Sempre que, para efetivar a execução, for necessário o emprego de força policial, o juiz a requisitará.

- Correspondência: art. 579, CPC/1973.
- V. arts. 360, III, e 846, CPC/2015.

Art. 783

CÓDIGO DE PROCESSO CIVIL

§ 3º A requerimento da parte, o juiz pode determinar a inclusão do nome do executado em cadastros de inadimplentes.
- Sem correspondência no CPC/1973.

§ 4º A inscrição será cancelada imediatamente se for efetuado o pagamento, se for garantida a execução ou se a execução for extinta por qualquer outro motivo.
- Sem correspondência no CPC/1973.

§ 5º O disposto nos §§ 3º e 4º aplica-se à execução definitiva de título judicial.
- Sem correspondência no CPC/1973.

Capítulo IV
DOS REQUISITOS NECESSÁRIOS PARA REALIZAR QUALQUER EXECUÇÃO

Seção I
Do título executivo

Art. 783. A execução para cobrança de crédito fundar-se-á sempre em título de obrigação certa, líquida e exigível.
- Correspondência: art. 586, CPC/1973.
- V. art. 803, I, CPC/2015.
- V. arts. 52 a 74, Lei 6.404/1976 (Sociedades por ações).
- V. art. 2º, Lei 6.458/1977 (Adapta a Lei 5.474/1968 ao CPC).

Art. 784. São títulos executivos extrajudiciais:
- Correspondência: art. 585, *caput*, CPC/1973.

I – a letra de câmbio, a nota promissória, a duplicata, a debênture e o cheque;
- Correspondência: art. 585, I, CPC/1973.
- V. arts. 49, 50, 51 e 56, Dec. 2.044/1908 (Letra de câmbio e nota promissória).
- V. Dec. 57.595/1966 (Convenções para adoção de uma Lei Uniforme em matéria de cheques).
- V. arts. 41 e 44, Dec.-lei 167/1967 (Títulos de crédito rural).
- V. arts. 15 e 22, Lei 5.474/1968 (Duplicatas).
- V. Dec.-lei 413/1969 (Títulos de crédito industrial).
- V. Lei 7.357/1985 (Cheque).

II – a escritura pública ou outro documento público assinado pelo devedor;
- Correspondência: art. 585, II, CPC/1973.
- V. art. 215, CC.

III – o documento particular assinado pelo devedor e por 2 (duas) testemunhas;
- Correspondência: art. 585, II, CPC/1973.
- V. art. 221, CC.
- V. Súmula 300, STJ.

IV – o instrumento de transação referendado pelo Ministério Público, pela Defensoria Pública, pela Advocacia Pública, pelos advogados dos transatores ou por conciliador ou mediador credenciado por tribunal;
- Correspondência: art. 585, II, CPC/1973.
- V. art. 57, parágrafo único, Lei 9.099/1995 (Juizados Especiais Cíveis e Criminais).

V – o contrato garantido por hipoteca, penhor, anticrese ou outro direito real de garantia e aquele garantido por caução;
- Correspondência: art. 585, III, CPC/1973.
- V. arts. 1.419 a 1.510, CC.
- V. arts. 1º a 13 e 31, Lei 492/1937 (Penhor rural e a cédula pignoratícia).
- V. arts. 29, 32, § 2º, 35, § 1º, e 38, Dec.-lei 70/1966 (Cédula hipotecária).

VI – o contrato de seguro de vida em caso de morte;
- Correspondência: art. 585, III, CPC/1973.
- V. Dec.-lei 5.384/1943 (Beneficiários do seguro de vida).

VII – o crédito decorrente de foro e laudêmio;
- Correspondência: art. 585, IV, CPC/1973.

VIII – o crédito, documentalmente comprovado, decorrente de aluguel de imóvel, bem como de encargos acessórios, tais como taxas e despesas de condomínio;
- Correspondência: art. 585, V, CPC/1973.
- V. art. 1.315, CC.
- V. Lei 4.591/1964 (Condomínio em edificações e as incorporações imobiliárias).

IX – a certidão de dívida ativa da Fazenda Pública da União, dos Estados, do Distrito Federal e dos Municípios, correspondente aos créditos inscritos na forma da lei;
- Correspondência: art. 585, VII, CPC/1973.
- V. arts. 201 a 204, CTN.
- V. arts. 2º e 3º, Lei 6.830/1980 (Execução fiscal).

X – o crédito referente às contribuições ordinárias ou extraordinárias de condomínio edilício, previstas na respectiva convenção ou aprovadas em assembleia geral, desde que documentalmente comprovadas;

Art. 789

CÓDIGO DE PROCESSO CIVIL

- Sem correspondência no CPC/1973.
- V. arts. 1.315, CC.
- V. Lei 4.591/1964 (Condomínio em edificações e as incorporações imobiliárias).

XI – a certidão expedida por serventia notarial ou de registro relativa a valores de emolumentos e demais despesas devidas pelos atos por ela praticados, fixados nas tabelas estabelecidas em lei;

- Sem correspondência no CPC/1973.

XII – todos os demais títulos aos quais, por disposição expressa, a lei atribuir força executiva.

- Correspondência: art. 585, VIII, CPC/1973.
- V. arts. 32, § 2º, 35, § 1º, e 38, Dec.-lei 70/1966 (Cédula hipotecária).
- V. art. 10, Lei 5.741/1971 (Sistema Financeiro da Habitação).
- V. art. 107, I, Lei 6.404/1976 (Sociedades por ações).
- V. art. 211, Lei 8.069/1990 (Estatuto da Criança e do Adolescente).
- V. art. 24, Lei 8.906/1994 (Estatuto da Advocacia e da OAB).
- V. arts. 49, § 1º, e 142, § 6º, III, Lei 11.101/2005 (Lei de Recuperação de Empresas e Falência).

§ 1º A propositura de qualquer ação relativa a débito constante de título executivo não inibe o credor de promover-lhe a execução.

- Correspondência: art. 585, § 1º, CPC/1973.
- V. Súmula 317, STJ.

§ 2º Os títulos executivos extrajudiciais oriundos de país estrangeiro não dependem de homologação para serem executados.

- Correspondência: art. 585, § 2º, CPC/1973.
- V. art. 13, Dec.-lei 4.657/1942 (Lei de Introdução às normas do Direito Brasileiro).

§ 3º O título estrangeiro só terá eficácia executiva quando satisfeitos os requisitos de formação exigidos pela lei do lugar de sua celebração e quando o Brasil for indicado como o lugar de cumprimento da obrigação.

- Correspondência: art. 585, § 2º, CPC/1973.

Art. 785. A existência de título executivo extrajudicial não impede a parte de optar pelo processo de conhecimento, a fim de obter título executivo judicial.

- Sem correspondência no CPC/1973.

Seção II
Da exigibilidade da obrigação

Art. 786. A execução pode ser instaurada caso o devedor não satisfaça a obrigação certa, líquida e exigível consubstanciada em título executivo.

- Correspondência: art. 580, CPC/1973.

Parágrafo único. A necessidade de simples operações aritméticas para apurar o crédito exequendo não retira a liquidez da obrigação constante do título.

- Sem correspondência no CPC/1973.

Art. 787. Se o devedor não for obrigado a satisfazer sua prestação senão mediante a contraprestação do credor, este deverá provar que a adimpliu ao requerer a execução, sob pena de extinção do processo.

- Correspondência: art. 615, *caput* e IV, CPC/1973.

Parágrafo único. O executado poderá eximir-se da obrigação, depositando em juízo a prestação ou a coisa, caso em que o juiz não permitirá que o credor a receba sem cumprir a contraprestação que lhe tocar.

- Correspondência: art. 582, parágrafo único, CPC/1973.

Art. 788. O credor não poderá iniciar a execução ou nela prosseguir se o devedor cumprir a obrigação, mas poderá recusar o recebimento da prestação se ela não corresponder ao direito ou à obrigação estabelecidos no título executivo, caso em que poderá requerer a execução forçada, ressalvado ao devedor o direito de embargá-la.

- Correspondência: art. 581, CPC/1973.
- V. art. 914, CPC/2015.
- V. art. 313, CC.

Capítulo V
DA RESPONSABILIDADE PATRIMONIAL

Art. 789. O devedor responde com todos os seus bens presentes e futuros para o cumprimento de suas obrigações, salvo as restrições estabelecidas em lei.

- Correspondência: art. 591, CPC/1973.
- V. art. 824, CPC/2015.

Art. 790. São sujeitos à execução os bens:
- Correspondência: art. 592, *caput*, CPC/1973.
- V. art. 779, CPC/2015.

I – do sucessor a título singular, tratando-se de execução fundada em direito real ou obrigação reipersecutória;
- Correspondência: art. 592, I, CPC/1973.

II – do sócio, nos termos da lei;
- Correspondência: art. 592, II, CPC/1973.
- V. art. 795, CPC/2015.

III – do devedor, ainda que em poder de terceiros;
- Correspondência: art. 592, III, CPC/1973.

IV – do cônjuge ou companheiro, nos casos em que seus bens próprios ou de sua meação respondem pela dívida;
- Correspondência: art. 592, IV, CPC/1973.
- V. art. 1.642, CC.

V – alienados ou gravados com ônus real em fraude à execução;
- Correspondência: art. 592, V, CPC/1973.

VI – cuja alienação ou gravação com ônus real tenha sido anulada em razão do reconhecimento, em ação autônoma, de fraude contra credores;
- Sem correspondência no CPC/1973.

VII – do responsável, nos casos de desconsideração da personalidade jurídica.
- Sem correspondência no CPC/1973.

Art. 791. Se a execução tiver por objeto obrigação de que seja sujeito passivo o proprietário de terreno submetido ao regime do direito de superfície, ou o superficiário, responderá pela dívida, exclusivamente, o direito real do qual é titular o executado, recaindo a penhora ou outros atos de constrição exclusivamente sobre o terreno, no primeiro caso, ou sobre a construção ou a plantação, no segundo caso.
- Sem correspondência no CPC/1973.

§ 1º Os atos de constrição a que se refere o *caput* serão averbados separadamente na matrícula do imóvel, com a identificação do executado, do valor do crédito e do objeto sobre o qual recai o gravame, devendo o oficial destacar o bem que responde pela dívida, se o terreno, a construção ou a plantação, de modo a assegurar a publicidade da responsabilidade patrimonial de cada um deles pelas dívidas e pelas obrigações que a eles estão vinculadas.

§ 2º Aplica-se, no que couber, o disposto neste artigo à enfiteuse, à concessão de uso especial para fins de moradia e à concessão de direito real de uso.

Art. 792. A alienação ou a oneração de bem é considerada fraude à execução:
- Correspondência: art. 593, *caput*, CPC/1973.
- V. arts. 774, 808, CPC/2015.
- V. art. 185, CTN.
- V. arts. 216 e 240, Lei 6.015/1973 (Lei de Registros Públicos).

I – quando sobre o bem pender ação fundada em direito real ou com pretensão reipersecutória, desde que a pendência do processo tenha sido averbada no respectivo registro público, se houver;
- Correspondência: art. 593, I, CPC/1973.
- V. Súmula 375, STJ.

II – quando tiver sido averbada, no registro do bem, a pendência do processo de execução, na forma do art. 828;
- Sem correspondência no CPC/1973.
- V. art. 828, § 3º, CPC/2015.
- V. Súmula 375, STJ.

III – quando tiver sido averbado, no registro do bem, hipoteca judiciária ou outro ato de constrição judicial originário do processo onde foi arguida a fraude;
- Sem correspondência no CPC/1973.

IV – quando, ao tempo da alienação ou da oneração, tramitava contra o devedor ação capaz de reduzi-lo à insolvência;
- Correspondência: art. 593, II, CPC/1973.

V – nos demais casos expressos em lei.
- Correspondência: art. 593, III, CPC/1973.
- V. Súmula 375, STJ.

§ 1º A alienação em fraude à execução é ineficaz em relação ao exequente.
- Sem correspondência no CPC/1973.

§ 2º No caso de aquisição de bem não sujeito a registro, o terceiro adquirente tem o ônus de provar que adotou as cautelas necessárias para a aquisição, mediante a exibição das certidões pertinentes, obtidas no

Art. 797

domicílio do vendedor e no local onde se encontra o bem.

- Sem correspondência no CPC/1973.

§ 3º Nos casos de desconsideração da personalidade jurídica, a fraude à execução verifica-se a partir da citação da parte cuja personalidade se pretende desconsiderar.

- Sem correspondência no CPC/1973.

§ 4º Antes de declarar a fraude à execução, o juiz deverá intimar o terceiro adquirente, que, se quiser, poderá opor embargos de terceiro, no prazo de 15 (quinze) dias.

- Sem correspondência no CPC/1973.

Art. 793. O exequente que estiver, por direito de retenção, na posse de coisa pertencente ao devedor não poderá promover a execução sobre outros bens senão depois de excutida a coisa que se achar em seu poder.

- Correspondência: art. 594, CPC/1973.
- V. arts. 319, 476, 477, 491, 495, 578, 644, 664, 681, 708, 1.219, 1.220, 1.423, 1.433, II, 1.434 e 1.507 a 1.509, CC.

Art. 794. O fiador, quando executado, tem o direito de exigir que primeiro sejam executados os bens do devedor situados na mesma comarca, livres e desembargados, indicando-os pormenorizadamente à penhora.

- Correspondência: art. 595, *caput*, CPC/1973.
- V. arts. 827 e 828, CC.

§ 1º Os bens do fiador ficarão sujeitos à execução se os do devedor, situados na mesma comarca que os seus, forem insuficientes à satisfação do direito do credor.

- Correspondência: art. 595, *caput*, CPC/1973.

§ 2º O fiador que pagar a dívida poderá executar o afiançado nos autos do mesmo processo.

- Correspondência: art. 595, parágrafo único, CPC/1973.

§ 3º O disposto no *caput* não se aplica se o fiador houver renunciado ao benefício de ordem.

- Sem correspondência no CPC/1973.

Art. 795. Os bens particulares dos sócios não respondem pelas dívidas da sociedade, senão nos casos previstos em lei.

- Correspondência: art. 596, *caput*, CPC/1973.
- V. art. 790, II, CPC/2015.

- V. art. 1.022, CC.
- V. arts. 134, VII, e 135, I, CTN.

§ 1º O sócio réu, quando responsável pelo pagamento da dívida da sociedade, tem o direito de exigir que primeiro sejam excutidos os bens da sociedade.

- Correspondência: art. 596, *caput*, CPC/1973.

§ 2º Incumbe ao sócio que alegar o benefício do § 1º nomear quantos bens da sociedade situados na mesma comarca, livres e desembargados, bastem para pagar o débito.

- Correspondência: art. 596, § 1º, CPC/1973.

§ 3º O sócio que pagar a dívida poderá executar a sociedade nos autos do mesmo processo.

- Correspondência: art. 596, § 2º, CPC/1973.

§ 4º Para a desconsideração da personalidade jurídica é obrigatória a observância do incidente previsto neste Código.

- Sem correspondência no CPC/1973.

Art. 796. O espólio responde pelas dívidas do falecido, mas, feita a partilha, cada herdeiro responde por elas dentro das forças da herança e na proporção da parte que lhe coube.

- Correspondência: art. 597, CPC/1973.
- V. arts. 1.792, 1.821 e 1.997, CC.

TÍTULO II
DAS DIVERSAS ESPÉCIES DE EXECUÇÃO

Capítulo I
DISPOSIÇÕES GERAIS

Art. 797. Ressalvado o caso de insolvência do devedor, em que tem lugar o concurso universal, realiza-se a execução no interesse do exequente que adquire, pela penhora, o direito de preferência sobre os bens penhorados.

- Correspondência: art. 612, CPC/1973.
- V. art. 187, parágrafo único, CTN.

Parágrafo único. Recaindo mais de uma penhora sobre o mesmo bem, cada exequente conservará o seu título de preferência.

- Correspondência: art. 613, CPC/1973.

Art. 798

CÓDIGO DE PROCESSO CIVIL

Art. 798. Ao propor a execução, incumbe ao exequente:

• Correspondência: art. 614, *caput*, CPC/1973.

I – instruir a petição inicial com:

• Correspondência: art. 614, *caput*, CPC/1973.

a) o título executivo extrajudicial;

• Correspondência: art. 614, I, CPC/1973.

b) o demonstrativo do débito atualizado até a data de propositura da ação, quando se tratar de execução por quantia certa;

• Correspondência: art. 614, II, CPC/1973.

c) a prova de que se verificou a condição ou ocorreu o termo, se for o caso;

• Correspondência: art. 614, III, CPC/1973.

d) a prova, se for o caso, de que adimpliu a contraprestação que lhe corresponde ou que lhe assegura o cumprimento, se o executado não for obrigado a satisfazer a sua prestação senão mediante a contraprestação do exequente;

• Correspondência: art. 615, IV, CPC/1973.

II – indicar:

• Correspondência: art. 615, I, CPC/1973.

a) a espécie de execução de sua preferência, quando por mais de um modo puder ser realizada;

• Correspondência: art. 615, I, CPC/1973.

b) os nomes completos do exequente e do executado e seus números de inscrição no Cadastro de Pessoas Físicas ou no Cadastro Nacional da Pessoa Jurídica;

• Sem correspondência no CPC/1973.

c) os bens suscetíveis de penhora, sempre que possível.

• Correspondência: art. 652, § 2º, CPC/1973.

Parágrafo único. O demonstrativo do débito deverá conter:

• Sem correspondência no CPC/1973.

I – o índice de correção monetária adotado;

• Sem correspondência no CPC/1973.

II – a taxa de juros aplicada;

• Sem correspondência no CPC/1973.

III – os termos inicial e final de incidência do índice de correção monetária e da taxa de juros utilizados;

• Sem correspondência no CPC/1973.

IV – a periodicidade da capitalização dos juros, se for o caso;

• Sem correspondência no CPC/1973.

V – a especificação de desconto obrigatório realizado.

• Sem correspondência no CPC/1973.

Art. 799. Incumbe ainda ao exequente:

• Correspondência: art. 615, *caput*, CPC/1973.

I – requerer a intimação do credor pignoratício, hipotecário, anticrético ou fiduciário, quando a penhora recair sobre bens gravados por penhor, hipoteca, anticrese ou alienação fiduciária;

• Correspondência: art. 615, II, CPC/1973.

II – requerer a intimação do titular de usufruto, uso ou habitação, quando a penhora recair sobre bem gravado por usufruto, uso ou habitação;

• Correspondência: art. 615, II, CPC/1973.

III – requerer a intimação do promitente comprador, quando a penhora recair sobre bem em relação ao qual haja promessa de compra e venda registrada;

• Sem correspondência no CPC/1973.

IV – requerer a intimação do promitente vendedor, quando a penhora recair sobre direito aquisitivo derivado de promessa de compra e venda registrada;

• Sem correspondência no CPC/1973.

V – requerer a intimação do superficiário, enfiteuta ou concessionário, em caso de direito de superfície, enfiteuse, concessão de uso especial para fins de moradia ou concessão de direito real de uso, quando a penhora recair sobre imóvel submetido ao regime do direito de superfície, enfiteuse ou concessão;

• Sem correspondência no CPC/1973.

VI – requerer a intimação do proprietário de terreno com regime de direito de superfície, enfiteuse, concessão de uso especial para fins de moradia ou concessão de direito real de uso, quando a penhora recair sobre direitos do superficiário, do enfiteuta ou do concessionário;

• Sem correspondência no CPC/1973.

VII – requerer a intimação da sociedade, no caso de penhora de quota social ou de ação

Art. 804

Código de Processo Civil

de sociedade anônima fechada, para o fim previsto no art. 876, § 7º;

- Sem correspondência no CPC/1973.

VIII – pleitear, se for o caso, medidas urgentes;

- Correspondência: art. 615, III, CPC/1973.

IX – proceder à averbação em registro público do ato de propositura da execução e dos atos de constrição realizados, para conhecimento de terceiros.

- Correspondência: art. 615-A, CPC/1973.

Art. 800. Nas obrigações alternativas, quando a escolha couber ao devedor, esse será citado para exercer a opção e realizar a prestação dentro de 10 (dez) dias, se outro prazo não lhe foi determinado em lei ou em contrato.

- Correspondência: art. 571, *caput*, CPC/1973.
- V. arts. 252 a 256, CC.

§ 1º Devolver-se-á ao credor a opção, se o devedor não a exercer no prazo determinado.

- Correspondência: art. 571, § 1º, CPC/1973.

§ 2º A escolha será indicada na petição inicial da execução quando couber ao credor exercê-la.

- Correspondência: art. 571, § 2º, CPC/1973.

Art. 801. Verificando que a petição inicial está incompleta ou que não está acompanhada dos documentos indispensáveis à propositura da execução, o juiz determinará que o exequente a corrija, no prazo de 15 (quinze) dias, sob pena de indeferimento.

- Correspondência: art. 616, CPC/1973.

Art. 802. Na execução, o despacho que ordena a citação, desde que realizada em observância ao disposto no § 2º do art. 240, interrompe a prescrição, ainda que proferido por juízo incompetente.

- Correspondência: art. 617, CPC/1973.
- V. Súmula 150, STF.

Parágrafo único. A interrupção da prescrição retroagirá à data de propositura da ação.

- Correspondência: art. 219, § 1º, CPC/1973.

Art. 803. É nula a execução se:

- Correspondência: art. 618, *caput*, CPC/1973.

I – o título executivo extrajudicial não corresponder a obrigação certa, líquida e exigível;

- Correspondência: art. 618, I, CPC/1973.

II – o executado não for regularmente citado;

- Correspondência: art. 618, II, CPC/1973.

III – for instaurada antes de se verificar a condição ou de ocorrer o termo.

- Correspondência: art. 618, III, CPC/1973.

Parágrafo único. A nulidade de que cuida este artigo será pronunciada pelo juiz, de ofício ou a requerimento da parte, independentemente de embargos à execução.

- Sem correspondência no CPC/1973.

Art. 804. A alienação de bem gravado por penhor, hipoteca ou anticrese será ineficaz em relação ao credor pignoratício, hipotecário ou anticrético não intimado.

- Correspondência: art. 619, CPC/1973.
- V. art. 1.501, CC.

§ 1º A alienação de bem objeto de promessa de compra e venda ou de cessão registrada será ineficaz em relação ao promitente comprador ou ao cessionário não intimado.

- Sem correspondência no CPC/1973.

§ 2º A alienação de bem sobre o qual tenha sido instituído direito de superfície, seja do solo, da plantação ou da construção, será ineficaz em relação ao concedente ou ao concessionário não intimado.

- Sem correspondência no CPC/1973.

§ 3º A alienação de direito aquisitivo de bem objeto de promessa de venda, de promessa de cessão ou de alienação fiduciária será ineficaz em relação ao promitente vendedor, ao promitente cedente ou ao proprietário fiduciário não intimado.

- Sem correspondência no CPC/1973.

§ 4º A alienação de imóvel sobre o qual tenha sido instituída enfiteuse, concessão de uso especial para fins de moradia ou concessão de direito real de uso será ineficaz em relação ao enfiteuta ou ao concessionário não intimado.

- Sem correspondência no CPC/1973.

§ 5º A alienação de direitos do enfiteuta, do concessionário de direito real de uso ou do concessionário de uso especial para fins de moradia será ineficaz em relação ao proprietário do respectivo imóvel não intimado.

- Sem correspondência no CPC/1973.

§ 6º A alienação de bem sobre o qual tenha sido instituído usufruto, uso ou habitação será ineficaz em relação ao titular desses direitos reais não intimado.

- Correspondência: art. 619, CPC/1973.

Art. 805. Quando por vários meios o exequente puder promover a execução, o juiz mandará que se faça pelo modo menos gravoso para o executado.

- Correspondência: art. 620, CPC/1973.

Parágrafo único. Ao executado que alegar ser a medida executiva mais gravosa incumbe indicar outros meios mais eficazes e menos onerosos, sob pena de manutenção dos atos executivos já determinados.

- Correspondência: art. 668, CPC/1973.
- V. Súmula 417, STJ.

Capítulo II
DA EXECUÇÃO PARA A ENTREGA DE COISA

Seção I
Da entrega de coisa certa

Art. 806. O devedor de obrigação de entrega de coisa certa, constante de título executivo extrajudicial, será citado para, em 15 (quinze) dias, satisfazer a obrigação.

- Correspondência: art. 621, *caput*, CPC/1973.
- V. arts. 233 a 242 e 313, CC.
- V. art. 35, I, Lei 8.078/1990 (Código de Defesa do Consumidor).

§ 1º Ao despachar a inicial, o juiz poderá fixar multa por dia de atraso no cumprimento da obrigação, ficando o respectivo valor sujeito a alteração, caso se revele insuficiente ou excessivo.

- Correspondência: art. 621, parágrafo único, CPC/1973.

§ 2º Do mandado de citação constará ordem para imissão na posse ou busca e apreensão, conforme se tratar de bem imóvel ou móvel, cujo cumprimento se dará de imediato, se o executado não satisfizer a obrigação no prazo que lhe foi designado.

- Correspondência: art. 625, CPC/1973.

Art. 807. Se o executado entregar a coisa, será lavrado o termo respectivo e considerada satisfeita a obrigação, prosseguindo-se a execução para o pagamento de frutos ou o ressarcimento de prejuízos, se houver.

- Correspondência: art. 624, CPC/1973.
- V. arts. 233, 234 e 236, CC.

Art. 808. Alienada a coisa quando já litigiosa, será expedido mandado contra o terceiro adquirente, que somente será ouvido após depositá-la.

- Correspondência: art. 626, CPC/1973.

Art. 809. O exequente tem direito a receber, além de perdas e danos, o valor da coisa, quando essa se deteriorar, não lhe for entregue, não for encontrada ou não for reclamada do poder de terceiro adquirente.

- Correspondência: art. 628, CPC/1973.
- V. arts. 402 a 405, CC.

§ 1º Não constando do título o valor da coisa e sendo impossível sua avaliação, o exequente apresentará estimativa, sujeitando-a ao arbitramento judicial.

§ 2º Serão apurados em liquidação o valor da coisa e os prejuízos.

Art. 810. Havendo benfeitorias indenizáveis feitas na coisa pelo executado ou por terceiros de cujo poder ela houver sido tirada, a liquidação prévia é obrigatória.

- Correspondência: art. 628, CPC/1973.
- V. arts. 96, 242 e 1.219 a 1.222, CC.

Parágrafo único. Havendo saldo:
I – em favor do executado ou de terceiros, o exequente o depositará ao requerer a entrega da coisa;
II – em favor do exequente, esse poderá cobrá-lo nos autos do mesmo processo.

Seção II
Da entrega de coisa incerta

Art. 811. Quando a execução recair sobre coisa determinada pelo gênero e pela quantidade, o executado será citado para entregá-la individualizada, se lhe couber a escolha.

- Correspondência: art. 629, CPC/1973.
- V. arts. 85, 243 a 246, CC
- V. art. 15, Lei 8.929/1994 (Cédula de produto rural).

CÓDIGO DE PROCESSO CIVIL

Parágrafo único. Se a escolha couber ao exequente, esse deverá indicá-la na petição inicial.

Art. 812. Qualquer das partes poderá, no prazo de 15 (quinze) dias, impugnar a escolha feita pela outra, e o juiz decidirá de plano ou, se necessário, ouvindo perito de sua nomeação.

• Correspondência: art. 630, CPC/1973.

Art. 813. Aplicar-se-ão à execução para entrega de coisa incerta, no que couber, as disposições da Seção I deste Capítulo.

• Correspondência: art. 631, CPC/1973.

Capítulo III
DA EXECUÇÃO DAS OBRIGAÇÕES DE FAZER OU DE NÃO FAZER

Seção I
Disposições comuns

Art. 814. Na execução de obrigação de fazer ou de não fazer fundada em título extrajudicial, ao despachar a inicial, o juiz fixará multa por período de atraso no cumprimento da obrigação e a data a partir da qual será devida.

• Correspondência: art. 645, CPC/1973.

Parágrafo único. Se o valor da multa estiver previsto no título e for excessivo, o juiz poderá reduzi-lo.

Seção II
Da obrigação de fazer

Art. 815. Quando o objeto da execução for obrigação de fazer, o executado será citado para satisfazê-la no prazo que o juiz lhe designar, se outro não estiver determinado no título executivo.

• Correspondência: art. 632, CPC/1973.
• V. arts. 247 a 249, CC.
• V. Súmula 410, STJ.

Art. 816. Se o executado não satisfizer a obrigação no prazo designado, é lícito ao exequente, nos próprios autos do processo, requerer a satisfação da obrigação à custa do executado ou perdas e danos, hipótese em que se converterá em indenização.

• Correspondência: art. 633, CPC/1973.
• V. art. 249, CC.
• V. arts. 35 e 84, Lei 8.078/1990 (Código de Defesa do Consumidor).

Parágrafo único. O valor das perdas e danos será apurado em liquidação, seguindo-se a execução para cobrança de quantia certa.

Art. 817. Se a obrigação puder ser satisfeita por terceiro, é lícito ao juiz autorizar, a requerimento do exequente, que aquele a satisfaça à custa do executado.

• Correspondência: art. 634, CPC/1973.

Parágrafo único. O exequente adiantará as quantias previstas na proposta que, ouvidas as partes, o juiz houver aprovado.

Art. 818. Realizada a prestação, o juiz ouvirá as partes no prazo de 10 (dez) dias e, não havendo impugnação, considerará satisfeita a obrigação.

• Correspondência: art. 635, CPC/1973.

Parágrafo único. Caso haja impugnação, o juiz a decidirá.

Art. 819. Se o terceiro contratado não realizar a prestação no prazo ou se o fizer de modo incompleto ou defeituoso, poderá o exequente requerer ao juiz, no prazo de 15 (quinze) dias, que o autorize a concluí-la ou a repará-la à custa do contratante.

• Correspondência: art. 636, CPC/1973.

Parágrafo único. Ouvido o contratante no prazo de 15 (quinze) dias, o juiz mandará avaliar o custo das despesas necessárias e o condenará a pagá-lo.

Art. 820. Se o exequente quiser executar ou mandar executar, sob sua direção e vigilância, as obras e os trabalhos necessários à realização da prestação, terá preferência, em igualdade de condições de oferta, em relação ao terceiro.

• Correspondência: art. 637, CPC/1973.

Parágrafo único. O direito de preferência deverá ser exercido no prazo de 5 (cinco) dias, após aprovada a proposta do terceiro.

Art. 821. Na obrigação de fazer, quando se convencionar que o executado a satisfaça pessoalmente, o exequente poderá requerer ao juiz que lhe assine prazo para cumpri-la.

• Correspondência: art. 638, CPC/1973.

Art. 822

Parágrafo único. Havendo recusa ou mora do executado, sua obrigação pessoal será convertida em perdas e danos, caso em que se observará o procedimento de execução por quantia certa.

• V. art. 247, CC.

Seção III
Da obrigação de não fazer

Art. 822. Se o executado praticou ato a cuja abstenção estava obrigado por lei ou por contrato, o exequente requererá ao juiz que assine prazo ao executado para desfazê-lo.

• Correspondência: art. 642, CPC/1973.
• V. art. 251, *caput*, CC.

Art. 823. Havendo recusa ou mora do executado, o exequente requererá ao juiz que mande desfazer o ato à custa daquele, que responderá por perdas e danos.

• Correspondência: art. 643, CPC/1973.

Parágrafo único. Não sendo possível desfazer-se o ato, a obrigação resolve-se em perdas e danos, caso em que, após a liquidação, se observará o procedimento de execução por quantia certa.

• V. arts. 402 a 405, CC.

Capítulo IV
DA EXECUÇÃO
POR QUANTIA CERTA

Seção I
Disposições gerais

Art. 824. A execução por quantia certa realiza-se pela expropriação de bens do executado, ressalvadas as execuções especiais.

• Correspondência: art. 646, CPC/1973.

Art. 825. A expropriação consiste em:

• Correspondência: art. 647, *caput*, CPC/1973.

I – adjudicação;

• Correspondência: art. 647, I, CPC/1973.

II – alienação;

• Correspondência: art. 647, II e III, CPC/1973.

III – apropriação de frutos e rendimentos de empresa ou de estabelecimentos e de outros bens.

• Correspondência: art. 647, IV, CPC/1973.

Art. 826. Antes de adjudicados ou alienados os bens, o executado pode, a todo tempo, remir a execução, pagando ou consignando a importância atualizada da dívida, acrescida de juros, custas e honorários advocatícios.

• Correspondência: art. 651, CPC/1973.
• V. art. 19, I e II, Lei 6.830/1980 (Execução fiscal).

Seção II
Da citação do devedor
e do arresto

Art. 827. Ao despachar a inicial, o juiz fixará, de plano, os honorários advocatícios de 10% (dez por cento), a serem pagos pelo executado.

• Correspondência: art. 652-A, *caput*, CPC/1973.
•• V. art. 85, § 1º, CPC/2015.

§ 1º No caso de integral pagamento no prazo de 3 (três) dias, o valor dos honorários advocatícios será reduzido pela metade.

• Correspondência: art. 652-A, parágrafo único, CPC/1973.

§ 2º O valor dos honorários poderá ser elevado até 20% (vinte por cento), quando rejeitados os embargos à execução, podendo a majoração, caso não opostos os embargos, ocorrer ao final do procedimento executivo, levando-se em conta o trabalho realizado pelo advogado do exequente.

• Sem correspondência no CPC/1973.

Art. 828. O exequente poderá obter certidão de que a execução foi admitida pelo juiz, com identificação das partes e do valor da causa, para fins de averbação no registro de imóveis, de veículos ou de outros bens sujeitos a penhora, arresto ou indisponibilidade.

• Correspondência: art. 615-A, *caput*, CPC/1973.

§ 1º No prazo de 10 (dez) dias de sua concretização, o exequente deverá comunicar ao juízo as averbações efetivadas.

• Correspondência: art. 615-A, § 1º, CPC/1973.

§ 2º Formalizada penhora sobre bens suficientes para cobrir o valor da dívida, o exequente providenciará, no prazo de 10 (dez) dias, o cancelamento das averbações relativas àqueles não penhorados.

• Correspondência: art. 615-A, § 2º, CPC/1973.

Código de Processo Civil

§ 3º O juiz determinará o cancelamento das averbações, de ofício ou a requerimento, caso o exequente não o faça no prazo.

• Sem correspondência no CPC/1973.

§ 4º Presume-se em fraude à execução a alienação ou a oneração de bens efetuada após a averbação.

• Correspondência: art. 615-A, § 3º, CPC/1973.

§ 5º O exequente que promover averbação manifestamente indevida ou não cancelar as averbações nos termos do § 2º indenizará a parte contrária, processando-se o incidente em autos apartados.

• Correspondência: art. 615-A, § 4º, CPC/1973.

Art. 829. O executado será citado para pagar a dívida no prazo de 3 (três) dias, contado da citação.

• Correspondência: art. 652, CPC/1973.
• V. art. 8º, Lei 6.830/1980 (Execução fiscal).
• V. Lei 8.397/1992 (Medida cautelar fiscal).

§ 1º Do mandado de citação constarão, também, a ordem de penhora e a avaliação a serem cumpridas pelo oficial de justiça tão logo verificado o não pagamento no prazo assinalado, de tudo lavrando-se auto, com intimação do executado.

§ 2º A penhora recairá sobre os bens indicados pelo exequente, salvo se outros forem indicados pelo executado e aceitos pelo juiz, mediante demonstração de que a constrição proposta lhe será menos onerosa e não trará prejuízo ao exequente.

Art. 830. Se o oficial de justiça não encontrar o executado, arrestar-lhe-á tantos bens quantos bastem para garantir a execução.

• Correspondência: art. 653-A, *caput*, CPC/1973.
• V. art. 11, Lei 6.830/1980 (Execução fiscal).

§ 1º Nos 10 (dez) dias seguintes à efetivação do arresto, o oficial de justiça procurará o executado 2 (duas) vezes em dias distintos e, havendo suspeita de ocultação, realizará a citação com hora certa, certificando pormenorizadamente o ocorrido.

• Correspondência: art. 653, parágrafo único, CPC/1973.

§ 2º Incumbe ao exequente requerer a citação por edital, uma vez frustradas a pessoal e a com hora certa.

• Correspondência: art. 654, CPC/1973.

§ 3º Aperfeiçoada a citação e transcorrido o prazo de pagamento, o arresto converter-se-á em penhora, independentemente de termo.

• Sem correspondência no CPC/1973.

Seção III
Da penhora, do depósito e da avaliação

Subseção I
Do objeto da penhora

Art. 831. A penhora deverá recair sobre tantos bens quantos bastem para o pagamento do principal atualizado, dos juros, das custas e dos honorários advocatícios.

• Correspondência: art. 659, CPC/1973.

Art. 832. Não estão sujeitos à execução os bens que a lei considera impenhoráveis ou inalienáveis.

• Correspondência: art. 648, *caput*, CPC/1973.
• V. arts. 1.711, *caput*, 1.714, 1.717 e 1.722, CC.
• V. Lei 8.009/1990 (Impenhorabilidade do bem de família).

Art. 833. São impenhoráveis:

• Correspondência: art. 649, *caput*, CPC/1973.
• V. Lei 4.673/1965 (Impenhorabilidade sobre os bens penhorados em execução fiscal).
• V. art. 69, Dec.-lei 167/1967 (Títulos de crédito rural).
• V. art. 57, Dec.-lei 413/1969 (Títulos de crédito industrial).
• V. art. 5º, parágrafo único, Dec.-lei 911/1969 (Alienação fiduciária).
• V. art. 10, parte final, Lei 6.830/1980 (Execução fiscal).

I – os bens inalienáveis e os declarados, por ato voluntário, não sujeitos à execução;

• Correspondência: art. 649, I, CPC/1973.

II – os móveis, os pertences e as utilidades domésticas que guarneçam a residência do executado, salvo os de elevado valor ou os que ultrapassem as necessidades comuns correspondentes a um médio padrão de vida;

• Correspondência: art. 649, II, CPC/1973.

III – os vestuários, bem como os pertences de uso pessoal do executado, salvo se de elevado valor;

• Correspondência: art. 649, III, CPC/1973.

IV – os vencimentos, os subsídios, os soldos, os salários, as remunerações, os proventos de aposentadoria, as pensões, os pecúlios e os montepios, bem como as quantias recebidas por liberalidade de terceiro e destinadas ao sustento do devedor e de sua família, os ganhos de trabalhador autônomo e os honorários de profissional liberal, ressalvado o § 2º;

- Correspondência: art. 649, IV, CPC/1973.
- V. art. 114, Lei 8.213/1991 (Planos de Benefícios da Previdência Social).

V – os livros, as máquinas, as ferramentas, os utensílios, os instrumentos ou outros bens móveis necessários ou úteis ao exercício da profissão do executado;

- Correspondência: art. 649, V, CPC/1973.
- V. art. 5º, parágrafo único, Dec.-lei 911/1969 (Alienação fiduciária).
- V. Súmula 451, STJ.

VI – o seguro de vida;

- Correspondência: art. 649, VI, CPC/1973.

VII – os materiais necessários para obras em andamento, salvo se essas forem penhoradas;

- Correspondência: art. 649, VII, CPC/1973.
- V. arts. 81, II, e 84, CC.

VIII – a pequena propriedade rural, assim definida em lei, desde que trabalhada pela família;

- Correspondência: art. 649, VIII, CPC/1973.
- V. art. 5º, XXVI, CF.
- V. art. 4º, § 2º, Lei 8.009/1990 (Impenhorabilidade do bem de família).

IX – os recursos públicos recebidos por instituições privadas para aplicação compulsória em educação, saúde ou assistência social;

- Correspondência: art. 649, IX, CPC/1973.

X – a quantia depositada em caderneta de poupança, até o limite de 40 (quarenta) salários mínimos;

- Correspondência: art. 649, X, CPC/1973.

XI – os recursos públicos do fundo partidário recebidos por partido político, nos termos da lei;

- Correspondência: art. 649, XI, CPC/1973.

XII – os créditos oriundos de alienação de unidades imobiliárias, sob regime de incorporação imobiliária, vinculados à execução da obra.

- Sem correspondência no CPC/1973.

§ 1º A impenhorabilidade não é oponível à execução de dívida relativa ao próprio bem, inclusive àquela contraída para sua aquisição.

- Correspondência: art. 649, § 1º, CPC/1973.

§ 2º O disposto nos incisos IV e X do *caput* não se aplica à hipótese de penhora para pagamento de prestação alimentícia, independentemente de sua origem, bem como às importâncias excedentes a 50 (cinquenta) salários mínimos mensais, devendo a constrição observar o disposto no art. 528, § 8º, e no art. 529, § 3º.

- Correspondência: art. 649, § 2º, CPC/1973.

§ 3º Incluem-se na impenhorabilidade prevista no inciso V do *caput* os equipamentos, os implementos e as máquinas agrícolas pertencentes a pessoa física ou a empresa individual produtora rural, exceto quando tais bens tenham sido objeto de financiamento e estejam vinculados em garantia a negócio jurídico ou quando respondam por dívida de natureza alimentar, trabalhista ou previdenciária.

- Sem correspondência no CPC/1973.

Art. 834. Podem ser penhorados, à falta de outros bens, os frutos e os rendimentos dos bens inalienáveis.

- Correspondência: art. 650, CPC/1973.

Art. 835. A penhora observará, preferencialmente, a seguinte ordem:

- Correspondência: art. 655, *caput*, CPC/1973.
- V. art. 11, Lei 6.830/1980 (Execução fiscal).

I – dinheiro, em espécie ou em depósito ou aplicação em instituição financeira;

- Correspondência: art. 655, I, CPC/1973.
- V. Súmula 328, STJ.

II – títulos da dívida pública da União, dos Estados e do Distrito Federal com cotação em mercado;

- Correspondência: art. 655, IX, CPC/1973.

III – títulos e valores mobiliários com cotação em mercado;

- Correspondência: art. 655, X, CPC/1973.

IV – veículos de via terrestre;

- Correspondência: art. 655, II, CPC/1973.

V – bens imóveis;
- Correspondência: art. 655, IV, CPC/1973.
- V. arts. 79 e 80, CC.

VI – bens móveis em geral;
- Correspondência: art. 655, III, CPC/1973.
- V. arts. 82 e 83, CC.

VII – semoventes;
- Sem correspondência no CPC/1973.

VIII – navios e aeronaves;
- Correspondência: art. 655, V, CPC/1973.
- V. art. 155, Lei 7.565/1986 (Código Brasileiro de Aeronáutica).

IX – ações e quotas de sociedades simples e empresárias;
- Correspondência: art. 655, VI, CPC/1973

X – percentual do faturamento de empresa devedora;
- Correspondência: art. 655, VII, CPC/1973

XI – pedras e metais preciosos;
- Correspondência: art. 655, VIII, CPC/1973

XII – direitos aquisitivos derivados de promessa de compra e venda e de alienação fiduciária em garantia;
- Sem correspondência no CPC/1973.

XIII – outros direitos.
- Correspondência: art. 655, XI, CPC/1973.

§ 1º É prioritária a penhora em dinheiro, podendo o juiz, nas demais hipóteses, alterar a ordem prevista no *caput* de acordo com as circunstâncias do caso concreto.
- Sem correspondência no CPC/1973.
- V. Súmulas 406 e 417, STJ.

§ 2º Para fins de substituição da penhora, equiparam-se a dinheiro a fiança bancária e o seguro garantia judicial, desde que em valor não inferior ao do débito constante da inicial, acrescido de 30% (trinta por cento).
- Correspondência: art. 656, § 2º, CPC/1973.

§ 3º Na execução de crédito com garantia real, a penhora recairá sobre a coisa dada em garantia, e, se a coisa pertencer a terceiro garantidor, este também será intimado da penhora.
- Correspondência: art. 656, § 1º, CPC/1973.

Art. 836. Não se levará a efeito a penhora quando ficar evidente que o produto da execução dos bens encontrados será totalmente absorvido pelo pagamento das custas da execução.
- Correspondência: art. 659, § 2º, CPC/1973.

§ 1º Quando não encontrar bens penhoráveis, independentemente de determinação judicial expressa, o oficial de justiça descreverá na certidão os bens que guarnecem a residência ou o estabelecimento do executado, quando este for pessoa jurídica.
- Correspondência: art. 659, § 3º, CPC/1973.

§ 2º Elaborada a lista, o executado ou seu representante legal será nomeado depositário provisório de tais bens até ulterior determinação do juiz.
- Sem correspondência no CPC/1973.

Subseção II
Da documentação da penhora,
de seu registro e do depósito

Art. 837. Obedecidas as normas de segurança instituídas sob critérios uniformes pelo Conselho Nacional de Justiça, a penhora de dinheiro e as averbações de penhoras de bens imóveis e móveis podem ser realizadas por meio eletrônico.
- Correspondência: art. 659, § 6º, CPC/1973.

Art. 838. A penhora será realizada mediante auto ou termo, que conterá:
- Correspondência: art. 665, CPC/1973.

I – a indicação do dia, do mês, do ano e do lugar em que foi feita;
II – os nomes do exequente e do executado;
III – a descrição dos bens penhorados, com as suas características;
IV – a nomeação do depositário dos bens.
- V. Súmula 319, STJ.

Art. 839. Considerar-se-á feita a penhora mediante a apreensão e o depósito dos bens, lavrando-se um só auto se as diligências forem concluídas no mesmo dia.
- Correspondência: art. 664, CPC/1973.

Parágrafo único. Havendo mais de uma penhora, serão lavrados autos individuais.

Art. 840. Serão preferencialmente depositados:
- Correspondência: art. 666, *caput*, CPC/1973.

I – as quantias em dinheiro, os papéis de crédito e as pedras e os metais preciosos, no

Banco do Brasil, na Caixa Econômica Federal ou em banco do qual o Estado ou o Distrito Federal possua mais da metade do capital social integralizado, ou, na falta desses estabelecimentos, em qualquer instituição de crédito designada pelo juiz;

- Correspondência: art. 666, I, CPC/1973.
- V. Dec.-lei 1.737/1979 (Depósitos de interesse da administração pública efetuados na Caixa Econômica Federal).
- V. art. 32, Lei 6.830/1980 (Execução fiscal).

II – os móveis, os semoventes, os imóveis urbanos e os direitos aquisitivos sobre imóveis urbanos, em poder do depositário judicial;

- Correspondência: art. 666, II, CPC/1973.

III – os imóveis rurais, os direitos aquisitivos sobre imóveis rurais, as máquinas, os utensílios e os instrumentos necessários ou úteis à atividade agrícola, mediante caução idônea, em poder do executado.

- Sem correspondência no CPC/1973.

§ 1º No caso do inciso II do *caput*, se não houver depositário judicial, os bens ficarão em poder do exequente.

- Sem correspondência no CPC/1973.

§ 2º Os bens poderão ser depositados em poder do executado nos casos de difícil remoção ou quando anuir o exequente.

- Correspondência: art. 666, § 1º, CPC/1973.

§ 3º As joias, as pedras e os objetos preciosos deverão ser depositados com registro do valor estimado de resgate.

- Correspondência: art. 666, § 2º, CPC/1973.

Art. 841. Formalizada a penhora por qualquer dos meios legais, dela será imediatamente intimado o executado.

- Sem correspondência no CPC/1973.

§ 1º A intimação da penhora será feita ao advogado do executado ou à sociedade de advogados a que aquele pertença.

- Correspondência: art. 659, § 5º, CPC/1973.

§ 2º Se não houver constituído advogado nos autos, o executado será intimado pessoalmente, de preferência por via postal.

- Correspondência: art. 652, § 4º, CPC/1973.

§ 3º O disposto no § 1º não se aplica aos casos de penhora realizada na presença do executado, que se reputa intimado.

- Sem correspondência no CPC/1973.

§ 4º Considera-se realizada a intimação a que se refere o § 2º quando o executado houver mudado de endereço sem prévia comunicação ao juízo, observado o disposto no parágrafo único do art. 274.

- Correspondência: art. 652, § 5º, CPC/1973.

Art. 842. Recaindo a penhora sobre bem imóvel ou direito real sobre imóvel, será intimado também o cônjuge do executado, salvo se forem casados em regime de separação absoluta de bens.

- Correspondência: art. 655, § 2º, CPC/1973.

Art. 843. Tratando-se de penhora de bem indivisível, o equivalente à quota-parte do coproprietário ou do cônjuge alheio à execução recairá sobre o produto da alienação do bem.

- Correspondência: art. 655-B, CPC/1973.

§ 1º É reservada ao coproprietário ou ao cônjuge não executado a preferência na arrematação do bem em igualdade de condições.

- Sem correspondência no CPC/1973.

§ 2º Não será levada a efeito expropriação por preço inferior ao da avaliação na qual o valor auferido seja incapaz de garantir, ao coproprietário ou ao cônjuge alheio à execução, o correspondente à sua quota-parte calculado sobre o valor da avaliação.

- Sem correspondência no CPC/1973.

Art. 844. Para presunção absoluta de conhecimento por terceiros, cabe ao exequente providenciar a averbação do arresto ou da penhora no registro competente, mediante apresentação de cópia do auto ou do termo, independentemente de mandado judicial.

- Correspondência: art. 659, § 4º, CPC/1973.
- V. Súmula 375, STJ.

Subseção III
Do lugar de realização da penhora

Art. 845. Efetuar-se-á a penhora onde se encontrem os bens, ainda que sob a posse, a detenção ou a guarda de terceiros.

- Correspondência: art. 659, § 1º, CPC/1973.

§ 1º A penhora de imóveis, independentemente de onde se localizem, quando apresentada certidão da respectiva matrícula, e a penhora de veículos automotores, quando apresentada certidão que ateste a sua existência, serão realizadas por termo nos autos.

• Correspondência: art. 659, § 5º, CPC/1973.

§ 2º Se o executado não tiver bens no foro do processo, não sendo possível a realização da penhora nos termos do § 1º, a execução será feita por carta, penhorando-se, avaliando-se e alienando-se os bens no foro da situação.

• Correspondência: art. 658, CPC/1973.

Art. 846. Se o executado fechar as portas da casa a fim de obstar a penhora dos bens, o oficial de justiça comunicará o fato ao juiz, solicitando-lhe ordem de arrombamento.

• Correspondência: art. 660, CPC/1973.

§ 1º Deferido o pedido, 2 (dois) oficiais de justiça cumprirão o mandado, arrombando cômodos e móveis em que se presuma estarem os bens, e lavrarão de tudo auto circunstanciado, que será assinado por 2 (duas) testemunhas presentes à diligência.

• Correspondência: art. 661, CPC/1973.

§ 2º Sempre que necessário, o juiz requisitará força policial, a fim de auxiliar os oficiais de justiça na penhora dos bens.

• Correspondência: art. 662, CPC/1973.

§ 3º Os oficiais de justiça lavrarão em duplicata o auto da ocorrência, entregando uma via ao escrivão ou ao chefe de secretaria, para ser juntada aos autos, e a outra à autoridade policial a quem couber a apuração criminal dos eventuais delitos de desobediência ou de resistência.

• Correspondência: art. 663, *caput*, CPC/1973.
• V. arts. 329 e 330, CP.

§ 4º Do auto da ocorrência constará o rol de testemunhas, com a respectiva qualificação.

• Correspondência: art. 663, parágrafo único, CPC/1973.

Subseção IV
Das modificações da penhora

Art. 847. O executado pode, no prazo de 10 (dez) dias contado da intimação da penhora, requerer a substituição do bem penhorado, desde que comprove que lhe será menos onerosa e não trará prejuízo ao exequente.

• Correspondência: art. 668, *caput*, CPC/1973.
• V. art. 15, I, Lei 6.830/1980 (Execução fiscal).

§ 1º O juiz só autorizará a substituição se o executado:

• Correspondência: art. 668, parágrafo único, *caput*, CPC/1973.

I – comprovar as respectivas matrículas e os registros por certidão do correspondente ofício, quanto aos bens imóveis;

• Correspondência: art. 668, parágrafo único, I, CPC/1973.

II – descrever os bens móveis, com todas as suas propriedades e características, bem como o estado deles e o lugar onde se encontram;

• Correspondência: art. 668, parágrafo único, II, CPC/1973.

III – descrever os semoventes, com indicação de espécie, de número, de marca ou sinal e do local onde se encontram;

• Correspondência: art. 668, parágrafo único, III, CPC/1973.

IV – identificar os créditos, indicando quem seja o devedor, qual a origem da dívida, o título que a representa e a data do vencimento; e

• Correspondência: art. 668, parágrafo único, IV, CPC/1973.

V – atribuir, em qualquer caso, valor aos bens indicados à penhora, além de especificar os ônus e os encargos a que estejam sujeitos.

• Correspondência: art. 668, parágrafo único, V, CPC/1973.

§ 2º Requerida a substituição do bem penhorado, o executado deve indicar onde se encontram os bens sujeitos à execução, exibir a prova de sua propriedade e a certidão negativa ou positiva de ônus, bem como abster-se de qualquer atitude que dificulte ou embarace a realização da penhora.

• Correspondência: art. 656, § 1º, CPC/1973.

§ 3º O executado somente poderá oferecer bem imóvel em substituição caso o requeira com a expressa anuência do cônjuge, salvo se o regime for o de separação absoluta de bens.

• Correspondência: art. 656, § 3º, CPC/1973.

§ 4º O juiz intimará o exequente para manifestar-se sobre o requerimento de substituição do bem penhorado.

• Correspondência: art. 657, CPC/1973.

Art. 848. As partes poderão requerer a substituição da penhora se:

• Correspondência: art. 656, *caput*, CPC/1973.

I – ela não obedecer à ordem legal;

• Correspondência: art. 656, I, CPC/1973.

II – ela não incidir sobre os bens designados em lei, contrato ou ato judicial para o pagamento;

• Correspondência: art. 656, II, CPC/1973.

III – havendo bens no foro da execução, outros tiverem sido penhorados;

• Correspondência: art. 656, III, CPC/1973.

IV – havendo bens livres, ela tiver recaído sobre bens já penhorados ou objeto de gravame;

• Correspondência: art. 656, IV, CPC/1973.

V – ela incidir sobre bens de baixa liquidez;

• Correspondência: art. 656, V, CPC/1973.

VI – fracassar a tentativa de alienação judicial do bem; ou

• Correspondência: art. 656, VI, CPC/1973.

VII – o executado não indicar o valor dos bens ou omitir qualquer das indicações previstas em lei.

• Correspondência: art. 656, VII, CPC/1973.

Parágrafo único. A penhora pode ser substituída por fiança bancária ou por seguro garantia judicial, em valor não inferior ao do débito constante da inicial, acrescido de 30% (trinta por cento).

• Correspondência: art. 656, § 2º, CPC/1973.
• V. Súmula 406, STJ

Art. 849. Sempre que ocorrer a substituição dos bens inicialmente penhorados, será lavrado novo termo.

• Correspondência: art. 657, CPC/1973.

Art. 850. Será admitida a redução ou a ampliação da penhora, bem como sua transferência para outros bens, se, no curso do processo, o valor de mercado dos bens penhorados sofrer alteração significativa.

• Correspondência: art. 685, CPC/1973.

Art. 851. Não se procede à segunda penhora, salvo se:

• Correspondência: art. 667, *caput*, CPC/1973.

I – a primeira for anulada;

• Correspondência: art. 667, I, CPC/1973.

II – executados os bens, o produto da alienação não bastar para o pagamento do exequente;

• Correspondência: art. 667, II, CPC/1973.

III – o exequente desistir da primeira penhora, por serem litigiosos os bens ou por estarem submetidos a constrição judicial.

• Correspondência: art. 667, III, CPC/1973.

Art. 852. O juiz determinará a alienação antecipada dos bens penhorados quando:

• Correspondência: art. 670, *caput*, CPC/1973.

I – se tratar de veículos automotores, de pedras e metais preciosos e de outros bens móveis sujeitos à depreciação ou à deterioração;

• Correspondência: art. 670, I, CPC/1973.

II – houver manifesta vantagem.

• Correspondência: art. 670, II, CPC/1973.

Art. 853. Quando uma das partes requerer alguma das medidas previstas nesta Subseção, o juiz ouvirá sempre a outra, no prazo de 3 (três) dias, antes de decidir.

• Correspondência: arts. 670, parágrafo único e 657, *caput*, CPC/1973.

Parágrafo único. O juiz decidirá de plano qualquer questão suscitada.

• Correspondência: art. 657, parágrafo único, CPC/1973.

Subseção V
Da penhora de dinheiro em depósito ou em aplicação financeira

Art. 854. Para possibilitar a penhora de dinheiro em depósito ou em aplicação financeira, o juiz, a requerimento do exequente, sem dar ciência prévia do ato ao executado, determinará às instituições financeiras, por meio de sistema eletrônico gerido pela autoridade supervisora do sistema financeiro nacional, que torne indisponíveis ativos financeiros existentes em nome do executado, limitando-se a indisponibilidade ao valor indicado na execução.

• Correspondência: art. 655-A, *caput*, CPC/1973.

§ 1º No prazo de 24 (vinte e quatro) horas a contar da resposta, de ofício, o juiz determinará o cancelamento de eventual indisponibilidade excessiva, o que deverá ser cumprido pela instituição financeira em igual prazo.

• Sem correspondência no CPC/1973.

§ 2º Tornados indisponíveis os ativos financeiros do executado, este será intimado na pessoa de seu advogado ou, não o tendo, pessoalmente.

• Sem correspondência no CPC/1973.

§ 3º Incumbe ao executado, no prazo de 5 (cinco) dias, comprovar que:

• Correspondência: art. 655-A, § 2º, CPC/1973.

I – as quantias tornadas indisponíveis são impenhoráveis;

• Correspondência: art. 655-A, § 2º, CPC/1973.

II – ainda remanesce indisponibilidade excessiva de ativos financeiros.

• Sem correspondência no CPC/1973.

§ 4º Acolhida qualquer das arguições dos incisos I e II do § 3º, o juiz determinará o cancelamento de eventual indisponibilidade irregular ou excessiva, a ser cumprido pela instituição financeira em 24 (vinte e quatro) horas.

• Sem correspondência no CPC/1973.

§ 5º Rejeitada ou não apresentada a manifestação do executado, converter-se-á a indisponibilidade em penhora, sem necessidade de lavratura de termo, devendo o juiz da execução determinar à instituição financeira depositária que, no prazo de 24 (vinte e quatro) horas, transfira o montante indisponível para conta vinculada ao juízo da execução.

• Sem correspondência no CPC/1973.

§ 6º Realizado o pagamento da dívida por outro meio, o juiz determinará, imediatamente, por sistema eletrônico gerido pela autoridade supervisora do sistema financeiro nacional, a notificação da instituição financeira para que, em até 24 (vinte e quatro) horas, cancele a indisponibilidade.

• Sem correspondência no CPC/1973.

§ 7º As transmissões das ordens de indisponibilidade, de seu cancelamento e de determinação de penhora previstas neste artigo far-se-ão por meio de sistema eletrônico gerido pela autoridade supervisora do sistema financeiro nacional.

• Sem correspondência no CPC/1973.

§ 8º A instituição financeira será responsável pelos prejuízos causados ao executado em decorrência da indisponibilidade de ativos financeiros em valor superior ao indicado na execução ou pelo juiz, bem como na hipótese de não cancelamento da indisponibilidade no prazo de 24 (vinte e quatro) horas, quando assim determinar o juiz.

• Sem correspondência no CPC/1973.

§ 9º Quando se tratar de execução contra partido político, o juiz, a requerimento do exequente, determinará às instituições financeiras, por meio de sistema eletrônico gerido por autoridade supervisora do sistema bancário, que tornem indisponíveis ativos financeiros somente em nome do órgão partidário que tenha contraído a dívida executada ou que tenha dado causa à violação de direito ou ao dano, ao qual cabe exclusivamente a responsabilidade pelos atos praticados, na forma da lei.

• Correspondência: art. 655-A, § 4º, CPC/1973.

Subseção VI
Da penhora de créditos

Art. 855. Quando recair em crédito do executado, enquanto não ocorrer a hipótese prevista no art. 856, considerar-se-á feita a penhora pela intimação:

• Correspondência: art. 671, *caput*, CPC/1973.

I – ao terceiro devedor para que não pague ao executado, seu credor;

• Correspondência: art. 671, I, CPC/1973.
• V. art. 312, CC.

II – ao executado, credor do terceiro, para que não pratique ato de disposição do crédito.

• Correspondência: art. 671, II, CPC/1973.

Art. 856. A penhora de crédito representado por letra de câmbio, nota promissória, duplicata, cheque ou outros títulos far-se-á pela apreensão do documento, esteja ou não este em poder do executado.

• Correspondência: art. 672, *caput*, CPC/1973.
• V. art. 312, CC.

Art. 857

CÓDIGO DE PROCESSO CIVIL

§ 1º Se o título não for apreendido, mas o terceiro confessar a dívida, será este tido como depositário da importância.

• Correspondência: art. 672, § 1º, CPC/1973.

§ 2º O terceiro só se exonerará da obrigação depositando em juízo a importância da dívida.

• Correspondência: art. 672, § 2º, CPC/1973.

§ 3º Se o terceiro negar o débito em conluio com o executado, a quitação que este lhe der caracterizará fraude à execução.

• Correspondência: art. 672, § 3º, CPC/1973.

§ 4º A requerimento do exequente, o juiz determinará o comparecimento, em audiência especialmente designada, do executado e do terceiro, a fim de lhes tomar os depoimentos.

• Correspondência: art. 672, § 4º, CPC/1973.

Art. 857. Feita a penhora em direito e ação do executado, e não tendo ele oferecido embargos ou sendo estes rejeitados, o exequente ficará sub-rogado nos direitos do executado até a concorrência de seu crédito.

• Correspondência: art. 673, *caput*, CPC/1973.

§ 1º O exequente pode preferir, em vez da sub-rogação, a alienação judicial do direito penhorado, caso em que declarará sua vontade no prazo de 10 (dez) dias contado da realização da penhora.

• Correspondência: art. 673, § 1º, CPC/1973.

§ 2º A sub-rogação não impede o sub-rogado, se não receber o crédito do executado, de prosseguir na execução, nos mesmos autos, penhorando outros bens.

• Correspondência: art. 673, § 2º, CPC/1973.

Art. 858. Quando a penhora recair sobre dívidas de dinheiro a juros, de direito a rendas ou de prestações periódicas, o exequente poderá levantar os juros, os rendimentos ou as prestações à medida que forem sendo depositados, abatendo-se do crédito as importâncias recebidas, conforme as regras de imputação do pagamento.

• Correspondência: art. 675, CPC/1973.

Art. 859. Recaindo a penhora sobre direito a prestação ou a restituição de coisa determinada, o executado será intimado para, no vencimento, depositá-la, correndo sobre ela a execução.

• Correspondência: art. 676, CPC/1973.

Art. 860. Quando o direito estiver sendo pleiteado em juízo, a penhora que recair sobre ele será averbada, com destaque, nos autos pertinentes ao direito e na ação correspondente à penhora, a fim de que esta seja efetivada nos bens que forem adjudicados ou que vierem a caber ao executado.

• Correspondência: art. 674, CPC/1973.

Subseção VII
Da penhora das quotas ou
das ações de sociedades
personificadas

Art. 861. Penhoradas as quotas ou as ações de sócio em sociedade simples ou empresária, o juiz assinará prazo razoável, não superior a 3 (três) meses, para que a sociedade:

• Sem correspondência no CPC/1973.

I – apresente balanço especial, na forma da lei;

II – ofereça as quotas ou as ações aos demais sócios, observado o direito de preferência legal ou contratual;

III – não havendo interesse dos sócios na aquisição das ações, proceda à liquidação das quotas ou das ações, depositando em juízo o valor apurado, em dinheiro.

§ 1º Para evitar a liquidação das quotas ou das ações, a sociedade poderá adquiri-las sem redução do capital social e com utilização de reservas, para manutenção em tesouraria.

§ 2º O disposto no *caput* e no § 1º não se aplica à sociedade anônima de capital aberto, cujas ações serão adjudicadas ao exequente ou alienadas em bolsa de valores, conforme o caso.

§ 3º Para os fins da liquidação de que trata o inciso III do *caput*, o juiz poderá, a requerimento do exequente ou da sociedade, nomear administrador, que deverá submeter à aprovação judicial a forma de liquidação.

§ 4º O prazo previsto no *caput* poderá ser ampliado pelo juiz, se o pagamento das quotas ou das ações liquidadas:

I – superar o valor do saldo de lucros ou reservas, exceto a legal, e sem diminuição do capital social, ou por doação; ou

II – colocar em risco a estabilidade financeira da sociedade simples ou empresária.

§ 5º Caso não haja interesse dos demais sócios no exercício de direito de preferência, não ocorra a aquisição das quotas ou das ações pela sociedade e a liquidação do inciso III do *caput* seja excessivamente onerosa para a sociedade, o juiz poderá determinar o leilão judicial das quotas ou das ações.

Subseção VIII
Da penhora de empresa, de outros estabelecimentos e de semoventes

Art. 862. Quando a penhora recair em estabelecimento comercial, industrial ou agrícola, bem como em semoventes, plantações ou edifícios em construção, o juiz nomeará administrador-depositário, determinando-lhe que apresente em 10 (dez) dias o plano de administração.

• Correspondência: art. 677, *caput*, CPC/1973.

§ 1º Ouvidas as partes, o juiz decidirá.

• Correspondência: art. 677, § 1º, CPC/1973.

§ 2º É lícito às partes ajustar a forma de administração e escolher o depositário, hipótese em que o juiz homologará por despacho a indicação.

• Correspondência: art. 677, § 2º, CPC/1973.

§ 3º Em relação aos edifícios em construção sob regime de incorporação imobiliária, a penhora somente poderá recair sobre as unidades imobiliárias ainda não comercializadas pelo incorporador.

• Sem correspondência no CPC/1973.

§ 4º Sendo necessário afastar o incorporador da administração da incorporação, será ela exercida pela comissão de representantes dos adquirentes ou, se se tratar de construção financiada, por empresa ou profissional indicado pela instituição fornecedora dos recursos para a obra, devendo ser ouvida, neste último caso, a comissão de representantes dos adquirentes.

• Sem correspondência no CPC/1973.

Art. 863. A penhora de empresa que funcione mediante concessão ou autorização far-se-á, conforme o valor do crédito, sobre a renda, sobre determinados bens ou sobre todo o patrimônio, e o juiz nomeará como depositário, de preferência, um de seus diretores.

• Correspondência: art. 678, *caput*, CPC/1973.

§ 1º Quando a penhora recair sobre a renda ou sobre determinados bens, o administrador-depositário apresentará a forma de administração e o esquema de pagamento, observando-se, quanto ao mais, o disposto em relação ao regime de penhora de frutos e rendimentos de coisa móvel e imóvel.

• Correspondência: art. 678, parágrafo único, 1ª parte, CPC/1973.

§ 2º Recaindo a penhora sobre todo o patrimônio, prosseguirá a execução em seus ulteriores termos, ouvindo-se, antes da arrematação ou da adjudicação, o ente público que houver outorgado a concessão.

• Correspondência: art. 678, parágrafo único, 2ª parte, CPC/1973.

Art. 864. A penhora de navio ou de aeronave não obsta que continuem navegando ou operando até a alienação, mas o juiz, ao conceder a autorização para tanto, não permitirá que saiam do porto ou do aeroporto antes que o executado faça o seguro usual contra riscos.

• Correspondência: art. 679, CPC/1973.
• V. art. 155, Lei 7.565/1986 (Código Brasileiro de Aeronáutica).

Art. 865. A penhora de que trata esta Subseção somente será determinada se não houver outro meio eficaz para a efetivação do crédito.

• Sem correspondência no CPC/1973.

Subseção IX
Da penhora de percentual de faturamento de empresa

Art. 866. Se o executado não tiver outros bens penhoráveis ou se, tendo-os, esses forem de difícil alienação ou insuficientes para saldar o crédito executado, o juiz poderá ordenar a penhora de percentual de faturamento de empresa.

• Sem correspondência no CPC/1973.

§ 1º O juiz fixará percentual que propicie a satisfação do crédito exequendo em tempo razoável, mas que não torne inviável o exercício da atividade empresarial.

• Sem correspondência no CPC/1973.

Art. 867

CÓDIGO DE PROCESSO CIVIL

§ 2º O juiz nomeará administrador-depositário, o qual submeterá à aprovação judicial a forma de sua atuação e prestará contas mensalmente, entregando em juízo as quantias recebidas, com os respectivos balancetes mensais, a fim de serem imputadas no pagamento da dívida.

• Correspondência: art. 655-A, § 3º, CPC/1973.

§ 3º Na penhora de percentual de faturamento de empresa, observar-se-á, no que couber, o disposto quanto ao regime de penhora de frutos e rendimentos de coisa móvel e imóvel.

• Correspondência: art. 655-A, § 3º, CPC/1973.

Subseção X
Da penhora de frutos e rendimentos de coisa móvel ou imóvel

Art. 867. O juiz pode ordenar a penhora de frutos e rendimentos de coisa móvel ou imóvel quando a considerar mais eficiente para o recebimento do crédito e menos gravosa ao executado.

• Correspondência: art. 716, CPC/1973.
• V. arts. 805 e 863, § 1º, CPC/2015.

Art. 868. Ordenada a penhora de frutos e rendimentos, o juiz nomeará administrador-depositário, que será investido de todos os poderes que concernem à administração do bem e à fruição de seus frutos e utilidades, perdendo o executado o direito de gozo do bem, até que o exequente seja pago do principal, dos juros, das custas e dos honorários advocatícios.

• Correspondência: art. 717, CPC/1973.
• V. art. 863, § 1º, CPC/2015.
• V. Lei 6.899/1981 (Correção monetária nos débitos oriundos de decisão judicial).

§ 1º A medida terá eficácia em relação a terceiros a partir da publicação da decisão que a conceda ou de sua averbação no ofício imobiliário, em caso de imóveis.

• Correspondência: art. 718, CPC/1973.

§ 2º O exequente providenciará a averbação no ofício imobiliário mediante a apresentação de certidão de inteiro teor do ato, independentemente de mandado judicial.

• Correspondência: art. 722, § 1º, CPC/1973.

Art. 869. O juiz poderá nomear administrador-depositário o exequente ou o executado, ouvida a parte contrária, e, não havendo acordo, nomeará profissional qualificado para o desempenho da função.

• Correspondência: art. 719, CPC/1973.

§ 1º O administrador submeterá à aprovação judicial a forma de administração e a de prestar contas periodicamente.

• Sem correspondência no CPC/1973.
• V. art. 863, § 1º, CPC/2015.

§ 2º Havendo discordância entre as partes ou entre essas e o administrador, o juiz decidirá a melhor forma de administração do bem.

• Correspondência: art. 724, parágrafo único, CPC/1973.

§ 3º Se o imóvel estiver arrendado, o inquilino pagará o aluguel diretamente ao exequente, salvo se houver administrador.

• Correspondência: art. 723, CPC/1973.

§ 4º O exequente ou o administrador poderá celebrar locação do móvel ou do imóvel, ouvido o executado.

• Correspondência: art. 724, *caput*, CPC/1973.

§ 5º As quantias recebidas pelo administrador serão entregues ao exequente, a fim de serem imputadas ao pagamento da dívida.

• Correspondência: art. 722, CPC/1973.

§ 6º O exequente dará ao executado, por termo nos autos, quitação das quantias recebidas.

• Sem correspondência no CPC/1973.

Subseção XI
Da avaliação

Art. 870. A avaliação será feita pelo oficial de justiça.

• Correspondência: art. 680, CPC/1973.
• V. art. 154, V, CPC/2015.

Parágrafo único. Se forem necessários conhecimentos especializados e o valor da execução o comportar, o juiz nomeará avaliador, fixando-lhe prazo não superior a 10 (dez) dias para entrega do laudo.

• Correspondência: art. 680, CPC/1973.
• V. art. 13, Lei 6.830/1980 (Execução fiscal).

Art. 871. Não se procederá à avaliação quando:

• Correspondência: art. 684, *caput*, CPC/1973.

Art. 875

CÓDIGO DE PROCESSO CIVIL

I – uma das partes aceitar a estimativa feita pela outra;

- Correspondência: art. 684, I, CPC/1973.

II – se tratar de títulos ou de mercadorias que tenham cotação em bolsa, comprovada por certidão ou publicação no órgão oficial;

- Correspondência: art. 684, II, CPC/1973.

III – se tratar de títulos da dívida pública, de ações de sociedades e de títulos de crédito negociáveis em bolsa, cujo valor será o da cotação oficial do dia, comprovada por certidão ou publicação no órgão oficial;

- Correspondência: art. 682, CPC/1973.

IV – se tratar de veículos automotores ou de outros bens cujo preço médio de mercado possa ser conhecido por meio de pesquisas realizadas por órgãos oficiais ou de anúncios de venda divulgados em meios de comunicação, caso em que caberá a quem fizer a nomeação o encargo de comprovar a cotação de mercado.

- Sem correspondência no CPC/1973.

Parágrafo único. Ocorrendo a hipótese do inciso I deste artigo, a avaliação poderá ser realizada quando houver fundada dúvida do juiz quanto ao real valor do bem.

- Sem correspondência no CPC/1973.
- V. art. 631, CPC/2015.

Art. 872. A avaliação realizada pelo oficial de justiça constará de vistoria e de laudo anexados ao auto de penhora ou, em caso de perícia realizada por avaliador, de laudo apresentado no prazo fixado pelo juiz, devendo-se, em qualquer hipótese, especificar:

- Correspondência: art. 681, *caput*, CPC/1973.

I – os bens, com as suas características, e o estado em que se encontram;

- Correspondência: art. 681, I, CPC/1973.

II – o valor dos bens.

- Correspondência: art. 681, II, CPC/1973.

§ 1º Quando o imóvel for suscetível de cômoda divisão, a avaliação, tendo em conta o crédito reclamado, será realizada em partes, sugerindo-se, com a apresentação de memorial descritivo, os possíveis desmembramentos para alienação.

- Correspondência: art. 681, parágrafo único, CPC/1973.

§ 2º Realizada a avaliação e, sendo o caso, apresentada a proposta de desmembramento, as partes serão ouvidas no prazo de 5 (cinco) dias.

- Sem correspondência no CPC/1973.

Art. 873. É admitida nova avaliação quando:

- Correspondência: art. 683, *caput*, CPC/1973.
- V. art. 631, CPC/2015.

I – qualquer das partes arguir, fundamentadamente, a ocorrência de erro na avaliação ou dolo do avaliador;

- Correspondência: art. 683, I, CPC/1973.

II – se verificar, posteriormente à avaliação, que houve majoração ou diminuição no valor do bem;

- Correspondência: art. 683, II, CPC/1973.

III – o juiz tiver fundada dúvida sobre o valor atribuído ao bem na primeira avaliação.

- Correspondência: art. 683, III, CPC/1973.

Parágrafo único. Aplica-se o art. 480 à nova avaliação prevista no inciso III do *caput* deste artigo.

- Sem correspondência no CPC/1973.

Art. 874. Após a avaliação, o juiz poderá, a requerimento do interessado e ouvida a parte contrária, mandar:

- Correspondência: art. 685, *caput*, CPC/1973.
- V. art. 5º, LV, CF.

I – reduzir a penhora aos bens suficientes ou transferi-la para outros, se o valor dos bens penhorados for consideravelmente superior ao crédito do exequente e dos acessórios;

- Correspondência: art. 685, I, CPC/1973.
- V. art. 847, CPC/2015.
- V. art. 15, II, Lei 6.830/1980 (Execução fiscal).

II – ampliar a penhora ou transferi-la para outros bens mais valiosos, se o valor dos bens penhorados for inferior ao crédito do exequente.

- Correspondência: art. 685, II, CPC/1973.
- V. art. 847, CPC/2015.
- V. art. 15, II, Lei 6.830/1980 (Execução fiscal).

Art. 875. Realizadas a penhora e a avaliação, o juiz dará início aos atos de expropriação do bem.

- Correspondência: art. 685, parágrafo único, CPC/1973.
- V. arts. 876, 879 a 909, CPC/2015.

Seção IV
Da expropriação de bens

Subseção I
Da adjudicação

Art. 876. É lícito ao exequente, oferecendo preço não inferior ao da avaliação, requerer que lhe sejam adjudicados os bens penhorados.

• Correspondência: art. 685-A, *caput*, CPC/1973.

§ 1º Requerida a adjudicação, o executado será intimado do pedido:

• Sem correspondência no CPC/1973.

I – pelo Diário da Justiça, na pessoa de seu advogado constituído nos autos;

• Sem correspondência no CPC/1973.

II – por carta com aviso de recebimento, quando representado pela Defensoria Pública ou quando não tiver procurador constituído nos autos;

• Sem correspondência no CPC/1973.

III – por meio eletrônico, quando, sendo o caso do § 1º do art. 246, não tiver procurador constituído nos autos.

• Sem correspondência no CPC/1973.

§ 2º Considera-se realizada a intimação quando o executado houver mudado de endereço sem prévia comunicação ao juízo, observado o disposto no art. 274, Parágrafo único.

• Sem correspondência no CPC/1973.

§ 3º Se o executado, citado por edital, não tiver procurador constituído nos autos, é dispensável a intimação prevista no § 1º.

• Sem correspondência no CPC/1973.

§ 4º Se o valor do crédito for:

• Correspondência: art. 685-A, § 1º, CPC/1973.

I – inferior ao dos bens, o requerente da adjudicação depositará de imediato a diferença, que ficará à disposição do executado;

• Correspondência: art. 685-A, § 1º, CPC/1973.

II – superior ao dos bens, a execução prosseguirá pelo saldo remanescente.

• Correspondência: art. 685-A, § 1º, CPC/1973.

§ 5º Idêntico direito pode ser exercido por aqueles indicados no art. 889, incisos II a VIII, pelos credores concorrentes que hajam penhorado o mesmo bem, pelo cônjuge, pelo companheiro, pelos descendentes ou pelos ascendentes do executado.

• Correspondência: art. 685-A, § 2º, CPC/1973.

§ 6º Se houver mais de um pretendente, proceder-se-á a licitação entre eles, tendo preferência, em caso de igualdade de oferta, o cônjuge, o companheiro, o descendente ou o ascendente, nessa ordem.

• Correspondência: art. 685-A, § 3º, CPC/1973.

§ 7º No caso de penhora de quota social ou de ação de sociedade anônima fechada realizada em favor de exequente alheio à sociedade, esta será intimada, ficando responsável por informar aos sócios a ocorrência da penhora, assegurando-se a estes a preferência.

• Correspondência: art. 685-A, § 4º, CPC/1973.

Art. 877. Transcorrido o prazo de 5 (cinco) dias, contado da última intimação, e decididas eventuais questões, o juiz ordenará a lavratura do auto de adjudicação.

• Correspondência: art. 685-A, § 5º, CPC/1973.

§ 1º Considera-se perfeita e acabada a adjudicação com a lavratura e a assinatura do auto pelo juiz, pelo adjudicatário, pelo escrivão ou chefe de secretaria, e, se estiver presente, pelo executado, expedindo-se:

• Correspondência: art. 685-B, *caput*, CPC/1973.

I – a carta de adjudicação e o mandado de imissão na posse, quando se tratar de bem imóvel;

• Correspondência: art. 685-B, *caput*, CPC/1973.

II – a ordem de entrega ao adjudicatário, quando se tratar de bem móvel.

• Correspondência: art. 685-B, *caput*, CPC/1973.

§ 2º A carta de adjudicação conterá a descrição do imóvel, com remissão à sua matrícula e aos seus registros, a cópia do auto de adjudicação e a prova de quitação do imposto de transmissão.

• Correspondência: art. 685-B, parágrafo único, CPC/1973.

§ 3º No caso de penhora de bem hipotecado, o executado poderá remi-lo até a assinatura do auto de adjudicação, oferecendo preço igual ao da avaliação, se não tiver havido licitantes, ou ao do maior lance oferecido.

• Sem correspondência no CPC/1973.

Art. 882

CÓDIGO DE PROCESSO CIVIL

§ 4º Na hipótese de falência ou de insolvência do devedor hipotecário, o direito de remição previsto no § 3º será deferido à massa ou aos credores em concurso, não podendo o exequente recusar o preço da avaliação do imóvel.

• Sem correspondência no CPC/1973.

Art. 878. Frustradas as tentativas de alienação do bem, será reaberta oportunidade para requerimento de adjudicação, caso em que também se poderá pleitear a realização de nova avaliação.

• Sem correspondência no CPC/1973.

Subseção II
Da alienação

Art. 879. A alienação far-se-á:

• Correspondência: art. 647, *caput*, CPC/1973.

I – por iniciativa particular;

• Correspondência: art. 647, I, CPC/1973.

II – em leilão judicial eletrônico ou presencial.

• Correspondência: art. 647, II, CPC/1973.

Art. 880. Não efetivada a adjudicação, o exequente poderá requerer a alienação por sua própria iniciativa ou por intermédio de corretor ou leiloeiro público credenciado perante o órgão judiciário.

• Correspondência: art. 685-C, *caput*, CPC/1973.
• V. Res. CJF 160/2011 (Procedimento de alienação por iniciativa particular previsto no art. 685-C do CPC/1973).

§ 1º O juiz fixará o prazo em que a alienação deve ser efetivada, a forma de publicidade, o preço mínimo, as condições de pagamento, as garantias e, se for o caso, a comissão de corretagem.

• Correspondência: art. 685-C, § 1º, CPC/1973.

§ 2º A alienação será formalizada por termo nos autos, com a assinatura do juiz, do exequente, do adquirente e, se estiver presente, do executado, expedindo-se:

• Correspondência: art. 685-C, § 2º, CPC/1973.

I – a carta de alienação e o mandado de imissão na posse, quando se tratar de bem imóvel;

• Correspondência: art. 685-C, § 2º, CPC/1973.

II – a ordem de entrega ao adquirente, quando se tratar de bem móvel.

• Correspondência: art. 685-C, § 2º, CPC/1973.

§ 3º Os tribunais poderão editar disposições complementares sobre o procedimento da alienação prevista neste artigo, admitindo, quando for o caso, o concurso de meios eletrônicos, e dispor sobre o credenciamento dos corretores e leiloeiros públicos, os quais deverão estar em exercício profissional por não menos que 3 (três) anos.

• Correspondência: art. 685-C, § 3º, CPC/1973.

§ 4º Nas localidades em que não houver corretor ou leiloeiro público credenciado nos termos do § 3º, a indicação será de livre escolha do exequente.

• Sem correspondência no CPC/1973.

Art. 881. A alienação far-se-á em leilão judicial se não efetivada a adjudicação ou a alienação por iniciativa particular.

• Correspondência: art. 686, *caput*, CPC/1973.
• V. art. 871, CPC/2015.
• V. arts. 22 e 23, Lei 6.830/1980 (Execução fiscal).

§ 1º O leilão do bem penhorado será realizado por leiloeiro público.

• Sem correspondência no CPC/1973.

§ 2º Ressalvados os casos de alienação a cargo de corretores de bolsa de valores, todos os demais bens serão alienados em leilão público.

• Correspondência: art. 704, CPC/1973.

Art. 882. Não sendo possível a sua realização por meio eletrônico, o leilão será presencial.

• Sem correspondência no CPC/1973.
• V. arts. 22 e 23, *caput*, Lei 6.830/1980 (Execução fiscal).

§ 1º A alienação judicial por meio eletrônico será realizada, observando-se as garantias processuais das partes, de acordo com regulamentação específica do Conselho Nacional de Justiça.

• Sem correspondência no CPC/1973.

§ 2º A alienação judicial por meio eletrônico deverá atender aos requisitos de ampla publicidade, autenticidade e segurança, com observância das regras estabelecidas na legislação sobre certificação digital.

• Sem correspondência no CPC/1973.

§ 3º O leilão presencial será realizado no local designado pelo juiz.

• Correspondência: art. 686, § 2º, CPC/1973.

Art. 883. Caberá ao juiz a designação do leiloeiro público, que poderá ser indicado pelo exequente.
* Correspondência: art. 706, CPC/1973.

Art. 884. Incumbe ao leiloeiro público:
* Correspondência: art. 705, *caput*, CPC/1973.

I – publicar o edital, anunciando a alienação;
* Correspondência: art. 705, I, CPC/1973.

II – realizar o leilão onde se encontrem os bens ou no lugar designado pelo juiz;
* Correspondência: art. 705, II, CPC/1973.

III – expor aos pretendentes os bens ou as amostras das mercadorias;
* Correspondência: art. 705, III, CPC/1973.

IV – receber e depositar, dentro de 1 (um) dia, à ordem do juiz, o produto da alienação;
* Correspondência: art. 705, V, CPC/1973.

V – prestar contas nos 2 (dois) dias subsequentes ao depósito.
* Correspondência: art. 705, VI, CPC/1973.

Parágrafo único. O leiloeiro tem o direito de receber do arrematante a comissão estabelecida em lei ou arbitrada pelo juiz.
* Correspondência: art. 705, IV, CPC/1973.
* V. art. 23, § 2º, Lei 6.830/1980 (Execução fiscal).

Art. 885. O juiz da execução estabelecerá o preço mínimo, as condições de pagamento e as garantias que poderão ser prestadas pelo arrematante.
* Correspondência: art. 685-C, § 1º, CPC/1973.

Art. 886. O leilão será precedido de publicação de edital, que conterá:
* Correspondência: art. 686, *caput*, CPC/1973.
* V. art. 22, Lei 6.830/1980 (Execução fiscal).

I – a descrição do bem penhorado, com suas características, e, tratando-se de imóvel, sua situação e suas divisas, com remissão à matrícula e aos registros;
* Correspondência: art. 686, I, CPC/1973.

II – o valor pelo qual o bem foi avaliado, o preço mínimo pelo qual poderá ser alienado, as condições de pagamento e, se for o caso, a comissão do leiloeiro designado;
* Correspondência: art. 686, II, CPC/1973.

III – o lugar onde estiverem os móveis, os veículos e os semoventes e, tratando-se de créditos ou direitos, a identificação dos autos do processo em que foram penhorados;
* Correspondência: art. 686, III, CPC/1973.

IV – o sítio, na rede mundial de computadores, e o período em que se realizará o leilão, salvo se este se der de modo presencial, hipótese em que serão indicados o local, o dia e a hora de sua realização;
* Correspondência: art. 686, IV, CPC/1973.

V – a indicação de local, dia e hora de segundo leilão presencial, para a hipótese de não haver interessado no primeiro;
* Sem correspondência no CPC/1973.

VI – menção da existência de ônus, recurso ou processo pendente sobre os bens a serem leiloados.
* Correspondência: art. 686, V, CPC/1973.

Parágrafo único. No caso de títulos da dívida pública e de títulos negociados em bolsa, constará do edital o valor da última cotação.
* Correspondência: art. 686, § 1º, CPC/1973.

Art. 887. O leiloeiro público designado adotará providências para a ampla divulgação da alienação.
* Sem correspondência no CPC/1973.

§ 1º A publicação do edital deverá ocorrer pelo menos 5 (cinco) dias antes da data marcada para o leilão.
* Correspondência: art. 687, *caput*, CPC/1973.

§ 2º O edital será publicado na rede mundial de computadores, em sítio designado pelo juízo da execução, e conterá descrição detalhada e, sempre que possível, ilustrada dos bens, informando expressamente se o leilão se realizará de forma eletrônica ou presencial.
* Correspondência: art. 687, § 1º, CPC/1973.

§ 3º Não sendo possível a publicação na rede mundial de computadores ou considerando o juiz, em atenção às condições da sede do juízo, que esse modo de divulgação é insuficiente ou inadequado, o edital será afixado em local de costume e publicado, em resumo, pelo menos uma vez em jornal de ampla circulação local.
* Correspondência: art. 687, *caput*, CPC/1973.

§ 4º Atendendo ao valor dos bens e às condições da sede do juízo, o juiz poderá alterar a forma e a frequência da publicidade na imprensa, mandar publicar o edital em local de ampla circulação de pessoas e divulgar avisos em emissora de rádio ou televisão local, bem como em sítios distintos do indicado no § 2º.

• Correspondência: art. 687, § 2º, CPC/1973.

§ 5º Os editais de leilão de imóveis e de veículos automotores serão publicados pela imprensa ou por outros meios de divulgação, preferencialmente na seção ou no local reservados à publicidade dos respectivos negócios.

• Correspondência: art. 687, § 3º, CPC/1973.

§ 6º O juiz poderá determinar a reunião de publicações em listas referentes a mais de uma execução.

• Correspondência: art. 687, § 4º, CPC/1973.

Art. 888. Não se realizando o leilão por qualquer motivo, o juiz mandará publicar a transferência, observando-se o disposto no art. 887.

• Correspondência: art. 688, *caput*, CPC/1973.

Parágrafo único. O escrivão, o chefe de secretaria ou o leiloeiro que culposamente der causa à transferência responde pelas despesas da nova publicação, podendo o juiz aplicar-lhe a pena de suspensão por 5 (cinco) dias a 3 (três) meses, em procedimento administrativo regular.

• Correspondência: art. 688, parágrafo único, CPC/1973.

Art. 889. Serão cientificados da alienação judicial, com pelo menos 5 (cinco) dias de antecedência:

• Correspondência: art. 698, CPC/1973.

I – o executado, por meio de seu advogado ou, se não tiver procurador constituído nos autos, por carta registrada, mandado, edital ou outro meio idôneo;

• Correspondência: art. 687, § 5º, CPC/1973.
• V. art. 798, I, *b*, CPC/2015.
• V. Súmula 121, STJ.

II – o coproprietário de bem indivisível do qual tenha sido penhorada fração ideal;

• Sem correspondência no CPC/1973.

III – o titular de usufruto, uso, habitação, enfiteuse, direito de superfície, concessão de uso especial para fins de moradia ou concessão de direito real de uso, quando a penhora recair sobre bem gravado com tais direitos reais;

• Sem correspondência no CPC/1973.

IV – o proprietário do terreno submetido ao regime de direito de superfície, enfiteuse, concessão de uso especial para fins de moradia ou concessão de direito real de uso, quando a penhora recair sobre tais direitos reais;

• Sem correspondência no CPC/1973.

V – o credor pignoratício, hipotecário, anticrético, fiduciário ou com penhora anteriormente averbada, quando a penhora recair sobre bens com tais gravames, caso não seja o credor, de qualquer modo, parte na execução;

• Sem correspondência no CPC/1973.
• V. art. 804, CPC/2015.
• V. art. 1.501, CC.
• V. art. 251, II, Lei 6.015/1973 (Registros Públicos).

VI – o promitente comprador, quando a penhora recair sobre bem em relação ao qual haja promessa de compra e venda registrada;

• Sem correspondência no CPC/1973.

VII – o promitente vendedor, quando a penhora recair sobre direito aquisitivo derivado de promessa de compra e venda registrada;

• Sem correspondência no CPC/1973.

VIII – a União, o Estado e o Município, no caso de alienação de bem tombado.

• Sem correspondência no CPC/1973.

Parágrafo único. Se o executado for revel e não tiver advogado constituído, não constando dos autos seu endereço atual ou, ainda, não sendo ele encontrado no endereço constante do processo, a intimação considerar-se-á feita por meio do próprio edital de leilão.

• Sem correspondência no CPC/1973.

Art. 890. Pode oferecer lance quem estiver na livre administração de seus bens, com exceção:

• Correspondência: art. 690-A, *caput*, CPC/1973.

I – dos tutores, dos curadores, dos testamenteiros, dos administradores ou dos li-

Art. 891

quidantes, quanto aos bens confiados à sua guarda e à sua responsabilidade;

• Correspondência: art. 690-A, I, CPC/1973.

II – dos mandatários, quanto aos bens de cuja administração ou alienação estejam encarregados;

• Correspondência: art. 690-A, II, CPC/1973.

III – do juiz, do membro do Ministério Público e da Defensoria Pública, do escrivão, do chefe de secretaria e dos demais servidores e auxiliares da justiça, em relação aos bens e direitos objeto de alienação na localidade onde servirem ou a que se estender a sua autoridade;

• Correspondência: art. 690-A, III, CPC/1973.

IV – dos servidores públicos em geral, quanto aos bens ou aos direitos da pessoa jurídica a que servirem ou que estejam sob sua administração direta ou indireta;

• Sem correspondência no CPC/1973.

V – dos leiloeiros e seus prepostos, quanto aos bens de cuja venda estejam encarregados;

• Sem correspondência no CPC/1973.

VI – dos advogados de qualquer das partes.

• Sem correspondência no CPC/1973.

Art. 891. Não será aceito lance que ofereça preço vil.

• Correspondência: art. 692, CPC/1973.
• V. Súmula 128, STJ.

Parágrafo único. Considera-se vil o preço inferior ao mínimo estipulado pelo juiz e constante do edital, e, não tendo sido fixado preço mínimo, considera-se vil o preço inferior a 50% (cinquenta por cento) do valor da avaliação.

• Sem correspondência no CPC/1973.

Art. 892. Salvo pronunciamento judicial em sentido diverso, o pagamento deverá ser realizado de imediato pelo arrematante, por depósito judicial ou por meio eletrônico.

• Correspondência: art. 690, CPC/1973.
• V. art. 130, parágrafo único, CTN.

§ 1º Se o exequente arrematar os bens e for o único credor, não estará obrigado a exibir o preço, mas, se o valor dos bens exceder ao seu crédito, depositará, dentro de 3 (três) dias, a diferença, sob pena de tornar-se sem efeito a arrematação, e, nesse caso, realizar-se-á novo leilão, à custa do exequente.

• Correspondência: art. 690-A, parágrafo único, CPC/1973.

§ 2º Se houver mais de um pretendente, proceder-se-á entre eles à licitação, e, no caso de igualdade de oferta, terá preferência o cônjuge, o companheiro, o descendente ou o ascendente do executado, nessa ordem.

• Correspondência: art. 685-A, § 3º, CPC/1973.

§ 3º No caso de leilão de bem tombado, a União, os Estados e os Municípios terão, nessa ordem, o direito de preferência na arrematação, em igualdade de oferta.

• Sem correspondência no CPC/1973.

Art. 893. Se o leilão for de diversos bens e houver mais de um lançador, terá preferência aquele que se propuser a arrematá-los todos, em conjunto, oferecendo, para os bens que não tiverem lance, preço igual ao da avaliação, e, para os demais, preço igual ao do maior lance que, na tentativa de arrematação individualizada, tenha sido oferecido para eles.

• Correspondência: art. 691, CPC/1973.
• V. art. 23, § 1º, Lei 6.830/1980 (Execução fiscal).

Art. 894. Quando o imóvel admitir cômoda divisão, o juiz, a requerimento do executado, ordenará a alienação judicial de parte dele, desde que suficiente para o pagamento do exequente e para a satisfação das despesas da execução.

• Correspondência: art. 702, *caput*, CPC/1973.
• V. art. 872, § 1º, CPC/2015.

§ 1º Não havendo lançador, far-se-á a alienação do imóvel em sua integridade.

• Correspondência: art. 702, *caput*, CPC/1973.

§ 2º A alienação por partes deverá ser requerida a tempo de permitir a avaliação das glebas destacadas e sua inclusão no edital, e, nesse caso, caberá ao executado instruir o requerimento com planta e memorial descritivo subscritos por profissional habilitado.

• Sem correspondência no CPC/1973.

Art. 895. O interessado em adquirir o bem penhorado em prestações poderá apresentar, por escrito:

• Correspondência: art. 690, § 1º, CPC/1973.

Art. 899

Código de Processo Civil

I – até o início do primeiro leilão, proposta de aquisição do bem por valor não inferior ao da avaliação;

• Sem correspondência no CPC/1973.

II – até o início do segundo leilão, proposta de aquisição do bem por valor que não seja considerado vil.

• Sem correspondência no CPC/1973.

§ 1º A proposta conterá, em qualquer hipótese, oferta de pagamento de pelo menos 25% (vinte e cinco por cento) do valor do lance à vista e o restante parcelado em até 30 (trinta) meses, garantido por caução idônea, quando se tratar de móveis, e por hipoteca do próprio bem, quando se tratar de imóveis.

• Correspondência: art. 690, § 1º, CPC/1973.

§ 2º As propostas para aquisição em prestações indicarão o prazo, a modalidade, o indexador de correção monetária e as condições de pagamento do saldo.

• Correspondência: art. 690, § 2º, CPC/1973.

§ 3º *(Vetado.)*

§ 4º No caso de atraso no pagamento de qualquer das prestações, incidirá multa de 10% (dez por cento) sobre a soma da parcela inadimplida com as parcelas vincendas.

• Sem correspondência no CPC/1973.

§ 5º O inadimplemento autoriza o exequente a pedir a resolução da arrematação ou promover, em face do arrematante, a execução do valor devido, devendo ambos os pedidos ser formulados nos autos da execução em que se deu a arrematação.

• Sem correspondência no CPC/1973.

§ 6º A apresentação da proposta prevista neste artigo não suspende o leilão.

• Sem correspondência no CPC/1973.

§ 7º A proposta de pagamento do lance à vista sempre prevalecerá sobre as propostas de pagamento parcelado.

• Sem correspondência no CPC/1973.

§ 8º Havendo mais de uma proposta de pagamento parcelado:

• Sem correspondência no CPC/1973.

I – em diferentes condições, o juiz decidirá pela mais vantajosa, assim compreendida, sempre, a de maior valor;

• Sem correspondência no CPC/1973.

II – em iguais condições, o juiz decidirá pela formulada em primeiro lugar.

• Sem correspondência no CPC/1973.

§ 9º No caso de arrematação a prazo, os pagamentos feitos pelo arrematante pertencerão ao exequente até o limite de seu crédito, e os subsequentes, ao executado.

• Correspondência: art. 690, § 4º, CPC/1973.

Art. 896. Quando o imóvel de incapaz não alcançar em leilão pelo menos 80% (oitenta por cento) do valor da avaliação, o juiz o confiará à guarda e à administração de depositário idôneo, adiando a alienação por prazo não superior a 1 (um) ano.

• Correspondência: art. 701, *caput*, CPC/1973.

§ 1º Se, durante o adiamento, algum pretendente assegurar, mediante caução idônea, o preço da avaliação, o juiz ordenará a alienação em leilão.

• Correspondência: art. 701, § 1º, CPC/1973.

§ 2º Se o pretendente à arrematação se arrepender, o juiz impor-lhe-á multa de 20% (vinte por cento) sobre o valor da avaliação, em benefício do incapaz, valendo a decisão como título executivo.

• Correspondência: art. 701, § 2º, CPC/1973.

§ 3º Sem prejuízo do disposto nos §§ 1º e 2º, o juiz poderá autorizar a locação do imóvel no prazo do adiamento.

• Correspondência: art. 701, § 3º, CPC/1973.

§ 4º Findo o prazo do adiamento, o imóvel será submetido a novo leilão.

• Correspondência: art. 701, § 4º, CPC/1973.

Art. 897. Se o arrematante ou seu fiador não pagar o preço no prazo estabelecido, o juiz impor-lhe-á, em favor do exequente, a perda da caução, voltando os bens a novo leilão, do qual não serão admitidos a participar o arrematante e o fiador remissos.

• Correspondência: art. 695, CPC/1973.

Art. 898. O fiador do arrematante que pagar o valor do lance e a multa poderá requerer que a arrematação lhe seja transferida.

• Correspondência: art. 696, CPC/1973.

Art. 899. Será suspensa a arrematação logo que o produto da alienação dos bens for suficiente para o pagamento do credor e para a satisfação das despesas da execução.

- Correspondência: art. 692, parágrafo único, CPC/1973.

Art. 900. O leilão prosseguirá no dia útil imediato, à mesma hora em que teve início, independentemente de novo edital, se for ultrapassado o horário de expediente forense.

- Correspondência: art. 689, CPC/1973.
- V. art. 212, CPC/2015.

Art. 901. A arrematação constará de auto que será lavrado de imediato e poderá abranger bens penhorados em mais de uma execução, nele mencionadas as condições nas quais foi alienado o bem.

- Correspondência: arts. 693 e 707, CPC/1973.

§ 1º A ordem de entrega do bem móvel ou a carta de arrematação do bem imóvel, com o respectivo mandado de imissão na posse, será expedida depois de efetuado o depósito ou prestadas as garantias pelo arrematante, bem como realizado o pagamento da comissão do leiloeiro e das demais despesas da execução.

- Correspondência: art. 693, parágrafo único, CPC/1973.

§ 2º A carta de arrematação conterá a descrição do imóvel, com remissão à sua matrícula ou individuação e aos seus registros, a cópia do auto de arrematação e a prova de pagamento do imposto de transmissão, além da indicação da existência de eventual ônus real ou gravame.

- Correspondência: art. 703, CPC/1973.

Art. 902. No caso de leilão de bem hipotecado, o executado poderá remi-lo até a assinatura do auto de arrematação, oferecendo preço igual ao do maior lance oferecido.

- Sem correspondência no CPC/1973.

Parágrafo único. No caso de falência ou insolvência do devedor hipotecário, o direito de remição previsto no *caput* defere-se à massa ou aos credores em concurso, não podendo o exequente recusar o preço da avaliação do imóvel.

Art. 903. Qualquer que seja a modalidade de leilão, assinado o auto pelo juiz, pelo arrematante e pelo leiloeiro, a arrematação será considerada perfeita, acabada e irretratável, ainda que venham a ser julgados procedentes os embargos do executado ou a ação autônoma de que trata o § 4º deste artigo, assegurada a possibilidade de reparação pelos prejuízos sofridos.

- Correspondência: art. 694, *caput*, CPC/1973.

§ 1º Ressalvadas outras situações previstas neste Código, a arrematação poderá, no entanto, ser:

- Correspondência: art. 694, § 1º, CPC/1973.

I – invalidada, quando realizada por preço vil ou com outro vício;

- Correspondência: art. 694, § 1º, I e V, CPC/1973.

II – considerada ineficaz, se não observado o disposto no art. 804;

- Sem correspondência no CPC/1973.

III – resolvida, se não for pago o preço ou se não for prestada a caução.

- Correspondência: art. 694, II, CPC/1973.

§ 2º O juiz decidirá acerca das situações referidas no § 1º, se for provocado em até 10 (dez) dias após o aperfeiçoamento da arrematação.

- Correspondência: art. 746, § 2º, CPC/1973

§ 3º Passado o prazo previsto no § 2º sem que tenha havido alegação de qualquer das situações previstas no § 1º, será expedida a carta de arrematação e, conforme o caso, a ordem de entrega ou mandado de imissão na posse.

- Correspondência: art. 693, parágrafo único, CPC/1973.

§ 4º Após a expedição da carta de arrematação ou da ordem de entrega, a invalidação da arrematação poderá ser pleiteada por ação autônoma, em cujo processo o arrematante figurará como litisconsorte necessário.

- Sem correspondência no CPC/1973.

§ 5º O arrematante poderá desistir da arrematação, sendo-lhe imediatamente devolvido o depósito que tiver feito:

- Correspondência: art. 746, § 1º, CPC/1973.

I – se provar, nos 10 (dez) dias seguintes, a existência de ônus real ou gravame não mencionado no edital;

- Sem correspondência no CPC/1973.

Art. 909

CÓDIGO DE PROCESSO CIVIL

II – se, antes de expedida a carta de arrematação ou a ordem de entrega, o executado alegar alguma das situações previstas no § 1º;

• Sem correspondência no CPC/1973.

III – uma vez citado para responder a ação autônoma de que trata o § 4º deste artigo, desde que apresente a desistência no prazo de que dispõe para responder a essa ação.

• Sem correspondência no CPC/1973.

§ 6º Considera-se ato atentatório à dignidade da justiça a suscitação infundada de vício com o objetivo de ensejar a desistência do arrematante, devendo o suscitante ser condenado, sem prejuízo da responsabilidade por perdas e danos, ao pagamento de multa, a ser fixada pelo juiz e devida ao exequente, em montante não superior a 20% (vinte por cento) do valor atualizado do bem.

• Correspondência: art. 746, § 3º, CPC/1973.

Seção V
Da satisfação do crédito

Art. 904. A satisfação do crédito exequendo far-se-á:

• Correspondência: art. 708, *caput*, CPC/1973.

I – pela entrega do dinheiro;

• Correspondência: art. 708, I, CPC/1973.

II – pela adjudicação dos bens penhorados.

• Correspondência: art. 708, II, CPC/1973.

Art. 905. O juiz autorizará que o exequente levante, até a satisfação integral de seu crédito, o dinheiro depositado para segurar o juízo ou o produto dos bens alienados, bem como do faturamento de empresa ou de outros frutos e rendimentos de coisas ou empresas penhoradas, quando:

• Correspondência: art. 709, *caput*, CPC/1973.
• V. art. 858, CPC/2015.

I – a execução for movida só a benefício do exequente singular, a quem, por força da penhora, cabe o direito de preferência sobre os bens penhorados e alienados;

• Correspondência: art. 709, I, CPC/1973.
• V. art. 797, CPC/2015.

II – não houver sobre os bens alienados outros privilégios ou preferências instituídos anteriormente à penhora.

• Correspondência: art. 709, II, CPC/1973.
• V. art. 908, CPC/2015.

Parágrafo único. Durante o plantão judiciário, veda-se a concessão de pedidos de levantamento de importância em dinheiro ou valores ou de liberação de bens apreendidos.

• Sem correspondência no CPC/1973.

Art. 906. Ao receber o mandado de levantamento, o exequente dará ao executado, por termo nos autos, quitação da quantia paga.

• Correspondência: art. 709, parágrafo único, CPC/1973.

Parágrafo único. A expedição de mandado de levantamento poderá ser substituída pela transferência eletrônica do valor depositado em conta vinculada ao juízo para outra indicada pelo exequente.

• Sem correspondência no CPC/1973.

Art. 907. Pago ao exequente o principal, os juros, as custas e os honorários, a importância que sobrar será restituída ao executado.

• Correspondência: art. 710, CPC/1973.
• V. art. 924, II, CPC/2015.
• V. Lei 6.899/1981 (Correção monetária nos débitos oriundos de decisão judicial).

Art. 908. Havendo pluralidade de credores ou exequentes, o dinheiro lhes será distribuído e entregue consoante a ordem das respectivas preferências.

• Correspondência: art. 711, CPC/1973.
• V. art. 797, CPC/2015.

§ 1º No caso de adjudicação ou alienação, os créditos que recaem sobre o bem, inclusive os de natureza *propter rem*, sub-rogam-se sobre o respectivo preço, observada a ordem de preferência.

• Sem correspondência no CPC/1973.

§ 2º Não havendo título legal à preferência, o dinheiro será distribuído entre os concorrentes, observando-se a anterioridade de cada penhora.

• Sem correspondência no CPC/1973.

Art. 909. Os exequentes formularão as suas pretensões, que versarão unicamente sobre o direito de preferência e a anterioridade da penhora, e, apresentadas as razões, o juiz decidirá.

• Correspondência: art. 712, CPC/1973.
• V. Súmula 563, STF.

Art. 910

CÓDIGO DE PROCESSO CIVIL

Capítulo V
DA EXECUÇÃO CONTRA A FAZENDA PÚBLICA

Art. 910. Na execução fundada em título extrajudicial, a Fazenda Pública será citada para opor embargos em 30 (trinta) dias.

- Correspondência: art. 730, *caput*, CPC/1973.
- V. arts. 146, 239, 344, 496, II, 780 a 783, 917, 918 e 921, II, CPC/2015.
- V. art. 100, CF.
- V. arts. 100 e 101, CC.
- V. art. 130, Lei 8.213/1991 (Planos de Benefícios da Previdência Social).
- V. Súmula 150, STF.

§ 1º Não opostos embargos ou transitada em julgado a decisão que os rejeitar, expedir-se-á precatório ou requisição de pequeno valor em favor do exequente, observando-se o disposto no art. 100 da Constituição Federal.

- Correspondência: art. 730, I e II, CPC/1973.
- V. arts. 33, 78, 86, 87 e 97, ADCT.
- V. art. 128, Lei 8.213/1991 (Planos de Benefícios da Previdência Social).
- V. art. 17, § 1º, Lei 10.259/2001 (Juizados Especiais Federais).
- V. Súmulas 144, STJ.

§ 2º Nos embargos, a Fazenda Pública poderá alegar qualquer matéria que lhe seria lícito deduzir como defesa no processo de conhecimento.

- Correspondência: art. 741, I a VII, CPC/1973.
- V. Súmula 394, STJ.

§ 3º Aplica-se a este Capítulo, no que couber, o disposto nos artigos 534 e 535.

- Sem correspondência no CPC/1973.

Capítulo VI
DA EXECUÇÃO DE ALIMENTOS

Art. 911. Na execução fundada em título executivo extrajudicial que contenha obrigação alimentar, o juiz mandará citar o executado para, em 3 (três) dias, efetuar o pagamento das parcelas anteriores ao início da execução e das que se vencerem no seu curso, provar que o fez ou justificar a impossibilidade de fazê-lo.

- Correspondência: art. 733, *caput*, CPC/1973.
- V. art. 531, CPC/2015.
- V. art. 5º, LXVII, CF.
- V. Súmula 309, STJ.

Parágrafo único. Aplicam-se, no que couber, os §§ 2º a 7º do art. 528.

- Correspondência: art. 733, § 1º, CPC/1973.

Art. 912. Quando o executado for funcionário público, militar, diretor ou gerente de empresa, bem como empregado sujeito à legislação do trabalho, o exequente poderá requerer o desconto em folha de pagamento de pessoal da importância da prestação alimentícia.

- Correspondência: art. 734, *caput*, CPC/1973.
- V. art. 833, IV, CPC/2015.
- V. art. 1.701, parágrafo único, CC.
- V. art. 462, CLT.
- V. art. 22, parágrafo único, Lei 5.478/1968 (Ação de alimentos).
- V. art. 115, IV, Lei 8.213/1991 (Planos de Benefícios da Previdência Social).

§ 1º Ao despachar a inicial, o juiz oficiará à autoridade, à empresa ou ao empregador, determinando, sob pena de crime de desobediência, o desconto a partir da primeira remuneração posterior do executado, a contar do protocolo do ofício.

- Sem correspondência no CPC/1973.

§ 2º O ofício conterá os nomes e o número de inscrição no Cadastro de Pessoas Físicas do exequente e do executado, a importância a ser descontada mensalmente, a conta na qual deve ser feito o depósito e, se for o caso, o tempo de sua duração.

- Correspondência: art. 734, parágrafo único, CPC/1973.

Art. 913. Não requerida a execução nos termos deste Capítulo, observar-se-á o disposto no art. 824 e seguintes, com a ressalva de que, recaindo a penhora em dinheiro, a concessão de efeito suspensivo aos embargos à execução não obsta a que o exequente levante mensalmente a importância da prestação.

- Correspondência: art. 732, CPC/1973.
- V. arts. 1.694 a 1.710, CC.
- V. art. 244, CP.
- V. Súmula 144, STJ.

TÍTULO III
DOS EMBARGOS À EXECUÇÃO

Art. 914. O executado, independentemente de penhora, depósito ou caução, poderá se opor à execução por meio de embargos.

- Correspondência: art. 736, *caput*, CPC/1973.
- V. arts. 260 a 268, 516, 676, 781, 845, § 2.º e 917, CPC/2015.
- V. arts. 16, Lei 6.830/1980 (Execução fiscal).

§ 1º Os embargos à execução serão distribuídos por dependência, autuados em apartado e instruídos com cópias das peças processuais relevantes, que poderão ser declaradas autênticas pelo próprio advogado, sob sua responsabilidade pessoal.

- Correspondência: art. 736, parágrafo único, CPC/1973.

§ 2º Na execução por carta, os embargos serão oferecidos no juízo deprecante ou no juízo deprecado, mas a competência para julgá-los é do juízo deprecante, salvo se versarem unicamente sobre vícios ou defeitos da penhora, da avaliação ou da alienação dos bens efetuadas no juízo deprecado.

- Correspondência: art. 747, CPC/1973.
- V. art. 20, Lei 6.830/1980 (Execução fiscal).
- V. Súmula 46, STJ.

Art. 915. Os embargos serão oferecidos no prazo de 15 (quinze) dias, contado, conforme o caso, na forma do art. 231.

- Correspondência: art. 738, *caput*, CPC/1973.

§ 1º Quando houver mais de um executado, o prazo para cada um deles embargar conta-se a partir da juntada do respectivo comprovante da citação, salvo no caso de cônjuges ou de companheiros, quando será contado a partir da juntada do último.

- Correspondência: art. 738, § 1º, CPC/1973.

§ 2º Nas execuções por carta, o prazo para embargos será contado:

- Correspondência: art. 738, § 2º, CPC/1973.

I – da juntada, na carta, da certificação da citação, quando versarem unicamente sobre vícios ou defeitos da penhora, da avaliação ou da alienação dos bens;

- Correspondência: art. 738, § 2º, CPC/1973.

II – da juntada, nos autos de origem, do comunicado de que trata o § 4º deste artigo ou, não havendo este, da juntada da carta devidamente cumprida, quando versarem sobre questões diversas da prevista no inciso I deste parágrafo.

- Correspondência: art. 738, § 2º, CPC/1973.

§ 3º Em relação ao prazo para oferecimento dos embargos à execução, não se aplica o disposto no art. 229.

- Correspondência: art. 738, § 3º, CPC/1973.

§ 4º Nos atos de comunicação por carta precatória, rogatória ou de ordem, a realização da citação será imediatamente informada, por meio eletrônico, pelo juiz deprecado ao juiz deprecante.

- Correspondência: art. 738, § 4º, CPC/1973.

Art. 916. No prazo para embargos, reconhecendo o crédito do exequente e comprovando o depósito de 30% (trinta por cento) do valor em execução, acrescido de custas e de honorários de advogado, o executado poderá requerer que lhe seja permitido pagar o restante em até 6 (seis) parcelas mensais, acrescidas de correção monetária e de juros de 1% (um por cento) ao mês.

- Correspondência: art. 745-A, *caput*, CPC/1973.

§ 1º O exequente será intimado para manifestar-se sobre o preenchimento dos pressupostos do *caput*, e o juiz decidirá o requerimento em 5 (cinco) dias.

- Sem correspondência no CPC/1973.

§ 2º Enquanto não apreciado o requerimento, o executado terá de depositar as parcelas vincendas, facultado ao exequente seu levantamento.

- Sem correspondência no CPC/1973

§ 3º Deferida a proposta, o exequente levantará a quantia depositada, e serão suspensos os atos executivos.

- Correspondência: art. 745-A, § 1º, CPC/1973

§ 4º Indeferida a proposta, seguir-se-ão os atos executivos, mantido o depósito, que será convertido em penhora.

- Correspondência: art. 745-A, § 1º, CPC/1973.

§ 5º O não pagamento de qualquer das prestações acarretará cumulativamente:

- Correspondência: art. 745-A, § 2º, CPC/1973.

I – o vencimento das prestações subsequentes e o prosseguimento do processo, com o imediato reinício dos atos executivos;

- Correspondência: art. 745-A, § 2º, CPC/1973.

II – a imposição ao executado de multa de 10% (dez por cento) sobre o valor das prestações não pagas.

- Correspondência: art. 745-A, § 2º, CPC/1973.

§ 6º A opção pelo parcelamento de que trata este artigo importa renúncia ao direito de opor embargos.

- Sem correspondência no CPC/1973.

§ 7º O disposto neste artigo não se aplica ao cumprimento da sentença.

- Sem correspondência no CPC/1973.

Art. 917. Nos embargos à execução, o executado poderá alegar:

- Correspondência: art. 745, *caput*, CPC/1973.
- V. art. 16, §§ 2º e 3º, Lei 6.830/1980 (Execução fiscal).
- V. art. 782, CPC/2015.

I – inexequibilidade do título ou inexigibilidade da obrigação;

- Correspondência: art. 745, I, CPC/1973.

II – penhora incorreta ou avaliação errônea;

- Correspondência: art. 745, II, CPC/1973.

III – excesso de execução ou cumulação indevida de execuções;

- Correspondência: art. 745, III, CPC/1973.

IV – retenção por benfeitorias necessárias ou úteis, nos casos de execução para entrega de coisa certa;

- Correspondência: art. 745, IV, CPC/1973.

V – incompetência absoluta ou relativa do juízo da execução;

- Sem correspondência no CPC/1973.
- V. art. 64, CPC/2015.

VI – qualquer matéria que lhe seria lícito deduzir como defesa em processo de conhecimento.

- Correspondência: art. 745, V, CPC/1973.

§ 1º A incorreção da penhora ou da avaliação poderá ser impugnada por simples petição, no prazo de 15 (quinze) dias, contado da ciência do ato.

- Sem correspondência no CPC/1973.

§ 2º Há excesso de execução quando:

- Correspondência: art. 743, *caput*, CPC/1973.

I – o exequente pleiteia quantia superior à do título;

- Correspondência: art. 743, I, CPC/1973.

II – ela recai sobre coisa diversa daquela declarada no título;

- Correspondência: art. 743, II, CPC/1973.

III – ela se processa de modo diferente do que foi determinado no título;

- Correspondência: art. 743, II, CPC/1973.

IV – o exequente, sem cumprir a prestação que lhe corresponde, exige o adimplemento da prestação do executado;

- Correspondência: art. 743, IV, CPC/1973.

V – o exequente não prova que a condição se realizou.

- Correspondência: art. 743, V, CPC/1973.
- V. art. 803, III, CPC/2015.

§ 3º Quando alegar que o exequente, em excesso de execução, pleiteia quantia superior à do título, o embargante declarará na petição inicial o valor que entende correto, apresentando demonstrativo discriminado e atualizado de seu cálculo.

- Correspondência: art. 739-A, § 5º, CPC/1973.

§ 4º Não apontado o valor correto ou não apresentado o demonstrativo, os embargos à execução:

- Correspondência: art. 739-A, § 5º, CPC/1973.

I – serão liminarmente rejeitados, sem resolução de mérito, se o excesso de execução for o seu único fundamento;

- Correspondência: art. 739-A, § 5º, CPC/1973.

II – serão processados, se houver outro fundamento, mas o juiz não examinará a alegação de excesso de execução.

- Correspondência: art. 739-A, § 5º, CPC/1973.

§ 5º Nos embargos de retenção por benfeitorias, o exequente poderá requerer a compensação de seu valor com o dos frutos ou dos danos considerados devidos pelo executado, cumprindo ao juiz, para a apuração dos respectivos valores, nomear perito, observando-se, então, o art. 464.

- Correspondência: art. 745, § 1º, CPC/1973.

§ 6º O exequente poderá a qualquer tempo ser imitido na posse da coisa, prestando caução ou depositando o valor devido pelas benfeitorias ou resultante da compensação.

- Correspondência: art. 745, § 2º, CPC/1973.

§ 7º A arguição de impedimento e suspeição observará o disposto nos arts. 146 e 148.

- Correspondência: art. 742, CPC/1973.

Art. 918. O juiz rejeitará liminarmente os embargos:
- Correspondência: art. 739, *caput*, CPC/1973.
- V. art. 1.012, § 1º, III, CPC/2015.

I – quando intempestivos;
- Correspondência: art. 739, I, CPC/1973.

II – nos casos de indeferimento da petição inicial e de improcedência liminar do pedido;
- Correspondência: art. 739, II, CPC/1973.

III – manifestamente protelatórios.
- Correspondência: art. 739, III, CPC/1973.

Parágrafo único. Considera-se conduta atentatória à dignidade da justiça o oferecimento de embargos manifestamente protelatórios.
- Sem correspondência no CPC/1973.

Art. 919. Os embargos à execução não terão efeito suspensivo.
- Correspondência: art. 739-A, *caput*, CPC/1973.

§ 1º O juiz poderá, a requerimento do embargante, atribuir efeito suspensivo aos embargos quando verificados os requisitos para a concessão da tutela provisória e desde que a execução já esteja garantida por penhora, depósito ou caução suficientes.
- Correspondência: art. 739-A, § 1º, CPC/1973.
- V. art. 921, II, CPC/2015.

§ 2º Cessando as circunstâncias que a motivaram, a decisão relativa aos efeitos dos embargos poderá, a requerimento da parte, ser modificada ou revogada a qualquer tempo, em decisão fundamentada.
- Correspondência: art. 739-A, § 2º, CPC/1973.

§ 3º Quando o efeito suspensivo atribuído aos embargos disser respeito apenas a parte do objeto da execução, esta prosseguirá quanto à parte restante.
- Correspondência: art. 739-A, § 3º, CPC/1973.

§ 4º A concessão de efeito suspensivo aos embargos oferecidos por um dos executados não suspenderá a execução contra os que não embargaram quando o respectivo fundamento disser respeito exclusivamente ao embargante.
- Correspondência: art. 739-A, § 4º, CPC/1973.

§ 5º A concessão de efeito suspensivo não impedirá a efetivação dos atos de substituição, de reforço ou de redução da penhora e de avaliação dos bens.
- Correspondência: art. 739-A, § 6º, CPC/1973.

Art. 920. Recebidos os embargos:
- Correspondência: art. 740, CPC/1973.

I – o exequente será ouvido no prazo de 15 (quinze) dias;
- Correspondência: art. 740, CPC/1973.
- V. art. 17, *caput*, Lei 6.830/1980 (Execução fiscal).

II – a seguir, o juiz julgará imediatamente o pedido ou designará audiência;
- Correspondência: art. 740, CPC/1973.
- V. arts. 334 e 358 a 368, CPC/2015.

III – encerrada a instrução, o juiz proferirá sentença.
- Correspondência: art. 740, CPC/1973.

TÍTULO IV
DA SUSPENSÃO E DA EXTINÇÃO DO PROCESSO DE EXECUÇÃO

Capítulo I
DA SUSPENSÃO DO PROCESSO DE EXECUÇÃO

Art. 921. Suspende-se a execução:
- Correspondência: art. 791, *caput*, CPC/1973.

I – nas hipóteses dos arts. 313 e 315, no que couber;
- Correspondência: art. 791, II, CPC/1973.

II – no todo ou em parte, quando recebidos com efeito suspensivo os embargos à execução;
- Correspondência: art. 791, I, CPC/1973.

III – quando o executado não possuir bens penhoráveis;
- Correspondência: art. 791, III, CPC/1973.
- V. art. 40, Lei 6.830/1980 (Execução fiscal).

IV – se a alienação dos bens penhorados não se realizar por falta de licitantes e o exequente, em 15 (quinze) dias, não requerer a adjudicação nem indicar outros bens penhoráveis;
- Sem correspondência no CPC/1973.

V – quando concedido o parcelamento de que trata o art. 916.
- Sem correspondência no CPC/1973.

§ 1º Na hipótese do inciso III, o juiz suspenderá a execução pelo prazo de 1 (um) ano, durante o qual se suspenderá a prescrição.
- Sem correspondência no CPC/1973.

§ 2º Decorrido o prazo máximo de 1 (um) ano sem que seja localizado o executado ou que sejam encontrados bens penhoráveis, o juiz ordenará o arquivamento dos autos.
- Sem correspondência no CPC/1973.

§ 3º Os autos serão desarquivados para prosseguimento da execução se a qualquer tempo forem encontrados bens penhoráveis.
- Sem correspondência no CPC/1973.

§ 4º Decorrido o prazo de que trata o § 1º sem manifestação do exequente, começa a correr o prazo de prescrição intercorrente.
- Sem correspondência no CPC/1973.

§ 5º O juiz, depois de ouvidas as partes, no prazo de 15 (quinze) dias, poderá, de ofício, reconhecer a prescrição de que trata o § 4º e extinguir o processo.
- Sem correspondência no CPC/1973.

Art. 922. Convindo as partes, o juiz declarará suspensa a execução durante o prazo concedido pelo exequente para que o executado cumpra voluntariamente a obrigação.
- Correspondência: art. 792, *caput*, CPC/1973.
- V. art. 313, II, CPC/2015.

Parágrafo único. Findo o prazo sem cumprimento da obrigação, o processo retomará o seu curso.
- Correspondência: art. 792, parágrafo único, CPC/1973.
- V. art. 313, §§ 4º e 5º, CPC/2015.

Art. 923. Suspensa a execução, não serão praticados atos processuais, podendo o juiz, entretanto, salvo no caso de arguição de impedimento ou de suspeição, ordenar providências urgentes.
- Correspondência: art. 793, CPC/1973.
- V. art. 314, CPC/2015.

Capítulo II
DA EXTINÇÃO DO PROCESSO DE EXECUÇÃO

Art. 924. Extingue-se a execução quando:
- Correspondência: art. 794, *caput*, CPC/1973.
- V. art. 487, III, *a*, CPC/2015.

I – a petição inicial for indeferida;
- Sem correspondência no CPC/1973.

II – a obrigação for satisfeita;
- Correspondência: art. 794, I, CPC/1973.
- V. arts. 807 e 818, CPC/2015.
- V. art. 304, CC.

III – o executado obtiver, por qualquer outro meio, a extinção total da dívida;
- Correspondência: art. 794, II, CPC/1973.

IV – o exequente renunciar ao crédito;
- Correspondência: art. 794, III, CPC/1973.

V – ocorrer a prescrição intercorrente.
- Sem correspondência no CPC/1973.

Art. 925. A extinção só produz efeito quando declarada por sentença.
- Correspondência: art. 795, CPC/1973.
- V. arts. 203, § 1º, e 494, CPC/2015.

LIVRO III
DOS PROCESSOS NOS TRIBUNAIS E DOS MEIOS DE IMPUGNAÇÃO DAS DECISÕES JUDICIAIS

TÍTULO I
DA ORDEM DOS PROCESSOS E DOS PROCESSOS DE COMPETÊNCIA ORIGINÁRIA DOS TRIBUNAIS

Capítulo I
DISPOSIÇÕES GERAIS

Art. 926. Os tribunais devem uniformizar sua jurisprudência e mantê-la estável, íntegra e coerente.
- Correspondência: art. 479, *caput*, CPC/1973.
- V. art. 93, XI, CF.
- V. arts. 16, parágrafo único, e 101, § 3º, *c*, LC 35/1979 (Lei Orgânica da Magistratura Nacional).
- V. art. 896, § 3º, CLT.

§ 1º Na forma estabelecida e segundo os pressupostos fixados no regimento interno, os tribunais editarão enunciados de súmula correspon-dentes a sua jurisprudência dominante.
- Correspondência: art. 479, parágrafo único, CPC/1973.

§ 2º Ao editar enunciados de súmula, os tribunais devem ater-se às circunstâncias fáticas dos precedentes que motivaram sua criação.
- Sem correspondência no CPC/1973.

Código de Processo Civil

Art. 927. Os juízes e os tribunais observarão:

- Sem correspondência no CPC/1973.

I – as decisões do Supremo Tribunal Federal em controle concentrado de constitucionalidade;
II – os enunciados de súmula vinculante;

- V. art. 103-A, CF.
- V. Lei 11.417/2006 (Súmula vinculante).

III – os acórdãos em incidente de assunção de competência ou de resolução de demandas repetitivas e em julgamento de recursos extraordinário e especial repetitivos;
IV – os enunciados das súmulas do Supremo Tribunal Federal em matéria constitucional e do Superior Tribunal de Justiça em matéria infraconstitucional;
V – a orientação do plenário ou do órgão especial aos quais estiverem vinculados.
§ 1º Os juízes e os tribunais observarão o disposto no art. 10 e no art. 489, § 1º, quando decidirem com fundamento neste artigo.
§ 2º A alteração de tese jurídica adotada em enunciado de súmula ou em julgamento de casos repetitivos poderá ser precedida de audiências públicas e da participação de pessoas, órgãos ou entidades que possam contribuir para a rediscussão da tese.
§ 3º Na hipótese de alteração de jurisprudência dominante do Supremo Tribunal Federal e dos tribunais superiores ou daquela oriunda de julgamento de casos repetitivos, pode haver modulação dos efeitos da alteração no interesse social e no da segurança jurídica.

- V. art. 27, Lei 9.868/1999 (Processo e julgamento da ação direta de inconstitucionalidade e da ação declaratória perante o Supremo Tribunal Federal).

§ 4º A modificação de enunciado de súmula, de jurisprudência pacificada ou de tese adotada em julgamento de casos repetitivos observará a necessidade de fundamentação adequada e específica, considerando os princípios da segurança jurídica, da proteção da confiança e da isonomia.

- V. art. 5º, I e LXXVIII, CF.

§ 5º Os tribunais darão publicidade a seus precedentes, organizando-os por questão jurídica decidida e divulgando-os, preferencialmente, na rede mundial de computadores.

- V. art. 5º, LX, CF.

Art. 928. Para os fins deste Código, considera-se julgamento de casos repetitivos a decisão proferida em:

- Sem correspondência no CPC/1973.
- V. arts. 102, III, e 105, III, CF.

I – incidente de resolução de demandas repetitivas;
II – recursos especial e extraordinário repetitivos.

Parágrafo único. O julgamento de casos repetitivos tem por objeto questão de direito material ou processual.

Capítulo II
DA ORDEM DOS PROCESSOS NO TRIBUNAL

Art. 929. Os autos serão registrados no protocolo do tribunal no dia de sua entrada, cabendo à secretaria ordená-los, com imediata distribuição.

- Correspondência: art. 547, *caput*, CPC/1973.
- V. art. 152, IV, CPC/2015.

Parágrafo único. A critério do tribunal, os serviços de protocolo poderão ser descentralizados, mediante delegação a ofícios de justiça de primeiro grau.

- Correspondência: art. 547, parágrafo único, CPC/1973.

Art. 930. Far-se-á a distribuição de acordo com o regimento interno do tribunal, observando-se a alternatividade, o sorteio eletrônico e a publicidade.

- Correspondência: art. 548, CPC/1973.

Parágrafo único. O primeiro recurso protocolado no tribunal tornará prevento o relator para eventual recurso subsequente interposto no mesmo processo ou em processo conexo.

- Sem correspondência no CPC/1973

Art. 931. Distribuídos, os autos serão imediatamente conclusos ao relator, que, em 30 (trinta) dias, depois de elaborar o voto, restituí-los-á, com relatório, à secretaria.

- Correspondência: art. 549, CPC/1973.

Art. 932. Incumbe ao relator:

- Correspondência: art. 557, CPC/1973.
- V. arts. 6º, 139 a 143, CPC/2015.

I – dirigir e ordenar o processo no tribunal, inclusive em relação à produção de prova, bem como, quando for o caso, homologar autocomposição das partes;

• Sem correspondência no CPC/1973.

II – apreciar o pedido de tutela provisória nos recursos e nos processos de competência originária do tribunal;

• Sem correspondência no CPC/1973.

III – não conhecer de recurso inadmissível, prejudicado ou que não tenha impugnado especificamente os fundamentos da decisão recorrida;

• Correspondência: art. 557, CPC/1973.

IV – negar provimento a recurso que for contrário a:

• Sem correspondência no CPC/1973.

a) súmula do Supremo Tribunal Federal, do Superior Tribunal de Justiça ou do próprio tribunal;

• Correspondência: art. 557, CPC/1973.

b) acórdão proferido pelo Supremo Tribunal Federal ou pelo Superior Tribunal de Justiça em julgamento de recursos repetitivos;

• Correspondência: art. 557, CPC/1973.

c) entendimento firmado em incidente de resolução de demandas repetitivas ou de assunção de competência;

• Sem correspondência no CPC/1973.

V – depois de facultada a apresentação de contrarrazões, dar provimento ao recurso se a decisão recorrida for contrária a:

• Sem correspondência no CPC/1973.

a) súmula do Supremo Tribunal Federal, do Superior Tribunal de Justiça ou do próprio tribunal;

• Correspondência: art. 557, CPC/1973.

b) acórdão proferido pelo Supremo Tribunal Federal ou pelo Superior Tribunal de Justiça em julgamento de recursos repetitivos;

• Correspondência: art. 557, CPC/1973.

c) entendimento firmado em incidente de resolução de demandas repetitivas ou de assunção de competência;

• Sem correspondência no CPC/1973.

VI – decidir o incidente de desconsideração da personalidade jurídica, quando este for instaurado originariamente perante o tribunal;

• Sem correspondência no CPC/1973.

VII – determinar a intimação do Ministério Público, quando for o caso;

• Sem correspondência no CPC/1973.

VIII – exercer outras atribuições estabelecidas no regimento interno do tribunal.

• Sem correspondência no CPC/1973.

Parágrafo único. Antes de considerar inadmissível o recurso, o relator concederá o prazo de 5 (cinco) dias ao recorrente para que seja sanado vício ou complementada a documentação exigível.

• Correspondência: art. 515, § 4º, CPC/1973.

Art. 933. Se o relator constatar a ocorrência de fato superveniente à decisão recorrida ou a existência de questão apreciável de ofício ainda não examinada que devam ser considerados no julgamento do recurso, intimará as partes para que se manifestem no prazo de 5 (cinco) dias.

• Sem correspondência no CPC/1973.

§ 1º Se a constatação ocorrer durante a sessão de julgamento, esse será imediatamente suspenso a fim de que as partes se manifestem especificamente.

§ 2º Se a constatação se der em vista dos autos, deverá o juiz que a solicitou encaminhá-los ao relator, que tomará as providências previstas no *caput* e, em seguida, solicitará a inclusão do feito em pauta para prosseguimento do julgamento, com submissão integral da nova questão aos julgadores.

Art. 934. Em seguida, os autos serão apresentados ao presidente, que designará dia para julgamento, ordenando, em todas as hipóteses previstas neste Livro, a publicação da pauta no órgão oficial.

• Correspondência: art. 552, *caput*, CPC/1973.

Art. 935. Entre a data de publicação da pauta e a da sessão de julgamento decorrerá, pelo menos, o prazo de 5 (cinco) dias, incluindo-se em nova pauta os processos que não tenham sido julgados, salvo aqueles cujo julgamento tiver sido expressamente adiado para a primeira sessão seguinte.

• Correspondência: art. 552, § 1º, CPC/1973.

§ 1º Às partes será permitida vista dos autos em cartório após a publicação da pauta de julgamento.
• Correspondência: art. 552, *caput*, CPC/1973.

§ 2º Afixar-se-á a pauta na entrada da sala em que se realizar a sessão de julgamento.
• Correspondência: art. 552, § 2º, CPC/1973.

Art. 936. Ressalvadas as preferências legais e regimentais, os recursos, a remessa necessária e os processos de competência originária serão julgados na seguinte ordem:
• Sem correspondência no CPC/1973.

I – aqueles nos quais houver sustentação oral, observada a ordem dos requerimentos;
• Sem correspondência no CPC/1973.

II – os requerimentos de preferência apresentados até o início da sessão de julgamento;
• Sem correspondência no CPC/1973.

III – aqueles cujo julgamento tenha iniciado em sessão anterior; e
• *Correspondência: art. 552, § 2º, CPC/1973

IV – os demais casos.
• Sem correspondência no CPC/1973.

Art. 937. Na sessão de julgamento, depois da exposição da causa pelo relator, o presidente dará a palavra, sucessivamente, ao recorrente, ao recorrido e, nos casos de sua intervenção, ao membro do Ministério Público, pelo prazo improrrogável de 15 (quinze) minutos para cada um, a fim de sustentarem suas razões, nas seguintes hipóteses, nos termos da parte final do *caput* do art. 1.021:
• Correspondência: art. 554, CPC/1973.

I – no recurso de apelação;
• Sem correspondência no CPC/1973.

II – no recurso ordinário;
• Sem correspondência no CPC/1973.

III – no recurso especial;
• Sem correspondência no CPC/1973.

IV – no recurso extraordinário;
• Sem correspondência no CPC/1973.

V – nos embargos de divergência;
• Sem correspondência no CPC/1973.

VI – na ação rescisória, no mandado de segurança e na reclamação;
• Sem correspondência no CPC/1973.

VII – *(Vetado.)*

VIII – no agravo de instrumento interposto contra decisões interlocutórias que versem sobre tutelas provisórias de urgência ou da evidência;
• Sem correspondência no CPC/1973.

IX – em outras hipóteses previstas em lei ou no regimento interno do tribunal.
• Sem correspondência no CPC/1973.

§ 1º A sustentação oral no incidente de resolução de demandas repetitivas observará o disposto no art. 984, no que couber.
• Sem correspondência no CPC/1973.

§ 2º O procurador que desejar proferir sustentação oral poderá requerer, até o início da sessão, que o processo seja julgado em primeiro lugar, sem prejuízo das preferências legais.
• Correspondência: art. 565, CPC/1973.

§ 3º Nos processos de competência originária previstos no inciso VI, caberá sustentação oral no agravo interno interposto contra decisão de relator que o extinga.
• Sem correspondência no CPC/1973.

§ 4º É permitido ao advogado com domicílio profissional em cidade diversa daquela onde está sediado o tribunal realizar sustentação oral por meio de videoconferência ou outro recurso tecnológico de transmissão de sons e imagens em tempo real, desde que o requeira até o dia anterior ao da sessão.
• Sem correspondência no CPC/1973.

Art. 938. A questão preliminar suscitada no julgamento será decidida antes do mérito, deste não se conhecendo caso seja incompatível com a decisão.
• Correspondência: art. 560, *caput*, CPC/1973.

§ 1º Constatada a ocorrência de vício sanável, inclusive aquele que possa ser conhecido de ofício, o relator determinará a realização ou a renovação do ato processual, no próprio tribunal ou em primeiro grau de jurisdição, intimadas as partes.
• Correspondência: art. 515, § 4º, CPC/1973.

Art. 939

§ 2º Cumprida a diligência de que trata o § 1º, o relator, sempre que possível, prosseguirá no julgamento do recurso.

• Correspondência: art. 515, § 4º, CPC/1973.

§ 3º Reconhecida a necessidade de produção de prova, o relator converterá o julgamento em diligência, que se realizará no tribunal ou em primeiro grau de jurisdição, decidindo-se o recurso após a conclusão da instrução.

• Correspondência: art. 560, parágrafo único, CPC/1973.

§ 4º Quando não determinadas pelo relator, as providências indicadas nos §§ 1º e 3º poderão ser determinadas pelo órgão competente para julgamento do recurso.

• Sem correspondência no CPC/1973.

Art. 939. Se a preliminar for rejeitada ou se a apreciação do mérito for com ela compatível, seguir-se-ão a discussão e o julgamento da matéria principal, sobre a qual deverão se pronunciar os juízes vencidos na preliminar.

• Correspondência: art. 561, CPC/1973.
• V. art. 1.013, § 1º, CPC/2015.

Art. 940. O relator ou outro juiz que não se considerar habilitado a proferir imediatamente seu voto poderá solicitar vista pelo prazo máximo de 10 (dez) dias, após o qual o recurso será reincluído em pauta para julgamento na sessão seguinte à data da devolução.

• Correspondência: art. 555, § 2º, CPC/1973.
• V. art. 121, LC 35/1979 (Lei Orgânica da Magistratura Nacional).

§ 1º Se os autos não forem devolvidos tempestivamente ou se não for solicitada pelo juiz prorrogação de prazo de no máximo mais 10 (dez) dias, o presidente do órgão fracionário os requisitará para julgamento do recurso na sessão ordinária subsequente, com publicação da pauta em que for incluído.

• Correspondência: art. 555, § 3º, CPC/1973.

§ 2º Quando requisitar os autos na forma do § 1º, se aquele que fez o pedido de vista ainda não se sentir habilitado a votar, o presidente convocará substituto para proferir voto, na forma estabelecida no regimento interno do tribunal.

• Sem correspondência no CPC/1973.

Art. 941. Proferidos os votos, o presidente anunciará o resultado do julgamento, designando para redigir o acórdão o relator ou, se vencido este, o autor do primeiro voto vencedor.

• Correspondência: art. 556, CPC/1973.

§ 1º O voto poderá ser alterado até o momento da proclamação do resultado pelo presidente, salvo aquele já proferido por juiz afastado ou substituído.

• Sem correspondência no CPC/1973.

§ 2º No julgamento de apelação ou de agravo de instrumento, a decisão será tomada, no órgão colegiado, pelo voto de 3 (três) juízes.

• Correspondência: art. 555, *caput*, CPC/1973.

§ 3º O voto vencido será necessariamente declarado e considerado parte integrante do acórdão para todos os fins legais, inclusive de pré-questionamento.

• Sem correspondência no CPC/1973.

Art. 942. Quando o resultado da apelação for não unânime, o julgamento terá prosseguimento em sessão a ser designada com a presença de outros julgadores, que serão convocados nos termos previamente definidos no regimento interno, em número suficiente para garantir a possibilidade de inversão do resultado inicial, assegurado às partes e a eventuais terceiros o direito de sustentar oralmente suas razões perante os novos julgadores.

• Correspondência: art. 530, CPC/1973.
• V. Súmulas 293, 354, 455 e 518, STF.
• V. Súmula 88, STJ.

§ 1º Sendo possível, o prosseguimento do julgamento dar-se-á na mesma sessão, colhendo-se os votos de outros julgadores que porventura componham o órgão colegiado.

• Sem correspondência no CPC/1973.

§ 2º Os julgadores que já tiverem votado poderão rever seus votos por ocasião do prosseguimento do julgamento.

• Sem correspondência no CPC/1973.

§ 3º A técnica de julgamento prevista neste artigo aplica-se, igualmente, ao julgamento não unânime proferido em:

• Sem correspondência no CPC/1973.

I – ação rescisória, quando o resultado for a rescisão da sentença, devendo, nesse caso, seu prosseguimento ocorrer em órgão de maior composição previsto no regimento interno;

• Sem correspondência no CPC/1973.

II – agravo de instrumento, quando houver reforma da decisão que julgar parcialmente o mérito.

• Correspondência: art. 532, CPC/1973.

§ 4º Não se aplica o disposto neste artigo ao julgamento:

• Sem correspondência no CPC/1973.

I – do incidente de assunção de competência e ao de resolução de demandas repetitivas;

• Sem correspondência no CPC/1973.

II – da remessa necessária;

• Sem correspondência no CPC/1973.

III – não unânime proferido, nos tribunais, pelo plenário ou pela corte especial.

• Sem correspondência no CPC/1973.

Art. 943. Os votos, os acórdãos e os demais atos processuais podem ser registrados em documento eletrônico inviolável e assinados eletronicamente, na forma da lei, devendo ser impressos para juntada aos autos do processo quando este não for eletrônico.

• Correspondência: art. 556, parágrafo único, CPC/1973.

§ 1º Todo acórdão conterá ementa.

• Correspondência: art. 563, CPC/1973.

§ 2º Lavrado o acórdão, sua ementa será publicada no órgão oficial no prazo de 10 (dez) dias.

• Correspondência: art. 564, CPC/1973.

Art. 944. Não publicado o acórdão no prazo de 30 (trinta) dias, contado da data da sessão de julgamento, as notas taquigráficas o substituirão, para todos os fins legais, independentemente de revisão.

• Sem correspondência no CPC/1973.

Parágrafo único. No caso do *caput*, o presidente do tribunal lavrará, de imediato, as conclusões e a ementa e mandará publicar o acórdão.

Art. 945. *(Revogado pela Lei 13.256/2016.)*

Art. 946. O agravo de instrumento será julgado antes da apelação interposta no mesmo processo.

• Correspondência: art. 559, CPC/1973.

Parágrafo único. Se ambos os recursos de que trata o *caput* houverem de ser julgados na mesma sessão, terá precedência o agravo de instrumento.

• Correspondência: art. 559, CPC/1973.

Capítulo III
DO INCIDENTE DE ASSUNÇÃO DE COMPETÊNCIA

Art. 947. É admissível a assunção de competência quando o julgamento de recurso, de remessa necessária ou de processo de competência originária envolver relevante questão de direito, com grande repercussão social, sem repetição em múltiplos processos.

• Sem correspondência no CPC/1973.

§ 1º Ocorrendo a hipótese de assunção de competência, o relator proporá, de ofício ou a requerimento da parte, do Ministério Público ou da Defensoria Pública, que seja o recurso, a remessa necessária ou o processo de competência originária julgado pelo órgão colegiado que o regimento indicar.

• Correspondência: art. 555, § 1º, CPC/1973.

§ 2º O órgão colegiado julgará o recurso, a remessa necessária ou o processo de competência originária se reconhecer interesse público na assunção de competência.

• Correspondência: art. 555, § 1º, CPC/1973.

§ 3º O acórdão proferido em assunção de competência vinculará todos os juízes e órgãos fracionários, exceto se houver revisão de tese.

• Sem correspondência no CPC/1973.

§ 4º Aplica-se o disposto neste artigo quando ocorrer relevante questão de direito a respeito da qual seja conveniente a prevenção ou a composição de divergência entre câmaras ou turmas do tribunal.

• Sem correspondência no CPC/1973.

Capítulo IV
DO INCIDENTE DE ARGUIÇÃO DE INCONSTITUCIONALIDADE

Art. 948. Arguida, em controle difuso, a inconstitucionalidade de lei ou de ato normativo do poder público, o relator, após ouvir o Ministério Público e as partes, submeterá a questão à turma ou à câmara à qual competir o conhecimento do processo.

- Correspondência: art. 480, CPC/1973.
- V. arts. 52, X, 97, 102, III, *b*, 125, § 2º, e 129, IV, CF.

Art. 949. Se a arguição for:

- Correspondência: art. 481, *caput*, CPC/1973.

I – rejeitada, prosseguirá o julgamento;

- Correspondência: art. 481, *caput*, CPC/1973.

II – acolhida, a questão será submetida ao plenário do tribunal ou ao seu órgão especial, onde houver.

- Correspondência: art. 481, *caput*, CPC/1973.

Parágrafo único. Os órgãos fracionários dos tribunais não submeterão ao plenário ou ao órgão especial a arguição de inconstitucionalidade quando já houver pronunciamento destes ou do plenário do Supremo Tribunal Federal sobre a questão.

- Correspondência: art. 481, parágrafo único, CPC/1973.

Art. 950. Remetida cópia do acórdão a todos os juízes, o presidente do tribunal designará a sessão de julgamento.

- Correspondência: art. 482, *caput*, CPC/1973.

§ 1º As pessoas jurídicas de direito público responsáveis pela edição do ato questionado poderão manifestar-se no incidente de inconstitucionalidade se assim o requererem, observados os prazos e as condições previstos no regimento interno do tribunal.

- Correspondência: art. 482, § 1º, CPC/1973.

§ 2º A parte legitimada à propositura das ações previstas no art. 103 da Constituição Federal poderá manifestar-se, por escrito, sobre a questão constitucional objeto de apreciação, no prazo previsto pelo regimento interno, sendo-lhe assegurado o direito de apresentar memoriais ou de requerer a juntada de documentos.

- Correspondência: art. 482, § 2º, CPC/1973.

§ 3º Considerando a relevância da matéria e a representatividade dos postulantes, o relator poderá admitir, por despacho irrecorrível, a manifestação de outros órgãos ou entidades.

- Correspondência: art. 482, § 3º, CPC/1973.

Capítulo V
DO CONFLITO DE COMPETÊNCIA

Art. 951. O conflito de competência pode ser suscitado por qualquer das partes, pelo Ministério Público ou pelo juiz.

- Correspondência: art. 116, *caput*, CPC/1973.

Parágrafo único. O Ministério Público somente será ouvido nos conflitos de competência relativos aos processos previstos no art. 178, mas terá qualidade de parte nos conflitos que suscitar.

- Correspondência: art. 116, parágrafo único, CPC/1973.
- V. art. 279, CPC/2015.

Art. 952. Não pode suscitar conflito a parte que, no processo, arguiu incompetência relativa.

- Correspondência: art. 117, *caput*, CPC/1973.

Parágrafo único. O conflito de competência não obsta, porém, a que a parte que não o arguiu suscite a incompetência.

- Correspondência: art. 117, parágrafo único, CPC/1973.

Art. 953. O conflito será suscitado ao tribunal:

- Correspondência: art. 118, *caput*, CPC/1973.
- V. arts. 102, I, *o*, 105, I, *d*, e 108, I, *e*, CF.
- V. Súmula 59, STJ.

I – pelo juiz, por ofício;

- Correspondência: art. 118, I, CPC/1973.

II – pela parte e pelo Ministério Público, por petição.

- Correspondência: art. 118, II, CPC/1973.

Parágrafo único. O ofício e a petição serão instruídos com os documentos necessários à prova do conflito.

- Correspondência: art. 118, parágrafo único, CPC/1973.

Art. 954. Após a distribuição, o relator determinará a oitiva dos juízes em conflito ou, se um deles for suscitante, apenas do suscitado.

- Correspondência: art. 119, CPC/1973.

Parágrafo único. No prazo designado pelo relator, incumbirá ao juiz ou aos juízes prestar as informações.

- Correspondência: art. 119, CPC/1973.

Art. 955. O relator poderá, de ofício ou a requerimento de qualquer das partes, determinar, quando o conflito for positivo, o sobrestamento do processo e, nesse caso, bem como no do conflito negativo, designará um dos juízes para resolver, em caráter provisório, as medidas urgentes.

- Correspondência: art. 120, *caput*, CPC/1973.
- V. arts. 313, II, e 314, CPC/2015.

Parágrafo único. O relator poderá julgar de plano o conflito de competência quando sua decisão se fundar em:

- Correspondência: art. 120, parágrafo único, CPC/1973.

I – súmula do Supremo Tribunal Federal, do Superior Tribunal de Justiça ou do próprio tribunal;

- Sem correspondência no CPC/1973.

II – tese firmada em julgamento de casos repetitivos ou em incidente de assunção de competência.

- Sem correspondência no CPC/1973.

Art. 956. Decorrido o prazo designado pelo relator, será ouvido o Ministério Público, no prazo de 5 (cinco) dias, ainda que as informações não tenham sido prestadas, e, em seguida, o conflito irá a julgamento.

- Correspondência: art. 121, CPC/1973.
- V. arts. 178 e 279, CPC/2015.

Art. 957. Ao decidir o conflito, o tribunal declarará qual o juízo competente, pronunciando-se também sobre a validade dos atos do juízo incompetente.

- Correspondência: art. 122, *caput*, CPC/1973.
- V. arts. 43, 58, 59, 240, 281, 312 e 930 parágrafo único, CPC/2015.

Parágrafo único. Os autos do processo em que se manifestou o conflito serão remetidos ao juiz declarado competente.

- Correspondência: art. 122, parágrafo único, CPC/1973.

Art. 958. No conflito que envolva órgãos fracionários dos tribunais, desembargadores e juízes em exercício no tribunal, observar-se-á o que dispuser o regimento interno do tribunal.

- Correspondência: art. 123, CPC/1973.
- V. arts. 163 a 168, RISTF.
- V. arts. 193 a 198, RISTJ.

Art. 959. O regimento interno do tribunal regulará o processo e o julgamento do conflito de atribuições entre autoridade judiciária e autoridade administrativa.

- Correspondência: art. 124, CPC/1973.
- V. art. 105, I, *g*, CF.

Capítulo VI
DA HOMOLOGAÇÃO DE DECISÃO ESTRANGEIRA E DA CONCESSÃO DO *EXEQUATUR* À CARTA ROGATÓRIA

Art. 960. A homologação de decisão estrangeira será requerida por ação de homologação de decisão estrangeira, salvo disposição especial em sentido contrário prevista em tratado.

- Sem correspondência no CPC/1973.
- V. art. 105, I, *i*, CF.
- ∗∗ V. art. 109, CF.

§ 1º A decisão interlocutória estrangeira poderá ser executada no Brasil por meio de carta rogatória.

- Sem correspondência no CPC/1973.

§ 2º A homologação obedecerá ao que dispuserem os tratados em vigor no Brasil e o Regimento Interno do Superior Tribunal de Justiça.

- Correspondência: art. 483, parágrafo único, CPC/1973.

§ 3º A homologação de decisão arbitral estrangeira obedecerá ao disposto em tratado e em lei, aplicando-se, subsidiariamente, as disposições deste Capítulo.

- Sem correspondência no CPC/1973.

Art. 961. A decisão estrangeira somente terá eficácia no Brasil após a homologação de sentença estrangeira ou a concessão do *exequatur* às cartas rogatórias, salvo disposição em sentido contrário de lei ou tratado.

Art. 962

- Correspondência: art. 483, CPC/1973.
- V. arts. 105, I, *i*, e 109, X, CF.
- V. art. 515, VIII, CPC/2015.
- V. art. 221, III, Lei 6.015/1973 (Lei de Registros Públicos).
- V. art. 36, Lei 9.307/1996 (Arbitragem).

§ 1º É passível de homologação a decisão judicial definitiva, bem como a decisão não judicial que, pela lei brasileira, teria natureza jurisdicional.

- Sem correspondência no CPC/1973.

§ 2º A decisão estrangeira poderá ser homologada parcialmente.

- Sem correspondência no CPC/1973.

§ 3º A autoridade judiciária brasileira poderá deferir pedidos de urgência e realizar atos de execução provisória no processo de homologação de decisão estrangeira.

- Correspondência: art. 484, CPC/1973.

§ 4º Haverá homologação de decisão estrangeira para fins de execução fiscal quando prevista em tratado ou em promessa de reciprocidade apresentada à autoridade brasileira.

- Sem correspondência no CPC/1973.

§ 5º A sentença estrangeira de divórcio consensual produz efeitos no Brasil, independentemente de homologação pelo Superior Tribunal de Justiça.

- Sem correspondência no CPC/1973.

§ 6º Na hipótese do § 5º, competirá a qualquer juiz examinar a validade da decisão, em caráter principal ou incidental, quando essa questão for suscitada em processo de sua competência.

- Sem correspondência no CPC/1973.

Art. 962. É passível de execução a decisão estrangeira concessiva de medida de urgência.

- Sem correspondência no CPC/1973.

§ 1º A execução no Brasil de decisão interlocutória estrangeira concessiva de medida de urgência dar-se-á por carta rogatória.

§ 2º A medida de urgência concedida sem audiência do réu poderá ser executada, desde que garantido o contraditório em momento posterior.

§ 3º O juízo sobre a urgência da medida compete exclusivamente à autoridade jurisdicional prolatora da decisão estrangeira.

§ 4º Quando dispensada a homologação para que a sentença estrangeira produza efeitos no Brasil, a decisão concessiva de medida de urgência dependerá, para produzir efeitos, de ter sua validade expressamente reconhecida pelo juiz competente para dar-lhe cumprimento, dispensada a homologação pelo Superior Tribunal de Justiça.

Art. 963. Constituem requisitos indispensáveis à homologação da decisão:

- Sem correspondência no CPC/1973.
- **•** V. arts. 105, I, *i*, e 109, X, CF.

I – ser proferida por autoridade competente;

- **•** V. art. 23, CPC/2015.

II – ser precedida de citação regular, ainda que verificada a revelia;
III – ser eficaz no país em que foi proferida;
IV – não ofender a coisa julgada brasileira;
V – estar acompanhada de tradução oficial, salvo disposição que a dispense prevista em tratado;
VI – não conter manifesta ofensa à ordem pública.

Parágrafo único. Para a concessão do *exequatur* às cartas rogatórias, observar-se-ão os pressupostos previstos no *caput* deste artigo e no art. 962, § 2º.

Art. 964. Não será homologada a decisão estrangeira na hipótese de competência exclusiva da autoridade judiciária brasileira.

- Sem correspondência no CPC/1973.

Parágrafo único. O dispositivo também se aplica à concessão do *exequatur* à carta rogatória.

Art. 965. O cumprimento de decisão estrangeira far-se-á perante o juízo federal competente, a requerimento da parte, conforme as normas estabelecidas para o cumprimento de decisão nacional.

- Correspondência: art. 484, CPC/1973.
- V. arts. 105, I, *i*, e 109, X, CF.
- V. art. 221, III, Lei 6.015/1973 (Lei de Registros Públicos).
- V. art. 36, Lei 9.307/1996 (Arbitragem).

Parágrafo único. O pedido de execução deverá ser instruído com cópia autenti-

Art. 966

CÓDIGO DE PROCESSO CIVIL

cada da decisão homologatória ou do *exequatur*, conforme o caso.
- Sem correspondência no CPC/1973.

Capítulo VII
DA AÇÃO RESCISÓRIA

Art. 966. A decisão de mérito, transitada em julgado, pode ser rescindida quando:
- Correspondência: art. 485, *caput*, CPC/1973.
- V. art. 487, CPC/2015.
- V. arts. 102, I, *j*, 105, I, *e*, e 108, I, *b*, CF.
- V. art. 59, Lei 9.099/1995 (Juizados Especiais Cíveis e Criminais).
- V. Súmula 343, STF.
- •• V. arts. 417, § 3º, 502, 525, § 15, 535, § 8º, 658 e 701, § 3º, CPC/2015.

I – se verificar que foi proferida por força de prevaricação, concussão ou corrupção do juiz;
- Correspondência: art. 485, I, CPC/1973.
- V. arts. 139 a 143, CPC/2015.
- V. arts. 316, 317 e 319, CP.

II – for proferida por juiz impedido ou por juízo absolutamente incompetente;
- Correspondência: art. 485, II, CPC/1973.
- V. arts. 144, 147 e 148, CPC/2015.
- •• V. art. 62, CPC/2015.

III – resultar de dolo ou coação da parte vencedora em detrimento da parte vencida ou, ainda, de simulação ou colusão entre as partes, a fim de fraudar a lei;
- Correspondência: art. 485, III, CPC/1973.
- V. art. 658, CPC/2015.
- V. arts. 145 a 155, 166 a 184, CC.

IV – ofender a coisa julgada;
- Correspondência: art. 485, IV, CPC/1973.
- V. art. 502, CPC/2015.
- •• V. art. 337, § 4º, CPC/2015.

V – violar manifestamente norma jurídica;
- Correspondência: art. 485, V, CPC/1973.

VI – for fundada em prova cuja falsidade tenha sido apurada em processo criminal ou venha a ser demonstrada na própria ação rescisória;
- Correspondência: art. 485, VI, CPC/1973.

VII – obtiver o autor, posteriormente ao trânsito em julgado, prova nova cuja existência ignorava ou de que não pôde fazer uso, capaz, por si só, de lhe assegurar pronunciamento favorável;
- Correspondência: art. 485, VII, CPC/1973.

VIII – for fundada em erro de fato verificável do exame dos autos.
- Correspondência: art. 485, IX, CPC/1973.

§ 1º Há erro de fato quando a decisão rescindenda admitir fato inexistente ou quando considerar inexistente fato efetivamente ocorrido, sendo indispensável, em ambos os casos, que o fato não represente ponto controvertido sobre o qual o juiz deveria ter se pronunciado.
- Correspondência: art. 485, § 1º, CPC/1973.

§ 2º Nas hipóteses previstas nos incisos do *caput*, será rescindível a decisão transitada em julgado que, embora não seja de mérito, impeça:
- Sem correspondência no CPC/1973.

I – nova propositura da demanda; ou
- Sem correspondência no CPC/1973.
- •• V. arts. 485, VI, e 486, § 1º, CPC/2015.

II – admissibilidade do recurso correspondente.
- Sem correspondência no CPC/1973.

§ 3º A ação rescisória pode ter por objeto apenas 1 (um) capítulo da decisão.
- Sem correspondência no CPC/1973.

§ 4º Os atos de disposição de direitos, praticados pelas partes ou por outros participantes do processo e homologados pelo juízo, bem como os atos homologatórios praticados no curso da execução, estão sujeitos à anulação, nos termos da lei.
- Correspondência: art. 486, CPC/1973.
- V. art. 138, CPC/2015.

§ 5º Cabe ação rescisória, com fundamento no inciso V do *caput* deste artigo, contra decisão baseada em enunciado de súmula ou acórdão proferido em julgamento de casos repetitivos que não tenha considerado a existência de distinção entre a questão discutida no processo e o padrão decisório que lhe deu fundamento.
- § 5º acrescentado pela Lei 13.256/2016.
- Sem correspondência no CPC/1973.

§ 6º Quando a ação rescisória fundar-se na hipótese do § 5º deste artigo, caberá ao autor, sob pena de inépcia, demonstrar, fundamentadamente, tratar-se de situação

Art. 967

particularizada por hipótese fática distinta ou de questão jurídica não examinada, a impor outra solução jurídica.

- § 6º acrescentado pela Lei 13.256/2016.
- Sem correspondência no CPC/1973.

Art. 967. Têm legitimidade para propor a ação rescisória:

- Correspondência: art. 487, *caput*, CPC/1973.
- V. arts. 96, 108 a 110, 125, 130, 178 e 974, CPC/2015.
- V. Súmula 175, STJ.

I – quem foi parte no processo ou o seu sucessor a título universal ou singular;

- Correspondência: art. 487, I, CPC/1973.
- • V. arts. 108 a 110, CPC/2015.

II – o terceiro juridicamente interessado;

- Correspondência: art. 487, II, CPC/1973.

III – o Ministério Público:

- Correspondência: art. 487, III, CPC/1973.
- • V. arts. 176 a 178, CPC/2015.

a) se não foi ouvido no processo em que lhe era obrigatória a intervenção;

- Correspondência: art. 487, III, *a*, CPC/1973.

b) quando a decisão rescindenda é o efeito de simulação ou de colusão das partes, a fim de fraudar a lei;

- Correspondência: art. 487, III, *b*, CPC/1973.

c) em outros casos em que se imponha sua atuação;

- Sem correspondência no CPC/1973.

IV – aquele que não foi ouvido no processo em que lhe era obrigatória a intervenção.

- Sem correspondência no CPC/1973.

Parágrafo único. Nas hipóteses do art. 178, o Ministério Público será intimado para intervir como fiscal da ordem jurídica quando não for parte.

- Sem correspondência no CPC/1973.

Art. 968. A petição inicial será elaborada com observância dos requisitos essenciais do art. 319, devendo o autor:

- Correspondência: art. 488, *caput*, CPC/1973.
- • V. art. 425, § 1º, CPC/2015.

I – cumular ao pedido de rescisão, se for o caso, o de novo julgamento do processo;

- Correspondência: art. 488, I, CPC/1973.
- • V. arts. 319 e 320, CPC/2015.

II – depositar a importância de 5% (cinco por cento) sobre o valor da causa, que se converterá em multa caso a ação seja, por unanimidade de votos, declarada inadmissível ou improcedente.

- Correspondência: art. 488, II, CPC/1973.
- V. arts. 96 e 974, CPC/2015.
- V. Súmula 175, STJ.
- • V. art. 321, CPC/2015.

§ 1º Não se aplica o disposto no inciso II à União, aos Estados, ao Distrito Federal, aos Municípios, às suas respectivas autarquias e fundações de direito público, ao Ministério Público, à Defensoria Pública e aos que tenham obtido o benefício de gratuidade da justiça.

- Correspondência: art. 488, parágrafo único, CPC/1973.

§ 2º O depósito previsto no inciso II do *caput* deste artigo não será superior a 1.000 (mil) salários mínimos.

- Sem correspondência no CPC/1973.

§ 3º Além dos casos previstos no art. 330, a petição inicial será indeferida quando não efetuado o depósito exigido pelo inciso II do *caput* deste artigo.

- Correspondência: art. 490, II, CPC/1973.

§ 4º Aplica-se à ação rescisória o disposto no art. 332.

- Sem correspondência no CPC/1973.

§ 5º Reconhecida a incompetência do tribunal para julgar a ação rescisória, o autor será intimado para emendar a petição inicial, a fim de adequar o objeto da ação rescisória, quando a decisão apontada como rescindenda:

- Sem correspondência no CPC/1973.

I – não tiver apreciado o mérito e não se enquadrar na situação prevista no § 2º do art. 966;

- Sem correspondência no CPC/1973.

II – tiver sido substituída por decisão posterior.

- Sem correspondência no CPC/1973.

§ 6º Na hipótese do § 5º, após a emenda da petição inicial, será permitido ao réu complementar os fundamentos de defesa, e, em seguida, os autos serão remetidos ao tribunal competente.

- Sem correspondência no CPC/1973.

CÓDIGO DE PROCESSO CIVIL

Art. 969. A propositura da ação rescisória não impede o cumprimento da decisão rescindenda, ressalvada a concessão de tutela provisória.

- Correspondência: art. 489, CPC/1973.
- V. art. 297, CPC/2015.
- V. art. 15, MP 2.180-35/2001.
- • V. art. 294, CPC/2015.

Art. 970. O relator ordenará a citação do réu, designando-lhe prazo nunca inferior a 15 (quinze) dias nem superior a 30 (trinta) dias para, querendo, apresentar resposta, ao fim do qual, com ou sem contestação, observar-se-á, no que couber, o procedimento comum.

- Correspondência: art. 491, CPC/1973.
- V. arts. 347 a 357, CPC/2015.
- • V. arts. 335 a 342, CPC/2015.

Art. 971. Na ação rescisória, devolvidos os autos pelo relator, a secretaria do tribunal expedirá cópias do relatório e as distribuirá entre os juízes que compuserem o órgão competente para o julgamento.

- Correspondência: art. 553, CPC/1973.

Parágrafo único. A escolha de relator recairá, sempre que possível, em juiz que não haja participado do julgamento rescindendo.

- Sem correspondência no CPC/1973.
- V. Súmula 252, STF.

Art. 972. Se os fatos alegados pelas partes dependerem de prova, o relator poderá delegar a competência ao órgão que proferiu a decisão rescindenda, fixando prazo de 1 (um) a 3 (três) meses para a devolução dos autos.

- Correspondência: art. 492, CPC/1973.

Art. 973. Concluída a instrução, será aberta vista ao autor e ao réu para razões finais, sucessivamente, pelo prazo de 10 (dez) dias.

- Correspondência: art. 493, CPC/1973.

Parágrafo único. Em seguida, os autos serão conclusos ao relator, procedendo-se ao julgamento pelo órgão competente.

- Correspondência: art. 493, CPC/1973.
- V. Súmula 252, STF.
- • V. art. 942, § 3º, I, CPC/2015.

Art. 974. Julgando procedente o pedido, o tribunal rescindirá a decisão, proferirá, se for o caso, novo julgamento e determinará a restituição do depósito a que se refere o inciso II do art. 968.

- Correspondência: art. 494, CPC/1973.

Parágrafo único. Considerando, por unanimidade, inadmissível ou improcedente o pedido, o tribunal determinará a reversão, em favor do réu, da importância do depósito, sem prejuízo do disposto no § 2º do art. 82.

- Sem correspondência no CPC/1973.

Art. 975. O direito à rescisão se extingue em 2 (dois) anos contados do trânsito em julgado da última decisão proferida no processo.

- Correspondência: art. 495, CPC/1973.
- • V. Súmula 401, STJ.

§ 1º Prorroga-se até o primeiro dia útil imediatamente subsequente o prazo a que se refere o *caput*, quando expirar durante férias forenses, recesso, feriados ou em dia em que não houver expediente forense.

- Sem correspondência no CPC/1973.

§ 2º Se fundada a ação no inciso VII do art. 966, o termo inicial do prazo será a data de descoberta da prova nova, observado o prazo máximo de 5 (cinco) anos, contado do trânsito em julgado da última decisão proferida no processo.

- Sem correspondência no CPC/1973.

§ 3º Nas hipóteses de simulação ou de colusão das partes, o prazo começa a contar, para o terceiro prejudicado e para o Ministério Público, que não interveio no processo, a partir do momento em que têm ciência da simulação ou da colusão.

- Sem correspondência no CPC/1973.

Capítulo VIII
DO INCIDENTE DE RESOLUÇÃO DE DEMANDAS REPETITIVAS

Art. 976. É cabível a instauração do incidente de resolução de demandas repetitivas quando houver, simultaneamente:

- Sem correspondência no CPC/1973.

I – efetiva repetição de processos que contenham controvérsia sobre a mesma questão unicamente de direito;

II – risco de ofensa à isonomia e à segurança jurídica.

§ 1º A desistência ou o abandono do processo não impede o exame de mérito do incidente.

§ 2º Se não for o requerente, o Ministério Público intervirá obrigatoriamente no incidente e deverá assumir sua titularidade em caso de desistência ou de abandono.

§ 3º A inadmissão do incidente de resolução de demandas repetitivas por ausência de qualquer de seus pressupostos de admissibilidade não impede que, uma vez satisfeito o requisito, seja o incidente novamente suscitado.

§ 4º É incabível o incidente de resolução de demandas repetitivas quando um dos tribunais superiores, no âmbito de sua respectiva competência, já tiver afetado recurso para definição de tese sobre questão de direito material ou processual repetitiva.

§ 5º Não serão exigidas custas processuais no incidente de resolução de demandas repetitivas.

Art. 977. O pedido de instauração do incidente será dirigido ao presidente de tribunal:

• Sem correspondência no CPC/1973.

I – pelo juiz ou relator, por ofício;

II – pelas partes, por petição;

III – pelo Ministério Público ou pela Defensoria Pública, por petição.

Parágrafo único. O ofício ou a petição será instruído com os documentos necessários à demonstração do preenchimento dos pressupostos para a instauração do incidente.

Art. 978. O julgamento do incidente caberá ao órgão indicado pelo regimento interno dentre aqueles responsáveis pela uniformização de jurisprudência do tribunal.

• Sem correspondência no CPC/1973.

Parágrafo único. O órgão colegiado incumbido de julgar o incidente e de fixar a tese jurídica julgará igualmente o recurso, a remessa necessária ou o processo de competência originária de onde se originou o incidente.

Art. 979. A instauração e o julgamento do incidente serão sucedidos da mais ampla e específica divulgação e publicidade, por meio de registro eletrônico no Conselho Nacional de Justiça.

• Sem correspondência no CPC/1973.

§ 1º Os tribunais manterão banco eletrônico de dados atualizados com informações específicas sobre questões de direito submetidas ao incidente, comunicando-o imediatamente ao Conselho Nacional de Justiça para inclusão no cadastro.

§ 2º Para possibilitar a identificação dos processos abrangidos pela decisão do incidente, o registro eletrônico das teses jurídicas constantes do cadastro conterá, no mínimo, os fundamentos determinantes da decisão e os dispositivos normativos a ela relacionados.

§ 3º Aplica-se o disposto neste artigo ao julgamento de recursos repetitivos e da repercussão geral em recurso extraordinário.

Art. 980. O incidente será julgado no prazo de 1 (um) ano e terá preferência sobre os demais feitos, ressalvados os que envolvam réu preso e os pedidos de *habeas corpus*.

• Sem correspondência no CPC/1973.

Parágrafo único. Superado o prazo previsto no *caput*, cessa a suspensão dos processos prevista no art. 982, salvo decisão fundamentada do relator em sentido contrário.

Art. 981. Após a distribuição, o órgão colegiado competente para julgar o incidente procederá ao seu juízo de admissibilidade, considerando a presença dos pressupostos do art. 976.

• Sem correspondência no CPC/1973.

Art. 982. Admitido o incidente, o relator:

• Sem correspondência no CPC/1973.

I – suspenderá os processos pendentes, individuais ou coletivos, que tramitam no Estado ou na região, conforme o caso;

II – poderá requisitar informações a órgãos em cujo juízo tramita processo no qual se discute o objeto do incidente, que as prestarão no prazo de 15 (quinze) dias;

Código de Processo Civil

III – intimará o Ministério Público para, querendo, manifestar-se no prazo de 15 (quinze) dias.

§ 1º A suspensão será comunicada aos órgãos jurisdicionais competentes.

§ 2º Durante a suspensão, o pedido de tutela de urgência deverá ser dirigido ao juízo onde tramita o processo suspenso.

§ 3º Visando à garantia da segurança jurídica, qualquer legitimado mencionado no art. 977, incisos II e III, poderá requerer, ao tribunal competente para conhecer do recurso extraordinário ou especial, a suspensão de todos os processos individuais ou coletivos em curso no território nacional que versem sobre a questão objeto do incidente já instaurado.

§ 4º Independentemente dos limites da competência territorial, a parte no processo em curso no qual se discuta a mesma questão objeto do incidente é legitimada para requerer a providência prevista no § 3º deste artigo.

§ 5º Cessa a suspensão a que se refere o inciso I do *caput* deste artigo se não for interposto recurso especial ou recurso extraordinário contra a decisão proferida no incidente.

Art. 983. O relator ouvirá as partes e os demais interessados, inclusive pessoas, órgãos e entidades com interesse na controvérsia, que, no prazo comum de 15 (quinze) dias, poderão requerer a juntada de documentos, bem como as diligências necessárias para a elucidação da questão de direito controvertida, e, em seguida, manifestar-se-á o Ministério Público, no mesmo prazo.

• Sem correspondência no CPC/1973.

§ 1º Para instruir o incidente, o relator poderá designar data para, em audiência pública, ouvir depoimentos de pessoas com experiência e conhecimento na matéria.

§ 2º Concluídas as diligências, o relator solicitará dia para o julgamento do incidente.

Art. 984. No julgamento do incidente, observar-se-á a seguinte ordem:

• Sem correspondência no CPC/1973.

I – o relator fará a exposição do objeto do incidente;

II – poderão sustentar suas razões, sucessivamente:

a) o autor e o réu do processo originário e o Ministério Público, pelo prazo de 30 (trinta) minutos;

b) os demais interessados, no prazo de 30 (trinta) minutos, divididos entre todos, sendo exigida inscrição com 2 (dois) dias de antecedência.

§ 1º Considerando o número de inscritos, o prazo poderá ser ampliado.

§ 2º O conteúdo do acórdão abrangerá a análise de todos os fundamentos suscitados concernentes à tese jurídica discutida, sejam favoráveis ou contrários.

Art. 985. Julgado o incidente, a tese jurídica será aplicada:

• Sem correspondência no CPC/1973.

I – a todos os processos individuais ou coletivos que versem sobre idêntica questão de direito e que tramitem na área de jurisdição do respectivo tribunal, inclusive àqueles que tramitem nos juizados especiais do respectivo Estado ou região;

II – aos casos futuros que versem idêntica questão de direito e que venham a tramitar no território de competência do tribunal, salvo revisão na forma do art. 986.

§ 1º Não observada a tese adotada no incidente, caberá reclamação.

§ 2º Se o incidente tiver por objeto questão relativa a prestação de serviço concedido, permitido ou autorizado, o resultado do julgamento será comunicado ao órgão, ao ente ou à agência reguladora competente para fiscalização da efetiva aplicação, por parte dos entes sujeitos a regulação, da tese adotada.

Art. 986. A revisão da tese jurídica firmada no incidente far-se-á pelo mesmo tribunal, de ofício ou mediante requerimento dos legitimados mencionados no art. 977, inciso III.

• Sem correspondência no CPC/1973.

Art. 987. Do julgamento do mérito do incidente caberá recurso extraordinário ou especial, conforme o caso.

• Sem correspondência no CPC/1973.

§ 1º O recurso tem efeito suspensivo, presumindo-se a repercussão geral de questão constitucional eventualmente discutida.

§ 2º Apreciado o mérito do recurso, a tese jurídica adotada pelo Supremo Tribunal Federal ou pelo Superior Tribunal de Justiça será aplicada no território nacional a todos os processos individuais ou coletivos que versem sobre idêntica questão de direito.

Capítulo IX
DA RECLAMAÇÃO

Art. 988. Caberá reclamação da parte interessada ou do Ministério Público para:

- Sem correspondência no CPC/1973.
- V. arts. 156 a 162, RISTF.

I – preservar a competência do tribunal;
II – garantir a autoridade das decisões do tribunal;
III – garantir a observância de enunciado de súmula vinculante e de decisão do Supremo Tribunal Federal em controle concentrado de constitucionalidade;

- Inciso III com redação determinada pela Lei 13.256/2016.

IV – garantir a observância de acórdão proferido em julgamento de incidente de resolução de demandas repetitivas ou de incidente de assunção de competência.

- Inciso IV com redação determinada pela Lei 13.256/2016.

§ 1º A reclamação pode ser proposta perante qualquer tribunal, e seu julgamento compete ao órgão jurisdicional cuja competência se busca preservar ou cuja autoridade se pretenda garantir.

§ 2º A reclamação deverá ser instruída com prova documental e dirigida ao presidente do tribunal.

§ 3º Assim que recebida, a reclamação será autuada e distribuída ao relator do processo principal, sempre que possível.

§ 4º As hipóteses dos incisos III e IV compreendem a aplicação indevida da tese jurídica e sua não aplicação aos casos que a ela correspondam.

§ 5º É inadmissível a reclamação:

- § 5º com redação determinada pela Lei 13.256/2016.

I – proposta após o trânsito em julgado da decisão reclamada;
II – proposta para garantir a observância de acórdão de recurso extraordinário com repercussão geral reconhecida ou de acórdão proferido em julgamento de recursos extraordinário ou especial repetitivos, quando não esgotadas as instâncias ordinárias.

§ 6º A inadmissibilidade ou o julgamento do recurso interposto contra a decisão proferida pelo órgão reclamado não prejudica a reclamação.

Art. 989. Ao despachar a reclamação, o relator:

- Sem correspondência no CPC/1973.

I – requisitará informações da autoridade a quem for imputada a prática do ato impugnado, que as prestará no prazo de 10 (dez) dias;
II – se necessário, ordenará a suspensão do processo ou do ato impugnado para evitar dano irreparável;
III – determinará a citação do beneficiário da decisão impugnada, que terá prazo de 15 (quinze) dias para apresentar a sua contestação.

Art. 990. Qualquer interessado poderá impugnar o pedido do reclamante.

- Sem correspondência no CPC/1973.

Art. 991. Na reclamação que não houver formulado, o Ministério Público terá vista do processo por 5 (cinco) dias, após o decurso do prazo para informações e para o oferecimento da contestação pelo beneficiário do ato impugnado.

- Sem correspondência no CPC/1973.

Art. 992. Julgando procedente a reclamação, o tribunal cassará a decisão exorbitante de seu julgado ou determinará medida adequada à solução da controvérsia.

- Sem correspondência no CPC/1973.

Art. 993. O presidente do tribunal determinará o imediato cumprimento da decisão, lavrando-se o acórdão posteriormente.

- Sem correspondência no CPC/1973.

CÓDIGO DE PROCESSO CIVIL

TÍTULO II
DOS RECURSOS

Capítulo I
DISPOSIÇÕES GERAIS

Art. 994. São cabíveis os seguintes recursos:

- Correspondência: art. 496, *caput*, CPC/1973.
- V. art. 5º, LV, CF.

I – apelação;
- Correspondência: art. 496, I, CPC/1973.
- V. arts. 1.009 a 1.044, CPC/2015.

II – agravo de instrumento;
- Correspondência: art. 496, II, CPC/1973.

III – agravo interno;
- Sem correspondência no CPC/1973.

IV – embargos de declaração;
- Correspondência: art. 496, IV, CPC/1973.
- V. art. 1.003, § 5º, CPC/2015.

V – recurso ordinário;
- Correspondência: art. 496, V, CPC/1973.

VI – recurso especial;
- Correspondência: art. 496, VI, CPC/1973.

VII – recurso extraordinário;
- Correspondência: art. 496, VII, CPC/1973.

VIII – agravo em recurso especial ou extraordinário;
- Sem correspondência no CPC/1973.

IX – embargos de divergência.
- Correspondência: art. 496, VIII, CPC/1973.
- V. Súmulas 315 e 316, STJ.

Art. 995. Os recursos não impedem a eficácia da decisão, salvo disposição legal ou decisão judicial em sentido diverso.

- Correspondência: arts. 497, 520, *caput*, 542, § 2º e 558, *caput*, CPC/1973.
- V. arts. 1.026, *caput*, e 1.029, § 5º, CPC/2015.

Parágrafo único. A eficácia da decisão recorrida poderá ser suspensa por decisão do relator, se da imediata produção de seus efeitos houver risco de dano grave, de difícil ou impossível reparação, e ficar demonstrada a probabilidade de provimento do recurso.

- Correspondência: arts. 497, 520, *caput*, 542, § 2º e 558, *caput*, CPC/1973.
- V. arts. 987, § 1º, 989, II, 1.012, 1.019, I, CPC/2015.
- V. art. 14, Lei 7.347/1985 (Ação civil pública).

Art. 996. O recurso pode ser interposto pela parte vencida, pelo terceiro prejudicado e pelo Ministério Público, como parte ou como fiscal da ordem jurídica.

- Correspondência: art. 499, *caput*, CPC/1973.
- V. arts. 178, 682 e 967, CPC/2015.

Parágrafo único. Cumpre ao terceiro demonstrar a possibilidade de a decisão sobre a relação jurídica submetida à apreciação judicial atingir direito de que se afirme titular ou que possa discutir em juízo como substituto processual.

- Correspondência: art. 499, § 1º, CPC/1973.

Art. 997. Cada parte interporá o recurso independentemente, no prazo e com observância das exigências legais.

- Correspondência: art. 500, CPC/1973.

§ 1º Sendo vencidos autor e réu, ao recurso interposto por qualquer deles poderá aderir o outro.

§ 2º O recurso adesivo fica subordinado ao recurso independente, sendo-lhe aplicáveis as mesmas regras deste quanto aos requisitos de admissibilidade e julgamento no tribunal, salvo disposição legal diversa, observado, ainda, o seguinte:

I – será dirigido ao órgão perante o qual o recurso independente fora interposto, no prazo de que a parte dispõe para responder;

II – será admissível na apelação, no recurso extraordinário e no recurso especial;

III – não será conhecido, se houver desistência do recurso principal ou se for ele considerado inadmissível.

Art. 998. O recorrente poderá, a qualquer tempo, sem a anuência do recorrido ou dos litisconsortes, desistir do recurso.

- Correspondência: art. 501, CPC/1973.

Parágrafo único. A desistência do recurso não impede a análise de questão cuja repercussão geral já tenha sido reconhecida e daquela objeto de julgamento de recursos extraordinários ou especiais repetitivos.

- Sem correspondência no CPC/1973.

Art. 999. A renúncia ao direito de recorrer independe da aceitação da outra parte.

- Correspondência: art. 502, CPC/1973.
- V. art. 200, CPC/2015.

Art. 1.000

Art. 1.000. A parte que aceitar expressa ou tacitamente a decisão não poderá recorrer.

- Correspondência: art. 503, *caput*, CPC/1973.

Parágrafo único. Considera-se aceitação tácita a prática, sem nenhuma reserva, de ato incompatível com a vontade de recorrer.

- Correspondência: art. 503, parágrafo único, CPC/1973.

Art. 1.001. Dos despachos não cabe recurso.

- Correspondência: art. 504, CPC/1973.

Art. 1.002. A decisão pode ser impugnada no todo ou em parte.

- Correspondência: art. 505, CPC/1973.
- V. art. 1.013, § 1º, CPC/2015.

Art. 1.003. O prazo para interposição de recurso conta-se da data em que os advogados, a sociedade de advogados, a Advocacia Pública, a Defensoria Pública ou o Ministério Público são intimados da decisão.

- Correspondência: art. 242, *caput*, CPC/1973.
- V. arts. 183, 215, 216, 220 a 222, 225, 229, 231, 236 e 242, CPC/2015.
- V. Súmula 25, STJ.

§ 1º Os sujeitos previstos no *caput* considerar-se-ão intimados em audiência quando nesta for proferida a decisão.

- Correspondência: art. 242, § 1º, CPC/1973.

§ 2º Aplica-se o disposto no art. 231, incisos I a VI, ao prazo de interposição de recurso pelo réu contra decisão proferida anteriormente à citação.

- Sem correspondência no CPC/1973.

§ 3º No prazo para interposição de recurso, a petição será protocolada em cartório ou conforme as normas de organização judiciária, ressalvado o disposto em regra especial.

- Correspondência: art. 506, parágrafo único, CPC/1973.

§ 4º Para aferição da tempestividade do recurso remetido pelo correio, será considerada como data de interposição a data de postagem.

- Sem correspondência no CPC/1973.

§ 5º Excetuados os embargos de declaração, o prazo para interpor os recursos e para responder-lhes é de 15 (quinze) dias.

- Correspondência: art. 508, CPC/1973.

§ 6º O recorrente comprovará a ocorrência de feriado local no ato de interposição do recurso.

- Sem correspondência no CPC/1973.

Art. 1.004. Se, durante o prazo para a interposição do recurso, sobrevier o falecimento da parte ou de seu advogado ou ocorrer motivo de força maior que suspenda o curso do processo, será tal prazo restituído em proveito da parte, do herdeiro ou do sucessor, contra quem começará a correr novamente depois da intimação.

- Correspondência: art. 507, CPC/1973.
- V. arts. 110, 222, 313, I e VI, e 687, CPC/2015.

Art. 1.005. O recurso interposto por um dos litisconsortes a todos aproveita, salvo se distintos ou opostos os seus interesses.

- Correspondência: art. 509, *caput*, CPC/1973.
- V. arts. 117 e 998, CPC/2015.

Parágrafo único. Havendo solidariedade passiva, o recurso interposto por um devedor aproveitará aos outros quando as defesas opostas ao credor lhes forem comuns.

- Correspondência: art. 509, parágrafo único, CPC/1973.
- V. arts. 275 a 285, CC.

Art. 1.006. Certificado o trânsito em julgado, com menção expressa da data de sua ocorrência, o escrivão ou o chefe de secretaria, independentemente de despacho, providenciará a baixa dos autos ao juízo de origem, no prazo de 5 (cinco) dias.

- Correspondência: art. 510, CPC/1973.

Art. 1.007. No ato de interposição do recurso, o recorrente comprovará, quando exigido pela legislação pertinente, o respectivo preparo, inclusive porte de remessa e de retorno, sob pena de deserção.

- Correspondência: art. 511, *caput*, CPC/1973.

§ 1º São dispensados de preparo, inclusive porte de remessa e de retorno, os recursos interpostos pelo Ministério Público, pela União, pelo Distrito Federal, pelos Estados, pelos Municípios, e respectivas autarquias, e pelos que gozam de isenção legal.

Código de Processo Civil

• Correspondência: art. 511, § 1º, CPC/1973.

§ 2º A insuficiência no valor do preparo, inclusive porte de remessa e de retorno, implicará deserção se o recorrente, intimado na pessoa de seu advogado, não vier a supri-lo no prazo de 5 (cinco) dias.

• Correspondência: art. 511, § 2º, CPC/1973.

§ 3º É dispensado o recolhimento do porte de remessa e de retorno no processo em autos eletrônicos.

• Sem correspondência no CPC/1973.

§ 4º O recorrente que não comprovar, no ato de interposição do recurso, o recolhimento do preparo, inclusive porte de remessa e de retorno, será intimado, na pessoa de seu advogado, para realizar o recolhimento em dobro, sob pena de deserção.

• Sem correspondência no CPC/1973.

§ 5º É vedada a complementação se houver insuficiência parcial do preparo, inclusive porte de remessa e de retorno, no recolhimento realizado na forma do § 4º.

• Sem correspondência no CPC/1973.

§ 6º Provando o recorrente justo impedimento, o relator relevará a pena de deserção, por decisão irrecorrível, fixando-lhe prazo de 5 (cinco) dias para efetuar o preparo.

• Correspondência: art. 519, CPC/1973.
•• V. Súmula 484, STJ.

§ 7º O equívoco no preenchimento da guia de custas não implicará a aplicação da pena de deserção, cabendo ao relator, na hipótese de dúvida quanto ao recolhimento, intimar o recorrente para sanar o vício no prazo de 5 (cinco) dias.

• Sem correspondência no CPC/1973.

Art. 1.008. O julgamento proferido pelo tribunal substituirá a decisão impugnada no que tiver sido objeto de recurso.

• Correspondência: art. 512, CPC/1973.

Capítulo II
DA APELAÇÃO

Art. 1.009. Da sentença cabe apelação.

• Correspondência: art. 513, CPC/1973.
•• V. arts. 203, § 1º, 331, 332, § 3º, 485, 487, 490, 920, III, 937, I, e 1.003, § 5º, CPC/2015.
•• V. art. 198, VII, Lei 8.069/1990 (Estatuto da Criança e do Adolescente).

•• V. art. 100, Lei 11.101/2005 (Lei de Recuperação de Empresas e Falência).
•• V. art. 14, Lei 12.016/2009 (Nova Lei do Mandado de Segurança).

§ 1º As questões resolvidas na fase de conhecimento, se a decisão a seu respeito não comportar agravo de instrumento, não são cobertas pela preclusão e devem ser suscitadas em preliminar de apelação, eventualmente interposta contra a decisão final, ou nas contrarrazões.

• Sem correspondência no CPC/1973.
•• V. art. 1.015, CPC/2015.

§ 2º Se as questões referidas no § 1º forem suscitadas em contrarrazões, o recorrente será intimado para, em 15 (quinze) dias, manifestar-se a respeito delas.

• Sem correspondência no CPC/1973.

§ 3º O disposto no *caput* deste artigo aplica-se mesmo quando as questões mencionadas no art. 1.015 integrarem capítulo da sentença.

• Sem correspondência no CPC/1973.

Art. 1.010. A apelação, interposta por petição dirigida ao juízo de primeiro grau, conterá:

• Correspondência: art. 514, *caput*, CPC/1973.

I – os nomes e a qualificação das partes;

• Correspondência: art. 514, I, CPC/1973.

II – a exposição do fato e do direito;

• Correspondência: art. 514, II, CPC/1973.

III – as razões do pedido de reforma ou de decretação de nulidade;

• Sem correspondência no CPC/1973.

IV – o pedido de nova decisão.

• Correspondência: art. 514, III, CPC/1973.

§ 1º O apelado será intimado para apresentar contrarrazões no prazo de 15 (quinze) dias.

• Correspondência: art. 518, *caput*, CPC/1973.

§ 2º Se o apelado interpuser apelação adesiva, o juiz intimará o apelante para apresentar contrarrazões.

• Sem correspondência no CPC/1973.

§ 3º Após as formalidades previstas nos §§ 1º e 2º, os autos serão remetidos ao tribunal pelo juiz, independentemente de juízo de admissibilidade.

• Correspondência: art. 518, § 2º, CPC/1973.

Art. 1.011

Art. 1.011. Recebido o recurso de apelação no tribunal e distribuído imediatamente, o relator:

• Sem correspondência no CPC/1973.

I – decidi-lo-á monocraticamente apenas nas hipóteses do art. 932, incisos III a V;

II – se não for o caso de decisão monocrática, elaborará seu voto para julgamento do recurso pelo órgão colegiado.

Art. 1.012. A apelação terá efeito suspensivo.

• Correspondência: art. 518, § 2º, CPC/1973.

§ 1º Além de outras hipóteses previstas em lei, começa a produzir efeitos imediatamente após a sua publicação a sentença que:

• Correspondência: art. 520, *caput*, CPC/1973.
•• V. art. 3º, § 5º, Dec.-lei 911/1969 (Alienação fiduciária).
•• V. art. 90, Lei 11.101/2005 (Lei de Recuperação de Empresas e Falência).

I – homologa divisão ou demarcação de terras;

• Correspondência: art. 520, I, CPC/1973.

II – condena a pagar alimentos;

• Correspondência: art. 520, II, CPC/1973.

III – extingue sem resolução do mérito ou julga improcedentes os embargos do executado;

• Correspondência: art. 520, V, CPC/1973.
•• V. arts. 918 e 920, III, CPC/2015.

IV – julga procedente o pedido de instituição de arbitragem;

• Correspondência: art. 520, VI, CPC/1973.
•• V. Lei 9.307/1996 (Lei de Arbitragem).

V – confirma, concede ou revoga tutela provisória;

• Correspondência: art. 520, VII, CPC/1973.
•• V. art. 294, CPC/2015.

VI – decreta a interdição.

• Sem correspondência no CPC/1973.
•• V. arts. 754 e 755, CPC/2015.

§ 2º Nos casos do § 1º, o apelado poderá promover o pedido de cumprimento provisório depois de publicada a sentença.

• Correspondência: art. 521, CPC/1973.
•• V. art. 520, CPC/2015.

§ 3º O pedido de concessão de efeito suspensivo nas hipóteses do § 1º poderá ser formulado por requerimento dirigido ao:

• Sem correspondência no CPC/1973.

I – tribunal, no período compreendido entre a interposição da apelação e sua distribuição, ficando o relator designado para seu exame prevento para julgá-la;

• Sem correspondência no CPC/1973.

II – relator, se já distribuída a apelação.

• Sem correspondência no CPC/1973.

§ 4º Nas hipóteses do § 1º, a eficácia da sentença poderá ser suspensa pelo relator se o apelante demonstrar a probabilidade de provimento do recurso ou se, sendo relevante a fundamentação, houver risco de dano grave ou de difícil reparação.

• Sem correspondência no CPC/1973.

Art. 1.013. A apelação devolverá ao tribunal o conhecimento da matéria impugnada.

• Correspondência: art. 515, *caput*, CPC/1973.
•• V. arts. 141 e 492, CPC/2015.

§ 1º Serão, porém, objeto de apreciação e julgamento pelo tribunal todas as questões suscitadas e discutidas no processo, ainda que não tenham sido solucionadas, desde que relativas ao capítulo impugnado.

• Correspondência: art. 515, § 1º, CPC/1973.

§ 2º Quando o pedido ou a defesa tiver mais de um fundamento e o juiz acolher apenas um deles, a apelação devolverá ao tribunal o conhecimento dos demais.

• Correspondência: art. 515, § 2º, CPC/1973.

§ 3º Se o processo estiver em condições de imediato julgamento, o tribunal deve decidir desde logo o mérito quando:

• Correspondência: art. 515, § 3º, CPC/1973.

I – reformar sentença fundada no art. 485;

• Sem correspondência no CPC/1973.

II – decretar a nulidade da sentença por não ser ela congruente com os limites do pedido ou da causa de pedir;

• Sem correspondência no CPC/1973.

III – constatar a omissão no exame de um dos pedidos, hipótese em que poderá julgá-lo;

• Sem correspondência no CPC/1973.

IV – decretar a nulidade de sentença por falta de fundamentação.

• Sem correspondência no CPC/1973.

Art. 1.016

CÓDIGO DE PROCESSO CIVIL

§ 4º Quando reformar sentença que reconheça a decadência ou a prescrição, o tribunal, se possível, julgará o mérito, examinando as demais questões, sem determinar o retorno do processo ao juízo de primeiro grau.

• Sem correspondência no CPC/1973.

§ 5º O capítulo da sentença que confirma, concede ou revoga a tutela provisória é impugnável na apelação.

• Sem correspondência no CPC/1973.
• V. art. 1.012, § 1º, V, CPC/2015.

Art. 1.014. As questões de fato não propostas no juízo inferior poderão ser suscitadas na apelação, se a parte provar que deixou de fazê-lo por motivo de força maior.

• Correspondência: art. 517, CPC/1973.

Capítulo III
DO AGRAVO DE INSTRUMENTO

Art. 1.015. Cabe agravo de instrumento contra as decisões interlocutórias que versarem sobre:

• Correspondência: art. 522, CPC/1973.
•• V. art. 203, § 2º, CPC/2015.

I – tutelas provisórias;

• Sem correspondência no CPC/1973.
•• V. art. 294, CPC/2015.

II – mérito do processo;

• Sem correspondência no CPC/1973.
•• V. art. 356, § 5º, CPC/2015.

III – rejeição da alegação de convenção de arbitragem;

• Sem correspondência no CPC/1973.
•• V. art. 337, X e § 6º, CPC/2015.
•• V. Lei 9.307/1996 (Lei de Arbitragem).

IV – incidente de desconsideração da personalidade jurídica;

• Sem correspondência no CPC/1973.
•• V. arts. 133 a 137, CPC/2015.

V – rejeição do pedido de gratuidade da justiça ou acolhimento do pedido de sua revogação;

• Sem correspondência no CPC/1973.
•• V. arts. 98 a 102 e 337, XIII, CPC/2015.

VI – exibição ou posse de documento ou coisa;

• Sem correspondência no CPC/1973.

•• V. arts. 396 a 404, CPC/2015.

VII – exclusão de litisconsorte;

• Sem correspondência no CPC/1973.

VIII – rejeição do pedido de limitação do litisconsórcio;

• Sem correspondência no CPC/1973.
•• V. art. 113,I, CPC/2015.

IX – admissão ou inadmissão de intervenção de terceiros;

• Sem correspondência no CPC/1973.

X – concessão, modificação ou revogação do efeito suspensivo aos embargos à execução;

• Sem correspondência no CPC/1973.
•• V. art. 919, § 1º, CPC/2015.

XI – redistribuição do ônus da prova nos termos do art. 373, § 1º;

• Sem correspondência no CPC/1973.
•• V. art. 373, §§ 1º e 3º, CPC/2015.

XII – *(Vetado.)*

XIII – outros casos expressamente referidos em lei.

• Sem correspondência no CPC/1973.
•• V. art. 354, p.u., CPC/2015.
•• V. art. 100, Lei 11.101/2005 (Lei de Recuperação de Empresas e Falência).
•• V. art. 7º, § 1º, Lei 12.016/2009 (Nova Lei do Mandado de Segurança).

Parágrafo único. Também caberá agravo de instrumento contra decisões interlocutórias proferidas na fase de liquidação de sentença ou de cumprimento de sentença, no processo de execução e no processo de inventário.

• Sem correspondência no CPC/1973.
•• V. arts. 509 e 610, CPC/2015.

Art. 1.016. O agravo de instrumento será dirigido diretamente ao tribunal competente, por meio de petição com os seguintes requisitos:

• Correspondência: art. 524, *caput*, CPC/1973.
•• V. art. 1.003, § 3º, CPC/2015.

I – os nomes das partes;

• Sem correspondência no CPC/1973.

II – a exposição do fato e do direito;

• Correspondência: art. 524, I, CPC/1973.

III – as razões do pedido de reforma ou de invalidação da decisão e o próprio pedido;

• Correspondência: art. 524, II, CPC/1973.

Art. 1.017

IV – o nome e o endereço completo dos advogados constantes do processo.

• Correspondência: art. 524, III, CPC/1973.

Art. 1.017. A petição de agravo de instrumento será instruída:

• Correspondência: art. 525, *caput*, CPC/1973.

I – obrigatoriamente, com cópias da petição inicial, da contestação, da petição que ensejou a decisão agravada, da própria decisão agravada, da certidão da respectiva intimação ou outro documento oficial que comprove a tempestividade e das procurações outorgadas aos advogados do agravante e do agravado;

• Correspondência: art. 525, I, CPC/1973.

II – com declaração de inexistência de qualquer dos documentos referidos no inciso I, feita pelo advogado do agravante, sob pena de sua responsabilidade pessoal;

• Sem correspondência no CPC/1973.

III – facultativamente, com outras peças que o agravante reputar úteis.

• Correspondência: art. 525, II, CPC/1973.

§ 1º Acompanhará a petição o comprovante do pagamento das respectivas custas e do porte de retorno, quando devidos, conforme tabela publicada pelos tribunais.

• Correspondência: art. 525, § 1º, CPC/1973.
•• V. art. 1.007, CPC/2015.

§ 2º No prazo do recurso, o agravo será interposto por:

• Correspondência: art. 525, § 2º, CPC/1973.
•• V. art. 1.003, § 3º, CPC/2015.

I – protocolo realizado diretamente no tribunal competente para julgá-lo;

II – protocolo realizado na própria comarca, seção ou subseção judiciárias;

III – postagem, sob registro, com aviso de recebimento;

IV – transmissão de dados tipo fac-símile, nos termos da lei;

V – outra forma prevista em lei.

§ 3º Na falta da cópia de qualquer peça ou no caso de algum outro vício que comprometa a admissibilidade do agravo de instrumento, deve o relator aplicar o disposto no art. 932, parágrafo único.

• Sem correspondência no CPC/1973.

§ 4º Se o recurso for interposto por sistema de transmissão de dados tipo fac-símile ou similar, as peças devem ser juntadas no momento de protocolo da petição original.

• Sem correspondência no CPC/1973.

§ 5º Sendo eletrônicos os autos do processo, dispensam-se as peças referidas nos incisos I e II do *caput*, facultando-se ao agravante anexar outros documentos que entender úteis para a compreensão da controvérsia.

• Sem correspondência no CPC/1973.

Art. 1.018. O agravante poderá requerer a juntada, aos autos do processo, de cópia da petição do agravo de instrumento, do comprovante de sua interposição e da relação dos documentos que instruíram o recurso.

• Correspondência: art. 526, *caput*, CPC/1973.
•• V. art. 201, CPC/2015.

§ 1º Se o juiz comunicar que reformou inteiramente a decisão, o relator considerará prejudicado o agravo de instrumento.

• Correspondência: art. 529, CPC/1973.

§ 2º Não sendo eletrônicos os autos, o agravante tomará a providência prevista no *caput*, no prazo de 3 (três) dias a contar da interposição do agravo de instrumento.

• Correspondência: art. 526, parágrafo único, CPC/1973.

§ 3º O descumprimento da exigência de que trata o § 2º, desde que arguido e provado pelo agravado, importa inadmissibilidade do agravo de instrumento.

• Correspondência: art. 526, parágrafo único, CPC/1973.

Art. 1.019. Recebido o agravo de instrumento no tribunal e distribuído imediatamente, se não for o caso de aplicação do art. 932, incisos III e IV, o relator, no prazo de 5 (cinco) dias:

• Correspondência: art. 527, *caput*, CPC/1973.

I – poderá atribuir efeito suspensivo ao recurso ou deferir, em antecipação de tutela, total ou parcialmente, a pretensão recursal, comunicando ao juiz sua decisão;

• Correspondência: art. 527, III, CPC/1973.
•• V. art. 1.021, CPC/2015.
•• V. art. 19, Lei 5.478/1968 (Lei de Alimentos).
•• V. art. 14, Lei 7.347/1985 (Ação civil pública).

II – ordenará a intimação do agravado pessoalmente, por carta com aviso de recebimento, quando não tiver procurador constituído, ou pelo Diário da Justiça ou por carta com aviso de recebimento dirigida ao seu advogado, para que responda no prazo de 15 (quinze) dias, facultando-lhe juntar a documentação que entender necessária ao julgamento do recurso;

• Correspondência: art. 527, V, CPC/1973.

III – determinará a intimação do Ministério Público, preferencialmente por meio eletrônico, quando for o caso de sua intervenção, para que se manifeste no prazo de 15 (quinze) dias.

• Correspondência: art. 527, VI, CPC/1973.
•• V. art. 176, CPC/2015.

Art. 1.020. O relator solicitará dia para julgamento em prazo não superior a 1 (um) mês da intimação do agravado.

• Correspondência: art. 528, CPC/1973.

Capítulo IV
DO AGRAVO INTERNO

Art. 1.021. Contra decisão proferida pelo relator caberá agravo interno para o respectivo órgão colegiado, observadas, quanto ao processamento, as regras do regimento interno do tribunal.

• Correspondência: art. 545, CPC/1973.
• V. arts. 932, IV, e 937, CPC/2015.

§ 1º Na petição de agravo interno, o recorrente impugnará especificadamente os fundamentos da decisão agravada.

• Correspondência: art. 545, CPC/1973.

§ 2º O agravo será dirigido ao relator, que intimará o agravado para manifestar-se sobre o recurso no prazo de 15 (quinze) dias, ao final do qual, não havendo retratação, o relator levá-lo-á a julgamento pelo órgão colegiado, com inclusão em pauta.

• Correspondência: art. 545, CPC/1973.

§ 3º É vedado ao relator limitar-se à reprodução dos fundamentos da decisão agravada para julgar improcedente o agravo interno.

• Correspondência: art. 545, CPC/1973.

§ 4º Quando o agravo interno for declarado manifestamente inadmissível ou improcedente em votação unânime, o órgão colegiado, em decisão fundamentada, condenará o agravante a pagar ao agravado multa fixada entre um e 5% (cinco por cento) do valor atualizado da causa.

• Correspondência: art. 557, § 2º, CPC/1973.

§ 5º A interposição de qualquer outro recurso está condicionada ao depósito prévio do valor da multa prevista no § 4º, à exceção da Fazenda Pública e do beneficiário de gratuidade da justiça, que farão o pagamento ao final.

• Correspondência: art. 557, § 2º, CPC/1973.

Capítulo V
DOS EMBARGOS DE DECLARAÇÃO

Art. 1.022. Cabem embargos de declaração contra qualquer decisão judicial para:

• Correspondência: art. 535, *caput*, CPC/1973.
• V. art. 494, II, CPC/2015.

I – esclarecer obscuridade ou eliminar contradição;

• Correspondência: art. 535, I, CPC/1973.

II – suprir omissão de ponto ou questão sobre o qual devia se pronunciar o juiz de ofício ou a requerimento;

• Correspondência: art. 535, II, CPC/1973.

III – corrigir erro material.

• Sem correspondência no CPC/1973.

Parágrafo único. Considera-se omissa a decisão que:

• Sem correspondência no CPC/1973.

I – deixe de se manifestar sobre tese firmada em julgamento de casos repetitivos ou em incidente de assunção de competência aplicável ao caso sob julgamento;

• Sem correspondência no CPC/1973.
•• V. arts. 332, II, 927, II, 955, p.u., II, 968, IV, e 1.036, CPC/2015.

II – incorra em qualquer das condutas descritas no art. 489, § 1º.

• Sem correspondência no CPC/1973.

Art. 1.023. Os embargos serão opostos, no prazo de 5 (cinco) dias, em petição dirigida ao juiz, com indicação do erro, obscuridade, contradição ou omissão, e não se sujeitam a preparo.

• Correspondência: art. 536, CPC/1973.

Art. 1.024

CÓDIGO DE PROCESSO CIVIL

§ 1º Aplica-se aos embargos de declaração o art. 229.

- Sem correspondência no CPC/1973.

§ 2º O juiz intimará o embargado para, querendo, manifestar-se, no prazo de 5 (cinco) dias, sobre os embargos opostos, caso seu eventual acolhimento implique a modificação da decisão embargada.

- Sem correspondência no CPC/1973.
- • V. art. 7º, CPC/2015.

Art. 1.024. O juiz julgará os embargos em 5 (cinco) dias.

- Correspondência: art. 537, CPC/1973.

§ 1º Nos tribunais, o relator apresentará os embargos em mesa na sessão subsequente, proferindo voto, e, não havendo julgamento nessa sessão, será o recurso incluído em pauta automaticamente.

- Correspondência: art. 537, CPC/1973.

§ 2º Quando os embargos de declaração forem opostos contra decisão de relator ou outra decisão unipessoal proferida em tribunal, o órgão prolator da decisão embargada decidi-los-á monocraticamente.

- Sem correspondência no CPC/1973.

§ 3º O órgão julgador conhecerá dos embargos de declaração como agravo interno se entender ser este o recurso cabível, desde que determine previamente a intimação do recorrente para, no prazo de 5 (cinco) dias, complementar as razões recursais, de modo a ajustá-las às exigências do art. 1.021, § 1º.

- Sem correspondência no CPC/1973.

§ 4º Caso o acolhimento dos embargos de declaração implique modificação da decisão embargada, o embargado que já tiver interposto outro recurso contra a decisão originária tem o direito de complementar ou alterar suas razões, nos exatos limites da modificação, no prazo de 15 (quinze) dias, contado da intimação da decisão dos embargos de declaração.

- Sem correspondência no CPC/1973.

§ 5º Se os embargos de declaração forem rejeitados ou não alterarem a conclusão do julgamento anterior, o recurso interposto pela outra parte antes da publicação do julgamento dos embargos de declaração será processado e julgado independentemente de ratificação.

- Sem correspondência no CPC/1973.
- • V. Súmula 418, STJ.

Art. 1.025. Consideram-se incluídos no acórdão os elementos que o embargante suscitou, para fins de pré-questionamento, ainda que os embargos de declaração sejam inadmitidos ou rejeitados, caso o tribunal superior considere existentes erro, omissão, contradição ou obscuridade.

- Sem correspondência no CPC/1973.
- V. Súmulas 282 e 356, STF.
- V. Súmulas 98, 211 e 320, STJ.

Art. 1.026. Os embargos de declaração não possuem efeito suspensivo e interrompem o prazo para a interposição de recurso.

- Correspondência: art. 538, *caput*, CPC/1973.
- V. arts. 220 e 313, CPC/2015.
- V. Súmula 418, STJ.
- • V. art. 50, Lei 9.099/1995 (Juizados Especiais Cíveis e Criminais).

§ 1º A eficácia da decisão monocrática ou colegiada poderá ser suspensa pelo respectivo juiz ou relator se demonstrada a probabilidade de provimento do recurso ou, sendo relevante a fundamentação, se houver risco de dano grave ou de difícil reparação.

- Sem correspondência no CPC/1973.

§ 2º Quando manifestamente protelatórios os embargos de declaração, o juiz ou o tribunal, em decisão fundamentada, condenará o embargante a pagar ao embargado multa não excedente a 2% (dois por cento) sobre o valor atualizado da causa.

- Correspondência: art. 538, parágrafo único, CPC/1973.
- • V. Súmula 98, STJ.

§ 3º Na reiteração de embargos de declaração manifestamente protelatórios, a multa será elevada a até 10% (dez por cento) sobre o valor atualizado da causa, e a interposição de qualquer recurso ficará condicionada ao depósito prévio do valor da multa, à exceção da Fazenda Pública e do beneficiário de gratuidade da justiça, que a recolherão ao final.

- Correspondência: art. 538, parágrafo único, CPC/1973.

§ 4º Não serão admitidos novos embargos de declaração se os 2 (dois) anteriores houverem sido considerados protelatórios.

- Sem correspondência no CPC/1973.

Capítulo VI
DOS RECURSOS PARA O SUPREMO TRIBUNAL FEDERAL E PARA O SUPERIOR TRIBUNAL DE JUSTIÇA

Seção I
Do recurso ordinário

Art. 1.027. Serão julgados em recurso ordinário:

- Correspondência: art. 539, *caput*, CPC/1973.
- V. art. 105, II, CF.

I – pelo Supremo Tribunal Federal, os mandados de segurança, os habeas data e os mandados de injunção decididos em única instância pelos tribunais superiores, quando denegatória a decisão;

- Correspondência: art. 539, I, CPC/1973.
- •• V. art. 102, II, *a*, CF.

II – pelo Superior Tribunal de Justiça:

- Correspondência: art. 539, II, CPC/1973.
- •• V. art. 105, II, CF.

a) os mandados de segurança decididos em única instância pelos tribunais regionais federais ou pelos tribunais de justiça dos Estados e do Distrito Federal e Territórios, quando denegatória a decisão;

- Correspondência: art. 539, II, *a*, CPC/1973.

b) os processos em que forem partes, de um lado, Estado estrangeiro ou organismo internacional e, de outro, Município ou pessoa residente ou domiciliada no País.

- Correspondência: art. 539, II, *b*, CPC/1973.

§ 1º Nos processos referidos no inciso II, alínea *b*, contra as decisões interlocutórias caberá agravo de instrumento dirigido ao Superior Tribunal de Justiça, nas hipóteses do art. 1.015.

- Correspondência: art. 539, parágrafo único, CPC/1973.

§ 2º Aplica-se ao recurso ordinário o disposto nos arts. 1.013, § 3º, e 1.029, § 5º.

- Sem correspondência no CPC/1973.

Art. 1.028. Ao recurso mencionado no art. 1.027, inciso II, alínea *b*, aplicam-se, quanto aos requisitos de admissibilidade e ao procedimento, as disposições relativas à apelação e o Regimento Interno do Superior Tribunal de Justiça.

- Correspondência: art. 540, CPC/1973.

§ 1º Na hipótese do art. 1.027, § 1º, aplicam-se as disposições relativas ao agravo de instrumento e o Regimento Interno do Superior Tribunal de Justiça.

- Sem correspondência no CPC/1973.

§ 2º O recurso previsto no art. 1.027, incisos I e II, alínea *a*, deve ser interposto perante o tribunal de origem, cabendo ao seu presidente ou vice-presidente determinar a intimação do recorrido para, em 15 (quinze) dias, apresentar as contrarrazões.

- Sem correspondência no CPC/1973.

§ 3º Findo o prazo referido no § 2º, os autos serão remetidos ao respectivo tribunal superior, independentemente de juízo de admissibilidade.

- Sem correspondência no CPC/1973.

Seção II
Do recurso extraordinário e do recurso especial

Subseção I
Disposições gerais

Art. 1.029. O recurso extraordinário e o recurso especial, nos casos previstos na Constituição Federal, serão interpostos perante o presidente ou o vice-presidente do tribunal recorrido, em petições distintas que conterão:

- Correspondência: art. 541, *caput*, CPC/1973.
- V. arts. 102, III, e 105, III, CF.
- V. Súmula 320, STJ.
- •• V. Súmulas 279, 282, 733 e 735, STF.
- •• V. Súmulas 7 e 211, STJ.

I – a exposição do fato e do direito;

- Correspondência: art. 541, I, CPC/1973.

II – a demonstração do cabimento do recurso interposto;

- Correspondência: art. 541, II, CPC/1973.

III – as razões do pedido de reforma ou de invalidação da decisão recorrida.

- Correspondência: art. 541, III, CPC/1973.

Art. 1.030

§ 1º Quando o recurso fundar-se em dissídio jurisprudencial, o recorrente fará a prova da divergência com a certidão, cópia ou citação do repositório de jurisprudência, oficial ou credenciado, inclusive em mídia eletrônica, em que houver sido publicado o acórdão divergente, ou ainda com a reprodução de julgado disponível na rede mundial de computadores, com indicação da respectiva fonte, devendo-se, em qualquer caso, mencionar as circunstâncias que identifiquem ou assemelhem os casos confrontados.

- Correspondência: art. 541, parágrafo único, CPC/1973.

§ 2º *(Revogado pela Lei 13.256/2016.)*

§ 3º O Supremo Tribunal Federal ou o Superior Tribunal de Justiça poderá desconsiderar vício formal de recurso tempestivo ou determinar sua correção, desde que não o repute grave.

- Sem correspondência no CPC/1973.

§ 4º Quando, por ocasião do processamento do incidente de resolução de demandas repetitivas, o presidente do Supremo Tribunal Federal ou do Superior Tribunal de Justiça receber requerimento de suspensão de processos em que se discuta questão federal constitucional ou infraconstitucional, poderá, considerando razões de segurança jurídica ou de excepcional interesse social, estender a suspensão a todo o território nacional, até ulterior decisão do recurso extraordinário ou do recurso especial a ser interposto.

- Sem correspondência no CPC/1973.

§ 5º O pedido de concessão de efeito suspensivo a recurso extraordinário ou a recurso especial poderá ser formulado por requerimento dirigido:

- Correspondência: art. 542, § 2º, CPC/1973.

I – ao tribunal superior respectivo, no período compreendido entre a publicação da decisão de admissão do recurso e sua distribuição, ficando o relator designado para seu exame prevento para julgá-lo;

- Inciso I com redação determinada pela Lei 13.256/2016.
- Sem correspondência no CPC/1973.

II – ao relator, se já distribuído o recurso;

- Sem correspondência no CPC/1973.

III – ao presidente ou ao vice-presidente do tribunal recorrido, no período compreendido entre a interposição do recurso e a publicação da decisão de admissão do recurso, assim como no caso de o recurso ter sido sobrestado, nos termos do art. 1.037.

- Inciso III com redação determinada pela Lei 13.256/2016.
- Sem correspondência no CPC/1973.

Art. 1.030. Recebida a petição do recurso pela secretaria do tribunal, o recorrido será intimado para apresentar contrarrazões no prazo de 15 (quinze) dias, findo o qual os autos serão conclusos ao presidente ou ao vice-presidente do tribunal recorrido, que deverá:

- Artigo com redação determinada pela Lei 13.256/2016.
- Correspondência: art. 542, § 1º, CPC/1973.

I – negar seguimento:

a) a recurso extraordinário que discuta questão constitucional à qual o Supremo Tribunal Federal não tenha reconhecido a existência de repercussão geral ou a recurso extraordinário interposto contra acórdão que esteja em conformidade com entendimento do Supremo Tribunal Federal exarado no regime de repercussão geral;

- Correspondência: art. 543-A, *caput*, CPC/1973.

b) a recurso extraordinário ou a recurso especial interposto contra acórdão que esteja em conformidade com entendimento do Supremo Tribunal Federal ou do Superior Tribunal de Justiça, respectivamente, exarado no regime de julgamento de recursos repetitivos;

- Sem correspondência no CPC/1973.

II – encaminhar o processo ao órgão julgador para realização do juízo de retratação, se o acórdão recorrido divergir do entendimento do Supremo Tribunal Federal ou do Superior Tribunal de Justiça exarado, conforme o caso, nos regimes de repercussão geral ou de recursos repetitivos;

- Correspondência: art. 543-B, § 3º, CPC/1973.

III – sobrestar o recurso que versar sobre controvérsia de caráter repetitivo ainda não decidida pelo Supremo Tribunal Federal ou pelo Superior Tribunal de Justiça, conforme se trate de matéria constitucional ou infraconstitucional;

- Sem correspondência no CPC/1973.

IV – selecionar o recurso como representativo de controvérsia constitucional ou infraconstitucional, nos termos do § 6º do art. 1.036;

- Correspondência: art. 543-C, § 1º, CPC/1973.

V – realizar o juízo de admissibilidade e, se positivo, remeter o feito ao Supremo Tribunal Federal ou ao Superior Tribunal de Justiça, desde que:

• Correspondência: art. 543, *caput*, CPC/1973.

a) o recurso ainda não tenha sido submetido ao regime de repercussão geral ou de julgamento de recursos repetitivos;
b) o recurso tenha sido selecionado como representativo da controvérsia; ou
c) o tribunal recorrido tenha refutado o juízo de retratação.

§ 1º Da decisão de inadmissibilidade proferida com fundamento no inciso V caberá agravo ao tribunal superior, nos termos do art. 1.042.

• Sem correspondência no CPC/1973.

§ 2º Da decisão proferida com fundamento nos incisos I e III caberá agravo interno, nos termos do art. 1.021.

• Correspondência: art. 545, CPC/1973.

Art. 1.031. Na hipótese de interposição conjunta de recurso extraordinário e recurso especial, os autos serão remetidos ao Superior Tribunal de Justiça.

• Correspondência: art. 543, *caput*, CPC/1973.

§ 1º Concluído o julgamento do recurso especial, os autos serão remetidos ao Supremo Tribunal Federal para apreciação do recurso extraordinário, se este não estiver prejudicado.

• Correspondência: art. 543, § 1º, CPC/1973.

§ 2º Se o relator do recurso especial considerar prejudicial o recurso extraordinário, em decisão irrecorrível, sobrestará o julgamento e remeterá os autos ao Supremo Tribunal Federal.

• Correspondência: art. 543, § 2º, CPC/1973.

§ 3º Na hipótese do § 2º, se o relator do recurso extraordinário, em decisão irrecorrível, rejeitar a prejudicialidade, devolverá os autos ao Superior Tribunal de Justiça para o julgamento do recurso especial.

• Correspondência: art. 543, § 3º, CPC/1973.

Art. 1.032. Se o relator, no Superior Tribunal de Justiça, entender que o recurso especial versa sobre questão constitucional, deverá conceder prazo de 15 (quinze) dias para que o recorrente demonstre a existência de repercussão geral e se manifeste sobre a questão constitucional.

• Sem correspondência no CPC/1973.
• V. art. 102, § 3º, CF.

Parágrafo único. Cumprida a diligência de que trata o *caput*, o relator remeterá o recurso ao Supremo Tribunal Federal, que, em juízo de admissibilidade, poderá devolvê-lo ao Superior Tribunal de Justiça.

Art. 1.033. Se o Supremo Tribunal Federal considerar como reflexa a ofensa à Constituição afirmada no recurso extraordinário, por pressupor a revisão da interpretação de lei federal ou de tratado, remetê-lo-á ao Superior Tribunal de Justiça para julgamento como recurso especial.

• Sem correspondência no CPC/1973.

Art. 1.034. Admitido o recurso extraordinário ou o recurso especial, o Supremo Tribunal Federal ou o Superior Tribunal de Justiça julgará o processo, aplicando o direito.

• Sem correspondência no CPC/1973.
• V. Súmula 456, STF

Parágrafo único. Admitido o recurso extraordinário ou o recurso especial por um fundamento, devolve-se ao tribunal superior o conhecimento dos demais fundamentos para a solução do capítulo impugnado.

Art. 1.035. O Supremo Tribunal Federal, em decisão irrecorrível, não conhecerá do recurso extraordinário quando a questão constitucional nele versada não tiver repercussão geral, nos termos deste artigo.

• Correspondência: art. 543-A, *caput*, CPC/1973.
• V. arts. 321 a 329, RISTF.
** • V. art. 102, § 3º, CF.

§ 1º Para efeito de repercussão geral, será considerada a existência ou não de questões relevantes do ponto de vista econômico, político, social ou jurídico que ultrapassem os interesses subjetivos do processo.

• Correspondência: art. 543-A, § 1º, CPC/1973.

§ 2º O recorrente deverá demonstrar a existência de repercussão geral para apreciação exclusiva pelo Supremo Tribunal Federal.

• Correspondência: art. 543-A, § 2º, CPC/1973.

§ 3º Haverá repercussão geral sempre que o recurso impugnar acórdão que:

• Correspondência: art. 543-A, § 3º, CPC/1973.

Art. 1.036

CÓDIGO DE PROCESSO CIVIL

I – contrarie súmula ou jurisprudência dominante do Supremo Tribunal Federal;

- Correspondência: art. 543-A, § 3º, CPC/1973.

II – *(Revogado pela Lei 13.256/2016.)*

III – tenha reconhecido a inconstitucionalidade de tratado ou de lei federal, nos termos do art. 97 da Constituição Federal.

- Sem correspondência no CPC/1973.

§ 4º O relator poderá admitir, na análise da repercussão geral, a manifestação de terceiros, subscrita por procurador habilitado, nos termos do Regimento Interno do Supremo Tribunal Federal.

- Correspondência: art. 543-A, § 6º, CPC/1973.

§ 5º Reconhecida a repercussão geral, o relator no Supremo Tribunal Federal determinará a suspensão do processamento de todos os processos pendentes, individuais ou coletivos, que versem sobre a questão e tramitem no território nacional.

- Sem correspondência no CPC/1973.

§ 6º O interessado pode requerer, ao presidente ou ao vice-presidente do tribunal de origem, que exclua da decisão de sobrestamento e inadmita o recurso extraordinário que tenha sido interposto intempestivamente, tendo o recorrente o prazo de 5 (cinco) dias para manifestar-se sobre esse requerimento.

- Sem correspondência no CPC/1973.

§ 7º Da decisão que indeferir o requerimento referido no § 6º ou que aplicar entendimento firmado em regime de repercussão geral ou em julgamento de recursos repetitivos caberá agravo interno.

- § 7º com redação determinada pela Lei 13.256/2016.
- Sem correspondência no CPC/1973.

§ 8º Negada a repercussão geral, o presidente ou o vice-presidente do tribunal de origem negará seguimento aos recursos extraordinários sobrestados na origem que versem sobre matéria idêntica.

- Correspondência: art. 543-A, § 5º, CPC/1973.

§ 9º O recurso que tiver a repercussão geral reconhecida deverá ser julgado no prazo de 1 (um) ano e terá preferência sobre os demais feitos, ressalvados os que envolvam réu preso e os pedidos de *habeas corpus*.

- Sem correspondência no CPC/1973.

§ 10. *(Revogado pela Lei 13.256/2016.)*

§ 11. A súmula da decisão sobre a repercussão geral constará de ata, que será publicada no diário oficial e valerá como acórdão.

- Correspondência: art. 543-A, § 7º, CPC/1973.

Subseção II
Do julgamento dos recursos extraordinário e especial repetitivos

Art. 1.036. Sempre que houver multiplicidade de recursos extraordinários ou especiais com fundamento em idêntica questão de direito, haverá afetação para julgamento de acordo com as disposições desta Subseção, observado o disposto no Regimento Interno do Supremo Tribunal Federal e no do Superior Tribunal de Justiça.

- Correspondência: arts. 543-B, *caput*, e 543-C, *caput*, CPC/1973.
- V. art. 4º, Lei 11.418/2006, que determina que esta Lei se aplica aos recursos interpostos a partir do primeiro dia de sua vigência.
- V. Res. STJ 8/2008 (Procedimentos relativos ao processamento e julgamento de recursos especiais repetitivos).
- V. Provimento CFOAB 128/2008 (Parâmetros de atuação do Conselho Federal da OAB para manifestação em recursos especiais repetitivos – art. 543-C do CPC/1973).
- V. arts. 321 a 329, RISTF.

§ 1º O presidente ou o vice-presidente de tribunal de justiça ou de tribunal regional federal selecionará 2 (dois) ou mais recursos representativos da controvérsia, que serão encaminhados ao Supremo Tribunal Federal ou ao Superior Tribunal de Justiça para fins de afetação, determinando a suspensão do trâmite de todos os processos pendentes, individuais ou coletivos, que tramitem no Estado ou na região, conforme o caso.

- Correspondência: arts. 543-B, § 1º, e 543-C, § 1º, CPC/1973.

§ 2º O interessado pode requerer, ao presidente ou ao vice-presidente, que exclua da decisão de sobrestamento e inadmita o recurso especial ou o recurso extraordinário que tenha sido interposto intempestivamente, tendo o recorrente o prazo de 5 (cinco) dias para manifestar-se sobre esse requerimento.

- Sem correspondência no CPC/1973.

§ 3º Da decisão que indeferir o requerimento referido no § 2º caberá apenas agravo interno.
- § 3º com redação determinada pela Lei 13.256/2016.
- Sem correspondência no CPC/1973.

§ 4º A escolha feita pelo presidente ou vice-presidente do tribunal de justiça ou do tribunal regional federal não vinculará o relator no tribunal superior, que poderá selecionar outros recursos representativos da controvérsia.
- Sem correspondência no CPC/1973.

§ 5º O relator em tribunal superior também poderá selecionar 2 (dois) ou mais recursos representativos da controvérsia para julgamento da questão de direito independentemente da iniciativa do presidente ou do vice-presidente do tribunal de origem.
- Sem correspondência no CPC/1973.

§ 6º Somente podem ser selecionados recursos admissíveis que contenham abrangente argumentação e discussão a respeito da questão a ser decidida.
- Sem correspondência no CPC/1973.

Art. 1.037. Selecionados os recursos, o relator, no tribunal superior, constatando a presença do pressuposto do *caput* do art. 1.036, proferirá decisão de afetação, na qual:
- Sem correspondência no CPC/1973.
- V. arts. 1.014 e 1.022, CPC/2015.
- • V. arts. 311, II, 332, II, 927, III, 928, 932, IV, *b*, 955, II, 988, IV, 1.022, p.u., I, e 1.035, § 3º, II, CF.

I – identificará com precisão a questão a ser submetida a julgamento;
- Sem correspondência no CPC/1973.

II – determinará a suspensão do processamento de todos os processos pendentes, individuais ou coletivos, que versem sobre a questão e tramitem no território nacional;
- Sem correspondência no CPC/1973.

III – poderá requisitar aos presidentes ou aos vice-presidentes dos tribunais de justiça ou dos tribunais regionais federais a remessa de um recurso representativo da controvérsia.
- Sem correspondência no CPC/1973.

§ 1º Se, após receber os recursos selecionados pelo presidente ou pelo vice-presidente de tribunal de justiça ou de tribunal regional federal, não se proceder à afetação, o relator, no tribunal superior, comunicará o fato ao presidente ou ao vice-presidente que os houver enviado, para que seja revogada a decisão de suspensão referida no art. 1.036, § 1º.
- Sem correspondência no CPC/1973.

§ 2º *(Revogado pela Lei 13.256/2016.)*

§ 3º Havendo mais de uma afetação, será prevento o relator que primeiro tiver proferido a decisão a que se refere o inciso I do *caput*.
- Sem correspondência no CPC/1973.

§ 4º Os recursos afetados deverão ser julgados no prazo de 1 (um) ano e terão preferência sobre os demais feitos, ressalvados os que envolvam réu preso e os pedidos de *habeas corpus*.
- Correspondência: art. 543-C, § 6º, 2ª parte, CPC/1973.

§ 5º *(Revogado pela Lei 13.256/2016.)*

§ 6º Ocorrendo a hipótese do § 5º, é permitido a outro relator do respectivo tribunal superior afetar 2 (dois) ou mais recursos representativos da controvérsia na forma do art. 1.036.
- Sem correspondência no CPC/1973.

§ 7º Quando os recursos requisitados na forma do inciso III do *caput* contiverem outras questões além daquela que é objeto da afetação, caberá ao tribunal decidir esta em primeiro lugar e depois as demais, em acórdão específico para cada processo.
- Sem correspondência no CPC/1973.

§ 8º As partes deverão ser intimadas da decisão de suspensão de seu processo, a ser proferida pelo respectivo juiz ou relator quando informado da decisão a que se refere o inciso II do *caput*.
- Sem correspondência no CPC/1973.

§ 9º Demonstrando distinção entre a questão a ser decidida no processo e aquela a ser julgada no recurso especial ou extraordinário afetado, a parte poderá requerer o prosseguimento do seu processo.
- Sem correspondência no CPC/1973.

Art. 1.038

§ 10. O requerimento a que se refere o § 9º será dirigido:

• Sem correspondência no CPC/1973.

I – ao juiz, se o processo sobrestado estiver em primeiro grau;

II – ao relator, se o processo sobrestado estiver no tribunal de origem;

III – ao relator do acórdão recorrido, se for sobrestado recurso especial ou recurso extraordinário no tribunal de origem;

IV – ao relator, no tribunal superior, de recurso especial ou de recurso extraordinário cujo processamento houver sido sobrestado.

§ 11. A outra parte deverá ser ouvida sobre o requerimento a que se refere o § 9º, no prazo de 5 (cinco) dias.

• Sem correspondência no CPC/1973.

§ 12. Reconhecida a distinção no caso:

• Sem correspondência no CPC/1973.

I – dos incisos I, II e IV do § 10, o próprio juiz ou relator dará prosseguimento ao processo;

II – do inciso III do § 10, o relator comunicará a decisão ao presidente ou ao vice-presidente que houver determinado o sobrestamento, para que o recurso especial ou o recurso extraordinário seja encaminhado ao respectivo tribunal superior, na forma do art. 1.030, parágrafo único.

§ 13. Da decisão que resolver o requerimento a que se refere o § 9º caberá:

I – agravo de instrumento, se o processo estiver em primeiro grau;

•• V. art. 1.015, CPC/2015.

II – agravo interno, se a decisão for de relator.

•• V. art. 1.021, CPC/2015.
•• V. Súmulas 158, 168 168 e 316, STJ.

Art. 1.038. O relator poderá:

• Correspondência: art. 543-C, § 3º, 1ª parte, CPC/1973.

I – solicitar ou admitir manifestação de pessoas, órgãos ou entidades com interesse na controvérsia, considerando a relevância da matéria e consoante dispuser o regimento interno;

• Correspondência: art. 543-C, § 4º, CPC/1973.

II – fixar data para, em audiência pública, ouvir depoimentos de pessoas com experiência e conhecimento na matéria, com a finalidade de instruir o procedimento;

• Sem correspondência no CPC/1973.

III – requisitar informações aos tribunais inferiores a respeito da controvérsia e, cumprida a diligência, intimará o Ministério Público para manifestar-se.

• Correspondência: art. 543-C, § 3º, 2ª parte e § 5º, CPC/1973.

§ 1º No caso do inciso III, os prazos respectivos são de 15 (quinze) dias, e os atos serão praticados, sempre que possível, por meio eletrônico.

• Correspondência: art. 543-C, § 3º, 2ª parte e § 5º, CPC/1973.

§ 2º Transcorrido o prazo para o Ministério Público e remetida cópia do relatório aos demais ministros, haverá inclusão em pauta, devendo ocorrer o julgamento com preferência sobre os demais feitos, ressalvados os que envolvam réu preso e os pedidos de *habeas corpus*.

• Correspondência: art. 543-C, § 6º, CPC/1973.

§ 3º O conteúdo do acórdão abrangerá a análise dos fundamentos relevantes da tese jurídica discutida.

• § 3º com redação determinada pela Lei 13.256/2016.

• Sem correspondência no CPC/1973.

Art. 1.039. Decididos os recursos afetados, os órgãos colegiados declararão prejudicados os demais recursos versando sobre idêntica controvérsia ou os decidirão aplicando a tese firmada.

• Correspondência: art. 543-B, § 3º, CPC/1973.

Parágrafo único. Negada a existência de repercussão geral no recurso extraordinário afetado, serão considerados automaticamente inadmitidos os recursos extraordinários cujo processamento tenha sido sobrestado.

• Correspondência: art. 543-B, § 2º, CPC/1973.

Art. 1.040. Publicado o acórdão paradigma:

• Correspondência: art. 543-C, § 7º, CPC/1973.

I – o presidente ou o vice-presidente do tribunal de origem negará seguimento aos recursos especiais ou extraordinários sobrestados na origem, se o acórdão recorrido coincidir com a orientação do tribunal superior;

• Correspondência: art. 543-C, § 7º, I, CPC/1973.

II – o órgão que proferiu o acórdão recorrido, na origem, reexaminará o processo de competência originária, a remessa necessária ou o recurso anteriormente julgado, se o acórdão recorrido contrariar a orientação do tribunal superior;

• Correspondência: art. 543-C, § 7º, II, CPC/1973.

III – os processos suspensos em primeiro e segundo graus de jurisdição retomarão o curso para julgamento e aplicação da tese firmada pelo tribunal superior;

• Sem correspondência no CPC/1973.

IV – se os recursos versarem sobre questão relativa a prestação de serviço público objeto de concessão, permissão ou autorização, o resultado do julgamento será comunicado ao órgão, ao ente ou à agência reguladora competente para fiscalização da efetiva aplicação, por parte dos entes sujeitos a regulação, da tese adotada.

• Sem correspondência no CPC/1973.

§ 1º A parte poderá desistir da ação em curso no primeiro grau de jurisdição, antes de proferida a sentença, se a questão nela discutida for idêntica à resolvida pelo recurso representativo da controvérsia.

• Sem correspondência no CPC/1973.

§ 2º Se a desistência ocorrer antes de oferecida contestação, a parte ficará isenta do pagamento de custas e de honorários de sucumbência.

• Sem correspondência no CPC/1973.

§ 3º A desistência apresentada nos termos do § 1º independe de consentimento do réu, ainda que apresentada contestação.

• Sem correspondência no CPC/1973.

Art. 1.041. Mantido o acórdão divergente pelo tribunal de origem, o recurso especial ou extraordinário será remetido ao respectivo tribunal superior, na forma do art. 1.036, § 1º.

• Sem correspondência no CPC/1973.

§ 1º Realizado o juízo de retratação, com alteração do acórdão divergente, o tribunal de origem, se for o caso, decidirá as demais questões ainda não decididas cujo enfrentamento se tornou necessário em decorrência da alteração.

§ 2º Quando ocorrer a hipótese do inciso II do *caput* do art. 1.040 e o recurso versar sobre outras questões, caberá ao presidente ou ao vice-presidente do tribunal recorrido, depois do reexame pelo órgão de origem e independentemente de ratificação do recurso, sendo positivo o juízo de admissibilidade, determinar a remessa do recurso ao tribunal superior para julgamento das demais questões.

• § 2º com redação determinada pela Lei 13.256/2016.

Seção III
Do agravo em recurso especial e em recurso extraordinário

Art. 1.042. Cabe agravo contra decisão do presidente ou do vice-presidente do tribunal recorrido que inadmitir recurso extraordinário ou recurso especial, salvo quando fundada na aplicação de entendimento firmado em regime de repercussão geral ou em julgamento de recursos repetitivos.

• *Caput* com redação determinada pela Lei 13.256/2016.

• Correspondência: art. 544, *caput*, CPC/1973.

I – *(Revogado pela Lei 13.256/2016.)*
II – *(Revogado pela Lei 13.256/2016.)*
III – *(Revogado pela Lei 13.256/2016.)*
§ 1º *(Revogado pela Lei 13.256/2016.)*

§ 2º A petição de agravo será dirigida ao presidente ou ao vice-presidente do tribunal de origem e independe do pagamento de custas e despesas postais, aplicando-se a ela o regime de repercussão geral e de recursos repetitivos, inclusive quanto à possibilidade de sobrestamento e do juízo de retratação.

• § 2º com redação determinada pela Lei 13.256/2016.

• Correspondência: art. 544, § 2º, 1ª parte, CPC/1973.

§ 3º O agravado será intimado, de imediato, para oferecer resposta no prazo de 15 (quinze) dias.

• Correspondência: art. 544, § 2º, 2ª parte e § 3º, CPC/1973.

§ 4º Após o prazo de resposta, não havendo retratação, o agravo será remetido ao tribunal superior competente.

Art. 1.043

- Correspondência: art. 544, § 2º, 2ª parte e § 3º, CPC/1973.

§ 5º O agravo poderá ser julgado, conforme o caso, conjuntamente com o recurso especial ou extraordinário, assegurada, neste caso, sustentação oral, observando-se, ainda, o disposto no regimento interno do tribunal respectivo.

- Correspondência: art. 544, § 4º, CPC/1973.

§ 6º Na hipótese de interposição conjunta de recursos extraordinário e especial, o agravante deverá interpor um agravo para cada recurso não admitido.

- Correspondência: art. 544, § 1º, CPC/1973.

§ 7º Havendo apenas um agravo, o recurso será remetido ao tribunal competente, e, havendo interposição conjunta, os autos serão remetidos ao Superior Tribunal de Justiça.

- Sem correspondência no CPC/1973.

§ 8º Concluído o julgamento do agravo pelo Superior Tribunal de Justiça e, se for o caso, do recurso especial, independentemente de pedido, os autos serão remetidos ao Supremo Tribunal Federal para apreciação do agravo a ele dirigido, salvo se estiver prejudicado.

- Sem correspondência no CPC/1973.

Seção IV
Dos embargos de divergência

Art. 1.043. É embargável o acórdão de órgão fracionário que:

- Correspondência: art. 546, *caput*, CPC/1973.
- V. Súmulas 158, 168 e 316, STJ.

I – em recurso extraordinário ou em recurso especial, divergir do julgamento de qualquer outro órgão do mesmo tribunal, sendo os acórdãos, embargado e paradigma, de mérito;

- Correspondência: art. 546, I e II, CPC/1973.

II – *(Revogado pela Lei 13.256/2016.)*
III – em recurso extraordinário ou em recurso especial, divergir do julgamento de qualquer outro órgão do mesmo tribunal, sendo um acórdão de mérito e outro que não tenha conhecido do recurso, embora tenha apreciado a controvérsia;

- Correspondência: art. 546, I e II, CPC/1973.

IV – *(Revogado pela Lei 13.256/2016.)*

§ 1º Poderão ser confrontadas teses jurídicas contidas em julgamentos de recursos e de ações de competência originária.

- Sem correspondência no CPC/1973.

§ 2º A divergência que autoriza a interposição de embargos de divergência pode verificar-se na aplicação do direito material ou do direito processual.

- Sem correspondência no CPC/1973.

§ 3º Cabem embargos de divergência quando o acórdão paradigma for da mesma turma que proferiu a decisão embargada, desde que sua composição tenha sofrido alteração em mais da metade de seus membros.

- Sem correspondência no CPC/1973.

§ 4º O recorrente provará a divergência com certidão, cópia ou citação de repositório oficial ou credenciado de jurisprudência, inclusive em mídia eletrônica, onde foi publicado o acórdão divergente, ou com a reprodução de julgado disponível na rede mundial de computadores, indicando a respectiva fonte, e mencionará as circunstâncias que identificam ou assemelham os casos confrontados.

- Correspondência: art. 541, parágrafo único, CPC/1973.

§ 5º *(Revogado pela Lei 13.256/2016.)*

Art. 1.044. No recurso de embargos de divergência, será observado o procedimento estabelecido no regimento interno do respectivo tribunal superior.

- Correspondência: art. 546, parágrafo único, CPC/1973.

§ 1º A interposição de embargos de divergência no Superior Tribunal de Justiça interrompe o prazo para interposição de recurso extraordinário por qualquer das partes.

- Sem correspondência no CPC/1973.

§ 2º Se os embargos de divergência forem desprovidos ou não alterarem a conclusão do julgamento anterior, o recurso extraordinário interposto pela outra parte antes da publicação do julgamento dos embargos de divergência será processado e julgado independentemente de ratificação.

- Sem correspondência no CPC/1973.

Código de Processo Civil

Livro Complementar
DISPOSIÇÕES FINAIS E TRANSITÓRIAS

Art. 1.045. Este Código entra em vigor após decorrido 1 (um) ano da data de sua publicação oficial.

• Correspondência: art. 1.220, CPC/1973.

Art. 1.046. Ao entrar em vigor este Código, suas disposições se aplicarão desde logo aos processos pendentes, ficando revogada a Lei 5.869, de 11 de janeiro de 1973.

• Correspondência: art. 1.211, CPC/1973.

§ 1º As disposições da Lei 5.869, de 11 de janeiro de 1973, relativas ao procedimento sumário e aos procedimentos especiais que forem revogadas aplicar-se-ão às ações propostas e não sentenciadas até o início da vigência deste Código.

• Sem correspondência no CPC/1973.

§ 2º Permanecem em vigor as disposições especiais dos procedimentos regulados em outras leis, aos quais se aplicará supletivamente este Código.

• Sem correspondência no CPC/1973.

§ 3º Os processos mencionados no art. 1.218 da Lei 5.869, de 11 de janeiro de 1973, cujo procedimento ainda não tenha sido incorporado por lei submetem-se ao procedimento comum previsto neste Código.

• Sem correspondência no CPC/1973.

§ 4º As remissões a disposições do Código de Processo Civil revogado, existentes em outras leis, passam a referir-se às que lhes são correspondentes neste Código.

• Sem correspondência no CPC/1973.

§ 5º A primeira lista de processos para julgamento em ordem cronológica observará a antiguidade da distribuição entre os já conclusos na data da entrada em vigor deste Código.

• Sem correspondência no CPC/1973.

Art. 1.047. As disposições de direito probatório adotadas neste Código aplicam-se apenas às provas requeridas ou determinadas de ofício a partir da data de início de sua vigência.

• Sem correspondência no CPC/1973.

Art. 1.048. Terão prioridade de tramitação, em qualquer juízo ou tribunal, os procedimentos judiciais:

• Correspondência: art. 1.211-A, CPC/1973.
• V. Res. STF 408/2009 (Concessão de prioridade na tramitação de procedimentos judiciais às pessoas que especifica).

I – em que figure como parte ou interessado pessoa com idade igual ou superior a 60 (sessenta) anos ou portadora de doença grave, assim compreendida qualquer das enumeradas no art. 6º, inciso XIV, da Lei 7.713, de 22 de dezembro de 1988;

• Correspondência: art. 1.211-A, CPC/1973.
• V. art. 71, §§ 1º e 2º, Lei 10.741/2003 (Estatuto do Idoso).

II – regulados pela Lei 8.069, de 13 de julho de 1990 (Estatuto da Criança e do Adolescente).

• Sem correspondência no CPC/1973.

§ 1º A pessoa interessada na obtenção do benefício, juntando prova de sua condição, deverá requerê-lo à autoridade judiciária competente para decidir o feito, que determinará ao cartório do juízo as providências a serem cumpridas.

• Correspondência: art. 1.211-B, *caput*, CPC/1973.

§ 2º Deferida a prioridade, os autos receberão identificação própria que evidencie o regime de tramitação prioritária.

• Correspondência: art. 1.211-B, § 1º, CPC/1973.

§ 3º Concedida a prioridade, essa não cessará com a morte do beneficiado, estendendo-se em favor do cônjuge supérstite ou do companheiro em união estável.

• Correspondência: art. 1.211-C, CPC/1973.

§ 4º A tramitação prioritária independe de deferimento pelo órgão jurisdicional e deverá ser imediatamente concedida diante da prova da condição de beneficiário.

• Sem correspondência no CPC/1973.

Art. 1.049. Sempre que a lei remeter a procedimento previsto na lei processual sem especificá-lo, será observado o procedimento comum previsto neste Código.

• Sem correspondência no CPC/1973.

Parágrafo único. Na hipótese de a lei remeter ao procedimento sumário, será ob-

Art. 1.050

servado o procedimento comum previsto neste Código, com as modificações previstas na própria lei especial, se houver.

Art. 1.050. A União, os Estados, o Distrito Federal, os Municípios, suas respectivas entidades da administração indireta, o Ministério Público, a Defensoria Pública e a Advocacia Pública, no prazo de 30 (trinta) dias a contar da data da entrada em vigor deste Código, deverão se cadastrar perante a administração do tribunal no qual atuem para cumprimento do disposto nos arts. 246, § 2º, e 270, parágrafo único.

• Sem correspondência no CPC/1973.

Art. 1.051. As empresas públicas e privadas devem cumprir o disposto no art. 246, § 1º, no prazo de 30 (trinta) dias, a contar da data de inscrição do ato constitutivo da pessoa jurídica, perante o juízo onde tenham sede ou filial.

• Sem correspondência no CPC/1973.

Parágrafo único. O disposto no *caput* não se aplica às microempresas e às empresas de pequeno porte.

Art. 1.052. Até a edição de lei específica, as execuções contra devedor insolvente, em curso ou que venham a ser propostas, permanecem reguladas pelo Livro II, Título IV, da Lei 5.869, de 11 de janeiro de 1973.

• Sem correspondência no CPC/1973.

Art. 1.053. Os atos processuais praticados por meio eletrônico até a transição definitiva para certificação digital ficam convalidados, ainda que não tenham observado os requisitos mínimos estabelecidos por este Código, desde que tenham atingido sua finalidade e não tenha havido prejuízo à defesa de qualquer das partes.

• Sem correspondência no CPC/1973.

Art. 1.054. O disposto no art. 503, § 1º, somente se aplica aos processos iniciados após a vigência deste Código, aplicando-se aos anteriores o disposto nos arts. 5º, 325 e 470 da Lei 5.869, de 11 de janeiro de 1973.

• Sem correspondência no CPC/1973.

Art. 1.055. *(Vetado.)*

Art. 1.056. Considerar-se-á como termo inicial do prazo da prescrição prevista no art. 924, inciso V, inclusive para as execuções em curso, a data de vigência deste Código.

• Sem correspondência no CPC/1973.

Art. 1.057. O disposto no art. 525, §§ 14 e 15, e no art. 535, §§ 7º e 8º, aplica-se às decisões transitadas em julgado após a entrada em vigor deste Código, e, às decisões transitadas em julgado anteriormente, aplica-se o disposto no art. 475-L, § 1º, e no art. 741, parágrafo único, da Lei 5.869, de 11 de janeiro de 1973.

• Sem correspondência no CPC/1973.

Art. 1.058. Em todos os casos em que houver recolhimento de importância em dinheiro, esta será depositada em nome da parte ou do interessado, em conta especial movimentada por ordem do juiz, nos termos do art. 840, inciso I.

• Correspondência: art. 1.219, CPC/1973.

Art. 1.059. À tutela provisória requerida contra a Fazenda Pública aplica-se o disposto nos arts. 1º a 4º da Lei 8.437, de 30 de junho de 1992, e no art. 7º, § 2º, da Lei 12.016, de 7 de agosto de 2009.

• Sem correspondência no CPC/1973.

Art. 1.060. O inciso II do art. 14 da Lei 9.289, de 4 de julho de 1996, passa a vigorar com a seguinte redação:

• Sem correspondência no CPC/1973.

"Art. 14. [...]

"[...]

"II – aquele que recorrer da sentença adiantará a outra metade das custas, comprovando o adiantamento no ato de interposição do recurso, sob pena de deserção, observado o disposto nos §§ 1º a 7º do art. 1.007 do Código de Processo Civil;

"[...]"

Art. 1.061. O § 3º do art. 33 da Lei 9.307, de 23 de setembro de 1996 (Lei de Arbitragem), passa a vigorar com a seguinte redação:

• Sem correspondência no CPC/1973.

Art. 1.068

Código de Processo Civil

"Art. 33. [...]

"[...]

"§ 3º A decretação da nulidade da sentença arbitral também poderá ser requerida na impugnação ao cumprimento da sentença, nos termos dos arts. 525 e seguintes do Código de Processo Civil, se houver execução judicial."

Art. 1.062. O incidente de desconsideração da personalidade jurídica aplica-se ao processo de competência dos juizados especiais.

• Sem correspondência no CPC/1973.

Art. 1.063. Até a edição de lei específica, os juizados especiais cíveis previstos na Lei 9.099, de 26 de setembro de 1995, continuam competentes para o processamento e julgamento das causas previstas no art. 275, inciso II, da Lei 5.869, de 11 de janeiro de 1973.

• Sem correspondência no CPC/1973.

Art. 1.064. O *caput* do art. 48 da Lei 9.099, de 26 de setembro de 1995, passa a vigorar com a seguinte redação:

• Sem correspondência no CPC/1973.

"Art. 48. Caberão embargos de declaração contra sentença ou acórdão nos casos previstos no Código de Processo Civil.

"[...]"

Art. 1.065. O art. 50 da Lei 9.099, de 26 de setembro de 1995, passa a vigorar com a seguinte redação:

• Sem correspondência no CPC/1973.

"Art. 50. Os embargos de declaração interrompem o prazo para a interposição de recurso."

Art. 1.066. O art. 83 da Lei 9.099, de 26 de setembro de 1995, passam a vigorar com a seguinte redação:

• Sem correspondência no CPC/1973.

"Art. 83. Cabem embargos de declaração quando, em sentença ou acórdão, houver obscuridade, contradição ou omissão.

"[...]

"§ 2º Os embargos de declaração interrompem o prazo para a interposição de recurso.

"[...]"

Art. 1.067. O art. 275 da Lei 4.737, de 15 de julho de 1965 (Código Eleitoral), passa a vigorar com a seguinte redação:

• Sem correspondência no CPC/1973.

"Art. 275. São admissíveis embargos de declaração nas hipóteses previstas no Código de Processo Civil.

"§ 1º Os embargos de declaração serão opostos no prazo de 3 (três) dias, contado da data de publicação da decisão embargada, em petição dirigida ao juiz ou relator, com a indicação do ponto que lhes deu causa.

"§ 2º Os embargos de declaração não estão sujeitos a preparo.

"§ 3º O juiz julgará os embargos em 5 (cinco) dias.

"§ 4º Nos tribunais:

"I – o relator apresentará os embargos em mesa na sessão subsequente, proferindo voto;

"II – não havendo julgamento na sessão referida no inciso I, será o recurso incluído em pauta;

"III – vencido o relator, outro será designado para lavrar o acórdão.

"§ 5º Os embargos de declaração interrompem o prazo para a interposição de recurso.

"§ 6º Quando manifestamente protelatórios os embargos de declaração, o juiz ou o tribunal, em decisão fundamentada, condenará o embargante a pagar ao embargado multa não excedente a 2 (dois) salários mínimos.

"§ 7º Na reiteração de embargos de declaração manifestamente protelatórios, a multa será elevada a até 10 (dez) salários mínimos."

Art. 1.068. O art. 274 e o *caput* do art. 2.027 da Lei 10.406, de 10 de janeiro de 2002 (Código Civil), passam a vigorar com a seguinte redação:

• Sem correspondência no CPC/1973.

"Art. 274. O julgamento contrário a um dos credores solidários não atinge os demais, mas o julgamento favorável aproveita-lhes, sem prejuízo de exceção pessoal que o devedor tenha direito de invocar em relação a qualquer deles."

"Art. 2.027. A partilha é anulável pelos vícios e defeitos que invalidam, em geral, os negócios jurídicos.

"[...]"

Art. 1.069. O Conselho Nacional de Justiça promoverá, periodicamente, pesquisas estatísticas para avaliação da efetividade das normas previstas neste Código.

- Sem correspondência no CPC/1973.

Art. 1.070. É de 15 (quinze) dias o prazo para a interposição de qualquer agravo, previsto em lei ou em regimento interno de tribunal, contra decisão de relator ou outra decisão unipessoal proferida em tribunal.

- Sem correspondência no CPC/1973.

Art. 1.071. O Capítulo III do Título V da Lei 6.015, de 31 de dezembro de 1973 (Lei de Registros Públicos), passa a vigorar acrescida do seguinte art. 216-A:

- Sem correspondência no CPC/1973.

"Art. 216-A. Sem prejuízo da via jurisdicional, é admitido o pedido de reconhecimento extrajudicial de usucapião, que será processado diretamente perante o cartório do registro de imóveis da comarca em que estiver situado o imóvel usucapiendo, a requerimento do interessado, representado por advogado, instruído com:

"I – ata notarial lavrada pelo tabelião, atestando o tempo de posse do requerente e seus antecessores, conforme o caso e suas circunstâncias;

"II – planta e memorial descritivo assinado por profissional legalmente habilitado, com prova de anotação de responsabilidade técnica no respectivo conselho de fiscalização profissional, e pelos titulares de direitos reais e de outros direitos registrados ou averbados na matrícula do imóvel usucapiendo e na matrícula dos imóveis confinantes;

"III – certidões negativas dos distribuidores da comarca da situação do imóvel e do domicílio do requerente;

"IV – justo título ou quaisquer outros documentos que demonstrem a origem, a continuidade, a natureza e o tempo da posse, tais como o pagamento dos impostos e das taxas que incidirem sobre o imóvel.

"§ 1º O pedido será autuado pelo registrador, prorrogando-se o prazo da pré-notação até o acolhimento ou a rejeição do pedido.

"§ 2º Se a planta não contiver a assinatura de qualquer um dos titulares de direitos reais e de outros direitos registrados ou averbados na matrícula do imóvel usucapiendo e na matrícula dos imóveis confinantes, esse será notificado pelo registrador competente, pessoalmente ou pelo correio com aviso de recebimento, para manifestar seu consentimento expresso em 15 (quinze) dias, interpretado o seu silêncio como discordância.

"§ 3º O oficial de registro de imóveis dará ciência à União, ao Estado, ao Distrito Federal e ao Município, pessoalmente, por intermédio do oficial de registro de títulos e documentos, ou pelo correio com aviso de recebimento, para que se manifestem, em 15 (quinze) dias, sobre o pedido.

"§ 4º O oficial de registro de imóveis promoverá a publicação de edital em jornal de grande circulação, onde houver, para a ciência de terceiros eventualmente interessados, que poderão se manifestar em 15 (quinze) dias.

"§ 5º Para a elucidação de qualquer ponto de dúvida, poderão ser solicitadas ou realizadas diligências pelo oficial de registro de imóveis.

"§ 6º Transcorrido o prazo de que trata o § 4º deste artigo, sem pendência de diligências na forma do § 5º deste artigo e achando-se em ordem a documentação, com inclusão da concordância expressa dos titulares de direitos reais e de outros direitos registrados ou averbados na matrícula do imóvel usucapiendo e na matrícula dos imóveis confinantes, o oficial de registro de imóveis registrará a aquisição do imóvel com as descrições apresentadas, sendo permitida a abertura de matrícula, se for o caso.

"§ 7º Em qualquer caso, é lícito ao interessado suscitar o procedimento de dúvida, nos termos desta Lei.

"§ 8º Ao final das diligências, se a documentação não estiver em ordem, o oficial de registro de imóveis rejeitará o pedido.

"§ 9º A rejeição do pedido extrajudicial não impede o ajuizamento de ação de usucapião.

"§ 10. Em caso de impugnação do pedido de reconhecimento extrajudicial de usucapião, apresentada por qualquer um dos titulares de direito reais e de outros direitos registrados ou averbados na matrícula do imóvel usucapiendo e na matrícula dos imóveis confinantes, por algum dos entes públicos ou por algum terceiro interessado, o oficial de registro de imóveis remeterá os autos ao juízo competente da comarca da situação do imóvel, cabendo ao requerente emendar a petição inicial para adequá-la ao procedimento comum."

Art. 1.072. Revogam-se:

• Sem correspondência no CPC/1973.

I – o art. 22 do Decreto-lei 25, de 30 de novembro de 1937;

II – os arts. 227, *caput*, 229, 230, 456, 1.482, 1.483 e 1.768 a 1.773 da Lei 10.406, de 10 de janeiro de 2002 (Código Civil);

III – os arts. 2º, 3º, 4º, 6º, 7º, 11, 12 e 17 da Lei 1.060, de 5 de fevereiro de 1950;

IV – os arts. 13 a 18, 26 a 29 e 38 da Lei 8.038, de 28 de maio de 1990;

V – os arts. 16 a 18 da Lei 5.478, de 25 de julho de 1968; e

VI – o art. 98, § 4º, da Lei 12.529, de 30 de novembro de 2011.

Brasília, 16 de março de 2015; 194º da Independência e 127º da República.
Dilma Rousseff

(*DOU* 17.03.2015)

LEGISLAÇÃO TRIBUTÁRIA E PROCESSUAL TRIBUTÁRIA

LEGISLAÇÃO SELECIONADA

- Altera a LC 87/1996 e LC 102/2000 – Lei Complementar 115/2002*
- Altera a legislação do IR – Lei 7.713/1988
- Altera a legislação do IR das pessoas físicas – Lei 9.250/1995
- Altera a legislação do IR e da CSLL – Lei 9.316/1996
- Altera a legislação do IR e da CSLL das pessoas jurídicas – Lei 9.249/1995
- Altera a legislação tributária federal – Lei 11.945/2009*
- Altera a legislação tributária – Lei 9.779/1999
- Altera a legislação tributária federal – Lei 8.981/1995*
- Altera a tributação do mercado financeiro e de capitais – Institui o Reporto – Lei 11.033/2004
- Altera as Leis 11.508/2007 e 8.256/1991 – Lei 11.732/2008*
- Altera dispositivos da Lei 8.981/1995 – Lei 9.065/1995
- Altera dispositivos sobre lançamento e cobrança do ITR e institui normas sobre arrecadação da dívida ativa – Decreto-lei 57/1966
- Altera o CTN – Lei Complementar 118/2005
- Altera os valores constantes da Tabela do Imposto sobre a Renda da Pessoa Física – Lei 12.469/2011

- Aplicação do art. 942 do CPC – Lei 4.673/1965

- Benefícios fiscais referentes à realização da Copa no Brasil – Instrução Normativa RFB 1.289/2012*

- Cadin – Lei 10.522/2002

- Cide – Lei 10.336/2001

- Cobrança dos débitos fixados em acórdãos do TCU – Lei 6.822/1980

- Cofins – Lei Complementar 70/1991

- Compensação de créditos tributários – Decreto 2.138/1997

- Comunicação do MP de crime funcional contra a ordem tributária – Decreto 325/1991

- Contribuição para o PIS/Pasep e Cofins – Lei 10.865/2004

- Contribuição social sobre o lucro das pessoas jurídicas – Lei 7.689/1988

- Depósitos judiciais e extrajudiciais de tributos e contribuições federais – Lei 9.703/1998

- Desconto de crédito na apuração da CSLL, do PIS/Pasep e da Cofins – Lei 11.051/2004

- Elaboração das Leis – Lei Complementar 95/1998*

- Execução dos procedimentos fiscais no âmbito da Secretaria da Receita Federal do Brasil – Decreto 6.104/2007

- Expedição de precatórios no âmbito do STJ – IN STJ 3/2014

- Fixa coeficiente para redução das alíquotas específicas do PIS/Pasep e da Confins para as hipóteses dos arts. 51 e 52 da Lei 10.833/2003 – Decreto 5.062/2004

- Fixa coeficiente para redução das alíquotas específicas do PIS/Pasep e da Confins para as hipóteses dos arts. 51 e 52 da Lei 10.833/2003 – Decreto 5.162/2004

- ICMS (Lei Kandir) – Lei Complementar 87/1996

- Imposto de Importação – Decreto-lei 37/1966*

- Imposto sobre a propriedade territorial rural – ITR – Lei 11.250/2005

- Imposto sobre Exportação – Decreto-lei 1.578/1977

- Incentivos e benefícios às atividades desportivas – Lei 11.438/2006

- Incidência do IR nas operações que especifica – Institui o Renuclear – Plano Nacional de Banda Larga – Isenção do AFRMM – Extinção do Fundo Nacional de Desenvolvimento – Lei 12.431/2011

- Institui contribuição social e cria o Finsocial – Decreto-lei 1.940/1982

- Institui o Comitê Gestor do Imposto sobre a Propriedade Territorial Rural (CGITR) – Decreto 6.433/2008

- Institui o Refis – Lei 9.964/2000

- Instituição de crédito presumido do IPI para ressarcimento do PIS/Pasep e Cofins – Lei 9.363/1996

- IOF – Lei 5.143/1966
- Isenções do ICMS – Lei Complementar 24/1975
- ISS – Lei Complementar 116/2003
- ITR e pagamento da dívida representada por Títulos da Dívida Agrária – Lei 9.393/1996
- Legislação tributária federal – Leis 9.430/1996, 9.532/1997, 9.718/1998, 9.959/2000, 10.426/2002, 10.451/2002, 10.833/2003, 10.996/2004 e 11.311/2006
- Lei do Pré-Sal – Lei 12.351/2010

Mandado de segurança – Lei 12.016/2009

- Medidas de fortalecimento do Sistema Finaceiro Nacional – Lei 9.710/1998
- Medidas tributárias para estimular o turismo – Sistema de proteção tarifária brasileiro – Incidência de Contribuição para o PIS/Pasep e Cofins na produção e comercialização de álcool – Lei 11.727/2008*
- Medidas tributárias referentes à Copa das Confederações Fifa 2013 e Copa do Mundo Fifa 2014 – Decreto 7.578/2011
- Medidas tributárias referentes à Copa das Confederações Fifa 2013 e Copa do Mundo Fifa 2014 – Lei 12.350/2010
- "MP do bem" – Lei 11.196/2005
- Normas gerais do direito financeiro aplicáveis ao ICMS e ISS – Decreto-lei 406/1968
- Obrigatoriedade de informação de tributos e registros que limitem ou impeçam a circulação de veículo – Lei 13.111/2015
- Operações de câmbio, registro de capitais estrangeiros e tributação do arrendamento mercantil de aeronaves – Lei 11.371/2006
- Operações de redesconto pelo Banco Central do Brasil e autorização da emissão da Letra de Arrendamento Mercantil – LAM – Lei 11.882/2008
- Parcelamento de débitos – Lei 10.684/2003
- Parcelamento ordinário de débitos tributários – Remissão – Regime tributário de transição – Lei 11.941/2009*
- Patrimônio de afetação de incorporações imobiliárias – Lei 10.931/2004*
- Prescrição de ação punitiva pela Administração Pública Federal – Lei 9.873/1999
- Procedimento para depósito judicial e extrajudicial de tributos e contribuições federais – Decreto 2.850/1998
- Processo administrativo de créditos tributários da União – Decreto 4.523/2002
- Processo administrativo fiscal – Lei 8.748/1993
- Processo de créditos tributários da União – Decreto 7.574/2011
- Processos administrativo-fiscais – Decreto 6.103/2007*

- Programa de Integração Social – Lei Complementar 7/1970
- Programa de Redução de Litígios Tributários – Prorelit – Lei 13.202/2015
- Prova de quitação de tributos e contribuições federais – Decreto 99.476/1990
- Redução da alíquota do IR sobre os rendimentos de beneficiários residentes ou domiciliados no exterior – Decreto 6.761/2009
- Redução das alíquotas do PIS/Pasep e da Cofins sobre fertilizantes e defensivos agropecuários – Lei 10.925/2004
- Redução das alíquotas do PIS/Pasep e da Cofins sobre a importação e a comercialização de gasolina, óleo diesel, gás liquefeito de petróleo (GLP) e querosene de aviação – Decreto 5.059/2004
- Reduz a zero as alíquotas do IR e da CPMF nos casos em que especifica – Lei 11.312/2006
- Refis – Lei 10.189/2001
- Regime Especial de Reintegração de Valores Tributários para as Empresas Exportadoras (Reintegra) – Lei 12.546/2011*
- Regime tributário dos consórcios – Lei 12.402/2011
- Regime tributário, cambiário e administrativo das Zonas de Processamento de Exportação (ZPE) – Lei 11.508/2007
- Regulamenta a contribuição para o PIS/Pasep-Importação e a Cofins-Importação – Decreto 5.171/2004
- Regulamenta o crédito presumido do PIS/Pasep e da Cofins – Decreto 8.212/2014
- Regulamenta o IOF – Decreto 6.306/2007
- Regulamenta o Programa de Inclusão Digital – Decreto 5.602/2005
- Representação fiscal ao MPF em crimes contra a ordem tributária – Decreto 2.730/1998
- Requisição, acesso e uso, pela SRF, de informações sobre instituições financeiras – Decreto 3.724/2001
- Revoga o Regime Tributário de Transição – RTT – Lei 12.973/2014
- Sistema Público de Escrituração Digital (SPED) – Decreto 6.022/2007

Sonegação fiscal – Lei 4.729/1965

- Transferência de depósitos judiciais e extrajudiciais de tributos e contribuições federais para a CEF – Lei 12.099/2009
- Tratamento tributário relativo a valores pagos a título de abono pecuniário de férias – Instrução Normativa RFB 936/2009

Tratamento tributário das operações de arrendamento mercantil – Lei 6.099/1974

- Tributação dos planos de benefícios de caráter previdenciário – Lei 11.053/2004
- Ufir – Lei 8.383/1991*

* Conteúdo parcial de acordo com a matéria específica de cada Código ou Coletânea.

Legislação Tributária e Processual Tributária

LEI 1.408, DE 9 DE AGOSTO DE 1951

Prorroga vencimento de prazos judiciais e dá outras providências.

O Presidente da República:

Faço saber que o Congresso Nacional decreta e eu sanciono a seguinte Lei:

Art. 1º Sempre que, por motivo de ordem pública, se fizer necessário o fechamento do Foro, de edifícios anexos ou de quaisquer dependências do serviço judiciário ou o respectivo expediente tiver de ser encerrado antes da hora legal, observar-se-á o seguinte:

- V. art. 224, CPC/2015.
- V. Súmula 310, STF.

a) os prazos serão restituídos aos interessados na medida que houverem sido atingidos pela providência tomada;

b) as audiências, que ficarem prejudicadas, serão realizadas em outro dia mediante designação da autoridade competente.

Art. 2º O fechamento extraordinário do Foro e dos edifícios anexos e as demais medidas, a que se refere o art. 1º, poderão ser determinados pelo presidente dos Tribunais de Justiça, nas comarcas onde esses tribunais tiverem a sede e pelos juízes de direito nas respectivas comarcas.

Art. 3º Os prazos judiciais que se iniciarem ou vencerem aos sábados serão prorrogados por 1 (um) dia útil.

- Artigo com redação determinada pela Lei 4.674/1965.
- V. art. 798, § 3º, CPP.

Art. 4º Se o jornal, que divulgar o expediente oficial do Foro, se publicar à tarde, serão dilatados de 1 (um) dia os prazos que devam correr de sua inserção nessa folha e feitas, na véspera da realização do ato oficial, as publicações que devam ser efetuadas no dia fixado para esse ato.

Art. 5º Não haverá expediente no Foro e nos ofícios de justiça, no "Dia da Justiça", nos feriados nacionais, na terça-feira de Carnaval, na Sexta-Feira Santa, e nos dias que a lei estadual designar.

- V. arts. 219 e 220, CPC/2015.
- V. art. 798, *caput*, CPP.

Parágrafo único. Os casamentos e ato de registro civil serão realizados em qualquer dia.

Art. 6º Esta Lei entrará em vigor na data de sua publicação, revogadas as disposições em contrário.

Rio de Janeiro, 9 de agosto de 1951; 130º da Independência e 63º da República.

Getúlio Vargas

(DOU 13.08.1951)

LEI 4.320, DE 17 DE MARÇO DE 1964

Estatui normas gerais de direito financeiro para elaboração e controle dos orçamentos e balanços da União, dos Estados, dos Municípios e do Distrito Federal.

Faço saber que o Congresso Nacional decreta e eu sanciono a seguinte Lei:

DISPOSIÇÃO PRELIMINAR

Art. 1º Esta Lei estatui normas gerais de direito financeiro para elaboração e controle dos orçamentos e balanços da União, dos Estados, dos Municípios e do Distrito Federal, de acordo com o disposto no art. 5º, XV, b, da Constituição Federal.

- Refere-se à CF/1946.
- V. arts. 163 a 169, CF.
- V. art. 1º, CTN.

Lei 4.320/1964

LEGISLAÇÃO

TÍTULO I
DA LEI DE ORÇAMENTO
Capítulo I
DISPOSIÇÕES GERAIS

Art. 2º A Lei de Orçamento conterá a discriminação da receita e despesa de forma a evidenciar a política econômico-financeira e o programa de trabalho do Governo, obedecidos os princípios de unidade, universalidade e anualidade.

§ 1º Integrarão a Lei de Orçamento:
• V. art. 8º, *caput*.

I – sumário geral da receita por fontes e da despesa por funções do Governo;
II – quadro demonstrativo da receita e despesa segundo as categorias econômicas, na forma do Anexo 1;
III – quadro discriminativo da receita por fontes e respectiva legislação;
IV – quadro das dotações por órgãos do Governo e da Administração.

§ 2º Acompanharão a Lei de Orçamento:
I – quadros demonstrativos da receita e planos de aplicação dos fundos especiais;
II – quadros demonstrativos da despesa, na forma dos Anexos 6 e 9;
III – quadro demonstrativo do programa anual de trabalho do Governo, em termos de realização de obras e de prestação de serviços.

Art. 3º A Lei de Orçamento compreenderá todas as receitas, inclusive as de operações de crédito autorizadas em lei.

Parágrafo único. Não se consideram para os fins deste artigo as operações de crédito por antecipação da receita, as emissões de papel-moeda e outras entradas compensatórias no ativo e passivo financeiros.
• V. art. 57.

Art. 4º A Lei de Orçamento compreenderá todas as despesas próprias dos órgãos do Governo e da Administração centralizada, ou que, por intermédio deles se devam realizar, observado o disposto no art. 2º.

Art. 5º A Lei de Orçamento não consignará dotações globais destinadas a atender indiferentemente a despesas de pessoal, material, serviços de terceiros, transferências ou quaisquer outras, ressalvado o disposto no art. 20 e seu parágrafo único.

Art. 6º Todas as receitas e despesas constarão da Lei de Orçamento pelos seus totais, vedadas quaisquer deduções.

§ 1º As cotas de receitas que uma entidade pública deva transferir a outra incluir-se-ão, como despesa, no orçamento da entidade obrigada à transferência e, como receita, no orçamento da que as deva receber.

§ 2º Para cumprimento do disposto no parágrafo anterior, o cálculo das cotas terá por base os dados apurados no balanço do exercício anterior àquele em que se elaborar a proposta orçamentária do Governo obrigado à transferência.

Art. 7º A Lei de Orçamento poderá conter autorização ao Executivo para:
I – abrir créditos suplementares até determinada importância, obedecidas as disposições do art. 43;
II – realizar, em qualquer mês do exercício financeiro, operações de crédito por antecipação da receita, para atender a insuficiências de caixa.

§ 1º Em casos de déficit, a Lei de Orçamento indicará as fontes de recursos que o Poder Executivo fica autorizado a utilizar para atender a sua cobertura.

§ 2º O produto estimado de operações de crédito e de alienação de bens imóveis somente se incluirá na receita quando umas e outras forem especificamente autorizadas pelo Poder Legislativo em forma que juridicamente possibilite ao Poder Executivo realizá-las no exercício.

§ 3º A autorização legislativa a que se refere o parágrafo anterior, no tocante a operações de crédito, poderá constar da própria Lei de Orçamento.

Art. 8º A discriminação da receita geral e da despesa de cada órgão do Governo ou unidade administrativa, a que se refere o art. 2º, § 1º, III e IV, obedecerá a forma do Anexo 2.

§ 1º Os itens da discriminação da receita e da despesa, mencionados nos arts. 11, § 4º, e 13, serão identificados por números de código decimal, na forma dos Anexos 3 e 4.

§ 2º Completarão os números do código decimal referido no parágrafo anterior os algarismos caracterizadores da classificação funcional da despesa conforme estabelece o Anexo 5.

§ 3º O código geral estabelecido nesta Lei não prejudicará a adoção de códigos locais.

Lei 4.320/1964

LEGISLAÇÃO

Capítulo II
DA RECEITA

Art. 9º Tributo é a receita derivada, instituída pelas entidades de direito público, compreendendo os impostos, as taxas e contribuições, nos termos da Constituição e das leis vigentes em matéria financeira, destinando-se o seu produto ao custeio de atividades gerais ou específicas exercidas por essas entidades.

Art. 10. *(Vetado.)*

Art. 11. A receita classificar-se-á nas seguintes categorias econômicas: Receitas Correntes e Receitas de Capital.

- Artigo com redação determinada pelo Dec.-lei 1.939/1982.
- O art. 2º do Dec.-lei 1.939/1982 dispõe: "As disposições deste Decreto-lei serão aplicadas aos Orçamentos e Balanços a partir do exercício de 1983, inclusive, revogadas as disposições em contrário".

§ 1º São Receitas Correntes as receitas tributárias, de contribuições, patrimonial, agropecuária, industrial, de serviços e outras e, ainda, as provenientes de recursos financeiros recebidos de outras pessoas de direito público ou privado, quando destinadas a atender despesas classificáveis em Despesas Correntes.

§ 2º São Receitas de Capital as provenientes da realização de recursos financeiros oriundos de constituição de dívidas; da conversão, em espécie, de bens e direitos; os recursos recebidos de outras pessoas de direito público ou privado, destinados a atender despesas classificáveis em Despesas de Capital e, ainda, o superávit do Orçamento Corrente.

§ 3º O superávit do Orçamento Corrente resultante do balanceamento dos totais das receitas e despesas correntes, apurado na demonstração a que se refere o Anexo 1, não constituirá item de receita orçamentária.

§ 4º A classificação da receita obedecerá ao seguinte esquema:

RECEITAS CORRENTES
- V. art. 8º, § 1º.

RECEITA TRIBUTÁRIA
Impostos.
Taxas.
Contribuições de Melhoria.
Receita de Contribuições.
Receita Patrimonial.
Receita Agropecuária.
Receita Industrial.
Receita de Serviços.
Transferências Correntes.
RECEITAS DE CAPITAL
Operações de Crédito.
Alienação de Bens.
Amortização de Empréstimos.
Transferências de Capital.
Outras Receitas de Capital.

Capítulo III
DA DESPESA

Art. 12. A despesa será classificada nas seguintes categorias econômicas:
DESPESAS CORRENTES
Despesas de Custeio.
Transferências Correntes.
DESPESAS DE CAPITAL
Investimentos.
Inversões Financeiras.
Transferências de Capital.

§ 1º Classificam-se como Despesas de Custeio as dotações para manutenção de serviços anteriormente criados, inclusive as destinadas a atender a obras de conservação e adaptação de bens imóveis.

§ 2º Classificam-se como Transferências Correntes as dotações para despesas às quais não corresponda contraprestação direta em bens ou serviços, inclusive para contribuições e subvenções destinadas a atender à manifestação de outras entidades de direito público ou privado.

§ 3º Consideram-se subvenções, para os efeitos desta Lei, as transferências destinadas a cobrir despesas de custeio das entidades beneficiadas, distinguindo-se como:

I – subvenções sociais, as que se destinem a instituições públicas ou privadas de caráter assistencial ou cultural, sem finalidade lucrativa;

II – subvenções econômicas, as que se destinem a empresas públicas ou privadas de caráter industrial, comercial, agrícola ou pastoril.

§ 4º Classificam-se como investimentos as dotações para o planejamento e a execução de obras, inclusive as destinadas à aquisição de imóveis considerados necessários à realização destas últimas, bem como para os

Lei 4.320/1964

LEGISLAÇÃO

programas especiais de trabalho, aquisição de instalações, equipamentos e material permanente e constituição ou aumento do capital de empresas que não sejam de caráter comercial ou financeiro.

§ 5º Classificam-se como Inversões Financeiras as dotações destinadas a:

I – aquisição de imóveis, ou de bens de capital já em utilização;

II – aquisição de títulos representativos do capital de empresas ou entidades de qualquer espécie, já constituídas, quando a operação não importe aumento do capital;

III – constituição ou aumento do capital de entidades ou empresas que visem a objetivos comerciais ou financeiros, inclusive operações bancárias ou de seguros.

§ 6º São Transferências de Capital as dotações para investimentos ou inversões financeiras que outras pessoas de direito público ou privado devam realizar, independentemente de contraprestação direta em bens ou serviços, constituindo essas transferências auxílios ou contribuições, segundo derivem diretamente da Lei de Orçamento ou de lei especialmente anterior, bem como as dotações para amortização da dívida pública.

Art. 13. Observadas as categorias econômicas do art. 12, a discriminação ou especificação da despesa por elementos, em cada unidade administrativa ou órgão de governo, obedecerá ao seguinte esquema:

• V. art. 8º, § 1º.

DESPESAS CORRENTES

Despesas de Custeio
Pessoal Civil.
Pessoal Militar.
Material de Consumo.
Serviços de Terceiros.
Encargos Diversos.

Transferências Correntes
Subvenções Sociais.
Subvenções Econômicas.
Inativos.
Pensionistas.
Salário-Família e Abono Familiar.
Juros da Dívida Pública.
Contribuições de Previdência Social.
Diversas Transferências Correntes.

DESPESAS DE CAPITAL

Investimentos
Obras Públicas.
Serviços em Regime de Programação Especial.
Equipamentos e Instalações.
Material Permanente.
Participação em Constituição ou Aumento de Capital de Empresas ou Entidades Industriais ou Agrícolas.

Inversões Financeiras
Aquisição de Imóveis.
Participação em Constituição ou Aumento de Capital de Empresas ou Entidades Comerciais ou Financeiras.
Aquisição de Títulos Representativos de Capital de Empresa em Funcionamento.
Constituição de Fundos Rotativos.
Concessão de Empréstimos.
Diversas Inversões Financeiras.

Transferência de Capital
Amortização da Dívida Pública.
Auxílios para Obras Públicas.
Auxílios para Equipamentos e Instalações.
Auxílios para Inversões Financeiras.
Outras Contribuições.

Art. 14. Constitui unidade orçamentária o agrupamento de serviços subordinados ao mesmo órgão ou repartição a que serão consignadas dotações próprias.

Parágrafo único. Em casos excepcionais, serão consignadas dotações a unidades administrativas subordinadas ao mesmo órgão.

Art. 15. Na Lei de Orçamento a discriminação da despesa far-se-á, no mínimo, por elementos.

§ 1º Entende-se por elementos o desdobramento da despesa com pessoal, material, serviços, obras e outros meios de que se serve a administração pública para consecução dos seus fins.

§ 2º Para efeito de classificação da despesa, considera-se material permanente o de duração superior a 2 (dois) anos.

Seção I
Das despesas correntes

Subseção Única
Das transferências correntes

I) Das subvenções sociais

Art. 16. Fundamentalmente e nos limites das possibilidades financeiras a concessão de

Lei 4.320/1964

LEGISLAÇÃO

subvenções sociais visará a prestação de serviços essenciais de assistência social, médica e educacional, sempre que a suplementação de recursos de origem privada aplicados a esses objetivos revelar-se mais econômica.

Parágrafo único. O valor das subvenções, sempre que possível, será calculado com base em unidades de serviços efetivamente prestados ou postos à disposição dos interessados, obedecidos os padrões mínimos de eficiência previamente fixados.

Art. 17. Somente à instituição cujas condições de funcionamento forem julgadas satisfatórias pelos órgãos oficiais de fiscalização serão concedidas subvenções.

II) Das subvenções econômicas

Art. 18. A cobertura dos déficits de manutenção das empresas públicas, de natureza autárquica ou não, far-se-á mediante subvenções econômicas expressamente incluídas nas despesas correntes do orçamento da União, do Estado, do Município ou do Distrito Federal.

Parágrafo único. Consideram-se, igualmente, como subvenções econômicas:
a) as dotações destinadas a cobrir a diferença entre os preços de mercado e os preços de revenda, pelo Governo, de gêneros alimentícios ou outros materiais;
b) as dotações destinadas ao pagamento de bonificações a produtores de determinados gêneros ou materiais.

Art. 19. A Lei de Orçamento não consignará ajuda financeira, a qualquer título, a empresa de fins lucrativos, salvo quando se tratar de subvenções cuja concessão tenha sido expressamente autorizada em lei especial.

Seção II
Das despesas de capital
Subseção I
Dos investimentos

Art. 20. Os investimentos serão discriminados na Lei de Orçamento segundo os projetos de obras e de outras aplicações.

Parágrafo único. Os programas especiais de trabalho que, por sua natureza, não possam cumprir-se subordinadamente às normas gerais de execução da despesa poderão ser custeados por dotações globais, classificadas entre as Despesas de Capital.

• V. art. 5º.

Subseção II
Das transferências de capital

Art. 21. A Lei de Orçamento não consignará auxílio para investimentos que se devam incorporar ao patrimônio das empresas privadas de fins lucrativos.

Parágrafo único. O disposto neste artigo aplica-se às transferências de capital à conta de fundos especiais ou dotações sob regime excepcional de aplicação.

TÍTULO II
DA PROPOSTA ORÇAMENTÁRIA

Capítulo I
CONTEÚDO E FORMA DA PROPOSTA ORÇAMENTÁRIA

Art. 22. A proposta orçamentária que o Poder Executivo encaminhará ao Poder Legislativo, nos prazos estabelecidos nas Constituições e nas Leis Orgânicas dos Municípios, compor-se-á de:

• V. arts. 99, §§ 3º a 5º, e 127, §§ 4º a 6º, CF.

I – mensagem, que conterá: exposição circunstanciada da situação econômico-financeira, documentada com demonstração da dívida fundada e flutuante, saldos de créditos especiais, restos a pagar e outros compromissos financeiros exigíveis; exposição e justificação da política econômico-financeira do Governo; justificação da receita e despesa, particularmente no tocante ao orçamento de capital;

II – projeto de Lei de Orçamento;

III – tabelas explicativas, das quais, além das estimativas de receita e despesa, constarão, em colunas distintas e para fins de comparação:

• V. art. 28, I.

a) a receita arrecadada nos três últimos exercícios anteriores àquele em que se elaborou a proposta;
b) a receita prevista para o exercício em que se elabora a proposta;
c) a receita prevista para o exercício a que se refere a proposta;
d) a despesa realizada no exercício imediatamente anterior;

Lei 4.320/1964

e) a despesa fixada para o exercício em que se elabora a proposta; e

f) a despesa prevista para o exercício a que se refere a proposta;

IV – especificação dos programas especiais de trabalho custeados por dotações globais, em termos de metas visadas, decompostas em estimativa do custo das obras a realizar e dos serviços a prestar, acompanhadas de justificação econômica, financeira, social e administrativa.

Parágrafo único. Constará da proposta orçamentária, para cada unidade administrativa, descrição sucinta de suas principais finalidades, com indicação da respectiva legislação.

Capítulo II
DA ELABORAÇÃO DA PROPOSTA ORÇAMENTÁRIA

Seção I
Das previsões plurianuais

Art. 23. As receitas e despesas de capital serão objeto de um Quadro de Recursos de Aplicação de Capital, aprovado por decreto do Poder Executivo, abrangendo, no mínimo, um triênio.

Parágrafo único. O Quadro de Recursos e de Aplicação de Capital será anualmente reajustado acrescentando-se-lhe as previsões de mais 1 (um) ano, de modo a assegurar a projeção contínua dos períodos.

Art. 24. O Quadro de Recursos e de Aplicação de Capital abrangerá:

I – as despesas e, como couber, também as receitas previstas em planos especiais aprovados em lei e destinados a atender a regiões ou a setores da administração ou da economia;

II – as despesas à conta de fundos especiais e, como couber, as receitas que os constituam;

III – em anexos, as despesas de capital das entidades referidas no Título X desta Lei, com indicação das respectivas receitas, para as quais forem previstas transferências de capital.

Art. 25. Os programas constantes do Quadro de Recursos e de Aplicação de Capital sempre que possível serão correlacionados a metas objetivas em termos de realização de obras e de prestação de serviços.

Parágrafo único. Consideram-se metas os resultados que se pretendem obter com a realização de cada programa.

Art. 26. A proposta orçamentária conterá o programa anual atualizado dos investimentos, inversões financeiras e transferências previstos no Quadro de Recursos e de Aplicação de Capital.

Seção II
Das previsões anuais

Art. 27. As propostas parciais de orçamento guardarão estrita conformidade com a política econômico-financeira, o programa anual de trabalho do Governo e, quando fixado, o limite global máximo para o orçamento de cada unidade administrativa.

Art. 28. As propostas parciais das unidades administrativas, organizadas em formulário próprio, serão acompanhadas de:

I – tabelas explicativas da despesa, sob a forma estabelecida no art. 22, III, *d, e* e *f*;

II – justificação pormenorizada de cada dotação solicitada, com a indicação dos atos de aprovação de projetos ou orçamentos de obras públicas, para cujo início ou prosseguimento ela se destina.

Art. 29. Caberá aos órgãos de contabilidade ou de arrecadação organizar demonstrações mensais da receita arrecadada, segundo as rubricas, para servirem de base a estimativa da receita na proposta orçamentária.

Parágrafo único. Quando houver órgão central de orçamento, essas demonstrações ser-lhe-ão remetidas mensalmente.

Art. 30. A estimativa da receita terá por base as demonstrações a que se refere o artigo anterior à arrecadação dos três últimos exercícios, pelo menos, bem como as circunstâncias de ordem conjuntural e outras, que possam afetar a produtividade de cada fonte de receita.

Art. 31. As propostas orçamentárias parciais serão revistas e coordenadas na proposta geral, considerando-se a receita estimada e as novas circunstâncias.

Lei 4.320/1964

LEGISLAÇÃO

TÍTULO III
DA ELABORAÇÃO DA LEI DE ORÇAMENTO

Art. 32. Se não receber a proposta orçamentária no prazo fixado nas Constituições ou nas Leis Orgânicas dos Municípios, o Poder Legislativo considerará como proposta a Lei de Orçamento vigente.

• V. arts. 99, §§ 3º e 4º, e 127, §§ 4º e 5º, CF.

Art. 33. Não se admitirão emendas ao projeto de Lei de Orçamento que visem a:
a) alterar a dotação solicitada para despesa de custeio, salvo quando provada, nesse ponto, a inexatidão da proposta;
b) conceder dotação para o início de obra cujo projeto não esteja aprovado pelos órgãos competentes;
c) conceder dotação para instalação ou funcionamento de serviço que não esteja anteriormente criado;
d) conceder dotação superior aos quantitativos previamente fixados em resolução do Poder Legislativo para concessão de auxílios e subvenções.

TÍTULO IV
DO EXERCÍCIO FINANCEIRO

Art. 34. O exercício financeiro coincidirá com o ano civil.

Art. 35. Pertencem ao exercício financeiro:
I – as receitas nele arrecadadas;
II – as despesas nele legalmente empenhadas.

Art. 36. Consideram-se Restos a Pagar as despesas empenhadas mas não pagas até o dia 31 de dezembro, distinguindo-se as processadas das não processadas.
Parágrafo único. Os empenhos que correm à conta de créditos com vigência plurianual, que não tenham sido liquidados, só serão computados como Restos a Pagar no último ano de vigência do crédito.

Art. 37. As despesas de exercícios encerrados, para as quais o orçamento respectivo consignava crédito próprio, com saldo suficiente para atendê-las, que não se tenham processado na época própria, bem como os Restos a Pagar com prescrição interrompida e os compromissos reconhecidos após o encerramento do exercício correspondente poderão ser pagos à conta de dotação específica consignada no orçamento, discriminada por elementos, obedecida, sempre que possível, a ordem cronológica.

Art. 38. Reverte à dotação a importância de despesa anulada no exercício: quando a anulação ocorrer após o encerramento deste considerar-se-á receita do ano em que se efetivar.

Art. 39. Os créditos da Fazenda Pública, de natureza tributária ou não tributária, serão escriturados como receita do exercício em que forem arrecadados, nas respectivas rubricas orçamentárias.

• Artigo com redação determinada pelo Dec.-lei 1.735/1979, em vigor em 1º.01.1980.

§ 1º Os créditos de que trata este artigo, exigíveis pelo transcurso do prazo para pagamento, serão inscritos, na forma da legislação própria, como Dívida Ativa, em registro próprio, após apurada a sua liquidez e certeza, e a respectiva receita será escriturada a esse título.

§ 2º Dívida Ativa Tributária é o crédito da Fazenda Pública dessa natureza, proveniente de obrigação legal relativa a tributos e respectivos adicionais e multas, e Dívida Ativa Não Tributária são os demais créditos da Fazenda Pública, tais como os provenientes de empréstimos compulsórios, contribuições estabelecidas em lei, multas de qualquer origem ou natureza, exceto as tributárias, foros, laudêmios, aluguéis ou taxas de ocupação, custas processuais, preços de serviços prestados por estabelecimentos públicos, indenizações, reposições, restituições, alcances dos responsáveis definitivamente julgados, bem assim os créditos decorrentes de obrigações em moeda estrangeira, de sub-rogação de hipoteca, fiança, aval ou outra garantia, de contratos em geral ou de outras obrigações legais.

• V. art. 2º, Lei 6.830/1980 (Execução fiscal).

§ 3º O valor do crédito da Fazenda Nacional em moeda estrangeira será convertido ao correspondente valor na moeda nacional à taxa cambial oficial, para compra, na data da notificação ou intimação do devedor, pela autoridade administrativa, ou, à sua falta, na data da inscrição da Dívida Ativa, incidin-

Lei 4.320/1964

do, a partir da conversão, a atualização monetária e os juros de mora, de acordo com preceitos legais pertinentes aos débitos tributários.

§ 4º A receita da Dívida Ativa abrange os créditos mencionados nos parágrafos anteriores, bem como os valores correspondentes à respectiva atualização monetária, à multa e juros de mora e ao encargo de que tratam o art. 1º do Dec.-lei 1.025, de 21 de outubro de 1969, e o art. 3º do Dec.-lei 1.645, de 11 de dezembro de 1978.

§ 5º A Dívida Ativa da União será apurada e inscrita na Procuradoria da Fazenda Nacional.

TÍTULO V
DOS CRÉDITOS ADICIONAIS

Art. 40. São créditos adicionais as autorizações de despesa não computadas ou insuficientemente dotadas na Lei de Orçamento.

Art. 41. Os créditos adicionais classificam-se em:

I – suplementares, os destinados a reforço de dotação orçamentária;

• V. arts. 99, § 5º, 127, § 6º, e 168, CF.

II – especiais, os destinados a despesas para as quais não haja dotação orçamentária específica;

• V. arts. 99, § 5º, 127, § 6º, e 168, CF.

III – extraordinários, os destinados a despesas urgentes e imprevistas, em caso de guerra, comoção intestina ou calamidade pública.

Art. 42. Os créditos suplementares e especiais serão autorizados por lei e abertos por decreto executivo.

• V. arts. 99, § 5º, 127, § 6º, e 168, CF.

Art. 43. A abertura dos créditos suplementares e especiais depende da existência de recursos disponíveis para ocorrer à despesa e será precedida de exposição justificativa.

• V. art. 7º, I.
• V. arts. 99, § 5º, 127, § 6º, e 168, CF.

§ 1º Consideram-se recursos para o fim deste artigo, desde que não comprometidos:

I – o superávit financeiro apurado em balanço patrimonial do exercício anterior;

II – os provenientes de excesso de arrecadação;

III – os resultantes de anulação parcial ou total de dotações orçamentárias ou de créditos adicionais, autorizados em lei;

IV – o produto de operações de crédito autorizadas, em forma que juridicamente possibilite ao Poder Executivo realizá-las.

§ 2º Entende-se por superávit financeiro a diferença positiva entre o ativo financeiro e o passivo financeiro, conjugando-se, ainda, os saldos dos créditos adicionais transferidos e as operações de crédito a eles vinculadas.

§ 3º Entende-se por excesso de arrecadação, para os fins deste artigo, o saldo positivo das diferenças acumuladas mês a mês, entre a arrecadação prevista e a realizada, considerando-se, ainda, a tendência do exercício.

§ 4º Para o fim de apurar os recursos utilizáveis, provenientes de excesso de arrecadação, deduzir-se-á a importância dos créditos extraordinários abertos no exercício.

Art. 44. Os créditos extraordinários serão abertos por decreto do Poder Executivo, que deles dará imediato conhecimento ao Poder Legislativo.

Art. 45. Os créditos adicionais terão vigência adstrita ao exercício financeiro em que forem abertos, salvo expressa disposição legal em contrário, quanto aos especiais e extraordinários.

Art. 46. O ato que abrir crédito adicional indicará a importância, a espécie do mesmo e a classificação da despesa, até onde for possível.

TÍTULO VI
DA EXECUÇÃO
DO ORÇAMENTO

Capítulo I
DA PROGRAMAÇÃO DA DESPESA

Art. 47. Imediatamente após a promulgação da Lei de Orçamento e com base nos limites nela fixados, o Poder Executivo aprovará um quadro de cotas trimestrais da despesa que cada unidade orçamentária fica autorizada a utilizar.

Lei 4.320/1964

Legislação

Art. 48. A fixação das cotas a que se refere o artigo anterior atenderá aos seguintes objetivos:
a) assegurar às unidades orçamentárias, em tempo útil, a soma de recursos necessários e suficientes a melhor execução do seu programa anual de trabalho;
b) manter, durante o exercício, na medida do possível o equilíbrio entre a receita arrecadada e a despesa realizada, de modo a reduzir ao mínimo eventuais insuficiências de tesouraria.

Art. 49. A programação da despesa orçamentária, para efeito do disposto no artigo anterior, levará em conta os créditos adicionais e as operações extraorçamentárias.

Art. 50. As cotas trimestrais poderão ser alteradas durante o exercício, observados o limite da dotação e o comportamento da execução orçamentária.

Capítulo II
DA RECEITA

Art. 51. Nenhum tributo será exigido ou aumentado sem que a lei o estabeleça, nenhum será cobrado em cada exercício sem prévia autorização orçamentária, ressalvados a tarifa aduaneira e o imposto lançado por motivo de guerra.

Art. 52. São objeto de lançamento os impostos diretos e quaisquer outras rendas com vencimento determinado em lei, regulamento ou contrato.

Art. 53. O lançamento da receita é ato da repartição competente, que verifica a procedência do crédito fiscal e a pessoa que lhe é devedora e inscreve o débito desta.

Art. 54. Não será admitida a compensação da observação de recolher rendas ou receitas com direito creditório contra a Fazenda Pública.

Art. 55. Os agentes da arrecadação devem fornecer recibos das importâncias que arrecadarem.
§ 1º Os recibos devem conter o nome da pessoa que paga a soma arrecadada, proveniência e classificação, bem como a data e assinatura do agente arrecadador.
§ 2º Os recibos serão fornecidos em uma única via.

Art. 56. O recolhimento de todas as receitas far-se-á em estrita observância ao princípio de unidade de tesouraria, vedada qualquer fragmentação para criação de caixas especiais.

Art. 57. Ressalvado o disposto no parágrafo único do art. 3º desta Lei serão classificadas como receita orçamentária, sob as rubricas próprias, todas as receitas arrecadadas, inclusive as provenientes de operações de crédito, ainda que não previstas no Orçamento.

Capítulo III
DA DESPESA

Art. 58. O empenho de despesa é o ato emanado de autoridade competente que cria para o Estado obrigação de pagamento pendente ou não de implemento de condição.

Art. 59. O empenho da despesa não poderá exceder o limite dos créditos concedidos.

• Artigo com redação determinada pela Lei 6.397/1976.

§ 1º Ressalvado o disposto no art. 67 da Constituição Federal, é vedado aos Municípios empenhar, no último mês do mandato do prefeito, mais do que o duodécimo da despesa prevista no Orçamento vigente.
§ 2º Fica, também, vedado aos Municípios, no mesmo período, assumir, por qualquer forma, compromissos financeiros para execução depois do término do mandato do prefeito.
§ 3º As disposições dos parágrafos anteriores não se aplicam nos casos comprovados de calamidade pública.
§ 4º Reputam-se nulos e de nenhum efeito os empenhos e atos praticados em desacordo com o disposto nos §§ 1º e 2º deste artigo, sem prejuízo da responsabilidade do prefeito nos termos do art 1º, V, do Dec.-lei 201, de 27 de fevereiro de 1967.

Art. 60. É vedada a realização de despesa sem prévio empenho.
§ 1º Em casos especiais previstos na legislação específica será dispensada a emissão da nota de empenho.
§ 2º Será feito por estimativa o empenho da despesa cujo montante não se possa determinar.

Lei 4.320/1964

LEGISLAÇÃO

§ 3º É permitido o empenho global de despesas contratuais e outras, sujeitas a parcelamento.

Art. 61. Para cada empenho será extraído um documento denominado "nota de empenho" que indicará o nome do credor, a representação e a importância da despesa, bem como a dedução desta do saldo da dotação própria.

Art. 62. O pagamento da despesa só será efetuado quando ordenado após sua regular liquidação.

Art. 63. A liquidação da despesa consiste na verificação do direito adquirido pelo credor tendo por base os títulos e documentos comprobatórios do respectivo crédito.

§ 1º Essa verificação tem por fim apurar:
I – a origem e o objeto do que se deve pagar;
II – a importância exata a pagar;
III – a quem se deve pagar a importância, para extinguir a obrigação.

§ 2º A liquidação da despesa por fornecimentos feitos ou serviços prestados terá por base:
I – o contrato, ajuste ou acordo respectivo;
II – a nota de empenho;
III – os comprovantes da entrega de material ou da prestação efetiva do serviço.

Art. 64. A ordem de pagamento é o despacho exarado por autoridade competente, determinando que a despesa seja paga.

Parágrafo único. A ordem de pagamento só poderá ser exarada em documentos processados pelos serviços de contabilidade.

Art. 65. O pagamento da despesa será efetuado por tesouraria ou pagadoria regularmente instituídos por estabelecimentos bancários credenciados e, em casos excepcionais, por meio de adiantamento.

Art. 66. As dotações atribuídas às diversas unidades orçamentárias poderão quando expressamente determinado na Lei de Orçamento ser movimentadas por órgãos centrais de administração geral.

Parágrafo único. É permitida a redistribuição de parcelas das dotações de pessoal, de uma para outra unidade orçamentária, quando considerada indispensável à movimentação de pessoal dentro das tabelas ou quadros comuns às unidades interessadas,

a que se realize em obediência à legislação específica.

Art. 67. Os pagamentos devidos pela Fazenda Pública, em virtude de sentença judiciária, far-se-ão na ordem de apresentação dos precatórios e à conta dos créditos respectivos, sendo proibida a designação de casos ou de pessoas nas dotações orçamentárias e nos créditos adicionais abertos para esse fim.

• V. art. 1º, Lei 6.830/1980 (Execução fiscal).

Art. 68. O regime de adiantamento é aplicável aos casos de despesas expressamente definidos em lei e consiste na entrega de numerário a servidor, sempre precedida de empenho na dotação própria para o fim de realizar despesa que não possam subordinar-se ao processo normal de aplicação.

Art. 69. Não se fará adiantamento a servidor em alcance nem a responsável por dois adiantamentos.

Art. 70. A aquisição de material, o fornecimento e a adjudicação de obras e serviços serão regulados em lei, respeitado o princípio da concorrência.

TÍTULO VII
DOS FUNDOS ESPECIAIS

Art. 71. Constitui fundo especial o produto de receitas especificadas que por lei se vinculam à realização de determinados objetivos ou serviços, facultada a adoção de normas peculiares de aplicação.

Art. 72. A aplicação das receitas orçamentárias vinculadas a fundos especiais far-se-á através de dotação consignada na Lei de Orçamento ou em créditos adicionais.

Art. 73. Salvo determinação em contrário da lei que o instituiu, o saldo positivo do fundo especial apurado em balanço será transferido para o exercício seguinte, a crédito do mesmo fundo.

Art. 74. A lei que instituir fundo especial poderá determinar normas peculiares de controle, prestação e tomada de contas, sem, de qualquer modo, elidir a competência específica do Tribunal de Contas ou órgão equivalente.

Lei 4.320/1964

TÍTULO VIII
DO CONTROLE DA EXECUÇÃO ORÇAMENTÁRIA

Capítulo I
DISPOSIÇÕES GERAIS

Art. 75. O controle da execução orçamentária compreenderá:

• V. art. 70, CF.

I – a legalidade dos atos de que resultem a arrecadação da receita ou a realização da despesa, o nascimento ou a extinção de direitos e obrigações;

II – a fidelidade funcional dos agentes da administração, responsáveis por bens e valores públicos;

III – o cumprimento do programa de trabalho expresso em termos monetários e em termos de realização de obras e prestação de serviços.

• V. art. 79.

Capítulo II
DO CONTROLE INTERNO

Art. 76. O Poder Executivo exercerá os três tipos de controle a que se refere o art. 75, sem prejuízo das atribuições do Tribunal de Contas ou órgão equivalente.

• V. art. 74, CF.

Art. 77. A verificação da legalidade dos atos de execução orçamentária será prévia, concomitante e subsequente.

Art. 78. Além da prestação ou tomada de contas anual, quando instituída em lei, ou por fim de gestão, poderá haver, a qualquer tempo, levantamento, prestação ou tomada de contas de todos os responsáveis por bens ou valores públicos.

Art. 79. Ao órgão incumbido da elaboração da proposta orçamentária ou a outro indicado na legislação, caberá o controle estabelecido no inciso III do art. 75.

Parágrafo único. Esse controle far-se-á, quando for o caso, em termos de unidades de medida, previamente estabelecidos para cada atividade.

Art. 80. Compete aos serviços de contabilidade ou órgãos equivalentes verificar a exata observância dos limites das cotas trimestrais atribuídas a cada unidade orçamentária, dentro do sistema que for instituído para esse fim.

Capítulo III
DO CONTROLE EXTERNO

Art. 81. O controle da execução orçamentária, pelo Poder Legislativo, terá por objetivo verificar a probidade da administração, a guarda e legal emprego dos dinheiros públicos e o cumprimento da Lei de Orçamento.

• V. art. 71, CF.

Art. 82. O Poder Executivo, anualmente, prestará contas ao Poder Legislativo, no prazo estabelecido nas Constituições ou nas Leis Orgânicas dos Municípios.

§ 1º As contas do Poder Executivo serão submetidas ao Poder Legislativo, com parecer prévio do Tribunal de Contas ou órgão equivalente.

§ 2º Quando, no Município, não houver Tribunal de Contas ou órgão equivalente, a Câmara de Vereadores poderá designar peritos contadores para verificarem as contas do prefeito e sobre elas emitirem parecer.

TÍTULO IX
DA CONTABILIDADE

Capítulo I
DISPOSIÇÕES GERAIS

Art. 83. A contabilidade evidenciará perante a Fazenda Pública a situação de todos quantos, de qualquer modo, arrecadem receitas, efetuem despesas, administrem ou guardem bens a ela pertencentes ou confiados.

Art. 84. Ressalvada a competência do Tribunal de Contas ou órgão equivalente, a tomada de contas dos agentes responsáveis por bens ou dinheiros públicos será realizada ou superintendida pelos serviços de contabilidade.

Art. 85. Os serviços de contabilidade serão organizados de forma a permitirem o acompanhamento da execução orçamentária, o conhecimento da composição patrimonial, a determinação dos custos dos serviços industriais, o levantamento dos balanços gerais, a análise e a interpretação dos resultados econômicos e financeiros.

Lei 4.320/1964

Art. 86. A escrituração sintética das operações financeiras e patrimoniais efetuar-se-á pelo método das partidas dobradas.

Art. 87. Haverá controle contábil dos direitos e obrigações oriundos de ajustes ou contratos em que a administração pública for parte.

Art. 88. Os débitos e créditos serão escriturados com individuação do devedor ou do credor e especificação da natureza, importância e data do vencimento, quando fixada.

Art. 89. A contabilidade evidenciará os fatos ligados à administração orçamentária, financeira, patrimonial e industrial.

Capítulo II
DA CONTABILIDADE ORÇAMENTÁRIA E FINANCEIRA

Art. 90. A contabilidade deverá evidenciar, em seus registros, o montante dos créditos orçamentários vigentes, a despesa empenhada e a despesa realizada, à conta dos mesmos créditos, e às dotações disponíveis.

Art. 91. O registro contábil da receita e da despesa far-se-á de acordo com as especificações constantes da Lei de Orçamento e dos créditos adicionais.

Art. 92. A dívida flutuante compreende:
I – os restos a pagar, excluídos os serviços da dívida;
II – os serviços da dívida a pagar;
III – os depósitos;
IV – os débitos de tesouraria.

Parágrafo único. O registro dos Restos a Pagar far-se-á por exercício e por credor, distinguindo-se as despesas processadas das não processadas.

Art. 93. Todas as operações de que resultem débitos e créditos de natureza financeira, não compreendidas na execução orçamentária, serão também objeto de registro, individuação e controle contábil.

Capítulo III
DA CONTABILIDADE PATRIMONIAL E INDUSTRIAL

Art. 94. Haverá registros analíticos de todos os bens de caráter permanente, com indicação dos elementos necessários para a perfeita caracterização de cada um deles e dos agentes responsáveis pela sua guarda e administração.

Art. 95. A contabilidade manterá registros sintéticos dos bens móveis e imóveis.

Art. 96. O levantamento geral dos bens móveis e imóveis terá por base o inventário analítico de cada unidade administrativa e os elementos da escrituração sintética na contabilidade.

Art. 97. Para fins orçamentários e determinação dos devedores, ter-se-á o registro contábil das receitas patrimoniais, fiscalizando-se sua efetivação.

Art. 98. A dívida fundada compreende os compromissos de exigibilidade superior a 12 (doze) meses, contraídos para atender a desequilíbrio orçamentário ou a financeiro de obras e serviços públicos.

Parágrafo único. A dívida fundada será escriturada com individuação e especificações que permitem verificar, a qualquer momento, a posição dos empréstimos, bem como os respectivos serviços de amortização e juros.

• V. art. 35, I, CF.

Art. 99. Os serviços públicos industriais, ainda que não organizados como empresa pública ou autárquica, manterão contabilidade especial para determinação dos custos, ingressos e resultados, sem prejuízo da escrituração patrimonial e financeira comum.

Art. 100. As alterações da situação líquida patrimonial, que abrangem os resultados da execução orçamentária, bem como as variações independentes dessa execução e as superveniências e insubsistências ativas e passivas, constituirão elementos da conta patrimonial.

Capítulo IV
DOS BALANÇOS

Art. 101. Os resultados gerais do exercício serão demonstrados no Balanço Orçamentário, no Balanço Financeiro, no Balanço Patrimonial, na Demonstração das Variações Patrimoniais, segundo os Anexos 12, 13, 14 e 15 e os quadros demonstrativos constantes dos Anexos 1, 6, 7, 8, 9, 10, 11, 16 e 17.

Lei 4.320/1964

LEGISLAÇÃO

Art. 102. O Balanço Orçamentário demonstrará as receitas e despesas previstas em confronto com as realizadas.

Art. 103. O Balanço Financeiro demonstrará a receita e a despesa orçamentárias, bem como os recebimentos e os pagamentos de natureza extraorçamentária, conjugados com os saldos em espécie provenientes do exercício anterior, e os que se transferem para o exercício seguinte.

Parágrafo único. Os Restos a Pagar do exercício serão computados na receita extraorçamentária para compensar sua inclusão na despesa orçamentária.

Art. 104. A Demonstração das Variações Patrimoniais evidenciará as alterações verificadas no patrimônio, resultantes ou independentes da execução orçamentária, e indicará o resultado patrimonial do exercício.

Art. 105. O Balanço Patrimonial demonstrará:

I – o Ativo Financeiro;
II – o Ativo Permanente;
III – o Passivo Financeiro;
IV – o Passivo Permanente;
V – o Saldo Patrimonial;
VI – as Contas de Compensação.

§ 1º O Ativo Financeiro compreenderá os créditos e valores realizáveis independentemente de autorização orçamentária e os valores numerários.

§ 2º O Ativo Permanente compreenderá os bens, créditos e valores, cuja mobilização ou alienação dependa de autorização legislativa.

§ 3º O Passivo Financeiro compreenderá as dívidas fundadas e outras, cujo pagamento independa de autorização orçamentária.

§ 4º O Passivo Permanente compreenderá as dívidas fundadas e outras que dependam de autorização legislativa para amortização ou resgate.

§ 5º Nas contas de compensação serão registrados os bens, valores, obrigações, e situações não compreendidas nos parágrafos anteriores e que, imediata ou indiretamente, possam vir a afetar o patrimônio.

Art. 106. A avaliação dos elementos patrimoniais obedecerá às normas seguintes:

I – os débitos e créditos, bem como os títulos de renda, pelo seu valor nominal, feita a conversão, quando em moeda estrangeira, à taxa de câmbio vigente na data do balanço;

II – os bens móveis e imóveis, pelo valor de aquisição ou pelo custo de produção ou de construção;

III – os bens de almoxarifado, pelo preço médio ponderado das compras.

§ 1º Os valores em espécie, assim como os débitos e créditos, quando em moeda estrangeira, deverão figurar ao lado das correspondentes importâncias em moeda nacional.

§ 2º As variações resultantes da conversão dos débitos, créditos e valores em espécie serão levadas à conta patrimonial.

§ 3º Poderão ser feitas reavaliações dos bens móveis e imóveis.

TÍTULO X
DAS AUTARQUIAS E OUTRAS ENTIDADES

Art. 107. As entidades autárquicas ou paraestatais, inclusive de previdência social ou investidas de delegação para arrecadação de contribuições parafiscais da União, dos Estados, dos Municípios e do Distrito Federal, terão seus orçamentos aprovados por decreto do Poder Executivo, salvo se disposição legal expressa determinar que o sejam pelo Poder Legislativo.

Parágrafo único. Compreendem-se nesta disposição as empresas com autonomia financeira e administrativa cujo capital pertencer, integralmente, ao Poder Público.

Art. 108. Os orçamentos das entidades referidas no artigo anterior vincular-se-ão ao orçamento da União, dos Estados, dos Municípios e do Distrito Federal, pela inclusão:

I – como receita, salvo disposição legal em contrário, de saldo positivo previsto entre os totais das receitas e despesas;

II – como subvenção econômica, na receita do orçamento da beneficiária, salvo disposição legal em contrário, do saldo negativo previsto entre os totais das receitas e despesas.

§ 1º Os investimentos ou inversões financeiras da União, dos Estados, dos Municípios e do Distrito Federal, realizados por intermédio das entidades aludidas no artigo anterior, serão classificados como receita de capital destas e despesa de transferência de capital daqueles.

§ 2º As previsões para depreciação serão computadas para efeito de apuração do saldo líquido das mencionadas entidades.

Art. 109. Os orçamentos e balanços das entidades compreendidas no art. 107 serão publicados como complemento dos orçamentos e balanços da União, dos Estados, dos Municípios e do Distrito Federal a que estejam vinculados.

Art. 110. Os orçamentos e balanços das entidades já referidas obedecerão aos padrões e normas instituídas por esta Lei, ajustados às respectivas peculiaridades.

Parágrafo único. Dentro do prazo que a legislação fixar os balanços serão remetidos ao órgão central de contabilidade da União, dos Estados, dos Municípios e do Distrito Federal, para fins de incorporação dos resultados, salvo disposição legal em contrário.

TÍTULO XI
DISPOSIÇÕES FINAIS

Art. 111. O Conselho Técnico de Economia e Finanças do Ministério da Fazenda, além de outras apurações, para fins estatísticos, de interesse nacional, organizará e publicará o balanço consolidado das contas da União, Estados, Municípios e Distrito Federal, suas autarquias e outras entidades, bem como um quadro estruturalmente idêntico, baseado em dados orçamentários.

§ 1º Os quadros referidos neste artigo terão a estrutura do Anexo 1.

§ 2º O quadro baseado nos orçamentos será publicado até o último dia do primeiro semestre do próprio exercício e o baseado nos balanços, até o último dia do segundo semestre do exercício imediato àquele a que se referirem.

Art. 112. Para cumprimento do disposto no artigo precedente, a União, os Estados, os Municípios e o Distrito Federal remeterão ao mencionado órgão, até 30 de abril, os orçamentos do exercício, e até 30 de junho, os balanços do exercício anterior.

Parágrafo único. O pagamento, pela União, de auxílio ou contribuição a Estados, Municípios ou Distrito Federal, cuja concessão não decorra de imperativo constitucional, dependerá de prova do atendimento ao que se determina neste artigo.

Art. 113. Para fiel e uniforme aplicação das presentes normas, o Conselho Técnico de Economia e Finanças do Ministério da Fazenda atenderá a consultas, coligirá elementos, promoverá o intercâmbio de dados informativos, expedirá recomendações técnicas, quando solicitadas, e atualizará, sempre que julgar conveniente, os anexos que integram a presente Lei.

Parágrafo único. Para os fins previstos neste artigo, poderão ser promovidas, quando necessário, conferências ou reuniões técnicas, com a participação de representantes das entidades abrangidas por estas normas.

Art. 114. Os efeitos desta Lei são contados a partir de 1º de janeiro de 1964, para o fim da elaboração dos orçamentos, e a partir de 1º de janeiro de 1965, quanto às demais atividades estatuídas.

• Artigo com redação determinada pela Lei 4.489/1964.

Art. 115. Revogam-se as disposições em contrário.

• Deixamos de publicar os anexos a esta Lei.

Brasília, 17 de março de 1964; 143º da Independência e 76º da República.
João Goulart
(DOU 23.03.1964; ret. 09.04 e 03.06.1964)

LEI 4.673,
DE 15 DE JUNHO DE 1965

Aplica aos bens penhorados em execuções fiscais as normas de impenhorabilidade do art. 942 do Código de Processo Civil.

• V. art. 108, § 4º, Lei 11.101/2005 (Lei de Recuperação de Empresas e Falência).

O Presidente da República:
Faço saber que o Congresso Nacional decreta e eu sanciono a seguinte Lei:

Art. 1º Nas execuções fiscais promovidas nos termos do Dec.-lei 960, de 1939, aplicam-se, quanto aos bens e direitos objeto de penhora, as cláusulas de impenhorabilidade, previstas no art. 942 do Código de Processo Civil.

• Refere-se ao CPC/1939.
• V. art. 833, CPC/2015.

Lei 4.729/1965

LEGISLAÇÃO

Art. 2º O executado nomeará bens à penhora, obedecendo-se à gradação prevista no Código de Processo Civil.

- V. arts. 835 e 842, CPC/2015.

Art. 3º Esta Lei entra em vigor na data de sua publicação.

Art. 4º Revogam-se as disposições em contrário.

Brasília, 15 de junho de 1965; 144º da Independência e 77º da República.

H. Castello Branco

(*DOU* 18.06.1965)

LEI 4.729, DE 14 DE JULHO DE 1965

Define o crime de sonegação fiscal e dá outras providências.

O Presidente da República:

Faço saber que o Congresso Nacional decreta e eu sanciono a seguinte Lei:

Art. 1º Constitui crime de sonegação fiscal:

- V. art. 34, Lei 9.249/1995 (Altera a legislação do Imposto de Renda).

I – prestar declaração falsa ou omitir, total ou parcialmente, informação que deva ser produzida a agentes das pessoas jurídicas de direito público interno, com a intenção de eximir-se, total ou parcialmente, do pagamento de tributos, taxas e quaisquer adicionais devidos por lei;

II – inserir elementos inexatos ou omitir rendimentos ou operações de qualquer natureza em documentos ou livros exigidos pelas leis fiscais, com a intenção de exonerar-se do pagamento de tributos devidos à Fazenda Pública;

III – alterar faturas e quaisquer documentos relativos a operações mercantis com o propósito de fraudar a Fazenda Pública;

IV – fornecer ou emitir documentos graciosos ou alterar despesas, majorando-as, com o objetivo de obter dedução de tributos devidos à Fazenda Pública, sem prejuízo das sanções administrativas cabíveis;

V – exigir, pagar ou receber, para si ou para o contribuinte beneficiário da paga, qualquer percentagem sobre a parcela dedutível ou deduzida do Imposto sobre a Renda como incentivo fiscal.

Pena – detenção, de 6 (seis) meses a 2 (dois) anos, e multa de duas a cinco vezes o valor do tributo.

- Inciso V acrescentado pela Lei 5.569/1969.

§ 1º Quando se tratar de criminoso primário, a pena será reduzida à multa de dez vezes o valor do tributo.

§ 2º Se o agente cometer o crime prevalecendo-se do cargo público que exerce, a pena será aumentada da sexta parte.

§ 3º O funcionário público com atribuições de verificação, lançamento ou fiscalização de tributos, que concorrer para a prática do crime de sonegação fiscal, será punido com a pena deste artigo, aumentada da terça parte, com a abertura obrigatória do competente processo administrativo.

Art. 2º *(Revogado pela Lei 8.383/1991.)*

Art. 3º Somente os atos definidos nesta Lei poderão constituir crime de sonegação fiscal.

Art. 4º A multa aplicada nos termos desta Lei será computada e recolhida, integralmente, como receita pública extraordinária.

Art. 5º No art. 334, do Código Penal, substituam-se os §§ 1º e 2º pelos seguintes:

"Art. 334. [...]

"§ 1º Incorre na mesma pena quem:

"*a*) pratica navegação de cabotagem, fora dos casos permitidos em lei;

"*b*) pratica fato assimilado, em lei especial, a contrabando ou descaminho;

"*c*) vende, expõe à venda, mantém em depósito ou, de qualquer forma, utiliza em proveito próprio ou alheio, no exercício de atividade comercial ou industrial, mercadoria de procedência estrangeira que introduziu clandestinamente no País ou importou fraudulentamente ou que sabe ser produto de introdução clandestina no território nacional ou de importação fraudulenta por parte de outrem;

"*d*) adquire, recebe ou oculta, em proveito próprio ou alheio, no exercício de atividade comercial ou industrial, mercadoria de procedência estrangeira, desacompanhada de documentação legal, ou acompanhada de documentos que sabe serem falsos.

Lei 5.143/1966

LEGISLAÇÃO

"§ 2º Equipara-se às atividades comerciais, para os efeitos deste artigo, qualquer forma de comércio irregular ou clandestino de mercadorias estrangeiras, inclusive o exercido em residências.

"§ 3º A pena aplica-se em dobro, se o crime de contrabando ou descaminho é praticado em transporte aéreo."

Art. 6º Quando se tratar de pessoa jurídica, a responsabilidade penal pelas infrações previstas nesta Lei será de todos os que, direta ou indiretamente ligados à mesma, de modo permanente ou eventual, tenham praticado ou concorrido para a prática da sonegação fiscal.

Art. 7º As autoridades administrativas que tiverem conhecimento de crime previsto nesta Lei, inclusive em autos e papéis que conhecerem, sob pena de responsabilidade, remeterão ao Ministério Público os elementos comprobatórios da infração, para instrução do procedimento criminal cabível.

§ 1º Se os elementos comprobatórios forem suficientes, o Ministério Público oferecerá, desde logo, denúncia.

§ 2º Sendo necessários esclarecimentos, documentos ou diligências complementares, o Ministério Público os requisitará, na forma estabelecida no Código de Processo Penal.

Art. 8º Em tudo o mais em que couber e não contrariar os arts. 1º a 7º desta Lei, aplicar-se-ão o Código Penal e o Código de Processo Penal.

Art. 9º *(Revogado pela Lei 8.021/1990.)*

Art. 10. O Poder Executivo procederá às alterações do Regulamento do Imposto de Renda decorrentes das modificações constantes desta Lei.

Art. 11. Esta Lei entrará em vigor 60 (sessenta) dias após sua publicação.

Art. 12. Revogam-se as disposições em contrário.

Brasília, em 14 de julho de 1965; 144º da Independência e 77º da República.

H. Castello Branco

(*DOU* 19.07.1965)

LEI 5.143,
DE 20 DE OUTUBRO DE 1966

Institui o Imposto sobre Operações Financeiras, regula a respectiva cobrança, dispõe sobre a aplicação das reservas monetárias oriundas da sua receita, e dá outras providências.

- V. Dec. 6.306/2007 (Regulamenta o Imposto sobre Operações de Crédito, Câmbio e Seguro, ou relativas a Títulos ou Valores Mobiliários – IOF).

O Presidente da República:
Faço saber que o Congresso Nacional decreta e eu sanciono a seguinte Lei:

Art. 1º O Imposto sobre Operações Financeiras incide nas operações de crédito e seguro, realizadas por instituições financeiras e seguradoras, e tem como fato gerador:
I – no caso de operações de crédito, a entrega do respectivo valor ou sua colocação à disposição do interessado;
II – no caso de operações de seguro, o recebimento do prêmio.

- V. art. 63, CTN.

Art. 2º Constituirá a base do imposto:

- V. art. 64, CTN.

I – nas operações de crédito, o valor global dos saldos das operações de empréstimo de abertura de crédito, e de desconto de títulos, apurados mensalmente;
II – nas operações de seguro, o valor global dos prêmios recebidos em cada mês.

Art. 3º O imposto será cobrado com as seguintes alíquotas:
I – empréstimos sob qualquer modalidade, as aberturas de crédito, e os descontos de títulos – 0,3% (três décimos por cento);
II – seguro de vida e congêneres e de acidentes pessoais e do trabalho – 1,0% (um por cento);
III – seguros de bens, valores, coisas e outros não especificados, excluídos o resseguro, o seguro de crédito a exportação e o de transporte de mercadorias em viagens internacionais – 2,0% (dois por cento).

- V. art. 8º.
- V. art. 65, CTN.
- V. art. 1º, Dec.-lei 1.783/1980 (Imposto sobre Operações Financeiras).

Art. 4º São contribuintes do imposto os tomadores de crédito e os segurados.

Lei 5.143/1966

LEGISLAÇÃO

- Artigo com redação determinada pelo Dec.-lei 914/1969.
- V. art. 3º, Dec.-lei 1.783/1980 (Imposto sobre Operações Financeiras).

Art. 5º São responsáveis pela cobrança do imposto e pelo seu recolhimento ao Banco Central do Brasil, ou a quem este determinar, nos prazos fixados pelo Conselho Monetário Nacional:

- Artigo com redação determinada pelo Dec.-lei 914/1969.
- V. art. 3º, Dec.-lei 1.783/1980 (Imposto sobre Operações Financeiras).

I – nas operações de crédito, as instituições financeiras a que se refere o art. 17 da Lei 4.595, de 31 de dezembro de 1964;

II – nas operações de seguro, o segurador ou as instituições financeiras a quem este encarregar da cobrança dos prêmios.

Art. 6º Sem prejuízo da pena criminal que couber, serão punidos com:

I – multa de 30% (trinta por cento) a 100% (cem por cento) do valor do imposto devido: a falta de recolhimento do imposto no prazo fixado;

II – multa de valor equivalente a 500 (quinhentas) Obrigações do Tesouro Nacional – OTN: a falsificação ou adulteração de guia, livro ou outro papel necessário ao registro ou ao recolhimento do imposto ou a coautoria na prática de qualquer dessas infrações;

- Inciso II com redação determinada pelo Dec.-lei 2.391/1987.

III – multa de valor equivalente a 350 (trezentas e cinquenta) Obrigações do Tesouro Nacional – OTN: o embaraço ou impedimento da ação fiscalizadora ou a recusa de exibição de livros, guias ou outro papel necessário ao registro ou ao recolhimento do imposto, quando solicitado pela fiscalização;

- Inciso III com redação determinada pelo Dec.-lei 2.391/1987.

IV – multa de valor equivalente a 20 (vinte) Obrigações do Tesouro Nacional – OTN: qualquer outra infração prevista no Regulamento.

- Inciso IV com redação determinada pelo Dec.-lei 2.391/1987.

Parágrafo único. Na hipótese do inciso III será imposta cumulativamente a penalidade que couber, se for apurada a prática de outra infração.

Art. 7º A instituição financeira ou seguradora, que, antes de qualquer procedimento fiscal, recolher espontaneamente o imposto fora do prazo previsto, ficará sujeita à multa de 20% (vinte por cento) do imposto, a qual será incluída na mesma guia correspondente ao tributo, sem necessidade de autorização ou despacho.

- Artigo com redação determinada pelo Dec.-lei 914/1969.

Parágrafo único. O pagamento do imposto, sem a multa a que se refere este artigo, importará na aplicação das penalidades do art. 6º.

Art. 8º A fiscalização da aplicação desta Lei caberá ao Banco Central da República do Brasil, que poderá delegá-la, no todo ou em parte, ao Departamento Nacional de Seguros Privados e Capitalização do Ministério da Indústria e do Comércio, no que respeita às operações previstas nos incisos II e III do art. 3º, ou a outros órgãos ou autoridades em todo o País ou apenas em certas regiões, segundo entenda conveniente.

Art. 9º O Conselho Monetário Nacional baixará normas para execução do presente Decreto-lei, estabelecendo inclusive o processo fiscal aplicável às controvérsias a respeito do imposto.

- Artigo com redação determinada pelo Dec.-lei 914/1969.

§ 1º Enquanto não for expedida a regulamentação de que trata este artigo, aplicar-se-ão as normas de processo fiscal relativas ao Imposto sobre Produtos Industrializados.

§ 2º O julgamento dos processos contraditórios caberá:

I – em primeira instância, ao órgão ou autoridade que o Conselho Monetário Nacional designar;

II – em segunda instância, ao Terceiro Conselho de Contribuintes.

Art. 10. O Conselho Monetário Nacional poderá desdobrar as hipóteses de incidência, modificar ou eliminar as alíquotas e alterar as bases de cálculo do imposto, observado, no caso de aumento, o limite máximo do dobro daquela que resultar das normas desta Lei.

- V. art. 65, CTN.

Lei 5.143/1966

LEGISLAÇÃO

Art. 11. Do produto da arrecadação do imposto será destacada uma parcela, não superior a 2% (dois por cento), destinada às despesas de custeio do Banco Central da República do Brasil na substituição da taxa de fiscalização referida no § 1º do art. 16 da Lei 4.595, de 31 de dezembro de 1964, que fica extinta.

Art. 12. A receita bruta do imposto se destinará à formação de reservas monetárias, as quais serão aplicadas pelo Banco Central do Brasil na intervenção nos mercados de câmbio e de títulos, na assistência a instituições financeiras, particularmente ao Banco Nacional do Desenvolvimento Econômico, e em outros fins, conforme estabelecer o Conselho Monetário Nacional.

- Artigo com redação determinada pelo Dec.-lei 1.343/1974.
- V. art. 67, CTN.

§ 1º Em casos excepcionais, visando a assegurar a normalidade dos mercados financeiro e de capitais ou a resguardar os legítimos interesses de depositantes, investidores e demais credores, acionistas e sócios minoritários, poderá o Conselho Monetário Nacional autorizar o Banco Central do Brasil a aplicar recursos das reservas monetárias:

a) na recomposição do patrimônio de instituições financeiras e de sociedades integrantes do sistema de distribuição no mercado de capitais, referidas nos incisos I, III e IV do art. 5º da Lei 4.728, de 11 de julho de 1965, com o saneamento de seus ativos e passivos;

b) no pagamento total ou parcial do passivo de qualquer das instituições ou sociedades referidas na alínea precedente, mediante as competentes cessões e transferências dos correspondentes créditos, direitos e ações, a serem efetivadas pelos respectivos titulares ao Banco Central do Brasil, caso decretada a intervenção na instituição ou sociedade ou a sua liquidação extrajudicial, nos termos da legislação vigente.

§ 2º Na hipótese da alínea a do parágrafo anterior, poderá o Banco Central do Brasil deixar de decretar a intervenção na instituição ou sociedade, ou a sua liquidação extrajudicial, se entender que as providências a serem adotadas possam conduzir à completa normalização da situação da empresa.

Art. 13. As vinculações da receita de Imposto de Selo, de que tratam o art. 4º da Lei 3.519, de 30 de dezembro de 1958, e o art. 6º da Lei 3.736, de 22 de março de 1960, passarão a ser feitas com base na arrecadação do Imposto sobre Produtos Industrializados correspondente à posição 24.02 da Tabela anexa à Lei 4.502, de 30 de novembro de 1964.

Art. 14. Os casos omissos nesta Lei serão resolvidos pelo Conselho Monetário Nacional.

Art. 15. São revogadas as leis relativas ao Imposto de Selo e as disposições em contrário, e o art. 11 da Lei 1.002, de 24 de dezembro de 1949, observado o seguinte:

I – aplicar-se-á a legislação vigente à época em que se constitui a obrigação tributária, no caso de exigência do imposto cujo fato gerador tenha ocorrido até 31 de dezembro de 1966;

II – a complementação periódica ao Imposto de Selo deixará de ser obrigatória a partir de 1º de janeiro de 1967, ainda que a ocorrência do respectivo fato gerador seja anterior à vigência desta Lei;

III – as sanções previstas na Lei 4.505, de 30 de novembro de 1964, regulamentada pelo Dec. 55.852, de 22 de março de 1955, aplicam-se às infrações das respectivas normas ocorridas durante a sua vigência, ainda que se relacionem com hipóteses de incidência que esta Lei revoga.

Art. 16. A partir da data da publicação desta Lei, o Ministro da Fazenda, por proposta do Conselho Monetário Nacional, poderá reduzir ou suprimir o Imposto de Selo sobre operações de câmbio.

Art. 17. O Conselho Monetário Nacional poderá permitir que a assinatura no cheque seja impressa, por processo mecânico, atendidas as cautelas que estabelecer.

Art. 18. Esta Lei entrará em vigor no dia 1º de janeiro de 1967, salvo quanto aos arts. 16 e 17, que vigorarão a partir da data de sua publicação.

Brasília, em 20 de outubro de 1965; 145º da Independência e 78º da República.

H. Castello Branco

(*DOU* 24.10.1966)

Dec.-lei 37/1966

LEGISLAÇÃO

DECRETO-LEI 37,
DE 18 DE NOVEMBRO DE 1966

Dispõe sobre o Imposto de Importação, reorganiza os serviços aduaneiros e dá outras providências.

O Presidente da República, usando da atribuição que lhe confere o art. 31, parágrafo único, do Ato Institucional n. 2, de 27 de outubro de 1965, decreta:

TÍTULO I
IMPOSTO DE IMPORTAÇÃO
Capítulo I
INCIDÊNCIA

- V. Lei 8.085/1990 (Imposto de Importação).

Art. 1º O Imposto de Importação incide sobre mercadoria estrangeira e tem como fato gerador sua entrada no território nacional.

- *Caput* com redação determinada pelo Dec.-lei 2.472/1988.
- V. art. 23, parágrafo único.
- V. art. 19, CTN.

§ 1º Para fins de incidência do imposto, considerar-se-á também estrangeira a mercadoria nacional ou nacionalizada exportada, que retornar ao País, salvo se:

- § 1º com redação determinada pelo Dec.-lei 2.472/1988.

a) enviada em consignação e não vendida no prazo autorizado;
b) devolvida por motivo de defeito técnico, para reparo ou substituição;
c) por motivo de modificações na sistemática de importação por parte do país importador;
d) por motivo de guerra ou calamidade pública;
e) por outros fatores alheios à vontade do exportador.

§ 2º Para efeito de ocorrência do fato gerador, considerar-se-á entrada no território nacional a mercadoria que constar como tendo sido importada e cuja falta venha a ser apurada pela autoridade aduaneira.

- § 2º com redação determinada pelo Dec.-lei 2.472/1988.

§ 3º Para fins de aplicação do disposto no § 2º deste artigo, o regulamento poderá estabelecer percentuais de tolerância para a falta apurada na importação de granéis que, por sua natureza ou condições de manuseio na descarga, estejam sujeitos a quebra ou decréscimo de quantidade ou peso.

- § 3º com redação determinada pelo Dec.-lei 2.472/1988.

§ 4º O imposto não incide sobre mercadoria estrangeira:

- *Caput* do § 4º acrescentado pela Lei 10.833/2003.

I – destruída sob controle aduaneiro, sem ônus para a Fazenda Nacional, antes de desembaraçada;

- Inciso I com redação determinada pela Lei 12.350/2010.

II – em trânsito aduaneiro de passagem, acidentalmente destruída; ou

- Inciso II acrescentado pela Lei 10.833/2003.

III – que tenha sido objeto de pena de perdimento, exceto na hipótese em que não seja localizada, tenha sido consumida ou revendida.

- Inciso III acrescentado pela Lei 10.833/2003.

Capítulo II
BASE DE CÁLCULO

Art. 2º A base de cálculo do imposto é:

- Artigo com redação determinada pelo Dec.-lei 2.472/1988.

I – quando a alíquota for específica, a quantidade de mercadoria, expressa na unidade de medida indicada na tarifa;

- V. art. 20, I, CTN.

II – quando a alíquota for *ad valorem*, o valor aduaneiro apurado segundo normas do art. VII do Acordo Geral sobre Tarifas Aduaneiras e Comércio (Gatt).

- V. art. 20, II, CTN.

Arts. 3º a 6º *(Revogados pelo Dec.-lei 2.472/1988.)*

Art. 7º *(Revogado pelo Dec.-lei 730/1969.)*

[...]

Seção V
Similaridade

Art. 17. A isenção do Imposto de Importação somente beneficia produto sem simi-

Dec.-lei 37/1966

LEGISLAÇÃO

lar nacional, em condições de substituir o importado.
- V. art. 1º, Lei 9.449/1997 (Imposto sobre a Importação).
- V. Súmula 89, STF.

Parágrafo único. Excluem-se do disposto neste artigo:
I – os casos previstos no art. 13 e nos incisos IV a VIII do art. 15 deste Decreto-lei e no art. 4º da Lei 3.244, de 14 de agosto de 1957;
II – as partes, peças, acessórios, ferramentas e utensílios:
a) que, em quantidade normal, acompanham o aparelho, instrumento, máquina ou equipamento;
b) destinados, exclusivamente, na forma do regulamento, ao reparo ou manutenção de aparelho, instrumento, máquina ou equipamento de procedência estrangeira, instalado ou em funcionamento no País;
III – os casos de importações resultando de concorrência com financiamento internacional superior a 15 (quinze) anos, em que tiver sido assegurada a participação da indústria nacional com uma margem de proteção não inferior a 15% (quinze por cento) sobre o preço do CIF, porto de desembarque brasileiro, de equipamento estrangeiro oferecido de acordo com as normas que regulam a matéria;
IV – *(Revogado pelo Dec.-lei 2.433/1988.)*
V – bens doados, destinados a fins culturais, científicos e assistenciais, desde que os beneficiários sejam entidades sem fins lucrativos.
- Inciso V acrescentado pela Lei 10.833/2003.

Art. 18. O Conselho de Política Aduaneira formulará critérios, gerais ou específicos, para julgamento da similaridade, à vista das condições de oferta do produto nacional, e observadas as seguintes normas básicas:
- V. art. 20, II, CTN.
- V. art. 1º, Lei 9.449/1997 (Imposto sobre a Importação).

I – preço não superior ao custo de importação em cruzeiros do similar estrangeiro, calculado com base no preço normal, acrescido dos tributos que incidem sobre a importação, e de outros encargos de efeito equivalente;
II – prazo de entrega normal ou corrente para o mesmo tipo de mercadoria;
III – qualidade equivalente e especificações adequadas.

§ 1º Ao formular critérios de similaridade, o Conselho de Política Aduaneira considerará a orientação de órgãos governamentais incumbidos da política relativa a produtos ou a setores de produção.

§ 2º Quando se tratar de projeto de interesse econômico fundamental, financiado por entidade internacional de crédito, poderão ser consideradas, para efeito de aplicação do disposto neste artigo, as condições especiais que regularem a participação da indústria nacional no fornecimento de bens.

§ 3º Não será aplicável o conceito de similaridade quando importar em fracionamento da peça ou máquina, com prejuízo da garantia em funcionamento ou com retardamento substancial no prazo de entrega ou montagem.

Art. 19. A apuração da similaridade deverá ser feita pelo Conselho de Política Aduaneira, diretamente ou em colaboração com outros órgãos governamentais ou entidades de classe, antes da importação.

Parágrafo único. Os critérios de similaridade fixados na forma estabelecida neste Decreto-lei e seu regulamento serão observados pela Carteira de Comércio Exterior, quando do exame dos pedidos de importação.

Art. 20. Independem de apuração, para serem considerados similares, os produtos naturais ou com beneficiamento primário, as matérias-primas e os bens de consumo, de notória produção no País.

Art. 21. No caso das disposições da Tarifa Aduaneira que condicionam a incidência do imposto ou o nível de alíquota à exigência de similar, registrado, o Conselho de Política Aduaneira publicará a relação dos produtos com similar nacional.

Capítulo IV
CÁLCULO E RECOLHIMENTO DO IMPOSTO

Art. 22. O imposto será calculado pela publicação, das alíquotas previstas na Tarifa Aduaneira, sobre a base de cálculo definida no Capítulo II deste Título.

Art. 23. Quando se tratar de mercadoria despachada para consumo, considera-se

Dec.-lei 37/1966

Legislação

ocorrido o fato gerador na data do registro, na repartição aduaneira, da declaração a que se refere o art. 44.

Parágrafo único. A mercadoria ficará sujeita aos tributos vigorantes na data em que a autoridade aduaneira efetuar o correspondente lançamento de ofício no caso de:

- Parágrafo único com redação determinada pela Lei 12.350/2010.

I – falta, na hipótese a que se refere o § 2º do art. 1º; e

II – introdução no País sem o registro de declaração de importação, a que se refere o inciso III do § 4º do art. 1º.

Art. 24. Para efeito de cálculo do imposto, os valores expressos em moeda estrangeira serão convertidos em moeda nacional à taxa de câmbio vigente no momento da ocorrência do fato gerador.

Parágrafo único. A taxa a que se refere este artigo será estabelecida para venda da moeda respectiva no último dia útil de cada semana, para vigência na semana subsequente.

- Parágrafo único com redação determinada pela Lei 7.683/1988.
- V. art. 106, Lei 8.981/1995 (Altera a legislação tributária federal).

Art. 25. Na ocorrência de dano casual ou de acidente, o valor aduaneiro da mercadoria será reduzido proporcionalmente ao prejuízo, para efeito de cálculo dos tributos devidos, observado o disposto no art. 60.

- *Caput* com redação determinada pela Lei 12.350/2010.

Parágrafo único. Quando a alíquota for específica, o montante do imposto será reduzido proporcionalmente ao valor do prejuízo apurado.

Art. 26. Na transferência de propriedade ou uso de bens prevista no art. 11, os tributos e gravames cambiais dispensados quando da importação, serão reajustados pela aplicação dos índices de correção monetária fixados pelo Conselho Nacional de Economia e das taxas de depreciação estabelecidas no regulamento.

Art. 27. O recolhimento do imposto será realizado na forma e momento indicados no regulamento.

Capítulo V
RESTITUIÇÃO

Art. 28. Conceder-se-á restituição do imposto, na forma do regulamento:

I – quando apurado excesso no pagamento, decorrente de erro de cálculo ou de aplicação de alíquota;

II – quando houver dano ou avaria, perda ou extravio.

§ 1º A restituição de tributos independe da iniciativa do contribuinte, podendo processar-se de ofício, como estabelecer o regulamento sempre que se apurar excesso de pagamento na conformidade deste artigo.

§ 2º As reclamações do importador quanto a erro ou engano, nas declarações, sobre quantidade ou qualidade da mercadoria, ou no caso do inciso II deste artigo, deverão ser apresentadas antes de sua saída de recintos aduaneiros.

Art. 29. A restituição será efetuada, mediante anulação contábil da respectiva receita, pela autoridade incumbida de promover a cobrança originária a qual, ao reconhecer o direito creditório contra a Fazenda Nacional, autorizará a entrega da importância considerada indevida.

§ 1º Quando a importância a ser restituída for superior a Cr$ 5.000.000,00 (cinco milhões de cruzeiros) o chefe da repartição aduaneira recorrerá de ofício para o diretor do Departamento de Rendas Aduaneiras.

§ 2º Nos casos de que trata o parágrafo anterior, a importância da restituição será classificada em conta de responsáveis, a débito dos beneficiários, até que seja anotada a decisão do diretor do Departamento de Rendas Aduaneiras.

Art. 30. Na restituição de depósitos, que também poderá processar-se de ofício, a importância da correção monetária, de que trata o art. 7º, § 3º, da Lei 4.357, de 16 de julho de 1964, obedecerá igualmente ao que dispõe o artigo anterior.

Capítulo VI
CONTRIBUINTES E RESPONSÁVEIS

Art. 31. É contribuinte do imposto:

- Artigo com redação determinada pelo Dec.-lei 2.472/1988.

Dec.-lei 37/1966

LEGISLAÇÃO

I – o importador, assim considerada qualquer pessoa que promova a entrada de mercadoria estrangeira no território nacional;
II – o destinatário de remessa postal internacional indicado pelo respectivo remetente;
III – o adquirente de mercadoria entrepostada.

Art. 32. É responsável pelo imposto:
- Caput com redação determinada pelo Dec.-lei 2.472/1988.

I – o transportador, quando transportar mercadoria procedente do exterior ou sob controle aduaneiro, inclusive em percurso interno;
II – o depositário, assim considerada qualquer pessoa incumbida da custódia de mercadoria sob controle aduaneiro.

Parágrafo único. É responsável solidário:
- Caput do parágrafo único acrescentado pelo Dec.-lei 2.472/1988. A MP 2.158-35/2001, que altera este dispositivo, traz idêntica redação.

a) o adquirente ou cessionário de mercadoria beneficiada com isenção ou redução do imposto;
- Alínea a acrescentada pelo Dec.-lei 2.472/1988. A MP 2.158-35/2001, que altera este dispositivo, traz idêntica redação.

b) o representante, no País, do transportador estrangeiro;
- Alínea b acrescentada pelo Dec.-lei 2.472/1988. A MP 2.158-35/2001, que altera este dispositivo, traz idêntica redação.

c) o adquirente de mercadoria de procedência estrangeira, no caso de importação realizada por sua conta e ordem, por intermédio de pessoa jurídica importadora;
- Alínea c acrescentada pela MP 2.158-35/2001. A Lei 11.281/2006, que altera este dispositivo, traz idêntica redação.

d) o encomendante predeterminado que adquire mercadoria de procedência estrangeira de pessoa jurídica importadora.
- Alínea d acrescentada pela Lei 11.281/2006.

[...]

TÍTULO V
PROCESSO FISCAL

Capítulo I
DISPOSIÇÕES GERAIS

Art. 118. A infração será apurada mediante processo fiscal, que terá por base a representação ou auto lavrado pelo agente fiscal do imposto aduaneiro ou guarda aduaneiro, observadas, quanto a este, as restrições do regulamento.

Parágrafo único. O regulamento definirá os casos em que o processo fiscal terá por base a representação.

Art. 119. São anuláveis:
I – o auto, a representação ou o termo:
a) que não contenha elementos suficientes para determinar a infração e o infrator, ressalvados, quanto à identificação deste, os casos de abandono da mercadoria pelo próprio infrator;
b) lavrado por funcionário diferente do indicado no art. 118;
II – a decisão ou o despacho proferido por autoridade incompetente, ou com preterição do direito de defesa.

Parágrafo único. A nulidade é sanável pela repetição do ato ou suprida pela sua retificação ou complementação, nos termos do regulamento.

Art. 120. A nulidade de qualquer ato não prejudicará senão os posteriores que dele dependam diretamente ou dele sejam consequência.

Art. 121. Nas fases de defesa, recurso e pedido de reconsideração, dar-se-á vista do processo ao sujeito passivo de procedimento fiscal.

Art. 122. Compete o preparo do processo fiscal à repartição aduaneira com jurisdição no local onde se formalizar o procedimento.

Art. 123. O responsável pela infração será intimado a apresentar defesa no prazo de 30 (trinta) dias da ciência do procedimento fiscal, prorrogável por mais 10 (dez) dias, por motivo imperioso, alegado pelo interessado.

Parágrafo único. Se o término do prazo cair em dia em que não haja expediente normal na repartição, considerar-se-á prorrogado o prazo até o primeiro dia útil seguinte.

Art. 124. A intimação a que se refere o artigo anterior, ou para satisfazer qualquer exigência, obedecerá a uma das seguintes formas, como estabelecer o regulamento:
I – pessoalmente;
II – através do Correio, pelo sistema denominado "AR" (Aviso de Recebimento);

Dec.-lei 37/1966

LEGISLAÇÃO

III – mediante publicação no *Diário Oficial da União* ou *do Estado* em que estiver localizada a repartição ou em jornal local de grande circulação;
IV – por edital afixado na portaria da repartição.
§ 1º Omitida a data no recibo "AR" a que se refere o inciso II deste artigo, dar-se-á por feita a intimação 15 (quinze) dias depois da entrada da carta de notificação no Correio.
§ 2º O regulamento estabelecerá os prazos não afixados neste Decreto-lei, para qualquer diligência.

Art. 125. A competência para julgamento do processo fiscal será estabelecida no regulamento.

Art. 126. As inexatidões materiais, devidas a lapso manifesto, e os erros de escrita ou cálculo, existentes na decisão, poderão ser corrigidos por despacho de ofício ou por provocação do interessado ao funcionário.

Art. 127. Proferida a decisão, dela serão cientificadas as partes, na forma do art. 124.

Capítulo II
PEDIDO DE RECONSIDERAÇÃO E RECURSO

Art. 128. Da decisão caberá:
I – em primeira ou segunda instância, pedido de reconsideração apresentado no prazo de 30 (trinta) dias, que fluirá simultaneamente com o da interposição do recurso, quando for o caso;
II – recurso:
a) voluntário, em igual prazo, mediante prévio depósito do valor em litígio ou prestação de fiança idônea, para o Conselho Superior de Tarifa;
b) de ofício, na própria decisão ou posteriormente em novo despacho, quando o litígio, de valor superior a Cr$ 500.000,00 (quinhentos mil cruzeiros), for decidido a favor da parte, total ou parcialmente.

Parágrafo único. No caso de restituição de tributo, o recurso será interposto para o diretor do Departamento de Rendas Aduaneiras, impondo-se o de ofício quando o litígio for de valor superior a Cr$ 5.000.000,00 (cinco milhões de cruzeiros).

Art. 129. O recurso terá efeito suspensivo se voluntário, ou sem ele no de ofício.
§ 1º No caso de apreensão julgada improcedente, a devolução da coisa de valor superior a Cr$ 500.000,00 (quinhentos mil cruzeiros), antes do julgamento do recurso de ofício, dependerá de prévia observância da norma prevista no § 2º do art. 71.
§ 2º Não interposto o recurso de ofício cabível, cumpre ao funcionário autor do procedimento fiscal representar à autoridade prolatora da decisão, propondo a medida.

Art. 130. Ressalvados os casos de ausência de depósito ou fiança, compete à instância superior julgar da perempção do recurso.
[...]

TÍTULO VI
DECADÊNCIA E PRESCRIÇÃO

• Rubrica do Título VI com redação determinada pelo Dec.-lei 2.472/1988.

Capítulo Único
DISPOSIÇÕES GERAIS

Art. 137. *(Revogado pela Lei 10.833/2003.)*

Art. 138. O direito de exigir o tributo extingue-se em 5 (cinco) anos, a contar do primeiro dia do exercício seguinte àquele em que poderia ter sido lançado.

• Artigo com redação determinada pelo Dec.-lei 2.472/1988.

Parágrafo único. Tratando-se de exigência de diferença de tributo, contar-se-á o prazo a partir do pagamento efetuado.

Art. 139. No mesmo prazo do artigo anterior se extingue o direito de impor penalidade, a contar da data da infração.

Art. 140. Prescreve em 5 (cinco) anos, a contar de sua constituição definitiva, a cobrança do crédito tributário.

• Artigo com redação determinada pelo Dec.-lei 2.472/1988.

Art. 141. O prazo a que se refere o artigo anterior não corre:

• Artigo com redação determinada pelo Dec.-lei 2.472/1988.

I – enquanto o processo de cobrança depender de exigência a ser satisfeita pelo contribuinte;

Dec.-lei 57/1966

II – até que a autoridade aduaneira seja diretamente informada pelo Juízo de Direito, Tribunal ou órgão do Ministério Público, da revogação de ordem ou decisão judicial que haja suspenso, anulado ou modificado exigência, inclusive no caso de sobrestamento do processo.
[...]

TÍTULO VIII
DISPOSIÇÕES FINAIS E TRANSITÓRIAS

[...]

Art. 178. Este Decreto-lei entrará em vigor em 1º de janeiro de 1967, salvo quanto às disposições que dependam de regulamentação, cuja vigência será fixada no regulamento.

Brasília, 18 de novembro de 1966; 145º da Independência e 78º da República.

H. Castello Branco

(DOU 21.11.1966)

DECRETO-LEI 57,
DE 18 DE NOVEMBRO DE 1966

Altera dispositivos sobre lançamento e cobrança do Imposto sobre a Propriedade Territorial Rural, institui normas sobre arrecadação da dívida ativa correspondente e dá outras providências.

O Presidente da República, no uso das atribuições que lhe são conferidas pelo artigo 31, parágrafo único, do Ato Institucional 2, de 27 de outubro de 1965, e pelo artigo 2º do Ato Complementar 23, de 20 de outubro de 1996, decreta:

- V. Dec. 59.900/1966 (Regulamenta o Dec.-lei 57/1966).

Art. 1º Os débitos dos contribuintes, relativos ao Imposto sobre a Propriedade Territorial Rural (ITR), Taxa de Serviços Cadastrais e respectivas multas, não liquidados em cada exercício, serão inscritos como dívida ativa, acrescidos da multa de 20% (vinte por cento).

Art. 2º A dívida ativa de que trata o artigo anterior, enquanto não liquidada, estará sujeita à multa de 20% (vinte por cento) por exercício, devido a partir de 1º de janeiro de cada ano, sempre sobre o montante do débito de 31 de dezembro do ano anterior.

§ 1º Os débitos em dívida ativa, na data de 1º de janeiro de cada exercício subsequente, estarão sujeitos aos juros de mora de 12% a.a. (doze por cento ao ano) e mais correção monetária, aplicados sobre o total da dívida em 31 de dezembro do exercício anterior.

§ 2º O Conselho Nacional de Economia fixará os índices de correção monetária específicos para o previsto no parágrafo anterior.

Art. 3º Enquanto não for iniciada a cobrança judicial, os débitos inscritos em dívida ativa poderão ser incluídos na guia de arrecadação do ITR dos exercícios subsequentes, para sua liquidação conjunta.

Parágrafo único. Ressalvada a hipótese prevista neste artigo, não será permitido o pagamento dos tributos referentes a um exercício, sem que o contribuinte comprove a liquidação dos débitos do exercício anterior ou o competente depósito judicial das quantias devidas.

Art. 4º Do produto do ITR e seus acrescidos, cabe ao Instituto Brasileiro de Reforma Agrária (Ibra) a parcela de 20% (vinte por cento) para custeio do respectivo serviço de lançamento e arrecadação.

- Ibra: extinção e atribuição das prerrogativas, competência e responsabilidades ao Instituto Nacional de Colonização e Reforma Agrária (Incra).
- Inconstitucionalidade do art. 4º declarada pela Resolução 337/1983, do Senado Federal, e suspensa a sua execução.

Art. 5º A Taxa de Serviços Cadastrais cobrada pelo Ibra, pela emissão do Certificado de Cadastro, incide sobre todos os imóveis rurais, ainda que isentos do ITR.

- V. notas ao artigo anterior.
- V. art. 23, Lei 8.847/1994 (Imposto Territorial Rural).

§ 1º *(Revogado pela Lei 5.868/1972.)*
§ 2º *(Revogado pela Lei 5.868/1972.)*

Art. 6º As isenções concedidas pelo art. 66 da Lei 4.504, de 30 de novembro de 1964, não se referem ao ITR e à Taxa de Serviços Cadastrais.

Art. 7º *(Revogado pela Lei 5.868/1972.)*

Art. 8º Para fins de cadastramento e do lançamento do ITR, a área destinada à exploração mineral, em um imóvel rural, será considerada como inaproveitável; que seja comprovado que a mencionada destinação impede a exploração da mesma em atividades agrícolas, pecuária ou agroindustrial e que sejam satisfeitas as exigências estabelecidas na regulamentação deste Decreto-lei.

• V. nota ao art. 29, CTN.

Art. 9º Para fins de cadastramento e lançamento do ITR, as empresas industriais situadas em imóvel rural poderão incluir como inaproveitáveis as áreas ocupadas por suas instalações e as não cultivadas necessárias ao seu funcionamento, desde que feita a comprovação, junto ao Ibra, na forma do disposto na regulamentação deste Decreto-lei.

• V. notas ao art. 4º.

Art. 10. As notificações de lançamento e de cobrança do ITR e da Taxa de Cadastro considerar-se-ão feitas aos contribuintes, pela só publicação dos respectivos editais, no *Diário Oficial da União* e sua afixação na sede das Prefeituras em cujos Municípios se localizam os imóveis, devendo os prefeitos promoverem a mais ampla divulgação desses editais.

Parágrafo único. Até que sejam instalados os equipamentos próprios de computação do Ibra, que permitam a programação das emissões na forma estabelecida no inciso IV do art. 48 da Lei 4.504, de 30 de novembro de 1964, o período de emissão de Guias será de 1º de abril a 31 de julho de cada exercício.

• V. notas ao art. 4º.

Art. 11. *(Revogado pela Lei 5.868/1972.)*

Art. 12. Os tabeliães e oficiais do registro de imóvel franquearão seus livros, registros e demais papéis ao Ibra, por seus representantes devidamente credenciados, para a obtenção de elementos necessários ao Cadastro de Imóveis Rurais.

Art. 13. As terras de empresas organizadas como pessoa jurídica, pública ou privada, somente poderão ser consideradas como terras racionalmente aproveitadas, para os fins de aplicação do § 7º do art. 50 da Lei 4.504, de 30 de novembro de 1964, quando satisfaçam, comprovadamente, junto ao Ibra, as exigências da referida lei e estejam classificadas como empresas de capital aberto, na forma do disposto no art. 59 da Lei 4.728, de 14 de julho de 1965.

• V. notas ao art. 4º.

Art. 14. *(Revogado pela Lei 5.868/1972.)*

Art 15. O disposto no art. 32 da Lei 5.172, de 25 de outubro de 1966, não abrange o imóvel de que, comprovadamente, seja utilizado em exploração extrativa vegetal, agrícola, pecuária ou agroindustrial, incidindo assim, sobre o mesmo, o ITR e demais tributos com o mesmo cobrados.

• A Resolução 9/2005, do Senado Federal, suspendeu em parte a execução do art. 12 da Lei 5.868/1972, no ponto em que determinava a revogação do art. 15 do Dec.-lei 57/1966.

Art. 16. Os loteamentos das áreas situadas fora da zona urbana, referidos no § 2º do art. 32 da Lei 5.172, de 25 de outubro de 1966, só serão permitidos quando atendido o disposto no art. 61 da Lei 4.504, de 30 de novembro de 1964.

• V. art. 32, § 2º, CTN.

Art. 17. O Poder Executivo baixará, dentro do prazo de 30 (trinta) dias, regulamento sobre a aplicação deste Decreto-lei.

Art. 18. O presente Decreto-lei entra em vigor na data de sua publicação, revogadas as disposições em contrário.

Brasília, 18 de novembro de 1966; 145º da Independência e 78º da República.
H. Castello Branco

(*DOU* 21.11.1966)

DECRETO-LEI 195,
DE 24 DE FEVEREIRO DE 1967

Dispõe sobre a cobrança da Contribuição de Melhoria.

O Presidente da República, usando das atribuições que lhe confere o § 2º do art. 9º do Ato Institucional n. 4, de 7 de dezembro de 1966, resolve baixar o seguinte Decreto-lei:

Art. 1º A Contribuição de Melhoria, prevista na Constituição Federal, tem como fato gerador o acréscimo do valor do imóvel localizado nas áreas beneficiadas direta ou indiretamente por obras públicas.

• V. art. 145, III, CF.

Art. 2º Será devida a Contribuição de Melhoria, no caso de valorização de imóveis

Dec.-lei 195/1967

LEGISLAÇÃO

de propriedade privada, em virtude de qualquer das seguintes obras públicas:

• V. Súmula 129, STF.

I – abertura, alargamento, pavimentação, iluminação, arborização, esgotos pluviais e outros melhoramentos de praças e vias públicas;

II – construção e ampliação de parques, campos de desportos, pontes, túneis e viadutos;

III – construção ou ampliação de sistemas de trânsito rápido, inclusive todas as obras e edificações necessárias ao funcionamento do sistema;

IV – serviços e obras de abastecimento de água potável, esgotos, instalações de redes elétricas, telefônicas, transportes e comunicações em geral ou de suprimento de gás, funiculares, ascensores e instalações de comodidade pública;

V – proteção contra secas, inundações, erosão, ressacas, e de saneamento e drenagem em geral, diques, cais, desobstrução de barras, portos e canais, retificação e regularização de cursos d'água e irrigação;

VI – construção de estradas de ferro e construção, pavimentação e melhoramento de estradas de rodagem;

VII – construção de aeródromos e aeroportos e seus acessos;

VIII – aterros e realizações de embelezamento em geral, inclusive desapropriações em desenvolvimento de plano de aspecto paisagístico.

Art. 3º A Contribuição de Melhoria a ser exigida pela União, Estados, Distrito Federal e Municípios, para fazer face ao custo das obras públicas, será cobrada pela Unidade administrativa que as realizar, adotando-se como critério o benefício resultante da obra, calculado através de índices cadastrais das respectivas zonas de influência, a serem fixados em regulamentação deste Decreto-lei.

§ 1º A apuração, dependendo da natureza das obras, far-se-á levando em conta a situação do imóvel na zona de influência, sua testada, área, finalidade de exploração econômica e outros elementos a serem considerados, isolada ou conjuntamente.

§ 2º A determinação da Contribuição de Melhoria far-se-á rateando, proporcionalmente, o custo parcial ou total das obras, entre todos os imóveis incluídos nas respectivas zonas de influência.

§ 3º A Contribuição de Melhoria será cobrada dos proprietários de imóveis do domínio privado, situados nas áreas direta e indiretamente beneficiadas pela obra.

§ 4º Reputam-se feitas pela União as obras executadas pelos Territórios.

Art. 4º A cobrança da Contribuição de Melhoria terá como limite o custo das obras, computadas as despesas de estudos, projetos, fiscalização, desapropriações, administração, execução e financiamento, inclusive prêmios de reembolso e outras de praxe em financiamento ou empréstimos e terá a sua expressão monetária atualizada na época do lançamento mediante aplicação de coeficientes de correção monetária.

§ 1º Serão incluídos, nos orçamentos de custo das obras, todos os investimentos necessários para que os benefícios delas decorrentes sejam integralmente alcançados pelos imóveis situados nas respectivas zonas de influência.

§ 2º A percentagem do custo real a ser cobrada mediante Contribuição de Melhoria será fixada tendo em vista a natureza da obra, os benefícios para os usuários, as atividades econômicas predominantes e o nível de desenvolvimento da região.

Art. 5º Para cobrança da Contribuição de Melhoria, a Administração competente deverá publicar edital, contendo, entre outros, os seguintes elementos:

I – delimitação das áreas direta e indiretamente beneficiadas e a relação dos imóveis nelas compreendidos;

II – memorial descritivo do projeto;

III – orçamento total ou parcial do custo das obras;

IV – determinação da parcela do custo das obras a ser ressarcida pela contribuição, com o correspondente plano de rateio entre os imóveis beneficiados.

Parágrafo único. O disposto neste artigo aplica-se, também, aos casos de cobrança da Contribuição de Melhoria por obras públicas em execução, constantes de projetos ainda não concluídos.

Art. 6º Os proprietários de imóveis situados nas zonas beneficiadas pelas obras pú-

Dec.-lei 195/1967

blicas têm o prazo de 30 (trinta) dias, a começar da data da publicação do edital referido no art. 5º, para a impugnação de qualquer dos elementos dele constantes, cabendo ao impugnante o ônus da prova.

- V. art. 373, CPC/2015.

Art. 7º A impugnação deverá ser dirigida à Administração competente, através de petição, que servirá para o início do processo administrativo conforme venha a ser regulamentado por decreto federal.

Art. 8º Responde pelo pagamento da Contribuição de Melhoria o proprietário do imóvel ao tempo do seu lançamento, e esta responsabilidade se transmite aos adquirentes e sucessores, a qualquer título, do domínio do imóvel.

§ 1º No caso de enfiteuse, responde pela Contribuição de Melhoria o enfiteuta.

§ 2º No imóvel locado é lícito ao locador exigir aumento de aluguel correspondente a 10% (dez por cento) ao ano da Contribuição de Melhoria efetivamente paga.

- V. arts. 17, parágrafo único, e 18, Lei 8.245/1991 (Locação de imóveis urbanos).

§ 3º É nula a cláusula do contrato de locação que atribua ao locatário o pagamento, no todo ou em parte, da Contribuição de Melhoria lançada sobre o imóvel.

- V. art. 45, Lei 8.245/1991 (Locação de imóveis urbanos).

§ 4º Os bens indivisos serão considerados como pertencentes a um só proprietário e aquele que for lançado terá direito de exigir dos condôminos as parcelas que lhes couberem.

Art. 9º Executada a obra de melhoramento na sua totalidade ou em parte suficiente para beneficiar determinados imóveis, de modo a justificar o início da cobrança da Contribuição de Melhoria, proceder-se-á ao lançamento referente a esses imóveis depois de publicado o respectivo demonstrativo de custos.

Art. 10. O órgão encarregado do lançamento deverá escriturar, em registro próprio, o débito da Contribuição de Melhoria correspondente a cada imóvel, notificando o proprietário, diretamente ou por edital, do:

I – valor da Contribuição de Melhoria lançada;

II – prazo para o seu pagamento, suas prestações e vencimentos;

III – prazo para a impugnação;

IV – local do pagamento.

Parágrafo único. Dentro do prazo que lhe for concedido na notificação do lançamento, que não será inferior a 30 (trinta) dias, o contribuinte poderá reclamar, ao órgão lançador, contra:

I – o erro na localização e dimensões do imóvel;

II – o cálculo dos índices atribuídos;

III – o valor da contribuição;

IV – o número de prestações.

Art. 11. Os requerimentos de impugnação de reclamação, como também quaisquer recursos administrativos, não suspendem o início ou prosseguimento das obras e nem terão efeito de obstar a administração a prática dos atos necessários ao lançamento e cobrança da Contribuição de Melhoria.

Art. 12. A Contribuição de Melhoria será paga pelo contribuinte de forma que a sua parcela anual não exceda a 3% (três por cento) do maior valor fiscal do seu imóvel, atualizado à época da cobrança.

§ 1º O ato da autoridade que determinar o lançamento poderá fixar descontos para o pagamento à vista, ou em prazos menores do que o lançado.

§ 2º As prestações da Contribuição de Melhoria serão corrigidas monetariamente, de acordo com os coeficientes aplicáveis na correção dos débitos fiscais.

§ 3º O atraso no pagamento das prestações fixadas no lançamento sujeitará o contribuinte à multa de mora de 12% (doze por cento) ao ano.

§ 4º É lícito ao contribuinte liquidar a Contribuição de Melhoria com títulos da dívida pública, emitidos especialmente para financiamento da obra pela qual foi lançado; neste caso, o pagamento será feito pelo valor nominal do título, se o preço do mercado for inferior.

§ 5º No caso do serviço público concedido, o poder concedente poderá lançar e arrecadar a contribuição.

§ 6º Mediante convênio, a União poderá legar aos Estados e Municípios, ou ao Distrito Federal, o lançamento e a arrecadação da Contribuição de Melhoria devida por obra pública federal, fixando a percentagem da receita, que caberá ao Estado ou Município que arrecadar a contribuição.

§ 7º Nas obras federais, quando, por circunstâncias da área a ser lançada ou da natureza da obra, o montante previsto na arrecadação da Contribuição de Melhoria não compensar o lançamento pela União, ou por seus órgãos, o lançamento poderá ser delegado aos municípios interessados e neste caso:

a) caberão aos Municípios o lançamento, arrecadação e as receitas apuradas; e

b) o órgão federal delegante se limitará a fixar os índices e critérios para o lançamento.

Art. 13. A cobrança da Contribuição de Melhoria resultante de obras executadas pela União, situadas em áreas urbanas de um único Município, poderá ser efetuada pelo órgão arrecadador municipal, em convênio com o órgão federal que houver realizado as referidas obras.

Art. 14. A conservação, a operação e a manutenção das obras referidas no artigo anterior, depois de concluídas, constituem encargos do Município em que estiverem situadas.

Art. 15. Os encargos de conservação, operação e manutenção das obras de drenagem e irrigação, não abrangidas pelo art. 13 e implantadas através da Contribuição de Melhoria, serão custeados pelos seus usuários.

Art. 16. Do produto de arrecadação de Contribuição de Melhoria, nas áreas prioritárias para a Reforma Agrária, cobrada pela União e prevista como integrante do Fundo Nacional da Reforma Agrária (art. 28, I, da Lei 4.504, de 30 de novembro de 1964), o Instituto Brasileiro de Reforma Agrária destinará importância idêntica a recolhida, para ser aplicada em novas obras e projetos de Reforma Agrária pelo mesmo órgão que realizou as obras públicas do que decorreu a contribuição.

Art. 17. Para efeito do Imposto sobre a Renda, devido sobre a valorização imobiliária resultante de obra pública, deduzir-se-á a importância que o contribuinte houver pago, a título de Contribuição de Melhoria.

Art. 18. A dívida fiscal oriunda da Contribuição de Melhoria terá preferência sobre outras dívidas fiscais quanto ao imóvel beneficiado.

- V. art. 29, parágrafo único, Lei 6.830/1980 (Execução fiscal).

Art. 19. Fica revogada a Lei 854, de 10 de outubro de 1949, e demais disposições legais em contrário.

Art. 20. Dentro de 90 (noventa) dias o Poder Executivo baixará decreto regulamentando o presente Decreto-lei, que entra em vigor na data de sua publicação.

Brasília, 24 de fevereiro de 1967; 146º da Independência e 79º da República.

H. Castello Branco

(*DOU* 27.02.1967)

DECRETO-LEI 406,
DE 31 DE DEZEMBRO DE 1968

Estabelece normas gerais de Direito Financeiro, aplicáveis aos Impostos sobre Operações Relativas à Circulação de Mercadorias e sobre Serviços de Qualquer Natureza, e dá outras providências.

O Presidente da República, usando das atribuições que lhe confere o § 1º do art. 2º do Ato Institucional n. 5, de 13 de dezembro de 1968, resolve baixar o seguinte Decreto-lei:

Art. 1º O imposto sobre Operações Relativas à Circulação de Mercadorias tem como fato gerador:

I – a saída de mercadorias de estabelecimento comercial, industrial ou produtor;

II – a entrada em estabelecimento comercial, industrial ou produtor, de mercadoria importada do Exterior pelo titular do estabelecimento;

- V. Súmula 661, STF.

III – o fornecimento de alimentação, bebidas e outras mercadorias em restaurantes, bares, cafés e estabelecimentos similares.

§ 1º Equipara-se à saída a transmissão da propriedade de mercadoria, quando esta não transitar pelo estabelecimento do transmitente.

§ 2º Quando a mercadoria for remetida para armazém geral ou para depósito fechado do próprio contribuinte, no mesmo Estado,

Dec.-lei 406/1968

LEGISLAÇÃO

a saída considera-se ocorrida no lugar do estabelecimento remetente:

I – no momento da saída da mercadoria do armazém geral ou do depósito fechado, salvo se para retornar ao estabelecimento de origem;

II – no momento da transmissão de propriedade da mercadoria depositada em armazém geral ou em depósito fechado.

§ 3º O imposto não incide:

I – sobre a saída de produtos industrializados destinados ao Exterior;

II – sobre a alienação fiduciária em garantia;

III – sobre a saída de estabelecimento prestador dos serviços a que se refere o art. 8º, de mercadorias a serem ou que tenham sido utilizadas na prestação de tais serviços, ressalvados os casos de incidência previstos na lista de serviços tributados;

• Inciso III com redação determinada pelo Dec.-lei 834/1969.

IV – sobre a saída de estabelecimento de empresa de transporte ou de depósito por conta e ordem desta, de mercadorias de terceiros.

§ 4º São isentas do imposto:

I – as saídas de vasilhame, recipientes e embalagens, inclusive sacaria, quando não cobrados do destinatário ou não computados no valor das mercadorias que acondicionam e desde que devam retornar ao estabelecimento remetente ou a outro do mesmo titular;

II – as saídas de vasilhame, recipiente e embalagens, inclusive sacaria, em retorno ao estabelecimento remetente ou a outro do mesmo titular ou a depósito em seu nome;

III – a saída de mercadorias destinadas ao mercado interno e produzidas em estabelecimentos industriais como resultado de concorrência internacional, com participação de indústrias do País, contra pagamento com recursos oriundos de divisas conversíveis provenientes de financiamento a longo prazo de instituições financeiras internacionais ou entidades governamentais estrangeiras;

IV – as entradas de mercadorias em estabelecimento do importador, quando importadas do Exterior e destinadas a fabricação de peças, máquinas e equipamentos para o mercado interno como resultado de concorrência internacional com participação da indústria do País, contra pagamento com recursos provenientes de divisas conversíveis provenientes de financiamento a longo prazo de instituições financeiras internacionais ou entidades governamentais estrangeiras;

V – a entrada de mercadorias importadas do Exterior quando destinadas à utilização como matéria-prima em processos de industrialização, em estabelecimento do importador, desde que a saída dos produtos industrializados resultantes fique efetivamente sujeita ao pagamento do imposto;

VI – a entrada de mercadorias cuja importação estiver isenta do imposto, de competência da União, sobre a importação de produtos estrangeiros;

VII – a entrada, em estabelecimento do importador, de mercadorias importadas do Exterior sob o regime de *drawback*;

VIII – a saída, de estabelecimento de empreiteiro de construção civil, obras hidráulicas e outras obras semelhantes, inclusive serviços auxiliares ou complementares, de mercadorias adquiridas de terceiros e destinadas às construções, obras ou serviços referidos a cargo do remetente;

• Inciso VIII com redação determinada pelo Dec.-lei 834/1969.

IX – as saídas de mercadorias de estabelecimento de produtor para estabelecimento de cooperativa de que faça parte, situado no mesmo Estado;

X – as saídas de mercadorias de estabelecimento de cooperativa de produtores para estabelecimentos, no mesmo Estado, da própria cooperativa, de cooperativa central ou de federação de cooperativas de que a cooperativa remetente faça parte.

§ 5º O disposto no § 3º, I, aplica-se também à saída de mercadorias de estabelecimentos, indústrias ou de seus depósitos com destino:

I – as empresas comerciais que operem exclusivamente no comércio de exportação;

II – a armazéns alfandegados e entrepostos aduaneiros.

§ 6º No caso do § 5º, a reintrodução da mercadoria no mercado interno tornará exigível o imposto devido pela saída com destino aos estabelecimentos ali referidos.

§ 7º Os Estados isentarão do Imposto de Circulação de Mercadorias a venda a varejo,

Dec.-lei 406/1968

LEGISLAÇÃO

diretamente ao consumidor, dos gêneros de primeira necessidade que especificarem, não podendo estabelecer diferença em função dos que participam da operação tributada.

Art. 2º A base de cálculo do imposto é:

I – o valor da operação de que decorrer a saída da mercadoria;

• V. Súmulas 395 e 431, STJ.

II – na falta do valor a que se refere o inciso anterior, o preço corrente da mercadoria, ou sua similar, no mercado atacadista da praça remetente;

• V. Súmula 431, STJ.

III – na falta do valor e na impossibilidade de determinar o preço aludido no inciso anterior:

a) se o remetente for industrial, o preço FOB estabelecimento industrial, à vista;

b) se o remetente for comerciante, o preço FOB estabelecimento comercial, à vista, em vendas a outros comerciantes ou industriais;

IV – no caso do inciso I do art. 1º, a base de cálculo é o valor constante dos documentos de importação, convertido em cruzeiros à taxa cambial efetivamente aplicada em cada caso e acrescido do valor dos Impostos de Importação e sobre Produtos Industrializados e demais despesas aduaneiras efetivamente pagos.

§ 1º Nas saídas de mercadorias para estabelecimento em outro Estado, pertencente ao mesmo titular ou seu representante, quando as mercadorias não devam sofrer, no estabelecimento de destino, alteração de qualquer espécie, salvo reacondicionamento e quando a remessa for feita por preço de venda a não contribuinte, uniforme em todo o País, a base de cálculo será equivalente a 75% (setenta e cinco por cento) deste preço.

§ 2º Na hipótese do inciso III, b, deste artigo, se o estabelecimento comercial remetente não efetuar vendas a outros comerciantes ou a industriais, a base de cálculo será equivalente a 75% (setenta e cinco por cento) do preço de venda no estabelecimento remetente, observado o disposto no § 3º.

§ 3º Para a aplicação do inciso III do *caput* deste artigo, adotar-se-á a média ponderada dos preços efetivamente cobrados pelo estabelecimento remetente, no segundo mês anterior ao da remessa.

§ 4º Nas operações interestaduais entre estabelecimentos de contribuintes diferentes, quando houver reajuste do valor da operação depois da remessa, a diferença ficará sujeita ao imposto no estabelecimento de origem.

§ 5º O montante do Imposto sobre Produtos Industrializados não integra a base de cálculo definida neste artigo:

I – quando a operação constitua fato gerador de ambos os tributos;

II – em relação a mercadorias sujeitas ao Imposto sobre Produtos Industrializados com base de cálculo relacionada com o preço máximo de vendas no varejo marcado pelo fabricante.

§ 6º Nas saídas de mercadorias decorrentes de operações de vendas aos encarregados da execução da política de preços mínimos, a base de cálculo é o preço mínimo fixado pela autoridade federal competente.

§ 7º O montante do Imposto de Circulação de Mercadorias integra a base de cálculo a que se refere este artigo, constituindo o respectivo destaque mera indicação para fins de controle.

§ 8º Na saída de mercadorias para o Exterior ou para os estabelecimentos a que se refere o § 5º do art. 1º, a base de cálculo será o valor líquido faturado, a ele não se adicionando o frete auferido por terceiro, seguro, ou despesas decorrentes do serviço de embarque por via aérea ou marítima.

§ 9º Quando for atribuída a condição de responsável, ao industrial, ao comerciante atacadista ou ao produtor, relativamente ao imposto devido pelo comerciante varejista, a base de cálculo do imposto será:

• § 9º acrescentado pela LC 44/1983.

a) o valor da operação promovida pelo responsável acrescido da margem estimada de lucro do comerciante varejista obtida mediante aplicação de percentual fixado em lei sobre aquele valor;

b) o valor da operação promovida pelo responsável, acrescido da margem de lucro atribuída ao revendedor, no caso de mercadorias com preço de venda, máximo ou único, marcado pelo fabricante ou fixado pela autoridade competente.

§ 10. Caso a margem de lucro efetiva seja normalmente superior à estimada na forma da alínea a do parágrafo anterior, o percentual ali estabelecido será substituído pelo que for determinado em convênio celebrado na forma do disposto no § 6º do art. 23 da Constituição Federal.

• § 10 acrescentado pela LC 44/1983.

Art. 3º O Imposto sobre Circulação de Mercadorias é não cumulativo, abatendo-se, em cada operação, o montante cobrado nas anteriores, pelo mesmo ou por outro Estado.

§ 1º A lei estadual disporá de forma que o montante devido resulte da diferença a maior, em determinado período, entre o imposto referente às mercadorias saídas do estabelecimento e o pago relativamente às mercadorias nele entradas. O saldo verificado em determinado período a favor do contribuinte transfere-se para o período ou períodos seguintes.

§ 2º Os Estados poderão facultar aos produtores a opção pelo abatimento de uma percentagem fixa, a título do montante do imposto pago relativamente às mercadorias entradas no respectivo estabelecimento.

§ 3º Não se exigirá o estorno do imposto relativo às mercadorias entradas para utilização, como matéria-prima ou material secundário, na fabricação e embalagem dos produtos de que tratam o § 3º, I, e o § 4º, III, do art. 1º. O disposto neste parágrafo não se aplica, salvo disposição da legislação estadual em contrário, às matérias-primas de origem animal ou vegetal que representem, individualmente, mais de 50% (cinquenta por cento) do valor do produto resultante de sua industrialização.

§ 4º As empresas produtoras de discos fonográficos e de outros materiais de gravação de som poderão abater, do montante do Imposto de Circulação de Mercadorias, o valor dos direitos autorais, artísticos e conexos, comprovadamente pagos pela empresa, no mesmo período, aos autores e artistas, nacionais ou domiciliados no País, assim como aos seus herdeiros e sucessores, mesmo através de entidades que os representem.

§ 5º Para efeito do cálculo a que se refere o § 1º deste artigo, os Estados podem determinar a exclusão de imposto referente a mercadorias entradas no estabelecimento quando este imposto tiver sido devolvido, no todo ou em parte, ao próprio ou a outros contribuintes, por qualquer entidade tributante, mesmo sob forma de prêmio ou estímulo.

§ 6º O disposto no parágrafo anterior não se aplica a mercadorias cuja industrialização for objeto de incentivo fiscal, prêmio ou estímulo, resultante de reconhecimento ou concessão por ato administrativo anterior a 31 de dezembro de 1968 e baseada em lei estadual promulgada até a mesma data.

• § 6º acrescentado pelo Dec.-lei 834/1969.

§ 7º A lei estadual poderá estabelecer que o montante devido pelo contribuinte, em determinado período, seja calculado com base em valor fixado por estimativa, garantida, ao final do período, a complementação ou restituição em moeda ou sob a forma de utilização como crédito fiscal, em relação, respectivamente, às quantias pagas com insuficiência ou em excesso.

• § 7º acrescentado pela LC 44/1983.

Art. 4º Em substituição ao sistema de que trata o artigo anterior, os Estados poderão dispor que o imposto devido resulte da diferença a maior, entre o montante do imposto relativo à operação a tributar e o pago na incidência anterior sobre a mesma mercadoria, nas seguintes hipóteses:

I – saída, de estabelecimentos comerciais atacadistas ou de cooperativas de beneficiamento e venda em comum, de produtos agrícolas *in natura* ou simplesmente beneficiados;

II – operações de vendedores ambulantes e de estabelecimentos de existência transitória.

Art. 5º A alíquota do Imposto de Circulação de Mercadorias será uniforme para todas as mercadorias; o Senado Federal, através de resolução adotada por iniciativa do Presidente da República, fixará as alíquotas máximas para as operações internas, para as operações interestaduais e para as operações de exportação para o estrangeiro.

Parágrafo único. O limite a que se refere este artigo substituirá a alíquota estadual, quando esta for superior.

Art. 6º Contribuinte do imposto é o comerciante, industrial ou produtor que pro-

Dec.-lei 406/1968

LEGISLAÇÃO

move a saída da mercadoria, o que a importa do Exterior ou que arremata em leilão ou adquire, em concorrência promovida pelo poder público, mercadoria importada e apreendida.

* V. Súmula 660, STF.

§ 1º Consideram-se também contribuintes:
I – as sociedades civis de fins econômicos, inclusive cooperativas que pratiquem com habitualidade operações relativas à circulação de mercadorias;
II – as sociedades civis de fins não econômicos que explorem estabelecimentos industriais ou que pratiquem, com habitualidade, venda de mercadorias que para esse fim adquirem;
III – os órgãos da administração pública direta, as autarquias e empresas públicas, federais, estaduais ou municipais, que vendam, ainda que apenas a compradores de determinada categoria profissional ou funcional, mercadorias que, para esse fim, adquirirem ou produzirem.
§ 2º Os Estados poderão considerar como contribuinte autônomo cada estabelecimento comercial, industrial ou produtor, permanente ou temporário, do contribuinte, inclusive veículos utilizados por este no comércio ambulante.
§ 3º A lei estadual poderá atribuir a condição de responsável:

* § 3º acrescentado pela LC 44/1983.

a) ao industrial, comerciante ou outra categoria de contribuinte, quanto ao imposto devido na operação ou operações anteriores promovidas com a mercadoria ou seus insumos;
b) ao produtor industrial ou comerciante atacadista, quanto ao imposto devido pelo comerciante varejista;
c) ao produtor ou industrial, quanto ao imposto devido pelo comerciante atacadista e pelo comerciante varejista;
d) aos transportadores, depositários e demais encarregados da guarda ou comercialização de mercadorias.
§ 4º Caso o responsável e o contribuinte substituído estejam estabelecidos em Estados diversos, a substituição dependerá de convênio entre os Estados interessados.

* § 4º acrescentado pela LC 44/1983.

Art. 7º Nas remessas de mercadorias para fora do Estado será obrigatória a emissão de documento fiscal, segundo modelo estabelecido em decreto do Poder Executivo federal.
Art. 8º *(Revogado pela LC 116/2003.)*
Art. 9º A base de cálculo do imposto é o preço do serviço.

* V. art. 7º, LC 116/2003 (Imposto sobre Serviços de Qualquer Natureza, de competência dos Municípios e do Distrito Federal).
* V. Súmula 524, STJ.

§ 1º Quando se tratar de prestação de serviços sob a forma de trabalho pessoal do próprio contribuinte, o imposto será calculado, por meio de alíquotas fixas ou variáveis, em função da natureza do serviço ou de outros fatores pertinentes, nestes não compreendida a importância paga a título de remuneração do próprio trabalho.

* V. Súmula 663, STF.

§ 2º Na prestação dos serviços a que se referem os itens 19 e 20 da lista anexa o imposto será calculado sobre o preço deduzido das parcelas correspondentes:

* § 2º com redação determinada pelo Dec.-lei 834/1969.

a) ao valor dos materiais fornecidos pelo prestador dos serviços;
b) ao valor das subempreitadas já tributadas pelo imposto.
§ 3º Quando os serviços a que se referem os itens 1, 4, 8, 25, 52, 88, 89, 90, 91 e 92 da lista anexa forem prestados por sociedades, estas ficarão sujeitas ao imposto na forma do § 1º, calculado em relação a cada profissional habilitado, sócio, empregado ou não, que preste serviços em nome da sociedade, embora assumindo responsabilidade pessoal, nos termos da lei aplicável.

* § 3º com redação determinada pela LC 56/1987.
* V. Súmula 663, STF.

§ 4º Na prestação do serviço a que se refere o item 101 da Lista Anexa, o imposto é calculado sobre a parcela do preço correspondente à proporção direta da parcela da extensão da rodovia explorada, no território do Município, ou da metade da extensão de ponte que une dois Municípios.

* § 4º acrescentado pela LC 100/1999.

§ 5º A base de cálculo apurado nos termos do parágrafo anterior:

* § 5º acrescentado pela LC 100/1999.

Dec.-lei 406/1968

LEGISLAÇÃO

I – é reduzida, nos Municípios onde não haja posto de cobrança de pedágio, para 60% (sessenta por cento) de seu valor;

II – é acrescida, nos Municípios onde haja posto de cobrança de pedágio, do complemento necessário à sua integralidade em relação à rodovia explorada.

§ 6º Para efeitos do disposto nos §§ 4º e 5º, considera-se rodovia explorada o trecho limitado pelos pontos equidistantes entre cada posto de cobrança de pedágio ou entre o mais próximo deles e o ponto inicial ou terminal da rodovia.

- § 6º acrescentado pela LC 100/1999.

Arts. 10 a 12. *(Revogados pela LC 116/2003.)*

Art. 13. Revogam-se os arts. 52, 53, 54, 55, 56, 57, 58, 71, 72 e 73 da Lei 5.172, de 25 de outubro de 1966, com suas modificações posteriores, bem como todas as demais disposições em contrário.

Art. 14. Este Decreto-lei entrará em vigor em 1º de janeiro de 1969.

Brasília, 31 de dezembro de 1968; 147º da Independência e 80º da República.

A. Costa e Silva

(DOU 31.12.1968)

LISTA DE SERVIÇOS

- Anexo com redação determinada pela LC 56/1987.
- V. Lista de Serviços anexa à LC 116/2003.
- V. Súmula 424, STJ.

Serviços de:

1 – Médicos, inclusive análises clínicas, eletricidade médica, radioterapia, ultrassonografia, radiologia, tomografia e congêneres.

2 – Hospitais, clínicas, sanatórios, laboratórios de análise, ambulatórios, prontos-socorros, manicômios, casas de saúde, de repouso e de recuperação e congêneres.

3 – Bancos de sangue, leite, pele, olhos, sêmen e congêneres.

4 – Enfermeiros, obstetras, ortópticos, fonoaudiólogos, protéticos (prótese dentária).

5 – Assistência médica e congêneres previstos nos itens 1, 2 e 3 desta lista, prestados através de planos de medicina de grupo, convênios, inclusive com empresas para assistência a empregados.

6 – Planos de saúde, prestados por empresa que não esteja incluída no item 5 desta lista e que se cumpram através de serviços prestados por terceiros, contratados pela empresa ou apenas pagos por esta, mediante indicação do beneficiário do plano.

7 – *(Vetado.)*

8 – Médicos veterinários.

9 – Hospitais veterinários, clínicas veterinárias e congêneres.

10 – Guarda, tratamento, amestramento, adestramento, embelezamento, alojamento e congêneres, relativos a animais.

11 – Barbeiros, cabeleireiros, manicuros, pedicuros, tratamento de pele, depilação e congêneres.

12 – Banhos, duchas, sauna, massagens, ginásticas e congêneres.

13 – Varrição, coleta, remoção e incineração de lixo.

14 – Limpeza e dragagem de portos, rios e canais.

15 – Limpeza, manutenção e conservação de imóveis, inclusive vias públicas, parques e jardins.

16 – Desinfecção, imunização, higienização, desratização e congêneres.

17 – Controle e tratamento de efluentes de qualquer natureza e de agentes físicos e biológicos.

18 – Incineração de resíduos quaisquer.

19 – Limpeza de chaminés.

20 – Saneamento ambiental e congêneres.

21 – Assistência técnica *(vetado)*.

22 – Assessoria ou consultoria de qualquer natureza, não contida em outros itens desta lista, organização, programação, planejamento, assessoria, processamento de dados, consultoria técnica, financeira ou administrativa *(vetado)*.

23 – Planejamento, coordenação, programação ou organização técnica, financeira ou administrativa *(vetado)*.

24 – Análises, inclusive de sistemas, exames, pesquisas e informações, coleta e processamento de dados de qualquer natureza.

25 – Contabilidade, auditoria, guarda-livros, técnicos em contabilidade e congêneres.

26 – Perícias, laudos, exames técnicos e análises técnicas.

27 – Traduções e interpretações.

28 – Avaliação de bens.

Dec.-lei 406/1968

LEGISLAÇÃO

29 – Datilografia, estenografia, expediente, secretaria em geral e congêneres.
30 – Projetos, cálculos e desenhos técnicos de qualquer natureza.
31 – Aerofotogrametria (inclusive interpretação), mapeamento e topografia.
32 – Execução, por administração, empreitada ou subempreitada, de construção civil, de obras hidráulicas e outras obras semelhantes e respectiva engenharia consultiva, inclusive serviços auxiliares ou complementares (exceto o fornecimento de mercadorias produzidas pelo prestador de serviços, fora do local da prestação dos serviços, que fica sujeito ao ICM).
33 – Demolição.
34 – Reparação, conservação e reforma de edifícios, estradas, pontes, portos e congêneres (exceto o fornecimento de mercadorias produzidas pelo prestador de serviços fora do local da prestação dos serviços, que fica sujeito ao ICM).
35 – Pesquisa, perfuração, cimentação, perfilagem *(vetado)*, estimulação e outros serviços relacionados com a exploração e explotação de petróleo e gás natural.
36 – Florestamento e reflorestamento.
37 – Escoramento e contenção de encostas e serviços congêneres.
38 – Paisagismo, jardinagem e decoração (exceto o fornecimento de mercadorias, que fica sujeito ao ICM).
39 – Raspagem, calafetação, polimento, lustração de pisos, paredes e divisórias.
40 – Ensino, instrução, treinamento, avaliação de conhecimentos, de qualquer grau ou natureza.
41 – Planejamento, organização e administração de feiras, exposições, congressos e congêneres.
42 – Organização de festas e recepções: *buffet* (exceto o fornecimento de alimentação e bebidas, que fica sujeito ao ICM).
43 – Administração de bens e negócios de terceiros e de consórcio *(vetado)*.
44 – Administração de fundos mútuos (exceto a realizada por instituições autorizadas a funcionar pelo Banco Central).
45 – Agenciamento, corretagem ou intermediação de câmbio, de seguros e de planos de previdência privada.

46 – Agenciamento, corretagem ou intermediação de títulos quaisquer (exceto os serviços executados por instituições autorizadas a funcionar pelo Banco Central).
47 – Agenciamento, corretagem ou intermediação de direitos da propriedade industrial, artística ou literária.
48 – Agenciamento, corretagem ou intermediação de contratos de franquia (*franchise*) e de faturação (*factoring*) (excetuam-se os serviços prestados por instituições autorizadas a funcionar pelo Banco Central.
49 – Agenciamento, organização, promoção e execução de programas de turismo, passeios, excursões, guias de turismo e congêneres.
50 – Agenciamento, corretagem ou intermediação de bens móveis e imóveis não abrangidos nos itens 45, 46, 47 e 48.
51 – Despachantes.
52 – Agentes da propriedade industrial.
53 – Agentes da propriedade artística ou literária.
54 – Leilão.
55 – Regulação de sinistros cobertos por contratos de seguros; inspeção e avaliação de riscos para cobertura de contratos de seguros; prevenção e gerência de riscos seguráveis, prestados por quem não seja o próprio segurado ou companhia de seguro.
56 – Armazenamento, depósito, carga, descarga, arrumação e guarda de bens de qualquer espécie (exceto depósitos feitos em instituições financeiras autorizadas a funcionar pelo Banco Central).
57 – Guarda e estacionamento de veículos automotores terrestres.
58 – Vigilância ou segurança de pessoas e bens.
59 – Transporte, coleta, remessa ou entrega de bens ou valores, dentro do território do município.
60 – Diversões públicas:
a) (vetado), cinemas, *(vetado)*, *taxi dancing* e congêneres;
b) bilhares, boliches, corridas de animais e outros jogos;
c) exposições com cobrança de ingresso;
d) bailes, *shows*, festivais, recitais e congêneres, inclusive espetáculos que sejam também transmitidos, mediante compra de di-

Dec.-lei 406/1968

LEGISLAÇÃO

reitos para tanto, pela televisão ou pelo rádio;
e) jogos eletrônicos;
f) competições esportivas ou de destreza física ou intelectual, com ou sem a participação do espectador, inclusive a venda de direitos à transmissão pelo rádio ou pela televisão;
g) execução de música, individualmente ou por conjuntos *(vetado)*.
61 – Distribuição e venda de bilhete de loteria, cartões, pules ou cupons de apostas, sorteios ou prêmios.
62 – Fornecimento de música, mediante transmissão por qualquer processo, para vias públicas ou ambientes fechados (exceto transmissões radiofônicas ou de televisão).
63 – Gravação e distribuição de filmes e videoteipes.
64 – Fonografia ou gravação de sons ou ruídos, inclusive trucagem, dublagem e mixagem sonora.
65 – Fotografia e cinematografia, inclusive revelação, ampliação, cópia, reprodução e trucagem.

• V. Súmula 662, STF.

66 – Produção, para terceiros, mediante ou sem encomenda prévia, de espetáculos, entrevistas e congêneres.
67 – Colocação de tapetes e cortinas, com material fornecido pelo usuário final do serviço.
68 – Lubrificação, limpeza e revisão de máquinas, veículos, aparelhos e equipamentos (exceto o fornecimento de peças e partes, que fica sujeito ao ICM).
69 – Conserto, restauração, manutenção e conservação de máquinas, veículos, motores, elevadores ou de qualquer objeto (exceto o fornecimento de peças e partes, que fica sujeito ao ICM).
70 – Recondicionamento de motores (o valor das peças fornecidas pelo prestador do serviço fica sujeito ao ICM).
71 – Recauchutagem ou regeneração de pneus para o usuário final.
72 – Recondicionamento, acondicionamento, pintura, beneficiamento, lavagem, secagem, tingimento, galvanoplastia, anodização, corte, recorte, polimento, plastificação e congêneres, de objetos não destinados à industrialização ou comercialização.

73 – Lustração de bens móveis quando o serviço for prestado para usuário final do objeto lustrado.
74 – Instalação e montagem de aparelhos, máquinas e equipamentos, prestados ao usuário final do serviço, exclusivamente com material por ele fornecido.
75 – Montagem industrial, prestada ao usuário final do serviço, exclusivamente com material por ele fornecido.
76 – Cópia ou reprodução, por quaisquer processos, de documentos e outros papéis, plantas ou desenhos.
77 – Composição gráfica, fotocomposição, clicheria, zincografia, litografia e fotolitografia.
78 – Colocação de molduras e afins, encadernação, gravação e douração de livros, revistas e congêneres.
79 – Locação de bens móveis, inclusive arrendamento mercantil.
80 – Funerais.
81 – Alfaiataria e costura, quando o material for fornecido pelo usuário final, exceto aviamento.
82 – Tinturaria e lavanderia.
83 – Taxidermia.
84 – Recrutamento, agenciamento, seleção, colocação ou fornecimento de mão de obra, mesmo em caráter temporário, inclusive por empregados do prestador do serviço ou por trabalhadores avulsos por ele contratados.
85 – Propaganda e publicidade, inclusive promoção de vendas, planejamento de campanhas ou sistemas de publicidade, elaboração de desenhos, textos e demais materiais publicitários (exceto sua impressão, reprodução ou fabricação).
86 – Veiculação e divulgação de textos, desenhos e outros materiais de publicidade, por qualquer meio (exceto em jornais, periódicos, rádios e televisão).
87 – Serviços portuários e aeroportuários; utilização de porto ou aeroporto; atracação; capatazia; armazenagem interna, externa e especial; suprimento de água, serviços acessórios; movimentação de mercadoria fora do cais.
88 – Advogados.
89 – Engenheiros, arquitetos, urbanistas, agrônomos.

LC 7/1970

90 – Dentistas.
91 – Economistas.
92 – Psicólogos.
93 – Assistentes sociais.
94 – Relações públicas.
95 – Cobranças e recebimentos por conta de terceiros, inclusive direitos autorais, protestos e títulos, sustação de protestos, devolução de títulos não pagos, manutenção de títulos vencidos, fornecimentos de posição de cobrança ou recebimento e outros serviços correlatos da cobrança ou recebimento (este item abrange também os serviços prestados por instituições autorizadas a funcionar pelo Banco Central).
96 – Instituições financeiras autorizadas a funcionar pelo Banco Central: fornecimento de talão de cheques; emissão de cheques administrativos; transferência de fundos; devolução de cheques; sustação de pagamento de cheques; ordens de pagamento e de créditos, por qualquer meio; emissão e renovação de cartões magnéticos; consultas em terminais eletrônicos; pagamentos por conta de terceiros, inclusive os feitos fora do estabelecimento; elaboração de ficha cadastral; aluguel de cofres; fornecimento de segunda via de avisos de lançamento de extrato de contas; emissão de carnês (neste item não está abrangido o ressarcimento, a instituições financeiras, de gastos com portes do Correio, telegramas, telex e teleprocessamento, necessários à prestação dos serviços).
97 – Transporte de natureza estritamente municipal.
98 – Comunicações telefônicas de um para outro aparelho dentro do mesmo município.
99 – Hospedagem em hotéis, motéis, pensões e congêneres (o valor da alimentação, quando incluído no preço da diária, fica sujeito ao Imposto sobre Serviços).
100 – Distribuição de bens de terceiros em representação de qualquer natureza.
101 – Exploração de rodovia mediante cobrança de preço dos usuários, envolvendo execução de serviços de conservação, manutenção, melhoramentos para adequação de capacidade e segurança de trânsito, operação, monitoração, assistência aos usuários e outros definidos em contratos, atos de concessão ou de permissão ou em normas oficiais.
- Item 101 acrescentado pela LC 100/1999.

Legislação

LEI COMPLEMENTAR 7, DE 7 DE SETEMBRO DE 1970

Institui o Programa de Integração Social, e dá outras providências.

O Presidente da República:
Faço saber que o Congresso Nacional decreta e eu sanciono a seguinte Lei Complementar:
- V. Lei 8.019/1990 (Altera a legislação do Fundo de Amparo ao Trabalhador – FAT).
- V. Dec. 4.524/2002 (Regulamenta a Contribuição para o PIS/Pasep e a Cofins devidas pelas pessoas jurídicas em geral).

Art. 1º É instituído, na forma prevista nesta Lei, o Programa de Integração Social, destinado a promover a integração do empregado na vida e no desenvolvimento das empresas.
§ 1º Para os fins desta Lei, entende-se por empresa a pessoa jurídica, nos termos da legislação do Imposto de Renda, e por empregado todo aquele assim definido pela legislação trabalhista.
§ 2º A participação dos trabalhadores avulsos, assim definidos os que prestam serviços a diversas empresas, sem relação empregatícia, no Programa de Integração Social, far-se-á nos termos do Regulamento a ser baixado, de acordo com o art. 11 desta Lei.
Art. 2º O Programa de que trata o artigo anterior será executado mediante Fundo de Participação, constituído por depósitos efetuados pelas empresas na Caixa Econômica Federal.
Parágrafo único. A Caixa Econômica Federal poderá celebrar convênios com estabelecimentos da rede bancária nacional, para o fim de receber os depósitos a que se refere este artigo.
Art. 3º O Fundo de Participação será constituído por duas parcelas:
a) a primeira, mediante dedução do Imposto de Renda devido, na forma estabelecida no § 1º deste artigo, processando-se o seu recolhimento ao Fundo juntamente com o pagamento do Imposto de Renda;
b) a segunda, com recursos próprios da empresa, calculados com base no faturamento, como segue:
- V. arts. 1º e 2º da LC 17/1973 (Programa de Integração Social de que trata a LC 7/1970).

1) no exercício de 1971, 0,15% (quinze centésimos por cento);

LC 7/1970

LEGISLAÇÃO

2) no exercício de 1972, 0,25% (vinte e cinco centésimos por cento);
3) no exercício de 1973, 0,40% (quarenta centésimos por cento);
4) no exercício de 1974 e subsequentes, 0,50% (meio por cento).

§ 1º A dedução a que se refere a alínea *a* deste artigo será feita sem prejuízo do direito de utilização dos incentivos fiscais previstos na legislação em vigor e calculada com base no valor do Imposto de Renda devido, nas seguintes proporções:

a) no exercício de 1971 – 2% (dois por cento);
b) no exercício de 1972 – 3% (três por cento);
c) no exercício de 1973 e subsequentes – 5% (cinco por cento).

§ 2º As instituições financeiras, sociedades seguradoras e outras empresas que não realizam operações de vendas de mercadorias participarão do Programa de Integração Social com uma contribuição ao Fundo de Participação de, recursos próprios de valor idêntico do que for apurado na forma do parágrafo anterior.

§ 3º As empresas que a título de incentivos fiscais estejam isentas, ou venham a ser isentadas, do pagamento do Imposto de Renda, contribuirão para o Fundo de Participação, na base de cálculo como se aquele tributo fosse devido, obedecidas as percentagens previstas neste artigo.

§ 4º As entidades de fins não lucrativos, que tenham empregados assim definidos pela legislação trabalhista, contribuirão para o Fundo na forma da lei.

§ 5º A Caixa Econômica Federal resolverá os casos omissos, de acordo com os critérios fixados pelo Conselho Monetário Nacional.

Art. 4º O Conselho Nacional poderá alterar, até 50% (cinquenta por cento), para mais ou para menos, os percentuais de contribuição de que trata o § 2º do art. 3º, tendo em vista a proporcionalidade das contribuições.

Art. 5º A Caixa Econômica Federal emitirá, em nome de cada empregado, uma Caderneta de Participação – Programa de Integração Social – movimentável na forma dos arts. 8º e 9º desta Lei.

Art. 6º A efetivação dos depósitos no Fundo correspondente à contribuição referida na alínea *b* do art. 3º será processada mensalmente a partir de 1º de julho de 1971.

Parágrafo único. A contribuição de julho será calculada com base no faturamento de janeiro; a de agosto, com base no faturamento de fevereiro; e assim sucessivamente.

Art. 7º A participação do empregado no Fundo far-se-á mediante depósitos efetuados em contas individuais abertas em nome de cada empregado, obedecidos os seguintes critérios:

a) 50% (cinquenta por cento) do valor destinado ao Fundo será dividido em partes proporcionais ao montante de salários recebidos no período;
b) os 50% (cinquenta por cento) restantes serão divididos em partes proporcionais aos quinquênios de serviços prestados pelo empregado.

§ 1º Para os fins deste artigo, a Caixa Econômica Federal, com base nas Informações fornecidas pelas empresas, no prazo de 180 (cento e oitenta) dias, contados da publicação desta Lei, organizará um Cadastro-Geral dos participantes do Fundo, na forma que for estabelecida em regulamento.

§ 2º A omissão dolosa de nome de empregado entre os participantes do Fundo sujeitará a empresa a multa, em benefício do Fundo, no valor de 10 (dez) meses de salários, devidos ao empregado cujo nome houver sido omitido.

§ 3º Igual penalidade será aplicada em caso de declaração falsa sobre o valor do salário e do tempo de serviço do empregado na empresa.

Art. 8º *(Revogado pela LC 26/1975.)*
Art. 9º *(Revogado pela LC 26/1975.)*

Art. 10. As obrigações das empresas, decorrentes desta Lei, são de caráter exclusivamente fiscal, não gerando direitos de natureza trabalhista nem incidência de qualquer contribuição previdenciária em relação a quaisquer prestações devidas, por lei ou por sentença judicial, ao empregado.

Parágrafo único. As importâncias incorporadas ao Fundo não se classificam como rendimento do trabalho, para qualquer efeito da legislação trabalhista, de Previdência Social ou Fiscal e não se incorporam aos salários ou gratificações, nem estão sujeitas ao Imposto sobre a Renda e proventos de qualquer natureza.

Dec. 70.235/1972

LEGISLAÇÃO

Art. 11. Dentro de 120 (cento e vinte) dias, a contar da vigência desta Lei, a Caixa Econômica Federal submeterá à aprovação do Conselho Monetário Nacional o regulamento do Fundo, fixando as normas para o recolhimento e a distribuição dos recursos, assim como as diretrizes e os critérios para a sua aplicação.

Parágrafo único. O Conselho Monetário Nacional pronunciar-se-á, no prazo de 60 (sessenta) dias, a contar do seu recebimento, sobre o projeto de regulamento do Fundo.

Art. 12. As disposições desta Lei não se aplicam a quaisquer entidades integrantes da Administração Pública federal, estadual ou municipal, dos Territórios e do Distrito Federal, Direta ou Indireta adotando-se, em todos os níveis, para efeito de conceituação, como entidades da Administração Indireta, os critérios constantes dos Decretos-leis 200, de 25 de fevereiro de 1967, e 900, de 29 de setembro de 1969.

Art. 13. Esta Lei Complementar entrará em vigor na data de sua publicação.

Art. 14. Revogam-se as disposições em contrário.

Brasília, 7 de setembro de 1970; 149º da Independência e 82º da República.

Emílio G. Médici

(*DOU* 08.09.1970; ret. 10.09.1970)

DECRETO 70.235,
DE 6 DE MARÇO DE 1972

Dispõe sobre o processo administrativo fiscal e dá outras providências.

- V. art. 1º, Dec. 6.103/2007 (Antecipa para 2 de maio de 2007 a aplicação do Dec. 70.235/1972, relativamente aos prazos processuais e à competência para julgamento em primeira instância, de processos administrativo-fiscais relativos às contribuições de que tratam os arts. 2º e 3º da Lei 11.457/2007).
- V. art. 2º, Dec. 6.104/2007, que determina que os procedimentos fiscais iniciados antes de 02.05.2007, no âmbito da Secretaria da Receita Federal e da Secretaria da Receita Previdenciária, deverão ser concluídos até 31.10.2007.

O Presidente da República, usando das atribuições que lhe confere o art. 81, III, da Constituição e tendo em vista o disposto no art. 2º do Dec.-lei 822, de 5 de setembro de 1969, decreta:

Disposição preliminar

Art. 1º Este Decreto rege o processo administrativo de determinação e exigência dos créditos tributários da União e o de consulta sobre a aplicação da legislação tributária federal.

Capítulo I
DO PROCESSO FISCAL
Seção I
Dos atos e termos processuais

Art. 2º Os atos e termos processuais, quando a lei não prescrever forma determinada, conterão somente o indispensável à sua finalidade, sem espaço em branco, e sem entrelinhas, rasuras ou emendas não ressalvadas.

Parágrafo único. Os atos e termos processuais poderão ser formalizados, tramitados, comunicados e transmitidos em formato digital, conforme disciplinado em ato da administração tributária.

- Parágrafo único com redação determinada pela Lei 12.865/2013.

Art. 3º A autoridade local fará realizar, no prazo de 30 (trinta) dias, os atos processuais que devam ser praticados em sua jurisdição, por solicitação de outra autoridade preparadora ou julgadora.

Art. 4º Salvo disposição em contrário, o servidor executará os atos processuais no prazo de 8 (oito) dias.

Seção II
Dos prazos

Art. 5º Os prazos serão contínuos, excluindo-se na sua contagem o dia do início e incluindo-se o do vencimento.

Parágrafo único. Os prazos só se iniciam ou vencem no dia de expediente normal no órgão em que corra o processo ou deva ser praticado o ato.

Art. 6º *(Revogado pela Lei 8.748/1993.)*

Seção III
Do procedimento

Art. 7º O procedimento fiscal tem início com:

I – o primeiro ato de ofício, escrito, praticado por servidor competente, cientificado o

Dec. 70.235/1972

LEGISLAÇÃO

sujeito passivo da obrigação tributária ou seu preposto;
II – a apreensão de mercadorias, documentos ou livros;
III – o começo de despacho aduaneiro de mercadoria importada.
§ 1º O início do procedimento exclui a espontaneidade do sujeito passivo em relação aos atos anteriores e, independentemente de intimação, a dos demais envolvidos nas infrações verificadas.
§ 2º Para os efeitos do disposto no § 1º, os atos referidos nos incisos I e II valerão pelo prazo de 60 (sessenta) dias, prorrogável, sucessivamente, por igual período com qualquer outro ato escrito que indique o prosseguimento dos trabalhos.

Art. 8º Os termos decorrentes de atividade fiscalizadora serão lavrados, sempre que possível, em livro fiscal, extraindo-se cópia para anexação ao processo; quando não lavrados em livro, entregar-se-á cópia autenticada à pessoa sob fiscalização.

Art. 9º A exigência do crédito tributário e a aplicação de penalidade isolada serão formalizados em autos de infração ou notificações de lançamento, distintos para cada tributo ou penalidade, os quais deverão estar instruídos com todos os termos, depoimentos, laudos e demais elementos de prova indispensáveis à comprovação do ilícito.

* *Caput* com redação determinada pela Lei 11.941/2009.

§ 1º Os autos de infração e as notificações de lançamento de que trata o *caput* deste artigo, formalizados em relação ao mesmo sujeito passivo, podem ser objeto de um único processo, quando a comprovação dos ilícitos depender dos mesmos elementos de prova.

* § 1º com redação determinada pela Lei 11.196/2005.

§ 2º Os procedimentos de que tratam este artigo e o art. 7º serão válidos, mesmo que formalizados por servidor competente de jurisdição diversa da do domicílio tributário do sujeito passivo.

* § 2º com redação determinada pela Lei 8.748/1993.

§ 3º A formalização da exigência, nos termos do parágrafo anterior, previne a jurisdição e prorroga a competência da autoridade que dela primeiro conhecer.

* § 3º com redação determinada pela Lei 8.748/1993.

§ 4º O disposto no *caput* deste artigo aplica-se também nas hipóteses em que, constatada infração à legislação tributária, dela não resulte exigência de crédito tributário.

* § 4º acrescentado pela Lei 11.941/2009.

§ 5º Os autos de infração e as notificações de lançamento de que trata o *caput* deste artigo, formalizados em decorrência de fiscalização relacionada a regime especial unificado de arrecadação de tributos, poderão conter lançamento único para todos os tributos por eles abrangidos.

* § 5º acrescentado pela Lei 11.941/2009.

§ 6º O disposto no *caput* deste artigo não se aplica às contribuições de que trata o art. 3º da Lei 11.457, de 16 de março de 2007.

* § 6º acrescentado pela Lei 11.941/2009.

Art. 10. O auto de infração será lavrado por servidor competente, no local da verificação da falta, e conterá obrigatoriamente:
I – a qualificação do autuado;
II – o local, a data e a hora da lavratura;
III – a descrição do fato;
IV – a disposição legal infringida e a penalidade aplicável;
V – a determinação da exigência e a intimação para cumpri-la ou impugná-la no prazo de 30 (trinta) dias;
VI – a assinatura do autuante e a indicação de seu cargo ou função e o número de matrícula.

Art. 11. A notificação de lançamento será expedida pelo órgão que administra o tributo e conterá obrigatoriamente:
I – a qualificação do notificado;
II – o valor do crédito tributário e o prazo para recolhimento ou impugnação;
III – a disposição legal infringida, se for o caso;
IV – a assinatura do chefe do órgão expedidor ou de outro servidor autorizado e a indicação de seu cargo ou função e o número de matrícula.

Parágrafo único. Prescinde de assinatura a notificação de lançamento emitida por processo eletrônico.

* V. art. 82, § 2º, CTN.

Art. 12. O servidor que verificar a ocorrência de infração à legislação tributária federal e não for competente para formalizar a exigência comunicará o fato, em representação circunstanciada, a seu chefe imediato, que adotará as providências necessárias.

Dec. 70.235/1972

Art. 13. A autoridade preparadora determinará que seja informado, no processo, se o infrator é reincidente, conforme definição da lei específica, se essa circunstância não tiver sido declarada na formalização da exigência.

Art. 14. A impugnação da exigência instaura a fase litigiosa do procedimento.

Art. 14-A. No caso de determinação e exigência de créditos tributários da União cujo sujeito passivo seja órgão ou entidade de direito público da administração pública federal, a submissão do litígio à composição extrajudicial pela Advocacia-Geral da União é considerada reclamação, para fins do disposto no inciso III do art. 151 da Lei 5.172, de 25 de outubro de 1966 – Código Tributário Nacional.

* Artigo acrescentado pela Lei 13.140/2015 (DOU 29.06.2015), em vigor após decorridos 180 (cento e oitenta) dias de sua publicação oficial.

Art. 15. A impugnação, formalizada por escrito e instruída com os documentos em que se fundamentar, será apresentada ao órgão preparador no prazo de 30 (trinta) dias, contados da data em que for feita a intimação da exigência.

Parágrafo único. *(Revogado pela Lei 11.941/2009.)*

Art. 16. A impugnação mencionará:
I – a autoridade julgadora a quem é dirigida;
II – a qualificação do impugnante;
III – os motivos de fato e de direito em que se fundamenta, os pontos de discordância e as razões e provas que possuir;

* Inciso III com redação determinada pela Lei 8.748/1993.

IV – as diligências, ou perícias que o impugnante pretenda sejam efetuadas, expostos os motivos que as justifiquem, com a formulação dos quesitos referentes aos exames desejados, assim como, no caso de perícia, o nome, o endereço e a qualificação profissional do seu perito;

* Inciso IV com redação determinada pela Lei 8.748/1993.

V – se a matéria impugnada foi submetida à apreciação judicial, devendo ser juntada cópia da petição.

* Inciso V acrescentado pela Lei 11.196/2005.

§ 1º Considerar-se-á não formulado o pedido de diligência ou perícia que deixar de atender aos requisitos previstos no inciso IV do art. 16.

* § 1º acrescentado pela Lei 8.748/1993.

§ 2º É defeso ao impugnante, ou a seu representante legal, empregar expressões injuriosas nos escritos apresentados no processo, cabendo ao julgador, de ofício ou a requerimento do ofendido, mandar riscá-las.

* § 2º acrescentado pela Lei 8.748/1993.

§ 3º Quando o impugnante alegar direito municipal, estadual ou estrangeiro, provar-lhe-á o teor e a vigência, se assim o determinar o julgador.

* § 3º acrescentado pela Lei 8.748/1993.

§ 4º A prova documental será apresentada na impugnação, precluindo o direito de o impugnante fazê-lo em outro momento processual, a menos que:

* § 4º acrescentado pela Lei 9.532/1997.

a) fique demonstrada a impossibilidade de sua apresentação oportuna por motivo de força maior;
b) refira-se a fato ou a direito superveniente;
c) destine-se a contrapor fatos ou razões posteriormente trazidas aos autos.

§ 5º A juntada de documentos após a impugnação deverá ser requerida à autoridade julgadora, mediante petição em que se demonstre, com fundamentos, a ocorrência de uma das condições previstas nas alíneas do parágrafo anterior.

* § 5º acrescentado pela Lei 9.532/1997.

§ 6º Caso já tenha sido proferida a decisão, os documentos apresentados permanecerão nos autos para, se for interposto recurso, serem apreciados pela autoridade julgadora de segunda instância.

* § 6º acrescentado pela Lei 9.532/1997.

Art. 17. Considerar-se-á não impugnada a matéria que não tenha sido expressamente contestada pelo impugnante.

* Artigo com redação determinada pela Lei 9.532/1997.

Art. 18. A autoridade julgadora de primeira instância determinará, de ofício ou a requerimento do impugnante, a realização de diligências ou perícias, quando entendê-las necessárias, indeferindo as que considerar prescindíveis ou impraticáveis, observando o disposto no art. 28, *in fine*.

Dec. 70.235/1972

- Artigo com redação determinada pela Lei 8.748/1993.
- V. art. 82, III, CTN.

§ 1º Deferido o pedido de perícia, ou determinada de ofício, sua realização, a autoridade designará servidor para, como perito da União, a ela proceder e intimará o perito do sujeito passivo a realizar o exame requerido, cabendo a ambos apresentar os respectivos laudos em prazo que será fixado segundo o grau de complexidade dos trabalhos a serem executados.

§ 2º Os prazos para realização de diligência ou perícia poderão ser prorrogados, a juízo da autoridade.

§ 3º Quando, em exames posteriores, diligências ou perícias, realizados no curso do processo, forem verificadas incorreções, omissões ou inexatidões de que resultem agravamento da exigência inicial, inovação ou alteração da fundamentação legal da exigência, será lavrado auto de infração ou emitida notificação de lançamento complementar, devolvendo-se, ao sujeito passivo, prazo para impugnação no concernente à matéria modificada.

Art. 19. *(Revogado pela Lei 8.748/1993.)*

Art. 20. No âmbito da Secretaria da Receita Federal, a designação de servidor para proceder aos exames relativos a diligências ou perícias recairá sobre Auditor Fiscal do Tesouro Nacional.

- Artigo com redação determinada pela Lei 8.748/1993.

Art. 21. Não sendo cumprida nem impugnada a exigência, a autoridade preparadora declarará a revelia, permanecendo o processo no órgão preparador, pelo prazo de 30 (trinta) dias, para cobrança amigável.

- *Caput* com redação determinda pela Lei 8.748/1993.
- V. art. 44.

§ 1º No caso de impugnação parcial, não cumprida a exigência relativa à parte não litigiosa do crédito, o órgão preparador, antes da remessa dos autos a julgamento, providenciará a formação de autos apartados para a imediata cobrança da parte não contestada, consignando essa circunstância no processo original.

- § 1º com redação determinada pela Lei 8.748/1993.

§ 2º A autoridade preparadora, após a declaração de revelia e findo o prazo previsto no *caput* deste artigo, procederá, em relação às mercadorias e outros bens perdidos em razão de exigência não impugnada, na forma do art. 63.

- § 2º com redação determinada pela Lei 8.748/1993.

§ 3º Esgotado o prazo de cobrança amigável sem que tenha sido pago o crédito tributário, o órgão preparador declarará o sujeito passivo devedor remisso e encaminhará o processo à autoridade competente para promover a cobrança executiva.

- V. art. 43.

§ 4º O disposto no parágrafo anterior aplicar-se-á aos casos em que o sujeito passivo não cumprir as condições estabelecidas para a concessão de moratória.

Art. 22. O processo será organizado em ordem cronológica e terá suas folhas numeradas e rubricadas.

Seção IV
Da intimação

Art. 23. Far-se-á a intimação:

I – pessoal, pelo autor do procedimento ou por agente do órgão preparador, na repartição ou fora dela, provada com a assinatura do sujeito passivo, seu mandatário ou preposto, ou, no caso de recusa, com declaração escrita de quem o intimar;

- Inciso I com redação determinada pela Lei 9.532/1997.

II – por via postal, telegráfica ou por qualquer outro meio ou via, com prova de recebimento no domicílio tributário eleito pelo sujeito passivo;

- Inciso II com redação determinada pela Lei 9.532/1997.

III – por meio eletrônico, com prova de recebimento, mediante:

- Inciso III com redação determinada pela Lei 11.196/2005.

a) envio ao domicílio tributário do sujeito passivo; ou

b) registro em meio magnético ou equivalente utilizado pelo sujeito passivo.

§ 1º Quando resultar improfícuo um dos meios previstos no *caput* deste artigo ou quando o sujeito passivo tiver sua inscrição declarada inapta perante o cadastro fiscal, a

Dec. 70.235/1972

LEGISLAÇÃO

intimação poderá ser feita por edital publicado:

- Caput do § 1º com redação determinada pela Lei 11.941/2009.

I – no endereço da administração tributária na internet;

- Inciso I acrescentado pela Lei 11.196/2005.

II – em dependência, franqueada ao público, do órgão encarregado da intimação; ou

- Inciso II acrescentado pela Lei 11.196/2005.

III – uma única vez, em órgão da imprensa oficial local.

- Inciso III acrescentado pela Lei 11.196/2005.

§ 2º Considera-se feita a intimação:
I – na data da ciência do intimado ou da declaração de quem fizer a intimação, se pessoal;
II – no caso do inciso II do caput deste artigo, na data do recebimento ou, se omitida, 15 (quinze) dias após a data da expedição da intimação;

- Inciso II com redação determinada pela Lei 9.532/1997.

III – se por meio eletrônico:

- Inciso III com redação determinada pela Lei 12.844/2013.

a) 15 (quinze) dias contados da data registrada no comprovante de entrega no domicílio tributário do sujeito passivo;
b) na data em que o sujeito passivo efetuar consulta no endereço eletrônico a ele atribuído pela administração tributária, se ocorrida antes do prazo previsto na alínea a; ou
c) na data registrada no meio magnético ou equivalente utilizado pelo sujeito passivo;
IV – 15 (quinze) dias após a publicação do edital, se este for o meio utilizado.

- Inciso IV acrescentado pela Lei 11.196/2005.

§ 3º Os meios de intimação previstos nos incisos do caput deste artigo não estão sujeitos a ordem de preferência.

- § 3º com redação determinada pela Lei 11.196/2005.

§ 4º Para fins de intimação, considera-se domicílio tributário do sujeito passivo:

- § 4º com redação determinada pela Lei 11.196/2005.

I – o endereço postal por ele fornecido, para fins cadastrais, à administração tributária; e
II – o endereço eletrônico a ele atribuído pela administração tributária, desde que autorizado pelo sujeito passivo.

§ 5º O endereço eletrônico de que trata este artigo somente será implementado com expresso consentimento do sujeito passivo, e a administração tributária informar-lhe-á as normas e condições de sua utilização e manutenção.

- § 5º acrescentado pela Lei 11.196/2005.

§ 6º As alterações efetuadas por este artigo serão disciplinadas em ato da administração tributária.

- § 6º acrescentado pela Lei 11.196/2005.

§ 7º Os Procuradores da Fazenda Nacional serão intimados pessoalmente das decisões do Conselho de Contribuintes e da Câmara Superior de Recursos Fiscais, do Ministério da Fazenda na sessão das respectivas câmaras subsequente à formalização do acórdão.

- § 7º acrescentado pela Lei 11.457/2007 (DOU 19.03.2007), em vigor no primeiro dia útil do segundo mês subsequente à data de sua publicação (v. art. 51, II, da referida Lei).

§ 8º Se os Procuradores da Fazenda Nacional não tiverem sido intimados pessoalmente em até 40 (quarenta) dias contados da formalização do acórdão do Conselho de Contribuintes ou da Câmara Superior de Recursos Fiscais, do Ministério da Fazenda, os respectivos autos serão remetidos e entregues, mediante protocolo, à Procuradoria da Fazenda Nacional, para fins de intimação.

- § 8º acrescentado pela Lei 11.457/2007 (DOU 19.03.2007), em vigor no primeiro dia útil do segundo mês subsequente à data de sua publicação (v. art. 51, II, da referida Lei).

§ 9º Os Procuradores da Fazenda Nacional serão considerados intimados pessoalmente das decisões do Conselho de Contribuintes e da Câmara Superior de Recursos Fiscais, do Ministério da Fazenda, com o término do prazo de 30 (trinta) dias contados da data em que os respectivos autos forem entregues à Procuradoria na forma do § 8º deste artigo.

- § 9º acrescentado pela Lei 11.457/2007 (DOU 19.03.2007), em vigor no primeiro dia útil do segundo mês subsequente à data de sua publicação (v. art. 51, II, da referida Lei).

Seção V
Da competência

- V. arts. 48 a 52, Lei 11.941/2009 (Altera a legislação tributária federal).

Dec. 70.235/1972

LEGISLAÇÃO

Art. 24. O preparo do processo compete à autoridade local do órgão encarregado da administração do tributo.

Parágrafo único. Quando o ato for praticado por meio eletrônico, a administração tributária poderá atribuir o preparo do processo a unidade da administração tributária diversa da prevista no *caput* deste artigo.

- Parágrafo único acrescentado pela Lei 11.941/2009.

Art. 25. O julgamento do processo de exigência de tributos ou contribuições administrados pela Secretaria da Receita Federal compete:

- *Caput* com redação determinada pela MP 2.158-35/2001, produzindo efeitos a partir de 1º de setembro de 2001.

I – em primeira instância, às Delegacias da Receita Federal de Julgamento, órgãos de deliberação interna e natureza colegiada da Secretaria da Receita Federal;

- Inciso I com redação determinada pela MP 2.158-35/2001, produzindo efeitos a partir de 1º de setembro de 2001.
- V. art. 1º, Dec. 6.103/2007 (Antecipa para 2 de maio de 2007 a aplicação do Dec. 70.235/1972, relativamente aos prazos processuais e à competência para julgamento em primeira instância, de processos administrativo-fiscais relativos às contribuições de que tratam os arts. 2º e 3º da Lei 11.457/2007).

II – em segunda instância, ao Conselho Administrativo de Recursos Fiscais, órgão colegiado, paritário, integrante da estrutura do Ministério da Fazenda, com atribuição de julgar recursos de ofício e voluntários de decisão de primeira instância, bem como recursos de natureza especial.

- Inciso II com redação determinada pela Lei 11.941/2009.

§ 1º O Conselho Administrativo de Recursos Fiscais será constituído por seções e pela Câmara Superior de Recursos Fiscais.

- *Caput* do § 1º com redação determinada pela Lei 11.941/2009.

I a IV – *(Revogados pela Lei 11.941/2009.)*

§ 2º As seções serão especializadas por matéria e constituídas por câmaras.

- § 2º com redação determinada pela Lei 11.941/2009.

§ 3º A Câmara Superior de Recursos Fiscais será constituída por turmas, compostas pelos Presidentes e Vice-Presidentes das câmaras.

- § 3º com redação determinada pela Lei 11.941/2009.

§ 4º As câmaras poderão ser divididas em turmas.

- § 4º com redação determinada pela Lei 11.941/2009.

§ 5º O Ministro de Estado da Fazenda poderá criar, nas seções, turmas especiais, de caráter temporário, com competência para julgamento de processos que envolvam valores reduzidos, que poderão funcionar nas cidades onde estão localizadas as Superintendências Regionais da Receita Federal do Brasil.

- § 5º com redação determinada pela Lei 11.941/2009.

§ 6º *(Vetado.)*

- § 6º acrescentado pela Lei 11.941/2009.

§ 7º As turmas da Câmara Superior de Recursos Fiscais serão constituídas pelo Presidente do Conselho Administrativo de Recursos Fiscais, pelo Vice-Presidente, pelos Presidentes e pelos Vice-Presidentes das câmaras, respeitada a paridade.

- § 7º acrescentado pela Lei 11.941/2009.

§ 8º A presidência das turmas da Câmara Superior de Recursos Fiscais será exercida pelo Presidente do Conselho Administrativo de Recursos Fiscais e a vice-presidência, por conselheiro representante dos contribuintes.

- § 8º acrescentado pela Lei 11.941/2009.

§ 9º Os cargos de Presidente das Turmas da Câmara Superior de Recursos Fiscais, das câmaras, das suas turmas e das turmas especiais serão ocupados por conselheiros representantes da Fazenda Nacional, que, em caso de empate, terão o voto de qualidade, e os cargos de Vice-Presidente, por representantes dos contribuintes.

- § 9º acrescentado pela Lei 11.941/2009.

§ 10. Os conselheiros serão designados pelo Ministro de Estado da Fazenda para mandato, limitando-se as reconduções, na forma e no prazo estabelecidos no regimento interno.

- § 10 acrescentado pela Lei 11.941/2009.

§ 11. O Ministro de Estado da Fazenda, observado o devido processo legal, decidirá sobre a perda do mandato dos conselheiros que incorrerem em falta grave, definida no regimento interno.

- § 11 acrescentado pela Lei 11.941/2009.

Art. 26. Compete ao Ministro da Fazenda, em instância especial:

I – julgar recursos de decisões dos Conselhos de Contribuintes, interpostos pelos procuradores representantes da Fazenda junto aos mesmos Conselhos;

II – decidir sobre as propostas de aplicação de equidade apresentadas pelos Conselhos de Contribuintes.

Art. 26-A. No âmbito do processo administrativo fiscal, fica vedado aos órgãos de julgamento afastar a aplicação ou deixar de observar tratado, acordo internacional, lei ou decreto, sob fundamento de inconstitucionalidade.

- *Caput* com redação determinada pela Lei 11.941/2009.

§§ 1º a 5º *(Revogados pela Lei 11.941/2009.)*

§ 6º O disposto no *caput* deste artigo não se aplica aos casos de tratado, acordo internacional, lei ou ato normativo:

- § 6º acrescentado pela Lei 11.941/2009.

I – que já tenha sido declarado inconstitucional por decisão definitiva plenária do Supremo Tribunal Federal;

II – que fundamente crédito tributário objeto de:

a) dispensa legal de constituição ou de ato declaratório do Procurador-Geral da Fazenda Nacional, na forma dos arts. 18 e 19 da Lei 10.522, de 19 de julho de 2002;

b) súmula da Advocacia-Geral da União, na forma do art. 43 da Lei Complementar 73, de 10 de fevereiro de 1993; ou

c) pareceres do Advogado-Geral da União aprovados pelo Presidente da República, na forma do art. 40 da Lei Complementar 73, de 10 de fevereiro de 1993.

Seção VI
Do julgamento em primeira instância

- V. art. 1º, Dec. 6.103/2007 (Antecipa para 2 de maio de 2007 a aplicação do Dec. 70.235/1972, relativamente aos prazos processuais e à competência para julgamento em primeira instância, de processos administrativo-fiscais relativos às contribuições de que tratam os arts. 2º e 3º da Lei 11.457/2007).

Art. 27. Os processos remetidos para a apreciação da autoridade julgadora de primeira instância deverão ser qualificados e identificados, tendo prioridade no julgamento aqueles em que estiverem presentes as circunstâncias de crime contra a ordem tributária ou de elevado valor, este definido em ato do Ministro de Estado da Fazenda.

- Artigo com redação determinada pela Lei 9.532/1997.
- V. art. 68, Lei 9.532/1997 (Altera a legislação tributária federal).

Parágrafo único. Os processos serão julgados na ordem e nos prazos estabelecidos em ato do Secretário da Receita Federal, observada a prioridade de que trata o *caput* deste artigo.

Art. 28. Na decisão em que for julgada questão preliminar será também julgado o mérito, salvo quando incompatíveis, e dela constará o indeferimento fundamentado do pedido de diligência ou perícia, se for o caso.

- Artigo com redação determinada pela Lei 8.748/1993.
- V. art. 18.

Art. 29. Na apreciação da prova, a autoridade julgadora formará livremente sua convicção, podendo determinar as diligências que entender necessárias.

Art. 30. Os laudos ou pareceres do Laboratório Nacional de Análises, do Instituto Nacional de Tecnologia e de outros órgãos federais congêneres serão adotados nos aspectos técnicos de sua competência, salvo se comprovada a improcedência desses laudos ou pareceres.

§ 1º Não se considera como aspecto técnico a classificação fiscal de produtos.

§ 2º A existência no processo de laudos ou pareceres técnicos não impede a autoridade julgadora de solicitar outros a qualquer dos órgãos referidos neste artigo.

§ 3º Atribuir-se-á eficácia aos laudos e pareceres técnicos sobre produtos, exarados em outros processos administrativos fiscais e transladados mediante certidão de inteiro teor ou cópia fiel, nos seguintes casos:

- § 3º acrescentado pela Lei 9.532/1997.

a) quando tratarem de produtos originários do mesmo fabricante, com igual denominação, marca e especificação;

Dec. 70.235/1972

LEGISLAÇÃO

b) quando tratarem de máquinas, aparelhos, equipamentos, veículos e outros produtos complexos de fabricação em série, do mesmo fabricante, com iguais especificações, marca e modelo.

Art. 31. A decisão conterá relatório resumido do processo, fundamentos legais, conclusão e ordem de intimação, devendo referir-se, expressamente, a todos os autos de infração e notificações de lançamento objeto do processo, bem como às razões de defesa suscitadas pelo impugnante contra todas as exigências.

- Artigo com redação determinada pela Lei 8.748/1993.

Art. 32. As inexatidões materiais devidas a lapso manifesto e os erros de escrita ou de cálculos existentes na decisão poderão ser corrigidos de ofício ou a requerimento do sujeito passivo.

Art. 33. Da decisão caberá recurso voluntário, total ou parcial, com efeito suspensivo, dentro dos 30 (trinta) dias seguintes à ciência da decisão.

§ 1º *(Revogado pela Lei 12.096/2009.)*

§ 2º Em qualquer caso, o recurso voluntário somente terá seguimento se o recorrente arrolar bens e direitos de valor equivalente a 30% (trinta por cento) da exigência fiscal definida na decisão, limitado o arrolamento, sem prejuízo do seguimento do recurso, ao total do ativo permanente se pessoa jurídica ou ao patrimônio se pessoa física.

- § 2º acrescentado pela Lei 10.522/2002.
- O STF, na ADIn 1.976-7 (*DJU* 18.05.2007), declarou a inconstitucionalidade do art. 32 da MP 1.699-41/1998, convertida na Lei 10.522/2002, que deu nova redação ao art. 33, § 2º, do Dec. 70.235/1972.
- V. Ato Declaratório Interpretativo RFB 9/2007 (Inexigibilidade do arrolamento de bens e direitos como condição para seguimento do recurso voluntário).
- V. Ato Declaratório Interpretativo RFB 30/2009 (Arrolamento de bens e direitos como condição para seguimento de recurso voluntário).

§ 3º O arrolamento de que trata o § 2º será realizado preferencialmente sobre bens imóveis.

- § 3º acrescentado pela Lei 10.522/2002.

§ 4º O Poder Executivo editará as normas regulamentares necessárias à operacionalização do arrolamento previsto no § 2º.

- § 4º acrescentado pela Lei 10.522/2002.

Art. 34. A autoridade de primeira instância recorrerá de ofício sempre que a decisão:

- Recurso *ex officio*: v. Dec. 75.445/1975 (Conselhos de Contribuintes do Ministério da Fazenda).

I – exonerar o sujeito passivo do pagamento de tributo e encargos de multa de valor total (lançamento principal e decorrentes) a ser fixado em ato do Ministro de Estado da Fazenda;

- Inciso I com redação determinada pela Lei 9.532/1997.

II – deixar de aplicar pena de perda de mercadorias ou outros bens cominada à infração denunciada na formalização da exigência.

§ 1º O recurso será interposto mediante declaração na própria decisão.

§ 2º Não sendo interposto o recurso, o servidor que verificar o fato representará à autoridade julgadora, por intermédio de seu chefe imediato, no sentido de que seja observada aquela formalidade.

Art. 35. O recurso, mesmo perempto, será encaminhado ao órgão de segunda instância, que julgará a perempção.

Art. 36. Da decisão de primeira instância não cabe pedido de reconsideração.

Seção VII
Do julgamento em segunda instância

Art. 37. O julgamento no Conselho Administrativo de Recursos Fiscais far-se-á conforme dispuser o regimento interno.

- *Caput* com redação determinada pela Lei 11.941/2009.

§ 1º *(Revogado pelo Dec. 83.304/1979.)*

§ 2º Caberá recurso especial à Câmara Superior de Recursos Fiscais, no prazo de 15 (quinze) dias da ciência do acórdão ao interessado:

- *Caput* do § 2º com redação determinada pela Lei 11.941/2009.

I – *(Vetado.)*

- Inciso I acrescentado pela Lei 11.941/2009.

II – de decisão que der à lei tributária interpretação divergente da que lhe tenha dado outra Câmara, turma de Câmara, turma especial ou a própria Câmara Superior de Recursos Fiscais.

- Inciso II acrescentado pela Lei 11.941/2009.

Dec. 70.235/1972

LEGISLAÇÃO

§ 3º Caberá pedido de reconsideração, com efeito suspensivo, no prazo de 30 (trinta) dias, contados da ciência:

- V. art. 50, da Lei 8.541/1992, que tornou sem efeito este dispositivo.

I – *(Revogado pela Lei 11.941/2009.)*
II – *(Revogado pela Lei 11.941/2009.)*

Art. 38. O julgamento em outros órgãos da administração federal far-se-á de acordo com a legislação própria, ou, na sua falta, conforme dispuser o órgão que administra o tributo.

Seção VIII
Do julgamento em instância especial

Art. 39. Não cabe pedido de reconsideração de ato do Ministro da Fazenda que julgar ou decidir as matérias de sua competência.

Art. 40. As propostas de aplicação de equidade apresentadas pelos Conselhos de Contribuintes atenderão às características pessoais ou materiais da espécie julgada e serão restritas à dispensa total ou parcial de penalidade pecuniária, nos casos em que não houver reincidência nem sonegação, fraude ou conluio.

Art. 41. O órgão preparador dará ciência ao sujeito passivo da decisão do Ministro da Fazenda, intimando-o, quando for o caso, a cumpri-la, no prazo de 30 (trinta) dias.

Seção IX
Da eficácia e execução das decisões

Art. 42. São definitivas as decisões:
I – de primeira instância, esgotado o prazo para recurso voluntário sem que este tenha sido interposto;
II – de segunda instância, de que não caiba recurso ou, se cabível, quando decorrido o prazo sem sua interposição;
III – de instância especial.
Parágrafo único. Serão também definitivas as decisões de primeira instância na parte que não for objeto de recurso voluntário ou não estiver sujeita a recurso de ofício.

Art. 43. A decisão definitiva contrária ao sujeito passivo será cumprida no prazo para cobrança amigável fixado no art. 21, aplicando-se, no caso de descumprimento, o disposto no § 3º do mesmo artigo.
§ 1º A quantia depositada para evitar a correção monetária do crédito tributário ou para liberar mercadoria será convertida em renda se o sujeito passivo não comprovar, no prazo legal, a propositura de ação judicial.
§ 2º Se o valor depositado não for suficiente para cobrir o crédito tributário, aplicar-se-á à cobrança do restante o disposto no *caput* deste artigo; se exceder o exigido, a autoridade promoverá a restituição da quantia excedente, na forma da legislação específica.

Art. 44. A decisão que declarar a perda de mercadoria ou outros bens será executada pelo órgão preparador, findo o prazo previsto no art. 21, segundo dispuser a legislação aplicável.

Art. 45. No caso de decisão definitiva favorável ao sujeito passivo, cumpre à autoridade preparadora exonerá-lo, de ofício, dos gravames decorrentes do litígio.

Capítulo II
DO PROCESSO DA CONSULTA

- V. Lei 9.430/1996 (Legislação tributária federal, contribuições para a seguridade social, processo administrativo e processo de consulta).

Art. 46. O sujeito passivo poderá formular consulta sobre dispositivos da legislação tributária aplicáveis a fato determinado.

- V. art. 52, I.

Parágrafo único. Os órgãos da administração pública e as entidades representativas de categorias econômicas ou profissionais também poderão formular consulta.

Art. 47. A consulta deverá ser apresentada por escrito, no domicílio tributário do consulente, ao órgão local da entidade incumbida de administrar o tributo sobre que versa.

- V. art. 52, I.

Art. 48. Salvo o disposto no artigo seguinte, nenhum procedimento fiscal será instaurado contra o sujeito passivo relativamente à espécie consultada, a partir da apresentação da consulta até o trigésimo dia subsequente à data da ciência:
I – de decisão de primeira instância da qual não haja sido interposto recurso;
II – de decisão de segunda instância.

Dec. 70.235/1972

LEGISLAÇÃO

Art. 49. A consulta não suspende o prazo para recolhimento de tributo, retido na fonte ou autolançado antes ou depois de sua apresentação, nem o prazo para apresentação de declaração de rendimentos.

Art. 50. A decisão de segunda instância não obriga ao recolhimento de tributo que deixou de ser retido ou autolançado após a decisão reformada e de acordo com a orientação desta, no período compreendido entre as datas de ciência das duas decisões.

Art. 51. No caso de consulta formulada por entidade representativa de categoria econômica ou profissional, os efeitos referidos no art. 48 só alcançam seus associados ou filiados depois de cientificado o consulente da decisão.

Art. 52. Não produzirá efeito a consulta formulada:
I – em desacordo com os arts. 46 e 47;
II – por quem tiver sido intimado a cumprir obrigação relativa ao fato objeto da consulta;
III – por quem estiver sob procedimento fiscal iniciado para apurar fatos que se relacionem com a matéria consultada;
IV – quando o fato já houver sido objeto de decisão anterior, ainda não modificada, proferida em consulta ou litígio em que tenha sido parte o consulente;
V – quando o fato estiver disciplinado em ato normativo, publicado antes de sua apresentação;
VI – quando o fato estiver definido ou declarado em disposição literal da lei;
VII – quando o fato for definido como crime ou contravenção penal;
VIII – quando não descrever, completa ou exatamente, a hipótese a que se referir, ou não contiver os elementos necessários à sua solução, salvo se a inexatidão ou omissão for escusável, a critério da autoridade julgadora.

Art. 53. O preparo do processo compete ao órgão local da entidade encarregada da administração do tributo.

Art. 54. O julgamento compete:
I – em primeira instância:
a) aos superintendentes regionais da Receita Federal, quanto aos tributos administrados pela Secretaria da Receita Federal, atendida, no julgamento, a orientação emanada dos atos normativos da Coordenação do Sistema de Tributação;
b) às autoridades referidas na alínea *b* do inciso I do art. 25;
II – em segunda instância:
a) ao coordenador do Sistema de Tributação da Secretaria da Receita Federal, salvo quanto aos tributos incluídos na competência julgadora de outro órgão da administração federal;
b) à autoridade mencionada na legislação dos tributos ressalvados na alínea precedente ou, na falta dessa indicação, à que for designada pela entidade que administra o tributo;
III – em instância única, ao coordenador do Sistema de Tributação, quanto às consultas relativas aos tributos administrados pela Secretaria da Receita Federal e formuladas:
a) sobre classificação fiscal de mercadorias;
b) pelos órgãos centrais da administração pública;
c) por entidades representativas de categorias econômicas ou profissionais, de âmbito nacional.

Art. 55. Compete à autoridade julgadora declarar a ineficácia da consulta.

Art. 56. Cabe recurso voluntário, com efeito suspensivo, de decisão de primeira instância, dentro de 30 (trinta) dias, contados da ciência.

Art. 57. A autoridade de primeira instância recorrerá de ofício de decisão favorável ao consulente.

Art. 58. Não cabe pedido de reconsideração de decisão proferida em processo de consulta, inclusive da que declarar a sua ineficácia.

Capítulo III
DAS NULIDADES

Art. 59. São nulos:
I – os atos e termos lavrados por pessoa incompetente;
II – os despachos e decisões proferidos por autoridade incompetente ou com preterição do direito de defesa.
§ 1º A nulidade de qualquer ato só prejudica os posteriores que dele diretamente dependam ou sejam consequência.
§ 2º Na declaração de nulidade, a autoridade dirá os atos alcançados e determinará as providências necessárias ao prosseguimento ou solução do processo.

Lei 6.099/1974

LEGISLAÇÃO

§ 3º Quando puder decidir do mérito a favor do sujeito passivo a quem aproveitaria a declaração de nulidade, a autoridade julgadora não a pronunciará nem mandará repetir o ato ou suprir-lhe a falta.

* § 3º acrescentado pela Lei 8.748/1993.

Art. 60. As irregularidades, incorreções e omissões diferentes das referidas no artigo anterior não importarão em nulidade e serão sanadas quando resultarem em prejuízo para o sujeito passivo, salvo se este lhes houver dado causa, ou quando não influírem na solução do litígio.

Art. 61. A nulidade será declarada pela autoridade competente para praticar o ato ou julgar a sua legitimidade.

Capítulo IV
DISPOSIÇÕES FINAIS E TRANSITÓRIAS

Art. 62. Durante a vigência de medida judicial que determinar a suspensão da cobrança do tributo não será instaurado procedimento fiscal contra o sujeito passivo favorecido pela decisão, relativamente à matéria sobre que versar a ordem de suspensão.

Parágrafo único. Se a medida referir-se à matéria objeto de processo fiscal, o curso deste não será suspenso exceto quanto aos atos executórios.

Art. 63. A destinação de mercadorias ou outros bens apreendidos ou dados em garantia de pagamento do crédito tributário obedecerá às normas estabelecidas na legislação aplicável.

* V. art. 21, § 2º.

Art. 64. Os documentos que instruem o processo poderão ser restituídos, em qualquer fase, a requerimento do sujeito passivo, desde que a medida não prejudique a instrução e deles fique cópia autenticada no processo.

Art. 64-A. Os documentos que instruem o processo poderão ser objeto de digitalização, observado o disposto nos arts. 1º e 3º da Lei 12.682, de 9 de julho de 2012.

* Artigo acrescentado pela Lei 12.865/2013.

Art. 64-B. No processo eletrônico, os atos, documentos e termos que o instruem poderão ser natos digitais ou produzidos por meio de digitalização, observado o disposto na Medida Provisória 2.200-2, de 24 de agosto de 2001.

* Artigo acrescentado pela Lei 12.865/2013.

§ 1º Os atos, termos e documentos submetidos a digitalização pela administração tributária e armazenados eletronicamente possuem o mesmo valor probante de seus originais.

§ 2º Os autos de processos eletrônicos, ou parte deles, que tiverem de ser remetidos a órgãos ou entidades que não disponham de sistema compatível de armazenagem e tramitação poderão ser encaminhados impressos em papel ou por meio digital, conforme disciplinado em ato da administração tributária.

§ 3º As matrizes físicas dos atos, dos termos e dos documentos digitalizados e armazenados eletronicamente, nos termos do §1º, poderão ser descartadas, conforme regulamento.

* § 3º acrescentado pela Lei 13.097/2015.

Art. 65. O disposto neste Decreto não prejudicará a validade dos atos praticados na vigência da legislação anterior.

§ 1º O preparo dos processos em curso, até a decisão de primeira instância, continuará regido pela legislação precedente.

§ 2º Não se modificarão os prazos iniciados antes da entrada em vigor deste Decreto.

Art. 66. O Conselho Superior de Tarifa passa a denominar-se 4º Conselho de Contribuintes.

Art. 67. Os Conselhos de Contribuintes, no prazo de 90 (noventa) dias, adaptarão seus regimentos internos às disposições deste Decreto.

Art. 68. Revogam-se as disposições em contrário.

Brasília, 6 de março de 1972; 151º da Independência e 84º da República.
Emílio G. Médici

(*DOU* 07.03.1972)

LEI 6.099, DE 12 DE SETEMBRO DE 1974

Dispõe sobre o tratamento tributário das operações de arrendamento mercantil, e dá outras providências.

O Presidente da República:
Faço saber que o Congresso Nacional decreta e eu sanciono a seguinte Lei:

Lei 6.099/1974

LEGISLAÇÃO

Art. 1º O tratamento tributário das operações de arrendamento mercantil reger-se-á pelas disposições desta Lei.

- V. Dec.-lei 2.018/1983 (Isenções ou reduções de tributos em relação a bens que forem objeto de arrendamento mercantil, quando destinados a emprego na execução de programas, projetos ou empreendimentos contemplados com benefícios fiscais).
- V. arts. 107 a 111, Dec. 93.872/1986 (Unificação dos recursos do caixa do Tesouro Nacional).

Parágrafo único. Considera-se arrendamento mercantil, para os efeitos desta Lei, o negócio jurídico realizado entre pessoa jurídica, na qualidade de arrendadora, e pessoa física ou jurídica, na qualidade de arrendatária, e que tenha por objeto o arrendamento de bens adquiridos pela arrendadora, segundo especificações da arrendatária e para uso próprio desta.

- Parágrafo único com redação determinada pela Lei 7.132/1983.

Art. 2º Não terá o tratamento previsto nesta Lei o arrendamento de bens contratado entre pessoas jurídicas direta ou indiretamente coligadas ou interdependentes, assim como o contratado com o próprio fabricante.

- V. art. 9º.

§ 1º O Conselho Monetário Nacional especificará em regulamento os casos de coligação e interdependência.

§ 2º Somente farão jus ao tratamento previsto nesta Lei as operações realizadas ou por empresas arrendadoras que fizerem dessa operação o objeto principal de sua atividade ou que centralizarem tais operações em um departamento especializado com escrituração própria.

Art. 3º Serão escriturados em conta especial do ativo imobilizado da arrendadora os bens destinados a arrendamento mercantil.

Art. 4º A pessoa jurídica arrendadora manterá registro individualizado que permita a verificação do fator determinante da receita e do tempo efetivo de arrendamento.

Art. 5º Os contratos de arrendamento mercantil conterão as seguintes disposições:

- V. Súmula 293, STJ.

a) prazo do contrato;
b) valor de cada contraprestação por períodos determinados, não superiores a 1 (um) semestre;
c) opção de compra ou renovação de contrato, como faculdade do arrendatário;
d) preço para opção de compra ou critério para sua fixação, quando for estipulada esta cláusula.

Parágrafo único. Poderá o Conselho Monetário Nacional, nas operações que venha a definir, estabelecer que as contraprestações sejam estipuladas por períodos superiores aos previstos na alínea b deste artigo.

- Parágrafo único acrescentado pela Lei 7.132/1983.

Art. 6º O Conselho Monetário Nacional poderá estabelecer índices máximos para a soma das contraprestações, acrescidas do preço para exercício da opção da compra nas operações de arrendamento mercantil.

§ 1º Ficam sujeitas à regra deste artigo as prorrogações do arrendamento nele referido.

§ 2º Os índices de que trata este artigo serão fixados, considerando o custo do arrendamento em relação ao do financiamento da compra e venda.

Art. 7º Todas as operações de arrendamento mercantil subordinam-se ao controle e fiscalização do Banco Central do Brasil, segundo normas estabelecidas pelo Conselho Monetário Nacional, a elas se aplicando, no que couber, as disposições da Lei 4.595, de 31 de dezembro de 1964, e legislação posterior relativa ao Sistema Financeiro Nacional.

Art. 8º O Conselho Monetário Nacional poderá baixar resolução disciplinando as condições segundo as quais as instituições financeiras poderão financiar suas controladas, coligadas ou interdependentes que se especializarem em operações de arrendamento mercantil.

- Artigo com redação determinada pela Lei 11.882/2008.

Parágrafo único. A aquisição de debêntures emitidas por sociedades de arrendamento mercantil em mercado primário ou secundário constitui obrigação de natureza cambiária, não caracterizando operação de empréstimo ou adiantamento.

Art. 9º As operações de arrendamento mercantil contratadas com o próprio vendedor do bem ou com pessoas jurídicas a ele vinculadas, mediante quaisquer das relações previstas no art. 2º desta Lei, poderão

Lei 6.099/1974

também ser realizadas por instituições financeiras expressamente autorizadas pelo Conselho Monetário Nacional, que estabelecerá as condições para a realização das operações previstas neste artigo.

• Artigo com redação determinada pela Lei 7.132/1983.

Parágrafo único. Nos casos deste artigo, o prejuízo decorrente da venda do bem não será dedutível na determinação do lucro real.

Art. 10. Somente poderão ser objeto de arrendamento mercantil os bens de produção estrangeira que forem enumerados pelo Conselho Monetário Nacional, que poderá, também, estabelecer condições para seu arrendamento a empresas cujo controle acionário pertencer a pessoas residentes no Exterior.

Art. 11. Serão considerados como custo ou despesa operacional da pessoa jurídica arrendatária as contraprestações pagas ou creditadas por força do contrato de arrendamento mercantil.

§ 1º A aquisição pelo arrendatário de bens arrendados em desacordo com as disposições desta Lei será considerada operação de compra e venda a prestação.

§ 2º O preço de compra e venda, no caso do parágrafo anterior, será o total das contraprestações pagas durante a vigência do arrendamento, acrescido da parcela paga a título de preço de aquisição.

§ 3º Na hipótese prevista no § 1º deste artigo, as importâncias já deduzidas, como custo ou despesa operacional pela adquirente, acrescerão ao lucro tributável pelo Imposto de Renda, no exercício correspondente à respectiva dedução.

§ 4º O imposto não recolhido, na hipótese do parágrafo anterior, será devido com acréscimo de juros e correção monetária, multa e demais penalidades legais.

Art. 12. Serão admitidas como custos das pessoas jurídicas arrendadoras as cotas de depreciação do preço de aquisição de bem arrendado, calculadas de acordo com a vida útil do bem.

§ 1º Entende-se por vida útil do bem o prazo durante o qual se possa esperar a sua efetiva utilização econômica.

§ 2º A Secretaria da Receita Federal publicará periodicamente o prazo de vida útil admissível, em condições normais, para cada espécie de bem.

§ 3º Enquanto não forem publicados os prazos de vida útil de que trata o parágrafo anterior, a sua determinação se fará segundo as normas previstas pela legislação do Imposto de Renda para fixação da taxa de depreciação.

Art. 13. Nos casos de operações de vendas de bens que tenham sido objeto de arrendamento mercantil, o saldo não depreciado será admitido como custo para efeito de apuração do lucro tributável pelo Imposto de Renda.

Art. 14. Não será dedutível, para fins de apuração do lucro tributável pelo Imposto de Renda, a diferença a menor entre o valor contábil residual do bem arrendado e o seu preço de venda, quando do exercício da opção de compra.

Art. 15. *(Revogado pela Lei 12.973/2014 – DOU 14.05.2014, em vigor em 1º.01.2015.)*

• V. art. 119, § 1º, II, Lei 12.973/2014.

Parágrafo único. Entende-se como custo de aquisição para os fins deste artigo, o preço pago pelo arrendatário ao arrendador pelo exercício da opção de compra.

Art. 16. Os contratos de arrendamento mercantil celebrados com entidades domiciliadas no Exterior serão submetidos a registro no Banco Central do Brasil.

• Artigo com redação determinada pela Lei 7.132/1983.

§ 1º O Conselho Monetário Nacional estabelecerá as normas para a concessão do registro a que se refere este artigo, observando as seguintes condições:

a) razoabilidade da contraprestação e de sua composição;

b) critérios para fixação do prazo de vida útil do bem;

c) compatibilidade do prazo de arrendamento do bem com a sua vida útil;

d) relação entre o preço internacional do bem e o custo total do arrendamento;

e) cláusula de opção de compra ou renovação do contrato;

f) outras cautelas ditadas pela política econômico-financeira nacional.

§ 2º Mediante prévia autorização do Banco Central do Brasil, segundo normas para este

Lei 6.099/1974

LEGISLAÇÃO

fim expedidas pelo Conselho Monetário Nacional, os bens objeto das operações de que trata este artigo poderão ser arrendados a sociedades arrendadoras domiciliadas no País, para o fim de subarrendamento.

§ 3º Estender-se-ão ao subarrendamento as normas aplicáveis aos contratos de arrendamento mercantil celebrados com entidades domiciliadas no Exterior.

§ 4º No subarrendamento poderá haver vínculo de coligação ou de interdependência entre a entidade domiciliada no Exterior e a sociedade arrendatária subarrendadora, domiciliada no País.

§ 5º Mediante as condições que estabelecer, o Conselho Monetário Nacional poderá autorizar o registro de contratos sem cláusula de opção de compra, bem como fixar prazos mínimos para as operações previstas neste artigo.

Art. 17. A entrada no território nacional dos bens objeto de arrendamento mercantil, contratado com entidades arrendadoras domiciliadas no Exterior, não se confunde com o regime de admissão temporária de que trata o Dec.-lei 37, de 18 de novembro de 1966, e se sujeitará a todas as normas legais que regem a importação.

* Artigo com redação determinada pela Lei 7.132/1983.

Art. 18. A base de cálculo, para efeito do Imposto sobre Produtos Industrializados, do fato gerador que ocorrer por ocasião da remessa de bens importados ao estabelecimento da empresa arrendatária, corresponderá ao preço atacado desse bem na praça em que a empresa arrendadora estiver domiciliada.

* *Caput* com redação determinada pela Lei 7.132/1983.

§ 1º *(Revogado pela Lei 9.532/1997.)*

§ 2º Nas hipóteses em que o preço dos bens importados para o fim de arrendamento for igual ou superior ao que seria pago pelo arrendatário se os importasse diretamente, a base de cálculo mencionada no *caput* deste artigo será o valor que servir de base para o recolhimento do Imposto sobre Produtos Industrializados, por ocasião do desembaraço alfandegário desses bens.

Art. 19. Fica equiparada à exportação a compra e venda de bens no mercado interno, para o fim específico de arrendamento pelo comprador a arrendatário domiciliado no Exterior.

Art. 20. São assegurados ao vendedor dos bens de que trata o artigo anterior todos os benefícios fiscais concedidos por lei para incentivo à exportação, observadas as condições de qualidade da pessoa do vendedor e outras exigidas para os casos de exportação direta ou indireta.

* V. Dec.-lei 2.018/1983 (Benefícios fiscais).

§ 1º Os benefícios fiscais de que trata este artigo serão concedidos sobre o equivalente em moeda nacional de garantia irrevogável do pagamento das contraprestações do arrendamento contratado, limitada a base de cálculo ao preço da compra e venda.

§ 2º Para os fins do disposto no § 1º, a equivalência em moeda nacional será determinada pela maior taxa de câmbio do dia da utilização dos benefícios fiscais, quando o pagamento das contraprestações do arrendamento contratado for efetivado em moeda estrangeira de livre conversibilidade.

* § 2º com redação determinada pela Lei 12.024/2009.

Art. 21. O Ministro da Fazenda poderá estender aos arrendatários de máquinas, aparelhos e equipamentos de produção nacional, objeto de arrendamento mercantil, os benefícios de que trata o Dec.-lei 1.136, de 7 de dezembro de 1970.

Art. 22. As pessoas jurídicas que estiverem operando com arrendamento de bens, e que se ajustarem às disposições desta Lei dentro em 180 (cento e oitenta) dias, a contar da sua vigência, terão as suas operações regidas por este diploma legal, desde que ajustem convenientemente os seus contratos, mediante instrumentos de aditamento.

Art. 23. Fica o Conselho Monetário Nacional autorizado a:

a) expedir normas que visem a estabelecer mecanismos reguladores das atividades previstas nesta Lei, inclusive excluir modalidades de operações do tratamento nela previsto e limitar ou proibir sua prática por determinadas categorias de pessoas físicas ou jurídicas;

* Alínea *a* com redação determinada pela Lei 7.132/1983.

b) enumerar restritivamente os bens que não poderão ser objeto de arrendamento mercantil, tendo em vista a política econômico-financeira do País.

Art. 24. A cessão do contrato de arrendamento mercantil a entidade domiciliada no Exterior reger-se-á pelo disposto nesta Lei e dependerá de prévia autorização do Banco Central do Brasil, conforme normas expedidas pelo Conselho Monetário Nacional.

• Artigo acrescentado pela Lei 7.132/1983.

Parágrafo único. Observado o disposto neste artigo, poderão ser transferidos, exclusiva e independentemente da cessão do contrato, os direitos de crédito relativos às contraprestações devidas.

Art. 25. Esta Lei entra em vigor na data de sua publicação, revogadas as disposições em contrário.

• Artigo renumerado pela Lei 7.132/1983.

Brasília, 12 de setembro de 1974; 153º da Independência e 86º da República.
Ernesto Geisel

(DOU 13.09.1974)

LEI COMPLEMENTAR 24, DE 7 DE JANEIRO DE 1975

Dispõe sobre os convênios para a concessão de isenções do Imposto sobre Operações relativas à Circulação de Mercadorias, e dá outras providências.

O Presidente da República:
Faço saber que o Congresso Nacional decreta e eu sanciono a seguinte Lei Complementar:

Art. 1º As isenções do Imposto sobre Operações relativas à Circulação de Mercadorias serão concedidas ou revogadas nos termos de convênios celebrados e ratificados pelos Estados e pelo Distrito Federal, segundo esta Lei.

• V. art. 9º.

Parágrafo único. O disposto neste artigo também se aplica:
I – à redução da base de cálculo;
II – à devolução total ou parcial, direta ou indireta, condicionada ou não, do tributo, ao contribuinte, a responsável ou a terceiros;
III – à concessão de créditos presumidos;
IV – a quaisquer outros incentivos ou favores fiscais ou financeiro-fiscais, concedidos com base no Imposto sobre Circulação de Mercadorias, dos quais resulte redução ou eliminação, direta ou indireta do respectivo ônus;
V – as prorrogações e às extensões das isenções vigentes nesta data.

Art. 2º Os convênios a que alude o art. 1º serão celebrados em reuniões para as quais tenham sido convocados representantes de todos os Estados e do Distrito Federal, sob a presidência de representantes do Governo Federal.

§ 1º As reuniões se realizarão com a presença de representantes da maioria das Unidades da Federação.

§ 2º A concessão de benefícios dependerá sempre de decisão unânime dos Estados representados; a sua revogação total ou parcial dependerá de aprovação de 4/5 (quatro quintos), pelo menos, dos representantes presentes.

§ 3º Dentro de 10 (dez) dias, contados da data final da reunião a que se refere este artigo, a resolução nela adotada será publicada no *Diário Oficial da União*.

Art. 3º Os convênios podem dispor que a aplicação de qualquer de suas cláusulas seja limitada a uma ou algumas Unidades da Federação.

Art. 4º Dentro do prazo de 15 (quinze) dias contados da publicação dos convênios no *Diário Oficial da União*, e independentemente de qualquer outra comunicação, o Poder Executivo de cada Unidade da Federação publicará decreto ratificando ou não os convênios celebrados, considerando-se ratificação tácita dos convênios a falta de manifestação no prazo assinalado neste artigo.

• V. art. 12, § 3º.

§ 1º O disposto neste artigo aplica-se também às Unidades da Federação cujos representantes não tenham comparecido à reunião em que hajam sido celebrados os convênios.

§ 2º Considerar-se-á rejeitado o convênio que não for expressa ou tacitamente ratificado pelo Poder Executivo de todas as Unidades da Federação ou, nos casos de revogação a que se refere o art. 2º, § 2º, desta Lei, pelo Poder Executivo de, no mínimo, 4/5 (quatro quintos) das Unidades da Federação.

Art. 5º Até 10 (dez) dias depois de findo o prazo de ratificação dos convênios, promo-

LC 24/1975

LEGISLAÇÃO

ver-se-á, segundo o disposto em regimento, a publicação relativa à ratificação ou à rejeição do *Diário Oficial da União*.

Art. 6º Os convênios entrarão em vigor no trigésimo dia após a publicação a que se refere o art. 5º, salvo disposição em contrário.

Art. 7º Os convênios ratificados obrigam todas as Unidades da Federação, inclusive as que, regularmente convocadas, não se tenham feito representar na reunião.

Art. 8º A inobservância dos dispositivos desta Lei acarretará, cumulativamente:

I – a nulidade do ato e a ineficácia do crédito fiscal atribuído ao estabelecimento recebedor da mercadoria;

II – a exigibilidade do imposto não pago ou devolvido e a ineficácia da lei ou ato que conceda remissão do débito correspondente.

Parágrafo único. Às sanções previstas neste artigo poder-se-ão acrescer a presunção de irregularidade das contas correspondentes ao exercício, a juízo do Tribunal de Contas da União, e a suspensão do pagamento das quotas referentes ao Fundo de Participação, ao Fundo Especial e aos impostos referidos nos itens 8 e 9 do art. 21 da Constituição Federal.

Art. 9º É vedado aos Municípios sob pena das sanções previstas no artigo anterior, concederem qualquer dos benefícios relacionados no art. 1º no que se refere à sua parcela na receita do Imposto sobre Circulação de Mercadorias.

Art. 10. Os convênios definirão as condições gerais em que se poderão conceder, unilateralmente, anistia, remissão, transação, moratória, parcelamento de débitos fiscais e ampliação do prazo de recolhimento do Imposto sobre Circulação de Mercadorias.

Art. 11. O Regimento das reuniões de representantes das Unidades da Federação será aprovado em convênio.

Art. 12. São mantidos os benefícios fiscais decorrentes de convênios regionais e nacionais vigentes à data desta Lei, até que revogados ou alterados por outro.

§ 1º Continuam em vigor os benefícios fiscais ressalvados pelo § 6º do art. 3º do Dec.-lei 406, de 31 de dezembro de 1968, com a redação que lhe deu o art. 5º do Dec.-lei 834, de 8 de setembro de 1969, até o vencimento do prazo ou cumprimento das condições correspondentes.

§ 2º Quaisquer outros benefícios fiscais concedidos pela legislação estadual considerar-se-ão revogados se não forem convalidados pelo primeiro convênio que se realizar na forma desta Lei, ressalvados os concedidos por prazo certo ou em função de determinadas condições que já tenham sido incorporadas ao patrimônio jurídico de contribuinte. O prazo para a celebração deste convênio será de 90 (noventa) dias a contar da data da publicação desta Lei.

§ 3º A convalidação de que trata o parágrafo anterior se fará pela aprovação de 2/3 (dois terços) dos representantes presentes, observando-se na respectiva ratificação, este *quorum* e o mesmo processo do disposto no art. 4º.

Art. 13. O art. 178 do Código Tributário Nacional (Lei 5.172, de 25 de outubro de 1966), passa a vigorar com a seguinte redação:

• Alteração processada no texto do referido Código.

Art. 14. Sairão com suspensão do Imposto sobre Circulação de Mercadorias:

I – as mercadorias remetidas pelo estabelecimento do produtor para estabelecimento de Cooperativa de que faça parte, situada no mesmo Estado;

II – as mercadorias remetidas pelo estabelecimento de Cooperativa de Produtores para estabelecimento, no mesmo Estado, da própria Cooperativa, de Cooperativa Central ou de Federação de Cooperativas de que a Cooperativa remetente faça parte.

§ 1º O imposto devido pelas saídas mencionadas nos incisos 1 e 2 será recolhido pelo destinatário quando da saída subsequente esteja esta sujeita ou não ao pagamento do tributo.

§ 2º Ficam revogados os incisos 9 e 10 do art. 1º da Lei Complementar 4, de 2 de dezembro de 1969.

Art. 15. O disposto nesta Lei não se aplica às indústrias instaladas ou que vierem a instalar-se na Zona Franca Manaus, sendo vedado às demais Unidades da Federação determinar a exclusão de incentivo fiscal, prêmio ou estímulo concedido pelo Estado do Amazonas.

Art. 16. Esta Lei entrará em vigor na data de sua publicação, revogadas as disposições em contrário.

Brasília, em 7 de janeiro de 1975; 154º da Independência e 87º da República.

Ernesto Geisel

(DOU 09.01.1975)

DECRETO-LEI 1.578,
DE 11 DE OUTUBRO DE 1977

Dispõe sobre o Imposto sobre a Exportação, e dá outras providências.

- V. arts. 150, § 1º, e 153, II e § 1º, CF.
- V. Dec.-lei 2.295/1986 (Isenta do Imposto sobre Exportação as vendas de café).

O Presidente da República, no uso das atribuições que lhe confere o art. 55, II, da Constituição, decreta:

Art. 1º O Imposto sobre a Exportação, para o estrangeiro, de produto nacional ou nacionalizado tem como fato gerador a saída deste do território nacional.

- V. art. 23, CTN.

§ 1º Considera-se ocorrido o fato gerador no momento da expedição da Guia de Exportação ou documento equivalente.

§ 2º *(Revogado pela Lei 9.019/1995.)*

§ 3º O Poder Executivo relacionará os produtos sujeitos ao imposto.

- § 3º acrescentado pela Lei 9.716/1998.

Art. 2º A base de cálculo do imposto é o preço normal que o produto, ou seu similar, alcançaria, ao tempo da exportação, em uma venda em condições de livre concorrência no mercado internacional, observadas as normas expedidas pelo Poder Executivo, mediante ato da Camex – Câmara de Comércio Exterior.

- *Caput* com redação determinada pela MP 2.158-35/2001.

§ 1º O preço à vista do produto, FOB ou posto na fronteira, é indicativo do preço normal.

§ 2º Quando o preço do produto for de difícil apuração ou for susceptível de oscilações bruscas no mercado internacional, o Poder Executivo, mediante ato da Camex, fixará critérios específicos ou estabelecerá pauta de valor mínimo, para apuração de base de cálculo.

- § 2º com redação determinada pela MP 2.158-35/2001.
- V. art. 25, CTN.

§ 3º Para efeito de determinação da base de cálculo do imposto, o preço de venda das mercadorias exportadas não poderá ser inferior ao seu custo de aquisição ou produção, acrescido dos impostos e das contribuições incidentes e de margem de lucro de 15% (quinze por cento) sobre a soma dos custos, mais impostos e contribuições.

- § 3º acrescentado pela Lei 9.716/1998.

Art. 3º A alíquota do imposto é de 30% (trinta por cento), facultado ao Poder Executivo reduzi-la ou aumentá-la, para atender aos objetivos da política cambial e do comércio exterior.

- Artigo com redação determinada pela Lei 9.716/1998.
- V. Lei 9.362/1996 (Medidas reguladoras do abastecimento do mercado interno de produtos do setor sucroalcooleiro).

Parágrafo único. Em caso de elevação, a alíquota do imposto não poderá ser superior a cinco vezes o percentual fixado neste artigo.

- V. art. 26, CTN.

Art. 4º O pagamento do imposto será realizado na forma e no momento fixados pelo Ministro da Fazenda, que poderá determinar sua exigibilidade antes da efetiva saída do produto a ser exportado.

Parágrafo único. Poderá ser dispensada a cobrança do imposto em função do destino da mercadoria exportada, observadas normas editadas pelo Ministro de Estado da Fazenda.

- Parágrafo único acrescentado pela Lei 9.716/1998.

Art. 5º O contribuinte do imposto é o exportador, assim considerado qualquer pessoa que promova a saída do produto do território nacional.

- V. art. 27, CTN.

Art. 6º Não efetivada a exportação do produto ou ocorrendo o seu retorno na forma do art. 11 do Dec.-lei 491, de 5 de março de 1969, a quantia paga a título de imposto será restituída a requerimento do interessado acompanhado da respectiva documentação comprobatória.

Art. 7º *(Revogado pela Lei 10.833/2003.)*

Lei 6.822/1980

LEGISLAÇÃO

Art. 8º No que couber, aplicar-se-á, subsidiariamente, ao Imposto sobre a Exportação a legislação relativa ao Imposto sobre a Importação.

Art. 9º O produto da arrecadação do Imposto sobre a Exportação constituirá reserva monetária, a crédito do Banco Central do Brasil, a qual só poderá ser aplicada na forma estabelecida pelo Conselho Monetário Nacional.

- V. art. 28, CTN.

Art. 10. A Camex expedirá normas complementares a este Decreto-lei, respeitado o disposto no § 2º do art. 1º, *caput* e § 2º do art. 2º, e arts. 3º e 9º.

- Artigo com redação determinada pela MP 2.158-35/2001.

Art. 11. Este Decreto-lei entrará em vigor na data de sua publicação, revogadas a Lei 5.072, de 12 de agosto de 1966, e demais disposições em contrário.

Brasília, 11 de outubro de 1977; 156º da Independência e 89º da República.

Ernesto Geisel

(*DOU* 12.10.1977)

LEI 6.822, DE 22 DE SETEMBRO DE 1980

Dispõe sobre a cobrança executiva dos débitos fixados em acórdãos do Tribunal de Contas da União, e dá outras providências.

O Presidente da República:
Faço saber que o Congresso Nacional decreta e eu sanciono a seguinte Lei:

Art. 1º As decisões do Tribunal de Contas da União condenatórias de responsáveis em débito para com a Fazenda Pública tornam a dívida líquida e certa e têm força executiva, cumprindo ao Ministério Público federal, ou, nos Estados e Municípios, a quem dele as vezes fizer, ou aos procuradores das entidades da administração indireta, promover a sua cobrança executiva, independentemente de quaisquer outras formalidades, na forma do disposto na alínea c do art. 50 do Dec.-lei 199, de 25 de fevereiro de 1967.

- V. arts. 70 e 71, CF.

Art. 2º Incluem-se entre os responsáveis mencionados no artigo anterior os da administração indireta, os das fundações instituídas ou mantidas pela União, e os abrangidos pelos arts. 31, X, e 43 do Dec.-lei 199, de 25 de fevereiro de 1967, e pelo art. 183 do Dec.-lei 200, de 25 de fevereiro de 1967, bem como os administradores de quaisquer recursos originários de transferências federais.

Art. 3º As multas impostas pelo Tribunal de Contas da União, nos casos previstos no art. 53 do Dec.-lei 199, de 25 de fevereiro de 1967, após fixadas em decisão definitiva, serão, também, objeto de cobrança executiva, na forma estabelecida no artigo anterior.

Art. 4º Esta Lei entrará em vigor na data de sua publicação, revogadas as disposições em contrário.

Brasília, em 22 de setembro de 1980; 159º da Independência e 92º da República.

João Figueiredo

(*DOU* 23.09.1980)

LEI 6.830, DE 22 DE SETEMBRO DE 1980

Dispõe sobre a cobrança judicial da Dívida Ativa da Fazenda Pública e dá outras providências.

- V. Súmulas 435 e 521, STJ.

O Presidente da República:
Faço saber que o Congresso Nacional decreta e eu sanciono a seguinte Lei:

Art. 1º A execução judicial para cobrança da Dívida Ativa da União, dos Estados, do Distrito Federal, dos Municípios e respectivas autarquias será regida por esta Lei e, subsidiariamente, pelo Código de Processo Civil.

- V. arts. 46, § 5º, 180, *caput*, 183, *caput*, e 782, § 2º, CPC/2015.
- V. art. 201, CTN.
- V. Súmulas 34 e 137, TFR.
- • V. arts. 789 e 824, CPC/2015.

Art. 2º Constitui Dívida Ativa da Fazenda Pública aquela definida como tributária ou não tributária na Lei 4.320, de 17 de março de 1964, com as alterações posteriores, que estatui normas gerais de direito financeiro para elaboração e controle dos orçamentos e balanços da União, dos Estados, dos Municípios e do Distrito Federal.

- V. art. 142, CTN.
- • V. arts. 282, §§1º e 2º, e 784, IX, CPC/2015.

Lei 6.830/1980

§ 1º Qualquer valor, cuja cobrança seja atribuída por lei às entidades de que trata o art. 1º, será considerado Dívida Ativa da Fazenda Pública.

§ 2º A Dívida Ativa da Fazenda Pública, compreendendo a tributária e a não tributária, abrange atualização monetária, juros e multa de mora e demais encargos previstos em lei ou contrato.

- V. art. 6º, § 4º.
- V. art. 161, § 1º, CTN.
- V. Súmula 565, STF.
- V. Súmulas 168 e 209, TFR.

§ 3º A inscrição, que se constitui no ato de controle administrativo da legalidade, será feita pelo órgão competente para apurar a liquidez e certeza do crédito e suspenderá a prescrição, para todos os efeitos de direito, por 180 (cento e oitenta) dias ou até a distribuição da execução fiscal, se esta ocorrer antes de findo aquele prazo.

- V. arts. 8º, § 2º, e 40, *caput*.
- V. art. 174, parágrafo único, CTN.
- V. arts. 197 a 201, CC.
- V. art. 1º, parágrafo único, Lei 8.005/1990 (Créditos do Ibama).

§ 4º A Dívida Ativa da União será apurada e inscrita na Procuradoria da Fazenda Nacional.

- V. art. 1º, Lei 8.022/1990 (Administração das receitas federais).

§ 5º O Termo de Inscrição de Dívida Ativa deverá conter:

- V. art. 202, CTN.

I – o nome do devedor, dos corresponsáveis e, sempre que conhecido, o domicílio ou residência de um e de outros;

II – o valor originário da dívida, bem como o termo inicial e a forma de calcular os juros de mora e demais encargos previstos em lei ou contrato;

III – a origem, a natureza e o fundamento legal ou contratual da dívida;

IV – a indicação, se for o caso, de estar a dívida sujeita à atualização monetária, bem como o respectivo fundamento legal e o termo inicial para o cálculo;

V – a data e o número da inscrição, no Registro de Dívida Ativa; e

VI – o número do processo administrativo ou do auto de infração, se neles estiver apurado o valor da dívida.

§ 6º A Certidão de Dívida Ativa conterá os mesmos elementos do Termo de Inscrição e será autenticada pela autoridade competente.

§ 7º O Termo de Inscrição e a Certidão de Dívida Ativa poderão ser preparados e numerados por processo manual, mecânico ou eletrônico.

§ 8º Até a decisão de primeira instância, a Certidão de Dívida Ativa poderá ser emendada ou substituída, assegurada ao executado a devolução do prazo para embargos.

- V. Súmula 392, STJ.

§ 9º O prazo para a cobrança das contribuições previdenciárias continua a ser o estabelecido no art. 144 da Lei 3.807, de 26 de agosto de 1960.

- V. art. 88, Lei 8.212/1991 (Lei Orgânica da Seguridade Social e Plano de Custeio).

Art. 3º A Dívida Ativa regularmente inscrita goza da presunção de certeza e liquidez.

- V. art. 204, parágrafo único, CTN.
- V. Súmula 279, STJ.

Parágrafo único. A presunção a que se refere este artigo é relativa e pode ser ilidida por prova inequívoca, a cargo do executado ou de terceiro, a quem aproveite.

- V. art. 370, CPC/2015.

Art. 4º A execução fiscal poderá ser promovida contra:

- V. art. 779, CPC/2015.
- V. arts. 134 e 135, CTN.
- •• V. arts. 779, 794, §§1º a 3º, e 795, §§1º a 4º, CPC/2015.

I – o devedor;

II – o fiador;

III – o espólio;

IV – a massa;

V – o responsável, nos termos da lei, por dívidas, tributárias ou não, de pessoas físicas ou pessoas jurídicas de direito privado; e

- V. Súmula 112, TFR.

VI – os sucessores a qualquer título.

§ 1º Ressalvado o disposto no art. 31, o síndico, o comissário, o liquidante, o inventariante e o administrador, nos casos de falência, concordata, liquidação, inventário, insolvência ou concurso de credores, se, antes de garantidos os créditos da Fazenda Pública, alienarem ou derem em garantia quaisquer dos bens administrados, respondem, solidariamente, pelo valor desses bens.

- V. Lei 11.101/2005 (Lei de Recuperação de Empresas e Falência).

Lei 6.830/1980

LEGISLAÇÃO

§ 2º À Dívida Ativa da Fazenda Pública, de qualquer natureza, aplicam-se as normas relativas à responsabilidade prevista na legislação tributária, civil e comercial.

§ 3º Os responsáveis, inclusive as pessoas indicadas no § 1º deste artigo, poderão nomear bens livres e desembaraçados do devedor, tantos quantos bastem para pagar a dívida. Os bens dos responsáveis ficarão, porém, sujeitos à execução, se os do devedor forem insuficientes à satisfação da dívida.
- V. art. 794, *caput*, CPC/2015.
- V. Súmula 44, TFR.

§ 4º Aplica-se à Dívida Ativa da Fazenda Pública de natureza não tributária o disposto nos arts. 186 e 188 a 192 do Código Tributário Nacional.
- V. Súmula 563, STF.

Art. 5º A competência para processar e julgar a execução da Dívida Ativa da Fazenda Pública exclui a de qualquer outro juízo, inclusive o da falência, da concordata, da liquidação, da insolvência ou do inventário.
- V. art. 29.
- V. art. 109, § 3º, CF.
- V. art. 46, § 5º, CPC/2015.
- V. Lei 11.101/2005 (Lei de Recuperação de Empresas e Falência).
- V. Súmulas 58 e 66, STJ.
- V. Súmulas 40, 189 e 244, TFR.
•• V. arts. 46, §5º, 51 e 52, CPC/2015.

Art. 6º A petição inicial indicará apenas:
- V. art. 319, CPC/2015.
•• V. arts. 319 e 798, CPC/2015.

I – o juiz a quem é dirigida;
II – o pedido; e
III – o requerimento para a citação.
- V. art. 53, Lei 8.212/1991 (Lei Orgânica da Seguridade Social e Plano de Custeio).

§ 1º A petição inicial será instruída com a Certidão da Dívida Ativa, que dela fará parte integrante, como se estivesse transcrita.

§ 2º A petição inicial e a Certidão de Dívida Ativa poderão constituir um único documento, preparado inclusive por processo eletrônico.

§ 3º A produção de provas pela Fazenda Pública independe de requerimento na petição inicial.

§ 4º O valor da causa será o da dívida constante da certidão, com os encargos legais.

Art. 7º O despacho do juiz que deferir a inicial importa em ordem para:
•• V. arts. 829 e 827, CPC/2015.

I – citação, pelas sucessivas modalidades previstas no art. 8º;
II – penhora, se não for paga a dívida, nem garantida a execução, por meio de depósito, fiança ou seguro garantia;
- Inciso II com redação determinada pela Lei 13.043/2014.

III – arresto, se o executado não tiver domicílio ou dele se ocultar;
IV – registro da penhora ou do arresto, independentemente do pagamento de custas ou outras despesas, observado o disposto no art. 14; e
V – avaliação dos bens penhorados ou arrestados.

Art. 8º O executado será citado para, no prazo de 5 (cinco) dias, pagar a dívida com os juros e multa de mora e encargos indicados na Certidão de Dívida Ativa, ou garantir a execução, observadas as seguintes normas:
- V. art. 830, *caput*, CPC/2015.
- V. Súmula 414, STJ.
- V. Súmula 78, TFR.
•• V. art. 246, CPC/2015.

I – a citação será feita pelo correio, com aviso de recepção, se a Fazenda Pública não a requerer por outra forma;
- V. art. 248, CPC/2015.

II – a citação pelo correio considera-se feita na data da entrega da carta no endereço do executado; ou, se a data for omitida, no aviso de recepção, 10 (dez) dias após a entrega da carta à agência postal;
- V. art. 12, § 3º.

III – se o aviso de recepção não retornar no prazo de 15 (quinze) dias da entrega da carta à agência postal, a citação será feita por oficial de justiça ou por edital;
IV – o edital de citação será afixado na sede do juízo, publicado uma só vez no órgão oficial, gratuitamente, como expediente judiciário, com o prazo de 30 (trinta) dias, e conterá, apenas, a indicação da exequente, o nome do devedor e dos corresponsáveis, a quantia devida, a natureza da dívida, a data e o número da inscrição no Registro da Dívida Ativa, o prazo e o endereço da sede do juízo.
- V. Súmula 210, TFR.

§ 1º O executado ausente do País será citado por edital, com prazo de 60 (sessenta) dias.

§ 2º O despacho do juiz, que ordenar a citação, interrompe a prescrição.
- V. art. 174, parágrafo único, I, CTN.
- V. Súmula 248, TFR.

Lei 6.830/1980

Art. 9º Em garantia da execução, pelo valor da dívida, juros e multa de mora e encargos indicados na Certidão da Dívida Ativa, o executado poderá:
I – efetuar depósito em dinheiro, à ordem do juízo em estabelecimento oficial de crédito, que assegure atualização monetária;
- V. art. 21.

II – oferecer fiança bancária ou seguro garantia;
- Inciso II com redação determinada pela Lei 13.043/2014.

III – nomear bens à penhora, observada a ordem do art. 11; ou
IV – indicará penhora bens oferecidos por terceiros e aceitos pela Fazenda Pública.
§ 1º O executado só poderá indicar e o terceiro oferecer bem imóvel à penhora com o consentimento expresso do respectivo cônjuge.
§ 2º Juntar-se-á aos autos a prova do depósito, da fiança bancária, do seguro garantia ou da penhora dos bens do executado ou de terceiros.
- § 2º com redação determinada pela Lei 13.043/2014.

§ 3º A garantia da execução, por meio de depósito em dinheiro, fiança bancária ou seguro garantia, produz os mesmos efeitos da penhora.
- § 3º com redação determinada pela Lei 13.043/2014.

§ 4º Somente o depósito em dinheiro, na forma do art. 32, faz cessar a responsabilidade pela atualização monetária e juros de mora.
- V. Súmula 112, STJ.

§ 5º A fiança bancária prevista no inciso II obedecerá às condições preestabelecidas pelo Conselho Monetário Nacional.
§ 6º O executado poderá pagar parcela da dívida, que julgar incontroversa, e garantir a execução do saldo devedor.

Art. 10. Não ocorrendo o pagamento, nem a garantia da execução de que trata o art. 9º, a penhora poderá recair em qualquer bem do executado, exceto os que a lei declare absolutamente impenhoráveis.
- V. art. 108, §§ 3º e 4º, Lei 11.101/2005 (Lei de Recuperação de Empresas e Falência).
- • V. art. 833, CPC/2015.

Art. 11. A penhora ou arresto de bens obedecerá à seguinte ordem:
- V. art. 15, II.
- V. arts. 835 e 842, CPC/2015.
- V. Súmula 406, STJ.
- • V. arts. 835 e 854, CPC/2015.

I – dinheiro;
- V. Súmula 417, STJ.

II – título da dívida pública, bem como título de crédito, que tenham cotação em Bolsa;
III – pedras e metais preciosos;
IV – imóveis;
V – navios e aeronaves;
VI – veículos;
VII – móveis ou semoventes; e
VIII – direitos e ações.
§ 1º Excepcionalmente, a penhora poderá recair sobre estabelecimento comercial, industrial ou agrícola, bem como em plantações ou edifícios em construção.
- V. Súmula 451, STJ.

§ 2º A penhora efetuada em dinheiro será convertida no depósito de que trata o inciso I do art. 9º.
§ 3º O juiz ordenará a remoção do bem penhorado para depósito judicial, particular ou da Fazenda Pública exequente, sempre que esta o requerer, em qualquer fase do processo.

Art. 12. Na execução fiscal, far-se-á a intimação da penhora ao executado, mediante publicação, no órgão oficial, do ato de juntada do termo ou do auto de penhora.
- V. Súmula 190, TFR.
- • V. art. 843, CPC/2015.

§ 1º Nas comarcas do interior dos Estados, a intimação poderá ser feita pela remessa de cópia do termo ou do auto de penhora, pelo correio, na forma estabelecida no art. 8º, I e II, para a citação.
§ 2º Se a penhora recair sobre imóvel, far-se-á a intimação ao cônjuge, observadas as normas previstas para a citação.
§ 3º Far-se-á a intimação da penhora pessoalmente ao executado se, na citação feita pelo correio, o aviso de recepção não contiver a assinatura do próprio executado, ou de seu representante legal.

Art. 13. O termo ou auto de penhora conterá, também, a avaliação dos bens penhorados, efetuada por quem o lavrar.
- • V. arts. 870 a 873, CPC/2015.

§ 1º Impugnada a avaliação, pelo executado, ou pela Fazenda Pública, antes de publicado o edital de leilão, o juiz, ouvida a outra parte, nomeará avaliador oficial para proceder a nova avaliação dos bens penhorados.

Legislação

§ 2º Se não houver, na comarca, avaliador oficial ou este não puder apresentar o laudo de avaliação no prazo de 15 (quinze) dias, será nomeada pessoa ou entidade habilitada, a critério do juiz.
- V. Súmula 99, TFR.

§ 3º Apresentado o laudo, o juiz decidirá de plano sobre a avaliação.

Art. 14. O oficial de justiça entregará contrafé e cópia do termo ou do auto de penhora ou arresto, com a ordem de registro de que trata o art 7º, IV:

I – no ofício próprio, se o bem for imóvel ou a ele equiparado;
- V. art. 167, I-5, Lei 6.015/1973 (Lei de Registros Públicos).

II – na repartição competente para emissão de certificado de registro, se for veículo;

III – na Junta Comercial, na Bolsa de Valores, e na sociedade comercial, se forem ações, debênture, parte beneficiária, cota ou qualquer outro título, crédito ou direito societário nominativo.

Art. 15. Em qualquer fase do processo, será deferida pelo juiz:
- V. Súmula 406, STJ.
- • V. arts. 847, 874 e 875, CPC/2015.

I – ao executado, a substituição da penhora por depósito em dinheiro, fiança bancária ou seguro garantia; e
- Inciso I com redação determinada pela Lei 13.043/ 2014.

II – à Fazenda Pública, a substituição dos bens penhorados por outros, independentemente da ordem enumerada no art. 11, bem como o reforço da penhora insuficiente.
- V. art. 874, II, CPC/2015.

Art. 16. O executado oferecerá embargos, no prazo de 30 (trinta) dias, contados:
I – do depósito;
II – da juntada da prova da fiança bancária ou do seguro garantia;
- Inciso II com redação determinada pela Lei 13.043/ 2014.

III – da intimação da penhora.

§ 1º Não são admissíveis embargos do executado antes de garantida a execução.

§ 2º No prazo dos embargos, o executado deverá alegar toda matéria útil à defesa, requerer provas e juntar aos autos os documentos e rol de testemunhas, até três, ou, a critério do juiz, até o dobro desse limite.

§ 3º Não será admitida reconvenção, nem compensação, e as exceções, salvo as de suspeição, incompetência e impedimento, serão arguidas como matéria preliminar e serão processadas e julgadas com os embargos.

Art. 17. Recebidos os embargos, o juiz mandará intimar a Fazenda, para impugná-los no prazo de 30 (trinta) dias, designando, em seguida, audiência de instrução e julgamento.
- • V. art. 920, CPC/2015.

Parágrafo único. Não se realizará audiência, se os embargos versarem sobre matéria de direito ou, sendo de direito e de fato, a prova for exclusivamente documental, caso em que o juiz proferirá a sentença no prazo de 30 (trinta) dias.

Art. 18. Caso não sejam oferecidos os embargos, a Fazenda Pública manifestar-se-á sobre a garantia da execução.
- V. Súmula 168, TFR.

Art. 19. Não sendo embargada a execução ou sendo rejeitados os embargos, no caso de garantia prestada por terceiro, será este intimado, sob pena de contra ele prosseguir a execução nos próprios autos, para, no prazo de 15 (quinze) dias:
- • V. art. 876, CPC/2015.

I – remir o bem, se a garantia for real; ou
II – pagar o valor da dívida, juros e multa de mora e demais encargos, indicados na Certidão de Dívida Ativa, pelos quais se obrigou, se a garantia for fidejussória.

Art. 20. Na execução por carta, os embargos do executado serão oferecidos no juízo deprecado, que os remeterá ao juízo deprecante, para instrução e julgamento.
- • V. art. 914, CPC/2015.

Parágrafo único. Quando os embargos tiverem por objeto vícios ou irregularidades de atos do próprio juízo deprecado, caber-lhe-á unicamente o julgamento dessa matéria.
- V. Súmula 46, STJ.

Art. 21. Na hipótese de alienação antecipada dos bens penhorados, o produto será depositado em garantia da execução, nos termos previstos no art. 9º, I.
- V. art. 730, CPC/2015.
- • V. arts. 852 e 853, CPC/2015.

Art. 22. A arrematação será precedida de edital, afixado no local do costume, na sede do juízo, e publicado, em resumo, uma só vez, gratuitamente, como expediente judiciário, no órgão oficial.
- V. art. 1º.

Lei 6.830/1980

•• V. arts. 885 e 886, CPC/2015.

§ 1º O prazo entre as datas de publicação do edital e do leilão não poderá ser superior a 30 (trinta), nem inferior a 10 (dez) dias.

§ 2º O representante judicial da Fazenda Pública será intimado, pessoalmente, da realização do leilão, com a antecedência prevista no parágrafo anterior.

Art. 23. A alienação de quaisquer bens penhorados será feita em leilão público, no lugar designado pelo juiz.

• V. Súmula 121, STJ.

•• V. art. 881, CPC/2015.

§ 1º A Fazenda Pública e o executado poderão requerer que os bens sejam leiloados englobadamente ou em lotes que indicarem.

• V. arts. 891, 893 e 899, CPC/2015.

§ 2º Cabe ao arrematante o pagamento da comissão do leiloeiro e demais despesas indicadas no edital.

• V. art. 884, parágrafo único, CPC/2015.

Art. 24. A Fazenda Pública poderá adjudicar os bens penhorados:

• V. Súmula 224, TFR.

I – antes do leilão, pelo preço da avaliação, se a execução não for embargada ou se rejeitados os embargos;

II – findo o leilão:

a) se não houver licitante, pelo preço da avaliação;

b) havendo licitantes, com preferência, em igualdade de condições com a melhor oferta, no prazo de 30 (trinta) dias.

Parágrafo único. Se o preço da avaliação ou o valor da melhor oferta for superior ao dos créditos da Fazenda Pública, a adjudicação somente será deferida pelo juiz se a diferença for depositada, pela exequente, à ordem do juízo, no prazo de 30 (trinta) dias.

Art. 25. Na execução fiscal, qualquer intimação ao representante judicial da Fazenda Pública será feita pessoalmente.

• V. Súmulas 117 e 240, TFR.

Parágrafo único. A intimação de que trata este artigo poderá ser feita mediante vista dos autos, com imediata remessa ao representante judicial da Fazenda Pública, pelo cartório ou secretaria.

Art. 26. Se, antes da decisão de primeira instância, a inscrição de Dívida Ativa for, a qualquer título, cancelada, a execução fiscal será extinta, sem qualquer ônus para as partes.

Art. 27. As publicações de atos processuais poderão ser feitas resumidamente ou reunir num só texto os de diferentes processos.

• V. arts. 272, *caput*, § 2º, e 270, *caput*, CPC/2015.

Parágrafo único. As publicações farão sempre referência ao número do processo no respectivo juízo e ao número da correspondente inscrição de Dívida Ativa, bem como ao nome das partes e de seus advogados, suficientes para a sua identificação.

Art. 28. O juiz, a requerimento das partes, poderá, por conveniência da unidade da garantia da execução, ordenar a reunião de processos contra o mesmo devedor.

• V. arts. 57 e 58, CPC/2015.

• V. Súmula 515, STJ.

Parágrafo único. Na hipótese deste artigo, os processos serão redistribuídos ao juízo da primeira distribuição.

Art. 29. A cobrança judicial da Dívida Ativa da Fazenda Pública não é sujeita a concurso de credores ou habilitação em falência, concordata, liquidação, inventário ou arrolamento.

• V. art. 5º.

• V. art. 76, *caput*, Lei 11.101/2005 (Lei de Recuperação de Empresas e Falência).

• V. Súmula 244, TFR.

Parágrafo único. O concurso de preferência somente se verifica entre pessoas jurídicas de direito público, na seguinte ordem:

I – União e suas autarquias;

II – Estados, Distrito Federal e Territórios e suas autarquias, conjuntamente e *pro rata*;

III – Municípios e suas autarquias, conjuntamente e *pro rata*.

Art. 30. Sem prejuízo dos privilégios especiais sobre determinados bens, que sejam previstos em lei, responde pelo pagamento da Dívida Ativa da Fazenda Pública a totalidade dos bens e das rendas, de qualquer origem ou natureza, do sujeito passivo, seu espólio ou sua massa, inclusive os gravados por ônus real ou cláusula de inalienabilidade ou impenhorabilidade, seja qual for a data da constituição do ônus ou da cláusula, excetuados unicamente os bens e rendas que a lei declara absolutamente impenhoráveis.

• V. art. 4º.

•• V. art. 833, CPC/2015.

Lei 6.830/1980

Legislação

Art. 31. Nos processos de falência, concordata, liquidação, inventário, arrolamento ou concurso de credores, nenhuma alienação será judicialmente autorizada sem a prova de quitação da Dívida Ativa ou a concordância da Fazenda Pública.

- V. Lei 11.101/2005 (Lei de Recuperação de Empresas e Falência).

Art. 32. Os depósitos judiciais em dinheiro serão obrigatoriamente feitos:

- V. art. 9º, § 4º.
- V. Súmula 112, STJ.
- V. Súmula 209, TFR.
- • V. art. 840, CPC/2015.

I – na Caixa Econômica Federal, de acordo com o Dec-lei 1.737, de 20 de dezembro de 1979, quando relacionados com a execução fiscal proposta pela União ou suas autarquias;

II – na Caixa Econômica ou no banco oficial da unidade federativa ou, à sua falta, na Caixa Econômica Federal, quando relacionados com execução fiscal proposta pelo Estado, Distrito Federal, Municípios e suas autarquias.

§ 1º Os depósitos de que trata este artigo estão sujeitos à atualização monetária, segundo os índices estabelecidos para os débitos tributários federais.

§ 2º Após o trânsito em julgado da decisão, o depósito, monetariamente atualizado, será devolvido ao depositante ou entregue à Fazenda Pública, mediante ordem do juízo competente.

Art. 33. O juízo, de ofício, comunicará à repartição competente da Fazenda Pública, para fins de averbação no Registro da Dívida Ativa, a decisão final, transitada em julgado, que der por improcedente a execução, total ou parcialmente.

- • V. art. 496, CPC/2015.

Art. 34. Das sentenças de primeira instância proferidas em execuções de valor igual ou inferior a cinquenta Obrigações do Tesouro Nacional – OTN, só se admitirão embargos infringentes e de declaração.

- V. Súmula 277, STF.
- V. Súmula 48, TFR.

§ 1º Para os efeitos deste artigo, considerar-se-á o valor da dívida monetariamente atualizado e acrescido de multa e juros de mora e demais encargos legais, na data da distribuição.

§ 2º Os embargos infringentes, instruídos, ou não, com documentos novos, serão deduzidos, no prazo de 10 (dez) dias perante o mesmo juízo, em petição fundamentada.

§ 3º Ouvido o embargado, no prazo de 10 (dez) dias, serão os autos conclusos ao juiz, que, dentro de 20 (vinte) dias, os rejeitará ou reformará a sentença.

Art. 35. Nos processos regulados por esta Lei, poderá ser dispensada a audiência de revisor, no julgamento das apelações.

- • V. art. 932, CPC/2015.

Art. 36. Compete à Fazenda Pública baixar normas sobre o recolhimento da Dívida Ativa respectiva, em juízo ou fora dele, e aprovar, inclusive, os modelos de documentos de arrecadação.

- • V. art. 149, CPC/2015.

Art. 37. O auxiliar de justiça que, por ação ou omissão, culposa ou dolosa, prejudicar a execução, será responsabilizado, civil, penal e administrativamente.

Parágrafo único. O oficial de justiça deverá efetuar, em 10 (dez) dias, as diligências que lhe forem ordenadas, salvo motivo de força maior devidamente justificado perante o juízo.

Art. 38. A discussão judicial da Dívida Ativa da Fazenda Pública só é admissível em execução, na forma desta Lei, salvo as hipóteses de mandado de segurança, ação de repetição do indébito ou ação anulatória do ato declarativo da dívida, esta precedida do depósito preparatório do valor do débito, monetariamente corrigido e acrescido dos juros e multa de mora e demais encargos.

- V. Súmula 112, STJ.
- V. Súmula 247, TFR.
- • V. art. 784, §1º, CPC/2015.

Parágrafo único. A propositura, pelo contribuinte, da ação prevista neste artigo importa em renúncia ao poder de recorrer na esfera administrativa e desistência do recurso acaso interposto.

Art. 39. A Fazenda Pública não está sujeita ao pagamento de custas e emolumentos. A prática dos atos judiciais de seu interesse independerá de preparo ou de prévio depósito.

- V. Súmulas 99 e 154, TFR.
- • V. art. 91, CPC/2015.

Lei 6.899/1981

LEGISLAÇÃO

Parágrafo único. Se vencida, a Fazenda Pública ressarcirá o valor das despesas feitas pela parte contrária.

- V. arts. 82, § 2º, 84 e 85, CPC/2015.

Art. 40. O juiz suspenderá o curso da execução, enquanto não for localizado o devedor ou encontrados bens sobre os quais possa recair a penhora, e, nesses casos, não correrá o prazo de prescrição.

- V. art. 921, III, CPC/2015.
- V. art. 174, parágrafo único, CTN.
- V. Súmula 314, STJ.
- V. Súmula 210, TFR.

§ 1º Suspenso o curso da execução, será aberta vista dos autos ao representante judicial da Fazenda Pública.

§ 2º Decorrido o prazo máximo de 1 (um) ano, sem que seja localizado o devedor ou encontrados bens penhoráveis, o juiz ordenará o arquivamento dos autos.

§ 3º Encontrados que sejam, a qualquer tempo, o devedor ou os bens, serão desarquivados os autos para prosseguimento da execução.

§ 4º Se da decisão que ordenar o arquivamento tiver decorrido o prazo prescricional, o juiz, depois de ouvida a Fazenda Pública, poderá, de ofício, reconhecer a prescrição intercorrente e decretá-la de imediato.

- § 4º acrescentado pela Lei 11.051/2004.

§ 5º A manifestação prévia da Fazenda Pública prevista no § 4º deste artigo será dispensada no caso de cobranças judiciais cujo valor seja inferior ao mínimo fixado por ato do Ministro de Estado da Fazenda.

- § 5º acrescentado pela Lei 11.960/2009.

Art. 41. O processo administrativo correspondente à inscrição de Dívida Ativa, à execução fiscal ou à ação proposta contra a Fazenda Pública será mantido na repartição competente, dele se extraindo as cópias autenticadas ou certidões, que forem requeridas pelas partes ou requisitadas pelo juiz ou pelo Ministério Público.

- ** V. art. 438, CPC/2015.

Parágrafo único. Mediante requisição do juiz à repartição competente, com dia e hora previamente marcados, poderá o processo administrativo ser exibido, na sede do juízo, pelo funcionário para esse fim designado, lavrando o serventuário termo da ocorrência, com indicação, se for o caso, das peças a serem trasladadas.

Art. 42. Revogadas as disposições em contrário, esta Lei entrará em vigor 90 (noventa) dias após a data de sua publicação.

Brasília, em 22 de setembro de 1980; 159º da Independência e 92º da República.

João Figueiredo

(*DOU* 24.09.1980)

LEI 6.899, DE 8 DE ABRIL DE 1981

Determina a aplicação da correção monetária nos débitos oriundos de decisão judicial e dá outras providências.

- V. Dec. 86.649/1981 (Regulamenta a Lei 6.899/1981).

O Presidente da República:

Faço saber que o Congresso Nacional decreta e eu sanciono a seguinte Lei:

Art. 1º A correção monetária incide sobre qualquer débito resultante de decisão judicial, inclusive sobre custas e honorários advocatícios.

- V. Súmulas 490 e 562, STF.
- V. Súmulas 29, 36, 43 e 67, STJ.
- V. Súmulas 25, 45 a 47 e 75, TFR.

§ 1º Nas execuções de títulos de dívida líquida e certa, a correção será calculada a contar do respectivo vencimento.

- V. Súmula 14, STJ.

§ 2º Nos demais casos, o cálculo far-se-á a partir do ajuizamento da ação.

- V. Súmula 14, STJ.

Art. 2º O Poder Executivo, no prazo de 60 (sessenta) dias, regulamentará a forma pela qual será efetuado o cálculo da correção monetária.

Art. 3º O disposto nesta Lei aplica-se a todas as causas pendentes de julgamento.

Art. 4º Esta Lei entrará em vigor na data de sua publicação.

Art. 5º Revogam-se as disposições em contrário.

Brasília, em 8 de abril de 1981; 160º da Independência e 93º da República.

João Figueiredo

(*DOU* 09.04.1981)

Dec.-lei 1.940/1982

LEGISLAÇÃO

DECRETO-LEI 1.940, DE 25 DE MAIO DE 1982

Institui contribuição social, cria o Fundo de Investimento Social – Finsocial, e dá outras providências.

O Presidente da República, no uso da atribuição que lhe confere o inciso II do art. 55, e tendo em vista o disposto no § 2º, do art. 21, da Constituição, decreta:

- Refere-se à CF/1967.

Art. 1º Fica instituída, na forma prevista neste Decreto-lei, contribuição social, destinada a custear investimentos de caráter assistencial em alimentação, habitação popular, saúde, educação, justiça e amparo ao pequeno agricultor.

- *Caput* com redação determinada pela Lei 7.611/1987.
- V. art. 4º, I.
- V. art. 2º, Dec.-lei 1.952/1982 (Institui adicional sobre as contribuições incidentes sobre açúcar e álcool).
- V. Dec.-lei 2.049/1983 (Cobrança, fiscalização e processo administrativo do Finsocial).
- V. Dec. 91.236/1985 (Execução financeira do Finsocial).
- V. art. 9º, Lei 7.689/1988 (Contribuição social sobre o lucro das pessoas jurídicas).
- V. Lei 7.856/1989 (Contribuições para o Finsocial).
- V. Lei 7.894/1989 (Contribuição para o Finsocial e PIS/Pasep).
- V. Lei 8.147/1990 (Alíquota do Finsocial).
- V. Lei 9.363/1996 (Crédito presumido do IPI para ressarcimento da Cofins).
- V. arts. 2º a 8º-B, Lei 9.718/1998 (Altera a legislação tributária federal).

§ 1º A contribuição social de que trata este artigo será de 2% (dois por cento) e incidirá mensalmente sobre:

- § 1º com redação determinada pelo Dec.-lei 2.397/1987.
- Percentual atualizado pela Lei 8.147/1990.
- V. Dec. 92.698/1986 (Regulamento da contribuição para o Finsocial).
- V. Súmula 94, STJ.

a) a receita bruta das vendas de mercadorias e de mercadorias e serviços, de qualquer natureza, das empresas públicas ou privadas definidas como pessoa jurídica ou a elas equiparadas pela legislação do Imposto sobre a Renda;

- V. Súmula 659, STF.

b) as rendas e receitas operacionais das instituições financeiras e entidades a elas equiparadas, permitidas as seguintes exclusões: encargos com obrigações por refinanciamentos e repasse de recursos de órgãos oficiais e do exterior; despesas de captação de títulos de renda fixa no mercado aberto, em valor limitado ao das rendas obtidas nessas operações; juros e correção monetária passiva decorrentes de empréstimos efetuados ao Sistema Financeiro de Habitação; variação monetária passiva dos recursos captados do público; despesas com recursos, em moeda estrangeira, de debêntures e de arrendamento; e despesas com cessão de créditos com coobrigação, em valor limitado ao das rendas obtidas nessas operações, somente no caso das instituições cedentes;

c) as receitas operacionais e patrimoniais das sociedades seguradoras e entidades a elas equiparadas.

§ 2º Para as empresas públicas e privadas que realizam exclusivamente venda de serviços, a contribuição será de 5% (cinco por cento) e incidirá sobre o valor do Imposto sobre a Renda devido, ou como se devido fosse.

§ 3º A contribuição não incidirá sobre a venda de mercadorias ou serviços destinados ao exterior, nas condições estabelecidas em portaria do Ministro da Fazenda.

- V. art. 1º, XIV, Lei 8.402/1992 (Incentivos fiscais).

§ 4º Não integra as rendas e receitas de que trata o § 1º deste artigo, para efeito de determinação da base de cálculo da contribuição, conforme o caso, o valor:

- § 4º acrescentado pelo Dec.-lei 2.397/1987.

a) do Imposto sobre Produtos Industrializados – IPI, do Imposto sobre Transportes – IST, do Imposto Único sobre Lubrificantes e Combustíveis Líquidos e Gasosos – IULCLG, do Imposto Único sobre Minerais – IUM, do Imposto Único sobre Energia Elétrica – IUEE, quando destacados em separado no documento fiscal pelos respectivos contribuintes;

b) dos empréstimos compulsórios;

c) das vendas canceladas, das devolvidas e dos descontos a qualquer título concedidos incondicionalmente;

d) das receitas de Certificados de Depósitos Interfinanceiros.

§ 5º Em relação aos fatos geradores ocorridos no ano de 1988, a alíquota de que trata

Lei 7.689/1988

LEGISLAÇÃO

o § 1º deste artigo será acrescida de 0,1% (um décimo por cento). O acréscimo de receita correspondente à elevação da alíquota será destinado a fundo especial com a finalidade de fornecer recursos para financiamento da reforma agrária.

- § 5º acrescentado pelo Dec.-lei 2.397/1987.

Art. 2º A arrecadação da contribuição será feita pelo Banco do Brasil S.A. e pela Caixa Econômica Federal e seus agentes, na forma disciplinada em portaria do Ministro da Fazenda.

Art. 3º *(Revogado pelo Dec.-lei 2.463/1988.)*

Art. 4º Constituem recursos do Finsocial:
I – o produto da arrecadação da contribuição instituída pelo art. 1º deste Decreto-lei;
II – recursos de dotações orçamentárias da União;
III – retornos de suas aplicações;
IV – outros recursos de origem interna ou externa, compreendendo repasses e financiamentos.

Art. 5º O Banco Nacional do Desenvolvimento Econômico – BNDE passa a denominar-se Banco Nacional de Desenvolvimento Econômico e Social – BNDES.

§ 1º Sem prejuízo de sua subordinação técnica à autoridade monetária, o Banco Nacional de Desenvolvimento Econômico e Social fica vinculado administrativamente à Secretaria de Planejamento da Presidência da República – Seplan.

§ 2º O ministro-chefe da Secretaria de Planejamento da Presidência da República e o Ministro da Indústria e do Comércio adotarão as providências necessárias ao cumprimento do disposto neste artigo, no prazo de 30 (trinta) dias.

Art. 6º O Fundo de Investimento Social – Finsocial será administrado pelo Banco Nacional de Desenvolvimento Econômico e Social – BNDES, que aplicará os recursos disponíveis em programas e projetos elaborados segundo diretrizes estabelecidas pelo Presidente da República.

Parágrafo único. A execução desses programas e projetos dependerá de aprovação do Presidente da República.

- V. Dec. 91.236/1985 (Execução financeira do Finsocial).

Art. 7º Este Decreto-lei entrará em vigor na data de sua publicação e produzirá efeitos a partir de 1º de junho de 1982.

- V. art. 13, LC 70/1991 (Contribuição para financiamento da Seguridade Social).

Brasília, em 25 de maio de 1982; 161º da Independência e 94º da República.
João Figueiredo

(*DOU* 26.05.1982)

LEI 7.689, DE 15 DE DEZEMBRO DE 1988

Institui contribuição social sobre o lucro das pessoas jurídicas, e dá outras providências.

- V. Lei 9.249/1995 (Imposto de Renda).
- V. Lei 9.316/1996 (Altera legislação do Imposto de Renda e contribuição social sobre o lucro).

Faço saber que o Presidente da República adotou a Medida Provisória 22, de 6 de dezembro de 1988, que o Congresso Nacional aprovou, e eu, Humberto Lucena, Presidente do Senado Federal, para os efeitos do disposto no parágrafo único do art. 62 da Constituição Federal, promulgo a seguinte Lei:

Art. 1º Fica instituída contribuição social sobre o lucro das pessoas jurídicas, destinada ao financiamento da seguridade social.

- V. art. 3º, Lei 8.003/1990 (Legislação tributária federal – alterações).

Art. 2º A base de cálculo da contribuição é o valor do resultado do exercício, antes da provisão para o Imposto sobre a Renda.

- V. art. 2º, § 5º, Lei 8.200/1991 (Correção monetária das demonstrações financeiras para efeitos fiscais).
- V. art. 55, Lei 8.981/1995 (Altera a legislação tributária federal).
- V. art. 52, Lei 9.069/1995 (Plano Real).

§ 1º Para efeito do disposto neste artigo:
a) será considerado o resultado do período base encerrado em 31 de dezembro de cada ano;
b) no caso de incorporação, fusão, cisão ou encerramento de atividades, a base de cálculo é o resultado apurado no respectivo balanço;
c) o resultado do período base, apurado com observância da legislação comercial, será ajustado pela:

- Alínea *c* com redação determinada pela Lei 8.034/1990.

Lei 7.689/1988

LEGISLAÇÃO

1 – adição do resultado negativo da avaliação de investimentos pelo valor de patrimônio líquido;
2 – adição do valor de reserva de reavaliação, baixado durante o período base, cuja contrapartida não tenha sido computada no resultado do período base;
3 – adição do valor das provisões não dedutíveis da determinação do lucro real, exceto a provisão para o imposto de renda;
4 – exclusão do resultado positivo da avaliação de investimentos pelo valor de patrimônio líquido;
5 – exclusão dos lucros e dividendos derivados de participações societárias em pessoas jurídicas domiciliadas no Brasil que tenham sido computados como receita;

- Item 5 com redação determinada pela Lei 12.973/2014 (*DOU* 14.05.2014), em vivor em 1º.01.2015.
- V. art. 119, § 1º, I, Lei 12.973/2014.

6 – exclusão do valor, corrigido monetariamente, das provisões adicionadas na forma do item 3, que tenham sido baixadas no curso do período base.

§ 2º No caso de pessoa jurídica desobrigada de escrituração contábil, a base de cálculo da contribuição corresponderá a 10% (dez por cento) da receita bruta auferida no período de 1º de janeiro a 31 de dezembro de cada ano, ressalvado o disposto na alínea *b* do parágrafo anterior.

Art. 3º A alíquota da contribuição é de:

- *Caput* com redação determinada pela Lei 11.727/2008 (*DOU* 24.06.2008), em vigor na data de sua publicação, produzindo efeitos a partir do primeiro dia do quarto mês subsequente ao da publicação da MP 413/2008 (*DOU* 03.01.2008, edição extra).

I – 20% (vinte por cento), no período compreendido entre 1º de setembro de 2015 e 31 de dezembro de 2018, e 15% (quinze por cento) a partir de 1º de janeiro de 2019, no caso das pessoas jurídicas de seguros privados, das de capitalização e das referidas nos incisos I a VII e X do § 1º do art. 1º da Lei Complementar 105, de 10 de janeiro de 2001;

- Inciso I com redação determinada pela Lei 13.169/2015 (*DOU* 07.10.2015), em vigor na data de sua publicação, produzindo efeitos a partir do primeiro dia do quarto mês subsequente ao da publicação da MP 675/2015 (*DOU* 22.05.2015).

II – 17% (dezessete por cento), no período compreendido entre 1º de outubro de 2015 e 31 de dezembro de 2018, e 15% (quinze por cento) a partir de 1º de janeiro de 2019, no caso das pessoas jurídicas referidas no inciso IX do § 1º do art. 1º da Lei Complementar 105, de 10 de janeiro de 2001;

- Inciso II com redação determinada pela Lei 13.169/2015.

III – 9% (nove por cento), no caso das demais pessoas jurídicas.

- Inciso III acrescentado pela Lei 13.169/2015 (*DOU* 07.10.2015), em vigor na data de sua publicação, produzindo efeitos a partir do primeiro dia do quarto mês subsequente ao da publicação da MP 675/2015 (*DOU* 22.05.2015).

Art. 4º São contribuintes as pessoas jurídicas domiciliadas no País e as que lhes são equiparadas pela legislação tributária.

Art. 5º A contribuição social será convertida em número de Obrigações do Tesouro Nacional – OTN, mediante a divisão de seu valor em cruzados pelo valor de uma OTN, vigente no mês de encerramento do período base de sua apuração.

- V. art. 50, Lei 9.069/1995 (Plano Real).

§ 1º A contribuição será paga em seis prestações mensais iguais e consecutivas, expressas em número de OTN, vencíveis no último dia útil de abril a setembro de cada exercício financeiro.

§ 2º No caso do art. 2º, § 1º, alínea *b*, a contribuição social deverá ser paga até o último dia útil do mês subsequente ao da incorporação, fusão, cisão ou encerramento de atividades.

§ 3º Os valores da contribuição social e de cada parcela serão expressos em número de OTN até a segunda casa decimal quando resultarem fracionários, abandonando-se as demais.

§ 4º Nenhuma parcela, exceto parcela única, será inferior ao valor de dez OTN.

§ 5º O valor em cruzados de cada parcela será determinado mediante a multiplicação de seu valor, expresso em número de OTN, pelo valor da OTN no mês de seu pagamento.

Art. 6º A administração e fiscalização da contribuição social de que trata esta Lei compete à Secretaria da Receita Federal.

Parágrafo único. Aplicam-se à contribuição social, no que couber, as disposições da legislação do Imposto sobre a Renda referentes à administração, ao lançamento, à consulta, à cobrança, às penalidades, às garantias e ao processo administrativo.

Art. 7º Os órgãos da Secretaria da Receita Federal enviarão às Procuradorias da Fazenda Nacional os demonstrativos de débitos

Lei 7.713/1988

da contribuição de que trata esta Lei, para fins de apuração e inscrição em Dívida Ativa da União.

§ 1º Os débitos de que trata este artigo poderão, sem prejuízo da respectiva liquidez e certeza, ser inscritos em Dívida Ativa pelo valor expresso em OTN.

§ 2º Far-se-á a conversão do débito na forma prevista no parágrafo anterior com base no valor da OTN no mês de seu vencimento.

Art. 8º A contribuição social será devida a partir do resultado apurado no período base a ser encerrado em 31 de dezembro de 1988.

- A execução do disposto neste artigo foi suspensa pela Resolução 11/1995 – Senado Federal.
- O STF, na ADIn 15-2 (*DOU* e *DJU* 21.06.2007), declarou a inconstitucionalidade dos arts. 8º e 9º da Lei 7.689/1988.

Art. 9º Ficam mantidas as contribuições previstas na legislação em vigor, incidentes sobre a folha de salários e a de que trata o Dec.-lei 1.940, de 25 de maio de 1982, e alterações posteriores, incidente sobre o faturamento das empresas, com fundamento no art. 195, I, da Constituição Federal.

- O STF, na ADIn 15-2 (*DOU* e *DJU* 21.06.2007), declarou a inconstitucionalidade dos arts. 8º e 9º da Lei 7.689/1988.

Art. 10. A partir do exercício financeiro de 1989, as pessoas jurídicas pagarão o Imposto sobre a Renda à alíquota de 30% (trinta por cento) sobre o lucro real ou arbitrado, apurado em conformidade com a legislação tributária, sem prejuízo do adicional de que tratam os arts. 1º e 2º do Dec.-lei 2.462, de 30 de agosto de 1988.

- V. art. 57, Lei 8.981/1995 (Altera a legislação tributária federal).

Art. 11. Em relação aos fatos geradores ocorridos entre 1º de janeiro e 31 de dezembro de 1989, fica alterada para 0,35% (trinta e cinco centésimos por cento) a alíquota de que tratam os itens II, III e V do art. 1º do Dec.-lei 2.445, de 29 de junho de 1988, com a redação dada pelo Dec.-lei 2.449, de 21 de julho de 1988.

Art. 12. Esta Lei entra em vigor na data de sua publicação.

Art. 13. Revogam-se as disposições em contrário.

Senado Federal, em 15 de dezembro de 1988; 167º da Independência e 100º da República.
Humberto Lucena

(*DOU* 16.12.1988)

LEI 7.713, DE 22 DE DEZEMBRO DE 1988

Altera a legislação do Imposto de Renda e dá outras providências.

- V. Lei 11.482/2007 (Efetua alterações na tabela do imposto de renda da pessoa física).

O Presidente da República:
Faço saber que o Congresso Nacional decreta e eu sanciono a seguinte Lei:

Art. 1º Os rendimentos e ganhos de capital percebidos a partir de 1º de janeiro de 1989, por pessoas físicas residentes ou domiciliadas no Brasil, serão tributados pelo Imposto sobre a Renda na forma da legislação vigente, com as modificações introduzidas por esta Lei.

Art. 2º O Imposto sobre a Renda das pessoas físicas será devido, mensalmente, à medida em que os rendimentos e ganhos de capital forem percebidos.

Art. 3º O imposto incidirá sobre o rendimento bruto, sem qualquer dedução, ressalvado o disposto nos arts. 9º a 14 desta Lei.

- V. art. 13, parágrafo único, Lei 7.766/1989 (Ouro como ativo financeiro).
- V. art. 4º, § 3º, Lei 8.023/1990 (Imposto de Renda sobre o resultado da atividade rural).
- V. art. 18, Lei 8.134/1990 (Altera a legislação do Imposto de Renda).

§ 1º Constituem rendimento bruto todo o produto do capital, do trabalho ou da combinação de ambos, os alimentos e pensões percebidos em dinheiro, e ainda os proventos de qualquer natureza, assim também entendidos os acréscimos patrimoniais não correspondentes aos rendimentos declarados.

§ 2º Integrará o rendimento bruto, como ganho de capital, o resultado da soma dos ganhos auferidos no mês, decorrentes de alienação de bens ou direitos de qualquer natureza, considerando-se como ganho a diferença positiva entre o valor de transmissão do bem ou direito e o respectivo custo de aquisição corrigido monetariamente, observado o disposto nos arts. 15 a 22 desta Lei.

§ 3º Na apuração do ganho de capital serão consideradas as operações que importem alienação, a qualquer título, de bens ou direitos ou cessão ou promessa de cessão de direitos à sua aquisição, tais como as realizadas por compra e venda, permuta, adjudicação, desapropriação, dação em pagamento, doa-

Lei 7.713/1988

LEGISLAÇÃO

ção, procuração em causa própria, promessa de compra e venda, cessão de direitos ou promessa de cessão de direitos e contratos afins.

§ 4º A tributação independe da denominação dos rendimentos, títulos ou direitos, da localização, condição jurídica ou nacionalidade da fonte, da origem dos bens produtores da renda, e da forma de percepção das rendas ou proventos, bastando, para a incidência do imposto, o benefício do contribuinte por qualquer forma e a qualquer título.

§ 5º Ficam revogados todos os dispositivos legais concessivos de isenção ou exclusão, da base de cálculo do Imposto sobre a Renda das pessoas físicas, de rendimentos e proventos de qualquer natureza, bem como os que autorizam redução do imposto por investimento de interesse econômico ou social.

§ 6º Ficam revogados todos os dispositivos legais que autorizam deduções cedulares ou abatimentos da renda bruta do contribuinte, para efeito de incidência do Imposto sobre a Renda.

Art. 4º Fica suprimida a classificação por cédulas dos rendimentos e ganhos de capital percebidos pelas pessoas físicas.

Art. 5º Salvo disposição em contrário, o imposto retido na fonte sobre rendimentos e ganhos de capital percebidos por pessoas físicas será considerado redução do apurado na forma dos arts. 23 e 24 desta Lei.

• Os arts. 23 e 24 foram revogados pela Lei 8.134/1990.

Art. 6º Ficam isentos do Imposto sobre a Renda os seguintes rendimentos percebidos por pessoas físicas:

I – a alimentação, o transporte e os uniformes ou vestimentas especiais de trabalho, fornecidos gratuitamente pelo empregador a seus empregados, ou a diferença entre o preço cobrado e o valor de mercado;

II – as diárias destinadas, exclusivamente, ao pagamento de despesas de alimentação e pousada, por serviço eventual realizado em município diferente do da sede de trabalho;

III – o valor locativo do prédio construído, quando ocupado por seu proprietário ou cedido gratuitamente para uso do cônjuge ou de parentes de primeiro grau;

IV – as indenizações por acidentes de trabalho;

V – a indenização e o aviso-prévio pagos por despedida ou rescisão de contrato de trabalho, até o limite garantido por lei, bem como o montante recebido pelos empregados e diretores, ou respectivos beneficiários, referente aos depósitos, juros e correção monetária creditados em contas vinculadas, nos termos da legislação do Fundo de Garantia do Tempo de Serviço;

• V. Súmula 386, STJ.

VI – o montante dos depósitos, juros, correção monetária e quotas-partes creditados em contas individuais pelo Programa de Integração Social e pelo Programa de Formação do Patrimônio do Servidor Público;

VII – os seguros recebidos de entidades de previdência privada decorrentes de morte ou invalidez permanente do participante:

• Inciso VII com redação determinada pela Lei 9.250/1995.
• V. arts. 1º e 2º, Lei 8.687/1993 (Não incidência do Imposto de Renda sobre benefícios percebidos por deficientes mentais).

a) quando em decorrência de morte ou invalidez permanente do participante;

b) relativamente ao valor correspondente às contribuições cujo ônus tenha sido do participante, desde que os rendimentos e ganhos de capital produzidos pelo patrimônio da entidade tenham sido tributados na fonte;

VIII – as contribuições pagas pelos empregadores relativas a programas de previdência privada em favor de seus empregados e dirigentes;

IX – os valores resgatados dos Planos de Poupança e Investimentos – Pait, de que trata o Dec.-lei 2.292, de 21 de novembro de 1986, relativamente à parcela correspondente às contribuições efetuadas pelo participante;

X – as contribuições empresariais a Plano de Poupança e Investimento – Pait, a que se refere o art. 5º, § 2º, do Dec.-lei 2.292, de 21 de novembro de 1986;

XI – o pecúlio recebido pelos aposentados que voltam a trabalhar em atividade sujeita ao regime previdenciário, quando dela se afastarem, e pelos trabalhadores que ingressarem nesse regime após completarem 60 (sessenta) anos de idade, pago pelo Instituto Nacional de Previdência Social ao segurado ou a seus dependentes, após sua morte, nos termos do art. 1º da Lei 6.243, de 24 de setembro de 1975;

XII – as pensões e os proventos concedidos de acordo com os Decretos-leis 8.794 e 8.795, de 23 de janeiro de 1946, e Lei 2.579,

Lei 7.713/1988

LEGISLAÇÃO

de 23 de agosto de 1955, e art. 30 da Lei 4.242, de 17 de julho de 1963, em decorrência de reforma ou falecimento de ex-combatente da Força Expedicionária Brasileira;

XIII – capital das apólices de seguro ou pecúlio pago por morte do segurado, bem como os prêmios de seguro restituídos em qualquer caso, inclusive no de renúncia do contrato;

XIV – os proventos de aposentadoria ou reforma motivada por acidente em serviço e os percebidos pelos portadores de moléstia profissional, tuberculose ativa, alienação mental, esclerose múltipla, neoplasia maligna, cegueira, hanseníase, paralisia irreversível e incapacitante, cardiopatia grave, doença de Parkinson, espondiloartrose anquilosante, nefropatia grave, hepatopatia grave, estados avançados da doença de Paget (osteíte deformante), contaminação por radiação, síndrome da imunodeficiência adquirida, com base em conclusão da medicina especializada, mesmo que a doença tenha sido contraída depois da aposentadoria ou reforma;

- Inciso XIV com redação determinada pela Lei 11.052/2004 (DOU 30.12.2004), em vigor em 1º de janeiro do ano subsequente à data de sua publicação.
- V. art. 30, Lei 9.250/1995 (Altera a legislação do Imposto de Renda).

XV – os rendimentos provenientes de aposentadoria e pensão, de transferência para a reserva remunerada ou de reforma pagos pela Previdência Social da União, dos Estados, do Distrito Federal e dos Municípios, por qualquer pessoa jurídica de direito público interno ou por entidade de previdência privada, a partir do mês em que o contribuinte completar 65 (sessenta e cinco) anos de idade, sem prejuízo da parcela isenta prevista na tabela de incidência mensal do imposto, até o valor de:

- Caput do inciso XV com redação determinada pela Lei 11.482/2007 (DOU 31.05.2007, edição extra), em vigor na data de sua publicação, produzindo efeitos a partir de 1º.01.2007 (v. art. 24, I, da referida Lei).

a) R$ 1.313,69 (mil, trezentos e treze reais e sessenta e nove centavos), por mês, para o ano-calendário de 2007;

- Alínea a acrescentada pela Lei 11.482/2007 (DOU 31.05.2007, edição extra), em vigor na data de sua publicação, produzindo efeitos a partir de 1º.01.2007 (v. art. 24, I, da referida Lei).

b) R$ 1.372,81 (mil, trezentos e setenta e dois reais e oitenta e um centavos), por mês, para o ano-calendário de 2008;

- Alínea b acrescentada pela Lei 11.482/2007 (DOU 31.05.2007, edição extra), em vigor na data de sua publicação, produzindo efeitos a partir de 1º.01.2007 (v. art. 24, I, da referida Lei).

c) R$ 1.434,59 (mil, quatrocentos e trinta e quatro reais e cinquenta e nove centavos), por mês, para o ano-calendário de 2009;

- Alínea c acrescentada pela Lei 11.482/2007 (DOU 31.05.2007, edição extra), em vigor na data de sua publicação, produzindo efeitos a partir de 1º.01.2007 (v. art. 24, I, da referida Lei).

d) R$ 1.499,15 (mil, quatrocentos e noventa e nove reais e quinze centavos), por mês, para o ano-calendário de 2010;

- Alínea d com redação determinada pela Lei 12.469/2011 (DOU 29.08.2011), em vigor na data de sua publicação, produzindo efeitos a partir de 1º.04.2011 (v. art. 10, III, da referida Lei).

e) R$ 1.566,61 (mil, quinhentos e sessenta e seis reais e sessenta e um centavos), por mês, para o ano-calendário de 2011;

- Alínea e acrescentada pela Lei 12.469/2011 (DOU 29.08.2011), em vigor na data de sua publicação, produzindo efeitos a partir de 1º.04.2011 (v. art. 10, III, da referida Lei).

f) R$ 1.637,11 (mil, seiscentos e trinta e sete reais e onze centavos), por mês, para o ano-calendário de 2012;

- Alínea f acrescentada pela Lei 12.469/2011 (DOU 29.08.2011), em vigor na data de sua publicação, produzindo efeitos a partir de 1º.04.2011 (v. art. 10, III, da referida Lei).

g) R$ 1.710,78 (mil, setecentos e dez reais e setenta e oito centavos), por mês, para o ano-calendário de 2013;

- Alínea g acrescentada pela Lei 12.469/2011 (DOU 29.08.2011), em vigor na data de sua publicação, produzindo efeitos a partir de 1º.04.2011 (v. art. 10, III, da referida Lei).

h) R$ 1.787,77 (mil, setecentos e oitenta e sete reais e setenta e sete centavos), por mês, para o ano-calendário de 2014 e nos meses de janeiro a março do ano-calendário de 2015; e

- Alínea h com redação determinada pela Lei 13.149/2015.

i) R$ 1.903,98 (mil, novecentos e três reais e noventa e oito centavos), por mês, a partir do mês de abril do ano-calendário de 2015;

- Alínea i acrescentada pela Lei 13.149/2015.

XVI – o valor dos bens adquiridos por doação ou herança;

Lei 7.713/1988

LEGISLAÇÃO

XVII – os valores decorrentes de aumento de capital:
a) mediante a incorporação de reservas ou lucros que tenham sido tributados na forma do art. 36 desta Lei;
b) efetuado com observância do disposto no art. 63 do Dec.-lei 1.598, de 26 de dezembro de 1977, relativamente aos lucros apurados em períodos base encerrados anteriormente à vigência desta Lei;
XVIII – a correção monetária de investimentos, calculada aos mesmos índices aprovados para os Bônus do Tesouro Nacional – BTN, e desde que seu pagamento ou crédito ocorra em intervalos não inferiores a 30 (trinta) dias;

- Inciso XVIII com redação determinada pela Lei 7.799/1989.

XIX – a diferença entre o valor de aplicação e o de resgate de quotas de fundos de aplicações de curto prazo;
XX – a ajuda de custo destinada a atender às despesas com transporte, frete e locomoção do beneficiado e seus familiares, em caso de remoção de um município para outro, sujeita à comprovação posterior pelo contribuinte;
XXI – os valores recebidos a título de pensão quando o beneficiário desse rendimento for portador das doenças relacionadas no inciso XIV deste artigo, exceto as decorrentes de moléstia profissional, com base em conclusão da medicina especializada, mesmo que a doença tenha sido contraída após a concessão da pensão;

- Inciso XXI acrescentado pela Lei 8.541/1992.
- V. art. 30, Lei 9.250/1995 (Altera a legislação do Imposto de Renda).

XXII – os valores pagos em espécie pelos Estados, Distrito Federal e Municípios, relativos ao Imposto sobre Operações relativas à Circulação de Mercadorias e sobre Prestações de Serviços de Transporte Interestadual e Intermunicipal e de Comunicação – ICMS e ao Imposto sobre Serviços de Qualquer Natureza – ISS, no âmbito de programas de concessão de crédito voltados ao estímulo à solicitação de documento fiscal na aquisição de mercadorias e serviços;

- Inciso XXII acrescentado pela Lei 11.945/2009 (DOU 05.06.2009), em vigor na data de sua publicação, produzindo efeitos a partir de 1º.01.2009 (v. art. 33, I, a, da referida Lei).

XXIII – o valor recebido a título de vale-cultura.

- Inciso XXIII acrescentado pela Lei 12.761/2012.

Parágrafo único. O disposto no inciso XXII do *caput* deste artigo não se aplica aos prêmios recebidos por meio de sorteios, em espécie, bens ou serviços, no âmbito dos referidos programas.

- Parágrafo único acrescentado pela Lei 11.945/2009 (DOU 05.06.2009), em vigor na data de sua publicação, produzindo efeitos a partir de 1º.01.2009 (v. art. 33, I, a, da referida Lei).

Art. 7º Ficam sujeitos à incidência do Imposto sobre a Renda na fonte, calculado de acordo com o disposto no art. 25 desta Lei:

- V. art. 47.
- V. art. 3º, Lei 8.134/1990 (Altera a legislação do Imposto de Renda).
- V. art. 5º, Lei 8.383/1991 (Altera a legislação do Imposto de Renda).
- V. art. 3º, Lei 9.250/1995 (Altera a legislação do Imposto de Renda).
- V. arts. 64 a 66, Lei 9.430/1996 (Altera a legislação tributária federal).

I – os rendimentos do trabalho assalariado, pagos ou creditados por pessoas físicas ou jurídicas;
II – os demais rendimentos percebidos por pessoas físicas, que não estejam sujeitos à tributação exclusiva na fonte, pagos ou creditados por pessoas jurídicas.
§ 1º O imposto a que se refere este artigo será retido por ocasião de cada pagamento ou crédito e, se houver mais de um pagamento ou crédito, pela mesma fonte pagadora, aplicar-se-á a alíquota correspondente à soma dos rendimentos pagos ou creditados à pessoa física no mês, a qualquer título.
§ 2º *(Revogado pela Lei 8.218/1991.)*
§ 3º *(Vetado.)*

Art. 8º Fica sujeita ao pagamento do Imposto sobre a Renda, calculado de acordo com o disposto no art. 25 desta Lei, a pessoa física que receber de outra pessoa física, ou de fontes situadas no exterior, rendimentos e ganhos de capital que não tenham sido tributados na fonte, no País.

- V. art. 47.
- V. art. 2º, Lei 8.012/1990 (Pagamento de tributos de competência da União).
- V. art. 4º, Lei 8.134/1990 (Altera a legislação do Imposto de Renda).
- V. arts. 5º e 6º, Lei 8.383/1991 (Altera a legislação do Imposto de Renda – Ufir).
- V. art. 39, Lei 9.069/1995 (Plano Real).
- V. art. 3º, Lei 9.250/1995 (Altera a legislação do Imposto de Renda).
- V. arts. 64 a 66, Lei 9.430/1996 (Altera a legislação tributária federal).

Lei 7.713/1988

§ 1º O disposto neste artigo se aplica, também, aos emolumentos e custas dos serventuários da Justiça, como tabeliães, notários, oficiais públicos e outros, quando não forem remunerados exclusivamente pelos cofres públicos.

§ 2º O imposto de que trata este artigo deverá ser pago até o último dia útil da primeira quinzena do mês subsequente ao da percepção dos rendimentos.

Art. 9º Quando o contribuinte auferir rendimentos da prestação de serviços de transporte, em veículo próprio locado, ou adquirido com reservas de domínio ou alienação fiduciária, o Imposto sobre a Renda incidirá sobre:

I – 10% (dez por cento) do rendimento bruto, decorrente do transporte de carga;

- Inciso I com redação determinada pela Lei 12.794/2013 (*DOU* 03.04.2013), em vigor a partir de 1º.01.2013 (v. art. 21, I da referida Lei).

II – 60% (sessenta por cento) do rendimento bruto, decorrente do transporte de passageiros.

- V. art. 3º.

Parágrafo único. O percentual referido no item I deste artigo aplica-se também sobre o rendimento bruto da prestação de serviços com trator, máquina de terraplenagem, colheitadeira e assemelhados.

- V. art. 20, Lei 8.134/1990 (Altera a legislação do Imposto de Renda).

Art. 10. O imposto incidirá sobre 10% (dez por cento) do rendimento bruto auferido pelos garimpeiros matriculados nos termos do art. 73 do Dec.-lei 227, de 28 de fevereiro de 1967, renumerado pelo art. 2º do Dec.-lei 318, de 14 de março de 1967, na venda a empresas legalmente habilitadas de metais preciosos, pedras preciosas e semipreciosas por eles extraídos.

- V. art. 3º.

Parágrafo único. A prova de origem dos rendimentos de que trata este artigo far-se-á com base na via da nota de aquisição destinada ao garimpeiro pela empresa compradora.

- V. art. 20, Lei 8.134/1990 (Altera a legislação do Imposto de Renda).

Art. 11. Os titulares dos serviços notariais e de registro a que se refere o art. 236 da Constituição da República, desde que mantenham escrituração das receitas e das despesas, poderão deduzir dos emolumentos recebidos, para efeito da incidência do imposto:

I – a remuneração paga a terceiros, desde que com vínculo empregatício, inclusive encargos trabalhistas e previdenciários;

II – os emolumentos pagos a terceiros;

III – as despesas de custeio necessárias à manutenção dos serviços notariais e de registro.

§ 1º Fica ainda assegurada aos odontólogos a faculdade de deduzir, da receita decorrente do exercício da respectiva profissão, as despesas com a aquisição do material odontológico por eles aplicadas nos serviços prestados aos seus pacientes, assim como as despesas com o pagamento dos profissionais dedicados à prótese e à anestesia, eventualmente utilizados na prestação dos serviços, desde que, em qualquer caso, mantenham escrituração das receitas e despesas realizadas.

- § 1º acrescentado pela Lei 7.975/1989.

§ 2º *(Vetado.)*

- § 2º acrescentado pela Lei 7.975/1989.

Art. 12. *(Revogado pela Lei 13.149/2015.)*

Art. 12-A. Os rendimentos recebidos acumuladamente e submetidos à incidência do imposto sobre a renda com base na tabela progressiva, quando correspondentes a anos-calendário anteriores ao do recebimento, serão tributados exclusivamente na fonte, no mês do recebimento ou crédito, em separado dos demais rendimentos recebidos no mês.

- *Caput* com redação determinada pela Lei 13.149/2015.

§ 1º O imposto será retido pela pessoa física ou jurídica obrigada ao pagamento ou pela instituição financeira depositária do crédito e calculado sobre o montante dos rendimentos pagos, mediante a utilização de tabela progressiva resultante da multiplicação da quantidade de meses a que se referam os rendimentos pelos valores constantes da tabela progressiva mensal correspondente ao mês do recebimento ou crédito.

- § 1º acrescentado pela Lei 12.350/2010.

§ 2º Poderão ser excluídas as despesas, relativas ao montante dos rendimentos tributáveis, com ação judicial necessárias ao seu re-

Lei 7.713/1988

cebimento, inclusive de advogados, se tiverem sido pagas pelo contribuinte, sem indenização.

- § 2º acrescentado pela Lei 12.350/2010.

§ 3º A base de cálculo será determinada mediante a dedução das seguintes despesas relativas ao montante dos rendimentos tributáveis:

- § 3º acrescentado pela Lei 12.350/2010.

I – importâncias pagas em dinheiro a título de pensão alimentícia em face das normas do Direito de Família, quando em cumprimento de decisão judicial, de acordo homologado judicialmente ou de separação ou divórcio consensual realizado por escritura pública; e

II – contribuições para a Previdência Social da União, dos Estados, do Distrito Federal e dos Municípios.

§ 4º Não se aplica ao disposto neste artigo o constante no art. 27 da Lei 10.833, de 29 de dezembro de 2003, salvo o previsto nos seus §§ 1º e 3º.

- § 4º acrescentado pela Lei 12.350/2010.

§ 5º O total dos rendimentos de que trata o *caput*, observado o disposto no § 2º, poderá integrar a base de cálculo do Imposto sobre a Renda na Declaração de Ajuste Anual do ano-calendário do recebimento, à opção irretratável do contribuinte.

- § 5º acrescentado pela Lei 12.350/2010.

§ 6º Na hipótese do § 5º, o Imposto sobre a Renda Retido na Fonte será considerado antecipação do imposto devido apurado na Declaração de Ajuste Anual.

- § 6º acrescentado pela Lei 12.350/2010.

§ 7º Os rendimentos de que trata o *caput*, recebidos entre 1º de janeiro de 2010 e o dia anterior ao de publicação da Lei resultante da conversão da Medida Provisória 497, de 27 de julho de 2010, poderão ser tributados na forma deste artigo, devendo ser informados na Declaração de Ajuste Anual referente ao ano-calendário de 2010.

- § 7º acrescentado pela Lei 12.350/2010.

§ 8º *(Vetado).*

- § 8º acrescentado pela Lei 12.350/2010.

§ 9º A Secretaria da Receita Federal do Brasil disciplinará o disposto neste artigo.

- § 9º acrescentado pela Lei 12.350/2010.

Art. 12-B. Os rendimentos recebidos acumuladamente, quando correspondentes ao ano-calendário em curso, serão tributados, no mês do recebimento ou crédito, sobre o total dos rendimentos, diminuídos do valor das despesas com ação judicial necessárias ao seu recebimento, inclusive de advogados, se tiverem sido pagas pelo contribuinte, sem indenização.

- Artigo acrescentado pela Lei 13.149/2015.

Art. 13. *(Revogado pela Lei 8.383/1991.)*
Art. 14. *(Revogado pela Lei 8.383/1991.)*
Art. 15. *(Revogado pela Lei 7.774/1989.)*
Art. 16. O custo de aquisição dos bens e direitos será o preço ou valor pago, e, na ausência deste, conforme o caso:

- V. art. 3º, § 2º.

I – o valor atribuído para efeito de pagamento do Imposto sobre a Transmissão;

II – o valor que tenha servido de base para o cálculo do Imposto sobre a Importação acrescido do valor dos tributos e das despesas de desembaraço aduaneiro;

III – o valor da avaliação no inventário ou arrolamento;

IV – o valor de transmissão utilizado, na aquisição, para cálculo do ganho de capital do alienante;

V – seu valor corrente, na data da aquisição.

§ 1º O valor da contribuição de melhoria integra o custo do imóvel.

§ 2º O custo de aquisição de títulos e valores mobiliários, de quotas de capital e dos bens fungíveis será a média ponderada dos custos unitários, por espécie, desses bens.

§ 3º No caso de participações societárias resultantes de aumento de capital por incorporação de lucros e reservas, que tenham sido tributados na forma do art. 36 desta Lei, o custo de aquisição é igual à parcela do lucro ou reserva capitalizado, que corresponder ao sócio ou acionista beneficiário.

§ 4º O custo é considerado igual a 0 (zero) no caso das participações societárias resultantes de aumento de capital por incorporação de lucros e reservas, no caso de partes beneficiárias adquiridas gratuitamente, assim como de qualquer bem cujo valor não possa ser determinado nos termos previstos neste artigo.

Lei 7.713/1988

LEGISLAÇÃO

Art. 17. O valor de aquisição de cada bem ou direito, expresso em cruzados novos, apurado de acordo com o artigo anterior, deverá ser corrigido monetariamente, a partir da data do pagamento, da seguinte forma:

• *Caput* com redação determinada pela Lei 7.959/1989.
• V. art. 3º, § 2º.

I – até janeiro de 1989, pela variação da OTN;

II – nos meses de fevereiro a abril de 1989, pelas seguintes variações: em fevereiro, 31,2025%; em março, 30,5774%; em abril, 9,2415%;

III – a partir de maio de 1989, pela variação do BTN.

§ 1º Na falta de documento que comprove a data de pagamento, no caso de bens e direitos adquiridos até 31 de dezembro de 1988, a conversão poderá ser feita pelo valor da OTN no mês de dezembro do ano em que este tiver constado pela primeira vez na declaração de bens.

• § 1º com redação determinada pela Lei 7.799/1989.

§ 2º Os bens ou direitos da mesma espécie, pagos em datas diferentes, mas que constem agrupadamente na declaração de bens, poderão ser convertidos na forma do parágrafo anterior, desde que tomados isoladamente em relação ao ano da aquisição.

§ 3º No caso do parágrafo anterior, não sendo possível identificar o ano dos pagamentos, a conversão será efetuada tomando-se por base o ano da aquisição mais recente.

§ 4º No caso de aquisição com pagamento parcelado, a correção monetária será efetivada em relação a cada parcela.

• § 4º com redação determinada pela Lei 7.799/1989.

Art. 18. Para apuração do valor a ser tributado, no caso de alienação de bens imóveis, poderá ser aplicado um percentual de redução sobre o ganho de capital apurado, segundo o ano de aquisição ou incorporação do bem, de acordo com a seguinte Tabela:

• V. art. 3º, § 2º.

Ano de aquisição ou incorporação	Percentual de redução %
Até 1969	100
1970	95
1971	90
1972	85
1973	80
1974	75
1975	70
1976	65
1797	60
1978	55
1979	50
1980	45
1981	40
1982	35
1983	30
1984	25
1985	20
1986	15
1987	10
1988	5

Parágrafo único. Não haverá redução, relativamente aos imóveis cuja aquisição venha a ocorrer a partir de 1º de janeiro de 1989.

Art. 19. Valor da transmissão é o preço efetivo da operação de venda ou da cessão de direitos, ressalvado o disposto no art. 20 desta Lei.

• V. art. 3º, § 2º.

Parágrafo único. Nas operações em que o valor não se expressar em dinheiro, o valor da transmissão será arbitrado segundo o valor de mercado.

Art. 20. A autoridade lançadora, mediante processo regular, arbitrará o valor ou preço, sempre que não mereça fé, por notoriamente diferente do de mercado, o valor ou preço informado pelo contribuinte, ressalvada em caso de contestação, avaliação contraditória, administrativa ou judicial.

• V. art. 3º, § 2º.

Parágrafo único. (Vetado.)

Art. 21. Nas alienações a prazo, o ganho de capital será tributado na proporção das parcelas recebidas em cada mês, considerando-se a respectiva atualização monetária, se houver.

• V. art. 3º, § 2º.

LEGISLAÇÃO

Art. 22. Na determinação do ganho de capital serão excluídos:

- V. art. 3º, § 2º.

I – o ganho de capital decorrente da alienação do único imóvel que o titular possua, desde que não tenha realizado outra operação nos últimos 5 (cinco) anos e o valor da alienação não seja superior ao equivalente a setenta milhões de cruzeiros no mês da operação;

- Inciso I com redação determinada pela Lei 8.134/1990 e retificado pelo art. 21 da Lei 8.218/1991.

II – *(Revogado pela Lei 8.014/1990.)*

III – as transferências *causa mortis* e as doações em adiantamento da legítima;

IV – o ganho de capital auferido na alienação de bens de pequeno valor, definido pelo Poder Executivo.

Parágrafo único. Não se considera ganho de capital o valor decorrente de indenização por desapropriação para fins de reforma agrária, conforme o disposto no § 5º do art. 184 da Constituição Federal, e de liquidação de sinistro, furto ou roubo, relativo a objeto segurado.

Art. 23. *(Revogado pela Lei 8.134/1990.)*

Art. 24. *(Revogado pela Lei 8.134/1990.)*

Art. 25. O imposto será calculado, observado o seguinte:

- Artigo com redação determinada pela Lei 8.269/1991.
- V. arts. 6º, XV, 7º, 8º e 31.
- V. art. 2º, Lei 8.012/1990 (Pagamento de tributos de competência da União).
- V. art. 41, § 1º, Dec. 332/1991 (Correção monetária das demonstrações financeiras).
- V. art. 1º, Lei 8.848/1994 (Altera legislação do Imposto de Renda).

I – se o rendimento mensal for de até Cr$ 750.000,00, será deduzida uma parcela correspondente a Cr$ 250.000,00 e, sobre o saldo remanescente incidirá alíquota de 10% (dez por cento);

II – se o rendimento mensal for superior a Cr$ 750.000,00, será deduzida uma parcela correspondente a Cr$ 550.000,00 e, sobre o saldo remanescente incidirá alíquota de 25% (vinte e cinco por cento).

§ 1º Na determinação da base de cálculo sujeita a incidência do imposto poderão ser deduzidos:

a) Cr$ 20.000,00 por dependente, até o limite de 5 (cinco) dependentes;

b) Cr$ 250.000,00 correspondentes à parcela isenta dos rendimentos provenientes de aposentadoria e pensão, transferência para reserva remunerada ou reforma pagos pela Previdência Social da União, dos Estados, do Distrito Federal e dos Municípios, ou por qualquer pessoa jurídica de direito público interno, a partir do mês em que o contribuinte completar 65 (sessenta e cinco) anos de idade;

c) o valor da contribuição paga, no mês, para a previdência social da União, dos Estados, do Distrito Federal e dos Municípios;

d) o valor da pensão judicial paga.

§ 2º As disposições deste artigo aplicam-se aos pagamentos efetuados a partir de 1º de dezembro de 1991.

Art. 26. O valor da gratificação de Natal (13º salário) a que se referem as Leis 4.090, de 13 de julho de 1962, e 4.281, de 8 de novembro de 1963, e o art. 10 do Dec.-lei 2.413, de 10 de fevereiro de 1988, será tributado à mesma alíquota (art. 25) a que estiver sujeito o rendimento mensal do contribuinte, antes de sua inclusão.

- V. art. 16, Lei 8.134/1990 (Altera a legislação do Imposto de Renda).

Art. 27. *(Revogado pela Lei 9.250/1995.)*

Art. 28. *(Revogado pela Lei 8.134/1990.)*

Art. 29. *(Revogado pela Lei 8.134/1990.)*

Art. 30. Permanecem em vigor as isenções de que tratam os arts. 3º a 7º do Dec.-lei 1.380, de 23 de dezembro de 1974, e o art. 5º da Lei 4.506, de 30 de novembro de 1964.

Art. 31. Ficam sujeitos à incidência do Imposto sobre a Renda na fonte, calculado de acordo com o disposto no art. 25 desta Lei, relativamente à parcela correspondente às contribuições cujo ônus não tenha sido do beneficiário ou quando os rendimentos e ganhos de capital produzidos pelo patrimônio da entidade de previdência não tenham sido tributados na fonte:

- *Caput* com redação determinada pela Lei 7.751/1989.

I – as importâncias pagas ou creditadas a pessoas físicas, sob a forma de resgate, pecúlio ou renda periódica, pelas entidades de previdência privada;

II – os valores resgatados dos Planos de Poupança e Investimento – Pait de que trata o Dec.-lei 2.292, de 21 de novembro de 1986.

Lei 7.713/1988

LEGISLAÇÃO

§ 1º O imposto será retido por ocasião do pagamento ou crédito, pela entidade de previdência privada, no caso do inciso I, e pelo administrador da carteira, fundo ou clube Pait, no caso do inciso II.

§ 2º *(Vetado.)*

Art. 32. Ficam sujeitos à incidência do Imposto sobre a Renda na fonte, à alíquota de 25% (vinte e cinco por cento):

I – os benefícios líquidos resultantes da amortização antecipada, mediante sorteio, dos títulos de economia denominados capitalização;

II – os benefícios atribuídos aos portadores de títulos de capitalização nos lucros da empresa emitente.

§ 1º A alíquota prevista neste artigo será de 15% (quinze por cento) em relação aos prêmios pagos aos proprietários e criadores de cavalos de corrida.

§ 2º O imposto de que trata este artigo será considerado:

a) antecipação do devido na declaração de rendimentos, quando o beneficiário for pessoa jurídica tributada com base no lucro real;

b) devido exclusivamente na fonte, nos demais casos, inclusive quando o beneficiário for pessoa jurídica isenta.

§ 3º *(Vetado.)*

Art. 33. Ressalvado o disposto em normas especiais, no caso de ganho de capital auferido por residente ou domiciliado no exterior, o imposto será devido, à alíquota de 25% (vinte e cinco por cento), no momento da alienação do bem ou direito.

Parágrafo único. O imposto deverá ser pago no prazo de 15 (quinze) dias contados da realização da operação ou por ocasião da remessa, sempre que esta ocorrer antes desse prazo.

Art. 34. Na inexistência de outros bens sujeitos a inventário ou arrolamento, os valores relativos ao Imposto sobre a Renda e outros tributos administrados pela Secretaria da Receita Federal, bem como o resgate de quotas dos fundos fiscais criados pelos Decretos-leis 157, de 10 de fevereiro de 1967, e 880, de 18 de setembro de 1969, não recebidos em vida pelos respectivos titulares, poderão ser restituídos ao cônjuge, filho e demais dependentes do contribuinte falecido, inexigível a apresentação de alvará judicial.

- V. Dec.-lei 157/1967 (Estímulos fiscais, incentivos e pagamento de débitos fiscais).

Parágrafo único. Existindo outros bens sujeitos a inventário ou arrolamento, a restituição ao meeiro, herdeiros ou sucessores, far-se-á na forma e condições do alvará expedido pela autoridade judicial para essa finalidade.

Art. 35. O sócio-quotista, o acionista ou o titular da empresa individual ficará sujeito ao Imposto sobre a Renda na fonte, à alíquota de 8% (oito por cento), calculado com base no lucro líquido apurado pelas pessoas jurídicas na data do encerramento do período base.

- Suspensa a expressão "o acionista" por força da Res. 82/1996 do Senado Federal.
- V. art. 43, Lei 7.799/1989 (Altera a legislação tributária federal).
- V. art. 3º, Lei 8.003/1990 (Legislação tributária federal – alterações).
- V. art. 19, Lei 8.023/1990 (Imposto de Renda sobre resultado da atividade rural).
- V. art. 2º, § 5º, Lei 8.200/1991 (Correção monetária das demonstrações financeiras para efeitos fiscais).
- V. art. 2º, II, *c*, Lei 8.218/1991 (Cruzados novos).
- V. arts. 44, 75, 79, 81, I, 86, § 5º, e 87, § 2º, Lei 8.383/1991 (Altera a legislação do Imposto de Renda – Ufir).
- V. arts. 41, § 2º, e 45, § 2º, Dec. 332/1991 (Correção monetária das demonstrações financeiras).

§ 1º Para efeito da incidência de que trata este artigo, o lucro líquido do período base apurado com observância da legislação comercial, será ajustado pela:

a) adição do valor das provisões não dedutíveis na determinação do lucro real, exceto a provisão para o Imposto sobre a Renda;

b) adição do valor da reserva de reavaliação, baixado no curso do período base, que não tenha sido computado no lucro líquido;

c) exclusão do valor, corrigido monetariamente, das provisões adicionadas, na forma da alínea *a*, que tenham sido baixadas no curso do período base, utilizando-se a variação do BTN Fiscal;

- Alínea *c* com redação determinada pela Lei 7.799/1989.

d) compensação de prejuízos contábeis apurados em balanço de encerramento de período base anterior, desde que tenham sido compensados contabilmente, ressalvado o disposto no § 2º deste artigo;

Lei 7.713/1988

LEGISLAÇÃO

e) exclusão do resultado positivo da avaliação de investimentos pelo valor de patrimônio líquido;

• Alínea *e* acrescentada pela Lei 7.959/1989.

f) exclusão dos lucros e dividendos derivados de investimentos avaliados pelo custo de aquisição, que tenham sido computados como receita;

• Alínea *f* acrescentada pela Lei 7.959/1989.

g) adição do resultado negativo da avaliação de investimentos pelo valor de patrimônio líquido.

• Alínea *g* acrescentada pela Lei 7.959/1989.

§ 2º Não poderão ser compensados os prejuízos:
a) que absorverem lucros ou reservas que não tenham sido tributados na forma deste artigo;
b) absorvidos na redução de capital que tenha sido aumentado com os benefícios do art. 63 do Dec.-lei 1.598, de 26 de dezembro de 1977.

§ 3º O disposto nas alíneas *a* e *c* do § 1º não se aplica em relação às provisões admitidas pela Comissão de Valores Mobiliários, Banco Central do Brasil e Superintendência de Seguros Privados, quando constituídas por pessoas jurídicas submetidas à orientação normativa dessas entidades.

§ 4º O imposto de que trata este artigo:
a) será considerado devido exclusivamente na fonte, quando o beneficiário do lucro for pessoa física;
b) (Revogada pela Lei 7.959/1989.)
c) poderá ser compensado com o imposto incidente na fonte sobre a parcela dos lucros apurados pelas pessoas jurídicas, que corresponder à participação de beneficiário, pessoa física ou jurídica, residente ou domiciliado no exterior.

§ 5º É dispensada a retenção na fonte do imposto a que se refere este artigo sobre a parcela do lucro líquido que corresponder à participação de pessoa jurídica imune ou isenta do imposto de renda.

• § 5º com redação determinada pela Lei 7.730/1989.

§ 6º O disposto neste artigo se aplica em relação ao lucro líquido apurado nos períodos base encerrados a partir da data da vigência desta Lei.

Art. 36. Os lucros que forem tributados na forma do artigo anterior, quando distribuídos, não estarão sujeitos à incidência do Imposto sobre a Renda na fonte.

• V. art. 16, § 3º.
• V. Lei 8.200/1991 (Correção monetária das demonstrações financeiras para efeitos fiscais).

Parágrafo único. Incide, entretanto, o Imposto sobre a Renda na fonte:
a) em relação aos lucros que não tenham sido tributados na forma do artigo anterior;
b) no caso de pagamento, crédito, entrega, emprego ou remessa de lucros, quando o beneficiário for residente ou domiciliado no exterior.

Art. 37. O imposto a que se refere o art. 36 desta Lei será convertido em número de OTN, pelo valor desta no mês de encerramento do período base e deverá ser pago até o último dia útil do 4º (quarto) mês subsequente ao do encerramento do período base.

Art. 38. O disposto no art. 63 do Dec.-lei 1.598, de 26 de dezembro de 1977, somente se aplicará aos lucros e reservas relativos a resultados de períodos base encerrados anteriormente à data da vigência desta Lei.

• V. art. 6º, XVII, *b*.

Art. 39. O disposto no art. 36 desta Lei não se aplicará às sociedades civis de que trata o art. 1º do Dec.-lei 2.397, de 21 de dezembro de 1987.

Art. 40. Fica sujeita ao pagamento do Imposto sobre a Renda à alíquota de 10% (dez por cento), a pessoa física que auferir ganhos líquidos nas operações realizadas nas Bolsas de Valores, de Mercadorias, de Futuros e assemelhadas, ressalvado o disposto no inciso II do art. 22 desta Lei.

• *Caput* com redação determinada pelo art. 4º, Lei 7.751/1989.
• V. art. 7º, Lei 7.751/1989 (Imposto sobre a Renda – operações financeiras).
• V. art. 2º, Lei 8.012/1990 (Pagamento de tributos de competência da União).

§ 1º Considera-se ganho líquido o resultado positivo auferido nas operações ou contratos liquidados em cada mês, admitida a dedução dos custos e despesas efetivamente incorridos, necessários à realização das operações, e à compensação das perdas efetivas ocorridas no mesmo período.

§ 2º O ganho líquido será constituído:
a) no caso dos mercados à vista, pela diferença positiva entre o valor de transmissão do ativo e o custo de aquisição do mesmo;

Lei 7.713/1988

- Alínea *a* com redação determinada pela Lei 7.730/1989.

b) no caso do mercado de opções:

- Alínea *b* com redação determinada pela Lei 7.730/1989.

1 – nas operações tendo por objeto a opção, a diferença positiva apurada entre o valor das posições encerradas ou não exercidas até o vencimento da opção;

2 – nas operações de exercício, a diferença positiva apurada entre o valor de venda à vista ou o preço médio à vista na data do exercício e o preço fixado para o exercício, ou a diferença positiva entre o preço do exercício acrescido do prêmio e o custo de aquisição;

c) no caso dos mercados a termo, a diferença positiva apurada entre o valor da venda à vista ou o preço médio à vista na data da liquidação do contrato a termo e o preço neste estabelecido;

d) no caso dos mercados futuros, o resultado líquido positivo dos ajustes diários apurados no período.

§ 3º Se o contribuinte apurar resultado negativo no mês será admitida a sua apropriação nos meses subsequentes.

- § 3º com redação determinada pela Lei 7.730/1989.

§ 4º O imposto deverá ser pago até o último dia útil da 1ª (primeira) quinzena do mês subsequente ao da percepção dos rendimentos.

§ 5º *(Revogado pela Lei 8.014/1990.)*

§ 6º O Poder Executivo poderá baixar normas para apuração e demonstração de ganhos líquidos, bem como autorizar a compensação de perdas entre dois ou mais mercados ou modalidades operacionais, previstos neste artigo.

Art. 41. As deduções de despesas, bem como a compensação de perdas previstas no artigo anterior, serão admitidas exclusivamente para as operações realizadas em mercados organizados, geridos por ou sob a responsabilidade de instituição credenciada pelo Poder Executivo e com objetivos semelhantes aos das Bolsas de Valores, de Mercadorias ou de Futuros.

- V. art. 3º, § 2º.

Art. 42. *(Revogado pela Lei 8.134/1990.)*

Art. 43. Fica sujeito à incidência do Imposto sobre a Renda na fonte, à alíquota de 7,5% (sete inteiros e cinco décimos por cento), o rendimento bruto produzido por quaisquer aplicações financeiras.

- Artigo com redação determinada pela Lei 7.738/1989.

§ 1º O disposto neste artigo aplica-se, também, às operações de financiamento realizadas em Bolsas de Valores, de Mercadorias, de Futuros ou assemelhadas.

§ 2º O disposto neste artigo não se aplica ao rendimento bruto auferido:

a) em aplicações em fundos de curto prazo, tributados nos termos do Dec.-lei 2.458, de 25 de agosto de 1988;

- V. Dec.-lei 2.458/1988 (Altera legislação sobre Imposto de Renda).

b) em operações financeiras de curto prazo, assim consideradas as de prazo inferior a 90 (noventa) dias, que serão tributadas às seguintes alíquotas, sobre o rendimento bruto:

1 – quando a operação se iniciar e encerrar no mesmo dia, 40% (quarenta por cento);

2 – nas demais operações, 10% (dez por cento), quando o beneficiário se identificar, e 30% (trinta por cento), quando o beneficiário não se identificar.

§ 3º Nas operações tendo por objeto Letras Financeiras do Tesouro – LFT ou títulos estaduais e municipais a elas equiparados, o Imposto sobre a Renda na fonte será calculado à alíquota de:

a) 40% (quarenta por cento), em se tratando de operação de curto prazo; e

b) 25% (vinte e cinco por cento), quando o prazo da operação for igual ou superior a 90 (noventa) dias.

§ 4º A base de cálculo do Imposto sobre a Renda na fonte sobre as operações de que trata o § 3º será constituída pelo rendimento que exceder à remuneração calculada com base na taxa referencial acumulada da Letra Financeira do Tesouro no período, divulgada pelo Banco Central do Brasil.

§ 5º O Imposto sobre a Renda será retido pela fonte pagadora:

a) em relação aos juros de depósitos em cadernetas de poupança, na data do crédito ou pagamento;

b) em relação às operações de financiamento realizadas em Bolsas de Valores, de Mercadorias, de Futuros e assemelhadas, na liquidação;

Lei 7.713/1988

c) nos demais casos, na data da cessão, liquidação ou resgate, ou nos pagamentos periódicos de rendimentos.

§ 6º Nas aplicações em fundos em condomínio, exceto os de curto prazo, ou clubes de investimentos, efetuadas até 31 de dezembro de 1988, o rendimento real será determinado tomando-se por base o valor da quota em 1º de janeiro de 1989, facultado à administradora optar pela tributação do rendimento no ato da liquidação ou resgate do título ou aplicação, em substituição à tributação quando do resgate das quotas.

§ 7º A alíquota de que trata o *caput* aplicar-se-á aos rendimentos de títulos, obrigações ou aplicações produzidas a partir do período iniciado em 16 de janeiro de 1989, mesmo quando adquiridos ou efetuadas anteriormente a esta data.

§ 8º As alíquotas de que tratam os §§ 2º e 3º, incidentes sobre rendimentos auferidos em operações de curto prazo, são aplicáveis às operações iniciadas a partir de 13 de fevereiro de 1989.

Art. 44. O imposto de que trata o artigo anterior será considerado:

I – antecipação do devido na declaração de rendimentos, quando o beneficiário for pessoa jurídica tributada com base no lucro real;

II – devido exclusivamente na fonte nos demais casos, inclusive quando o beneficiário for pessoa jurídica isenta, observado o disposto no art. 47 desta Lei.

Art. 45. *(Revogado pela Lei 8.134/1990.)*

Art. 46. *(Revogado pela Lei 7.730/1989.)*

Art. 47. Fica sujeito à incidência do Imposto sobre a Renda exclusivamente na fonte, à alíquota de 30% (trinta por cento), todo rendimento real ou ganho de capital pago a beneficiário não identificado.

Art. 48. A tributação de que tratam os arts. 7º, 8º e 23 não se aplica aos rendimentos e ganhos de capital tributados na forma dos arts. 41 e 47 desta Lei.

Art. 49. O disposto nesta Lei não se aplica aos rendimentos da atividade agrícola e pastoril, que serão tributados na forma da legislação específica.

Art. 50. *(Vetado.)*

Art. 51. A isenção do Imposto sobre a Renda de que trata o art. 11, item I, da Lei 7.256, de 27 de novembro de 1984, não se aplica à empresa que se encontre nas situações previstas no art. 3º, itens I a V, da referida lei, nem às empresas que prestem serviços profissionais de corretor, despachante, ator, empresário e produtor de espetáculos públicos, cantor, músico, médico, dentista, enfermeiro, engenheiro, físico, químico, economista, contador, auditor, estatístico, administrador, programador, analista de sistema, advogado, psicólogo, professor, jornalista, publicitário, ou assemelhados, e qualquer outra profissão cujo exercício dependa de habilitação profissional legalmente exigida.

• V. art. 179, CF.

Art. 52. A falta ou insuficiência de recolhimento do imposto ou de quota deste, nos prazos fixados nesta Lei, apresentada ou não a declaração, sujeitará o contribuinte às multas e acréscimos previstos na legislação do Imposto sobre a Renda.

Art. 53. Os juros e as multas serão calculados sobre o imposto ou quota, observado o seguinte:

a) quando expresso em BTN, serão convertidos em cruzados novos pelo valor do BTN no mês do pagamento;

b) quando expresso em BTN Fiscal, serão convertidos em cruzados novos pelo valor do BTN Fiscal no dia do pagamento.

• Artigo com redação determinada pela Lei 7.799/1989.

Art. 54. Fica o Poder Executivo autorizado a implantar medidas de estímulo à eficiência da atividade fiscal em programas especiais de fiscalização.

Art. 55. Fica reduzida para 1% (um por cento) a alíquota aplicável às importâncias pagas ou creditadas, a partir do mês de janeiro de 1989, a pessoas jurídicas, civis ou mercantis, pela prestação de serviços de limpeza, conservação, segurança, vigilância e por locação de mão de obra, de que trata o art. 3º do Dec.-lei 2.462, de 30 de agosto de 1988.

• V. art. 3º, Dec.-lei 2.462/1988 (Altera a Legislação do Imposto sobre a Renda).

Art. 56. *(Revogado pela Lei 9.430/1996.)*

Art. 57. Esta Lei entra em vigor em 1º de janeiro de 1989.

Lei 8.009/1990

LEGISLAÇÃO

Art. 58. Revogam-se o art. 50 da Lei 4.862, de 29 de novembro de 1965, os arts. 1º a 9º do Dec.-lei 1.510, de 27 de dezembro de 1976, os arts. 65 e 66 do Dec.-lei 1.598, de 26 de dezembro de 1977, os arts. 1º a 4º do Dec.-lei 1.641, de 7 de dezembro de 1978, os arts. 12 e 13 do Dec.-lei 1.950, de 14 de julho de 1982, os arts. 15 e 100 da Lei 7.450, de 23 de dezembro de 1985, o art. 18 do Dec.-lei 2.287, de 23 de julho de 1986, o item IV e o parágrafo único, do art. 12, do Dec.-lei 2.292, de 21 de novembro de 1986, o item III, do art. 2º, do Dec.-lei 2.301, de 21 de novembro de 1986, o item III, do art. 7º, do Dec.-lei 2.394, de 21 de dezembro de 1987, e demais disposições em contrário.

Brasília, 22 de dezembro de 1988; 167º da Independência e 100º da República.
José Sarney

(DOU 23.12.1988)

LEI 8.009, DE 29 DE MARÇO DE 1990

Dispõe sobre a impenhorabilidade do bem de família.

• V. arts. 1.711 a 1.722, CC.

Faço saber que o Presidente da República adotou a Medida Provisória 143, de 1990, que o Congresso Nacional aprovou, e eu Nelson Carneiro, Presidente do Senado Federal, para os efeitos do disposto no parágrafo único do art. 62 da Constituição Federal, promulgo a seguinte Lei:

Art. 1º O imóvel residencial próprio do casal, ou da entidade familiar, é impenhorável e não responderá por qualquer tipo de dívida civil, comercial, fiscal, previdenciária ou de outra natureza, contraída pelos cônjuges ou pelos pais ou filhos que sejam seus proprietários e nele residam, salvo nas hipóteses previstas nesta Lei.

• V. arts. 1.711, *caput*, e 1.715, *caput*, CC.
• V. art. 832, CPC/2015.
• V. arts. 19 a 23, Dec.-lei 3.200/1941 (Organização e proteção da família).
• V. arts. 260 a 265, Lei 6.015/1973 (Lei de Registros Públicos).
• V. art. 108, § 4º, Lei 11.101/2005 (Lei de Recuperação de Empresas e Falência).
• V. Súmulas 364 e 449, STJ.

Parágrafo único. A impenhorabilidade compreende o imóvel sobre o qual se assentam a construção, as plantações, as benfeitorias de qualquer natureza e todos os equipamentos, inclusive os de uso profissional, ou móveis que guarneçam a casa, desde que quitados.

• V. art. 833, II e V, CPC/2015.
• V. art. 1.712, CC.

Art. 2º Excluem-se da impenhorabilidade os veículos de transporte, obras de arte e adornos suntuosos.

Parágrafo único. No caso de imóvel locado, a impenhorabilidade aplica-se aos bens móveis quitados que guarneçam a residência e que sejam de propriedade do locatário, observado o disposto neste artigo.

Art. 3º A impenhorabilidade é oponível em qualquer processo de execução civil, fiscal, previdenciária, trabalhista ou de outra natureza, salvo se movido:

• V. art. 1.715, *caput*, CC.

I – *(Revogado pela LC 150/2015.)*
II – pelo titular do crédito decorrente do financiamento destinado à construção ou à aquisição do imóvel, no limite dos créditos e acréscimos constituídos em função do respectivo contrato;
III – pelo credor da pensão alimentícia, resguardados os direitos, sobre o bem, do seu coproprietário que, com o devedor, integre união estável ou conjugal, observadas as hipóteses em que ambos responderão pela dívida;

• Inciso III com redação determinada pela Lei 13.144/2015.

IV – para cobrança de impostos, predial ou territorial, taxas e contribuições devidas em função do imóvel familiar;
V – para execução de hipoteca sobre o imóvel oferecido como garantia real pelo casal ou pela entidade familiar;
VI – por ter sido adquirido com produto de crime ou para execução de sentença penal condenatória a ressarcimento, indenização ou perdimento de bens;
VII – por obrigação decorrente de fiança concedida em contrato de locação.

• Inciso VII acrescentado pela Lei 8.245/1991.

Art. 4º Não se beneficiará do disposto nesta Lei aquele que, sabendo-se insolvente, adquire de má-fé imóvel mais valioso para transferir a residência familiar, desfazendo-se ou não da moradia antiga.

LEGISLAÇÃO

§ 1º Neste caso poderá o juiz, na respectiva ação do credor, transferir a impenhorabilidade para a moradia familiar anterior, ou anular-lhe a venda, liberando a mais valiosa para execução ou concurso, conforme a hipótese.

§ 2º Quando a residência familiar constituir-se em imóvel rural, a impenhorabilidade restringir-se-á à sede de moradia, com os respectivos bens móveis, e, nos casos do art. 5º, inciso XXVI, da Constituição, à área limitada como pequena propriedade rural.

Art. 5º Para os efeitos de impenhorabilidade, de que trata esta Lei, considera-se residência um único imóvel utilizado pelo casal ou pela entidade familiar para moradia permanente.

Parágrafo único. Na hipótese de o casal, ou entidade familiar, ser possuidor de vários imóveis utilizados como residência, a impenhorabilidade recairá sobre o de menor valor, salvo se outro tiver sido registrado, para esse fim, no Registro de Imóveis e na forma do art. 70 do Código Civil.

- Refere-se ao CC/1916.
- V. arts. 1.711, *caput*, 1.715, *caput*, 1.716 e 1.722, CC.
- V. art. 167, I-1, Lei 6.015/1973 (Lei de Registros Públicos).
- V. art. 108, § 4º, Lei 11.101/2005 (Lei de Recuperação de Empresas e Falência).

Art. 6º São canceladas as execuções suspensas pela Medida Provisória 143, de 8 de março de 1990, que deu origem a esta Lei.

Art. 7º Esta Lei entra em vigor na data de sua publicação.

Art. 8º Revogam-se as disposições em contrário.

Senado Federal, em 29 de março de 1990; 169º da Independência e 102º da República.
Nelson Carneiro

(*DOU* 30.03.1990)

LEI 8.021,
DE 12 DE ABRIL DE 1990

Dispõe sobre a identificação dos contribuintes para fins fiscais e dá outras providências.

O Presidente da República:
Faço saber que o Congresso Nacional decreta e eu sanciono a seguinte Lei:

Art. 1º A partir da vigência desta Lei, fica vedado o pagamento ou resgate de qualquer título ou aplicação, bem como dos seus rendimento ou ganhos, a beneficiário não identificado.

Parágrafo único. O descumprimento do disposto neste artigo sujeitará o responsável pelo pagamento ou resgate a multa igual ao valor da operação, corrigido monetariamente a partir da data da operação até o dia do seu efetivo pagamento.

Art. 2º A partir da data de publicação desta Lei fica vedada:

I – a emissão de quotas ao portador ou nominativas-endossáveis, pelos fundos em condomínio;

II – a emissão de títulos e a captação de depósitos ou aplicações ao portador ou nominativos-endossáveis;

III – *(Revogado pela Lei 9.069/1995.)*

Parágrafo único. Os cheques emitidos em desacordo com o estabelecido no inciso III deste artigo não serão compensáveis por meio do Serviço de Compensação de Cheques e outros Papéis.

- Parágrafo único sem eficácia em face da revogação do inciso III.

Art. 3º O contribuinte que receber o resgate de quotas de fundos ao portador e de títulos ou aplicações de renda fixa ao portador ou nominativos-endossáveis, existentes em 16 de março de 1990, ficará sujeito à retenção de imposto de renda na fonte, à alíquota de 25% (vinte e cinco por cento), calculado sobre o valor do resgate recebido.

§ 1º O imposto será retido pela instituição que efetuar o pagamento dos títulos e aplicações e seu recolhimento deverá ser efetuado de conformidade com as normas aplicáveis ao imposto de renda retido na fonte.

§ 2º O valor sobre o qual for calculado o imposto, diminuído deste, será computado como rendimento líquido, para efeito de justificar acréscimo patrimonial na declaração de bens (Lei 4.069, de 11.06.1962, art. 51) a ser apresentada no exercício financeiro subsequente.

§ 3º A retenção do imposto, prevista neste artigo, não exclui a incidência do imposto de renda na fonte sobre os rendimentos produzidos pelos respectivos títulos ou aplicações.

§ 4º A retenção do imposto, prevista neste artigo, será dispensada caso o contribuinte comprove, perante o Departamento da Re-

Lei 8.021/1990

ceita Federal, que o valor resgatado tem Origem em rendimentos próprios, declarados na forma da legislação do imposto de renda.

§ 5º A liberação dos recursos sem a observância do disposto no parágrafo anterior sujeitará a instituição financeira à multa de 25% (vinte e cinco por cento) sobre o valor do resgate dos títulos ou aplicações, corrigido monetariamente a partir da data do resgate até a data do seu efetivo recolhimento.

Art. 4º O art. 20 da Lei 6.404, de 15 de dezembro de 1976, passa a vigorar com a seguinte redação:

"Art. 20. As ações devem ser nominativas."

Art. 5º As sociedades por ações terão um prazo de 2 (dois) anos para adaptar seus estatutos ao disposto no artigo anterior.

§ 1º No prazo a que se refere este artigo, as operações com ações, ao portador ou endossáveis, existentes na data da publicação desta Lei, emitidas pelas sociedades por ações, somente poderão ser efetuadas quando atenderem, cumulativamente, às seguintes condições:

a) estiverem as ações sob custódia de instituição financeira ou de bolsa de valores, autorizada a operar por ato da Comissão de Valores Mobiliários – CVM ou do Banco Central do Brasil, no âmbito de sua competência;

b) houver a identificação do vendedor e do comprador.

§ 2º As ações mencionadas neste artigo somente poderão ser retiradas da custódia mediante a identificação do proprietário.

§ 3º A instituição financeira ou bolsa custodiante deverá enviar ao Departamento da Receita Federal, até o dia 15 de cada mês, comunicação que identifique o proprietário, a quantidade, a espécie e o valor de aquisição das ações que houverem sido retiradas de sua custódia no mês anterior.

§ 4º A inobservância do disposto no parágrafo anterior sujeitará a instituição financeira ou bolsa custodiante à multa de 25% (vinte e cinco por cento) do valor das ações, corrigido monetariamente a partir do vencimento do prazo para a comunicação até a data do seu efetivo pagamento.

§ 5º Para efeito do disposto no parágrafo anterior, considera-se valor da ação o preço médio de negociação em pregão de Bolsas de Valores no dia da retirada da ação ou, na falta deste, o preço médio da ação da última negociação em pregão da Bolsa de Valores, corrigido pelo BTN Fiscal até o dia da retirada da ação.

- Extinção do BTN Fiscal a partir de 1º de fevereiro de 1991, conforme o disposto no art. 3º da Lei 8.177/1991 (Desindexação da economia).

§ 6º Para as ações não admitidas à negociação em Bolsas de Valores, considera-se o valor patrimonial da ação corrigido pelo BTN Fiscal desde a data do último balanço até a data de sua retirada da custódia.

- V. nota ao parágrafo anterior.

Art. 6º O lançamento de ofício, além dos casos já especificados em lei, far-se-á arbitrando-se os rendimentos com base na renda presumida, mediante utilização dos sinais exteriores de riqueza.

§ 1º Considera-se sinal exterior de riqueza a realização de gastos incompatíveis com a renda disponível do contribuinte.

§ 2º Constitui renda disponível a receita auferida pelo contribuinte, diminuída dos abatimentos e deduções admitidos pela legislação do imposto de renda em vigor e do imposto de renda pago pelo contribuinte.

§ 3º Ocorrendo a hipótese prevista neste artigo, o contribuinte será notificado para o devido procedimento fiscal de arbitramento.

§ 4º No arbitramento tomar-se-ão como base os preços de mercado vigentes à época da ocorrência dos fatos ou eventos, podendo, para tanto, ser adotados índices ou indicadores econômicos oficiais ou publicações técnicas especializadas.

§ 5º *(Revogado pela Lei 9.430/1996.)*

§ 6º Qualquer que seja a modalidade escolhida para o arbitramento, será sempre levada a efeito aquela que mais favorecer o contribuinte.

Art. 7º A autoridade fiscal do Ministério da Economia, Fazenda e Planejamento poderá proceder a exames de documentos, livros e registros das bolsas de valores, de mercadorias, de futuros e assemelhadas, bem como solicitar a prestação de esclarecimentos e informações a respeito de operações por elas praticadas, inclusive em relação a terceiros.

§ 1º As informações deverão ser prestadas no prazo máximo de 10 (dez) dias úteis contados da data da solicitação. O não cumprimento desse prazo sujeitará a instituição a multa de valor equivalente a 1.000 (mil) BTN Fiscais por dia útil de atraso.

Lei 8.038/1990

LEGISLAÇÃO

- V. nota ao art. 5º, § 5º.

§ 2º As informações obtidas com base neste artigo somente poderão ser utilizadas para efeito de verificação do cumprimento de obrigações tributárias.

§ 3º O servidor que revelar informações que tiver obtido na forma deste artigo estará sujeito às penas previstas no art. 325 do Código Penal brasileiro.

Art. 8º Iniciado o procedimento fiscal, a autoridade fiscal poderá solicitar informações sobre operações realizadas pelo contribuinte em instituições financeiras, inclusive extratos de contas bancárias, não se aplicando, nesta hipótese, o disposto no art. 38 da Lei 4.595, de 31 de dezembro de 1964.

Parágrafo único. As informações, que obedecerão às normas regulamentares expedidas pelo Ministério da Economia, Fazenda e Planejamento, deverão ser prestadas no prazo máximo de 10 (dez) dias úteis contados da data da solicitação, aplicando-se, no caso de descumprimento desse prazo, a penalidade prevista no § 1º do art. 7º.

Art. 9º Os estabelecimentos bancários autorizados a acolher depósitos de qualquer natureza deverão centralizar, em um único estabelecimento de sua rede de agências, as contas de nãoresidentes no País.

Art. 10. Fica o Poder Executivo autorizado a celebrar convênios com outros países para repatriar bens de qualquer natureza, inclusive financeiros e títulos de valores mobiliários, pertencentes a empresas brasileiras e pessoas físicas residentes e domiciliadas no País.

Parágrafo único. Os valores repatriados ficarão sujeitos ao imposto de renda à alíquota de 25% (vinte e cinco por cento).

Art. 11. O Poder Executivo regulamentará o disposto nesta Lei.

Art. 12. Esta Lei entra em vigor na data de sua publicação.

Art. 13. Revogam-se o art. 9º da Lei 4.729, de 14 de julho de 1965, os arts. 32 e 33 da Lei 6.404, de 15 de dezembro de 1976, e demais disposições em contrário.

Brasília, em 12 de abril de 1990; 169º da Independência e 102º da República.

Fernando Collor

(*DOU* 13.04.1990)

LEI 8.038, DE 28 DE MAIO DE 1990

Institui normas procedimentais para os processos que especifica, perante o Superior Tribunal de Justiça e o Supremo Tribunal Federal.

O Presidente da República:

Faço saber que o Congresso Nacional decreta e eu sanciono a seguinte Lei:

TÍTULO I
PROCESSOS DE COMPETÊNCIA ORIGINÁRIA

Capítulo I
AÇÃO PENAL ORIGINÁRIA

* V. art. 1º, Lei 8.658/1993 (Ações penais originárias nos Tribunais de Justiça e Tribunais Regionais Federais).
** V. Súmula vinculante 45, STF.
** V. Súmulas 702 e 704, STF.

Art. 1º Nos crimes de ação penal pública, o Ministério Público terá o prazo de 15 (quinze) dias para oferecer denúncia ou pedir arquivamento do inquérito ou das peças informativas.

- V. art. 129, II, CF.
- V. art. 61, RISTJ.

§ 1º Diligências complementares poderão ser deferidas pelo relator, com interrupção do prazo deste artigo.

- V. art. 798, CPP.

§ 2º Se o indiciado estiver preso:

a) o prazo para oferecimento da denúncia será de 5 (cinco) dias;

b) as diligências complementares não interromperão o prazo, salvo se o relator, ao deferi-las, determinar o relaxamento da prisão.

- V. art. 5º, LXVII, CF.
- V. art. 648, II, CPP.

Art. 2º O relator, escolhido na forma regimental, será o juiz da instrução, que se realizará segundo o disposto neste capítulo, no Código de Processo Penal, no que for aplicável, e no Regimento Interno do Tribunal.

Parágrafo único. O relator terá as atribuições que a legislação processual confere aos juízes singulares.

Art. 3º Compete ao relator:

Lei 8.038/1990

LEGISLAÇÃO

I – determinar o arquivamento do inquérito ou de peças informativas, quando o requerer o Ministério Público, ou submeter o requerimento à decisão competente do Tribunal;

II – decretar a extinção da punibilidade, nos casos previstos em lei;

• V. art. 107, CP.

III – convocar desembargadores de Turmas Criminais dos Tribunais de Justiça ou dos Tribunais Regionais Federais, bem como juízes de varas criminais da Justiça dos Estados e da Justiça Federal, pelo prazo de 6 (seis) meses, prorrogável por igual período, até o máximo de 2 (dois) anos, para a realização do interrogatório e de outros atos da instrução, na sede do tribunal ou no local onde se deva produzir o ato.

• Inciso III acrescentado pela Lei 12.019/2009.
• V. Res. STJ 3/2014 (Regulamenta a aplicação, no âmbito do STJ, do disposto no inciso III do art. 3º da Lei 8.038/1990, para permitir ao relator, nos processos penais de competência originária, delegar poderes instrutórios).

Art. 4º Apresentada a denúncia ou a queixa ao Tribunal, far-se-á a notificação do acusado para oferecer resposta no prazo de 15 (quinze) dias.

• V. art. 5º, LIV, CF.

§ 1º Com a notificação, serão entregues ao acusado cópia da denúncia ou da queixa, do despacho do relator e dos documentos por este indicados.

§ 2º Se desconhecido o paradeiro do acusado, ou se este criar dificuldades para que o oficial cumpra a diligência, proceder-se-á à sua notificação por edital, contendo o teor resumido da acusação, para que compareça ao Tribunal, em 5 (cinco) dias, onde terá vista dos autos pelo prazo de 15 (quinze) dias, a fim de apresentar a resposta prevista neste artigo.

Art. 5º Se, com a resposta, forem apresentados novos documentos, será intimada a parte contrária para sobre eles se manifestar, no prazo de 5 (cinco) dias.

Parágrafo único. Na ação penal de iniciativa privada, será ouvido, em igual prazo, o Ministério Público.

• V. art. 45, CPP.

Art. 6º A seguir, o relator pedirá dia para que o Tribunal delibere sobre o recebimento, a rejeição da denúncia ou da queixa, ou a improcedência da acusação, se a decisão não depender de outras provas.

• V. art. 395, CPP.

§ 1º No julgamento de que trata este artigo, será facultada sustentação oral pelo prazo de 15 (quinze) minutos, primeiro à acusação, depois à defesa.

§ 2º Encerrados os debates, o Tribunal passará a deliberar, determinando o Presidente as pessoas que poderão permanecer no recinto, observado o disposto no inciso II, do art. 12, desta Lei.

Art. 7º Recebida a denúncia ou a queixa, o relator designará dia e hora para o interrogatório, mandando citar o acusado ou querelado e intimar o órgão do Ministério Público, bem como o querelante ou o assistente, se for o caso.

• V. art. 188, CPP.

Art. 8º O prazo para defesa prévia será de 5 (cinco) dias, contado do interrogatório ou da intimação do defensor dativo.

• V. art. 114, RISTJ.

Art. 9º A instrução obedecerá, no que couber, ao procedimento comum do Código de Processo Penal.

§ 1º O relator poderá delegar a realização do interrogatório ou de outro ato da instrução ao juiz ou membro de tribunal com competência territorial no local de cumprimento da carta de ordem.

• V. arts. 260, 263, e 266, CPC/2015.

§ 2º Por expressa determinação do relator, as intimações poderão ser feitas por carta registrada com aviso de recebimento.

• V. arts. 269, *caput*, e 231, *caput*, I, II, IV, VI, §1º, CPC/2015.

Art. 10. Concluída a inquirição de testemunhas, serão intimadas a acusação e a defesa, para requerimento de diligências no prazo de 5 (cinco) dias.

Art. 11. Realizadas as diligências, ou não sendo estas requeridas nem determinadas pelo relator, serão intimadas a acusação e a defesa para, sucessivamente, apresentarem, no prazo de 15 (quinze) dias, alegações escritas.

§ 1º Será comum o prazo do acusador e do assistente, bem como o dos corréus.

Lei 8.038/1990

§ 2º Na ação penal de iniciativa privada, o Ministério Público terá vista, por igual prazo, após as alegações das partes.

§ 3º O relator poderá, após as alegações escritas, determinar de ofício a realização de provas reputadas imprescindíveis para o julgamento da causa.

Art. 12. Finda a instrução, o Tribunal procederá ao julgamento, na forma determinada pelo regimento interno, observando-se o seguinte:

I – a acusação e a defesa terão, sucessivamente, nessa ordem, prazo de 1 (uma) hora para sustentação oral, assegurado ao assistente 1/4 (um quarto) do tempo da acusação;

II – encerrados os debates, o Tribunal passará a proferir o julgamento, podendo o Presidente limitar a presença no recinto às partes e seus advogados, ou somente a estes, se o interesse público exigir.

Capítulo II
RECLAMAÇÃO

Art. 13. *(Revogado pela Lei 13.105/2015 – DOU 17.03.2015, em vigor após decorrido 1 (um) ano da data de sua publicação oficial.)*

Art. 14. *(Revogado pela Lei 13.105/2015 – DOU 17.03.2015, em vigor após decorrido 1 (um) ano da data de sua publicação oficial.)*

Art. 15. *(Revogado pela Lei 13.105/2015 – DOU 17.03.2015, em vigor após decorrido 1 (um) ano da data de sua publicação oficial.)*

Art. 16. *(Revogado pela Lei 13.105/2015 – DOU 17.03.2015, em vigor após decorrido 1 (um) ano da data de sua publicação oficial.)*

Art. 17. *(Revogado pela Lei 13.105/2015 – DOU 17.03.2015, em vigor após decorrido 1 (um) ano da data de sua publicação oficial.)*

Art. 18. *(Revogado pela Lei 13.105/2015 – DOU 17.03.2015, em vigor após decorrido 1 (um) ano da data de sua publicação oficial.)*

Capítulo III
INTERVENÇÃO FEDERAL

Art. 19. A requisição de intervenção federal prevista nos incisos II e IV do art. 36 da Constituição Federal será promovida:

I – de ofício, ou mediante pedido de Presidente de Tribunal de Justiça do Estado, ou de Presidente de Tribunal Federal, quando se tratar de prover a execução de ordem ou decisão judicial, com ressalva, conforme a matéria, da competência do Supremo Tribunal Federal ou do Tribunal Superior Eleitoral;

II – de ofício, ou mediante pedido da parte interessada, quando se tratar de prover a execução de ordem ou decisão do Superior Tribunal de Justiça;

III – mediante representação do Procurador-Geral da República, quando se tratar de prover a execução de lei federal.

Art. 20. O Presidente, ao receber o pedido:

I – tomará as providências que lhe parecerem adequadas para remover, administrativamente, a causa do pedido;

II – mandará arquivá-lo, se for manifestamente infundado, cabendo do seu despacho agravo regimental.

Art. 21. Realizada a gestão prevista no inciso I do artigo anterior, solicitadas informações à autoridade estadual e ouvido o Procurador-Geral, o pedido será distribuído a um relator.

Parágrafo único. Tendo em vista o interesse público, poderá ser permitida a presença no recinto às partes e seus advogados, ou somente a estes.

Art. 22. Julgado procedente o pedido, o Presidente do Superior Tribunal de Justiça comunicará, imediatamente, a decisão aos órgãos do poder público interessados e requisitará a intervenção ao Presidente da República.

Capítulo IV
HABEAS CORPUS

Art. 23. Aplicam-se ao *habeas corpus* perante o Superior Tribunal de Justiça as normas do Livro III, Título II, Capítulo X, do Código de Processo Penal.

• V. art. 5º, LXVIII, CF.

Lei 8.038/1990

LEGISLAÇÃO

Capítulo V
OUTROS PROCEDIMENTOS

Art. 24. Na ação rescisória, nos conflitos de competência, de jurisdição e de atribuições, na revisão criminal e no mandado de segurança, será aplicada a legislação processual em vigor.

- V. arts. 5º, LXIX, 102, I, e 105, I, CF.
- V. art. 966 a 975, CPC/2015.
- V. arts. 621 a 631, CPP.

Parágrafo único. No mandado de injunção e no *habeas data*, serão observadas, no que couber, as normas do mandado de segurança, enquanto não editada legislação específica.

- V. art. 5º, LXXI e LXXII, CF.
- V. art. 1.027 e 1.028, CPC/2015.

Art. 25. Salvo quando a causa tiver por fundamento matéria constitucional, compete ao Presidente do Superior Tribunal de Justiça, a requerimento do Procurador-Geral da República ou da pessoa jurídica de direito público interessada, e para evitar grave lesão à ordem, à saúde, à segurança e à economia pública, suspender, em despacho fundamentado, a execução de liminar ou de decisão concessiva de mandado de segurança, proferida, em única ou última instância, pelos Tribunais Regionais Federais ou pelos Tribunais dos Estados e do Distrito Federal.

- V. art. 297, RISTF.
- V. art. 271, RISTJ.

§ 1º O Presidente pode ouvir o impetrante, em 5 (cinco) dias, e o Procurador-Geral quando não for o requerente, em igual prazo.

- V. art. 297, § 1º, RISTF.

§ 2º Do despacho que conceder a suspensão caberá agravo regimental.

- V. art. 39.

§ 3º A suspensão de segurança vigorará enquanto pender o recurso, ficando sem efeito, se a decisão concessiva for mantida pelo Superior Tribunal de Justiça ou transitar em julgado.

- V. art. 297, § 3º, RISTF.
- V. art. 271, § 3º, RISTJ.
- V. Súmula 626, STF.

TÍTULO II
RECURSOS

Capítulo I
RECURSO EXTRAORDINÁRIO E RECURSO ESPECIAL

- V. arts. 1.029 a 1.043, CPC/2015.

Art. 26. *(Revogado pela Lei 13.105/2015 – DOU 17.03.2015, em vigor após decorrido 1 (um) ano da data de sua publicação oficial.)*

Art. 27. *(Revogado pela Lei 13.105/2015 – DOU 17.03.2015, em vigor após decorrido 1 (um) ano da data de sua publicação oficial.)*

Art. 28. *(Revogado pela Lei 13.105/2015 – DOU 17.03.2015, em vigor após decorrido 1 (um) ano da data de sua publicação oficial.)*

Art. 29. *(Revogado pela Lei 13.105/2015 – DOU 17.03.2015, em vigor após decorrido 1 (um) ano da data de sua publicação oficial.)*

Capítulo II
RECURSO ORDINÁRIO EM *HABEAS CORPUS*

Art. 30. O recurso ordinário para o Superior Tribunal de Justiça, das decisões denegatórias de *habeas corpus*, proferidas pelos Tribunais Regionais Federais ou pelos Tribunais dos Estados e do Distrito Federal, será interposto no prazo de 5 (cinco) dias, com as razões do pedido de reforma.

- V. art. 105, II, *a*, CF.

Art. 31. Distribuído o recurso, a Secretaria, imediatamente, fará os autos com vista ao Ministério Público, pelo prazo de 2 (dois) dias.

Parágrafo único. Conclusos os autos ao relator, este submeterá o feito a julgamento independentemente de pauta.

Art. 32. Será aplicado, no que couber, ao processo e julgamento do recurso, o disposto com relação ao pedido originário de *habeas corpus*.

- V. art. 102, I, *d* e *i*, CF.
- V. art. 650, I, CPP.

Lei 8.038/1990

Capítulo III
RECURSO ORDINÁRIO EM MANDADO DE SEGURANÇA

Art. 33. O recurso ordinário para o Superior Tribunal de Justiça, das decisões denegatórias de mandado de segurança, proferidas em única instância pelos Tribunais Regionais Federais ou pelos Tribunais de Estados e do Distrito Federal, será interposto no prazo de 15 (quinze) dias, com as razões do pedido de reforma.

• V. art. 105, II, *b*, CF.

Art. 34. Serão aplicadas, quanto aos requisitos de admissibilidade e ao procedimento no Tribunal recorrido, as regras do Código de Processo Civil relativas à apelação.

• V. arts. 1.009 a 1.014, CPC/2015.

Art. 35. Distribuído o recurso, a Secretaria, imediatamente, fará os autos com vista ao Ministério Público, pelo prazo de 5 (cinco) dias.

Parágrafo único. Conclusos os autos ao relator, este pedirá dia para julgamento.

• V. arts. 934 e 935, CPC/2015.

Capítulo IV
APELAÇÃO CÍVEL E AGRAVO DE INSTRUMENTO

Art. 36. Nas causas em que forem partes, de um lado, Estado estrangeiro ou organismo internacional e, de outro, município ou pessoa domiciliada ou residente no País, caberá:

• V. art. 105, II, *c*, CF.

I – apelação da sentença;

• V. arts. 1.009 a 1.014, CPC/2015.

II – agravo de instrumento, das decisões interlocutórias.

• V. arts. 1.015 a 1.020, CPC/2015.

Art. 37. Os recursos mencionados no artigo anterior serão interpostos para o Superior Tribunal de Justiça, aplicando-se-lhes, quanto aos requisitos de admissibilidade e ao procedimento o disposto no Código de Processo Civil.

• V. art. 105, II, *c*, CF.
• V. arts. 1.009 a 1.020 e 929 a 946, CPC/2015.

TÍTULO III
DISPOSIÇÕES GERAIS

Art. 38. *(Revogado pela Lei 13.105/2015 – DOU 17.03.2015, em vigor após decorrido 1 (um) ano da data de sua publicação oficial.)*

Art. 39. Da decisão do Presidente do Tribunal, de Seção, de Turma ou de Relator que causar gravame à parte, caberá agravo para o órgão especial, Seção ou Turma, conforme o caso, no prazo de 5 (cinco) dias.

Art. 40. Haverá revisão, no Superior Tribunal de Justiça, nos seguintes processos:
I – ação rescisória;
II – ação penal originária;
III – revisão criminal.

Art. 41. Em caso de vaga ou afastamento do Ministro do Superior Tribunal de Justiça, por prazo superior a 30 (trinta) dias, poderá ser convocado Juiz de Tribunal Regional Federal ou Desembargador, para substituição, pelo voto da maioria absoluta dos seus membros.

Art. 41-A. A decisão de Turma, no Superior Tribunal de Justiça, será tomada pelo voto da maioria absoluta de seus membros.

• Artigo acrescentado pela Lei 9.756/1998.

Parágrafo único. Em *habeas corpus* originário ou recursal, havendo empate, prevalecerá a decisão mais favorável ao paciente.

Art. 41-B. As despesas do porte de remessa e retorno dos autos serão recolhidas mediante documento de arrecadação, de conformidade com instruções e tabela expedidas pelo Supremo Tribunal Federal e pelo Superior Tribunal de Justiça.

• Artigo acrescentado pela Lei 9.756/1998.

Parágrafo único. A secretaria do tribunal local zelará pelo recolhimento das despesas postais.

Art. 42. Os arts. 496, 497, 498, inciso II do art. 500, e 508 da Lei 5.869, de 11 de janeiro de 1973 – Código de Processo Civil, passam a vigorar com a seguinte redação:

• O CPC/1973 foi revogado pela Lei 13.105/2015 (CPC/2015).

Art. 43. Esta Lei entra em vigor na data de sua publicação.

Art. 44. Revogam-se as disposições em contrário, especialmente os arts. 541 a 546 do Código de Processo Civil e a Lei 3.396, de 2 de junho de 1958.

Brasília, em 28 de maio de 1990; 169º da Independência e 102º da República.
Fernando Collor

(*DOU* 29.05.1990)

Dec. 99.476/1990

LEGISLAÇÃO

DECRETO 99.476, DE 24 DE AGOSTO DE 1990

Simplifica o cumprimento de exigência de prova de quitação de tributos e contribuições federais e outras imposições pecuniárias compulsórias.

O Presidente da República, no uso da atribuição que lhe confere o art. 84, inciso IV, da Constituição, e tendo em vista o disposto no Dec. 99.179, de 15 de março de 1990, que instituiu o Programa Federal de Desregulamentação, decreta:

Art. 1º A prova de quitação de tributos e contribuições federais, assim como de multas e outras imposições pecuniárias compulsórias, somente será exigida nas seguintes hipóteses:

I – transferência de domicílio para o exterior;

II – concessão de concordata e declaração de extinção das obrigações do falido;

III – venda de estabelecimentos comerciais ou industriais por meio de leiloeiro;

IV – participação em licitação pública promovida por órgão da Administração Pública Federal direta, autárquica ou fundacional, bem assim por entidade controlada direta ou indiretamente pela União; e

V – operação de empréstimo ou financiamento, junto a instituição financeira oficial.

§ 1º A prova de quitação será feita mediante:

a) certidão emitida pelo Departamento da Receita Federal ou pela Procuradoria-Geral da Fazenda Nacional, nas hipóteses previstas nos incisos I, II e III;

b) apresentação do Certificado de Regularidade de Situação Jurídico-Fiscal (CRJF), conforme o disposto no Dec. 84.701, de 13 de maio de 1990, na hipótese do inciso IV; e

c) declaração firmada pelo próprio interessado ou procurador bastante, sob as penas de lei, na hipótese do inciso V.

§ 2º Se comprovadamente falsa a declaração de que trata o inciso III, sujeitar-se-á o declarante às sanções civis, administrativas e criminais previstas em lei.

Art. 2º Equivale à prova de quitação a ausência do nome do interessado na relação de devedores fornecida pelo Departamento da Receita Federal aos órgãos e entidades da Administração Pública Federal direta, autárquica e fundacional, relativamente a débitos não inscritos como Dívida Ativa da União.

Parágrafo único. O disposto neste artigo não impede a cobrança de dívidas que vierem a ser apuradas.

Art. 3º Para efeito de julgamento de partilha ou de adjudicação, relativamente aos bens dos espólios e às suas rendas, o Ministério da Economia, Fazenda e Planejamento, através do Departamento da Receita Federal, prestará aos Juízos as informações que forem solicitadas.

Parágrafo único. A apresentação de certidão poderá ser feita pelo próprio interessado diretamente ao Juízo.

Art. 4º A prova de quitação não será exigida das microempresas, conforme definidas pela Lei 7.256, de 27 de novembro de 1984.

Art. 5º A inobservância do disposto neste Decreto sujeitará os infratores às sanções legais cabíveis.

Art. 6º Este Decreto entra em vigor na data de sua publicação.

Art. 7º Revogam-se o Dec. 97.834, de 16 de junho de 1989, e demais disposições em contrário.

Brasília, 24 de agosto de 1990; 169º da Independência e 102º da República.

Fernando Collor

(*DOU* 28.08.1990)

LEI 8.137, DE 27 DE DEZEMBRO DE 1990

Define crimes contra a ordem tributária, econômica e contra as relações de consumo, e dá outras providências.

O Presidente da República:

Faço saber que o Congresso Nacional decreta e eu sanciono a seguinte Lei:

Lei 8.137/1990

LEGISLAÇÃO

Capítulo I
DOS CRIMES CONTRA A ORDEM TRIBUTÁRIA
Seção I
Dos crimes praticados por particulares

Art. 1º Constitui crime contra a ordem tributária suprimir ou reduzir tributo, ou contribuição social e qualquer acessório, mediante as seguintes condutas:

- V. arts. 8º e 12.
- V. art. 298, CP.
- V. art. 34, Lei 9.249/1995 (Altera a legislação do Imposto de Renda).
- V. art. 9º, Lei 10.684/2003 (Altera a legislação tributária).
- V. arts. 68 e 69, Lei 11.941/2009 (Altera a legislação tributária federal).
- V. Súmula vinculante 24, STF.

I – omitir informação, ou prestar declaração falsa às autoridades fazendárias;

- V. art. 299, CP.
- V. art. 1º, I, Lei 4.729/1965 (Sonegação fiscal).

II – fraudar a fiscalização tributária, inserindo elementos inexatos, ou omitindo operação de qualquer natureza, em documento ou livro exigido pela lei fiscal;

- V. art. 172, CP.
- V. art. 1º, II, Lei 4.729/1965 (Sonegação fiscal).

III – falsificar ou alterar nota fiscal, fatura, duplicata, nota de venda, ou qualquer outro documento relativo à operação tributável;

- V. art. 172, CP.
- V. art. 1º, III, Lei 4.729/1965 (Sonegação fiscal).

IV – elaborar, distribuir, fornecer, emitir ou utilizar documento que saiba ou deva saber falso ou inexato;

- V. art. 1º, IV, Lei 4.729/1965 (Sonegação fiscal).

V – negar ou deixar de fornecer, quando obrigatório, nota fiscal ou documento equivalente, relativa à venda de mercadoria ou prestação de serviço, efetivamente realizada, ou fornecê-la em desacordo com a legislação.

Pena – reclusão, de 2 (dois) a 5 (cinco) anos, e multa.

- V. art. 2º, IV e VII, Lei 1.521/1951 (Crimes contra a economia popular).

Parágrafo único. A falta de atendimento da exigência da autoridade, no prazo de 10 (dez) dias, que poderá ser convertido em horas em razão da maior ou menor complexidade da matéria ou da dificuldade quanto ao atendimento da exigência, caracteriza a infração prevista no inciso V.

Art. 2º Constitui crime da mesma natureza:

- V. arts. 8º e 12.
- V. art. 34, Lei 9.249/1995 (Altera a legislação do Imposto de Renda).
- V. art. 9º, Lei 10.684/2003 (Altera a legislação tributária).
- V. arts. 68 e 69, Lei 11.941/2009 (Altera a legislação tributária federal).

I – fazer declaração falsa ou omitir declaração sobre rendas, bens ou fatos, ou empregar outra fraude, para eximir-se, total ou parcialmente, de pagamento de tributo;

- V. art. 1º, I, Lei 4.729/1965 (Sonegação fiscal).

II – deixar de recolher, no prazo legal, valor de tributo ou de contribuição social, descontado ou cobrado, na qualidade de sujeito passivo de obrigação e que deveria recolher aos cofres públicos;

- V. art. 168, CP.

III – exigir, pagar ou receber, para si ou para o contribuinte beneficiário, qualquer percentagem sobre a parcela dedutível ou deduzida de imposto ou de contribuição como incentivo fiscal;

- V. art. 160, CP.

IV – deixar de aplicar, ou aplicar em desacordo com o estatuído, incentivo fiscal ou parcelas de imposto liberadas por órgão ou entidade de desenvolvimento;

V – utilizar ou divulgar programas de processamento de dados que permita ao sujeito passivo da obrigação tributária possuir informação contábil diversa daquela que é, por lei, fornecida à Fazenda Pública.

Pena – detenção, de 6 (seis) meses a 2 (dois) anos, e multa.

Seção II
Dos crimes praticados por funcionários públicos

Art. 3º Constitui crime funcional contra a ordem tributária, além dos previstos no Dec.-lei 2.848, de 7 de dezembro de 1940 – Código Penal (Título XI, Capítulo I):

- V. art. 327, CP.
- V. art. 34, Lei 9.249/1995 (Imposto de renda).

I – extraviar livro oficial, processo fiscal ou qualquer documento, de que tenha a guar-

Lei 8.137/1990

LEGISLAÇÃO

da em razão da função; sonegá-lo, ou inutilizá-lo, total ou parcialmente, acarretando pagamento indevido ou inexato de tributo ou contribuição social;

• V. art. 314, CP.

II – exigir, solicitar ou receber, para si ou para outrem, direta ou indiretamente, ainda que fora da função ou antes de iniciar seu exercício, mas em razão dela, vantagem indevida; ou aceitar promessa de tal vantagem, para deixar de lançar ou cobrar tributo ou contribuição social, ou cobrá-los parcialmente;

Pena – reclusão, de 3 (três) a 8 (oito) anos, e multa.

• V. arts. 316 e 317, CP.

III – patrocinar, direta ou indiretamente, interesse privado perante a administração fazendária, valendo-se da qualidade de funcionário público;

Pena – reclusão, de 1 (um) a 4 (quatro) anos, e multa.

• V. art. 321, CP.

Capítulo II
DOS CRIMES CONTRA A ORDEM ECONÔMICA E AS RELAÇÕES DE CONSUMO

Art. 4º Constitui crime contra a ordem econômica:

• V. arts. 9º, I, e 12.
• V. art. 34, Lei 9.249/1995 (Altera a legislação do Imposto de Renda).

I – abusar do poder econômico, dominando o mercado ou eliminando, total ou parcialmente, a concorrência mediante qualquer forma de ajuste ou acordo de empresas;

• *Caput* do inciso I com redação determinada pela Lei 12.529/2011 (*DOU* 01.12.2011; ret. 02.12.2011), em vigor após decorridos 180 (cento e oitenta) dias de sua publicação.

a) a f) (Revogadas pela Lei 12.529/2011 – DOU 01.12.2011; ret. 02.12.2011, em vigor após decorridos cento e oitenta dias de sua publicação.)

II – formar acordo, convênio, ajuste ou aliança entre ofertantes, visando:

• Inciso II com redação determinada pela Lei 12.529/2011 (*DOU* 01.12.2011; ret. 02.12.2011), em vigor após decorridos 180 (cento e oitenta) dias de sua publicação.

a) à fixação artificial de preços ou quantidades vendidas ou produzidas;

b) ao controle regionalizado do mercado por empresa ou grupo de empresas;

c) ao controle, em detrimento da concorrência, de rede de distribuição ou de fornecedores.

Pena – reclusão, de 2 (dois) a 5 (cinco) anos e multa.

• Pena com redação determinada pela Lei 12.529/2011 (*DOU* 01.12.2011; ret. 02.12.2011), em vigor após decorridos 180 (cento e oitenta) dias de sua publicação.

III a VII – *(Revogados pela Lei 12.529/2011 – DOU 01.12.2011; ret. 02.12.2011, em vigor após decorridos cento e oitenta dias de sua publicação.)*

Arts. 5º e 6º *(Revogados pela Lei 12.529/2011 – DOU 01.12.2011; ret. 02.12.2011, em vigor após decorridos cento e oitenta dias de sua publicação.)*

Art. 7º Constitui crime contra as relações de consumo:

• V. arts. 61 a 80, Lei 8.078/1990 (Código de Defesa do Consumidor).

I – favorecer ou preferir, sem justa causa, comprador ou freguês, ressalvados os sistemas de entrega ao consumo por intermédio de distribuidores ou revendedores;

• V. art. 2º, I, Lei 1.521/1951 (Crimes contra a economia popular).

II – vender ou expor à venda mercadoria cuja embalagem, tipo, especificação, peso ou composição esteja em desacordo com as prescrições legais, ou que não corresponda à respectiva classificação oficial;

• V. art. 96, IV, Lei 8.666/1993 (Lei de Licitações).

III – misturar gêneros e mercadorias de espécies diferentes, para vendê-los ou expô-los à venda como puros; misturar gêneros e mercadorias de qualidades desiguais para vendê-los ou expô-los à venda por preço estabelecido para os de mais alto custo;

• V. art. 2º, V, Lei 1.521/1951 (Crimes contra a economia popular).
• V. art. 96, IV, Lei 8.666/1993 (Lei de Licitações).

IV – fraudar preços por meio de:

• V. art. 96, V, Lei 8.666/1993 (Lei de Licitações).

a) alteração, sem modificação essencial ou de qualidade, de elementos tais como denominação, sinal externo, marca, embalagem, especificação técnica, descrição, volume, peso, pintura ou acabamento de bem ou serviço;

Lei 8.137/1990

LEGISLAÇÃO

b) divisão em partes de bem ou serviço, habitualmente oferecido à venda em conjunto;
c) junção de bens ou serviços, comumente oferecidos à venda em separado;
d) aviso de inclusão de insumo não empregado na produção do bem ou na prestação dos serviços;
V – elevar o valor cobrado nas vendas a prazo de bens ou serviços, mediante a exigência de comissão ou de taxa de juros ilegais;
VI – sonegar insumos ou bens, recusando-se a vendê-los a quem pretenda comprá-los nas condições publicamente ofertadas, ou retê-los para o fim de especulação;
VII – induzir o consumidor ou usuário a erro, por via de indicação ou afirmação falsa ou enganosa sobre a natureza, qualidade de bem ou serviço, utilizando-se de qualquer meio, inclusive a veiculação ou divulgação publicitária;

- V. art. 66, Lei 8.078/1990 (Código de Defesa do Consumidor).

VIII – destruir, inutilizar ou danificar matéria-prima ou mercadoria, com o fim de provocar alta de preço, em proveito próprio ou de terceiros;

- V. art. 3º, I, Lei 1.521/1951 (Crimes contra a economia popular).

IX – vender, ter em depósito para vender ou expor à venda, ou de qualquer forma, entregar matéria-prima ou mercadoria, em condições impróprias ao consumo.
Pena – detenção, de 2 (dois) a 5 (cinco) anos, ou multa.
Parágrafo único. Nas hipóteses dos incisos II, III e IX pune-se a modalidade culposa, reduzindo-se a pena de detenção de 1/3 (um terço) ou a de multa à quinta parte.

Capítulo III
DAS MULTAS

Art. 8º Nos crimes definidos nos arts. 1º a 3º desta Lei, a pena de multa será fixada entre 10 (dez) e 360 (trezentos e sessenta) dias-multa, conforme seja necessário e suficiente para reprovação e prevenção do crime.

- V. arts. 49 e 59, CP.

Parágrafo único. O dia-multa será fixado pelo juiz em valor não inferior a 14 (quatorze) nem superior a 200 (duzentos) Bônus do Tesouro Nacional – BTN.

Art. 9º A pena de detenção ou reclusão poderá ser convertida em multa de valor equivalente a:

- V. art. 3º, Lei 8.177/1991 (Extinção do BTN).

I – duzentos mil até cinco milhões de BTN, nos crimes definidos no art. 4º;
II – cinco mil até duzentos mil BTN, nos crimes definidos nos arts. 5º e 6º;
III – cinquenta mil até um milhão de BTN, nos crimes definidos no art. 7º.

Art. 10. Caso o juiz, considerado o ganho ilícito e a situação econômica do réu, verifique a insuficiência ou excessiva onerosidade das penas pecuniárias previstas nesta Lei, poderá diminuí-las até a décima parte ou elevá-las ao décuplo.

- V. art. 60, § 1º, CP.

Capítulo IV
DAS DISPOSIÇÕES GERAIS

Art. 11. Quem de qualquer modo, inclusive por meio de pessoa jurídica, concorre para os crimes definidos nesta Lei, incide nas penas a estes cominadas, na medida de sua culpabilidade.
Parágrafo único. Quando a venda ao consumidor for efetuada por sistema de entrega ao consumo ou por intermédio de distribuidor ou revendedor, seja em regime de concessão comercial ou outro em que o preço ao consumidor é estabelecido ou sugerido pelo fabricante ou concedente, o ato por este praticado não alcança o distribuidor ou revendedor.

- V. art. 6º, Lei 4.729/1965 (Sonegação fiscal).

Art. 12. São circunstâncias que podem agravar de 1/3 (um terço) até a 1/2 (metade) as penas previstas nos arts. 1º, 2º e 4º a 7º:
I – ocasionar grave dano à coletividade;
II – ser o crime cometido por servidor público no exercício de suas funções;
III – ser o crime praticado em relação à prestação de serviços ou ao comércio de bens essenciais à vida ou à saúde.

Art. 13. *(Vetado.)*

Art. 14. *(Revogado pela Lei 8.383/1991.)*

Art. 15. Os crimes previstos nesta Lei são de ação penal pública, aplicando-se-lhes o disposto no art. 100 do Dec.-lei 2.848, de 7 de dezembro de 1940 – Código Penal.

Lei 8.212/1991

LEGISLAÇÃO

Art. 16. Qualquer pessoa poderá provocar a iniciativa do Ministério Público nos crimes descritos nesta Lei, fornecendo-lhe por escrito informações sobre o fato e a autoria, bem como indicando o tempo, o lugar e os elementos de convicção.
Parágrafo único. Nos crimes previstos nesta Lei, cometidos em quadrilha ou coautoria, o coautor ou partícipe que através de confissão espontânea revelar à autoridade policial ou judicial toda a trama delituosa terá a sua pena reduzida de 1 (um) a 2/3 (dois terços).

- Parágrafo único acrescentado pela Lei 9.080/1995.

Art. 17. Compete ao Departamento Nacional de Abastecimento e Preços, quando e se necessário, providenciar a desapropriação de estoques, a fim de evitar crise no mercado ou colapso no abastecimento.
Art. 18. *(Revogado pela Lei 8.176/1991.)*
Art. 19. O *caput* do art. 172 do Dec.-lei 2.848, de 7 de dezembro de 1940 – Código Penal, passa a ter a seguinte redação:
"Art. 172. Emitir fatura, duplicata ou nota de venda que não corresponda à mercadoria vendida, em quantidade ou qualidade, ou ao serviço prestado.
"Pena – detenção, de 2 (dois) a 4 (quatro) anos, e multa.
"[...]"
Art. 20. O § 1º do art. 316 do Dec.-lei 2.848, de 7 de dezembro de 1940 – Código Penal, passa a ter a seguinte redação:
"Art. 316. [...]
"§ 1º Se o funcionário exige tributo ou contribuição social que sabe ou deveria saber indevido, ou, quando devido, emprega na cobrança meio vexatório ou gravoso, que a lei não autoriza;
"Pena – reclusão, de 3 (três) a 8 (oito) anos, e multa.
"[...]"
Art. 21. O art. 318 do Dec.-lei 2.848, de 7 de dezembro de 1940 – Código Penal, quanto à fixação da pena, passa a ter a seguinte redação:
"Art. 318. [...]
"Pena – reclusão, de 3 (três) a 8 (oito) anos, e multa."

Art. 22. Esta Lei entra em vigor na data de sua publicação.
Art. 23. Revogam-se as disposições em contrário e, em especial, o art. 279 do Dec.-lei 2.848, de 7 de dezembro de 1940 – Código Penal.
Brasília, 27 de dezembro de 1990; 169º da Independência e 102º da República.
Fernando Collor

(*DOU* 28.12.1990)

LEI 8.212,
DE 24 DE JULHO DE 1991

Dispõe sobre a organização da Seguridade Social, institui Plano de Custeio, e dá outras providências.

O Presidente da República:
Faço saber que o Congresso Nacional decreta e eu sanciono a seguinte Lei:

LEI ORGÂNICA
DA SEGURIDADE SOCIAL
TÍTULO I
CONCEITUAÇÃO E PRINCÍPIOS CONSTITUCIONAIS

- V. Dec. 3.048/1999 (Regulamento da Previdência Social).

Art. 1º A Seguridade Social compreende um conjunto integrado de ações de iniciativa dos poderes públicos e da sociedade, destinado a assegurar o direito relativo à saúde, à previdência e à assistência social.

- V. arts. 194 e 195, CF.

Parágrafo único. A Seguridade Social obedecerá aos seguintes princípios e diretrizes:
a) universalidade da cobertura e do atendimento;
b) uniformidade e equivalência dos benefícios e serviços às populações urbanas e rurais;
c) seletividade e distributividade na prestação dos benefícios e serviços;
d) irredutibilidade do valor dos benefícios;
e) equidade na forma de participação no custeio;
f) diversidade da base de financiamento;
g) caráter democrático e descentralizado da gestão administrativa com a participação da

Lei 8.212/1991

comunidade, em especial de trabalhadores, empresários e aposentados.
[...]

TÍTULO VI
DO FINANCIAMENTO DA SEGURIDADE SOCIAL
[...]

Capítulo X
DA ARRECADAÇÃO E RECOLHIMENTO DAS CONTRIBUIÇÕES
[...]

Art. 45. *(Revogado pela LC 128/2008.)*

Art. 45-A. O contribuinte individual que pretenda contar como tempo de contribuição, para fins de obtenção de benefício no Regime Geral de Previdência Social ou de contagem recíproca do tempo de contribuição, período de atividade remunerada alcançada pela decadência deverá indenizar o INSS.

• Artigo acrescentado pela LC 128/2008.

§ 1º O valor da indenização a que se refere o *caput* deste artigo e o § 1º do art. 55 da Lei 8.213, de 24 de julho de 1991, corresponderá a 20% (vinte por cento):

I – da média aritmética simples dos maiores salários de contribuição, reajustados, correspondentes a 80% (oitenta por cento) de todo o período contributivo decorrido desde a competência julho de 1994; ou

II – da remuneração sobre a qual incidem as contribuições para o regime próprio de previdência social a que estiver filiado o interessado, no caso de indenização para fins da contagem recíproca de que tratam os arts. 94 a 99 da Lei 8.213, de 24 de julho de 1991, observados o limite máximo previsto no art. 28 e o disposto em regulamento.

§ 2º Sobre os valores apurados na forma do § 1º deste artigo incidirão juros moratórios de 0,5% (cinco décimos por cento) ao mês, capitalizados anualmente, limitados ao percentual máximo de 50% (cinquenta por cento), e multa de 10% (dez por cento).

§ 3º O disposto no § 1º deste artigo não se aplica aos casos de contribuições em atraso não alcançadas pela decadência do direito de a Previdência constituir o respectivo crédito, obedecendo-se, em relação a elas, as disposições aplicadas às empresas em geral.

Art. 46. *(Revogado pela LC 128/2008.)*

Capítulo XI
DA PROVA DE INEXISTÊNCIA DE DÉBITO

Art. 47. É exigida Certidão Negativa de Débito – CND, fornecida pelo órgão competente, nos seguintes casos:

• *Caput* com redação determinada pela Lei 9.032/1995.

I – da empresa:

a) na contratação com o Poder Público e no recebimento de benefícios ou incentivo fiscal ou creditício concedido por ele;

b) na alienação ou oneração, a qualquer título, de bem imóvel ou direito a ele relativo;

c) na alienação ou oneração, a qualquer título, de bem móvel de valor superior a R$ 15.904,18 (quinze mil, novecentos e quatro reais e dezoito centavos) incorporado ao ativo permanente da empresa;

• Valor sujeito à atualização mediante Portaria do Ministério da Previdência Social – MPS.

d) no registro ou arquivamento, no órgão próprio, de ato relativo a baixa ou redução de capital de firma individual, redução de capital social, cisão total ou parcial, transformação ou extinção de entidade ou sociedade comercial ou civil e transferência de controle de cotas de sociedades de responsabilidade limitada;

• Alínea *d* com redação determinada pela Lei 9.528/1997.

II – do proprietário, pessoa física ou jurídica, de obra de construção civil, quando de sua averbação no registro de imóveis, salvo no caso do inciso VIII do art. 30.

§ 1º A prova de inexistência de débito deve ser exigida da empresa em relação a todas as suas dependências, estabelecimentos e obras de construção civil, independentemente do local onde se encontrem, ressalvado aos órgãos competentes o direito de cobrança de qualquer débito apurado posteriormente.

§ 2º A prova de inexistência de débito, quando exigível ao incorporador, independe da apresentada no registro de imóveis

Lei 8.212/1991

por ocasião da inscrição do memorial de incorporação.

§ 3º Fica dispensada a transcrição, em instrumento público ou particular, do inteiro teor do documento comprobatório de inexistência de débito, bastando a referência ao seu número de série e data da emissão, bem como a guarda do documento comprobatório à disposição dos órgãos competentes.

§ 4º O documento comprobatório de inexistência de débito poderá ser apresentado por cópia autenticada, dispensada a indicação de sua finalidade, exceto no caso do inciso II deste artigo.

§ 5º O prazo de validade da Certidão Negativa de Débito – CND é de 60 (sessenta) dias, contados da sua emissão, podendo ser ampliado por regulamento para até 180 (cento e oitenta) dias.

- § 5º com redação determinada pela Lei 9.711/1998.

§ 6º Independe de prova de inexistência de débito:

a) a lavratura ou assinatura de instrumento, ato ou contrato que constitua retificação, ratificação ou efetivação de outro anterior para o qual já foi feita a prova;

b) a constituição de garantia para concessão de crédito rural, em qualquer de suas modalidades, por instituição de crédito pública ou privada, desde que o contribuinte referido no art. 25, não seja responsável direto pelo recolhimento de contribuições sobre a sua produção para a Seguridade Social;

c) a averbação prevista no inciso II deste artigo, relativa a imóvel cuja construção tenha sido concluída antes de 22 de novembro de 1966.

d) o recebimento pelos Municípios de transferência de recursos destinados a ações de assistência social, educação, saúde e em caso de calamidade pública.

- Alínea *d* acrescentada pela Lei 11.960/2009.

e) a averbação da construção civil localizada em área objeto de regularização fundiária de interesse social, na forma da Lei 11.977, de 7 de julho de 2009.

- Alínea e acrescentada pela Lei 12.424/2011.

§ 7º O condômino adquirente de unidades imobiliárias de obra de construção civil não incorporada na forma da Lei 4.591, de 16 de dezembro de 1964, poderá obter documento comprobatório de inexistência de débito, desde que comprove o pagamento das contribuições relativas à sua unidade, conforme dispuser o regulamento.

§ 8º *(Revogado pela Lei 11.941/2009.)*

Art. 48. A prática de ato com inobservância do disposto no artigo anterior, ou o seu registro, acarretará a responsabilidade solidária dos contratantes e do oficial que lavrar ou registrar o instrumento, sendo o ato nulo para todos os efeitos.

§ 1º Os órgãos competentes podem intervir em instrumento que depender de prova de inexistência de débito, a fim de autorizar sua lavratura, desde que o débito seja pago no ato ou o seu pagamento fique assegurado mediante confissão de dívida fiscal com o oferecimento de garantias reais suficientes, na forma estabelecida em regulamento.

§ 2º Em se tratando de alienação de bens do ativo de empresa em regime de liquidação extrajudicial, visando à obtenção de recursos necessários ao pagamento dos credores, independentemente do pagamento ou da confissão de dívida fiscal, o Instituto Nacional do Seguro Social – INSS poderá autorizar a lavratura do respectivo instrumento, desde que o valor do crédito previdenciário conste, regularmente, do quadro geral de credores, observada a ordem de preferência legal.

- § 2º acrescentado pela Lei 9.639/1998.

§ 3º O servidor, o serventuário da Justiça, o titular de serventia extrajudicial e a autoridade ou órgão que infringirem o disposto no artigo anterior incorrerão em multa aplicada na forma estabelecida no art. 92, sem prejuízo da responsabilidade administrativa e penal cabível.

- § 3º com redação determinada pela Lei 9.639/1998.

[...]

TÍTULO VIII
DAS DISPOSIÇÕES FINAIS E TRANSITÓRIAS

[...]

Capítulo II
DAS DEMAIS DISPOSIÇÕES

[...]

Dec. 325/1991

LEGISLAÇÃO

Art. 95. (Caput *revogado pela Lei 9.983/ 2000.*)
§ 1º *(Revogado pela Lei 9.983/2000.)*
§ 2º A empresa que transgredir as normas desta Lei, além das outras sanções previstas, sujeitar-se-á, nas condições em que dispuser o regulamento:
a) à suspensão de empréstimos e financiamentos, por instituições financeiras oficiais;
b) à revisão de incentivos fiscais de tratamento tributário especial;
c) à inabilitação para licitar e contratar com qualquer órgão ou entidade da administração pública direta ou indireta federal, estadual, do Distrito Federal ou municipal;
d) à interdição para o exercício do comércio, se for sociedade mercantil ou comerciante individual;
e) à desqualificação para impetrar concordata;
f) à cassação de autorização para funcionar no país, quando for o caso.
§ 3º *(Revogado pela Lei 9.983/2000.)*
§ 4º *(Revogado pela Lei 9.983/2000.)*
§ 5º *(Revogado pela Lei 9.983/2000.)*
[...]

Art. 104. Esta Lei entrará em vigor na data de sua publicação.

Art. 105. Revogam-se as disposições em contrário.

Brasília, em 24 de julho de 1991; 170º da Independência e 103º da República.
Fernando Collor
(*DOU* 25.07.1991; rep. 11.04.1996 e 14.08.1998)

DECRETO 325,
DE 1º DE NOVEMBRO DE 1991

Disciplina a comunicação, ao Ministério Público Federal, da prática de ilícitos penais previstos na legislação tributária e de crime funcional contra a ordem tributária e dá outras providências.

O Presidente da República, no uso das atribuições que lhe confere o art. 84, incisos IV e VI da Constituição, e tendo em vista o disposto nas Leis 4.357, de 16 de julho de 1964, 4.729, de 14 de julho de 1965, e 8.137, de 27 de dezembro de 1990, decreta:

Art. 1º *(Revogado pelo Dec. 982/1993.)*

Art. 2º Os servidores que tiverem conhecimento da prática de crime funcional contra a ordem tributária (Lei 8.137, de 1990, art. 3º), representarão perante o titular da unidade administrativa do Ministério da Economia, Fazenda e Planejamento onde o representado tiver exercício.

• V. art. 7º, Lei 4.729/1965 (Crime de sonegação fiscal).

§ 1º O titular da unidade administrativa providenciará a formação de processo administrativo correspondente à representação, que conterá:
a) exposição circunstanciada dos fatos;
b) elementos comprobatórios do ilícito;
c) identificação do representado e do representante e, se houver, o rol das testemunhas.
§ 2º Havendo na representação elementos suficientes à caracterização do ilícito, o titular da unidade administrativa determinará a imediata instauração de comissão destinada a apurar a responsabilidade do servidor, procedendo ao seu afastamento preventivo (arts. 147 a 152 da Lei 8.112, de 11 de dezembro de 1990), sem prejuízo do encaminhamento de cópia da representação ao Superintendente da Receita Federal.
§ 3º A representação formulada em desacordo com o disposto nos parágrafos precedentes será objeto de diligências complementares visando à sua adequada instrução.

Art. 3º. O Superintendente da Receita Federal remeterá os autos (art. 1º) ou as cópias (art. 2º), no prazo de 10 (dez) dias contados do respectivo recebimento, ao Diretor da Receita Federal que, em igual prazo, os encaminhará, mediante ofício, ao Procurador-Geral da República, com cópia ao Procurador-Geral da Fazenda Nacional.

Parágrafo único. A medida de que trata este artigo será efetivada sem prejuízo e independentemente da remessa do processo administrativo fiscal à Procuradoria da Fazenda Nacional, na forma da legislação pertinente, para fins de apuração, inscrição e cobrança da Dívida Ativa da União.

Art. 4º O eventual pagamento do tributo ou contribuição social, inclusive acessórios, bem assim a conclusão da comissão institu-

LC 70/1991

ída para a apuração da responsabilidade do servidor (art. 2º, § 2º) serão igualmente comunicados, ao titular do Ministério Público Federal, na forma prevista no artigo precedente.

Art. 5º *(Revogado pelo Dec. 2.331/1997.)*

Art. 6º O Ministro da Economia, Fazenda e Planejamento expedirá as instruções necessárias à fiel execução do disposto neste Decreto.

Art. 7º Este Decreto entra em vigor na data de sua publicação.

Brasília, 1º de novembro de 1991; 170º da Independência e 103º da República.

Fernando Collor

(DOU 04.11.1991)

LEI COMPLEMENTAR 70, DE 30 DE DEZEMBRO DE 1991

Institui contribuição para financiamento da Seguridade Social, eleva a alíquota da contribuição social sobre o lucro das instituições financeiras, e dá outras providências.

- V. Dec. 4.524/2002 (Regulamenta a Contribuição para o PIS/Pasep e a Cofins devidas pelas pessoas jurídicas em geral).

O Presidente da República:

Faço saber que o Congresso Nacional decreta e eu sanciono a seguinte Lei Complementar:

Art. 1º Sem prejuízo da cobrança das contribuições para o Programa de Integração Social – PIS e para o Programa de Formação do Patrimônio do Servidor Público – Pasep, fica instituída contribuição social para financiamento da Seguridade Social, nos termos do inciso I do art. 195 da Constituição Federal, devida pelas pessoas jurídicas, inclusive as a elas equiparadas pela legislação do Imposto sobre a Renda, destinadas exclusivamente às despesas com atividades-fins das áreas de saúde, previdência e assistência social.

- V. art. 11, parágrafo único.
- V. arts. 10 a 48, Lei 8.212/1991 (Lei Orgânica da Seguridade Social e Plano de Custeio).
- V. art. 1º, Dec. 1.030/1993 (Regulamenta o art. 7º da LC 70/1991).
- V. arts. 2º a 8º, Lei 9.718/1998 (Altera a legislação federal).
- V. Súmula 659, STF.

Art. 2º A contribuição de que trata o artigo anterior será de 2% (dois por cento) e incidirá sobre o faturamento mensal, assim considerado a receita bruta das vendas de mercadorias, de mercadorias e serviços e de serviço de qualquer natureza.

- V. arts. 52, IV, e 53, IV, Lei 8.383/1991 (Altera a legislação do Imposto de Renda – Ufir).
- V. Súmula 423, STJ.

Parágrafo único. Não integra a receita de que trata este artigo, para efeito de determinação da base de cálculo da contribuição, o valor:

a) do imposto sobre produtos industrializados, quando destacado em separado no documento fiscal;

b) das vendas canceladas, das devolvidas e dos descontos a qualquer título concedidos incondicionalmente.

Art. 3º A base de cálculo da contribuição mensal devida pelos fabricantes de cigarros, na condição de contribuintes e de substitutos dos comerciantes varejistas, será obtida multiplicando-se o preço de venda do produto no varejo por 118% (cento e dezoito por cento).

- O percentual a que se refere este artigo foi alterado para 291,69% (duzentos e noventa e um inteiros e sessenta e nove centésimos por cento) de acordo com o art. 62 da Lei 11.196/2005.

Art. 4º A contribuição mensal devida pelos distribuidores de derivados de petróleo e álcool etílico hidratado para fins carburantes, na condição de substitutos dos comerciantes varejistas, será calculada sobre o menor valor, no País, constante da tabela de preços máximos fixados para venda a varejo, sem prejuízo da contribuição incidente sobre suas próprias vendas.

Art. 5º A contribuição será convertida, no primeiro dia do mês subsequente ao de ocorrência do fato gerador, pela medida de valor e parâmetro de atualização monetária diária utilizado para os tributos federais, e paga até o dia vinte do mesmo mês.

- V. alterações introduzidas pelo art. 57 da Lei 9.069/1995 (Plano Real).

Art. 6º São isentas da contribuição:

I – as sociedades cooperativas que observarem ao disposto na legislação específica, quanto aos atos cooperativos próprios de suas finalidades;

* Inciso I com eficácia suspensa por força da MP 2.158-35/2001.

II – as sociedades civis de que trata o art. 1º do Decreto-lei 2.397, de 21 de dezembro de 1987;

* V. art. 56, Lei 9.430/1996 (Altera a legislação tributária federal).
* V. Súmula 508, STJ.

III – as entidades beneficentes de assistência social que atendam às exigências estabelecidas em lei.

* Inciso III com eficácia suspensa por força da MP 2.158-35/2001.

Art. 7º São também isentas da contribuição as receitas decorrentes:

* Artigo com eficácia suspensa por força da MP 2.158-35/2001.
* Artigo com redação determinada pela LC 85/1996.
* V. Dec. 1.030/1993 (Regulamenta o art. 7º da LC 70/1991).

I – de vendas de mercadorias ou serviços para o exterior, realizadas diretamente pelo exportador;

II – de exportações realizadas por intermédio de cooperativas, consórcios ou entidades semelhantes;

III – de vendas realizadas pelo produtor-vendedor às empresas comerciais exportadoras, nos termos do Dec.-lei 1.248, de 29 de novembro de 1972, e alterações posteriores, desde que destinadas ao fim específico de exportação para o exterior;

IV – de vendas, com fim específico de exportação para o exterior, a empresas exportadoras registradas na Secretaria de Comércio Exterior do Ministério da Indústria, do Comércio e do Turismo;

V – de fornecimentos de mercadorias ou serviços para uso ou consumo de bordo em embarcações ou aeronaves em tráfego internacional, quando o pagamento for efetuado em moeda conversível;

VI – das demais vendas de mercadorias ou serviços para o exterior, nas condições estabelecidas pelo Poder Executivo.

Art. 8º *(Vetado.)*

Art. 9º A contribuição social sobre o faturamento de que trata esta Lei Complementar não extingue as atuais fontes de custeio da Seguridade Social, salvo a prevista no art. 23, inciso I, da Lei 8.212, de 24 de julho de 1991, a qual deixará de ser cobrada a partir da data em que for exigível a contribuição ora instituída.

Art. 10. O produto da arrecadação da contribuição social sobre o faturamento, instituída por esta Lei Complementar, observado o disposto na segunda parte do art. 33 da Lei 8.212, de 24 de julho de 1991, integrará o Orçamento da Seguridade Social.

Parágrafo único. À contribuição referida neste artigo aplicam-se as normas relativas ao processo administrativo-fiscal de determinação e exigência de créditos tributários federais, bem como, subsidiariamente e no que couber, as disposições referentes ao Imposto sobre a Renda, especialmente quanto a atraso de pagamento e quanto a penalidades.

Art. 11. Fica elevada em oito pontos percentuais a alíquota referida no § 1º do art. 23 da Lei 8.212, de 24 de julho de 1991, relativa à contribuição social sobre o lucro das instituições a que se refere o § 1º do art. 22 da mesma lei, mantidas as demais normas da Lei 7.689, de 15 de dezembro de 1988, com as alterações posteriormente introduzidas.

Parágrafo único. As pessoas jurídicas sujeitas ao disposto neste artigo ficam excluídas do pagamento da contribuição social sobre o faturamento, instituída pelo art. 1º desta Lei Complementar.

Art. 12. Sem prejuízo do disposto na legislação em vigor, as instituições financeiras, as sociedades corretoras e distribuidoras de títulos e valores mobiliários, as sociedades de investimento e as de arrendamento mercantil, os agentes do Sistema Financeiro da Habitação, as bolsas de valores, de mercadorias, de futuros e instituições assemelhadas e seus associados, e as empresas administradoras de cartões de crédito fornecerão à Receita Federal, nos termos estabelecidos pelo Ministro da Economia, Fazenda e Planejamento, informações cadastrais sobre os usuários dos respectivos serviços, relativas ao nome, à filiação, ao endereço e ao número de inscrição do cliente no Cadastro de Pessoas Físicas – CPF ou no Cadastro Geral de Contribuintes – CGC.

Lei 8.383/1991

LEGISLAÇÃO

§ 1º Às informações recebidas nos termos deste artigo aplica-se o disposto no § 7º do art. 38 da Lei 4.595, de 31 de dezembro de 1964.

§ 2º As informações de que trata o *caput* deste artigo serão prestadas a partir das relações de usuários constantes dos registros relativos ao ano-calendário de 1992.

§ 3º A não observância do disposto neste artigo sujeitará o infrator, independentemente de outras penalidades administrativas, à multa equivalente a trinta e cinco unidades de valor referidas no art. 5º desta Lei Complementar, por usuário omitido.

Art. 13. Esta Lei Complementar entra em vigor na data de sua publicação, produzindo efeitos a partir do primeiro dia do mês seguinte aos 90 (noventa) dias posteriores àquela publicação, mantidos, até essa data, o Decreto-lei 1.940, de 25 de maio de 1982 e alterações posteriores, a alíquota fixada no art. 11 da Lei 8.114, de 12 de dezembro de 1990.

Art. 14. Revoga-se o art. 2º do Decreto-lei 326, de 8 de maio de 1967 e demais disposições em contrário.

Brasília, 30 de dezembro de 1991; 170º da Independência e 103º da República.

Fernando Collor

(*DOU* 31.12.1991)

LEI 8.383, DE 30 DE DEZEMBRO DE 1991

Institui a Unidade Fiscal de Referência, altera a legislação do imposto de renda, e dá outras providências.

O Presidente da República:
Faço saber que o Congresso Nacional decreta e eu sanciono a seguinte Lei:

Capítulo I
DA UNIDADE DE REFERÊNCIA – UFIR

Art. 1º Fica instituída a Unidade Fiscal de Referência – Ufir, como medida de valor e parâmetro de atualização monetária de tributos e de valores expressos em cruzeiros na legislação tributária federal, bem como os relativos a multas e penalidades de qualquer natureza.

- V. art. 2º, Lei 8.541/1992 (Altera a legislação do Imposto de Renda).
- V. art. 36, Lei 9.069/1995 (Plano Real).
- V. art. 29, § 3º, Lei 10.522/2002 (Cadin), que extinguiu a Ufir.

§ 1º O disposto neste Capítulo aplica-se a tributos e contribuições sociais, inclusive previdenciárias, de intervenção no domínio econômico e de interesse de categorias profissionais ou econômicas.

- V. Súmula 516 STJ.

§ 2º É vedada a utilização da Ufir em negócio jurídico como referencial de correção monetária do preço de bens ou serviços e de salários, aluguéis ou *royalties*.

Art. 2º A expressão monetária da Ufir mensal será fixa em cada mês-calendário; e da Ufir diária ficará sujeita a variação em cada dia e a do primeiro dia do mês será igual à da Ufir do mesmo mês.

- Extinção, a partir de 1º de setembro de 1994, da Ufir diária determinada pelo art. 43 da Lei 9.069/1995 (Plano Real).
- V. art. 1º, § 1º, Lei 8.981/1995 (Altera a legislação tributária federal).
- V. arts. 43 e 46, Lei 9.069/1995 (Plano Real).

§ 1º O Ministério da Economia, Fazenda e Planejamento, por intermédio do Departamento da Receita Federal, divulgará a expressão monetária da Ufir mensal:

a) até o dia 1º de janeiro de 1992, para esse mês, mediante a aplicação, sobre Cr$ 126,8621, do Índice Nacional de Preços ao Consumidor – INPC acumulado desde fevereiro até novembro de 1991, e do Índice de Preços ao Consumidor Ampliado – IPCA de dezembro de 1991, apurados pelo Instituto Brasileiro de Geografia e Estatística (IBGE);

b) até o primeiro dia de cada mês, a partir de 1º de fevereiro de 1992, com base no IPCA.

§ 2º O IPCA, a que se refere o parágrafo anterior, será constituído por série especial cuja apuração compreenderá o período entre o dia 16 do mês anterior e o dia 15 do mês de referência.

§ 3º Interrompida a apuração ou divulgação da série especial do IPCA, a expressão monetária da Ufir será estabelecida com base nos indicadores disponíveis, observada precedência em relação àqueles apurados por instituições oficiais de pesquisa.

§ 4º No caso do parágrafo anterior, o Departamento da Receita Federal divulgará a

Lei 8.383/1991

metodologia adotada para a determinação da expressão monetária da Ufir.

§ 5º *(Revogado pela Lei 9.069/1995.)*

§ 6º A expressão monetária do Fator de Atualização Patrimonial – FAP, instituído em decorrência da Lei 8.200, de 28 de junho de 1991, será igual, no mês de dezembro de 1991, à expressão monetária da Ufir apurada conforme a alínea *a* do § 1º deste artigo.

- V. art. 3º, Lei 9.250/1995 (Altera a legislação do Imposto de Renda).

§ 7º A expressão monetária do coeficiente utilizado na apuração do ganho de capital, de que trata a Lei 8.218, de 29 de agosto de 1991, corresponderá, a partir de janeiro de 1992, à expressão monetária da Ufir mensal.

Art. 3º Os valores expressos em cruzeiros na legislação tributária ficam convertidos em quantidade de Ufir, utilizando-se como divisores:

I – o valor de Cr$ 215,6656, se relativos a multas e penalidades de qualquer natureza;

II – o valor de Cr$ 126,8621, nos demais casos.

Capítulo II
DO IMPOSTO DE RENDA DAS PESSOAS FÍSICAS

Art. 4º A renda e os proventos de qualquer natureza, inclusive os rendimentos e ganhos de capital, percebidos por pessoas físicas residentes ou domiciliadas no Brasil, serão tributados pelo imposto de renda na forma da legislação vigente, com as modificações introduzidas por esta Lei.

- V. art. 44, CTN.

Art. 5º A partir de 1º de janeiro do ano-calendário de 1992, o imposto de renda incidente sobre os rendimentos de que tratam os arts. 7º, 8º e 12 da Lei 7.713, de 22 de dezembro de 1988, será calculado de acordo com a seguinte tabela progressiva:

Base de cálculo (em Ufir)	Parcela a deduzir da base de cálculo (em Ufir)	Alíquota
Até 1.000	–	isento
Acima de 1.000 até 1.950	1.000	15%
Acima de 1.950	1.380	25%

- V. art. 3º, Lei 9.250/1995 (Altera a legislação do Imposto de Renda).

Parágrafo único. O imposto de que trata este artigo será calculado sobre os rendimentos efetivamente recebidos em cada mês.

Art. 6º O imposto sobre os rendimentos de que trata o art. 8º da Lei 7.713, de 1988:

I – será convertido em quantidade de Ufir pelo valor desta no mês em que os rendimentos forem recebidos;

II – deverá ser pago até o último dia útil do mês subsequente ao da percepção dos rendimentos.

Parágrafo único. A quantidade de Ufir de que trata o inciso I será reconvertida em cruzeiros pelo valor de Ufir no mês do pagamento do imposto.

Art. 7º Sem prejuízo dos pagamentos obrigatórios estabelecidos na legislação, fica facultado ao contribuinte efetuar, no curso do ano, complementação do imposto que for devido sobre os rendimentos recebidos.

Art. 8º O imposto retido na fonte ou pago pelo contribuinte, salvo disposição em contrário, será deduzido do apurado na forma do inciso I do art. 15 desta Lei.

Parágrafo único. Para efeito da redução, o imposto retido ou pago será convertido em quantidade de Ufir pelo valor desta:

a) no mês em que os rendimentos forem pagos ao beneficiário, no caso de imposto retido na fonte;

- V. art. 19, § 2º.

b) no mês do pagamento do imposto, nos demais casos.

Art. 9º As receitas e despesas a que se refere o art. 6º da Lei 8.134, de 27 de dezembro de 1990, serão convertidas em quantidade de Ufir pelo valor desta no mês em que forem recebidas ou pagas, respectivamente.

Art. 10. Na determinação da base de cálculo sujeita à incidência mensal do imposto de renda poderão ser deduzidas:

I – a soma dos valores referidos nos incisos do art. 6º da Lei 8.134, de 1990;

II – as importâncias pagas em dinheiro a título de alimentos ou pensões, em cumprimento de acordo ou decisão judicial, inclusive a prestação de alimentos provisionais;

III – a quantia equivalente a 100 (cem) Ufir por dependente;

Lei 8.383/1991

LEGISLAÇÃO

- Inciso III com redação determinada pela Lei 9.069/1995.
- V. art. 83, parágrafo único, I, Lei 9.069/1995 (Plano Real).

IV – as contribuições para a Previdência Social da União, dos Estados, do Distrito Federal e dos Municípios;

V – o valor de mil Ufir, correspondente à parcela isenta dos rendimentos provenientes de aposentadoria e pensão, transferência para reserva remunerada ou reforma pagos pela Previdência Social da União, dos Estados, do Distrito Federal e dos Municípios, ou por qualquer pessoa jurídica de direito público interno, a partir do mês em que o contribuinte completar sessenta e cinco anos de idade.

Art. 11. Na declaração de ajuste anual (art. 12) poderão ser deduzidos:

I – os pagamentos feitos, no ano-calendário, a médicos, dentistas, psicólogos, fisioterapeutas, fonoaudiólogos, terapeutas ocupacionais e hospitais, bem como as despesas provenientes de exames laboratoriais e serviços radiológicos;

II – as contribuições e doações efetuadas a entidades de que trata o art. 1º da Lei 3.830, de 25 de novembro de 1960, observadas as condições estabelecidas no art. 2º da mesma Lei;

III – as doações de que trata o art. 260 da Lei 8.069, de 13 de julho de 1990;

IV – a soma dos valores referidos no art. 10 desta Lei;

V – as despesas feitas com instrução do contribuinte e seus dependentes até o limite anual individual de seiscentos e cinquenta Ufir.

§ 1º O disposto no inciso I:

a) aplica-se, também, aos pagamentos feitos a empresas brasileiras ou autorizadas a funcionar no País, destinados à cobertura de despesas com hospitalização e cuidados médicos e dentários, bem como a entidades que assegurem direito de atendimento ou ressarcimento de despesas de natureza médica, odontológica e hospitalar;

b) restringe-se aos pagamentos feitos pelo contribuinte, relativos ao seu próprio tratamento e ao de seus dependentes;

c) é condicionado a que os pagamentos sejam especificados e comprovados, com indicação do nome, endereço e número de inscrição no Cadastro de Pessoas Físicas ou no Cadastro de Pessoas Jurídicas de quem os recebeu, podendo, na falta de documentação, ser feita indicação do cheque nominativo pelo qual foi efetuado o pagamento.

§ 2º Não se incluem entre as deduções de que trata o inciso I deste artigo as despesas ressarcidas por entidade de qualquer espécie.

§ 3º A soma das deduções previstas nos incisos II e III está limitada a 10% (dez por cento) da base de cálculo do imposto, na declaração de ajuste anual.

§ 4º As deduções de que trata este artigo serão convertidas em quantidade de Ufir pelo valor desta no mês do pagamento ou no mês em que tiverem sido consideradas na base de cálculo sujeita à incidência mensal do imposto.

- V. art. 19, § 2º.

Art. 12. As pessoas físicas deverão apresentar anualmente declaração de ajuste, na qual se determinará o saldo do imposto a pagar ou valor a ser restituído.

§ 1º Os ganhos a que se referem o art. 26 desta Lei e o inciso I do art. 18 da Lei 8.134, de 1990, serão apurados e tributados em separado, não integrarão a base de cálculo do imposto de renda na declaração de ajuste anual e o imposto pago não poderá ser deduzido na declaração.

§ 2º A declaração de ajuste anual, em modelo aprovado pelo Departamento da Receita Federal, deverá ser apresentada até o último dia útil do mês de abril do ano subsequente ao da percepção dos rendimentos ou ganhos de capital.

§ 3º Ficam dispensadas da apresentação de declaração:

a) as pessoas físicas cujos rendimentos do trabalho assalariado, no ano-calendário, inclusive Gratificação de Natal ou Gratificação Natalina, conforme o caso, acrescidos dos demais rendimentos recebidos, exceto os não tributados ou tributados exclusivamente na fonte, sejam iguais ou inferiores a treze mil Ufir;

b) os aposentados, inativos e pensionistas da Previdência Social da União, dos Estados, do Distrito Federal e dos Municípios ou dos respectivos Tesouros, cujos proventos e pensões

Lei 8.383/1991

no ano-calendário, acrescidos dos demais rendimentos recebidos, exceto os não tributados ou tributados exclusivamente na fonte, sejam iguais ou inferiores a treze mil Ufir;

c) outras pessoas físicas declaradas em ato do Ministro da Economia, Fazenda e Planejamento, cuja qualificação fiscal assegure a preservação dos controles fiscais pela administração tributária.

Art. 13. Para efeito de cálculo do imposto a pagar ou do valor a ser restituído, os rendimentos serão convertidos em quantidade de Ufir pelo valor desta no mês em que forem recebidos pelo beneficiado.

• V. art. 19, § 2º.

Parágrafo único. A base de cálculo do imposto, na declaração de ajuste anual, será a diferença entre as somas, em quantidade de Ufir:

a) de todos os rendimentos percebidos durante o ano-calendário, exceto os isentos, os não tributáveis e os tributados exclusivamente na fonte; e

b) das deduções de que trata o art. 11 desta Lei.

Art. 14. O resultado da atividade rural será apurado segundo o disposto na Lei 8.023, de 12 de abril de 1990, e, quando positivo, integrará a base de cálculo do imposto definida no artigo anterior.

§ 1º O resultado da atividade rural e a base de cálculo do imposto serão expressos em quantidade de Ufir.

§ 2º As receitas, despesas e demais valores, que integram o resultado e a base de cálculo, serão convertidos em Ufir pelo valor desta no mês do efetivo pagamento ou recebimento.

Art. 15. O saldo do imposto a pagar ou o valor a ser restituído na declaração de ajuste anual (art. 12) será determinado com observância das seguintes normas:

I – será calculado o imposto progressivo de acordo com a tabela (art. 16);

II – será deduzido o imposto pago ou retido na fonte, correspondente a rendimentos incluídos na base de cálculo;

III – o montante assim determinado, expresso em quantidade de Ufir, constituirá, se positivo, o saldo do imposto a pagar e, se negativo, o valor a ser restituído.

Art. 16. Para fins do ajuste de que trata o artigo anterior, o imposto de renda progressivo será calculado de acordo com a seguinte tabela:

Base de cálculo (em Ufir)	Parcela a deduzir da Base de cálculo (em Ufir)	Alíquota
Até 12.000	–	isento
Acima de 12.000 até 23.400	12.000	15%
Acima de 23.400	16.560	25%

• V. art. 1º, Lei 11.482/2007 (Efetua alterações na tabela do imposto de renda da pessoa física).

Art. 17. O saldo do imposto (art. 15, III) poderá ser pago em até 6 (seis) quotas iguais, mensais e sucessivas, observado o seguinte:

• V. art. 14, Lei 9.250/1995 (Altera a legislação do Imposto de Renda).

I – nenhuma quota será inferior a cinquenta Ufir e o imposto de valor inferior a cem Ufir será pago de uma só vez;

II – a primeira quota ou quota única deverá ser paga no mês de abril do ano subsequente ao da percepção dos rendimentos;

III – as quotas vencerão no último dia útil de cada mês;

IV – é facultado ao contribuinte antecipar, total ou parcialmente, o pagamento do imposto ou das quotas.

Parágrafo único. A quantidade de Ufir será reconvertida em cruzeiros pelo valor da Ufir no mês do pagamento do imposto ou da respectiva quota.

Art. 18. Para cálculo do imposto, os valores da tabela progressiva anual (art. 16) serão divididos proporcionalmente ao número de meses do período abrangido pela tributação, em relação ao ano-calendário, nos casos de declaração apresentada:

I – em nome do espólio, no exercício em que for homologada a partilha ou feita a adjudicação dos bens;

II – pelo contribuinte, residente ou domiciliado no Brasil, que se retirar em caráter definitivo do território nacional.

Art. 19. As pessoas físicas ou jurídicas que efetuarem pagamentos com retenção do imposto de renda na fonte deverão for-

Lei 8.383/1991

LEGISLAÇÃO

necer à pessoa física beneficiária, até o dia 28 de fevereiro, documento comprobatório, em duas vias, com indicação da natureza e do montante do pagamento, das deduções e do imposto de renda retido no ano anterior.

§ 1º Tratando-se de rendimentos pagos por pessoas jurídicas, quando não tenha havido retenção do imposto de renda na fonte, o comprovante deverá ser fornecido no mesmo prazo ao contribuinte que o tenha solicitado até o dia 15 de janeiro do ano subsequente.

§ 2º No documento de que trata este artigo, o imposto retido na fonte, as deduções e os rendimentos deverão ser informados por seus valores em cruzeiros e em quantidade de Ufir, convertidos segundo o disposto na alínea a do parágrafo único do art. 8º, no § 4º do art. 11 e no art. 13 desta Lei.

§ 3º As pessoas físicas ou jurídicas que deixarem de fornecer aos beneficiários, dentro do prazo, ou fornecerem com inexatidão, o documento a que se refere este artigo ficarão sujeitas ao pagamento de multa de trinta e cinco Ufir por documento.

§ 4º À fonte pagadora que prestar informação falsa sobre rendimentos pagos, deduções, ou imposto retido na fonte, será aplicada a multa de 150% (cento e cinquenta por cento) sobre o valor que for indevidamente utilizável como redução do imposto de renda devido, independentemente de outras penalidades administrativas ou criminais.

§ 5º Na mesma penalidade incorrerá aquele que se beneficiar da informação sabendo ou devendo saber da falsidade.

Capítulo III
DA TRIBUTAÇÃO
DAS OPERAÇÕES FINANCEIRAS

Art. 20. O rendimento produzido por aplicação financeira de renda fixa iniciada a partir de 1º de janeiro de 1992, auferido por qualquer beneficiário, inclusive pessoa jurídica isenta, sujeita-se à incidência do imposto sobre a renda na fonte às alíquotas seguintes:

I – *(Revogado pela Lei 8.541/1992.)*

II – demais operações: 30% (trinta por cento).

§ 1º O disposto neste artigo aplica-se, inclusive, às operações de financiamento realizadas em bolsas de valores, de mercadorias, de futuros e assemelhadas, na forma da legislação em vigor.

§ 2º Fica dispensada a retenção do imposto de renda na fonte em relação à operação iniciada e encerrada no mesmo dia quando o alienante for instituição financeira, sociedade de arrendamento mercantil, sociedade corretora de títulos e valores mobiliários ou sociedade distribuidora de títulos e valores mobiliários.

§ 3º A base de cálculo do imposto é constituída pela diferença positiva entre o valor da alienação, líquido do imposto sobre operações de crédito, câmbio e seguro, e sobre operações relativas a títulos e valores mobiliários – IOF (art. 18 da Lei 8.088, de 31 de outubro de 1990) e o valor da aplicação financeira de renda fixa, atualizado com base na variação acumulada da Ufir diária, desde a data inicial da operação até a da alienação.

• V. art. 32, § 3º, *a*.

§ 4º Serão adicionados ao valor de alienação, para fins de composição da base de cálculo do imposto, os rendimentos periódicos produzidos pelo título ou aplicação, bem como qualquer remuneração adicional aos rendimentos prefixados, pagos ou creditados ao alienante e não submetidos à incidência do imposto de renda na fonte, atualizados com base na variação acumulada da Ufir diária, desde a data do crédito ou pagamento até a da alienação.

• V. art. 32, § 3º, *b*.

§ 5º Para fins da incidência do imposto de renda na fonte, a alienação compreende qualquer forma de transmissão da propriedade, bem como a liquidação, resgate ou repactuação do título ou aplicação.

§ 6º Fica incluída na tabela "D" a que se refere o art. 4º, inciso II, da Lei 7.940, de 20 de dezembro de 1989, sujeita à alíquota de até 0,64% (sessenta e quatro centésimos por cento), a operação de registro de emissão de outros valores mobiliários.

Art. 21. Nas aplicações em fundos de renda fixa, resgatadas a partir de 1º de janeiro de 1992, a base de cálculo do imposto de renda na fonte será constituída pela diferença positiva entre o valor do resgate, líquido de IOF, e o custo de aquisição da quota, atualizado com base na variação acumulada

Lei 8.383/1991

LEGISLAÇÃO

da Ufir diária, desde a data da conversão da aplicação em quotas até a da reconversão das quotas em cruzeiros.

• V. art. 37.

§ 1º Na determinação do custo de aquisição da quota, quando atribuída a remuneração ao valor resgatado, observar-se-á a precedência segundo a ordem sequencial direta das aplicações realizadas pelo beneficiário.

§ 2º Os rendimentos auferidos pelos fundos de renda fixa e as alienações de títulos ou aplicações por eles realizadas ficam excluídos, respectivamente, da incidência do Imposto sobre a Renda na fonte e do IOF.

• Revogada a isenção pelo art. 10 da Lei 8.894/1994.

§ 3º O imposto de renda na fonte, calculado à alíquota de 30% (trinta por cento), e o IOF serão retidos pelo administrador do fundo de renda fixa na data do resgate.

§ 4º Excluem-se do disposto neste artigo as aplicações em Fundo de Aplicação Financeira – FAF, que continuam sujeitas à tributação pelo imposto de renda na fonte à alíquota de 5% (cinco por cento) sobre o rendimento bruto apropriado diariamente ao quotista.

• V. art. 32.
• V. arts. 36, § 7º, e 37, Lei 8.541/1992 (Altera a legislação do Imposto de Renda).
• V. art. 4º, Lei 8.894/1994 (IOF).
• V. art. 53, § 1º, Lei 9.069/1995 (Plano Real).

§ 5º Na determinação da base de cálculo do imposto em relação ao resgate de quota existente em 31 de dezembro de 1991, adotar-se-á, a título de custo de aquisição, o valor da quota na mesma data.

Art. 22. São isentos do imposto de renda na fonte:

I – os rendimentos creditados ao quotista pelo Fundo de Investimento em Quotas de Fundos de Aplicação, correspondente aos créditos apropriados por FAF;

• V. art. 53, § 3º, Lei 9.069/1995 (Plano Real).

II – os rendimentos auferidos por FAF, tributados quando da apropriação ao quotista.

Art. 23. A operação de mútuo e a operação de compra vinculada à revenda, no mercado secundário, tendo por objeto ouro, ativo financeiro, iniciadas a partir de 1º de janeiro de 1992, ficam equiparadas à operação de renda fixa para fins de incidência do imposto de renda na fonte.

§ 1º Constitui fato gerador do imposto a liquidação da operação de mútuo ou a revenda de ouro, ativo financeiro.

§ 2º A base de cálculo do imposto nas operações de mútuo será constituída:

a) pelo valor do rendimento em moeda corrente, atualizado entre a data do recebimento e a data de liquidação do contrato; ou

b) quando o rendimento for fixado em quantidade de ouro, pelo valor da conversão do ouro em moeda corrente, estabelecido com base nos preços médios das operações realizadas no mercado à vista da bolsa em que ocorrer o maior volume de ouro transacionado na data de liquidação do contrato.

§ 3º A base de cálculo nas operações de revenda e de compra de ouro, quando vinculadas, será constituída pela diferença positiva entre o valor de revenda e o de compra do ouro, atualizada com base na variação acumulada da Ufir diária, entre a data de início e de encerramento da operação.

§ 4º O valor da operação de que trata a alínea *a* do § 2º será atualizado com base na Ufir diária.

§ 5º O imposto de renda na fonte será calculado aplicando-se alíquotas previstas no art. 20, de acordo com o prazo de operação.

§ 6º Fica o Poder Executivo autorizado a baixar normas com vistas a definir as características da operação de compra vinculada à revenda, bem como a equiparar às operações de que trata este artigo outras que, pelas suas características, produzam os mesmos efeitos das operações indicadas.

§ 7º O Conselho Monetário Nacional poderá estabelecer prazo mínimo para as operações de que trata este artigo.

Art. 24. *(Revogado pela Lei 8.541/1992.)*

Art. 25. O rendimento auferido no resgate, a partir de 1º de janeiro de 1992, de quota de fundo mútuo de ações, clube de investimento e outros fundos da espécie, inclusive Plano de Poupança e Investimentos – Pait, de que trata o Dec.-lei 2.292, de 21 de novembro de 1986, constituídos segundo a legislação aplicável, quando o beneficiário for pessoa física ou pessoa jurídica não tributada

Lei 8.383/1991

LEGISLAÇÃO

com base no lucro real, inclusive isenta, sujeita-se à incidência do imposto de renda na fonte à alíquota de 25% (vinte e cinco por cento).

- V. art. 32, § 2º, *a*.
- V. art. 36, § 5º, Lei 8.541/1992 (Altera a legislação do Imposto de Renda).

§ 1º A base de cálculo do imposto é constituída pela diferença positiva entre o valor de resgate e o custo médio de aquisição da quota, atualizado com base na variação acumulada da Ufir diária da data da conversão em quotas até a de reconversão das quotas em cruzeiros.

§ 2º Os ganhos líquidos a que se refere o artigo seguinte e os rendimentos produzidos por aplicações financeiras de renda fixa, auferidos por fundo mútuo de ações, clube de investimentos e outros fundos da espécie, não estão sujeitos à incidência do imposto de renda na fonte.

§ 3º O imposto será retido pelo administrador do fundo ou clube de investimento na data do resgate.

§ 4º Fica o Poder Executivo autorizado a permitir a compensação de perdas ocorridas em aplicações de que trata este artigo.

Art. 26. Ficam sujeitas ao pagamento do imposto de renda, à alíquota de 25% (vinte e cinco por cento), a pessoa física e a pessoa jurídica não tributada com base no lucro real, inclusive isenta, que auferirem ganhos líquidos nas operações realizadas nas bolsas de valores, de mercadorias, de futuros e assemelhadas, encerradas a partir de 1º de janeiro de 1992.

- V. arts. 12, § 1º, e 36.

§ 1º Os custos de aquisição, os preços de exercício e os prêmios serão considerados pelos valores médios pagos, atualizados com base na variação acumulada da Ufir diária da data da aquisição até a data da alienação do ativo.

§ 2º O Poder Executivo poderá baixar normas para apuração e demonstração dos ganhos líquidos, bem como autorizar a compensação de perdas em um mesmo ou entre dois ou mais mercados ou modalidades operacionais, previstos neste artigo, ressalvado o disposto no art. 28 desta Lei.

§ 3º O disposto neste artigo aplica-se, também, aos ganhos líquidos decorrentes da alienação de ouro, ativo financeiro, fora da bolsa, com a interveniência de instituições integrantes do Sistema Financeiro Nacional.

§ 4º O imposto de que trata este artigo será apurado mensalmente.

Art. 27. As deduções de despesas, bem como a compensação de perdas na forma prevista no § 2º do artigo precedente, são admitidas exclusivamente para as operações realizadas nos mercados organizados, geridos ou sob responsabilidade de instituição credenciada pelo Poder Executivo e com objetivos semelhantes ao das bolsas de valores, de mercadorias ou de futuros.

Art. 28. Os prejuízos decorrentes de operações financeiras de compra e subsequente venda ou de venda e subsequente compra, realizadas no mesmo dia *(day-trade)*, tendo por objeto ativo, título, valor mobiliário ou direito de natureza e características semelhantes, somente podem ser compensados com ganhos auferidos em operações da mesma espécie ou em operações de cobertura *(hedge)* à qual estejam vinculadas nos termos admitidos pelo Poder Executivo.

- V. art. 3º, § 4º, Lei 8.541/1992 (Altera a legislação do Imposto de Renda).

§ 1º O ganho líquido mensal correspondente às operações *day-trade*, quando auferido por beneficiário dentre os referidos no art. 26, integra a base de cálculo do imposto de renda de que trata o mesmo artigo.

§ 2º Os prejuízos decorrentes de operações realizadas fora de mercados organizados, geridos ou sob responsabilidade de instituição credenciada pelo Poder Público, não podem ser deduzidos da base de cálculo do imposto de renda e da apuração do ganho líquido de que trata o art. 26, bem como não podem ser compensados com ganhos auferidos em operações de espécie, realizadas em qualquer mercado.

Art. 29. Os residentes ou domiciliados no exterior sujeitam-se às mesmas normas de tributação pelo imposto de renda, previstas para os residentes ou domiciliados no País, em relação aos:

- Artigo com redação determinada pela Lei 8.849/1994.

I – rendimentos decorrentes de aplicações financeiras de renda fixa;

Lei 8.383/1991

LEGISLAÇÃO

II – ganhos líquidos auferidos em operações realizadas em bolsas de valores, de mercadorias, de futuros e assemelhadas;

III – rendimentos obtidos em aplicações em fundos e clubes de investimentos de renda variável.

Parágrafo único. Sujeitam-se à tributação pelo imposto de renda, nos termos dos arts. 31 a 33, os rendimentos e ganhos de capital decorrentes de aplicações financeiras, auferidos por fundos, sociedades de investimento e carteiras de valores mobiliários de que participem, exclusivamente, pessoas físicas ou jurídicas, fundos ou outras entidades de investimento coletivo residentes, domiciliadas ou com sede no exterior.

Art. 30. O investimento estrangeiro nos mercados financeiros e de valores mobiliários somente poderá ser realizado no País por intermédio de representante legal, previamente designado dentre as instituições autorizadas pelo Poder Executivo a prestar tal serviço e que será responsável, nos termos do art. 128 do Código Tributário Nacional (Lei 5.172, de 25 de outubro de 1966), pelo cumprimento das obrigações tributárias decorrentes das operações que realizar por conta e ordem do representado.

• Artigo com redação determinada pela Lei 8.849/1994.

§ 1º O representante legal não será responsável pela retenção e recolhimento do imposto de renda na fonte sobre aplicações financeiras quando, nos termos da legislação pertinente, tal responsabilidade for atribuída a terceiro.

§ 2º O Poder Executivo poderá excluir determinadas categorias de investidores da obrigatoriedade prevista neste artigo.

Art. 31. Sujeitam-se à tributação pelo imposto de renda, à alíquota de 25% (vinte e cinco por cento), os rendimentos e ganhos de capital auferidos no resgate pelo quotista, quando distribuídos, sob qualquer forma e a qualquer título, por fundos em condomínio, a que se refere o art. 50 da Lei 4.728, de 14 de julho de 1965, constituídos na forma prescrita pelo Conselho Monetário Nacional e mantidos com recursos provenientes de conversão de débitos externos brasileiros, e de que participem, exclusivamente, pessoas físicas ou jurídicas, fundos ou outras entidades de investimentos coletivos, residentes, domiciliados, ou com sede no exterior.

• Artigo com redação determinada pela Lei 8.849/1994.

§ 1º A base de cálculo do imposto é constituída pela diferença positiva entre o valor de resgate e o custo médio de aquisição da quota, atualizados com base na variação acumulada da Ufir diária da data da aplicação até a data da distribuição ao exterior.

§ 2º Os rendimentos e ganhos de capital auferidos pelas carteiras dos fundos em condomínio de que trata este artigo, ficam excluídos da retenção do imposto de renda na fonte e do imposto de renda sobre o ganho líquido mensal.

Art. 32. Ressalvados os rendimentos de Fundos de Aplicação Financeira – FAF, que continuam tributados de acordo com o disposto no art. 21, § 4º, ficam sujeitos ao imposto de renda na fonte, à alíquota de 15% (quinze por cento), os rendimentos auferidos:

• Artigo com redação determinada pela Lei 8.849/1994.

I – pelas entidades mencionadas nos arts. 1º e 2º do Dec.-lei 2.285, de 23 de julho de 1986;

II – pelas sociedades de investimento a que se refere o art. 49 da Lei 4.728, de 1965, de que participem investidores estrangeiros;

III – pelas carteiras de valores mobiliários, inclusive vinculadas à emissão, no exterior, de certificados representativos de ações, mantidas por investidores estrangeiros.

§ 1º Os ganhos de capital ficam excluídos da incidência do imposto de renda quando auferidos e distribuídos, sob qualquer forma e a qualquer título, inclusive em decorrência de liquidação parcial ou total do investimento pelos fundos, sociedades ou carteiras referidos no *caput* deste artigo.

§ 2º Para os efeitos deste artigo, consideram-se:

a) rendimentos: quaisquer valores que constituam remuneração de capital aplicado, inclusive aquela produzida por títulos de renda variável, tais como juros, prêmios, comissões, ágio, deságio, dividendos, bonificações em dinheiro e participações nos lucros, bem como os resultados positivos auferidos em aplicações nos fundos e clubes de investimento de que trata o art. 25;

Lei 8.383/1991

LEGISLAÇÃO

b) ganhos de capital, os resultados positivos auferidos:
b.1 nas operações realizadas em bolsas de valores, de mercadorias, de futuros e assemelhadas;
b.2 nas operações com ouro, ativo financeiro, fora de bolsa, intermediadas por instituições integrantes do Sistema Financeiro Nacional.
§ 3º A base de cálculo do imposto de renda sobre os rendimentos auferidos pelas entidades de que trata este artigo será apurada:
a) de acordo com os critérios previstos no § 3º do art. 20 e no art. 21, no caso de aplicações de renda fixa;
b) de acordo com o tratamento previsto no § 4º do art. 20, no caso de rendimentos periódicos ou qualquer remuneração adicional não submetidos à incidência do imposto de renda na fonte;
c) pelo valor do respectivo rendimento ou resultado positivo nos demais casos.
§ 4º Na apuração do imposto de que trata este artigo serão indedutíveis os prejuízos apurados em operações de renda fixa e de renda variável.
§ 5º O disposto neste artigo alcança, exclusivamente, as entidades que atenderem às normas e condições estabelecidas pelo Conselho Monetário Nacional, não se aplicando, entretanto, aos fundos em condomínio referidos no art. 31.

Art. 33. O imposto de renda na fonte sobre os rendimentos auferidos pelas entidades de que trata o art. 32, será devido por ocasião da cessão, resgate, repactuação ou liquidação de cada operação de renda fixa, ou do recebimento ou crédito, o que primeiro ocorrer, de outros rendimentos, inclusive dividendos e bonificações em dinheiro.

• Artigo com redação determinada pela Lei 8.849/1994.

§ 1º Com exceção do imposto sobre aplicações no FAF, o imposto sobre os demais rendimentos será retido pela instituição administradora do fundo, sociedade de investimento ou carteira, e pelo banco custodiante, no caso de certificados representativos de ações, sendo considerado, mesmo no caso do FAF, como exclusivo de fonte.
§ 2º No caso de rendimentos auferidos em operações realizadas antes de 1º de janeiro de 1994 e ainda não distribuídos, a base de cálculo do imposto de renda de que trata este artigo será determinada de acordo com as normas da legislação aplicável às operações de renda fixa realizadas por residentes no País, ressalvado o disposto no art. 34, devendo o imposto ser calculado à alíquota de 15% (quinze por cento) e recolhido pelos administradores dos fundos, sociedades ou carteiras até 31 de janeiro de 1994 ou na data da distribuição dos rendimentos, se ocorrer primeiro, sem atualização monetária.
§ 3º Os dividendos que foram atribuídos às ações integrantes do patrimônio do fundo, sociedade ou carteira, serão registrados, na data em que as ações foram cotadas sem os respectivos direitos (ex-dividendos), em conta representativa de rendimentos a receber, em contrapartida à diminuição de idêntico valor da parcela do ativo correspondente às ações as quais se vinculam, acompanhados de transferência para a receita de dividendos de igual valor a débito da conta de resultado de variação da carteira de ações.
§ 4º Os rendimentos submetidos à sistemática de tributação de que trata este artigo não se sujeitam à nova incidência do imposto de renda quando distribuídos.
§ 5º O imposto deverá ser convertido em quantidade de Ufir diária pelo valor desta no dia da ocorrência do fato gerador, e pago no prazo previsto no art. 52, inciso II, alínea *d*.

Art. 34. As disposições dos arts. 31 a 33 desta Lei abrangem as operações compreendidas no período entre 15 de junho de 1989, inclusive, e 1º de janeiro de 1992, exceto em relação ao imposto de que trata o art 3º do Dec.-lei 1.986, de 28 de dezembro de 1982, vedada a restituição ou compensação de imposto pago no mesmo período.

Art. 35. Na cessão, liquidação ou resgate, será apresentada a nota de aquisição do título ou o documento relativo à aplicação, que identifique as partes envolvidas na operação.
§ 1º Quando não apresentado o documento de que trata este artigo, considerar-se-á como preço de aquisição o valor da emissão ou o da primeira colocação do título, prevalecendo o menor.
§ 2º Não comprovado o valor a que se refere o § 1º, a base de cálculo do imposto de ren-

da na fonte será arbitrada em 50% (cinquenta por cento) do valor bruto da alienação.

§ 3º Fica dispensada a exigência prevista neste artigo relativamente a título ou aplicação revestidos, exclusivamente, da forma escritural.

Art. 36. O imposto de renda retido na fonte sobre aplicações financeiras ou pago sobre ganhos líquidos mensais de que trata o art. 26 será considerado:

I – se o beneficiário for pessoa jurídica tributada com base no lucro real: antecipação do devido na declaração;

II – se o beneficiário for pessoa física ou pessoa jurídica não tributada com base no lucro real, inclusive isenta: tributação definitiva, vedada a compensação na declaração de ajuste anual.

Art. 37. A alíquota do imposto de renda na fonte sobre rendimentos produzidos por títulos ou aplicações integrantes do patrimônio do fundo de renda fixa de que trata o art. 21 desta Lei será de 25% (vinte e cinco por cento) e na base de cálculo será considerado como valor de alienação aquele pelo qual o título ou aplicação constar da carteira no dia 31 de dezembro de 1991.

Parágrafo único. O recolhimento do imposto será efetuado pelo administrador do fundo, sem correção monetária, até o dia seguinte ao da alienação do título ou resgate da aplicação.

Capítulo IV
DO IMPOSTO DE RENDA DAS PESSOAS JURÍDICAS

Art. 38. A partir do mês de janeiro de 1992, o imposto de renda das pessoas jurídicas será devido mensalmente, à medida em que os lucros forem auferidos.

§ 1º Para efeito do disposto neste artigo, as pessoas jurídicas deverão apurar, mensalmente, a base de cálculo do imposto e o imposto devido.

§ 2º A base de cálculo do imposto será convertida em quantidade de Ufir diária pelo valor desta no último dia do mês a que corresponder.

§ 3º O imposto devido será calculado mediante a aplicação da alíquota sobre a base de cálculo expressa em Ufir.

§ 4º Do imposto apurado na forma do parágrafo anterior a pessoa jurídica poderá diminuir:

- V. Dec. 794/1993 (Redução do Imposto de Renda das pessoas jurídicas).

a) os incentivos fiscais de dedução do imposto devido, podendo o valor excedente ser compensado nos meses subsequentes, observados os limites e prazos fixados na legislação específica;

b) os incentivos fiscais de redução e isenção do imposto, calculados com base no lucro da exploração apurado mensalmente;

c) o imposto de renda retido na fonte sobre receitas computadas na base de cálculo do imposto.

§ 5º Os valores de que tratam as alíneas do parágrafo anterior serão convertidos em quantidade de Ufir diária pelo valor desta no último dia do mês a que corresponderem.

§ 6º O saldo do imposto devido em cada mês será pago até o último dia útil do mês subsequente.

§ 7º O prejuízo apurado na demonstração do lucro real em um mês poderá ser compensado com o lucro real dos meses subsequentes.

§ 8º Para efeito de compensação, o prejuízo será corrigido monetariamente com base na variação acumulada da Ufir diária.

§ 9º Os resultados apurados em cada mês serão corrigidos monetariamente (Lei 8.200, de 1991).

Art. 39. As pessoas jurídicas tributadas com base no lucro real poderão optar pelo pagamento, até o último dia útil do mês subsequente, do imposto devido mensalmente, calculado por estimativa, observado o seguinte:

I – nos meses de janeiro a abril, o imposto estimado corresponderá, em cada mês, a um duodécimo do imposto e adicional apurados em balanço ou balancete anual levantado em 31 de dezembro do ano anterior ou, na inexistência deste, a 1/6 (um sexto) do imposto e adicional apurados no balanço ou balancete semestral levantado em 30 de junho do ano anterior;

II – nos meses de maio a agosto, o imposto estimado corresponderá, em cada mês, a um duodécimo do imposto e adicional apu-

Lei 8.383/1991

rados no balanço anual de 31 de dezembro do ano anterior;
III – nos meses de setembro a dezembro, o imposto estimado corresponderá, em cada mês, a 1/6 (um sexto) do imposto e adicional apurados em balanço ou balancete semestral levantado em 30 de junho do ano em curso.

§ 1º A opção será efetuada na data do pagamento de imposto correspondente ao mês de janeiro e só poderá ser alterada em relação ao imposto referente aos meses do ano subsequente.

§ 2º A pessoa jurídica poderá suspender ou reduzir o pagamento do imposto mensal estimado, enquanto balanços ou balancetes mensais demonstrarem que o valor acumulado já pago excede o valor do imposto calculado com base no lucro real do período em curso.

§ 3º O imposto apurado nos balanços ou balancetes será convertido em quantidade de Ufir diária pelo valor desta no último dia do mês a que se referir.

§ 4º O imposto de renda retido na fonte sobre rendimentos computados na determinação do lucro real poderá ser deduzido do imposto estimado de cada mês.

• V. art. 86, § 4º.

§ 5º A diferença entre o imposto devido, apurado na declaração de ajuste anual (art. 43), e a importância paga nos termos deste artigo será:

• V. art. 86, § 4º.

a) paga em quota única, até a data fixada para a entrega da declaração de ajuste anual, se positiva;
b) compensada, corrigida monetariamente, com o imposto mensal a ser pago nos meses subsequentes ao fixado para a entrega da declaração de ajuste anual, se negativa, assegurada a alternativa de requerer a restituição do montante pago indevidamente.

Art. 40. *(Revogado pela Lei 8.541/1992.)*

Art. 41. A tributação com base no lucro arbitrado somente será admitida em caso de lançamento de ofício, observadas a legislação vigente e as alterações introduzidas por esta Lei.

§ 1º O lucro arbitrado e a contribuição social serão apurados mensalmente.

§ 2º O lucro arbitrado, diminuído do imposto de renda da pessoa jurídica e da contribuição social, será considerado distribuído aos sócios ou ao titular da empresa e tributado exclusivamente na fonte à alíquota de 25% (vinte e cinco por cento).

§ 3º A contribuição social sobre o lucro das pessoas jurídicas tributadas com base no lucro arbitrado será devida mensalmente.

Art. 42. *(Revogado pela Lei 9.317/1996.)*

Art. 43. As pessoas jurídicas deverão apresentar, em cada ano, declaração de ajuste anual consolidando os resultados mensais auferidos nos meses de janeiro a dezembro do ano anterior, nos seguintes prazos:
I – até o último dia útil do mês de março, as tributadas com base no lucro presumido;
II – até o último dia útil do mês de abril, as tributadas com base no lucro real;
III – até o último dia útil do mês de junho, as demais.

Parágrafo único. Os resultados mensais serão apurados, ainda que a pessoa jurídica tenha optado pela forma de pagamento do imposto e adicional referida no art. 39.

Art. 44. Aplicam-se à contribuição social sobre o lucro (Lei 7.689, de 1988) e ao imposto incidente na fonte sobre o lucro líquido (Lei 7.713, de 1988, art. 35) as mesmas normas de pagamento estabelecidas para o imposto de renda das pessoas jurídicas.

Parágrafo único. *(Revogado pela Lei 8.981/1995.)*

Art. 45. O valor em cruzeiros do imposto ou contribuição será determinado mediante a multiplicação da sua quantidade em Ufir pelo valor da Ufir diária na data do pagamento.

Art. 46. As pessoas jurídicas tributadas com base no lucro real poderão depreciar, em 24 (vinte e quatro) quotas mensais, o custo de aquisição ou construção de máquinas e equipamentos novos, adquiridos entre 1º de janeiro de 1992 e 31 de dezembro de 1994, utilizados em processo industrial da adquirente.

• *Caput* com redação determinada pela Lei 8.643/1993.

§ 1º A parcela da depreciação acelerada que exceder à depreciação normal consti-

Lei 8.383/1991

tuirá exclusão do lucro líquido e será escriturada no livro de apuração do lucro real.

§ 2º O total da depreciação acumulada, incluída a normal e a parcela excedente, não poderá ultrapassar o custo de aquisição do bem, corrigido monetariamente.

§ 3º A partir do mês em que for atingido o limite de que trata o parágrafo anterior, a depreciação normal, corrigida monetariamente, registrada na escrituração comercial, deverá ser adicionada ao lucro líquido para determinar o lucro real.

§ 4º Para efeito do disposto nos §§ 2º e 3º deste artigo, a conta de depreciação excedente à normal, registrada no livro de apuração do lucro real, será corrigida monetariamente.

§ 5º As disposições contidas neste artigo aplicam-se às máquinas e equipamentos objeto de contratos de arrendamento mercantil.

Art. 47. *(Revogado pela Lei 8.981/1995.)*

Art. 48. A partir de 1º de janeiro de 1992, a correção monetária das demonstrações financeiras será efetuada com base na Ufir diária.

Art. 49. A partir do mês de janeiro de 1992, o adicional de que trata o art. 25 da Lei 7.450, de 23 de dezembro de 1985, incidirá à alíquota de 10% (dez por cento) sobre a parcela do lucro real ou arbitrado, apurado mensalmente, que exceder a vinte e cinco mil Ufir.

Parágrafo único. A alíquota será de 15% (quinze por cento) para os bancos comerciais, bancos de investimento, bancos de desenvolvimento, caixas econômicas, sociedades de crédito, financiamento e investimento, sociedades de crédito imobiliário, sociedades corretoras, distribuidora de títulos e valores mobiliários e empresas de arrendamento mercantil.

Art. 50. As despesas referidas na alínea *b* do parágrafo único do art. 52 e no item 2 da alínea *e* do parágrafo único do art. 71, da Lei 4.506, de 30 de novembro de 1964, decorrentes de contratos que, posteriormente a 31 de dezembro de 1991, venham a ser assinados, averbados no Instituto Nacional da Propriedade Industrial (INPI) e registrados no Banco Central do Brasil, passam a ser dedutíveis para fins de apuração do lucro real, observados os limites e condições estabelecidos pela legislação em vigor.

Parágrafo único. A vedação contida no art. 14 da Lei 4.131, de 3 de setembro de 1962, não se aplica às despesas dedutíveis na forma deste artigo.

- V. art. 25, II, Dec. 949/1993 (Regulamenta a Lei 8.661/1993).

Art. 51. Os balanços ou balancetes referidos nesta Lei deverão ser levantados com observância das leis comerciais e fiscais e transcritos no Diário ou no Livro de Apuração do Lucro Real.

Capítulo V
DA ATUALIZAÇÃO E DO PAGAMENTO DE IMPOSTOS E CONTRIBUIÇÕES

Art. 52. Em relação aos fatos geradores que vierem o ocorrer a partir de 1º de novembro de 1993, os pagamentos dos impostos e contribuições relacionados a seguir deverão ser efetuados nos seguintes prazos:

- *Caput* com redação determinada pela Lei 8.850/1994.

I – Imposto sobre Produtos Industrializados – IPI:

- *Caput* do inciso I com redação determinada pela Lei 11.774/2008 (*DOU* 18.09.2008), em vigor na data de sua publicação, produzindo efeitos a partir do primeiro dia do mês de junho de 2008, que manteve a redação determinada pela Lei 10.833/2003.

a) no caso dos produtos classificados no código 2402.20.00, da Nomenclatura Comum do Mercosul – NCM, até o 10º (décimo) dia do mês subsequente ao mês de ocorrência dos fatos geradores, observado o disposto no § 4º deste artigo;

- Alínea *a* com redação determinada pela Lei 11.933/2009 (*DOU* 29.04.2009), em vigor na data de sua publicação, produzindo efeitos a partir do 1º dia do mês subsequente ao de sua publicação (v. art. 11, II, da referida Lei).

b) *(Revogada pela Lei 11.774/2008 – DOU 18.09.2008, em vigor na data de sua publicação, produzindo efeitos a partir do primeiro dia do mês de junho de 2008.)*

c) no caso dos demais produtos, até o 25º (vigésimo quinto) dia do mês subsequente ao mês de ocorrência dos fatos geradores,

Lei 8.383/1991

LEGISLAÇÃO

pelas demais pessoas jurídicas, observado o disposto no § 4º deste artigo;

- Caput da alínea c com redação determinada pela Lei 11.933/2009 (DOU 29.04.2009), em vigor na data de sua publicação, produzindo efeitos a partir de 1º.10.2008 (v. art. 11, I, da referida Lei).
- V. art. 64, Lei 11.941/2009 (Altera a legislação tributária federal).

1. *(Revogado pela Lei 11.933/2009.)*
2. *(Revogado pela Lei 11.933/2009.)*

II – Imposto de Renda na Fonte – IRF:

- Inciso II com redação determinada pela Lei 8.850/1994.

a) até o último dia útil do mês subsequente ao de ocorrência do fato gerador ou na data da remessa, quando esta for efetuada antes, no caso de lucro de filiais, sucursais, agências ou representações, no País, de pessoas jurídicas com sede no exterior;
b) na data da ocorrência do fato gerador, nos casos dos demais rendimentos atribuídos a residentes ou domiciliados no exterior;
c) até o último dia útil do mês subsequente ao da distribuição automática dos lucros, no caso de que trata o art. 1º do Dec.-lei 2.397, de 21 de dezembro de 1987;
d) até o terceiro dia útil da quinzena subsequente à de ocorrência dos fatos geradores, nos demais casos;

III – imposto sobre operações de crédito, câmbio e seguro e sobre operações relativas a títulos e valores mobiliários – IOF:

- Inciso III com redação determinada pela Lei 8.850/1994.

a) até o terceiro dia útil da quinzena subsequente à de ocorrência dos fatos geradores, no caso de aquisição de ouro, ativo financeiro, bem assim nos de que tratam os incisos II a IV do art. 1º da Lei 8.033, de 12 de abril de 1990;
b) até o terceiro dia útil do decêndio subsequente ao de cobrança ou registro contábil do imposto, nos demais casos;
IV – contribuição para financiamento da Seguridade Social (Cofins), instituída pela Lei Complementar 70, de 30 de dezembro de 1991, e contribuições para o Programa de Integração Social e para o Programa de Formação do Patrimônio do Servidor Público (PIS/Pasep), até o quinto dia útil do mês subsequente ao de ocorrência dos fatos geradores.

- Inciso IV com redação determinada pela Lei 8.850/1994.

§ 1º O imposto incidente sobre ganhos de capital na alienação de bens ou direitos (Lei 8.134, de 27 de dezembro de 1990, art. 18) deverá ser pago até o último dia útil do mês subsequente àquele em que os ganhos houverem sido percebidos.

- § 1º com redação determinada pela Lei 8.850/1994.

§ 2º O imposto, apurado mensalmente, sobre os ganhos líquidos auferidos em operações realizadas em bolsas de valores, de mercadorias, de futuros e assemelhadas, será pago até o último dia útil do mês subsequente àquele em que os ganhos houverem sido percebidos.

- § 2º com redação determinada pela Lei 8.850/1994.

§ 3º O disposto no inciso I do *caput* deste artigo não se aplica ao IPI incidente no desembaraço aduaneiro dos produtos importados.

- § 3º acrescentado pela Lei 11.774/2008 (DOU 18.09.2008), em vigor na data de sua publicação, produzindo efeitos a partir do primeiro dia do mês de junho de 2008 (v. art. 22, I, da referida Lei).

§ 4º Se o dia do vencimento de que tratam as alíneas *a* e *c* do inciso I do *caput* deste artigo não for dia útil, considerar-se-á antecipado o prazo para o primeiro dia útil que o anteceder.

- § 4º acrescentado pela Lei 11.933/2009 (DOU 29.04.2009), em vigor na data de sua publicação, produzindo efeitos a partir de 1º.10.2008 (v. art. 11, I, da referida Lei).
- V. art. 64, Lei 11.941/2009 (Altera a legislação tributária federal).

Art. 53. Os tributos e contribuições relacionados a seguir serão convertidos em quantidade de Ufir diária pelo valor desta:

- Artigo com redação determinada pela Lei 8.850/1994.

I – IPI, no último dia do decêndio de ocorrência dos fatos geradores;
II – IRF, no dia da ocorrência do fato gerador;
III – IOF:
a) no último dia da quinzena de ocorrência dos fatos geradores, na hipótese de aquisição de ouro, ativo financeiro;
b) no dia da ocorrência dos fatos geradores, ou da apuração da base de cálculo, nos demais casos;
IV – contribuição para o financiamento da Seguridade Social (Cofins), instituída pela

Lei 8.383/1991

LEGISLAÇÃO

Lei Complementar 70, de 1991, e contribuições para o Programa de Integração Social e para o Programa de Formação do Patrimônio do Servidor Público (PIS/Pasep), no último dia do mês de ocorrência dos fatos geradores;

V – demais tributos, contribuições e receitas da União, arrecadados pela Secretaria da Receita Federal, não referidos nesta Lei, nas datas dos respectivos vencimentos;

VI – contribuições previdenciárias, no primeiro dia do mês subsequente ao de competência.

Parágrafo único. O imposto de que tratam os parágrafos do artigo anterior será convertido em quantidade de Ufir pelo valor desta no mês do recebimento ou ganho.

Capítulo VI
DA ATUALIZAÇÃO DE DÉBITOS FISCAIS

Art. 54. Os débitos de qualquer natureza para com a Fazenda Nacional e os decorrentes de contribuições arrecadadas pela União, constituídos ou não, vencidos até 31 de dezembro de 1991 e não pagos até 2 de janeiro de 1992, serão atualizados monetariamente com base na legislação aplicável e convertidos, nessa data, em quantidade de Ufir diária.

§ 1º Os juros de mora calculados até 2 de janeiro de 1992 serão, também, convertidos em quantidade de Ufir, na mesma data.

§ 2º Sobre a parcela correspondente ao tributo ou contribuição, convertida em quantidade de Ufir, incidirão juros moratórios à razão de 1% (um por cento), por mês-calendário ou fração, a partir de fevereiro de 1992, inclusive, além da multa de mora ou de ofício.

§ 3º O valor a ser recolhido será obtido multiplicando-se a correspondente quantidade de Ufir pelo valor diário desta na data do pagamento.

Art. 55. Os débitos que forem objeto de parcelamento serão consolidados na data da concessão e expressos em quantidade de Ufir diária.

§ 1º O valor do débito consolidado, expresso em quantidade de Ufir, será dividido pelo número de parcelas mensais concedidas.

§ 2º O valor de cada parcela mensal, por ocasião do pagamento, será acrescido de juros na forma da legislação pertinente.

§ 3º Para efeito de pagamento, o valor em cruzeiros de cada parcela mensal será determinado mediante a multiplicação de seu valor, expresso em quantidade de Ufir, pelo valor desta no dia do pagamento.

Art. 56. No caso de parcelamento concedido administrativamente até o dia 31 de dezembro de 1991, o saldo devedor, a partir de 1º de janeiro de 1992, será expresso em quantidade de Ufir diária mediante a divisão do débito, atualizado monetariamente, pelo valor da Ufir diária no dia 1º de janeiro de 1992.

Parágrafo único. O valor em cruzeiros do débito ou da parcela será determinado mediante a multiplicação da respectiva quantidade de Ufir pelo valor diário desta na data do pagamento.

Art. 57. Os débitos de qualquer natureza para com a Fazenda Nacional, bem como os decorrentes de contribuições arrecadadas pela União, poderão, sem prejuízo da respectiva liquidez e certeza, ser inscritos como Dívida Ativa da União, pelo valor expresso em quantidade de Ufir.

§ 1º Os débitos de que trata este artigo, que forem objeto de parcelamento, serão consolidados na data de sua concessão e expressos em quantidade de Ufir.

§ 2º O encargo referido no art. 1º do Dec.-lei 1.025, de 21 de outubro de 1969, modificado pelo art. 3º do Dec.-lei 1.569, de 8 de agosto de 1977, e art. 3º do Dec.-lei 1.645, de 11 de dezembro de 1978, será calculado sobre o montante do débito, inclusive multas, atualizado monetariamente e acrescido de juros e multa de mora.

Art. 58. No caso de lançamento de ofício, a base de cálculo, o imposto, as contribuições arrecadadas pela União e os acréscimos legais serão expressos em Ufir diária ou mensal, conforme a legislação de regência do tributo ou contribuição.

Parágrafo único. Os juros e a multa de lançamento de ofício serão calculados com base no imposto ou contribuição expresso em quantidade de Ufir.

Lei 8.383/1991

LEGISLAÇÃO

Capítulo VII
DAS MULTAS E DOS JUROS DE MORA

Art. 59. Os tributos e contribuições administrados pelo Departamento da Receita Federal, que não forem pagos até a data do vencimento, ficarão sujeitos à multa de mora de 20% (vinte por cento) e a juros de mora de 1% (um por cento) ao mês-calendário ou fração, calculados sobre o valor do tributo ou contribuição corrigido monetariamente.

- V. art. 84, § 3º, Lei 8.981/1995 (Altera a legislação tributária federal).
- V. arts. 36, § 4º, e 38, § 1º, Lei 9.069/1995 (Plano Real).

§ 1º A multa de mora será reduzida a 10% (dez por cento), quando o débito for pago até o último dia útil do mês subsequente ao do vencimento.

§ 2º A multa incidirá a partir do primeiro dia após o vencimento do débito; os juros, a partir do primeiro dia do mês subsequente.

Art. 60. *(Revogado pela Lei 11.941/2009.)*

Art. 61. As contribuições previdenciárias arrecadadas pelo Instituto Nacional de Seguro Social – INSS ficarão sujeitas à multa variável, de caráter não relevável, nos seguintes percentuais, incidentes sobre os valores atualizados monetariamente até a data do pagamento:

I – 10% (dez por cento) sobre os valores das contribuições em atraso que, até a data do pagamento, não tenham sido incluídas em notificação de débito;

II – 20% (vinte por cento) sobre os valores pagos dentro de 15 (quinze) dias contados da data do recebimento da correspondente notificação de débito;

III – 30% (trinta por cento) sobre todos os valores pagos mediante parcelamento, desde que requerido no prazo do inciso anterior;

IV – 60% (sessenta por cento) sobre os valores pagos em quaisquer outros casos, inclusive por falta de cumprimento de acordo para o parcelamento.

Parágrafo único. É facultada a realização de depósito, à disposição da Seguridade Social, sujeito aos mesmos percentuais dos incisos I e II, conforme o caso, para apresentação de defesa.

Capítulo VIII
DAS DISPOSIÇÕES FINAIS E TRANSITÓRIAS

Art. 62. O § 2º do art. 11 e os arts. 13 e 14 da Lei 8.218, de 1991, passam a vigorar com a seguinte redação:

"Art. 11. [...]"

"§ 1º [...]"

"§ 2º O Departamento da Receita Federal expedirá os atos necessários para estabelecer a forma e o prazo em que os arquivos e sistemas deverão ser apresentados."

"Art. 13. A não apresentação dos arquivos ou sistemas até o trigésimo dia após o vencimento do prazo estabelecido implicará o arbitramento do lucro da pessoa jurídica, sem prejuízo da aplicação das penalidades previstas no artigo anterior."

"Art. 14. A tributação com base no lucro real somente será admitida para as pessoas jurídicas que mantiverem, em boa ordem e segundo as normas contábeis recomendadas, livro ou fichas utilizados para resumir e totalizar, por conta ou subconta, os lançamentos efetuados no Diário (Livro Razão), mantidas as demais exigências e condições previstas na legislação.

"Parágrafo único. A não manutenção do livro de que trata este artigo, nas condições determinadas, implicará o arbitramento do lucro da pessoa jurídica."

Art. 63. *(Revogado, a partir de 01.01.2005, pela Lei 11.033/2004.)*

Art. 64. Responderão como coautores de crime de falsidade o gerente ou o administrador de instituição financeira ou assemelhadas que concorrerem para que seja aberta conta ou movimentados recursos sob nome:

- V. art. 297, CP.
- V. arts. 1º e 2º, Lei 8.137/1990 (Crimes contra a ordem tributária, econômica e contra as relações de consumo).

I – falso;

II – de pessoa física ou de pessoa jurídica inexistente;

III – de pessoa jurídica liquidada de fato ou sem representação regular.

Parágrafo único. É facultado às instituições financeiras e às assemelhadas solicitar ao Departamento da Receita Federal a confirmação do número de inscrição no Cadastro de Pessoas Físicas ou no Cadastro Geral de Contribuintes.

Art. 65. Terá o tratamento de permuta a entrega, pelo licitante vencedor, de títulos da dívida pública federal ou de outros créditos contra a União, como contrapartida à aquisição das ações ou quotas leiloadas no âmbito do Programa Nacional de Desestatização.

- V. art. 2º, MP 2.159-70/2001 (Altera a legislação do Imposto de Renda).

§ 1º Na hipótese de adquirente pessoa física, deverá ser considerado como custo de aquisição das ações ou quotas da empresa privatizável o custo de aquisição dos direitos contra a União, corrigido monetariamente até a data da permuta.

§ 2º Na hipótese de pessoa jurídica não tributada com base no lucro real, o custo de aquisição será apurado na forma do parágrafo anterior.

§ 3º No caso de pessoa jurídica tributada com base no lucro real, o custo de aquisição das ações ou quotas leiloadas será igual ao valor contábil dos títulos ou créditos entregues pelo adquirente na data da operação.

§ 4º Quando se configurar, na aquisição, investimento relevante em coligada ou controlada, avaliável pelo valor do patrimônio líquido, a adquirente deverá registrar o valor da equivalência no patrimônio adquirido, em conta própria de investimentos, e o valor do ágio ou deságio na aquisição em subconta do mesmo investimento, que deverá ser computado na determinação do lucro real do mês de realização do investimento, a qualquer título.

Art. 66. Nos casos de pagamento indevido ou a maior de tributos, contribuições federais, inclusive previdenciárias, e receitas patrimoniais, mesmo quando resultante de reforma, anulação, revogação, ou rescisão de decisão condenatória, o contribuinte poderá efetuar a compensação desse valor no recolhimento de importância correspondente a período subsequente.

- Artigo com redação determinada pela Lei 9.069/1995.
- V. art. 156, II, CTN.
- V. art. 39, Lei 9.250/1995 (Altera legislação do Imposto de Renda).
- V. Súmulas 461 e 464, STJ.

§ 1º A compensação só poderá ser efetuada entre tributos, contribuições e receitas da mesma espécie.

§ 2º É facultado ao contribuinte optar pelo pedido de restituição.

§ 3º A compensação ou restituição será efetuada pelo valor do tributo ou contribuição ou receita corrigido monetariamente com base na variação da Ufir.

§ 4º As Secretarias da Receita Federal e do Patrimônio da União e o Instituto Nacional de Seguro Social – INSS expedirão as instruções necessárias ao cumprimento do disposto neste artigo.

Art. 67. A competência de que trata o art. 1º da Lei 8.022, de 12 de abril de 1990, relativa à apuração, inscrição e cobrança da Dívida Ativa oriunda das receitas arrecadadas pelo Instituto Nacional de Colonização e Reforma Agrária – Incra, bem como a representação judicial nas respectivas execuções fiscais, cabe à Procuradoria-Geral da Fazenda Nacional.

Art. 68. O Anexo I do Dec.-lei 2.225, de 10 de janeiro de 1985, passa a vigorar na forma do Anexo I a esta Lei.

Parágrafo único. Fica igualmente aprovado o Anexo II a esta Lei, que altera a composição prevista no Dec.-lei 2.192, de 26 de dezembro de 1984.

Art. 69. O produto da arrecadação de multas, inclusive as que fazem parte do valor pago por execução da Dívida Ativa e de sua respectiva correção monetária, incidentes sobre tributos e contribuições administrados pelo Departamento da Receita Federal e próprios da União, bem como daquelas aplicadas à rede arrecadadora de receitas federais, constituirá receita do Fundo instituído pelo Dec.-lei 1.437, de 17 de dezembro de 1975, sem prejuízo do disposto na legislação pertinente, excluídas as transferências constitucionais para os Estados, o Distrito Federal e os Municípios.

- V. art. 85, Lei 8.981/1995 (Altera a legislação tributária federal).

Art. 70. Ficam isentas dos tributos incidentes sobre a importação as mercadorias destinadas a consumo no recinto de congressos, feiras e exposições internacionais, e eventos assemelhados, a título de promo-

Lei 8.383/1991

ção ou degustação, de montagem ou conservação de estandes, ou de demonstração de equipamentos em exposição.

§ 1º A isenção não se aplica a mercadorias destinadas à montagem de estandes, susceptíveis de serem aproveitadas após o evento.

§ 2º É condição para gozo da isenção que nenhum pagamento, a qualquer título, seja efetuado ao exterior, em relação às mercadorias mencionadas no *caput* deste artigo.

§ 3º A importação das mercadorias objeto da isenção fica dispensada da Guia de importação mas sujeita-se a limites de quantidade e valor, além de outros requisitos estabelecidos pelo Ministro da Economia, Fazenda e Planejamento.

Art. 71. As pessoas jurídicas de que trata o art. 1º do Dec.-lei 2.397, de 21 de dezembro de 1987, que preencham os requisitos dos incisos I e II do art. 40, poderão optar pela tributação com base no lucro presumido.

Parágrafo único. Em caso de opção, a pessoa jurídica pagará o imposto correspondente ao ano-calendário de 1992, obedecendo ao disposto no art. 40, sem prejuízo do pagamento do imposto devido por seus sócios no exercício de 1992, ano-base de 1991.

Art. 72. Ficam isentas do IOF as operações de financiamento para a aquisição de automóveis de passageiros de fabricação nacional de até 127 HP de potência bruta (SAE), quando adquiridos por:

I – motoristas profissionais que, na data da publicação desta Lei, exerçam comprovadamente em veículo de sua propriedade a atividade de condutor autônomo de passageiros, na condição de titular de autorização, permissão ou concessão do poder concedente e que destinem o automóvel à utilização na categoria de aluguel (táxi);

II – motoristas profissionais autônomos titulares de autorização, permissão ou concessão para exploração do serviço de transporte individual de passageiros (táxi), impedidos de continuar exercendo essa atividade em virtude de destruição completa, furto ou roubo do veículo, desde que destinem o veículo adquirido à utilização na categoria de aluguel (táxi);

III – cooperativas de trabalho que sejam permissionárias ou concessionárias de transporte público de passageiros, na categoria de aluguel (táxi), desde que tais veículos se destinem à utilização nessa atividade;

IV – pessoas portadoras de deficiência física, atestada pelo Departamento de Trânsito do Estado onde residirem em caráter permanente, cujo laudo de perícia médica especifique:

a) o tipo de defeito físico e a total incapacidade do requerente para dirigir automóveis convencionais;

b) a habilitação do requerente para dirigir veículo com adaptações especiais, descritas no referido laudo;

V – trabalhador desempregado ou subempregado, titular de financiamento do denominado Projeto Balcão de Ferramentas, destinado à aquisição de maquinário, equipamentos e ferramentas que possibilitem a aquisição de bens e a prestação de serviços à comunidade.

§ 1º O benefício previsto neste artigo:

a) poderá ser utilizado uma única vez;

b) será reconhecido pelo Departamento da Receita Federal mediante prévia verificação de que o adquirente possui os requisitos.

§ 2º Na hipótese do inciso V, o reconhecimento ficará adstrito aos tomadores residentes na área de atuação do Projeto, os quais serão indicados pelos Governos Estaduais, mediante convênio celebrado com a Caixa Econômica Federal.

§ 3º A alienação do veículo antes de 3 (três) anos contados da data da sua aquisição, a pessoas que não satisfaçam as condições e os requisitos, acarretará o pagamento, pelo alienante, da importância correspondente à diferença da alíquota aplicável à operação e a de que trata este artigo, calculada sobre o valor do financiamento, sem prejuízo da incidência dos demais encargos previstos na legislação tributária.

Art. 73. O art. 2º da Lei 8.033, de 12 de abril de 1990, passa a vigorar com os seguintes acréscimos:

"Art. 2º [...]

"VII – não incidirá relativamente a ações nas seguintes hipóteses:

Lei 8.383/1991

LEGISLAÇÃO

"*a)* transmissão causa mortis e adiantamento da legítima;
"*b)* sucessão decorrente de fusão, cisão ou incorporação;
"*c)* transferência das ações para sociedade controlada.
"[...]
"§ 4º Nas hipóteses do inciso VII, o imposto incidirá na ulterior transmissão das ações pelos herdeiros, legatários, donatários, sucessores e cessionários."

Art. 74. Integrarão a remuneração dos beneficiários:

I – a contraprestação de arrendamento mercantil ou o aluguel ou, quando for o caso, os respectivos encargos de depreciação, atualizados monetariamente até a data do balanço:

a) de veículo utilizado no transporte de administradores, diretores, gerentes e seus assessores ou de terceiros em relação à pessoa jurídica;

b) de imóvel cedido para uso de qualquer pessoa dentre as referidas na alínea precedente;

II – as despesas com benefícios e vantagens concedidos pela empresa a administradores, diretores, gerentes e seus assessores, pagos diretamente ou através da contratação de terceiros, tais como:

a) a aquisição de alimentos ou quaisquer outros bens para utilização pelo beneficiário fora do estabelecimento da empresa;

b) os pagamentos relativos a clubes e assemelhados;

c) o salário e respectivos encargos sociais de empregados postos à disposição ou cedidos, pela empresa, a administradores, diretores, gerentes e seus assessores ou de terceiros;

d) a conservação, o custeio e a manutenção dos bens referidos no item I.

§ 1º A empresa identificará os beneficiários das despesas e adicionará aos respectivos salários os valores a elas correspondentes.

§ 2º A inobservância do disposto neste artigo implicará tributação dos respectivos valores, exclusivamente na fonte, à alíquota de 33% (trinta e três por cento).

- V. art. 61, § 1º, Lei 8.981/1995 (Altera a legislação tributária federal).

Art. 75. Sobre os lucros apurados a partir de 1º de janeiro de 1993 não incidirá o imposto de renda na fonte sobre o lucro líquido, de que trata o art. 35 da Lei 7.713, de 1988, permanecendo em vigor a não incidência do imposto sobre o que for distribuído a pessoas físicas ou jurídicas, residentes ou domiciliadas no País.

Parágrafo único. *(Vetado.)*

Art. 76. Não mais será exigido o imposto suplementar de renda de que trata o art. 43 da Lei 4.131, de 3 de setembro de 1962, com a redação dada pelo art. 1º do Dec.-lei 2.073, de 20 de junho de 1983, relativamente aos triênios encerrados posteriormente a 31 de dezembro de 1991.

Art. 77. A partir de 1º de janeiro de 1993, a alíquota do imposto de renda incidente na fonte sobre lucros e dividendos de que trata o art. 97 do Dec.-lei 5.844, de 23 de setembro de 1943, com as modificações posteriormente introduzidas, passará a ser de 15% (quinze por cento).

Art. 78. Relativamente ao exercício financeiro de 1992, ano-base de 1991, o saldo do imposto a pagar ou o valor a ser restituído, apurado pelas pessoas físicas de acordo com a Lei 8.134, de 1990, será convertido em quantidade de Ufir pelo valor desta no mês de janeiro de 1992.

§ 1º O saldo do imposto devido será pago nos prazos e condições fixados na legislação vigente.

§ 2º Os valores em cruzeiros do imposto ou de quota deste, bem assim o do saldo a ser restituído, serão determinados mediante a multiplicação de seu valor, expresso em quantidade de Ufir, pelo valor desta no mês de pagamento.

Art. 79. O valor do imposto de renda incidente sobre o lucro real, presumido ou arbitrado, da contribuição social sobre o lucro (Lei 7.689, de 1988) e do imposto sobre o lucro líquido (Lei 7.713, de 1988, art. 35), relativos ao exercício financeiro de 1992, período base de 1991, será convertido em quantidade de Ufir diária, segundo o valor desta no dia 1º de janeiro de 1992.

Parágrafo único. Os impostos e a contribuição social, bem como cada duodécimo ou quota destes, serão reconvertidos em

Lei 8.383/1991

cruzeiros mediante a multiplicação da quantidade de Ufir diária pelo valor dela na data do pagamento.

Art. 80. Fica autorizada a compensação do valor pago ou recolhido a título de encargo relativo à Taxa Referencial Diária – TRD acumulada entre a data da ocorrência do fato gerador e a do vencimento dos tributos e contribuições federais, inclusive previdenciárias, pagos ou recolhidos a partir de 4 de fevereiro de 1991.

Art. 81. A compensação dos valores de que trata o artigo precedente, pagos pelas pessoas jurídicas, dar-se-á na forma a seguir:

I – os valores referentes à TRD pagos em relação a parcelas do imposto de renda das pessoas jurídicas, imposto de renda na fonte sobre o lucro líquido (Lei 7.713, de 1988, art. 35), bem como correspondentes a recolhimento do imposto de renda retido na fonte sobre rendimentos de qualquer espécie poderão ser compensados com impostos da mesma espécie ou entre si, dentre os referidos neste inciso, inclusive com os valores a recolher a título de parcela estimada do imposto de renda;

II – os valores referentes à TRD pagos em relação às parcelas da contribuição social sobre o lucro (Lei 7.689, de 1988), do Finsocial e do PIS/Pasep, somente poderão ser compensados com as parcelas a pagar de contribuições da mesma espécie;

III – os valores referentes à TRD recolhidos em relação a parcelas do Imposto sobre Produtos Industrializados – IPI e os pagos em relação às parcelas dos demais tributos ou contribuições somente poderão ser compensados com parcelas de tributos e contribuições da mesma espécie.

Art. 82. Fica a pessoa física autorizada a compensar os valores referentes à TRD, pagos sobre as parcelas de imposto de renda por ela devidas, relacionadas a seguir:

I – quotas do imposto de renda das pessoas físicas;
II – parcelas devidas a título de "carnê-leão";
III – imposto de renda sobre ganho de capital na alienação de bens móveis ou imóveis;
IV – imposto de renda sobre ganhos líquidos apurados no mercado de renda variável.

Art. 83. Na impossibilidade da compensação total ou parcial dos valores referentes à TRD, o saldo não compensado terá o tratamento de crédito de imposto de renda, que poderá ser compensado com o imposto apurado na declaração de ajuste anual da pessoa jurídica ou física, a ser apresentada a partir do exercício financeiro de 1992.

Art. 84. Alternativamente ao procedimento autorizado no artigo anterior, o contribuinte poderá pleitear a restituição do valor referente à TRD mediante processo regular apresentado na repartição do Departamento da Receita Federal do seu domicílio fiscal, observando as exigências de comprovação do valor a ser restituído.

Art. 85. Ficam convalidados os procedimentos de compensação de valores referentes à TRD pagos ou recolhidos e efetuados antes da vigência desta Lei, desde que tenham sido observadas as normas e condições da mesma.

Art. 86. As pessoas jurídicas de que trata o art. 3º do Dec.-lei 2.354, de 24 de agosto de 1987, deverão pagar o imposto de renda relativo ao período base encerrado em 31 de dezembro de 1991 e o relativo aos meses dos anos-calendário de 1992 e 1993, da seguinte forma:

I – o do períodobase encerrado em 31 de dezembro de 1991:

a) nos meses de janeiro a março, em duodécimos mensais na forma do referido Decreto-lei;

b) nos meses de abril a junho, em quotas mensais, iguais e sucessivas vencendo-se cada uma no último dia útil dos mesmos meses;

II – o dos meses do ano-calendário de 1992, em nove parcelas mensais e sucessivas, vencíveis, cada uma, no último dia útil a partir do mês de julho, observado o seguinte:

a) em julho de 1992, o referente aos meses de janeiro e fevereiro;

b) em agosto de 1992, o referente aos meses de março e abril;

c) em setembro de 1992, o referente aos meses de maio e junho;

d) em outubro de 1992, o referente ao mês de julho;

Lei 8.383/1991

LEGISLAÇÃO

e) em novembro de 1992, o referente ao mês de agosto;
f) em dezembro de 1992, o referente ao mês de setembro;
g) em janeiro de 1993, o referente ao mês de outubro;
h) em fevereiro de 1993, o referente ao mês de novembro; e,
i) em março de 1993, o referente ao mês de dezembro;
III – *(Revogado pela Lei 8.541/1992.)*
§ 1º Ressalvado o disposto no § 2º, as pessoas jurídicas de que trata este artigo poderão optar pelo pagamento do imposto correspondente aos meses do ano-calendário de 1992, calculado por estimativa, da seguinte forma:
a) nos meses de julho, agosto e setembro de 1992, no último dia útil de cada um, dois duodécimos do imposto e adicional apurados no balanço anual levantado em 31 de dezembro de 1991;
b) nos meses de outubro de 1992 a março de 1993, no último dia útil de cada um, 1/6 (um sexto) do imposto e adicional apurados em balanço ou balancete semestral levantado em 30 de junho de 1992.
§ 2º No ano-calendário de 1992, não poderá optar pelo pagamento do imposto calculado por estimativa a pessoa jurídica que, no exercício de 1992, período base de 1991, apresentou prejuízo fiscal.
§ 3º *(Revogado pela Lei 8.541/1992.)*
§ 4º As pessoas jurídicas que exercerem a opção prevista nos parágrafos anteriores deverão observar o disposto nos §§ 4º e 5º do art. 39.
§ 5º As disposições deste artigo aplicam-se também ao pagamento da contribuição social sobre o lucro (Lei 7.689, de 1988) e do imposto de renda incidente na fonte sobre o lucro líquido (Lei 7.713, de 1988, art. 35), correspondente ao período base encerrado em 31 de dezembro de 1991 e ao ano-calendário de 1992.
§ 6º O imposto de renda e a contribuição social serão convertidos em quantidade de Ufir diária pelo valor desta no último dia do mês a que corresponderem.
§ 7º É facultado à pessoa jurídica pagar antecipadamente o imposto, duodécimo ou quota.

§ 8º *(Revogado pela Lei 8.541/1992.)*

Art. 87. As pessoas jurídicas tributadas com base no lucro real, não submetidas ao disposto no artigo anterior, deverão pagar o imposto de renda relativo ao período base encerrado em 31 de dezembro de 1991 e o relativo aos meses dos anos-calendário de 1992 e 1993, da seguinte forma:
I – o do período base encerrado em 31 de dezembro de 1991, em seis quotas mensais, iguais e sucessivas, vencíveis no último dia útil dos meses de abril a setembro de 1992;
II – o dos meses do ano-calendário de 1992, em seis quotas mensais e sucessivas, vencíveis no último dia útil, a partir do mês de outubro de 1992, observado o seguinte:
a) em outubro de 1992, o imposto referente aos meses de janeiro e fevereiro;
b) em novembro de 1992, o imposto referente aos meses de março e abril;
c) em dezembro de 1992, o imposto referente aos meses de maio e junho;
d) em janeiro de 1993, o imposto referente aos meses de julho e agosto;
e) em fevereiro de 1993, o imposto referente aos meses de setembro e outubro;
f) em março de 1993, o imposto referente aos meses de novembro e dezembro;
III – *(Revogado pela Lei 8.541/1992.)*
§ 1º As pessoas jurídicas de que trata este artigo poderão optar pelo pagamento do imposto correspondente aos meses dos anos-calendário de 1992 e 1993, calculado por estimativa, da seguinte forma:
I – o relativo ao ano-calendário de 1992, nos meses de outubro de 1992 a março de 1993, no último dia útil de cada um, 2/6 (dois sextos) do imposto e adicional apurados em balanço ou balancete semestral levantado em 30 de junho de 1992;
II – *(Revogado pela Lei 8.541/1992.)*
§ 2º As disposições deste artigo aplicam-se também ao pagamento da contribuição social sobre o lucro (Lei 7.689, de 1988), correspondente ao período base encerrado em 31 de dezembro de 1991 e aos anos-calendário de 1992 e 1993, estendendo-se o mesmo regime ao imposto sobre o lucro líquido (Lei 7.713, de 1988, art. 35), enquanto este vigorar.
§ 3º O imposto de renda e a contribuição social serão convertidos em quantidade de

Lei 8.383/1991

Ufir diária pelo valor desta no último dia do mês a que corresponder.

§ 4º É facultado à pessoa jurídica pagar antecipadamente o imposto, duodécimo ou quota.

§ 5º A partir do mês de fevereiro de 1994, as pessoas jurídicas de que trata este artigo iniciarão o pagamento do imposto referente aos meses do ano em curso.

Art. 88. *(Revogado pela Lei 8.541/1992.)*

Art. 89. As empresas que optarem pela tributação com base no lucro presumido deverão pagar o imposto de renda da pessoa jurídica e a contribuição social sobre o lucro (Lei 7.689, de 1988):

I – relativos ao período base de 1991, nos prazos fixados na legislação em vigor, sem as modificações introduzidas por esta Lei;

II – a partir do ano-calendário de 1992, segundo o disposto no art. 40.

Art. 90. A pessoa jurídica que, no ano-calendário de 1991, tiver auferido receita bruta total igual ou inferior a Cr$ 1.000.000.000,00 (um bilhão de cruzeiros) poderá optar pela tributação com base no lucro presumido no ano-calendário de 1992.

Art. 91. As parcelas de antecipação do imposto de renda e da contribuição social sobre o lucro, relativas ao exercício financeiro de 1992, pagas no ano de 1991, serão corrigidas monetariamente com base na variação acumulada no INPC desde o mês do pagamento até dezembro de 1991.

Parágrafo único. A contrapartida do registro da correção monetária referida neste artigo será escriturada como variação monetária ativa, na data do balanço.

Art. 92. *(Revogado pela Lei 9.430/1996.)*

Art. 93. O art. 1º e o art. 2º do Dec-lei 1.804, de 3 de setembro de 1980, passam a vigorar com as seguintes modificações:

"Art. 1º [...]"

"§ 3º O regime de que trata este artigo somente se aplica a remessas de valor até US$ 500 (quinhentos dólares norte-americanos), ou o equivalente em outras moedas.

"[...]"

"Art. 2º [...]

"II – dispor sobre a isenção do imposto de importação dos bens contidos em remessas de valor até US$ 100 (cem dólares norte-americanos), ou o equivalente em outras moedas, quando destinados a pessoas físicas.

"[...]"

Art. 94. O Ministro da Economia, Fazenda e Planejamento expedirá os atos necessários à execução do disposto nesta Lei, observados os princípios e as diretrizes nela estabelecidos, objetivando, especialmente, a simplificação e a desburocratização dos procedimentos.

Parágrafo único. *(Revogado pela Lei 8.541/1992.)*

Art. 95. O Ministro da Economia, Fazenda e Planejamento poderá, em 1992 e 1993, alongar o prazo de pagamento dos impostos e da contribuição social sobre o lucro, se a conjuntura econômica assim o exigir.

Art. 96. No exercício financeiro de 1992, ano-calendário de 1991, o contribuinte apresentará declaração de bens na qual os bens e direitos serão individualmente avaliados a valor de mercado no dia 31 de dezembro de 1991, e convertidos em quantidade de Ufir pelo valor desta no mês de janeiro de 1992.

§ 1º A diferença entre o valor de mercado referido neste artigo e o constante de declarações de exercícios anteriores será considerada rendimento isento.

§ 2º A apresentação da declaração de bens com estes avaliados em valores de mercado não exime os declarantes de manter e apresentar elementos que permitam a identificação de seus custos de aquisição.

§ 3º A autoridade lançadora, mediante processo regular, arbitrará o valor informado, sempre que este não mereça fé, por notoriamente diferente do de mercado, ressalvada, em caso de contestação, avaliação contraditória administrativa ou judicial.

§ 4º Todos e quaisquer bens e direitos adquiridos, a partir de 1º de janeiro de 1992, serão informados, nas declarações de bens de exercícios posteriores, pelos respectivos valores em Ufir, convertidos com base no valor desta no mês de aquisição.

§ 5º Na apuração de ganhos de capital na alienação dos bens e direitos de que trata este artigo será considerado custo de aquisição o valor em Ufir:

a) constante da declaração relativa ao exercício financeiro de 1992, relativamente aos bens e direitos adquiridos até 31 de dezembro de 1991;

b) determinado na forma do parágrafo anterior, relativamente aos bens e direitos adquiridos a partir de 1º de janeiro de 1992.

§ 6º A conversão, em quantidade de Ufir, das aplicações financeiras em títulos e valores mobiliários de renda variável, bem como em ouro ou certificados representativos de ouro, ativo financeiro, será realizada adotando-se o maior dentre os seguintes valores:

a) de aquisição, acrescido da correção monetária e da variação da Taxa Referencial Diária – TRD até 31 de dezembro de 1991, nos termos admitidos em lei;

b) de mercado, assim entendido o preço médio ponderado das negociações do ativo, ocorridas na última quinzena do mês de dezembro de 1991, em bolsas do País, desde que reflitam condições regulares de oferta e procura, ou o valor da quota resultante da avaliação da carteira do fundo mútuo de ações ou clube de investimento, exceto Plano de Poupança e Investimento – Pait, em 31 de dezembro de 1991, mediante aplicação dos preços médios ponderados.

§ 7º Excluem-se do disposto neste artigo os direitos ou créditos relativos a operações financeiras de renda fixa, que serão informados pelos valores de aquisição ou aplicação, em cruzeiros.

§ 8º A isenção de que trata o § 1º não alcança:

a) os direitos ou créditos de que trata o parágrafo precedente;

b) os bens adquiridos até 31 de dezembro de 1990, não relacionados na declaração de bens relativa ao exercício de 1991.

§ 9º Os bens adquiridos no ano-calendário de 1991 serão declarados em moeda corrente nacional, pelo valor de aquisição, e em Ufir, pelo valor de mercado em 31 de dezembro de 1991.

§ 10. O Poder Executivo fica autorizado a baixar as instruções necessárias à aplicação deste artigo, bem como a estabelecer critério alternativo para determinação do valor de mercado de títulos e valores mobiliários, se não ocorrerem negociações nos termos do § 6º.

Art. 97. Esta Lei entra em vigor na data de sua publicação e produzirá efeitos a partir de 1º de janeiro de 1992.

Art. 98. Revogam-se o art. 44 da Lei 4.131, de 3 de setembro de 1962, os §§ 1º e 2º do art. 11 da Lei 4.357, de 16 de julho de 1964, o art. 2º da Lei 4.729, de 14 de julho de 1965, o art. 5º do Dec.-lei 1.060, de 21 de outubro de 1969, os arts. 13 e 14 da Lei 7.713, de 1988, os incisos III e IV e os §§ 1º e 2º do art. 7º e o art. 10 da Lei 8.023, de 1990, o inciso III e parágrafo único do art. 11 da Lei 8.134, de 27 de dezembro de 1990, e o art. 14 da Lei 8.137, de 27 de dezembro de 1990.

• Deixamos de publicar os Anexos a esta Lei.

Brasília, 30 de dezembro de 1991; 170º da Independência e 103º da República.

Fernando Collor

(DOU 31.12.1991)

LEI 8.397, DE 6 DE JANEIRO DE 1992

Institui medida cautelar fiscal e dá outras providências.

O Presidente da República:

Faço saber que o Congresso Nacional decreta e eu sanciono a seguinte Lei:

Art. 1º O procedimento cautelar fiscal poderá ser instaurado após a constituição do crédito, inclusive no curso da execução judicial da Dívida Ativa da União, dos Estados, do Distrito Federal, dos Municípios e respectivas autarquias.

• Artigo com redação determinada pela Lei 9.532/1997.

Parágrafo único. O requerimento da medida cautelar, na hipótese dos incisos V, alínea *b*, e VII, do art. 2º, independe da prévia constituição do crédito tributário.

Art. 2º A medida cautelar fiscal poderá ser requerida contra o sujeito passivo de crédito tributário ou não tributário, quando o devedor:

• *Caput* com redação determinada pela Lei 9.532/1997.

Lei 8.397/1992

LEGISLAÇÃO

I – sem domicílio certo, intenta ausentar-se ou alienar bens que possui ou deixa de pagar a obrigação no prazo fixado;
II – tendo domicílio certo, ausenta-se ou tenta se ausentar, visando a elidir o adimplemento da obrigação;
III – caindo em insolvência, aliena ou tenta alienar bens;
  • Inciso III com redação determinada pela Lei 9.532/1997.

IV – contrai ou tenta contrair dívidas que comprometam a liquidez do seu patrimônio;
  • Inciso IV com redação determinada pela Lei 9.532/1997.

V – notificado pela Fazenda Pública para que proceda ao recolhimento do crédito fiscal:
  • Inciso V com redação determinada pela Lei 9.532/1997.

a) deixa de pagá-lo no prazo legal, salvo se suspensa sua exigibilidade;
b) põe ou tenta pôr seus bens em nome de terceiros;
VI – possui débitos, inscritos ou não em Dívida Ativa, que somados ultrapassem 30% (trinta por cento) do seu patrimônio conhecido;
  • Inciso VI acrescentado pela Lei 9.532/1997.

VII – aliena bens ou direitos sem proceder à devida comunicação ao órgão da Fazenda Pública competente, quando exigível em virtude de lei;
  • Inciso VII acrescentado pela Lei 9.532/1997.

VIII – tem sua inscrição no cadastro de contribuintes declarada inapta, pelo órgão fazendário;
  • Inciso VIII acrescentado pela Lei 9.532/1997.

IX – pratica outros atos que dificultem ou impeçam a satisfação do crédito.
  • Inciso IX acrescentado pela Lei 9.532/1997.

Art. 3º Para a concessão da medida cautelar fiscal é essencial:
I – prova literal da constituição do crédito fiscal;
II – prova documental de algum dos casos mencionados no artigo antecedente.

Art. 4º A decretação da medida cautelar fiscal produzirá, de imediato, a indisponibilidade dos bens do requerido, até o limite da satisfação da obrigação.

§ 1º Na hipótese de pessoa jurídica, a indisponibilidade recairá somente sobre os bens do ativo permanente, podendo, ainda, ser estendida aos bens do acionista controlador e aos dos que em razão do contrato social ou estatuto tenham poderes para fazer a empresa cumprir suas obrigações fiscais, ao tempo:
a) do fato gerador, nos casos de lançamento de ofício;
b) do inadimplemento da obrigação fiscal, nos demais casos.

§ 2º A indisponibilidade patrimonial poderá ser estendida em relação aos bens adquiridos a qualquer título do requerido ou daqueles que estejam ou tenham estado na função de administrador (§ 1º), desde que seja capaz de frustrar a pretensão da Fazenda Pública.

§ 3º Decretada a medida cautelar fiscal, será comunicada imediatamente ao registro público de imóveis, ao Banco Central do Brasil, à Comissão de Valores Mobiliários e às demais repartições que processem registros de transferência de bens, a fim de que, no âmbito de suas atribuições, façam cumprir a constrição judicial.

Art. 5º A medida cautelar fiscal será requerida ao juiz competente para a execução judicial da Dívida Ativa da Fazenda Pública.

Parágrafo único. Se a execução judicial estiver em Tribunal, será competente o relator do recurso.

Art. 6º A Fazenda Pública pleiteará a medida cautelar fiscal em petição devidamente fundamentada, que indicará:
I – o juiz a quem é dirigida;
II – a qualificação e o endereço, se conhecido, do requerido;
III – as provas que serão produzidas;
IV – o requerimento para citação.

Art. 7º O juiz concederá liminarmente a medida cautelar fiscal, dispensada a Fazenda Pública de justificação prévia e de prestação de caução.

Parágrafo único. Do despacho que conceder liminarmente a medida cautelar caberá agravo de instrumento.

Art. 8º O requerido será citado para, no prazo de 15 (quinze) dias, contestar o pedido, indicando as provas que pretenda produzir.

Parágrafo único. Conta-se o prazo da juntada aos autos do mandado:

Lei 8.437/1992

LEGISLAÇÃO

a) de citação, devidamente cumprido;
b) da execução da medida cautelar fiscal, quando concedida liminarmente.

Art. 9º Não sendo contestado o pedido, presumir-se-ão aceitos pelo requerido, como verdadeiros, os fatos alegados pela Fazenda Pública, caso em que o juiz decidirá em 10 (dez) dias.

Parágrafo único. Se o requerido contestar no prazo legal, o juiz designará audiência de instrução e julgamento, havendo prova a ser nela produzida.

Art. 10. A medida cautelar fiscal decretada poderá ser substituída, a qualquer tempo, pela prestação de garantia correspondente ao valor da pretensão da Fazenda Pública, na forma do art. 9º da Lei 6.830, de 22 de setembro de 1980.

• V. art. 17.

Parágrafo único. A Fazenda Pública será ouvida necessariamente sobre o pedido de substituição, no prazo de 5 (cinco) dias, presumindo-se da omissão a sua aquiescência.

Art. 11. Quando a medida cautelar fiscal for concedida em procedimento preparatório, deverá a Fazenda Pública propor a execução judicial da Dívida Ativa no prazo de 60 (sessenta) dias, contados da data em que a exigência se tornar irrecorrível na esfera administrativa.

• V. art. 308, *caput*, CPC/2015.

Art. 12. A medida cautelar fiscal conserva a sua eficácia no prazo do artigo antecedente e na pendência do processo de execução judicial da Dívida Ativa, mas pode, a qualquer tempo, ser revogada ou modificada.

• V. art. 296, *caput*, CPC/2015.

Parágrafo único. Salvo decisão em contrário, a medida cautelar fiscal conservará sua eficácia durante o período de suspensão do crédito tributário ou não tributário.

Art. 13. Cessa a eficácia da medida cautelar fiscal:

I – se a Fazenda Pública não propuser a execução judicial da Dívida Ativa no prazo fixado no art. 11 desta Lei;
II – se não for executada dentro de 30 (trinta) dias;
III – se for julgada extinta a execução judicial da Dívida Ativa da Fazenda Pública;
IV – se o requerido promover a quitação do débito que está sendo executado.

Parágrafo único. Se, por qualquer motivo, cessar a eficácia da medida, é defeso à Fazenda Pública repetir o pedido pelo mesmo fundamento.

Art. 14. Os autos do procedimento cautelar fiscal serão apensados aos do processo de execução judicial da Dívida Ativa da Fazenda Pública.

Art. 15. O indeferimento da medida cautelar fiscal não obsta a que a Fazenda Pública intente a execução judicial da Dívida Ativa, nem influi no julgamento desta, salvo se o juiz, no procedimento cautelar fiscal, acolher alegação de pagamento, de compensação, de transação, de remissão, de prescrição ou decadência, de conversão do depósito em renda, ou qualquer outra modalidade de extinção da pretensão deduzida.

Art. 16. Ressalvado o disposto no art. 15, a sentença proferida na medida cautelar fiscal não faz coisa julgada, relativamente à execução judicial da Dívida Ativa da Fazenda Pública.

Art. 17. Da sentença que decretar a medida cautelar fiscal caberá apelação, sem efeito suspensivo, salvo se o requerido oferecer garantia na forma do art. 10 desta Lei.

Art. 18. As disposições desta Lei aplicam-se, também, ao crédito proveniente das contribuições sociais previstas no art. 195 da Constituição Federal.

Art. 19. Esta Lei entra em vigor na data de sua publicação.

Art. 20. Revogam-se as disposições em contrário.

Brasília, 6 de janeiro de 1992; 171º da Independência e 104º da República.
Fernando Collor

(*DOU* 07.01.1992; ret. 16.01.1992)

LEI 8.437,
DE 30 DE JUNHO DE 1992

Dispõe sobre a concessão de medidas cautelares contra atos do Poder Público e dá outras providências.

• V. art. 5º, XXXV, CF.

O Presidente da República:

Lei 8.437/1992

LEGISLAÇÃO

Faço saber que o Congresso Nacional decreta e eu sanciono a seguinte Lei:

Art. 1º Não será cabível medida liminar contra atos do Poder Público, no procedimento cautelar ou em quaisquer outras ações de natureza cautelar ou preventiva, toda vez que providência semelhante não puder ser concedida em ações de mandado de segurança, em virtude de vedação legal.

§ 1º Não será cabível, no juízo de primeiro grau, medida cautelar inominada ou a sua liminar, quando impugnado ato de autoridade sujeita, na via de mandado de segurança, à competência originária de tribunal.

§ 2º O disposto no parágrafo anterior não se aplica aos processos de ação popular e de ação civil pública.

§ 3º Não será cabível medida liminar que esgote, no todo ou em parte, o objeto da ação.

§ 4º Nos casos em que cabível medida liminar, sem prejuízo da comunicação ao dirigente do órgão ou entidade, o respectivo representante judicial dela será imediatamente intimado.

• § 4º acrescentado pela MP 2.180-35/2001.

§ 5º Não será cabível medida liminar que defira compensação de créditos tributários ou previdenciários.

• § 5º acrescentado pela MP 2.180-35/2001.

Art. 2º No mandado de segurança coletivo e na ação civil pública, a liminar será concedida, quando cabível, após a audiência do representante judicial da pessoa jurídica de direito público, que deverá se pronunciar no prazo de 72 (setenta e duas) horas.

Art. 3º O recurso voluntário ou *ex officio*, interposto contra sentença em processo cautelar, proferida contra pessoa jurídica de direito público ou seus agentes, que importe em outorga ou adição de vencimentos ou de reclassificação funcional, terá efeito suspensivo.

Art. 4º Compete ao presidente do tribunal, ao qual couber o conhecimento do respectivo recurso, suspender, em despacho fundamentado, a execução da liminar nas ações movidas contra o Poder Público ou seus agentes, a requerimento do Ministério Público ou da pessoa jurídica de direito público interessada, em caso de manifesto interesse público ou de flagrante ilegitimidade, e para evitar grave lesão à ordem, à saúde, à segurança e à economia públicas.

§ 1º Aplica-se o disposto neste artigo à sentença proferida em processo de ação cautelar inominada, no processo de ação popular e na ação civil pública, enquanto não transitada em julgado.

§ 2º O Presidente do Tribunal poderá ouvir o autor e o Ministério Público, em 72 (setenta e duas) horas.

• § 2º com redação determinada pela MP 2.180-35/2001.

§ 3º Do despacho que conceder ou negar a suspensão, caberá agravo, no prazo de 5 (cinco) dias, que será levado a julgamento na sessão seguinte a sua interposição.

• § 3º com redação determinada pela MP 2.180-35/2001.

§ 4º Se do julgamento do agravo de que trata o § 3º resultar a manutenção ou o restabelecimento da decisão que se pretende suspender, caberá novo pedido de suspensão ao Presidente do Tribunal competente para conhecer de eventual recurso especial ou extraordinário.

• § 4º acrescentado pela MP 2.180-35/2001.

§ 5º É cabível também o pedido de suspensão a que se refere o § 4º, quando negado provimento a agravo de instrumento interposto contra a liminar a que se refere este artigo.

• § 5º acrescentado pela MP 2.180-35/2001.

§ 6º A interposição do agravo de instrumento contra liminar concedida nas ações movidas contra o Poder Público e seus agentes não prejudica nem condiciona o julgamento do pedido de suspensão a que se refere este artigo.

• § 6º acrescentado pela MP 2.180-35/2001.

§ 7º O presidente do tribunal poderá conferir ao pedido efeito suspensivo liminar, se constatar, em juízo prévio, a plausibilidade do direito invocado e a urgência na concessão da medida.

• § 7º acrescentado pela MP 2.180-35/2001.

§ 8º As liminares cujo objeto seja idêntico poderão ser suspensas em uma única decisão, podendo o Presidente do Tribunal estender os efeitos da suspensão a liminares supervenientes, mediante simples aditamento do pedido original.

• § 8º acrescentado pela MP 2.180-35/2001.

Lei 8.748/1993

LEGISLAÇÃO

§ 9º A suspensão deferida pelo Presidente do Tribunal vigorará até o trânsito em julgado da decisão de mérito na ação principal.

* § 9º acrescentado pela MP 2.180-35/2001.

Art. 5º Esta Lei entra em vigor na data de sua publicação.

Art. 6º Revogam-se as disposições em contrário.

Brasília, 30 de junho de 1992; 171º da Independência e 104º da República.
Fernando Collor

(DOU 01.07.1992)

LEI 8.748,
DE 9 DE DEZEMBRO DE 1993

Altera a legislação reguladora do processo administrativo de determinação e exigência de créditos tributários da União e dá outras providências.

O Presidente da República:
Faço saber que o Congresso Nacional decreta e eu sanciono a seguinte Lei:

Art. 1º Os dispositivos a seguir, do Dec. 70.235, de 6 de março de 1972, que, por delegação do Dec.-lei 822, de 5 de setembro de 1969, regula o processo administrativo de determinação e exigência de créditos tributários da União, passam a vigorar com a seguinte redação:

* Alterações processadas no texto do referido Decreto.

Art. 2º São criadas dezoito Delegacias da Receita Federal especializadas nas atividades concernentes ao julgamento de processos relativos a tributos e contribuições federais administrados pela Secretraria da Receita Federal, sendo de competência dos respectivos Delegados o julgamento, em primeira instância, daqueles processos.

§ 1º As Delegacias a que se refere este artigo serão instaladas, no prazo de 120 (cento e vinte) dias, por ato do Ministro da Fazenda, que fixará a lotação de cada unidade, mediante aproveitamento de cargos e funções existentes, ou que venham a ser criados, na Secretaria da Receita Federal.

§ 2º Até que sejam instaladas as Delegacias de que trata o *caput* deste artigo, o julgamento nele referido continuará sendo de competência dos Delegados da Receita Federal.

Art. 3º Compete aos Conselhos de Contribuintes, observada sua competência por matéria e dentro de limites de alçada fixados pelo Ministro da Fazenda:

I – julgar os recursos de ofício e voluntário de decisão de primeira instância, nos processos a que se refere o art. 1º desta Lei;

II – julgar recurso voluntário de decisão de primeira instância nos processos relativos a restituição de impostos e contribuições e a ressarcimento de créditos do Imposto sobre Produtos Industrializados.

* Inciso II com redação determinada pela Lei 10.522/2002.

Art. 4º O Ministro da Fazenda expedirá as instruções necessárias à aplicação do disposto nesta Lei, inclusive à adequação dos Regimentos Internos dos Conselhos de Contribuintes e da Câmara Superior de Recursos Fiscais.

Art. 5º As despesas decorrentes desta Lei correrão à conta das dotações orçamentárias próprias do Ministério da Fazenda.

Art. 6º Esta Lei entra em vigor na data de sua publicação.

Art. 7º Revogam-se os arts. 6º e 19 do Dec. 70.235, de 1972.

Brasília, 9 de dezembro de 1993; 172º da Independência e 105º da República.
Itamar Franco

(DOU 10.12.1993)

LEI 8.866,
DE 11 DE ABRIL DE 1994

Dispõe sobre o depositário infiel de valor pertencente à Fazenda Pública e dá outras providências.

* V. arts. 647 a 652, CC.

Faço saber que o Presidente da República adotou a Medida Provisória 449, de 1994, que o Congresso Nacional aprovou, e eu, Humberto Lucena, Presidente do Senado Federal, para os efeitos do disposto no parágrafo único do artigo 62 da Constituição Federal, promulgo a seguinte Lei:

Art. 1º É depositário da Fazenda Pública, observado o disposto nos arts. 1.282, I, e

Lei 8.866/1994

LEGISLAÇÃO

1.283 do Código Civil, a pessoa a que a legislação tributária ou previdenciária imponha a obrigação de reter ou receber de terceiro, e recolher aos cofres públicos, impostos, taxas e contribuições, inclusive à Seguridade Social.
- Refere-se ao CC/1916.
- V. arts. 647, I, e 648, CC.

§ 1º Aperfeiçoa-se o depósito na data da retenção ou recebimento do valor a que esteja obrigada a pessoa física ou jurídica.

§ 2º É depositário infiel aquele que não entrega à Fazenda Pública o valor referido neste artigo, no termo e forma fixados na legislação tributária ou previdenciária.

Art. 2º Constituem prova literal para se caracterizar a situação de depositário infiel, dentre outras:

I – a declaração feita pela pessoa física ou jurídica, do valor descontado ou recebido de terceiro, constante em folha de pagamento ou em qualquer outro documento fixado na legislação tributária ou previdenciária, e não recolhido aos cofres públicos;

II – o processo administrativo findo mediante o qual se tenha constituído crédito tributário ou previdenciário, decorrente de valor descontado ou recebido de terceiro e não recolhido aos cofres públicos;

III – a certidão do crédito tributário ou previdenciário decorrente dos valores descontados ou recebidos, inscritos na dívida ativa.

Art. 3º Caracterizada a situação de depositário infiel, o Secretário da Receita Federal comunicará ao representante judicial da Fazenda Nacional para que ajuíze ação civil a fim de exigir o recolhimento do valor do imposto, taxa ou contribuição descontado, com os correspondentes acréscimos legais.

Parágrafo único. A comunicação de que trata este artigo, no âmbito dos Estados e do Distrito Federal, caberá às autoridades definidas na legislação específica dessas unidades federadas, feita aos respectivos representantes judiciais competentes; no caso do Instituto Nacional de Seguridade Social – INSS, a iniciativa caberá ao seu presidente, competindo ao representante judicial da autarquia a providência processual de que trata este artigo.

Art. 4º Na petição inicial, instruída com a cópia autenticada, pela repartição, da prova literal do depósito de que trata o art. 2º, o representante judicial da Fazenda Nacional ou, conforme o caso, o representante judicial dos Estados, Distrito Federal ou do INSS requererá ao juízo a citação do depositário para, em 10 (dez) dias:

I – recolher ou depositar a importância correspondente ao valor do imposto, taxa ou contribuição descontado ou recebido de terceiro, com os respectivos acréscimos legais;

II – contestar a ação.

§ 1º Do pedido constará, ainda, a cominação da pena de prisão.

§ 2º Não recolhida nem depositada a importância, nos termos deste artigo, o juiz, nos 15 (quinze) dias seguintes à citação, decretará a prisão do depositário infiel, por período não superior a 90 (noventa) dias.

- O STF, na ADIn 1.055-7 (*DJU* 13.06.1997), concedeu liminar para suspender os efeitos dos §§ 2º e 3º do art. 4º da Lei 8.866/1994. "Assentou, ainda, o Tribunal, que, da convalidação prevista no art. 10, ficam suspensos, a partir desta data, até o julgamento final da ação, os decretos de prisão fundados, exclusivamente, no § 2º do art. 4º (...)".

§ 3º A contestação deverá ser acompanhada do comprovante de depósito judicial do valor integral devido à Fazenda Pública, sob pena de o réu sofrer os efeitos da revelia.

- O STF, na ADIn 1.055-7 (*DJU* 13.06.1997), concedeu liminar para suspender os efeitos dos §§ 2º e 3º do art. 4º da Lei 8.866/1994. "Assentou, ainda, o Tribunal, que, da convalidação prevista no art. 10, ficam suspensos, a partir desta data, até o julgamento final da ação (...) os decretos de revelia fundados em seu § 3º".

§ 4º Contestada a ação, observar-se-á o procedimento ordinário.

Art. 5º O juiz poderá julgar antecipadamente a ação, se verificados os efeitos da revelia.

Art. 6º Julgada procedente a ação, ordenará o juiz a conversão do depósito judicial em renda ou, na sua falta, a expedição de mandado para, entrega, em 24 (vinte e quatro) horas, do valor exigido.

Art. 7º Quando o depositário infiel for pessoa jurídica, a prisão referida no § 2º do art. 4º será decretada contra seus diretores, administradores, gerentes ou empregados que movimentem recursos financeiros isolada ou conjuntamente.

- O STF, na ADIn 1.055-7 (*DJU* 13.06.1997), concedeu liminar para suspender a eficácia das expressões "referida no § 2º do art. 4º" e "ou empre-

LEGISLAÇÃO

gados", inseridas no *caput* do art. 7º da Lei 8.866/1994".

Parágrafo único. Tratando-se de empresa estrangeira, a prisão recairá sobre seus representantes, dirigentes e empregados no Brasil que revistam a condição mencionada neste artigo.

- O STF, na ADIn 1.055-7 (*DJU* 13.06.1997), concedeu liminar para suspender a eficácia da expressão "empregados" inserida no parágrafo único do art. 7º da Lei 8.866/1994".

Art. 8º Cessará a prisão com o recolhimento do valor exigido.

Art. 9º Não se aplica ao depósito referido nesta Lei o art. 1.280 do Código Civil.

- Refere-se ao CC/1916.
- V. art. 645, CC.

Art. 10. Ficam convalidados os atos praticados com base na Medida Provisória 427, de 11 de fevereiro de 1994.

- O STF, na ADIn 1.055-7 (*DJU* 13.06.1997), em medida liminar assentou que, "da convalidação prevista no art. 10 [da Lei 8.866/1994], ficam suspensos, a partir desta data, até o julgamento final da ação, os decretos de prisão fundados, exclusivamente, no § 2º do art. 4º, e os decretos de revelia fundados em seu § 3º".

Art. 11. Esta Lei entra em vigor na data de sua publicação.

Art. 12. Revogam-se as disposições em contrário.

Senado Federal, em 11 de abril de 1994; 173º da Independência e 106º da República.
Senador Humberto Lucena

(*DOU* 13.04.1994)

LEI 8.906,
DE 4 DE JULHO DE 1994

Dispõe sobre o Estatuto da Advocacia e a Ordem dos Advogados do Brasil – OAB.

O Presidente da República:
Faço saber que o Congresso Nacional decreta e eu sanciono a seguinte Lei:

TÍTULO I
DA ADVOCACIA
Capítulo I
DA ATIVIDADE DA ADVOCACIA

Art. 1º São atividades privativas de advocacia:

- V. art. 4º.
- V. art. 133, CF.
- V. art. 103, CPC/2015.

I – a postulação a qualquer órgão do Poder Judiciário e aos juizados especiais;

- O STF, na ADIn 1.127-8 (*DOU* e *DJU* 26.05.2006), declarou inconstitucional a expressão "qualquer".
- V. art. 133, CF.
- V. art. 2º, Lei 5.478/1968 (Ação de alimentos).
- V. arts. 9º e 72, Lei 9.099/1995 (Juizados Especiais Cíveis e Criminais).

II – as atividades de consultoria, assessoria e direção jurídicas.

§ 1º Não se inclui na atividade privativa de advocacia a impetração de *habeas corpus* em qualquer instância ou tribunal.

- V. art. 654, *caput*, CPP.

§ 2º Os atos e contratos constitutivos de pessoas jurídicas, sob pena de nulidade, só podem ser admitidos a registro, nos órgãos competentes, quando visados por advogados.

- V. art. 114, Lei 6.015/1973 (Lei de Registros Públicos).

§ 3º É vedada a divulgação de advocacia em conjunto com outra atividade.

- V. art. 16, *caput* e § 2º.

Art. 2º O advogado é indispensável à administração da justiça.

- V. art. 133, CF.
- V. art. 2º, Lei 5.478/1968 (Ação de alimentos).
- V. arts. 9º e 72, Lei 9.099/1995 (Juizados Especiais Cíveis e Criminais).

§ 1º No seu ministério privado, o advogado presta serviço público e exerce função social.

§ 2º No processo judicial, o advogado contribui, na postulação de decisão favorável ao seu constituinte, ao convencimento do julgador, e seus atos constituem múnus público.

§ 3º No exercício da profissão, o advogado é inviolável por seus atos e manifestações, nos limites desta Lei.

- V. art. 7º, II, IV e XIX, §§ 2º e 3º.

Art. 3º O exercício da atividade de advocacia no território brasileiro e a denominação de advogado são privativos dos inscritos na Ordem dos Advogados do Brasil – OAB.

- V. arts. 8º a 14.

§ 1º Exercem atividade de advocacia, sujeitando-se ao regime desta Lei, além do regi-

Lei 8.906/1994

LEGISLAÇÃO

me próprio a que se subordinem, os integrantes da Advocacia-Geral da União, da Procuradoria da Fazenda Nacional, da Defensoria Pública e das Procuradorias e Consultorias Jurídicas dos Estados, do Distrito Federal, dos Municípios e das respectivas entidades de administração indireta e fundacional.

§ 2º O estagiário de advocacia, regularmente inscrito, pode praticar os atos previstos no art. 1º, na forma do Regulamento Geral, em conjunto com advogado e sob responsabilidade deste.

- V. arts. 9º e 34, XXIX.

Art. 4º São nulos os atos privativos de advogado praticados por pessoa não inscrita na OAB, sem prejuízo das sanções civis, penais e administrativas.

Parágrafo único. São também nulos os atos praticados por advogado impedido – no âmbito do impedimento – suspenso, licenciado ou que passar a exercer atividade incompatível com a advocacia.

- V. art. 2º.
- V. art. 2º, Lei 5.478/1968 (Ação de alimentos).
- V. arts. 9º e 72, Lei 9.099/1995 (Juizados Especiais Cíveis e Criminais).

Art. 5º O advogado postula, em juízo ou fora dele, fazendo prova do mandato.

- V. art. 104, CPC/2015.
- V. art. 266, CPP.
- V. art. 16, Lei 1.060/1950 (Assistência Judiciária).

§ 1º O advogado, afirmando urgência, pode atuar sem procuração, obrigando-se a apresentá-la no prazo de 15 (quinze) dias, prorrogável por igual período.

- V. art. 104, *caput*, CPC/2015.

§ 2º A procuração para o foro em geral habilita o advogado a praticar todos os atos judiciais, em qualquer juízo ou instância, salvo os que exijam poderes especiais.

- V. art. 7º, VI, *d*.
- V. arts. 105 e 618, III, CPC/2015.
- V. arts. 44, 50, 98 e 146, CPP.

§ 3º O advogado que renunciar ao mandato continuará, durante os 10 (dez) dias seguintes à notificação da renúncia, a representar o mandante, salvo se for substituído antes do término desse prazo.

- V. art. 34, XI.
- V. art. 112, *caput*, e § 1º, CPC/2015.

Capítulo II
DOS DIREITOS DO ADVOGADO

Art. 6º Não há hierarquia nem subordinação entre advogados, magistrados e membros do Ministério Público, devendo todos tratar-se com consideração e respeito recíprocos.

Parágrafo único. As autoridades, os servidores públicos e os serventuários da justiça devem dispensar ao advogado, no exercício da profissão, tratamento compatível com a dignidade da advocacia e condições adequadas a seu desempenho.

Art. 7º São direitos do advogado:

I – exercer, com liberdade, a profissão em todo o território nacional;

II – a inviolabilidade de seu escritório ou local de trabalho, bem como de seus instrumentos de trabalho, de sua correspondência escrita, eletrônica, telefônica e telemática, desde que relativas ao exercício da advocacia;

- Inciso II com redação determinada pela Lei 11.767/2008.

III – comunicar-se com seus clientes, pessoal e reservadamente, mesmo sem procuração, quando estes se acharem presos, detidos ou recolhidos em estabelecimentos civis ou militares, ainda que considerados incomunicáveis;

- V. art. 21, parágrafo único, CPP.

IV – ter a presença de representante da OAB, quando preso em flagrante, por motivo ligado ao exercício da advocacia, para lavratura do auto respectivo, sob pena de nulidade e, nos demais casos, a comunicação expressa à seccional da OAB;

V – não ser recolhido preso, antes de sentença transitada em julgado, senão em sala de Estado-Maior, com instalações e comodidades condignas, assim reconhecidas pela OAB, e, na sua falta, em prisão domiciliar;

- O STF, na ADIn 1.127-8 (*DOU* e *DJU* 26.05.2006), declarou inconstitucional a expressão "assim reconhecidas pela OAB".
- V. art. 295, VII, CPP.

VI – ingressar livremente:

a) nas salas de sessões dos tribunais, mesmo além dos cancelos que separam a parte reservada aos magistrados;

b) nas salas e dependências de audiências, secretarias, cartórios, ofícios de justiça, serviços notariais e de registro, e, no caso de delegacias e prisões, mesmo fora da hora de expediente e independentemente da presença de seus titulares;

c) em qualquer edifício ou recinto em que funcione repartição judicial ou outro serviço público onde o advogado deva praticar ato ou colher prova ou informação útil ao exercício da atividade profissional, dentro do expediente ou fora dele, e ser atendido, desde que se ache presente qualquer servidor ou empregado;

d) em qualquer assembleia ou reunião de que participe ou possa participar o seu cliente, ou perante a qual este deva comparecer, desde que munido de poderes especiais;

VII – permanecer sentado ou em pé e retirar-se de quaisquer locais indicados no inciso anterior, independentemente de licença;

VIII – dirigir-se diretamente aos magistrados nas salas e gabinetes de trabalho, independentemente de horário previamente marcado ou outra condição, observando-se a ordem de chegada;

IX – sustentar oralmente as razões de qualquer recurso ou processo, nas sessões de julgamento, após o voto do relator, em instância judicial ou administrativa, pelo prazo de 15 (quinze) minutos, salvo se prazo maior for concedido;

- O STF, nas ADIns 1.105-7 e 1.127-8 (*DOU* e *DJU* 26.05.2006), declarou inconstitucional este inciso.

X – usar da palavra, pela ordem, em qualquer juízo ou tribunal, mediante intervenção sumária, para esclarecer equívoco ou dúvida surgida em relação a fatos, documentos ou afirmações que influam no julgamento, bem como para replicar acusação ou censura que lhe forem feitas;

XI – reclamar, verbalmente ou por escrito, perante qualquer juízo, tribunal ou autoridade, contra a inobservância de preceito de lei, regulamento ou regimento;

XII – falar, sentado ou em pé, em juízo, tribunal ou órgão de deliberação coletiva da Administração Pública ou do Poder Legislativo;

- V. art. 793, CPP.

XIII – examinar, em qualquer órgão dos Poderes Judiciário e Legislativo, ou da Administração Pública em geral, autos de processos findos ou em andamento, mesmo sem procuração, quando não estejam sujeitos a sigilo, assegurada a obtenção de cópias, podendo tomar apontamentos;

- V. art. 107, I, CPC/2015.
- V. Súmula vinculante 14, STF.

XIV – examinar, em qualquer instituição responsável por conduzir investigação, mesmo sem procuração, autos de flagrante e de investigações de qualquer natureza, findos ou em andamento, ainda que conclusos à autoridade, podendo copiar peças e tomar apontamentos, em meio físico ou digital;

- Inciso XIV com redação determinada pela Lei 13.245/2016.
- V. Súmula vinculante 14, STF.

XV – ter vista dos processos judiciais ou administrativos de qualquer natureza, em cartório ou na repartição competente, ou retirá-los pelos prazos legais;

- V. art. 107, II e III, CPC/2015.
- V. art. 803, CPP.

XVI – retirar autos de processos findos, mesmo sem procuração, pelo prazo de 10 (dez) dias;

- V. art. 803, CPP.

XVII – ser publicamente desagravado, quando ofendido no exercício da profissão ou em razão dela;

XVIII – usar os símbolos privativos da profissão de advogado;

XIX – recusar-se a depor como testemunha em processo no qual funcionou ou deva funcionar, ou sobre fato relacionado com pessoa de quem seja ou foi advogado, mesmo quando autorizado ou solicitado pelo constituinte, bem como sobre fato que constitua sigilo profissional;

XX – retirar-se do recinto onde se encontre aguardando pregão para ato judicial, após 30 (trinta) minutos do horário designado e ao qual ainda não tenha comparecido a autoridade que deva presidir a ele, mediante comunicação protocolizada em juízo.

XXI – assistir a seus clientes investigados durante a apuração de infrações, sob pena de nulidade absoluta do respectivo interrogatório ou depoimento e, subsequentemente, de todos os elementos investigatórios e probatórios dele decorrentes ou derivados, direta ou indiretamente, podendo, inclusive, no curso da respectiva apuração:

- Inciso XXI acrescentado pela Lei 13.245/2016.

a) apresentar razões e quesitos;
b) (Vetada.)

§ 1º Não se aplica o disposto nos incisos XV e XVI:
1) aos processos sob regime de segredo de justiça;
2) quando existirem nos autos documentos originais de difícil restauração ou ocorrer circunstância relevante que justifique a permanência dos autos no cartório, secretaria ou repartição, reconhecida pela autoridade em despacho motivado, proferido de ofício, mediante representação ou a requerimento da parte interessada;
3) até o encerramento do processo, ao advogado que houver deixado de devolver os respectivos autos no prazo legal, e só o fizer depois de intimado.

- V. art. 34, XXII.
- V. art. 234, *caput*, CPC/2015.

§ 2º O advogado tem imunidade profissional, não constituindo injúria, difamação ou desacato puníveis qualquer manifestação de sua parte, no exercício de sua atividade, em juízo ou fora dele, sem prejuízo das sanções disciplinares perante a OAB, pelos excessos que cometer.

- O STF, na ADIn 1.127-8 (*DOU* e *DJU* 26.05.2006), declarou inconstitucional a expressão "ou desacato".

§ 3º O advogado somente poderá ser preso em flagrante, por motivo de exercício da profissão, em caso de crime inafiançável, observado o disposto no inciso IV deste artigo.

§ 4º O Poder Judiciário e o Poder Executivo devem instalar, em todos os juizados, fóruns, tribunais, delegacias de polícia e presídios, salas especiais permanentes para os advogados, com uso e controle assegurados à OAB.

- O STF, na ADIn 1.127-8 (*DOU* e *DJU* 26.05.2006), declarou inconstitucional a expressão "e controle".

§ 5º No caso de ofensa a inscrito na OAB, no exercício da profissão ou de cargo ou função de órgão da OAB, o conselho competente deve promover o desagravo público do ofendido, sem prejuízo da responsabilidade criminal em que incorrer o infrator.

§ 6º Presentes indícios de autoria e materialidade da prática de crime por parte de advogado, a autoridade judiciária competente poderá decretar a quebra da inviolabilidade de que trata o inciso II do *caput* deste artigo, em decisão motivada, expedindo mandado de busca e apreensão, específico e pormenorizado, a ser cumprido na presença de representante da OAB, sendo, em qualquer hipótese, vedada a utilização dos documentos, das mídias e dos objetos pertencentes a clientes do advogado averiguado, bem como dos demais instrumentos de trabalho que contenham informações sobre clientes.

- § 6º acrescentado pela Lei 11.767/2008.
- V. Provimento CFOAB 127/2008 (Participação da OAB no cumprimento da decisão judicial que determinar a quebra da inviolabilidade de que trata a Lei 11.767/2008).

§ 7º A ressalva constante do § 6º deste artigo não se estende a clientes do advogado averiguado que estejam sendo formalmente investigados como seus partícipes ou coautores pela prática do mesmo crime que deu causa à quebra da inviolabilidade.

- § 7º acrescentado pela Lei 11.767/2008.

§ 8º *(Vetado.)*

- § 8º acrescentado pela Lei 11.767/2008.

§ 9º *(Vetado.)*

- § 9º acrescentado pela Lei 11.767/2008.

§ 10. Nos autos sujeitos a sigilo, deve o advogado apresentar procuração para o exercício dos direitos de que trata o inciso XIV.

- § 10 acrescentado pela Lei 13.245/2016.

§ 11. No caso previsto no inciso XIV, a autoridade competente poderá delimitar o acesso do advogado aos elementos de prova relacionados a diligências em andamento e ainda não documentados nos autos, quando houver risco de comprometimento da eficiência, da eficácia ou da finalidade das diligências.

- § 11 acrescentado pela Lei 13.245/2016.

§ 12. A inobservância aos direitos estabelecidos no inciso XIV, o fornecimento incompleto de autos ou o fornecimento de autos em que houve a retirada de peças já incluídas no caderno investigativo implicará responsabilização criminal e funcional por abuso de autoridade do responsável que impe-

Legislação

dir o acesso do advogado com o intuito de prejudicar o exercício da defesa, sem prejuízo do direito subjetivo do advogado de requerer acesso aos autos ao juiz competente.

• § 12 acrescentado pela Lei 13.245/2016.

Capítulo III
DA INSCRIÇÃO

Art. 8º Para inscrição como advogado é necessário:

• V. arts. 34, XXVI, e 61, parágrafo único, d.

I – capacidade civil;

II – diploma ou certidão de graduação em direito, obtido em instituição de ensino oficialmente autorizada e credenciada;

III – título de eleitor e quitação do serviço militar, se brasileiro;

IV – aprovação em Exame de Ordem;

• V. art. 84.

V – não exercer atividade incompatível com a advocacia;

• V. arts. 27 e 28.

VI – idoneidade moral;

• V. art. 34, XXVII.

VII – prestar compromisso perante o Conselho.

§ 1º O Exame de Ordem é regulamentado em provimento do Conselho Federal da OAB.

• V. art. 58, VI.

§ 2º O estrangeiro ou brasileiro, quando não graduado em direito no Brasil, deve fazer prova do título de graduação, obtido em instituição estrangeira, devidamente revalidado, além de atender aos demais requisitos previstos neste artigo.

§ 3º A inidoneidade moral, suscitada por qualquer pessoa, deve ser declarada mediante decisão que obtenha no mínimo 2/3 (dois terços) dos votos de todos os membros do conselho competente, em procedimento que observe os termos do processo disciplinar.

§ 4º Não atende ao requisito de idoneidade moral aquele que tiver sido condenado por crime infamante, salvo reabilitação judicial.

Art. 9º Para inscrição como estagiário é necessário:

• V. art. 61, parágrafo único, d.

I – preencher os requisitos mencionados nos incisos I, III, V, VI e VII do art. 8º;

II – ter sido admitido em estágio profissional de advocacia.

§ 1º O estágio profissional de advocacia, com duração de 2 (dois) anos, realizado nos últimos anos do curso jurídico, pode ser mantido pelas respectivas instituições de ensino superior, pelos Conselhos da OAB, ou por setores, órgãos jurídicos e escritórios de advocacia credenciados pela OAB, sendo obrigatório o estudo deste Estatuto e do Código de Ética e Disciplina.

§ 2º A inscrição do estagiário é feita no Conselho Seccional em cujo território se localize seu curso jurídico.

§ 3º O aluno de curso jurídico que exerça atividade incompatível com a advocacia pode frequentar o estágio ministrado pela respectiva instituição de ensino superior, para fins de aprendizagem, vedada a inscrição na OAB.

• V. arts. 27 e 28.

§ 4º O estágio profissional poderá ser cumprido por bacharel em Direito que queira se inscrever na Ordem.

Art. 10. A inscrição principal do advogado deve ser feita no Conselho Seccional em cujo território pretende estabelecer o seu domicílio profissional, na forma do Regulamento Geral.

§ 1º Considera-se domicílio profissional a sede principal da atividade de advocacia, prevalecendo, na dúvida, o domicílio da pessoa física do advogado.

• V. art. 72, CC.

§ 2º Além da principal, o advogado deve promover a inscrição suplementar nos Conselhos Seccionais em cujos territórios passar a exercer habitualmente a profissão, considerando-se habitualidade a intervenção judicial que exceder de cinco causas por ano.

§ 3º No caso de mudança efetiva de domicílio profissional para outra unidade federativa, deve o advogado requerer a transferência de sua inscrição para o Conselho Seccional correspondente.

§ 4º O Conselho Seccional deve suspender o pedido de transferência ou de inscrição suplementar, ao verificar a existência de vício ou ilegalidade na inscrição principal, contra ela representando ao Conselho Federal.

Lei 8.906/1994

Art. 11. Cancela-se a inscrição do profissional que:
I – assim o requerer;
II – sofrer penalidade de exclusão;
- V. art. 38.

III – falecer;
IV – passar a exercer, em caráter definitivo, atividade incompatível com a advocacia;
- V. arts. 27 e 28.

V – perder qualquer um dos requisitos necessários para inscrição.
- V. art. 8º.

§ 1º Ocorrendo uma das hipóteses dos incisos II, III e IV, o cancelamento deve ser promovido, de ofício, pelo Conselho competente ou em virtude de comunicação por qualquer pessoa.
§ 2º Na hipótese de novo pedido de inscrição – que não restaura o número de inscrição anterior – deve o interessado fazer prova dos requisitos dos incisos I, V, VI e VII do art. 8º.
§ 3º Na hipótese do inciso II deste artigo, o novo pedido de inscrição também deve ser acompanhado de provas de reabilitação.

Art. 12. Licencia-se o profissional que:
I – assim o requerer, por motivo justificado;
II – passar a exercer, em caráter temporário, atividade incompatível com o exercício da advocacia;
- V. arts. 27 e 28.

III – sofrer doença mental considerada curável.

Art. 13. O documento de identidade profissional, na forma prevista no Regulamento Geral, é de uso obrigatório no exercício da atividade de advogado ou de estagiário e constitui prova de identidade civil para todos os fins legais.

Art. 14. É obrigatória a indicação do nome e do número de inscrição em todos os documentos assinados pelo advogado, no exercício de sua atividade.

Parágrafo único. É vedado anunciar ou divulgar qualquer atividade relacionada com o exercício da advocacia ou o uso da expressão "escritório de advocacia", sem indicação expressa do nome e do número de inscrição dos advogados que o integram ou o número de registro da sociedade de advogados na OAB.
- V. arts. 15 a 17.

Capítulo IV
DA SOCIEDADE DE ADVOGADOS

Art. 15. Os advogados podem reunir-se em sociedade simples de prestação de serviços de advocacia ou constituir sociedade unipessoal de advocacia, na forma disciplinada nesta Lei e no regulamento geral.
- *Caput* com redação determinada pela Lei 13.247/2016.
- V. art. 34, II.

§ 1º A sociedade de advogados e a sociedade unipessoal de advocacia adquirem personalidade jurídica com o registro aprovado dos seus atos constitutivos no Conselho Seccional da OAB em cuja base territorial tiver sede.
- § 1º com redação determinada pela Lei 13.247/2016.

§ 2º Aplica-se à sociedade de advogados e à sociedade unipessoal de advocacia o Código de Ética e Disciplina, no que couber.
- § 2º com redação determinada pela Lei 13.247/2016.

§ 3º As procurações devem ser outorgadas individualmente aos advogados e indicar a sociedade de que façam parte.

§ 4º Nenhum advogado pode integrar mais de uma sociedade de advogados, constituir mais de uma sociedade unipessoal de advocacia, ou integrar, simultaneamente, uma sociedade de advogados e uma sociedade unipessoal de advocacia, com sede ou filial na mesma área territorial do respectivo Conselho Seccional.
- § 4º com redação determinada pela Lei 13.247/2016.

§ 5º O ato de constituição de filial deve ser averbado no registro da sociedade e arquivado no Conselho Seccional onde se instalar, ficando os sócios, inclusive o titular da sociedade unipessoal de advocacia, obrigados à inscrição suplementar.
- § 5º com redação determinada pela Lei 13.247/2016.

§ 6º Os advogados sócios de uma mesma sociedade profissional não podem representar em juízo clientes de interesses opostos.
- V. art. 355, parágrafo único, CP.

Lei 8.906/1994

LEGISLAÇÃO

§ 7º A sociedade unipessoal de advocacia pode resultar da concentração por um advogado das quotas de uma sociedade de advogados, independentemente das razões que motivaram tal concentração.

- § 7º acrescentado pela Lei 13.247/2016.

Art. 16. Não são admitidas a registro nem podem funcionar todas as espécies de sociedades de advogados que apresentem forma ou características de sociedade empresária, que adotem denominação de fantasia, que realizem atividades estranhas à advocacia, que incluam como sócio ou titular de sociedade unipessoal de advocacia pessoa não inscrita como advogado ou totalmente proibida de advogar.

- *Caput* com redação determinada pela Lei 13.247/2016.

§ 1º A razão social deve ter, obrigatoriamente, o nome de, pelo menos, um advogado responsável pela sociedade, podendo permanecer o de sócio falecido, desde que prevista tal possibilidade no ato constitutivo.

§ 2º O licenciamento do sócio para exercer atividade incompatível com a advocacia em caráter temporário deve ser averbado no registro da sociedade, não alterando sua constituição.

- V. arts. 27 e 28.

§ 3º É proibido o registro, nos cartórios de registro civil de pessoas jurídicas e nas juntas comerciais, de sociedade que inclua, entre outras finalidades, a atividade de advocacia.

§ 4º A denominação da sociedade unipessoal de advocacia deve ser obrigatoriamente formada pelo nome do seu titular, completo ou parcial, com a expressão 'Sociedade Individual de Advocacia'.

- § 4º acrescentado pela Lei 13.247/2016.

Art. 17. Além da sociedade, o sócio e o titular da sociedade individual de advocacia respondem subsidiária e ilimitadamente pelos danos causados aos clientes por ação ou omissão no exercício da advocacia, sem prejuízo da responsabilidade disciplinar em que possam incorrer.

- *Caput* com redação determinada pela Lei 13.247/2016.
- V. art. 389, CC.

Capítulo V
DO ADVOGADO EMPREGADO

Art. 18. A relação de emprego, na qualidade de advogado, não retira a isenção técnica nem reduz a independência profissional inerentes à advocacia.

Parágrafo único. O advogado empregado não está obrigado à prestação de serviços profissionais de interesse pessoal dos empregadores, fora da relação de emprego.

Art. 19. O salário mínimo profissional do advogado será fixado em sentença normativa, salvo se ajustado em acordo ou convenção coletiva de trabalho.

Art. 20. A jornada de trabalho do advogado empregado, no exercício da profissão, não poderá exceder a duração diária de 4 (quatro) horas contínuas e a de 20 (vinte) horas semanais, salvo acordo ou convenção coletiva ou em caso de dedicação exclusiva.

§ 1º Para efeitos deste artigo, considera-se como período de trabalho o tempo em que o advogado estiver à disposição do empregador, aguardando ou executando ordens, no seu escritório ou em atividades externas, sendo-lhe reembolsadas as despesas feitas com transporte, hospedagem e alimentação.

§ 2º As horas trabalhadas que excederem a jornada normal são remuneradas por um adicional não inferior a 100% (cem por cento) sobre o valor da hora normal, mesmo havendo contrato escrito.

§ 3º As horas trabalhadas no período das 20 (vinte) horas de um dia até as 5 (cinco) horas do dia seguinte são remuneradas como noturnas, acrescidas do adicional de 25% (vinte e cinco por cento).

Art. 21. Nas causas em que for parte o empregador, ou pessoa por este representada, os honorários de sucumbência são devidos aos advogados empregados.

- O STF, na ADIn 1.194-4 (*DOU* e *DJE* 28.05.2009), julgou parcialmente procedente a ação para dar interpretação conforme ao art. 21 e seu parágrafo único da Lei 8.906/1994, "no sentido da preservação da liberdade contratual quanto à destinação dos honorários de sucumbência fixados judicialmente".

Lei 8.906/1994

Parágrafo único. Os honorários de sucumbência, percebidos por advogado empregado de sociedade de advogados são partilhados entre ele e a empregadora, na forma estabelecida em acordo.

Capítulo VI
DOS HONORÁRIOS ADVOCATÍCIOS

Art. 22. A prestação de serviço profissional assegura aos inscritos na OAB o direito aos honorários convencionados, aos fixados por arbitramento judicial e aos de sucumbência.

- V. arts. 23 e 24, §§ 2º a 4º.
- V. arts. 82, § 2º, 84 a 86, CPC/2015.

§ 1º O advogado, quando indicado para patrocinar causa de juridicamente necessitado, no caso de impossibilidade da Defensoria Pública no local da prestação de serviço, tem direito aos honorários fixados pelo juiz, segundo tabela organizada pelo Conselho Seccional da OAB, e pagos pelo Estado.

§ 2º Na falta de estipulação ou de acordo, os honorários são fixados por arbitramento judicial, em remuneração compatível com o trabalho e o valor econômico da questão, não podendo ser inferiores aos estabelecidos na tabela organizada pelo Conselho Seccional da OAB.

§ 3º Salvo estipulação em contrário, 1/3 (um terço) dos honorários é devido no início do serviço, outro terço até a decisão de primeira instância e o restante no final.

§ 4º Se o advogado fizer juntar aos autos o seu contrato de honorários antes de expedir-se o mandado de levantamento ou precatório, o juiz deve determinar que lhe sejam pagos diretamente, por dedução da quantia a ser recebida pelo constituinte, salvo se este provar que já os pagou.

- V. Súmula vinculante 47, STF

§ 5º O disposto neste artigo não se aplica quando se tratar de mandato outorgado por advogado para defesa em processo oriundo de ato ou omissão praticada no exercício da profissão.

Art. 23. Os honorários incluídos na condenação, por arbitramento ou sucumbência, pertencem ao advogado, tendo este direito autônomo para executar a sentença nesta parte, podendo requerer que o precatório, quando necessário, seja expedido em seu favor.

- V. art. 26.
- V. arts. 92, 485, § 2º, e 486, CPC/2015.
- V. Súmula vinculante 47, STF
- V. Súmula 306, STJ.

Art. 24. A decisão judicial que fixar ou arbitrar honorários e o contrato escrito que os estipular são títulos executivos e constituem crédito privilegiado na falência, concordata, concurso de credores, insolvência civil e liquidação extrajudicial.

- V. arts. 784, XII, e 917, CPC/2015.
- V. art. 83, V, *c*, Lei 11.101/2005 (Lei de Recuperação de Empresas e Falência).

§ 1º A execução dos honorários pode ser promovida nos mesmos autos da ação em que tenha atuado o advogado, se assim lhe convier.

§ 2º Na hipótese de falecimento ou incapacidade civil do advogado, os honorários de sucumbência, proporcionais ao trabalho realizado, são recebidos por seus sucessores ou representantes legais.

§ 3º É nula qualquer disposição, cláusula, regulamento ou convenção individual ou coletiva que retire do advogado o direito ao recebimento dos honorários de sucumbência.

- O STF, na ADIn 1.194-4 (*DOU* e *DJE* 28.05.2009), declarou a inconstitucionalidade do § 3º do art. 24 da Lei 8.906/1994.

§ 4º O acordo feito pelo cliente do advogado e a parte contrária, salvo aquiescência do profissional, não lhe prejudica os honorários, quer os convencionados, quer os concedidos por sentença.

Art. 25. Prescreve em 5 (cinco) anos a ação de cobrança de honorários de advogado, contado o prazo:
I – do vencimento do contrato, se houver;
II – do trânsito em julgado da decisão que os fixar;
III – da ultimação do serviço extrajudicial;
IV – da desistência ou transação;
V – da renúncia ou revogação do mandato.

Art. 25-A. Prescreve em 5 (cinco) anos a ação de prestação de contas pelas quantias recebidas pelo advogado de seu cliente, ou de terceiros por conta dele (art. 34, XXI).

- Artigo acrescentado pela Lei 11.902/2009.

Art. 26. O advogado substabelecido, com reserva de poderes, não pode cobrar honorários sem a intervenção daquele que lhe conferiu o substabelecimento.

Capítulo VII
DAS INCOMPATIBILIDADES E IMPEDIMENTOS

Art. 27. A incompatibilidade determina a proibição total, e o impedimento, a proibição parcial do exercício da advocacia.

- V. arts. 4º, parágrafo único, e 16, § 2º.

Art. 28. A advocacia é incompatível, mesmo em causa própria, com as seguintes atividades:

I – chefe do Poder Executivo e membros da Mesa do Poder Legislativo e seus substitutos legais;

II – membros de órgãos do Poder Judiciário, do Ministério Público, dos tribunais e conselhos de contas, dos juizados especiais, da justiça de paz, juízes classistas, bem como de todos os que exerçam função de julgamento em órgão de deliberação coletiva da administração pública direta ou indireta;

- O STF, na ADIn 1.127-8 (*DOU* e *DJU* 26.05.2006), "julgou parcialmente procedente a ação, quanto ao inciso II do artigo 28, para excluir apenas os juízes eleitorais e seus suplentes".
- A EC n. 24/1999 substituiu as Juntas de Conciliação e Julgamento por Varas do Trabalho (juiz singular) e extinguiu a representação classista na Justiça do Trabalho.
- V. art. 83.

III – ocupantes de cargos ou funções de direção em órgãos da Administração Pública direta ou indireta, em suas fundações e em suas empresas controladas ou concessionárias de serviço público;

IV – ocupantes de cargos ou funções vinculados direta ou indiretamente a qualquer órgão do Poder Judiciário e os que exercem serviços notariais e de registro;

V – ocupantes de cargos ou funções vinculados direta ou indiretamente a atividade policial de qualquer natureza;

VI – militares de qualquer natureza, na ativa;

VII – ocupantes de cargos ou funções que tenham competência de lançamento, arrecadação ou fiscalização de tributos e contribuições parafiscais;

VIII – ocupantes de funções de direção e gerência em instituições financeiras, inclusive privadas.

§ 1º A incompatibilidade permanece mesmo que o ocupante do cargo ou função deixe de exercê-lo temporariamente.

- V. art. 16, § 2º.

§ 2º Não se incluem nas hipóteses do inciso III os que não detenham poder de decisão relevante sobre interesses de terceiro, a juízo do Conselho competente da OAB, bem como a administração acadêmica diretamente relacionada ao magistério jurídico.

Art. 29. Os Procuradores-Gerais, Advogados-Gerais, Defensores-Gerais e dirigentes de órgãos jurídicos da Administração Pública direta, indireta e fundacional são exclusivamente legitimados para o exercício da advocacia vinculada à função que exerçam, durante o período da investidura.

Art. 30. São impedidos de exercer a advocacia:

I – os servidores da administração direta, indireta e fundacional, contra a Fazenda Pública que os remunere ou à qual seja vinculada a entidade empregadora;

II – os membros do Poder Legislativo, em seus diferentes níveis, contra ou a favor das pessoas jurídicas de direito público, empresas públicas, sociedades de economia mista, fundações públicas, entidades paraestatais ou empresas concessionárias ou permissionárias de serviço público.

Parágrafo único. Não se incluem nas hipóteses do inciso I os docentes dos cursos jurídicos.

Capítulo VIII
DA ÉTICA DO ADVOGADO

Art. 31. O advogado deve proceder de forma que o torne merecedor de respeito e que contribua para o prestígio da classe e da advocacia.

§ 1º O advogado, no exercício da profissão, deve manter independência em qualquer circunstância.

Lei 8.906/1994

§ 2º Nenhum receio de desagradar a magistrado ou a qualquer autoridade, nem de incorrer em impopularidade, deve deter o advogado no exercício da profissão.

Art. 32. O advogado é responsável pelos atos que, no exercício profissional, praticar com dolo ou culpa.

- V. art. 17.
- V. art. 389, CC.

Parágrafo único. Em caso de lide temerária, o advogado será solidariamente responsável com seu cliente, desde que coligado com este para lesar a parte contrária, o que será apurado em ação própria.

- V. art. 80, CPC/2015.

Art. 33. O advogado obriga-se a cumprir rigorosamente os deveres consignados no Código de Ética e Disciplina.

Parágrafo único. O Código de Ética e Disciplina regula os deveres do advogado para com a comunidade, o cliente, o outro profissional e, ainda, a publicidade, a recusa do patrocínio, o dever de assistência jurídica, o dever geral de urbanidade e os respectivos procedimentos disciplinares.

Capítulo IX
DAS INFRAÇÕES E SANÇÕES DISCIPLINARES

Art. 34. Constitui infração disciplinar:

I – exercer a profissão, quando impedido de fazê-lo, ou facilitar, por qualquer meio, o seu exercício aos não inscritos, proibidos ou impedidos;

- V. arts. 28 a 30 e 36, I.

II – manter sociedade profissional fora das normas e preceitos estabelecidos nesta Lei;

- V. arts. 15 a 17 e 36, I.

III – valer-se de agenciador de causas, mediante participação nos honorários a receber;

- V. art. 36, I.

IV – angariar ou captar causas, com ou sem a intervenção de terceiros;

- V. art. 36, I.

V – assinar qualquer escrito destinado a processo judicial ou para fim extrajudicial que não tenha feito, ou em que não tenha colaborado;

- V. art. 36, I.

VI – advogar contra literal disposição de lei, presumindo-se a boa-fé quando fundamentado na inconstitucionalidade, na injustiça da lei ou em pronunciamento judicial anterior;

- V. arts. 32, parágrafo único, e 36, I.
- V. art. 80, I, CPC/2015.

VII – violar, sem justa causa, sigilo profissional;

- V. arts. 7º, XIX, e 36, I.
- V. art. 381, CPC/2015.

VIII – estabelecer entendimento com a parte adversa sem autorização do cliente ou ciência do advogado contrário;

- V. art. 36, I.

IX – prejudicar, por culpa grave, interesse confiado ao seu patrocínio;

- V. art. 36, I.
- V. art. 355, *caput*, CP.

X – acarretar, conscientemente, por ato próprio, a anulação ou a nulidade do processo em que funcione;

- V. art. 36, I.

XI – abandonar a causa sem justo motivo ou antes de decorridos 10 (dez) dias da comunicação da renúncia;

- V. arts. 5º, § 3º, e 36, I.
- V. art. 112, *caput* e § 1º, CPC/2015.

XII – recusar-se a prestar, sem justo motivo, assistência jurídica, quando nomeado em virtude de impossibilidade da Defensoria Pública;

- V. arts. 22, § 1º, e 36, I.

XIII – fazer publicar na imprensa, desnecessária e habitualmente, alegações forenses ou relativas a causas pendentes;

- V. art. 36, I.

XIV – deturpar o teor de dispositivo de lei, de citação doutrinária ou de julgado, bem como de depoimentos, documentos e alegações da parte contrária, para confundir o adversário ou iludir o juiz da causa;

- V. art. 36, I.
- V. art. 80, II, CPC/2015.

XV – fazer, em nome do constituinte, sem autorização escrita deste, imputação a terceiro de fato definido como crime;

- V. art. 36, I.

Lei 8.906/1994

LEGISLAÇÃO

XVI – deixar de cumprir, no prazo estabelecido, determinação emanada do órgão ou autoridade da Ordem, em matéria da competência desta, depois de regularmente notificado;

- V. art. 36, I.

XVII – prestar concurso a clientes ou a terceiros para realização de ato contrário à lei ou destinado a fraudá-la;

- V. art. 37, I.

XVIII – solicitar ou receber de constituinte qualquer importância para aplicação ilícita ou desonesta;

- V. art. 37, I.
- V. art. 317, *caput*, CP.

XIX – receber valores, da parte contrária ou de terceiro, relacionados com o objeto do mandato, sem expressa autorização do constituinte;

- V. art. 37, I.

XX – locupletar-se, por qualquer forma, à custa do cliente ou da parte adversa, por si ou interposta pessoa;

- V. art. 37, I.

XXI – recusar-se, injustificadamente, a prestar contas ao cliente de quantias recebidas dele ou de terceiros por conta dele;

- V. arts. 25-A e 37, I e § 2º.

XXII – reter, abusivamente, ou extraviar autos recebidos com vista ou em confiança;

- V. arts. 7º, § 1º, item 3, e 37, I.
- V. art. 234, *caput*, e §§ 1º a 3º, CPC/2015.

XXIII – deixar de pagar as contribuições, multas e preços de serviços devidos à OAB, depois de regularmente notificado a fazê-lo;

- V. art. 37, I e § 2º.

XXIV – incidir em erros reiterados que evidenciem inépcia profissional;

- V. art. 37, I e § 3º.

XXV – manter conduta incompatível com a advocacia;

- V. arts. 28, 31 e 37, I.

XXVI – fazer falsa prova de qualquer dos requisitos para inscrição na OAB;

- V. arts. 8º e 38, II.

XXVII – tornar-se moralmente inidôneo para o exercício da advocacia;

- V. arts. 8º, § 3º, e 38, II.

XXVIII – praticar crime infamante;

- V. arts. 8º, § 4º, e 38, II.

XXIX – praticar, o estagiário, ato excedente de sua habilitação.

- V. arts. 3º, § 2º, e 36, I.

Parágrafo único. Inclui-se na conduta incompatível:

a) prática reiterada de jogo de azar, não autorizado por lei;
b) incontinência pública e escandalosa;
c) embriaguez ou toxicomania habituais.

Art. 35. As sanções disciplinares consistem em:

I – censura;
II – suspensão;
III – exclusão;
IV – multa.

Parágrafo único. As sanções devem constar dos assentamentos do inscrito, após o trânsito em julgado da decisão, não podendo ser objeto de publicidade a de censura.

Art. 36. A censura é aplicável nos casos de:

I – infrações definidas nos incisos I a XVI e XXIX do art. 34;
II – violação a preceito do Código de Ética e Disciplina;
III – violação a preceito desta Lei, quando para a infração não se tenha estabelecido sanção mais grave.

Parágrafo único. A censura pode ser convertida em advertência, em ofício reservado, sem registro nos assentamentos do inscrito, quando presente circunstância atenuante.

Art. 37. A suspensão é aplicável nos casos de:

I – infrações definidas nos incisos XVII a XXV do art. 34;
II – reincidência em infração disciplinar.

§ 1º A suspensão acarreta ao infrator a interdição do exercício profissional, em todo o território nacional, pelo prazo de 30 (trinta) dias a 12 (doze) meses, de acordo com os critérios de individualização previstos neste capítulo.

§ 2º Nas hipóteses dos incisos XXI e XXIII do art. 34, a suspensão perdura até que sa-

Lei 8.906/1994

LEGISLAÇÃO

tisfaça integralmente a dívida, inclusive com correção monetária.

§ 3º Na hipótese do inciso XXIV do art. 34, a suspensão perdura até que preste novas provas de habilitação.

Art. 38. A exclusão é aplicável nos casos de:

I – aplicação, por três vezes, de suspensão;
II – infrações definidas nos incisos XXVI a XXVIII do art. 34.

Parágrafo único. Para a aplicação da sanção disciplinar de exclusão é necessária a manifestação favorável de 2/3 (dois terços) dos membros do Conselho Seccional competente.

Art. 39. A multa, variável entre o mínimo correspondente ao valor de uma anuidade e o máximo de seu décuplo, é aplicável cumulativamente com a censura ou suspensão, em havendo circunstâncias agravantes.

Art. 40. Na aplicação das sanções disciplinares são consideradas, para fins de atenuação, as seguintes circunstâncias, entre outras:

I – falta cometida na defesa de prerrogativa profissional;
II – ausência de punição disciplinar anterior;
III – exercício assíduo e proficiente de mandato ou cargo em qualquer órgão da OAB;
IV – prestação de relevantes serviços à advocacia ou à causa pública.

Parágrafo único. Os antecedentes profissionais do inscrito, as atenuantes, o grau de culpa por ele revelada, as circunstâncias e as consequências da infração são considerados para o fim de decidir:
a) sobre a conveniência da aplicação cumulativa da multa e de outra sanção disciplinar;
b) sobre o tempo de suspensão e o valor da multa aplicáveis.

Art. 41. É permitido ao que tenha sofrido qualquer sanção disciplinar requerer, um ano após seu cumprimento, a reabilitação, em face de provas efetivas de bom comportamento.

Parágrafo único. Quando a sanção disciplinar resultar da prática de crime, o pedido de reabilitação depende também da correspondente reabilitação criminal.

- V. arts. 743 a 750, CPP.

Art. 42. Fica impedido de exercer o mandato o profissional a quem forem aplicadas as sanções disciplinares de suspensão ou exclusão.

- V. art. 4º, parágrafo único.

Art. 43. A pretensão à punibilidade das infrações disciplinares prescreve em 5 (cinco) anos, contados da data da constatação oficial do fato.

§ 1º Aplica-se a prescrição a todo processo disciplinar paralisado por mais de 3 (três) anos, pendente de despacho ou julgamento, devendo ser arquivado de ofício, ou a requerimento da parte interessada, sem prejuízo de serem apuradas as responsabilidades pela paralisação.

§ 2º A prescrição interrompe-se:
I – pela instauração de processo disciplinar ou pela notificação válida feita diretamente ao representado;
II – pela decisão condenatória recorrível de qualquer órgão julgador da OAB.

TÍTULO II
DA ORDEM DOS ADVOGADOS DO BRASIL
Capítulo I
DOS FINS E DA ORGANIZAÇÃO

Art. 44. A Ordem dos Advogados do Brasil – OAB, serviço público, dotada de personalidade jurídica e forma federativa, tem por finalidade:

I – defender a Constituição, a ordem jurídica do Estado democrático de direito, os direitos humanos, a justiça social, e pugnar pela boa aplicação das leis, pela rápida administração da justiça e pelo aperfeiçoamento da cultura e das instituições jurídicas;
II – promover, com exclusividade, a representação, a defesa, a seleção e a disciplina dos advogados em toda a República Federativa do Brasil.

§ 1º A OAB não mantém com órgãos da Administração Pública qualquer vínculo funcional ou hierárquico.

Lei 8.906/1994

LEGISLAÇÃO

§ 2º O uso da sigla "OAB" é privativo da Ordem dos Advogados do Brasil.

Art. 45. São órgãos da OAB:
I – o Conselho Federal;
- V. arts. 51 a 55.

II – os Conselhos Seccionais;
- V. arts. 56 a 59.

III – as Subseções;
- V. arts. 60 e 61.

IV – as Caixas de Assistência dos Advogados.
- V. art. 62.

§ 1º O Conselho Federal, dotado de personalidade jurídica própria, com sede na capital da República, é o órgão supremo da OAB.

§ 2º Os Conselhos Seccionais, dotados de personalidade jurídica própria, têm jurisdição sobre os respectivos territórios dos Estados-membros, do Distrito Federal e dos Territórios.

§ 3º As Subseções são partes autônomas do Conselho Seccional, na forma desta Lei e de seu ato constitutivo.

§ 4º As Caixas de Assistência dos Advogados, dotadas de personalidade jurídica própria, são criadas pelos Conselhos Seccionais, quando estes contarem com mais de mil e quinhentos inscritos.

§ 5º A OAB, por constituir serviço público, goza de imunidade tributária total em relação a seus bens, rendas e serviços.

§ 6º Os atos conclusivos dos órgãos da OAB, salvo quando reservados ou de administração interna, devem ser publicados na imprensa oficial ou afixados no fórum, na íntegra ou em resumo.

Art. 46. Compete à OAB fixar e cobrar, de seus inscritos, contribuições, preços de serviços e multas.

Parágrafo único. Constitui título executivo extrajudicial a certidão passada pela diretoria do Conselho competente, relativa a crédito previsto neste artigo.
- V. art. 784, IX, CPC/2015.
- V. art. 1º, Lei 6.830/1980 (Execução fiscal).

Art. 47. O pagamento da contribuição anual à OAB isenta os inscritos nos seus quadros do pagamento obrigatório da contribuição sindical.

Art. 48. O cargo de conselheiro ou de membro de diretoria de órgão da OAB é de exercício gratuito e obrigatório, considerado serviço público relevante, inclusive para fins de disponibilidade e aposentadoria.

Art. 49. Os Presidentes dos Conselhos e das Subseções da OAB têm legitimidade para agir, judicial e extrajudicialmente, contra qualquer pessoa que infringir as disposições ou os fins desta Lei.

Parágrafo único. As autoridades mencionadas no *caput* deste artigo têm, ainda, legitimidade para intervir, inclusive como assistentes, nos inquéritos e processos em que sejam indiciados, acusados ou ofendidos os inscritos na OAB.

Art. 50. Para os fins desta Lei, os Presidentes dos Conselhos da OAB e das Subseções podem requisitar cópias de peças de autos e documentos a qualquer tribunal, magistrado, cartório e órgão da Administração Pública direta, indireta e fundacional.
- O STF, na ADIn 1.127-8 (*DOU* e *DJU* 26.05.2006), "julgou parcialmente procedente a ação para, sem redução de texto, dar interpretação conforme ao dispositivo, de modo a fazer compreender a palavra 'requisitar' como dependente de motivação, compatibilização com as finalidades da lei e atendimento de custos desta requisição. Ficam ressalvados, desde já, os documentos cobertos por sigilo".

Capítulo II
DO CONSELHO FEDERAL

Art. 51. O Conselho Federal compõe-se:
I – dos conselheiros federais, integrantes das delegações de cada unidade federativa;

II – dos seus ex-presidentes, na qualidade de membros honorários vitalícios.

§ 1º Cada delegação é formada por três conselheiros federais.

§ 2º Os ex-presidentes têm direito apenas a voz nas sessões.
- V. art. 81.

Art. 52. Os presidentes dos Conselhos Seccionais, nas sessões do Conselho Federal, têm lugar reservado junto à delegação respectiva e direito somente a voz.

Lei 8.906/1994

LEGISLAÇÃO

Art. 53. O Conselho Federal tem sua estrutura e funcionamento definidos no Regulamento Geral da OAB.

§ 1º O Presidente, nas deliberações do Conselho, tem apenas o voto de qualidade.

• V. art. 55, § 3º.

§ 2º O voto é tomado por delegação, e não pode ser exercido nas matérias de interesse da unidade que represente.

§ 3º Na eleição para a escolha da Diretoria do Conselho Federal, cada membro da delegação terá direito a um voto, vedado aos membros honorários vitalícios.

• § 3º acrescentado pela Lei 11.179/2005.

Art. 54. Compete ao Conselho Federal:

I – dar cumprimento efetivo às finalidades da OAB;

II – representar, em juízo ou fora dele, os interesses coletivos ou individuais dos advogados;

III – velar pela dignidade, independência, prerrogativas e valorização da advocacia;

IV – representar, com exclusividade, os advogados brasileiros nos órgãos e eventos internacionais da advocacia;

V – editar e alterar o Regulamento Geral, o Código de Ética e Disciplina, e os Provimentos que julgar necessários;

VI – adotar medidas para assegurar o regular funcionamento dos Conselhos Seccionais;

VII – intervir nos Conselhos Seccionais, onde e quando constatar grave violação desta Lei ou do Regulamento Geral;

VIII – cassar ou modificar, de ofício ou mediante representação, qualquer ato, de órgão ou autoridade da OAB, contrário a esta Lei, ao Regulamento Geral, ao Código de Ética e Disciplina, e aos Provimentos, ouvida a autoridade ou o órgão em causa;

IX – julgar, em grau de recurso, as questões decididas pelos Conselhos Seccionais, nos casos previstos neste Estatuto e no Regulamento Geral;

X – dispor sobre a identificação dos inscritos na OAB e sobre os respectivos símbolos privativos;

XI – apreciar o relatório anual e deliberar sobre o balanço e as contas de sua diretoria;

XII – homologar ou mandar suprir relatório anual, o balanço e as contas dos Conselhos Seccionais;

XIII – elaborar as listas constitucionalmente previstas, para o preenchimento dos cargos nos tribunais judiciários de âmbito nacional ou interestadual, com advogados que estejam em pleno exercício da profissão, vedada a inclusão de nome de membro do próprio Conselho ou de outro órgão da OAB;

• V. art. 94, *caput*, CF.

XIV – ajuizar ação direta de inconstitucionalidade de normas legais e atos normativos, ação civil pública, mandado de segurança coletivo, mandado de injunção e demais ações cuja legitimação lhe seja outorgada por lei;

• V. art. 103, VII, CF.

XV – colaborar com o aperfeiçoamento dos cursos jurídicos, e opinar, previamente, nos pedidos apresentados aos órgãos competentes para criação, reconhecimento ou credenciamento desses cursos;

XVI – autorizar, pela maioria absoluta das delegações, a oneração ou alienação de seus bens imóveis;

XVII – participar de concursos públicos, nos casos previstos na Constituição e na lei, em todas as suas fases, quando tiverem abrangência nacional ou interestadual;

• V. art. 93, I, CF.
• V. art. 21, § 4º, LC 73/1993 (Lei Orgânica da Advocacia-Geral da União).

XVIII – resolver os casos omissos neste Estatuto.

Parágrafo único. A intervenção referida no inciso VII deste artigo depende de prévia aprovação por 2/3 (dois terços) das delegações, garantido o amplo direito de defesa do Conselho Seccional respectivo, nomeando-se diretoria provisória para o prazo que se fixar.

Art. 55. A diretoria do Conselho Federal é composta de um Presidente, de um Vice-Presidente, de um Secretário-Geral, de um Secretário-Geral Adjunto e de um Tesoureiro.

§ 1º O Presidente exerce a representação nacional e internacional da OAB, competindo-lhe convocar o Conselho Federal,

LEGISLAÇÃO

presidi-lo, representá-lo ativa e passivamente, em juízo ou fora dele, promover-lhe a administração patrimonial e dar execução às suas decisões.

§ 2º O Regulamento Geral define as atribuições dos membros da Diretoria e a ordem de substituição em caso de vacância, licença, falta ou impedimento.

§ 3º Nas deliberações do Conselho Federal, os membros da diretoria votam como membros de suas delegações, cabendo ao Presidente, apenas, o voto de qualidade e o direito de embargar a decisão, se esta não for unânime.

• V. art. 53, § 1º.

Capítulo III
DO CONSELHO SECCIONAL

Art. 56. O Conselho Seccional compõe-se de conselheiros em número proporcional ao de seus inscritos, segundo critérios estabelecidos no Regulamento Geral.

§ 1º São membros honorários vitalícios os seus ex-presidentes, somente com direito a voz em suas sessões.

• V. art. 81.

§ 2º O Presidente do Instituto dos Advogados local é membro honorário, somente com direito a voz nas sessões do Conselho.

§ 3º Quando presentes às sessões do Conselho Seccional, o Presidente do Conselho Federal, os Conselheiros Federais integrantes da respectiva delegação, o Presidente da Caixa de Assistência dos Advogados e os Presidentes das Subseções, têm direito a voz.

Art. 57. O Conselho Seccional exerce e observa, no respectivo território, as competências, vedações e funções atribuídas ao Conselho Federal, no que couber e no âmbito de sua competência material e territorial, e as normas gerais estabelecidas nesta Lei, no Regulamento Geral, no Código de Ética e Disciplina, e nos Provimentos.

Art. 58. Compete privativamente ao Conselho Seccional:

I – editar seu Regimento Interno e Resoluções;

II – criar as Subseções e a Caixa de Assistência dos Advogados;

III – julgar, em grau de recurso, as questões decididas por seu Presidente, por sua diretoria, pelo Tribunal de Ética e Disciplina, pelas diretorias da Subseções e da Caixa de Assistência dos Advogados;

IV – fiscalizar a aplicação da receita, apreciar o relatório anual e deliberar sobre o balanço e as contas de sua diretoria, das diretorias das Subseções e da Caixa de Assistência dos Advogados;

V – fixar a tabela de honorários, válida para todo o território estadual;

VI – realizar o Exame de Ordem;

• V. art. 8º, § 1º.

VII – decidir os pedidos de inscrição nos quadros de advogados e estagiários;

VIII – manter cadastro de seus inscritos;

IX – fixar, alterar e receber contribuições obrigatórias, preços de serviços e multas;

X – participar da elaboração dos concursos públicos, em todas as suas fases, nos casos previstos na Constituição e nas leis, no âmbito do seu território;

• V. art. 54, XVII.
• V. art. 93, I, CF.
• V. art. 78, *caput*, LC 35/1979 (Lei Orgânica da Magistratura Nacional).

XI – determinar, com exclusividade, critérios para o traje dos advogados, no exercício profissional;

XII – aprovar e modificar seu orçamento anual;

XIII – definir a composição e o funcionamento do Tribunal de Ética e Disciplina, e escolher seus membros;

XIV – eleger as listas, constitucionalmente previstas, para preenchimento dos cargos nos tribunais judiciários, no âmbito de sua competência e na forma do Provimento do Conselho Federal, vedada a inclusão de membros do próprio Conselho e de qualquer órgão da OAB;

• V. art. 54, XIII.
• V. art. 94, *caput*, CF.

XV – intervir nas Subseções e na Caixa de Assistência dos Advogados;

• V. arts. 60, § 6º, e 62, § 7º.

XVI – desempenhar outras atribuições previstas no Regulamento Geral.

Art. 59. A diretoria do Conselho Seccional tem composição idêntica e atribuições equivalentes às do Conselho Federal, na forma do Regimento Interno daquele.

• V. art. 55, *caput* e § 2º.

Capítulo IV
DA SUBSEÇÃO

Art. 60. A Subseção pode ser criada pelo Conselho Seccional, que fixa sua área territorial e seus limites de competência e autonomia.

§ 1º A área territorial da Subseção pode abranger um ou mais municípios, ou parte de município, inclusive da capital do Estado, contando com um mínimo de quinze advogados, nela profissionalmente domiciliados.

§ 2º A Subseção é administrada por uma diretoria, com atribuições e composição equivalentes às da diretoria do Conselho Seccional.

• V. arts. 55, § 2º, e 59.

§ 3º Havendo mais de cem advogados, a Subseção pode ser integrada, também, por um Conselho em número de membros fixado pelo Conselho Seccional.

§ 4º Os quantitativos referidos nos parágrafos primeiro e terceiro deste artigo podem ser ampliados, na forma do Regimento Interno do Conselho Seccional.

§ 5º Cabe ao Conselho Seccional fixar, em seu orçamento, dotações específicas destinadas à manutenção das Subseções.

§ 6º O Conselho Seccional, mediante o voto de 2/3 (dois terços) de seus membros, pode intervir nas Subseções, onde constatar grave violação desta Lei ou do Regimento Interno daquele.

• V. art. 58, XIV.

Art. 61. Compete à Subseção, no âmbito de seu território:

I – dar cumprimento efetivo às finalidades da OAB;

II – velar pela dignidade, independência e valorização da advocacia, e fazer valer as prerrogativas do advogado;

III – representar a OAB perante os poderes constituídos;

IV – desempenhar as atribuições previstas no Regulamento Geral ou por delegação de competência do Conselho Seccional.

Parágrafo único. Ao Conselho da Subseção, quando houver, compete exercer as funções e atribuições do Conselho Seccional, na forma do Regimento Interno deste, e ainda:

• V. art. 58.

a) editar seu Regimento Interno, a ser referendado pelo Conselho Seccional;

b) editar resoluções, no âmbito de sua competência;

c) instaurar e instruir processos disciplinares, para julgamento pelo Tribunal de Ética e Disciplina;

d) receber pedido de inscrição nos quadros de advogado e estagiário, instruindo e emitindo parecer prévio, para decisão do Conselho Seccional.

• V. arts. 8º e 9º.

Capítulo V
DA CAIXA DE ASSISTÊNCIA DOS ADVOGADOS

Art. 62. A Caixa de Assistência dos Advogados, com personalidade jurídica própria, destina-se a prestar assistência aos inscritos no Conselho Seccional a que se vincule.

§ 1º A Caixa é criada e adquire personalidade jurídica com a aprovação e registro de seu Estatuto pelo respectivo Conselho Seccional da OAB, na forma do Regulamento Geral.

§ 2º A Caixa pode, em benefício dos advogados, promover a seguridade complementar.

§ 3º Compete ao Conselho Seccional fixar contribuição obrigatória devida por seus inscritos, destinada à manutenção do disposto no parágrafo anterior, incidente sobre atos decorrentes do efetivo exercício da advocacia.

§ 4º A diretoria da Caixa é composta de cinco membros, com atribuições definidas no seu Regimento Interno.

§ 5º Cabe à Caixa a metade da receita das anuidades recebidas pelo Conselho Seccional, considerado o valor resultante após as deduções regulamentares obrigatórias.

§ 6º Em caso de extinção ou desativação da Caixa, seu patrimônio se incorpora ao do Conselho Seccional respectivo.

§ 7º O Conselho Seccional, mediante voto de 2/3 (dois terços) de seus membros, pode intervir na Caixa de Assistência dos Advogados, no caso de descumprimento de suas finalidades, designando diretoria provisória, enquanto durar a intervenção.

• V. art. 58, XV.

Capítulo VI
DAS ELEIÇÕES E DOS MANDATOS

Art. 63. A eleição dos membros de todos os órgãos da OAB será realizada na segunda quinzena do mês de novembro, do último ano do mandato, mediante cédula única e votação direta dos advogados regularmente inscritos.

§ 1º A eleição, na forma e segundo os critérios e procedimentos estabelecidos no Regulamento Geral, é de comparecimento obrigatório para todos os advogados inscritos na OAB.

§ 2º O candidato deve comprovar situação regular junto à OAB, não ocupar cargo exonerável *ad nutum*, não ter sido condenado por infração disciplinar, salvo reabilitação, e exercer efetivamente a profissão há mais de 5 (cinco) anos.

Art. 64. Consideram-se eleitos os candidatos integrantes da chapa que obtiver a maioria dos votos válidos.

§ 1º A chapa para o Conselho Seccional deve ser composta dos candidatos ao Conselho e à sua Diretoria e, ainda, à delegação ao Conselho Federal e à Diretoria da Caixa de Assistência dos Advogados para eleição conjunta.

§ 2º A chapa para a Subseção deve ser composta com os candidatos à diretoria, e de seu Conselho quando houver.

Art. 65. O mandato em qualquer órgão da OAB é de 3 (três) anos, iniciando-se em 1º de janeiro do ano seguinte ao da eleição, salvo o Conselho Federal.

Parágrafo único. Os conselheiros federais eleitos iniciam seus mandatos em 1º de fevereiro do ano seguinte ao da eleição.

Art. 66. Extingue-se o mandato automaticamente, antes do seu término, quando:

I – ocorrer qualquer hipótese de cancelamento de inscrição ou de licenciamento do profissional;

II – o titular sofrer condenação disciplinar;

III – o titular faltar, sem motivo justificado, a três reuniões ordinárias consecutivas de cada órgão deliberativo do Conselho ou da diretoria da Subseção ou da Caixa de Assistência dos Advogados, não podendo ser reconduzido no mesmo período de mandato.

Parágrafo único. Extinto qualquer mandato, nas hipóteses deste artigo, cabe ao Conselho Seccional escolher o substituto, caso não haja suplente.

Art. 67. A eleição da Diretoria do Conselho Federal, que tomará posse no dia 1º de fevereiro, obedecerá às seguintes regras:

I – será admitido registro, junto ao Conselho Federal, de candidatura à presidência, desde 6 (seis) meses até 1 (um) mês antes da eleição;

II – o requerimento de registro deverá vir acompanhado do apoiamento de, no mínimo, seis Conselhos Seccionais;

III – até 1 (um) mês antes das eleições, deverá ser requerido o registro da chapa completa, sob pena de cancelamento da candidatura respectiva;

IV – no dia 31 de janeiro do ano seguinte ao da eleição, o Conselho Federal elegerá, em reunião presidida pelo conselheiro mais antigo, por voto secreto e para mandato de 3 (três) anos, sua diretoria, que tomará posse no dia seguinte;

• Inciso IV com redação determinada pela Lei 11.179/2005.

V – será considerada eleita a chapa que obtiver maioria simples dos votos dos Conselheiros Federais, presente a metade mais um de seus membros.

• Inciso V com redação determinada pela Lei 11.179/2005.

Parágrafo único. Com exceção do candidato a Presidente, os demais integrantes da chapa deverão ser conselheiros federais eleitos.

TÍTULO III
DO PROCESSO NA OAB

Capítulo I
DISPOSIÇÕES GERAIS

Art. 68. Salvo disposição em contrário, aplicam-se subsidiariamente ao processo disciplinar as regras da legislação processual penal comum e, aos demais processos, as regras gerais do procedimento administrati-

Lei 8.906/1994

LEGISLAÇÃO

vo comum e da legislação processual civil, nessa ordem.

Art. 69. Todos os prazos necessários à manifestação de advogados, estagiários e terceiros, nos processos em geral da OAB, são de 15 (quinze) dias, inclusive para interposição de recursos.

§ 1º Nos casos de comunicação por ofício reservado, ou de notificação pessoal, o prazo se conta a partir do dia útil imediato ao da notificação do recebimento.

§ 2º Nos casos de publicação na imprensa oficial do ato ou da decisão, o prazo inicia-se no primeiro dia útil seguinte.

Capítulo II
DO PROCESSO DISCIPLINAR

Art. 70. O poder de punir disciplinarmente os inscritos na OAB compete exclusivamente ao Conselho Seccional em cuja base territorial tenha ocorrido a infração, salvo se a falta for cometida perante o Conselho Federal.

§ 1º Cabe ao Tribunal de Ética e Disciplina, do Conselho Seccional competente, julgar os processos disciplinares, instruídos pelas Subseções ou por relatores do próprio Conselho.

§ 2º A decisão condenatória irrecorrível deve ser imediatamente comunicada ao Conselho Seccional onde o representado tenha inscrição principal, para constar dos respectivos assentamentos.

§ 3º O Tribunal de Ética e Disciplina do Conselho onde o acusado tenha inscrição principal pode suspendê-lo preventivamente, em caso de repercussão prejudicial à dignidade da advocacia, depois de ouvi-lo em sessão especial para a qual deve ser notificado a comparecer, salvo se não atender à notificação. Neste caso, o processo disciplinar deve ser concluído no prazo máximo de 90 (noventa) dias.

Art. 71. A jurisdição disciplinar não exclui a comum e, quando o fato constituir crime ou contravenção, deve ser comunicado às autoridades competentes.

Art. 72. O processo disciplinar instaura-se de ofício ou mediante representação de qualquer autoridade ou pessoa interessada.

§ 1º O Código de Ética e Disciplina estabelece os critérios de admissibilidade da representação e os procedimentos disciplinares.

§ 2º O processo disciplinar tramita em sigilo, até o seu término, só tendo acesso às suas informações as partes, seus defensores e a autoridade judiciária competente.

Art. 73. Recebida a representação, o Presidente deve designar relator, a quem compete a instrução do processo e o oferecimento de parecer preliminar a ser submetido ao Tribunal de Ética e Disciplina.

§ 1º Ao representado deve ser assegurado amplo direito de defesa, podendo acompanhar o processo em todos os termos, pessoalmente ou por intermédio de procurador, oferecendo defesa prévia após ser notificado, razões finais após a instrução e defesa oral perante o Tribunal de Ética e Disciplina, por ocasião do julgamento.

§ 2º Se, após a defesa prévia, o relator se manifestar pelo indeferimento liminar da representação, este deve ser decidido pelo Presidente do Conselho Seccional, para determinar seu arquivamento.

§ 3º O prazo para defesa prévia pode ser prorrogado por motivo relevante, a juízo do relator.

§ 4º Se o representado não for encontrado, ou for revel, o Presidente do Conselho ou da Subseção deve designar-lhe defensor dativo.

§ 5º É também permitida a revisão do processo disciplinar, por erro de julgamento ou por condenação baseada em falsa prova.

Art. 74. O Conselho Seccional pode adotar as medidas administrativas e judiciais pertinentes, objetivando a que o profissional suspenso ou excluído devolva os documentos de identificação.

Capítulo III
DOS RECURSOS

Art. 75. Cabe recurso ao Conselho Federal de todas as decisões definitivas proferidas pelo Conselho Seccional, quando não tenham sido unânimes ou, sendo unânimes, contrariem esta Lei, decisão do Conselho Federal ou de outro Conselho Seccional e, ain-

Lei 8.906/1994

LEGISLAÇÃO

da, o Regulamento Geral, o Código de Ética e Disciplina e os Provimentos.

Parágrafo único. Além dos interessados, o Presidente do Conselho Seccional é legitimado a interpor o recurso referido neste artigo.

• V. art. 55, § 3º.

Art. 76. Cabe recurso ao Conselho Seccional de todas as decisões proferidas por seu Presidente, pelo Tribunal de Ética e Disciplina, ou pela diretoria da Subseção ou da Caixa de Assistência dos Advogados.

Art. 77. Todos os recursos têm efeito suspensivo, exceto quando tratarem de eleições (arts. 63 e seguintes), de suspensão preventiva decidida pelo Tribunal de Ética e Disciplina, e de cancelamento da inscrição obtida com falsa prova.

Parágrafo único. O Regulamento Geral disciplina o cabimento de recursos específicos, no âmbito de cada órgão julgador.

TÍTULO IV
DAS DISPOSIÇÕES GERAIS E TRANSITÓRIAS

Art. 78. Cabe ao Conselho Federal da OAB, por deliberação de 2/3 (dois terços), pelo menos, das delegações, editar o Regulamento Geral deste Estatuto, no prazo de 6 (seis) meses, contados da publicação desta Lei.

• V. Regulamento Geral do Estatuto da Advocacia e da OAB (*DJU* 16.11.1994).

Art. 79. Aos servidores da OAB, aplica-se o regime trabalhista.

§ 1º Aos servidores da OAB, sujeitos ao regime da Lei 8.112, de 11 de dezembro de 1990, é concedido o direito de opção pelo regime trabalhista, no prazo de 90 (noventa) dias a partir da vigência desta Lei, sendo assegurado aos optantes o pagamento de indenização, quando da aposentadoria, correspondente a cinco vezes o valor da última remuneração.

§ 2º Os servidores que não optarem pelo regime trabalhista serão posicionados no quadro em extinção, assegurado o direito adquirido ao regime legal anterior.

Art. 80. Os Conselhos Federal e Seccionais devem promover trienalmente as respectivas Conferências, em data não coincidente com o ano eleitoral, e, periodicamente, reunião do colégio de presidentes a eles vinculados, com finalidade consultiva.

Art. 81. Não se aplicam aos que tenham assumido originariamente o cargo de Presidente do Conselho Federal ou dos Conselhos Seccionais, até a data da publicação desta Lei, as normas contidas no Título II, acerca da composição desses Conselhos, ficando assegurado o pleno direito de voz e voto em suas sessões.

• V. arts. 51, § 2º, e 56, § 1º.

Art. 82. Aplicam-se as alterações previstas nesta Lei, quanto a mandatos, eleições, composição e atribuições dos órgãos da OAB, a partir do término do mandato dos atuais membros, devendo os Conselhos Federal e Seccionais disciplinarem os respectivos procedimentos de adaptação.

Parágrafo único. Os mandatos dos membros dos órgãos da OAB, eleitos na primeira eleição sob a vigência desta Lei, e na forma do Capítulo VI do Título II, terão início no dia seguinte ao término dos atuais mandatos, encerrando-se em 31 de dezembro do terceiro ano do mandato e em 31 de janeiro do terceiro ano do mandato, neste caso com relação ao Conselho Federal.

Art. 83. Não se aplica o disposto no art. 28, inciso II, desta Lei, aos membros do Ministério Público que, na data de promulgação da Constituição, se incluam na previsão do art. 29, § 3º, do seu Ato das Disposições Constitucionais Transitórias.

Art. 84. O estagiário, inscrito no respectivo quadro, fica dispensado do Exame de Ordem, desde que comprove, em até dois anos da promulgação desta Lei, o exercício e resultado do estágio profissional ou a conclusão, com aproveitamento, do estágio de "Prática Forense e Organização Judiciária", realizado junto à respectiva faculdade, na forma da legislação em vigor.

• V. art. 8º, IV.

Art. 85. O Instituto dos Advogados Brasileiros e as instituições a ele filiadas têm qualidade para promover perante a OAB o que julgarem do interesse dos advogados em geral ou de qualquer dos seus membros.

Lei 8.981/1995

LEGISLAÇÃO

Art. 86. Esta Lei entra em vigor na data de sua publicação.

Art. 87. Revogam-se as disposições em contrário, especialmente a Lei 4.215, de 27 de abril de 1963, a Lei 5.390, de 23 de fevereiro de 1968, o Dec.-lei 505, de 18 de março de 1969, a Lei 5.681, de 20 de julho de 1971, a Lei 5.842, de 6 de dezembro de 1972, a Lei 5.960, de 10 de dezembro de 1973, a Lei 6.743, de 5 de dezembro de 1979, a Lei 6.884, de 9 de dezembro de 1980, a Lei 6.994, de 26 de maio de 1982, mantidos os efeitos da Lei 7.346, de 22 de julho de 1985.

Brasília, 4 de julho de 1994; 173º da Independência e 106º da República.

Itamar Franco

(DOU 05.07.1994)

LEI 8.981,
DE 20 DE JANEIRO DE 1995

Altera a legislação tributária federal, e dá outras providências.

Faço saber que o Presidente da República adotou a Medida Provisória 812, de 30 de dezembro de 1994, que o Congresso Nacional aprovou, e eu, Humberto Lucena, Presidente do Senado Federal, para os efeitos do disposto no parágrafo único do art. 52 da Constituição Federal, promulgo a seguinte Lei:

Capítulo I
DISPOSIÇÕES GERAIS

Art. 1º A partir do ano-calendário de 1995 a expressão monetária da Unidade Fiscal de Referência – Ufir será fixa por períodos trimestrais.

- O art. 29, § 3º, da Lei 10.522/2002, dispõe: "Observado o disposto neste artigo, bem assim a atualização efetuada para o ano de 2000, nos termos do art. 75 da Lei 9.430, de 27 de dezembro de 1996, fica extinta a Unidade de Referência Fiscal – Ufir, instituída pelo art. 1º da Lei 8.383, de 30 de dezembro de 1991".

§ 1º O Ministério da Fazenda divulgará a expressão monetária da Ufir trimestral com base no IPCA – Série Especial de que trata o art. 2º da Lei 8.383, de 30 de dezembro de 1991.

§ 2º O IPCA – Série Especial será apurado a partir do período de apuração iniciado em 16 de dezembro de 1994 e divulgado trimestralmente pela Fundação Instituto Brasileiro de Geografia e Estatística – FIBGE.

§ 3º A expressão monetária da Ufir referente ao primeiro trimestre de 1995 é de R$ 0,6767.

Art. 2º Para efeito de aplicação dos limites, bem como dos demais valores expressos em Ufir na legislação federal, a conversão dos valores em reais para Ufir será efetuada utilizando-se o valor da Ufir vigente no trimestre de referência.

Art. 3º A base de cálculo e o Imposto sobre a Renda das pessoas jurídicas tributadas com base no lucro real, presumido ou arbitrado, correspondentes aos períodos base encerrados no ano-calendário de 1994, serão expressos em quantidade de Ufir, observada a legislação então vigente.

Art. 4º O Imposto sobre a Renda devido pelas pessoas físicas, correspondente ao ano-calendário de 1994, será expresso em quantidade de Ufir, observada a legislação então vigente.

Art. 5º Os débitos de qualquer natureza para com a Fazenda Nacional e os decorrentes de contribuições arrecadadas pela União, constituídos ou não, cujos fatos geradores ocorrerem até 31 de dezembro de 1994, inclusive os que foram objeto de parcelamento, expressos em quantidade de Ufir, serão reconvertidos para real com base no valor desta fixado para o trimestre do pagamento.

Parágrafo único. O disposto neste artigo se aplica também às contribuições sociais arrecadadas pelo Instituto Nacional de Seguro Social – INSS, relativas a períodos de competência anteriores a 1º de janeiro de 1995.

Art. 6º Os tributos e contribuições sociais, cujos fatos geradores vierem a ocorrer a partir de 1º de janeiro de 1995, serão apurados em reais.

Capítulo II
DO IMPOSTO SOBRE A RENDA DAS PESSOAS FÍSICAS

Seção I
Disposições gerais

Art. 7º A partir de 1º de janeiro de 1995, a renda e os proventos de qualquer nature-

Lei 8.981/1995

za, inclusive os rendimentos e ganhos de capital, percebidos por pessoas físicas residentes ou domiciliadas no Brasil, serão tributados pelo Imposto sobre a Renda na forma da legislação vigente, com as modificações introduzidas por esta Lei.

Seção II
Da incidência mensal do imposto
Arts. 8º a 10. *(Revogados pela Lei 9.250/1995.)*

Seção III
Da declaração de rendimentos
Arts. 11 a 20. *(Revogados pela Lei 9.250/1995.)*

Seção IV
Tributação dos ganhos de capital das pessoas físicas

Art. 21. O ganho de capital percebido por pessoa física em decorrência da alienação de bens e direitos de qualquer natureza sujeita-se à incidência do imposto sobre a renda, com as seguintes alíquotas:

- *Caput* com redação determinada pela Lei 13.259/2016 (*DOU* 17.03.2016, edição extra), em vigor na data de sua publicação, produzindo efeitos a partir de 01.01.2016.

I – 15% (quinze por cento) sobre a parcela dos ganhos que não ultrapassar R$ 5.000.000,00 (cinco milhões de reais);

II – 17,5% (dezessete inteiros e cinco décimos por cento) sobre a parcela dos ganhos que exceder R$ 5.000.000,00 (cinco milhões de reais) e não ultrapassar R$ 10.000.000,00 (dez milhões de reais);

III – 20% (vinte por cento) sobre a parcela dos ganhos que exceder R$ 10.000.000,00 (dez milhões de reais) e não ultrapassar R$ 30.000.000,00 (trinta milhões de reais); e

IV – 22,5% (vinte e dois inteiros e cinco décimos por cento) sobre a parcela dos ganhos que ultrapassar R$ 30.000.000,00 (trinta milhões de reais).

§ 1º O imposto de que trata este artigo deverá ser pago até o último dia útil do mês subsequente ao da percepção dos ganhos.

§ 2º Os ganhos a que se refere este artigo serão apurados e tributados em separado e não integrarão a base de cálculo do Imposto sobre a Renda na declaração de ajuste anual, e o imposto pago não poderá ser deduzido do devido na declaração.

§ 3º Na hipótese de alienação em partes do mesmo bem ou direito, a partir da segunda operação, desde que realizada até o final do ano-calendário seguinte ao da primeira operação, o ganho de capital deve ser somado aos ganhos auferidos nas operações anteriores, para fins da apuração do imposto na forma do *caput*, deduzindo-se o montante do imposto pago nas operações anteriores.

- § 3º acrescentado pela Lei 13.259/2016 (*DOU* 17.03.2016, edição extra), em vigor na data de sua publicação, produzindo efeitos a partir de 01.01.2016.

§ 4º Para fins do disposto neste artigo, considera-se integrante do mesmo bem ou direito o conjunto de ações ou quotas de uma mesma pessoa jurídica.

- § 4º acrescentado pela Lei 13.259/2016 (*DOU* 17.03.2016, edição extra), em vigor na data de sua publicação, produzindo efeitos a partir de 01.01.2016.

§ 5º *(Vetado.)*

- § 5º acrescentado pela Lei 13.259/2016 (*DOU* 17.03.2016, edição extra), em vigor na data de sua publicação, produzindo efeitos a partir de 01.01.2016.

Art. 22. Na apuração dos ganhos de capital na alienação de bens e direitos será considerado como custo de aquisição:

I – no caso de bens e direitos adquiridos até 31 de dezembro de 1994, o valor em Ufir, apurado na forma da legislação então vigente;

II – no caso de bens e direitos adquiridos a partir de 1º de janeiro de 1995, o valor pago convertido em Ufir com base no valor desta fixado para o trimestre de aquisição ou de cada pagamento, quando se tratar de pagamento parcelado.

Parágrafo único. O custo de aquisição em Ufir será reconvertido para reais com base no valor da Ufir vigente no trimestre em que ocorrer a alienação.

Art. 23. *(Revogado pela Lei 9.250/1995.)*

Seção V
Declaração de bens e direitos

Art. 24. A partir do exercício financeiro de 1996, a pessoa física deverá apresentar relação pormenorizada de todos os bens e

Lei 8.981/1995

LEGISLAÇÃO

direitos, em reais, que, no País ou no exterior, constituam, em 31 de dezembro do ano-calendário anterior, seu patrimônio e o de seus dependentes.

Parágrafo único. Os valores dos bens e direitos adquiridos até 31 de dezembro de 1994, declarados em Ufir, serão reconvertidos para reais, para efeito de preenchimento da declaração de bens e direitos a partir do ano-calendário de 1995, exercício de 1996, com base no valor da Ufir vigente no primeiro trimestre do ano-calendário de 1995.

Capítulo III
DO IMPOSTO SOBRE A RENDA DAS PESSOAS JURÍDICAS

Seção I
Normas gerais

Art. 25. A partir de 1º de janeiro de 1995, o Imposto sobre a Renda das pessoas jurídicas, inclusive das equiparadas, será devido à medida em que os rendimentos, ganhos e lucros forem sendo auferidos.

Art. 26. As pessoas jurídicas determinarão o Imposto sobre a Renda segundo as regras aplicáveis ao regime de tributação com base no lucro real, presumido ou arbitrado.

§ 1º É facultado às sociedades civis de prestação de serviços relativos às profissões regulamentadas (art. 1º do Dec.-lei 2.397, de 21 de dezembro de 1987) optarem pelo regime de tributação com base no lucro real ou presumido.

§ 2º Na hipótese do parágrafo anterior, a opção, de caráter irretratável, se fará mediante o pagamento do imposto correspondente ao mês de janeiro do ano-calendário da opção ou do mês de início da atividade.

Seção II
Do pagamento mensal do imposto

• V. arts. 39, § 2º, e 44, § 2º.

Art. 27. Para efeito de apuração do Imposto sobre a Renda, relativo aos fatos geradores ocorridos em cada mês, a pessoa jurídica determinará a base de cálculo mensalmente, de acordo com as regras previstas nesta Seção, sem prejuízo do ajuste previsto no art. 37.

• V. art. 20, Lei 9.249/1995 (Altera legislação tributária federal).

Art. 28. (*Revogado pela Lei 9.249/1995.*)

Art. 29. No caso das pessoas jurídicas a que se refere o art. 36, III, desta Lei, a base de cálculo do imposto será determinada mediante a aplicação do percentual de 9% (nove por cento) sobre a receita bruta.

• V. arts. 34, 35, §§ 2º e 3º, 57, § 2º, e 77, §§ 3º e 4º.

§ 1º Poderão ser deduzidas da receita bruta:

a) no caso das instituições financeiras, sociedades corretoras de títulos, valores mobiliários e câmbio, e sociedades distribuidoras de títulos e valores mobiliários:

a.1) as despesas incorridas na captação de recursos de terceiros;

a.2) as despesas com obrigações por refinanciamentos, empréstimos e repasses de recursos de órgãos e instituições oficiais e do exterior;

a.3) as despesas de cessão de crédito;

a.4) as despesas de câmbio;

a.5) as perdas com títulos e aplicações financeiras de renda fixa;

a.6) as perdas nas operações de renda variável previstas no inciso III do art. 77;

b) no caso de empresas de seguros privados: o cosseguro e resseguro cedidos, os valores referentes a cancelamentos e restituições de prêmio e a parcela dos prêmios destinada à constituição de provisões ou reservas técnicas;

c) no caso de entidades de previdência privada abertas e de empresas de capitalização: a parcela das contribuições e prêmios, respectivamente, destinada à constituição de provisões ou reservas técnicas;

d) no caso de operadoras de planos de assistência à saúde: as corresponsabilidades cedidas e a parcela das contraprestações pecuniárias destinada à constituição de provisões técnicas.

• Alínea *d* acrescentada pela MP 2.158-35/2001, produzindo efeitos relativamente aos fatos geradores ocorridos a partir de 1º de janeiro de 2002.

§ 2º É vedada a dedução de qualquer despesa administrativa.

Art. 30. As pessoas jurídicas que explorem atividades imobiliárias relativas a loteamento de terrenos, incorporação imobiliária, construção de prédios destinados à venda, bem como a venda de imóveis construídos ou adquiridos para a revenda, deverão considerar como receita bruta o montante

LEGISLAÇÃO

efetivamente recebido, relativo às unidades imobiliárias vendidas.
Parágrafo único. O disposto neste artigo aplica-se, inclusive, aos casos de empreitada ou fornecimento contratado nas condições do art. 10 do Dec.-lei 1.598, de 26 de dezembro de 1977, com pessoa jurídica de direito público, ou empresa sob seu controle, empresa pública, sociedade de economia mista ou sua subsidiária.

- Parágrafo único acrescentado pela Lei 9.065/1995.

Art. 31. *(Revogado pela Lei 12.973/2014 – DOU 14.05.2014, em vigor em 1º.01.2015.)*

- V. art. 119, § 1º, II, Lei 12.973/2014.

Parágrafo único. Na receita bruta não se incluem as vendas canceladas, os descontos incondicionais concedidos e os impostos não cumulativos cobrados destacadamente do comprador ou contratante dos quais o vendedor dos bens ou o prestador dos serviços seja mero depositário.

Art. 32. Os ganhos de capital, demais receitas e os resultados positivos decorrentes de receitas não abrangidas pelo artigo anterior, serão acrescidos à base de cálculo determinada na forma dos arts. 28 ou 29, para efeito de incidência de Imposto sobre a Renda de que trata esta Seção.
§ 1º O disposto neste artigo não se aplica aos rendimentos tributados na forma dos arts. 65, 66, 67, 70, 72, 73 e 74, decorrentes das operações ali mencionadas, bem como aos lucros, dividendos ou resultado positivo decorrente da avaliação de investimentos pela equivalência patrimonial.
§ 2º O ganho de capital nas alienações de bens ou direitos classificados como investimento, imobilizado ou intangível e de aplicações em ouro, não tributadas na forma do art. 72, corresponderá à diferença positiva verificada entre o valor da alienação e o respectivo valor contábil.

- § 2º com redação determiniada pela Lei 12.973/2014 (*DOU* 14.05.2014), em vigor em 1º.01.2015.
- V. art. 119, § 1º, Lei 12.973/2014.

§ 3º Na apuração dos valores de que trata o *caput*, deverão ser considerados os respectivos valores decorrentes do ajuste a valor presente de que trata o inciso VIII do *caput* do art. 183 da Lei 6.404, de 15 de dezembro de 1976.

- § 3º acrescentado pela Lei 12.973/2014 (*DOU* 14.05.2014), em vigor em 1º.01.2015.
- V. art. 119, § 1º, I, Lei 12.973/2014.

§ 4º Para fins do disposto no § 2º, poderão ser considerados no valor contábil, e na proporção deste, os respectivos valores decorrentes dos efeitos do ajuste a valor presente de que trata o inciso III do *caput* do art. 184 da Lei 6.404, de 15 de dezembro de 1976.

- § 4º acrescentado pela Lei 12.973/2014 (*DOU* 14.05.2014), em vigor em 1º.01.2015.
- V. art. 119, § 1º, I, Lei 12.973/2014.

§ 5º Os ganhos decorrentes de avaliação de ativo ou passivo com base no valor justo não integrarão a base de cálculo do imposto, no momento em que forem apurados.

- § 5º acrescentado pela Lei 12.973/2014 (*DOU* 14.05.2014), em vigor em 1º.01.2015.
- V. art. 119, § 1º, I, Lei 12.973/2014.

§ 6º Para fins do disposto no *caput*, os ganhos e perdas decorrentes de avaliação do ativo com base em valor justo não serão considerados como parte integrante do valor contábil.

- § 6º acrescentado pela Lei 12.973/2014 (*DOU* 14.05.2014), em vigor em 1º.01.2015.
- V. art. 119, § 1º, I, Lei 12.973/2014.

§ 7º O disposto no § 6º não se aplica aos ganhos que tenham sido anteriormente computados na base de cálculo do imposto.

- § 7º acrescentado pela Lei 12.973/2014 (*DOU* 14.05.2014), em vigor em 1º.01.2015.
- V. art. 119, § 1º, I, Lei 12.973/2014.

Art. 33. *(Revogado pela Lei 9.430/1996.)*

Art. 34. Para efeito de pagamento, a pessoa jurídica poderá deduzir, do imposto apurado no mês, o Imposto sobre a Renda pago ou retido na fonte sobre as receitas que integraram a base de cálculo correspondente (arts. 28 ou 29), bem como os incentivos de dedução do imposto, relativos ao Programa de Alimentação do Trabalhador, Vale-Transporte, Doações aos Fundos da Criança e do Adolescente, Atividades Culturais ou Artísticas e Atividade Audiovisual, observados os limites e prazos previstos na legislação vigente.

- Artigo com redação determinada pela Lei 9.065/1995.

Art. 35. A pessoa jurídica poderá suspender ou reduzir o pagamento do imposto devido em cada mês, desde que demonstre, através de balanços ou balancetes mensais,

Lei 8.981/1995

que o valor acumulado já pago excede o valor do imposto, inclusive adicional, calculado com base no lucro real do período em curso.

• V. arts. 39, e 57, §3°

§ 1º Os balanços ou balancetes de que trata este artigo:
a) deverão ser levantados com observância das leis comerciais e fiscais e transcritos no Livro Diário;
b) somente produzirão efeitos para determinação da parcela do Imposto sobre a Renda e da contribuição social sobre o lucro devidos no decorrer do ano-calendário.

§ 2º Estão dispensadas do pagamento de que tratam os arts. 28 e 29 as pessoas jurídicas que, através de balanço ou balancetes mensais, demonstrem a existência de prejuízos fiscais apurados a partir do mês de janeiro do ano-calendário.

• § 2º com redação determinada pela Lei 9.065/1995.

§ 3º O pagamento mensal, relativo ao mês de janeiro do ano-calendário, poderá ser efetuado com base em balanço ou balancete mensal, desde que neste fique demonstrado que o imposto devido no período é inferior ao calculado com base no disposto nos arts. 28 e 29.

• § 3º acrescentado pela Lei 9.065/1995.

§ 4º O Poder Executivo poderá baixar instruções para a aplicação do disposto neste artigo.

• § 4º acrescentado pela Lei 9.065/1995.

Seção III
Do regime de tributação com base no lucro real

Art. 36. *(Revogado pela Lei 9.718/1998.)*

Art. 37. Sem prejuízo dos pagamentos mensais do imposto, as pessoas jurídicas obrigadas ao regime de tributação com base no lucro real (art. 36) e as pessoas jurídicas que não optarem pelo regime de tributação com base no lucro presumido (art. 44) deverão, para efeito de determinação do saldo de imposto a pagar ou a ser compensado, apurar o lucro real em 31 de dezembro de cada ano-calendário ou na data da extinção.

• V. arts. 27 e 39, §2º.

§ 1º A determinação do lucro real será precedida da apuração do lucro líquido com observância das disposições das leis comerciais.

§ 2º Sobre o lucro real será aplicada a alíquota de 25% (vinte e cinco por cento), sem prejuízo do disposto no art. 39.

§ 3º Para efeito de determinação do saldo do imposto a pagar ou a ser compensado, a pessoa jurídica poderá deduzir do imposto devido o valor:
a) dos incentivos fiscais de dedução do imposto, observados os limites e prazos fixados na legislação vigente, bem como o disposto no § 2º do art. 39;
b) dos incentivos fiscais de redução e isenção do imposto, calculados com base no lucro da exploração;
c) do Imposto sobre a Renda pago ou retido na fonte, incidentes sobre receitas computadas na determinação do lucro real;
d) do Imposto sobre a Renda calculado na forma dos arts. 27 a 35 desta Lei, pago mensalmente.

§ 4º *(Revogado pela Lei 9.430/1996.)*

§ 5º O disposto no *caput* somente alcança as pessoas jurídicas que:

• V. art. 47, § 2º, *a*.

a) efetuaram o pagamento do Imposto sobre a Renda e da contribuição social sobre o lucro, devidos no curso do ano-calendário, com base nas regras previstas nos arts. 27 a 34;
b) demonstrarem, através de balanço ou balancetes mensais (art. 35):

• Alínea *b* com redação determinada pela Lei 9.065/1995.

b.1) que o valor pago a menor decorreu da apuração do lucro real e da base de cálculo da contribuição social sobre o lucro, na forma da legislação comercial e fiscal; ou

• Alínea *b.1* acrescentada pela Lei 9.065/1995.

b.2) a existência de prejuízos fiscais, a partir do mês de janeiro do referido ano-calendário.

• Alínea *b.2* acrescentada pela Lei 9.065/1995.

§ 6º As pessoas jurídicas não enquadradas nas disposições contidas no § 5º deverão determinar, mensalmente, o lucro real e a base de cálculo da contribuição social sobre o lucro, de acordo com a legislação comercial e fiscal.

• V. art. 3º, parágrafo único, Lei 9.065/1995 (Altera a legislação tributária federal).

§ 7º Na hipótese do parágrafo anterior o imposto e a contribuição social sobre o lucro devidos terão por vencimento o último dia

Lei 8.981/1995

LEGISLAÇÃO

útil do mês subsequente ao de encerramento do período mensal.

Art. 38. *(Revogado pela Lei 9.430/1996.)*

Art. 39. O lucro real ou arbitrado da pessoa jurídica estará sujeito a um adicional do Imposto sobre a Renda à alíquota de:

• V. arts. 67, § 5°, e 73, § 7°.

I – 12% (doze por cento) sobre a parcela do lucro real que ultrapassar R$ 180.000,00 até R$ 780.000,00;

II – 18% (dezoito por cento) sobre a parcela do lucro real que ultrapassar R$ 780.000,00;

III – 12% (doze por cento) sobre a parcela do lucro arbitrado que ultrapassar R$ 15.000,00 até R$ 65.000,00;

IV – 18% (dezoito por cento) sobre a parcela do lucro arbitrado que ultrapassar R$ 65.000,00.

§ 1° Os limites previstos nos incisos I e II serão proporcionais ao número de meses transcorridos do ano-calendário, quando o período de apuração for inferior a 12 (doze) meses.

§ 2° O valor do adicional será recolhido integralmente, não sendo permitidas quaisquer deduções.

Art. 40. *(Revogado pela Lei 9.430/1996.)*

Subseção I
Das alterações na apuração do lucro real

Art. 41. Os tributos e contribuições são dedutíveis, na determinação do lucro real, segundo o regime de competência.

§ 1° O disposto neste artigo não se aplica aos tributos e contribuições cuja exigibilidade esteja suspensa, nos termos dos incisos II a IV do art. 151 da Lei 5.172, de 25 de outubro de 1966, haja ou não depósito judicial.

§ 2° Na determinação do lucro real, a pessoa jurídica não poderá deduzir como custo ou despesa o Imposto sobre a Renda de que for sujeito passivo como contribuinte ou responsável em substituição ao contribuinte.

§ 3° A dedutibilidade, como custo ou despesa, de rendimentos pagos ou creditados a terceiros abrange o imposto sobre os rendimentos que o contribuinte, como fonte pagadora, tiver o dever legal de reter e recolher, ainda que assuma o ônus do imposto.

§ 4° Os impostos pagos pela pessoa jurídica na aquisição de bens do ativo permanente poderão, a seu critério, ser registrados como custo de aquisição ou deduzidos como despesas operacionais, salvo os pagos na importação de bens que se acrescerão ao custo de aquisição.

§ 5° Não são dedutíveis como custo ou despesas operacionais as multas por infrações fiscais, salvo as de natureza compensatória e as impostas por infrações de que não resultem falta ou insuficiência de pagamento de tributo.

§ 6° As contribuições sociais incidentes sobre o faturamento ou receita bruta e sobre o valor das importações, pagas pela pessoa jurídica na aquisição de bens destinados ao ativo permanente, serão acrescidas ao custo de aquisição.

• § 6° acrescentado pela Lei 10.865/2004 (*DOU* 30.04.2004, edição extra), em vigor na data de sua publicação, produzindo efeitos a partir de 1° de maio de 2004 (v. art. 53 da referida Lei).

Art. 42. A partir de 1° de janeiro de 1995, para efeito de determinar o lucro real, o lucro líquido ajustado pelas adições e exclusões previstas ou autorizadas pela legislação do Imposto sobre a Renda, poderá ser reduzido em, no máximo, 30% (trinta por cento).

• V. art. 12, Lei 9.065/1995 (Altera a legislação tributária federal).

Parágrafo único. A parcela dos prejuízos fiscais apurados até 31 de dezembro de 1994, não compensada em razão do disposto no *caput* deste artigo poderá ser utilizada nos anos-calendário subsequentes.

Art. 43. Poderão ser registradas, como custo ou despesa operacional, as importâncias necessárias à formação de provisão para créditos de liquidação duvidosa.

§ 1° A importância dedutível como provisão para créditos de liquidação duvidosa será a necessária a tornar a provisão suficiente para absorver as perdas que provavelmente ocorrerão no recebimento dos créditos existentes ao fim de cada período de apuração do lucro real.

§ 2° O montante dos créditos referidos no parágrafo anterior abrange exclusivamente os créditos oriundos da exploração da atividade econômica da pessoa jurídica, decorrentes da venda de bens nas operações de conta própria, dos serviços prestados e das operações de conta alheia.

Lei 8.981/1995

§ 3º Do montante dos créditos referidos no parágrafo anterior deverão ser excluídos:

a) os provenientes de vendas com reserva de domínio, de alienação fiduciária com garantia, ou de operações com garantia real;

b) os créditos com pessoa jurídica de direito público ou empresa sob seu controle, empresa pública, sociedade de economia mista ou sua subsidiária;

- V. art. 2º, parágrafo único, Lei 9.065/1995 (Altera a legislação tributária federal).

c) os créditos com pessoas jurídicas coligadas, interligadas, controladoras e controladas ou associadas por qualquer forma;

d) os créditos com administrador, sócio ou acionista, titular ou com seu cônjuge ou parente até o terceiro grau, inclusive os afins;

e) a parcela dos créditos correspondentes às receitas que não tenham transitado por conta de resultado;

f) o valor dos créditos adquiridos com coobrigação;

g) o valor dos créditos cedidos sem coobrigação;

h) o valor correspondente ao bem arrendado, no caso de pessoas jurídicas que operam com arrendamento mercantil;

i) o valor dos créditos e direitos junto a instituições financeiras, demais instituições autorizadas a funcionar pelo Banco Central do Brasil e sociedades e fundos de investimentos.

§ 4º Para efeito de determinação do saldo adequado da provisão, aplicar-se-á, sobre o montante dos créditos a que se refere este artigo, o percentual obtido pela relação entre a soma das perdas efetivamente ocorridas nos últimos três anos-calendário, relativas aos créditos decorrentes do exercício da atividade econômica, e a soma dos créditos da mesma espécie existentes no início dos anos-calendário correspondentes, observando-se que:

a) para efeito da relação estabelecida neste parágrafo, não poderão ser computadas as perdas relativas a créditos constituídos no próprio ano-calendário;

b) o valor das perdas, relativas a créditos sujeitos à atualização monetária, será o constante do saldo no início do ano-calendário considerado.

§ 5º Além da percentagem a que se refere o § 4º, a provisão poderá ser acrescida:

a) da diferença entre o montante do crédito habilitado e a proposta de liquidação pelo concordatário, nos casos de concordata, desde o momento em que esta for requerida;

b) de até 50% (cinquenta por cento) do crédito habilitado, nos casos de falência do devedor, desde o momento de sua decretação.

- V. Lei 11.101/2005 (Lei de Recuperação de Empresas e Falência).

§ 6º Nos casos de concordata ou falência do devedor, não serão admitidos como perdas os créditos que não forem habilitados, ou que tiverem a sua habilitação denegada.

- V. Lei 11.101/2005 (Lei de Recuperação de Empresas e Falência).

§ 7º Os prejuízos realizados no recebimento de créditos serão obrigatoriamente debitados à provisão referida neste artigo e o eventual excesso verificado será debitado a despesas operacionais.

§ 8º O débito dos prejuízos a que se refere o parágrafo anterior poderá ser efetuado, independentemente de se terem esgotados os recursos para sua cobrança, após o decurso de:

- § 8º com redação determinada pela Lei 9.065/1995.

a) 1 (um) ano de seu vencimento, se em valor inferior a 5.000 (cinco mil) Ufir, por devedor;

- Alínea a acrescentada pela Lei 9.065/1995.

b) 2 (dois) anos de seu vencimento, se superior ao limite referido na alínea a, não podendo exceder a 25% (vinte e cinco por cento) do lucro real, antes de computada essa dedução.

- Alínea b acrescentada pela Lei 9.065/1995.

§ 9º Os prejuízos debitados em prazos inferiores, conforme o caso, aos estabelecidos no parágrafo anterior, somente serão dedutíveis quando houverem sido esgotados os recursos para sua cobrança.

- § 9º com redação determinada pela Lei 9.065/1995.

§ 10. Consideram-se esgotados os recursos de cobrança quando o credor valer-se de todos os meios legais à sua disposição.

§ 11. Os débitos a que se refere a alínea b do § 8º não alcançam os créditos referidos nas alíneas a, b, c, d, e e h do § 3º.

- § 11 acrescentado pela Lei 9.065/1995.

Lei 8.981/1995

Seção IV
Do regime de tributação com base no lucro presumido

Art. 44. As pessoas jurídicas, cuja receita total, no ano-calendário anterior, tenha sido igual ou inferior a 12.000.000 (doze milhões) de Ufir, poderão optar, por ocasião da entrega da declaração de rendimentos, pelo regime de tributação com base no lucro presumido.

- *Caput* com redação determinada pela Lei 9.065/1995.
- V. art. 37.

§ 1º O limite previsto neste artigo será proporcional ao número de meses do ano-calendário, no caso de início de atividade.

§ 2º Na hipótese deste artigo, o Imposto sobre a Renda devido, relativo aos fatos geradores ocorridos em cada mês (arts. 27 a 32) será considerado definitivo.

§ 3º *(Revogado pela Lei 9.065/1995.)*

Art. 45. A pessoa jurídica habilitada à opção pelo regime de tributação com base no lucro presumido deverá manter:

I – escrituração contábil nos termos da legislação comercial;

II – Livro Registro de Inventário, no qual deverão constar registrados os estoques existentes no término do ano-calendário abrangido pelo regime de tributação simplificada;

III – em boa guarda e ordem, enquanto não decorrido o prazo decadencial e não prescritas eventuais ações que lhe sejam pertinentes, todos os livros de escrituração obrigatórios por legislação fiscal específica, bem como os documentos e demais papéis que serviram de base para escrituração comercial e fiscal.

Parágrafo único. O disposto no inciso I deste artigo não se aplica à pessoa jurídica que, no decorrer do ano-calendário, mantiver Livro Caixa, no qual deverá estar escriturada toda a movimentação financeira, inclusive bancária.

- V. art. 47, III.

Art. 46. *(Revogado pela Lei 9.249/1995.)*

Seção V
Do regime de tributação com base no lucro arbitrado

Art. 47. O lucro da pessoa jurídica será arbitrado quando:

I – o contribuinte, obrigado à tributação com base no lucro real ou submetido ao regime de tributação de que trata o Dec.-lei 2.397/1987, não mantiver escrituração na forma das leis comerciais e fiscais, ou deixar de elaborar as demonstrações financeiras exigidas pela legislação fiscal;

II – a escrituração a que estiver obrigado o contribuinte revelar evidentes indícios de fraude ou contiver vícios, erros ou deficiências que a tornem imprestável para:

a) identificar a efetiva movimentação financeira, inclusive bancária; ou

b) determinar o lucro real;

III – o contribuinte deixar de apresentar à autoridade tributária os livros e documentos da escrituração comercial e fiscal, ou Livro Caixa, na hipótese de que trata o art. 45, parágrafo único;

IV – o contribuinte optar indevidamente pela tributação com base no lucro presumido;

V – o comissário ou representante da pessoa jurídica estrangeira deixar de cumprir o disposto no § 1º do art. 76 da Lei 3.470, de 28 de novembro de 1958;

VI – *(Revogado pela Lei 9.718/1998.)*

VII – o contribuinte não mantiver, em boa ordem e segundo as normas contábeis recomendadas, Livro Razão ou fichas utilizados para resumir e totalizar, por conta ou subconta, os lançamentos efetuados no Diário;

VIII – o contribuinte não escriturar ou deixar de apresentar à autoridade tributária os livros ou registros auxiliares de que trata o § 2º do art. 177 da Lei 6.404, de 15 de dezembro de 1976, e § 2º do art. 8º do Decreto-lei 1.598, de 26 de dezembro de 1977.

- Inciso VIII acrescentado pela Lei 11.941/2009.

§ 1º Quando conhecida a receita bruta, o contribuinte poderá efetuar o pagamento do Imposto sobre a Renda correspondente com base nas regras previstas nesta Seção.

§ 2º Na hipótese do parágrafo anterior:

a) a apuração do Imposto sobre a Renda com base no lucro arbitrado abrangerá todo o ano-calendário, assegurado a tributação com base no lucro real relativa aos meses não submetidos ao arbitramento, se a pessoa jurídica dispuser de escrituração exigida pela legislação comercial e fiscal que demonstre o lucro real dos períodos não abrangido por aquela modalidade de tributação, observado o disposto no § 5º do art. 37;

b) o imposto apurado com base no lucro real, na forma da alínea anterior, terá por

Lei 8.981/1995

LEGISLAÇÃO

vencimento o último dia útil do mês subsequente ao de encerramento do referido período.

Art. 48. *(Revogado pela Lei 9.249/1995.)*

Art. 49. As pessoas jurídicas que se dedicarem à venda de imóveis construídos ou adquiridos para revenda, ao loteamento de terrenos e à incorporação de prédios em condomínio terão seus lucros arbitrados deduzindo-se da receita bruta o custo do imóvel devidamente comprovado.

Parágrafo único. O lucro arbitrado será tributado na proporção da receita recebida ou cujo recebimento esteja previsto para o próprio mês.

Art. 50. *(Revogado pela Lei 9.430/1996.)*

Art. 51. O lucro arbitrado das pessoas jurídicas, quando não conhecida a receita bruta, será determinado através de procedimento de ofício, mediante a utilização de uma das seguintes alternativas de cálculo:

I – 1,5 (um inteiro e cinco décimos) do lucro real referente ao último período em que pessoa jurídica manteve escrituração de acordo com as leis comerciais e fiscais, atualizado monetariamente;

II – 0,04 (quatro centésimos) da soma dos valores do ativo circulante, realizável a longo prazo e permanente, existentes no último balanço patrimonial conhecido, atualizado monetariamente;

III – 0,07 (sete centésimos) do valor do capital, inclusive a sua correção monetária contabilizada como reserva de capital, constante do último balanço patrimonial conhecido ou registrado nos atos de constituição ou alteração da sociedade, atualizado monetariamente;

IV – 0,05 (cinco centésimos) do valor do patrimônio líquido constante do último balanço patrimonial conhecido, atualizado monetariamente;

V – 0,4 (quatro décimos) do valor das compras de mercadorias efetuadas no mês;

VI – 0,4 (quatro décimos) da soma, em cada mês, dos valores da folha de pagamento dos empregados e das compras de matérias-primas, produtos intermediários e materiais de embalagens;

VII – 0,8 (oito décimos) da soma dos valores devidos no mês a empregados;

VIII – 0,9 (nove décimos) do valor mensal do aluguel devido.

§ 1º As alternativas previstas nos incisos V, VI e VII, a critério da autoridade lançadora, poderão ter sua aplicação limitada, respectivamente, às atividades comerciais, industriais e de prestação de serviços e, no caso de empresas com atividade mista, ser adotados isoladamente em cada atividade.

§ 2º Para os efeitos da aplicação do disposto no inciso I, quando o lucro real for decorrente de período base anual, o valor que servirá de base ao arbitramento será proporcional ao número de meses do período base considerado.

§ 3º Para cálculo da atualização monetária a que se referem os incisos deste artigo, serão adotados os índices utilizados para fins de correção monetária das demonstrações financeiras, tomando-se como termo inicial a data do encerramento do período base utilizado, e, como termo final, o mês a que se referir o arbitramento.

§ 4º Nas alternativas previstas nos incisos V e VI do *caput*, as compras serão consideradas pelos valores totais das operações, devendo ser incluídos os valores decorrentes do ajuste a valor presente de que trata o inciso III do art. 184 da Lei 6.404, de 15 de dezembro de 1976.

- § 4º acrescentado pela Lei 12.973/2014 (*DOU* 14.05.2014), em vigor em 1º.01.2015.
- V. art. 119, § 1º, I, Lei 12.973/2014.

Art. 52. *(Revogado pela Lei 9.430/1996.)*

Art. 53. *(Revogado pela Lei 9.430/1996.)*

Art. 54. *(Revogado pela Lei 9.249/1995.)*

Art. 55. O lucro arbitrado na forma do art. 51 constituirá também base de cálculo da contribuição social sobre o lucro, de que trata a Lei 7.689, de 15 de dezembro de 1988.

- V. art. 70, § 5º.

Seção VI
Da declaração de rendimentos das pessoas jurídicas

Art. 56. As pessoas jurídicas deverão apresentar, até o último dia útil do mês de março, declaração de rendimentos demonstrando os resultados auferidos no ano-calendário anterior.

- *Caput* com redação determinada pela Lei 9.065/1995.

§ 1º A declaração de rendimentos será entregue na unidade local da Secretaria da Receita Federal que jurisdicionar o declarante

Lei 8.981/1995

ou nos estabelecimentos bancários autorizados localizados na mesma jurisdição.

§ 2º No caso de encerramento de atividades, a declaração de rendimentos deverá ser entregue até o último dia útil do mês subsequente ao da extinção.

§ 3º A declaração de rendimentos das pessoas jurídicas deverá ser apresentada em meio magnético, ressalvado o disposto no parágrafo subsequente.

- § 3º com redação determinada pela Lei 9.532/1997.

§ 4º O Ministro da Fazenda poderá permitir que as empresas de que trata a Lei 9.317, de 5 de dezembro de 1996, optantes pelo Simples, apresentem suas declarações por meio de formulários.

- § 4º com redação determinada pela Lei 9.532/1997.

Capítulo IV
DA CONTRIBUIÇÃO SOCIAL SOBRE O LUCRO

Art. 57. Aplicam-se à Contribuição Social sobre o Lucro (Lei 7.689, de 15 de dezembro de 1988) as mesmas normas de apuração e de pagamento estabelecidas para o Imposto sobre a Renda das pessoas jurídicas, inclusive no que se refere ao disposto no art. 38, mantidas a base de cálculo e as alíquotas previstas na legislação em vigor, com as alterações introduzidas por esta Lei.

- *Caput* com redação determinada pela Lei 9.065/1995.

§ 1º Para efeito de pagamento mensal, a base de cálculo da contribuição social será o valor correspondente a 10% (dez por cento) do somatório:
a) da receita bruta mensal;
b) das demais receitas e ganhos de capital;
c) dos ganhos líquidos obtidos em operações realizadas nos mercados de renda variável;
d) dos rendimentos produzidos por aplicações financeiras de renda fixa.

§ 2º No caso das pessoas jurídicas de que trata inciso III do art. 36, a base de cálculo da contribuição social corresponderá ao valor decorrente da aplicação do percentual de 9% (nove por cento) sobre a receita bruta ajustada, quando for o caso, pelo valor das deduções previstas no art. 29.

- § 2º com redação determinada pela Lei 9.065/1995.

§ 3º A pessoa jurídica que determinar o Imposto sobre a Renda a ser pago em cada mês com base no lucro real (art. 35), deverá efetuar o pagamento da contribuição social sobre o lucro, calculando-a com base no lucro líquido ajustado apurado em cada mês.

§ 4º No caso de pessoa jurídica submetida ao regime de tributação com base no lucro real, a contribuição determinada na forma dos §§ 1º e 3º será deduzida da contribuição apurada no encerramento do período de apuração.

Art. 58. Para efeito de determinação da base de cálculo da contribuição social sobre o lucro, o lucro líquido ajustado poderá ser reduzido por compensação da base de cálculo negativa, apurada em períodos base anteriores em, no máximo, 30% (trinta por cento).

- V. art. 12, Lei 9.065/1995 (Altera legislação tributária federal).

Art. 59. A contribuição social sobre o lucro das sociedades civis, submetidas ao regime de tributação de que trata o art. 1º do Dec.-Lei 2.397/1987, deverá ser paga até o último dia útil do mês de janeiro de cada ano-calendário.

Capítulo V
DA TRIBUTAÇÃO DO IMPOSTO SOBRE A RENDA NA FONTE

Art. 60. Estão sujeitas ao desconto do Imposto sobre a Renda na fonte, à alíquota de 5% (cinco por cento), as importâncias pagas às pessoas jurídicas:

I – a título de juros e de indenizações por lucros cessantes, decorrentes de sentença judicial;

II – *(Revogado pela Lei 9.249/1995.)*

Parágrafo único. O imposto descontado na forma deste artigo será deduzido do imposto devido apurado no encerramento do período base.

Art. 61. Fica sujeito à incidência do Imposto sobre a Renda exclusivamente na fonte, à alíquota de 35% (trinta e cinco por cento), todo pagamento efetuado pelas pessoas jurídicas a beneficiário não identificado, ressalvado o disposto em normas especiais.

§ 1º A incidência prevista no *caput* aplica-se, também, aos pagamentos efetuados ou aos recursos entregues a terceiros ou sócios, acionistas ou titular, contabilizados ou não, quando não for comprovada a operação ou

Lei 8.981/1995

LEGISLAÇÃO

a sua causa, bem como a hipótese de que trata o § 2º, do art. 74 da Lei 8.383/1991.

§ 2º Considera-se vencido o Imposto sobre a Renda na fonte no dia do pagamento da referida importância.

§ 3º O rendimento de que trata este artigo será considerado líquido, cabendo o reajustamento do respectivo rendimento bruto sobre o qual recairá o imposto.

Art. 62. A partir de 1º de janeiro de 1995, a alíquota do Imposto sobre a Renda na fonte de que trata o art. 44 da Lei 8.541, de 23 de dezembro de 1992, será de 35% (trinta e cinco por cento).

Art. 63. Os prêmios distribuídos sob a forma de bens e serviços, através de concursos e sorteios de qualquer espécie, estão sujeitos à incidência do imposto, à alíquota de 20% (vinte por cento), exclusivamente na fonte.

* *Caput* com redação determinada pela Lei 9.065/1995.

§ 1º O imposto de que trata este artigo incidirá sobre o valor de mercado do prêmio, na data da distribuição.

* § 1º com redação determinada pela Lei 11.196/2005 (*DOU* 22.11.2005), em vigor na data de sua publicação, produzindo efeitos a partir de 01.01.2006 (v. art. 132, IV, *b*, da referida Lei).

§ 2º Compete à pessoa jurídica que proceder à distribuição de prêmios, efetuar o pagamento do imposto correspondente, não se aplicando o reajustamento da base de cálculo.

§ 3º O disposto neste artigo não se aplica aos prêmios em dinheiro, que continuam sujeitos à tributação na forma do art. 14 da Lei 4.506, de 30 de novembro de 1964.

Art. 64. O art. 45 da Lei 8.541/1992 passa a ter a seguinte redação:

"Art. 45. Estão sujeitas à incidência do imposto sobre a renda na fonte, à alíquota de 1,5% (um e meio por cento), as importâncias pagas ou creditadas por pessoas jurídicas a cooperativas de trabalho, associações de profissionais ou assemelhados, relativas a serviços pessoais que lhes forem prestados por associados destas ou colocados à disposição.

"§ 1º O imposto retido será compensado pelas cooperativas de trabalho, associações ou assemelhadas com o imposto retido por ocasião do pagamento dos rendimentos aos associados.

"§ 2º O imposto retido na forma deste artigo poderá ser objeto de pedido de restituição, desde que a cooperativa, associação ou assemelhada comprove, relativamente a cada ano-calendário, a impossibilidade de sua compensação, na forma e condições definidas em ato normativo do Ministério da Fazenda."

Capítulo VI
DA TRIBUTAÇÃO DAS OPERAÇÕES FINANCEIRAS

Seção I
Do mercado de renda fixa

Art. 65. O rendimento produzido por aplicação financeira de renda fixa, auferido por qualquer beneficiário, inclusive pessoa jurídica isenta, a partir de 1º de janeiro de 1995, sujeita-se à incidência do Imposto sobre a Renda na fonte à alíquota de 10% (dez por cento).

* V. art. 32, § 1º.

§ 1º A base de cálculo do imposto é constituída pela diferença positiva entre o valor da alienação, líquido do Imposto sobre Operações de Crédito, Câmbio e Seguro ou Relativas a Títulos ou Valores Mobiliários – IOF, de que trata a Lei 8.894, de 21 de junho de 1994, e o valor da aplicação financeira.

§ 2º Para fins de incidência do Imposto sobre a Renda na fonte, a alienação compreende qualquer forma de transmissão da propriedade, bem como a liquidação, resgate, cessão ou repactuação do título ou aplicação.

§ 3º Os rendimentos periódicos produzidos por título ou aplicação, bem como qualquer remuneração adicional aos rendimentos prefixados, serão submetidos à incidência do Imposto sobre a Renda na fonte por ocasião de sua percepção.

* V. art. 81, § 3º, *b*.

§ 4º O disposto neste artigo aplica-se também:

a) às operações conjugadas que permitam a obtenção de rendimentos predeterminados, realizadas nas Bolsas de Valores, de mercadorias, de futuros e assemelhadas, bem como no mercado de balcão;

* V. art. 81, § 2º, *b.1*.

b) às operações de transferência de dívidas realizadas com instituição financeira, demais instituições autorizadas a funcionar pelo Banco Central do Brasil ou com pessoa jurídica não financeira;

c) aos rendimentos auferidos pela entrega de recursos a pessoa jurídica, sob qualquer forma e a qualquer título, independentemente de ser ou não a fonte pagadora instituição autorizada a funcionar pelo Banco Central do Brasil.

§ 5º Em relação às operações de que tratam as alíneas *a* e *b* do § 4º, a base de cálculo do imposto será:

a) o resultado positivo auferido no encerramento ou liquidação das operações conjugadas;

b) a diferença positiva entre o valor da dívida e o valor entregue à pessoa jurídica responsável pelo pagamento da obrigação, acrescida do respectivo Imposto sobre a Renda retido.

§ 6º Fica o Poder Executivo autorizado a baixar normas com vistas a definir as características das operações de que tratam as alíneas *a* e *b* do § 4º.

§ 7º O imposto de que trata este artigo será retido:

a) por ocasião do recebimento dos recursos destinados ao pagamento de dívidas, no caso de que trata a alínea *b* do § 4º;

b) por ocasião do pagamento dos rendimentos, ou da alienação do título ou da aplicação, nos demais casos.

§ 8º É responsável pela retenção do imposto a pessoa jurídica que receber os recursos, no caso de operações de transferência de dívidas, e a pessoa jurídica que efetuar o pagamento do rendimento, nos demais casos.

Art. 66. Nas aplicações em fundos de renda fixa, inclusive, em Fundo de Aplicação Financeira – FAF, resgatadas a partir de 1º de janeiro de 1995, a base de cálculo de Imposto sobre a Renda na fonte será constituída pela diferença positiva entre o valor do resgate, líquido de IOF, e o valor de aquisição da quota.

• V. art. 32, § 1º.

Parágrafo único. O imposto, calculado à alíquota de 10% (dez por cento), será retido pelo administrador do fundo na data do resgate.

Art. 67. As aplicações financeiras de que tratam os arts. 65, 66 e 70, existentes em 31 de dezembro de 1994, terão os respectivos rendimentos apropriados *pro rata tempore* até aquela data e tributados nos termos da legislação à época vigente.

• V. art. 32, § 1º.

§ 1º O imposto apurado nos termos deste artigo será adicionado àquele devido por ocasião da alienação ou resgate do título ou aplicação.

§ 2º Para efeitos de apuração da base de cálculo do imposto quando da alienação ou resgate, o valor dos rendimentos, apropriados nos termos deste artigo, será acrescido ao valor de aquisição da aplicação financeira.

• V. art. 73, § 5º, *a*.

§ 3º O valor de aquisição existente em 31 de dezembro de 1994, expresso em quantidade de Ufir, será convertido em real pelo valor de R$ 0,6767.

§ 4º Excluem-se do disposto neste artigo as aplicações em Fundo de Aplicação Financeira – FAF existentes em 31 de dezembro de 1994, cujo valor de aquisição será apurado com base no valor da quota na referida data.

§ 5º Os rendimentos das aplicações financeiras de que trata este artigo, produzidos a partir de 1º de janeiro de 1995, poderão ser excluídos do lucro real, para efeito de incidência do adicional do Imposto sobre a Renda de que trata o art. 39.

§ 6º A faculdade prevista no parágrafo anterior não se aplica aos rendimentos das aplicações financeiras auferidos por instituição financeira, sociedade corretora de títulos e valores mobiliários, sociedade distribuidoras de títulos e valores mobiliários, sociedades de seguro, previdência e capitalização.

Art. 68. São isentos do Imposto sobre a Renda:

I – os rendimentos auferidos pelas carteiras dos fundos de renda fixa;

II – os rendimentos auferidos nos resgates de quotas de fundos de investimentos, de titularidade de fundos cujos recursos sejam aplicados na aquisição de quotas de fundos de investimentos;

III – os rendimentos auferidos por pessoa física em contas de depósitos de poupança, de Depósitos Especiais Remunerados – DER e sobre os juros produzidos por letras hipotecárias.

Art. 69. Ficam revogadas as isenções previstas na legislação do Imposto sobre a Ren-

Lei 8.981/1995

da sobre os rendimentos auferidos por pessoas jurídicas em contas de depósitos de poupança, de Depósitos Especiais Remunerados – DER e sobre os juros produzidos por letras hipotecárias.

Parágrafo único. O imposto devido sobre os rendimentos de que trata este artigo será retido por ocasião do crédito ou pagamento do rendimento.

Art. 70. As operações de mútuo e de compra vinculada à revenda, no mercado secundário, tendo por objeto ouro, ativo financeiro, continuam equiparadas às operações de renda fixa para fins de incidência do Imposto sobre a Renda na fonte.

• V. art. 32, § 1º.

§ 1º Constitui fato gerador do imposto:
a) na operação de mútuo, o pagamento ou crédito do rendimento ao mutuante;
b) na operação de compra vinculada à revenda, a operação de revenda do ouro.

§ 2º A base de cálculo do imposto será constituída:
a) na operação de mútuo, pelo valor do rendimento pago ou creditado ao mutuante;
b) na operação de compra vinculada à revenda, pela diferença positiva entre o valor de revenda e o de compra do ouro.

§ 3º A base de cálculo do imposto, em reais, na operação de mútuo, quando o rendimento for fixado em quantidade de ouro, será apurada com base no preço médio verificado no mercado à vista da bolsa em que ocorrer o maior volume de operações com ouro, na data da liquidação do contrato, acrescida do Imposto sobre a Renda retido na fonte.

§ 4º No caso de pessoa jurídica tributada com base no lucro real deverá ser ainda observado que:
a) a diferença positiva entre o valor de mercado, na data do mútuo, e o custo de aquisição do ouro será incluída pelo mutuante na apuração do ganho líquido de que trata o art. 72;
b) as alterações no preço do ouro durante o decurso do prazo do contrato de mútuo, em relação ao preço verificado na data de realização do contrato, serão reconhecidas pelo mutuante e pelo mutuário como receita ou despesa, segundo o regime de competência;
c) para efeito do disposto na alínea *b* será considerado o preço médio do ouro verificado no mercado à vista da bolsa em que ocorrer o maior volume de operações, na data do registro da variação.

§ 5º O Imposto sobre a Renda na fonte será calculado aplicando-se a alíquota prevista no art. 65.

§ 6º Fica o Poder Executivo autorizado a baixar normas com vistas a definir as características da operação de compra vinculada à revenda de que trata este artigo.

Art. 71. Fica dispensada a retenção do Imposto sobre a Renda na fonte sobre rendimentos de aplicações financeiras de renda fixa ou de renda variável quando o beneficiário do rendimento declarar à fonte pagadora, por escrito, sua condição de entidade imune.

• Artigo com redação determinada pela Lei 9.065/1995.

Seção II
Do mercado de renda variável

Art. 72. Os ganhos líquidos auferidos, a partir de 1º de janeiro de 1995, por qualquer beneficiário, inclusive pessoa jurídica isenta, em operações realizadas nas Bolsas de Valores, de Mercadorias, de Futuros e assemelhadas, serão tributados pelo Imposto sobre a Renda na forma da legislação vigente, com as alterações introduzidas por esta Lei.

• V. art. 32.

§ 1º A alíquota do imposto será de 10% (dez por cento), aplicável sobre os ganhos líquidos apurados mensalmente.

• V. art. 6º, Lei 9.959/2000 (Altera a legislação tributária federal).

§ 2º Os custos de aquisição dos ativos objeto das operações de que trata este artigo serão:
a) considerados pela média ponderada dos custos unitários;
b) convertidos em real pelo valor de R$ 0,6767, no caso de ativos existentes em 31 de dezembro de 1994, expressos em quantidade de Ufir.

§ 3º O disposto neste artigo aplica-se também:
a) aos ganhos líquidos auferidos por qualquer beneficiário, na alienação de ouro, ativo financeiro, fora de bolsa;
b) aos ganhos líquidos auferidos pelas pessoas jurídicas na alienação de participações societárias, fora de bolsa.

Lei 8.981/1995

LEGISLAÇÃO

§ 4º As perdas apuradas nas operações de que trata este artigo poderão ser compensadas com os ganhos líquidos auferidos nos meses subsequentes, em operações da mesma natureza.

§ 5º *(Revogado pela Lei 9.959/2000.)*

§ 6º *(Revogado pela Lei 9.959/2000.)*

§ 7º O disposto nos §§ 4º e 5º aplica-se, inclusive, às perdas existentes em 31 de dezembro de 1994.

§ 8º Ficam isentos do Imposto sobre a Renda os ganhos líquidos auferidos por pessoa física em operações no mercado à vista de ações nas Bolsas de Valores e em operações com ouro, ativo financeiro, cujo valor das alienações realizadas em cada mês seja igual ou inferior a 5.000 (cinco mil) Ufir, para o conjunto de ações e para o ouro, ativo financeiro, respectivamente.

Art. 73. O rendimento auferido no resgate de quota de fundo de ações, de *commodities*, de investimento no exterior, clube de investimento e outros fundos da espécie, por qualquer beneficiário, inclusive pessoa jurídica isenta, sujeita-se à incidência do Imposto sobre a Renda na fonte à alíquota de 10% (dez por cento).

- V. art. 32, § 1º.

§ 1º A base de cálculo do imposto é constituída pela diferença positiva entre o valor de resgate, líquido de IOF, e o valor de aquisição da quota.

§ 2º Os ganhos líquidos previstos nos arts. 72 e 74 e os rendimentos produzidos por aplicações financeiras de renda fixa auferidos pelas carteiras dos fundos e clubes de que trata este artigo são isentos de Imposto sobre a Renda.

§ 3º O imposto de que trata este artigo será retido pelo administrador do fundo ou clube na data do resgate.

§ 4º As aplicações nos fundos e clubes de que trata este artigo, existentes em 31 de dezembro de 1994, terão os respectivos rendimentos apropriados *pro rata tempore* até aquela data.

§ 5º No resgate de quotas, existentes em 31 de dezembro de 1994, deverão ser observados os seguintes procedimentos:

a) se o valor de aquisição da aplicação, calculado segundo o disposto no § 2º do art. 67, for inferior ao valor de resgate, o imposto devido será acrescido do imposto apurado nos termos daquele artigo;

b) em qualquer outro caso, a base de cálculo do imposto no resgate das quotas será a diferença positiva entre o valor de resgate, líquido do IOF, e o valor original de aquisição, aplicando-se a alíquota vigente em 31 de dezembro de 1994.

§ 6º Para efeito da apuração prevista na alínea *b* do § 5º, o valor original de aquisição em 31 de dezembro de 1994, expresso em quantidade de Ufir, será convertido em Real pelo valor de R$ 0,6767.

§ 7º Os rendimentos produzidos a partir de 1º de janeiro de 1995, referentes a aplicações existentes em 31 de dezembro de 1994 nos fundos e clubes de que trata este artigo, poderão ser excluídos do lucro real para efeito de incidência do adicional do Imposto sobre a Renda de que trata o art. 39.

Art. 74. Ficam sujeitos à incidência do Imposto sobre a Renda na fonte, à alíquota de 10% (dez por cento), os rendimentos auferidos em operações de *swap*.

- V. art. 32, § 1º.
- V. art. 36, Lei 9.532/1997 (Altera a legislação tributária federal).

§ 1º A base de cálculo do imposto das operações de que trata este artigo será o resultado positivo auferido na liquidação do contrato de *swap*.

§ 2º O imposto será retido pela pessoa jurídica que efetuar o pagamento do rendimento, na data da liquidação do respectivo contrato.

§ 3º Somente será admitido o reconhecimento de perdas em operações de *swap* registradas nos termos da legislação vigente.

Art. 75. Ressalvado o disposto no § 3º do art. 74, fica o Poder Executivo autorizado a permitir a compensação dos resultados apurados nas operações de que tratam os arts. 73 e 74, definindo as condições para a sua realização.

Seção III
Das disposições comuns à tributação das operações financeiras

Art. 76. O Imposto sobre a Renda retido na fonte sobre os rendimentos de aplicações financeiras de renda fixa e de renda va-

Lei 8.981/1995

riável, ou pago sobre os ganhos líquidos mensais, será:

- *Caput* com redação determinada pela Lei 9.065/1995.
- V. art. 14, Lei 9.065/1995 (Altera legislação tributária federal).
- V. art. 11, § 3º, Lei 9.249/1995 (Altera a legislação do Imposto de Renda).

I – deduzido do apurado no encerramento do período ou na data da extinção, no caso de pessoa jurídica submetida ao regime de tributação com base no lucro real;

II – definitivo, no caso de pessoa jurídica não submetida ao regime de tributação com base no lucro real, inclusive isenta, e de pessoa física.

§ 1º No caso de sociedade civil de prestação de serviços, submetida ao regime de tributação de que trata o art. 1º do Dec.-lei 2.397/1987, o imposto poderá ser compensado com o imposto retido por ocasião do pagamento dos rendimentos aos sócios beneficiários.

§ 2º Os rendimentos de aplicações financeiras de renda fixa e de renda variável e os ganhos líquidos produzidos a partir de 1º de janeiro de 1995 integrarão o lucro real.

§ 3º As perdas incorridas em operações iniciadas e encerradas no mesmo dia (*day-trade*), realizadas em mercado de renda fixa ou de renda variável, não serão dedutíveis na apuração do lucro real.

§ 4º Ressalvado o disposto no parágrafo anterior, as perdas apuradas nas operações de que tratam os arts. 72 a 74 somente serão dedutíveis na determinação do lucro real até o limite dos ganhos auferidos em operações previstas naqueles artigos.

§ 5º Na hipótese do § 4º, a parcela das perdas adicionadas poderá, nos anos-calendário subsequentes, ser excluída na determinação do lucro real, até o limite correspondente à diferença positiva apurada em cada ano, entre os ganhos e perdas decorrentes das operações realizadas.

- § 5º com redação determinada pela Lei 9.065/1995.

§ 6º Fica reduzida a zero a alíquota do IOF incidente sobre operações com títulos e valores mobiliários de renda fixa e de renda variável.

§ 7º O disposto no § 6º não elide a faculdade do Poder Executivo alterar a alíquota daquele imposto, conforme previsto no § 1º do art. 153 da Constituição Federal e no parágrafo único do art. 1º da Lei 8.894, de 21 de junho de 1994.

Art. 77. O regime de tributação previsto neste Capítulo não se aplica aos rendimentos ou ganhos líquidos:

- *Caput* com redação determinada pela Lei 9.065/1995.
- V. art. 11, § 3º, Lei 9.249/1995 (Altera a legislação do Imposto de Renda).

I – em aplicações financeiras de renda fixa de titularidade de instituição financeira, inclusive sociedade de seguro, previdência e capitalização, sociedade corretora de títulos, valores mobiliários e câmbio, sociedade distribuidora de títulos e valores mobiliários ou sociedade de arrendamento mercantil;

- Inciso I com redação determinada pela Lei 9.065/1995.
- V. art. 28, § 11, *b*, Lei 9.532/1997 (Altera a legislação tributária federal).
- V. art. 5º, parágrafo único, Lei 9.779/1999 (Microempresa – Simples).
- V. art. 9º, Lei 9.959/2000 (Altera a legislação tributária federal).

II – *(Revogado pela Lei 10.833/2003.)*

III – nas operações de renda variável realizadas em bolsa, no mercado de balcão organizado, autorizado pelo órgão competente, ou através de fundos de investimento, para a carteira própria das entidades citadas no inciso I;

- Inciso III com redação determinada pela Lei 9.249/1995.
- V. art. 29, § 1º, *a.6*.

IV – na alienação de participações societárias permanentes em sociedades coligadas e controladas, e de participações societárias que permaneceram no ativo da pessoa jurídica até o término do ano-calendário seguinte ao de suas aquisições;

V – em operações de cobertura (*hedge*) realizadas em Bolsa de Valores, de Mercadoria e de Futuros ou no mercado de balcão.

§ 1º Para efeito do disposto no inciso V, consideram-se de cobertura (*hedge*) as operações destinadas, exclusivamente, à proteção contra riscos inerentes às oscilações de preço ou de taxas, quando o objeto do contrato negociado:

a) estiver relacionado com as atividades operacionais da pessoa jurídica;

b) destinar-se à proteção de direito ou obrigações da pessoa jurídica.

Lei 8.981/1995

LEGISLAÇÃO

§ 2º O Poder Executivo poderá definir requisitos adicionais para a caracterização das operações de que trata o parágrafo anterior, bem como estabelecer procedimentos para registro e apuração dos ajustes diários incorridos nessas operações.

§ 3º Os rendimentos e ganhos líquidos de que trata este artigo deverão compor a base de cálculo prevista nos arts. 28 ou 29 e o lucro real.

§ 4º Para as associações de poupança e empréstimo, os rendimentos e ganhos líquidos auferidos nas aplicações financeiras serão tributados de forma definitiva, à alíquota de 25% (vinte e cinco por cento) sobre a base de cálculo prevista no art. 29.

- § 4º com redação determinada pela Lei 9.065/1995.

Seção IV
Da tributação das operações financeiras realizadas por residentes ou domiciliados no exterior

Art. 78. Os residentes ou domiciliados no exterior sujeitam-se às mesmas normas de tributação pelo Imposto sobre a Renda, previstas para os residentes ou domiciliados no País, em relação aos:

I – rendimentos decorrentes de aplicações financeiras de renda fixa;

II – ganhos líquidos auferidos em operações realizadas em Bolsas de Valores, de Mercadorias, de Futuros e assemelhadas;

III – rendimentos obtidos em aplicações em fundos de renda fixa e de renda variável e em clubes de investimentos.

Parágrafo único. Sujeitam-se à tributação pelo Imposto sobre a Renda, nos termos dos arts. 80 a 82, os rendimentos e ganhos de capital decorrentes de aplicações financeiras, auferidos por fundos, sociedades de investimento e carteiras de valores mobiliários de que participem, exclusivamente, pessoas físicas ou jurídicas, fundos ou outras entidades de investimento coletivo residentes, domiciliados ou com sede no exterior.

Art. 79. O investimento estrangeiro nos mercados financeiros e de valores mobiliários somente poderá ser realizado no País por intermédio de representante legal, previamente designado dentre as instituições autorizadas pelo Poder Executivo a prestar tal serviço e que será responsável, nos termos do art. 128 do Código Tributário Nacional (Lei 5.172, de 25 de outubro de 1966) pelo cumprimento das obrigações tributárias decorrentes das operações que realizar por conta e ordem do representado.

§ 1º O representante legal não será responsável pela retenção e recolhimento do Imposto sobre a Renda na fonte sobre aplicações financeiras quando, nos termos da legislação pertinente tal responsabilidade for atribuída a terceiro.

§ 2º O Poder Executivo poderá excluir determinadas categorias de investidores da obrigatoriedade prevista neste artigo.

Art. 80. Sujeitam-se à tributação pelo Imposto sobre a Renda, à alíquota de 10% (dez por cento), os rendimentos e ganhos de capital auferidos no resgate pelo quotista, quando distribuídos, sob qualquer forma e a qualquer título, por fundos em condomínio, a que se refere o art. 50 da Lei 4.728, de 14 de julho de 1965, constituídos na forma prescrita pelo Conselho Monetário Nacional e mantidos com recursos provenientes de conversão de débitos externos brasileiros, e de que participem, exclusivamente, pessoas físicas ou jurídicas, fundos ou outras entidades de investimentos coletivos, residentes, domiciliados, ou com sede no exterior.

§ 1º A base de cálculo do imposto é constituído pela diferença positiva entre o valor de resgate e o custo de aquisição da quota.

§ 2º Os rendimentos e ganhos de capital auferidos pelas carteiras dos fundos de que trata este artigo, são isentos de Imposto sobre a Renda.

Art. 81. Ficam sujeitos ao Imposto sobre a Renda na fonte, à alíquota de 10% (dez por cento), os rendimentos auferidos:

- V. arts. 28 a 31 e 34, Lei 9.532/1997 (Altera a legislação tributária federal).

I – pelas entidades mencionadas nos arts. 1º e 2º do Dec.-lei 2.285, de 23 de julho de 1986;

II – pelas sociedades de investimento a que se refere o art. 49 da Lei 4.728/1965, de que participem, exclusivamente, investidores estrangeiros;

III – pelas carteiras de valores mobiliários, inclusive vinculadas à emissão, no exterior, de certificados representativos de ações, mantidas, exclusivamente, por investidores estrangeiros.

§ 1º Os ganhos de capital ficam excluídos da incidência do Imposto sobre Renda quando

Lei 8.981/1995

LEGISLAÇÃO

auferidos e distribuídos, sob qualquer forma e a qualquer título, inclusive em decorrência de liquidação parcial ou total do investimento pelos fundos, sociedades ou carteiras referidos no *caput* deste artigo.

§ 2º Para os efeitos deste artigo, consideram-se:

a) rendimentos: quaisquer valores que constituam remuneração de capital aplicado, inclusive aquela produzida por títulos de renda variável, tais como juros, prêmios, comissões, ágio, deságio e participações nos lucros, bem como os resultados positivos auferidos em aplicações nos fundos e clubes de investimento de que trata o art. 73;

- V. art. 1º, Lei 11.312/2006 (Reduz a zero as alíquotas do imposto de renda e da CPMF nos casos que especifica).
- V. art. 1º, Lei 12.431/2011, que reduz a zero a alíquota do imposto sobre a renda incidente sobre os rendimentos definidos nos termos da alínea *a* do § 2º do art. 81 da Lei 8.981/1995, produzidos por títulos ou valores mobiliários adquiridos a partir de 1º.01.2011, objeto de distribuição pública, de emissão de pessoas jurídicas de direito privado não classificadas como instituições financeiras e regulamentados pela Comissão de Valores Mobiliários ou pelo Conselho Monetário Nacional, quando pagos, creditados, entregues ou remetidos a beneficiário residente ou domiciliado no exterior, exceto em país que não tribute a renda ou que a tribute à alíquota máxima inferior a 20% (vinte por cento).

b) ganhos de capital, os resultados positivos auferidos:

b.1) nas operações realizadas em Bolsas de Valores, de mercadorias, de futuros e assemelhadas, com exceção das operações conjugadas de que trata a alínea *a* do § 4º do art. 65;

b.2) nas operações com ouro, ativo financeiro, fora de bolsa.

§ 3º A base de cálculo do Imposto sobre a Renda sobre os rendimentos auferidos pelas entidades de que trata este artigo será apurada:

a) de acordo com os critérios previstos nos arts. 65 a 67 no caso de aplicações de renda fixa;

b) de acordo com o tratamento previsto no § 3º do art. 65 no caso de rendimentos periódicos;

c) pelo valor do respectivo rendimento ou resultado positivo, nos demais casos.

§ 4º Na apuração do imposto de que trata este artigo serão indedutíveis os prejuízos apurados em operações de renda fixa e de renda variável.

§ 5º O disposto neste artigo alcança, exclusivamente, as entidades que atenderem às normas e condições estabelecidas pelo Conselho Monetário Nacional, não se aplicando, entretanto, aos fundos em condomínio referidos no art. 80.

§ 6º Os dividendos e as bonificações em dinheiro estão sujeitas ao Imposto sobre a Renda à alíquota de 15% (quinze por cento).

Art. 82. O Imposto sobre a Renda na fonte sobre os rendimentos auferidos pelas entidades de que trata o art. 81 será devido por ocasião da cessão, resgate, repactuação ou liquidação de cada operação de renda fixa, ou do recebimento ou crédito, o que primeiro ocorrer, de outros rendimentos, inclusive dividendos e bonificações em dinheiro.

§ 1º *(Revogado pela Lei 9.430/1996.)*

§ 2º Os dividendos que forem atribuídos às ações integrantes do patrimônio do fundo, sociedade ou carteira, serão registrados, na data em que as ações forem cotadas sem os respectivos direitos (ex-dividendos), em conta representativa de rendimentos a receber, em contrapartida à diminuição de idêntico valor da parcela do ativo correspondente às ações as quais se vinculam, acompanhados de transferência para a receita de dividendos de igual valor a débito da conta de resultado de variação da carteira de ações.

§ 3º Os rendimentos submetidos à sistemática de tributação de que trata este artigo não se sujeitam a nova incidência do Imposto sobre a Renda quando distribuídos.

§ 4º *(Revogado, a partir de 1º.01.2006, pela Lei 11.196/2005.)*

Capítulo VII
DOS PRAZOS DE RECOLHIMENTO

Art. 83. Em relação aos fatos geradores cuja ocorrência se verifique a partir de 1º de janeiro de 1995, os pagamentos do Imposto sobre a Renda Retido na Fonte, do Imposto sobre Operações de Crédito, Câmbio e Seguro ou Relativas a Títulos e Valores Mobiliários e da Contribuição para o Programa de Integração Social – PIS/Pasep deverão ser efetuados nos seguintes prazos:

I – *(Revogado, a partir de 1º.01.2006, pela Lei 11.196/2005.)*

Lei 8.981/1995

LEGISLAÇÃO

II – *(Revogado, a partir de 1º.01.2006, pela Lei 11.196/2005.)*
III – Contribuição para o Programa de Integração Social e para o Programa de Formação do Patrimônio do Servidor Público (PIS/Pasep): até o último dia útil da quinzena subsequente ao mês de ocorrência dos fatos geradores.

Capítulo VIII
DAS PENALIDADES E DOS ACRÉSCIMOS MORATÓRIOS

Art. 84. Os tributos e contribuições sociais arrecadados pela Secretaria da Receita Federal, cujos fatos geradores vierem a ocorrer a partir de 1º de janeiro de 1995, não pagos nos prazos previstos na legislação tributária serão acrescidos de:
I – juros de mora, equivalentes à taxa média mensal de captação do Tesouro Nacional relativa à Dívida Mobiliária Federal Interna;

* V. art. 13, Lei 9.065/1995 (Altera a legislação tributária federal).

II – multa de mora aplicada da seguinte forma:
a) 10% (dez por cento), se o pagamento se verificar no próprio mês do vencimento;
b) 20% (vinte por cento), quando o pagamento ocorrer no mês seguinte ao do vencimento;
c) 30% (trinta por cento), quando o pagamento for efetuado a partir do segundo mês subsequente ao do vencimento.
§ 1º Os juros de mora incidirão a partir do primeiro dia do mês subsequente ao do vencimento, e a multa de mora, a partir do primeiro dia após o vencimento do débito.
§ 2º O percentual dos juros de mora relativo ao mês em que o pagamento estiver sendo efetuado será de 1% (um por cento).
§ 3º Em nenhuma hipótese os juros de mora previstos no inciso I, deste artigo, poderão ser inferiores à taxa de juros estabelecida no art. 161, § 1º, da Lei 5.172, de 25 de outubro de 1966, no art. 59 da Lei 8.383/1991, e no art. 3º da Lei 8.620, de 5 de janeiro de 1993.
§ 4º Os juros de mora de que trata o inciso I, deste artigo, serão aplicados também às contribuições sociais arrecadadas pelo INSS e aos débitos para com o patrimônio imobiliário, quando não recolhidos nos prazos previstos na legislação específica.

§ 5º Em relação aos débitos referidos no art. 5º desta Lei incidirão, a partir de 1º de janeiro de 1995, juros de mora de 1% (um por cento) ao mês-calendário ou fração.
§ 6º O disposto no § 2º aplica-se, inclusive, às hipóteses de pagamento parcelado de tributos e contribuições sociais, previstos nesta Lei.
§ 7º A Secretaria do Tesouro Nacional divulgará mensalmente a taxa a que se refere o inciso I deste artigo.
§ 8º O disposto neste artigo aplica-se aos demais créditos da Fazenda Nacional, cuja inscrição e cobrança como Dívida Ativa da União seja de competência da Procuradoria-Geral da Fazenda Nacional.

* § 8º acrescentado pela Lei 10.522/2002.

Art. 85. O produto da arrecadação dos juros de mora, no que diz respeito aos tributos e contribuições, exceto as contribuições arrecadadas pelo INSS, integra os recursos referidos nos arts. 3º, parágrafo único, 4º e 5º, § 1º, da Lei 7.711, de 22 de dezembro de 1988, e no art. 69 da Lei 8.383/1991, até o limite de juros previstos, e no art. 161, § 1º, da Lei 5.172, de 25 de outubro de 1966.

* V. art. 40, Lei 9.069/1995 (Plano Real).

Art. 86. As pessoas físicas ou jurídicas que efetuarem pagamentos com retenção do Imposto sobre a Renda na fonte deverão fornecer à pessoa física ou jurídica beneficiária, até o dia 31 de janeiro, documento comprobatório, em duas vias, com indicação da natureza e do montante do pagamento, das deduções e do Imposto sobre a Renda retido no ano-calendário anterior, quando for o caso.
§ 1º No documento de que trata este artigo, o imposto retido na fonte, as deduções e os rendimentos deverão ser informados por seus valores em Reais.
§ 2º As pessoas físicas ou jurídicas que deixarem de fornecer aos beneficiários, dentro do prazo, ou fornecerem com inexatidão, o documento a que se refere este artigo ficarão sujeitas ao pagamento de multa de 50 (cinquenta) Ufir por documento.
§ 3º À fonte pagadora que prestar informação falsa sobre rendimentos pagos, deduções ou imposto retido na fonte, será aplicada multa de 300% (trezentos por cento) sobre o valor que for indevidamente utilizável, como redução do Imposto sobre a Renda a

Lei 8.981/1995

LEGISLAÇÃO

pagar ou aumento do imposto a restituir ou compensar, independentemente de outras penalidades administrativas ou criminais.

§ 4º Na mesma penalidade incorrerá aquele que se beneficiar da informação, sabendo ou devendo saber da sua falsidade.

Art. 87. Aplicar-se-ão às microempresas, as mesmas penalidades previstas na legislação do Imposto sobre a Renda para as demais pessoas jurídicas.

Art. 88. A falta de apresentação da declaração de rendimentos ou a sua apresentação fora do prazo fixado, sujeitará a pessoa física ou jurídica:

- V. art. 27, Lei 9.532/1997 (Altera a legislação tributária federal).
- V. art. 16, parágrafo único, Lei 9.718/1998 (Altera a legislação tributária federal).

I – à multa de mora de 1% (um por cento) ao mês ou fração sobre o Imposto sobre Renda devido, ainda que integralmente pago;

- O art. 27 da Lei 9.532/1997 limitou a multa prevista neste inciso a 20% (vinte por cento) do Imposto de Renda devido.

II – à multa de 200 (duzentas) Ufir a 8.000 (oito mil) Ufir, no caso de declaração de que não resulte imposto devido.

§ 1º O valor mínimo a ser aplicado será:

- V. art. 27, *caput*, Lei 9.532/1997 (Altera a legislação tributária federal).

a) de 200 (duzentas) Ufir, para as pessoas físicas;
b) de 500 (quinhentas) Ufir, para as pessoas jurídicas.

§ 2º A não regularização no prazo previsto na intimação, ou em caso de reincidência, acarretará o agravamento da multa em 100% (cem por cento) sobre o valor anteriormente aplicado.

§ 3º As reduções previstas no art. 6º da Lei 8.218, de 29 de agosto de 1991 e art. 60 da Lei 8.383/1991 não se aplicam às multas previstas neste artigo.

§ 4º *(Revogado pela Lei 9.065/1995.)*

Art. 89. *(Revogado pela Lei 9.430/1996.)*

Art. 90. O art. 14 da Lei 8.847, de 28 de janeiro de 1994, com a redação dada pelo art. 6º da Lei 8.850, de 28 de janeiro 1994, passa a vigorar com a seguinte redação:

"Art. 14. O valor do ITR, apurado na forma do art. 5º desta lei, deverá ser pago até o último dia útil do mês subsequente àquele em que o contribuinte for notificado.

"Parágrafo único. À opção do contribuinte, o imposto poderá ser parcelado em até três quotas iguais, mensais e sucessivas, observado o seguinte:

"*a)* nenhuma quota será inferior a R$ 35,00 e o imposto de valor inferior a R$ 70,00 será pago de uma só vez;

"*b)* a primeira quota deverá ser paga até o último dia útil do mês subsequente àquele em que o contribuinte for notificado.

"*c)* as demais quotas, acrescidas de juros equivalentes à taxa média mensal de captação do Tesouro Nacional relativa à Dívida Mobiliária Federal Interna, vencerão no último dia útil de cada mês;

"*d)* é facultado ao contribuinte antecipar, total ou parcialmente, o pagamento do imposto ou das quotas."

Capítulo IX
DO PARCELAMENTO DE DÉBITOS

Art. 91. *(Revogado pela Lei 10.522/2002.)*

Art. 92. Os débitos vencidos até 31 de outubro de 1994 poderão ser parcelados em até sessenta prestações, desde que os pedidos sejam apresentados na unidade da Secretaria da Receita Federal da jurisdição do contribuinte até 31 de março de 1995.

Parágrafo único. Sobre os débitos parcelados nos termos deste artigo, não incidirão o encargo adicional de que trata a alínea *b.1* do parágrafo único do art. 91.

Art. 93. *(Revogado pela Lei 10.522/2002.)*

Art. 94. *(Revogado pela Lei 10.522/2002.)*

Capítulo X
DAS DISPOSIÇÕES FINAIS

Art. 95. As empresas industriais titulares de Programas Especiais de Exportação aprovados até 3 de junho de 1993, pela Comissão para Concessão de Benefícios Fiscais a Programas Especiais de Exportação – Befiex, poderão compensar o prejuízo fiscal verificado em um período base com o lucro real determinado nos seis anos-calendário subsequentes, independentemente da distribuição de lucros ou dividendos a seus sócios ou acionistas.

- Artigo com redação determinada pela Lei 9.065/1995.

Art. 96. A opção de que trata o § 4º do art. 31 da Lei 8.541/1992, relativo ao im-

Lei 8.981/1995

posto incidente sobre o lucro inflacionário acumulado realizado no mês de dezembro de 1994, será manifestada pelo pagamento até o vencimento da primeira quota ou quota única do respectivo tributo.

Art. 97. A falta ou insuficiência de pagamento do Imposto sobre a Renda e da contribuição social sobre o lucro está sujeita aos acréscimos legais previstos na legislação tributária federal.

Parágrafo único. No caso de lançamento de ofício, no decorrer do ano-calendário, será observada a forma de apuração da base de cálculo do imposto adotada pela pessoa jurídica.

Art. 98. *(Revogado pela Lei 9.430/1996.)*

Art. 99. No caso de lançamento de ofício, as penalidades previstas na legislação tributária federal, expressas em Ufir, serão reconvertidas para Reais, quando aplicadas a infrações cometidas a partir do 1º de janeiro de 1995.

Art. 100. Poderão ser excluídos do lucro líquido, para determinação do lucro real e da base de cálculo da contribuição social sobre o lucro, os juros reais produzidos por Notas do Tesouro Nacional – NTN, emitidas para troca compulsória no âmbito do Programa Nacional de Privatização – PND.

Parágrafo único. O valor excluído será controlado na parte "B" do Livro de Apuração do Lucro Real – Lalur, e computado na determinação do lucro real e da contribuição social sobre o lucro no período do seu recebimento.

Art. 101. Fica acrescentado o § 4º ao art. 24 do Dec.-lei 1.598, de 26 de dezembro de 1977:

"Art. 24. [...]

"[...]

"§ 4º A reserva de reavaliação relativa a participações societárias vinculadas ao Fundo Nacional de Desestatização (art. 9º da Lei 8.031, de 12 de abril de 1990), poderá, quando da conclusão da operação de venda, ser estornada em contrapartida da conta de investimentos."

Art. 102. O disposto nos arts. 100 e 101 aplica-se, inclusive, em relação ao ano-calendário de 1994.

Art. 103. As pessoas jurídicas que explorarem atividade comercial de vendas de produtos e serviços poderão promover depreciação acelerada dos equipamentos Emissores de Cupom Fiscal – ECF novos, que vierem a ser adquiridos no período compreendido entre 1º de janeiro de 1995 a 31 de dezembro de 1995.

§ 1º A depreciação acelerada de que trata este artigo será calculada pela aplicação da taxa de depreciação usualmente admitida, sem prejuízo da depreciação normal.

§ 2º O total acumulado da depreciação, inclusive a normal, não poderá ultrapassar o custo de aquisição do bem.

§ 3º O disposto neste artigo somente alcança os equipamentos:

a) que identifiquem no cupom fiscal emitido os produtos ou serviços vendidos; e

b) cuja utilização tenha sido autorizada pelo órgão competente dos Estados, do Distrito Federal ou dos Municípios.

Art. 104. *(Revogado pela Lei 9.065/1995.)*

Art. 105. *(Revogado pela Lei 9.065/1995.)*

Art. 106. Fica o Poder Executivo autorizado a alterar a forma de fixação da taxa de câmbio, para cálculo dos impostos incidentes na importação, de que trata o parágrafo único do art. 24 do Dec.-lei 37, de 18 de novembro de 1966, com a redação dada pelo art. 1º da Lei 7.683, de 2 de dezembro de 1988.

Art. 107. *(Revogado pela Lei 9.065/1995.)*
[...]

Art. 112. *(Revogado, a partir de 1º.04.2010, pela Lei 12.249/2010 – DOU 14.06.2010.)*

Art. 113. *(Revogado pela Lei 9.065/1995.)*

Art. 114. O lucro inflacionário acumulado existente em 31 de dezembro de 1994, continua submetido aos critérios de realização previstos na Lei 7.799, de 10 de julho de 1989, observado o disposto no art. 32, da Lei 8.541/1992.

Art. 115. O disposto nos arts. 48 a 51, 53, 55 e 56 da Medida Provisória 785, de 23 de dezembro de 1994, aplica-se somente aos fatos geradores ocorridos até 31 de dezembro de 1994.

Art. 116. Esta Lei entra em vigor na data de sua publicação, produzindo efeitos a partir de 1º de janeiro de 1995.

Lei 9.065/1995

LEGISLAÇÃO

Art. 117. Revogam-se as disposições em contrário, e, especificamente:
I – os arts. 12 e 21, e o parágrafo único do art. 42 da Lei 8.541, de 23 de dezembro de 1992;
II – o parágrafo único do art. 44 e o art. 47 da Lei 8.383, de 30 de dezembro de 1991;
III – art. 8º do Dec.-lei 2.287, de 23 de julho de 1986;
IV – o § 3º do art. 3º da Lei 8.847, de 28 de janeiro de 1994;
V – o art. 5º da Lei 8.850, de 28 de janeiro de 1994;
VI – o art. 6º da Lei 7.965, de 22 de dezembro de 1989.
Senado Federal, em 20 de janeiro de 1995.
Senador Humberto Lucena
Presidente do Senado Federal
(DOU 23.01.1995)

LEI 9.065, DE 20 DE JUNHO DE 1995

Dá nova redação a dispositivos da Lei 8.981, de 20 de janeiro de 1995, que altera a legislação tributária federal, e dá outras providências.

O Presidente da República:
Faço saber que o Congresso Nacional decreta e eu sanciono a seguinte Lei:

Art. 1º Os dispositivos da Lei 8.981, de 20 de janeiro de 1995, adiante indicados, passam a vigorar com a seguinte redação:

• Alterações processadas no texto da referida Lei.

Art. 2º O disposto na alínea *b* do § 3º do art. 43 da Lei 8.981/1995 somente se aplica aos créditos relativos a:
I – operações de empréstimos, ou qualquer forma de adiantamento de recursos;
II – aquisição de títulos e valores mobiliários de renda fixa, cujo devedor ou emitente seja pessoa jurídica de direito público ou empresa sob o seu controle, empresa pública, sociedade de economia mista, ou sua subsidiária;
III – fundos administrados por qualquer das pessoas jurídicas referidas no inciso II.
Parágrafo único. Está também abrangida pelo disposto na alínea *b* do § 3º do art. 43 da Lei 8.981, de 1995, a parcela de crédito correspondente ao lucro diferido nos termos do art. 10 do Dec.-lei 1.598, de 26 de dezembro de 1977.

Art. 3º O saldo credor da conta de correção monetária de que trata o inciso II do art. 4º da Lei 7.799, de 10 de julho de 1989, apurado a partir do encerramento do ano-calendário de 1995, será computado na determinação do lucro real, podendo o contribuinte diferir, com observância do disposto nos arts. 4º e 8º desta Lei, a tributação do lucro inflacionário não realizado.
Parágrafo único. O disposto neste artigo aplica-se, também, às pessoas jurídicas a que se refere o § 6º do art. 37 da Lei 8.981/1995.

Art. 4º Considera-se lucro inflacionário, em cada ano-calendário, o saldo credor da conta de correção monetária, ajustado pela diminuição das variações monetárias e das receitas e despesas financeiras computadas na determinação do lucro líquido do ano-calendário.
§ 1º Proceder-se-á ao ajuste mediante a dedução, do saldo credor da conta de correção monetária, de valor correspondente à diferença positiva entre as somas das despesas financeiras com as variações monetárias passivas e as somas das receitas financeiras com as variações monetárias ativas.
§ 2º O lucro inflacionário a tributar será registrado em conta especial do Livro de Apuração do Lucro Real, e o saldo transferido do ano-calendário anterior será corrigido, monetariamente, com base na variação do valor da Ufir verificada entre o primeiro dia seguinte ao do balanço de encerramento do ano-calendário anterior e o dia seguinte ao do balanço do exercício da correção.

• O art. 29, § 3º, da Lei 10.522/2002, dispõe: "Observado o disposto neste artigo, bem assim a atualização efetuada para o ano de 2000, nos termos do art. 75 da Lei 9.430, de 27 de dezembro de 1996, fica extinta a Unidade de Referência Fiscal – Ufir, instituída pelo art. 1º da Lei 8.383, de 30 de dezembro de 1991".

Art. 5º Em cada ano-calendário considerar-se-á realizada parte do lucro inflacionário proporcional ao valor, realizado no mesmo período, dos bens e direitos do ativo sujeitos à correção monetária.
§ 1º O lucro inflacionário realizado em cada ano-calendário será calculado de acordo com as seguintes regras:
a) será determinada a relação percentual entre o valor dos bens e direitos do ativo sujeitos

Lei 9.065/1995

à correção monetária, realizado no ano-calendário, e a soma dos seguintes valores:
a.1) a média do valor contábil do ativo permanente no início e no final do ano-calendário;
a.2) a média dos saldos, no início e no fim do ano-calendário, das contas representativas do custo dos imóveis não classificados no ativo permanente, das contas representativas das aplicações em ouro, das contas representativas de adiantamentos a fornecedores de bens sujeitos à correção monetária, salvo se o contrato prever a indexação do crédito, e de outras contas que venham a ser determinadas pelo Poder Executivo, considerada a natureza de bens ou valores que representem;
b) o valor dos bens e direitos do ativo sujeitos à correção monetária, realizada no ano-calendário, será a soma dos seguintes valores:
b.1) custo contábil dos imóveis existentes no estoque no início do ano-calendário e baixados no curso deste;
b.2) valor contábil, corrigido monetariamente até a data da baixa, dos demais bens e direitos do ativo sujeitos à correção monetária, baixados no curso do ano-calendário;
b.3) quotas de depreciação, amortização e exaustão, computadas como custo ou despesa operacional do ano-calendário;
b.4) lucros ou dividendos, recebidos no ano-calendário, de quaisquer participações societárias registradas como investimento;
c) o montante do lucro inflacionário realizado do ano-calendário será determinado mediante aplicação da percentagem de que trata a alínea *a* sobre o lucro inflacionário do mesmo ano-calendário;
d) a percentagem de que trata a alínea *a* será também aplicada, em cada ano, sobre o lucro inflacionário, apurado nos anos-calendário anteriores, excetuado o lucro inflacionário acumulado, existente em 31 de dezembro de 1994.
§ 2º O contribuinte que optar pelo diferimento da tributação do lucro inflacionário não realizado deverá computar na determinação do lucro real o montante do lucro inflacionário realizado (§ 1º) ou o valor determinado de acordo com o disposto no art. 6º, e excluir do lucro líquido do ano-calendário o montante do lucro inflacionário do próprio ano-calendário.

Art. 6º A pessoa jurídica deverá considerar realizado em cada ano-calendário, no mínimo, 10% (dez por cento) do lucro inflacionário, quando o valor, assim determinado, resultar superior ao apurado na forma do § 1º do art. 5º.
Parágrafo único. A realização de que trata este artigo aplica-se, inclusive, ao valor do lucro inflacionário apurado no próprio ano-calendário.

Art. 7º Nos casos de incorporação, fusão, cisão total ou encerramento de atividades, a pessoa jurídica incorporada, fusionada, cindida ou que encerrar atividades deverá considerar integralmente realizado o lucro inflacionário acumulado.
§ 1º Na cisão parcial, a realização será proporcional à parcela do ativo, sujeito à correção monetária, que estiver sido vertida.
§ 2º Para os efeitos deste artigo, considera-se lucro inflacionário acumulado a soma do lucro inflacionário de anos-calendário anteriores, corrigido monetariamente, deduzida das parcelas realizadas.

Art. 8º A partir de 1º de janeiro de 1996, a pessoa jurídica deverá considerar realizado mensalmente, no mínimo, 1/120 do lucro inflacionário, corrigido monetariamente, apurado em cada ano-calendário anterior.
Parágrafo único. A parcela realizada na forma deste artigo integrará a base de cálculo do Imposto sobre a Renda devido mensalmente.

Art. 9º A pessoa jurídica que tiver saldo de lucro inflacionário a tributar e que vier a ser tributada pelo lucro arbitrado deverá adicionar esse saldo, corrigido monetariamente, à base de cálculo do Imposto sobre a Renda.

Art. 10. *(Revogado pela Lei 9.249/1995.)*

Art. 11. O lucro real ou arbitrado de pessoa jurídica estará sujeito a um adicional do Imposto sobre a Renda à alíquota de:
I – 10% (dez por cento) sobre a parcela do lucro real que ultrapassar R$ 180.000,00 até R$ 780.000,00;
II – 15% (quinze por cento) sobre a parcela do lucro real que ultrapassar R$ 780.000,00;
III – 10% (dez por cento) sobre a parcela do lucro arbitrado que ultrapassar 15.000,00 até R$ 65.000,00;
IV – 15% (quinze por cento) sobre a parcela do lucro arbitrado que ultrapassar R$ 65.000,00.
§ 1º Os limites previstos nos incisos I e II serão proporcionais ao número de meses transcorridos do ano-calendário, quando o

Lei 9.099/1995

período de apuração for inferior aos 12 (doze) meses.

§ 2º O valor do adicional será recolhido integralmente, não sendo permitidas quaisquer deduções.

Art. 12. O disposto nos arts. 42 e 58 da Lei 8.981/1995, vigorará até 31 de dezembro de 1995.

Art. 13. A partir de 1º de abril de 1995, os juros de que tratam a alínea c do parágrafo único do art. 14 da Lei 8.847, de 28 de janeiro de 1994, com redação dada pelo art. 6º da Lei 8.850, de 28 de janeiro de 1994, e pelo art. 90 da Lei 8.981/1995, o art. 84, inciso I, e o art. 91, parágrafo único, alínea a.2, da Lei 8.981/1995, serão equivalentes à taxa referencial do Sistema Especial de Liquidação e de Custódia – Selic para títulos federais, acumulada mensalmente.

Art. 14. Os rendimentos e ganhos de capital distribuídos, a partir de 1º de julho de 1995, pelos Fundos de Investimento Imobiliário e Fundos de Investimento Cultural e Artístico – Ficart, sob qualquer forma e qualquer que seja o beneficiário, sujeitam-se à incidência do Imposto sobre a Renda na fonte à alíquota de 10% (dez por cento).

Parágrafo único. Ao imposto retido nos termos deste artigo aplica-se o disposto no art. 76 da Lei 8.981/1995.

Art. 15. O prejuízo fiscal apurado a partir do encerramento do ano-calendário de 1995, poderá ser compensado, cumulativamente com os prejuízos fiscais apurados até 31 de dezembro de 1994, com o lucro líquido ajustado pelas adições e exclusões previstas na legislação do Imposto sobre a Renda, observado o limite máximo, para a compensação, de 30% (trinta por cento) do referido lucro líquido ajustado.

Parágrafo único. O disposto neste artigo somente se aplica às pessoas jurídicas que mantiverem os livros e documentos, exigidos pela legislação fiscal, comprobatórios do montante do prejuízo fiscal utilizado para a compensação.

Art. 16. A base de cálculo da contribuição social sobre o lucro, quando negativa, apurada a partir do encerramento do ano-calendário de 1995, poderá ser compensada cumulativamente com a base de cálculo negativa, apurada até 31 de dezembro de 1994, com o resultado do período de apuração ajustado pelas adições e exclusões previstas na legislação da referida contribuição social, determinado em anos-calendário subsequentes, observado o limite máximo de redução de 30% (trinta por cento), previsto no art. 58 da Lei 8.981/1995.

Parágrafo único. O disposto neste artigo somente se aplica às pessoas jurídicas que mantiverem os livros e documentos, exigidos pela legislação fiscal, comprobatórios da base de cálculo negativa utilizada para a compensação.

Art. 17. O pagamento da Contribuição para o Programa de Integração Social e para o Programa de Formação de Patrimônio do Servidor Público – PIS/Pasep deverá ser efetuado até o último dia útil da quinzena subsequente ao mês de ocorrência dos fatos geradores.

Art. 18. Esta Lei entra em vigor na data de sua publicação, produzindo efeitos a partir de 1º de janeiro de 1995, exceto os arts. 10, 11, 15 e 16, que produzirão efeitos a partir de 1º de janeiro de 1996, e os arts. 13 e 14, com efeitos, respectivamente, a partir de 1º de abril e 1º de julho de 1995.

Art. 19. Revogam-se as disposições em contrário e, especificamente, o § 3º do art. 44, o § 4º do art. 88, e os arts. 104, 105, 107 e 113 da Lei 8.981/1995, bem como o inciso IV do § 2º do art. 7º das Leis 8.256, de 25 de novembro de 1991, e 8.857, de 8 de março de 1994, o inciso IV do § 2º do art. 6º da Lei 8.210, de 19 de julho de 1991, e a alínea d do § 2º do art. 4º da Lei 7.965, de 22 de dezembro de 1989.

Brasília, 20 de junho de 1995; 174º da Independência e 107º da República.

Fernando Henrique Cardoso

(*DOU* 21.06.1995; ret. 03.07.1995)

LEI 9.099, DE 26 DE SETEMBRO DE 1995

Dispõe sobre os Juizados Especiais Cíveis e Criminais e dá outras providências.

- V. Lei 10.259/2001 (Juizados Especiais Cíveis e Criminais no âmbito da Justiça Federal).
- V. Lei 12.153/2009 (Juizados Especiais da Fazenda Pública no âmbito dos Estados, do Distrito Federal, dos Territórios e dos Municípios).

O Presidente da República:

Lei 9.099/1995

LEGISLAÇÃO

Faço saber que o Congresso Nacional decreta e eu sanciono a seguinte Lei:

Capítulo I
DISPOSIÇÕES GERAIS

Art. 1º Os Juizados Especiais Cíveis e Criminais, órgãos da Justiça Ordinária, serão criados pela União, no Distrito Federal e nos Territórios, e pelos Estados, para conciliação, processo, julgamento e execução, nas causas de sua competência.

- V. arts. 24, X e XI, e 98, I, CF.
- V. art. 5º, IV, Lei 8.078/1990 (Código de Defesa do Consumidor).

Art. 2º O processo orientar-se-á pelos critérios da oralidade, simplicidade, informalidade, economia processual e celeridade, buscando, sempre que possível, a conciliação ou a transação.

- V. art. 13, *caput*.

Capítulo II
DOS JUIZADOS ESPECIAIS CÍVEIS

Seção I
Da competência

Art. 3º O Juizado Especial Cível tem competência para conciliação, processo e julgamento das causas cíveis de menor complexidade, assim consideradas:

- V. art. 15.

I – as causas cujo valor não exceda a quarenta vezes o salário mínimo;

- V. art. 7º, IV, CF.
- V. art. 76, CLT.

II – as enumeradas no art. 275, inciso II, do Código de Processo Civil;

- V. art. 318, parágrafo único, CPC/2015.

III – a ação de despejo para uso próprio;

- V. arts. 5º, 47, III e §§ 1º e 2º, 52, II e §§ 1º e 3º, 61, 62, I e VI, e 80, Lei 8.245/1991 (Locação de imóveis urbanos).

IV – as ações possessórias sobre bens imóveis de valor não excedente ao fixado no inciso I deste artigo.

- V. arts. 79 a 81, CC.
- V. arts. 560 a 568, CPC/2015.

§ 1º Compete ao Juizado Especial promover a execução:

- V. art. 52.

I – dos seus julgados;

II – dos títulos executivos extrajudiciais, no valor de até quarenta vezes o salário mínimo, observado o disposto no § 1º do art. 8º desta Lei.

- V. art. 53.
- V. arts. 515, V, e 784, CPC/2015.

§ 2º Ficam excluídas da competência do Juizado Especial as causas de natureza alimentar, falimentar, fiscal e de interesse da Fazenda Pública, e também as relativas a acidentes de trabalho, a resíduos e ao estado e capacidade das pessoas, ainda que de cunho patrimonial.

- V. art. 1º, Lei 5.478/1968 (Ação de alimentos).
- V. art. 5º, Lei 6.830/1980 (Execução fiscal).
- V. art. 129, II, Lei 8.213/1991 (Planos de Benefícios da Previdência Social).
- V. art. 5º, Lei 8.397/1992 (Medida cautelar fiscal).
- V. arts. 3º e 76, Lei 11.101/2005 (Lei de Recuperação de Empresas e Falência).

§ 3º A opção pelo procedimento previsto nesta Lei importará em renúncia ao crédito excedente ao limite estabelecido neste artigo, excetuada a hipótese de conciliação.

- V. arts. 21 e 39.

Art. 4º É competente, para as causas previstas nesta Lei, o Juizado do foro:

I – do domicílio do réu ou, a critério do autor, do local onde aquele exerça atividades profissionais ou econômicas ou mantenha estabelecimento, filial, agência, sucursal ou escritório;

- V. arts. 70 a 73, CC.
- V. arts. 21, parágrafo único, 43 e 47, CPC/2015.

II – do lugar onde a obrigação deva ser satisfeita;

- V. art. 53, III, *d*, CPC/2015.

III – do domicílio do autor ou do local do ato ou fato, nas ações para reparação de dano de qualquer natureza.

- V. arts. 186 e 927, CC.
- V. art. 53, IV, *a*, e V, CPC/2015.

Parágrafo único. Em qualquer hipótese, poderá a ação ser proposta no foro previsto no inciso I deste artigo.

- V. arts. 62 e 63, *caput*, CPC/2015.
- V. Súmula 335, STF.

Seção II
Do juiz, dos conciliadores e dos juízes leigos

Art. 5º O juiz dirigirá o processo com liberdade para determinar as provas a serem produzidas, para apreciá-las e para dar es-

Lei 9.099/1995

LEGISLAÇÃO

pecial valor às regras de experiência comum ou técnica.

- V. art. 33.
- V. art. 93, IX, CF.
- V. arts. 370, 371 e 375, CPC/2015.

Art. 6º O juiz adotará em cada caso a decisão que reputar mais justa e equânime, atendendo aos fins sociais da lei e às exigências do bem comum.

- V. art. 25.
- V. art. 140, parágrafo único, CPC/2015.
- V. art. 5º, Dec.-lei 4.657/1942 (Lei de Introdução às normas do Direito Brasileiro).

Art. 7º Os conciliadores e juízes leigos são auxiliares da Justiça, recrutados, os primeiros, preferencialmente, entre os bacharéis em Direito, e os segundos, entre advogados com mais de 5 (cinco) anos de experiência.

- V. art. 8º, IV, Lei 8.906/1994 (Estatuto da Advocacia e da OAB).

Parágrafo único. Os juízes leigos ficarão impedidos de exercer a advocacia perante os Juizados Especiais, enquanto no desempenho de suas funções.

- V. art. 28, II, Lei 8.906/1994 (Estatuto da Advocacia e da OAB).

Seção III
Das partes

Art. 8º Não poderão ser partes, no processo instituído por esta Lei, o incapaz, o preso, as pessoas jurídicas de direito público, as empresas públicas da União, a massa falida e o insolvente civil.

- V. art. 51, IV.
- V. arts. 3º, 4º e 41, CC.
- V. art. 17, CPC/2015.

§ 1º Somente serão admitidas a propor ação perante o Juizado Especial:

- *Caput* do § 1º com redação determinada pela Lei 12.126/2009.
- V. art. 3º, § 1º, II.

I – as pessoas físicas capazes, excluídos os cessionários de direito de pessoas jurídicas;

- Inciso I acrescentado pela Lei 12.126/2009.

II – as pessoas enquadradas como microempreendedores individuais, microempresas e empresas de pequeno porte na forma da Lei Complementar 123, de 14 de dezembro de 2006;

- Inciso II com redação determinada pela LC 147/2014.
- V. art. 74, LC 123/2006 (Supersimples).

III – as pessoas jurídicas qualificadas como Organização da Sociedade Civil de Interesse Público, nos termos da Lei 9.790, de 23 de março de 1999;

- Inciso III acrescentado pela Lei 12.126/2009.

IV – as sociedades de crédito ao microempreendedor, nos termos do art. 1º da Lei 10.194, de 14 de fevereiro de 2001.

- Inciso IV acrescentado pela Lei 12.126/2009.

§ 2º O maior de 18 (dezoito) anos poderá ser autor, independentemente de assistência, inclusive para fins de conciliação.

- V. arts. 1.634, V, 1.690, *caput*, e 1.747, I, CC.

Art. 9º Nas causas de valor até vinte salários mínimos, as partes comparecerão pessoalmente, podendo ser assistidas por advogado; nas de valor superior, a assistência é obrigatória.

- V. art. 1º, I, Lei 8.906/1994 (Estatuto da Advocacia e da OAB).

§ 1º Sendo facultativa a assistência, se uma das partes comparecer assistida por advogado, ou se o réu for pessoa jurídica ou firma individual, terá a outra parte, se quiser, assistência judiciária prestada por órgão instituído junto ao Juizado Especial, na forma da lei local.

- V. art. 41, § 2º.
- V. art. 134, CF.
- V. art. 1º, Lei 1.060/1950 (Assistência judiciária).

§ 2º O juiz alertará as partes da conveniência do patrocínio por advogado, quando a causa o recomendar.

§ 3º O mandato ao advogado poderá ser verbal, salvo quanto aos poderes especiais.

- V. art. 5º, Lei 8.906/1994 (Estatuto da Advocacia e da OAB).

§ 4º O réu, sendo pessoa jurídica ou titular de firma individual, poderá ser representado por preposto credenciado, munido de carta de preposição com poderes para transigir, sem haver necessidade de vínculo empregatício.

- § 4º com redação determinada pela Lei 12.137/2009.
- V. art. 47, CC.
- V. arts. 75, VIII, e 105, CPC/2015.

Art. 10. Não se admitirá, no processo, qualquer forma de intervenção de terceiro nem de assistência. Admitir-se-á o litisconsórcio.

- V. arts. 113, 119, 125 a 132, 339, e 682 a 686, CPC/2015.

Lei 9.099/1995

LEGISLAÇÃO

Art. 11. O Ministério Público intervirá nos casos previstos em lei.
- V. art. 129, II e § 1º, CF.
- V. arts. 178 e 179, CPC/2015.
- V. art. 25, V, Lei 8.625/1993 (Lei Orgânica do Ministério Público).
- V. Súmula 99, STJ.

Seção IV
Dos atos processuais

Art. 12. Os atos processuais serão públicos e poderão realizar-se em horário noturno, conforme dispuserem as normas de organização judiciária.
- V. arts. 5º, LX, e 93, IX, CF.
- V. arts. 11, 189 e 212, CPC/2015.

Art. 13. Os atos processuais serão válidos sempre que preencherem as finalidades para as quais forem realizados, atendidos os critérios indicados no art. 2º desta Lei.
- V. art. 283, CPC/2015.

§ 1º Não se pronunciará qualquer nulidade sem que tenha havido prejuízo.

§ 2º A prática de atos processuais em outras comarcas poderá ser solicitada por qualquer meio idôneo de comunicação.
- V. art. 19.
- V. arts. 255, 264 e 782, § 1º, CPC/2015.

§ 3º Apenas os atos considerados essenciais serão registrados resumidamente, em notas manuscritas, datilografadas, taquigrafadas ou estenotipadas. Os demais atos poderão ser gravados em fita magnética ou equivalente, que será inutilizada após o trânsito em julgado da decisão.
- V. art. 210, CPC/2015.

§ 4º As normas locais disporão sobre a conservação das peças do processo e demais documentos que o instruem.

Seção V
Do pedido

Art. 14. O processo instaurar-se-á com a apresentação do pedido, escrito ou oral à Secretaria do Juizado.
- V. arts. 2º, 322, *caput*, e 324, CPC/2015.

§ 1º Do pedido constarão, de forma simples e em linguagem acessível:
- V. arts. 319 e 320, CPC/2015.

I – o nome, a qualificação e o endereço das partes;

II – os fatos e os fundamentos, de forma sucinta;

III – o objeto e seu valor.

§ 2º É lícito formular pedido genérico quando não for possível determinar, desde logo, a extensão da obrigação.
- V. art. 286, § 1º, CPC/2015.

§ 3º O pedido oral será reduzido a escrito pela Secretaria do Juizado, podendo ser utilizado o sistema de fichas ou formulários impressos.

Art. 15. Os pedidos mencionados no art. 3º desta Lei poderão ser alternativos ou cumulados; nesta última hipótese, desde que conexos e a soma não ultrapasse o limite fixado naquele dispositivo.
- V. arts. 292, VII, 325 e 327, CPC/2015.

Art. 16. Registrado o pedido, independentemente de distribuição e autuação, a Secretaria do Juizado designará a sessão de conciliação, a realizar-se no prazo de 15 (quinze) dias.
- V. arts. 206 e 284, CPC/2015.

Art. 17. Comparecendo inicialmente ambas as partes, instaurar-se-á, desde logo, a sessão de conciliação, dispensados o registro prévio de pedido e a citação.

Parágrafo único. Havendo pedidos contrapostos, poderá ser dispensada a contestação formal e ambos serão apreciados na mesma sentença.
- V. art. 341, III e parágrafo único, CPC/2015.

Seção VI
Das citações e intimações

Art. 18. A citação far-se-á:
- V. arts. 238 e 246, *caput*, I, II, IV, V, CPC/2015.

I – por correspondência, com aviso de recebimento em mão própria;
- V. art. 247, CPC/2015.

II – tratando-se de pessoa jurídica ou firma individual, mediante entrega ao encarregado da recepção, que será obrigatoriamente identificado;

III – sendo necessário, por oficial de justiça, independentemente de mandado ou carta precatória.
- V. art. 249, CPC/2015.

§ 1º A citação conterá cópia do pedido inicial, dia e hora para comparecimento do citando e advertência de que, não comparecendo este, considerar-se-ão verdadeiras as alegações iniciais, e será proferido julgamento, de plano.

§ 2º Não se fará citação por edital.

• V. art. 256, I, II, III, §§ 1º e 2º, CPC/2015.

§ 3º O comparecimento espontâneo suprirá a falta ou nulidade da citação.

• V. art. 239, § 1º, CPC/2015.

Art. 19. As intimações serão feitas na forma prevista para citação, ou por qualquer outro meio idôneo de comunicação.

• V. arts. 269, caput, 274 e 275, caput, § 1º, I, II e III, CPC/2015.

§ 1º Dos atos praticados na audiência, considerar-se-ão desde logo cientes as partes.

• V. art. 1.003, caput, e § 1º, CPC/2015.

§ 2º As partes comunicarão ao juízo as mudanças de endereço ocorridas no curso do processo, reputando-se eficazes as intimações enviadas ao local anteriormente indicado, na ausência da comunicação.

• V. art. 39.

Seção VII
Da revelia

Art. 20. Não comparecendo o demandado à sessão de conciliação ou à audiência de instrução e julgamento, reputar-se-ão verdadeiros os fatos alegados no pedido inicial, salvo se o contrário resultar da convicção do juiz.

• V. arts. 344 e 346, caput, CPC/2015.

Seção VIII
Da conciliação e do juízo arbitral

Art. 21. Aberta a sessão, o juiz togado ou leigo esclarecerá as partes presentes sobre as vantagens da conciliação, mostrando-lhes os riscos e as consequências do litígio, especialmente quanto ao disposto no § 3º do art. 3º desta Lei.

• V. art. 139, V, CPC/2015.

Art. 22. A conciliação será conduzida pelo juiz togado ou leigo ou por conciliador sob sua orientação.

Parágrafo único. Obtida a conciliação, esta será reduzida a escrito e homologada pelo juiz togado, mediante sentença com eficácia de título executivo.

• V. art. 334, § 11, CPC/2015.

Art. 23. Não comparecendo o demandado, o juiz togado proferirá sentença.

• V. art. 355, II, CPC/2015.

Art. 24. Não obtida a conciliação, as partes poderão optar, de comum acordo, pelo juízo arbitral, na forma prevista nesta Lei.

• V. Lei 9.307/1996 (Arbitragem).

§ 1º O juízo arbitral considerar-se-á instaurado, independentemente de termo de compromisso, com a escolha do árbitro pelas partes. Se este não estiver presente, o juiz convocá-lo-á e designará, de imediato, a data para a audiência de instrução.

§ 2º O árbitro será escolhido dentre os juízes leigos.

Art. 25. O árbitro conduzirá o processo com os mesmos critérios do juiz, na forma dos arts. 5º e 6º desta Lei, podendo decidir por equidade.

Art. 26. Ao término da instrução, ou nos 5 (cinco) dias subsequentes, o árbitro apresentará o laudo ao juiz togado para homologação por sentença irrecorrível.

Seção IX
Da instrução e julgamento

Art. 27. Não instituído o juízo arbitral, proceder-se-á imediatamente à audiência de instrução e julgamento, desde que não resulte prejuízo para a defesa.

Parágrafo único. Não sendo possível a sua realização imediata, será a audiência designada para um dos 15 (quinze) dias subsequentes, cientes, desde logo, as partes e testemunhas eventualmente presentes.

• V. art. 34, § 1º.

Art. 28. Na audiência de instrução e julgamento serão ouvidas as partes, colhida a prova e, em seguida, proferida a sentença.

• V. art. 41.
• V. art. 5º, LV, CF.
• V. art. 360, CPC/2015.
• V. art. 845, CLT.

Art. 29. Serão decididos de plano todos os incidentes que possam interferir no regular prosseguimento da audiência. As demais questões serão decididas na sentença.

Lei 9.099/1995

Parágrafo único. Sobre os documentos apresentados por uma das partes, manifestar-se-á imediatamente a parte contrária, sem interrupção da audiência.
- V. arts. 396 e 400, CPC/2015.

Seção X
Da resposta do réu

Art. 30. A contestação, que será oral ou escrita, conterá toda matéria de defesa, exceto arguição de suspeição ou impedimento do juiz, que se processará na forma da legislação em vigor.
- V. art. 13, § 3º.
- V. arts. 146, *caput*, 336, CPC/2015.
- V. art. 846, CLT.

Art. 31. Não se admitirá a reconvenção. É lícito ao réu, na contestação, formular pedido em seu favor, nos limites do art. 3º desta Lei, desde que fundado nos mesmos fatos que constituem objeto da controvérsia.
- V. arts. 141, 343, *caput*, e 556, CPC/2015.

Parágrafo único. O autor poderá responder ao pedido do réu na própria audiência ou requerer a designação da nova data, que será desde logo fixada, cientes todos os presentes.

Seção XI
Das provas

Art. 32. Todos os meios de prova moralmente legítimos, ainda que não especificados em lei, são hábeis para provar a veracidade dos fatos alegados pelas partes.
- V. art. 5º, LVI, CF.
- V. art. 369 e 372, CPC/2015.

Art. 33. Todas as provas serão produzidas na audiência de instrução e julgamento, ainda que não requeridas previamente, podendo o Juiz limitar ou excluir as que considerar excessivas, impertinentes ou protelatórias.
- V. art. 5º.
- V. arts. 370 e 449, CPC/2015.

Art. 34. As testemunhas, até o máximo de três para cada parte, comparecerão à audiência de instrução e julgamento levadas pela parte que as tenha arrolado, independentemente de intimação, ou mediante esta, se assim for requerido.
- V. art. 447, CPC/2015.

§ 1º O requerimento para intimação das testemunhas será apresentado à Secretaria no mínimo 5 (cinco) dias antes da audiência de instrução e julgamento.
- V. arts. 357, §§ 4º e 5º, e 450, CPC/2015.

§ 2º Não comparecendo a testemunha intimada, o juiz poderá determinar sua imediata condução, valendo-se, se necessário, do concurso da força pública.
- V. art. 455, §§ 1º, 2º, 4º, III e 5º, CPC/2015.

Art. 35. Quando a prova do fato exigir, o juiz poderá inquirir técnicos de sua confiança, permitida às partes a apresentação de parecer técnico.
- V. arts. 478, *caput*, § 3º, e 483, parágrafo único, CPC/2015.

Parágrafo único. No curso da audiência, poderá o juiz, de ofício ou a requerimento das partes, realizar inspeção em pessoas ou coisas, ou determinar que o faça pessoa de sua confiança, que lhe relatará informalmente o verificado.
- V. art. 483, I a III, CPC/2015.

Art. 36. A prova oral não será reduzida a escrito, devendo a sentença referir, no essencial, os informes trazidos nos depoimentos.
- V. art. 13, § 3º.

Art. 37. A instrução poderá ser dirigida por Juiz leigo, sob a supervisão de juiz togado.
- V. art. 7º, *caput*.
- V. arts. 3º, §§ 3º e 4º, 7º e 139, CPC/2015.

Seção XII
Da sentença

Art. 38. A sentença mencionará os elementos de convicção do juiz, com breve resumo dos fatos relevantes ocorridos em audiência, dispensado o relatório.
- V. arts. 371, 203, § 1º, e 489, CPC/2015.

Parágrafo único. Não se admitirá sentença condenatória por quantia ilíquida, ainda que genérico o pedido.

Art. 39. É ineficaz a sentença condenatória na parte que exceder a alçada estabelecida nesta Lei.
- V. art. 3º, I.

Art. 40. O juiz leigo que tiver dirigido a instrução proferirá sua decisão e imediatamente a submeterá ao juiz togado, que poderá homologá-la, proferir outra em substituição ou, antes de se manifestar, determinar a realização de atos probatórios indispensáveis.

Lei 9.099/1995

LEGISLAÇÃO

Art. 41. Da sentença, excetuada a homologatória de conciliação ou laudo arbitral, caberá recurso para o próprio Juizado.
- V. arts. 999, 1.009 e 1.010, § 1º, CPC/2015.

§ 1º O recurso será julgado por uma turma composta por três juízes togados, em exercício no primeiro grau de jurisdição, reunidos na sede do Juizado.
- V. Súmula 376, STJ.

§ 2º No recurso, as partes serão obrigatoriamente representadas por advogado.
- V. art. 1º, I, Lei 8.906/1994 (Estatuto da Advocacia e da OAB).

Art. 42. O recurso será interposto no prazo de 10 (dez) dias, contados da ciência da sentença, por petição escrita, da qual constarão as razões e o pedido do recorrente.
- V. arts. 279, § 1º e 1.003, CPC/2015.

§ 1º O preparo será feito, independentemente de intimação, nas 48 (quarenta e oito) horas seguintes à interposição, sob pena de deserção.
- V. art. 54, parágrafo único.
- V. art. 1.007, § 2º, CPC/2015.

§ 2º Após o preparo, a Secretaria intimará o recorrido para oferecer resposta escrita no prazo de 10 (dez) dias.

Art. 43. O recurso terá somente efeito devolutivo, podendo o juiz dar-lhe efeito suspensivo, para evitar dano irreparável para a parte.
- V. art. 1.012, § 2º, CPC/2015.

Art. 44. As partes poderão requerer a transcrição da gravação da fita magnética a que alude o § 3º do art. 13 desta Lei, correndo por conta do requerente as despesas respectivas.
- V. art. 210, CPC/2015.
- V. art. 3º, I, Lei 1.060/1950 (Assistência judiciária).

Art. 45. As partes serão intimadas da data da sessão de julgamento.
- V. art. 19.

Art. 46. O julgamento em segunda instância constará apenas da ata, com a indicação suficiente do processo, fundamentação sucinta e parte dispositiva. Se a sentença for confirmada pelos próprios fundamentos, a súmula do julgamento servirá de acórdão.
- V. arts. 203, 489, II e III, 1.008 e 943, §§ 1º e 2º, CPC/2015.

Art. 47. *(Vetado).*

Seção XIII
Dos embargos de declaração

Art. 48. Caberão embargos de declaração contra sentença ou acórdão nos casos previstos no Código de Processo Civil.
- *Caput* com redação determinada pela Lei 13.105/2015 (*DOU* 17.03.2015), em vigor após decorrido 1 (um) ano da data de sua publicação oficial.
- V. art. 1.022, CPC/2015.

Parágrafo único. Os erros materiais podem ser corrigidos de ofício.
- V. art. 494, CPC/2015.

Art. 49. Os embargos de declaração serão interpostos por escrito ou oralmente, no prazo de 5 (cinco) dias, contados da ciência da decisão.
- V. art. 1.023, CPC/2015.

Art. 50. Os embargos de declaração interrompem o prazo para a interposição de recurso.
- Artigo com redação determinada pela Lei 13.105/2015 (*DOU* 17.03.2015), em vigor após decorrido 1 (um) ano da data de sua publicação oficial.

Seção XIV
Da extinção do processo sem julgamento do mérito

Art. 51. Extingue-se o processo, além dos casos previstos em lei:
- V. art. 485, *caput*, I a X, §§ 1º a 4º, CPC/2015.

I – quando o autor deixar de comparecer a qualquer das audiências do processo;
II – quando inadmissível o procedimento instituído por esta Lei ou seu prosseguimento, após a conciliação;
III – quando for reconhecida a incompetência territorial;
- V. arts. 46 a 53, CPC/2015.

IV – quando sobrevier qualquer dos impedimentos previstos no art. 8º desta Lei;
V – quando, falecido o autor, a habilitação depender de sentença ou não se der no prazo de 30 (trinta) dias;
- V. art. 689, CPC/2015.

VI – quando, falecido o réu, o autor não promover a citação dos sucessores no prazo de 30 (trinta) dias da ciência do fato.
- V. arts. 836, 1.792, 1.821 e 1.997, CC.
- V. art. 796, CPC/2015.

Lei 9.099/1995

LEGISLAÇÃO

§ 1º A extinção do processo independerá, em qualquer hipótese, de prévia intimação pessoal das partes.

§ 2º No caso do inciso I deste artigo, quando comprovar que a ausência decorre de força maior, a parte poderá ser isentada, pelo juiz, do pagamento das custas.

• V. art. 393, parágrafo único, CC.

Seção XV
Da execução

Art. 52. A execução da sentença processar-se-á no próprio Juizado, aplicando-se, no que couber, o disposto no Código do Processo Civil, com as seguintes alterações:

• V. art. 778 e ss., CPC/2015.

I – as sentenças serão necessariamente líquidas, contendo a conversão em Bônus do Tesouro Nacional – BTN ou índice equivalente;

• V. art. 3º, Lei 8.177/1991 (Extinção do BTN).

II – os cálculos de conversão de índices, de honorários, de juros e de outras parcelas serão efetuados por servidor judicial;

III – a intimação da sentença será feita, sempre que possível, na própria audiência em que for proferida. Nessa intimação, o vencido será instado a cumprir a sentença tão logo ocorra seu trânsito em julgado, e advertido dos efeitos do seu descumprimento (inciso V);

• V. art. 1.003, caput, e § 1º, CPC/2015.

IV – não cumprida voluntariamente a sentença transitada em julgado, e tendo havido solicitação do interessado, que poderá ser verbal, proceder-se-á desde logo à execução, dispensada nova citação;

V – nos casos de obrigação de entregar, de fazer, ou de não fazer, o juiz, na sentença ou na fase de execução, cominará multa diária, arbitrada de acordo com as condições econômicas do devedor, para a hipótese de inadimplemento. Não cumprida a obrigação, o credor poderá requerer a elevação da multa ou a transformação da condenação em perdas e danos, que o juiz de imediato arbitrará, seguindo-se a execução por quantia certa, incluída a multa vencida de obrigação de dar, quando evidenciada a malícia do devedor na execução do julgado;

• V. arts. 537, caput, 806, caput, § 1º, 815, 822 e 823, CPC/2015.

• V. art. 84, § 4º, Lei 8.078/1990 (Código de Defesa do Consumidor).

VI – na obrigação de fazer, o juiz pode determinar o cumprimento por outrem, fixado o valor que o devedor deve depositar para as despesas, sob pena de multa diária;

• V. art. 249, CC.
• V. art. 816, caput, CPC/2015.

VII – na alienação forçada dos bens, o juiz poderá autorizar o devedor, o credor ou terceira pessoa idônea a tratar da alienação do bem penhorado, a qual se aperfeiçoará em juízo até a data fixada para a praça ou o leilão. Sendo o preço inferior ao da avaliação, as partes serão ouvidas. Se o pagamento não for à vista, será oferecida caução idônea, nos casos de alienação de bem móvel, ou hipotecado o imóvel;

• V. art. 889, caput, CPC/2015.

VIII – é dispensada a publicação de editais em jornais, quando se tratar de alienação de bens de pequeno valor;

IX – o devedor poderá oferecer embargos, nos autos da execução, versando sobre:

• V. art. 910, § 2º, CPC/2015.

a) falta ou nulidade da citação no processo, se ele correu à revelia;

b) manifesto excesso de execução;

c) erro de cálculo;

d) causa impeditiva, modificativa ou extintiva da obrigação, superveniente à sentença.

Art. 53. A execução de título executivo extrajudicial, no valor de até quarenta salários mínimos, obedecerá ao disposto no Código de Processo Civil, com as modificações introduzidas por esta Lei.

• V. arts. 515, V, e 784, CPC/2015.

§ 1º Efetuada a penhora, o devedor será intimado a comparecer à audiência de conciliação, quando poderá oferecer embargos (art. 52, IX), por escrito ou verbalmente.

• V. art. 917, CPC/2015.

§ 2º Na audiência, será buscado o meio mais rápido e eficaz para a solução do litígio, se possível com dispensa da alienação judicial, devendo o conciliador propor, entre outras medidas cabíveis, o pagamento do débito a prazo ou a prestação, a dação em pagamento ou a imediata adjudicação do bem penhorado.

• V. arts. 356 a 359, CC.
• V. art. 903, §§ 2º e 5º, e 904, CPC/2015.

§ 3º Não apresentados os embargos em audiência, ou julgados improcedentes, qualquer das partes poderá requerer ao Juiz a

Lei 9.099/1995

adoção de uma das alternativas do parágrafo anterior.

§ 4º Não encontrado o devedor ou inexistindo bens penhoráveis, o processo será imediatamente extinto, devolvendo-se os documentos ao autor.

Seção XVI
Das despesas

Art. 54. O acesso ao Juizado Especial independerá, em primeiro grau de jurisdição, do pagamento de custas, taxas ou despesas.

• V. art. 24, IV, CF.

Parágrafo único. O preparo do recurso, na forma do § 1º do art. 42 desta Lei, compreenderá todas as despesas processuais, inclusive aquelas dispensadas em primeiro grau de jurisdição, ressalvada a hipótese de assistência judiciária gratuita.

• V. arts. 84 e 85, CPC/2015.

Art. 55. A sentença de primeiro grau não condenará o vencido em custas e honorários de advogado, ressalvados os casos de litigância de má-fé. Em segundo grau, o recorrente, vencido, pagará as custas e honorários de advogado, que serão fixados entre 10% (dez por cento) e 20% (vinte por cento) do valor de condenação ou, não havendo condenação, do valor corrigido da causa.

• V. arts. 80, 81 e 91, CPC/2015.

Parágrafo único. Na execução não serão contadas custas, salvo quando:
I – reconhecida a litigância de má-fé;
II – improcedentes os embargos do devedor;
III – tratar-se de execução de sentença que tenha sido objeto de recurso improvido do devedor.

Seção XVII
Disposições finais

Art. 56. Instituído o Juizado Especial, serão implantadas as curadorias necessárias e o serviço de assistência judiciária.

• V. art. 1º, Lei 1.060/1950 (Lei de Assistência Judiciária).

Art. 57. O acordo extrajudicial, de qualquer natureza ou valor, poderá ser homologado, no juízo competente, independentemente de termo, valendo a sentença como título executivo judicial.

• V. art. 515, III, CPC/2015.

Parágrafo único. Valerá como título extrajudicial o acordo celebrado pelas partes, por instrumento escrito, referendado pelo órgão competente do Ministério Público.

• V. art. 784, II, CPC/2015.

Art. 58. As normas de organização judiciária local poderão estender a conciliação prevista nos arts. 22 e 23 a causas não abrangidas por esta Lei.

Art. 59. Não se admitirá ação rescisória nas causas sujeitas ao procedimento instituído por esta Lei.

• V. art. 966 a 975, CPC/2015.

Capítulo III
DOS JUIZADOS ESPECIAIS CRIMINAIS

• V. art. 41, Lei 11.340/2006 (Violência doméstica e familiar contra a mulher).
• V. art. 48, § 1º, Lei 11.343/2006 (Lei Antidrogas).

Disposições gerais

Art. 60. O Juizado Especial Criminal, provido por juízes togados ou togados e leigos, tem competência para a conciliação, o julgamento e a execução das infrações penais de menor potencial ofensivo, respeitadas as regras de conexão e continência.

• Artigo com redação determinada pela Lei 11.313/2006.
• V. arts. 21 a 26.
• V. art. 139, V, CPC/2015.
•• V. art. 98, I, CF.
•• V. arts. 76 e 77, CPP.
•• V. arts. 1º e 2º, Lei 10.259/2001 (Juizados Especiais Cíveis e Criminais no âmbito da Justiça Federal).
•• V. Súmula 428, STJ.

Parágrafo único. Na reunião de processos, perante o juízo comum ou o tribunal do júri, decorrentes da aplicação das regras de conexão e continência, observar-se-ão os institutos da transação penal e da composição dos danos civis.

•• V. arts. 74 e 76.
•• V. arts. 76 e 77, CPP.

Art. 61. Consideram-se infrações penais de menor potencial ofensivo, para os efeitos desta Lei, as contravenções penais e os crimes a que a lei comine pena máxima não superior a 2 (dois) anos, cumulada ou não com multa.

• Artigo com redação determinada pela Lei 11.313/2006.
• V. art. 98, I, CF.

Lei 9.099/1995

LEGISLAÇÃO

- V. Dec.-lei 3.688/1941 (Lei das Contravenções Penais).
- V. art. 2º, Lei 10.259/2001 (Juizados Especiais Cíveis e Criminais no âmbito da Justiça Federal).

Art. 62. O processo perante o Juizado Especial orientar-se-á pelos critérios da oralidade, informalidade, economia processual e celeridade, objetivando, sempre que possível, a reparação dos danos sofridos pela vítima e a aplicação de pena não privativa de liberdade.

- V. art. 5º, LXXVIII, CF.
- V. arts. 186 e 927, CC.
- V. arts. 9º, I, 16, 43 a 52, 65, III, *b*, 91, I, e 312, § 3º, CP.
- V. arts. 147 a 155 e 164 a 170, Lei 7.210/1984 (Lei de Execução Penal).
- • V. arts. 74 e 76.
- • V. art. 41, Lei 11.340/2006 (Violência doméstica e familiar contra a mulher).
- • V. Súmula 536, STJ.

Seção I
Da competência e dos atos processuais

Art. 63. A competência do Juizado será determinada pelo lugar em que foi praticada a infração penal.

- V. art. 6º, CP.
- V. arts. 69, I, 70 e 71, CPP.

Art. 64. Os atos processuais serão públicos e poderão realizar-se em horário noturno e em qualquer dia da semana, conforme dispuserem as normas de organização judiciária.

- V. art. 5º, XI, CF.
- V. art. 212, CPC/2015.
- V. art. 792, *caput*, CPP.

Art. 65. Os atos processuais serão válidos sempre que preencherem as finalidades para as quais foram realizados, atendidos os critérios indicados no art. 62 desta Lei.

- V. art. 13.
- V. art. 5º, Dec.-lei 4.657/1942 (Lei de Introdução às normas do Direito Brasileiro).

§ 1º Não se pronunciará qualquer nulidade sem que tenha havido prejuízo.

- V. art. 563, CPP.
- V. Súmula 523, STF.

§ 2º A prática de atos processuais em outras comarcas poderá ser solicitada por qualquer meio hábil de comunicação.

- V. arts. 353 e 356, CPP.

§ 3º Serão objeto de registro escrito exclusivamente os atos havidos por essenciais. Os atos realizados em audiência de instrução e julgamento poderão ser gravados em fita magnética ou equivalente.

Art. 66. A citação será pessoal e far-se-á no próprio Juizado, sempre que possível, ou por mandado.

Parágrafo único. Não encontrado o acusado para ser citado, o Juiz encaminhará as peças existentes ao Juízo comum para adoção do procedimento previsto em lei.

- V. art. 1º, Lei 1.508/1951 (Regula o processo das contravenções do jogo do bicho).

Art. 67. A intimação far-se-á por correspondência, com aviso de recebimento pessoal ou, tratando-se de pessoa jurídica ou firma individual, mediante entrega ao encarregado da recepção, que será obrigatoriamente identificado, ou, sendo necessário, por oficial de justiça, independentemente de mandado ou carta precatória, ou ainda por qualquer meio idôneo de comunicação.

- V. art. 5º, LV, CF.
- V. arts. 370 a 372, CPP.

Parágrafo único. Dos atos praticados em audiência considerar-se-ão desde logo cientes as partes, os interessados e defensores.

Art. 68. Do ato de intimação do autor do fato e do mandado de citação do acusado, constará a necessidade de seu comparecimento acompanhado de advogado, com a advertência de que, na sua falta, ser-lhe-á designado defensor público.

- V. art. 564, III, *c*, CPP.
- V. Súmula 523, STF.

Seção II
Da fase preliminar

Art. 69. A autoridade policial que tomar conhecimento da ocorrência lavrará termo circunstanciado e o encaminhará imediatamente ao Juizado, com o autor do fato e a vítima, providenciando-se as requisições dos exames periciais necessários.

- V. arts. 4º, 6º e 158 a 184, CPP.
- • V. Súmula 522, STJ.

Parágrafo único. Ao autor do fato que, após a lavratura do termo, for imediatamente encaminhado ao juizado ou assumir o compromisso de a ele comparecer, não se imporá prisão em flagrante, nem se exigirá fiança. Em caso de violência doméstica, o

Lei 9.099/1995

LEGISLAÇÃO

juiz poderá determinar, como medida de cautela, seu afastamento do lar, domicílio ou local de convivência com a vítima.

- Parágrafo único com redação determinada pela Lei 10.455/2002 (*DOU* 14.05.2002), que apenas acrescentou ao texto a parte final. Essa parte final, porém, só entrou em vigor 45 (quarenta e cinco) dias após a sua publicação (art. 1º, Dec.-lei 4.657/1942).
- V. art. 5º, LXV e LXVI, CF.
- V. arts. 301 a 310 e 321 a 350, CPP.
- V. art. 2º, Dec.-lei 3.931/1941 (Lei de Introdução ao Código de Processo Penal).
- V. arts. 3º, *a*, e 4º, *a*, Lei 4.898/1965 (Abuso de autoridade).

Art. 70. Comparecendo o autor do fato e a vítima, e não sendo possível a realização imediata da audiência preliminar, será designada data próxima, da qual ambos sairão cientes.

Art. 71. Na falta do comparecimento de qualquer dos envolvidos, a Secretaria providenciará sua intimação e, se for o caso, a do responsável civil, na forma dos arts. 67 e 68 desta Lei.

- V. art. 932, CC.
- V. arts. 370 a 372, CPP.

Art. 72. Na audiência preliminar, presente o representante do Ministério Público, o autor do fato e a vítima e, se possível, o responsável civil, acompanhados por seus advogados, o juiz esclarecerá sobre a possibilidade da composição dos danos e da aceitação da proposta de aplicação imediata de pena não privativa de liberdade.

- V. arts. 186, 927, 932 e 935, CC.
- V. arts. 43 a 52, CP.
- V. art. 564, III, *d*, CPP.
- V. arts. 147 a 155 e 164 a 170, Lei 7.210/1984 (Lei de Execução Penal).
- • V. arts. 74 e 76.

Art. 73. A conciliação será conduzida pelo juiz ou por conciliador sob sua orientação.

- V. arts. 21 a 23.
- V. art. 139, V, CPC/2015.

Parágrafo único. Os conciliadores são auxiliares da Justiça, recrutados, na forma da lei local, preferencialmente entre bacharéis em Direito, excluídos os que exerçam funções na administração da Justiça Criminal.

Art. 74. A composição dos danos civis será reduzida a escrito e, homologada pelo juiz mediante sentença irrecorrível, terá eficácia de título a ser executado no juízo civil competente.

- V. arts. 402 a 405, CC.

Parágrafo único. Tratando-se de ação penal de iniciativa privada ou de ação penal pública condicionada à representação, o acordo homologado acarreta a renúncia ao direito de queixa ou representação.

- V. arts. 100, 104, parágrafo único, e 107, V, CP.
- V. arts. 24, § 1º, 30, 31, 36 a 39, 49 e 57, CPP.
- • V. art. 41, Lei 11.340/06 (Violência doméstica e familiar contra a mulher).

Art. 75. Não obtida a composição dos danos civis, será dada imediatamente ao ofendido a oportunidade de exercer o direito de representação verbal, que será reduzida a termo.

- V. arts. 25 e 39, CPP.

Parágrafo único. O não oferecimento da representação na audiência preliminar não implica decadência do direito, que poderá ser exercido no prazo previsto em lei.

- V. art. 103, CP.
- V. art. 38, CPP.

Art. 76. Havendo representação ou tratando-se de crime de ação penal pública incondicionada, não sendo caso de arquivamento, o Ministério Público poderá propor a aplicação imediata de pena restritiva de direitos ou multas, a ser especificada na proposta.

- V. art. 5º, LIV, LV e LVII, CF.
- V. arts. 43 a 52, CP.
- V. arts. 24 e 28, CPP.
- V. arts. 147 a 155 e 164 a 170, Lei 7.210/1984 (Lei de Execução Penal).
- V. art. 48, § 5º, Lei 11.343/2006 (Lei Antidrogas).
- V. Súmula vinculante 35, STF.
- • V. art. 41, Lei 11.340/2006 (Violência doméstica e familiar contra a mulher).
- • V. Súmula 536, STJ.

§ 1º Nas hipóteses de ser a pena de multa a única aplicável, o juiz poderá reduzi-la até a metade.

- V. arts. 49 a 52 e 60, CP.
- V. arts. 164 a 170, Lei 7.210/1984 (Lei de Execução Penal).

§ 2º Não se admitirá a proposta se ficar comprovado:

I – ter sido o autor da infração condenado, pela prática de crime, à pena privativa de liberdade, por sentença definitiva;

- V. arts. 1º e 33 a 42, CP.
- V. arts. 381 a 392, CPP.
- V. arts. 105 a 109, Lei 7.210/1984 (Lei de Execução Penal).

Legislação

II – ter sido o agente beneficiado anteriormente, no prazo de 5 (cinco) anos, pela aplicação de pena restritiva ou multa, nos termos deste artigo;

- V. arts. 43 a 52, CP.
- V. arts. 147 a 155 e 164 a 170, Lei 7.210/1984 (Lei de Execução Penal).
- •• V. art. 64, I, CP.

III – não indicarem os antecedentes, a conduta social e a personalidade do agente, bem como os motivos e as circunstâncias, ser necessária e suficiente a adoção da medida.

- V. art. 5º, XLVI, CF.
- V. art. 59, CP.

§ 3º Aceita a proposta pelo autor da infração e seu defensor, será submetida à apreciação do juiz.

- V. art. 5º, LIII, CF.

§ 4º Acolhendo a proposta do Ministério Público aceita pelo autor da infração, o juiz aplicará a pena restritiva de direitos ou multa, que não importará em reincidência, sendo registrada apenas para impedir novamente o mesmo benefício no prazo de 5 (cinco) anos.

- V. arts. 43 a 52, 63 e 64, CP.
- V. arts. 147 a 155 e 164 a 170, Lei 7.210/1984 (Lei de Execução Penal).
- •• V. Súmula vinculante 35, STF.

§ 5º Da sentença prevista no parágrafo anterior caberá a apelação referida no art. 82 desta Lei.

§ 6º A imposição da sanção de que trata o § 4º deste artigo não constará de certidão de antecedentes criminais, salvo para os fins previstos no mesmo dispositivo, e não terá efeitos civis, cabendo aos interessados propor ação cabível no juízo cível.

- V. arts. 186, 927 e 942, CC.
- V. art. 91, I, CP.
- V. art. 202, Lei 7.210/1984 (Lei de Execução Penal).

Seção III
Do procedimento sumaríssimo

Art. 77. Na ação penal de iniciativa pública, quando não houver aplicação de pena, pela ausência do autor do fato, ou pela não ocorrência da hipótese prevista no art. 76 desta Lei, o Ministério Público oferecerá ao juiz, de imediato, denúncia oral, se não houver necessidade de diligências imprescindíveis.

- V. art. 129, VIII, CF.
- V. art. 100 e § 1º, CP.
- V. arts. 24, 27, 41 e 47, CPP.
- •• V. art. 34, *caput*.
- V. art. 532 do CPP.

§ 1º Para o oferecimento da denúncia, que será elaborada com base no termo de ocorrência referido no art. 69 desta Lei, com dispensa do inquérito policial, prescindir-se-á do exame do corpo de delito quando a materialidade do crime estiver aferida por boletim médico ou prova equivalente.

- V. arts. 12, 39, § 5º, 158 e 564, III, *b*, CPP.

§ 2º Se a complexidade ou circunstância do caso não permitirem a formulação da denúncia, o Ministério Público poderá requerer ao juiz o encaminhamento das peças existentes, na forma do parágrafo único do art. 66 desta Lei.

- V. arts. 4º a 62, CPP.

§ 3º Na ação penal de iniciativa do ofendido poderá ser oferecida queixa oral, cabendo ao juiz verificar se a complexidade e as circunstâncias do caso determinam a adoção das providências previstas no parágrafo único do art. 66 desta Lei.

- V. arts. 30, 41, 44, 45 e 48, CPP.
- •• V. art. 34, *caput*.
- •• V. art. 532 do CPP.

Art. 78. Oferecida a denúncia ou queixa, será reduzida a termo, entregando-se cópia ao acusado, que com ela ficará citado e imediatamente cientificado da designação de dia e hora para a audiência de instrução e julgamento, da qual também tomarão ciência o Ministério Público, o ofendido, o responsável civil e seus advogados.

- V. art. 932, CC.
- V. art. 564, III, *d* e *e*, CPP.

§ 1º Se o acusado não estiver presente, será citado na forma dos arts. 66 e 68 desta Lei e cientificado da data da audiência de instrução e julgamento, devendo a ela trazer suas testemunhas ou apresentar requerimento para intimação, no mínimo 5 (cinco) dias antes de sua realização.

- V. arts. 202 a 225, 351, 352, 357 e 358, CPP.
- •• V. art. 34, *caput*.
- V. art. 532 do CPP.

§ 2º Não estando presentes o ofendido e o responsável civil, serão intimados nos termos do art. 67 desta Lei para comparecerem à audiência de instrução e julgamento.

Lei 9.099/1995

- V. art. 5º, LV, CF.
- V. art. 932, CC.

§ 3º As testemunhas arroladas serão intimadas na forma prevista no art. 67 desta Lei.
- V. arts. 202 a 225, CPP.
- • V. art. 34, *caput*.
- • V. art. 532 do CPP.

Art. 79. No dia e hora designados para a audiência de instrução e julgamento, se na fase preliminar não tiver havido possibilidade de tentativa de conciliação e de oferecimento de proposta pelo Ministério Público, proceder-se-á nos termos dos arts. 72, 73, 74 e 75 desta Lei.
- V. arts. 139, V, CPC/2015.

Art. 80. Nenhum ato será adiado, determinando o juiz, quando imprescindível, a condução coercitiva de quem deva comparecer.
- V. art. 5º, II, CF.
- V. arts. 206 e 260, CPP.
- • V. arts. 201, § 1º, 218 e 219, CPP.

Art. 81. Aberta a audiência, será dada a palavra ao defensor para responder à acusação, após o que o juiz receberá, ou não, a denúncia ou queixa; havendo recebimento, serão ouvidas a vítima e as testemunhas de acusação e defesa, interrogando-se a seguir o acusado, se presente, passando-se imediatamente aos debates orais e à prolação da sentença.
- V. arts. 185 a 196, 202 a 225 e 381 a 392, CPP.
- • V. art. 94, Lei 10.741/2003 (Estatuto do Idoso).

§ 1º Todas as provas serão produzidas na audiência de instrução e julgamento, podendo o Juiz limitar ou excluir as que considerar excessivas, impertinentes ou protelatórias.

§ 2º De todo ocorrido na audiência será lavrado termo, assinado pelo juiz e pelas partes, contendo breve resumo dos fatos relevantes ocorridos em audiência e a sentença.

§ 3º A sentença, dispensado o relatório, mencionará os elementos de convicção do juiz.
- V. art. 93, IX, CF.
- V. art. 489, I, CPC/2015.

Art. 82. Da decisão de rejeição da denúncia ou queixa e da sentença caberá apelação, que poderá ser julgada por turma composta de três juízes em exercício no primeiro grau de jurisdição, reunidos na sede do Juizado.
- V. arts. 395 e 581, I, CPP.

- • V. art. 5º, LXVIII e LXIX, CF.
- • V. arts. 621 a 631 e 647 a 667, CPP.
- • V. Lei 12.016/2009 (Nova Lei do Mandado de Segurança).
- • V. Súmula 727, STF.
- V. Súmula 376, STJ.

§ 1º A apelação será interposta no prazo de 10 (dez) dias, contados da ciência da sentença pelo Ministério Público, pelo réu e seu defensor, por petição escrita, da qual constarão as razões e o pedido do recorrente.
- V. art. 224, CPC/2015.
- V. arts. 564, III, *d* e *e*, e 593, *caput*, CPP.

§ 2º O recorrido será intimado para oferecer resposta escrita no prazo de 10 (dez) dias.
- V. art. 600, *caput*, CPP.

§ 3º As partes poderão requerer a transcrição da gravação da fita magnética a que alude o § 3º do art. 65 desta Lei.

§ 4º As partes serão intimadas da data da sessão de julgamento pela imprensa.
- V. art. 5º, LV, CF.
- V. arts. 370 a 372, CPP.

§ 5º Se a sentença for confirmada pelos próprios fundamentos, a súmula do julgamento servirá de acórdão.

Art. 83. Cabem embargos de declaração quando, em sentença ou acórdão, houver obscuridade, contradição ou omissão.
- *Caput* com redação determinada pela Lei 13.105/2015 (*DOU* 17.03.2015), em vigor após decorrido 1 (um) ano da data de sua publicação oficial.
- V. art. 619, CPP.

§ 1º Os embargos de declaração serão opostos por escrito ou oralmente, no prazo de 5 (cinco) dias, contados da ciência da decisão.
- V. art. 1.023, CPC/2015.
- V. arts. 619 e 620, *caput*, CPP.

§ 2º Os embargos de declaração interrompem o prazo para a interposição de recurso.
- § 2º com redação determinada pela Lei 13.105/2015 (*DOU* 17.03.2015), em vigor após decorrido 1 (um) ano da data de sua publicação oficial.
- V. art. 1.026, *caput*, CPC/2015.

§ 3º Os erros materiais podem ser corrigidos de ofício.

Seção IV
Da execução

Art. 84. Aplicada exclusivamente pena de multa, seu cumprimento far-se-á mediante pagamento na Secretaria do Juizado.

LEGISLAÇÃO

Parágrafo único. Efetuado o pagamento, o juiz declarará extinta a punibilidade, determinando que a condenação não fique constando dos registros criminais, exceto para fins de requisição judicial.

Art. 85. Não efetuado o pagamento de multa, será feita a conversão em pena privativa da liberdade, ou restritiva de direitos, nos termos previstos em lei.

• V. art. 51, CP.

•• V. Súmula 521, STJ.

Art. 86. A execução das penas privativas de liberdade e restritivas de direitos, ou de multa cumulada com estas, será processada perante o órgão competente, nos termos da lei.

Seção V
Das despesas processuais

Art. 87. Nos casos de homologação do acordo civil e aplicação de pena restritiva de direitos ou multa (arts. 74 e 76, § 4º), as despesas processuais serão reduzidas, conforme dispuser lei estadual.

Seção VI
Disposições finais

Art. 88. Além das hipóteses do Código Penal e da legislação especial, dependerá de representação a ação penal relativa aos crimes de lesões corporais leves e lesões culposas.

•• V. Súmula 542, STJ.

Art. 89. Nos crimes em que a pena mínima cominada for igual ou inferior a 1 (um) ano, abrangidas ou não por esta Lei, o Ministério Público, ao oferecer a denúncia, poderá propor a suspensão do processo, por 2 (dois) a 4 (quatro) anos, desde que o acusado não esteja sendo processado ou não tenha sido condenado por outro crime, presentes os demais requisitos que autorizariam a suspensão condicional da pena (art. 77 do Código Penal).

• V. Súmulas 696 e 723, STF.
• V. Súmulas 337 e 536, STJ.
•• V. art. 383, § 1º,CPP.

§ 1º Aceita a proposta pelo acusado e seu defensor, na presença do juiz, este, recebendo a denúncia, poderá suspender o processo, submetendo o acusado a período de prova, sob as seguintes condições:

I – reparação do dano, salvo impossibilidade de fazê-lo;
II – proibição de frequentar determinados lugares;
III – proibição de ausentar-se da comarca onde reside, sem autorização do juiz;
IV – comparecimento pessoal e obrigatório a juízo, mensalmente, para informar e justificar suas atividades.

§ 2º O juiz poderá especificar outras condições a que fica subordinada a suspensão, desde que adequadas ao fato e à situação pessoal do acusado.

§ 3º A suspensão será revogada se, no curso do prazo, o beneficiário vier a ser processado por outro crime ou não efetuar, sem motivo justificado, a reparação do dano.

§ 4º A suspensão poderá ser revogada se o acusado vier a ser processado, no curso do prazo, por contravenção, ou descumprir qualquer outra condição imposta.

§ 5º Expirando o prazo sem revogação, o Juiz declarará extinta a punibilidade.

§ 6º Não correrá a prescrição durante o prazo de suspensão do processo.

§ 7º Se o acusado não aceitar a proposta prevista neste artigo, o processo prosseguirá em seus ulteriores termos.

• V. arts. 77 a 83.

Art. 90. As disposições desta Lei não se aplicam aos processos penais cuja instrução já estiver iniciada.

○ O STF, na ADIn 1.719-9 (*DJU* 03.08.2007), deu interpretação conforme ao art. 90 da Lei 9.099/1995 para excluir de sua abrangência as normas de direito penal mais favoráveis aos réus contidas nessa lei.
• V. art. 2º, CPP.

Art. 90-A. As disposições desta Lei não se aplicam no âmbito da Justiça Militar.

• Artigo acrescentado pela Lei 9.839/1999.

Art. 91. Nos casos em que esta Lei passa a exigir representação para a propositura da ação penal pública, o ofendido ou seu representante legal será intimado para oferecê-la no prazo de 30 (trinta) dias, sob pena de decadência.

• V. art. 103, CP.
• V. art. 38, CPP.

Art. 92. Aplicam-se subsidiariamente as disposições dos Códigos Penal e de Processo Penal, no que não forem incompatíveis com esta Lei.

Capítulo IV
DISPOSIÇÕES FINAIS COMUNS

Art. 93. Lei Estadual disporá sobre o Sistema de Juizados Especiais Cíveis e Criminais, sua organização, composição e competência.

• V. art. 24, X e XI, CF.

Art. 94. Os serviços de cartório poderão ser prestados, e as audiências realizadas fora da sede da Comarca, em bairros ou cidades a ela pertencentes, ocupando instalações de prédios públicos, de acordo com audiências previamente anunciadas.

Art. 95. Os Estados, Distrito Federal e Territórios criarão e instalarão os Juizados Especiais no prazo de seis meses, a contar da vigência desta Lei.

Parágrafo único. No prazo de 6 (seis) meses, contado da publicação desta Lei, serão criados e instalados os Juizados Especiais Itinerantes, que deverão dirimir, prioritariamente, os conflitos existentes nas áreas rurais ou nos locais de menor concentração populacional.

• Parágrafo único acrescentado pela Lei 12.726/2012.

Art. 96. Esta Lei entra em vigor no prazo de 60 (sessenta) dias após a sua publicação.

Art. 97. Ficam revogadas a Lei 4.611, de 2 de abril de 1965, e a Lei 7.244, de 7 de novembro de 1984.

Brasília, 26 de setembro de 1995; 174º da Independência e 107º da República.

Fernando Henrique Cardoso

(DOU 27.09.1995)

LEI 9.249,
DE 26 DE DEZEMBRO DE 1995

Altera a legislação do imposto de renda das pessoas jurídicas, bem como da contribuição social sobre o lucro líquido, e dá outras providências.

O Presidente da República:
Faço saber que o Congresso Nacional decreta e eu sanciono a seguinte Lei:

Art. 1º As bases de cálculo e o valor dos tributos e contribuições federais serão expressos em Reais.

Art. 2º O imposto de renda das pessoas jurídicas e a contribuição social sobre o lucro líquido serão determinados segundo as normas da legislação vigente, com as alterações desta Lei.

Art. 3º A alíquota do imposto de renda das pessoas jurídicas é de 15% (quinze por cento).

§ 1º A parcela do lucro real, presumido ou arbitrado, que exceder o valor resultante da multiplicação de R$ 20.000,00 (vinte mil reais) pelo número de meses do respectivo período de apuração, sujeita-se à incidência de adicional de imposto de renda à alíquota de 10% (dez por cento).

• § 1º com redação determinada pela Lei 9.430/1996.

§ 2º O disposto no parágrafo anterior aplica-se, inclusive, nos casos de incorporação, fusão ou cisão e de extinção da pessoa jurídica pelo encerramento da liquidação.

• § 2º com redação determinada pela Lei 9.430/1996.

§ 3º O disposto neste artigo aplica-se, inclusive, à pessoa jurídica que explore atividade rural de que trata a Lei 8.023, de 12 de abril de 1990.

§ 4º O valor do adicional será recolhido integralmente, não sendo permitidas quaisquer deduções.

• V. arts. 5º e 6º, Lei 9.532/1997 (Altera a legislação tributária federal).

Art. 4º Fica revogada a correção monetária das demonstrações financeiras de que tratam a Lei 7.799, de 10 de julho de 1989, e o art. 1º da Lei 8.200, de 28 de junho de 1991.

Parágrafo único. Fica vedada a utilização de qualquer sistema de correção monetária de demonstrações financeiras, inclusive para fins societários.

Art. 5º O inciso IV do art. 187 da Lei 6.404, de 15 de dezembro de 1976, passa a vigorar com a seguinte redação:
"Art. 187. [...]
"[...]
"IV - o lucro ou prejuízo operacional, as receitas e despesas não operacionais;
"[...]"

Art. 6º Os valores controlados na parte "B" do Livro de Apuração do Lucro Real, existentes em 31 de dezembro de 1995, somente serão corrigidos monetariamente até essa data, observada a legislação então vigente, ainda que venham a ser adicionados, excluídos ou compensados em períodos base posteriores.

Lei 9.249/1995

LEGISLAÇÃO

Parágrafo único. A correção dos valores referidos neste artigo será efetuada tomando-se por base o valor da Ufir vigente em 1º de janeiro de 1996.

Art. 7º O saldo do lucro inflacionário acumulado, remanescente em 31 de dezembro de 1995, corrigido monetariamente até essa data, será realizado de acordo com as regras da legislação então vigente.

§ 1º Para fins do cálculo do lucro inflacionário realizado nos períodos base posteriores, os valores dos ativos que estavam sujeitos a correção monetária, existentes em 31 de dezembro de 1995, deverão ser registrados destacadamente na contabilidade da pessoa jurídica.

§ 2º O disposto no parágrafo único do art. 6º aplica-se à correção dos valores de que trata este artigo.

§ 3º À opção da pessoa jurídica, o lucro inflacionário acumulado existente em 31 de dezembro de 1995, corrigido monetariamente até essa data, com base no parágrafo único do art. 6º, poderá ser considerado realizado integralmente e tributado à alíquota de 10% (dez por cento).

§ 4º A opção de que trata o parágrafo anterior, que deverá ser feita até 31 de dezembro de 1996, será irretratável e manifestada através do pagamento do imposto em cota única, podendo alcançar também o saldo do lucro inflacionário a realizar relativo à opção prevista no art. 31 da Lei 8.541, de 23 de dezembro de 1992.

§ 5º O imposto de que trata o § 3º será considerado como de tributação exclusiva.

Art. 8º Permanecem em vigor as normas aplicáveis às contrapartidas de variações monetárias dos direitos de crédito e das obrigações do contribuinte em função da taxa de câmbio ou de índices ou coeficientes aplicáveis por disposição legal ou contratual.

Art. 9º A pessoa jurídica poderá deduzir, para efeitos da apuração do lucro real, os juros pagos ou creditados individualizadamente a titular, sócios ou acionistas, a título de remuneração do capital próprio, calculados sobre as contas do patrimônio líquido e limitados à variação, *pro rata* dia, da Taxa de Juros de Longo Prazo – TJLP.

- V. art. 28, § 10, Lei 9.532/1997 (Altera a legislação tributária federal).

§ 1º O efetivo pagamento ou crédito dos juros fica condicionado à existência de lucros, computados antes da dedução dos juros, ou de lucros acumulados, e reserva de lucros, em montante igual ou superior ao valor de duas vezes os juros a serem pagos ou creditados.

- § 1º com redação determinada pela Lei 9.430/1996.

§ 2º Os juros ficarão sujeitos à incidência do imposto de renda na fonte à alíquota de 15% (quinze por cento), na data do pagamento ou crédito ao beneficiário.

§ 3º O imposto retido na fonte será considerado:

I – antecipação do devido na declaração de rendimentos, no caso de beneficiário pessoa jurídica tributada com base no lucro real;

II – tributação definitiva, no caso de beneficiário pessoa física ou pessoa jurídica não tributada com base no lucro real, inclusive isenta, ressalvado o disposto no § 4º.

§ 4º *(Revogado pela Lei 9.430/1996.)*

§ 5º No caso de beneficiário sociedade civil de prestação de serviços, submetida ao regime de tributação de que trata o art. 1º do Dec.-lei 2.397, de 21 de dezembro de 1987, o imposto poderá ser compensado com o retido por ocasião do pagamento dos rendimentos aos sócios beneficiários.

§ 6º No caso de beneficiário pessoa jurídica tributada com base no lucro real, o imposto de que trata o § 2º poderá ainda ser compensado com o retido por ocasião do pagamento ou crédito de juros, a título de remuneração de capital próprio, a seu titular, sócios ou acionistas.

§ 7º O valor dos juros pagos ou creditados pela pessoa jurídica, a título de remuneração do capital próprio, poderá ser imputado ao valor dos dividendos de que trata o art. 202 da Lei 6.404, de 15 de dezembro de 1976, sem prejuízo do disposto no § 2º.

§ 8º Para fins de cálculo da remuneração prevista neste artigo, serão consideradas exclusivamente as seguintes contas do patrimônio líquido:

- § 8º com redação determinada pela Lei 12.973/2014 (DOU 14.05.2014), em vigor em 1º.01.2015.
- V. art. 119, § 1º, I, Lei 12.973/2014.

I – capital social;

II – reservas de capital;

III – reservas de lucros;

IV – ações em tesouraria; e

V – prejuízos acumulados.

§ 9º *(Revogado pela Lei 9.430/1996.)*

Lei 9.249/1995

LEGISLAÇÃO

§ 10. *(Revogado pela Lei 9.430/1996.)*

§ 11. O disposto neste artigo aplica-se à Contribuição Social sobre o Lucro Líquido.

- § 11 acrescentado pela Lei 12.973/2014 (*DOU* 14.05.2014), em vigor em 1º.01.2015.
- V. art. 119, § 1º, I, Lei 12.973/2014.

§ 12. Para fins de cálculo da remuneração prevista neste artigo, a conta capital social, prevista no inciso I do § 8º deste artigo, inclui todas as espécies de ações previstas no art. 15 da Lei 6.404, de 15 de dezembro de 1976, ainda que classificadas em contas de passivo na escrituração comercial.

- § 12 acrescentado pela Lei 12.973/2014 (*DOU* 14.05.2014), em vigor em 1º.01.2015.
- V. art. 119, § 1º, I, Lei 12.973/2014.

Art. 10. Os lucros ou dividendos calculados com base nos resultados apurados a partir do mês de janeiro de 1996, pagos ou creditados pelas pessoas jurídicas tributadas com base no lucro real, presumido ou arbitrado, não ficarão sujeitos à incidência do imposto de renda na fonte, nem integrarão a base de cálculo do imposto de renda do beneficiário, pessoa física ou jurídica, domiciliado no País ou no exterior.

§ 1º No caso de quotas ou ações distribuídas em decorrência de aumento de capital por incorporação de lucros apurados, a partir do mês de janeiro de 1996, ou de reservas constituídas com esses lucros, o custo de aquisição será igual à parcela do lucro ou reserva capitalizado, que corresponder ao sócio ou acionista.

- § 1º acrescentado pela Lei 12.973/2014 (*DOU* 14.05.2014), em vigor em 1º.01.2015.
- V. art. 119, § 1º, I, Lei 12.973/2014.

§ 2º A não incidência prevista no *caput* inclui os lucros ou dividendos pagos ou creditados a beneficiários de todas as espécies de ações previstas no art. 15 da Lei 6.404, de 15 de dezembro de 1976, ainda que a ação seja classificada em conta de passivo ou que a remuneração seja classificada como despesa financeira na escrituração comercial.

- § 2º acrescentado pela Lei 12.973/2014 (*DOU* 14.05.2014), em vigor em 1º.01.2015.
- V. art. 119, § 1º, I, Lei 12.973/2014.

§ 3º Não são dedutíveis na apuração do lucro real e da base de cálculo da CSLL os lucros ou dividendos pagos ou creditados a beneficiários de qualquer espécie de ação prevista no art. 15 da Lei 6.404, de 15 de dezembro de 1976, ainda que classificados como despesa financeira na escrituração comercial.

- § 3º acrescentado pela Lei 12.973/2014 (*DOU* 14.05.2014), em vigor em 1º.01.2015.
- V. art. 119, § 1º, I, Lei 12.973/2014.

Art. 11. Os rendimentos produzidos por aplicação financeira de renda fixa, auferidos por qualquer beneficiário, inclusive pessoa jurídica isenta, sujeitam-se à incidência do imposto de renda à alíquota de 15% (quinze por cento).

§ 1º Os rendimentos de que trata este artigo serão apropriados *pro rata tempore* até 31 de dezembro de 1995 e tributados, no que se refere à parcela relativa a 1995, nos termos da legislação então vigente.

§ 2º *(Revogado pela Lei 9.430/1996.)*

§ 3º O disposto neste artigo não elide as regras previstas nos arts. 76 e 77 da Lei 8.981, de 20 de janeiro de 1995.

Art. 12. O inciso III do art. 77 da Lei 8.981, de 20 de janeiro de 1995, passa a vigorar com a seguinte redação:

- Alteração processada no texto da referida Lei.

Art. 13. Para efeito de apuração do lucro real e da base de cálculo da contribuição social sobre o lucro líquido, são vedadas as seguintes deduções, independentemente do disposto no art. 47 da Lei 4.506, de 30 de novembro de 1964:

I – de qualquer provisão, exceto as constituídas para o pagamento de férias de empregados e de décimo terceiro salário, a de que trata o art. 43 da Lei 8.981, de 20 de janeiro de 1995, com as alterações da Lei 9.065, de 20 de junho de 1995, e as provisões técnicas das companhias de seguro e de capitalização, bem como das entidades de previdência privada, cuja constituição é exigida pela legislação especial a elas aplicável;

II – das contraprestações de arrendamento mercantil e do aluguel de bens móveis ou imóveis, exceto quando relacionados intrinsecamente com a produção ou comercialização dos bens e serviços;

III – de despesas de depreciação, amortização, manutenção, reparo, conservação, impostos, taxas, seguros e quaisquer outros gastos com bens móveis ou imóveis, exceto se intrinsecamente relacionados com a produção ou comercialização dos bens e serviços;

IV – das despesas com alimentação de sócios, acionistas e administradores;

V – das contribuições não compulsórias, exceto as destinadas a custear seguros e planos de saúde, e benefícios complementares assemelhados aos da previdência social, instituídos em favor dos empregados e dirigentes da pessoa jurídica;

* V. art. 11, § 2º, Lei 9.532/1997 (Altera a legislação tributária federal).

VI – das doações, exceto as referidas no § 2º;

VII – das despesas com brindes;

VIII – de despesas de depreciação, amortização e exaustão geradas por bem objeto de arrendamento mercantil pela arrendatária, na hipótese em que esta reconheça contabilmente o encargo.

* Inciso VIII acrescentado pela Lei 12.973/2014 (DOU 14.05.2014), em vigor em 1º.01.2015.
* V. art. 119, § 1º, I, Lei 12.973/2014.

§ 1º Admitir-se-ão como dedutíveis as despesas com alimentação fornecida pela pessoa jurídica, indistintamente, a todos os seus empregados.

§ 2º Poderão ser deduzidas as seguintes doações:

I – as de que trata a Lei 8.313, de 23 de dezembro de 1991;

II – as efetuadas às instituições de ensino e pesquisa cuja criação tenha sido autorizada por lei federal e que preencham os requisitos dos incisos I e II do art. 213 da Constituição Federal, até o limite de 1,5% (um e meio por cento) do lucro operacional, antes de computada a sua dedução e a de que trata o inciso seguinte;

III – as doações, até o limite de 2% (dois por cento) do lucro operacional da pessoa jurídica, antes de computada a sua dedução, efetuadas a entidades civis, legalmente constituídas no Brasil, sem fins lucrativos, que prestem serviços gratuitos em benefício de empregados da pessoa jurídica doadora, e respectivos dependentes, ou em benefício da comunidade onde atuem, observadas as seguintes regras:

a) as doações quando em dinheiro, serão feitas mediante crédito em conta-corrente bancária diretamente em nome da entidade beneficiária;

b) a pessoa jurídica doadora manterá em arquivo, à disposição da fiscalização, declaração, segundo modelo aprovado pela Secretaria da Receita Federal, fornecida pela entidade beneficiária, em que esta se compromete a aplicar integralmente os recursos recebidos na realização de seus objetivos sociais, com identificação da pessoa física responsável pelo seu cumprimento, e a não distribuir lucros, bonificações ou vantagens a dirigentes, mantenedores ou associados, sob nenhuma forma ou pretexto;

c) a entidade beneficiária deverá ser organização da sociedade civil, conforme a Lei 13.019, de 31 de julho de 2014, desde que cumpridos os requisitos previstos nos arts. 3º e 16 da Lei 9.790, de 23 de março de 1999, independentemente de certificação.

* Alínea c com redação determinada pela Lei 13.204/2015.

Art. 14. Para efeito de apuração do lucro real, fica vedada a exclusão, do lucro líquido do exercício, do valor do lucro da exploração de atividades monopolizadas de que tratam o § 2º do art. 2º da Lei 6.264, de 18 de novembro de 1975, e o § 2º do art. 19 do Dec.-lei 1.598, de 26 de dezembro de 1977, com a redação dada pelo Dec.-lei 1.730, de 17 de outubro de 1979.

Art. 15. A base de cálculo do imposto, em cada mês, será determinada mediante a aplicação do percentual de 8% (oito por cento) sobre a receita bruta auferida mensalmente, observado o disposto no art. 12 do Decreto-lei 1.598, de 26 de dezembro de 1977, deduzida das devoluções, vendas canceladas e dos descontos incondicionais concedidos, sem prejuízo do disposto nos arts. 30, 32, 34 e 35 da Lei 8.981, de 20 de janeiro de 1995.

* Caput com redação determiniada pela Lei 12.973/ 2014 (DOU 14.05.2014), em vigor em 1º.01.2015.
* V. art. 119, § 1º, I, Lei 12.973/2014.

§ 1º Nas seguintes atividades, o percentual de que trata este artigo será de:

I – 1,6% (um inteiro e seis décimos por cento), para a atividade de revenda, para con-

Lei 9.249/1995

sumo, de combustível derivado de petróleo, álcool etílico carburante e gás natural;

II – 16% (dezesseis por cento):

a) para a atividade de prestação de serviços de transporte, exceto o de carga, para o qual se aplicará o percentual previsto no *caput* deste artigo;

b) para as pessoas jurídicas a que se refere o inciso III do art. 36 da Lei 8.981, de 20 de janeiro de 1995, observado o disposto nos §§ 1º e 2º do art. 29 da referida Lei;

III – 32% (trinta e dois por cento), para as atividades de:

a) prestação de serviços em geral, exceto a de serviços hospitalares e de auxílio diagnóstico e terapia, patologia clínica, imagenologia, anatomia patológica e citopatologia, medicina nuclear e análises e patologias clínicas, desde que a prestadora destes serviços seja organizada sob a forma de sociedade empresária e atenda às normas da Agência Nacional de Vigilância Sanitária – Anvisa;

- Alínea *a* com redação determinada pela Lei 11.727/2008 (*DOU* 24.06.2008), em vigor na data de sua publicação, produzindo efeitos a partir do primeiro dia do ano seguinte ao de sua publicação (v. art. 41, VI, da referida Lei).

b) intermediação de negócios;

c) administração, locação ou cessão de bens imóveis, móveis e direitos de qualquer natureza;

d) prestação cumulativa e contínua de serviços de assessoria creditícia, mercadológica, gestão de crédito, seleção de riscos, administração de contas a pagar e a receber, compra de direitos creditórios resultantes de vendas mercantis a prazo ou de prestação de serviços (*factoring*);

- O art. 58 da Lei 9.532/1997 estabelece para as empresas definidas nesta alínea as mesmas alíquotas aplicáveis às operações de financiamento e empréstimo praticadas pelas instituições financeiras.

e) prestação de serviços de construção, recuperação, reforma, ampliação ou melhoramento de infraestrutura vinculados a contrato de concessão de serviço público.

- Alínea *e* acrescentada pela Lei 12.973/2014 (*DOU* 14.05.2014), em vigor em 1º.01.2015.
- V. art. 119, § 1º, I, Lei 12.973/2014.

§ 2º No caso de atividades diversificadas será aplicado o percentual correspondente a cada atividade.

§ 3º As receitas provenientes de atividade incentivada não comporão a base de cálculo do imposto, na proporção do benefício a que a pessoa jurídica, submetida ao regime de tributação com base no lucro real, fizer jus.

§ 4º O percentual de que trata este artigo também será aplicado sobre a receita financeira da pessoa jurídica que explore atividades imobiliárias relativas a loteamento de terrenos, incorporação imobiliária, construção de prédios destinados à venda, bem como a venda de imóveis construídos ou adquiridos para a revenda, quando decorrente da comercialização de imóveis e for apurada por meio de índices ou coeficientes previstos em contrato.

- § 4º acrescentado pela Lei 11.196/2005 (*DOU* 22.11.2005), em vigor na data de sua publicação, produzindo efeitos a partir de 01.01.2006 (v. art. 132, IV, *b*, da referida Lei).

Art. 16. O lucro arbitrado das pessoas jurídicas será determinado mediante a aplicação, sobre a receita bruta, quando conhecida, dos percentuais fixados no art. 15, acrescidos de 20% (vinte por cento).

Parágrafo único. No caso das instituições a que se refere o inciso III do art. 36 da Lei 8.981, de 20 de janeiro de 1995, o percentual para determinação do lucro arbitrado será de 45% (quarenta e cinco por cento).

Art. 17. Para os fins de apuração do ganho de capital, as pessoas físicas e as pessoas jurídicas não tributadas com base no lucro real observarão os seguintes procedimentos:

- V. art. 24, Lei 9.532/1997 (Altera a legislação tributária federal).

I – tratando-se de bens e direitos cuja aquisição tenha ocorrido até o final de 1995, o custo de aquisição poderá ser corrigido monetariamente até 31 de dezembro desse ano, tomando-se por base o valor da Ufir vigente em 1º de janeiro de 1996, não se lhe aplicando qualquer correção monetária a partir dessa data;

- V. art. 17, § 1º, Lei 9.532/1997 (Altera a legislação tributária federal).

Lei 9.249/1995

LEGISLAÇÃO

II – tratando-se de bens e direitos adquiridos após 31 de dezembro de 1995, ao custo de aquisição dos bens e direitos não será atribuída qualquer correção monetária.

Art. 18. O ganho de capital auferido por residente ou domiciliado no exterior será apurado e tributado de acordo com as regras aplicáveis aos residentes no País.

Art. 19. A partir de 1º de janeiro de 1996, a alíquota da contribuição social sobre o lucro líquido, de que trata a Lei 7.689, de 15 de dezembro de 1988, passa a ser de 8% (oito por cento).

Parágrafo único. O disposto neste artigo não se aplica às instituições a que se refere o § 1º do art. 22 da Lei 8.212, de 24 de julho de 1991, para as quais a alíquota da contribuição social será de 18% (dezoito por cento).

- O art. 7º da MP 2.158-35/2001 dispõe: "A alíquota da CSLL, devida pelas pessoas jurídicas referidas no art. 1º, fica reduzida para 8% (oito por cento) em relação aos fatos geradores ocorridos a partir de 1º de janeiro de 1999, sem prejuízo da aplicação do disposto no artigo 6º".

Base de cálculo da CSLL – Estimativa e presumido

- Rubrica acrescentada pela Lei 12.973/2014 (DOU 14.05.2014), em vigor em 1º.01.2015.
- V. art. 119, § 1º, I, Lei 12.973/2014.

Art. 20. A base de cálculo da Contribuição Social sobre o Lucro Líquido devida pelas pessoas jurídicas que efetuarem o pagamento mensal ou trimestral a que se referem os arts. 2º, 25 e 27 da Lei 9.430, de 27 de dezembro de 1996, corresponderá a 12% (doze por cento) sobre a receita bruta definida pelo art. 12 do Decreto-lei 1.598, de 26 de dezembro de 1977, auferida no período, deduzida das devoluções, vendas canceladas e dos descontos incondicionais concedidos, exceto para as pessoas jurídicas que exerçam as atividades a que se refere o inciso III do § 1º do art. 15, cujo percentual corresponderá a 32% (trinta e dois por cento).

- Caput com redação determiniada pela Lei 12.973/2014 (DOU 14.05.2014), em vigor em 1º.01.2015.
- V. art. 119, § 1º, I, Lei 12.973/2014.

§ 1º A pessoa jurídica submetida ao lucro presumido poderá, excepcionalmente, em relação ao quarto trimestre-calendário de 2003, optar pelo lucro real, sendo definitiva a tributação pelo lucro presumido relativa aos três primeiros trimestres.

- Anterior parágrafo único renumerado pela Lei 11.196/2005 (DOU 22.11.2005), em vigor na data de sua publicação, produzindo efeitos a partir de 01.01.2006 (v. art. 132, IV, b, da referida Lei).

§ 2º O percentual de que trata o *caput* deste artigo também será aplicado sobre a receita financeira de que trata o § 4º do art. 15 desta Lei.

- § 2º acrescentado pela Lei 11.196/2005 (DOU 22.11.2005), em vigor na data de sua publicação, produzindo efeitos a partir de 01.01.2006 (v. art. 132, IV, b, da referida Lei).

Incorporação, fusão e cisão

- Rubrica acrescentada pela Lei 12.973/2014 (DOU 14.05.2014), em vigor em 1º.01.2015.
- V. art. 119, § 1º, I, Lei 12.973/2014.

Art. 21. A pessoa jurídica que tiver parte ou todo o seu patrimônio absorvido em virtude de incorporação, fusão ou cisão deverá levantar balanço específico para esse fim, observada a legislação comercial.

- Caput com redação determiniada pela Lei 12.973/2014 (DOU 14.05.2014), em vigor em 1º.01.2015.
- V. art. 119, § 1º, I, Lei 12.973/2014.

§ 1º O balanço a que se refere este artigo deverá ser levantado até 30 (trinta) dias antes do evento.

§ 2º *(Revogado pela Lei 12.973/2014 – DOU 14.05.2014, em vigor em 1º.01.2015.)*

- V. art. 119, § 1º, II, Lei 12.973/2014.

§ 3º *(Revogado pela Lei 12.973/2014 – DOU 14.05.2014, em vigor em 1º.01.2015.)*

- V. art. 119, § 1º, II, Lei 12.973/2014.

§ 4º A pessoa jurídica incorporada, fusionada ou cindida deverá apresentar declaração de rendimentos correspondente ao período transcorrido durante o ano-calendário, em seu próprio nome, até o último dia útil do mês subsequente ao do evento.

Art. 22. Os bens e direitos do ativo da pessoa jurídica, que forem entregues ao titular ou a sócio ou acionista, a título de devolução de sua participação no capital social, poderão ser avaliados pelo valor contábil ou de mercado.

Lei 9.249/1995

LEGISLAÇÃO

§ 1º No caso de a devolução realizar-se pelo valor de mercado, a diferença entre este e o valor contábil dos bens ou direitos entregues será considerada ganho de capital, que será computado nos resultados da pessoa jurídica tributada com base no lucro real ou na base de cálculo do imposto de renda e da contribuição social sobre o lucro líquido devidos pela pessoa jurídica tributada com base no lucro presumido ou arbitrado.

§ 2º Para o titular, sócio ou acionista, pessoa jurídica, os bens ou direitos recebidos em devolução de sua participação no capital serão registrados pelo valor contábil da participação ou pelo valor de mercado, conforme avaliado pela pessoa jurídica que esteja devolvendo capital.

§ 3º Para o titular, sócio ou acionista, pessoa física, os bens ou direitos recebidos em devolução de sua participação no capital serão informados, na declaração de bens correspondente à declaração de rendimentos do respectivo ano-base, pelo valor contábil ou de mercado, conforme avaliado pela pessoa jurídica.

§ 4º A diferença entre o valor de mercado e o valor constante da declaração de bens, no caso de pessoa física, ou o valor contábil, no caso de pessoa jurídica, não será computada, pelo titular, sócio ou acionista, na base de cálculo do imposto de renda ou da contribuição social sobre o lucro líquido.

Art. 23. As pessoas físicas poderão transferir a pessoas jurídicas, a título de integralização de capital, bens e direitos pelo valor constante da respectiva declaração de bens ou pelo valor de mercado.

- V. art. 16, Lei 9.532/1997 (Altera a legislação tributária federal).

§ 1º Se a entrega for feita pelo valor constante da declaração de bens, as pessoas físicas deverão lançar nesta declaração as ações ou quotas subscritas pelo mesmo valor dos bens ou direitos transferidos, não se aplicando o disposto no art. 60 do Dec.-lei 1.598, de 26 de dezembro de 1977, e no art. 20, II, do Dec.-lei 2.065, de 26 de outubro de 1983.

§ 2º Se a transferência não se fizer pelo valor constante da declaração de bens, a diferença a maior será tributável como ganho de capital.

Art. 24. Verificada a omissão de receita, a autoridade tributária determinará o valor do imposto e do adicional a serem lançados de acordo com o regime de tributação a que estiver submetida a pessoa jurídica no período base a que corresponder a omissão.

§ 1º No caso de pessoa jurídica com atividades diversificadas tributadas com base no lucro presumido ou arbitrado, não sendo possível a identificação da atividade a que se refere a receita omitida, esta será adicionado àquela a que corresponder o percentual mais elevado.

§ 2º O valor da receita omitida será considerado na determinação da base de cálculo para o lançamento da Contribuição Social sobre o Lucro Líquido – CSLL, da Contribuição para o Financiamento da Seguridade Social – Cofins, da Contribuição para o PIS/Pasep e das contribuições previdenciárias incidentes sobre a receita.

- § 2º com redação determinada pela Lei 11.941/2009.

§ 3º *(Revogado pela Lei 9.430/1996.)*

§ 4º Para a determinação do valor da Contribuição para o Financiamento da Seguridade Social – Cofins e da Contribuição para o PIS/Pasep, na hipótese de a pessoa jurídica auferir receitas sujeitas a alíquotas diversas, não sendo possível identificar a alíquota aplicável à receita omitida, aplicar-se-á a esta a alíquota mais elevada entre aquelas previstas para as receitas auferidas pela pessoa jurídica.

- § 4º acrescentado pela Lei 11.941/2009.

§ 5º Na hipótese de a pessoa jurídica sujeitar-se ao recolhimento da Cofins e da Contribuição para o PIS/Pasep, calculadas por unidade de medida de produto, não sendo possível identificar qual o produto vendido ou a quantidade que se refere à receita omitida, a contribuição será determinada com base na alíquota *ad valorem* mais elevada entre aquelas previstas para as receitas auferidas pela pessoa jurídica.

- § 5º acrescentado pela Lei 11.941/2009.

§ 6º Na determinação da alíquota mais elevada, considerar-se-ão:

- § 6º acrescentado pela Lei 11.941/2009.

Lei 9.249/1995

Legislação

I – para efeito do disposto nos §§ 4º e 5º deste artigo, as alíquotas aplicáveis às receitas auferidas pela pessoa jurídica no ano-calendário em que ocorreu a omissão;

II – para efeito do disposto no § 5º deste artigo, as alíquotas *ad valorem* correspondentes àquelas fixadas por unidade de medida do produto, bem como as alíquotas aplicáveis às demais receitas auferidas pela pessoa jurídica.

Art. 25. Os lucros, rendimentos e ganhos de capital auferidos no exterior serão computados na determinação do lucro real das pessoas jurídicas correspondente ao balanço levantado em 31 de dezembro de cada ano.

§ 1º Os rendimentos e ganhos de capital auferidos no exterior serão computados na apuração do lucro líquido das pessoas jurídicas com observância do seguinte:

I – os rendimentos e ganhos de capital serão convertidos em reais de acordo com a taxa de câmbio, para venda, na data em que forem contabilizados no Brasil;

II – caso a moeda em que for auferido o rendimento ou ganho de capital não tiver cotação no Brasil, será ela convertida em dólares norte-americanos e, em seguida, em reais.

§ 2º Os lucros auferidos por filiais, sucursais ou controladas, no exterior, de pessoas jurídicas domiciliadas no Brasil serão computados na apuração do lucro real com observância do seguinte:

I – as filiais, sucursais e controladas deverão demonstrar a apuração dos lucros que auferirem em cada um de seus exercícios fiscais, segundo as normas da legislação brasileira;

II – os lucros a que se refere o inciso I serão adicionados ao lucro líquido da matriz ou controladora, na proporção de sua participação acionária, para apuração do lucro real;

III – se a pessoa jurídica se extinguir no curso do exercício, deverá adicionar ao seu lucro líquido os lucros auferidos por filiais, sucursais ou controladas, até a data do balanço do encerramento;

IV – as demonstrações financeiras das filiais, sucursais e controladas que embasarem as demonstrações em reais deverão ser mantidas no Brasil pelo prazo previsto no art. 173 da Lei 5.172, de 25 de outubro de 1966.

§ 3º Os lucros auferidos no exterior por coligadas de pessoas jurídicas domiciliadas no Brasil serão computados na apuração do lucro real com observância do seguinte:

I – os lucros realizados pela coligada serão adicionados ao lucro líquido, na proporção da participação da pessoa jurídica no capital da coligada;

II – os lucros a serem computados na apuração do lucro real são os apurados no balanço ou balanços levantados pela coligada no curso do período base da pessoa jurídica;

III – se a pessoa jurídica se extinguir no curso do exercício, deverá adicionar ao seu lucro líquido, para apuração do lucro real, sua participação nos lucros da coligada apurados por esta em balanços levantados até a data do balanço de encerramento da pessoa jurídica;

IV – a pessoa jurídica deverá conservar em seu poder cópia das demonstrações financeiras da coligada.

§ 4º Os lucros a que se referem os §§ 2º e 3º serão convertidos em reais pela taxa de câmbio, para venda, do dia das demonstrações financeiras em que tenham sido apurados os lucros da filial, sucursal, controlada ou coligada.

§ 5º Os prejuízos e perdas decorrentes das operações referidas neste artigo não serão compensados com lucros auferidos no Brasil.

§ 6º Os resultados da avaliação dos investimentos no exterior, pelo método da equivalência patrimonial, continuarão a ter o tratamento previsto na legislação vigente, sem prejuízo do disposto nos §§ 1º, 2º e 3º.

§ 7º Os lucros serão apurados segundo as normas da legislação comercial do país de domicílio.

- § 7º acrescentado pela Lei 12.973/2014.

Art. 26. A pessoa jurídica poderá compensar o imposto de renda incidente, no exterior, sobre os lucros, rendimentos e ganhos de capital computados no lucro real, até o limite do imposto de renda incidente, no Brasil, sobre os referidos lucros, rendimentos ou ganhos de capital.

Lei 9.250/1995

LEGISLAÇÃO

§ 1º Para efeito de determinação do limite fixado no *caput*, o imposto incidente, no Brasil, correspondente aos lucros, rendimentos ou ganhos de capital auferidos no exterior, será proporcional ao total do imposto e adicional devidos pela pessoa jurídica no Brasil.

§ 2º Para fins de compensação, o documento relativo ao imposto de renda incidente no exterior deverá ser reconhecido pelo respectivo órgão arrecadador e pelo Consulado da Embaixada Brasileira no país em que for devido o imposto.

§ 3º O imposto de renda a ser compensado será convertido em quantidade de reais, de acordo com a taxa de câmbio, para venda, na data em que o imposto foi pago; caso a moeda em que o imposto foi pago não tiver cotação no Brasil, será ela convertida em dólares norte-americanos e, em seguida, em reais.

Art. 27. As pessoas jurídicas que tiverem lucros, rendimentos ou ganhos de capital oriundos do exterior estão obrigadas ao regime de tributação com base no lucro real.

Art. 28. A alíquota do imposto de renda de que tratam o art. 77 da Lei 3.470, de 28 de novembro de 1958 e o art. 100 do Dec.-lei 5.844, de 23 de setembro de 1943, com as modificações posteriormente introduzidas, passa, a partir de 1º de janeiro de 1996, a ser de 15% (quinze por cento).

Art. 29. Os limites a que se referem os arts. 36, I, e 44, da Lei 8.981, de 20 de janeiro de 1995, com a redação dada pela Lei 9.065, de 20 de junho de 1995, passam a ser de R$ 12.000.000,00 (doze milhões de reais).

Art. 30. Os valores constantes da legislação tributária, expressos em quantidade de Ufir, serão convertidos em reais pelo valor da Ufir vigente em 1º de janeiro de 1996.

* V. art. 27, Lei 9.532/1997 (Altera a legislação tributária federal).

Art. 31. *(Revogado pela Lei 12.973/2014 – DOU 14.05.2014, em vigor em 1º.01.2015.)*

* V. art. 119, § 1º, II, Lei 12.973/2014.

Art. 32. *(Vetado.)*

Art. 33. *(Vetado.)*

Art. 34. Extingue-se a punibilidade dos crimes definidos na Lei 8.137, de 27 de dezembro de 1990, e na Lei 4.729, de 14 de julho de 1965, quando o agente promover o pagamento do tributo ou contribuição social, inclusive acessórios, antes do recebimento da denúncia.

* V. art. 9º, Lei 10.684/2003 (Altera a legislação tributária).

§ 1º *(Vetado.)*
§ 2º *(Vetado.)*

Art. 35. Esta Lei entra em vigor na data de sua publicação, produzindo efeitos a partir de 1º de janeiro de 1996.

Art. 36. Ficam revogadas as disposições em contrário, especialmente:
I – o Dec.-lei 1.215, de 4 de maio de 1972, observado o disposto no art. 178 da Lei 5.172, de 25 de outubro de 1966;
II – os arts. 2º a 19 da Lei 7.799, de 10 de julho de 1989;
III – os arts. 9º e 12 da Lei 8.023, de 12 de abril de 1990;
IV – os arts. 43 e 44 da Lei 8.541, de 23 de dezembro de 1992;
V – o art. 28 e os incisos VI, XI e XII e o parágrafo único do art. 36, os arts. 46, 48 e 54, e o inciso II do art. 60, todos da Lei 8.981, de 20 de janeiro de 1995, alterada pela Lei 9.065, de 20 de junho de 1995, e o art. 10 da Lei 9.065, de 20 de junho de 1995.

Brasília, 26 de dezembro de 1995; 174º da Independência e 107º da República.
Fernando Henrique Cardoso

(DOU 27.12.1995)

LEI 9.250,
DE 26 DE DEZEMBRO DE 1995

Altera a legislação do imposto de renda das pessoas físicas e dá outras providências.

O Presidente da República:
Faço saber que o Congresso Nacional decreta e eu sanciono a seguinte Lei:

Capítulo I
DISPOSIÇÕES PRELIMINARES

Art. 1º A partir de 1º de janeiro de 1996 o imposto de renda das pessoas físicas será determinado segundo as normas da legislação vigente, com as alterações desta Lei.

Art. 2º Os valores expressos em Ufir na legislação do imposto de renda das pessoas fí-

Lei 9.250/1995

LEGISLAÇÃO

sicas ficam convertidos em reais, tomando-se por base o valor da Ufir vigente em 1º de janeiro de 1996.

Capítulo II
DA INCIDÊNCIA MENSAL DO IMPOSTO

Art. 3º O imposto de renda incidente sobre os rendimentos de que tratam os arts. 7º, 8º e 12 da Lei 7.713, de 22 de dezembro de 1988, será calculado de acordo com a seguinte tabela progressiva em reais:

Base de cálculo (em R$)	Alíquota %	Parcela a deduzir do Imposto (em R$)
Até 900,00	–	–
Acima de 900,00 até 1.800,00	15	135,00
Acima de 1.800,00	25	315,00

Parágrafo único. O imposto de que trata este artigo será calculado sobre os rendimentos efetivamente recebidos em cada mês.

- V. Lei 11.482/2007(Efetua alterações na tabela do imposto de renda da pessoa física).

Art. 4º Na determinação da base de cálculo sujeita à incidência mensal do imposto de renda poderão ser deduzidas:

I – a soma dos valores referidos no art. 6º da Lei 8.134, de 27 de dezembro de 1990;

II – as importâncias pagas a título de pensão alimentícia em face das normas do Direito de Família, quando em cumprimento de decisão judicial, inclusive a prestação de alimentos provisionais, de acordo homologado judicialmente, ou de escritura pública a que se refere o art. 1.124-A da Lei 5.869, de 11 de janeiro de 1973 – Código de Processo Civil;

- Inciso II com redação determinada pela Lei 11.727/2008 (DOU 24.06.2008), em vigor na data de sua publicação, produzindo efeitos a partir da data da publicação da Lei 11.441/2007 (DOU 05.01.2008).

III – a quantia, por dependente, de:

- Caput do inciso III com redação determinada pela Lei 11.482/2007 (DOU 31.05.2007, edição extra), em vigor na data de sua publicação, produzindo efeitos a partir de 1º.01.2007 (v. art. 24, I, da referida Lei).

a) R$ 132,05 (cento e trinta e dois reais e cinco centavos), para o ano-calendário de 2007;

- Alínea a acrescentada pela Lei 11.482/2007 (DOU 31.05.2007, edição extra), em vigor na data de sua publicação, produzindo efeitos a partir de 1º.01.2007 (v. art. 24, I, da referida Lei).

b) R$ 137,99 (cento e trinta e sete reais e noventa e nove centavos), para o ano-calendário de 2008;

- Alínea b acrescentada pela Lei 11.482/2007 (DOU 31.05.2007, edição extra), em vigor na data de sua publicação, produzindo efeitos a partir de 1º.01.2007 (v. art. 24, I, da referida Lei).

c) R$ 144,20 (cento e quarenta e quatro reais e vinte centavos), para o ano-calendário de 2009;

- Alínea c acrescentada pela Lei 11.482/2007 (DOU 31.05.2007, edição extra), em vigor na data de sua publicação, produzindo efeitos a partir de 1º.01.2007 (v. art. 24, I, da referida Lei).

d) R$ 150,69 (cento e cinquenta reais e sessenta e nove centavos), para o ano-calendário de 2010;

- Alínea d com redação determinada pela Lei 12.469/2011 (DOU 29.08.2011), em vigor na data de sua publicação, produzindo efeitos a partir de 1º.04.2011 (v. art. 10, III, da referida Lei).

e) R$ 157,47 (cento e cinquenta e sete reais e quarenta e sete centavos), para o ano-calendário de 2011;

- Alínea e acrescentada pela Lei 12.469/2011 (DOU 29.08.2011), em vigor na data de sua publicação, produzindo efeitos a partir de 1º.04.2011 (v. art. 10, III, da referida Lei).

f) R$ 164,56 (cento e sessenta e quatro reais e cinquenta e seis centavos), para o ano-calendário de 2012;

- Alínea f acrescentada pela Lei 12.469/2011 (DOU 29.08.2011), em vigor na data de sua publicação, produzindo efeitos a partir de 1º.04.2011 (v. art. 10, III, da referida Lei).

g) R$ 171,97 (cento e setenta e um reais e noventa e sete centavos), para o ano-calendário de 2013;

- Alínea g acrescentada pela Lei 12.469/2011 (DOU 29.08.2011), em vigor na data de sua publicação, produzindo efeitos a partir de 1º.04.2011 (v. art. 10, III, da referida Lei).

h) R$ 179,71 (cento e setenta e nove reais e setenta e um centavos), para o ano-calendário de 2014 e nos meses de janeiro a março do ano-calendário de 2015; e

- Alínea h com redação determinada pela Lei 13.149/2015.

Lei 9.250/1995

i) R$ 189,59 (cento e oitenta e nove reais e cinquenta e nove centavos), a partir do mês de abril do ano-calendário de 2015;

- Alínea *i* acrescentada pela Lei 13.149/2015.

IV – as contribuições para a Previdência Social da União, dos Estados, do Distrito Federal e dos Municípios;

V – as contribuições para as entidades de previdência privada domiciliadas no País, cujo ônus tenha sido do contribuinte, destinadas a custear benefícios complementares assemelhados aos da Previdência Social;

VI – a quantia, correspondente à parcela isenta dos rendimentos provenientes de aposentadoria e pensão, transferência para a reserva remunerada ou reforma, pagos pela Previdência Social da União, dos Estados, do Distrito Federal e dos Municípios, por qualquer pessoa jurídica de direito público interno ou por entidade de previdência privada, a partir do mês em que o contribuinte completar 65 (sessenta e cinco) anos de idade, de:

- *Caput* do inciso VI com redação determinada pela Lei 11.482/2007 (*DOU* 31.05.2007, edição extra), em vigor na data de sua publicação, produzindo efeitos a partir de 1º.01.2007 (v. art. 24, I, da referida Lei).

a) R$ 1.313,69 (mil, trezentos e treze reais e sessenta e nove centavos), por mês, para o ano-calendário de 2007;

- Alínea *a* acrescentada pela Lei 11.482/2007 (*DOU* 31.05.2007, edição extra), em vigor na data de sua publicação, produzindo efeitos a partir de 1º.01.2007 (v. art. 24, I, da referida Lei).

b) R$ 1.372,81 (mil, trezentos e setenta e dois reais e oitenta e um centavos), por mês, para o ano-calendário de 2008;

- Alínea *b* acrescentada pela Lei 11.482/2007 (*DOU* 31.05.2007, edição extra), em vigor na data de sua publicação, produzindo efeitos a partir de 1º.01.2007 (v. art. 24, I, da referida Lei).

c) R$ 1.434,59 (mil, quatrocentos e trinta e quatro reais e cinquenta e nove centavos), por mês, para o ano-calendário de 2009;

- Alínea *c* acrescentada pela Lei 11.482/2007 (*DOU* 31.05.2007, edição extra), em vigor na data de sua publicação, produzindo efeitos a partir de 1º.01.2007 (v. art. 24, I, da referida Lei).

d) R$ 1.499,15 (mil, quatrocentos e noventa e nove reais e quinze centavos), por mês, para o ano-calendário de 2010;

- Alínea *d* com redação determinada pela Lei 12.469/2011 (*DOU* 29.08.2011), em vigor na data de sua publicação, produzindo efeitos a partir de 1º.04.2011 (v. art. 10, III, da referida Lei).

e) R$ 1.566,61 (mil, quinhentos e sessenta e seis reais e sessenta e um centavos), por mês, para o ano-calendário de 2011;

- Alínea *e* acrescentada pela Lei 12.469/2011 (*DOU* 29.08.2011), em vigor na data de sua publicação, produzindo efeitos a partir de 1º.04.2011 (v. art. 10, III, da referida Lei).

f) R$ 1.637,11 (mil, seiscentos e trinta e sete reais e onze centavos), por mês, para o ano-calendário de 2012;

- Alínea *f* acrescentada pela Lei 12.469/2011 (*DOU* 29.08.2011), em vigor na data de sua publicação, produzindo efeitos a partir de 1º.04.2011 (v. art. 10, III, da referida Lei).

g) R$ 1.710,78 (mil, setecentos e dez reais e setenta e oito centavos), por mês, para o ano-calendário de 2013;

- Alínea *g* acrescentada pela Lei 12.469/2011 (*DOU* 29.08.2011), em vigor na data de sua publicação, produzindo efeitos a partir de 1º.04.2011 (v. art. 10, III, da referida Lei).

h) R$ 1.787,77 (mil, setecentos e oitenta e sete reais e setenta e sete centavos), por mês, para o ano-calendário de 2014 e nos meses de janeiro a março do ano-calendário de 2015; e

- Alínea *h* com redação determinada pela Lei 13.149/2015.

i) R$ 1.903,98 (mil, novecentos e três reais e noventa e oito centavos), por mês, a partir do mês de abril do ano-calendário de 2015;

- Alínea *i* acrescentada pela Lei 13.149/2015.

VII – as contribuições para as entidades fechadas de previdência complementar de natureza pública de que trata o § 15 do art. 40 da Constituição Federal, cujo ônus tenha sido do contribuinte, destinadas a custear benefícios complementares assemelhados aos da Previdência Social.

- Inciso VII com redação determinada pela Lei 13.043/2014 (*DOU* 14.11.2014, ret. 14.11.2014, edição extra), em vigor em 1º.01.2015.

Parágrafo único. A dedução permitida pelo inciso V aplica-se exclusivamente à base de cálculo relativa aos seguintes rendimentos, assegurada, nos demais casos, a dedução dos valores pagos a esse título, por ocasião da apuração da base de cálculo do imposto devido no ano-calendário, conforme disposto na alínea e do inciso II do art. 8º desta Lei:

- Parágrafo único com redação determinada pela Lei 13.202/2015.

Lei 9.250/1995

LEGISLAÇÃO

I – do trabalho com vínculo empregatício ou de administradores; e

II – proventos de aposentados e pensionistas, quando a fonte pagadora for responsável pelo desconto e respectivo pagamento das contribuições previdenciárias.

Art. 5º As pessoas físicas residentes ou domiciliadas no Brasil que recebam rendimentos de trabalho assalariado, em moeda estrangeira, de autarquias ou repartições do Governo brasileiro, situadas no exterior, estão sujeitas ao imposto de renda na fonte incidente sobre a base de cálculo de que trata o art. 4º, mediante utilização da tabela progressiva de que trata o art. 3º.

§ 1º Os rendimentos em moeda estrangeira serão convertidos em reais, mediante utilização do valor do dólar dos Estados Unidos da América fixado para compra pelo Banco Central do Brasil para o último dia útil da primeira quinzena do mês anterior ao do pagamento do rendimento.

§ 2º As deduções de que tratam os incisos II, IV e V do art. 4º serão convertidas em reais, mediante utilização do valor do dólar dos Estados Unidos da América fixado para venda pelo Banco Central do Brasil para o último dia útil da primeira quinzena do mês anterior ao do pagamento do rendimento.

§ 3º As pessoas físicas computarão, na determinação da base de cálculo de que trata o art. 4º e na declaração de rendimentos, 25% (vinte e cinco por cento) do total dos rendimentos do trabalho assalariado recebidos nas condições referidas neste artigo.

Art. 6º Os rendimentos recebidos de fontes situadas no exterior, sujeitos a tributação no Brasil, bem como o imposto pago no exterior, serão convertidos em reais mediante utilização do valor do dólar dos Estados Unidos da América fixado para compra pelo Banco Central do Brasil para o último dia útil da primeira quinzena do mês anterior ao do recebimento do rendimento.

Capítulo III
DA DECLARAÇÃO DE RENDIMENTOS

Art. 7º A pessoa física deverá apurar o saldo em reais do imposto a pagar ou o valor a ser restituído, relativamente aos rendimentos percebidos no ano-calendário, e apresentar anualmente, até o último dia útil do mês de abril do ano-calendário subsequente, declaração de rendimentos em modelo aprovado pela Secretaria da Receita Federal.

§ 1º O prazo de que trata este artigo aplica-se inclusive à declaração de rendimentos relativa ao exercício de 1996, ano-calendário de 1995.

§ 2º O Ministro da Fazenda poderá estabelecer limites e condições para dispensar pessoas físicas da obrigação de apresentar declaração de rendimentos.

- § 2º com redação determinada pela Lei 9.532/1997.

§ 3º Fica o Ministro da Fazenda autorizado a prorrogar o prazo para a apresentação da declaração, dentro do exercício financeiro.

§ 4º Homologada a partilha ou feita a adjudicação dos bens, deverá ser apresentada pelo inventariante, dentro de 30 (trinta) dias contados da data em que transitar em julgado a sentença respectiva, declaração dos rendimentos correspondentes ao período de 1º de janeiro até a data da homologação ou adjudicação.

§ 5º Se a homologação ou adjudicação ocorrer antes do prazo anualmente fixado para a entrega das declarações de rendimentos, juntamente com a declaração referida no parágrafo anterior deverá ser entregue a declaração dos rendimentos correspondente ao ano-calendário anterior.

Art. 8º A base de cálculo do imposto devido no ano-calendário será a diferença entre as somas:

I – de todos os rendimentos percebidos durante o ano-calendário, exceto os isentos, os não tributáveis, os tributáveis exclusivamente na fonte e os sujeitos à tributação definitiva;

II – das deduções relativas:

a) aos pagamentos efetuados, no ano-calendário, a médicos, dentistas, psicólogos, fisioterapeutas, fonoaudiólogos, terapeutas ocupacionais e hospitais, bem como as despesas com exames laboratoriais, serviços radiológicos, aparelhos ortopédicos e próteses ortopédicas e dentárias;

b) a pagamentos de despesas com instrução do contribuinte e de seus dependentes, efetuados a estabelecimentos de ensino, relativamente a educação infantil, compreendendo as creches e as pré-escolas; ao ensino fundamental; ao ensino médio; à educação superior, compreendendo os cursos de graduação e de pós-graduação (mestrado,

Lei 9.250/1995

LEGISLAÇÃO

doutorado e especialização); e à educação profissional, compreendendo o ensino técnico e o tecnológico, até o limite anual individual de:

* *Caput* da alínea *b* com redação determinada pela Lei 11.482/2007 (*DOU* 31.05.2007, edição extra), em vigor na data de sua publicação, produzindo efeitos a partir de 1º.01.2007 (v. art. 24, I, da referida Lei).

1. R$ 2.480,66 (dois mil, quatrocentos e oitenta reais e sessenta e seis centavos) para o ano-calendário de 2007;

* Item 1 acrescentado pela Lei 11.482/2007 (*DOU* 31.05.2007, edição extra), em vigor na data de sua publicação, produzindo efeitos a partir de 1º.01.2007 (v. art. 24, I, da referida Lei).

2. R$ 2.592,29 (dois mil, quinhentos e noventa e dois reais e vinte e nove centavos) para o ano-calendário de 2008;

* Item 2 acrescentado pela Lei 11.482/2007 (*DOU* 31.05.2007, edição extra), em vigor na data de sua publicação, produzindo efeitos a partir de 1º.01.2007 (v. art. 24, I, da referida Lei).

3. R$ 2.708,94 (dois mil, setecentos e oito reais e noventa e quatro centavos) para o ano-calendário de 2009;

* Item 3 acrescentado pela Lei 11.482/2007 (*DOU* 31.05.2007, edição extra), em vigor na data de sua publicação, produzindo efeitos a partir de 1º.01.2007 (v. art. 24, I, da referida Lei).

4. R$ 2.830,84 (dois mil, oitocentos e trinta reais e oitenta e quatro centavos) para o ano-calendário de 2010;

* Item 4 com redação determinada pela Lei 12.469/2011 (*DOU* 29.08.2011), em vigor na data de sua publicação, produzindo efeitos a partir de 1º.04.2011 (v. art. 10, III, da referida Lei).

5. *(Revogado pela Lei 11.482/2007 – DOU 31.05.2007, edição extra, em vigor na data de sua publicação, produzindo efeitos a partir de 1º.01.2007.)*

6. R$ 2.958,23 (dois mil, novecentos e cinquenta e oito reais e vinte e três centavos) para o ano-calendário de 2011;

* Item 6 acrescentado pela Lei 12.469/2011 (*DOU* 29.08.2011), em vigor na data de sua publicação, produzindo efeitos a partir de 1º.04.2011 (v. art. 10, III, da referida Lei).

7. R$ 3.091,35 (três mil, noventa e um reais e trinta e cinco centavos) para o ano-calendário de 2012;

* Item 7 acrescentado pela Lei 12.469/2011 (*DOU* 29.08.2011), em vigor na data de sua publicação, produzindo efeitos a partir de 1º.04.2011 (v. art. 10, III, da referida Lei).

8. R$ 3.230,46 (três mil, duzentos e trinta reais e quarenta e seis centavos) para o ano-calendário de 2013;

* Item 8 acrescentado pela Lei 12.469/2011 (*DOU* 29.08.2011), em vigor na data de sua publicação, produzindo efeitos a partir de 1º.04.2011 (v. art. 10, III, da referida Lei).

9. R$ 3.375,83 (três mil, trezentos e setenta e cinco reais e oitenta e três centavos) para o ano-calendário de 2014; e

* Item 9 com redação determinada pela Lei 13.149/2015.

10. R$ 3.561,50 (três mil, quinhentos e sessenta e um reais e cinquenta centavos), a partir do ano-calendário de 2015;

* Item 10 acrescentado pela Lei 13.149/2015.

c) à quantia, por dependente, de:

* *Caput* da alínea *c* com redação determinada pela Lei 11.482/2007 (*DOU* 31.05.2007, edição extra), em vigor na data de sua publicação, produzindo efeitos a partir de 1º.01.2007 (v. art. 24, I, da referida Lei).

1. R$ 1.584,60 (mil, quinhentos e oitenta e quatro reais e sessenta centavos) para o ano-calendário de 2007;

* Item 1 acrescentado pela Lei 11.482/2007 (*DOU* 31.05.2007, edição extra), em vigor na data de sua publicação, produzindo efeitos a partir de 1º.01.2007 (v. art. 24, I, da referida Lei).

2. R$ 1.655,88 (mil, seiscentos e cinquenta e cinco reais e oitenta e oito centavos) para o ano-calendário de 2008;

* Item 2 acrescentado pela Lei 11.482/2007 (*DOU* 31.05.2007, edição extra), em vigor na data de sua publicação, produzindo efeitos a partir de 1º.01.2007 (v. art. 24, I, da referida Lei).

3. R$ 1.730,40 (mil, setecentos e trinta reais e quarenta centavos) para o ano-calendário de 2009;

* Item 3 acrescentado pela Lei 11.482/2007 (*DOU* 31.05.2007, edição extra), em vigor na data de sua publicação, produzindo efeitos a partir de 1º.01.2007 (v. art. 24, I, da referida Lei).

4. R$ 1.808,28 (mil, oitocentos e oito reais e vinte e oito centavos) para o ano-calendário de 2010;

* Item 4 com redação determinada pela Lei 12.469/2011 (*DOU* 29.08.2011), em vigor na data de sua publicação, produzindo efeitos a partir de 1º.04.2011 (v. art. 10, III, da referida Lei).

5. R$ 1.889,64 (mil, oitocentos e oitenta e nove reais e sessenta e quatro centavos) para o ano-calendário de 2011;

* Item 5 acrescentado pela Lei 12.469/2011 (*DOU* 29.08.2011), em vigor na data de sua publicação,

Lei 9.250/1995

LEGISLAÇÃO

produzindo efeitos a partir de 1º.04.2011 (v. art. 10, III, da referida Lei).

6. R$ 1.974,72 (mil, novecentos e setenta e quatro reais e setenta e dois centavos) para o ano-calendário de 2012;

- Item 6 acrescentado pela Lei 12.469/2011 (*DOU* 29.08.2011), em vigor na data de sua publicação, produzindo efeitos a partir de 1º.04.2011 (v. art. 10, III, da referida Lei).

7. R$ 2.063,64 (dois mil, sessenta e três reais e sessenta e quatro centavos) para o ano-calendário de 2013;

- Item 7 acrescentado pela Lei 12.469/2011 (*DOU* 29.08.2011), em vigor na data de sua publicação, produzindo efeitos a partir de 1º.04.2011 (v. art. 10, III, da referida Lei).

8. R$ 2.156,52 (dois mil, cento e cinquenta e seis reais e cinquenta e dois centavos) para o ano-calendário de 2014; e

- Item 8 com redação determinada pela Lei 13.149/2015.

9. R$ 2.275,08 (dois mil, duzentos e setenta e cinco reais e oito centavos) a partir do ano-calendário de 2015;

- Item 9 acrescentado pela Lei 13.149/2015.

d) às contribuições para a Previdência Social da União, dos Estados, do Distrito Federal e dos Municípios;

e) às contribuições para as entidades de previdência privada domiciliadas no País, cujo ônus tenha sido do contribuinte, destinadas a custear benefícios complementares assemelhados aos da Previdência Social;

- V. art. 11, Lei 9.532/1997 (Altera a legislação tributária federal).

f) às importâncias pagas a título de pensão alimentícia em face das normas do Direito de Família, quando em cumprimento de decisão judicial, inclusive a prestação de alimentos provisionais, de acordo homologado judicialmente, ou de escritura pública a que se refere o art. 1.124-A da Lei 5.869, de 11 de janeiro de 1973 – Código de Processo Civil;

- Alínea *f* com redação determinada pela Lei 11.727/2008 (*DOU* 24.06.2008), em vigor na data de sua publicação, produzindo efeitos a partir da data da publicação da Lei 11.441/2007 (*DOU* 05.01.2007).

g) às despesas escrituradas no Livro Caixa, previstas nos incisos I a III do art. 6º da Lei 8.134, de 27 de dezembro de 1990, no caso de trabalho não assalariado, inclusive dos leiloeiros e dos titulares de serviços notariais e de registro.

h) (Vetado.)

- Alínea *h* acrescentada pela Lei 12.469/2011 (*DOU* 29.08.2011), em vigor na data de sua publicação, produzindo efeitos a partir de 1º.04.2011 (v. art. 10, III, da referida Lei).

i) às contribuições para as entidades fechadas de previdência complementar de natureza pública de que trata o § 15 do art. 40 da Constituição Federal, cujo ônus tenha sido do contribuinte, destinadas a custear benefícios complementares assemelhados aos da Previdência Social.

- Alínea *i* com redação determinada pela Lei 13.043/2014 (*DOU* 14.11.2014, ret. 14.11.2014, edição extra), em vigor em 1º.01.2015.

j) (Vetado.)

- Alínea *j* acrescentada pela Lei 13.149/2015.

§ 1º A quantia correspondente à parcela isenta dos rendimentos provenientes de aposentadoria e pensão, transferência para a reserva remunerada ou reforma, pagos pela Previdência Social da União, dos Estados, do Distrito Federal e dos Municípios, por qualquer pessoa jurídica de direito público interno, ou por entidade de previdência privada, representada pela soma dos valores mensais computados a partir do mês em que o contribuinte completar 65 (sessenta e cinco) anos de idade, não integrará a soma de que trata o inciso I.

§ 2º O disposto na alínea *a* do inciso II:

I – aplica-se, também, aos pagamentos efetuados a empresas domiciliadas no País, destinados à cobertura de despesas com hospitalização, médicas e odontológicas, bem como a entidades que assegurem direito de atendimento ou ressarcimento de despesas da mesma natureza;

II – restringe-se aos pagamentos efetuados pelo contribuinte, relativos ao próprio tratamento e ao de seus dependentes;

III – limita-se a pagamentos especificados e comprovados, com indicação do nome, endereço e número de inscrição no Cadastro de Pessoas Físicas – CPF ou no Cadastro Geral de Contribuintes – CGC de quem os recebeu, podendo, na falta de documentação, ser feita indicação do cheque nominativo pelo qual foi efetuado o pagamento;

IV – não se aplica às despesas ressarcidas por entidade de qualquer espécie ou cobertas por contrato de seguro;

V – no caso de despesas com aparelhos ortopédicos e próteses ortopédicas e dentárias,

689

Lei 9.250/1995

LEGISLAÇÃO

exige-se a comprovação com receituário médico e nota fiscal em nome do beneficiário.

§ 3º As despesas médicas e de educação dos alimentandos, quando realizadas pelo alimentante em virtude de cumprimento de decisão judicial, de acordo homologado judicialmente ou de escritura pública a que se refere o art. 1.124-A da Lei 5.869, de 11 de janeiro de 1973 – Código de Processo Civil, poderão ser deduzidas pelo alimentante na determinação da base de cálculo do imposto de renda na declaração, observado, no caso de despesas de educação, o limite previsto na alínea *b* do inciso II do *caput* deste artigo.

- § 3º com redação determinada pela Lei 11.727/2008 (*DOU* 24.06.2008), em vigor na data de sua publicação, produzindo efeitos a partir da data da publicação da Lei 11.441/2007 (*DOU* 05.01.2007).

§ 4º (*Vetado.*)

- § 4º acrescentado pela Lei 12.469/2011 (*DOU* 29.08.2011), em vigor na data de sua publicação, produzindo efeitos a partir de 1º.04.2011 (v. art. 10, III, da referida Lei).

Art. 9º O resultado da atividade rural, apurado na forma da Lei 8.023, de 12 de abril de 1990, com as alterações posteriores, quando positivo, integrará a base de cálculo do imposto definida no artigo anterior.

Art. 10. O contribuinte poderá optar por desconto simplificado, que substituirá todas as deduções admitidas na legislação, correspondente à dedução de 20% (vinte por cento) do valor dos rendimentos tributáveis na Declaração de Ajuste Anual, independentemente do montante desses rendimentos, dispensadas a comprovação da despesa e a indicação de sua espécie, limitada a:

- *Caput* com redação determinada pela Lei 11.482/2007 (*DOU* 31.05.2007, edição extra), em vigor na data de sua publicação, produzindo efeitos a partir de 1º.01.2007 (v. art. 24, I, da referida Lei).

I – R$ 11.669,72 (onze mil, seiscentos e sessenta e nove reais e setenta e dois centavos) para o ano-calendário de 2007;

- Inciso I acrescentado pela Lei 11.482/2007 (*DOU* 31.05.2007, edição extra), em vigor na data de sua publicação, produzindo efeitos a partir de 1º.01.2007 (v. art. 24, I, da referida Lei).

II – R$ 12.194,86 (doze mil, cento e noventa e quatro reais e oitenta e seis centavos) para o ano-calendário de 2008;

- Inciso II acrescentado pela Lei 11.482/2007 (*DOU* 31.05.2007, edição extra), em vigor na data de sua publicação, produzindo efeitos a partir de 1º.01.2007 (v. art. 24, I, da referida Lei).

III – R$ 12.743,63 (doze mil, setecentos e quarenta e três reais e sessenta e três centavos) para o ano-calendário de 2009;

- Inciso III acrescentado pela Lei 11.482/2007 (*DOU* 31.05.2007, edição extra), em vigor na data de sua publicação, produzindo efeitos a partir de 1º.01.2007 (v. art. 24, I, da referida Lei).

IV – R$ 13.317,09 (treze mil, trezentos e dezessete reais e nove centavos) para o ano-calendário de 2010;

- Inciso IV com redação determinada pela Lei 12.469/2011 (*DOU* 29.08.2011), em vigor na data de sua publicação, produzindo efeitos a partir de 1º.04.2011 (v. art. 10, III, da referida Lei).

V – R$ 13.916,36 (treze mil, novecentos e dezesseis reais e trinta e seis centavos) para o ano-calendário de 2011;

- Inciso V acrescentado pela Lei 12.469/2011 (*DOU* 29.08.2011), em vigor na data de sua publicação, produzindo efeitos a partir de 1º.04.2011 (v. art. 10, III, da referida Lei).

VI – R$ 14.542,60 (quatorze mil, quinhentos e quarenta e dois reais e sessenta centavos) para o ano-calendário de 2012;

- Inciso VI acrescentado pela Lei 12.469/2011 (*DOU* 29.08.2011), em vigor na data de sua publicação, produzindo efeitos a partir de 1º.04.2011 (v. art. 10, III, da referida Lei).

VII – R$ 15.197,02 (quinze mil, cento e noventa e sete reais e dois centavos) para o ano-calendário de 2013;

- Inciso VII acrescentado pela Lei 12.469/2011 (*DOU* 29.08.2011), em vigor na data de sua publicação, produzindo efeitos a partir de 1º.04.2011 (v. art. 10, III, da referida Lei).

VIII – R$ 15.880,89 (quinze mil, oitocentos e oitenta reais e oitenta e nove centavos) para o ano-calendário de 2014; e

- Inciso VIII com redação determinada pela Lei 13.149/2015.

IX – R$ 16.754,34 (dezesseis mil, setecentos e cinquenta e quatro reais e trinta e quatro centavos) a partir do ano-calendário de 2015.

- Inciso IX acrescentado pela Lei 13.149/2015.

Parágrafo único. O valor deduzido não poderá ser utilizado para comprovação de acréscimo patrimonial, sendo considerado rendimento consumido.

Art. 11. O imposto de renda devido na declaração será calculado mediante utilização da seguinte tabela:

Lei 9.250/1995

LEGISLAÇÃO

Base de cálculo (em R$)	Alíquota %	Parcela a deduzir do Imposto (em R$)
Até 10.800,00	–	–
Acima de 10.800,00 até 21.600,00	15	1.620,00
Acima de 21.600,00	25	3.780,00

- V. Lei 11.482/2007 (Efetua alterações na tabela do imposto de renda da pessoa física).

Art. 12. Do imposto apurado na forma do artigo anterior, poderão ser deduzidos:

- O art. 22 da Lei 9.532/1997 estabelece que a soma das deduções a que se referem os incisos I a III deste artigo fica limitada a 6% (seis por cento) do valor do imposto devido.

I – as contribuições feitas aos Fundos controlados pelos Conselhos Municipais, Estaduais e Nacional dos Direitos da Criança e do Adolescente e pelos Conselhos Municipais, Estaduais e Nacional do Idoso;

- Inciso I com redação determinada pela Lei 12.213/2010 (DOU 21.01.2010), em vigor em 1º de janeiro do ano seguinte ao de sua publicação oficial.

II – as contribuições efetivamente realizadas em favor de projetos culturais, aprovados na forma da regulamentação do Programa Nacional de Apoio à Cultura – Pronac, instituído pelo art. 1º da Lei 8.313, de 23 de dezembro de 1991;

III – os investimentos feitos a título de incentivo às atividades audiovisuais, na forma e condições previstas nos arts. 1º e 4º da Lei 8.685, de 20 de julho de 1993;

IV – *(Vetado.)*

V – o imposto retido na fonte ou o pago, inclusive a título de recolhimento complementar, correspondente aos rendimentos incluídos na base de cálculo;

VI – o imposto pago no exterior de acordo com o previsto no art. 5º da Lei 4.862, de 29 de novembro de 1965;

VII – até o exercício de 2019, ano-calendário de 2018, a contribuição patronal paga à Previdência Social pelo empregador doméstico incidente sobre o valor da remuneração do empregado; e

- Inciso VII com redação determinada pela Lei 13.097/2015.

VIII – doações e patrocínios diretamente efetuados por pessoas físicas no âmbito do Programa Nacional de Apoio à Atenção Oncológica – Pronon e do Programa Nacional de Apoio à Atenção da Saúde da Pessoa com Deficiência – Pronas/PCD, previamente aprovados pelo Ministério da Saúde.

- Inciso VIII acrescentado pela Lei 12.715/2012.

§ 1º A soma das deduções a que se referem os incisos I a IV não poderá reduzir o imposto devido em mais de 12% (doze por cento).

§ 2º *(Vetado.)*

§ 3º A dedução de que trata o inciso VII do *caput* deste artigo:

- § 3º acrescentado pela Lei 11.324/2006 (DOU 20.07.2006), em vigor na data de sua publicação, produzindo efeitos em relação às contribuições patronais pagas a partir do mês de janeiro de 2006.

I – está limitada:
a) a um empregado doméstico por declaração, inclusive no caso da declaração em conjunto;
b) ao valor recolhido no ano-calendário a que se referir a declaração;

II – aplica-se somente ao modelo completo de Declaração de Ajuste Anual;

III – não poderá exceder:
a) ao valor da contribuição patronal calculada sobre um salário mínimo mensal, sobre o 13º salário e sobre a remuneração adicional de férias, referidos também a um salário mínimo;
b) ao valor do imposto apurado na forma do art. 11 desta Lei, deduzidos os valores de que tratam os incisos I a III do *caput* deste artigo;

IV – fica condicionada à comprovação da regularidade do empregador doméstico perante o regime geral de previdência social quando se tratar de contribuinte individual.

Art. 13. O montante determinado na forma do artigo anterior constituirá, se positivo, saldo do imposto a pagar e, se negativo, valor a ser restituído.

Parágrafo único. Quando positivo, o saldo do imposto deverá ser pago até o último dia útil do mês fixado para a entrega da declaração de rendimentos.

Art. 14. À opção do contribuinte, o saldo do imposto a pagar poderá ser parcelado em até oito quotas iguais, mensais e sucessivas, observado o seguinte:

- *Caput* com redação determinada pela Lei 11.311/2006 (DOU 14.06.2006), em vigor na data de sua publicação, produzindo efeitos, para as

Lei 9.250/1995

declarações de ajuste anual relativas aos anos-calendário a partir de 2006, inclusive (v. art. 8º, II, da referida Lei).

I – nenhuma quota será inferior a R$ 50,00 (cinquenta reais), e o imposto de valor inferior a R$ 100,00 (cem reais) será pago de uma só vez;

II – a primeira quota deverá ser paga no mês fixado para a entrega da declaração de rendimentos;

III – as demais quotas, acrescidas de juros equivalentes à taxa referencial do Sistema Especial de Liquidação e de Custódia – Selic para títulos federais, acumulada mensalmente, calculados a partir da data prevista para a entrega da declaração de rendimentos até o mês anterior ao do pagamento de 1% (um por cento) no mês do pagamento, vencerão no último dia útil de cada mês;

IV – é facultado ao contribuinte antecipar, total ou parcialmente, o pagamento do imposto ou das quotas.

Art. 15. Nos casos de encerramento de espólio e de saída definitiva do território nacional, o imposto de renda devido será calculado mediante a utilização dos valores correspondentes à soma das tabelas progressivas mensais relativas aos meses do período abrangido pela tributação no ano-calendário.

* Artigo com redação determinada pela Lei 11.311/2006 (*DOU* 14.06.2006), em vigor na data de sua publicação, produzindo efeitos a partir de fevereiro de 2006 (v. art. 8º, I, da referida Lei).

Art. 16. O valor da restituição do imposto de renda da pessoa física, apurado em declaração de rendimentos, será acrescido de juros equivalentes à taxa referencial do Sistema Especial de Liquidação e de Custódia – Selic para títulos federais, acumulada mensalmente, calculados a partir da data prevista para a entrega da declaração de rendimentos até o mês anterior ao da liberação da restituição e de 1% (um por cento) no mês em que o recurso for colocado no banco à disposição do contribuinte.

Capítulo IV
TRIBUTAÇÃO DA ATIVIDADE RURAL

Art. 17. O art. 2º da Lei 8.023, de 12 de abril de 1990, passa a vigorar com a seguinte redação:

"Art. 2º [...]

"V – a transformação de produtos decorrentes da atividade rural, sem que sejam alteradas a composição e as características do produto *in natura*, feita pelo próprio agricultor ou criador, com equipamentos e utensílios usualmente empregados nas atividades rurais, utilizando exclusivamente matéria-prima produzida na área rural explorada, tais como a pasteurização e o acondicionamento do leite, assim como o mel e o suco de laranja, acondicionados em embalagem de apresentação.

"Parágrafo único. O disposto neste artigo não se aplica à mera intermediação de animais e de produtos agrícolas."

Art. 18. O resultado da exploração da atividade rural apurado pelas pessoas físicas, a partir do ano-calendário de 1996, será apurado mediante escrituração do Livro Caixa, que deverá abranger as receitas, as despesas de custeio, os investimentos e demais valores que integram a atividade.

§ 1º O contribuinte deverá comprovar a veracidade das receitas e das despesas escrituradas no Livro Caixa, mediante documentação idônea que identifique o adquirente ou beneficiário, o valor e a data da operação, a qual será mantida em seu poder à disposição da fiscalização, enquanto não ocorrer a decadência ou prescrição.

§ 2º A falta de escrituração prevista neste artigo implicará arbitramento da base de cálculo à razão de 20% (vinte por cento) da receita bruta do ano-calendário.

§ 3º Aos contribuintes que tenham auferido receitas anuais até o valor de R$ 56.000,00 (cinquenta e seis mil reais) faculta-se apurar o resultado da exploração da atividade rural, mediante prova documental, dispensado o registro do Livro Caixa.

Art. 19. O resultado positivo obtido na exploração da atividade rural pela pessoa física poderá ser compensado com prejuízos apurados em anos-calendário anteriores.

Parágrafo único. A pessoa física fica obrigada à conservação e guarda do Livro Caixa e dos documentos fiscais que demonstram a apuração do prejuízo a compensar.

Art. 20. O resultado decorrente da atividade rural, exercida no Brasil por residente ou domiciliado no exterior, apurado por ocasião do encerramento do ano-calendário, constituirá a base de cálculo do imposto e será tributado à alíquota de 15% (quinze por cento).

§ 1º Na hipótese de que trata este artigo, a apuração do resultado deverá ser feita por procurador, a quem compete reter e recolher o imposto devido, não sendo permitidas a opção pelo arbitramento de 20% (vinte por cento) da receita bruta e a compensação de prejuízos apurados.

§ 2º O imposto apurado deverá ser pago na data da ocorrência do fato gerador.

§ 3º Ocorrendo remessa de lucros antes do encerramento do ano-calendário, o imposto deverá ser recolhido no ato sobre o valor remetido por ocasião do evento, exceto no caso de devolução de capital.

Art. 21. O resultado da atividade rural exercida no exterior, por residentes e domiciliados no Brasil, convertido em reais mediante utilização do valor do dólar dos Estados Unidos da América fixado para compra pelo Banco Central do Brasil, para o último dia do ano-calendário a que se refere o resultado, sujeita-se ao mesmo tratamento tributário previsto no art. 9º, vedada a compensação de resultado positivo obtido no exterior, com resultado negativo obtido no País.

Capítulo V
TRIBUTAÇÃO DOS GANHOS DE CAPITAL DAS PESSOAS FÍSICAS

Art. 22. Fica isento do imposto de renda o ganho de capital auferido na alienação de bens e direitos de pequeno valor, cujo preço unitário de alienação, no mês em que esta se realizar, seja igual ou inferior a:

- *Caput* com redação determinada pela Lei 11.196/2005 (*DOU* 22.11.2005), em vigor na data de sua publicação, produzindo efeitos desde 14.10.2005 (v. art. 132, II, d, da referida Lei).

I – R$ 20.000,00 (vinte mil reais), no caso de alienação de ações negociadas no mercado de balcão;

II – R$ 35.000,00 (trinta e cinco mil reais), nos demais casos.

Parágrafo único. No caso de alienação de diversos bens ou direitos da mesma natureza, será considerado, para os efeitos deste artigo, o valor do conjunto dos bens alienados no mês.

Art. 23. Fica isento do imposto de renda o ganho de capital auferido na alienação do único imóvel que o titular possua, cujo valor de alienação seja de até R$ 440.000,00 (quatrocentos e quarenta mil reais), desde que não tenha sido realizada qualquer outra alienação nos últimos cinco anos.

Art. 24. Na apuração do ganho de capital de bens adquiridos por meio de arrendamento mercantil, será considerado custo de aquisição o valor residual do bem acrescido dos valores pagos a título de arrendamento.

Capítulo VI
DA DECLARAÇÃO DE BENS E DIREITOS

Art. 25. Como parte integrante da declaração de rendimentos, a pessoa física apresentará relação pormenorizada dos bens imóveis e móveis e direitos que, no País ou no exterior, constituam o seu patrimônio e o de seus dependentes, em 31 de dezembro do ano-calendário, bem como os bens e direitos adquiridos e alienados no mesmo ano.

§ 1º Devem ser declarados:

I – os bens imóveis, os veículos automotores, as embarcações e as aeronaves, independentemente do valor de aquisição;

II – os demais bens móveis, tais como antiguidades, obras de arte, objetos de uso pessoal e utensílios, adquiridos a partir do ano-calendário de 1996, cujo valor de aquisição unitário seja igual ou superior a R$ 5.000,00 (cinco mil reais);

III – os saldos de aplicações financeiras e de conta-corrente bancária cujo valor individual, em 31 de dezembro do ano-calendário, exceda a R$ 140,00 (cento e quarenta reais);

IV – os investimentos em participações societárias, em ações negociadas ou não em bolsa de valores e em ouro, ativo financeiro, adquiridos a partir do ano-calendário de 1996, cujo valor de aquisição unitário seja igual ou superior a R$ 1.000,00 (um mil reais).

§ 2º Os bens serão declarados discriminadamente pelos valores de aquisição em reais, constantes dos respectivos instrumentos de transferência de propriedade ou da nota fiscal.

§ 3º Os bens existentes no exterior devem ser declarados pelos valores de aquisição constantes dos respectivos instrumentos de transferência de propriedade, segundo a moeda do país em que estiverem situados, convertidos em reais pela cotação cambial de venda do dia da transmissão da propriedade.

§ 4º Os depósitos mantidos em instituições financeiras no exterior devem ser relaciona-

Lei 9.250/1995

LEGISLAÇÃO

dos na declaração de bens, a partir do ano-calendário de 1999, pelo valor dos saldos desses depósitos em moeda estrangeira convertido em reais pela cotação cambial de compra em 31 de dezembro, sendo isento o acréscimo patrimonial decorrente da variação cambial.

- § 4º com redação determinada pela MP 2.189-49/2001.

§ 5º Na declaração de bens e direitos, também deverão ser consignados os ônus reais e obrigações da pessoa física e de seus dependentes, em 31 de dezembro do ano-calendário, cujo valor seja superior a R$ 5.000,00 (cinco mil reais).

§ 6º O disposto nos incisos II e IV do § 1º poderá ser observado na declaração de bens referente ao ano-calendário de 1995, com relação aos bens móveis e aos investimentos adquiridos anteriormente a 1996.

Capítulo VII
DISPOSIÇÕES GERAIS

Art. 26. Ficam isentas do imposto de renda as bolsas de estudo e de pesquisa caracterizadas como doação, quando recebidas exclusivamente para proceder a estudos ou pesquisas e desde que os resultados dessas atividades não representem vantagem para o doador, nem importem contraprestação de serviços.

Parágrafo único. Não caracterizam contraprestação de serviços nem vantagem para o doador, para efeito da isenção referida no *caput*, as bolsas de estudo recebidas pelos médicos residentes, nem as bolsas recebidas pelos servidores das redes públicas de educação profissional, científica e tecnológica que participem das atividades do Pronatec, nos termos do § 1º do art. 9º da Lei 12.513, de 26 de outubro de 2011.

- Parágrafo único com redação determinada pela Lei 12.816/2013.

Art. 27. O art. 48 da Lei 8.541, de 23 de dezembro de 1992, passa a vigorar com a seguinte redação:

"Art. 48. Ficam isentos do Imposto de Renda os rendimentos percebidos pelas pessoas físicas decorrentes de seguro-desemprego, auxílio-natalidade, auxílio-doença, auxílio-funeral e auxílio-acidente, pagos pela previdência oficial da União, dos Estados, do Distrito Federal e dos Municípios e pelas entidades de previdência privada."

Art. 28. O inciso XV do art. 6º da Lei 7.713, de 22 de dezembro de 1988, passa a vigorar com a seguinte redação:

- Alteração processada no texto da referida Lei.

Art. 29. Estão isentos do imposto de renda na fonte os rendimentos pagos a pessoa física, residente ou domiciliada no exterior, por autarquias ou repartições do Governo brasileiro situadas fora do território nacional e que correspondam a serviços prestados a esses órgãos.

Art. 30. A partir de 1º de janeiro de 1996, para efeito do reconhecimento de novas isenções de que tratam os incisos XIV e XXI do art. 6º da Lei 7.713, de 22 de dezembro de 1988, com a redação dada pelo art. 47 da Lei 8.541, de 23 de dezembro de 1992, a moléstia deverá ser comprovada mediante laudo pericial emitido por serviço médico oficial, da União, dos Estados, do Distrito Federal e dos Municípios.

§ 1º O serviço médico oficial fixará o prazo de validade do laudo pericial, no caso de moléstias passíveis de controle.

§ 2º Na relação das moléstias a que se refere o inciso XIV do art. 6º da Lei 7.713, de 22 de dezembro de 1988, com a redação dada pelo art. 47 da Lei 8.541, de 23 de dezembro de 1992, fica incluída a fibrose cística (mucoviscidose).

Art. 31. *(Vetado.)*

Art. 32. O inciso VII do art. 6º da Lei 7.713, de 22 de dezembro de 1988, passa a vigorar com a seguinte redação:

- Alteração processada no texto da referida Lei.

Art. 33. Sujeitam-se à incidência do imposto de renda na fonte e na declaração de ajuste anual os benefícios recebidos de entidade de previdência privada, bem como as importâncias correspondentes ao resgate de contribuições.

- V. art. 11, § 1º, Lei 9.532/1997 (Altera a legislação tributária federal).

Parágrafo único. *(Vetado.)*

Art. 34. As alíneas *a* e *b* do § 1º do art. 6º da Lei 8.134, de 27 de dezembro de 1990, passam a vigorar com a seguinte redação:

"Art. 6º [...]"
"[...]"
"§ 1º O disposto neste artigo não se aplica:

Lei 9.250/1995

LEGISLAÇÃO

"*a)* a quotas de depreciação de instalações, máquinas e equipamentos, bem como a despesas de arrendamento;
"*b)* a despesas de locomoção e transporte, salvo no caso de representante comercial autônomo."

Art. 35. Para efeito do disposto nos arts. 4º, inciso III, e 8º, inciso II, alínea c, poderão ser considerados como dependentes:
I – o cônjuge;
II – o companheiro ou a companheira, desde que haja vida em comum por mais de 5 (cinco) anos, ou por período menor se da união resultou filho;
III – a filha, o filho, a enteada ou o enteado, até 21 anos, ou de qualquer idade quando incapacitado física ou mentalmente para o trabalho;
IV – o menor pobre, até 21 anos, que o contribuinte crie e eduque e do qual detenha a guarda judicial;
V – o irmão, o neto ou o bisneto, sem arrimo dos pais, até 21 anos, desde que o contribuinte detenha a guarda judicial, ou de qualquer idade quando incapacitado física ou mentalmente para o trabalho;
VI – os pais, os avós ou os bisavós, desde que não aUfiram rendimentos, tributáveis ou não, superiores ao limite de isenção mensal;
VII – o absolutamente incapaz, do qual o contribuinte seja tutor ou curador.
§ 1º Os dependentes a que se referem os incisos III e V deste artigo poderão ser assim considerados quando maiores até 24 anos de idade, se ainda estiverem cursando estabelecimento de ensino superior ou escola técnica de segundo grau.
§ 2º Os dependentes comuns poderão, opcionalmente, ser considerados por qualquer um dos cônjuges.
§ 3º No caso de filhos de pais separados, poderão ser considerados dependentes os que ficarem sob a guarda do contribuinte, em cumprimento de decisão judicial ou acordo homologado judicialmente.
§ 4º É vedada a dedução concomitante do montante referente a um mesmo dependente, na determinação da base de cálculo do imposto, por mais de um contribuinte.
§ 5º Sem prejuízo do disposto no inciso IX do parágrafo único do art. 3º da Lei 10.741, de 1º de outubro de 2003, a pessoa com deficiência, ou o contribuinte que tenha dependente nessa condição, tem preferência na restituição referida no inciso III do art. 4º e na alínea c do inciso II do art. 8º.

* § 5º acrescentado pela Lei 13.146/2015 (*DOU* 07.07.2015), em vigor após decorridos 180 (cento e oitenta) dias de sua publicação oficial.

Capítulo VIII
DISPOSIÇÕES FINAIS E TRANSITÓRIAS

Art. 36. O contribuinte que no ano-calendário de 1995 tiver auferido rendimentos tributáveis até o limite de R$ 21.458,00 (vinte e um mil, quatrocentos e cinquenta e oito reais) poderá optar pelo regime de tributação simplificada de que trata o art. 10.

Art. 37. Fica a Secretaria da Receita Federal autorizada a:
I – instituir modelo de documento fiscal a ser emitido por profissionais liberais;
II – celebrar, em nome da União, convênio com os Estados, Distrito Federal e Municípios, objetivando instituir cadastro único de contribuintes, em substituição aos cadastros federal, estaduais e municipais.

Art. 38. Os processos fiscais relativos a tributos e contribuições federais e a penalidades isoladas e às declarações não poderão sair dos órgãos da Secretaria da Receita Federal, salvo quando se tratar de:
I – encaminhamento de recursos à instância superior;
II – restituições de autos aos órgãos de origem;
III – encaminhamento de documentos para fins de processamento de dados.
§ 1º Nos casos a que se referem os incisos I e II deverá ficar cópia autenticada dos documentos essenciais na repartição.
§ 2º É facultado o fornecimento de cópia do processo ao sujeito passivo ou a seu mandatário.

Art. 39. A compensação de que trata o art. 66 da Lei 8.383, de 30 de dezembro de 1991, com a redação dada pelo art. 58 da Lei 9.069, de 29 de junho de 1995, somente poderá ser efetuada com o recolhimento de importância correspondente a imposto, taxa, contribuição federal ou receitas patrimoniais de mesma espécie e destinação constitucional, apurado em períodos subsequentes.
§§ 1º a 3º *(Vetados.)*
§ 4º A partir de 1º de janeiro de 1996, a compensação ou restituição será acrescida de juros equivalentes à taxa referencial do

LC 87/1996

LEGISLAÇÃO

Sistema Especial de Liquidação e de Custódia – Selic para títulos federais, acumulada mensalmente, calculados a partir da data do pagamento indevido ou a maior até o mês anterior ao da compensação ou restituição e de 1% (um por cento) relativamente ao mês em que estiver sendo efetuada.

* V. Súmula 523, STJ.

Art. 40. A base de cálculo mensal do imposto de renda das pessoas jurídicas prestadoras de serviços em geral, cuja receita bruta anual seja de até R$ 120.000,00 (cento e vinte mil reais), será determinada mediante a aplicação do percentual de 16% (dezesseis por cento) sobre a receita bruta auferida mensalmente, observado o disposto nos arts. 30 a 35 da Lei 8.981, de 20 de janeiro de 1995.

Parágrafo único. O disposto neste artigo não se aplica às pessoas jurídicas que prestam serviços hospitalares e de transporte, bem como às sociedades prestadoras de serviços de profissões legalmente regulamentadas.

Art. 41. Esta Lei entra em vigor na data de sua publicação.

Art. 42. Revogam-se as disposições em contrário e, especialmente, o Dec.-lei 1.380, de 23 de dezembro de 1974, o art. 27 da Lei 7.713, de 22 de dezembro de 1988, o art. 26 da Lei 8.218, de 29 de agosto de 1991, e os arts. 8º a 20 e 23 da Lei 8.981, de 20 de janeiro de 1995.

Brasília, 26 de dezembro de 1995; 174º da Independência e 107º da República.

Fernando Henrique Cardoso

(*DOU* 27.12.1995)

LEI COMPLEMENTAR 87, DE 13 DE SETEMBRO DE 1996

Dispõe sobre o imposto dos Estados e do Distrito Federal sobre operações relativas à circulação de mercadorias e sobre prestações de serviços de transporte interestadual e intermunicipal e de comunicação, e dá outras providências.

O Presidente da República, faço saber que o Congresso Nacional decreta e eu sanciono a seguinte Lei:

Art. 1º Compete aos Estados e ao Distrito Federal instituir o imposto sobre operações relativas à circulação de mercadorias e sobre prestações de serviços de transporte interestadual e intermunicipal e de comunicação, ainda que as operações e as prestações se iniciem no exterior.

* O STF, na ADIn 1.600-8 (*DOU* e *DJU* 08.08.2003), julgou parcialmente procedente o pedido formulado para "declarar a inconstitucionalidade do ICMS sobre a prestação de serviço de transporte aéreo de passageiros intermunicipal, interestadual, internacional, e de transporte aéreo internacional de cargas".

Art. 2º O imposto incide sobre:

I – operações relativas à circulação de mercadorias, inclusive o fornecimento de alimentação e bebidas em bares, restaurantes e estabelecimentos similares;

II – prestações de serviços de transporte interestadual e intermunicipal, por qualquer via, de pessoas, bens, mercadorias ou valores;

III – prestações onerosas de serviços de comunicação, por qualquer meio, inclusive a geração, a emissão, a recepção, a transmissão, a retransmissão, a repetição e a ampliação de comunicação de qualquer natureza;

* V. art. 155, § 2º, X, *d*, CF.
* V. Súmulas 334 e 350, STJ.

IV – fornecimento de mercadorias com prestação de serviços não compreendidos na competência tributária dos Municípios;

V – fornecimento de mercadorias com prestação de serviços sujeitos ao imposto sobre serviços, de competência dos Municípios, quando a lei complementar aplicável expressamente o sujeitar à incidência do imposto estadual.

§ 1º O imposto incide também:

I – sobre a entrada de mercadoria ou bem importados do exterior, por pessoa física ou jurídica, ainda que não seja contribuinte habitual do imposto, qualquer que seja a sua finalidade;

* Inciso I com redação determinada pela LC 114/2002.

II – sobre o serviço prestado no exterior ou cuja prestação se tenha iniciado no exterior;

III – sobre a entrada, no território do Estado destinatário, de petróleo, inclusive lubrificantes e combustíveis líquidos e gasosos dele derivados, e de energia elétrica, quando não destinados à comercialização ou à industrialização, decorrentes de operações interestaduais, cabendo o imposto ao Estado onde estiver localizado o adquirente.

LC 87/1996

Legislação

§ 2º A caracterização do fato gerador independe da natureza jurídica da operação que o constitua.

Art. 3º O imposto não incide sobre:

I – operações com livros, jornais, periódicos e o papel destinado a sua impressão;

II – operações e prestações que destinem ao exterior mercadorias, inclusive produtos primários e produtos industrializados semielaborados, ou serviços;

III – operações interestaduais relativas a energia elétrica e petróleo, inclusive lubrificantes e combustíveis líquidos e gasosos dele derivados, quando destinados à industrialização ou à comercialização;

IV – operações com ouro, quando definido em lei como ativo financeiro ou instrumento cambial;

V – operações relativas a mercadorias que tenham sido ou que se destinem a ser utilizadas na prestação, pelo próprio autor da saída, de serviço de qualquer natureza definido em lei complementar como sujeito ao imposto sobre serviços, de competência dos Municípios, ressalvadas as hipóteses previstas na mesma lei complementar;

VI – operações de qualquer natureza de que decorra a transferência de propriedade de estabelecimento industrial, comercial ou de outra espécie;

VII – operações decorrentes de alienação fiduciária em garantia, inclusive a operação efetuada pelo credor em decorrência do inadimplemento do devedor;

VIII – operações de arrendamento mercantil, não compreendida a venda do bem arrendado ao arrendatário;

IX – operações de qualquer natureza de que decorra a transferência de bens móveis salvados de sinistro para companhias seguradoras.

• V. Súmula vinculante 32, STF.

Parágrafo único. Equipara-se às operações de que trata o inciso II a saída de mercadoria realizada com o fim específico de exportação para o exterior, destinada a:

I – empresa comercial exportadora, inclusive *tradings* ou outro estabelecimento da mesma empresa;

II – armazém alfandegado ou entreposto aduaneiro.

Art. 4º Contribuinte é qualquer pessoa, física ou jurídica, que realize, com habitualidade ou em volume que caracterize intuito comercial, operações de circulação de mercadoria ou prestações de serviços de transporte interestadual e intermunicipal e de comunicação, ainda que as operações e as prestações se iniciem no exterior.

Parágrafo único. É também contribuinte a pessoa física ou jurídica que, mesmo sem habitualidade ou intuito comercial:

• *Caput* do parágrafo único com redação determinada pela LC 114/2002.

I – importe mercadorias ou bens do exterior, qualquer que seja a sua finalidade;

• Inciso I com redação determinada pela LC 114/2002.

II – seja destinatária de serviço prestado no exterior ou cuja prestação se tenha iniciado no exterior;

III – adquira em licitação mercadorias ou bens apreendidos ou abandonados;

• Inciso III com redação determinada pela LC 114/2002.

IV – adquira lubrificantes e combustíveis líquidos e gasosos derivados de petróleo e energia elétrica oriundos de outro Estado, quando não destinados à comercialização ou à industrialização.

• Inciso IV com redação determinada pela LC 102/2000.

Art. 5º Lei poderá atribuir a terceiros a responsabilidade pelo pagamento do imposto e acréscimos devidos pelo contribuinte ou responsável, quando os atos ou omissões daqueles concorrerem para o não recolhimento do tributo.

Art. 6º Lei estadual poderá atribuir a contribuinte do imposto ou a depositário a qualquer título a responsabilidade pelo seu pagamento, hipótese em que assumirá a condição de substituto tributário.

• *Caput* com redação determinada pela LC 114/2002.

§ 1º A responsabilidade poderá ser atribuída em relação ao imposto incidente sobre uma ou mais operações ou prestações, sejam antecedentes, concomitantes ou subsequentes, inclusive ao valor decorrente da diferença entre alíquotas interna e interestadual nas operações e prestações que destinem bens e serviços a consumidor final localizado em outro Estado, que seja contribuinte do imposto.

LC 87/1996

LEGISLAÇÃO

§ 2º A atribuição de responsabilidade dar-se-á em relação a mercadorias, bens ou serviços previstos em lei de cada Estado.

• § 2º com redação determinada pela LC 114/2002.

Art. 7º Para efeito de exigência do imposto por substituição tributária, inclui-se, também, como fato gerador de imposto, a entrada de mercadoria ou bem no estabelecimento do adquirente ou em outro por ele indicado.

Art. 8º A base de cálculo, para fins de substituição tributária, será:

I – em relação às operações ou prestações antecedentes ou concomitantes, o valor da operação ou prestação praticado pelo contribuinte substituído;

II – em relação às operações ou prestações subsequentes, obtida pelo somatório das parcelas seguintes:

a) o valor da operação ou prestação própria realizada pelo substituto tributário ou pelo substituído intermediário;

b) o montante dos valores de seguro, de frete e de outros encargos cobrados ou transferíveis aos adquirentes ou tomadores de serviço;

c) a margem de valor agregado, inclusive lucro, relativa às operações ou prestações subsequentes.

§ 1º Na hipótese de responsabilidade tributária em relação às operações ou prestações antecedentes, o imposto devido pelas referidas operações ou prestações será pago pelo responsável, quando:

I – da entrada ou recebimento da mercadoria, do bem ou do serviço;

• Inciso I com redação determinada pela LC 114/2002.

II – da saída subsequente por ele promovida, ainda que isenta ou não tributada;

III – ocorrer qualquer saída ou evento que impossibilite a ocorrência do fato determinante do pagamento do imposto.

§ 2º Tratando-se de mercadoria ou serviço cujo preço final a consumidor, único ou máximo, seja fixado por órgão público competente, a base de cálculo do imposto, para fins de substituição tributária, é o referido preço por ele estabelecido.

§ 3º Existindo preço final a consumidor sugerido pelo fabricante ou importador, poderá a lei estabelecer como base de cálculo este preço.

§ 4º A margem a que se refere a alínea c do inciso II do *caput* será estabelecida com base em preços usualmente praticados no mercado considerado, obtidos por levantamento, ainda que por amostragem ou através de informações e outros elementos fornecidos por entidades representativas dos respectivos setores, adotando-se a média ponderada dos preços coletados, devendo os critérios para sua fixação ser previstos em lei.

§ 5º O imposto a ser pago por substituição tributária, na hipótese do inciso II do *caput*, corresponderá à diferença entre o valor resultante da aplicação da alíquota prevista para as operações ou prestações internas do Estado de destino sobre a respectiva base de cálculo e o valor do imposto devido pela operação ou prestação própria do substituto.

§ 6º Em substituição ao disposto no inciso II do *caput*, a base de cálculo em relação às operações ou prestações subsequentes poderá ser o preço a consumidor final usualmente praticado no mercado considerado, relativamente ao serviço, à mercadoria ou sua similar, em condições de livre concorrência, adotando-se para sua apuração as regras estabelecidas no § 4º deste artigo.

• § 6º acrescentado pela LC 114/2002.

Art. 9º A adoção do regime de substituição tributária em operações interestaduais dependerá de acordo específico celebrado pelos Estados interessados.

§ 1º A responsabilidade a que se refere o art. 6º poderá ser atribuída:

I – ao contribuinte que realizar operação interestadual com petróleo, inclusive lubrificantes, combustíveis líquidos e gasosos dele derivados, em relação às operações subsequentes;

II – às empresas geradoras ou distribuidoras de energia elétrica, nas operações internas e interestaduais, na condição de contribuinte ou de substituto tributário, pelo pagamento do imposto, desde a produção ou importação até a última operação, sendo seu cálculo efetuado sobre o preço praticado na operação final, assegurado seu recolhimento ao Estado onde deva ocorrer essa operação.

§ 2º Nas operações interestaduais com as mercadorias de que tratam os incisos I e II do parágrafo anterior, que tenham como destinatário consumidor final, o imposto incidente na operação será devido ao Estado onde estiver localizado o adquirente e será pago pelo remetente.

Art. 10. É assegurado ao contribuinte substituído o direito à restituição do valor do imposto pago por força da substituição tributária, correspondente ao fato gerador presumido que não se realizar.

§ 1º Formulado o pedido de restituição e não havendo deliberação no prazo de 90 (noventa) dias, o contribuinte substituído poderá se creditar, em sua escrita fiscal, do valor objeto do pedido, devidamente atualizado segundo os mesmos critérios aplicáveis ao tributo.

§ 2º Na hipótese do parágrafo anterior, sobrevindo decisão contrária irrecorrível, o contribuinte substituído, no prazo de 15 (quinze) dias da respectiva notificação, procederá ao estorno dos créditos lançados, também devidamente atualizados, com o pagamento dos acréscimos legais cabíveis.

Art. 11. O local da operação ou da prestação, para os efeitos da cobrança do imposto e definição do estabelecimento responsável, é:

I – tratando-se de mercadoria ou bem:

a) a do estabelecimento onde se encontre, no momento da ocorrência do fato gerador;

b) onde se encontre, quando em situação irregular pela falta de documentação fiscal ou quando acompanhado de documentação inidônea, como dispuser a legislação tributária;

c) o do estabelecimento que transfira a propriedade, ou o título que a represente, de mercadoria por ele adquirida no País e que por ele não tenha transitado;

d) importado do exterior, o do estabelecimento onde ocorrer a entrada física;

e) importado do exterior, o do domicílio do adquirente, quando não estabelecido;

f) aquele onde seja realizada a licitação, no caso de arrematação de mercadoria ou bem importados do exterior e apreendidos ou abandonados;

- Alínea *f* com redação determinada pela LC 114/2002.

g) o do Estado onde estiver localizado o adquirente, inclusive consumidor final, nas operações interestaduais com energia elétrica e petróleo, lubrificantes e combustíveis dele derivados, quando não destinados à industrialização ou à comercialização;

h) o do Estado de onde o ouro tenha sido extraído, quando não considerado como ativo financeiro ou instrumento cambial;

i) o de desembarque do produto, na hipótese de captura de peixes, crustáceos e moluscos;

II – tratando-se de prestação de serviço de transporte:

a) onde tenha início a prestação;

b) onde se encontre o transportador, quando em situação irregular pela falta de documentação fiscal ou quando acompanhada de documentação inidônea, como dispuser a legislação tributária;

c) o do estabelecimento destinatário do serviço, na hipótese do inciso XIII do art. 12 e para os efeitos do § 3º do art. 13;

III – tratando-se de prestação onerosa de serviço de comunicação:

a) o da prestação do serviço de radiodifusão sonora e de som e imagem, assim entendido o da geração, emissão, transmissão e retransmissão, repetição, ampliação e recepção;

b) o do estabelecimento da concessionária ou da permissionária que forneça ficha, cartão, ou assemelhados com que o serviço é pago;

c) o do estabelecimento destinatário do serviço, na hipótese e para os efeitos do inciso XIII do art. 12;

c-1) o do estabelecimento ou domicílio do tomador do serviço, quando prestado por meio de satélite;

- Alínea *c-1* acrescentada pela LC 102/2000.

d) onde seja cobrado o serviço, nos demais casos;

IV – tratando-se de serviços prestados ou iniciados no exterior, o do estabelecimento ou do domicílio do destinatário.

§ 1º O disposto na alínea c do inciso I não se aplica às mercadorias recebidas em regime de depósito de contribuinte de Estado que não o do depositário.

§ 2º Para os efeitos da alínea *h* do inciso I, o ouro, quando definido como ativo financeiro ou instrumento cambial, deve ter sua origem identificada.

LC 87/1996

§ 3º Para efeito desta Lei Complementar, estabelecimento é local, privado ou público, edificado ou não, próprio ou de terceiro, onde pessoas físicas ou jurídicas exerçam suas atividades em caráter temporário ou permanente, bem como onde se encontrem armazenadas mercadorias, observado, ainda, o seguinte:

I – na impossibilidade de determinação do estabelecimento, considera-se como tal o local em que tenha sido efetuada a operação ou prestação, encontrada a mercadoria ou constatada a prestação;
II – é autônomo cada estabelecimento do mesmo titular;
III – considera-se também estabelecimento autônomo o veículo usado no comércio ambulante e na captura de pescado;
IV – respondem pelo crédito tributário todos os estabelecimentos do mesmo titular.

§ 4º *(Vetado.)*

§ 5º Quando a mercadoria for remetida para armazém geral ou para depósito fechado do próprio contribuinte, no mesmo Estado, a posterior saída considerar-se-á ocorrida no estabelecimento do depositante, salvo se para retornar ao estabelecimento remetente.

§ 6º Na hipótese do inciso III do *caput* deste artigo, tratando-se de serviços não medidos, que envolvam localidades situadas em diferentes unidades da Federação e cujo preço seja cobrado por períodos definidos, o imposto devido será recolhido em partes iguais para as unidades da Federação onde estiverem localizados o prestador e o tomador.

• § 6º acrescentado pela LC 102/2000.

Art. 12. Considera-se ocorrido o fato gerador do imposto no momento:
I – da saída de mercadoria de estabelecimento de contribuinte, ainda que para outro estabelecimento do mesmo titular;
II – do fornecimento de alimentação, bebidas e outras mercadorias por qualquer estabelecimento;
III – da transmissão a terceiro de mercadoria depositada em armazém geral ou em depósito fechado, no Estado do transmitente;
IV – da transmissão de propriedade de mercadoria, ou de título que a represente, quando a mercadoria não tiver transitado pelo estabelecimento transmitente;

V – do início da prestação de serviços de transporte interestadual e intermunicipal, de qualquer natureza;
VI – do ato final do transporte iniciado no exterior;
VII – das prestações onerosas de serviços de comunicação, feita por qualquer meio, inclusive a geração, a emissão, a recepção, a transmissão, a retransmissão, a repetição e a ampliação de comunicação de qualquer natureza;
VIII – do fornecimento de mercadoria com prestação de serviços:
a) não compreendidos na competência tributária dos Municípios;
b) compreendidos na competência tributária dos Municípios e com indicação expressa de incidência do imposto de competência estadual, como definido na lei complementar aplicável;
IX – do desembaraço aduaneiro de mercadorias ou bens importados do exterior;

• Inciso IX com redação determinada pela LC 114/2002.

X – do recebimento, pelo destinatário, de serviço prestado no exterior;
XI – da aquisição em licitação pública de mercadorias ou bens importados do exterior e apreendidos ou abandonados;

• Inciso XI com redação determinada pela LC 114/2002.

XII – da entrada no território do Estado de lubrificantes e combustíveis líquidos e gasosos derivados de petróleo e energia elétrica oriundos de outro Estado, quando não destinados à comercialização ou à industrialização;

• Inciso XII com redação determinada pela LC 102/2000.

XIII – da utilização, por contribuinte, de serviço cuja prestação se tenha iniciado em outro Estado e não esteja vinculada a operação ou prestação subsequente.

§ 1º Na hipótese do inciso VII, quando o serviço for prestado mediante pagamento em ficha, cartão ou assemelhados, considera-se ocorrido o fato gerador do imposto quando do fornecimento desses instrumentos ao usuário.

§ 2º Na hipótese do inciso IX, após o desembaraço aduaneiro, a entrega, pelo depositário, de mercadoria ou bem importados do

LEGISLAÇÃO

exterior deverá ser autorizada pelo órgão responsável pelo seu desembaraço, que somente se fará mediante a exibição do comprovante de pagamento do imposto incidente no ato do despacho aduaneiro, salvo disposição em contrário.

§ 3º Na hipótese de entrega de mercadoria ou bem importados do exterior antes do desembaraço aduaneiro, considera-se ocorrido o fato gerador neste momento, devendo a autoridade responsável, salvo disposição em contrário, exigir a comprovação do pagamento do imposto.

* § 3º acrescentado pela LC 114/2002.

Art. 13. A base de cálculo do imposto é:

* V. Súmula 457, STJ.

I – na saída de mercadoria prevista nos incisos I, III e IV do art. 12, o valor da operação;

II – na hipótese do inciso II do art. 12, o valor da operação, compreendendo mercadoria e serviço;

III – na prestação de serviço de transporte interestadual e intermunicipal e de comunicação, o preço do serviço;

IV – no fornecimento de que trata o inciso VIII do art. 12:

a) o valor da operação, na hipótese da alínea a;

b) o preço corrente da mercadoria fornecida ou empregada, na hipótese da alínea b;

V – na hipótese do inciso IX do art. 12, a soma das seguintes parcelas:

a) o valor da mercadoria ou bem constante dos documentos de importação, observado o disposto no art. 14;

b) imposto de importação;

c) imposto sobre produtos industrializados;

d) imposto sobre operações de câmbio;

e) quaisquer outros impostos, taxas, contribuições e despesas aduaneiras;

* Alínea e com redação determinada pela LC 114/2002.

VI – na hipótese do inciso X do art. 12, o valor da prestação do serviço, acrescido, se for o caso, de todos os encargos relacionados com a sua utilização;

VII – no caso do inciso XI do art. 12, o valor da operação acrescido do valor dos impostos de importação e sobre produtos industrializados e de todas as despesas cobradas ou debitadas ao adquirente;

VIII – na hipótese do inciso XII do art. 12, o valor da operação de que decorrer a entrada;

IX – na hipótese do inciso XIII do art. 12, o valor da prestação no Estado de origem.

§ 1º Integra a base de cálculo do imposto, inclusive na hipótese do inciso V do *caput* deste artigo:

* § 1º com redação determinada pela LC 114/2002.

I – o montante do próprio imposto, constituindo o respectivo destaque mera indicação para fins de controle;

II – o valor correspondente a:

a) seguros, juros e demais importâncias pagas, recebidas ou debitadas, bem como descontos concedidos sob condição;

b) frete, caso o transporte seja efetuado pelo próprio remetente ou por sua conta e ordem e seja cobrado em separado.

§ 2º Não integra a base de cálculo do imposto o montante do Imposto sobre Produtos Industrializados, quando a operação, realizada entre contribuintes e relativa a produto destinado à industrialização ou à comercialização, configurar fato gerador de ambos os impostos.

§ 3º No caso do inciso IX, o imposto a pagar será o valor resultante da aplicação do percentual equivalente à diferença entre a alíquota interna e a interestadual, sobre o valor ali previsto.

§ 4º Na saída de mercadoria para estabelecimento localizado em outro Estado, pertencente ao mesmo titular, a base de cálculo do imposto é:

I – o valor correspondente à entrada mais recente da mercadoria;

II – o custo da mercadoria produzida, assim entendida a soma do custo da matéria-prima, material secundário, mão de obra e acondicionamento;

III – tratando-se de mercadorias não industrializadas, o seu preço corrente no mercado atacadista do estabelecimento remetente.

§ 5º Nas operações e prestações interestaduais entre estabelecimentos de contribuintes diferentes, caso haja reajuste do valor depois da remessa ou da prestação a diferença fica sujeita ao imposto no estabelecimento do remetente ou do prestador.

LC 87/1996

LEGISLAÇÃO

Art. 14. O preço de importação expresso em moeda estrangeira será convertido em moeda nacional pela mesma taxa de câmbio utilizada no cálculo do imposto de importação, sem qualquer acréscimo ou devolução posterior se houver variação da taxa de câmbio até o pagamento efetivo do preço.

Parágrafo único. O valor fixado pela autoridade aduaneira para base de cálculo do imposto de importação, nos termos da lei aplicável, substituirá o preço declarado.

Art. 15. Na falta do valor a que se referem os incisos I e VIII do art. 13, a base de cálculo do imposto é:

I – o preço corrente da mercadoria, ou de seu similar, no mercado atacadista do local da operação ou, na sua falta, no mercado atacadista regional, caso o remetente seja produtor, extrator ou gerador, inclusive de energia;

II – o preço FOB estabelecimento industrial à vista, caso o remetente seja industrial;

III – o preço FOB estabelecimento comercial à vista, na venda a outros comerciantes ou industriais, caso o remetente seja comerciante.

§ 1º Para aplicação dos incisos II e III do *caput*, adotar-se-á sucessivamente:

I – o preço efetivamente cobrado pelo estabelecimento remetente na operação mais recente;

II – caso o remetente não tenha efetuado venda de mercadoria, o preço corrente da mercadoria ou de seu similar no mercado atacadista do local da operação ou, na falta deste, no mercado atacadista regional.

§ 2º Na hipótese do inciso III do *caput*, se o estabelecimento remetente não efetue vendas a outros comerciantes ou industriais ou, em qualquer caso, se não houver mercadoria similar, a base de cálculo será equivalente a 75% (setenta e cinco por cento) do preço de venda corrente no varejo.

Art. 16. Nas prestações sem preço determinado, a base de cálculo do imposto é o valor corrente do serviço, no local da prestação.

Art. 17. Quando o valor do frete, cobrado por estabelecimento pertencente ao mesmo titular da mercadoria ou por outro estabelecimento de empresa que com aquele mantenha relação de interdependência, exceder os níveis normais de preços em vigor, no mercado local, para serviço semelhante, constantes de tabelas elaboradas pelos órgãos competentes, o valor excedente será havido como parte do preço da mercadoria.

Parágrafo único. Considerar-se-ão interdependentes duas empresas quando:

I – uma delas, por si, seus sócios ou acionistas, e respectivos cônjuges ou filhos menores, for titular de mais de 50% (cinquenta por cento) do capital da outra;

II – uma mesma pessoa fizer parte de ambas, na qualidade de diretor, ou sócio com funções de gerência, ainda que exercidas sob outra denominação;

III – uma delas locar ou transferir a outra, a qualquer título, veículo destinado ao transporte de mercadorias.

Art. 18. Quando o cálculo do tributo tenha por base, ou tome em consideração, o valor ou o preço de mercadorias, bens, serviços ou direitos, a autoridade lançadora, mediante processo regular, arbitrará aquele valor ou preço, sempre que sejam omissos ou não mereçam fé as declarações ou os esclarecimentos prestados, ou os documentos expedidos pelo sujeito passivo ou pelo terceiro legalmente obrigado, ressalvada, em caso de contestação, avaliação contraditória, administrativa ou judicial.

Art. 19. O imposto é não cumulativo, compensando-se o que for devido em cada operação relativa à circulação de mercadorias ou prestação de serviços de transporte interestadual e intermunicipal e de comunicação com o montante cobrado nas anteriores pelo mesmo ou por outro Estado.

Art. 20. Para a compensação a que se refere o artigo anterior, é assegurado ao sujeito passivo o direito de creditar-se do imposto anteriormente cobrado em operações de que tenha resultado a entrada de mercadoria, real ou simbólica, no estabelecimento, inclusive a destinada ao seu uso ou consumo ou ao ativo permanente, ou o recebimento de serviços de transporte interestadual e intermunicipal ou de comunicação.

§ 1º Não dão direito a crédito as entradas de mercadorias ou utilização de serviços resultantes de operações ou prestações isentas

Legislação

ou não tributadas, ou que se refiram a mercadorias ou serviços alheios à atividade do estabelecimento.

§ 2º Salvo prova em contrário, presumem-se alheios à atividade do estabelecimento os veículos de transporte pessoal.

§ 3º É vedado o crédito relativo a mercadoria entrada no estabelecimento ou a prestação de serviços a ele feita:

I – para integração ou consumo em processo de industrialização ou produção rural, quando a saída do produto resultante não for tributada ou estiver isenta do imposto, exceto se tratar-se de saída para o exterior;

II – para comercialização ou prestação de serviço, quando a saída ou a prestação subsequente não forem tributadas ou estiverem isentas do imposto, exceto as destinadas ao exterior.

§ 4º Deliberação dos Estados, na forma do art. 28, poderá dispor que não se aplique, no todo ou em parte, a vedação prevista no parágrafo anterior.

§ 5º Para efeito do disposto no *caput* deste artigo, relativamente aos créditos decorrentes de entrada de mercadorias no estabelecimento destinadas ao ativo permanente, deverá ser observado:

- *Caput* do § 5º com redação determinada pela LC 102/2000.
- O STF, na ADIn 2.325-0 (*DJU* 06.10.2006), deferiu, em parte, a cautelar "para mediante interpretação conforme à Constituição e sem redução de texto, afastar a eficácia do art. 7º da LC 102/2000, no tocante à inserção do § 5º do art. 20 da LC 87/1996 e às inovações introduzidas no art. 33, II, da referida lei, bem como à inserção do inciso IV. Observar-se-á, em relação a esses dispositivos, a vigência consentânea com o dispositivo constitucional da anterioridade, vale dizer, terão eficácia a partir de 01.01.2001".

I – a apropriação será feita à razão de 1/48 (um quarenta e oito avos) por mês, devendo a primeira fração ser apropriada no mês em que ocorrer a entrada no estabelecimento;

- Inciso I com redação determinada pela LC 102/2000.

II – em cada período de apuração do imposto, não será admitido o creditamento de que trata o inciso I, em relação à proporção das operações de saídas ou prestações isentas ou não tributadas sobre o total das operações de saídas ou prestações efetuadas no mesmo período;

- Inciso II com redação determinada pela LC 102/2000.

III – para aplicação do disposto nos incisos I e II deste parágrafo, o montante do crédito a ser apropriado será obtido multiplicando-se o valor total do respectivo crédito pelo fator igual a 1/48 (um quarenta e oito avos) da relação entre o valor das operações de saídas e prestações tributadas e o total das operações de saídas e prestações do período, equiparando-se às tributadas, para fins deste inciso, as saídas e prestações com destino ao exterior ou as saídas de papel destinado à impressão de livros, jornais e periódicos;

- Inciso III com redação determinada pela LC 120/2005 (*DOU* 30.12.2005; ret. 02.01.2006), em vigor na data de sua publicação, produzindo efeitos a partir do dia 1º de janeiro subsequente (v. art. 2º da referida LC).

IV – o quociente de 1/48 (um quarenta e oito avos) será proporcionalmente aumentado ou diminuído, *pro rata die*, caso o período de apuração seja superior ou inferior a um mês;

- Inciso IV com redação determinada pela LC 102/2000.

V – na hipótese de alienação dos bens do ativo permanente, antes de decorrido o prazo de 4 (quatro) anos contado da data de sua aquisição, não será admitido, a partir da data da alienação, o creditamento de que trata este parágrafo em relação à fração que corresponderia ao restante do quadriênio;

- Inciso V com redação determinada pela LC 102/2000.

VI – serão objeto de outro lançamento, além do lançamento em conjunto com os demais créditos, para efeito da compensação prevista neste artigo e no art. 19, em livro próprio ou de outra forma que a legislação determinar, para aplicação do disposto nos incisos I a V deste parágrafo; e

- Inciso VI com redação determinada pela LC 102/2000.

VII – ao final do 48º (quadragésimo oitavo) mês contado da data da entrada do bem no estabelecimento, o saldo remanescente do crédito será cancelado.

- Inciso VII com redação determinada pela LC 102/2000.

§ 6º Operações tributadas, posteriores a saídas de que trata o § 3º, dão ao estabelecimento que as praticar direito a creditar-se do

imposto cobrado nas operações anteriores às isentas ou não tributadas sempre que a saída isenta ou não tributada seja relativa a:
I – produtos agropecuários;
II – quando autorizado em lei estadual, outras mercadorias.

Art. 21. O sujeito passivo deverá efetuar o estorno do imposto de que se tiver creditado sempre que o serviço tomado ou a mercadoria entrada no estabelecimento:
I – for objeto de saída ou prestação de serviço não tributada ou isenta, sendo esta circunstância imprevisível na data da entrada da mercadoria ou da utilização do serviço;
II – for integrada ou consumida em processo de industrialização, quando a saída do produto resultante não for tributada ou estiver isenta do imposto;
III – vier a ser utilizada em fim alheio à atividade do estabelecimento;
IV – vier a perecer, deteriorar-se ou extraviar-se.

§ 1º *(Revogado pela LC 102/2000.)*
§ 2º Não se estornam créditos referentes a mercadorias e serviços que venham a ser objeto de operações ou prestações destinadas ao exterior ou de operações com o papel destinado à impressão de livros, jornais e periódicos.

- § 2º com redação determinada pela LC 120/2005 (DOU 30.12.2005; ret. 02.01.2006), em vigor na data de sua publicação, produzindo efeitos a partir do dia 1º de janeiro subsequente (v. art. 2º da referida LC).

§ 3º O não creditamento ou o estorno a que se referem o § 3º do art. 20 e o *caput* deste artigo, não impedem a utilização dos mesmos créditos em operações posteriores, sujeitas ao imposto, com a mesma mercadoria.
§§ 4º a 8º *(Revogados pela LC 102/2000.)*

Art. 22. *(Vetado.)*

Art. 23. O direito de crédito, para efeito de compensação com débito do imposto, reconhecido ao estabelecimento que tenha recebido as mercadorias ou para o qual tenham sido prestados os serviços, está condicionado à idoneidade da documentação e, se for o caso, à escrituração nos prazos e condições estabelecidos na legislação.

- V. Súmula 509, STJ.

Parágrafo único. O direito de utilizar o crédito extingue-se depois de decorridos cinco anos contados da data de emissão do documento.

Art. 24. A legislação tributária estadual disporá sobre o período de apuração do imposto. As obrigações consideram-se vencidas na data em que termina o período de apuração e são liquidadas por compensação ou mediante pagamento em dinheiro como disposto neste artigo:
I – as obrigações consideram-se liquidadas por compensação até o montante dos créditos escriturados no mesmo período mais o saldo credor de período ou períodos anteriores, se for o caso;
II – se o montante dos débitos do período superar o dos créditos, a diferença será liquidada dentro do prazo fixado pelo Estado;
III – se o montante dos créditos superar o dos débitos, a diferença será transportada para o período seguinte.

Art. 25. Para efeito de aplicação do disposto no art. 24, os débitos e créditos devem ser apurados em cada estabelecimento, compensando-se os saldos credores e devedores entre os estabelecimentos do mesmo sujeito passivo localizados no Estado.

- *Caput* com redação determinada pela LC 102/2000.

§ 1º Saldos credores acumulados a partir da data de publicação desta Lei Complementar por estabelecimentos que realizem operações e prestações de que tratam o inciso II do art. 3º e seu parágrafo único podem ser, na proporção que estas saídas representem do total das saídas realizadas pelo estabelecimento:
I – imputados pelo sujeito passivo a qualquer estabelecimento seu no Estado;
II – havendo saldo remanescente, transferidos pelo sujeito passivo a outros contribuintes do mesmo Estado, mediante a emissão pela autoridade competente de documento que reconheça o crédito.

§ 2º Lei estadual poderá, nos demais casos de saldos credores acumulados a partir da vigência desta Lei Complementar, permitir que:
I – sejam imputados pelo sujeito passivo a qualquer estabelecimento seu no Estado;
II – sejam transferidos, nas condições que definir, a outros contribuintes do mesmo Estado.

LC 87/1996

LEGISLAÇÃO

Art. 26. Em substituição ao regime de apuração mencionado nos arts. 24 e 25, a lei estadual poderá estabelecer:

I – que o cotejo entre créditos e débitos se faça por mercadoria ou serviço dentro de determinado período;

II – que o cotejo entre créditos e débitos se faça por mercadoria ou serviço em cada operação;

III – que, em função do porte ou da atividade do estabelecimento, o imposto seja pago em parcelas periódicas e calculado por estimativa, para um determinado período, assegurado ao sujeito passivo o direito de impugná-la e instaurar processo contraditório.

§ 1º Na hipótese do inciso III, ao fim do período, será feito o ajuste com base na escrituração regular do contribuinte, que pagará a diferença apurada, se positiva; caso contrário, a diferença será compensada com o pagamento referente ao período ou períodos imediatamente seguintes.

§ 2º A inclusão de estabelecimento no regime de que trata o inciso III não dispensa o sujeito passivo do cumprimento de obrigações acessórias.

Arts. 27 a 30. *(Vetados.)*

Art. 31. Nos exercícios financeiros de 2003 a 2006, a União entregará mensalmente recursos aos Estados e seus Municípios, obedecidos os montantes, os critérios, os prazos e as demais condições fixadas no Anexo desta Lei Complementar.

- *Caput* com redação determinada pela LC 115/2002 (*DOU* 27.12.2002), produzindo efeitos a partir de 01.01.2003.
- V. art. 91, ADCT.

§ 1º Do montante de recursos que couber a cada Estado, a União entregará, diretamente:

- *Caput* do § 1º com redação determinada pela LC 115/2002 (*DOU* 27.12.2002), produzindo efeitos a partir de 01.01.2003.

I – 75% (setenta e cinco por cento) ao próprio Estado; e

II – 25% (vinte e cinco por cento) aos respectivos Municípios, de acordo com os critérios previstos no parágrafo único do art. 158 da Constituição Federal.

§ 2º Para atender ao disposto no *caput*, os recursos do Tesouro Nacional serão provenientes:

- *Caput* do § 2º com redação determinada pela LC 115/2002 (*DOU* 27.12.2002), produzindo efeitos a partir de 01.01.2003.

I – da emissão de títulos de sua responsabilidade, ficando autorizada, desde já, a inclusão nas leis orçamentárias anuais de estimativa de receita decorrente dessas emissões, bem como de dotação até os montantes anuais previstos no Anexo, não se aplicando neste caso, desde que atendidas as condições e os limites globais fixados pelo Senado Federal, quaisquer restrições ao acréscimo que acarretará no endividamento da União;

II – de outras fontes de recursos.

§ 3º A entrega dos recursos a cada unidade federada, na forma e condições detalhadas no Anexo, especialmente no seu item 3, será satisfeita, primeiro, para efeito de pagamento ou compensação da dívida da respectiva unidade, inclusive de sua administração indireta, vencida e não paga junto à União, bem como para o ressarcimento à União de despesas decorrentes de eventuais garantias honradas de operações de crédito externas. O saldo remanescente, se houver, será creditado em moeda corrente.

- § 3º com redação determinada pela LC 115/2002 (*DOU* 27.12.2002), produzindo efeitos a partir de 01.01.2003.

§ 4º A entrega dos recursos a cada unidade federada, na forma e condições detalhadas no Anexo, subordina-se à existência de disponibilidades orçamentárias consignadas a essa finalidade na respectiva Lei Orçamentária Anual da União, inclusive eventuais créditos adicionais.

- § 4º com redação determinada pela LC 115/2002 (*DOU* 27.12.2002), produzindo efeitos a partir de 01.01.2003.

§ 4º-A. *(Revogado pela LC 115/2002, em vigor na data de sua publicação, produzindo efeitos a partir de 01.01.2003.)*

§ 5º Para efeito da apuração de que trata o art. 4º da Lei Complementar 65, de 15 de abril de 1991, será considerado o valor das respectivas exportações de produtos industrializados, inclusive de semielaborados, não submetidas à incidência do imposto sobre operações relativas à circulação de mercadorias e sobre prestações de serviços de transporte interestadual e intermunicipal e de comunicação, em 31 de julho de 1996.

LC 87/1996

LEGISLAÇÃO

- § 5º com com redação determinada pela LC 102/2000.

Art. 32. A partir da data de publicação desta Lei Complementar:
I – o imposto não incidirá sobre operações que destinem ao exterior mercadorias, inclusive produtos primários e produtos industrializados semielaborados, bem como sobre prestações de serviços para o exterior;
II – darão direito de crédito, que não será objeto de estorno, as mercadorias entradas no estabelecimento para integração ou consumo em processo de produção de mercadorias industrializadas, inclusive semielaboradas, destinadas ao exterior;
III – entra em vigor o disposto no Anexo integrante desta Lei Complementar.

Art. 33. Na aplicação do art. 20 observar-se-á o seguinte:
I – somente darão direito de crédito as mercadorias destinadas ao uso ou consumo do estabelecimento nele entradas a partir de 1º de janeiro de 2020;

- Inciso I com redação determinada pela LC 138/2010.

II – somente dará direito a crédito a entrada de energia elétrica no estabelecimento:

- *Caput* do inciso II com redação determinada pela LC 102/2000.
- O STF, na ADIn 2.325-0 (*DJU* 06.10.2006), deferiu, em parte, a cautelar "para mediante interpretação conforme à Constituição e sem redução de texto, afastar a eficácia do art. 7º da LC 102/2000, no tocante à inserção do § 5º do art. 20 da LC 87/1996 e às inovações introduzidas no art. 33, II, da referida lei, bem como à inserção do inciso IV. Observar-se-á, em relação a esses dispositivos, a vigência consentânea com o dispositivo constitucional da anterioridade, vale dizer, terão eficácia a partir de 01.01.2001".

a) quando for objeto de operação de saída de energia elétrica;

- Alínea *a* com redação determinada pela LC 102/2000.

b) quando consumida no processo de industrialização;

- Alínea *b* com redação determinada pela LC 102/2000.

c) quando seu consumo resultar em operação de saída ou prestação para o exterior, na proporção destas sobre as saídas ou prestações totais; e

- Alínea *c* com redação determinada pela LC 102/2000.

d) a partir de 1º de janeiro de 2020 nas demais hipóteses;

- Alínea *d* com redação determinada pela LC 138/2010.

III – somente darão direito de crédito as mercadorias destinadas ao ativo permanente do estabelecimento, nele entradas a partir da data da entrada desta Lei Complementar em vigor;
IV – somente dará direito a crédito o recebimento de serviços de comunicação utilizados pelo estabelecimento:

- *Caput* do inciso IV acrescentado pela LC 102/2000.
- O STF, na ADIn 2.325-0 (*DJU* 06.10.2006), deferiu, em parte, a cautelar "para mediante interpretação conforme à Constituição e sem redução de texto, afastar a eficácia do art. 7º da LC 102/2000, no tocante à inserção do § 5º do art. 20 da LC 87/1996 e às inovações introduzidas no art. 33, II, da referida lei, bem como à inserção do inciso IV. Observar-se-á, em relação a esses dispositivos, a vigência consentânea com o dispositivo constitucional da anterioridade, vale dizer, terão eficácia a partir de 01.01.2001".

a) ao qual tenham sido prestados na execução de serviços da mesma natureza;

- Alínea *a* acrescentada pela LC 102/2000.

b) quando sua utilização resultar em operação de saída ou prestação para o exterior, na proporção desta sobre as saídas ou prestações totais; e

- Alínea *b* acrescentada pela LC 102/2000.

c) a partir de 1º de janeiro de 2020 nas demais hipóteses.

- Alínea *c* com redação determinada pela LC 138/2010.

Art. 34. *(Vetado.)*

Art. 35. As referências feitas aos Estados nesta Lei Complementar entendem-se feitas também ao Distrito Federal.

Art. 36. Esta Lei Complementar entra em vigor no primeiro dia do segundo mês seguinte ao da sua publicação, observado o disposto nos arts. 32 e 33 e no Anexo integrante desta Lei Complementar.

Brasília, 13 de setembro de 1996; 175º da Independência e 108º da República.
Fernando Henrique Cardoso

(*DOU* 16.09.1996)

LC 87/1996

LEGISLAÇÃO

ANEXO

- Anexo com redação determinada pela LC 115/2002 (*DOU* 27.12.2002), em vigor na data de sua publicação, produzindo efeitos a partir de 01.01.2003.

1. A entrega de recursos a que se refere o art. 31 da Lei Complementar 87, de 13 de setembro de 1996, será realizada da seguinte forma:

- V. art. 91, ADCT.

1.1. a União entregará aos Estados e aos seus Municípios, no exercício financeiro de 2003, o valor de até R$ 3.900.000.000,00 (três bilhões e novecentos milhões de reais), desde que respeitada a dotação consignada da Lei Orçamentária Anual da União de 2003 e eventuais créditos adicionais;

1.2. nos exercícios financeiros de 2004 a 2006, a União entregará aos Estados e aos seus Municípios os montantes consignados a essa finalidade nas correspondentes Leis Orçamentárias Anuais da União;

1.3. a cada mês, o valor a ser entregue aos Estados e aos seus Municípios corresponderá ao montante do saldo orçamentário existente no dia 1º, dividido pelo número de meses remanescentes no ano;

1.3.1. nos meses de janeiro e fevereiro de 2003, o saldo orçamentário, para efeito do cálculo da parcela pertencente a cada Estado e a seus Municípios, segundo os coeficientes individuais de participação definidos no item 1.5 deste Anexo, corresponderá ao montante remanescente após a dedução dos valores de entrega mencionados no art. 3º desta Lei Complementar;

1.3.1.1. nesses meses, a parcela pertencente aos Estados que fizerem jus ao disposto no art. 3º desta Lei Complementar corresponderá ao somatório dos montantes derivados da aplicação do referido artigo e dos coeficientes individuais de participação definidos no item 1.5 deste Anexo;

1.3.2. no mês de dezembro, o valor de entrega corresponderá ao saldo orçamentário existente no dia 15.

1.4. Os recursos serão entregues aos Estados e aos seus respectivos Municípios no último dia útil de cada mês.

1.5. A parcela pertencente a cada Estado, incluídas as parcelas de seus Municípios, será proporcional aos seguintes coeficientes individuais de participação:

AC	0,09104%	PB	0,28750%
AL	0,84022%	PR	10,08256%
AP	0,40648%	PE	1,48565%
AM	1,00788%	PI	0,30165%
BA	3,71666%	RJ	5,86503%
CE	1,62881%	RN	0,36214%
DF	0,80975%	RS	10,04446%
ES	4,26332%	RO	0,24939%
GO	1,33472%	RR	0,03824%
MA	1,67880%	SC	3,59131%
MT	1,94087%	SP	31,14180%
MS	1,23465%	SE	0,25049%
MG	12,90414%	TO	0,07873%
PA	4,36371%	TOTAL	100,00000%

2. Caberá ao Ministério da Fazenda apurar o montante mensal a ser entregue aos Estados e aos seus Municípios.

2.1. O Ministério da Fazenda publicará no *Diário Oficial da União*, até 5 (cinco) dias úteis antes da data prevista para a efetiva entrega dos recursos, o resultado do cálculo do montante a ser entregue aos Estados e aos seus Municípios, o qual, juntamente com o detalhamento da memória de cálculo, será remetido, no mesmo prazo, ao Tribunal de Contas da União.

2.2. Do montante dos recursos que cabe a cada Estado, a União entregará, diretamente ao próprio Estado, 75% (setenta e cinco por cento), e aos seus Municípios, 25% (vinte e cinco por cento), distribuídos segundo os mesmos critérios de rateio aplicados às parcelas de receita que lhes cabem do ICMS.

2.3. Antes do início de cada exercício financeiro, o Estado comunicará ao Ministério da Fazenda os coeficientes de participação dos

Lei 9.316/1996

respectivos Municípios no rateio da parcela do ICMS a serem aplicados no correspondente exercício, observado o seguinte:

2.3.1. o atraso na comunicação dos coeficientes acarretará a suspensão da transferência dos recursos ao Estado e aos respectivos Municípios até que seja regularizada a entrega das informações;

2.3.1.1. os recursos em atraso e os do mês em que ocorrer o fornecimento das informações serão entregues no último dia útil do mês seguinte à regularização, se esta ocorrer após o décimo quinto dia; caso contrário, a entrega dos recursos ocorrerá no último dia útil do próprio mês da regularização.

3. A forma de entrega dos recursos a cada Estado e a cada Município observará o disposto neste item.

3.1. Para efeito de entrega dos recursos à unidade federada e por uma das duas formas previstas no subitem 3.3 serão obrigatoriamente considerados, pela ordem e até o montante total da entrega apurado no respectivo período, os valores das seguintes dívidas:

3.1.1. contraídas junto ao Tesouro Nacional pela unidade federada vencidas e não pagas, computadas primeiro as da administração direta e depois as da administração indireta;

3.1.2. contraídas pela unidade federada com garantia da União, inclusive dívida externa, vencidas e não pagas, sempre computadas inicialmente as da administração direta e posteriormente as da administração indireta;

3.1.3. contraídas pela unidade federada junto aos demais entes da administração federal, direta e indireta, vencidas e não pagas, sempre computadas inicialmente as da administração direta e posteriormente as da administração indireta.

3.2. Para efeito do disposto no subitem 3.1.3, ato do Poder Executivo Federal poderá autorizar:

3.2.1. a inclusão, como mais uma opção para efeito da entrega dos recursos, e na ordem que determinar, do valor correspondente a título da respectiva unidade federada na carteira da União, inclusive entes de sua administração indireta, primeiro relativamente aos valores vencidos e não pagos e, depois, aos vincendos no mês seguinte àquele em que serão entregues os recursos;

3.2.2. a suspensão temporária da dedução de dívida compreendida pelo subitem 3.1.3, quando não estiverem disponíveis, no prazo devido, as necessárias informações.

3.3. Os recursos a serem entregues mensalmente à unidade federada, equivalentes ao montante das dívidas apurado na forma do subitem 3.1, e do anterior, serão satisfeitos pela União por uma das seguintes formas:

3.3.1. entrega de obrigações do Tesouro Nacional, de série especial, inalienáveis, com vencimento não inferior a dez anos, remunerados por taxa igual ao custo médio das dívidas da respectiva unidade federada junto ao Tesouro Nacional, com poder liberatório para pagamento das referidas dívidas; ou

3.3.2. correspondente compensação.

3.4. Os recursos a serem entregues mensalmente à unidade federada equivalentes à diferença positiva entre o valor total que lhe cabe e o valor da dívida apurada nos termos dos subitens 3.1 e 3.2, e liquidada na forma do subitem anterior, serão satisfeitos por meio de crédito, em moeda corrente, à conta bancária do beneficiário.

4. As referências deste Anexo feitas aos Estados entendem-se também feitas ao Distrito Federal.

LEI 9.316, DE 22 DE NOVEMBRO DE 1996

Altera a legislação do imposto de renda e da contribuição social sobre o lucro líquido.

Faço saber que o Presidente da República adotou a Medida Provisória 1.516-2, de 25 de outubro de 1996, que o Congresso Nacional aprovou, e eu, Ronaldo Perim, Primeiro Vice-Presidente da Mesa do Congresso Nacional, no exercício da Presidência, para os efeitos do disposto no parágrafo único do art. 62 da Constituição Federal, promulgo a seguinte Lei:

Lei 9.363/1996

LEGISLAÇÃO

Art. 1º O valor da contribuição social sobre o lucro líquido não poderá ser deduzido para efeito de determinação do lucro real, nem de sua própria base de cálculo.

Parágrafo único. Os valores da contribuição social a que se refere este artigo, registrados como custo ou despesa, deverão ser adicionados ao lucro líquido do respectivo período de apuração para efeito de determinação do lucro real e de sua própria base de cálculo.

Art. 2º A contribuição social sobre o lucro líquido, devida pelas instituições a que se refere o § 1º do art. 22 da Lei 8.212, de 24 de julho de 1991, será calculada à alíquota de 18% (dezoito por cento).

Art. 3º Ficam convalidados os atos praticados com base na Medida Provisória 1.516-1, de 26 de setembro de 1996.

Art. 4º Esta Lei entra em vigor na data de sua publicação, produzindo efeitos em relação aos períodos de apuração iniciados a partir de 1º de janeiro de 1997.

Senado Federal, em 22 de novembro de 1996; 175º da Independência e 108º da República.

Deputado Ronaldo Perim

Primeiro Vice-Presidente da Mesa do Congresso Nacional no exercício da Presidência

(DOU 23.11.1996)

LEI 9.363, DE 13 DE DEZEMBRO DE 1996

Dispõe sobre a instituição de crédito presumido do Imposto sobre Produtos Industrializados, para ressarcimento do valor do PIS/Pasep e Cofins nos casos que especifica, e dá outras providências.

- O art. 12 da MP 2.158-35/2001 dispõe: "Fica suspensa, a partir de 1º de abril até 31 de dezembro de 1999, a aplicação da Lei 9.363, de 13 de dezembro de 1996, que instituiu o crédito presumido do Imposto sobre Produtos Industrializados – IPI, como ressarcimento das contribuições para o PIS/Pasep e Cofins, incidentes sobre o valor das matérias-primas, dos produtos intermediários e dos materiais de embalagem utilizados na fabricação de produtos destinados à exportação".
- V. Portaria MF 93/2004 (Cálculo e utilização do crédito presumido do IPI).
- V. Instrução Normativa SRF 419/2004 (Cálculo, utilização e apresentação de informações do crédito presumido do IPI).

Faço saber que o Presidente da República adotou a Medida Provisória 1.484-27, de 1996, que o Congresso Nacional aprovou, e eu, José Sarney, Presidente, para os efeitos do disposto no parágrafo único do art. 62 da Constituição Federal, promulgo a seguinte Lei:

Art. 1º A empresa produtora e exportadora de mercadorias nacionais fará jus a crédito presumido do Imposto sobre Produtos Industrializados, como ressarcimento das contribuições de que tratam as Leis Complementares 7, de 7 de setembro de 1970; 8, de 30 de dezembro de 1970; e 70, de 30 de dezembro de 1991, incidentes sobre as respectivas aquisições, no mercado interno, de matérias-primas, produtos intermediários e material de embalagem, para utilização no processo produtivo.

- V. art. 5º.
- V. arts. 2º a 8º, Lei 9.718/1998 (Altera a legislação tributária federal).

Parágrafo único. O disposto neste artigo aplica-se, inclusive, nos casos de venda a empresa comercial exportadora com o fim específico de exportação para o exterior.

Art. 2º A base de cálculo do crédito presumido será determinada mediante a aplicação, sobre o valor total das aquisições de matérias-primas, produtos intermediários e material de embalagem referidos no artigo anterior, do percentual correspondente à relação entre a receita de exportação e a receita operacional bruta do produtor exportador.

§ 1º O crédito fiscal será o resultado da aplicação do percentual de 5,37% (cinco inteiros e trinta e sete centésimos por cento) sobre a base de cálculo definida neste artigo.

§ 2º No caso de empresa com mais de um estabelecimento produtor exportador, a apuração do crédito presumido poderá ser centralizada na matriz.

- V. art. 4º, parágrafo único.

§ 3º O crédito presumido, apurado na forma do parágrafo anterior, poderá ser transferido para qualquer estabelecimento da

Lei 9.363/1996

empresa para efeito de compensação com o Imposto sobre Produtos Industrializados, observadas as normas expedidas pela Secretaria da Receita Federal.

§ 4º A empresa comercial exportadora que, no prazo de 180 (cento e oitenta) dias, contado da data da emissão da nota fiscal de venda pela empresa produtora, não houver efetuado a exportação dos produtos para o exterior, fica obrigada ao pagamento das contribuições para o PIS/Pasep e Cofins relativamente aos produtos adquiridos e não exportados, bem assim de valor correspondente ao do crédito presumido atribuído à empresa produtora vendedora.

§ 5º Na hipótese do parágrafo anterior, o valor a ser pago, correspondente ao crédito presumido, será determinado mediante a aplicação do percentual de 5,37%, sobre 60% (sessenta por cento) do preço de aquisição dos produtos adquiridos e não exportados.

§ 6º Se a empresa comercial exportadora revender, no mercado interno, os produtos adquiridos para exportação, sobre o valor de revenda serão devidas as contribuições para o PIS/Pasep e Cofins, sem prejuízo do disposto no § 4º.

§ 7º O pagamento dos valores referidos nos §§ 4º e 5º deverá ser efetuado até o décimo dia subsequente ao do vencimento do prazo estabelecido para a efetivação da exportação, acrescido de multa de mora e de juros equivalentes à taxa referencial do Sistema Especial de Liquidação e Custódia – Selic, para títulos federais, acumulada mensalmente, calculados a partir do primeiro dia do mês subsequente ao da emissão da nota fiscal de venda dos produtos para a empresa comercial exportadora até o último dia do mês anterior ao do pagamento e de 1% (um por cento) no mês do pagamento.

Art. 3º Para os efeitos desta Lei, a apuração do montante da receita operacional bruta, da receita de exportação e do valor das matérias-primas, produtos intermediários e material de embalagem será efetuada nos termos das normas que regem a incidência das contribuições referidas no art. 1º, tendo em vista o valor constante da respectiva nota fiscal de venda emitida pelo fornecedor ao produtor exportador.

Parágrafo único. Utilizar-se-á, subsidiariamente, a legislação do Imposto de Renda e do Imposto sobre Produtos Industrializados para o estabelecimento, respectivamente, dos conceitos de receita operacional bruta e de produção, matéria-prima, produtos intermediários e material de embalagem.

Art. 4º Em caso de comprovada impossibilidade de utilização do crédito presumido em compensação do Imposto sobre Produtos Industrializados devido, pelo produtor exportador, nas operações de venda no mercado interno, far-se-á o ressarcimento em moeda corrente.

Parágrafo único. Na hipótese de crédito presumido apurado na forma do § 2º do art. 2º, o ressarcimento em moeda corrente será efetuado ao estabelecimento matriz da pessoa jurídica.

Art. 5º A eventual restituição, ao fornecedor, das importâncias recolhidas em pagamento das contribuições referidas no art. 1º, bem assim a compensação mediante crédito, implica imediato estorno, pelo produtor exportador, do valor correspondente.

Art. 6º O Ministro de Estado da Fazenda expedirá as instruções necessárias ao cumprimento do disposto nesta Lei, inclusive quanto aos requisitos e periodicidade para apuração e para fruição do crédito presumido e respectivo ressarcimento, à definição de receita de exportação e aos documentos fiscais comprobatórios dos lançamentos, a esse título, efetuados pelo produtor exportador.

Art. 7º O Poder Executivo, no prazo de noventa dias, encaminhará ao Congresso Nacional projeto de lei cancelando dotação orçamentária para compensar o acréscimo de renúncia tributária decorrente desta Lei.

Art. 8º São declarados insubsistentes os atos praticados com base na Medida Provisória 905, de 21 de fevereiro de 1995.

Lei 9.393/1996

LEGISLAÇÃO

Art. 9º Ficam convalidados os atos praticados com base na Medida Provisória 1.484-26, de 24 de outubro de 1996.

Art. 10. Esta Lei entra em vigor na data de sua publicação.

Senado Federal, em 13 de dezembro de 1996; 175º da Independência e 108º da República.

Senador José Sarney
Presidente do Senado Federal
(DOU 17.12.1996)

LEI 9.393, DE 19 DE DEZEMBRO DE 1996

Dispõe sobre o Imposto sobre a Propriedade Territorial Rural – ITR, sobre pagamento da dívida representada por Títulos da Dívida Agrária e dá outras providências.

O Presidente da República:
Faço saber que o Congresso Nacional decreta e eu sanciono a seguinte Lei:

Capítulo I
DO IMPOSTO SOBRE A PROPRIEDADE TERRITORIAL RURAL – ITR
Seção I
Do fato gerador do ITR

Definição

- V. art. 153, VI e § 4º, CF.
- V. arts. 29 a 34, CTN.
- V. Lei 4.504/1964 (Estatuto da Terra).
- V. Dec.-lei 57/1966 (Altera dispositivos sobre lançamento e cobrança do Imposto Territorial Rural, e institui normas sobre arrecadação da dívida ativa correspondente).
- V. Dec. 59.900/1966 (Regulamenta o Dec.-lei 57/1966).
- V. Dec.-lei 1.128/1970 (Autoriza o parcelamento de débitos decorrentes dos lançamentos do ITR e das contribuições devidas ao Incra).
- V. Lei 6.746/1979 (Altera o Estatuto da Terra).
- V. Dec.-lei 1.766/1980 (Dação de imóveis em pagamento de débitos relativos ao Imposto Territorial Rural).
- V. Dec. 84.685/1980 (Regulamenta a Lei 6.746/1979).
- V. Lei 8.022/1990 (Altera o Sistema de Administração das Receitas Federais).
- V. Súmulas 74 e 583, STF.

Art. 1º O Imposto sobre a Propriedade Territorial Rural – ITR, de apuração anual, tem como fato gerador a propriedade, o domínio útil ou a posse de imóvel por natureza, localizado fora da zona urbana do município, em 1º de janeiro de cada ano.

- V. art. 146, III, *a*, CF.

§ 1º O ITR incide inclusive sobre o imóvel declarado de interesse social para fins de reforma agrária, enquanto não transferida a propriedade, exceto se houver imissão prévia na posse.

- V. art. 5º, XXII, XXIII e XXIV, CF.

§ 2º Para os efeitos desta Lei, considera-se imóvel rural a área contínua, formada de uma ou mais parcelas de terras, localizada na zona rural do município.

§ 3º O imóvel que pertencer a mais de um município deverá ser enquadrado no município onde fique a sede do imóvel e, se esta não existir, será enquadrado no município onde se localize a maior parte do imóvel.

Imunidade

Art. 2º Nos termos do art. 153, § 4º, *in fine*, da Constituição, o imposto não incide sobre pequenas glebas rurais, quando as explore, só ou com sua família, o proprietário que não possua outro imóvel.

- V. art. 8º, § 3º.

Parágrafo único. Para os efeitos deste artigo, pequenas glebas rurais são os imóveis com área igual ou inferior a:

I – 100 ha, se localizado em município compreendido na Amazônia Ocidental ou no Pantanal mato-grossense e sul-mato-grossense;

II – 50 ha, se localizado em município compreendido no Polígono das Secas ou na Amazônia Oriental;

III – 30 ha, se localizado em qualquer outro município.

Seção II
Da isenção

Art. 3º São isentos do imposto:

- V. art. 8º, § 3º.
- V. art. 104, Lei 8.171/1991 (Política agrária).

Lei 9.393/1996

LEGISLAÇÃO

• V. art. 11, Dec. 1.922/1996 (Reconhecimento das reservas particulares do patrimônio natural).

I – o imóvel rural compreendido em programa oficial de reforma agrária, caracterizado pelas autoridades competentes como assentamento, que, cumulativamente, atenda aos seguintes requisitos:

a) seja explorado por associação ou cooperativa de produção;

b) a fração ideal por família assentada não ultrapasse os limites estabelecidos no artigo anterior;

c) o assentado não possua outro imóvel;

II – o conjunto de imóveis rurais de um mesmo proprietário, cuja área total observe os limites fixados no parágrafo único do artigo anterior, desde que, cumulativamente, o proprietário:

a) o explore só ou com sua família, admitida ajuda eventual de terceiros;

b) não possua imóvel urbano.

Art. 3º-A. Os imóveis rurais oficialmente reconhecidos como áreas ocupadas por remanescentes de comunidades de quilombos que estejam sob a ocupação direta e sejam explorados, individual ou coletivamente, pelos membros destas comunidades são isentos do Imposto sobre a Propriedade Territorial Rural – ITR.

• Artigo acrescentado pela Lei 13.043/2014 (*DOU* 14.11.2014, ret. 14.11.2014, edição extra), em vigor em 1º.01.2015.

§ 1º Ficam dispensados a constituição de créditos da Fazenda Nacional, a inscrição na Dívida Ativa da União e o ajuizamento da respectiva execução fiscal, e cancelados o lançamento e a inscrição relativos ao ITR referentes aos imóveis rurais de que trata o *caput* a partir da data do registro do título de domínio previsto no art. 68 do Ato das Disposições Constitucionais Transitórias.

§ 2º Observada a data prevista no § 1º, não serão aplicadas as penalidades estabelecidas nos arts. 7º e 9º para fatos geradores ocorridos até a data de publicação da lei decorrente da conversão da Medida Provisória 651, de 9 de julho de 2014, e ficam anistiados os valores decorrentes de multas lançadas pela apresentação da declaração do ITR fora do prazo.

Seção III
Do contribuinte e do responsável
Contribuinte

Art. 4º Contribuinte do ITR é o proprietário de imóvel rural, o titular de seu domínio útil ou o seu possuidor a qualquer título.

• V. art. 31, CTN.

Parágrafo único. O domicílio tributário do contribuinte é o município de localização do imóvel, vedada a eleição de qualquer outro.

Responsável

Art. 5º É responsável pelo crédito tributário o sucessor, a qualquer título, nos termos dos arts. 128 a 133 da Lei 5.172, de 25 de outubro de 1966 (Sistema Tributário Nacional).

Seção IV
Das informações cadastrais
Entrega do Diac

Art. 6º O contribuinte ou o seu sucessor comunicará ao órgão local da Secretaria da Receita Federal (SRF), por meio do Documento de Informação e Atualização Cadastral do ITR – Diac, as informações cadastrais correspondentes a cada imóvel, bem como qualquer alteração ocorrida, na forma estabelecida pela Secretaria da Receita Federal.

• V. Lei 8.022/1990 (Altera o Sistema de Administração das Receitas Federais).

§ 1º É obrigatória, no prazo de 60 (sessenta) dias, contado de sua ocorrência, a comunicação das seguintes alterações:

I – desmembramento;

II – anexação;

III – transmissão, por alienação da propriedade ou dos direitos a ela inerentes, a qualquer título;

IV – sucessão *causa mortis*;

V – cessão de direitos;

VI – constituição de reservas ou usufruto.

§ 2º As informações cadastrais integrarão o Cadastro de Imóveis Rurais – Cafir, administrado pela Secretaria da Receita Federal,

Legislação

que poderá, a qualquer tempo, solicitar informações visando à sua atualização.

§ 3º Sem prejuízo do disposto no parágrafo único do art. 4º, o contribuinte poderá indicar no Diac, somente para fins de intimação, endereço diferente daquele constante do domicílio tributário, que valerá para esse efeito até ulterior alteração.

Entrega do Diac fora do prazo

Art. 7º No caso de apresentação espontânea do Diac fora do prazo estabelecido pela Secretaria da Receita Federal, será cobrada multa de 1% (um por cento) ao mês ou fração sobre o imposto devido não inferior a R$ 50,00 (cinquenta reais), sem prejuízo da multa e dos juros de mora pela falta ou insuficiência de recolhimento do imposto ou quota.

Seção V
Da declaração anual

Art. 8º O contribuinte do ITR entregará, obrigatoriamente, em cada ano, o Documento de Informação e Apuração do ITR – Diat, correspondente a cada imóvel, observadas data e condições fixadas pela Secretaria da Receita Federal.

§ 1º O contribuinte declarará, no Diat, o Valor da Terra Nua – VTN correspondente ao imóvel.

§ 2º O VTN refletirá o preço de mercado de terras, apurado em 1º de janeiro do ano a que se referir o Diat, e será considerado autoavaliação da terra nua a preço de mercado.

§ 3º O contribuinte cujo imóvel se enquadre nas hipóteses estabelecidas nos arts. 2º, 3º e 3º-A fica dispensado da apresentação do Diat.

- § 3º com redação determinada pela Lei 13.043/2014 (*DOU* 14.11.2014, ret. 14.11.2014, edição extra), em vigor em 1º.01.2015.

Entrega do Diat fora do prazo

Art. 9º A entrega do Diat fora do prazo estabelecido sujeitará o contribuinte à multa de que trata o art. 7º, sem prejuízo da multa e dos juros de mora pela falta ou insuficiência de recolhimento do imposto ou quota.

Seção VI
Da apuração e do pagamento

Subseção I
Da apuração

Apuração pelo contribuinte

Art. 10. A apuração e o pagamento do ITR serão efetuados pelo contribuinte, independentemente de prévio procedimento da administração tributária, nos prazos e condições estabelecidos pela Secretaria da Receita Federal, sujeitando-se a homologação posterior.

- V. arts. 1º e 7º, Dec. 84.685/1980 (Regulamenta a Lei 6.746/1979).

§ 1º Para os efeitos de apuração do ITR, considerar-se-á:

I – VTN, o valor do imóvel, excluídos os valores relativos a:

a) construções, instalações e benfeitorias;

b) culturas permanentes e temporárias;

c) pastagens cultivadas e melhoradas;

d) florestas plantadas;

II – área tributável, a área total do imóvel, menos as áreas:

a) de preservação permanente e de reserva legal, previstas na Lei 12.651, de 25 de maio de 2012;

- Alínea *a* com redação determinada pela Lei 12.844/2013.
- V. art. 25, Lei 12.844/2013 (*DOU* 19.07.2013, edição extra), que determina que a alteração promovida pelo art. 24, que altera este dispositivo, aplica-se aos fatos geradores ocorridos a partir de 01.01.2013.

b) de interesse ecológico para a proteção dos ecossistemas, assim declaradas mediante ato do órgão competente, federal ou estadual, e que ampliem as restrições de uso previstas na alínea anterior;

c) comprovadamente imprestáveis para qualquer exploração agrícola, pecuária, granjeira, aquícola ou florestal, declaradas de interesse ecológico mediante ato do órgão competente, federal ou estadual;

d) sob regime de servidão ambiental;

- Alínea *d* com redação determinada pela Lei 12.651/2012.

Lei 9.393/1996

LEGISLAÇÃO

e) cobertas por florestas nativas, primárias ou secundárias em estágio médio ou avançado de regeneração;

- Alínea e acrescentada pela Lei 11.428/2006.

f) alagadas para fins de constituição de reservatório de usinas hidrelétricas autorizada pelo poder público.

- Alínea f acrescentada pela Lei 11.727/2008.

III – VTNt, o valor da terra nua tributável, obtido pela multiplicação do VTN pelo quociente entre a área tributável e a área total;

IV – área aproveitável, a que for passível de exploração agrícola, pecuária, granjeira, aquícola ou florestal, excluídas as áreas:

a) ocupadas por benfeitorias úteis e necessárias;

b) de que tratam as alíneas do inciso II deste parágrafo;

- Alínea *b* com redação determinada pela Lei 11.428/2006.

V – área efetivamente utilizada, a porção do imóvel que no ano anterior tenha:

a) sido plantada com produtos vegetais;

b) servido de pastagem, nativa ou plantada, observados índices de lotação por zona de pecuária;

c) sido objeto de exploração extrativa, observados os índices de rendimento por produto e a legislação ambiental;

d) servido para exploração de atividades granjeira e aquícola;

e) sido o objeto de implantação de projeto técnico, nos termos do art. 7º da Lei 8.629, de 25 de fevereiro de 1993;

VI – Grau de Utilização – GU, a relação percentual entre a área efetivamente utilizada e a área aproveitável.

§ 2º As informações que permitam determinar o GU deverão constar do Diat.

§ 3º Os índices a que se referem as alíneas *b* e *c* do inciso V do § 1º serão fixados, ouvido o Conselho Nacional de Política Agrícola, pela Secretaria da Receita Federal, que dispensará da sua aplicação os imóveis com área inferior a:

a) 1.000 ha, se localizados em municípios compreendidos na Amazônia Ocidental ou no Pantanal mato-grossense e sul-mato-grossense;

b) 500 ha, se localizados em municípios compreendidos no Polígono das Secas ou na Amazônia Oriental;

c) 200 ha, se localizados em qualquer outro município.

§ 4º Para os fins do inciso V do § 1º, o contribuinte poderá valer-se dos dados sobre a área utilizada e respectiva produção, fornecidos pelo arrendatário ou parceiro, quando o imóvel, ou parte dele, estiver sendo explorado em regime de arrendamento ou parceria.

§ 5º Na hipótese de que trata a alínea *c* do inciso V do § 1º, será considerada a área total objeto de plano de manejo sustentado, desde que aprovado pelo órgão competente, e cujo cronograma esteja sendo cumprido pelo contribuinte.

§ 6º Será considerada como efetivamente utilizada a área dos imóveis rurais que, no ano anterior, estejam:

I – comprovadamente situados em área de ocorrência de calamidade pública decretada pelo Poder Público, de que resulte frustração de safras ou destruição de pastagens;

II – oficialmente destinados à execução de atividades de pesquisa e experimentação que objetivem o avanço tecnológico da agricultura.

§ 7º A declaração para fim de isenção do ITR relativa às áreas de que tratam as alíneas *a* e *d* do inciso II, § 1º, deste artigo, não está sujeita à prévia comprovação por parte do declarante, ficando o mesmo responsável pelo pagamento do imposto correspondente, com juros e multa previstos nesta Lei, caso fique comprovado que a sua declaração não é verdadeira, sem prejuízo de outras sanções aplicáveis.

- § 7º acrescentado pela MP 2.166-67/2001.

Valor do imposto

Art. 11. O valor do imposto será apurado aplicando-se sobre o Valor da Terra Nua Tributável – VTNt a alíquota correspondente, prevista no Anexo desta Lei, considerados a área total do imóvel e o Grau de Utilização – GU.

§ 1º Na hipótese de inexistir área aproveitável após efetuadas as exclusões previstas no art. 10, § 1º, inciso IV, serão aplicadas as alíquotas, correspondentes aos imóveis com grau de utilização superior a 80% (oitenta por cento), observada a área total do imóvel.
§ 2º Em nenhuma hipótese o valor do imposto devido será inferior a R$ 10,00 (dez reais).

Subseção II
Do pagamento
Prazo
Art. 12. O imposto deverá ser pago até o último dia útil do mês fixado para a entrega do Diat.
Parágrafo único. À opção do contribuinte, o imposto a pagar poderá ser parcelado em até três quotas iguais, mensais e consecutivas, observando-se que:
I – nenhuma quota será inferior a R$ 50,00 (cinquenta reais);
II – a primeira quota ou quota única deverá ser paga até a data fixada no *caput*;
III – as demais quotas, acrescidas de juros equivalentes à taxa referencial do Sistema de Liquidação e de Custódia (Selic) para títulos federais, acumulada mensalmente, calculados a partir do primeiro dia do mês subsequente à data fixada no *caput* até o último dia do mês anterior ao do pagamento, e de 1% (um por cento) no mês do pagamento, vencerão no último dia útil de cada mês;
IV – é facultado ao contribuinte antecipar, total ou parcialmente, o pagamento do imposto ou das quotas.

Pagamento fora do prazo
Art. 13. O pagamento do imposto fora dos prazos previstos nesta Lei será acrescido de:
I – multa de mora calculada à taxa de 0,33% (trinta e três centésimos por cento), por dia de atraso, não podendo ultrapassar 20% (vinte por cento), calculada a partir do primeiro dia subsequente ao do vencimento do prazo previsto para o pagamento do imposto até o dia em que ocorrer o seu pagamento;

II – juros de mora calculados à taxa a que se refere o art. 12, parágrafo único, inciso III, a partir do primeiro dia do mês subsequente ao vencimento do prazo até o mês anterior ao do pagamento, e de 1% (um por cento) no mês do pagamento.

Seção VII
Dos procedimentos de ofício
Art. 14. No caso de falta de entrega do Diac ou do Diat, bem como de subavaliação ou prestação de informações inexatas, incorretas ou fraudulentas, a Secretaria da Receita Federal procederá à determinação e ao lançamento de ofício do imposto, considerando informações sobre preços de terras, constantes de sistema a ser por ela instituído, e os dados de área total, área tributável e grau de utilização do imóvel, apurados em procedimentos de fiscalização.
§ 1º As informações sobre preços de terra observarão os critérios estabelecidos no art. 12, § 1º, inciso II, da Lei 8.629, de 25 de fevereiro de 1993, e considerarão levantamentos realizados pelas Secretarias de Agricultura das Unidades Federadas ou dos Municípios.
§ 2º As multas cobradas em virtude do disposto neste artigo serão aquelas aplicáveis aos demais tributos federais.

Seção VIII
Da administração do imposto
Competência da Secretaria da Receita Federal
Art. 15. Compete à Secretaria da Receita Federal a administração do ITR, incluídas as atividades de arrecadação, tributação e fiscalização.

* V. Lei 8.022/1990 (Altera o Sistema de Administração das Receitas Federais).

Parágrafo único. No processo administrativo fiscal, compreendendo os procedimentos destinados à determinação e exigência do imposto, imposição de penalidades, repetição de indébito e solução de consultas, bem como a compensação do imposto, observar-se-á a legislação prevista para os demais tributos federais.

Convênios de cooperação

Art. 16. A Secretaria da Receita Federal poderá celebrar convênio com o Instituto Nacional de Colonização e Reforma Agrária – Incra, com a finalidade de delegar as atividades de fiscalização das informações sobre os imóveis rurais, contidas no Diac e no Diat.

§ 1º No exercício da delegação a que se refere este artigo, o Incra poderá celebrar convênios de cooperação com o Instituto Brasileiro do Meio Ambiente e dos Recursos Naturais Renováveis – Ibama, Fundação Nacional do Índio – Funai e Secretarias Estaduais de Agricultura.

§ 2º No uso de suas atribuições, os agentes do Incra terão acesso ao imóvel de propriedade particular, para levantamento de dados e informações.

§ 3º A Secretaria da Receita Federal, com o apoio do Incra, administrará o Cafir e colocará as informações nele contidas à disposição daquela Autarquia, para fins de levantamento e pesquisa de dados e de proposição de ações administrativas e judiciais.

- § 3º com redação determinada pela Lei 10.267/2001.

§ 4º Às informações a que se refere o § 3º aplica-se o disposto no art. 198 da Lei 5.172, de 25 de outubro de 1966.

- § 4º com redação determinada pela Lei 10.267/2001.

Art. 17. A Secretaria da Receita Federal poderá, também, celebrar convênios com:

I – órgãos da administração tributária das unidades federadas, visando delegar competência para a cobrança e o lançamento do ITR;

II – a Confederação Nacional da Agricultura – CNA e a Confederação Nacional dos Trabalhadores na Agricultura – Contag, com a finalidade de fornecer dados cadastrais de imóveis rurais que possibilitem a cobrança das contribuições sindicais devidas àquelas entidades.

Seção IX
Das Disposições Gerais
Dívida ativa – Penhora ou arresto

Art. 18. Na execução de dívida ativa, decorrente de crédito tributário do ITR, na hipótese de penhora ou arresto de bens, previstos no art. 11 da Lei 6.830, de 22 de setembro de 1980, será penhorado ou arrestado, preferencialmente, imóvel rural, não tendo recaído a penhora ou o arresto sobre dinheiro.

§ 1º No caso do imóvel rural penhorado ou arrestado, na lavratura do termo ou auto de penhora, deverá ser observado, para efeito de avaliação, o VTN declarado e o disposto no art. 14.

§ 2º A Fazenda Pública poderá, ouvido o Incra, adjudicar, para fins fundiários, o imóvel rural penhorado, se a execução não for embargada ou se rejeitados os embargos.

§ 3º O depósito da diferença de que trata o parágrafo único do art. 24 da Lei 6.830, de 22 de setembro de 1980, poderá ser feito em Títulos da Dívida Agrária, até o montante equivalente ao VTN declarado.

§ 4º Na hipótese do § 2º, o imóvel passará a integrar o patrimônio do Incra, e a carta de adjudicação e o registro imobiliário serão expedidos em seu nome.

Valores para apuração de ganho de capital

Art. 19. A partir do dia 1º de janeiro de 1997, para fins de apuração de ganho de capital, nos termos da legislação do imposto de renda, considera-se custo de aquisição e valor da venda do imóvel rural o VTN declarado, na forma do art. 8º, observado o disposto no art. 14, respectivamente, nos anos da ocorrência de sua aquisição e de sua alienação.

Parágrafo único. Na apuração de ganho de capital correspondente a imóvel rural adquirido anteriormente à data a que se refere este artigo, será considerado custo de aquisição o valor constante da escritura pública, observado o disposto no art. 17 da Lei 9.249, de 26 de dezembro de 1995.

Lei 9.393/1996

LEGISLAÇÃO

Incentivos fiscais e crédito rural
Art. 20. A concessão de incentivos fiscais e de crédito rural, em todas as suas modalidades, bem como a constituição das respectivas contrapartidas ou garantias, ficam condicionadas à comprovação do recolhimento do ITR, relativo ao imóvel rural, correspondente aos últimos cinco exercícios, ressalvados os casos em que a exigibilidade do imposto esteja suspensa, ou em curso de cobrança executiva em que tenha sido efetivada a penhora.

Parágrafo único. É dispensada a comprovação de regularidade do recolhimento do imposto relativo ao imóvel rural, para efeito de concessão de financiamento ao amparo do Programa Nacional de Fortalecimento da Agricultura Familiar – Pronaf.

Registro público
Art. 21. É obrigatória a comprovação do pagamento do ITR, referente aos cinco últimos exercícios, para serem praticados quaisquer dos atos previstos nos arts. 167 e 168 da Lei 6.015, de 31 de dezembro de 1973 (Lei dos Registros Públicos), observada a ressalva prevista no *caput* do artigo anterior, *in fine*.

Parágrafo único. São solidariamente responsáveis pelo imposto e pelos acréscimos legais, nos termos do art. 134 da Lei 5.172, de 25 de outubro de 1966 – Sistema Tributário Nacional, os serventuários do registro de imóveis que descumprirem o disposto neste artigo, sem prejuízo de outras sanções legais.

Depósito judicial na desapropriação
Art. 22. O valor da terra nua para fins do depósito judicial, a que se refere o inciso I do art. 6º da LC 76, de 6 de julho de 1993, na hipótese de desapropriação do imóvel rural de que trata o art. 184 da Constituição, não poderá ser superior ao VTN declarado, observado o disposto no art. 14.

Parágrafo único. A desapropriação por valor inferior ao declarado não autorizará a redução do imposto a ser pago, nem a restituição de quaisquer importâncias já recolhidas.

Capítulo II
DAS DISPOSIÇÕES FINAIS

Art. 23. Esta Lei entra em vigor na data de sua publicação, produzindo efeitos, quanto aos arts. 1º a 22, a partir de janeiro de 1997.

Art. 24. Revogam-se os arts. 1º a 22 e 25 da Lei 8.847, de 28 de janeiro de 1994.

Brasília, 19 de dezembro de 1996; 175º da Independência e 108º da República.

Fernando Henrique Cardoso

(*DOU* 20.12.1996)

TABELA DE ALÍQUOTAS
(ART. 11)

Área total do imóvel (em hectares)	GRAU DE UTILIZAÇÃO – GU (EM %)				
	Maior que 80	Maior que 65 até 80	Maior que 50 até 65	Maior que 30 até 50	Até 30
Até 50	0,03	0,20	0,40	0,70	1,00
Maior 50 até 200	0,07	0,40	0,80	1,40	2,00
Maior que 200 até 500	0,10	0,60	1,30	2,30	3,30
Maior que 500 até 1.000	0,15	0,85	1,90	3,30	4,70
Maior que 1.000 até 5.000	0,30	1,60	3,40	6,00	8,60
Acima de 5.000	0,45	3,00	6,40	12,00	20,00

Lei 9.430/1996

LEGISLAÇÃO

LEI 9.430,
DE 27 DE DEZEMBRO DE 1996

Dispõe sobre a legislação tributária federal, as contribuições para a seguridade social, o processo administrativo de consulta e dá outras providências.

O Presidente da República:
Faço saber que o Congresso Nacional decreta e eu sanciono a seguinte Lei:

Capítulo I
IMPOSTO DE RENDA – PESSOA JURÍDICA
Seção I
Apuração da base de cálculo
Período de apuração trimestral

Art. 1º A partir do ano-calendário de 1997, o imposto de renda das pessoas jurídicas será determinado com base no lucro real, presumido, ou arbitrado, por períodos de apuração trimestrais, encerrados nos dias 31 de março, 30 de junho, 30 de setembro e 31 de dezembro de cada ano-calendário, observada a legislação vigente, com as alterações desta Lei.

• V. arts. 8º, parágrafo único, 25, 27, I, e 28.

§ 1º Nos casos de incorporação, fusão ou cisão, a apuração da base de cálculo e do imposto de renda devido será efetuada na data do evento, observado o disposto no art. 21 da Lei 9.249, de 26 de dezembro de 1995.

§ 2º Na extinção da pessoa jurídica, pelo encerramento da liquidação, a apuração da base de cálculo e do imposto devido será efetuada na data desse evento.

Pagamento por estimativa

Art. 2º A pessoa jurídica sujeita a tributação com base no lucro real poderá optar pelo pagamento do imposto, em cada mês, determinado sobre base de cálculo estimada, mediante a aplicação dos percentuais de que trata o art. 15 da Lei 9.249, de 26 de dezembro de 1995, sobre a receita bruta definida pelo art. 12 do Decreto-lei 1.598, de 26 de dezembro de 1977, auferida mensalmente, deduzida das devoluções, vendas canceladas e dos descontos incondicionais concedidos, observado o disposto nos §§ 1º e 2º do art. 29 e nos arts. 30, 32, 34 e 35 da Lei 8.981, de 20 de janeiro de 1995.

• *Caput* com redação determinada pela Lei 12.973/2014 (*DOU* 14.05.2014), em vigor em 1º.01.2015.
• V. art. 119, § 1º, I, Lei 12.973/2014.
• V. arts. 6º, 8º, 14, §2º, 28 e 30.
• V. arts. 8º e 14, V, Lei 9.718/1998 (Altera a legislação tributária federal).

§ 1º O imposto a ser pago mensalmente na forma deste artigo será determinado mediante a aplicação, sobre a base de cálculo, da alíquota de 15% (quinze por cento).

§ 2º A parcela da base de cálculo, apurada mensalmente, que exceder a R$ 20.000,00 (vinte mil reais) ficará sujeita à incidência de adicional de imposto de renda à alíquota de 10% (dez por cento).

§ 3º A pessoa jurídica que optar pelo pagamento do imposto na forma deste artigo deverá apurar o lucro real em 31 de dezembro de cada ano, exceto nas hipóteses de que tratam os §§ 1º e 2º do artigo anterior.

§ 4º Para efeito de determinação do saldo de imposto a pagar ou a ser compensado, a pessoa jurídica poderá deduzir do imposto devido o valor:

I – dos incentivos fiscais de dedução do imposto, observados os limites e prazos fixados na legislação vigente, bem como o disposto no § 4º do art. 3º da Lei 9.249, de 26 de dezembro de 1995;

II – dos incentivos fiscais de redução e isenção do imposto, calculados com base no lucro da exploração;

III – do imposto de renda pago ou retido na fonte, incidente sobre receitas computadas na determinação do lucro real;

IV – do imposto de renda pago na forma deste artigo.

Seção II
Pagamento do imposto
Escolha da forma de pagamento

Art. 3º A adoção da forma de pagamento do imposto prevista no art. 1º, pelas pessoas jurídicas sujeitas ao regime do lucro real, ou a opção pela forma do art. 2º será irretratável para todo o ano-calendário.

• V. art. 28.

Parágrafo único. A opção pela forma estabelecida no art. 2º será manifestada com o pagamento do imposto correspondente ao mês de janeiro ou de início de atividade.

Lei 9.430/1996

Legislação

Adicional do imposto de renda
Art. 4º Os §§ 1º e 2º do art. 3º da Lei 9.249, de 26 de dezembro de 1995, passam a vigorar com a seguinte redação:
- Alterações processadas no texto da referida Lei.

Imposto correspondente a período trimestral
Art. 5º O imposto de renda devido, apurado na forma do art. 1º, será pago em quota única, até o último dia útil do mês subsequente ao do encerramento do período de apuração.
- V. art. 28.

§ 1º À opção da pessoa jurídica, o imposto devido poderá ser pago em até três quotas mensais, iguais e sucessivas, vencíveis no último dia útil dos 3 (três) meses subsequentes ao de encerramento do período de apuração a que corresponder.

§ 2º Nenhuma quota poderá ter valor inferior a R$ 1.000,00 (mil reais) e o imposto de valor inferior a R$ 2.000,00 (dois mil reais) será pago em quota única, até o último dia útil do mês subsequente ao do encerramento do período de apuração.

§ 3º As quotas do imposto serão acrescidas de juros equivalentes à taxa referencial do Sistema Especial de Liquidação e Custódia – Selic, para títulos federais, acumulada mensalmente, calculados a partir do primeiro dia do segundo mês subsequente ao do encerramento do período de apuração até o último dia do mês anterior ao do pagamento e de 1% (um por cento) no mês do pagamento.
- V. arts. 43, parágrafo único, 61, § 3º, 62 e parágrafo único.

§ 4º Nos casos de incorporação, fusão ou cisão e de extinção da pessoa jurídica pelo encerramento da liquidação, o imposto devido deverá ser pago até o último dia útil do mês subsequente ao do evento, não se lhes aplicando a opção prevista no § 1º.

Pagamento por estimativa
Art. 6º O imposto devido, apurado na forma do art. 2º, deverá ser pago até o último dia útil do mês subsequente àquele a que se referir.
- V. art. 28.

§ 1º O saldo do imposto apurado em 31 de dezembro receberá o seguinte tratamento:
- § 1º com redação determinada pela Lei 12.844/2013.

I – se positivo, será pago em quota única, até o último dia útil do mês de março do ano subsequente, observado o disposto no § 2º; ou

II – se negativo, poderá ser objeto de restituição ou de compensação nos termos do art. 74.

§ 2º O saldo do imposto a pagar de que trata o inciso I do parágrafo anterior será acrescido de juros calculados à taxa a que se refere o § 3º do art. 5º, a partir de 1º de fevereiro até o último dia do mês anterior ao do pagamento e de 1% (um por cento) no mês do pagamento.

§ 3º O prazo a que se refere o inciso I do § 1º não se aplica ao imposto relativo ao mês de dezembro, que deverá ser pago até o último dia útil do mês de janeiro do ano subsequente.

Disposições transitórias
Art. 7º Alternativamente ao disposto no art. 40 da Lei 8.981, de 20 de janeiro de 1995, com as alterações da Lei 9.065, de 20 de junho de 1995, a pessoa jurídica tributada com base no lucro real ou presumido poderá efetuar o pagamento do saldo do imposto devido, apurado em 31 de dezembro de 1996, em até quatro quotas mensais, iguais e sucessivas, devendo a primeira ser paga até o último dia útil do mês de março de 1997 e as demais no último dia útil dos meses subsequentes.
- V. art. 28.

§ 1º Nenhuma quota poderá ter valor inferior a R$ 1.000,00 (mil reais) e o imposto de valor inferior a R$ 2.000,00 (dois mil reais) será pago em quota única, até o último dia útil do mês de março de 1997.

§ 2º As quotas do imposto serão acrescidas de juros calculados à taxa a que se refere o § 3º do art. 5º, a partir de 1º de abril de 1997 até o último dia do mês anterior ao do pagamento e de 1% (um por cento) no mês do pagamento.

§ 3º Havendo saldo de imposto pago a maior, a pessoa jurídica poderá compensá-lo com o imposto devido, correspondente aos períodos de apuração subsequentes, facultado o pedido de restituição.

Art. 8º As pessoas jurídicas, mesmo as que não tenham optado pela forma de pa-

Lei 9.430/1996

LEGISLAÇÃO

gamento do art. 2º, deverão calcular e pagar o imposto de renda relativo aos meses de janeiro e fevereiro de 1997 de conformidade com o referido dispositivo.

• V. art. 28.

Parágrafo único. Para as empresas submetidas às normas do art. 1º o imposto pago com base na receita bruta auferida nos meses de janeiro e fevereiro de 1997 será deduzido do que for devido em relação ao período de apuração encerrado no dia 31 de março de 1997.

Seção III
Perdas no recebimento de créditos
Dedução

Art. 9º As perdas no recebimento de créditos decorrentes das atividades da pessoa jurídica poderão ser deduzidas como despesas, para determinação do lucro real, observado o disposto neste artigo.

• V. art. 28.

§ 1º Poderão ser registrados como perda os créditos:
I – em relação aos quais tenha havido a declaração de insolvência do devedor, em sentença emanada do Poder Judiciário;
II – sem garantia, de valor:
a) até R$ 5.000,00 (cinco mil reais), por operação, vencidos há mais de 6 (seis) meses, independentemente de iniciados os procedimentos judiciais para o seu recebimento;
b) acima de R$ 5.000,00 (cinco mil reais) até R$ 30.000,00 (trinta mil reais), por operação, vencidos há mais de um ano, independentemente de iniciados os procedimentos judiciais para o seu recebimento, porém mantida a cobrança administrativa;
c) superior a R$ 30.000,00 (trinta mil reais), vencidos há mais de 1 (um) ano, desde que iniciados e mantidos os procedimentos judiciais para o seu recebimento;
III – com garantia, vencidos há mais de 2 (dois) anos, desde que iniciados e mantidos os procedimentos judiciais para o seu recebimento ou o arresto das garantias;
IV – contra devedor declarado falido ou pessoa jurídica declarada concordatária, relativamente à parcela que exceder o valor que esta tenha se comprometido a pagar, observado o disposto no § 5º.
IV – contra devedor declarado falido ou pessoa jurídica em concordata ou recuperação judicial, relativamente à parcela que exceder o valor que esta tenha se comprometido a pagar, observado o disposto no § 5º.

• Inciso IV com redação determinada pela Lei 13.097/2015.

§ 2º No caso de contrato de crédito em que o não pagamento de uma ou mais parcelas implique o vencimento automático de todas as demais parcelas vincendas, os limites a que se referem as alíneas *a* e *b* do inciso II do § 1 e as alíneas *a* e *b* do inciso II do § 7º serão considerados em relação ao total dos créditos, por operação, com o mesmo devedor.

• § 2º com redação determinada pela Lei 13.097/2015.

§ 3º Para os fins desta Lei, considera-se crédito garantido o proveniente de vendas com reserva de domínio, de alienação fiduciária em garantia ou de operações com outras garantias reais.

§ 4º No caso de crédito com pessoa jurídica em processo falimentar, em concordata ou em recuperação judicial, a dedução da perda será admitida a partir da data da decretação da falência ou do deferimento do processamento da concordata ou recuperação judicial, desde que a credora tenha adotado os procedimentos judiciais necessários para o recebimento do crédito.

• § 4º com redação determinada pela Lei 13.097/2015.

§ 5º A parcela do crédito cujo compromisso de pagar não houver sido honrado pela pessoa jurídica em concordata ou recuperação judicial poderá, também, ser deduzida como perda, observadas as condições previstas neste artigo.

• § 5º com redação determinada pela Lei 13.097/2015.

§ 6º Não será admitida a dedução de perda no recebimento de créditos com pessoa jurídica que seja controladora, controlada, coligada ou interligada, bem como com pessoa física que seja acionista controlador, sócio, titular ou administrador da pessoa jurídica credora, ou parente até o terceiro grau dessas pessoas físicas.

§ 7º Para os contratos inadimplidos a partir da data de publicação da Medida Provisória 656, de 7 de outubro de 2014, poderão ser registrados como perda os créditos:

Lei 9.430/1996

LEGISLAÇÃO

• § 7º acrescentado pela Lei 13.097/2015.

I – em relação aos quais tenha havido a declaração de insolvência do devedor, em sentença emanada do Poder Judiciário;

II – sem garantia, de valor:

a) até R$ 15.000,00 (quinze mil reais), por operação, vencidos há mais de seis meses, independentemente de iniciados os procedimentos judiciais para o seu recebimento;

b) acima de R$ 15.000,00 (quinze mil reais) até R$ 100.000,00 (cem mil reais), por operação, vencidos há mais de um ano, independentemente de iniciados os procedimentos judiciais para o seu recebimento, mantida a cobrança administrativa; e

c) superior a R$ 100.000,00 (cem mil reais), vencidos há mais de um ano, desde que iniciados e mantidos os procedimentos judiciais para o seu recebimento;

III – com garantia, vencidos há mais de dois anos, de valor:

a) até R$ 50.000,00 (cinquenta mil reais), independentemente de iniciados os procedimentos judiciais para o seu recebimento ou o arresto das garantias; e

b) superior a R$ 50.000,00 (cinquenta mil reais), desde que iniciados e mantidos os procedimentos judiciais para o seu recebimento ou o arresto das garantias; e

IV – contra devedor declarado falido ou pessoa jurídica em concordata ou recuperação judicial, relativamente à parcela que exceder o valor que esta tenha se comprometido a pagar, observado o disposto no § 5º.

Registro contábil das perdas

Art. 10. Os registros contábeis das perdas admitidas nesta Lei serão efetuados a débito de conta de resultado e a crédito:

• V. art. 28.

I – da conta que registra o crédito de que trata a alínea *a* do inciso II do § 1º do art. 9º e a alínea *a* do inciso II do § 7º do art. 9º;

• Inciso I com redação determinada pela Lei 13.097/2015.

II – de conta redutora do crédito, nas demais hipóteses.

§ 1º Ocorrendo a desistência da cobrança pela via judicial, antes de decorridos cinco anos do vencimento do crédito, a perda eventualmente registrada deverá ser estornada ou adicionada ao lucro líquido, para determinação do lucro real correspondente ao período de apuração em que se der a desistência.

§ 2º Na hipótese do parágrafo anterior, o imposto será considerado como postergado desde o período de apuração em que tenha sido reconhecida a perda.

§ 3º Se a solução da cobrança se der em virtude de acordo homologado por sentença judicial, o valor da perda a ser estornado ou adicionado ao lucro líquido para determinação do lucro real será igual à soma da quantia recebida com o saldo a receber renegociado, não sendo aplicável o disposto no parágrafo anterior.

§ 4º Os valores registrados na conta redutora do crédito referida no inciso II do *caput* poderão ser baixados definitivamente em contrapartida à conta que registre o crédito, a partir do período de apuração em que se completar 5 (cinco) anos do vencimento do crédito sem que o mesmo tenha sido liquidado pelo devedor.

Encargos financeiros de créditos vencidos

Art. 11. Após 2 (dois) meses do vencimento do crédito, sem que tenha havido o seu recebimento, a pessoa jurídica credora poderá excluir do lucro líquido, para determinação do lucro real, o valor dos encargos financeiros incidentes sobre o crédito, contabilizado como receita, auferido a partir do prazo definido neste artigo.

• V. art. 28.

§ 1º Ressalvadas as hipóteses das alíneas *a* e *b* do inciso II do § 1º do art. 9º, das alíneas *a* e *b* do inciso II do § 7º do art. 9º e da alínea *a* do inciso III do § 7º do art. 9º, o disposto neste artigo somente se aplica quando a pessoa jurídica houver tomado as providências de caráter judicial necessárias ao recebimento do crédito.

• § 1º com redação determinada pela Lei 13.097/2015.

§ 2º Os valores excluídos deverão ser adicionados no período de apuração em que, para os fins legais, se tornarem disponíveis para a pessoa jurídica credora ou em que reconhecida a respectiva perda.

§ 3º A partir da citação inicial para o pagamento do débito, a pessoa jurídica devedora deverá adicionar ao lucro líquido, para determinação do lucro real, os encargos in-

Lei 9.430/1996

LEGISLAÇÃO

cidentes sobre o débito vencido e não pago que tenham sido deduzidos como despesa ou custo, incorridos a partir daquela data.

§ 4º Os valores adicionados a que se refere o parágrafo anterior poderão ser excluídos do lucro líquido, para determinação do lucro real, no período de apuração em que ocorra a quitação do débito por qualquer forma.

Créditos recuperados

Art. 12. Deverá ser computado na determinação do lucro real o montante dos créditos deduzidos que tenham sido recuperados, em qualquer época ou a qualquer título, inclusive nos casos de novação da dívida ou do arresto dos bens recebidos em garantia real.

• V. art. 28.

§ 1º Os bens recebidos a título de quitação do débito serão escriturados pelo valor do crédito ou avaliados pelo valor definido na decisão judicial que tenha determinado sua incorporação ao patrimônio do credor.

> Primitivo parágrafo único renumerado pela Lei 12.431/2011.

§ 2º Nas operações de crédito realizadas por instituições financeiras autorizadas a funcionar pelo Banco Central do Brasil, nos casos de renegociação de dívida, o reconhecimento da receita para fins de incidência de imposto sobre a renda e da Contribuição Social sobre o Lucro Líquido ocorrerá no momento do efetivo recebimento do crédito.

> § 2º com redação determinada pela Lei 12.715/2012 (DOU 18.09.2012), em vigor em 1º.01.2013 (v. art. 78, § 1º da referida Lei).

Disposição transitória

Art. 13. No balanço levantado para determinação do lucro real em 31 de dezembro de 1996, a pessoa jurídica poderá optar pela constituição de provisão para créditos de liquidação duvidosa na forma do art. 43 da Lei 8.981, de 20 de janeiro de 1995, com as alterações da Lei 9.065, de 20 de junho de 1995, ou pelos critérios de perdas a que se referem os arts. 9º a 12.

• V. art. 28.

Saldo de provisões existente em 31 de dezembro de 1996

Art. 14. A partir do ano-calendário de 1997, ficam revogadas as normas previstas no art. 43 da Lei 8.981, de 20 de janeiro de 1995, com as alterações da Lei 9.065, de 20 de junho de 1995, bem como a autorização para a constituição de provisão nos termos dos artigos citados, contida no inciso I do art. 13 da Lei 9.249, de 26 de dezembro de 1995.

• V. art. 28.

§ 1º A pessoa jurídica que, no balanço de 31 de dezembro de 1996, optar pelos critérios de dedução de perdas de que tratam os arts. 9º a 12 deverá, nesse mesmo balanço, reverter os saldos das provisões para créditos de liquidação duvidosa, constituídas na forma do art. 43 da Lei 8.981, de 20 de janeiro de 1995, com as alterações da Lei 9.065, de 20 de junho de 1995.

§ 2º Para a pessoa jurídica que, no balanço de 31 de dezembro de 1996, optar pela constituição de provisão na forma do art. 43 da Lei 8.981, de 20 de janeiro de 1995, com as alterações da Lei 9.065, de 20 de junho de 1995, a reversão a que se refere o parágrafo anterior será efetuada no balanço correspondente ao primeiro período de apuração encerrado em 1997, se houver adotado o regime de apuração trimestral, ou no balanço de 31 de dezembro de 1997 ou da data da extinção, se houver optado pelo pagamento mensal de que trata o art. 2º.

§ 3º Nos casos de incorporação, fusão ou cisão, a reversão de que trata o parágrafo anterior será efetuada no balanço que servir de base à apuração do lucro real correspondente.

Seção IV
Rendimentos do exterior

Compensação de imposto pago

Art. 15. A pessoa jurídica domiciliada no Brasil que auferir, de fonte no exterior, receita decorrente da prestação de serviços efetuada diretamente poderá compensar o imposto pago no país de domicílio da pessoa física ou jurídica contratante, observado o disposto no art. 26 da Lei 9.249, de 26 de dezembro de 1995.

Lucros e rendimentos

Art. 16. Sem prejuízo do disposto nos arts. 25, 26 e 27 da Lei 9.249, de 26 de dezembro de 1995, os lucros auferidos por filiais, sucursais, controladas e coligadas, no exterior, serão:

Lei 9.430/1996

LEGISLAÇÃO

I – considerados de forma individualizada, por filial, sucursal, controlada ou coligada;

II – arbitrados, os lucros das filiais, sucursais e controladas, quando não for possível a determinação de seus resultados, com observância das mesmas normas aplicáveis às pessoas jurídicas domiciliadas no Brasil e computados na determinação do lucro real.

§ 1º Os resultados decorrentes de aplicações financeiras de renda variável no exterior, em um mesmo país, poderão ser consolidados para efeito de cômputo do ganho, na determinação do lucro real.

§ 2º Para efeito da compensação de imposto pago no exterior, a pessoa jurídica:

I – com relação aos lucros, deverá apresentar as demonstrações financeiras correspondentes, exceto na hipótese do inc. II do *caput* deste artigo;

II – fica dispensada da obrigação a que se refere o § 2º do art. 26 da Lei 9.249, de 26 de dezembro de 1995, quando comprovar que a legislação do país de origem do lucro, rendimento ou ganho de capital prevê a incidência do imposto de renda que houver sido pago, por meio do documento de arrecadação apresentado.

§ 3º Na hipótese de arbitramento do lucro da pessoa jurídica domiciliada no Brasil, os lucros, rendimentos e ganhos de capital oriundos do exterior serão adicionados ao lucro arbitrado para determinação da base de cálculo do imposto.

§ 4º Do imposto devido correspondente a lucros, rendimentos ou ganhos de capital oriundos do exterior não será admitida qualquer destinação ou dedução a título de incentivo fiscal.

Operações de cobertura em bolsa do exterior

Art. 17. Serão computados na determinação do lucro real os resultados líquidos, positivos ou negativos, obtidos em operações de cobertura (*hedge*) realizadas em mercados de liquidação futura, diretamente pela empresa brasileira, em bolsas no exterior.

• V. art. 28.

Parágrafo único. A Secretaria da Receita Federal e o Banco Central do Brasil expedirão instruções para a apuração do resultado líquido, sobre a movimentação de divisas relacionadas com essas operações, e outras que se fizerem necessárias à execução do disposto neste artigo.

• Parágrafo único acrescentado pela Lei 11.033/2004.

Seção V
Preços de transferência
Bens, serviços e direitos adquiridos no exterior

Art. 18. Os custos, despesas e encargos relativos a bens, serviços e direitos, constantes dos documentos de importação ou de aquisição, nas operações efetuadas com pessoa vinculada, somente serão dedutíveis na determinação do lucro real até o valor que não exceda ao preço determinado por um dos seguintes métodos:

• V. art. 28.

I – Método dos Preços Independentes Comparados – PIC: definido como a média aritmética ponderada dos preços de bens, serviços ou direitos, idênticos ou similares, apurados no mercado brasileiro ou de outros países, em operações de compra e venda empreendidas pela própria interessada ou por terceiros, em condições de pagamento semelhantes;

• Inciso I com redação determinada pela Lei 12.715/2012 (*DOU* 18.09.2012), em vigor em 1º.01.2013 (v. art. 78, § 1º da referida Lei).

II – Método do Preço de Revenda menos Lucro – PRL: definido como a média aritmética ponderada dos preços de venda, no País, dos bens, direitos ou serviços importados, em condições de pagamento semelhantes e calculados conforme a metodologia a seguir:

• Inciso II com redação determinada pela Lei 12.715/2012 (*DOU* 18.09.2012), em vigor em 1º.01.2013 (v. art. 78, § 1º da referida Lei).

a) preço líquido de venda: a média aritmética ponderada dos preços de venda do bem, direito ou serviço produzido, diminuídos dos descontos incondicionais concedidos, dos impostos e contribuições sobre as vendas e das comissões e corretagens pagas;

• Alínea *a* com redação determinada pela Lei 12.715/2012 (*DOU* 18.09.2012), em vigor em 1º.01.2013 (v. art. 78, § 1º da referida Lei).

Lei 9.430/1996

b) percentual de participação dos bens, direitos ou serviços importados no custo total do bem, direito ou serviço vendido: a relação percentual entre o custo médio ponderado do bem, direito ou serviço importado e o custo total médio ponderado do bem, direito ou serviço vendido, calculado em conformidade com a planilha de custos da empresa;

- Alínea *b* com redação determinada pela Lei 12.715/2012 (*DOU* 18.09.2012), em vigor em 1º.01.2013 (v. art. 78, § 1º da referida Lei).

c) participação dos bens, direitos ou serviços importados no preço de venda do bem, direito ou serviço vendido: aplicação do percentual de participação do bem, direito ou serviço importado no custo total, apurada conforme a alínea *b*, sobre o preço líquido de venda calculado de acordo com a alínea *a*;

- Alínea *c* com redação determinada pela Lei 12.715/2012 (*DOU* 18.09.2012), em vigor em 1º.01.2013 (v. art. 78, § 1º da referida Lei).

d) margem de lucro: a aplicação dos percentuais previstos no § 12, conforme setor econômico da pessoa jurídica sujeita ao controle de preços de transferência, sobre a participação do bem, direito ou serviço importado no preço de venda do bem, direito ou serviço vendido, calculado de acordo com a alínea *c*; e

- *Caput* da alínea *d* com redação determinada pela Lei 12.715/2012 (*DOU* 18.09.2012), em vigor em 1º.01.2013 (v. art. 78, § 1º da referida Lei).

1. *(Revogado pela Lei 12.715/2012 – DOU 18.09.2012, em vigor a partir de 1º.01.2013.)*
2. *(Revogado pela Lei 12.715/2012 – DOU 18.09.2012, em vigor a partir de 1º.01.2013.)*

e) preço parâmetro: a diferença entre o valor da participação do bem, direito ou serviço importado no preço de venda do bem, direito ou serviço vendido, calculado conforme a alínea *c*; e a "margem de lucro", calculada de acordo com a alínea *d*; e"

- Alínea *e* acrescentada pela Lei 12.715/2012 (*DOU* 18.09.2012), em vigor em 1º.01.2013 (v. art. 78, § 1º da referida Lei).

III – Método do Custo de Produção mais Lucro – CPL: definido como o custo médio ponderado de produção de bens, serviços ou direitos, idênticos ou similares, acrescido dos impostos e taxas cobrados na exportação no país onde tiverem sido originariamente produzidos, e de margem de lucro de 20% (vinte por cento), calculada sobre o custo apurado.

- Inciso III com redação determinada pela Lei 12.715/2012 (*DOU* 18.09.2012), em vigor em 1º.01.2013 (v. art. 78, § 1º da referida Lei).

§ 1º As médias aritméticas ponderadas dos preços de que tratam os incisos I e II do *caput* e o custo médio ponderado de produção de que trata o inciso III do *caput* serão calculados considerando-se os preços praticados e os custos incorridos durante todo o período de apuração da base de cálculo do imposto sobre a renda a que se referirem os custos, despesas ou encargos.

- § 1º com redação determinada pela Lei 12.715/2012 (*DOU* 18.09.2012), em vigor em 1º.01.2013 (v. art. 78, § 1º da referida Lei).

§ 2º Para efeito do disposto no inciso I, somente serão consideradas as operações de compra e venda praticadas entre compradores e vendedores não vinculados.

§ 3º Para efeito do disposto no inciso II, somente serão considerados os preços praticados pela empresa com compradores não vinculados.

§ 4º Na hipótese de utilização de mais de um método, será considerado dedutível o maior valor apurado, observado o disposto no parágrafo subsequente.

§ 5º Se os valores apurados segundo os métodos mencionados neste artigo forem superiores ao de aquisição, constante dos respectivos documentos, a dedutibilidade fica limitada ao montante deste último.

§ 6º Não integram o custo, para efeito do cálculo disposto na alínea *b* do inciso II do *caput*, o valor do frete e do seguro, cujo ônus tenha sido do importador, desde que tenham sido contratados com pessoas:

- § 6º com redação determinada pela Lei 12.715/2012 (*DOU* 18.09.2012), em vigor em 1º.01.2013 (v. art. 78, § 1º da referida Lei).

I – não vinculadas; e

II – que não sejam residentes ou domiciliadas em países ou dependências de tributação favorecida, ou que não estejam amparados por regimes fiscais privilegiados.

§ 6º-A. Não integram o custo, para efeito do cálculo disposto na alínea *b* do inciso II do *caput*, os tributos incidentes na importação e os gastos no desembaraço aduaneiro.

Lei 9.430/1996

LEGISLAÇÃO

- § 6º-A acrescentado pela Lei 12.715/2012 (*DOU* 18.09.2012), em vigor em 1º.01.2013 (v. art. 78, § 1º da referida Lei).

§ 7º A parcela dos custos que exceder ao valor determinado de conformidade com este artigo deverá ser adicionada ao lucro líquido, para determinação do lucro real.

§ 8º A dedutibilidade dos encargos de depreciação ou amortização dos bens e direitos fica limitada, em cada período de apuração, ao montante calculado com base no preço determinado na forma deste artigo.

§ 9º O disposto neste artigo não se aplica aos casos de royalties e assistência técnica, científica, administrativa ou assemelhada, os quais permanecem subordinados às condições de dedutibilidade constantes da legislação vigente.

§ 10. Relativamente ao método previsto no inciso I do *caput*, as operações utilizadas para fins de cálculo devem:

- § 10 acrescentado pela Lei 12.715/2012 (*DOU* 18.09.2012), em vigor em 1º.01.2013 (v. art. 78, § 1º da referida Lei).

I – representar, ao menos, 5% (cinco por cento) do valor das operações de importação sujeitas ao controle de preços de transferência, empreendidas pela pessoa jurídica, no período de apuração, quanto ao tipo de bem, direito ou serviço importado, na hipótese em que os dados utilizados para fins de cálculo digam respeito às suas próprias operações; e

II – corresponder a preços independentes realizados no mesmo ano-calendário das respectivas operações de importações sujeitas ao controle de preços de transferência.

§ 11. Na hipótese do inciso II do § 10, não havendo preço independente no ano-calendário da importação, poderá ser utilizado preço independente relativo à operação efetuada no ano-calendário imediatamente anterior ao da importação, ajustado pela variação cambial do período.

- § 11 acrescentado pela Lei 12.715/2012 (*DOU* 18.09.2012), em vigor em 1º.01.2013 (v. art. 78, § 1º da referida Lei).

§ 12. As margens a que se refere a alínea *d* do inciso II do *caput* serão aplicadas de acordo com o setor da atividade econômica da pessoa jurídica brasileira sujeita aos controles de preços de transferência e incidirão, independentemente de submissão a processo produtivo ou não no Brasil, nos seguintes percentuais:

- § 12 acrescentado pela Lei 12.715/2012 (*DOU* 18.09.2012), em vigor em 1º.01.2013 (v. art. 78, § 1º da referida Lei).

I – 40% (quarenta por cento), para os setores de:

a) produtos farmoquímicos e farmacêuticos;
b) produtos do fumo;
c) equipamentos e instrumentos ópticos, fotográficos e cinematográficos;
d) máquinas, aparelhos e equipamentos para uso odonto-médico-hospitalar;
e) extração de petróleo e gás natural; e
f) produtos derivados do petróleo;

II – 30% (trinta por cento) para os setores de:

a) produtos químicos;
b) vidros e de produtos do vidro;
c) celulose, papel e produtos de papel; e
d) metalurgia; e

III – 20% (vinte por cento) para os demais setores.

§ 13. Na hipótese em que a pessoa jurídica desenvolva atividades enquadradas em mais de um inciso do § 12, deverá ser adotada para fins de cálculo do PRL a margem correspondente ao setor da atividade para o qual o bem importado tenha sido destinado, observado o disposto no § 14.

- § 13 acrescentado pela Lei 12.715/2012 (*DOU* 18.09.2012), em vigor em 1º.01.2013 (v. art. 78, § 1º da referida Lei).

§ 14. Na hipótese de um mesmo bem importado ser revendido e aplicado na produção de um ou mais produtos, ou na hipótese de o bem importado ser submetido a diferentes processos produtivos no Brasil, o preço parâmetro final será a média ponderada dos valores encontrados mediante a aplicação do método PRL, de acordo com suas respectivas destinações.

- § 14 acrescentado pela Lei 12.715/2012 (*DOU* 18.09.2012), em vigor em 1º.01.2013 (v. art. 78, § 1º da referida Lei).

§ 15. No caso de ser utilizado o método PRL, o preço parâmetro deverá ser apurado considerando-se os preços de venda no período em que os produtos forem baixados dos estoques para resultado.

Lei 9.430/1996

- § 15 acrescentado pela Lei 12.715/2012 (DOU 18.09.2012), em vigor em 1º.01.2013 (v. art. 78, § 1º da referida Lei).

§ 16. Na hipótese de importação de *commodities* sujeitas à cotação em bolsas de mercadorias e futuros internacionalmente reconhecidas, deverá ser utilizado o Método do Preço sob Cotação na Importação – PCI definido no art. 18-A.

- § 16 acrescentado pela Lei 12.715/2012 (DOU 18.09.2012), em vigor em 1º.01.2013 (v. art. 78, § 1º da referida Lei).

§ 17. Na hipótese do inciso I do § 10, não havendo operações que representem 5% (cinco por cento) do valor das importações sujeitas ao controle de preços de transferência no período de apuração, o percentual poderá ser complementado com as importações efetuadas no ano-calendário imediatamente anterior, ajustado pela variação cambial do período.

- § 17 acrescentado pela Lei 12.715/2012 (DOU 18.09.2012), em vigor em 1º.01.2013 (v. art. 78, § 1º da referida Lei).

Art. 18-A. O Método do Preço sob Cotação na Importação – PCI é definido como os valores médios diários da cotação de bens ou direitos sujeitos a preços públicos em bolsas de mercadorias e futuros internacionalmente reconhecidas.

- Artigo acrescentado pela Lei 12.715/2012 (DOU 18.09.2012), em vigor em 1º.01.2013 (v. art. 78, § 1º da referida Lei).

§ 1º Os preços dos bens importados e declarados por pessoas físicas ou jurídicas residentes ou domiciliadas no País serão comparados com os preços de cotação desses bens, constantes em bolsas de mercadorias e futuros internacionalmente reconhecidas, ajustados para mais ou para menos do prêmio médio de mercado, na data da transação, nos casos de importação de:

I – pessoas físicas ou jurídicas vinculadas;
II – residentes ou domiciliadas em países ou dependências com tributação favorecida; ou
III – pessoas físicas ou jurídicas beneficiadas por regimes fiscais privilegiados.

§ 2º Não havendo cotação disponível para o dia da transação, deverá ser utilizada a última cotação conhecida.

§ 3º Na hipótese de ausência de identificação da data da transação, a conversão será efetuada considerando-se a data do registro da declaração de importação de mercadoria.

§ 4º Na hipótese de não haver cotação dos bens em bolsas de mercadorias e futuros internacionalmente reconhecidas, os preços dos bens importados a que se refere o § 1º poderão ser comparados com os obtidos a partir de fontes de dados independentes fornecidas por instituições de pesquisa setoriais internacionalmente reconhecidas.

§ 5º A Secretaria da Receita Federal do Brasil do Ministério da Fazenda disciplinará a aplicação do disposto neste artigo, inclusive a divulgação das bolsas de mercadorias e futuros e das instituições de pesquisas setoriais internacionalmente reconhecidas para cotação de preços.

Receitas oriundas de exportações para o exterior

Art. 19. As receitas auferidas nas operações efetuadas com pessoa vinculada ficam sujeitas a arbitramento quando o preço médio de venda dos bens, serviços ou direitos, nas exportações efetuadas durante o respectivo período de apuração da base de cálculo do imposto de renda, for inferior a 90% (noventa por cento) do preço médio praticado na venda dos mesmos bens, serviços ou direitos, no mercado brasileiro, durante o mesmo período, em condições de pagamento semelhantes.

- V. art. 28.

§ 1º Caso a pessoa jurídica não efetue operações de venda no mercado interno, a determinação dos preços médios a que se refere o *caput* será efetuada com dados de outras empresas que pratiquem a venda de bens, serviços ou direitos, idênticos ou similares, no mercado brasileiro.

§ 2º Para efeito de comparação, o preço de venda:

I – no mercado brasileiro, deverá ser considerado líquido dos descontos incondicionais concedidos, do imposto sobre a circulação de mercadorias e serviços, do imposto sobre serviços e das contribuições para a seguridade social – Cofins e para o PIS/Pasep;

II – nas exportações, será tomado pelo valor depois de diminuído dos encargos de frete e seguro, cujo ônus tenha sido da empresa exportadora.

Lei 9.430/1996

Legislação

§ 3º Verificado que o preço de venda nas exportações é inferior ao limite de que trata este artigo, as receitas das vendas nas exportações serão determinadas tomando-se por base o valor apurado segundo um dos seguintes métodos:

I – Método do Preço de Venda nas Exportações – PVEx: definido como a média aritmética dos preços de venda nas exportações efetuadas pela própria empresa, para outros clientes, ou por outra exportadora nacional de bens, serviços ou direitos, idênticos ou similares, durante o mesmo período de apuração da base de cálculo do imposto de renda e em condições de pagamento semelhantes;

II – Método do Preço de Venda por Atacado no País de Destino, Diminuído do Lucro – PVA: definido como a média aritmética dos preços de venda de bens, idênticos ou similares, praticados no mercado atacadista do país de destino, em condições de pagamento semelhantes, diminuídos dos tributos incluídos no preço, cobrados no referido país, e de margem de lucro de 15% (quinze por cento) sobre o preço de venda no atacado;

III – Método do Preço de Venda a Varejo no País de Destino, Diminuído do Lucro – PVV: definido como a média aritmética dos preços de venda de bens, idênticos ou similares, praticados no mercado varejista do país de destino, em condições de pagamento semelhantes, diminuídos dos tributos incluídos no preço, cobrados no referido país, e de margem de lucro de 30% (trinta por cento) sobre o preço de venda no varejo;

IV – Método do Custo de Aquisição ou de Produção mais Tributos e Lucro – CAP: definido como a média aritmética dos custos de aquisição ou de produção dos bens, serviços ou direitos, exportados, acrescidos dos impostos e contribuições cobrados no Brasil e de margem de lucro de 15% (quinze por cento) sobre a soma dos custos mais impostos e contribuições.

§ 4º As médias aritméticas de que trata o parágrafo anterior serão calculadas em relação ao período de apuração da respectiva base de cálculo do imposto de renda da empresa brasileira.

§ 5º Na hipótese de utilização de mais de um método, será considerado o menor dos valores apurados, observado o disposto no parágrafo subsequente.

§ 6º Se o valor apurado segundo os métodos mencionados no § 3º for inferior aos preços de venda constantes dos documentos de exportação, prevalecerá o montante da receita reconhecida conforme os referidos documentos.

§ 7º A parcela das receitas, apurada segundo o disposto neste artigo, que exceder ao valor já apropriado na escrituração da empresa deverá ser adicionada ao lucro líquido, para determinação do lucro real, bem como ser computada na determinação do lucro presumido e do lucro arbitrado.

§ 8º Para efeito do disposto no § 3º, somente serão consideradas as operações de compra e venda praticadas entre compradores e vendedores não vinculados.

§ 9º Na hipótese de exportação de *commodities* sujeitas à cotação em bolsas de mercadorias e futuros internacionalmente reconhecidas, deverá ser utilizado o Método do Preço sob Cotação na Exportação – Pecex, definido no art. 19-A.

- § 9º acrescentado pela Lei 12.715/2012 (*DOU* 18.09.2012), em vigor em 1º.01.2013 (v. art. 78, § 1º da referida Lei).

Art. 19-A. O Método do Preço sob Cotação na Exportação – Pecex é definido como os valores médios diários da cotação de bens ou direitos sujeitos a preços públicos em bolsas de mercadorias e futuros internacionalmente reconhecidas.

- Artigo acrescentado pela Lei 12.715/2012 (*DOU* 18.09.2012), em vigor em 1º.01.2013 (v. art. 78, § 1º da referida Lei).

§ 1º Os preços dos bens exportados e declarados por pessoas físicas ou jurídicas residentes ou domiciliadas no País serão comparados com os preços de cotação dos bens, constantes em bolsas de mercadorias e futuros internacionalmente reconhecidas, ajustados para mais ou para menos do prêmio médio de mercado, na data da transação, nos casos de exportação para:

I – pessoas físicas ou jurídicas vinculadas;

II – residentes ou domiciliadas em países ou dependências com tributação favorecida; ou

III – pessoas físicas ou jurídicas beneficiadas por regimes fiscais privilegiados.

§ 2º Não havendo cotação disponível para o dia da transação, deverá ser utilizada a última cotação conhecida.

Lei 9.430/1996

§ 3º Na hipótese de ausência de identificação da data da transação, a conversão será efetuada considerando-se a data de embarque dos bens exportados.

§ 4º As receitas auferidas nas operações de que trata o *caput* ficam sujeitas ao arbitramento de preços de transferência, não se aplicando o percentual de 90% (noventa por cento) previsto no *caput* do art. 19.

§ 5º Na hipótese de não haver cotação dos bens em bolsas de mercadorias e futuros internacionalmente reconhecidas, os preços dos bens exportados a que se refere o § 1º poderão ser comparados:

I – com os obtidos a partir de fontes de dados independentes fornecidas por instituições de pesquisa setoriais internacionalmente reconhecidas; ou

II – com os preços definidos por agências ou órgãos reguladores e publicados no *Diário Oficial da União*.

§ 6º A Secretaria da Receita Federal do Brasil do Ministério da Fazenda disciplinará o disposto neste artigo, inclusive a divulgação das bolsas de mercadorias e futuros e das instituições de pesquisas setoriais internacionalmente reconhecidas para cotação de preços.

§ 7º *(Vetado.)*

Art. 20. O Ministro de Estado da Fazenda poderá, em circunstâncias justificadas, alterar os percentuais de que tratam os arts. 18 e 19, de ofício ou mediante requerimento conforme o § 2º do art. 21.

- Artigo com redação determinada pela Lei 12.715/2012.
- V. art. 28.

Art. 20-A. A partir do ano-calendário de 2012, a opção por um dos métodos previstos nos arts. 18 e 19 será efetuada para o ano-calendário e não poderá ser alterada pelo contribuinte uma vez iniciado o procedimento fiscal, salvo quando, em seu curso, o método ou algum de seus critérios de cálculo venha a ser desqualificado pela fiscalização, situação esta em que deverá ser intimado o sujeito passivo para, no prazo de 30 (trinta) dias, apresentar novo cálculo de acordo com qualquer outro método previsto na legislação.

- Artigo acrescentado pela Lei 12.715/2012.

§ 1º A fiscalização deverá motivar o ato caso desqualifique o método eleito pela pessoa jurídica.

§ 2º A autoridade fiscal responsável pela verificação poderá determinar o preço parâmetro, com base nos documentos de que dispuser, e aplicar um dos métodos previstos nos arts. 18 e 19, quando o sujeito passivo, após decorrido o prazo de que trata o *caput*:

I – não apresentar os documentos que deem suporte à determinação do preço praticado nem às respectivas memórias de cálculo para apuração do preço parâmetro, segundo o método escolhido;

II – apresentar documentos imprestáveis ou insuficientes para demonstrar a correção do cálculo do preço parâmetro pelo método escolhido; ou

III – deixar de oferecer quaisquer elementos úteis à verificação dos cálculos para apuração do preço parâmetro, pelo método escolhido, quando solicitados pela autoridade fiscal.

§ 3º A Secretaria da Receita Federal do Brasil do Ministério da Fazenda definirá o prazo e a forma de opção de que trata o *caput*.

Art. 20-B. A utilização do método de cálculo de preço parâmetro, de que tratam os arts. 18 e 19, deve ser consistente por bem, serviço ou direito, para todo o ano-calendário.

- Artigo acrescentado pela Lei 12.715/2012.

Apuração dos preços médios

Art. 21. Os custos e preços médios a que se referem os arts. 18 e 19 deverão ser apurados com base em:

- V. art. 28.

I – publicações ou relatórios oficiais do governo do país do comprador ou vendedor ou declaração da autoridade fiscal desse mesmo país, quando com ele o Brasil mantiver acordo para evitar a bitributação ou para intercâmbio de informações;

II – pesquisas efetuadas por empresa ou instituição de notório conhecimento técnico ou publicações técnicas, em que se especifiquem o setor, o período, as empresas pesquisadas e a margem encontrada, bem como identifiquem, por empresa, os dados coletados e trabalhados.

Lei 9.430/1996

LEGISLAÇÃO

§ 1º As publicações, as pesquisas e os relatórios oficiais a que se refere este artigo somente serão admitidos como prova se houverem sido realizados com observância de métodos de avaliação internacionalmente adotados e se referirem a período contemporâneo com o de apuração da base de cálculo do imposto de renda da empresa brasileira.

§ 2º Admitir-se-ão margens de lucro diversas das estabelecidas nos arts. 18 e 19, desde que o contribuinte as comprove, com base em publicações, pesquisas ou relatórios elaborados de conformidade com o disposto neste artigo.

§ 3º As publicações técnicas, as pesquisas e os relatórios a que se refere este artigo poderão ser desqualificados mediante ato do Secretário da Receita Federal, quando considerados inidôneos ou inconsistentes.

Juros

Art. 22. Os juros pagos ou creditados a pessoa vinculada somente serão dedutíveis para fins de determinação do lucro real até o montante que não exceda ao valor calculado com base em taxa determinada conforme este artigo acrescida de margem percentual a título de *spread*, a ser definida por ato do Ministro de Estado da Fazenda com base na média de mercado, proporcionalizados em função do período a que se referirem os juros.

- *Caput* com redação determinada pela Lei 12.766/2012 (*DOU* 28.12.2012), em vigor na data de sua publicação, produzindo efeitos a partir de 1º.01.2013.
- V. art. 28.

§ 1º No caso de mútuo com pessoa vinculada, a pessoa jurídica mutuante, domiciliada no Brasil, deverá reconhecer, como receita financeira correspondente à operação, no mínimo o valor apurado segundo o disposto neste artigo.

§ 2º Para efeito do limite a que se refere este artigo, os juros serão calculados com base no valor da obrigação ou do direito, expresso na moeda objeto do contrato e convertida em reais pela taxa de câmbio, divulgada pelo Banco Central do Brasil, para a data do termo final do cálculo dos juros.

§ 3º O valor dos encargos que exceder o limite referido no *caput* e a diferença de receita apurada na forma do parágrafo anterior serão adicionados à base de cálculo do imposto de renda devido pela empresa no Brasil, inclusive ao lucro presumido ou arbitrado.

§ 4º (*Revogado pela Lei 12.715/2012 – DOU 18.09.2012, a partir de 1º.01.2013.*)

§ 5º (*Revogado pela Lei 12.766/2012 – DOU 28.12.2012, em vigor na data de sua publicação, produzindo efeitos a partir de 1º.01.2013.*)

§ 6º A taxa de que trata o *caput* será a taxa:

- § 6º acrescentado pela Lei 12.766/2012 (*DOU* 28.12.2012), em vigor na data de sua publicação, produzindo efeitos a partir de 1º.01.2013.

I – de mercado dos títulos soberanos da República Federativa do Brasil emitidos no mercado externo em dólares dos Estados Unidos da América, na hipótese de operações em dólares dos Estados Unidos da América com taxa prefixada;

II – de mercado dos títulos soberanos da República Federativa do Brasil emitidos no mercado externo em reais, na hipótese de operações em reais no exterior com taxa prefixada; e

III – *London Interbank Offered Rate* – Libor pelo prazo de 6 (seis) meses, nos demais casos.

§ 7º O Ministro de Estado da Fazenda poderá fixar a taxa de que trata o *caput* na hipótese de operações em reais no exterior com taxa flutuante.

- § 7º acrescentado pela Lei 12.766/2012 (*DOU* 28.12.2012), em vigor na data de sua publicação, produzindo efeitos a partir de 1º.01.2013.

§ 8º Na hipótese do inciso III do § 6º, para as operações efetuadas em outras moedas nas quais não seja divulgada taxa Libor própria, deverá ser utilizado o valor da taxa Libor para depósitos em dólares dos Estados Unidos da América.

- § 8º acrescentado pela Lei 12.766/2012 (*DOU* 28.12.2012), em vigor na data de sua publicação, produzindo efeitos a partir de 1º.01.2013.

§ 9º A verificação de que trata este artigo deve ser efetuada na data da contratação da operação e será aplicada aos contratos celebrados a partir de 1º de janeiro de 2013.

- § 9º acrescentado pela Lei 12.766/2012 (*DOU* 28.12.2012), em vigor na data de sua publicação, produzindo efeitos a partir de 1º.01.2013.

§ 10. Para fins do disposto no § 9º, a novação e a repactuação são consideradas novos contratos.

Lei 9.430/1996

LEGISLAÇÃO

- § 10 acrescentado pela Lei 12.766/2012 (*DOU* 28.12.2012), em vigor na data de sua publicação, produzindo efeitos a partir de 1º.01.2013.

§ 11. O disposto neste artigo será disciplinado pela Secretaria da Receita Federal do Brasil, inclusive quanto às especificações e condições de utilização das taxas previstas no *caput* e no § 6º.

- § 11 acrescentado pela Lei 12.766/2012 (*DOU* 28.12.2012), em vigor na data de sua publicação, produzindo efeitos a partir de 1º.01.2013.

Pessoa vinculada – Conceito

Art. 23. Para efeito dos arts. 18 a 22, será considerada vinculada à pessoa jurídica domiciliada no Brasil:

- V. art. 28.

I – a matriz desta, quando domiciliada no exterior;

II – a sua filial ou sucursal, domiciliada no exterior;

III – a pessoa física ou jurídica, residente ou domiciliada no exterior, cuja participação societária no seu capital social a caracterize como sua controladora ou coligada, na forma definida nos §§ 1º e 2º do art. 243 da Lei 6.404, de 15 de dezembro de 1976;

IV – a pessoa jurídica domiciliada no exterior que seja caracterizada como sua controlada ou coligada, na forma definida nos §§ 1º e 2º do art. 243 da Lei 6.404, de 15 de dezembro de 1976;

V – a pessoa jurídica domiciliada no exterior, quando esta e a empresa domiciliada no Brasil estiverem sob controle societário ou administrativo comum ou quando pelo menos 10% (dez por cento) do capital social de cada uma pertencer a uma mesma pessoa física ou jurídica;

VI – a pessoa física ou jurídica, residente ou domiciliada no exterior, que, em conjunto com a pessoa jurídica domiciliada no Brasil, tiver participação societária no capital social de uma terceira pessoa jurídica, cuja soma as caracterize como controladoras ou coligadas desta, na forma definida nos §§ 1º e 2º do art. 243 da Lei 6.404, de 15 de dezembro de 1976;

VII – a pessoa física ou jurídica, residente ou domiciliada no exterior, que seja sua associada, na forma de consórcio ou condomínio, conforme definido na legislação brasileira, em qualquer empreendimento;

VIII – a pessoa física residente no exterior que for parente ou afim até o terceiro grau, cônjuge ou companheiro de qualquer de seus diretores ou de seu sócio ou acionista controlador em participação direta ou indireta;

IX – a pessoa física ou jurídica, residente ou domiciliada no exterior, que goze de exclusividade, como seu agente, distribuidor ou concessionário, para a compra e venda de bens, serviços ou direitos;

X – a pessoa física ou jurídica, residente ou domiciliada no exterior, em relação à qual a pessoa jurídica domiciliada no Brasil goze de exclusividade, como agente, distribuidora ou concessionária, para a compra e venda de bens, serviços ou direitos.

Países com tributação favorecida

Art. 24. As disposições relativas a preços, custos e taxas de juros, constantes dos arts. 18 a 22, aplicam-se, também, às operações efetuadas por pessoa física ou jurídica residente ou domiciliada no Brasil, com qualquer pessoa física ou jurídica, ainda que não vinculada, residente ou domiciliada em país que não tribute a renda ou que a tribute à alíquota máxima inferior a 20% (vinte por cento).

- V. art. 28.
- V. art. 8º, Lei 9.779/1999 (Microempresa – Simples).
- V. art. 47, Lei 10.833/2003 (Altera a legislação tributária federal).

§ 1º Para efeito do disposto na parte final deste artigo, será considerada a legislação tributária do referido país, aplicável às pessoas físicas ou às pessoas jurídicas, conforme a natureza do ente com o qual houver sido praticada a operação.

§ 2º No caso de pessoa física residente no Brasil:

I – o valor apurado segundo os métodos de que trata o art. 18 será considerado como custo de aquisição para efeito de apuração de capital na alienação do bem ou direito;

II – o preço relativo ao bem ou direito alienado, para efeito de apuração de ganho de capital, será o apurado de conformidade com o disposto no art. 19;

III – será considerado como rendimento tributável o preço dos serviços prestados apurado de conformidade com o disposto no art. 19;

IV – serão considerados como rendimento tributável os juros determinados de conformidade com o art. 22.

§ 3º Para os fins do disposto neste artigo, considerar-se-á separadamente a tributação do trabalho e do capital, bem como as dependências do país de residência ou domicílio.

- § 3º acrescentado pela Lei 10.451/2002.

§ 4º Considera-se também país ou dependência com tributação favorecida aquele cuja legislação não permita o acesso a informações relativas à composição societária de pessoas jurídicas, à sua titularidade ou à identificação do beneficiário efetivo de rendimentos atribuídos a não residentes.

- § 4º acrescentado pela Lei 11.727/2008 (*DOU* 24.06.2008), em vigor na data de sua publicação, produzindo efeitos a partir do primeiro dia do ano seguinte ao de sua publicação (v. art. 41, VI, da referida Lei).

Art. 24-A. Aplicam-se às operações realizadas em regime fiscal privilegiado as disposições relativas a preços, custos e taxas de juros constantes dos arts. 18 a 22 desta Lei, nas transações entre pessoas físicas ou jurídicas residentes e domiciliadas no País com qualquer pessoa física ou jurídica, ainda que não vinculada, residente ou domiciliada no exterior.

- *Caput* acrescentado pela Lei 11.727/2008 (*DOU* 24.06.2008), em vigor na data de sua publicação, produzindo efeitos a partir do primeiro dia do ano seguinte ao de sua publicação (v. art. 41, VI, da referida Lei).

Parágrafo único. Para os efeitos deste artigo, considera-se regime fiscal privilegiado aquele que apresentar uma ou mais das seguintes características:

- *Caput* do parágrafo único com redação determinada pela Lei 11.941/2009.

I – não tribute a renda ou a tribute à alíquota máxima inferior a 20% (vinte por cento);

- Inciso I acrescentado pela Lei 11.727/2008 (*DOU* 24.06.2008), em vigor na data de sua publicação, produzindo efeitos a partir do primeiro dia do ano seguinte ao de sua publicação (v. art. 41, VI, da referida Lei).

II – conceda vantagem de natureza fiscal a pessoa física ou jurídica não residente:

- Inciso II acrescentado pela Lei 11.727/2008 (*DOU* 24.06.2008), em vigor na data de sua publicação, produzindo efeitos a partir do primeiro dia do ano seguinte ao de sua publicação (v. art. 41, VI, da referida Lei).

a) sem exigência de realização de atividade econômica substantiva no país ou dependência;

b) condicionada ao não exercício de atividade econômica substantiva no país ou dependência;

III – não tribute, ou o faça em alíquota máxima inferior a 20% (vinte por cento), os rendimentos auferidos fora de seu território;

- Inciso III acrescentado pela Lei 11.727/2008 (*DOU* 24.06.2008), em vigor na data de sua publicação, produzindo efeitos a partir do primeiro dia do ano seguinte ao de sua publicação (v. art. 41, VI, da referida Lei).

IV – não permita o acesso a informações relativas à composição societária, titularidade de bens ou direitos ou às operações econômicas realizadas.

- Inciso IV acrescentado pela Lei 11.727/2008 (*DOU* 24.06.2008), em vigor na data de sua publicação, produzindo efeitos a partir do primeiro dia do ano seguinte ao de sua publicação (v. art. 41, VI, da referida Lei).

Art. 24-B. O Poder Executivo poderá reduzir ou restabelecer os percentuais de que tratam o *caput* do art. 24 e os incisos I e III do parágrafo único do art. 24-A, ambos desta Lei.

- Artigo acrescentado pela Lei 11.727/2008 (*DOU* 24.06.2008), em vigor na data de sua publicação, produzindo efeitos a partir do primeiro dia do ano seguinte ao de sua publicação (v. art. 41, VI, da referida Lei).

Parágrafo único. O uso da faculdade prevista no *caput* deste artigo poderá também ser aplicado, de forma excepcional e restrita, a países que componham blocos econômicos dos quais o País participe.

Seção VI
Lucro presumido
Determinação

Art. 25. O lucro presumido será o montante determinado pela soma das seguintes parcelas:

I – o valor resultante da aplicação dos percentuais de que trata o art. 15 da Lei 9.249, de 26 de dezembro de 1995, sobre a receita bruta definida pelo art. 12 do Decreto-lei 1.598, de 26 de dezembro de 1977, auferida no período de apuração de que trata o art. 1º, deduzida das devoluções e vendas canceladas e dos descontos incondicionais concedidos; e

Lei 9.430/1996

- Inciso I com redação determinada pela Lei 12.973/2014 (*DOU* 14.05.2014), em vigor em 1º.01.2015.
- V. art. 119, § 1º, I, Lei 12.973/2014.

II – os ganhos de capital, os rendimentos e ganhos líquidos auferidos em aplicações financeiras, as demais receitas, os resultados positivos decorrentes de receitas não abrangidas pelo inciso I, com os respectivos valores decorrentes do ajuste a valor presente de que trata o inciso VIII do *caput* do art. 183 da Lei 6.404, de 15 de dezembro de 1976, e demais valores determinados nesta Lei, auferidos naquele mesmo período.

- Inciso II com redação determinada pela Lei 12.973/2014 (*DOU* 14.05.2014), em vigor em 1º.01.2015.
- V. art. 119, § 1º, I, Lei 12.973/2014.

§ 1º O ganho de capital nas alienações de investimentos, imobilizados e intangíveis corresponderá à diferença positiva entre o valor da alienação e o respectivo valor contábil.

- § 1º acrescentado pela Lei 12.973/2014 (*DOU* 14.05.2014), em vigor em 1º.01.2015.
- V. art. 119, § 1º, I, Lei 12.973/2014.

§ 2º Para fins do disposto no § 1º, poderão ser considerados no valor contábil, e na proporção deste, os respectivos valores decorrentes dos efeitos do ajuste a valor presente de que trata o inciso III do *caput* do art. 184 da Lei 6.404, de 15 de dezembro de 1976.

- § 2º acrescentado pela Lei 12.973/2014 (*DOU* 14.05.2014), em vigor em 1º.01.2015.
- V. art. 119, § 1º, I, Lei 12.973/2014.

§ 3º Os ganhos decorrentes de avaliação de ativo ou passivo com base no valor justo não integrarão a base de cálculo do imposto, no momento em que forem apurados.

- § 3º acrescentado pela Lei 12.973/2014 (*DOU* 14.05.2014), em vigor em 1º.01.2015.
- V. art. 119, § 1º, I, Lei 12.973/2014.

§ 4º Para fins do disposto no inciso II do *caput*, os ganhos e perdas decorrentes de avaliação do ativo com base em valor justo não serão considerados como parte integrante do valor contábil.

- § 4º acrescentado pela Lei 12.973/2014 (*DOU* 14.05.2014), em vigor em 1º.01.2015.
- V. art. 119, § 1º, I, Lei 12.973/2014.

§ 5º O disposto no § 4º não se aplica aos ganhos que tenham sido anteriormente computados na base de cálculo do imposto.

- § 5º acrescentado pela Lei 12.973/2014 (*DOU* 14.05.2014), em vigor em 1º.01.2015.
- V. art. 119, § 1º, I, Lei 12.973/2014.

Opção

Art. 26. A opção pela tributação com base no lucro presumido será aplicada em relação a todo o período de atividade da empresa em cada ano-calendário.

§ 1º A opção de que trata este artigo será manifestada com o pagamento da primeira ou única quota do imposto devido correspondente ao primeiro período de apuração de cada ano-calendário.

§ 2º A pessoa jurídica que houver iniciado atividade a partir do segundo trimestre manifestará a opção de que trata este artigo com o pagamento da primeira ou única quota do imposto devido relativa ao período de apuração do início de atividade.

§ 3º A pessoa jurídica que houver pago o imposto com base no lucro presumido e que, em relação ao mesmo ano-calendário, alterar a opção, passando a ser tributada com base no lucro real, ficará sujeita ao pagamento de multa e juros moratórios sobre a diferença de imposto paga a menor.

§ 4º A mudança de opção a que se refere o parágrafo anterior somente será admitida quando formalizada até a entrega da correspondente declaração de rendimentos e antes de iniciado procedimento de ofício relativo a qualquer dos períodos de apuração do respectivo ano-calendário.

Seção VII
Lucro arbitrado

Determinação

Art. 27. O lucro arbitrado será o montante determinado pela soma das seguintes parcelas:

I – o valor resultante da aplicação dos percentuais de que trata o art. 16 da Lei 9.249, de 26 de dezembro de 1995, sobre a receita bruta definida pelo art. 12 do Decreto-lei 1.598, de 26 de dezembro de 1977, auferida no período de apuração de que trata o art. 1º, deduzida das devoluções e vendas canceladas e dos descontos incondicionais concedidos; e

- Inciso I com redação determinada pela Lei 12.973/2014 (*DOU* 14.05.2014), em vigor em 1º.01.2015.
- V. art. 119, § 1º, I, Lei 12.973/2014.

II – os ganhos de capital, os rendimentos e ganhos líquidos auferidos em aplicações financeiras, as demais receitas, os resultados positivos decorrentes de receitas não abrangidas pelo inciso I do *caput*, com os respectivos valores decorrentes do ajuste a valor presente de que trata o inciso VIII do *caput* do art. 183 da Lei 6.404, de 15 de dezembro de 1976, e demais valores determinados nesta Lei, auferidos naquele mesmo período.

- Inciso II com redação determinada pela Lei 12.973/2014 (*DOU* 14.05.2014), em vigor em 1º.01.2015.
- V. art. 119, § 1º, I, Lei 12.973/2014.

§ 1º Na apuração do lucro arbitrado, quando não conhecida a receita bruta, os coeficientes de que tratam os incisos II, III e IV do art. 51 da Lei 8.981, de 20 de janeiro de 1995, deverão ser multiplicados pelo número de meses do período de apuração.

§ 2º Na hipótese de utilização das alternativas de cálculo previstas nos incisos V a VIII do art. 51 da Lei 8.981, de 20 de janeiro de 1995, o lucro arbitrado será o valor resultante da soma dos valores apurados para cada mês do período de apuração.

§ 3º O ganho de capital nas alienações de investimentos, imobilizados e intangíveis corresponderá à diferença positiva entre o valor da alienação e o respectivo valor contábil.

- § 3º acrescentado pela Lei 12.973/2014 (*DOU* 14.05.2014), em vigor em 1º.01.2015.
- V. art. 119, § 1º, I, Lei 12.973/2014.

§ 4º Para fins do disposto no § 3º, poderão ser considerados no valor contábil, e na proporção deste, os respectivos valores decorrentes dos efeitos do ajuste a valor presente de que trata o inciso III do caput do art. 184 da Lei 6.404, de 15 de dezembro de 1976.

- § 4º acrescentado pela Lei 12.973/2014 (*DOU* 14.05.2014), em vigor em 1º.01.2015.
- V. art. 119, § 1º, I, Lei 12.973/2014.

§ 5º Os ganhos decorrentes de avaliação de ativo ou passivo com base no valor justo não integrarão a base de cálculo do imposto, no momento em que forem apurados.

- § 5º acrescentado pela Lei 12.973/2014 (*DOU* 14.05.2014), em vigor em 1º.01.2015.
- V. art. 119, § 1º, I, Lei 12.973/2014.

§ 6º Para fins do disposto no inciso II do *caput*, os ganhos e perdas decorrentes de avaliação do ativo com base em valor justo não serão considerados como parte integrante do valor contábil.

- § 6º acrescentado pela Lei 12.973/2014 (*DOU* 14.05.2014), em vigor em 1º.01.2015.
- V. art. 119, § 1º, I, Lei 12.973/2014.

§ 7º O disposto no § 6º não se aplica aos ganhos que tenham sido anteriormente computados na base de cálculo do imposto.

- § 7º acrescentado pela Lei 12.973/2014 (*DOU* 14.05.2014), em vigor em 1º.01.2015.
- V. art. 119, § 1º, I, Lei 12.973/2014.

Capítulo II
CONTRIBUIÇÃO SOCIAL SOBRE O LUCRO LÍQUIDO

Seção I
Apuração da base de cálculo e pagamento

- V. art. 8º, Lei 9.718/1998 (Altera a legislação tributária federal).

Normas aplicáveis

Art. 28. Aplicam-se à apuração da base de cálculo e ao pagamento da contribuição social sobre o lucro líquido as normas da legislação vigente e as correspondentes aos arts. 1º a 3º, 5º a 14, 17 a 24-B, 26, 55 e 71.

- Artigo com redação determinada pela Lei 12.715/2012.

Empresas sem escrituração contábil

Art. 29. A base de cálculo da contribuição social sobre o lucro líquido, devida pelas pessoas jurídicas tributadas com base no lucro presumido ou arbitrado e pelas demais empresas dispensadas de escrituração contábil, corresponderá à soma dos valores:

I – de que trata o art. 20 da Lei 9.249, de 26 de dezembro de 1995;

II – os ganhos de capital, os rendimentos e ganhos líquidos auferidos em aplicações financeiras, as demais receitas, os resultados positivos decorrentes de receitas não abrangidas pelo inciso I do *caput*, com os respectivos valores decorrentes do ajuste a valor presente de que trata o inciso VIII do *caput* do art. 183 da Lei 6.404, de 15 de dezembro de 1976, e demais valores determinados nesta Lei, auferidos naquele mesmo período.

- Inciso II com redação determinada pela Lei 12.973/2014 (*DOU* 14.05.2014), em vigor em 1º.01.2015.
- V. art. 119, § 1º, I, Lei 12.973/2014.

Lei 9.430/1996

LEGISLAÇÃO

Pagamento mensal estimado
Art. 30. A pessoa jurídica que houver optado pelo pagamento do imposto de renda na forma do art. 2º fica, também, sujeita ao pagamento mensal da contribuição social sobre o lucro líquido, determinada mediante a aplicação da alíquota a que estiver sujeita sobre a base de cálculo apurada na forma dos incisos I e II do artigo anterior.

Capítulo III
IMPOSTO SOBRE PRODUTOS INDUSTRIALIZADOS

Contribuinte substituto
Art. 31. O art. 35 da Lei 4.502, de 30 de novembro de 1964, passa a vigorar com a seguinte redação:
"Art. 35. [...]
"[...]
"II – como contribuinte substituto:
"[...]
"c) o industrial ou equiparado, mediante requerimento, nas operações anteriores, concomitantes ou posteriores às saídas que promover, nas hipóteses e condições estabelecidas pela Secretaria da Receita Federal.
"§ 1º Nos casos das alíneas *a* e *b* do inciso II deste artigo, o pagamento do imposto não exclui a responsabilidade por infração do contribuinte originário quando este for identificado, e será considerado como efetuado fora do prazo, para todos os efeitos legais.
"§ 2º Para implementar o disposto na alínea c do inciso II, a Secretaria da Receita Federal poderá instituir regime especial de suspensão do imposto."

Capítulo IV
PROCEDIMENTOS DE FISCALIZAÇÃO

Seção I
Suspensão da imunidade e da isenção

Art. 32. A suspensão da imunidade tributária, em virtude de falta de observância de requisitos legais, deve ser procedida de conformidade com o disposto neste artigo.

- V. art. 14, Lei 9.532/1997 (Altera a legislação tributária federal).

§ 1º Constatado que entidade beneficiária de imunidade de tributos federais de que trata a alínea c do inciso VI do art. 150 da CF não está observando requisito ou condição previsto nos arts. 9º, § 1º, e 14, da Lei 5.172, de 25 de outubro de 1966 – CTN, a fiscalização tributária expedirá notificação fiscal, na qual relatará os fatos que determinam a suspensão do benefício, indicando inclusive a data da ocorrência da infração.

§ 2º A entidade poderá, no prazo de 30 (trinta) dias da ciência da notificação, apresentar as alegações e provas que entender necessárias.

§ 3º O Delegado ou Inspetor da Receita Federal decidirá sobre a procedência das alegações, expedindo o ato declaratório suspensivo do benefício, no caso de improcedência, dando, de sua decisão, ciência à entidade.

§ 4º Será igualmente expedido o ato suspensivo se decorrido o prazo previsto no § 2º sem qualquer manifestação da parte interessada.

§ 5º A suspensão da imunidade terá como termo inicial a data da prática da infração.

§ 6º Efetivada a suspensão da imunidade:
I – a entidade interessada poderá, no prazo de 30 (trinta) dias da ciência, apresentar impugnação ao ato declaratório, a qual será objeto de decisão pela Delegacia da Receita Federal de Julgamento competente;
II – a fiscalização de tributos federais lavrará auto de infração, se for o caso.

§ 7º A impugnação relativa à suspensão da imunidade obedecerá às demais normas reguladoras do processo administrativo fiscal.

§ 8º A impugnação e o recurso apresentados pela entidade não terão efeito suspensivo em relação ao ato declaratório contestado.

§ 9º Caso seja lavrado auto de infração, as impugnações contra o ato declaratório e contra a exigência de crédito tributário serão reunidas em um único processo, para serem decididas simultaneamente.

§ 10. Os procedimentos estabelecidos neste artigo aplicam-se, também, às hipóteses de suspensão de isenções condicionadas, quando a entidade beneficiária estiver descumprindo as condições ou requisitos impostos pela legislação de regência.

§ 11. *(Revogado pela Lei 13.165/2015.)*

Lei 9.430/1996

§ 12. A entidade interessada disporá de todos os meios legais para impugnar os fatos que determinam a suspensão do benefício.

* § 12 acrescentado pela Lei 11.941/2009.

Seção II
Regimes especiais de fiscalização

Art. 33. A Secretaria da Receita Federal pode determinar regime especial para cumprimento de obrigações, pelo sujeito passivo, nas seguintes hipóteses:

I – embaraço à fiscalização, caracterizado pela negativa não justificada de exibição de livros e documentos em que se assente a escrituração das atividades do sujeito passivo, bem como pelo não fornecimento de informações sobre bens, movimentação financeira, negócio ou atividade, próprios ou de terceiros, quando intimado, e demais hipóteses que autorizam a requisição do auxílio da força pública, nos termos do art. 200 da Lei 5.172, de 25 de outubro de 1966;

II – resistência à fiscalização, caracterizada pela negativa de acesso ao estabelecimento, ao domicílio fiscal ou a qualquer outro local onde se desenvolvam as atividades do sujeito passivo, ou se encontrem bens de sua posse ou propriedade;

III – evidências de que a pessoa jurídica esteja constituída por interpostas pessoas que não sejam os verdadeiros sócios ou acionistas, ou o titular, no caso de firma individual;

IV – realização de operações sujeitas à incidência tributária, sem a devida inscrição no cadastro de contribuintes apropriado;

V – prática reiterada de infração da legislação tributária;

VI – comercialização de mercadorias com evidências de contrabando ou descaminho;

VII – incidência em conduta que enseje representação criminal, nos termos da legislação que rege os crimes contra a ordem tributária.

§ 1º O regime especial de fiscalização será aplicado em virtude de ato do Secretário da Receita Federal.

§ 2º O regime especial pode consistir, inclusive, em:

I – manutenção de fiscalização ininterrupta no estabelecimento do sujeito passivo;

II – redução, à metade, dos períodos de apuração e dos prazos de recolhimento dos tributos;

III – utilização compulsória de controle eletrônico das operações realizadas e recolhimento diário dos respectivos tributos;

IV – exigência de comprovação sistemática do cumprimento das obrigações tributárias;

V – controle especial da impressão e emissão de documentos comerciais e fiscais e da movimentação financeira.

§ 3º As medidas previstas neste artigo poderão ser aplicadas isolada ou cumulativamente, por tempo suficiente à normalização do cumprimento das obrigações tributárias.

§ 4º A imposição do regime especial não elide a aplicação de penalidades previstas na legislação tributária.

§ 5º Às infrações cometidas pelo contribuinte durante o período em que estiver submetido a regime especial de fiscalização será aplicada a multa de que trata o inciso I do *caput* do art. 44 desta Lei, duplicando-se o seu percentual.

* § 5º com redação determinada pela Lei 11.488/2007.

Seção III
Documentação fiscal

Acesso à documentação

Art. 34. São também passíveis de exame os documentos do sujeito passivo, mantidos em arquivos magnéticos ou assemelhados, encontrados no local da verificação, que tenham relação direta ou indireta com a atividade por ele exercida.

Retenção de livros e documentos

Art. 35. Os livros e documentos poderão ser examinados fora do estabelecimento do sujeito passivo, desde que lavrado termo escrito de retenção pela autoridade fiscal, em que se especifiquem a quantidade, espécie, natureza e condições dos livros e documentos retidos.

§ 1º Constituindo os livros ou documentos prova da prática de ilícito penal ou tributário, os originais retidos não serão devolvidos, extraindo-se cópia para entrega ao interessado.

§ 2º Excetuado o disposto no parágrafo anterior, devem ser devolvidos os originais dos documentos retidos para exame, mediante recibo.

Lacração de arquivos

Art. 36. A autoridade fiscal encarregada de diligência ou fiscalização poderá promover a lacração de móveis, caixas, cofres ou depósitos onde se encontram arquivos e documentos, toda vez que ficar caracterizada a resistência ou o embaraço à fiscalização, ou ainda quando as circunstâncias ou a quantidade de documentos não permitirem sua identificação e conferência no local ou no momento em que foram encontrados.

Parágrafo único. O sujeito passivo e demais responsáveis serão previamente notificados para acompanharem o procedimento de rompimento do lacre e identificação dos elementos de interesse da fiscalização.

Guarda de documentos

Art. 37. Os comprovantes da escrituração da pessoa jurídica, relativos a fatos que repercutam em lançamentos contábeis de exercícios futuros, serão conservados até que se opere a decadência do direito de a Fazenda Pública constituir os créditos tributários relativos a esses exercícios.

Arquivos magnéticos

Art. 38. O sujeito passivo usuário de sistema de processamento de dados deverá manter documentação técnica completa e atualizada do sistema, suficiente para possibilitar a sua auditoria, facultada a manutenção em meio magnético, sem prejuízo da sua emissão gráfica, quando solicitada.

Extravio de livros e documentos

Art. 39. *(Revogado pela Lei 9.532/1997.)*

Seção IV
Omissão de receita
Falta de escrituração de pagamentos

Art. 40. A falta de escrituração de pagamentos efetuados pela pessoa jurídica, assim como a manutenção, no passivo, de obrigações cuja exigibilidade não seja comprovada, caracterizam, também, omissão de receita.

Levantamento quantitativo por espécie

Art. 41. A omissão de receita poderá, também, ser determinada a partir de levantamento por espécie das quantidades de matérias-primas e produtos intermediários utilizados no processo produtivo da pessoa jurídica.

§ 1º Para os fins deste artigo, apurar-se-á a diferença, positiva ou negativa, entre a soma das quantidades de produtos em estoque no início do período com a quantidade de produtos fabricados com as matérias-primas e produtos intermediários utilizados e a soma das quantidades de produtos cuja venda houver sido registrada na escrituração contábil da empresa com as quantidades em estoque, no final do período de apuração, constantes do Livro de Inventário.

§ 2º Considera-se receita omitida, nesse caso, o valor resultante da multiplicação das diferenças de quantidades de produtos ou de matérias-primas e produtos intermediários pelos respectivos preços médios de venda ou de compra, conforme o caso, em cada período de apuração abrangido pelo levantamento.

§ 3º Os critérios de apuração de receita omitida de que trata este artigo aplicam-se, também, às empresas comerciais, relativamente às mercadorias adquiridas para revenda.

Depósitos bancários

Art. 42. Caracterizam-se também omissão de receita ou de rendimento os valores creditados em conta de depósito ou de investimento mantida junto a instituição financeira, em relação aos quais o titular, pessoa física ou jurídica, regularmente intimado, não comprove, mediante documentação hábil e idônea, a origem dos recursos utilizados nessas operações.

§ 1º O valor das receitas ou dos rendimentos omitido será considerado auferido ou recebido no mês do crédito efetuado pela instituição financeira.

§ 2º Os valores cuja origem houver sido comprovada, que não houverem sido computados na base de cálculo dos impostos e contribuições a que estiverem sujeitos, submeter-se-ão às normas de tributação espe-

Lei 9.430/1996

LEGISLAÇÃO

cíficas, previstas na legislação vigente à época em que auferidos ou recebidos.

§ 3º Para efeito de determinação da receita omitida, os créditos serão analisados individualizadamente, observado que não serão considerados:

I – os decorrentes de transferências de outras contas da própria pessoa física ou jurídica;

II – no caso de pessoa física, sem prejuízo do disposto no inciso anterior, os de valor individual igual ou inferior a R$ 1.000,00 (mil reais), desde que o seu somatório, dentro do ano-calendário, não ultrapasse o valor de R$ 12.000,00 (doze mil reais).

- O art. 4º da Lei 9.481/1997 dispõe: "Os valores a que se refere o inciso II do § 3º do artigo 42 da Lei 9.430, de 27 de dezembro de 1996, passam a ser de R$ 12.000,00 (doze mil reais) e R$ 80.000,00 (oitenta mil reais) respectivamente".

§ 4º Tratando-se de pessoa física, os rendimentos omitidos serão tributados no mês em que considerados recebidos, com base na tabela progressiva vigente à época em que tenha sido efetuado o crédito pela instituição financeira.

§ 5º Quando provado que os valores creditados na conta de depósito ou de investimento pertencem a terceiro, evidenciando interposição de pessoa, a determinação dos rendimentos ou receitas será efetuada em relação ao terceiro, na condição de efetivo titular da conta de depósito ou de investimento.

- § 5º acrescentado pela Lei 10.637/2002.

§ 6º Na hipótese de contas de depósito ou de investimento mantidas em conjunto, cuja declaração de rendimentos ou de informações dos titulares tenham sido apresentadas em separado, e não havendo comprovação da origem dos recursos nos termos deste artigo, o valor dos rendimentos ou receitas será imputado a cada titular mediante divisão entre o total dos rendimentos ou receitas pela quantidade de titulares.

- § 6º acrescentado pela Lei 10.637/2002.

Seção V
Normas sobre o lançamento de tributos e contribuições
Auto de infração sem tributo

Art. 43. Poderá ser formalizada exigência de crédito tributário correspondente exclusivamente a multa ou a juros de mora, isolada ou conjuntamente.

- V. art. 19, Lei 10.865/2004 (Contribuição para os Programas de Integração Social e de Formação do Patrimônio do Servidor Público e a Contribuição para o Financiamento da Seguridade Social).

Parágrafo único. Sobre o crédito constituído na forma deste artigo, não pago no respectivo vencimento, incidirão juros de mora, calculados à taxa a que se refere o § 3º do art. 5º, a partir do primeiro dia do mês subsequente ao vencimento do prazo até o mês anterior ao do pagamento e de 1% (um por cento) no mês do pagamento.

Multas de lançamento de ofício

Art. 44. Nos casos de lançamento de ofício, serão aplicadas as seguintes multas:

- *Caput* com redação determinada pela Lei 11.488/2007.
- V. art. 19, Lei 10.865/2004 (Contribuição para os Programas de Integração Social e de Formação do Patrimônio do Servidor Público e a Contribuição para o Financiamento da Seguridade Social incidentes sobre a importação de bens e serviços).

I – de 75% (setenta e cinco por cento) sobre a totalidade ou diferença de imposto ou contribuição nos casos de falta de pagamento ou recolhimento, de falta de declaração e nos de declaração inexata;

- V. art. 2º da Lei 10.892/2004 (Altera os arts. 8º e 16 da Lei 9.311/1996).

II – de 50% (cinquenta por cento), exigida isoladamente, sobre o valor do pagamento mensal:

a) na forma do art. 8º da Lei 7.713, de 22 de dezembro de 1988, que deixar de ser efetuado, ainda que não tenha sido apurado imposto a pagar na declaração de ajuste, no caso de pessoa física;

b) na forma do art. 2º desta Lei, que deixar de ser efetuado, ainda que tenha sido apurado prejuízo fiscal ou base de cálculo negativa para a contribuição social sobre o lucro líquido, no ano-calendário correspondente, no caso de pessoa jurídica.

Lei 9.430/1996

§ 1º O percentual de multa de que trata o inciso I do *caput* deste artigo será duplicado nos casos previstos nos arts. 71, 72 e 73 da Lei 4.502, de 30 de novembro de 1964, independentemente de outras penalidades administrativas ou criminais cabíveis.

- *Caput* do § 1º com redação determinada pela Lei 11.488/2007.

I a IV – *(Revogados pela Lei 11.488/2007.)*

V – *(Revogado pela Lei 9.716/1998.)*

§ 2º Os percentuais de multa a que se referem o inciso I do *caput* e o § 1º deste artigo serão aumentados de metade, nos casos de não atendimento pelo sujeito passivo, no prazo marcado, de intimação para:

- § 2º com redação determinada pela Lei 11.488/2007.

I – prestar esclarecimentos;

II – apresentar os arquivos ou sistemas de que tratam os arts. 11 a 13 da Lei 8.218, de 29 de agosto de 1991;

III – apresentar a documentação técnica de que trata o art. 38 desta Lei.

§ 3º Aplicam-se às multas de que trata este artigo as reduções previstas no art. 6º da Lei 8.218, de 29 de agosto de 1991, e no art. 60 da Lei 8.383, de 30 de dezembro de 1991.

§ 4º As disposições deste artigo aplicam-se, inclusive, aos contribuintes que derem causa a ressarcimento indevido de tributo ou contribuição decorrente de qualquer incentivo ou benefício fiscal.

§ 5º Aplica-se também, no caso de que seja comprovadamente constatado dolo ou má-fé do contribuinte, a multa de que trata o inciso I do *caput* sobre:

- § 5º acrescentado pela Lei 12.249/2010 (*DOU* 14.06.2010), em vigor na data de sua publicação, produzindo efeitos a partir de 16.12.2009 (v. art. 139, I, *d*, da referida Lei).

I – a parcela do imposto a restituir informado pelo contribuinte pessoa física, na Declaração de Ajuste Anual, que deixar de ser restituída por infração à legislação tributária; e

II – *(Vetado.)*

Art. 45. *(Revogado pela Lei 11.488/2007.)*

Art. 46. *(Revogado pela Lei 11.488/2007.)*

Seção VI
Aplicação de acréscimos de procedimento espontâneo

Art. 47. A pessoa física ou jurídica submetida a ação fiscal por parte da Secretaria da Receita Federal poderá pagar, até o vigésimo dia subsequente à data de recebimento do termo de início da fiscalização, os tributos e contribuições já declarados, de que for sujeito passivo como contribuinte ou responsável, com os acréscimos legais aplicáveis nos casos de procedimento espontâneo.

- Artigo com redação determinada pela Lei 9.532/1997.

Capítulo V
DISPOSIÇÕES GERAIS

Seção I
Processo administrativo de consulta

Art. 48. No âmbito da Secretaria da Receita Federal, os processos administrativos de consulta serão solucionados em instância única.

§ 1º A competência para solucionar a consulta ou declarar sua ineficácia, na forma disciplinada pela Secretaria da Receita Federal do Brasil, poderá ser atribuída:

- § 1º com redação determinada pela Lei 12.788/2013.

I – a unidade central; ou

II – a unidade descentralizada.

§ 2º Os atos normativos expedidos pelas autoridades competentes serão observados quando da solução da consulta.

§ 3º Não cabe recurso nem pedido de reconsideração da solução da consulta ou do despacho que declarar sua ineficácia.

§ 4º As soluções das consultas serão publicadas pela imprensa oficial, na forma disposta em ato normativo emitido pela Secretaria da Receita Federal.

§ 5º Havendo diferença de conclusões entre soluções de consultas relativas a uma mesma matéria, fundada em idêntica norma jurídica, cabe recurso especial, sem efeito suspensivo, para o órgão de que trata o inciso I do § 1º.

§ 6º O recurso de que trata o parágrafo anterior pode ser interposto pelo destinatário da solução divergente, no prazo de 30 (trinta) dias, contados da ciência da solução.

Lei 9.430/1996

LEGISLAÇÃO

§ 7º Cabe a quem interpuser o recurso comprovar a existência das soluções divergentes sobre idênticas situações.

§ 8º O juízo de admissibilidade do recurso será realizado na forma disciplinada pela Secretaria da Receita Federal do Brasil.

- § 8º com redação determinada pela Lei 12.788/2013.

§ 9º Qualquer servidor da administração tributária deverá, a qualquer tempo, formular representação ao órgão que houver proferido a decisão, encaminhando as soluções divergentes sobre a mesma matéria, de que tenha conhecimento.

§ 10. O sujeito passivo que tiver conhecimento de solução divergente daquela que esteja observando em decorrência de resposta a consulta anteriormente formulada, sobre idêntica matéria, poderá adotar o procedimento previsto no § 5º, no prazo de 30 (trinta) dias contados da respectiva publicação.

§ 11. A solução da divergência acarretará, em qualquer hipótese, a edição de ato específico, uniformizando o entendimento, com imediata ciência ao destinatário da solução reformada, aplicando-se seus efeitos a partir da data da ciência.

§ 12. Se, após a resposta à consulta, a administração alterar o entendimento nela expresso, a nova orientação atingirá, apenas, os fatos geradores que ocorram após dado ciência ao consulente ou após a sua publicação pela imprensa oficial.

§ 13. A partir de 1º de janeiro de 1997, cessarão todos os efeitos decorrentes de consultas não solucionadas definitivamente, ficando assegurado aos consulentes, até 31 de janeiro de 1997:

I – a não instauração de procedimento de fiscalização em relação à matéria consultada;

II – a renovação da consulta anteriormente formulada, à qual serão aplicadas as normas previstas nesta Lei.

§ 14. A consulta poderá ser formulada por meio eletrônico, na forma disciplinada pela Secretaria da Receita Federal do Brasil.

- § 14 acrescentado pela Lei 12.788/2013.

§ 15. O Poder Executivo regulamentará prazo para solução das consultas de que trata este artigo.

- § 15 acrescentado pela Lei 12.788/2013.

Art. 49. Não se aplicam aos processos de consulta no âmbito da Secretaria da Receita Federal as disposições dos arts. 54 a 58 do Dec. 70.235, de 6 de março de 1972.

Art. 50. Aplicam-se aos processo de consulta relativos à classificação de mercadorias as disposições dos arts. 46 a 53 do Dec. 70.235, de 6 de março de 1972, e do art. 48 desta Lei.

§ 1º O órgão de que trata o inciso I do § 1º do art. 48 poderá alterar ou reformar, de ofício, as decisões proferidas nos processos relativos à classificação de mercadorias.

§ 2º Da alteração ou reforma mencionada no parágrafo anterior, deverá ser dada ciência ao consulente.

§ 3º Em relação aos atos praticados até a data da ciência ao consulente, nos casos de que trata o § 1º deste artigo, aplicam-se as conclusões da decisão proferida pelo órgão regional da Secretaria da Receita Federal.

§ 4º O envio de conclusões decorrentes de decisões proferidas em processos de consulta sobre classificação de mercadorias, para órgãos do Mercado Comum do Sul – Mercosul, será efetuado exclusivamente pelo órgão de que trata o inciso I do § 1º do art. 48.

Seção II
Normas sobre o lucro presumido e arbitrado

Art. 51. Os juros de que trata o art. 9º da Lei 9.249, de 26 de dezembro de 1995, bem como os rendimentos e ganhos líquidos decorrentes de quaisquer operações financeiras, serão adicionados ao lucro presumido ou arbitrado, para efeito de determinação do imposto de renda devido.

Parágrafo único. O imposto de renda incidente na fonte sobre os rendimentos de que trata este artigo será considerado como antecipação do devido na declaração de rendimentos.

Art. 52. Na apuração de ganho de capital de pessoa jurídica tributada pelo lucro presumido ou arbitrado, os valores acrescidos em virtude de reavaliação somente poderão ser computados como parte integrante dos custos de aquisição dos bens e direitos se a empresa comprovar que os valores acrescidos foram computados na determinação da base de cálculo do imposto de renda.

Art. 53. Os valores recuperados, correspondentes a custos e despesas, inclusive com perdas no recebimento de créditos, de-

Lei 9.430/1996

LEGISLAÇÃO

verão ser adicionados ao lucro presumido ou arbitrado para determinação do imposto de renda, salvo se o contribuinte comprovar não os ter deduzido em período anterior no qual tenha se submetido ao regime de tributação com base no lucro real ou que se refiram a período no qual tenha se submetido ao regime de tributação com base no lucro presumido ou arbitrado.

Art. 54. A pessoa jurídica que, até o ano-calendário anterior, houver sido tributada com base no lucro real deverá adicionar à base de cálculo do imposto de renda, correspondente ao primeiro período de apuração no qual houver optado pela tributação com base no lucro presumido ou for tributada com base no lucro arbitrado, os saldos dos valores cuja tributação havia diferido, independentemente da necessidade de controle no livro de que trata o inciso I do *caput* do art. 8º do Decreto-lei 1.598, de 26 de dezembro de 1977.

- Artigo com redação determinada pela Lei 12.973/2014 (*DOU* 14.05.2014), em vigor em 1º.01.2015.
- V. art. 119, § 1º, I, Lei 12.973/2014.

Seção III
Normas aplicáveis a atividades especiais
Sociedades civis

Art. 55. As sociedades civis de prestação de serviços profissionais relativos ao exercício de profissão legalmente regulamentada de que trata o art. 1º do Dec.-lei 2.397, de 21 de dezembro de 1987, passam, em relação aos resultados auferidos a partir de 1º de janeiro de 1997, a ser tributadas pelo imposto de renda de conformidade com as normas aplicáveis às demais pessoas jurídicas.

- V. art. 28.

Art. 56. As sociedades civis de prestação de serviços de profissão legalmente regulamentada passam a contribuir para a seguridade social com base na receita bruta da prestação de serviços, observadas as normas da LC 70, de 30 de dezembro de 1991.

- V. Súmula 508, STJ.

Parágrafo único. Para efeito da incidência da contribuição de que trata este artigo, serão consideradas as receitas auferidas a partir do mês de abril de 1997.

Art. 56-A. A entidade privada de abrangência nacional e sem fins lucrativos, constituída pelo conjunto das cooperativas de crédito e dos bancos cooperativos, na forma da legislação e regulamentação próprias, destinada a administrar mecanismo de proteção a titulares de créditos contra essas instituições e a contribuir para a manutenção da estabilidade e a prevenção de insolvência e de outros riscos dessas instituições, é isenta do imposto de renda, inclusive do incidente sobre ganhos líquidos mensais e do retido na fonte sobre os rendimentos de aplicação financeira de renda fixa e de renda variável, bem como da contribuição social sobre o lucro líquido.

- Artigo acrescentado pela Lei 12.873/2013.

§ 1º Para efeito de gozo da isenção, a referida entidade deverá ter seu estatuto e seu regulamento aprovados pelo Conselho Monetário Nacional.

§ 2º Ficam autorizadas as transferências, para a entidade mencionada no *caput*, de recursos oriundos de recolhimentos realizados pelas cooperativas de crédito e bancos cooperativos, de forma direta ou indireta, ao Fundo Garantidor de Crédito de que trata o art. 4º da Lei 9.710, de 19 de novembro de 1998.

§ 3º As transferências dos recursos de que trata o § 2º não serão tributadas, nos termos deste artigo.

§ 4º Em caso de dissolução, por qualquer motivo, da entidade de que trata o *caput*, os recursos eventualmente devolvidos às associadas estarão sujeitos à tributação na instituição recebedora, na forma da legislação vigente.

§ 5º O disposto neste artigo entra em vigor no dia seguinte ao da aprovação pelo Conselho Monetário Nacional do estatuto e do regulamento da entidade de que trata o *caput*.

Associações de poupança e empréstimo

Art. 57. As Associações de Poupança e Empréstimo pagarão o imposto de renda correspondente aos rendimentos e ganhos líquidos, auferidos em aplicações financeiras, à alíquota de 15% (quinze por cento), calculado sobre 28% (vinte e oito por cento) do valor dos referidos rendimentos e ganhos líquidos.

Parágrafo único. O imposto incidente na forma deste artigo será considerado tributação definitiva.

Empresas de *factoring*

Art. 58. Fica incluído no art. 36 da Lei 8.981, de 20 de janeiro de 1995, com as alterações da Lei 9.065, de 20 de junho de 1995, o seguinte inciso XV:

• Alteração processada no texto da referida Lei.

Atividade florestal

Art. 59. Considera-se, também, como atividade rural o cultivo de florestas que se destinem ao corte para comercialização, consumo ou industrialização.

Liquidação extrajudicial e falência

Art. 60. As entidades submetidas aos regimes de liquidação extrajudicial e de falência sujeitam-se às normas de incidência dos impostos e contribuições de competência da União aplicáveis às pessoas jurídicas, em relação às operações praticadas durante o período em que perdurarem os procedimentos para a realização de seu ativo e o pagamento do passivo.

• V. Lei 11.101/2005 (Lei de Recuperação de Empresas e Falência).

Seção IV
Acréscimos moratórios
Multas e juros

Art. 61. Os débitos para com a União, decorrentes de tributos e contribuições administrados pela Secretaria da Receita Federal, cujos fatos geradores ocorrerem a partir de 1º de janeiro de 1997, não pagos nos prazos previstos na legislação específica, serão acrescidos de multa de mora, calculada à taxa de 0,33% (trinta e três centésimos por cento), por dia de atraso.

• V. art. 18, Lei 9.779/1999 (Microempresas – Simples).

§ 1º A multa de que trata este artigo será calculada a partir do primeiro dia subsequente ao do vencimento do prazo previsto para o pagamento do tributo ou da contribuição até o dia em que ocorrer o seu pagamento.

§ 2º O percentual de multa a ser aplicado fica limitado a 20% (vinte por cento).

§ 3º Sobre os débitos a que se refere este artigo incidirão juros de mora calculados à taxa a que se refere o § 3º do art. 5º, a partir do primeiro dia do mês subsequente ao vencimento do prazo até o mês anterior ao do pagamento, e de 1% (um por cento) no mês de pagamento.

• V. art. 4º, Lei 9.716/1998 (Altera a legislação tributária federal).

Pagamento em quotas-juros

Art. 62. Os juros a que se referem o inciso III do art. 14 e o art. 16, ambos da Lei 9.250, de 26 de dezembro de 1995, serão calculados à taxa a que se refere o § 3º do art. 5º, a partir do primeiro dia do mês subsequente ao previsto para a entrega tempestiva da declaração de rendimentos.

Parágrafo único. As quotas do imposto sobre a propriedade territorial rural a que se refere a alínea c do parágrafo único do art. 14 da Lei 8.847, de 28 de janeiro de 1994, serão acrescidas de juros calculados à taxa a que se refere o § 3º do art. 5º, a partir do primeiro dia do mês subsequente àquele em que o contribuinte for notificado até o último dia do mês anterior ao do pagamento e de 1% (um por cento) no mês do pagamento.

Débitos com exigibilidade suspensa

Art. 63. Na constituição de crédito tributário destinada a prevenir a decadência, relativo a tributo de competência da União, cuja exigibilidade houver sido suspensa na forma dos incisos IV e V do art. 151 da Lei 5.172, de 25 de outubro de 1966, não caberá lançamento de multa de ofício.

• *Caput* com redação determinada pela MP 2.158-35/2001.

§ 1º O disposto neste artigo aplica-se, exclusivamente, aos casos em que a suspensão da exigibilidade do débito tenha ocorrido antes do início de qualquer procedimento de ofício a ele relativo.

§ 2º A interposição da ação judicial favorecida com a medida liminar interrompe a incidência da multa de mora, desde a concessão da medida judicial, até 30 (trinta) dias após a data da publicação da decisão judicial que considerar devido o tributo ou contribuição.

Lei 9.430/1996

Seção V
Arrecadação de tributos e contribuições
Retenção de tributos e contribuições

Art. 64. Os pagamentos efetuados por órgãos, autarquias e fundações da administração pública federal a pessoas jurídicas, pelo fornecimento de bens ou prestação de serviços, estão sujeitos à incidência, na fonte, do imposto sobre a renda, da contribuição social sobre o lucro líquido, da contribuição para seguridade social – Cofins e da contribuição para o PIS/Pasep.

> • V. Instrução Normativa RFB 1.234/2012 (Retenção de tributos nos pagamentos efetuados pelos órgãos da administração pública federal direta, autarquias e fundações federais, empresas públicas, sociedades de economia mista e demais pessoas jurídicas que menciona a outras pessoas jurídicas pelo fornecimento de bens e serviços).

§ 1º A obrigação pela retenção é do órgão ou entidade que efetuar o pagamento.

§ 2º O valor retido, correspondente a cada tributo ou contribuição, será levado a crédito da respectiva conta de receita da União.

§ 3º O valor do imposto e das contribuições sociais retido será considerado como antecipação do que for devido pelo contribuinte em relação ao mesmo imposto e às mesmas contribuições.

§ 4º O valor retido correspondente ao imposto de renda e a cada contribuição social somente poderá ser compensado com o que for devido em relação à mesma espécie de imposto ou contribuição.

§ 5º O imposto de renda a ser retido será determinado mediante a aplicação da alíquota de 15% (quinze por cento) sobre o resultado da multiplicação do valor a ser pago pelo percentual de que trata o art. 15 da Lei 9.249, de 26 de dezembro de 1995, aplicável à espécie de receita correspondente ao tipo de bem fornecido ou de serviço prestado.

§ 6º O valor da contribuição social sobre o lucro líquido, a ser retido, será determinado mediante a aplicação da alíquota de 1% (um por cento), sobre o montante a ser pago.

§ 7º O valor da contribuição para a seguridade social – Cofins, a ser retido, será determinado mediante a aplicação da alíquota respectiva sobre o montante a ser pago.

§ 8º O valor da contribuição para o PIS/Pasep, a ser retido, será determinado mediante a aplicação da alíquota respectiva sobre o montante a ser pago.

§ 9º Até 31 de dezembro de 2017, fica dispensada a retenção dos tributos na fonte de que trata o *caput* sobre os pagamentos efetuados por órgãos ou entidades da administração pública federal, mediante a utilização do Cartão de Pagamento do Governo Federal – CPGF, no caso de compra de passagens aéreas diretamente das companhias aéreas prestadoras de serviços de transporte aéreo.

> • § 9º acrescentado pela Lei 13.043/2014.

Art. 65. O Banco do Brasil S.A. deverá reter, no ato do pagamento ou crédito, a contribuição para o PIS/Pasep incidente nas transferências voluntárias da União para suas autarquias e fundações e para os Estados, Distrito Federal e Municípios, suas autarquias e fundações.

Art. 66. As cooperativas que se dedicam a vendas em comum, referidas no art. 82 da Lei 5.764, de 16 de dezembro de 1971, que recebam para comercialização a produção de suas associadas, são responsáveis pelo recolhimento da Contribuição para Financiamento da Seguridade Social – Cofins, instituída pela Lei Complementar 70, de 30 de dezembro de 1991, e da Contribuição para o Programa de Integração Social – PIS, criada pela Lei Complementar 7, de 7 de setembro de 1970, com suas posteriores modificações.

§ 1º O valor das contribuições recolhidas pelas cooperativas mencionadas no *caput* deste artigo deverá ser por elas informado, individualizadamente, às suas filiadas, juntamente com o montante do faturamento relativo às vendas dos produtos de cada uma delas, com vistas a atender aos procedimentos contábeis exigidos pela legislação.

§ 2º O disposto neste artigo aplica-se a procedimento idêntico que, eventualmente, tenha sido anteriormente adotado pelas cooperativas centralizadoras de vendas, inclusive quanto ao recolhimento da Contribuição para o Fundo de Investimento Social – Finsocial, criada pelo Dec.-lei 1.940, de 25 de maio de 1982, com suas posteriores modificações.

§ 3º A Secretaria da Receita Federal poderá baixar as normas necessárias ao cumpri-

Lei 9.430/1996

mento e controle das disposições contidas neste artigo.

Dispensa de retenção de imposto de renda

Art. 67. Fica dispensada a retenção de imposto de renda, de valor igual ou inferior a R$ 10,00 (dez reais), incidente na fonte sobre rendimentos que devam integrar a base de cálculo do imposto devido na declaração de ajuste anual.

Utilização de Darf

Art. 68. É vedada a utilização de Documento de Arrecadação de Receitas Federais para o pagamento de tributos e contribuições de valor inferior a R$ 10,00 (dez reais).

§ 1º O imposto ou contribuição administrado pela Secretaria da Receita Federal, arrecadado sob um determinado código de receita, que, no período de apuração, resultar inferior a R$ 10,00 (dez reais), deverá ser adicionado ao imposto ou contribuição de mesmo código, correspondente aos períodos subsequentes, até que o total seja igual ou superior a R$ 10,00 (dez reais), quando, então, será pago ou recolhido no prazo estabelecido na legislação para este último período de apuração.

§ 2º O critério a que se refere o parágrafo anterior aplica-se, também, ao imposto sobre operações de crédito, câmbio e seguro e sobre operações relativas a títulos e valores mobiliários – IOF.

Art. 68-A. O Poder Executivo poderá elevar para até R$ 100,00 (cem reais) os limites e valores de que tratam os arts. 67 e 68 desta Lei, inclusive de forma diferenciada por tributo, regime de tributação ou de incidência, relativos à utilização do Documento de Arrecadação de Receitas Federais, podendo reduzir ou restabelecer os limites e valores que vier a fixar.

• Artigo acrescentado pela Lei 11.941/2009.

Imposto retido na fonte – Responsabilidade

Art. 69. É responsável pela retenção e recolhimento do imposto de renda na fonte, incidente sobre os rendimentos auferidos pelos fundos, sociedades de investimentos e carteiras de que trata o art. 81 da Lei 8.981, de 20 de janeiro de 1995, a pessoa jurídica que efetuar o pagamento dos rendimentos.

Seção VI
Casos especiais de tributação
Multas por rescisão de contrato

Art. 70. A multa ou qualquer outra vantagem paga ou creditada por pessoa jurídica, ainda que a título de indenização, a beneficiária pessoa física ou jurídica, inclusive isenta, em virtude de rescisão de contrato, sujeitam-se à incidência do imposto de renda na fonte à alíquota de 15% (quinze por cento).

§ 1º A responsabilidade pela retenção e recolhimento do imposto de renda é da pessoa jurídica que efetuar o pagamento ou crédito da multa ou vantagem.

§ 2º O imposto será retido na data do pagamento ou crédito da multa ou vantagem.

• § 2º com redação determinada pela Lei 11.196/2005 (*DOU* 22.11.2005), em vigor na data de sua publicação, produzindo efeitos a partir de 01.01.2006 (v. art. 132, IV, *b*, da referida Lei).

§ 3º O valor da multa ou vantagem será:

I – computado na apuração da base de cálculo do imposto devido na declaração de ajuste anual da pessoa física;

II – computado como receita, na determinação do lucro real;

III – acrescido ao lucro presumido ou arbitrado, para determinação da base de cálculo do imposto devido pela pessoa jurídica.

§ 4º O imposto retido na fonte, na forma deste artigo, será considerado como antecipação do devido em cada período de apuração, nas hipóteses referidas no parágrafo anterior, ou como tributação definitiva, no caso de pessoa jurídica isenta.

§ 5º O disposto neste artigo não se aplica às indenizações pagas ou creditadas em conformidade com a legislação trabalhista e àquelas destinadas a reparar danos patrimoniais.

Ganhos em mercado de balcão

Art. 71. Sem prejuízo do disposto no art. 74 da Lei 8.981, de 20 de janeiro de 1995, os ganhos auferidos por qualquer beneficiário, inclusive pessoa jurídica isenta, nas demais operações realizadas em mercados de liquidação futura, fora de bolsa, serão tributados de acordo com as normas aplicáveis aos ganhos líquidos auferidos em opera-

Lei 9.430/1996

LEGISLAÇÃO

ções de natureza semelhante realizadas em bolsa.

• V. art. 28.

§ 1º Não se aplica aos ganhos auferidos nas operações de que trata este artigo o disposto no § 1º do art. 81 da Lei 8.981, de 20 de janeiro de 1995.

§ 2º Somente será admitido o reconhecimento de perdas nas operações registradas nos termos da legislação vigente.

• § 2º com redação determinada pela Lei 10.833/2003.

Remuneração de direitos

Art. 72. Estão sujeitas à incidência do imposto na fonte, à alíquota de 15% (quinze por cento), as importâncias pagas, creditadas, entregues, empregadas ou remetidas para o exterior pela aquisição ou pela remuneração, a qualquer título, de qualquer forma de direito, inclusive à transmissão, por meio de rádio ou televisão ou por qualquer outro meio, de quaisquer filmes ou eventos, mesmo os de competições desportivas das quais faça parte representação brasileira.

Seção VII
Restituição e compensação de tributos e contribuições

Art. 73. A restituição e o ressarcimento de tributos administrados pela Secretaria da Receita Federal do Brasil ou a restituição de pagamentos efetuados mediante Darf e GPS cuja receita não seja administrada pela Secretaria da Receita Federal do Brasil será efetuada depois de verificada a ausência de débitos em nome do sujeito passivo credor perante a Fazenda Nacional.

• Artigo com redação determinada pela Lei 12.844/2013.

I – (Revogado pela Lei 12.844/2013.)
II – (Revogado pela Lei 12.844/2013.)

Parágrafo único. Existindo débitos, não parcelados ou parcelados sem garantia, inclusive inscritos em Dívida Ativa da União, os créditos serão utilizados para quitação desses débitos, observado o seguinte:

I – o valor bruto da restituição ou do ressarcimento será debitado à conta do tributo a que se referir;
II – a parcela utilizada para a quitação de débitos do contribuinte ou responsável será creditada à conta do respectivo tributo.

Art. 74. O sujeito passivo que apurar crédito, inclusive os judiciais com trânsito em julgado, relativo a tributo ou contribuição administrado pela Secretaria da Receita Federal, passível de restituição ou de ressarcimento, poderá utilizá-lo na compensação de débitos próprios relativos a quaisquer tributos e contribuições administrados por aquele Órgão.

• *Caput* com redação determinada pela Lei 10.637/2002, em vigor na data de sua publicação, produzindo efeitos a partir de 01.10.2002.
• V. Súmula 464, STJ.

§ 1º A compensação de que trata o *caput* será efetuada mediante a entrega, pelo sujeito passivo, de declaração na qual constarão informações relativas aos créditos utilizados e aos respectivos débitos compensados.

• § 1º com redação determinada pela Lei 10.637/2002, em vigor na data de sua publicação, produzindo efeitos a partir de 01.10.2002.

§ 2º A compensação declarada à Secretaria da Receita Federal extingue o crédito tributário, sob condição resolutória de sua ulterior homologação.

• § 2º com redação determinada pela Lei 10.637/2002, em vigor na data de sua publicação, produzindo efeitos a partir de 01.10.2002.

§ 3º Além das hipóteses previstas nas leis específicas de cada tributo ou contribuição, não poderão ser objeto de compensação mediante entrega, pelo sujeito passivo, da declaração referida no § 1º:

• *Caput* do § 3º com redação determinada pela Lei 10.833/2003.

I – o saldo a restituir apurado na Declaração de Ajuste Anual do Imposto de Renda da Pessoa Física;

• Inciso I com redação determinada pela Lei 10.637/2002, em vigor na data de sua publicação, produzindo efeitos a partir de 01.10.2002.

II – os débitos relativos a tributos e contribuições devidos no registro da Declaração de Importação;

• Inciso II com redação determinada pela Lei 10.637/2002, em vigor na data de sua publicação, produzindo efeitos a partir de 01.10.2002.

III – os débitos relativos a tributos e contribuições administrados pela Secretaria da Receita Federal que já tenham sido encaminhados à Procuradoria-Geral da Fazenda

Lei 9.430/1996

LEGISLAÇÃO

Nacional para inscrição em Dívida Ativa da União;
- Inciso III acrescentado pela Lei 10.833/2003.

IV – o débito consolidado em qualquer modalidade de parcelamento concedido pela Secretaria da Receita Federal – SRF;
- Inciso IV com redação determinada pela Lei 11.051/2004.

V – o débito que já tenha sido objeto de compensação não homologada, ainda que a compensação se encontre pendente de decisão definitiva na esfera administrativa; e
- Inciso V com redação determinada pela Lei 11.051/2004.

VI – o valor objeto de pedido de restituição ou de ressarcimento já indeferido pela autoridade competente da Secretaria da Receita Federal – SRF, ainda que o pedido se encontre pendente de decisão definitiva na esfera administrativa.
- Inciso VI acrescentado pela Lei 11.051/2004.

§ 4º Os pedidos de compensação pendentes de apreciação pela autoridade administrativa serão considerados declaração de compensação, desde o seu protocolo, para os efeitos previstos neste artigo.
- § 4º com redação determinada pela Lei 10.637/2002.

§ 5º O prazo para homologação da compensação declarada pelo sujeito passivo será de 5 (cinco) anos, contado da data da entrega da declaração de compensação.
- § 5º com redação determinada pela Lei 10.833/2003.

§ 6º A declaração de compensação constitui confissão de dívida e instrumento hábil e suficiente para a exigência dos débitos indevidamente compensados.
- § 6º acrescentado pela Lei 10.833/2003.

§ 7º Não homologada a compensação, a autoridade administrativa deverá cientificar o sujeito passivo e intimá-lo a efetuar, no prazo de 30 (trinta) dias, contado da ciência do ato que não a homologou, o pagamento dos débitos indevidamente compensados.
- § 7º acrescentado pela Lei 10.833/2003.

§ 8º Não efetuado o pagamento no prazo previsto no § 7º, o débito será encaminhado à Procuradoria-Geral da Fazenda Nacional para inscrição em Dívida Ativa da União, ressalvado o disposto no § 9º.
- § 8º acrescentado pela Lei 10.833/2003.

§ 9º É facultado ao sujeito passivo, no prazo referido no § 7º, apresentar manifestação de inconformidade contra a não homologação da compensação.
- § 9º acrescentado pela Lei 10.833/2003.

§ 10. Da decisão que julgar improcedente a manifestação de inconformidade caberá recurso ao Conselho de Contribuintes.
- § 10 acrescentado pela Lei 10.833/2003.

§ 11. A manifestação de inconformidade e o recurso de que tratam os §§ 9º e 10 obedecerão ao rito processual do Decreto 70.235, de 6 de março de 1972, e enquadram-se no disposto no inciso III do art. 151 da Lei 5.172, de 25 de outubro de 1966 – Código Tributário Nacional, relativamente ao débito objeto da compensação.
- § 11 acrescentado pela Lei 10.833/2003.

§ 12. Será considerada não declarada a compensação nas hipóteses:
- *Caput* do § 12 com redação determinada pela Lei 11.051/2004.

I – previstas no § 3º deste artigo;
- Inciso I acrescentado pela Lei 11.051/2004.

II – em que o crédito:
- *Caput* do inciso II acrescentado pela Lei 11.051/2004.

a) seja de terceiros;
- Alínea *a* acrescentada pela Lei 11.051/2004.

b) refira-se a "crédito-prêmio" instituído pelo art. 1º do Decreto-lei 491, de 5 de março de 1969;
- Alínea *b* acrescentada pela Lei 11.051/2004.

c) refira-se a título público;
- Alínea *c* acrescentada pela Lei 11.051/2004.

d) seja decorrente de decisão judicial não transitada em julgado; ou
- Alínea *d* acrescentada pela Lei 11.051/2004.

e) não se refira a tributos e contribuições administrados pela Secretaria da Receita Federal – SRF;
- Alínea *e* acrescentada pela Lei 11.051/2004.

f) tiver como fundamento a alegação de inconstitucionalidade de lei, exceto nos casos em que a lei:
- Alínea *f* acrescentada pela Lei 11.941/2009.

1 – tenha sido declarada inconstitucional pelo Supremo Tribunal Federal em ação direta de inconstitucionalidade ou em ação declaratória de constitucionalidade;

2 – tenha tido sua execução suspensa pelo Senado Federal;

Lei 9.430/1996

3 – tenha sido julgada inconstitucional em sentença judicial transitada em julgado a favor do contribuinte; ou

4 – seja objeto de súmula vinculante aprovada pelo Supremo Tribunal Federal nos termos do art. 103-A da Constituição Federal.

§ 13. O disposto nos §§ 2º e 5º a 11 deste artigo não se aplica às hipóteses previstas no § 12 deste artigo.

- § 13 acrescentado pela Lei 11.051/2004.

§ 14. A Secretaria da Receita Federal – SRF disciplinará o disposto neste artigo, inclusive quanto à fixação de critérios de prioridade para apreciação de processos de restituição, de ressarcimento e de compensação.

- § 14 acrescentado pela Lei 11.051/2004.

§ 15. *(Revogado pela Lei 13.137/2015 – DOU 22.06.2015, edição extra, em vigor na data de publicação da MP 668/2015 – DOU 30.01.2015, edição extra.)*

§ 16. *(Revogado pela Lei 13.137/2015 – DOU 22.06.2015, edição extra, em vigor na data de publicação da MP 668/2015 – DOU 30.01.2015, edição extra.)*

§ 17. Será aplicada multa isolada de 50% (cinquenta por cento) sobre o valor do débito objeto de declaração de compensação não homologada, salvo no caso de falsidade da declaração apresentada pelo sujeito passivo.

- § 17 com redação determinada pela Lei 13.097/2015.

§ 18. No caso de apresentação de manifestação de inconformidade contra a não homologação da compensação, fica suspensa a exigibilidade da multa de ofício de que trata o § 17, ainda que não impugnada essa exigência, enquadrando-se no disposto no inciso III do art. 151 da Lei 5.172, de 25 de outubro de 1966 – Código Tributário Nacional.

- § 18 acrescentado pela Lei 12.844/2013.

Seção VIII
Ufir

Art. 75. A partir de 1º de janeiro de 1997, a atualização do valor da Unidade Fiscal de Referência – Ufir, de que trata o art. 1º da Lei 8.383, de 30 de dezembro de 1991, com as alterações posteriores, será efetuada por períodos anuais, em 1º de janeiro.

- O art. 29, § 3º, da Lei 10.522/2002 dispõe: "Observado o disposto neste artigo, bem assim a atualização efetuada para o ano de 2000, nos termos do art. 75 da Lei 9.430, de 27 de dezembro de 1996, fica extinta a Unidade Fiscal de Referência – Ufir, instituída pelo art. 1º da Lei 8.383, de 30 de dezembro de 1991".

Parágrafo único. No âmbito da legislação tributária federal, a Ufir será utilizada exclusivamente para a atualização dos créditos tributários da União, objeto de parcelamento concedido até 31 de dezembro de 1994.

Seção IX
Competências dos Conselhos de Contribuintes

Art. 76. Fica o Poder Executivo autorizado a alterar as competências relativas às matérias objeto de julgamento pelos Conselhos de Contribuintes do Ministério da Fazenda.

Seção X
Dispositivo declarado inconstitucional

Art. 77. Fica o Poder Executivo autorizado a disciplinar as hipóteses em que a administração tributária federal, relativamente aos créditos tributários baseados em dispositivo declarado inconstitucional por decisão definitiva do Supremo Tribunal Federal, possa:

I – abster-se de constituí-los;

II – retificar o seu valor ou declará-los extintos, de ofício, quando houverem sido constituídos anteriormente, ainda que inscritos em dívida ativa;

III – formular desistência de ações de execução fiscal já ajuizadas, bem como deixar de interpor recursos de decisões judiciais.

Seção XI
Juros sobre o capital próprio

Art. 78. O § 1º do art. 9º da Lei 9.249, de 26 de dezembro de 1995, passa a vigorar com a seguinte redação:

- Alteração processada no texto da referida Lei.

Seção XII
Admissão temporária

Art. 79. Os bens admitidos temporariamente no País, para utilização econômica, ficam sujeitos ao pagamento dos impostos incidentes na importação proporcionalmente ao tempo de sua permanência em território nacional, nos termos e condições estabelecidos em regulamento.

Parágrafo único. O Poder Executivo poderá excepcionar, em caráter temporário, a aplicação do disposto neste artigo em relação a determinados bens.

- Parágrafo único acrescentado pela MP 2.189-49/2001.

Capítulo VI
DISPOSIÇÕES FINAIS

Empresa inidônea

Art. 80. As pessoas jurídicas que, estando obrigadas, deixarem de apresentar declarações e demonstrativos por cinco ou mais exercícios poderão ter sua inscrição no Cadastro Nacional da Pessoa Jurídica – CNPJ baixada, nos termos e condições definidos pela Secretaria da Receita Federal do Brasil, se, intimadas por edital, não regularizarem sua situação no prazo de 60 (sessenta) dias, contado da data da publicação da intimação.

- Artigo com redação determinada pela Lei 11.941/2009.

§ 1º Poderão ainda ter a inscrição no CNPJ baixada, nos termos e condições definidos pela Secretaria da Receita Federal do Brasil, as pessoas jurídicas:

I – que não existam de fato; ou

II – que, declaradas inaptas, nos termos do art. 81 desta Lei, não tenham regularizado sua situação nos cinco exercícios subsequentes.

§ 2º No edital de intimação, que será publicado no *Diário Oficial da União*, as pessoas jurídicas serão identificadas pelos respectivos números de inscrição no CNPJ.

§ 3º Decorridos 90 (noventa) dias da publicação do edital de intimação, a Secretaria da Receita Federal do Brasil publicará no *Diário Oficial da União* a relação de CNPJ das pessoas jurídicas que houverem regularizado sua situação, tornando-se automaticamente baixadas, nessa data, as inscrições das pessoas jurídicas que não tenham providenciado a regularização.

§ 4º A Secretaria da Receita Federal do Brasil manterá, para consulta, em seu sítio na internet, informação sobre a situação cadastral das pessoas jurídicas inscritas no CNPJ.

Art. 80-A. Poderão ter sua inscrição no CNPJ baixada, nos termos e condições definidos pela Secretaria da Receita Federal do Brasil, as pessoas jurídicas que estejam extintas, canceladas ou baixadas nos respectivos órgãos de registro.

- Artigo acrescentado pela Lei 11.941/2009.

Art. 80-B. O ato de baixa da inscrição no CNPJ não impede que, posteriormente, sejam lançados ou cobrados os débitos de natureza tributária da pessoa jurídica.

- Artigo acrescentado pela Lei 11.941/2009.

Art. 80-C. Mediante solicitação da pessoa jurídica, poderá ser restabelecida a inscrição no CNPJ, observados os termos e condições definidos pela Secretaria da Receita Federal do Brasil.

- Artigo acrescentado pela Lei 11.941/2009.

Art. 81. Poderá ser declarada inapta, nos termos e condições definidos pela Secretaria da Receita Federal do Brasil, a inscrição no CNPJ da pessoa jurídica que, estando obrigada, deixar de apresentar declarações e demonstrativos em dois exercícios consecutivos.

- *Caput* com redação determinada pela Lei 11.941/2009.

§ 1º Será também declarada inapta a inscrição da pessoa jurídica que não comprove a origem, a disponibilidade e a efetiva transferência, se for o caso, dos recursos empregados em operações de comércio exterior.

- § 1º acrescentado pela Lei 10.637/2002.

§ 2º Para fins do disposto no § 1º, a comprovação da origem de recursos provenientes do exterior dar-se-á mediante, cumulativamente:

- § 2º acrescentado pela Lei 10.637/2002.

I – prova do regular fechamento da operação de câmbio, inclusive com a identificação da

Lei 9.430/1996

LEGISLAÇÃO

instituição financeira no exterior encarregada da remessa dos recursos para o País;
II – identificação do remetente dos recursos, assim entendido como a pessoa física ou jurídica titular dos recursos remetidos.

§ 3º No caso de o remetente referido no inciso II do § 2º ser pessoa jurídica deverão ser também identificados os integrantes de seus quadros societário e gerencial.

- § 3º acrescentado pela Lei 10.637/2002.

§ 4º O disposto nos §§ 2º e 3º aplica-se, também, na hipótese de que trata o § 2º do art. 23 do Decreto-lei 1.455, de 7 de abril de 1976.

- § 4º acrescentado pela Lei 10.637/2002.

§ 5º Poderá também ser declarada inapta a inscrição no CNPJ da pessoa jurídica que não for localizada no endereço informado ao CNPJ, nos termos e condições definidos pela Secretaria da Receita Federal do Brasil.

- § 5º acrescentado pela Lei 11.941/2009.

Art. 82. Além das demais hipóteses de inidoneidade de documentos previstos na legislação, não produzirá efeitos tributários em favor de terceiros interessados o documento emitido por pessoa jurídica cuja inscrição no Cadastro Geral de Contribuintes tenha sido considerada ou declarada inapta.

Parágrafo único. O disposto neste artigo não se aplica aos casos em que o adquirente de bens, direitos e mercadorias ou o tomador de serviços comprovarem a efetivação do pagamento do preço respectivo e o recebimento dos bens, direitos e mercadorias ou utilização dos serviços.

Crime contra a ordem tributária

Art. 83. A representação fiscal para fins penais relativa aos crimes contra a ordem tributária previstos nos arts. 1º e 2º da Lei 8.137, de 27 de dezembro de 1990, e aos crimes contra a Previdência Social, previstos nos arts. 168-A e 337-A do Decreto-lei 2.848, de 7 de dezembro de 1940 (Código Penal), será encaminhada ao Ministério Público depois de proferida a decisão final, na esfera administrativa, sobre a exigência fiscal do crédito tributário correspondente.

- Caput com redação determinada pela Lei 12.350/2010.
- V. Súmula vinculante 24, STF.

§ 1º Na hipótese de concessão de parcelamento do crédito tributário, a representação fiscal para fins penais somente será encaminhada ao Ministério Público após a exclusão da pessoa física ou jurídica do parcelamento.

- § 1º acrescentado pela Lei 12.382/2011 (DOU 28.02.2011), em vigor no primeiro dia do mês subsequente à data de sua publicação.

§ 2º É suspensa a pretensão punitiva do Estado referente aos crimes previstos no caput, durante o período em que a pessoa física ou a pessoa jurídica relacionada com o agente dos aludidos crimes estiver incluída no parcelamento, desde que o pedido de parcelamento tenha sido formalizado antes do recebimento da denúncia criminal.

- § 2º acrescentado pela Lei 12.382/2011 (DOU 28.02.2011), em vigor no primeiro dia do mês subsequente à data de sua publicação.

§ 3º A prescrição criminal não corre durante o período de suspensão da pretensão punitiva.

- § 3º acrescentado pela Lei 12.382/2011 (DOU 28.02.2011), em vigor no primeiro dia do mês subsequente à data de sua publicação.

§ 4º Extingue-se a punibilidade dos crimes referidos no caput quando a pessoa física ou a pessoa jurídica relacionada com o agente efetuar o pagamento integral dos débitos oriundos de tributos, inclusive acessórios, que tiverem sido objeto de concessão de parcelamento.

- § 4º acrescentado pela Lei 12.382/2011 (DOU 28.02.2011), em vigor no primeiro dia do mês subsequente à data de sua publicação.

§ 5º O disposto nos §§ 1º a 4º não se aplica nas hipóteses de vedação legal de parcelamento.

- § 5º acrescentado pela Lei 12.382/2011 (DOU 28.02.2011), em vigor no primeiro dia do mês subsequente à data de sua publicação.

§ 6º As disposições contidas no caput do art. 34 da Lei 9.249, de 26 de dezembro de 1995, aplicam-se aos processos administrativos e aos inquéritos e processos em curso, desde que não recebida a denúncia pelo juiz.

- Primitivo parágrafo único renumerado pela Lei 12.382/2011 (DOU 28.02.2011), em vigor no primeiro dia do mês subsequente à data de sua publicação.

Art. 84. Nos casos de incorporação, fusão ou cisão de empresa incluída no Programa Nacional de Desestatização, bem como nos programas de desestatização das Unidades Federadas e dos Municípios, não ocorrerá a realização do lucro inflacionário acumulado

Legislação

relativamente à parcela do ativo sujeito a correção monetária até 31 de dezembro de 1995, que houver sido vertida.

§ 1º O lucro inflacionário acumulado da empresa sucedida, correspondente aos ativos vertidos sujeitos a correção monetária até 31 de dezembro de 1995, será integralmente transferido para a sucessora, nos casos de incorporação e fusão.

§ 2º No caso de cisão, o lucro inflacionário acumulado será transferido, para a pessoa jurídica que absorver o patrimônio da empresa cindida, na proporção das contas do ativo, sujeitas a correção monetária até 31 de dezembro de 1995, que houverem sido vertidas.

§ 3º O lucro inflacionário transferido na forma deste artigo será realizado e submetido a tributação, na pessoa jurídica sucessora, com observância do disposto na legislação vigente.

Fretes internacionais

Art. 85. Ficam sujeitos ao imposto de renda na fonte, à alíquota de 15% (quinze por cento), os rendimentos recebidos por companhias de navegação aérea e marítima, domiciliadas no exterior, de pessoas físicas ou jurídicas residentes ou domiciliadas no Brasil.

Parágrafo único. O imposto de que trata este artigo não será exigido das companhias aéreas e marítimas domiciliadas em países que não tributam, em decorrência da legislação interna ou de acordos internacionais, os rendimentos auferidos por empresas brasileiras que exercem o mesmo tipo de atividade.

Art. 86. Nos casos de pagamento de contraprestação de arrendamento mercantil, do tipo financeiro, a beneficiária pessoa jurídica domiciliada no exterior, a Secretaria da Receita Federal expedirá normas para excluir da base de cálculo do imposto de renda incidente na fonte a parcela remetida que corresponder ao valor do bem arrendado.

Vigência

Art. 87. Esta Lei entra em vigor na data da sua publicação, produzindo efeitos financeiros a partir de 1º de janeiro de 1997.

Revogação

Art. 88. Revogam-se:

I – o § 2º do art. 97 do Dec.-lei 5.844, de 23 de setembro de 1943, o Dec.-lei 7.885, de 21 de agosto de 1945, o art. 46 da Lei 4.862, de 29 de novembro de 1965 e o art. 56 da Lei 7.713, de 22 de dezembro de 1988;

II – o Dec.-lei 165, de 13 de fevereiro de 1967;

III – o § 3º do art. 21 do Dec.-lei 401, de 30 de dezembro de 1968;

IV – o Dec.-lei 716, de 30 de julho de 1969;

V – o Dec.-lei 815, de 4 de setembro de 1969, o Dec.-lei 1.139, de 21 de dezembro de 1970, o art. 87 da Lei 7.450, de 23 de dezembro de 1985, e os arts. 11 e 12 do Dec.-lei 2.303, de 21 de novembro de 1986;

VI – o art. 3º do Dec.-lei 1.118, de 10 de agosto de 1970, o art. 6º do Dec.-lei 1.189, de 24 de setembro de 1971, e o inciso IX do art. 1º da Lei 8.402, de 8 de janeiro de 1992;

VII – o art. 9º do Dec.-lei 1.351, de 24 de outubro de 1974, o Dec.-lei 1.411, de 31 de julho de 1975, e o Dec.-lei 1.725, de 7 de dezembro de 1979;

VIII – o art. 9º do Dec.-lei 1.633, de 9 de agosto de 1978;

IX – o número 4 da alínea *b* do § 1º do art. 35 do Dec.-lei 1.598, de 26 de dezembro de 1977, com a redação dada pelo inc. VI do art. 1º do Dec.-lei 1.730, de 17 de dezembro de 1979;

X – o Dec.-lei 1.811, de 27 de outubro de 1980, e o art. 3º da Lei 7.132, de 26 de outubro de 1983;

XI – o art. 7º do Dec.-lei 1.814, de 28 de novembro de 1980;

XII – o Dec.-lei 2.227, de 16 de janeiro de 1985;

XIII – os arts. 29 e 30 do Dec.-lei 2.341, de 29 de junho de 1987;

XIV – os arts. 1º e 2º do Dec.-lei 2.397, de 21 de dezembro de 1987;

XV – o art. 8º do Dec.-lei 2.429, de 14 de abril de 1988;

XVI – *(Revogado pela Lei 11.508/2007.)*

XVII – o art. 40 da Lei 7.799, de 10 de julho de 1989;

XVIII – o § 5º do art. 6º da Lei 8.021, de 1990;

XIX – o art. 22 da Lei 8.218, de 29 de agosto de 1991;

XX – o art. 92 da Lei 8.383, de 30 de dezembro de 1991;

XXI – o art. 6º da Lei 8.661, de 2 de junho de 1993;

XXII – o art. 1º da Lei 8.696, de 26 de agosto de 1993;

XXIII – o parágrafo único do art. 3º da Lei 8.846, de 21 de janeiro de 1994;
XXIV – o art. 33, o § 4º do art. 37 e os arts. 38, 50, 52 e 53, o § 1º do art. 82 e art. 98, todos da Lei 8.981, de 20 de janeiro de 1995;
XXV – o art. 89 da Lei 8.981, de 20 de janeiro de 1995, com a redação dada pela Lei 9.065, de 20 de junho de 1995;
XXVI – os §§ 4º, 9º e 10 do art. 9º, o § 2º do art. 11, e o § 3º do art. 24, todos da Lei 9.249, de 26 de dezembro de 1995;
XXVII – a partir de 1º de abril de 1997, o art. 40 da Lei 8.981, de 1995, com as alterações introduzidas pela Lei 9.065, de 20 de junho de 1995.
Brasília, 27 de dezembro de 1996; 175º da Independência e 108º da República.
Fernando Henrique Cardoso

(DOU 30.12.1996)

DECRETO 2.138,
DE 29 DE JANEIRO DE 1997

Dispõe sobre a compensação de créditos tributários com créditos do sujeito passivo decorrentes de restituição ou ressarcimento de tributos ou contribuições, a ser efetuada pela Secretaria da Receita Federal.

O Presidente da República, no uso das atribuições que lhe confere o art. 84, IV, da Constituição, e tendo em vista o disposto nos arts. 73 e 74 da Lei 9.430, de 27 de dezembro de 1996, decreta:

Art. 1º É admitida a compensação de créditos do sujeito passivo perante a Secretaria da Receita Federal, decorrentes de restituição ou ressarcimento, com seus débitos tributários relativos a quaisquer tributos ou contribuições sob administração da mesma Secretaria, ainda que não sejam da mesma espécie nem tenham a mesma destinação constitucional.

Parágrafo único. A compensação será efetuada pela Secretaria da Receita Federal, a requerimento do contribuinte ou de ofício, mediante procedimento interno, observado o disposto neste Decreto.

Art. 2º O sujeito passivo, que pleitear a restituição ou ressarcimento de tributos ou contribuições, pode requerer que a Secretaria da Receita Federal efetue a compensação do valor do seu crédito com débito de sua responsabilidade.

Art. 3º A Secretaria da Receita Federal, ao reconhecer o direito de crédito do sujeito passivo para restituição ou ressarcimento de tributo ou contribuição, mediante exames fiscais para cada caso, se verificar a existência de débito do requerente, compensará os dois valores.

Parágrafo único. Na compensação será observado o seguinte:

a) o valor bruto da restituição ou do ressarcimento será debitado à conta do tributo ou da contribuição respectiva;

b) o montante utilizado para a quitação de débitos será creditado à conta do tributo ou da contribuição devida.

Art. 4º Quando o montante da restituição ou do ressarcimento for superior ao do débito, a Secretaria da Receita Federal efetuará o pagamento da diferença ao sujeito passivo.

Parágrafo único. Caso a quantia a ser restituída ou ressarcida seja inferior aos valores dos débitos, o correspondente crédito tributário é extinto no montante equivalente à compensação, cabendo à Secretaria da Receita Federal adotar as providências cabíveis para a cobrança do saldo remanescente.

Art. 5º A unidade da SRF que efetuar a compensação observará o seguinte:

I – certificará:

a) no processo de restituição ou ressarcimento, qual o valor utilizado na quitação de débitos e, se for o caso, o valor do saldo a ser restituído ou ressarcido;

b) no processo de cobrança, qual o montante do crédito tributário extinto pela compensação e, sendo o caso, o valor do saldo remanescente do débito;

II – emitirá documento comprobatório de compensação, que indicará todos os dados relativos ao sujeito passivo e aos tributos e contribuições objeto da compensação necessários para o registro do crédito e do débito de que trata o parágrafo único do art. 3º;

III – expedirá ordem bancária, na hipótese de saldo a restituir ou ressarcir, ou aviso de cobrança, no caso de saldo do débito;

IV – efetuará os ajustes necessários nos dados e informações dos controles internos do contribuinte.

Lei 9.494/1997

LEGISLAÇÃO

Art. 6º A compensação poderá ser efetuada de ofício, nos termos do art. 7º do Decreto-lei 2.287, de 23 de julho de 1986, sempre que a Secretaria da Receita Federal verificar que o titular do direito à restituição ou ao ressarcimento tem débito vencido relativo a qualquer tributo ou contribuição sob sua administração.

§ 1º A compensação de ofício será precedida de notificação ao sujeito passivo para que se manifeste sobre o procedimento, no prazo de 15 (quinze) dias, sendo o seu silêncio considerado como aquiescência.

§ 2º Havendo concordância do sujeito passivo, expressa ou tácita, a Unidade da Secretaria da Receita Federal efetuará a compensação, com observância do procedimento estabelecido no art. 5º.

§ 3º No caso de discordância do sujeito passivo, a Unidade da Secretaria da Receita Federal reterá o valor da restituição ou do ressarcimento até que o débito seja liquidado.

Art. 7º O Secretário da Receita Federal baixará as normas necessárias à execução deste Decreto.

Art. 8º Este Decreto entra em vigor na data de sua publicação.

Brasília, 29 de janeiro de 1997; 176º da Independência e 109º da República.

Fernando Henrique Cardoso

(DOU 30.01.1997)

LEI 9.494, DE 10 DE SETEMBRO DE 1997

Disciplina a aplicação da tutela antecipada contra a Fazenda Pública, altera a Lei 7.347, de 24 de julho de 1985, e dá outras providências.

Faço saber que o Presidente da República adotou a Medida Provisória 1.570-5, de 1997, que o Congresso Nacional aprovou, e eu, Antonio Carlos Magalhães, Presidente, para os efeitos do disposto no parágrafo único do art. 62 da Constituição Federal, promulgo a seguinte Lei:

Art. 1º Aplica-se à tutela antecipada prevista nos arts. 273 e 461 do Código de Processo Civil o disposto nos arts. 5º e seu parágrafo único e 7º da Lei 4.348, de 26 de junho de 1964, no art. 1º e seu § 4º da Lei 5.021, de 9 de junho de 1966, e nos arts. 1º, 3º e 4º da Lei 8.437, de 30 de junho de 1992.

Art. 1º-A. Estão dispensadas de depósito prévio, para interposição de recurso, as pessoas jurídicas de direito público federais, estaduais, distritais e municipais.

• Artigo acrescentado pela MP 2.180-35/2001.

Art. 1º-B. O prazo a que se refere o *caput* dos arts. 730 do Código de Processo Civil, e 884 da Consolidação das Leis do Trabalho, aprovada pelo Decreto-lei 5.452, de 1º de maio de 1943, passa a ser de 30 (trinta) dias.

• Artigo acrescentado pela MP 2.180-35/2001.
• O STF, na Med. Caut. em ADC 11-8 (*DJU* 29.06.2007), deferiu a cautelar para suspender todos os processos em que se discuta a constitucionalidade do art. 1º-B da Lei 9.494/1997 acrescentado pela MP 2.180-35/2001.

Art. 1º-C. Prescreverá em 5 (cinco) anos o direito de obter indenização dos danos causados por agentes de pessoas jurídicas de direito público e de pessoas jurídicas de direito privado prestadoras de serviços públicos.

• Artigo acrescentado pela MP 2.180-35/2001.

Art. 1º-D. Não serão devidos honorários advocatícios pela Fazenda Pública nas execuções não embargadas.

• Artigo acrescentado pela MP 2.180-35/2001.
• V. Súmula 345, STJ.

Art. 1º-E. São passíveis de revisão, pelo Presidente do Tribunal, de ofício ou a requerimento das partes, as contas elaboradas para aferir o valor dos precatórios antes de seu pagamento ao credor.

• Artigo acrescentado pela MP 2.180-35/2001.

Art. 1º-F. Nas condenações impostas à Fazenda Pública, independentemente de sua natureza e para fins de atualização monetária, remuneração do capital e compensação da mora, haverá a incidência uma única vez, até o efetivo pagamento, dos índices oficiais de remuneração básica e juros aplicados à caderneta de poupança.

• Artigo com redação determinada pela Lei 11.960/2009.

Art. 2º O art. 16 da Lei 7.347, de 24 de julho de 1985, passa a vigorar com a seguinte redação:

"Art. 16. A sentença civil fará coisa julgada *erga omnes*, nos limites da competência territorial do órgão prolator, exceto se o

Lei 9.532/1997

pedido for julgado improcedente por insuficiência de provas, hipótese em que qualquer legitimado poderá intentar outra ação com idêntico fundamento, valendo-se de nova prova."

Art. 2º-A. A sentença civil prolatada em ação de caráter coletivo proposta por entidade associativa, na defesa dos interesses e direitos dos seus associados, abrangerá apenas os substituídos que tenham, na data da propositura da ação, domicílio no âmbito da competência territorial do órgão prolator.

• Artigo acrescentado pela MP 2.180-35/2001.

Parágrafo único. Nas ações coletivas propostas contra a União, os Estados, o Distrito Federal, os Municípios e suas autarquias e fundações, a petição inicial deverá obrigatoriamente estar instruída com a ata da assembleia da entidade associativa que a autorizou, acompanhada da relação nominal dos seus associados e indicação dos respectivos endereços.

Art. 2º-B. A sentença que tenha por objeto a liberação de recurso, inclusão em folha de pagamento, reclassificação, equiparação, concessão de aumento ou extensão de vantagens a servidores da União, dos Estados, do Distrito Federal e dos Municípios, inclusive de suas autarquias e fundações, somente poderá ser executada após seu trânsito em julgado.

• Artigo acrescentado pela MP 2.180-35/2001.

Art. 3º Ficam convalidados os atos praticados com base na Medida Provisória 1.570-4, de 22 de julho de 1997.

Art. 4º Esta Lei entra em vigor na data de sua publicação.

Congresso Nacional, em 10 de setembro de 1997; 176º da Independência e 109º da República.

Antonio Carlos Magalhães

(DOU 11.09.1997)

LEI 9.532, DE 10 DE DEZEMBRO DE 1997

Altera a legislação tributária federal e dá outras providências.

O Presidente da República:
Faço saber que o Congresso Nacional decreta e eu sanciono a seguinte Lei:

Art. 1º Os lucros auferidos no exterior, por intermédio de filiais, sucursais, controladas ou coligadas serão adicionados ao lucro líquido, para determinação do lucro real correspondente ao balanço levantado no dia 31 de dezembro do ano-calendário em que tiverem sido disponibilizados para a pessoa jurídica domiciliada no Brasil.

§ 1º Para efeito do disposto neste artigo, os lucros serão considerados disponibilizados para empresa no Brasil:

a) no caso de filial ou sucursal, na data do balanço no qual tiverem sido apurados;

b) (Revogada pela Lei 12.973/2014 – DOU 14.05.2014, em vigor em 1º.01.2015.)

• V. art 119, § 2º, II, Lei 12.973/2014.

c) na hipótese de contratação de operações de mútuo, se a mutuante, coligada ou controlada, possuir lucros ou reservas de lucros:

• Alínea *c* acrescentada pela Lei 9.959/2000.

d) na hipótese de adiantamento de recursos, efetuado pela coligada ou controlada, por conta de venda futura, cuja liquidação, pela remessa do bem ou serviço vendido, ocorra em prazo superior ao ciclo de produção do bem ou serviço.

• Alínea *d* acrescentada pela Lei 9.959/2000.

§ 2º (Revogado pela Lei 12.973/2014 – DOU 14.05.2014, em vigor em 1º.01.2015.)

• V. art 119, § 2º, II, Lei 12.973/2014.

§ 3º Não serão dedutíveis na determinação do lucro real e da base de cálculo da Contribuição Social sobre o Lucro Líquido os juros, relativos a empréstimos, pagos ou creditados a empresa controlada ou coligada, independente do local de seu domicílio, incidentes sobre valor equivalente aos lucros não disponibilizados por empresas controladas, domiciliadas no exterior.

• § 3º com redação determinada pela MP 2.158-35/2001.

§ 4º (Revogado pela Lei 12.973/2014 – DOU14.05.2014, em vigor em 1º.01.2015.)

• V. art 119, § 1º, II, Lei 12.973/2014.

§ 5º Relativamente aos lucros apurados nos anos de 1996 e 1997, considerar-se-á vencido o prazo a que se refere o parágrafo anterior no dia 31 de dezembro de 1999.

§ 6º Nas hipóteses das alíneas c e d do § 1º o valor considerado disponibilizado será o mutuado ou adiantado, limitado ao montante dos lucros e reservas de lucros passíveis de distribuição, proporcional à participação societária da empresa no País na data da disponibilização.

* § 6º acrescentado pela Lei 9.959/2000.

§ 7º Considerar-se-á disponibilizado o lucro:

* § 7º acrescentado pela Lei 9.959/2000.

a) na hipótese da alínea c do § 1º:
1. na data da contratação da operação, relativamente a lucros já apurados pela controlada ou coligada;
2. na data da apuração do lucro, na coligada ou controlada, relativamente a operações de mútuo anteriormente contratadas;
b) na hipótese da alínea d do § 1º em 31 de dezembro do ano-calendário em que tenha sido encerrado o ciclo de produção sem que haja ocorrido a liquidação.

Art. 2º Os percentuais dos benefícios fiscais referidos no inciso I e no § 3º do art. 11 do Dec.-lei 1.376, de 12 de dezembro de 1974, com as posteriores alterações, nos arts. 1º, inciso II, 19 e 23, da Lei 8.167, de 16 de janeiro de 1991, e no art. 4º, inciso V, da Lei 8.661, de 2 de junho de 1993, ficam reduzidos para:

* A Lei 8.661/1993 foi revogada pela Lei 11.196/2005.

I – 30% (trinta por cento), relativamente aos períodos de apuração encerrados a partir de 1º de janeiro de 1998 até 31 de dezembro de 2003;
II – 20% (vinte por cento), relativamente aos períodos de apuração encerrados a partir de 1º janeiro de 2004 até 31 de dezembro de 2008;
III – 10% (dez por cento) relativamente aos períodos de apuração encerrados a partir de 1º de janeiro de 2009 até 31 de dezembro de 2013.

§ 1º Os percentuais do benefício fiscal de que tratam o art. 4º do Dec.-lei 880, de 18 de setembro de 1969, o inciso V do art. 11 do Dec.-lei 1.376, de 1974, o inciso I do art. 1º e o art. 23 da Lei 8.167, de 1991, ficam reduzidos para:

* § 1º com eficácia suspensa por força da MP 2.156-5/2001.

a) 25% (vinte e cinco por cento), relativamente aos períodos de apuração encerrados a partir de 1º de janeiro de 1998 até 31 de dezembro de 2003;
b) 17% (dezessete por cento), relativamente aos períodos de apuração encerrados a partir de 1º de janeiro de 2004 até 31 de dezembro de 2008;
c) 9% (nove por cento), relativamente aos períodos de apuração encerrados a partir de 1º de janeiro de 2009 até 31 de dezembro de 2013.

§ 2º Ficam extintos, relativamente aos períodos de apuração encerrados a partir de 1º de janeiro de 2014, os benefícios fiscais de que trata este artigo.

Art. 3º Os benefícios fiscais de isenção, de que tratam o art. 13 da Lei 4.239, de 27 de junho de 1963, o art. 23 do Dec.-lei 756, de 11 de agosto de 1969, com a redação do art. 1º do Dec.-lei 1.564, de 29 de julho de 1997, e o inciso VIII do art. 1º da Lei 9.440, de 14 de março de 1997, para os projetos de instalação, modernização, ampliação ou diversificação, aprovados pelo órgão competente, a partir de 1º de janeiro de 1998, observadas as demais normas em vigor, aplicáveis à matéria, passam a ser de redução do imposto de renda e adicionais não restituíveis, observados os seguintes percentuais:

I – 75% (setenta e cinco por cento), a partir de 1º de janeiro de 1998 até 31 de dezembro de 2003;
II – 50% (cinquenta por cento) a partir de 1º de janeiro de 2004 até 31 de dezembro de 2008;
III – 25% (vinte e cinco por cento), a partir de 1º de janeiro de 2009 até 31 de dezembro de 2013.

§ 1º O disposto no *caput* não se aplica a projetos aprovados ou protocolizados até 14 de novembro de 1997, no órgão competente, para os quais prevalece o benefício de isenção até o término do prazo de concessão do benefício.

§ 2º Os benefícios fiscais de redução do imposto de renda e adicionais não restituíveis, de que tratam o art. 14 da Lei 4.239, de 1963, e o art. 22 do Dec.-lei 756, de 11 de agosto de 1969, observadas as demais normas em vigor, aplicáveis à matéria, passam a ser calculados segundo os seguintes percentuais:

Lei 9.532/1997

I – 37,5% (trinta e sete inteiros e cinco décimos por cento), a partir de 1º de janeiro de 1998 até 31 de dezembro de 2003;
II – 25% (vinte e cinco por cento), a partir de 1º de janeiro de 2004 até 31 de dezembro de 2008;
III – 12,5% (doze inteiros e cinco décimos por cento), a partir de 1º de janeiro de 2009 até 31 de dezembro de 2013.
§ 3º Ficam extintos, relativamente aos períodos de apuração encerrados a partir de 1º de janeiro de 2004, os benefícios fiscais de que trata este artigo.

Art. 4º As pessoas jurídicas tributadas com base no lucro real poderão manifestar a opção pela aplicação do imposto em investimentos regionais na declaração de rendimentos ou no curso do ano-calendário, nas datas de pagamento do imposto com base no lucro estimado, apurado mensalmente, ou no lucro real trimestralmente.

- Artigo com eficácia suspensa por força da MP 2.199-14/2001.

§ 1º A opção, no curso do ano-calendário, será manifestada mediante o recolhimento, por meio de documento de arrecadação (Darf) específico, de parte do imposto sobre a renda de valor equivalente a até:
I – 18% (dezoito por cento) para o Finor e Finam e 25% (vinte e cinco por cento) para o Funres, a partir de janeiro de 1998 até dezembro de 2003;
II – 12% (doze por cento) para o Finor e Finam e 17% (dezessete por cento) para o Funres, a partir de janeiro de 2004 até dezembro de 2008;
III – 6% (seis por cento) para o Finor e Finam e 9% (nove por cento) para o Funres, a partir de janeiro de 2009 até dezembro de 2013.
§ 2º No Darf a que se refere o parágrafo anterior, a pessoa jurídica deverá indicar o código de receita relativo ao fundo pelo qual houver optado.
§ 3º Os recursos de que trata este artigo serão considerados disponíveis para aplicação nas pessoas jurídicas destinatárias.
§ 4º A liberação, no caso das pessoas jurídicas a que se refere o art. 9º da Lei 8.167, de 16 de janeiro de 1991, será feita à vista de Darf específico, observadas as normas expedidas pela Secretaria da Receita Federal.
§ 5º A opção manifestada na forma deste artigo é irretratável, não podendo ser alterada.

§ 6º Se os valores destinados para os fundos, na forma deste artigo, excederem o total a que a pessoa jurídica tiver direito, apurado na declaração de rendimentos, a parcela excedente será considerada:
a) em relação às empresas de que trata o art. 9º da Lei 8.167, de 1991, como recursos próprios aplicados no respectivo projeto;
b) pelas demais empresas, como subscrição voluntária para o fundo destinatário da opção manifestada no Darf.
§ 7º Na hipótese de pagamento a menor de imposto em virtude de excesso de valor destinado para os fundos, a diferença deverá ser paga com acréscimo de multa e juros, calculados de conformidade com a legislação do imposto de renda.
§ 8º Fica vedada, relativamente aos períodos de apuração encerrados a partir de 1º de janeiro de 2014, a opção pelos benefícios fiscais de que trata este artigo.

Art. 5º A dedução do imposto de renda relativo aos incentivos fiscais previstos no art. 1º da Lei 6.321, de 14 de abril de 1976, no art. 26 da Lei 8.313, de 23 de dezembro de 1991, e no inciso I do art. 4º da Lei 8.661, de 1993, não poderá exceder, quando considerados isoladamente, a 4% (quatro por cento) do imposto de renda devido, observado o disposto no § 4º do art. 3º da Lei 9.249, de 1995.

Art. 6º Observados os limites específicos de cada incentivo e o disposto no § 4º do art. 3º da Lei 9.249, de 1995, o total das deduções de que tratam:
I – o art. 1º da Lei 6.321, de 1976, e o inciso I do art. 4º da Lei 8.661, de 1993, não poderá exceder a 4% (quatro por cento) do imposto de renda devido;
II – o art. 26 da Lei 8.313, de 1991, e o art. 1º da Lei 8.685, de 20 de julho de 1993, não poderá exceder 4% (quatro por cento) do imposto de renda devido.

- Inciso II com redação determinada pela MP 2.189-49/2001.

Art. 7º A pessoa jurídica que absorver patrimônio de outra, em virtude de incorporação, fusão ou cisão, na qual detenha participação societária adquirida com ágio ou deságio, apurado segundo o disposto no art. 20 do Dec.-lei 1.598, de 26 de dezembro de 1997:

Lei 9.532/1997

Legislação

I – deverá registrar o valor do ágio ou deságio cujo fundamento seja o de que trata a alínea *a* do § 2º do art. 20 do Dec.-lei 1.598, de 1997, em contrapartida à conta que registre o bem ou direito que lhe deu causa;

II – deverá registrar o valor do ágio cujo fundamento seja o de que trata a alínea *c* do § 2º do art. 20 do Dec.-lei 1.598, de 1977, em contrapartida à conta de ativo permanente, não sujeita a amortização;

III – poderá amortizar o valor do ágio cujo fundamento seja o de que trata a alínea *b* do § 2º do art. 20 do Decreto-lei 1.598, de 1977, nos balanços correspondentes à apuração de lucro real, levantados posteriormente à incorporação, fusão ou cisão, à razão de 1/60 (um sessenta avos), no máximo, para cada mês do período de apuração;

- Inciso III com redação determinada pela Lei 9.718/1998.
- V. art. 11, *caput*, Lei 9.718/1998 (Altera a legislação tributária federal).

IV – deverá amortizar o valor do deságio cujo fundamento seja o de que trata a alínea *b* do § 2º do art. 20 do Dec.-lei 1.598, de 1977, nos balanços correspondentes à apuração de lucro real, levantados durante os cinco anos-calendários subsequentes à incorporação, fusão ou cisão, à razão de 1/60 (um sessenta avos), no mínimo, para cada mês do período de apuração.

- V. art. 11, *caput*, Lei 9.718/1998 (Altera a legislação tributária federal).

§ 1º O valor registrado na forma do inciso I integrará o custo do bem ou direito para efeito de apuração de ganho ou perda de capital e de depreciação, amortização ou exaustão.

§ 2º Se o bem que deu causa ao ágio ou deságio não houver sido transferido, na hipótese de cisão, para o patrimônio da sucessora, esta deverá registrar:

a) o ágio, em conta de ativo diferido, para amortização na forma prevista no inciso III;

b) o deságio, em conta de receita diferida, para amortização na forma prevista no inciso IV.

§ 3º O valor registrado na forma do inciso II do *caput*:

a) será considerado custo de aquisição, para efeito de apuração de ganho ou perda de capital na alienação do direito que lhe deu causa ou na sua transferência para sócio ou acionista, na hipótese de devolução de capital;

b) poderá ser deduzido como perda, no encerramento das atividades da empresa, se comprovada, nessa data, a inexistência do fundo de comércio ou do intangível que lhe deu causa.

§ 4º Na hipótese da alínea *b* do parágrafo anterior, a posterior utilização econômica do fundo de comércio ou intangível sujeitará a pessoa física ou jurídica usuária ao pagamento dos tributos e contribuições que deixaram de ser pagos, acrescidos de juros de mora e multa, calculados de conformidade com a legislação vigente.

§ 5º O valor que servir de base de cálculo dos tributos e contribuições a que se refere o parágrafo anterior poderá ser registrado em conta do ativo, como custo do direito.

Art. 8º O disposto no artigo anterior aplica-se inclusive, quando:

a) o investimento não for, obrigatoriamente, avaliado pelo valor de patrimônio líquido;

b) a empresa incorporada, fusionada ou cindida for aquela que detinha a propriedade da participação societária.

Art. 9º A opção da pessoa jurídica, o saldo do lucro inflacionário acumulado, existente no último dia útil dos meses de novembro e dezembro de 1997, poderá ser considerado realizado integralmente e tributado à alíquota de 10% (dez por cento).

§ 1º Se a opção se referir a saldo de lucro inflacionário tributado na forma do art. 28 da Lei 7.730, de 31 de janeiro de 1989, a alíquota a ser aplicada será de 3% (três por cento).

§ 2º A opção a que se refere este artigo será irretratável e manifestada mediante o pagamento do imposto, em quota única, na data da opção.

Art. 10. Do imposto apurado com base no lucro arbitrado ou no lucro presumido não será permitida qualquer dedução a título de incentivo fiscal.

Art. 11. As deduções relativas às contribuições para entidades de previdência privada, a que se refere a alínea *e* do inciso II do art. 8º da Lei 9.250, de 26 de dezembro de 1995, e às contribuições para o Fundo de Aposentadoria Programada Individual – Fapi, a que se refere a Lei 9.477, de 24 de julho de 1997, cujo ônus seja da própria pessoa física,

Lei 9.532/1997

LEGISLAÇÃO

ficam condicionadas ao recolhimento, também, de contribuições para o regime geral de previdência social ou, quando for o caso, para regime próprio de previdência social dos servidores titulares de cargo efetivo da União, dos Estados, do Distrito Federal ou dos Municípios, observada a contribuição mínima, e limitadas a 12% (doze por cento) do total dos rendimentos computados na determinação da base de cálculo do imposto devido na declaração de rendimentos.

- *Caput* com redação determinada pela Lei 10.887/2004.

§ 1º Aos resgates efetuados pelos quotistas de Fundo de Aposentadoria Programada Individual – Fapi aplicam-se, também, as normas de incidência do imposto de renda de que trata o art. 33 da Lei 9.250, de 26 de dezembro de 1995.

- § 1º com redação determinada pela Lei 10.887/2004.

§ 2º Na determinação do lucro real e da base de cálculo da contribuição social sobre o lucro líquido, o valor das despesas com contribuições para a previdência privada, a que se refere o inciso V do art. 13 da Lei 9.249, de 26 de dezembro de 1995, e para os Fundos de Aposentadoria Programada Individual – Fapi, a que se refere a Lei 9.477, de 24 de julho de 1997, cujo ônus seja da pessoa jurídica, não poderá exceder, em cada período de apuração, a 20% (vinte por cento) do total dos salários dos empregados e da remuneração dos dirigentes da empresa, vinculados ao referido plano.

- § 2º com redação determinada pela Lei 10.887/2004.

§ 3º O somatório das contribuições que exceder o valor a que se refere o § 2º deste artigo deverá ser adicionado ao lucro líquido para efeito de determinação do lucro real e da base de cálculo da contribuição social sobre o lucro líquido.

- § 3º com redação determinada pela Lei 10.887/2004.

§ 4º O disposto neste artigo não elide a observância das normas do art. 7º da Lei 9.477, de 24 de julho de 1997.

- § 4º com redação determinada pela Lei 10.887/2004.

§ 5º Excetuam-se da condição de que trata o *caput* deste artigo os beneficiários de aposentadoria ou pensão concedidas por regime próprio de previdência ou pelo regime geral de previdência social.

- § 5º acrescentado pela Lei 10.887/2004.

§ 6º As deduções relativas às contribuições para entidades de previdência complementar a que se referem o inciso VII do art. 4º e a alínea *i* do inciso II do art. 8º da Lei 9.250, de 26 de dezembro de 1995, desde que limitadas à alíquota de contribuição do ente público patrocinador, não se sujeitam ao limite previsto no *caput*.

- § 6º acrescentado pela Lei 13.043/2014 (*DOU* 14.11.2014, ret. 14.11.2014, edição extra), em vigor em 1º.01.2015.

§ 7º Os valores de contribuição excedentes ao disposto no § 6º poderão ser deduzidos desde que seja observado o limite conjunto de dedução previsto no *caput*.

- § 7º acrescentado pela Lei 13.043/2014 (*DOU* 14.11.2014, ret. 14.11.2014, edição extra), em vigor em 1º.01.2015.

Art. 12. Para efeito do disposto no art. 150, inciso VI, alínea c, da Constituição, considera-se imune a instituição de educação ou de assistência social que preste os serviços para os quais houver sido instituída e os coloque à disposição da população em geral, em caráter complementar às atividades do Estado, sem fins lucrativos.

§ 1º Não estão abrangidos pela imunidade os rendimentos e ganhos de capital auferidos em aplicações financeiras de renda fixa ou de renda variável.

- O STF, na ADIn 1.802-3 (*DJU* 13.02.2004), "deferiu, em parte, o pedido de medida cautelar, para suspender, até a decisão final da ação, a vigência do § 1º (...) do art. 12 (...) da Lei 9.532/1997".

§ 2º Para o gozo da imunidade, as instituições a que se refere este artigo, estão obrigadas a atender aos seguintes requisitos:
a) não remunerar, por qualquer forma, seus dirigentes pelos serviços prestados, exceto no caso de associações, fundações ou organizações da sociedade civil, sem fins lucrativos, cujos dirigentes poderão ser remunerados, desde que atuem efetivamente na gestão executiva e desde que cumpridos os requisitos previstos nos arts. 3º e 16 da Lei 9.790, de 23 de março de 1999, respeitados como limites máximos os valores praticados pelo mercado na região correspondente à sua área de atuação, devendo seu valor ser fixado pelo órgão de deliberação superior da entidade, registrado em ata, com comu-

Lei 9.532/1997

LEGISLAÇÃO

nicação ao Ministério Público, no caso das fundações;

- Alínea a com redação determinada pela Lei 13.204/2015.

b) aplicar integralmente seus recursos na manutenção e desenvolvimento dos seus objetivos sociais;

c) manter escrituração completa de suas receitas e despesas em livros revestidos das formalidades que assegurem a respectiva exatidão;

d) conservar em boa ordem, pelo prazo de 5 (cinco) anos, contado da data da emissão, os documentos que comprovem a origem de suas receitas e a efetivação de suas despesas, bem assim a realização de quaisquer outros atos ou operações que venham a modificar sua situação patrimonial;

e) apresentar, anualmente, Declaração de Rendimentos, em conformidade com o disposto em ato da Secretaria da Receita Federal;

f) recolher os tributos retidos sobre os rendimentos por elas pagos ou creditados e a contribuição para a seguridade social relativa aos empregados, bem assim cumprir as obrigações acessórias daí decorrentes;

- O STF, na ADIn 1.802-3 (DJU 13.02.2004), "deferiu, em parte, o pedido de medida cautelar, para suspender, até a decisão final da ação, a vigência do § 1º e a alínea f do § 2º, ambos do art. 12 (...) da Lei 9.532/1997".

g) assegurar a destinação de seu patrimônio a outra instituição que atenda às condições para gozo da imunidade, no caso de incorporação, fusão, cisão ou de encerramento de suas atividades, ou a órgão público;

h) outros requisitos, estabelecidos em lei específica, relacionados com o funcionamento das entidades a que se refere este artigo.

§ 3º Considera-se entidade sem fins lucrativos a que não apresente superávit em suas contas ou, caso o apresente em determinado exercício, destine referido resultado, integralmente, à manutenção e ao desenvolvimento dos seus objetivos sociais.

- § 3º com redação determinada pela Lei 9.718/1998.

§ 4º A exigência a que se refere a alínea a do § 2º não impede:

- § 4º acrescentado pela Lei 12.868/2013.

I – a remuneração aos diretores não estatutários que tenham vínculo empregatício; e

II – a remuneração aos dirigentes estatutários, desde que recebam remuneração inferior, em seu valor bruto, a 70% (setenta por cento) do limite estabelecido para a remuneração de servidores do Poder Executivo federal.

§ 5º A remuneração dos dirigentes estatutários referidos no inciso II do § 4º deverá obedecer às seguintes condições:

- § 5º acrescentado pela Lei 12.868/2013.

I – nenhum dirigente remunerado poderá ser cônjuge ou parente até 3º (terceiro) grau, inclusive afim, de instituidores, sócios, diretores, conselheiros, benfeitores ou equivalentes da instituição de que trata o caput deste artigo; e

II – o total pago a título de remuneração para dirigentes, pelo exercício das atribuições estatutárias, deve ser inferior a 5 (cinco) vezes o valor correspondente ao limite individual estabelecido neste parágrafo.

§ 6º O disposto nos §§ 4º e 5º não impede a remuneração da pessoa do dirigente estatutário ou diretor que, cumulativamente, tenha vínculo estatutário e empregatício, exceto se houver incompatibilidade de jornadas de trabalho.

- § 6º acrescentado pela Lei 12.868/2013.

Art. 13. Sem prejuízo das demais penalidades previstas na lei, a Secretaria da Receita Federal suspenderá o gozo da imunidade a que se refere o artigo anterior, relativamente aos anos-calendários em que a pessoa jurídica houver praticado ou, por qualquer forma, houver contribuído para a prática de ato que constitua infração a dispositivo da legislação tributária, especialmente no caso de informar ou declarar falsamente, omitir ou simular o recebimento de doações em bens ou em dinheiro, ou de qualquer forma cooperar para que terceiro sonegue tributos ou pratique ilícitos fiscais.

- O STF, na ADIn 1.802-3 (DJU 13.02.2004), "deferiu, em parte, o pedido de medida cautelar, para suspender, até a decisão final da ação, a vigência (...) do art. 13, caput (...) da Lei 9.532/1997".

Parágrafo único. Considera-se, também, infração a dispositivo da legislação tributária o pagamento, pela instituição imune, em favor de seus associados ou dirigentes, ou, ainda, em favor de sócios, acionistas ou dirigentes de pessoa jurídica a ela associada por qualquer forma, de despesas consideradas

Lei 9.532/1997

LEGISLAÇÃO

indedutíveis na determinação da base de cálculo do imposto sobre a renda ou da contribuição social sobre o lucro líquido.

Art. 14. À suspensão do gozo da imunidade aplica-se o disposto no art. 32 da Lei 9.430, de 1996.

• O STF, na ADIn 1.802-3 (*DJU* 13.02.2004), "deferiu, em parte, o pedido de medida cautelar, para suspender, até a decisão final da ação, a vigência (...) do art. 14, todos da Lei 9.532/1997".

Art. 15. Consideram-se isentas as instituições de caráter filantrópico, recreativo, cultural e científico e as associações civis que prestem os serviços para os quais houverem sido instituídas e os coloquem à disposição do grupo de pessoas a que se destinam, sem fins lucrativos.

§ 1º A isenção a que se refere este artigo aplica-se, exclusivamente, em relação ao imposto de renda da pessoa jurídica e à contribuição social sobre o lucro líquido, observado o disposto no parágrafo subsequente.

§ 2º Não estão abrangidos pela isenção do imposto de renda os rendimentos e ganhos de capital auferidos em aplicações financeiras de renda fixa ou de renda variável.

§ 3º Às instituições isentas aplicam-se as disposições do art. 12, § 2º, alíneas *a* a *e* e § 3º e dos arts. 13 e 14.

§ 4º *(Revogado pela Lei 9.718/1998.)*

Art. 16. Aplicam-se à entrega de bens e direitos para a formação do patrimônio das instituições isentas as disposições do art. 23 da Lei 9.249, de 1995.

Parágrafo único. A transferência de bens e direitos do patrimônio das entidades isentas para o patrimônio de outra pessoa jurídica, em virtude de incorporação, fusão ou cisão, deverá ser efetuada pelo valor de sua aquisição ou pelo valor atribuído, no caso de doação.

Art. 17. Sujeita-se à incidência do imposto de renda à alíquota de 15% (quinze por cento) a diferença entre o valor em dinheiro ou o valor dos bens e direitos recebidos de instituição isenta, por pessoa física, a título de devolução de patrimônio, e o valor em dinheiro ou o valor dos bens e direitos que houver entregue para a formação do referido patrimônio.

§ 1º Aos valores entregues até o final do ano de 1995 aplicam-se as normas do inciso I do art. 17 da Lei 9.249, de 1995.

§ 2º O imposto de que trata este artigo será:
a) considerado tributação exclusiva;
b) pago pelo beneficiário até o último dia útil do mês subsequente ao recebimento dos valores.

§ 3º Quando a destinatária dos valores em dinheiro ou dos bens e direitos devolvidos por pessoa jurídica, a diferença a que se refere o *caput* será computada na determinação do lucro real ou adicionada ao lucro presumido ou arbitrado, conforme seja a forma de tributação a que estiver sujeita.

§ 4º Na hipótese do parágrafo anterior, para a determinação da base de cálculo da contribuição social sobre o lucro líquido a pessoa jurídica deverá computar:
a) a diferença a que se refere o *caput*, se sujeita ao pagamento do imposto de renda com base no lucro real;
b) o valor em dinheiro ou valor do bens e direitos recebidos, se tributada com base no lucro presumido ou arbitrado.

Art. 18. Fica revogada a isenção concedida em virtude do art. 30 da Lei 4.506, de 1964, e alterações posteriores, às entidades que se dediquem à seguintes atividades:
I – educacionais;
II – de assistência à saúde;
III – de administração de planos de saúde;
IV – de prática desportiva, de caráter profissional;
V – de administração do desporto.

Parágrafo único. O disposto neste artigo não elide a fruição, conforme o caso, de imunidade ou isenção por entidade que se enquadrar nas condições do art. 12 ou do art. 15.

Art. 19. *(Revogado pela Lei 9.779/1999.)*

Art. 20. O *caput* do art. 1º da Lei 9.481, de 13 de agosto de 1997, passa a vigorar com a seguinte redação:
"Art. 1º A alíquota do imposto de renda na fonte incidente sobre os rendimentos auferidos no País, por residentes ou domiciliados no exterior, fica reduzida para zero, nas seguintes hipóteses."

Art. 21. Relativamente aos fatos geradores ocorridos durante os anos-calendário de

Lei 9.532/1997

LEGISLAÇÃO

1998 a 2003, a alíquota de 25% (vinte e cinco por cento), constante das tabelas de que tratam os arts. 3º e 11 da Lei 9.250, de 26 de dezembro de 1995, e as correspondentes parcelas a deduzir, passam a ser, respectivamente, a alíquota, de 27,5% (vinte e sete inteiros e cinco décimos por cento), e as parcelas a deduzir, até 31 de dezembro de 2001, de R$ 360,00 (trezentos e sessenta reais) e R$ 4.320,00 (quatro mil, trezentos e vinte reais), e a partir de 1º de janeiro de 2002, aquelas determinadas pelo art. 1º da Lei 10.451, de 10 de maio de 2002, a saber, de R$ 423,08 (quatrocentos e vinte e três reais e oito centavos) e R$ 5.076,90 (cinco mil e setenta e seis reais e noventa centavos).

- *Caput* com redação determinada pela Lei 10.637/2002.
- V. Lei 10.828/2003 (Altera a Legislação Tributária Federal).

Parágrafo único. *(Revogado pela Lei 10.828/2003.)*

Art. 22. A soma das deduções a que se referem os incisos I a III do art. 12 da Lei 9.250, de 1995, fica limitada a 6% (seis por cento) do valor do imposto devido, não sendo aplicáveis limites específicos a quaisquer dessas deduções.

Art. 23. Na transferência de direito de propriedade por sucessão, nos casos de herança, legado ou por doação em adiantamento da legítima, os bens e direitos poderão ser avaliados a valor de mercado ou pelo valor constante da declaração de bens do *de cujus* ou do doador.

§ 1º Se a transferência for efetuada a valor de mercado, a diferença a maior entre esse e o valor pelo qual constavam da declaração de bens do *de cujus* ou do doador sujeitar-se-á à incidência de imposto de renda à alíquota de 15% (quinze por cento).

§ 2º O imposto a que se referem os §§ 1º e 5º deverá ser pago:

- § 2º com redação determinada pela Lei 9.779/1999.

I – pelo inventariante, até a data prevista para entrega da declaração final de espólio, nas transmissões *mortis causa*, observado o disposto no art. 7º, § 4º, da Lei 9.250, de 26 de dezembro de 1995;

II – pelo doador, até o último dia útil do mês-calendário subsequente ao da doação, no caso de doação em adiantamento da legítima;

III – pelo ex-cônjuge a quem for atribuído o bem ou direito, até o último dia útil do mês subsequente à data da sentença homologatória do formal de partilha, no caso de dissolução da sociedade conjugal ou da unidade familiar.

§ 3º O herdeiro, o legatário ou o donatário deverá incluir os bens ou direitos, na sua declaração de bens correspondente à declaração de rendimentos do ano-calendário da homologação da partilha ou do recebimento da doação, pelo valor pelo qual houver sido efetuada a transferência.

§ 4º Para efeito de apuração de ganho de capital relativo aos bens e direitos de que trata este artigo, será considerado como custo de aquisição o valor pelo qual houverem sido transferidos.

§ 5º As disposições deste artigo aplicam-se, também, aos bens ou direitos atribuídos a cada cônjuge, na hipótese de dissolução da sociedade conjugal ou da unidade familiar.

Art. 24. Na declaração de bens correspondente à declaração de rendimentos das pessoas físicas, relativa ao ano-calendário de 1997, a ser apresentada em 1998, os bens adquiridos até 31 de dezembro de 1995 deverão ser informados pelos valores apurados com observância do disposto no art. 17 da Lei 9.249, de 1995.

Parágrafo único. A Secretaria da Receita Federal expedirá as normas necessárias à aplicação do disposto neste artigo.

Art. 25. O § 2º do art. 7º da Lei 9.250, de 1995, passa a vigorar com a seguinte redação:

- Alteração processada no texto da referida Lei.

Art. 26. Os §§ 3º e 4º do art. 56 da Lei 8.981, de 1995, com as alterações da Lei 9.065, de 1995, passam a vigorar com a seguinte redação:

- Alterações processadas no texto da referida Lei.

Art. 27. A multa a que se refere o inciso I do art. 88 da Lei 8.981, de 1995, é limitada a 20% (vinte por cento) do imposto de renda devido, respeitado o valor mínimo de que trata o § 1º do referido art. 88, convertido em reais de acordo com o disposto no

Lei 9.532/1997

LEGISLAÇÃO

art. 30 da Lei 9.249, de 26 de dezembro de 1995.

- V. art. 16, parágrafo único, Lei 9.718/1998 (Altera a legislação tributária federal).

Parágrafo único. A multa a que se refere o art. 88 da Lei 8.981, de 1995, será:

a) deduzida do imposto a ser restituído ao contribuinte, se este tiver direito à restituição;

b) exigida por meio de lançamento efetuado pela Secretaria da Receita Federal, notificado ao contribuinte.

Art. 28. A partir de 1º de janeiro de 1988, a incidência do imposto de renda sobre os rendimentos auferidos por qualquer beneficiário, inclusive pessoa jurídica imune ou isenta, nas aplicações em fundos de investimento, constituídos sob qualquer forma, ocorrerá:

- O STF, na ADIn 1.758-4 (*DJU* 11.03.2005 e *DOU* 05.04.2005), declarou a inconstitucionalidade da expressão "inclusive pessoa jurídica imune", contida no art. 28 da Lei 9.532/1997.
- O art. 3º da MP 2.189-49/2001 dispõe: "A determinação da base de cálculo do Imposto de Renda na fonte, em conformidade com o disposto no art. 28 da Lei 9.532, de 1997, será aplicável somente a partir de 1º de julho de 1998".

I – diariamente, sobre os rendimentos produzidos pelos títulos, aplicações financeiras e valores mobiliários de renda fixa integrantes das carteiras dos fundos;

II – por ocasião do resgate das quotas, em relação à parcela dos valores mobiliários de renda variável integrante das carteiras dos fundos.

§ 1º Na hipótese de que trata o inciso II, a base de cálculo do imposto será constituída pelo ganho apurado pela soma algébrica dos resultados apropriados diariamente ao quotista.

§ 2º Para efeitos do disposto neste artigo o administrador do fundo de investimento deverá apropriar, diariamente, para cada quotista:

a) os rendimentos de que trata o inciso I, deduzido o imposto de renda;

b) os resultados positivos ou negativos decorrentes da avaliação dos ativos previstos no inciso II.

§ 3º As aplicações, os resgates e a apropriação dos valores de que trata o parágrafo anterior serão feitos conforme a proporção dos ativos de renda fixa e de renda variável no total da carteira do fundo de investimento.

§ 4º As perdas apuradas no resgate de quotas poderão ser compensadas com ganhos auferidos em resgates posteriores, no mesmo fundo de investimento, de acordo com sistemática a ser definida pela Secretaria da Receita Federal.

§ 5º Os fundos de investimento cujas carteiras sejam constituídas, no mínimo, por 95% (noventa e cinco por cento) de ativos de renda fixa, ao calcular o imposto pela apropriação diária de que trata o inciso I, poderão computar, na base de cálculo, os rendimentos e ganhos totais do patrimônio do fundo.

§ 6º Os fundos de investimento cujas carteiras sejam constituídas, no mínimo, por 80% (oitenta por cento) de ações negociadas no mercado à vista de bolsa de valores ou entidade assemelhada, poderão calcular o imposto no resgate de quotas, abrangendo os rendimentos e ganhos totais do patrimônio do fundo.

- O art. 2º da MP 2.189-49/2001 reduz o percentual previsto neste parágrafo para 67% (sessenta e sete por cento).
- O art. 1º da MP 2.189-49/2001 estabelece que a alíquota do Imposto de Renda na fonte incidente sobre os rendimentos auferidos no resgate de quotas dos fundos de investimento, de que trata este parágrafo, fica reduzida a 10% (dez por cento).
- V. art. 5º, § 1º, MP 2.189-49/2001 (Incidência do Imposto de Renda na fonte sobre rendimentos de aplicações financeiras).

§ 7º A base de cálculo do imposto de que trata o parágrafo anterior será constituída pela diferença positiva entre o valor de resgate e o valor de aquisição da quota.

- V. art. 4º, parágrafo único, MP 2.189-49/2001 (Incidência do Imposto de Renda na fonte sobre rendimentos de aplicações financeiras).

§ 8º A Secretaria da Receita Federal definirá os requisitos e condições para que os fundos de que trata o § 6º atendam ao limite ali estabelecido.

§ 9º O imposto de que trata este artigo incidirá à alíquota de 20% (vinte por cento), vedada a dedução de quaisquer custos ou despesas incorridos na administração do fundo.

§ 10. Ficam isentos do imposto de renda:

a) os rendimentos e ganhos líquidos auferidos na alienação, liquidação, resgate, cessão ou repactuação dos títulos, aplicações

Lei 9.532/1997

LEGISLAÇÃO

financeiras e valores mobiliários integrantes da carteiras dos fundos de investimento;

b) os juros de que trata o art. 9º da Lei 9.249, de 1995, recebidos pelos fundos de investimento.

§ 11. Fica dispensada a retenção do imposto de renda sobre os rendimentos auferidos pelos quotistas dos fundos de investimento:

a) cujos recursos sejam aplicados na aquisição de quotas de outros fundos de investimento;

b) constituídos, exclusivamente, pelas pessoas jurídicas de que trata o art. 77, inciso I, da Lei 8.981, de 20 de janeiro de 1995.

§ 12. Os fundos de investimento de que trata a alínea *a* do parágrafo anterior serão tributados:

a) como qualquer quotista, quanto a aplicações em quotas de outros fundos de investimentos;

b) como os demais fundos, quanto a aplicações em outros ativos.

§ 13. O disposto neste artigo aplica-se, também, à parcela fixa dos ativos de renda fixa dos fundos de investimento imobiliário tributados nos termos da Lei 8.668, de 1993, e dos demais fundos de investimentos que não tenham resgate de quotas.

Art. 29. Para fins de incidência do imposto de renda na fonte, consideram-se pagos ou creditados aos quotistas dos fundos de investimento, na data em que se completar o primeiro período de carência em 1998, os rendimentos correspondentes à diferença positiva entre o valor da quota em 31 de dezembro de 1997 e o respectivo custo de aquisição.

§ 1º Na hipótese de resgate anterior ao vencimento do período de carência, a apuração dos rendimentos terá por base o valor da quota na data do último vencimento da carência, ocorrido em 1997.

§ 2º No caso de fundos sem prazo de carência para resgate de quotas, com rendimento integral, consideram-se pagos ou creditados os rendimentos no dia 2 de janeiro de 1998.

§ 3º Os rendimentos de que trata este artigo serão tributados pelo imposto de renda na fonte, à alíquota de 15% (quinze por cento), na data da ocorrência do fato gerador.

Art. 30. O imposto de que trata o § 3º do artigo anterior, retido pela instituição administradora do fundo, na data da ocorrência do fato gerador, será recolhido em quota única, até o terceiro dia útil da semana subsequente.

Art. 31. Excluem-se do disposto no art. 29, os rendimentos auferidos até 31 de dezembro de 1997 pelos quotistas dos fundos de investimento de renda variável, que serão tributados no resgate de quotas.

• V. arts. 4º, I, *b*, e 5º, I, da MP 2.189-49/2001 (Incidência do Imposto de Renda na fonte sobre rendimentos de aplicações financeiras).

§ 1º Para efeito do disposto neste artigo, consideram-se de renda variável os fundos de investimento que, nos meses de novembro e dezembro de 1997, tenham mantido, no mínimo, 51% (cinquenta e um por cento) de patrimônio aplicado em ações negociadas no mercado à vista de bolsa de valores ou entidade assemelhada.

§ 2º O disposto neste artigo aplica-se, também, aos rendimentos auferidos pelos quotistas de fundo de investimento que, no meses de novembro e dezembro de 1997, tenham mantido, no mínimo, 95% (noventa e cinco por cento) de seus recursos aplicados em quotas dos fundos de que trata o parágrafo anterior.

Art. 32. O imposto de que tratam os arts. 28 a 31 será retido pelo administrador do fundo de investimento na data da ocorrência do fato gerador e recolhido até o terceiro dia útil da semana subsequente.

Art. 33. Os clubes de investimento, as carteiras administradas e qualquer outra forma de investimento associativo ou coletivo, sujeitam-se às mesmas normas do imposto de renda aplicáveis aos fundos de investimento.

Art. 34. O disposto nos arts. 28 a 31 não se aplica às hipóteses de que trata o art. 81 da Lei 8.981, de 1995, que continuam sujeitas às normas de tributação previstas na legislação vigente.

• Artigo com redação determinada pela MP 2.189-49/2001.

Art. 35. Relativamente aos rendimentos produzidos, a partir de 1º de janeiro de 1998, por aplicação financeira de renda fixa, auferidos por qualquer beneficiário, inclusive pessoa jurídica imune ou isenta, a alíquota do imposto de renda será de 20% (vinte por cento).

Lei 9.532/1997

Art. 36. Os rendimentos decorrentes das operações de *swap*, de que trata o art. 74 da Lei 8.981, de 1995, passam a ser tributados à mesma alíquota incidente sobre os rendimentos de aplicações financeiras de renda fixa.

Parágrafo único. Quando a operação de *swap* tiver por objeto taxa baseada na remuneração dos depósitos de poupança, esta remuneração será adicionada à base de cálculo do imposto de que trata este artigo.

Art. 37. Os dispositivos abaixo enumerados, da Lei 4.502, de 30 de novembro de 1964, passam a vigorar com a seguinte redação:

I – o inciso II do art. 4º:

"II – as filiais e demais estabelecimentos que exercerem o comércio de produtos importados, industrializados ou mandados industrializar por outro estabelecimento do mesmo contribuinte";

II – o § 1º do art. 9º:

"§ 1º Se a imunidade, a isenção ou a suspensão for condicionada à destinação do produto, e a este for dado destino diverso, ficará o responsável pelo fato sujeito ao pagamento do imposto e da penalidade cabível, como se a imunidade, a isenção ou a suspensão não existissem";

III – o inciso II do art. 15:

"II – a 90% (noventa por cento) do preço de venda aos consumidores, não inferior ao previsto no inciso anterior, quando o produto for remetido a outro estabelecimento da mesma empresa, desde que o destinatário opere exclusivamente na venda a varejo";

IV – o § 2º do art. 46:

"§ 2º A falta de rotulagem ou marcação do produto ou de aplicação do selo especial, ou o uso de selo impróprio ou aplicado em desacordo com as normas regulamentares, importará em considerar o produto respectivo como não identificado com o descrito nos documentos fiscais";

V – o § 2º do art. 62:

"§ 2º No caso de falta do documento fiscal que comprove a procedência do produto e identifique o remetente pelo nome e endereço, ou de produto que não se encontre selado, rotulado ou marcado quando exigido o selo de controle, a rotulagem ou a marcação, não poderá o destinatário recebê-lo, sob pena de ficar responsável pelo pagamento do imposto, se exigível, e sujeito às sanções cabíveis."

Art. 38. Fica acrescentada ao inciso I do art. 5º da Lei 4.502, de 1964, com a redação dada pelo art. 1º do Dec.-lei 1.133, de 16 de novembro de 1970, a alínea *e* com a seguinte redação:

"*e*) objeto de operação de venda, que for consumido ou utilizado dentro do estabelecimento industrial."

Art. 39. Poderão sair do estabelecimento industrial, com suspensão do IPI, os produtos destinados à exportação, quando:

I – adquiridos por empresa comercial exportadora, com o fim específico de exportação;

II – remetidos a recintos alfandegados ou a outros locais onde se processe o despacho aduaneiro de exportação.

§ 1º Fica assegurada a manutenção e utilização do crédito do IPI relativo às matérias-primas, produtos intermediários e material de embalagem utilizados na industrialização dos produtos a que se refere este artigo.

§ 2º Consideram-se adquiridos com o fim específico de exportação os produtos remetidos diretamente do estabelecimento industrial para embarque de exportação ou para recintos alfandegados, por conta e ordem da empresa comercial exportadora.

§ 3º A empresa comercial exportadora fica obrigada ao pagamento do IPI que deixou de ser pago na saída dos produtos do estabelecimento industrial, nas seguintes hipóteses:

a) transcorridos 180 (cento e oitenta) dias da data da emissão da nota fiscal de venda pelo estabelecimento industrial, não houver sido efetivada a exportação;

b) os produtos forem revendidos no mercado interno;

c) ocorrer a destruição, o furto ou roubo dos produtos.

§ 4º Para efeito do parágrafo anterior, considera-se ocorrido o fato gerador e devido o IPI na data da emissão da nota fiscal pelo estabelecimento industrial.

§ 5º O valor a ser pago nas hipóteses do § 3º ficará sujeito à incidência:

a) de juros equivalentes à taxa referencial do Sistema Especial de Liquidação e Custódia – Selic, para títulos federais, acumulada mensalmente, calculados a partir do primeiro dia do mês subsequente ao da emissão da nota fiscal, referida no § 4º, até o mês anterior ao

Lei 9.532/1997

do pagamento e de 1% (um por cento) no mês do pagamento;
b) da multa a que se refere o art. 61 da Lei 9.430, de 1996, calculada a partir do dia subsequente ao da emissão da referida nota fiscal.

§ 6º O imposto de que trata este artigo, não recolhido espontaneamente, será exigido em procedimento de ofício, pela Secretaria da Receita Federal, com os acréscimos aplicáveis na espécie.

Art. 40. Considera-se ocorrido o fato gerador e devido o IPI, no início do consumo ou da utilização do papel destinado a impressão de livros, jornais e periódicos a que se refere a alínea d do inciso VI do art. 150 da Constituição, em finalidade diferente destas ou na sua saída do fabricante, do importador ou de seus estabelecimentos distribuidores, para pessoas que não sejam empresas jornalísticas ou editoras.

Parágrafo único. Responde solidariamente pelo imposto e acréscimos legais a pessoa física ou jurídica que não seja empresa jornalística ou editora, em cuja posse for encontrado o papel a que se refere este artigo.

Art. 41. Aplica-se aos produtos do Capítulo 22 da Tipi o disposto no art. 18 do Dec.-lei 1.593, de 21 dezembro de 1977.

Art. 42. (Revogado pela Lei 9.779/1999.)

Art. 43. O inciso II do art. 4º da Lei 8.661, de 1993, passa a vigorar com a seguinte redação:

• A Lei 8.661/1993 foi revogada pela Lei 11.196/2005.

Art. 44. A comercialização de cigarros no País observará o disposto em regulamento, especialmente quanto a embalagem, apresentação e outras formas de controle.

Art. 45. A importação de cigarros do código 2402.20.00 da Tipi será efetuada com observância do disposto nos arts. 46 a 54 desta Lei, sem prejuízo de outras exigências, inclusive quanto à comercialização do produto, previstas em legislação específica.

Art. 46. É vedada a importação de cigarros de marca que não seja comercializada no país de origem.

Art. 47. O importador de cigarros deve constituir-se sob a forma de sociedade, sujeitando-se, também, à inscrição no Registro Especial instituído pelo art. 1º do Dec.-lei 1.593, de 1977.

Art. 48. O importador deverá requerer à Secretaria da Receita Federal do Brasil o fornecimento dos selos de controle de que trata o art. 46 da Lei 4.502, de 30 de novembro de 1964, devendo, no requerimento, prestar as seguintes informações:

• Caput com redação determinada pela Lei 12.402/2011.

I – nome e endereço do fabricante no exterior;

II – quantidade de vintenas, marca comercial e características físicas do produto a ser importado;

III – preço de venda a varejo pelo qual será feita a comercialização do produto no Brasil.

• Inciso III com redação determinada pela Lei 12.402/2011.

§ 1º (Revogado pela Lei 12.402/2011.)
§ 2º (Revogado pela Lei 12.402/2011.)

Art. 49. A Secretaria da Receita Federal, com base nos dados do Registro Especial, nas informações prestadas pelo importador e nas normas de enquadramento em classes de valor aplicáveis aos produtos de fabricação nacional, deverá:

I – se aceito o requerimento, divulgar, por meio do Diário Oficial da União, a identificação do importador, a marca comercial e características do produto, o preço de venda a varejo, a quantidade autorizada de vintenas e o valor unitário e cor dos respectivos selos de controle.

II – se não aceito o requerimento, comunicar o fato ao requerente, fundamentando as razões da não aceitação.

§ 1º O preço de venda no varejo de cigarro importado de marca que também seja produzida no País não poderá ser inferior àquele praticado pelo fabricante nacional.

§ 2º Divulgada a aceitação do requerimento, o importador terá o prazo de 15 (quinze) dias para efetuar o pagamento dos selos e retirá-los na Receita Federal.

§ 3º (Revogado pela Lei 12.402/2011.)

§ 4º Os selos de controle serão remetidos pelo importador ao fabricante no exterior, devendo ser aplicado em cada maço, carteira, ou outro recipiente, que contenha vinte unidades do produto, na mesma forma estabelecida pela Secretaria da Receita Federal para os produtos de fabricação nacional.

Lei 9.532/1997

§ 5º Ocorrendo o descumprimento do prazo a que se refere o § 2º, fica sem efeito a autorização para a importação.

§ 6º O importador terá o prazo de 90 (noventa) dias a partir da data de fornecimento do selo de controle para efetuar o registro da declaração da importação.

Art. 50. No desembaraço aduaneiro de cigarros importados do exterior deverão se observados:

I – se as vintenas importadas correspondem à marca comercial divulgada e se estão devidamente seladas;

* Inciso I com redação determinada pela Lei 12.402/2011.

II – se a quantidade de vintenas importada corresponde à quantidade autorizada;

III – se na embalagem dos produtos constam, em língua portuguesa, todas as informações exigidas para os produtos de fabricação nacional.

Parágrafo único. A inobservância de qualquer das condições previstas no inciso I sujeitará o infrator à pena de perdimento.

Art. 51. Sujeita-se às penalidades previstas na legislação, aplicáveis às hipóteses de uso indevido de selos de controle, o importador que descumprir o prazo estabelecido no § 6º do art. 49.

Parágrafo único. As penalidades de que trata este artigo serão calculadas sobre a quantidade de selos adquiridos que houver sido utilizada na importação, se ocorrer importação parcial.

Art. 52. O valor do IPI devido no desembaraço aduaneiro dos cigarros do código 2402.20.00 da Tipi será apurado da mesma forma que para o produto nacional, tomando-se por base a classe de enquadramento divulgada pela Secretaria da Receita Federal.

* Caput com redação determinada pela Lei 10.637/2002.

Parágrafo único. Os produtos de que trata este artigo estão sujeitos ao imposto apenas por ocasião do desembaraço aduaneiro.

Art. 53. O importador de cigarros sujeita-se, na condição de contribuinte e de contribuinte substituto dos comerciantes varejistas, ao pagamento das contribuições para o PIS/Pasep e para o financiamento da Seguridade Social – Cofins, calculadas segundo as mesmas normas aplicáveis aos fabricantes de cigarros nacionais.

Art. 54. O pagamento das contribuições a que se refere o artigo anterior deverá ser efetuado na data do registro da Declaração de Importação no Sistema Integrado de Comércio Exterior – Siscomex.

Art. 55. Ficam reduzidos à metade os percentuais relacionados nos incisos I, II, III e V do art. 1º da Lei 9.440, de 14 de março de 1997, e nos incisos I, II e III do art. 1º da Lei 9.449, de 14 de março de 1997.

Art. 56. O inciso IV do art. 1º da Lei 9.440, de 1997, passa a vigorar com a seguinte redação:

"IV – redução de 50% (cinquenta por cento) do imposto sobre produtos industrializados incidente na aquisição de máquinas, equipamentos, inclusive de testes, ferramental, moldes e modelos para moldes, instrumentos e aparelhos industriais e de controle de qualidade, novos, importados ou de fabricação nacional, bem como os respectivos acessórios, sobressalentes e peças de reposição."

Art. 57. A apresentação de declaração de bagagem falsa ou inexata sujeita o viajante a multa correspondente a 50% (cinquenta por cento) do valor excedente ao limite de isenção, sem prejuízo do imposto devido.

Art. 58. A pessoa física ou jurídica que alienar, à empresa que exercer as atividades relacionadas na alínea d do inciso III do § 1º do art. 15 da Lei 9.249, de 1995 (*factoring*), direitos creditórios resultantes de vendas a prazo, sujeita-se à incidência do imposto sobre operações de crédito, câmbio e seguro ou relativas a títulos e valores mobiliários – IOF às mesmas alíquotas aplicáveis às operações de financiamento e empréstimo praticadas pelas instituições financeiras.

§ 1º O responsável pela cobrança e recolhimento do IOF de que trata este artigo é a empresa de *factoring* adquirente do direito creditório.

§ 2º O imposto cobrado na hipótese deste artigo deverá ser recolhido até o terceiro dia útil da semana subsequente à da ocorrência do fato gerador.

Art. 59. A redução do IOF de que trata o inciso V do art. 4º da Lei 8.661, de 1993, passará a ser de 25% (vinte e cinco por cento).

Lei 9.532/1997

LEGISLAÇÃO

Art. 60. O valor dos lucros distribuídos disfarçadamente, de que tratam os arts. 60 a 62 do Dec.-lei 1.598, de 1977, com as alterações do art. 20 do Dec.-lei 2.065, de 26 de outubro de 1983, serão, também, adicionados ao lucro líquido para efeito de determinação da base de cálculo da contribuição social sobre o lucro líquido.

Art. 61. As empresas que exercem a atividade de venda ou revenda de bens a varejo e as empresas prestadoras de serviços estão obrigadas ao uso de equipamento Emissor de Cupom Fiscal – ECF.

§ 1º Para efeito de comprovação de custos e despesas operacionais, no âmbito da legislação do imposto de renda e da contribuição social sobre o lucro líquido, os documentos emitidos pelo ECF devem conter, em relação à pessoa física ou jurídica compradora, no mínimo:

a) a sua identificação, mediante a indicação do número de inscrição no Cadastro de Pessoas Físicas – CPF, se pessoa física, ou no Cadastro Geral de Contribuintes – CGC, se pessoa jurídica, ambos do Ministério da Fazenda;

b) a descrição dos bens ou serviços objeto da operação, ainda que resumida ou por códigos;

c) a data e o valor da operação.

§ 2º Qualquer outro meio de emissão de nota fiscal, inclusive o manual, somente poderá ser utilizado com autorização específica da unidade da Secretaria de Estado da Fazenda com jurisdição sobre o domicílio fiscal da empresa interessada.

Art. 62. A utilização, no recinto de atendimento ao público, de equipamento que possibilite o registro ou o processamento de dados relativos a operações com mercadorias ou com a prestação de serviços somente será admitida quando estiver autorizada, pela unidade da Secretaria de Estado da Fazenda, com jurisdição sobre o domicílio fiscal da empresa, a integrar o ECF.

Parágrafo único. O equipamento em uso, sem a autorização a que se refere o *caput* deste artigo ou que não satisfaça os requisitos deste artigo, poderá ser apreendido pela Secretaria da Receita Federal do Brasil ou pela Secretaria de Fazenda da Unidade Federada e utilizado como prova de qualquer infração à legislação tributária, decorrente de seu uso.

• Parágrafo único com redação determinada pela Lei 11.941/2009.

Art. 63. O disposto nos arts. 61 e 62 observará convênio a ser celebrado entre a União, representada pela Secretaria da Receita Federal, as Unidades Federadas, representadas no Conselho de Política Fazendária – Confaz pelas respectivas Secretarias de Fazenda.

Art. 64. A autoridade fiscal competente procederá ao arrolamento de bens e direitos do sujeito passivo sempre que o valor dos créditos tributários de sua responsabilidade for superior a 30% (trinta por cento) do seu patrimônio conhecido.

§ 1º Se o crédito tributário for formalizado contra pessoa física, no arrolamento devem ser identificados, inclusive, os bens e direitos em nome do cônjuge, não gravados com a cláusula de incomunicabilidade.

§ 2º Na falta de outros elementos indicativos, considera-se patrimônio conhecido, o valor constante da última declaração de rendimentos apresentada.

§ 3º A partir da data da notificação do ato de arrolamento mediante entrega de cópia do respectivo termo, o proprietário dos bens e direitos arrolados, ao transferi-los, aliená-los ou onerá-los, deve comunicar o fato à unidade do órgão fazendário que jurisdiciona o domicílio tributário do sujeito passivo.

§ 4º A alienação, oneração ou transferência, a qualquer título, dos bens e direitos arrolados, sem o cumprimento da formalidade prevista no parágrafo anterior, autoriza o requerimento de medida cautelar fiscal contra o sujeito passivo.

§ 5º O termo de arrolamento de que trata este artigo será registrado independentemente de pagamento de custas ou emolumentos:

I – no competente registro imobiliário, relativamente aos bens imóveis;

II – nos órgãos ou entidades, onde, por força de lei, os bens móveis ou direitos sejam registrados ou controlados;

III – no Cartório de Títulos e Documentos e Registros Especiais do domicílio tributário do sujeito passivo, relativamente aos demais bens e direitos.

§ 6º As certidões de regularidade fiscal expedidas deverão conter informações quanto à existência de arrolamento.

Lei 9.532/1997

§ 7º O disposto neste artigo só se aplica a soma de créditos de valor superior a R$ 500.000,00 (quinhentos mil reais).

- V. art. 1º, Dec. 7.573/2011(*DOU* 30.09.2011), que determina que o limite de que trata este parágrafo passa a ser R$ 2.000.000,00 (dois milhões de reais).

§ 8º Liquidado, antes do seu encaminhamento para inscrição em Dívida Ativa, o crédito tributário que tenha motivado o arrolamento, a autoridade competente da Secretaria da Receita Federal comunicará o fato ao registro imobiliário, cartório, órgão ou entidade competente de registro e controle, em que o termo de arrolamento tenha sido registrado, nos termos do § 5º, para que sejam anulados os efeitos do arrolamento.

§ 9º Liquidado ou garantido, nos termos da Lei 6.830, de 22 de setembro de 1980, o crédito tributário que tenha motivado o arrolamento, após seu encaminhamento para inscrição em Dívida Ativa, a comunicação de que trata o parágrafo anterior será feita pela autoridade competente da Procuradoria da Fazenda Nacional.

§ 10. Fica o Poder Executivo autorizado a aumentar ou restabelecer o limite de que trata o § 7º deste artigo.

- § 10 acrescentado pela Lei 11.941/2009.

§ 11. Os órgãos de registro público onde os bens e direitos foram arrolados possuem o prazo de 30 (trinta) dias para liberá-los, contados a partir do protocolo de cópia do documento comprobatório da comunicação aos órgãos fazendários, referido no § 3º deste artigo.

- § 11 acrescentado pela Lei 12.973/2014.

§ 12. A autoridade fiscal competente poderá, a requerimento do sujeito passivo, substituir bem ou direito arrolado por outro que seja de valor igual ou superior, desde que respeitada a ordem de prioridade de bens a serem arrolados definida pela Secretaria da Receita Federal do Brasil, e seja realizada a avaliação do bem arrolado e do bem a ser substituído nos termos do § 2º do art. 64-A.

- § 12 acrescentado pela Lei 13.043/2014 (*DOU* 14.11.2014; ret. 14.11.2014, edição extra), em vigor a partir do primeiro dia do quarto mês subsequente ao da publicação desta Lei.

Art. 64-A. O arrolamento de que trata o art. 64 recairá sobre bens e direitos suscetíveis de registro público, com prioridade aos imóveis, e em valor suficiente para cobrir o montante do crédito tributário de responsabilidade do sujeito passivo.

- *Caput* acrescentado pela MP 2.158-35/2001.

§ 1º O arrolamento somente poderá alcançar outros bens e direitos para fins de complementar o valor referido no *caput*.

- § 1º acrescentado pela Lei 12.973/2014.

§ 2º Fica a critério do sujeito passivo, a expensas dele, requerer, anualmente, aos órgãos de registro público onde os bens e direitos estiverem arrolados, por petição fundamentada, avaliação dos referidos ativos, por perito indicado pelo próprio órgão de registro, a identificar o valor justo dos bens e direitos arrolados e evitar, deste modo, excesso de garantia.

- § 2º acrescentado pela Lei 12.973/2014.

Art. 65. Os arts. 1º e 2º da Lei 8.397, de 6 de janeiro de 1992, passam a vigorar com as seguintes alterações:

- Alterações processadas no texto da referida Lei.

Art. 66. O órgão competente do Ministério da Fazenda poderá intervir em instrumento ou negócio jurídico que depender de prova de inexistência de débito, para autorizar sua lavratura ou realização, desde que o débito seja pago por ocasião da lavratura do instrumento ou realização do negócio, ou seja oferecida garantia real suficiente, na forma estabelecida em ato do Ministro de Estado da Fazenda.

Art. 67. O Decreto 70.235, de 6 de março de 1972, que, por delegação do Dec.-lei 822, de 5 de setembro de 1969, regula o processo administrativo de determinação e exigência de créditos tributários da União, passa a vigorar com as seguintes alterações:

- Alterações processadas no texto do referido Decreto.

Art. 68. Os processos em que estiverem presentes as circunstâncias de que trata o art. 27 do Decreto 70.235, de 1972, terão prioridade de tratamento, na forma estabelecida em ato do Ministro de Estado da Fazenda, na cobrança administrativa, no encaminhamento para inscrição em Dívida Ativa, na efetivação da inscrição e no ajuizamento das respectivas execuções fiscais.

Art. 69. As sociedades cooperativas de consumo, que tenham por objeto a compra e fornecimento de bens aos consumidores, sujeitam-se às mesmas normas de incidên-

Lei 9.532/1997

LEGISLAÇÃO

cia dos impostos e contribuições de competência da União, aplicáveis às demais pessoas jurídicas.

Art. 70. Os dispositivos abaixo enumerados, da Lei 9.430, de 1996, passam a vigorar com a seguinte redação:
I – o § 2º do art. 44:
- Alteração processada no texto da referida Lei.

II – o art. 47:
- Alteração processada no texto da referida Lei.

Art. 71. O disposto no art. 15 do Dec.-lei 1.510, de 27 de dezembro de 1976, aplica-se também, nas hipóteses de aquisições de imóveis por pessoas jurídicas.

Art. 72. O § 1º do art. 15 do Dec.-lei 1.510, de 1976, passa a vigorar com a seguinte redação:
"§ 1º A comunicação deve ser efetuada em meio magnético aprovado pela Secretaria da Receita Federal."

Art. 73. O termo inicial para cálculo dos juros de que trata o § 4º do art. 39 da Lei 9.250, de 1995, é o mês subsequente ao do pagamento indevido ou a maior que o devido.

Art. 74. O art. 6º do Dec.-lei 1.437, de 17 de dezembro de 1975, passa a vigorar com a seguinte alteração:
"Art. 6º [...]
"Parágrafo único. O Fundaf destinar-se-á, também, a fornecer recursos para custear:
"a) o funcionamento dos Conselhos de Contribuintes e da Câmara Superior de Recursos Fiscais do Ministério da Fazenda, inclusive o pagamento de despesas com diárias e passagens referentes aos deslocamentos de conselheiros e da gratificação de presença de que trata o parágrafo único do art. 1º da Lei 5.708, de 4 de outubro de 1971;
"b) projetos e atividades de interesse ou a cargo da Secretaria da Receita Federal, inclusive quando desenvolvidos por pessoa jurídica de direito público interno, organismo internacional ou administração fiscal estrangeira."

Art. 75. *(Revogado pela Lei 10.833/2003.)*

Art. 76. O disposto nos arts. 43, 55 e 56 não se aplica a projetos aprovados ou protocolizados no órgão competente para a sua apreciação, até 14 de novembro de 1997.
§ 1º O disposto no art. 55 não se aplica a projetos de empresas a que se refere o art. 1º, § 1º, alínea *h*, da Lei 9.449, de 14 de março de 1997, cuja produção seja destinada totalmente à exportação até 31 de dezembro de 2002.
- § 1º acrescentado pela Lei 10.184/2001.

§ 2º A empresa que usar do benefício previsto no parágrafo anterior e deixar de exportar a totalidade de sua produção no prazo ali estabelecido estará sujeita à multa de 70% (setenta por cento) aplicada sobre o valor FOB do total das importações realizadas nos termos dos incisos I e II do art. 1º da Lei 9.449, de 1997.
- § 2º acrescentado pela Lei 10.184/2001.

Art. 77. A aprovação de novos projetos, inclusive de expansão, beneficiados com qualquer dos incentivos fiscais a que se referem o Dec.-lei 288, de 28 de fevereiro de 1967, com as posteriores alterações, o Dec.-lei 356, de 15 de agosto de 1968, o Dec.-lei 1.435, de 16 de dezembro de 1975 e a Lei 8.387, de 30 de dezembro de 1991, fica condicionada à vigência de:
I – lei complementar que institua contribuição social de intervenção no domínio econômico, incidente sobre produtos importados do exterior pelos respectivos estabelecimentos beneficiados; e
II – lei específica, que disponha sobre critérios de aprovação de novos projetos, visando aos seguintes objetivos:
a) estímulo à produção de bens que utilizem, predominantemente, matérias-primas produzidas na Amazônia Ocidental;
b) prioridade à produção de partes, peças, componentes e matérias-primas, necessários para aumentar a integração da cadeia produtiva dos bens finais fabricados na Zona Franca de Manaus;
c) maior integração com o parque produtivo instalado em outros pontos do território nacional;
d) capacidade de inserção internacional do parque produtivo;
e) maior geração de emprego por unidade de renúncia fiscal estimada;
f) elevação dos níveis mínimos de agregação dos produtos oriundos de estabelecimentos localizados na Zona Franca de Manaus ou da Amazônia Ocidental.
§ 1º O disposto no *caput* deste artigo deixará de produzir efeitos se o Poder Executivo não encaminhar ao Congresso Nacional,

Lei 9.532/1997

LEGISLAÇÃO

até 15 de março de 1998, os projetos de lei de que trata este artigo.

§ 2º Ficam extintos, a partir de 1º de janeiro de 2024, os benefícios fiscais a que se referem os dispositivos legais mencionados no *caput* deste artigo.

- § 2º com redação determinada pela Lei 12.859/2013.

Art. 78. As obras fonográficas sujeitar-se-ão a selos e sinais de controle, sem ônus para o consumidor, com o fim de identificar a legítima origem e reprimir a produção e importação ilegais e a comercialização de contrafações, sob qualquer pretexto, observado para esse efeito o disposto em regulamento.

Art. 79. Os ganhos de capital na alienação de participações acionárias de propriedade de sociedades criadas pelos Estados, Municípios ou Distrito Federal, com o propósito específico de contribuir para o saneamento das finanças dos respectivos controladores, no âmbito de Programas de Privatização, ficam isentos do imposto sobre renda e proventos de qualquer natureza.

Parágrafo único. A isenção de que trata este artigo fica condicionada à aplicação exclusiva do produto da alienação das participações acionárias no pagamento de dívidas dos Estados, Municípios ou Distrito Federal.

Art. 80. Aos atos praticados com base na Medida Provisória 1.602, de 14 de novembro de 1997, e aos fatos jurídicos dela decorrentes, aplicam-se as disposições nela contidas.

Art. 81. Esta Lei entra em vigor na data de sua publicação, produzindo efeitos:

I – nessa data, em relação aos arts. 9º, 37 a 42, 44 a 54, 64 a 68, 74 e 75;

II – a partir de 1º de janeiro de 1998, em relação aos demais dispositivos dela constantes.

Art. 82. Ficam revogados:

I – a partir da data de publicação desta Lei:

a) os seguintes dispositivos da Lei 4.502, de 1964:

1. o inciso IV acrescentado ao art. 4º pelo Dec.-lei 1.199, de 27 de dezembro de 1971, art. 5º, alteração 1ª;

2. os incisos X, XIV e XX do art. 7º;

3. os incisos XI, XIII, XXI, XXII, XXV, XXVII, XXIX, XXX, XXXI, XXXII, XXXIII, XXXIV e XXXV do art. 7º, com as alterações do Dec.-lei 34, de 1966, art. 2º, alteração 3ª;

4. o parágrafo único do art. 15, acrescentado pelo art. 2º, alteração sexta, do Dec.-lei 34, de 1966;

5. o § 3º do art. 83, acrescentado pelo art. 1º, alteração terceira, do Dec.-lei 400, de 1968;

6. o § 2º do art. 84, renumerado pelo art. 2º, alteração vigésima quarta, do Dec.-lei 34, de 1966;

b) o art. 58 da Lei 5.227, de 18 de janeiro de 1967;

c) o art. 1º do Dec.-lei 1.276, de 1º de junho de 1973;

d) o § 1º do art. 18 da Lei 6.099, de 12 de setembro de 1974;

e) o art. 7º do Dec.-lei 1.455, de 7 de abril de 1976;

f) o Dec.-lei 1.568, de 2 de agosto de 1977;

g) os incisos IV e V do art. 4º, o art. 5º, o art. 10 e incisos II, III, VI e VIII do art. 19, todos do Dec.-lei 1.593, de 21 de dezembro de 1977;

h) o Dec.-lei 1.622, de 18 de abril de 1978;

i) o art. 2º da Lei 8.393, de 30 de dezembro de 1991;

j) o inciso VII do art. 1º da Lei 8.402, de 1992;

l) o art. 4º da Lei 8.541, de 23 de dezembro de 1992;

m) os arts. 3º e 4º da Lei 8.846, de 21 de janeiro de 1994;

n) o art. 39 da Lei 9.430, de 1996;

II – a partir de 1º de janeiro de 1998:

a) o art. 28 do Dec.-lei 5.844, de 23 de setembro de 1943;

b) o art. 30 da Lei 4.506, de 30 de novembro de 1964;

c) o § 1º do art. 260, da Lei 8.069, de 13 de julho de 1990;

d) os §§ 1º a 4º do art. 40 da Lei 8.672, de 6 de julho de 1993;

e) o art. 10 da Lei 9.477, de 1997;

f) o art. 3º da Lei 7.418, de 16 de dezembro de 1985, renumerado pelo art. 1º da Lei 7.619, de 30 de setembro de 1987.

- Alínea *f* com redação determinada pela MP 2.189-49/2001.

Brasília, 10 de dezembro de 1997; 176º da Independência e 109º da República.

Fernando Henrique Cardoso

(*DOU* 11.12.1997)

LEI COMPLEMENTAR 95,
DE 26 DE FEVEREIRO DE 1998

Dispõe sobre a elaboração, a redação, a alteração e a consolidação das leis, conforme determina o parágrafo único do art. 59 da Constituição Federal, e estabelece normas para a consolidação dos atos normativos que menciona.

- V. art. 59, CF.
- V. Dec. 4.176/2002 (Regulamenta a LC 95/1998).

O Presidente da República:
Faço saber que o Congresso Nacional decreta e eu sanciono a seguinte Lei Complementar:

Capítulo I
DISPOSIÇÕES PRELIMINARES

Art. 1º A elaboração, a redação, a alteração e a consolidação das leis obedecerão ao disposto nesta Lei Complementar.

Parágrafo único. As disposições desta Lei Complementar aplicam-se, ainda, às medidas provisórias e demais atos normativos referidos no art. 59 da Constituição Federal, bem como, no que couber, aos decretos e aos demais atos de regulamentação expedidos por órgãos do Poder Executivo.

Art. 2º *(Vetado).*

§ 1º *(Vetado).*

§ 2º Na numeração das leis serão observados, ainda, os seguintes critérios:

I – as emendas à Constituição Federal terão sua numeração iniciada a partir da promulgação da Constituição;

II – as leis complementares, as leis ordinárias e as leis delegadas terão numeração sequencial em continuidade às séries iniciadas em 1946.

Capítulo II
DAS TÉCNICAS DE ELABORAÇÃO, REDAÇÃO E ALTERAÇÃO DAS LEIS

Seção I
Da estruturação das leis

Art. 3º A lei será estruturada em três partes básicas:

I – parte preliminar, compreendendo a epígrafe, a ementa, o preâmbulo, o enunciado do objeto e a indicação do âmbito de aplicação das disposições normativas;

II – parte normativa, compreendendo o texto das normas de conteúdo substantivo relacionadas com a matéria regulada;

III – parte final, compreendendo as disposições pertinentes às medidas necessárias à implementação das normas de conteúdo substantivo, às disposições transitórias, se for o caso, a cláusula de vigência e a cláusula de revogação, quando couber.

Art. 4º A epígrafe, grafada em caracteres maiúsculos, propiciará identificação numérica singular à lei e será formada pelo título designativo da espécie normativa, pelo número respectivo e pelo ano de promulgação.

Art. 5º A ementa será grafada por meio de caracteres que a realcem e explicitará, de modo conciso e sob a forma de título, o objeto da lei.

Art. 6º O preâmbulo indicará o órgão ou instituição competente para a prática do ato e sua base legal.

Art. 7º O primeiro artigo do texto indicará o objeto da lei e o respectivo âmbito de aplicação, observados os seguintes princípios:

I – excetuadas as codificações, cada lei tratará de um único objeto;

II – a lei não conterá matéria estranha a seu objeto ou a este não vinculada por afinidade, pertinência ou conexão;

III – o âmbito de aplicação da lei será estabelecido de forma tão específica quanto o possibilite o conhecimento técnico ou científico da área respectiva;

IV – o mesmo assunto não poderá ser disciplinado por mais de uma lei, exceto quando a subsequente se destine a complementar lei considerada básica, vinculando-se a esta por remissão expressa.

Art. 8º A vigência da lei será indicada de forma expressa e de modo a contemplar prazo razoável para que dela se tenha amplo conhecimento, reservada a cláusula "entra em vigor na data de sua publicação" para as leis de pequena repercussão.

§ 1º A contagem do prazo para entrada em vigor das leis que estabeleçam período de vacância far-se-á com a inclusão da data da

Dec. 2.730/1998

LEGISLAÇÃO

publicação e do último dia do prazo, entrando em vigor no dia subsequente à sua consumação integral.

• § 1º acrescentado pela LC 107/2001.

§ 2º As leis que estabeleçam período de vacância deverão utilizar a cláusula "esta lei entra em vigor após decorridos (o número de) dias de sua publicação oficial".

• § 2º acrescentado pela LC 107/2001.

Art. 9º A cláusula de revogação deverá enumerar, expressamente, as leis ou disposições legais revogadas.

• Artigo com redação determinada pela LC 107/2001.

Parágrafo único. *(Vetado.)*
[...]

Art. 19. Esta Lei Complementar entra em vigor no prazo de 90 (noventa) dias, a partir da data de sua publicação.

Brasília, 26 de fevereiro de 1998; 177º da Independência e 110º da República.

Fernando Henrique Cardoso

(DOU 27.02.1998)

DECRETO 2.730,
DE 10 DE AGOSTO DE 1998

Dispõe sobre o encaminhamento ao Ministério Público Federal da representação fiscal para fins penais de que trata o art. 83 da Lei 9.430, de 27 de dezembro de 1996.

O Presidente da República, no uso da atribuição que lhe confere o art. 84, inciso IV, da Constituição, e tendo em vista o disposto no art. 83 da Lei 9.430, de 27 de dezembro de 1996, decreta:

Art. 1º O Auditor Fiscal do Tesouro Nacional formalizará representação fiscal, para os fins do art. 83 da Lei 9.430, de 27 de dezembro de 1996, em autos separados e protocolizada na mesma data da lavratura do auto de infração, sempre que, no curso de ação fiscal de que resulte lavratura de auto de infração de exigência de crédito de tributos e contribuições administrados pela Secretaria da Receita Federal do Ministério da Fazenda ou decorrente de apreensão de bens sujeitos à pena de perdimento, constatar fato que configure, em tese:

I – crime contra a ordem tributária tipificado nos arts. 1º ou 2º da Lei 8.137, de 27 de dezembro de 1990;

II – crime de contrabando ou descaminho.

Art. 2º Encerrado o processo administrativo-fiscal, os autos da representação fiscal para fins penais serão remetidos ao Ministério Público Federal, se:

I – mantida a imputação de multa agravada, o crédito de tributos e contribuições, inclusive acessórios, não for extinto pelo pagamento;

II – aplicada, administrativamente, a pena de perdimento de bens, estiver configurado, em tese, crime de contrabando ou descaminho.

Art. 3º O Secretário da Receita Federal disciplinará os procedimentos necessários à execução deste Decreto.

Art. 4º Este Decreto entra em vigor na data de sua publicação.

Art. 5º Fica revogado o Decreto 982, de 12 de novembro de 1993.

Brasília, 10 de agosto de 1998; 177º da Independência e 110º da República.

Fernando Henrique Cardoso

(DOU 11.08.1998)

LEI 9.703,
DE 17 DE NOVEMBRO DE 1998

Dispõe sobre os depósitos judiciais e extrajudiciais de tributos e contribuições federais.

• V. Lei 12.099/2009 (Transferência de depósitos judiciais e extrajudiciais de tributos e contribuições federais para a Caixa Econômica Federal).

Faço saber que o Presidente da República adotou a Medida Provisória 1.721, de 1998, que o Congresso Nacional aprovou, e eu, Antonio Carlos Magalhães, Presidente, para os efeitos do disposto no parágrafo único do art. 62 da Constituição Federal, promulgo a seguinte Lei:

Art. 1º Os depósitos judiciais e extrajudiciais, em dinheiro, de valores referentes a tributos e contribuições federais, inclusive seus acessórios, administrados pela Secretaria da Receita Federal do Ministério da Fazenda, serão efetuados na Caixa Econômica Federal, mediante Documento de Arrecada-

Lei 9.710/1998

LEGISLAÇÃO

ção de Receitas Federais – Darf, específico para essa finalidade.

§ 1º O disposto neste artigo aplica-se, inclusive, aos débitos provenientes de tributos e contribuições inscritos em Dívida Ativa da União.

§ 2º Os depósitos serão repassados pela Caixa Econômica Federal para a Conta Única do Tesouro Nacional, independentemente de qualquer formalidade, no mesmo prazo fixado para recolhimento dos tributos e das contribuições federais.

§ 3º Mediante ordem da autoridade judicial ou, no caso de depósito extrajudicial, da autoridade administrativa competente, o valor do depósito, após o encerramento da lide ou do processo litigioso, será:

I – devolvido ao depositante pela Caixa Econômica Federal, no prazo máximo de vinte e quatro horas, quando a sentença lhe for favorável ou na proporção em que o for, acrescido de juros, na forma estabelecida pelo § 4º do art. 39 da Lei 9.250, de 26 de dezembro de 1995, e alterações posteriores; ou

II – transformado em pagamento definitivo, proporcionalmente à exigência do correspondente tributo ou contribuição, inclusive seus acessórios, quando se tratar de sentença ou decisão favorável à Fazenda Nacional.

§ 4º Os valores devolvidos pela Caixa Econômica Federal serão debitados à Conta Única do Tesouro Nacional, em subconta de restituição.

§ 5º A Caixa Econômica Federal manterá controle dos valores depositados ou devolvidos.

Art. 2º Observada a legislação própria, o disposto nesta Lei aplica-se aos depósitos judiciais e extrajudiciais referentes às contribuições administradas pelo Instituto Nacional do Seguro Social.

Art. 2º-A. Aos depósitos efetuados antes de 1º de dezembro de 1998 será aplicada a sistemática prevista nesta Lei de acordo com um cronograma fixado por ato do Ministério da Fazenda, sendo obrigatória a sua transferência à conta única do Tesouro Nacional.

- *Caput* acrescentado pela Lei 12.058/2009.
- V. art. 4º, Lei 12.099/2009 (Transferência de depósitos judiciais e extrajudiciais de tributos e contribuições federais para a Caixa Econômica Federal).

§ 1º Os juros dos depósitos referidos no *caput* serão calculados à taxa originalmente devida até a data da transferência à conta única do Tesouro Nacional.

- § 1º acrescentado pela Lei 12.099/2009.

§ 2º Após a transferência à conta única do Tesouro Nacional, os juros dos depósitos referidos no *caput* serão calculados na forma estabelecida pelo § 4º do art. 39 da Lei 9.250, de 26 de dezembro de 1995.

- § 2º acrescentado pela Lei 12.099/2009.

§ 3º A inobservância da transferência obrigatória de que trata o *caput* sujeita os recursos depositados à remuneração na forma estabelecida pelo § 4º do art. 39 da Lei 9.250, de 26 de dezembro de 1995, desde a inobservância, e os administradores das instituições financeiras às penalidades previstas na Lei 4.595, de 31 de dezembro de 1964.

- § 3º acrescentado pela Lei 12.099/2009.

§ 4º *(Vetado.)*

- § 4º acrescentado pela Lei 12.099/2009.

Art. 3º Os procedimentos para execução desta Lei serão disciplinados em regulamento.

Art. 4º Esta Lei entra em vigor na data de sua publicação, aplicando-se aos depósitos efetuados a partir de 1º de dezembro de 1998.

Congresso Nacional, em 17 de novembro de 1998; 177º da Independência e 110º da República.

Senador Antonio Carlos Magalhães
Presidente do Congresso Nacional

(*DOU* 18.11.1998)

LEI 9.710, DE 19 DE NOVEMBRO DE 1998

Dispõe sobre medidas de fortalecimento do Sistema Financeiro Nacional e dá outras providências.

Faço saber que o Presidente da República adotou a Medida Provisória 1.604-38, de

Lei 9.710/1998

1998, que o Congresso Nacional aprovou, e eu, Antonio Carlos Magalhães, Presidente, para os efeitos do disposto no parágrafo único do art. 62 da Constituição Federal, promulgo a seguinte Lei:

Art. 1º O Programa de Estímulo à Reestruturação e ao Fortalecimento do Sistema Financeiro Nacional, instituído pelo Conselho Monetário Nacional com vistas a assegurar liquidez e solvência ao referido Sistema e a resguardar os interesses de depositantes e investidores, será implementado por meio de reorganizações administrativas, operacionais e societárias, previamente autorizadas pelo Banco Central do Brasil.

§ 1º O Programa de que trata o *caput* aplica-se inclusive às instituições submetidas aos regimes especiais previstos na Lei 6.024, de 13 de março de 1974, e no Decreto-lei 2.321, de 25 de fevereiro de 1987.

§ 2º O mecanismo de proteção a titulares de créditos contra instituições financeiras, instituído pelo Conselho Monetário Nacional, é parte integrante do Programa de que trata o *caput*.

Art. 2º Na hipótese de incorporação, aplica-se às instituições participantes do Programa a que se refere o artigo anterior o seguinte tratamento tributário:

I – a instituição a ser incorporada deverá contabilizar como perdas os valores dos créditos de difícil recuperação, observadas, para esse fim, normas fixadas pelo Conselho Monetário Nacional;

II – as instituições incorporadoras poderão registrar como ágio, na aquisição do investimento, a diferença entre o valor de aquisição e o valor patrimonial da participação societária adquirida;

III – as perdas de que trata o inciso I deverão ser adicionadas ao lucro líquido da instituição a ser incorporada, para fins de determinação do lucro real e da base de cálculo da Contribuição Social sobre o Lucro Líquido;

IV – após a incorporação, o ágio a que se refere o inciso II, registrado contabilmente, poderá ser amortizado, observado o disposto no inciso seguinte;

V – para efeitos de determinação do lucro real, a soma do ágio amortizado com o valor compensado dos prejuízos fiscais de períodos-base anteriores não poderá exceder, em cada período-base, a 30% (trinta por cento) do lucro líquido, ajustado pelas adições e exclusões previstas na legislação aplicável;

VI – o valor do ágio amortizado deverá ser adicionado ao lucro líquido, para efeito de determinar a base de cálculo da Contribuição Social sobre o Lucro Líquido.

§ 1º O disposto neste artigo somente se aplica às incorporações realizadas até 31 de dezembro de 1996, observada a exigência de a instituição incorporadora ser associada à entidade administradora do mecanismo de proteção a titulares de crédito, de que trata o § 2º do art. 1º.

§ 2º O Poder Executivo regulamentará o disposto neste artigo.

Art. 3º Nas reorganizações societárias ocorridas no âmbito do Programa de que trata o art. 1º não se aplica o disposto nos arts. 230, 254, 255, 256, § 2º, 264, § 3º, e 270, parágrafo único, da Lei 6.404, de 15 de dezembro de 1976.

Art. 4º O Fundo Garantidor de Crédito, de que tratam as Resoluções 2.197, de 31 de agosto de 1995, e 2.211, de 16 de novembro de 1995, do Conselho Monetário Nacional, é isento do imposto de renda, inclusive no tocante aos ganhos líquidos mensais e à retenção na fonte sobre os rendimentos de aplicação financeira de renda fixa e de renda variável, bem como da Contribuição Social sobre o Lucro Líquido.

Art. 5º Ficam convalidados os atos praticados com base na Medida Provisória 1.604-37, de 24 de setembro de 1998.

Art. 6º Esta Lei entra em vigor na data de sua publicação.

Congresso Nacional, em 19 de novembro de 1998; 177º da Independência e 110º da República.

Senador Antonio Carlos Magalhães
   Presidente

(*DOU* 21.11.1998)

Legislação

LEI 9.718,
DE 27 DE NOVEMBRO DE 1998

Altera a legislação tributária federal.

O Presidente da República:
Faço saber que o Congresso Nacional decreta e eu sanciono a seguinte Lei:

Art. 1° Esta Lei aplica-se no âmbito da legislação tributária federal, relativamente às contribuições para os Programas de Integração Social e de Formação do Patrimônio do Servidor Público – PIS/Pasep e à Contribuição para o Financiamento da Seguridade Social – Cofins, de que tratam o art. 239 da Constituição e a Lei Complementar 70, de 30 de dezembro de 1991, ao Imposto sobre a Renda e ao Imposto sobre Operações de Crédito, Câmbio e Seguro, ou relativos a Títulos ou Valores Mobiliários – IOF.

Capítulo I
DA CONTRIBUIÇÃO PARA O PIS/PASEP E COFINS

Art. 2° As contribuições para o PIS/Pasep e a Cofins, devidas pelas pessoas jurídicas de direito privado, serão calculadas com base no seu faturamento, observadas a legislação vigente e as alterações introduzidas por esta Lei.

- O art. 13 da MP 2.158-35/2001 dispõe: "A contribuição para o PIS/Pasep será determinada com base na folha de salários, à alíquota de 1% (um por cento), pelas seguintes entidades: I – templos de qualquer culto; II – partidos políticos; III – instituições de educação e de assistência social a que se refere o art. 12 da Lei 9.532, de 10 de dezembro de 1997; IV – instituições de caráter filantrópico, recreativo, cultural, científico e as associações, a que se refere o art. 15 da Lei 9.532, de 1997; V – sindicatos, federações e confederações; VI – serviços sociais autônomos, criados ou autorizados por lei; VII – conselhos de fiscalização de profissões regulamentadas; VIII – fundações de direito privado e fundações públicas instituídas ou mantidas pelo Poder Público; IX – condomínios de proprietários de imóveis residenciais ou comerciais; e X – a Organização das Cooperativas Brasileiras – OCB e as Organizações Estaduais de Cooperativas previstas no art. 105 e seu § 1° da Lei 5.764, de 16 de dezembro de 1971".

Art. 3° O faturamento a que se refere o art. 2° compreende a receita bruta de que trata o art. 12 do Decreto-Lei 1.598, de 26 de dezembro de 1977.

- *Caput* com redação determinada pela Lei 12.973/ 2014 (*DOU* 14.05.2014), em vigor em 1°.01.2015.
- V. art. 119, § 1°, I, Lei 12.973/2014.

§ 1° *(Revogado pela Lei 11.941/2009.)*

§ 2° Para fins de determinação da base de cálculo das contribuições a que se refere o art. 2°, excluem-se da receita bruta:

I – as vendas canceladas e os descontos incondicionais concedidos;

- Inciso I com redação determinada pela Lei 12.973/ 2014 (*DOU* 14.05.2014), em vigor em 1°.01.2015.
- V. art 119, § 1°, I, Lei 12.973/2014.

II – as reversões de provisões e recuperações de créditos baixados como perda, que não representem ingresso de novas receitas, o resultado positivo da avaliação de investimento pelo valor do patrimônio líquido e os lucros e dividendos derivados de participações societárias, que tenham sido computados como receita bruta;

- Inciso II com redação determinada pela Lei 12.973/2014 (*DOU* 14.05.2014), em vigor em 1°.01.2015.
- V. art 119, § 1°, I, Lei 12.973/2014.

III – os valores que, computados como receita, tenham sido transferidos para outra pessoa jurídica, observadas normas regulamentadoras expedidas pelo Poder Executivo;

- Inciso III com eficácia suspensa por força da MP 2.158-35/2001.

IV – as receitas de que trata o inciso IV do *caput* do art. 187 da Lei 6.404, de 15 de dezembro de 1976, decorrentes da venda de bens do ativo não circulante, classificado como investimento, imobilizado ou intangível; e

- Inciso IV com redação determinada pela Lei 13.043/2014 (*DOU* 14.11.2014; ret. 14.11.2014, edição extra), em vigor em 1°.01.2015.

V – *(Revogado pela Lei 12.973/2014 – DOU 14.05.2014, em vigor em 1°.01.2015.)*

- V. art 119, § 1°, II, Lei 12.973/2014.

VI – a receita reconhecida pela construção, recuperação, ampliação ou melhoramento da infraestrutura, cuja contrapartida seja ativo intangível representativo de direito de

Lei 9.718/1998

LEGISLAÇÃO

exploração, no caso de contratos de concessão de serviços públicos.

- Inciso VI acrescentado pela Lei 12.973/2014 (*DOU* 14.05.2014), em vigor em 1º.01.2015.
- V. art. 119, § 1º, I, Lei 12.973/2014.

§ 3º *(Revogado pela Lei 11.051/2004.)*

§ 4º Nas operações de câmbio, realizadas por instituição autorizada pelo Banco Central do Brasil, considera-se receita bruta a diferença positiva entre o preço de venda e o preço de compra da moeda estrangeira.

§ 5º Na hipótese das pessoas jurídicas referidas no § 1º do art. 22 da Lei 8.212, de 24 de julho de 1991, serão admitidas, para os efeitos da Cofins, as mesmas exclusões e deduções facultadas para fins de determinação da base de cálculo da contribuição para o PIS/Pasep.

§ 6º Na determinação da base de cálculo das contribuições para o PIS/Pasep e Cofins, as pessoas jurídicas referidas no § 1º do art. 22 da Lei 8.212, de 1991, além das exclusões e deduções mencionadas no § 5º, poderão excluir ou deduzir:

- § 6º acrescentado pela MP 2.158-35/2001.
- V. art. 10, I, Lei 10.833/2003 (Altera a Legislação Tributária Federal).

I – no caso de bancos comerciais, bancos de investimentos, bancos de desenvolvimento, caixas econômicas, sociedades de crédito, financiamento e investimento, sociedades de crédito imobiliário, sociedades corretoras, distribuidoras de títulos e valores mobiliários, empresas de arrendamento mercantil e cooperativas de crédito:

a) despesas incorridas nas operações de intermediação financeira;
b) despesas de obrigações por empréstimos, para repasse, de recursos de instituições de direito privado;
c) deságio na colocação de títulos;
d) perdas com títulos de renda fixa e variável, exceto com ações;
e) perdas com ativos financeiros e mercadorias, em operações de *hedge*;

II – no caso de empresas de seguros privados, o valor referente às indenizações correspondentes aos sinistros ocorridos, efetivamente pago, deduzido das importâncias recebidas a título de cosseguro e resseguro, salvados e outros ressarcimentos;

III – no caso de entidades de previdência privada, abertas e fechadas, os rendimentos auferidos nas aplicações financeiras destinadas ao pagamento de benefícios de aposentadoria, pensão, pecúlio e de resgates;

IV – no caso de empresas de capitalização, os rendimentos auferidos nas aplicações financeiras destinadas ao pagamento de resgate de títulos.

§ 7º As exclusões previstas nos incisos III e IV do § 6º restringem-se aos rendimentos de aplicações financeiras proporcionados pelos ativos garantidores das provisões técnicas, limitados esses ativos ao montante das referidas provisões.

- § 7º acrescentado pela MP 2.158-35/2001.

§ 8º Na determinação da base de cálculo da contribuição para o PIS/Pasep e Cofins, poderão ser deduzidas as despesas de captação de recursos incorridas pelas pessoas jurídicas que tenham por objeto a securitização de créditos:

- *Caput* do § 8º acrescentado pela MP 2.158-35/2001.
- V. art. 10, I, Lei 10.833/2003 (Altera a Legislação Tributária Federal).

I – imobiliários, nos termos da Lei 9.514, de 20 de novembro de 1997;

- Inciso I acrescentado pela MP 2.158-35/2001.

II – financeiros, observada regulamentação editada pelo Conselho Monetário Nacional;

- Inciso II acrescentado pela MP 2.158-35/2001.

III – agrícolas, conforme ato do Conselho Monetário Nacional.

- Inciso III acrescentado pela Lei 11.196/2005 (*DOU* 22.11.2005), em vigor na data de sua publicação, produzindo efeitos desde 14.10.2005 (v. art. 132, II, *d*, da referida Lei).

§ 9º Na determinação da base de cálculo da contribuição para o PIS/Pasep e Cofins, as operadoras de planos de assistência à saúde poderão deduzir:

- § 9º acrescentado pela MP 2.158-35/2001 (*DOU* 27.08.2001), em vigor na data de sua publicação, produzindo efeitos relativamente aos fatos geradores ocorridos a partir de 1º de dezembro de 2001.

Lei 9.718/1998

LEGISLAÇÃO

- V. art. 10, I, Lei 10.833/2003 (Altera a Legislação Tributária Federal).

I – corresponsabilidades cedidas;

II – a parcela das contraprestações pecuniárias destinada à constituição de provisões técnicas;

III – o valor referente às indenizações correspondentes aos eventos ocorridos, efetivamente pago, deduzido das importâncias recebidas a título de transferência de responsabilidades.

§ 9º-A. Para efeito de interpretação, o valor referente às indenizações correspondentes aos eventos ocorridos de que trata o inciso III do § 9º entende-se o total dos custos assistenciais decorrentes da utilização pelos beneficiários da cobertura oferecida pelos planos de saúde, incluindo-se neste total os custos de beneficiários da própria operadora e os beneficiários de outra operadora atendidos a título de transferência de responsabilidade assumida.

- § 9º-A acrescentado pela Lei 12.873/2013.

§ 9º-B. Para efeitos de interpretação do *caput*, não são considerados receita bruta das administradoras de benefícios os valores devidos a outras operadoras de planos de assistência à saúde.

- § 9º-B acrescentado pela Lei 12.995/2014.

§ 10. Em substituição à remuneração por meio do pagamento de tarifas, as pessoas jurídicas que prestem serviços de arrecadação de receitas federais poderão excluir da base de cálculo da Cofins o valor a elas devido em cada período de apuração como remuneração por esses serviços, dividido pela alíquota referida no art. 18 da Lei 10.684, de 30 de maio de 2003.

- § 10 acrescentado pela Lei 12.844/2013.

§ 11. Caso não seja possível fazer a exclusão de que trata o § 10 na base de cálculo da Cofins referente ao período em que auferida remuneração, o montante excedente poderá ser excluído da base de cálculo da Cofins dos períodos subsequentes.

- § 11 acrescentado pela Lei 12.844/2013.

§ 12. A Secretaria da Receita Federal do Brasil do Ministério da Fazenda disciplinará o disposto nos §§ 10 e 11, inclusive quanto à definição do valor devido como remuneração dos serviços de arrecadação de receitas federais.

- § 12 acrescentado pela Lei 12.844/2013.
- V. Lei 12.973/2014, a partir de 1º.01.2015.

§ 13. A contribuição incidente na hipótese de contratos, com prazo de execução superior a 1 (um) ano, de construção por empreitada ou de fornecimento, a preço predeterminado, de bens ou serviços a serem produzidos será calculada sobre a receita apurada de acordo com os critérios de reconhecimento adotados pela legislação do imposto sobre a renda, previstos para a espécie de operação.

- § 13 acrescentado pela Lei 12.973/2014 (*DOU* 14.05.2014), em vigor em 1º.01.2015.

§ 14. A pessoa jurídica poderá excluir da base de cálculo da Contribuição para o PIS/Pasep e da Cofins incidentes sobre a receita decorrente da alienação de participação societária o valor despendido para aquisição dessa participação, desde que a receita de alienação não tenha sido excluída da base de cálculo das mencionadas contribuições na forma do inciso IV do § 2º do art. 3º.

- § 14 acrescentado pela Lei 13.043/2014 (*DOU* 14.11.2014; ret. 14.11.2014, edição extra), em vigor em 1º.01.2015.

Art. 4º As contribuições para os Programas de Integração Social e de Formação do Patrimônio do Servidor Público – PIS/Pasep e para o Financiamento da Seguridade Social – Cofins devidas pelos produtores e importadores de derivados de petróleo serão calculadas, respectivamente, com base nas seguintes alíquotas:

- *Caput* com redação determinada pela Lei 10.865/2004 (*DOU* 30.04.2004, edição extra), em vigor na data de sua publicação, produzindo efeitos a partir do primeiro dia do quarto mês subsequente ao de publicação desta Lei (v. art. 45, IV da referida Lei).
- V. arts. 23 e 45, parágrafo único, Lei 10.865/2004 (Contribuição para os Programas de Integração Social e de Formação do Patrimônio do Servidor Público e a Contribuição para o financiamento da Seguridade Social incidentes sobre a importação de bens e serviços).

Lei 9.718/1998

LEGISLAÇÃO

- V. art. 10, Lei 11.051/2004 (Desconto de crédito na apuração da Contribuição Social sobre o Lucro Líquido – CSLL e da Contribuição para o PIS/Pasep e Cofins não cumulativas).

I – 5,08% (cinco inteiros e oito centésimos por cento) e 23,44% (vinte inteiros e quarenta e quatro centésimos por cento), incidentes sobre a receita bruta decorrente da venda de gasolinas e suas correntes, exceto gasolina de aviação;

- Inciso I com redação determinada pela Lei 10.865/2004 (DOU 30.04.2004, edição extra), em vigor na data de sua publicação, produzindo efeitos a partir do primeiro dia do quarto mês subsequente ao de publicação desta Lei (v. art. 45, IV da referida Lei).
- Consta "23,44% (vinte inteiros e quarenta e quatro centésimos por cento)", conforme publicação oficial.
- V. arts. 23 e 45, parágrafo único, Lei 10.865/2004 (Contribuição para os Programas de Integração Social e de Formação do Patrimônio do Servidor Público e Contribuição para o financiamento da Seguridade Social incidentes sobre a importação de bens e serviços).

II – 4,21% (quatro inteiros e vinte e um centésimos por cento) e 19,42% (dezenove inteiros e quarenta e dois centésimos por cento), incidentes sobre a receita bruta decorrente da venda de óleo diesel e suas correntes;

- Inciso II com redação determinada pela Lei 10.865/2004 (DOU 30.04.2004, edição extra), em vigor na data de sua publicação, produzindo efeitos a partir do primeiro dia do quarto mês subsequente ao de publicação desta Lei (v. art. 45, IV da referida Lei).
- V. arts. 23 e 45, parágrafo único, Lei 10.865/2004 (Contribuição para os Programas de Integração Social e de Formação do Patrimônio do Servidor Público e Contribuição para o financiamento da Seguridade Social incidentes sobre a importação de bens e serviços).

III – 10,2% (dez inteiros e dois décimos por cento) e 47,4% (quarenta e sete inteiros e quatro décimos por cento) incidentes sobre a receita bruta decorrente da venda de gás liquefeito de petróleo – GLP derivado de petróleo e de gás natural;

- Inciso III com redação determinada pela Lei 11.051/2004.
- V. arts. 23 e 45, parágrafo único, Lei 10.865/2004 (Contribuição para os Programas de Integração Social e de Formação do Patrimônio do Servidor Público e Contribuição para o financiamento da Seguridade Social incidentes sobre a importação de bens e serviços).

IV – 0,65% (sessenta e cinco centésimos por cento) e 3% (três por cento), incidentes sobre a receita bruta decorrente das demais atividades.

Parágrafo único. *(Revogado pela Lei 9.990/2000.)*

Art. 5º A Contribuição para o PIS/Pasep e a Cofins incidentes sobre a receita bruta auferida na venda de álcool, inclusive para fins carburantes, serão calculadas com base nas alíquotas, respectivamente, de:

- *Caput* com redação determinada pela Lei 11.727/2008 (DOU 24.06.2008), em vigor na data de sua publicação, produzindo efeitos a partir do primeiro dia do quarto mês subsequente ao de sua publicação (v. art. 41, IV, da referida Lei).

I – 1,5% (um inteiro e cinco décimos por cento) e 6,9% (seis inteiros e nove décimos por cento), no caso de produtor ou importador; e

II – 3,75% (três inteiros e setenta e cinco centésimos por cento) e 17,25% (dezessete inteiros e vinte e cinco centésimos por cento), no caso de distribuidor.

§ 1º Ficam reduzidas a 0% (zero por cento) as alíquotas da Contribuição para o PIS/Pasep e da Cofins incidentes sobre a receita bruta de venda de álcool, inclusive para fins carburantes, quando auferida:

- § 1º acrescentado pela Lei 11.727/2008 (DOU 24.06.2008), em vigor na data de sua publicação, produzindo efeitos a partir do primeiro dia do quarto mês subsequente ao de sua publicação (v. art. 41, IV, da referida Lei).

I – por distribuidor, no caso de venda de álcool anidro adicionado à gasolina;

II – por comerciante varejista, em qualquer caso;

III – nas operações realizadas em bolsa de mercadorias e futuros.

§ 2º A redução a 0 (zero) das alíquotas previstas no inciso III do § 1º deste artigo não se aplica às operações em que ocorra liquidação física do contrato.

- § 2º acrescentado pela Lei 11.727/2008 (DOU 24.06.2008), em vigor na data de sua publicação, produzindo efeitos a partir do primeiro dia do quarto mês subsequente ao de sua publicação (v. art. 41, IV, da referida Lei).

Legislação

§ 3º As demais pessoas jurídicas que comerciem álcool não enquadradas como produtor, importador, distribuidor ou varejista ficam sujeitas às disposições da legislação da Contribuição para o PIS/Pasep e da Cofins aplicáveis à pessoa jurídica distribuidora.

- § 3º acrescentado pela Lei 11.727/2008 (*DOU* 24.06.2008), em vigor na data de sua publicação, produzindo efeitos a partir do primeiro dia do quarto mês subsequente ao de sua publicação (v. art. 41, IV, da referida Lei).

§ 4º O produtor, o importador e o distribuidor de que trata o *caput* deste artigo poderão optar por regime especial de apuração e pagamento da Contribuição para o PIS/Pasep e da Cofins, no qual as alíquotas específicas das contribuições são fixadas, respectivamente, em:

- § 4º acrescentado pela Lei 11.727/2008 (*DOU* 24.06.2008), em vigor na data de sua publicação, produzindo efeitos a partir do primeiro dia do quarto mês subsequente ao de sua publicação (v. art. 41, IV, da referida Lei).
- V. art. 8º, Lei 11.727/2008, que dispõe sobre o prazo para exercer a opção prevista neste parágrafo.

I – R$ 23,38 (vinte e três reais e trinta e oito centavos) e R$ 107,52 (cento e sete reais e cinquenta e dois centavos) por metro cúbico de álcool, no caso de venda realizada por produtor ou importador;

II – R$ 58,45 (cinquenta e oito reais e quarenta e cinco centavos) e R$ 268,80 (duzentos e sessenta e oito reais e oitenta centavos) por metro cúbico de álcool, no caso de venda realizada por distribuidor.

§ 5º A opção prevista no § 4º deste artigo será exercida, segundo normas e condições estabelecidas pela Secretaria da Receita Federal do Brasil, até o último dia útil do mês de novembro de cada ano-calendário, produzindo efeitos, de forma irretratável, durante todo o ano-calendário subsequente ao da opção.

- § 5º acrescentado pela Lei 11.727/2008 (*DOU* 24.06.2008), em vigor na data de sua publicação, produzindo efeitos a partir do primeiro dia do quarto mês subsequente ao de sua publicação (v. art. 41, IV, da referida Lei).

§ 6º No caso da opção efetuada nos termos dos §§ 4º e 5º deste artigo, a Secretaria da Receita Federal do Brasil divulgará o nome da pessoa jurídica optante e a data de início da opção.

- § 6º acrescentado pela Lei 11.727/2008 (*DOU* 24.06.2008), em vigor na data de sua publicação, produzindo efeitos a partir do primeiro dia do quarto mês subsequente ao de sua publicação (v. art. 41, IV, da referida Lei).

§ 7º A opção a que se refere este artigo será automaticamente prorrogada para o ano-calendário seguinte, salvo se a pessoa jurídica dela desistir, nos termos e condições estabelecidos pela Secretaria da Receita Federal do Brasil, até o último dia útil do mês de novembro do ano-calendário, hipótese em que a produção de efeitos se dará a partir do dia 1º de janeiro do ano-calendário subsequente.

- § 7º acrescentado pela Lei 11.727/2008 (*DOU* 24.06.2008), em vigor na data de sua publicação, produzindo efeitos a partir do primeiro dia do quarto mês subsequente ao de sua publicação (v. art. 41, IV, da referida Lei).

§ 8º Fica o Poder Executivo autorizado a fixar coeficientes para redução das alíquotas previstas no *caput* e no § 4º deste artigo, as quais poderão ser alteradas, para mais ou para menos, em relação a classe de produtores, produtos ou sua utilização.

- § 8º acrescentado pela Lei 11.727/2008 (*DOU* 24.06.2008), em vigor na data de sua publicação, produzindo efeitos a partir do primeiro dia do quarto mês subsequente ao de sua publicação (v. art. 41, IV, da referida Lei).

§ 9º Na hipótese do § 8º deste artigo, os coeficientes estabelecidos para o produtor e o importador poderão ser diferentes daqueles estabelecidos para o distribuidor.

- § 9º acrescentado pela Lei 11.727/2008 (*DOU* 24.06.2008), em vigor na data de sua publicação, produzindo efeitos a partir do primeiro dia do quarto mês subsequente ao de sua publicação (v. art. 41, IV, da referida Lei).

§ 10. A aplicação dos coeficientes de que tratam os §§ 8º e 9º deste artigo não poderá resultar em alíquotas da Contribuição para o PIS/Pasep e da Cofins superiores a, respectivamente, 1,65% (um inteiro e sessenta e cinco centésimos por cento) e 7,6% (sete inteiros e seis décimos por cento) do preço médio de venda no varejo.

- § 10 acrescentado pela Lei 11.727/2008 (*DOU* 24.06.2008), em vigor na data de sua publicação, produzindo efeitos a partir do primeiro dia do

Lei 9.718/1998

quarto mês subsequente ao de sua publicação (v. art. 41, IV, da referida Lei).

§ 11. O preço médio a que se refere o § 10 deste artigo será determinado a partir de dados colhidos por instituição idônea, de forma ponderada com base nos volumes de álcool comercializados nos Estados e no Distrito Federal nos 12 (doze) meses anteriores ao da fixação dos coeficientes de que tratam os §§ 8º e 9º deste artigo.

- § 11 acrescentado pela Lei 11.727/2008 (*DOU* 24.06.2008), em vigor na data de sua publicação, produzindo efeitos a partir do primeiro dia do quarto mês subsequente ao de sua publicação (v. art. 41, IV, da referida Lei).

§ 12. No ano-calendário em que a pessoa jurídica iniciar atividades de produção, importação ou distribuição de álcool, a opção pelo regime especial poderá ser exercida em qualquer data, produzindo efeitos a partir do primeiro dia do mês em que for exercida.

- § 12 acrescentado pela Lei 11.727/2008 (*DOU* 24.06.2008), em vigor na data de sua publicação, produzindo efeitos a partir do primeiro dia do quarto mês subsequente ao de sua publicação (v. art. 41, IV, da referida Lei).

§ 13. O produtor e o importador de álcool, inclusive para fins carburantes, sujeitos ao regime de apuração não cumulativa da Contribuição para o PIS/Pasep e da Cofins podem descontar créditos relativos à aquisição do produto para revenda de outro produtor ou de outro importador.

- § 13 com redação determinada pela Lei 12.859/2013.

§ 14. Os créditos de que trata o § 13 deste artigo correspondem aos valores da Contribuição para o PIS/Pasep e da Cofins devidos pelo vendedor em decorrência da operação.

- § 14 acrescentado pela Lei 11.727/2008 (*DOU* 24.06.2008), em vigor na data de sua publicação, produzindo efeitos a partir do primeiro dia do quarto mês subsequente ao de sua publicação (v. art. 41, IV, da referida Lei).

§ 15. O disposto no § 14 deste artigo não se aplica às aquisições de álcool anidro para adição à gasolina, hipótese em que os valores dos créditos serão estabelecidos por ato do Poder Executivo.

- § 15 acrescentado pela Lei 11.727/2008 (*DOU* 24.06.2008), em vigor na data de sua publicação, produzindo efeitos a partir do primeiro dia do quarto mês subsequente ao de sua publicação (v. art. 41, IV, da referida Lei).

§ 16. Observado o disposto nos §§ 14 e 15 deste artigo, não se aplica às aquisições de que trata o § 13 deste artigo o disposto na alínea *b* do inciso I do *caput* do art. 3º da Lei 10.637, de 30 de dezembro de 2002, e na alínea *b* do inciso I do *caput* do art. 3º da Lei 10.833, de 29 de dezembro de 2003.

- § 16 acrescentado pela Lei 11.727/2008 (*DOU* 24.06.2008), em vigor na data de sua publicação, produzindo efeitos a partir do primeiro dia do quarto mês subsequente ao de sua publicação (v. art. 41, IV, da referida Lei).

§ 17. Na hipótese de o produtor ou importador efetuar a venda de álcool, inclusive para fins carburantes, para pessoa jurídica com a qual mantenha relação de interdependência, o valor tributável não poderá ser inferior a 32,43% (trinta e dois inteiros e quarenta e três centésimos por cento) do preço corrente de venda desse produto aos consumidores na praça desse produtor ou importador.

- § 17 acrescentado pela Lei 11.727/2008 (*DOU* 24.06.2008), em vigor na data de sua publicação, produzindo efeitos a partir do primeiro dia do quarto mês subsequente ao de sua publicação (v. art. 41, IV, da referida Lei).

§ 18. Para os efeitos do § 17 deste artigo, na verificação da existência de interdependência entre duas pessoas jurídicas, aplicar-se-ão as disposições do art. 42 da Lei 4.502, de 30 de novembro de 1964.

- § 18 acrescentado pela Lei 11.727/2008 (*DOU* 24.06.2008), em vigor na data de sua publicação, produzindo efeitos a partir do primeiro dia do quarto mês subsequente ao de sua publicação (v. art. 41, IV, da referida Lei).

§ 19. O disposto no § 3º não se aplica às pessoas jurídicas controladas por produtores de álcool ou interligadas a produtores de álcool, seja diretamente ou por intermédio de cooperativas de produtores, ficando sujeitas às disposições da legislação da contribuição para o PIS/Pasep e da Cofins aplicáveis à pessoa jurídica produtora.

- § 19 acrescentado pela Lei 11.945/2009.

Art. 6º O disposto no art. 4º desta Lei aplica-se, também, aos demais produtores e importadores dos produtos ali referidos.

- *Caput* com redação determinada pela Lei 9.990/2000.

Lei 9.718/1998

LEGISLAÇÃO

Parágrafo único. *(Revogado pela Lei 11.727/2008 – DOU 24.06.2008, a partir do primeiro dia do quarto mês subsequente ao de sua publicação.)*

Art. 7º No caso de construção por empreitada ou de fornecimento a preço predeterminado de bens ou serviços, contratados por pessoa jurídica de direito público, empresa pública, sociedade de economia mista ou suas subsidiárias, o pagamento das contribuições de que trata o art. 2º desta Lei poderá ser diferido, pelo contratado, até a data do recebimento do preço.

Parágrafo único. A utilização do tratamento tributário previsto no *caput* deste artigo é facultada ao subempreiteiro ou subcontratado, na hipótese de subcontratação parcial ou total da empreitada ou do fornecimento.

Art. 8º Fica elevada para 3% (três por cento) a alíquota da Cofins.

§ 1º A pessoa jurídica poderá compensar, com a Contribuição Social sobre o Lucro Líquido – CSLL devida em cada período de apuração trimestral ou anual, até 1/3 (um terço) da Cofins efetivamente paga, calculada de conformidade com este artigo.

- § 1º com eficácia suspensa por força da MP 2.158-35/2001.

§ 2º A compensação referida no § 1º:

- § 2º com eficácia suspensa por força da MP 2.158-35/2001.

I – somente será admitida em relação à Cofins correspondente a mês compreendido no período de apuração da CSLL a ser compensada, limitada ao valor desta;

II – no caso de pessoas jurídicas tributadas pelo regime de lucro real anual, poderá ser efetuada com a CSLL determinada na forma dos arts. 28 a 30 da Lei 9.430, de 27 de dezembro de 1996.

§ 3º Da aplicação do disposto neste artigo, não decorrerá, em nenhuma hipótese, saldo de Cofins ou CSLL a restituir ou a compensar com o devido em períodos de apuração subsequentes.

- § 3º com eficácia suspensa por força da MP 2.158-35/2001.

§ 4º A parcela da Cofins compensada na forma deste artigo não será dedutível para fins de determinação do lucro real.

- § 4º com eficácia suspensa por força da MP 2.158-35/2001.

Art. 8º-A. Fica elevada para 4% (quatro por cento) a alíquota da Contribuição para o Financiamento da Seguridade Social – COFINS devida pelas pessoas jurídicas referidas no § 9º do art. 3º desta Lei, observada a norma de interpretação do § 9º-A, produzindo efeitos a partir do 1º (primeiro) dia do 4º (quarto) mês subsequente ao da publicação da lei decorrente da conversão da Medida Provisória 619, de 6 de junho de 2013, exclusivamente quanto à alíquota.

- Artigo acrescentado pela Lei 12.873/2013.

Art. 8º-B. A Cofins incidente sobre as receitas decorrentes da alienação de participações societárias deve ser apurada mediante a aplicação da alíquota de 4% (quatro por cento).

- Artigo acrescentado pela Lei 13.043/2014 (*DOU* 14.11.2014; ret. 14.11.2014, edição extra), em vigor em 1º.01.2015.

Capítulo II
DO IMPOSTO SOBRE A RENDA

Art. 9º As variações monetárias dos direitos de crédito e das obrigações do contribuinte, em função da taxa de câmbio ou de índices ou coeficientes aplicáveis por disposição legal ou contratual serão consideradas, para efeitos da legislação do imposto de renda, da contribuição social sobre o lucro líquido, da contribuição PIS/Pasep e da Cofins, como receitas ou despesas financeiras, conforme o caso.

Art. 10. Os dispositivos abaixo enumerados da Lei 9.532, de 10 de dezembro de 1997, passam a vigorar com a seguinte redação:

- Alterações processadas no texto da referida Lei.

Art. 11. Sem prejuízo do disposto nos incisos III e IV do art. 7º da Lei 9.532, de 1997, a pessoa jurídica sucessora poderá classificar, no patrimônio líquido, alternativamente ao disposto no § 2º do mencionado arti-

Lei 9.718/1998

go, a conta que registrar o ágio ou deságio nele mencionado.

Parágrafo único. O disposto neste artigo aplica-se aos fatos geradores ocorridos a partir de 1º de janeiro de 1998.

Art. 12. Sem prejuízo das normas de tributação aplicáveis aos não residentes no País, sujeitar-se-á à tributação pelo imposto de renda, como residente, a pessoa física que ingressar no Brasil:

I – com visto temporário:

a) para trabalhar com vínculo empregatício, em relação aos fatos geradores ocorridos a partir da data de sua chegada;

b) por qualquer outro motivo, e permanecer por período superior a 183 (cento e oitenta e três) dias, consecutivos ou não, contado, dentro de um intervalo de 12 (doze) meses, da data de qualquer chegada, em relação aos fatos geradores ocorridos a partir do dia subsequente àquele em que se completar referido período de permanência;

II – com visto permanente, em relação aos fatos geradores ocorridos a partir de sua chegada.

Parágrafo único. A Secretaria da Receita Federal expedirá normas quanto às obrigações acessórias decorrentes da aplicação do disposto neste artigo.

Art. 13. A pessoa jurídica cuja receita bruta total no ano-calendário anterior tenha sido igual ou inferior a R$ 78.000.000,00 (setenta e oito milhões de reais) ou a R$ 6.500.000,00 (seis milhões e quinhentos mil reais) multiplicado pelo número de meses de atividade do ano-calendário anterior, quando inferior a 12 (doze) meses, poderá optar pelo regime de tributação com base no lucro presumido.

- *Caput* com redação determinada pela Lei 12.814/2013 (*DOU* 17.05.2013), em vigor a partir de 1º de janeiro do ano seguinte ao da publicação desta Lei (v. art. 9º, parágrafo único, da referida Lei).

§ 1º A opção pela tributação com base no lucro presumido será definitiva em relação a todo o ano-calendário.

§ 2º Relativamente aos limites estabelecidos neste artigo, a receita bruta auferida no ano anterior será considerada segundo o regime de competência ou de caixa, observado o critério adotado pela pessoa jurídica, caso tenha, naquele ano, optado pela tributação com base no lucro presumido.

Art. 14. Estão obrigadas à apuração do lucro real as pessoas jurídicas:

I – cuja receita total no ano-calendário anterior seja superior ao limite de R$ 78.000.000,00 (setenta e oito milhões de reais) ou proporcional ao número de meses do período, quando inferior a 12 (doze) meses;

- Inciso I com redação determinada pela Lei 12.814/2013 (*DOU* 17.05.2013), em vigor a partir de 1º de janeiro do ano seguinte ao da publicação desta Lei (v. art. 9º, parágrafo único, da referida Lei).

II – cujas atividades sejam de bancos comerciais, bancos de investimentos, bancos de desenvolvimento, caixas econômicas, sociedades de crédito, financiamento e investimento, sociedades de crédito imobiliário, sociedades corretoras de títulos, valores mobiliários e câmbio, distribuidoras de títulos e valores mobiliários, empresas de arrendamento mercantil, cooperativas de crédito, empresas de seguros privados e de capitalização e entidades de previdência privada aberta;

III – que tiverem lucros, rendimentos ou ganhos de capital oriundos do exterior;

IV – que, autorizadas pela legislação tributária, usufruam de benefícios fiscais relativos à isenção ou redução do imposto;

V – que, no decorrer do ano-calendário, tenham efetuado pagamento mensal pelo regime de estimativa, na forma do art. 2º da Lei 9.430, de 1996;

VI – que explorem as atividades de prestação cumulativa e contínua de serviços de assessoria creditícia, mercadológica, gestão de crédito, seleção e riscos, administração de contas a pagar e a receber, compras de direitos creditórios resultantes de vendas mercantis a prazo ou de prestação de serviços (*factoring*);

VII – que explorem as atividades de securitização de créditos imobiliários, financeiros e do agronegócio.

- Inciso VII acrescentado pela Lei 12.249/2010 (*DOU* 14.06.2010), em vigor na data de sua publicação, produzindo efeitos a partir de 16.12.2009 (v. art. 139, I, *d*, da referida Lei).

Dec. 2.850/1998

Capítulo III
DO IMPOSTO SOBRE OPERAÇÕES DE CRÉDITO, CÂMBIO E SEGURO, OU RELATIVAS A TÍTULOS OU VALORES MOBILIÁRIOS

Art. 15. A alíquota do Imposto sobre Operações de Crédito, Câmbio e Seguro, ou relativas a Títulos ou Valores Mobiliários – IOF nas operações de seguro será de 25% (vinte e cinco por cento).

Capítulo IV
DAS DISPOSIÇÕES GERAIS E FINAIS

Art. 16. A pessoa jurídica que, obrigada a apresentar, à Secretaria da Receita Federal, declaração de informações, deixar de fazê-lo ou fizer após o prazo fixado para sua apresentação, sujeitar-se-á à multa de 1% (um por cento) ao mês ou fração, incidente sobre o imposto de renda devido, ainda que integralmente pago, relativo ao ano-calendário a que corresponderem as respectivas informações.

Parágrafo único. Ao disposto neste artigo aplicam-se as normas constantes dos §§ 1º a 3º do art. 88 da Lei 8.981, de 20 de janeiro de 1995, e do art. 27 da Lei 9.532, de 1997.

Art. 17. Esta Lei entra em vigor na data de sua publicação, produzindo efeitos:

I – em relação aos arts. 2º a 8º, para os fatos geradores ocorridos a partir de 1º de fevereiro de 1999;

II – em relação aos arts. 9º e 12 a 15, a partir de 1º de janeiro de 1999.

Art. 18. Ficam revogados, a partir de 1º de janeiro de 1999:

I – o § 2º do art. 1º do Decreto-lei 1.330, de 13 de maio de 1974;

II – o § 2º do art. 4º do Decreto-lei 1.506, de 23 de dezembro de 1976;

III – o art. 36 e o inciso VI do art. 47 da Lei 8.981, de 1995;

IV – o § 4º do art. 15 da Lei 9.532, de 1997.

Brasília, 27 de novembro de 1998; 177º da Independência e 110º da República.

Fernando Henrique Cardoso

(*DOU* 28.11.1998)

DECRETO 2.850, DE 27 DE NOVEMBRO DE 1998

Disciplina os procedimentos pertinentes aos depósitos judiciais e extrajudiciais, de valores de tributos e contribuições federais administrados pela Secretaria da Receita Federal, de que trata a Lei 9.703, de 17 de novembro de 1998.

O Presidente da República, no uso da atribuição que lhe confere o art. 84, inciso IV, da Constituição, decreta:

Art. 1º Os depósitos judiciais e extrajudiciais, em dinheiro, de valores referentes a tributos e contribuições federais, inclusive seus acessórios, administrados pela Secretaria da Receita Federal do Ministério da Fazenda, serão efetuados na Caixa Econômica Federal, mediante Documento de Arrecadação de Receitas Federais – Darf, específico para essa finalidade, conforme modelo a ser estabelecido por aquela Secretaria e confeccionado e distribuído pela Caixa Econômica Federal.

§ 1º O disposto neste artigo aplica-se, inclusive, aos débitos provenientes de tributos e contribuições inscritos em Dívida Ativa da União.

§ 2º Quando houver mais de um interessado na ação, o depósito à ordem e disposição do Juízo deverá ser efetuado, de forma individualizada, em nome de cada contribuinte.

§ 3º O Darf deverá conter, além de outros elementos fixados em ato do Secretário da Receita Federal, os dados necessários à identificação do órgão da Justiça onde estiver tramitando a ação, e ao controle da Caixa Econômica Federal.

§ 4º No caso de recebimento de depósito judicial, a Caixa Econômica Federal deverá remeter uma via do Darf ao órgão judicial em que tramita a ação.

§ 5º A Caixa Econômica Federal deverá encaminhar à unidade da Secretaria da Receita Federal que jurisdicione o domicílio tributário do contribuinte uma via do Darf referente aos depósitos extrajudiciais recebidos, de que tratam os arts. 83 do Decreto 93.872, de 23 de dezembro de 1986, e 33, § 2º, do Decreto 70.235, de 6 de março de 1972, com a redação dada pelo art. 32 da Medida Provisória 1.699-41, de 27 de outubro de 1998, e o Regulamento Aduaneiro, aprovado pelo Decreto 91.030, de 5 de março de 1985.

Art. 2º Mediante ordem da autoridade judicial ou, no caso de depósito extrajudicial, da autoridade administrativa competente, o valor do depósito, após o encerramento da lide ou do processo litigioso, será:

I – devolvido ao depositante pela Caixa Econômica Federal, no prazo máximo de 24 (vinte e quatro) horas, quando a sentença ou decisão lhe for favorável ou na proporção em que o for, acrescido de juros equivalentes à taxa referencial do Sistema Especial de Liquidação e de Custódia – Selic, para títulos federais, acumulada mensalmente, calculados a partir do mês subsequente ao da efetivação do depósito até o mês anterior ao de seu levantamento, e de juros de 1% (um por cento) relativamente ao mês em que estiver sendo efetivada a devolução; ou

II – transformado em pagamento definitivo, proporcionalmente à exigência do correspondente tributo ou contribuição, inclusive seus acessórios, quando se tratar de sentença ou decisão favorável à Fazenda Nacional.

Parágrafo único. A Secretaria da Receita Federal aprovará modelo de documento, a ser confeccionado e preenchido pela Caixa Econômica Federal, contendo os dados relativos aos depósitos devolvidos ao depositante ou transformados em pagamento definitivo.

Art. 3º Os depósitos recebidos e os valores devolvidos terão o seguinte tratamento:

I – o valor dos depósitos recebidos será repassado para a Conta Única do Tesouro Nacional, junto ao Banco Central do Brasil, no mesmo prazo fixado pelo Ministro de Estado da Fazenda para repasse dos tributos e contribuições arrecadados mediante Darf;

II – o valor dos depósitos devolvidos ao depositante será debitado à Conta Única do Tesouro Nacional, junto ao Banco Central do Brasil, a título de restituição, no mesmo dia em que ocorrer a devolução.

§ 1º O Banco Central do Brasil providenciará, no mesmo dia, o crédito dos valores devolvidos na conta de reserva bancária da Caixa Econômica Federal.

§ 2º Os valores das devoluções, inclusive dos juros acrescidos, serão contabilizados como anulação do respectivo imposto ou contribuição em que tiver sido contabilizado o depósito.

§ 3º No caso de transformação do depósito em pagamento definitivo, a Caixa Econômica Federal efetuará a baixa em seus controles e comunicará a ocorrência à Secretaria da Receita Federal.

Art. 4º A Caixa Econômica Federal manterá controle dos valores depositados, devolvidos e transformados em pagamento definitivo, por contribuinte e por processo, devendo, relativamente aos valores depositados e respectivos acréscimos de juros, tornar disponível aos órgãos interessados e aos depositantes o acesso aos respectivos registros, emitir extratos mensais e remetê-los à autoridade judicial ou administrativa que for competente para liberar os depósitos, à Secretaria da Receita Federal ou à Procuradoria-Geral da Fazenda Nacional.

Parágrafo único. Os registros e extratos referidos neste artigo devem conter os dados que permitam identificar o depositante, o processo administrativo ou judicial, a movimentação dos depósitos durante o mês, além de outros elementos que forem considerados indispensáveis pela Secretaria da Receita Federal ou pela Procuradoria-Geral da Fazenda Nacional.

Art. 5º Os dados sobre os depósitos recebidos, devolvidos e transformados em pagamento definitivo deverão ser transmitidos à Secretaria da Receita Federal por meio magnético ou eletrônico, independente da remessa de via dos documentos aos setores indicados em ato daquela Secretaria.

Art. 6º *(Revogado pelo Dec. 6.179/2007.)*

Art. 7º Este Decreto entra em vigor na data de sua publicação, aplicando-se aos de-

LEGISLAÇÃO

pósitos efetuados a partir de 1º de dezembro de 1998.
Brasília, 27 de novembro de 1998; 177º da Independência e 110º da República.
Fernando Henrique Cardoso

(*DOU* 30.11.1998)

LEI 9.779, DE 19 DE JANEIRO DE 1999

Altera a legislação do Imposto sobre a Renda, relativamente à tributação dos Fundos de Investimento Imobiliário e dos rendimentos auferidos em aplicação ou operação financeira de renda fixa ou variável, ao Sistema Integrado de Pagamento de Impostos e Contribuições das Microempresas e das Empresas de Pequeno Porte – Simples, à incidência sobre rendimentos de beneficiários no exterior, bem assim a legislação do Imposto sobre Produtos Industrializados – IPI, relativamente ao aproveitamento de créditos e à equiparação de atacadista a estabelecimento industrial, do Imposto sobre Operações de Crédito, Câmbio e Seguros ou relativas a Títulos e Valores Mobiliários – IOF, relativamente às operações de mútuo, e da Contribuição Social sobre o Lucro Líquido, relativamente às despesas financeiras, e dá outras providências.

Faço saber que o Presidente da República adotou a Medida Provisória 1.788, de 29 de dezembro de 1998, que o Congresso Nacional aprovou, e eu, Antonio Carlos Magalhães, Presidente, para os efeitos do disposto no parágrafo único do art. 62 da Constituição Federal, promulgo a seguinte Lei:

Art. 1º Os arts. 10 e 16 a 19 da Lei 8.668, de 25 de junho de 1993, a seguir enumerados, passam a vigorar com a seguinte redação:

"Art. 10. [...]

"[...]

"XI – critérios relativos à distribuição de rendimentos e ganhos de capital.

"Parágrafo único. O Fundo deverá distribuir a seus quotistas, no mínimo, 95% (noventa e cinco por cento) dos lucros auferidos, apurados segundo o regime de caixa, com base em balanço ou balancete semestral encerrado em 30 de junho e 31 de dezembro de cada ano."

"Art. 16-A. Os rendimentos e ganhos líquidos auferidos pelos Fundos de Investimento Imobiliário, em aplicações financeiras de renda fixa ou de renda variável, sujeitam-se à incidência do imposto de renda na fonte, observadas as mesmas normas aplicáveis às pessoas jurídicas submetidas a esta forma de tributação.

"Parágrafo único. O imposto de que trata este artigo poderá ser compensado com o retido na fonte, pelo Fundo de Investimento Imobiliário, quando da distribuição de rendimentos e ganhos de capital."

"Art. 17. Os rendimentos e ganhos de capital auferidos, apurados segundo o regime de caixa, quando distribuídos pelos Fundos de Investimento Imobiliário a qualquer beneficiário, inclusive pessoa jurídica isenta, sujeitam-se à incidência do imposto de renda na fonte, à alíquota de 20% (vinte por cento).

"Parágrafo único. O imposto de que trata este artigo deverá ser recolhido até o último dia útil do mês subsequente ao do encerramento do período de apuração."

"Art. 18. Os ganhos de capital e rendimentos auferidos na alienação ou no resgate de quotas dos fundos de investimento imobiliário, por qualquer beneficiário, inclusive por pessoa jurídica isenta, sujeitam-se à incidência do imposto de renda à alíquota de 20% (vinte por cento):

"I – na fonte, no caso de resgate;

"II – às mesmas normas aplicáveis aos ganhos de capital ou ganhos líquidos auferidos em operações de renda variável, nos demais casos."

"Art. 19. O imposto de que tratam os arts. 17 e 18 será considerado:

"I – antecipação do devido na declaração, no caso de beneficiário pessoa jurídica tributada com base no lucro real, presumido ou arbitrado;

"II – tributação exclusiva, nos demais casos."

Art. 2º Sujeita-se à tributação aplicável às pessoas jurídicas, o Fundo de Investimento Imobiliário de que trata a Lei 8.668, de 1993, que aplicar recursos em empreendimento imobiliário que tenha como incorporador, construtor ou sócio, quotista que

Lei 9.779/1999

possua, isoladamente ou em conjunto com pessoa a ele ligada, mais de 25% (vinte e cinco por cento) das quotas do Fundo.
Parágrafo único. Para efeito do disposto neste artigo, considera-se pessoa ligada ao quotista:
I – pessoa física:
a) os seus parentes até o segundo grau;
b) a empresa sob seu controle ou de qualquer de seus parentes até o segundo grau;
II – pessoa jurídica, a pessoa que seja sua controladora, controlada ou coligada, conforme definido nos §§ 1º e 2º do art. 243 da Lei 6.404, de 15 de dezembro de 1976.
Art. 3º Os lucros acumulados até 31 de dezembro de 1998 pelos Fundos de Investimento Imobiliário constituídos antes da publicação desta Lei, que forem distribuídos até 31 de janeiro de 1999, sujeitar-se-ão à incidência do imposto de renda na fonte à alíquota de 20% (vinte por cento).
Parágrafo único. Os lucros a que se refere este artigo, distribuídos após 31 de janeiro de 1999, sujeitar-se-ão à incidência do imposto de renda na fonte à alíquota de 25% (vinte e cinco por cento).
Art. 4º Ressalvada a responsabilidade da fonte pagadora pela retenção do imposto sobre os rendimentos de que trata o art. 16-A da Lei 8.668, de 1993, com a redação dada por esta Lei, fica a instituição administradora do Fundo de Investimento Imobiliário responsável pelo cumprimento das demais obrigações tributárias, inclusive acessórias, do Fundo.
Art. 5º Os rendimentos auferidos em qualquer aplicação ou operação financeira de renda fixa ou de renda variável sujeitam-se à incidência do imposto de renda na fonte, mesmo no caso das operações de cobertura (*hedge*), realizadas por meio de operações de *swap* e outras, nos mercados de derivativos.

• V. art. 1º, Lei 11.033/2004 (Altera a tributação do mercado financeiro e de capitais e institui o Regime Tributário para Incentivo à Modernização e à Ampliação da Estrutura Portuária – Reporto).

Parágrafo único. A retenção na fonte de que trata este artigo não se aplica no caso de beneficiário referido no inciso I do art. 77 da Lei 8.981, de 20 de janeiro de 1995, com redação dada pela Lei 9.065, de 20 de junho de 1995.

Art. 6º O art. 9º da Lei 9.317, de 5 de dezembro de 1996, passa a vigorar com a seguinte redação:

• A Lei 9.317/1996 foi revogada pela LC 123/2006.

Art. 7º Os rendimentos do trabalho, com ou sem vínculo empregatício, e os da prestação de serviços, pagos, creditados, entregues, empregados ou remetidos a residentes ou domiciliados no exterior, sujeitam-se à incidência do imposto de renda na fonte à alíquota de 25% (vinte e cinco por cento).
Art. 8º Ressalvadas as hipóteses a que se referem os incisos V, VIII, IX, X e XI do art. 1º da Lei 9.481, de 13 de agosto de 1997, os rendimentos decorrentes de qualquer operação, em que o beneficiário seja residente ou domiciliado em país que não tribute a renda ou que a tribute à alíquota máxima inferior a 20% (vinte por cento), a que se refere o art. 24 da Lei 9.430, de 27 de dezembro de 1996, sujeitam-se à incidência do imposto de renda na fonte à alíquota de 25% (vinte e cinco por cento).
Art. 9º Os juros e comissões correspondentes à parcela dos créditos de que trata o inciso XI do art. 1º da Lei 9.481, de 1997, não aplicada no financiamento de exportações, sujeita-se à incidência do imposto de renda na fonte à alíquota de 25% (vinte e cinco por cento).
Parágrafo único. O imposto a que se refere este artigo será recolhido até o último dia útil do 1º (primeiro) decêndio do mês subsequente ao de apuração dos referidos juros e comissões.

• Parágrafo único com redação determinada pela Lei 11.488/2007.

Art. 10. O § 2º do art. 23 da Lei 9.532, de 10 de dezembro de 1997, passa a vigorar com a seguinte redação:

• Alteração processada no texto da referida Lei.

Art. 11. O saldo credor do Imposto sobre Produtos Industrializados – IPI, acumulado em cada trimestre-calendário, decorrente de aquisição de matéria-prima, produto intermediário e material de embalagem, aplicados na industrialização, inclusive de produto isento ou tributado à alíquota zero, que o contribuinte não puder compensar com o IPI devido na saída de outros produtos, poderá ser utilizado de conformidade com o disposto nos arts. 73 e 74 da Lei

Lei 9.779/1999

LEGISLAÇÃO

9.430, de 1996, observadas normas expedidas pela Secretaria da Receita Federal – SRF, do Ministério da Fazenda.

Art. 12. Equiparam-se a estabelecimento industrial os estabelecimentos atacadistas dos produtos da Posição 8703 da Tabela de Incidência do IPI – Tipi.

- O art. 8º da Lei 10.184/2001 dispõe: "Fica suspensa, no período de 15 de abril de 1999 a 30 de junho de 2000, a aplicação do disposto no art. 12 da Lei 9.779, de 19 de janeiro de 1999".

Parágrafo único. A equiparação a que se refere o *caput* aplica-se, inclusive, ao estabelecimento fabricante dos produtos da Posição 8703 da Tipi, em relação aos produtos da mesma posição, produzidos por outro fabricante, ainda que domiciliado no exterior, que revender.

Art. 13. As operações de crédito correspondentes a mútuo de recursos financeiros entre pessoas jurídicas ou entre pessoa jurídica e pessoa física sujeitam-se à incidência do IOF segundo as mesmas normas aplicáveis às operações de financiamento e empréstimos praticadas pelas instituições financeiras.

§ 1º Considera-se ocorrido o fato gerador do IOF, na hipótese deste artigo, na data da concessão do crédito.

§ 2º Responsável pela cobrança e recolhimento do IOF de que trata este artigo é a pessoa jurídica que conceder o crédito.

§ 3º O imposto cobrado na hipótese deste artigo deverá ser recolhido até o terceiro dia útil da semana subsequente à da ocorrência do fato gerador.

Art. 14. As despesas financeiras relativas a empréstimos ou financiamentos e os juros remuneratórios do capital próprio a que se refere o art. 9º da Lei 9.249, de 26 de dezembro de 1995, não são dedutíveis para efeito da determinação da base de cálculo da contribuição social sobre o lucro líquido.

- Artigo com eficácia suspensa por força da MP 2.158-35/2001.

Art. 15. Serão efetuados, de forma centralizada, pelo estabelecimento matriz da pessoa jurídica:

I – o recolhimento do imposto de renda retido na fonte sobre quaisquer rendimentos;

II – a apuração do crédito presumido do Imposto sobre Produtos Industrializados – IPI de que trata a Lei 9.363, de 13 de dezembro de 1996;

III – a apuração e o pagamento das contribuições para o Programa de Integração Social e para o Programa de Formação do Patrimônio do Servidor Público – PIS/Pasep e para o Financiamento da Seguridade Social – Cofins;

IV – a apresentação das declarações de débitos e créditos de tributos e contribuições federais e as declarações de informações, observadas normas estabelecidas pela Secretaria da Receita Federal.

Art. 16. Compete à Secretaria da Receita Federal dispor sobre as obrigações acessórias relativas aos impostos e contribuições por ela administrados, estabelecendo, inclusive, forma, prazo e condições para o seu cumprimento e o respectivo responsável.

Art. 17. Fica concedido ao contribuinte ou responsável exonerado do pagamento de tributo ou contribuição por decisão judicial proferida, em qualquer grau de jurisdição, com fundamento em inconstitucionalidade de lei, que houver sido declarada constitucional pelo Supremo Tribunal Federal, em ação direta de constitucionalidade ou inconstitucionalidade, o prazo até o último dia útil do mês de janeiro de 1999 para o pagamento, isento de multa e juros de mora, da exação alcançada pela decisão declaratória, cujo fato gerador tenha ocorrido posteriormente à data de publicação do pertinente acórdão do Supremo Tribunal Federal.

- O art. 11, § 8º, da MP 2.158-35/2001 prorrogou o prazo de que trata este artigo para o último dia útil do mês de fevereiro de 1999.

§ 1º O disposto neste artigo estende-se:

- § 1º acrescentado pela MP 2.158-35/2001.

I – aos casos em que a declaração de constitucionalidade tenha sido proferida pelo Supremo Tribunal Federal, em recurso extraordinário;

II – a contribuinte ou responsável favorecido por decisão judicial definitiva em matéria tributária, proferida sob qualquer fundamento, em qualquer grau de jurisdição;

III – aos processos judiciais ajuizados até 31 de dezembro de 1998, exceto os relativos à execução da Dívida Ativa da União.

§ 2º O pagamento na forma do *caput* deste artigo aplica-se à exação relativa a fato gerador:

- § 2º acrescentado pela MP 2.158-35/2001.

785

Lei 9.779/1999

I – ocorrido a partir da data da publicação do primeiro Acórdão do Tribunal Pleno do Supremo Tribunal Federal, na hipótese do inciso I do § 1º;
II – ocorrido a partir da data da publicação da 7decisão judicial, na hipótese do inciso II do § 1º;
III – alcançado pelo pedido, na hipótese do inciso III do § 1º.
§ 3º O pagamento referido neste artigo:
* § 3º acrescentado pela MP 2.158-35/2001.

I – importa em confissão irretratável da dívida;
II – constitui confissão extrajudicial, nos termos dos arts. 348, 353 e 354 do Código de Processo Civil;
III – poderá ser parcelado em até seis parcelas iguais, mensais e sucessivas, vencendo-se a primeira no mesmo prazo estabelecido no *caput* para o pagamento integral e as demais no último dia útil dos meses subsequentes;
IV – relativamente aos tributos e contribuições administrados pela Secretaria da Receita Federal, poderá ser efetuado em quota única, até o último dia útil do mês de julho de 1999.
§ 4º As prestações do parcelamento referido no inciso III do § 3º serão acrescidas de juros equivalentes à taxa referencial do Sistema Especial de Liquidação e de Custódia – Selic, para títulos federais, acumulada mensalmente, calculados a partir do mês de vencimento da primeira parcela até o mês anterior ao pagamento e de 1% (um por cento) no mês do pagamento.
* § 4º acrescentado pela MP 2.158-35/2001.

§ 5º Na hipótese do inciso IV do § 3º, os juros a que se refere o § 4º serão calculados a partir do mês de fevereiro de 1999.
* § 5º acrescentado pela MP 2.158-35/2001.

§ 6º O pagamento nas condições deste artigo poderá ser parcial, referente apenas a determinado objeto da ação judicial, quando esta envolver mais de um objeto.
* § 6º acrescentado pela MP 2.158-35/2001.

§ 7º No caso de pagamento parcial, o disposto nos incisos I e II do § 3º alcança exclusivamente os valores pagos.
* § 7º acrescentado pela MP 2.158-35/2001.

§ 8º Aplica-se o disposto neste artigo às contribuições arrecadadas pelo Instituto Nacional do Seguro Social – INSS.

* § 8º acrescentado pela MP 2.158-35/2001.

Art. 18. O importador, antes de aplicada a pena de perdimento da mercadoria na hipótese a que se refere o inciso II do art. 23 do Decreto-lei 1.455, de 7 de abril de 1976, poderá iniciar o respectivo despacho aduaneiro, mediante o cumprimento das formalidades exigidas e o pagamento dos tributos incidentes na importação, acrescidos dos juros e da multa de que trata o art. 61 da Lei 9.430, de 1996, e das despesas decorrentes da permanência da mercadoria em recinto alfandegado.
* V. art. 4º, III, Lei 10.865/2004 (Contribuição para os Programas de Integração Social e de Formação do Patrimônio do Servidor Público e a Contribuição para o Financiamento da Seguridade Social).

Parágrafo único. Para efeito do disposto neste artigo, considera-se ocorrido o fato gerador, e devidos os tributos incidentes na importação, na data do vencimento do prazo de permanência da mercadoria no recinto alfandegado.

Art. 19. A pena de perdimento, aplicada na hipótese a que se refere o *caput* do art. 18, poderá ser convertida, a requerimento do importador, antes de ocorrida a destinação, em multa equivalente ao valor aduaneiro da mercadoria.

Parágrafo único. A entrega da mercadoria ao importador, em conformidade com o disposto neste artigo, fica condicionada à comprovação do pagamento da multa e ao atendimento das normas de controle administrativo.

Art. 20. A SRF expedirá os atos necessários à aplicação do disposto nos arts. 18 e 19.

Art. 21. Esta Lei entra em vigor na data de sua publicação.

Art. 22. Ficam revogados:
I – a partir da publicação da Lei, o art. 19 da Lei 9.532, de 1997;
II – a partir de 1º de janeiro de 1999:
a) o art. 13 da Lei 8.218, de 29 de agosto de 1991, com redação dada pela Lei 8.383, de 30 de dezembro de 1991;
b) o art. 42 da Lei 9.532, de 1997.

Congresso Nacional, em 19 de janeiro de 1999; 178º da Independência e 111º da República.
Antonio Carlos Magalhães
Presidente do Congresso Nacional
(*DOU* 20.01.1999)

Lei 9.868/1999

LEGISLAÇÃO

LEI 9.868, DE 10 DE NOVEMBRO DE 1999

Dispõe sobre o processo e julgamento da ação direta de inconstitucionalidade e da ação declaratória de constitucionalidade perante o Supremo Tribunal Federal.

O Presidente da República:
Faço saber que o Congresso Nacional decreta e eu sanciono a seguinte Lei:

Capítulo I
DA AÇÃO DIRETA DE INCONSTITUCIONALIDADE E DA AÇÃO DECLARATÓRIA DE CONSTITUCIONALIDADE

Art. 1º Esta Lei dispõe sobre o processo e julgamento da ação direta de inconstitucionalidade e da ação declaratória de constitucionalidade perante o Supremo Tribunal Federal.

Capítulo II
DA AÇÃO DIRETA DE INCONSTITUCIONALIDADE

Seção I
Da admissibilidade e do procedimento da ação direta de inconstitucionalidade

Art. 2º Podem propor a ação direta de inconstitucionalidade:
• V. art. 103, CF.
I – o Presidente da República;
II – a Mesa do Senado Federal;
III – a Mesa da Câmara dos Deputados;
IV – a Mesa de Assembleia Legislativa ou a Mesa da Câmara Legislativa do Distrito Federal;
V – o Governador de Estado ou o Governador do Distrito Federal;
VI – o Procurador-Geral da República;
VII – o Conselho Federal da Ordem dos Advogados do Brasil;
VIII – partido político com representação no Congresso Nacional;
IX – confederação sindical ou entidade de classe de âmbito nacional.
Parágrafo único. *(Vetado.)*

Art. 3º A petição indicará:
I – o dispositivo da lei ou do ato normativo impugnado e os fundamentos jurídicos do pedido em relação a cada uma das impugnações;
II – o pedido, com suas especificações.
Parágrafo único. A petição inicial, acompanhada de instrumento de procuração, quando subscrita por advogado, será apresentada em duas vias, devendo conter cópias da lei ou do ato normativo impugnado e dos documentos necessários para comprovar a impugnação.

Art. 4º A petição inicial inepta, não fundamentada e a manifestamente improcedente serão liminarmente indeferidas pelo relator.
Parágrafo único. Cabe agravo da decisão que indeferir a petição inicial.

Art. 5º Proposta a ação direta, não se admitirá desistência.
Parágrafo único. *(Vetado.)*

Art. 6º O relator pedirá informações aos órgãos ou às autoridades das quais emanou a lei ou o ato normativo impugnado.
Parágrafo único. As informações serão prestadas no prazo de 30 (trinta) dias contado do recebimento do pedido.

Art. 7º Não se admitirá intervenção de terceiros no processo de ação direta de inconstitucionalidade.
§ 1º *(Vetado.)*
§ 2º O relator, considerando a relevância da matéria e a representatividade dos postulantes, poderá, por despacho irrecorrível, admitir, observado o prazo fixado no parágrafo anterior, a manifestação de outros órgãos ou entidades.

Art. 8º Decorrido o prazo das informações, serão ouvidos, sucessivamente, o Advogado-Geral da União e o Procurador-Geral da República, que deverão manifestar-se, cada qual, no prazo de 15 (quinze) dias.

Art. 9º Vencidos os prazos do artigo anterior, o relator lançará o relatório, com cópia a todos os Ministros, e pedirá dia para julgamento.
§ 1º Em caso de necessidade de esclarecimento de matéria ou circunstância de fato

Lei 9.868/1999

LEGISLAÇÃO

ou de notória insuficiência das informações existentes nos autos, poderá o relator requisitar informações adicionais, designar perito ou comissão de peritos para que emita parecer sobre a questão, ou fixar data para, em audiência pública, ouvir depoimentos de pessoas com experiência e autoridade na matéria.

§ 2º O relator poderá, ainda, solicitar informações aos Tribunais Superiores, aos Tribunais federais e aos Tribunais estaduais acerca da aplicação da norma impugnada no âmbito de sua jurisdição.

§ 3º As informações, perícias e audiências a que se referem os parágrafos anteriores serão realizadas no prazo de 30 (trinta) dias, contado da solicitação do relator.

Seção II
Da medida cautelar em ação direta de inconstitucionalidade

• V. art. 102, I, *p*, CF.

Art. 10. Salvo no período de recesso, a medida cautelar na ação direta será concedida por decisão da maioria absoluta dos membros do Tribunal, observado o disposto no art. 22, após a audiência dos órgãos ou autoridades dos quais emanou a lei ou ato normativo impugnado, que deverão pronunciar-se no prazo de 5 (cinco) dias.

§ 1º O relator, julgando indispensável, ouvirá o Advogado-Geral da União e o Procurador-Geral da República, no prazo de 3 (três) dias.

§ 2º No julgamento do pedido de medida cautelar, será facultada sustentação oral aos representantes judiciais do requerente e das autoridades ou órgãos responsáveis pela expedição do ato, na forma estabelecida no Regimento do Tribunal.

§ 3º Em caso de excepcional urgência, o Tribunal poderá deferir a medida cautelar sem a audiência dos órgãos ou das autoridades das quais emanou a lei ou o ato normativo impugnado.

Art. 11. Concedida a medida cautelar, o Supremo Tribunal Federal fará publicar em seção especial do *Diário Oficial da União* e do *Diário da Justiça da União* a parte dispositiva da decisão, no prazo de 10 (dez) dias, devendo solicitar as informações à autoridade da qual tiver emanado o ato, observando-se, no que couber, o procedimento estabelecido na Seção I deste Capítulo.

§ 1º A medida cautelar, dotada de eficácia contra todos, será concedida com efeito *ex nunc*, salvo se o Tribunal entender que deva conceder-lhe eficácia retroativa.

§ 2º A concessão da medida cautelar torna aplicável a legislação anterior acaso existente, salvo expressa manifestação em sentido contrário.

Art. 12. Havendo pedido de medida cautelar, o relator, em face da relevância da matéria e de seu especial significado para a ordem social e a segurança jurídica, poderá, após a prestação das informações, no prazo de 10 (dez) dias, e a manifestação do Advogado-Geral da União e do Procurador-Geral da República, sucessivamente, no prazo de 5 (cinco) dias, submeter o processo diretamente ao Tribunal, que terá a faculdade de julgar definitivamente a ação.

Capítulo II-A
DA AÇÃO DIRETA DE INCONSTITUCIONALIDADE POR OMISSÃO

• Capítulo II-A acrescentado pela Lei 12.063/2009.

Seção I
Da admissibilidade e do procedimento da ação direta de inconstitucionalidade por omissão

• Seção I acrescentada pela Lei 12.063/2009.

Art. 12-A. Podem propor a ação direta de inconstitucionalidade por omissão os legitimados à propositura da ação direta de inconstitucionalidade e da ação declaratória de constitucionalidade.

• Artigo acrescentado pela Lei 12.063/2009.

Art. 12-B. A petição indicará:

• Artigo acrescentado pela Lei 12.063/2009.

I – a omissão inconstitucional total ou parcial quanto ao cumprimento de dever constitucional de legislar ou quanto à adoção de providência de índole administrativa;

II – o pedido, com suas especificações.

Lei 9.868/1999

Parágrafo único. A petição inicial, acompanhada de instrumento de procuração, se for o caso, será apresentada em duas vias, devendo conter cópias dos documentos necessários para comprovar a alegação de omissão.

Art. 12-C. A petição inicial inepta, não fundamentada, e a manifestamente improcedente serão liminarmente indeferidas pelo relator.

• Artigo acrescentado pela Lei 12.063/2009.

Parágrafo único. Cabe agravo da decisão que indeferir a petição inicial.

Art. 12-D. Proposta a ação direta de inconstitucionalidade por omissão, não se admitirá desistência.

• Artigo acrescentado pela Lei 12.063/2009.

Art. 12-E. Aplicam-se ao procedimento da ação direta de inconstitucionalidade por omissão, no que couber, as disposições constantes da Seção I do Capítulo II desta Lei.

• Artigo acrescentado pela Lei 12.063/2009.

§ 1º Os demais titulares referidos no art. 2º desta Lei poderão manifestar-se, por escrito, sobre o objeto da ação e pedir a juntada de documentos reputados úteis para o exame da matéria, no prazo das informações, bem como apresentar memoriais.

§ 2º O relator poderá solicitar a manifestação do Advogado-Geral da União, que deverá ser encaminhada no prazo de 15 (quinze) dias.

§ 3º O Procurador-Geral da República, nas ações em que não for autor, terá vista do processo, por 15 (quinze) dias, após o decurso do prazo para informações.

Seção II
Da medida cautelar em ação direta de inconstitucionalidade por omissão

• Seção II acrescentada pela Lei 12.063/2009.

Art. 12-F. Em caso de excepcional urgência e relevância da matéria, o Tribunal, por decisão da maioria absoluta de seus membros, observado o disposto no art. 22, poderá conceder medida cautelar, após a audiência dos órgãos ou autoridades responsáveis pela omissão inconstitucional, que deverão pronunciar-se no prazo de 5 (cinco) dias.

• Artigo acrescentado pela Lei 12.063/2009.

§ 1º A medida cautelar poderá consistir na suspensão da aplicação da lei ou do ato normativo questionado, no caso de omissão parcial, bem como na suspensão de processos judiciais ou de procedimentos administrativos, ou ainda em outra providência a ser fixada pelo Tribunal.

§ 2º O relator, julgando indispensável, ouvirá o Procurador-Geral da República, no prazo de 3 (três) dias.

§ 3º No julgamento do pedido de medida cautelar, será facultada sustentação oral aos representantes judiciais do requerente e das autoridades ou órgãos responsáveis pela omissão inconstitucional, na forma estabelecida no Regimento do Tribunal.

Art. 12-G. Concedida a medida cautelar, o Supremo Tribunal Federal fará publicar, em seção especial do *Diário Oficial da União* e do *Diário da Justiça da União*, a parte dispositiva da decisão no prazo de 10 (dez) dias, devendo solicitar as informações à autoridade ou ao órgão responsável pela omissão inconstitucional, observando-se, no que couber, o procedimento estabelecido na Seção I do Capítulo II desta Lei.

• Artigo acrescentado pela Lei 12.063/2009.

Seção III
Da decisão na ação direta de inconstitucionalidade por omissão

• Seção III acrescentada pela Lei 12.063/2009.

Art. 12-H. Declarada a inconstitucionalidade por omissão, com observância do disposto no art. 22, será dada ciência ao Poder competente para a adoção das providências necessárias.

• Artigo acrescentado pela Lei 12.063/2009.

§ 1º Em caso de omissão imputável a órgão administrativo, as providências deverão ser adotadas no prazo de 30 (trinta) dias, ou em prazo razoável a ser estipulado excepcionalmente pelo Tribunal, tendo em vista as circunstâncias específicas do caso e o interesse público envolvido.

Lei 9.868/1999

LEGISLAÇÃO

§ 2º Aplica-se à decisão da ação direta de inconstitucionalidade por omissão, no que couber, o disposto no Capítulo IV desta Lei.

Capítulo III
DA AÇÃO DECLARATÓRIA DE CONSTITUCIONALIDADE

Seção I
Da admissibilidade e do procedimento da ação declaratória de constitucionalidade

Art. 13. Podem propor a ação declaratória de constitucionalidade de lei ou ato normativo federal:

• V. art. 103, CF.

I – o Presidente da República;
II – a Mesa da Câmara dos Deputados;
III – a Mesa do Senado Federal;
IV – o Procurador-Geral da República.

Art. 14. A petição inicial indicará:
I – o dispositivo da lei ou do ato normativo questionado e os fundamentos jurídicos do pedido;
II – o pedido, com suas especificações;
III – a existência de controvérsia judicial relevante sobre a aplicação da disposição objeto da ação declaratória.
Parágrafo único. A petição inicial, acompanhada de instrumento de procuração, quando subscrita por advogado, será apresentada em duas vias, devendo conter cópias do ato normativo questionado e dos documentos necessários para comprovar a procedência do pedido de declaração de constitucionalidade.

Art. 15. A petição inicial inepta, não fundamentada e a manifestamente improcedente serão liminarmente indeferidas pelo relator.
Parágrafo único. Cabe agravo da decisão que indeferir a petição inicial.

Art. 16. Proposta a ação declaratória, não se admitirá desistência.

Art. 17. *(Vetado.)*

Art. 18. Não se admitirá intervenção de terceiros no processo de ação declaratória de constitucionalidade.
§§ 1º e 2º *(Vetados.)*

Art. 19. Decorrido o prazo do artigo anterior, será aberta vista ao Procurador-Geral da República, que deverá pronunciar-se no prazo de 15 (quinze) dias.

Art. 20. Vencido o prazo do artigo anterior, o relator lançará o relatório, com cópia a todos os Ministros, e pedirá dia para julgamento.

§ 1º Em caso de necessidade de esclarecimento de matéria ou circunstância de fato ou de notória insuficiência das informações existentes nos autos, poderá o relator requisitar informações adicionais, designar perito ou comissão de peritos para que emita parecer sobre a questão ou fixar data para, em audiência pública, ouvir depoimentos de pessoas com experiência e autoridade na matéria.

§ 2º O relator poderá solicitar, ainda, informações aos Tribunais Superiores, aos Tribunais federais e aos Tribunais estaduais acerca da aplicação da norma questionada no âmbito de sua jurisdição.

§ 3º As informações, perícias e audiências a que se referem os parágrafos anteriores serão realizadas no prazo de 30 (trinta) dias, contado da solicitação do relator.

Seção II
Da medida cautelar em ação declaratória de constitucionalidade

Art. 21. O Supremo Tribunal Federal, por decisão da maioria absoluta de seus membros, poderá deferir pedido de medida cautelar na ação declaratória de constitucionalidade, consistente na determinação de que os juízes e os Tribunais suspendam o julgamento dos processos que envolvam a aplicação da lei ou do ato normativo objeto da ação até seu julgamento definitivo.

Parágrafo único. Concedida a medida cautelar, o Supremo Tribunal Federal fará publicar em seção especial do *Diário Oficial da União* a parte dispositiva da decisão, no prazo de 10 (dez) dias, devendo o Tribunal proceder ao julgamento da ação no prazo de 180 (cento e oitenta) dias, sob pena de perda de sua eficácia.

Lei 9.868/1999

Capítulo IV
DA DECISÃO NA AÇÃO DIRETA DE INCONSTITUCIONALIDADE E NA AÇÃO DECLARATÓRIA DE CONSTITUCIONALIDADE

Art. 22. A decisão sobre a constitucionalidade ou a inconstitucionalidade da lei ou do ato normativo somente será tomada se presentes na sessão pelo menos oito Ministros.

Art. 23. Efetuado o julgamento, proclamar-se-á a constitucionalidade ou a inconstitucionalidade da disposição ou da norma impugnada se num ou noutro sentido se tiverem manifestado pelo menos seis Ministros, quer se trate de ação direta de inconstitucionalidade ou de ação declaratória de constitucionalidade.

Parágrafo único. Se não for alcançada a maioria necessária à declaração de constitucionalidade ou de inconstitucionalidade, estando ausentes Ministros em número que possa influir no julgamento, este será suspenso a fim de aguardar-se o comparecimento dos Ministros ausentes, até que se atinja o número necessário para prolação da decisão num ou noutro sentido.

Art. 24. Proclamada a constitucionalidade, julgar-se-á improcedente a ação direta ou procedente eventual ação declaratória; e, proclamada a inconstitucionalidade, julgar-se-á procedente a ação direta ou improcedente eventual ação declaratória.

Art. 25. Julgada a ação, far-se-á a comunicação à autoridade ou ao órgão responsável pela expedição do ato.

Art. 26. A decisão que declara a constitucionalidade ou a inconstitucionalidade da lei ou do ato normativo em ação direta ou em ação declaratória é irrecorrível, ressalvada a interposição de embargos declaratórios, não podendo, igualmente, ser objeto de ação rescisória.

Art. 27. Ao declarar a inconstitucionalidade de lei ou ato normativo, e tendo em vista razões de segurança jurídica ou de excepcional interesse social, poderá o Supremo Tribunal Federal, por maioria de dois terços de seus membros, restringir os efeitos daquela declaração ou decidir que ela só tenha eficácia a partir de seu trânsito em julgado ou de outro momento que venha a ser fixado.

Art. 28. Dentro do prazo de 10 (dez) dias após o trânsito em julgado da decisão, o Supremo Tribunal Federal fará publicar em seção especial do *Diário da Justiça* e do *Diário Oficial da União* a parte dispositiva do acórdão.

Parágrafo único. A declaração de constitucionalidade ou de inconstitucionalidade, inclusive a interpretação conforme a Constituição e a declaração parcial de inconstitucionalidade sem redução de texto, têm eficácia contra todos e efeito vinculante em relação aos órgãos do Poder Judiciário e à Administração Pública federal, estadual e municipal.

• V. art. 102, § 2º, CF.

Capítulo V
DAS DISPOSIÇÕES GERAIS E FINAIS

Art. 29. O art. 482 do Código de Processo Civil fica acrescido dos seguintes parágrafos:

• O CPC/1973 foi revogado pela Lei 13.105/2015 (CPC/2015).

Art. 30. O art. 8º da Lei 8.185, de 14 de maio de 1991, passa a vigorar acrescido dos seguintes dispositivos:

"Art. 8º [...]"

"I – [...]"

"[...]"

"n) a ação direta de inconstitucionalidade de lei ou ato normativo do Distrito Federal em face da sua Lei Orgânica;

"[...]"

"§ 3º São partes legítimas para propor a ação direta de inconstitucionalidade:

"I – o Governador do Distrito Federal;

"II – a Mesa da Câmara Legislativa;

"III – o Procurador-Geral de Justiça;

"IV – a Ordem dos Advogados do Brasil, seção do Distrito Federal;

"V – as entidades sindicais ou de classe, de atuação no Distrito Federal, demonstrando que a pretensão por elas deduzida guarda relação de pertinência direta com os seus objetivos institucionais;

"VI – os partidos políticos com representação na Câmara Legislativa.

Lei 9.873/1999

LEGISLAÇÃO

"§ 4º Aplicam-se ao processo e julgamento da ação direta de inconstitucionalidade perante o Tribunal de Justiça do Distrito Federal e Territórios as seguintes disposições:
"I – o Procurador-Geral de Justiça será sempre ouvido nas ações diretas de constitucionalidade ou de inconstitucionalidade;
"II – declarada a inconstitucionalidade por omissão de medida para tornar efetiva norma da Lei Orgânica do Distrito Federal, a decisão será comunicada ao Poder competente para adoção das providências necessárias, e, tratando-se de órgão administrativo, para fazê-lo em 30 (trinta) dias;
"III – somente pelo voto da maioria absoluta de seus membros ou de seu órgão especial, poderá o Tribunal de Justiça declarar a inconstitucionalidade de lei ou de ato normativo do Distrito Federal ou suspender a sua vigência em decisão de medida cautelar.
"§ 5º Aplicam-se, no que couber, ao processo de julgamento da ação direta de inconstitucionalidade de lei ou ato normativo do Distrito Federal em face da sua Lei Orgânica as normas sobre o processo e o julgamento da ação direta de inconstitucionalidade perante o Supremo Tribunal Federal."

Art. 31. Esta Lei entra em vigor na data de sua publicação.

Brasília, 10 de novembro de 1999; 178º da Independência e 111º da República.
Fernando Henrique Cardoso

(DOU 11.11.1999)

LEI 9.873, DE 23 DE NOVEMBRO DE 1999

Estabelece prazo de prescrição para o exercício de ação punitiva pela Administração Pública Federal, direta e indireta, e dá outras providências.

Faço saber que o Presidente da República adotou a Medida Provisória 1.859-17, de 1999, que o Congresso Nacional aprovou, e eu, Antonio Carlos Magalhães, Presidente, para os efeitos do disposto no parágrafo único do art. 62 da Constituição Federal, promulgo a seguinte Lei:

Art. 1º Prescreve em 5 (cinco) anos a ação punitiva da Administração Pública Federal, direta e indireta, no exercício do poder de polícia, objetivando apurar infração à legislação em vigor, contados da data da prática do ato ou, no caso de infração permanente ou continuada, do dia em que tiver cessado.

§ 1º Incide a prescrição no procedimento administrativo paralisado por mais de 3 (três) anos, pendente de julgamento ou despacho, cujos autos serão arquivados de ofício ou mediante requerimento da parte interessada, sem prejuízo da apuração da responsabilidade funcional decorrente da paralisação, se for o caso.

§ 2º Quando o fato objeto da ação punitiva da Administração também constituir crime, a prescrição reger-se-á pelo prazo previsto na lei penal.

Art. 1º-A. Constituído definitivamente o crédito não tributário, após o término regular do processo administrativo, prescreve em 5 (cinco) anos a ação de execução da administração pública federal relativa a crédito decorrente da aplicação de multa por infração à legislação em vigor.

- Artigo acrescentado pela Lei 11.941/2009.
- V. Súmula 467, STJ.

Art. 2º Interrompe-se a prescrição da ação punitiva:

- *Caput* com redação determinada pela Lei 11.941/2009.

I – pela notificação ou citação do indiciado ou acusado, inclusive por meio de edital;

- Inciso I com redação determinada pela Lei 11.941/2009.

II – por qualquer ato inequívoco, que importe apuração do fato;
III – pela decisão condenatória recorrível;
IV – por qualquer ato inequívoco que importe em manifestação expressa de tentativa de solução conciliatória no âmbito interno da administração pública federal.

- Inciso IV acrescentado pela Lei 11.941/2009.

Art. 2º-A. Interrompe-se o prazo prescricional da ação executória:

- Artigo acrescentado pela Lei 11.941/2009.

I – pelo despacho do juiz que ordenar a citação em execução fiscal;
II – pelo protesto judicial;
III – por qualquer ato judicial que constitua em mora o devedor;

Lei 9.882/1999

LEGISLAÇÃO

IV – por qualquer ato inequívoco, ainda que extrajudicial, que importe em reconhecimento do débito pelo devedor;

V – por qualquer ato inequívoco que importe em manifestação expressa de tentativa de solução conciliatória no âmbito interno da administração pública federal.

Art. 3º Suspende-se a prescrição durante a vigência:

I – dos compromissos de cessação ou de desempenho, respectivamente, previstos nos arts. 53 e 58 da Lei 8.884, de 11 de junho de 1994;

II – do termo de compromisso de que trata o § 5º do art. 11 da Lei 6.385, de 7 de dezembro de 1976, com a redação dada pela Lei 9.457, de 5 de maio de 1997.

Art. 4º Ressalvadas as hipóteses de interrupção previstas no art. 2º, para as infrações ocorridas há mais de 3 (três) anos, contados do dia 1º de julho de 1998, a prescrição operará em 2 (dois) anos, a partir dessa data.

Art. 5º O disposto nesta Lei não se aplica às infrações de natureza funcional e aos processos e procedimentos de natureza tributária.

Art. 6º Ficam convalidados os atos praticados com base na Medida Provisória 1.859-16, de 24 de setembro de 1999.

Art. 7º Esta Lei entra em vigor na data de sua publicação.

Art. 8º Ficam revogados o art. 33 da Lei 6.385, de 1976, com a redação dada pela Lei 9.457, de 1997, o art. 28 da Lei 8.884, de 1994, e demais disposições em contrário, ainda que constantes de lei especial.

Congresso Nacional, em 23 de novembro de 1999; 178º da Independência e 111º da República.

Senador Antonio Carlos Magalhães
Presidente do Congresso Nacional

(DOU 24.11.1999)

LEI 9.882, DE 3 DE DEZEMBRO DE 1999

Dispõe sobre o processo e julgamento da arguição de descumprimento de preceito fundamental, nos termos do § 1º do art. 102 da Constituição Federal.

O Presidente da República:

Faço saber que o Congresso Nacional decreta e eu sanciono a seguinte Lei:

Art. 1º A arguição prevista no § 1º do art. 102 da Constituição Federal será proposta perante o Supremo Tribunal Federal, e terá por objeto evitar ou reparar lesão a preceito fundamental, resultante de ato do Poder Público.

Parágrafo único. Caberá também arguição de descumprimento de preceito fundamental:

I – quando for relevante o fundamento da controvérsia constitucional sobre lei ou ato normativo federal, estadual ou municipal, incluídos os anteriores à Constituição;

- V. ADIn 2.231-8.

II – *(Vetado.)*

Art. 2º Podem propor arguição de descumprimento de preceito fundamental:

- V. art. 103, CF.

I – os legitimados para a ação direta de inconstitucionalidade;

II – *(Vetado.)*

§ 1º Na hipótese do inciso II, faculta-se ao interessado, mediante representação, solicitar a propositura de arguição de descumprimento de preceito fundamental ao Procurador-Geral da República, que, examinando os fundamentos jurídicos do pedido, decidirá do cabimento do seu ingresso em juízo.

§ 2º *(Vetado.)*

Art. 3º A petição inicial deverá conter:

I – a indicação do preceito fundamental que se considera violado;

II – a indicação do ato questionado;

III – a prova da violação do preceito fundamental;

IV – o pedido, com suas especificações;

V – se for o caso, a comprovação da existência de controvérsia judicial relevante sobre a aplicação do preceito fundamental que se considera violado.

Parágrafo único. A petição inicial, acompanhada de instrumento de mandato, se for o caso, será apresentada em duas vias, devendo conter cópias do ato questionado e dos documentos necessários para comprovar a impugnação.

Art. 4º A petição inicial será indeferida liminarmente, pelo relator, quando não for o

Lei 9.882/1999

caso de arguição de descumprimento de preceito fundamental, faltar algum dos requisitos prescritos nesta Lei ou for inepta.

§ 1º Não será admitida arguição de descumprimento de preceito fundamental quando houver qualquer outro meio eficaz de sanar a lesividade.

§ 2º Da decisão de indeferimento da petição inicial caberá agravo, no prazo de 5 (cinco) dias.

Art. 5º O Supremo Tribunal Federal, por decisão da maioria absoluta de seus membros, poderá deferir pedido de medida liminar na arguição de descumprimento de preceito fundamental.

§ 1º Em caso de extrema urgência ou perigo de lesão grave, ou, ainda, em período de recesso, poderá o relator conceder a liminar, *ad referendum* do Tribunal Pleno.

§ 2º O relator poderá ouvir os órgãos ou autoridades responsáveis pelo ato questionado, bem como o Advogado-Geral da União ou o Procurador-Geral da República, no prazo comum de 5 (cinco) dias.

§ 3º A liminar poderá consistir na determinação de que juízes e tribunais suspendam o andamento de processo ou os efeitos de decisões judiciais, ou de qualquer outra medida que apresente relação com a matéria objeto da arguição de descumprimento de preceito fundamental, salvo se decorrentes da coisa julgada.

• V. ADIn 2.231-8.

§ 4º *(Vetado.)*

Art. 6º Apreciado o pedido de liminar, o relator solicitará as informações às autoridades responsáveis pela prática do ato questionado, no prazo de 10 (dez) dias.

§ 1º Se entender necessário, poderá o relator ouvir as partes nos processos que ensejaram a arguição, requisitar informações adicionais, designar perito ou comissão de peritos para que emita parecer sobre a questão, ou, ainda, fixar data para declarações, em audiência pública, de pessoas com experiência e autoridade na matéria.

§ 2º Poderão ser autorizadas, a critério do relator, sustentação oral e juntada de memoriais, por requerimento dos interessados no processo.

Art. 7º Decorrido o prazo das informações, o relator lançará o relatório, com cópia a todos os ministros, e pedirá dia para julgamento.

Parágrafo único. O Ministério Público, nas arguições que não houver formulado, terá vista do processo, por 5 (cinco) dias, após o decurso do prazo para informações.

Art. 8º A decisão sobre a arguição de descumprimento de preceito fundamental somente será tomada se presentes na sessão pelo menos 2/3 (dois terços) dos Ministros.

§ 1º *(Vetado.)*

§ 2º *(Vetado.)*

Art. 9º *(Vetado.)*

Art. 10. Julgada a ação, far-se-á comunicação às autoridades ou órgãos responsáveis pela prática dos atos questionados, fixando-se as condições e o modo de interpretação e aplicação do preceito fundamental.

§ 1º O presidente do Tribunal determinará o imediato cumprimento da decisão, lavrando-se o acórdão posteriormente.

§ 2º Dentro do prazo de 10 (dez) dias contado a partir do trânsito em julgado da decisão, sua parte dispositiva será publicada em seção especial do *Diário da Justiça* e do *Diário Oficial da União*.

§ 3º A decisão terá eficácia contra todos e efeito vinculante relativamente aos demais órgãos do Poder Público.

Art. 11. Ao declarar a inconstitucionalidade de lei ou ato normativo, no processo de arguição de descumprimento de preceito fundamental, e tendo em vista razões de segurança jurídica ou de excepcional interesse social, poderá o Supremo Tribunal Federal, por maioria de 2/3 (dois terços) de seus membros, restringir os efeitos daquela declaração ou decidir que ela só tenha eficácia a partir de seu trânsito em julgado ou de outro momento que venha a ser fixado.

Art. 12. A decisão que julgar procedente ou improcedente o pedido em arguição de descumprimento de preceito fundamental é irrecorrível, não podendo ser objeto de ação rescisória.

Art. 13. Caberá reclamação contra o descumprimento da decisão proferida pelo Su-

LEGISLAÇÃO

premo Tribunal Federal, na forma do seu Regimento Interno.

Art. 14. Esta Lei entra em vigor na data de sua publicação.

Brasília, 3 de dezembro de 1999; 178º da Independência e 111º da República.

Fernando Henrique Cardoso

(*DOU* 06.12.1999)

LEI 9.959, DE 27 DE JANEIRO DE 2000

Altera a legislação tributária federal e dá outras providências.

Faço saber que o Presidente da República adotou a Medida Provisória 2.013-4, de 1999, que o Congresso Nacional aprovou, e eu, Heráclito Fortes, Primeiro Vice-Presidente da Mesa do Congresso Nacional, no exercício da Presidência, para os efeitos do disposto no parágrafo único do art. 62 da Constituição Federal, promulgo a seguinte Lei:

Art. 1º Relativamente aos fatos geradores ocorridos a partir de 1º de janeiro de 2000, a alíquota do imposto de renda na fonte incidente sobre os rendimentos auferidos no País, por residentes e domiciliados no exterior, nas hipóteses previstas nos incisos III e V a IX do art. 1º da Lei 9.481, de 13 de agosto de 1997, com a redação dada pelo art. 20 da Lei 9.532, de 10 de dezembro de 1997, será de 15% (quinze por cento), observado, em relação aos incisos VI e VII, o disposto no art. 8º da Lei 9.779, de 19 de janeiro de 1999.

§ 1º Aos contratos em vigor em 31 de dezembro de 1999, relativos às operações mencionadas neste artigo, fica garantido o tratamento tributário a eles aplicável nessa data.

§ 2º Relativamente a qualquer das hipóteses referidas no *caput*, a alíquota de 15% (quinze por cento) poderá ser reduzida, por prazo certo, pelo Poder Executivo, alcançando, exclusivamente, os contratos celebrados durante o período em que vigorar a redução.

Art. 2º A alínea *d* do inciso II do art. 18 da Lei 9.430, de 27 de dezembro de 1996, passa a vigorar com a seguinte redação:

• Alterações processadas no texto da referida Lei.

Art. 3º O art. 1º da Lei 9.532, de 1997, passa a vigorar com a seguinte redação:

• Alterações processadas no texto da referida Lei.

Art. 4º A contrapartida da reavaliação de quaisquer bens da pessoa jurídica somente poderá ser computada em conta de resultado ou na determinação do lucro real e da base de cálculo da contribuição social sobre o lucro líquido quando ocorrer a efetiva realização do bem reavaliado.

Art. 5º Aplica-se à pessoa jurídica incorporadora o disposto no art. 21 da Lei 9.249, de 26 de dezembro de 1995, e no § 1º do art. 1º da Lei 9.430, de 1996, salvo nos casos em que as pessoas jurídicas, incorporadora e incorporada, estivessem sob o mesmo controle societário desde o ano-calendário anterior ao do evento.

Art. 6º A alíquota de que trata o art. 72 da Lei 8.981, de 20 de janeiro de 1995, é fixada em percentual igual ao estabelecido para os rendimentos produzidos por aplicações financeiras de renda fixa:

I – a partir do ano-calendário de 2001, no caso de ganhos líquidos auferidos em operações realizadas em bolsas de valores, de mercadorias, de futuros, assemelhadas e no mercado de balcão, ressalvado o disposto no inciso II;

II – a partir do ano-calendário de 2002, no caso de ganhos líquidos auferidos nos mercados à vista de ações negociadas em bolsas de valores e de rendimentos produzidos pelos fundos de investimento previstos no § 6º do art. 28 da Lei 9.532, de 1997, com as alterações introduzidas pelos arts. 1º e 2º da Medida Provisória 1.990-26, de 14 de dezembro de 1999.

Parágrafo único. Aos ganhos líquidos a que se refere o inciso I aplicar-se-á, no ano-calendário de 2000, a alíquota de 15% (quinze por cento).

Art. 7º O regime de tributação previsto no art. 81 da Lei 8.981, de 1995, com a alteração introduzida pelo art. 11 da Lei 9.249, de 1995, não se aplica a investimento estrangeiro oriundo de país que tribute a ren-

Lei 9.959/2000

da à alíquota inferior a 20% (vinte por cento), o qual sujeitar-se-á às mesmas regras estabelecidas para os residentes ou domiciliados no País.

Art. 8º Os rendimentos auferidos em operações de *day trade* realizadas em bolsas de valores, de mercadorias, de futuros e assemelhadas, por qualquer beneficiário, inclusive pessoa jurídica isenta, sujeitam-se à incidência do imposto de renda na fonte à alíquota de 1% (um por cento).

§ 1º Para efeito do disposto neste artigo:

I – considera-se:

a) *day trade*: a operação ou a conjugação de operações iniciadas e encerradas em um mesmo dia, com o mesmo ativo, em uma mesma instituição intermediadora, em que a quantidade negociada tenha sido liquidada, total ou parcialmente;

- Alínea *a* com redação determinada pela Lei 12.350/2010.

b) rendimento: o resultado positivo apurado no encerramento das operações de *day trade*;

II – não será considerado valor ou quantidade de estoque do ativo existente em data anterior.

§ 2º Será admitida a compensação de perdas incorridas em operações de *day trade* realizadas no mesmo dia.

- § 2º com redação determinada pela Lei 12.350/2010.

§ 3º O responsável pela retenção e recolhimento do imposto de que trata este artigo é a instituição intermediadora da operação de *day trade* que receber, diretamente, a ordem do cliente.

- *Caput* do § 3º com redação determinada Lei 12.350/2010.

I – *(Revogado pela Lei 12.350/2010.)*
II – *(Revogado pela Lei 12.350/2010.)*

§ 4º O valor do imposto retido na fonte sobre operações de *day trade* poderá ser:

I – deduzido do imposto incidente sobre ganhos líquidos apurados no mês;

II – compensado com o imposto incidente sobre ganhos líquidos apurado nos meses subsequentes, se, após a dedução de que trata o inciso anterior, houver saldo de imposto retido.

§ 5º Se, ao término de cada ano-calendário, houver saldo de imposto retido na fonte a compensar, fica facultado à pessoa física ou às pessoas jurídicas de que trata o inciso II do § 8º, pedido de restituição, na forma e condições estabelecidas pela Secretaria da Receita Federal.

§ 6º As perdas incorridas em operações *day trade* somente poderão ser compensadas com os rendimentos auferidos em operações de mesma espécie (*day trade*), realizadas no mês, observado o disposto no parágrafo seguinte.

§ 7º O resultado mensal da compensação referida no parágrafo anterior:

I – se positivo, integrará a base de cálculo do imposto referente aos ganhos líquidos;

II – se negativo, poderá ser compensado com os resultados positivos de operações de *day trade* apurados no meses subsequentes.

§ 8º Sem prejuízo do disposto no § 4º, o imposto de renda retido na fonte em operações de *day trade* será:

I – deduzido do devido no encerramento de cada período de apuração ou na data de extinção, no caso de pessoa jurídica tributada com base no lucro real, presumido ou arbitrado;

II – definitivo, no caso de pessoa física e de pessoa jurídica isenta, bem assim a sujeita ao tratamento previsto na Lei 9.317, de 5 de dezembro de 1996.

- V. LC 123/2006 (Supersimples).

Art. 9º O disposto nos arts. 6º e 8º não se aplica aos rendimentos e ganhos líquidos auferidos pelas pessoas jurídicas de que trata o inciso I, do art. 77 da Lei 8.981, de 1995, que continuam sujeitos às normas previstas na legislação vigente.

Art. 10. Fica prorrogado, até 1º de março de 2000, o prazo de que trata o art. 4º da Lei 8.248, de 23 de outubro de 1991.

Art. 11. Ficam convalidados os atos praticados com base na Medida Provisória 2.005-3, de 14 de dezembro de 1999.

Art. 12. Esta Lei entra em vigor na data de sua publicação, produzindo efeitos a partir de 1º de janeiro de 2000.

Art. 13. Ficam revogados:

I – a partir de 1º de janeiro de 2000, os §§ 5º e 6º do art. 72 da Lei 8.981, de 1995, e o § 2º do art. 1º da Lei 9.481, de 13 de

Lei 9.964/2000

LEGISLAÇÃO

agosto de 1997, introduzido pelo art. 11 da Medida Provisória 1.990-26, de 14 de dezembro de 1999;
II – a Medida Provisória 2.005-3, de 14 de dezembro de 1999.
Congresso Nacional, em 27 de janeiro de 2000; 179º da Independência e 112º da República.
Deputado Heráclito Fortes
Primeiro Vice-Presidente da Mesa do Congresso Nacional, no exercício da Presidência
(DOU 28.01.2000)

LEI 9.964, DE 10 DE ABRIL DE 2000

Institui o Programa de Recuperação Fiscal – Refis e dá outras providências, e altera as Leis 8.036, de 11 de maio de 1990, e 8.844, de 20 de janeiro de 1994.

- V. Lei 10.002/2000 (Reabre o prazo de opção ao Refis).
- V. Dec. 3.431/2000 (Regulamenta a execução do Programa de Recuperação Fiscal – Refis).
- V. Dec. 3.712/2000 (Programa de Recuperação Fiscal – Refis).
- V. Lei 10.189/2001 (Programa de Recuperação Fiscal – Refis).
- V. Lei 10.684/2003 (Refis II).

O Presidente da República:
Faço saber que o Congresso Nacional decreta e eu sanciono a seguinte Lei:

Art. 1º É instituído o Programa de Recuperação Fiscal – Refis, destinado a promover a regularização de créditos da União, decorrentes de débitos de pessoas jurídicas, relativos a tributos e contribuições, administrados pela Secretaria da Receita Federal e pelo Instituto Nacional do Seguro Social – INSS, com vencimento até 29 de fevereiro de 2000, constituídos ou não, inscritos ou não em dívida ativa, ajuizados ou a ajuizar, com exigibilidade suspensa ou não, inclusive os decorrentes de falta de recolhimento de valores retidos.

§ 1º O Refis será administrado por um Comitê Gestor, com competência para implementar os procedimentos necessários à execução do Programa, observado o disposto no regulamento.

§ 2º O Comitê Gestor será integrado por um representante de cada órgão a seguir indicado, designados por seus respectivos titulares:
I – Ministério da Fazenda:
a) Secretaria da Receita Federal, que o presidirá;
b) Procuradoria-Geral da Fazenda Nacional;
II – *(Revogado pela Lei 11.941/2009.)*

§ 3º O Refis não alcança débitos:
I – de órgãos da administração pública direta, das fundações instituídas e mantidas pelo poder público e das autarquias;
II – relativos ao Imposto sobre a Propriedade Territorial Rural – ITR;
III – relativos a pessoa jurídica cindida a partir de 1º de outubro de 1999.

Art. 2º O ingresso no Refis dar-se-á por opção da pessoa jurídica, que fará jus a regime especial de consolidação e parcelamento dos débitos fiscais a que se refere o art. 1º.

§ 1º A opção poderá ser formalizada até o último dia útil do mês de abril de 2000.

- O art. 1º da Lei 10.002/2000 (DOU 15.09.2000) dispõe: "Fica aberto o prazo de opção ao Programa de Recuperação Fiscal – Refis de que trata a Lei 9.964, de 10 de abril de 2000. Parágrafo único. A opção ao Refis poderá ser formalizada até 90 (noventa) dias, contados a partir da data de publicação desta Lei".

§ 2º Os débitos existentes em nome da optante serão consolidados tendo por base a data da formalização do pedido de ingresso no Refis.

§ 3º A consolidação abrangerá todos os débitos existentes em nome da pessoa jurídica, na condição de contribuinte ou responsável, constituídos ou não, inclusive os acréscimos legais relativos a multa, de mora ou de ofício, a juros moratórios e demais encargos, determinados nos termos da legislação vigente à época da ocorrência dos respectivos fatos geradores.

§ 4º O débito consolidado na forma deste artigo:
I – independentemente da data de formalização da opção, sujeitar-se-á, a partir de 1º de março de 2000, a juros correspondentes à variação mensal da Taxa de Juros de Longo Prazo – TJLP, vedada a imposição de qualquer outro acréscimo;

- Inciso I com redação determinada pela Lei 10.189/2001.

Lei 9.964/2000

LEGISLAÇÃO

II – será pago em parcelas mensais e sucessivas, vencíveis no último dia útil de cada mês, sendo o valor de cada parcela determinado em função de percentual da receita bruta do mês imediatamente anterior, apurada na forma do art. 31 e parágrafo único da Lei 8.981, de 20 de janeiro de 1995, não inferior a:

a) 0,3% (três décimos por cento), no caso de pessoa jurídica optante pelo Sistema Integrado de Pagamento de Impostos e Contribuições das Microempresas e Empresas de Pequeno Porte – Simples e de entidade imune ou isenta por finalidade ou objeto;

b) 0,6% (seis décimos por cento), no caso de pessoa jurídica submetida ao regime de tributação com base no lucro presumido;

c) 1,2% (um inteiro e dois décimos por cento), no caso de pessoa jurídica submetida ao regime de tributação com base no lucro real, relativamente às receitas decorrentes das atividades comerciais, industriais, médico-hospitalares, de transporte, de ensino e de construção civil;

d) 1,5% (um inteiro e cinco décimos por cento), nos demais casos.

§ 5º No caso de sociedade em conta de participação, os débitos e as receitas brutas serão considerados individualizadamente, por sociedade.

§ 6º Na hipótese de crédito com exigibilidade suspensa por força do disposto no inciso IV do art. 151 da Lei 5.172, de 25 de outubro de 1966, a inclusão, no Refis, dos respectivos débitos, implicará dispensa dos juros de mora incidentes até a data de opção, condicionada ao encerramento do feito por desistência expressa e irrevogável da respectiva ação judicial e de qualquer outra, bem assim à renúncia do direito, sobre os mesmos débitos, sobre o qual se funda a ação.

§ 7º Os valores correspondentes a multa, de mora ou de ofício, e a juros moratórios, inclusive as relativas a débitos inscritos em dívida ativa, poderão ser liquidados, observadas as normas constitucionais referentes à vinculação e à partilha de receitas, mediante:

I – compensação de créditos, próprios ou de terceiros, relativos a tributo ou contribuição incluído no âmbito do Refis;

II – a utilização de prejuízo fiscal e de base de cálculo negativa da contribuição social sobre o lucro líquido, próprios ou de terceiros, estes declarados à Secretaria da Receita Federal até 31 de outubro de 1999.

§ 8º Na hipótese do inciso II do § 7º, o valor a ser utilizado será determinado mediante a aplicação, sobre o montante do prejuízo fiscal e da base de cálculo negativa, das alíquotas de 15% (quinze por cento) e de 8% (oito por cento), respectivamente.

§ 9º Ao disposto neste artigo aplica-se a redução de multa a que se refere o art. 60 da Lei 8.383, de 30 de dezembro de 1991.

§ 10. A multa de mora incidente sobre os débitos relativos às contribuições administradas pelo INSS, incluídas no Refis em virtude de confissão espontânea, sujeita-se ao limite estabelecido no art. 61 da Lei 9.430, de 27 de dezembro de 1996.

Art. 3º A opção pelo Refis sujeita a pessoa jurídica a:

I – confissão irrevogável e irretratável dos débitos referidos no art. 2º;

II – autorização de acesso irrestrito, pela Secretaria da Receita Federal, às informações relativas à sua movimentação financeira, ocorrida a partir da data de opção pelo Refis;

III – acompanhamento fiscal específico, com fornecimento periódico, em meio magnético, de dados, inclusive os indiciários de receitas;

IV – aceitação plena e irretratável de todas as condições estabelecidas;

V – cumprimento regular das obrigações para com o Fundo de Garantia do Tempo de Serviço – FGTS e para com o ITR;

VI – pagamento regular das parcelas do débito consolidado, bem assim dos tributos e das contribuições com vencimento posterior a 29 de fevereiro de 2000.

§ 1º A opção pelo Refis exclui qualquer outra forma de parcelamento de débitos relativos aos tributos e às contribuições referidos no art. 1º.

§ 2º O disposto nos incisos II e III do *caput* aplica-se, exclusivamente, ao período em que a pessoa jurídica permanecer no Refis.

§ 3º A opção implica manutenção automática dos gravames decorrentes de medida cautelar fiscal e das garantias prestadas nas ações de execução fiscal.

§ 4º Ressalvado o disposto no § 3º, a homologação da opção pelo Refis é condicionada

Lei 9.964/2000

LEGISLAÇÃO

à prestação de garantia ou, a critério da pessoa jurídica, ao arrolamento dos bens integrantes do seu patrimônio, na forma do art. 64 da Lei 9.532, de 10 de dezembro de 1997.

• V. Súmula 437, STJ.

§ 5º São dispensadas das exigências referidas no § 4º as pessoas jurídicas optantes pelo Simples e aquelas cujo débito consolidado seja inferior a R$ 500.000,00 (quinhentos mil reais).

§ 6º Não poderão optar pelo Refis as pessoas jurídicas de que tratam os incisos II e VI do art. 14 da Lei 9.718, de 27 de novembro de 1998.

Art. 4º As pessoas jurídicas de que tratam os incisos I e III a V do art. 14 da Lei 9.718, de 1998, poderão optar, durante o período em que submetidas ao Refis, pelo regime de tributação com base no lucro presumido.

Parágrafo único. Na hipótese deste artigo, as pessoas jurídicas referidas no inciso III do art. 14 da Lei 9.718, de 1998, deverão adicionar os lucros, rendimentos e ganhos de capital oriundos do exterior ao lucro presumido e à base de cálculo da contribuição social sobre o lucro líquido.

Art. 5º A pessoa jurídica optante pelo Refis será dele excluída nas seguintes hipóteses, mediante ato do Comitê Gestor:

I – inobservância de qualquer das exigências estabelecidas nos incisos I a V do *caput* do art. 3º;

II – inadimplência, por três meses consecutivos ou seis meses alternados, o que primeiro ocorrer, relativamente a qualquer dos tributos e das contribuições abrangidos pelo Refis, inclusive os com vencimento após 29 de fevereiro de 2000;

III – constatação, caracterizada por lançamento de ofício, de débito correspondente a tributo ou contribuição abrangidos pelo Refis e não incluídos na confissão a que se refere o inciso I do *caput* do art. 3º, salvo se integralmente pago no prazo de 30 (trinta) dias, contado da ciência do lançamento ou da decisão definitiva na esfera administrativa ou judicial;

IV – compensação ou utilização indevida de créditos, prejuízo fiscal ou base de cálculo negativa referidos nos §§ 7º e 8º do art. 2º;

V – decretação de falência, extinção, pela liquidação, ou cisão da pessoa jurídica;

• V. Lei 11.101/2005 (Lei de Recuperação de Empresas e Falência).

VI – concessão de medida cautelar fiscal, nos termos da Lei 8.397, de 6 de janeiro de 1992;

VII – prática de qualquer procedimento tendente a subtrair receita da optante, mediante simulação de ato;

VIII – declaração de inaptidão da inscrição no Cadastro Nacional da Pessoa Jurídica, nos termos dos arts. 80 e 81 da Lei 9.430, de 1996;

IX – decisão definitiva, na esfera judicial, total ou parcialmente desfavorável à pessoa jurídica, relativa ao débito referido no § 6º do art. 2º e não incluído no Refis, salvo se integralmente pago no prazo de 30 (trinta) dias, contado da ciência da referida decisão;

X – arbitramento do lucro da pessoa jurídica, nos casos de determinação da base de cálculo do imposto de renda por critério diferente do da receita bruta;

XI – suspensão de suas atividades relativas a seu objeto social ou não auferimento de receita bruta por 9 (nove) meses consecutivos.

§ 1º A exclusão da pessoa jurídica do Refis implicará exigibilidade imediata da totalidade do crédito confessado e ainda não pago e automática execução da garantia prestada, restabelecendo-se, em relação ao montante não pago, os acréscimos legais na forma da legislação aplicável à época da ocorrência dos respectivos fatos geradores.

§ 2º A exclusão, nas hipóteses dos incisos I, II e III deste artigo, produzirá efeitos a partir do mês subsequente àquele em que for cientificado o contribuinte.

§ 3º Na hipótese do inciso III, e observado o disposto no § 2º, a exclusão dar-se-á, na data da decisão definitiva, na esfera administrativa ou judicial, quando houver sido contestado o lançamento.

Art. 6º O art. 22 da Lei 8.036, de 11 de maio de 1990, passa a vigorar com a seguinte redação:

"Art. 22. O empregador que não realizar os depósitos previstos nesta Lei, no prazo fixado no art. 15, responderá pela incidência da Taxa Referencial – TR sobre a importância correspondente.

Lei 9.964/2000

LEGISLAÇÃO

"§ 1º Sobre o valor dos depósitos, acrescido da TR, incidirão, ainda, juros de mora de 0,5% a.m. (cinco décimos por cento ao mês) ou fração e multa, sujeitando-se, também, às obrigações e sanções previstas no Decreto-lei 368, de 19 de dezembro de 1968.

"§ 2º A incidência da TR de que trata o *caput* deste artigo será cobrada por dia de atraso, tomando-se por base o índice de atualização das contas vinculadas do FGTS.

"§ 2º-A. A multa referida no § 1º deste artigo será cobrada nas condições que se seguem:

"I – 5% (cinco por cento) no mês de vencimento da obrigação;

"II – 10% (dez por cento) a partir do mês seguinte ao do vencimento da obrigação.

"§ 3º Para efeito de levantamento de débito para com o FGTS, o percentual de 8% (oito por cento) incidirá sobre o valor acrescido da TR até a data da respectiva operação."

Art. 7º Na hipótese de quitação integral dos débitos para com o FGTS, referente a competências anteriores a janeiro de 2000, incidirá, sobre o valor acrescido da TR, o percentual de multa de 5% (cinco por cento) e de juros de mora de 0,25% (vinte e cinco centésimos por cento), por mês de atraso, desde que o pagamento seja efetuado até 30 de junho de 2000.

Parágrafo único. O disposto neste artigo aplica-se aos débitos em cobrança administrativa ou judicial, notificados ou não, ainda que amparados por acordo de parcelamento.

Art. 8º O § 4º do art. 2º da Lei 8.844, de 20 de janeiro de 1994, alterada pela Lei 9.467, de 10 de julho de 1997, passa a vigorar com a seguinte redação:

"§ 4º Na cobrança judicial dos créditos do FGTS, incidirá encargo de 10% (dez por cento), que reverterá para o Fundo, para ressarcimento dos custos por ele incorridos, o qual será reduzido para 5% (cinco por cento), se o pagamento se der antes do ajuizamento da cobrança."

Art. 9º O Poder Executivo editará as normas regulamentares necessárias à execução do Refis, especialmente em relação:

I – às modalidades de garantia passíveis de aceitação;

II – à fixação do percentual da receita bruta a ser utilizado para determinação das parcelas mensais, que poderá ser diferenciado em função da atividade econômica desenvolvida pela pessoa jurídica;

III – às formas de homologação da opção e de exclusão da pessoa jurídica do Refis, bem assim às suas consequências;

• V. Súmula 355, STJ.

IV – à forma de realização do acompanhamento fiscal específico;

V – às exigências para fins de liquidação na forma prevista nos §§ 7º e 8º do art. 2º.

Art. 10. O tratamento tributário simplificado e favorecido das microempresas e das empresas de pequeno porte é o estabelecido pela Lei 9.317, de 5 de dezembro de 1996, e alterações posteriores, não se aplicando, para esse efeito, as normas constantes da Lei 9.841, de 5 de outubro de 1999.

• V. LC 123/2006 (Supersimples).

Art. 11. Os pagamentos efetuados no âmbito do Refis serão alocados proporcionalmente, para fins de amortização do débito consolidado, tendo por base a relação existente, na data base da consolidação, entre o valor consolidado de cada tributo e contribuição, incluído no Programa, e o valor total parcelado.

Art. 12. Alternativamente ao ingresso no Refis, a pessoa jurídica poderá optar pelo parcelamento, em até sessenta parcelas mensais, iguais e sucessivas, dos débitos referidos no art. 1º, observadas todas as demais regras aplicáveis àquele Programa.

§ 1º O valor de cada parcela não poderá ser inferior a:

I – R$ 300,00 (trezentos reais), no caso de pessoa jurídica optante pelo Simples;

II – R$ 1.000,00 (um mil reais), no caso de pessoa jurídica submetida ao regime de tributação com base no lucro presumido;

III – R$ 3.000,00 (três mil reais), nos demais casos.

§ 2º Ao disposto neste artigo não se aplica a restrição de que trata o inciso II do § 3º do art. 1º.

Lei 9.964/2000

LEGISLAÇÃO

Art. 13. Os débitos não tributários inscritos em dívida ativa, com vencimento até 29 de fevereiro de 2000, poderão ser parcelados em até sessenta parcelas mensais, iguais e sucessivas, perante a Procuradoria-Geral da Fazenda Nacional, observadas as demais regras aplicáveis ao parcelamento de que trata o art. 12.

§ 1º Para débitos não tributários inscritos, sujeitos ao parcelamento simplificado ou para os quais não se exige garantia no parcelamento ordinário, não se aplica a vedação de novos parcelamentos.

§ 2º Para os débitos não tributários inscritos, não alcançados pelo disposto no § 1º, admitir-se-á o reparcelamento, desde que requerido até o último dia útil do mês de abril de 2000.

§ 3º O disposto neste artigo aplica-se à verba de sucumbência devida por desistência de ação judicial para fins de inclusão dos respectivos débitos, inclusive no âmbito do INSS, no Refis ou no parcelamento alternativo a que se refere o art. 2º.

§ 4º Na hipótese do § 3º, o parcelamento deverá ser solicitado pela pessoa jurídica no prazo de 30 (trinta) dias, contado da data em que efetivada a desistência, na forma e condições a serem estabelecidas pelos órgãos competentes.

Art. 14. As obrigações decorrentes dos débitos incluídos no Refis ou nos parcelamentos referidos nos arts. 12 e 13 não serão consideradas para fins de determinação de índices econômicos vinculados a licitações promovidas pela administração pública direta ou indireta, bem assim a operações de financiamentos realizadas por instituições financeiras oficiais federais.

Art. 15. É suspensa a pretensão punitiva do Estado, referente aos crimes previstos nos arts. 1º e 2º da Lei 8.137, de 27 de dezembro de 1990, e no art. 95 da Lei 8.212, de 24 de julho de 1991, durante o período em que a pessoa jurídica relacionada com o agente dos aludidos crimes estiver incluída no Refis, desde que a inclusão no referido Programa tenha ocorrido antes do recebimento da denúncia criminal.

§ 1º A prescrição criminal não corre durante o período de suspensão da pretensão punitiva.

§ 2º O disposto neste artigo aplica-se, também:
I – a programas de recuperação fiscal instituídos pelos Estados, pelo Distrito Federal e pelos Municípios, que adotem, no que couber, normas estabelecidas nesta Lei;
II – aos parcelamentos referidos nos arts. 12 e 13.

§ 3º Extingue-se a punibilidade dos crimes referidos neste artigo quando a pessoa jurídica relacionada com o agente efetuar o pagamento integral dos débitos oriundos de tributos e contribuições sociais, inclusive acessórios, que tiverem sido objeto de concessão de parcelamento antes do recebimento da denúncia criminal.

Art. 16. Na hipótese de novação ou repactuação de débitos de responsabilidade de pessoas jurídicas optantes pelo Refis ou pelo parcelamento alternativo a que se refere o art. 12, a recuperação de créditos anteriormente deduzidos como perda, até 31 de dezembro de 1999, será, para fins do disposto no art. 12 da Lei 9.430, de 1996, computada na determinação do lucro real e da base de cálculo da contribuição social sobre o lucro líquido, pelas pessoas jurídicas de que trata o inciso II do art. 14 da Lei 9.718, de 1998, à medida do efetivo recebimento, na forma a ser estabelecida pela Secretaria da Receita Federal.

Parágrafo único. O disposto neste artigo aplica-se aos débitos vinculados ao Programa de Revitalização de Cooperativas de Produção Agropecuária – Recoop, instituído pela Medida Provisória 1.961-20, de 2 de março de 2000, ainda que a pessoa jurídica devedora não seja optante por qualquer das formas de parcelamento referida no *caput*.

Art. 17. São convalidados os atos praticados com base na Medida Provisória 2.004-5, de 11 de fevereiro de 2000.

Art. 18. Esta Lei entra em vigor na data de sua publicação.

Brasília, 10 de abril de 2000; 179º da Independência e 112º da República.
Fernando Henrique Cardoso

(*DOU* 11.04.2000)

LC 101/2000

LEGISLAÇÃO

LEI COMPLEMENTAR 101, DE 4 DE MAIO DE 2000

Estabelece normas de finanças públicas voltadas para a responsabilidade na gestão fiscal e dá outras providências.

O Presidente da República:
Faço saber que o Congresso Nacional decreta e eu sanciono a seguinte Lei Complementar:

Capítulo I
DISPOSIÇÕES PRELIMINARES

Art. 1º Esta Lei Complementar estabelece normas de finanças públicas voltadas para a responsabilidade na gestão fiscal, com amparo no Capítulo II do Título VI da Constituição.

§ 1º A responsabilidade na gestão fiscal pressupõe a ação planejada e transparente, em que se previnem riscos e corrigem desvios capazes de afetar o equilíbrio das contas públicas, mediante o cumprimento de metas de resultados entre receitas e despesas e a obediência a limites e condições no que tange a renúncia de receita, geração de despesas com pessoal, da seguridade social e outras, dívidas consolidada e mobiliária, operações de crédito, inclusive por antecipação de receita, concessão de garantia e inscrição em Restos a Pagar.

§ 2º As disposições desta Lei Complementar obrigam a União, os Estados, o Distrito Federal e os Municípios.

§ 3º Nas referências:

I – à União, aos Estados, ao Distrito Federal e aos Municípios, estão compreendidos:

a) o Poder Executivo, o Poder Legislativo, neste abrangidos os Tribunais de Contas, o Poder Judiciário e o Ministério Público;

b) as respectivas administrações diretas, fundos, autarquias, fundações e empresas estatais dependentes;

II – a Estados entende-se considerado o Distrito Federal;

III – a Tribunais de Contas estão incluídos: Tribunal de Contas da União, Tribunal de Contas do Estado e, quando houver, Tribunal de Contas dos Municípios e Tribunal de Contas do Município.

Art. 2º Para os efeitos desta Lei Complementar, entende-se como:

I – ente da Federação: a União, cada Estado, o Distrito Federal e cada Município;

II – empresa controlada: sociedade cuja maioria do capital social com direito a voto pertença, direta ou indiretamente, a ente da Federação;

III – empresa estatal dependente: empresa controlada que receba do ente controlador recursos financeiros para pagamento de despesas com pessoal ou de custeio em geral ou de capital, excluídos, no último caso, aqueles provenientes de aumento de participação acionária;

IV – receita corrente líquida: somatório das receitas tributárias, de contribuições, patrimoniais, industriais, agropecuárias, de serviços, transferências correntes e outras receitas também correntes, deduzidos:

a) na União, os valores transferidos aos Estados e Municípios por determinação constitucional ou legal, e as contribuições mencionadas na alínea *a* do inciso I e no inciso II do art. 195, e no art. 239 da Constituição;

b) nos Estados, as parcelas entregues aos Municípios por determinação constitucional;

c) na União, nos Estados e nos Municípios, a contribuição dos servidores para o custeio do seu sistema de previdência e assistência social e as receitas provenientes da compensação financeira citada no § 9º do art. 201 da Constituição.

§ 1º Serão computados no cálculo da receita corrente líquida os valores pagos e recebidos em decorrência da Lei Complementar 87, de 13 de setembro de 1996, e do fundo previsto pelo art. 60 do Ato das Disposições Constitucionais Transitórias.

§ 2º Não serão considerados na receita corrente líquida do Distrito Federal e dos Estados do Amapá e de Roraima os recursos recebidos da União para atendimento das despesas de que trata o inciso V do § 1º do art. 19.

§ 3º A receita corrente líquida será apurada somando-se as receitas arrecadadas no mês em referência e nos onze anteriores, excluídas as duplicidades.

Capítulo II
DO PLANEJAMENTO
Seção I
Do plano plurianual

Art. 3º *(Vetado.)*

Seção II
Da lei de diretrizes orçamentárias

Art. 4º A lei de diretrizes orçamentárias atenderá o disposto no § 2º do art. 165 da Constituição e:

I – disporá também sobre:
a) equilíbrio entre receitas e despesas;
b) critérios e forma de limitação de empenho, a ser efetivada nas hipóteses previstas na alínea *b* do inciso II deste artigo, no art. 9º e no inciso II do § 1º do art. 31;
c) *(Vetada.)*
d) *(Vetada.)*
e) normas relativas ao controle de custos e à avaliação dos resultados dos programas financiados com recursos dos orçamentos;
f) demais condições e exigências para transferências de recursos a entidades públicas e privadas;
II – *(Vetado.)*
III – *(Vetado.)*

§ 1º Integrará o projeto de lei de diretrizes orçamentárias Anexo de Metas Fiscais, em que serão estabelecidas metas anuais, em valores correntes e constantes, relativas a receitas, despesas, resultados nominal e primário e montante da dívida pública, para o exercício a que se referirem e para os dois seguintes.

§ 2º O Anexo conterá, ainda:
I – avaliação do cumprimento das metas relativas ao ano anterior;
II – demonstrativo das metas anuais, instruído com memória e metodologia de cálculo que justifiquem os resultados pretendidos, comparando-as com as fixadas nos três exercícios anteriores, e evidenciando a consistência delas com as premissas e os objetivos da política econômica nacional;
III – evolução do patrimônio líquido, também nos últimos três exercícios, destacando a origem e a aplicação dos recursos obtidos com a alienação de ativos;
IV – avaliação da situação financeira e atuarial:

a) dos regimes geral de previdência social e próprio dos servidores públicos e do Fundo de Amparo ao Trabalhador;
b) dos demais fundos públicos e programas estatais de natureza atuarial;
V – demonstrativo da estimativa e compensação da renúncia de receita e da margem de expansão das despesas obrigatórias de caráter continuado.

§ 3º A lei de diretrizes orçamentárias conterá Anexo de Riscos Fiscais, onde serão avaliados os passivos contingentes e outros riscos capazes de afetar as contas públicas, informando as providências a serem tomadas, caso se concretizem.

§ 4º A mensagem que encaminhar o projeto da União apresentará, em anexo específico, os objetivos das políticas monetária, creditícia e cambial, bem como os parâmetros e as projeções para seus principais agregados e variáveis, e ainda as metas de inflação, para o exercício subsequente.

Seção III
Da lei orçamentária anual

Art. 5º O projeto de lei orçamentária anual, elaborado de forma compatível com o plano plurianual, com a lei de diretrizes orçamentárias e com as normas desta Lei Complementar:

I – conterá, em anexo, demonstrativo da compatibilidade da programação dos orçamentos com os objetivos e metas constantes do documento de que trata o § 1º do art. 4º;
II – será acompanhado do documento a que se refere o § 6º do art. 165 da Constituição, bem como das medidas de compensação a renúncias de receita e ao aumento de despesas obrigatórias de caráter continuado;
III – conterá reserva de contingência, cuja forma de utilização e montante, definido com base na receita corrente líquida, serão estabelecidos na lei de diretrizes orçamentárias, destinada ao:
a) *(Vetada.)*
b) atendimento de passivos contingentes e outros riscos e eventos fiscais imprevistos.

§ 1º Todas as despesas relativas à dívida pública, mobiliária ou contratual, e as receitas

LC 101/2000

que as atenderão, constarão da lei orçamentária anual.

§ 2º O refinanciamento da dívida pública constará separadamente na lei orçamentária e nas de crédito adicional.

§ 3º A atualização monetária do principal da dívida mobiliária refinanciada não poderá superar a variação do índice de preços previsto na lei de diretrizes orçamentárias, ou em legislação específica.

§ 4º É vedado consignar na lei orçamentária crédito com finalidade imprecisa ou com dotação ilimitada.

§ 5º A lei orçamentária não consignará dotação para investimento com duração superior a um exercício financeiro que não esteja previsto no plano plurianual ou em lei que autorize a sua inclusão, conforme disposto no § 1º do art. 167 da Constituição.

§ 6º Integrarão as despesas da União, e serão incluídas na lei orçamentária, as do Banco Central do Brasil relativas a pessoal e encargos sociais, custeio administrativo, inclusive os destinados a benefícios e assistência aos servidores, e a investimentos.

§ 7º *(Vetado.)*

Art. 6º *(Vetado.)*

Art. 7º O resultado do Banco Central do Brasil, apurado após a constituição ou reversão de reservas, constitui receita do Tesouro Nacional, e será transferido até o décimo dia útil subsequente à aprovação dos balanços semestrais.

§ 1º O resultado negativo constituirá obrigação do Tesouro para com o Banco Central do Brasil e será consignado em dotação específica no orçamento.

§ 2º O impacto e o custo fiscal das operações realizadas pelo Banco Central do Brasil serão demonstrados trimestralmente, nos termos em que dispuser a lei de diretrizes orçamentárias da União.

§ 3º Os balanços trimestrais do Banco Central do Brasil conterão notas explicativas sobre os custos da remuneração das disponibilidades do Tesouro Nacional e da manutenção das reservas cambiais e a rentabilidade de sua carteira de títulos, destacando os de emissão da União.

Seção IV
Da execução orçamentária e do cumprimento das metas

Art. 8º Até 30 (trinta) dias após a publicação dos orçamentos, nos termos em que dispuser a lei de diretrizes orçamentárias e observado o disposto na alínea c do inciso I do art. 4º, o Poder Executivo estabelecerá a programação financeira e o cronograma de execução mensal de desembolso.

- V. arts. 99, § 3º, e 127, § 4º, CF.
- V. Dec. 5.356/2005 (Execução orçamentária e financeira dos órgãos, fundos e entidades do Poder Executivo até o estabelecimento do cronograma de que trata o *caput* do art. 8º da LC 101/2000).

Parágrafo único. Os recursos legalmente vinculados a finalidade específica serão utilizados exclusivamente para atender ao objeto de sua vinculação, ainda que em exercício diverso daquele em que ocorrer o ingresso.

Art. 9º Se verificado, ao final de um bimestre, que a realização da receita poderá não comportar o cumprimento das metas de resultado primário ou nominal estabelecidas no Anexo de Metas Fiscais, os Poderes e o Ministério Público promoverão, por ato próprio e nos montantes necessários, nos 30 (trinta) dias subsequentes, limitação de empenho e movimentação financeira, segundo os critérios fixados pela lei de diretrizes orçamentárias.

§ 1º No caso de restabelecimento da receita prevista, ainda que parcial, a recomposição das dotações cujos empenhos foram limitados dar-se-á de forma proporcional às reduções efetivadas.

§ 2º Não serão objeto de limitação as despesas que constituam obrigações constitucionais e legais do ente, inclusive aquelas destinadas ao pagamento do serviço da dívida, e as ressalvadas pela lei de diretrizes orçamentárias.

§ 3º No caso de os Poderes Legislativo e Judiciário e o Ministério Público não promoverem a limitação no prazo estabelecido no *caput*, é o Poder Executivo autorizado a limitar os valores financeiros segundo os critérios fixados pela lei de diretrizes orçamentárias.

> • O STF, na ADIn 2.238-5 (*DOU* 19.02.2003 – Acórdão publicado no *DJE* 12.09.2008), deferiu o pedido de medida cautelar para suspender a eficácia do § 3º do art. 9º da LC 101/2000.

§ 4º Até o final dos meses de maio, setembro e fevereiro, o Poder Executivo demonstrará e avaliará o cumprimento das metas fiscais de cada quadrimestre, em audiência pública na comissão referida no § 1º do art. 166 da Constituição ou equivalente nas Casas Legislativas estaduais e municipais.

§ 5º No prazo de 90 (noventa) dias após o encerramento de cada semestre, o Banco Central do Brasil apresentará, em reunião conjunta das comissões temáticas pertinentes do Congresso Nacional, avaliação do cumprimento dos objetivos e metas das políticas monetária, creditícia e cambial, evidenciando o impacto e o custo fiscal de suas operações e os resultados demonstrados nos balanços.

Art. 10. A execução orçamentária e financeira identificará os beneficiários de pagamento de sentenças judiciais, por meio de sistema de contabilidade e administração financeira, para fins de observância da ordem cronológica determinada no art. 100 da Constituição.

Capítulo III
DA RECEITA PÚBLICA
Seção I
Da previsão e da arrecadação

Art. 11. Constituem requisitos essenciais da responsabilidade na gestão fiscal a instituição, previsão e efetiva arrecadação de todos os tributos da competência constitucional do ente da Federação.

Parágrafo único. É vedada a realização de transferências voluntárias para o ente que não observe o disposto no *caput*, no que se refere aos impostos.

Art. 12. As previsões de receita observarão as normas técnicas e legais, considerarão os efeitos das alterações na legislação, da variação do índice de preços, do crescimento econômico ou de qualquer outro fator relevante e serão acompanhadas de demonstrativo de sua evolução nos últimos três anos, da projeção para os dois seguintes àquele a que se referirem, e da metodologia de cálculo e premissas utilizadas.

§ 1º Reestimativa de receita por parte do Poder Legislativo só será admitida se comprovado erro ou omissão de ordem técnica ou legal.

§ 2º O montante previsto para as receitas de operações de crédito não poderá ser superior ao das despesas de capital constantes do projeto de lei orçamentária.

> • O STF, na ADIn 2.238-5 (*DOU* 19.02.2003), deferiu o pedido de medida cautelar para suspender a eficácia do § 2º do art. 12 da LC 101/2000. Com a publicação do Acórdão (*DJE* 12.09.2008), o STF deferiu a medida cautelar para conferir interpretação conforme ao inciso III do art. 167 da CF, em ordem a explicitar que a proibição não abrange operações de crédito autorizadas mediante créditos suplementares ou especiais com finalidade precisa, aprovados pelo Poder Legislativo.

§ 3º O Poder Executivo de cada ente colocará à disposição dos demais Poderes e do Ministério Público, no mínimo 30 (trinta) dias antes do prazo final para encaminhamento de suas propostas orçamentárias, os estudos e as estimativas das receitas para o exercício subsequente, inclusive da corrente líquida, e as respectivas memórias de cálculo.

Art. 13. No prazo previsto no art. 8º, as receitas previstas serão desdobradas, pelo Poder Executivo, em metas bimestrais de arrecadação, com a especificação, em separado, quando cabível, das medidas de combate à evasão e à sonegação, da quantidade e valores de ações ajuizadas para cobrança da dívida ativa, bem como da evolução do montante dos créditos tributários passíveis de cobrança administrativa.

Seção II
Da renúncia de receita

Art. 14. A concessão ou ampliação de incentivo ou benefício de natureza tributária da qual decorra renúncia de receita deverá estar acompanhada de estimativa do impacto orçamentário-financeiro no exercício em que deva iniciar sua vigência e nos dois seguintes, atender ao disposto na lei de diretrizes orçamentárias e a pelo menos uma das seguintes condições:

I – demonstração pelo proponente de que a renúncia foi considerada na estimativa de receita da lei orçamentária, na forma do art. 12, e de que não afetará as metas de resultados fiscais previstas no anexo próprio da lei de diretrizes orçamentárias;

II – estar acompanhada de medidas de compensação, no período mencionado no *caput*, por meio do aumento de receita, proveniente da elevação de alíquotas, ampliação da base de cálculo, majoração ou criação de tributo ou contribuição.

§ 1º A renúncia compreende anistia, remissão, subsídio, crédito presumido, concessão de isenção em caráter não geral, alteração de alíquota ou modificação de base de cálculo que implique redução discriminada de tributos ou contribuições, e outros benefícios que correspondam a tratamento diferenciado.

§ 2º Se o ato de concessão ou ampliação do incentivo ou benefício de que trata o *caput* deste artigo decorrer da condição contida no inciso II, o benefício só entrará em vigor quando implementadas as medidas referidas no mencionado inciso.

§ 3º O disposto neste artigo não se aplica:

I – às alterações das alíquotas dos impostos previstos nos incisos I, II, IV e V do art. 153 da Constituição, na forma do seu § 1º;

II – ao cancelamento de débito cujo montante seja inferior ao dos respectivos custos de cobrança.

Capítulo IV
DA DESPESA PÚBLICA

Seção I
Da geração da despesa

Art. 15. Serão consideradas não autorizadas, irregulares e lesivas ao patrimônio público a geração de despesa ou assunção de obrigação que não atendam o disposto nos arts. 16 e 17.

Art. 16. A criação, expansão ou aperfeiçoamento de ação governamental que acarrete aumento da despesa será acompanhado de:

I – estimativa do impacto orçamentário-financeiro no exercício em que deva entrar em vigor e nos dois subsequentes;

II – declaração do ordenador da despesa de que o aumento tem adequação orçamentária e financeira com a lei orçamentária anual e compatibilidade com o plano plurianual e com a lei de diretrizes orçamentárias.

§ 1º Para os fins desta Lei Complementar, considera-se:

I – adequada com a lei orçamentária anual, a despesa objeto de dotação específica e suficiente, ou que esteja abrangida por crédito genérico, de forma que somadas todas as despesas da mesma espécie, realizadas e a realizar, previstas no programa de trabalho, não sejam ultrapassados os limites estabelecidos para o exercício;

II – compatível com o plano plurianual e a lei de diretrizes orçamentárias, a despesa que se conforme com as diretrizes, objetivos, prioridades e metas previstos nesses instrumentos e não infrinja qualquer de suas disposições.

§ 2º A estimativa de que trata o inciso I do *caput* será acompanhada das premissas e metodologia de cálculo utilizadas.

§ 3º Ressalva-se do disposto neste artigo a despesa considerada irrelevante, nos termos em que dispuser a lei de diretrizes orçamentárias.

§ 4º As normas do *caput* constituem condição prévia para:

I – empenho e licitação de serviços, fornecimento de bens ou execução de obras;

II – desapropriação de imóveis urbanos a que se refere o § 3º do art. 182 da Constituição.

Subseção I
Da despesa obrigatória de caráter continuado

Art. 17. Considera-se obrigatória de caráter continuado a despesa corrente derivada de lei, medida provisória ou ato administrativo normativo que fixem para o ente a obrigação legal de sua execução por um período superior a dois exercícios.

§ 1º Os atos que criarem ou aumentarem despesa de que trata o *caput* deverão ser instruídos com a estimativa prevista no inciso I do art. 16 e demonstrar a origem dos recursos para seu custeio.

§ 2º Para efeito do atendimento do § 1º, o ato será acompanhado de comprovação de que a despesa criada ou aumentada não afetará as metas de resultados fiscais previstas no anexo referido no § 1º do art. 4º, devendo seus efeitos financeiros, nos períodos seguintes, ser compensados pelo aumento permanente de receita ou pela redução permanente de despesa.

§ 3º Para efeito do § 2º, considera-se aumento permanente de receita o proveniente da elevação de alíquotas, ampliação da base de cálculo, majoração ou criação de tributo ou contribuição.

§ 4º A comprovação referida no § 2º, apresentada pelo proponente, conterá as premissas e metodologia de cálculo utilizadas, sem prejuízo do exame de compatibilidade da despesa com as demais normas do plano plurianual e da lei de diretrizes orçamentárias.

§ 5º A despesa de que trata este artigo não será executada antes da implementação das medidas referidas no § 2º, as quais integrarão o instrumento que a criar ou aumentar.

§ 6º O disposto no § 1º não se aplica às despesas destinadas ao serviço da dívida nem ao reajustamento de remuneração de pessoal de que trata o inciso X do art. 37 da Constituição.

§ 7º Considera-se aumento de despesa a prorrogação daquela criada por prazo determinado.

Seção II
Das despesas com pessoal

Subseção I
Definições e limites

Art. 18. Para os efeitos desta Lei Complementar, entende-se como despesa total com pessoal: o somatório dos gastos do ente da Federação com os ativos, os inativos e os pensionistas, relativos a mandatos eletivos, cargos, funções ou empregos, civis, militares e de membros de Poder, com quaisquer espécies remuneratórias, tais como vencimentos e vantagens, fixas e variáveis, subsídios, proventos da aposentadoria, reformas e pensões, inclusive adicionais, gratificações, horas extras e vantagens pessoais de qualquer natureza, bem como encargos sociais e contribuições recolhidas pelo ente às entidades de previdência.

§ 1º Os valores dos contratos de terceirização de mão de obra que se referem à substituição de servidores e empregados públicos serão contabilizados como "Outras Despesas de Pessoal".

§ 2º A despesa total com pessoal será apurada somando-se a realizada no mês em referência com as dos onze imediatamente anteriores, adotando-se o regime de competência.

Art. 19. Para os fins do disposto no *caput* do art. 169 da Constituição, a despesa total com pessoal, em cada período de apuração e em cada ente da Federação, não poderá exceder os percentuais da receita corrente líquida, a seguir discriminados:

I – União: 50% (cinquenta por cento);
II – Estados: 60% (sessenta por cento);
III – Municípios: 60% (sessenta por cento).

§ 1º Na verificação do atendimento dos limites definidos neste artigo, não serão computadas as despesas:

I – de indenização por demissão de servidores ou empregados;

II – relativas a incentivos à demissão voluntária;

III – derivadas da aplicação do disposto no inciso II do § 6º do art. 57 da Constituição;

IV – decorrentes de decisão judicial e da competência de período anterior ao da apuração a que se refere o § 2º do art. 18;

V – com pessoal, do Distrito Federal e dos Estados do Amapá e Roraima, custeadas com recursos transferidos pela União na forma dos incisos XIII e XIV do art. 21 da Constituição e do art. 31 da Emenda Constitucional n. 19;

VI – com inativos, ainda que por intermédio de fundo específico, custeadas por recursos provenientes:

a) da arrecadação de contribuições dos segurados;

b) da compensação financeira de que trata o § 9º do art. 201 da Constituição;

c) das demais receitas diretamente arrecadadas por fundo vinculado a tal finalidade, inclusive o produto da alienação de bens, direitos e ativos, bem como seu superávit financeiro.

§ 2º Observado o disposto no inciso IV do § 1º, as despesas com pessoal decorrentes de sentenças judiciais serão incluídas no limite do respectivo Poder ou órgão referido no art. 20.

LC 101/2000

LEGISLAÇÃO

Art. 20. A repartição dos limites globais do art. 19 não poderá exceder os seguintes percentuais:
I – na esfera federal:
a) 2,5% (dois inteiros e cinco décimos por cento) para o Legislativo, incluído o Tribunal de Contas da União;
b) 6% (seis por cento) para o Judiciário;
c) 40,9% (quarenta inteiros e nove décimos por cento) para o Executivo, destacando-se 3% (três por cento) para as despesas com pessoal decorrentes do que dispõem os incisos XIII e XIV do art. 21 da Constituição e o art. 31 da Emenda Constitucional n. 19, repartidos de forma proporcional à média das despesas relativas a cada um destes dispositivos, em percentual da receita corrente líquida, verificadas nos três exercícios financeiros imediatamente anteriores ao da publicação desta Lei Complementar;
d) 0,6% (seis décimos por cento) para o Ministério Público da União;
II – na esfera estadual:
a) 3% (três por cento) para o Legislativo, incluído o Tribunal de Contas do Estado;
b) 6% (seis por cento) para o Judiciário;
c) 49% (quarenta e nove por cento) para o Executivo;
d) 2% (dois por cento) para o Ministério Público dos Estados;
III – na esfera municipal:
a) 6% (seis por cento) para o Legislativo, incluído o Tribunal de Contas do Município, quando houver;
b) 54% (cinquenta e quatro por cento) para o Executivo.
§ 1º Nos Poderes Legislativo e Judiciário de cada esfera, os limites serão repartidos entre seus órgãos de forma proporcional à média das despesas com pessoal, em percentual da receita corrente líquida, verificadas nos três exercícios financeiros imediatamente anteriores ao da publicação desta Lei Complementar.
§ 2º Para efeito deste artigo entende-se como órgão:
I – o Ministério Público;
II – no Poder Legislativo:
a) Federal, as respectivas Casas e o Tribunal de Contas da União;
b) Estadual, a Assembleia Legislativa e os Tribunais de Contas;
c) do Distrito Federal, a Câmara Legislativa e o Tribunal de Contas do Distrito Federal;
d) Municipal, a Câmara de Vereadores e o Tribunal de Contas do Município, quando houver;
III – no Poder Judiciário:
a) Federal, os tribunais referidos no art. 92 da Constituição;
b) Estadual, o Tribunal de Justiça e outros, quando houver.
§ 3º Os limites para as despesas com pessoal do Poder Judiciário, a cargo da União por força do inciso XIII do art. 21 da Constituição, serão estabelecidos mediante aplicação da regra do § 1º.
§ 4º Nos Estados em que houver Tribunal de Contas dos Municípios, os percentuais definidos nas alíneas *a* e *c* do inciso II do *caput* serão, respectivamente, acrescidos e reduzidos em 0,4% (quatro décimos por cento).
§ 5º Para os fins previstos no art. 168 da Constituição, a entrega dos recursos financeiros correspondentes à despesa total com pessoal por Poder e órgão será a resultante da aplicação dos percentuais definidos neste artigo, ou aqueles fixados na lei de diretrizes orçamentárias.
§ 6º *(Vetado.)*

Subseção II
Do controle da despesa total com pessoal

Art. 21. É nulo de pleno direito o ato que provoque aumento da despesa com pessoal e não atenda:
I – as exigências dos arts. 16 e 17 desta Lei Complementar, e o disposto no inciso XIII do art. 37 e no § 1º do art. 169 da Constituição;
II – o limite legal de comprometimento aplicado às despesas com pessoal inativo.

- O STF, na ADIn 2.238-5 (*DOU* 19.02.2003 – Acórdão publicado no *DJE* 12.09.2008), conferiu, liminarmente, interpretação conforme a CF ao inciso II do art. 21 da LC 101/2000, para que se entenda como limite legal o previsto em lei complementar.

Parágrafo único. Também é nulo de pleno direito o ato de que resulte aumento da despesa com pessoal expedido nos 180 (cento e oitenta) dias anteriores ao final do mandato do titular do respectivo Poder ou órgão referido no art. 20.

LC 101/2000

LEGISLAÇÃO

Art. 22. A verificação do cumprimento dos limites estabelecidos nos arts. 19 e 20 será realizada ao final de cada quadrimestre.

Parágrafo único. Se a despesa total com pessoal exceder a 95% (noventa e cinco por cento) do limite, são vedados ao Poder ou órgão referido no art. 20 que houver incorrido no excesso:

I – concessão de vantagem, aumento, reajuste ou adequação de remuneração a qualquer título, salvo os derivados de sentença judicial ou de determinação legal ou contratual, ressalvada a revisão prevista no inciso X do art. 37 da Constituição;

II – criação de cargo, emprego ou função;

III – alteração de estrutura de carreira que implique aumento de despesa;

IV – provimento de cargo público, admissão ou contratação de pessoal a qualquer título, ressalvada a reposição decorrente de aposentadoria ou falecimento de servidores das áreas de educação, saúde e segurança;

V – contratação de hora extra, salvo no caso do disposto no inciso II do § 6º do art. 57 da Constituição e as situações previstas na lei de diretrizes orçamentárias.

Art. 23. Se a despesa total com pessoal, do Poder ou órgão referido no art. 20, ultrapassar os limites definidos no mesmo artigo, sem prejuízo das medidas previstas no art. 22, o percentual excedente terá de ser eliminado nos dois quadrimestres seguintes, sendo pelo menos 1/3 (um terço) no primeiro, adotando-se, entre outras, as providências previstas nos §§ 3º e 4º do art. 169 da Constituição.

§ 1º No caso do inciso I do § 3º do art. 169 da Constituição, o objetivo poderá ser alcançado tanto pela extinção de cargos e funções quanto pela redução dos valores a eles atribuídos.

- O STF, na ADIn 2.238-5 (*DOU* 19.02.2003 – Acórdão publicado no *DJE* 12.09.2008), deferiu a medida acauteladora para suspender a eficácia no § 1º do art. 23, da expressão "quanto pela redução dos valores a eles atribuídos".

§ 2º É facultada a redução temporária da jornada de trabalho com adequação dos vencimentos à nova carga horária.

- O STF, na ADIn 2.238-5 (*DOU* 19.02.2003 – Acórdão publicado no *DJE* 12.09.2008), deferiu a medida acauteladora para suspender integralmente, a eficácia do § 2º do art. 23 da LC 101/2000.

§ 3º Não alcançada a redução no prazo estabelecido, e enquanto perdurar o excesso, o ente não poderá:

I – receber transferências voluntárias;

II – obter garantia, direta ou indireta, de outro ente;

III – contratar operações de crédito, ressalvadas as destinadas ao refinanciamento da dívida mobiliária e as que visem à redução das despesas com pessoal.

§ 4º As restrições do § 3º aplicam-se imediatamente se a despesa total com pessoal exceder o limite no primeiro quadrimestre do último ano do mandato dos titulares de Poder ou órgão referidos no art. 20.

Seção III
Das despesas com a seguridade social

Art. 24. Nenhum benefício ou serviço relativo à seguridade social poderá ser criado, majorado ou estendido sem a indicação da fonte de custeio total, nos termos do § 5º do art. 195 da Constituição, atendidas ainda as exigências do art. 17.

§ 1º É dispensada da compensação referida no art. 17 o aumento de despesa decorrente de:

I – concessão de benefício a quem satisfaça as condições de habilitação prevista na legislação pertinente;

II – expansão quantitativa do atendimento e dos serviços prestados;

III – reajustamento de valor do benefício ou serviço, a fim de preservar o seu valor real.

§ 2º O disposto neste artigo aplica-se a benefício ou serviço de saúde, previdência e assistência social, inclusive os destinados aos servidores públicos e militares, ativos e inativos, e aos pensionistas.

Capítulo V
DAS TRANSFERÊNCIAS VOLUNTÁRIAS

Art. 25. Para efeito desta Lei Complementar, entende-se por transferência voluntária a entrega de recursos correntes ou de capital a outro ente da Federação, a título de cooperação, auxílio ou assistência financeira, que não decorra de determinação constitucional, legal ou os destinados ao Sistema Único de Saúde.

§ 1º São exigências para a realização de transferência voluntária, além das estabelecidas na lei de diretrizes orçamentárias:

I – existência de dotação específica;

II – (Vetado.)

III – observância do disposto no inciso X do art. 167 da Constituição;

IV – comprovação, por parte do beneficiário, de:

a) que se acha em dia quanto ao pagamento de tributos, empréstimos e financiamentos devidos ao ente transferidor, bem como quanto à prestação de contas de recursos anteriormente dele recebidos;

b) cumprimento dos limites constitucionais relativos à educação e à saúde;

c) observância dos limites das dívidas consolidada e mobiliária, de operações de crédito, inclusive por antecipação de receita, de inscrição em Restos a Pagar e de despesa total com pessoal;

d) previsão orçamentária de contrapartida.

§ 2º É vedada a utilização de recursos transferidos em finalidade diversa da pactuada.

§ 3º Para fins da aplicação das sanções de suspensão de transferências voluntárias constantes desta Lei Complementar, excetuam-se aquelas relativas a ações de educação, saúde e assistência social.

Capítulo VI
DA DESTINAÇÃO DE RECURSOS PÚBLICOS PARA O SETOR PRIVADO

Art. 26. A destinação de recursos para, direta ou indiretamente, cobrir necessidades de pessoas físicas ou déficits de pessoas jurídicas deverá ser autorizada por lei específica, atender às condições estabelecidas na lei de diretrizes orçamentárias e estar prevista no orçamento ou em seus créditos adicionais.

§ 1º O disposto no caput aplica-se a toda a administração indireta, inclusive fundações públicas e empresas estatais, exceto, no exercício de suas atribuições precípuas, as instituições financeiras e o Banco Central do Brasil.

§ 2º Compreende-se incluída a concessão de empréstimos, financiamentos e refinanciamentos, inclusive as respectivas prorrogações e a composição de dívidas, a concessão de subvenções e a participação em constituição ou aumento de capital.

Art. 27. Na concessão de crédito por ente da Federação a pessoa física, ou jurídica que não esteja sob seu controle direto ou indireto, os encargos financeiros, comissões e despesas congêneres não serão inferiores aos definidos em lei ou ao custo de captação.

Parágrafo único. Dependem de autorização em lei específica as prorrogações e composições de dívidas decorrentes de operações de crédito, bem como a concessão de empréstimos ou financiamentos em desacordo com o caput, sendo o subsídio correspondente consignado na lei orçamentária.

Art. 28. Salvo mediante lei específica, não poderão ser utilizados recursos públicos, inclusive de operações de crédito, para socorrer instituições do Sistema Financeiro Nacional, ainda que mediante a concessão de empréstimos de recuperação ou financiamentos para mudança de controle acionário.

§ 1º A prevenção de insolvência e outros riscos ficará a cargo de fundos, e outros mecanismos, constituídos pelas instituições do Sistema Financeiro Nacional, na forma da lei.

§ 2º O disposto no caput não proíbe o Banco Central do Brasil de conceder às instituições financeiras operações de redesconto e de empréstimos de prazo inferior a 360 (trezentos e sessenta) dias.

Capítulo VII
DA DÍVIDA E DO ENDIVIDAMENTO

Seção I
Definições básicas

Art. 29. Para os efeitos desta Lei Complementar, são adotadas as seguintes definições:

I – dívida pública consolidada ou fundada: montante total, apurado sem duplicidade, das obrigações financeiras do ente da Federação, assumidas em virtude de leis, con-

tratos, convênios ou tratados e da realização de operações de crédito, para amortização em prazo superior a 12 (doze) meses;
II – dívida pública mobiliária: dívida pública representada por títulos emitidos pela União, inclusive os do Banco Central do Brasil, Estados e Municípios;
III – operação de crédito: compromisso financeiro assumido em razão de mútuo, abertura de crédito, emissão e aceite de título, aquisição financiada de bens, recebimento antecipado de valores provenientes da venda a termo de bens e serviços, arrendamento mercantil e outras operações assemelhadas, inclusive com o uso de derivativos financeiros;
IV – concessão de garantia: compromisso de adimplência de obrigação financeira ou contratual assumida por ente da Federação ou entidade a ele vinculada;
V – refinanciamento da dívida mobiliária: emissão de títulos para pagamento do principal acrescido da atualização monetária.
§ 1º Equipara-se a operação de crédito a assunção, o reconhecimento ou a confissão de dívidas pelo ente da Federação, sem prejuízo do cumprimento das exigências dos arts. 15 e 16.
§ 2º Será incluída na dívida pública consolidada da União a relativa à emissão de títulos de responsabilidade do Banco Central do Brasil.
§ 3º Também integram a dívida pública consolidada as operações de crédito de prazo inferior a 12 (doze) meses cujas receitas tenham constado do orçamento.
§ 4º O refinanciamento do principal da dívida mobiliária não excederá, ao término de cada exercício financeiro, o montante do final do exercício anterior, somado ao das operações de crédito autorizadas no orçamento para este efeito e efetivamente realizadas, acrescido de atualização monetária.

Seção II
Dos limites da dívida pública e das operações de crédito

Art. 30. No prazo de 90 (noventa) dias após a publicação desta Lei Complementar, o Presidente da República submeterá ao:
I – Senado Federal: proposta de limites globais para o montante da dívida consolidada da União, Estados e Municípios, cumprindo o que estabelece o inciso VI do art. 52 da Constituição, bem como de limites e condições relativos aos incisos VII, VIII e IX do mesmo artigo;
II – Congresso Nacional: projeto de lei que estabeleça limites para o montante da dívida mobiliária federal a que se refere o inciso XIV do art. 48 da Constituição, acompanhado da demonstração de sua adequação aos limites fixados para a dívida consolidada da União, atendido o disposto no inciso I do § 1º deste artigo.
§ 1º As propostas referidas nos incisos I e II do *caput* e suas alterações conterão:
I – demonstração de que os limites e condições guardam coerência com as normas estabelecidas nesta Lei Complementar e com os objetivos da política fiscal;
II – estimativas do impacto da aplicação dos limites a cada uma das três esferas de governo;
III – razões de eventual proposição de limites diferenciados por esfera de governo;
IV – metodologia de apuração dos resultados primário e nominal.
§ 2º As propostas mencionadas nos incisos I e II do *caput* também poderão ser apresentadas em termos de dívida líquida, evidenciando a forma e a metodologia de sua apuração.
§ 3º Os limites de que tratam os incisos I e II do *caput* serão fixados em percentual da receita corrente líquida para cada esfera de governo e aplicados igualmente a todos os entes da Federação que a integrem, constituindo, para cada um deles, limites máximos.
§ 4º Para fins de verificação do atendimento do limite, a apuração do montante da dívida consolidada será efetuada ao final de cada quadrimestre.
§ 5º No prazo previsto no art. 5º, o Presidente da República enviará ao Senado Federal ou ao Congresso Nacional, conforme o caso, proposta de manutenção ou alteração dos limites e condições previstos nos incisos I e II do *caput*.
§ 6º Sempre que alterados os fundamentos das propostas de que trata este artigo, em razão de instabilidade econômica ou altera-

ções nas políticas monetária ou cambial, o Presidente da República poderá encaminhar ao Senado Federal ou ao Congresso Nacional solicitação de revisão dos limites.

§ 7º Os precatórios judiciais não pagos durante a execução do orçamento em que houverem sido incluídos integram a dívida consolidada, para fins de aplicação dos limites.

Seção III
Da recondução da dívida aos limites

Art. 31. Se a dívida consolidada de um ente da Federação ultrapassar o respectivo limite ao final de um quadrimestre, deverá ser a ele reconduzida até o término dos três subsequentes, reduzindo o excedente em pelo menos 25% (vinte e cinco por cento) no primeiro.

§ 1º Enquanto perdurar o excesso, o ente que nele houver incorrido:

I – estará proibido de realizar operação de crédito interna ou externa, inclusive por antecipação de receita, ressalvado o refinanciamento do principal atualizado da dívida mobiliária;

II – obterá resultado primário necessário à recondução da dívida ao limite, promovendo, entre outras medidas, limitação de empenho, na forma do art. 9º.

§ 2º Vencido o prazo para retorno da dívida ao limite, e enquanto perdurar o excesso, o ente ficará também impedido de receber transferências voluntárias da União ou do Estado.

§ 3º As restrições do § 1º aplicam-se imediatamente se o montante da dívida exceder o limite no primeiro quadrimestre do último ano do mandato do Chefe do Poder Executivo.

§ 4º O Ministério da Fazenda divulgará, mensalmente, a relação dos entes que tenham ultrapassado os limites das dívidas consolidada e mobiliária.

§ 5º As normas deste artigo serão observadas nos casos de descumprimento dos limites da dívida mobiliária e das operações de crédito internas e externas.

Seção IV
Das operações de crédito
Subseção I
Da contratação

Art. 32. O Ministério da Fazenda verificará o cumprimento dos limites e condições relativos à realização de operações de crédito de cada ente da Federação, inclusive das empresas por eles controladas, direta ou indiretamente.

§ 1º O ente interessado formalizará seu pleito fundamentando-o em parecer de seus órgãos técnicos e jurídicos, demonstrando a relação custo-benefício, o interesse econômico e social da operação e o atendimento das seguintes condições:

I – existência de prévia e expressa autorização para a contratação, no texto da lei orçamentária, em créditos adicionais ou lei específica;

II – inclusão no orçamento ou em créditos adicionais dos recursos provenientes da operação, exceto no caso de operações por antecipação de receita;

III – observância dos limites e condições fixados pelo Senado Federal;

IV – autorização específica do Senado Federal, quando se tratar de operação de crédito externo;

V – atendimento do disposto no inciso III do art. 167 da Constituição;

VI – observância das demais restrições estabelecidas nesta Lei Complementar.

§ 2º As operações relativas à dívida mobiliária federal autorizadas, no texto da lei orçamentária ou de créditos adicionais, serão objeto de processo simplificado que atenda às suas especificidades.

§ 3º Para fins do disposto no inciso V do § 1º, considerar-se-á, em cada exercício financeiro, o total dos recursos de operações de crédito nele ingressados e o das despesas de capital executadas, observado o seguinte:

I – não serão computadas nas despesas de capital as realizadas sob a forma de empréstimo ou financiamento a contribuinte, com o intuito de promover incentivo fiscal, tendo por base tributo de competência do ente da Federação, se resultar a diminuição, direta ou indireta, do ônus deste;

II – se o empréstimo ou financiamento a que se refere o inciso I for concedido por instituição financeira controlada pelo ente da Federação, o valor da operação será deduzido das despesas de capital;

III – *(Vetado.)*

§ 4º Sem prejuízo das atribuições próprias do Senado Federal e do Banco Central do Brasil, o Ministério da Fazenda efetuará o registro eletrônico centralizado e atualizado das dívidas públicas interna e externa, garantido o acesso público às informações, que incluirão:

I – encargos e condições de contratação;

II – saldos atualizados e limites relativos às dívidas consolidada e mobiliária, operações de crédito e concessão de garantias.

§ 5º Os contratos de operação de crédito externo não conterão cláusula que importe na compensação automática de débitos e créditos.

Art. 33. A instituição financeira que contratar operação de crédito com ente da Federação, exceto quando relativa à dívida mobiliária ou à externa, deverá exigir comprovação de que a operação atende às condições e limites estabelecidos.

§ 1º A operação realizada com infração do disposto nesta Lei Complementar será considerada nula, procedendo-se ao seu cancelamento, mediante a devolução do principal, vedados o pagamento de juros e demais encargos financeiros.

§ 2º Se a devolução não for efetuada no exercício de ingresso dos recursos, será consignada reserva específica na lei orçamentária para o exercício seguinte.

§ 3º Enquanto não efetuado o cancelamento, a amortização, ou constituída a reserva, aplicam-se as sanções previstas nos incisos do § 3º do art. 23.

§ 4º Também se constituirá reserva, no montante equivalente ao excesso, se não atendido o disposto no inciso III do art. 167 da Constituição, consideradas as disposições do § 3º do art. 32.

Subseção II
Das vedações

Art. 34. O Banco Central do Brasil não emitirá títulos da dívida pública a partir de 2 (dois) anos após a publicação desta Lei Complementar.

Art. 35. É vedada a realização de operação de crédito entre um ente da Federação, diretamente ou por intermédio de fundo, autarquia, fundação ou empresa estatal dependente, e outro, inclusive suas entidades da administração indireta, ainda que sob a forma de novação, refinanciamento ou postergação de dívida contraída anteriormente.

§ 1º Excetuam-se da vedação a que se refere o *caput* as operações entre instituição financeira estatal e outro ente da Federação, inclusive suas entidades da administração indireta, que não se destinem a:

I – financiar, direta ou indiretamente, despesas correntes;

II – refinanciar dívidas não contraídas junto à própria instituição concedente.

§ 2º O disposto no *caput* não impede Estados e Municípios de comprar títulos da dívida da União como aplicação de suas disponibilidades.

Art. 36. É proibida a operação de crédito entre uma instituição financeira estatal e o ente da Federação que a controle, na qualidade de beneficiário do empréstimo.

Parágrafo único. O disposto no *caput* não proíbe instituição financeira controlada de adquirir, no mercado, títulos da dívida pública para atender investimento de seus clientes, ou títulos da dívida de emissão da União para aplicação de recursos próprios.

Art. 37. Equiparam-se a operações de crédito e estão vedados:

I – captação de recursos a título de antecipação de receita de tributo ou contribuição cujo fato gerador ainda não tenha ocorrido, sem prejuízo do disposto no § 7º do art. 150 da Constituição;

II – recebimento antecipado de valores de empresa em que o Poder Público detenha, direta ou indiretamente, a maioria do capital social com direito a voto, salvo lucros e dividendos, na forma da legislação;

III – assunção direta de compromisso, confissão de dívida ou operação assemelhada, com fornecedor de bens, mercadorias ou serviços, mediante emissão, aceite ou aval de título de crédito, não se aplicando esta vedação a empresas estatais dependentes;

IV – assunção de obrigação, sem autorização orçamentária, com fornecedores para pagamento a *posteriori* de bens e serviços.

Subseção III
Das operações de crédito por antecipação de receita orçamentária

Art. 38. A operação de crédito por antecipação de receita destina-se a atender insuficiência de caixa durante o exercício financeiro e cumprirá as exigências mencionadas no art. 32 e mais as seguintes:

I – realizar-se-á somente a partir do décimo dia do início do exercício;

II – deverá ser liquidada, com juros e outros encargos incidentes, até o dia dez de dezembro de cada ano;

III – não será autorizada se forem cobrados outros encargos que não a taxa de juros da operação, obrigatoriamente prefixada ou indexada à taxa básica financeira, ou à que vier a esta substituir;

IV – estará proibida:

a) enquanto existir operação anterior da mesma natureza não integralmente resgatada;

b) no último ano de mandato do Presidente, Governador ou Prefeito Municipal.

§ 1º As operações de que trata este artigo não serão computadas para efeito do que dispõe o inciso III do art. 167 da Constituição, desde que liquidadas no prazo definido no inciso II do caput.

§ 2º As operações de crédito por antecipação de receita realizadas por Estados ou Municípios serão efetuadas mediante abertura de crédito junto à instituição financeira vencedora em processo competitivo eletrônico promovido pelo Banco Central do Brasil.

§ 3º O Banco Central do Brasil manterá sistema de acompanhamento e controle do saldo do crédito aberto e, no caso de inobservância dos limites, aplicará as sanções cabíveis à instituição credora.

Subseção IV
Das operações com o Banco Central do Brasil

Art. 39. Nas suas relações com ente da Federação, o Banco Central do Brasil está sujeito às vedações constantes do art. 35 e mais às seguintes:

I – compra de título da dívida, na data de sua colocação no mercado, ressalvado o disposto no § 2º deste artigo;

II – permuta, ainda que temporária, por intermédio de instituição financeira ou não, de título da dívida de ente da Federação por título da dívida pública federal, bem como a operação de compra e venda, a termo, daquele título, cujo efeito final seja semelhante à permuta;

III – concessão de garantia.

§ 1º O disposto no inciso II, *in fine*, não se aplica ao estoque de Letras do Banco Central do Brasil, Série Especial, existente na carteira das instituições financeiras, que pode ser refinanciado mediante novas operações de venda a termo.

§ 2º O Banco Central do Brasil só poderá comprar diretamente títulos emitidos pela União para refinanciar a dívida mobiliária federal que estiver vencendo na sua carteira.

§ 3º A operação mencionada no § 2º deverá ser realizada à taxa média e condições alcançadas no dia, em leilão público.

§ 4º É vedado ao Tesouro Nacional adquirir títulos da dívida pública federal existentes na carteira do Banco Central do Brasil, ainda que com cláusula de reversão, salvo para reduzir a dívida mobiliária.

Seção V
Da garantia e da contragarantia

Art. 40. Os entes poderão conceder garantia em operações de crédito internas ou externas, observados o disposto neste artigo, as normas do art. 32 e, no caso da União, também os limites e as condições estabelecidos pelo Senado Federal.

§ 1º A garantia estará condicionada ao oferecimento de contragarantia, em valor igual ou superior ao da garantia a ser concedida, e à adimplência da entidade que a pleitear relativamente a suas obrigações junto ao garantidor e às entidades por este controladas, observado o seguinte:

I – não será exigida contragarantia de órgãos e entidades do próprio ente;

II – a contragarantia exigida pela União a Estado ou Município, ou pelos Estados aos Municípios, poderá consistir na vinculação de receitas tributárias diretamente arrecadadas e provenientes de transferências constitucionais, com outorga de poderes ao garantidor para retê-las e empregar o respectivo valor na liquidação da dívida vencida.

§ 2º No caso de operação de crédito junto a organismo financeiro internacional, ou a instituição federal de crédito e fomento para o repasse de recursos externos, a União só prestará garantia a ente que atenda, além do disposto no § 1º, as exigências legais para o recebimento de transferências voluntárias.

§§ 3º e 4º *(Vetados.)*

§ 5º É nula a garantia concedida acima dos limites fixados pelo Senado Federal.

§ 6º É vedado às entidades da administração indireta, inclusive suas empresas controladas e subsidiárias, conceder garantia, ainda que com recursos de fundos.

§ 7º O disposto no § 6º não se aplica à concessão de garantia por:

I – empresa controlada a subsidiária ou controlada sua, nem à prestação de contragarantia nas mesmas condições;

II – instituição financeira a empresa nacional, nos termos da lei.

§ 8º Excetua-se do disposto neste artigo a garantia prestada:

I – por instituições financeiras estatais, que se submeterão às normas aplicáveis às instituições financeiras privadas, de acordo com a legislação pertinente;

II – pela União, na forma de lei federal, a empresas de natureza financeira por ela controladas, direta e indiretamente, quanto às operações de seguro de crédito à exportação.

§ 9º Quando honrarem dívida de outro ente, em razão de garantia prestada, a União e os Estados poderão condicionar as transferências constitucionais ao ressarcimento daquele pagamento.

§ 10. O ente da Federação cuja dívida tiver sido honrada pela União ou por Estado, em decorrência de garantia prestada em operação de crédito, terá suspenso o acesso a novos créditos ou financiamentos até a total liquidação da mencionada dívida.

Seção VI
Dos restos a pagar

Art. 41. *(Vetado.)*

Art. 42. É vedado ao titular de Poder ou órgão referido no art. 20, nos últimos dois quadrimestres do seu mandato, contrair obrigação de despesa que não possa ser cumprida integralmente dentro dele, ou que tenha parcelas a serem pagas no exercício seguinte sem que haja suficiente disponibilidade de caixa para este efeito.

Parágrafo único. Na determinação da disponibilidade de caixa serão considerados os encargos e despesas compromissadas a pagar até o final do exercício.

Capítulo VIII
DA GESTÃO PATRIMONIAL

Seção I
Das disponibilidades de caixa

Art. 43. As disponibilidades de caixa dos entes da Federação serão depositadas conforme estabelece o § 3º do art. 164 da Constituição.

§ 1º As disponibilidades de caixa dos regimes de previdência social, geral e próprio dos servidores públicos, ainda que vinculadas a fundos específicos a que se referem os arts. 249 e 250 da Constituição, ficarão depositadas em conta separada das demais disponibilidades de cada ente e aplicadas nas condições de mercado, com observância dos limites e condições de proteção e prudência financeira.

§ 2º É vedada a aplicação das disponibilidades de que trata o § 1º em:

I – títulos da dívida pública estadual e municipal, bem como em ações e outros papéis relativos às empresas controladas pelo respectivo ente da Federação;

II – empréstimos, de qualquer natureza, aos segurados e ao Poder Público, inclusive a suas empresas controladas.

Seção II
Da preservação do patrimônio público

Art. 44. É vedada a aplicação da receita de capital derivada da alienação de bens e direitos que integram o patrimônio público para o financiamento de despesa corrente, salvo se destinada por lei aos regimes de previdência social, geral e próprio dos servidores públicos.

Art. 45. Observado o disposto no § 5º do art. 5º, a lei orçamentária e as de créditos adicionais só incluirão novos projetos após adequadamente atendidos os em andamento e contempladas as despesas de conservação do patrimônio público, nos termos em que dispuser a lei de diretrizes orçamentárias.

Parágrafo único. O Poder Executivo de cada ente encaminhará ao Legislativo, até a data do envio do projeto de lei de diretrizes orçamentárias, relatório com as informações necessárias ao cumprimento do disposto neste artigo, ao qual será dada ampla divulgação.

Art. 46. É nulo de pleno direito ato de desapropriação de imóvel urbano expedido sem o atendimento do disposto no § 3º do art. 182 da Constituição, ou prévio depósito judicial do valor da indenização.

Seção III
Das empresas controladas pelo setor público

Art. 47. A empresa controlada que firmar contrato de gestão em que se estabeleçam objetivos e metas de desempenho, na forma da lei, disporá de autonomia gerencial, orçamentária e financeira, sem prejuízo do disposto no inciso II do § 5º do art. 165 da Constituição.

Parágrafo único. A empresa controlada incluirá em seus balanços trimestrais nota explicativa em que informará:

I – fornecimento de bens e serviços ao controlador, com respectivos preços e condições, comparando-os com os praticados no mercado;

II – recursos recebidos do controlador, a qualquer título, especificando valor, fonte e destinação;

III – venda de bens, prestação de serviços ou concessão de empréstimos e financiamentos com preços, taxas, prazos ou condições diferentes dos vigentes no mercado.

Capítulo IX
DA TRANSPARÊNCIA, CONTROLE E FISCALIZAÇÃO
Seção I
Da transparência da gestão fiscal

Art. 48. São instrumentos de transparência da gestão fiscal, aos quais será dada ampla divulgação, inclusive em meios eletrônicos de acesso público: os planos, orçamentos e leis de diretrizes orçamentárias; as prestações de contas e o respectivo parecer prévio; o Relatório Resumido da Execução Orçamentária e o Relatório de Gestão Fiscal; e as versões simplificadas desses documentos.

Parágrafo único. A transparência será assegurada também mediante:

• Parágrafo único com redação determinada pela LC 131/2009.

I – incentivo à participação popular e realização de audiências públicas, durante os processos de elaboração e discussão dos planos, lei de diretrizes orçamentárias e orçamentos;

II – liberação ao pleno conhecimento e acompanhamento da sociedade, em tempo real, de informações pormenorizadas sobre a execução orçamentária e financeira, em meios eletrônicos de acesso público;

III – adoção de sistema integrado de administração financeira e controle, que atenda a padrão mínimo de qualidade estabelecido pelo Poder Executivo da União e ao disposto no art. 48-A.

Art. 48-A. Para os fins a que se refere o inciso II do parágrafo único do art. 48, os entes da Federação disponibilizarão a qualquer pessoa física ou jurídica o acesso a informações referentes a:

• Artigo acrescentado pela LC 131/2009.

I – quanto à despesa: todos os atos praticados pelas unidades gestoras no decorrer da execução da despesa, no momento de sua realização, com a disponibilização mínima dos dados referentes ao número do correspondente processo, ao bem fornecido ou ao serviço prestado, à pessoa física ou jurídica beneficiária do pagamento e, quando for o caso, ao procedimento licitatório realizado;

II – quanto à receita: o lançamento e o recebimento de toda a receita das unidades gestoras, inclusive referente a recursos extraordinários.

Art. 49. As contas apresentadas pelo Chefe do Poder Executivo ficarão disponíveis, durante todo o exercício, no respectivo Poder Legislativo e no órgão técnico responsável pela sua elaboração, para consulta e apreciação pelos cidadãos e instituições da sociedade.

Parágrafo único. A prestação de contas da União conterá demonstrativos do Tesouro Nacional e das agências financeiras oficiais de fomento, incluído o Banco Nacional de Desenvolvimento Econômico e Social, especificando os empréstimos e financiamentos concedidos com recursos oriundos dos orçamentos fiscal e da seguridade social e, no caso das agências financeiras, avaliação circunstanciada do impacto fiscal de suas atividades no exercício.

Seção II
Da escrituração e consolidação das contas

Art. 50. Além de obedecer às demais normas de contabilidade pública, a escrituração das contas públicas observará as seguintes:

I – a disponibilidade de caixa constará de registro próprio, de modo que os recursos vinculados a órgão, fundo ou despesa obrigatória fiquem identificados e escriturados de forma individualizada;

II – a despesa e a assunção de compromissos serão registradas segundo o regime de competência, apurando-se, em caráter complementar, o resultado dos fluxos financeiros pelo regime de caixa;

III – as demonstrações contábeis compreenderão, isolada e conjuntamente, as transações e operações de cada órgão, fundo ou entidade da administração direta, autárquica e fundacional, inclusive empresa estatal dependente;

IV – as receitas e despesas previdenciárias serão apresentadas em demonstrativos financeiros e orçamentários específicos;

V – as operações de crédito, as inscrições em Restos a Pagar e as demais formas de financiamento ou assunção de compromissos junto a terceiros, deverão ser escrituradas de modo a evidenciar o montante e a variação da dívida pública no período, detalhando, pelo menos, a natureza e o tipo de credor;

VI – a demonstração das variações patrimoniais dará destaque à origem e ao destino dos recursos provenientes da alienação de ativos.

§ 1º No caso das demonstrações conjuntas, excluir-se-ão as operações intragovernamentais.

§ 2º A edição de normas gerais para consolidação das contas públicas caberá ao órgão central de contabilidade da União, enquanto não implantado o conselho de que trata o art. 67.

§ 3º A Administração Pública manterá sistema de custos que permita a avaliação e o acompanhamento da gestão orçamentária, financeira e patrimonial.

Art. 51. O Poder Executivo da União promoverá, até o dia trinta de junho, a consolidação, nacional e por esfera de governo, das contas dos entes da Federação relativas ao exercício anterior, e a sua divulgação, inclusive por meio eletrônico de acesso público.

§ 1º Os Estados e os Municípios encaminharão suas contas ao Poder Executivo da União nos seguintes prazos:

I – Municípios, com cópia para o Poder Executivo do respectivo Estado, até trinta de abril;

II – Estados, até trinta e um de maio.

§ 2º O descumprimento dos prazos previstos neste artigo impedirá, até que a situação seja regularizada, que o ente da Federação receba transferências voluntárias e contrate operações de crédito, exceto as destinadas ao refinanciamento do principal atualizado da dívida mobiliária.

Seção III
Do Relatório Resumido da Execução Orçamentária

Art. 52. O relatório a que se refere o § 3º do art. 165 da Constituição abrangerá todos os Poderes e o Ministério Público, será publicado até 30 (trinta) dias após o encerramento de cada bimestre e composto de:
I – balanço orçamentário, que especificará, por categoria econômica, as:
a) receitas por fonte, informando as realizadas e a realizar, bem como a previsão atualizada;
b) despesas por grupo de natureza, discriminando a dotação para o exercício, a despesa liquidada e o saldo;
II – demonstrativos da execução das:
a) receitas, por categoria econômica e fonte, especificando a previsão inicial, a previsão atualizada para o exercício, a receita realizada no bimestre, a realizada no exercício e a previsão a realizar;
b) despesas, por categoria econômica e grupo de natureza da despesa, discriminando dotação inicial, dotação para o exercício, despesas empenhada e liquidada, no bimestre e no exercício;
c) despesas, por função e subfunção.
§ 1º Os valores referentes ao refinanciamento da dívida mobiliária constarão destacadamente nas receitas de operações de crédito e nas despesas com amortização da dívida.
§ 2º O descumprimento do prazo previsto neste artigo sujeita o ente às sanções previstas no § 2º do art. 51.

Art. 53. Acompanharão o Relatório Resumido demonstrativos relativos a:
I – apuração da receita corrente líquida, na forma definida no inciso IV do art. 2º, sua evolução, assim como a previsão de seu desempenho até o final do exercício;
II – receitas e despesas previdenciárias a que se refere o inciso IV do art. 50;
III – resultados nominal e primário;
IV – despesas com juros, na forma do inciso II do art. 4º;
V – Restos a Pagar, detalhando, por Poder e órgão referido no art. 20, os valores inscritos, os pagamentos realizados e o montante a pagar.

§ 1º O relatório referente ao último bimestre do exercício será acompanhado também de demonstrativos:
I – do atendimento do disposto no inciso III do art. 167 da Constituição, conforme o § 3º do art. 32;
II – das projeções atuariais dos regimes de previdência social, geral e próprio dos servidores públicos;
III – da variação patrimonial, evidenciando a alienação de ativos e a aplicação dos recursos dela decorrentes.
§ 2º Quando for o caso, serão apresentadas justificativas:
I – da limitação de empenho;
II – da frustração de receitas, especificando as medidas de combate à sonegação e à evasão fiscal, adotadas e a adotar, e as ações de fiscalização e cobrança.

Seção IV
Do Relatório de Gestão Fiscal

Art. 54. Ao final de cada quadrimestre será emitido pelos titulares dos Poderes e órgãos referidos no art. 20 Relatório de Gestão Fiscal, assinado pelo:
I – Chefe do Poder Executivo;
II – Presidente e demais membros da Mesa Diretora ou órgão decisório equivalente, conforme regimentos internos dos órgãos do Poder Legislativo;
III – Presidente de Tribunal e demais membros de Conselho de Administração ou órgão decisório equivalente, conforme regimentos internos dos órgãos do Poder Judiciário;
IV – Chefe do Ministério Público, da União e dos Estados.
Parágrafo único. O relatório também será assinado pelas autoridades responsáveis pela administração financeira e pelo controle interno, bem como por outras definidas por ato próprio de cada Poder ou órgão referido no art. 20.

Art. 55. O relatório conterá:
I – comparativo com os limites de que trata esta Lei Complementar, dos seguintes montantes:
a) despesa total com pessoal, distinguindo a com inativos e pensionistas;
b) dívidas consolidada e mobiliária;
c) concessão de garantias;

Legislação

d) operações de crédito, inclusive por antecipação de receita;
e) despesas de que trata o inciso II do art. 4º;
II – indicação das medidas corretivas adotadas ou a adotar, se ultrapassado qualquer dos limites;
III – demonstrativos, no último quadrimestre:
a) do montante das disponibilidades de caixa em trinta e um de dezembro;
b) da inscrição em Restos a Pagar, das despesas:
1) liquidadas;
2) empenhadas e não liquidadas, inscritas por atenderem a uma das condições do inciso II do art. 41;
3) empenhadas e não liquidadas, inscritas até o limite do saldo da disponibilidade de caixa;
4) não inscritas por falta de disponibilidade de caixa e cujos empenhos foram cancelados;
c) do cumprimento do disposto no inciso II e na alínea *b* do inciso IV do art. 38.
§ 1º O relatório dos titulares dos órgãos mencionados nos incisos II, III e IV do art. 54 conterá apenas as informações relativas à alínea *a* do inciso I, e os documentos referidos nos incisos II e III.
§ 2º O relatório será publicado até 30 (trinta) dias após o encerramento do período a que corresponder, com amplo acesso ao público, inclusive por meio eletrônico.
§ 3º O descumprimento do prazo a que se refere o § 2º sujeita o ente à sanção prevista no § 2º do art. 51.
§ 4º Os relatórios referidos nos arts. 52 e 54 deverão ser elaborados de forma padronizada, segundo modelos que poderão ser atualizados pelo conselho de que trata o art. 67.

Seção V
Das prestações de contas

Art. 56. As contas prestadas pelos Chefes do Poder Executivo incluirão, além das suas próprias, as dos Presidentes dos órgãos dos Poderes Legislativo e Judiciário e do Chefe do Ministério Público, referidos no art. 20, as quais receberão parecer prévio, separadamente, do respectivo Tribunal de Contas.

- V. ADIn 2.238-5 (*DOU* e *DJU* 21.08.2007 – Acórdão publicado no *DJE* 12.09.2008). Cautelar deferida.

§ 1º As contas do Poder Judiciário serão apresentadas no âmbito:
I – da União, pelos Presidentes do Supremo Tribunal Federal e dos Tribunais Superiores, consolidando as dos respectivos tribunais;
II – dos Estados, pelos Presidentes dos Tribunais de Justiça, consolidando as dos demais tribunais.
§ 2º O parecer sobre as contas dos Tribunais de Contas será proferido no prazo previsto no art. 57 pela comissão mista permanente referida no § 1º do art. 166 da Constituição ou equivalente das Casas Legislativas estaduais e municipais.
§ 3º Será dada ampla divulgação dos resultados da apreciação das contas, julgadas ou tomadas.

Art. 57. Os Tribunais de Contas emitirão parecer prévio conclusivo sobre as contas no prazo de 60 (sessenta) dias do recebimento, se outro não estiver estabelecido nas constituições estaduais ou nas leis orgânicas municipais.

- V. ADIn 2.238-5 (*DOU* e *DJU* 17.08.2007 – Acórdão publicado no *DJE* 12.09.2008). Cautelar deferida.

§ 1º No caso de Municípios que não sejam capitais e que tenham menos de 200.000 (duzentos mil) habitantes o prazo será de 180 (cento e oitenta) dias.
§ 2º Os Tribunais de Contas não entrarão em recesso enquanto existirem contas de Poder, ou órgão referido no art. 20, pendentes de parecer prévio.

Art. 58. A prestação de contas evidenciará o desempenho da arrecadação em relação à previsão, destacando as providências adotadas no âmbito da fiscalização das receitas e combate à sonegação, as ações de recuperação de créditos nas instâncias administrativa e judicial, bem como as demais medidas para incremento das receitas tributárias e de contribuições.

Seção VI
Da fiscalização da gestão fiscal

Art. 59. O Poder Legislativo, diretamente ou com o auxílio dos Tribunais de Contas, e o sistema de controle interno de cada Poder e do Ministério Público, fiscalizarão o cumprimento das normas desta Lei Complementar, com ênfase no que se refere a:

I – atingimento das metas estabelecidas na lei de diretrizes orçamentárias;

II – limites e condições para realização de operações de crédito e inscrição em Restos a Pagar;

III – medidas adotadas para o retorno da despesa total com pessoal ao respectivo limite, nos termos dos arts. 22 e 23;

IV – providências tomadas, conforme o disposto no art. 31, para recondução dos montantes das dívidas consolidada e mobiliária aos respectivos limites;

V – destinação de recursos obtidos com a alienação de ativos, tendo em vista as restrições constitucionais e as desta Lei Complementar;

VI – cumprimento do limite de gastos totais dos legislativos municipais, quando houver.

§ 1º Os Tribunais de Contas alertarão os Poderes ou órgãos referidos no art. 20 quando constatarem:

I – a possibilidade de ocorrência das situações previstas no inciso II do art. 4º e no art. 9º;

II – que o montante da despesa total com pessoal ultrapassou 90% (noventa por cento) do limite;

III – que os montantes das dívidas consolidada e mobiliária, das operações de crédito e da concessão de garantia se encontram acima de 90% (noventa por cento) dos respectivos limites;

IV – que os gastos com inativos e pensionistas se encontram acima do limite definido em lei;

V – fatos que comprometam os custos ou os resultados dos programas ou indícios de irregularidades na gestão orçamentária.

§ 2º Compete ainda aos Tribunais de Contas verificar os cálculos dos limites da despesa total com pessoal de cada Poder e órgão referido no art. 20.

§ 3º O Tribunal de Contas da União acompanhará o cumprimento do disposto nos §§ 2º, 3º e 4º do art. 39.

Capítulo X
DISPOSIÇÕES FINAIS E TRANSITÓRIAS

Art. 60. Lei estadual ou municipal poderá fixar limites inferiores àqueles previstos nesta Lei Complementar para as dívidas consolidada e mobiliária, operações de crédito e concessão de garantias.

Art. 61. Os títulos da dívida pública, desde que devidamente escriturados em sistema centralizado de liquidação e custódia, poderão ser oferecidos em caução para garantia de empréstimos, ou em outras transações previstas em lei, pelo seu valor econômico, conforme definido pelo Ministério da Fazenda.

Art. 62. Os Municípios só contribuirão para o custeio de despesas de competência de outros entes da Federação se houver:

I – autorização na lei de diretrizes orçamentárias e na lei orçamentária anual;

II – convênio, acordo, ajuste ou congênere, conforme sua legislação.

Art. 63. É facultado aos Municípios com população inferior a cinquenta mil habitantes optar por:

I – aplicar o disposto no art. 22 e no § 4º do art. 30 ao final do semestre;

II – divulgar semestralmente:

a) (Vetada.)

b) o Relatório de Gestão Fiscal;

c) os demonstrativos de que trata o art. 53;

III – elaborar o Anexo de Política Fiscal do plano plurianual, o Anexo de Metas Fiscais e o Anexo de Riscos Fiscais da lei de diretrizes orçamentárias e o anexo de que trata o inciso I do art. 5º a partir do quinto exercício seguinte ao da publicação desta Lei Complementar.

§ 1º A divulgação dos relatórios e demonstrativos deverá ser realizada em até 30 (trinta) dias após o encerramento do semestre.

§ 2º Se ultrapassados os limites relativos à despesa total com pessoal ou à dívida consolidada, enquanto perdurar esta situação, o Município ficará sujeito aos mesmos prazos de verificação e de retorno ao limite definidos para os demais entes.

Art. 64. A União prestará assistência técnica e cooperação financeira aos Municípios para a modernização das respectivas administrações tributária, financeira, patrimonial e previdenciária, com vistas ao cumprimento das normas desta Lei Complementar.

§ 1º A assistência técnica consistirá no treinamento e desenvolvimento de recursos humanos e na transferência de tecnologia, bem como no apoio à divulgação dos instrumentos de que trata o art. 48 em meio eletrônico de amplo acesso público.

§ 2º A cooperação financeira compreenderá a doação de bens e valores, o financiamento por intermédio das instituições financeiras federais e o repasse de recursos oriundos de operações externas.

Art. 65. Na ocorrência de calamidade pública reconhecida pelo Congresso Nacional, no caso da União, ou pelas Assembleias Legislativas, na hipótese dos Estados e Municípios, enquanto perdurar a situação:

I – serão suspensas a contagem dos prazos e as disposições estabelecidas nos arts. 23, 31 e 70;

II – serão dispensados o atingimento dos resultados fiscais e a limitação de empenho prevista no art. 9º.

Parágrafo único. Aplica-se o disposto no *caput* no caso de estado de defesa ou de sítio, decretado na forma da Constituição.

Art. 66. Os prazos estabelecidos nos arts. 23, 31 e 70 serão duplicados no caso de crescimento real baixo ou negativo do Produto Interno Bruto (PIB) nacional, regional ou estadual por período igual ou superior a quatro trimestres.

§ 1º Entende-se por baixo crescimento a taxa de variação real acumulada do Produto Interno Bruto inferior a 1% (um por cento), no período correspondente aos quatro últimos trimestres.

§ 2º A taxa de variação será aquela apurada pela Fundação Instituto Brasileiro de Geografia e Estatística ou outro órgão que vier a substituí-la, adotada a mesma metodologia para apuração dos PIB nacional, estadual e regional.

§ 3º Na hipótese do *caput*, continuarão a ser adotadas as medidas previstas no art. 22.

§ 4º Na hipótese de se verificarem mudanças drásticas na condução das políticas monetária e cambial, reconhecidas pelo Senado Federal, o prazo referido no *caput* do art. 31 poderá ser ampliado em até quatro quadrimestres.

Art. 67. O acompanhamento e a avaliação, de forma permanente, da política e da operacionalidade da gestão fiscal serão realizados por conselho de gestão fiscal, constituído por representantes de todos os Poderes e esferas de Governo, do Ministério Público e de entidades técnicas representativas da sociedade, visando a:

I – harmonização e coordenação entre os entes da Federação;

II – disseminação de práticas que resultem em maior eficiência na alocação e execução do gasto público, na arrecadação de receitas, no controle do endividamento e na transparência da gestão fiscal;

III – adoção de normas de consolidação das contas públicas, padronização das prestações de contas e dos relatórios e demonstrativos de gestão fiscal de que trata esta Lei Complementar, normas e padrões mais simples para os pequenos Municípios, bem como outros, necessários ao controle social;

IV – divulgação de análises, estudos e diagnósticos.

§ 1º O conselho a que se refere o *caput* instituirá formas de premiação e reconhecimento público aos titulares de Poder que alcançarem resultados meritórios em suas políticas de desenvolvimento social, conjugados com a prática de uma gestão fiscal pautada pelas normas desta Lei Complementar.

§ 2º Lei disporá sobre a composição e a forma de funcionamento do conselho.

Art. 68. Na forma do art. 250 da Constituição, é criado o Fundo do Regime Geral de Previdência Social, vinculado ao Ministério da Previdência e Assistência Social, com a finalidade de prover recursos para o pagamento dos benefícios do regime geral da previdência social.

§ 1º O Fundo será constituído de:

I – bens móveis e imóveis, valores e rendas do Instituto Nacional do Seguro Social não utilizados na operacionalização deste;

II – bens e direitos que, a qualquer título, lhe sejam adjudicados ou que lhe vierem a ser vinculados por força de lei;

III – receita das contribuições sociais para a seguridade social, previstas na alínea *a* do

LC 101/2000

inciso I e no inciso II do art. 195 da Constituição;
IV – produto da liquidação de bens e ativos de pessoa física ou jurídica em débito com a Previdência Social;
V – resultado da aplicação financeira de seus ativos;
VI – recursos provenientes do orçamento da União.
§ 2º O Fundo será gerido pelo Instituto Nacional do Seguro Social, na forma da lei.

Art. 69. O ente da Federação que mantiver ou vier a instituir regime próprio de previdência social para seus servidores conferir-lhe-á caráter contributivo e o organizará com base em normas de contabilidade e atuária que preservem seu equilíbrio financeiro e atuarial.

Art. 70. O Poder ou órgão referido no art. 20 cuja despesa total com pessoal no exercício anterior ao da publicação desta Lei Complementar estiver acima dos limites estabelecidos nos arts. 19 e 20 deverá enquadrar-se no respectivo limite em até dois exercícios, eliminando o excesso, gradualmente, à razão de, pelo menos, 50% a.a. (cinquenta por cento ao ano), mediante a adoção, entre outras, das medidas previstas nos arts. 22 e 23.

Parágrafo único. A inobservância do disposto no *caput*, no prazo fixado, sujeita o ente às sanções previstas no § 3º do art. 23.

Art. 71. Ressalvada a hipótese do inciso X do art. 37 da Constituição, até o término do terceiro exercício financeiro seguinte à entrada em vigor desta Lei Complementar, a despesa total com pessoal dos Poderes e órgãos referidos no art. 20 não ultrapassará, em percentual da receita corrente líquida, a despesa verificada no exercício imediatamente anterior, acrescida de até 10% (dez por cento), se esta for inferior ao limite definido na forma do art. 20.

Art. 72. A despesa com serviços de terceiros dos Poderes e órgãos referidos no art. 20 não poderá exceder, em percentual da receita corrente líquida, a do exercício anterior à entrada em vigor desta Lei Complementar, até o término do terceiro exercício seguinte.

• O STF, na ADIn 2.238-5 (*DOU* 19.02.2003 – Acórdão publicado no *DJE* 12.09.2008), conferiu, liminarmente, interpretação conforme a CF quanto ao art. 72 da LC 101/2000, para que se entenda como serviços de terceiros os serviços permanentes.

Art. 73. As infrações dos dispositivos desta Lei Complementar serão punidas segundo o Decreto-lei 2.848, de 7 de dezembro de 1940 (Código Penal); a Lei 1.079, de 10 de abril de 1950; o Decreto-lei 201, de 27 de fevereiro de 1967; a Lei 8.429, de 2 de junho de 1992; e demais normas da legislação pertinente.

Art. 73-A. Qualquer cidadão, partido político, associação ou sindicato é parte legítima para denunciar ao respectivo Tribunal de Contas e ao órgão competente do Ministério Público o descumprimento das prescrições estabelecidas nesta Lei Complementar.

• Artigo acrescentado pela LC 131/2009.

Art. 73-B. Ficam estabelecidos os seguintes prazos para o cumprimento das determinações dispostas nos incisos II e III do parágrafo único do art. 48 e do art. 48-A:

• Artigo acrescentado pela LC 131/2009.

I – 1 (um) ano para a União, os Estados, o Distrito Federal e os Municípios com mais de 100.000 (cem mil) habitantes;
II – 2 (dois) anos para os Municípios que tenham entre 50.000 (cinquenta mil) e 100.000 (cem mil) habitantes;
III – 4 (quatro) anos para os Municípios que tenham até 50.000 (cinquenta mil) habitantes.

Parágrafo único. Os prazos estabelecidos neste artigo serão contados a partir da data de publicação da lei complementar que introduziu os dispositivos referidos no *caput* deste artigo.

Art. 73-C. O não atendimento, até o encerramento dos prazos previstos no art. 73-B, das determinações contidas nos incisos II e III do parágrafo único do art. 48 e no art. 48-A sujeita o ente à sanção prevista no inciso I do § 3º do art. 23.

• Artigo acrescentado pela LC 131/2009.

Art. 74. Esta Lei Complementar entra em vigor na data da sua publicação.

Art. 75. Revoga-se a Lei Complementar 96, de 31 de maio de 1999.

Brasília, 4 de maio de 2000; 179º da Independência e 112º da República.
Fernando Henrique Cardoso

(*DOU* 05.05.2000)

LC 105/2001

LEGISLAÇÃO

LEI COMPLEMENTAR 105, DE 10 DE JANEIRO DE 2001

Dispõe sobre o sigilo das operações de instituições financeiras e dá outras providências.

O Presidente da República:
Faço saber que o Congresso Nacional decreta e eu sanciono a seguinte Lei Complementar:

Art. 1º As instituições financeiras conservarão sigilo em suas operações ativas e passivas e serviços prestados.

- V. art. 198, CTN.
- V. Lei 4.595/1964 (Instituições monetárias, bancárias e creditícias, cria o Conselho de Monetário Nacional).
- V. Lei 4.728/1965 (Mercado de capitais).
- V. Lei 6.099/1974 (Tratamento tributário das operações de arrendamento mercantil).

§ 1º São consideradas instituições financeiras, para os efeitos desta Lei Complementar:

I – os bancos de qualquer espécie;
II – distribuidoras de valores mobiliários;
III – corretoras de câmbio e de valores mobiliários;
IV – sociedades de crédito, financiamento e investimentos;
V – sociedades de crédito imobiliário;
VI – administradoras de cartões de crédito;
VII – sociedades de arrendamento mercantil;
VIII – administradoras de mercado de balcão organizado;
IX – cooperativas de crédito;
X – associações de poupança e empréstimo;
XI – bolsas de valores e de mercadorias e futuros;
XII – entidades de liquidação e compensação;
XIII – outras sociedades que, em razão da natureza de suas operações, assim venham a ser consideradas pelo Conselho Monetário Nacional.

§ 2º As empresas de fomento comercial ou *factoring*, para os efeitos desta Lei Complementar, obedecerão às normas aplicáveis às instituições financeiras previstas no § 1º.

§ 3º Não constitui violação do dever de sigilo:

I – a troca de informações entre instituições financeiras, para fins cadastrais, inclusive por intermédio de centrais de risco, observadas as normas baixadas pelo Conselho Monetário Nacional e pelo Banco Central do Brasil;

II – o fornecimento de informações constantes de cadastro de emitentes de cheques sem provisão de fundos e de devedores inadimplentes, a entidades de proteção ao crédito, observadas as normas baixadas pelo Conselho Monetário Nacional e pelo Banco Central do Brasil;

III – o fornecimento das informações de que trata o § 2º do art. 11 da Lei 9.311, de 24 de outubro de 1996;

IV – a comunicação, às autoridades competentes, da prática de ilícitos penais ou administrativos, abrangendo o fornecimento de informações sobre operações que envolvam recursos provenientes de qualquer prática criminosa;

V – a revelação de informações sigilosas com o consentimento expresso dos interessados;

VI – a prestação de informações nos termos e condições estabelecidos nos artigos 2º, 3º, 4º, 5º, 6º, 7º e 9º desta Lei Complementar.

§ 4º A quebra de sigilo poderá ser decretada, quando necessária para apuração de ocorrência de qualquer ilícito, em qualquer fase do inquérito ou do processo judicial, e especialmente nos seguintes crimes:

- V. arts. 4º a 23 e 394 e ss., CPP.

I – de terrorismo;

- V. Lei 7.170/1983 (Crimes contra a segurança nacional).

II – de tráfico ilícito de substâncias entorpecentes ou drogas afins;
III – de contrabando ou tráfico de armas, munições ou material destinado a sua produção;

- V. Lei 10.826/2003 (Estatuto do Desarmamento).
- V. Dec. 5.123/2004 (Regulamenta a Lei 10.826/2003).

IV – de extorsão mediante sequestro;

- V. art. 168, CP.

LC 105/2001

Legislação

V – contra o sistema financeiro nacional;
- V. Lei 7.492/1986 (Crimes contra o Sistema Financeiro Nacional).

VI – contra a Administração Pública;
- V. arts. 312 a 327, CP.
- V LC 101/2000 (Lei de Responsabilidade Fiscal).

VII – contra a ordem tributária e a previdência social;
- V. arts. 296, § 1º, III, 313-A, 313-B, 325, §§ 1º e 2º, 327, § 1º, e 337-A, CP.
- V. Lei 8.137/1990 (Crimes contra a ordem tributária e econômica).

VIII – lavagem de dinheiro ou ocultação de bens, direitos e valores;
- V. Lei 9.613/1998 (Crimes de lavagem de capitais).

IX – praticado por organização criminosa.
- V. Lei 12.850/2013 (Organização criminosa).

Art. 2º O dever de sigilo é extensivo ao Banco Central do Brasil, em relação às operações que realizar e às informações que obtiver no exercício de suas atribuições.

§ 1º O sigilo, inclusive quanto a contas de depósitos, aplicações e investimentos mantidos em instituições financeiras, não pode ser oposto ao Banco Central do Brasil:

I – no desempenho de suas funções de fiscalização, compreendendo a apuração, a qualquer tempo, de ilícitos praticados por controladores, administradores, membros de conselhos estatutários, gerentes, mandatários e prepostos de instituições financeiras;

II – ao proceder a inquérito em instituição financeira submetida a regime especial.

§ 2º As comissões encarregadas dos inquéritos a que se refere o inciso II do § 1º poderão examinar quaisquer documentos relativos a bens, direitos e obrigações das instituições financeiras, de seus controladores, administradores, membros de conselhos estatutários, gerentes, mandatários e prepostos, inclusive contas-correntes e operações com outras instituições financeiras.

§ 3º O disposto neste artigo aplica-se à Comissão de Valores Mobiliários, quando se tratar de fiscalização de operações e serviços no mercado de valores mobiliários, inclusive nas instituições financeiras que sejam companhias abertas.

§ 4º O Banco Central do Brasil e a Comissão de Valores Mobiliários, em suas áreas de competência, poderão firmar convênios:

I – com outros órgãos públicos fiscalizadores de instituições financeiras, objetivando a realização de fiscalizações conjuntas, observadas as respectivas competências;

II – com bancos centrais ou entidades fiscalizadoras de outros países, objetivando:

a) a fiscalização de filiais e subsidiárias de instituições financeiras estrangeiras, em funcionamento no Brasil, e de filiais e subsidiárias, no exterior, de instituições financeiras brasileiras;

b) a cooperação mútua e o intercâmbio de informações para a investigação de atividades ou operações que impliquem aplicação, negociação, ocultação ou transferência de ativos financeiros e de valores mobiliários relacionados com a prática de condutas ilícitas.

§ 5º O dever de sigilo de que trata esta Lei Complementar estende-se aos órgãos fiscalizadores mencionados no § 4º e a seus agentes.

§ 6º O Banco Central do Brasil, a Comissão de Valores Mobiliários e os demais órgãos de fiscalização, nas áreas de suas atribuições, fornecerão ao Conselho de Controle de Atividades Financeiras – Coaf, de que trata o art. 14 da Lei 9.613, de 3 de março de 1998, as informações cadastrais e de movimento de valores relativos às operações previstas no inciso I do art. 11 da referida Lei.

Art. 3º Serão prestadas pelo Banco Central do Brasil, pela Comissão de Valores Mobiliários e pelas instituições financeiras as informações ordenadas pelo Poder Judiciário, preservado o seu caráter sigiloso mediante acesso restrito às partes, que delas não poderão servir-se para fins estranhos à lide.

§ 1º Dependem de prévia autorização do Poder Judiciário a prestação de informações e o fornecimento de documentos sigilosos solicitados por comissão de inquérito administrativo destinada a apurar responsabilidade de servidor público por infração praticada no exercício de suas atribuições, ou que tenha relação com as atribuições do cargo em que se encontre investido.

§ 2º Nas hipóteses do § 1º, o requerimento de quebra de sigilo independe da existência de processo judicial em curso.

§ 3º Além dos casos previstos neste artigo o Banco Central do Brasil e a Comissão de Valores Mobiliários fornecerão à Advocacia-Geral da União as informações e os documentos necessários à defesa da União nas ações em que seja parte.

Art. 4º O Banco Central do Brasil e a Comissão de Valores Mobiliários, nas áreas de suas atribuições, e as instituições financeiras fornecerão ao Poder Legislativo Federal as informações e os documentos sigilosos que, fundamentadamente, se fizerem necessários ao exercício de suas respectivas competências constitucionais e legais.

§ 1º As comissões parlamentares de inquérito, no exercício de sua competência constitucional e legal de ampla investigação, obterão as informações e documentos sigilosos de que necessitarem, diretamente das instituições financeiras, ou por intermédio do Banco Central do Brasil ou da Comissão de Valores Mobiliários.

- V. Lei 1.579/1952 (Comissões Parlamentares de Inquérito).

§ 2º As solicitações de que trata este artigo deverão ser previamente aprovadas pelo Plenário da Câmara dos Deputados, do Senado Federal, ou do plenário de suas respectivas comissões parlamentares de inquérito.

Art. 5º O Poder Executivo disciplinará, inclusive quanto à periodicidade e aos limites de valor, os critérios segundo os quais as instituições financeiras informarão à administração tributária da União, as operações financeiras efetuadas pelos usuários de seus serviços.

- V. Dec. 4.489/2002 (Regulamenta o art. 5º da LC 105/2001).

§ 1º Consideram-se operações financeiras, para os efeitos deste artigo:
I – depósitos à vista e a prazo, inclusive em conta de poupança;
II – pagamentos efetuados em moeda corrente ou em cheques;
III – emissão de ordens de crédito ou documentos assemelhados;
IV – resgates em contas de depósitos à vista ou a prazo, inclusive de poupança;
V – contratos de mútuo;
VI – descontos de duplicatas, notas promissórias e outros títulos de crédito;
VII – aquisições e vendas de títulos de renda fixa ou variável;
VIII – aplicações em fundos de investimentos;
IX – aquisições de moeda estrangeira;
X – conversões de moeda estrangeira em moeda nacional;
XI – transferências de moeda e outros valores para o exterior;
XII – operações com ouro, ativo financeiro;
XIII – operações com cartão de crédito;
XIV – operações de arrendamento mercantil; e
XV – quaisquer outras operações de natureza semelhante que venham a ser autorizadas pelo Banco Central do Brasil, Comissão de Valores Mobiliários ou outro órgão competente.

§ 2º As informações transferidas na forma do *caput* deste artigo restringir-se-ão a informes relacionados com a identificação dos titulares das operações e os montantes globais mensalmente movimentados, vedada a inserção de qualquer elemento que permita identificar a sua origem ou a natureza dos gastos a partir deles efetuados.

§ 3º Não se incluem entre as informações de que trata este artigo as operações financeiras efetuadas pelas administrações direta e indireta da União, dos Estados, do Distrito Federal e dos Municípios.

§ 4º Recebidas as informações de que trata este artigo, se detectados indícios de falhas, incorreções ou omissões, ou de cometimento de ilícito fiscal, a autoridade interessada poderá requisitar as informações e os documentos de que necessitar, bem como realizar fiscalização ou auditoria para a adequada apuração dos fatos.

§ 5º As informações a que se refere este artigo serão conservadas sob sigilo fiscal, na forma da legislação em vigor.

Art. 6º As autoridades e os agentes fiscais tributários da União, dos Estados, do Distrito Federal e dos Municípios somente poderão examinar documentos, livros e registros de instituições financeiras, inclusive os referentes a contas de depósitos e aplicações financeiras, quando houver processo admi-

Dec. 3.724/2001

LEGISLAÇÃO

nistrativo instaurado ou procedimento fiscal em curso e tais exames sejam considerados indispensáveis pela autoridade administrativa competente.

- V. Dec. 3.724/2001 (Regulamenta o art. 6º da LC 105/2001).

Parágrafo único. O resultado dos exames, as informações e os documentos a que se refere este artigo serão conservados em sigilo, observada a legislação tributária.

Art. 7º Sem prejuízo do disposto no § 3º do art. 2º, a Comissão de Valores Mobiliários, instaurado inquérito administrativo, poderá solicitar à autoridade judiciária competente o levantamento do sigilo junto às instituições financeiras de informações e documentos relativos a bens, direitos e obrigações de pessoa física ou jurídica submetida ao seu poder disciplinar.

Parágrafo único. O Banco Central do Brasil e a Comissão de Valores Mobiliários manterão permanente intercâmbio de informações acerca dos resultados das inspeções que realizarem, dos inquéritos que instaurarem e das penalidades que aplicarem, sempre que as informações forem necessárias ao desempenho de suas atividades.

Art. 8º O cumprimento das exigências e formalidades previstas nos artigos 4º, 6º e 7º será expressamente declarado pelas autoridades competentes nas solicitações dirigidas ao Banco Central do Brasil, à Comissão de Valores Mobiliários ou às instituições financeiras.

Art. 9º Quando, no exercício de suas atribuições, o Banco Central do Brasil e a Comissão de Valores Mobiliários verificarem a ocorrência de crime definido em lei como de ação pública, ou indícios da prática de tais crimes, informarão ao Ministério Público, juntando à comunicação os documentos necessários à apuração ou comprovação dos fatos.

§ 1º A comunicação de que trata este artigo será efetuada pelos Presidentes do Banco Central do Brasil e da Comissão de Valores Mobiliários, admitida delegação de competência, no prazo máximo de 15 (quinze) dias, a contar do recebimento do processo, com manifestação dos respectivos serviços jurídicos.

§ 2º Independentemente do disposto no *caput* deste artigo, o Banco Central do Brasil e a Comissão de Valores Mobiliários comunicarão aos órgãos públicos competentes as irregularidades e os ilícitos administrativos de que tenham conhecimento, ou indícios de sua prática, anexando os documentos pertinentes.

Art. 10. A quebra de sigilo, fora das hipóteses autorizadas nesta Lei Complementar, constitui crime e sujeita os responsáveis à pena de reclusão, de 1 (um) a 4 (quatro) anos, e multa, aplicando-se, no que couber, o Código Penal, sem prejuízo de outras sanções cabíveis.

Parágrafo único. Incorre nas mesmas penas quem omitir, retardar injustificadamente ou prestar falsamente as informações requeridas nos termos desta Lei Complementar.

Art. 11. O servidor público que utilizar ou viabilizar a utilização de qualquer informação obtida em decorrência da quebra de sigilo de que trata esta Lei Complementar responde pessoal e diretamente pelos danos decorrentes, sem prejuízo da responsabilidade objetiva da entidade pública, quando comprovado que o servidor agiu de acordo com orientação oficial.

Art. 12. Esta Lei Complementar entra em vigor na data de sua publicação.

Art. 13. Revoga-se o art. 38 da Lei 4.595, de 31 de dezembro de 1964.

Brasília, 10 de janeiro de 2001; 180º da Independência e 113º da República.
Fernando Henrique Cardoso

(*DOU* 11.01.2001)

DECRETO 3.724, DE 10 DE JANEIRO DE 2001

Regulamenta o art. 6º da Lei Complementar 105, de 10 de janeiro de 2001, relativamente à requisição, acesso e uso, pela Secretaria da Receita Federal, de informações referentes a operações e serviços das instituições financeiras e das entidades a elas equiparadas.

- V. art. 2º, Dec. 6.104/2007, que determina que os procedimentos fiscais iniciados antes de 02.05.2007, no âmbito da Secretaria da Receita

Dec. 3.724/2001

Legislação

Federal e da Secretaria da Receita Previdenciária, deverão ser concluídos até 31.10.2007.

O Presidente da República, no uso da atribuição que lhe confere o art. 84, inciso IV, da Constituição, e tendo em vista o disposto na Lei Complementar 105, de 10 de janeiro de 2001, decreta:

Art. 1º Este Decreto dispõe, nos termos do art. 6º da Lei Complementar 105, de 10 de janeiro de 2001, sobre requisição, acesso e uso, pela Secretaria da Receita Federal e seus agentes, de informações referentes a operações e serviços das instituições financeiras e das entidades a elas equiparadas, em conformidade com o art. 1º, §§ 1º e 2º, da mencionada Lei, bem assim estabelece procedimentos para preservar o sigilo das informações obtidas.

Art. 2º Os procedimentos fiscais relativos a tributos e contribuições administrados pela Secretaria da Receita Federal do Brasil – RFB serão executados por ocupante do cargo efetivo de Auditor Fiscal da Receita Federal do Brasil e terão início mediante expedição prévia de Termo de Distribuição do Procedimento Fiscal – TDPF, conforme procedimento a ser estabelecido em ato do Secretário da Receita Federal do Brasil.

- *Caput* com redação determinada pelo Dec. 8.303/2014.

§ 1º Nos casos de flagrante constatação de contrabando, descaminho ou de qualquer outra prática de infração à legislação tributária, em que o retardamento do início do procedimento fiscal coloque em risco os interesses da Fazenda Nacional, pela possibilidade de subtração de prova, o Auditor-Fiscal da Receita Federal do Brasil deverá iniciar imediatamente o procedimento fiscal e, no prazo de cinco dias, contado da data de seu início, será expedido TDPF especial, do qual será dada ciência ao sujeito passivo.

- § 1º com redação determinada pelo Dec. 8.303/2014.

§ 2º Entende-se por procedimento de fiscalização a modalidade de procedimento fiscal a que se referem o art. 7º e seguintes do Decreto 70.235, de 6 de março de 1972.

- § 2º com redação determinada pelo Dec. 6.104/2007.

§ 3º O TDPF não será exigido nas hipóteses de procedimento de fiscalização:

- *Caput* do § 3º com redação determinada pelo Dec. 8.303/2014.

I – realizado no curso do despacho aduaneiro;

- Inciso I acrescentado pelo Dec. 6.104/2007.

II – interno, de revisão aduaneira;

- Inciso II acrescentado pelo Dec. 6.104/2007.

III – de vigilância e repressão ao contrabando e descaminho, realizado em operação ostensiva;

- Inciso III acrescentado pelo Dec. 6.104/2007.

IV – relativo ao tratamento automático das declarações (malhas fiscais).

- Inciso IV acrescentado pelo Dec. 6.104/2007.

§ 4º O Secretário da Receita Federal do Brasil estabelecerá os modelos e as informações constantes do TDPF, os prazos para sua execução, as autoridades fiscais competentes para sua expedição, bem como demais hipóteses de dispensa ou situações em que seja necessário o início do procedimento antes da expedição do TDPF, nos casos em que haja risco aos interesses da Fazenda Nacional.

- § 4º com redação determinada pelo Dec. 8.303/2014.

§ 5º A Secretaria da Receita Federal do Brasil, por intermédio de servidor ocupante do cargo de Auditor Fiscal da Receita Federal do Brasil, somente poderá examinar informações relativas a terceiros, constantes de documentos, livros e registros de instituições financeiras e de entidades a elas equiparadas, inclusive os referentes a contas de depósitos e de aplicações financeiras, quando houver procedimento de fiscalização em curso e tais exames forem considerados indispensáveis.

- § 5º com redação determinada pelo Dec. 6.104/2007.

§ 6º A Secretaria da Receita Federal do Brasil, por intermédio de seus administradores, garantirá o pleno e inviolável exercício das atribuições do Auditor Fiscal da Receita Federal do Brasil responsável pela execução do procedimento fiscal.

Dec. 3.724/2001

LEGISLAÇÃO

- § 6º com redação determinada pelo Dec. 6.104/2007.

Art. 3º Os exames referidos no § 5º do art. 2º somente serão considerados indispensáveis nas seguintes hipóteses:
- *Caput* com redação determinada pelo Dec. 6.104/2007.

I – subavaliação de valores de operação, inclusive de comércio exterior, de aquisição ou alienação de bens ou direitos, tendo por base os correspondentes valores de mercado;

II – obtenção de empréstimos de pessoas jurídicas não financeiras ou de pessoas físicas, quando o sujeito passivo deixar de comprovar o efetivo recebimento dos recursos;

III – prática de qualquer operação com pessoa física ou jurídica residente ou domiciliada em país com tributação favorecida ou beneficiária de regime fiscal de que tratam os art. 24 e art. 24-A da Lei 9.430, de 27 de dezembro de 1996;
- Inciso III com redação determinada pelo Dec. 8.303/2014.

IV – omissão de rendimentos ou ganhos líquidos, decorrentes de aplicações financeiras de renda fixa ou variável;

V – realização de gastos ou investimentos em valor superior à renda disponível;

VI – remessa, a qualquer título, para o exterior, por intermédio de conta de não residente, de valores incompatíveis com as disponibilidades declaradas;

VII – previstas no art. 33 da Lei 9.430, de 1996;

VIII – pessoa jurídica enquadrada, no Cadastro Nacional da Pessoa Jurídica (CNPJ), nas seguintes situações cadastrais:
a) cancelada;
b) inapta, nos casos previstos no art. 81 da Lei 9.430, de 1996;

IX – pessoa física sem inscrição no Cadastro de Pessoas Físicas (CPF) ou com inscrição cancelada;

X – negativa, pelo titular de direito da conta, da titularidade de fato ou da responsabilidade pela movimentação financeira;

XI – presença de indício de que o titular de direito é interposta pessoa do titular de fato; e
- Inciso XI com redação determinada pelo Dec. 8.303/2014.

XII – intercâmbio de informações, com fundamento em tratados, acordos ou convênios internacionais, para fins de arrecadação e fiscalização de tributos.
- Inciso XII acrescentado pelo Dec. 8.303/2014.

§ 1º Não se aplica o disposto nos incisos I a VI, quando as diferenças apuradas não excedam a 10% (dez por cento) dos valores de mercado ou declarados, conforme o caso.

§ 2º Considera-se indício de interposição de pessoa, para os fins do inciso XI deste artigo, quando:

I – as informações disponíveis, relativas ao sujeito passivo, indicarem movimentação financeira superior a 10 (dez) vezes a renda disponível declarada ou, na ausência de Declaração de Ajuste Anual do Imposto de Renda, o montante anual da movimentação for superior ao estabelecido no inciso II do § 3º do art. 42 da Lei 9.430, de 1996;

II – a ficha cadastral do sujeito passivo, na instituição financeira, ou equiparada, contenha:
a) informações falsas quanto a endereço, rendimentos ou patrimônio; ou
b) rendimento inferior a 10% (dez por cento) do montante anual da movimentação.

Art. 4º Poderão requisitar as informações referidas no § 5º do art. 2º as autoridades competentes para expedir o TDPF.
- *Caput* com redação determinada pelo Dec. 8.303/2014.

§ 1º A requisição referida neste artigo será formalizada mediante documento denominado Requisição de Informações sobre Movimentação Financeira (RMF) e será dirigida, conforme o caso, ao:

I – Presidente do Banco Central do Brasil, ou a seu preposto;

II – Presidente da Comissão de Valores Mobiliários, ou a seu preposto;

III – presidente de instituição financeira, ou entidade a ela equiparada, ou a seu preposto;

IV – gerente de agência.

§ 2º A RMF será precedida de intimação ao sujeito passivo para apresentação de infor-

Dec. 3.724/2001

mações sobre movimentação financeira, necessárias à execução do procedimento fiscal.

- § 2º com redação determinada pelo Dec. 8.303/2014.

§ 3º O sujeito passivo poderá atender a intimação a que se refere o § 2º por meio de:

- Caput do § 3º com redação determinada pelo Dec. 8.303/2014.

I – autorização expressa do acesso direto às informações sobre movimentação financeira por parte da autoridade fiscal; ou

- Inciso I acrescentado pelo Dec. 8.303/2014.

II – apresentação das informações sobre movimentação financeira, hipótese em que responde por sua veracidade e integridade, observada a legislação penal aplicável.

- Inciso II acrescentado pelo Dec. 8.303/2014.

§ 4º As informações prestadas pelo sujeito passivo poderão ser objeto de verificação nas instituições de que trata o art. 1º, inclusive por intermédio do Banco Central do Brasil ou da Comissão de Valores Mobiliários, bem assim de cotejo com outras informações disponíveis na Secretaria da Receita Federal.

§ 5º A RMF será expedida com base em relatório circunstanciado, elaborado pelo Auditor Fiscal da Receita Federal do Brasil encarregado da execução do procedimento fiscal ou pela chefia imediata.

- § 5º com redação determinada pelo Dec. 8.303/2014.

§ 6º No relatório referido no parágrafo anterior, deverá constar a motivação da proposta de expedição da RMF, que demonstre, com precisão e clareza, tratar-se de situação enquadrada em hipótese de indispensabilidade prevista no artigo anterior, observado o princípio da razoabilidade.

§ 7º Na RMF deverão constar, no mínimo, o seguinte:

I – nome ou razão social do sujeito passivo, endereço e número de inscrição no CPF ou no CNPJ;

II – número de identificação do TDPF a que se vincular;

- Inciso II com redação determinada pelo Dec. 8.303/2014.

III – as informações requisitadas e o período a que se refere a requisição;

IV – nome, matrícula e assinatura da autoridade que a expediu;

V – nome, matrícula e endereço funcional dos Auditores Fiscais da Receita Federal do Brasil responsáveis pela execução do procedimento fiscal;

- Inciso V com redação determinada pelo Dec. 8.303/2014.

VI – forma de apresentação das informações (em papel ou em meio magnético);

VII – prazo para entrega das informações, na forma da legislação aplicável;

VIII – endereço para entrega das informações;

IX – código de acesso à Internet que permitirá à instituição requisitada identificar a RMF.

§ 8º A expedição da RMF presume indispensabilidade das informações requisitadas, nos termos deste Decreto.

Art. 5º As informações requisitadas na forma do artigo anterior:

I – compreendem:

a) dados constantes da ficha cadastral do sujeito passivo;

b) valores, individualizados, dos débitos e créditos efetuados no período;

II – deverão:

a) ser apresentadas, no prazo estabelecido na RMF, à autoridade que a expediu ou aos Auditores Fiscais da Receita Federal do Brasil responsáveis pela execução do procedimento fiscal correspondente;

- Alínea a com redação determinada pelo Dec. 8.303/2014.

b) subsidiar o procedimento de fiscalização em curso, observado o disposto no art. 42 da Lei 9.430, de 1996;

c) integrar o processo administrativo fiscal instaurado, quando interessarem à prova do lançamento de ofício.

§ 1º Somente poderão ser solicitados, por cópia autêntica, os documentos relativos aos débitos e aos créditos, nos casos previstos nos incisos VII a XI do art. 3º.

Dec. 3.724/2001

LEGISLAÇÃO

§ 2º As informações não utilizadas no processo administrativo fiscal deverão, nos termos de ato da Secretaria da Receita Federal, ser entregues ao sujeito passivo, destruídas ou inutilizadas.

§ 3º Quem omitir, retardar injustificadamente ou prestar falsamente à Secretaria da Receita Federal as informações a que se refere este artigo ficará sujeito às sanções de que trata o art. 10, *caput*, da Lei Complementar 105, de 2001, sem prejuízo das penalidades cabíveis nos termos da legislação tributária ou disciplinar, conforme o caso.

Art. 6º De conformidade com o disposto no art. 9º da Lei Complementar 105, de 2001, o Banco Central do Brasil e a Comissão de Valores Mobiliários, por seus respectivos Presidentes ou servidores que receberem delegação de competência para a finalidade específica, deverão comunicar, de ofício, à Secretaria da Receita Federal, no prazo máximo de 15 (quinze) dias, as irregularidades e os ilícitos administrativos de que tenham conhecimento, ou indícios de sua prática, anexando os documentos pertinentes, sempre que tais fatos puderem configurar qualquer infração à legislação tributária federal.

Parágrafo único. A violação do disposto neste artigo constitui infração administrativo-disciplinar do dirigente ou servidor que a ela der causa, sem prejuízo da aplicação do disposto no art. 10, *caput*, da Lei Complementar 105, de 2001, e demais sanções civis e penais cabíveis.

Art. 7º As informações, os resultados dos exames fiscais e os documentos obtidos em função do disposto neste Decreto serão mantidos sob sigilo fiscal, na forma da legislação pertinente.

§ 1º A Secretaria da Receita Federal deverá manter controle de acesso ao processo administrativo fiscal, ficando sempre registrado o responsável pelo recebimento, nos casos de movimentação.

§ 2º Na expedição e tramitação das informações deverá ser observado o seguinte:

I – as informações serão enviadas em dois envelopes lacrados:

a) um externo, que conterá apenas o nome ou a função do destinatário e seu endereço, sem qualquer anotação que indique o grau de sigilo do conteúdo;

b) um interno, no qual serão inscritos o nome e a função do destinatário, seu endereço, o número do TDPF ou do processo administrativo fiscal e, claramente indicada, observação de que se trata de matéria sigilosa;

• Alínea *b* com redação determinada pelo Dec. 8.303/2014.

II – o envelope interno será lacrado e sua expedição será acompanhada de recibo;

III – o recibo destinado ao controle da custódia das informações conterá, necessariamente, indicações sobre o remetente, o destinatário e o número do TDPF ou do processo administrativo fiscal.

• Inciso III com redação determinada pelo Dec. 8.303/2014.

§ 3º Aos responsáveis pelo recebimento de documentos sigilosos incumbe:

I – verificar e registrar, se for o caso, indícios de qualquer violação ou irregularidade na correspondência recebida, dando ciência do fato ao destinatário, o qual informará ao remetente;

II – assinar e datar o respectivo recibo, se for o caso;

III – proceder ao registro do documento e ao controle de sua tramitação.

§ 4º O envelope interno somente será aberto pelo destinatário ou por seu representante autorizado.

§ 5º O destinatário do documento sigiloso comunicará ao remetente qualquer indício de violação, tais como rasuras, irregularidades de impressão ou de paginação.

§ 6º Os documentos sigilosos serão guardados em condições especiais de segurança.

§ 7º As informações enviadas por meio eletrônico serão obrigatoriamente criptografadas.

Art. 8º O servidor que utilizar ou viabilizar a utilização de qualquer informação obtida nos termos deste Decreto, em finalida-

Lei 10.189/2001

LEGISLAÇÃO

de ou hipótese diversa da prevista em lei, regulamento ou ato administrativo, será responsabilizado administrativamente por descumprimento do dever funcional de observar normas legais ou regulamentares, de que trata o art. 116, inciso III, da Lei 8.112, de 11 de dezembro de 1990, se o fato não configurar infração mais grave, sem prejuízo de sua responsabilização em ação regressiva própria e da responsabilidade penal cabível.

Art. 9º O servidor que divulgar, revelar ou facilitar a divulgação ou revelação de qualquer informação de que trata este Decreto, constante de sistemas informatizados, arquivos de documentos ou autos de processos protegidos por sigilo fiscal, com infração ao disposto no art. 198 da Lei 5.172, de 25 de outubro de 1966 (Código Tributário Nacional), ou no art. 116, inciso VIII, da Lei 8.112, de 1990, ficará sujeito à penalidade de demissão, prevista no art. 132, inciso IX, da citada Lei 8.112, sem prejuízo das sanções civis e penais cabíveis.

Art. 10. O servidor que permitir ou facilitar, mediante atribuição, fornecimento ou empréstimo de senha ou qualquer outra forma, o acesso de pessoas não autorizadas a sistemas de informações, banco de dados, arquivos ou a autos de processos que contenham informações mencionadas neste Decreto, será responsabilizado administrativamente, nos termos da legislação específica, sem prejuízo das sanções civis e penais cabíveis.

Parágrafo único. O disposto neste artigo também se aplica no caso de o servidor utilizar-se, indevidamente, do acesso restrito.

Art. 11. Configura infração do servidor aos deveres funcionais de exercer com zelo e dedicação as atribuições do cargo e de observar normas legais e regulamentares, nos termos do art. 116, incisos I e III, da Lei 8.112, de 1990, sem prejuízo da responsabilidade penal e civil cabível, na forma dos arts. 121 a 125 daquela Lei, se o fato não configurar infração mais grave:

I – não proceder com o devido cuidado na guarda e utilização de sua senha ou emprestá-la a outro servidor, ainda que habilitado;
II – acessar imotivadamente sistemas informatizados da Secretaria da Receita Federal, arquivos de documentos ou autos de processos, que contenham informações protegidas por sigilo fiscal.

Art. 12. O sujeito passivo que se considerar prejudicado por uso indevido das informações requisitadas, nos termos deste Decreto, ou por abuso da autoridade requisitante, poderá dirigir representação ao Corregedor-Geral da Secretaria da Receita Federal, com vistas à apuração do fato e, se for o caso, à aplicação de penalidades cabíveis ao servidor responsável pela infração.

Art. 13. A Secretaria da Receita Federal editará instruções necessárias à execução do disposto neste Decreto.

Art. 14. Este Decreto entra em vigor na data de sua publicação.

Brasília, 10 de janeiro de 2001; 180º da Independência e 113º da República.
Fernando Henrique Cardoso

(*DOU* 11.01.2001)

LEI 10.189, DE 14 DE FEVEREIRO DE 2001

Dispõe sobre o Programa de Recuperação Fiscal – Refis.

Faço saber que o Presidente da República adotou a Medida Provisória 2.061-4, de 2001, que o Congresso Nacional aprovou, e eu, Antonio Carlos Magalhães, Presidente, para os efeitos do disposto no parágrafo único do art. 62 da Constituição Federal, promulgo a seguinte Lei:

Art. 1º O inciso I do § 4º do art. 2º da Lei 9.964, de 10 de abril de 2000, passa a vigorar com a seguinte redação:

• Alteração processada no texto da referida Lei.

Art. 2º As pessoas jurídicas optantes pelo Refis ou pelo parcelamento a ele alternativo poderão, excepcionalmente, parcelar os débitos relativos aos tributos e às contribuições referidos no art. 1º da Lei 9.964, de

2000, com vencimento entre 1º de março e 15 de setembro de 2000, em até seis parcelas mensais, iguais e sucessivas.

§ 1º O parcelamento de que trata este artigo será requerido junto ao órgão a que estiver vinculado o débito, até o último dia útil do mês de novembro de 2000.

§ 2º O débito objeto do parcelamento será consolidado na data da concessão.

§ 3º O valor de cada prestação não poderá ser inferior a R$ 50,00 (cinquenta reais).

§ 4º O valor de cada prestação mensal, por ocasião do pagamento, será acrescido de juros equivalentes à Taxa Referencial do Sistema Especial de Liquidação e Custódia (Selic), para títulos federais, acumulada mensalmente, calculados a partir da data do deferimento até o mês anterior ao do pagamento, e de 1% (um por cento) relativamente ao mês em que o pagamento estiver sendo efetuado.

§ 5º O pagamento da primeira parcela deverá ser efetuado no mês em que for protocolizado o pedido de parcelamento, vencendo-se as demais parcelas até o último dia útil de cada mês subsequente.

§ 6º A falta de pagamento de duas prestações implicará a rescisão do parcelamento e a exclusão da pessoa jurídica do Refis.

§ 7º Relativamente aos débitos parcelados na forma deste artigo não será exigida garantia ou arrolamento de bens, observado o disposto no § 3º do art. 3º da Lei 9.964, de 2000.

Art. 3º Na hipótese de opções formalizadas com base na Lei 10.002, de 14 de setembro de 2000, a pessoa jurídica optante deverá adotar, para fins de determinação da parcela mensal, nos seis primeiros meses do parcelamento, o dobro do percentual a que estiver sujeito, nos termos estabelecidos no inciso II do § 4º do art. 2º da Lei 9.964, de 2000.

§ 1º Na hipótese de opção pelo parcelamento alternativo ao Refis, a pessoa jurídica deverá pagar, nos primeiros 6 (seis) meses, duas parcelas a cada mês.

§ 2º A formalização da opção referida no *caput* dar-se-á pela postagem do respectivo termo nas agências da Empresa Brasileira de Correios e Telégrafos – ECT ou, nas hipóteses estabelecidas pelo Poder Executivo, inclusive por intermédio do Comitê Gestor do Refis, nas unidades da Secretaria da Receita Federal, da Procuradoria-Geral da Fazenda Nacional e do Instituto Nacional do Seguro Social – INSS.

Art. 4º Não se aplica o disposto no inciso V do art. 5º da Lei 9.964, de 2000, na hipótese de cisão da pessoa jurídica optante pelo Refis, desde que, cumulativamente:

I – o débito consolidado seja atribuído integralmente a uma única pessoa jurídica;

II – as pessoas jurídicas que absorverem o patrimônio vertido assumam, de forma expressa, irrevogável e irretratável, entre si e, no caso de cisão parcial, com a própria cindida, a condição de responsáveis solidários pela totalidade do débito consolidado, independentemente da proporção do patrimônio vertido.

§ 1º O disposto no inciso V do art. 5º da Lei 9.964, de 2000, também não se aplica na hipótese de cisão de pessoa jurídica optante pelo parcelamento alternativo ao Refis.

§ 2º Na hipótese do *caput* deste artigo:

I – a pessoa jurídica a quem for atribuído o débito consolidado, independentemente da data da cisão, será considerada optante pelo Refis, observadas as demais normas e condições estabelecidas para o Programa;

II – a assunção da responsabilidade solidária estabelecida no inciso II do *caput* será comunicada ao Comitê Gestor;

III – as parcelas mensais serão determinadas com base no somatório das receitas brutas das pessoas jurídicas que absorveram patrimônio vertido e, no caso de cisão parcial, da própria cindida;

IV – as garantias apresentadas ou o arrolamento de bens serão mantidos integralmente.

Art. 5º Aplica-se às formas de parcelamento referidas nos arts. 12 e 13 da Lei 9.964, de 2000, o prazo de opção estabele-

LEGISLAÇÃO

cido pelo parágrafo único do art. 1º da Lei 10.002, de 2000.

§ 1º Poderão, também, ser parcelados, em até sessenta parcelas mensais e sucessivas, observadas as demais normas estabelecidas para o parcelamento a que se refere o art. 13 da Lei 9.964, de 2000, os débitos de natureza não tributária não inscritos em dívida ativa.

§ 2º O parcelamento de que trata o parágrafo anterior deverá ser requerido no prazo referido no *caput*, perante órgão encarregado da administração do respectivo débito.

§ 3º Na hipótese do § 3º do art. 13 da Lei 9.964, de 2000, o valor da verba de sucumbência será de até 1% (um por cento) do valor do débito consolidado, incluído no Refis ou no parcelamento alternativo a que se refere o art. 12 da referida Lei, decorrente da desistência da respectiva ação judicial.

Art. 6º Ficam convalidados os atos praticados com base na Medida Provisória 2.061-3, de 27 de dezembro de 2000.

Art. 7º Esta Lei entra em vigor na data de sua publicação, aplicando-se, no que couber, às opções efetuadas até o último dia útil do mês de abril de 2000.

Congresso Nacional, em 14 de fevereiro de 2001; 180º da Independência e 113º da República.

Senador Antonio Carlos Magalhães
Presidente do Congresso Nacional
(*DOU* 16.02.2001)

LEI 10.259,
DE 12 DE JULHO DE 2001

Dispõe sobre a instituição dos Juizados Especiais Cíveis e Criminais no âmbito da Justiça Federal.

- V. Lei 9.099/1995 (Juizados Especiais Cíveis e Criminais).
- V. Lei 12.153/2009 (Juizados Especiais da Fazenda Pública no âmbito dos Estados, do Distrito Federal, dos Territórios e dos Municípios).
- V. Súmula 428, STJ.

O Presidente da República:
Faço saber que o Congresso Nacional decreta e eu sanciono a seguinte Lei:

Lei 10.259/2001

Art. 1º São instituídos os Juizados Especiais Cíveis e Criminais da Justiça Federal, aos quais se aplica, no que não conflitar com esta Lei, o disposto na Lei 9.099, de 26 de setembro de 1995.

Art. 2º Compete ao Juizado Especial Federal Criminal processar e julgar os feitos de competência da Justiça Federal relativos às infrações de menor potencial ofensivo, respeitadas as regras de conexão e continência.

- Artigo com redação determinada pela Lei 11.313/2006.
- V. art. 61, Lei 9.099/1995 (Juizados Especiais Cíveis e Criminais).
- • V. arts. 54 a 59, CPC/2015.

Parágrafo único. Na reunião de processos, perante o juízo comum ou o tribunal do júri, decorrente da aplicação das regras de conexão e continência, observar-se-ão os institutos da transação penal e da composição dos danos civis.

Art. 3º Compete ao Juizado Especial Federal Cível processar, conciliar e julgar causas de competência da Justiça Federal até o valor de sessenta salários mínimos, bem como executar as suas sentenças.

§ 1º Não se incluem na competência do Juizado Especial Cível as causas:

- V. Súmula 376, STJ.

I – referidas no art. 109, incisos II, III e XI, da Constituição Federal, as ações de mandado de segurança, de desapropriação, de divisão e demarcação, populares, execuções fiscais e por improbidade administrativa e as demandas sobre direitos ou interesses difusos, coletivos ou individuais homogêneos;

II – sobre bens imóveis da União, autarquias e fundações públicas federais;

III – para a anulação ou cancelamento de ato administrativo federal, salvo o de natureza previdenciária e o de lançamento fiscal;

IV – que tenham como objeto a impugnação da pena de demissão imposta a servidores públicos civis ou de sanções disciplinares aplicadas a militares.

833

Lei 10.259/2001

§ 2º Quando a pretensão versar sobre obrigações vincendas, para fins de competência do Juizado Especial, a soma de doze parcelas não poderá exceder o valor referido no art. 3º, *caput*.

§ 3º No foro onde estiver instalada Vara do Juizado Especial, a sua competência é absoluta.

Art. 4º O Juiz poderá, de ofício ou a requerimento das partes, deferir medidas cautelares no curso do processo, para evitar dano de difícil reparação.

Art. 5º Exceto nos casos do art. 4º, somente será admitido recurso de sentença definitiva.

•• V. art. 203, §1º, CPC/2015.

Art. 6º Podem ser partes no Juizado Especial Federal Cível:

I – como autores, as pessoas físicas e as microempresas e empresas de pequeno porte, assim definidas na Lei 9.317, de 5 de dezembro de 1996;

• V. art. 3º, LC 123/2006 (Supersimples).

II – como rés, a União, autarquias, fundações e empresas públicas federais.

Art. 7º As citações e intimações da União serão feitas na forma prevista nos arts. 35 a 38 da Lei Complementar 73, de 10 de fevereiro de 1993.

•• V. art. 75, CPC/2015.

Parágrafo único. A citação das autarquias, fundações e empresas públicas será feita na pessoa do representante máximo da entidade, no local onde proposta a causa, quando ali instalado seu escritório ou representação; se não, na sede da entidade.

Art. 8º As partes serão intimadas da sentença, quando não proferida esta na audiência em que estiver presente seu representante, por ARMP (aviso de recebimento em mão própria).

§ 1º As demais intimações das partes serão feitas na pessoa dos advogados ou dos Procuradores que oficiem nos respectivos autos, pessoalmente ou por via postal.

§ 2º Os tribunais poderão organizar serviço de intimação das partes e de recepção de petições por meio eletrônico.

Art. 9º Não haverá prazo diferenciado para a prática de qualquer ato processual pelas pessoas jurídicas de direito público, inclusive a interposição de recursos, devendo a citação para audiência de conciliação ser efetuada com antecedência mínima de 30 (trinta) dias.

Art. 10. As partes poderão designar, por escrito, representantes para a causa, advogado ou não.

• O STF, na ADIn 3.168-6 (*DJU* 03.08.2007), deu interpretação conforme, para excluir do âmbito de incidência do art. 10 da Lei 10.259/2001 os feitos de competência dos juizados especiais criminais da Justiça Federal.

Parágrafo único. Os representantes judiciais da União, autarquias, fundações e empresas públicas federais, bem como os indicados na forma do *caput*, ficam autorizados a conciliar, transigir ou desistir, nos processos da competência dos Juizados Especiais Federais.

• V. Dec. 4.250/2002 (Regulamenta a representação judicial da União, autarquias, fundações e empresas públicas federais perante os Juizados Especiais Federais).

Art. 11. A entidade pública ré deverá fornecer ao Juizado a documentação de que disponha para o esclarecimento da causa, apresentando-a até a instalação da audiência de conciliação.

Parágrafo único. Para a audiência de composição dos danos resultantes de ilícito criminal (arts. 71, 72 e 74 da Lei 9.099, de 26 de setembro de 1995), o representante da entidade que comparecer terá poderes para acordar, desistir ou transigir, na forma do art. 10.

•• V. art. 334, § 10, CPC/2015.

Art. 12. Para efetuar o exame técnico necessário à conciliação ou ao julgamento da causa, o Juiz nomeará pessoa habilitada, que apresentará o laudo até 5 (cinco) dias antes da audiência, independentemente de intimação das partes.

§ 1º Os honorários do técnico serão antecipados à conta de verba orçamentária do respectivo Tribunal e, quando vencida na causa a entidade pública, seu valor será in-

Lei 10.259/2001

LEGISLAÇÃO

cluído na ordem de pagamento a ser feita em favor do Tribunal.

§ 2º Nas ações previdenciárias e relativas à assistência social, havendo designação de exame, serão as partes intimadas para, em 10 (dez) dias, apresentar quesitos e indicar assistentes.

Art. 13. Nas causas de que trata esta Lei, não haverá reexame necessário.

Art. 14. Caberá pedido de uniformização de interpretação de lei federal quando houver divergência entre decisões sobre questões de direito material proferidas por Turmas Recursais na interpretação da lei.

§ 1º O pedido fundado em divergência entre Turmas da mesma Região será julgado em reunião conjunta das Turmas em conflito, sob a presidência do Juiz Coordenador.

§ 2º O pedido fundado em divergência entre decisões de turmas de diferentes regiões ou da proferida em contrariedade a súmula ou jurisprudência dominante do STJ será julgado por Turma de Uniformização, integrada por juízes de Turmas Recursais, sob a presidência do Coordenador da Justiça Federal.

§ 3º A reunião de juízes domiciliados em cidades diversas será feita pela via eletrônica.

§ 4º Quando a orientação acolhida pela Turma de Uniformização, em questões de direito material, contrariar súmula ou jurisprudência dominante no Superior Tribunal de Justiça – STJ, a parte interessada poderá provocar a manifestação deste, que dirimirá a divergência.

§ 5º No caso do § 4º, presente a plausibilidade do direito invocado e havendo fundado receio de dano de difícil reparação, poderá o relator conceder, de ofício ou a requerimento do interessado, medida liminar determinando a suspensão dos processos nos quais a controvérsia esteja estabelecida.

§ 6º Eventuais pedidos de uniformização idênticos, recebidos subsequentemente em quaisquer Turmas Recursais, ficarão retidos nos autos, aguardando-se pronunciamento do Superior Tribunal de Justiça.

§ 7º Se necessário, o relator pedirá informações ao Presidente da Turma Recursal ou Coordenador da Turma de Uniformização e ouvirá o Ministério Público, no prazo de 5 (cinco) dias. Eventuais interessados, ainda que não sejam partes no processo, poderão se manifestar, no prazo de 30 (trinta) dias.

§ 8º Decorridos os prazos referidos no § 7º, o relator incluirá o pedido em pauta na Seção, com preferência sobre todos os demais feitos, ressalvados os processos com réus presos, os *habeas corpus* e os mandados de segurança.

§ 9º Publicado o acórdão respectivo, os pedidos retidos referidos no § 6º serão apreciados pelas Turmas Recursais, que poderão exercer juízo de retratação ou declará-los prejudicados, se veicularem tese não acolhida pelo Superior Tribunal de Justiça.

§ 10. Os Tribunais Regionais, o Superior Tribunal de Justiça e o Supremo Tribunal Federal, no âmbito de suas competências, expedirão normas regulamentando a composição dos órgãos e os procedimentos a serem adotados para o processamento e o julgamento do pedido de uniformização e do recurso extraordinário.

Art. 15. O recurso extraordinário, para os efeitos desta Lei, será processado e julgado segundo o estabelecido nos §§ 4º a 9º do art. 14, além da observância das normas do Regimento.

•• V. arts. 1029 a 1044, CPC/2015.

Art. 16. O cumprimento do acordo ou da sentença, com trânsito em julgado, que imponham obrigação de fazer, não fazer ou entrega de coisa certa, será efetuado mediante ofício do Juiz à autoridade citada para a causa, com cópia da sentença ou do acordo.

•• V. arts. 806 a 823, CPC/2015.

Art. 17. Tratando-se de obrigação de pagar quantia certa, após o trânsito em julgado da decisão, o pagamento será efetuado no prazo de 60 (sessenta) dias, contados da entrega da requisição, por ordem do Juiz, à autoridade citada para a causa, na agência mais próxima da Caixa Econômica Federal ou do Banco do Brasil, independentemente de precatório.

Lei 10.259/2001

LEGISLAÇÃO

§ 1º Para os efeitos do § 3º do art. 100 da Constituição Federal, as obrigações ali definidas como de pequeno valor, a serem pagas independentemente de precatório, terão como limite o mesmo valor estabelecido nesta Lei para a competência do Juizado Especial Federal Cível (art. 3º, *caput*).

§ 2º Desatendida a requisição judicial, o Juiz determinará o sequestro do numerário suficiente ao cumprimento da decisão.

§ 3º São vedados o fracionamento, repartição ou quebra do valor da execução, de modo que o pagamento se faça, em parte, na forma estabelecida no § 1º deste artigo, e, em parte, mediante expedição do precatório, e a expedição de precatório complementar ou suplementar do valor pago.

§ 4º Se o valor da execução ultrapassar o estabelecido no § 1º, o pagamento far-se-á, sempre, por meio do precatório, sendo facultado à parte exequente a renúncia ao crédito do valor excedente, para que possa optar pelo pagamento do saldo sem o precatório, da forma lá prevista.

•• V. art. 910, CPC/2015.

Art. 18. Os Juizados Especiais serão instalados por decisão do Tribunal Regional Federal. O Juiz presidente do Juizado designará os conciliadores pelo período de 2 (dois) anos, admitida a recondução. O exercício dessas funções será gratuito, assegurados os direitos e prerrogativas do jurado (art. 437 do Código de Processo Penal).

•• V. arts. 165 a 175, CPC/2015.

Parágrafo único. Serão instalados Juizados Especiais Adjuntos nas localidades cujo movimento forense não justifique a existência de Juizado Especial, cabendo ao Tribunal designar a Vara onde funcionará.

Art. 19. No prazo de 6 (seis) meses, a contar da publicação desta Lei, deverão ser instalados os Juizados Especiais nas capitais dos Estados e no Distrito Federal.

Parágrafo único. Na capital dos Estados, no Distrito Federal e em outras cidades onde for necessário, neste último caso, por decisão do Tribunal Regional Federal, serão instalados Juizados com competência exclusiva para ações previdenciárias.

Art. 20. Onde não houver Vara Federal, a causa poderá ser proposta no Juizado Especial Federal mais próximo do foro definido no art. 4º da Lei 9.099, de 26 de setembro de 1995, vedada a aplicação desta Lei no juízo estadual.

Art. 21. As Turmas Recursais serão instituídas por decisão do Tribunal Regional Federal, que definirá sua composição e área de competência, podendo abranger mais de uma seção.

§ 1º *(Revogado pela Lei 12.665/2012.)*
§ 2º *(Revogado pela Lei 12.665/2012.)*

Art. 22. Os Juizados Especiais serão coordenados por Juiz do respectivo Tribunal Regional, escolhido por seus pares, com mandato de 2 (dois) anos.

Parágrafo único. O Juiz Federal, quando o exigirem as circunstâncias, poderá determinar o funcionamento do Juizado Especial em caráter itinerante, mediante autorização prévia do Tribunal Regional Federal, com antecedência de 10 (dez) dias.

Art. 23. O Conselho da Justiça Federal poderá limitar, por até 3 (três) anos, contados a partir da publicação desta Lei, a competência dos Juizados Especiais Cíveis, atendendo à necessidade da organização dos serviços judiciários ou administrativos.

Art. 24. O Centro de Estudos Judiciários do Conselho da Justiça Federal e as Escolas de Magistratura dos Tribunais Regionais Federais criarão programas de informática necessários para subsidiar a instrução das causas submetidas aos Juizados e promoverão cursos de aperfeiçoamento destinados aos seus magistrados e servidores.

Art. 25. Não serão remetidas aos Juizados Especiais as demandas ajuizadas até a data de sua instalação.

Art. 26. Competirá aos Tribunais Regionais Federais prestar o suporte administrativo necessário ao funcionamento dos Juizados Especiais.

Art. 27. Esta Lei entra em vigor 6 (seis) meses após a data de sua publicação.

Brasília, 12 de julho de 2001; 180º da Independência e 113º da República.

Fernando Henrique Cardoso

(*DOU* 13.07.2001)

Lei 10.336/2001

LEGISLAÇÃO

LEI 10.336, DE 19 DE DEZEMBRO DE 2001

Institui Contribuição de Intervenção no Domínio Econômico incidente sobre a importação e a comercialização de petróleo e seus derivados, gás natural e seus derivados, e álcool etílico combustível (Cide), e dá outras providências.

O Presidente da República:
Faço saber que o Congresso Nacional decreta e eu sanciono a seguinte Lei:

Art. 1º Fica instituída a Contribuição de Intervenção no Domínio Econômico incidente sobre a importação e a comercialização de petróleo e seus derivados, gás natural e seus derivados, e álcool etílico combustível (Cide), a que se refere os arts. 149 e 177 da Constituição Federal, com a redação dada pela Emenda Constitucional n. 33, de 11 de dezembro de 2001.

- V. art. 149, § 2º, II, CF, com a redação determinada pela EC n. 42/2003.

§ 1º O produto da arrecadação da Cide será destinada, na forma da lei orçamentária, ao:
I – pagamento de subsídios a preços ou transporte de álcool combustível, de gás natural e seus derivados e de derivados de petróleo;
II – financiamento de projetos ambientais relacionados com a indústria do petróleo e do gás; e
III – financiamento de programas de infraestrutura de transportes.

§ 2º Durante o ano de 2002, será avaliada a efetiva utilização dos recursos obtidos da Cide, e, a partir de 2003, os critérios e diretrizes serão previstos em lei específica.

Art. 1º-A. A União entregará aos Estados e ao Distrito Federal, para ser aplicado, obrigatoriamente, no financiamento de programas de infraestrutura de transportes, o percentual a que se refere o art. 159, III, da Constituição Federal, calculado sobre a arrecadação da contribuição prevista no art. 1º desta Lei, inclusive os respectivos adicionais, juros e multas moratórias cobrados, administrativa ou judicialmente, deduzidos os valores previstos no art. 8º desta Lei e a parcela desvinculada nos termos do art. 76 do Ato das Disposições Constitucionais Transitórias.

- Artigo acrescentado pela Lei 10.866/2004.
- V. art. 1º, Lei 10.890/2004 (Antecipação da transferência de recursos).

§ 1º Os recursos serão distribuídos pela União aos Estados e ao Distrito Federal, trimestralmente, até o 8º (oitavo) dia útil do mês subsequente ao do encerramento de cada trimestre, mediante crédito em conta vinculada aberta para essa finalidade no Banco do Brasil S.A. ou em outra instituição financeira que venha a ser indicada pelo Poder Executivo federal.

- V. art. 1º, § 4º, Lei 10.890/2004 (Antecipação da transferência de recursos).

§ 2º A distribuição a que se refere o § 1º deste artigo observará os seguintes critérios:
I – 40% (quarenta por cento) proporcionalmente à extensão da malha viária federal e estadual pavimentada existente em cada Estado e no Distrito Federal, conforme estatísticas elaboradas pelo Departamento Nacional de Infraestrutura de Transportes – DNIT;
II – 30% (trinta por cento) proporcionalmente ao consumo, em cada Estado e no Distrito Federal, dos combustíveis a que a Cide se aplica, conforme estatísticas elaboradas pela Agência Nacional do Petróleo – ANP;
III – 20% (vinte por cento) proporcionalmente à população, conforme apurada pela Fundação Instituto Brasileiro de Geografia e Estatística – IBGE;
IV – 10% (dez por cento) distribuídos em parcelas iguais entre os Estados e o Distrito Federal.

§ 3º Para o exercício de 2004, os percentuais de entrega aos Estados e ao Distrito Federal serão os constantes do Anexo desta Lei.

- V. Anexo da Lei 10.866/2004.

§ 4º A partir do exercício de 2005, os percentuais individuais de participação dos Estados e do Distrito Federal serão calculados pelo Tribunal de Contas da União na forma do § 2º deste artigo, com base nas estatísticas referentes ao ano imediatamente anterior, observado o seguinte cronograma:
I – até o último dia útil de janeiro, os órgãos indicados nos incisos I a III do § 2º deste artigo enviarão as informações necessárias ao Tribunal de Contas da União;

Lei 10.336/2001

LEGISLAÇÃO

II – até 15 de fevereiro, o Tribunal de Contas da União publicará os percentuais individuais de que trata o *caput* deste parágrafo;

III – até o último dia útil de março, o Tribunal de Contas da União republicará os percentuais com as eventuais alterações decorrentes da aceitação do recurso a que se refere o § 5º deste artigo.

§ 5º Os Estados e o Distrito Federal poderão apresentar recurso para retificação dos percentuais publicados, observados a regulamentação e os prazos estabelecidos pelo Tribunal de Contas da União.

§ 6º Os repasses aos Estados e ao Distrito Federal serão realizados com base nos percentuais republicados pelo Tribunal de Contas da União, efetuando-se eventuais ajustes quando do julgamento definitivo dos recursos a que se refere o § 5º deste artigo.

§ 7º Os Estados e o Distrito Federal deverão encaminhar ao Ministério dos Transportes, até o último dia útil de outubro, proposta de programa de trabalho para utilização dos recursos mencionados no *caput* deste artigo, a serem recebidos no exercício subsequente, contendo a descrição dos projetos de infraestrutura de transportes, os respectivos custos unitários e totais e os cronogramas financeiros correlatos.

§ 8º Caberá ao Ministério dos Transportes:

I – publicar no *Diário Oficial da União*, até o último dia útil do ano, os programas de trabalho referidos no § 7º deste artigo, inclusive os custos unitários e totais e os cronogramas financeiros correlatos;

II – receber as eventuais alterações dos programas de trabalho enviados pelos Estados ou pelo Distrito Federal e publicá-las no *Diário Oficial da União*, em até 15 (quinze) dias após o recebimento.

§ 9º É vedada a alteração que implique convalidação de ato já praticado em desacordo com o programa de trabalho vigente.

§ 10. Os saques das contas vinculadas referidas no § 1º deste artigo ficam condicionados à inclusão das receitas e à previsão das despesas na lei orçamentária estadual ou do Distrito Federal e limitados ao pagamento das despesas constantes dos programas de trabalho referidos no § 7º deste artigo.

§ 11. Sem prejuízo do controle exercido pelos órgãos competentes, os Estados e o Distrito Federal deverão encaminhar ao Ministério dos Transportes, até o último dia útil de fevereiro, relatório contendo demonstrativos da execução orçamentária e financeira dos respectivos programas de trabalho e o saldo das contas vinculadas mencionadas no § 1º deste artigo em 31 de dezembro do ano imediatamente anterior.

• V. art. 1º, § 6º, Lei 10.890/2004 (Antecipação da transferência de recursos).

§ 12. No exercício de 2004, os Estados e o Distrito Federal devem enviar suas propostas de programa de trabalho para o exercício até o último dia útil de fevereiro, cabendo ao Ministério dos Transportes publicá-las até o último dia útil de março.

§ 13. No caso de descumprimento do programa de trabalho a que se refere o § 7º deste artigo, o Poder Executivo federal poderá determinar à instituição financeira referida no § 1º deste artigo a suspensão do saque dos valores da conta vinculada da respectiva unidade da federação até a regularização da pendência.

§ 14. Os registros contábeis e os demonstrativos gerenciais, mensais e atualizados, relativos aos recursos recebidos nos termos deste artigo ficarão à disposição dos órgãos federais e estaduais de controle interno e externo.

§ 15. Na definição dos programas de trabalho a serem realizados com os recursos recebidos nos termos deste artigo, a União, por intermédio dos Ministérios dos Transportes, das Cidades, e do Planejamento, Orçamento e Gestão, os Estados e o Distrito Federal atuarão de forma conjunta, visando a garantir a eficiente integração dos respectivos sistemas de transportes, a compatibilização das ações dos respectivos planos plurianuais e o alcance dos objetivos previstos no art. 6º da Lei 10.636, de 30 de dezembro de 2002.

Art. 1º-B. Do montante dos recursos que cabe a cada Estado, com base no *caput* do art. 1º-A desta Lei, 25% (vinte e cinco por cento) serão destinados aos seus Municípios para serem aplicados no financiamento de programas de infraestrutura de transportes.

• Artigo acrescentado pela Lei 10.866/2004.

§ 1º Enquanto não for sancionada a lei federal a que se refere o art. 159, § 4º, da Cons-

Lei 10.336/2001

tituição Federal, a distribuição entre os Municípios observará os seguintes critérios:
I – 50% (cinquenta por cento) proporcionalmente aos mesmos critérios previstos na regulamentação da distribuição dos recursos do Fundo de que tratam os arts. 159, I, *b*, e 161, II, da Constituição Federal; e
II – 50% (cinquenta por cento) proporcionalmente à população, conforme apurada pela Fundação Instituto Brasileiro de Geografia e Estatística – IBGE.
§ 2º Os percentuais individuais de participação dos Municípios serão calculados pelo Tribunal de Contas da União na forma do § 1º deste artigo, observado, no que couber, o disposto nos §§ 4º, 5º e 6º do art. 1º-A desta Lei.
§ 3º *(Vetado.)*
§ 4º Os saques das contas vinculadas referidas no § 3º deste artigo ficam condicionados à inclusão das receitas e à previsão das despesas na lei orçamentária municipal.
§ 5º Aplicam-se aos Municípios as determinações contidas nos §§ 14 e 15 do art. 1º-A desta Lei.

Art. 2º São contribuintes da Cide o produtor, o formulador e o importador, pessoa física ou jurídica, dos combustíveis líquidos relacionados no art. 3º.

Parágrafo único. Para efeitos deste artigo, considera-se formulador de combustível líquido, derivados de petróleo e derivados de gás natural, a pessoa jurídica, conforme definido pela Agência Nacional do Petróleo (ANP) autorizada a exercer, em Plantas de Formulação de Combustíveis, as seguintes atividades:
I – aquisição de correntes de hidrocarbonetos líquidos;
II – mistura mecânica de correntes de hidrocarbonetos líquidos, com o objetivo de obter gasolinas e diesel;
III – armazenamento de matérias-primas, de correntes intermediárias e de combustíveis formulados;
IV – comercialização de gasolinas e de diesel; e
V – comercialização de sobras de correntes.

Art. 3º A Cide tem como fatos geradores as operações, realizadas pelos contribuintes referidos no art. 2º, de importação e de comercialização no mercado interno de:

I – gasolinas e suas correntes;
II – diesel e suas correntes;
III – querosene de aviação e outros querosenes;
IV – óleos combustíveis (*fuel-oil*);
V – gás liquefeito de petróleo, inclusive o derivado de gás natural e de nafta; e
VI – álcool etílico combustível.
§ 1º Para efeitos dos incisos I e II deste artigo, consideram-se correntes os hidrocarbonetos líquidos derivados de petróleo e os hidrocarbonetos líquidos derivados de gás natural utilizados em mistura mecânica para a produção de gasolinas ou de diesel, de conformidade com as normas estabelecidas pela ANP.
§ 2º A Cide não incidirá sobre as receitas de exportação, para o exterior, dos produtos relacionados no *caput* deste artigo.
§ 3º A receita de comercialização dos gases propano, classificado no código 2711.12, butano, classificado no código 2711.13, todos da NCM, e a mistura desses gases, quando destinados à utilização como propelentes em embalagem tipo aerossol, não estão sujeitos à incidência da Cide-Combustíveis até o limite quantitativo autorizado pela Agência Nacional do Petróleo e nas condições estabelecidas pela Secretaria da Receita Federal.

* § 3º acrescentado pela Lei 10.865/2004 (*DOU* 30.04.2004, edição extra), em vigor na data de sua publicação, produzindo efeitos a partir de 1º de maio de 2004 (v. art. 53 da referida Lei).

Art. 4º A base de cálculo da Cide é a unidade de medida adotada nesta Lei para os produtos de que trata o art. 3º, na importação e na comercialização no mercado interno.

Art. 5º A Cide terá, na importação e na comercialização no mercado interno, as seguintes alíquotas específicas:

* *Caput* com redação determinada pela Lei 10.636/2002.
* O art. 1º do Dec. 5.060/2004 (*DOU* 30.04.2004, edição extra), em vigor na data de sua publicação, produzindo efeitos em relação aos fatos geradores ocorridos a partir de 1º de maio de 2004, dispõe: "As alíquotas específicas da Contribuição de Intervenção no Domínio Econômico incidente sobre a importação e a comercialização de petróleo e seus derivados, gás natural e seus derivados e álcool etílico combustível – Cide, previstas no art. 5º da Lei 10.336, de 19 de dezembro de

Lei 10.336/2001

2001, ficam reduzidas para: I – R$ 100,00 (cem reais) por metro cúbico de gasolinas e suas correntes; e II – R$ 50,00 (cinquenta reais) por metro cúbico de óleo diesel e suas correntes. Parágrafo único. Ficam reduzidas a zero as alíquotas de que trata o *caput* para os seguintes produtos: I – querosene de aviação; II – demais querosenes; III – óleos combustíveis com alto teor de enxofre; IV – óleos combustíveis com baixo teor de enxofre; V – gás liquefeito de petróleo, inclusive o derivado de gás natural e de nafta; e VI – álcool etílico combustível".

I – gasolina, R$ 860,00 (oitocentos e sessenta reais) por m³;

- Inciso I com redação determinada pela Lei 10.636/2002.

II – diesel, R$ 390,00 (trezentos e noventa reais) por m³;

- Inciso II com redação determinada pela Lei 10.636/2002.

III – querosene de aviação, R$ 92,10 (noventa e dois reais e dez centavos) por m³;

- Inciso III com redação determinada pela Lei 10.636/2002.

IV – outros querosenes, R$ 92,10 (noventa e dois reais e dez centavos) por m³;

- Inciso IV com redação determinada pela Lei 10.636/2002.

V – óleos combustíveis com alto teor de enxofre, R$ 40,90 (quarenta reais e noventa centavos) por t;

- Inciso V com redação determinada pela Lei 10.636/2002.

VI – óleos combustíveis com baixo teor de enxofre, R$ 40,90 (quarenta reais e noventa centavos) por t;

- Inciso VI com redação determinada pela Lei 10.636/2002.

VII – gás liquefeito de petróleo, inclusive o derivado de gás natural e da nafta, R$ 250,00 (duzentos e cinquenta reais) por t;

- Inciso VII com redação determinada pela Lei 10.636/2002.

VIII – álcool etílico combustível, R$ 37,20 (trinta e sete reais e vinte centavos) por m³.

- Inciso VIII acrescentado pela Lei 10.636/2002.

§ 1º Aplicam-se às correntes de hidrocarbonetos líquidos que, pelas suas características físico-químicas, possam ser utilizadas exclusivamente para a formulação de diesel, as mesmas alíquotas específicas fixadas para o produto.

§ 2º Aplicam-se às correntes de hidrocarbonetos líquidos as mesmas alíquotas específicas fixadas para gasolinas.

- § 2º com redação determinada pela Lei 10.833/2003.

§ 3º O Poder Executivo poderá dispensar o pagamento da Cide incidente sobre as correntes de hidrocarbonetos líquidos não destinados à formulação de gasolina ou diesel, nos termos e condições que estabelecer, inclusive de registro especial do produtor, formulador, importador e adquirente.

- § 3º com redação determinada pela Lei 10.833/2003.
- V. art. 1º, Dec. 4.940/2003 (*DOU* 30.12.2003), que reduziu a 0 (zero) as alíquotas da Cide-Combustível incidente na importação e na comercialização sobre as correntes de hidrocarbonetos líquidos não destinados à formulação de gasolina ou diesel, conforme relação que apresenta.

§ 4º Os hidrocarbonetos líquidos de que trata o § 3º serão identificados mediante marcação, nos termos e condições estabelecidos pela ANP.

- § 4º com redação determinada pela Lei 10.833/2003.

§ 5º *(Revogado pela Lei 10.833/2003.)*
§ 6º *(Revogado pela Lei 10.833/2003.)*
§ 7º A Cide devida na comercialização dos produtos referidos no *caput* integra a receita bruta do vendedor.

Art. 6º Na hipótese de importação, o pagamento da Cide deve ser efetuado na data do registro da Declaração de Importação.

Parágrafo único. No caso de comercialização, no mercado interno, a Cide devida será apurada mensalmente e será paga até o último dia útil da primeira quinzena do mês subsequente ao de ocorrência do fato gerador.

Art. 7º Do valor da Cide incidente na comercialização, no mercado interno, dos produtos referidos no art. 5º poderá ser deduzido o valor da Cide:

I – pago na importação daqueles produtos;
II – incidente quando da aquisição daqueles produtos de outro contribuinte.

Parágrafo único. A dedução de que trata este artigo será efetuada pelo valor global da Cide pago nas importações realizadas no mês, considerado o conjunto de produtos importados e comercializados, sendo des-

Lei 10.336/2001

necessária a segregação por espécie de produto.

Art. 8º O contribuinte poderá, ainda, deduzir o valor da Cide, pago na importação ou na comercialização, no mercado interno, dos valores da contribuição para o PIS/Pasep e da Cofins devidos na comercialização, no mercado interno, dos produtos referidos no art. 5º, até o limite de, respectivamente:

- Caput com redação determinada pela Lei 10.636/2002.
- O art. 2º do Decreto 5.060/2004 (DOU 30.04.2004, edição extra), em vigor na data de sua publicação, produzindo efeitos em relação aos fatos geradores ocorridos a partir de 1º de maio de 2004, dispõe: "Ficam reduzidos a zero os limites de dedução da contribuição para o PIS/Pasep e da Cofins, a que se refere o art. 8º da Lei 10.336, de 2001".

I – R$ 49,90 e R$ 230,10 por m³, no caso de gasolinas;

- Inciso I com redação determinada pela Lei 10.636/2002.

II – R$ 30,30 e R$ 139,70 por m³, no caso de diesel;

- Inciso II com redação determinada pela Lei 10.636/2002.

III – R$ 16,30 e R$ 75,80 por m³, no caso de querosene de aviação;

- Inciso III com redação determinada pela Lei 10.636/2002.

IV – R$ 16,30 e R$ 75,80 por m³, no caso dos demais querosenes;

- Inciso IV com redação determinada pela Lei 10.636/2002.

V – R$ 14,50 e R$ 26,40 por t, no caso de óleos combustíveis com alto teor de enxofre;

- Inciso V com redação determinada pela Lei 10.636/2002.

VI – R$ 14,50 e R$ 26,40 por t, no caso de óleos combustíveis com baixo teor de enxofre;

- Inciso VI com redação determinada pela Lei 10.636/2002.

VII – R$ 44,40 e R$ 205,60 por t, no caso de gás liquefeito de petróleo, inclusive derivado de gás natural e de nafta;

- Inciso VII com redação determinada pela Lei 10.636/2002.

VIII – R$ 13,20 e R$ 24,00 por m³, no caso de álcool etílico combustível.

- Inciso VIII acrescentado pela Lei 10.636/2002.

§ 1º A dedução a que se refere este artigo aplica-se às contribuições relativas a um mesmo período de apuração ou posteriores.

§ 2º As parcelas da Cide deduzidas na forma deste artigo serão contabilizadas, no âmbito do Tesouro Nacional, a crédito da contribuição para o PIS/Pasep e da Cofins e a débito da própria Cide, conforme normas estabelecidas pela Secretaria da Receita Federal.

Art. 8º-A. O valor da Cide-Combustíveis pago pelo vendedor de hidrocarbonetos líquidos não destinados à formulação de gasolina ou diesel poderá ser deduzido dos valores devidos pela pessoa jurídica adquirente desses produtos, relativamente a tributos ou contribuições administrados pela Receita Federal do Brasil, nos termos, limites e condições estabelecidos em regulamento.

- Caput com redação determinada pela Lei 11.196/2005 (DOU 22.11.2005), em vigor na data de sua publicação, produzindo efeitos desde 14.10.2005 (v. art. 132, II, d, da referida Lei).
- V. Dec. 5.987/2006 (Compensação da Cide-Combustíveis por pessoas jurídicas importadoras ou adquirentes de hidrocarbonetos líquidos não destinados à formulação de gasolina ou diesel).

§ 1º A pessoa jurídica importadora dos produtos de que trata o caput deste artigo não destinados à formulação de gasolina ou diesel poderá deduzir dos valores dos tributos ou contribuições administrados pela Receita Federal do Brasil, nos termos, limites e condições estabelecidos em regulamento, o valor da Cide-Combustíveis pago na importação.

- § 1º acrescentado pela Lei 11.196/2005 (DOU 22.11.2005), em vigor na data de sua publicação, produzindo efeitos desde 14.10.2005 (v. art. 132, II, d, da referida Lei).

§ 2º Aplica-se o disposto neste artigo somente aos hidrocarbonetos líquidos utilizados como insumo pela pessoa jurídica adquirente.

- § 2º acrescentado pela Lei 11.196/2005 (DOU 22.11.2005), em vigor na data de sua publicação, produzindo efeitos desde 14.10.2005 (v. art. 132, II, d, da referida Lei).

Art. 9º O Poder Executivo poderá reduzir as alíquotas específicas de cada produto, bem assim restabelecê-las até o valor fixado no art. 5º.

Lei 10.336/2001

LEGISLAÇÃO

§ 1º O Poder Executivo poderá, também, reduzir e restabelecer os limites de dedução referidos no art. 8º.

§ 2º Observado o valor limite fixado no art. 5º, o Poder Executivo poderá estabelecer alíquotas específicas diversas para o diesel, conforme o teor de enxofre do produto, de acordo com classificação estabelecida pela ANP.

Art. 10. São isentos da Cide os produtos, referidos no art. 3º, vendidos a empresa comercial exportadora, conforme definida pela ANP, com o fim específico de exportação para o exterior.

§ 1º A empresa comercial exportadora que no prazo de 180 (cento e oitenta) dias, contado da data de aquisição, não houver efetuado a exportação dos produtos para o exterior, fica obrigada ao pagamento da Cide de que trata esta Lei, relativamente aos produtos adquiridos e não exportados.

§ 2º Na hipótese do § 1º, o valor a ser pago será determinado mediante a aplicação das alíquotas específicas aos produtos adquiridos e não exportados.

§ 3º O pagamento do valor referido no § 2º deverá ser efetuado até o décimo dia subsequente ao do vencimento do prazo estabelecido para a empresa comercial exportadora efetivar a exportação, acrescido de:

I – multa de mora, apurada na forma do *caput* e do § 2º do art. 61 da Lei 9.430, de 27 de dezembro de 1996, calculada a partir do primeiro dia do mês subsequente ao de aquisição dos produtos; e

II – juros equivalentes à taxa referencial do Sistema Especial de Liquidação e Custódia – Selic, para títulos federais, acumulada mensalmente, calculados a partir do primeiro dia do mês subsequente ao de aquisição dos produtos, até o último dia do mês anterior ao do pagamento, e de 1% (um por cento) no mês do pagamento.

§ 4º A empresa comercial exportadora que alterar a destinação do produto adquirido com o fim específico de exportação, ficará sujeita ao pagamento da Cide objeto da isenção na aquisição.

§ 5º O pagamento do valor referido no § 4º deverá ser efetuado até o último dia útil da primeira quinzena do mês subsequente ao de ocorrência da revenda no mercado interno, acrescido de:

I – multa de mora, apurada na forma do *caput* e do § 2º do art. 61 da Lei 9.430, de 1996, calculada a partir do primeiro dia do mês subsequente ao de aquisição do produto pela empresa comercial exportadora; e

II – juros equivalentes à taxa referencial do Sistema Especial de Liquidação e Custódia – Selic, para títulos federais, acumulada mensalmente, calculados a partir do primeiro dia do mês subsequente ao de aquisição dos produtos pela empresa comercial exportadora, até o último dia do mês anterior ao do pagamento, e de 1% (um por cento) no mês do pagamento.

Art. 11. É responsável solidário pela Cide o adquirente de mercadoria de procedência estrangeira, no caso de importação realizada por sua conta e ordem, por intermédio de pessoa jurídica importadora.

Art. 12. Respondem pela infração, conjunta ou isoladamente, relativamente à Cide, o adquirente de mercadoria de procedência estrangeira, no caso de importação realizada por sua conta e ordem, por intermédio de pessoa jurídica importadora.

Art. 13. A administração e a fiscalização da Cide compete à Secretaria da Receita Federal.

Parágrafo único. A Cide sujeita-se às normas relativas ao processo administrativo fiscal de determinação e exigência de créditos tributários federais e de consulta, previstas no Dec. 70.235, de 6 de março de 1972, bem assim, subsidiariamente e no que couber, às disposições da legislação do imposto de renda, especialmente quanto às penalidades e aos demais acréscimos aplicáveis.

Art. 14. Aplicam-se à nafta petroquímica destinada à produção ou formulação de gasolina ou diesel as disposições do art. 4º da Lei 9.718, de 27 de novembro de 1998, e dos arts. 22 e 23 da Lei 10.865, de 30 de abril de 2004, incidindo as alíquotas específicas:

- *Caput* com redação determinada pela Lei 11.196/2005 (*DOU* 22.11.2005), em vigor na data de sua publicação, produzindo efeitos a partir do primeiro dia do quarto mês subsequente ao da publicação desta Lei (v. art. 132, V, *c*, da referida Lei).

Legislação

I – fixadas para o óleo diesel, quando a nafta petroquímica for destinada à produção ou formulação exclusivamente de óleo diesel; ou

- Inciso I acrescentado pela Lei 11.196/2005 (DOU 22.11.2005), em vigor na data de sua publicação, produzindo efeitos a partir do primeiro dia do quarto mês subsequente ao da publicação desta Lei (v. art. 132, V, c, da referida Lei).

II – fixadas para a gasolina, quando a nafta petroquímica for destinada à produção ou formulação de óleo diesel ou gasolina.

- Inciso II acrescentado pela Lei 11.196/2005 (DOU 22.11.2005), em vigor na data de sua publicação, produzindo efeitos a partir do primeiro dia do quarto mês subsequente ao da publicação desta Lei (v. art. 132, V, c, da referida Lei).

§§ 1º a 3º (Revogados pela Lei 11.196/2005 – DOU 22.11.2005, em vigor na data de sua publicação, produzindo efeitos a partir do primeiro dia do quarto mês subsequente ao da publicação desta Lei – v. art. 132, V, c, da referida Lei.)

Art. 15. Os Ministérios da Fazenda e de Minas e Energia e a ANP poderão editar os atos necessários ao cumprimento das disposições contidas nesta Lei.

Art. 16. Esta Lei entrará em vigor na data de sua publicação, produzindo efeitos a partir de 1º de janeiro de 2002, ressalvado o disposto no art. 14.

Brasília, 19 de dezembro de 2001; 180º da Independência e 113º da República.

Fernando Henrique Cardoso

(DOU 20.12.2001)

LEI 10.426, DE 24 DE ABRIL DE 2002

Altera a legislação tributária federal e dá outras providências.

Faço saber que o Presidente da República adotou a Medida Provisória 16, de 2001, que o Congresso Nacional aprovou, e eu, Ramez Tebet, Presidente da Mesa do Congresso Nacional, para os efeitos do disposto no art. 62 da Constituição Federal, com a redação dada pela Emenda Constitucional n. 32, de 2001, promulgo a seguinte Lei:

Art. 1º Em relação ao estoque de ações existente em 31 de dezembro de 2001, fica facultado à pessoa física e à pessoa jurídica isenta ou sujeita ao regime de tributação de que trata a Lei 9.317, de 5 de dezembro de 1996, efetuar o pagamento do imposto de renda incidente sobre ganhos líquidos em operações realizadas no mercado à vista de bolsa de valores, sem alienar a ação, à alíquota de 10% (dez por cento).

- V. LC 123/2006 (Supersimples).

§ 1º O imposto de que trata este artigo:

I – terá como base de cálculo a diferença positiva entre o preço médio ponderado da ação verificado na Bolsa de Valores de São Paulo, no mês de dezembro de 2001, ou no mês anterior mais próximo, caso não tenha havido negócios com a ação naquele mês, e o seu custo médio de aquisição;

II – será pago pelo contribuinte de forma definitiva, sem direito a qualquer restituição ou compensação, até 31 de janeiro de 2002;

III – abrangerá a totalidade de ações de uma mesma companhia, pertencentes à optante, por espécie e classe.

§ 2º O preço médio ponderado de que trata o § 1º:

I – constituirá o novo custo de aquisição, para efeito de apuração do imposto quando da efetiva alienação da ação;

II – será divulgado por meio de relação editada pela Secretaria da Receita Federal.

Art. 2º O disposto no art. 1º aplica-se também no caso de ações negociadas à vista em mercado de balcão organizado, mantido por entidade cujo objeto social seja análogo ao das bolsas de valores e que funcione sob a supervisão e fiscalização da Comissão de Valores Mobiliários.

Parágrafo único. A Secretaria da Receita Federal divulgará também relação contendo os preços das ações negociadas na entidade de que trata este artigo, que serão avaliadas pelo mesmo critério previsto no inciso I do § 1º do art. 1º.

Art. 3º As aplicações existentes em 31 de dezembro de 2001 nos fundos de investimento de que trata o § 6º do art. 28 da Lei 9.532, de 10 de dezembro de 1997, com as alterações introduzidas pelos arts. 1º e 2º da Medida Provisória 2.189-49, de 23 de agosto de 2001, terão os respectivos rendimen-

Lei 10.426/2002

LEGISLAÇÃO

tos apropriados *pro rata tempore* até aquela data.

§ 1º No resgate de quotas referentes às aplicações de que trata este artigo serão observados os seguintes procedimentos:

I – se o valor de aquisição, acrescido dos rendimentos apropriados até 31 de dezembro de 2001, for inferior ao valor de resgate, o imposto de renda devido será o resultado da soma das parcelas correspondentes a 10% (dez por cento) dos rendimentos apropriados até aquela data e a 20% (vinte por cento) dos rendimentos apropriados entre 1º de janeiro de 2002 e a data do resgate;

II – se o valor de aquisição, acrescido dos rendimentos apropriados até 31 de dezembro de 2001, for superior ao valor de resgate, a base de cálculo do imposto será a diferença positiva entre o valor de resgate e o valor de aquisição, sendo aplicada alíquota de 10% (dez por cento).

§ 2º O disposto neste artigo aplica-se também aos clubes de investimento que mantenham em suas carteiras percentual mínimo de 67% (sessenta e sete por cento) de ações negociadas no mercado à vista de bolsa de valores ou de entidade referida no art. 2º.

Art. 4º *(Revogado, a partir de 01.01.2005, pela Lei 11.053/2004.)*

Art. 5º As entidades fechadas de previdência complementar ficam isentas da Contribuição Social sobre o Lucro Líquido (CSLL), relativamente aos fatos geradores ocorridos a partir de 1º de janeiro de 2002.

Art. 6º As perdas apuradas no resgate de quotas de fundo de investimento poderão ser compensadas com rendimentos auferidos em resgates ou incidências posteriores, no mesmo ou em outro fundo de investimento administrado pela mesma pessoa jurídica, desde que sujeitos à mesma alíquota do imposto de renda, observados os procedimentos definidos pela Secretaria da Receita Federal.

Art. 7º O sujeito passivo que deixar de apresentar Declaração de Informações Econômico-Fiscais da Pessoa Jurídica – DIPJ, Declaração de Débitos e Créditos Tributários Federais – DCTF, Declaração Simplificada da Pessoa Jurídica, Declaração de Imposto de Renda Retido na Fonte – Dirf e Demonstrativo de Apuração de Contribuições Sociais – Dacon, nos prazos fixados, ou que as apresentar com incorreções ou omissões, será intimado a apresentar declaração original, no caso de não apresentação, ou a prestar esclarecimentos, nos demais casos, no prazo estipulado pela Secretaria da Receita Federal – SRF, e sujeitar-se-á às seguintes multas:

• *Caput* com redação determinada pela Lei 11.051/2004.

I – de 2% (dois por cento) ao mês-calendário ou fração, incidente sobre o montante do imposto de renda da pessoa jurídica informado na DIPJ, ainda que integralmente pago, no caso de falta de entrega desta Declaração ou entrega após o prazo, limitada a 20% (vinte por cento), observado o disposto no § 3º;

II – de 2% (dois por cento) ao mês-calendário ou fração, incidente sobre o montante dos tributos e contribuições informados na DCTF, na Declaração Simplificada da Pessoa Jurídica ou na Dirf, ainda que integralmente pago, no caso de falta de entrega destas Declarações ou entrega após o prazo, limitada a 20% (vinte por cento), observado o disposto no § 3º;

III – de 2% (dois por cento) ao mês-calendário ou fração, incidente sobre o montante da Cofins, ou, na sua falta, da contribuição para o PIS/Pasep, informado no Dacon, ainda que integralmente pago, no caso de falta de entrega desta Declaração ou entrega após o prazo, limitada a 20% (vinte por cento), observado o disposto no § 3º deste artigo; e

• Inciso III acrescentado pela Lei 11.051/2004.

IV – de R$ 20,00 (vinte reais) para cada grupo de dez informações incorretas ou omitidas.

• Primitivo inciso III renumerado pela Lei 11.051/2004.

§ 1º Para efeito de aplicação das multas previstas nos incisos I, II e III do *caput* deste artigo, será considerado como termo inicial o dia seguinte ao término do prazo originalmente fixado para a entrega da declaração e como termo final a data da efetiva entrega ou, no caso de não apresentação, da lavratura do auto de infração.

• § 1º com redação determinada pela Lei 11.051/2004.

Lei 10.426/2002

LEGISLAÇÃO

§ 2º Observado o disposto no § 3º, as multas serão reduzidas:

I – à metade, quando a declaração for apresentada após o prazo, mas antes de qualquer procedimento de ofício;

II – a 75% (setenta e cinco por cento), se houver a apresentação da declaração no prazo fixado em intimação.

§ 3º A multa mínima a ser aplicada será de:

- V. art. 30, Lei 11.727/2008, que reduz a 10% (dez por cento), até 31.12.2008, a multa a que se refere este parágrafo, quando aplicada a associação sem fins lucrativos que tenha observado o disposto em um dos incisos do § 2º deste artigo.

I – R$ 200,00 (duzentos reais), tratando-se de pessoa física, pessoa jurídica inativa e pessoa jurídica optante pelo regime de tributação previsto na Lei 9.317, de 5 de dezembro de 1996;

- V. LC 123/2006 (Supersimples).

II – R$ 500,00 (quinhentos reais), nos demais casos.

§ 4º Considerar-se-á não entregue a declaração que não atender às especificações técnicas estabelecidas pela Secretaria Receita Federal.

§ 5º Na hipótese do § 4º, o sujeito passivo será intimado a apresentar nova declaração, no prazo de 10 (dez) dias, contados da ciência da intimação, e sujeitar-se-á à multa prevista no inciso I do *caput*, observado o disposto nos §§ 1º a 3º.

§ 6º No caso de a obrigação acessória referente ao Demonstrativo de Apuração de Contribuições Sociais – Dacon ter periodicidade semestral, a multa de que trata o inciso III do *caput* deste artigo será calculada com base nos valores da Contribuição para o Financiamento da Seguridade Social – Cofins ou da Contribuição para o PIS/Pasep, informados nos demonstrativos mensais entregues após o prazo.

- § 6º acrescentado pela Lei 11.941/2009.

Art. 8º Os serventuários da Justiça deverão informar as operações imobiliárias anotadas, averbadas, lavradas, matriculadas ou registradas nos Cartórios de Notas ou de Registro de Imóveis, Títulos e Documentos sob sua responsabilidade, mediante a apresentação de Declaração sobre Operações Imobiliárias (DOI), em meio magnético, nos termos estabelecidos pela Secretaria da Receita Federal.

§ 1º A cada operação imobiliária corresponderá uma DOI, que deverá ser apresentada até o último dia útil do mês subsequente ao da anotação, averbação, lavratura, matrícula ou registro da respectiva operação, sujeitando-se o responsável, no caso de falta de apresentação, ou apresentação da declaração após o prazo fixado, à multa de 0,1% (um décimo por cento) ao mês-calendário ou fração, sobre o valor da operação, limitada a 1% (um por cento), observado o disposto no inciso III do § 2º.

§ 2º A multa de que trata o § 1º:

I – terá como termo inicial o dia seguinte ao término do prazo originalmente fixado para a entrega da declaração e como termo final a data da efetiva entrega ou, no caso de não apresentação, da lavratura do auto de infração;

II – será reduzida:

a) à metade, caso a declaração seja apresentada antes de qualquer procedimento de ofício;

b) a 75% (setenta e cinco por cento), caso a declaração seja apresentada no prazo fixado em intimação;

III – será de, no mínimo, R$ 20,00 (vinte reais).

- Inciso III com redação determinada pela Lei 10.865/2004 (*DOU* 30.04.2004, edição extra), em vigor na data de sua publicação, produzindo efeitos a partir de 1º de maio de 2004. (v. art. 53 da referida Lei).

§ 3º O responsável que apresentar DOI com incorreções ou omissões será intimado a apresentar declaração retificadora, no prazo estabelecido pela Secretaria da Receita Federal, e sujeitar-se-á à multa de R$ 50,00 (cinquenta reais) por informação inexata, incompleta ou omitida, que será reduzida em 50% (cinquenta por cento), caso a retificadora seja apresentada no prazo fixado.

Art. 9º Sujeita-se à multa de que trata o inciso I do *caput* do art. 44 da Lei 9.430, de 27 de dezembro de 1996, duplicada na forma de seu § 1º, quando for o caso, a fonte pagadora obrigada a reter imposto ou contribuição no caso de falta de retenção ou recolhimento, independentemente de outras

Lei 10.451/2002

LEGISLAÇÃO

penalidades administrativas ou criminais cabíveis.

* *Caput* com redação determinada pela Lei 11.488/2007.

Parágrafo único. As multas de que trata este artigo serão calculadas sobre a totalidade ou diferença de tributo ou contribuição que deixar de ser retida ou recolhida, ou que for recolhida após o prazo fixado.

Art. 10. Esta Lei entra em vigor na data de sua publicação.

Congresso Nacional, em 24 de abril de 2002; 181º da Independência e 114º da República.
Senador Ramez Tebet
Presidente da Mesa do Congresso Nacional
(*DOU* 25.04.2001)

LEI 10.451, DE 10 DE MAIO DE 2002

Altera a legislação tributária federal e dá outras providências.

O Presidente da República:
Faço saber que o Congresso Nacional decreta e eu sanciono a seguinte Lei:

Art. 1º O imposto de renda incidente sobre os rendimentos de pessoas físicas será calculado de acordo com as seguintes tabelas progressivas mensal e anual, em reais:

Tabela Progressiva Mensal

Base de cálculo (em R$)	Alíquota %	Parcela a deduzir do imposto (em R$)
Até 1.058,00	–	–
De 1.058,01 até 2.115,00	15	158,70
Acima de 2.115,00	27,5	423,08

Tabela Progressiva Anual

Base de cálculo (em R$)	Alíquota %	Parcela a deduzir do imposto (em R$)
Até 12.696,00	–	–
De 12.696,01 até 25.380,00	15	1.904,40
Acima de 25.380,00	27,5	5.076,90

* V. Lei 11.482/2007 (Efetua alterações na tabela do imposto de renda da pessoa física).

Art. 2º Os arts. 4º, 8º e 10 da Lei 9.250, de 26 de dezembro de 1995, passam a vigorar com a seguinte redação:

* Alterações processadas no texto da referida Lei.

Art. 3º O art. 24 da Lei 9.430, de 27 de dezembro de 1996, passa a vigorar acrescido do seguinte § 3º:

* Alterações processadas no texto da referida Lei.

Art. 4º As disposições relativas a preços, custos e taxas de juros, constantes dos arts. 18 a 22 da Lei 9.430, de 27 de dezembro de 1996, aplicam-se, também, às operações efetuadas por pessoa física ou jurídica residente ou domiciliada no Brasil, com qualquer pessoa física ou jurídica, ainda que não vinculada, residente ou domiciliada em país ou dependência cuja legislação interna oponha sigilo relativo à composição societária de pessoas jurídicas ou à sua titularidade.

Art. 5º Na hipótese de doação de livros, objetos fonográficos ou iconográficos, obras audiovisuais e obras de arte, para os quais seja atribuído valor de mercado, efetuada por pessoa física a órgãos públicos, autarquias, fundações públicas ou entidades civis sem fins lucrativos, desde que os bens doados sejam incorporados ao acervo de museus, bibliotecas ou centros de pesquisa ou ensino, no Brasil, com acesso franqueado ao público em geral:

I – o doador deverá considerar como valor de alienação o constante em sua declaração de bens;

II – o donatário registrará os bens recebidos pelo valor atribuído no documento de doação.

Parágrafo único. No caso de alienação dos bens recebidos em doação, será considerado, para efeito de apuração de ganho de capital, custo de aquisição igual a zero.

Art. 6º O campo de incidência do Imposto sobre Produtos Industrializados (IPI) abrange todos os produtos com alíquota, ainda que 0 (zero), relacionados na Tabela de Incidência do Imposto sobre Produtos Industrializados (Tipi), aprovada pelo Decreto 4.070, de 28 de dezembro de 2001, observadas as disposições contidas nas respectivas notas complementares, excluídos aque-

Lei 10.451/2002

Legislação

les a que corresponde a notação "NT" (não tributado).

- V. Dec. 7.660/2011 (Aprova a Tabela de Incidência do Imposto sobre Produtos Industrializados – Tipi).

Art. 7º Para efeito do disposto no art. 4º, incisos I e II, do Decreto-lei 1.199, de 27 de dezembro de 1971, o percentual de incidência é o constante da Tipi, aprovada pelo Decreto 4.070, de 28 de dezembro de 2001.

- V. art. 5º, Dec. 7.660/2011, que determina que a Tabela anexa ao Dec. 4.070/2001 aplica-se exclusivamente para fins do disposto no art. 7º da Lei 10.451/2002.

Art. 8º Até 31 de dezembro de 2015, é concedida isenção do Imposto de Importação e do Imposto sobre Produtos Industrializados incidentes na importação de equipamentos ou materiais esportivos destinados às competições, ao treinamento e à preparação de atletas e equipes brasileiras.

- Artigo com redação determinada pela Lei 12.649/2012.

§ 1º A isenção de que trata o *caput* aplica-se exclusivamente às competições desportivas em jogos olímpicos, paraolímpicos, pan-americanos, parapan-americanos, nacionais e mundiais.

§ 2º A isenção aplica-se a equipamento ou material esportivo, sem similar nacional, homologado pela entidade desportiva internacional da respectiva modalidade esportiva, para as competições a que se refere o § 1º.

§ 3º Quando fabricados no Brasil, os materiais e equipamentos de que trata o *caput* deste artigo são isentos do Imposto sobre Produtos Industrializados.

Art. 9º São beneficiários da isenção de que trata o art. 8º desta Lei os órgãos da União, dos Estados, do Distrito Federal e dos Municípios e suas respectivas autarquias e fundações, os atletas das modalidades olímpicas e paraolímpicas e os das competições mundiais, o Comitê Olímpico Brasileiro – COB e o Comitê Paraolímpico Brasileiro – CPB, bem como as entidades nacionais de administração do desporto que lhes sejam filiadas ou vinculadas.

- Artigo com redação determinada pela Lei 11.827/2008.

Art. 10. O direito à fruição do benefício fiscal de que trata o art. 8º fica condicionado:

- V. arts. 12 e 13.

I – à comprovação da regularidade fiscal do beneficiário, relativamente aos tributos e contribuições federais;

II – à manifestação do Ministério do Esporte sobre:

- *Caput* do inciso II com redação determinada pela Lei 11.116/2005.

a) o atendimento do requisito estabelecido no § 1º do art. 8º;

b) a condição de beneficiário da isenção ou da alíquota zero, do importador ou adquirente, nos termos do art. 9º desta Lei; e

- Alínea *b* com redação determinada pela Lei 11.827/2008.

c) a adequação dos equipamentos e materiais importados ou adquiridos no mercado interno, quanto à sua natureza, quantidade e qualidade, ao desenvolvimento do programa de trabalho do atleta ou da entidade do desporto a que se destinem.

Parágrafo único. Tratando-se de produtos destinados à modalidade de tiro esportivo, a manifestação quanto ao disposto nas alíneas *a* e *c* do inciso II será do órgão competente do Ministério da Defesa.

Art. 11. Os produtos importados ou adquiridos no mercado interno na forma do art. 8º desta Lei poderão ser transferidos pelo valor de aquisição, sem o pagamento dos respectivos impostos:

- *Caput* com redação determinada pela Lei 11.827/2008.

I – para qualquer pessoa e a qualquer título, após o decurso do prazo de 4 (quatro) anos, contado da data do registro da Declaração de Importação ou da emissão da Nota Fiscal de aquisição do fabricante nacional; ou

II – a qualquer tempo e qualquer título, para pessoa física ou jurídica que atenda às condições estabelecidas nos arts. 8º a 10 desta Lei, desde que a transferência seja previamente aprovada pela Secretaria da Receita Federal do Brasil.

- Inciso II com redação determinada pela Lei 11.827/2008.

§ 1º As transferências, a qualquer título, que não atendam às condições estabelecidas nos incisos I e II do *caput* sujeitarão o be-

Lei 10.522/2002

LEGISLAÇÃO

neficiário importador ou adquirente ao pagamento dos impostos que deixaram de ser pagos por ocasião da importação ou da aquisição no mercado interno, com acréscimo de juros e de multa de mora ou de ofício.

§ 2º Na hipótese do § 1º deste artigo, o adquirente, a qualquer título, de produto beneficiado com a isenção ou alíquota zero é responsável solidário pelo pagamento dos impostos e respectivos acréscimos.

* § 2º com redação determinada pela Lei 11.827/2008.

Art. 12. (Revogado pela Lei 11.827/2008.)

Art. 13. O Poder Executivo regulamentará o disposto nos arts. 8º a 11 desta Lei.

* Artigo com redação determinada pela Lei 11.827/2008.

Art. 14. Ficam revogados os arts. 13 e 15 da Lei 9.493, de 10 de setembro de 1997.

Art. 15. Esta Lei entra em vigor na data de sua publicação, produzindo efeitos, no caso dos arts. 1º e 2º, em relação aos fatos geradores ocorridos a partir de 1º de janeiro de 2002, observado o disposto no art. 1º da Lei 9.887, de 7 de dezembro de 1999.

* Artigo com redação determinada pela Lei 10.637/2002.

Brasília, 10 de maio de 2002; 181º da Independência e 114º da República.

Fernando Henrique Cardoso

(DOU 13.05.2002)

LEI 10.522, DE 19 DE JULHO DE 2002

Dispõe sobre o Cadastro Informativo dos créditos não quitados de órgãos e entidades federais e dá outras providências.

* V. art. 5º, Lei 12.453/2011, que suspende, até 30.06.2012, as exigências de regularidade fiscal previstas neste dispositivo, sem prejuízo do disposto no § 3º do art. 195 da Constituição Federal, nas contratações de operações de crédito e renegociações de dívidas realizadas com instituições financeiras públicas, que tenham como mutuários os contribuintes a que se refere o art. 6º da referida Lei.

O Presidente da República:

Faço saber que o Congresso Nacional decreta e eu sanciono a seguinte Lei:

Art. 1º O Cadastro Informativo de créditos não quitados do setor público federal (Cadin) passa a ser regulado por esta Lei.

Art. 2º O Cadin conterá relação das pessoas físicas e jurídicas que:

I – sejam responsáveis por obrigações pecuniárias vencidas e não pagas, para com órgãos e entidades da Administração Pública Federal, direta e indireta;

II – estejam com a inscrição nos cadastros indicados, do Ministério da Fazenda, em uma das seguintes situações:

a) cancelada no Cadastro de Pessoas Físicas – CPF;

* Alínea *a* com redação determinada pela Lei 11.941/2009.

b) declarada inapta perante o Cadastro Geral de Contribuintes – CGC.

§ 1º Os órgãos e as entidades a que se refere o inciso I procederão, segundo normas próprias e sob sua exclusiva responsabilidade, às inclusões no Cadin, de pessoas físicas ou jurídicas que se enquadrem nas hipóteses previstas neste artigo.

§ 2º A inclusão no Cadin far-se-á 75 (setenta e cinco) dias após a comunicação ao devedor da existência do débito passível de inscrição naquele Cadastro, fornecendo-se todas as informações pertinentes ao débito.

§ 3º Tratando-se de comunicação expedida por via postal ou telegráfica, para o endereço indicado no instrumento que deu origem ao débito, considerar-se-á entregue após 15 (quinze) dias da respectiva expedição.

§ 4º A notificação expedida pela Secretaria da Receita Federal do Brasil, pela Procuradoria-Geral da Fazenda Nacional ou pela Procuradoria-Geral Federal, dando conhecimento ao devedor da existência do débito ou da sua inscrição em Dívida Ativa atenderá ao disposto no § 2º deste artigo.

* § 4º com redação determinada pela Lei 11.941/2009.

§ 5º Comprovado ter sido regularizada a situação que deu causa à inclusão no Cadin, o órgão ou entidade responsável pelo registro procederá, no prazo de 5 (cinco) dias úteis, à respectiva baixa.

Lei 10.522/2002

LEGISLAÇÃO

§ 6º Na impossibilidade de a baixa ser efetuada no prazo indicado no § 5º, o órgão ou a entidade credora fornecerá a certidão de regularidade do débito, caso não haja outros pendentes de regularização.

§ 7º A inclusão no Cadin sem a expedição da comunicação ou da notificação de que tratam os §§ 2º e 4º, ou a não exclusão, nas condições e no prazo previstos no § 5º, sujeitará o responsável às penalidades cominadas pela Lei 8.112, de 11 de dezembro de 1990, e pelo Decreto-lei 5.452, de 1º de maio de 1943 (Consolidação das Leis do Trabalho).

§ 8º O disposto neste artigo não se aplica aos débitos referentes a preços de serviços públicos ou a operações financeiras que não envolvam recursos orçamentários.

Art. 3º As informações fornecidas pelos órgãos e entidades integrantes do Cadin serão centralizadas no Sistema de Informações do Banco Central do Brasil – Sisbacen, cabendo à Secretaria do Tesouro Nacional expedir orientações de natureza normativa, inclusive quanto ao disciplinamento das respectivas inclusões e exclusões.

Parágrafo único. As pessoas físicas e jurídicas incluídas no Cadin terão acesso às informações a elas referentes, diretamente junto ao órgão ou entidade responsável pelo registro, ou, mediante autorização, por intermédio de qualquer outro órgão ou entidade integrante do Cadin.

Art. 4º A inexistência de registro no Cadin não implica reconhecimento de regularidade de situação, nem elide a apresentação dos documentos exigidos em lei, decreto ou demais atos normativos.

§ 1º No caso de operações de crédito contratadas por instituições financeiras, no âmbito de programas oficiais de apoio à microempresa e empresa de pequeno porte, ficam as mutuárias, no caso de não estarem inscritas no Cadin, dispensadas da apresentação, inclusive aos cartórios, quando do registro dos instrumentos de crédito e respectivas garantias, de quaisquer certidões exigidas em lei, decreto ou demais atos normativos, comprobatórias da quitação de quaisquer tributos e contribuições federais.

§ 2º O disposto no § 1º aplica-se também aos mini e pequenos produtores rurais e aos agricultores familiares.

Art. 5º O Cadin conterá as seguintes informações:

I – nome e número de inscrição no Cadastro Geral de Contribuintes – CGC ou no Cadastro de Pessoas Físicas – CPF, do responsável pelas obrigações de que trata o art. 2º, inciso I;

II – nome e outros dados identificadores das pessoas jurídicas ou físicas que estejam na situação prevista no art. 2º, inciso II, inclusive a indicação do número da inscrição suspensa ou cancelada;

III – nome e número de inscrição no Cadastro Geral de Contribuintes – CGC, endereço e telefone do respectivo credor ou do órgão responsável pela inclusão;

IV – data do registro.

Parágrafo único. Cada órgão ou entidade a que se refere o inciso I do art. 2º manterá, sob sua responsabilidade, cadastro contendo informações detalhadas sobre as operações ou situações que tenham registrado no Cadin, inclusive para atender ao que dispõe o parágrafo único do art. 3º.

Art. 6º É obrigatória a consulta prévia ao Cadin, pelos órgãos e entidades da Administração Pública Federal, direta e indireta, para:

* V. art. 15, Lei 11.096/2005 (Prouni).

I – realização de operações de crédito que envolvam a utilização de recursos públicos;

II – concessão de incentivos fiscais e financeiros;

III – celebração de convênios, acordos, ajustes ou contratos que envolvam desembolso, a qualquer título, de recursos públicos, e respectivos aditamentos.

Parágrafo único. O disposto neste artigo não se aplica:

I – à concessão de auxílios a Municípios atingidos por calamidade pública reconhecida pelo Governo Federal;

Lei 10.522/2002

LEGISLAÇÃO

II – às operações destinadas à composição e regularização dos créditos e obrigações objeto de registro no Cadin, sem desembolso de recursos por parte do órgão ou entidade credora;

III – às operações relativas ao crédito educativo e ao penhor civil de bens de uso pessoal ou doméstico.

Art. 7º Será suspenso o registro no Cadin quando o devedor comprove que:

I – tenha ajuizada ação, com o objetivo de discutir a natureza da obrigação ou o seu valor, com o oferecimento de garantia idônea e suficiente ao Juízo, na forma da lei;

II – esteja suspensa a exigibilidade do crédito objeto do registro, nos termos da lei.

Art. 8º A não observância do disposto no § 1º do art. 2º e nos arts. 6º e 7º desta Lei sujeita os responsáveis às sanções da Lei 8.112, de 1990, e do Decreto-lei 5.452, de 1943.

Art. 9º Fica suspensa, até 31 de dezembro de 1999, a aplicação do disposto no *caput* do art. 22, e no seu § 2º, do Decreto-lei 147, de 3 de fevereiro de 1967, na redação que lhes deram o art. 4º do Decreto-lei 1.687, de 18 de julho de 1979, e o art. 10 do Decreto-lei 2.163, de 19 de setembro de 1984.

Parágrafo único. O Ministro de Estado da Fazenda estabelecerá cronograma, prioridades e condições para a remessa, às unidades da Procuradoria-Geral da Fazenda Nacional, dos débitos passíveis de inscrição em Dívida Ativa da União e cobrança judicial.

Art. 10. Os débitos de qualquer natureza para com a Fazenda Nacional poderão ser parcelados em até 60 parcelas mensais, a exclusivo critério da autoridade fazendária, na forma e condições previstas nesta Lei.

• *Caput* com redação determinada pela Lei 10.637/2002.

Parágrafo único. *(Revogado pela Lei 11.941/2009.)*

Art. 10-A. O empresário ou a sociedade empresária que pleitear ou tiver deferido o processamento da recuperação judicial, nos termos dos arts. 51, 52 e 70 da Lei 11.101, de 9 de fevereiro de 2005, poderão parcelar seus débitos com a Fazenda Nacional, em 84 (oitenta e quatro) parcelas mensais e consecutivas, calculadas observando-se os seguintes percentuais mínimos, aplicados sobre o valor da dívida consolidada:

• Artigo acrescentado pela Lei 13.043/2014.

I – da 1ª à 12ª prestação: 0,666% (seiscentos e sessenta e seis milésimos por cento);

II – da 13ª à 24ª prestação: 1% (um por cento);

III – da 25ª à 83ª prestação: 1,333% (um inteiro e trezentos e trinta e três milésimos por cento); e

IV – 84ª prestação: saldo devedor remanescente.

§ 1º O disposto neste artigo aplica-se à totalidade dos débitos do empresário ou da sociedade empresária constituídos ou não, inscritos ou não em Dívida Ativa da União, mesmo que discutidos judicialmente em ação proposta pelo sujeito passivo ou em fase de execução fiscal já ajuizada, ressalvados exclusivamente os débitos incluídos em parcelamentos regidos por outras leis.

§ 2º No caso dos débitos que se encontrarem sob discussão administrativa ou judicial, submetidos ou não à causa legal de suspensão de exigibilidade, o sujeito passivo deverá comprovar que desistiu expressamente e de forma irrevogável da impugnação ou do recurso interposto, ou da ação judicial, e, cumulativamente, renunciou a quaisquer alegações de direito sobre as quais se fundem a ação judicial e o recurso administrativo.

§ 3º O empresário ou a sociedade empresária poderá, a seu critério, desistir dos parcelamentos em curso, independentemente da modalidade, e solicitar que eles sejam parcelados nos termos deste artigo.

§ 4º Além das hipóteses previstas no art. 14-B, é causa de rescisão do parcelamento a não concessão da recuperação judicial de que trata o art. 58 da Lei 11.101, de 9 de fevereiro de 2005, bem como a decretação da falência da pessoa jurídica.

Lei 10.522/2002

LEGISLAÇÃO

§ 5º O empresário ou a sociedade empresária poderá ter apenas um parcelamento de que trata o *caput*, cujos débitos constituídos, inscritos ou não em Dívida Ativa da União, poderão ser incluídos até a data do pedido de parcelamento.

§ 6º A concessão do parcelamento não implica a liberação dos bens e direitos do devedor ou de seus responsáveis que tenham sido constituídos em garantia dos respectivos créditos.

§ 7º O parcelamento referido no *caput* observará as demais condições previstas nesta Lei, ressalvado o disposto no § 1º do art. 11, no inciso II do § 1º do art. 12, nos incisos I, II e VIII do art. 14 e no § 2º do art. 14-A.

Art. 11. O parcelamento terá sua formalização condicionada ao prévio pagamento da primeira prestação, conforme o montante do débito e o prazo solicitado, observado o disposto no § 1º do art. 13 desta Lei.

- *Caput* com redação determinada pela Lei 11.941/2009.

§ 1º Observados os limites e as condições estabelecidos em portaria do Ministro de Estado da Fazenda, em se tratando de débitos inscritos em Dívida Ativa, a concessão do parcelamento fica condicionada à apresentação, pelo devedor, de garantia real ou fidejussória, inclusive fiança bancária, idônea e suficiente para o pagamento do débito, exceto quando se tratar de microempresas e empresas de pequeno porte optantes pela inscrição no Sistema Integrado de Pagamento de Impostos e Contribuições das Microempresas e das Empresas de Pequeno Porte – Simples, de que trata a Lei 9.317, de 5 de dezembro de 1996.

§ 2º Enquanto não deferido o pedido, o devedor fica obrigado a recolher, a cada mês, como antecipação, valor correspondente a uma parcela.

§ 3º O não cumprimento do disposto neste artigo implicará o indeferimento do pedido.

§§ 4º a 9º *(Revogados pela Lei 11.941/2009.)*

Art. 12. O pedido de parcelamento deferido constitui confissão de dívida e instrumento hábil e suficiente para a exigência do crédito tributário, podendo a exatidão dos valores parcelados ser objeto de verificação.

- Artigo com redação determinada pela Lei 11.941/2009.

§ 1º Cumpridas as condições estabelecidas no art. 11 desta Lei, o parcelamento será:

I – consolidado na data do pedido; e

II – considerado automaticamente deferido quando decorrido o prazo de 90 (noventa) dias, contado da data do pedido de parcelamento sem que a Fazenda Nacional tenha se pronunciado.

§ 2º Enquanto não deferido o pedido, o devedor fica obrigado a recolher, a cada mês, como antecipação, valor correspondente a uma parcela.

Art. 13. O valor de cada prestação mensal, por ocasião do pagamento, será acrescido de juros equivalentes à taxa referencial do Sistema Especial de Liquidação e de Custódia – Selic para títulos federais, acumulada mensalmente, calculados a partir do mês subsequente ao da consolidação até o mês anterior ao do pagamento, e de 1% (um por cento) relativamente ao mês em que o pagamento estiver sendo efetuado.

- Artigo com redação determinada pela Lei 11.941/2009.

§ 1º O valor mínimo de cada prestação será fixado em ato conjunto do Secretário da Receita Federal do Brasil e do Procurador-Geral da Fazenda Nacional.

§ 2º No caso de parcelamento de débito inscrito em Dívida Ativa da União, o devedor pagará custas, emolumentos e demais encargos legais.

Art. 13-A. O parcelamento dos débitos decorrentes das contribuições sociais instituídas pelos arts. 1º e 2º da Lei Complementar 110, de 29 de junho de 2001, será requerido perante a Caixa Econômica Federal, aplicando-se-lhe o disposto no *caput* do art. 10, nos arts. 11 e 12, no § 2º do art. 13 e nos arts. 14 e 14-B desta Lei.

- *Caput* com redação determinada pela Lei 11.941/2009.

Lei 10.522/2002

LEGISLAÇÃO

§ 1º O valor da parcela será determinado pela divisão do montante do débito consolidado pelo número de parcelas.

• § 1º acrescentado pela Lei 11.345/2006.

§ 2º Para fins do disposto no § 1º deste artigo, o montante do débito será atualizado e acrescido dos encargos previstos na Lei 8.036, de 11 de maio de 1990, e, se for o caso, no Decreto-lei 1.025, de 21 de outubro de 1969.

• § 2º acrescentado pela Lei 11.345/2006.

§ 3º O Ministro de Estado da Fazenda poderá, nos limites do disposto neste artigo, delegar competência para regulamentar e autorizar o parcelamento dos débitos não inscritos em dívida ativa da União.

• § 3º acrescentado pela Lei 11.345/2006.

§ 4º A concessão do parcelamento dos débitos a que se refere este artigo inscritos em dívida ativa da União compete privativamente à Procuradoria-Geral da Fazenda Nacional.

• § 4º acrescentado pela Lei 11.345/2006.

§ 5º É vedado o reparcelamento de débitos a que se refere o *caput*, exceto quando inscritos em Dívida Ativa da União.

• § 5º acrescentado pela Lei 11.941/2009.

Art. 14. É vedada a concessão de parcelamento de débitos relativos a:

I – tributos passíveis de retenção na fonte, de desconto de terceiros ou de sub-rogação;

• Inciso I com redação determinada pela Lei 11.941/2009.

II – Imposto sobre Operações de Crédito, Câmbio e Seguro e sobre Operações relativas a Títulos e Valores Mobiliários – IOF, retido e não recolhido ao Tesouro Nacional;

III – valores recebidos pelos agentes arrecadadores não recolhidos aos cofres públicos;

IV – tributos devidos no registro da Declaração de Importação;

• Inciso IV acrescentado pela Lei 11.941/2009.

V – incentivos fiscais devidos ao Fundo de Investimento do Nordeste – Finor, Fundo de Investimento da Amazônia – Finam e Fundo de Recuperação do Estado do Espírito Santo – Funres;

• Inciso V acrescentado pela Lei 11.941/2009.

VI – pagamento mensal por estimativa do Imposto sobre a Renda da Pessoa Jurídica – IRPJ e da Contribuição Social sobre o Lucro Líquido – CSLL, na forma do art. 2º da Lei 9.430, de 27 de dezembro de 1996;

• Inciso VI acrescentado pela Lei 11.941/2009.

VII – recolhimento mensal obrigatório da pessoa física relativo a rendimentos de que trata o art. 8º da Lei 7.713, de 22 de dezembro de 1988;

• Inciso VII acrescentado pela Lei 11.941/2009.

VIII – tributo ou outra exação qualquer, enquanto não integralmente pago parcelamento anterior relativo ao mesmo tributo ou exação, salvo nas hipóteses previstas no art. 14-A desta Lei;

• Inciso VIII acrescentado pela Lei 11.941/2009.

IX – tributos devidos por pessoa jurídica com falência decretada ou por pessoa física com insolvência civil decretada; e

• Inciso IX acrescentado pela Lei 11.941/2009.

X – créditos tributários devidos na forma do art. 4º da Lei 10.931, de 2 de agosto de 2004, pela incorporadora optante do Regime Especial Tributário do Patrimônio de Afetação.

• Inciso X acrescentado pela Lei 11.941/2009.

Parágrafo único. *(Revogado pela Lei 11.941/2009.)*

Art. 14-A. Observadas as condições previstas neste artigo, será admitido reparcelamento de débitos constantes de parcelamento em andamento ou que tenha sido rescindido.

• Artigo acrescentado pela Lei 11.941/2009.

§ 1º No reparcelamento de que trata o *caput* deste artigo poderão ser incluídos novos débitos.

§ 2º A formalização do pedido de reparcelamento previsto neste artigo fica condicionada ao recolhimento da primeira parcela em valor correspondente a:

I – 10% (dez por cento) do total dos débitos consolidados; ou

II – 20% (vinte por cento) do total dos débitos consolidados, caso haja débito com histórico de reparcelamento anterior.

Lei 10.522/2002

§ 3º Aplicam-se subsidiariamente aos pedidos de que trata este artigo as demais disposições relativas ao parcelamento previstas nesta Lei.

Art. 14-B. Implicará imediata rescisão do parcelamento e remessa do débito para inscrição em Dívida Ativa da União ou prosseguimento da execução, conforme o caso, a falta de pagamento:

• Artigo acrescentado pela Lei 11.941/2009.

I – de três parcelas, consecutivas ou não; ou
II – de uma parcela, estando pagas todas as demais.

Art. 14-C. Poderá ser concedido, de ofício ou a pedido, parcelamento simplificado, importando o pagamento da primeira prestação em confissão de dívida e instrumento hábil e suficiente para a exigência do crédito tributário.

• Artigo acrescentado pela Lei 11.941/2009.

Parágrafo único. Ao parcelamento de que trata o *caput* deste artigo não se aplicam as vedações estabelecidas no art. 14 desta Lei.

Art. 14-D. Os parcelamentos concedidos a Estados, Distrito Federal ou Municípios conterão cláusulas em que estes autorizem a retenção do Fundo de Participação dos Estados – FPE ou do Fundo de Participação dos Municípios – FPM.

• Artigo acrescentado pela Lei 11.941/2009.

Parágrafo único. O valor mensal das obrigações previdenciárias correntes, para efeito deste artigo, será apurado com base na respectiva Guia de Recolhimento do Fundo de Garantia do Tempo de Serviço e de Informações à Previdência Social – GFIP ou, no caso de sua não apresentação no prazo legal, estimado, utilizando-se a média das últimas doze competências recolhidas anteriores ao mês da retenção prevista no *caput* deste artigo, sem prejuízo da cobrança ou restituição ou compensação de eventuais diferenças.

Art. 14-E. Mensalmente, a Secretaria da Receita Federal do Brasil e a Procuradoria-Geral da Fazenda Nacional divulgarão, em seus sítios na internet, demonstrativos dos parcelamentos concedidos no âmbito de suas competências.

• Artigo acrescentado pela Lei 11.941/2009.

Art. 14-F. A Secretaria da Receita Federal do Brasil e a Procuradoria-Geral da Fazenda Nacional, no âmbito de suas competências, editarão atos necessários à execução do parcelamento de que trata esta Lei.

• Artigo acrescentado pela Lei 11.941/2009.

Art. 15. Observados os requisitos e as condições estabelecidos nesta Lei, os parcelamentos de débitos vencidos até 31 de julho de 1998 poderão ser efetuados em até:

I – 96 prestações, se solicitados até 31 de outubro de 1998;
II – 72 prestações, se solicitados até 30 de novembro de 1998;
III – 60 prestações, se solicitados até 31 de dezembro de 1998.

§ 1º O disposto neste artigo aplica-se aos débitos de qualquer natureza para com a Fazenda Nacional, inscritos ou não como Dívida Ativa, mesmo em fase de execução fiscal já ajuizada, ou que tenham sido objeto de parcelamento anterior, não integralmente quitado, ainda que cancelado por falta de pagamento.

§ 2º A vedação de que trata o art. 14, na hipótese a que se refere este artigo, não se aplica a entidades esportivas e entidades assistenciais, sem fins lucrativos.

§ 3º Ao parcelamento previsto neste artigo, inclusive os requeridos e já concedidos, a partir de 29 de junho de 1998, aplicam-se os juros de que trata o art. 13.

§ 4º Constitui condição para o deferimento do pedido de parcelamento e sua manutenção a inexistência de débitos em situação irregular, de tributos e contribuições federais de responsabilidade do sujeito passivo, vencidos posteriormente a 31 de dezembro de 1997.

§ 5º O Ministro de Estado da Fazenda fixará requisitos e condições especiais para o parcelamento previsto no *caput* deste artigo.

Art. 16. Os débitos para com a Fazenda Nacional, decorrentes de avais e outras garantias honradas em operações externas e

Lei 10.522/2002

LEGISLAÇÃO

internas e os de natureza financeira transferidos à União por força da extinção de entidades públicas federais, existentes em 30 de setembro de 1996, incluindo eventuais repactuações, poderão ser parcelados com prazo de até 72 (setenta e dois) meses, desde que os pedidos de parcelamento sejam protocolizados até 15 de abril de 1997, obedecidos aos requisitos e demais condições estabelecidos nesta Lei.

§ 1º O saldo devedor da dívida será atualizado no primeiro dia útil de cada mês, de acordo com a variação da Taxa Referencial – TR, ocorrida no mês anterior, acrescida de 12% a.a. (doze por cento ao ano), mais 0,5% a.a. (cinco décimos por cento ao ano) sobre o saldo devedor destinado à administração do crédito pelo agente financeiro.

§ 2º O parcelamento será formalizado, mediante a celebração de contrato de confissão, consolidação e parcelamento de dívida, sem implicar novação, junto ao Banco do Brasil S.A., na qualidade de agente financeiro do Tesouro Nacional.

§ 3º Os contratos de parcelamento das dívidas decorrentes de honra de aval em operações externas incluirão, obrigatoriamente, cláusula que autorize o bloqueio de recursos na rede bancária, à falta de pagamento de qualquer parcela, decorridos 30 (trinta) dias do vencimento.

Art. 17. Fica acrescentado o seguinte parágrafo ao art. 84 da Lei 8.981, de 1995:

* Alteração processada no texto da referida Lei.

Art. 18. Ficam dispensados a constituição de créditos da Fazenda Nacional, a inscrição como Dívida Ativa da União, o ajuizamento da respectiva execução fiscal, bem assim cancelados o lançamento e a inscrição, relativamente:

I – à contribuição de que trata a Lei 7.689, de 15 de dezembro de 1988, incidente sobre o resultado apurado no período base encerrado em 31 de dezembro de 1988;

II – ao empréstimo compulsório instituído pelo Decreto-lei 2.288, de 23 de julho de 1986, sobre a aquisição de veículos automotores e de combustível;

III – à contribuição ao Fundo de Investimento Social – Finsocial, exigida das empresas exclusivamente vendedoras de mercadorias e mistas, com fundamento no art. 9º da Lei 7.689, de 1988, na alíquota superior a 0,5% (cinco décimos por cento), conforme Leis 7.787, de 30 de junho de 1989, 7.894, de 24 de novembro de 1989, e 8.147, de 28 de dezembro de 1990, acrescida do adicional de 0,1% (um décimo por cento) sobre os fatos geradores relativos ao exercício de 1988, nos termos do art. 22 do Decreto-lei 2.397, de 21 de dezembro de 1987;

IV – ao imposto provisório sobre a movimentação ou a transmissão de valores e de créditos e direitos de natureza financeira – IPMF, instituído pela Lei Complementar 77, de 13 de julho de 1993, relativo ao ano-base 1993 e às imunidades previstas no art. 150, inciso VI, alíneas *a*, *b*, *c* e *d* da Constituição;

V – à taxa de licenciamento de importação, exigida nos termos do art. 10 da Lei 2.145, de 29 de dezembro de 1953, com a redação da Lei 7.690, de 15 de dezembro de 1988;

VI – à sobretarifa ao Fundo Nacional de Telecomunicações;

VII – ao adicional de tarifa portuária, salvo em se tratando de operações de importação e exportação de mercadorias quando objeto de comércio de navegação de longo curso;

VIII – à parcela da contribuição ao Programa de Integração Social exigida na forma do Decreto-lei 2.445, de 29 de junho de 1988, e do Decreto-lei 2.449, de 21 de julho de 1988, na parte que exceda o valor devido com fulcro na Lei Complementar 7, de 7 de setembro de 1970, e alterações posteriores;

IX – à contribuição para o financiamento da seguridade social – Cofins, nos termos do art. 7º da Lei Complementar 70, de 30 de dezembro de 1991, com a redação dada pelo art. 1º da Lei Complementar 85, de 15 de fevereiro de 1996;

X – à Cota de Contribuição revigorada pelo art. 2º do Decreto-lei 2.295, de 21 de novembro de 1986.

* Inciso X acrescentado pela Lei 11.051/2004.

§ 1º Ficam cancelados os débitos inscritos em Dívida Ativa da União, de valor consolidado igual ou inferior a R$ 100,00 (cem reais).

Lei 10.522/2002

Legislação

§ 2º Os autos das execuções fiscais dos débitos de que trata este artigo serão arquivados mediante despacho do juiz, ciente o Procurador da Fazenda Nacional, salvo a existência de valor remanescente relativo a débitos legalmente exigíveis.

§ 3º O disposto neste artigo não implicará restituição *ex officio* de quantia paga.

Art. 19. Fica a Procuradoria-Geral da Fazenda Nacional autorizada a não contestar, a não interpor recurso ou a desistir do que tenha sido interposto, desde que inexista outro fundamento relevante, na hipótese de a decisão versar sobre:

• *Caput* com redação determinada pela Lei 11.033/2004.

I – matérias de que trata o art. 18;

II – matérias que, em virtude de jurisprudência pacífica do Supremo Tribunal Federal, do Superior Tribunal de Justiça, do Tribunal Superior do Trabalho e do Tribunal Superior Eleitoral, sejam objeto de ato declaratório do Procurador-Geral da Fazenda Nacional, aprovado pelo Ministro de Estado da Fazenda;

• Inciso II com redação determinada pela Lei 12.844/2013.

III – *(Vetado.)*

• Inciso III acrescentado pela Lei 12.788/2013.

IV – matérias decididas de modo desfavorável à Fazenda Nacional pelo Supremo Tribunal Federal, em sede de julgamento realizado nos termos do art. 543-B da Lei 5.869, de 11 de janeiro de 1973 – Código de Processo Civil;

• Inciso IV acrescentado pela Lei 12.844/2013.

V – matérias decididas de modo desfavorável à Fazenda Nacional pelo Superior Tribunal de Justiça, em sede de julgamento realizado nos termos do art. 543-C da Lei 5.869, de 11 de janeiro de 1973 – Código de Processo Civil, com exceção daquelas que ainda possam ser objeto de apreciação pelo Supremo Tribunal Federal.

• Inciso V acrescentado pela Lei 12.844/2013.

§ 1º Nas matérias de que trata este artigo, o Procurador da Fazenda Nacional que atuar no feito deverá, expressamente:

• § 1º com redação determinada pela Lei 12.844/2013.

I – reconhecer a procedência do pedido, quando citado para apresentar resposta, inclusive em embargos à execução fiscal e exceções de pré-executividade, hipóteses em que não haverá condenação em honorários; ou

II – manifestar o seu desinteresse em recorrer, quando intimado da decisão judicial.

§ 2º A sentença, ocorrendo a hipótese do § 1º, não se subordinará ao duplo grau de jurisdição obrigatório.

§ 3º Encontrando-se o processo no Tribunal, poderá o relator da remessa negar-lhe seguimento, desde que, intimado o Procurador da Fazenda Nacional, haja manifestação de desinteresse.

§ 4º A Secretaria da Receita Federal do Brasil não constituirá os créditos tributários relativos às matérias de que tratam os incisos II, IV e V do *caput*, após manifestação da Procuradoria-Geral da Fazenda Nacional nos casos dos incisos IV e V do *caput*.

• § 4º com redação determinada pela Lei 12.844/2013.

§ 5º As unidades da Secretaria da Receita Federal do Brasil deverão reproduzir, em suas decisões sobre as matérias a que se refere o *caput*, o entendimento adotado nas decisões definitivas de mérito, que versem sobre essas matérias, após manifestação da Procuradoria-Geral da Fazenda Nacional nos casos dos incisos IV e V do *caput*.

• § 5º com redação determinada pela Lei 12.844/2013.

§ 6º *(Vetado.)*

• § 6º acrescentado pela Lei 12.788/2013.

§ 7º Na hipótese de créditos tributários já constituídos, a autoridade lançadora deverá rever de ofício o lançamento, para efeito de alterar total ou parcialmente o crédito tributário, conforme o caso, após manifestação da Procuradoria-Geral da Fazenda Nacional nos casos dos incisos IV e V do *caput*.

• § 7º acrescentado pela Lei 12.844/2013.

Art. 20. Serão arquivados, sem baixa na distribuição, mediante requerimento do Procurador da Fazenda Nacional, os autos das execuções fiscais de débitos inscritos como Dívida Ativa da União pela Procuradoria-Geral da Fazenda Nacional ou por ela cobrados, de valor consolidado igual ou inferior a R$ 10.000,00 (dez mil reais).

• *Caput* com redação determinada pela Lei 11.033/2004.

Lei 10.522/2002

§ 1º Os autos de execução a que se refere este artigo serão reativados quando os valores dos débitos ultrapassarem os limites indicados.

§ 2º Serão extintas, mediante requerimento do Procurador da Fazenda Nacional, as execuções que versem exclusivamente sobre honorários devidos à Fazenda Nacional de valor igual ou inferior a R$ 1.000,00 (mil reais).

- § 2º com redação determinada pela Lei 11.033/2004.

§ 3º *(Revogado pela Lei 13.043/2014.)*

§ 4º No caso de reunião de processos contra o mesmo devedor, na forma do art. 28 da Lei 6.830, de 22 de setembro de 1980, para os fins de que trata o limite indicado no *caput* deste artigo, será considerada a soma dos débitos consolidados das inscrições reunidas.

- § 4º acrescentado pela Lei 11.033/2004.

Art. 20-A. Nos casos de execução contra a Fazenda Nacional, é a Procuradoria-Geral da Fazenda Nacional autorizada a não opor embargos, quando o valor pleiteado pelo exequente for inferior àquele fixado em ato do Ministro da Fazenda.

- Artigo acrescentado pela Lei 12.649/2012.

Art. 21. Fica isento do pagamento dos honorários de sucumbência o autor da demanda de natureza tributária, proposta contra a União (Fazenda Nacional), que desistir da ação e renunciar ao direito sobre que ela se funda, desde que:

I – a decisão proferida no processo de conhecimento não tenha transitado em julgado;

II – a renúncia e o pedido de conversão dos depósitos judiciais em renda da União sejam protocolizados até 15 de setembro de 1997.

Art. 22. O pedido poderá ser homologado pelo juiz, pelo relator do recurso, ou pelo presidente do tribunal, ficando extinto o crédito tributário, até o limite dos depósitos convertidos.

§ 1º Na hipótese de a homologação ser da competência do relator ou do presidente do tribunal, incumbirá ao autor peticionar ao juiz de primeiro grau que houver apreciado o feito, informando a homologação da renúncia para que este determine, de imediato, a conversão dos depósitos em renda da União, independentemente do retorno dos autos do processo ou da respectiva ação cautelar à vara de origem.

§ 2º A petição de que trata o § 1º deverá conter o número da conta a que os depósitos estejam vinculados e virá acompanhada de cópia da página do órgão oficial onde tiver sido publicado o ato homologatório.

§ 3º Com a renúncia da ação principal deverão ser extintas todas as ações cautelares a ela vinculadas, nas quais não será devida verba de sucumbência.

Art. 23. O ofício para que o depositário proceda à conversão de depósito em renda deverá ser expedido no prazo máximo de 15 (quinze) dias, contado da data do despacho judicial que acolher a petição.

Art. 24. As pessoas jurídicas de direito público são dispensadas de autenticar as cópias reprográficas de quaisquer documentos que apresentem em juízo.

Art. 25. O termo de inscrição em Dívida Ativa da União, bem como o das autarquias e fundações públicas federais, a Certidão de Dívida Ativa dele extraída e a petição inicial em processo de execução fiscal poderão ser subscritos manualmente, ou por chancela mecânica ou eletrônica, observadas as disposições legais.

- *Caput* com redação determinada pela Lei 11.941/2009.

Parágrafo único. O disposto no *caput* deste artigo aplica-se, também, à inscrição em Dívida Ativa e à cobrança judicial da contribuição, multas e demais encargos previstos na legislação respectiva, relativos ao Fundo de Garantia do Tempo de Serviço.

Art. 26. Fica suspensa a restrição para transferência de recursos federais a Estados, Distrito Federal e Municípios destinados à execução de ações sociais ou ações em faixa de fronteira, em decorrência de inadimplementos objetos de registro no Cadin e no Sistema Integrado de Administração Financeira do Governo Federal – Siafi.

- *Caput* com redação determinada pela Lei 12.810/2013.

Lei 10.522/2002

§ 1º Na transferência de recursos federais prevista no *caput*, ficam os Estados, o Distrito Federal e os Municípios dispensados da apresentação de certidões exigidas em leis, decretos e outros atos normativos.

§ 2º Não se aplica o disposto neste artigo aos débitos com o Instituto Nacional do Seguro Social – INSS, exceto quando se tratar de transferências relativas à assistência social.

- § 2º com redação determinada pela Lei 10.954/2004.

§ 3º Os débitos para com a Fazenda Nacional, vencidos até 31 de maio de 1996, não inscritos na Dívida Ativa da União, de responsabilidade dos Estados, do Distrito Federal, dos Municípios e de suas entidades da Administração indireta, decorrentes, exclusivamente, de convênios celebrados com a União, poderão ser parcelados nas seguintes condições:

I – o pedido de parcelamento deverá ser encaminhado, até 31 de agosto de 1998, ao órgão gestor do convênio inadimplido, que o submeterá à Secretaria do Tesouro Nacional com manifestação sobre a conveniência do atendimento do pleito;

II – o pedido deverá ser instruído com autorização legislativa específica, inclusive quanto à vinculação das receitas próprias do beneficiário ou controlador e das quotas de repartição dos tributos a que se referem os arts. 155, 156, 157, 158 e 159, incisos I, alíneas *a* e *c*, e II, da Constituição;

III – o débito objeto do parcelamento será consolidado na data da concessão;

IV – o parcelamento será formalizado pela Procuradoria-Geral da Fazenda Nacional mediante a celebração de contrato de confissão, consolidação e parcelamento de dívida, com a interveniência do Banco do Brasil S.A., na qualidade de Agente Financeiro do Tesouro Nacional, nos termos de convênio a ser celebrado com a União;

V – o vencimento da primeira prestação será 30 (trinta) dias após a assinatura do contrato de parcelamento;

VI – o pedido de parcelamento constitui confissão irretratável de dívida, mas a exatidão do valor dele constante poderá ser objeto de verificação.

§ 4º Aos contratos celebrados nas condições estabelecidas no § 3º aplica-se o disposto no art. 13 desta Lei.

Art. 26-A. O órgão ou entidade que receber recursos para execução de convênios, contratos de repasse e termos de parcerias na forma estabelecida pela legislação federal estará sujeito a prestar contas da sua boa e regular aplicação, observando-se o disposto nos §§ 1º a 10 deste artigo.

- Artigo com redação determinada pela Lei 12.810/2013.

§ 1º Norma específica disporá sobre o prazo para prestação de contas e instauração de tomada de contas especial, se for o caso.

§ 2º Quando a prestação de contas não for encaminhada no prazo estabelecido, será concedido o prazo máximo de 30 (trinta) dias para sua apresentação, ou recolhimento dos recursos, incluídos os rendimentos da aplicação no mercado financeiro, atualizados monetariamente e acrescidos de juros de mora, na forma da lei.

§ 3º Para os convênios em que não tenha havido qualquer execução física nem utilização dos recursos, o recolhimento à conta única do Tesouro deverá ocorrer sem a incidência de juros de mora, mas com os rendimentos da aplicação financeira.

§ 4º Apresentada a prestação de contas, o concedente deverá apreciá-la aprovando ou rejeitando, total ou parcialmente, as contas, de forma motivada.

§ 5º Na ocorrência de uma das hipóteses de inadimplência previstas nos §§ 1º a 4º, ou no caso de as contas prestadas serem rejeitadas total ou parcialmente, o concedente registrará a inadimplência no sistema de gestão do instrumento e comunicará o fato ao órgão de contabilidade analítica a que estiver vinculado, para fins de instauração de tomada de contas especial, ou outro procedimento de apuração no qual sejam garantidos oportunizados o contraditório e a ampla defesa das partes envolvidas.

§ 6º Confirmada a existência de prejuízo ao erário ou desvio dos recursos na forma do § 5º, serão implementadas medidas administrativas ou judiciais para recuperação dos valores, sob pena de responsabilização solidária.

Lei 10.522/2002

LEGISLAÇÃO

§ 7º Cabe ao prefeito e ao governador sucessores prestarem contas dos recursos provenientes de convênios, contratos de repasse e termos de parcerias firmados pelos seus antecessores.

§ 8º Na impossibilidade de atender ao disposto no § 7º, deverão ser apresentadas ao concedente justificativas que demonstrem o impedimento de prestar contas e solicitação de instauração de tomada de contas especial.

§ 9º Adotada a providência prevista no § 8º, o registro de inadimplência do órgão ou entidade será suspenso, no prazo de até 48 (quarenta e oito) horas, pelo concedente.

§ 10. Norma específica disporá sobre o prazo para registro de inadimplência no sistema de gestão do instrumento e a forma de notificação prévia com os referidos prazos.

Art. 27. Não cabe recurso de ofício das decisões prolatadas pela Secretaria da Receita Federal do Brasil, em processos relativos a tributos administrados por esse órgão:

- Artigo com redação determinada pela Lei 12.788/2013.

I – quando se tratar de pedido de restituição de tributos;

II – quando se tratar de ressarcimento de créditos do Imposto sobre Produtos Industrializados – IPI, da Contribuição para o PIS/Pasep e da Contribuição para o Financiamento da Seguridade Social – Cofins;

III – quando se tratar de reembolso do salário-família e do salário-maternidade;

IV – quando se tratar de homologação de compensação;

V – nos casos de redução de penalidade por retroatividade benigna; e

VI – nas hipóteses em que a decisão estiver fundamentada em decisão proferida em ação direta de inconstitucionalidade, em súmula vinculante proferida pelo Supremo Tribunal Federal e no disposto no § 6º do art. 19.

Art. 28. O inciso II do art. 3º da Lei 8.748, de 9 de dezembro de 1993, passa a ter a seguinte redação:

- Alteração processada no texto da referida Lei.

Art. 29. Os débitos de qualquer natureza para com a Fazenda Nacional e os decorrentes de contribuições arrecadadas pela União, constituídos ou não, cujos fatos geradores tenham ocorrido até 31 de dezembro de 1994, que não hajam sido objeto de parcelamento requerido até 31 de agosto de 1995, expressos em quantidade de Ufir, serão reconvertidos para Real, com base no valor daquela fixado para 1º de janeiro de 1997.

§ 1º A partir de 1º de janeiro de 1997, os créditos apurados serão lançados em Reais.

§ 2º Para fins de inscrição dos débitos referidos neste artigo em Dívida Ativa da União, deverá ser informado à Procuradoria-Geral da Fazenda Nacional o valor originário dos mesmos, na moeda vigente à época da ocorrência do fato gerador da obrigação.

§ 3º Observado o disposto neste artigo, bem assim a atualização efetuada para o ano de 2000, nos termos do art. 75 da Lei 9.430, de 27 de dezembro de 1996, fica extinta a Unidade Fiscal de Referência – Ufir, instituída pelo art. 1º da Lei 8.383, de 30 de dezembro de 1991.

Art. 30. Em relação aos débitos referidos no art. 29, bem como aos inscritos em Dívida Ativa da União, passam a incidir, a partir de 1º de janeiro de 1997, juros de mora equivalentes à taxa referencial do Sistema Especial de Liquidação e de Custódia – Selic para títulos federais, acumulada mensalmente, até o último dia do mês anterior ao do pagamento, e de 1% (um por cento) no mês de pagamento.

Art. 31. Ficam dispensados a constituição de créditos da Comissão de Valores Mobiliários – CVM, a inscrição na sua Dívida Ativa e o ajuizamento da respectiva execução fiscal, bem assim cancelados o lançamento e a inscrição relativamente:

I – à taxa de fiscalização e seus acréscimos, de que trata a Lei 7.940, de 20 de dezembro de 1989, devida a partir de 1º de janeiro de 1990 àquela autarquia, pelas companhias fechadas beneficiárias de incentivos fiscais;

II – às multas cominatórias que tiverem sido aplicadas a essas companhias nos termos da Instrução CVM 92, de 8 de dezembro de 1988.

§ 1º O disposto neste artigo somente se aplica àquelas companhias que tenham patrimônio líquido igual ou inferior a R$ 10.000.000,00 (dez milhões de reais), con-

Legislação

forme demonstrações financeiras do último exercício social, devidamente auditadas por auditor independente registrado na CVM e procedam ao cancelamento do seu registro na CVM, mediante oferta pública de aquisição da totalidade desses títulos, nos termos do art. 20 e seguintes da Instrução CVM 265, de 18 de julho de 1997, caso tenham ações disseminadas no mercado, em 31 de outubro de 1997.

§ 2º Os autos das execuções fiscais dos débitos de que trata este artigo serão arquivados mediante despacho do juiz, ciente o Procurador da CVM, salvo a existência de valor remanescente relativo a débitos legalmente exigíveis.

§ 3º O disposto neste artigo não implicará restituição de quantias pagas.

Art. 32. O art. 33 do Decreto 70.235, de 6 de março de 1972, que, por delegação do Decreto-lei 822, de 5 de setembro de 1969, regula o processo administrativo de determinação e exigência de créditos tributários da União, passa a vigorar com a seguinte alteração:

- Alteração processada no texto do referido Decreto.

Art. 33. *(Vetado.)*

Art. 34. Fica acrescentado o seguinte parágrafo ao art. 98 da Lei 8.212, de 24 de julho de 1991:

"§ 11. O disposto neste artigo aplica-se às execuções fiscais da Dívida Ativa da União."

Art. 35. As certidões expedidas pelos órgãos da administração fiscal e tributária poderão ser emitidas pela internet (rede mundial de computadores) com as seguintes características:

I – serão válidas independentemente de assinatura ou chancela de servidor dos órgãos emissores;

II – serão instituídas pelo órgão emissor mediante ato específico publicado no *Diário Oficial da União* onde conste o modelo do documento.

Art. 36. O inciso II do art. 11 da Lei 9.641, de 25 de maio de 1998, passa a vigorar com a seguinte redação:

"II – o pagamento da gratificação será devido até que seja definida e implementada a estrutura de apoio administrativo da Procuradoria-Geral da Fazenda Nacional.
"[...]"

Art. 37. Os créditos do Banco Central do Brasil passíveis de inscrição e cobrança como Dívida Ativa e não pagos nos prazos previstos serão acrescidos de:

- Artigo com redação determinada pela Lei 12.548/2011.

I – juros de mora, contados do primeiro dia do mês subsequente ao do vencimento, equivalentes à taxa referencial do Sistema Especial de Liquidação e de Custódia – Selic para os títulos federais, acumulada mensalmente, até o último dia do mês anterior ao do pagamento, e de 1% (um por cento) no mês do pagamento;

II – multa de mora de 2% (dois por cento), a partir do primeiro dia após o vencimento do débito, acrescida, a cada 30 (trinta) dias, de igual percentual, até o limite de 20% (vinte por cento), incidente sobre o valor atualizado na forma do inciso I do *caput* deste artigo.

§ 1º Os juros de mora incidentes sobre os créditos provenientes de multas impostas em processo administrativo punitivo que, em razão de recurso, tenham sido confirmadas pela instância superior contam-se do primeiro dia do mês subsequente ao do vencimento, previsto na intimação da decisão de primeira instância.

§ 2º Os créditos referidos no *caput* deste artigo poderão ser parcelados em até 30 (trinta) parcelas mensais, a exclusivo critério do Banco Central do Brasil, na forma e condições por ele estabelecidas, incidindo sobre cada parcela a pagar os juros de mora previstos neste artigo.

Art. 37-A. Os créditos das autarquias e fundações públicas federais, de qualquer natureza, não pagos nos prazos previstos na legislação, serão acrescidos de juros e multa de mora, calculados nos termos e na forma da legislação aplicável aos tributos federais.

- Artigo acrescentado pela Lei 11.941/2009.

§ 1º Os créditos inscritos em Dívida Ativa serão acrescidos de encargo legal, substitutivo da condenação do devedor em honorários advocatícios, calculado nos termos e na forma da legislação aplicável à Dívida Ativa da União.

Lei 10.522/2002

LEGISLAÇÃO

§ 2º O disposto neste artigo não se aplica aos créditos do Banco Central do Brasil.

Art. 37-B. Os créditos das autarquias e fundações públicas federais, de qualquer natureza, poderão ser parcelados em até 60 (sessenta) prestações mensais.

• Artigo acrescentado pela Lei 11.941/2009.

§ 1º O disposto neste artigo somente se aplica aos créditos inscritos em Dívida Ativa e centralizados nas Procuradorias Regionais Federais, Procuradorias Federais nos Estados e Procuradorias Seccionais Federais, nos termos dos §§ 11 e 12 do art. 10 da Lei 10.480, de 2 de julho de 2002, e do art. 22 da Lei 11.457, de 16 de março de 2007.

§ 2º O parcelamento terá sua formalização condicionada ao prévio pagamento da primeira prestação, conforme o montante do débito e o prazo solicitado, observado o disposto no § 9º deste artigo.

§ 3º Enquanto não deferido o pedido, o devedor fica obrigado a recolher, a cada mês, o valor correspondente a uma prestação.

§ 4º O não cumprimento do disposto neste artigo implicará o indeferimento do pedido.

§ 5º Considerar-se-á automaticamente deferido o parcelamento, em caso de não manifestação da autoridade competente no prazo de 90 (noventa) dias, contado da data da protocolização do pedido.

§ 6º O pedido de parcelamento deferido constitui confissão de dívida e instrumento hábil e suficiente para exigência do crédito, podendo a exatidão dos valores parcelados ser objeto de verificação.

§ 7º O débito objeto de parcelamento será consolidado na data do pedido.

§ 8º O devedor pagará as custas, emolumentos e demais encargos legais.

§ 9º O valor mínimo de cada prestação mensal será definido por ato do Procurador-Geral Federal.

§ 10. O valor de cada prestação mensal, por ocasião do pagamento, será acrescido de juros equivalentes à taxa referencial do Sistema Especial de Liquidação e de Custódia – Selic para títulos federais, acumulada mensalmente, calculados a partir do mês subsequente ao da consolidação até o mês anterior ao do pagamento, e de 1% (um por cento) relativamente ao mês em que o pagamento estiver sendo efetuado.

§ 11. A falta de pagamento de três parcelas, consecutivas ou não, ou de uma parcela, estando pagas todas as demais, implicará a imediata rescisão do parcelamento e, conforme o caso, o prosseguimento da cobrança.

§ 12. Atendendo ao princípio da economicidade, observados os termos, os limites e as condições estabelecidos em ato do Procurador-Geral Federal, poderá ser concedido, de ofício ou a pedido, parcelamento simplificado, importando o pagamento da primeira prestação em confissão de dívida e instrumento hábil e suficiente para a exigência do crédito.

§ 13. Observadas as condições previstas neste artigo, será admitido reparcelamento dos débitos, inscritos em Dívida Ativa das autarquias e fundações públicas federais, constantes de parcelamento em andamento ou que tenha sido rescindido.

§ 14. A formalização do pedido de reparcelamento fica condicionada ao recolhimento da primeira parcela em valor correspondente a:

I – 10% (dez por cento) do total dos débitos consolidados; ou

II – 20% (vinte por cento) do total dos débitos consolidados, caso haja débito com histórico de reparcelamento anterior.

§ 15. Aplicam-se subsidiariamente aos pedidos de reparcelamento, naquilo que não os contrariar, as demais disposições relativas ao parcelamento previstas neste artigo.

§ 16. O parcelamento de que trata este artigo será requerido exclusivamente perante as Procuradorias Regionais Federais, as Procuradorias Federais nos Estados e as Procuradorias Seccionais Federais.

§ 17. A concessão do parcelamento dos débitos a que se refere este artigo compete privativamente às Procuradorias Regionais Federais, às Procuradorias Federais nos Estados e às Procuradorias Seccionais Federais.

§ 18. A Procuradoria-Geral Federal editará atos necessários à execução do parcelamento de que trata este artigo.

§ 19. Mensalmente, a Procuradoria-Geral Federal divulgará, no sítio da Advocacia-Geral da União, demonstrativos dos parcelamentos concedidos no âmbito de sua competência.

Dec. 4.523/2002

§ 20. Ao disposto neste artigo aplicam-se subsidiariamente as regras previstas nesta Lei para o parcelamento dos créditos da Fazenda Nacional.

Art. 37-C. A Advocacia-Geral da União poderá celebrar os convênios de que trata o art. 46 da Lei 11.457, de 16 de março de 2007, em relação às informações de pessoas físicas ou jurídicas que tenham débito inscrito em Dívida Ativa das autarquias e fundações públicas federais.

• Artigo acrescentado pela Lei 11.941/2009.

Art. 38. Ficam convalidados os atos praticados com base na Medida Provisória 2.176-79, de 23 de agosto de 2001.

Art. 39. Ficam revogados o art. 11 do Decreto-lei 352, de 17 de junho de 1968, e alterações posteriores; o art. 10 do Decreto-lei 2.049, de 1º de agosto de 1983; o art. 11 do Decreto-lei 2.052, de 3 de agosto de 1983; o art. 11 do Decreto-lei 2.163, de 19 de setembro de 1984; os arts. 91, 93 e 94 da Lei 8.981, de 20 de janeiro de 1995.

Art. 40. Esta Lei entra em vigor na data de sua publicação.

Brasília, 19 de julho de 2002; 181º da Independência e 114º da República.

Fernando Henrique Cardoso

(*DOU* 22.07.2002)

DECRETO 4.523, DE 17 DE DEZEMBRO DE 2002

Regulamenta o arrolamento de bens para interposição de recurso voluntário no processo administrativo de determinação e exigência de créditos tributários da União.

O Presidente da República, no uso da atribuição que lhe confere o art. 84, inciso IV, da Constituição, e tendo em vista o disposto nos §§ 2º a 4º do art. 33 do Decreto 70.235, de 6 de março de 1972, decreta:

Art. 1º O arrolamento de bens e direitos para fins de seguimento do recurso voluntário interposto contra decisão proferida nos processos de determinação e exigência de créditos tributários da União será efetuado em conformidade com as disposições deste Decreto.

Art. 2º O recorrente deverá arrolar, por sua iniciativa, bens e direitos de valor equivalente a 30% (trinta por cento) da exigência fiscal definida na decisão, aplicando-se o disposto nos §§ 2º, 3º, 5º e 8º do art. 64 da Lei 9.532, de 10 de dezembro de 1997.

§ 1º Deverão ser arrolados, preferencialmente, bens imóveis da pessoa física ou jurídica recorrente, integrantes de seu patrimônio, classificados, no caso de pessoa jurídica, em conta integrante do ativo permanente, segundo as normas fiscais e comerciais.

§ 2º Caso a pessoa física não possua imóveis passíveis de arrolamento, deverão ser arrolados bens móveis ou direitos constantes de seu patrimônio.

§ 3º Caso a pessoa jurídica não possua imóveis passíveis de arrolamento, segundo o disposto no § 1º, deverão ser arrolados outros bens integrantes de seu ativo permanente.

Art. 3º Sem prejuízo do seguimento do recurso voluntário, o arrolamento de bens e direitos será limitado ao total do ativo permanente da pessoa jurídica ou ao patrimônio da pessoa física, avaliados pelo valor constante da contabilidade ou da última declaração de rendimentos apresentada pelo sujeito passivo.

Art. 4º Na hipótese em que a autoridade fiscal competente tenha procedido o arrolamento de bens e direitos nos termos preconizados pelo art. 64 da Lei 9.532, de 1997, fica o recorrente dispensado da adoção dessa providência.

Art. 5º A Secretaria da Receita Federal do Ministério da Fazenda expedirá normas complementares para a aplicação do disposto neste Decreto.

Art. 6º Este Decreto entra em vigor na data de sua publicação.

Art. 7º Fica revogado o Decreto 3.717, de 3 de janeiro de 2001.

Brasília, 17 de dezembro de 2002; 181º da Independência e 114º da República.

Fernando Henrique Cardoso

(*DOU* 18.12.2002)

LC 115/2002

LEGISLAÇÃO

LEI COMPLEMENTAR 115, DE 26 DE DEZEMBRO DE 2002

Altera as Leis Complementares 87, de 13 de setembro de 1996, e 102, de 11 de julho de 2000.

O Presidente da República:

Faço saber que o Congresso Nacional decreta e eu sanciono a seguinte Lei Complementar:

Art. 1º O art. 31 da Lei Complementar 87, de 13 de setembro de 1996, passa a vigorar com as seguintes alterações:

- Alterações processadas no texto da referida Lei Complementar.

Art. 2º O Anexo da Lei Complementar 87, de 13 de setembro de 1996, passa a vigorar com a redação do Anexo desta Lei Complementar.

- Alteração processada no texto da referida Lei Complementar.

Art. 3º Os valores de entrega correspondentes aos períodos de competência dos meses de novembro e dezembro de 1999, mencionados no art. 3º da Lei Complementar 102, de 11 de julho de 2000, que não tenham sido utilizados nas condições previstas nos §§ 3º e 4º do referido artigo, serão repassados pela União aos Estados e aos seus Municípios em janeiro e fevereiro de 2003, respectivamente.

Parágrafo único. Os valores de entrega mencionados no *caput* estarão contidos no montante limite previsto no Anexo para o exercício de 2003.

Art. 4º Esta Lei Complementar entra em vigor na data de sua publicação, produzindo efeitos a partir de 1º de janeiro de 2003.

Art. 5º Revoga-se o § 4º-A do art. 31 da Lei Complementar 87, de 13 de setembro de 1996.

- Deixamos de publicar o Anexo a esta Lei Complementar.

Brasília, 26 de dezembro de 2002; 181º da Independência e 114º da República.

Fernando Henrique Cardoso

(*DOU* 27.12.2002)

LEI 10.637, DE 30 DE DEZEMBRO DE 2002

Dispõe sobre a não cumulatividade na cobrança da contribuição para os Programas de Integração Social (PIS) e de Formação do Patrimônio do Servidor Público (Pasep), nos casos que especifica; sobre o pagamento e o parcelamento de débitos tributários federais, a compensação de créditos fiscais, a declaração de inaptidão de inscrição de pessoas jurídicas, a legislação aduaneira, e dá outras providências.

- V. arts. 15 e 16, Lei 10.833/2003 (Altera a Legislação Tributária Federal).

O Presidente da República:
Faço saber que o Congresso Nacional decreta e eu sanciono a seguinte Lei:

Capítulo I
DA COBRANÇA NÃO CUMULATIVA DO PIS E DO PASEP

Art. 1º A Contribuição para o PIS/Pasep, com a incidência não cumulativa, incide sobre o total das receitas auferidas no mês pela pessoa jurídica, independentemente de sua denominação ou classificação contábil.

- *Caput* com redação determinada pela Lei 12.973/2014 (*DOU* 14.05.2014), em vigor em 1º.01.2015.
- V. art. 119, § 1º, I, Lei 12.973/2014.

§ 1º Para efeito do disposto neste artigo, o total das receitas compreende a receita bruta de que trata o art. 12 do Decreto-lei 1.598, de 26 de dezembro de 1977, e todas as demais receitas auferidas pela pessoa jurídica com os respectivos valores decorrentes do ajuste a valor presente de que trata o inciso VIII do *caput* do art. 183 da Lei 6.404, de 15 de dezembro de 1976.

- § 1º com redação determinada pela Lei 12.973/2014 (*DOU* 14.05.2014), em vigor em 1º.01.2015.
- V. art. 119, § 1º, I, Lei 12.973/2014.

§ 2º A base de cálculo da Contribuição para o PIS/Pasep é o total das receitas auferidas pela pessoa jurídica, conforme definido no *caput* e no § 1º.

- § 2º com redação determinada pela Lei 12.973/2014 (*DOU* 14.05.2014), em vigor em 1º.01.2015.
- V. art. 119, § 1º, I, Lei 12.973/2014.

§ 3º Não integram a base de cálculo a que se refere este artigo, as receitas:

Lei 10.637/2002

LEGISLAÇÃO

I – decorrentes de saídas isentas da contribuição ou sujeitas à alíquota zero;

II – *(Vetado.)*

III – auferidas pela pessoa jurídica revendedora, na revenda de mercadorias em relação às quais a contribuição seja exigida da empresa vendedora, na condição de substituta tributária;

- V. art. 16, Lei 10.865/2004 (Contribuição para os Programas de Integração Social e de Formação do Patrimônio do Servidor Público e a Contribuição para o Financiamento da Seguridade Social).

IV – *(Revogado pela Lei 11.727/2008 – DOU 24.06.2008, a partir do primeiro dia do quarto mês subsequente ao de sua publicação.)*

V – referentes a:

a) vendas canceladas e aos descontos incondicionais concedidos;

b) reversões de provisões e recuperações de créditos baixados como perda, que não representem ingresso de novas receitas, o resultado positivo da avaliação de investimentos pelo valor do patrimônio líquido e os lucros e dividendos derivados de participações societárias, que tenham sido computados como receita;

- Alínea *b* com redação determinada pela Lei 12.973/2014 (*DOU* 14.05.2014), em vigor em 1º.01.2015.
- V. art. 119, § 1º, I, Lei 12.973/2014.

VI – de que trata o inciso IV do *caput* do art. 187 da Lei 6.404, de 15 de dezembro de 1976, decorrentes da venda de bens do ativo não circulante, classificado como investimento, imobilizado ou intangível;

- Inciso VI com redação determinada pela Leii 12.973/2014 (*DOU* 14.05.2014), em vigor em 1º.01.2015.
- V. art 119, § 1º, I, Lei 12.973/2014;

VII – decorrentes de transferência onerosa a outros contribuintes do Imposto sobre Operações relativas à Circulação de Mercadorias e sobre Prestações de Serviços de Transporte Interestadual e Intermunicipal e de Comunicação – ICMS de créditos de ICMS originados de operações de exportação, conforme o disposto no inciso II do § 1º do art. 25 da Lei Complementar 87, de 13 de setembro de 1996.

- Inciso VII acrescentado pela Lei 11.945/2009 (*DOU* 05.06.2009), em vigor na data de sua publicação, produzindo efeitos a partir de 1º.01.2009 (v. art. 33, I, *c*, da referida Lei).

VIII – financeiras decorrentes do ajuste a valor presente de que trata o inciso VIII do *caput* do art. 183 da Lei 6.404, de 15 de dezembro de 1976, referentes a receitas excluídas da base de cálculo da Contribuição para o PIS/Pasep;

- Inciso VIII acrescentado pela Lei 12.973/2014 (*DOU* 14.05.2014), em vigor em 1º.01.2015.
- V. art. 119, § 1º, I, Lei 12.973/2014.

IX – relativas aos ganhos decorrentes de avaliação de ativo e passivo com base no valor justo;

- Inciso IX acrescentado pela Lei 12.973/2014 (*DOU* 14.05.2014), em vigor em 1º.01.2015.
- V. art. 119, § 1º, I, Lei 12.973/2014.

X – de subvenções para investimento, inclusive mediante isenção ou redução de impostos, concedidas como estímulo à implantação ou expansão de empreendimentos econômicos e de doações feitas pelo poder público;

- Inciso X acrescentado pela Lei 12.973/2014 (*DOU* 14.05.2014), em vigor em 1º.01.2015.
- V. art. 119, § 1º, I, Lei 12.973/2014.

XI – reconhecidas pela construção, recuperação, reforma, ampliação ou melhoramento da infraestrutura, cuja contrapartida seja ativo intangível representativo de direito de exploração, no caso de contratos de concessão de serviços públicos;

- Inciso XI acrescentado pela Lei 12.973/2014 (*DOU* 14.05.2014), em vigor em 1º.01.2015.
- V. art. 119, § 1º, I, Lei 12.973/2014.

XII – relativas ao valor do imposto que deixar de ser pago em virtude das isenções e reduções de que tratam as alíneas *a*, *b*, *c* e *e* do § 1º do art. 19 do Decreto-lei 1.598, de 26 de dezembro de 1977; e

- Inciso XII acrescentado pela Lei 12.973/2014 (*DOU* 14.05.2014), em vigor em 1º.01.2015.
- V. art. 119, § 1º, I, Lei 12.973/2014.

XIII – relativas ao prêmio na emissão de debêntures.

- Inciso XIII acrescentado pela Lei 12.973/2014 (*DOU* 14.05.2014), em vigor em 1º.01.2015.
- V. art. 119, § 1º, I, Lei 12.973/2014.

Art. 2º Para determinação do valor da contribuição para o PIS/Pasep aplicar-se-á, sobre a base de cálculo apurada conforme o disposto no art. 1º, a alíquota de 1,65% (um inteiro e sessenta e cinco centésimos por cento).

- V. art. 2º, Lei 11.051/2004 (Desconto de crédito na apuração da Contribuição Social sobre o Lu-

Lei 10.637/2002

LEGISLAÇÃO

cro Líquido – CSLL e da Contribuição para o PIS/Pasep e Cofins não cumulativas).

- V. art. 4º, parágrafo único, Dec. 5.310/2004 (incidência da Contribuição para o PIS/Pasep e da Cofins sobre as operações de venda efetuada na Zona Franca de Manaus).

§ 1º Excetua-se do disposto no *caput* a receita bruta auferida pelos produtores ou importadores, que devem aplicar as alíquotas previstas:

- *Caput* do § 1º acrescentado pela Lei 10.865/2004 (*DOU* 30.04.2004, edição extra), em vigor na data de sua publicação, produzindo efeitos a partir do primeiro dia do quarto mês subsequente ao de publicação desta Lei (v. art. 46, IV, da referida Lei).

I – nos incisos I a III do art. 4º da Lei 9.718, de 27 de novembro de 1998, e alterações posteriores, no caso de venda de gasolinas e suas correntes, exceto gasolina de aviação, óleo diesel e suas correntes e gás liquefeito de petróleo – GLP derivado de petróleo e de gás natural;

- Inciso I com redação determinada pela Lei 10.925/2004 (*DOU* 26.07.2004), em vigor na data de sua publicação, produzindo efeitos a partir do primeiro dia do quarto mês subsequente ao de publicação desta Lei (v. art. 17, I, *b*, da referida Lei).

II – no inciso I do art. 1º da Lei 10.147, de 21 de dezembro de 2000, e alterações posteriores, no caso de venda de produtos farmacêuticos, de perfumaria, de toucador ou de higiene pessoal nele relacionados;

- Inciso II acrescentado pela Lei 10.865/2004 (*DOU* 30.04.2004, edição extra), em vigor na data de sua publicação, produzindo efeitos a partir do primeiro dia do quarto mês subsequente ao de publicação desta Lei (v. art. 46, IV, da referida Lei).

III – no art. 1º da Lei 10.485, de 3 de julho de 2002, e alterações posteriores, no caso de venda de máquinas e veículos classificados nos códigos 84.29, 8432.40.00, 84.32.80.00, 8433. 20, 8433.30.00, 8433.40.00, 8433.5, 87.01, 87.02, 87.03, 87.04, 87.05 e 87.06, da Tipi;

- Inciso III acrescentado pela Lei 10.865/2004 (*DOU* 30.04.2004, edição extra), em vigor na data de sua publicação, produzindo efeitos a partir do primeiro dia do quarto mês subsequente ao de publicação desta Lei (v. art. 46, IV, da referida Lei).

IV – no inciso II do art. 3º da Lei 10.485, de 3 de julho de 2002, no caso de vendas para comerciante atacadista ou varejista ou para consumidores, de autopeças relacionadas nos Anexos I e II da mesma Lei;

- Inciso IV acrescentado pela Lei 10.865/2004 (*DOU* 30.04.2004, edição extra), em vigor na data de sua publicação, produzindo efeitos a partir do primeiro dia do quarto mês subsequente ao de publicação desta Lei (v. art. 46, IV, da referida Lei).

V – no *caput* do art. 5º da Lei 10.485, de 3 de julho de 2002, e alterações posteriores, no caso de venda dos produtos classificados nas posições 40.11 (pneus novos de borracha) e 40.13 (câmaras de ar de borracha), da Tipi;

- Inciso V acrescentado pela Lei 10.865/2004 (*DOU* 30.04.2004, edição extra), em vigor na data de sua publicação, produzindo efeitos a partir do primeiro dia do quarto mês subsequente ao de publicação desta Lei (v. art. 46, IV, da referida Lei).

VI – no art. 2º da Lei 10.560, de 13 de novembro de 2002, e alterações posteriores, no caso de venda de querosene de aviação;

- Inciso VI acrescentado pela Lei 10.865/2004 (*DOU* 30.04.2004, edição extra), em vigor na data de sua publicação, produzindo efeitos a partir do primeiro dia do quarto mês subsequente ao de publicação desta Lei (v. art. 46, IV, da referida Lei).

VII a IX – *(Revogados pela Lei 13.097/2015 – DOU 20.01.2015, em vigor a partir do primeiro dia do quarto mês subsequente ao da publicação desta Lei.)*

X – no art. 23 da Lei 10.865, de 30 de abril de 2004, no caso de venda de gasolinas e suas correntes, exceto gasolina de aviação, óleo diesel e suas correntes, querosene de aviação, gás liquefeito de petróleo – GLP derivado de petróleo e de gás natural;

- Inciso X acrescentado pela Lei 10.925/2004 (*DOU* 26.07.2004), em vigor na data de sua publicação, produzindo efeitos a partir do primeiro dia do quarto mês subsequente ao de publicação desta Lei (v. art. 17, I, *b*, da referida Lei).

§ 1º-A. Excetua-se do disposto no *caput* deste artigo a receita bruta auferida pelos produtores, importadores ou distribuidores com a venda de álcool, inclusive para fins carburantes, à qual se aplicam as alíquotas previstas no *caput* e no § 4º do art. 5º da Lei 9.718, de 27 de novembro de 1998.

- § 1º-A acrescentado pela Lei 11.727/2008 (*DOU* 24.06.2008), em vigor na data de sua publicação, produzindo efeitos a partir do primeiro dia do quarto mês subsequente ao de sua publicação (v. art. 41, IV, da referida Lei).

§ 2º Excetua-se do disposto no *caput* deste artigo a receita bruta decorrente da venda de papel imune a impostos de que trata o art. 150, inciso VI, alínea *d*, da Constituição Federal, quando destinado à impressão de

Lei 10.637/2002

LEGISLAÇÃO

periódicos, que fica sujeita à alíquota de 0,8% (oito décimos por cento).

- § 2º acrescentado pela Lei 10.865/2004 (*DOU* 30.04.2004, edição extra), em vigor na data de sua publicação, produzindo efeitos a partir do primeiro dia do quarto mês subsequente ao de publicação desta Lei (v. art. 46, IV, da referida Lei).

§ 3º Fica o Poder Executivo autorizado a reduzir a 0 (zero) e a restabelecer a alíquota incidente sobre receita bruta decorrente da venda de produtos químicos e farmacêuticos, classificados nos Capítulos 29 e 30 da Tipi, sobre produtos destinados ao uso em hospitais, clínicas e consultórios médicos e odontológicos, campanhas de saúde realizadas pelo poder público, laboratório de anatomia patológica, citológica ou de análises clínicas, classificados nas posições 30.02, 30.06, 39.26, 40.15 e 90.18, e sobre semens e embriões da posição 05.11, todos da Tipi.

- § 3º com redação determinada pela Lei 11.488/2007.

§ 4º Excetua-se do disposto no *caput* deste artigo a receita bruta auferida por pessoa jurídica industrial estabelecida na Zona Franca de Manaus, decorrente da venda de produção própria, consoante projeto aprovado pelo Conselho de Administração da Superintendência da Zona Franca de Manaus – Suframa, que fica sujeita, ressalvado o disposto nos §§ 1º a 3º deste artigo, às alíquotas de:

- § 4º acrescentado pela Lei 10.996/2004.

I – 0,65% (sessenta e cinco centésimos por cento), no caso de venda efetuada a pessoa jurídica estabelecida:

a) na Zona Franca de Manaus; e

b) fora da Zona Franca de Manaus, que apure a Contribuição para o PIS/Pasep no regime de não cumulatividade;

II – 1,3% (um inteiro e três décimos por cento), no caso de venda efetuada a:

a) pessoa jurídica estabelecida fora da Zona Franca de Manaus, que apure o imposto de renda com base no lucro presumido;

b) pessoa jurídica estabelecida fora da Zona Franca de Manaus, que apure o imposto de renda com base no lucro real e que tenha sua receita, total ou parcialmente, excluída do regime de incidência não cumulativa da Contribuição para o PIS/Pasep;

c) pessoa jurídica estabelecida fora da Zona Franca de Manaus e que seja optante pelo Sistema Integrado de Pagamento de Impostos e Contribuições – Simples; e

d) órgãos da administração federal, estadual, distrital e municipal.

§ 5º O disposto no § 4º também se aplica à receita bruta auferida por pessoa jurídica industrial ou comercial estabelecida nas Áreas de Livre Comércio de que tratam as Leis 7.965, de 22 de dezembro de 1989, 8.210, de 19 de julho de 1991, e 8.256, de 25 de novembro de 1991, o art. 11 da Lei 8.387, de 30 de dezembro de 1991, e a Lei 8.857, de 8 de março de 1994.

- § 5º acrescentado pela Lei 11.945/2009.

§ 6º A exigência prevista no § 4º deste artigo relativa ao projeto aprovado não se aplica às pessoas jurídicas comerciais referidas no § 5º deste artigo.

- § 6º acrescentado pela Lei 11.945/2009.

Art. 3º Do valor apurado na forma do art. 2º a pessoa jurídica poderá descontar créditos calculados em relação a:

- V. art. 4º, Dec. 5.310/2004 (Incidência da Contribuição para o PIS/Pasep e da Cofins sobre as operações de venda efetuada na Zona Franca de Manaus).

I – bens adquiridos para revenda, exceto em relação às mercadorias e aos produtos referidos:

- *Caput* do inciso I com redação determinada pela Lei 10.865/2004 (*DOU* 30.04.2004, edição extra), em vigor na data de sua publicação, produzindo efeitos a partir do primeiro dia do quarto mês subsequente ao de publicação desta Lei (v. art. 46, IV, da referida Lei).

a) no inciso III do § 3º do art. 1º desta Lei; e

- Alínea *a* com redação determinada pela Lei 11.727/2008 (*DOU* 24.06.2008), em vigor na data de sua publicação, produzindo efeitos a partir do primeiro dia do quarto mês subsequente ao de sua publicação (v. art. 41, IV, da referida Lei).

b) nos §§ 1º e 1º-A do art. 2º desta Lei;

- Alínea *b* com redação determinada pela Lei 11.787/2008.

II – bens e serviços, utilizados como insumo na prestação de serviços e na produção ou fabricação de bens ou produtos destinados à venda, inclusive combustíveis e lubrican-

Lei 10.637/2002

LEGISLAÇÃO

tes, exceto em relação ao pagamento de que trata o art. 2º da Lei 10.485, de 3 de julho de 2002, devido pelo fabricante ou importador, ao concessionário, pela intermediação ou entrega dos veículos classificados nas posições 87.03 e 87.04 da Tipi;

- Inciso II com redação determinada pela Lei 10.865/2004 (*DOU* 30.04.2004, edição extra), em vigor na data de sua publicação, produzindo efeitos a partir do primeiro dia do quarto mês subsequente ao de publicação desta Lei (v. art. 46, IV da referida Lei).
- V. art. 9º, Lei 11.051/2004 (Desconto de crédito na apuração da Contribuição Social sobre o Lucro Líquido – CSLL e da Contribuição para o PIS/Pasep e Cofins não cumulativas).

III – (Vetado.)

IV – aluguéis de prédios, máquinas e equipamentos, pagos a pessoa jurídica, utilizados nas atividades da empresa;

V – valor das contraprestações de operações de arrendamento mercantil de pessoa jurídica, exceto de optante pelo Sistema Integrado de Pagamento de Impostos e Contribuições das Microempresas e das Empresas de Pequeno Porte – Simples;

- Inciso V com redação determinada pela Lei 10.865/2004 (*DOU* 30.04.2004, edição extra), em vigor na data de sua publicação, produzindo efeitos a partir do primeiro dia do quarto mês subsequente ao de publicação desta Lei (v. art. 46, IV, da referida Lei).

VI – máquinas, equipamentos e outros bens incorporados ao ativo imobilizado, adquiridos ou fabricados para locação a terceiros ou para utilização na produção de bens destinados à venda ou na prestação de serviços.

- Inciso VI com redação determinada pela Lei 11.196/2005 (*DOU* 22.11.2005), em vigor na data de sua publicação, produzindo efeitos a partir do primeiro dia do mês subsequente ao da publicação desta Lei (v. art. 132, III, *d*, da referida Lei).

VII – edificações e benfeitorias em imóveis de terceiros, quando o custo, inclusive de mão de obra, tenha sido suportado pela locatária;

- V. art. 6º, Lei 11.488/2007 (Cria o Regime Especial de Incentivos para o Desenvolvimento da Infraestrutura – Reidi).

VIII – bens recebidos em devolução, cuja receita de venda tenha integrado faturamento do mês ou de mês anterior, e tributada conforme o disposto nesta Lei;

IX – energia elétrica e energia térmica, inclusive sob a forma de vapor, consumidas nos estabelecimentos da pessoa jurídica;

- Inciso IX com redação determinada pela Lei 11.488/2007.

X – vale-transporte, vale-refeição ou vale-alimentação, fardamento ou uniforme fornecidos aos empregados por pessoa jurídica que explore as atividades de prestação de serviços de limpeza, conservação e manutenção.

- Inciso X acrescentado pela Lei 11.898/2009.

XI – bens incorporados ao ativo intangível, adquiridos para utilização na produção de bens destinados a venda ou na prestação de serviços.

- Inciso XI acrescentado pela Lei 12.973/2014 (*DOU* 14.05.2014), em vigor em 1º.01.2015.
- V. art. 119, § 1º, I, Lei 12.973/2014.

§ 1º O crédito será determinado mediante a aplicação da alíquota prevista no *caput* do art. 2º desta Lei sobre o valor:

- *Caput* do § 1º com redação determinada pela Lei 10.865/2004 (*DOU* 30.04.2004, edição extra), em vigor na data de sua publicação, produzindo efeitos a partir do primeiro dia do quarto mês subsequente ao de publicação desta Lei (v. art. 46, IV, da referida Lei).

I – dos itens mencionados nos incisos I e II do *caput*, adquiridos no mês;

II – dos itens mencionados nos incisos IV, V e IX do *caput*, incorridos no mês;

- Inciso II com redação determinada pela Lei 10.684/2003.

III – dos encargos de depreciação e amortização dos bens mencionados nos incisos VI, VII e XI do *caput*, incorridos no mês;

- Inciso III com redação determinada pela Lei 12.973/ 2014 (*DOU* 14.05.2014), em vigor em 1º.01.2015.
- V. art. 119. § 1º, I, Lei 12.973/2014.
- V. art. 2º, Lei 11.051/2004 (Desconto de crédito na apuração da Contribuição Social sobre o Lucro Líquido – CSLL e da Contribuição para o PIS/Pasep e Cofins não cumulativas).
- V. art. 1º, Lei 11.774/2008 (Dispõe sobre a não cumulatividade na cobrança da contribuição para os Programas de Integração Social (PIS) e de Formação do Patrimônio do Servidor Público (Pasep), nos casos que especifica; sobre o pagamento e o parcelamento de débitos tributários federais, a compensação de créditos fiscais, a declaração de inaptidão de inscrição de pessoas jurídicas, a legislação aduaneira, e dá outras providências).

Lei 10.637/2002

LEGISLAÇÃO

IV – dos bens mencionados no inciso VIII do *caput*, devolvidos no mês.

§ 2º Não dará direito a crédito o valor:

- § 2º com redação determinada pela Lei 10.865/2004 (*DOU* 30.04.2004, edição extra), em vigor na data de sua publicação, produzindo efeitos a partir do primeiro dia do quarto mês subsequente ao de publicação desta Lei (v. art. 46, IV, da referida Lei).

I – de mão de obra paga a pessoa física; e

II – da aquisição de bens ou serviços não sujeitos ao pagamento da contribuição, inclusive no caso de isenção, esse último quando revendidos ou utilizados como insumo em produtos ou serviços sujeitos à alíquota 0 (zero), isentos ou não alcançados pela contribuição.

§ 3º O direito ao crédito aplica-se, exclusivamente, em relação:

I – aos bens e serviços adquiridos de pessoa jurídica domiciliada no País;

II – aos custos e despesas incorridos, pagos ou creditados a pessoa jurídica domiciliada no País;

III – aos bens e serviços adquiridos e aos custos e despesas incorridos a partir do mês em que se iniciar a aplicação do disposto nesta Lei.

§ 4º O crédito não aproveitado em determinado mês poderá sê-lo nos meses subsequentes.

§§ 5º e 6º *(Vetados.)*

§ 7º Na hipótese de a pessoa jurídica sujeitar-se à incidência não cumulativa da contribuição para o PIS/Pasep, em relação apenas a parte de suas receitas, o crédito será apurado, exclusivamente, em relação aos custos, despesas e encargos vinculados a essas receitas.

- V. art. 15, § 5º, Lei 10.865/2004 (Contribuição para os Programas de Integração Social e de Formação do Patrimônio do Servidor Público e Contribuição para o Financiamento da Seguridade Social).

§ 8º Observadas as normas a serem editadas pela Secretaria da Receita Federal, no caso de custos, despesas e encargos vinculados às receitas referidas no § 7º e àquelas submetidas ao regime de incidência cumulativa dessa contribuição, o crédito será determinado, a critério da pessoa jurídica, pelo método de:

I – apropriação direta, inclusive em relação aos custos, por meio de sistema de contabilidade de custos integrada e coordenada com a escrituração; ou

II – rateio proporcional, aplicando-se aos custos, despesas e encargos comuns a relação percentual existente entre a receita bruta sujeita à incidência não cumulativa e a receita bruta total, auferidas em cada mês.

§ 9º O método eleito pela pessoa jurídica será aplicado consistentemente por todo o ano-calendário, observadas as normas a serem editadas pela Secretaria da Receita Federal.

- V. art. 15, § 5º, Lei 10.865/2004 (Contribuição para os Programas de Integração Social e de Formação do Patrimônio do Servidor Público e a Contribuição para o Financiamento da Seguridade Social).

§§ 10 e 11. *(Revogados pela Lei 10.925/2004 – DOU 26.07.2004, a partir do primeiro dia do quarto mês subsequente ao da publicação da MP 183/2004.)*

§ 12. Ressalvado o disposto no § 2º deste artigo e nos §§ 1º a 3º do art. 2º desta Lei, na aquisição de mercadoria produzida por pessoa jurídica estabelecida na Zona Franca de Manaus, consoante projeto aprovado pelo Conselho de Administração da Superintendência da Zona Franca de Manaus – Suframa, o crédito será determinado mediante a aplicação da alíquota de 1% (um por cento) e, na situação de que trata a alínea *b* do inciso II do § 4º do art. 2º desta Lei, mediante a aplicação da alíquota de 1,65% (um inteiro e sessenta e cinco centésimos por cento).

- § 12 com redação determinada pela Lei 11.307/2006.

§ 13. Não integram o valor das máquinas, equipamentos e outros bens fabricados para incorporação ao ativo imobilizado na forma do inciso VI do *caput* deste artigo os custos de que tratam os incisos do § 2º deste artigo.

- § 13 acrescentado pela Lei 11.196/2005 (*DOU* 22.11.2005), em vigor na data de sua publicação, produzindo efeitos a partir do primeiro dia do mês subsequente ao da publicação desta Lei (v. art. 132, III, *d*, da referida Lei).

§ 15. O disposto no § 12 deste artigo também se aplica na hipótese de aquisição de mercadoria produzida por pessoa jurídica estabelecida nas Áreas de Livre Comércio de que tratam as Leis 7.965, de 22 de dezembro de 1989, 8.210, de 19 de julho de 1991,

Lei 10.637/2002

e 8.256, de 25 de novembro de 1991, o art. 11 da Lei 8.387, de 30 de dezembro de 1991, e a Lei 8.857, de 8 de março de 1994.

- § 15 acrescentado pela Lei 11.945/2009 (*DOU* 05.06.2009), em vigor na data de sua publicação, produzindo efeitos a partir de 16.12.2008 (v. art. 33, IV, *b*, da referida Lei).
- Numeração do § 15 conforme publicação oficial.

§ 16. Ressalvado o disposto no § 2º deste artigo e nos §§ 1º a 3º do art. 2º desta Lei, na hipótese de aquisição de mercadoria revendida por pessoa jurídica comercial estabelecida nas Áreas de Livre Comércio referidas no § 15, o crédito será determinado mediante a aplicação da alíquota de 0,65% (sessenta e cinco centésimos por cento).

- § 16 acrescentado pela Lei 11.945/2009.
- Numeração do § 16 conforme publicação oficial.

§ 17. No cálculo do crédito de que tratam os incisos do *caput*, poderão ser considerados os valores decorrentes do ajuste a valor presente de que trata o inciso III do *caput* do art. 184 da Lei 6.404, de 15 de dezembro de 1976.

- § 17 acrescentado pela Lei 12.973/2014 (*DOU* 14.05.2014), em vigor em 1º.01.2015.
- V. art. 119, § 1º, I, Lei 12.973/2014.

§ 18. O disposto nos incisos VI e VII do *caput* não se aplica no caso de bem objeto de arrendamento mercantil, na pessoa jurídica arrendatária.

- § 18 acrescentado pela Lei 12.973/2014 (*DOU* 14.05.2014), em vigor em 1º.01.2015.
- V. art. 119, § 1º, I, Lei 12.973/2014.

§ 19. Para fins do disposto nos incisos VI e VII do *caput*, fica vedado o desconto de quaisquer créditos calculados em relação a:

- § 19 acrescentado pela Lei 12.973/2014 (*DOU* 14.05.2014), em vigor em 1º.01.2015.
- V. art. 119, § 1º, I, Lei 12.973/2014.

I – encargos associados a empréstimos registrados como custo na forma da alínea *b* do § 1º do art. 17 do Decreto-lei 1.598, de 26 de dezembro de 1977; e

II – custos estimados de desmontagem e remoção do imobilizado e de restauração do local em que estiver situado.

§ 20. No cálculo dos créditos a que se referem os incisos VI e VII do *caput*, não serão computados os ganhos e perdas decorrentes de avaliação de ativo com base no valor justo.

- § 20 acrescentado pela Lei 12.973/2014 (*DOU* 14.05.2014), em vigor em 1º.01.2015.
- V. art. 119, § 1º, I, Lei 12.973/2014.

§ 21. Na execução de contratos de concessão de serviços públicos, os créditos gerados pelos serviços de construção, recuperação, reforma, ampliação ou melhoramento de infraestrutura, quando a receita correspondente tiver contrapartida em ativo intangível, representativo de direito de exploração, ou em ativo financeiro, somente poderão ser aproveitados, no caso do ativo intangível, à medida que este for amortizado e, no caso do ativo financeiro, na proporção de seu recebimento, excetuado, para ambos os casos, o crédito previsto no inciso VI do *caput*.

- § 21 acrescentado pela Lei 12.973/2014 (*DOU* 14.05.2014), em vigor em 1º.01.2015.
- V. art. 119, § 1º, I, Lei 12.973/2014.

§ 22. O disposto no inciso XI do *caput* não se aplica ao ativo intangível referido no § 21.

- § 21 acrescentado pela Lei 12.973/2014 (*DOU* 14.05.2014), em vigor em 1º.01.2015.
- V. art. 119, § 1º, I, Lei 12.973/2014.

Art. 4º O contribuinte da contribuição para o PIS/Pasep é a pessoa jurídica que auferir as receitas a que se refere o art. 1º.

Art. 5º A contribuição para o PIS/Pasep não incidirá sobre as receitas decorrentes das operações de:

I – exportação de mercadorias para o exterior;

II – prestação de serviços para pessoa física ou jurídica residente ou domiciliada no exterior, cujo pagamento represente ingresso de divisas;

- Inciso II com redação determinada pela Lei 10.865/2004 (*DOU* 30.04.2004, edição extra), em vigor na data de sua publicação, produzindo efeitos a partir de 1º de maio de 2004 (v. art. 53 da referida Lei).

III – vendas a empresa comercial exportadora com o fim específico de exportação.

§ 1º Na hipótese deste artigo, a pessoa jurídica vendedora poderá utilizar o crédito apurado na forma do art. 3º para fins de:

I – dedução do valor da contribuição a recolher, decorrente das demais operações no mercado interno;

II – compensação com débitos próprios, vencidos ou vincendos, relativos a tributos e

Lei 10.637/2002

contribuições administrados pela Secretaria da Receita Federal, observada a legislação específica aplicável à matéria.

§ 2º A pessoa jurídica que, até o final de cada trimestre do ano civil, não conseguir utilizar o crédito por qualquer das formas previstas no § 1º, poderá solicitar o seu ressarcimento em dinheiro, observada a legislação específica aplicável à matéria.

Art. 5º-A. Ficam reduzidas a 0 (zero) as alíquotas da contribuição para o PIS/Pasep e da Cofins incidentes sobre as receitas decorrentes da comercialização de matérias-primas, produtos intermediários e materiais de embalagem, produzidos na Zona Franca de Manaus para emprego em processo de industrialização por estabelecimentos industriais ali instalados e consoante projetos aprovados pelo Conselho de Administração da Superintendência da Zona Franca de Manaus – Suframa.

- Artigo com redação determinada pela Lei 10.865/2004 (DOU 30.04.2004, edição extra), em vigor na data de sua publicação, produzindo efeitos a partir de 1º de maio de 2004 (v. art. 53 da referida Lei).
- V. art. 14, § 1º, Lei 10.865/2004 (Contribuição para os Programas de Integração Social e de Formação do Patrimônio do Servidor Público e Contribuição para o Financiamento da Seguridade Social).
- V. arts. 2º e 5º, Instrução Normativa SRF 424/2004 (Regime de suspensão da Contribuição para o PIS/Pasep-Importação e da Cofins-Importação, na importação de bens por estabelecimento situado na Zona Franca de Manaus).

Art. 6º *(Revogado pela Lei 10.833/2003.)*

Art. 7º A empresa comercial exportadora que houver adquirido mercadorias de outra pessoa jurídica, com o fim específico de exportação para o exterior, que, no prazo de 180 (cento e oitenta) dias, contado da data da emissão da nota fiscal pela vendedora, não comprovar o seu embarque para o exterior, ficará sujeita ao pagamento de todos os impostos e contribuições que deixaram de ser pagos pela empresa vendedora, acrescidos de juros de mora e multa, de mora ou de ofício, calculados na forma da legislação que rege a cobrança do tributo não pago.

§ 1º Para efeito do disposto neste artigo, considera-se vencido o prazo para o pagamento na data em que a empresa vendedora deveria fazê-lo, caso a venda houvesse sido efetuada para o mercado interno.

§ 2º No pagamento dos referidos tributos, a empresa comercial exportadora não poderá deduzir, do montante devido, qualquer valor a título de crédito de Imposto sobre Produtos Industrializados (IPI) ou de contribuição para o PIS/Pasep, decorrente da aquisição das mercadorias e serviços objeto da incidência.

§ 3º A empresa deverá pagar, também, os impostos e contribuições devidos nas vendas para o mercado interno, caso, por qualquer forma, tenha alienado ou utilizado as mercadorias.

Art. 8º Permanecem sujeitas às normas da legislação da contribuição para o PIS/Pasep, vigentes anteriormente a esta Lei, não se lhes aplicando as disposições dos arts. 1º a 6º:

- V. art. 16, Lei 10.865/2004 (Contribuição para os Programas de Integração Social e de Formação do Patrimônio do Servidor Público e Contribuição para o Financiamento da Seguridade Social).

I – as pessoas jurídicas referidas nos §§ 6º, 8º e 9º do art. 3º da Lei 9.718, de 27 de novembro de 1998 (parágrafos introduzidos pela Medida Provisória 2.158-35, de 24 de agosto de 2001), e Lei 7.102, de 20 de junho de 1983;

II – as pessoas jurídicas tributadas pelo imposto de renda com base no lucro presumido ou arbitrado;

III – as pessoas jurídicas optantes pelo Simples;

IV – as pessoas jurídicas imunes a impostos;

V – os órgãos públicos, as autarquias e fundações públicas federais, estaduais e municipais, e as fundações cuja criação tenha sido autorizada por lei, referidas no art. 61 do Ato das Disposições Constitucionais Transitórias da Constituição de 1988;

VI – *(Vetado.)*

VII – as receitas decorrentes das operações:

a) *(Revogada pela Lei 11.727/2008 – DOU 24.06.2008, a partir do primeiro dia do quarto mês subsequente ao de sua publicação.)*

b) sujeitas à substituição tributária da contribuição para o PIS/Pasep;

c) referidas no art. 5º da Lei 9.716, de 26 de novembro de 1998;

VIII – as receitas decorrentes de prestação de serviços de telecomunicações;

Lei 10.637/2002

LEGISLAÇÃO

IX – *(Vetado.)*
X – as sociedades cooperativas;
- Inciso X acrescentado pela Lei 10.684/2003.

XI – as receitas decorrentes de prestação de serviços das empresas jornalísticas e de radiodifusão sonora e de sons e imagens.
- Inciso XI acrescentado pela Lei 10.684/2003.

XII – as receitas decorrentes de operações de comercialização de pedra britada, de areia para construção civil e de areia de brita.
- Inciso XII acrescentado pela Lei 12.693/2012.

XIII – as receitas decorrentes da alienação de participações societárias.
- Inciso XIII acrescentado pela Lei 13.043/2014 (*DOU* 14.11.2014; ret. 14.11.2014, edição extra), em vigor em 1º.01.2015.

Art. 9º *(Vetado.)*

Art. 10. A contribuição de que trata o art. 1º desta Lei deverá ser paga até o 25º (vigésimo quinto) dia do mês subsequente ao de ocorrência do fato gerador.
- Artigo com redação determinada pela Lei 11.933/2009 (*DOU* 29.04.2009), em vigor na data de sua publicação, produzindo efeitos a partir de 1º.10.2008 (v. art. 11, I, da referida Lei).
- V. art. 64, Lei 11.941/2009 (Altera a legislação tributária federal).

Parágrafo único. Se o dia do vencimento de que trata o *caput* deste artigo não for dia útil, considerar-se-á antecipado o prazo para o primeiro dia útil que o anteceder.

Art. 11. A pessoa jurídica contribuinte do PIS/Pasep, submetida à apuração do valor devido na forma do art. 3º, terá direito a desconto correspondente ao estoque de abertura dos bens de que tratam os incisos I e II desse artigo, adquiridos de pessoa jurídica domiciliada no País, existentes em 1º de dezembro de 2002.

§ 1º O montante de crédito presumido será igual ao resultado da aplicação do percentual de 0,65% (sessenta e cinco centésimos por cento) sobre o valor do estoque.

§ 2º O crédito presumido calculado segundo os §§ 1º e 7º será utilizado em 12 (doze) parcelas mensais, iguais e sucessivas, a partir da data a que se refere o *caput* deste artigo.
- § 2º com redação determinada pela Lei 10.865/2004 (*DOU* 30.04.2004, edição extra), em vigor na data de sua publicação, produzindo efeitos a partir do primeiro dia do quarto mês subsequente ao de publicação desta Lei (v. art. 46, IV, da referida Lei).

§ 3º A pessoa jurídica que, tributada com base no lucro presumido, passar a adotar o regime de tributação com base no lucro real, terá, na hipótese de, em decorrência dessa opção, sujeitar-se à incidência não cumulativa da contribuição para o PIS/Pasep, direito a desconto correspondente ao estoque de abertura dos bens e ao aproveitamento do crédito presumido na forma prevista neste artigo.

§ 4º O disposto no *caput* aplica-se também aos estoques de produtos acabados e em elaboração.
- § 4º acrescentado pela Lei 10.684/2003.

§ 5º O disposto neste artigo aplica-se, também, aos estoques de produtos que não geraram crédito na aquisição, em decorrência do disposto nos §§ 7º a 9º do art. 3º desta Lei, destinados à fabricação dos produtos de que tratam as Leis 9.990, de 21 de julho de 2000, 10.147, 21 de dezembro de 2000, 10.485, de 3 de julho de 2002, e 10.560, de 13 de novembro de 2002, ou quaisquer outros submetidos à incidência monofásica da contribuição.
- § 5º acrescentado pela Lei 10.865/2004 (*DOU* 30.04.2004, edição extra), em vigor na data de sua publicação, produzindo efeitos a partir do primeiro dia do quarto mês subsequente ao de publicação desta Lei (v. art. 46, IV, da referida Lei).

§ 6º As disposições do § 5º não se aplicam aos estoques de produtos adquiridos a alíquota 0 (zero), isentos ou não alcançados pela incidência da contribuição.
- § 6º acrescentado pela Lei 10.865/2004 (*DOU* 30.04.2004, edição extra), em vigor na data de sua publicação, produzindo efeitos a partir do primeiro dia do quarto mês subsequente ao de publicação desta Lei (v. art. 46, IV, da referida Lei).

§ 7º O montante do crédito presumido de que trata o § 5º deste artigo será igual ao resultado da aplicação da alíquota de 1,65% (um inteiro e sessenta e cinco centésimos por cento) sobre o valor do estoque, inclusive para as pessoas jurídicas fabricantes dos produtos referidos no art. 51 da Lei 10.833, de 29 de dezembro de 2003.
- § 7º com redação determinada pela Lei 10.925/2004 (*DOU* 26.07.2004), em vigor na data de sua publicação, produzindo efeitos a partir do primeiro dia do quarto mês subsequente ao de publicação desta Lei (v. art. 17, I, *b*, da referida Lei).

Art. 12. Até 31 de dezembro de 2003, o Poder Executivo submeterá ao Congresso

Lei 10.637/2002

Nacional projeto de lei tornando não cumulativa a cobrança da Contribuição para o Financiamento da Seguridade Social (Cofins).

Parágrafo único. O projeto conterá também a modificação, se necessária, da alíquota da contribuição para o PIS/Pasep, com a finalidade de manter constante, em relação a períodos anteriores, a parcela da arrecadação afetada pelas alterações introduzidas por esta Lei.

Capítulo II
DAS OUTRAS DISPOSIÇÕES RELATIVAS À LEGISLAÇÃO TRIBUTÁRIA E ADUANEIRA

Art. 13. Poderão ser pagos até o último dia útil de janeiro de 2003, em parcela única, os débitos a que se refere o art. 11 da Medida Provisória 2.158-35, de 24 de agosto de 2001, vinculados ou não a qualquer ação judicial, relativos a fatos geradores ocorridos até 30 de abril de 2002.

§ 1º Para os efeitos deste artigo, a pessoa jurídica deverá comprovar a desistência expressa e irrevogável de todas as ações judiciais que tenham por objeto os tributos a serem pagos e renunciar a qualquer alegação de direito sobre a qual se fundam as referidas ações.

§ 2º Na hipótese de que trata este artigo, serão dispensados os juros de mora devidos até janeiro de 1999, sendo exigido esse encargo, na forma do § 4º do art. 17 da Lei 9.779, de 19 de janeiro de 1999, acrescido pela Medida Provisória 2.158-35, de 24 de agosto de 2001, a partir do mês:

I – de fevereiro do referido ano, no caso de fatos geradores ocorridos até janeiro de 1999;

II – seguinte ao da ocorrência do fato gerador, nos demais casos.

§ 3º Na hipótese deste artigo, a multa, de mora ou de ofício, incidente sobre o débito constituído ou não, será reduzida no percentual fixado no *caput* do art. 6º da Lei 8.218, de 29 de agosto de 1991.

§ 4º Para efeito do disposto no *caput*, se os débitos forem decorrentes de lançamento de ofício e se encontrarem com exigibilidade suspensa por força do inciso III do art. 151 da Lei 5.172, de 25 de outubro de 1966, o sujeito passivo deverá desistir expressamente e de forma irrevogável da impugnação ou do recurso interposto.

Art. 14. Os débitos de que trata o art. 13, relativos a fatos geradores vinculados a ações judiciais propostas pelo sujeito passivo contra exigência de imposto ou contribuição instituído após 1º de janeiro de 1999 ou contra majoração, após aquela data, de tributo ou contribuição anteriormente instituído, poderão ser pagos em parcela única até o último dia útil de janeiro de 2003 com a dispensa de multas moratória e punitivas.

§ 1º Para efeito deste artigo, o contribuinte ou o responsável deverá comprovar a desistência expressa e irrevogável de todas as ações judiciais que tenham por objeto os tributos a serem pagos na forma do *caput*, e renunciar a qualquer alegação de direito sobre as quais se fundam as referidas ações.

§ 2º O benefício de que trata este artigo somente poderá ser usufruído caso o contribuinte ou o responsável pague integralmente, no mesmo prazo estabelecido no *caput*, os débitos nele referidos, relativos a fatos geradores ocorridos de maio de 2002 até o mês anterior ao do pagamento.

§ 3º Na hipótese deste artigo, os juros de mora devidos serão determinados pela variação mensal da Taxa de Juros de Longo Prazo (TJLP).

Art. 15. Relativamente aos tributos e contribuições administrados pela Secretaria da Receita Federal, o contribuinte ou o responsável que, a partir de 15 de maio de 2002, tenha efetuado pagamento de débitos, em conformidade com norma de caráter exonerativo, e divergir em relação ao valor de débito constituído de ofício, poderá impugnar, com base nas normas estabelecidas no Decreto 70.235, de 6 de março de 1972, a parcela não reconhecida como devida, desde que a impugnação:

I – seja apresentada juntamente com o pagamento do valor reconhecido como devido;

II – verse, exclusivamente, sobre a divergência de valor, vedada a inclusão de quaisquer outras matérias, em especial as de direito em que se fundaram as respectivas ações judiciais ou impugnações e recursos anteriormente apresentados contra o mesmo lançamento;

III – seja precedida do depósito da parcela não reconhecida como devida, determina-

Lei 10.637/2002

da de conformidade com o disposto na Lei 9.703, de 17 de novembro de 1998.

§ 1º Da decisão proferida em relação à impugnação de que trata este artigo caberá recurso nos termos do Decreto 70.235, de 6 de março de 1972.

§ 2º A conclusão do processo administrativo-fiscal, por decisão definitiva em sua esfera ou desistência do sujeito passivo, implicará a imediata conversão em renda do depósito efetuado, na parte favorável à Fazenda Nacional, transformando-se em pagamento definitivo.

§ 3º A parcela depositada nos termos do inciso III do *caput* que venha a ser considerada indevida por força da decisão referida no § 2º sujeitar-se-á ao disposto na Lei 9.703, de 17 de novembro de 1998.

§ 4º O disposto neste artigo também se aplica a majoração ou o agravamento de multa de ofício, na hipótese do art. 13.

Art. 16. Aplica-se o disposto nos arts. 13 e 14 às contribuições arrecadadas pelo Instituto Nacional do Seguro Social (INSS), observada regulamentação editada por esse órgão, em especial quanto aos procedimentos no âmbito de seu contencioso administrativo.

Art. 17. A opção pela modalidade de pagamento de débitos prevista no *caput* do art. 5º da Medida Provisória 2.222, de 4 de setembro de 2001, poderá ser exercida até o último dia útil do mês de janeiro de 2003, desde que o pagamento seja efetuado em parcela única até essa data.

Parágrafo único. Os débitos a serem pagos em decorrência do disposto no *caput* serão acrescidos de juros equivalentes à taxa do Sistema Especial de Liquidação e Custódia (Selic) para títulos federais, acumulada mensalmente, calculados a partir do mês de janeiro de 2002 até o mês anterior ao do pagamento, e adicionados de 1% (um por cento) relativamente ao mês em que o pagamento estiver sendo feito.

Art. 18. Os débitos relativos à contribuição para o Programa de Formação do Patrimônio do Servidor Público (Pasep) dos Estados, do Distrito Federal e dos Municípios, bem como de suas autarquias e fundações públicas, sem exigibilidade suspensa, correspondentes a fato gerador ocorrido até 30 de abril de 2002, poderão ser pagos mediante regime especial de parcelamento, por opção da pessoa jurídica de direito público interno devedora.

Parágrafo único. A opção referida no *caput* deverá ser formalizada até o último dia útil do mês de setembro de 2002, nos termos e condições estabelecidos pela Secretaria da Receita Federal.

Art. 19. O regime especial de parcelamento referido no art. 18 implica a consolidação dos débitos na data da opção e abrangerá a totalidade dos débitos existentes em nome da optante, constituídos ou não, inclusive os juros de mora incidentes até a data da opção.

Parágrafo único. O débito consolidado na forma deste artigo:

I – sujeitar-se-á, a partir da data da consolidação, a juros equivalentes à taxa do Selic para títulos federais, acumulada mensalmente, calculados a partir da data de deferimento do pedido até o mês anterior ao do pagamento, e adicionados de 1% (um por cento) relativamente ao mês em que o pagamento estiver sendo feito;

II – será pago mensalmente, até o último dia útil da primeira quinzena de cada mês, no valor equivalente a 5% (cinco por cento) do valor devido no mesmo mês pela optante, relativo ao Pasep correspondente ao fato gerador ocorrido no mês imediatamente anterior, até a liquidação total do débito;

III – a última parcela será paga pelo valor residual do débito, quando inferior ao referido no inciso II.

Art. 20. A opção pelo regime especial de parcelamento referido no art. 18 sujeita a pessoa jurídica:

I – à confissão irrevogável e irretratável dos débitos referidos no art. 19;

II – ao pagamento regular das parcelas do débito consolidado, bem como dos valores devidos relativos ao Pasep decorrentes de fatos geradores ocorridos posteriormente a 30 de abril de 2002.

Parágrafo único. A opção pelo regime especial exclui qualquer outra forma de parcelamento de débitos relativos ao Pasep.

Art. 21. A pessoa jurídica optante pelo regime especial de parcelamento referido no art. 18 será dele excluída nas seguintes hipóteses:

I – inobservância da exigência estabelecida no inciso I do art. 20;

II – inadimplência, por 2 (dois) meses consecutivos ou 6 (seis) alternados, relativamente ao Pasep, inclusive decorrente de fatos geradores ocorridos posteriormente a 30 de abril de 2002.

§ 1º A exclusão da pessoa jurídica do regime especial implicará exigibilidade imediata da totalidade do crédito confessado e ainda não pago.

§ 2º A exclusão será formalizada por meio de ato da Secretaria da Receita Federal e produzirá efeitos a partir do mês subsequente àquele em que a pessoa jurídica optante for cientificada.

Art. 22. *(Vetado.)*

Art. 23. A opção pelo parcelamento alternativo ao Refis de que trata o art. 12 da Lei 9.964, de 10 de abril de 2000, regularmente efetuada, poderá ser convertida em opção pelo Refis, e vice-versa, na hipótese de erro de fato cometido por ocasião do primeiro pagamento efetuado, observadas as normas estabelecidas pelo Comitê Gestor do referido Programa.

§ 1º A mudança de opção referida neste artigo deverá ser solicitada até o último dia útil do mês de janeiro de 2003.

§ 2º A pessoa jurídica excluída do parcelamento alternativo ao Refis em razão de pagamento de parcela em valor inferior ao fixado no art. 12, § 1º, da Lei 9.964, de 10 de abril de 2000, acrescido de juros correspondentes à variação mensal da Taxa de Juros de Longo Prazo (TJLP), poderá ter sua opção restabelecida, observado o disposto no *caput*.

§ 3º A conversão da opção nos termos deste artigo não implica restituição ou compensação de valores já pagos.

Art. 24. O *caput* do art. 10 da Lei 10.522, de 19 de julho de 2002, passa a vigorar com a seguinte redação:

- Alteração processada no texto da referida Lei.

Art. 25. Relativamente aos tributos e contribuições administrados pela Secretaria da Receita Federal, na hipótese de, na data do pagamento realizado de conformidade com norma de caráter exoneratório, o contribuinte ou o responsável estiver sob ação de fiscalização relativamente à matéria a ser objeto desse pagamento, a parcela não reconhecida como devida poderá ser impugnada no prazo fixado na intimação constante do auto de infração ou da notificação de lançamento, nas condições estabelecidas pela referida norma, inclusive em relação ao depósito da respectiva parcela dentro do prazo previsto para o pagamento do valor reconhecido como devido.

Art. 26. Poderão optar pelo Sistema Integrado de Pagamento de Impostos e Contribuições das Microempresas e das Empresas de Pequeno Porte (Simples), nas condições estabelecidas pela Lei 9.317, de 5 de dezembro de 1996, as pessoas jurídicas que se dediquem exclusivamente às atividades de:

- V. LC 123/2006 (Supersimples).

I – agência de viagem e turismo;

II a IX – *(Vetados.)*

Art. 27. A operação de comércio exterior realizada mediante utilização de recursos de terceiro presume-se por conta e ordem deste, para fins de aplicação do disposto nos arts. 77 a 81 da Medida Provisória 2.158-35, de 24 de agosto de 2001.

Art. 28. As empresas de transporte internacional que operem em linha regular, por via aérea ou marítima, deverão prestar informações sobre tripulantes e passageiros, na forma e no prazo estabelecidos pela Secretaria da Receita Federal.

Parágrafo único. O descumprimento do disposto neste artigo ensejará a aplicação de multa no valor de:

I – R$ 5.000,00 (cinco mil reais) por veículo cujas informações não sejam prestadas; ou

II – R$ 200,00 (duzentos reais) por informação omitida, limitado ao valor de R$ 5.000,00 (cinco mil reais) por veículo.

Art. 29. As matérias-primas, os produtos intermediários e os materiais de embalagem, destinados a estabelecimento que se dedique, preponderantemente, à elaboração de produtos classificados nos Capítulos 2, 3, 4, 7, 8, 9, 10, 11, 12, 15, 16, 17, 18, 19, 20, 23 (exceto códigos 2309.10.00 e 2309.90.30 e Ex-01 no código 2309.90.90), 28, 29, 30, 31 e 64, no código 2209.00.00 e 2501.00.00, e nas posições 21.01 a 21.05.00, da Tabela de Incidência do Imposto sobre Produtos Industrializados – Tipi, inclusive aqueles a que corresponde a notação NT (não tributados), sairão do estabelecimento industrial com suspensão do referido imposto.

Lei 10.637/2002

LEGISLAÇÃO

• *Caput* com redação determinada pela Lei 10.684/2003.

§ 1º O disposto neste artigo aplica-se, também, às saídas de matérias-primas, produtos intermediários e materiais de embalagem, quando adquiridos por:

I – estabelecimentos industriais fabricantes, preponderantemente, de:

a) componentes, chassis, carroçarias, partes e peças dos produtos a que se refere o art. 1º da Lei 10.485, de 3 de julho de 2002;

b) partes e peças destinadas a estabelecimento industrial fabricante de produto classificado no Capítulo 88 da Tipi;

c) bens de que trata o § 1º-C do art. 4º da Lei 8.248, de 23 de outubro de 1991, que gozem do benefício referido no *caput* do mencionado artigo;

• Alínea c acrescentada pela Lei 11.908/2009.

II – pessoas jurídicas preponderantemente exportadoras.

§ 2º O disposto no *caput* e no inciso I do § 1º aplica-se ao estabelecimento industrial cuja receita bruta decorrente dos produtos ali referidos, no ano-calendário imediatamente anterior ao da aquisição, houver sido superior a 60% (sessenta por cento) de sua receita bruta total no mesmo período.

§ 3º Para fins do disposto no inciso II do § 1º, considera-se pessoa jurídica preponderantemente exportadora aquela cuja receita bruta decorrente de exportação para o exterior, no anocalendário imediatamente anterior ao da aquisição, tenha sido superior a 50% (cinquenta por cento) de sua receita bruta total de venda de bens e serviços no mesmo período, após excluídos os impostos e contribuições incidentes sobre a venda.

• § 3º com redação determinada pela Lei 12.715/2012.

§ 4º As matérias-primas, os produtos intermediários e os materiais de embalagem, importados diretamente por estabelecimento de que tratam o *caput* e o § 1º serão desembaraçados com suspensão do IPI.

§ 5º A suspensão do imposto não impede a manutenção e a utilização dos créditos do IPI pelo respectivo estabelecimento industrial, fabricante das referidas matérias-primas, produtos intermediários e materiais de embalagem.

§ 6º Nas notas fiscais relativas às saídas referidas no § 5º, deverá constar a expressão "Saída com suspensão do IPI", com a especificação do dispositivo legal correspondente, vedado o registro do imposto nas referidas notas.

§ 7º Para os fins do disposto neste artigo, as empresas adquirentes deverão:

I – atender aos termos e às condições estabelecidos pela Secretaria da Receita Federal;

II – declarar ao vendedor, de forma expressa e sob as penas da lei, que atende a todos os requisitos estabelecidos.

§ 8º *(Revogado pela Lei 12.712/2012.)*

Art. 30. A falta de prestação das informações a que se refere o art. 5º da Lei Complementar 105, de 10 de janeiro de 2001, ou sua apresentação de forma inexata ou incompleta, sujeita a pessoa jurídica às seguintes penalidades:

I – R$ 50,00 (cinquenta reais) por grupo de cinco informações inexatas, incompletas ou omitidas;

II – R$ 5.000,00 (cinco mil reais) por mês-calendário ou fração, independentemente da sanção prevista no inciso I, na hipótese de atraso na entrega da declaração que venha a ser instituída para o fim de apresentação das informações.

§ 1º O disposto no inciso II do *caput* aplica-se também à declaração que não atenda às especificações que forem estabelecidas pela Secretaria da Receita Federal, inclusive quando exigida em meio digital.

§ 2º As multas de que trata este artigo serão:

I – apuradas considerando o período compreendido entre o dia seguinte ao término do prazo fixado para a entrega da declaração até a data da efetiva entrega;

II – majoradas em 100% (cem por cento), na hipótese de lavratura de auto de infração.

§ 3º Na hipótese de lavratura de auto de infração, caso a pessoa jurídica não apresente a declaração, serão lavrados autos de infração complementares até a sua efetiva entrega.

Art. 31. A falta de apresentação dos elementos a que se refere o art. 6º da Lei Complementar 105, de 10 de janeiro de 2001, ou sua apresentação de forma inexata ou incompleta, sujeita a pessoa jurídica à multa equivalente a 2% (dois por cento) do valor das operações objeto da requisição, apurado por meio de procedimento fiscal junto à

Lei 10.637/2002

própria pessoa jurídica ou ao titular da conta de depósito ou da aplicação financeira, bem como a terceiros, por mês-calendário ou fração de atraso, limitada a 10% (dez por cento), observado o valor mínimo de R$ 50.000,00 (cinquenta mil reais).

Parágrafo único. À multa de que trata este artigo aplica-se o disposto nos §§ 2º e 3º do art. 30.

Art. 32. As entidades fechadas de previdência complementar poderão excluir da base de cálculo da contribuição para o PIS/Pasep e da Cofins, além dos valores já previstos na legislação vigente, os referentes a:

I – rendimentos relativos a receitas de aluguel, destinados ao pagamento de benefícios de aposentadoria, pensão, pecúlio e resgates;

II – receita decorrente da venda de bens imóveis, destinada ao pagamento de benefícios de aposentadoria, pensão, pecúlio e resgates;

III – resultado positivo auferido na reavaliação da carteira de investimentos imobiliários referida nos incisos I e II.

Parágrafo único. As entidades de que trata o *caput* poderão pagar em parcela única, até o último dia útil do mês de novembro de 2002, com dispensa de juros e multa, os débitos relativos à contribuição para o PIS/Pasep e à Cofins, constituídos ou não, inscritos ou não em Dívida Ativa, ajuizados ou a ajuizar, referentes a fatos geradores ocorridos até 31 de julho de 2002 e decorrentes de:

I – rendimentos relativos a receitas de aluguel, destinados ao pagamento de benefícios de aposentadoria, pensão, pecúlio e resgates;

II – receita decorrente da venda de bens imóveis, destinada ao pagamento de benefícios de aposentadoria, pensão, pecúlio e resgates;

III – resultado positivo auferido na reavaliação da carteira de investimentos imobiliários referida nos incisos I e II.

Art. 33. *(Vetado.)*

Art. 34. A condição e a vedação estabelecidas, respectivamente, no art. 13, § 2º, III, *b*, da Lei 9.249, de 26 de dezembro de 1995, e no art. 12, § 2º, *a*, da Lei 9.532, de 10 de dezembro de 1997, não alcançam a hipótese de remuneração de dirigente, em decorrência de vínculo empregatício, pelas Organizações da Sociedade Civil de Interesse Público (Oscip), qualificadas segundo as normas estabelecidas na Lei 9.790, de 23 de março de 1999, e pelas Organizações Sociais (OS), qualificadas consoante os dispositivos da Lei 9.637, de 15 de maio de 1998.

Parágrafo único. O disposto neste artigo aplica-se somente à remuneração não superior, em seu valor bruto, ao limite estabelecido para a remuneração de servidores do Poder Executivo Federal.

Art. 35. A receita decorrente da avaliação de títulos e valores mobiliários, instrumentos financeiros, derivativos e itens objeto de *hedge*, registrada pelas instituições financeiras e demais entidades autorizadas a funcionar pelo Banco Central do Brasil, instituições autorizadas a operar pela Superintendência de Seguros Privados – Susep e sociedades autorizadas a operar em seguros ou resseguros em decorrência da valoração a preço de mercado no que exceder ao rendimento produzido até a referida data somente será computada na base de cálculo do Imposto de Renda das Pessoas Jurídicas, da Contribuição Social sobre o Lucro Líquido, da Contribuição para o Financiamento da Seguridade Social (Cofins) e da contribuição para o PIS/Pasep quando da alienação dos respectivos ativos.

§ 1º Na hipótese de desvalorização decorrente da avaliação mencionada no *caput*, o reconhecimento da perda para efeito do Imposto de Renda das Pessoas Jurídicas e da Contribuição Social sobre o Lucro Líquido será computada também quando da alienação.

§ 2º Para fins do disposto neste artigo, considera-se alienação qualquer forma de transmissão da propriedade, bem como a liquidação, o resgate e a cessão dos referidos títulos e valores mobiliários, instrumentos financeiros derivativos e itens objeto de *hedge*.

§ 3º Os registros contábeis de que trata este artigo serão efetuados em contrapartida à conta de ajustes específica para esse fim, na forma a ser estabelecida pela Secretaria da Receita Federal.

§ 4º Ficam convalidados os procedimentos efetuados anteriormente à vigência desta

Lei 10.637/2002

LEGISLAÇÃO

Lei, no curso do ano-calendário de 2002, desde que observado o disposto neste artigo.

Art. 36. *(Revogado pela Lei 11.196/2005.)*

Art. 37. *(Revogado pela Lei 11.727/2008, a partir do primeiro dia do quarto mês subsequente ao da publicação da MP 413/2008 – DOU 03.01.2008, edição extra.)*

Art. 38. Fica instituído, em relação aos tributos e contribuições administrados pela Secretaria da Receita Federal, bônus de adimplência fiscal, aplicável às pessoas jurídicas submetidas ao regime de tributação com base no lucro real ou presumido.

§ 1º O bônus referido no *caput*:

I – corresponde a 1% (um por cento) da base de cálculo da CSLL determinada segundo as normas estabelecidas para as pessoas jurídicas submetidas ao regime de apuração com base no lucro presumido;

II – será calculado em relação à base de cálculo referida no inciso I, relativamente ao ano-calendário em que permitido seu aproveitamento.

§ 2º Na hipótese de período de apuração trimestral, o bônus será calculado em relação aos quatro trimestres do ano-calendário e poderá ser deduzido da CSLL devida correspondente ao último trimestre.

§ 3º Não fará jus ao bônus a pessoa jurídica que, nos últimos cinco anos-calendário, se enquadre em qualquer das seguintes hipóteses, em relação a tributos e contribuições administrados pela Secretaria da Receita Federal:

I – lançamento de ofício;

II – débitos com exigibilidade suspensa;

III – inscrição em dívida ativa;

IV – recolhimentos ou pagamentos em atraso;

V – falta ou atraso no cumprimento de obrigação acessória.

§ 4º Na hipótese de decisão definitiva, na esfera administrativa ou judicial, que implique desoneração integral da pessoa jurídica, as restrições referidas nos incisos I e II do § 3º serão desconsideradas desde a origem.

§ 5º O período de cinco anos-calendário será computado por ano completo, inclusive aquele em relação ao qual dar-se-á o aproveitamento do bônus.

§ 6º A dedução do bônus dar-se-á em relação à CSLL devida no ano-calendário.

§ 7º A parcela do bônus que não puder ser aproveitada em determinado período poderá sê-lo em períodos posteriores, vedado o ressarcimento ou a compensação distinta da referida neste artigo.

§ 8º A utilização indevida do bônus instituído por este artigo implica a imposição da multa de que trata o inciso I do *caput* do art. 44 da Lei 9.430, de 27 de dezembro de 1996, duplicando-se o seu percentual, sem prejuízo do disposto no § 2º.

• § 8º com redação determinada pela Lei 11.488/2007.

§ 9º O bônus será registrado na contabilidade da pessoa jurídica beneficiária:

I – na aquisição do direito, a débito de conta de Ativo Circulante e a crédito de Lucro ou Prejuízos Acumulados;

II – na utilização, a débito da provisão para pagamento da CSLL e a crédito da conta de Ativo Circulante referida no inciso I.

§ 10. A Secretaria da Receita Federal estabelecerá as normas necessárias à aplicação deste artigo.

Arts. 39 e 40. *(Revogados, a partir de 01.01.2006, pela Lei 11.196/2005.)*

Art. 41. *(Vetado.)*

Arts. 42 e 43. *(Revogados, a partir de 01.01.2006, pela Lei 11.196/2005.)*

Art. 44. *(Vetado.)*

Art. 45. Nos casos de apuração de excesso de custo de aquisição de bens, direitos e serviços, importados de empresas vinculadas e que sejam considerados indedutíveis na determinação do lucro real e da base de cálculo da contribuição social sobre o lucro líquido, apurados na forma do art. 18 da Lei 9.430, de 27 de dezembro de 1996, a pessoa jurídica deverá ajustar o excesso de custo, determinado por um dos métodos previstos na legislação, no encerramento do período de apuração, contabilmente, por meio de lançamento a débito de conta de resultados acumulados e a crédito de:

I – conta do ativo onde foi contabilizada a aquisição dos bens, direitos ou serviços e

Lei 10.637/2002

que permanecerem ali registrados ao final do período de apuração; ou

II – conta própria de custo ou de despesa do período de apuração, que registre o valor dos bens, direitos ou serviços, no caso de esses ativos já terem sido baixados da conta de ativo que tenha registrado a sua aquisição.

§ 1º No caso de bens classificáveis no ativo permanente e que tenham gerado quotas de depreciação, amortização ou exaustão, no ano-calendário da importação, o valor do excesso de preço de aquisição na importação deverá ser creditado na conta de ativo em cujas quotas tenham sido debitadas, em contrapartida à conta de resultados acumulados a que se refere o *caput*.

§ 2º Caso a pessoa jurídica opte por adicionar, na determinação do lucro real e da base de cálculo da contribuição social sobre o lucro líquido, o valor do excesso apurado em cada período de apuração somente por ocasião da realização por alienação ou baixa a qualquer título do bem, direito ou serviço adquirido, o valor total do excesso apurado no período de aquisição deverá ser excluído do patrimônio líquido, para fins de determinação da base de cálculo dos juros sobre o capital próprio, de que trata o art. 9º da Lei 9.249, de 26 de dezembro de 1995, alterada pela Lei 9.430, de 27 de dezembro de 1996.

§ 3º Na hipótese do § 2º, a pessoa jurídica deverá registrar o valor total do excesso de preço de aquisição em subconta própria que registre o valor do bem, serviço ou direito adquirido no exterior.

Art. 46. O art. 13, *caput*, e o art. 14, I, da Lei 9.718, de 27 de novembro de 1998, passam a vigorar com a seguinte redação:

• Alterações processadas no texto da referida Lei.

Art. 47. A pessoa jurídica integrante do Mercado Atacadista de Energia Elétrica (MAE), instituído pela Lei 10.433, de 24 de abril de 2002, poderá optar por regime especial de tributação, relativamente à contribuição para o Programa de Integração Social e de Formação do Patrimônio do Servidor Público (PIS/Pasep) e à Contribuição para o Financiamento da Seguridade Social (Cofins).

• V. art. 10, X, Lei 10.833/2003 (Altera a Legislação Tributária Federal).

§ 1º A opção pelo regime especial referido no *caput*:

I – será exercida mediante simples comunicado, nos termos e condições estabelecidos pela Secretaria da Receita Federal;

II – produzirá efeitos em relação aos fatos geradores ocorridos a partir do mês subsequente ao do exercício da opção.

§ 2º Para os fins do regime especial referido no *caput*, considera-se receita bruta auferida nas operações de compra e venda de energia elétrica realizadas na forma da regulamentação de que trata o art. 14 da Lei 9.648, de 27 de maio de 1998, com a redação dada pela Lei 10.433, de 24 de abril de 2002, para efeitos de incidência da contribuição para o PIS/Pasep e da Cofins, os resultados positivos apurados mensalmente pela pessoa jurídica optante.

§ 3º Na determinação da base de cálculo da contribuição para o PIS/Pasep e da Cofins, a pessoa jurídica optante poderá deduzir os valores devidos, correspondentes a ajustes de contabilizações encerradas de operações de compra e venda de energia elétrica, realizadas no âmbito do MAE, quando decorrentes de:

I – decisão proferida em processo de solução de conflitos, no âmbito do MAE, da Agência Nacional de Energia Elétrica (Aneel) ou em processo de arbitragem, na forma prevista no § 3º do art. 2º da Lei 10.433, de 24 de abril de 2002;

II – resolução da Aneel;

III – decisão proferida no âmbito do Poder Judiciário, transitada em julgado; e

IV – *(Vetado.)*

§ 4º A dedução de que trata o § 3º é permitida somente na hipótese em que o ajuste de contabilização caracterize anulação de receita sujeita à incidência do PIS/Pasep e da Cofins, na forma estabelecida pela Secretaria da Receita Federal.

§ 5º Sem prejuízo do disposto nos §§ 3º e 4º, geradoras de energia elétrica optantes

Lei 10.637/2002

poderão excluir da base de cálculo da contribuição para o PIS/Pasep e da Cofins o valor da receita auferida com a venda compulsória de energia elétrica por meio do Mecanismo de Realocação de Energia, de que trata a alínea *b* do parágrafo único do art. 14 da Lei 9.648, de 27 de maio de 1998, introduzida pela Lei 10.433, de 24 de abril de 2002.

§ 6º Aplicam-se ao regime especial de que trata este artigo as demais normas aplicáveis às contribuições referidas no *caput*, observado o que se segue:

I – em relação ao PIS/Pasep, não se aplica o disposto nos arts. 1º a 6º;

II – em relação aos fatos geradores ocorridos até 31 de agosto de 2002, o pagamento dos valores devidos correspondentes à Cofins e ao PIS/Pasep poderá ser feito com dispensa de multa e de juros moratórios, desde que efetuado em parcela única, até o último dia útil do mês de setembro de 2002.

§ 7º *(Vetado.)*

Art. 48. *(Vetado.)*

Art. 49. O art. 74 da Lei 9.430, de 27 de dezembro de 1996, passa a vigorar com a seguinte redação:

• Alteração processada no texto da referida Lei.

Art. 50. O *caput* do art. 6º da Lei 9.826, de 23 de agosto de 1999, passa a vigorar com a seguinte redação:

"Art. 6º A exportação de produtos nacionais sem que tenha ocorrido sua saída do território brasileiro somente será admitida, produzindo todos os efeitos fiscais e cambiais, quando o pagamento for efetivado em moeda estrangeira de livre conversibilidade e a venda for realizada para:

"[...]"

Art. 51. O *caput* do art. 52 da Lei 9.532, de 10 de dezembro de 1997, passa a vigorar com a seguinte alteração:

• Alteração processada no texto da referida Lei.

Art. 52. O art. 33 do Decreto-lei 1.593, de 21 de dezembro de 1977, passa a vigorar com a seguinte alteração:

"Art. 33. Aplicam-se as seguintes penalidades, em relação ao selo de controle de que trata o art. 46 da Lei 4.502, de 30 de novembro de 1964, na ocorrência das seguintes infrações:

"I – venda ou exposição à venda de produto sem o selo ou com emprego de selo já utilizado: multa igual ao valor comercial do produto, não inferior a R$ 1.000,00 (mil reais);

"II – emprego ou posse de selo legítimo não adquirido pelo próprio estabelecimento diretamente da repartição fornecedora: multa de R$ 1,00 (um real) por unidade, não inferior a R$ 1.000,00 (mil reais);

"III – emprego de selo destinado a produto nacional, quando se tratar de produto estrangeiro, e vice-versa; emprego de selo destinado a produto diverso; emprego de selo não utilizado ou marcado como previsto em ato da Secretaria da Receita Federal; emprego de selo que não estiver em circulação: consideram-se os produtos como não selados, equiparando-se a infração à falta de pagamento do Imposto sobre Produtos Industrializados, que será exigível, além da multa igual a 75% (setenta e cinco por cento) do valor do imposto exigido;

"IV – fabricação, venda, compra, cessão, utilização ou posse, soltos ou aplicados, de selos de controle falsos: independentemente de sanção penal cabível, multa de R$ 5,00 (cinco reais) por unidade, não inferior a R$ 5.000,00 (cinco mil reais), além da apreensão dos selos não utilizados e da aplicação da pena de perdimento dos produtos em que tenham sido utilizados os selos;

"V – transporte de produto sem o selo ou com emprego de selo já utilizado: multa igual a 50% (cinquenta por cento) do valor comercial do produto, não inferior a R$ 1.000,00 (mil reais).

"§ 1º Aplicar-se-á a mesma pena cominada no inciso II àqueles que fornecerem a outro estabelecimento, da mesma pessoa jurídica ou de terceiros, selos de controle legítimos adquiridos diretamente da repartição fornecedora.

"§ 2º Aplicar-se-á ainda a pena de perdimento aos produtos do código 24.02.20.00 da Tabela de Incidência do Imposto sobre Produtos Industrializados (Tipi):

"I – na hipótese de que tratam os incisos I e V do *caput*;

Lei 10.637/2002

LEGISLAÇÃO

"II – encontrados no estabelecimento industrial, acondicionados em embalagem destinada a comercialização, sem o selo de controle.

"§ 3º Para fins de aplicação das penalidades previstas neste artigo, havendo a constatação de produtos com selos de controle em desacordo com as normas estabelecidas pela Secretaria da Receita Federal, considerar-se-á irregular a totalidade do lote identificado onde os mesmos foram encontrados."

Art. 53. É proibida a fabricação, em estabelecimento de terceiros, dos produtos do código 24.02.20.00 da Tipi.

Parágrafo único. Aos estabelecimentos que receberem ou tiverem em seu poder matérias-primas, produtos intermediários ou material de embalagem para a fabricação de cigarros para terceiros, aplica-se a penalidade prevista no inciso II do art. 15 do Decreto-lei 1.593, de 21 de dezembro de 1977.

Art. 54. O papel para cigarros, em bobinas, somente poderá ser vendido, no mercado interno, a estabelecimento industrial fabricante de cigarros, classificados no código 2402.20.00 da Tabela de Incidência do IPI – Tipi, ou mortalhas.

• Artigo com redação determinada pela Lei 10.833/2003.

§ 1º Os fabricantes e os importadores do papel de que trata o *caput* deverão:

I – exigir do estabelecimento industrial fabricante de cigarros a comprovação, no ato da venda, de que possui o registro especial de que trata o art. 1º do Decreto-lei 1.593, de 21 de dezembro de 1977, e alterações posteriores;

II – prestar informações acerca da comercialização de papel para industrialização de cigarros, nos termos definidos pela Secretaria da Receita Federal.

§ 2º O disposto no inciso I do § 1º não se aplica aos fabricantes de cigarros classificados no Ex 01 do código 2402.20.00 da Tipi.

Art. 55. *(Revogado pela Lei 12.973/2014.)*

Art. 56. *(Vetado.)*

Art. 57. O encargo de que trata o art 1º do Decreto-lei 1.025, de 21 de outubro de 1969, inclusive na condição de que trata o art. 3º do Decreto-lei 1.569, de 8 de agosto de 1977, nos pagamentos de débitos relativos a tributos e contribuições administrados pela Secretaria da Receita Federal, inscritos na Dívida Ativa da União, e efetuados a partir de 15 de maio de 2002, em virtude de norma de caráter exonerativo, inclusive nas hipóteses de que tratam os arts. 13 e 14 desta Lei, será calculado sobre os valores originariamente devidos, limitado ao valor correspondente à multa calculada nos termos do § 3º do art. 13.

Art. 58. O art. 42 da Lei 9.430, de 27 de dezembro de 1996, passa a vigorar acrescido dos seguintes §§ 5º e 6º:

• Alterações processadas no texto da referida Lei.

Art. 59. O art. 23 do Decreto-lei 1.455, de 7 de abril de 1976, passa a vigorar com as seguintes alterações:

"Art. 23. [...]

"[...]

"V – estrangeiras ou nacionais, na importação ou na exportação, na hipótese de ocultação do sujeito passivo, do real vendedor, comprador ou de responsável pela operação, mediante fraude ou simulação, inclusive a interposição fraudulenta de terceiros.

"§ 1º O dano ao erário decorrente das infrações previstas no *caput* deste artigo será punido com a pena de perdimento das mercadorias.

"§ 2º Presume-se interposição fraudulenta na operação de comércio exterior a não comprovação da origem, disponibilidade e transferência dos recursos empregados.

"§ 3º A pena prevista no § 1º converte-se em multa equivalente ao valor aduaneiro da mercadoria que não seja localizada ou que tenha sido consumida.

"§ 4º O disposto no § 3º não impede a apreensão da mercadoria nos casos previstos no inciso I ou quando for proibida sua importação, consumo ou circulação no território nacional."

Art. 60. O art. 81 da Lei 9.430, de 27 de dezembro de 1996, passa a vigorar com as seguintes alterações:

• Alterações processadas no texto da referida Lei.

Art. 61. *(Vetado.)*

Lei 10.684/2003

Art. 62. O art. 15 da Lei 10.451, de 10 de maio de 2002, passa a vigorar com a seguinte redação:

- Alteração processada no texto da referida Lei.

Art. 63. O art. 21 da Lei 9.532, de 10 de dezembro de 1997, alterada pela Lei 9.887, de 7 de dezembro de 1999, passa a vigorar com a seguinte redação:

- Alteração processada no texto da referida Lei.

Art. 64. O art. 43 da Medida Provisória 2.158-35, de 2001, passa a vigorar acrescido do seguinte § 2º, renumerando-se o parágrafo único para § 1º:

"Art. 43. [...]

"[...]

"§ 2º O disposto neste artigo, no que diz respeito aos produtos classificados nas posições 84.32 e 84.33, alcança apenas os veículos autopropulsados descritos nos Códigos 8432.30, 8432.40.00, 8432.80.00 (exceto rolos para gramados ou campo de esporte), 8433.20, 8433.30.00, 8433.40.00 e 8433.5."

Art. 65. *(Vetado.)*

Capítulo III
DAS DISPOSIÇÕES FINAIS

Art. 66. A Secretaria da Receita Federal e a Procuradoria-Geral da Fazenda Nacional editarão, no âmbito de suas respectivas competências, as normas necessárias à aplicação do disposto nesta Lei.

Art. 67. *(Vetado.)*

Art. 68. Esta Lei entra em vigor na data de sua publicação, produzindo efeitos:

I – a partir de 1º de outubro de 2002, em relação aos arts. 29 e 49;

II – a partir de 1º de dezembro de 2002, em relação aos arts. 1º a 6º e 8º a 11;

III – a partir de 1º de janeiro de 2003, em relação aos arts. 34, 37 a 44, 46 e 48;

IV – a partir da data da publicação desta Lei, em relação aos demais artigos.

Brasília, 30 de dezembro de 2002; 181º da Independência e 114º da República.

Fernando Henrique Cardoso

(*DOU* 31.12.2002; edição extra)

LEI 10.684,
DE 30 DE MAIO DE 2003

Altera a legislação tributária, dispõe sobre parcelamento de débitos junto à Secretaria da Receita Federal, à Procuradoria-Geral da Fazenda Nacional e ao Instituto Nacional do Seguro Social e dá outras providências.

- V. Lei 9.964/2000 (Programa de Recuperação Fiscal – Refis).
- V. arts. 6º, § 7º, e 68, Lei 11.101/2005 (Lei de Recuperação de Empresas e Falência).

O Presidente da República:

Faço saber que o Congresso Nacional decreta e eu sanciono a seguinte Lei:

Art. 1º Os débitos junto à Secretaria da Receita Federal ou à Procuradoria-Geral da Fazenda Nacional, com vencimento até 28 de fevereiro de 2003, poderão ser parcelados em até 180 prestações mensais e sucessivas.

- V. O art. 1º da Instrução Normativa INSS 104/2004 dispõe: "Fixar a data de 30 de abril de 2004, como prazo final para os contribuintes que aderiram ao parcelamento especial de que trata a Lei 10.684, de 2003, comparecerem à unidade da Agência da Previdência Social – APS, de sua circunscrição para consolidação dos débitos objeto de acordo de parcelamento, na forma disposta pela Instrução Normativa INSS/DC 91, de 2003. § 1º O contribuinte que não comparecer até a data fixada no *caput* terá seu pedido de parcelamento indeferido. (...)".
- V. art. 12, Lei 11.033/2004 (Altera a tributação do mercado financeiro e de capitais e institui o Reporto).
- V. art. 16, Lei 11.051/2004 (Desconto de crédito na apuração da CSLL e da Contribuição para o PIS/Pasep e Cofins não cumulativas).

§ 1º O disposto neste artigo aplica-se aos débitos constituídos ou não, inscritos ou não como Dívida Ativa, mesmo em fase de execução fiscal já ajuizada, ou que tenham sido objeto de parcelamento anterior, não integralmente quitado, ainda que cancelado por falta de pagamento.

§ 2º Os débitos ainda não constituídos deverão ser confessados, de forma irretratável e irrevogável.

§ 3º O débito objeto do parcelamento será consolidado no mês do pedido e será dividido pelo número de prestações, sendo que o montante de cada parcela mensal não poderá ser inferior a:

I – 1,5% (um inteiro e cinco décimos por cento) da receita bruta auferida, pela pessoa jurídica, no mês imediatamente anterior ao do vencimento da parcela, exceto em relação às optantes pelo Sistema Simplificado de Pagamento de Impostos e Contribuições das Microempresas e das Empresas de Pequeno Porte – Simples, instituído pela Lei 9.317, de 5 de dezembro de 1996, e às microempresas e empresas de pequeno porte enquadradas no disposto no art. 2º da Lei 9.841, de 5 de outubro de 1999, observado o disposto no art. 8º desta Lei, salvo na hipótese do inciso II deste parágrafo, o prazo mínimo de 120 (cento e vinte) meses;

II – R$ 2.000,00 (dois mil reais), considerado cumulativamente com o limite estabelecido no inciso I, no caso das pessoas jurídicas ali referidas;

III – R$ 50,00 (cinquenta reais), no caso de pessoas físicas.

§ 4º Relativamente às pessoas jurídicas optantes pelo Simples e às microempresas e empresas de pequeno porte, enquadradas no disposto no art. 2º da Lei 9.841, de 5 de outubro de 1999, o valor da parcela mínima mensal corresponderá a um cento e oitenta avos do total do débito ou a 0,3% (três décimos por cento) da receita bruta auferida no mês imediatamente anterior ao do vencimento da parcela, o que for menor, não podendo ser inferior a:

I – R$ 100,00 (cem reais), se enquadrada na condição de microempresa;

II – R$ 200,00 (duzentos reais), se enquadrada na condição de empresa de pequeno porte.

§ 5º Aplica-se o disposto no § 4º às pessoas jurídicas que foram excluídas ou impedidas de ingressar no Simples exclusivamente em decorrência do disposto no inciso XV do art. 9º da Lei 9.317, de 5 de dezembro de 1996, desde que a pessoa jurídica exerça a opção pelo Simples até o último dia útil de 2003, com efeitos a partir de 1º de janeiro de 2004, nos termos e condições definidos pela Secretaria da Receita Federal.

§ 6º O valor de cada uma das parcelas, determinado na forma dos §§ 3º e 4º, será acrescido de juros correspondentes à variação mensal da Taxa de Juros de Longo Prazo – TJLP, a partir do mês subsequente ao da consolidação, até o mês do pagamento.

§ 7º Para os fins da consolidação referida no § 3º, os valores correspondentes à multa, de mora ou de ofício, serão reduzidos em 50% (cinquenta por cento).

§ 8º A redução prevista no § 7º não será cumulativa com qualquer outra redução admitida em lei, ressalvado o disposto no § 11.

§ 9º Na hipótese de anterior concessão de redução de multa em percentual diverso de 50% (cinquenta por cento), prevalecerá o percentual referido no § 7º, determinado sobre o valor original da multa.

§ 10. A opção pelo parcelamento de que trata este artigo exclui a concessão de qualquer outro, extinguindo os parcelamentos anteriormente concedidos, admitida a transferência de seus saldos para a modalidade desta Lei.

§ 11. O sujeito passivo fará jus a redução adicional da multa, após a redução referida no § 7º, à razão de 0,25% (vinte e cinco centésimos por cento) sobre o valor remanescente para cada ponto percentual do saldo do débito que for liquidado até a data prevista para o requerimento do parcelamento referido neste artigo, após deduzida a primeira parcela determinada nos termos do § 3º ou 4º.

Art. 2º Os débitos incluídos no Programa de Recuperação Fiscal – Refis, de que trata a Lei 9.964, de 10 de abril de 2000, ou no parcelamento a ele alternativo, poderão, a critério da pessoa jurídica, ser parcelados nas condições previstas no art. 1º, nos termos a serem estabelecidos pelo Comitê Gestor do mencionado Programa.

Parágrafo único. Na hipótese deste artigo:

I – a opção pelo parcelamento na forma deste artigo implica desistência compulsória e

Lei 10.684/2003

LEGISLAÇÃO

definitiva do Refis ou do parcelamento a ele alternativo;
II – as contribuições arrecadadas pelo Instituto Nacional do Seguro Social – INSS retornarão à administração daquele órgão, sujeitando-se à legislação específica a elas aplicável;
III – será objeto do parcelamento nos termos do art. 1º o saldo devedor dos débitos relativos aos tributos administrados pela Secretaria da Receita Federal.

Art. 3º Ressalvado o disposto no art. 2º, não será concedido o parcelamento de que trata o art. 1º na hipótese de existência de parcelamentos concedidos sob outras modalidades, admitida a transferência dos saldos remanescentes para a modalidade prevista nesta Lei, mediante requerimento do sujeito passivo.

Art. 4º O parcelamento a que se refere o art. 1º:
I – deverá ser requerido, inclusive na hipótese de transferência de que tratam os arts. 2º e 3º, até o último dia útil do segundo mês subsequente ao da publicação desta Lei, perante a unidade da Secretaria da Receita Federal ou da Procuradoria-Geral da Fazenda Nacional, responsável pela cobrança do respectivo débito;

- O art. 13 da Lei 10.743/2003 (*DOU* 10.10.2003) dispõe: "Os prazos a que se referem o inciso I do art. 4º e o art. 5º, ambos da Lei 10.684, de 30 de maio de 2003, ficam prorrogados até 31 de agosto de 2003, observadas as demais normas constantes daquela Lei".

II – somente alcançará débitos que se encontrarem com exigibilidade suspensa por força dos incisos III a V do art. 151 da Lei 5.172, de 25 de outubro de 1966, no caso de o sujeito passivo desistir expressamente e de forma irrevogável da impugnação ou do recurso interposto, ou da ação judicial proposta, e renunciar a quaisquer alegações de direito sobre as quais se fundam os referidos processos administrativos e ações judiciais, relativamente à matéria cujo respectivo débito queira parcelar;
III – reger-se-á pelas disposições da Lei 10.522, de 19 de julho de 2002, ressalvado o disposto no seu art. 14;

IV – aplica-se, inclusive, à totalidade dos débitos apurados segundo o Simples;
V – independerá de apresentação de garantia ou de arrolamento de bens, mantidas aquelas decorrentes de débitos transferidos de outras modalidades de parcelamento ou de execução fiscal.

Parágrafo único. Na hipótese do inciso II, o valor da verba de sucumbência será de 1% (um por cento) do valor do débito consolidado decorrente da desistência da respectiva ação judicial.

Art. 5º Os débitos junto ao Instituto Nacional do Seguro Social – INSS, oriundos de contribuições patronais, com vencimento até 28 de fevereiro de 2003, serão objeto de acordo para pagamento parcelado em até 180 (cento e oitenta) prestações mensais, observadas as condições fixadas neste artigo, desde que requerido até o último dia útil do segundo mês subsequente ao da publicação desta Lei.

- O art. 13 da Lei 10.743/2003 (*DOU* 10.10.2003) dispõe: "Os prazos a que se referem o inciso I do art. 4º e o art. 5º, ambos da Lei 10.684, de 30 de maio de 2003, ficam prorrogados até 31 de agosto de 2003, observadas as demais normas constantes daquela Lei".
- V. art. 12, Lei 11.033/2004 (Altera a tributação do mercado financeiro e de capitais e institui o Reporto).

§ 1º Aplica-se ao parcelamento de que trata este artigo o disposto nos §§ 1º a 11 do art. 1º, observado o disposto no art. 8º.
§ 2º *(Vetado.)*
§ 3º A concessão do parcelamento independerá de apresentação de garantias ou de arrolamento de bens, mantidas aquelas decorrentes de débitos transferidos de outras modalidades de parcelamento ou de execução fiscal.

Art. 6º Os depósitos existentes, vinculados aos débitos a serem parcelados nos termos dos arts. 1º e 5º, serão automaticamente convertidos em renda da União ou da Seguridade Social ou do Instituto Nacional do Seguro Social – INSS, conforme o caso, concedendo-se o parcelamento sobre o saldo remanescente.

Art. 7º O sujeito passivo será excluído dos parcelamentos a que se refere esta Lei na hi-

Lei 10.684/2003

LEGISLAÇÃO

pótese de inadimplência, por 3 (três) meses consecutivos ou 6 (seis) meses alternados, o que primeiro ocorrer, relativamente a quaisquer dos tributos e das contribuições referidos nos arts. 1º e 5º, inclusive os com vencimento após 28 de fevereiro de 2003.

Art. 8º Na hipótese de a pessoa jurídica manter parcelamentos de débitos com base no art. 1º e no art. 5º, simultaneamente, o percentual a que se refere o inciso I do § 3º do art. 1º será reduzido para 0,75% (setenta e cinco centésimos por cento).

§ 1º Caberá à pessoa jurídica requerer a redução referida no caput até o prazo fixado no inciso I do art. 4º e no *caput* do art. 5º.

§ 2º Ocorrendo liquidação, rescisão ou extinção de um dos parcelamentos, inclusive por exclusão do sujeito passivo, nos termos do art. 7º, aplica-se o percentual fixado no inciso I do § 3º do art. 1º ao parcelamento remanescente, a partir do mês subsequente ao da ocorrência da liquidação, extinção ou rescisão do parcelamento obtido junto ao outro órgão.

§ 3º A pessoa jurídica deverá informar a liquidação, rescisão ou extinção do parcelamento ao órgão responsável pelo parcelamento remanescente, até o último dia útil do mês subsequente ao da ocorrência do evento, bem como efetuar o recolhimento da parcela referente àquele mês observando o percentual fixado no inciso I do § 3º do art. 1º.

§ 4º O desatendimento do disposto nos parágrafos anteriores implicará a exclusão do sujeito passivo do parcelamento remanescente e a aplicação do disposto no art. 11.

Art. 9º É suspensa a pretensão punitiva do Estado, referente aos crimes previstos nos arts. 1º e 2º da Lei 8.137, de 27 de dezembro de 1990, e nos arts. 168-A e 337-A do Decreto-lei 2.848, de 7 de dezembro de 1940 – Código Penal, durante o período em que a pessoa jurídica relacionada com o agente dos aludidos crimes estiver incluída no regime de parcelamento.

§ 1º A prescrição criminal não corre durante o período de suspensão da pretensão punitiva.

§ 2º Extingue-se a punibilidade dos crimes referidos neste artigo quando a pessoa jurídica relacionada com o agente efetuar o pagamento integral dos débitos oriundos de tributos e contribuições sociais, inclusive acessórios.

• V. Súmula vinculante 24, STF.

Art. 10. A Secretaria da Receita Federal, a Procuradoria-Geral da Fazenda Nacional e o Instituto Nacional do Seguro Social – INSS expedirão, no âmbito de suas respectivas competências, os atos necessários à execução desta Lei.

Parágrafo único. Serão consolidados, por sujeito passivo, os débitos perante a Secretaria da Receita Federal e a Procuradoria-Geral da Fazenda Nacional.

Art. 11. Ao sujeito passivo que, optando por parcelamento a que se referem os arts. 1º e 5º, dele for excluído, será vedada a concessão de qualquer outra modalidade de parcelamento até 31 de dezembro de 2006.

Art. 12. A exclusão do sujeito passivo do parcelamento a que se refere esta Lei, inclusive a prevista no § 4º do art. 8º, independerá de notificação prévia e implicará exigibilidade imediata da totalidade do crédito confessado e ainda não pago e automática execução da garantia prestada, quando existente, restabelecendo-se, em relação ao montante não pago, os acréscimos legais na forma da legislação aplicável à época da ocorrência dos respectivos fatos geradores.

Art. 13. Os débitos relativos à contribuição para o Programa de Formação do Patrimônio do Servidor Público (Pasep) dos Estados, do Distrito Federal e dos Municípios, bem como de suas autarquias e fundações públicas, com vencimento até 31 de dezembro de 2002, poderão ser pagos mediante regime especial de parcelamento, por opção da pessoa jurídica de direito público interno devedora.

Parágrafo único. A opção referida no *caput* deverá ser formalizada até o último dia útil do segundo mês subsequente ao da publicação desta Lei, nos termos e condições estabelecidos pela Secretaria da Receita Federal.

Art. 14. O regime especial de parcelamento referido no art. 13 implica a consoli-

Lei 10.684/2003

LEGISLAÇÃO

dação dos débitos na data da opção e abrangerá a totalidade dos débitos existentes em nome do optante, constituídos ou não, inclusive os juros de mora incidentes até a data de opção.

Parágrafo único. O débito consolidado na forma deste artigo:

I – sujeitar-se-á, a partir da data da consolidação, a juros equivalentes à taxa referencial do Sistema Especial de Liquidação e de Custódia – Selic para títulos federais, acumulada mensalmente, calculados a partir da data de deferimento do pedido até o mês anterior ao do pagamento, e adicionados de 1% (um por cento) relativamente ao mês em que o pagamento estiver sendo feito;

II – será pago mensalmente, até o último dia útil da primeira quinzena de cada mês, no valor equivalente a, no mínimo, um cento e vinte avos do total do débito consolidado;

III – o valor de cada parcela não poderá ser inferior a R$ 2.000,00 (dois mil reais).

Art. 15. A opção pelo regime especial de parcelamento referido no art. 13 sujeita a pessoa jurídica optante:

I – à confissão irrevogável e irretratável dos débitos referidos no art. 14;

II – ao pagamento regular das parcelas do débito consolidado, bem como dos valores devidos relativos ao Pasep com vencimento após dezembro de 2002.

Parágrafo único. A opção pelo regime especial exclui qualquer outra forma de parcelamento de débitos relativos ao Pasep.

Art. 16. A pessoa jurídica optante pelo regime especial de parcelamento referido no art. 13 será dele excluída nas seguintes hipóteses:

I – inobservância da exigência estabelecida no art. 15;

II – inadimplência, por dois meses consecutivos ou seis alternados, relativamente ao Pasep, inclusive aqueles com vencimento após dezembro de 2002.

§ 1º A exclusão da pessoa jurídica do regime especial implicará exigibilidade imediata da totalidade do crédito confessado e ainda não pago.

§ 2º A exclusão será formalizada por meio de ato da Secretaria da Receita Federal e produzirá efeitos a partir do mês subsequente àquele em que a pessoa jurídica optante for cientificada.

Art. 17. Sem prejuízo do disposto no art. 15 da Medida Provisória 2.158-35, de 24 de agosto de 2001, e no art. 1º da Medida Provisória 101, de 30 de dezembro de 2002, as sociedades cooperativas de produção agropecuária e de eletrificação rural poderão excluir da base de cálculo da contribuição para o Programa de Integração Social e de Formação do Patrimônio do Servidor Público – PIS/Pasep e da Contribuição Social para o Financiamento da Seguridade Social – Cofins os custos agregados ao produto agropecuário dos associados, quando da sua comercialização e os valores dos serviços prestados pelas cooperativas de eletrificação rural a seus associados.

Parágrafo único. O disposto neste artigo alcança os fatos geradores ocorridos a partir da vigência da Medida Provisória 1.858-10, de 26 de outubro de 1999.

Art. 18. Fica elevada para 4% (quatro por cento) a alíquota da Contribuição para o Financiamento da Seguridade Social – Cofins devida pelas pessoas jurídicas referidas nos §§ 6º e 8º do art. 3º da Lei 9.718, de 27 de novembro de 1998.

Art. 19. O art. 22-A da Lei 8.212, de 24 de julho de 1991, introduzido pela Lei 10.256, de 9 de julho de 2001, passa a vigorar com a seguinte redação:

"Art. 22-A. [...]

"[...]

"§ 6º Não se aplica o regime substitutivo de que trata este artigo à pessoa jurídica que, relativamente à atividade rural, se dedique apenas ao florestamento e reflorestamento como fonte de matéria-prima para industrialização própria mediante a utilização de processo industrial que modifique a natureza química da madeira ou a transforme em pasta celulósica.

"§ 7º Aplica-se o disposto no § 6º ainda que a pessoa jurídica comercialize resíduos vegetais ou sobras ou partes da produção, desde que a receita bruta decorrente dessa comercialização represente menos de 1% (um por cento) de sua receita bruta proveniente da comercialização da produção."

Lei 10.684/2003

LEGISLAÇÃO

Art. 20. O § 1º do art. 126 da Lei 8.213, de 24 de julho cde 1991, passa a vigorar com a seguinte redação:
"Art. 126. [...]
"§ 1º Em se tratando de processo que tenha por objeto a discussão de crédito previdenciário, o recurso de que trata este artigo somente terá seguimento se o recorrente, pessoa jurídica ou sócio desta, instruí-lo com prova de depósito, em favor do Instituto Nacional do Seguro Social – INSS, de valor correspondente a 30% (trinta por cento) da exigência fiscal definida na decisão.
"[...]"

Art. 21. *(Revogado pela Lei 12.101/2009.)*

Art. 22. O art. 20 da Lei 9.249, de 26 de dezembro de 1995, passa a vigorar com a seguinte redação:
• Alterações processadas no texto da referida Lei.

Art. 23. O art. 9º da Lei 9.317, de 5 de dezembro de 1996, passa a vigorar acrescido do seguinte parágrafo:
• A Lei 9.317/1996 foi revogada pela LC 123/2006.

Art. 24. Os arts. 1º e 2º da Lei 10.034, de 24 de outubro de 2000, passam a vigorar com a seguinte redação:
"Art. 1º Ficam excetuadas da restrição de que trata o inciso XIII do art. 9º da Lei 9.317, de 5 de dezembro de 1996, as pessoas jurídicas que se dediquem exclusivamente às seguintes atividades:
"I – creches e pré-escolas;
"II – estabelecimentos de ensino fundamental;
"III – centros de formação de condutores de veículos automotores de transporte terrestre de passageiros e de carga;
"IV – agências lotéricas;
"V – agências terceirizadas de correios;
"VI – *(Vetado.)*
"VII – *(Vetado.)*"
"Art. 2º Ficam acrescidos de 50% (cinquenta por cento) os percentuais referidos no art. 5º da Lei 9.317, de 5 de dezembro de 1996, alterado pela Lei 9.732, de 11 de dezembro de 1998, em relação às atividades relacionadas nos incisos II a V do art. 1º desta Lei e às pessoas jurídicas que aUfiram receita bruta decorrente da prestação de serviços em montante igual ou superior a 30% (trinta por cento) da receita bruta total."

Art. 25. A Lei 10.637, de 30 de dezembro de 2002, passa a vigorar acrescida do seguinte art. 5º-A e com as seguintes alterações dos arts. 1º, 3º, 8º, 11 e 29:
• Alterações processadas no texto da referida Lei.

Art. 26. O art. 1º da Lei 9.074, de 7 de julho de 1995, passa a vigorar acrescido dos seguintes parágrafos, renumerando-se o parágrafo único para § 1º:
"Art. 1º [...]
"[...]
"§ 2º O prazo das concessões e permissões de que trata o inciso VI deste artigo será de 25 (vinte e cinco) anos, podendo ser prorrogado por 10 (dez) anos.
"§ 3º Ao término do prazo, as atuais concessões e permissões, mencionadas no § 2º, incluídas as anteriores à Lei 8.987, de 13 de fevereiro de 1995, serão prorrogadas pelo prazo previsto no § 2º."

Art. 27. *(Vetado.)*

Art. 28. Fica o Poder Executivo autorizado a emitir títulos da dívida pública atualizados de acordo com as disposições do inciso I do § 4º do art. 2º da Lei 9.964, de 10 de abril de 2000, com prazo de vencimento determinado em função do prazo médio estimado da carteira de recebíveis do Programa de Recuperação Fiscal – Refis, instituído pela referida Lei, os quais terão poder liberatório perante a Secretaria da Receita Federal e o Instituto Nacional do Seguro Social quanto as dívidas inscritas no referido programa, diferindo-se os efeitos tributários de sua utilização, em função do prazo médio da dívida do contribuinte.

Art. 29. Esta Lei entra em vigor na data de sua publicação, produzindo efeitos:
I – em relação ao art. 17, a partir de 1º de janeiro de 2003;
II – em relação ao art. 25, a partir de 1º de fevereiro de 2003;
III – em relação aos arts. 18, 19, 20 e 22, a partir do mês subsequente ao do termo final do prazo nonagesimal, a que refere o § 6º do art. 195 da Constituição Federal.

Brasília, 30 de maio de 2003; 182º da Independência e 115º da República.
Luiz Inácio Lula da Silva

(*DOU* 31.05.2003, edição extra; ret. 06.06 e 09.06.2003)

LC 116/2003

LEGISLAÇÃO

LEI COMPLEMENTAR 116,
DE 31 DE JULHO DE 2003

Dispõe sobre o Imposto sobre Serviços de Qualquer Natureza, de competência dos Municípios e do Distrito Federal, e dá outras providências.

- V. Súmula 424 e 524, STJ.

O Presidente da República:
Faço saber que o Congresso Nacional decreta e eu sanciono a seguinte Lei Complementar:

Art. 1º O Imposto Sobre Serviços de Qualquer Natureza, de competência dos Municípios e do Distrito Federal, tem como fato gerador a prestação de serviços constantes da lista anexa, ainda que esses não se constituam como atividade preponderante do prestador.

- O STF, na Med. Caut. em ADIn 4.389 (*DOU* e *DJE* 27.04.2011; *DJE* 25.05.2011), por unanimidade, deferiu a medida cautelar, com efeito *ex nunc*, "para interpretar o art. 1º, *caput*, e § 2º, da Lei Complementar 116/2003 e o subitem 13.05 da lista de serviços anexa, para reconhecer que o ISS não incide sobre operações de industrialização por encomenda de embalagens, destinadas à integração ou utilização direta em processo subsequente de industrialização ou de circulação de mercadoria. Presentes os requisitos constitucionais e legais, incidirá o ICMS".

§ 1º O imposto incide também sobre o serviço proveniente do exterior do País ou cuja prestação se tenha iniciado no exterior do País.

§ 2º Ressalvadas as exceções expressas na lista anexa, os serviços nela mencionados não ficam sujeitos ao Imposto Sobre Operações Relativas à Circulação de Mercadorias e Prestações de Serviços de Transporte Interestadual e Intermunicipal e de Comunicação – ICMS, ainda que sua prestação envolva fornecimento de mercadorias.

- O STF, na Med. Caut. em ADIn 4.389 (*DOU* e *DJE* 27.04.2011; *DJE* 25.05.2011), por unanimidade, deferiu a medida cautelar, com efeito *ex nunc*, "para interpretar o art. 1º, *caput*, e § 2º, da Lei Complementar 116/2003 e o subitem 13.05 da lista de serviços anexa, para reconhecer que o ISS não incide sobre operações de industrialização por encomenda de embalagens, destinadas à integração ou utilização direta em processo subsequente de industrialização ou de circulação de mercadoria. Presentes os requisitos constitucionais e legais, incidirá o ICMS".

§ 3º O imposto de que trata esta Lei Complementar incide ainda sobre os serviços prestados mediante a utilização de bens e serviços públicos explorados economicamente mediante autorização, permissão ou concessão, com o pagamento de tarifa, preço ou pedágio pelo usuário final do serviço.

§ 4º A incidência do imposto não depende da denominação dada ao serviço prestado.

Art. 2º O imposto não incide sobre:
I – as exportações de serviços para o exterior do País;
II – a prestação de serviços em relação de emprego, dos trabalhadores avulsos, dos diretores e membros de conselho consultivo ou de conselho fiscal de sociedades e fundações, bem como dos sócios-gerentes e dos gerentes-delegados;
III – o valor intermediado no mercado de títulos e valores mobiliários, o valor dos depósitos bancários, o principal, juros e acréscimos moratórios relativos a operações de crédito realizadas por instituições financeiras.

Parágrafo único. Não se enquadram no disposto no inciso I os serviços desenvolvidos no Brasil, cujo resultado aqui se verifique, ainda que o pagamento seja feito por residente no exterior.

Art. 3º O serviço considera-se prestado e o imposto devido no local do estabelecimento prestador ou, na falta do estabelecimento, no local do domicílio do prestador, exceto nas hipóteses previstas nos incisos I a XXII, quando o imposto será devido no local:
I – do estabelecimento do tomador ou intermediário do serviço ou, na falta de estabelecimento, onde ele estiver domiciliado, na hipótese do § 1º do art. 1º desta Lei Complementar;
II – da instalação dos andaimes, palcos, coberturas e outras estruturas, no caso dos serviços descritos no subitem 3.05 da lista anexa;
III – da execução da obra, no caso dos serviços descritos no subitem 7.02 e 7.19 da lista anexa;

Legislação

IV – da demolição, no caso dos serviços descritos no subitem 7.04 da lista anexa;
V – das edificações em geral, estradas, pontes, portos e congêneres, no caso dos serviços descritos no subitem 7.05 da lista anexa;
VI – da execução da varrição, coleta, remoção, incineração, tratamento, reciclagem, separação e destinação final de lixo, rejeitos e outros resíduos quaisquer, no caso dos serviços descritos no subitem 7.09 da lista anexa;
VII – da execução da limpeza, manutenção e conservação de vias e logradouros públicos, imóveis, chaminés, piscinas, parques, jardins e congêneres, no caso dos serviços descritos no subitem 7.10 da lista anexa;
VIII – da execução da decoração e jardinagem, do corte e poda de árvores, no caso dos serviços descritos no subitem 7.11 da lista anexa;
IX – do controle e tratamento do efluente de qualquer natureza e de agentes físicos, químicos e biológicos, no caso dos serviços descritos no subitem 7.12 da lista anexa;
X – *(Vetado.)*
XI – *(Vetado.)*
XII – do florestamento, reflorestamento, semeadura, adubação e congêneres, no caso dos serviços descritos no subitem 7.16 da lista anexa;
XIII – da execução dos serviços de escoramento, contenção de encostas e congêneres, no caso dos serviços descritos no subitem 7.17 da lista anexa;
XIV – da limpeza e dragagem, no caso dos serviços descritos no subitem 7.18 da lista anexa;
XV – onde o bem estiver guardado ou estacionado, no caso dos serviços descritos no subitem 11.01 da lista anexa;
XVI – dos bens ou do domicílio das pessoas vigiados, segurados ou monitorados, no caso dos serviços descritos no subitem 11.02 da lista anexa;
XVII – do armazenamento, depósito, carga, descarga, arrumação e guarda do bem, no caso dos serviços descritos no subitem 11.04 da lista anexa;
XVIII – da execução dos serviços de diversão, lazer, entretenimento e congêneres, no caso dos serviços descritos nos subitens do item 12, exceto o 12.13, da lista anexa;
XIX – do Município onde está sendo executado o transporte, no caso dos serviços descritos pelo subitem 16.01 da lista anexa;
XX – do estabelecimento do tomador da mão de obra ou, na falta de estabelecimento, onde ele estiver domiciliado, no caso dos serviços descritos pelo subitem 17.05 da lista anexa;
XXI – da feira, exposição, congresso ou congênere a que se referir o planejamento, organização e administração, no caso dos serviços descritos pelo subitem 17.10 da lista anexa;
XXII – do porto, aeroporto, ferroporto, terminal rodoviário, ferroviário ou metroviário, no caso dos serviços descritos pelo item 20 da lista anexa.
§ 1º No caso dos serviços a que se refere o subitem 3.04 da lista anexa, considera-se ocorrido o fato gerador e devido o imposto em cada Município em cujo território haja extensão de ferrovia, rodovia, postes, cabos, dutos e condutos de qualquer natureza, objetos de locação, sublocação, arrendamento, direito de passagem ou permissão de uso, compartilhado ou não.
§ 2º No caso dos serviços a que se refere o subitem 22.01 da lista anexa, considera-se ocorrido o fato gerador e devido o imposto em cada Município em cujo território haja extensão de rodovia explorada.
§ 3º Considera-se ocorrido o fato gerador do imposto no local do estabelecimento prestador nos serviços executados em águas marítimas, excetuados os serviços descritos no subitem 20.01.

Art. 4º Considera-se estabelecimento prestador o local onde o contribuinte desenvolva a atividade de prestar serviços, de modo permanente ou temporário, e que configure unidade econômica ou profissional, sendo irrelevantes para caracterizá-lo as denominações de sede, filial, agência, posto de atendimento, sucursal, escritório de representação ou contato ou quaisquer outras que venham a ser utilizadas.

Art. 5º Contribuinte é o prestador do serviço.

Art. 6º Os Municípios e o Distrito Federal, mediante lei, poderão atribuir de modo expresso a responsabilidade pelo crédito

LC 116/2003

LEGISLAÇÃO

tributário a terceira pessoa, vinculada ao fato gerador da respectiva obrigação, excluindo a responsabilidade do contribuinte ou atribuindo-a a este em caráter supletivo do cumprimento total ou parcial da referida obrigação, inclusive no que se refere à multa e aos acréscimos legais.

§ 1º Os responsáveis a que se refere este artigo estão obrigados ao recolhimento integral do imposto devido, multa e acréscimos legais, independentemente de ter sido efetuada sua retenção na fonte.

§ 2º Sem prejuízo do disposto no *caput* e no § 1º deste artigo, são responsáveis:

• V. art. 18, § 6º, LC 123/2006 (Supersimples).

I – o tomador ou intermediário de serviço proveniente do exterior do País ou cuja prestação se tenha iniciado no exterior do País;

II – a pessoa jurídica, ainda que imune ou isenta, tomadora ou intermediária dos serviços descritos nos subitens 3.05, 7.02, 7.04, 7.05, 7.09, 7.10, 7.12, 7.14, 7.15, 7.16, 7.17, 7.19, 11.02, 17.05 e 17.10 da lista anexa.

Art. 7º A base de cálculo do imposto é o preço do serviço.

§ 1º Quando os serviços descritos pelo subitem 3.04 da lista anexa forem prestados no território de mais de um Município, a base de cálculo será proporcional, conforme o caso, à extensão da ferrovia, rodovia, dutos e condutos de qualquer natureza, cabos de qualquer natureza, ou ao número de postes, existentes em cada Município.

§ 2º Não se incluem na base de cálculo do Imposto Sobre Serviços de Qualquer Natureza:

I – o valor dos materiais fornecidos pelo prestador dos serviços previstos nos itens 7.02 e 7.05 da lista de serviços anexa a esta Lei Complementar;

II – *(Vetado.)*

§ 3º *(Vetado.)*

Art. 8º As alíquotas máximas do Imposto Sobre Serviços de Qualquer Natureza são as seguintes:

I – *(Vetado.)*

II – demais serviços, 5% (cinco por cento).

Art. 9º Esta Lei Complementar entra em vigor na data de sua publicação.

Art. 10. Ficam revogados os arts. 8º, 10, 11 e 12 do Decreto-lei 406, de 31 de dezembro de 1968; os incisos III, IV, V e VII do art. 3º do Decreto-lei 834, de 8 de setembro de 1969; a Lei Complementar 22, de 9 de dezembro de 1974; a Lei 7.192, de 5 de junho de 1984; a Lei Complementar 56, de 15 de dezembro de 1987; e a Lei Complementar 100, de 22 de dezembro de 1999.

Brasília, 31 de julho de 2003; 182º da Independência e 115º da República.

Luiz Inácio Lula da Silva

(*DOU* 01.08.2003)

LISTA DE SERVIÇOS ANEXA À LEI COMPLEMENTAR 116, DE 31 DE JULHO DE 2003

1 – Serviços de informática e congêneres.
1.01 – Análise e desenvolvimento de sistemas.
1.02 – Programação.
1.03 – Processamento de dados e congêneres.
1.04 – Elaboração de programas de computadores, inclusive de jogos eletrônicos.
1.05 – Licenciamento ou cessão de direito de uso de programas de computação.
1.06 – Assessoria e consultoria em informática.
1.07 – Suporte técnico em informática, inclusive instalação, configuração e manutenção de programas de computação e bancos de dados.
1.08 – Planejamento, confecção, manutenção e atualização de páginas eletrônicas.
2 – Serviços de pesquisas e desenvolvimento de qualquer natureza.
2.01 – Serviços de pesquisas e desenvolvimento de qualquer natureza.
3 – Serviços prestados mediante locação, cessão de direito de uso e congêneres.
3.01 – *(Vetado.)*
3.02 – Cessão de direito de uso de marcas e de sinais de propaganda.
3.03 – Exploração de salões de festas, centro de convenções, escritórios virtuais, *stands*, quadras esportivas, estádios, ginásios, auditórios, casas de espetáculos, parques de diversões, canchas e congêneres, para realização de eventos ou negócios de qualquer natureza.

Legislação

3.04 – Locação, sublocação, arrendamento, direito de passagem ou permissão de uso, compartilhado ou não, de ferrovia, rodovia, postes, cabos, dutos e condutos de qualquer natureza.
3.05 – Cessão de andaimes, palcos, coberturas e outras estruturas de uso temporário.
4 – Serviços de saúde, assistência médica e congêneres.
4.01 – Medicina e biomedicina.
4.02 – Análises clínicas, patologia, eletricidade médica, radioterapia, quimioterapia, ultrassonografia, ressonância magnética, radiologia, tomografia e congêneres.
4.03 – Hospitais, clínicas, laboratórios, sanatórios, manicômios, casas de saúde, prontos-socorros, ambulatórios e congêneres.
4.04 – Instrumentação cirúrgica.
4.05 – Acupuntura.
4.06 – Enfermagem, inclusive serviços auxiliares.
4.07 – Serviços farmacêuticos.
4.08 – Terapia ocupacional, fisioterapia e fonoaudiologia.
4.09 – Terapias de qualquer espécie destinadas ao tratamento físico, orgânico e mental.
4.10 – Nutrição.
4.11 – Obstetrícia.
4.12 – Odontologia.
4.13 – Ortóptica.
4.14 – Próteses sob encomenda.
4.15 – Psicanálise.
4.16 – Psicologia.
4.17 – Casas de repouso e de recuperação, creches, asilos e congêneres.
4.18 – Inseminação artificial, fertilização *in vitro* e congêneres.
4.19 – Bancos de sangue, leite, pele, olhos, óvulos, sêmen e congêneres.
4.20 – Coleta de sangue, leite, tecidos, sêmen, órgãos e materiais biológicos de qualquer espécie.
4.21 – Unidade de atendimento, assistência ou tratamento móvel e congêneres.
4.22 – Planos de medicina de grupo ou individual e convênios para prestação de assistência médica, hospitalar, odontológica e congêneres.
4.23 – Outros planos de saúde que se cumpram através de serviços de terceiros contratados, credenciados, cooperados ou apenas pagos pelo operador do plano mediante indicação do beneficiário.
5 – Serviços de medicina e assistência veterinária e congêneres.
5.01 – Medicina veterinária e zootecnia.
5.02 – Hospitais, clínicas, ambulatórios, prontos-socorros e congêneres, na área veterinária.
5.03 – Laboratórios de análise na área veterinária.
5.04 – Inseminação artificial, fertilização *in vitro* e congêneres.
5.05 – Bancos de sangue e de órgãos e congêneres.
5.06 – Coleta de sangue, leite, tecidos, sêmen, órgãos e materiais biológicos de qualquer espécie.
5.07 – Unidade de atendimento, assistência ou tratamento móvel e congêneres.
5.08 – Guarda, tratamento, amestramento, embelezamento, alojamento e congêneres.
5.09 – Planos de atendimento e assistência médico-veterinária.
6 – Serviços de cuidados pessoais, estética, atividades físicas e congêneres.
6.01 – Barbearia, cabeleireiros, manicuros, pedicuros e congêneres.
6.02 – Esteticistas, tratamento de pele, depilação e congêneres.
6.03 – Banhos, duchas, sauna, massagens e congêneres.
6.04 – Ginástica, dança, esportes, natação, artes marciais e demais atividades físicas.
6.05 – Centros de emagrecimento, spa e congêneres.
7 – Serviços relativos a engenharia, arquitetura, geologia, urbanismo, construção civil, manutenção, limpeza, meio ambiente, saneamento e congêneres.
7.01 – Engenharia, agronomia, agrimensura, arquitetura, geologia, urbanismo, paisagismo e congêneres.
7.02 – Execução, por administração, empreitada ou subempreitada, de obras de construção civil, hidráulica ou elétrica e de outras obras semelhantes, inclusive sondagem, perfuração de poços, escavação, drenagem e irrigação, terraplanagem, pavi-

mentação, concretagem e a instalação e montagem de produtos, peças e equipamentos (exceto o fornecimento de mercadorias produzidas pelo prestador de serviços fora do local da prestação dos serviços, que fica sujeito ao ICMS).

7.03 – Elaboração de planos diretores, estudos de viabilidade, estudos organizacionais e outros, relacionados com obras e serviços de engenharia; elaboração de anteprojetos, projetos básicos e projetos executivos para trabalhos de engenharia.

7.04 – Demolição.

7.05 – Reparação, conservação e reforma de edifícios, estradas, pontes, portos e congêneres (exceto o fornecimento de mercadorias produzidas pelo prestador dos serviços, fora do local da prestação dos serviços, que fica sujeito ao ICMS).

7.06 – Colocação e instalação de tapetes, carpetes, assoalhos, cortinas, revestimentos de parede, vidros, divisórias, placas de gesso e congêneres, com material fornecido pelo tomador do serviço.

7.07 – Recuperação, raspagem, polimento e lustração de pisos e congêneres.

7.08 – Calafetação.

7.09 – Varrição, coleta, remoção, incineração, tratamento, reciclagem, separação e destinação final de lixo, rejeitos e outros resíduos quaisquer.

7.10 – Limpeza, manutenção e conservação de vias e logradouros públicos, imóveis, chaminés, piscinas, parques, jardins e congêneres.

7.11 – Decoração e jardinagem, inclusive corte e poda de árvores.

7.12 – Controle e tratamento de efluentes de qualquer natureza e de agentes físicos, químicos e biológicos.

7.13 – Dedetização, desinfecção, desinsetização, imunização, higienização, desratização, pulverização e congêneres.

7.14 – *(Vetado.)*

7.15 – *(Vetado.)*

7.16 – Florestamento, reflorestamento, semeadura, adubação e congêneres.

7.17 – Escoramento, contenção de encostas e serviços congêneres.

7.18 – Limpeza e dragagem de rios, portos, canais, baías, lagos, lagoas, represas, açudes e congêneres.

7.19 – Acompanhamento e fiscalização da execução de obras de engenharia, arquitetura e urbanismo.

7.20 – Aerofotogrametria (inclusive interpretação), cartografia, mapeamento, levantamentos topográficos, batimétricos, geográficos, geodésicos, geológicos, geofísicos e congêneres.

7.21 – Pesquisa, perfuração, cimentação, mergulho, perfilagem, concretagem, testemunhagem, pescaria, estimulação e outros serviços relacionados com a exploração e explotação de petróleo, gás natural e de outros recursos minerais.

7.22 – Nucleação e bombardeamento de nuvens e congêneres.

8 – Serviços de educação, ensino, orientação pedagógica e educacional, instrução, treinamento e avaliação pessoal de qualquer grau ou natureza.

8.01 – Ensino regular pré-escolar, fundamental, médio e superior.

8.02 – Instrução, treinamento, orientação pedagógica e educacional, avaliação de conhecimentos de qualquer natureza.

9 – Serviços relativos a hospedagem, turismo, viagens e congêneres.

9.01 – Hospedagem de qualquer natureza em hotéis, *apart-service* condominiais, *flat*, apart-hotéis, hotéis residência, *residence-service*, *suite service*, hotelaria marítima, motéis, pensões e congêneres; ocupação por temporada com fornecimento de serviço (o valor da alimentação e gorjeta, quando incluído no preço da diária, fica sujeito ao Imposto Sobre Serviços).

9.02 – Agenciamento, organização, promoção, intermediação e execução de programas de turismo, passeios, viagens, excursões, hospedagens e congêneres.

9.03 – Guias de turismo.

10 – Serviços de intermediação e congêneres.

10.01 – Agenciamento, corretagem ou intermediação de câmbio, de seguros, de cartões de crédito, de planos de saúde e de planos de previdência privada.

10.02 – Agenciamento, corretagem ou intermediação de títulos em geral, valores mobiliários e contratos quaisquer.

LC 116/2003

LEGISLAÇÃO

10.03 – Agenciamento, corretagem ou intermediação de direitos de propriedade industrial, artística ou literária.

10.04 – Agenciamento, corretagem ou intermediação de contratos de arrendamento mercantil (*leasing*), de franquia (*franchising*) e de faturização (*factoring*).

10.05 – Agenciamento, corretagem ou intermediação de bens móveis ou imóveis, não abrangidos em outros itens ou subitens, inclusive aqueles realizados no âmbito de Bolsas de Mercadorias e Futuros, por quaisquer meios.

10.06 – Agenciamento marítimo.

10.07 – Agenciamento de notícias.

10.08 – Agenciamento de publicidade e propaganda, inclusive o agenciamento de veiculação por quaisquer meios.

10.09 – Representação de qualquer natureza, inclusive comercial.

10.10 – Distribuição de bens de terceiros.

11 – Serviços de guarda, estacionamento, armazenamento, vigilância e congêneres.

11.01 – Guarda e estacionamento de veículos terrestres automotores, de aeronaves e de embarcações.

11.02 – Vigilância, segurança ou monitoramento de bens e pessoas.

11.03 – Escolta, inclusive de veículos e cargas.

11.04 – Armazenamento, depósito, carga, descarga, arrumação e guarda de bens de qualquer espécie.

12 – Serviços de diversões, lazer, entretenimento e congêneres.

12.01 – Espetáculos teatrais.

12.02 – Exibições cinematográficas.

12.03 – Espetáculos circenses.

12.04 – Programas de auditório.

12.05 – Parques de diversões, centros de lazer e congêneres.

12.06 – Boates, *taxi-dancing* e congêneres.

12.07 – *Shows*, *ballet*, danças, desfiles, bailes, óperas, concertos, recitais, festivais e congêneres.

12.08 – Feiras, exposições, congressos e congêneres.

12.09 – Bilhares, boliches e diversões eletrônicas ou não.

12.10 – Corridas e competições de animais.

12.11 – Competições esportivas ou de destreza física ou intelectual, com ou sem a participação do espectador.

12.12 – Execução de música.

12.13 – Produção, mediante ou sem encomenda prévia, de eventos, espetáculos, entrevistas, *shows*, *ballet*, danças, desfiles, bailes, teatros, óperas, concertos, recitais, festivais e congêneres.

12.14 – Fornecimento de música para ambientes fechados ou não, mediante transmissão por qualquer processo.

12.15 – Desfiles de blocos carnavalescos ou folclóricos, trios elétricos e congêneres.

12.16 – Exibição de filmes, entrevistas, musicais, espetáculos, shows, concertos, desfiles, óperas, competições esportivas, de destreza intelectual ou congêneres.

12.17 – Recreação e animação, inclusive em festas e eventos de qualquer natureza.

13 – Serviços relativos a fonografia, fotografia, cinematografia e reprografia.

13.01 – *(Vetado.)*

13.02 – Fonografia ou gravação de sons, inclusive trucagem, dublagem, mixagem e congêneres.

13.03 – Fotografia e cinematografia, inclusive revelação, ampliação, cópia, reprodução, trucagem e congêneres.

13.04 – Reprografia, microfilmagem e digitalização.

13.05 – Composição gráfica, fotocomposição, clicheria, zincografia, litografia, fotolitografia.

- O STF, na Med. Caut. em ADIn 4.389 (*DOU* e *DJE* 27.04.2011; *DJE* 25.05.2011), por unanimidade, deferiu a medida cautelar, com efeito *ex nunc*, "para interpretar o art. 1º, *caput*, e § 2º, da Lei Complementar 116/2003 e o subitem 13.05 da lista de serviços anexa, para reconhecer que o ISS não incide sobre operações de industrialização por encomenda de embalagens, destinadas à integração ou utilização direta em processo subsequente de industrialização ou de circulação de mercadoria. Presentes os requisitos constitucionais e legais, incidirá o ICMS".

14 – Serviços relativos a bens de terceiros.

14.01 – Lubrificação, limpeza, lustração, revisão, carga e recarga, conserto, restauração, blindagem, manutenção e conservação de máquinas, veículos, aparelhos, equipamentos, motores, elevadores ou de qual-

quer objeto (exceto peças e partes empregadas, que ficam sujeitas ao ICMS).
14.02 – Assistência técnica.
14.03 – Recondicionamento de motores (exceto peças e partes empregadas, que ficam sujeitas ao ICMS).
14.04 – Recauchutagem ou regeneração de pneus.
14.05 – Restauração, recondicionamento, acondicionamento, pintura, beneficiamento, lavagem, secagem, tingimento, galvanoplastia, anodização, corte, recorte, polimento, plastificação e congêneres, de objetos quaisquer.
14.06 – Instalação e montagem de aparelhos, máquinas e equipamentos, inclusive montagem industrial, prestados ao usuário final, exclusivamente com material por ele fornecido.
14.07 – Colocação de molduras e congêneres.
14.08 – Encadernação, gravação e douração de livros, revistas e congêneres.
14.09 – Alfaiataria e costura, quando o material for fornecido pelo usuário final, exceto aviamento.
14.10 – Tinturaria e lavanderia.
14.11 – Tapeçaria e reforma de estofamentos em geral.
14.12 – Funilaria e lanternagem.
14.13 – Carpintaria e serralheria.
15 – Serviços relacionados ao setor bancário ou financeiro, inclusive aqueles prestados por instituições financeiras autorizadas a funcionar pela União ou por quem de direito.
15.01 – Administração de fundos quaisquer, de consórcio, de cartão de crédito ou débito e congêneres, de carteira de clientes, de cheques pré-datados e congêneres.
15.02 – Abertura de contas em geral, inclusive conta-corrente, conta de investimentos e aplicação e caderneta de poupança, no País e no exterior, bem como a manutenção das referidas contas ativas e inativas.
15.03 – Locação e manutenção de cofres particulares, de terminais eletrônicos, de terminais de atendimento e de bens e equipamentos em geral.
15.04 – Fornecimento ou emissão de atestados em geral, inclusive atestado de idoneidade, atestado de capacidade financeira e congêneres.
15.05 – Cadastro, elaboração de ficha cadastral, renovação cadastral e congêneres, inclusão ou exclusão no Cadastro de Emitentes de Cheques sem Fundos – CCF ou em quaisquer outros bancos cadastrais.
15.06 – Emissão, reemissão e fornecimento de avisos, comprovantes e documentos em geral; abono de firmas; coleta e entrega de documentos, bens e valores; comunicação com outra agência ou com a administração central; licenciamento eletrônico de veículos; transferência de veículos; agenciamento fiduciário ou depositário; devolução de bens em custódia.
15.07 – Acesso, movimentação, atendimento e consulta a contas em geral, por qualquer meio ou processo, inclusive por telefone, fac-símile, internet e telex, acesso a terminais de atendimento, inclusive 24 (vinte e quatro) horas; acesso a outro banco e a rede compartilhada; fornecimento de saldo, extrato e demais informações relativas a contas em geral, por qualquer meio ou processo.
15.08 – Emissão, reemissão, alteração, cessão, substituição, cancelamento e registro de contrato de crédito; estudo, análise e avaliação de operações de crédito; emissão, concessão, alteração ou contratação de aval, fiança, anuência e congêneres; serviços relativos a abertura de crédito, para quaisquer fins.
15.09 – Arrendamento mercantil (*leasing*) de quaisquer bens, inclusive cessão de direitos e obrigações, substituição de garantia, alteração, cancelamento e registro de contrato, e demais serviços relacionados ao arrendamento mercantil (*leasing*).
15.10 – Serviços relacionados a cobranças, recebimentos ou pagamentos em geral, de títulos quaisquer, de contas ou carnês, de câmbio, de tributos e por conta de terceiros, inclusive os efetuados por meio eletrônico, automático ou por máquinas de atendimento; fornecimento de posição de cobrança, recebimento ou pagamento; emissão de carnês, fichas de compensação, impressos e documentos em geral.
15.11 – Devolução de títulos, protesto de títulos, sustação de protesto, manutenção

de títulos, reapresentação de títulos, e demais serviços a eles relacionados.

15.12 – Custódia em geral, inclusive de títulos e valores mobiliários.

15.13 – Serviços relacionados a operações de câmbio em geral, edição, alteração, prorrogação, cancelamento e baixa de contrato de câmbio; emissão de registro de exportação ou de crédito; cobrança ou depósito no exterior; emissão, fornecimento e cancelamento de cheques de viagem; fornecimento, transferência, cancelamento e demais serviços relativos a carta de crédito de importação, exportação e garantias recebidas; envio e recebimento de mensagens em geral relacionadas a operações de câmbio.

15.14 – Fornecimento, emissão, reemissão, renovação e manutenção de cartão magnético, cartão de crédito, cartão de débito, cartão salário e congêneres.

15.15 – Compensação de cheques e títulos quaisquer; serviços relacionados a depósito, inclusive depósito identificado, a saque de contas quaisquer, por qualquer meio ou processo, inclusive em terminais eletrônicos e de atendimento.

15.16 – Emissão, reemissão, liquidação, alteração, cancelamento e baixa de ordens de pagamento, ordens de crédito e similares, por qualquer meio ou processo; serviços relacionados à transferência de valores, dados, fundos, pagamentos e similares, inclusive entre contas em geral.

15.17 – Emissão, fornecimento, devolução, sustação, cancelamento e oposição de cheques quaisquer, avulso ou por talão.

15.18 – Serviços relacionados a crédito imobiliário, avaliação e vistoria de imóvel ou obra, análise técnica e jurídica, emissão, reemissão, alteração, transferência e renegociação de contrato, emissão e reemissão do termo de quitação e demais serviços relacionados a crédito imobiliário.

16 – Serviços de transporte de natureza municipal.

16.01 – Serviços de transporte de natureza municipal.

17 – Serviços de apoio técnico, administrativo, jurídico, contábil, comercial e congêneres.

17.01 – Assessoria ou consultoria de qualquer natureza, não contida em outros itens desta lista; análise, exame, pesquisa, coleta, compilação e fornecimento de dados e informações de qualquer natureza, inclusive cadastro e similares.

17.02 – Datilografia, digitação, estenografia, expediente, secretaria em geral, resposta audível, redação, edição, interpretação, revisão, tradução, apoio e infraestrutura administrativa e congêneres.

17.03 – Planejamento, coordenação, programação ou organização técnica, financeira ou administrativa.

17.04 – Recrutamento, agenciamento, seleção e colocação de mão de obra.

17.05 – Fornecimento de mão de obra, mesmo em caráter temporário, inclusive de empregados ou trabalhadores, avulsos ou temporários, contratados pelo prestador de serviço.

17.06 – Propaganda e publicidade, inclusive promoção de vendas, planejamento de campanhas ou sistemas de publicidade, elaboração de desenhos, textos e demais materiais publicitários.

17.07 – *(Vetado.)*

17.08 – Franquia (*franchising*).

17.09 – Perícias, laudos, exames técnicos e análises técnicas.

17.10 – Planejamento, organização e administração de feiras, exposições, congressos e congêneres.

17.11 – Organização de festas e recepções; bufê (exceto o fornecimento de alimentação e bebidas, que fica sujeito ao ICMS).

17.12 – Administração em geral, inclusive de bens e negócios de terceiros.

17.13 – Leilão e congêneres.

17.14 – Advocacia.

17.15 – Arbitragem de qualquer espécie, inclusive jurídica.

17.16 – Auditoria.

17.17 – Análise de Organização e Métodos.

17.18 – Atuária e cálculos técnicos de qualquer natureza.

17.19 – Contabilidade, inclusive serviços técnicos e auxiliares.

17.20 – Consultoria e assessoria econômica ou financeira.

17.21 – Estatística.

LC 116/2003

LEGISLAÇÃO

17.22 – Cobrança em geral.
17.23 – Assessoria, análise, avaliação, atendimento, consulta, cadastro, seleção, gerenciamento de informações, administração de contas a receber ou a pagar e em geral, relacionados a operações de faturização (*factoring*).
17.24 – Apresentação de palestras, conferências, seminários e congêneres.
18 – Serviços de regulação de sinistros vinculados a contratos de seguros; inspeção e avaliação de riscos para cobertura de contratos de seguros; prevenção e gerência de riscos seguráveis e congêneres.
18.01 – Serviços de regulação de sinistros vinculados a contratos de seguros; inspeção e avaliação de riscos para cobertura de contratos de seguros; prevenção e gerência de riscos seguráveis e congêneres.
19 – Serviços de distribuição e venda de bilhetes e demais produtos de loteria, bingos, cartões, pules ou cupons de apostas, sorteios, prêmios, inclusive os decorrentes de títulos de capitalização e congêneres.
19.01 – Serviços de distribuição e venda de bilhetes e demais produtos de loteria, bingos, cartões, pules ou cupons de apostas, sorteios, prêmios, inclusive os decorrentes de títulos de capitalização e congêneres.
20 – Serviços portuários, aeroportuários, ferroportuários, de terminais rodoviários, ferroviários e metroviários.
20.01 – Serviços portuários, ferroportuários, utilização de porto, movimentação de passageiros, reboque de embarcações, rebocador escoteiro, atracação, desatracação, serviços de praticagem, capatazia, armazenagem de qualquer natureza, serviços acessórios, movimentação de mercadorias, serviços de apoio marítimo, de movimentação ao largo, serviços de armadores, estiva, conferência, logística e congêneres.
20.02 – Serviços aeroportuários, utilização de aeroporto, movimentação de passageiros, armazenagem de qualquer natureza, capatazia, movimentação de aeronaves, serviços de apoio aeroportuários, serviços acessórios, movimentação de mercadorias, logística e congêneres.
20.03 – Serviços de terminais rodoviários, ferroviários, metroviários, movimentação de passageiros, mercadorias, inclusive suas operações, logística e congêneres.
21 – Serviços de registros públicos, cartorários e notariais.
21.01 – Serviços de registros públicos, cartorários e notariais.
22 – Serviços de exploração de rodovia.
22.01 – Serviços de exploração de rodovia mediante cobrança de preço ou pedágio dos usuários, envolvendo execução de serviços de conservação, manutenção, melhoramentos para adequação de capacidade e segurança de trânsito, operação, monitoração, assistência aos usuários e outros serviços definidos em contratos, atos de concessão ou de permissão ou em normas oficiais.
23 – Serviços de programação e comunicação visual, desenho industrial e congêneres.
23.01 – Serviços de programação e comunicação visual, desenho industrial e congêneres.
24 – Serviços de chaveiros, confecção de carimbos, placas, sinalização visual, *banners*, adesivos e congêneres.
24.01 – Serviços de chaveiros, confecção de carimbos, placas, sinalização visual, *banners*, adesivos e congêneres.
25 – Serviços funerários.
25.01 – Funerais, inclusive fornecimento de caixão, urna ou esquifes; aluguel de capela; transporte do corpo cadavérico; fornecimento de flores, coroas e outros paramentos; desembaraço de certidão de óbito; fornecimento de véu, essa e outros adornos; embalsamento, embelezamento, conservação ou restauração de cadáveres.
25.02 – Cremação de corpos e partes de corpos cadavéricos.
25.03 – Planos ou convênio funerários.
25.04 – Manutenção e conservação de jazigos e cemitérios.
26 – Serviços de coleta, remessa ou entrega de correspondências, documentos, objetos, bens ou valores, inclusive pelos correios e suas agências franqueadas; *courrier* e congêneres.
26.01 – Serviços de coleta, remessa ou entrega de correspondências, documentos, objetos, bens ou valores, inclusive pelos

Lei 10.833/2003

correios e suas agências franqueadas; *courrier* e congêneres.
27 – Serviços de assistência social.
27.01 – Serviços de assistência social.
28 – Serviços de avaliação de bens e serviços de qualquer natureza.
28.01 – Serviços de avaliação de bens e serviços de qualquer natureza.
29 – Serviços de biblioteconomia.
29.01 – Serviços de biblioteconomia.
30 – Serviços de biologia, biotecnologia e química.
30.01 – Serviços de biologia, biotecnologia e química.
31 – Serviços técnicos em edificações, eletrônica, eletrotécnica, mecânica, telecomunicações e congêneres.
31.01 – Serviços técnicos em edificações, eletrônica, eletrotécnica, mecânica, telecomunicações e congêneres.
32 – Serviços de desenhos técnicos.
32.01 – Serviços de desenhos técnicos.
33 – Serviços de desembaraço aduaneiro, comissários, despachantes e congêneres.
33.01 – Serviços de desembaraço aduaneiro, comissários, despachantes e congêneres.
34 – Serviços de investigações particulares, detetives e congêneres.
34.01 – Serviços de investigações particulares, detetives e congêneres.
35 – Serviços de reportagem, assessoria de imprensa, jornalismo e relações públicas.
35.01 – Serviços de reportagem, assessoria de imprensa, jornalismo e relações públicas.
36 – Serviços de meteorologia.
36.01 – Serviços de meteorologia.
37 – Serviços de artistas, atletas, modelos e manequins.
37.01 – Serviços de artistas, atletas, modelos e manequins.
38 – Serviços de museologia.
38.01 – Serviços de museologia.
39 – Serviços de ourivesaria e lapidação.
39.01 – Serviços de ourivesaria e lapidação (quando o material for fornecido pelo tomador do serviço).
40 – Serviços relativos a obras de arte sob encomenda.
40.01 – Obras de arte sob encomenda.

LEI 10.833, DE 29 DE DEZEMBRO DE 2003

Altera a Legislação Tributária Federal e dá outras providências.

O Presidente da República:
Faço saber que o Congresso Nacional decreta e eu sanciono a seguinte Lei:

Capítulo I
DA COBRANÇA NÃO CUMULATIVA DA COFINS

Art. 1º A Contribuição para o Financiamento da Seguridade Social – Cofins, com a incidência não cumulativa, incide sobre o total das receitas auferidas no mês pela pessoa jurídica, independentemente de sua denominação ou classificação contábil.

- *Caput* com redação determinada pela Lei 12.973/2014 (*DOU* 14.05.2014), em vigor em 1º.01.2015.
- V. art. 119, § 1º, I, Lei 12.973/2014.
- V. art. 93, I.

§ 1º Para efeito do disposto neste artigo, o total das receitas compreende a receita bruta de que trata o art. 12 do Decreto-lei 1.598, de 26 de dezembro de 1977, e todas as demais receitas auferidas pela pessoa jurídica com os seus respectivos valores decorrentes do ajuste a valor presente de que trata o inciso VIII do caput do art. 183 da Lei 6.404, de 15 de dezembro de 1976.

- § 1º com redação determinada pela Lei 12.973/2014 (*DOU* 14.05.2014), em vigor em 1º.01.2015.
- V. art. 119, § 1º, I, Lei 12.973/2014.

§ 2º A base de cálculo da Cofins é o total das receitas auferidas pela pessoa jurídica, conforme definido no caput e no § 1º.

- § 2º com redação determinada pela Lei 12.973/2014 (*DOU* 14.05.2014), em vigor em 1º.01.2015.
- V. art. 119, § 1º, I, Lei 12.973/2014.

§ 3º Não integram a base de cálculo a que se refere este artigo as receitas:
I – isentas ou não alcançadas pela incidência da contribuição ou sujeitas à alíquota 0 (zero);
II – de que trata o inciso IV do *caput* do art. 187 da Lei 6.404, de 15 de dezembro de 1976, decorrentes da venda de bens do ati-

Lei 10.833/2003

LEGISLAÇÃO

vo não circulante, classificado como investimento, imobilizado ou intangível;

- Inciso II com redação determinada pela Lei 12.973/2014 (*DOU* 14.05.2014), em vigor em 1º.01.2015.
- V. art. 119, § 1º, I, Lei 12.973/2014.

III – auferidas pela pessoa jurídica revendedora, na revenda de mercadorias em relação às quais a contribuição seja exigida da empresa vendedora, na condição de substituta tributária;

- V. art. 16, Lei 10.865/2004 (Contribuição para os Programas de Integração Social e de Formação do Patrimônio do Servidor Público e a Contribuição para o Financiamento da Seguridade Social).

IV – (*Revogado pela Lei 11.727/2008* – DOU 24.06.2008, a partir do primeiro dia do quarto mês subsequente ao de sua publicação.)

V – referentes a:

a) vendas canceladas e aos descontos incondicionais concedidos;

b) reversões de provisões e recuperações de créditos baixados como perda que não representem ingresso de novas receitas, o resultado positivo da avaliação de investimentos pelo valor do patrimônio líquido e os lucros e dividendos derivados de participações societárias, que tenham sido computados como receita;

- Alínea *b* com redação determinada pela Lei 12.973/2014 (*DOU* 14.05.2014), em vigor em 1º.01.2015.
- V. art. 119, § 1º, I, Lei 12.973/2014.

VI – decorrentes de transferência onerosa a outros contribuintes do Imposto sobre Operações relativas à Circulação de Mercadorias e sobre Prestações de Serviços de Transporte Interestadual e Intermunicipal e de Comunicação – ICMS de créditos de ICMS originados de operações de exportação, conforme o disposto no inciso II do § 1º do art. 25 da Lei Complementar 87, de 13 de setembro de 1996.

- Inciso VI acrescentado pela Lei 11.945/2009 (*DOU* 05.06.2009), em vigor na data de sua publicação, produzindo efeitos a partir de 1º.01.2009 (v. art. 33, I, *d*, da referida Lei).

VII – financeiras decorrentes do ajuste a valor presente de que trata as inciso VIII do *caput* do art. 183 da Lei 6.404, de 15 de dezembro de 1976, referentes a receitas excluídas da base de cálculo da Cofins;

- Inciso VII acrescentado pela Lei 12.973/2014 (*DOU* 14.05.2014), em vigor em 1º.01.2015.
- V. art.119, § 1º, I, Lei 12.973/2014.

VIII – relativas aos ganhos decorrentes de avaliação do ativo e passivo com base no valor justo;

- Inciso VIII acrescentado pela Lei 12.973/2014 (*DOU* 14.05.2014), em vigor em 1º.01.2015.
- V. art. 119, § 1º, I, Lei 12.973/2014.

IX – de subvenções para investimento, inclusive mediante isenção ou redução de impostos, concedidas como estímulo à implantação ou expansão de empreendimentos econômicos e de doações feitas pelo poder público;

- Inciso IX acrescentado pela Lei 12.973/2014 (*DOU* 14.05.2014), em vigor em 1º.01.2015.
- V. art.119, § 1º, I, Lei 12.973/2014.

X – reconhecidas pela construção, recuperação, reforma, ampliação ou melhoramento da infraestrutura, cuja contrapartida seja ativo intangível representativo de direito de exploração, no caso de contratos de concessão de serviços públicos.

- Inciso X acrescentado pela Lei 12.973/2014 (*DOU* 14.05.2014), em vigor em 1º.01.2015.
- V. art. 119, § 1º, I, Lei 12.973/2014.

XI – relativas ao valor do imposto que deixar de ser pago em virtude das isenções e reduções de que tratam as alíneas *a*, *b*, *c* e *e* do § 1º do art. 19 do Decreto-lei 1.598, de 26 de dezembro de 1977; e

- Inciso XI acrescentado pela Lei 12.973/2014 (*DOU* 14.05.2014), em vigor em 1º.01.2015.
- V. art.119, § 1º, I, Lei 12.973/2014.

XII – relativas ao prêmio na emissão de debêntures.

- Inciso XII acrescentado pela Lei 12.973/2014 (*DOU* 14.05.2014), em vigor em 1º.01.2015.
- V. art. 119, § 1º, I, Lei 12.973/2014.

Art. 2º Para determinação do valor da Cofins aplicar-se-á, sobre a base de cálculo apurada conforme o disposto no art. 1º, a alíquota de 7,6% (sete inteiros e seis décimos por cento).

- V. art. 93, I.
- V. art. 4º, parágrafo único, Dec. 5.310/2004 (Incidência da Contribuição para o PIS/Pasep e da Cofins sobre as operações de venda efetuada na Zona Franca de Manaus).

§ 1º Excetua-se do disposto no *caput* deste artigo a receita bruta auferida pelos produ-

Lei 10.833/2003

LEGISLAÇÃO

tores ou importadores, que devem aplicar as alíquotas previstas:

- *Caput* do § 1º acrescentado pela Lei 10.865/2004 (*DOU* 30.04.2004, edição extra), em vigor na data de sua publicação, produzindo efeitos a partir de 1º de maio de 2004 (v. art. 53 da referida Lei).
- V. art. 65, Lei 11.196/2005 ("MP do Bem").

I – nos incisos I a III do art. 4º da Lei 9.718, de 27 de novembro de 1998, e alterações posteriores, no caso de venda de gasolinas e suas correntes, exceto gasolina de aviação, óleo diesel e suas correntes e gás liquefeito de petróleo – GLP derivado de petróleo e de gás natural;

- Inciso I com redação determinada pela Lei 10.925/2004 (*DOU* 26.07.2004), em vigor na data de sua publicação, produzindo efeitos a partir do primeiro dia do quarto mês subsequente ao de publicação desta Lei (v. art. 17, I, *c*, da referida Lei).

II – no inciso I do art. 1º da Lei 10.147, de 21 de dezembro de 2000, e alterações posteriores, no caso de venda de produtos farmacêuticos, de perfumaria, de toucador ou de higiene pessoal, nele relacionados;

- Inciso II acrescentado pela Lei 10.865/2004 (*DOU* 30.04.2004, edição extra), em vigor na data de sua publicação, produzindo efeitos a partir de 1º de maio de 2004 (v. art. 53 da referida Lei).

III – no art. 1º da Lei 10.485, de 3 de julho de 2002, e alterações posteriores, no caso de venda de máquinas e veículos classificados nos códigos 84.29, 8432.40.00, 84.32.80.00, 8433.20, 8433.30.00, 8433.40.00, 8433.5, 87.01, 87.02, 87.03, 87.04, 87.05 e 87.06, da Tipi;

- Inciso III acrescentado pela Lei 10.865/2004 (*DOU* 30.04.2004, edição extra), em vigor na data de sua publicação, produzindo efeitos a partir de 1º de maio de 2004 (v. art. 53 da referida Lei).

IV – no inciso II do art. 3º da Lei 10.485, de 3 de julho de 2002, no caso de vendas, para comerciante atacadista ou varejista ou para consumidores, das autopeças relacionadas nos Anexos I e II da mesma Lei;

- Inciso IV acrescentado pela Lei 10.865/2004 (*DOU* 30.04.2004, edição extra), em vigor na data de sua publicação, produzindo efeitos a partir de 1º de maio de 2004 (v. art. 53 da referida Lei).

V – no *caput* do art. 5º da Lei 10.485, de 3 de julho de 2002, e alterações posteriores, no caso de venda dos produtos classificados nas posições 40.11 (pneus novos de borracha) e 40.13 (câmaras de ar de borracha), da Tipi;

- Inciso V acrescentado pela Lei 10.865/2004 (*DOU* 30.04.2004, edição extra), em vigor na data de sua publicação, produzindo efeitos a partir de 1º de maio de 2004 (v. art. 53 da referida Lei).

VI – no art. 2º da Lei 10.560, de 13 de novembro de 2002, e alterações posteriores, no caso de venda de querosene de aviação;

- Inciso VI acrescentado pela Lei 10.865/2004 (*DOU* 30.04.2004, edição extra), em vigor na data de sua publicação, produzindo efeitos a partir de 1º de maio de 2004 (v. art. 53 da referida Lei).

VII a IX – *(Revogados pela Lei 13.097/2015 – DOU 20.01.2015, em vigor a partir do primeiro dia do quarto mês subsequente ao da publicação desta Lei.)*

X – no art. 23 da Lei 10.865, de 30 de abril de 2004, no caso de venda de gasolinas e suas correntes, exceto gasolina de aviação, óleo diesel e suas correntes, querosene de aviação, gás liquefeito de petróleo – GLP derivado de petróleo e de gás natural;

- Inciso X acrescentado pela Lei 10.925/2004 (*DOU* 26.07.2004), em vigor na data de sua publicação, produzindo efeitos a partir do primeiro dia do quarto mês subsequente ao de publicação desta Lei (v. art. 17, I, *c*, da referida Lei).

§ 1º-A. Excetua-se do disposto no *caput* deste artigo a receita bruta auferida pelos produtores, importadores ou distribuidores com a venda de álcool, inclusive para fins carburantes, à qual se aplicam as alíquotas previstas no *caput* e no § 4º do art. 5º da Lei 9.718, de 27 de novembro de 1998.

- § 1º-A acrescentado pela Lei 11.727/2008 (*DOU* 24.06.2008), em vigor na data de sua publicação, produzindo efeitos a partir do primeiro dia do quarto mês subsequente ao de sua publicação (v. art. 41, IV, da referida Lei).

§ 2º Excetua-se do disposto no *caput* deste artigo a receita bruta decorrente da venda de papel imune a impostos de que trata o art. 150, inciso VI, alínea *d*, da Constituição Federal, quando destinado à impressão de periódicos, que fica sujeita à alíquota de 3,2% (três inteiros e dois décimos por cento).

- § 2º acrescentado pela Lei 10.865/2004 (*DOU* 30.04.2004, edição extra), em vigor na data de sua publicação, produzindo efeitos a partir de 1º de maio de 2004 (v. art. 53 da referida Lei).

Lei 10.833/2003

§ 3º Fica o Poder Executivo autorizado a reduzir a 0 (zero) e a restabelecer a alíquota incidente sobre receita bruta decorrente da venda de produtos químicos e farmacêuticos, classificados nos Capítulos 29 e 30, sobre produtos destinados ao uso em hospitais, clínicas e consultórios médicos e odontológicos, campanhas de saúde realizadas pelo Poder Público, laboratório de anatomia patológica, citológica ou de análises clínicas, classificados nas posições 30.02, 30.06, 39.26, 40.15 e 90.18, e sobre sêmens e embriões da posição 05.11, todos da Tipi.

* § 3º com redação determinada pela Lei 11.196/2005.

§ 4º Fica reduzida a 0 (zero) a alíquota da Cofins incidente sobre a receita de venda de livros técnicos e científicos, na forma estabelecida em ato conjunto do Ministério da Educação e da Secretaria da Receita Federal.

* § 4º acrescentado pela Lei 10.925/2004.

§ 5º Excetua-se do disposto no *caput* deste artigo a receita bruta auferida por pessoa jurídica industrial estabelecida na Zona Franca de Manaus, decorrente da venda de produção própria, consoante projeto aprovado pelo Conselho de Administração da Superintendência da Zona Franca de Manaus – Suframa, que fica sujeita, ressalvado o disposto nos §§ 1º a 4º deste artigo, às alíquotas de:

* § 5º acrescentado pela Lei 10.996/2004.

I – 3% (três por cento), no caso de venda efetuada a pessoa jurídica estabelecida:
a) na Zona Franca de Manaus; e
b) fora da Zona Franca de Manaus, que apure a Cofins no regime de não cumulatividade;

II – 6% (seis por cento), no caso de venda efetuada a:
a) pessoa jurídica estabelecida fora da Zona Franca de Manaus, que apure o imposto de renda com base no lucro presumido;
b) pessoa jurídica estabelecida fora da Zona Franca de Manaus, que apure o imposto de renda com base no lucro real e que tenha sua receita, total ou parcialmente, excluída do regime de incidência não cumulativa da Cofins;

c) pessoa jurídica estabelecida fora da Zona Franca de Manaus e que seja optante pelo Sistema Integrado de Pagamento de Impostos e Contribuições – Simples; e
d) órgãos da administração federal, estadual, distrital e municipal.

§ 6º O disposto no § 5º também se aplica à receita bruta auferida por pessoa jurídica industrial ou comercial estabelecida nas Áreas de Livre Comércio de que tratam as Leis 7.965, de 22 de dezembro de 1989, 8.210, de 19 de julho de 1991, e 8.256, de 25 de novembro de 1991, o art. 11 da Lei 8.387, de 30 de dezembro de 1991, e a Lei 8.857, de 8 de março de 1994.

* § 6º acrescentado pela Lei 11.945/2009.

§ 7º A exigência prevista no § 5º deste artigo relativa ao projeto aprovado não se aplica às pessoas jurídicas comerciais referidas no § 6º deste artigo.

* § 7º acrescentado pela Lei 11.945/2009.

Art. 3º Do valor apurado na forma do art. 2º a pessoa jurídica poderá descontar créditos calculados em relação a:

* V. art. 93, I.
* V. art. 4º, Dec. 5.310/2004 (Incidência da Contribuição para o PIS/Pasep e da Cofins sobre as operações de venda efetuada na Zona Franca de Manaus).

I – bens adquiridos para revenda, exceto em relação às mercadorias e aos produtos referidos:

* *Caput* do inciso I com redação determinada pela Lei 10.865/2004 (*DOU* 30.04.2004, edição extra), em vigor na data de sua publicação, produzindo efeitos a partir de 1º de maio de 2004 (v. art. 53 da referida Lei).

a) no inciso III do § 3º do art. 1º desta Lei; e

* Alínea *a* com redação determinada pela Lei 11.727/2008 (*DOU* 24.06.2008), em vigor na data de sua publicação, produzindo efeitos a partir do primeiro dia do quarto mês subsequente ao de sua publicação (v. art. 41, IV, da referida Lei).

b) nos §§ 1º e 1º-A do art. 2º desta Lei;

* Alínea *b* com redação determinada pela Lei 11.787/2008.

II – bens e serviços, utilizados como insumo na prestação de serviços e na produção ou fabricação de bens ou produtos destinados à venda, inclusive combustíveis e lubrificantes, exceto em relação ao pagamento de que trata o art. 2º da Lei 10.485, de 3 de julho de 2002, devido pelo fabricante ou im-

Lei 10.833/2003

Legislação

portador, ao concessionário, pela intermediação ou entrega dos veículos classificados nas posições 87.03 e 87.04 da Tipi;

- Inciso II com redação determinada pela Lei 10.865/2004 (*DOU* 30.04.2004, edição extra), em vigor na data de sua publicação, produzindo efeitos a partir de 1º de maio de 2004 (v. art. 53 da referida Lei).
- V. art. 9º, Lei 11.051/2004 (Desconto de crédito na apuração da Contribuição Social sobre o Lucro Líquido – CSLL e da Contribuição para o PIS/Pasep e Cofins não cumulativas).

III – energia elétrica e energia térmica, inclusive sob a forma de vapor, consumidas nos estabelecimentos da pessoa jurídica;

- Inciso III com redação determinada pela Lei 11.488/2007.

IV – aluguéis de prédios, máquinas e equipamentos, pagos a pessoa jurídica, utilizados nas atividades da empresa;

V – valor das contraprestações de operações de arrendamento mercantil de pessoa jurídica, exceto de optante pelo Sistema Integrado de Pagamento de Impostos e Contribuições das Microempresas e das Empresas de Pequeno Porte – Simples;

- Inciso V com redação determinada pela Lei 10.865/2004 (*DOU* 30.04.2004, edição extra), em vigor na data de sua publicação, produzindo efeitos a partir de 1º de maio de 2004 (v. art. 53 da referida Lei).

VI – máquinas, equipamentos e outros bens incorporados ao ativo imobilizado, adquiridos ou fabricados para locação a terceiros, ou para utilização na produção de bens destinados à venda ou na prestação de serviços;

- Inciso VI com redação determinada pela Lei 11.196/2005 (*DOU* 22.11.2005), em vigor na data de sua publicação, produzindo efeitos a partir do primeiro dia do mês subsequente ao da publicação desta Lei (v. art. 132, III, c, da referida Lei).

VII – edificações e benfeitorias em imóveis próprios ou de terceiros, utilizados nas atividades da empresa;

VIII – bens recebidos em devolução cuja receita de venda tenha integrado faturamento do mês ou de mês anterior, e tributada conforme o disposto nesta Lei;

IX – armazenagem de mercadoria e frete na operação de venda, nos casos dos incisos I e II, quando o ônus for suportado pelo vendedor;

X – vale-transporte, vale-refeição ou vale-alimentação, fardamento ou uniforme fornecidos aos empregados por pessoa jurídica que explore as atividades de prestação de serviços de limpeza, conservação e manutenção;

- Inciso X acrescentado pela Lei 11.898/2009.

XI – bens incorporados ao ativo intangível, adquiridos para utilização na produção de bens destinados a venda ou na prestação de serviços.

- Inciso XI acrescentado pela Lei 12.973/2014 (*DOU* 14.05.2014), em vigor em 1º.01.2015.
- V. art. 119, § 1º, I, Lei 12.973/2014.

§ 1º Observado o disposto no § 15 deste artigo, o crédito será determinado mediante a aplicação da alíquota prevista no *caput* do art. 2º desta Lei sobre o valor:

- *Caput* do § 1º com redação determinada pela Lei 11.727/2008 (*DOU* 24.06.2008), em vigor na data de sua publicação, produzindo efeitos a partir de 1º.01.2009 (v. art. 41, VII, da referida Lei).

I – dos itens mencionados nos incisos I e II do *caput*, adquiridos no mês;

II – dos itens mencionados nos incisos III a V e IX do *caput*, incorridos no mês;

III – dos encargos de depreciação e amortização dos bens mencionados nos incisos VI, VII e XI do *caput*, incorridos no mês;

- Inciso III acrescentado pela Lei 12.973/2014 (*DOU* 14.05.2014), em vigor em 1º.01.2015.
- V. art. 119, § 1º, I, Lei 12.973/2014.
- V. art. 2º, Lei 11.051/2004 (Desconto de crédito na apuração da Contribuição Social sobre o Lucro Líquido – CSLL e da Contribuição para o PIS/Pasep e Cofins não cumulativas).
- V. art. 1º, Lei 11.774/2008, que autoriza as pessoas jurídicas a optarem pelo desconto, no prazo de 12 meses, dos créditos das contribuições para o PIS/Pasep e para a Cofins, de que trata este inciso, na hipótese em que especifica.

IV – dos bens mencionados no inciso VIII do *caput*, devolvidos no mês.

§ 2º Não dará direito a crédito o valor:

- § 2º com redação determinada pela Lei 10.865/2004 (*DOU* 30.04.2004, edição extra), em vigor na data de sua publicação, produzindo efeitos a partir de 1º de maio de 2004 (v. art. 53 da referida Lei).

I – de mão de obra paga a pessoa física; e

II – da aquisição de bens ou serviços não sujeitos ao pagamento da contribuição, inclusive no caso de isenção, esse último quando revendidos ou utilizados como insumo em produtos ou serviços sujeitos à alíquota 0 (zero), isentos ou não alcançados pela contribuição.

§ 3º O direito ao crédito aplica-se, exclusivamente, em relação:

Lei 10.833/2003

LEGISLAÇÃO

I – aos bens e serviços adquiridos de pessoa jurídica domiciliada no País;

II – aos custos e despesas incorridos, pagos ou creditados a pessoa jurídica domiciliada no País;

III – aos bens e serviços adquiridos e aos custos e despesas incorridos a partir do mês em que se iniciar a aplicação do disposto nesta Lei.

§ 4º O crédito não aproveitado em determinado mês poderá sê-lo nos meses subsequentes.

§§ 5º e 6º *(Revogados pela Lei 10.925/2004 – DOU 26.07.2004, a partir do primeiro dia do quarto mês subsequente ao da publicação da MP 183/2004 – DOU 30.04.2004.)*

§ 7º Na hipótese de a pessoa jurídica sujeitar-se à incidência não cumulativa da Cofins, em relação apenas à parte de suas receitas, o crédito será apurado, exclusivamente, em relação aos custos, despesas e encargos vinculados a essas receitas.

§ 8º Observadas as normas a serem editadas pela Secretaria da Receita Federal, no caso de custos, despesas e encargos vinculados às receitas referidas no § 7º e àquelas submetidas ao regime de incidência cumulativa dessa contribuição, o crédito será determinado, a critério da pessoa jurídica, pelo método de:

I – apropriação direta, inclusive em relação aos custos, por meio de sistema de contabilidade de custos integrada e coordenada com a escrituração; ou

II – rateio proporcional, aplicando-se aos custos, despesas e encargos comuns a relação percentual existente entre a receita bruta sujeita à incidência não cumulativa e a receita bruta total, auferidas em cada mês.

§ 9º O método eleito pela pessoa jurídica para determinação do crédito, na forma do § 8º, será aplicado consistentemente por todo o ano-calendário e, igualmente, adotado na apuração do crédito relativo à contribuição para o PIS/Pasep não cumulativa, observadas as normas a serem editadas pela Secretaria da Receita Federal.

§ 10. O valor dos créditos apurados de acordo com este artigo não constitui receita bruta da pessoa jurídica, servindo somente para dedução do valor devido da contribuição.

§§ 11 e 12. *(Revogados pela Lei 10.925/2004 – DOU 26.07.2004, a partir do primeiro dia do quarto mês subsequente ao da publicação da MP 183/2004 – DOU 30.04.2004.)*

§ 13. Deverá ser estornado o crédito da Cofins relativo a bens adquiridos para revenda ou utilizados como insumos na prestação de serviços e na produção ou fabricação de bens ou produtos destinados à venda, que tenham sido furtados ou roubados, inutilizados ou deteriorados, destruídos em sinistro ou, ainda, empregados em outros produtos que tenham tido a mesma destinação.

- § 13 acrescentado pela Lei 10.865/2004 (*DOU* 30.04.2004, edição extra), em vigor na data de sua publicação, produzindo efeitos a partir de 1º de maio de 2004 (v. art. 53 da referida Lei).

§ 14. Opcionalmente, o contribuinte poderá calcular o crédito de que trata o inciso III do § 1º deste artigo, relativo à aquisição de máquinas e equipamentos destinados ao ativo imobilizado, no prazo de 4 (quatro) anos, mediante a aplicação, a cada mês, das alíquotas referidas no *caput* do art. 2º desta Lei sobre o valor correspondente a 1/48 (um quarenta e oito avos) do valor de aquisição do bem, de acordo com regulamentação da Secretaria da Receita Federal.

- § 14 acrescentado pela Lei 10.865/2004 (*DOU* 30.04.2004, edição extra), em vigor na data de sua publicação, produzindo efeitos a partir de 1º de maio de 2004 (v. art. 53 da referida Lei).

§ 15. O crédito, na hipótese de aquisição, para revenda, de papel imune a impostos de que trata o art. 150, inciso VI, alínea *d* da Constituição Federal, quando destinado à impressão de periódicos, será determinado mediante a aplicação da alíquota prevista no § 2º do art. 2º desta Lei.

- § 15 acrescentado pela Lei 10.865/2004 (*DOU* 30.04.2004, edição extra), em vigor na data de sua publicação, produzindo efeitos a partir de 1º de maio de 2004 (v. art. 53 da referida Lei).

§ 16. Opcionalmente, o sujeito passivo poderá calcular o crédito de que trata o inciso III do § 1º deste artigo, relativo à aquisição de embalagens de vidro retornáveis classificadas no código 7010.90.21 da Tipi, desti-

Lei 10.833/2003

LEGISLAÇÃO

nadas ao ativo imobilizado, de acordo com regulamentação da Secretaria da Receita Federal do Brasil, no prazo de 12 (doze) meses, à razão de 1/12 (um doze avos).

- *Caput* com redação determinada pela Lei 13.097/2015 (*DOU* 20.01.2015), em vigor a partir do primeiro dia do quarto mês subsequente ao da publicação desta Lei.

I e II – (*Revogados pela Lei 13.097/2015 – DOU 20.01.2015, em vigor a partir do primeiro dia do quarto mês subsequente ao da publicação desta Lei.*)

§ 17. Ressalvado o disposto no § 2º deste artigo e nos §§ 1º a 3º do art. 2º desta Lei, na aquisição de mercadoria produzida por pessoa jurídica estabelecida na Zona Franca de Manaus, consoante projeto aprovado pelo Conselho de Administração da Superintendência da Zona Franca de Manaus (Suframa), o crédito será determinado mediante a aplicação da alíquota:

- § 17 com redação determinada pela Lei 12.507/2011.

I – de 5,60% (cinco inteiros e sessenta centésimos por cento), nas operações com os bens referidos no inciso VI do art. 28 da Lei 11.196, de 21 de novembro de 2005;

II – de 7,60% (sete inteiros e sessenta centésimos por cento), na situação de que trata a alínea *b* do inciso II do § 5º do art. 2º desta Lei; e

III – de 4,60% (quatro inteiros e sessenta centésimos por cento), nos demais casos.

§ 18. No caso de devolução de vendas efetuadas em períodos anteriores, o crédito calculado mediante a aplicação da alíquota incidente na venda será apropriado no mês do recebimento da devolução.

- § 18 com redação determinada pela Lei 11.727/2008 (*DOU* 24.06.2008), em vigor na data de sua publicação, produzindo efeitos a partir do primeiro dia do quarto mês subsequente ao de sua publicação (v. art. 41, IV, da referida Lei).

§ 19. A empresa de serviço de transporte rodoviário de carga que subcontratar serviço de transporte de carga prestado por:

- § 19 acrescentado pela Lei 11.051/2004.

I – pessoa física, transportador autônomo, poderá descontar, da Cofins devida em cada período de apuração, crédito presumido calculado sobre o valor dos pagamentos efetuados por esses serviços;

II – pessoa jurídica transportadora, optante pelo Simples, poderá descontar, da Cofins devida em cada período de apuração, crédito calculado sobre o valor dos pagamentos efetuados por esses serviços.

§ 20. Relativamente aos créditos referidos no § 19 deste artigo, seu montante será determinado mediante aplicação, sobre o valor dos mencionados pagamentos, de alíquota correspondente a 75% (setenta e cinco por cento) daquela constante do art. 2º desta Lei.

- § 20 acrescentado pela Lei 11.051/2004 (*DOU* 30.12.2004), em vigor na data de sua publicação, produzindo efeitos, em relação ao § 20, no que se refere ao inciso II do § 19, a partir do primeiro dia do quarto mês subsequente ao de sua publicação (v. art. 24).

§ 21. Não integram o valor das máquinas, equipamentos e outros bens fabricados para incorporação ao ativo imobilizado na forma do inciso VI do *caput* deste artigo os custos de que tratam os incisos do § 2º deste artigo.

- § 21 acrescentado pela Lei 11.196/2005 (*DOU* 22.11.2005), em vigor na data de sua publicação, produzindo efeitos a partir do primeiro dia do mês subsequente ao da publicação desta Lei (v. art. 132, III, *c*, da referida Lei).

§ 23. O disposto no § 17 deste artigo também se aplica na hipótese de aquisição de mercadoria produzida por pessoa jurídica estabelecida nas Áreas de Livre Comércio de que tratam as Leis 7.965, de 22 de dezembro de 1989, 8.210, de 19 de julho de 1991, e 8.256, de 25 de novembro de 1991, o art. 11 da Lei 8.387, de 30 de dezembro de 1991, e a Lei 8.857, de 8 de março de 1994.

- § 23 acrescentado pela Lei 11.945/2009 (*DOU* 05.06.2009), em vigor na data de sua publicação, produzindo efeitos a partir de 16.12.2008 (v. art. 33, IV, *c*, da referida Lei).
- Numeração do § 23 conforme publicação oficial.

§ 24. Ressalvado o disposto no § 2º deste artigo e nos §§ 1º a 3º do art. 2º desta Lei, na hipótese de aquisição de mercadoria revendida por pessoa jurídica comercial estabelecida nas Áreas de Livre Comércio referidas no § 23 deste artigo, o crédito será determinado mediante a aplicação da alíquota de 3% (três por cento).

- § 24 acrescentado pela Lei 11.945/2009.
- Numeração do § 24 conforme publicação oficial.

Lei 10.833/2003

§ 25. No cálculo do crédito de que tratam os incisos do *caput*, poderão ser considerados os valores decorrentes do ajuste a valor presente de que trata o inciso III do *caput* do art. 184 da Lei 6.404, de 15 de dezembro de 1976.
- § 25 acrescentado pela Lei 12.973/2014 (*DOU* 14.05.2014), em vigor em 1º.01.2015.
- V. art. 119, § 1º, I, Lei 12.973/2014.

§ 26. O disposto nos incisos VI e VII do *caput* não se aplica no caso de bem objeto de arrendamento mercantil, na pessoa jurídica arrendatária.
- § 26 acrescentado pela Lei 12.973/2014 (*DOU* 14.05.2014), em vigor em 1º.01.2015.
- V. art. 119, § 1º, I, Lei 12.973/2014.

§ 27. Para fins do disposto nos incisos VI e VII do *caput*, fica vedado o desconto de quaisquer créditos calculados em relação a:
- § 27 acrescentado pela Lei 12.973/2014 (*DOU* 14.05.2014), em vigor em 1º.01.2015.
- V. art. 119, § 1º, I, Lei 12.973/2014.

I – encargos associados a empréstimos registrados como custo na forma da alínea *b* do § 1º do art. 17 do Decreto-lei 1.598, de 26 de dezembro de 1977; e

II – custos estimados de desmontagem e remoção do imobilizado e de restauração do local em que estiver situado.

§ 28. No cálculo dos créditos a que se referem os incisos VI e VII do *caput*, não serão computados os ganhos e perdas decorrentes de avaliação de ativo com base no valor justo.
- § 28 acrescentado pela Lei 12.973/2014 (*DOU* 14.05.2014), em vigor em 1º.01.2015.
- V. art. 119, § 1º, I, Lei 12.973/2014.

§ 29. Na execução de contratos de concessão de serviços públicos, os créditos gerados pelos serviços de construção, recuperação, reforma, ampliação ou melhoramento de infraestrutura, quando a receita correspondente tiver contrapartida em ativo intangível, representativo de direito de exploração, ou em ativo financeiro, somente poderão ser aproveitados, no caso do ativo intangível, à medida que este for amortizado e, no caso do ativo financeiro, na proporção de seu recebimento, excetuado, para ambos os casos, o crédito previsto no inciso VI do *caput*.

- § 29 acrescentado pela Lei 12.973/2014 (*DOU* 14.05.2014), em vigor em 1º.01.2015.
- V. art. 119, § 1º, I, Lei 12.973/2014.

§ 30. O disposto no inciso XI do *caput* não se aplica ao ativo intangível referido no § 29.
- § 30 acrescentado pela Lei 12.973/2014 (*DOU* 14.05.2014), em vigor em 1º.01.2015.
- V. art. 119, § 1º, I, Lei 12.973/2014.

Art. 4º A pessoa jurídica que adquirir imóvel para venda ou promover empreendimento de desmembramento ou loteamento de terrenos, incorporação imobiliária ou construção de prédio destinado a venda, utilizará o crédito referente aos custos vinculados à unidade construída ou em construção, a ser descontado na forma do art. 3º, somente a partir da efetivação da venda.
- V. art. 93, I.
- V. art. 7º, Lei 11.051/2004 (Desconto de crédito na apuração da Contribuição Social sobre o Lucro Líquido – CSLL e da Contribuição para o PIS/Pasep e Cofins não cumulativas).

§ 1º Na hipótese de venda de unidade imobiliária não concluída, a pessoa jurídica poderá utilizar crédito presumido, em relação ao custo orçado de que trata a legislação do imposto de renda.

§ 2º O crédito presumido será calculado mediante a aplicação da alíquota de que trata o art. 2º sobre o valor do custo orçado para conclusão da obra ou melhoramento, ajustado pela exclusão dos valores a serem pagos a pessoa física, encargos trabalhistas, sociais e previdenciários, e dos bens e serviços, acrescidos dos tributos incidentes na importação, adquiridos de pessoa física ou jurídica residente ou domiciliada no exterior.

§ 3º O crédito a ser descontado na forma do *caput* e o crédito presumido apurado na forma do § 2º deverão ser utilizados na proporção da receita relativa à venda da unidade imobiliária, à medida do recebimento.

§ 4º Ocorrendo modificação do valor do custo orçado, antes do término da obra ou melhoramento, nas hipóteses previstas na legislação do imposto de renda, o novo valor orçado deverá ser considerado para efeito do disposto nos §§ 2º e 3º.

§ 5º A pessoa jurídica que utilizar o crédito presumido de que trata este artigo determinará, na data da conclusão da obra ou melhoramento, a diferença entre o custo orça-

Lei 10.833/2003

LEGISLAÇÃO

do e o efetivamente realizado, apurados na forma da legislação do imposto de renda, com os ajustes previstos no § 2º:

I – se o custo realizado for inferior ao custo orçado, em mais de 15% (quinze por cento) deste, considerar-se-á como postergada a contribuição incidente sobre a diferença;

II – se o custo realizado for inferior ao custo orçado, em até 15% (quinze por cento) deste, a contribuição incidente sobre a diferença será devida a partir da data da conclusão, sem acréscimos legais;

III – se o custo realizado for superior ao custo orçado, a pessoa jurídica terá direito ao crédito correspondente à diferença, no período de apuração em que ocorrer a conclusão, sem acréscimos.

§ 6º A diferença de custo a que se refere o § 5º será, no período de apuração em que ocorrer a conclusão da obra ou melhoramento, adicionada ou subtraída, conforme o caso, no cálculo do crédito a ser descontado na forma do art. 3º, devendo ainda, em relação à contribuição considerada postergada, de acordo com o inciso I, ser recolhidos os acréscimos referentes a juros de mora e multa, de mora ou de ofício, calculados na forma da legislação que rege a cobrança da contribuição não paga.

§ 7º Se a venda de unidade imobiliária não concluída ocorrer antes de iniciada a apuração da Cofins na forma do art. 2º, o custo orçado poderá ser calculado na data de início dessa apuração, para efeito do disposto nos §§ 2º e 3º, observado, quanto aos custos incorridos até essa data, o disposto no § 4º do art. 12.

§ 8º O disposto neste artigo não se aplica às vendas anteriores à vigência da Medida Provisória 2.221, de 4 de setembro de 2001.

§ 9º Os créditos referentes a unidades imobiliárias recebidas em devolução, calculados com observância do disposto neste artigo, serão estornados na data do desfazimento do negócio.

Art. 5º O contribuinte da Cofins é a pessoa jurídica que auferir as receitas a que se refere o art. 1º.

• V. art. 93, I.

Art. 6º A Cofins não incidirá sobre as receitas decorrentes das operações de:

• V. art. 93, I.

I – exportação de mercadorias para o exterior;

II – prestação de serviços para pessoa física ou jurídica residente ou domiciliada no exterior, cujo pagamento represente ingresso de divisas;

> • Inciso II com redação determinada pela Lei 10.865/2004 (DOU 30.04.2004, edição extra), em vigor na data de sua publicação, produzindo efeitos a partir de 1º de maio de 2004 (v. art. 53 da referida Lei).

III – vendas a empresa comercial exportadora com o fim específico de exportação.

§ 1º Na hipótese deste artigo, a pessoa jurídica vendedora poderá utilizar o crédito apurado na forma do art. 3º, para fins de:

I – dedução do valor da contribuição a recolher, decorrente das demais operações no mercado interno;

II – compensação com débitos próprios, vencidos ou vincendos, relativos a tributos e contribuições administrados pela Secretaria da Receita Federal, observada a legislação específica aplicável à matéria.

§ 2º A pessoa jurídica que, até o final de cada trimestre do ano civil, não conseguir utilizar o crédito por qualquer das formas previstas no § 1º poderá solicitar o seu ressarcimento em dinheiro, observada a legislação específica aplicável à matéria.

§ 3º O disposto nos §§ 1º e 2º aplica-se somente aos créditos apurados com relação a custos, despesas e encargos vinculados à receita de exportação, observado o disposto nos §§ 8º e 9º do art. 3º.

§ 4º O direito de utilizar o crédito de acordo com o § 1º não beneficia a empresa comercial exportadora que tenha adquirido mercadorias com o fim previsto no inciso III do *caput*, ficando vedada, nesta hipótese, a apuração de créditos vinculados à receita de exportação.

Art. 7º No caso de construção por empreitada ou de fornecimento a preço predeterminado de bens ou serviços, contratados por pessoa jurídica de direito público, empresa pública, sociedade de economia mista ou suas subsidiárias, a pessoa jurídica optante pelo regime previsto no art. 7º da Lei 9.718, de 27 de novembro de 1998, somente poderá utilizar o crédito a ser descontado na forma do art. 3º, na proporção das receitas efetivamente recebidas.

Lei 10.833/2003

LEGISLAÇÃO

• V. art. 93, I.

Art. 8º A contribuição incidente na hipótese de contratos, com prazo de execução superior a 1 (um) ano, de construção por empreitada ou de fornecimento, a preço predeterminado, de bens ou serviços a serem produzidos, será calculada sobre a receita apurada de acordo com os critérios de reconhecimento adotados pela legislação do imposto de renda, previstos para a espécie de operação.

• V. art. 93, I.

Parágrafo único. O crédito a ser descontado na forma do art. 3º somente poderá ser utilizado na proporção das receitas reconhecidas nos termos do *caput*.

Art. 9º A empresa comercial exportadora que houver adquirido mercadorias de outra pessoa jurídica, com o fim específico de exportação para o exterior, que, no prazo de 180 (cento e oitenta) dias, contados da data da emissão da nota fiscal pela vendedora, não comprovar o seu embarque para o exterior, ficará sujeita ao pagamento de todos os impostos e contribuições que deixaram de ser pagos pela empresa vendedora, acrescidos de juros de mora e multa, de mora ou de ofício, calculados na forma da legislação que rege a cobrança do tributo não pago.

• V. art. 93, I.

§ 1º Para efeito do disposto neste artigo, considera-se vencido o prazo para o pagamento na data em que a empresa vendedora deveria fazê-lo, caso a venda houvesse sido efetuada para o mercado interno.

§ 2º No pagamento dos referidos tributos, a empresa comercial exportadora não poderá deduzir, do montante devido, qualquer valor a título de crédito de Imposto sobre Produtos Industrializados – IPI, ou da Cofins, decorrente da aquisição das mercadorias e serviços objeto da incidência.

§ 3º A empresa deverá pagar, também, os impostos e contribuições devidos nas vendas para o mercado interno, caso, por qualquer forma, tenha alienado ou utilizado as mercadorias.

Art. 10. Permanecem sujeitas às normas da legislação da Cofins, vigentes anteriormente a esta Lei, não se lhes aplicando as disposições dos arts. 1º a 8º:

• V. art. 93, I.
• V. art. 16, Lei 10.865/2004 (Contribuição para os Programas de Integração Social e de Formação do Patrimônio do Servidor Público e a Contribuição para o Financiamento da Seguridade Social).

I – as pessoas jurídicas referidas nos §§ 6º, 8º e 9º do art. 3º da Lei 9.718, de 1998, e na Lei 7.102, de 20 de junho de 1983;

II – as pessoas jurídicas tributadas pelo imposto de renda com base no lucro presumido ou arbitrado;

III – as pessoas jurídicas optantes pelo Simples;

IV – as pessoas jurídicas imunes a impostos;

V – os órgãos públicos, as autarquias e fundações públicas federais, estaduais e municipais, e as fundações cuja criação tenha sido autorizada por lei, referidas no art. 61 do Ato das Disposições Constitucionais Transitórias da Constituição;

VI – sociedades cooperativas, exceto as de produção agropecuária, sem prejuízo das deduções de que trata o art. 15 da Medida Provisória 2.158-35, de 24 de agosto de 2001, e o art. 17 da Lei 10.684, de 30 de maio de 2003, não lhes aplicando as disposições do § 7º do art. 3º das Leis 10.637, de 30 de dezembro de 2002, e 10.833, de 29 de dezembro de 2003, e as de consumo;

• Inciso VI com redação determinada pela Lei 10.865/2004 (*DOU* 30.04.2004, edição extra), em vigor na data de sua publicação, produzindo efeitos a partir de 1º de maio de 2004 (v. art. 53 da referida Lei).

VII – as receitas decorrentes das operações:

a) *(Revogada pela Lei 11.727/2008 – DOU 24.06.2008, a partir do primeiro dia do quarto mês subsequente ao de sua publicação.)*

b) sujeitas à substituição tributária da Cofins;

c) referidas no art. 5º da Lei 9.716, de 26 de novembro de 1998;

VIII – as receitas decorrentes de prestação de serviços de telecomunicações;

IX – as receitas decorrentes de venda de jornais e periódicos e de prestação de serviços das empresas jornalísticas e de radiodifusão sonora e de sons e imagens;

• Inciso IX com redação determinada pela Lei 10.865/2004 (*DOU* 30.04.2004, edição extra), em vigor na data de sua publicação, produzindo efeitos a partir de 1º de maio de 2004 (v. art. 53 da referida Lei).

Lei 10.833/2003

LEGISLAÇÃO

X – as receitas submetidas ao regime especial de tributação previsto no art. 47 da Lei 10.637, de 30 de dezembro de 2002;
XI – as receitas relativas a contratos firmados anteriormente a 31 de outubro de 2003:
a) com prazo superior a 1 (um) ano, de administradoras de planos de consórcios de bens móveis e imóveis, regularmente autorizadas a funcionar pelo Banco Central;
b) com prazo superior a 1 (um) ano, de construção por empreitada ou de fornecimento, a preço predeterminado, de bens ou serviços;

- V. art. 109, Lei 11.196/2005 ("MP do Bem").

c) de construção por empreitada ou de fornecimento, a preço predeterminado, de bens ou serviços contratados com pessoa jurídica de direito público, empresa pública, sociedade de economia mista ou suas subsidiárias, bem como os contratos posteriormente firmados decorrentes de propostas apresentadas, em processo licitatório, até aquela data;

- V. art. 109, Lei 11.196/2005 ("MP do Bem").

XII – as receitas decorrentes de prestação de serviços de transporte coletivo rodoviário, metroviário, ferroviário e aquaviário de passageiros;
XIII – as receitas decorrentes de serviços:

- Inciso XIII com redação determinada pela Lei 10.865/2004 (DOU 30.04.2004, edição extra), em vigor na data de sua publicação, produzindo efeitos a partir de 1º de maio de 2004 (v. art. 53 da referida Lei).

a) prestados por hospital, pronto-socorro, clínica médica, odontológica, de fisioterapia e de fonoaudiologia, e laboratório de anatomia patológica, citológica ou de análises clínicas; e
b) de diálise, raios X, radiodiagnóstico e radioterapia, quimioterapia e de banco de sangue;
XIV – as receitas decorrentes de prestação de serviços de educação infantil, ensinos fundamental e médio e educação superior;
XV – as receitas decorrentes de vendas de mercadorias realizadas pelas pessoas jurídicas referidas no art. 15 do Decreto-lei 1.455, de 7 de abril de 1976;

- Inciso XV acrescentado pela Lei 10.865/2004 (DOU 30.04.2004, edição extra), em vigor na data de sua publicação, produzindo efeitos a partir de 1º de maio de 2004 (v. art. 53 da referida Lei).

XVI – as receitas decorrentes de prestação de serviço de transporte coletivo de passageiros, efetuado por empresas regulares de linhas aéreas domésticas, e as decorrentes da prestação de serviço de transporte de pessoas por empresas de táxi aéreo;

- Inciso XVI acrescentado pela Lei 10.865/2004 (DOU 30.04.2004, edição extra), em vigor na data de sua publicação, produzindo efeitos a partir de 1º de maio de 2004 (v. art. 53 da referida Lei).

XVII – as receitas auferidas por pessoas jurídicas, decorrentes da edição de periódicos e de informações neles contidas, que sejam relativas aos assinantes dos serviços públicos de telefonia;

- Inciso XVII acrescentado pela Lei 10.865/2004 (DOU 30.04.2004, edição extra), em vigor na data de sua publicação, produzindo efeitos a partir de 1º de maio de 2004 (v. art. 53 da referida Lei).

XVIII – as receitas decorrentes de prestação de serviços com aeronaves de uso agrícola inscritas no Registro Aeronáutico Brasileiro (RAB);

- Inciso XVIII acrescentado pela Lei 10.865/2004 (DOU 30.04.2004, edição extra), em vigor na data de sua publicação, produzindo efeitos a partir de 1º de maio de 2004 (v. art. 53 da referida Lei).

XIX – as receitas decorrentes de prestação de serviços das empresas de call center, telemarketing, telecobrança e de teleatendimento em geral;

- Inciso XIX acrescentado pela Lei 10.865/2004 (DOU 30.04.2004, edição extra), em vigor na data de sua publicação, produzindo efeitos a partir de 1º de maio de 2004 (v. art. 53 da referida Lei).

XX – as receitas decorrentes da execução por administração, empreitada ou subempreitada, de obras de construção civil;

- Inciso XX com redação determinada pela Lei 13.043/2014 (DOU 14.11.2014; ret. 14.11.2014, edição extra), em vigor a partir do primeiro dia do quarto mês subsequente ao de sua publicação.

XXI – as receitas auferidas por parques temáticos, e as decorrentes de serviços de hotelaria e de organização de feiras e eventos, conforme definido em ato conjunto dos Ministérios da Fazenda e do Turismo;

- Inciso XXI acrescentado pela Lei 10.865/2004 (DOU 30.04.2004, edição extra), em vigor na data de sua publicação, produzindo efeitos a partir de 1º de maio de 2004 (v. art. 53 da referida Lei).

XXII – as receitas decorrentes da prestação de serviços postais e telegráficos prestados pela Empresa Brasileira de Correios e Telégrafos;

- Inciso XXII acrescentado pela Lei 10.925/2004.

Lei 10.833/2003

LEGISLAÇÃO

XXIII – as receitas decorrentes de prestação de serviços públicos de concessionárias operadoras de rodovias;

- Inciso XXIII acrescentado pela Lei 10.925/2004.
- V. art. 7º, Lei 11.033/2004 (Altera a tributação do mercado financeiro e de capitais e institui o Reporto).

XXIV – as receitas decorrentes da prestação de serviços das agências de viagem e de viagens e turismo.

- Inciso XXIV acrescentado pela Lei 10.925/2004.

XXV – as receitas auferidas por empresas de serviços de informática, decorrentes das atividades de desenvolvimento de *software* e o seu licenciamento ou cessão de direito de uso, bem como de análise, programação, instalação, configuração, assessoria, consultoria, suporte técnico e manutenção ou atualização de *software*, compreendidas ainda como *softwares* as páginas eletrônicas;

- Inciso XXV acrescentado pela Lei 11.051/2004.

XXVI – as receitas relativas às atividades de revenda de imóveis, desmembramento ou loteamento de terrenos, incorporação imobiliária e construção de prédio destinado à venda, quando decorrentes de contratos de longo prazo firmados antes de 31 de outubro de 2003;

- Inciso XXVI acrescentado pela Lei 11.196/2005 (DOU 22.11.2005), em vigor na data de sua publicação, produzindo efeitos desde 14.10.2005 (v. art. 132, II, *b*, da referida Lei).

XXVII – (Vetado.)

- Inciso XXVII acrescentado pela Lei 11.196/2005.

XXVIII – (Vetado.)

- Inciso XXVIII acrescentado pela Lei 12.766/2012 (DOU 28.12.2012), em vigor na data de sua publicação, produzindo efeitos a partir de 1º.01.2013.

XXIX – as receitas decorrentes de operações de comercialização de pedra britada, de areia para construção civil e de areia de brita.

- Inciso XXIX acrescentado pela Lei 12.766/2012 (DOU 28.12.2012), em vigor na data de sua publicação, produzindo efeitos a partir de 1º.01.2013.

XXX – as receitas decorrentes da alienação de participações societárias.

- Inciso XXX acrescentado pela Lei 13.043/2014 (DOU 14.11.2014; ret. 14.11.2014, edição extra), em vigor em 1º.01.2015.

§ 1º Ficam convalidados os recolhimentos efetuados de acordo com a atual redação do inciso IX deste artigo.

- Anterior parágrafo único renumerado pela Lei 11.051/2004.

§ 2º O disposto no inciso XXV do *caput* deste artigo não alcança a comercialização, licenciamento ou cessão de direito de uso de *software* importado.

- § 2º acrescentado pela Lei 11.051/2004.

Art. 11. A contribuição de que trata o art. 1º desta Lei deverá ser paga até o 25º (vigésimo quinto) dia do mês subsequente ao de ocorrência do fato gerador.

- Artigo com redação determinada pela Lei 11.933/2009 (DOU 29.04.2009), em vigor na data de sua publicação, produzindo efeitos a partir de 1º.10.2008 (v. art. 11, I, da referida Lei).
- V. art. 64, Lei 11.941/2009 (Altera a legislação tributária federal).

Parágrafo único. Se o dia do vencimento de que trata o *caput* deste artigo não for dia útil, considerar-se-á antecipado o prazo para o primeiro dia útil que o anteceder.

Art. 12. A pessoa jurídica contribuinte da Cofins, submetida à apuração do valor devido na forma do art. 3º, terá direito a desconto correspondente ao estoque de abertura dos bens de que tratam os incisos I e II daquele mesmo artigo, adquiridos de pessoa jurídica domiciliada no País, existentes na data de início da incidência desta contribuição de acordo com esta Lei.

- V. art. 93, II.

§ 1º O montante de crédito presumido será igual ao resultado da aplicação do percentual de 3% (três por cento) sobre o valor do estoque.

§ 2º O crédito presumido calculado segundo os §§ 1º, 9º e 10 deste artigo será utilizado em 12 parcelas mensais, iguais e sucessivas, a partir da data a que se refere o *caput* deste artigo.

- § 2º com redação determinada pela Lei 10.925/2004.

§ 3º O disposto no *caput* aplica-se também aos estoques de produtos acabados e em elaboração.

§ 4º A pessoa jurídica referida no art. 4º que, antes da data de início da vigência da incidência não cumulativa da Cofins, tenha incorrido em custos com unidade imobiliária construída ou em construção poderá calcular crédito presumido, naquela data, observado:

I – no cálculo do crédito será aplicado o percentual previsto no § 1º sobre o valor dos bens e dos serviços, inclusive combustíveis e

Lei 10.833/2003

LEGISLAÇÃO

lubrificantes, adquiridos de pessoas jurídicas domiciliadas no País, utilizados como insumo na construção;

II – o valor do crédito presumido apurado na forma deste parágrafo deverá ser utilizado na proporção da receita relativa à venda da unidade imobiliária, à medida do recebimento.

§ 5º A pessoa jurídica que, tributada com base no lucro presumido ou optante pelo Simples, passar a ser tributada com base no lucro real, na hipótese de sujeitar-se à incidência não cumulativa da Cofins, terá direito ao aproveitamento do crédito presumido na forma prevista neste artigo, calculado sobre o estoque de abertura, devidamente comprovado, na data da mudança do regime de tributação adotado para fins do imposto de renda.

§ 6º Os bens recebidos em devolução, tributados antes do início da aplicação desta Lei, ou da mudança do regime de tributação de que trata o § 5º, serão considerados como integrantes do estoque de abertura referido no *caput*, devendo o crédito ser utilizado na forma do § 2º a partir da data da devolução.

§ 7º O disposto neste artigo aplica-se, também, aos estoques de produtos que não geraram crédito na aquisição, em decorrência do disposto nos §§ 7º a 9º do art. 3º desta Lei, destinados à fabricação dos produtos de que tratam as Leis 9.990, de 21 de julho de 2000, 10.147, de 21 de dezembro de 2000, 10.485, de 3 de julho de 2002, e 10.560, de 13 de novembro de 2002, ou quaisquer outros submetidos à incidência monofásica da contribuição.

* § 7º acrescentado pela Lei 10.865/2004 (*DOU* 30.04.2004, edição extra), em vigor na data de sua publicação, produzindo efeitos a partir do primeiro dia do quarto mês subsequente ao de publicação desta Lei (v. art. 46, I, da referida Lei).

§ 8º As disposições do § 7º deste artigo não se aplicam aos estoques de produtos adquiridos a alíquota 0 (zero), isentos ou não alcançados pela incidência da contribuição.

* § 8º acrescentado pela Lei 10.865/2004 (*DOU* 30.04.2004, edição extra), em vigor na data de sua publicação, produzindo efeitos a partir do primeiro dia do quarto mês subsequente ao de publicação desta Lei (v. art. 46, I, da referida Lei).

§ 9º O montante do crédito presumido de que trata o § 7º deste artigo será igual ao resultado da aplicação do percentual de 7,6% (sete inteiros e seis décimos por cento) sobre o valor do estoque.

* § 9º acrescentado pela Lei 10.865/2004 (*DOU* 30.04.2004, edição extra), em vigor na data de sua publicação, produzindo efeitos a partir do primeiro dia do quarto mês subsequente ao de publicação desta Lei (v. art. 46, I, da referida Lei).

§ 10. O montante do crédito presumido de que trata o § 7º deste artigo, relativo às pessoas jurídicas referidas no art. 51 desta Lei, será igual ao resultado da aplicação da alíquota de 3% (três por cento) sobre o valor dos bens em estoque adquiridos até 31 de janeiro de 2004, e de 7,6% (sete inteiros e seis décimos por cento) sobre o valor dos bens em estoque adquiridos a partir de 1º de fevereiro de 2004.

* § 10 com redação determinada pela Lei 10.925/2004.

Art. 13. O aproveitamento de crédito na forma do § 4º do art. 3º, do art. 4º e dos §§ 1º e 2º do art. 6º, bem como do § 2º e inciso II do § 4º e § 5º do art. 12, não ensejará atualização monetária ou incidência de juros sobre os respectivos valores.

* V. art. 93, I.

Art. 14. O disposto nas Leis 9.363, de 13 de dezembro de 1996, e 10.276, de 10 de setembro de 2001, não se aplica à pessoa jurídica submetida à apuração do valor devido na forma dos arts. 2º e 3º desta Lei e dos arts. 2º e 3º da Lei 10.637, de 30 de dezembro de 2002.

* V. art. 93, I.

Art. 15. Aplica-se à contribuição para o PIS/Pasep não cumulativa de que trata a Lei 10.637, de 30 de dezembro de 2002, o disposto:

* *Caput* com redação determinada pela Lei 10.865/2004 (*DOU* 30.04.2004, edição extra), em vigor na data de sua publicação, produzindo efeitos a partir de 1º de maio de 2004 (v. art. 53 da referida Lei).

I – nos incisos I e II do § 3º do art. 1º desta Lei;

* Inciso I com redação determinada pela Lei 10.865/2004 (*DOU* 30.04.2004, edição extra), em vigor na data de sua publicação, produzindo efeitos a partir de 1º de maio de 2004 (v. art. 53 da referida Lei).

II – nos incisos VI, VII e IX do *caput* e nos §§ 1º e 10 a 20 do art. 3º desta Lei;

* Inciso II com redação determinada pela Lei 11.051/2004 (*DOU* 30.12.2004), em vigor na data de sua publicação, observados, com relação

Lei 10.833/2003

LEGISLAÇÃO

às alterações produzidas pela referida Lei, os mesmos prazos de produção de efeitos determinados para a Cofins (v. art. 27).

III – nos §§ 3º e 4º do art. 6º desta Lei;

- Inciso III com redação determinada pela Lei 10.865/2004 (*DOU* 30.04.2004, edição extra), em vigor na data de sua publicação, produzindo efeitos a partir de 1º de maio de 2004 (v. art. 53 da referida Lei).

IV – nos arts. 7º e 8º desta Lei;

- Inciso IV com redação determinada pela Lei 10.865/2004 (*DOU* 30.04.2004, edição extra), em vigor na data de sua publicação, produzindo efeitos a partir de 1º de maio de 2004 (v. art. 53 da referida Lei).

V – nos incisos VI, IX a XXVII do *caput* e nos §§ 1º e 2º do art. 10 desta Lei;

- Inciso V com redação determinada pela Lei 11.196/2005 (*DOU* 22.11.2005), em vigor na data de sua publicação, produzindo efeitos desde 14.10.2005 (v. art. 132, II, *b*, da referida Lei).

VI – no art. 13 desta Lei.

- Inciso VI com redação determinada pela Lei 10.865/2004 (*DOU* 30.04.2004, edição extra), em vigor na data de sua publicação, produzindo efeitos a partir de 1º de maio de 2004 (v. art. 53 da referida Lei).

Art. 16. O disposto no art. 4º e no § 4º do art. 12 aplica-se, a partir de 1º de janeiro de 2003, à contribuição para o PIS/Pasep não cumulativa, de que trata a Lei 10.637, de 30 de dezembro de 2002, com observância das alíquotas de 1,65% (um inteiro e sessenta e cinco centésimos por cento) e de 0,65% (sessenta e cinco centésimos por cento) em relação à apuração na forma dos referidos artigos, respectivamente.

Parágrafo único. O tratamento previsto no inciso II do *caput* do art. 3º e nos §§ 5º e 6º do art. 12 aplica-se também à contribuição para o PIS/Pasep não cumulativa na forma e a partir da data prevista no *caput*.

Capítulo II
DAS OUTRAS DISPOSIÇÕES RELATIVAS À LEGISLAÇÃO TRIBUTÁRIA

Art. 17. O art. 74 da Lei 9.430, de 27 de dezembro de 1996, alterado pelo art. 49 da Lei 10.637, de 30 de dezembro de 2002, passa a vigorar com a seguinte redação:

- Alterações processadas no texto da referida Lei.

Art. 18. O lançamento de ofício de que trata o art. 90 da Medida Provisória 2.158-35, de 24 de agosto de 2001, limitar-se-á à imposição de multa isolada em razão de não homologação da compensação quando se comprove falsidade da declaração apresentada pelo sujeito passivo.

- *Caput* com redação determinada pela Lei 11.488/2007.

§ 1º Nas hipóteses de que trata o *caput*, aplica-se ao débito indevidamente compensado o disposto nos §§ 6º a 11 do art. 74 da Lei 9.430, de 27 de dezembro de 1996.

§ 2º A multa isolada a que se refere o *caput* deste artigo será aplicada no percentual previsto no inciso I do *caput* do art. 44 da Lei 9.430, de 27 de dezembro de 1996, aplicado em dobro, e terá como base de cálculo o valor total do débito indevidamente compensado.

- § 2º com redação determinada pela Lei 11.488/2007.

§ 3º Ocorrendo manifestação de inconformidade contra a não homologação da compensação e impugnação quanto ao lançamento das multas a que se refere este artigo, as peças serão reunidas em um único processo para serem decididas simultaneamente.

§ 4º Será também exigida multa isolada sobre o valor total do débito indevidamente compensado quando a compensação for considerada não declarada nas hipóteses do inciso II do § 12 do art. 74 da Lei 9.430, de 27 de dezembro de 1996, aplicando-se o percentual previsto no inciso I do *caput* do art. 44 da Lei 9.430, de 27 de dezembro de 1996, duplicado na forma de seu § 1º, quando for o caso.

- § 4º com redação determinada pela Lei 11.488/2007.

§ 5º Aplica-se o disposto no § 2º do art. 44 da Lei 9.430, de 27 de dezembro de 1996, às hipóteses previstas nos §§ 2º e 4º deste artigo.

- § 5º com redação determinada pela Lei 11.488/2007.

Art. 19. O art. 8º da Lei 9.317, de 5 de dezembro de 1996, passa a vigorar acrescido do seguinte § 6º:

- A Lei 9.317/1996 foi revogada pela LC 123/2006.

Art. 20. O art. 11 da Lei 8.248, de 23 de outubro de 1991, passa a vigorar com a seguinte redação:

"Art. 11. Para fazer jus aos benefícios previstos no art. 4º desta Lei, as empresas de desenvolvimento ou produção de bens e

Lei 10.833/2003

Legislação

serviços de informática e automação deverão investir, anualmente, em atividades de pesquisa e desenvolvimento em tecnologia da informação a serem realizadas no País, no mínimo 5% (cinco por cento) do seu faturamento bruto no mercado interno, decorrente da comercialização de bens e serviços de informática, deduzidos os tributos correspondentes a tais comercializações, bem como o valor das aquisições de produtos incentivados na forma desta Lei e da 8.387, de 30 de dezembro de 1991, conforme projeto elaborado pelas próprias empresas, a partir da apresentação da proposta de projeto de que trata o § 1º C do art. 4º desta Lei."

Art. 21. O art. 2º da Lei 8.387, de 30 de dezembro de 1991, passa a vigorar com a seguinte redação:

"Art. 2º [...]

"[...]

"§ 3º Para fazer jus aos benefícios previstos neste artigo, as empresas que tenham como finalidade a produção de bens e serviços de informática deverão aplicar, anualmente, no mínimo 5% (cinco por cento) do seu faturamento bruto no mercado interno, decorrente da comercialização de bens e serviços de informática, deduzidos os tributos correspondentes a tais comercializações, bem como o valor das aquisições de produtos incentivados na forma desta Lei e da Lei 8.248, de 23 de outubro de 1991, em atividades de pesquisa e desenvolvimento a serem realizadas na Amazônia, conforme projeto elaborado pelas próprias empresas, com base em proposta de projeto a ser apresentada à Superintendência da Zona Franca de Manaus – Suframa, e ao Ministério da Ciência e Tecnologia."

Art. 22. As sociedades cooperativas que se dedicam a vendas em comum, referidas no art. 82 da Lei 5.764, de 16 de dezembro de 1971, e que recebam para comercialização a produção de seus associados, são responsáveis pelo recolhimento da Contribuição de Intervenção no Domínio Econômico – Cide, incidente sobre a comercialização de álcool etílico combustível, observadas as normas estabelecidas na Lei 10.336, de 19 de dezembro de 2001.

Art. 23. A incidência da Cide, nos termos do art. 3º, inciso V, da Lei 10.336, de 19 de dezembro de 2001, da contribuição para o PIS/Pasep e da Cofins, nos termos do art. 4º, inciso III, e art. 6º, *caput*, da Lei 9.718, de 27 de novembro de 1998, com a redação dada pela Lei 9.990, de 21 de julho de 2000, sobre os gases liquefeitos de petróleo, classificados na subposição 2711.1 da NCM, não alcança os produtos classificados no código 2711.11.00.

Art. 24. O disposto no § 2º, incisos I e II, do art. 14 da Medida Provisória 2.158-35, de 24 de agosto de 2001, não se aplica às vendas enquadradas nas hipóteses previstas nos incisos IV, VI, VIII e IX de seu *caput*.

Art. 25. A pessoa jurídica encomendante, no caso de industrialização por encomenda, sujeita-se, conforme o caso, às alíquotas previstas nas alíneas *a* ou *b* do inciso I do art. 1º da Lei 10.147, de 21 de dezembro de 2000, e alterações posteriores, incidentes sobre a receita bruta decorrente da venda dos produtos nelas referidas.

- *Caput* com redação determinada pela Lei 10.865/2004 (*DOU* 30.04.2004, edição extra), em vigor na data de sua publicação, produzindo efeitos a partir de 1º de maio de 2004 (v. art. 53 da referida Lei).

Parágrafo único. Na hipótese a que se refere o *caput*:

I – as alíquotas da contribuição para o PIS/Pasep e da Cofins aplicáveis à pessoa jurídica executora da encomenda ficam reduzidas a 0 (zero); e

II – o crédito presumido de que trata o art. 3º da Lei 10.147, de 21 de dezembro de 2000, quando for o caso, será atribuído à pessoa jurídica encomendante.

Art. 26. O adquirente, pessoa física ou jurídica residente ou domiciliada no Brasil, ou o procurador, quando o adquirente for residente ou domiciliado no exterior, fica responsável pela retenção e recolhimento do imposto de renda incidente sobre o ganho de capital a que se refere o art. 18 da Lei 9.249, de 26 de dezembro de 1995, auferido por pessoa física ou jurídica residente ou domiciliada no exterior que alienar bens localizados no Brasil.

- V. art. 93, II.

Art. 27. O imposto de renda sobre os rendimentos pagos, em cumprimento de

Lei 10.833/2003

LEGISLAÇÃO

decisão da Justiça Federal, mediante precatório ou requisição de pequeno valor, será retido na fonte pela instituição financeira responsável pelo pagamento e incidirá à alíquota de 3% (três por cento) sobre o montante pago, sem quaisquer deduções, no momento do pagamento ao beneficiário ou seu representante legal.

- V. art. 93, II.
- V. Instrução Normativa SRF 491/2005 (Incidência do imposto de renda sobre os rendimentos pagos em cumprimento de decisões da Justiça Federal e da Justiça do Trabalho, de que tratam os arts. 27 e 28 da Lei 10.833/2003).

§ 1º Fica dispensada a retenção do imposto quando o beneficiário declarar à instituição financeira responsável pelo pagamento que os rendimentos recebidos são isentos ou não tributáveis, ou que, em se tratando de pessoa jurídica, esteja inscrita no Simples.

§ 2º O imposto retido na fonte de acordo com o *caput* será:

I – considerado antecipação do imposto apurado na declaração de ajuste anual das pessoas físicas; ou

II – deduzido do apurado no encerramento do período de apuração ou na data da extinção, no caso de beneficiário pessoa jurídica.

§ 3º A instituição financeira deverá, na forma, prazo e condições estabelecidas pela Secretaria da Receita Federal, fornecer à pessoa física ou jurídica beneficiária o Comprovante de Rendimentos Pagos e de Retenção do Imposto de Renda na Fonte, bem como apresentar à Secretaria da Receita Federal declaração contendo informações sobre:

- § 3º com redação determinada pela Lei 10.865/2004 (*DOU* 30.04.2004, edição extra), em vigor na data de sua publicação, produzindo efeitos a partir de 1º de maio de 2004 (v. art. 53 da referida Lei).

I – os pagamentos efetuados à pessoa física ou jurídica beneficiária e o respectivo imposto de renda retido na fonte;

II – os honorários pagos a perito e o respectivo imposto de renda retido na fonte;

III – a indicação do advogado da pessoa física ou jurídica beneficiária.

§ 4º O disposto neste artigo não se aplica aos depósitos efetuados pelos Tribunais Regionais Federais antes de 1º de fevereiro de 2004.

- § 4º com redação determinada pela Lei 10.865/2004 (*DOU* 30.04.2004, edição extra), em vigor na data de sua publicação, produzindo efeitos a partir de 1º de maio de 2004 (v. art. 53 da referida Lei).

Art. 28. Cabe à fonte pagadora, no prazo de 15 (quinze) dias da data da retenção de que trata o *caput* do art. 46 da Lei 8.541, de 23 de dezembro de 1992, comprovar, nos respectivos autos, o recolhimento do imposto de renda na fonte incidente sobre os rendimentos pagos em cumprimento de decisões da Justiça do Trabalho.

- V. Instrução Normativa SRF 491/2005 (Incidência do imposto de renda sobre os rendimentos pagos em cumprimento de decisões da Justiça Federal e da Justiça do Trabalho, de que tratam os arts. 27 e 28 da Lei 10.833/2003).

§ 1º Na hipótese de omissão da fonte pagadora relativamente à comprovação de que trata o *caput*, e nos pagamentos de honorários periciais, competirá ao Juízo do Trabalho calcular o imposto de renda na fonte e determinar o seu recolhimento à instituição financeira depositária do crédito.

§ 2º A não indicação pela fonte pagadora da natureza jurídica das parcelas objeto de acordo homologado perante a Justiça do Trabalho acarretará a incidência do imposto de renda na fonte sobre o valor total da avença.

§ 3º A instituição financeira deverá, na forma, prazo e condições estabelecidas pela Secretaria da Receita Federal, fornecer à pessoa física beneficiária o Comprovante de Rendimentos Pagos e de Retenção do Imposto de Renda na Fonte, bem como apresentar à Secretaria da Receita Federal declaração contendo informações sobre:

I – os pagamentos efetuados à reclamante e o respectivo imposto de renda retido na fonte, na hipótese do § 1º;

II – os honorários pagos a perito e o respectivo imposto de renda retido na fonte;

III – as importâncias pagas a título de honorários assistenciais de que trata o art. 16 da Lei 5.584, de 26 de junho de 1970;

IV – a indicação do advogado da reclamante.

Art. 29. Sujeitam-se ao desconto do imposto de renda, à alíquota de 1,5% (um inteiro e cinco décimos por cento), que será deduzido do apurado no encerramento do período de apuração, as importâncias pagas ou creditadas por pessoas jurídicas a título de prestação de serviços a outras pessoas jurídicas que explorem as atividades de prestação de serviços de assessoria creditícia, mercadológica, gestão de crédito, seleção e riscos, administração de contas a pagar e a receber.

- V. art. 93, II.

Art. 30. Os pagamentos efetuados pelas pessoas jurídicas a outras pessoas jurídicas de direito privado, pela prestação de serviços de limpeza, conservação, manutenção, segurança, vigilância, transporte de valores e locação de mão de obra, pela prestação de serviços de assessoria creditícia, mercadológica, gestão de crédito, seleção e riscos, administração de contas a pagar e a receber, bem como pela remuneração de serviços profissionais, estão sujeitos a retenção na fonte da Contribuição Social sobre o Lucro Líquido – CSLL, da Cofins e da contribuição para o PIS/Pasep.

- V. art. 93, II.

§ 1º O disposto neste artigo aplica-se inclusive aos pagamentos efetuados por:

I – associações, inclusive entidades sindicais, federações, confederações, centrais sindicais e serviços sociais autônomos;

II – sociedades simples, inclusive sociedades cooperativas;

III – fundações de direito privado; ou

IV – condomínios edilícios.

§ 2º Não estão obrigadas a efetuar a retenção a que se refere o *caput* as pessoas jurídicas optantes pelo Simples.

§ 3º As retenções de que trata o *caput* serão efetuadas sem prejuízo da retenção do imposto de renda na fonte das pessoas jurídicas sujeitas a alíquotas específicas previstas na legislação do imposto de renda.

Art. 31. O valor da CSLL, da Cofins e da contribuição para o PIS/Pasep, de que trata o art. 30, será determinado mediante a aplicação, sobre o montante a ser pago, do percentual de 4,65% (quatro inteiros e sessenta e cinco centésimos por cento), correspondente à soma das alíquotas de 1% (um por cento), 3% (três por cento) e 0,65% (sessenta e cinco centésimos por cento), respectivamente.

§ 1º As alíquotas de 0,65% (sessenta e cinco centésimos por cento) e 3% (três por cento) aplicam-se inclusive na hipótese de a prestadora do serviço enquadrar-se no regime de não cumulatividade na cobrança da contribuição para o PIS/Pasep e da Cofins.

§ 2º No caso de pessoa jurídica beneficiária de isenção, na forma da legislação específica, de uma ou mais das contribuições de que trata este artigo, a retenção dar-se-á mediante a aplicação da alíquota específica correspondente às contribuições não alcançadas pela isenção.

§ 3º Fica dispensada a retenção de valor igual ou inferior a R$ 10,00 (dez reais), exceto na hipótese de Documento de Arrecadação de Receitas Federais – Darf eletrônico efetuado por meio do Siafi.

- § 3º com redação determinada pela Lei 13.137/2015.

§ 4º *(Revogado pela Lei 13.137/2015.)*

Art. 32. A retenção de que trata o art. 30 não será exigida na hipótese de pagamentos efetuados a:

I – cooperativas, relativamente à CSLL;

- Inciso I com redação determinada pela Lei 10.865/2004 (*DOU* 30.04.2004, edição extra), em vigor na data de sua publicação, produzindo efeitos a partir de 1º de maio de 2004 (v. art. 53 da referida Lei).

II – empresas estrangeiras de transporte de valores;

- Inciso II com redação determinada pela Lei 10.865/2004 (*DOU* 30.04.2004, edição extra), em vigor na data de sua publicação, produzindo efeitos a partir de 1º de maio de 2004 (v. art. 53 da referida Lei).

III – pessoas jurídicas optantes pelo Simples.

Parágrafo único. A retenção da Cofins e da contribuição para o PIS/Pasep não será exigida, cabendo, somente, a retenção da CSLL nos pagamentos:

I – a título de transporte internacional de valores efetuados por empresa nacional;

- Inciso I com redação determinada pela Lei 10.865/2004 (*DOU* 30.04.2004, edição extra), em vigor na data de sua publicação, produzindo efeitos a partir de 1º de maio de 2004 (v. art. 53 da referida Lei).

II – aos estaleiros navais brasileiros nas atividades de conservação, modernização, conversão e reparo de embarcações pré-registradas ou registradas no Registro Especial Brasileiro – REB, instituído pela Lei 9.432, de 8 de janeiro de 1997.

Lei 10.833/2003

LEGISLAÇÃO

Art. 33. A União, por intermédio da Secretaria da Receita Federal, poderá celebrar convênios com os Estados, Distrito Federal e Municípios, para estabelecer a responsabilidade pela retenção na fonte da CSLL, da Cofins e da contribuição para o PIS/Pasep, mediante a aplicação das alíquotas previstas no art. 31, nos pagamentos efetuados por órgãos, autarquias e fundações dessas administrações públicas às pessoas jurídicas de direito privado, pelo fornecimento de bens ou pela prestação de serviços em geral.

Art. 34. Ficam obrigadas a efetuar as retenções na fonte do imposto de renda, da CSLL, da Cofins e da contribuição para o PIS/Pasep, a que se refere o art. 64 da Lei 9.430, de 27 de dezembro de 1996, as seguintes entidades da administração pública federal:

- V. art. 93, II.
- V. Instrução Normativa SRF 1.234/2012 (Retenção de tributos nos pagamentos efetuados pelos órgãos da administração pública federal direta, autarquias e fundações federais, empresas públicas, sociedades de economia mista e demais pessoas jurídicas que menciona a outras pessoas jurídicas pelo fornecimento de bens e serviços).

I – empresas públicas;

II – sociedades de economia mista; e

III – demais entidades em que a União, direta ou indiretamente, detenha a maioria do capital social com direito a voto, e que dela recebam recursos do Tesouro Nacional e estejam obrigadas a registrar sua execução orçamentária e financeira na modalidade total no Sistema Integrado de Administração Financeira do Governo Federal – Siafi.

Parágrafo único. A retenção a que se refere o *caput* deste artigo não se aplica na hipótese de pagamentos relativos à aquisição de:

- Parágrafo único com redação determinada pela Lei 11.727/2008.

I – petróleo, gasolina, gás natural, óleo diesel, gás liquefeito de petróleo, querosene de aviação e demais derivados de petróleo e gás natural;

II – álcool, biodiesel e demais biocombustíveis.

Art. 35. Os valores retidos no mês, na forma dos arts. 30, 33 e 34 desta Lei, deverão ser recolhidos ao Tesouro Nacional pelo órgão público que efetuar a retenção ou, de forma centralizada, pelo estabelecimento matriz da pessoa jurídica, até o último dia útil do segundo decêndio do mês subsequente àquele mês em que tiver ocorrido o pagamento à pessoa jurídica fornecedora dos bens ou prestadora do serviço.

- Artigo com redação determinada pela Lei 13.137/2015.

Art. 36. Os valores retidos na forma dos arts. 30, 33 e 34 serão considerados como antecipação do que for devido pelo contribuinte que sofreu a retenção, em relação ao imposto de renda e às respectivas contribuições.

Art. 37. Relativamente aos investimentos existentes em 31 de outubro de 2003, fica facultado ao investidor estrangeiro antecipar o pagamento da Contribuição Provisória sobre Movimentação ou Transmissão de Valores e de Créditos e Direitos de Natureza Financeira – CPMF, que seria devida por ocasião da remessa, para o exterior, de recursos financeiros apurados na liquidação de operações com ações ou opções de ações adquiridas em bolsa de valores ou em mercado de balcão organizado.

§ 1º A antecipação do pagamento da CPMF aplica-se a recursos financeiros não empregados exclusivamente, e por todo tempo de permanência no País, em ações ou contratos referenciados em ações ou índices de ações, negociados nos mercados referidos no *caput* ou em bolsa de mercadorias e de futuros, desde que na data do pagamento da contribuição estejam investidos nesses valores mobiliários.

§ 2º A CPMF de que trata este artigo:

I – será apurada mediante lançamento a débito, precedido de lançamento a crédito no mesmo valor, em conta-corrente de depósito do investidor estrangeiro;

II – terá como base de cálculo o valor correspondente à multiplicação da quantidade de ações ou de opções:

a) pelo preço médio ponderado da ação verificado na Bolsa de Valores de São Paulo ou em mercado de balcão organizado, no mês anterior ao do pagamento;

b) pelo preço médio da opção verificado na Bolsa referida na alínea *a*, no mês anterior ao do pagamento da CPMF;

III – será retida pela instituição financeira onde é mantida a conta-corrente de que trata o inciso I até o dia 1º de dezembro de 2003, e recolhida até o terceiro dia útil da semana subsequente à da retenção.

§ 3º O pagamento da CPMF, nos termos previstos neste artigo, dispensa nova incidência da contribuição quando da remessa para o exterior dos recursos apurados na efetiva liquidação das operações.

Art. 38. O pagamento indevido ou maior que o devido efetuado no âmbito do Programa de Recuperação Fiscal – Refis, ou do parcelamento a ele alternativo será restituído a pedido do sujeito passivo.

§ 1º Na hipótese de existência de débitos do sujeito passivo relativos a tributos e contribuições perante a Secretaria da Receita Federal, a Procuradoria-Geral da Fazenda Nacional ou o Instituto Nacional do Seguro Social – INSS, inclusive inscritos em dívida ativa, o valor da restituição deverá ser utilizado para quitá-los, mediante compensação em procedimento de ofício.

§ 2º A restituição e a compensação de que trata este artigo serão efetuadas pela Secretaria da Receita Federal, aplicando-se o disposto no art. 39 da Lei 9.250, de 26 de dezembro de 1995, alterado pelo art. 73 da Lei 9.532, de 10 de dezembro de 1997, observadas as normas estabelecidas pelo Comitê Gestor do Refis.

Art. 39. *(Revogado pela Lei 12.350/2010.)*

Art. 40. O *caput* do art. 1º do Decreto-lei 1.593, de 21 de dezembro de 1977, com a redação dada pela Medida Provisória 2.158-35, de 24 de agosto de 2001, e o art. 18 do mesmo Decreto-lei passam a vigorar com a seguinte redação:

"Art. 1º A fabricação de cigarros classificados no código 2402.20.00 da Tabela de Incidência do Imposto sobre Produtos Industrializados – Tipi, excetuados os classificados no Ex 01, será exercida exclusivamente pelas empresas que, dispondo de instalações industriais adequadas, mantiverem registro especial na Secretaria da Receita Federal do Ministério da Fazenda."

"Art. 18. Consideram-se como produtos estrangeiros introduzidos clandestinamente no território nacional, para todos os efeitos legais, os cigarros nacionais destinados à exportação que forem encontrados no País, salvo se em trânsito, diretamente entre o estabelecimento industrial e os destinos referidos no art. 8º, desde que observadas as formalidades previstas para a operação.

"§ 1º Será exigido do proprietário do produto em infração deste artigo o imposto que deixou de ser pago, aplicando-se-lhe, independentemente de outras sanções cabíveis, a multa de 150% (cento e cinquenta por cento) do seu valor.

"§ 2º Se o proprietário não for identificado, considera-se como tal, para os efeitos do § 1º, o possuidor, transportador ou qualquer outro detentor do produto."

Art. 41. O art. 54 da Lei 10.637, de 30 de dezembro de 2002, passa a vigorar com a seguinte redação:

• Alterações processadas no texto da referida Lei.

Art. 42. O art. 1º da Lei 8.850, de 28 de janeiro de 1994, passa a vigorar com a seguinte redação:

"Art. 1º O período de apuração do Imposto sobre Produtos Industrializados – IPI, incidente nas saídas dos produtos dos estabelecimentos industriais ou equiparados a industrial, passa a ser:

"I – de 1º de janeiro de 2004 a 31 de dezembro de 2004: quinzenal; e

"II – a partir de 1º de janeiro de 2005: mensal.

"Parágrafo único. O disposto nos incisos I e II do *caput* não se aplica aos produtos classificados no capítulo 22, nas posições 84.29, 84.32, 84.33, 87.01 a 87.06 e 87.11 e no código 2402.20.00, da Tabela de Incidência do IPI – Tipi aprovada pelo Decreto 4.542, de 26 de dezembro de 2002, em relação aos quais o período de apuração é decendial."

Lei 10.833/2003

LEGISLAÇÃO

Art. 43. O inciso I do art. 52 da Lei 8.383, de 30 de dezembro de 1991, passa a vigorar com a seguinte redação:

• Alterações processadas no texto da referida Lei.

Art. 44. O art. 2º da Lei 9.493, de 10 de setembro de 1997, passa a vigorar com a seguinte redação:

"Art. 2º As microempresas e as empresas de pequeno porte, conforme definidas no art. 2º da Lei 9.841, de 5 de outubro de 1999, recolherão o IPI da seguinte forma:

"I – o período de apuração é mensal; e

"II – o pagamento deverá ser efetuado até o último dia útil do mês subsequente ao de ocorrência dos fatos geradores.

"Parágrafo único. O disposto no art. 1º da Lei 8.850, de 28 de janeiro de 1994, e no inciso I do art. 52 da Lei 8.383, de 30 de dezembro de 1991, não se aplica ao IPI devido pelas microempresas e empresas de pequeno porte de que trata o *caput* e ao incidente sobre os produtos importados."

Art. 45. A Secretaria da Receita Federal poderá estabelecer normas, tendo em vista condições especiais de rentabilidade e representatividade de operações da pessoa jurídica, disciplinando a forma de simplificação da apuração dos métodos de preço de transferência de que trata o art. 19 da Lei 9.430, de 27 de dezembro de 1996.

§ 1º O disposto no *caput* não se aplica em relação às vendas efetuadas para empresa, vinculada ou não, domiciliada em país ou dependência com tributação favorecida, ou cuja legislação interna oponha sigilo, conforme definido no art. 24 da Lei 9.430, de 27 de dezembro de 1996, e art. 4º da Lei 10.451, de 10 de maio de 2002.

§ 2º A autorização de que trata o *caput* se aplica também na fixação de percentual de margem de divergência máxima entre o preço ajustado, a ser utilizado como parâmetro, de acordo com os métodos previstos nos arts. 18 e 19 da Lei 9.430, de 27 de dezembro de 1996, e o daquele constante na documentação de importação e exportação.

Art. 46. (Vetado.)

Art. 47. Sem prejuízo do disposto no art. 10 da Lei 9.249, de 26 de dezembro de 1995, e no art. 7º da Lei 9.959, de 27 de janeiro de 2000, o ganho de capital decorrente de operação, em que o beneficiário seja residente ou domiciliado em país ou dependência com tributação favorecida, a que se refere o art. 24 da Lei 9.430, de 27 de dezembro de 1996, sujeita-se à incidência do imposto de renda na fonte à alíquota de 25% (vinte e cinco por cento).

Art. 48. O art. 71 da Lei 9.430, de 27 de dezembro de 1996, passa a vigorar com a seguinte redação:

• Alterações processadas no texto da referida Lei.

Art. 49. (Revogado, a partir de 1º.01.2009, pela Lei 11.727/2008 – DOU 24.06.2008.)

• V. art. 42, IV, *a*, Lei 11.727/2008 (*DOU* 24.06.2008), que determina que não haverá, após essa data, outra forma de tributação além dos dois regimes previstos nos arts. 58-A a 58-U, e demais dispositivos contidos nesta Lei a eles relacionados.

Art. 50. (Revogado, a partir de 1º.01.2009, pela Lei 11.727/2008 – DOU 24.06.2008.)

• V. art. 42, IV, *a*, Lei 11.727/2008 (*DOU* 24.06.2008), que determina que não haverá, após essa data, outra forma de tributação além dos dois regimes previstos nos arts. 58-A a 58-U, e demais dispositivos contidos nesta Lei a eles relacionados.

Art. 51. (Revogado pela Lei 13.097/2015 – DOU 20.01.2015, em vigor a partir do primeiro dia do quarto mês subsequente ao da publicação desta Lei.)

Art. 52. (Revogado, a partir de 1º.01.2009, pela Lei 11.727/2008 – DOU 24.06.2008.)

• V. art. 42, IV, *a*, Lei 11.727/2008 (*DOU* 24.06.2008), que determina que não haverá, após essa data, outra forma de tributação além dos dois regimes previstos nos arts. 58-A a 58-U, e demais dispositivos contidos nesta Lei a eles relacionados.

Art. 53. (Revogado pela Lei 13.097/2015 – DOU 20.01.2015, em vigor a partir do primeiro dia do quarto mês subsequente ao da publicação desta Lei.)

Art. 54. (Revogado pela Lei 13.097/2015 – DOU 20.01.2015, em vigor a partir do primeiro dia do quarto mês subsequente ao da publicação desta Lei.)

Art. 55. (Revogado, a partir de 1º.01.2009, pela Lei 11.727/2008 – DOU 24.06.2008.)

• V. art. 42, IV, *a*, Lei 11.727/2008 (*DOU* 24.06.2008), que determina que não haverá, após essa data, outra forma de tributação além

Lei 10.833/2003

LEGISLAÇÃO

dos dois regimes previstos nos arts. 58-A a 58-U, e demais dispositivos contidos nesta Lei a eles relacionados.

Art. 56. *(Revogado pela Lei 10.925/2004 – DOU 26.07.2004, a partir do primeiro dia do quarto mês subsequente ao da publicação desta Lei.)*

Art. 57. *(Revogado, a partir de 1º.01.2009, pela Lei 11.727/2008 – DOU 24.06.2008.)*

- V. art. 42, IV, a, Lei 11.727/2008 (DOU 24.06.2008), que determina que não haverá, após essa data, outra forma de tributação além dos dois regimes previstos nos arts. 58-A a 58-U, e demais dispositivos contidos nesta Lei a eles relacionados.

Art. 58. *(Revogado, a partir de 1º.01.2009, pela Lei 11.727/2008 – DOU 24.06.2008.)*

- V. art. 42, IV, a, Lei 11.727/2008 (DOU 24.06.2008), que determina que não haverá, após essa data, outra forma de tributação além dos dois regimes previstos nos arts. 58-A a 58-U, e demais dispositivos contidos nesta Lei a eles relacionados.

Arts. 58-A a 58-V. *(Revogados pela Lei 13.097/2015 – DOU 20.01.2015, em vigor a partir do primeiro dia do quarto mês subsequente ao da publicação desta Lei.)*

Capítulo III
DAS DISPOSIÇÕES RELATIVAS À LEGISLAÇÃO ADUANEIRA

Art. 59. O beneficiário de regime aduaneiro suspensivo, destinado à industrialização para exportação, responde solidariamente pelas obrigações tributárias decorrentes da admissão de mercadoria no regime por outro beneficiário, mediante sua anuência, com vistas na execução de etapa da cadeia industrial do produto a ser exportado.

§ 1º Na hipótese do *caput*, a aquisição de mercadoria nacional por qualquer dos beneficiários do regime, para ser incorporada ao produto a ser exportado, será realizada com suspensão dos tributos incidentes.

§ 2º Compete à Secretaria da Receita Federal disciplinar a aplicação dos regimes aduaneiros suspensivos de que trata o *caput* e estabelecer os requisitos, as condições e a forma de registro da anuência prevista para a admissão de mercadoria, nacional ou importada, no regime.

Art. 60. Extinguem os regimes de admissão temporária, de admissão temporária para aperfeiçoamento ativo, de exportação temporária e de exportação temporária para aperfeiçoamento passivo, aplicados a produto, parte, peça ou componente recebido do exterior ou a ele enviado para substituição em decorrência de garantia ou, ainda, para reparo, revisão, manutenção, renovação ou recondicionamento, respectivamente, a exportação ou a importação de produto equivalente àquele submetido ao regime.

§ 1º O disposto neste artigo aplica-se, exclusivamente, aos seguintes bens:

I – partes, peças e componentes de aeronave, objeto das isenções previstas na alínea *j* do inciso II do art. 2º e no inciso I do art. 3º da Lei 8.032, de 12 de abril de 1990;

II – produtos nacionais exportados definitivamente, ou suas partes e peças, que retornem ao País, mediante admissão temporária, ou admissão temporária para aperfeiçoamento ativo, para reparo ou substituição em virtude de defeito técnico que exija sua devolução; e

III – produtos nacionais, ou suas partes e peças, remetidos ao exterior mediante exportação temporária, para substituição de outro anteriormente exportado definitivamente, que deva retornar ao País para reparo ou substituição, em virtude de defeito técnico que exija sua devolução.

§ 2º A Secretaria da Receita Federal disciplinará os procedimentos para a aplicação do disposto neste artigo e os requisitos para reconhecimento da equivalência entre os produtos importados e exportados.

Art. 61. Nas operações de exportação sem saída do produto do território nacional, com pagamento a prazo, os efeitos fiscais e cambiais, quando reconhecidos pela legislação vigente, serão produzidos no momento da contratação, sob condição resolutória, aperfeiçoando-se pelo recebimento integral em moeda nacional ou estrangeira de livre conversibilidade.

- *Caput* com redação determinada pela Lei 12.024/2009.

Parágrafo único. O disposto neste artigo aplica-se também ao produto exportado sem saída do território nacional, na forma

Lei 10.833/2003

disciplinada pela Secretaria da Receita Federal do Brasil, para ser:

- *Caput* do parágrafo único com redação determinada pela Lei 12.767/2012.

I – totalmente incorporado a bem que se encontre no País, de propriedade do comprador estrangeiro, inclusive em regime de admissão temporária sob a responsabilidade de terceiro;
II – entregue a órgão da administração direta, autárquica ou fundacional da União, dos Estados, do Distrito Federal ou dos Municípios, em cumprimento de contrato decorrente de licitação internacional;
III – entregue, em consignação, a empresa nacional autorizada a operar o regime de loja franca;
IV – entregue, no País, a subsidiária ou coligada, para distribuição sob a forma de brinde a fornecedores e clientes;
V – entregue a terceiro, no País, em substituição de produto anteriormente exportado e que tenha se mostrado, após o despacho aduaneiro de importação, defeituoso ou imprestável para o fim a que se destinava;
VI – entregue, no País, a missão diplomática, repartição consular de caráter permanente ou organismo internacional de que o Brasil seja membro, ou a seu integrante, estrangeiro; ou
VII – entregue, no País, para ser incorporado a plataforma destinada à pesquisa e lavra de jazidas de petróleo e gás natural em construção ou conversão contratada por empresa sediada no exterior, ou a seus módulos;
VIII – entregue no País:

- Inciso VIII acrescentado pela Lei 12.767/2012.

a) para ser incorporado a produto do setor aeronáutico industrializado no território nacional, na hipótese de industrialização por encomenda de empresa estrangeira do bem a ser incorporado; ou
b) em regime de admissão temporária, por conta do comprador estrangeiro, sob a responsabilidade de terceiro, no caso de aeronaves;
IX – entregue no País a órgão do Ministério da Defesa, para ser incorporado a produto de interesse da defesa nacional em construção ou fabricação no território nacional, em decorrência de acordo internacional.

- Inciso IX acrescentado pela Lei 12.767/2012.

Art. 62. O regime de entreposto aduaneiro de que tratam os arts. 9º e 10 do Decreto-lei 1.455, de 7 de abril de 1976, com a redação dada pelo art. 69 da Medida Provisória 2.158-35, de 24 de agosto de 2001, poderá, mediante autorização da Secretaria da Receita Federal, observados os requisitos e condições estabelecidos na legislação específica, ser também operado em:
I – instalações portuárias previstas no inciso III do art. 2º da Lei 12.815, de 5 de junho de 2013;

- Inciso I com redação determinada pela Lei 12.844/2013.

II – bens destinados à pesquisa e lavra de jazidas de petróleo e gás natural em construção ou conversão no País, contratados por empresas sediadas no exterior e relacionados em ato do Poder Executivo.

- Inciso II com redação determinada pela Lei 12.844/2013.

Parágrafo único. No caso do inciso II, o beneficiário do regime será o contratado pela empresa sediada no exterior e o regime poderá ser operado também em estaleiros navais ou em outras instalações industriais, destinadas à construção dos bens de que trata aquele inciso.

- Parágrafo único com redação determinada pela Lei 12.844/2013.

Art. 63. A Secretaria da Receita Federal fica autorizada a estabelecer:
I – hipóteses em que, na substituição de beneficiário de regime aduaneiro suspensivo, o termo inicial para o cálculo de juros e multa de mora relativos aos tributos suspensos passe a ser a data da transferência da mercadoria; e
II – os serviços permitidos no regime de entreposto aduaneiro na importação e na exportação.

Art. 64. Os documentos instrutivos de declaração aduaneira ou necessários ao controle aduaneiro podem ser emitidos, transmitidos e recepcionados eletronicamente, na forma e nos prazos estabelecidos pela Secretaria da Receita Federal.
§ 1º A outorga de poderes a representante legal, inclusive quando residente no Brasil, para emitir e firmar os documentos referidos no *caput* deste artigo, também pode ser

Lei 10.833/2003

LEGISLAÇÃO

realizada por documento emitido e assinado eletronicamente.

- § 1º acrescentado pela Lei 11.452/2007.

§ 2º Os documentos eletrônicos referidos no *caput* deste artigo e no § 1º deste artigo são válidos para os efeitos fiscais e de controle aduaneiro, observado o disposto na legislação sobre certificação digital e atendidos os requisitos estabelecidos pela Secretaria da Receita Federal.

- § 2º acrescentado pela Lei 11.452/2007.

Art. 65. A Secretaria da Receita Federal poderá adotar nomenclatura simplificada para a classificação de mercadorias apreendidas, na lavratura do correspondente auto de infração para a aplicação da pena de perdimento, bem como aplicar alíquotas de 50% (cinquenta por cento) sobre o valor arbitrado dessas mercadorias, para o cálculo do valor estimado do Imposto de Importação e do Imposto sobre Produtos Industrializados que seriam devidos na importação, para efeitos de controle patrimonial, elaboração de estatísticas, formalização de processo administrativo fiscal e representação fiscal para fins penais.

Art. 66. As diferenças percentuais de mercadoria a granel, apuradas em conferência física nos despachos aduaneiros, não serão consideradas para efeitos de exigência dos impostos incidentes, até o limite de 1% (um por cento), conforme dispuser o Poder Executivo.

Art. 67. Na impossibilidade de identificação da mercadoria importada, em razão de seu extravio ou consumo, e de descrição genérica nos documentos comerciais e de transporte disponíveis, será aplicada, para fins de determinação dos impostos e dos direitos incidentes na importação, alíquota única de 80% (oitenta por cento) em regime de tributação simplificada relativa ao Imposto de Importação – II, ao Imposto sobre Produtos Industrializados – IPI, à Contribuição para os Programas de Integração Social e de Formação do Patrimônio do Servidor Público – PIS/Pasep, à Contribuição Social para o Financiamento da Seguridade Social – Cofins e ao Adicional ao Frete para a Renovação da Marinha Mercante – AFRMM.

- *Caput* com redação determinada pela Lei 13.043/2014.

§ 1º A base de cálculo da tributação simplificada prevista neste artigo será arbitrada em valor equivalente à mediana dos valores por quilograma de todas as mercadorias importadas a título definitivo, pela mesma via de transporte internacional, constantes de declarações registradas no semestre anterior, incluídas as despesas de frete e seguro internacionais.

- § 1º com redação determinada pela Lei 13.043/2014.

§ 2º Na falta de informação sobre o peso da mercadoria, adotar-se-á o peso líquido admitido na unidade de carga utilizada no seu transporte.

Art. 68. As mercadorias descritas de forma semelhante em diferentes declarações aduaneiras do mesmo contribuinte, salvo prova em contrário, são presumidas idênticas para fins de determinação do tratamento tributário ou aduaneiro.

Parágrafo único. Para efeito do disposto no *caput*, a identificação das mercadorias poderá ser realizada no curso do despacho aduaneiro ou em outro momento, com base em informações coligidas em documentos, obtidos inclusive junto a clientes ou a fornecedores, ou no processo produtivo em que tenham sido ou venham a ser utilizadas.

Art. 69. A multa prevista no art. 84 da Medida Provisória 2.158-35, de 24 de agosto de 2001, não poderá ser superior a 10% (dez por cento) do valor total das mercadorias constantes da declaração de importação.

§ 1º A multa a que se refere o *caput* aplica-se também ao importador, exportador ou beneficiário de regime aduaneiro que omitir ou prestar de forma inexata ou incompleta informação de natureza administrativo-tributária, cambial ou comercial necessária à determinação do procedimento de controle aduaneiro apropriado.

§ 2º As informações referidas no § 1º, sem prejuízo de outras que venham a ser estabelecidas em ato normativo da Secretaria da Receita Federal, compreendem a descrição detalhada da operação, incluindo:

I – identificação completa e endereço das pessoas envolvidas na transação: importa-

Lei 10.833/2003

LEGISLAÇÃO

dor/exportador; adquirente (comprador)/fornecedor (vendedor), fabricante, agente de compra ou de venda e representante comercial;

II – destinação da mercadoria importada: industrialização ou consumo, incorporação ao ativo, revenda ou outra finalidade;

III – descrição completa da mercadoria: todas as características necessárias à classificação fiscal, espécie, marca comercial, modelo, nome comercial ou científico e outros atributos estabelecidos pela Secretaria da Receita Federal que confiram sua identidade comercial;

IV – países de origem, de procedência e de aquisição; e

V – portos de embarque e de desembarque.

§ 3º Quando aplicada sobre a exportação, a multa prevista neste artigo incidirá sobre o preço normal definido no art. 2º do Decreto-lei 1.578, de 11 de outubro de 1977.

• § 3º acrescentado pela Lei 13.043/2014.

Art. 70. O descumprimento pelo importador, exportador ou adquirente de mercadoria importada por sua conta e ordem, da obrigação de manter, em boa guarda e ordem, os documentos relativos às transações que realizarem, pelo prazo decadencial estabelecido na legislação tributária a que estão submetidos, ou da obrigação de os apresentar à fiscalização aduaneira quando exigidos, implicará:

I – se relativo aos documentos comprobatórios da transação comercial ou os respectivos registros contábeis:

a) a apuração do valor aduaneiro com base em método substitutivo ao valor de transação, caso exista dúvida quanto ao valor aduaneiro declarado; e

b) o não reconhecimento de tratamento mais benéfico de natureza tarifária, tributária ou aduaneira eventualmente concedido, com efeitos retroativos à data do fato gerador, caso não sejam apresentadas provas do regular cumprimento das condições previstas na legislação específica para obtê-lo;

II – se relativo aos documentos obrigatórios de instrução das declarações aduaneiras:

a) o arbitramento do preço da mercadoria para fins de determinação da base de cálculo, conforme os critérios definidos no art. 88 da Medida Provisória 2.158-35, de 24 de agosto de 2001, se existir dúvida quanto ao preço efetivamente praticado; e

b) a aplicação cumulativa das multas de:

1. 5% (cinco por cento) do valor aduaneiro das mercadorias importadas; e

2. 100% (cem por cento) sobre a diferença entre o preço declarado e o preço efetivamente praticado na importação ou entre o preço declarado e o preço arbitrado.

§ 1º Os documentos de que trata o *caput* compreendem os documentos de instrução das declarações aduaneiras, a correspondência comercial, incluídos os documentos de negociação e cotação de preços, os instrumentos de contrato comercial, financeiro e cambial, de transporte e seguro das mercadorias, os registros contábeis e os correspondentes documentos fiscais, bem como outros que a Secretaria da Receita Federal venha a exigir em ato normativo.

§ 2º Nas hipóteses de incêndio, furto, roubo, extravio ou qualquer outro sinistro que provoque a perda ou deterioração dos documentos a que se refere o § 1º, deverá ser feita comunicação, por escrito, no prazo de 48 (quarenta e oito) horas do sinistro, à unidade de fiscalização aduaneira da Secretaria da Receita Federal que jurisdicione o domicílio matriz do sujeito passivo.

§ 3º As multas previstas no inciso II do *caput* não se aplicam no caso de regular comunicação da ocorrência de um dos eventos previstos no § 2º.

§ 4º Somente produzirá efeitos a comunicação realizada dentro do prazo referido no § 2º e instruída com os documentos que comprovem o registro da ocorrência junto à autoridade competente para apurar o fato.

§ 5º No caso de encerramento das atividades da pessoa jurídica, a guarda dos documentos referidos no *caput* será atribuída à pessoa responsável pela guarda dos demais documentos fiscais, nos termos da legislação específica.

§ 6º A aplicação do disposto neste artigo não prejudica a aplicação das multas previstas no art. 107 do Decreto-lei 37, de 18 de novembro de 1966, com a redação dada pelo art. 77 desta Lei, nem a aplicação de outras penalidades cabíveis.

Art. 71. O despachante aduaneiro, o transportador, o agente de carga, o deposi-

Lei 10.833/2003

tário e os demais intervenientes em operação de comércio exterior ficam obrigados a manter em boa guarda e ordem, e a apresentar à fiscalização aduaneira, quando exigidos, os documentos e registros relativos às transações em que intervierem, ou outros definidos em ato normativo da Secretaria da Receita Federal, na forma e nos prazos por ela estabelecidos.

Art. 72. Aplica-se a multa de:

I – 10% (dez por cento) do valor aduaneiro da mercadoria submetida ao regime aduaneiro especial de admissão temporária, ou de admissão temporária para aperfeiçoamento ativo, pelo descumprimento de condições, requisitos ou prazos estabelecidos para aplicação do regime; e

II – 5% (cinco por cento) do preço normal da mercadoria submetida ao regime aduaneiro especial de exportação temporária, ou de exportação temporária para aperfeiçoamento passivo, pelo descumprimento de condições, requisitos ou prazos estabelecidos para aplicação do regime.

§ 1º O valor da multa prevista neste artigo será de R$ 500,00 (quinhentos reais), quando do seu cálculo resultar valor inferior.

§ 2º A multa aplicada na forma deste artigo não prejudica a exigência dos impostos incidentes, a aplicação de outras penalidades cabíveis e a representação fiscal para fins penais, quando for o caso.

Art. 73. Verificada a impossibilidade de apreensão da mercadoria sujeita a pena de perdimento, em razão de sua não localização ou consumo, extinguir-se-á o processo administrativo instaurado para apuração da infração capitulada como dano ao Erário.

§ 1º Na hipótese prevista no *caput*, será instaurado processo administrativo para aplicação da multa prevista no § 3º do art. 23 do Decreto-lei 1.455, de 7 de abril de 1976, com a redação dada pelo art. 59 da Lei 10.637, de 30 de dezembro de 2002.

§ 2º A multa a que se refere o § 1º será exigida mediante lançamento de ofício, que será processado e julgado nos termos da legislação que rege a determinação e exigência dos demais créditos tributários da União.

Art. 74. O transportador de passageiros, em viagem internacional, ou que transite por zona de vigilância aduaneira, fica obrigado a identificar os volumes transportados como bagagem em compartimento isolado dos viajantes, e seus respectivos proprietários.

§ 1º No caso de transporte terrestre de passageiros, a identificação referida no *caput* também se aplica aos volumes portados pelos passageiros no interior do veículo.

§ 2º As mercadorias transportadas no compartimento comum de bagagens ou de carga do veículo, que não constituam bagagem identificada dos passageiros, devem estar acompanhadas do respectivo conhecimento de transporte.

§ 3º Presume-se de propriedade do transportador, para efeitos fiscais, a mercadoria transportada sem a identificação do respectivo proprietário, na forma estabelecida no *caput* ou nos §§ 1º e 2º deste artigo.

§ 4º Compete à Secretaria da Receita Federal disciplinar os procedimentos necessários para fins de cumprimento do previsto neste artigo.

Art. 75. Aplica-se a multa de R$ 15.000,00 (quinze mil reais) ao transportador, de passageiros ou de carga, em viagem doméstica ou internacional que transportar mercadoria sujeita a pena de perdimento:

I – sem identificação do proprietário ou possuidor; ou

II – ainda que identificado o proprietário ou possuidor, as características ou a quantidade dos volumes transportados evidenciarem tratar-se de mercadoria sujeita à referida pena.

§ 1º Na hipótese de transporte rodoviário, o veículo será retido, na forma estabelecida pela Secretaria da Receita Federal, até o recolhimento da multa ou o deferimento do recurso a que se refere o § 3º.

§ 2º A retenção prevista no § 1º será efetuada ainda que o infrator não seja o proprietário do veículo, cabendo a este adotar as ações necessárias contra o primeiro para se ressarcir dos prejuízos eventualmente incorridos.

§ 3º Caberá recurso, com efeito exclusivamente devolutivo, a ser apresentado no prazo de 20 (vinte) dias da ciência da retenção a que se refere o § 1º, ao titular da unidade da Secretaria da Receita Federal responsável pela retenção, que o apreciará em instância única.

Lei 10.833/2003

§ 4º Decorrido o prazo de 45 (quarenta e cinco) dias da aplicação da multa, ou da ciência do indeferimento do recurso, e não recolhida a multa prevista, o veículo será considerado abandonado, caracterizando dano ao Erário e ensejando a aplicação da pena de perdimento, observado o rito estabelecido no Decreto-lei 1.455, de 7 de abril de 1976.

§ 5º A multa a ser aplicada será de R$ 30.000,00 (trinta mil reais) na hipótese de:

I – reincidência da infração prevista no *caput*, envolvendo o mesmo veículo transportador; ou

II – modificações da estrutura ou das características do veículo, com a finalidade de efetuar o transporte de mercadorias ou permitir a sua ocultação.

§ 6º O disposto neste artigo não se aplica nas hipóteses em que o veículo estiver sujeito à pena de perdimento prevista no inciso V do art. 104 do Decreto-lei 37, de 18 de novembro de 1966, nem prejudica a aplicação de outras penalidades estabelecidas.

§ 7º Enquanto não consumada a destinação do veículo, a pena de perdimento prevista no § 4º poderá ser relevada à vista de requerimento do interessado, desde que haja o recolhimento de duas vezes o valor da multa aplicada.

§ 8º A Secretaria da Receita Federal deverá representar o transportador que incorrer na infração prevista no *caput* ou que seja submetido à aplicação da pena de perdimento de veículo à autoridade competente para fiscalizar o transporte terrestre.

§ 9º Na hipótese do § 8º, as correspondentes autorizações de viagens internacionais ou por zonas de vigilância aduaneira do transportador representado serão canceladas, ficando vedada a expedição de novas autorizações pelo prazo de 2 (dois) anos.

Art. 76. Os intervenientes nas operações de comércio exterior ficam sujeitos às seguintes sanções:

I – advertência, na hipótese de:

a) (Revogada pela Lei 13.043/2014.)
b) (Revogada pela Lei 13.043/2014.)
c) atraso, de forma contumaz, na chegada ao destino de veículo conduzindo mercadoria submetida ao regime de trânsito aduaneiro;

d) emissão de documento de identificação ou quantificação de mercadoria sob controle aduaneiro em desacordo com o previsto em ato normativo, relativamente a sua efetiva qualidade ou quantidade;

- Alínea *d* com redação determinada pela Lei 13.043/2014.

e) prática de ato que prejudique a identificação ou quantificação de mercadoria sob controle aduaneiro;

- Alínea *e* com redação determinada pela Lei 13.043/2014.

f) (Revogada pela Lei 13.043/2014.)

g) consolidação ou desconsolidação de carga efetuada em desacordo com disposição estabelecida em ato normativo e que altere o tratamento tributário ou aduaneiro da mercadoria;

- Alínea *g* com redação determinada pela Lei 13.043/2014.

h) atraso, por mais de três vezes, em um mesmo mês, na prestação de informações sobre carga e descarga de veículos, ou movimentação e armazenagem de mercadorias sob controle aduaneiro;

i) descumprimento de requisito, condição ou norma operacional para habilitar-se ou utilizar regime aduaneiro especial ou aplicado em áreas especiais, ou para habilitar-se ou manter recintos nos quais tais regimes sejam aplicados; ou

j) descumprimento de obrigação de apresentar à fiscalização, em boa ordem, os documentos relativos à operação em que realizar ou em que intervier, bem como outros documentos exigidos pela Secretaria da Receita Federal do Brasil; ou

- Alínea *j* com redação determinada pela Lei 13.043/2014.

k) descumprimento de determinação legal ou de outras obrigações relativas ao controle aduaneiro previstas em ato normativo não referidas às alíneas *c* a *j*;

- Alínea *k* acrescentada pela Lei 13.043/2014.

II – suspensão, pelo prazo de até 12 (doze) meses, do registro, licença, autorização, credenciamento ou habilitação para utilização de regime aduaneiro ou de procedimento simplificado, exercício de atividades relacionadas com o despacho aduaneiro, ou com a movimentação e armazenagem de mercadorias sob controle aduaneiro, e serviços conexos, na hipótese de:

a) reincidência em conduta já sancionada com advertência;
b) atuação em nome de pessoa que esteja cumprindo suspensão, ou no interesse desta;
c) (Revogada pela Lei 13.043/2014.)
d) delegação de atribuição privativa a pessoa não credenciada ou habilitada;

• Alínea *d* com redação determinada pela Lei 13.043/2014.

e) prática de qualquer outra conduta sancionada com suspensão de registro, licença, autorização, credenciamento ou habilitação, nos termos de legislação específica; ou

• Alínea *e* com redação determinada pela Lei 13.043/2014.

f) agressão ou desacato à autoridade aduaneira no exercício da função;

• Alínea *f* acrescentada pela Lei 13.043/2014.

III – cancelamento ou cassação do registro, licença, autorização, credenciamento ou habilitação para utilização de regime aduaneiro ou de procedimento simplificado, exercício de atividades relacionadas com o despacho aduaneiro, ou com a movimentação e armazenagem de mercadorias sob controle aduaneiro, e serviços conexos, na hipótese de:
a) acúmulo, em período de 3 (três) anos, de suspensão cujo prazo total supere 12 (doze) meses;
b) atuação em nome de pessoa cujo registro, licença, autorização, credenciamento ou habilitação tenha sido objeto de cancelamento ou cassação, ou no interesse desta;
c) exercício, por pessoa credenciada ou habilitada, de atividade ou cargo vedados na legislação específica;
d) prática de ato que embarace, dificulte ou impeça a ação da fiscalização aduaneira, para benefício próprio ou de terceiros;

• Alínea *d* com redação determinada pela Lei 13.043/2014.

e) (Revogada pela Lei 13.043/2014.)
f) sentença condenatória, transitada em julgado, por participação, direta ou indireta, na prática de crime contra a administração pública ou contra a ordem tributária;
g) ação ou omissão dolosa tendente a subtrair ao controle aduaneiro, ou dele ocultar, a importação ou a exportação de bens ou de mercadorias; ou
h) prática de qualquer outra conduta sancionada com cancelamento ou cassação de registro, licença, autorização, credenciamento ou habilitação, nos termos de legislação específica.

§ 1º A aplicação das sanções previstas neste artigo será anotada no registro do infrator pela administração aduaneira, após a decisão definitiva na esfera administrativa, devendo a anotação ser cancelada após o decurso de 5 (cinco) anos de sua efetivação.

• § 1º com redação determinada pela Lei 13.043/2014.

§ 2º Para os efeitos do disposto neste artigo, consideram-se intervenientes o importador, o exportador, o beneficiário de regime aduaneiro ou de procedimento simplificado, o despachante aduaneiro e seus ajudantes, o transportador, o agente de carga, o operador de transporte multimodal, o operador portuário, o depositário, o administrador de recinto alfandegado, o perito ou qualquer outra pessoa que tenha relação, direta ou indireta, com a operação de comércio exterior.

• § 2º com redação determinada pela Lei 13.043/2014.

§ 3º Para efeitos do disposto na alínea *c* do inciso I do *caput*, considera-se contumaz o atraso sem motivo justificado ocorrido em mais de 20% (vinte por cento) das operações de trânsito aduaneiro realizadas no mês, se superior a cinco o número total de operações.

§ 4º Na aplicação da sanção prevista no inciso I do *caput* e na determinação do prazo para a aplicação das sanções previstas no inciso II do *caput* serão considerados:

• § 4º com redação determinada pela Lei 13.043/2014.

I – a natureza e a gravidade da infração cometida;
II – os danos que dela provierem; e
III – os antecedentes do infrator, inclusive quanto à proporção das irregularidades no conjunto das operações por ele realizadas e seus esforços para melhorar a conformidade à legislação, segundo os critérios estabelecidos pela Secretaria da Receita Federal do Brasil.

§ 5º Para os fins do disposto na alínea *a* do inciso II do *caput* deste artigo, será considerado reincidente o infrator que:

• § 5º com redação determinada pela Lei 13.043/2014.

Lei 10.833/2003

I – cometer nova infração pela mesma conduta já sancionada com advertência, no período de 365 (trezentos e sessenta e cinco) dias, contado da data da aplicação da sanção; ou

II – não sanar a irregularidade que ensejou a aplicação da advertência, depois de um mês de sua aplicação, quando se tratar de conduta passível de regularização.

§ 5º-A. Para os efeitos do § 5º, no caso de operadores que realizam grande quantidade de operações, poderá ser observada a proporção de erros e omissões em razão da quantidade de documentos, declarações e informações a serem prestadas, nos termos, limites e condições disciplinados pelo Poder Executivo.

• § 5º-A acrescentado pela Lei 13.043/2014.

§ 6º Na hipótese de cassação ou cancelamento, a reinscrição para a atividade que exerce ou a inscrição para exercer outra atividade sujeita a controle aduaneiro só poderá ser solicitada depois de transcorridos 2 (dois) anos da data de aplicação da sanção, devendo ser cumpridas todas as exigências e formalidades previstas para a inscrição.

§ 7º Ao sancionado com suspensão, cassação ou cancelamento, enquanto perdurarem os efeitos da sanção, é vedado o ingresso em local sob controle aduaneiro, sem autorização do titular da unidade jurisdicionante.

§ 8º Compete a aplicação das sanções:

I – ao titular da unidade da Secretaria da Receita Federal responsável pela apuração da infração, nos casos de advertência ou suspensão; ou

II – à autoridade competente para habilitar ou autorizar a utilização de procedimento simplificado, de regime aduaneiro, ou o exercício de atividades relacionadas com o despacho aduaneiro, ou com a movimentação e armazenagem de mercadorias sob controle aduaneiro, e serviços conexos, nos casos de cancelamento ou cassação.

§ 9º As sanções previstas neste artigo serão aplicadas mediante processo administrativo próprio, instaurado com a lavratura de auto de infração, acompanhado de termo de constatação de hipótese referida nos incisos I a III do *caput*.

§ 10. Feita a intimação, a não apresentação de impugnação no prazo de 20 (vinte) dias implicará revelia, cabendo a imediata aplicação da penalidade.

• § 10 com redação determinada pela Lei 13.043/2014.

§ 10-A. A intimação a que se refere o § 10 deste artigo será:

• § 10-A acrescentado pela Lei 13.043/2014.

I – pessoal, pelo autor do procedimento ou por agente preparador, na repartição ou fora dela, produzindo efeitos com a assinatura do sujeito passivo, seu mandatário ou preposto, ou, no caso de recusa, com declaração escrita de quem o intimar;

II – por via postal, telegráfica ou por qualquer outro meio ou via, produzindo efeitos com o recebimento no domicílio indicado à Secretaria da Receita Federal do Brasil pelo interveniente na operação de comércio exterior ou, se omitida a data do recebimento, com o decurso de 15 (quinze) dias da expedição da intimação ao referido endereço;

III – por meio eletrônico, com prova de recebimento, mediante envio ao domicílio tributário do sujeito passivo ou registro em meio magnético ou equivalente utilizado pelo sujeito passivo, produzindo efeitos:

a) 15 (quinze) dias contados da data registrada no comprovante de entrega no domicílio tributário do sujeito passivo;

b) na data em que o sujeito passivo efetuar consulta ao endereço eletrônico a ele atribuído pela administração tributária, se ocorrida antes do prazo previsto na alínea a deste inciso; ou

c) na data registrada no meio magnético ou equivalente utilizado pelo sujeito passivo; ou

IV – por edital, quando resultarem improfícuos os meios previstos nos incisos I a III deste parágrafo, ou no caso de pessoa jurídica declarada inapta no Cadastro Nacional de Pessoas Jurídicas – CNPJ, produzindo efeitos com o decurso de 15 (quinze) dias da publicação ou com qualquer manifestação do interessado no mesmo período.

§ 11. Apresentada a impugnação, a autoridade preparadora terá prazo de 15 (quinze) dias para remessa do processo a julgamento.

§ 12. O prazo a que se refere o § 11 poderá ser prorrogado quando for necessária a realização de diligências ou perícias.

§ 13. Da decisão que aplicar a sanção cabe recurso, a ser apresentado em 30 (trinta) dias, à autoridade imediatamente superior, que o julgará em instância final administrativa.

§ 14. O rito processual a que se referem os §§ 9º a 13 aplica-se também aos processos ainda não conclusos para julgamento em 1ª (primeira) instância julgados na esfera administrativa, relativos a sanções administrativas de advertência, suspensão, cassação ou cancelamento.

§ 15. As sanções previstas neste artigo não prejudicam a exigência dos impostos incidentes, a aplicação de outras penalidades cabíveis e a representação fiscal para fins penais, quando for o caso.

Art. 77. Os arts. 1º, 17, 36, 37, 50, 104, 107 e 169 do Decreto-lei 37, de 18 de novembro de 1966, passam a vigorar com as seguintes alterações:

- Alterações processadas no texto do referido Decreto-lei.

Art. 78. O art. 3º do Decreto-lei 399, de 30 de dezembro de 1968, passa a vigorar com a seguinte redação:

"Art. 3º [...]

"Parágrafo único. Sem prejuízo da sanção penal referida neste artigo, será aplicada, além da pena de perdimento da respectiva mercadoria, a multa de R$ 2,00 (dois reais) por maço de cigarro ou por unidade dos demais produtos apreendidos."

Art. 79. Os arts. 7º e 8º da Lei 9.019, de 30 de março de 1995, passam a vigorar com a seguinte redação:

"Art. 7º [...]

"[...]

"§ 2º Os direitos *antidumping* e os direitos compensatórios são devidos na data do registro da declaração de importação.

"§ 3º A falta de recolhimento de direitos *antidumping* ou de direitos compensatórios na data prevista no § 2º acarretará, sobre o valor não recolhido:

"I – no caso de pagamento espontâneo, após o desembaraço aduaneiro:

"*a*) a incidência de multa de mora, calculada à taxa de 0,33% (trinta e três centésimos por cento), por dia de atraso, a partir do primeiro dia subsequente ao do registro da declaração de importação até o dia em que ocorrer o seu pagamento, limitada a 20% (vinte por cento); e

"*b*) a incidência de juros de mora calculados à taxa referencial do Sistema Especial de Liquidação e Custódia – Selic, para títulos federais, acumulada mensalmente, a partir do primeiro dia do mês subsequente ao do registro da declaração de importação até o último dia do mês anterior ao do pagamento e de 1% (um por cento) no mês do pagamento; e

"II – no caso de exigência de ofício, de multa de 75% (setenta e cinco por cento) e dos juros de mora previstos na alínea *b* do inciso I deste parágrafo.

"§ 4º A multa de que trata o inciso II do § 3º será exigida isoladamente quando os direitos *antidumping* ou os direitos compensatórios houverem sido pagos após o registro da declaração de importação, mas sem os acréscimos moratórios.

"§ 5º A exigência de ofício de direitos *antidumping* ou de direitos compensatórios e decorrentes acréscimos moratórios e penalidades será formalizada em auto de infração lavrado por Auditor Fiscal da Receita Federal, observado o disposto no Decreto 70.235, de 6 de março de 1972, e o prazo de 5 (cinco) anos contados da data de registro da declaração de importação.

"§ 6º Verificado o inadimplemento da obrigação, a Secretaria da Receita Federal encaminhará o débito à Procuradoria-Geral da Fazenda Nacional, para inscrição em Dívida Ativa da União e respectiva cobrança, observado o prazo de prescrição de 5 (cinco) anos.

"§ 7º A restituição de valores pagos a título de direitos *antidumping* e de direitos compensatórios, provisórios ou definitivos, enseja a restituição dos acréscimos legais correspondentes e das penalidades pecuniárias, de caráter material, prejudicados pela causa da restituição."

"Art. 8º [...]

"§ 1º Nos casos de retroatividade, a Secretaria da Receita Federal intimará o contribuinte ou responsável para pagar os direitos *antidumping* ou compensatórios, provisórios ou definitivos, no prazo de 30 (trinta) dias, sem a incidência de quaisquer acréscimos moratórios.

"§ 2º Vencido o prazo previsto no § 1º, sem que tenha havido o pagamento dos direitos, a Secretaria da Receita Federal deverá exigi-los de ofício, mediante a lavratura de auto de infração, aplicando-se a multa e os juros de mora previstos no inciso II do § 3º do art. 7º, a partir do término do prazo de 30 (trinta) dias previsto no § 1º deste artigo."

Art. 80. O art. 2º da Lei 4.502, de 30 de novembro de 1964, passa a vigorar acrescido do § 3º, com a seguinte redação:

"Art. 2º [...]

"[...]

"§ 3º Para efeito do disposto no inciso I, considerar-se-á ocorrido o respectivo desembaraço aduaneiro da mercadoria que constar como tendo sido importada e cujo extravio ou avaria venham a ser apurados pela autoridade fiscal, inclusive na hipótese de mercadoria sob regime suspensivo de tributação."

Art. 81. A redução da multa de lançamento de ofício prevista no art. 6º da Lei 8.218, de 29 de agosto de 1991, não se aplica:

I – às multas previstas nos arts. 70, 72 e 75 desta Lei;

II – às multas previstas no art. 107 do Decreto-lei 37, de 18 de novembro de 1966, com a redação dada pelo art. 77 desta Lei;

III – à multa prevista no § 3º do art. 23 do Decreto-lei 1.455, de 7 de abril de 1976, com a redação dada pelo art. 59 da Lei 10.637, de 30 de dezembro de 2002;

IV – às multas previstas nos arts. 67 e 84 da Medida Provisória 2.158-35, de 24 de agosto de 2001;

V – à multa prevista no inciso I do art. 83 da Lei 4.502, de 30 de novembro de 1964, com a redação dada pelo art. 1º do Decreto-lei 400, de 3 de dezembro de 1968; e

VI – à multa prevista no art. 19 da Lei 9.779, de 19 de janeiro de 1999.

Capítulo IV
DISPOSIÇÕES FINAIS

Art. 82. O art. 2º da Lei 10.034, de 24 de outubro de 2000, passa a vigorar com a seguinte redação:

"Art. 2º Ficam acrescidos de 50% (cinquenta por cento) os percentuais referidos no art. 5º da Lei 9.317, de 5 de dezembro de 1996, alterado pela Lei 9.732, de 11 de dezembro de 1998, em relação às atividades relacionadas nos incisos II a IV do art. 1º desta Lei e às pessoas jurídicas que aUfiram receita bruta decorrente da prestação de serviços em montante igual ou superior a 30% (trinta por cento) da receita bruta total.

"Parágrafo único. O produto da arrecadação proporcionado pelo disposto no *caput* será destinado integralmente às contribuições de que trata a alínea *f* do § 1º do art. 3º da Lei 9.317, de 5 de dezembro de 1996."

Art. 83. O não cumprimento das obrigações previstas nos arts. 11 e 19 da Lei 9.311, de 24 de outubro de 1996, sujeita as cooperativas de crédito às multas de:

I – R$ 5,00 (cinco reais) por grupo de 5 (cinco) informações inexatas, incompletas ou omitidas;

II – R$ 200,00 (duzentos reais) ao mês-calendário ou fração, independentemente da sanção prevista no inciso I, se o formulário ou outro meio de informação padronizado for apresentado fora do período determinado.

Parágrafo único. Apresentada a informação, fora de prazo, mas antes de qualquer procedimento de ofício, ou se, após a intimação, houver a apresentação dentro do prazo nesta fixado, as multas serão reduzidas à metade.

Art. 84. *(Revogado pela Lei 11.051/2004 – DOU 30.12.2004, a partir do primeiro dia do quarto mês subsequente ao de sua publicação.)*

Art. 85. A Lei 10.753, de 31 de outubro de 2003, passa a vigorar com as seguintes alterações:

"Art. 4º É permitida a entrada no País de livros em língua estrangeira ou portuguesa, imunes de impostos nos termos do art. 150, inciso VI, alínea *d*, da Constituição, e, nos termos do regulamento, de tarifas alfandegárias prévias, sem prejuízo dos controles aduaneiros e de suas taxas."

"Art. 8º As pessoas jurídicas que exerçam as atividades descritas nos incisos II a IV do art. 5º poderão constituir provisão para perda de estoques, calculada no último dia de cada período de apuração do imposto de renda e da contribuição social sobre o lucro líquido, correspondente a 1/3 (um terço) do valor do estoque existente naquela data, na forma que dispuser o regula-

Lei 10.833/2003

LEGISLAÇÃO

mento, inclusive em relação ao tratamento contábil e fiscal a ser dispensado às reversões dessa provisão."

"Art. 9º A provisão referida no art. 8º será dedutível para fins de determinação do lucro real e da base de cálculo da contribuição social sobre o lucro líquido."

Art. 86. *(Revogado pela Lei 12.111/2009.)*

Art. 87. Os §§ 2º, 3º e 4º do art. 5º da Lei 10.336, de 19 de dezembro de 2001, passam a vigorar com a seguinte redação:

- Alterações processadas no texto da referida Lei.

Art. 88. A Lei 10.336, de 19 de dezembro de 2001, fica acrescida do art. 8º-A:

- Alteração processada no texto da referida Lei.

Art. 89. No prazo de 120 (cento e vinte) dias contados a partir da publicação desta Lei, o Poder Executivo encaminhará Projeto de Lei ao Congresso Nacional prevendo a substituição parcial da contribuição a cargo da empresa, destinada à Seguridade Social, incidente sobre a folha de salários e demais rendimentos do trabalho, prevista no art. 22 da Lei 8.212, de 24 de julho de 1991, em Contribuição Social incidente sobre a receita bruta, observado o princípio da não cumulatividade.

- O art. 11 da Lei 10.999/2004 (*DOU* 16.12.2004) dispõe: "Fica prorrogado até 31 de julho de 2005 o prazo de que trata o art. 89 da Lei 10.833, de 29 de dezembro de 2003".

Art. 90. *(Revogado pela Lei 11.051/2004.)*

Art. 91. Serão reduzidas a 0 (zero) as alíquotas da contribuição para o PIS/Pasep e da Cofins incidentes sobre a receita bruta decorrente da venda de álcool etílico hidratado carburante, realizada por distribuidor e revendedor varejista, desde que atendidas as condições estabelecidas pelo Poder Executivo.

Parágrafo único. A redução de alíquotas referidas no *caput* somente será aplicável a partir do mês subsequente ao da edição do decreto que estabeleça as condições requeridas.

Art. 92. A Secretaria da Receita Federal editará, no âmbito de sua competência, as normas necessárias à aplicação do disposto nesta Lei.

Art. 93. Esta Lei entra em vigor na data de sua publicação, produzindo efeitos, em relação:

I – aos arts. 1º a 15 e 25, a partir de 1º de fevereiro de 2004;

II – aos arts. 26, 27, 29, 30 e 34 desta Lei, a partir de 1º de fevereiro de 2004;

III – ao art. 1º da Lei 8.850, de 28 de janeiro de 1994, e ao inciso I do art. 52 da Lei 8.383, de 30 de dezembro de 1991, com a redação dada pelos arts. 42 e 43, a partir de 1º de janeiro de 2004;

IV – aos arts. 49 a 51 e 53 a 58 desta Lei, a partir do primeiro dia do quarto mês subsequente ao de sua publicação;

V – ao art. 52 desta Lei, a partir do 1º dia do segundo mês subsequente ao de publicação desta Lei;

VI – aos demais artigos, a partir da data da publicação desta Lei.

Art. 94. Ficam revogados:

I – as alíneas *a* dos incisos III e IV e o inciso V do art. 106, o art. 109 e o art. 137 do Decreto-lei 37, de 1966, este com a redação dada pelo art. 4º do Decreto-lei 2.472, de 1988;

II – o art. 7º do Decreto-lei 1.578, de 11 de outubro de 1977;

III – o inciso II do art. 77 da Lei 8.981, de 20 de janeiro de 1995;

IV – o art. 75 da Lei 9.532, de 10 de dezembro de 1997;

V – os §§ 5º e 6º do art. 5º da Lei 10.336, 28 de dezembro de 2001; e

- A Lei 10.336 é de 19 de dezembro de 2001.

VI – o art. 6º da Lei 10.637, de 30 de dezembro de 2002, a partir da data de início dos efeitos desta Lei.

Brasília, 29 de dezembro de 2003; 182º da Independência e 115º da República.

Luiz Inácio Lula da Silva

(*DOU* 30.12.2003, edição extra-A)

ANEXO ÚNICO

- Revogado pela Lei 10.925/2004 (*DOU* 26.07.2004), a partir do primeiro dia do quarto mês subsequente ao da publicação desta Lei (v. art. 16, II, *a*, da referida Lei).

Lei 10.865/2004

LEGISLAÇÃO

LEI 10.865, DE 30 DE ABRIL DE 2004

Dispõe sobre a Contribuição para os Programas de Integração Social e de Formação do Patrimônio do Servidor Público e a Contribuição para o Financiamento da Seguridade Social incidentes sobre a importação de bens e serviços e dá outras providências.

O Presidente da República:
Faço saber que o Congresso Nacional decreta e eu sanciono a seguinte Lei:

Capítulo I
DA INCIDÊNCIA

Art. 1º Ficam instituídas a Contribuição para os Programas de Integração Social e de Formação do Patrimônio do Servidor Público incidente na Importação de Produtos Estrangeiros ou Serviços – PIS/Pasep-Importação e a Contribuição Social para o Financiamento da Seguridade Social devida pelo Importador de Bens Estrangeiros ou Serviços do Exterior – Cofins-Importação, com base nos arts. 149, § 2º, inciso II, e 195, inciso IV, da Constituição Federal, observado o disposto no seu art. 195, § 6º.

• V. arts. 4º e 7º, Lei 11.116/2005 (Incidência da Contribuição para o PIS/Pasep e da Cofins sobre as receitas decorrentes da venda de biodiesel).

§ 1º Os serviços a que se refere o *caput* deste artigo são os provenientes do exterior prestados por pessoa física ou pessoa jurídica residente ou domiciliada no exterior, nas seguintes hipóteses:
I – executados no País; ou
II – executados no exterior, cujo resultado se verifique no País.
§ 2º Consideram-se também estrangeiros:
I – bens nacionais ou nacionalizados exportados, que retornem ao País, salvo se:
a) enviados em consignação e não vendidos no prazo autorizado;
b) devolvidos por motivo de defeito técnico para reparo ou para substituição;
c) por motivo de modificações na sistemática de importação por parte do país importador;
d) por motivo de guerra ou de calamidade pública; ou
e) por outros fatores alheios à vontade do exportador;
II – os equipamentos, as máquinas, os veículos, os aparelhos e os instrumentos, bem como as partes, as peças, os acessórios e os componentes, de fabricação nacional, adquiridos no mercado interno pelas empresas nacionais de engenharia e exportados para a execução de obras contratadas no exterior, na hipótese de retornarem ao País.

Art. 2º As contribuições instituídas no art. 1º desta Lei não incidem sobre:
I – bens estrangeiros que, corretamente descritos nos documentos de transporte, chegarem ao País por erro inequívoco ou comprovado de expedição e que forem redestinados ou devolvidos para o exterior;
II – bens estrangeiros idênticos, em igual quantidade e valor, e que se destinem à reposição de outros anteriormente importados que se tenham revelado, após o desembaraço aduaneiro, defeituosos ou imprestáveis para o fim a que se destinavam, observada a regulamentação do Ministério da Fazenda;
III – bens estrangeiros que tenham sido objeto de pena de perdimento, exceto nas hipóteses em que não sejam localizados, tenham sido consumidos ou revendidos;
IV – bens estrangeiros devolvidos para o exterior antes do registro da declaração de importação, observada a regulamentação do Ministério da Fazenda;
V – pescado capturado fora das águas territoriais do País por empresa localizada no seu território, desde que satisfeitas as exigências que regulam a atividade pesqueira;
VI – bens aos quais tenha sido aplicado o regime de exportação temporária;
VII – bens ou serviços importados pelas entidades beneficentes de assistência social, nos termos do § 7º do art. 195 da Constituição Federal, observado o disposto no art. 10 desta Lei;
VIII – bens em trânsito aduaneiro de passagem, acidentalmente destruídos;
IX – bens avariados ou que se revelem imprestáveis para os fins a que se destinavam, desde que destruídos, sob controle aduaneiro, antes de despachados para consumo, sem ônus para a Fazenda Nacional; e
X – o custo do transporte internacional e de outros serviços, que tiverem sido computa-

dos no valor aduaneiro que serviu de base de cálculo da contribuição.

XI – valor pago, creditado, entregue, empregado ou remetido à pessoa física ou jurídica a título de remuneração de serviços vinculados aos processos de avaliação da conformidade, metrologia, normalização, inspeção sanitária e fitossanitária, homologação, registros e outros procedimentos exigidos pelo país importador sob o resguardo dos acordos sobre medidas sanitárias e fitossanitárias (SPS) e sobre barreiras técnicas ao comércio (TBT), ambos do âmbito da Organização Mundial do Comércio – OMC.

* Inciso XI acrescentado pela Lei 12.249/2010 (DOU 14.06.2010), em vigor na data de sua publicação, produzindo efeitos a partir de 16.12.2009 (v. art. 139, I, d, da referida Lei).

Parágrafo único. O disposto no inciso XI não se aplica à remuneração de serviços prestados por pessoa física ou jurídica residente ou domiciliada em país ou dependência com tributação favorecida ou beneficiada por regime fiscal privilegiado, de que tratam os arts. 24 e 24-A da Lei 9.430, de 27 de dezembro de 1996.

* Parágrafo único acrescentado pela Lei 12.249/2010 (DOU 14.06.2010), em vigor na data de sua publicação, produzindo efeitos a partir de 16.12.2009 (v. art. 139, I, d, da referida Lei).

Capítulo II
DO FATO GERADOR

Art. 3º O fato gerador será:

I – a entrada de bens estrangeiros no território nacional; ou

II – o pagamento, o crédito, a entrega, o emprego ou a remessa de valores a residentes ou domiciliados no exterior como contraprestação por serviço prestado.

§ 1º Para efeito do inciso I do *caput* deste artigo, consideram-se entrados no território nacional os bens que constem como tendo sido importados e cujo extravio venha a ser apurado pela administração aduaneira.

§ 2º O disposto no § 1º deste artigo não se aplica:

I – às malas e às remessas postais internacionais; e

II – à mercadoria importada a granel que, por sua natureza ou condições de manuseio na descarga, esteja sujeita a quebra ou a decréscimo, desde que o extravio não seja superior a 1% (um por cento).

§ 3º Na hipótese de ocorrer quebra ou decréscimo em percentual superior ao fixado no inciso II do § 2º deste artigo, serão exigidas as contribuições somente em relação ao que exceder a 1% (um por cento).

Art. 4º Para efeito de cálculo das contribuições, considera-se ocorrido o fato gerador:

I – na data do registro da declaração de importação de bens submetidos a despacho para consumo;

II – no dia do lançamento do correspondente crédito tributário, quando se tratar de bens constantes de manifesto ou de outras declarações de efeito equivalente, cujo extravio ou avaria for apurado pela autoridade aduaneira;

III – na data do vencimento do prazo de permanência dos bens em recinto alfandegado, se iniciado o respectivo despacho aduaneiro antes de aplicada a pena de perdimento, na situação prevista pelo art. 18 da Lei 9.779, de 19 de janeiro de 1999;

IV – na data do pagamento, do crédito, da entrega, do emprego ou da remessa de valores na hipótese de que trata o inciso II do *caput* do art. 3º desta Lei.

Parágrafo único. O disposto no inciso I do *caput* deste artigo aplica-se, inclusive, no caso de despacho para consumo de bens importados sob regime suspensivo de tributação do imposto de importação.

Capítulo III
DO SUJEITO PASSIVO

Art. 5º São contribuintes:

I – o importador, assim considerada a pessoa física ou jurídica que promova a entrada de bens estrangeiros no território nacional;

II – a pessoa física ou jurídica contratante de serviços de residente ou domiciliado no exterior; e

III – o beneficiário do serviço, na hipótese em que o contratante também seja residente ou domiciliado no exterior.

Parágrafo único. Equiparam-se ao importador o destinatário de remessa postal internacional indicado pelo respectivo remetente e o adquirente de mercadoria entrepostada.

Art. 6º São responsáveis solidários:

I – o adquirente de bens estrangeiros, no caso de importação realizada por sua conta e

Lei 10.865/2004

LEGISLAÇÃO

ordem, por intermédio de pessoa jurídica importadora;
II – o transportador, quando transportar bens procedentes do exterior ou sob controle aduaneiro, inclusive em percurso interno;
III – o representante, no País, do transportador estrangeiro;
IV – o depositário, assim considerado qualquer pessoa incumbida da custódia de bem sob controle aduaneiro; e
V – o expedidor, o operador de transporte multimodal ou qualquer subcontratado para a realização do transporte multimodal.

Capítulo IV
DA BASE DE CÁLCULO

Art. 7º A base de cálculo será:

- V. Instrução Normativa RFB 1.401/2013 (Cálculo da Contribuição para o PIS/Pasep-Importação e da Cofins-Importação).

I – o valor aduaneiro, na hipótese do inciso I do *caput* do art. 3º desta Lei; ou

- Inciso I com redação determinada pela Lei 12.865/2013.

II – o valor pago, creditado, entregue, empregado ou remetido para o exterior, antes da retenção do imposto de renda, acrescido do Imposto sobre Serviços de qualquer Natureza – ISS e do valor das próprias contribuições, na hipótese do inciso II do *caput* do art. 3º desta Lei.
§ 1º A base de cálculo das contribuições incidentes sobre prêmios de resseguro cedidos ao exterior é de 15% (quinze por cento) do valor pago, creditado, entregue, empregado ou remetido.

- § 1º com redação determinada pela Lei 12.249/2010 (*DOU* 14.06.2010), em vigor na data de sua publicação, produzindo efeitos a partir de 1º.04.2010 (v. art. 139, I, *c*, da referida Lei).

§ 2º O disposto no § 1º deste artigo aplica-se aos prêmios de seguros não enquadrados no disposto no inciso X do art. 2º desta Lei.
§ 3º A base de cálculo fica reduzida:
I – em 30,2% (trinta inteiros e dois décimos por cento), no caso de importação, para revenda, de caminhões chassi com carga útil igual ou superior a 1.800 kg (mil e oitocentos quilogramas) e caminhão monobloco com carga útil igual ou superior a 1.500 kg (mil e quinhentos quilogramas), classificados na posição 87.04 da Tabela de Incidência do Imposto sobre Produtos Industrializados – Tipi, observadas as especificações estabelecidas pela Secretaria da Receita Federal; e

II – em 48,1% (quarenta e oito inteiros e um décimo por cento), no caso de importação, para revenda, de máquinas e veículos classificados nos seguintes códigos e posições da Tipi: 84.29, 8432.40.00, 8432.80.00, 8433.20, 8433.30.00, 8433.40.00, 8433.5, 87.01, 8702.10.00 Ex 02, 8702.90.90 Ex 02, 8704.10.00, 87.05 e 8706.00.10 Ex 01 (somente os destinados aos produtos classificados nos Ex 02 dos códigos 8702.10.00 e 8702.90.90).
§ 4º *(Revogado pela Lei 12.865/2013.)*
§ 5º *(Revogado pela Lei 12.865/2013.)*

Capítulo V
DAS ALÍQUOTAS

Art. 8º As contribuições serão calculadas mediante aplicação, sobre a base de cálculo de que trata o art. 7º desta Lei, das alíquotas:

- *Caput* com redação determinada pela Lei 13.137/2015 (*DOU* 22.06.2015, edição extra), em vigor no primeiro dia do quarto mês subsequente ao da publicação da MP 668/2015 (*DOU* 30.01.2015, edição extra).

I – na hipótese do inciso I do *caput* do art. 3º, de:

- Inciso I com redação determinada pela Lei 13.137/2015 (*DOU* 22.06.2015, edição extra), em vigor no primeiro dia do quarto mês subsequente ao da publicação da MP 668/2015 (*DOU* 30.01.2015, edição extra).

a) 2,1% (dois inteiros e um décimo por cento), para a Contribuição para o PIS/Pasep-Importação; e
b) 9,65% (nove inteiros e sessenta e cinco centésimos por cento), para a Cofins-Importação; e
II – na hipótese do inciso II do *caput* do art. 3º, de:

- Inciso II com redação determinada pela Lei 13.137/2015 (*DOU* 22.06.2015, edição extra), em vigor no primeiro dia do quarto mês subsequente ao da publicação da MP 668/2015 (*DOU* 30.01.2015, edição extra).

a) 1,65% (um inteiro e sessenta e cinco centésimos por cento), para a Contribuição para o PIS/Pasep-Importação; e
b) 7,6% (sete inteiros e seis décimos por cento), para a Cofins-Importação.
§ 1º As alíquotas, no caso de importação de produtos farmacêuticos, classificados nas posições 30.01, 30.03, exceto no código 3003.90.56, 30.04, exceto no código 3004.90.46, nos itens 3002.10.1, 3002.10.2,

Lei 10.865/2004

LEGISLAÇÃO

3002.10.3, 3002.20.1, 3002.20.2, 3006.30.1 e 3006.30.2 e nos códigos 3002.90.20, 3002. 90.92, 3002.90.99, 3005.10.10, 3006.60.00, são de:

- V. art. 45.

I – 2,76% (dois inteiros e setenta e seis centésimos por cento), para a Contribuição para o PIS/Pasep-Importação; e

- Inciso I com redação determinada pela Lei 13.137/2015 (*DOU* 22.06.2015, edição extra), em vigor no primeiro dia do quarto mês subsequente ao da publicação da MP 668/2015 (*DOU* 30.01.2015, edição extra).

II – 13,03% (treze inteiros e três centésimos por cento), para a Cofins-Importação.

- Inciso II com redação determinada pela Lei 13.137/2015 (*DOU* 22.06.2015, edição extra), em vigor no primeiro dia do quarto mês subsequente ao da publicação da MP 668/2015 (*DOU* 30.01.2015, edição extra).

§ 2º As alíquotas, no caso de importação de produtos de perfumaria, de toucador ou de higiene pessoal, classificados nas posições 3303.00 a 33.07, exceto na posição 33.06; e nos códigos 3401.11.90, exceto 3401.11.90 Ex 01; 3401.20.10; e 9603.21.00; são de:

- *Caput* do § 2º com redação determinada pela Lei 12.839/2013.

I – 3,52% (três inteiros e cinquenta e dois centésimos por cento), para a Contribuição para o PIS/Pasep-Importação; e

- Inciso I com redação determinada pela Lei 13.137/2015 (*DOU* 22.06.2015, edição extra), em vigor no primeiro dia do quarto mês subsequente ao da publicação da MP 668/2015 (*DOU* 30.01.2015, edição extra).

II – 16,48% (dezesseis inteiros e quarenta e oito centésimos por cento), para a Cofins-Importação.

- Inciso II com redação determinada pela Lei 13.137/2015 (*DOU* 22.06.2015, edição extra), em vigor no primeiro dia do quarto mês subsequente ao da publicação da MP 668/2015 (*DOU* 30.01.2015, edição extra).

§ 3º Na importação de máquinas e veículos, classificados nos códigos 84.29, 8432.40.00, 8432.80.00, 8433.20, 8433.30.00, 8433.40.00, 8433.5, 87.01, 87.02, 87.03, 87.04, 87.05 e 87.06, da Nomenclatura Comum do Mercosul – NCM, as alíquotas são de:

- V. art. 45.

I – 2,62% (dois inteiros e sessenta e dois centésimos por cento), para a Contribuição para o PIS/Pasep-Importação; e

- Inciso I com redação determinada pela Lei 13.137/2015 (*DOU* 22.06.2015, edição extra), em vigor no primeiro dia do quarto mês subsequente ao da publicação da MP 668/2015 (*DOU* 30.01.2015, edição extra).

II – 12,57% (doze inteiros e cinquenta e sete centésimos por cento), para a Cofins-Importação.

- Inciso II com redação determinada pela Lei 13.137/2015 (*DOU* 22.06.2015, edição extra), em vigor no primeiro dia do quarto mês subsequente ao da publicação da MP 668/2015 (*DOU* 30.01.2015, edição extra).

§ 4º O disposto no § 3º deste artigo, relativamente aos produtos classificados no Capítulo 84 da NCM, aplica-se, exclusivamente, aos produtos autopropulsados.

§ 5º Na importação dos produtos classificados nas posições 40.11 (pneus novos de borracha) e 40.13 (câmaras de ar de borracha), da NCM, as alíquotas são de:

- V. art. 45.

I – 2,68% (dois inteiros e sessenta e oito centésimos por cento), para a Contribuição para o PIS/Pasep-Importação; e

- Inciso I com redação determinada pela Lei 13.137/2015.

II – 12,35% (doze inteiros e trinta e cinco centésimos por cento), para a Cofins-Importação.

- Inciso II com redação determinada pela Lei 13.137/2015.

§§ 6º e 6º-A. *(Revogados pela Lei 13.097/2015 – DOU 20.01.2015, em vigor a partir do primeiro dia do 4º quarto mês subsequente ao da publicação desta Lei.)*

§ 7º *(Revogado, a partir de 1º.01.2009, pela Lei 11.727/2008 – DOU 24.06.2008.)*

§ 8º A importação de gasolinas e suas correntes, exceto de aviação e óleo diesel e suas correntes, gás liquefeito de petróleo (GLP) derivado de petróleo e gás natural e querosene de aviação fica sujeita à incidência da contribuição para o PIS/Pasep e da Cofins, fixadas por unidade de volume do produto, às alíquotas previstas no art. 23 desta Lei, independentemente de o importador haver optado pelo regime especial de apuração e pagamento ali referido.

- V. art. 45.

Lei 10.865/2004

LEGISLAÇÃO

§ 9º Na importação de autopeças, relacionadas nos Anexos I e II da Lei 10.485, de 3 de julho de 2002, exceto quando efetuada pela pessoa jurídica fabricante de máquinas e veículos relacionados no art. 1º da referida Lei, as alíquotas são de:

- V. art. 45.

I – 2,62% (dois inteiros e sessenta e dois centésimos por cento), para a Contribuição para o PIS/Pasep-Importação; e

- Inciso I com redação determinada pela Lei 13.137/2015 (DOU 22.06.2015, edição extra), em vigor no primeiro dia do quarto mês subsequente ao da publicação da MP 668/2015 (DOU 30.01.2015, edição extra).

II – 12,57% (doze inteiros e cinquenta e sete centésimos por cento), para a Cofins-Importação.

- Inciso II com redação determinada pela Lei 13.137/2015 (DOU 22.06.2015, edição extra), em vigor no primeiro dia do quarto mês subsequente ao da publicação da Medida Provisória 668/2015 (DOU 30.01.2015, edição extra).

§ 9º-A. A partir de 1º de setembro de 2015, as alíquotas da Contribuição do PIS/Pasep-Importação e da Cofins-Importação de que trata o § 9º serão de:

- § 9º-A acrescentado pela Lei 13.137/2015.

I – 3,12% (três inteiros e doze centésimos por cento), para a Contribuição para o PIS/Pasep-Importação; e

II – 14,37% (quatorze inteiros e trinta e sete centésimos por cento), para a Cofins-Importação.

§ 10. Na importação de papel imune a impostos de que trata o art. 150, inciso VI, alínea d, da Constituição Federal, ressalvados os referidos no inciso IV do § 12 deste artigo, quando destinado à impressão de periódicos, as alíquotas são de:

- V. Dec. 5.171/2004 (Regulamenta os §§ 10 e 12 do art. 8º e o inciso IV do art. 28 da Lei 10.865/2004).

I – 0,8% (oito décimos por cento), para a contribuição para o PIS/Pasep-Importação; e

- Inciso I com redação determinada pela Lei 13.137/2015.

II – 3,2% (três inteiros e dois décimos por cento), para a Cofins-Importação.

- Inciso II com redação determinada pela Lei 13.137/2015.

§ 11. Fica o Poder Executivo autorizado a reduzir a 0 (zero) e a restabelecer as alíquotas do PIS/Pasep-Importação e da Cofins-Importação, incidentes sobre:

I – produtos químicos e farmacêuticos classificados nos Capítulos 29 e 30 da NCM;

II – produtos destinados ao uso em hospitais, clínicas e consultórios médicos e odontológicos, campanhas de saúde realizadas pelo Poder Público e laboratórios de anatomia patológica, citológica ou de análises clínicas, classificados nas posições 30.02, 30.06, 39.26, 40.15 e 90.18 da NCM.

- Inciso II com redação determinada pela Lei 11.196/2005.

§ 12. Ficam reduzidas a 0 (zero) as alíquotas das contribuições, nas hipóteses de importação de:

- V. Dec. 5.171/2004 (Regulamenta os §§ 10 e 12 do art. 8º e o inciso IV do art. 28 da Lei 10.865/2004).

I – materiais e equipamentos, inclusive partes, peças e componentes, destinados ao emprego na construção, conservação, modernização, conversão ou reparo de embarcações registradas ou pré-registradas no Registro Especial Brasileiro;

- Inciso I com redação determinada pela Lei 11.774/2008.

II – embarcações construídas no Brasil e transferidas por matriz de empresa brasileira de navegação para subsidiária integral no exterior, que retornem ao registro brasileiro como propriedade da mesma empresa nacional de origem;

III – papel destinado à impressão de jornais, pelo prazo de 4 (quatro) anos a contar da data de vigência desta Lei, ou até que a produção nacional atenda 80% (oitenta por cento) do consumo interno;

- V. art. 3º, Lei 12.649/2012 (DOU 18.05.2012), em vigor na data de sua publicação produzindo efeitos a partir de 1º de maio de 2012, que determina que os prazos previstos nos incisos III e IV do § 12 do art. 8º da Lei 10.865/2004 são prorrogados até 30 de abril de 2016.
- V. Dec. 6.842/2009 (Regulamenta a concessão de alíquota zero, até 30.04.2012 ou até que a produção nacional atenda a 80% (oitenta por cento) do consumo interno, da Contribuição para o PIS/Pasep, da Cofins, da Contribuição para o PIS/Pasep-Importação e da Cofins-Importação incidentes sobre a receita bruta decorrente da venda no mercado interno e sobre a importação de papel).

Lei 10.865/2004

LEGISLAÇÃO

IV – papéis classificados nos códigos 4801.00.10, 4801.00.90, 4802.61.91, 4802.61.99, 4810.19.89 e 4810.22.90, todos da Tipi, destinados à impressão de periódicos pelo prazo de 4 (quatro) anos a contar da data de vigência desta Lei ou até que a produção nacional atenda 80% (oitenta por cento) do consumo interno;

- V. art. 3º, Lei 12.649/2012 (*DOU* 18.05.2012), em vigor na data de sua publicação produzindo efeitos a partir de 1º de maio de 2012, que determina que os prazos previstos nos incisos III e IV do § 12 do art. 8º da Lei 10.865/2004 são prorrogados até 30 de abril de 2016.
- V. Dec. 6.842/2009 (Regulamenta a concessão de alíquota zero, até 30.04.2012 ou até que a produção nacional atenda a 80% (oitenta por cento) do consumo interno, da Contribuição para o PIS/Pasep, da Cofins, da Contribuição para o PIS/Pasep-Importação e da Cofins-Importação incidentes sobre a receita bruta decorrente da venda no mercado interno e sobre a importação de papel).

V – máquinas, equipamentos, aparelhos, instrumentos, suas partes e peças de reposição, e películas cinematográficas virgens, sem similar nacional, destinados à indústria cinematográfica e audiovisual, e de radiodifusão;
VI – aeronaves, classificadas na posição 88.02 da NCM;

- Inciso VI com redação determinada pela Lei 10.925/2004.

VII – partes, peças, ferramentais, componentes, insumos, fluidos hidráulicos, lubrificantes, tintas, anticorrosivos, equipamentos, serviços e matérias-primas a serem empregados na manutenção, reparo, revisão, conservação, modernização, conversão e industrialização das aeronaves de que trata o inciso VI deste parágrafo, de seus motores, suas partes, peças, componentes, ferramentais e equipamentos;

- Inciso VII com redação determinada pela Lei 11.727/2008.

VIII – *(Revogado pela Lei 11.196/2005 – DOU 22.11.2005, a partir do primeiro dia do quarto mês subsequente ao da publicação da referida Lei.)*
IX – gás natural destinado ao consumo em unidades termelétricas integrantes do Programa Prioritário de Termelétricas – PPT;
X – produtos hortícolas e frutas, classificados nos Capítulos 7 e 8, e ovos, classificados na posição 04.07, todos da Tipi; e
XI – semens e embriões da posição 05.11, da NCM;

XII – livros, conforme definido no art. 2º da Lei 10.753, de 30 de outubro de 2003;

- Inciso XII com redação determinada pela Lei 11.033/2004.

XIII – preparações compostas não alcoólicas, classificadas no código 2106.90.10 Ex 01 da Tipi, destinadas à elaboração de bebidas pelas pessoas jurídicas industriais dos produtos referidos no art. 58-A da Lei 10.833, de 29 de dezembro de 2003;

- Inciso XIII com redação determinada pela Lei 11.727/2008 (*DOU* 24.06.2008), em vigor na data de sua publicação, produzindo efeitos a partir de 1º.01.2009 (v. art. 41, VII, da referida Lei).

XIV – material de emprego militar classificado nas posições 87.10.00.00 e 89.06.10.00 da Tabela de Incidência do Imposto sobre Produtos Industrializados – Tipi;

- Inciso XIV acrescentado pela Lei 11.727/2008.

XV – partes, peças, componentes, ferramentais, insumos, equipamentos e matérias-primas a serem empregados na industrialização, manutenção, modernização e conversão do material de emprego militar de que trata o inciso XIV deste parágrafo;

- Inciso XV acrescentado pela Lei 11.727/2008.

XVI – gás natural liquefeito – GNL.

- Inciso XVI acrescentado pela Lei 11.727/2008.

XVII – produtos classificados no código 8402.19.00 da Nomenclatura Comum do Mercosul – NCM, para utilização em Usinas Termonucleares – UTN geradoras de energia elétrica para o Sistema Interligado Nacional;

- Inciso XVII acrescentado pela Lei 11.774/2008.

XVIII – produtos classificados na posição 87.13 da Nomenclatura Comum do Mercosul – NCM;

- Inciso XVIII acrescentado pela Lei 12.058/2009 (*DOU* 14.10.2009), em vigor na data de sua publicação, produzindo efeitos a partir de 1º.01.2010 (v. art. 48, da referida Lei).

XIX – artigos e aparelhos ortopédicos ou para fraturas classificados no código 90.21.10 da NCM;

- Inciso XIX acrescentado pela Lei 12.058/2009 (*DOU* 14.10.2009), em vigor na data de sua publicação, produzindo efeitos a partir de 1º.01.2010 (v. art. 48, da referida Lei).

XX – artigos e aparelhos de próteses classificados no código 90.21.3 da NCM;

- Inciso XX acrescentado pela Lei 12.058/2009 (*DOU* 14.10.2009), em vigor na data de sua publicação, produzindo efeitos a partir de 1º.01.2010 (v. art. 48, da referida Lei).

Lei 10.865/2004

XXI – almofadas antiescaras classificadas nos Capítulos 39, 40, 63 e 94 da NCM.

- Inciso XXI acrescentado pela Lei 12.058/2009 (*DOU* 14.10.2009), em vigor na data de sua publicação, produzindo efeitos a partir de 1º.01.2010 (v. art. 48, da referida Lei).
- A MP 491/2010, que acrescentava o inciso XXII a este artigo, perdeu sua eficácia por decurso do prazo no dia 03.11.2010 (*DOU* 17.11.2010).

XXIII – projetores para exibição cinematográfica, classificados no código 9007.2 da NCM, e suas partes e acessórios, classificados no código 9007.9 da NCM.

- Inciso XXIII acrescentado pela Lei 12.599/2012.

XXIV – produtos classificados nos códigos 8443.32.22, 8469.00.39 Ex 01, 8714.20.00, 9021.40.00, 9021.90.82 e 9021.90.92, todos da Tipi, aprovada pelo Decreto 7.660, de 23 de dezembro de 2011;

- Inciso XXIV acrescentado pela Lei 12.649/2012.

XXV – calculadoras equipadas com sintetizador de voz classificadas no código 8470.10.00 Ex 01 da Tipi;

- Inciso XXV acrescentado pela Lei 12.649/2012.

XXVI – teclados com adaptações específicas para uso por pessoas com deficiência, classificados no código 8471.60.52 da Tipi;

- Inciso XXVI acrescentado pela Lei 12.649/2012.

XXVII – indicador ou apontador – *mouse* – com adaptações específicas para uso por pessoas com deficiência, classificado no código 8471.60.53 da Tipi;

- Inciso XXVII acrescentado pela Lei 12.649/2012.

XXVIII – linhas braile classificadas no código 8471.60.90 Ex 01 da Tipi;

- Inciso XXVIII acrescentado pela Lei 12.649/2012.

XXIX – digitalizadores de imagens – *scanners* – equipados com sintetizador de voz classificados no código 8471.90.14 Ex 01 da Tipi;

- Inciso XXIX acrescentado pela Lei 12.649/2012.

XXX – duplicadores braile classificados no código 8472.10.00 Ex 01 da Tipi;

- Inciso XXX acrescentado pela Lei 12.649/2012.

XXXI – acionadores de pressão classificados no código 8471.60.53 Ex 02 da Tipi;

- Inciso XXXI acrescentado pela Lei 12.649/2012.

XXXII – lupas eletrônicas do tipo utilizado por pessoas com deficiência visual classificadas no código 8525.80.19 Ex 01 da Tipi;

- Inciso XXXII acrescentado pela Lei 12.649/2012.

XXXIII – implantes cocleares classificados no código 9021.40.00 da Tipi;

- Inciso XXXIII acrescentado pela Lei 12.649/2012.

XXXIV – próteses oculares classificadas no código 9021.39.80 da Tipi;

- Inciso XXXIV acrescentado pela Lei 12.649/2012.

XXXV – programas – *softwares* – de leitores de tela que convertem texto em voz sintetizada para auxílio de pessoas com deficiência visual.

- Inciso XXXV acrescentado pela Lei 12.649/2012.

XXXVI – aparelhos contendo programas – *softwares* – de leitores de tela que convertem texto em caracteres braile, para utilização de surdos-cegos;

- Inciso XXXVI acrescentado pela Lei 12.649/2012.

XXXVII – *(Vetado)*; e

- Inciso XXXVII acrescentado pela Lei 12.649/2012.

XXXVIII – neuroestimuladores para tremor essencial/Parkinson, classificados no código 9021.90.19, e seus acessórios, classificados nos códigos 9018.90.99, 9021.90.91 e 9021.90.99, todos da Tipi; e

- Inciso XXXVIII com redação determinada pela Lei 12.995/2014.

XXXIX – *(Revogado pela Lei 13.137/2015 – DOU 22.06.2015, edição extra, em vigor no primeiro dia do quarto mês subsequente da publicação da MP 668/2015 – DOU 30.01.2015, edição extra).*

XL – produtos classificados no Ex 01 do código 8503.00.90 da Tipi, exceto pás eólicas.

- Inciso XL com redação determinada pela Lei 13.169/2015 (*DOU* 07.10.2015), em vigor na data de sua publicação, produzindo efeitos a partir do primeiro dia do quarto mês subsequente ao de sua publicação.

§ 13. O Poder Executivo poderá regulamentar:

- *Caput* do § 13 com redação determinada pela Lei 12.058/2009 (*DOU* 14.10.2009), em vigor na data de sua publicação, produzindo efeitos a partir de 1º.01.2010 (v. art. 48, da referida Lei).

I – o disposto no § 10 deste artigo; e

II – a utilização do benefício da alíquota zero de que tratam os incisos I a VII, XVIII a XXI e XXIV a XXXVIII do § 12.

- Inciso II com redação determinada pela Lei 12.649/2012.

§ 14. Ficam reduzidas a 0 (zero) as alíquotas das contribuições incidentes sobre o valor pago, creditado, entregue, empregado ou

Lei 10.865/2004

LEGISLAÇÃO

remetido à pessoa física ou jurídica residente ou domiciliada no exterior, referente a aluguéis e contraprestações de arrendamento mercantil de máquinas e equipamentos, embarcações e aeronaves utilizados na atividade da empresa.

- § 14 acrescentado pela Lei 10.925/2004.

§ 15. Na importação de etano, propano e butano, destinados à produção de eteno e propeno; de nafta petroquímica e de condensado destinado a centrais petroquímicas; bem como na importação de eteno, propeno, buteno, butadieno, orto-xileno, benzeno, tolueno, isopreno e paraxileno, quando efetuada por indústrias químicas, as alíquotas da Contribuição para o PIS/Pasep-Importação e da Cofins-Importação são de, respectivamente:

- § 15 com redação determinada pela Lei 12.859/2013.

I – 0,18% (dezoito centésimos por cento) e 0,82% (oitenta e dois centésimos por cento), para os fatos geradores ocorridos nos anos de 2013, 2014 e 2015;

II – 0,54% (cinquenta e quatro centésimos por cento) e 2,46% (dois inteiros e quarenta e seis centésimos por cento), para os fatos geradores ocorridos no ano de 2016;

III – 0,90% (noventa centésimos por cento) e 4,10% (quatro inteiros e dez centésimos por cento), para os fatos geradores ocorridos no ano de 2017; e

IV – 1% (um por cento) e 4,6% (quatro inteiros e seis décimos por cento), para os fatos geradores ocorridos a partir do ano de 2018.

§ 16. Na hipótese da importação de etano, propano e butano de que trata o § 15 deste artigo, não se aplica o disposto no § 8º deste artigo.

- § 16 acrescentado pela Lei 11.488/2007.

§ 17. O disposto no § 14 deste artigo não se aplica aos valores pagos, creditados, entregues, empregados ou remetidos, por fonte situada no País, à pessoa física ou jurídica residente ou domiciliada no exterior, em decorrência da prestação de serviços de frete, afretamento, arrendamento ou aluguel de embarcações marítimas ou fluviais destinadas ao transporte de pessoas para fins turísticos.

- § 17 acrescentado pela Lei 11.727/2008 (*DOU* 24.06.2008), em vigor na data de sua publicação, produzindo efeitos a partir do primeiro dia do quarto mês subsequente ao da publicação da MP 413/2008 (*DOU* 03.01.2008, edição extra).

§ 18. O disposto no § 17 deste artigo aplicar-se-á também à hipótese de contratação ou utilização da embarcação em atividade mista de transporte de cargas e de pessoas para fins turísticos, independentemente da preponderância da atividade.

- § 18 acrescentado pela Lei 11.727/2008 (*DOU* 24.06.2008), em vigor na data de sua publicação, produzindo efeitos a partir do primeiro dia do quarto mês subsequente ao da publicação da MP 413/2008 (*DOU* 03.01.2008, edição extra).

§ 19. A importação de álcool, inclusive para fins carburantes, é sujeita à incidência da Contribuição para o PIS/Pasep-Importação e da Cofins-Importação com alíquotas de, respectivamente, 2,1% (dois inteiros e um décimo por cento) e 9,65% (nove inteiros e sessenta e cinco centésimos por cento), independentemente de o importador haver optado pelo regime especial de apuração e pagamento referido no art. 5º da Lei 9.718, de 27 de novembro de 1998.

- § 19 com redação determinada pela Lei 13.137/2015 (*DOU* 22.06.2015, edição extra), em vigor no primeiro dia do quarto mês subsequente ao de sua publicação.
- A MP 491/2010, que acrescentava o § 20 a este artigo, perdeu sua eficácia por decurso do prazo no dia 03.11.2010 (*DOU* 17.11.2010).

§ 21. As alíquotas da Cofins-Importação de que trata este artigo ficam acrescidas de um ponto percentual na hipótese de importação dos bens classificados na Tipi, aprovada pelo Decreto 7.660, de 23 de dezembro de 2011, relacionados no Anexo I da Lei 12.546, de 14 de dezembro de 2011.

- § 21 com redação determinada pela Lei 12.844/2013 (*DOU* 19.07.2013, edição extra), em vigor a partir do primeiro dia do quarto mês subsequente ao da publicação da MP 612/2013 (v. art. 49, III da referida Lei).

I a VI – (*Revogados pela Lei 12.715/2012 – DOU 18.09.2012, a partir do 1º dia do 4º mês subsequente à data de publicação da MP 563/2012, ou da data da regulamentação referida no § 2º do art. 78 desta Lei, o que ocorrer depois.*)

§ 22. A utilização do benefício de alíquota zero de que tratam os incisos XIX a XXXVIII do § 12 deste artigo cessará quando houver oferta de mercadorias produzidas no Brasil em condições similares às das importadas

Lei 10.865/2004

LEGISLAÇÃO

quanto ao padrão de qualidade, conteúdo técnico, preço ou capacidade produtiva, conforme regulamentação editada pelo Poder Executivo.

- § 22 acrescentado pela Lei 12.649/2012.

§ 23. Aplica-se ao condensado destinado a centrais petroquímicas o disposto nos arts. 56 e 57 da Lei 11.196, de 21 de novembro de 2005.

- § 23 acrescentado pela Lei 12.715/2012.

§ 24. *(Vetado.)*

- § 24 acrescentado pela Lei 12.715/2012 (*DOU* 18.09.2012), em vigor no 1º dia do 4º mês subsequente à data de publicação da MP 563/2012, produzindo efeitos a partir de sua regulamentação (v. art. 78, § 2º da referida Lei).

Capítulo VI
DA ISENÇÃO

Art. 9º São isentas das contribuições de que trata o art. 1º desta Lei:
I – as importações realizadas:
a) pela União, Estados, Distrito Federal e Municípios, suas autarquias e fundações instituídas e mantidas pelo poder público;
b) pelas Missões Diplomáticas e Repartições Consulares de caráter permanente e pelos respectivos integrantes;
c) pelas representações de organismos internacionais de caráter permanente, inclusive os de âmbito regional, dos quais o Brasil seja membro, e pelos respectivos integrantes;
II – as hipóteses de:
a) amostras e remessas postais internacionais, sem valor comercial;
b) remessas postais e encomendas aéreas internacionais, destinadas a pessoa física;
c) bagagem de viajantes procedentes do exterior e bens importados a que se apliquem os regimes de tributação simplificada ou especial;
d) bens adquiridos em loja franca no País;
e) bens trazidos do exterior, no comércio característico das cidades situadas nas fronteiras terrestres, destinados à subsistência da unidade familiar de residentes nas cidades fronteiriças brasileiras;
f) bens importados sob o regime aduaneiro especial de *drawback*, na modalidade de isenção;
g) objetos de arte, classificados nas posições 97.01, 97.02, 97.03 e 97.06 da NCM, recebidos em doação, por museus instituídos e mantidos pelo poder público ou por outras entidades culturais reconhecidas como de utilidade pública; e
h) máquinas, equipamentos, aparelhos e instrumentos, e suas partes e peças de reposição, acessórios, matérias-primas e produtos intermediários, importados por instituições científicas e tecnológicas e por cientistas e pesquisadores, conforme o disposto na Lei 8.010, de 29 de março de 1990.
III – *(Vetado.)*

- Inciso III acrescentado pela Lei 10.925/2004.

§ 1º As isenções de que tratam os incisos I e II deste artigo somente serão concedidas se satisfeitos os requisitos e condições exigidos para o reconhecimento de isenção do Imposto sobre Produtos Industrializados – IPI.

- § 1º acrescentado pela Lei 10.925/2004.

§ 2º *(Vetado.)*

- § 2º acrescentado pela Lei 10.925/2004.

Art. 10. Quando a isenção for vinculada à qualidade do importador, a transferência de propriedade ou a cessão de uso dos bens, a qualquer título, obriga ao prévio pagamento das contribuições de que trata esta Lei.

Parágrafo único. O disposto no *caput* deste artigo não se aplica aos bens transferidos ou cedidos:
I – a pessoa ou a entidade que goze de igual tratamento tributário, mediante prévia decisão da autoridade administrativa da Secretaria da Receita Federal;
II – após o decurso do prazo de 3 (três) anos, contado da data do registro da declaração de importação; e
III – a entidades beneficentes, reconhecidas como de utilidade pública, para serem vendidos em feiras, bazares e eventos semelhantes, desde que recebidos em doação de representações diplomáticas estrangeiras sediadas no País.

Art. 11. A isenção das contribuições, quando vinculada à destinação dos bens, ficará condicionada à comprovação posterior do seu efetivo emprego nas finalidades que motivaram a concessão.

Art. 12. Desde que mantidas as finalidades que motivaram a concessão e mediante prévia decisão da autoridade administrativa da Secretaria da Receita Federal, poderá ser transferida a propriedade ou cedido o uso dos bens antes de decorrido o prazo de 3

Lei 10.865/2004

(três) anos a que se refere o inciso II do parágrafo único do art. 10 desta Lei, contado da data do registro da correspondente declaração de importação.

Capítulo VII
DO PRAZO DE RECOLHIMENTO

Art. 13. As contribuições de que trata o art. 1º desta Lei serão pagas:
I – na data do registro da declaração de importação, na hipótese do inciso I do *caput* do art. 3º desta Lei;
II – na data do pagamento, crédito, entrega, emprego ou remessa, na hipótese do inciso II do *caput* do art. 3º desta Lei;
III – na data do vencimento do prazo de permanência do bem no recinto alfandegado, na hipótese do inciso III do *caput* do art. 4º desta Lei.

Capítulo VIII
DOS REGIMES ADUANEIROS ESPECIAIS

Art. 14. As normas relativas à suspensão do pagamento do imposto de importação ou do IPI vinculado à importação, relativas aos regimes aduaneiros especiais, aplicam-se também às contribuições de que trata o art. 1º desta Lei.

- V. art. 8º, Lei 11.051/2004 (Desconto de crédito na apuração da Contribuição Social sobre o Lucro Líquido – CSLL e da Contribuição para o PIS/Pasep e Cofins não cumulativas).

§ 1º O disposto no *caput* deste artigo aplica-se também às importações, efetuadas por empresas localizadas na Zona Franca de Manaus, de bens a serem empregados na elaboração de matérias-primas, produtos intermediários e materiais de embalagem destinados a emprego em processo de industrialização por estabelecimentos ali instalados, consoante projeto aprovado pelo Conselho de Administração da Superintendência da Zona Franca de Manaus – Suframa, de que trata o art. 5º-A da Lei 10.637, de 30 de dezembro de 2002.

- V. art. 5º, Lei 10.996/2004 (Altera a legislação tributária federal).
- V. art. 50, Lei 11.196/2005 ("MP do Bem").

§ 2º A Secretaria da Receita Federal estabelecerá os requisitos necessários para a suspensão de que trata o § 1º deste artigo.

- V. Instrução Normativa SRF 424/2004 (Regime de suspensão da Contribuição para o PIS/Pasep-Importação e da Cofins-Importação, na importação de bens por estabelecimento situado na Zona Franca de Manaus).

Art. 14-A. Fica suspensa a exigência das contribuições de que trata o art. 1º desta Lei nas importações efetuadas por empresas localizadas na Zona Franca de Manaus de matérias-primas, produtos intermediários e materiais de embalagem para emprego em processo de industrialização por estabelecimentos industriais instalados na Zona Franca de Manaus e consoante projetos aprovados pelo Conselho de Administração da Superintendência da Zona Franca de Manaus – Suframa.

- Artigo acrescentado pela Lei 10.925/2004.
- V. art. 5º, Lei 10.996/2004 (Altera a legislação tributária federal).
- V. art. 8º, Lei 11.051/2004 (Desconto de crédito na apuração da Contribuição Social sobre o Lucro Líquido – CSLL e da Contribuição para o PIS/Pasep e Cofins não cumulativas).

Capítulo IX
DO CRÉDITO

Art. 15. As pessoas jurídicas sujeitas à apuração da contribuição para o PIS/Pasep e da Cofins, nos termos dos arts. 2º e 3º das Leis 10.637, de 30 de dezembro de 2002, e 10.833, de 29 de dezembro de 2003, poderão descontar crédito, para fins de determinação dessas contribuições, em relação às importações sujeitas ao pagamento das contribuições de que trata o art. 1º desta Lei, nas seguintes hipóteses:
I – bens adquiridos para revenda;
II – bens e serviços utilizados como insumo na prestação de serviços e na produção ou fabricação de bens ou produtos destinados à venda, inclusive combustível e lubrificantes;
III – energia elétrica consumida nos estabelecimentos da pessoa jurídica;
IV – aluguéis e contraprestações de arrendamento mercantil de prédios, máquinas e equipamentos, embarcações e aeronaves, utilizados na atividade da empresa;
V – máquinas, equipamentos e outros bens incorporados ao ativo imobilizado, adquiridos para locação a terceiros ou para utilização na produção de bens destinados à venda ou na prestação de serviços.

- Inciso V com redação determinada pela Lei 11.196/2005 (*DOU* 22.11.2005), em vigor na data de sua publicação, produzindo efeitos a partir do primeiro dia do mês subsequente ao da publicação desta Lei (v. art. 132, III, *b*, da referida Lei).

Lei 10.865/2004

LEGISLAÇÃO

§ 1º O direito ao crédito de que trata este artigo e o art. 17 desta Lei aplica-se em relação às contribuições efetivamente pagas na importação de bens e serviços a partir da produção dos efeitos desta Lei.

§ 1º-A. O valor da Cofins-Importação pago em decorrência do adicional de alíquota de que trata o § 21 do art. 8º não gera direito ao desconto do crédito de que trata o *caput*.

- § 1º-A acrescentado pela pela Lei 13.137/2015 (*DOU* 22.06.2015, edição extra), em vigor no primeiro dia do quarto mês subsequente ao da publicação da MP 668/2015 (*DOU* 30.01.2015, edição extra).

§ 2º O crédito não aproveitado em determinado mês poderá sê-lo nos meses subsequentes.

§ 3º O crédito de que trata o *caput* será apurado mediante a aplicação das alíquotas previstas no art. 8º sobre o valor que serviu de base de cálculo das contribuições, na forma do art. 7º, acrescido do valor do IPI vinculado à importação, quando integrante do custo de aquisição.

- § 3º com redação determinada pela Lei 13.137/2015 (DOU 22.06.2015, edição extra), em vigor no primeiro dia do quarto mês subsequente ao da publicação da MP 668/2015 (DOU 30.01.2015, edição extra).

§ 4º Na hipótese do inciso V do *caput* deste artigo, o crédito será determinado mediante a aplicação das alíquotas referidas no § 3º deste artigo sobre o valor da depreciação ou amortização contabilizada a cada mês.

- V. art. 2º, Lei 11.051/2004 (Desconto de crédito na apuração da Contribuição Social sobre o Lucro Líquido – CSLL e da Contribuição para o PIS/Pasep e Cofins não cumulativas).
- V. art. 1º, Lei 11.774/2008, que autoriza as pessoas jurídicas a optarem pelo desconto, no prazo de 12 meses, dos créditos das contribuições para o PIS/Pasep e para a Cofins, de que trata este parágrafo, na hipótese em que especifica.

§ 5º Para os efeitos deste artigo, aplicam-se, no que couber, as disposições dos §§ 7º e 9º do art. 3º das Leis 10.637, de 30 de dezembro de 2002, e 10.833, de 29 de dezembro de 2003.

§ 6º O disposto no inciso II do *caput* deste artigo alcança os direitos autorais pagos pela indústria fonográfica desde que esses direitos tenham se sujeitado ao pagamento das contribuições de que trata esta Lei.

§ 7º Opcionalmente, o contribuinte poderá descontar o crédito de que trata o § 4º deste artigo, relativo à importação de máquinas e equipamentos destinados ao ativo imobilizado, no prazo de 4 (quatro) anos, mediante a aplicação, a cada mês, das alíquotas referidas no § 3º deste artigo sobre o valor correspondente a 1/48 (um quarenta e oito avos) do valor de aquisição do bem, de acordo com regulamentação da Secretaria da Receita Federal.

§ 8º As pessoas jurídicas importadoras, nas hipóteses de importação de que tratam os incisos a seguir, devem observar as disposições do art. 17 desta Lei:

I – produtos dos §§ 1º a 3º e 5º a 7º do art. 8º desta Lei, quando destinados à revenda;

II – produtos do § 8º do art. 8º desta Lei, quando destinados à revenda, ainda que ocorra fase intermediária de mistura;

III – produtos do § 9º do art. 8º desta Lei, quando destinados à revenda ou à utilização como insumo na produção de autopeças relacionadas nos Anexos I e II da Lei 10.485, de 3 de julho de 2002;

IV – produto do § 10 do art. 8º desta Lei;

V – produtos referidos no § 19 do art. 8º desta Lei, quando destinados à revenda.

- Inciso V acrescentado pela Lei 11.727/2008 (*DOU* 24.06.2008), em vigor na data de sua publicação, produzindo efeitos a partir do primeiro dia do quarto mês subsequente ao de sua publicação (v. art. 41, IV, da referida Lei).

VI – *(Revogado pela Lei 13.097/2015 – DOU 20.01.2015, em vigor a partir do primeiro dia do 4º quarto mês subsequente ao da publicação desta Lei.)*

§§ 9º e 10. *(Revogados, a partir de 1º.01.2009, pela Lei 11.727/2008 – DOU 24.06.2008.)*

§§ 11 e 12. *(Revogados pela Lei 13.097/2015 – DOU 20.01.2015, em vigor a partir do primeiro dia do 4º quarto mês subsequente ao da publicação desta Lei.)*

§ 13. No cálculo do crédito de que trata o inciso V do *caput*:

- § 13 acrescentado pela Lei 12.973/2014 (*DOU* 14.05.2014), em vigor em 1º.01.2015.
- V. art. 119, § 1º, I, Lei 12.973/2014.

I – os valores decorrentes do ajuste a valor presente de que trata o inciso III do *caput* do art. 184 da Lei 6.404, de 15 de dezembro de 1976, poderão ser considerados como par-

Lei 10.865/2004

LEGISLAÇÃO

te integrante do custo ou valor de aquisição; e

II – não serão computados os ganhos e perdas decorrentes de avaliação de ativo com base no valor justo.

§ 14. O disposto no inciso V do *caput* não se aplica no caso de bem objeto de arrendamento mercantil, na pessoa jurídica arrendatária.

- § 14 acrescentado pela Lei 12.973/2014 (*DOU* 14.05.2014), em vigor em 1º.01.2015.

Art. 16. É vedada a utilização do crédito de que trata o art. 15 desta Lei nas hipóteses referidas nos incisos III e IV do § 3º do art. 1º e no art. 8º da Lei 10.637, de 30 de dezembro de 2002, e nos incisos III e IV do § 3º do art. 1º e no art. 10 da Lei 10.833, de 29 de dezembro de 2003.

- V. art. 45.

§ 1º Gera direito aos créditos de que tratam os arts. 15 e 17 desta Lei a importação efetuada com isenção, exceto na hipótese de os produtos serem revendidos ou utilizados como insumo em produtos sujeitos à alíquota zero, isentos ou não alcançados pela contribuição.

- § 1º acrescentado pela Lei 11.945/2009 (*DOU* 05.06.2009), em vigor na data de sua publicação, produzindo efeitos a partir de 16.12.2008 (v. art. 33, IV, *d*, da referida Lei).

§ 2º A importação efetuada na forma da alínea *f* do inciso II do art. 9º desta Lei não dará direito a crédito, em qualquer caso.

- § 2º acrescentado pela Lei 11.945/2009 (*DOU* 05.06.2009), em vigor na data de sua publicação, produzindo efeitos a partir de 1º.04.2009 (v. art. 33, II, da referida Lei).

Art. 17. As pessoas jurídicas importadoras dos produtos referidos nos §§ 1º a 3º, 5º a 10, 17 e 19 do art. 8º desta Lei poderão descontar crédito, para fins de determinação da Contribuição para o PIS/Pasep e da Cofins, em relação à importação desses produtos, nas hipóteses:

- *Caput* com redação determinada pela Lei 13.097/2015 (*DOU* 20.01.2015), em vigor a partir do 1º primeiro dia do 4º quarto mês subsequente ao da publicação desta Lei.

I – dos §§ 1º a 3º, 5º a 7º e 10 do art. 8º desta Lei, quando destinados à revenda;

- Inciso I com redação determinada pela Lei 11.051/2004.

II – do § 8º do art. 8º desta Lei, quando destinados à revenda, ainda que ocorra fase intermediária de mistura;

III – do § 9º do art. 8º desta Lei, quando destinados à revenda ou à utilização como insumo na produção de autopeças relacionadas nos Anexos I e II da Lei 10.485, de 3 de julho de 2002;

IV – *(Revogado pela Lei 11.051/2004.)*

V – do § 19 do art. 8º desta Lei, quando destinados à revenda;

- Inciso V acrescentado pela Lei 11.727/2008 (*DOU* 24.06.2008), em vigor na data de sua publicação, produzindo efeitos a partir do primeiro dia do quarto mês subsequente ao de sua publicação (v. art. 41, IV, da referida Lei).

VI – *(Revogado pela Lei 13.097/2015 – DOU 20.01.2015, em vigor a partir do primeiro dia do 4º quarto mês subsequente ao da publicação desta Lei.)*

§ 1º *(Revogado pela Lei 10.925/2004 – DOU 26.07.2004, a partir do primeiro dia do quarto mês subsequente ao da publicação desta Lei.)*

§ 2º O crédito de que trata este artigo será apurado mediante a aplicação das alíquotas previstas para os respectivos produtos no art. 8º, conforme o caso, sobre o valor de que trata o § 3º do art. 15.

- § 2º com redação determinada pela Lei 13.137/2015 (*DOU* 22.06.2015, edição extra), em vigor no primeiro dia do quarto mês subsequente ao da publicação da MP 668/2015 (*DOU* 30.01.2015, edição extra).

§ 2º-A. O valor da Cofins-Importação pago em decorrência do adicional de alíquota de que trata o § 21 do art. 8º não gera direito ao desconto do crédito de que trata o *caput*.

- § 2º-A acrescentado pela Lei 13.137/2015 (*DOU* 22.06.2015, edição extra), em vigor no primeiro dia do quarto mês subsequente ao da publicação da MP 668/2015 (*DOU* 30.01.2015, edição extra).

§ 3º *(Revogado pela Lei 13.097/2015 – DOU 20.01.2015, em vigor a partir do primeiro dia do 4º quarto mês subsequente ao da publicação desta Lei.)*

§ 3º-A. Os créditos de que trata o inciso VI deste artigo serão determinados conforme os incisos do art. 58-C da Lei 10.833, de 29 de dezembro de 2003.

- § 3º-A acrescentado pela Lei 11.727/2008 (*DOU* 24.06.2008), em vigor na data de sua publicação, produzindo efeitos a partir de 1º.01.2009 (v. art. 41, VII, da referida Lei).

Lei 10.865/2004

LEGISLAÇÃO

§ 4º *(Revogado pela Lei 10.925/2004 – DOU 26.07.2004, a partir do primeiro dia do quarto mês subsequente ao da publicação desta Lei.)*

§ 5º Na hipótese do § 8º do art. 8º desta Lei, os créditos serão determinados com base nas alíquotas específicas referidas no art. 23 desta Lei.

§ 6º Opcionalmente, o sujeito passivo poderá calcular o crédito de que trata o § 4º do art. 15 desta Lei relativo à aquisição de vasilhames classificados no código 7010.90.21 da Tipi, destinados ao ativo imobilizado, no prazo de 12 (doze) meses, poderá creditar-se, a cada mês, de 1/12 (um doze avos) do valor da contribuição incidente, mediante alíquota específica, na aquisição dos vasilhames, de acordo com regulamentação da Secretaria da Receita Federal.

- § 6º com redação determinada pela Lei 13.097/2015 (DOU 20.01.2015), em vigor a partir do primeiro dia do quarto mês subsequente ao da publicação desta Lei.

§ 7º O disposto no inciso III deste artigo não se aplica no caso de importação efetuada por montadora de máquinas ou veículos relacionados no art. 1º da Lei 10.485, de 3 de julho de 2002.

- § 7º acrescentado pela Lei 11.051/2004.

§ 8º O disposto neste artigo alcança somente as pessoas jurídicas de que trata o art. 15 desta Lei.

- § 8º acrescentado pela Lei 11.051/2004.

Art. 18. No caso da importação por conta e ordem de terceiros, os créditos de que tratam os arts. 15 e 17 desta Lei serão aproveitados pelo encomendante.

Capítulo X
DO LANÇAMENTO DE OFÍCIO

Art. 19. Nos casos de lançamentos de ofício, serão aplicadas, no que couber, as disposições dos arts. 43 e 44 da Lei 9.430, de 27 de dezembro de 1996.

Capítulo XI
DA ADMINISTRAÇÃO DO TRIBUTO

Art. 20. Compete à Secretaria da Receita Federal a administração e a fiscalização das contribuições de que trata esta Lei.

§ 1º As contribuições sujeitam-se às normas relativas ao processo administrativo fiscal de determinação e exigência do crédito tributário e de consulta de que trata o Decreto 70.235, de 6 de março de 1972, bem como, no que couber, às disposições da legislação do imposto de renda, do imposto de importação, especialmente quanto à valoração aduaneira, e da contribuição para o PIS/Pasep e da Cofins.

§ 2º A Secretaria da Receita Federal editará, no âmbito de sua competência, as normas necessárias à aplicação do disposto nesta Lei.

Capítulo XII
DISPOSIÇÕES GERAIS

Art. 21. Os arts. 1º, 2º, 3º, 6º, 10, 12, 15, 25, 27, 32, 34, 49, 50, 51, 52, 53, 56 e 90 da Lei 10.833, de 29 de dezembro de 2003, passam a vigorar com a seguinte redação:

- Alterações processadas no texto da referida Lei.

Art. 22. Os dispositivos legais a seguir passam a vigorar com a seguinte redação:

- V. art. 45.

I – art. 4º da Lei 9.718, de 27 de novembro de 1998:

- Alterações processadas no texto da referida Lei.

II – art. 2º da Lei 10.560, de 13 de novembro de 2002:

"Art. 2º A contribuição para o PIS/Pasep e a Cofins, relativamente à receita bruta decorrente da venda de querosene de aviação, incidirá uma única vez, nas vendas realizadas pelo produtor ou importador, às alíquotas de 5% (cinco por cento) e 23,2% (vinte e três inteiros e dois décimos por cento), respectivamente."

Art. 23. O importador ou fabricante dos produtos referidos nos incisos I a III do art. 4º da Lei 9.718, de 27 de novembro de 1998, e no art. 2º da Lei 10.560, de 13 de novembro de 2002, poderá optar por regime especial de apuração e pagamento da contribuição para o PIS/Pasep e da Cofins, no qual os valores das contribuições são fixados, respectivamente, em:

- V. art. 10, § 1º, Lei 11.051/2004 (Desconto de crédito na apuração da Contribuição Social sobre o Lucro Líquido – CSLL e da Contribuição para o PIS/Pasep e Cofins não cumulativas).
- V. Instrução Normativa RFB 876/2008 (Aprova o aplicativo de opção pelo Regime Especial de Apuração e Pagamento da Contribuição para o PIS/Pasep e da Cofins incidentes sobre Combustíveis e Bebidas – Recob).

Lei 10.865/2004

LEGISLAÇÃO

I – R$ 141,10 (cento e quarenta e um reais e dez centavos) e R$ 651,40 (seiscentos e cinquenta e um reais e quarenta centavos), por metro cúbico de gasolinas e suas correntes, exceto gasolina de aviação;

II – R$ 82,20 (oitenta e dois reais e vinte centavos) e R$ 379,30 (trezentos e setenta e nove reais e trinta centavos), por metro cúbico de óleo diesel e suas correntes;

III – R$ 119,40 (cento e dezenove reais e quarenta centavos) e R$ 551,40 (quinhentos e cinquenta e um reais e quarenta centavos), por tonelada de gás liquefeito de petróleo – GLP, derivado de petróleo e de gás natural;

* Inciso III com redação determinada pela Lei 11.051/2004.

IV – R$ 48,90 (quarenta e oito reais e noventa centavos) e R$ 225,50 (duzentos e vinte e cinco reais e cinquenta centavos), por metro cúbico de querosene de aviação.

§ 1º A opção prevista neste artigo será exercida, segundo normas e condições estabelecidas pela Secretaria da Receita Federal, até o último dia útil do mês de novembro de cada ano-calendário, produzindo efeitos, de forma irretratável, durante todo o ano-calendário subsequente ao da opção.

§ 2º Excepcionalmente para o ano-calendário de 2004, a opção poderá ser exercida até o último dia útil do mês de maio, produzindo efeitos, de forma irretratável, a partir do dia 1º de maio.

§ 3º No caso da opção efetuada nos termos dos §§ 1º e 2º deste artigo, a Secretaria da Receita Federal divulgará o nome da pessoa jurídica optante e a data de início da opção.

§ 4º A opção a que se refere este artigo será automaticamente prorrogada para o ano-calendário seguinte, salvo se a pessoa jurídica dela desistir, nos termos e condições estabelecidos pela Secretaria da Receita Federal, até o último dia útil do mês de outubro do ano-calendário, hipótese em que a produção de efeitos se dará a partir do dia 1º de janeiro do ano-calendário subsequente.

§ 5º Fica o Poder Executivo autorizado a fixar coeficientes para redução das alíquotas previstas neste artigo, os quais poderão ser alterados, para mais ou para menos, ou extintos, em relação aos produtos ou sua utilização, a qualquer tempo.

* V. Dec. 5.059/2004 (Reduz as alíquotas da Contribuição para o PIS/Pasep e da Cofins incidentes sobre a importação e a comercialização de gasolina, óleo diesel, gás liquefeito de petróleo (GLP) e querosene da aviação).

Art. 24. O inciso III do § 2º do art. 8º da Lei 10.426, de 24 de abril de 2002, passa a vigorar com a seguinte redação:

* Alteração processada no texto da referida Lei.

Art. 25. O disposto no art. 9º da Medida Provisória 2.159-70, de 24 de agosto de 2001, aplica-se, também, relativamente aos fatos geradores ocorridos a partir de 1º de abril de 2004, às remessas para o exterior vinculadas ao pagamento de despesas relacionadas com a promoção de destinos turísticos brasileiros

* V. Dec. 6.761/2009 (Reduz a zero a alíquota do imposto sobre a renda incidente sobre os rendimentos de beneficiários residentes ou domiciliados no exterior).

Parágrafo único. Para os fins do disposto no *caput* deste artigo, entende-se por despesas vinculadas à promoção de destinos turísticos brasileiros aquelas decorrentes de pesquisa de mercado, participação em exposições, feiras e eventos semelhantes, inclusive aluguéis e arrendamentos de estandes e locais de exposição.

Art. 26. *(Revogado pela Lei 10.925/2004 – DOU 26.07.2004, a partir do primeiro dia do quarto mês subsequente ao da publicação desta Lei.)*

Art. 27. O Poder Executivo poderá autorizar o desconto de crédito nos percentuais que estabelecer e para os fins referidos no art. 3º das Leis 10.637, de 30 de dezembro de 2002, e 10.833, de 29 de dezembro de 2003, relativamente às despesas financeiras decorrentes de empréstimos e financiamentos, inclusive pagos ou creditados a residentes ou domiciliados no exterior.

§ 1º Poderão ser estabelecidos percentuais diferenciados no caso de pagamentos ou créditos a residentes ou domiciliados em país com tributação favorecida ou com sigilo societário.

§ 2º O Poder Executivo poderá, também, reduzir e restabelecer, até os percentuais de que tratam os incisos I e II do *caput* do art. 8º desta Lei, as alíquotas da contribuição para o PIS/Pasep e da Cofins incidentes sobre as receitas financeiras auferidas pelas pessoas jurídicas sujeitas ao regime de não cumula-

Lei 10.865/2004

LEGISLAÇÃO

tividade das referidas contribuições, nas hipóteses que fixar.

- V. Dec. 8.426/2015 (Restabelece as alíquotas da Contribuição para o PIS/Pasep e da Cofins incidentes sobre receitas financeiras auferidas pelas pessoas jurídicas sujeitas ao regime de apuração não cumulativa das referidas contribuições).

§ 3º O disposto no § 2º não se aplica aos valores decorrentes do ajuste a valor presente de que trata o inciso VIII do *caput* do art. 183 da Lei 6.404, de 15 de dezembro de 1976.

- § 3º acrescentado pela Lei 12.973/2014 (*DOU* 14.05.2014), em vigor em 1º.01.2015.
- V. art. 119, § 1º, I, Lei 12.973/2014

Art. 28. Ficam reduzidas a 0 (zero) as alíquotas da contribuição para o PIS/Pasep e da Cofins incidentes sobre a receita bruta decorrente da venda, no mercado interno, de:

- V. art. 3º, Lei 12.649/2012 (*DOU* 18.05.2012), em vigor na data de sua publicação produzindo efeitos a partir de 1º de maio de 2012, que determina que os prazos previstos nos incisos I e II do *caput* do art. 28 da Lei 10.865/2004 são prorrogados até 30 de abril de 2016.

I – papel destinado à impressão de jornais, pelo prazo de 4 (quatro) anos a contar da data de vigência desta Lei ou até que a produção nacional atenda 80% (oitenta por cento) do consumo interno, na forma a ser estabelecida em regulamento do Poder Executivo;

- V. art. 3º, Lei 12.649/2012 (*DOU* 18.05.2012), em vigor na data de sua publicação produzindo efeitos a partir de 1º de maio de 2012, que determina que os prazos previstos nos incisos I e II do *caput* do art. 28 da Lei 10.865/2004 são prorrogados até 30 de abril de 2016.
- V. Dec. 6.842/2009 (Regulamenta a concessão de alíquota zero, até 30.04.2012 ou até que a produção nacional atenda a 80% (oitenta por cento) do consumo interno, da Contribuição para o PIS/Pasep, da Cofins, da Contribuição para o PIS/Pasep-Importação e da Cofins-Importação incidentes sobre a receita bruta decorrente da venda no mercado interno e sobre a importação de papel).

II – papéis classificados nos códigos 4801.00.10, 4801.00.90, 4802.61.91, 4802.61.99, 4810.19.89 e 4810.22.90, todos da Tipi, destinados à impressão de periódicos pelo prazo de 4 (quatro) anos a contar da data de vigência desta Lei ou até que a produção nacional atenda 80% (oitenta por cento) do consumo interno;

- V. art. 3º, Lei 12.649/2012 (*DOU* 18.05.2012), em vigor na data de sua publicação produzindo efeitos a partir de 1º de maio de 2012, que determina que os prazos previstos nos incisos I e II do *caput* do art. 28 da Lei 10.865/2004 são prorrogados até 30 de abril de 2016.
- V. Dec. 6.842/2009 (Regulamenta a concessão de alíquota zero, até 30.04.2012 ou até que a produção nacional atenda a 80% (oitenta por cento) do consumo interno, da Contribuição para o PIS/Pasep, da Cofins, da Contribuição para o PIS/Pasep-Importação e da Cofins-Importação incidentes sobre a receita bruta decorrente da venda no mercado interno e sobre a importação de papel).

III – produtos hortícolas e frutas, classificados nos Capítulos 7 e 8, e ovos, classificados na posição 04.07, todos da Tipi; e

IV – aeronaves classificadas na posição 88.02 da Tipi, suas partes, peças, ferramentais, componentes, insumos, fluidos hidráulicos, tintas, anticorrosivos, lubrificantes, equipamentos, serviços e matérias-primas a serem empregados na manutenção, conservação, modernização, reparo, revisão, conversão e industrialização das aeronaves, seus motores, partes, componentes, ferramentais e equipamentos;

- Inciso IV com redação determinada pela Lei 11.727/2008.
- V. Dec. 5.171/2004 (Regulamenta os §§ 10 e 12 do art. 8º e o inciso IV do art. 28 da Lei 10.865/2004).

V – sêmens e embriões da posição 05.11 da NCM;

- Inciso V acrescentado pela Lei 10.925/2004.

VI – livros, conforme definido no art. 2º da Lei 10.753, de 30 de outubro de 2003;

- Inciso VI acrescentado pela Lei 11.033/2004.

VII – preparações compostas não alcoólicas, classificadas no código 2106.90.10 Ex 01 da Tipi, destinadas à elaboração de bebidas pelas pessoas jurídicas industriais dos produtos referidos no art. 58-A da Lei 10.833, de 29 de dezembro de 2003;

- Inciso VII com redação determinada pela Lei 11.727/2008 (*DOU* 24.06.2008), em vigor na data de sua publicação, produzindo efeitos a partir de 1º.01.2009 (v. art. 41, VII, da referida Lei).

VIII – veículos novos montados sobre chassis, com capacidade para 23 (vinte e três) a 44 (quarenta e quatro) pessoas, classificados nos códigos 8702.10.00 Ex 02 e 8702.90.90 Ex 02 da Tipi, destinados ao

Lei 10.865/2004

transporte escolar para a educação básica das redes estadual e municipal, que atendam aos dispositivos da Lei 9.503, de 23 de setembro de 1997 – Código de Trânsito brasileiro, quando adquiridos pela União, Estados, Municípios e pelo Distrito Federal, na forma a ser estabelecida em regulamento do Poder Executivo;

- Inciso VIII com redação determinada pela Lei 11.727/2008.

IX – embarcações novas, com capacidade para 20 (vinte) a 35 (trinta e cinco) pessoas, classificadas no código 8901.90.00 da Tipi, destinadas ao transporte escolar para a educação básica das redes estadual e municipal, quando adquiridas pela União, Estados, Municípios e pelo Distrito Federal, na forma a ser estabelecida em regulamento do Poder Executivo;

- Inciso IX com redação determinada pela Lei 11.727/2008.

X – materiais e equipamentos, inclusive partes, peças e componentes, destinados ao emprego na construção, conservação, modernização, conversão ou reparo de embarcações registradas ou pré-registradas no Registro Especial Brasileiro;

- Inciso X acrescentado pela Lei 11.774/2008.

XI – veículos e carros blindados de combate, novos, armados ou não, e suas partes, produzidos no Brasil, com peso bruto total até 30 (trinta) toneladas, classificados na posição 8710.00.00 da Tipi, destinados ao uso das Forças Armadas ou órgãos de segurança pública brasileiros, quando adquiridos por órgãos e entidades da administração pública direta, na forma a ser estabelecida em regulamento;

- Inciso XI acrescentado pela Lei 11.727/2008.

XII – material de defesa, classificado nas posições 87.10.00.00 e 89.06.10.00 da Tipi, além de partes, peças, componentes, ferramentais, insumos, equipamentos e matérias-primas a serem empregados na sua industrialização, montagem, manutenção, modernização e conversão;

- Inciso XII acrescentado pela Lei 11.727/2008.

XIII – serviços ou equipamentos de controle de produção, inclusive medidores de vazão, condutivímetros, aparelhos para controle, registro, gravação e transmissão dos quantitativos medidos, quando adquiridos por pessoas jurídicas legalmente responsáveis pela sua instalação e manutenção ou obrigadas à sua utilização, nos termos e condições fixados pela Secretaria da Receita Federal do Brasil;

- Inciso XIII com redação determinada pela Lei 12.995/2014.

XIV – produtos classificados na posição 87.13 da Nomenclatura Comum do Mercosul – NCM;

- Inciso XIV acrescentado pela Lei 11.774/2008.

XV – artigos e aparelhos ortopédicos ou para fraturas classificados no código 90.21.10 da NCM;

- Inciso XV acrescentado pela Lei 12.058/2009 (DOU 14.10.2009), em vigor na data de sua publicação, produzindo efeitos a partir de 1º.01.2010 (v. art. 48, da referida Lei).

XVI – artigos e aparelhos de próteses classificados no código 90.21.3 da NCM;

- Inciso XVI acrescentado pela Lei 12.058/2009 (DOU 14.10.2009), em vigor na data de sua publicação, produzindo efeitos a partir de 1º.01.2010 (v. art. 48, da referida Lei).

XVII – almofadas antiescaras classificadas nos Capítulos 39, 40, 63 e 94 da NCM;

- Inciso XVII acrescentado pela Lei 12.058/2009 (DOU 14.10.2009), em vigor na data de sua publicação, produzindo efeitos a partir de 1º.01.2010 (v. art. 48, da referida Lei).

XVIII – bens relacionados em ato do Poder Executivo para aplicação nas Unidades Modulares de Saúde de que trata o Convênio ICMS 114, de 11 de dezembro de 2009, quando adquiridos por órgãos da administração pública direta federal, estadual, distrital e municipal.

- Inciso XVIII acrescentado pela Lei 12.249/2010 (DOU 14.06.2010), em vigor na data de sua publicação, produzindo efeitos a partir de 16.12.2009 (v. art. 139, I, d, da referida Lei).
- A MP 491/2010 que acrescentava inciso XIX a este artigo perdeu sua eficácia por decurso de prazo no dia 03.11.2010 (DOU 17.11.2010).

XX – serviços de transporte ferroviário em sistema de trens de alta velocidade (TAV), assim entendido como a composição utilizada para efetuar a prestação do serviço público de transporte ferroviário que consiga atingir velocidade igual ou superior a 250 km/h (duzentos e cinquenta quilômetros por hora).

- Inciso XX acrescentado pela Lei 12.350/2010.

XXI – projetores para exibição cinematográfica, classificados no código 9007.2 da

Lei 10.865/2004

LEGISLAÇÃO

NCM, e suas partes e acessórios, classificados no código 9007.9 da NCM.

• Inciso XXI acrescentado pela Lei 12.599/2012.

XXII – produtos classificados nos códigos 8443.32.22, 8469.00.39 Ex 01, 8714.20.00, 9021.40.00, 9021.90.82 e 9021.90.92, todos da Tipi;

• Inciso XXII acrescentado pela Lei 12.649/2012.

XXIII – calculadoras equipadas com sintetizador de voz classificadas no código 8470.10.00 Ex 01 da Tipi;

• Inciso XXIII acrescentado pela Lei 12.649/2012.

XXIV – teclados com adaptações específicas para uso por pessoas com deficiência, classificados no código 8471.60.52 da Tipi;

• Inciso XXIV acrescentado pela Lei 12.649/2012.

XXV – indicador ou apontador – *mouse* – com adaptações específicas para uso por pessoas com deficiência, classificado no código 8471.60.53 da Tipi;

• Inciso XXV acrescentado pela Lei 12.649/2012.

XXVI – linhas braile classificadas no código 8471.60.90 Ex 01 da Tipi;

• Inciso XXVI acrescentado pela Lei 12.649/2012.

XXVII – digitalizadores de imagens – *scanners* – equipados com sintetizador de voz classificados no código 8471.90.14 Ex 01 da Tipi;

• Inciso XXVII acrescentado pela Lei 12.649/2012.

XXVIII – duplicadores braile classificados no código 8472.10.00 Ex 01 da Tipi;

• Inciso XXVIII acrescentado pela Lei 12.649/2012.

XXIX – acionadores de pressão classificados no código 8471.60.53 Ex 02 da Tipi;

• Inciso XXIX acrescentado pela Lei 12.649/2012.

XXX – lupas eletrônicas do tipo utilizado por pessoas com deficiência visual classificadas no código 8525.80.19 Ex 01 da Tipi;

• Inciso XXX acrescentado pela Lei 12.649/2012.

XXXI – implantes cocleares classificados no código 9021.40.00 da Tipi;

• Inciso XXXI acrescentado pela Lei 12.649/2012.

XXXII – próteses oculares classificadas no código 9021.39.80 da Tipi;

• Inciso XXXII acrescentado pela Lei 12.649/2012.

XXXIII – programas – *softwares* – de leitores de tela que convertem texto em voz sintetizada para auxílio de pessoas com deficiência visual;

• Inciso XXXIII acrescentado pela Lei 12.649/2012.

XXXIV – aparelhos contendo programas – *softwares* – de leitores de tela que convertem texto em caracteres braile, para utilização de surdos-cegos; e

• Inciso XXXIV acrescentado pela Lei 12.649/2012.

XXXV – neuroestimuladores para tremor essencial/Parkinson, classificados no código 9021.90.19, e seus acessórios, classificados nos códigos 9018.90.99, 9021.90.91 e 9021.90.99, todos da Tipi;

• Inciso XXXV acrescentado pela Lei 12.649/2012.

XXXVI – *(Vetado.)*

• Inciso XXXVI acrescentado pela Lei 12.715/2012 (*DOU* 18.09.2012), em vigor no 1º dia do 4º mês subsequente à data de publicação da MP 563/2012, produzindo efeitos a partir de sua regulamentação (v. art. 78, § 2º da referida Lei).

XXXVII – produtos classificados no Ex 01 do código 8503.00.90 da Tipi, exceto pás eólicas.

• Inciso XXXVII com redação determinada pela Lei 13.169/2015 (*DOU* 07.10.2015), em vigor na data de sua publicação, produzindo efeitos a partir do primeiro dia do quarto mês subsequente ao de sua publicação.

Parágrafo único. O Poder Executivo poderá regulamentar o disposto nos incisos IV, X e XIII a XXXV do *caput*.

• Parágrafo único com redação determinada pela Lei 12.649/2012.

Art. 29. As disposições do art. 3º da Lei Complementar 70, de 30 de dezembro de 1991, do art. 5º da Lei 9.715, de 25 de novembro de 1998, e do art. 53 da Lei 9.532, de 10 de dezembro de 1997, alcançam também o comerciante atacadista.

Art. 30. Considera-se aquisição, para fins do desconto do crédito previsto nos arts. 3º das Leis 10.637, de 30 de dezembro de 2002, e 10.833, de 29 de dezembro de 2003, a versão de bens e direitos neles referidos, em decorrência de fusão, incorporação e cisão de pessoa jurídica domiciliada no País.

§ 1º O disposto neste artigo aplica-se somente nas hipóteses em que fosse admitido o desconto do crédito pela pessoa jurídica fusionada, incorporada ou cindida.

§ 2º Aplica-se o disposto neste artigo a partir da data de produção de efeitos do art. 3º das Leis 10.637, de 30 de dezembro de 2002, e 10.833, de 29 de dezembro de 2003, conforme o caso.

Art. 31. É vedado, a partir do último dia do terceiro mês subsequente ao da publica-

Lei 10.865/2004

LEGISLAÇÃO

ção desta Lei, o desconto de créditos apurados na forma do inciso III do § 1º do art. 3º das Leis 10.637, de 30 de dezembro de 2002, e 10.833, de 29 de dezembro de 2003, relativos à depreciação ou amortização de bens e direitos de ativos imobilizados adquiridos até 30 de abril de 2004.

§ 1º Poderão ser aproveitados os créditos referidos no inciso III do § 1º do art. 3º das Leis 10.637, de 30 de dezembro de 2002, e 10.833, de 29 de dezembro de 2003, apurados sobre a depreciação ou amortização de bens e direitos de ativo imobilizado adquiridos a partir de 1º de maio.

§ 2º O direito ao desconto de créditos de que trata o § 1º deste artigo não se aplica ao valor decorrente da reavaliação de bens e direitos do ativo permanente.

§ 3º É também vedado, a partir da data a que se refere o *caput*, o crédito relativo a aluguel e contraprestação de arrendamento mercantil de bens que já tenham integrado o patrimônio da pessoa jurídica.

Art. 32. O art. 41 da Lei 8.981, de 20 de janeiro de 1995, passa a vigorar com a seguinte redação:

• Alteração processada no texto da referida Lei.

Art. 33. O art. 5º da Lei 9.826, de 23 de agosto de 1999, com a redação dada pela Lei 10.485, de 3 de julho de 2002, passa a vigorar com a seguinte redação:

"Art. 5º [...]

"[...]

"§ 6º O disposto neste artigo aplica-se, também, ao estabelecimento equiparado a industrial, de que trata o § 5º do art. 17 da Medida Provisória 2.189-49, de 23 de agosto de 2001."

Art. 34. Os arts. 1º e 3º da Lei 10.147, de 21 de dezembro de 2000, com a redação dada pela Lei 10.548, de 13 de novembro de 2002, passam a vigorar com a seguinte redação:

"Art. 1º [...]

"I – incidentes sobre a receita bruta decorrente da venda de:

"*a*) produtos farmacêuticos classificados nas posições 30.01, 30.03, exceto no código 3003.90.56, 30.04, exceto no código 3004.90.46, nos itens 3002.10.1, 3002.10.2, 3002.10.3, 3002.20.1, 3002.20.2, 3006.30.1 e 3006.30.2 e nos códigos 3002.90.20, 3002.90.92, 3002.90.99, 3005.10.10, 3006.60.00: 2,1% (dois inteiros e um décimo por cento) e 9,9% (nove inteiros e nove décimos por cento);

"*b*) produtos de perfumaria, de toucador ou de higiene pessoal, classificados nas posições 33.03 a 33.07 e nos códigos 3401.11.90, 3401.20.10 e 96.03.21.00: 2,2% (dois inteiros e dois décimos por cento) e 10,3% (dez inteiros e três décimos por cento);

"[...]"

"Art. 3º [...]

"[...]

"§ 1º [...]

"I – determinado mediante a aplicação das alíquotas estabelecidas na alínea *a* do inciso I do art. 1º desta Lei sobre a receita bruta decorrente da venda de medicamentos, sujeitas a prescrição médica e identificados por tarja vermelha ou preta, relacionados pelo Poder Executivo;

"[...]"

Art. 35. O art. 3º da Lei 10.336, de 19 de dezembro de 2001, passa a vigorar com a seguinte redação:

• Alteração processada no texto da referida Lei.

Art. 36. Os arts. 1º, 3º e 5º da Lei 10.485, de 3 de julho de 2002, passam a vigorar com a seguinte redação:

"Art. 1º As pessoas jurídicas fabricantes e as importadoras de máquinas e veículos classificados nos códigos 84.29, 8432.40.00, 84.32.80.00, 8433.20, 8433.30.00, 8433.40.00, 8433.5, 87.01, 87.02, 87.03, 87.04, 87.05 e 87.06, da Tabela de Incidência do Imposto sobre Produtos Industrializados – Tipi, aprovada pelo Decreto 4.070, de 28 de dezembro de 2001, relativamente à receita bruta decorrente da venda desses produtos, ficam sujeitas ao pagamento da contribuição para os Programas de Integração Social e de Formação do Patrimônio do Servidor Público – PIS/Pasep e da Contribuição para o Financiamento da Seguridade Social – Cofins, às alíquotas de 2% (dois por cento) e 9,6% (nove inteiros e seis décimos por cento), respectivamente.

"[...]"

Lei 10.865/2004

LEGISLAÇÃO

"Art. 3º As pessoas jurídicas fabricantes e os importadores, relativamente às vendas dos produtos relacionados nos Anexos I e II desta Lei, ficam sujeitos à incidência da contribuição para o PIS/Pasep e da Cofins às alíquotas de:

"I – 1,65% (um inteiro e sessenta e cinco centésimos por cento) e 7,6% (sete inteiros e seis décimos por cento), respectivamente, nas vendas para fabricante:

"a) de veículos e máquinas relacionados no art. 1º desta Lei; ou

"b) de autopeças constantes dos Anexos I e II desta Lei, quando destinadas à fabricação de produtos neles relacionados;

"II – 2,3% (dois inteiros e três décimos por cento) e 10,8% (dez inteiros e oito décimos por cento), respectivamente, nas vendas para comerciante atacadista ou varejista ou para consumidores.

"§ 1º Fica o Poder Executivo autorizado, mediante decreto, a alterar a relação de produtos discriminados nesta Lei, inclusive em decorrência de modificações na codificação da Tipi.

"§ 2º Ficam reduzidas a 0% (zero por cento) as alíquotas da contribuição para o PIS/Pasep e da Cofins, relativamente à receita bruta auferida por comerciante atacadista ou varejista, com a venda dos produtos de que trata:

"I – o caput deste artigo; e

"II – o caput do art. 1º deste artigo, exceto quando auferida pelas pessoas jurídicas a que se refere o art. 17, § 5º, da Medida Provisória 2.189-49, de 23 de agosto de 2001.

"§ 3º Os pagamentos efetuados pela pessoa jurídica fabricante dos produtos relacionados no art. 1º desta Lei a pessoa jurídica fornecedora de autopeças, exceto pneumáticos e câmaras de ar, estão sujeitos à retenção na fonte da contribuição para o PIS/Pasep e da Cofins.

"§ 4º O valor a ser retido na forma do § 3º deste artigo constitui antecipação das contribuições devidas pelas pessoas jurídicas fornecedoras e será determinado mediante a aplicação, sobre a importância a pagar, do percentual de 0,5% (cinco décimos por cento) para a contribuição para o PIS/Pasep e 2,5% (dois inteiros e cinco décimos por cento) para a Cofins.

"§ 5º Os valores retidos deverão ser recolhidos ao Tesouro Nacional até o terceiro dia útil da semana subsequente àquela em que tiver ocorrido o pagamento à pessoa jurídica fornecedora de autopeças.

"§ 6º Na hipótese de a pessoa jurídica fabricante dos produtos relacionados no art. 1º desta Lei revender produtos constantes dos Anexos I e II desta Lei, serão aplicadas, sobre a receita auferida, as alíquotas previstas no inciso II do caput deste artigo."

"Art. 5º As pessoas jurídicas fabricantes e as importadoras dos produtos classificados nas posições 40.11 (pneus novos de borracha) e 40.13 (câmaras de ar de borracha), da Tipi, relativamente às vendas que fizerem, ficam sujeitas ao pagamento da contribuição para o PIS/Pasep e da Cofins às alíquotas de 2% (dois por cento) e 9,5% (nove inteiros e cinco décimos por cento), respectivamente.

"[...]"

Art. 37. Os arts. 1º, 2º, 3º, 5º, 5º-A e 11 da Lei 10.637, de 30 de dezembro de 2002, passam a vigorar com a seguinte redação:

• Alterações processadas no texto da referida Lei.

Art. 38. A incidência da contribuição para o PIS/Pasep e da Cofins fica suspensa no caso de venda a pessoa jurídica sediada no exterior, com contrato de entrega no território nacional, de insumos destinados à industrialização, por conta e ordem da encomendante sediada no exterior, de máquinas e veículos classificados nas posições 87.01 a 87.05 da Tipi.

§ 1º Consideram-se insumos, para os fins deste artigo, os chassis, as carroçarias, as peças, as partes, os componentes e os acessórios.

§ 2º Na hipótese de os produtos resultantes da industrialização por encomenda serem destinados:

I – ao exterior, resolve-se a suspensão das referidas contribuições; ou

II – ao mercado interno, serão remetidos obrigatoriamente à pessoa jurídica a que se refere o § 5º do art. 17 da Medida Provisória 2.189-49, de 23 de agosto de 2001, por conta e ordem da pessoa jurídica domiciliada no exterior, com suspensão da contribuição para o PIS/Pasep e da Cofins.

§ 3º A utilização do benefício da suspensão de que trata este artigo obedecerá ao disposto no § 6º do art. 17 da Medida Provisória 2.189-49, de 23 de agosto de 2001.

Art. 39. As sociedades cooperativas que obedecerem ao disposto na legislação específica, relativamente aos atos cooperativos, ficam isentas da Contribuição Social sobre o Lucro Líquido – CSLL.

- V. art. 48.

Parágrafo único. O disposto no *caput* deste artigo não se aplica às sociedades cooperativas de consumo de que trata o art. 69 da Lei 9.532, de 10 de dezembro de 1997.

Art. 40. A incidência da contribuição para o PIS/Pasep e da Cofins ficará suspensa no caso de venda de matérias-primas, produtos intermediários e materiais de embalagem destinados a pessoa jurídica preponderantemente exportadora.

- *Caput* com redação determinada pela Lei 10.925/2004.

§ 1º Para fins do disposto no *caput*, considera-se pessoa jurídica preponderantemente exportadora aquela cuja receita bruta decorrente de exportação para o exterior, no ano-calendário imediatamente anterior ao da aquisição, houver sido igual ou superior a 50% (cinquenta por cento) de sua receita bruta total de venda de bens e serviços no mesmo período, após excluídos os impostos e contribuições incidentes sobre a venda.

- § 1º com redação determinada pela Lei 12.715/2012.

§ 2º Nas notas fiscais relativas à venda de que trata o *caput* deste artigo, deverá constar a expressão "Saída com suspensão da contribuição para o PIS/Pasep e da Cofins", com a especificação do dispositivo legal correspondente.

§ 3º A suspensão das contribuições não impede a manutenção e a utilização dos créditos pelo respectivo estabelecimento industrial, fabricante das referidas matérias-primas, produtos intermediários e materiais de embalagem.

§ 4º Para os fins do disposto neste artigo, as empresas adquirentes deverão:

I – atender aos termos e às condições estabelecidos pela Secretaria da Receita Federal; e

II – declarar ao vendedor, de forma expressa e sob as penas da lei, que atende a todos os requisitos estabelecidos.

§ 5º A pessoa jurídica que, após adquirir matérias-primas, produtos intermediários e materiais de embalagem com o benefício da suspensão de que trata este artigo, der-lhes destinação diversa de exportação, fica obrigada a recolher as contribuições não pagas pelo fornecedor, acrescidas de juros e multa de mora, ou de ofício, conforme o caso, contados a partir da data da aquisição.

- § 5º acrescentado pela Lei 11.051/2004.

§ 6º As disposições deste artigo aplicam-se à Contribuição para o PIS/Pasep-Importação e à Cofins-Importação incidentes sobre os produtos de que trata o *caput* deste artigo.

- § 6º acrescentado pela Lei 11.482/2007.

§ 6º-A. A suspensão de que trata este artigo alcança as receitas de frete, bem como as receitas auferidas pelo operador de transporte multimodal, relativas a frete contratado pela pessoa jurídica preponderantemente exportadora no mercado interno para o transporte dentro do território nacional de:

- *Caput* do § 6º-A com redação determinada pela Lei 11.774/2008.

I – matérias-primas, produtos intermediários e materiais de embalagem adquiridos na forma deste artigo; e

- Inciso I acrescentado pela Lei 11.488/2007.

II – produtos destinados à exportação pela pessoa jurídica preponderantemente exportadora.

- Inciso II acrescentado pela Lei 11.488/2007.

§ 7º Para fins do disposto no inciso II do § 6º-A deste artigo, o frete deverá referir-se ao transporte dos produtos até o ponto de saída do território nacional.

- § 7º acrescentado pela Lei 11.488/2007.

§ 8º O disposto no inciso II do § 6º-A deste artigo aplica-se também na hipótese de vendas a empresa comercial exportadora, com fim específico de exportação.

- § 8º acrescentado pela Lei 11.488/2007.

§ 9º Deverá constar da nota fiscal a indicação de que o produto transportado destina-se à exportação ou à formação de lote com a finalidade de exportação, condição a ser comprovada mediante o Registro de Exportação – RE.

- § 9º acrescentado pela Lei 11.488/2007.

Lei 10.865/2004

§ 10. *(Revogado pela Lei 12.712/2012.)*

Art. 40-A. A suspensão de incidência da Contribuição para o PIS/Pasep e da Cofins de que trata o art. 40 desta Lei aplica-se também à venda de matérias-primas, produtos intermediários e materiais de embalagem destinados a pessoa jurídica fabricante dos produtos referidos no inciso XI do *caput* do art. 28 desta Lei, quando destinados a órgãos e entidades da administração pública direta.

• Artigo acrescentado pela Lei 11.727/2008.

§ 1º A pessoa jurídica que, após adquirir matérias-primas, produtos intermediários e materiais de embalagem com o benefício da suspensão de que trata este artigo, lhes der destinação diversa de venda a órgãos e entidades da administração pública direta fica obrigada a recolher as contribuições não pagas, acrescidas de juros e multa de mora ou de ofício, conforme o caso, contados a partir da data da aquisição.

§ 2º Da nota fiscal constará a indicação de que o produto transportado destina-se à venda a órgãos e entidades da administração pública direta, no caso de produtos referidos no inciso XI do *caput* do art. 28 desta Lei.

§ 3º Aplicam-se ainda ao disposto neste artigo os §§ 3º, 4º e 6º do art. 40 desta Lei.

Art. 41. Ficam incluídos no campo de incidência do Imposto sobre Produtos Industrializados – IPI, tributados à alíquota de 30% (trinta por cento), os produtos relacionados na subposição 2401.20 da Tipi.

• Caput com redação determinada pela Lei 11.452/2007.

§ 1º A incidência do imposto independe da forma de apresentação, acondicionamento, estado ou peso do produto.

• § 1º com redação determinada pela Lei 11.452/2007.

§ 2º *(Revogado pela Lei 11.452/2007.)*
§ 3º *(Revogado pela Lei 11.452/2007.)*

Art. 42. Opcionalmente, as pessoas jurídicas tributadas pelo lucro real que aUfiram receitas de venda dos produtos de que tratam os §§ 1º a 3º e 5º a 9º do art. 8º desta Lei poderão adotar, antecipadamente, o regime de incidência não cumulativa da contribuição para o PIS/Pasep e da Cofins.

• V. art. 22, parágrafo único, Lei 11.051/2004 (Desconto de crédito na apuração da Contribuição Social sobre o Lucro Líquido – CSLL e da Contribuição para o PIS/Pasep e Cofins não cumulativas).

§ 1º A opção será exercida até o dia 31 de maio de 2004, de acordo com as normas e condições estabelecidas pela Secretaria da Receita Federal, produzindo efeitos em relação aos fatos geradores ocorridos a partir do dia 1º de maio de 2004.

§ 2º Não se aplicam as disposições dos arts. 45 e 46 desta Lei às pessoas jurídicas que efetuarem a opção na forma do *caput* deste artigo.

• § 2º com redação determinada pela Lei 10.925/2004 (*DOU* 26.07.2004), em vigor na data de sua publicação, produzindo efeitos a partir da data de publicação da MP 183/2004 (*DOU* 30.04.2004, edição extra) (v. art. 17, V, da referida Lei).

Art. 43. *(Revogado pela Lei 10.999/2004.)*

Art. 44. Fica revogado o § 4º do art. 1º da Lei 10.147, de 21 de dezembro de 2000, alterado pela Lei 10.548, de 13 de novembro de 2002.

§ 1º Os efeitos da revogação de que trata o *caput* dar-se-ão a partir do quarto mês subsequente ao de publicação desta Lei.

§ 2º *(Vetado.)*

Art. 45. Produzem efeitos a partir do primeiro dia do quarto mês subsequente ao de publicação desta Lei, quanto às alterações efetuadas em relação à Medida Provisória 164, de 29 de janeiro de 2004, as disposições constantes desta Lei:

I – nos §§ 1º a 3º, 5º, 8º e 9º do art. 8º;
II – no art. 16;
III – no art. 17; e
IV – no art. 22.

Parágrafo único. As disposições de que tratam os incisos I a IV do *caput* deste artigo, na redação original da Medida Provisória 164, de 29 de janeiro de 2004, produzem efeitos a partir de 1º de maio de 2004.

Art. 46. Produz efeitos a partir do primeiro dia do quarto mês subsequente ao de publicação desta Lei o disposto:

I – nos arts. 1º, 12, 50 e art. 51, incisos II e IV, da Lei 10.833, de 29 de dezembro de 2003, com a redação dada pelo art. 21 desta Lei;

Dec. 5.059/2004

LEGISLAÇÃO

II – nos arts. 1º e 3º da Lei 10.147, de 21 de dezembro de 2000, com a redação dada pelo art. 34 desta Lei;
III – nos arts. 1º, 3º e 5º da Lei 10.485, de 3 de julho de 2002, com a redação dada pelo art. 36 desta Lei, observado o disposto no art. 47; e
IV – nos arts. 1º, 2º, 3º e 11 da Lei 10.637, de 30 de dezembro de 2002, com a redação dada pelo art. 37 desta Lei.

Art. 47. O disposto nos §§ 3º a 5º do art. 3º da Lei 10.485, de 3 de julho de 2002, com a redação dada por esta Lei, produz efeitos a partir do primeiro dia do terceiro mês subsequente ao de publicação desta Lei.

Art. 48. Produz efeitos a partir de 1º de janeiro de 2005 o disposto no art. 39 desta Lei.

Art. 49. Os arts. 55 a 58 da Lei 10.833, de 29 de dezembro de 2003, produzem efeitos a partir de 1º de fevereiro de 2004, relativamente à hipótese de que trata o seu art. 52.

Art. 50. Os arts. 49 e 51 da Lei 10.833, de 29 de dezembro de 2003, em relação às alterações introduzidas pelo art. 21 desta Lei, produzem efeitos a partir de 1º de maio de 2004.

Art. 51. O disposto no art. 53 da Lei 10.833, de 29 de dezembro de 2003, com a alteração introduzida pelo art. 21 desta Lei, produz efeito a partir de 29 de janeiro de 2004.

Art. 52. Excepcionalmente para o ano-calendário de 2004, a opção pelo regime especial de que trata o art. 52 da Lei 10.833, de 29 de dezembro de 2003, poderá ser exercida até o último dia útil do mês subsequente ao da publicação desta Lei, produzindo efeitos, de forma irretratável, a partir do mês subsequente ao da opção, até 31 de dezembro de 2004.

Art. 53. Esta Lei entra em vigor na data de sua publicação, produzindo efeitos a partir do dia 1º de maio de 2004, ressalvadas as disposições contidas nos artigos anteriores.

Brasília, 30 de abril de 2004; 183º da Independência e 116º da República.
Luiz Inácio Lula da Silva
(DOU 30.04.2004, edição extra)

DECRETO 5.059,
DE 30 DE ABRIL DE 2004

Reduz as alíquotas da Contribuição para o PIS/Pasep e da Cofins incidentes sobre a importação e a comercialização de gasolina, óleo diesel, gás liquefeito de petróleo (GLP) e querosene de aviação.

O Presidente da República, no uso da atribuição que lhe confere o art. 84, inciso IV, da Constituição, e tendo em vista o disposto no *caput* e no § 5º do art. 23 da Lei 10.865, de 30 de abril de 2004, decreta:

Art. 1º Os coeficientes de redução da contribuição para o PIS/Pasep e da Cofins previstos no § 5º do art. 23 da Lei 10.865, de 30 de abril de 2004, ficam fixados em:
I – 0,51848 para as gasolinas e suas correntes, exceto gasolina de aviação, a partir de 1º de maio de 2015;
* Inciso I com redação determinada pelo Dec. 8.395/2015 (*DOU* 29.01.2015), em vigor em 1º.02.2015.

II – 0,46262 para o óleo diesel e suas correntes, a partir de 1º de maio de 2015;
* Inciso II com redação determinada pelo Dec. 8.395/2015 (*DOU* 29.01.2015), em vigor em 1º.02.2015.

III – 0,75 para o gás liquefeito de petróleo (GLP); e
IV – 0,7405 para o querosene de aviação.
Parágrafo único. Até 30 de abril de 2015, os coeficientes de redução de que tratam os incisos I e II do *caput* ficam fixados em:
* Parágrafo único acrescentado pelo Dec. 8.395/2015 (*DOU* 29.01.2015), em vigor em 1º.02.2015.

I – 0,3923 para as gasolinas e suas correntes, exceto gasolina de aviação; e
II – 0,35428 para o óleo diesel e suas correntes.

Art. 2º As alíquotas da contribuição para o PIS/Pasep e da Cofins, com a utilização dos coeficientes determinados no art. 1º, ficam reduzidas, respectivamente, para:
I – R$ 67,94 (sessenta e sete reais e noventa e quatro centavos) e R$ 313,66 (trezentos e treze reais e sessenta e seis centavos) por metro cúbico de gasolinas e suas correntes, a partir de 1º de maio de 2015;
* Inciso I com redação determinada pelo Dec. 8.395/2015 (*DOU* 29.01.2015), em vigor no pri-

Dec. 5.062/2004

LEGISLAÇÃO

meiro dia do quarto mês subsequente ao de sua publicação.

II – R$ 44,17 (quarenta e quatro reais e dezessete centavos) e R$ 203,83 (duzentos e três reais e oitenta e três centavos) por metro cúbico de óleo diesel e suas correntes, a partir de 1º de maio de 2015;

- Inciso II com redação determinada pelo Dec. 8.395/2015 (DOU 29.01.2015), em vigor no primeiro dia do quarto mês subsequente ao de sua publicação.

III – R$ 29,85 (vinte e nove reais e oitenta e cinco centavos) e R$ 137,85 (cento e trinta e sete reais e oitenta e cinco centavos) por tonelada de gás liquefeito de petróleo (GLP); e

IV – R$ 12,69 (doze reais e sessenta e nove centavos) e R$ 58,51 (cinquenta e oito reais e cinquenta e um centavos) por metro cúbico de querosene de aviação.

Parágrafo único. As alíquotas da Contribuição para o PIS/Pasep e da Cofins, com a utilização dos coeficientes determinados no parágrafo único do art. 1º, ficam reduzidas, respectivamente, para:

- Parágrafo único acrescentado pelo Dec. 8.395/2015 (DOU 29.01.2015), em vigor no primeiro dia do quarto mês subsequente ao de sua publicação.

I – R$ 85,75 (oitenta e cinco reais e setenta e cinco centavos) e R$ 395,86 (trezentos e noventa e cinco reais e oitenta e seis centavos) por metro cúbico de gasolinas e suas correntes; e

II – R$ 53,08 (cinquenta e três reais e oito centavos) e R$ 244,92 (duzentos e quarenta e quatro reais e noventa e dois centavos) por metro cúbico de óleo diesel e suas correntes.

Art. 3º Este Decreto entra em vigor na data de sua publicação, produzindo efeitos em relação aos fatos geradores ocorridos a partir de 1º de maio de 2004.

Brasília, 30 de abril de 2004; 183º da Independência e 116º da República.

Luiz Inácio Lula da Silva

(DOU 30.04.2004, edição extra)

DECRETO 5.062, DE 30 DE ABRIL DE 2004

Fixa coeficiente para redução das alíquotas específicas do PIS/Pasep e da Cofins de que tratam os arts. 51 e 52 da Lei 10.833, de 29 de dezembro de 2003.

O Presidente da República, no uso da atribuição que lhe confere o art. 84, inciso IV, da Constituição, e tendo em vista o disposto nos arts. 53 da Lei 10.833, de 29 de dezembro de 2003, e 26 da Lei 10.865, de 30 de abril de 2004, decreta:

Art. 1º Fica fixado em 0,45 (quarenta e cinco centésimos) o coeficiente de redução das alíquotas da Contribuição para o PIS/Pasep e da Contribuição para o Financiamento da Seguridade Social – Cofins, previstas no art. 51 da Lei 10.833, de 29 de dezembro de 2003, incidentes na comercialização no mercado interno e na importação de embalagens para bebidas.

- Artigo com redação determinada pelo Dec. 7.455/2011.

Parágrafo único. Excetua-se do disposto no *caput* deste artigo o coeficiente de redução das alíquotas:

I – da lata de alumínio, classificada no código 7612.90.19 da Tipi e lata de aço, classificada no código 7310.21.10 da Tipi, para os refrigerantes classificados no código 22.02 da Tipi, que fica fixado em 0,326 (trezentos e vinte e seis milésimos); e

II – das pré-formas classificadas no código 3923.30.00 Ex 01 da Tipi, com faixa de gramatura acima de 42g, referidas no item 3 da alínea *b* do inciso II do *caput* do art. 51, que fica fixado em 0,56 (cinquenta e seis centésimos).

Art. 2º As alíquotas da contribuição para o PIS/Pasep e da Cofins de que trata o art. 51 da Lei 10.833, de 2003, com a utilização do coeficiente determinados no art. 1º, no caso:

I – de lata de alumínio, classificada no código 7612.90.19 da Tipi e lata de aço, classificada no código 7310.21.10 da Tipi, ficam reduzidas, respectivamente, para:

a) R$ 0,0114 (cento e quatorze décimos de milésimo de real) e R$ 0,0529 (quinhentos e vinte e nove décimos de milésimo de real), por litro de capacidade nominal de envasa-

Dec. 5.062/2004

mento de refrigerantes classificados nos códigos 22.02 da Tipi; e

- Alínea *a* com redação determinada pelo Dec. 7.455/2011.

b) R$ 0,0162 (cento e sessenta e dois décimos de milésimo de real) e R$ 0,0748 (setecentos e quarenta e oito décimos de milésimo de real), por litro de capacidade nominal de envasamento de cervejas classificadas no código 2203 da Tipi;

II – de embalagens destinadas ao envasamento de água, refrigerantes e cerveja, quando se tratar:

a) de garrafas e garrafões classificados no código 3923.30.00 da Tipi, ficam reduzidas, respectivamente, para R$ 0,0094 (noventa e quatro décimos de milésimo de real) e R$ 0,0431 (quatrocentos e trinta e um décimos de milésimo de real) por litro de capacidade nominal de envasamento;

b) de pré-formas classificadas no código 3923.30.00 Ex 01 da Tipi, ficam reduzidas, respectivamente, para:

1. R$ 0,0056 (cinquenta e seis décimos de milésimo de real) e R$ 0,0259 (duzentos e cinquenta e nove décimos de milésimo de real), para faixa de gramatura de até 30g;
2. R$ 0,014 (quatorze milésimos de real) e R$ 0,0647 (seiscentos e quarenta e sete décimos de milésimo de real), para faixa de gramatura acima de 30 até 42g;
3. R$ 0,0187 (cento e oitenta e sete décimos de milésimo de real) e R$ 0,0862 (oitocentos e sessenta e dois décimos de milésimo de real), para faixa de gramatura acima de 42 g;

- Item 3 com redação determinada pelo Dec. 6.073/2007.

III – de embalagens de vidro não retornáveis classificadas no código 7010.90.21 da Tipi ficam reduzidas, respectivamente, para R$ 0,0162 (cento e sessenta e dois décimos de milésimo de real) e R$ 0,0748 (setecentos e quarenta e oito décimos de milésimo de real), por litro de capacidade nominal de envasamento de refrigerantes ou cervejas; e

IV – de embalagens de vidro retornáveis classificadas no código 7010.90.21 da Tipi ficam reduzidas, respectivamente, para R$ 0,1617 (um mil e seiscentos e dezessete décimos de milésimo de real) e R$ 0,748 (setecentos e quarenta e oito milésimos de real), por litro de capacidade nominal de envasamento de refrigerantes ou cervejas.

Art. 2º-A. Fica fixado em 0,87 (oitenta e sete centésimos) o coeficiente de redução das alíquotas da Contribuição para o PIS/Pasep e da Cofins, previstas no art. 51 da Lei 10.833, de 2003, incidentes na comercialização no mercado interno e na importação de embalagens para bebidas, quando as embalagens forem vendidas a ou importadas por pessoa jurídica enquadrada no regime especial instituído pelo art. 58-J da Lei 10.833, de 2003, e cujos equipamentos contadores de produção de que trata o art. 58-T da mesma Lei estejam operando em normal funcionamento.

- Artigo acrescentado pelo Dec. 7.455/2011.

§ 1º Não se aplica o coeficiente de redução do *caput* nos casos a seguir especificados aos quais devem ser aplicados, observadas as mesmas condições do *caput*, os coeficientes de redução de:

I – 0,326 (trezentos e vinte e seis milésimos), no caso de lata de alumínio, classificada no código 7612.90.19 da Tipi e de lata de aço, classificada no código 7310.21.10 da Tipi, para os refrigerantes classificados no código 22.02 da Tipi;

II – 0,611 (seiscentos e onze milésimos) no caso de lata de alumínio, classificada no código 7612.90.19 da Tipi e de lata de aço, classificada no código 7310.21.10 da Tipi, para as cervejas classificadas no código 22.03 da Tipi; e

III – 0,958 (novecentos e cinquenta e oito milésimos), no caso de embalagens de vidro retornáveis classificadas no código 7010.90.21 da Tipi.

§ 2º Os coeficientes previstos no *caput* e no § 1º somente se aplicam quando todos os estabelecimentos do adquirente estiverem com sua produção controlada pelos equipamentos contadores de produção.

Art. 2º-B. As alíquotas da Contribuição para o PIS/Pasep e da Cofins de que trata o art. 51 da Lei 10.833, de 2003, com a utilização do coeficiente determinado no art. 2º-A, no caso:

- Artigo acrescentado pelo Dec. 7.455/2011.

I – de lata de alumínio, classificada no código 7612.90.19 da Tipi e lata de aço, classificada no código 7310.21.10 da Tipi, ficam reduzidas, respectivamente, para:

Dec. 5.062/2004

LEGISLAÇÃO

a) R$ 0,0114 (cento e quatorze décimos de milésimo de real) e R$ 0,0529 (quinhentos e vinte e nove décimos de milésimo de real), por litro de capacidade nominal de envasamento de refrigerantes classificados nos códigos 22.02 da Tipi; e
b) R$ 0,0114 (cento e quatorze décimos de milésimo de real) e R$ 0,0529 (quinhentos e vinte e nove décimos de milésimo de real), por litro de capacidade nominal de envasamento de cervejas classificadas no código 22.03 da Tipi;
II – de embalagens destinadas ao envasamento de água, refrigerantes e cerveja, quando se tratar:
a) de garrafas e garrafões classificados no código 3923.30.00 da Tipi, ficam reduzidas, respectivamente, para R$ 0,0022 (vinte e dois décimos de milésimo de real) e R$ 0,0102 (cento e dois décimos de milésimo de real) por litro de capacidade nominal de envasamento;
b) de pré-formas classificadas no código 3923.30.00 Ex 01 da Tipi, ficam reduzidas, respectivamente, para:
1. R$ 0,0013 (treze décimos de milésimo de real) e R$ 0,0061 (sessenta e um décimos de milésimo de real), para faixa de gramatura de até 30g;
2. R$ 0,0033 (trinta e três décimos de milésimo de real) e R$ 0,0153 (cento e cinquenta e três décimos de milésimo de real), para faixa de gramatura acima de 30 até 42g;
3. R$ 0,0055 (cinquenta e cinco décimos de milésimo de real) e R$ 0,0255 (duzentos e cinquenta e cinco décimos de milésimo de real), para faixa de gramatura acima de 42g;
III – de embalagens de vidro não retornáveis classificadas no código 7010.90.21 da Tipi ficam reduzidas, respectivamente, para R$ 0,0038 (trinta e oito décimos de milésimo de real) e R$ 0,0177 (cento e setenta e sete décimos de milésimo de real), por litro de capacidade nominal de envasamento de refrigerantes ou cervejas; e
IV – de embalagens de vidro retornáveis classificadas no código 7010.90.21 da Tipi ficam reduzidas, respectivamente, para R$ 0,0124 (cento e vinte e quatro décimos de milésimo de real) e R$ 0,0576 (quinhentos e setenta e seis décimos de milésimo de real), por litro de capacidade nominal de envasamento de refrigerantes ou cervejas.

Art. 2º-C. A pessoa jurídica vendedora das embalagens de que trata o art. 51 da Lei 10.833, de 2003, deverá confirmar no sítio da Secretaria da Receita Federal do Brasil na Internet, no endereço <http://www.receita.fazenda.gov.br>, se o adquirente consta na relação de empresas optantes pelo Regime Especial de Tributação de Bebidas Frias – Refri, conforme o § 2º do art. 28 do Decreto 6.707, de 23 de dezembro de 2008, e na relação das empresas com os estabelecimentos obrigados à utilização do Sistema de Controle de Produção de Bebidas – Sicobe.

• Artigo acrescentado pelo Dec. 7.455/2011.

Art. 2º-D. Nas notas fiscais das embalagens de que trata o art. 51 da Lei 10.833, de 2003, relativas às vendas para as pessoas jurídicas de que trata o art. 2º-A, deverá constar a expressão "Saída com alíquotas reduzidas da Contribuição para o PIS/Pasep e da Cofins" e o número do Ato Declaratório Executivo da Coordenação-Geral de Fiscalização da Secretaria da Receita Federal do Brasil que obriga o adquirente à utilização do Sicobe, com menção expressa deste Decreto.

• Artigo acrescentado pelo Dec. 7.455/2011.

Art. 2º-E. A pessoa jurídica vendedora das embalagens de que trata o art. 51 da Lei 10.833, de 2003, deverá manter registro de estoque das saídas de embalagens, segregando as embalagens:

• Artigo acrescentado pelo Dec. 7.455/2011.

I – vendidas para o mercado interno, das embalagens vendidas para exportação ou para pessoa jurídica comercial exportadora;
II – vendidas para pessoas jurídicas industriais dos produtos classificados nas posições 22.01, 22.02 e 22.03 da Tipi, das embalagens vendidas para pessoas jurídicas industriais de outros produtos;
III – vendidas para pessoas jurídicas enquadradas no regime especial instituído pelo art. 58-J da Lei 10.833, de 2003, das vendidas para pessoas jurídicas enquadradas no regime geral instituído pelos arts. 58-F a 58-I da mesma Lei; e
IV – vendidas para pessoas jurídicas cujos equipamentos contadores de produção previstos no art. 58-T da Lei 10.833, de 2003, já estejam em funcionamento, segregando por pessoa jurídica, das vendidas pa-

Lei 10.925/2004

LEGISLAÇÃO

ra pessoas jurídicas sem os equipamentos contadores de produção ou cujos equipamentos não estejam operando em normal funcionamento.

Art. 2º-F. O disposto nos arts. 1º e 2º não se aplica a pessoa jurídica vendedora das embalagens de que trata o art. 51 da Lei 10.833, de 2003, em relação às vendas realizadas na forma do art. 2º-A.

• Artigo acrescentado pelo Dec. 7.455/2011.

Art. 3º *(Revogado pelo Dec. 6.707/2008 – DOU 24.12.2008, em vigor na data de sua publicação, produzindo efeitos a partir de 1º.01.2009.)*

Art. 4º Este Decreto entra em vigor na data de sua publicação, produzindo efeitos na mesma data dos dispositivos que regulamenta.

Brasília, 30 de abril de 2004; 183º da Independência e 116º da República.

Luiz Inácio Lula da Silva

(DOU 30.04.2004, edição extra)

LEI 10.925, DE 23 DE JULHO DE 2004

Reduz as alíquotas do PIS/Pasep e da Cofins incidentes na importação e na comercialização do mercado interno de fertilizantes e defensivos agropecuários e dá outras providências.

O Presidente da República:

Faço saber que o Congresso Nacional decreta e eu sanciono a seguinte Lei:

Art. 1º Ficam reduzidas a 0 (zero) as alíquotas da contribuição para o PIS/Pasep e da Contribuição para o Financiamento da Seguridade Social – Cofins incidentes na importação e sobre a receita bruta de venda no mercado interno de:

• V. Dec. 5.630/2005 (Redução a zero das alíquotas da Contribuição para o PIS/Pasep e da Cofins incidentes na importação e na comercialização no mercado interno de adubos, fertilizantes, defensivos agropecuários e outros produtos, de que trata o art. 1º da Lei 10.925/2004).

I – adubos ou fertilizantes classificados no Capítulo 31, exceto os produtos de uso veterinário, da Tabela de Incidência do Imposto sobre Produtos Industrializados – Tipi, aprovada pelo Decreto 4.542, de 26 de dezembro de 2002, e suas matérias-primas;

II – defensivos agropecuários classificados na posição 38.08 da Tipi e suas matérias-primas;

III – sementes e mudas destinadas à semeadura e plantio, em conformidade com o disposto na Lei 10.711, de 5 de agosto de 2003, e produtos de natureza biológica utilizados em sua produção;

IV – corretivo de solo de origem mineral classificado no Capítulo 25 da Tipi;

V – produtos classificados nos códigos 0713.33.19, 0713.33.29, 0713.33.99, 1006.20, 1006.30 e 1106.20 da Tipi;

VI – inoculantes agrícolas produzidos a partir de bactérias fixadoras de nitrogênio, classificados no código 3002.90.99 da Tipi;

VII – produtos classificados no Código 3002.30 da Tipi; e

VIII – *(Vetado.)*

IX – farinha, grumos e sêmolas, grãos esmagados ou em flocos, de milho, classificados, respectivamente, nos códigos 1102.20, 1103.13 e 1104.19, todos da Tipi;

• Inciso IX acrescentado pela Lei 11.051/2004.

X – pintos de um dia classificados no código 0105.11 da Tipi;

• Inciso X acrescentado pela Lei 11.051/2004.

XI – leite fluido pasteurizado ou industrializado, na forma de ultrapasteurizado, leite em pó, integral, semidesnatado ou desnatado, leite fermentado, bebidas e compostos lácteos e fórmulas infantis, assim definidas conforme previsão legal específica, destinados ao consumo humano ou utilizados na industrialização de produtos que se destinam ao consumo humano;

• Inciso XI com redação determinada pela Lei 11.488/2007.

XII – queijos tipo mozarela, minas, prato, queijo de coalho, ricota, requeijão, queijo provolone, queijo parmesão, queijo fresco não maturado e queijo do reino;

• Inciso XII com redação determinada pela Lei 12.655/2012.

XIII – soro de leite fluido a ser empregado na industrialização de produtos destinados ao consumo humano;

• Inciso XIII acrescentado pela Lei 11.488/2007.

XIV – farinha de trigo classificada no código 1101.00.10 da Tipi;

• Inciso XIV acrescentado pela Lei 11.787/2008.

XV – trigo classificado na posição 10.01 da Tipi; e

951

Lei 10.925/2004

LEGISLAÇÃO

- Inciso XV acrescentado pela Lei 11.787/2008.

XVI – pré-misturas próprias para fabricação de pão comum e pão comum classificados, respectivamente, nos códigos 1901.20.00 Ex 01 e 1905.90.90 Ex 01 da Tipi.

- Inciso XVI acrescentado pela Lei 11.787/2008.

XVII – *(Vetado.)*

- Inciso XVII acrescentado pela Lei 12.096/2009.

XVIII – massas alimentícias classificadas na posição 19.02 da Tipi.

- Inciso XVIII acrescentado pela Lei 12.655/2012.

XIX – carnes bovina, suína, ovina, caprina e de aves e produtos de origem animal classificados nos seguintes códigos da Tipi:

- Inciso XIX acrescentado pela Lei 12.839/2013.

a) 02.01, 02.02, 0206.10.00, 0206.2, 0210.20.00, 0506.90.00, 0510.00.10 e 1502.10.1;
b) 02.03, 0206.30.00, 0206.4, 02.07, 02.09 e 0210.1 e carne de frango classificada nos códigos 0210.99.00;
c) 02.04 e miudezas comestíveis de ovinos e caprinos classificadas no código 0206.80.00;
d) *(Vetado)*;

XX – peixes e outros produtos classificados nos seguintes códigos da Tipi:

- Inciso XX acrescentado pela Lei 12.839/2013.

a) 03.02, exceto 0302.90.00;
b) 03.03 e 03.04;
c) *(Vetado.)*

XXI – café classificado nos códigos 09.01 e 2101.1 da Tipi;

- Inciso XXI acrescentado pela Lei 12.839/2013.

XXII – açúcar classificado nos códigos 1701.14.00 e 1701.99.00 da Tipi;

- Inciso XXII acrescentado pela Lei 12.839/2013.

XXIII – óleo de soja classificado na posição 15.07 da Tipi e outros óleos vegetais classificados nas posições 15.08 a 15.14 da Tipi;

- Inciso XXIII acrescentado pela Lei 12.839/2013.

XXIV – manteiga classificada no código 0405.10.00 da Tipi;

- Inciso XXIV acrescentado pela Lei 12.839/2013.

XXV – margarina classificada no código 1517.10.00 da Tipi;

- Inciso XXV acrescentado pela Lei 12.839/2013.

XXVI – sabões de toucador classificados no código 3401.11.90 Ex 01 da Tipi;

- Inciso XXVI acrescentado pela Lei 12.839/2013.

XXVII – produtos para higiene bucal ou dentária classificados na posição 33.06 da Tipi;

- Inciso XXVII acrescentado pela Lei 12.839/2013.

XXVIII – papel higiênico classificado no código 4818.10.00 da Tipi;

- Inciso XXVIII acrescentado pela Lei 12.839/2013.

XXIX – *(Vetado.)*

- Inciso XXIX acrescentado pela Lei 12.839/2013.

XXX – *(Vetado.)*

- Inciso XXX acrescentado pela Lei 12.839/2013.

XXXI – *(Vetado.)*

- Inciso XXXI acrescentado pela Lei 12.839/2013.

XXXII – *(Vetado.)*

- Inciso XXXII acrescentado pela Lei 12.839/2013.

XXXIII – *(Vetado.)*

- Inciso XXXIII acrescentado pela Lei 12.839/2013.

XXXIV – *(Vetado.)*

- Inciso XXXIV acrescentado pela Lei 12.839/2013.

XXXV – *(Vetado.)*

- Inciso XXXV acrescentado pela Lei 12.839/2013.

XXXVI – *(Vetado.)*

- Inciso XXXVI acrescentado pela Lei 12.839/2013.

XXXVII – *(Vetado.)*

- Inciso XXXVII acrescentado pela Lei 12.839/2013.

XXXVIII – *(Vetado.)*

- Inciso XXXVIII acrescentado pela Lei 12.839/2013.

XXXIX – *(Vetado.)*

- Inciso XXXIX acrescentado pela Lei 12.839/2013.

XL – *(Vetado.)*

- Inciso XL acrescentado pela Lei 12.839/2013.

XLI – *(Vetado.)*

- Inciso XLI acrescentado pela Lei 12.839/2013.

XLII – *(Vetado.)*

- Inciso XLII acrescentado pela Lei 12.839/2013.

§ 1º *(Revogado pela Lei 12.839/2013.)*

§ 2º O Poder Executivo poderá regulamentar a aplicação das disposições deste artigo.

- § 2º acrescentado pela Lei 11.787/2008.

§ 3º *(Revogado pela Lei 12.839/2013.)*

§ 4º Aplica-se a redução de alíquotas de que trata o *caput* também à receita bruta decorrente das saídas do estabelecimento industrial, na industrialização por conta e ordem de terceiros dos bens e produtos classificados nas posições 01.03, 01.05, 02.03, 02.06.30.00, 0206.4, 02.07 e 0210.1 da Tipi.

- § 4º acrescentado pela Lei 12.839/2013.

§ 5º *(Vetado.)*

- § 5º acrescentado pela Lei 12.839/2013.

§ 6º *(Vetado.)*

- § 6º acrescentado pela Lei 12.839/2013.

Lei 10.925/2004

LEGISLAÇÃO

§ 7º *(Vetado.)*
- § 7º acrescentado pela Lei 12.839/2013.

Art. 2º O art. 14 da Lei 10.336, de 19 de dezembro de 2001, passa a vigorar com a seguinte redação:
- Alterações processadas no texto da referida Lei.
- V. art. 17, I, *a*.

Art. 3º O art. 3º da Lei 10.485, de 3 de julho de 2002, passa a vigorar com a seguinte redação:
"Art. 3º [...]
"[...]
"§ 2º [...]
"[...]
"II – o *caput* do art. 1º desta Lei, exceto quando auferida pelas pessoas jurídicas a que se refere o art. 17, § 5º, da Medida Provisória 2.189-49, de 23 de agosto de 2001.
"[...]
"§ 5º Os valores retidos na quinzena deverão ser recolhidos ao Tesouro Nacional até o último dia útil da semana subsequente àquela quinzena em que tiver ocorrido o pagamento à pessoa jurídica fornecedora de autopeças.
"[...]"

Art. 4º Os arts. 2º, 5º-A e 11 da Lei 10.637, de 30 de dezembro de 2002, passam a vigorar com a seguinte redação:
- Alterações processadas no texto da referida Lei.

Art. 5º Os arts. 2º, 3º, 10, 12, 15, 31, 35, 51 e 52 da Lei 10.833, de 29 de dezembro de 2003, passam a vigorar com a seguinte redação:
- Alterações processadas no texto da referida Lei.

Art. 6º Os arts. 8º, 9º, 14-A, 15, 17, 28, 40 e 42 da Lei 10.865, de 30 de abril de 2004, passam a vigorar com a seguinte redação:
- Alterações processadas no texto da referida Lei.

Art. 7º Poderá ser efetuada até o último dia útil do mês de julho de 2004 a opção de que trata:
I – o art. 42 da Lei 10.865, de 30 de abril de 2004, para as pessoas jurídicas referidas no art. 3º da Lei 10.485, de 3 de julho de 2002; e
II – o art. 52 da Lei 10.865, de 30 de abril de 2004, para as pessoas jurídicas envasadoras de água classificada no código 22.01 da Tipi.

Art. 8º As pessoas jurídicas, inclusive cooperativas, que produzam mercadorias de origem animal ou vegetal, classificadas nos capítulos 2, 3, exceto os produtos vivos desse capítulo, e 4, 8 a 12, 15, 16 e 23, e nos códigos 03.02, 03.03, 03.04, 03.05, 0504.00, 0701.90.00, 0702.00.00, 0706.10.00, 07.08, 0709.90, 07.10, 07.12 a 07.14, exceto os códigos 0713.33.19, 0713.33.29 e 0713.33.99, 1701.11.00, 1701.99.00, 1702.90.00, 18.01, 18.03, 1804.00.00, 1805.00.00, 20.09, 2101.11.10 e 2209.00.00, todos da NCM, destinadas à alimentação humana ou animal, poderão deduzir da Contribuição para o PIS/Pasep e da Cofins, devidas em cada período de apuração, crédito presumido, calculado sobre o valor dos bens referidos no inciso II do *caput* do art. 3º das Leis 10.637, de 30 de dezembro de 2002, e 10.833, de 29 de dezembro de 2003, adquiridos de pessoa física ou recebidos de cooperado pessoa física.

- *Caput* com redação determinada pela Lei 11.051/2004.
- V. art. 17, III.
- V. art. 9º, Lei 11.051/2004 (Desconto de crédito na apuração da Contribuição Social sobre o Lucro Líquido – CSLL e da Contribuição para o PIS/Pasep e Cofins não cumulativas).
- V. Instrução Normativa SRF 660/2006 (Suspensão da exigibilidade da Contribuição para o PIS/Pasep e da Cofins incidentes sobre a venda de produtos agropecuários e sobre o crédito presumido decorrente da aquisição desses produtos, na forma deste artigo).
- V. art. 57, Lei 12.350/2010 (Medidas tributárias referentes à realização, no Brasil, da Copa das Confederações Fifa 2013 e da Copa do Mundo Fifa 2014; promove desoneração tributária de subvenções governamentais destinadas ao fomento das atividades de pesquisa tecnológica e desenvolvimento de inovação tecnológica nas empresas).
- V. art. 2º, Lei 12.839/2013 (Reduz a zero as alíquotas da Contribuição para o PIS/Pasep, da Cofins, da Contribuição para o PIS/Pasep-Importação e da Cofins-Importação incidentes sobre a receita decorrente da venda no mercado interno e sobre a importação de produtos que compõem a cesta básica).

§ 1º O disposto no *caput* deste artigo aplica-se também às aquisições efetuadas de:
I – cerealista que exerça cumulativamente as atividades de limpar, padronizar, armazenar e comercializar os produtos in natura de ori-

Lei 10.925/2004

LEGISLAÇÃO

gem vegetal classificados nos códigos 09.01, 10.01 a 10.08, exceto os dos códigos 1006.20 e 1006.30, e 18.01, todos da Nomenclatura Comum do Mercosul (NCM);

- Inciso I com redação determinada pela Lei 12.865/2013.

II – pessoa jurídica que exerça cumulativamente as atividades de transporte, resfriamento e venda a granel de leite *in natura*; e

III – pessoa jurídica que exerça atividade agropecuária e cooperativa de produção agropecuária.

- Inciso III com redação determinada pela Lei 11.051/2004.

§ 2º O direito ao crédito presumido de que tratam o *caput* e o § 1º deste artigo só se aplica aos bens adquiridos ou recebidos, no mesmo período de apuração, de pessoa física ou jurídica residente ou domiciliada no País, observado o disposto no § 4º do art. 3º das Leis 10.637, de 30 de dezembro de 2002, e 10.833, de 29 de dezembro de 2003.

§ 3º O montante do crédito a que se referem o *caput* e o § 1º deste artigo será determinado mediante aplicação, sobre o valor das mencionadas aquisições, de alíquota correspondente a:

I – 60% (sessenta por cento) daquela prevista no art. 2º da Lei 10.637, de 30 de dezembro de 2002, e no art. 2º da Lei 10.833, de 29 de dezembro de 2003, para os produtos de origem animal classificados nos Capítulos 2, 3, 4, exceto leite in natura, 16, e nos códigos 15.01 a 15.06, 1516.10, e as misturas ou preparações de gorduras ou de óleos animais dos códigos 15.17 e 15.18;

- Inciso I com redação determinada pela Lei 13.137/2015 (*DOU* 22.06.2015, edição extra), em vigor no primeiro dia do quarto mês subsequente ao de sua publicação.

II – *(Revogado pela Lei 12.865/2013.)*

III – 35% (trinta e cinco por cento) daquela prevista no art. 2º das Leis 10.637, de 30 de dezembro de 2002, e 10.833, de 29 de dezembro de 2003, para os demais produtos.

- Primitivo inciso II renumerado pela Lei 11.488/2007.

IV – 50% (cinquenta por cento) daquela prevista no *caput* do art. 2º da Lei 10.637, de 30 de dezembro de 2002, e no *caput* do art. 2º da Lei 10.833, de 29 de dezembro de 2003, para o leite in natura, adquirido por pessoa jurídica, inclusive cooperativa, regularmente habilitada, provisória ou definitivamente, perante o Poder Executivo na forma do art. 9º-A;

- Inciso IV acrescentado pela Lei 13.137/2015 (*DOU* 22.06.2015, edição extra), em vigor no primeiro dia do quarto mês subsequente ao de sua publicação.

V – 20% (vinte por cento) daquela prevista no *caput* do art. 2º da Lei 10.637, de 30 de dezembro de 2002, e no *caput* do art. 2º da Lei 10.833, de 29 de dezembro de 2003, para o leite in natura, adquirido por pessoa jurídica, inclusive cooperativa, não habilitada perante o Poder Executivo na forma do art. 9º-A.

- Inciso V acrescentado pela Lei 13.137/2015 (*DOU* 22.06.2015, edição extra), em vigor no primeiro dia do quarto mês subsequente ao de sua publicação.

§ 4º É vedado às pessoas jurídicas de que tratam os incisos I a III do § 1º deste artigo o aproveitamento:

I – do crédito presumido de que trata o *caput* deste artigo;

II – de crédito em relação às receitas de vendas efetuadas com suspensão às pessoas jurídicas de que trata o *caput* deste artigo.

§ 5º Relativamente ao crédito presumido de que tratam o *caput* e o § 1º deste artigo, o valor das aquisições não poderá ser superior ao que vier a ser fixado, por espécie de bem, pela Secretaria da Receita Federal.

§ 6º *(Revogado pela Lei 12.599/2012.)*
§ 7º *(Revogado pela Lei 12.599/2012.)*

- O § 8º acrescentado pela MP 522/2011 foi tornado sem efeito pelo Dec. Legislativo 247/2012.
- O § 9º foi acrescentado pela MP 556/2011, que perdeu eficácia em 31.05.2012.

§ 10. Para efeito de interpretação do inciso I do § 3º, o direito ao crédito na alíquota de 60% (sessenta por cento) abrange todos os insumos utilizados nos produtos ali referidos.

- § 10 acrescentado pela Lei 12.865/2013.

Art. 9º A incidência da Contribuição para o PIS/Pasep e da Cofins fica suspensa no caso de venda:

- Artigo com redação determinada pela Lei 11.051/2004.
- V. art. 57, Lei 12.350/2010 (Medidas tributárias referentes à realização, no Brasil, da Copa das Confederações Fifa 2013 e da Copa do Mundo Fifa 2014; promove desoneração tributária de subvenções governamentais destinadas ao fomento das atividades de pesquisa tecnológica e

Lei 10.925/2004

LEGISLAÇÃO

desenvolvimento de inovação tecnológica nas empresas).

- V. art. 2º, Lei 12.839/2013 (Reduz a zero as alíquotas da Contribuição para o PIS/Pasep, da Cofins, da Contribuição para o PIS/Pasep-Importação e da Cofins-Importação incidentes sobre a receita decorrente da venda no mercado interno e sobre a importação de produtos que compõem a cesta básica).

I – de produtos de que trata o inciso I do § 1º do art. 8º desta Lei, quando efetuada por pessoas jurídicas referidas no mencionado inciso;

II – de leite *in natura*, quando efetuada por pessoa jurídica mencionada no inciso II do § 1º do art. 8º desta Lei; e

III – de insumos destinados à produção das mercadorias referidas no *caput* do art. 8º desta Lei, quando efetuada por pessoa jurídica ou cooperativa referidas no inciso III do § 1º do mencionado artigo.

§ 1º O disposto neste artigo:

I – aplica-se somente na hipótese de vendas efetuadas à pessoa jurídica tributada com base no lucro real; e

II – não se aplica nas vendas efetuadas pelas pessoas jurídicas de que tratam os §§ 6º e 7º do art. 8º desta Lei.

§ 2º A suspensão de que trata este artigo aplicar-se-á nos termos e condições estabelecidos pela Secretaria da Receita Federal – SRF.

Art. 9º-A. A pessoa jurídica poderá utilizar o saldo de créditos presumidos de que trata o art. 8º apurado em relação a custos, despesas e encargos vinculados à produção e à comercialização de leite, acumulado até o dia anterior à publicação do ato de que trata o § 8º deste artigo ou acumulado ao final de cada trimestre do ano-calendário a partir da referida data, para:

- Artigo acrescentado pela Lei 13.137/2015 (*DOU* 22.06.2015, edição extra), em vigor no primeiro dia do quarto mês subsequente ao de sua publicação.
- V. Dec. 8.533/2015 (Regulamenta o disposto no art. 9º-A da Lei 10.925/2004).
- V. Instrução Normativa RFB 1.590/2015 (Disciplina a aplicação do art. 9º-A da Lei 10.925/2004, no âmbito do Programa Mais Leite Saudável).

I – compensação com débitos próprios, vencidos ou vincendos, relativos a tributos administrados pela Secretaria da Receita Federal do Brasil, observada a legislação aplicável à matéria; ou

II – ressarcimento em dinheiro, observada a legislação aplicável à matéria.

§ 1º O pedido de compensação ou de ressarcimento do saldo de créditos de que trata o *caput* acumulado até o dia anterior à publicação do ato de que trata o § 8º somente poderá ser efetuado:

I – relativamente aos créditos apurados no ano-calendário de 2010, a partir da data de publicação do ato de que trata o § 8º;

II – relativamente aos créditos apurados no ano-calendário de 2011, a partir de 1º de janeiro de 2016;

III – relativamente aos créditos apurados no ano-calendário de 2012, a partir de 1º de janeiro de 2017;

IV – relativamente aos créditos apurados no ano-calendário de 2013, a partir de 1º de janeiro de 2018;

V – relativamente aos créditos apurados no período compreendido entre 1º de janeiro de 2014 e o dia anterior à publicação do ato de que trata o § 8º, a partir de 1º de janeiro de 2019.

§ 2º O disposto no *caput* em relação ao saldo de créditos presumidos apurados na forma do inciso IV do § 3º do art. 8º e acumulado ao final de cada trimestre do ano-calendário a partir da data de publicação do ato de que trata o § 8º deste artigo somente se aplica à pessoa jurídica regularmente habilitada, provisória ou definitivamente, perante o Poder Executivo.

§ 3º A habilitação definitiva de que trata o § 2º fica condicionada:

I – à regularidade fiscal da pessoa jurídica em relação aos tributos administrados pela Secretaria da Receita Federal do Brasil do Ministério da Fazenda;

II – à realização pela pessoa jurídica interessada, no ano-calendário, de investimento no projeto de que trata o inciso III correspondente, no mínimo, a 5% (cinco por cento) do somatório dos valores dos créditos presumidos de que trata o § 3º do art. 8º efetivamente compensados com outros tributos ou ressarcidos em dinheiro no mesmo ano-calendário;

Lei 10.925/2004

III – à aprovação de projeto pelo Ministério da Agricultura, Pecuária e Abastecimento para a realização de investimentos destinados a auxiliar produtores rurais de leite no desenvolvimento da qualidade e da produtividade de sua atividade;
IV – à regular execução do projeto de investimento de que trata o inciso III nos termos aprovados pelo Poder Executivo;
V – ao cumprimento das obrigações acessórias estabelecidas pelo Poder Executivo para viabilizar a fiscalização da regularidade da execução do projeto de investimento de que trata o inciso III.
§ 4º O investimento de que trata o inciso II do § 3º:
I – poderá ser realizado, total ou parcialmente, individual ou coletivamente, por meio de aporte de recursos em instituições que se dediquem a auxiliar os produtores de leite em sua atividade, sem prejuízo da responsabilidade da pessoa jurídica interessada pela efetiva execução do projeto de investimento de que trata o inciso III do § 3º;
II – não poderá abranger valores despendidos pela pessoa jurídica para cumprir requisito à fruição de qualquer outro benefício ou incentivo fiscal.
§ 5º A pessoa jurídica que, em determinado ano-calendário, não alcançar o valor de investimento necessário nos termos do inciso II do § 3º poderá, em complementação, investir no projeto aprovado o valor residual até o dia 30 de junho do ano-calendário subsequente.
§ 6º Os valores investidos na forma do § 5º não serão computados no valor do investimento de que trata o inciso II do § 3º apurado no ano-calendário em que foram investidos.
§ 7º A pessoa jurídica que descumprir as condições estabelecidas no § 3º:
I – terá sua habilitação cancelada;
II – perderá o direito de utilizar o saldo de créditos presumidos de que trata o § 2º nas formas estabelecidas nos incisos I e II do *caput*, inclusive em relação aos pedidos de compensação ou ressarcimento apresentados anteriormente ao cancelamento da habilitação, mas ainda não apreciados ao tempo desta;

III – não poderá habilitar-se novamente no prazo de dois anos, contados da publicação do cancelamento da habilitação;
IV – deverá apurar o crédito presumido de que trata o art. 8º na forma do inciso V do § 3º daquele artigo.
§ 8º Ato do Poder Executivo regulamentará o disposto neste artigo, estabelecendo, entre outros:
I – os critérios para aprovação dos projetos de que trata o inciso III do § 3º apresentados pelos interessados;
II – a forma de habilitação provisória e definitiva das pessoas jurídicas interessadas;
III – a forma de fiscalização da atuação das pessoas jurídicas habilitadas.
§ 9º A habilitação provisória será concedida mediante a apresentação do projeto de que trata o inciso III do § 3º e está condicionada à regularidade fiscal de que trata o inciso I do § 3º.
§ 10. No caso de deferimento do requerimento de habilitação definitiva, cessará a vigência da habilitação provisória, e serão convalidados seus efeitos.
§ 11. No caso de indeferimento do requerimento de habilitação definitiva ou de desistência do requerimento por parte da pessoa jurídica interessada, antes da decisão de deferimento ou indeferimento do requerimento, a habilitação provisória perderá seus efeitos retroativamente à data de apresentação do projeto de que trata o inciso III do § 3º, e a pessoa jurídica deverá:
I – caso tenha utilizado os créditos presumidos apurados na forma do inciso IV do § 3º do art. 8º para desconto da Contribuição para o PIS/Pasep e da Cofins devidas, para compensação com outros tributos ou para ressarcimento em dinheiro, recolher, no prazo de trinta dias do indeferimento ou da desistência, o valor utilizado indevidamente, acrescido de juros de mora;
II – caso não tenha utilizado os créditos presumidos apurados na forma do inciso IV do § 3º do art. 8º nas formas citadas no inciso I deste parágrafo, estornar o montante de créditos presumidos apurados indevidamente do saldo acumulado.

Lei 10.925/2004

LEGISLAÇÃO

Art. 10. Os débitos junto à Secretaria da Receita Federal ou à Procuradoria-Geral da Fazenda Nacional, apurados pelo Sistema Integrado de Pagamento de Impostos e Contribuições das Microempresas e das Empresas de Pequeno Porte – Simples, relativos aos impostos e contribuições devidos pela pessoa jurídica optante nos termos da Lei 9.317, de 5 de dezembro de 1996, com vencimento até 30 de junho de 2004, poderão, excepcionalmente, ser objeto de parcelamento em até 60 prestações mensais e sucessivas.

§ 1º O parcelamento de que trata o *caput* deste artigo:

I – deverá ser requerido até 30 de setembro de 2004, não se aplicando, até a referida data, o disposto no § 2º do art. 6º da Lei 9.317, de 5 de dezembro de 1996;

II – reger-se-á pelo disposto nos arts. 10 a 14 da Lei 10.522, de 19 de julho de 2002;

III – compreenderá inclusive os tributos e contribuições administrados por outros órgãos federais ou da competência de outra entidade federada que estejam incluídos no débito apurado pela sistemática do Simples.

§ 2º *(Revogado pela Lei 11.033/2004.)*

§ 3º O saldo remanescente de débito, decorrente de parcelamento na Secretaria da Receita Federal, concedido na forma deste artigo e posteriormente rescindido, sem prejuízo do disposto no parágrafo único do art. 13 da Lei 10.522, de 19 de julho de 2002, não poderá ser objeto de concessão de parcelamento no âmbito da Procuradoria-Geral da Fazenda Nacional, mesmo se requerido até a data a que se refere o inciso I do § 1º deste artigo.

Art. 11. A pessoa jurídica que tenha débitos inscritos em Dívida Ativa da União com a Procuradoria-Geral da Fazenda Nacional, cuja exigibilidade não esteja suspensa, não será excluída do Simples durante o transcurso do prazo para requerer o parcelamento a que se refere o art. 10 desta Lei, salvo se incorrer em pelo menos uma das outras situações excludentes constantes do art. 9º da Lei 9.317, de 5 de dezembro de 1996.

§ 1º O disposto no *caput* deste artigo não impede a exclusão de ofício do Simples:

I – com fundamento no inciso XV do *caput* do art. 9º da Lei 9.317, de 5 de dezembro de 1996, de pessoa jurídica que tenha débito inscrito em Dívida Ativa do Instituto Nacional do Seguro Social – INSS, cuja exigibilidade não esteja suspensa; ou

II – motivada por débito inscrito em Dívida Ativa decorrente da rescisão de parcelamento concedido na forma desta Lei, observado o disposto no parágrafo único do art. 13 da Lei 10.522, de 19 de julho de 2002.

§ 2º A exclusão de ofício, na hipótese referida no inciso II do § 1º deste artigo, surtirá efeito a partir do mês subsequente ao da inscrição do débito em Dívida Ativa, conforme o disposto no inciso II do *caput* do art. 15 da Lei 9.317, de 5 de dezembro de 1996, ainda que a inscrição tenha ocorrido em data anterior ao parcelamento.

Art. 12. Fica mantida a redução a 0 (zero) da alíquota do imposto de renda na fonte aplicável aos juros, comissões, despesas e descontos decorrentes de empréstimos contraídos no exterior e de colocações no exterior, a que se referem os incisos VIII e IX do art. 1º da Lei 9.481, de 13 de agosto de 1997, na repactuação dos prazos previstos nos contratos vigentes em 31 de dezembro de 1999, desde que não haja descumprimento das condições estabelecidas para gozo do benefício, e que a repactuação atenda às condições estabelecidas pelo Banco Central do Brasil, inclusive em relação à taxa de juros.

Art. 13. O disposto no parágrafo único do art. 53 da Lei 7.450, de 23 de dezembro de 1985, aplica-se na determinação da base de cálculo da contribuição para o PIS/Pasep e da Cofins das agências de publicidade e propaganda, sendo vedado o aproveitamento do crédito em relação às parcelas excluídas.

* V. Ato Declaratório Interpretativo SRF 8/2005 (Vigência do art. 13 da Lei 10.925/2004).

Art. 14. São isentas da contribuição para o PIS/Pasep e da Cofins a que se referem as Leis 10.637, de 30 de dezembro de 2002, 10.833, de 29 de dezembro de 2003, e 10.865, de 30 de abril de 2004, as receitas decorrentes da venda de energia elétrica pela Itaipu Binacional.

* V. art. 17, IV.

Lei 10.925/2004

LEGISLAÇÃO

Art. 15. As pessoas jurídicas, inclusive cooperativas, que produzam mercadorias de origem vegetal, classificadas no código 22.04, da NCM, poderão deduzir da contribuição para o PIS/Pasep e da Cofins, devidas em cada período de apuração, crédito presumido, calculado sobre o valor dos bens referidos no inciso II do *caput* do art. 3º das Leis 10.637, de 30 de dezembro de 2002, e 10.833, de 29 de dezembro de 2003, adquiridos de pessoa física ou recebidos de cooperado pessoa física.

- V. art. 9º, parágrafo único, Lei 11.051/2004 (Desconto de crédito na apuração da Contribuição Social sobre o Lucro Líquido – CSLL e da Contribuição para o PIS/Pasep e Cofins não cumulativas).
- V. Instrução Normativa SRF 660/2006 (Suspensão da exigibilidade da Contribuição para o PIS/Pasep e da Cofins incidentes sobre a venda de produtos agropecuários e sobre o crédito presumido decorrente da aquisição desses produtos, na forma deste artigo).

§ 1º O direito ao crédito presumido de que trata o *caput* deste artigo só se aplica aos bens adquiridos ou recebidos, no mesmo período de apuração, de pessoa física ou jurídica residente ou domiciliada no País, observado o disposto no § 4º do art. 3º das Leis 10.637, de 30 de dezembro de 2002, e 10.833, de 29 de dezembro de 2003.

§ 2º O montante do crédito a que se refere o *caput* deste artigo será determinado mediante aplicação, sobre o valor das aquisições, de alíquota correspondente a 35% (trinta e cinco por cento) daquela prevista no art. 2º das Leis 10.637, de 30 de dezembro de 2002, e 10.833, de 29 de dezembro de 2003.

§ 3º A incidência da Contribuição para o PIS/Pasep e da Cofins fica suspensa na hipótese de venda de produtos *in natura* de origem vegetal, efetuada por pessoa jurídica que exerça atividade rural e cooperativa de produção agropecuária, para pessoa jurídica tributada com base no lucro real, nos termos e condições estabelecidos pela Secretaria da Receita Federal – SRF.

- § 3º com redação determinada pela Lei 11.051/2004.

§ 4º É vedado o aproveitamento de crédito pela pessoa jurídica que exerça atividade rural e pela cooperativa de produção agropecuária, em relação às receitas de vendas efetuadas com suspensão às pessoas jurídicas de que trata o *caput* deste artigo.

- § 4º com redação determinada pela Lei 11.051/2004.

§ 5º Relativamente ao crédito presumido de que trata o *caput* deste artigo, o valor das aquisições não poderá ser superior ao que vier a ser fixado, por espécie de bem, pela Secretaria da Receita Federal.

Art. 16. Ficam revogados:
I – a partir do primeiro dia do quarto mês subsequente ao da publicação da Medida Provisória 183, de 30 de abril de 2004:
a) os §§ 10 e 11 do art. 3º da Lei 10.637, de 30 de dezembro de 2002; e
b) os §§ 5º, 6º, 11 e 12 do art. 3º da Lei 10.833, de 29 de dezembro de 2003;
II – a partir do primeiro dia do quarto mês subsequente ao da publicação desta Lei:
a) os incisos II e III do art. 50, o § 2º do art. 52, o art. 56 e o Anexo Único da Lei 10.833, de 29 de dezembro de 2003; e
b) os §§ 1º e 4º do art. 17 e o art. 26 da Lei 10.865, de 30 de abril de 2004;
III – *(Vetado.)*

Art. 17. Produz efeitos:
I – a partir do primeiro dia do quarto mês subsequente ao de publicação desta Lei, o disposto:
a) no art. 2º desta Lei;
b) no art. 4º desta Lei, quanto às alterações promovidas nos arts. 2º e 11 da Lei 10.637, de 30 de dezembro de 2002;
c) no art. 5º desta Lei, quanto às alterações promovidas no § 1º do art. 2º e no art. 51 da Lei 10.833, de 29 de dezembro de 2003; e
d) no art. 6º desta Lei, quanto às alterações promovidas no art. 8º, § 7º, da Lei 10.865, de 30 de abril de 2004;
II – na data da publicação desta Lei, o disposto:
a) nos arts. 1º, 3º, 7º, 10, 11, 12 e 15 desta Lei;
b) no art. 4º desta Lei, quanto às alterações promovidas no art. 5º-A da Lei 10.637, de 30 de dezembro de 2002;
c) no art. 5º desta Lei, quanto às alterações promovidas no § 4º do art. 2º e nos arts. 3º, 10, 12, 15, 31, 35 e 52 da Lei 10.833, de 29 de dezembro de 2003; e
d) no art. 6º desta Lei, quanto às alterações promovidas no § 12, incisos VI, VII e XII, e § 14 do art. 8º e nos §§ 9º e 10 do art. 15 e

Legislação

nos arts. 14-A, 17, 28 e 40 da Lei 10.865, de 30 de abril de 2004;
III – a partir de 1º de agosto de 2004, o disposto nos arts. 8º e 9º desta Lei;
IV – a partir de 1º de maio de 2004, o disposto no art. 14 desta Lei;
V – a partir da data de publicação da Medida Provisória 183, de 30 de abril de 2004, quanto às alterações promovidas no art. 42 da Lei 10.865, de 30 de abril de 2004.
Art. 18. Esta Lei entra em vigor na data de sua publicação.
Brasília, 23 de julho de 2004; 183º da Independência e 116º da República.
Luiz Inácio Lula da Silva

(*DOU* 26.07.2004)

DECRETO 5.162, DE 29 DE JULHO DE 2004

Fixa coeficiente para redução das alíquotas específicas do PIS/Pasep e da Cofins de que tratam os arts. 51 e 52 da Lei 10.833, de 29 de dezembro 2003, nos casos em que especifica.

O Presidente da República, no uso da atribuição que lhe confere o art. 84, inciso IV, da Constituição, e tendo em vista o disposto no art. 53 da Lei 10.833, de 29 de dezembro de 2003, e no art. 8º, §§ 6º e 7º, da Lei 10.865, de 30 de abril de 2004, decreta:
Art. 1º Fica fixado em 0,73 o coeficiente de redução das alíquotas da Contribuição para o PIS/Pasep e da Contribuição para o Financiamento da Seguridade Social – Cofins, previstas no art. 51, inciso II, alínea *a*, da Lei 10.833, de 29 de dezembro de 2003, incidentes na comercialização no mercado interno e na importação de embalagens para água (Tipi 22.01) classificadas no código 3923.30.00 da Tipi, com capacidade nominal igual ou superior a dez litros.
Art. 2º As alíquotas da contribuição para o PIS/Pasep e da Cofins de que trata o art. 51, inciso II, alínea *a*, da Lei 10.833, de 2003, com a utilização do coeficiente determinado no art. 1º, aplicáveis às garrafas e garrafões classificados no código 3923.30.00 da Tipi, com capacidade nominal igual ou superior a dez litros, ficam reduzidas, respectivamente, para R$ 0,0046 (quarenta e seis décimos de milésimo do real) e R$ 0,0212 (duzentos e doze décimos de milésimo do real) por litro de capacidade nominal de envasamento.
Arts. 3º e 4º *(Revogados pelo Dec. 6.707/2008 – DOU 24.12.2008, em vigor na data de sua publicação, produzindo efeitos a partir de 1º.01.2009.)*
Art. 5º Este Decreto entra em vigor na data de sua publicação, produzindo efeitos em relação aos fatos geradores ocorridos a partir de 1º de agosto de 2004.
Brasília, 29 de julho de 2004; 183º da Independência e 116º da República.
Luiz Inácio Lula da Silva

(*DOU* 30.07.2004)

LEI 10.931, DE 2 DE AGOSTO DE 2004

Dispõe sobre o patrimônio de afetação de incorporações imobiliárias, Letra de Crédito Imobiliário, Cédula de Crédito Imobiliário, Cédula de Crédito Bancário, altera o Decreto-lei 911, de 1º de outubro de 1969, as Leis 4.591, de 16 de dezembro de 1964, 4.728, de 14 de julho de 1965, e 10.406, de 10 de janeiro de 2002, e dá outras providências.

• V. art. 119, IX, Lei 11.101/2005 (Lei de Recuperação de Empresas e Falência).

O Presidente da República:
Faço saber que o Congresso Nacional decreta e eu sanciono a seguinte Lei:

Capítulo I
DO REGIME ESPECIAL TRIBUTÁRIO DO PATRIMÔNIO DE AFETAÇÃO

Art. 1º Fica instituído o regime especial de tributação aplicável às incorporações imobiliárias, em caráter opcional e irretratável enquanto perdurarem direitos de crédito ou obrigações do incorporador junto aos adquirentes dos imóveis que compõem a incorporação.
Art. 2º A opção pelo regime especial de tributação de que trata o art. 1º será efetivada quando atendidos os seguintes requisitos:
I – entrega do termo de opção ao regime especial de tributação na unidade competente da Secretaria da Receita Federal, conforme regulamentação a ser estabelecida; e

Lei 10.931/2004

LEGISLAÇÃO

II – afetação do terreno e das acessões objeto da incorporação imobiliária, conforme disposto nos arts. 31-A a 31-E da Lei 4.591, de 16 de dezembro de 1964.

Art. 3º O terreno e as acessões objeto da incorporação imobiliária sujeitas ao regime especial de tributação, bem como os demais bens e direitos a ela vinculados, não responderão por dívidas tributárias da incorporadora relativas ao Imposto de Renda das Pessoas Jurídicas – IRPJ, à Contribuição Social sobre o Lucro Líquido – CSLL, à Contribuição para o Financiamento da Seguridade Social – Cofins e à Contribuição para os Programas de Integração Social e de Formação do Patrimônio do Servidor Público – PIS/Pasep, exceto aquelas calculadas na forma do art. 4º sobre as receitas auferidas no âmbito da respectiva incorporação.

Parágrafo único. O patrimônio da incorporadora responderá pelas dívidas tributárias da incorporação afetada.

Art. 4º Para cada incorporação submetida ao regime especial de tributação, a incorporadora ficará sujeita ao pagamento equivalente a 4% (quatro por cento) da receita mensal recebida, o qual corresponderá ao pagamento mensal unificado do seguinte imposto e contribuições:

* *Caput* com redação determinada pela Lei 12.844/2013 (*DOU* 19.07.2013, edição extra), em vigor na data de sua publicação, com efeitos retroativos a 04.06.2013 (v. art. 49, I, da referida Lei).

I – Imposto de Renda das Pessoas Jurídicas – IRPJ;

II – Contribuição para os Programas de Integração Social e de Formação do Patrimônio do Servidor Público – PIS/Pasep;

III – Contribuição Social sobre o Lucro Líquido – CSLL; e

IV – Contribuição para Financiamento da Seguridade Social – Cofins.

§ 1º Para fins do disposto no *caput*, considera-se receita mensal a totalidade das receitas auferidas pela incorporadora na venda das unidades imobiliárias que compõem a incorporação, bem como as receitas financeiras e variações monetárias decorrentes desta operação.

§ 2º O pagamento dos tributos e contribuições na forma do disposto no *caput* deste artigo será considerado definitivo, não gerando, em qualquer hipótese, direito à restituição ou à compensação com o que for apurado pela incorporadora.

* § 2º com redação determinada pela Lei 11.196/2005 (*DOU* 22.11.2005), em vigor na data de sua publicação, produzindo efeitos desde 14.10.2005 (v. art. 132, II, *d*, da referida Lei).

§ 3º As receitas, custos e despesas próprios da incorporação sujeita a tributação na forma deste artigo não deverão ser computados na apuração das bases de cálculo dos tributos e contribuições de que trata o *caput* deste artigo devidos pela incorporadora em virtude de suas outras atividades empresariais, inclusive incorporações não afetadas.

* § 3º com redação determinada pela Lei 11.196/2005 (*DOU* 22.11.2005), em vigor na data de sua publicação, produzindo efeitos desde 14.10.2005 (v. art. 132, II, *d*, da referida Lei).

§ 4º Para fins do disposto no § 3º deste artigo, os custos e despesas indiretos pagos pela incorporadora no mês serão apropriados a cada incorporação na mesma proporção representada pelos custos diretos próprios da incorporação, em relação ao custo direto total da incorporadora, assim entendido como a soma de todos os custos diretos de todas as incorporações e o de outras atividades exercidas pela incorporadora.

* § 4º com redação determinada pela Lei 11.196/2005 (*DOU* 22.11.2005), em vigor na data de sua publicação, produzindo efeitos desde 14.10.2005 (v. art. 132, II, *d*, da referida Lei).

§ 5º A opção pelo regime especial de tributação obriga o contribuinte a fazer o recolhimento dos tributos, na forma do *caput* deste artigo, a partir do mês da opção.

* § 5º acrescentado pela Lei 11.196/2005 (*DOU* 22.11.2005), em vigor na data de sua publicação, produzindo efeitos desde 14.10.2005 (v. art. 132, II, *d*, da referida Lei).

§ 6º Até 31 de dezembro de 2018, para os projetos de incorporação de imóveis residenciais de interesse social, cuja construção tenha sido iniciada ou contratada a partir de 31 de março de 2009, o percentual correspondente ao pagamento unificado dos tributos de que trata o *caput* será equivalente a 1% (um por cento) da receita mensal recebida.

Lei 10.931/2004

LEGISLAÇÃO

* § 6º com redação determinada pela Lei 13.097/2015.

§ 7º Para efeito do disposto no § 6º, consideram-se projetos de incorporação de imóveis de interesse social os destinados à construção de unidades residenciais de valor de até R$ 100.000,00 (cem mil reais) no âmbito do Programa Minha Casa, Minha Vida, de que trata a Lei 11.977, de 7 de julho de 2009.

* § 7º com redação determinada pela Lei 12.767/2012.

§ 8º As condições para utilização do benefício de que trata o § 6º serão definidas em regulamento.

* § 8º acrescentado pela Lei 12.024/2009.

Art. 5º O pagamento unificado de impostos e contribuições efetuado na forma do art. 4º deverá ser feito até o 20º (vigésimo) dia do mês subsequente àquele em que houver sido auferida a receita.

* Caput com redação determinada pela Lei 12.024/2009.

Parágrafo único. Para fins do disposto no caput, a incorporadora deverá utilizar, no Documento de Arrecadação de Receitas Federais – Darf, o número específico de inscrição da incorporação no Cadastro Nacional das Pessoas Jurídicas – CNPJ e código de arrecadação próprio.

Art. 6º Os créditos tributários devidos pela incorporadora na forma do disposto no art. 4º não poderão ser objeto de parcelamento.

Art. 7º O incorporador fica obrigado a manter escrituração contábil segregada para cada incorporação submetida ao regime especial de tributação.

Art. 8º Para fins de repartição de receita tributária e do disposto no § 2º do art. 4º, o percentual de 4% (quatro por cento) de que trata o caput do art. 4º será considerado:

* Caput com redação determinada pela Lei 12.844/2013 (DOU 19.07.2013, edição extra), em vigor na data de sua publicação, com efeitos retroativos a 04.06.2013 (v. art. 49, I, da referida Lei).

I – 1,71% (um inteiro e setenta e um centésimos por cento) como Cofins;
II – 0,37% (trinta e sete centésimos por cento) como Contribuição para o PIS/Pasep;
III – 1,26% (um inteiro e vinte e seis centésimos por cento) como IRPJ; e
IV – 0,66% (sessenta e seis centésimos por cento) como CSLL.

Parágrafo único. O percentual de 1% (um por cento) de que trata o § 6º do art. 4º será considerado para os fins do caput:

* Parágrafo único acrescentado pela Lei 12.024/2009.

I – 0,44% (quarenta e quatro centésimos por cento) como Cofins;
II – 0,09% (nove centésimos por cento) como Contribuição para o PIS/Pasep;
III – 0,31% (trinta e um centésimos por cento) como IRPJ; e
IV – 0,16% (dezesseis centésimos por cento) como CSLL.

Art. 9º Perde eficácia a deliberação pela continuação da obra a que se refere o § 1º do art. 31-F da Lei 4.591, de 1964, bem como os efeitos do regime de afetação instituídos por esta Lei, caso não se verifique o pagamento das obrigações tributárias, previdenciárias e trabalhistas, vinculadas ao respectivo patrimônio de afetação, cujos fatos geradores tenham ocorrido até a data da decretação da falência, ou insolvência do incorporador, as quais deverão ser pagas pelos adquirentes em até 1 (um) ano daquela deliberação, ou até a data da concessão do habite-se, se esta ocorrer em prazo inferior.

* V. Lei 11.101/2005 (Lei de Recuperação de Empresas e Falência).

Art. 10. O disposto no art. 76 da Medida Provisória 2.158-35, de 24 de agosto de 2001, não se aplica ao patrimônio de afetação de incorporações imobiliárias definido pela Lei 4.591, de 1964.

Art. 11. (Revogado pela Lei 11.196/2005.)

Capítulo II
DA LETRA DE CRÉDITO IMOBILIÁRIO

Art. 12. Os bancos comerciais, os bancos múltiplos com carteira de crédito imobiliário, a Caixa Econômica Federal, as sociedades de crédito imobiliário, as associações de poupança e empréstimo, as companhias hipotecárias e demais espécies de instituições que, para as operações a que se refere este artigo, venham a ser expressamente autorizadas pelo Banco Central do Brasil, poderão

Lei 10.931/2004

LEGISLAÇÃO

emitir, independentemente de tradição efetiva, Letra de Crédito Imobiliário – LCI, lastreada por créditos imobiliários garantidos por hipoteca ou por alienação fiduciária de coisa imóvel, conferindo aos seus tomadores direito de crédito pelo valor nominal, juros e, se for o caso, atualização monetária nelas estipuladas.

§ 1º A LCI será emitida sob a forma nominativa, podendo ser transferível mediante endosso em preto, e conterá:

I – o nome da instituição emitente e as assinaturas de seus representantes;
II – o número de ordem, o local e a data de emissão;
III – a denominação "Letra de Crédito Imobiliário";
IV – o valor nominal e a data de vencimento;
V – a forma, a periodicidade e o local de pagamento do principal, dos juros e, se for o caso, da atualização monetária;
VI – os juros, fixos ou flutuantes, que poderão ser renegociáveis, a critério das partes;
VII – a identificação dos créditos caucionados e seu valor;
VIII – o nome do titular; e
IX – cláusula à ordem, se endossável.

§ 2º A critério do credor, poderá ser dispensada a emissão de certificado, devendo a LCI sob a forma escritural ser registrada em sistemas de registro e liquidação financeira de títulos privados autorizados pelo Banco Central do Brasil.

Art. 13. A LCI poderá ser atualizada mensalmente por índice de preços, desde que emitida com prazo mínimo de 36 (trinta e seis) meses.

Parágrafo único. É vedado o pagamento dos valores relativos à atualização monetária apropriados desde a emissão, quando ocorrer o resgate antecipado, total ou parcial, em prazo inferior ao estabelecido neste artigo, da LCI emitida com previsão de atualização mensal por índice de preços.

Art. 14. A LCI poderá contar com garantia fidejussória adicional de instituição financeira.

Art. 15. A LCI poderá ser garantida por um ou mais créditos imobiliários, mas a soma do principal das LCI emitidas não poderá exceder o valor total dos créditos imobiliários em poder da instituição emitente.

§ 1º A LCI não poderá ter prazo de vencimento superior ao prazo de quaisquer dos créditos imobiliários que lhe servem de lastro.

§ 2º O crédito imobiliário caucionado poderá ser substituído por outro crédito da mesma natureza por iniciativa do emitente da LCI, nos casos de liquidação ou vencimento antecipados do crédito, ou por solicitação justificada do credor da letra.

Art. 16. O endossante da LCI responderá pela veracidade do título, mas contra ele não será admitido direito de cobrança regressiva.

Art. 17. O Conselho Monetário Nacional poderá estabelecer o prazo mínimo e outras condições para emissão e resgate de LCI, observado o disposto no art. 13 desta Lei, podendo inclusive diferenciar tais condições de acordo com o tipo de indexador adotado contratualmente.

* Artigo com redação determinada pela Lei 13.097/2015.

Capítulo III
DA CÉDULA DE CRÉDITO IMOBILIÁRIO

Art. 18. É instituída a Cédula de Crédito Imobiliário – CCI para representar créditos imobiliários.

§ 1º A CCI será emitida pelo credor do crédito imobiliário e poderá ser integral, quando representar a totalidade do crédito, ou fracionária, quando representar parte dele, não podendo a soma das CCI fracionárias emitidas em relação a cada crédito exceder o valor total do crédito que elas representam.

§ 2º As CCI fracionárias poderão ser emitidas simultaneamente ou não, a qualquer momento antes do vencimento do crédito que elas representam.

§ 3º A CCI poderá ser emitida com ou sem garantia, real ou fidejussória, sob a forma escritural ou cartular.

§ 4º A emissão da CCI sob a forma escritural far-se-á mediante escritura pública ou instrumento particular, devendo esse instrumento permanecer custodiado em instituição financeira e registrado em sistemas de registro e liquidação financeira de títulos privados autorizados pelo Banco Central do Brasil.

§ 5º Sendo o crédito imobiliário garantido por direito real, a emissão da CCI será averbada no Registro de Imóveis da situação do imóvel, na respectiva matrícula, devendo dela constar, exclusivamente, o número, a série e a instituição custodiante.

§ 6º A averbação da emissão da CCI e o registro da garantia do crédito respectivo, quando solicitados simultaneamente, serão considerados como ato único para efeito de cobrança de emolumentos.

§ 7º A constrição judicial que recaia sobre crédito representado por CCI será efetuada nos registros da instituição custodiante ou mediante apreensão da respectiva cártula.

§ 8º O credor da CCI deverá ser imediatamente intimado de constrição judicial que recaia sobre a garantia real do crédito imobiliário representado por aquele título.

§ 9º No caso de CCI emitida sob a forma escritural, caberá à instituição custodiante identificar o credor, para o fim da intimação prevista no § 8º.

Art. 19. A CCI deverá conter:

I – a denominação "Cédula de Crédito Imobiliário", quando emitida cartularmente;

II – o nome, a qualificação e o endereço do credor e do devedor e, no caso de emissão escritural, também o do custodiante;

III – a identificação do imóvel objeto do crédito imobiliário, com a indicação da respectiva matrícula no Registro de Imóveis competente e do registro da constituição da garantia, se for o caso;

IV – a modalidade da garantia, se for o caso;

V – o número e a série da cédula;

VI – o valor do crédito que representa;

VII – a condição de integral ou fracionária e, nessa última hipótese, também a indicação da fração que representa;

VIII – o prazo, a data de vencimento, o valor da prestação total, nela incluídas as parcelas de amortização e juros, as taxas, seguros e demais encargos contratuais de responsabilidade do devedor, a forma de reajuste e o valor das multas previstas contratualmente, com a indicação do local de pagamento;

IX – o local e a data da emissão;

X – a assinatura do credor, quando emitida cartularmente;

XI – a autenticação pelo Oficial do Registro de Imóveis competente, no caso de contar com garantia real; e

XII – cláusula à ordem, se endossável.

Art. 20. A CCI é título executivo extrajudicial, exigível pelo valor apurado de acordo com as cláusulas e condições pactuadas no contrato que lhe deu origem.

Parágrafo único. O crédito representado pela CCI será exigível mediante ação de execução, ressalvadas as hipóteses em que a lei determine procedimento especial, judicial ou extrajudicial para satisfação do crédito e realização da garantia.

Art. 21. A emissão e a negociação de CCI independe de autorização do devedor do crédito imobiliário que ela representa.

Art. 22. A cessão do crédito representado por CCI poderá ser feita por meio de sistemas de registro e de liquidação financeira de títulos privados autorizados pelo Banco Central do Brasil.

§ 1º A cessão do crédito representado por CCI implica automática transmissão das respectivas garantias ao cessionário, sub-rogando-o em todos os direitos representados pela cédula, ficando o cessionário, no caso de contrato de alienação fiduciária, investido na propriedade fiduciária.

§ 2º A cessão de crédito garantido por direito real, quando representado por CCI emitida sob a forma escritural, está dispensada de averbação no Registro de Imóveis, aplicando-se, no que esta Lei não contrarie, o disposto nos arts. 286 e seguintes da Lei 10.406, de 10 de janeiro de 2002 – Código Civil Brasileiro.

Art. 23. A CCI, objeto de securitização nos termos da Lei 9.514, de 20 de novembro de 1997, será identificada no respectivo Termo de Securitização de Créditos, mediante indicação do seu valor, número, série e instituição custodiante, dispensada a enunciação das informações já constantes da Cédula ou do seu registro na instituição custodiante.

Parágrafo único. O regime fiduciário de que trata a Seção VI do Capítulo I da Lei 9.514, de 1997, no caso de emissão de Certificados de Recebíveis Imobiliários lastreados em créditos representados por CCI, será registrado na instituição custodiante, mencionando o patrimônio separado a que es-

Lei 10.931/2004

LEGISLAÇÃO

tão afetados, não se aplicando o disposto no parágrafo único do art. 10 da mencionada Lei.

Art. 24. O resgate da dívida representada pela CCI prova-se com a declaração de quitação, emitida pelo credor, ou, na falta desta, por outros meios admitidos em direito.

Art. 25. É vedada a averbação da emissão de CCI com garantia real quando houver prenotação ou registro de qualquer outro ônus real sobre os direitos imobiliários respectivos, inclusive penhora ou averbação de qualquer mandado ou ação judicial.

Capítulo IV
DA CÉDULA DE CRÉDITO BANCÁRIO

Art. 26. A Cédula de Crédito Bancário é título de crédito emitido, por pessoa física ou jurídica, em favor de instituição financeira ou de entidade a esta equiparada, representando promessa de pagamento em dinheiro, decorrente de operação de crédito, de qualquer modalidade.

§ 1º A instituição credora deve integrar o Sistema Financeiro Nacional, sendo admitida a emissão da Cédula de Crédito Bancário em favor de instituição domiciliada no exterior, desde que a obrigação esteja sujeita exclusivamente à lei e ao foro brasileiros.

§ 2º A Cédula de Crédito Bancário em favor de instituição domiciliada no exterior poderá ser emitida em moeda estrangeira.

Art. 27. A Cédula de Crédito Bancário poderá ser emitida, com ou sem garantia, real ou fidejussória, cedularmente constituída.

Parágrafo único. A garantia constituída será especificada na Cédula de Crédito Bancário, observadas as disposições deste Capítulo e, no que não forem com elas conflitantes, as da legislação comum ou especial aplicável.

Art. 28. A Cédula de Crédito Bancário é título executivo extrajudicial e representa dívida em dinheiro, certa, líquida e exigível, seja pela soma nela indicada, seja pelo saldo devedor demonstrado em planilha de cálculo, ou nos extratos da conta-corrente, elaborados conforme previsto no § 2º.

§ 1º Na Cédula de Crédito Bancário poderão ser pactuados:

I – os juros sobre a dívida, capitalizados ou não, os critérios de sua incidência e, se for o caso, a periodicidade de sua capitalização, bem como as despesas e os demais encargos decorrentes da obrigação;

II – os critérios de atualização monetária ou de variação cambial como permitido em lei;

III – os casos de ocorrência de mora e de incidência das multas e penalidades contratuais, bem como as hipóteses de vencimento antecipado da dívida;

IV – os critérios de apuração e de ressarcimento, pelo emitente ou por terceiro garantidor, das despesas de cobrança da dívida e dos honorários advocatícios, judiciais ou extrajudiciais, sendo que os honorários advocatícios extrajudiciais não poderão superar o limite de 10% (dez por cento) do valor total devido;

V – quando for o caso, a modalidade de garantia da dívida, sua extensão e as hipóteses de substituição de tal garantia;

VI – as obrigações a serem cumpridas pelo credor;

VII – a obrigação do credor de emitir extratos da conta-corrente ou planilhas de cálculo da dívida, ou de seu saldo devedor, de acordo com os critérios estabelecidos na própria Cédula de Crédito Bancário, observado o disposto no § 2º; e

VIII – outras condições de concessão do crédito, suas garantias ou liquidação, obrigações adicionais do emitente ou do terceiro garantidor da obrigação, desde que não contrariem as disposições desta Lei.

§ 2º Sempre que necessário, a apuração do valor exato da obrigação, ou de seu saldo devedor, representado pela Cédula de Crédito Bancário, será feita pelo credor, por meio de planilha de cálculo e, quando for o caso, de extrato emitido pela instituição financeira, em favor da qual a Cédula de Crédito Bancário foi originariamente emitida, documentos esses que integrarão a Cédula, observado que:

I – os cálculos realizados deverão evidenciar de modo claro, preciso e de fácil entendimento e compreensão, o valor principal da dívida, seus encargos e despesas contratuais devidos, a parcela de juros e os critérios de sua incidência, a parcela de atualização monetária ou cambial, a parcela corres-

Lei 10.931/2004

pondente a multas e demais penalidades contratuais, as despesas de cobrança e de honorários advocatícios devidos até a data do cálculo e, por fim, o valor total da dívida; e

II – a Cédula de Crédito Bancário representativa de dívida oriunda de contrato de abertura de crédito bancário em conta-corrente será emitida pelo valor total do crédito posto à disposição do emitente, competindo ao credor, nos termos deste parágrafo, discriminar nos extratos da conta-corrente ou nas planilhas de cálculo, que serão anexados à Cédula, as parcelas utilizadas do crédito aberto, os aumentos do limite do crédito inicialmente concedido, as eventuais amortizações da dívida e a incidência dos encargos nos vários períodos de utilização do crédito aberto.

§ 3º O credor que, em ação judicial, cobrar o valor do crédito exequendo em desacordo com o expresso na Cédula de Crédito Bancário, fica obrigado a pagar ao devedor o dobro do cobrado a maior, que poderá ser compensado na própria ação, sem prejuízo da responsabilidade por perdas e danos.

Art. 29. A Cédula de Crédito Bancário deve conter os seguintes requisitos essenciais:

I – a denominação "Cédula de Crédito Bancário";

II – a promessa do emitente de pagar a dívida em dinheiro, certa, líquida e exigível no seu vencimento ou, no caso de dívida oriunda de contrato de abertura de crédito bancário, a promessa do emitente de pagar a dívida em dinheiro, certa, líquida e exigível, correspondente ao crédito utilizado;

III – a data e o lugar do pagamento da dívida e, no caso de pagamento parcelado, as datas e os valores de cada prestação, ou os critérios para essa determinação;

IV – o nome da instituição credora, podendo conter cláusula à ordem;

V – a data e o lugar de sua emissão; e

VI – a assinatura do emitente e, se for o caso, do terceiro garantidor da obrigação, ou de seus respectivos mandatários.

§ 1º A Cédula de Crédito Bancário será transferível mediante endosso em preto, ao qual se aplicarão, no que couberem, as normas do direito cambiário, caso em que o endossatário, mesmo não sendo instituição financeira ou entidade a ela equiparada, poderá exercer todos os direitos por ela conferidos, inclusive cobrar os juros e demais encargos na forma pactuada na Cédula.

§ 2º A Cédula de Crédito Bancário será emitida por escrito, em tantas vias quantas forem as partes que nela intervierem, assinadas pelo emitente e pelo terceiro garantidor, se houver, ou por seus respectivos mandatários, devendo cada parte receber uma via.

§ 3º Somente a via do credor será negociável, devendo constar nas demais vias a expressão "não negociável".

§ 4º A Cédula de Crédito Bancário pode ser aditada, retificada e ratificada mediante documento escrito, datado, com os requisitos previstos no *caput*, passando esse documento a integrar a Cédula para todos os fins.

Art. 30. A constituição de garantia da obrigação representada pela Cédula de Crédito Bancário é disciplinada por esta Lei, sendo aplicáveis as disposições da legislação comum ou especial que não forem com ela conflitantes.

Art. 31. A garantia da Cédula de Crédito Bancário poderá ser fidejussória ou real, neste último caso constituída por bem patrimonial de qualquer espécie, disponível e alienável, móvel ou imóvel, material ou imaterial, presente ou futuro, fungível ou infungível, consumível ou não, cuja titularidade pertença ao próprio emitente ou a terceiro garantidor da obrigação principal.

Art. 32. A constituição da garantia poderá ser feita na própria Cédula de Crédito Bancário ou em documento separado, neste caso fazendo-se, na Cédula, menção a tal circunstância.

Art. 33. O bem constitutivo da garantia deverá ser descrito e individualizado de modo que permita sua fácil identificação.

Parágrafo único. A descrição e individualização do bem constitutivo da garantia poderá ser substituída pela remissão a documento ou certidão expedida por entidade competente, que integrará a Cédula de Crédito Bancário para todos os fins.

Art. 34. A garantia da obrigação abrangerá, além do bem principal constitutivo da garantia, todos os seus acessórios, benfeito-

Lei 10.931/2004

rias de qualquer espécie, valorizações a qualquer título, frutos e qualquer bem vinculado ao bem principal por acessão física, intelectual, industrial ou natural.

§ 1º O credor poderá averbar, no órgão competente para o registro do bem constitutivo da garantia, a existência de qualquer outro bem por ela abrangido.

§ 2º Até a efetiva liquidação da obrigação garantida, os bens abrangidos pela garantia não poderão, sem prévia autorização escrita do credor, ser alterados, retirados, deslocados ou destruídos, nem poderão ter sua destinação modificada, exceto quando a garantia for constituída por semoventes ou por veículos, automotores ou não, e a remoção ou o deslocamento desses bens for inerente à atividade do emitente da Cédula de Crédito Bancário, ou do terceiro prestador da garantia.

Art. 35. Os bens constitutivos de garantia pignoratícia ou objeto de alienação fiduciária poderão, a critério do credor, permanecer sob a posse direta do emitente ou do terceiro prestador da garantia, nos termos da cláusula de constituto-possessório, caso em que as partes deverão especificar o local em que o bem será guardado e conservado até a efetiva liquidação da obrigação garantida.

§ 1º O emitente e, se for o caso, o terceiro prestador da garantia responderão solidariamente pela guarda e conservação do bem constitutivo da garantia.

§ 2º Quando a garantia for prestada por pessoa jurídica, esta indicará representantes para responder nos termos do § 1º.

Art. 36. O credor poderá exigir que o bem constitutivo da garantia seja coberto por seguro até a efetiva liquidação da obrigação garantida, em que o credor será indicado como exclusivo beneficiário da apólice securitária e estará autorizado a receber a indenização para liquidar ou amortizar a obrigação garantida.

Art. 37. Se o bem constitutivo da garantia for desapropriado, ou se for danificado ou perecer por fato imputável a terceiro, o credor sub-rogar-se-á no direito à indenização devida pelo expropriante ou pelo terceiro causador do dano, até o montante necessário para liquidar ou amortizar a obrigação garantida.

Art. 38. Nos casos previstos nos arts. 36 e 37 desta Lei, facultar-se-á ao credor exigir a substituição da garantia, ou o seu reforço, renunciando ao direito à percepção do valor relativo à indenização.

Art. 39. O credor poderá exigir a substituição ou o reforço da garantia, em caso de perda, deterioração ou diminuição de seu valor.

Parágrafo único. O credor notificará por escrito o emitente e, se for o caso, o terceiro garantidor, para que substituam ou reforcem a garantia no prazo de 15 (quinze) dias, sob pena de vencimento antecipado da dívida garantida.

Art. 40. Nas operações de crédito rotativo, o limite de crédito concedido será recomposto, automaticamente e durante o prazo de vigência da Cédula de Crédito Bancário, sempre que o devedor, não estando em mora ou inadimplente, amortizar ou liquidar a dívida.

Art. 41. A Cédula de Crédito Bancário poderá ser protestada por indicação, desde que o credor apresente declaração de posse da sua única via negociável, inclusive no caso de protesto parcial.

Art. 42. A validade e eficácia da Cédula de Crédito Bancário não dependem de registro, mas as garantias reais, por ela constituídas, ficam sujeitas, para valer contra terceiros, aos registros ou averbações previstos na legislação aplicável, com as alterações introduzidas por esta Lei.

Art. 43. As instituições financeiras, nas condições estabelecidas pelo Conselho Monetário Nacional, podem emitir título representativo das Cédulas de Crédito Bancário por elas mantidas em depósito, do qual constarão:

I – o local e a data da emissão;

II – o nome e a qualificação do depositante das Cédulas de Crédito Bancário;

III – a denominação "Certificado de Cédulas de Crédito Bancário";

IV – a especificação das cédulas depositadas, o nome dos seus emitentes e o valor, o lugar e a data do pagamento do crédito por elas incorporado;

Lei 10.931/2004

LEGISLAÇÃO

V – o nome da instituição emitente;

VI – a declaração de que a instituição financeira, na qualidade e com as responsabilidades de depositária e mandatária do titular do certificado, promoverá a cobrança das Cédulas de Crédito Bancário, e de que as cédulas depositadas, assim como o produto da cobrança do seu principal e encargos, somente serão entregues ao titular do certificado, contra apresentação deste;

VII – o lugar da entrega do objeto do depósito; e

VIII – a remuneração devida à instituição financeira pelo depósito das cédulas objeto da emissão do certificado, se convencionada.

§ 1º A instituição financeira responde pela origem e autenticidade das Cédulas de Crédito Bancário depositadas.

§ 2º Emitido o certificado, as Cédulas de Crédito Bancário e as importâncias recebidas pela instituição financeira a título de pagamento do principal e de encargos não poderão ser objeto de penhora, arresto, sequestro, busca e apreensão, ou qualquer outro embaraço que impeça a sua entrega ao titular do certificado, mas este poderá ser objeto de penhora, ou de qualquer medida cautelar por obrigação do seu titular.

§ 3º O certificado poderá ser emitido sob a forma escritural, sendo regido, no que for aplicável, pelo contido nos arts. 34 e 35 da Lei 6.404, de 15 de dezembro de 1976.

§ 4º O certificado poderá ser transferido mediante endosso ou termo de transferência, se escritural, devendo, em qualquer caso, a transferência ser datada e assinada pelo seu titular ou mandatário com poderes especiais e averbada junto à instituição financeira emitente, no prazo máximo de 2 (dois) dias.

§ 5º As despesas e os encargos decorrentes da transferência e averbação do certificado serão suportados pelo endossatário ou cessionário, salvo convenção em contrário.

Art. 44. Aplica-se às Cédulas de Crédito Bancário, no que não contrariar o disposto nesta Lei, a legislação cambial, dispensado o protesto para garantir o direito de cobrança contra endossantes, seus avalistas e terceiros garantidores.

Art. 45. Os títulos de crédito e direitos creditórios, representados sob a forma escritural ou física, que tenham sido objeto de desconto, poderão ser admitidos a redesconto junto ao Banco Central do Brasil, observando-se as normas e instruções baixadas pelo Conselho Monetário Nacional.

§ 1º Os títulos de crédito e os direitos creditórios de que trata o *caput* considerar-se-ão transferidos, para fins de redesconto, à propriedade do Banco Central do Brasil, desde que inscritos em termo de tradição eletrônico constante do Sistema de Informações do Banco Central – Sisbacen, ou, ainda, no termo de tradição previsto no § 1º do art. 5º do Decreto 21.499, de 9 de junho de 1932, com a redação dada pelo art. 1º do Decreto 21.928, de 10 de outubro de 1932.

§ 2º Entendem-se inscritos nos termos de tradição referidos no § 1º os títulos de crédito e direitos creditórios neles relacionados e descritos, observando-se os requisitos, os critérios e as formas estabelecidas pelo Conselho Monetário Nacional.

§ 3º A inscrição produzirá os mesmos efeitos jurídicos do endosso, somente se aperfeiçoando com o recebimento, pela instituição financeira proponente do redesconto, de mensagem de aceitação do Banco Central do Brasil, ou, não sendo eletrônico o termo de tradição, após a assinatura das partes.

§ 4º Os títulos de crédito e documentos representativos de direitos creditórios, inscritos nos termos de tradição, poderão, a critério do Banco Central do Brasil, permanecer na posse direta da instituição financeira beneficiária do redesconto, que os guardará e conservará em depósito, devendo proceder, como comissária *del credere*, à sua cobrança judicial ou extrajudicial.

[...]

Capítulo VI
DISPOSIÇÕES FINAIS

[...]

Vigência

Art. 66. Esta Lei entra em vigor na data de sua publicação.

Dec. 5.171/2004

LEGISLAÇÃO

Revogações
Art. 67. Ficam revogadas as Medidas Provisórias 2.160-25, de 23 de agosto de 2001, 2.221, de 4 de setembro de 2001, e 2.223, de 4 de setembro de 2001, e os arts. 66 e 66-A da Lei 4.728, de 14 de julho de 1965.

Brasília, 2 de agosto de 2004; 183º da Independência e 116º da República.

Luiz Inácio Lula da Silva

(*DOU* 03.08.2004)

DECRETO 5.171,
DE 6 DE AGOSTO DE 2004

Regulamenta os §§ 10 e 12 do art. 8º e o inciso IV do art. 28 da Lei 10.865, de 30 de abril de 2004, que dispõe sobre a Contribuição para o PIS/Pasep-Importação e a Cofins-Importação e dá outras providências.

O Presidente da República, no uso da atribuição que lhe confere o art. 84, inciso IV, da Constituição, e tendo em vista o disposto nos arts. 8º, §§ 10, 12 e 13, 28, inciso IV e parágrafo único, e 53 da Lei 10.865, de 30 de abril de 2004, decreta:

Art. 1º Na importação de papel imune a impostos de que trata o art. 150, inciso VI, alínea d, da Constituição, ressalvado o disposto no art. 4º deste Decreto, quando destinado à impressão de periódicos, as alíquotas da Contribuição para o PIS/Pasep-Importação e da Contribuição para o Financiamento da Seguridade Social – Cofins-Importação são de:

• V. art. 7º, I.

I – 0,8% (oito décimos por cento), para a Contribuição para o PIS/Pasep-Importação; e

II – 3,2% (três inteiros e dois décimos por cento), para a Cofins-Importação.

§ 1º O disposto no *caput* aplica-se somente às importações realizadas por:

I – pessoa física ou jurídica que explore a atividade da indústria de publicações periódicas; e

II – empresa estabelecida no País como representante de fábrica estrangeira do papel, para venda exclusivamente às pessoas referidas no inciso I.

§ 2º As alíquotas fixadas no *caput* não abrangem o papel utilizado na impressão de publicação que contenha, exclusivamente, matéria de propaganda comercial.

§ 3º O papel importado a que se refere o *caput*:

I – poderá ser utilizado em folhetos ou outros impressos de propaganda que constituam suplemento ou encarte do periódico, desde que em quantidade não excedente à tiragem da publicação que acompanham, e a ela vinculados pela impressão de seu título, data e número de edição; e

II – não poderá ser utilizado em catálogos, listas de preços, publicações semelhantes, e jornais e revistas de propaganda.

Art. 2º Somente poderá importar papel imune ou adquiri-lo das empresas referidas no inciso II do § 1º do art. 1º a empresa para esse fim registrada, na forma estabelecida pela Secretaria da Receita Federal do Ministério da Fazenda.

• V. art. 7º, I.

Art. 3º A Secretaria da Receita Federal poderá estabelecer:

• V. art. 7º, I.

I – normas segundo as quais poderá ser autorizada a venda de aparas ou de papel impróprio para impressão, desde que se destinem à utilização como matéria-prima;

II – normas que regulem o cumprimento das obrigações acessórias previstas nos arts. 1º e 2º;

III – limite de utilização do papel nos serviços da empresa; e

IV – percentual de tolerância na variação do peso, pela aplicação de tinta ou em razão de umidade.

Art. 4º Ficam reduzidas a zero as alíquotas da Contribuição para o PIS/Pasep-Importação e da Cofins-Importação nas operações de importação de:

I – materiais e equipamentos, inclusive partes, peças e componentes, destinados ao emprego na construção, conservação, modernização, conversão ou reparo de embarcações registradas ou pré-registradas no Registro Especial Brasileiro;

• Inciso I com redação determinada pelo Dec. 6.887/2009 (*DOU* 26.06.2009), em vigor na data de sua publicação, produzindo efeitos a partir de 18.09.2008.

II – embarcações construídas no Brasil e transferidas por matriz de empresa brasilei-

Dec. 5.171/2004

ra de navegação para subsidiária integral no exterior, que retornem ao País como propriedade da mesma empresa nacional de origem, quando a embarcação for registrada no Registro Especial Brasileiro;

• V. art. 7º, I.

III – *(Revogado pelo Dec. 6.842/2009 – DOU 08.05.2009, em vigor na data de sua publicação, retroagindo seus efeitos a 1º.05.2008.)*

IV – *(Revogado pelo Dec. 6.842/2009 – DOU 08.05.2009, em vigor na data de sua publicação, retroagindo seus efeitos a 1º.05.2008.)*

V – máquinas, equipamentos, aparelhos, instrumentos, suas partes e peças de reposição, e películas cinematográficas virgens, destinados à indústria cinematográfica e audiovisual, e de radiodifusão;

• V. art. 7º, I.

VI – aeronaves, classificadas na posição 88.02 da NCM; e

• Inciso VI com redação determinada pelo Dec. 5.268/2004.
• V. art. 7º, II.

VII – partes, peças, ferramentais, componentes, insumos, fluidos hidráulicos, lubrificantes, tintas, anticorrosivos, equipamentos, serviços e matérias-primas a serem empregados na manutenção, reparo, revisão, conservação, modernização, conversão e montagem das aeronaves de que trata o inciso VI deste artigo, de seus motores, suas partes, peças, componentes, ferramentais e equipamentos.

• V. art. 7º, II.

§ 1º *(Revogado pelo Dec. 6.842/2009 – DOU 08.05.2009, em vigor na data de sua publicação, retroagindo seus efeitos a 1º.05.2008.)*

§ 2º A redução a zero das alíquotas de que trata:

I – o inciso V do *caput* somente se aplica às mercadorias sem similar nacional, conforme disposto nos arts. 190 a 209 do Decreto 4.543, de 26 de dezembro de 2002 – Regulamento Aduaneiro; e

II – *(Revogado pelo Dec. 5.268/2004.)*

§ 3º O disposto neste artigo, em relação aos incisos VI e VII do *caput*, somente será aplicável ao importador que fizer prova da posse ou propriedade da aeronave.

• § 3º acrescentado pelo Dec. 5.268/2004.

§ 4º Na hipótese do § 3º, caso a importação seja promovida:

• § 4º acrescentado pelo Dec. 5.268/2004.

I – por oficina especializada em reparo, revisão ou manutenção de aeronaves, esta deverá:

a) apresentar contrato de prestação de serviços, indicando o proprietário ou possuidor da aeronave; e

b) estar homologada pelo órgão competente do Ministério da Defesa;

II – para operação de montagem, a empresa montadora deverá apresentar o certificado de homologação e o projeto de construção aprovado, ou documentos de efeito equivalente, na forma da legislação específica.

Art. 5º Ficam reduzidas a zero as alíquotas da Contribuição para o PIS/Pasep-Importação e da Cofins-Importação nas operações de importação de partes e peças da posição 88.03 destinadas aos veículos e aparelhos da posição 88.02 da NCM.

• V. art. 7º, III.

Art. 6º Ficam reduzidas a zero as alíquotas da Contribuição para o PIS/Pasep e da Cofins incidentes sobre a receita bruta de venda no mercado interno de aeronaves, classificadas na posição 88.02 da NCM, suas partes, peças, ferramentais, componentes, insumos, fluidos hidráulicos, tintas, anticorrosivos, lubrificantes, equipamentos, serviços e matérias-primas a serem empregados na manutenção, conservação, modernização, reparo, revisão, conversão e montagem das aeronaves, seus motores, partes, componentes, ferramentais e equipamentos.

• V. art. 7º, II.

Parágrafo único. *(Revogado pelo Dec. 5.268/2004.)*

Art. 6º-A. Ficam reduzidas a zero as alíquotas da Contribuição para o PIS/Pasep e da Cofins incidentes sobre a receita bruta de venda no mercado interno de materiais e equipamentos, inclusive partes, peças e componentes, destinados ao emprego na construção, conservação, modernização, conversão ou reparo de embarcações registradas ou pré-registradas no Registro Especial Brasileiro.

• Artigo acrescentado pelo Dec. 6.887/2009 (*DOU* 26.06.2009), em vigor na data de sua publicação, produzindo efeitos a partir de 18.09.2008.

Art. 6º-B. Ficam reduzidas a zero as alíquotas da Contribuição para o PIS/Pasep e da

Lei 10.996/2004

LEGISLAÇÃO

Cofins incidentes sobre a receita bruta de venda no mercado interno de cadeiras de rodas e outros veículos para inválidos, mesmo com motor ou outro mecanismo de propulsão, classificados na posição 87.13 da Nomenclatura Comum do Mercosul – NCM.

- Artigo acrescentado pelo Dec. 6.887/2009 (*DOU* 26.06.2009), em vigor na data de sua publicação, produzindo efeitos a partir de 18.09.2008.

Art. 7º Este Decreto entra em vigor na data de sua publicação, produzindo efeitos a partir do dia:

I – 1º de maio de 2004, para os arts. 1º a 3º, e para os incisos I a V do art. 4º;

II – 26 de julho de 2004, para os incisos VI e VII do art. 4º, e para o art. 6º; e

III – 1º de maio de 2004 até o dia 25 de julho de 2004, para o art. 5º.

Brasília, 6 de agosto de 2004; 183º da Independência e 116º da República.

Luiz Inácio Lula da Silva

(*DOU* 09.08.2004)

LEI 10.996, DE 15 DE DEZEMBRO DE 2004

Altera a legislação tributária federal e as Leis 10.637, de 30 de dezembro de 2002, e 10.833, de 29 de dezembro de 2003.

O Presidente da República:

Faço saber que o Congresso Nacional decreta e eu sanciono a seguinte Lei:

Art. 1º Fica excluída, para fins de incidência na fonte e no ajuste anual do imposto de renda da pessoa física, a quantia de R$ 100,00 (cem reais) mensais do total dos rendimentos tributáveis provenientes do trabalho assalariado pagos nos meses de agosto a dezembro do ano-calendário de 2004.

- V. Instrução Normativa SRF 440/2004 (Exclusão, para fins de incidência na fonte e no ajuste anual do imposto de renda da pessoa física, da quantia de R$ 100,00 mensais do total dos rendimentos tributáveis provenientes do trabalho assalariado pagos nos meses de agosto a dezembro do ano-calendário de 2004).Parágrafo único. O disposto no *caput* deste artigo aplica-se, também, ao 13º salário para fins de incidência do imposto de renda na fonte.

Art. 2º Ficam reduzidas a 0 (zero) as alíquotas da Contribuição para o PIS/Pasep e da Contribuição para o Financiamento da Seguridade Social – Cofins incidentes sobre as receitas de vendas de mercadorias destinadas ao consumo ou à industrialização na Zona Franca de Manaus – ZFM, por pessoa jurídica estabelecida fora da ZFM.

- V. Dec. 5.310/2004 (Incidência da Contribuição para o PIS/Pasep e da Cofins sobre as operações de venda efetuada na Zona Franca de Manaus).

§ 1º Para os efeitos deste artigo, entendem-se como vendas de mercadorias de consumo na Zona Franca de Manaus – ZFM as que tenham como destinatárias pessoas jurídicas que as venham utilizar diretamente ou para comercialização por atacado ou a varejo.

§ 2º Aplicam-se às operações de que trata o *caput* deste artigo as disposições do inciso II do § 2º do art. 3º da Lei 10.637, de 30 de dezembro de 2002, e do inciso II do § 2º do art. 3º da Lei 10.833, de 29 de dezembro de 2003.

§ 3º As disposições deste artigo aplicam-se às vendas de mercadorias destinadas ao consumo ou à industrialização nas Áreas de Livre Comércio de que tratam as Leis 7.965, de 22 de dezembro de 1989, 8.210, de 19 de julho de 1991, e 8.256, de 25 de novembro de 1991, o art. 11 da Lei 8.387, de 30 de dezembro de 1991, e a Lei 8.857, de 8 de março de 1994, por pessoa jurídica estabelecida fora dessas áreas.

- § 3º acrescentado pela Lei 11.945/2009 (*DOU* 05.06.2009), em vigor na data de sua publicação, produzindo efeitos a partir de 1º.01.2009 (v. art. 33, I, *a*, da referida Lei).

§ 4º Não se aplica o disposto neste artigo às vendas de mercadorias que tenham como destinatárias pessoas jurídicas atacadistas e varejistas, sujeitas ao regime de apuração não cumulativa da Contribuição para o PIS/Pasep e da Cofins, estabelecidas nas Áreas de Livre Comércio referidas no § 3º.

- § 4º acrescentado pela Lei 12.350/2010.

§ 5º Nas notas fiscais relativas à venda de que trata o *caput* deste artigo, deverá constar a expressão "Venda de mercadoria efetuada com alíquota zero da Contribuição para o PIS/Pasep e da Cofins", com a especificação do dispositivo legal correspondente.

- § 5º acrescentado pela Lei 12.350/2010.

§ 6º O disposto neste artigo não se aplica aos produtos de que trata o art. 14 da Lei 13.097, de 19 de janeiro de 2015.

- § 6º acrescentado pela Lei 13.137/2015 (*DOU* 22.06.2015, edição extra), em vigor no primeiro

LEGISLAÇÃO

dia do quarto mês subsequente ao de sua publicação.

Art. 3º Os arts. 2º e 3º da Lei 10.637, de 30 de dezembro de 2002, passam a vigorar com a seguinte redação:

- Alterações processadas no texto da referida Lei.

Art. 4º Os arts. 2º e 3º da Lei 10.833, de 29 de dezembro de 2003, passam a vigorar com a seguinte redação:

- Alterações processadas no texto da referida Lei.

Art. 5º A suspensão da exigibilidade da Contribuição para o PIS/Pasep incidente na importação de produtos estrangeiros ou serviços e da Cofins devida pelo importador de bens estrangeiros ou serviços do exterior, prevista nos arts. 14, § 1º, e 14-A da Lei 10.865, de 30 de abril de 2004, será resolvida mediante a aplicação de alíquota 0 (zero), quando as mercadorias importadas forem utilizadas em processo de fabricação de matérias-primas, produtos industrializados finais, por estabelecimentos situados na Zona Franca de Manaus – ZFM, consoante projeto aprovado pelo Conselho de Administração da Superintendência da Zona Franca de Manaus – Suframa.

Art. 6º Esta Lei entra em vigor na data de sua publicação.

Brasília, 15 de dezembro de 2004; 183º da Independência e 116º da República.

Luiz Inácio Lula da Silva

(*DOU* 16.12.2004)

LEI 11.033, DE 21 DE DEZEMBRO DE 2004

Altera a tributação do mercado financeiro e de capitais; institui o Regime Tributário para Incentivo à Modernização e à Ampliação da Estrutura Portuária – Reporto; altera as Leis 10.865, de 30 de abril de 2004, 8.850, de 28 de janeiro de 1994, 8.383, de 30 de dezembro de 1991, 10.522, de 19 de julho de 2002, 9.430, de 27 de dezembro de 1996, e 10.925, de 23 de julho de 2004; e dá outras providências.

O Presidente da República:
Faço saber que o Congresso Nacional decreta e eu sanciono a seguinte Lei:

Art. 1º Os rendimentos de que trata o art. 5º da Lei 9.779, de 19 de janeiro de 1999, relativamente às aplicações e operações realizadas a partir de 1º de janeiro de 2005, sujeitam-se à incidência do imposto de renda na fonte, às seguintes alíquotas:

- V. arts. 4º e 23, I.
- V. art. 6º, §§ 2º, 5º e 7º, Lei 11.053/2004 (Tributação dos planos de benefícios de caráter previdenciário).
- V. Instrução Normativa SRF 1.585/2015 (Imposto sobre a renda incidente sobre os rendimentos e ganhos líquidos auferidos nos mercados financeiro e de capitais).

I – 22,5% (vinte e dois inteiros e cinco décimos por cento), em aplicações com prazo de até 180 (cento e oitenta) dias;

II – 20% (vinte por cento), em aplicações com prazo de 181 (cento e oitenta e um) dias até 360 (trezentos e sessenta) dias;

III – 17,5% (dezessete inteiros e cinco décimos por cento), em aplicações com prazo de 361 (trezentos e sessenta e um) dias até 720 (setecentos e vinte) dias;

IV – 15% (quinze por cento), em aplicações com prazo acima de 720 (setecentos e vinte) dias.

§ 1º No caso de aplicações existentes em 31 de dezembro de 2004:

I – os rendimentos produzidos até essa data serão tributados nos termos da legislação então vigente;

II – em relação aos rendimentos produzidos em 2005, os prazos a que se referem os incisos I a IV do *caput* deste artigo serão contados a partir:

a) de 1º de julho de 2004, no caso de aplicação efetuada até a data da publicação desta Lei; e

b) da data da aplicação, no caso de aplicação efetuada após a data da publicação desta Lei.

§ 2º No caso dos fundos de investimentos, será observado o seguinte:

I – os rendimentos serão tributados semestralmente, com base no art. 3º da Lei 10.892, de 13 de julho de 2004, à alíquota de 15% (quinze por cento), sem prejuízo do disposto no inciso III deste parágrafo;

II – na hipótese de fundos de investimentos com prazo de carência de até 90 (noventa) dias para resgate de quotas com rendimento, a incidência do imposto de renda na fon-

Lei 11.033/2004

LEGISLAÇÃO

te a que se refere o inciso I deste parágrafo ocorrerá na data em que se completar cada período de carência para resgate de quotas com rendimento, sem prejuízo do disposto no inciso III deste parágrafo;

III – por ocasião do resgate das quotas, será aplicada alíquota complementar de acordo com o previsto nos incisos I a IV do *caput* deste artigo.

§ 3º O disposto neste artigo não se aplica:

I – aos fundos e clubes de investimento em ações cujos rendimentos serão tributados exclusivamente no resgate das quotas, à alíquota de 15% (quinze por cento);

II – aos títulos de capitalização, no caso de resgate sem ocorrência de sorteio, cujos rendimentos serão tributados à alíquota de 20% (vinte por cento).

§ 4º Ao fundo ou clube de investimento em ações cuja carteira deixar de observar a proporção referida no art. 2º da Medida Provisória 2.189-49, de 23 de agosto de 2001, aplicar-se-á o disposto no *caput* e nos §§ 1º e 2º deste artigo, a partir do momento do desenquadramento da carteira, salvo no caso de, cumulativamente, a referida proporção não ultrapassar o limite de 50% (cinquenta por cento) do total da carteira, a situação for regularizada no prazo máximo de 30 (trinta) dias e o fundo ou clube não incorrer em nova hipótese de desenquadramento no período de 12 (doze) meses subsequentes.

§ 5º Consideram-se incluídos entre os rendimentos referidos pelo art. 5º da Lei 9.779, de 19 de janeiro de 1999, os predeterminados obtidos em operações conjugadas, realizadas nos mercados de opções de compra e de venda em bolsas de valores, de mercadorias e de futuros (box), no mercado a termo nas bolsas de valores, de mercadorias e de futuros, em operações de venda coberta e sem ajustes diários, e no mercado de balcão.

§ 6º As operações descritas no § 5º deste artigo, realizadas por fundo ou clube de investimento em ações, não integrarão a parcela da carteira aplicada em ações, para efeito da proporção referida no § 4º deste artigo.

§ 7º O Ministro da Fazenda poderá elevar e restabelecer o percentual a que se refere o art. 2º da Medida Provisória 2.189-49, de 23 de agosto de 2001.

Art. 2º O disposto no art. 1º desta Lei não se aplica aos ganhos líquidos auferidos em operações realizadas em bolsas de valores, de mercadorias, de futuros, e assemelhadas, inclusive *day trade*, que permanecem sujeitos à legislação vigente e serão tributados às seguintes alíquotas:

- V. arts. 4º e 23, I.
- V. nota ao art. 1º.

I – 20% (vinte por cento), no caso de operação *day trade*;

II – 15% (quinze por cento), nas demais hipóteses.

§ 1º As operações a que se refere o *caput* deste artigo, exceto *day trade*, sujeitam-se à incidência do imposto de renda na fonte, à alíquota de 0,005% (cinco milésimos por cento) sobre os seguintes valores:

I – nos mercados futuros, a soma algébrica dos ajustes diários, se positiva, apurada por ocasião do encerramento da posição, antecipadamente ou no seu vencimento;

II – nos mercados de opções, o resultado, se positivo, da soma algébrica dos prêmios pagos e recebidos no mesmo dia;

III – nos contratos a termo:

a) quando houver a previsão de entrega do ativo objeto na data do seu vencimento, a diferença, se positiva, entre o preço a termo e o preço à vista na data da liquidação;

b) com liquidação exclusivamente financeira, o valor da liquidação financeira previsto no contrato;

IV – nos mercados à vista, o valor da alienação, nas operações com ações, ouro ativo financeiro e outros valores mobiliários neles negociados.

§ 2º O disposto no § 1º deste artigo:

I – não se aplica às operações de exercício de opção;

II – aplica-se às operações realizadas no mercado de balcão, com intermediação, tendo por objeto os valores mobiliários e ativos referidos no inciso IV do § 1º deste artigo, bem como às operações realizadas em mercados de liquidação futura fora de bolsa.

Lei 11.033/2004

LEGISLAÇÃO

§ 3º As operações *day trade* permanecem tributadas, na fonte, nos termos da legislação vigente.

§ 4º Fica dispensada a retenção do imposto de que trata o § 1º deste artigo cujo valor seja igual ou inferior a R$ 1,00 (um real).

§ 5º Ocorrendo mais de uma operação no mesmo mês, realizada por uma mesma pessoa, física ou jurídica, deverá ser efetuada a soma dos valores de imposto incidente sobre todas as operações realizadas no mês, para efeito de cálculo do limite de retenção previsto no § 4º deste artigo.

§ 6º Fica responsável pela retenção do imposto de que tratam o § 1º e o inciso II do § 2º deste artigo a instituição intermediadora que receber diretamente a ordem do cliente, a bolsa que registrou as operações ou entidade responsável pela liquidação e compensação das operações, na forma regulamentada pela Secretaria da Receita Federal do Ministério da Fazenda.

§ 7º O valor do imposto retido na fonte a que se refere o § 1º deste artigo poderá ser:

I – deduzido do imposto sobre ganhos líquidos apurados no mês;

II – compensado com o imposto incidente sobre ganhos líquidos apurados nos meses subsequentes;

III – compensado na declaração de ajuste se, após a dedução de que tratam os incisos I e II deste parágrafo, houver saldo de imposto retido;

IV – compensado com o imposto devido sobre o ganho de capital na alienação de ações.

§ 8º O imposto de renda retido na forma do § 1º deste artigo deverá ser recolhido ao Tesouro Nacional até o terceiro dia útil da semana subsequente à data da retenção.

Art. 3º Ficam isentos do imposto de renda:

- V. art. 23, I.
- V. nota ao art. 1º.

I – os ganhos líquidos auferidos por pessoa física em operações no mercado à vista de ações nas bolsas de valores e em operações com ouro ativo financeiro cujo valor das alienações, realizadas em cada mês, seja igual ou inferior a R$ 20.000,00 (vinte mil reais), para o conjunto de ações e para o ouro ativo financeiro respectivamente;

II – na fonte e na declaração de ajuste anual das pessoas físicas, a remuneração produzida por letras hipotecárias, certificados de recebíveis imobiliários e letras de crédito imobiliário;

III – na fonte e na declaração de ajuste anual das pessoas físicas, os rendimentos distribuídos pelos Fundos de Investimento Imobiliários cujas quotas sejam admitidas à negociação exclusivamente em bolsas de valores ou no mercado de balcão organizado;

- Inciso III acrescentado pela Lei 11.196/2005.

IV – na fonte e na declaração de ajuste anual das pessoas físicas, a remuneração produzida por Certificado de Depósito Agropecuário – CDA, *Warrant* Agropecuário – WA, Certificado de Direitos Creditórios do Agronegócio – CDCA, Letra de Crédito do Agronegócio – LCA e Certificado de Recebíveis do Agronegócio – CRA, instituídos pelos arts. 1º e 23 da Lei 11.076, de 30 de dezembro de 2004;

- Inciso IV acrescentado pela Lei 11.311/2006.

V – na fonte e na declaração de ajuste anual das pessoas físicas, a remuneração produzida pela Cédula de Produto Rural – CPR, com liquidação financeira, instituída pela Lei 8.929, de 22 de agosto de 1994, alterada pela Lei 10.200, de 14 de fevereiro de 2001, desde que negociada no mercado financeiro.

- Inciso V acrescentado pela Lei 11.311/2006.

Parágrafo único. O benefício disposto no inciso III do *caput* deste artigo:

- Parágrafo único acrescentado pela Lei 11.196/2005.

I – será concedido somente nos casos em que o Fundo de Investimento Imobiliário possua, no mínimo, 50 (cinquenta) quotistas;

II – não será concedido ao quotista pessoa física titular de quotas que representem 10% (dez por cento) ou mais da totalidade das quotas emitidas pelo Fundo de Investimento Imobiliário ou cujas quotas lhe derem direito ao recebimento de rendimento superior a 10% (dez por cento) do total de rendimentos auferidos pelo fundo.

Art. 4º Não se aplica o disposto nos arts. 1º e 2º desta Lei às pessoas jurídicas de que

Lei 11.033/2004

LEGISLAÇÃO

trata o art. 77, inciso I, da Lei 8.981, de 20 de janeiro de 1995, aos investidores estrangeiros referidos no art. 16 da Medida Provisória 2.189-49, de 23 de agosto de 2001, e às entidades ou fundos optantes pelo regime especial de que trata o art. 2º da Medida Provisória 2.222, de 4 de setembro de 2001, que permanecem sujeitos às normas previstas na legislação vigente.

- V. art. 23, I.
- V. nota ao art. 1º.

Art. 5º Na transferência de titularidade de ações negociadas fora de bolsa, sem intermediação, a entidade encarregada de seu registro deverá exigir o documento de arrecadação de receitas federais que comprove o pagamento do imposto de renda sobre o ganho de capital incidente na alienação ou declaração do alienante sobre a inexistência de imposto devido, observadas as normas estabelecidas pela Secretaria da Receita Federal.

- V. art. 23, I.
- V. nota ao art. 1º.

§ 1º Quando a transferência for efetuada antes do vencimento do prazo legal para pagamento do imposto devido, a comprovação de que trata o *caput* deste artigo deverá ocorrer em até 15 (quinze) dias após o vencimento do referido prazo, ao final do qual, caso não tenha sido realizada, a entidade deverá comunicar o fato à Secretaria da Receita Federal na forma e prazo por ela regulamentados.

§ 2º O descumprimento do disposto neste artigo sujeita a entidade à multa de 30% (trinta por cento) do valor do imposto devido.

Art. 6º Os arts. 8º e 28 da Lei 10.865, de 30 de abril de 2004, passam a vigorar com a seguinte redação:

- Alterações processadas no texto da referida Lei.

Art. 7º As pessoas jurídicas que aufiram as receitas de que trata o inciso XXIII do art. 10 da Lei 10.833, de 29 de dezembro de 2003, são obrigadas a instalar equipamento emissor de cupom fiscal em seus estabelecimentos, ou outro sistema equivalente para controle de receitas, na forma disciplinada pela Secretaria da Receita Federal do Brasil.

- Artigo com redação determinada pela Lei 12.546/2011.

Art. 8º A pessoa jurídica submetida ao lucro presumido poderá, excepcionalmente, em relação ao terceiro e quarto trimestres-calendário de 2004, apurar o Imposto de Renda com base no lucro real trimestral, sendo definitiva a tributação pelo lucro presumido relativa aos dois primeiros trimestres, observadas as normas estabelecidas pela Secretaria da Receita Federal.

Art. 9º Os incisos I e II do art. 1º da Lei 8.850, de 28 de janeiro de 1994, passam a vigorar com a seguinte redação:
"Art. 1º [...]
"I – de 1º de janeiro de 2004 a 30 de setembro de 2004: quinzenal; e
"II – a partir de 1º de outubro de 2004: mensal.
"[...]"

Art. 10. *(Revogado pela Lei 11.933/2009.)*

Art. 11. Sem prejuízo do disposto no inciso I do § 10 do art. 8º e no inciso I do *caput* do art. 16 da Lei 9.311, de 24 de outubro de 1996, será facultado o lançamento a débito em conta-corrente de depósito para investimento para a realização de operações com os valores mobiliários de que tratam os referidos incisos, desde que seja mantido controle, em separado, pela instituição interveniente, dos valores mobiliários adquiridos por intermédio das contas-correntes de depósito à vista e de investimento.

- V. art. 23, II.

§ 1º Os valores referentes à liquidação das operações com os valores mobiliários de que trata o *caput* deste artigo, adquiridos por intermédio de lançamento a débito em conta-corrente de depósito para investimento, serão creditados ou debitados a essa mesma conta.

§ 2º As instituições intervenientes deverão manter controles em contas segregadas que permitam identificar a origem dos recursos que serão investidos em ações e produtos derivados provenientes da conta-corrente e da conta para investimento.

Art. 12. Será dada ciência ao sujeito passivo do ato que o excluir do parcelamento de débitos com a Secretaria da Receita Federal, com a Procuradoria-Geral da Fazenda Nacional e com o Instituto Nacional do Seguro Social – INSS, de que tratam os arts. 1º e 5º da Lei 10.684, de 30 de maio de 2003, mediante publicação no *Diário Oficial da União*.

Parágrafo único. Fica dispensada a publicação de que trata o *caput* deste artigo nos casos em que for dada ciência ao sujeito passivo pessoalmente ou por via postal, com aviso de recebimento.

Art. 13. Fica instituído o Regime Tributário para Incentivo à Modernização e à Ampliação da Estrutura Portuária – Reporto, nos termos desta Lei.

Art. 14. Serão efetuadas com suspensão do Imposto sobre Produtos Industrializados – IPI, da Contribuição para o PIS/Pasep, da Contribuição para o Financiamento da Seguridade Social – Cofins e, quando for o caso, do Imposto de Importação – II, as vendas e as importações de máquinas, equipamentos, peças de reposição e outros bens, no mercado interno, quando adquiridos ou importados diretamente pelos beneficiários do Reporto e destinados ao seu ativo imobilizado para utilização exclusiva na execução de serviços de:

- *Caput* com redação determinada pela Lei 12.715/2012.

I – carga, descarga, armazenagem e movimentação de mercadorias e produtos;

II – sistemas suplementares de apoio operacional;

III – proteção ambiental;

IV – sistemas de segurança e de monitoramento de fluxo de pessoas, mercadorias, produtos, veículos e embarcações;

V – dragagens; e

VI – treinamento e formação de trabalhadores, inclusive na implantação de Centros de Treinamento Profissional.

§ 1º A suspensão do Imposto de Importação e do IPI converte-se em isenção após o decurso do prazo de 5 (cinco) anos, contado da data da ocorrência do respectivo fato gerador.

§ 2º A suspensão da contribuição para o PIS/Pasep e da Cofins converte-se em operação, inclusive de importação, sujeita a alíquota 0 (zero) após o decurso do prazo de 5 (cinco) anos, contado da data da ocorrência do respectivo fato gerador.

§ 3º A aplicação dos benefícios fiscais, relativos ao IPI e ao Imposto de Importação, fica condicionada à comprovação, pelo beneficiário, da quitação de tributos e contribuições federais e, no caso do IPI vinculado à importação e do Imposto de Importação, à formalização de termo de responsabilidade em relação ao crédito tributário suspenso.

§ 4º A suspensão do Imposto de Importação somente será aplicada a máquinas, equipamentos e outros bens que não possuam similar nacional.

§ 5º A transferência, a qualquer título, de propriedade dos bens adquiridos no mercado interno ou importados mediante aplicação do Reporto, dentro do prazo fixado nos §§ 1º e 2º deste artigo, deverá ser precedida de autorização da Secretaria da Receita Federal e do recolhimento dos tributos suspensos, acrescidos de juros e de multa demora estabelecidos na legislação aplicável.

§ 6º A transferência a que se refere o § 5º deste artigo, previamente autorizada pela Secretaria da Receita Federal, a adquirente também enquadrado no Reporto será efetivada com dispensa da cobrança dos tributos suspensos desde que, cumulativamente:

I – o adquirente formalize novo termo de responsabilidade a que se refere o § 3º deste artigo;

II – assuma perante a Secretaria da Receita Federal a responsabilidade pelos tributos e contribuições suspensos, desde o momento de ocorrência dos respectivos fatos geradores.

§ 7º O Poder Executivo relacionará as máquinas, equipamentos e bens objetos da suspensão referida no *caput* deste artigo.

- V. art. 1º, Dec. 6.582/2008 (Estabelece as relações de máquinas, equipamentos e bens de que tratam os §§ 7º e 8º do art. 14 da Lei 11.033/2004, aos quais é aplicável o Reporto).

§ 8º O disposto no *caput* deste artigo aplica-se também aos bens utilizados na execução de serviços de transporte de mercadorias em ferrovias, classificados nas posições 86.01, 86.02 e 86.06 da Nomenclatura Comum do Mercosul, e aos trilhos e demais elementos de vias férreas, classificados na posição 73.02 da Nomenclatura Comum do Mercosul, relacionados pelo Poder Executivo.

- § 8º acrescentado pela Lei 11.774/2008.
- V. art. 2º, Dec. 6.582/2008 (Estabelece as relações de máquinas, equipamentos e bens de que

Lei 11.033/2004

tratam os §§ 7º e 8º do art. 14 da Lei 11.033/2004, aos quais é aplicável o Reporto.

§ 9º As peças de reposição citadas no *caput* deste artigo deverão ter seu valor aduaneiro igual ou superior a 20% (vinte por cento) do valor aduaneiro da máquina ou equipamento ao qual se destinam, de acordo com a Declaração de Importação – DI respectiva.

* § 9º acrescentado pela Lei 11.726/2008.

§ 10. Os veículos adquiridos com o benefício do Reporto deverão receber identificação visual externa a ser definida pelo órgão competente do Poder Executivo.

* § 10 com redação determinada pela Lei 12.715/2012.

§ 11. Na hipótese de utilização do bem em finalidade diversa da que motivou a suspensão de que trata o *caput* deste artigo, a sua não incorporação ao ativo imobilizado ou a ausência da identificação citada no § 10 deste artigo, o beneficiário fica sujeito à multa de 50% (cinquenta por cento) sobre o valor de aquisição do bem no mercado interno ou do respectivo valor aduaneiro.

* § 11 acrescentado pela Lei 11.726/2008.

§ 12. A aplicação da multa prevista no § 11 deste artigo não prejudica a exigência dos tributos suspensos, de outras penalidades cabíveis, bem como dos acréscimos legais.

* § 12 acrescentado pela Lei 11.726/2008.

Art. 15. São beneficiários do Reporto o operador portuário, o concessionário de porto organizado, o arrendatário de instalação portuária de uso público e a empresa autorizada a explorar instalação portuária de uso privativo misto ou exclusivo, inclusive aquelas que operam com embarcações de *offshore*.

* *Caput* com redação determinada pela Lei 12.715/2012.

§ 1º Pode ainda ser beneficiário do Reporto o concessionário de transporte ferroviário.

* § 1º acrescentado pela Lei 11.774/2008.

§ 2º A Secretaria da Receita Federal do Brasil estabelecerá os requisitos e os procedimentos para habilitação dos beneficiários ao Reporto, bem como para coabilitação dos fabricantes dos bens listados no § 8º do art. 14 desta Lei.

* § 2º com redação determinada pela Lei 12.688/2012 (*DOU* 19.07.2012), em vigor a partir de 1º.06.2012 (v. art. 36, III, da referida Lei).

Art. 16. Os beneficiários do Reporto descritos no art. 15 desta Lei ficam acrescidos das empresas de dragagem definidas na Lei 12.815, de 5 de junho de 2013 – Lei dos Portos, dos recintos alfandegados de zona secundária e dos centros de formação profissional e treinamento multifuncional de que trata o art. 33 da Lei 12.815, de 5 de junho de 2013, e poderão efetuar aquisições e importações amparadas pelo Reporto até 31 de dezembro de 2020.

* Artigo com redação determinada pela Lei 13.169/2015.

Art. 17. As vendas efetuadas com suspensão, isenção, alíquota 0 (zero) ou não incidência da Contribuição para o PIS/Pasep e da Cofins não impedem a manutenção, pelo vendedor, dos créditos vinculados a essas operações.

Art. 18. Por um prazo de 10 (dez) anos a contar da vigência da Lei 9.432, de 8 de janeiro de 1997, não incidirá o Adicional de Frete para a Renovação da Marinha Mercante – AFRMM sobre as mercadorias cuja origem ou cujo destino seja porto localizado na Região Norte e Nordeste do país, exceto para as embarcações de casco com fundo duplo, destinadas ao transporte de combustíveis, cujo prazo será de 25 (vinte e cinco) anos.

Art. 19. O levantamento ou a autorização para depósito em conta bancária de valores decorrentes de precatório judicial somente poderá ocorrer mediante a apresentação ao juízo de certidão negativa de tributos federais, estaduais, municipais, bem como certidão de regularidade para com a Seguridade Social, o Fundo de Garantia do Tempo de Serviço – FGTS e a Dívida Ativa da União, depois de ouvida a Fazenda Pública.

* O STF, na ADIn 3.453-7 (*DJU* 16.03.2007), declarou a inconstitucionalidade do art. 19 da Lei 11.033/2004.

Parágrafo único. Não se aplica o disposto no *caput* deste artigo:

I – aos créditos de natureza alimentar, inclusive honorários advocatícios;

II – aos créditos de valor igual ou inferior ao disposto no art. 3º da Lei 10.259, de 12 de julho de 2001, que dispõe sobre a instituição dos Juizados Especiais Cíveis e Criminais no âmbito da Justiça Federal.

Art. 20. As intimações e notificações de que tratam os arts. 36 a 38 da Lei Complementar 73, de 10 de fevereiro de 1993, inclusive aquelas pertinentes a processos administrativos, quando dirigidas a Procuradores da Fazenda Nacional, dar-se-ão pessoalmente mediante a entrega dos autos com vista.

Art. 21. Os arts. 13, 19 e 20 da Lei 10.522, de 19 de julho de 2002, passam a vigorar com a seguinte redação:

• Alterações processadas no texto da referida Lei.

Art. 22. O art. 17 da Lei 9.430, de 27 de dezembro de 1996, passa a vigorar com a seguinte redação:

• Alteração processada no texto da referida Lei.

Art. 23. Esta Lei entra em vigor na data de sua publicação, produzindo efeitos:
I – na hipótese dos arts. 1º a 5º e 7º, a partir de 1º de janeiro de 2005;
II – na hipótese do art. 11, a partir de 1º de outubro de 2004;
III – na data de sua publicação, nas demais hipóteses.

Art. 24. Ficam revogados o art. 63 da Lei 8.383, de 30 de dezembro de 1991, a partir de 1º de janeiro de 2005, e o § 2º do art. 10 da Lei 10.925, de 23 de julho de 2004.

Brasília, 21 de dezembro de 2004; 183º da Independência e 116º da República.
Luiz Inácio Lula da Silva

(*DOU* 22.12.2004)

LEI 11.051,
DE 29 DE DEZEMBRO DE 2004

Dispõe sobre o desconto de crédito na apuração da Contribuição Social sobre o Lucro Líquido – CSLL e da Contribuição para o PIS/Pasep e Cofins não cumulativas e dá outras providências.

O Presidente da República:
Faço saber que o Congresso Nacional decreta e eu sanciono a seguinte Lei:

Art. 1º As pessoas jurídicas tributadas com base no lucro real poderão utilizar crédito relativo à Contribuição Social sobre o Lucro Líquido – CSLL, à razão de 25% (vinte e cinco por cento) sobre a depreciação contábil de máquinas, aparelhos, instrumentos e equipamentos, novos, relacionados em regulamento, adquiridos entre 1º de outubro de 2004 e 31 de dezembro de 2010, destinados ao ativo imobilizado e empregados em processo industrial do adquirente.

• *Caput* com redação determinada pela Lei 11.774/2008.

§ 1º O crédito de que trata o *caput* deste artigo será deduzido do valor da CSLL apurada, no regime trimestral ou anual.

§ 2º A utilização do crédito está limitada ao saldo da CSLL a pagar, observado o disposto no § 1º deste artigo, não gerando a parcela excedente, em qualquer hipótese, direito à restituição, compensação, ressarcimento ou aproveitamento em períodos de apuração posteriores.

§ 3º Será admitida a utilização do crédito no pagamento mensal por estimativa.

§ 4º Na hipótese do § 3º deste artigo, o crédito a ser efetivamente utilizado está limitado à CSLL apurada no encerramento do período de apuração.

§ 5º É vedada a utilização do crédito referido nos §§ 1º e 3º deste artigo, na hipótese de a pessoa jurídica não compensar base de cálculo negativa de períodos anteriores existente ou o fizer em valor inferior ao admitido na legislação.

§ 6º As pessoas jurídicas poderão se beneficiar do crédito a partir do mês em que o bem entrar em operação até o final do quarto ano-calendário subsequente àquele a que se referir o mencionado mês.

§ 7º A partir do ano-calendário subsequente ao término do período de gozo do benefício a que se refere o § 6º deste artigo, deverá ser adicionado à CSLL devida o valor utilizado a título de crédito em função dos anos-calendário de gozo do benefício e do regime de apuração da CSLL.

§ 8º A parcela a ser adicionada nos termos do § 7º deste artigo será devida pelo seu valor integral, ainda que a pessoa jurídica apure, no período, base de cálculo negativa da CSLL.

§ 9º A pessoa jurídica que deixar de ser tributada com base no lucro real deverá adicionar os créditos a que se refere o *caput* deste artigo, aproveitados anteriormente, à

Lei 11.051/2004

LEGISLAÇÃO

CSLL devida relativa ao primeiro período de apuração do novo regime de tributação adotado.

§ 10. Na hipótese de a pessoa jurídica vir a optar pelo Sistema Integrado de Pagamento de Impostos e Contribuições das Microempresas e Empresas de Pequeno Porte – Simples, o crédito a que se refere o *caput* deste artigo, aproveitado anteriormente, deverá ser recolhido em separado, em quota única, até o último dia útil de janeiro do ano-calendário a que corresponderem os efeitos dessa opção.

§ 11. Na hipótese de extinção, a pessoa jurídica deverá recolher, em quota única, os créditos aproveitados anteriormente até o último dia útil do mês subsequente ao evento.

§ 12. Na hipótese de alienação dos bens de que trata o *caput* deste artigo, o valor total dos créditos aproveitados anteriormente deverá ser recolhido, em quota única, até o último dia útil do mês subsequente ao da alienação ou ser adicionado ao valor da CSLL devida no período de apuração em que ocorrer a alienação.

Art. 2º As pessoas jurídicas poderão optar pelo desconto, no prazo de 2 (dois) anos, dos créditos da Contribuição para o PIS/Pasep e da Cofins de que tratam o inciso III do § 1º do art. 3º das Leis 10.637, de 30 de dezembro de 2002, e 10.833, de 29 de dezembro de 2003, e o § 4º do art. 15 da Lei 10.865, de 30 de abril de 2004, na hipótese de aquisição dos bens de que trata o art. 1º desta Lei.

§ 1º Os créditos de que trata este artigo serão apurados mediante a aplicação, a cada mês, das alíquotas referidas no *caput* do art. 2º das Leis 10.637, de 30 de dezembro de 2002, e 10.833, de 29 de dezembro de 2003, sobre o valor correspondente a 1/24 (um vinte e quatro avos) do custo de aquisição do bem.

§ 2º O disposto neste artigo aplica-se às aquisições efetuadas após 1º de outubro de 2004.

• § 2º com redação determinada pela Lei 11.196/2005.

Art. 3º Os arts. 14 e 18 da Lei 10.522, de 19 de julho de 2002, passam a vigorar com a seguinte redação:

• Alterações processadas no texto da referida Lei.

Art. 4º O art. 74 da Lei 9.430, de 27 de dezembro de 1996, passa a vigorar com a seguinte redação:

• Alterações processadas no texto da referida Lei.

Art. 5º O disposto nos arts. 36, 37 e 38 da Medida Provisória 2.158-35, de 24 de agosto de 2001, aplica-se aos estabelecimentos envasadores ou industriais fabricantes dos produtos classificados na posição 2201 da Tabela de Incidência do Imposto sobre Produtos Industrializados – Tipi, aprovada pelo Decreto 4.542, de 26 de dezembro de 2002.

Art. 6º O art. 40 da Lei 6.830, de 22 de setembro de 1980, passa a vigorar com a seguinte redação:

• Alteração processada no texto da referida Lei.

Art. 7º Na determinação das bases de cálculo da Contribuição para o PIS/Pasep e da Cofins, devidas pelas pessoas jurídicas, inclusive as equiparadas, relativamente às atividades de que trata o art. 4º da Lei 10.833, de 29 de dezembro de 2003, deverá ser adotado o regime de reconhecimento de receitas previsto na legislação do imposto de renda.

• V. art. 34, I.

Art. 8º A suspensão da exigibilidade da Contribuição para o PIS/Pasep e da Cofins incidentes sobre a importação de bens, na forma dos arts. 14 e 14-A da Lei 10.865, de 30 de abril de 2004, será convertida em alíquota zero quando esses bens forem utilizados:

I – na elaboração de matérias-primas, produtos intermediários e materiais de embalagem destinados a emprego em processo de industrialização por estabelecimentos industriais instalados na Zona Franca de Manaus e consoante projetos aprovados pelo Conselho de Administração da Superintendência da Zona Franca de Manaus – Suframa;

II – como matérias-primas, produtos intermediários e materiais de embalagem em processo de industrialização por estabelecimentos industriais instalados na Zona Franca de Manaus e consoante projetos aprovados pelo Conselho de Administração da Superintendência da Zona Franca de Manaus – Suframa.

Art. 9º O direito ao crédito presumido de que trata o art. 8º da Lei 10.925, de 23 de julho de 2004, calculado sobre o valor dos

Lei 11.051/2004

LEGISLAÇÃO

bens referidos no inciso II do *caput* do art. 3º das Leis 10.637, de 30 de dezembro de 2002, e 10.833, de 29 de dezembro de 2003, recebidos de cooperado, fica limitado para as operações de mercado interno, em cada período de apuração, ao valor da Contribuição para o PIS/Pasep e da Cofins devidas em relação à receita bruta decorrente da venda de bens e de produtos deles derivados, após efetuadas as exclusões previstas no art. 15 da Medida Provisória 2.158-35, de 24 de agosto de 2001.

• V. art. 34, II.

§ 1º O disposto neste artigo aplica-se também ao crédito presumido de que trata o art. 15 da Lei 10.925, de 23 de julho de 2004.

• Primitivo parágrafo único renumerado pela Lei 13.137/2015 (*DOU* 22.06.2015, edição extra), em vigor no primeiro dia do quarto mês subsequente ao de sua publicação.

§ 2º O disposto neste artigo não se aplica no caso de recebimento, por cooperativa, de leite *in natura* de cooperado.

• § 2º acrescentado pela Lei 13.137/2015 (*DOU* 22.06.2015, edição extra), em vigor no primeiro dia do quarto mês subsequente ao de sua publicação.

Art. 10. Na determinação do valor da Contribuição para o PIS/Pasep e da Cofins incidentes sobre a receita bruta auferida pela pessoa jurídica encomendante, no caso de industrialização por encomenda, aplicam-se, conforme o caso, as alíquotas previstas:

• V. art. 34, II.

I – nos incisos I a III do art. 4º da Lei 9.718, de 27 de novembro de 1998, e alterações posteriores, no caso de venda de gasolinas, exceto gasolina de aviação, óleo diesel e gás liquefeito de petróleo – GLP derivado de petróleo e de gás natural;

II – no art. 1º da Lei 10.485, de 3 de julho de 2002, e alterações posteriores, no caso de venda de máquinas e veículos classificados nos códigos 84.29, 8432.40.00, 84.32.80.00, 8433.20, 8433.30.00, 8433.40.00, 8433.5, 87.01, 87.02, 87.03, 87.04, 87.05 e 87.06, da Tipi;

III – para autopeças relacionadas nos Anexos I e II da Lei 10.485, de 3 de julho de 2002:

• Inciso III com redação determinada pela Lei 11.196/2005 (*DOU* 22.11.2005), em vigor na data de sua publicação, produzindo efeitos a partir do primeiro dia do quarto mês subsequente ao da publicação desta Lei (v. art. 132, V, *b*, da referida Lei).

a) no inciso I do art. 3º da Lei 10.485, de 3 julho de 2002, no caso de venda para as pessoas jurídicas nele relacionadas; ou

b) no inciso II do art. 3º da Lei 10.485, de 3 de julho de 2002, no caso de venda para as pessoas jurídicas nele relacionadas;

IV – no *caput* do art. 5º da Lei 10.485, de 3 de julho de 2002, e alterações posteriores, no caso de venda dos produtos classificados nas posições 40.11 (pneus novos de borracha) e 40.13 (câmaras de ar de borracha), da Tipi;

V – no art. 2º da Lei 10.560, de 13 de novembro de 2002, e alterações posteriores, no caso de venda de querosene de aviação; e

VI – *(Revogado pela Lei 13.097/2015 – DOU 20.01.2015, em vigor a partir do primeiro dia do quarto mês subsequente ao da publicação desta Lei.)*

§ 1º Na hipótese dos produtos de que tratam os incisos I e V do *caput*, aplica-se à pessoa jurídica encomendante o direito à opção pelo regime especial de que trata o art. 23 da Lei 10.865, de 30 de abril de 2004.

• § 1º com redação determinada pela Lei 13.097/2015 (*DOU* 20.01.2015), em vigor a partir do primeiro dia do quarto mês subsequente ao da publicação desta Lei..

§ 2º A Contribuição para o PIS/Pasep e a Cofins incidirão sobre a receita bruta auferida pela pessoa jurídica executora da encomenda às alíquotas de 1,65% (um inteiro e sessenta e cinco centésimos por cento) e de 7,6% (sete inteiros e seis décimos por cento), respectivamente.

• § 2º com redação determinada pela Lei 11.196/2005 (*DOU* 22.11.2005), em vigor na data de sua publicação, produzindo efeitos a partir do primeiro dia do quarto mês subsequente ao da publicação desta Lei (v. art. 132, V, *b*, da referida Lei).

§ 3º Para os efeitos deste artigo, aplicam-se os conceitos de industrialização por encomenda do Imposto sobre Produtos Industrializados – IPI.

• § 3º acrescentado pela Lei 11.196/2005 (*DOU* 22.11.2005), em vigor na data de sua publicação, produzindo efeitos a partir do primeiro dia do quarto mês subsequente ao da publicação desta Lei (v. art. 132, V, *b*, da referida Lei).

Lei 11.051/2004

LEGISLAÇÃO

Art. 11. *(Vetado.)*

Art. 12. Não se considera industrialização a operação de que resultem os produtos relacionados na subposição 2401.20 da Tipi, quando exercida por produtor rural pessoa física.

* Artigo com redação determinada pela Lei 11.452/2007.

Art. 13. Fica a administração fazendária federal, durante o prazo de 1 (um) ano, contado da publicação desta Lei, autorizada a atribuir os mesmos efeitos previstos no art. 205 da Lei 5.172, de 25 de outubro de 1966 – Código Tributário Nacional, à certidão quanto a tributos e contribuições administrados pela Secretaria da Receita Federal – SRF e à dívida ativa da União de que conste a existência de débitos em relação aos quais o interessado tenha apresentado, ao órgão competente, pedido de revisão fundado em alegação de pagamento integral anterior à inscrição pendente da apreciação há mais de 30 (trinta) dias.

* V. Portaria PGFN/SRF 1/2005 (Emissão de certidão com os efeitos previstos no art. 205 do CTN, nos casos dispostos no art. 13 da Lei 11.051/2004).

§ 1º Para fins de obtenção da certidão a que se refere o *caput* deste artigo, o requerimento deverá ser instruído com:

I – cópia do pedido de revisão de débitos inscritos em dívida ativa da União instruído com os documentos de arrecadação da Receita Federal – Darf que comprovem o pagamento alegado;

II – declaração firmada pelo devedor de que o pedido de revisão e os documentos relativos aos pagamentos referem-se aos créditos de que tratará a certidão.

§ 2º A concessão da certidão a que se refere o *caput* deste artigo não implica o deferimento do pedido de revisão formulado.

§ 3º Será suspenso, até o pronunciamento formal do órgão competente, o registro no Cadastro Informativo de Créditos Não Quitados do Setor Público Federal – Cadin, de que trata a Lei 10.522, de 19 de julho de 2002, quando o devedor comprovar, nos termos do § 1º deste artigo, a situação descrita no *caput* deste artigo.

§ 4º A certidão fornecida nos termos do *caput* deste artigo perderá sua validade com a publicação, no *Diário Oficial da União*, do respectivo cancelamento.

§ 5º *(Vetado.)*

§ 6º A falsidade na declaração de que trata o inciso II do § 1º deste artigo implicará multa correspondente a 50% (cinquenta por cento) do pagamento alegado, não passível de redução, sem prejuízo de outras penalidades administrativas ou criminais.

§ 7º A Procuradoria-Geral da Fazenda Nacional – PGFN e a Secretaria da Receita Federal – SRF expedirão os atos necessários ao fiel cumprimento das disposições deste artigo.

Art. 14. Para os fins do disposto no § 4º do art. 1º da Lei 10.684, de 30 de maio de 2003, o enquadramento das pessoas jurídicas observará exclusivamente os limites de receita bruta expressos no art. 2º da Lei 9.841, de 5 de outubro de 1999.

* V. LC 123/2006 (Supersimples).

Art. 15. O art. 4º da Lei 10.964, de 28 de outubro de 2004, passa a vigorar com a seguinte redação:

"Art. 4º Ficam excetuadas da restrição de que trata o inciso XIII do art. 9º da Lei 9.317, de 5 de dezembro de 1996, as pessoas jurídicas que se dediquem às seguintes atividades:

"I – serviços de manutenção e reparação de automóveis, caminhões, ônibus e outros veículos pesados;

"II – serviços de instalação, manutenção e reparação de acessórios para veículos automotores;

"III – serviços de manutenção e reparação de motocicletas, motonetas e bicicletas;

"IV – serviços de instalação, manutenção e reparação de máquinas de escritório e de informática;

"V – serviços de manutenção e reparação de aparelhos eletrodomésticos.

"§ 1º Fica assegurada a permanência no Sistema Integrado de Pagamento de Impostos e Contribuições das Microempresas e das Empresas de Pequeno Porte – Simples, com efeitos retroativos à data de opção da empresa, das pessoas jurídicas de que trata o *caput* deste artigo que tenham feito a opção pelo sistema em data anterior à publicação desta Lei, desde que não se

Lei 11.051/2004

enquadrem nas demais hipóteses de vedação previstas na legislação.

"§ 2º As pessoas jurídicas de que trata o *caput* deste artigo que tenham sido excluídas do Simples exclusivamente em decorrência do disposto no inciso XIII do art. 9º da Lei 9.317, de 5 de dezembro de 1996, poderão solicitar o retorno ao sistema, com efeitos retroativos à data de opção desta, nos termos, prazos e condições estabelecidos pela Secretaria da Receita Federal – SRF, desde que não se enquadrem nas demais hipóteses de vedação previstas na legislação.

"§ 3º Na hipótese de a exclusão de que trata o § 2º deste artigo ter ocorrido durante o ano-calendário de 2004 e antes da publicação desta Lei, a Secretaria da Receita Federal – SRF promoverá a reinclusão de ofício dessas pessoas jurídicas retroativamente à data de opção da empresa.

"§ 4º Aplica-se o disposto no art. 2º da Lei 10.034, de 24 de outubro de 2000, a partir de 1º de janeiro de 2004."

Art. 16. O crédito apurado no âmbito do Parcelamento Especial – Paes de que trata o art. 1º da Lei 10.684, de 30 de maio de 2003, decorrente de pagamento indevido, bem como de pagamento a maior, no caso de liquidação deste parcelamento, será restituído a pedido do sujeito passivo.

§ 1º Na hipótese de existência de débitos do sujeito passivo relativos a tributos e contribuições perante a Secretaria da Receita Federal – SRF ou a Procuradoria-Geral da Fazenda Nacional – PGFN, o valor da restituição, após o prévio reconhecimento do direito creditório a pedido do sujeito passivo, deverá ser utilizado para quitá-los, mediante compensação em procedimento de ofício.

§ 2º À compensação com os créditos a que se refere o *caput* deste artigo não se aplicam as disposições sobre a declaração de compensação de que trata o art. 74 da Lei 9.430, de 27 de dezembro de 1996, cujo procedimento somente será realizado na forma do § 1º deste artigo.

§ 3º A restituição e a compensação de que trata este artigo serão efetuadas pela Secretaria da Receita Federal – SRF, aplicando-se o disposto no art. 39 da Lei 9.250, de 26 de dezembro de 1995, alterado pelo art. 73 da Lei 9.532, de 10 de dezembro de 1997.

Art. 17. O art. 32 da Lei 4.357, de 16 de julho de 1964, passa a vigorar com a seguinte redação:
"Art. 32. [...]"
"[...]"
"§ 1º A inobservância do disposto neste artigo importa em multa que será imposta:
"I – às pessoas jurídicas que distribuírem ou pagarem bonificações ou remunerações, em montante igual a 50% (cinquenta por cento) das quantias distribuídas ou pagas indevidamente; e
"II – aos diretores e demais membros da administração superior que receberem as importâncias indevidas, em montante igual a 50% (cinquenta por cento) dessas importâncias.
"§ 2º A multa referida nos incisos I e II do § 1º deste artigo fica limitada, respectivamente, a 50% (cinquenta por cento) do valor total do débito não garantido da pessoa jurídica."

Art. 18. O art. 4º da Lei 9.718, de 27 de novembro de 1998, com a redação dada pela Lei 10.865, de 30 de abril de 2004, passa a vigorar com a seguinte redação:

• Alteração processada no texto da referida Lei.

Art. 19. O art. 7º da Lei 10.426, de 24 de abril de 2002, passa a vigorar com a seguinte redação:

• Alterações processadas no texto da referida Lei.

Art. 20. O art. 4º da Lei 10.560, de 13 de novembro de 2002, passa a vigorar com a seguinte redação:
"Art. 4º [...]"
"[...]"
"§ 3º Para os efeitos desta Lei, considera-se acordo qualquer forma de ajuste entre os países interessados, observadas as prescrições do § 1º deste artigo.
"§ 4º Havendo questionamento judicial sobre os débitos referidos no *caput* e no § 1º deste artigo, a remissão fica condicionada à renúncia, por parte do contribuinte, do direito em que se funda a respectiva ação e, pelo advogado e pela parte, dos ônus de sucumbência."

Art. 21. O art. 3º da Lei 10.833, de 29 de dezembro de 2003, passa a vigorar acrescido do seguinte § 18:

Lei 11.051/2004

- Alteração processada no texto da referida Lei.

Art. 22. O disposto no art. 21 desta Lei produz efeitos a partir de 1º de agosto de 2004.

Parágrafo único. Para as pessoas jurídicas que apuram o imposto de renda com base no lucro real que, por opção, adotaram antecipadamente o regime de incidência não cumulativa da Contribuição para o PIS/Pasep e da Cofins, nos termos do art. 42 da Lei 10.865, de 30 de abril de 2004, o disposto no art. 21 desta Lei produz efeitos em relação aos fatos geradores ocorridos a partir de 1º de maio de 2004.

Art. 23. O art. 3º da Lei 10.833, de 29 de dezembro de 2003, passa a vigorar acrescido dos seguintes §§ 19 e 20:

- Alterações processadas no texto da referida Lei.

Art. 24. O disposto no art. 23 desta Lei aplica-se a partir da data da publicação desta Lei, produzindo efeitos, em relação ao § 20, no que se refere ao inciso II do § 19, ambos do art. 3º da Lei 10.833, de 29 de dezembro de 2003, a partir do primeiro dia do quarto mês subsequente ao de sua publicação.

Art. 25. Os arts. 10, 18, 51 e 58 da Lei 10.833, de 29 de dezembro de 2003, passam a vigorar com a seguinte redação:

- Alterações processadas no texto da referida Lei.

Art. 26. O art. 15 da Lei 10.833, de 29 de dezembro de 2003, passa a vigorar com a seguinte redação:

- Alterações processadas no texto da referida Lei.

Art. 27. O art. 26 desta Lei entra em vigor na data de sua publicação, observados, com relação às alterações produzidas por esta Lei, os mesmos prazos de produção de efeitos determinados para a Cofins.

Art. 28. Os arts. 8º, 17, 23 e 40 da Lei 10.865, de 30 de abril de 2004, passam a vigorar com a seguinte redação:

- Alterações processadas no texto da referida Lei.

Art. 29. Os arts. 1º, 8º, 9º e 15 da Lei 10.925, de 23 de julho de 2004, passam a vigorar com a seguinte redação:

- Alterações processadas no texto da referida Lei.

Art. 30. As sociedades cooperativas de crédito e de transporte rodoviário de cargas, na apuração dos valores devidos a título de Cofins e PIS-faturamento, poderão excluir da base de cálculo os ingressos decorrentes do ato cooperativo, aplicando-se, no que couber, o disposto no art. 15 da Medida Provisória 2.158-35, de 24 de agosto de 2001, e demais normas relativas às cooperativas de produção agropecuária e de infraestrutura.

- Artigo com redação determinada pela Lei 11.196/2005.

Art. 30-A. As cooperativas de radiotáxi, bem como aquelas cujos cooperados se dediquem a serviços relacionados a atividades culturais, de música, de cinema, de letras, de artes cênicas (teatro, dança, circo) e de artes plásticas, poderão excluir da base de cálculo da contribuição para PIS/Pasep e Cofins:

- *Caput* com redação determinada pela Lei 12.973/2014.

I – os valores repassados aos associados pessoas físicas decorrentes de serviços por eles prestados em nome da cooperativa;

- Inciso I acrescentado pela Lei 12.649/2012.

II – as receitas de vendas de bens, mercadorias e serviços a associados, quando adquiridos de pessoas físicas não associadas; e

- Inciso II acrescentado pela Lei 12.649/2012.

III – as receitas financeiras decorrentes de repasses de empréstimos a associados, contraídos de instituições financeiras, até o limite dos encargos a estas devidos.

- Inciso III acrescentado pela Lei 12.649/2012.

Parágrafo único. Na hipótese de utilização de uma ou mais das exclusões referidas no *caput*, a cooperativa ficará também sujeita à incidência da contribuição para o PIS/Pasep, determinada em conformidade com o disposto no art. 13 da Medida Provisória 2.158-35, de 24 de agosto de 2001.

- Parágrafo único acrescentado pela Lei 12.649/2012.

Art. 30-B. São remidos os créditos tributários, constituídos ou não, inscritos ou não em dívida ativa, bem como anistiados os respectivos encargos legais, multas e juros de mora quando relacionados à falta de pagamento da Cofins e da contribuição para o PIS/Pasep sobre os valores passíveis de exclusão das suas bases de cálculo nos termos do art. 30-A desta Lei das associações civis e das sociedades cooperativas referidas no art. 30-A desta Lei.

- Artigo com redação determinada pela Lei 12.973/2014.

Lei 11.053/2004

LEGISLAÇÃO

Art. 31. Fica a União autorizada, a exclusivo critério do Ministro de Estado da Fazenda, a assumir, mediante novação contratual, obrigações de responsabilidade de autarquias federais, desde que registradas pelo Banco Central do Brasil na Dívida Líquida do Setor Público na data da publicação desta Lei.

Art. 32. Para efeito de determinação da base de cálculo do imposto de renda das pessoas jurídicas e da contribuição social sobre o lucro líquido, da Contribuição para o Financiamento da Seguridade Social – Cofins e da Contribuição para o PIS/Pasep, os resultados positivos ou negativos incorridos nas operações realizadas em mercados de liquidação futura, inclusive os sujeitos a ajustes de posições, serão reconhecidos por ocasião da liquidação do contrato, cessão ou encerramento da posição.

§ 1º O resultado positivo ou negativo de que trata este artigo será constituído pela soma algébrica dos ajustes, no caso das operações a futuro sujeitas a essa especificação, e pelo rendimento, ganho ou perda, apurado na operação, nos demais casos.

§ 2º O disposto neste artigo aplica-se:

I – no caso de operações realizadas no mercado de balcão, somente àquelas registradas nos termos da legislação vigente;

II – em relação à pessoa física, aos ganhos líquidos auferidos em mercados de liquidação futura sujeitos a ajustes de posições, ficando mantidas para os demais mercados as regras previstas na legislação vigente.

Art. 33. A Secretaria da Receita Federal – SRF expedirá, no âmbito da sua competência, as normas necessárias ao cumprimento do disposto nesta Lei.

Art. 34. Esta Lei entra em vigor na data da sua publicação, produzindo efeitos, em relação:

I – ao art. 7º, a partir de 1º de novembro de 2004;

II – aos arts. 9º, 10 e 11, a partir do primeiro dia do quarto mês subsequente ao de sua publicação;

III – aos demais artigos, a partir da data da sua publicação.

Art. 35. Ficam revogados:

I – o § 3º do art. 3º da Lei 9.718, de 27 de novembro de 1998;

II – o inciso IV do *caput* do art. 17 da Lei 10.865, de 30 de abril de 2004;

III – o art. 90 da Lei 10.833, de 29 de dezembro de 2003;

IV – o art. 84 da Lei 10.833, de 29 de dezembro de 2003, a partir do primeiro dia do quarto mês subsequente ao de sua publicação.

Brasília, 29 de dezembro de 2004; 183º da Independência e 116º da República.

Luiz Inácio Lula da Silva

(*DOU* 30.12.2004; ret. 04.01, 11.01 e 16.02.2005)

LEI 11.053, DE 29 DE DEZEMBRO DE 2004

Dispõe sobre a tributação dos planos de benefícios de caráter previdenciário e dá outras providências.

O Presidente da República:

Faço saber que o Congresso Nacional decreta e eu sanciono a seguinte Lei:

Art. 1º É facultada aos participantes que ingressarem a partir de 1º de janeiro de 2005 em planos de benefícios de caráter previdenciário, estruturados nas modalidades de contribuição definida ou contribuição variável, das entidades de previdência complementar e das sociedades seguradoras, a opção por regime de tributação no qual os valores pagos aos próprios participantes ou aos assistidos, a título de benefícios ou resgates de valores acumulados, sujeitam-se à incidência de imposto de renda na fonte às seguintes alíquotas:

• V. art. 95, Lei 11.196/2005 ("MP do Bem").

I – 35% (trinta e cinco por cento), para recursos com prazo de acumulação inferior ou igual a 2 (dois) anos;

II – 30% (trinta por cento), para recursos com prazo de acumulação superior a 2 (dois) anos e inferior ou igual a 4 (quatro) anos;

III – 25% (vinte e cinco por cento), para recursos com prazo de acumulação superior a 4 (quatro) anos e inferior ou igual a 6 (seis) anos;

IV – 20% (vinte por cento), para recursos com prazo de acumulação superior a 6 (seis) anos e inferior ou igual a 8 (oito) anos;

Lei 11.053/2004

LEGISLAÇÃO

V – 15% (quinze por cento), para recursos com prazo de acumulação superior a 8 (oito) anos e inferior ou igual a 10 (dez) anos; e

VI – 10% (dez por cento), para recursos com prazo de acumulação superior a 10 (dez) anos.

§ 1º O disposto neste artigo aplica-se:

I – aos quotistas que ingressarem em Fundo de Aposentadoria Programada Individual – Fapi a partir de 1º de janeiro de 2005;

II – aos segurados que ingressarem a partir de 1º de janeiro de 2005 em planos de seguro de vida com cláusula de cobertura por sobrevivência em relação aos rendimentos recebidos a qualquer título pelo beneficiário.

§ 2º O imposto de renda retido na fonte de que trata o *caput* deste artigo será definitivo.

§ 3º Para fins do disposto neste artigo, prazo de acumulação é o tempo decorrido entre o aporte de recursos no plano de benefícios mantido por entidade de previdência complementar, por sociedade seguradora ou em Fapi e o pagamento relativo ao resgate ou ao benefício, calculado na forma a ser disciplinada em ato conjunto da Secretaria da Receita Federal e do respectivo órgão fiscalizador das entidades de previdência complementar, sociedades seguradoras e Fapi, considerando-se o tempo de permanência, a forma e o prazo de recebimento e os valores aportados.

- V. Instrução Normativa SRF/SPC/Susep 524/2005 (Regulamenta o prazo de acumulação de que trata o § 3º do art. 1º da Lei 11.053/2004).

§ 4º Nos casos de portabilidade de recursos e de transferência de participantes e respectivas reservas entre planos de benefícios de que trata o *caput* deste artigo, o prazo de acumulação do participante que, no plano originário, tenha optado pelo regime de tributação previsto neste artigo será computado no plano receptor.

§ 5º As opções de que tratam o *caput* e o § 1º deste artigo serão exercidas pelos participantes e comunicadas pelas entidades de previdência complementar, sociedades seguradoras e pelos administradores de Fapi à Secretaria da Receita Federal na forma por ela disciplinada.

§ 6º As opções mencionadas no § 5º deste artigo deverão ser exercidas até o último dia útil do mês subsequente ao do ingresso nos planos de benefícios operados por entidade de previdência complementar, por sociedade seguradora ou em Fapi e serão irretratáveis, mesmo nas hipóteses de portabilidade de recursos e de transferência de participantes e respectivas reservas.

- § 6º com redação determinada pela Lei 11.196/2005 (*DOU* 22.11.2005), em vigor na data de sua publicação, produzindo efeitos a partir da publicação da Medida Provisória 255/2005 – *DOU* 04.07.2005 (v. art. 132, I, *a*, da referida Lei).

§ 7º Para o participante, segurado ou quotista que houver ingressado no plano de benefícios até o dia 30 de novembro de 2005, a opção de que trata o § 6º deste artigo deverá ser exercida até o último dia útil do mês de dezembro de 2005, permitida neste prazo, excepcionalmente, a retratação da opção para aqueles que ingressaram no referido plano entre 1º de janeiro e 4 de julho de 2005.

- § 7º acrescentado pela Lei 11.196/2005.

Art. 2º É facultada aos participantes que ingressarem até 1º de janeiro de 2005 em planos de benefícios de caráter previdenciário estruturados nas modalidades de contribuição definida ou contribuição variável, a opção pelo regime de tributação de que trata o art. 1º desta Lei.

§ 1º O disposto neste artigo aplica-se:

I – aos quotistas de Fundo de Aposentadoria Programada Individual – Fapi que ingressarem até 1º de janeiro de 2005; e

II – aos segurados que ingressarem até 1º de janeiro de 2005 em planos de seguro de vida com cláusula de cobertura por sobrevivência em relação aos rendimentos recebidos a qualquer título pelo beneficiário.

§ 2º A opção de que trata este artigo deverá ser formalizada pelo participante, segurado ou quotista, à respectiva entidade de previdência complementar, sociedade seguradora ou ao administrador de Fapi, conforme o caso, até o último dia útil do mês de dezembro de 2005.

- § 2º com redação determinada pela Lei 11.196/2005 (*DOU* 22.11.2005), em vigor na data de sua publicação, produzindo efeitos a partir da publicação da Medida Provisória 255/2005 – *DOU* 04.07.2005 (v. art. 132, I, *a*, da referida Lei).

Lei 11.053/2004

LEGISLAÇÃO

§ 3º Os prazos de acumulação mencionados nos incisos I a VI do art. 1º desta Lei serão contados a partir:

I – de 1º de janeiro de 2005, no caso de aportes de recursos realizados até 31 de dezembro de 2004; e

II – da data do aporte, no caso de aportes de recursos realizados a partir de 1º de janeiro de 2005.

§ 4º Aplica-se às opções realizadas na forma deste artigo o disposto nos §§ 2º a 6º do art. 1º desta Lei.

§ 5º Os valores pagos aos próprios participantes ou aos assistidos, a título de benefícios ou resgates de valores acumulados, antes da formalização da opção referida no § 2º deste artigo, sujeitam-se à incidência de imposto de renda com base na legislação vigente antes da edição desta Lei.

Art. 3º A partir de 1º de janeiro de 2005, os resgates, parciais ou totais, de recursos acumulados relativos a participantes dos planos mencionados no art. 1º desta Lei que não tenham efetuado a opção nele mencionada sujeitam-se à incidência de imposto de renda na fonte à alíquota de 15% (quinze por cento), como antecipação do devido na declaração de ajuste da pessoa física, calculado sobre:

I – os valores de resgate, no caso de planos de previdência, inclusive Fapi;

II – os rendimentos, no caso de seguro de vida com cláusula de cobertura por sobrevivência.

Parágrafo único. O disposto neste artigo não se aplica na hipótese de opção pelo regime de tributação previsto nos arts. 1º e 2º desta Lei.

Art. 4º A partir de 1º de janeiro de 2005, a dedução das contribuições da pessoa jurídica para seguro de vida com cláusula de cobertura por sobrevivência fica condicionada, cumulativamente:

I – ao limite de que trata o § 2º do art. 11 da Lei 9.532, de 10 de dezembro de 1997, com a redação dada pela Lei 10.887, de 18 de junho de 2004; e

II – a que o seguro seja oferecido indistintamente aos empregados e dirigentes.

Art. 5º A partir de 1º de janeiro de 2005, ficam dispensados a retenção na fonte e o pagamento em separado do imposto de renda sobre os rendimentos e ganhos auferidos nas aplicações de recursos das provisões, reservas técnicas e fundos de planos de benefícios de entidade de previdência complementar, sociedade seguradora e Fapi, bem como de seguro de vida com cláusula de cobertura por sobrevivência.

Parágrafo único. Aplica-se o disposto no *caput* deste artigo aos fundos administrativos constituídos pelas entidades fechadas de previdência complementar e às provisões, reservas técnicas e fundos dos planos assistenciais de que trata o art. 76 da Lei Complementar 109, de 29 de maio de 2001.

* Parágrafo único acrescentado pela Lei 11.196/2005 (*DOU* 22.11.2005), em vigor na data de sua publicação, produzindo efeitos a partir da publicação da Medida Provisória 255/2005 – *DOU* 04.07.2005 (v. art. 132, I, *a*, da referida Lei).

Art. 6º Os fundos de investimento cuja carteira de títulos tenha prazo médio igual ou inferior a 365 (trezentos e sessenta e cinco) dias sujeitam-se à incidência do imposto de renda na fonte, por ocasião do resgate, na forma do disposto neste artigo.

* V. Instrução Normativa SRF 1.585/2015 (Imposto sobre a renda incidente sobre os rendimentos e ganhos líquidos auferidos nos mercados financeiro e de capitais).

§ 1º A carteira de títulos a que se refere o *caput* deste artigo é composta por títulos privados ou públicos federais, prefixados ou indexados à taxa de juros, a índices de preço ou à variação cambial, ou por operações compromissadas lastreadas nos referidos títulos públicos federais e por outros títulos e operações com características assemelhadas, nos termos a serem regulamentados pelo Ministro de Estado da Fazenda.

§ 2º Os rendimentos referidos no art. 1º da Medida Provisória 206, de 6 de agosto de 2004, quando auferidos em aplicações nos fundos de investimento referidos no *caput* deste artigo, sujeitam-se ao imposto sobre a renda na fonte, por ocasião do resgate, às seguintes alíquotas:

I – 22,5% (vinte e dois inteiros e cinco décimos por cento), em aplicações com prazo de até 6 (seis) meses;

II – 20% (vinte por cento), em aplicações com prazo acima de 6 (seis) meses.

§ 3º Em relação aos fundos de que trata o *caput* deste artigo, sobre os rendimentos tributados semestralmente com base no art. 3º da Lei 10.892, de 13 de julho de 2004, incidirá a alíquota de 20% (vinte por cento) e no resgate das quotas será aplicada alíquota complementar àquela prevista no inciso I do § 2º deste artigo, se o resgate ocorrer no prazo de até 6 (seis) meses.

§ 4º No caso de aplicações existentes em 31 de dezembro de 2004, em relação aos rendimentos produzidos em 2005, os prazos a que se referem os incisos I e II do § 2º deste artigo serão contados a partir:

I – de 1º de julho de 2004, no caso de aplicação efetuada até a data da publicação desta Lei; e

II – da data da aplicação, no caso de aplicação efetuada após a data da publicação desta Lei.

§ 5º É sujeito à tributação na forma deste artigo o fundo de investimento a que se refere o art. 1º da Medida Provisória 206, de 2004, se ele tiver sua carteira constituída por títulos com prazo médio igual ou inferior a 365 (trezentos e sessenta e cinco) dias.

§ 6º Não se aplica o disposto no § 5º deste artigo se, a cada ano-calendário, a carteira do fundo de investimento for constituída por títulos com prazo médio igual ou inferior a 365 (trezentos e sessenta e cinco) dias por até 3 (três) períodos e o total dos dias dos períodos for igual ou inferior a 45 (quarenta e cinco) dias.

§ 7º Na hipótese mencionada no § 5º deste artigo, o quotista terá seus rendimentos tributados na forma prevista no art. 1º da Medida Provisória 206, de 2004, até o dia imediatamente anterior ao da alteração de condição, sujeitando-se os rendimentos auferidos a partir de então à tributação prevista no § 2º deste artigo.

§ 8º O disposto neste artigo não se aplica aos fundos e clubes de investimento em ação, aos quais se aplicam as disposições específicas da Medida Provisória 206, de 2004.

§ 9º A Secretaria da Receita Federal regulamentará a periodicidade e a metodologia de cálculo do prazo médio a que se refere este artigo.

Art. 7º São mantidas todas as demais regras que disciplinam a incidência do imposto de renda nas hipóteses dos fatos geradores previstos nesta Lei, inclusive as relativas aos limites e às condições para as deduções da base de cálculo do imposto, das contribuições feitas por pessoa física ou jurídica, bem como a isenção a que se refere o *caput* do art. 6º do Decreto-lei 2.065, de 26 de outubro de 1983.

Art. 8º Esta Lei entra em vigor na data de sua publicação, produzindo efeitos a partir de 1º de janeiro de 2005.

Art. 9º São revogados, a partir de 1º de janeiro de 2005, a Medida Provisória 2.222, de 4 de setembro de 2001, o art. 4º da Lei 10.426, de 24 de abril de 2002, e a Lei 10.431, de 24 de abril de 2002.

Brasília, 29 de dezembro de 2004; 183º da Independência e 116º da República.

Luiz Inácio Lula da Silva

(*DOU* 30.12.2004)

LEI COMPLEMENTAR 118, DE 9 DE FEVEREIRO DE 2005

Altera e acrescenta dispositivos à Lei 5.172, de 25 de outubro de 1966 – Código Tributário Nacional, e dispõe sobre a interpretação do inciso I do art. 168 da mesma Lei.

O Presidente da República:

Faço saber que o Congresso Nacional decreta e eu sanciono a seguinte Lei:

Art. 1º A Lei 5.172, de 25 de outubro de 1966 – Código Tributário Nacional, passa a vigorar com as seguintes alterações:

• Alterações processadas no texto da referida Lei.

Art. 2º A Lei 5.172, de 25 de outubro de 1966 – Código Tributário Nacional, passa a vigorar acrescida dos seguintes arts. 185-A e 191-A:

• Alterações processadas no texto da referida Lei.

Lei 11.101/2005

LEGISLAÇÃO

Art. 3º Para efeito de interpretação do inciso I do art. 168 da Lei 5.172, de 25 de outubro de 1966 – Código Tributário Nacional, a extinção do crédito tributário ocorre, no caso de tributo sujeito a lançamento por homologação, no momento do pagamento antecipado de que trata o § 1º do art. 150 da referida Lei.

Art. 4º Esta Lei entra em vigor 120 (cento e vinte) dias após sua publicação, observado, quanto ao art. 3º, o disposto no art. 106, inciso I, da Lei 5.172, de 25 de outubro de 1966 – Código Tributário Nacional.

Brasília, 9 de fevereiro de 2005; 184º da Independência e 117º da República.

Luiz Inácio Lula da Silva

(*DOU* 09.02.2005, edição extra)

LEI 11.101, DE 9 DE FEVEREIRO DE 2005

Regula a recuperação judicial, a extrajudicial e a falência do empresário e da sociedade empresária.

O Presidente da República:
Faço saber que o Congresso Nacional decreta e eu sanciono a seguinte Lei:

Capítulo I
DISPOSIÇÕES PRELIMINARES

Art. 1º Esta Lei disciplina a recuperação judicial, a recuperação extrajudicial e a falência do empresário e da sociedade empresária, doravante referidos simplesmente como devedor.

- V. arts. 76 e 78.
- V. arts. 966, 981 e 982, CC.

Art. 2º Esta Lei não se aplica a:

I – empresa pública e sociedade de economia mista;

- V. art. 195.

II – instituição financeira pública ou privada, cooperativa de crédito, consórcio, entidade de previdência complementar, sociedade operadora de plano de assistência à saúde, sociedade seguradora, sociedade de capitalização e outras entidades legalmente equiparadas às anteriores.

- V. art. 26 e 94, Dec.-lei 73/1966 (Sistema Nacional de Seguros Privados).
- V. art. 68, Dec. 60.459/1967 (Regulamenta o Dec.-lei 73/1966).
- V. art. 4º, Dec.-lei 261/1967 (Sociedade de capitalização).
- V. art. 4º, *caput*, Lei 5.764/1971 (Política nacional de cooperativismo).
- V. art. 1º, Lei 6.024/1974 (Intervenção e liquidação extrajudicial de instituições financeiras).
- V. art. 278, Lei 6.404/1976 (Sociedades por ações).
- V. art. 187, Lei 7.565/1986 (Código Brasileiro de Aeronáutica).
- V. art. 23, *caput* e § 1º, Lei 9.656/1998 (Planos e seguros privados de assistência à saúde).
- V. art. 47, LC 109/2001 (Previdência complementar).

Art. 3º É competente para homologar o plano de recuperação extrajudicial, deferir a recuperação judicial ou decretar a falência o juízo do local do principal estabelecimento do devedor ou da filial de empresa que tenha sede fora do Brasil.

- V. arts. 76 e 78.
- V. art. 75, § 2º, CC.
- V. art. 3º, § 2º, Lei 9.099/1995 (Juizados Especiais Cíveis e Criminais).
- • V. arts. 337, II, e 64, § 1º, CPC/2015.

Art. 4º (Vetado.)

Capítulo II
DISPOSIÇÕES COMUNS À RECUPERAÇÃO JUDICIAL E À FALÊNCIA

Seção I
Disposições gerais

Art. 5º Não são exigíveis do devedor, na recuperação judicial ou na falência:

I – as obrigações a título gratuito;

II – as despesas que os credores fizerem para tomar parte na recuperação judicial ou na falência, salvo as custas judiciais decorrentes de litígio com o devedor.

- V. art. 84, IV.

Art. 6º A decretação da falência ou o deferimento do processamento da recuperação judicial suspende o curso da prescrição e de todas as ações e execuções em face do devedor, inclusive aquelas dos credores particulares do sócio solidário.

- V. art. 99, V.
- V. art. 202, CC.

Lei 11.101/2005

LEGISLAÇÃO

§ 1º Terá prosseguimento no juízo no qual estiver se processando a ação que demandar quantia ilíquida.

- V. art. 19, § 1º.

§ 2º É permitido pleitear, perante o administrador judicial, habilitação, exclusão ou modificação de créditos derivados da relação de trabalho, mas as ações de natureza trabalhista, inclusive as impugnações a que se refere o art. 8º desta Lei, serão processadas perante a justiça especializada até a apuração do respectivo crédito, que será inscrito no quadro geral de credores pelo valor determinado em sentença.

- V. art. 19, § 1º.
- V. art. 114, *caput*, CF.
- V. art. 44, Lei 4.886/1965 (Representantes comerciais autônomos).

§ 3º O juiz competente para as ações referidas nos §§ 1º e 2º deste artigo poderá determinar a reserva da importância que estimar devida na recuperação judicial ou na falência, e, uma vez reconhecido líquido o direito, será o crédito incluído na classe própria.

- V. arts. 10, § 4º, e 149, § 1º.

§ 4º Na recuperação judicial, a suspensão de que trata o *caput* deste artigo em hipótese nenhuma excederá o prazo improrrogável de 180 (cento e oitenta) dias contado do deferimento do processamento da recuperação, restabelecendo-se, após o decurso do prazo, o direito dos credores de iniciar ou continuar suas ações e execuções, independentemente de pronunciamento judicial.

- V. arts. 49, §§ 3º e 5º, e 52, III.

§ 5º Aplica-se o disposto no § 2º deste artigo à recuperação judicial durante o período de suspensão de que trata o § 4º deste artigo, mas, após o fim da suspensão, as execuções trabalhistas poderão ser normalmente concluídas, ainda que o crédito já esteja inscrito no quadro geral de credores.

§ 6º Independentemente da verificação periódica perante os cartórios de distribuição, as ações que venham a ser propostas contra o devedor deverão ser comunicadas ao juízo da falência ou da recuperação judicial:

- V. art. 286, I, CPC/2015.

I – pelo juiz competente, quando do recebimento da petição inicial;

II – pelo devedor, imediatamente após a citação.

§ 7º As execuções de natureza fiscal não são suspensas pelo deferimento da recuperação judicial, ressalvada a concessão de parcelamento nos termos do Código Tributário Nacional e da legislação ordinária específica.

- V. arts. 151, VI, 155-A e 191-A, CTN.
- V. Lei 10.684/2003 (Parcelamento de débitos junto à Secretaria da Receita Federal, à Procuradoria-Geral da Fazenda Nacional e ao Instituto Nacional do Seguro Social).

§ 8º A distribuição do pedido de falência ou de recuperação judicial previne a jurisdição para qualquer outro pedido de recuperação judicial ou de falência, relativo ao mesmo devedor.

- V. arts. 58 e 59, CPC/2015.

Seção II
Da verificação e da habilitação de créditos

Art. 7º A verificação dos créditos será realizada pelo administrador judicial, com base nos livros contábeis e documentos comerciais e fiscais do devedor e nos documentos que lhe forem apresentados pelos credores, podendo contar com o auxílio de profissionais ou empresas especializadas.

§ 1º Publicado o edital previsto no art. 52, § 1º, ou no parágrafo único do art. 99 desta Lei, os credores terão o prazo de 15 (quinze) dias para apresentar ao administrador judicial suas habilitações ou suas divergências quanto aos créditos relacionados.

- V. arts. 9º e 10.

§ 2º O administrador judicial, com base nas informações e documentos colhidos na forma do *caput* e do § 1º deste artigo, fará publicar edital contendo a relação de credores no prazo de 45 (quarenta e cinco) dias, contado do fim do prazo do § 1º deste artigo, devendo indicar o local, o horário e o prazo comum em que as pessoas indicadas no art. 8º desta Lei terão acesso aos documentos que fundamentaram a elaboração dessa relação.

- V. arts. 14 e 15.

Art. 8º No prazo de 10 (dez) dias, contado da publicação da relação referida no art. 7º, § 2º, desta Lei, o Comitê, qualquer cre-

Lei 11.101/2005

LEGISLAÇÃO

dor, o devedor ou seus sócios ou o Ministério Público podem apresentar ao juiz impugnação contra a relação de credores, apontando a ausência de qualquer crédito ou manifestando-se contra a legitimidade, importância ou classificação de crédito relacionado.

• V. arts. 176 a 181, CPC/2015.

Parágrafo único. Autuada em separado, a impugnação será processada nos termos dos arts. 13 a 15 desta Lei.

Art. 9º A habilitação de crédito realizada pelo credor nos termos do art. 7º, § 1º, desta Lei deverá conter:

• V. art. 175.

I – o nome, o endereço do credor e o endereço em que receberá comunicação de qualquer ato do processo;

II – o valor do crédito, atualizado até a data da decretação da falência ou do pedido de recuperação judicial, sua origem e classificação;

III – os documentos comprobatórios do crédito e a indicação das demais provas a serem produzidas;

IV – a indicação da garantia prestada pelo devedor, se houver, e o respectivo instrumento;

V – a especificação do objeto da garantia que estiver na posse do credor.

Parágrafo único. Os títulos e documentos que legitimam os créditos deverão ser exibidos no original ou por cópias autenticadas se estiverem juntados em outro processo.

Art. 10. Não observado o prazo estipulado no art. 7º, § 1º, desta Lei, as habilitações de crédito serão recebidas como retardatárias.

§ 1º Na recuperação judicial, os titulares de créditos retardatários, excetuados os titulares de créditos derivados da relação de trabalho, não terão direito a voto nas deliberações da assembleia geral de credores.

§ 2º Aplica-se o disposto no § 1º deste artigo ao processo de falência, salvo se, na data da realização da assembleia geral, já houver sido homologado o quadro geral de credores contendo o crédito retardatário.

§ 3º Na falência, os créditos retardatários perderão o direito a rateios eventualmente realizados e ficarão sujeitos ao pagamento de custas, não se computando os acessórios compreendidos entre o término do prazo e a data do pedido de habilitação.

§ 4º Na hipótese prevista no § 3º deste artigo, o credor poderá requerer a reserva de valor para satisfação de seu crédito.

• V. art. 6º, § 3º.

§ 5º As habilitações de crédito retardatárias, se apresentadas antes da homologação do quadro geral de credores, serão recebidas como impugnação e processadas na forma dos arts. 13 a 15 desta Lei.

§ 6º Após a homologação do quadro geral de credores, aqueles que não habilitaram seu crédito poderão, observado, no que couber, o procedimento ordinário previsto no Código de Processo Civil, requerer ao juízo da falência ou da recuperação judicial a retificação do quadro geral para inclusão do respectivo crédito.

• V. arts. 318 a 512, CPC/2015.

Art. 11. Os credores cujos créditos forem impugnados serão intimados para contestar a impugnação, no prazo de 5 (cinco) dias, juntando os documentos que tiverem e indicando outras provas que reputem necessárias.

• V. art. 15.

Art. 12. Transcorrido o prazo do art. 11 desta Lei, o devedor e o Comitê, se houver, serão intimados pelo juiz para se manifestar sobre ela no prazo comum de 5 (cinco) dias.

Parágrafo único. Findo o prazo a que se refere o *caput* deste artigo, o administrador judicial será intimado pelo juiz para emitir parecer no prazo de 5 (cinco) dias, devendo juntar à sua manifestação o laudo elaborado pelo profissional ou empresa especializada, se for o caso, e todas as informações existentes nos livros fiscais e demais documentos do devedor acerca do crédito, constante ou não da relação de credores, objeto da impugnação.

• V. art. 15.

Art. 13. A impugnação será dirigida ao juiz por meio de petição, instruída com os documentos que tiver o impugnante, o qual indicará as provas consideradas necessárias.

Parágrafo único. Cada impugnação será autuada em separado, com os documentos a ela relativos, mas terão uma só autuação

Lei 11.101/2005

as diversas impugnações versando sobre o mesmo crédito.

Art. 14. Caso não haja impugnações, o juiz homologará, como quadro geral de credores, a relação dos credores constante do edital de que trata o art. 7º, § 2º, desta Lei, dispensada a publicação de que trata o art. 18 desta Lei.

Art. 15. Transcorridos os prazos previstos nos arts. 11 e 12 desta Lei, os autos de impugnação serão conclusos ao juiz, que:
I – determinará a inclusão no quadro geral de credores das habilitações de créditos não impugnadas, no valor constante da relação referida no § 2º do art. 7º desta Lei;

• • V. art. 824, CPC/2015.

II – julgará as impugnações que entender suficientemente esclarecidas pelas alegações e provas apresentadas pelas partes, mencionando, de cada crédito, o valor e a classificação;
III – fixará, em cada uma das restantes impugnações, os aspectos controvertidos e decidirá as questões processuais pendentes;
IV – determinará as provas a serem produzidas, designando audiência de instrução e julgamento, se necessário.

• V. art. 357, I a V, CPC/2015.

Art. 16. O juiz determinará, para fins de rateio, a reserva de valor para satisfação do crédito impugnado.

Parágrafo único. Sendo parcial, a impugnação não impedirá o pagamento da parte incontroversa.

Art. 17. Da decisão judicial sobre a impugnação caberá agravo.

• V. arts. 1.015 a 1.020, CPC/2015.

Parágrafo único. Recebido o agravo, o relator poderá conceder efeito suspensivo à decisão que reconhece o crédito ou determinar a inscrição ou modificação do seu valor ou classificação no quadro geral de credores, para fins de exercício de direito de voto em assembleia geral.

Art. 18. O administrador judicial será responsável pela consolidação do quadro geral de credores, a ser homologado pelo juiz, com base na relação dos credores a que se refere o art. 7º, § 2º, desta Lei e nas decisões proferidas nas impugnações oferecidas.

Parágrafo único. O quadro geral, assinado pelo juiz e pelo administrador judicial, mencionará a importância e a classificação de cada crédito na data do requerimento da recuperação judicial ou da decretação da falência, será juntado aos autos e publicado no órgão oficial, no prazo de 5 (cinco) dias, contado da data da sentença que houver julgado as impugnações.

Art. 19. O administrador judicial, o Comitê, qualquer credor ou o representante do Ministério Público poderá, até o encerramento da recuperação judicial ou da falência, observado, no que couber, o procedimento ordinário previsto no Código de Processo Civil, pedir a exclusão, outra classificação ou a retificação de qualquer crédito, nos casos de descoberta de falsidade, dolo, simulação, fraude, erro essencial ou, ainda, documentos ignorados na época do julgamento do crédito ou da inclusão no quadro geral de credores.

• V. arts. 318 a 512, CPC/2015.
• V. arts. 138 a 144 (erro), 145 a 155 (dolo), 158 a 165 (fraude) e 167 a 956 (simulação), CC.

§ 1º A ação prevista neste artigo será proposta exclusivamente perante o juízo da recuperação judicial ou da falência ou, nas hipóteses previstas no art. 6º, §§ 1º e 2º, desta Lei, perante o juízo que tenha originariamente reconhecido o crédito.

§ 2º Proposta a ação de que trata este artigo, o pagamento ao titular do crédito por ela atingido somente poderá ser realizado mediante a prestação de caução no mesmo valor do crédito questionado.

Art. 20. As habilitações dos credores particulares do sócio ilimitadamente responsável processar-se-ão de acordo com as disposições desta Seção.

• V. art. 1.039 e 1.045, CC.
• V. art. 281, Lei 6.404/1976 (Sociedades por ações).

Seção III
Do administrador judicial e do Comitê de Credores

Art. 21. O administrador judicial será profissional idôneo, preferencialmente advogado, economista, administrador de empresas ou contador, ou pessoa jurídica especializada.

Lei 11.101/2005

Legislação

- V. arts. 31, 33, 52, I, e 99, IX.
- V. art. 1.011, CC.

Parágrafo único. Se o administrador judicial nomeado for pessoa jurídica, declarar-se-á, no termo de que trata o art. 33 desta Lei, o nome de profissional responsável pela condução do processo de falência ou de recuperação judicial, que não poderá ser substituído sem autorização do juiz.

Art. 22. Ao administrador judicial compete, sob a fiscalização do juiz e do Comitê, além de outros deveres que esta Lei lhe impõe:

- V. art. 23.
- V. art. 1.103, CC.

I – na recuperação judicial e na falência:

a) enviar correspondência aos credores constantes na relação de que trata o inciso III do *caput* do art. 51, o inciso III do *caput* do art. 99 ou o inciso II do *caput* do art. 105 desta Lei, comunicando a data do pedido de recuperação judicial ou da decretação da falência, a natureza, o valor e a classificação dada ao crédito;

b) fornecer, com presteza, todas as informações pedidas pelos credores interessados;

c) dar extratos dos livros do devedor, que merecerão fé de ofício, a fim de servirem de fundamento nas habilitações e impugnações de créditos;

d) exigir dos credores, do devedor ou seus administradores quaisquer informações;

e) elaborar a relação de credores de que trata o § 2º do art. 7º desta Lei;

f) consolidar o quadro geral de credores nos termos do art. 18 desta Lei;

g) requerer ao juiz convocação da assembleia geral de credores nos casos previstos nesta Lei ou quando entender necessária sua ouvida para a tomada de decisões;

- V. arts. 35 e 36.

h) contratar, mediante autorização judicial, profissionais ou empresas especializadas para, quando necessário, auxiliá-lo no exercício de suas funções;

i) manifestar-se nos casos previstos nesta Lei;

II – na recuperação judicial:

a) fiscalizar as atividades do devedor e o cumprimento do plano de recuperação judicial;

b) requerer a falência no caso de descumprimento de obrigação assumida no plano de recuperação;

- V. arts. 61, § 1º, e 73, IV.

c) apresentar ao juiz, para juntada aos autos, relatório mensal das atividades do devedor;

d) apresentar o relatório sobre a execução do plano de recuperação, de que trata o inciso III do *caput* do art. 63 desta Lei;

III – na falência:

a) avisar, pelo órgão oficial, o lugar e hora em que, diariamente, os credores terão à sua disposição os livros e documentos do falido;

b) examinar a escrituração do devedor;

c) relacionar os processos e assumir a representação judicial da massa falida;

d) receber e abrir a correspondência dirigida ao devedor, entregando a ele o que não for assunto de interesse da massa;

e) apresentar, no prazo de 40 (quarenta) dias, contado da assinatura do termo de compromisso, prorrogável por igual período, relatório sobre as causas e circunstâncias que conduziram à situação de falência, no qual apontará a responsabilidade civil e penal dos envolvidos, observado o disposto no art. 186 desta Lei;

f) arrecadar os bens e documentos do devedor e elaborar o auto de arrecadação, nos termos dos arts. 108 e 110 desta Lei;

- V. art. 108.

g) avaliar os bens arrecadados;

- V. art. 108.

h) contratar avaliadores, de preferência oficiais, mediante autorização judicial, para a avaliação dos bens caso entenda não ter condições técnicas para a tarefa;

i) praticar os atos necessários à realização do ativo e ao pagamento dos credores;

- V. art. 139 e ss.

j) requerer ao juiz a venda antecipada de bens perecíveis, deterioráveis ou sujeitos a considerável desvalorização ou de conservação arriscada ou dispendiosa, nos termos do art. 113 desta Lei;

l) praticar todos os atos conservatórios de direitos e ações, diligenciar a cobrança de dívidas e dar a respectiva quitação;

Lei 11.101/2005

LEGISLAÇÃO

m) remir, em benefício da massa e mediante autorização judicial, bens apenhados, penhorados ou legalmente retidos;

n) representar a massa falida em juízo, contratando, se necessário, advogado, cujos honorários serão previamente ajustados e aprovados pelo Comitê de Credores;

o) requerer todas as medidas e diligências que forem necessárias para o cumprimento desta Lei, a proteção da massa ou a eficiência da administração;

p) apresentar ao juiz para juntada aos autos, até o décimo dia do mês seguinte ao vencido, conta demonstrativa da administração, que especifique com clareza a receita e a despesa;

q) entregar ao seu substituto todos os bens e documentos da massa em seu poder, sob pena de responsabilidade;

• V. art. 32.

r) prestar contas ao final do processo, quando for substituído, destituído ou renunciar ao cargo.

• V. arts. 23 e 154.

§ 1º As remunerações dos auxiliares do administrador judicial serão fixadas pelo juiz, que considerará a complexidade dos trabalhos a serem executados e os valores praticados no mercado para o desempenho de atividades semelhantes.

§ 2º Na hipótese da alínea *d* do inciso I do *caput* deste artigo, se houver recusa, o juiz, a requerimento do administrador judicial, intimará aquelas pessoas para que compareçam à sede do juízo, sob pena de desobediência, oportunidade em que as interrogará na presença do administrador judicial, tomando seus depoimentos por escrito.

§ 3º Na falência, o administrador judicial não poderá, sem autorização judicial, após ouvidos o Comitê e o devedor no prazo comum de 2 (dois) dias, transigir sobre obrigações e direitos da massa falida e conceder abatimento de dívidas, ainda que sejam consideradas de difícil recebimento.

§ 4º Se o relatório de que trata a alínea *e* do inciso III do *caput* deste artigo apontar responsabilidade penal de qualquer dos envolvidos, o Ministério Público será intimado para tomar conhecimento de seu teor.

• V. art. 184.

Art. 23. O administrador judicial que não apresentar, no prazo estabelecido, suas contas ou qualquer dos relatórios previstos nesta Lei será intimado pessoalmente a fazê-lo no prazo de 5 (cinco) dias, sob pena de desobediência.

• V. art. 330, CP.

Parágrafo único. Decorrido o prazo do *caput* deste artigo, o juiz destituirá o administrador judicial e nomeará substituto para elaborar relatórios ou organizar as contas, explicitando as responsabilidades de seu antecessor.

Art. 24. O juiz fixará o valor e a forma de pagamento da remuneração do administrador judicial, observados a capacidade de pagamento do devedor, o grau de complexidade do trabalho e os valores praticados no mercado para o desempenho de atividades semelhantes.

§ 1º Em qualquer hipótese, o total pago ao administrador judicial não excederá 5% (cinco por cento) do valor devido aos credores submetidos à recuperação judicial ou do valor de venda dos bens na falência.

§ 2º Será reservado 40% (quarenta por cento) do montante devido ao administrador judicial para pagamento após atendimento do previsto nos arts. 154 e 155 desta Lei.

§ 3º O administrador judicial substituído será remunerado proporcionalmente ao trabalho realizado, salvo se renunciar sem relevante razão ou for destituído de suas funções por desídia, culpa, dolo ou descumprimento das obrigações fixadas nesta Lei, hipóteses em que não terá direito à remuneração.

§ 4º Também não terá direito a remuneração o administrador que tiver suas contas desaprovadas.

§ 5º A remuneração do administrador judicial fica reduzida ao limite de 2% (dois por cento), no caso de microempresas e empresas de pequeno porte.

• § 5º acrescentado pela LC 147/2014.

Art. 25. Caberá ao devedor ou à massa falida arcar com as despesas relativas à remuneração do administrador judicial e das pessoas eventualmente contratadas para auxiliá-lo.

• V. arts. 84 e 103.

Lei 11.101/2005

Legislação

Art. 26. O Comitê de Credores será constituído por deliberação de qualquer das classes de credores na assembleia geral e terá a seguinte composição:

I – um representante indicado pela classe de credores trabalhistas, com dois suplentes;

II – um representante indicado pela classe de credores com direitos reais de garantia ou privilégios especiais, com dois suplentes;

III – um representante indicado pela classe de credores quirografários e com privilégios gerais, com dois suplentes;

IV – um representante indicado pela classe de credores representantes de microempresas e empresas de pequeno porte, com dois suplentes.

• Inciso IV acrescentado pela LC 147/2014.

§ 1º A falta de indicação de representante por quaisquer das classes não prejudicará a constituição do Comitê, que poderá funcionar com número inferior ao previsto no *caput* deste artigo.

§ 2º O juiz determinará, mediante requerimento subscrito por credores que representem a maioria dos créditos de uma classe, independentemente da realização de assembleia:

I – a nomeação do representante e dos suplentes da respectiva classe ainda não representada no Comitê; ou

II – a substituição do representante ou dos suplentes da respectiva classe.

§ 3º Caberá aos próprios membros do Comitê indicar, entre eles, quem irá presidi-lo.

Art. 27. O Comitê de Credores terá as seguintes atribuições, além de outras previstas nesta Lei:

I – na recuperação judicial e na falência:

a) fiscalizar as atividades e examinar as contas do administrador judicial;

b) zelar pelo bom andamento do processo e pelo cumprimento da lei;

c) comunicar ao juiz, caso detecte violação dos direitos ou prejuízo aos interesses dos credores;

d) apurar e emitir parecer sobre quaisquer reclamações dos interessados;

e) requerer ao juiz a convocação da assembleia geral de credores;

f) manifestar-se nas hipóteses previstas nesta Lei;

II – na recuperação judicial:

a) fiscalizar a administração das atividades do devedor, apresentando, a cada 30 (trinta) dias, relatório de sua situação;

b) fiscalizar a execução do plano de recuperação judicial;

c) submeter à autorização do juiz, quando ocorrer o afastamento do devedor nas hipóteses previstas nesta Lei, a alienação de bens do ativo permanente, a constituição de ônus reais e outras garantias, bem como atos de endividamento necessários à continuação da atividade empresarial durante o período que antecede a aprovação do plano de recuperação judicial.

§ 1º As decisões do Comitê, tomadas por maioria, serão consignadas em livro de atas, rubricado pelo juízo, que ficará à disposição do administrador judicial, dos credores e do devedor.

§ 2º Caso não seja possível a obtenção de maioria em deliberação do Comitê, o impasse será resolvido pelo administrador judicial ou, na incompatibilidade deste, pelo juiz.

Art. 28. Não havendo Comitê de Credores, caberá ao administrador judicial ou, na incompatibilidade deste, ao juiz exercer suas atribuições.

Art. 29. Os membros do Comitê não terão sua remuneração custeada pelo devedor ou pela massa falida, mas as despesas realizadas para a realização de ato previsto nesta Lei, se devidamente comprovadas e com a autorização do juiz, serão ressarcidas atendendo às disponibilidades de caixa.

Art. 30. Não poderá integrar o Comitê ou exercer as funções de administrador judicial quem, nos últimos 5 (cinco) anos, no exercício do cargo de administrador judicial ou de membro do Comitê em falência ou recuperação judicial anterior, foi destituído, deixou de prestar contas dentro dos prazos legais ou teve a prestação de contas desaprovada.

• V. art. 1.011, § 1º, CC.

§ 1º Ficará também impedido de integrar o Comitê ou exercer a função de administrador judicial quem tiver relação de parentesco ou afinidade até o terceiro grau com o devedor, seus administradores, controlado-

Lei 11.101/2005

res ou representantes legais ou deles for amigo, inimigo ou dependente.

§ 2º O devedor, qualquer credor ou o Ministério Público poderá requerer ao juiz a substituição do administrador judicial ou dos membros do Comitê nomeados em desobediência aos preceitos desta Lei.

• V. art. 31, *caput*.

§ 3º O juiz decidirá, no prazo de 24 (vinte e quatro) horas, sobre o requerimento do § 2º deste artigo.

Art. 31. O juiz, de ofício ou a requerimento fundamentado de qualquer interessado, poderá determinar a destituição do administrador judicial ou de quaisquer dos membros do Comitê de Credores quando verificar desobediência aos preceitos desta Lei, descumprimento de deveres, omissão, negligência ou prática de ato lesivo às atividades do devedor ou a terceiros.

• V. art. 30, § 2º.

§ 1º No ato de destituição, o juiz nomeará novo administrador judicial ou convocará os suplentes para recompor o Comitê.

§ 2º Na falência, o administrador judicial substituído prestará contas no prazo de 10 (dez) dias, nos termos dos §§ 1º a 6º do art. 154 desta Lei.

Art. 32. O administrador judicial e os membros do Comitê responderão pelos prejuízos causados à massa falida, ao devedor ou aos credores por dolo ou culpa, devendo o dissidente em deliberação do Comitê consignar sua discordância em ata para eximir-se da responsabilidade.

• V. arts. 154, § 5º, e 177.

Art. 33. O administrador judicial e os membros do Comitê de Credores, logo que nomeados, serão intimados pessoalmente para, em 48 (quarenta e oito) horas, assinar, na sede do juízo, o termo de compromisso de bem e fielmente desempenhar o cargo e assumir todas as responsabilidades a ele inerentes.

• V. art. 21, parágrafo único.
• V. art. 134, V, CTN.

Art. 34. Não assinado o termo de compromisso no prazo previsto no art. 33 desta Lei, o juiz nomeará outro administrador judicial.

Seção IV
Da assembleia geral de credores

Art. 35. A assembleia geral de credores terá por atribuições deliberar sobre:

I – na recuperação judicial:

a) aprovação, rejeição ou modificação do plano de recuperação judicial apresentado pelo devedor;

b) a constituição do Comitê de Credores, a escolha de seus membros e sua substituição;

c) (Vetada.)

d) o pedido de desistência do devedor, nos termos do § 4º do art. 52 desta Lei;

e) o nome do gestor judicial, quando do afastamento do devedor;

f) qualquer outra matéria que possa afetar os interesses dos credores;

II – na falência:

a) (Vetada.)

b) a constituição do Comitê de Credores, a escolha de seus membros e sua substituição;

c) a adoção de outras modalidades de realização do ativo, na forma do art. 145 desta Lei;

d) qualquer outra matéria que possa afetar os interesses dos credores.

Art. 36. A assembleia geral de credores será convocada pelo juiz por edital publicado no órgão oficial e em jornais de grande circulação nas localidades da sede e filiais, com antecedência mínima de 15 (quinze) dias, o qual conterá:

I – local, data e hora da assembleia em primeira e em segunda convocação, não podendo esta ser realizada menos de 5 (cinco) dias depois da primeira;

II – a ordem do dia;

III – local onde os credores poderão, se for o caso, obter cópia do plano de recuperação judicial a ser submetido à deliberação da assembleia.

§ 1º Cópia do aviso de convocação da assembleia deverá ser afixada de forma ostensiva na sede e filiais do devedor.

§ 2º Além dos casos expressamente previstos nesta Lei, credores que representem no mínimo 25% (vinte e cinco por cento) do valor total dos créditos de uma determinada

Lei 11.101/2005

classe poderão requerer ao juiz a convocação de assembleia geral.

§ 3º As despesas com a convocação e a realização da assembleia geral correm por conta do devedor ou da massa falida, salvo se convocada em virtude de requerimento do Comitê de Credores ou na hipótese do § 2º deste artigo.

Art. 37. A assembleia será presidida pelo administrador judicial, que designará um secretário dentre os credores presentes.

§ 1º Nas deliberações sobre o afastamento do administrador judicial ou em outras em que haja incompatibilidade deste, a assembleia será presidida pelo credor presente que seja titular do maior crédito.

§ 2º A assembleia instalar-se-á, em primeira convocação, com a presença de credores titulares de mais da metade dos créditos de cada classe, computados pelo valor, e, em segunda convocação, com qualquer número.

§ 3º Para participar da assembleia, cada credor deverá assinar a lista de presença, que será encerrada no momento da instalação.

§ 4º O credor poderá ser representado na assembleia geral por mandatário ou representante legal, desde que entregue ao administrador judicial, até 24 (vinte e quatro) horas antes da data prevista no aviso de convocação, documento hábil que comprove seus poderes ou a indicação das folhas dos autos do processo em que se encontre o documento.

• V. art. 661, § 1º, CC.

§ 5º Os sindicatos de trabalhadores poderão representar seus associados titulares de créditos derivados da legislação do trabalho ou decorrentes de acidente de trabalho que não comparecerem, pessoalmente ou por procurador, à assembleia.

§ 6º Para exercer a prerrogativa prevista no § 5º deste artigo, o sindicato deverá:

I – apresentar ao administrador judicial, até 10 (dez) dias antes da assembleia, a relação dos associados que pretende representar, e o trabalhador que conste da relação de mais de um sindicato deverá esclarecer, até 24 (vinte e quatro) horas antes da assembleia, qual sindicato o representa, sob pena de não ser representado em assembleia por nenhum deles; e

II – *(Vetado.)*

§ 7º Do ocorrido na assembleia, lavrar-se-á ata que conterá o nome dos presentes e as assinaturas do presidente, do devedor e de dois membros de cada uma das classes votantes, e que será entregue ao juiz, juntamente com a lista de presença, no prazo de 48 (quarenta e oito) horas.

Art. 38. O voto do credor será proporcional ao valor de seu crédito, ressalvado, nas deliberações sobre o plano de recuperação judicial, o disposto no § 2º do art. 45 desta Lei.

• V. art. 45, § 2º.

Parágrafo único. Na recuperação judicial, para fins exclusivos de votação em assembleia geral, o crédito em moeda estrangeira será convertido para moeda nacional pelo câmbio da véspera da data de realização da assembleia.

• V. arts. 50, § 2º, e 77.

Art. 39. Terão direito a voto na assembleia geral as pessoas arroladas no quadro geral de credores ou, na sua falta, na relação de credores apresentada pelo administrador judicial na forma do art. 7º, § 2º, desta Lei, ou, ainda, na falta desta, na relação apresentada pelo próprio devedor nos termos dos arts. 51, incisos III e IV do *caput*, 99, inciso III do *caput*, ou 105, inciso II do *caput*, desta Lei, acrescidas, em qualquer caso, das que estejam habilitadas na data da realização da assembleia ou que tenham créditos admitidos ou alterados por decisão judicial, inclusive as que tenham obtido reserva de importâncias, observado o disposto nos §§ 1º e 2º do art. 10 desta Lei.

§ 1º Não terão direito a voto e não serão considerados para fins de verificação do *quorum* de instalação e de deliberação os titulares de créditos excetuados na forma dos §§ 3º e 4º do art. 49 desta Lei.

§ 2º As deliberações da assembleia geral não serão invalidadas em razão de posterior decisão judicial acerca da existência, quantificação ou classificação de créditos.

§ 3º No caso de posterior invalidação de deliberação da assembleia, ficam resguardados os direitos de terceiros de boa-fé, respondendo os credores que aprovarem a deliberação pelos prejuízos comprovados causados por dolo ou culpa.

Lei 11.101/2005

LEGISLAÇÃO

Art. 40. Não será deferido provimento liminar, de caráter cautelar ou antecipatório dos efeitos da tutela, para a suspensão ou adiamento da assembleia geral de credores em razão de pendência de discussão acerca da existência, da quantificação ou da classificação de créditos.

• V. art. 5º, XXXV, CF.

Art. 41. A assembleia geral será composta pelas seguintes classes de credores:
I – titulares de créditos derivados da legislação do trabalho ou decorrentes de acidentes de trabalho;

• V. art. 45, § 2º.

II – titulares de créditos com garantia real;

• V. art. 45, § 1º.

III – titulares de créditos quirografários, com privilégio especial, com privilégio geral ou subordinados;

• V. art. 45, § 1º.

IV – titulares de créditos enquadrados como microempresa ou empresa de pequeno porte.

• Inciso IV acrescentado pela LC 147/2014.

§ 1º Os titulares de créditos derivados da legislação do trabalho votam com a classe prevista no inciso I do *caput* deste artigo com o total de seu crédito, independentemente do valor.

§ 2º Os titulares de créditos com garantia real votam com a classe prevista no inciso II do *caput* deste artigo até o limite do valor do bem gravado e com a classe prevista no inciso III do *caput* deste artigo pelo restante do valor de seu crédito.

Art. 42. Considerar-se-á aprovada a proposta que obtiver votos favoráveis de credores que representem mais da metade do valor total dos créditos presentes à assembleia geral, exceto nas deliberações sobre o plano de recuperação judicial nos termos da alínea *a* do inciso I do *caput* do art. 35 desta Lei, a composição do Comitê de Credores ou forma alternativa de realização do ativo nos termos do art. 145 desta Lei.

• V. art. 73, I.

Art. 43. Os sócios do devedor, bem como as sociedades coligadas, controladoras, controladas ou as que tenham sócio ou acionista com participação superior a 10% (dez por cento) do capital social do devedor ou em que o devedor ou algum de seus sócios detenham participação superior a 10% (dez por cento) do capital social, poderão participar da assembleia geral de credores, sem ter direito a voto e não serão consideradas para fins de verificação do quórum de instalação e de deliberação.

Parágrafo único. O disposto neste artigo também se aplica ao cônjuge ou parente, consanguíneo ou afim, colateral até o segundo grau, ascendente ou descendente do devedor, de administrador, do sócio controlador, de membro dos conselhos consultivo, fiscal ou semelhantes da sociedade devedora e à sociedade em que quaisquer dessas pessoas exerçam essas funções.

Art. 44. Na escolha dos representantes de cada classe no Comitê de Credores, somente os respectivos membros poderão votar.

Art. 45. Nas deliberações sobre o plano de recuperação judicial, todas as classes de credores referidas no art. 41 desta Lei deverão aprovar a proposta.

• V. art. 58.

§ 1º Em cada uma das classes referidas nos incisos II e III do art. 41 desta Lei, a proposta deverá ser aprovada por credores que representem mais da metade do valor total dos créditos presentes à assembleia e, cumulativamente, pela maioria simples dos credores presentes.

§ 2º Nas classes previstas nos incisos I e IV do art. 41 desta Lei, a proposta deverá ser aprovada pela maioria simples dos credores presentes, independentemente do valor de seu crédito.

• § 2º com redação determinada pela LC 147/2014.

§ 3º O credor não terá direito a voto e não será considerado para fins de verificação de quórum de deliberação se o plano de recuperação judicial não alterar o valor ou as condições originais de pagamento de seu crédito.

Art. 46. A aprovação de forma alternativa de realização do ativo na falência, prevista no art. 145 desta Lei, dependerá do voto favorável de credores que representem 2/3 (dois terços) dos créditos presentes à assembleia.

Lei 11.101/2005

LEGISLAÇÃO

Capítulo III
DA RECUPERAÇÃO JUDICIAL
Seção I
Disposições gerais

Art. 47. A recuperação judicial tem por objetivo viabilizar a superação da situação de crise econômico-financeira do devedor, a fim de permitir a manutenção da fonte produtora, do emprego dos trabalhadores e dos interesses dos credores, promovendo, assim, a preservação da empresa, sua função social e o estímulo à atividade econômica.

- V. art. 170, VIII, CF.
- V. art. 824, CPC/2015.

Art. 48. Poderá requerer recuperação judicial o devedor que, no momento do pedido, exerça regularmente suas atividades há mais de 2 (dois) anos e que atenda aos seguintes requisitos, cumulativamente:

- V. arts. 2º, 161, 198 e 199.
- V. art. 1.071, VIII, e 1.072, § 4º, CC.

I – não ser falido e, se o foi, estejam declaradas extintas, por sentença transitada em julgado, as responsabilidades daí decorrentes;

- V. arts. 81 e 160.
- V. art. 1.011, § 1º, CC.
- V. art. 191, CTN.

II – não ter, há menos de 5 (cinco) anos, obtido concessão de recuperação judicial;

- V. art. 58.

III – não ter, há menos de 5 (cinco) anos, obtido concessão de recuperação judicial com base no plano especial de que trata a Seção V deste Capítulo;

- Inciso III com redação determinada pela LC 147/2014.

IV – não ter sido condenado ou não ter, como administrador ou sócio controlador, pessoa condenada por qualquer dos crimes previstos nesta Lei.

§ 1º A recuperação judicial também poderá ser requerida pelo cônjuge sobrevivente, herdeiros do devedor, inventariante ou sócio remanescente.

- Primitivo parágrafo único renumerado pela Lei 12.873/2013.
- V. arts. 96, § 1º, 97, II, e 125.

§ 2º Tratando-se de exercício de atividade rural por pessoa jurídica, admite-se a comprovação do prazo estabelecido no *caput* deste artigo por meio da Declaração de Informações Econômico-fiscais da Pessoa Jurídica – DIPJ que tenha sido entregue tempestivamente.

- § 2º acrescentado pela Lei 12.873/2013.

Art. 49. Estão sujeitos à recuperação judicial todos os créditos existentes na data do pedido, ainda que não vencidos.

§ 1º Os credores do devedor em recuperação judicial conservam seus direitos e privilégios contra os coobrigados, fiadores e obrigados de regresso.

§ 2º As obrigações anteriores à recuperação judicial observarão as condições originalmente contratadas ou definidas em lei, inclusive no que diz respeito aos encargos, salvo se de modo diverso ficar estabelecido no plano de recuperação judicial.

§ 3º Tratando-se de credor titular da posição de proprietário fiduciário de bens móveis ou imóveis, de arrendador mercantil, de proprietário ou promitente vendedor de imóvel cujos respectivos contratos contenham cláusula de irrevogabilidade ou irretratabilidade, inclusive em incorporações imobiliárias, ou de proprietário em contrato de venda com reserva de domínio, seu crédito não se submeterá aos efeitos da recuperação judicial e prevalecerão os direitos de propriedade sobre a coisa e as condições contratuais, observada a legislação respectiva, não se permitindo, contudo, durante o prazo de suspensão a que se refere o § 4º do art. 6º desta Lei, a venda ou a retirada do estabelecimento do devedor dos bens de capital essenciais a sua atividade empresarial.

- V. art. 161, § 1º.

§ 4º Não se sujeitará aos efeitos da recuperação judicial a importância a que se refere o inciso II do art. 86 desta Lei.

§ 5º Tratando-se de crédito garantido por penhor sobre títulos de crédito, direitos creditórios, aplicações financeiras ou valores mobiliários, poderão ser substituídas ou renovadas as garantias liquidadas ou vencidas durante a recuperação judicial e, enquanto não renovadas ou substituídas, o valor eventualmente recebido em pagamento das garantias permanecerá em conta vinculada durante o período de suspensão de que trata o § 4º do art. 6º desta Lei.

- V. art. 50, § 1º.

Lei 11.101/2005

LEGISLAÇÃO

Art. 50. Constituem meios de recuperação judicial, observada a legislação pertinente a cada caso, dentre outros:
I – concessão de prazos e condições especiais para pagamento das obrigações vencidas ou vincendas;
II – cisão, incorporação, fusão ou transformação de sociedade, constituição de subsidiária integral, ou cessão de cotas ou ações, respeitados os direitos dos sócios, nos termos da legislação vigente;
- V. arts. 1.113 a 1.122, CC.
- V. arts. 220 a 234 e 251 a 253, Lei 6.404/1976 (Sociedades por ações).

III – alteração do controle societário;
IV – substituição total ou parcial dos administradores do devedor ou modificação de seus órgãos administrativos;
V – concessão aos credores de direito de eleição em separado de administradores e de poder de veto em relação às matérias que o plano especificar;
VI – aumento de capital social;
- V. arts. 1.081 a 1.084, CC.
- V. arts. 166 a 174, Lei 6.404/1976 (Sociedades por ações).

VII – trespasse ou arrendamento de estabelecimento, inclusive à sociedade constituída pelos próprios empregados;
- V. arts 1.142 a 1.149, CC.

VIII – redução salarial, compensação de horários e redução da jornada, mediante acordo ou convenção coletiva;
IX – dação em pagamento ou novação de dívidas do passivo, com ou sem constituição de garantia própria ou de terceiro;
- V. arts. 356 e 360, CC.

X – constituição de sociedade de credores;
XI – venda parcial dos bens;
XII – equalização de encargos financeiros relativos a débitos de qualquer natureza, tendo como termo inicial a data da distribuição do pedido de recuperação judicial, aplicando-se inclusive aos contratos de crédito rural, sem prejuízo do disposto em legislação específica;
XIII – usufruto da empresa;
XIV – administração compartilhada;
XV – emissão de valores mobiliários;
XVI – constituição de sociedade de propósito específico para adjudicar, em pagamento dos créditos, os ativos do devedor.

§ 1º Na alienação de bem objeto de garantia real, a supressão da garantia ou sua substituição somente serão admitidas mediante aprovação expressa do credor titular da respectiva garantia.
- V. art. 59.

§ 2º Nos créditos em moeda estrangeira, a variação cambial será conservada como parâmetro de indexação da correspondente obrigação e só poderá ser afastada se o credor titular do respectivo crédito aprovar expressamente previsão diversa no plano de recuperação judicial.

Seção II
Do pedido e do processamento da recuperação judicial

Art. 51. A petição inicial de recuperação judicial será instruída com:
I – a exposição das causas concretas da situação patrimonial do devedor e das razões da crise econômico-financeira;
- V. art. 319, III, CPC/2015.

II – as demonstrações contábeis relativas aos três últimos exercícios sociais e as levantadas especialmente para instruir o pedido, confeccionadas com estrita observância da legislação societária aplicável e compostas obrigatoriamente de:
a) balanço patrimonial;
b) demonstração de resultados acumulados;
c) demonstração do resultado desde o último exercício social;
d) relatório gerencial de fluxo de caixa e de sua projeção;
III – a relação nominal completa dos credores, inclusive aqueles por obrigação de fazer ou de dar, com a indicação do endereço de cada um, a natureza, a classificação e o valor atualizado do crédito, discriminando sua origem, o regime dos respectivos vencimentos e a indicação dos registros contábeis de cada transação pendente;
- V. arts. 14 e 55.

IV – a relação integral dos empregados, em que constem as respectivas funções, salários, indenizações e outras parcelas a que têm direito, com o correspondente mês de competência, e a discriminação dos valores pendentes de pagamento;
- V. art. 54.

Lei 11.101/2005

LEGISLAÇÃO

V – certidão de regularidade do devedor no Registro Público de Empresas, o ato constitutivo atualizado e as atas de nomeação dos atuais administradores;

- V. art. 48, *caput*.
- V. art. 967, CC.

VI – a relação dos bens particulares dos sócios controladores e dos administradores do devedor;

- V. arts. 82, § 2º, e 171.

VII – os extratos atualizados das contas bancárias do devedor e de suas eventuais aplicações financeiras de qualquer modalidade, inclusive em fundos de investimento ou em bolsas de valores, emitidos pelas respectivas instituições financeiras;

VIII – certidões dos cartórios de protestos situados na comarca do domicílio ou sede do devedor e naquelas onde possui filial;

IX – a relação, subscrita pelo devedor, de todas as ações judiciais em que este figure como parte, inclusive as de natureza trabalhista, com a estimativa dos respectivos valores demandados.

§ 1º Os documentos de escrituração contábil e demais relatórios auxiliares, na forma e no suporte previstos em lei, permanecerão à disposição do juízo, do administrador judicial e, mediante autorização judicial, de qualquer interessado.

- V. arts. 1.179 a 1.195, CC.

§ 2º Com relação à exigência prevista no inciso II do *caput* deste artigo, as microempresas e empresas de pequeno porte poderão apresentar livros e escrituração contábil simplificados nos termos da legislação específica.

- V. arts. 3º e 27, LC 123/2006 (Supersimples).

§ 3º O juiz poderá determinar o depósito em cartório dos documentos a que se referem os §§ 1º e 2º deste artigo ou de cópia destes.

Art. 52. Estando em termos a documentação exigida no art. 51 desta Lei, o juiz deferirá o processamento da recuperação judicial e, no mesmo ato:

I – nomeará o administrador judicial, observado o disposto no art. 21 desta Lei;

II – determinará a dispensa da apresentação de certidões negativas para que o devedor exerça suas atividades, exceto para contratação com o Poder Público ou para recebimento de benefícios ou incentivos fiscais ou creditícios, observando o disposto no art. 69 desta Lei;

- V. art. 57.

III – ordenará a suspensão de todas as ações ou execuções contra o devedor, na forma do art. 6º desta Lei, permanecendo os respectivos autos no juízo onde se processam, ressalvadas as ações previstas nos §§ 1º, 2º e 7º do art. 6º desta Lei e as relativas a créditos exceptuados na forma dos §§ 3º e 4º do art. 49 desta Lei;

IV – determinará ao devedor a apresentação de contas demonstrativas mensais enquanto perdurar a recuperação judicial, sob pena de destituição de seus administradores;

V – ordenará a intimação do Ministério Público e a comunicação por carta às Fazendas Públicas Federal e de todos os Estados e Municípios em que o devedor tiver estabelecimento.

§ 1º O juiz ordenará a expedição de edital, para publicação no órgão oficial, que conterá:

I – o resumo do pedido do devedor e da decisão que defere o processamento da recuperação judicial;

II – a relação nominal de credores, em que se discrimine o valor atualizado e a classificação de cada crédito;

III – a advertência acerca dos prazos para habilitação dos créditos, na forma do art. 7º, § 1º, desta Lei, e para que os credores apresentem objeção ao plano de recuperação judicial apresentado pelo devedor nos termos do art. 55 desta Lei.

§ 2º Deferido o processamento da recuperação judicial, os credores poderão, a qualquer tempo, requerer a convocação de assembleia geral para a constituição do Comitê de Credores ou substituição de seus membros, observado o disposto no § 2º do art. 36 desta Lei.

§ 3º No caso do inciso III do *caput* deste artigo, caberá ao devedor comunicar a suspensão aos juízos competentes.

§ 4º O devedor não poderá desistir do pedido de recuperação judicial após o deferimento de seu processamento, salvo se obtiver aprovação da desistência na assembleia geral de credores.

Lei 11.101/2005

LEGISLAÇÃO

Seção III
Do plano de recuperação judicial

Art. 53. O plano de recuperação será apresentado pelo devedor em juízo no prazo improrrogável de 60 (sessenta) dias da publicação da decisão que deferir o processamento da recuperação judicial, sob pena de convolação em falência, e deverá conter:

• V. art. 73, II.

I – discriminação pormenorizada dos meios de recuperação a ser empregados, conforme o art. 50 desta Lei, e seu resumo;

II – demonstração de sua viabilidade econômica; e

III – laudo econômico-financeiro e de avaliação dos bens e ativos do devedor, subscrito por profissional legalmente habilitado ou empresa especializada.

Parágrafo único. O juiz ordenará a publicação de edital contendo aviso aos credores sobre o recebimento do plano de recuperação e fixando o prazo para a manifestação de eventuais objeções, observado o art. 55 desta Lei.

Art. 54. O plano de recuperação judicial não poderá prever prazo superior a 1 (um) ano para pagamento dos créditos derivados da legislação do trabalho ou decorrentes de acidentes de trabalho vencidos até a data do pedido de recuperação judicial.

Parágrafo único. O plano não poderá, ainda, prever prazo superior a 30 (trinta) dias para o pagamento, até o limite de cinco salários mínimos por trabalhador, dos créditos de natureza estritamente salarial vencidos nos 3 (três) meses anteriores ao pedido de recuperação judicial.

Seção IV
Do procedimento de recuperação judicial

Art. 55. Qualquer credor poderá manifestar ao juiz sua objeção ao plano de recuperação judicial no prazo de 30 (trinta) dias contado da publicação da relação de credores de que trata o § 2º do art. 7º desta Lei.

Parágrafo único. Caso, na data da publicação da relação de que trata o *caput* deste artigo, não tenha sido publicado o aviso previsto no art. 53, parágrafo único, desta Lei, contar-se-á da publicação deste o prazo para as objeções.

Art. 56. Havendo objeção de qualquer credor ao plano de recuperação judicial, o juiz convocará a assembleia geral de credores para deliberar sobre o plano de recuperação.

§ 1º A data designada para a realização da assembleia geral não excederá 150 (cento e cinquenta) dias contados do deferimento do processamento da recuperação judicial.

§ 2º A assembleia geral que aprovar o plano de recuperação judicial poderá indicar os membros do Comitê de Credores, na forma do art. 26 desta Lei, se já não estiver constituído.

§ 3º O plano de recuperação judicial poderá sofrer alterações na assembleia geral, desde que haja expressa concordância do devedor e em termos que não impliquem diminuição dos direitos exclusivamente dos credores ausentes.

§ 4º Rejeitado o plano de recuperação pela assembleia geral de credores, o juiz decretará a falência do devedor.

• V. arts. 58, § 1º, e 73, III.

Art. 57. Após a juntada aos autos do plano aprovado pela assembleia geral de credores ou decorrido o prazo previsto no art. 55 desta Lei sem objeção de credores, o devedor apresentará certidões negativas de débitos tributários nos termos dos arts. 151, 205, 206 da Lei 5.172, de 25 de outubro de 1966 – Código Tributário Nacional.

• V. art. 151, 191-A, 205 e 206, CTN.

Art. 58. Cumpridas as exigências desta Lei, o juiz concederá a recuperação judicial do devedor cujo plano não tenha sofrido objeção de credor nos termos do art. 55 desta Lei ou tenha sido aprovado pela assembleia geral de credores na forma do art. 45 desta Lei.

• V. art. 61.

§ 1º O juiz poderá conceder a recuperação judicial com base em plano que não obteve aprovação na forma do art. 45 desta Lei, desde que, na mesma assembleia, tenha obtido, de forma cumulativa:

I – o voto favorável de credores que representem mais da metade do valor de todos os créditos presentes à assembleia, independentemente de classes;

Lei 11.101/2005

LEGISLAÇÃO

II – a aprovação de duas das classes de credores nos termos do art. 45 desta Lei ou, caso haja somente duas classes com credores votantes, a aprovação de pelo menos uma delas;

III – na classe que o houver rejeitado, o voto favorável de mais de 1/3 (um terço) dos credores, computados na forma dos §§ 1º e 2º do art. 45 desta Lei.

§ 2º A recuperação judicial somente poderá ser concedida com base no § 1º deste artigo se o plano não implicar tratamento diferenciado entre os credores da classe que o houver rejeitado.

- V. art. 191-A, CTN.

Art. 59. O plano de recuperação judicial implica novação dos créditos anteriores ao pedido, e obriga o devedor e todos os credores a ele sujeitos, sem prejuízo das garantias, observado o disposto no § 1º do art. 50 desta Lei.

- V. arts. 360 a 367, CC.

§ 1º A decisão judicial que conceder a recuperação judicial constituirá título executivo judicial, nos termos do art. 584, inciso III, do *caput* da Lei 5.869, de 11 de janeiro de 1973 – Código de Processo Civil.

- V. art. 94, I.

§ 2º Contra a decisão que conceder a recuperação judicial caberá agravo, que poderá ser interposto por qualquer credor e pelo Ministério Público.

- V. arts. 203, § 2º, e 1.015, CPC/2015.

Art. 60. Se o plano de recuperação judicial aprovado envolver alienação judicial de filiais ou de unidades produtivas isoladas do devedor, o juiz ordenará a sua realização, observado o disposto no art. 142 desta Lei.

- V. arts. 50, § 1º, 66 e 142.

Parágrafo único. O objeto da alienação estará livre de qualquer ônus e não haverá sucessão do arrematante nas obrigações do devedor, inclusive as de natureza tributária, observado o disposto no § 1º do art. 141 desta Lei.

- V. art. 133, § 1º, II e § 2º, CTN.
- V. arts. 448 e 449, CLT.

Art. 61. Proferida a decisão prevista no art. 58 desta Lei, o devedor permanecerá em recuperação judicial até que se cumpram todas as obrigações previstas no plano que se vencerem até 2 (dois) anos depois da concessão da recuperação judicial.

§ 1º Durante o período estabelecido no *caput* deste artigo, o descumprimento de qualquer obrigação prevista no plano acarretará a convolação da recuperação em falência, nos termos do art. 73 desta Lei.

§ 2º Decretada a falência, os credores terão reconstituídos seus direitos e garantias nas condições originariamente contratadas, deduzidos os valores eventualmente pagos e ressalvados os atos validamente praticados no âmbito da recuperação judicial.

Art. 62. Após o período previsto no art. 61 desta Lei, no caso de descumprimento de qualquer obrigação prevista no plano de recuperação judicial, qualquer credor poderá requerer a execução específica ou a falência com base no art. 94 desta Lei.

- V. art. 59, § 1º.

Art. 63. Cumpridas as obrigações vencidas no prazo previsto no *caput* do art. 61 desta Lei, o juiz decretará por sentença o encerramento da recuperação judicial e determinará:

I – o pagamento do saldo de honorários ao administrador judicial, somente podendo efetuar a quitação dessas obrigações mediante prestação de contas, no prazo de 30 (trinta) dias, e aprovação do relatório previsto no inciso III do *caput* deste artigo;

- V. art. 24.

II – a apuração do saldo das custas judiciais a serem recolhidas;

III – a apresentação de relatório circunstanciado do administrador judicial, no prazo máximo de 15 (quinze) dias, versando sobre a execução do plano de recuperação pelo devedor;

IV – a dissolução do Comitê de Credores e a exoneração do administrador judicial;

V – a comunicação ao Registro Público de Empresas para as providências cabíveis.

- V. art. 69, parágrafo único.

Art. 64. Durante o procedimento de recuperação judicial, o devedor ou seus administradores serão mantidos na condução da atividade empresarial, sob fiscalização do Comitê, se houver, e do administrador judicial, salvo se qualquer deles:

- V. art. 65.

Lei 11.101/2005

LEGISLAÇÃO

I – houver sido condenado em sentença penal transitada em julgado por crime cometido em recuperação judicial ou falência anteriores ou por crime contra o patrimônio, a economia popular ou a ordem econômica previstos na legislação vigente;

II – houver indícios veementes de ter cometido crime previsto nesta Lei;

III – houver agido com dolo, simulação ou fraude contra os interesses de seus credores;

IV – houver praticado qualquer das seguintes condutas:

a) efetuar gastos pessoais manifestamente excessivos em relação a sua situação patrimonial;

b) efetuar despesas injustificáveis por sua natureza ou vulto, em relação ao capital ou gênero do negócio, ao movimento das operações e a outras circunstâncias análogas;

c) descapitalizar injustificadamente a empresa ou realizar operações prejudiciais ao seu funcionamento regular;

d) simular ou omitir créditos ao apresentar a relação de que trata o inciso III do *caput* do art. 51 desta Lei, sem relevante razão de direito ou amparo de decisão judicial;

V – negar-se a prestar informações solicitadas pelo administrador judicial ou pelos demais membros do Comitê;

VI – tiver seu afastamento previsto no plano de recuperação judicial.

Parágrafo único. Verificada qualquer das hipóteses do *caput* deste artigo, o juiz destituirá o administrador, que será substituído na forma prevista nos atos constitutivos do devedor ou do plano de recuperação judicial.

Art. 65. Quando do afastamento do devedor, nas hipóteses previstas no art. 64 desta Lei, o juiz convocará a assembleia geral de credores para deliberar sobre o nome do gestor judicial que assumirá a administração das atividades do devedor, aplicando-se-lhe, no que couber, todas as normas sobre deveres, impedimentos e remuneração do administrador judicial.

§ 1º O administrador judicial exercerá as funções de gestor enquanto a assembleia geral não deliberar sobre a escolha deste.

§ 2º Na hipótese de o gestor indicado pela assembleia geral de credores recusar ou estar impedido de aceitar o encargo para gerir os negócios do devedor, o juiz convocará, no prazo de 72 (setenta e duas) horas, contado da recusa ou da declaração do impedimento nos autos, nova assembleia geral, aplicado o disposto no § 1º deste artigo.

Art. 66. Após a distribuição do pedido de recuperação judicial, o devedor não poderá alienar ou onerar bens ou direitos de seu ativo permanente, salvo evidente utilidade reconhecida pelo juiz, depois de ouvido o Comitê, com exceção daqueles previamente relacionados no plano de recuperação judicial.

Art. 67. Os créditos decorrentes de obrigações contraídas pelo devedor durante a recuperação judicial, inclusive aqueles relativos a despesas com fornecedores de bens ou serviços e contratos de mútuo, serão considerados extraconcursais, em caso de decretação de falência, respeitada, no que couber, a ordem estabelecida no art. 83 desta Lei.

Parágrafo único. Os créditos quirografários sujeitos à recuperação judicial pertencentes a fornecedores de bens ou serviços que continuarem a provê-los normalmente após o pedido de recuperação judicial terão privilégio geral de recebimento em caso de decretação de falência, no limite do valor dos bens ou serviços fornecidos durante o período da recuperação.

- V. art. 83, V, *b*.

Art. 68. As Fazendas Públicas e o Instituto Nacional do Seguro Social – INSS poderão deferir, nos termos da legislação específica, parcelamento de seus créditos, em sede de recuperação judicial, de acordo com os parâmetros estabelecidos na Lei 5.172, de 25 de outubro de 1966 – Código Tributário Nacional.

- V. art. 155-A, CTN.
- V. Lei 10.684/2003 (Parcelamento de débitos junto à Secretaria da Receita Federal, à Procuradoria-Geral da Fazenda Nacional e ao Instituto Nacional do Seguro Social).

Parágrafo único. As microempresas e empresas de pequeno porte farão jus a prazos 20% (vinte por cento) superiores àqueles regularmente concedidos às demais empresas.

Lei 11.101/2005

- Parágrafo único acrescentado pela LC 147/2014.

Art. 69. Em todos os atos, contratos e documentos firmados pelo devedor sujeito ao procedimento de recuperação judicial deverá ser acrescida, após o nome empresarial, a expressão "em Recuperação Judicial".

- V. art. 191.

Parágrafo único. O juiz determinará ao Registro Público de Empresas a anotação da recuperação judicial no registro correspondente.

Seção V
Do plano de recuperação judicial para microempresas e empresas de pequeno porte

Art. 70. As pessoas de que trata o art. 1º desta Lei e que se incluam nos conceitos de microempresa ou empresa de pequeno porte, nos termos da legislação vigente, sujeitam-se às normas deste Capítulo.

- V. art. 3º, LC 123/2006 (Supersimples).
- ** V. art. 824, CPC/2015.

§ 1º As microempresas e as empresas de pequeno porte, conforme definidas em lei, poderão apresentar plano especial de recuperação judicial, desde que afirmem sua intenção de fazê-lo na petição inicial de que trata o art. 51 desta Lei.

§ 2º Os credores não atingidos pelo plano especial não terão seus créditos habilitados na recuperação judicial.

Art. 71. O plano especial de recuperação judicial será apresentado no prazo previsto no art. 53 desta Lei e limitar-se á às seguintes condições:

I – abrangerá todos os créditos existentes na data do pedido, ainda que não vencidos, excetuados os decorrentes de repasse de recursos oficiais, os fiscais e os previstos nos §§ 3º e 4º do art. 49;

- Inciso I com redação determinada pela LC 147/2014.

II – preverá parcelamento em até 36 (trinta e seis) parcelas mensais, iguais e sucessivas, acrescidas de juros equivalentes à taxa Sistema Especial de Liquidação e de Custódia – Selic, podendo conter ainda a proposta de abatimento do valor das dívidas;

- Inciso II com redação determinada pela LC 147/2014.

III – preverá o pagamento da primeira parcela no prazo máximo de 180 (cento e oitenta) dias, contado da distribuição do pedido de recuperação judicial;

IV – estabelecerá a necessidade de autorização do juiz, após ouvido o administrador judicial e o Comitê de Credores, para o devedor aumentar despesas ou contratar empregados.

Parágrafo único. O pedido de recuperação judicial com base em plano especial não acarreta a suspensão do curso da prescrição nem das ações e execuções por créditos não abrangidos pelo plano.

Art. 72. Caso o devedor de que trata o art. 70 desta Lei opte pelo pedido de recuperação judicial com base no plano especial disciplinado nesta Seção, não será convocada assembleia geral de credores para deliberar sobre o plano, e o juiz concederá a recuperação judicial se atendidas as demais exigências desta Lei.

Parágrafo único. O juiz também julgará improcedente o pedido de recuperação judicial e decretará a falência do devedor se houver objeções, nos termos do art. 55, de credores titulares de mais da metade de qualquer uma das classes de créditos previstos no art. 83, computados na forma do art. 45, todos desta Lei.

- Parágrafo único com redação determinada pela LC 147/2014.

Capítulo IV
DA CONVOLAÇÃO DA RECUPERAÇÃO JUDICIAL EM FALÊNCIA

Art. 73. O juiz decretará a falência durante o processo de recuperação judicial:

I – por deliberação da assembleia geral de credores, na forma do art. 42 desta Lei;

II – pela não apresentação, pelo devedor, do plano de recuperação no prazo do art. 53 desta Lei;

III – quando houver sido rejeitado o plano de recuperação, nos termos do § 4º do art. 56 desta Lei;

IV – por descumprimento de qualquer obrigação assumida no plano de recuperação, na forma do § 1º do art. 61 desta Lei.

Parágrafo único. O disposto neste artigo não impede a decretação da falência por

Lei 11.101/2005

LEGISLAÇÃO

inadimplemento de obrigação não sujeita à recuperação judicial, nos termos dos incisos I ou II do *caput* do art. 94 desta Lei, ou por prática de ato previsto no inciso III do *caput* do art. 94 desta Lei.

Art. 74. Na convolação da recuperação em falência, os atos de administração, endividamento, oneração ou alienação praticados durante a recuperação judicial presumem-se válidos, desde que realizados na forma desta Lei.

* V. arts. 80 e 131.

Capítulo V
DA FALÊNCIA
Seção I
Disposições gerais

Art. 75. A falência, ao promover o afastamento do devedor de suas atividades, visa a preservar e otimizar a utilização produtiva dos bens, ativos e recursos produtivos, inclusive os intangíveis, da empresa.

Parágrafo único. O processo de falência atenderá aos princípios da celeridade e da economia processual.

* V. art. 79.
* V. art. 5º, LXXVIII, CF.

Art. 76. O juízo da falência é indivisível e competente para conhecer todas as ações sobre bens, interesses e negócios do falido, ressalvadas as causas trabalhistas, fiscais e aquelas não reguladas nesta Lei em que o falido figurar como autor ou litisconsorte ativo.

* V. arts. 3º e 78.
* V. art. 61, CPC/2015.
* V. art. 187, CTN.
* V. art. 29, *caput*, Lei 6.830/1980 (Execução fiscal).

Parágrafo único. Todas as ações, inclusive as excetuadas no *caput* deste artigo, terão prosseguimento com o administrador judicial, que deverá ser intimado para representar a massa falida, sob pena de nulidade do processo.

Art. 77. A decretação da falência determina o vencimento antecipado das dívidas do devedor e dos sócios ilimitada e solidariamente responsáveis, com o abatimento proporcional dos juros, e converte todos os créditos em moeda estrangeira para a moeda do País, pelo câmbio do dia da decisão judicial, para todos os efeitos desta Lei.

* V. arts. 333, I, 407, 1.039, 1.045 e 1.425, II, CC.
* V. art. 19, II, Dec. 2.044/1908 (Letra de câmbio e nota promissória).
* V. art. 43, Dec. 57.663/1966 (Lei Uniforme para letras de câmbio e notas promissórias).
* V. art. 281, Lei 6.404/1976 (Sociedades por ações).

Art. 78. Os pedidos de falência estão sujeitos a distribuição obrigatória, respeitada a ordem de apresentação.

Parágrafo único. As ações que devam ser propostas no juízo da falência estão sujeitas a distribuição por dependência.

Art. 79. Os processos de falência e os seus incidentes preferem a todos os outros na ordem dos feitos, em qualquer instância.

* V. art. 75, parágrafo único.

Art. 80. Considerar-se-ão habilitados os créditos remanescentes da recuperação judicial, quando definitivamente incluídos no quadro geral de credores, tendo prosseguimento as habilitações que estejam em curso.

* V. art. 74.

Art. 81. A decisão que decreta a falência da sociedade com sócios ilimitadamente responsáveis também acarreta a falência destes, que ficam sujeitos aos mesmos efeitos jurídicos produzidos em relação à sociedade falida e, por isso, deverão ser citados para apresentar contestação, se assim o desejarem.

§ 1º O disposto no *caput* deste artigo aplica-se ao sócio que tenha se retirado voluntariamente ou que tenha sido excluído da sociedade, há menos de 2 (dois) anos, quanto às dívidas existentes na data do arquivamento da alteração do contrato, no caso de não terem sido solvidas até a data da decretação da falência.

§ 2º As sociedades falidas serão representadas na falência por seus administradores ou liquidantes, os quais terão os mesmos direitos e, sob as mesmas penas, ficarão sujeitos às obrigações que cabem ao falido.

* V. art. 104.

Art. 82. A responsabilidade pessoal dos sócios de responsabilidade limitada, dos controladores e dos administradores da sociedade falida, estabelecida nas respectivas

Lei 11.101/2005

LEGISLAÇÃO

leis, será apurada no próprio juízo da falência, independentemente da realização do ativo e da prova da sua insuficiência para cobrir o passivo, observado o procedimento ordinário previsto no Código de Processo Civil.

- V. art. 1.052, CC.
- V. arts. 319 a 496, CPC/2015.

§ 1º Prescreverá em 2 (dois) anos, contados do trânsito em julgado da sentença de encerramento da falência, a ação de responsabilização prevista no *caput* deste artigo.

- V. art. 156.
- V. arts. 189 a 211, CC.

§ 2º O juiz poderá, de ofício ou mediante requerimento das partes interessadas, ordenar a indisponibilidade de bens particulares dos réus, em quantidade compatível com o dano provocado, até o julgamento da ação de responsabilização.

Seção II
Da classificação dos créditos

Art. 83. A classificação dos créditos na falência obedece à seguinte ordem:

- V. arts. 961 a 963, CC.

I – os créditos derivados da legislação do trabalho, limitados a cento e cinquenta salários mínimos por credor, e os decorrentes de acidentes de trabalho;

- V. art. 83, VI, *c*.
- V. art. 7º, XXVIII, CF.
- V. art. 449, § 1º, CLT.
- V. art. 186, parágrafo único, II, CTN.

II – créditos com garantia real até o limite do valor do bem gravado;

- V. art. 1.419, CC.
- V. art. 58, *caput*, Lei 6.404/1976 (Sociedades por ações).

III – créditos tributários, independentemente da sua natureza e tempo de constituição, excetuadas as multas tributárias;

- V. art. 84, V.
- V. arts. 186, parágrafo único, 187 e 188, CTN.

IV – créditos com privilégio especial, a saber:
a) os previstos no art. 964 da Lei 10.406, de 10 de janeiro de 2002;
b) os assim definidos em outras leis civis e comerciais, salvo disposição contrária desta Lei;

- V. art. 4º, § 3º, Lei 4.071/1962 (Pagamento a lavradores de cana).

- V. arts. 50 e 57, LC 109/2001 (Previdência complementar).

c) aqueles a cujos titulares a lei confira o direito de retenção sobre a coisa dada em garantia;

- V. arts. 681 e 708, CC.
- V. art. 14, Dec. 1.102/1903 (Armazéns gerais).
- V. art. 9º, Lei 9.973/2000 (Sistema de armazenagem dos produtos agropecuários).

d) aqueles em favor dos microempreendedores individuais e das microempresas e empresas de pequeno porte de que trata a Lei Complementar 123, de 14 de dezembro de 2006;

- Alínea *d* acrescentada pela LC 147/2014.

V – créditos com privilégio geral, a saber:

- V. art. 707, CC.

a) os previstos no art. 965 da Lei 10.406, de 10 de janeiro de 2002;
b) os previstos no parágrafo único do art. 67 desta Lei;
c) os assim definidos em outras leis civis e comerciais, salvo disposição contrária desta Lei;

- V. art. 43, III, Lei 4.591/1964 (Condomínio em edificações).
- V. art. 1º, Dec.-lei 496/1964 (Empresas de transporte aéreo em liquidação, falência ou concordata).
- V. art. 35, § 2º, Dec.-lei 70/1966 (Execução de cédula hipotecária).
- V. art. 58, § 1º, Lei 6.404/1976 (Sociedades por ações).
- V. art. 24, *caput*, Lei 8.906/1994 (Estatuto da Advocacia).
- V. art. 246, Dec. 3.048/1999 (Regulamento da Previdência Social).
- V. art. 50, LC 109/2001 (Previdência complementar).

VI – créditos quirografários, a saber:

- V. art. 994, § 2º, CC.

a) aqueles não previstos nos demais incisos deste artigo;
b) os saldos dos créditos não cobertos pelo produto da alienação dos bens vinculados ao seu pagamento;
c) os saldos dos créditos derivados da legislação do trabalho que excederem o limite estabelecido no inciso I do *caput* deste artigo;
VII – as multas contratuais e as penas pecuniárias por infração das leis penais ou administrativas, inclusive as multas tributárias;

- V. art. 186, parágrafo único, III, CTN.

Lei 11.101/2005

LEGISLAÇÃO

VIII – créditos subordinados, a saber:
a) os assim previstos em lei ou em contrato;
- V. art. 58, § 4º, Lei 6.404/1976 (Sociedades por ações).

b) os créditos dos sócios e dos administradores sem vínculo empregatício.

§ 1º Para os fins do inciso II do *caput* deste artigo, será considerado como valor do bem objeto de garantia real a importância efetivamente arrecadada com sua venda, ou, no caso de alienação em bloco, o valor de avaliação do bem individualmente considerado.

§ 2º Não são oponíveis à massa os valores decorrentes de direito de sócio ao recebimento de sua parcela do capital social na liquidação da sociedade.

§ 3º As cláusulas penais dos contratos unilaterais não serão atendidas se as obrigações neles estipuladas se vencerem em virtude da falência.
- V. art. 408, CC.

§ 4º Os créditos trabalhistas cedidos a terceiros serão considerados quirografários.
- V. art. 286, CC.

Art. 84. Serão considerados créditos extraconcursais e serão pagos com precedência sobre os mencionados no art. 83 desta Lei, na ordem a seguir, os relativos a:
I – remunerações devidas ao administrador judicial e seus auxiliares, e créditos derivados da legislação do trabalho ou decorrentes de acidentes de trabalho relativos a serviços prestados após a decretação da falência;
II – quantias fornecidas à massa pelos credores;
III – despesas com arrecadação, administração, realização do ativo e distribuição do seu produto, bem como custas do processo de falência;
IV – custas judiciais relativas às ações e execuções em que a massa falida tenha sido vencida;
V – obrigações resultantes de atos jurídicos válidos praticados durante a recuperação judicial, nos termos do art. 67 desta Lei, ou após a decretação da falência, e tributos relativos a fatos geradores ocorridos após a decretação da falência, respeitada a ordem estabelecida no art. 83 desta Lei.
- V. art. 188, CTN.

Seção III
Do pedido de restituição

Art. 85. O proprietário de bem arrecadado no processo de falência ou que se encontre em poder do devedor na data da decretação da falência poderá pedir sua restituição.
- V. arts. 86, I, 93 e 110, § 2º, IV.
- V. art. 1.718, CC.
- V. art. 7º, *caput*, Dec.-lei 911/1969 (Alienação fiduciária).
- V. art. 20, Lei 9.514/1997 (Sistema de Financiamento Imobiliário e alienação fiduciária de coisa móvel).
- V. art. 5º, § 4º, Lei 10.820/2003 (Desconto de prestações em folha de pagamento).

Parágrafo único. Também pode ser pedida a restituição de coisa vendida a crédito e entregue ao devedor nos 15 (quinze) dias anteriores ao requerimento de sua falência, se ainda não alienada.
- V. art. 93.

Art. 86. Proceder-se-á à restituição em dinheiro:
I – se a coisa não mais existir ao tempo do pedido de restituição, hipótese em que o requerente receberá o valor da avaliação do bem, ou, no caso de ter ocorrido sua venda, o respectivo preço, em ambos os casos no valor atualizado;
II – da importância entregue ao devedor, em moeda corrente nacional, decorrente de adiantamento a contrato de câmbio para exportação, na forma do art. 75, §§ 3º e 4º, da Lei 4.728, de 14 de julho de 1965, desde que o prazo total da operação, inclusive eventuais prorrogações, não exceda o previsto nas normas específicas da autoridade competente;
- V. arts. 49, § 4º, e 161, § 1º.

III – dos valores entregues ao devedor pelo contratante de boa-fé na hipótese de revogação ou ineficácia do contrato, conforme disposto no art. 136 desta Lei.

Parágrafo único. As restituições de que trata este artigo somente serão efetuadas após o pagamento previsto no art. 151 desta Lei.

Art. 87. O pedido de restituição deverá ser fundamentado e descreverá a coisa reclamada.

1006

Lei 11.101/2005

LEGISLAÇÃO

§ 1º O juiz mandará autuar em separado o requerimento com os documentos que o instruírem e determinará a intimação do falido, do Comitê, dos credores e do administrador judicial para que, no prazo sucessivo de 5 (cinco) dias, se manifestem, valendo como contestação a manifestação contrária à restituição.

§ 2º Contestado o pedido e deferidas as provas porventura requeridas, o juiz designará audiência de instrução e julgamento, se necessária.

§ 3º Não havendo provas a realizar, os autos serão conclusos para sentença.

- V. art. 355, CPC/2015.

Art. 88. A sentença que reconhecer o direito do requerente determinará a entrega da coisa no prazo de 48 (quarenta e oito) horas.

Parágrafo único. Caso não haja contestação, a massa não será condenada ao pagamento de honorários advocatícios.

Art. 89. A sentença que negar a restituição, quando for o caso, incluirá o requerente no quadro geral de credores, na classificação que lhe couber, na forma desta Lei.

- V. art. 83.

Art. 90. Da sentença que julgar o pedido de restituição caberá apelação sem efeito suspensivo.

- V. arts. 1.009 e 1.012, § 2º, CPC/2015.

Parágrafo único. O autor do pedido de restituição que pretender receber o bem ou a quantia reclamada antes do trânsito em julgado da sentença prestará caução.

Art. 91. O pedido de restituição suspende a disponibilidade da coisa até o trânsito em julgado.

- V. arts. 86, I, e 113.

Parágrafo único. Quando diversos requerentes houverem de ser satisfeitos em dinheiro e não existir saldo suficiente para o pagamento integral, far-se-á rateio proporcional entre eles.

Art. 92. O requerente que tiver obtido êxito no seu pedido ressarcirá a massa falida ou a quem tiver suportado as despesas de conservação da coisa reclamada.

Art. 93. Nos casos em que não couber pedido de restituição, fica resguardado o direito dos credores de propor embargos de terceiros, observada a legislação processual civil.

- V. arts. 674 a 681, CPC/2015.

Seção IV
Do procedimento para a decretação da falência

Art. 94. Será decretada a falência do devedor que:

- V. arts. 62, 96 e 97.
- V. arts. 2º, 7º, *c*, 15, I, *a*, e 19, *d*, Lei 6.024/1974 (Intervenção e liquidação extrajudicial das instituições financeiras).
- V. art. 278, § 2º, Lei 6.404/1976 (Sociedades por ações).

I – sem relevante razão de direito, não paga, no vencimento, obrigação líquida materializada em título ou títulos executivos protestados cuja soma ultrapasse o equivalente a quarenta salários mínimos na data do pedido de falência;

- V. arts. 73, parágrafo único, 96 e 98, parágrafo único.
- V. art. 19, II, Dec. 2.044/1908 (Letra de câmbio e nota promissória).
- V. art. 1º, Lei 9.492/1997 (Protesto de títulos e outros documentos de dívida).

II – executado por qualquer quantia líquida, não paga, não deposita e não nomeia à penhora bens suficientes dentro do prazo legal;

- V. arts. 73, parágrafo único, e 98, parágrafo único.

III – pratica qualquer dos seguintes atos, exceto se fizer parte de plano de recuperação judicial:

- V. arts. 73, parágrafo único.

a) procede à liquidação precipitada de seus ativos ou lança mão de meio ruinoso ou fraudulento para realizar pagamentos;

b) realiza ou, por atos inequívocos, tenta realizar, com o objetivo de retardar pagamentos ou fraudar credores, negócio simulado ou da alienação de parte ou da totalidade de seu ativo a terceiro, credor ou não;

c) transfere estabelecimento a terceiro, credor ou não, sem o consentimento de todos os credores e sem ficar com bens suficientes para solver seu passivo;

- V. art. 1.145, CC.

d) simula a transferência de seu principal estabelecimento com o objetivo de burlar a legislação ou a fiscalização ou para prejudicar credor;

Lei 11.101/2005

e) dá ou reforça garantia a credor por dívida contraída anteriormente sem ficar com bens livres e desembaraçados suficientes para saldar seu passivo;

f) ausenta-se sem deixar representante habilitado e com recursos suficientes para pagar os credores, abandona estabelecimento ou tenta ocultar-se de seu domicílio, do local de sua sede ou de seu principal estabelecimento;

- V. art. 22, CC.

g) deixa de cumprir, no prazo estabelecido, obrigação assumida no plano de recuperação judicial.

§ 1º Credores podem reunir-se em litisconsórcio a fim de perfazer o limite mínimo para o pedido de falência com base no inciso I do *caput* deste artigo.

- V. art. 113, CPC/2015.

§ 2º Ainda que líquidos, não legitimam o pedido de falência os créditos que nela não se possam reclamar.

- V. art. 5º.

§ 3º Na hipótese do inciso I do *caput* deste artigo, o pedido de falência será instruído com os títulos executivos na forma do parágrafo único do art. 9º desta Lei, acompanhados, em qualquer caso, dos respectivos instrumentos de protesto para fim falimentar nos termos da legislação específica.

- V. Súmula 361, STJ.

§ 4º Na hipótese do inciso II do *caput* deste artigo, o pedido de falência será instruído com certidão expedida pelo juízo em que se processa a execução.

§ 5º Na hipótese do inciso III do *caput* deste artigo, o pedido de falência descreverá os fatos que a caracterizam, juntando-se as provas que houver e especificando-se as que serão produzidas.

Art. 95. Dentro do prazo de contestação, o devedor poderá pleitear sua recuperação judicial.

- V. arts. 47 a 72.

Art. 96. A falência requerida com base no art. 94, inciso I do *caput*, desta Lei, não será decretada se o requerido provar:

I – falsidade de título;

- V. arts. 296 a 305, CP.

II – prescrição;

- V. art. 193, CC.

- V. art. 487, II, CPC/2015.

III – nulidade de obrigação ou de título;

- V. arts. 166 e 167, *caput*, CC.

IV – pagamento da dívida;

V – qualquer outro fato que extinga ou suspenda obrigação ou não legitime a cobrança de título;

- V. arts. 121 a 137, CC.

VI – vício em protesto ou em seu instrumento;

- V. Lei 9.492/1997 (Protesto de títulos e outros documentos de dívida).

VII – apresentação de pedido de recuperação judicial no prazo da contestação, observados os requisitos do art. 51 desta Lei;

VIII – cessação das atividades empresariais mais de 2 (dois) anos antes do pedido de falência, comprovada por documento hábil do Registro Público de Empresas, o qual não prevalecerá contra prova de exercício posterior ao ato registrado.

§ 1º Não será decretada a falência de sociedade anônima após liquidado e partilhado seu ativo nem do espólio após 1 (um) ano da morte do devedor.

§ 2º As defesas previstas nos incisos I a VI do *caput* deste artigo não obstam a decretação de falência se, ao final, restarem obrigações não atingidas pelas defesas em montante que supere o limite previsto naquele dispositivo.

- V. art. 94, I.

Art. 97. Podem requerer a falência do devedor:

- V. art. 1.103, VII, CC.
- V. art. 17, CPC/2015.
- V. art. 21, *b*, Lei 6.024/1976 (Intervenção e liquidação extrajudicial das instituições financeiras).

I – o próprio devedor, na forma do disposto nos arts. 105 a 107 desta Lei;

II – o cônjuge sobrevivente, qualquer herdeiro do devedor ou o inventariante;

III – o cotista ou o acionista do devedor na forma da lei ou do ato constitutivo da sociedade;

IV – qualquer credor.

§ 1º O credor empresário apresentará certidão do Registro Público de Empresas que comprove a regularidade de suas atividades.

- V. art. 967, CC.

Lei 11.101/2005

LEGISLAÇÃO

§ 2º O credor que não tiver domicílio no Brasil deverá prestar caução relativa às custas e ao pagamento da indenização de que trata o art. 101 desta Lei.
- V. art. 83, CPC/2015.

Art. 98. Citado, o devedor poderá apresentar contestação no prazo de 10 (dez) dias.
- V. art. 336, CPC/2015.

Parágrafo único. Nos pedidos baseados nos incisos I e II do *caput* do art. 94 desta Lei, o devedor poderá, no prazo da contestação, depositar o valor correspondente ao total do crédito, acrescido de correção monetária, juros e honorários advocatícios, hipótese em que a falência não será decretada e, caso julgado procedente o pedido de falência, o juiz ordenará o levantamento do valor pelo autor.

Art. 99. A sentença que decretar a falência do devedor, dentre outras determinações:
- V. art. 1.044, CC.
- V. art. 489, CPC/2015.
- V. art. 215, Lei 6.015/1973 (Registros públicos).

I – conterá a síntese do pedido, a identificação do falido e os nomes dos que forem a esse tempo seus administradores;

II – fixará o termo legal da falência, sem poder retrotraí-lo por mais de 90 (noventa) dias contados do pedido de falência, do pedido de recuperação judicial ou do primeiro protesto por falta de pagamento, excluindo-se, para esta finalidade, os protestos que tenham sido cancelados;
- V. art. 129.
- V. art. 15, § 2º, Lei 6.024/1976 (Intervenção e liquidação extrajudicial das instituições financeiras).

III – ordenará ao falido que apresente, no prazo máximo de 5 (cinco) dias, relação nominal dos credores, indicando endereço, importância, natureza e classificação dos respectivos créditos, se esta já não se encontrar nos autos, sob pena de desobediência;
- V. art. 330, CP.

IV – explicitará o prazo para as habilitações de crédito, observado o disposto no § 1º do art. 7º desta Lei;

V – ordenará a suspensão de todas as ações ou execuções contra o falido, ressalvadas as hipóteses previstas nos §§ 1º e 2º do art. 6º desta Lei;

VI – proibirá a prática de qualquer ato de disposição ou oneração de bens do falido, submetendo-os preliminarmente à autorização judicial e do Comitê, se houver, ressalvados os bens cuja venda faça parte das atividades normais do devedor se autorizada a continuação provisória nos termos do inciso XI do *caput* deste artigo;

VII – determinará as diligências necessárias para salvaguardar os interesses das partes envolvidas, podendo ordenar a prisão preventiva do falido ou de seus administradores quando requerida com fundamento em provas da prática de crime definido nesta Lei;
- V. art. 312 e 313, CPP.

VIII – ordenará ao Registro Público de Empresas que proceda à anotação da falência no registro do devedor, para que conste a expressão "Falido", a data da decretação da falência e a inabilitação de que trata o art. 102 desta Lei;

IX – nomeará o administrador judicial, que desempenhará suas funções na forma do inciso III do *caput* do art. 22 desta Lei sem prejuízo do disposto na alínea a do inciso II do *caput* do art. 35 desta Lei;

X – determinará a expedição de ofícios aos órgãos e repartições públicas e outras entidades para que informem a existência de bens e direitos do falido;

XI – pronunciar-se-á a respeito da continuação provisória das atividades do falido com o administrador judicial ou da lacração dos estabelecimentos, observado o disposto no art. 109 desta Lei;
- V. art. 150.

XII – determinará, quando entender conveniente, a convocação da assembleia geral de credores para a constituição de Comitê de Credores, podendo ainda autorizar a manutenção do Comitê eventualmente em funcionamento na recuperação judicial quando da decretação da falência;

XIII – ordenará a intimação do Ministério Público e a comunicação por carta às Fazendas Públicas Federal e de todos os Estados e Municípios em que o devedor tiver estabeleci-

Lei 11.101/2005

mento, para que tomem conhecimento da falência.

Parágrafo único. O juiz ordenará a publicação de edital contendo a íntegra da decisão que decreta a falência e a relação de credores.

Art. 100. Da decisão que decreta a falência cabe agravo, e da sentença que julga a improcedência do pedido cabe apelação.

• V. arts. 1.009 a 1.020, CPC/2015.

Art. 101. Quem por dolo requerer a falência de outrem será condenado, na sentença que julgar improcedente o pedido, a indenizar o devedor, apurando-se as perdas e danos em liquidação de sentença.

• V. arts. 145 a 150 e 927, CC.

§ 1º Havendo mais de um autor do pedido de falência, serão solidariamente responsáveis aqueles que se conduziram na forma prevista no *caput* deste artigo.

• V. art. 5º, X, CF.

§ 2º Por ação própria, o terceiro prejudicado também pode reclamar indenização dos responsáveis.

Seção V
Da inabilitação empresarial, dos direitos e deveres do falido

Art. 102. O falido fica inabilitado para exercer qualquer atividade empresarial a partir da decretação da falência e até a sentença que extingue suas obrigações, respeitado o disposto no § 1º do art. 181 desta Lei.

• V. arts. 176 e 181, I.
• V. arts. 972 e 973, CC.

Parágrafo único. Findo o período de inabilitação, o falido poderá requerer ao juiz da falência que proceda à respectiva anotação em seu registro.

Art. 103. Desde a decretação da falência ou do sequestro, o devedor perde o direito de administrar os seus bens ou deles dispor.

• V. art. 1º, § 3º, Dec.-lei 585/1969 (Depósito e guarda de aeronaves nas apreensões judiciais e administrativas).

Parágrafo único. O falido poderá, contudo, fiscalizar a administração da falência, requerer as providências necessárias para a conservação de seus direitos ou dos bens arrecadados e intervir nos processos em que a massa falida seja parte ou interessada, requerendo o que for de direito e interpondo os recursos cabíveis.

Art. 104. A decretação da falência impõe ao falido os seguintes deveres:

I – assinar nos autos, desde que intimado da decisão, termo de comparecimento, com a indicação do nome, nacionalidade, estado civil, endereço completo do domicílio, devendo ainda declarar, para constar do dito termo:

a) as causas determinantes da sua falência, quando requerida pelos credores;

b) tratando-se de sociedade, os nomes e endereços de todos os sócios, acionistas controladores, diretores ou administradores, apresentando o contrato ou estatuto social e a prova do respectivo registro, bem como suas alterações;

• V. art. 967, CC.

c) o nome do contador encarregado da escrituração dos livros obrigatórios;

d) os mandatos que porventura tenha outorgado, indicando seu objeto, nome e endereço do mandatário;

e) seus bens imóveis e os móveis que não se encontram no estabelecimento;

f) se faz parte de outras sociedades, exibindo respectivo contrato;

g) suas contas bancárias, aplicações, títulos em cobrança e processos em andamento em que for autor ou réu;

II – depositar em cartório, no ato de assinatura do termo de comparecimento, os seus livros obrigatórios, a fim de serem entregues ao administrador judicial, depois de encerrados por termos assinados pelo juiz;

• V. art. 1.191, CC.

III – não se ausentar do lugar onde se processa a falência sem motivo justo e comunicação expressa ao juiz, e sem deixar procurador bastante, sob as penas cominadas na lei;

IV – comparecer a todos os atos da falência, podendo ser representado por procurador, quando não for indispensável sua presença;

V – entregar, sem demora, todos os bens, livros, papéis e documentos ao administrador judicial, indicando-lhe, para serem arrecadados, os bens que porventura tenha em poder de terceiros;

Lei 11.101/2005

LEGISLAÇÃO

VI – prestar as informações reclamadas pelo juiz, administrador judicial, credor ou Ministério Público sobre circunstâncias e fatos que interessem à falência;
VII – auxiliar o administrador judicial com zelo e presteza;
VIII – examinar as habilitações de crédito apresentadas;
IX – assistir ao levantamento, à verificação do balanço e ao exame dos livros;
X – manifestar-se sempre que for determinado pelo juiz;
XI – apresentar, no prazo fixado pelo juiz, a relação de seus credores;
XII – examinar e dar parecer sobre as contas do administrador judicial.

• V. arts. 967 e 1.191, CC.

Parágrafo único. Faltando ao cumprimento de quaisquer dos deveres que esta Lei lhe impõe, após intimado pelo juiz a fazê-lo, responderá o falido por crime de desobediência.

• V. art. 330, CP.

Seção VI
Da falência requerida pelo próprio devedor

Art. 105. O devedor em crise econômico-financeira que julgue não atender aos requisitos para pleitear sua recuperação judicial deverá requerer ao juízo sua falência, expondo as razões da impossibilidade de prosseguimento da atividade empresarial, acompanhadas dos seguintes documentos:

• V. art. 97, I.

I – demonstrações contábeis referentes aos três últimos exercícios sociais e as levantadas especialmente para instruir o pedido, confeccionadas com estrita observância da legislação societária aplicável e compostas obrigatoriamente de:
a) balanço patrimonial;
b) demonstração de resultados acumulados;
c) demonstração do resultado desde o último exercício social;
d) relatório do fluxo de caixa;
II – relação nominal dos credores, indicando endereço, importância, natureza e classificação dos respectivos créditos;
III – relação dos bens e direitos que compõem o ativo, com a respectiva estimativa de valor e documentos comprobatórios de propriedade;
IV – prova da condição de empresário, contrato social ou estatuto em vigor ou, se não houver, a indicação de todos os sócios, seus endereços e a relação de seus bens pessoais;
V – os livros obrigatórios e documentos contábeis que lhe forem exigidos por lei;

• V. arts. 1.179 a 1.195, CC.

VI – relação de seus administradores nos últimos 5 (cinco) anos, com os respectivos endereços, suas funções e participação societária.

Art. 106. Não estando o pedido regularmente instruído, o juiz determinará que seja emendado.

• V. art. 321, CPC/2015.

Art. 107. A sentença que decretar a falência do devedor observará a forma do art. 99 desta Lei.

Parágrafo único. Decretada a falência, aplicam-se integralmente os dispositivos relativos à falência requerida pelas pessoas referidas nos incisos II a IV do *caput* do art. 97 desta Lei.

Seção VII
Da arrecadação e da custódia dos bens

Art. 108. Ato contínuo à assinatura do termo de compromisso, o administrador judicial efetuará a arrecadação dos bens e documentos e a avaliação dos bens, separadamente ou em bloco, no local em que se encontrem, requerendo ao juiz, para esses fins, as medidas necessárias.

§ 1º Os bens arrecadados ficarão sob a guarda do administrador judicial ou de pessoa por ele escolhida, sob responsabilidade daquele, podendo o falido ou qualquer de seus representantes ser nomeado depositário dos bens.

• V. arts. 652 e 1.173, CC.

§ 2º O falido poderá acompanhar a arrecadação e a avaliação.

• V. art. 103, parágrafo único.

§ 3º O produto dos bens penhorados ou por outra forma apreendidos entrará para a massa, cumprindo ao juiz deprecar, a requerimento do administrador judicial, às

Lei 11.101/2005

autoridades competentes, determinando sua entrega.

§ 4º Não serão arrecadados os bens absolutamente impenhoráveis.

- V. arts. 1.711, 1.715 e 1.911, CC.
- V. art. 833, CPC/2015.
- V. art. 185-A, CTN.
- V. Lei 4.673/1965 (Impenhorabilidade sobre os bens penhorados em execução fiscal).
- V. art. 69, Dec.-lei 167/1967 (Títulos de crédito rural).
- V. art. 57, Dec.-lei 413/1969 (Títulos de crédito industrial).
- V. art. 5º, parágrafo único, Dec.-lei 911/1969 (Alienação fiduciária).
- V. art. 10, Lei 6.830/1980 (Execução fiscal).
- V. arts. 1º e 5º, Lei 8.009/1990 (Bem de família).

§ 5º Ainda que haja avaliação em bloco, o bem objeto de garantia real será também avaliado separadamente, para os fins do § 1º do art. 83 desta Lei.

Art. 109. O estabelecimento será lacrado sempre que houver risco para a execução da etapa de arrecadação ou para a preservação dos bens da massa falida ou dos interesses dos credores.

- V. art. 99, XI.
- V. art. 1.142, CC.

Art. 110. O auto de arrecadação, composto pelo inventário e pelo respectivo laudo de avaliação dos bens, será assinado pelo administrador judicial, pelo falido ou seus representantes e por outras pessoas que auxiliarem ou presenciarem o ato.

§ 1º Não sendo possível a avaliação dos bens no ato da arrecadação, o administrador judicial requererá ao juiz a concessão de prazo para apresentação do laudo de avaliação, que não poderá exceder 30 (trinta) dias, contados da apresentação do auto de arrecadação.

§ 2º Serão referidos no inventário:

I – os livros obrigatórios e os auxiliares ou facultativos do devedor, designando-se o estado em que se acham, número e denominação de cada um, páginas escrituradas, data do início da escrituração e do último lançamento, e se os livros obrigatórios estão revestidos das formalidades legais;

- V. arts. 1.179 a 1.195, CC.

II – dinheiro, papéis, títulos de crédito, documentos e outros bens da massa falida;

III – os bens da massa falida em poder de terceiro, a título de guarda, depósito, penhor ou retenção;

IV – os bens indicados como propriedade de terceiros ou reclamados por estes, mencionando-se essa circunstância.

- V. arts. 85 e 93.
- V. arts. 1.179 a 1.195, CC.

§ 3º Quando possível, os bens referidos no § 2º deste artigo serão individualizados.

§ 4º Em relação aos bens imóveis, o administrador judicial, no prazo de 15 (quinze) dias após a sua arrecadação, exibirá as certidões de registro, extraídas posteriormente à decretação da falência, com todas as indicações que nele constarem.

Art. 111. O juiz poderá autorizar os credores, de forma individual ou coletiva, em razão dos custos e no interesse da massa falida, a adquirir ou adjudicar, de imediato, os bens arrecadados, pelo valor da avaliação, atendida a regra de classificação e preferência entre eles, ouvido o Comitê.

- V. art. 133, §§ 1º a 3º, CTN.

Art. 112. Os bens arrecadados poderão ser removidos, desde que haja necessidade de sua melhor guarda e conservação, hipótese em que permanecerão em depósito sob responsabilidade do administrador judicial, mediante compromisso.

- V. art. 22, III, *l*.

Art. 113. Os bens perecíveis, deterioráveis, sujeitos à considerável desvalorização ou que sejam de conservação arriscada ou dispendiosa, poderão ser vendidos antecipadamente, após a arrecadação e a avaliação, mediante autorização judicial, ouvidos o Comitê e o falido no prazo de 48 (quarenta e oito) horas.

- V. art. 22, III, *j*.

Art. 114. O administrador judicial poderá alugar ou celebrar outro contrato referente aos bens da massa falida, com o objetivo de produzir renda para a massa falida, mediante autorização do Comitê.

§ 1º O contrato disposto no *caput* deste artigo não gera direito de preferência na compra e não pode importar disposição total ou parcial dos bens.

Lei 11.101/2005

§ 2º O bem objeto da contratação poderá ser alienado a qualquer tempo, independentemente do prazo contratado, rescindindo-se, sem direito a multa, o contrato realizado, salvo se houver anuência do adquirente.

Seção VIII
Dos efeitos da decretação da falência sobre as obrigações do devedor

Art. 115. A decretação da falência sujeita todos os credores, que somente poderão exercer os seus direitos sobre os bens do falido e do sócio ilimitadamente responsável na forma que esta Lei prescrever.

- V. art. 76.

Art. 116. A decretação da falência suspende:

I – o exercício do direito de retenção sobre os bens sujeitos à arrecadação, os quais deverão ser entregues ao administrador judicial;

II – o exercício do direito de retirada ou de recebimento do valor de suas quotas ou ações, por parte dos sócios da sociedade falida.

- V. art. 83, § 2º.

Art. 117. Os contratos bilaterais não se resolvem pela falência e podem ser cumpridos pelo administrador judicial se o cumprimento reduzir ou evitar o aumento do passivo da massa falida ou for necessário à manutenção e preservação de seus ativos, mediante autorização do Comitê.

- V. art. 994, § 3º, CC.
- V. art. 12, § 2º, 2ª parte, Dec.-lei 58/1937 (Loteamento e venda de terrenos para pagamento em prestações).
- V. art. 12, § 2º, 2ª parte, Dec. 3.079/1938 (Regulamenta o Dec.-lei 58/1937).
- V. art. 30, Lei 6.766/1979 (Parcelamento do solo urbano).

§ 1º O contratante pode interpelar o administrador judicial, no prazo de até 90 (noventa) dias, contado da assinatura do termo de sua nomeação, para que, dentro de 10 (dez) dias, declare se cumpre ou não o contrato.

§ 2º A declaração negativa ou o silêncio do administrador judicial confere ao contraente o direito à indenização, cujo valor, apurado em processo ordinário, constituirá crédito quirografário.

Art. 118. O administrador judicial, mediante autorização do Comitê, poderá dar cumprimento a contrato unilateral se esse fato reduzir ou evitar o aumento do passivo da massa falida ou for necessário à manutenção e preservação de seus ativos, realizando o pagamento da prestação pela qual está obrigada.

Art. 119. Nas relações contratuais a seguir mencionadas prevalecerão as seguintes regras:

I – o vendedor não pode obstar a entrega das coisas expedidas ao devedor e ainda em trânsito, se o comprador, antes do requerimento da falência, as tiver revendido, sem fraude, à vista das faturas e conhecimentos de transporte, entregues ou remetidos pelo vendedor;

II – se o devedor vendeu coisas compostas e o administrador judicial resolver não continuar a execução do contrato, poderá o comprador pôr à disposição da massa falida as coisas já recebidas, pedindo perdas e danos;

III – não tendo o devedor entregue coisa móvel ou prestado serviço que vendera ou contratara a prestações, e resolvendo o administrador judicial não executar o contrato, o crédito relativo ao valor pago será habilitado na classe própria;

IV – o administrador judicial, ouvido o Comitê, restituirá a coisa móvel comprada pelo devedor com reserva de domínio do vendedor se resolver não continuar a execução do contrato, exigindo a devolução, nos termos do contrato, dos valores pagos;

- V. arts. 521 a 528, CC.

V – tratando-se de coisas vendidas a termo, que tenham cotação em bolsa ou mercado, e não se executando o contrato pela efetiva entrega daquelas e pagamento do preço, prestar-se-á a diferença entre a cotação do dia do contrato e a da época da liquidação em bolsa ou mercado;

VI – na promessa de compra e venda de imóveis, aplicar-se-á a legislação respectiva;

- V. arts. 1.417 e 1.418, CC.
- V. art. 12, § 2º, Dec.-lei 58/1937 (Loteamento e venda de imóveis em prestações).

Lei 11.101/2005

LEGISLAÇÃO

- V. art. 12, § 2º, Dec. 3.079/1938 (Regulamenta o Dec.-lei 58/1937).
- V. art. 30, Lei 6.766/1979 (Parcelamento do solo urbano).

VII – a falência do locador não resolve o contrato de locação e, na falência do locatário, o administrador judicial pode, a qualquer tempo, denunciar o contrato;

VIII – caso haja acordo para compensação e liquidação de obrigações no âmbito do sistema financeiro nacional, nos termos da legislação vigente, a parte não falida poderá considerar o contrato vencido antecipadamente, hipótese em que será liquidado na forma estabelecida em regulamento, admitindo-se a compensação de eventual crédito que venha a ser apurado em favor do falido com créditos detidos pelo contratante;

IX – os patrimônios de afetação, constituídos para cumprimento de destinação específica, obedecerão ao disposto na legislação respectiva, permanecendo seus bens, direitos e obrigações separados dos do falido até o advento do respectivo termo ou até o cumprimento de sua finalidade, ocasião em que o administrador judicial arrecadará o saldo a favor da massa falida ou inscreverá na classe própria o crédito que contra ela remanescer.

- V. art. 31-F, *caput*, Lei 4.591/1964 (Condomínio em edificações).
- V. Lei 10.931/2004 (Patrimônio de afetação).

Art. 120. O mandato conferido pelo devedor, antes da falência, para a realização de negócios, cessará seus efeitos com a decretação da falência, cabendo ao mandatário prestar contas de sua gestão.

§ 1º O mandato conferido para representação judicial do devedor continua em vigor até que seja expressamente revogado pelo administrador judicial.

§ 2º Para o falido, cessa o mandato ou comissão que houver recebido antes da falência, salvo os que versem sobre matéria estranha à atividade empresarial.

- V. art. 682, III, CC.

Art. 121. As contas-correntes com o devedor consideram-se encerradas no momento de decretação da falência, verificando-se o respectivo saldo.

- V. art. 37, Lei 7.357/1985 (Cheque).

Art. 122. Compensam-se, com preferência sobre todos os demais credores, as dívidas do devedor vencidas até o dia da decretação da falência, provenha o vencimento da sentença de falência ou não, obedecidos os requisitos da legislação civil.

- V. art. 77.

Parágrafo único. Não se compensam:
I – os créditos transferidos após a decretação da falência, salvo em caso de sucessão por fusão, incorporação, cisão ou morte; ou
II – os créditos, ainda que vencidos anteriormente, transferidos quando já conhecido o estado de crise econômico-financeira do devedor ou cuja transferência se operou com fraude ou dolo.

Art. 123. Se o falido fizer parte de alguma sociedade como sócio comanditário ou cotista, para a massa falida entrarão somente os haveres que na sociedade ele possuir e forem apurados na forma estabelecida no contrato ou estatuto social.

§ 1º Se o contrato ou o estatuto social nada disciplinar a respeito, a apuração far-se-á judicialmente, salvo se, por lei, pelo contrato ou estatuto, a sociedade tiver de liquidar-se, caso em que os haveres do falido, somente após o pagamento de todo o passivo da sociedade, entrarão para a massa falida.

§ 2º Nos casos de condomínio indivisível de que participe o falido, o bem será vendido e deduzir-se-á do valor arrecadado o que for devido aos demais condôminos, facultada a estes a compra da quota-parte do falido nos termos da melhor proposta obtida.

- V. art. 1.044, CC.

Art. 124. Contra a massa falida não são exigíveis juros vencidos após a decretação da falência, previstos em lei ou em contrato, se o ativo apurado não bastar para o pagamento dos credores subordinados.

- V. art. 83, VIII.

Parágrafo único. Excetuam-se desta disposição os juros das debêntures e dos créditos com garantia real, mas por eles respondem, exclusivamente, o produto dos bens que constituem a garantia.

- V. art. 83, VI, *b*.
- V. art. 407, CC.

Lei 11.101/2005

Art. 125. Na falência do espólio, ficará suspenso o processo de inventário, cabendo ao administrador judicial a realização de atos pendentes em relação aos direitos e obrigações da massa falida.

Art. 126. Nas relações patrimoniais não reguladas expressamente nesta Lei, o juiz decidirá o caso atendendo à unidade, à universalidade do concurso e à igualdade de tratamento dos credores, observado o disposto no art. 75 desta Lei.

Art. 127. O credor de coobrigados solidários cujas falências sejam decretadas tem o direito de concorrer, em cada uma delas, pela totalidade do seu crédito, até recebê-lo por inteiro, quando então comunicará ao juízo.

§ 1º O disposto no *caput* deste artigo não se aplica ao falido cujas obrigações tenham sido extintas por sentença, na forma do art. 159 desta Lei.

§ 2º Se o credor ficar integralmente pago por uma ou por diversas massas coobrigadas, as que pagaram terão direito regressivo contra as demais, em proporção à parte que pagaram e àquela que cada uma tinha a seu cargo.

§ 3º Se a soma dos valores pagos ao credor em todas as massas coobrigadas exceder o total do crédito, o valor será devolvido às massas na proporção estabelecida no § 2º deste artigo.

§ 4º Se os coobrigados eram garantes uns dos outros, o excesso de que trata o § 3º deste artigo pertencerá, conforme a ordem das obrigações, às massas dos coobrigados que tiverem o direito de ser garantidas.

Art. 128. Os coobrigados solventes e os garantes do devedor ou dos sócios ilimitadamente responsáveis podem habilitar o crédito correspondente às quantias pagas ou devidas, se o credor não se habilitar no prazo legal.

Seção IX
Da ineficácia e da revogação de atos praticados antes da falência

Art. 129. São ineficazes em relação à massa falida, tenha ou não o contratante conhecimento do estado de crise econômico-financeira do devedor, seja ou não intenção deste fraudar credores:

- V. art. 35, Lei 6.024/1974 (Intervenção e liquidação extrajudicial das instituições financeiras).
- •• V. arts. 318 e 319, CPC/2015.

I – o pagamento de dívidas não vencidas realizado pelo devedor dentro do termo legal, por qualquer meio extintivo do direito de crédito, ainda que pelo desconto do próprio título;

- V. art. 99, II, e 131.

II – o pagamento de dívidas vencidas e exigíveis realizado dentro do termo legal, por qualquer forma que não seja a prevista pelo contrato;

- V. art. 131.

III – a constituição de direito real de garantia, inclusive a retenção, dentro do termo legal, tratando-se de dívida contraída anteriormente; se os bens dados em hipoteca forem objeto de outras posteriores, a massa falida receberá a parte que devia caber ao credor da hipoteca revogada;

- V. art. 131.
- V. arts. 1.419 a 1.510, CC.

IV – a prática de atos a título gratuito, desde 2 (dois) anos antes da decretação da falência;

V – a renúncia à herança ou a legado, até 2 (dois) anos antes da decretação da falência;

- V. arts. 1.804, 1.806 e 1.813, CC.

VI – a venda ou transferência de estabelecimento feita sem o consentimento expresso ou o pagamento de todos os credores, a esse tempo existentes, não tendo restado ao devedor bens suficientes para solver o seu passivo, salvo se, no prazo de 30 (trinta) dias, não houver oposição dos credores, após serem devidamente notificados, judicialmente ou pelo oficial do registro de títulos e documentos;

- V. art. 131.
- V. art. 1.145, CC.

VII – os registros de direitos reais e de transferência de propriedade entre vivos, por título oneroso ou gratuito, ou a averbação relativa a imóveis realizados após a decretação da falência, salvo se tiver havido prenotação anterior.

- V. art. 1.225, CC.

Lei 11.101/2005

- V. art. 215, Lei 6.015/1973 (Registros Públicos).

Parágrafo único. A ineficácia poderá ser declarada de ofício pelo juiz, alegada em defesa ou pleiteada mediante ação própria ou incidentalmente no curso do processo.

Art. 130. São revogáveis os atos praticados com a intenção de prejudicar credores, provando-se o conluio fraudulento entre o devedor e o terceiro que com ele contratar e o efetivo prejuízo sofrido pela massa falida.

- V. art. 132.
- V. arts. 158 a 165, CC.
- V. art. 369 e 372, CPC/2015.
- V. art. 35, *caput*, Lei 6.024/1974 (Intervenção e liquidação extrajudicial das instituições financeiras).
- •• V. arts. 318 e 319, CPC/2015.

Art. 131. Nenhum dos atos referidos nos incisos I a III e VI do art. 129 desta Lei que tenham sido previstos e realizados na forma definida no plano de recuperação judicial será declarado ineficaz ou revogado.

- V. art. 74.

Art. 132. A ação revocatória, de que trata o art. 130 desta Lei, deverá ser proposta pelo administrador judicial, por qualquer credor ou pelo Ministério Público no prazo de 3 (três) anos contado da decretação da falência.

- V. art. 35, Lei 6.024/1974 (Intervenção e liquidação extrajudicial das instituições financeiras).

Art. 133. A ação revocatória pode ser promovida:

I – contra todos os que figuraram no ato ou que por efeito dele foram pagos, garantidos ou beneficiados;

II – contra os terceiros adquirentes, se tiveram conhecimento, ao se criar o direito, da intenção do devedor de prejudicar os credores;

III – contra os herdeiros ou legatários das pessoas indicadas nos incisos I e II do *caput* deste artigo.

- V. art. 35, Lei 6.024/1974 (Intervenção e liquidação extrajudicial das instituições financeiras).

Art. 134. A ação revocatória correrá perante o juízo da falência e obedecerá ao procedimento ordinário previsto na Lei 5.869, de 11 de janeiro de 1973 – Código de Processo Civil.

- V. arts. 61 e 318 a 512, CPC/2015.
- V. art. 35, Lei 6.024/1974 (Intervenção e liquidação extrajudicial das instituições financeiras).

Art. 135. A sentença que julgar procedente a ação revocatória determinará o retorno dos bens à massa falida em espécie, com todos os acessórios, ou o valor de mercado, acrescidos das perdas e danos.

Parágrafo único. Da sentença cabe apelação.

- V. arts. 1.009 a 1.014, CPC/2015.

Art. 136. Reconhecida a ineficácia ou julgada procedente a ação revocatória, as partes retornarão ao estado anterior, e o contratante de boa-fé terá direito à restituição dos bens ou valores entregues ao devedor.

§ 1º Na hipótese de securitização de créditos do devedor, não será declarada a ineficácia ou revogado o ato de cessão em prejuízo dos direitos dos portadores de valores mobiliários emitidos pelo securitizador.

§ 2º É garantido ao terceiro de boa-fé, a qualquer tempo, propor ação por perdas e danos contra o devedor ou seus garantes.

- V. arts. 927 e 944, CC.
- V. art. 35, Lei 6.024/1974 (Intervenção e liquidação extrajudicial das instituições financeiras).

Art. 137. O juiz poderá, a requerimento do autor da ação revocatória, ordenar, como medida preventiva, na forma da lei processual civil, o sequestro dos bens retirados do patrimônio do devedor que estejam em poder de terceiros.

Art. 138. O ato pode ser declarado ineficaz ou revogado, ainda que praticado com base em decisão judicial, observado o disposto no art. 131 desta Lei.

Parágrafo único. Revogado o ato ou declarada sua ineficácia, ficará rescindida a sentença que o motivou.

- V. arts. 138 a 184 e 850, CC.
- V. arts. 494, 502 e 504, CPC/2015.

Seção X
Da realização do ativo

- V. art. 133, CTN.

Art. 139. Logo após a arrecadação dos bens, com a juntada do respectivo auto ao processo de falência, será iniciada a realização do ativo.

Lei 11.101/2005

Legislação

Art. 140. A alienação dos bens será realizada de uma das seguintes formas, observada a seguinte ordem de preferência:

I – alienação da empresa, com a venda de seus estabelecimentos em bloco;

II – alienação da empresa, com a venda de suas filiais ou unidades produtivas isoladamente;

III – alienação em bloco dos bens que integram cada um dos estabelecimentos do devedor;

IV – alienação dos bens individualmente considerados.

§ 1º Se convier à realização do ativo, ou em razão de oportunidade, podem ser adotadas mais de uma forma de alienação.

§ 2º A realização do ativo terá início independentemente da formação do quadro geral de credores.

§ 3º A alienação da empresa terá por objeto o conjunto de determinados bens necessários à operação rentável da unidade de produção, que poderá compreender a transferência de contratos específicos.

- V. art. 117.

§ 4º Nas transmissões de bens alienados na forma deste artigo que dependam de registro público, a este servirá como título aquisitivo suficiente o mandado judicial respectivo.

Art. 141. Na alienação conjunta ou separada de ativos, inclusive da empresa ou de suas filiais, promovida sob qualquer das modalidades de que trata este artigo:

I – todos os credores, observada a ordem de preferência definida no art. 83 desta Lei, sub-rogam-se no produto da realização do ativo;

II – o objeto da alienação estará livre de qualquer ônus e não haverá sucessão do arrematante nas obrigações do devedor, inclusive as de natureza tributária, as derivadas da legislação do trabalho e as decorrentes de acidentes de trabalho.

- V. § 2º deste artigo.
- V. arts. 1.483 e 1.501, CC.

§ 1º O disposto no inciso II do *caput* deste artigo não se aplica quando o arrematante for:

- V. art. 131, CTN.

I – sócio da sociedade falida, ou sociedade controlada pelo falido;

II – parente, em linha reta ou colateral até o quarto grau, consanguíneo ou afim, do falido ou de sócio da sociedade falida; ou

III – identificado como agente do falido com o objetivo de fraudar a sucessão.

§ 2º Empregados do devedor contratados pelo arrematante serão admitidos mediante novos contratos de trabalho e o arrematante não responde por obrigações decorrentes do contrato anterior.

- V. arts. 448 e 449, CLT.

Art. 142. O juiz, ouvido o administrador judicial e atendendo à orientação do Comitê, se houver, ordenará que se proceda à alienação do ativo em uma das seguintes modalidades:

I – leilão, por lances orais;

II – propostas fechadas;

III – pregão.

- V. arts. 12, § 2º, e 21, Dec.-lei 58/1937 (Loteamento e venda de imóveis em prestações).
- V. arts. 12, § 2º, e 21, Decreto 3.079/1938 (Regulamenta o Dec.-lei 58/1937).
- V. art. 77, Lei 5.764/1971 (Política nacional de cooperativismo).

§ 1º A realização da alienação em quaisquer das modalidades de que trata este artigo será antecedida por publicação de anúncio em jornal de ampla circulação, com 15 (quinze) dias de antecedência, em se tratando de bens móveis, e com 30 (trinta) dias na alienação da empresa ou de bens imóveis, facultada a divulgação por outros meios que contribuam para o amplo conhecimento da venda.

§ 2º A alienação dar-se-á pelo maior valor oferecido, ainda que seja inferior ao valor de avaliação.

§ 3º No leilão por lances orais, aplicam-se, no que couber, as regras da Lei 5.869, de 11 de janeiro de 1973 – Código de Processo Civil.

§ 4º A alienação por propostas fechadas ocorrerá mediante a entrega, em cartório e sob recibo, de envelopes lacrados, a serem abertos pelo juiz, no dia, hora e local designados no edital, lavrando o escrivão o auto respectivo, assinado pelos presentes, e juntando as propostas aos autos da falência.

Lei 11.101/2005

LEGISLAÇÃO

§ 5º A venda por pregão constitui modalidade híbrida das anteriores, comportando duas fases:
I – recebimento de propostas, na forma do § 3º deste artigo;

• A referência correta é ao § 4º.

II – leilão por lances orais, de que participarão somente aqueles que apresentarem propostas não inferiores a 90% (noventa por cento) da maior proposta ofertada, na forma do § 2º deste artigo.
§ 6º A venda por pregão respeitará as seguintes regras:
I – recebidas e abertas as propostas na forma do § 5º deste artigo, o juiz ordenará a notificação dos ofertantes, cujas propostas atendam ao requisito de seu inciso II, para comparecer ao leilão;
II – o valor de abertura do leilão será o da proposta recebida do maior ofertante presente, considerando-se esse valor como lance, ao qual ele fica obrigado;
III – caso não compareça ao leilão o ofertante da maior proposta e não seja dado lance igual ou superior ao valor por ele ofertado, fica obrigado a prestar a diferença verificada, constituindo a respectiva certidão do juízo título executivo para a cobrança dos valores pelo administrador judicial.
§ 7º Em qualquer modalidade de alienação, o Ministério Público será intimado pessoalmente, sob pena de nulidade.

• V. art. 179, CPC/2015.

Art. 143. Em qualquer das modalidades de alienação referidas no art. 142 desta Lei, poderão ser apresentadas impugnações por quaisquer credores, pelo devedor ou pelo Ministério Público, no prazo de 48 (quarenta e oito) horas da arrematação, hipótese em que os autos serão conclusos ao juiz, que, no prazo de 5 (cinco) dias, decidirá sobre as impugnações e, julgando-as improcedentes, ordenará a entrega dos bens ao arrematante, respeitadas as condições estabelecidas no edital.

Art. 144. Havendo motivos justificados, o juiz poderá autorizar, mediante requerimento fundamentado do administrador judicial ou do Comitê, modalidades de alienação judicial diversas das previstas no art. 142 desta Lei.

Art. 145. O juiz homologará qualquer outra modalidade de realização do ativo, desde que aprovada pela assembleia geral de credores, inclusive com a constituição de sociedade de credores ou dos empregados do próprio devedor, com a participação, se necessária, dos atuais sócios ou de terceiros.

• V. art. 46.

§ 1º Aplica-se à sociedade mencionada neste artigo o disposto no art. 141 desta Lei.
§ 2º No caso de constituição de sociedade formada por empregados do próprio devedor, estes poderão utilizar créditos derivados da legislação do trabalho para a aquisição ou arrendamento da empresa.
§ 3º Não sendo aprovada pela assembleia geral a proposta alternativa para a realização do ativo, caberá ao juiz decidir a forma que será adotada, levando em conta a manifestação do administrador judicial e do Comitê.

Art. 146. Em qualquer modalidade de realização do ativo adotada, fica a massa falida dispensada da apresentação de certidões negativas.

Art. 147. As quantias recebidas a qualquer título serão imediatamente depositadas em conta remunerada de instituição financeira, atendidos os requisitos da lei ou das normas de organização judiciária.

Art. 148. O administrador judicial fará constar do relatório de que trata a alínea p do inciso III do art. 22 os valores eventualmente recebidos no mês vencido, explicitando a forma de distribuição dos recursos entre os credores, observado o disposto no art. 149 desta Lei.

Seção XI
Do pagamento aos credores

Art. 149. Realizadas as restituições, pagos os créditos extraconcursais, na forma do art. 84 desta Lei, e consolidado o quadro geral de credores, as importâncias recebidas com a realização do ativo serão destinadas ao pagamento dos credores, atendendo à classificação prevista no art. 83 desta Lei, respeitados os demais dispositivos desta Lei e as decisões judiciais que determinam reserva de importâncias.

§ 1º Havendo reserva de importâncias, os valores a ela relativos ficarão depositados até o julgamento definitivo do crédito e, no caso de não ser este finalmente reconhecido, no todo ou em parte, os recursos depositados serão objeto de rateio suplementar entre os credores remanescentes.

• V. art. 6º, § 3º.

§ 2º Os credores que não procederem, no prazo fixado pelo juiz, ao levantamento dos valores que lhes couberam em rateio serão intimados a fazê-lo no prazo de 60 (sessenta) dias, após o qual os recursos serão objeto de rateio suplementar entre os credores remanescentes.

Art. 150. As despesas cujo pagamento antecipado seja indispensável à administração da falência, inclusive na hipótese de continuação provisória das atividades previstas no inciso XI do *caput* do art. 99 desta Lei, serão pagas pelo administrador judicial com os recursos disponíveis em caixa.

• V. art. 188, CTN.

Art. 151. Os créditos trabalhistas de natureza estritamente salarial vencidos nos 3 (três) meses anteriores à decretação da falência, até o limite de cinco salários mínimos por trabalhador, serão pagos tão logo haja disponibilidade em caixa.

• V. art. 83, I.
• V. art. 449, CLT.

Art. 152. Os credores restituirão em dobro as quantias recebidas, acrescidas dos juros legais, se ficar evidenciado dolo ou má-fé na constituição do crédito ou da garantia.

• V. arts. 927 e 944, CC.

Art. 153. Pagos todos os credores, o saldo, se houver, será entregue ao falido.

Seção XII
Do encerramento da falência e da extinção das obrigações do falido

Art. 154. Concluída a realização de todo o ativo, e distribuído o produto entre os credores, o administrador judicial apresentará suas contas ao juiz no prazo de 30 (trinta) dias.

• V. arts. 22, III, *r*, e 31, § 2º.

§ 1º As contas, acompanhadas dos documentos comprobatórios, serão prestadas em autos apartados que, ao final, serão apensados aos autos da falência.

§ 2º O juiz ordenará a publicação de aviso de que as contas foram entregues e se encontram à disposição dos interessados, que poderão impugná-las no prazo de 10 (dez) dias.

§ 3º Decorrido o prazo do aviso e realizadas as diligências necessárias à apuração dos fatos, o juiz intimará o Ministério Público para manifestar-se no prazo de 5 (cinco) dias, findo o qual o administrador judicial será ouvido se houver impugnação ou parecer contrário do Ministério Público.

§ 4º Cumpridas as providências previstas nos §§ 2º e 3º deste artigo, o juiz julgará as contas por sentença.

§ 5º A sentença que rejeitar as contas do administrador judicial fixará suas responsabilidades, poderá determinar a indisponibilidade ou o sequestro de bens e servirá como título executivo para indenização da massa.

§ 6º Da sentença cabe apelação.

• V. arts. 1.009 a 1.014, CPC/2015.

Art. 155. Julgadas as contas do administrador judicial, ele apresentará o relatório final da falência no prazo de 10 (dez) dias, indicando o valor do ativo e o do produto de sua realização, o valor do passivo e o dos pagamentos feitos aos credores, e especificará justificadamente as responsabilidades com que continuará o falido.

Art. 156. Apresentado o relatório final, o juiz encerrará a falência por sentença.

Parágrafo único. A sentença de encerramento será publicada por edital e dela caberá apelação.

• V. arts. 1.009 a 1.014, CPC/2015.
• V. art. 191, CTN.

Art. 157. O prazo prescricional relativo às obrigações do falido recomeça a correr a partir do dia em que transitar em julgado a sentença do encerramento da falência.

• V. arts. 197 e 199, CC.

Lei 11.101/2005

Art. 158. Extingue as obrigações do falido:
I – o pagamento de todos os créditos;
II – o pagamento, depois de realizado todo o ativo, de mais de 50% (cinquenta por cento) dos créditos quirografários, sendo facultado ao falido o depósito da quantia necessária para atingir essa porcentagem se para tanto não bastou a integral liquidação do ativo;

• V. art. 304, CC.

III – o decurso do prazo de 5 (cinco) anos, contado do encerramento da falência, se o falido não tiver sido condenado por prática de crime previsto nesta Lei;
IV – o decurso do prazo de 10 (dez) anos, contado do encerramento da falência, se o falido tiver sido condenado por prática de crime previsto nesta Lei.

Art. 159. Configurada qualquer das hipóteses do art. 158 desta Lei, o falido poderá requerer ao juízo da falência que suas obrigações sejam declaradas extintas por sentença.

• V. art. 191, CTN.

§ 1º O requerimento será autuado em apartado com os respectivos documentos e publicado por edital no órgão oficial e em jornal de grande circulação.
§ 2º No prazo de 30 (trinta) dias contado da publicação do edital, qualquer credor pode opor-se ao pedido do falido.
§ 3º Findo o prazo, o juiz, em 5 (cinco) dias, proferirá sentença e, se o requerimento for anterior ao encerramento da falência, declarará extintas as obrigações na sentença de encerramento.
§ 4º A sentença que declarar extintas as obrigações será comunicada a todas as pessoas e entidades informadas da decretação da falência.
§ 5º Da sentença cabe apelação.

• V. arts. 1.009 a 1.014, CPC/2015.

§ 6º Após o trânsito em julgado, os autos serão apensados aos da falência.

Art. 160. Verificada a prescrição ou extintas as obrigações nos termos desta Lei, o sócio de responsabilidade ilimitada também poderá requerer que seja declarada por sentença a extinção de suas obrigações na falência.

• V. art. 191, CTN.

Capítulo VI
DA RECUPERAÇÃO EXTRAJUDICIAL

Art. 161. O devedor que preencher os requisitos do art. 48 desta Lei poderá propor e negociar com credores plano de recuperação extrajudicial.
§ 1º Não se aplica o disposto neste Capítulo a titulares de créditos de natureza tributária, derivados da legislação do trabalho ou decorrentes de acidente de trabalho, assim como àqueles previstos nos arts. 49, § 3º, e 86, inciso II do *caput*, desta Lei.

• V. art. 187, CTN.

§ 2º O plano não poderá contemplar o pagamento antecipado de dívidas nem tratamento desfavorável aos credores que a ele não estejam sujeitos.
§ 3º O devedor não poderá requerer a homologação de plano extrajudicial, se estiver pendente pedido de recuperação judicial ou se houver obtido recuperação judicial ou homologação de outro plano de recuperação extrajudicial há menos de 2 (dois) anos.
§ 4º O pedido de homologação do plano de recuperação extrajudicial não acarretará suspensão de direitos, ações ou execuções, nem a impossibilidade do pedido de decretação de falência pelos credores não sujeitos ao plano de recuperação extrajudicial.
§ 5º Após a distribuição do pedido de homologação, os credores não poderão desistir da adesão ao plano, salvo com a anuência expressa dos demais signatários.
§ 6º A sentença de homologação do plano de recuperação extrajudicial constituirá título executivo judicial, nos termos do art. 584, inciso III do *caput*, da Lei 5.869, de 11 de janeiro de 1973 – Código de Processo Civil.

Art. 162. O devedor poderá requerer a homologação em juízo do plano de recuperação extrajudicial, juntando sua justificativa e o documento que contenha seus termos e condições, com as assinaturas dos credores que a ele aderiram.

Lei 11.101/2005

LEGISLAÇÃO

• V. art. 104, CC.

Art. 163. O devedor poderá, também, requerer a homologação de plano de recuperação extrajudicial que obriga a todos os credores por ele abrangidos, desde que assinado por credores que representem mais de 3/5 (três quintos) de todos os créditos de cada espécie por ele abrangidos.

§ 1º O plano poderá abranger a totalidade de uma ou mais espécies de créditos previstos no art. 83, incisos II, IV, V, VI e VIII do *caput*, desta Lei, ou grupo de credores de mesma natureza e sujeito a semelhantes condições de pagamento, e, uma vez homologado, obriga a todos os credores das espécies por ele abrangidas, exclusivamente em relação aos créditos constituídos até a data do pedido de homologação.

§ 2º Não serão considerados para fins de apuração do percentual previsto no *caput* deste artigo os créditos não incluídos no plano de recuperação extrajudicial, os quais não poderão ter seu valor ou condições originais de pagamento alteradas.

§ 3º Para fins exclusivos de apuração do percentual previsto no *caput* deste artigo:

I – o crédito em moeda estrangeira será convertido para moeda nacional pelo câmbio da véspera da data de assinatura do plano; e

II – não serão computados os créditos detidos pelas pessoas relacionadas no art. 43 deste artigo.

• A remissão correta é ao art. 43 "desta Lei".

§ 4º Na alienação de bem objeto de garantia real, a supressão da garantia ou sua substituição somente serão admitidas mediante a aprovação expressa do credor titular da respectiva garantia.

• V. art. 50, § 1º.

§ 5º Nos créditos em moeda estrangeira, a variação cambial só poderá ser afastada se o credor titular do respectivo crédito aprovar expressamente previsão diversa no plano de recuperação extrajudicial.

• V. art. 50, § 2º.

§ 6º Para a homologação do plano de que trata este artigo, além dos documentos previstos no *caput* do art. 162 desta Lei, o devedor deverá juntar:

I – exposição da situação patrimonial do devedor;

II – as demonstrações contábeis relativas ao último exercício social e as levantadas especialmente para instruir o pedido, na forma do inciso II do *caput* do art. 51 desta Lei; e

III – os documentos que comprovem os poderes dos subscritores para novar ou transigir, relação nominal completa dos credores, com a indicação do endereço de cada um, a natureza, a classificação e o valor atualizado do crédito, discriminando sua origem, o regime dos respectivos vencimentos e a indicação dos registros contábeis de cada transação pendente.

Art. 164. Recebido o pedido de homologação do plano de recuperação extrajudicial previsto nos arts. 162 e 163 desta Lei, o juiz ordenará a publicação de edital no órgão oficial e em jornal de grande circulação nacional ou das localidades da sede e das filiais do devedor, convocando todos os credores do devedor para apresentação de suas impugnações ao plano de recuperação extrajudicial, observado o § 3º deste artigo.

§ 1º No prazo do edital, deverá o devedor comprovar o envio de carta a todos os credores sujeitos ao plano, domiciliados ou sediados no país, informando a distribuição do pedido, as condições do plano e prazo para impugnação.

§ 2º Os credores terão prazo de 30 (trinta) dias, contado da publicação do edital, para impugnarem o plano, juntando a prova de seu crédito.

§ 3º Para opor-se, em sua manifestação, à homologação do plano, os credores somente poderão alegar:

I – não preenchimento do percentual mínimo previsto no *caput* do art. 163 desta Lei;

II – prática de qualquer dos atos previstos no inciso III do art. 94 ou do art. 130 desta Lei, ou descumprimento de requisito previsto nesta Lei;

III – descumprimento de qualquer outra exigência legal.

§ 4º Sendo apresentada impugnação, será aberto prazo de 5 (cinco) dias para que o devedor sobre ela se manifeste.

Lei 11.101/2005

§ 5º Decorrido o prazo do § 4º deste artigo, os autos serão conclusos imediatamente ao juiz para apreciação de eventuais impugnações e decidirá, no prazo de 5 (cinco) dias, acerca do plano de recuperação extrajudicial, homologando-o por sentença se entender que não implica prática de atos previstos no art. 130 desta Lei e que não há outras irregularidades que recomendem sua rejeição.

§ 6º Havendo prova de simulação de créditos ou vício de representação dos credores que subscreverem o plano, a sua homologação será indeferida.

§ 7º Da sentença cabe apelação sem efeito suspensivo.

- V. arts. 1.009 a 1.014, CPC/2015.

§ 8º Na hipótese de não homologação do plano o devedor poderá, cumpridas as formalidades, apresentar novo pedido de homologação de plano de recuperação extrajudicial.

Art. 165. O plano de recuperação extrajudicial produz efeitos após sua homologação judicial.

§ 1º É lícito, contudo, que o plano estabeleça a produção de efeitos anteriores à homologação, desde que exclusivamente em relação à modificação do valor ou da forma de pagamento dos credores signatários.

§ 2º Na hipótese do § 1º deste artigo, caso o plano seja posteriormente rejeitado pelo juiz, devolve-se aos credores signatários o direito de exigir seus créditos nas condições originais, deduzidos os valores efetivamente pagos.

Art. 166. Se o plano de recuperação extrajudicial homologado envolver alienação judicial de filiais ou de unidades produtivas isoladas do devedor, o juiz ordenará a sua realização, observado, no que couber, o disposto no art. 142 desta Lei.

- V. art. 133, CTN.

Art. 167. O disposto neste Capítulo não implica impossibilidade de realização de outras modalidades de acordo privado entre o devedor e seus credores.

Capítulo VII
DISPOSIÇÕES PENAIS
Seção I
Dos crimes em espécie

- V. art. 2º, Dec.-lei 3.914/1941 (Lei de Introdução ao Código Penal).
- V. arts. 935 e 1.011, CC.
- V. art. 177, § 1º, CP.
- V. art. 1º, § 5º, Dec. 1.102/1903 (Armazéns gerais).
- V. art. 21, b, Lei 6.024/1974 (Intervenção e liquidação extrajudicial das instituições financeiras).
- V. art. 23, § 1º, III, Lei 9.656/1998 (Planos e seguros privados de assistência à saúde).

Fraude a credores

Art. 168. Praticar, antes ou depois da sentença que decretar a falência, conceder a recuperação judicial ou homologar a recuperação extrajudicial, ato fraudulento de que resulte ou possa resultar prejuízo aos credores, com o fim de obter ou assegurar vantagem indevida para si ou para outrem:

Pena – reclusão, de 3 (três) a 6 (seis) anos, e multa.

- V. arts. 158 a 165, CC.
- V. arts. 171, 175, 179, 299 e 305, CP.
- V. art. 185, CTN.

Aumento da pena

§ 1º A pena aumenta-se de 1/6 (um sexto) a 1/3 (um terço), se o agente:

I – elabora escrituração contábil ou balanço com dados inexatos;

II – omite, na escrituração contábil ou no balanço, lançamento que deles deveria constar, ou altera escrituração ou balanço verdadeiros;

III – destrói, apaga ou corrompe dados contábeis ou negociais armazenados em computador ou sistema informatizado;

IV – simula a composição do capital social;

V – destrói, oculta ou inutiliza, total ou parcialmente, os documentos de escrituração contábil obrigatórios.

Contabilidade paralela

§ 2º A pena é aumentada de 1/3 (um terço) até metade se o devedor manteve ou movimentou recursos ou valores paralelamente à contabilidade exigida pela legislação.

Lei 11.101/2005

LEGISLAÇÃO

Concurso de pessoas
§ 3º Nas mesmas penas incidem os contadores, técnicos contábeis, auditores e outros profissionais que, de qualquer modo, concorrerem para as condutas criminosas descritas neste artigo, na medida de sua culpabilidade.

* V. arts. 1.169 a 1.178, CC.
* V. arts. 29 e 62, CP.

Redução ou substituição da pena
§ 4º Tratando-se de falência de microempresa ou de empresa de pequeno porte, e não se constatando prática habitual de condutas fraudulentas por parte do falido, poderá o juiz reduzir a pena de reclusão de 1/3 (um terço) a 2/3 (dois terços) ou substituí-la pelas penas restritivas de direitos, pelas de perda de bens e valores ou pelas de prestação de serviços à comunidade ou a entidades públicas.

Violação de sigilo empresarial
Art. 169. Violar, explorar ou divulgar, sem justa causa, sigilo empresarial ou dados confidenciais sobre operações ou serviços, contribuindo para a condução do devedor a estado de inviabilidade econômica ou financeira:
Pena – reclusão, de 2 (dois) a 4 (quatro) anos, e multa.

* V. art. 151 a 154, CP.
* V. art. 195, XI e XII, Lei 9.279/1996 (Propriedade industrial).

Divulgação de informações falsas
Art. 170. Divulgar ou propalar, por qualquer meio, informação falsa sobre devedor em recuperação judicial, com o fim de levá-lo à falência ou de obter vantagem:
Pena – reclusão, de 2 (dois) a 4 (quatro) anos, e multa.

* V. art. 139, CP.
* V. art. 3º, Lei 7.492/1986 (Crimes contra o sistema financeiro).
* V. art. 195, I e II, Lei 9.279/1996 (Propriedade industrial).

Indução a erro
Art. 171. Sonegar ou omitir informações ou prestar informações falsas no processo de falência, de recuperação judicial ou de recuperação extrajudicial, com o fim de induzir a erro o juiz, o Ministério Público, os credores, a assembleia geral de credores, o Comitê ou o administrador judicial:
Pena – reclusão, de 2 (dois) a 4 (quatro) anos, e multa.

* V. art. 300 e 304, CP.
* V. art. 15, Lei 7.492/1986 (Crimes contra o sistema financeiro).

Favorecimento de credores
Art. 172. Praticar, antes ou depois da sentença que decretar a falência, conceder a recuperação judicial ou homologar plano de recuperação extrajudicial, ato de disposição ou oneração patrimonial ou gerador de obrigação, destinado a favorecer um ou mais credores em prejuízo dos demais:
Pena – reclusão, de 2 (dois) a 5 (cinco) anos, e multa.
Parágrafo único. Nas mesmas penas incorre o credor que, em conluio, possa beneficiar-se de ato previsto no *caput* deste artigo.

Desvio, ocultação ou apropriação de bens
Art. 173. Apropriar-se, desviar ou ocultar bens pertencentes ao devedor sob recuperação judicial ou à massa falida, inclusive por meio da aquisição por interposta pessoa:
Pena – reclusão, de 2 (dois) a 4 (quatro) anos, e multa.

* V. art. 652, CC.
* V. arts. 168 e 312, CP.
* V. arts. 5º e 13, Lei 7.492/1986 (Crimes contra o sistema financeiro).

Aquisição, recebimento ou uso ilegal de bens
Art. 174. Adquirir, receber, usar, ilicitamente, bem que sabe pertencer à massa falida ou influir para que terceiro, de boa-fé, o adquira, receba ou use:
Pena – reclusão, de 2 (dois) a 4 (quatro) anos, e multa.

Habilitação ilegal de crédito
Art. 175. Apresentar, em falência, recuperação judicial ou recuperação extrajudicial, relação de créditos, habilitação de créditos ou reclamação falsas, ou juntar a elas título falso ou simulado:
Pena – reclusão, de 2 (dois) a 4 (quatro) anos, e multa.

Lei 11.101/2005

LEGISLAÇÃO

- V. art. 14, Lei 7.492/1986 (Crimes contra o sistema financeiro).

Exercício ilegal de atividade

Art. 176. Exercer atividade para a qual foi inabilitado ou incapacitado por decisão judicial, nos termos desta Lei:
Pena – reclusão, de 1 (um) a 4 (quatro) anos, e multa.

- V. art. 973, CC.
- V. art. 3º, *c*, Dec. 21.981/1932 (Leiloeiros).
- V. art. 4º, *b*, Lei 4.886/1965 (Representantes comerciais autônomos).

Violação de impedimento

Art. 177. Adquirir o juiz, o representante do Ministério Público, o administrador judicial, o gestor judicial, o perito, o avaliador, o escrivão, o oficial de justiça ou o leiloeiro, por si ou por interposta pessoa, bens de massa falida ou de devedor em recuperação judicial, ou, em relação a estes, entrar em alguma especulação de lucro, quando tenham atuado nos respectivos processos:
Pena – reclusão, de 2 (dois) a 4 (quatro) anos, e multa.

- V. art. 497, CC.

Omissão dos documentos contábeis obrigatórios

Art. 178. Deixar de elaborar, escriturar ou autenticar, antes ou depois da sentença que decretar a falência, conceder a recuperação judicial ou homologar o plano de recuperação extrajudicial, os documentos de escrituração contábil obrigatórios:
Pena – detenção, de 1 (um) a 2 (dois) anos, e multa, se o fato não constitui crime mais grave.

- V. arts. 1.179 a 1.195, CC.
- V. Lei 9.099/1995 (Juizados Especiais Cíveis e Criminais).
- V. art. 2º, parágrafo único, Lei 10.259/2001 (Juizados especiais no âmbito da Justiça Federal).

Seção II
Disposições comuns

Art. 179. Na falência, na recuperação judicial e na recuperação extrajudicial de sociedades, os seus sócios, diretores, gerentes, administradores e conselheiros, de fato ou de direito, bem como o administrador judicial, equiparam-se ao devedor ou falido para todos os efeitos penais decorrentes desta Lei, na medida de sua culpabilidade.

Art. 180. A sentença que decreta a falência, concede a recuperação judicial ou concede a recuperação extrajudicial de que trata o art. 163 desta Lei é condição objetiva de punibilidade das infrações penais descritas nesta Lei.

Art. 181. São efeitos da condenação por crime previsto nesta Lei:
I – a inabilitação para o exercício de atividade empresarial;

- V. art. 102.
- V. art. 972, CC.
- V. art. 1º, § 5º, Dec. 1.102/1903 (Armazéns gerais).

II – o impedimento para o exercício de cargo ou função em conselho de administração, diretoria ou gerência das sociedades sujeitas a esta Lei;

- V. art. 1.011, § 1º, CC.

III – a impossibilidade de gerir empresa por mandato ou por gestão de negócio.
§ 1º Os efeitos de que trata este artigo não são automáticos, devendo ser motivadamente declarados na sentença, e perdurarão até 5 (cinco) anos após a extinção da punibilidade, podendo, contudo, cessar antes pela reabilitação penal.

- V. art. 94, CP.
- V. arts. 743 a 750, CPP.

§ 2º Transitada em julgado a sentença penal condenatória, será notificado o Registro Público de Empresas para que tome as medidas necessárias para impedir novo registro em nome dos inabilitados.

- V. art. 2º, *caput*, Lei 8.934/1994 (Regisstro Público de Empresas Mercantis).

Art. 182. A prescrição dos crimes previstos nesta Lei reger-se-á pelas disposições do Decreto-lei 2.848, de 7 de dezembro de 1940 – Código Penal, começando a correr do dia da decretação da falência, da concessão da recuperação judicial ou da homologação do plano de recuperação extrajudicial.

- V. arts. 109, 110 e 112 a 118, CP.
- V. Súmulas 147 e 592, STF.

Parágrafo único. A decretação da falência do devedor interrompe a prescrição cuja contagem tenha iniciado com a concessão da recuperação judicial ou com a homologação do plano de recuperação extrajudicial.

Lei 11.101/2005

LEGISLAÇÃO

Seção III
Do procedimento penal

Art. 183. Compete ao juiz criminal da jurisdição onde tenha sido decretada a falência, concedida a recuperação judicial ou homologado o plano de recuperação extrajudicial, conhecer da ação penal pelos crimes previstos nesta Lei.

Art. 184. Os crimes previstos nesta Lei são de ação penal pública incondicionada.

Parágrafo único. Decorrido o prazo a que se refere o art. 187, § 1º, sem que o representante do Ministério Público ofereça denúncia, qualquer credor habilitado ou o administrador judicial poderá oferecer ação penal privada subsidiária da pública, observado o prazo decadencial de 6 (seis) meses.

- V. art. 100, CP.
- V. art. 29, CPP.

Art. 185. Recebida a denúncia ou a queixa, observar-se-á o rito previsto nos arts. 531 a 540 do Decreto-lei 3.689, de 3 de outubro de 1941 – Código de Processo Penal.

- Os arts. 531 a 538 do CPP regulam o "processo sumário".

Art. 186. No relatório previsto na alínea e do inciso III do *caput* do art. 22 desta Lei, o administrador judicial apresentará ao juiz da falência exposição circunstanciada, considerando as causas da falência, o procedimento do devedor, antes e depois da sentença, e outras informações detalhadas a respeito da conduta do devedor e de outros responsáveis, se houver, por atos que possam constituir crime relacionado com a recuperação judicial ou com a falência, ou outro delito conexo a estes.

- V. art. 3º, CPP.

Parágrafo único. A exposição circunstanciada será instruída com laudo do contador encarregado do exame da escrituração do devedor.

Art. 187. Intimado da sentença que decreta a falência ou concede a recuperação judicial, o Ministério Público, verificando a ocorrência de qualquer crime previsto nesta Lei, promoverá imediatamente a competente ação penal ou, se entender necessário, requisitará a abertura de inquérito policial.

§ 1º O prazo para oferecimento da denúncia regula-se pelo art. 46 do Decreto-lei 3.689, de 3 de outubro de 1941 – Código de Processo Penal, salvo se o Ministério Público, estando o réu solto ou afiançado, decidir aguardar a apresentação da exposição circunstanciada de que trata o art. 186 desta Lei, devendo, em seguida, oferecer a denúncia em 15 (quinze) dias.

§ 2º Em qualquer fase processual, surgindo indícios da prática dos crimes previstos nesta Lei, o juiz da falência ou da recuperação judicial ou da recuperação extrajudicial cientificará o Ministério Público.

Art. 188. Aplicam-se subsidiariamente as disposições do Código de Processo Penal, no que não forem incompatíveis com esta Lei.

Capítulo VIII
DISPOSIÇÕES FINAIS E TRANSITÓRIAS

Art. 189. Aplica-se a Lei 5.869, de 11 de janeiro de 1973 – Código de Processo Civil, no que couber, aos procedimentos previstos nesta Lei.

Art. 190. Todas as vezes que esta Lei se referir a devedor ou falido, compreender-se-á que a disposição também se aplica aos sócios ilimitadamente responsáveis.

- V. art. 81, *caput*.
- V. arts. 1.039 e 1.045, CC.
- V. art. 281, Lei 6.404/1976 (Sociedades por ações).

Art. 191. Ressalvadas as disposições específicas desta Lei, as publicações ordenadas serão feitas preferencialmente na imprensa oficial e, se o devedor ou a massa falida comportar, em jornal ou revista de circulação regional ou nacional, bem como em quaisquer outros periódicos que circulem em todo o país.

Parágrafo único. As publicações ordenadas nesta Lei conterão a epígrafe "recuperação judicial de", "recuperação extrajudicial de" ou "falência de".

- V. art. 69.

Art. 192. Esta Lei não se aplica aos processos de falência ou de concordata ajuizados anteriormente ao início de sua vigência, que serão concluídos nos termos do Decreto-lei 7.661, de 21 de junho de 1945.

Lei 11.101/2005

LEGISLAÇÃO

§ 1º Fica vedada a concessão de concordata suspensiva nos processos de falência em curso, podendo ser promovida a alienação dos bens da massa falida assim que concluída sua arrecadação, independentemente da formação do quadro geral de credores e da conclusão do inquérito judicial.

§ 2º A existência de pedido de concordata anterior à vigência desta Lei não obsta o pedido de recuperação judicial pelo devedor que não houver descumprido obrigação no âmbito da concordata, vedado, contudo, o pedido baseado no plano especial de recuperação judicial para microempresas e empresas de pequeno porte a que se refere a Seção V do Capítulo III desta Lei.

§ 3º No caso do § 2º deste artigo, se deferido o processamento da recuperação judicial, o processo de concordata será extinto e os créditos submetidos à concordata serão inscritos por seu valor original na recuperação judicial, deduzidas as parcelas pagas pelo concordatário.

- V. arts. 51 e 52.

§ 4º Esta Lei aplica-se às falências decretadas em sua vigência resultantes de convolação de concordatas ou de pedidos de falência anteriores, às quais se aplica, até a decretação, o Decreto-lei 7.661, de 21 de junho de 1945, observado, na decisão que decretar a falência, o disposto no art. 99 desta Lei.

§ 5º O juiz poderá autorizar a locação ou arrendamento de bens imóveis ou móveis a fim de evitar a sua deterioração, cujos resultados reverterão em favor da massa.

- § 5º acrescentado pela Lei 11.127/2005.

Art. 193. O disposto nesta Lei não afeta as obrigações assumidas no âmbito das câmaras ou prestadoras de serviços de compensação e de liquidação financeira, que serão ultimadas e liquidadas pela câmara ou prestador de serviços, na forma de seus regulamentos.

- V. art. 7º, Lei 10.214/2001 (Câmaras e prestadores de serviços de compensação e de liquidação).

Art. 194. O produto da realização das garantias prestadas pelo participante das câmaras ou prestadores de serviços de compensação e de liquidação financeira submetidos aos regimes de que trata esta Lei, assim como os títulos, valores mobiliários e quaisquer outros de seus ativos objetos de compensação ou liquidação serão destinados à liquidação das obrigações assumidas no âmbito das câmaras ou prestadoras de serviços.

Art. 195. A decretação da falência das concessionárias de serviços públicos implica extinção da concessão, na forma da lei.

- V. art. 35, VI, Lei 8.987/1995 (Concessão e permissão de prestação de serviços públicos).

Art. 196. Os Registros Públicos de Empresas manterão banco de dados público e gratuito, disponível na rede mundial de computadores, contendo a relação de todos os devedores falidos ou em recuperação judicial.

- V. arts. 69, parágrafo único, e 99, VIII.
- V. arts. 1º, I, e 29, Lei 8.934/1994 (Registro Público de Empresas Mercantis).

Parágrafo único. Os Registros Públicos de Empresas deverão promover a integração de seus bancos de dados em âmbito nacional.

Art. 197. Enquanto não forem aprovadas as respectivas leis específicas, esta Lei aplica-se subsidiariamente, no que couber, aos regimes previstos no Decreto-lei 73, de 21 de novembro de 1966, na Lei 6.024, de 13 de março de 1974, no Decreto-lei 2.321, de 25 de fevereiro de 1987, e na Lei 9.514, de 20 de novembro de 1997.

Art. 198. Os devedores proibidos de requerer concordata nos termos da legislação específica em vigor na data da publicação desta Lei ficam proibidos de requerer recuperação judicial ou extrajudicial nos termos desta Lei.

- V. art. 199.

Art. 199. Não se aplica o disposto no art. 198 desta Lei às sociedades a que se refere o art. 187 da Lei 7.565, de 19 de dezembro de 1986.

- V. Dec.-lei 496/1969 (Empresas de transporte aéreo em liquidação, falência ou concordata).
- V. Dec.-lei 669/1969 (Exclui do benefício da concordata as empresas que exploram serviços aéreos ou infraestrutura aeronáutica).

§ 1º Na recuperação judicial e na falência das sociedades de que trata o *caput* deste artigo, em nenhuma hipótese ficará suspenso o exercício de direitos derivados de con-

LEGISLAÇÃO

tratos de locação, arrendamento mercantil ou de qualquer outra modalidade de arrendamento de aeronaves ou de suas partes.

* § 1º acrescentado pela Lei 11.196/2005.
* V. art. 123, Lei 11.196/2005 ("MP do Bem").

§ 2º Os créditos decorrentes dos contratos mencionados no § 1º deste artigo não se submeterão aos efeitos da recuperação judicial ou extrajudicial, prevalecendo os direitos de propriedade sobre a coisa e as condições contratuais, não se lhes aplicando a ressalva contida na parte final do § 3º do art. 49 desta Lei.

* § 2º acrescentado pela Lei 11.196/2005.
* V. art. 123, Lei 11.196/2005 ("MP do Bem").

§ 3º Na hipótese de falência das sociedades de que trata o caput deste artigo, prevalecerão os direitos de propriedade sobre a coisa relativos a contratos de locação, de arrendamento mercantil ou de qualquer outra modalidade de arrendamento de aeronaves ou de suas partes.

* § 3º acrescentado pela Lei 11.196/2005.
* V. art. 123, Lei 11.196/2005 ("MP do Bem").

Art. 200. Ressalvado o disposto no art. 192 desta Lei, ficam revogados o Decreto-lei 7.661, de 21 de junho de 1945, e os arts. 503 a 512 do Decreto-lei 3.689, de 3 de outubro de 1941 – Código de Processo Penal.

Art. 201. Esta Lei entra em vigor 120 (cento e vinte) dias após sua publicação.

Brasília, 9 de fevereiro de 2005; 184º da Independência e 117º da República.

Luiz Inácio Lula da Silva

(*DOU* 09.02.2005, edição extra)

LEI 11.196, DE 21 DE NOVEMBRO DE 2005

Institui o Regime Especial de Tributação para a Plataforma de Exportação de Serviços de Tecnologia da Informação – Repes, o Regime Especial de Aquisição de Bens de Capital para Empresas Exportadoras – Recap e o Programa de Inclusão Digital; dispõe sobre incentivos fiscais para a inovação tecnológica; altera o Decreto-lei 288, de 28 de fevereiro de 1967, o Decreto 70.235, de 6 de março de 1972, o Decreto-lei 2.287, de 23 de julho de 1986, as Leis 4.502, de 30 de novembro de 1964, 8.212, de 24 de julho de 1991, 8.245, de 18 de outubro de 1991, 8.387, de 30 de dezembro de 1991, 8.666, de 21 de junho de 1993, 8.981, de 20 de janeiro de 1995, 8.987, de 13 de fevereiro de 1995, 8.989, de 24 de fevereiro de 1995, 9.249, de 26 de dezembro de 1995, 9.250, de 26 de dezembro de 1995, 9.311, de 24 de outubro de 1996, 9.317, de 5 de dezembro de 1996, 9.430, de 27 de dezembro de 1996, 9.718, de 27 de novembro de 1998, 10.336, de 19 de dezembro de 2001, 10.438, de 26 de abril de 2002, 10.485, de 3 de julho de 2002, 10.637, de 30 de dezembro de 2002, 10.755, de 3 de novembro de 2003, 10.833, de 29 de dezembro de 2003, 10.865, de 30 de abril de 2004, 10.925, de 23 de julho de 2004, 10.931, de 2 de agosto de 2004, 11.033, de 21 de dezembro de 2004, 11.051, de 29 de dezembro de 2004, 11.053, de 29 de dezembro de 2004, 11.101, de 9 de fevereiro de 2005, 11.128, de 28 de junho de 2005, e a Medida Provisória 2.199-14, de 24 de agosto de 2001; revoga a Lei 8.661, de 2 de junho de 1993, e dispositivos das Leis 8.668, de 25 de junho de 1993, 8.981, de 20 de janeiro de 1995, 10.637, de 30 de dezembro de 2002, 10.755, de 3 de novembro de 2003, 10.865, de 30 de abril de 2004, 10.931, de 2 de agosto de 2004, e da Medida Provisória 2.158-35, de 24 de agosto de 2001; e dá outras providências.

O Presidente da República:

Faço saber que o Congresso Nacional decreta e eu sanciono a seguinte Lei:

Capítulo I
DO REGIME ESPECIAL DE TRIBUTAÇÃO PARA A PLATAFORMA DE EXPORTAÇÃO DE SERVIÇOS DE TECNOLOGIA DA INFORMAÇÃO – REPES

* V. Dec. 5.712/2006 (Regulamenta o Repes).

Art. 1º Fica instituído o Regime Especial de Tributação para a Plataforma de Exportação de Serviços de Tecnologia da Informação – Repes, nos termos desta Lei.

Parágrafo único. O Poder Executivo disciplinará, em regulamento, as condições necessárias para a habilitação ao Repes.

Lei 11.196/2005

LEGISLAÇÃO

Art. 2º É beneficiária do Repes a pessoa jurídica que exerça preponderantemente as atividades de desenvolvimento de *software* ou de prestação de serviços de tecnologia da informação e que, por ocasião da sua opção pelo Repes, assuma compromisso de exportação igual ou superior a 50% (cinquenta por cento) de sua receita bruta anual decorrente da venda dos bens e serviços de que trata este artigo.

- *Caput* com redação determinada pela Lei 12.715/2012.

§ 1º A receita bruta de que trata o *caput* deste artigo será considerada após excluídos os impostos e contribuições incidentes sobre a venda.

§ 2º *(Revogado pela Lei 12.712/2012.)*

§ 3º *(Revogado pela Lei 11.774/2008.)*

Art. 3º *(Revogado pela Lei 11.774/2008.)*

Art. 4º No caso de venda ou de importação de bens novos destinados ao desenvolvimento, no País, de *software* e de serviços de tecnologia da informação, fica suspensa a exigência:

I – da Contribuição para o PIS/Pasep e da Cofins incidentes sobre a receita bruta da venda no mercado interno, quando os referidos bens forem adquiridos por pessoa jurídica beneficiária do Repes para incorporação ao seu ativo imobilizado;

II – da Contribuição para o PIS/Pasep-Importação e da Cofins-Importação, quando os referidos bens forem importados diretamente por pessoa jurídica beneficiária do Repes para incorporação ao seu ativo imobilizado.

§ 1º Nas notas fiscais relativas à venda de que trata o inciso I do *caput* deste artigo, deverá constar a expressão "Venda efetuada com suspensão da exigência da Contribuição para o PIS/Pasep e da Cofins", com a especificação do dispositivo legal correspondente.

§ 2º Na hipótese deste artigo, o percentual de exportações de que trata o art. 2º desta Lei será apurado considerando-se a média obtida, a partir do ano-calendário subsequente ao do início de utilização dos bens adquiridos no âmbito do Repes, durante o período de 3 (três) anos-calendário.

§ 3º O prazo de início de utilização a que se refere o § 2º deste artigo não poderá ser superior a 1 (um) ano, contado a partir da aquisição.

§ 4º Os bens beneficiados pela suspensão referida no *caput* deste artigo serão relacionados em regulamento.

- V. Dec. 5.713/2006 (Bens e serviços amparados pelo Repes, na forma dos arts. 4º, § 4º, e 5º, § 3º, desta Lei).

Art. 5º No caso de venda ou de importação de serviços destinados ao desenvolvimento, no País, de *software* e de serviços de tecnologia da informação, fica suspensa a exigência:

I – da Contribuição para o PIS/Pasep e da Cofins incidentes sobre a receita bruta auferida pela prestadora de serviços, quando tomados por pessoa jurídica beneficiária do Repes;

II – da Contribuição para o PIS/Pasep-Importação e da Cofins-Importação, para serviços importados diretamente por pessoa jurídica beneficiária do Repes.

§ 1º Nas notas fiscais relativas aos serviços de que trata o inciso I do *caput* deste artigo, deverá constar a expressão "Venda de serviços efetuada com suspensão da exigência da Contribuição para o PIS/Pasep e da Cofins", com a especificação do dispositivo legal correspondente.

§ 2º Na hipótese do disposto neste artigo, o percentual de exportação a que se refere o art. 2º desta Lei será apurado considerando as vendas efetuadas no ano-calendário subsequente ao da prestação do serviço adquirido com suspensão.

§ 3º Os serviços beneficiados pela suspensão referida no *caput* deste artigo serão relacionados em regulamento.

- V. Dec. 5.713/2006 (Bens e serviços amparados pelo Repes, na forma dos arts. 4º, § 4º, e 5º, § 3º, desta Lei).

Art. 6º As suspensões de que tratam os arts. 4º e 5º desta Lei convertem-se em alíquota 0 (zero) após cumprida a condição de que trata o *caput* do art. 2º desta Lei, observados os prazos de que tratam os §§ 2º e 3º do art. 4º e o § 2º do art. 5º desta Lei.

Art. 7º A adesão ao Repes fica condicionada à regularidade fiscal da pessoa jurídica em relação aos tributos e contribuições administrados pela Receita Federal do Brasil.

Art. 8º A pessoa jurídica beneficiária do Repes terá a adesão cancelada:

I – na hipótese de descumprimento do compromisso de exportação de que trata o art. 2º desta Lei;

II – sempre que se apure que o beneficiário:
a) não satisfazia as condições ou não cumpria os requisitos para a adesão; ou
b) deixou de satisfazer as condições ou de cumprir os requisitos para a adesão;

III – a pedido.

§ 1º Na ocorrência do cancelamento da adesão ao Repes, a pessoa jurídica dele excluída fica obrigada a recolher juros e multa de mora, na forma da lei, contados a partir da data da aquisição no mercado interno ou do registro da Declaração de Importação, conforme o caso, referentes às contribuições não pagas em decorrência da suspensão de que tratam os arts. 4º e 5º desta Lei, na condição de contribuinte, em relação aos bens ou serviços importados, ou na condição de responsável, em relação aos bens ou serviços adquiridos no mercado interno.

§ 2º Na hipótese de não ser efetuado o recolhimento na forma do § 1º deste artigo, caberá lançamento de ofício, com aplicação de juros e da multa de que trata o *caput* do art. 44 da Lei 9.430, de 27 de dezembro de 1996.

§ 3º Relativamente à Contribuição para o PIS/Pasep e à Cofins, os juros e multa, de mora ou de ofício, de que trata este artigo serão exigidos:

I – isoladamente, na hipótese de que trata o inciso I do *caput* deste artigo;

II – juntamente com as contribuições não pagas, na hipótese de que tratam os incisos II e III do *caput* deste artigo.

§ 4º Nas hipóteses de que tratam os incisos I e II do *caput* deste artigo, a pessoa jurídica excluída do Repes somente poderá efetuar nova adesão após o decurso do prazo de 2 (dois) anos, contado da data do cancelamento.

§ 5º Na hipótese do inciso I do *caput* deste artigo, a multa, de mora ou de ofício, a que se referem os §§ 1º e 2º deste artigo e o art. 9º desta Lei será aplicada sobre o valor das contribuições não recolhidas, proporcionalmente à diferença entre o percentual mínimo de exportações estabelecido no art. 2º desta Lei e o efetivamente alcançado.

Art. 9º A transferência de propriedade ou a cessão de uso, a qualquer título, dos bens importados ou adquiridos no mercado interno com suspensão da exigência das contribuições de que trata o art. 4º desta Lei, antes da conversão das alíquotas a 0 (zero), conforme o disposto no art. 6º desta Lei, será precedida de recolhimento, pelo beneficiário do Repes, de juros e multa de mora, na forma da lei, contados a partir da data da aquisição ou do registro da Declaração de Importação, conforme o caso, na condição de contribuinte, em relação aos bens importados, ou na condição de responsável, em relação aos bens adquiridos no mercado interno.

§ 1º Na hipótese de não ser efetuado o recolhimento na forma do *caput* deste artigo, caberá lançamento de ofício, com aplicação de juros e da multa de que trata o *caput* do art. 44 da Lei 9.430, de 27 de dezembro de 1996.

§ 2º Os juros e multa, de mora ou de ofício, de que trata este artigo serão exigidos:

I – juntamente com as contribuições não pagas, no caso de transferência de propriedade efetuada antes de decorridos 18 (dezoito) meses da ocorrência dos fatos geradores;

II – isoladamente, no caso de transferência de propriedade efetuada após decorridos 18 (dezoito) meses da ocorrência dos fatos geradores.

Art. 10. É vedada a adesão ao Repes de pessoa jurídica optante do Sistema Integrado de Pagamento de Impostos e Contribuições das Microempresas e das Empresas de Pequeno Porte – Simples.

Art. 11. A importação dos bens relacionados pelo Poder Executivo na forma do § 4º do art. 4º desta Lei, sem similar nacional, efetuada diretamente pelo beneficiário do Repes para a incorporação ao seu ativo imobilizado, será efetuada com suspensão da exigência do Imposto sobre Produtos Industrializados – IPI.

§ 1º A suspensão de que trata o *caput* deste artigo converte-se em isenção após cumpri-

Lei 11.196/2005

LEGISLAÇÃO

das as condições de que trata o art. 2º desta Lei, observados os prazos de que tratam os §§ 2º e 3º do art. 4º desta Lei.

§ 2º Na ocorrência do cancelamento da adesão ao Repes, na forma do art. 8º desta Lei, a pessoa jurídica dele excluída fica obrigada a recolher juros e multa de mora, na forma da lei, contados a partir da ocorrência do fato gerador, referentes ao imposto não pago em decorrência da suspensão de que trata o *caput* deste artigo.

§ 3º A transferência de propriedade ou a cessão de uso, a qualquer título, dos bens importados com suspensão da exigência do IPI na forma do *caput* deste artigo, antes de ocorrer o disposto no § 1º deste artigo, será precedida de recolhimento, pelo beneficiário do Repes, de juros e multa de mora, na forma da lei, contados a partir da ocorrência do fato gerador.

§ 4º Na hipótese de não ser efetuado o recolhimento na forma dos §§ 2º ou 3º deste artigo, caberá lançamento de ofício do imposto, acrescido de juros e da multa de que trata o *caput* do art. 44 da Lei 9.430, de 27 de dezembro de 1996.

Capítulo II
DO REGIME ESPECIAL DE AQUISIÇÃO DE BENS DE CAPITAL PARA EMPRESAS EXPORTADORAS – RECAP

- V. Dec. 5.649/2005 (Regulamenta o Regime Especial de Aquisição de Bens de Capital para Empresas Exportadoras – Recap, que suspende a exigência da Contribuição para o PIS/Pasep e da Cofins).
- V. Instrução Normativa SRF 605/2006 (Regime Especial de Aquisição de Bens de Capital para Empresas Exportadoras – Recap).

Art. 12. Fica instituído o Regime Especial de Aquisição de Bens de Capital para Empresas Exportadoras – Recap, nos termos desta Lei.

Parágrafo único. O Poder Executivo disciplinará, em regulamento, as condições para habilitação do Recap.

Art. 13. É beneficiária do Recap a pessoa jurídica preponderantemente exportadora, assim considerada aquela cuja receita bruta decorrente de exportação para o exterior, no ano-calendário imediatamente anterior à adesão ao Recap, houver sido igual ou superior a 50% (cinquenta por cento) de sua receita bruta total de venda de bens e serviços no período e que assuma compromisso de manter esse percentual de exportação durante o período de 2 (dois) anos-calendário.

- *Caput* com redação determinada pela Lei 12.715/2012.

§ 1º A receita bruta de que trata o *caput* deste artigo será considerada após excluídos os impostos e contribuições incidentes sobre a venda.

§ 2º A pessoa jurídica em início de atividade ou que não tenha atingido no ano anterior o percentual de receita de exportação exigido no *caput* deste artigo poderá habilitar-se ao Recap desde que assuma compromisso de auferir, no período de 3 (três) anos-calendário, receita bruta decorrente de exportação para o exterior de, no mínimo, 50% (cinquenta por cento) de sua receita bruta total de venda de bens e serviços.

- § 2º com redação determinada pela Lei 12.715/2012.

§ 3º O disposto neste artigo:

I – não se aplica às pessoas jurídicas optantes pelo Simples e às que tenham suas receitas, no todo ou em parte, submetidas ao regime de incidência cumulativa da Contribuição para o PIS/Pasep e da Cofins;

II – aplica-se a estaleiro naval brasileiro, no caso de aquisição ou importação de bens de capital relacionados em regulamento destinados à incorporação ao seu ativo imobilizado para utilização nas atividades de construção, conservação, modernização, conversão e reparo de embarcações pré-registradas ou registradas no Registro Especial Brasileiro – REB, instituído pela Lei 9.432, de 8 de janeiro de 1997, independentemente de efetuar o compromisso de exportação para o exterior de que trata o *caput* e o § 2º deste artigo ou de possuir receita bruta decorrente de exportação para o exterior.

- V. Dec. 5.788/2006 (Bens adquiridos ou importados por estaleiro naval brasileiro sob amparo do Regime Especial de Aquisição de Bens de Capital para Empresas Exportadoras – Recap).

§ 4º Para as pessoas jurídicas que fabricam os produtos relacionados no art. 1º da Lei 11.529, de 22 de outubro de 2007, os percentuais de que tratam o *caput* e o § 2º des-

Lei 11.196/2005

te artigo ficam reduzidos para 60% (sessenta por cento).

• § 4º acrescentado pela Lei 11.774/2008.

§ 5º *(Revogado pela Lei 12.712/2012.)*

Art. 14. No caso de venda ou de importação de máquinas, aparelhos, instrumentos e equipamentos, novos, fica suspensa a exigência:

I – da Contribuição para o PIS/Pasep e da Cofins incidentes sobre a receita bruta da venda no mercado interno, quando os referidos bens forem adquiridos por pessoa jurídica beneficiária do Recap para incorporação ao seu ativo imobilizado;

II – da Contribuição para o PIS/Pasep-Importação e da Cofins-Importação, quando os referidos bens forem importados diretamente por pessoa jurídica beneficiária do Recap para incorporação ao seu ativo imobilizado.

§ 1º O benefício de suspensão de que trata este artigo poderá ser usufruído nas aquisições e importações realizadas no período de 3 (três) anos contados da data de adesão ao Recap.

§ 2º O percentual de exportações de que tratam o *caput* e o § 2º do art. 13 desta Lei será apurado considerando-se a média obtida, a partir do ano-calendário subsequente ao do início de utilização dos bens adquiridos no âmbito do Recap, durante o período de:

I – 2 (dois) anos-calendário, no caso do *caput* do art. 13 desta Lei; ou

II – 3 (três) anos-calendário, no caso do § 2º do art. 13 desta Lei.

§ 3º O prazo de início de utilização a que se refere o § 2º deste artigo não poderá ser superior a 3 (três) anos.

§ 4º A pessoa jurídica que não incorporar o bem ao ativo imobilizado, revender o bem antes da conversão da alíquota a 0 (zero), na forma do § 8º deste artigo, ou não atender às demais condições de que trata o art. 13 desta Lei fica obrigada a recolher juros e multa de mora, na forma da lei, contados a partir da data da aquisição ou do registro da Declaração de Importação – DI, referentes às contribuições não pagas em decorrência da suspensão de que trata este artigo, na condição:

I – de contribuinte, em relação à Contribuição para o PIS/Pasep-Importação e à Cofins-Importação;

II – de responsável, em relação à Contribuição para o PIS/Pasep e à Cofins.

§ 5º Na hipótese de não ser efetuado o recolhimento na forma do § 4º deste artigo, caberá lançamento de ofício, com aplicação de juros e da multa de que trata o *caput* do art. 44 da Lei 9.430, de 27 de dezembro de 1996.

§ 6º Os juros e multa, de mora ou de ofício, de que trata este artigo serão exigidos:

I – isoladamente, na hipótese em que o contribuinte não alcançar o percentual de exportações de que tratam o *caput* e o § 2º do art. 13 desta Lei;

II – juntamente com as contribuições não pagas, nas hipóteses em que a pessoa jurídica não incorporar o bem ao ativo imobilizado, revender o bem antes da conversão da alíquota a 0 (zero), na forma do § 8º deste artigo, ou desatender as demais condições do art. 13 desta Lei.

§ 7º Nas notas fiscais relativas à venda de que trata o *caput* deste artigo deverá constar a expressão "Venda efetuada com suspensão da exigência da Contribuição para o PIS/Pasep e da Cofins", com a especificação do dispositivo legal correspondente.

§ 8º A suspensão de que trata este artigo converte-se em alíquota 0 (zero) após:

I – cumpridas as condições de que trata o *caput* do art. 13, observado o prazo a que se refere o inciso I do § 2º deste artigo;

II – cumpridas as condições de que trata o § 2º do art. 13 desta Lei, observado o prazo a que se refere o inciso II do § 2º deste artigo;

III – transcorrido o prazo de 18 (dezoito) meses, contado da data da aquisição, no caso do beneficiário de que trata o inciso II do § 3º do art. 13 desta Lei.

§ 9º A pessoa jurídica que efetuar o compromisso de que trata o § 2º do art. 13 desta Lei poderá, ainda, observadas as mesmas condições ali estabelecidas, utilizar o benefício de suspensão de que trata o art. 40 da Lei 10.865, de 30 de abril de 2004.

§ 10. Na hipótese de não atendimento do percentual de que tratam o *caput* e o § 2º do art. 13 desta Lei, a multa, de mora ou de ofício, a que se refere o § 4º deste artigo será

Lei 11.196/2005

aplicada sobre o valor das contribuições não recolhidas, proporcionalmente à diferença entre o percentual mínimo de exportações estabelecido e o efetivamente alcançado.

Art. 15. A adesão ao Recap fica condicionada à regularidade fiscal da pessoa jurídica em relação aos tributos e contribuições administrados pela Receita Federal do Brasil.

Art. 16. Os bens beneficiados pela suspensão da exigência de que trata o art. 14 desta Lei serão relacionados em regulamento.

- V. Dec. 5.789/2006 (Bens amparados pelo Regime Especial de Aquisição de Bens de Capital para Empresas Exportadoras – Recap).

Capítulo III
DOS INCENTIVOS À INOVAÇÃO TECNOLÓGICA

- V. Dec. 5.798/2006 (Regulamenta os incentivos fiscais às atividades de pesquisa tecnológica e desenvolvimento de inovação tecnológica, de que trata este Capítulo).

Art. 17. A pessoa jurídica poderá usufruir dos seguintes incentivos fiscais:

- V. art. 132, IV, b.

I – dedução, para efeito de apuração do lucro líquido, de valor correspondente à soma dos dispêndios realizados no período de apuração com pesquisa tecnológica e desenvolvimento de inovação tecnológica classificáveis como despesas operacionais pela legislação do Imposto sobre a Renda da Pessoa Jurídica – IRPJ ou como pagamento na forma prevista no § 2º deste artigo;

II – redução de 50% (cinquenta por cento) do Imposto sobre Produtos Industrializados – IPI incidente sobre equipamentos, máquinas, aparelhos e instrumentos, bem como os acessórios sobressalentes e ferramentas que acompanhem esses bens, destinados à pesquisa e ao desenvolvimento tecnológico;

III – depreciação integral, no próprio ano da aquisição, de máquinas, equipamentos, aparelhos e instrumentos, novos, destinados à utilização nas atividades de pesquisa tecnológica e desenvolvimento de inovação tecnológica, para efeito de apuração do IRPJ e da CSLL;

- Inciso III com redação determinada pela Lei 11.774/2008.

IV – amortização acelerada, mediante dedução como custo ou despesa operacional, no período de apuração em que forem efetuados, dos dispêndios relativos à aquisição de bens intangíveis, vinculados exclusivamente às atividades de pesquisa tecnológica e desenvolvimento de inovação tecnológica, classificáveis no ativo diferido do beneficiário, para efeito de apuração do IRPJ;

V – *(Revogado pela Lei 12.350/2010.)*

VI – redução a 0 (zero) da alíquota do imposto de renda retido na fonte nas remessas efetuadas para o exterior destinadas ao registro e manutenção de marcas, patentes e cultivares.

§ 1º Considera-se inovação tecnológica a concepção de novo produto ou processo de fabricação, bem como a agregação de novas funcionalidades ou características ao produto ou processo que implique melhorias incrementais e efetivo ganho de qualidade ou produtividade, resultando maior competitividade no mercado.

§ 2º O disposto no inciso I do *caput* deste artigo aplica-se também aos dispêndios com pesquisa tecnológica e desenvolvimento de inovação tecnológica contratados no País com universidade, instituição de pesquisa ou inventor independente de que trata o inciso IX do art. 2º da Lei 10.973, de 2 de dezembro de 2004, desde que a pessoa jurídica que efetuou o dispêndio fique com a responsabilidade, o risco empresarial, a gestão e o controle da utilização dos resultados dos dispêndios.

§ 3º Na hipótese de dispêndios com assistência técnica, científica ou assemelhados e de *royalties* por patentes industriais pagos a pessoa física ou jurídica no exterior, a dedutibilidade fica condicionada à observância do disposto nos arts. 52 e 71 da Lei 4.506, de 30 de novembro de 1964.

§ 4º Na apuração dos dispêndios realizados com pesquisa tecnológica e desenvolvimento de inovação tecnológica, não serão computados os montantes alocados como recursos não reembolsáveis por órgãos e entidades do Poder Público.

§ 5º *(Revogado pela Lei 12.350/2010.)*

§ 6º A dedução de que trata o inciso I do *caput* deste artigo aplica-se para efeito de

Lei 11.196/2005

apuração da base de cálculo da Contribuição Social sobre o Lucro Líquido – CSLL.

§ 7º A pessoa jurídica beneficiária dos incentivos de que trata este artigo fica obrigada a prestar, em meio eletrônico, informações sobre os programas de pesquisa, desenvolvimento tecnológico e inovação, na forma estabelecida em regulamento.

§ 8º A quota de depreciação acelerada de que trata o inciso III do *caput* deste artigo constituirá exclusão do lucro líquido para fins de determinação do lucro real e será controlada em livro fiscal de apuração do lucro real.

§ 9º O total da depreciação acumulada, incluindo a contábil e a acelerada, não poderá ultrapassar o custo de aquisição do bem.

§ 10. A partir do período de apuração em que for atingido o limite de que trata o § 9º deste artigo, o valor da depreciação registrado na escrituração comercial deverá ser adicionado ao lucro líquido para efeito de determinação do lucro real.

§ 11. As disposições dos §§ 8º, 9º e 10 deste artigo aplicam-se também às quotas de amortização de que trata o inciso IV do *caput* deste artigo.

- § 11 acrescentado pela Lei 11.487/2007.

Art. 18. Poderão ser deduzidas como despesas operacionais, na forma do inciso I do *caput* do art. 17 desta Lei e de seu § 6º, as importâncias transferidas a microempresas e empresas de pequeno porte de que trata a Lei 9.841, de 5 de outubro de 1999, destinadas à execução de pesquisa tecnológica e de desenvolvimento de inovação tecnológica de interesse e por conta e ordem da pessoa jurídica que promoveu a transferência, ainda que a pessoa jurídica recebedora dessas importâncias venha a ter participação no resultado econômico do produto resultante.

- V. art. 132, IV, *b*.
- V. LC 123/2006 (Supersimples).

§ 1º O disposto neste artigo aplica-se às transferências de recursos efetuadas para inventor independente de que trata o inciso IX do art. 2º da Lei 10.973, de 2 de dezembro de 2004.

§ 2º Não constituem receita das microempresas e empresas de pequeno porte, nem rendimento do inventor independente, as importâncias recebidas na forma do *caput* deste artigo, desde que utilizadas integralmente na realização da pesquisa ou desenvolvimento de inovação tecnológica.

§ 3º Na hipótese do § 2º deste artigo, para as microempresas e empresas de pequeno porte de que trata o *caput* deste artigo que apuram o imposto de renda com base no lucro real, os dispêndios efetuados com a execução de pesquisa tecnológica e desenvolvimento de inovação tecnológica não serão dedutíveis na apuração do lucro real e da base de cálculo da CSLL.

Art. 19. Sem prejuízo do disposto no art. 17 desta Lei, a partir do ano-calendário de 2006, a pessoa jurídica poderá excluir do lucro líquido, na determinação do lucro real e da base de cálculo da CSLL, o valor correspondente a até 60% (sessenta por cento) da soma dos dispêndios realizados no período de apuração com pesquisa tecnológica e desenvolvimento de inovação tecnológica, classificáveis como despesa pela legislação do IRPJ, na forma do inciso I do *caput* do art. 17 desta Lei.

- V. art. 132, IV, *b*.

§ 1º A exclusão de que trata o *caput* deste artigo poderá chegar a até 80% (oitenta por cento) dos dispêndios em função do número de empregados pesquisadores contratados pela pessoa jurídica, na forma a ser definida em regulamento.

§ 2º Na hipótese de pessoa jurídica que se dedica exclusivamente à pesquisa e desenvolvimento tecnológico, poderão também ser considerados, na forma do regulamento, os sócios que exerçam atividade de pesquisa.

§ 3º Sem prejuízo do disposto no *caput* e no § 1º deste artigo, a pessoa jurídica poderá excluir do lucro líquido, na determinação do lucro real e da base de cálculo da CSLL, o valor correspondente a até 20% (vinte por cento) da soma dos dispêndios ou pagamentos vinculados à pesquisa tecnológica e desenvolvimento de inovação tecnológica objeto de patente concedida ou cultivar registrado.

§ 4º Para fins do disposto no § 3º deste artigo, os dispêndios e pagamentos serão regis-

Lei 11.196/2005

LEGISLAÇÃO

trados em livro fiscal de apuração do lucro real e excluídos no período de apuração da concessão da patente ou do registro do cultivar.

§ 5º A exclusão de que trata este artigo fica limitada ao valor do lucro real e da base de cálculo da CSLL antes da própria exclusão, vedado o aproveitamento de eventual excesso em período de apuração posterior.

§ 6º O disposto no § 5º deste artigo não se aplica à pessoa jurídica referida no § 2º deste artigo.

Art. 19-A. A pessoa jurídica poderá excluir do lucro líquido, para efeito de apuração do lucro real e da base de cálculo da Contribuição Social sobre o Lucro Líquido (CSLL), os dispêndios efetivados em projeto de pesquisa científica e tecnológica e de inovação tecnológica a ser executado por Instituição Científica e Tecnológica (ICT), a que se refere o inciso V do *caput* do art. 2º da Lei 10.973, de 2 de dezembro de 2004, ou por entidades científicas e tecnológicas privadas, sem fins lucrativos, conforme regulamento.

- *Caput* com redação determinada pela Lei 12.546/2011.
- V. Dec. 6.260/2007 (Exclusão do lucro líquido, para efeito de apuração do lucro real e da base de cálculo da Contribuição Social sobre o Lucro Líquido – CSLL, dos dispêndios efetivados em projeto de pesquisa científica e tecnológica e de inovação tecnológica a ser executado por Instituição Científica e Tecnológica – ICT).

§ 1º A exclusão de que trata o *caput* deste artigo:

- § 1º acrescentado pela Lei 11.487/2007.

I – corresponderá, à opção da pessoa jurídica, a no mínimo a metade e no máximo duas vezes e meia o valor dos dispêndios efetuados, observado o disposto nos §§ 6º, 7º e 8º deste artigo;

II – deverá ser realizada no período de apuração em que os recursos forem efetivamente despendidos;

III – fica limitada ao valor do lucro real e da base de cálculo da CSLL antes da própria exclusão, vedado o aproveitamento de eventual excesso em período de apuração posterior.

§ 2º O disposto no *caput* deste artigo somente se aplica às pessoas jurídicas sujeitas ao regime de tributação com base no lucro real.

- § 2º acrescentado pela Lei 11.487/2007.

§ 3º Deverão ser adicionados na apuração do lucro real e da base de cálculo da CSLL os dispêndios de que trata o *caput* deste artigo, registrados como despesa ou custo operacional.

- § 3º acrescentado pela Lei 11.487/2007.

§ 4º As adições de que trata o § 3º deste artigo serão proporcionais ao valor das exclusões referidas no § 1º deste artigo, quando estas forem inferiores a 100% (cem por cento).

- § 4º acrescentado pela Lei 11.487/2007.

§ 5º Os valores dos dispêndios serão creditados em conta-corrente bancária mantida em instituição financeira oficial federal, aberta diretamente em nome da ICT, vinculada à execução do projeto e movimentada para esse único fim.

- § 5º acrescentado pela Lei 11.487/2007.

§ 6º A participação da pessoa jurídica na titularidade dos direitos sobre a criação e a propriedade industrial e intelectual gerada por um projeto corresponderá à razão entre a diferença do valor despendido pela pessoa jurídica e do valor do efetivo benefício fiscal utilizado, de um lado, e o valor total do projeto, de outro, cabendo à ICT a parte remanescente.

- § 6º acrescentado pela Lei 11.487/2007.

§ 7º A transferência de tecnologia, o licenciamento para outorga de direitos de uso e a exploração ou a prestação de serviços podem ser objeto de contrato entre a pessoa jurídica e a ICT, na forma da legislação, observados os direitos de cada parte, nos termos dos §§ 6º e 8º, ambos deste artigo.

- § 7º acrescentado pela Lei 11.487/2007.

§ 8º Somente poderão receber recursos na forma do *caput* deste artigo projetos apresentados pela ICT previamente aprovados por comitê permanente de acompanhamento de ações de pesquisa científica e tecnológica e de inovação tecnológica, constituído por representantes do Ministério da Ciência e Tecnologia, do Ministério do Desenvolvimento, Indústria e Comércio Exterior e do Ministério da Educação, na forma do regulamento.

Lei 11.196/2005

LEGISLAÇÃO

- § 8º acrescentado pela Lei 11.487/2007.

§ 9º O recurso recebido na forma do *caput* deste artigo constitui receita própria da ICT beneficiária, para todos os efeitos legais, conforme disposto no art. 18 da Lei 10.973, de 2 de dezembro de 2004.

- § 9º acrescentado pela Lei 11.487/2007.

§ 10. Aplica-se ao disposto neste artigo, no que couber, a Lei 10.973, de 2 de dezembro de 2004, especialmente os seus arts. 6º a 18.

- § 10 acrescentado pela Lei 11.487/2007.

§ 11. O incentivo fiscal de que trata este artigo não pode ser cumulado com o regime de incentivos fiscais à pesquisa tecnológica e à inovação tecnológica, previsto nos arts. 17 e 19 desta Lei, nem com a dedução a que se refere o inciso II do § 2º do art. 13 da Lei 9.249, de 26 de dezembro de 1995, relativamente a projetos desenvolvidos pela ICT com recursos despendidos na forma do *caput* deste artigo.

- § 11 acrescentado pela Lei 11.487/2007.

§ 12. O Poder Executivo regulamentará este artigo.

- § 12 acrescentado pela Lei 11.487/2007.

Art. 20. Para fins do disposto neste Capítulo, os valores relativos aos dispêndios incorridos em instalações fixas e na aquisição de aparelhos, máquinas e equipamentos, destinados à utilização em projetos de pesquisa e desenvolvimento tecnológico, metrologia, normalização técnica e avaliação da conformidade, aplicáveis a produtos, processos, sistemas e pessoal, procedimentos de autorização de registros, licenças, homologações e suas formas correlatas, bem como relativos a procedimentos de proteção de propriedade intelectual, poderão ser depreciados ou amortizados na forma da legislação vigente, podendo o saldo não depreciado ou não amortizado ser excluído na determinação do lucro real, no período de apuração em que for concluída sua utilização.

- V. art. 132, IV, *b*.

§ 1º O valor do saldo excluído na forma do *caput* deste artigo deverá ser controlado em livro fiscal de apuração do lucro real e será adicionado, na determinação do lucro real, em cada período de apuração posterior, pelo valor da depreciação ou amortização normal que venha a ser contabilizada como despesa operacional.

§ 2º A pessoa jurídica beneficiária de depreciação ou amortização acelerada nos termos dos incisos III e IV do *caput* do art. 17 desta Lei não poderá utilizar-se do benefício de que trata o *caput* deste artigo relativamente aos mesmos ativos.

§ 3º A depreciação ou amortização acelerada de que tratam os incisos III e IV do *caput* do art. 17 desta Lei bem como a exclusão do saldo não depreciado ou não amortizado na forma do *caput* deste artigo não se aplicam para efeito de apuração da base de cálculo da CSLL.

Art. 21. A União, por intermédio das agências de fomento de ciências e tecnologia, poderá subvencionar o valor da remuneração de pesquisadores, titulados como mestres ou doutores, empregados em atividades de inovação tecnológica em empresas localizadas no território brasileiro, na forma do regulamento.

- V. art. 132, IV, *b*.
- V. art. 30, Lei 12.350/2010, que determina que as subvenções governamentais de que tratam o art. 19 da Lei 10.973/2004, e o art. 21 da Lei 11.196/2005, não serão computadas para fins de determinação da base de cálculo do Imposto de Renda Pessoa Jurídica (IRPJ), da Contribuição Social sobre o Lucro Líquido (CSLL), da Contribuição para o PIS/Pasep e da Cofins, desde que tenham atendido aos requisitos estabelecidos na legislação específica e realizadas as contrapartidas assumidas pela empresa beneficiária.

Parágrafo único. O valor da subvenção de que trata o *caput* deste artigo será de:

I – até 60% (sessenta por cento) para as pessoas jurídicas nas áreas de atuação das extintas Sudene e Sudam;

II – até 40% (quarenta por cento), nas demais regiões.

Art. 22. Os dispêndios e pagamentos de que tratam os arts. 17 a 20 desta Lei:

- V. art. 132, IV, *b*.

I – serão controlados contabilmente em contas específicas; e

II – somente poderão ser deduzidos se pagos a pessoas físicas ou jurídicas residentes e domiciliadas no País, ressalvados os mencionados nos incisos V e VI do *caput* do art. 17 desta Lei.

Lei 11.196/2005

LEGISLAÇÃO

Art. 23. O gozo dos benefícios fiscais e da subvenção de que tratam os arts. 17 a 21 desta Lei fica condicionado à comprovação da regularidade fiscal da pessoa jurídica.

• V. art. 132, IV, b.

Art. 24. O descumprimento de qualquer obrigação assumida para obtenção dos incentivos de que tratam os arts. 17 a 22 desta Lei bem como a utilização indevida dos incentivos fiscais neles referidos implicam perda do direito aos incentivos ainda não utilizados e o recolhimento do valor correspondente aos tributos não pagos em decorrência dos incentivos já utilizados, acrescidos de juros e multa, de mora ou de ofício, previstos na legislação tributária, sem prejuízo das sanções penais cabíveis.

• V. art. 132, IV, b.

Art. 25. Os Programas de Desenvolvimento Tecnológico Industrial – PDTI e Programas de Desenvolvimento Tecnológico Agropecuário – PDTA e os projetos aprovados até 31 de dezembro de 2005 ficarão regidos pela legislação em vigor na data da publicação da Medida Provisória 252, de 15 de junho de 2005, autorizada a migração para o regime previsto nesta Lei, conforme disciplinado em regulamento.

• V. art. 132, IV, b.

Art. 26. O disposto neste Capítulo não se aplica às pessoas jurídicas que utilizarem os benefícios de que tratam as Leis 8.248, de 23 de outubro de 1991, 8.387, de 30 de dezembro de 1991, e 10.176, de 11 de janeiro de 2001, observado o art. 27 desta Lei.

• V. art. 132, IV, b.

§ 1º A pessoa jurídica de que trata o *caput* deste artigo, relativamente às atividades de informática e automação, poderá deduzir, para efeito de apuração do lucro real e da base de cálculo da CSLL, o valor correspondente a até 160% (cento e sessenta por cento) dos dispêndios realizados no período de apuração com pesquisa tecnológica e desenvolvimento de inovação tecnológica.

• § 1º acrescentado pela Lei 11.774/2008.

§ 2º A dedução de que trata o § 1º deste artigo poderá chegar a até 180% (cento e oitenta por cento) dos dispêndios em função do número de empregados pesquisadores contratados pela pessoa jurídica, na forma a ser definida em regulamento.

• § 2º acrescentado pela Lei 11.774/2008.

§ 3º A partir do período de apuração em que ocorrer a dedução de que trata o § 1º deste artigo, o valor da depreciação ou amortização relativo aos dispêndios, conforme o caso, registrado na escrituração comercial deverá ser adicionado ao lucro líquido para efeito de determinação do lucro real.

• § 3º acrescentado pela Lei 11.774/2008.

§ 4º A pessoa jurídica de que trata o *caput* deste artigo que exercer outras atividades além daquelas que geraram os benefícios ali referidos poderá usufruir, em relação a essas atividades, os benefícios de que trata este Capítulo.

• § 4º acrescentado pela Lei 11.774/2008.

Art. 27. *(Vetado.)*

Capítulo IV
DO PROGRAMA
DE INCLUSÃO DIGITAL

• V. Dec 5.602/2005 (Regulamenta o Programa de Inclusão Digital).

Art. 28. Para os fatos geradores ocorridos a partir de 1º de janeiro de 2016, serão aplicadas na forma do art. 28-A desta Lei as alíquotas da Contribuição para PIS/Pasep e da Cofins incidentes sobre a receita bruta de venda a varejo dos seguintes produtos:

• *Caput* com redação determinada pela Lei 13.241/2015.

I – unidades de processamento digital classificados no código 8471.50.10 da Tabela de Incidência do Imposto sobre Produtos Industrializados – Tipi;

II – máquinas automáticas para processamento de dados, digitais, portáteis, de peso inferior a três quilos e meio, com tela (écran) de área superior a cento e quarenta centímetros quadrados, classificadas nos códigos 8471.30.12, 8471.30.19 ou 8471.30.90 da Tipi;

III – máquinas automáticas de processamento de dados, apresentadas sob a forma de sistemas, do código 8471.49 da Tipi, contendo exclusivamente uma unidade de processamento digital, uma unidade de saída por vídeo (monitor), um teclado (unidade de entrada), um mouse (unidade de entrada),

Lei 11.196/2005

classificados, respectivamente, nos códigos 8471.50.10, 8471.60.7, 8471.60.52 e 8471.60.53 da Tipi;
IV – teclado (unidade de entrada) e de mouse (unidade de entrada) classificados, respectivamente, nos códigos 8471.60.52 e 8471.60.53 da Tipi, quando acompanharem a unidade de processamento digital classificada no código 8471.50.10 da Tipi;
V – modems, classificados nas posições 8517.62.55, 8517.62.62 ou 8517.62.72 da Tipi;
VI – máquinas automáticas de processamento de dados, portáteis, sem teclado, que tenham uma unidade central de processamento com entrada e saída de dados por meio de uma tela sensível ao toque de área superior a cento e quarenta centímetros quadrados e inferior a seiscentos centímetros quadrados e que não possuem função de comando remoto (tablet PC) classificadas na subposição 8471.41 da Tipi;
VII – telefones portáteis de redes celulares que possibilitem o acesso à internet em alta velocidade do tipo smartphone classificados na posição 8517.12.31 da Tipi;
VIII – equipamentos terminais de clientes (roteadores digitais) classificados nas posições 8517.62.41 e 8517.62.77 da Tipi.
§ 1º Os produtos de que trata este artigo atenderão aos termos e condições estabelecidos em regulamento, inclusive quanto ao valor e especificações técnicas.

* § 1º com redação determinada pela Lei 13.241/2015.

§ 2º O disposto neste artigo aplica-se também às aquisições realizadas por pessoas jurídicas de direito privado ou por órgãos e entidades da Administração Pública Federal, Estadual ou Municipal e do Distrito Federal, direta ou indireta, às fundações instituídas e mantidas pelo Poder Público e às demais organizações sob o controle direto ou indireto da União, dos Estados, dos Municípios ou do Distrito Federal.
§ 3º O disposto no *caput* deste artigo aplica-se igualmente nas vendas efetuadas às sociedades de arrendamento mercantil *leasing*.
§ 4º Nas notas fiscais emitidas pelo produtor, pelo atacadista e pelo varejista relativas à venda dos produtos de que tratam os incisos I, II, III e VI do *caput*, deverá constar a expressão "Produto fabricado conforme processo produtivo básico", com a especificação do ato que aprova o processo produtivo básico respectivo.

* § 4º com redação determinada pela Lei 12.715/2012 (*DOU* 18.09.2012), em vigor na data de sua publicação, produzindo efeitos a partir de sua regulamentação.

§ 5º As aquisições de máquinas automáticas de processamento de dados, nos termos do inciso III do *caput*, realizadas por órgãos e entidades da administração pública federal, estadual ou municipal e do Distrito Federal, direta ou indireta, às fundações instituídas e mantidas pelo poder público e às demais organizações sob o controle direto ou indireto da União, dos Estados e dos Municípios ou do Distrito Federal, poderão estar acompanhadas de mais de uma unidade de saída por vídeo (monitor), mais de um teclado (unidade de entrada), e mais de um mouse (unidade de entrada).

* § 5º acrescentado pela Lei 12.715/2012 (*DOU* 18.09.2012), em vigor na data de sua publicação, produzindo efeitos a partir de sua regulamentação.

§ 6º O disposto no § 5º será regulamentado pelo Poder Executivo, inclusive no que se refere à quantidade de vídeos, teclados e *mouses* que poderão ser adquiridos com benefício.

* § 6º acrescentado pela Lei 12.715/2012 (*DOU* 18.09.2012), em vigor na data de sua publicação, produzindo efeitos a partir de sua regulamentação.

Art. 28-A. As alíquotas da Cofins e da Contribuição para o PIS/Pasep, em relação aos produtos previstos no art. 28 desta Lei, serão aplicadas da seguinte maneira:

* Artigo acrescentado pela Lei 13.241/2015.

I – integralmente, para os fatos geradores ocorridos até 31 de dezembro de 2016;
II – *(Vetado.)*
III – *(Vetado.)*

Art. 29. Nas vendas efetuadas na forma dos arts. 28 e 28-A desta Lei não se aplica a retenção na fonte da Contribuição para o PIS/Pasep e da Cofins a que se referem o art. 64 da Lei 9.430, de 27 de dezembro de 1996, e o art. 34 da Lei 10.833, de 29 de dezembro de 2003.

Lei 11.196/2005

LEGISLAÇÃO

• Artigo com redação determinada pela Lei 13.241/2015.

Art. 30. As disposições dos arts. 28 e 29 desta Lei:
I – não se aplicam às vendas efetuadas por empresas optantes pelo Simples;
II – *(Revogado pela Lei 13.241/2015.)*

Capítulo V
DOS INCENTIVOS ÀS MICRORREGIÕES NAS ÁREAS DE ATUAÇÃO DAS EXTINTAS SUDENE E SUDAM

Art. 31. Sem prejuízo das demais normas em vigor aplicáveis à matéria, para bens adquiridos a partir do ano-calendário de 2006 e até 31 de dezembro de 2018, as pessoas jurídicas que tenham projeto aprovado para instalação, ampliação, modernização ou diversificação enquadrado em setores da economia considerados prioritários para o desenvolvimento regional, em microrregiões menos desenvolvidas localizadas nas áreas de atuação das extintas Sudene e Sudam, terão direito:

• *Caput* com redação determinada pela Lei 12.712/2012.
• V. art. 132, IV, *b*.
• V. Dec. 5.988/2006 (Dispõe sobre o art. 31 da Lei 11.196/2005).

I – à depreciação acelerada incentivada, para efeito de cálculo do imposto sobre a renda;
II – ao desconto, no prazo de 12 (doze) meses contado da aquisição, dos créditos da Contribuição para o PIS/Pasep e da Cofins de que tratam o inciso III do § 1º do art. 3º da Lei 10.637, de 30 de dezembro de 2002, o inciso III do § 1º do art. 3º da Lei 10.833, de 29 de dezembro de 2003, e o § 4º do art. 15 da Lei 10.865, de 30 de abril de 2004, na hipótese de aquisição de máquinas, aparelhos, instrumentos e equipamentos, novos, relacionados em regulamento, destinados à incorporação ao seu ativo imobilizado.

§ 1º As microrregiões alcançadas bem como os limites e condições para fruição do benefício referido neste artigo serão definidos em regulamento.
§ 2º A fruição desse benefício fica condicionada à fruição do benefício de que trata o art. 1º da Medida Provisória 2.199-14, de 24 de agosto de 2001.
§ 3º A depreciação acelerada incentivada de que trata o *caput* deste artigo consiste na depreciação integral, no próprio ano da aquisição ou até o 4º (quarto) ano subsequente à aquisição.

• § 3º com redação determinada pela Lei 12.712/2012.

§ 4º A quota de depreciação acelerada, correspondente ao benefício, constituirá exclusão do lucro líquido para fins de determinação do lucro real e será escriturada no livro fiscal de apuração do lucro real.
§ 5º O total da depreciação acumulada, incluindo a normal e a acelerada, não poderá ultrapassar o custo de aquisição do bem.
§ 6º A partir do período de apuração em que for atingido o limite de que trata o § 5º deste artigo, o valor da depreciação normal, registrado na escrituração comercial, será adicionado ao lucro líquido para efeito de determinação do lucro real.
§ 7º Os créditos de que trata o inciso II do *caput* deste artigo serão apurados mediante a aplicação, a cada mês, das alíquotas referidas no *caput* do art. 2º da Lei 10.637, de 30 de dezembro de 2002, e no *caput* do art. 2º da Lei 10.833, de 29 de dezembro de 2003, sobre o valor correspondente a 1/12 (um doze avos) do custo de aquisição do bem.
§ 8º Salvo autorização expressa em lei, os benefícios fiscais de que trata este artigo não poderão ser usufruídos cumulativamente com outros de mesma natureza.

Art. 32. O art. 1º da Medida Provisória 2.199-14, de 24 de agosto de 2001, passa a vigorar com a seguinte redação:
"Art. 1º Sem prejuízo das demais normas em vigor aplicáveis à matéria, a partir do ano-calendário de 2000, as pessoas jurídicas que tenham projeto protocolizado e aprovado até 31 de dezembro de 2013 para instalação, ampliação, modernização ou diversificação enquadrado em setores da economia considerados, em ato do Poder Executivo, prioritários para o desenvolvimento regional, nas áreas de atuação das extintas Superintendência de Desenvolvimento do Nordeste – Sudene e Superintendência de Desenvolvimento da Amazônia – Sudam, terão direito à redução de 75%

Lei 11.196/2005

(setenta e cinco por cento) do imposto sobre a renda e adicionais, calculados com base no lucro da exploração.

"§ 1º A fruição do benefício fiscal referido no *caput* deste artigo dar-se-á a partir do ano-calendário subsequente àquele em que o projeto de instalação, ampliação, modernização ou diversificação entrar em operação, segundo laudo expedido pelo Ministério da Integração Nacional até o último dia útil do mês de março do ano-calendário subsequente ao do início da operação.

"[...]

"§ 3º O prazo de fruição do benefício fiscal será de 10 (dez) anos, contado a partir do ano-calendário de início de sua fruição.

"[...]"

Capítulo VI
DO SISTEMA INTEGRADO DE PAGAMENTO DE IMPOSTOS E CONTRIBUIÇÕES DAS MICROEMPRESAS E DAS EMPRESAS DE PEQUENO PORTE – SIMPLES

Art. 33. Os arts. 2º e 15 da Lei 9.317, de 5 de dezembro de 1996, passam a vigorar com a seguinte redação:

• A Lei 9.317/1996 foi revogada pela LC 123/2006.

Capítulo VII
DO IMPOSTO DE RENDA DA PESSOA JURÍDICA – IRPJ E DA CONTRIBUIÇÃO SOCIAL SOBRE O LUCRO LÍQUIDO – CSLL

Art. 34. Os arts. 15 e 20 da Lei 9.249, de 26 de dezembro de 1995, passam a vigorar com a seguinte redação:

• Alterações processadas no texto da referida Lei.

Art. 35. O *caput* do art. 1º da Lei 11.051, de 29 de dezembro de 2004, passa a vigorar com a seguinte redação:

• Alteração processada no texto da referida Lei.

Art. 36. Fica o Ministro da Fazenda autorizado a instituir, por prazo certo, mecanismo de ajuste para fins de determinação de preços de transferência, relativamente ao que dispõe o *caput* do art. 19 da Lei 9.430, de 27 de dezembro de 1996, bem como aos métodos de cálculo que especificar, aplicáveis à exportação, de forma a reduzir impactos relativos à apreciação da moeda nacional em relação a outras moedas.

Parágrafo único. O Secretário-Geral da Receita Federal do Brasil poderá determinar a aplicação do mecanismo de ajuste de que trata o *caput* deste artigo às hipóteses referidas no art. 45 da Lei 10.833, de 29 de dezembro de 2003.

Art. 37. A diferença entre o valor do encargo decorrente das taxas anuais de depreciação fixadas pela Receita Federal do Brasil e o valor do encargo contabilizado decorrente das taxas anuais de depreciação fixadas pela legislação específica aplicável aos bens do ativo imobilizado, exceto terrenos, adquiridos ou construídos por empresas concessionárias, permissionárias e autorizadas de geração de energia elétrica, poderá ser excluída do lucro líquido para a apuração do lucro real e da base de cálculo da CSLL.

• V. art. 132, III, *d*.

§ 1º O disposto no *caput* deste artigo aplica-se somente aos bens novos adquiridos ou construídos destinados a empreendimentos cuja concessão, permissão ou autorização tenha sido outorgada a partir da data da publicação desta Lei até 31 de dezembro de 2018.

• § 1º com redação determinada pela Lei 12.865/2013.

§ 2º A diferença entre os valores dos encargos de que trata o *caput* deste artigo será controlada no livro fiscal destinado à apuração do lucro real.

§ 3º O total da depreciação acumulada, incluindo a contábil e a fiscal, não poderá ultrapassar o custo do bem depreciado.

§ 4º A partir do período de apuração em que for atingido o limite de que trata o § 3º deste artigo, o valor da depreciação registrado na escrituração comercial será adicionado ao lucro líquido, para efeito da determinação do lucro real e da base de cálculo da CSLL, com a concomitante baixa na conta de controle do livro fiscal de apuração do lucro real.

§ 5º O disposto neste artigo produz apenas efeitos fiscais, não altera as atribuições e competências fixadas na legislação para a atuação da Agência Nacional de Energia Elétrica – Aneel e não poderá repercutir, direta ou indiretamente, no aumento de preços e tarifas de energia elétrica.

Lei 11.196/2005

LEGISLAÇÃO

Capítulo VIII
DO IMPOSTO DE RENDA DA PESSOA FÍSICA – IRPF

Art. 38. O art. 22 da Lei 9.250, de 26 de dezembro de 1995, passa a vigorar com a seguinte redação:

- Alterações processadas no texto da referida Lei.

Art. 39. Fica isento do imposto de renda o ganho auferido por pessoa física residente no País na venda de imóveis residenciais, desde que o alienante, no prazo de 180 (cento e oitenta) dias contado da celebração do contrato, aplique o produto da venda na aquisição de imóveis residenciais localizados no País.

- V. art. 132, II, *d*.
- V. Instrução Normativa SRF 599/2005 (Dispõe sobre os arts. 38, 39 e 40 desta Lei, relativamente ao Imposto de Renda incidente sobre ganhos de capital das pessoas físicas).

§ 1º No caso de venda de mais de um imóvel, o prazo referido neste artigo será contado a partir da data de celebração do contrato relativo à primeira operação.

§ 2º A aplicação parcial do produto da venda implicará tributação do ganho proporcionalmente ao valor da parcela não aplicada.

§ 3º No caso de aquisição de mais de um imóvel, a isenção de que trata este artigo aplicar-se-á ao ganho de capital correspondente apenas à parcela empregada na aquisição de imóveis residenciais.

§ 4º A inobservância das condições estabelecidas neste artigo importará em exigência do imposto com base no ganho de capital, acrescido de:

I – juros de mora, calculados a partir do segundo mês subsequente ao do recebimento do valor ou de parcela do valor do imóvel vendido; e

II – multa, de mora ou de ofício, calculada a partir do segundo mês seguinte ao do recebimento do valor ou de parcela do valor do imóvel vendido, se o imposto não for pago até 30 (trinta) dias após o prazo de que trata o *caput* deste artigo.

§ 5º O contribuinte somente poderá usufruir do benefício de que trata este artigo uma vez a cada 5 (cinco) anos.

Art. 40. Para a apuração da base de cálculo do imposto sobre a renda incidente sobre o ganho de capital por ocasião da alienação, a qualquer título, de bens imóveis realizada por pessoa física residente no País, serão aplicados fatores de redução (FR1 e FR2) do ganho de capital apurado.

- V. art. 132, II, *d*.
- V. Instrução Normativa SRF 599/2005 (Dispõe sobre os arts. 38, 39 e 40 desta Lei, relativamente ao Imposto de Renda incidente sobre ganhos de capital das pessoas físicas).

§ 1º A base de cálculo do imposto corresponderá à multiplicação do ganho de capital pelos fatores de redução, que serão determinados pelas seguintes fórmulas:

I – $FR1 = 1/1,0060^{m1}$, onde "m1" corresponde ao número de meses-calendário ou fração decorridos entre a data de aquisição do imóvel e o mês da publicação desta Lei, inclusive na hipótese de a alienação ocorrer no referido mês;

II – $FR2 = 1/1,0035^{m2}$, onde "m2" corresponde ao número de meses-calendário ou fração decorridos entre o mês seguinte ao da publicação desta Lei ou o mês da aquisição do imóvel, se posterior, e o de sua alienação.

§ 2º Na hipótese de imóveis adquiridos até 31 de dezembro de 1995, o fator de redução de que trata o inciso I do § 1º deste artigo será aplicado a partir de 1º de janeiro de 1996, sem prejuízo do disposto no art. 18 da Lei 7.713, de 22 de dezembro de 1988.

Capítulo IX
DA CONTRIBUIÇÃO PARA O PIS/PASEP E DA COFINS

Art. 41. O § 8º do art. 3º da Lei 9.718, de 27 de novembro de 1998, passa a vigorar acrescido do seguinte inciso III:

- Alteração processada no texto da referida Lei.

Art. 42. O art. 3º da Lei 10.485, de 3 de julho de 2002, passa a vigorar com a seguinte redação:

"Art. 3º [...]

"[...]

"§ 3º Estão sujeitos à retenção na fonte da Contribuição para o PIS/Pasep e da Cofins os pagamentos referentes à aquisição de autopeças constantes dos Anexos I e II desta Lei, exceto pneumáticos, quando efetuados por pessoa jurídica fabricante:

Lei 11.196/2005

Legislação

"I – de peças, componentes ou conjuntos destinados aos produtos relacionados no art. 1º desta Lei;

"II – de produtos relacionados no art. 1º desta Lei.

"§ 4º O valor a ser retido na forma do § 3º deste artigo constitui antecipação das contribuições devidas pelas pessoas jurídicas fornecedoras e será determinado mediante a aplicação, sobre a importância a pagar, do percentual de 0,1% (um décimo por cento) para a Contribuição para o PIS/Pasep e 0,5% (cinco décimos por cento) para a Cofins.

"§ 5º O valor retido na quinzena deverá ser recolhido até o último dia útil da quinzena subsequente àquela em que tiver ocorrido o pagamento.

"[...]

"§ 7º A retenção na fonte de que trata o § 3º deste artigo:

"I – não se aplica no caso de pagamento efetuado a pessoa jurídica optante pelo Sistema Integrado de Pagamento de Impostos e Contribuições das Microempresas e das Empresas de Pequeno Porte – Simples e a comerciante atacadista ou varejista;

"II – alcança também os pagamentos efetuados por serviço de industrialização no caso de industrialização por encomenda."

Art. 43. Os arts. 2º, 3º, 10 e 15 da Lei 10.833, de 29 de dezembro de 2003, passam a vigorar com a seguinte redação:

* Alterações processadas no texto da referida Lei.

Art. 44. Os arts. 7º, 8º, 15, 28 e 40 da Lei 10.865, de 30 de abril de 2004, passam a vigorar com a seguinte redação:

* Alterações processadas no texto da referida Lei.

Art. 45. O art. 3º da Lei 10.637, de 30 de dezembro de 2002, passa a vigorar com a seguinte redação:

* Alterações processadas no texto da referida Lei.

Art. 46. Os arts. 2º, 10 e 30 da Lei 11.051, de 29 de dezembro de 2004, passam a vigorar com a seguinte redação:

* Alterações processadas no texto da referida Lei.

Art. 47. Fica vedada a utilização do crédito de que tratam o inciso II do *caput* do art. 3º da Lei 10.637, de 30 de dezembro de 2002, e o inciso II do *caput* do art. 3º da Lei 10.833, de 29 de dezembro de 2003, nas aquisições de desperdícios, resíduos ou aparas de plástico, de papel ou cartão, de vidro, de ferro ou aço, de cobre, de níquel, de alumínio, de chumbo, de zinco e de estanho, classificados respectivamente nas posições 39.15, 47.07, 70.01, 72.04, 74.04, 75.03, 76.02, 78.02, 79.02 e 80.02 da Tabela de Incidência do Imposto sobre Produtos Industrializados – Tipi, e demais desperdícios e resíduos metálicos do Capítulo 81 da Tipi.

* V. art. 132, V, *c*.

Art. 48. A incidência da Contribuição para o PIS/Pasep e da Cofins fica suspensa no caso de venda de desperdícios, resíduos ou aparas de que trata o art. 47 desta Lei, para pessoa jurídica que apure o imposto de renda com base no lucro real.

* V. art. 132, V, *c*.

Parágrafo único. A suspensão de que trata o *caput* deste artigo não se aplica às vendas efetuadas por pessoa jurídica optante pelo Simples.

Art. 49. Fica suspensa a exigência da Contribuição para o PIS/Pasep e da Cofins incidentes sobre a receita auferida por fabricante na venda a empresa sediada no exterior para entrega em território nacional de material de embalagem a ser totalmente utilizado no acondicionamento de mercadoria destinada à exportação para o exterior.

§ 1º A suspensão de que trata o *caput* deste artigo converte-se em alíquota 0 (zero) após a exportação da mercadoria acondicionada.

§ 2º Nas notas fiscais relativas às vendas com suspensão de que trata o *caput* deste artigo deverá constar a expressão "Saída com suspensão da exigência da Contribuição para o PIS/Pasep e da Cofins", com a especificação do dispositivo legal correspondente.

§ 3º O benefício de que trata este artigo somente poderá ser usufruído após atendidos os termos e condições estabelecidos em regulamento do Poder Executivo.

§ 4º A pessoa jurídica que, no prazo de 180 (cento e oitenta) dias, contado da data em que se realizou a operação de venda, não houver efetuado a exportação para o exterior das mercadorias acondicionadas com o material de embalagem recebido com suspensão da exigência da Contribuição para o PIS/Pasep e da Cofins fica obrigada ao recolhimento dessas contribuições, acrescidas de juros e multa de mora, na forma da lei,

Lei 11.196/2005

LEGISLAÇÃO

contados a partir da referida data de venda, na condição de responsável.

§ 5º Na hipótese de não ser efetuado o recolhimento na forma do § 4º deste artigo, caberá lançamento de ofício, com aplicação de juros e da multa de que trata o *caput* do art. 44 da Lei 9.430, de 27 de dezembro de 1996.

§ 6º Nas hipóteses de que tratam os §§ 4º e 5º deste artigo, a pessoa jurídica fabricante do material de embalagem será responsável solidária com a pessoa jurídica destinatária desses produtos pelo pagamento das contribuições devidas e respectivos acréscimos legais.

Art. 50. A suspensão de que trata o § 1º do art. 14 da Lei 10.865, de 30 de abril de 2004, aplica-se também nas importações de máquinas, aparelhos, instrumentos e equipamentos, novos, para incorporação ao ativo imobilizado da pessoa jurídica importadora.

§ 1º A suspensão de que trata o *caput* deste artigo converte-se em alíquota 0 (zero) após decorridos 18 (dezoito) meses da incorporação do bem ao ativo imobilizado da pessoa jurídica importadora.

§ 2º A pessoa jurídica importadora que não incorporar o bem ao seu ativo imobilizado ou revender o bem antes do prazo de que trata o § 1º deste artigo recolherá a Contribuição para o PIS/Pasep-Importação e a Cofins-Importação, acrescidas de juros e multa de mora, na forma da lei, contados a partir do registro da Declaração de Importação.

§ 3º Na hipótese de não ser efetuado o recolhimento na forma do § 2º deste artigo, caberá lançamento de ofício das contribuições, acrescidas de juros e da multa de que trata o *caput* do art. 44 da Lei 9.430, de 27 de dezembro de 1996.

§ 4º As máquinas, aparelhos, instrumentos e equipamentos beneficiados pela suspensão da exigência das contribuições na forma deste artigo serão relacionados em regulamento.

Art. 51. O *caput* do art. 1º da Lei 10.925, de 23 de julho de 2004, passa a vigorar acrescido dos seguintes incisos:

- Alterações processadas no texto da referida Lei.

Art. 52. *(Revogado pela Lei 13.161/2015 – DOU 31.08.2015, edição extra, a partir de 01.05.2015.)*

Art. 53. *(Revogado pela Lei 13.161/2015 – DOU 31.08.2015, edição extra, a partir de 01.05.2015.)*

Art. 54. *(Revogado pela Lei 13.161/2015 – DOU 31.08.2015, edição extra, a partir de 01.05.2015.)*

Art. 55. A venda ou a importação de máquinas e equipamentos utilizados na fabricação de papéis destinados à impressão de jornais ou de papéis classificados nos códigos 4801.00.10, 4801.00.90, 4802.61.91, 4802.61.99, 4810.19.89 e 4810.22.90, todos da Tipi, destinados à impressão de periódicos, serão efetuadas com suspensão da exigência:

- V. Dec. 5.881/2006 (Regulamenta o art. 55 da Lei 11.196/2005).
- V. Instrução Normativa SRF 675/2006 (Regime de suspensão da exigência da Contribuição para o PIS/Pasep e da Cofins na aquisição de máquinas para produzir papéis, instituído pelo art. 55 da Lei 11.196/2005).

I – da Contribuição para o PIS/Pasep e da Cofins incidentes sobre a receita bruta da venda no mercado interno, quando os referidos bens forem adquiridos por pessoa jurídica industrial para incorporação ao seu ativo imobilizado; ou

II – da Contribuição para o PIS/Pasep-Importação e da Cofins-Importação, quando os referidos bens forem importados diretamente por pessoa jurídica industrial para incorporação ao seu ativo imobilizado.

§ 1º O benefício da suspensão de que trata este artigo:

I – aplica-se somente no caso de aquisições ou importações efetuadas por pessoa jurídica que auferir, com a venda dos papéis referidos no *caput* deste artigo, valor igual ou superior a 80% (oitenta por cento) da sua receita bruta de venda total de papéis;

II – não se aplica no caso de aquisições ou importações efetuadas por pessoas jurídicas optantes pelo Simples ou que tenham suas receitas, no todo ou em parte, submetidas ao regime de incidência cumulativa da Contribuição para o PIS/Pasep e da Cofins; e

III – poderá ser usufruído nas aquisições ou importações realizadas até 30 de abril de 2008 ou até que a produção nacional atenda a 80% (oitenta por cento) do consumo interno.

Lei 11.196/2005

LEGISLAÇÃO

§ 2º O percentual de que trata o inciso I do § 1º deste artigo será apurado:
I – após excluídos os impostos e contribuições incidentes sobre a venda; e
II – considerando-se a média obtida, a partir do início de utilização do bem adquirido com suspensão, durante o período de 18 (dezoito) meses.
§ 3º O prazo de início de utilização a que se refere o § 2º deste artigo não poderá ser superior a 3 (três) anos.
§ 4º A suspensão de que trata este artigo converte-se em alíquota 0 (zero) após cumprida a condição de que trata o inciso I do § 1º deste artigo, observados os prazos determinados nos §§ 2º e 3º deste artigo.
§ 5º No caso de não ser efetuada a incorporação do bem ao ativo imobilizado ou de sua revenda antes da redução a 0 (zero) das alíquotas, na forma do § 4º deste artigo, as contribuições não pagas em decorrência da suspensão de que trata este artigo serão devidas, acrescidas de juros e multa, de mora ou de ofício, na forma da lei, contados a partir da data da aquisição ou do registro da Declaração de Importação – DI, na condição de responsável, em relação à Contribuição para o PIS/Pasep e à Cofins, ou de contribuinte, em relação à Contribuição para o PIS/Pasep-Importação e à Cofins-Importação.
§ 6º Nas notas fiscais relativas à venda de que trata o inciso I do *caput* deste artigo deverá constar a expressão "Venda efetuada com suspensão da exigência da Contribuição para o PIS/Pasep e da Cofins", com a especificação do dispositivo legal correspondente.
§ 7º Na hipótese de não atendimento do percentual de venda de papéis estabelecido no inciso I do § 1º deste artigo, a multa, de mora ou de ofício, a que se refere o § 5º deste artigo, será aplicada sobre o valor das contribuições não recolhidas, proporcionalmente à diferença entre esse percentual de venda e o efetivamente alcançado.
§ 8º A utilização do benefício da suspensão de que trata este artigo:
I – fica condicionada à regularidade fiscal da pessoa jurídica adquirente ou importadora das máquinas e equipamentos, em relação aos tributos e contribuições administrados pela Receita Federal do Brasil; e
II – será disciplinada pelo Poder Executivo em regulamento.

§ 9º As máquinas e equipamentos beneficiados pela suspensão da exigência das contribuições, na forma deste artigo, serão relacionados em regulamento.

- V. Dec. 5.653/2005 (Trata das máquinas e equipamentos utilizados na fabricação de papéis destinados à impressão de jornais ou periódicos, objeto da suspensão da exigência da Contribuição para o PIS/Pasep, da Cofins, da Contribuição para o PIS/Pasep-Importação e da Cofins-Importação, na forma deste parágrafo).

Art. 56. A Contribuição para o PIS/Pasep e a Cofins devidas pelo produtor ou importador de nafta petroquímica, incidentes sobre a receita bruta decorrente da venda desse produto às centrais petroquímicas, serão calculadas, respectivamente, com base nas alíquotas de:

- Artigo com redação determinada pela Lei 12.859/2013.

I – 0,18% (dezoito centésimos por cento) e 0,82% (oitenta e dois centésimos por cento), para os fatos geradores ocorridos nos anos de 2013, 2014 e 2015;
II – 0,54% (cinquenta e quatro centésimos por cento) e 2,46% (dois inteiros e quarenta e seis centésimos por cento), para os fatos geradores ocorridos no ano de 2016;
III – 0,90% (noventa centésimos por cento) e 4,10% (quatro inteiros e dez centésimos por cento), para os fatos geradores ocorridos no ano de 2017; e
IV – 1% (um por cento) e 4,6% (quatro inteiros e seis décimos por cento), para os fatos geradores ocorridos a partir do ano de 2018.

Parágrafo único. O disposto no *caput* aplica-se também:
I – às vendas de etano, propano, butano, condensado e correntes gasosas de refinaria – HLR – hidrocarbonetos leves de refino para centrais petroquímicas para serem utilizados como insumo na produção de eteno, propeno, buteno, butadieno, ortoxileno, benzeno, tolueno, isopreno e paraxileno; e
II – às vendas de eteno, propeno, buteno, butadieno, ortoxileno, benzeno, tolueno, isopreno e paraxileno para indústrias químicas para serem utilizados como insumo produtivo.

Art. 57. Na apuração da Contribuição para o PIS/Pasep e da Cofins no regime de não cumulatividade, a central petroquímica poderá descontar créditos calculados às alí-

Lei 11.196/2005

LEGISLAÇÃO

quotas de 1,65% (um inteiro e sessenta e cinco centésimos por cento) e 7,6% (sete inteiros e seis décimos por cento), respectivamente, decorrentes de aquisição ou importação de nafta petroquímica.

• V. art. 132, V, c.

§ 1º Na hipótese de revenda dos produtos adquiridos na forma do art. 56 ou importados na forma do § 15 do art. 8º da Lei 10.865, de 30 de abril de 2004, os créditos de que trata o caput serão calculados mediante a aplicação das alíquotas estabelecidas nos incisos do caput do art. 56.

• § 1º com redação determinada pela Lei 12.859/2013.

§ 2º (Revogado pela Lei 12.859/2013.)

Art. 57-A. O disposto no art. 57 aplica-se também às aquisições dos produtos cujas vendas são referidas nos incisos do parágrafo único do art. 56.

• Artigo acrescentado pela Lei 12.859/2013.

§ 1º O saldo de créditos apurados pelas indústrias petroquímicas na forma do art. 3º da Lei 10.637, de 30 de dezembro de 2002, e do art. 3º da Lei 10.833, de 29 de dezembro de 2003, existente em 8 de maio de 2013, poderá, nos termos e prazos fixados em regulamento:

I – ser compensado com débitos próprios, vencidos ou vincendos, relativos a tributos administrados pela Secretaria da Receita Federal do Brasil, observada a legislação específica aplicável à matéria; ou

II – ser ressarcido em dinheiro, observada a legislação específica aplicável à matéria.

§ 2º O crédito previsto no art. 57 e neste artigo, decorrente da aquisição dos produtos mencionados no caput e no parágrafo único do art. 56 que a pessoa jurídica não conseguir utilizar até o final de cada trimestre-calendário poderá ser:

I – compensado com débitos próprios, vencidos ou vincendos, relativos a impostos e contribuições administrados pela Secretaria da Receita Federal do Brasil, observada a legislação específica aplicável à matéria; ou

II – ressarcido em espécie, observada a legislação específica aplicável à matéria.

Art. 57-B. É o Poder Executivo autorizado a conceder às centrais petroquímicas sujeitas ao regime de apuração não cumulativa da Contribuição para o PIS/Pasep e da Cofins crédito presumido relativo à aquisição de etanol utilizado na produção de polietileno.

• Artigo acrescentado pela Lei 12.859/2013.

§ 1º O crédito presumido de que trata o caput será estabelecido com parâmetro nas oscilações de preço do etanol no mercado.

§ 2º O montante do crédito presumido de que trata o caput será determinado mediante aplicação de alíquota específica correspondente a, no máximo, R$ 80,00 (oitenta reais) por metro cúbico de etanol.

§ 3º O crédito presumido de que trata o caput poderá ser utilizado conforme estabelecido no § 2º do art. 57-A.

Art. 58. O art. 8º da Lei 10.865, de 30 de abril de 2004, passa a vigorar com a seguinte redação:

• Alterações processadas no texto da referida Lei.

Art. 59. O art. 14 da Lei 10.336, de 19 de dezembro de 2001, passa a vigorar com a seguinte redação:

• Alterações processadas no texto da referida Lei.

Art. 60. (Revogado pela Lei 12.995/2014 – DOU 20.06.2014, a partir do primeiro dia do ano subsequente ao da publicação desta Lei.)

Art. 61. O disposto no art. 33, § 2º, inciso I, do Decreto-lei 1.593, de 21 de dezembro de 1977, também se aplica aos demais produtos sujeitos ao selo de controle a que se refere o art. 46 da Lei 4.502, de 30 de novembro de 1964.

• V. art. 132, V, c.

Art. 62. O percentual e o coeficiente multiplicadores a que se referem o art. 3º da Lei Complementar 70, de 30 de dezembro de 1991, e o art. 5º da Lei 9.715, de 25 de novembro de 1998, passam a ser de 291,69% (duzentos e noventa e um inteiros e sessenta e nove centésimos por cento) e 3,42 (três inteiros e quarenta e dois centésimos), respectivamente.

• Artigo com redação determinada pela Lei 12.024/2009 (DOU 28.08.2009), em vigor na data de sua publicação, produzindo efeitos a partir de 1º.07.2009 (v. art. 31, I, da referida Lei).

Art. 63. O art. 8º da Lei 10.925, de 23 de julho de 2004, passa a vigorar com a seguinte redação:

• Alteração processada no texto da referida Lei.

Lei 11.196/2005

LEGISLAÇÃO

Art. 64. Na venda de álcool, inclusive para fins carburantes, destinado ao consumo ou à industrialização na Zona Franca de Manaus – ZFM, efetuada por produtor, importador ou distribuidor estabelecido fora da ZFM, aplica-se o disposto no art. 2º da Lei 10.996, de 15 de dezembro de 2004.

- *Caput* com redação determinada pela Lei 11.727/2008 (*DOU* 24.06.2008), em vigor na data de sua publicação, produzindo efeitos a partir do primeiro dia do quarto mês subsequente ao de sua publicação (v. art. 41, IV, da referida Lei).

§ 1º A Contribuição para o PIS/Pasep e a Cofins incidirão nas vendas efetuadas pela pessoa jurídica adquirente na forma do *caput* deste artigo, às alíquotas referidas no § 4º do art. 5º da Lei 9.718, de 27 de novembro de 1998, observado o disposto nos §§ 8º e 9º do mesmo artigo.

- § 1º com redação determinada pela Lei 11.727/2008 (*DOU* 24.06.2008), em vigor na data de sua publicação, produzindo efeitos a partir do primeiro dia do quarto mês subsequente ao de sua publicação (v. art. 41, IV, da referida Lei).

§ 2º O produtor, importador ou distribuidor fica obrigado a cobrar e recolher, na condição de contribuinte-substituto, a Contribuição para o PIS/Pasep e a Cofins devidas pela pessoa jurídica de que trata o § 1º deste artigo.

- § 2º com redação determinada pela Lei 11.727/2008 (*DOU* 24.06.2008), em vigor na data de sua publicação, produzindo efeitos a partir do primeiro dia do quarto mês subsequente ao de sua publicação (v. art. 41, IV, da referida Lei).

§ 3º Para os efeitos do § 2º deste artigo, a Contribuição para o PIS/Pasep e a Cofins serão apuradas mediante a aplicação das alíquotas de que trata o § 1º deste artigo sobre o volume vendido pelo produtor, importador ou distribuidor.

- § 3º com redação determinada pela Lei 11.727/2008 (*DOU* 24.06.2008), em vigor na data de sua publicação, produzindo efeitos a partir do primeiro dia do quarto mês subsequente ao de sua publicação (v. art. 41, IV, da referida Lei).

§ 4º A pessoa jurídica domiciliada na ZFM que utilizar como insumo álcool adquirido com substituição tributária, na forma dos §§ 2º e 3º deste artigo, poderá abater da Contribuição para o PIS/Pasep e da Cofins incidentes sobre seu faturamento o valor dessas contribuições recolhidas pelo substituto tributário.

- § 4º com redação determinada pela Lei 11.727/2008 (*DOU* 24.06.2008), em vigor na data de sua publicação, produzindo efeitos a partir do primeiro dia do quarto mês subsequente ao de sua publicação (v. art. 41, IV, da referida Lei).

§ 5º Para fins deste artigo, não se aplica o disposto na alínea *b* do inciso VII do *caput* do art. 8º da Lei 10.637, de 30 de dezembro de 2002, e na alínea *b* do inciso VII do *caput* do art. 10 da Lei 10.833, de 29 de dezembro de 2003.

- § 5º acrescentado pela Lei 11.727/2008 (*DOU* 24.06.2008), em vigor na data de sua publicação, produzindo efeitos a partir do primeiro dia do quarto mês subsequente ao de sua publicação (v. art. 41, IV, da referida Lei).

§ 6º As disposições deste artigo também se aplicam às vendas destinadas ao consumo ou à industrialização nas Áreas de Livre Comércio de que tratam as Leis 7.965, de 22 de dezembro de 1989, 8.210, de 19 de julho de 1991, e 8.256, de 25 de novembro de 1991, o art. 11 da Lei 8.387, de 30 de dezembro de 1991, e a Lei 8.857, de 8 de março de 1994, por pessoa jurídica estabelecida fora dessas áreas.

- § 6º acrescentado pela Lei 11.945/2009 (*DOU* 05.06.2009), em vigor na data de sua publicação, produzindo efeitos a partir de 1º.01.2009 (v. art. 33, I, *f*, da referida Lei).

Art. 65. Nas vendas efetuadas por produtor, fabricante ou importador estabelecido fora da ZFM dos produtos relacionados nos incisos I a VII do § 1º do art. 2º da Lei 10.833, de 29 de dezembro de 2003, destinadas ao consumo ou industrialização na ZFM, aplica-se o disposto no art. 2º da Lei 10.996, de 15 de dezembro de 2004.

- *Caput* com redação determinada pela Lei 13.137/2015 (*DOU* 22.06.2015, edição extra), em vigor na data de sua publicação, produzindo efeitos a partir de 01.05.2015.
- V. art. 132, V, *c*.

§ 1º No caso deste artigo, nas revendas efetuadas pela pessoa jurídica adquirente na forma do *caput* deste artigo a Contribuição para o PIS/Pasep e a Cofins incidirão às alíquotas previstas:

I – no art. 23 da Lei 10.865, de 30 de abril de 2004;

II – na alínea *b* do inciso I do art. 1º e do art. 2º da Lei 10.147, de 21 de dezembro de 2000, com a redação dada pela Lei 10.865, de 30 de abril de 2004;

Lei 11.196/2005

III – no art. 1º da Lei 10.485, de 3 de julho de 2002, com a redação dada pela Lei 10.865, de 30 de abril de 2004;

IV – no *caput* do art. 5º da Lei 10.485, de 3 de julho de 2002, com a redação dada pela Lei 10.865, de 30 de abril de 2004;

V – nos incisos I e II do *caput* do art. 3º da Lei 10.485, de 3 de julho de 2002, com a redação dada pela Lei 10.865, de 30 de abril de 2004;

VI – *(Revogado pela Lei 13.137/2015 – DOU 22.06.2015, edição extra, em vigor na data de sua publicação, produzindo efeitos a partir de 01.05.2015.)*

VII – *(Revogado pela Lei 13.137/2015 – DOU 22.06.2015, edição extra, em vigor na data de sua publicação, produzindo efeitos a partir de 01.05.2015.)*

VIII – *(Revogado pela Lei 13.137/2015 – DOU 22.06.2015, edição extra, em vigor na data de sua publicação, produzindo efeitos a partir de 01.05.2015.)*

§ 2º O produtor, fabricante ou importador, no caso deste artigo, fica obrigado a cobrar e recolher, na condição de contribuinte substituto, a Contribuição para o PIS/Pasep e a Cofins devidas pela pessoa jurídica de que trata o § 1º deste artigo.

§ 3º O disposto no § 2º deste artigo não se aplica aos produtos farmacêuticos classificados nas posições 30.01, 30.03, 30.04, nos itens 3002.10.1, 3002.10.2, 3002.10.3, 3002.20.1, 3002.20.2, 3006.30.1 e 3006.30.2 e nos códigos 3002.90.20, 3002.90.92, 3002.90.99, 3005.10.10, 3006.60.00, todos da Tipi.

§ 4º Para os efeitos do § 2º deste artigo, a Contribuição para o PIS/Pasep e a Cofins serão apuradas mediante a aplicação das alíquotas de que trata o § 1º deste artigo sobre:

- § 4º com redação determinada pela Lei 11.727/2008 (*DOU* 24.06.2008), em vigor na data de sua publicação, produzindo efeitos a partir de 1º.01.2009 (v. art. 41, VII, da referida Lei).

I – o valor base de que trata o art. 58-L da Lei 10.833, de 29 de dezembro de 2003, no caso do inciso VI do § 1º deste artigo;

II – a quantidade de unidades de produtos vendidos pelo produtor, fabricante ou importador, no caso dos incisos I e VII do § 1º deste artigo;

III – o preço de venda do produtor, fabricante ou importador, no caso dos demais incisos do § 1º deste artigo.

§ 5º A pessoa jurídica domiciliada na ZFM que utilizar como insumo ou incorporar ao seu ativo permanente produtos adquiridos com substituição tributária, na forma dos §§ 2º e 4º deste artigo, poderá abater da Contribuição para o PIS/Pasep e da Cofins incidentes sobre seu faturamento o valor dessas contribuições recolhidas pelo substituto tributário.

§ 6º Não se aplicam as disposições dos §§ 2º, 4º e 5º deste artigo no caso de venda dos produtos referidos nos incisos IV e V do § 1º do art. 2º da Lei 10.833, de 29 de dezembro de 2003, para montadoras de veículos.

§ 7º Para fins deste artigo, não se aplica o disposto na alínea *b* do inciso VII do art. 8º da Lei 10.637, de 30 de dezembro de 2002, e na alínea *b* do inciso VII do art. 10 da Lei 10.833, de 29 de dezembro de 2003.

- § 7º acrescentado pela Lei 11.945/2009 (*DOU* 05.06.2009), em vigor na data de sua publicação, produzindo efeitos a partir da data de início de produção de efeitos do art. 65 da Lei 11.196/2005, em relação ao disposto no art. 20, relativamente ao § 7º do art. 65 da Lei 11.196/2005 (v. art. 33, III, da referida Lei).

§ 8º As disposições deste artigo também se aplicam às vendas destinadas ao consumo ou à industrialização nas Áreas de Livre Comércio de que tratam as Leis 7.965, de 22 de dezembro de 1989, 8.210, de 19 de julho de 1991, e 8.256, de 25 de novembro de 1991, o art. 11 da Lei 8.387, de 30 de dezembro de 1991, e a Lei 8.857, de 8 de março de 1994, por pessoa jurídica estabelecida fora dessas áreas.

- § 8º acrescentado pela Lei 11.945/2009 (*DOU* 05.06.2009), em vigor na data de sua publicação, produzindo efeitos a partir de 1º.01.2009 (v. art. 33, I, *f*, da referida Lei).

Art. 66. *(Vetado.)*

Capítulo X
DO IMPOSTO SOBRE PRODUTOS INDUSTRIALIZADOS – IPI

Art. 67. Fica o Poder Executivo autorizado a fixar, para o IPI relativo aos produtos classificados nos códigos NCM 71.13, 71.14, 71.16 e 71.17, alíquotas correspondentes às mínimas estabelecidas para o Im-

Lei 11.196/2005

posto sobre Circulação de Mercadorias e Serviços – ICMS, nos termos do inciso VI do § 2º do art. 155 da Constituição Federal.
Parágrafo único. As alíquotas do IPI fixadas na forma do *caput* deste artigo serão uniformes em todo o território nacional.

Art. 68. O § 2º do art. 43 da Lei 4.502, de 30 de novembro de 1964, passa a vigorar com a seguinte redação:
"Art. 43. [...]"
"[...]"
"2º As indicações do *caput* deste artigo e de seu § 1º serão feitas na forma do regulamento, podendo ser substituídas por outros elementos que possibilitem a classificação e controle fiscal dos produtos.
"[...]"

Art. 69. Fica prorrogada até 31 de dezembro de 2009 a vigência da Lei 8.989, de 24 de fevereiro de 1995.
Parágrafo único. O art. 2º e o *caput* do art. 6º da Lei 8.989, de 24 de fevereiro de 1995, passam a vigorar com a seguinte redação:
"Art. 2º A isenção do Imposto sobre Produtos Industrializados – IPI de que trata o art. 1º desta Lei somente poderá ser utilizada uma vez, salvo se o veículo tiver sido adquirido há mais de 2 (dois) anos."
"Art. 6º A alienação do veículo adquirido nos termos desta Lei e da Lei 8.199, de 28 de junho de 1991, e da Lei 8.843, de 10 de janeiro de 1994, antes de 2 (dois) anos contados da data da sua aquisição, a pessoas que não satisfaçam às condições e aos requisitos estabelecidos nos referidos diplomas legais acarretará o pagamento pelo alienante do tributo dispensado, atualizado na forma da legislação tributária.
"[...]"

Capítulo XI
DOS PRAZOS DE RECOLHIMENTO DE IMPOSTOS E CONTRIBUIÇÕES

Art. 70. Em relação aos fatos geradores ocorridos a partir de 1º de janeiro de 2006, os recolhimentos do Imposto de Renda Retido na Fonte – IRRF e do Imposto sobre Operações de Crédito, Câmbio e Seguro, ou Relativas a Títulos ou Valores Mobiliários – IOF serão efetuados nos seguintes prazos:

• V. art. 132, IV, b.

I – IRRF:
a) na data da ocorrência do fato gerador, no caso de:
1. rendimentos atribuídos a residentes ou domiciliados no exterior;
2. pagamentos a beneficiários não identificados;
b) até o terceiro dia útil subsequente ao decêndio de ocorrência dos fatos geradores, no caso de:
1. juros sobre o capital próprio e aplicações financeiras, inclusive os atribuídos a residentes ou domiciliados no exterior, e títulos de capitalização;
2. prêmios, inclusive os distribuídos sob a forma de bens e serviços, obtidos em concursos e sorteios de qualquer espécie e lucros decorrentes desses prêmios; e
3. multa ou qualquer vantagem, de que trata o art. 70 da Lei 9.430, de 27 de dezembro de 1996;
c) até o último dia útil do mês subsequente ao encerramento do período de apuração, no caso de rendimentos e ganhos de capital distribuídos pelos fundos de investimento imobiliário; e
d) até o dia 7 do mês subsequente ao mês de ocorrência dos fatos geradores, no caso de pagamento de rendimentos provenientes do trabalho assalariado a empregado doméstico; e

• Alínea d com redação determinada pela LC 150/2015.
• V. art. 64, Lei 11.941/2009 (Altera a legislação tributária federal).

e) até o último dia útil do segundo decêndio do mês subsequente ao mês de ocorrência dos fatos geradores, nos demais casos;

• Alínea e acrescentada pela LC 150/2015.

II – IOF:
a) até o terceiro dia útil subsequente ao decêndio de ocorrência dos fatos geradores, no caso de aquisição de ouro e ativo financeiro;

• Alínea a com redação determinada pela Lei 12.599/2012.

b) até o último dia útil do mês subsequente ao de ocorrência dos fatos geradores, no caso de operações relativas a contrato de derivativos financeiros; e

• Alínea b com redação determinada pela Lei 12.599/2012.

Lei 11.196/2005

LEGISLAÇÃO

c) até o terceiro dia útil subsequente ao decêndio da cobrança ou do registro contábil do imposto, nos demais casos.

• Alínea *c* com redação determinada pela Lei 12.599/2012.

Parágrafo único. Excepcionalmente, na hipótese de que trata a alínea *d* do inciso I do *caput* deste artigo, em relação aos fatos geradores ocorridos:

I – no mês de dezembro de 2006, os recolhimentos serão efetuados:

a) até o terceiro dia útil do decêndio subsequente, para os fatos geradores ocorridos no primeiro e segundo decêndios; e

b) até o último dia útil do primeiro decêndio do mês de janeiro de 2007, para os fatos geradores ocorridos no terceiro decêndio;

II – no mês de dezembro de 2007, os recolhimentos serão efetuados:

a) até o terceiro dia útil do segundo decêndio, para os fatos geradores ocorridos no primeiro decêndio; e

b) até o último dia útil do primeiro decêndio do mês de janeiro de 2008, para os fatos geradores ocorridos no segundo e no terceiro decêndio.

Art. 71. O § 1º do art. 63 da Lei 8.981, de 20 de janeiro de 1995, passa a vigorar com a seguinte redação:

• Alteração processada no texto da referida Lei.

Art. 72. O parágrafo único do art. 10 da Lei 9.311, de 24 de outubro de 1996, passa a vigorar com a seguinte redação:

"Art. 10. [...]

"Parágrafo único. O pagamento ou a retenção e o recolhimento da Contribuição serão efetuados no mínimo uma vez por decêndio."

Art. 73. O § 2º do art. 70 da Lei 9.430, de 27 de dezembro de 1996, passa a vigorar com a seguinte redação:

• Alteração processada no texto da referida Lei.

Art. 74. O art. 35 da Lei 10.833, de 29 de dezembro de 2003, passa a vigorar com a seguinte redação:

• Alteração processada no texto da referida Lei.

Art. 75. O *caput* do art. 6º da Lei 9.317, de 5 de dezembro de 1996, passa a vigorar com a seguinte redação:

• A Lei 9.317/1996 foi revogada pela LC 123/2006.

Capítulo XII
DOS FUNDOS DE INVESTIMENTO CONSTITUÍDOS POR ENTIDADES ABERTAS DE PREVIDÊNCIA COMPLEMENTAR E POR SOCIEDADES SEGURADORAS E DOS FUNDOS DE INVESTIMENTO PARA GARANTIA DE LOCAÇÃO IMOBILIÁRIA

Art. 76. As entidades abertas de previdência complementar e as sociedades seguradoras poderão, a partir de 1º de janeiro de 2006, constituir fundos de investimento, com patrimônio segregado, vinculados exclusivamente a planos de previdência complementar ou a seguros de vida com cláusula de cobertura por sobrevivência, estruturados na modalidade de contribuição variável, por elas comercializados e administrados.

• V. art. 132, IV, *b*.

§ 1º Durante o período de acumulação, a remuneração da provisão matemática de benefícios a conceder, dos planos e dos seguros referidos no *caput* deste artigo, terá por base a rentabilidade da carteira de investimentos dos respectivos fundos.

§ 2º Os fundos de investimento de que trata o *caput* deste artigo somente poderão ser administrados por instituições autorizadas pela Comissão de Valores Mobiliários – CVM para o exercício da administração de carteira de valores mobiliários.

Art. 77. A aquisição de plano ou seguro enquadrado na estrutura prevista no art. 76 desta Lei far-se-á mediante subscrição pelo adquirente de quotas dos fundos de investimento vinculados.

• V. art. 132, IV, *b*.

§ 1º No caso de plano ou seguro coletivo:

I – a pessoa jurídica adquirente também será cotista do fundo; e

II – o contrato ou apólice conterá cláusula com a periodicidade em que as quotas adquiridas pela pessoa jurídica terão sua titularidade transferida para os participantes ou segurados.

§ 2º A transferência de titularidade de que trata o inciso II do § 1º deste artigo:

Lei 11.196/2005

LEGISLAÇÃO

I – conferirá aos participantes ou segurados o direito à realização de resgates e à portabilidade dos recursos acumulados correspondentes às quotas;

II – não caracteriza resgate para fins de incidência do Imposto de Renda.

§ 3º Independentemente do disposto no inciso II do § 1º deste artigo, no caso de falência ou liquidação extrajudicial de pessoa jurídica proprietária de quotas:

I – a titularidade das quotas vinculadas a participantes ou segurados individualizados será transferida a estes;

II – a titularidade das quotas não vinculadas a qualquer participante ou segurado individualizado será transferida para todos os participantes ou segurados proporcionalmente ao número de quotas de propriedade destes, inclusive daquelas cuja titularidade lhes tenha sido transferida com base no inciso I deste parágrafo.

Art. 78. O patrimônio dos fundos de investimento de que trata o art. 76 desta Lei não se comunica com o das entidades abertas de previdência complementar ou das sociedades seguradoras que os constituírem, não respondendo, nem mesmo subsidiariamente, por dívidas destas.

• V. art. 132, IV, b.

§ 1º No caso de falência ou liquidação extrajudicial da entidade aberta de previdência complementar ou da sociedade seguradora, o patrimônio dos fundos não integrará a respectiva massa falida ou liquidanda.

§ 2º Os bens e direitos integrantes do patrimônio dos fundos não poderão ser penhorados, sequestrados, arrestados ou objeto de qualquer outra forma de constrição judicial em decorrência de dívidas da entidade aberta de previdência complementar ou da sociedade seguradora.

Art. 79. No caso de morte do participante ou segurado dos planos e seguros de que trata o art. 76 desta Lei, os seus beneficiários poderão optar pelo resgate das quotas ou pelo recebimento de benefício de caráter continuado previsto em contrato, independentemente da abertura de inventário ou procedimento semelhante.

• V. art. 132, IV, b.

Art. 80. Os planos de previdência complementar e os seguros de vida com cláusula de cobertura por sobrevivência comercializados até 31 de dezembro de 2005 poderão ser adaptados pelas entidades abertas de previdência complementar e sociedades seguradoras à estrutura prevista no art. 76 desta Lei.

• V. art. 132, IV, b.

Art. 81. O disposto no art. 80 desta Lei não afeta o direito dos participantes e segurados à portabilidade dos recursos acumulados para outros planos e seguros, estruturados ou não nos termos do art. 76 desta Lei.

• V. art. 132, IV, b.

Art. 82. A concessão de benefício de caráter continuado por plano ou seguro estruturado na forma do art. 76 desta Lei importará na transferência da propriedade das quotas dos fundos a que esteja vinculado o respectivo plano ou seguro para a entidade aberta de previdência complementar ou a sociedade seguradora responsável pela concessão.

• V. art. 132, IV, b.

Parágrafo único. A transferência de titularidade de quotas de que trata o *caput* deste artigo não caracteriza resgate para fins de incidência do Imposto de Renda.

Art. 83. Aplica-se aos planos e seguros de que trata o art. 76 desta Lei o disposto no art. 11 da Lei 9.532, de 10 de dezembro de 1997, e nos arts. 1º a 5º e 7º da Lei 11.053, de 29 de dezembro de 2004.

• V. art. 132, IV, b.

Parágrafo único. Fica responsável pela retenção e recolhimento dos impostos e contribuições incidentes sobre as aplicações efetuadas nos fundos de investimento de que trata o art. 76 desta Lei a entidade aberta de previdência complementar ou a sociedade seguradora que comercializar ou administrar o plano ou o seguro enquadrado na estrutura prevista no mencionado artigo, bem como pelo cumprimento das obrigações acessórias decorrentes dessa responsabilidade.

Art. 84. É facultado ao participante de plano de previdência complementar enquadrado na estrutura prevista no art. 76 desta Lei o oferecimento, como garantia de finan-

Lei 11.196/2005

ciamento imobiliário, de quotas de sua titularidade dos fundos de que trata o referido artigo.

- V. art. 132, IV, b.

§ 1º O disposto neste artigo aplica-se também:

I – aos cotistas de Fundo de Aposentadoria Programada Individual – Fapi;

II – aos segurados titulares de seguro de vida com cláusula de cobertura por sobrevivência enquadrado na estrutura prevista no art. 76 desta Lei.

§ 2º A faculdade mencionada no *caput* deste artigo aplica-se apenas ao financiamento imobiliário tomado em instituição financeira, que poderá ser vinculada ou não à entidade operadora do plano ou do seguro.

Art. 85. É vedada às entidades abertas de previdência complementar e às sociedades seguradoras a imposição de restrições ao exercício da faculdade mencionada no art. 84 desta Lei, mesmo que o financiamento imobiliário seja tomado em instituição financeira não vinculada.

- V. art. 132, IV, b.

Art. 86. A garantia de que trata o art. 84 desta Lei será objeto de instrumento contratual específico, firmado pelo participante ou segurado, pela entidade aberta de previdência complementar ou sociedade seguradora e pela instituição financeira.

- V. art. 132, IV, b.

Parágrafo único. O instrumento contratual específico a que se refere o *caput* deste artigo será considerado, para todos os efeitos jurídicos, como parte integrante do plano de benefícios ou da apólice, conforme o caso.

Art. 87. As operações de financiamento imobiliário que contarem com a garantia mencionada no art. 84 desta Lei serão contratadas com seguro de vida com cobertura de morte e invalidez permanente.

- V. art. 132, IV, b.

Art. 88. As instituições autorizadas pela Comissão de Valores Mobiliários – CVM para o exercício da administração de carteira de títulos e valores mobiliários ficam autorizadas a constituir fundos de investimento que permitam a cessão de suas quotas em garantia de locação imobiliária.

- V. art. 132, IV, b.
- V. Instrução CVM 432/2006 (Constituição, administração, funcionamento dos fundos de investimento destinados à garantia de locação imobiliária e cessão fiduciária, em garantia de locação imobiliária, de cotas de emissão de outros fundos de investimento).

§ 1º A cessão de que trata o *caput* deste artigo será formalizada, mediante registro perante o administrador do fundo, pelo titular das quotas, por meio de termo de cessão fiduciária acompanhado de uma via do contrato de locação, constituindo, em favor do credor fiduciário, propriedade resolúvel das quotas.

§ 2º Na hipótese de o cedente não ser o locatário do imóvel locado, deverá também assinar o contrato de locação ou aditivo, na qualidade de garantidor.

§ 3º A cessão em garantia de que trata o *caput* deste artigo constitui regime fiduciário sobre as quotas cedidas, que ficam indisponíveis, inalienáveis e impenhoráveis, tornando-se a instituição financeira administradora do fundo seu agente fiduciário.

§ 4º O contrato de locação mencionará a existência e as condições da cessão de que trata o *caput* deste artigo, inclusive quanto a sua vigência, que poderá ser por prazo determinado ou indeterminado.

§ 5º Na hipótese de prorrogação automática do contrato de locação, o cedente permanecerá responsável por todos os seus efeitos, ainda que não tenha anuído no aditivo contratual, podendo, no entanto, exonerar-se da garantia, a qualquer tempo, mediante notificação ao locador, ao locatário e à administradora do fundo, com antecedência mínima de 30 (trinta) dias.

§ 6º Na hipótese de mora, o credor fiduciário notificará extrajudicialmente o locatário e o cedente, se pessoa distinta, comunicando o prazo de 10 (dez) dias para pagamento integral da dívida, sob pena de excussão extrajudicial da garantia, na forma do § 7º deste artigo.

§ 7º Não ocorrendo o pagamento integral da dívida no prazo fixado no § 6º deste artigo, o credor poderá requerer ao agente fiduciário que lhe transfira, em caráter pleno, exclusivo e irrevogável, a titularidade de

Lei 11.196/2005

quotas suficientes para a sua quitação, sem prejuízo da ação de despejo e da demanda, por meios próprios, da diferença eventualmente existente, na hipótese de insuficiência da garantia.

§ 8º A excussão indevida da garantia enseja responsabilidade do credor fiduciário pelo prejuízo causado, sem prejuízo da devolução das quotas ou do valor correspondente, devidamente atualizado.

§ 9º O agente fiduciário não responde pelos efeitos do disposto nos §§ 6º e 7º deste artigo, exceto na hipótese de comprovado dolo, má-fé, simulação, fraude ou negligência, no exercício da administração do fundo.

§ 10. Fica responsável pela retenção e recolhimento dos impostos e contribuições incidentes sobre as aplicações efetuadas nos fundos de investimento de que trata o *caput* deste artigo a instituição que administrar o fundo com a estrutura prevista neste artigo, bem como pelo cumprimento das obrigações acessórias decorrentes dessa responsabilidade.

Art. 89. Os arts. 37 e 40 da Lei 8.245, de 18 de outubro de 1991, passam a vigorar acrescidos dos seguintes incisos:

"Art. 37. [...]

"[...]

"IV – cessão fiduciária de quotas de fundo de investimento.

"[...]"

"Art. 40. [...]

"[...]

"VIII – exoneração de garantia constituída por quotas de fundo de investimento;

"IX – liquidação ou encerramento do fundo de investimento de que trata o inciso IV do art. 37 desta Lei."

Art. 90. Compete ao Banco Central do Brasil, à Comissão de Valores Mobiliários e à Superintendência de Seguros Privados, no âmbito de suas respectivas atribuições, dispor sobre os critérios complementares para a regulamentação deste Capítulo.

• V. art. 132, IV, *b*.

Capítulo XIII
DA TRIBUTAÇÃO DE PLANOS DE BENEFÍCIO, SEGUROS E FUNDOS DE INVESTIMENTO DE CARÁTER PREVIDENCIÁRIO

Art. 91. A Lei 11.053, de 29 de dezembro de 2004, passa a vigorar com as seguintes alterações:

• Alterações processadas no texto da referida Lei.

Art. 92. O *caput* do art. 8º da Lei 9.311, de 24 de outubro de 1996, passa a vigorar acrescido do seguinte inciso IX:

"Art. 8º [...]

"[...]

"IX – nos lançamentos relativos à transferência de reservas técnicas, fundos e provisões de plano de benefício de caráter previdenciário entre entidades de previdência complementar ou sociedades seguradoras, inclusive em decorrência de reorganização societária, desde que:

"*a*) não haja qualquer disponibilidade de recursos para o participante, nem mudança na titularidade do plano; e

"*b*) a transferência seja efetuada diretamente entre planos ou entre gestores de planos.

"[...]"

Art. 93. O contribuinte que efetuou pagamento de tributos e contribuições com base no art. 5º da Medida Provisória 2.222, de 4 de setembro de 2001, em valor inferior ao devido, poderá quitar o débito remanescente até o último dia útil do mês de dezembro de 2005, com a incidência de multa, de mora ou de ofício, conforme o caso, bem como com a incidência de juros equivalentes à taxa referencial do Sistema Especial de Liquidação e Custódia – Selic, para títulos federais, acumulada mensalmente, calculados a partir do mês seguinte ao do vencimento do tributo e de 1% (um por cento) no mês do pagamento.

§ 1º O pagamento realizado na forma do *caput* deste artigo implicará a extinção dos créditos tributários relativos aos fatos geradores a ele relacionados, ainda que já constituídos, inscritos ou não em dívida ativa.

§ 2º O Poder Executivo disciplinará, em regulamento, o disposto neste artigo.

Lei 11.196/2005

Art. 94. As entidades de previdência complementar, sociedades seguradoras e Fundos de Aposentadoria Programada Individual – Fapi que, para gozo do benefício previsto no art. 5º da Medida Provisória 2.222, de 4 de setembro de 2001, efetuaram o pagamento dos tributos e contribuições na forma ali estabelecida e desistiram das ações judiciais individuais deverão comprovar, perante a Delegacia da Receita Federal do Brasil de sua jurisdição, a desistência das ações judiciais coletivas, bem como a renúncia a qualquer alegação de direito a elas relativa, de modo irretratável e irrevogável, até o último dia útil do mês de dezembro de 2005.

Parágrafo único. O benefício mencionado no *caput* deste artigo surte efeitos enquanto não houver a homologação judicial do requerimento, tornando-se definitivo com a referida homologação.

Art. 95. Na hipótese de pagamento de benefício não programado oferecido em planos de benefícios de caráter previdenciário, estruturados nas modalidades de contribuição definida ou contribuição variável, após a opção do participante pelo regime de tributação de que trata o art. 1º da Lei 11.053, de 29 de dezembro de 2004, incidirá imposto de renda à alíquota:

I – de 25% (vinte e cinco por cento), quando o prazo de acumulação for inferior ou igual a 6 (seis) anos; e

II – prevista no inciso IV, V ou VI do art. 1º da Lei 11.053, de 29 de dezembro de 2004, quando o prazo de acumulação for superior a 6 (seis) anos.

§ 1º O disposto no *caput* deste artigo aplica-se, também, ao benefício não programado concedido pelos planos de benefícios cujos participantes tenham efetuado a opção pelo regime de tributação referido no *caput* deste artigo, nos termos do art. 2º da Lei 11.053, de 29 de dezembro de 2004.

§ 2º Para fins deste artigo e da definição da alíquota de imposto de renda incidente sobre as prestações seguintes, o prazo de acumulação continua a ser contado após o pagamento da primeira prestação do benefício, importando na redução progressiva da alíquota aplicável em razão do decurso do prazo de pagamento de benefícios, na forma definida em ato da Receita Federal do Brasil, da Secretaria de Previdência Complementar e da Superintendência de Seguros Privados.

Capítulo XIV
DO PARCELAMENTO DE DÉBITOS PREVIDENCIÁRIOS DOS MUNICÍPIOS

- V. Dec. 5.612/2005 (Regulamenta o parcelamento dos débitos dos municípios, relativos às contribuições sociais de que tratam as alíneas *a* e *c* do parágrafo único do art. 11, da Lei 8.212/1991, instituído pelos arts. 96 a 103 da Lei 11.196/2005).
- V. Dec. 6.804/2009 (Regulamenta o parcelamento de débitos dos municípios e de suas autarquias e fundações, junto à SRFB e à PGFN, relativos às contribuições sociais).

Art. 96. Os Municípios poderão parcelar seus débitos e os de responsabilidade de autarquias e fundações municipais relativos às contribuições sociais de que tratam as alíneas *a* e *c* do parágrafo único do art. 11 da Lei 8.212, de 24 de julho de 1991, com vencimento até 31 de janeiro de 2009, após a aplicação do art. 103-A, em:

- *Caput* com redação determinada pela Lei 11.960/2009.

I – 120 (cento e vinte) até 240 (duzentas e quarenta) prestações mensais e consecutivas, se relativos às contribuições sociais de que trata a alínea *a* do parágrafo único do art. 11 da Lei 8.212, de 24 de julho de 1991, com redução de 100% (cem por cento) das multas moratórias e as de ofício, e, também, com redução de 50% (cinquenta por cento) dos juros de mora; e/ou

II – 60 (sessenta) prestações mensais e consecutivas, se relativos às contribuições sociais de que trata a alínea *c* do parágrafo único do art. 11 da Lei 8.212, de 24 de julho de 1991, e às passíveis de retenção na fonte, de desconto de terceiros ou de sub-rogação, com redução de 100% (cem por cento) das multas moratórias e as de ofício, e, também, com redução de 50% (cinquenta por cento) dos juros de mora.

§ 1º Os débitos referidos no *caput* são aqueles originários de contribuições sociais e correspondentes obrigações acessórias, constituídos ou não, inscritos ou não em dívida ativa da União, ainda que em fase de execu-

Lei 11.196/2005

LEGISLAÇÃO

ção fiscal já ajuizada, ou que tenham sido objeto de parcelamento anterior, não integralmente quitado, ainda que cancelado por falta de pagamento, inclusive aqueles parcelados na forma da Lei 9.639, de 25 de maio de 1998.

- § 1º com redação determinada pela Lei 11.960/2009.

§ 2º Os débitos ainda não constituídos deverão ser confessados, de forma irretratável e irrevogável.

§ 3º *(Revogado pela Lei 11.960/2009.)*

§ 4º Caso a prestação não seja paga na data do vencimento, serão retidos e repassados à Receita Federal do Brasil recursos do Fundo de Participação dos Municípios suficientes para sua quitação.

- § 4º com redação determinada pela Lei 11.960/2009.

§ 5º Os valores pagos pelos Municípios relativos ao parcelamento objeto desta Lei não serão incluídos no limite a que se refere o § 4º do art. 5º da Lei 9.639, de 25 de maio de 1998, com a redação dada pela Medida Provisória 2.187-13, de 24 de agosto de 2001.

§ 6º A opção pelo parcelamento deverá ser formalizada até o último dia útil do segundo mês subsequente ao da publicação desta Lei, na unidade da Secretaria da Receita Federal do Brasil de circunscrição do Município requerente, sendo vedada, a partir da adesão, qualquer retenção referente a débitos de parcelamentos anteriores incluídos no parcelamento de que trata esta Lei.

- § 6º com redação determinada pela Lei 11.960/2009.

§ 7º Não se aplica aos parcelamentos de que trata este artigo o disposto no inciso IX do art. 14 e no § 2º do art. 14-A da Lei 10.522, de 19 de julho de 2002.

- § 7º acrescentado pela Lei 11.960/2009.

§ 8º Não constituem débitos dos Municípios aqueles considerados prescritos ou decadentes na forma da Lei 5.172, de 25 de outubro de 1966, mesmo que eventualmente confessados em parcelamentos anteriores.

- § 8º acrescentado pela Lei 11.960/2009.

§ 9º A emissão de certidão negativa condicionada à regularização dos débitos de que trata este artigo ocorrerá em até 2 (dois) dias úteis após a formalização da opção pelo parcelamento e terá validade por 180 (cento e oitenta) dias ou até a conclusão do encontro de contas previsto no art. 103-A desta Lei, o que ocorrer primeiro.

- § 9º acrescentado pela Lei 11.960/2009.

§ 10. Para o início do pagamento dos débitos referidos no *caput* deste artigo, os Municípios terão uma carência de:

- § 10 acrescentado pela Lei 11.960/2009.

I – 6 (seis) meses para aqueles que possuem até 50.000 (cinquenta mil) habitantes, contados da data a que se refere o § 6º;

II – 3 (três) meses para aqueles que possuem mais de 50.000 (cinquenta mil) habitantes, contados da data a que se refere o § 6º.

§ 11. Os Municípios que não conseguirem optar pelo parcelamento no prazo estipulado pelo § 6º terão um novo prazo para adesão que se encerrará no dia 30 de novembro de 2009.

- § 11 acrescentado pela Lei 12.058/2009.

Art. 97. Os débitos serão consolidados por Município na data do pedido do parcelamento, reduzindo-se os valores referentes a juros de mora em 50% (cinquenta por cento).

Art. 98. Os débitos a que se refere o art. 96 serão parcelados em prestações mensais equivalentes a:

I – 1,5% (um inteiro e cinco décimos por cento), no mínimo, da média mensal da receita corrente líquida municipal, respeitados os prazos fixados nos incisos I e II do art. 96 desta Lei;

- Inciso I com redação determinada pela Lei 11.960/2009.

II – *(Vetado.)*

Art. 99. O valor de cada prestação mensal, por ocasião do pagamento, será acrescido de juros equivalentes à taxa referencial do Sistema Especial de Liquidação e de Custódia – Selic para títulos federais, acumulada mensalmente a partir do primeiro dia do mês subsequente ao da consolidação do débito até o último dia útil do mês anterior ao do pagamento, e de 1% (um por cento) no mês do pagamento da respectiva prestação.

Art. 100. Para o parcelamento objeto desta Lei, serão observadas as seguintes condições:

I – o percentual de 1,5% (um inteiro e cinco décimos por cento) será aplicado sobre a

Lei 11.196/2005

LEGISLAÇÃO

média mensal da Receita Corrente Líquida referente ao ano anterior ao do vencimento da prestação, publicada de acordo com o previsto nos arts. 52, 53 e 63 da Lei Complementar 101, de 4 de maio de 2000;

II – para fins de cálculo das prestações mensais, os Municípios se obrigam a encaminhar à Receita Federal do Brasil o demonstrativo de apuração da receita corrente líquida de que trata o inciso I do *caput* do art. 53 da Lei Complementar 101, de 4 de maio de 2000, até o último dia útil do mês de fevereiro de cada ano;

III – a falta de apresentação das informações a que se refere o inciso II do *caput* deste artigo implicará, para fins de apuração e cobrança da prestação mensal, a aplicação da variação do Índice Geral de Preços, Disponibilidade Interna – IGP-DI, acrescida de juros de 0,5% (cinco décimos por cento) ao mês, sobre a última receita corrente líquida publicada nos termos da legislação.

§ 1º Para efeito do disposto neste artigo, às prestações vencíveis em janeiro, fevereiro e março de cada ano aplicar-se-ão os limites utilizados no ano anterior, nos termos do inciso I do *caput* deste artigo.

§ 2º Para os fins previstos nesta Lei, entende-se como receita corrente líquida aquela definida nos termos do art. 2º da Lei Complementar 101, de 4 de maio de 2000.

Art. 101. As prestações serão exigíveis no último dia útil de cada mês, a partir do mês subsequente ao da formalização do pedido de parcelamento.

§ 1º No período compreendido entre a formalização do pedido de parcelamento e o mês da consolidação, o Município deverá recolher mensalmente as prestações mínimas correspondentes aos valores previstos no inciso I do art. 98 desta Lei, sob pena de indeferimento do pedido.

§ 2º O pedido se confirma com o pagamento da primeira prestação na forma do § 1º deste artigo.

§ 3º A partir do mês seguinte à consolidação, o valor da prestação será obtido mediante a divisão do montante do débito parcelado, deduzidos os valores das prestações mínimas recolhidas nos termos do § 1º deste artigo, pelo número de prestações restantes, observados os valores mínimo e máximo constantes do art. 98 desta Lei.

Art. 102. A concessão do parcelamento objeto desta Lei está condicionada:

I – à apresentação pelo Município, na data da formalização do pedido, do demonstrativo referente à apuração da Receita Corrente Líquida Municipal, na forma do disposto na Lei Complementar 101, de 4 de maio de 2000, referente ao ano-calendário de 2008;

• Inciso I com redação determinada pela Lei 11.960/2009.

II – ao adimplemento das obrigações vencidas após a data referida no *caput* do art. 96 desta Lei.

Art. 103. O parcelamento de que trata esta Lei será rescindido nas seguintes hipóteses:

I – inadimplemento por 3 (três) meses consecutivos ou 6 (seis) meses alternados, o que primeiro ocorrer;

II – inadimplemento das obrigações correntes referentes às contribuições de que trata o art. 96 desta Lei;

III – não complementação do valor da prestação na forma do § 4º do art. 96 desta Lei.

Art. 103-A. *(Vetado.)*

• Artigo acrescentado pela Lei 11.960/2009.

Art. 103-B. Fica autorizada a repactuação do parcelamento dos débitos previdenciários, por meio dos mecanismos previstos nesta Lei e mediante suspensão temporária, na forma do regulamento, para o Município em situação de emergência ou estado de calamidade pública em decorrência de seca, estiagem prolongada ou outros eventos climáticos extremos.

• Artigo acrescentado pela Lei 12.716/2012.

§ 1º O previsto no *caput* será aplicado com exclusividade ao contrato com Município em situação de emergência ou estado de calamidade pública decorrentes de eventos ocorridos em 2012 e reconhecidos pelo Poder Executivo federal nos termos da Lei 12.608, de 10 de abril de 2012, que dispõe sobre o Sistema Nacional de Proteção e Defesa Civil.

§ 2º O valor das parcelas vincendas cujo pagamento foi adiado temporariamente será, obrigatoriamente, aplicado em atividades e ações em benefício direto da população afetada pela seca, estiagem prolongada ou outros eventos climáticos extremos.

Art. 104. O Poder Executivo disciplinará, em regulamento, os atos necessários à execução do disposto nos arts. 96 a 103 desta Lei.

Parágrafo único. Os débitos referidos no *caput* deste artigo serão consolidados no âmbito da Receita Federal do Brasil.

Art. 105. *(Vetado.)*

Capítulo XV
DA DESONERAÇÃO TRIBUTÁRIA DA BOVINOCULTURA

Arts. 106 a 108. *(Vetados.)*

Capítulo XVI
DISPOSIÇÕES GERAIS

Art. 109. Para fins do disposto nas alíneas *b* e *c* do inciso XI do *caput* do art. 10 da Lei 10.833, de 29 de dezembro de 2003, o reajuste de preços em função do custo de produção ou da variação de índice que reflita a variação ponderada dos custos dos insumos utilizados, nos termos do inciso II do § 1º do art. 27 da Lei 9.069, de 29 de junho de 1995, não será considerado para fins da descaracterização do preço predeterminado.

Parágrafo único. O disposto neste artigo aplica-se desde 1º de novembro de 2003.

Art. 110. Para efeito de determinação da base de cálculo da Contribuição para o PIS/Pasep, da Cofins, do IRPJ e da CSLL, as instituições financeiras e as demais instituições autorizadas a funcionar pelo Banco Central do Brasil devem computar como receitas ou despesas incorridas nas operações realizadas em mercados de liquidação futura:

- V. art. 132, VII.
- V. Dec. 5.730/2006 (Regulamenta o art. 110 da Lei 11.196/2005).

I – a diferença, apurada no último dia útil do mês, entre as variações das taxas, dos preços ou dos índices contratados (diferença de curvas), sendo o saldo apurado por ocasião da liquidação do contrato, da cessão ou do encerramento da posição, nos casos de:
a) *swap* e termo;
b) futuro e outros derivativos com ajustes financeiros diários ou periódicos de posições cujos ativos subjacentes aos contratos sejam taxas de juros *spot* ou instrumentos de renda fixa para os quais seja possível a apuração do critério previsto neste inciso;

II – o resultado da soma algébrica dos ajustes apurados mensalmente, no caso dos mercados referidos na alínea *b* do inciso I do *caput* deste artigo cujos ativos subjacentes aos contratos sejam mercadorias, moedas, ativos de renda variável, taxas de juros a termo ou qualquer outro ativo ou variável econômica para os quais não seja possível adotar o critério previsto no referido inciso;

III – o resultado apurado na liquidação do contrato, da cessão ou do encerramento da posição, no caso de opções e demais derivativos.

§ 1º O Poder Executivo disciplinará, em regulamento, o disposto neste artigo, podendo, inclusive, determinar que o valor a ser reconhecido mensalmente, na hipótese de que trata a alínea *b* do inciso I do *caput* deste artigo, seja calculado:

I – pela bolsa em que os contratos foram negociados ou registrados;

II – enquanto não estiver disponível a informação de que trata o inciso I do *caput* deste artigo, de acordo com os critérios estabelecidos pelo Banco Central do Brasil.

§ 2º Quando a operação for realizada no mercado de balcão, somente será admitido o reconhecimento de despesas ou de perdas se a operação tiver sido registrada em sistema que disponha de critérios para aferir se os preços, na abertura ou no encerramento da posição, são consistentes com os preços de mercado.

§ 3º No caso de operações de *hedge* realizadas em mercados de liquidação futura em bolsas no exterior, as receitas ou as despesas de que trata o *caput* deste artigo serão apropriadas pelo resultado:

I – da soma algébrica dos ajustes apurados mensalmente, no caso de contratos sujeitos a ajustes de posições;

II – auferido na liquidação do contrato, no caso dos demais derivativos.

§ 4º Para efeito de determinação da base de cálculo da Contribuição para o PIS/Pasep e da Cofins, fica vedado o reconhecimento de despesas ou de perdas apuradas em operações realizadas em mercados fora de bolsa no exterior.

Lei 11.196/2005

LEGISLAÇÃO

§ 5º Os ajustes serão efetuados no livro fiscal destinado à apuração do lucro real.

Art. 111. O art. 4º da Lei 10.931, de 2 de agosto de 2004, passa a vigorar com a seguinte redação:

• Alterações processadas no texto da referida Lei.

Art. 112. *(Revogado, a partir da instalação do Conselho Administrativo de Recursos Fiscais, por força do art. 79, XI, c, da Lei 11.941/2009 – DOU 28.05.2009).*

Art. 113. O Decreto 70.235, de 6 de março de 1972, passa a vigorar acrescido do art. 26-A e com a seguinte redação para os arts. 2º, 9º, 16 e 23:

• Alterações processadas no texto da referida Lei.

Art. 114. O art. 7º do Decreto-lei 2.287, de 23 de julho de 1986, passa a vigorar com a seguinte redação:

"Art. 7º A Receita Federal do Brasil, antes de proceder à restituição ou ao ressarcimento de tributos, deverá verificar se o contribuinte é devedor à Fazenda Nacional.

"§ 1º Existindo débito em nome do contribuinte, o valor da restituição ou ressarcimento será compensado, total ou parcialmente, com o valor do débito.

"§ 2º Existindo, nos termos da Lei 5.172, de 25 de outubro de 1966, débito em nome do contribuinte, em relação às contribuições sociais previstas nas alíneas *a*, *b* e *c* do parágrafo único do art. 11 da Lei 8.212, de 24 de julho de 1991, ou às contribuições instituídas a título de substituição e em relação à Dívida Ativa do Instituto Nacional do Seguro Social – INSS, o valor da restituição ou ressarcimento será compensado, total ou parcialmente, com o valor do débito.

"§ 3º Ato conjunto dos Ministérios da Fazenda e da Previdência Social estabelecerá as normas e procedimentos necessários à aplicação do disposto neste artigo."

Art. 115. O art. 89 da Lei 8.212, de 24 de julho de 1991 – Lei Orgânica da Seguridade Social, passa a vigorar acrescido do seguinte § 8º:

"Art. 89. [...]

"[...]

"§ 8º Verificada a existência de débito em nome do sujeito passivo, o valor da restituição será utilizado para extingui-lo, total ou parcialmente, mediante compensação."

Art. 116. O art. 8º-A da Lei 10.336, de 19 de dezembro de 2001, passa a vigorar com a seguinte redação:

• Alterações processadas no texto da referida Lei.

Art. 117. O art. 18 da Lei 10.833, de 29 de dezembro de 2003, passa a vigorar com a seguinte redação:

• Alterações processadas no texto da referida Lei.

Art. 118. O § 2º do art. 3º, o art. 17 e o art. 24 da Lei 8.666, de 21 de junho de 1993, passam a vigorar com a seguinte redação:

"Art. 3º [...]

"[...]

"§ 2º [...]

"[...]

"IV – produzidos ou prestados por empresas que invistam em pesquisa e no desenvolvimento de tecnologia no País.

"[...]"

"Art. 17. [...]

"I – [...]

"[...]

"*g*) procedimentos de legitimação de posse de que trata o art. 29 da Lei 6.383, de 7 de dezembro de 1976, mediante iniciativa e deliberação dos órgãos da Administração Pública em cuja competência legal inclua-se tal atribuição;

"[...]

"§ 2º A Administração também poderá conceder título de propriedade ou de direito real de uso de imóveis, dispensada licitação, quando o uso destinar-se:

"I – a outro órgão ou entidade da Administração Pública, qualquer que seja a localização do imóvel;

"II – a pessoa física que, nos termos de lei, regulamento ou ato normativo do órgão competente, haja implementado os requisitos mínimos de cultura e moradia sobre área rural situada na região da Amazônia Legal, definida no art. 2º da Lei 5.173, de 27 de outubro de 1966, superior à legalmente passível de legitimação de posse referida na alínea *g* do inciso I do *caput* deste artigo, atendidos os limites de área definidos por ato normativo do Poder Executivo.

"§ 2º-A. As hipóteses da alínea *g* do inciso I do *caput* e do inciso II do § 2º deste artigo

Lei 11.196/2005

LEGISLAÇÃO

ficam dispensadas de autorização legislativa, porém submetem-se aos seguintes condicionamentos:

"I – aplicação exclusivamente às áreas em que a detenção por particular seja comprovadamente anterior a 1º de dezembro de 2004;

"II – submissão aos demais requisitos e impedimentos do regime legal e administrativo da destinação e da regularização fundiária de terras públicas;

"III – vedação de concessões para hipóteses de exploração não contempladas na lei agrária, nas leis de destinação de terras públicas, ou nas normas legais ou administrativas de zoneamento ecológico-econômico; e

"IV – previsão de rescisão automática da concessão, dispensada notificação, em caso de declaração de utilidade, ou necessidade pública ou interesse social.

"§ 2º-B. A hipótese do inciso II do § 2º deste artigo:

"I – só se aplica a imóvel situado em zona rural, não sujeito a vedação, impedimento ou inconveniente a sua exploração mediante atividades agropecuárias;

"II – fica limitada a áreas de até quinhentos hectares, vedada a dispensa de licitação para áreas superiores a esse limite; e

"III – pode ser cumulada com o quantitativo de área decorrente da figura prevista na alínea *g* do inciso I do *caput* deste artigo, até o limite previsto no inciso II deste parágrafo.

"[...]"

"Art. 24. [...]

"[...]

"XXVII – para o fornecimento de bens e serviços, produzidos ou prestados no País, que envolvam, cumulativamente, alta complexidade tecnológica e defesa nacional, mediante parecer de comissão especialmente designada pela autoridade máxima do órgão.

"[...]"

Art. 119. O art. 27 da Lei 8.987, de 13 de fevereiro de 1995, passa a vigorar com a seguinte redação:

"Art. 27. [...]

"§ 1º Para fins de obtenção da anuência de que trata o *caput* deste artigo, o pretendente deverá:

"I – atender às exigências de capacidade técnica, idoneidade financeira e regularidade jurídica e fiscal necessárias à assunção do serviço; e

"II – comprometer-se a cumprir todas as cláusulas do contrato em vigor.

"§ 2º Nas condições estabelecidas no contrato de concessão, o poder concedente autorizará a assunção do controle da concessionária por seus financiadores para promover sua reestruturação financeira e assegurar a continuidade da prestação dos serviços.

"§ 3º Na hipótese prevista no § 2º deste artigo, o poder concedente exigirá dos financiadores que atendam às exigências de regularidade jurídica e fiscal, podendo alterar ou dispensar os demais requisitos previstos no § 1º, inciso I deste artigo.

"§ 4º A assunção do controle autorizada na forma do § 2º deste artigo não alterará as obrigações da concessionária e de seus controladores ante ao poder concedente."

Art. 120. A Lei 8.987, de 13 de fevereiro de 1995, passa a vigorar acrescida dos arts. 18-A, 23-A e 28-A:

"Art. 18-A. O edital poderá prever a inversão da ordem das fases de habilitação e julgamento, hipótese em que:

"I – encerrada a fase de classificação das propostas ou o oferecimento de lances, será aberto o invólucro com os documentos de habilitação do licitante mais bem classificado, para verificação do atendimento das condições fixadas no edital;

"II – verificado o atendimento das exigências do edital, o licitante será declarado vencedor;

"III – inabilitado o licitante melhor classificado, serão analisados os documentos habilitatórios do licitante com a proposta classificada em segundo lugar, e assim sucessivamente, até que um licitante classificado atenda às condições fixadas no edital;

"IV – proclamado o resultado final do certame, o objeto será adjudicado ao vencedor nas condições técnicas e econômicas por ele ofertadas."

"Art. 23-A. O contrato de concessão poderá prever o emprego de mecanismos privados para resolução de disputas decorrentes ou relacionadas ao contrato, inclusive a ar-

Lei 11.196/2005

bitragem, a ser realizada no Brasil e em língua portuguesa, nos termos da Lei 9.307, de 23 de setembro de 1996."

"Art. 28-A. Para garantir contratos de mútuo de longo prazo, destinados a investimentos relacionados a contratos de concessão, em qualquer de suas modalidades, as concessionárias poderão ceder ao mutuante, em caráter fiduciário, parcela de seus créditos operacionais futuros, observadas as seguintes condições:

"I – o contrato de cessão dos créditos deverá ser registrado em Cartório de Títulos e Documentos para ter eficácia perante terceiros;

"II – sem prejuízo do disposto no inciso I do caput deste artigo, a cessão do crédito não terá eficácia em relação ao Poder Público concedente senão quando for este formalmente notificado;

"III – os créditos futuros cedidos nos termos deste artigo serão constituídos sob a titularidade do mutuante, independentemente de qualquer formalidade adicional;

"IV – o mutuante poderá indicar instituição financeira para efetuar a cobrança e receber os pagamentos dos créditos cedidos ou permitir que a concessionária o faça, na qualidade de representante e depositária;

"V – na hipótese de ter sido indicada instituição financeira, conforme previsto no inciso IV do caput deste artigo, fica a concessionária obrigada a apresentar a essa os créditos para cobrança;

"VI – os pagamentos dos créditos cedidos deverão ser depositados pela concessionária ou pela instituição encarregada da cobrança em conta-corrente bancária vinculada ao contrato de mútuo;

"VII – a instituição financeira depositária deverá transferir os valores recebidos ao mutuante à medida que as obrigações do contrato de mútuo tornarem-se exigíveis; e

"VIII – o contrato de cessão disporá sobre a devolução à concessionária dos recursos excedentes, sendo vedada a retenção do saldo após o adimplemento integral do contrato.

"Parágrafo único. Para os fins deste artigo, serão considerados contratos de longo prazo aqueles cujas obrigações tenham prazo médio de vencimento superior a 5 (cinco) anos."

Art. 121. O art. 25 da Lei 10.438, de 26 de abril de 2002, passa a vigorar com a seguinte redação:

"Art. 25. Os descontos especiais nas tarifas de energia elétrica aplicáveis às unidades consumidoras classificadas na Classe Rural, inclusive Cooperativas de Eletrificação Rural, serão concedidos ao consumo que se verifique na atividade de irrigação e aquicultura desenvolvida em um período diário contínuo de 8h30m (oito horas e trinta minutos) de duração, facultado ao concessionário ou permissionário de serviço público de distribuição de energia elétrica o estabelecimento de escalas de horário para início, mediante acordo com os consumidores, garantido o horário compreendido entre 21h30m (vinte e uma horas e trinta minutos) e 6h (seis horas) do dia seguinte."

Art. 122. O art. 199 da Lei 11.101, de 9 de fevereiro de 2005, passa a vigorar com a seguinte redação:

• Alterações processadas no texto da referida Lei.

Art. 123. O disposto no art. 122 desta Lei não se aplica aos processos de falência, recuperação judicial ou extrajudicial que estejam em curso na data de publicação desta Lei.

Art. 124. A partir de 15 de agosto de 2005, a Receita Federal do Brasil deverá, por intermédio de convênio, arrecadar e fiscalizar, mediante remuneração de 1,5% (um e meio por cento) do montante arrecadado, o adicional de contribuição instituído pelo § 3º do art. 8º da Lei 8.029, de 12 de abril de 1990, observados, ainda, os §§ 4º e 5º do referido art. 8º e, no que couber, o disposto na Lei 8.212, de 24 de julho de 1991.

Art. 125. O art. 3º da Lei 11.033, de 21 de dezembro de 2004, passa a vigorar com a seguinte redação:

• Alterações processadas no texto da referida Lei.

Art. 126. O § 1º do art. 1º da Lei 10.755, de 3 de novembro de 2003, passa a vigorar com a seguinte redação:

"Art. 1º [...]

"§ 1º O disposto neste artigo aplica-se também às irregularidades previstas na legislação anterior, desde que pendentes de

Lei 11.196/2005

LEGISLAÇÃO

julgamento definitivo nas instâncias administrativas.
"[...]"

Art. 127. O art. 3º do Decreto-lei 288, de 28 de fevereiro de 1967, passa a vigorar acrescido dos seguintes parágrafos:
"Art. 3º [...]
"[...]
"§ 3º As mercadorias entradas na Zona Franca de Manaus nos termos do *caput* deste artigo poderão ser posteriormente destinadas à exportação para o exterior, ainda que usadas, com a manutenção da isenção dos tributos incidentes na importação.
"§ 4º O disposto no § 3º deste artigo aplica-se a procedimento idêntico que, eventualmente, tenha sido anteriormente adotado."

Art. 128. O art. 2º da Lei 8.387, de 30 de dezembro de 1991, passa a vigorar acrescido do seguinte § 19:
"Art. 2º [...]
"[...]
"§ 19. Para as empresas beneficiárias do regime de que trata esta Lei fabricantes de unidades de saída por vídeo (monitores) policromáticas, de subposição NCM 8471.60.72, os percentuais para investimento estabelecidos neste artigo, exclusivamente sobre o faturamento bruto decorrente da comercialização desses produtos no mercado interno, ficam reduzidos em um ponto percentual, a partir de 1º de novembro de 2005."

Art. 129. Para fins fiscais e previdenciários, a prestação de serviços intelectuais, inclusive os de natureza científica, artística ou cultural, em caráter personalíssimo ou não, com ou sem a designação de quaisquer obrigações a sócios ou empregados da sociedade prestadora de serviços, quando por esta realizada, se sujeita tão somente à legislação aplicável às pessoas jurídicas, sem prejuízo da observância do disposto no art. 50 da Lei 10.406, de 10 de janeiro de 2002 – Código Civil.
Parágrafo único. *(Vetado.)*
Art. 130. *(Vetado.)*
Art. 131. *(Revogado pela Lei 11.482/2007.)*

Capítulo XVII
DISPOSIÇÕES FINAIS

Art. 132. Esta Lei entra em vigor na data de sua publicação, produzindo efeitos:
I – a partir da data da publicação da Medida Provisória 255, de 1º de julho de 2005, em relação ao disposto:
a) no art. 91 desta Lei, relativamente ao § 6º do art. 1º, § 2º do art. 2º, parágrafo único do art. 5º, todos da Lei 11.053, de 29 de dezembro de 2004;
b) no art. 92 desta Lei;
II – desde 14 de outubro de 2005, em relação ao disposto:
a) no art. 33 desta Lei, relativamente ao art. 15 da Lei 9.317, de 5 de dezembro de 1996;
b) no art. 43 desta Lei, relativamente ao inciso XXVI do art. 10 e ao art. 15, ambos da Lei 10.833, de 29 de dezembro de 2003;
c) no art. 44 desta Lei, relativamente ao art. 40 da Lei 10.865, de 30 de abril de 2004;
d) nos arts. 38 a 40, 41, 111, 116 e 117 desta Lei;
III – a partir do primeiro dia do mês subsequente ao da publicação desta Lei, em relação ao disposto:
a) no art. 42 desta Lei, observado o disposto na alínea *a* do inciso V deste artigo;
b) no art. 44 desta Lei, relativamente ao art. 15 da Lei 10.865, de 30 de abril de 2004;
c) no art. 43 desta Lei, relativamente ao art. 3º e ao inciso XXVII do art. 10 da Lei 10.833, de 29 de dezembro de 2003;
d) nos arts. 37, 45, 66 e 106 a 108;
IV – a partir de 1º de janeiro de 2006, em relação ao disposto:
a) no art. 33 desta Lei, relativamente ao art. 2º da Lei 9.317, de 5 de dezembro de 1996;
b) nos arts. 17 a 27, 31 e 32, 34, 70 a 75 e 76 a 90 desta Lei;
V – a partir do primeiro dia do quarto mês subsequente ao da publicação desta Lei, em relação ao disposto:
a) no art. 42 desta Lei, relativamente ao inciso I do § 3º e ao inciso II do § 7º, ambos do art. 3º da Lei 10.485, de 3 de julho de 2002;
b) no art. 46 desta Lei, relativamente ao art. 10 da Lei 11.051, de 29 de dezembro de 2004;
c) nos arts. 47 e 48, 51, 56 a 59, 60 a 62, 64 e 65;

Dec. 5.602/2005

LEGISLAÇÃO

VI – a partir da data da publicação do ato conjunto a que se refere o § 3º do art. 7º do Decreto-lei 2.287, de 23 de julho de 1986, na forma do art. 114 desta Lei, em relação aos arts. 114 e 115 desta Lei;

VII – em relação ao art. 110 desta Lei, a partir da edição de ato disciplinando a matéria, observado, como prazo mínimo:

a) o primeiro dia do quarto mês subsequente ao da publicação desta Lei para a Contribuição para o PIS/Pasep e para a Cofins;

b) o primeiro dia do mês de janeiro de 2006, para o IRPJ e para a CSLL;

VIII – a partir da data da publicação desta Lei, em relação aos demais dispositivos.

Art. 133. Ficam revogados:

I – a partir de 1º de janeiro de 2006:

a) a Lei 8.661, de 2 de junho de 1993;

b) o parágrafo único do art. 17 da Lei 8.668, de 25 de junho de 1993;

c) o § 4º do art. 82 e os incisos I e II do art. 83 da Lei 8.981, de 20 de janeiro de 1995;

d) os arts. 39, 40, 42 e 43 da Lei 10.637, de 30 de dezembro de 2002;

II – o art. 73 da Medida Provisória 2.158-35, de 24 de agosto de 2001;

III – o art. 36 da Lei 10.637, de 30 de dezembro de 2002;

IV – o art. 11 da Lei 10.931, de 2 de agosto de 2004;

V – o art. 4º da Lei 10.755, de 3 de novembro de 2003;

VI – a partir do primeiro dia do quarto mês subsequente ao da publicação desta Lei, o inciso VIII do § 12 do art. 8º da Lei 10.865, de 30 de abril de 2004.

Brasília, 21 de novembro de 2005; 184º da Independência e 117º da República.

Luiz Inácio Lula da Silva

(*DOU* 22.11.2005)

DECRETO 5.602,
DE 6 DE DEZEMBRO DE 2005

Regulamenta o Programa de Inclusão Digital instituído pela Lei 11.196, de 21 de novembro de 2005.

O Presidente da República, no uso da atribuição que lhe confere o art. 84, inciso IV, da Constituição, e tendo em vista o disposto no § 1º do art. 28 da Lei 11.196, de 21 de novembro de 2005, decreta:

Art. 1º Ficam reduzidas a zero as alíquotas da Contribuição para o PIS/Pasep e da Cofins incidentes sobre a receita bruta decorrente da venda, a varejo, de:

I – unidades de processamento digital classificadas no código 8471.50.10 da Tabela de Incidência do IPI – Tipi;

II – máquinas automáticas de processamento de dados, digitais, portáteis, de peso inferior a três quilos e meio, com tela (écran) de área superior a cento e quarenta centímetros quadrados, classificadas nos códigos 8471.30.12, 8471.30.19 ou 8471.30.90 da Tipi;

III – máquinas automáticas de processamento de dados, apresentadas sob a forma de sistemas do código 8471.49 da Tipi, contendo, exclusivamente:

a) uma unidade de processamento digital classificada no código 8471.50.10;

b) um monitor (unidade de saída por vídeo) classificado no código 8471.60.7;

c) um teclado (unidade de entrada) classificado no código 8471.60.52; e

d) um mouse (unidade de entrada) classificado no código 8471.60.53;

IV – teclado (unidade de entrada) e mouse (unidade de entrada) classificados, respectivamente, nos códigos 8471.60.52 e 8471.60.53 da Tipi, quando vendidos juntamente com unidade de processamento digital com as características do inciso I do *caput*;

• Inciso IV com redação determinada pelo Decreto 7.715/2012.

V – *modems*, classificados nos códigos 8517.62.55, 8517.62.62 ou 8517.62.72 da Tipi; e

• Inciso V acrescentado pelo Decreto 7.715/2012.

VI – máquinas automáticas de processamento de dados, portáteis, sem teclado, que tenham uma unidade central de processamento com entrada e saída de dados por meio de uma tela sensível ao toque de área superior a 140 cm² e inferior a 600 cm², e que não possuam função de comando remoto (*Tablet* PC) classificadas na subposição 8471.41 da Tipi.

• Inciso VI acrescentado pelo Decreto 7.715/2012.

Dec. 5.602/2005

LEGISLAÇÃO

VII – telefones portáteis de redes celulares que possibilitem o acesso à Internet em alta velocidade do tipo *smartphone* classificados na posição 8517.12.31 da Tipi, que obedeçam aos requisitos técnicos constantes de ato do Ministro de Estado das Comunicações; e

• Inciso VII acrescentado pelo Dec. 7.981/2013.

VIII – equipamentos terminais de clientes (roteadores digitais) classificados nas posições 8517.62.41 e 8517.62.77 da Tipi.

• Inciso VIII acrescentado pelo Dec. 7.981/2013.

Parágrafo único. O disposto neste artigo aplica-se também às vendas realizadas para:
I – órgãos e entidades da Administração Pública Federal, Estadual ou Municipal e do Distrito Federal, direta ou indireta;
II – fundações instituídas e mantidas pelo Poder Público e às demais organizações sob o controle direto ou indireto da União, dos Estados, dos Municípios ou do Distrito Federal;
III – pessoas jurídicas de direito privado; e
IV – sociedades de arrendamento mercantil (*leasing*).

Art. 2º Para efeitos da redução a zero das alíquotas da Contribuição para o PIS/Pasep e da Cofins de que trata o art. 1º, o valor de venda, a varejo, não poderá exceder a:
I – R$ 2.000,00 (dois mil reais), no caso do inciso I do *caput* do art. 1º;
II – R$ 4.000,00 (quatro mil reais), no caso do inciso II do *caput* do art. 1º;

• Inciso II com redação determinada pelo Dec. 6.023/2007.

III – R$ 4.000,00 (quatro mil reais), no caso dos sistemas contendo unidade de processamento digital, monitor, teclado e mouse de que trata o inciso III do *caput* do art. 1º;

• Inciso III com redação determinada pelo Decreto 7.715/2012.

IV – R$ 2.100,00 (dois mil e cem reais), no caso de venda conjunta de unidade de processamento digital, teclado e mouse, na forma do inciso IV do *caput* do art. 1º;

• Inciso IV com redação determinada pelo Decreto 7.715/2012.

V – R$ 200,00 (duzentos reais), no caso do inciso V do *caput* do art. 1º;

• Inciso V com redação determinada pelo Dec. 7.981/2013.

VI – R$ 2.500,00 (dois mil e quinhentos reais), no caso do inciso VI do *caput* do art. 1º.

• Inciso VI acrescentado pelo Decreto 7.715/2012.

VII – R$ 1.500,00 (mil e quinhentos reais), no caso do inciso VII do *caput* do art. 1º; e

• Inciso VII acrescentado pelo Dec. 7.981/2013.

VIII – R$ 150,00 (cento e cinquenta reais), no caso do inciso VIII do *caput* do art. 1º.

• Inciso VIII acrescentado pelo Dec. 7.981/2013.

Art. 2º-A. No caso dos incisos I, II, III, VI e VII do *caput* do art. 1º e observado o disposto no art. 2º, a redução a zero das alíquotas da Contribuição para o PIS/Pasep e da Cofins alcança somente os bens produzidos no País conforme processo produtivo básico estabelecido em ato conjunto dos Ministérios do Desenvolvimento, Indústria e Comércio Exterior, e da Ciência, Tecnologia e Inovação.

• *Caput* com redação determinada pelo Dec. 7.981/2013.

Parágrafo único. Nas notas fiscais emitidas pelo produtor, pelo atacadista e pelo varejista relativas às vendas dos produtos de que trata o *caput*, deverá constar a expressão "Produto fabricado conforme processo produtivo básico", com a especificação do ato que aprova o processo produtivo básico respectivo.

• Parágrafo único acrescentado pelo Decreto 7.715/2012.

Art. 2º-B. No caso do inciso VIII do *caput* do art. 1º, e observado o disposto no inciso VIII do *caput* do art. 2º, a redução a zero das alíquotas da Contribuição para o PIS/Pasep e da Cofins alcança somente os roteadores digitais desenvolvidos e produzidos no País conforme processo produtivo básico estabelecido em ato conjunto dos Ministros de Estado do Desenvolvimento, Indústria e Comércio Exterior, e da Ciência, Tecnologia e Inovação.

• Artigo acrescentado pelo Dec. 7.981/2013.

§ 1º Para os fins do disposto no *caput*, consideram-se desenvolvidos no País os bens que obtiveram o reconhecimento desta condição conforme ato do Ministro de Estado da Ciência, Tecnologia e Inovação.

§ 2º Nas notas fiscais emitidas pelo produtor, pelo atacadista e pelo varejista relativas às vendas dos produtos de que trata o *ca-*

Lei 11.250/2005

put, deverá constar a expressão "Produto fabricado conforme processo produtivo básico e com tecnologia desenvolvida no País", acompanhada da especificação do ato que aprova o processo produtivo básico e do ato que reconhece o desenvolvimento tecnológico correspondente.

Art. 3° Nas vendas efetuadas na forma do art. 1° desta Lei não se aplica a retenção na fonte da Contribuição para o PIS/Pasep e da Cofins a que se referem o art. 64 da Lei 9.430, de 27 de dezembro de 1996, e o art. 34 da Lei 10.833, de 29 de dezembro de 2003.

Art. 4° Este Decreto entra em vigor na data de sua publicação.

Art. 5° Fica revogado o Decreto 5.467, de 15 de junho de 2005.

Brasília, 6 de dezembro de 2005; 184° da Independência e 117° da República.
Luiz Inácio Lula da Silva

(*DOU* 07.12.2005)

LEI 11.250, DE 27 DE DEZEMBRO DE 2005

Regulamenta o inciso III do § 4° do art. 153 da Constituição Federal.

O Presidente da República:
Faço saber que o Congresso Nacional decreta e eu sanciono a seguinte Lei:

Art. 1° A União, por intermédio da Secretaria da Receita Federal, para fins do disposto no inciso III do § 4° do art. 153 da Constituição Federal, poderá celebrar convênios com o Distrito Federal e os Municípios que assim optarem, visando a delegar as atribuições de fiscalização, inclusive a de lançamento dos créditos tributários, e de cobrança do Imposto sobre a Propriedade Territorial Rural, de que trata o inciso VI do art. 153 da Constituição Federal, sem prejuízo da competência supletiva da Secretaria da Receita Federal.

§ 1° Para fins do disposto no *caput* deste artigo, deverá ser observada a legislação federal de regência do Imposto sobre a Propriedade Territorial Rural.

§ 2° A opção de que trata o *caput* deste artigo não poderá implicar redução do imposto ou qualquer outra forma de renúncia fiscal.

Art. 2° A Secretaria da Receita Federal baixará ato estabelecendo os requisitos e as condições necessárias à celebração dos convênios de que trata o art. 1° desta Lei.

Art. 3° Esta Lei entra em vigor na data de sua publicação.

Brasília, 27 de dezembro de 2005; 184° da Independência e 117° da República.
Luiz Inácio Lula da Silva

(*DOU* 28.12.2005)

LEI 11.311, DE 13 DE JUNHO DE 2006

Altera a legislação tributária federal, modificando as Leis 11.119, de 25 de maio de 2005, 7.713, de 22 de dezembro de 1988, 9.250, de 26 de dezembro de 1995, 9.964, de 10 de abril de 2000, e 11.033, de 21 de dezembro de 2004.

O Presidente da República:
Faço saber que o Congresso Nacional decreta e eu sanciono a seguinte Lei:

Arts. 1° e 2° *(Revogados, a partir de 1°.01. 2007, pela Lei 11.482/2007 – DOU 31.05.2007, edição extra.)*

Art. 3° Os arts. 4°, 8°, 10, 14 e 15 da Lei 9.250, de 26 de dezembro de 1995, passam a vigorar com a seguinte redação:

• Alterações processadas no texto da referida Lei.

Art. 4° O pagamento ou a retenção a maior do imposto de renda no mês de fevereiro de 2006, por força do disposto nesta Lei, será compensado na declaração de ajuste anual correspondente ao ano-calendário de 2006.

Art. 5° *(Vetado.)*
Art. 6° *(Vetado.)*
Art. 7° O art. 3° da Lei 11.033, de 21 de dezembro de 2004, passa a vigorar com a seguinte redação:

• Alterações processadas no texto da referida Lei.

Art. 8° Esta Lei entra em vigor na data de sua publicação, produzindo efeitos em relação:

I – aos arts. 1° a 4°, com exceção da alteração no art. 14 da Lei 9.250, de 26 de dezembro de 1995, a partir de fevereiro de 2006;

Lei 11.312/2006

LEGISLAÇÃO

II – ao art. 14 da Lei 9.250, de 26 de dezembro de 1995, alterada pelo art. 3º desta Lei, para as declarações de ajuste anual relativas aos anos-calendário a partir de 2006, inclusive;
III – aos arts. 5º, 6º e 7º a partir da publicação desta Lei.
Brasília, 13 de junho de 2006; 185º da Independência e 118º da República.
Luiz Inácio Lula da Silva

(DOU 14.06.2006)

LEI 11.312, DE 27 DE JUNHO DE 2006

Reduz a zero as alíquotas do imposto de renda e da Contribuição Provisória sobre Movimentação ou Transmissão de Valores e de Créditos e Direitos de Natureza Financeira – CPMF nos casos que especifica; altera a Lei 9.311, de 24 de outubro de 1996; e dá outras providências.

O Presidente da República:
Faço saber que o Congresso Nacional decreta e eu sanciono a seguinte Lei:

Art. 1º Fica reduzida a zero a alíquota do imposto de renda incidente sobre os rendimentos definidos nos termos da alínea *a* do § 2º do art. 81 da Lei 8.981, de 20 de janeiro de 1995, produzidos por títulos públicos adquiridos a partir de 16 de fevereiro de 2006, quando pagos, creditados, entregues ou remetidos a beneficiário residente ou domiciliado no exterior, exceto em país que não tribute a renda ou que a tribute à alíquota máxima inferior a 20% (vinte por cento).
§ 1º O disposto neste artigo:
I – aplica-se exclusivamente às operações realizadas de acordo com as normas e condições estabelecidas pelo Conselho Monetário Nacional;
II – aplica-se às cotas de fundos de investimentos exclusivos para investidores não residentes que possuam no mínimo 98% (noventa e oito por cento) de títulos públicos;
III – não se aplica a títulos adquiridos com compromisso de revenda assumido pelo comprador.
§ 2º Os rendimentos produzidos pelos títulos e valores mobiliários, referidos no *caput* e no § 1º deste artigo, adquiridos anteriormente a 16 de fevereiro de 2006 continuam tributados na forma da legislação vigente, facultada a opção pelo pagamento antecipado do imposto nos termos do § 3º deste artigo.
§ 3º Até 31 de agosto de 2006, relativamente aos investimentos possuídos em 15 de fevereiro de 2006, fica facultado ao investidor estrangeiro antecipar o pagamento do imposto de renda incidente sobre os rendimentos produzidos por títulos públicos que seria devido por ocasião do pagamento, crédito, entrega ou remessa a beneficiário residente ou domiciliado no exterior, ficando os rendimentos auferidos a partir da data do pagamento do imposto sujeitos ao benefício da alíquota zero previsto neste artigo.
§ 4º A base de cálculo do imposto de renda de que trata o § 3º deste artigo será apurada com base em preço de mercado definido pela média aritmética, dos 10 (dez) dias úteis que antecedem o pagamento, das taxas indicativas para cada título público divulgadas pela Associação Nacional das Instituições do Mercado Financeiro – Andima.

Art. 2º Os rendimentos auferidos no resgate de cotas dos Fundos de Investimento em Participações, Fundos de Investimento em Cotas de Fundos de Investimento em Participações e Fundos de Investimento em Empresas Emergentes, inclusive quando decorrentes da liquidação do fundo, ficam sujeitos ao imposto de renda na fonte à alíquota de 15% (quinze por cento) incidente sobre a diferença positiva entre o valor de resgate e o custo de aquisição das cotas.
§ 1º Os ganhos auferidos na alienação de cotas de fundos de investimento de que trata o *caput* deste artigo serão tributados à alíquota de 15% (quinze por cento):
I – como ganho líquido quando auferidos por pessoa física em operações realizadas em bolsa e por pessoa jurídica em operações realizadas dentro ou fora de bolsa;
II – de acordo com as regras aplicáveis aos ganhos de capital na alienação de bens ou direitos de qualquer natureza quando auferidos por pessoa física em operações realizadas fora de bolsa.
§ 2º No caso de amortização de cotas, o imposto incidirá sobre o valor que exceder o respectivo custo de aquisição à alíquota de que trata o *caput* deste artigo.

Lei 11.312/2006

LEGISLAÇÃO

§ 3º O disposto neste artigo aplica-se somente aos fundos referidos no *caput* deste artigo que cumprirem os limites de diversificação e as regras de investimento constantes da regulamentação estabelecida pela Comissão de Valores Mobiliários.

§ 4º Sem prejuízo da regulamentação estabelecida pela Comissão de Valores Mobiliários, no caso de Fundo de Investimento em Empresas Emergentes e de Fundo de Investimento em Participações, além do disposto no § 3º deste artigo, os fundos deverão ter a carteira composta de, no mínimo, 67% (sessenta e sete por cento) de ações de sociedades anônimas, debêntures conversíveis em ações e bônus de subscrição.

§ 5º Ficam sujeitos à tributação do imposto de renda na fonte, às alíquotas previstas nos incisos I a IV do *caput* do art. 1º da Lei 11.033, de 21 de dezembro de 2004, os rendimentos auferidos pelo cotista quando da distribuição de valores pelos fundos de que trata o *caput* deste artigo, em decorrência de inobservância do disposto nos §§ 3º e 4º deste artigo.

Art. 3º Fica reduzida a zero a alíquota do imposto de renda incidente sobre os rendimentos auferidos nas aplicações em fundos de investimento de que trata o art. 2º desta Lei quando pagos, creditados, entregues ou remetidos a beneficiário residente ou domiciliado no exterior, individual ou coletivo, que realizar operações financeiras no País de acordo com as normas e condições estabelecidas pelo Conselho Monetário Nacional.

§ 1º O benefício disposto no *caput* deste artigo:

I – não será concedido ao cotista titular de cotas que, isoladamente ou em conjunto com pessoas a ele ligadas, represente 40% (quarenta por cento) ou mais da totalidade das cotas emitidas pelos fundos de que trata o art. 2º desta Lei ou cujas cotas, isoladamente ou em conjunto com pessoas a ele ligadas, lhe derem direito ao recebimento de rendimento superior a 40% (quarenta por cento) do total de rendimentos auferidos pelos fundos;

II – não se aplica aos fundos elencados no art. 2º desta Lei que detiverem em suas carteiras, a qualquer tempo, títulos de dívida em percentual superior a 5% (cinco por cento) de seu patrimônio líquido, ressalvados desse limite os títulos de dívida mencionados no § 4º do art. 2º desta Lei e os títulos públicos;

III – não se aplica aos residentes ou domiciliados em país que não tribute a renda ou que a tribute à alíquota máxima inferior a 20% (vinte por cento).

§ 2º Para efeito do disposto no inciso I do § 1º deste artigo, considera-se pessoa ligada ao cotista:

I – pessoa física:

a) seus parentes até o segundo grau;

b) empresa sob seu controle ou de qualquer de seus parentes até o segundo grau;

c) sócios ou dirigentes de empresa sob seu controle referida na alínea b deste inciso ou no inciso II deste artigo;

II – pessoa jurídica, a pessoa que seja sua controladora, controlada ou coligada, conforme definido nos §§ 1º e 2º do art. 243 da Lei 6.404, de 15 de dezembro de 1976.

§ 3º A alíquota 0 (zero) referida no *caput* também se aplica aos ganhos de capital auferidos na alienação ou amortização de quotas de fundos de investimentos de que trata este artigo.

- § 3º acrescentado pela Lei 12.973/2014.

Art. 4º O *caput* do art. 8º da Lei 9.311, de 24 de outubro de 1996, passa a vigorar acrescido do seguinte inciso X:

"Art. 8º [...]

"[...]

"X – os lançamentos a débito em conta-corrente de depósito de titularidade de residente ou domiciliado no Brasil ou no exterior para liquidação de operações de aquisição de ações em oferta pública, registrada na Comissão de Valores Mobiliários, realizada fora dos recintos ou sistemas de negociação de bolsa de valores, desde que a companhia emissora tenha registro para negociação das ações em bolsas de valores."

Art. 5º Esta Lei entra em vigor na data de sua publicação.

Brasília, 27 de junho de 2006; 185º da Independência e 118º da República.

Luiz Inácio Lula da Silva

(*DOU* 28.06.2006)

Lei 11.371/2006

LEGISLAÇÃO

LEI 11.371, DE 28 DE NOVEMBRO DE 2006

Dispõe sobre operações de câmbio, sobre registro de capitais estrangeiros, sobre o pagamento em lojas francas localizadas em zona primária de porto ou aeroporto, sobre a tributação do arrendamento mercantil de aeronaves, sobre a novação dos contratos celebrados nos termos do § 1º do art. 26 da Lei 9.491, de 9 de setembro de 1997; altera o Decreto 23.258, de 19 de outubro de 1933, a Lei 4.131, de 3 de setembro de 1962, o Decreto-lei 1.455, de 7 de abril de 1976; e revoga dispositivo da Medida Provisória 303, de 29 de junho de 2006.

Faço saber que o Presidente da República adotou a Medida Provisória 315, de 2006, que o Congresso Nacional aprovou, e eu, Renan Calheiros, Presidente da Mesa do Congresso Nacional, para os efeitos do disposto no art. 62 da Constituição Federal, com a redação dada pela Emenda Constitucional n. 32, combinado com o art. 12 da Resolução 1, de 2002-CN, promulgo a seguinte Lei:

Art. 1º Os recursos em moeda estrangeira relativos aos recebimentos de exportações brasileiras de mercadorias e de serviços para o exterior, realizadas por pessoas físicas ou jurídicas, poderão ser mantidos em instituição financeira no exterior, observados os limites fixados pelo Conselho Monetário Nacional.

§ 1º O Conselho Monetário Nacional disporá sobre a forma e as condições para a aplicação do disposto no *caput* deste artigo, vedado o tratamento diferenciado por setor ou atividade econômica.

§ 2º Os recursos mantidos no exterior na forma deste artigo somente poderão ser utilizados para a realização de investimento, aplicação financeira ou pagamento de obrigação próprios do exportador, vedada a realização de empréstimo ou mútuo de qualquer natureza.

Art. 2º O Conselho Monetário Nacional poderá estabelecer formas simplificadas de contratação de operações simultâneas de compra e de venda de moeda estrangeira, relacionadas a recursos provenientes de exportações, sem prejuízo do disposto no art. 23 da Lei 4.131, de 3 de setembro de 1962.

Parágrafo único. Na hipótese do *caput* deste artigo, os recursos da compra e da venda da moeda estrangeira deverão transitar, por seus valores integrais, a crédito e a débito de conta-corrente bancária no País, de titularidade do contratante da operação.

Art. 3º Relativamente aos recursos em moeda estrangeira ingressados no País referentes aos recebimentos de exportações de mercadorias e de serviços, compete ao Banco Central do Brasil somente manter registro dos contratos de câmbio.

Parágrafo único. O Banco Central do Brasil fornecerá à Secretaria da Receita Federal os dados do registro de que trata o *caput* deste artigo, na forma por eles estabelecida em ato conjunto.

Art. 4º O art. 23 da Lei 4.131, de 3 de setembro de 1962, passa a vigorar acrescido do seguinte § 7º:

"Art. 23. [...]

"[...]

"§ 7º A utilização do formulário a que se refere o § 2º deste artigo não é obrigatória nas operações de compra e de venda de moeda estrangeira de até US$ 3.000,00 (três mil dólares dos Estados Unidos da América) ou do seu equivalente em outras moedas."

Art. 5º Fica sujeito a registro em moeda nacional, no Banco Central do Brasil, o capital estrangeiro investido em pessoas jurídicas no País, ainda não registrado e não sujeito a outra forma de registro no Banco Central do Brasil.

§ 1º Para fins do disposto no *caput* deste artigo, o valor do capital estrangeiro em moeda nacional a ser registrado deve constar dos registros contábeis da pessoa jurídica brasileira receptora do capital estrangeiro, na forma da legislação em vigor.

§ 2º O capital estrangeiro em moeda nacional existente em 31 de dezembro de 2005, a que se refere o *caput* deste artigo, deverá

Lei 11.371/2006

LEGISLAÇÃO

ser regularizado até 30 de junho de 2007, observado o disposto no § 1º deste artigo.

§ 3º A hipótese de que trata o *caput* deste artigo, contabilizada a partir do ano de 2006, inclusive, deve ter o registro efetuado até o último dia útil do ano-calendário subsequente ao do balanço anual no qual a pessoa jurídica estiver obrigada a registrar o capital.

§ 4º O Banco Central do Brasil divulgará dados constantes do registro de que trata este artigo.

§ 5º O Conselho Monetário Nacional disciplinará o disposto neste artigo.

Art. 6º A multa de que trata a Lei 10.755, de 3 de novembro de 2003, não se aplica às importações:

I – cujo vencimento ocorra a partir de 4 de agosto de 2006; ou

II – cujo termo final para a liquidação do contrato de câmbio de importação, na forma do inciso II do *caput* do art. 1º da Lei 10.755, de 3 de setembro de 2003, não tenha transcorrido até 4 de agosto de 2006.

Art. 7º As infrações às normas que regulam os registros, no Banco Central do Brasil, de capital estrangeiro em moeda nacional sujeitam os responsáveis a multa de R$ 1.000,00 (mil reais) a R$ 250.000,00 (duzentos e cinquenta mil reais).

Parágrafo único. O Conselho Monetário Nacional estabelecerá a gradação da multa a que se refere o *caput* deste artigo e as hipóteses em que poderá ser dispensada.

Art. 8º A pessoa física ou jurídica residente ou domiciliada no País que mantiver no exterior recursos em moeda estrangeira relativos ao recebimento de exportação, de que trata o art. 1º desta Lei, deverá declarar à Secretaria da Receita Federal a utilização dos recursos.

§ 1º O exercício da faculdade prevista no *caput* do art. 1º desta Lei implica a autorização do fornecimento à Secretaria da Receita Federal pela instituição financeira ou qualquer outro interveniente, residentes, domiciliados ou com sede no exterior das informações sobre a utilização dos recursos.

§ 2º A pessoa jurídica que mantiver recursos no exterior na forma do art. 1º desta Lei fica obrigada a manter escrituração contábil nos termos da legislação comercial.

§ 3º A Secretaria da Receita Federal disciplinará o disposto neste artigo.

Art. 9º A inobservância do disposto nos arts. 1º e 8º desta Lei acarretará a aplicação das seguintes multas de natureza fiscal:

I – 10% (dez por cento) incidentes sobre o valor dos recursos mantidos ou utilizados no exterior em desacordo com o disposto no art. 1º desta Lei, sem prejuízo da cobrança dos tributos devidos;

II – 0,5% (cinco décimos por cento) ao mês-calendário ou fração incidente sobre o valor correspondente aos recursos mantidos ou utilizados no exterior e não informados à Secretaria da Receita Federal, no prazo por ela estabelecido, limitada a 15% (quinze por cento).

§ 1º As multas de que trata o *caput* deste artigo serão:

I – aplicadas autonomamente a cada uma das infrações, ainda que caracterizada a ocorrência de eventual concurso;

II – na hipótese de que trata o inciso II do *caput* deste artigo:

a) reduzidas à metade, quando a informação for prestada após o prazo, mas antes de qualquer procedimento de ofício;

b) duplicadas, inclusive quanto ao seu limite, em caso de fraude.

§ 2º Compete à Secretaria da Receita Federal promover a exigência das multas de que trata este artigo, observado o rito previsto no Decreto 70.235, de 6 de março de 1972.

Art. 10. Na hipótese de a pessoa jurídica manter os recursos no exterior na forma prevista no art. 1º desta Lei, independe do efetivo ingresso de divisas a aplicação das normas de que tratam o § 1º e o inciso III do *caput* do art. 14 da Medida Provisória 2.158-35, de 24 de agosto de 2001, o inciso II do *caput* do art. 5º da Lei 10.637, de 30 de dezembro de 2002, e o inciso II do *caput* do art. 6º da Lei 10.833, de 29 de dezembro de 2003.

Art. 11. O art. 3º do Decreto 23.258, de 19 de outubro de 1933, passa a vigorar com a seguinte redação:

LEGISLAÇÃO

"Art. 3º É passível de penalidade o aumento de preço de mercadorias importadas para obtenção de coberturas indevidas."

Art. 12. As infrações aos arts. 1º, 2º e 3º do Decreto 23.258, de 19 de outubro de 1933, ocorridas a partir de 4 de agosto de 2006, serão punidas com multas entre 5% (cinco por cento) e 100% (cem por cento) do valor da operação.

§ 1º O Conselho Monetário Nacional disciplinará o disposto nos arts. 1º, 2º e 3º do Decreto 23.258, de 19 de outubro de 1933, podendo estabelecer gradação das multas a que se refere o *caput* deste artigo.

§ 2º Sujeitam-se às penalidades do art. 6º do Decreto 23.258, de 19 de outubro de 1933, as sonegações de cobertura nos valores de exportação ocorridas até 3 de agosto de 2006.

Art. 13. O *caput* do art. 15 do Decreto-lei 1.455, de 7 de abril de 1976, passa a vigorar com a seguinte redação:

"Art. 15. Na zona primária de porto ou aeroporto poderá ser autorizado, nos termos e condições fixados pelo Ministro de Estado da Fazenda, o funcionamento de lojas francas para venda de mercadoria nacional ou estrangeira a passageiros de viagens internacionais, na chegada ou saída do País, ou em trânsito, contra pagamento em moeda nacional ou estrangeira.

"[...]"

Art. 14. Fica o Banco Central do Brasil dispensado de inscrever em dívida ativa e de promover a execução fiscal dos débitos provenientes de multas administrativas de sua competência, considerados de pequeno valor ou de comprovada inexequibilidade, nos termos de norma por ele estabelecida.

Parágrafo único. Para os efeitos do disposto no *caput* deste artigo, o Banco Central do Brasil poderá, mediante ato fundamentado, efetuar o cancelamento de débitos inscritos e requerer a desistência de execuções já propostas.

Art. 15. Fica a União autorizada a pactuar com o Banco Nacional de Desenvolvimento Econômico e Social – BNDES a novação dos contratos celebrados ao amparo do § 1º do art. 26 da Lei 9.491, de 9 de setembro de 1997, visando a dar-lhes forma de instrumento híbrido de capital e dívida, conforme definido pelo Conselho Monetário Nacional, mantida, no mínimo, a equivalência econômica das condições alteradas.

Art. 16. Fica reduzida a 0 (zero), em relação aos fatos geradores que ocorrerem até 31 de dezembro de 2022, a alíquota do imposto sobre a renda na fonte incidente nas operações de que trata o inciso V do art. 1º da Lei 9.481, de 13 de agosto de 1997, na hipótese de pagamento, crédito, entrega, emprego ou remessa, por fonte situada no País, a pessoa jurídica domiciliada no exterior, a título de contraprestação de contrato de arrendamento mercantil de aeronave ou de motores destinados a aeronaves, celebrado por empresa de transporte aéreo público regular, de passageiros ou cargas, até 31 de dezembro de 2019.

• Artigo com redação determinada pela Lei 13.043/2014.

Art. 17. Esta Lei entra em vigor na data da sua publicação.

Art. 18. Fica revogado o inciso IV do *caput* do art. 7º da Medida Provisória 303, de 29 de junho de 2006.

Congresso Nacional, em 28 de novembro de 2006; 185º da Independência e 118º da República.

Senador Renan Calheiros
Presidente da Mesa do Congresso Nacional

(*DOU* 29.11.2006)

LEI COMPLEMENTAR 123, DE 14 DE DEZEMBRO DE 2006

Institui o Estatuto Nacional da Microempresa e da Empresa de Pequeno Porte; altera dispositivos das Leis 8.212 e 8.213, ambas de 24 de julho de 1991, da Consolidação das Leis do Trabalho – CLT, aprovada pelo Decreto-lei 5.452, de 1º de maio de 1943, da Lei 10.189, de 14 de fevereiro de 2001, da Lei Complementar 63, de 11 de janeiro de 1990; e revoga as Leis 9.317, de 5 de dezembro de 1996, e 9.841, de 5 de outubro de 1999.

• Esta Lei Complementar foi republicada (*DOU* 31.01.2012) em atendimento ao disposto no art.

LC 123/2006

LEGISLAÇÃO

5º da LC 139/2011, e também foi republicada no *DOU* 06.03.2012 por ter saído com incorreção.
- As alterações decorrentes das Leis Complementares 127/2007 e 128/2008 já se encontram consolidadas na republicação desta Lei Complementar.

O Presidente da República:

Faço saber que o Congresso Nacional decreta e eu sanciono a seguinte Lei Complementar:

Capítulo I
DISPOSIÇÕES PRELIMINARES

Art. 1º Esta Lei Complementar estabelece normas gerais relativas ao tratamento diferenciado e favorecido a ser dispensado às microempresas e empresas de pequeno porte no âmbito dos Poderes da União, dos Estados, do Distrito Federal e dos Municípios, especialmente no que se refere:

I – à apuração e recolhimento dos impostos e contribuições da União, dos Estados, do Distrito Federal e dos Municípios, mediante regime único de arrecadação, inclusive obrigações acessórias;

II – ao cumprimento de obrigações trabalhistas e previdenciárias, inclusive obrigações acessórias;

III – ao acesso a crédito e ao mercado, inclusive quanto à preferência nas aquisições de bens e serviços pelos Poderes Públicos, à tecnologia, ao associativismo e às regras de inclusão;

IV – ao cadastro nacional único de contribuintes a que se refere o inciso IV do parágrafo único do art. 146, *in fine*, da Constituição Federal.

- Inciso IV acrescentado pela LC 147/2014.

§ 1º Cabe ao Comitê Gestor do Simples Nacional (CGSN) apreciar a necessidade de revisão, a partir de 1º de janeiro de 2015, dos valores expressos em moeda nesta Lei Complementar.

- § 1º com redação determinada pela LC 139/2011 (*DOU* 11.11.2011), em vigor na data de sua publicação, produzindo efeitos a partir de 1º.01.2012.

§ 2º (*Vetado.*)

§ 3º Ressalvado o disposto no Capítulo IV, toda nova obrigação que atinja as microempresas e empresas de pequeno porte deverá apresentar, no instrumento que a instituiu, especificação do tratamento diferenciado, simplificado e favorecido para cumprimento.

- § 3º acrescentado pela LC 147/2014.

§ 4º Na especificação do tratamento diferenciado, simplificado e favorecido de que trata o § 3º, deverá constar prazo máximo, quando forem necessários procedimentos adicionais, para que os órgãos fiscalizadores cumpram as medidas necessárias à emissão de documentos, realização de vistorias e atendimento das demandas realizadas pelas microempresas e empresas de pequeno porte com o objetivo de cumprir a nova obrigação.

- § 4º acrescentado pela LC 147/2014.

§ 5º Caso o órgão fiscalizador descumpra os prazos estabelecidos na especificação do tratamento diferenciado e favorecido, conforme o disposto no § 4º, a nova obrigação será inexigível até que seja realizada visita para fiscalização orientadora e seja reiniciado o prazo para regularização.

- § 5º acrescentado pela LC 147/2014.

§ 6º A ausência de especificação do tratamento diferenciado, simplificado e favorecido ou da determinação de prazos máximos, de acordo com os §§ 3º e 4º, tornará a nova obrigação inexigível para as microempresas e empresas de pequeno porte.

- § 6º acrescentado pela LC 147/2014.

§ 7º A inobservância do disposto nos §§ 3º a 6º resultará em atentado aos direitos e garantias legais assegurados ao exercício profissional da atividade empresarial.

- § 7º acrescentado pela LC 147/2014.

Art. 2º O tratamento diferenciado e favorecido a ser dispensado às microempresas e empresas de pequeno porte de que trata o art. 1º desta Lei Complementar será gerido pelas instâncias a seguir especificadas:

I – Comitê Gestor do Simples Nacional, vinculado ao Ministério da Fazenda, composto por 4 (quatro) representantes da Secretaria da Receita Federal do Brasil, como representantes da União, 2 (dois) dos Estados e do Distrito Federal e 2 (dois) dos Municípios, para tratar dos aspectos tributários; e

- V. Dec. 6.038/2007 (Institui o Comitê Gestor de Tributação das Microempresas e Empresas de Pequeno Porte).

II – Fórum Permanente das Microempresas e Empresas de Pequeno Porte, com a partici-

LC 123/2006

LEGISLAÇÃO

pação dos órgãos federais competentes e das entidades vinculadas ao setor, para tratar dos demais aspectos, ressalvado o disposto no inciso III do *caput* deste artigo;

- V. Dec. 8.364/2014 (Regulamenta o Fórum Permanente das Microempresas e Empresas de Pequeno Porte).

III – Comitê para Gestão da Rede Nacional para Simplificação do Registro e da Legalização de Empresas e Negócios – CGSIM, vinculado à Secretaria da Micro e Pequena Empresa da Presidência da República, composto por representantes da União, dos Estados e do Distrito Federal, dos Municípios e demais órgãos de apoio e de registro empresarial, na forma definida pelo Poder Executivo, para tratar do processo de registro e de legalização de empresários e de pessoas jurídicas.

- Inciso III com redação determinada pela LC 147/2014.

§ 1º Os Comitês de que tratam os incisos I e III do *caput* deste artigo serão presididos e coordenados por representantes da União.

§ 2º Os representantes dos Estados e do Distrito Federal nos Comitês referidos nos incisos I e III do *caput* deste artigo serão indicados pelo Conselho Nacional de Política Fazendária – Confaz e os dos Municípios serão indicados, um pela entidade representativa das Secretarias de Finanças das Capitais e outro pelas entidades de representação nacional dos Municípios brasileiros.

§ 3º As entidades de representação referidas no inciso III do *caput* e no § 2º deste artigo serão aquelas regularmente constituídas há pelo menos 1 (um) ano antes da publicação desta Lei Complementar.

§ 4º Os Comitês de que tratam os incisos I e III do *caput* deste artigo elaborarão seus regimentos internos mediante resolução.

§ 5º O Fórum referido no inciso II do *caput* deste artigo tem por finalidade orientar e assessorar a formulação e coordenação da política nacional de desenvolvimento das microempresas e empresas de pequeno porte, bem como acompanhar e avaliar a sua implantação, sendo presidido e coordenado pela Secretaria da Micro e Pequena Empresa da Presidência da República.

- § 5º com redação determinada pela Lei 12.792/2013.
- V. Dec. 8.364/2014 (Regulamenta o Fórum Permanente das Microempresas e Empresas de Pequeno Porte).

§ 6º Ao Comitê de que trata o inciso I do *caput* deste artigo compete regulamentar a opção, exclusão, tributação, fiscalização, arrecadação, cobrança, dívida ativa, recolhimento e demais itens relativos ao regime de que trata o art. 12 desta Lei Complementar, observadas as demais disposições desta Lei Complementar.

§ 7º Ao Comitê de que trata o inciso III do *caput* deste artigo compete, na forma da lei, regulamentar a inscrição, cadastro, abertura, alvará, arquivamento, licenças, permissão, autorização, registros e demais itens relativos à abertura, legalização e funcionamento de empresários e de pessoas jurídicas de qualquer porte, atividade econômica ou composição societária.

§ 8º Os membros dos Comitês de que tratam os incisos I e III do *caput* deste artigo serão designados, respectivamente, pelos Ministros de Estado da Fazenda e da Secretaria da Micro e Pequena Empresa da Presidência da República, mediante indicação dos órgãos e entidades vinculados.

- § 8º com redação determinada pela LC 147/2014.

§ 9º O CGSN poderá determinar, com relação à microempresa e à empresa de pequeno porte optante pelo Simples Nacional, a forma, a periodicidade e o prazo:

- § 9º acrescentado pela LC 147/2014.

I – de entrega à Secretaria da Receita Federal do Brasil – RFB de uma única declaração com dados relacionados a fatos geradores, base de cálculo e valores da contribuição para a Seguridade Social devida sobre a remuneração do trabalho, inclusive a descontada dos trabalhadores a serviço da empresa, do Fundo de Garantia do Tempo de Serviço – FGTS e outras informações de interesse do Ministério do Trabalho e Emprego – MTE, do Instituto Nacional do Seguro Social – INSS e do Conselho Curador do FGTS, observado o disposto no § 7º deste artigo; e

II – do recolhimento das contribuições descritas no inciso I e do FGTS.

§ 10. O recolhimento de que trata o inciso II do § 9º deste artigo poderá se dar de forma unificada relativamente aos tributos apurados na forma do Simples Nacional.

- § 10 acrescentado pela LC 147/2014.

LC 123/2006

LEGISLAÇÃO

§ 11. A entrega da declaração de que trata o inciso I do § 9º substituirá, na forma regulamentada pelo CGSN, a obrigatoriedade de entrega de todas as informações, formulários e declarações a que estão sujeitas as demais empresas ou equiparados que contratam trabalhadores, inclusive relativamente ao recolhimento do FGTS, à Relação Anual de Informações Sociais e ao Cadastro Geral de Empregados e Desempregados.

- § 11 acrescentado pela LC 147/2014.

§ 12. Na hipótese de recolhimento do FGTS na forma do inciso II do § 9º deste artigo, deve-se assegurar a transferência dos recursos e dos elementos identificadores do recolhimento ao gestor desse fundo para crédito na conta vinculada do trabalhador.

- § 12 acrescentado pela LC 147/2014.

§ 13. O documento de que trata o inciso I do § 9º tem caráter declaratório, constituindo instrumento hábil e suficiente para a exigência dos tributos, contribuições e dos débitos fundiários que não tenham sido recolhidos resultantes das informações nele prestadas.

- § 13 acrescentado pela LC 147/2014.

Capítulo II
DA DEFINIÇÃO DE MICROEMPRESA E DE EMPRESA DE PEQUENO PORTE

Art. 3º Para os efeitos desta Lei Complementar, consideram-se microempresas ou empresas de pequeno porte a sociedade empresária, a sociedade simples, a empresa individual de responsabilidade limitada e o empresário a que se refere o art. 966 da Lei 10.406, de 10 de janeiro de 2002 (Código Civil), devidamente registrados no Registro de Empresas Mercantis ou no Registro Civil de Pessoas Jurídicas, conforme o caso, desde que:

- *Caput* com redação determinada pela LC 139/2011 (*DOU* 11.11.2011), em vigor na data de sua publicação, produzindo efeitos a partir de 1º.01.2012.

I – no caso da microempresa, aufira, em cada ano-calendário, receita bruta igual ou inferior a R$ 360.000,00 (trezentos e sessenta mil reais); e

- Inciso I com redação determinada pela LC 139/2011 (*DOU* 11.11.2011), em vigor na data de sua publicação, produzindo efeitos a partir de 1º.01.2012.

II – no caso da empresa de pequeno porte, aufira, em cada ano-calendário, receita bruta superior a R$ 360.000,00 (trezentos e sessenta mil reais) e igual ou inferior a R$ 3.600.000,00 (três milhões e seiscentos mil reais).

- Inciso II com redação determinada pela LC 139/2011 (*DOU* 11.11.2011), em vigor na data de sua publicação, produzindo efeitos a partir de 1º.01.2012.

§ 1º Considera-se receita bruta, para fins do disposto no *caput* deste artigo, o produto da venda de bens e serviços nas operações de conta própria, o preço dos serviços prestados e o resultado nas operações em conta alheia, não incluídas as vendas canceladas e os descontos incondicionais concedidos.

§ 2º No caso de início de atividade no próprio ano-calendário, o limite a que se refere o *caput* deste artigo será proporcional ao número de meses em que a microempresa ou a empresa de pequeno porte houver exercido atividade, inclusive as frações de meses.

§ 3º O enquadramento do empresário ou da sociedade simples ou empresária como microempresa ou empresa de pequeno porte bem como o seu desenquadramento não implicarão alteração, denúncia ou qualquer restrição em relação a contratos por elas anteriormente firmados.

§ 4º Não poderá se beneficiar do tratamento jurídico diferenciado previsto nesta Lei Complementar, incluído o regime de que trata o art. 12 desta Lei Complementar, para nenhum efeito legal, a pessoa jurídica:

I – de cujo capital participe outra pessoa jurídica;

II – que seja filial, sucursal, agência ou representação, no País, de pessoa jurídica com sede no exterior;

III – de cujo capital participe pessoa física que seja inscrita como empresário ou seja sócia de outra empresa que receba tratamento jurídico diferenciado nos termos desta Lei Complementar, desde que a receita bruta global ultrapasse o limite de que trata o inciso II do *caput* deste artigo;

Legislação

IV – cujo titular ou sócio participe com mais de 10% (dez por cento) do capital de outra empresa não beneficiada por esta Lei Complementar, desde que a receita bruta global ultrapasse o limite de que trata o inciso II do *caput* deste artigo;
V – cujo sócio ou titular seja administrador ou equiparado de outra pessoa jurídica com fins lucrativos, desde que a receita bruta global ultrapasse o limite de que trata o inciso II do *caput* deste artigo;
VI – constituída sob a forma de cooperativas, salvo as de consumo;
VII – que participe do capital de outra pessoa jurídica;
VIII – que exerça atividade de banco comercial, de investimentos e de desenvolvimento, de caixa econômica, de sociedade de crédito, financiamento e investimento ou de crédito imobiliário, de corretora ou de distribuidora de títulos, valores mobiliários e câmbio, de empresa de arrendamento mercantil, de seguros privados e de capitalização ou de previdência complementar;
IX – resultante ou remanescente de cisão ou qualquer outra forma de desmembramento de pessoa jurídica que tenha ocorrido em um dos 5 (cinco) anos-calendário anteriores;
X – constituída sob a forma de sociedade por ações;
XI – cujos titulares ou sócios guardem, cumulativamente, com o contratante do serviço, relação de pessoalidade, subordinação e habitualidade.

- Inciso XI acrescentado pela LC 147/2014.

§ 5º O disposto nos incisos IV e VII do § 4º deste artigo não se aplica à participação no capital de cooperativas de crédito, bem como em centrais de compras, bolsas de subcontratação, no consórcio referido no art. 50 desta Lei Complementar e na sociedade de propósito específico prevista no art. 56 desta Lei Complementar, e em associações assemelhadas, sociedades de interesse econômico, sociedades de garantia solidária e outros tipos de sociedade, que tenham como objetivo social a defesa exclusiva dos interesses econômicos das microempresas e empresas de pequeno porte.
§ 6º Na hipótese de a microempresa ou empresa de pequeno porte incorrer em alguma das situações previstas nos incisos do § 4º, será excluída do tratamento jurídico diferenciado previsto nesta Lei Complementar, bem como do regime de que trata o art. 12, com efeitos a partir do mês seguinte ao que incorrida a situação impeditiva.

- § 6º com redação determinada pela LC 139/2011 (*DOU* 11.11.2011), em vigor na data de sua publicação, produzindo efeitos a partir de 1º.01.2012.

§ 7º Observado o disposto no § 2º deste artigo, no caso de início de atividades, a microempresa que, no ano-calendário, exceder o limite de receita bruta anual previsto no inciso I do *caput* deste artigo passa, no ano-calendário seguinte, à condição de empresa de pequeno porte.
§ 8º Observado o disposto no § 2º deste artigo, no caso de início de atividades, a empresa de pequeno porte que, no ano-calendário, não ultrapassar o limite de receita bruta anual previsto no inciso I do *caput* deste artigo passa, no ano-calendário seguinte, à condição de microempresa.
§ 9º A empresa de pequeno porte que, no ano-calendário, exceder o limite de receita bruta anual previsto no inciso II do *caput* fica excluída, no mês subsequente à ocorrência do excesso, do tratamento jurídico diferenciado previsto nesta Lei Complementar, incluído o regime de que trata o art. 12, para todos os efeitos legais, ressalvado o disposto nos §§ 9º-A, 10 e 12.

- § 9º com redação determinada pela LC 139/2011 (*DOU* 11.11.2011), em vigor na data de sua publicação, produzindo efeitos a partir de 1º.01.2012.

§ 9º-A. Os efeitos da exclusão prevista no § 9º dar-se-ão no ano-calendário subsequente se o excesso verificado em relação à receita bruta não for superior a 20% (vinte por cento) do limite referido no inciso II do *caput*.

- § 9º-A acrescentado pela LC 139/2011 (*DOU* 11.11.2011), em vigor na data de sua publicação, produzindo efeitos a partir de 1º.01.2012.

§ 10. A empresa de pequeno porte que no decurso do ano-calendário de início de atividade ultrapassar o limite proporcional de receita bruta de que trata o § 2º estará excluída do tratamento jurídico diferenciado previsto nesta Lei Complementar, bem como do regime de que trata o art. 12 desta Lei

LC 123/2006

LEGISLAÇÃO

Complementar, com efeitos retroativos ao início de suas atividades.

- § 10 com redação determinada pela LC 139/2011 (*DOU* 11.11.2011), em vigor na data de sua publicação, produzindo efeitos a partir de 1º.01.2012.

§ 11. Na hipótese de o Distrito Federal, os Estados e os respectivos Municípios adotarem um dos limites previstos nos incisos I e II do *caput* do art. 19 e no art. 20, caso a receita bruta auferida pela empresa durante o ano-calendário de início de atividade ultrapasse 1/12 (um doze avos) do limite estabelecido multiplicado pelo número de meses de funcionamento nesse período, a empresa não poderá recolher o ICMS e o ISS na forma do Simples Nacional, relativos ao estabelecimento localizado na unidade da federação que os houver adotado, com efeitos retroativos ao início de suas atividades.

- § 11 com redação determinada pela LC 139/2011 (*DOU* 11.11.2011), em vigor na data de sua publicação, produzindo efeitos a partir de 1º.01.2012.

§ 12. A exclusão de que trata o § 10 não retroagirá ao início das atividades se o excesso verificado em relação à receita bruta não for superior a 20% (vinte por cento) do respectivo limite referido naquele parágrafo, hipótese em que os efeitos da exclusão dar-se-ão no ano-calendário subsequente.

- § 12 com redação determinada pela LC 139/2011 (*DOU* 11.11.2011), em vigor na data de sua publicação, produzindo efeitos a partir de 1º.01.2012.

§ 13. O impedimento de que trata o § 11 não retroagirá ao início das atividades se o excesso verificado em relação à receita bruta não for superior a 20% (vinte por cento) dos respectivos limites referidos naquele parágrafo, hipótese em que os efeitos do impedimento ocorrerão no ano-calendário subsequente.

- § 13 acrescentado pela LC 139/2011 (*DOU* 11.11.2011), em vigor na data de sua publicação, produzindo efeitos a partir de 1º.01.2012.

§ 14. Para fins de enquadramento como microempresa ou empresa de pequeno porte, poderão ser auferidas receitas no mercado interno até o limite previsto no inciso II do *caput* ou no § 2º, conforme o caso, e, adicionalmente, receitas decorrentes da exportação de mercadorias ou serviços, inclusive quando realizada por meio de comercial exportadora ou da sociedade de propósito específico prevista no art. 56 desta Lei Complementar, desde que as receitas de exportação também não excedam os referidos limites de receita bruta anual.

- § 14 com redação determinada pela LC 147/2014 (*DOU* 08.08.2014), em vigor na data de sua publicação, produzindo efeitos a partir de 1º de janeiro do primeiro ano subsequente ao de sua publicação.

§ 15. Na hipótese do § 14, para fins de determinação da alíquota de que trata o § 1º do art. 18, da base de cálculo prevista em seu § 3º e das majorações de alíquotas previstas em seus §§ 16, 16-A, 17 e 17-A, serão consideradas separadamente as receitas brutas auferidas no mercado interno e aquelas decorrentes da exportação.

- § 15 com redação determinada pela LC 147/2014 (*DOU* 08.08.2014), em vigor a partir de 1º de janeiro do segundo ano subsequente ao de sua publicação.

§ 16. O disposto neste artigo será regulamentado por resolução do CGSN.

- § 16 acrescentado pela LC 147/2014.

Art. 3º-A. Aplica-se ao produtor rural pessoa física e ao agricultor familiar conceituado na Lei 11.326, de 24 de julho de 2006, com situação regular na Previdência Social e no Município que tenham auferido receita bruta anual até o limite de que trata o inciso II do *caput* do art. 3º o disposto nos arts. 6º e 7º, nos Capítulos V a X, na Seção IV do Capítulo XI e no Capítulo XII desta Lei Complementar, ressalvadas as disposições da Lei 11.718, de 20 de junho de 2008.

- Artigo acrescentado pela LC 147/2014.

Parágrafo único. A equiparação de que trata o *caput* não se aplica às disposições do Capítulo IV desta Lei Complementar.

Art. 3º-B. Os dispositivos desta Lei Complementar, com exceção dos dispostos no Capítulo IV, são aplicáveis a todas as microempresas e empresas de pequeno porte, assim definidas pelos incisos I e II do *caput* e § 4º do art. 3º, ainda que não enquadradas no regime tributário do Simples Nacional, por vedação ou por opção.

- Artigo acrescentado pela LC 147/2014.

Legislação

Capítulo III
DA INSCRIÇÃO E DA BAIXA

Art. 4º Na elaboração de normas de sua competência, os órgãos e entidades envolvidos na abertura e fechamento de empresas, dos três âmbitos de governo, deverão considerar a unicidade do processo de registro e de legalização de empresários e de pessoas jurídicas, para tanto devendo articular as competências próprias com aquelas dos demais membros, e buscar, em conjunto, compatibilizar e integrar procedimentos, de modo a evitar a duplicidade de exigências e garantir a linearidade do processo, da perspectiva do usuário.

§ 1º O processo de abertura, registro, alteração e baixa da microempresa e empresa de pequeno porte, bem como qualquer exigência para o início de seu funcionamento, deverão ter trâmite especial e simplificado, preferencialmente eletrônico, opcional para o empreendedor, observado o seguinte:

* *Caput* do § 1º com redação determinada pela LC 147/2014.

I – poderão ser dispensados o uso da firma, com a respectiva assinatura autógrafa, o capital, requerimentos, demais assinaturas, informações relativas ao estado civil e regime de bens, bem como remessa de documentos, na forma estabelecida pelo CGSIM; e

* Inciso I com redação determinada pela LC 139/2011.

II – *(Revogado pela LC 147/2014 – DOU 08.08.2014, a partir de 1º de janeiro do segundo ano subsequente ao da data de sua publicação.)*

§ 2º *(Revogado pela LC 139/2011.)*

§ 3º Ressalvado o disposto nesta Lei Complementar, ficam reduzidos a 0 (zero) todos os custos, inclusive prévios, relativos à abertura, à inscrição, ao registro, ao funcionamento, ao alvará, à licença, ao cadastro, às alterações e procedimentos de baixa e encerramento e aos demais itens relativos ao Microempreendedor Individual, incluindo os valores referentes a taxas, a emolumentos e a demais contribuições relativas aos órgãos de registro, de licenciamento, sindicais, de regulamentação, de anotação de responsabilidade técnica, de vistoria e de fiscalização do exercício de profissões regulamentadas.

* § 3º com redação determinada pela LC 147/2014.

§ 3º-A. O agricultor familiar, definido conforme a Lei 11.326, de 24 de julho de 2006, e identificado pela Declaração de Aptidão ao Pronaf – DAP física ou jurídica, bem como o MEI e o empreendedor de economia solidária ficam isentos de taxas e outros valores relativos à fiscalização da vigilância sanitária.

* § 3º-A acrescentado pela LC 147/2014.

§ 4º No caso do MEI, de que trata o art. 18-A desta Lei Complementar, a cobrança associativa ou oferta de serviços privados relativos aos atos de que trata o § 3º deste artigo somente poderá ser efetuada a partir de demanda prévia do próprio MEI, firmado por meio de contrato com assinatura autógrafa, observando-se que:

* § 4º acrescentado pela LC 147/2014.

I – para a emissão de boletos de cobrança, os bancos públicos e privados deverão exigir das instituições sindicais e associativas autorização prévia específica a ser emitida pelo CGSIM;

II – o desrespeito ao disposto neste parágrafo configurará vantagem ilícita pelo induzimento ao erro em prejuízo do MEI, aplicando-se as sanções previstas em lei.

§ 5º *(Vetado.)*

* § 5º acrescentado pela LC 147/2014.

Art. 5º Os órgãos e entidades envolvidos na abertura e fechamento de empresas, dos três âmbitos de governo, no âmbito de suas atribuições, deverão manter à disposição dos usuários, de forma presencial e pela rede mundial de computadores, informações, orientações e instrumentos, de forma integrada e consolidada, que permitam pesquisas prévias às etapas de registro ou inscrição, alteração e baixa de empresários e pessoas jurídicas, de modo a prover ao usuário certeza quanto à documentação exigível e quanto à viabilidade do registro ou inscrição.

Parágrafo único. As pesquisas prévias à elaboração de ato constitutivo ou de sua al-

LC 123/2006

LEGISLAÇÃO

teração deverão bastar a que o usuário seja informado pelos órgãos e entidades competentes:

I – da descrição oficial do endereço de seu interesse e da possibilidade de exercício da atividade desejada no local escolhido;

II – de todos os requisitos a serem cumpridos para obtenção de licenças de autorização de funcionamento, segundo a atividade pretendida, o porte, o grau de risco e a localização; e

III – da possibilidade de uso do nome empresarial de seu interesse.

Art. 6º Os requisitos de segurança sanitária, metrologia, controle ambiental e prevenção contra incêndios, para os fins de registro e legalização de empresários e pessoas jurídicas, deverão ser simplificados, racionalizados e uniformizados pelos órgãos envolvidos na abertura e fechamento de empresas, no âmbito de suas competências.

§ 1º Os órgãos e entidades envolvidos na abertura e fechamento de empresas que sejam responsáveis pela emissão de licenças e autorizações de funcionamento somente realizarão vistorias após o início de operação do estabelecimento, quando a atividade, por sua natureza, comportar grau de risco compatível com esse procedimento.

§ 2º Os órgãos e entidades competentes definirão, em 6 (seis) meses, contados da publicação desta Lei Complementar, as atividades cujo grau de risco seja considerado alto e que exigirão vistoria prévia.

§ 3º Na falta de legislação estadual, distrital ou municipal específica relativa à definição do grau de risco da atividade aplicar-se-á resolução do CGSIM.

- § 3º acrescentado pela LC 147/2014.

§ 4º A classificação de baixo grau de risco permite ao empresário ou à pessoa jurídica a obtenção do licenciamento de atividade mediante o simples fornecimento de dados e a substituição da comprovação prévia do cumprimento de exigências e restrições por declarações do titular ou responsável.

- § 4º acrescentado pela LC 147/2014.

§ 5º O disposto neste artigo não é impeditivo da inscrição fiscal.

- § 5º acrescentado pela LC 147/2014.

Art. 7º Exceto nos casos em que o grau de risco da atividade seja considerado alto, os Municípios emitirão Alvará de Funcionamento Provisório, que permitirá o início de operação do estabelecimento imediatamente após o ato de registro.

Parágrafo único. Nos casos referidos no *caput* deste artigo, poderá o Município conceder Alvará de Funcionamento Provisório para o microempreendedor individual, para microempresas e para empresas de pequeno porte:

I – instaladas em área ou edificação desprovidas de regulação fundiária e imobiliária, inclusive habite-se; ou

- Inciso I com redação determinada pela LC 147/2014.

II – em residência do microempreendedor individual ou do titular ou sócio da microempresa ou empresa de pequeno porte, na hipótese em que a atividade não gere grande circulação de pessoas.

Art. 8º Será assegurado aos empresários e pessoas jurídicas:

- Artigo com redação determinada pela LC 147/2014.

I – entrada única de dados e documentos;

II – processo de registro e legalização integrado entre os órgãos e entes envolvidos, por meio de sistema informatizado que garanta:

a) sequenciamento das seguintes etapas: consulta prévia de nome empresarial e de viabilidade de localização, registro empresarial, inscrições fiscais e licenciamento de atividade;

b) criação da base nacional cadastral única de empresas;

III – identificação nacional cadastral única que corresponderá ao número de inscrição no Cadastro Nacional de Pessoas Jurídicas – CNPJ.

§ 1º O sistema de que trata o inciso II do *caput* deve garantir aos órgãos e entidades integrados:

I – compartilhamento irrestrito dos dados da base nacional única de empresas;

II – autonomia na definição das regras para comprovação do cumprimento de exigências nas respectivas etapas do processo.

§ 2º A identificação nacional cadastral única substituirá para todos os efeitos as demais inscrições, sejam elas federais, estaduais ou municipais, após a implantação do sistema a que se refere o inciso II do *caput*, no prazo e na forma estabelecidos pelo CGSIM.

§ 3º É vedado aos órgãos e entidades integrados ao sistema informatizado de que trata o inciso II do *caput* o estabelecimento de exigências não previstas em lei.

§ 4º A coordenação do desenvolvimento e da implantação do sistema de que trata o inciso II do *caput* ficará a cargo do CGSIM.

Art. 9º O registro dos atos constitutivos, de suas alterações e extinções (baixas), referentes a empresários e pessoas jurídicas em qualquer órgão dos três âmbitos de governo ocorrerá independentemente da regularidade de obrigações tributárias, previdenciárias ou trabalhistas, principais ou acessórias, do empresário, da sociedade, dos sócios, dos administradores ou de empresas de que participem, sem prejuízo das responsabilidades do empresário, dos titulares, dos sócios ou dos administradores por tais obrigações, apuradas antes ou após o ato de extinção.

* *Caput* com redação determinada pela LC 147/2014.

§ 1º O arquivamento, nos órgãos de registro, dos atos constitutivos de empresários, de sociedades empresárias e de demais equiparados que se enquadrarem como microempresa ou empresa de pequeno porte bem como o arquivamento de suas alterações são dispensados das seguintes exigências:

I – certidão de inexistência de condenação criminal, que será substituída por declaração do titular ou administrador, firmada sob as penas da lei, de não estar impedido de exercer atividade mercantil ou a administração de sociedade, em virtude de condenação criminal;

II – prova de quitação, regularidade ou inexistência de débito referente a tributo ou contribuição de qualquer natureza.

§ 2º Não se aplica às microempresas e às empresas de pequeno porte o disposto no § 2º do art. 1º da Lei 8.906, de 4 de julho de 1994.

§ 3º *(Revogado pela LC 147/2014.)*

§ 4º A baixa do empresário ou da pessoa jurídica não impede que, posteriormente, sejam lançados ou cobrados tributos, contribuições e respectivas penalidades, decorrentes da falta do cumprimento de obrigações ou da prática comprovada e apurada em processo administrativo ou judicial de outras irregularidades praticadas pelos empresários, pelas pessoas jurídicas ou por seus titulares, sócios ou administradores.

* § 4º com redação determinada pela LC 147/2014.

§ 5º A solicitação de baixa do empresário ou da pessoa jurídica importa responsabilidade solidária dos empresários, dos titulares, dos sócios e dos administradores no período da ocorrência dos respectivos fatos geradores.

* § 5º com redação determinada pela LC 147/2014.

§ 6º Os órgãos referidos no *caput* deste artigo terão o prazo de 60 (sessenta) dias para efetivar a baixa nos respectivos cadastros.

§ 7º Ultrapassado o prazo previsto no § 6º deste artigo sem manifestação do órgão competente, presumir-se-á a baixa dos registros das microempresas e a das empresas de pequeno porte.

§ 8º *(Revogado pela LC 147/2014.)*
§ 9º *(Revogado pela LC 147/2014.)*
§ 10. *(Revogado pela LC 147/2014.)*
§ 11. *(Revogado pela LC 147/2014.)*
§ 12. *(Revogado pela LC 147/2014.)*

Art. 10. Não poderão ser exigidos pelos órgãos e entidades envolvidos na abertura e fechamento de empresas, dos três âmbitos de governo:

I – excetuados os casos de autorização prévia, quaisquer documentos adicionais aos requeridos pelos órgãos executores do Registro Público de Empresas Mercantis e Atividades Afins e do Registro Civil de Pessoas Jurídicas;

II – documento de propriedade ou contrato de locação do imóvel onde será instalada a sede, filial ou outro estabelecimento, salvo para comprovação do endereço indicado;

III – comprovação de regularidade de prepostos dos empresários ou pessoas jurídicas com seus órgãos de classe, sob qualquer

LC 123/2006

LEGISLAÇÃO

forma, como requisito para deferimento de ato de inscrição, alteração ou baixa de empresa, bem como para autenticação de instrumento de escrituração.

Art. 11. Fica vedada a instituição de qualquer tipo de exigência de natureza documental ou formal, restritiva ou condicionante, pelos órgãos envolvidos na abertura e fechamento de empresas, dos três âmbitos de governo, que exceda o estrito limite dos requisitos pertinentes à essência do ato de registro, alteração ou baixa da empresa.

Capítulo IV
DOS TRIBUTOS E CONTRIBUIÇÕES

• V. Res. CGSN 94/2011 (Simples Nacional).

Seção I
Da instituição e abrangência

Art. 12. Fica instituído o Regime Especial Unificado de Arrecadação de Tributos e Contribuições devidos pelas Microempresas e Empresas de Pequeno Porte – Simples Nacional.

Art. 13. O Simples Nacional implica o recolhimento mensal, mediante documento único de arrecadação, dos seguintes impostos e contribuições:

I – Imposto sobre a Renda da Pessoa Jurídica – IRPJ;

II – Imposto sobre Produtos Industrializados – IPI, observado o disposto no inciso XII do § 1º deste artigo;

III – Contribuição Social sobre o Lucro Líquido – CSLL;

IV – Contribuição para o Financiamento da Seguridade Social – Cofins, observado o disposto no inciso XII do § 1º deste artigo;

V – Contribuição para o PIS/Pasep, observado o disposto no inciso XII do § 1º deste artigo;

VI – Contribuição Patronal Previdenciária – CPP para a Seguridade Social, a cargo da pessoa jurídica, de que trata o art. 22 da Lei 8.212, de 24 de julho de 1991, exceto no caso da microempresa e da empresa de pequeno porte que se dedique às atividades de prestação de serviços referidas no § 5º-C do art. 18 desta Lei Complementar;

VII – Imposto sobre Operações Relativas à Circulação de Mercadorias e Sobre Prestações de Serviços de Transporte Interestadual e Intermunicipal e de Comunicação – ICMS;

VIII – Imposto sobre Serviços de Qualquer Natureza – ISS.

§ 1º O recolhimento na forma deste artigo não exclui a incidência dos seguintes impostos ou contribuições, devidos na qualidade de contribuinte ou responsável, em relação aos quais será observada a legislação aplicável às demais pessoas jurídicas:

I – Imposto sobre Operações de Crédito, Câmbio e Seguro, ou Relativas a Títulos ou Valores Mobiliários – IOF;

II – Imposto sobre a Importação de Produtos Estrangeiros – II;

III – Imposto sobre a Exportação, para o Exterior, de Produtos Nacionais ou Nacionalizados – IE;

IV – Imposto sobre a Propriedade Territorial Rural – ITR;

V – Imposto de Renda, relativo aos rendimentos ou ganhos líquidos auferidos em aplicações de renda fixa ou variável;

VI – Imposto de Renda relativo aos ganhos de capital auferidos na alienação de bens do ativo permanente;

VII – Contribuição Provisória sobre Movimentação ou Transmissão de Valores e de Créditos e Direitos de Natureza Financeira – CPMF;

VIII – Contribuição para o Fundo de Garantia do Tempo de Serviço – FGTS;

IX – Contribuição para manutenção da Seguridade Social, relativa ao trabalhador;

X – Contribuição para a Seguridade Social, relativa à pessoa do empresário, na qualidade de contribuinte individual;

XI – Imposto de Renda relativo aos pagamentos ou créditos efetuados pela pessoa jurídica a pessoas físicas;

XII – Contribuição para PIS/Pasep, Cofins e IPI incidentes na importação de bens e serviços;

XIII – ICMS devido:

a) nas operações sujeitas ao regime de substituição tributária, tributação concentrada em uma única etapa (monofásica) e sujeitas ao regime de antecipação do recolhimento do imposto com encerramento de tributação, envolvendo combustíveis e lubrificantes; energia elétrica; cigarros e outros produtos derivados do fumo; bebidas; óleos e azeites vegetais comestíveis; farinha de trigo e misturas de farinha de trigo; massas alimentícias; açúcares; produtos lácteos; carnes e suas preparações; preparações à base de cereais; chocolates; produtos de padaria e da indústria de bolachas e biscoitos; sorvetes e preparados para fabricação de sorvetes em máquinas; cafés e mates, seus extratos, essências e concentrados; preparações para molhos e molhos preparados; preparações de produtos vegetais; rações para animais domésticos; veículos automotivos e automotores, suas peças, componentes e acessórios; pneumáticos; câmaras de ar e protetores de borracha; medicamentos e outros produtos farmacêuticos para uso humano ou veterinário; cosméticos; produtos de perfumaria e de higiene pessoal; papéis; plásticos; canetas e malas; cimentos; cal e argamassas; produtos cerâmicos; vidros; obras de metal e plástico para construção; telhas e caixas d'água; tintas e vernizes; produtos eletrônicos, eletroeletrônicos e eletrodomésticos; fios; cabos e outros condutores; transformadores elétricos e reatores; disjuntores; interruptores e tomadas; isoladores; para-raios e lâmpadas; máquinas e aparelhos de ar-condicionado; centrifugadores de uso doméstico; aparelhos e instrumentos de pesagem de uso doméstico; extintores; aparelhos ou máquinas de barbear; máquinas de cortar o cabelo ou de tosquiar; aparelhos de depilar, com motor elétrico incorporado; aquecedores elétricos de água para uso doméstico e termômetros; ferramentas; álcool etílico; sabões em pó e líquidos para roupas; detergentes; alvejantes; esponjas; palhas de aço e amaciantes de roupas; venda de mercadorias pelo sistema porta a porta; nas operações sujeitas ao regime de substituição tributária pelas operações anteriores; e nas prestações de serviços sujeitas aos regimes de substituição tributária e de antecipação de recolhimento do imposto com encerramento de tributação;

- Alínea *a* com redação determinada pela LC 147/2014 (*DOU* 08.08.2014), em vigor a partir de 1º de janeiro do segundo ano subsequente ao da data de sua publicação.

b) por terceiro, a que o contribuinte se ache obrigado, por força da legislação estadual ou distrital vigente;

c) na entrada, no território do Estado ou do Distrito Federal, de petróleo, inclusive lubrificantes e combustíveis líquidos e gasosos dele derivados, bem como energia elétrica, quando não destinados à comercialização ou industrialização;

d) por ocasião do desembaraço aduaneiro;

e) na aquisição ou manutenção em estoque de mercadoria desacobertada de documento fiscal;

f) na operação ou prestação desacobertada de documento fiscal;

g) nas operações com bens ou mercadorias sujeitas ao regime de antecipação do recolhimento do imposto, nas aquisições em outros Estados e Distrito Federal:

1. com encerramento da tributação, observado o disposto no inciso IV do § 4º do art. 18 desta Lei Complementar;

2. sem encerramento da tributação, hipótese em que será cobrada a diferença entre a alíquota interna e a interestadual, sendo vedada a agregação de qualquer valor;

h) nas aquisições em outros Estados e no Distrito Federal de bens ou mercadorias, não sujeitas ao regime de antecipação do recolhimento do imposto, relativo à diferença entre a alíquota interna e a interestadual;

XIV – ISS devido:

a) em relação aos serviços sujeitos à substituição tributária ou retenção na fonte;

b) na importação de serviços;

XV – demais tributos de competência da União, dos Estados, do Distrito Federal ou dos Municípios, não relacionados nos incisos anteriores.

§ 2º Observada a legislação aplicável, a incidência do Imposto de Renda na fonte, na hipótese do inciso V do § 1º deste artigo, será definitiva.

§ 3º As microempresas e empresas de pequeno porte optantes pelo Simples Nacional ficam dispensadas do pagamento das demais contribuições instituídas pela União, inclusive as contribuições para as entidades privadas de serviço social e de formação profissional vinculadas ao sistema sindical, de que trata o art. 240 da Constituição Federal, e demais entidades de serviço social autônomo.

§ 4º *(Vetado.)*

§ 5º A diferença entre a alíquota interna e a interestadual de que tratam as alíneas *g* e *h* do inciso XIII do § 1º deste artigo será calculada tomando-se por base as alíquotas aplicáveis às pessoas jurídicas não optantes pelo Simples Nacional.

§ 6º O Comitê Gestor do Simples Nacional:

LC 123/2006

LEGISLAÇÃO

I – disciplinará a forma e as condições em que será atribuída à microempresa ou empresa de pequeno porte optante pelo Simples Nacional a qualidade de substituta tributária; e

II – poderá disciplinar a forma e as condições em que será estabelecido o regime de antecipação do ICMS previsto na alínea *g* do inciso XIII do § 1º deste artigo.

§ 7º O disposto na alínea *a* do inciso XIII do § 1º será disciplinado por convênio celebrado pelos Estados e pelo Distrito Federal, ouvidos o CGSN e os representantes dos segmentos econômicos envolvidos.

- § 7º acrescentado pela LC 147/2014 (*DOU* 08.08.2014), em vigor a partir de 1º de janeiro do segundo ano subsequente ao da data de sua publicação.

§ 8º Em relação às bebidas não alcoólicas, massas alimentícias, produtos lácteos, carnes e suas preparações, preparações à base de cereais, chocolates, produtos de padaria e da indústria de bolachas e biscoitos, preparações para molhos e molhos preparados, preparações de produtos vegetais, telhas e outros produtos cerâmicos para construção e detergentes, aplica-se o disposto na alínea *a* do inciso XIII do § 1º aos fabricados em escala industrial relevante em cada segmento, observado o disposto no § 7º.

- § 8º acrescentado pela LC 147/2014 (*DOU* 08.08.2014), em vigor a partir de 1º de janeiro do segundo ano subsequente ao da data de sua publicação.

Art. 14. Consideram-se isentos do imposto de renda, na fonte e na declaração de ajuste do beneficiário, os valores efetivamente pagos ou distribuídos ao titular ou sócio da microempresa ou empresa de pequeno porte optante pelo Simples Nacional, salvo os que corresponderem a pró-labore, aluguéis ou serviços prestados.

§ 1º A isenção de que trata o *caput* deste artigo fica limitada ao valor resultante da aplicação dos percentuais de que trata o art. 15 da Lei 9.249, de 26 de dezembro de 1995, sobre a receita bruta mensal, no caso de antecipação de fonte, ou da receita bruta total anual, tratando-se de declaração de ajuste, subtraído do valor devido na forma do Simples Nacional no período.

§ 2º O disposto no § 1º deste artigo não se aplica na hipótese de a pessoa jurídica manter escrituração contábil e evidenciar lucro superior àquele limite.

Art. 15. (*Vetado.*)

Art. 16. A opção pelo Simples Nacional da pessoa jurídica enquadrada na condição de microempresa e empresa de pequeno porte dar-se-á na forma a ser estabelecida em ato do Comitê Gestor, sendo irretratável para todo o ano-calendário.

§ 1º Para efeito de enquadramento no Simples Nacional, considerar-se-á microempresa ou empresa de pequeno porte aquela cuja receita bruta no ano-calendário anterior ao da opção esteja compreendida dentro dos limites previstos no art. 3º desta Lei Complementar.

§ 1º-A. A opção pelo Simples Nacional implica aceitação de sistema de comunicação eletrônica, destinado, dentre outras finalidades, a:

- § 1º-A acrescentado pela LC 139/2011.

I – cientificar o sujeito passivo de quaisquer tipos de atos administrativos, incluídos os relativos ao indeferimento de opção, à exclusão do regime e a ações fiscais;

II – encaminhar notificações e intimações; e

III – expedir avisos em geral.

§ 1º-B. O sistema de comunicação eletrônica de que trata o § 1º-A será regulamentado pelo CGSN, observando-se o seguinte:

- § 1º-B acrescentado pela LC 139/2011.

I – as comunicações serão feitas, por meio eletrônico, em portal próprio, dispensando-se a sua publicação no Diário Oficial e o envio por via postal;

II – a comunicação feita na forma prevista no *caput* será considerada pessoal para todos os efeitos legais;

III – a ciência por meio do sistema de que trata o § 1º-A com utilização de certificação digital ou de código de acesso possuirá os requisitos de validade;

IV – considerar-se-á realizada a comunicação no dia em que o sujeito passivo efetivar a consulta eletrônica ao teor da comunicação; e

V – na hipótese do inciso IV, nos casos em que a consulta se dê em dia não útil, a comunicação será considerada como realizada no primeiro dia útil seguinte.

Legislação

§ 1º-C. A consulta referida nos incisos IV e V do § 1º-B deverá ser feita em até 45 (quarenta e cinco) dias contados da data da disponibilização da comunicação no portal a que se refere o inciso I do § 1º-B, ou em prazo superior estipulado pelo CGSN, sob pena de ser considerada automaticamente realizada na data do término desse prazo.

• § 1º-C acrescentado pela LC 139/2011.

§ 1º-D. Enquanto não editada a regulamentação de que trata o § 1º-B, os entes federativos poderão utilizar sistemas de comunicação eletrônica, com regras próprias, para as finalidades previstas no § 1º-A, podendo a referida regulamentação prever a adoção desses sistemas como meios complementares de comunicação.

• § 1º-D acrescentado pela LC 139/2011.

§ 2º A opção de que trata o *caput* deste artigo deverá ser realizada no mês de janeiro, até o seu último dia útil, produzindo efeitos a partir do primeiro dia do ano-calendário da opção, ressalvado o disposto no § 3º deste artigo.

§ 3º A opção produzirá efeitos a partir da data do início de atividade, desde que exercida nos termos, prazo e condições a serem estabelecidos no ato do Comitê Gestor a que se refere o *caput* deste artigo.

§ 4º Serão consideradas inscritas no Simples Nacional, em 1º de julho de 2007, as microempresas e empresas de pequeno porte regularmente optantes pelo regime tributário de que trata a Lei 9.317, de 5 de dezembro de 1996, salvo as que estiverem impedidas de optar por alguma vedação imposta por esta Lei Complementar.

§ 5º O Comitê Gestor regulamentará a opção automática prevista no § 4º deste artigo.

§ 6º O indeferimento da opção pelo Simples Nacional será formalizado mediante ato da Administração Tributária segundo regulamentação do Comitê Gestor.

Seção II
Das vedações ao ingresso no Simples Nacional

Art. 17. Não poderão recolher os impostos e contribuições na forma do Simples Nacional a microempresa ou a empresa de pequeno porte:

I – que explore atividade de prestação cumulativa e contínua de serviços de assessoria creditícia, gestão de crédito, seleção e riscos, administração de contas a pagar e a receber, gerenciamento de ativos (*asset management*), compras de direitos creditórios resultantes de vendas mercantis a prazo ou de prestação de serviços (*factoring*);

II – que tenha sócio domiciliado no exterior;

III – de cujo capital participe entidade da administração pública, direta ou indireta, federal, estadual ou municipal;

IV – *(Revogado.)*

V – que possua débito com o Instituto Nacional do Seguro Social – INSS, ou com as Fazendas Públicas Federal, Estadual ou Municipal, cuja exigibilidade não esteja suspensa;

VI – que preste serviço de transporte intermunicipal e interestadual de passageiros, exceto quando na modalidade fluvial ou quando possuir características de transporte urbano ou metropolitano ou realizar-se sob fretamento contínuo em área metropolitana para o transporte de estudantes ou trabalhadores;

• Inciso VI com redação determinada pela LC 147/2014 (*DOU* 08.08.2014), em vigor na data de sua publicação, produzindo efeitos a partir de 1º de janeiro do primeiro ano subsequente ao de sua publicação.

VII – que seja geradora, transmissora, distribuidora ou comercializadora de energia elétrica;

VIII – que exerça atividade de importação ou fabricação de automóveis e motocicletas;

IX – que exerça atividade de importação de combustíveis;

X – que exerça atividade de produção ou venda no atacado de:

a) cigarros, cigarrilhas, charutos, filtros para cigarros, armas de fogo, munições e pólvoras, explosivos e detonantes;

b) bebidas a seguir descritas:

1 – alcoólicas;

2 – *(Revogado pela LC 147/2014.)*

3 – *(Revogado pela LC 147/2014.)*

4 – cervejas sem álcool;

XI – *(Revogado pela LC 147/2014 – DOU 08.08.2014, em vigor na data de sua publicação, produzindo efeitos a partir de 1º de*

LC 123/2006

LEGISLAÇÃO

janeiro do primeiro ano subsequente ao de sua publicação.)

XII – que realize cessão ou locação de mão de obra;

XIII – (Revogado pela LC 147/2014 – DOU 08.08.2014, em vigor na data de sua publicação, produzindo efeitos a partir de 1º de janeiro do primeiro ano subsequente ao de sua publicação.)

XIV – que se dedique ao loteamento e à incorporação de imóveis;

XV – que realize atividade de locação de imóveis próprios, exceto quando se referir a prestação de serviços tributados pelo ISS;

- Inciso XV com redação determinada pela LC 139/2011 (DOU 11.11.2011), em vigor na data de sua publicação, produzindo efeitos a partir de 1º.01.2012.

XVI – com ausência de inscrição ou com irregularidade em cadastro fiscal federal, municipal ou estadual, quando exigível.

- Inciso XVI acrescentado pela LC 139/2011 (DOU 11.11.2011), em vigor na data de sua publicação, produzindo efeitos a partir de 1º.01.2012.

§ 1º As vedações relativas a exercício de atividades previstas no *caput* deste artigo não se aplicam às pessoas jurídicas que se dediquem exclusivamente às atividades referidas nos §§ 5º-B a 5º-E do art. 18 desta Lei Complementar, ou as exerçam em conjunto com outras atividades que não tenham sido objeto de vedação no *caput* deste artigo.

I a XXI – (Revogados.)
XXII – (Vetado.)
XXIII a XXVII – (Revogados.)
XXVIII – (Vetado.)

§ 2º Também poderá optar pelo Simples Nacional a microempresa ou empresa de pequeno porte que se dedique à prestação de outros serviços que não tenham sido objeto de vedação expressa neste artigo, desde que não incorra em nenhuma das hipóteses de vedação previstas nesta Lei Complementar.

§ 3º (Vetado.)

§ 4º Na hipótese do inciso XVI do *caput*, deverá ser observado, para o MEI, o disposto no art. 4º desta Lei Complementar.

- § 4º acrescentado pela LC 139/2011 (DOU 11.11.2011), em vigor na data de sua publicação, produzindo efeitos a partir de 1º.01.2012.

Seção III
Das alíquotas e base de cálculo

Art. 18. O valor devido mensalmente pela microempresa ou empresa de pequeno porte, optante pelo Simples Nacional, será determinado mediante aplicação das alíquotas constantes das tabelas dos Anexos I a VI desta Lei Complementar sobre a base de cálculo de que trata o § 3º deste artigo, observado o disposto no § 15 do art. 3º.

- *Caput* com redação determinada pela LC 147/2014 (DOU 08.08.2014), em vigor na data de sua publicação, produzindo efeitos a partir de 1º de janeiro do primeiro ano subsequente ao de sua publicação.

§ 1º Para efeito de determinação da alíquota, o sujeito passivo utilizará a receita bruta acumulada nos 12 (doze) meses anteriores ao do período de apuração.

§ 2º Em caso de início de atividade, os valores de receita bruta acumulada constantes das tabelas dos Anexos I a VI desta Lei Complementar devem ser proporcionalizados ao número de meses de atividade no período.

- § 2º com redação determinada pela LC 147/2014 (DOU 08.08.2014), em vigor na data de sua publicação, produzindo efeitos a partir de 1º de janeiro do primeiro ano subsequente ao de sua publicação.

§ 3º Sobre a receita bruta auferida no mês incidirá a alíquota determinada na forma do *caput* e dos §§ 1º e 2º deste artigo, podendo tal incidência se dar, à opção do contribuinte, na forma regulamentada pelo Comitê Gestor, sobre a receita recebida no mês, sendo essa opção irretratável para todo o ano-calendário.

§ 4º O contribuinte deverá considerar, destacadamente, para fim de pagamento, as receitas decorrentes da:

- § 4º com redação determinada pela LC 147/ 2014.

I – revenda de mercadorias, que serão tributadas na forma do Anexo I desta Lei Complementar;

II – venda de mercadorias industrializadas pelo contribuinte, que serão tributadas na forma do Anexo II desta Lei Complementar;

III – prestação de serviços de que trata o § 5º-B deste artigo e dos serviços vinculados à locação de bens imóveis e corretagem de imóveis desde que observado o disposto no

LC 123/2006

LEGISLAÇÃO

inciso XV do art. 17, que serão tributados na forma do Anexo III desta Lei Complementar;
IV – prestação de serviços de que tratam os §§ 5º-C a 5º-F e 5º-I deste artigo, que serão tributadas na forma prevista naqueles parágrafos;
V – locação de bens móveis, que serão tributadas na forma do Anexo III desta Lei Complementar, deduzida a parcela correspondente ao ISS;
VI – atividade com incidência simultânea de IPI e de ISS, que serão tributadas na forma do Anexo II desta Lei Complementar, deduzida a parcela correspondente ao ICMS e acrescida a parcela correspondente ao ISS prevista no Anexo III desta Lei Complementar;
VII – comercialização de medicamentos e produtos magistrais produzidos por manipulação de fórmulas:
a) sob encomenda para entrega posterior ao adquirente, em caráter pessoal, mediante prescrições de profissionais habilitados ou indicação pelo farmacêutico, produzidos no próprio estabelecimento após o atendimento inicial, que serão tributadas na forma do Anexo III desta Lei Complementar;
b) nos demais casos, quando serão tributadas na forma do Anexo I desta Lei Complementar.
§ 4º-A. O contribuinte deverá segregar, também, as receitas:

• § 4º-A acrescentado pela LC 147/2014.

I – decorrentes de operações ou prestações sujeitas à tributação concentrada em uma única etapa (monofásica), bem como, em relação ao ICMS, que o imposto já tenha sido recolhido por substituto tributário ou por antecipação tributária com encerramento de tributação;
II – sobre as quais houve retenção de ISS na forma do § 6º deste artigo e § 4º do art. 21 desta Lei Complementar, ou, na hipótese do § 22-A deste artigo, seja devido em valor fixo ao respectivo município;
III – sujeitas à tributação em valor fixo ou que tenham sido objeto de isenção ou redução de ISS ou de ICMS na forma prevista nesta Lei Complementar;
IV – decorrentes da exportação para o exterior, inclusive as vendas realizadas por meio de comercial exportadora ou da sociedade de propósito específico prevista no art. 56 desta Lei Complementar;
V – sobre as quais o ISS seja devido a Município diverso do estabelecimento prestador, quando será recolhido no Simples Nacional.
§ 5º As atividades industriais serão tributadas na forma do Anexo II desta Lei Complementar.
I a VII – *(Revogados.)*
§ 5º-A. *(Revogado pela LC 147/2014 – DOU 08.08.2014, em vigor na data de sua publicação, produzindo efeitos a partir de 1º de janeiro do primeiro ano subsequente ao de sua publicação.)*
§ 5º-B. Sem prejuízo do disposto no § 1º do art. 17 desta Lei Complementar, serão tributadas na forma do Anexo III desta Lei Complementar as seguintes atividades de prestação de serviços:
I – creche, pré-escola e estabelecimento de ensino fundamental, escolas técnicas, profissionais e de ensino médio, de línguas estrangeiras, de artes, cursos técnicos de pilotagem, preparatórios para concursos, gerenciais e escolas livres, exceto as previstas nos incisos II e III do § 5º-D deste artigo;

• V. Súmula 448, STJ.

II – agência terceirizada de correios;
III – agência de viagem e turismo;
IV – centro de formação de condutores de veículos automotores de transporte terrestre de passageiros e de carga;
V – agência lotérica;
VI a VIII – *(Revogados.)*
IX – serviços de instalação, de reparos e de manutenção em geral, bem como de usinagem, solda, tratamento e revestimento em metais;
X – *(Revogado.)*

• Consta inciso XI conforme publicação oficial.

XI e XII – *(Revogados.)*
XIII – transporte municipal de passageiros; e
XIV – escritórios de serviços contábeis, observado o disposto nos §§ 22-B e 22-C deste artigo.
XV – produções cinematográficas, audiovisuais, artísticas e culturais, sua exibição ou apresentação, inclusive no caso de música, literatura, artes cênicas, artes visuais, cinematográficas e audiovisuais.

1081

- Inciso XV acrescentado pela LC 133/2009 (*DOU* 29.12.2009), em vigor na data de sua publicação, produzindo efeitos a partir do primeiro dia do mês seguinte à sua publicação oficial.

XVI – fisioterapia;
- Inciso XVI acrescentado pela LC 147/2014.

XVII – corretagem de seguros.
- Inciso XVII acrescentado pela LC 147/2014.

§ 5º-C. Sem prejuízo do disposto no § 1º do art. 17 desta Lei Complementar, as atividades de prestação de serviços seguintes serão tributadas na forma do Anexo IV desta Lei Complementar, hipótese em que não estará incluída no Simples Nacional a contribuição prevista no inciso VI do *caput* do art. 13 desta Lei Complementar, devendo ela ser recolhida segundo a legislação prevista para os demais contribuintes ou responsáveis:

I – construção de imóveis e obras de engenharia em geral, inclusive sob a forma de subempreitada, execução de projetos e serviços de paisagismo, bem como decoração de interiores;

II a V – *(Revogados.)*

VI – serviço de vigilância, limpeza ou conservação;

VII – serviços advocatícios.
- Inciso VII acrescentado pela LC 147/2014.

§ 5º-D. Sem prejuízo do disposto no § 1º do art. 17 desta Lei Complementar, as atividades de prestação de serviços seguintes serão tributadas na forma do Anexo V desta Lei Complementar:

I – administração e locação de imóveis de terceiros;
- Inciso I com redação determinada pela LC 147/2014 (*DOU* 08.08.2014), em vigor na data de sua publicação, produzindo efeitos a partir de 1º de janeiro do primeiro ano subsequente ao de sua publicação.

II – academias de dança, de capoeira, de ioga e de artes marciais;

III – academias de atividades físicas, desportivas, de natação e escolas de esportes;

IV – elaboração de programas de computadores, inclusive jogos eletrônicos, desde que desenvolvidos em estabelecimento do optante;

V – licenciamento ou cessão de direito de uso de programas de computação;

VI – planejamento, confecção, manutenção e atualização de páginas eletrônicas, desde que realizados em estabelecimento do optante;

VII e VIII – *(Revogados.)*

IX – empresas montadoras de estandes para feiras;

X e XI – (*Revogados pela LC 133/2009 – DOU 29.12.2009, em vigor na data de sua publicação, produzindo efeitos a partir do primeiro dia do mês seguinte à sua publicação oficial.*)

XII – laboratórios de análises clínicas ou de patologia clínica;

XIII – serviços de tomografia, diagnósticos médicos por imagem, registros gráficos e métodos óticos, bem como ressonância magnética;

XIV – serviços de prótese em geral.

§ 5º-E. Sem prejuízo do disposto no § 1º do art. 17 desta Lei Complementar, as atividades de prestação de serviços de comunicação e de transportes interestadual e intermunicipal de cargas, e de transportes autorizados no inciso VI do *caput* do art. 17, inclusive na modalidade fluvial, serão tributadas na forma do Anexo III, deduzida a parcela correspondente ao ISS e acrescida a parcela correspondente ao ICMS prevista no Anexo I.
- § 5º-E com redação determinada pela LC 147/2014.

§ 5º-F. As atividades de prestação de serviços referidas no § 2º do art. 17 desta Lei Complementar serão tributadas na forma do Anexo III desta Lei Complementar, salvo se, para alguma dessas atividades, houver previsão expressa de tributação na forma dos Anexos IV, V ou VI desta Lei Complementar.
- § 5º-F com redação determinada pela LC 147/2014 (*DOU* 08.08.2014), em vigor na data de sua publicação, produzindo efeitos a partir de 1º de janeiro do primeiro ano subsequente ao de sua publicação.

§ 5º-G. (*Revogado pela LC 147/2014 – DOU 08.08.2014, em vigor na data de sua publicação, produzindo efeitos a partir de 1º de janeiro do primeiro ano subsequente ao de sua publicação.*)

§ 5º-H. A vedação de que trata o inciso XII do *caput* do art. 17 desta Lei Complementar não se aplica às atividades referidas no § 5º-C deste artigo.

§ 5º-I. Sem prejuízo do disposto no § 1º do art. 17 desta Lei Complementar, as seguin-

LEGISLAÇÃO

tes atividades de prestação de serviços serão tributadas na forma do Anexo VI desta Lei Complementar:

- § 5º-I acrescentado pela LC 147/2014 (*DOU* 08.08.2014), em vigor na data de sua publicação, produzindo efeitos a partir de 1º de janeiro do primeiro ano subsequente ao de sua publicação.

I – medicina, inclusive laboratorial e enfermagem;
II – medicina veterinária;
III – odontologia;
IV – psicologia, psicanálise, terapia ocupacional, acupuntura, podologia, fonoaudiologia, clínicas de nutrição e de vacinação e bancos de leite;
V – serviços de comissaria, de despachantes, de tradução e de interpretação;
VI – arquitetura, engenharia, medição, cartografia, topografia, geologia, geodésia, testes, suporte e análises técnicas e tecnológicas, pesquisa, *design*, desenho e agronomia;
VII – representação comercial e demais atividades de intermediação de negócios e serviços de terceiros;
VIII – perícia, leilão e avaliação;
IX – auditoria, economia, consultoria, gestão, organização, controle e administração;
X – jornalismo e publicidade;
XI – agenciamento, exceto de mão de obra;
XII – outras atividades do setor de serviços que tenham por finalidade a prestação de serviços decorrentes do exercício de atividade intelectual, de natureza técnica, científica, desportiva, artística ou cultural, que constitua profissão regulamentada ou não, desde que não sujeitas à tributação na forma dos Anexos III, IV ou V desta Lei Complementar.

§ 6º No caso dos serviços previstos no § 2º do art. 6º da Lei Complementar 116, de 31 de julho de 2003, prestados pelas microempresas e pelas empresas de pequeno porte, o tomador do serviço deverá reter o montante correspondente na forma da legislação do município onde estiver localizado, observado o disposto no § 4º do art. 21 desta Lei Complementar.

§ 7º A sociedade de propósito específico de que trata o art. 56 desta Lei Complementar que houver adquirido mercadorias de microempresa ou empresa de pequeno porte que seja sua sócia, bem como a empresa comercial exportadora que houver adquirido mercadorias ou serviços de empresa optante pelo Simples Nacional, com o fim específico de exportação para o exterior, que, no prazo de 180 (cento e oitenta) dias, contado da data da emissão da nota fiscal pela vendedora, não comprovar o seu embarque para o exterior ficará sujeita ao pagamento de todos os impostos e contribuições que deixaram de ser pagos pela empresa vendedora, acrescidos de juros de mora e multa, de mora ou de ofício, calculados na forma da legislação relativa à cobrança do tributo não pago, aplicável à sociedade de propósito específico ou à própria comercial exportadora.

- § 7º com redação determinada pela LC 147/2014 (*DOU* 08.08.2014), em vigor na data de sua publicação, produzindo efeitos a partir de 1º de janeiro do primeiro ano subsequente ao de sua publicação.

§ 8º Para efeito do disposto no § 7º deste artigo, considera-se vencido o prazo para o pagamento na data em que a empresa vendedora deveria fazê-lo, caso a venda houvesse sido efetuada para o mercado interno.

§ 9º Relativamente à contribuição patronal previdenciária, devida pela vendedora, a sociedade de propósito específico de que trata o art. 56 desta Lei Complementar ou a comercial exportadora deverão recolher, no prazo previsto no § 8º deste artigo, o valor correspondente a 11% (onze por cento) do valor das mercadorias não exportadas nos termos do § 7º deste artigo.

§ 10. Na hipótese do § 7º deste artigo, a sociedade de propósito específico de que trata o art. 56 desta Lei Complementar ou a empresa comercial exportadora não poderão deduzir do montante devido qualquer valor a título de crédito de Imposto sobre Produtos Industrializados – IPI da Contribuição para o PIS/Pasep ou da Cofins, decorrente da aquisição das mercadorias e serviços objeto da incidência.

§ 11. Na hipótese do § 7º deste artigo, a sociedade de propósito específico ou a empresa comercial exportadora deverão pagar, também, os impostos e contribuições devidos nas vendas para o mercado interno, caso, por qualquer forma, tenham alienado ou utilizado as mercadorias.

LC 123/2006

LEGISLAÇÃO

§ 12. Na apuração do montante devido no mês relativo a cada tributo, para o contribuinte que apure receitas mencionadas nos incisos I a III e V do § 4º-A deste artigo, serão consideradas as reduções relativas aos tributos já recolhidos, ou sobre os quais tenha havido tributação monofásica, isenção, redução ou, no caso do ISS, que o valor tenha sido objeto de retenção ou seja devido diretamente ao Município.

- § 12 com redação determinada pela LC 147/2014.

§ 13. Para efeito de determinação da redução de que trata o § 12 deste artigo, as receitas serão discriminadas em comerciais, industriais ou de prestação de serviços na forma dos Anexos I, II, III, IV, V e VI desta Lei Complementar.

- § 13 com redação determinada pela LC 147/2014 (*DOU* 08.08.2014), em vigor na data de sua publicação, produzindo efeitos a partir de 1º de janeiro do primeiro ano subsequente ao de sua publicação.

§ 14. A redução no montante a ser recolhido no Simples Nacional relativo aos valores das receitas decorrentes da exportação de que trata o inciso IV do § 4º-A deste artigo corresponderá tão somente aos percentuais relativos à Cofins, à Contribuição para o PIS/Pasep, ao IPI, ao ICMS e ao ISS, constantes dos Anexos I a VI desta Lei Complementar.

- *Caput* do § 14 com redação determinada pela LC 147/2014 (*DOU* 08.08.2014), em vigor na data de sua publicação, produzindo efeitos a partir de 1º de janeiro do primeiro ano subsequente ao de sua publicação.

I – *(Revogado pela LC 147/2014 – DOU 08.08.2014, em vigor na data de sua publicação, produzindo efeitos a partir de 1º de janeiro do primeiro ano subsequente ao de sua publicação.)*

II – *(Revogado pela LC 147/2014 – DOU 08.08.2014, em vigor na data de sua publicação, produzindo efeitos a partir de 1º de janeiro do primeiro ano subsequente ao de sua publicação.)*

§ 15. Será disponibilizado sistema eletrônico para realização do cálculo simplificado do valor mensal devido referente ao Simples Nacional.

§ 15-A. As informações prestadas no sistema eletrônico de cálculo de que trata o § 15:

- § 15-A acrescentado pela LC 139/2011 (*DOU* 11.11.2011), em vigor na data de sua publicação, produzindo efeitos a partir de 1º.01.2012.

I – têm caráter declaratório, constituindo confissão de dívida e instrumento hábil e suficiente para a exigência dos tributos e contribuições que não tenham sido recolhidos resultantes das informações nele prestadas; e

II – deverão ser fornecidas à Secretaria da Receita Federal do Brasil até o vencimento do prazo para pagamento dos tributos devidos no Simples Nacional em cada mês, relativamente aos fatos geradores ocorridos no mês anterior.

§ 16. Na hipótese do § 12 do art. 3º, a parcela de receita bruta que exceder o montante determinado no § 10 daquele artigo estará sujeita às alíquotas máximas previstas nos Anexos I a VI desta Lei Complementar, proporcionalmente conforme o caso, acrescidas de 20% (vinte por cento).

- § 16 com redação determinada pela LC 147/2014 (*DOU* 08.08.2014), em vigor na data de sua publicação, produzindo efeitos a partir de 1º de janeiro do primeiro ano subsequente ao de sua publicação.

§ 16-A. O disposto no § 16 aplica-se, ainda, às hipóteses de que trata o § 9º do art. 3º, a partir do mês em que ocorrer o excesso do limite da receita bruta anual e até o mês anterior aos efeitos da exclusão.

- § 16-A acrescentado pela LC 139/2011 (*DOU* 11.11.2011), em vigor na data de sua publicação, produzindo efeitos a partir de 1º.01.2012.

§ 17. Na hipótese do § 13 do art. 3º, a parcela de receita bruta que exceder os montantes determinados no § 11 daquele artigo estará sujeita, em relação aos percentuais aplicáveis ao ICMS e ao ISS, às alíquotas máximas correspondentes a essas faixas previstas nos Anexos I a VI desta Lei Complementar, proporcionalmente conforme o caso, acrescidas de 20% (vinte por cento).

- § 17 com redação determinada pela LC 147/2014 (*DOU* 08.08.2014), em vigor na data de sua publicação, produzindo efeitos a partir de 1º de janeiro do primeiro ano subsequente ao de sua publicação.

§ 17-A. O disposto no § 17 aplica-se, ainda, à hipótese de que trata o § 1º do art. 20, a partir do mês em que ocorrer o excesso do limite da receita bruta anual e até o mês anterior aos efeitos do impedimento.

- § 17-A acrescentado pela LC 139/2011 (DOU 11.11.2011), em vigor na data de sua publicação, produzindo efeitos a partir de 1º.01.2012.

§ 18. Os Estados, o Distrito Federal e os Municípios, no âmbito das respectivas competências, poderão estabelecer, na forma definida pelo Comitê Gestor, independentemente da receita bruta recebida no mês pelo contribuinte, valores fixos mensais para o recolhimento do ICMS e do ISS devido por microempresa que aufira receita bruta, no ano-calendário anterior, de até o limite máximo previsto na segunda faixa de receitas brutas anuais constantes dos Anexos I a VI, ficando a microempresa sujeita a esses valores durante todo o ano-calendário, ressalvado o disposto no § 18-A.

- § 18 com redação determinada pela LC 147/2014 (DOU 08.08.2014), em vigor na data de sua publicação, produzindo efeitos a partir de 1º de janeiro do primeiro ano subsequente ao de sua publicação.

§ 18-A. A microempresa que, no ano-calendário, exceder o limite de receita bruta previsto no § 18 fica impedida de recolher o ICMS ou o ISS pela sistemática de valor fixo, a partir do mês subsequente à ocorrência do excesso, sujeitando-se à apuração desses tributos na forma das demais empresas optantes pelo Simples Nacional.

- § 18-A acrescentado pela LC 147/2014 (DOU 08.08.2014), em vigor na data de sua publicação, produzindo efeitos a partir de 1º de janeiro do primeiro ano subsequente ao de sua publicação.

§ 19. Os valores estabelecidos no § 18 deste artigo não poderão exceder a 50% (cinquenta por cento) do maior recolhimento possível do tributo para a faixa de enquadramento prevista na tabela do *caput* deste artigo, respeitados os acréscimos decorrentes do tipo de atividade da empresa estabelecidos no § 5º deste artigo.

§ 20. Na hipótese em que o Estado, o Município ou o Distrito Federal concedam isenção ou redução do ICMS ou do ISS devido por microempresa ou empresa de pequeno porte, ou ainda determine recolhimento de valor fixo para esses tributos, na forma do § 18 deste artigo, será realizada redução proporcional ou ajuste do valor a ser recolhido, na forma definida em resolução do Comitê Gestor.

§ 20-A. A concessão dos benefícios de que trata o § 20 deste artigo poderá ser realizada:

I – mediante deliberação exclusiva e unilateral do Estado, do Distrito Federal ou do Município concedente;

II – de modo diferenciado para cada ramo de atividade.

§ 20-B. A União, os Estados e o Distrito Federal poderão, em lei específica destinada à ME ou EPP optante pelo Simples Nacional, estabelecer isenção ou redução de Cofins, Contribuição para o PIS/Pasep e ICMS para produtos da cesta básica, discriminando a abrangência da sua concessão.

- § 20-B acrescentado pela LC 147/2014.

§ 21. O valor a ser recolhido na forma do disposto no § 20 deste artigo, exclusivamente na hipótese de isenção, não integrará o montante a ser partilhado com o respectivo Município, Estado ou Distrito Federal.

§ 22. *(Revogado.)*

§ 22-A. A atividade constante do inciso XIV do § 5º-B deste artigo recolherá o ISS em valor fixo, na forma da legislação municipal.

§ 22-B. Os escritórios de serviços contábeis, individualmente ou por meio de suas entidades representativas de classe, deverão:

I – promover atendimento gratuito relativo à inscrição, à opção de que trata o art. 18-A desta Lei Complementar e à primeira declaração anual simplificada da microempresa individual, podendo, para tanto, por meio de suas entidades representativas de classe, firmar convênios e acordos com a União, os Estados, o Distrito Federal e os Municípios, por intermédio dos seus órgãos vinculados;

II – fornecer, na forma estabelecida pelo Comitê Gestor, resultados de pesquisas quantitativas e qualitativas relativas às microempresas e empresas de pequeno porte optantes pelo Simples Nacional por eles atendidas;

III – promover eventos de orientação fiscal, contábil e tributária para as microempresas e empresas de pequeno porte optantes pelo Simples Nacional por eles atendidas.

§ 22-C. Na hipótese de descumprimento das obrigações de que trata o § 22-B deste artigo, o escritório será excluído do Simples Nacional, com efeitos a partir do mês subse-

LC 123/2006

LEGISLAÇÃO

quente ao do descumprimento, na forma regulamentada pelo Comitê Gestor.

§ 23. Da base de cálculo do ISS será abatido o material fornecido pelo prestador dos serviços previstos nos itens 7.02 e 7.05 da lista de serviços anexa à Lei Complementar 116, de 31 de julho de 2003.

§ 24. Para efeito de aplicação dos Anexos V e VI desta Lei Complementar, considera-se folha de salários, incluídos encargos, o montante pago, nos 12 (doze) meses anteriores ao do período de apuração, a título de remunerações a pessoas físicas decorrentes do trabalho, incluídas retiradas de pró-labore, acrescidos do montante efetivamente recolhido a título de contribuição patronal previdenciária e para o FGTS.

- § 24 com redação determinada pela LC 147/2014 (*DOU* 08.08.2014), em vigor na data de sua publicação, produzindo efeitos a partir de 1º de janeiro do primeiro ano subsequente ao de sua publicação.

§ 25. Para efeito do disposto no § 24 deste artigo, deverão ser consideradas tão somente as remunerações informadas na forma prevista no inciso IV do *caput* do art. 32 da Lei 8.212, de 24 de julho de 1991.

- § 25 com redação determinada pela LC 139/2011 (*DOU* 11.11.2011), em vigor na data de sua publicação, produzindo efeitos a partir de 1º.01.2012.

§ 26. Não são considerados, para efeito do disposto no § 24, valores pagos a título de aluguéis e de distribuição de lucros, observado o disposto no § 1º do art. 14.

- § 26 acrescentado pela LC 139/2011 (*DOU* 11.11.2011), em vigor na data de sua publicação, produzindo efeitos a partir de 1º.01.2012.

Art. 18-A. O Microempreendedor Individual – MEI poderá optar pelo recolhimento dos impostos e contribuições abrangidos pelo Simples Nacional em valores fixos mensais, independentemente da receita bruta por ele auferida no mês, na forma prevista neste artigo. (produção de efeitos: 1º de julho de 2009)

§ 1º Para os efeitos desta Lei Complementar, considera-se MEI o empresário individual a que se refere o art. 966 da Lei 10.406, de 10 de janeiro de 2002 (Código Civil), que tenha auferido receita bruta, no ano-calendário anterior, de até R$ 60.000,00 (sessenta mil reais), optante pelo Simples Nacional e que não esteja impedido de optar pela sistemática prevista neste artigo.

- § 1º com redação determinada pela LC 139/2011 (*DOU* 11.11.2011), em vigor na data de sua publicação, produzindo efeitos a partir de 1º.01.2012.

§ 2º No caso de início de atividades, o limite de que trata o § 1º será de R$ 5.000,00 (cinco mil reais) multiplicados pelo número de meses compreendido entre o início da atividade e o final do respectivo ano-calendário, consideradas as frações de meses como um mês inteiro.

- § 2º com redação determinada pela LC 139/2011 (*DOU* 11.11.2011), em vigor na data de sua publicação, produzindo efeitos a partir de 1º.01.2012.

§ 3º Na vigência da opção pela sistemática de recolhimento prevista no *caput* deste artigo: (produção de efeitos: 1º de julho de 2009)

I – não se aplica o disposto no § 18 do art. 18 desta Lei Complementar; (produção de efeitos: 1º de julho de 2009)

II – não se aplica a redução prevista no § 20 do art. 18 desta Lei Complementar ou qualquer dedução na base de cálculo; (produção de efeitos: 1º de julho de 2009)

III – não se aplicam as isenções específicas para as microempresas e empresas de pequeno porte concedidas pelo Estado, Município ou Distrito Federal a partir de 1º de julho de 2007 que abranjam integralmente a faixa de receita bruta anual até o limite previsto no § 1º;

- Inciso III com redação determinada pela LC 139/2011 (*DOU* 11.11.2011), em vigor na data de sua publicação, produzindo efeitos a partir de 1º.01.2012.

IV – a opção pelo enquadramento como Microempreendedor Individual importa opção pelo recolhimento da contribuição referida no inciso X do § 1º do art. 13 desta Lei Complementar na forma prevista no § 2º do art. 21 da Lei 8.212, de 24 de julho de 1991; (produção de efeitos: 1º de julho de 2009)

V – o Microempreendedor Individual recolherá, na forma regulamentada pelo Comitê Gestor, valor fixo mensal correspondente à soma das seguintes parcelas: (produção de efeitos: 1º de julho de 2009)

a) R$ 45,65 (quarenta e cinco reais e sessenta e cinco centavos), a título da contribuição prevista no inciso IV deste parágrafo; (produção de efeitos: 1º de julho de 2009)

LC 123/2006

b) R$ 1,00 (um real), a título do imposto referido no inciso VII do *caput* do art. 13 desta Lei Complementar, caso seja contribuinte do ICMS; e (produção de efeitos: 1º de julho de 2009)

c) R$ 5,00 (cinco reais), a título do imposto referido no inciso VIII do *caput* do art. 13 desta Lei Complementar, caso seja contribuinte do ISS; (produção de efeitos: 1º de julho de 2009)

VI – sem prejuízo do disposto nos §§ 1º a 3º do art. 13, o MEI terá isenção dos tributos referidos nos incisos I a VI do *caput* daquele artigo, ressalvado o disposto no art. 18-C.

- Inciso VI com redação determinada pela LC 139/2011 (*DOU* 11.11.2011), em vigor na data de sua publicação, produzindo efeitos a partir de 1º.01.2012.

§ 4º Não poderá optar pela sistemática de recolhimento prevista no *caput* deste artigo o MEI: (produção de efeitos: 1º de julho de 2009)

I – cuja atividade seja tributada na forma dos Anexos V ou VI desta Lei Complementar, salvo autorização relativa a exercício de atividade isolada na forma regulamentada pelo CGSN;

- Inciso I com redação determinada pela LC 147/2014 (*DOU* 08.08.2014), em vigor na data de sua publicação, produzindo efeitos a partir de 1º de janeiro do primeiro ano subsequente ao de sua publicação.

II – que possua mais de um estabelecimento; (produção de efeitos: 1º de julho de 2009)

III – que participe de outra empresa como titular, sócio ou administrador; ou (produção de efeitos: 1º de julho de 2009)

IV – que contrate empregado. (produção de efeitos: 1º de julho de 2009)

§ 4º-A. Observadas as demais condições deste artigo, poderá optar pela sistemática de recolhimento prevista no *caput* o empresário individual que exerça atividade de comercialização e processamento de produtos de natureza extrativista.

- § 4º-A acrescentado pela LC 139/2011 (*DOU* 11.11.2011), em vigor na data de sua publicação, produzindo efeitos a partir de 1º.01.2012.

§ 4º-B. O CGSN determinará as atividades autorizadas a optar pela sistemática de recolhimento de que trata este artigo, de forma a evitar a fragilização das relações de trabalho, bem como sobre a incidência do ICMS e do ISS.

- § 4º-B acrescentado pela LC 139/2011 (*DOU* 11.11.2011), em vigor na data de sua publicação, produzindo efeitos a partir de 1º.01.2012.

§ 5º A opção de que trata o *caput* deste artigo dar-se-á na forma a ser estabelecida em ato do Comitê Gestor, observando-se que: (produção de efeitos: 1º de julho de 2009)

I – será irretratável para todo o ano-calendário; (produção de efeitos: 1º de julho de 2009)

II – deverá ser realizada no início do ano-calendário, na forma disciplinada pelo Comitê Gestor, produzindo efeitos a partir do primeiro dia do ano-calendário da opção, ressalvado o disposto no inciso III; (produção de efeitos: 1º de julho de 2009)

III – produzirá efeitos a partir da data do início de atividade desde que exercida nos termos, prazo e condições a serem estabelecidos em ato do Comitê Gestor a que se refere o *caput* deste parágrafo. (produção de efeitos: 1º de julho de 2009)

§ 6º O desenquadramento da sistemática de que trata o *caput* deste artigo será realizado de ofício ou mediante comunicação do MEI. (produção de efeitos: 1º de julho de 2009)

§ 7º O desenquadramento mediante comunicação do MEI à Secretaria da Receita Federal do Brasil – RFB dar-se-á: (produção de efeitos: 1º de julho de 2009)

I – por opção, que deverá ser efetuada no início do ano-calendário, na forma disciplinada pelo Comitê Gestor, produzindo efeitos a partir de 1º de janeiro do ano-calendário da comunicação; (produção de efeitos: 1º de julho de 2009)

II – obrigatoriamente, quando o MEI incorrer em alguma das situações previstas no § 4º deste artigo, devendo a comunicação ser efetuada até o último dia útil do mês subsequente àquele em que ocorrida a situação de vedação, produzindo efeitos a partir do mês subsequente ao da ocorrência da situação impeditiva; (produção de efeitos: 1º de julho de 2009)

III – obrigatoriamente, quando o MEI exceder, no ano-calendário, o limite de receita bruta previsto no § 1º deste artigo, devendo a comunicação ser efetuada até o último dia útil do mês subsequente àquele em que

LC 123/2006

LEGISLAÇÃO

ocorrido o excesso, produzindo efeitos: (produção de efeitos: 1º de julho de 2009)

a) a partir de 1º de janeiro do ano-calendário subsequente ao da ocorrência do excesso, na hipótese de não ter ultrapassado o referido limite em mais de 20% (vinte por cento); (produção de efeitos: 1º de julho de 2009)

b) retroativamente a 1º de janeiro do ano-calendário da ocorrência do excesso, na hipótese de ter ultrapassado o referido limite em mais de 20% (vinte por cento); (produção de efeitos: 1º de julho de 2009)

IV – obrigatoriamente, quando o MEI exceder o limite de receita bruta previsto no § 2º deste artigo, devendo a comunicação ser efetuada até o último dia útil do mês subsequente àquele em que ocorrido o excesso, produzindo efeitos: (produção de efeitos: 1º de julho de 2009)

a) a partir de 1º de janeiro do ano-calendário subsequente ao da ocorrência do excesso, na hipótese de não ter ultrapassado o referido limite em mais de 20% (vinte por cento); (produção de efeitos: 1º de julho de 2009)

b) retroativamente ao início de atividade, na hipótese de ter ultrapassado o referido limite em mais de 20% (vinte por cento). (produção de efeitos: 1º de julho de 2009)

§ 8º O desenquadramento de ofício dar-se-á quando verificada a falta de comunicação de que trata o § 7º deste artigo. (produção de efeitos: 1º de julho de 2009)

§ 9º O Empresário Individual desenquadrado da sistemática de recolhimento prevista no *caput* deste artigo passará a recolher os tributos devidos pela regra geral do Simples Nacional a partir da data de início dos efeitos do desenquadramento, ressalvado o disposto no § 10 deste artigo. (produção de efeitos: 1º de julho de 2009)

§ 10. Nas hipóteses previstas nas alíneas *a* dos incisos III e IV do § 7º deste artigo, o MEI deverá recolher a diferença, sem acréscimos, em parcela única, juntamente com a da apuração do mês de janeiro do ano-calendário subsequente ao do excesso, na forma a ser estabelecida em ato do Comitê Gestor. (produção de efeitos: 1º de julho de 2009)

§ 11. O valor referido na alínea *a* do inciso V do § 3º deste artigo será reajustado, na forma prevista em lei ordinária, na mesma data de reajustamento dos benefícios de que trata a Lei 8.213, de 24 de julho de 1991, de forma a manter equivalência com a contribuição de que trata o § 2º do art. 21 da Lei 8.212, de 24 de julho de 1991. (produção de efeitos: 1º de julho de 2009)

§ 12. Aplica-se ao MEI que tenha optado pela contribuição na forma do § 1º deste artigo o disposto no § 4º do art. 55 e no § 2º do art. 94, ambos da Lei 8.213, de 24 de julho de 1991, exceto se optar pela complementação da contribuição previdenciária a que se refere o § 3º do art. 21 da Lei 8.212, de 24 de julho de 1991. (produção de efeitos: 1º de julho de 2009)

§ 13. O MEI está dispensado, ressalvado o disposto no art. 18-C desta Lei Complementar, de:

- § 13 com redação determinada pela LC 139/2011 (*DOU* 11.11.2011), em vigor na data de sua publicação, produzindo efeitos a partir de 1º.01.2012.

I – atender o disposto no inciso IV do *caput* do art. 32 da Lei 8.212, de 24 de julho de 1991;

II – apresentar a Relação Anual de Informações Sociais (RAIS); e

III – declarar ausência de fato gerador para a Caixa Econômica Federal para emissão da Certidão de Regularidade Fiscal perante o FGTS.

§ 14. O Comitê Gestor disciplinará o disposto neste artigo. (produção de efeitos: 1º de julho de 2009)

§ 15. A inadimplência do recolhimento do valor previsto na alínea *a* do inciso V do § 3º tem como consequência a não contagem da competência em atraso para fins de carência para obtenção dos benefícios previdenciários respectivos.

- § 15 acrescentado pela LC 139/2011 (*DOU* 11.11.2011), em vigor na data de sua publicação, produzindo efeitos a partir de 1º.01.2012.

§ 15-A. Ficam autorizados os Estados, o Distrito Federal e os Municípios a promover a remissão dos débitos decorrentes dos valores previstos nas alíneas *b* e *c* do inciso V do § 3º, inadimplidos isolada ou simultaneamente.

LC 123/2006

LEGISLAÇÃO

- § 15-A acrescentado pela LC 147/2014.

§ 15-B. O MEI poderá ter sua inscrição automaticamente cancelada após período de 12 (doze) meses consecutivos sem recolhimento ou declarações, independentemente de qualquer notificação, devendo a informação ser publicada no Portal do Empreendedor, na forma regulamentada pelo CGSIM.

- § 15-B acrescentado pela LC 147/2014.

§ 16. O CGSN estabelecerá, para o MEI, critérios, procedimentos, prazos e efeitos diferenciados para desenquadramento da sistemática de que trata este artigo, cobrança, inscrição em dívida ativa e exclusão do Simples Nacional.

- § 16 acrescentado pela LC 139/2011 (*DOU* 11.11.2011), em vigor na data de sua publicação, produzindo efeitos a partir de 1º.01.2012.

§ 17. A alteração de dados no CNPJ informada pelo empresário à Secretaria da Receita Federal do Brasil equivalerá à comunicação obrigatória de desenquadramento da sistemática de recolhimento de que trata este artigo, nas seguintes hipóteses:

- § 17 acrescentado pela LC 139/2011 (*DOU* 11.11.2011), em vigor na data de sua publicação, produzindo efeitos a partir de 1º.01.2012.

I – alteração para natureza jurídica distinta de empresário individual a que se refere o art. 966 da Lei 10.406, de 10 de janeiro de 2002 (Código Civil);

II – inclusão de atividade econômica não autorizada pelo CGSN;

III – abertura de filial.

§ 18. Os Municípios somente poderão realizar o cancelamento da inscrição do MEI caso tenham regulamentação própria de classificação de risco e o respectivo processo simplificado de inscrição e legalização, em conformidade com esta Lei Complementar e com as resoluções do CGSIM.

- § 18 acrescentado pela LC 147/2014.

§ 19. Fica vedada aos conselhos representativos de categorias econômicas a exigência de obrigações diversas das estipuladas nesta Lei Complementar para inscrição do MEI em seus quadros, sob pena de responsabilidade.

- § 19 acrescentado pela LC 147/2014.

§ 20. Os documentos fiscais das microempresas e empresas de pequeno porte poderão ser emitidos diretamente por sistema nacional informatizado e pela internet, sem custos para o empreendedor, na forma regulamentada pelo Comitê Gestor do Simples Nacional.

- § 20 acrescentado pela LC 147/2014.

§ 21. Assegurar-se-á o registro nos cadastros oficiais ao guia de turismo inscrito como MEI.

- § 21 acrescentado pela LC 147/2014.

§ 22. Fica vedado às concessionárias de serviço público o aumento das tarifas pagas pelo MEI por conta da modificação da sua condição de pessoa física para pessoa jurídica.

- § 22 acrescentado pela LC 147/2014.

§ 23. *(Vetado.)*

- § 23 acrescentado pela LC 147/2014.

§ 24. Aplica-se ao MEI o disposto no inciso XI do § 4º do art. 3º.

- § 24 acrescentado pela LC 147/2014.

§ 25. O MEI poderá utilizar sua residência como sede do estabelecimento, quando não for indispensável a existência de local próprio para o exercício da atividade.

- § 25 acrescentado pela LC 154/2016.

Art. 18-B. A empresa contratante de serviços executados por intermédio do MEI mantém, em relação a esta contratação, a obrigatoriedade de recolhimento da contribuição a que se refere o inciso III do *caput* e o § 1º do art. 22 da Lei 8.212, de 24 de julho de 1991, e o cumprimento das obrigações acessórias relativas à contratação de contribuinte individual. (produção de efeitos: 1º de julho de 2009)

§ 1º Aplica-se o disposto neste artigo exclusivamente em relação ao MEI que for contratado para prestar serviços de hidráulica, eletricidade, pintura, alvenaria, carpintaria e de manutenção ou reparo de veículos.

- § 1º com redação determinada pela LC 147/2014.
- V. art. 12, LC 147/2014 (Altera a LC 123/2006).

§ 2º O disposto no *caput* e no § 1º não se aplica quando presentes os elementos da relação de emprego, ficando a contratante sujeita a todas as obrigações dela decorrentes, inclusive trabalhistas, tributárias e previdenciárias.

- § 2º acrescentado pela LC 139/2011.

LC 123/2006

Art. 18-C. Observado o disposto no art. 18-A, e seus parágrafos, desta Lei Complementar, poderá se enquadrar como MEI o empresário individual que possua um único empregado que receba exclusivamente 1 (um) salário mínimo ou o piso salarial da categoria profissional. (produção de efeitos: 1º de julho de 2009)

§ 1º Na hipótese referida no *caput*, o MEI:

- § 1º acrescentado pela LC 139/2011.

I – deverá reter e recolher a contribuição previdenciária relativa ao segurado a seu serviço na forma da lei, observados prazo e condições estabelecidos pelo CGSN;

II – é obrigado a prestar informações relativas ao segurado a seu serviço, na forma estabelecida pelo CGSN; e

III – está sujeito ao recolhimento da contribuição de que trata o inciso VI do *caput* do art. 13, calculada à alíquota de 3% (três por cento) sobre o salário de contribuição previsto no *caput*, na forma e prazos estabelecidos pelo CGSN.

§ 2º Para os casos de afastamento legal do único empregado do MEI, será permitida a contratação de outro empregado, inclusive por prazo determinado, até que cessem as condições do afastamento, na forma estabelecida pelo Ministério do Trabalho e Emprego.

- § 2º acrescentado pela LC 139/2011.

§ 3º O CGSN poderá determinar, com relação ao MEI, a forma, a periodicidade e o prazo:

- § 3º acrescentado pela LC 139/2011.

I – de entrega à Secretaria da Receita Federal do Brasil de uma única declaração com dados relacionados a fatos geradores, base de cálculo e valores dos tributos previstos nos arts. 18-A e 18-C, da contribuição para a Seguridade Social descontada do empregado e do Fundo de Garantia do Tempo de Serviço (FGTS), e outras informações de interesse do Ministério do Trabalho e Emprego, do Instituto Nacional do Seguro Social (INSS) e do Conselho Curador do FGTS, observado o disposto no § 7º do art. 26;

II – do recolhimento dos tributos previstos nos arts. 18-A e 18-C, bem como do FGTS e da contribuição para a Seguridade Social descontada do empregado.

§ 4º A entrega da declaração única de que trata o inciso I do § 3º substituirá, na forma regulamentada pelo CGSN, a obrigatoriedade de entrega de todas as informações, formulários e declarações a que estão sujeitas as demais empresas ou equiparados que contratam empregados, inclusive as relativas ao recolhimento do FGTS, à Relação Anual de Informações Sociais (Rais) e ao Cadastro Geral de Empregados e Desempregados (Caged).

- § 4º acrescentado pela LC 139/2011.

§ 5º Na hipótese de recolhimento do FGTS na forma do inciso II do § 3º, deve-se assegurar a transferência dos recursos e dos elementos identificadores do recolhimento ao gestor desse fundo para crédito na conta vinculada do trabalhador.

- § 5º acrescentado pela LC 139/2011.

§ 6º O documento de que trata o inciso I do § 3º deste artigo tem caráter declaratório, constituindo instrumento hábil e suficiente para a exigência dos tributos e dos débitos fundiários que não tenham sido recolhidos resultantes das informações nele prestadas.

- § 6º acrescentado pela LC 147/2014.

Art. 18-D. A tributação municipal do imposto sobre imóveis prediais urbanos deverá assegurar tratamento mais favorecido ao MEI para realização de sua atividade no mesmo local em que residir, mediante aplicação da menor alíquota vigente para aquela localidade, seja residencial ou comercial, nos termos da lei, sem prejuízo de eventual isenção ou imunidade existente.

- Artigo acrescentado pela LC 147/2014.

Art. 18-E. O instituto do MEI é uma política pública que tem por objetivo a formalização de pequenos empreendimentos e a inclusão social e previdenciária.

- Artigo acrescentado pela LC 147/2014.

§ 1º A formalização de MEI não tem caráter eminentemente econômico ou fiscal.

§ 2º Todo benefício previsto nesta Lei Complementar aplicável à microempresa estende-se ao MEI sempre que lhe for mais favorável.

§ 3º O MEI é modalidade de microempresa.

§ 4º É vedado impor restrições ao MEI relativamente ao exercício de profissão ou participação em licitações, em função da sua respectiva natureza jurídica.

LC 123/2006

LEGISLAÇÃO

Art. 19. Sem prejuízo da possibilidade de adoção de todas as faixas de receita previstas nos Anexos I a VI desta Lei Complementar, os Estados poderão optar pela aplicação de sublimite para efeito de recolhimento do ICMS na forma do Simples Nacional em seus respectivos territórios, da seguinte forma:

- *Caput* com redação determinada pela LC 147/2014 (*DOU* 08.08.2014), em vigor na data de sua publicação, produzindo efeitos a partir de 1º de janeiro do primeiro ano subsequente ao de sua publicação.

I – os Estados cuja participação no Produto Interno Bruto brasileiro seja de até 1% (um por cento) poderão optar pela aplicação, em seus respectivos territórios, das faixas de receita bruta anual até 35% (trinta e cinco por cento), ou até 50% (cinquenta por cento), ou até 70% (setenta por cento) do limite previsto no inciso II do *caput* do art. 3º;

- Inciso I com redação determinada pela LC 139/2011 (*DOU* 11.11.2011), em vigor na data de sua publicação, produzindo efeitos a partir de 1º.01.2012.

II – os Estados cuja participação no Produto Interno Bruto brasileiro seja de mais de 1% (um por cento) e de menos de 5% (cinco por cento) poderão optar pela aplicação, em seus respectivos territórios, das faixas de receita bruta anual até 50% (cinquenta por cento) ou até 70% (setenta por cento) do limite previsto no inciso II do *caput* do art. 3º; e

- Inciso II com redação determinada pela LC 139/2011 (*DOU* 11.11.2011), em vigor na data de sua publicação, produzindo efeitos a partir de 1º.01.2012.

III – os Estados cuja participação no Produto Interno Bruto brasileiro seja igual ou superior a 5% (cinco por cento) ficam obrigadas a adotar todas as faixas de receita bruta anual.

§ 1º A participação no Produto Interno Bruto brasileiro será apurada levando em conta o último resultado divulgado pelo Instituto Brasileiro de Geografia e Estatística ou outro órgão que o substitua.

§ 2º A opção prevista nos incisos I e II do *caput*, bem como a obrigatoriedade prevista no inciso III do *caput*, surtirá efeitos somente para o ano-calendário subsequente, salvo deliberação do CGSN.

- § 2º com redação determinada pela LC 139/2011 (*DOU* 11.11.2011), em vigor na data de sua publicação, produzindo efeitos a partir de 1º.01.2012.

§ 3º O disposto neste artigo aplica-se ao Distrito Federal.

Art. 20. A opção feita na forma do art. 19 desta Lei Complementar pelos Estados importará adoção do mesmo limite de receita bruta anual para efeito de recolhimento na forma do ISS dos Municípios nele localizados, bem como para o do ISS devido no Distrito Federal.

§ 1º A empresa de pequeno porte que ultrapassar os limites a que se referem os incisos I ou II do *caput* do art. 19 estará automaticamente impedida de recolher o ICMS e o ISS na forma do Simples Nacional, a partir do mês subsequente ao que tiver ocorrido o excesso, relativamente aos seus estabelecimentos localizados na unidade da Federação que os houver adotado, ressalvado o disposto nos §§ 11 e 13 do art. 3º.

- § 1º com redação determinada pela LC 139/2011 (*DOU* 11.11.2011), em vigor na data de sua publicação, produzindo efeitos a partir de 1º.01.2012.

§ 1º-A. Os efeitos do impedimento previsto no § 1º ocorrerão no ano-calendário subsequente se o excesso verificado não for superior a 20% (vinte por cento) dos limites referidos.

- § 1º-A acrescentado pela LC 139/2011 (*DOU* 11.11.2011), em vigor na data de sua publicação, produzindo efeitos a partir de 1º.01.2012.

§ 2º O disposto no § 1º deste artigo não se aplica na hipótese de o Estado ou de o Distrito Federal adotarem, compulsoriamente ou por opção, a aplicação de faixa de receita bruta superior à que vinha sendo utilizada no ano-calendário em que ocorreu o excesso da receita bruta.

§ 3º Na hipótese em que o recolhimento do ICMS ou do ISS não esteja sendo efetuado por meio do Simples Nacional por força do disposto neste artigo e no art. 19 desta Lei Complementar, as faixas de receita do Simples Nacional superiores àquela que tenha sido objeto de opção pelos Estados ou pelo Distrito Federal sofrerão, para efeito de recolhimento do Simples Nacional, redução na alíquota equivalente aos percentuais relativos a esses impostos constantes dos Anexos I a VI desta Lei Complementar, conforme o caso.

- § 3º com redação determinada pela LC 147/2014 (*DOU* 08.08.2014), em vigor na data de sua publicação, produzindo efeitos a partir de 1º de janeiro do primeiro ano subsequente ao de sua publicação.

LC 123/2006

LEGISLAÇÃO

§ 4º O Comitê Gestor regulamentará o disposto neste artigo e no art. 19 desta Lei Complementar.

Seção IV
Do recolhimento dos tributos devidos

Art. 21. Os tributos devidos, apurados na forma dos arts. 18 a 20 desta Lei Complementar, deverão ser pagos:

I – por meio de documento único de arrecadação, instituído pelo Comitê Gestor;

II – *(Revogado.)*

III – enquanto não regulamentado pelo Comitê Gestor, até o último dia útil da primeira quinzena do mês subsequente àquele a que se referir;

IV – em banco integrante da rede arrecadadora do Simples Nacional, na forma regulamentada pelo Comitê Gestor.

§ 1º Na hipótese de a microempresa ou a empresa de pequeno porte possuir filiais, o recolhimento dos tributos do Simples Nacional dar-se-á por intermédio da matriz.

§ 2º Poderá ser adotado sistema simplificado de arrecadação do Simples Nacional, inclusive sem utilização da rede bancária, mediante requerimento do Estado, Distrito Federal ou Município ao Comitê Gestor.

§ 3º O valor não pago até a data do vencimento sujeitar-se-á à incidência de encargos legais na forma prevista na legislação do imposto sobre a renda.

§ 4º A retenção na fonte de ISS das microempresas ou das empresas de pequeno porte optantes pelo Simples Nacional somente será permitida se observado o disposto no art. 3º da Lei Complementar 116, de 31 de julho de 2003, e deverá observar as seguintes normas:

I – a alíquota aplicável na retenção na fonte deverá ser informada no documento fiscal e corresponderá ao percentual de ISS previsto nos Anexos III, IV, V ou VI desta Lei Complementar para a faixa de receita bruta a que a microempresa ou a empresa de pequeno porte estiver sujeita no mês anterior ao da prestação;

- Inciso I com redação determinada pela LC 147/2014 (*DOU* 08.08.2014), em vigor na data de sua publicação, produzindo efeitos a partir de 1º de janeiro do primeiro ano subsequente ao de sua publicação.

II – na hipótese de o serviço sujeito à retenção ser prestado no mês de início de atividades da microempresa ou empresa de pequeno porte, deverá ser aplicada pelo tomador a alíquota correspondente ao percentual de ISS referente à menor alíquota prevista nos Anexos III, IV, V ou VI desta Lei Complementar;

- Inciso II com redação determinada pela LC 147/2014 (*DOU* 08.08.2014), em vigor na data de sua publicação, produzindo efeitos a partir de 1º de janeiro do primeiro ano subsequente ao de sua publicação.

III – na hipótese do inciso II deste parágrafo, constatando-se que houve diferença entre a alíquota utilizada e a efetivamente apurada, caberá à microempresa ou empresa de pequeno porte prestadora dos serviços efetuar o recolhimento dessa diferença no mês subsequente ao do início de atividade em guia própria do Município;

IV – na hipótese de a microempresa ou empresa de pequeno porte estar sujeita à tributação do ISS no Simples Nacional por valores fixos mensais, não caberá a retenção a que se refere o *caput* deste parágrafo;

V – na hipótese de a microempresa ou empresa de pequeno porte não informar a alíquota de que tratam os incisos I e II deste parágrafo no documento fiscal, aplicar-se-á a alíquota correspondente ao percentual de ISS referente à maior alíquota prevista nos Anexos III, IV, V ou VI desta Lei Complementar;

- Inciso V com redação determinada pela LC 147/2014 (*DOU* 08.08.2014), em vigor na data de sua publicação, produzindo efeitos a partir de 1º de janeiro do primeiro ano subsequente ao de sua publicação.

VI – não será eximida a responsabilidade do prestador de serviços quando a alíquota do ISS informada no documento fiscal for inferior à devida, hipótese em que o recolhimento dessa diferença será realizado em guia própria do Município;

VII – o valor retido, devidamente recolhido, será definitivo, não sendo objeto de partilha com os municípios, e sobre a receita de prestação de serviços que sofreu a retenção não haverá incidência de ISS a ser recolhido no Simples Nacional.

§ 4º-A. Na hipótese de que tratam os incisos I e II do § 4º, a falsidade na prestação dessas informações sujeitará o responsável, o titular, os sócios ou os administradores da microempresa e da empresa de pequeno porte, juntamente com as demais pessoas que para ela concorrerem, às penalidades previstas na legislação criminal e tributária.

§ 5º O CGSN regulará a compensação e a restituição dos valores do Simples Nacional recolhidos indevidamente ou em montante superior ao devido.

- § 5º com redação determinada pela LC 139/2011.

§ 6º O valor a ser restituído ou compensado será acrescido de juros obtidos pela aplicação da taxa referencial do Sistema Especial de Liquidação e de Custódia (Selic) para títulos federais, acumulada mensalmente, a partir do mês subsequente ao do pagamento indevido ou a maior que o devido até o mês anterior ao da compensação ou restituição, e de 1% (um por cento) relativamente ao mês em que estiver sendo efetuada.

- § 6º acrescentado pela LC 139/2011.

§ 7º Os valores compensados indevidamente serão exigidos com os acréscimos moratórios de que trata o art. 35.

- § 7º acrescentado pela LC 139/2011.

§ 8º Na hipótese de compensação indevida, quando se comprove falsidade de declaração apresentada pelo sujeito passivo, o contribuinte estará sujeito à multa isolada aplicada no percentual previsto no inciso I do *caput* do art. 44 da Lei 9.430, de 27 de dezembro de 1996, aplicado em dobro, e terá como base de cálculo o valor total do débito indevidamente compensado.

- § 8º acrescentado pela LC 139/2011.

§ 9º É vedado o aproveitamento de créditos não apurados no Simples Nacional, inclusive de natureza não tributária, para extinção de débitos do Simples Nacional.

- § 9º acrescentado pela LC 139/2011.

§ 10. Os créditos apurados no Simples Nacional não poderão ser utilizados para extinção de outros débitos para com as Fazendas Públicas, salvo por ocasião da compensação de ofício oriunda de deferimento em processo de restituição ou após a exclusão da empresa do Simples Nacional.

- § 10 acrescentado pela LC 139/2011.

§ 11. No Simples Nacional, é permitida a compensação tão somente de créditos para extinção de débitos para com o mesmo ente federado e relativos ao mesmo tributo.

- § 11 acrescentado pela LC 139/2011.

§ 12. Na restituição e compensação no Simples Nacional serão observados os prazos de decadência e prescrição previstos na Lei 5.172, de 25 de outubro de 1966 (Código Tributário Nacional).

- § 12 acrescentado pela LC 139/2011.

§ 13. É vedada a cessão de créditos para extinção de débitos no Simples Nacional.

- § 13 acrescentado pela LC 139/2011.

§ 14. Aplica-se aos processos de restituição e de compensação o rito estabelecido pelo CGSN.

- § 14 acrescentado pela LC 139/2011.

§ 15. Compete ao CGSN fixar critérios, condições para rescisão, prazos, valores mínimos de amortização e demais procedimentos para parcelamento dos recolhimentos em atraso dos débitos tributários apurados no Simples Nacional, observado o disposto no § 3º deste artigo e no art. 35 e ressalvado o disposto no § 19 deste artigo.

- § 15 acrescentado pela LC 139/2011.

§ 16. Os débitos de que trata o § 15 poderão ser parcelados em até 60 (sessenta) parcelas mensais, na forma e condições previstas pelo CGSN.

- § 16 acrescentado pela LC 139/2011.

§ 17. O valor de cada prestação mensal, por ocasião do pagamento, será acrescido de juros equivalentes à taxa referencial do Sistema Especial de Liquidação e de Custódia (Selic) para títulos federais, acumulada mensalmente, calculados a partir do mês subsequente ao da consolidação até o mês anterior ao do pagamento, e de 1% (um por cento) relativamente ao mês em que o pagamento estiver sendo efetuado, na forma regulamentada pelo CGSN.

- § 17 acrescentado pela LC 139/2011.

§ 18. Será admitido reparcelamento de débitos constantes de parcelamento em curso ou que tenha sido rescindido, podendo ser incluídos novos débitos, na forma regulamentada pelo CGSN.

- § 18 acrescentado pela LC 139/2011.

§ 19. Os débitos constituídos de forma isolada por parte de Estado, do Distrito Federal ou de Município, em face de ausência de aplicativo para lançamento unificado, relativo a tributo de sua competência, que não estiverem inscritos em Dívida Ativa da

LC 123/2006

União, poderão ser parcelados pelo ente responsável pelo lançamento de acordo com a respectiva legislação, na forma regulamentada pelo CGSN.

- § 19 acrescentado pela LC 139/2011.

§ 20. O pedido de parcelamento deferido importa confissão irretratável do débito e configura confissão extrajudicial.

- § 20 acrescentado pela LC 139/2011.

§ 21. Serão aplicadas na consolidação as reduções das multas de lançamento de ofício previstas na legislação federal, conforme regulamentação do CGSN.

- § 21 acrescentado pela LC 139/2011.

§ 22. O repasse para os entes federados dos valores pagos e da amortização dos débitos parcelados será efetuado proporcionalmente ao valor de cada tributo na composição da dívida consolidada.

- § 22 acrescentado pela LC 139/2011.

§ 23. No caso de parcelamento de débito inscrito em dívida ativa, o devedor pagará custas, emolumentos e demais encargos legais.

- § 23 acrescentado pela LC 139/2011.

§ 24. Implicará imediata rescisão do parcelamento e remessa do débito para inscrição em dívida ativa ou prosseguimento da execução, conforme o caso, até deliberação do CGSN, a falta de pagamento:

- § 24 acrescentado pela LC 139/2011.

I – de três parcelas, consecutivas ou não; ou
II – de uma parcela, estando pagas todas as demais.

Art. 21-A. A inscrição de microempresa ou empresa de pequeno porte no Cadastro Informativo dos créditos não quitados do setor público federal – Cadin, somente ocorrerá mediante notificação prévia com prazo para contestação.

- Artigo acrescentado pela LC 147/2014 (*DOU* 08.08.2014), em vigor na data de sua publicação, produzindo efeitos a partir de 1º de janeiro do segundo ano subsequente ao da data de sua publicação.

Art. 21-B. Os Estados e o Distrito Federal deverão observar, em relação ao ICMS, o prazo mínimo de 60 (sessenta) dias, contado a partir do primeiro dia do mês do fato gerador da obrigação tributária, para estabelecer a data de vencimento do imposto devido por substituição tributária, tributação concentrada em uma única etapa (monofásica) e por antecipação tributária com ou sem encerramento de tributação, nas hipóteses em que a responsabilidade recair sobre operações ou prestações subsequentes, na forma regulamentada pelo Comitê Gestor.

- Artigo acrescentado pela LC 147/2014.

Seção V
Do repasse do produto da arrecadação

Art. 22. O Comitê Gestor definirá o sistema de repasses do total arrecadado, inclusive encargos legais, para o:
I – Município ou Distrito Federal, do valor correspondente ao ISS;
II – Estado ou Distrito Federal, do valor correspondente ao ICMS;
III – Instituto Nacional do Seguro Social, do valor correspondente à Contribuição para manutenção da Seguridade Social.

Parágrafo único. Enquanto o Comitê Gestor não regulamentar o prazo para o repasse previsto no inciso II do *caput* deste artigo, esse será efetuado nos prazos estabelecidos nos convênios celebrados no âmbito do colegiado a que se refere a alínea *g* do inciso XII do § 2º do art. 155 da Constituição Federal.

Seção VI
Dos créditos

Art. 23. As microempresas e as empresas de pequeno porte optantes pelo Simples Nacional não farão jus à apropriação nem transferirão créditos relativos a impostos ou contribuições abrangidos pelo Simples Nacional.

§ 1º As pessoas jurídicas e aquelas a elas equiparadas pela legislação tributária não optantes pelo Simples Nacional terão direito a crédito correspondente ao ICMS incidente sobre as suas aquisições de mercadorias de microempresa ou empresa de pequeno porte optante pelo Simples Nacional, desde que destinadas à comercialização ou industrialização e observado, como limite, o ICMS efetivamente devido pelas optantes pelo Simples Nacional em relação a essas aquisições.

§ 2º A alíquota aplicável ao cálculo do crédito de que trata o § 1º deste artigo deverá ser informada no documento fiscal e corresponderá ao percentual de ICMS previsto nos Anexos I ou II desta Lei Complementar para a faixa de receita bruta a que a microempresa ou a empresa de pequeno porte estiver sujeita no mês anterior ao da operação.

§ 3º Na hipótese de a operação ocorrer no mês de início de atividades da microempresa ou empresa de pequeno porte optante pelo Simples Nacional, a alíquota aplicável ao cálculo do crédito de que trata o § 1º deste artigo corresponderá ao percentual de ICMS referente à menor alíquota prevista nos Anexos I ou II desta Lei Complementar.

§ 4º Não se aplica o disposto nos §§ 1º a 3º deste artigo quando:

I – a microempresa ou empresa de pequeno porte estiver sujeita à tributação do ICMS no Simples Nacional por valores fixos mensais;

II – a microempresa ou a empresa de pequeno porte não informar a alíquota de que trata o § 2º deste artigo no documento fiscal;

III – houver isenção estabelecida pelo Estado ou Distrito Federal que abranja a faixa de receita bruta a que a microempresa ou a empresa de pequeno porte estiver sujeita no mês da operação;

IV – o remetente da operação ou prestação considerar, por opção, que a alíquota determinada na forma do *caput* e dos §§ 1º e 2º do art. 18 desta Lei Complementar deverá incidir sobre a receita recebida no mês.

§ 5º Mediante deliberação exclusiva e unilateral dos Estados e do Distrito Federal, poderá ser concedido às pessoas jurídicas e àquelas a elas equiparadas pela legislação tributária não optantes pelo Simples Nacional crédito correspondente ao ICMS incidente sobre os insumos utilizados nas mercadorias adquiridas de indústria optante pelo Simples Nacional, sendo vedado o estabelecimento de diferenciação no valor do crédito em razão da procedência dessas mercadorias.

§ 6º O Comitê Gestor do Simples Nacional disciplinará o disposto neste artigo.

Art. 24. As microempresas e as empresas de pequeno porte optantes pelo Simples Nacional não poderão utilizar ou destinar qualquer valor a título de incentivo fiscal.

Parágrafo único. Não serão consideradas quaisquer alterações em bases de cálculo, alíquotas e percentuais ou outros fatores que alterem o valor de imposto ou contribuição apurado na forma do Simples Nacional, estabelecidas pela União, Estado, Distrito Federal ou Município, exceto as previstas ou autorizadas nesta Lei Complementar.

- Parágrafo único acrescentado pela LC 139/2011.

Seção VII
Das obrigações fiscais acessórias

Art. 25. A microempresa ou empresa de pequeno porte optante pelo Simples Nacional deverá apresentar anualmente à Secretaria da Receita Federal do Brasil declaração única e simplificada de informações socioeconômicas e fiscais, que deverá ser disponibilizada aos órgãos de fiscalização tributária e previdenciária, observados prazo e modelo aprovados pelo CGSN e observado o disposto no § 15-A do art. 18.

- *Caput* com redação determinada pela LC 139/2011 (*DOU* 11.11.2011), em vigor na data de sua publicação, produzindo efeitos a partir de 1º.01.2012.

§ 1º A declaração de que trata o *caput* deste artigo constitui confissão de dívida e instrumento hábil e suficiente para a exigência dos tributos e contribuições que não tenham sido recolhidos resultantes das informações nela prestadas.

§ 2º A situação de inatividade deverá ser informada na declaração de que trata o *caput* deste artigo, na forma regulamentada pelo Comitê Gestor.

§ 3º Para efeito do disposto no § 2º deste artigo, considera-se em situação de inatividade a microempresa ou a empresa de pequeno porte que não apresente mutação patrimonial e atividade operacional durante todo o ano-calendário.

§ 4º A declaração de que trata o *caput* deste artigo, relativa ao MEI definido no art. 18-A desta Lei Complementar, conterá, para efeito do disposto no art. 3º da Lei Complementar 63, de 11 de janeiro de 1990, tão somente as informações relativas à receita bruta total sujeita ao ICMS, sendo vedada a instituição de declarações adicionais em decorrência da referida Lei Complementar. (produção de efeitos: 1º de julho de 2009)

§ 5º A declaração de que trata o *caput*, a partir das informações relativas ao ano-calendário de 2012, poderá ser prestada por

LC 123/2006

meio da declaração de que trata o § 15-A do art. 18 desta Lei Complementar, na periodicidade e prazos definidos pelo CGSN.

• § 5º acrescentado pela LC 147/2014.

Art. 26. As microempresas e empresas de pequeno porte optantes pelo Simples Nacional ficam obrigadas a:

I – emitir documento fiscal de venda ou prestação de serviço, de acordo com instruções expedidas pelo Comitê Gestor;

II – manter em boa ordem e guarda os documentos que fundamentaram a apuração dos impostos e contribuições devidos e o cumprimento das obrigações acessórias a que se refere o art. 25 desta Lei Complementar enquanto não decorrido o prazo decadencial e não prescritas eventuais ações que lhes sejam pertinentes.

§ 1º O MEI fará a comprovação da receita bruta mediante apresentação do registro de vendas ou de prestação de serviços na forma estabelecida pelo CGSN, ficando dispensado da emissão do documento fiscal previsto no inciso I do *caput*, ressalvadas as hipóteses de emissão obrigatória previstas pelo referido Comitê.

• *Caput* do § 1º com redação determinada pela LC 139/2011.

I – *(Revogado.)*
II – *(Revogado.)*
III – *(Revogado.)*

§ 2º As demais microempresas e as empresas de pequeno porte, além do disposto nos incisos I e II do *caput* deste artigo, deverão, ainda, manter o livro-caixa em que será escriturada sua movimentação financeira e bancária.

§ 3º A exigência de declaração única a que se refere o *caput* do art. 25 desta Lei Complementar não desobriga a prestação de informações relativas a terceiros.

§ 4º É vedada a exigência de obrigações tributárias acessórias relativas aos tributos apurados na forma do Simples Nacional além daquelas estipuladas pelo CGSN e atendidas por meio do Portal do Simples Nacional, bem como, o estabelecimento de exigências adicionais e unilaterais pelos entes federativos, exceto os programas de cidadania fiscal.

• § 4º com redação determinada pela LC 147/2014.

§ 4º-A. A escrituração fiscal digital ou obrigação equivalente não poderá ser exigida da microempresa ou empresa de pequeno porte optante pelo Simples Nacional, salvo se, cumulativamente, houver:

• § 4º-A acrescentado pela LC 147/2014.

I – autorização específica do CGSN, que estabelecerá as condições para a obrigatoriedade;

II – disponibilização por parte da administração tributária estipulante de aplicativo gratuito para uso da empresa optante.

§ 4º-B. A exigência de apresentação de livros fiscais em meio eletrônico aplicar-se-á somente na hipótese de substituição da entrega em meio convencional, cuja obrigatoriedade tenha sido prévia e especificamente estabelecida pelo CGSN.

• § 4º-B acrescentado pela LC 147/2014.

§ 4º-C. Até a implantação de sistema nacional uniforme estabelecido pelo CGSN com compartilhamento de informações com os entes federados, permanece válida norma publicada por ente federado até o primeiro trimestre de 2014 que tenha veiculado exigência vigente de a microempresa ou empresa de pequeno porte apresentar escrituração fiscal digital ou obrigação equivalente.

• § 4º-C acrescentado pela LC 147/2014.

§ 5º As microempresas e empresas de pequeno porte ficam sujeitas à entrega de declaração eletrônica que deva conter os dados referentes aos serviços prestados ou tomados de terceiros, na conformidade do que dispuser o Comitê Gestor.

§ 6º Na hipótese do § 1º deste artigo:

I – deverão ser anexados ao registro de vendas ou de prestação de serviços, na forma regulamentada pelo Comitê Gestor, os documentos fiscais comprobatórios das entradas de mercadorias e serviços tomados referentes ao período, bem como os documentos fiscais relativos às operações ou prestações realizadas eventualmente emitidos;

II – será obrigatória a emissão de documento fiscal nas vendas e nas prestações de serviços realizadas pelo MEI para destinatário cadastrado no Cadastro Nacional da Pessoa Jurídica (CNPJ), ficando dispensado desta emissão para o consumidor final.

• Inciso II com redação determinada pela LC 139/2011.

LEGISLAÇÃO

§ 7º Cabe ao CGSN dispor sobre a exigência da certificação digital para o cumprimento de obrigações principais e acessórias por parte da microempresa, inclusive o MEI, ou empresa de pequeno porte optante pelo Simples Nacional, inclusive para o recolhimento do FGTS.

- § 7º acrescentado pela LC 139/2011.

§ 8º O CGSN poderá disciplinar sobre a disponibilização, no portal do Simples Nacional, de documento fiscal eletrônico de venda ou de prestação de serviço para o MEI, microempresa ou empresa de pequeno porte optante pelo Simples Nacional.

- § 8º acrescentado pela LC 147/2014.

§ 9º O desenvolvimento e a manutenção das soluções de tecnologia, capacitação e orientação aos usuários relativas ao disposto no § 8º, bem como as demais relativas ao Simples Nacional, poderão ser apoiadas pelo Serviço Brasileiro de Apoio às Micro e Pequenas Empresas – Sebrae.

- § 9º acrescentado pela LC 147/2014.

§ 10. O ato de emissão ou de recepção de documento fiscal por meio eletrônico estabelecido pelas administrações tributárias, em qualquer modalidade, de entrada, de saída ou de prestação, na forma estabelecida pelo CGSN, representa sua própria escrituração fiscal e elemento suficiente para a fundamentação e a constituição do crédito tributário.

- § 10 acrescentado pela LC 147/2014.

§ 11. Os dados dos documentos fiscais de qualquer espécie podem ser compartilhados entre as administrações tributárias da União, Estados, Distrito Federal e Municípios e, quando emitidos por meio eletrônico, na forma estabelecida pelo CGSN, a microempresa ou empresa de pequeno porte optante pelo Simples Nacional fica desobrigada de transmitir seus dados às administrações tributárias.

- § 11 acrescentado pela LC 147/2014.

§ 12. As informações a serem prestadas relativas ao ICMS devido na forma prevista nas alíneas *a*, *g* e *h* do inciso XIII do § 1º do art. 13 serão fornecidas por meio de aplicativo único.

- § 12 acrescentado pela LC 147/2014 (*DOU* 08.08.2014), em vigor na data de sua publicação, produzindo efeitos a partir de 1º de janeiro do segundo ano subsequente ao da data de sua publicação.

§ 13. Fica estabelecida a obrigatoriedade de utilização de documentos fiscais eletrônicos estabelecidos pelo Confaz nas operações e prestações relativas ao ICMS efetuadas por microempresas e empresas de pequeno porte nas hipóteses previstas nas alíneas *a*, *g* e *h* do inciso XIII do § 1º do art. 13.

- § 13 acrescentado pela LC 147/2014 (*DOU* 08.08.2014), em vigor na data de sua publicação, produzindo efeitos a partir de 1º de janeiro do segundo ano subsequente ao da data de sua publicação.

§ 14. Os aplicativos necessários ao cumprimento do disposto nos §§ 12 e 13 deste artigo serão disponibilizados, de forma gratuita, no portal do Simples Nacional.

- § 14 acrescentado pela LC 147/2014 (*DOU* 08.08.2014), em vigor na data de sua publicação, produzindo efeitos a partir de 1º de janeiro do segundo ano subsequente ao da data de sua publicação.

§ 15. O CGSN regulamentará o disposto neste artigo.

- § 15 acrescentado pela LC 147/2014.

Art. 27. As microempresas e empresas de pequeno porte optantes pelo Simples Nacional poderão, opcionalmente, adotar contabilidade simplificada para os registros e controles das operações realizadas, conforme regulamentação do Comitê Gestor.

Seção VIII
Da exclusão do Simples Nacional

Art. 28. A exclusão do Simples Nacional será feita de ofício ou mediante comunicação das empresas optantes.

Parágrafo único. As regras previstas nesta seção e o modo de sua implementação serão regulamentados pelo Comitê Gestor.

Art. 29. A exclusão de ofício das empresas optantes pelo Simples Nacional dar-se-á quando:

I – verificada a falta de comunicação de exclusão obrigatória;

II – for oferecido embaraço à fiscalização, caracterizado pela negativa não justificada de exibição de livros e documentos a que estiverem obrigadas, bem como pelo não fornecimento de informações sobre bens, movimentação financeira, negócio ou atividade que estiverem intimadas a apresentar, e nas demais hipóteses que autorizam a requisição de auxílio da força pública;

III – for oferecida resistência à fiscalização, caracterizada pela negativa de acesso ao estabelecimento, ao domicílio fiscal ou a qualquer outro local onde desenvolvam suas atividades ou se encontrem bens de sua propriedade;
IV – a sua constituição ocorrer por interpostas pessoas;
V – tiver sido constatada prática reiterada de infração ao disposto nesta Lei Complementar;
VI – a empresa for declarada inapta, na forma dos arts. 81 e 82 da Lei 9.430, de 27 de dezembro de 1996, e alterações posteriores;
VII – comercializar mercadorias objeto de contrabando ou descaminho;
VIII – houver falta de escrituração do livro-caixa ou não permitir a identificação da movimentação financeira, inclusive bancária;
IX – for constatado que durante o ano-calendário o valor das despesas pagas supera em 20% (vinte por cento) o valor de ingressos de recursos no mesmo período, excluído o ano de início de atividade;
X – for constatado que durante o ano-calendário o valor das aquisições de mercadorias para comercialização ou industrialização, ressalvadas hipóteses justificadas de aumento de estoque, for superior a 80% (oitenta por cento) dos ingressos de recursos no mesmo período, excluído o ano de início de atividade;
XI – houver descumprimento reiterado da obrigação contida no inciso I do *caput* do art. 26;

- Inciso XI com redação determinada pela LC 139/2011.

XII – omitir de forma reiterada da folha de pagamento da empresa ou de documento de informações previsto pela legislação previdenciária, trabalhista ou tributária, segurado empregado, trabalhador avulso ou contribuinte individual que lhe preste serviço.

- Inciso XII com redação determinada pela LC 139/2011.

§ 1º Nas hipóteses previstas nos incisos II a XII do *caput* deste artigo, a exclusão produzirá efeitos a partir do próprio mês em que incorridas, impedindo a opção pelo regime diferenciado e favorecido desta Lei Complementar pelos próximos 3 (três) anos-calendário seguintes.

§ 2º O prazo de que trata o § 1º deste artigo será elevado para 10 (dez) anos caso seja constatada a utilização de artifício, ardil ou qualquer outro meio fraudulento que induza ou mantenha a fiscalização em erro, com o fim de suprimir ou reduzir o pagamento de tributo apurável segundo o regime especial previsto nesta Lei Complementar.
§ 3º A exclusão de ofício será realizada na forma regulamentada pelo Comitê Gestor, cabendo o lançamento dos tributos e contribuições apurados aos respectivos entes tributantes.
§ 4º *(Revogado.)*
§ 5º A competência para exclusão de ofício do Simples Nacional obedece ao disposto no art. 33, e o julgamento administrativo, ao disposto no art. 39, ambos desta Lei Complementar.
§ 6º Nas hipóteses de exclusão previstas no *caput*, a notificação:

- § 6º com redação determinada pela LC 139/2011.

I – será efetuada pelo ente federativo que promoveu a exclusão; e
II – poderá ser feita por meio eletrônico, observada a regulamentação do CGSN.
§ 7º *(Revogado pela LC 139/2011.)*
§ 8º A notificação de que trata o § 6º aplica-se ao indeferimento da opção pelo Simples Nacional.

- § 8º com redação determinada pela LC 139/2011.

§ 9º Considera-se prática reiterada, para fins do disposto nos incisos V, XI e XII do *caput*:

- § 9º acrescentado pela LC 139/2011.

I – a ocorrência, em 2 (dois) ou mais períodos de apuração, consecutivos ou alternados, de idênticas infrações, inclusive de natureza acessória, verificada em relação aos últimos 5 (cinco) anos-calendário, formalizadas por intermédio de auto de infração ou notificação de lançamento; ou
II – a segunda ocorrência de idênticas infrações, caso seja constatada a utilização de artifício, ardil ou qualquer outro meio fraudulento que induza ou mantenha a fiscalização em erro, com o fim de suprimir ou reduzir o pagamento de tributo.

Art. 30. A exclusão do Simples Nacional, mediante comunicação das microempresas ou das empresas de pequeno porte, dar-se-á:
I – por opção;

LEGISLAÇÃO

II – obrigatoriamente, quando elas incorrerem em qualquer das situações de vedação previstas nesta Lei Complementar; ou

III – obrigatoriamente, quando ultrapassado, no ano-calendário de início de atividade, o limite proporcional de receita bruta de que trata o § 2º do art. 3º;

- Inciso III com redação determinada pela LC 139/2011 (*DOU* 11.11.2011), em vigor na data de sua publicação, produzindo efeitos a partir de 1º.01.2012.

IV – obrigatoriamente, quando ultrapassado, no ano-calendário, o limite de receita bruta previsto no inciso II do *caput* do art. 3º, quando não estiver no ano-calendário de início de atividade.

- Inciso IV acrescentado pela LC 139/2011 (*DOU* 11.11.2011), em vigor na data de sua publicação, produzindo efeitos a partir de 1º.01.2012.

§ 1º A exclusão deverá ser comunicada à Secretaria da Receita Federal:

I – na hipótese do inciso I do *caput* deste artigo, até o último dia útil do mês de janeiro;

II – na hipótese do inciso II do *caput* deste artigo, até o último dia útil do mês subsequente àquele em que ocorrida a situação de vedação;

III – na hipótese do inciso III do *caput*:

- Inciso III com redação determinada pela LC 139/2011 (*DOU* 11.11.2011), em vigor na data de sua publicação, produzindo efeitos a partir de 1º.01.2012.

a) até o último dia útil do mês seguinte àquele em que tiver ultrapassado em mais de 20% (vinte por cento) o limite proporcional de que trata o § 10 do art. 3º; ou

b) até o último dia útil do mês de janeiro do ano-calendário subsequente ao de início de atividades, caso o excesso seja inferior a 20% (vinte por cento) do respectivo limite;

IV – na hipótese do inciso IV do *caput*:

- Inciso IV acrescentado pela LC 139/2011 (*DOU* 11.11.2011), em vigor na data de sua publicação, produzindo efeitos a partir de 1º.01.2012.

a) até o último dia útil do mês subsequente à ultrapassagem em mais de 20% (vinte por cento) do limite de receita bruta previsto no inciso II do *caput* do art. 3º; ou

b) até o último dia útil do mês de janeiro do ano-calendário subsequente, na hipótese de não ter ultrapassado em mais de 20% (vinte por cento) o limite de receita bruta previsto no inciso II do *caput* do art. 3º.

§ 2º A comunicação de que trata o *caput* deste artigo dar-se-á na forma a ser estabelecida pelo Comitê Gestor.

§ 3º A alteração de dados no CNPJ, informada pela ME ou EPP à Secretaria da Receita Federal do Brasil, equivalerá à comunicação obrigatória de exclusão do Simples Nacional nas seguintes hipóteses:

- § 3º acrescentado pela LC 139/2011 (*DOU* 11.11.2011), em vigor na data de sua publicação, produzindo efeitos a partir de 1º.01.2012.

I – alteração de natureza jurídica para Sociedade Anônima, Sociedade Empresária em Comandita por Ações, Sociedade em Conta de Participação ou Estabelecimento, no Brasil, de Sociedade Estrangeira;

II – inclusão de atividade econômica vedada à opção pelo Simples Nacional;

III – inclusão de sócio pessoa jurídica;

IV – inclusão de sócio domiciliado no exterior;

V – cisão parcial; ou

VI – extinção da empresa.

Art. 31. A exclusão das microempresas ou das empresas de pequeno porte do Simples Nacional produzirá efeitos:

I – na hipótese do inciso I do *caput* do art. 30 desta Lei Complementar, a partir de 1º de janeiro do ano-calendário subsequente, ressalvado o disposto no § 4º deste artigo;

II – na hipótese do inciso II do *caput* do art. 30 desta Lei Complementar, a partir do mês seguinte da ocorrência da situação impeditiva;

III – na hipótese do inciso III do *caput* do art. 30 desta Lei Complementar:

a) desde o início das atividades;

b) a partir de 1º de janeiro do ano-calendário subsequente, na hipótese de não ter ultrapassado em mais de 20% (vinte por cento) o limite proporcional de que trata o § 10 do art. 3º;

- Alínea *b* com redação determinada pela LC 139/2011 (*DOU* 11.11.2011), em vigor na data de sua publicação, produzindo efeitos a partir de 1º.01.2012.

IV – na hipótese do inciso V do *caput* do art. 17 desta Lei Complementar, a partir do ano-calendário subsequente ao da ciência da comunicação da exclusão.

V – na hipótese do inciso IV do *caput* do art. 30:

- Inciso V acrescentado pela LC 139/2011 (*DOU* 11.11.2011), em vigor na data de sua publicação, produzindo efeitos a partir de 1º.01.2012.

a) a partir do mês subsequente à ultrapassagem em mais de 20% (vinte por cento) do limite de receita bruta previsto no inciso II do art. 3º;

b) a partir de 1º de janeiro do ano-calendário subsequente, na hipótese de não ter ultrapassado em mais de 20% (vinte por cento) o limite de receita bruta previsto no inciso II do art. 3º.

§ 1º Na hipótese prevista no inciso III do *caput* do art. 30 desta Lei Complementar, a microempresa ou empresa de pequeno porte não poderá optar, no ano-calendário subsequente ao do início de atividades, pelo Simples Nacional.

§ 2º Na hipótese dos incisos V e XVI do *caput* do art. 17, será permitida a permanência da pessoa jurídica como optante pelo Simples Nacional mediante a comprovação da regularização do débito ou do cadastro fiscal no prazo de até 30 (trinta) dias contados a partir da ciência da comunicação da exclusão.

- § 2º com redação determinada pela LC 139/2011 (*DOU* 11.11.2011), em vigor na data de sua publicação, produzindo efeitos a partir de 1º.01.2012.

§ 3º O CGSN regulamentará os procedimentos relativos ao impedimento de recolher o ICMS e o ISS na forma do Simples Nacional, em face da ultrapassagem dos limites estabelecidos na forma dos incisos I ou II do art. 19 e do art. 20.

- § 3º com redação determinada pela LC 139/2011 (*DOU* 11.11.2011), em vigor na data de sua publicação, produzindo efeitos a partir de 1º.01.2012.

§ 4º No caso de a microempresa ou a empresa de pequeno porte ser excluída do Simples Nacional no mês de janeiro, na hipótese do inciso I do *caput* do art. 30 desta Lei Complementar, os efeitos da exclusão dar-se-ão nesse mesmo ano.

§ 5º Na hipótese do inciso II do *caput* deste artigo, uma vez que o motivo da exclusão deixe de existir, havendo a exclusão retroativa de ofício no caso do inciso I do *caput* do art. 29 desta Lei Complementar, o efeito desta dar-se-á a partir do mês seguinte ao da ocorrência da situação impeditiva, limitado, porém, ao último dia do ano-calendário em que a referida situação deixou de existir.

Art. 32. As microempresas ou as empresas de pequeno porte excluídas do Simples Nacional sujeitar-se-ão, a partir do período em que se processarem os efeitos da exclusão, às normas de tributação aplicáveis às demais pessoas jurídicas.

§ 1º Para efeitos do disposto no *caput* deste artigo, na hipótese da alínea *a* do inciso III do *caput* do art. 31 desta Lei Complementar, a microempresa ou a empresa de pequeno porte desenquadrada ficará sujeita ao pagamento da totalidade ou diferença dos respectivos impostos e contribuições, devidos de conformidade com as normas gerais de incidência, acrescidos, tão somente, de juros de mora, quando efetuado antes do início de procedimento de ofício.

§ 2º Para efeito do disposto no *caput* deste artigo, o sujeito passivo poderá optar pelo recolhimento do imposto de renda e da Contribuição Social sobre o Lucro Líquido na forma do lucro presumido, lucro real trimestral ou anual.

§ 3º Aplica-se o disposto no *caput* e no § 1º em relação ao ICMS e ao ISS à empresa impedida de recolher esses impostos na forma do Simples Nacional, em face da ultrapassagem dos limites a que se referem os incisos I e II do *caput* do art. 19, relativamente ao estabelecimento localizado na unidade da Federação que os houver adotado.

- § 3º acrescentado pela LC 139/2011.

Seção IX
Da fiscalização

Art. 33. A competência para fiscalizar o cumprimento das obrigações principais e acessórias relativas ao Simples Nacional e para verificar a ocorrência das hipóteses previstas no art. 29 desta Lei Complementar é da Secretaria da Receita Federal e das Secretarias de Fazenda ou de Finanças do Estado ou do Distrito Federal, segundo a localização do estabelecimento, e, tratando-se de prestação de serviços incluídos na competência tributária municipal, a competência será também do respectivo Município.

§ 1º As Secretarias de Fazenda ou Finanças dos Estados poderão celebrar convênio com os Municípios de sua jurisdição para atribuir a estes a fiscalização a que se refere o *caput* deste artigo.

§ 1º-A. Dispensa-se o convênio de que trata o § 1º na hipótese de ocorrência de presta-

LEGISLAÇÃO

ção de serviços sujeita ao ISS por estabelecimento localizado no Município.

- § 1º-A acrescentado pela LC 139/2011.

§ 1º-B. A fiscalização de que trata o *caput*, após iniciada, poderá abranger todos os demais estabelecimentos da microempresa ou da empresa de pequeno porte, independentemente da atividade por eles exercida ou de sua localização, na forma e condições estabelecidas pelo CGSN.

- § 1º-B acrescentado pela LC 139/2011.

§ 1º-C. As autoridades fiscais de que trata o *caput* têm competência para efetuar o lançamento de todos os tributos previstos nos incisos I a VIII do art. 13, apurados na forma do Simples Nacional, relativamente a todos os estabelecimentos da empresa, independentemente do ente federado instituidor.

- § 1º-C acrescentado pela LC 139/2011.

§ 1º-D. A competência para autuação por descumprimento de obrigação acessória é privativa da administração tributária perante a qual a obrigação deveria ter sido cumprida.

- § 1º-D acrescentado pela LC 139/2011.

§ 2º Na hipótese de a microempresa ou empresa de pequeno porte exercer alguma das atividades de prestação de serviços previstas no § 5º-C do art. 18 desta Lei Complementar, caberá à Secretaria da Receita Federal do Brasil a fiscalização da Contribuição para a Seguridade Social, a cargo da empresa, de que trata o art. 22 da Lei 8.212, de 24 de julho de 1991.

§ 3º O valor não pago, apurado em procedimento de fiscalização, será exigido em lançamento de ofício pela autoridade competente que realizou a fiscalização.

§ 4º O Comitê Gestor disciplinará o disposto neste artigo.

Seção X
Da omissão de receita

Art. 34. Aplicam-se à microempresa e à empresa de pequeno porte optantes pelo Simples Nacional todas as presunções de omissão de receita existentes nas legislações de regência dos impostos e contribuições incluídos no Simples Nacional.

Seção XI
Dos acréscimos legais

Art. 35. Aplicam-se aos impostos e contribuições devidos pela microempresa e pela empresa de pequeno porte, inscritas no Simples Nacional, as normas relativas aos juros e multa de mora e de ofício previstas para o imposto de renda, inclusive, quando for o caso, em relação ao ICMS e ao ISS.

Art. 36. A falta de comunicação, quando obrigatória, da exclusão da pessoa jurídica do Simples Nacional, nos prazos determinados no § 1º do art. 30 desta Lei Complementar, sujeitará a pessoa jurídica a multa correspondente a 10% (dez por cento) do total dos impostos e contribuições devidos de conformidade com o Simples Nacional no mês que anteceder o início dos efeitos da exclusão, não inferior a R$ 200,00 (duzentos reais), insusceptível de redução.

Art. 36-A. A falta de comunicação, quando obrigatória, do desenquadramento do microempreendedor individual da sistemática de recolhimento prevista no art. 18-A desta Lei Complementar nos prazos determinados em seu § 7º sujeitará o microempreendedor individual a multa no valor de R$ 50,00 (cinquenta reais), insusceptível de redução.

Art. 37. A imposição das multas de que trata esta Lei Complementar não exclui a aplicação das sanções previstas na legislação penal, inclusive em relação a declaração falsa, adulteração de documentos e emissão de nota fiscal em desacordo com a operação efetivamente praticada, a que estão sujeitos o titular ou sócio da pessoa jurídica.

Art. 38. O sujeito passivo que deixar de apresentar a Declaração Simplificada da Pessoa Jurídica a que se refere o art. 25 desta Lei Complementar, no prazo fixado, ou que a apresentar com incorreções ou omissões, será intimado a apresentar declaração original, no caso de não apresentação, ou a prestar esclarecimentos, nos demais casos, no prazo estipulado pela autoridade fiscal, na forma definida pelo Comitê Gestor, e sujeitar-se-á às seguintes multas:

I – de 2% (dois por cento) ao mês-calendário ou fração, incidentes sobre o montante dos tributos e contribuições informados na De-

LC 123/2006

LEGISLAÇÃO

claração Simplificada da Pessoa Jurídica, ainda que integralmente pago, no caso de falta de entrega da declaração ou entrega após o prazo, limitada a 20% (vinte por cento), observado o disposto no § 3º deste artigo;

II – de R$ 100,00 (cem reais) para cada grupo de 10 (dez) informações incorretas ou omitidas.

§ 1º Para efeito de aplicação da multa prevista no inciso I do *caput* deste artigo, será considerado como termo inicial o dia seguinte ao término do prazo originalmente fixado para a entrega da declaração e como termo final a data da efetiva entrega ou, no caso de não apresentação, da lavratura do auto de infração.

§ 2º Observado o disposto no § 3º deste artigo, as multas serão reduzidas:

I – à metade, quando a declaração for apresentada após o prazo, mas antes de qualquer procedimento de ofício;

II – a 75% (setenta e cinco por cento), se houver a apresentação da declaração no prazo fixado em intimação.

§ 3º A multa mínima a ser aplicada será de R$ 200,00 (duzentos reais).

§ 4º Considerar-se-á não entregue a declaração que não atender às especificações técnicas estabelecidas pelo Comitê Gestor.

§ 5º Na hipótese do § 4º deste artigo, o sujeito passivo será intimado a apresentar nova declaração, no prazo de 10 (dez) dias, contados da ciência da intimação, e sujeitar-se-á à multa prevista no inciso I do *caput* deste artigo, observado o disposto nos §§ 1º a 3º deste artigo.

§ 6º A multa mínima de que trata o § 3º deste artigo a ser aplicada ao Microempreendedor Individual na vigência da opção de que trata o art. 18-A desta Lei Complementar será de R$ 50,00 (cinquenta reais). (produção de efeitos: 1º de julho de 2009)

Art. 38-A. O sujeito passivo que deixar de prestar as informações no sistema eletrônico de cálculo de que trata o § 15 do art. 18, no prazo previsto no § 15-A do mesmo artigo, ou que as prestar com incorreções ou omissões, será intimado a fazê-lo, no caso de não apresentação, ou a prestar esclarecimentos, nos demais casos, no prazo estipulado pela autoridade fiscal, na forma definida pelo CGSN, e sujeitar-se-á às seguintes multas, para cada mês de referência:

- Artigo acrescentado pela LC 139/2011 (*DOU* 11.11.2011), em vigor na data de sua publicação, produzindo efeitos a partir de 1º.01.2012.

I – de 2% (dois por cento) ao mês-calendário ou fração, a partir do primeiro dia do quarto mês do ano subsequente à ocorrência dos fatos geradores, incidentes sobre o montante dos impostos e contribuições decorrentes das informações prestadas no sistema eletrônico de cálculo de que trata o § 15 do art. 18, ainda que integralmente pago, no caso de ausência de prestação de informações ou sua efetuação após o prazo, limitada a 20% (vinte por cento), observado o disposto no § 2º deste artigo; e

II – de R$ 20,00 (vinte reais) para cada grupo de 10 (dez) informações incorretas ou omitidas.

§ 1º Para efeito de aplicação da multa prevista no inciso I do *caput*, será considerado como termo inicial o primeiro dia do quarto mês do ano subsequente à ocorrência dos fatos geradores e como termo final a data da efetiva prestação ou, no caso de não prestação, da lavratura do auto de infração.

§ 2º A multa mínima a ser aplicada será de R$ 50,00 (cinquenta reais) para cada mês de referência.

§ 3º Aplica-se ao disposto neste artigo o disposto nos §§ 2º, 4º e 5º do art. 38.

§ 4º O CGSN poderá estabelecer data posterior à prevista no inciso I do *caput* e no § 1º.

Art. 38-B. As multas relativas à falta de prestação ou à incorreção no cumprimento de obrigações acessórias para com os órgãos e entidades federais, estaduais, distritais e municipais, quando em valor fixo ou mínimo, e na ausência de previsão legal de valores específicos e mais favoráveis para MEI, microempresa ou empresa de pequeno porte, terão redução de:

- Artigo acrescentado pela LC 147/2014 (*DOU* 08.08.2014), em vigor na data de sua publicação, produzindo efeitos a partir de 1º de janeiro do segundo ano subsequente ao da data de sua publicação.

I – 90% (noventa por cento) para os MEI;

II – 50% (cinquenta por cento) para as microempresas ou empresas de pequeno porte optantes pelo Simples Nacional.

LC 123/2006

LEGISLAÇÃO

Parágrafo único. As reduções de que tratam os incisos I e II do *caput* não se aplicam na:

I – hipótese de fraude, resistência ou embaraço à fiscalização;

II – ausência de pagamento da multa no prazo de 30 (trinta) dias após a notificação.

Seção XII
Do processo administrativo fiscal

Art. 39. O contencioso administrativo relativo ao Simples Nacional será de competência do órgão julgador integrante da estrutura administrativa do ente federativo que efetuar o lançamento, o indeferimento da opção ou a exclusão de ofício, observados os dispositivos legais atinentes aos processos administrativos fiscais desse ente.

* Caput com redação determinada pela LC 139/2011.

§ 1º O Município poderá, mediante convênio, transferir a atribuição de julgamento exclusivamente ao respectivo Estado em que se localiza.

§ 2º No caso em que o contribuinte do Simples Nacional exerça atividades incluídas no campo de incidência do ICMS e do ISS e seja apurada omissão de receita de que não se consiga identificar a origem, a autuação será feita utilizando a maior alíquota prevista nesta Lei Complementar, e a parcela autuada que não seja correspondente aos tributos e contribuições federais será rateada entre Estados e Municípios ou Distrito Federal.

§ 3º Na hipótese referida no § 2º deste artigo, o julgamento caberá ao Estado ou ao Distrito Federal.

§ 4º A intimação eletrônica dos atos do contencioso administrativo observará o disposto nos §§ 1º-A a 1º-D do art. 16.

* § 4º com redação determinada pela LC 139/2011.

§ 5º A impugnação relativa ao indeferimento da opção ou à exclusão poderá ser decidida em órgão diverso do previsto no *caput*, na forma estabelecida pela respectiva administração tributária.

* § 5º acrescentado pela LC 139/2011.

§ 6º Na hipótese prevista no § 5º, o CGSN poderá disciplinar procedimentos e prazos, bem como, no processo de exclusão, prever efeito suspensivo na hipótese de apresentação de impugnação, defesa ou recurso.

* § 6º acrescentado pela LC 139/2011.

Art. 40. As consultas relativas ao Simples Nacional serão solucionadas pela Secretaria da Receita Federal, salvo quando se referirem a tributos e contribuições de competência estadual ou municipal, que serão solucionadas conforme a respectiva competência tributária, na forma disciplinada pelo Comitê Gestor.

Seção XIII
Do processo judicial

Art. 41. Os processos relativos a impostos e contribuições abrangidos pelo Simples Nacional serão ajuizados em face da União, que será representada em juízo pela Procuradoria-Geral da Fazenda Nacional, observado o disposto no § 5º deste artigo.

* V. Res. CGSN 94/2011 (Simples Nacional).

§ 1º Os Estados, Distrito Federal e Municípios prestarão auxílio à Procuradoria-Geral da Fazenda Nacional, em relação aos tributos de sua competência, na forma a ser disciplinada por ato do Comitê Gestor.

§ 2º Os créditos tributários oriundos da aplicação desta Lei Complementar serão apurados, inscritos em Dívida Ativa da União e cobrados judicialmente pela Procuradoria-Geral da Fazenda Nacional, observado o disposto no inciso V do § 5º deste artigo.

* § 2º com redação determinada pela LC 139/2011 (*DOU* 11.11.2011), em vigor na data de sua publicação, produzindo efeitos a partir de 1º.01.2012.

§ 3º Mediante convênio, a Procuradoria-Geral da Fazenda Nacional poderá delegar aos Estados e Municípios a inscrição em dívida ativa estadual e municipal e a cobrança judicial dos tributos estaduais e municipais a que se refere esta Lei Complementar.

§ 4º Aplica-se o disposto neste artigo aos impostos e contribuições que não tenham sido recolhidos resultantes das informações prestadas:

* § 4º com redação determinada pela LC 139/2011 (*DOU* 11.11.2011), em vigor na data de sua publicação, produzindo efeitos a partir de 1º.01.2012.

LC 123/2006

LEGISLAÇÃO

I – no sistema eletrônico de cálculo dos valores devidos no Simples Nacional de que trata o § 15 do art. 18;

II – na declaração a que se refere o art. 25.

§ 5º Excetuam-se do disposto no *caput* deste artigo:

I – os mandados de segurança nos quais se impugnem atos de autoridade coatora pertencente a Estado, Distrito Federal ou Município;

II – as ações que tratem exclusivamente de tributos de competência dos Estados, do Distrito Federal ou dos Municípios, as quais serão propostas em face desses entes federativos, representados em juízo por suas respectivas procuradorias;

III – as ações promovidas na hipótese de celebração do convênio de que trata o § 3º deste artigo;

IV – o crédito tributário decorrente de auto de infração lavrado exclusivamente em face de descumprimento de obrigação acessória, observado o disposto no § 1º-D do art. 33.

* Inciso IV acrescentado pela LC 139/2011 (*DOU* 11.11.2011), em vigor na data de sua publicação, produzindo efeitos a partir de 1º.01.2012.

V – o crédito tributário relativo ao ICMS e ao ISS de que tratam as alíneas *b* e *c* do inciso V do § 3º do art. 18-A desta Lei Complementar.

* Inciso V com redação determinada pela LC 147/2014.

Capítulo V
DO ACESSO AOS MERCADOS

Seção I
Das aquisições públicas

* Seção única renumerada pela LC 147/2014 (*DOU* 08.08.2014), em vigor na data de sua publicação, produzindo efeitos a partir de 1º de janeiro do primeiro ano subsequente ao de sua publicação.
* V. Dec. 8.538/2015 (Regulamenta o tratamento favorecido, diferenciado e simplificado para as microempresas, empresas de pequeno porte, agricultores familiares, produtores rurais pessoa física, microempreendedores individuais e sociedades cooperativas de consumo nas contratações públicas de bens, serviços e obras no âmbito da administração pública federal).

Art. 42. Nas licitações públicas, a comprovação de regularidade fiscal das microempresas e empresas de pequeno porte somente será exigida para efeito de assinatura do contrato.

Art. 43. As microempresas e empresas de pequeno porte, por ocasião da participação em certames licitatórios, deverão apresentar toda a documentação exigida para efeito de comprovação de regularidade fiscal, mesmo que esta apresente alguma restrição.

§ 1º Havendo alguma restrição na comprovação da regularidade fiscal, será assegurado o prazo de 5 (cinco) dias úteis, cujo termo inicial corresponderá ao momento em que o proponente for declarado o vencedor do certame, prorrogável por igual período, a critério da administração pública, para a regularização da documentação, pagamento ou parcelamento do débito e emissão de eventuais certidões negativas ou positivas com efeito de certidão negativa.

* § 1º com redação determinada pela LC 147/2014.

§ 2º A não regularização da documentação, no prazo previsto no § 1º deste artigo, implicará decadência do direito à contratação, sem prejuízo das sanções previstas no art. 81 da Lei 8.666, de 21 de junho de 1993, sendo facultado à Administração convocar os licitantes remanescentes, na ordem de classificação, para a assinatura do contrato, ou revogar a licitação.

Art. 44. Nas licitações será assegurada, como critério de desempate, preferência de contratação para as microempresas e empresas de pequeno porte.

§ 1º Entende-se por empate aquelas situações em que as propostas apresentadas pelas microempresas e empresas de pequeno porte sejam iguais ou até 10% (dez por cento) superiores à proposta mais bem classificada.

§ 2º Na modalidade de pregão, o intervalo percentual estabelecido no § 1º deste artigo será de até 5% (cinco por cento) superior ao melhor preço.

Art. 45. Para efeito do disposto no art. 44 desta Lei Complementar, ocorrendo o empate, proceder-se-á da seguinte forma:

I – a microempresa ou empresa de pequeno porte mais bem classificada poderá apresentar proposta de preço inferior àquela considerada vencedora do certame, situa-

LC 123/2006

LEGISLAÇÃO

ção em que será adjudicado em seu favor o objeto licitado;

II – não ocorrendo a contratação da microempresa ou empresa de pequeno porte, na forma do inciso I do *caput* deste artigo, serão convocadas as remanescentes que porventura se enquadrem na hipótese dos §§ 1º e 2º do art. 44 desta Lei Complementar, na ordem classificatória, para o exercício do mesmo direito;

III – no caso de equivalência dos valores apresentados pelas microempresas e empresas de pequeno porte que se encontrem nos intervalos estabelecidos nos §§ 1º e 2º do art. 44 desta Lei Complementar, será realizado sorteio entre elas para que se identifique aquela que primeiro poderá apresentar melhor oferta.

§ 1º Na hipótese da não contratação nos termos previstos no *caput* deste artigo, o objeto licitado será adjudicado em favor da proposta originalmente vencedora do certame.

§ 2º O disposto neste artigo somente se aplicará quando a melhor oferta inicial não tiver sido apresentada por microempresa ou empresa de pequeno porte.

§ 3º No caso de pregão, a microempresa ou empresa de pequeno porte mais bem classificada será convocada para apresentar nova proposta no prazo máximo de 5 (cinco) minutos após o encerramento dos lances, sob pena de preclusão.

Art. 46. A microempresa e a empresa de pequeno porte titular de direitos creditórios decorrentes de empenhos liquidados por órgãos e entidades da União, Estados, Distrito Federal e Município não pagos em até 30 (trinta) dias contados da data de liquidação poderão emitir cédula de crédito microempresarial.

Parágrafo único. *(Revogado pela LC 147/2014.)*

Art. 47. Nas contratações públicas da administração direta e indireta, autárquica e fundacional, federal, estadual e municipal, deverá ser concedido tratamento diferenciado e simplificado para as microempresas e empresas de pequeno porte objetivando a promoção do desenvolvimento econômico e social no âmbito municipal e regional, a ampliação da eficiência das políticas públicas e o incentivo à inovação tecnológica.

- Artigo com redação determinada pela LC 147/2014.

Parágrafo único. No que diz respeito às compras públicas, enquanto não sobrevier legislação estadual, municipal ou regulamento específico de cada órgão mais favorável à microempresa e empresa de pequeno porte, aplica-se a legislação federal.

Art. 48. Para o cumprimento do disposto no art. 47 desta Lei Complementar, a administração pública:

- *Caput* com redação determinada pela LC 147/2014.

I – deverá realizar processo licitatório destinado exclusivamente à participação de microempresas e empresas de pequeno porte nos itens de contratação cujo valor seja de até R$ 80.000,00 (oitenta mil reais);

II – poderá, em relação aos processos licitatórios destinados à aquisição de obras e serviços, exigir dos licitantes a subcontratação de microempresa ou empresa de pequeno porte;

III – deverá estabelecer, em certames para aquisição de bens de natureza divisível, cota de até 25% (vinte e cinco por cento) do objeto para a contratação de microempresas e empresas de pequeno porte.

§ 1º *(Revogado pela LC 147/2014.)*

§ 2º Na hipótese do inciso II do *caput* deste artigo, os empenhos e pagamentos do órgão ou entidade da administração pública poderão ser destinados diretamente às microempresas e empresas de pequeno porte subcontratadas.

§ 3º Os benefícios referidos no *caput* deste artigo poderão, justificadamente, estabelecer a prioridade de contratação para as microempresas e empresas de pequeno porte sediadas local ou regionalmente, até o limite de 10% (dez por cento) do melhor preço válido.

- § 3º acrescentado pela LC 147/2014.

Art. 49. Não se aplica o disposto nos arts. 47 e 48 desta Lei Complementar quando:

I – *(Revogado pela LC 147/2014 – DOU 08.08.2014, em vigor na data de sua publicação, produzindo efeitos a partir de 1º de*

LC 123/2006

LEGISLAÇÃO

janeiro do primeiro ano subsequente ao de sua publicação.)
II – não houver um mínimo de 3 (três) fornecedores competitivos enquadrados como microempresas ou empresas de pequeno porte sediados local ou regionalmente e capazes de cumprir as exigências estabelecidas no instrumento convocatório;
III – o tratamento diferenciado e simplificado para as microempresas e empresas de pequeno porte não for vantajoso para a administração pública ou representar prejuízo ao conjunto ou complexo do objeto a ser contratado;
IV – a licitação for dispensável ou inexigível, nos termos dos arts. 24 e 25 da Lei 8.666, de 21 de junho de 1993, excetuando-se as dispensas tratadas pelos incisos I e II do art. 24 da mesma Lei, nas quais a compra deverá ser feita preferencialmente de microempresas e empresas de pequeno porte, aplicando-se o disposto no inciso I do art. 48.

 • Inciso IV com redação determinada pela LC 147/2014.

Seção II
Acesso ao mercado externo

 • Seção II acrescentada pela LC 147/2014 (*DOU* 08.08.2014), em vigor na data de sua publicação, produzindo efeitos a partir de 1º de janeiro do primeiro ano subsequente ao de sua publicação.

Art. 49-A. A microempresa e a empresa de pequeno porte beneficiárias do Simples usufruirão de regime de exportação que contemplará procedimentos simplificados de habilitação, licenciamento, despacho aduaneiro e câmbio, na forma do regulamento.

 • Artigo acrescentado pela LC 147/2014.

Parágrafo único. As pessoas jurídicas prestadoras de serviço de logística internacional quando contratadas por beneficiários do Simples estão autorizadas a realizar atividades relativas a licenciamento administrativo, despacho aduaneiro, consolidação e desconsolidação de carga, bem como a contratação de seguro, câmbio, transporte e armazenagem de mercadorias, objeto da prestação do serviço, na forma do regulamento.

Capítulo VI
DA SIMPLIFICAÇÃO DAS RELAÇÕES DE TRABALHO
Seção I
Da segurança e da medicina do trabalho

Art. 50. As microempresas e as empresas de pequeno porte serão estimuladas pelo poder público e pelos Serviços Sociais Autônomos a formar consórcios para acesso a serviços especializados em segurança e medicina do trabalho.

Seção II
Das obrigações trabalhistas

Art. 51. As microempresas e as empresas de pequeno porte são dispensadas:
I – da afixação de Quadro de Trabalho em suas dependências;
II – da anotação das férias dos empregados nos respectivos livros ou fichas de registro;
III – de empregar e matricular seus aprendizes nos cursos dos Serviços Nacionais de Aprendizagem;
IV – da posse do livro intitulado "Inspeção do Trabalho"; e
V – de comunicar ao Ministério do Trabalho e Emprego a concessão de férias coletivas.

Art. 52. O disposto no art. 51 desta Lei Complementar não dispensa as microempresas e as empresas de pequeno porte dos seguintes procedimentos:
I – anotações na Carteira de Trabalho e Previdência Social – CTPS;
II – arquivamento dos documentos comprobatórios de cumprimento das obrigações trabalhistas e previdenciárias, enquanto não prescreverem essas obrigações;
III – apresentação da Guia de Recolhimento do Fundo de Garantia do Tempo de Serviço e Informações à Previdência Social – GFIP;
IV – apresentação das Relações Anuais de Empregados e da Relação Anual de Informações Sociais – RAIS e do Cadastro Geral de Empregados e Desempregados – Caged.
Parágrafo único. *(Vetado.)*
Art. 53. *(Revogado.)*

LC 123/2006

LEGISLAÇÃO

Seção III
Do acesso à Justiça do Trabalho

Art. 54. É facultado ao empregador de microempresa ou de empresa de pequeno porte fazer-se substituir ou representar perante a Justiça do Trabalho por terceiros que conheçam dos fatos, ainda que não possuam vínculo trabalhista ou societário.

Capítulo VII
DA FISCALIZAÇÃO ORIENTADORA

Art. 55. A fiscalização, no que se refere aos aspectos trabalhista, metrológico, sanitário, ambiental, de segurança e de uso e ocupação do solo das microempresas e empresas de pequeno porte deverá ter natureza prioritariamente orientadora, quando a atividade ou situação, por sua natureza, comportar grau de risco compatível com esse procedimento.

• *Caput* com redação determinada pela LC 147/2014.

§ 1º Será observado o critério de dupla visita para lavratura de autos de infração, salvo quando for constatada infração por falta de registro de empregado ou anotação da Carteira de Trabalho e Previdência Social – CTPS, ou, ainda, na ocorrência de reincidência, fraude, resistência ou embaraço à fiscalização.

§ 2º *(Vetado.)*

§ 3º Os órgãos e entidades competentes definirão, em 12 (doze) meses, as atividades e situações cujo grau de risco seja considerado alto, as quais não se sujeitarão ao disposto neste artigo.

§ 4º O disposto neste artigo não se aplica ao processo administrativo fiscal relativo a tributos, que se dará na forma dos arts. 39 e 40 desta Lei Complementar.

§ 5º O disposto no § 1º aplica-se à lavratura de multa pelo descumprimento de obrigações acessórias relativas às matérias do *caput*, inclusive quando previsto seu cumprimento de forma unificada com matéria de outra natureza, exceto a trabalhista.

• § 5º acrescentado pela LC 147/2014.

§ 6º A inobservância do critério de dupla visita implica nulidade do auto de infração lavrado sem cumprimento ao disposto neste artigo, independentemente da natureza principal ou acessória da obrigação.

• § 6º acrescentado pela LC 147/2014.

§ 7º Os órgãos e entidades da administração pública federal, estadual, distrital e municipal deverão observar o princípio do tratamento diferenciado, simplificado e favorecido por ocasião da fixação de valores decorrentes de multas e demais sanções administrativas.

• § 7º acrescentado pela LC 147/2014.

§ 8º A inobservância do disposto no *caput* deste artigo implica atentado aos direitos e garantias legais assegurados ao exercício profissional da atividade empresarial.

• § 8º acrescentado pela LC 147/2014.

§ 9º O disposto no caput deste artigo não se aplica a infrações relativas à ocupação irregular da reserva de faixa não edificável, de área destinada a equipamentos urbanos, de áreas de preservação permanente e nas faixas de domínio público das rodovias, ferrovias e dutovias ou de vias e logradouros públicos.

• § 9º acrescentado pela LC 147/2014.

Capítulo VIII
DO ASSOCIATIVISMO

Seção Única
Da sociedade de propósito específico formada por microempresas e empresas de pequeno porte optantes pelo Simples Nacional

Art. 56. As microempresas ou as empresas de pequeno porte poderão realizar negócios de compra e venda de bens e serviços para os mercados nacional e internacional, por meio de sociedade de propósito específico, nos termos e condições estabelecidos pelo Poder Executivo federal.

• *Caput* com redação determinada pela LC 147/2014.

§ 1º Não poderão integrar a sociedade de que trata o *caput* deste artigo pessoas jurídicas não optantes pelo Simples Nacional.

§ 2º A sociedade de propósito específico de que trata este artigo:

I – terá seus atos arquivados no Registro Público de Empresas Mercantis;

II – terá por finalidade realizar:

a) operações de compras para revenda às microempresas ou empresas de pequeno porte que sejam suas sócias;
b) operações de venda de bens adquiridos das microempresas e empresas de pequeno porte que sejam suas sócias para pessoas jurídicas que não sejam suas sócias;
III – poderá exercer atividades de promoção dos bens referidos na alínea b do inciso II deste parágrafo;
IV – apurará o imposto de renda das pessoas jurídicas com base no lucro real, devendo manter a escrituração dos livros Diário e Razão;
V – apurará a Cofins e a Contribuição para o PIS/Pasep de modo não cumulativo;
VI – exportará, exclusivamente, bens a ela destinados pelas microempresas e empresas de pequeno porte que dela façam parte;
VII – será constituída como sociedade limitada;
VIII – deverá, nas revendas às microempresas ou empresas de pequeno porte que sejam suas sócias, observar preço no mínimo igual ao das aquisições realizadas para revenda; e
IX – deverá, nas revendas de bens adquiridos de microempresas ou empresas de pequeno porte que sejam suas sócias, observar preço no mínimo igual ao das aquisições desses bens.
§ 3º A aquisição de bens destinados à exportação pela sociedade de propósito específico não gera direito a créditos relativos a impostos ou contribuições abrangidos pelo Simples Nacional.
§ 4º A microempresa ou a empresa de pequeno porte não poderá participar simultaneamente de mais de uma sociedade de propósito específico de que trata este artigo.
§ 5º A sociedade de propósito específico de que trata este artigo não poderá:
I – ser filial, sucursal, agência ou representação, no País, de pessoa jurídica com sede no exterior;
II – ser constituída sob a forma de cooperativas, inclusive de consumo;
III – participar do capital de outra pessoa jurídica;
IV – exercer atividade de banco comercial, de investimentos e de desenvolvimento, de caixa econômica, de sociedade de crédito, financiamento e investimento ou de crédito imobiliário, de corretora ou de distribuidora de títulos, valores mobiliários e câmbio, de empresa de arrendamento mercantil, de seguros privados e de capitalização ou de previdência complementar;
V – ser resultante ou remanescente de cisão ou qualquer outra forma de desmembramento de pessoa jurídica que tenha ocorrido em um dos 5 (cinco) anos-calendário anteriores;
VI – exercer a atividade vedada às microempresas e empresas de pequeno porte optantes pelo Simples Nacional.
§ 6º A inobservância do disposto no § 4º deste artigo acarretará a responsabilidade solidária das microempresas ou empresas de pequeno porte sócias da sociedade de propósito específico de que trata este artigo na hipótese em que seus titulares, sócios ou administradores conhecessem ou devessem conhecer tal inobservância.
§ 7º O Poder Executivo regulamentará o disposto neste artigo até 31 de dezembro de 2008.

Capítulo IX
DO ESTÍMULO AO CRÉDITO E À CAPITALIZAÇÃO

Seção I
Disposições gerais

Art. 57. O Poder Executivo federal proporá, sempre que necessário, medidas no sentido de melhorar o acesso das microempresas e empresas de pequeno porte aos mercados de crédito e de capitais, objetivando a redução do custo de transação, a elevação da eficiência alocativa, o incentivo ao ambiente concorrencial e a qualidade do conjunto informacional, em especial o acesso e portabilidade das informações cadastrais relativas ao crédito.

Art. 58. Os bancos comerciais públicos e os bancos múltiplos públicos com carteira comercial e a Caixa Econômica Federal manterão linhas de crédito específicas para as microempresas e para as empresas de pequeno porte, devendo o montante disponível e suas condições de acesso ser expressos nos respectivos orçamentos e amplamente divulgadas.

Parágrafo único. As instituições mencionadas no *caput* deste artigo deverão publicar, juntamente com os respectivos balanços, relatório circunstanciado dos recursos alocados às linhas de crédito referidas no *caput* deste artigo e aqueles efetivamente utilizados, consignando, obrigatoriamente, as justificativas do desempenho alcançado.

§ 2º O acesso às linhas de crédito específicas previstas no *caput* deste artigo deverá ter tratamento simplificado e ágil, com divulgação ampla das respectivas condições e exigências.

- § 2º acrescentado pela LC 147/2014.
- Consta § 2º conforme publicação oficial.

Art. 58-A. Os bancos públicos e privados não poderão contabilizar, para cumprimento de metas, empréstimos realizados a pessoas físicas, ainda que sócios de empresas, como disponibilização de crédito para microempresas e empresas de pequeno porte.

- Artigo acrescentado pela LC 147/2014.

Art. 59. As instituições referidas no *caput* do art. 58 desta Lei Complementar devem se articular com as respectivas entidades de apoio e representação das microempresas e empresas de pequeno porte, no sentido de proporcionar e desenvolver programas de treinamento, desenvolvimento gerencial e capacitação tecnológica.

Art. 60. *(Vetado.)*

Art. 60-A. Poderá ser instituído Sistema Nacional de Garantias de Crédito pelo Poder Executivo, com o objetivo de facilitar o acesso das microempresas e empresas de pequeno porte a crédito e demais serviços das instituições financeiras, o qual, na forma de regulamento, proporcionará a elas tratamento diferenciado, favorecido e simplificado, sem prejuízo de atendimento a outros públicos-alvo.

Parágrafo único. O Sistema Nacional de Garantias de Crédito integrará o Sistema Financeiro Nacional.

Art. 60-B. Os fundos garantidores de risco de crédito empresarial que possuam participação da União na composição do seu capital atenderão, sempre que possível, as operações de crédito que envolvam microempresas e empresas de pequeno porte, definidas na forma do art. 3º desta Lei.

- Artigo acrescentado pela LC 147/2014.

Art. 60-C. *(Vetado.)*

- Artigo acrescentado pela LC 147/2014.

Art. 61. Para fins de apoio creditício às operações de comércio exterior das microempresas e das empresas de pequeno porte, serão utilizados os parâmetros de enquadramento ou outros instrumentos de alta significância para as microempresas, empresas de pequeno porte exportadoras segundo o porte de empresas, aprovados pelo Mercado Comum do Sul – Mercosul.

Seção II
Das responsabilidades do Banco Central do Brasil

Art. 62. O Banco Central do Brasil disponibilizará dados e informações das instituições financeiras integrantes do Sistema Financeiro Nacional, inclusive por meio do Sistema de Informações de Crédito – SCR, de modo a ampliar o acesso ao crédito para microempresas e empresas de pequeno porte e fomentar a competição bancária.

- *Caput* com redação determinada pela LC 147/2014.

§ 1º O disposto no *caput* deste artigo alcança a disponibilização de dados e informações específicas relativas ao histórico de relacionamento bancário e creditício das microempresas e das empresas de pequeno porte, apenas aos próprios titulares.

§ 2º O Banco Central do Brasil poderá garantir o acesso simplificado, favorecido e diferenciado dos dados e informações constantes no § 1º deste artigo aos seus respectivos interessados, podendo a instituição optar por realizá-lo por meio das instituições financeiras, com as quais o próprio cliente tenha relacionamento.

Seção III
Das condições de acesso aos depósitos especiais do Fundo de Amparo ao Trabalhador – FAT

Art. 63. O Codefat poderá disponibilizar recursos financeiros por meio da criação de programa específico para as cooperativas de crédito de cujos quadros de cooperados participem microempreendedores, empreendedores de microempresa e empresa de pequeno porte bem como suas empresas.

Parágrafo único. Os recursos referidos no *caput* deste artigo deverão ser destinados exclusivamente às microempresas e empresas de pequeno porte.

Capítulo X
DO ESTÍMULO À INOVAÇÃO
Seção I
Disposições gerais

Art. 64. Para os efeitos desta Lei Complementar considera-se:

I – inovação: a concepção de um novo produto ou processo de fabricação, bem como a agregação de novas funcionalidades ou características ao produto ou processo que implique melhorias incrementais e efetivo ganho de qualidade ou produtividade, resultando em maior competitividade no mercado;

II – agência de fomento: órgão ou instituição de natureza pública ou privada que tenha entre os seus objetivos o financiamento de ações que visem a estimular e promover o desenvolvimento da ciência, da tecnologia e da inovação;

III – Instituição Científica e Tecnológica – ICT: órgão ou entidade da administração pública que tenha por missão institucional, dentre outras, executar atividades de pesquisa básica ou aplicada de caráter científico ou tecnológico;

IV – núcleo de inovação tecnológica: núcleo ou órgão constituído por uma ou mais ICT com a finalidade de gerir sua política de inovação;

V – instituição de apoio: instituições criadas sob o amparo da Lei 8.958, de 20 de dezembro de 1994, com a finalidade de dar apoio a projetos de pesquisa, ensino e extensão e de desenvolvimento institucional, científico e tecnológico;

VI – instrumentos de apoio tecnológico para a inovação: qualquer serviço disponibilizado presencialmente ou na internet que possibilite acesso a informações, orientações, bancos de dados de soluções de informações, respostas técnicas, pesquisas e atividades de apoio complementar desenvolvidas pelas instituições previstas nos incisos II a V deste artigo.

• Inciso VI acrescentado pela LC 147/2014.

Seção II
Do apoio à inovação

Art. 65. A União, os Estados, o Distrito Federal e os Municípios, e as respectivas agências de fomento, as ICT, os núcleos de inovação tecnológica e as instituições de apoio manterão programas específicos para as microempresas e para as empresas de pequeno porte, inclusive quando estas revestirem a forma de incubadoras, observando-se o seguinte:

I – as condições de acesso serão diferenciadas, favorecidas e simplificadas;

II – o montante disponível e suas condições de acesso deverão ser expressos nos respectivos orçamentos e amplamente divulgados.

§ 1º As instituições deverão publicar, juntamente com as respectivas prestações de contas, relatório circunstanciado das estratégias para maximização da participação do segmento, assim como dos recursos alocados às ações referidas no *caput* deste artigo e aqueles efetivamente utilizados, consignando, obrigatoriamente, as justificativas do desempenho alcançado no período.

§ 2º As pessoas jurídicas referidas no *caput* deste artigo terão por meta a aplicação de, no mínimo, 20% (vinte por cento) dos recursos destinados à inovação para o desenvolvimento de tal atividade nas microempresas ou nas empresas de pequeno porte.

§ 3º Os órgãos e entidades integrantes da administração pública federal, estadual e municipal atuantes em pesquisa, desenvolvimento ou capacitação tecnológica terão por meta efetivar suas aplicações, no percentual mínimo fixado neste artigo, em programas e projetos de apoio às microempresas ou às empresas de pequeno porte, transmitindo ao Ministério da Ciência, Tecnologia e Inovação, no primeiro trimestre de cada ano, informação relativa aos valores alocados e a respectiva relação percentual em relação ao total dos recursos destinados para esse fim.

• § 3º com redação determinada pela LC 147/2014.

§ 4º Ficam autorizados a reduzir a 0 (zero) as alíquotas dos impostos e contribuições a seguir indicados, incidentes na aquisição, ou importação, de equipamentos, máquinas, aparelhos, instrumentos, acessórios, sobressalentes e ferramentas que os acompanhem, na forma definida em regulamento, quando adquiridos, ou importados, diretamente por microempresas ou empresas de pequeno porte para incorporação ao seu ativo imobilizado:

I – a União, em relação ao IPI, à Cofins, à Contribuição para o PIS/Pasep, à Cofins-Importação e à Contribuição para o PIS/Pasep-Importação; e

II – os Estados e o Distrito Federal, em relação ao ICMS.

§ 5º A microempresa ou empresa de pequeno porte, adquirente de bens com o benefício previsto no § 4º deste artigo, fica obrigada, nas hipóteses previstas em regulamento, a recolher os impostos e contribuições que deixaram de ser pagos, acrescidos de juros e multa, de mora ou de ofício, contados a partir da data da aquisição, no mercado interno, ou do registro da declaração de importação – DI, calculados na forma da legislação que rege a cobrança do tributo não pago.

§ 6º Para efeito da execução do orçamento previsto neste artigo, os órgãos e instituições poderão alocar os recursos destinados à criação e ao custeio de ambientes de inovação, incluindo incubadoras, parques e centros vocacionais tecnológicos, laboratórios metrológicos, de ensaio, de pesquisa ou apoio ao treinamento, bem como custeio de bolsas de extensão e remuneração de professores, pesquisadores e agentes envolvidos nas atividades de apoio tecnológico complementar.

• § 6º acrescentado pela LC 147/2014.

Art. 66. No primeiro trimestre do ano subsequente, os órgãos e entidades a que alude o art. 67 desta Lei Complementar transmitirão ao Ministério da Ciência e Tecnologia relatório circunstanciado dos projetos realizados, compreendendo a análise do desempenho alcançado.

Art. 67. Os órgãos congêneres ao Ministério da Ciência e Tecnologia estaduais e municipais deverão elaborar e divulgar relatório anual indicando o valor dos recursos recebidos, inclusive por transferência de terceiros, que foram aplicados diretamente ou por organizações vinculadas, por Fundos Setoriais e outros, no segmento das microempresas e empresas de pequeno porte, retratando e avaliando os resultados obtidos e indicando as previsões de ações e metas para ampliação de sua participação no exercício seguinte.

Capítulo XI
DAS REGRAS CIVIS E EMPRESARIAIS
Seção I
Das regras civis
Subseção I
Do pequeno empresário

Art. 68. Considera-se pequeno empresário, para efeito de aplicação do disposto nos arts. 970 e 1.179 da Lei 10.406, de 10 de janeiro de 2002 (Código Civil), o empresário individual caracterizado como microempresa na forma desta Lei Complementar que aufira receita bruta anual até o limite previsto no § 1º do art. 18-A.

• Artigo com redação determinada pela LC 139/2011 (DOU 11.11.2011), em vigor na data de sua publicação, produzindo efeitos a partir de 1º.01.2012.

Subseção II
(Vetada.)

Art. 69. (Vetado.)

Seção II
Das deliberações sociais e da estrutura organizacional

Art. 70. As microempresas e as empresas de pequeno porte são desobrigadas da realização de reuniões e assembleias em qualquer das situações previstas na legislação civil, as quais serão substituídas por deliberação representativa do primeiro número inteiro superior à metade do capital social.

§ 1º O disposto no *caput* deste artigo não se aplica caso haja disposição contratual em contrário, caso ocorra hipótese de justa causa que enseje a exclusão de sócio ou caso um ou mais sócios ponham em risco a continuidade da empresa em virtude de atos de inegável gravidade.

§ 2º Nos casos referidos no § 1º deste artigo, realizar-se-á reunião ou assembleia de acordo com a legislação civil.

LC 123/2006

LEGISLAÇÃO

Art. 71. Os empresários e as sociedades de que trata esta Lei Complementar, nos termos da legislação civil, ficam dispensados da publicação de qualquer ato societário.

Seção III
Do nome empresarial

Art. 72. As microempresas e as empresas de pequeno porte, nos termos da legislação civil, acrescentarão à sua firma ou denominação as expressões "Microempresa" ou "Empresa de Pequeno Porte", ou suas respectivas abreviações, "ME" ou "EPP", conforme o caso, sendo facultativa a inclusão do objeto da sociedade.

Seção IV
Do protesto de títulos

Art. 73. O protesto de título, quando o devedor for microempresário ou empresa de pequeno porte, é sujeito às seguintes condições:

I – sobre os emolumentos do tabelião não incidirão quaisquer acréscimos a título de taxas, custas e contribuições para o Estado ou Distrito Federal, carteira de previdência, fundo de custeio de atos gratuitos, fundos especiais do Tribunal de Justiça, bem como de associação de classe, criados ou que venham a ser criados sob qualquer título ou denominação, ressalvada a cobrança do devedor das despesas de correio, condução e publicação de edital para realização da intimação;

II – para o pagamento do título em cartório, não poderá ser exigido cheque de emissão de estabelecimento bancário, mas, feito o pagamento por meio de cheque, de emissão de estabelecimento bancário ou não, a quitação dada pelo tabelionato de protesto será condicionada à efetiva liquidação do cheque;

III – o cancelamento do registro de protesto, fundado no pagamento do título, será feito independentemente de declaração de anuência do credor, salvo no caso de impossibilidade de apresentação do original protestado;

IV – para os fins do disposto no *caput* e nos incisos I, II e III do *caput* deste artigo, o devedor deverá provar sua qualidade de microempresa ou de empresa de pequeno porte perante o tabelionato de protestos de títulos, mediante documento expedido pela Junta Comercial ou pelo Registro Civil das Pessoas Jurídicas, conforme o caso;

V – quando o pagamento do título ocorrer com cheque sem a devida provisão de fundos, serão automaticamente suspensos pelos cartórios de protesto, pelo prazo de 1 (um) ano, todos os benefícios previstos para o devedor neste artigo, independentemente da lavratura e registro do respectivo protesto.

Art. 73-A. São vedadas cláusulas contratuais relativas à limitação da emissão ou circulação de títulos de crédito ou direitos creditórios originados de operações de compra e venda de produtos e serviços por microempresas e empresas de pequeno porte.

• Artigo acrescentado pela LC 147/2014.

Capítulo XII
DO ACESSO À JUSTIÇA

Seção I
Do acesso aos Juizados Especiais

Art. 74. Aplica-se às microempresas e às empresas de pequeno porte de que trata esta Lei Complementar o disposto no § 1º do art. 8º da Lei 9.099, de 26 de setembro de 1995, e no inciso I do *caput* do art. 6º da Lei 10.259, de 12 de julho de 2001, as quais, assim como as pessoas físicas capazes, passam a ser admitidas como proponentes de ação perante o Juizado Especial, excluídos os cessionários de direito de pessoas jurídicas.

Art. 74-A. O Poder Judiciário, especialmente por meio do Conselho Nacional de Justiça – CNJ, e o Ministério da Justiça implementarão medidas para disseminar o tratamento diferenciado e favorecido às microempresas e empresas de pequeno porte em suas respectivas áreas de competência.

• Artigo acrescentado pela LC 147/2014

Seção II
Da conciliação prévia, mediação e arbitragem

Art. 75. As microempresas e empresas de pequeno porte deverão ser estimuladas a utilizar os institutos de conciliação prévia, mediação e arbitragem para solução dos seus conflitos.

§ 1º Serão reconhecidos de pleno direito os acordos celebrados no âmbito das comissões de conciliação prévia.

§ 2º O estímulo a que se refere o *caput* deste artigo compreenderá campanhas de divulgação, serviços de esclarecimento e tratamento diferenciado, simplificado e favorecido no tocante aos custos administrativos e honorários cobrados.

Seção III
Das parcerias

Art. 75-A. Para fazer face às demandas originárias do estímulo previsto nos arts. 74 e 75 desta Lei Complementar, entidades privadas, públicas, inclusive o Poder Judiciário, poderão firmar parcerias entre si, objetivando a instalação ou utilização de ambientes propícios para a realização dos procedimentos inerentes a busca da solução de conflitos.

Capítulo XIII
DO APOIO E DA REPRESENTAÇÃO

Art. 76. Para o cumprimento do disposto nesta Lei Complementar, bem como para desenvolver e acompanhar políticas públicas voltadas às microempresas e empresas de pequeno porte, o poder público, em consonância com o Fórum Permanente das Microempresas e Empresas de Pequeno Porte, sob a coordenação da Secretaria da Micro e Pequena Empresa da Presidência da República, deverá incentivar e apoiar a criação de fóruns com participação dos órgãos públicos competentes e das entidades vinculadas ao setor.

- Artigo com redação determinada pela Lei 12.792/2013.
- V. Dec. 8.364/2014 (Regulamenta o Fórum Permanente das Microempresas e Empresas de Pequeno Porte).

Parágrafo único. A Secretaria da Micro e Pequena Empresa da Presidência da República coordenará com as entidades representativas das microempresas e empresas de pequeno porte a implementação dos fóruns regionais nas unidades da federação.

Art. 76-A. As instituições de representação e apoio empresarial deverão promover programas de sensibilização, de informação, de orientação e apoio, de educação fiscal, de regularidade dos contratos de trabalho e de adoção de sistemas informatizados e eletrônicos, como forma de estímulo à formalização de empreendimentos, de negócios e empregos, à ampliação da competitividade e à disseminação do associativismo entre as microempresas, os microempreendedores individuais, as empresas de pequeno porte e equiparados.

- Artigo acrescentado pela LC 147/2014.

Capítulo XIV
DISPOSIÇÕES FINAIS E TRANSITÓRIAS

Art. 77. Promulgada esta Lei Complementar, o Comitê Gestor expedirá, em 30 (trinta) meses, as instruções que se fizerem necessárias à sua execução.

§ 1º O Ministério do Trabalho e Emprego, a Secretaria da Receita Federal, a Secretaria da Receita Previdenciária, os Estados, o Distrito Federal e os Municípios deverão editar, em 1 (um) ano, as leis e demais atos necessários para assegurar o pronto e imediato tratamento jurídico diferenciado, simplificado e favorecido às microempresas e às empresas de pequeno porte.

§ 2º A administração direta e indireta federal, estadual e municipal e as entidades paraestatais acordarão, no prazo previsto no § 1º deste artigo, as providências necessárias à adaptação dos respectivos atos normativos ao disposto nesta Lei Complementar.

§ 3º *(Vetado.)*

§ 4º O Comitê Gestor regulamentará o disposto no inciso I do § 6º do art. 13 desta Lei Complementar até 31 de dezembro de 2008.

§ 5º A partir de 1º de janeiro de 2009, perderão eficácia as substituições tributárias que não atenderem à disciplina estabelecida na forma do § 4º deste artigo.

§ 6º O Comitê de que trata o inciso III do *caput* do art. 2º desta Lei Complementar expedirá, até 31 de dezembro de 2009, as instruções que se fizerem necessárias relativas a sua competência.

Art. 78. *(Revogado.)*

Art. 79. Será concedido, para ingresso no Simples Nacional, parcelamento, em até 100 (cem) parcelas mensais e sucessivas, dos débitos com o Instituto Nacional do Seguro Social – INSS, ou com as Fazendas Públicas federal, estadual ou municipal, de responsabilidade da microempresa ou empresa de pequeno porte e de seu titular ou sócio, com vencimento até 30 de junho de 2008.

§ 1º O valor mínimo da parcela mensal será de R$ 100,00 (cem reais), considerados isoladamente os débitos para com a Fazenda Nacional, para com a Seguridade Social, para com a Fazenda dos Estados, dos Municípios ou do Distrito Federal.

§ 2º Esse parcelamento alcança inclusive débitos inscritos em dívida ativa.

LC 123/2006

§ 3º O parcelamento será requerido à respectiva Fazenda para com a qual o sujeito passivo esteja em débito.

§ 3º-A O parcelamento deverá ser requerido no prazo estabelecido em regulamentação do Comitê Gestor.

§ 4º Aplicam-se ao disposto neste artigo as demais regras vigentes para parcelamento de tributos e contribuições federais, na forma regulamentada pelo Comitê Gestor.

§§ 5º a 8º *(Vetados.)*

§ 9º O parcelamento de que trata o *caput* deste artigo não se aplica na hipótese de reingresso de microempresa ou empresa de pequeno porte no Simples Nacional.

Art. 79-A. *(Vetado.)*

Art. 79-B. Excepcionalmente para os fatos geradores ocorridos em julho de 2007, os tributos apurados na forma dos arts. 18 a 20 desta Lei Complementar deverão ser pagos até o último dia útil de agosto de 2007.

Art. 79-C. A microempresa e a empresa de pequeno porte que, em 30 de junho de 2007, se enquadravam no regime previsto na Lei 9.317, de 5 de dezembro de 1996, e que não ingressaram no regime previsto no art. 12 desta Lei Complementar sujeitar-se-ão, a partir de 1º de julho de 2007, às normas de tributação aplicáveis às demais pessoas jurídicas.

§ 1º Para efeito do disposto no *caput* deste artigo, o sujeito passivo poderá optar pelo recolhimento do Imposto sobre a Renda da Pessoa Jurídica – IRPJ e da Contribuição Social sobre o Lucro Líquido – CSLL na forma do lucro real, trimestral ou anual, ou do lucro presumido.

§ 2º A opção pela tributação com base no lucro presumido dar-se-á pelo pagamento, no vencimento, do IRPJ e da CSLL devidos, correspondente ao 3º (terceiro) trimestre de 2007 e, no caso do lucro real anual, com o pagamento do IRPJ e da CSLL relativos ao mês de julho de 2007 com base na estimativa mensal.

Art. 79-D. Excepcionalmente, para os fatos geradores ocorridos entre 1º de julho de 2007 e 31 de dezembro de 2008, as pessoas jurídicas que exerçam atividade sujeita simultaneamente à incidência do IPI e do ISS deverão recolher o ISS diretamente ao Município em que este imposto é devido até o último dia útil de fevereiro de 2009, aplicando-se, até esta data, o disposto no parágrafo único do art. 100 da Lei 5.172, de 25 de outubro de 1966 – Código Tributário Nacional – CTN.

Art. 79-E. A empresa de pequeno porte optante pelo Simples Nacional em 31 de dezembro de 2011 que durante o ano-calendário de 2011 auferir receita bruta total anual entre R$ 2.400.000,01 (dois milhões, quatrocentos mil reais e um centavo) e R$ 3.600.000,00 (três milhões e seiscentos mil reais) continuará automaticamente incluída no Simples Nacional com efeitos a partir de 1º de janeiro de 2012, ressalvado o direito de exclusão por comunicação da optante.

• Artigo acrescentado pela LC 139/2011 (*DOU* 11.11.2011), em vigor na data de sua publicação, produzindo efeitos a partir de 1º.01.2012.

Art. 80. O art. 21 da Lei 8.212, de 24 de julho de 1991, fica acrescido dos seguintes §§ 2º e 3º, passando o parágrafo único a vigorar como § 1º:

"Art. 21. [...]

"[...]

"§ 2º É de 11% (onze por cento) sobre o valor correspondente ao limite mínimo mensal do salário de contribuição a alíquota de contribuição do segurado contribuinte individual que trabalhe por conta própria, sem relação de trabalho com empresa ou equiparado, e do segurado facultativo que optarem pela exclusão do direito ao benefício de aposentadoria por tempo de contribuição.

"§ 3º O segurado que tenha contribuído na forma do § 2º deste artigo e pretenda contar o tempo de contribuição correspondente para fins de obtenção da aposentadoria por tempo de contribuição ou da contagem recíproca do tempo de contribuição a que se refere o art. 94 da Lei 8.213, de 24 de julho de 1991, deverá complementar a contribuição mensal mediante o recolhimento de mais 9% (nove por cento), acrescido dos juros moratórios de que trata o disposto no art. 34 desta Lei."

Art. 81. O art. 45 da Lei 8.212, de 24 de julho de 1991, passa a vigorar com as seguintes alterações:

• Alterações processadas no texto da referida Lei.

Art. 82. A Lei 8.213, de 24 de julho de 1991, passa a vigorar com as seguintes alterações:

"Art. 9º [...]

"§ 1º O Regime Geral de Previdência Social – RGPS garante a cobertura de todas as si-

tuações expressas no art. 1º desta Lei, exceto as de desemprego involuntário, objeto de lei específica, e de aposentadoria por tempo de contribuição para o trabalhador de que trata o § 2º do art. 21 da Lei 8.212, de 24 de julho de 1991.
"[...]"
"Art. 18. [...]
"I – [...]
"[...]
"c) aposentadoria por tempo de contribuição;
"[...]
"§ 3º O segurado contribuinte individual, que trabalhe por conta própria, sem relação de trabalho com empresa ou equiparado, e o segurado facultativo que contribuam na forma do § 2º do art. 21 da Lei 8.212, de 24 de julho de 1991, não farão jus à aposentadoria por tempo de contribuição."
"Art. 55. [...]
"[...]
"§ 4º Não será computado como tempo de contribuição, para efeito de concessão do benefício de que trata esta subseção, o período em que o segurado contribuinte individual ou facultativo tiver contribuído na forma do § 2º do art. 21 da Lei 8.212, de 24 de julho de 1991, salvo se tiver complementado as contribuições na forma do § 3º do mesmo artigo."

Art. 83. O art. 94 da Lei 8.213, de 24 de julho de 1991, fica acrescido do seguinte § 2º, passando o parágrafo único a vigorar como § 1º:
"Art. 94. [...]
"[...]
"§ 2º Não será computado como tempo de contribuição, para efeito dos benefícios previstos em regimes próprios de previdência social, o período em que o segurado contribuinte individual ou facultativo tiver contribuído na forma do § 2º do art. 21 da Lei 8.212, de 24 de julho de 1991, salvo se complementadas as contribuições na forma do § 3º do mesmo artigo."

Art. 84. O art. 58 da Consolidação das Leis do Trabalho – CLT, aprovada pelo Decreto-lei 5.452, de 1º de maio de 1943, passa a vigorar acrescido do seguinte § 3º:
"Art. 58. [...]
"[...]
"§ 3º Poderão ser fixados, para as microempresas e empresas de pequeno porte, por meio de acordo ou convenção coletiva, em caso de transporte fornecido pelo empregador, em local de difícil acesso ou não servido por transporte público, o tempo médio despendido pelo empregado, bem como a forma e a natureza da remuneração."

Art. 85. *(Vetado.)*

Art. 85-A. Caberá ao Poder Público Municipal designar Agente de Desenvolvimento para a efetivação do disposto nesta Lei Complementar, observadas as especificidades locais.
§ 1º A função de Agente de Desenvolvimento caracteriza-se pelo exercício de articulação das ações públicas para a promoção do desenvolvimento local e territorial, mediante ações locais ou comunitárias, individuais ou coletivas, que visem ao cumprimento das disposições e diretrizes contidas nesta Lei Complementar, sob supervisão do órgão gestor local responsável pelas políticas de desenvolvimento.
§ 2º O Agente de Desenvolvimento deverá preencher os seguintes requisitos:
I – residir na área da comunidade em que atuar;
II – haver concluído, com aproveitamento, curso de qualificação básica para a formação de Agente de Desenvolvimento; e
III – possuir formação ou experiência compatível com a função a ser exercida;

* Inciso III com redação determinada pela LC 147/2014.

IV – ser preferencialmente servidor efetivo do Município.

* Inciso IV acrescentado pela LC 147/2014.

§ 3º A Secretaria da Micro e Pequena Empresa da Presidência da República juntamente com as entidades municipalistas e de apoio e representação empresarial prestarão suporte aos referidos agentes na forma de capacitação, estudos e pesquisas, publicações, promoção de intercâmbio de informações e experiências.

* § 3º com redação determinada pela Lei 12.792/2013.

Art. 86. As matérias tratadas nesta Lei Complementar que não sejam reservadas constitucionalmente a lei complementar poderão ser objeto de alteração por lei ordinária.

Art. 87. O § 1º do art. 3º da Lei Complementar 63, de 11 de janeiro de 1990, passa a vigorar com a seguinte redação:
"Art. 3º [...]

LC 123/2006

LEGISLAÇÃO

"§ 1º O valor adicionado corresponderá, para cada Município:

"I – ao valor das mercadorias saídas, acrescido do valor das prestações de serviços, no seu território, deduzido o valor das mercadorias entradas, em cada ano civil;

"II – nas hipóteses de tributação simplificada a que se refere o parágrafo único do art. 146 da Constituição Federal, e, em outras situações, em que se dispensem os controles de entrada, considerar-se-á como valor adicionado o percentual de 32% (trinta e dois por cento) da receita bruta.

"[...]"

Art. 87-A. Os Poderes Executivos da União, Estados, Distrito Federal e Municípios expedirão, anualmente, até o dia 30 de novembro, cada um, em seus respectivos âmbitos de competência, decretos de consolidação da regulamentação aplicável relativamente às microempresas e empresas de pequeno porte.

• Artigo acrescentado pela LC 147/2014.

Art. 88. Esta Lei Complementar entra em vigor na data de sua publicação, ressalvado o regime de tributação das microempresas e empresas de pequeno porte, que entra em vigor em 1º de julho de 2007.

Art. 89. Ficam revogadas, a partir de 1º de julho de 2007, a Lei 9.317, de 5 de dezembro de 1996, e a Lei 9.841, de 5 de outubro de 1999.

Brasília, 14 de dezembro de 2006; 185º da Independência e 118º da República.

Luiz Inácio Lula da Silva

(*DOU* 15.12.2006; rep. 31.01.2009, edição extra; 31.01.2012 e 06.03.2012)

ANEXO I

Alíquotas e Partilha do Simples Nacional – Comércio

• Anexo I com redação determinada pela LC 139/2011 (*DOU* 11.11.2011), em vigor na data de sua publicação, produzindo efeitos a partir de 1º.01.2012.

Receita Bruta em 12 meses (em R$)	Alíquota	IRPJ	CSLL	Cofins	PIS/Pasep	CPP	ICMS
Até 180.000,00	4,00%	0,00%	0,00%	0,00%	0,00%	2,75%	1,25%
De 180.000,01 a 360.000,00	5,47%	0,00%	0,00%	0,86%	0,00%	2,75%	1,86%
De 3 60.000,01 a 540.000,00	6,84%	0,27%	0,31%	0,95%	0,23%	2,75%	2,33%
De 540.000,01 a 720.000,00	7,54%	0,35%	0,35%	1,04%	0,25%	2,99%	2,56%
De 720.000,01 a 900.000,00	7,60%	0,35%	0,35%	1,05%	0,25%	3,02%	2,58%
De 900.000,01 a 1.080.000,00	8,28%	0,38%	0,38%	1,15%	0,27%	3,28%	2,82%
De 1.080.000,01 a 1.260.000,00	8,36%	0,39%	0,39%	1,16%	0,28%	3,30%	2,84%
De 1.260.000,01 a 1.440.000,00	8,45%	0,39%	0,39%	1,17%	0,28%	3,35%	2,87%
De 1.440.000,01 a 1.620.000,00	9,03%	0,42%	0,42%	1,25%	0,30%	3,57%	3,07%
De 1.620.000,01 a 1.800.000,00	9,12%	0,43%	0,43%	1,26%	0,30%	3,60%	3,10%
De 1.800.000,01 a 1.980.000,00	9,95%	0,46%	0,46%	1,38%	0,33%	3,94%	3,38%
De 1.980.000,01 a 2.160.000,00	10,04%	0,46%	0,46%	1,39%	0,33%	3,99%	3,41%
De 2.160.000,01 a 2.340.000,00	10,13%	0,47%	0,47%	1,40%	0,33%	4,01%	3,45%
De 2.340.000,01 a 2.520.000,00	10,23%	0,47%	0,47%	1,42%	0,34%	4,05%	3,48%
De 2.520.000,01 a 2.700.000,00	10,32%	0,48%	0,48%	1,43%	0,34%	4,08%	3,51%
De 2.700.000,01 a 2.880.000,00	11,23%	0,52%	0,52%	1,56%	0,37%	4,44%	3,82%
De 2.880.000,01 a 3.060.000,00	11,32%	0,52%	0,52%	1,57%	0,37%	4,49%	3,85%
De 3.060.000,01 a 3.240.000,00	11,42%	0,53%	0,53%	1,58%	0,38%	4,52%	3,88%
De 3.240.000,01 a 3.420.000,00	11,51%	0,53%	0,53%	1,60%	0,38%	4,56%	3,91%
De 3.420.000,01 a 3.600.000,00	11,61%	0,54%	0,54%	1,60%	0,38%	4,60%	3,95%

LC 123/2006

LEGISLAÇÃO

ANEXO II

Alíquotas e Partilha do Simples Nacional – Indústria

- Anexo II com redação determinada pela LC 139/2011 (*DOU* 11.11.2011), em vigor na data de sua publicação, produzindo efeitos a partir de 1º.01.2012.

Receita Bruta em 12 meses (em R$)	Alíquota	IRPJ	CSLL	Cofins	PIS/Pasep	CPP	ICMS	IPI
Até 180.000,00	4,50%	0,00%	0,00%	0,00%	0,00%	2,75%	1,25%	0,50%
De 180.000,01 a 360.000,00	5,97%	0,00%	0,00%	0,86%	0,00%	2,75%	1,86%	0,50%
De 360.000,01 a 540.000,00	7,34%	0,27%	0,31%	0,95%	0,23%	2,75%	2,33%	0,50%
De 540.000,01 a 720.000,00	8,04%	0,35%	0,35%	1,04%	0,25%	2,99%	2,56%	0,50%
De 720.000,01 a 900.000,00	8,10%	0,35%	0,35%	1,05%	0,25%	3,02%	2,58%	0,50%
De 900.000,01 a 1.080.000,00	8,78%	0,38%	0,38%	1,15%	0,27%	3,28%	2,82%	0,50%
De 1.080.000,01 a 1.260.000,00	8,86%	0,39%	0,39%	1,16%	0,28%	3,30%	2,84%	0,50%
De 1.260.000,01 a 1.440.000,00	8,95%	0,39%	0,39%	1,17%	0,28%	3,35%	2,87%	0,50%
De 1.440.000,01 a 1.620.000,00	9,53%	0,42%	0,42%	1,25%	0,30%	3,57%	3,07%	0,50%
De 1.620.000,01 a 1.800.000,00	9,62%	0,42%	0,42%	1,26%	0,30%	3,62%	3,10%	0,50%
De 1.800.000,01 a 1.980.000,00	10,45%	0,46%	0,46%	1,38%	0,33%	3,94%	3,38%	0,50%
De 1.980.000,01 a 2.160.000,00	10,54%	0,46%	0,46%	1,39%	0,33%	3,99%	3,41%	0,50%
De 2.160.000,01 a 2.340.000,00	10,63%	0,47%	0,47%	1,40%	0,33%	4,01%	3,45%	0,50%
De 2.340.000,01 a 2.520.000,00	10,73%	0,47%	0,47%	1,42%	0,34%	4,05%	3,48%	0,50%
De 2.520.000,01 a 2.700.000,00	10,82%	0,48%	0,48%	1,43%	0,34%	4,08%	3,51%	0,50%
De 2.700.000,01 a 2.880.000,00	11,73%	0,52%	0,52%	1,56%	0,37%	4,44%	3,82%	0,50%
De 2.880.000,01 a 3.060.000,00	11,82%	0,52%	0,52%	1,57%	0,37%	4,49%	3,85%	0,50%
De 3.060.000,01 a 3.240.000,00	11,92%	0,53%	0,53%	1,58%	0,38%	4,52%	3,88%	0,50%
De 3.240.000,01 a 3.420.000,00	12,01%	0,53%	0,53%	1,60%	0,38%	4,56%	3,91%	0,50%
De 3.420.000,01 a 3.600.000,00	12,11%	0,54%	0,54%	1,60%	0,38%	4,60%	3,95%	0,50%

ANEXO III

Alíquotas e Partilha do Simples Nacional – Receitas de Locação de Bens Móveis e de Prestação de Serviços não relacionados nos §§ 5º-C e 5º-D do art. 18 desta Lei Complementar

- Anexo III com redação determinada pela LC 139/2011 (*DOU* 11.11.2011), em vigor na data de sua publicação, produzindo efeitos a partir de 1º.01.2012.

Receita Bruta em 12 meses (em R$)	Alíquota	IRPJ	CSLL	Cofins	PIS/Pasep	CPP	ISS
Até 180.000,00	6,00%	0,00%	0,00%	0,00%	0,00%	4,00%	2,00%
De 180.000,01 a 360.000,00	8,21%	0,00%	0,00%	1,42%	0,00%	4,00%	2,79%
De 360.000,01 a 540.000,00	10,26%	0,48%	0,43%	1,43%	0,35%	4,07%	3,50%
De 540.000,01 a 720.000,00	11,31%	0,53%	0,53%	1,56%	0,38%	4,47%	3,84%
De 720.000,01 a 900.000,00	11,40%	0,53%	0,52%	1,58%	0,38%	4,52%	3,87%
De 900.000,01 a 1.080.000,00	12,42%	0,57%	0,57%	1,73%	0,40%	4,92%	4,23%
De 1.080.000,01 a 1.260.000,00	12,54%	0,59%	0,56%	1,74%	0,42%	4,97%	4,26%
De 1.260.000,01 a 1.440.000,00	12,68%	0,59%	0,57%	1,76%	0,42%	5,03%	4,31%

LC 123/2006

LEGISLAÇÃO

Receita Bruta em 12 meses (em R$)	Alíquota	IRPJ	CSLL	Cofins	PIS/Pasep	CPP	ISS
De 1.440.000,01 a 1.620.000,00	13,55%	0,63%	0,61%	1,88%	0,45%	5,37%	4,61%
De 1.620.000,01 a 1.800.000,00	13,68%	0,63%	0,64%	1,89%	0,45%	5,42%	4,65%
De 1.800.000,01 a 1.980.000,00	14,93%	0,69%	0,69%	2,07%	0,50%	5,98%	5,00%
De 1.980.000,01 a 2.160.000,00	15,06%	0,69%	0,69%	2,09%	0,50%	6,09%	5,00%
De 2.160.000,01 a 2.340.000,00	15,20%	0,71%	0,70%	2,10%	0,50%	6,19%	5,00%
De 2.340.000,01 a 2.520.000,00	15,35%	0,71%	0,70%	2,13%	0,51%	6,30%	5,00%
De 2.520.000,01 a 2.700.000,00	15,48%	0,72%	0,70%	2,15%	0,51%	6,40%	5,00%
De 2.700.000,01 a 2.880.000,00	16,85%	0,78%	0,76%	2,34%	0,56%	7,41%	5,00%
De 2.880.000,01 a 3.060.000,00	16,98%	0,78%	0,78%	2,36%	0,56%	7,50%	5,00%
De 3.060.000,01 a 3.240.000,00	17,13%	0,80%	0,79%	2,37%	0,57%	7,60%	5,00%
De 3.240.000,01 a 3.420.000,00	17,27%	0,80%	0,79%	2,40%	0,57%	7,71%	5,00%
De 3.420.000,01 a 3.600.000,00	17,42%	0,81%	0,79%	2,42%	0,57%	7,83%	5,00%

ANEXO IV

Alíquotas e Partilha do Simples Nacional – Receitas decorrentes da prestação de serviços relacionados no § 5º-C do art. 18 desta Lei Complementar

- Anexo IV com redação determinada pela LC 139/2011 (*DOU* 11.11.2011), em vigor na data de sua publicação, produzindo efeitos a partir de 1º.01.2012.

Receita Bruta em 12 meses (em R$)	Alíquota	IRPJ	CSLL	Cofins	PIS/Pasep	ISS
Até 180.000,00	4,50%	0,00%	1,22%	1,28%	0,00%	2,00%
De 180.000,01 a 360.000,00	6,54%	0,00%	1,84%	1,91%	0,00%	2,79%
De 360.000,01 a 540.000,00	7,70%	0,16%	1,85%	1,95%	0,24%	3,50%
De 540.000,01 a 720.000,00	8,49%	0,52%	1,87%	1,99%	0,27%	3,84%
De 720.000,01 a 900.000,00	8,97%	0,89%	1,89%	2,03%	0,29%	3,87%
De 900.000,01 a 1.080.000,00	9,78%	1,25%	1,91%	2,07%	0,32%	4,23%
De 1.080.000,01 a 1.260.000,00	10,26%	1,62%	1,93%	2,11%	0,34%	4,26%
De 1.260.000,01 a 1.440.000,00	10,76%	2,00%	1,95%	2,15%	0,35%	4,31%
De 1.440.000,01 a 1.620.000,00	11,51%	2,37%	1,97%	2,19%	0,37%	4,61%
De 1.620.000,01 a 1.800.000,00	12,00%	2,74%	2,00%	2,23%	0,38%	4,65%
De 1.800.000,01 a 1.980.000,00	12,80%	3,12%	2,01%	2,27%	0,40%	5,00%
De 1.980.000,01 a 2.160.000,00	13,25%	3,49%	2,03%	2,31%	0,42%	5,00%
De 2.160.000,01 a 2.340.000,00	13,70%	3,86%	2,05%	2,35%	0,44%	5,00%
De 2.340.000,01 a 2.520.000,00	14,15%	4,23%	2,07%	2,39%	0,46%	5,00%
De 2.520.000,01 a 2.700.000,00	14,60%	4,60%	2,10%	2,43%	0,47%	5,00%
De 2.700.000,01 a 2.880.000,00	15,05%	4,90%	2,19%	2,47%	0,49%	5,00%
De 2.880.000,01 a 3.060.000,00	15,50%	5,21%	2,27%	2,51%	0,51%	5,00%
De 3.060.000,01 a 3.240.000,00	15,95%	5,51%	2,36%	2,55%	0,53%	5,00%
De 3.240.000,01 a 3.420.000,00	16,40%	5,81%	2,45%	2,59%	0,55%	5,00%
De 3.420.000,01 a 3.600.000,00	16,85%	6,12%	2,53%	2,63%	0,57%	5,00%

LC 123/2006

LEGISLAÇÃO

ANEXO V

Alíquotas e Partilha do Simples Nacional – Receitas decorrentes da prestação de serviços relacionados no § 5º-D do art. 18 desta Lei Complementar

• Anexo V com redação determinada pela LC 139/2011 (*DOU* 11.11.2011), em vigor na data de sua publicação, produzindo efeitos a partir de 1º.01.2012.

1) Será apurada a relação (r) conforme abaixo:

(r) = Folha de Salários incluídos encargos (em 12 meses)
Receita Bruta (em 12 meses)

2) Nas hipóteses em que (r) corresponda aos intervalos centesimais da Tabela V-A, onde "<" significa menor que, ">" significa maior que, "≤" significa igual ou menor que e "≥" significa maior ou igual que, as alíquotas do Simples Nacional relativas ao IRPJ, PIS/Pasep, CSLL, Cofins e CPP corresponderão ao seguinte:

TABELA V-A

Receita Bruta em 12 meses (em R$)	(r)<0,10	0,10 ≤ (r) e (r) < 0,15	0,15 ≤ (r) e (r) < 0,20	0,20 ≤ (r) e (r) < 0,25	0,25 ≤ (r) e (r) < 0,30	0,30 ≤ (r) e (r) < 0,35	0,35 ≤ (r) e (r) < 0,40	(r) ≥ 0,40
Até 180.000,00	17,50%	15,70%	13,70%	11,82%	10,47%	9,97%	8,80%	8,00%
De 180.000,01 a 360.000,00	17,52%	15,75%	13,90%	12,60%	12,33%	10,72%	9,10%	8,48%
De 360.000,01 a 540.000,00	17,55%	15,95%	14,20%	12,90%	12,64%	11,11%	9,58%	9,03%
De 540.000,01 a 720.000,00	17,95%	16,70%	15,00%	13,70%	13,45%	12,00%	10,56%	9,34%
De 720.000,01 a 900.000,00	18,15%	16,95%	15,30%	14,03%	13,53%	12,40%	11,04%	10,06%
De 900.000,01 a 1.080.000,00	18,45%	17,20%	15,40%	14,10%	13,60%	12,60%	11,60%	10,60%
De 1.080.000,01 a 1.260.000,00	18,55%	17,30%	15,50%	14,11%	13,68%	12,68%	11,68%	10,68%
De 1.260.000,01 a 1.440.000,00	18,62%	17,32%	15,60%	14,12%	13,69%	12,69%	11,69%	10,69%
De 1.440.000,01 a 1.620.000,00	18,72%	17,42%	15,70%	14,13%	14,08%	13,08%	12,08%	11,08%
De 1.620.000,01 a 1.800.000,00	18,86%	17,56%	15,80%	14,14%	14,09%	13,09%	12,09%	11,09%
De 1.800.000,01 a 1.980.000,00	18,96%	17,66%	15,90%	14,49%	14,45%	13,61%	12,78%	11,87%
De 1.980.000,01 a 2.160.000,00	19,06%	17,76%	16,00%	14,67%	14,64%	13,89%	13,15%	12,28%
De 2.160.000,01 a 2.340.000,00	19,26%	17,96%	16,20%	14,86%	14,82%	14,17%	13,51%	12,68%
De 2.340.000,01 a 2.520.000,00	19,56%	18,30%	16,50%	15,46%	15,18%	14,61%	14,04%	13,26%
De 2.520.000,01 a 2.700.000,00	20,70%	19,30%	17,45%	16,24%	16,00%	15,52%	15,03%	14,29%
De 2.700.000,01 a 2.880.000,00	21,20%	20,00%	18,20%	16,91%	16,72%	16,32%	15,93%	15,23%
De 2.880.000,01 a 3.060.000,00	21,70%	20,50%	18,70%	17,40%	17,13%	16,82%	16,38%	16,17%

LC 123/2006

Legislação

Receita Bruta em 12 meses (em R$)	(r)<0,10	0,10 ≤ (r) e (r) < 0,15	0,15 ≤ (r) e (r) < 0,20	0,20 ≤ (r) e (r) < 0,25	0,25 ≤ (r) e (r) < 0,30	0,30 ≤ (r) e (r) < 0,35	0,35 ≤ (r) e (r) < 0,40	(r) ≥ 0,40
De 3.060.000,01 a 3.240.000,00	22,20%	20,90%	19,10%	17,80%	17,55%	17,22%	16,82%	16,51%
De 3.240.000,01 a 3.420.000,00	22,50%	21,30%	19,50%	18,20%	17,97%	17,44%	17,21%	16,94%
De 3.420.000,01 a 3.600.000,00	22,90%	21,80%	20,00%	18,60%	18,40%	17,85%	17,60%	17,18%

3) Somar-se-á a alíquota do Simples Nacional relativa ao IRPJ, PIS/Pasep, CSLL, Cofins e CPP apurada na forma acima a parcela correspondente ao ISS prevista no Anexo IV.

4) A partilha das receitas relativas ao IRPJ, PIS/Pasep, CSLL, Cofins e CPP arrecadadas na forma deste Anexo será realizada com base nos parâmetros definidos na Tabela V-B, onde:

(I) = pontos percentuais da partilha destinada à CPP;

(J) = pontos percentuais da partilha destinada ao IRPJ, calculados após o resultado do fator (I);

(K) = pontos percentuais da partilha destinada à CSLL, calculados após o resultado dos fatores (I) e (J);

(L) = pontos percentuais da partilha destinada à Cofins, calculados após o resultado dos fatores (I), (J) e (K);

(M) = pontos percentuais da partilha destinada à contribuição para o PIS/Pasep, calculados após os resultados dos fatores (I), (J), (K) e (L);

(I) + (J) + (K) + (L) + (M) = 100

(N) = relação (r) dividida por 0,004, limitando-se o resultado a 100;

(P) = 0,1 dividido pela relação (r), limitando-se o resultado a 1.

TABELA V-B

Receita Bruta em 12 meses (em R$)	CPP	IRPJ	CSLL	Cofins	PIS/Pasep
	I	J	K	L	M
Até 180.000,00	N x0,9	0,75 X(100 - I)X P	0,25 X(100 - I)X P	0,75 X(100 - I - J - K)	100 - I - J - K - L
De 180.000,01 a 360.000,00	N x0,875	0,75 X(100 - I)X P	0,25 X(100 - I)X P	0,75 X(100 - I - J - K)	100 - I - J - K - L
De 360.000,01 a 540.000,00	N x0,85	0,75 X(100 - I)X P	0,25 X(100 - I)X P	0,75 X(100 - I - J - K)	100 - I - J - K - L
De 540.000,01 a 720.000,00	N x0,825	0,75 X(100 - I)X P	0,25 X(100 - I)X P	0,75 X(100 - I - J - K)	100 - I - J - K - L
De 720.000,01 a 900.000,00	N x0,8	0,75 X(100 - I)X P	0,25 X(100 - I)X P	0,75 X(100 - I - J - K)	100 - I - J - K - L
De 900.000,01 a 1.080.000,00	N x0,775	0,75 X(100 - I)X P	0,25 X(100 - I)X P	0,75 X(100 - I - J - K)	100 - I - J - K - L
De 1.080.000,01 a 1.260.000,00	N x0,75	0,75 X(100 - I)X P	0,25 X(100 - I)X P	0,75 X(100 - I - J - K)	100 - I - J - K - L
De 1.260.000,01 a 1.440.000,00	N x0,725	0,75 X(100 - I)X P	0,25 X(100 - I)X P	0,75 X(100 - I - J - K)	100 - I - J - K - L
De 1.440.000,01 a 1.620.000,00	N x0,7	0,75 X(100 - I)X P	0,25 X(100 - I)X P	0,75 X(100 - I - J - K)	100 - I - J - K - L

LC 123/2006

LEGISLAÇÃO

Receita Bruta em 12 meses (em R$)	CPP	IRPJ	CSLL	Cofins	PIS/Pasep
De 1.620.000,01 a 1.800.000,00	N x0,675	0,75 X(100 - I)X P	0,25 X(100 - I)X P	0,75 X(100 - I - J - K)	100 - I - J - K - L
De 1.800.000,01 a 1.980.000,00	N x0,65	0,75 X(100 - I)X P	0,25 X(100 - I)X P	0,75 X(100 - I - J - K)	100 - I - J - K - L
De 1.980.000,01 a 2.160.000,00	N x0,625	0,75 X(100 - I)X P	0,25 X(100 - I)X P	0,75 X(100 - I - J - K)	100 - I - J - K - L
De 2.160.000,01 a 2.340.000,00	N x0,6	0,75 X(100 - I)X P	0,25 X(100 - I)X P	0,75 X(100 - I - J - K)	100 - I - J - K - L
De 2.340.000,01 a 2.520.000,00	N x0,575	0,75 X(100 - I)X P	0,25 X(100 - I)X P	0,75 X(100 - I - J - K)	100 - I - J - K - L
De 2.520.000,01 a 2.700.000,00	N x0,55	0,75 X(100 - I)X P	0,25 X(100 - I)X P	0,75 X(100 - I - J - K)	100 - I - J - K - L
De 2.700.000,01 a 2.880.000,00	N x0,525	0,75 X(100 - I)X P	0,25 X(100 - I)X P	0,75 X(100 - I - J - K)	100 - I - J - K - L
De 2.880.000,01 a 3.060.000,00	N x0,5	0,75 X(100 - I)X P	0,25 X(100 - I)X P	0,75 X(100 - I - J - K)	100 - I - J - K - L
De 3.060.000,01 a 3.240.000,00	N x0,475	0,75 X(100 - I)X P	0,25 X(100 - I)X P	0,75 X(100 - I - J - K)	100 - I - J - K - L
De 3.240.000,01 a 3.420.000,00	N x0,45	0,75 X(100 - I)X P	0,25 X(100 - I)X P	0,75 X(100 - I - J - K)	100 - I - J - K - L
De 3.420.000,01 a 3.600.000,00	N x0,425	0,75 X(100 - I)X P	0,25 X(100 - I)X P	0,75 X(100 - I - J - K)	100 - I - J - K - L

ANEXO VI

Alíquotas e Partilha do Simples Nacional – Receitas decorrentes da prestação de serviços relacionados no § 5º-I do art. 18 desta Lei Complementar

(Vigência: 01.01.2015)

- Anexo acrescentado pela LC 147/2014 (*DOU* 08.08.2014), em vigor na data de sua publicação, produzindo efeitos a partir de 1º de janeiro do primeiro ano subsequente ao de sua publicação.

1) Será apurada a relação (r) conforme abaixo:

$$(r) = \frac{\text{Folha de Salários incluídos encargos (em 12 meses)}}{\text{Receita Bruta (em 12 meses)}}$$

2) A partilha das receitas relativas ao IRPJ, PIS/Pasep, CSLL, Cofins e CPP arrecadadas na forma deste Anexo será realizada com base nos parâmetros definidos na Tabela V-B do Anexo V desta Lei Complementar.

3) Independentemente do resultado da relação (r), as alíquotas do Simples Nacional corresponderão ao seguinte:

Receita Bruta em 12 meses	Alíquota	IRPJ, PIS/Pasep, CSLL	ISS
Até 180.000,00	16,93%	14,93%	2,00%
De 180.000,01 a 360.000,00	17,72%	14,93%	2,79%
De 360.000,01 a 540.000,00	18,43%	14,93%	3,50%

Lei 11.417/2006

LEGISLAÇÃO

Receita Bruta em 12 meses	Alíquota	IRPJ, PIS/Pasep, CSLL	ISS
De 540.000,01 a 720.000,00	18,77%	14,93%	3,84%
De 720.000,01 a 900.000,00	19,04%	15,17%	3,87%
De 900.000,01 a 1.080.000,00	19,94%	15,71%	4,23%
De 1.080.000,01 a 1.260.000,00	20,34%	16,08%	4,26%
De 1.260.000,01 a 1.440.000,00	20,66%	16,35%	4,31%
De 1.440.000,01 a 1.620.000,00	21,17%	16,56%	4,61%
De 1.620.000,01 a 1.800.000,00	21,38%	16,73%	4,65%
De 1.800.000,01 a 1.980.000,00	21,86%	16,86%	5,00%
De 1.980.000,01 a 2.160.000,00	21,97%	16,97%	5,00%
De 2.160.000,01 a 2.340.000,00	22,06%	17,06%	5,00%
De 2.340.000,01 a 2.520.000,00	22,14%	17,14%	5,00%
De 2.520.000,01 a 2.700.000,00	22,21%	17,21%	5,00%
De 2.700.000,01 a 2.880.000,00	22,21%	17,21%	5,00%
De 2.880.000,01 a 3.060.000,00	22,32%	17,32%	5,00%
De 3.060.000,01 a 3.240.000,00	22,37%	17,37%	5,00%
De 3.240.000,01 a 3.420.000,00	22,41%	17,41%	5,00%
De 3.420.000,01 a 3.600.000,00	22,45%	17,45%	5,00%

LEI 11.417, DE 19 DE DEZEMBRO DE 2006

Regulamenta o art. 103-A da Constituição Federal e altera a Lei 9.784, de 29 de janeiro de 1999, disciplinando a edição, a revisão e o cancelamento de enunciado de súmula vinculante pelo Supremo Tribunal Federal, e dá outras providências.

O Presidente da República:
Faço saber que o Congresso Nacional decreta e eu sanciono a seguinte Lei:

Art. 1º Esta Lei disciplina a edição, a revisão e o cancelamento de enunciado de súmula vinculante pelo Supremo Tribunal Federal e dá outras providências.

Art. 2º O Supremo Tribunal Federal poderá, de ofício ou por provocação, após reiteradas decisões sobre matéria constitucional, editar enunciado de súmula que, a partir de sua publicação na imprensa oficial, terá efeito vinculante em relação aos demais órgãos do Poder Judiciário e à administração pública direta e indireta, nas esferas federal, estadual e municipal, bem como proceder à sua revisão ou cancelamento, na forma prevista nesta Lei.

§ 1º O enunciado da súmula terá por objeto a validade, a interpretação e a eficácia de normas determinadas, acerca das quais haja, entre órgãos judiciários ou entre esses e a administração pública, controvérsia atual que acarrete grave insegurança jurídica e relevante multiplicação de processos sobre idêntica questão.

§ 2º O Procurador-Geral da República, nas propostas que não houver formulado, manifestar-se-á previamente à edição, revisão ou cancelamento de enunciado de súmula vinculante.

§ 3º A edição, a revisão e o cancelamento de enunciado de súmula com efeito vinculante dependerão de decisão tomada por 2/3 (dois terços) dos membros do Supremo Tribunal Federal, em sessão plenária.

§ 4º No prazo de 10 (dez) dias após a sessão em que editar, rever ou cancelar enunciado

Lei 11.417/2006

de súmula com efeito vinculante, o Supremo Tribunal Federal fará publicar, em seção especial do *Diário da Justiça* e do *Diário Oficial da União*, o enunciado respectivo.

Art. 3° São legitimados a propor a edição, a revisão ou o cancelamento de enunciado de súmula vinculante:
I – o Presidente da República;
II – a Mesa do Senado Federal;
III – a Mesa da Câmara dos Deputados;
IV – o Procurador-Geral da República;
V – o Conselho Federal da Ordem dos Advogados do Brasil;
VI – o Defensor Público-Geral da União;
VII – partido político com representação no Congresso Nacional;
VIII – confederação sindical ou entidade de classe de âmbito nacional;
IX – a Mesa de Assembleia Legislativa ou da Câmara Legislativa do Distrito Federal;
X – o Governador de Estado ou do Distrito Federal;
XI – os Tribunais Superiores, os Tribunais de Justiça de Estados ou do Distrito Federal e Territórios, os Tribunais Regionais Federais, os Tribunais Regionais do Trabalho, os Tribunais Regionais Eleitorais e os Tribunais Militares.

§ 1° O Município poderá propor, incidentalmente ao curso de processo em que seja parte, a edição, a revisão ou o cancelamento de enunciado de súmula vinculante, o que não autoriza a suspensão do processo.

§ 2° No procedimento de edição, revisão ou cancelamento de enunciado da súmula vinculante, o relator poderá admitir, por decisão irrecorrível, a manifestação de terceiros na questão, nos termos do Regimento Interno do Supremo Tribunal Federal.

Art. 4° A súmula com efeito vinculante tem eficácia imediata, mas o Supremo Tribunal Federal, por decisão de 2/3 (dois terços) dos seus membros, poderá restringir os efeitos vinculantes ou decidir que só tenha eficácia a partir de outro momento, tendo em vista razões de segurança jurídica ou de excepcional interesse público.

Art. 5° Revogada ou modificada a lei em que se fundou a edição de enunciado de súmula vinculante, o Supremo Tribunal Federal, de ofício ou por provocação, procederá à sua revisão ou cancelamento, conforme o caso.

Art. 6° A proposta de edição, revisão ou cancelamento de enunciado de súmula vinculante não autoriza a suspensão dos processos em que se discuta a mesma questão.

Art. 7° Da decisão judicial ou do ato administrativo que contrariar enunciado de súmula vinculante, negar-lhe vigência ou aplicá-lo indevidamente caberá reclamação ao Supremo Tribunal Federal, sem prejuízo dos recursos ou outros meios admissíveis de impugnação.

§ 1° Contra omissão ou ato da administração pública, o uso da reclamação só será admitido após esgotamento das vias administrativas.

§ 2° Ao julgar procedente a reclamação, o Supremo Tribunal Federal anulará o ato administrativo ou cassará a decisão judicial impugnada, determinando que outra seja proferida com ou sem aplicação da súmula, conforme o caso.

Art. 8° O art. 56 da Lei 9.784, de 29 de janeiro de 1999, passa a vigorar acrescido do seguinte § 3°:
"Art. 56. [...]
"[...]
"§ 3° Se o recorrente alegar que a decisão administrativa contraria enunciado da súmula vinculante, caberá à autoridade prolatora da decisão impugnada, se não a reconsiderar, explicitar, antes de encaminhar o recurso à autoridade superior, as razões da aplicabilidade ou inaplicabilidade da súmula, conforme o caso."

Art. 9° A Lei 9.784, de 29 de janeiro de 1999, passa a vigorar acrescida dos seguintes arts. 64-A e 64-B:
"Art. 64-A. Se o recorrente alegar violação de enunciado da súmula vinculante, o órgão competente para decidir o recurso explicitará as razões da aplicabilidade ou inaplicabilidade da súmula, conforme o caso."

"Art. 64-B. Acolhida pelo Supremo Tribunal Federal a reclamação fundada em violação de enunciado da súmula vinculante, dar-se-á ciência à autoridade prolatora e ao órgão competente para o julgamento do recurso, que deverão adequar as futuras decisões administrativas em casos semelhantes, sob pena de responsabilização pessoal nas esferas cível, administrativa e penal."

Lei 11.419/2006

LEGISLAÇÃO

Art. 10. O procedimento de edição, revisão ou cancelamento de enunciado de súmula com efeito vinculante obedecerá, subsidiariamente, ao disposto no Regimento Interno do Supremo Tribunal Federal.

Art. 11. Esta Lei entra em vigor 3 (três) meses após a sua publicação.

Brasília, 19 de dezembro de 2006; 185º da Independência e 118º da República.

Luiz Inácio Lula da Silva

(DOU 20.12.2006)

LEI 11.419, DE 19 DE DEZEMBRO DE 2006

Dispõe sobre a informatização do processo judicial; altera a Lei 5.869, de 11 de janeiro de 1973 – Código de Processo Civil; e dá outras providências.

- V. Instrução Normativa TST 30/2007 (Regulamenta, no âmbito da Justiça do Trabalho, a Lei 11.419/2006).
- V. Res. STF 427/2010 (Regulamenta o processo eletrônico no âmbito do STF).
- V. Res. STJ 10/2015 (Regulamenta o processo judicial eletrônico no âmbito do STJ).

O Presidente da República:

Faço saber que o Congresso Nacional decreta e eu sanciono a seguinte Lei:

Capítulo I
DA INFORMATIZAÇÃO DO PROCESSO JUDICIAL

Art. 1º O uso de meio eletrônico na tramitação de processos judiciais, comunicação de atos e transmissão de peças processuais será admitido nos termos desta Lei.

§ 1º Aplica-se o disposto nesta Lei, indistintamente, aos processos civil, penal e trabalhista, bem como aos juizados especiais, em qualquer grau de jurisdição.

§ 2º Para o disposto nesta Lei, considera-se:

I – meio eletrônico qualquer forma de armazenamento ou tráfego de documentos e arquivos digitais;

II – transmissão eletrônica toda forma de comunicação a distância com a utilização de redes de comunicação, preferencialmente a rede mundial de computadores;

III – assinatura eletrônica as seguintes formas de identificação inequívoca do signatário:

a) assinatura digital baseada em certificado digital emitido por Autoridade Certificadora credenciada, na forma de lei específica;

b) mediante cadastro de usuário no Poder Judiciário, conforme disciplinado pelos órgãos respectivos.

Art. 2º O envio de petições, de recursos e a prática de atos processuais em geral por meio eletrônico serão admitidos mediante uso de assinatura eletrônica, na forma do art. 1º desta Lei, sendo obrigatório o credenciamento prévio no Poder Judiciário, conforme disciplinado pelos órgãos respectivos.

§ 1º O credenciamento no Poder Judiciário será realizado mediante procedimento no qual esteja assegurada a adequada identificação presencial do interessado.

§ 2º Ao credenciado será atribuído registro e meio de acesso ao sistema, de modo a preservar o sigilo, a identificação e a autenticidade de suas comunicações.

§ 3º Os órgãos do Poder Judiciário poderão criar um cadastro único para o credenciamento previsto neste artigo.

Art. 3º Consideram-se realizados os atos processuais por meio eletrônico no dia e hora do seu envio ao sistema do Poder Judiciário, do que deverá ser fornecido protocolo eletrônico.

Parágrafo único. Quando a petição eletrônica for enviada para atender prazo processual, serão consideradas tempestivas as transmitidas até as 24 (vinte e quatro) horas do seu último dia.

Capítulo II
DA COMUNICAÇÃO ELETRÔNICA DOS ATOS PROCESSUAIS

Art. 4º Os tribunais poderão criar *Diário da Justiça* eletrônico, disponibilizado em sítio da rede mundial de computadores, para publicação de atos judiciais e administrativos próprios e dos órgãos a eles subordinados, bem como comunicações em geral.

- V. Res. STF 341/2007 (Diário da Justiça Eletrônico do STF).
- V. Res. STJ 8/2007 (Diário da Justiça Eletrônico do STJ – DJ *on-line*).
- V. Ato Conjunto TST/CSJT 15/2008 (Institui o Diário da Justiça do Trabalho Eletrônico e estabelece normas para envio, publicação e divulgação de matérias dos Órgãos da Justiça do Trabalho).

Lei 11.419/2006

LEGISLAÇÃO

§ 1º O sítio e o conteúdo das publicações de que trata este artigo deverão ser assinados digitalmente com base em certificado emitido por Autoridade Certificadora credenciada na forma da lei específica.

§ 2º A publicação eletrônica na forma deste artigo substitui qualquer outro meio e publicação oficial, para quaisquer efeitos legais, à exceção dos casos que, por lei, exigem intimação ou vista pessoal.

§ 3º Considera-se como data da publicação o primeiro dia útil seguinte ao da disponibilização da informação no *Diário da Justiça* eletrônico.

§ 4º Os prazos processuais terão início no primeiro dia útil que seguir ao considerado como data da publicação.

§ 5º A criação do *Diário da Justiça* eletrônico deverá ser acompanhada de ampla divulgação, e o ato administrativo correspondente será publicado durante 30 (trinta) dias no diário oficial em uso.

Art. 5º As intimações serão feitas por meio eletrônico em portal próprio aos que se cadastrarem na forma do art. 2º desta Lei, dispensando-se a publicação no órgão oficial, inclusive eletrônico.

§ 1º Considerar-se-á realizada a intimação no dia em que o intimando efetivar a consulta eletrônica ao teor da intimação, certificando-se nos autos a sua realização.

§ 2º Na hipótese do § 1º deste artigo, nos casos em que a consulta se dê em dia não útil, a intimação será considerada como realizada no primeiro dia útil seguinte.

§ 3º A consulta referida nos §§ 1º e 2º deste artigo deverá ser feita em até 10 (dez) dias corridos contados da data do envio da intimação, sob pena de considerar-se a intimação automaticamente realizada na data do término desse prazo.

§ 4º Em caráter informativo, poderá ser efetivada remessa de correspondência eletrônica, comunicando o envio da intimação e a abertura automática do prazo processual nos termos do § 3º deste artigo, aos que manifestarem interesse por esse serviço.

§ 5º Nos casos urgentes em que a intimação feita na forma deste artigo possa causar prejuízo a quaisquer das partes ou nos casos em que for evidenciada qualquer tentativa de burla ao sistema, o ato processual deverá ser realizado por outro meio que atinja a sua finalidade, conforme determinado pelo juiz.

§ 6º As intimações feitas na forma deste artigo, inclusive da Fazenda Pública, serão consideradas pessoais para todos os efeitos legais.

Art. 6º Observadas as formas e as cautelas do art. 5º desta Lei, as citações, inclusive da Fazenda Pública, excetuadas as dos Direitos Processuais Criminal e Infracional, poderão ser feitas por meio eletrônico, desde que a íntegra dos autos seja acessível ao citando.

Art. 7º As cartas precatórias, rogatórias, de ordem e, de um modo geral, todas as comunicações oficiais que transitem entre órgãos do Poder Judiciário, bem como entre os deste e os dos demais Poderes, serão feitas preferentemente por meio eletrônico.

Capítulo III
DO PROCESSO ELETRÔNICO

Art. 8º Os órgãos do Poder Judiciário poderão desenvolver sistemas eletrônicos de processamento de ações judiciais por meio de autos total ou parcialmente digitais, utilizando, preferencialmente, a rede mundial de computadores e acesso por meio de redes internas e externas.

Parágrafo único. Todos os atos processuais do processo eletrônico serão assinados eletronicamente na forma estabelecida nesta Lei.

Art. 9º No processo eletrônico, todas as citações, intimações e notificações, inclusive da Fazenda Pública, serão feitas por meio eletrônico, na forma desta Lei.

§ 1º As citações, intimações, notificações e remessas que viabilizem o acesso à íntegra do processo correspondente serão consideradas vista pessoal do interessado para todos os efeitos legais.

§ 2º Quando, por motivo técnico, for inviável o uso do meio eletrônico para a realização de citação, intimação ou notificação, esses atos processuais poderão ser praticados segundo as regras ordinárias, digitalizando-se o documento físico, que deverá ser posteriormente destruído.

Art. 10. A distribuição da petição inicial e a juntada da contestação, dos recursos e das petições em geral, todos em formato digital, nos autos de processo eletrônico, podem ser feitas diretamente pelos advogados

Lei 11.419/2006

públicos e privados, sem necessidade da intervenção do cartório ou secretaria judicial, situação em que a autuação deverá se dar de forma automática, fornecendo-se recibo eletrônico de protocolo.

§ 1º Quando o ato processual tiver que ser praticado em determinado prazo, por meio de petição eletrônica, serão considerados tempestivos os efetivados até as 24 (vinte e quatro) horas do último dia.

§ 2º No caso do § 1º deste artigo, se o Sistema do Poder Judiciário se tornar indisponível por motivo técnico, o prazo fica automaticamente prorrogado para o primeiro dia útil seguinte à resolução do problema.

§ 3º Os órgãos do Poder Judiciário deverão manter equipamentos de digitalização e de acesso à rede mundial de computadores à disposição dos interessados para distribuição de peças processuais.

Art. 11. Os documentos produzidos eletronicamente e juntados aos processos eletrônicos com garantia da origem e de seu signatário, na forma estabelecida nesta Lei, serão considerados originais para todos os efeitos legais.

§ 1º Os extratos digitais e os documentos digitalizados e juntados aos autos pelos órgãos da Justiça e seus auxiliares, pelo Ministério Público e seus auxiliares, pelas procuradorias, pelas autoridades policiais, pelas repartições públicas em geral e por advogados públicos e privados têm a mesma força probante dos originais, ressalvada a alegação motivada e fundamentada de adulteração antes ou durante o processo de digitalização.

§ 2º A arguição de falsidade do documento original será processada eletronicamente na forma da lei processual em vigor.

§ 3º Os originais dos documentos digitalizados, mencionados no § 2º deste artigo, deverão ser preservados pelo seu detentor até o trânsito em julgado da sentença ou, quando admitida, até o final do prazo para interposição de ação rescisória.

§ 4º (Vetado).

§ 5º Os documentos cuja digitalização seja tecnicamente inviável devido ao grande volume ou por motivo de ilegibilidade deverão ser apresentados ao cartório ou secretaria no prazo de 10 (dez) dias contados do envio de petição eletrônica comunicando o fato, os quais serão devolvidos à parte após o trânsito em julgado.

§ 6º Os documentos digitalizados juntados em processo eletrônico somente estarão disponíveis para acesso por meio da rede externa para suas respectivas partes processuais e para o Ministério Público, respeitado o disposto em lei para as situações de sigilo e de segredo de justiça.

Art. 12. A conservação dos autos do processo poderá ser efetuada total ou parcialmente por meio eletrônico.

§ 1º Os autos dos processos eletrônicos deverão ser protegidos por meio de sistemas de segurança de acesso e armazenados em meio que garanta a preservação e integridade dos dados, sendo dispensada a formação de autos suplementares.

§ 2º Os autos de processos eletrônicos que tiverem de ser remetidos a outro juízo ou instância superior que não disponham de sistema compatível deverão ser impressos em papel, autuados na forma dos arts. 166 a 168 da Lei 5.869, de 11 de janeiro de 1973 – Código de Processo Civil, ainda que de natureza criminal ou trabalhista, ou pertinentes a juizado especial.

§ 3º No caso do § 2º deste artigo, o escrivão ou o chefe de secretaria certificará os autores ou a origem dos documentos produzidos nos autos, acrescentando, ressalvada a hipótese de existir segredo de justiça, a forma pela qual o banco de dados poderá ser acessado para aferir a autenticidade das peças e das respectivas assinaturas digitais.

§ 4º Feita a autuação na forma estabelecida no § 2º deste artigo, o processo seguirá a tramitação legalmente estabelecida para os processos físicos.

§ 5º A digitalização de autos em mídia não digital, em tramitação ou já arquivados, será precedida de publicação de editais de intimações ou da intimação pessoal das partes e de seus procuradores, para que, no prazo preclusivo de 30 (trinta) dias, se manifestem sobre o desejo de manterem pessoalmente a guarda de algum dos documentos originais.

Art. 13. O magistrado poderá determinar que sejam realizados por meio eletrônico a exibição e o envio de dados e de documentos necessários à instrução do processo.

Legislação

§ 1º Consideram-se cadastros públicos, para os efeitos deste artigo, dentre outros existentes ou que venham a ser criados, ainda que mantidos por concessionárias de serviço público ou empresas privadas, os que contenham informações indispensáveis ao exercício da função judicante.

§ 2º O acesso de que trata este artigo dar-se-á por qualquer meio tecnológico disponível, preferentemente o de menor custo, considerada sua eficiência.

§ 3º *(Vetado.)*

Capítulo IV
DISPOSIÇÕES GERAIS E FINAIS

Art. 14. Os sistemas a serem desenvolvidos pelos órgãos do Poder Judiciário deverão usar, preferencialmente, programas com código aberto, acessíveis ininterruptamente por meio da rede mundial de computadores, priorizando-se a sua padronização.

Parágrafo único. Os sistemas devem buscar identificar os casos de ocorrência de prevenção, litispendência e coisa julgada.

Art. 15. Salvo impossibilidade que comprometa o acesso à justiça, a parte deverá informar, ao distribuir a petição inicial de qualquer ação judicial, o número no cadastro de pessoas físicas ou jurídicas, conforme o caso, perante a Secretaria da Receita Federal.

Parágrafo único. Da mesma forma, as peças de acusação criminais deverão ser instruídas pelos membros do Ministério Público ou pelas autoridades policiais com os números de registros dos acusados no Instituto Nacional de Identificação do Ministério da Justiça, se houver.

Art. 16. Os livros cartorários e demais repositórios dos órgãos do Poder Judiciário poderão ser gerados e armazenados em meio totalmente eletrônico.

Art. 17. *(Vetado.)*

Art. 18. Os órgãos do Poder Judiciário regulamentarão esta Lei, no que couber, no âmbito de suas respectivas competências.

Art. 19. Ficam convalidados os atos processuais praticados por meio eletrônico até a data de publicação desta Lei, desde que tenham atingido sua finalidade e não tenha havido prejuízo para as partes.

Art. 20. A Lei 5.869, de 11 de janeiro de 1973 – Código de Processo Civil, passa a vigorar com as seguintes alterações:

- O CPC/1973 foi revogado pela Lei 13.105/2015 (CPC/2015).

Art. 21. *(Vetado.)*

Art. 22. Esta Lei entra em vigor 90 (noventa) dias depois de sua publicação.

Brasília, 19 de dezembro de 2006; 185º da Independência e 118º da República.

Luiz Inácio Lula da Silva

(*DOU* 20.12.2006)

LEI 11.438, DE 29 DE DEZEMBRO DE 2006

Dispõe sobre incentivos e benefícios para fomentar as atividades de caráter desportivo e dá outras providências.

- V. Dec. 6.180/2007 (Regulamenta a Lei 11.438/2006).

O Presidente da República:

Faço saber que o Congresso Nacional decreta e eu sanciono a seguinte Lei:

Capítulo I
DOS INCENTIVOS AO DESPORTO

Art. 1º A partir do ano-calendário de 2007 e até o ano-calendário de 2022, inclusive, poderão ser deduzidos do imposto de renda devido, apurado na Declaração de Ajuste Anual pelas pessoas físicas ou em cada período de apuração, trimestral ou anual, pela pessoa jurídica tributada com base no lucro real os valores despendidos a título de patrocínio ou doação, no apoio direto a projetos desportivos e paradesportivos previamente aprovados pelo Ministério do Esporte.

- *Caput* com redação determinada pela Lei 13.155/2015.

§ 1º As deduções de que trata o *caput* deste artigo ficam limitadas:

I – relativamente à pessoa jurídica, a 1% (um por cento) do imposto devido, observado o disposto no § 4º do art. 3º da Lei 9.249, de 26 de dezembro de 1995, em cada período de apuração;

- Inciso I com redação determinada pela Lei 11.472/2007.

II – relativamente à pessoa física, a 6% (seis por cento) do imposto devido na Declaração de Ajuste Anual, conjuntamente com as de-

Lei 11.438/2006

LEGISLAÇÃO

duções de que trata o art. 22 da Lei 9.532, de 10 de dezembro de 1997.

§ 2º As pessoas jurídicas não poderão deduzir os valores de que trata o *caput* deste artigo para fins de determinação do lucro real e da base de cálculo da Contribuição Social sobre o Lucro Líquido – CSLL.

§ 3º Os benefícios de que trata este artigo não excluem ou reduzem outros benefícios fiscais e deduções em vigor.

§ 4º Não são dedutíveis os valores destinados a patrocínio ou doação em favor de projetos que beneficiem, direta ou indiretamente, pessoa física ou jurídica vinculada ao doador ou patrocinador.

§ 5º Consideram-se vinculados ao patrocinador ou ao doador:

I – a pessoa jurídica da qual o patrocinador ou o doador seja titular, administrador, gerente, acionista ou sócio, na data da operação ou nos 12 (doze) meses anteriores;

II – o cônjuge, os parentes até o terceiro grau, inclusive os afins, e os dependentes do patrocinador, do doador ou dos titulares, administradores, acionistas ou sócios de pessoa jurídica vinculada ao patrocinador ou ao doador, nos termos do inciso I deste parágrafo;

III – a pessoa jurídica coligada, controladora ou controlada, ou que tenha como titulares, administradores acionistas ou sócios alguma das pessoas a que se refere o inciso II deste parágrafo.

Art. 2º Os projetos desportivos e paradesportivos, em cujo favor serão captados e direcionados os recursos oriundos dos incentivos previstos nesta Lei, atenderão a pelo menos uma das seguintes manifestações, nos termos e condições definidas em regulamento:

* *Caput* com redação determinada pela Lei 11.472/2007.

I – desporto educacional;
II – desporto de participação;
III – desporto de rendimento.

§ 1º Poderão receber os recursos oriundos dos incentivos previstos nesta Lei os projetos desportivos destinados a promover a inclusão social por meio do esporte, preferencialmente em comunidades de vulnerabilidade social.

§ 2º É vedada a utilização dos recursos oriundos dos incentivos previstos nesta Lei para o pagamento de remuneração de atletas profissionais, nos termos da Lei 9.615, de 24 de março de 1998, em qualquer modalidade desportiva.

§ 3º O proponente não poderá captar, para cada projeto, entre patrocínio e doação, valor superior ao aprovado pelo Ministério do Esporte, na forma do art. 4º desta Lei.

Art. 3º Para fins do disposto nesta Lei, considera-se:

I – patrocínio:

a) a transferência gratuita, em caráter definitivo, ao proponente de que trata o inciso V do *caput* deste artigo de numerário para a realização de projetos desportivos e paradesportivos, com finalidade promocional e institucional de publicidade;

* Alínea *a* com redação determinada pela Lei 11.472/2007.

b) a cobertura de gastos ou a utilização de bens, móveis ou imóveis, do patrocinador, sem transferência de domínio, para a realização de projetos desportivos e paradesportivos pelo proponente de que trata o inciso V do *caput* deste artigo;

* Alínea *b* com redação determinada pela Lei 11.472/2007.

II – doação:

a) a transferência gratuita, em caráter definitivo, ao proponente de que trata o inciso V do *caput* deste artigo de numerário, bens ou serviços para a realização de projetos desportivos e paradesportivos, desde que não empregados em publicidade, ainda que para divulgação das atividades objeto do respectivo projeto;

* Alínea *a* com redação determinada pela Lei 11.472/2007.

b) a distribuição gratuita de ingressos para eventos de caráter desportivo e paradesportivo por pessoa jurídica a empregados e seus dependentes legais ou a integrantes de comunidades de vulnerabilidade social;

* Alínea *b* com redação determinada pela Lei 11.472/2007.

Lei 11.438/2006

LEGISLAÇÃO

III – patrocinador: a pessoa física ou jurídica, contribuinte do imposto de renda, que apoie projetos aprovados pelo Ministério do Esporte nos termos do inciso I do *caput* deste artigo;

IV – doador: a pessoa física ou jurídica, contribuinte do imposto de renda, que apoie projetos aprovados pelo Ministério do Esporte nos termos do inciso II do *caput* deste artigo;

V – proponente: a pessoa jurídica de direito público, ou de direito privado com fins não econômicos, de natureza esportiva, que tenha projetos aprovados nos termos desta Lei.

Art. 4º A avaliação e a aprovação do enquadramento dos projetos apresentados na forma prevista no art. 5º desta Lei cabem a uma Comissão Técnica vinculada ao Ministério do Esporte, garantindo-se a participação de representantes governamentais, designados pelo Ministro do Esporte, e representantes do setor desportivo, indicados pelo Conselho Nacional de Esporte.

Parágrafo único. A composição, a organização e o funcionamento da comissão serão estipulados e definidos em regulamento.

Art. 5º Os projetos desportivos e paradesportivos de que trata o art. 1º desta Lei serão submetidos ao Ministério do Esporte, acompanhados da documentação estabelecida em regulamento e de orçamento analítico.

§ 1º A aprovação dos projetos de que trata o *caput* deste artigo somente terá eficácia após a publicação de ato oficial contendo o título do projeto aprovado, a instituição responsável, o valor autorizado para captação e o prazo de validade da autorização.

§ 2º Os projetos aprovados e executados com recursos desta Lei serão acompanhados e avaliados pelo Ministério do Esporte.

Capítulo II
DISPOSIÇÕES GERAIS

Art. 6º A divulgação das atividades, bens ou serviços resultantes dos projetos desportivos e paradesportivos financiados nos termos desta Lei mencionará o apoio institucional, com inserção da Bandeira Nacional, nos termos da Lei 5.700, de 1º de setembro de 1971.

Art. 7º A prestação de contas dos projetos beneficiados pelos incentivos previstos nesta Lei fica a cargo do proponente e será apresentada ao Ministério do Esporte, na forma estabelecida pelo regulamento.

Art. 8º O Ministério do Esporte informará à Secretaria da Receita Federal do Brasil – RFB os valores correspondentes a doação ou patrocínio destinados ao apoio direto a projetos desportivos e paradesportivos, no ano-calendário anterior.

• Artigo com redação determinada pela Lei 13.043/2014.

Parágrafo único. A RFB estabelecerá, em ato normativo próprio, a forma, o prazo e as condições para o cumprimento da obrigação acessória a que se refere o *caput* deste artigo.

Art. 9º Compete à Secretaria da Receita Federal, no âmbito de suas atribuições, a fiscalização dos incentivos previstos nesta Lei.

Art. 10. Constituem infração aos dispositivos desta Lei:

I – o recebimento pelo patrocinador ou doador de qualquer vantagem financeira ou material em decorrência do patrocínio ou da doação que com base nela efetuar;

II – agir o patrocinador, o doador ou o proponente com dolo, fraude ou simulação para utilizar incentivo nela previsto;

III – desviar para finalidade diversa da fixada nos respectivos projetos dos recursos, bens, valores ou benefícios com base nela obtidos;

IV – adiar, antecipar ou cancelar, sem justa causa, atividade desportiva beneficiada pelos incentivos nela previstos;

V – o descumprimento de qualquer das suas disposições ou das estabelecidas em sua regulamentação.

Art. 11. As infrações aos dispositivos desta Lei, sem prejuízo das demais sanções cabíveis, sujeitarão:

Dec. 6.022/2007

LEGISLAÇÃO

I – o patrocinador ou o doador ao pagamento do imposto não recolhido, além das penalidades e demais acréscimos previstos na legislação;

II – o infrator ao pagamento de multa correspondente a duas vezes o valor da vantagem auferida indevidamente, sem prejuízo do disposto no inciso I do *caput* deste artigo.

Parágrafo único. O proponente é solidariamente responsável por inadimplência ou irregularidade verificada quanto ao disposto no inciso I do *caput* deste artigo.

Art. 12. Os recursos provenientes de doações ou patrocínios efetuados nos termos do art. 1º desta Lei serão depositados e movimentados em conta bancária específica, no Banco do Brasil S.A. ou na Caixa Econômica Federal, que tenha como titular o proponente do projeto aprovado pelo Ministério do Esporte.

Parágrafo único. Não são dedutíveis, nos termos desta Lei, os valores em relação aos quais não se observe o disposto neste artigo.

Art. 13. Todos os recursos utilizados no apoio direto a projetos desportivos e paradesportivos previstos nesta Lei deverão ser disponibilizados na rede mundial de computadores, de acordo com a Lei 9.755, de 16 de dezembro de 1998.

Parágrafo único. Os recursos a que se refere o *caput* deste artigo ainda deverão ser disponibilizados, mensalmente, no sítio do Ministério do Esporte, constando a sua origem e destinação.

Art. 13-A. O valor máximo das deduções de que trata o art. 1º desta Lei será fixado anualmente em ato do Poder Executivo, com base em um percentual da renda tributável das pessoas físicas e do imposto sobre a renda devido por pessoas jurídicas tributadas com base no lucro real.

• Artigo acrescentado pela Lei 11.472/2007.

Parágrafo único. Do valor máximo a que se refere o *caput* deste artigo o Poder Executivo fixará os limites a serem aplicados para cada uma das manifestações de que trata o art. 2º desta Lei.

Art. 13-B. A divulgação das atividades, bens ou serviços resultantes de projetos desportivos e paradesportivos, culturais e de produção audiovisual e artística financiados com recursos públicos mencionará o apoio institucional com a inserção da Bandeira Nacional, nos termos da Lei 5.700, de 1º de setembro de 1971.

• Artigo acrescentado pela Lei 11.472/2007.

Art. 13-C. Sem prejuízo do disposto no art. 166 da Constituição Federal, os Ministérios da Cultura e do Esporte encaminharão ao Congresso Nacional relatórios detalhados acerca da destinação e regular aplicação dos recursos provenientes das deduções e benefícios fiscais previstos nas Leis 8.313, de 23 de dezembro de 1991, e 11.438, de 29 de dezembro de 2006, para fins de acompanhamento e fiscalização orçamentária das operações realizadas.

• Artigo acrescentado pela Lei 11.472/2007.

Art. 14. Esta Lei entra em vigor na data de sua publicação.

Brasília, 29 de dezembro de 2006; 185º da Independência e 118º da República.
Luiz Inácio Lula da Silva

(*DOU* 29.12.2006, edição extra)

DECRETO 6.022, DE 22 DE JANEIRO DE 2007

Institui o Sistema Público de Escrituração Digital – SPED.

• V. Instrução Normativa RFB 1.420/2013 (Escrituração Contábil Digital – ECD).

O Presidente da República, no uso da atribuição que lhe confere o art. 84, inciso IV, da Constituição, e considerando o disposto no art. 37, inciso XXII, da Constituição, nos arts. 10 e 11 da Medida Provisória 2.200-2, de 24 de agosto de 2001, e nos arts. 219, 1.179 e 1.180 da Lei 10.406, de 10 de janeiro de 2002, decreta:

Art. 1º Fica instituído o Sistema Público de Escrituração Digital – SPED.

Art. 2º O SPED é instrumento que unifica as atividades de recepção, validação, armazenamento e autenticação de livros e documentos que integram a escrituração contá-

Dec. 6.022/2007

LEGISLAÇÃO

bil e fiscal dos empresários e das pessoas jurídicas, inclusive imunes ou isentas, mediante fluxo único, computadorizado, de informações.

- *Caput* com redação determinada pelo Dec. 7.979/2013.

§ 1º Os livros e documentos de que trata o *caput* serão emitidos em forma eletrônica, observado o disposto na Medida Provisória 2.200-2, de 24 de agosto de 2001.

§ 2º O disposto no *caput* não dispensa o empresário e as pessoas jurídicas, inclusive imunes ou isentas, de manter sob sua guarda e responsabilidade os livros e documentos na forma e prazos previstos na legislação aplicável.

- § 2º com redação determinada pelo Dec. 7.979/2013.

Art. 3º São usuários do SPED:

I – a Secretaria da Receita Federal do Ministério da Fazenda;

II – as administrações tributárias dos Estados, do Distrito Federal e dos Municípios, mediante convênio celebrado com a Secretaria da Receita Federal; e

III – os órgãos e as entidades da administração pública federal direta e indireta que tenham atribuição legal de regulação, normatização, controle e fiscalização dos empresários e das pessoas jurídicas, inclusive imunes ou isentas.

- Inciso III com redação determinada pelo Dec. 7.979/2013.

§ 1º Os usuários de que trata o *caput*, no âmbito de suas respectivas competências, deverão estabelecer a obrigatoriedade, periodicidade e prazos de apresentação dos livros e documentos, por eles exigidos, por intermédio do SPED.

§ 2º Os atos administrativos expedidos em observância ao disposto no § 1º deverão ser implementados no SPED concomitantemente com a entrada em vigor desses atos.

§ 3º O disposto no § 1º não exclui a competência dos usuários ali mencionados de exigir, a qualquer tempo, informações adicionais necessárias ao desempenho de suas atribuições.

Art. 4º O acesso às informações armazenadas no SPED deverá ser compartilhado com seus usuários, no limite de suas respectivas competências e sem prejuízo da observância à legislação referente aos sigilos comercial, fiscal e bancário.

Parágrafo único. O acesso previsto no *caput* também será possível aos empresários e às pessoas jurídicas, inclusive imunes ou isentas, em relação às informações por eles transmitidas ao SPED.

- Parágrafo único com redação determinada pelo Dec. 7.979/2013.

Art. 5º O SPED será administrado pela Secretaria da Receita Federal com a participação de representantes indicados pelos usuários de que tratam os incisos II e III do art. 3º.

§ 1º Os usuários do SPED, com vistas a atender o disposto no § 2º do art. 3º, e previamente à edição de seus atos administrativos, deverão articular-se com a Secretaria da Receita Federal por intermédio de seu representante.

§ 2º A Secretaria da Receita Federal do Brasil do Ministério da Fazenda poderá solicitar a participação de representantes dos empresários, das pessoas jurídicas, inclusive imunes ou isentas, e de entidades de âmbito nacional representativas dos profissionais da área contábil, nas atividades relacionadas ao SPED.

- § 2º com redação determinada pelo Dec. 7.979/2013.

Art. 6º Compete à Secretaria da Receita Federal:

I – adotar as medidas necessárias para viabilizar a implantação e o funcionamento do SPED;

II – coordenar as atividades relacionadas ao SPED;

III – compatibilizar as necessidades dos usuários do SPED; e

IV – estabelecer a política de segurança e de acesso às informações armazenadas no SPED, observado o disposto no art. 4º.

Art. 7º O SPED manterá, ainda, funcionalidades de uso exclusivo dos órgãos de registro para as atividades de autenticação de livros mercantis.

Art. 8º A Secretaria da Receita Federal e os órgãos a que se refere o inciso III do art. 3º expedirão, em suas respectivas áreas de

Lei 11.457/2007

atuação, normas complementares ao cumprimento do disposto neste Decreto.

§ 1º As normas de que trata o *caput* relacionadas a leiautes e prazos de apresentação de informações contábeis serão editadas após consulta e, quando couber, anuência dos usuários do SPED.

§ 2º Em relação às informações de natureza fiscal de interesse comum, os leiautes e prazos de apresentação serão estabelecidos mediante convênio celebrado entre a Secretaria da Receita Federal e os usuários de que trata o inciso II do art. 3º.

Art. 9º Este Decreto entra em vigor na data de sua publicação.

Brasília, 22 de janeiro de 2007; 186º da Independência e 119º da República.

Luiz Inácio Lula da Silva

(*DOU* 22.01.2007, edição extra)

LEI 11.457,
DE 16 DE MARÇO DE 2007

Dispõe sobre a Administração Tributária Federal; altera as Leis 10.593, de 6 de dezembro de 2002, 10.683, de 28 de maio de 2003, 8.212, de 24 de julho de 1991, 10.910, de 15 de julho de 2004, o Decreto-lei 5.452, de 1º de maio de 1943, e o Decreto 70.235, de 6 de março de 1972; revoga dispositivos das Leis 8.212, de 24 de julho de 1991, 10.593, de 6 de dezembro de 2002, 10.910, de 15 de julho de 2004, 11.098, de 13 de janeiro de 2005, e 9.317, de 5 de dezembro de 1996; e dá outras providências.

O Presidente da República:
Faço saber que o Congresso Nacional decreta e eu sanciono a seguinte Lei:

Capítulo I
DA SECRETARIA
DA RECEITA FEDERAL DO BRASIL

Art. 1º A Secretaria da Receita Federal passa a denominar-se Secretaria da Receita Federal do Brasil, órgão da administração direta subordinado ao Ministro de Estado da Fazenda.

Art. 2º Além das competências atribuídas pela legislação vigente à Secretaria da Receita Federal, cabe à Secretaria da Receita Federal do Brasil planejar, executar, acompanhar e avaliar as atividades relativas a tributação, fiscalização, arrecadação, cobrança e recolhimento das contribuições sociais previstas nas alíneas *a*, *b* e *c* do parágrafo único do art. 11 da Lei 8.212, de 24 de julho de 1991, e das contribuições instituídas a título de substituição.

• V. art. 1º, Dec. 6.103/2007 (Antecipa para 2 de maio de 2007 a aplicação do Dec. 70.235/1972, relativamente aos prazos processuais e à competência para julgamento em primeira instância, de processos administrativo-fiscais relativos às contribuições de que tratam os arts. 2º e 3º da Lei 11.457/2007).

§ 1º O produto da arrecadação das contribuições especificadas no *caput* deste artigo e acréscimos legais incidentes serão destinados, em caráter exclusivo, ao pagamento de benefícios do Regime Geral de Previdência Social e creditados diretamente ao Fundo do Regime Geral de Previdência Social, de que trata o art. 68 da Lei Complementar 101, de 4 de maio de 2000.

§ 2º Nos termos do art. 58 da Lei Complementar 101, de 4 de maio de 2000, a Secretaria da Receita Federal do Brasil prestará contas anualmente ao Conselho Nacional de Previdência Social dos resultados da arrecadação das contribuições sociais destinadas ao financiamento do Regime Geral de Previdência Social e das compensações a elas referentes.

§ 3º As obrigações previstas na Lei 8.212, de 24 de julho de 1991, relativas às contribuições sociais de que trata o *caput* deste artigo serão cumpridas perante a Secretaria da Receita Federal do Brasil.

§ 4º Fica extinta a Secretaria da Receita Previdenciária do Ministério da Previdência Social.

Art. 3º As atribuições de que trata o art. 2º desta Lei se estendem às contribuições devidas a terceiros, assim entendidas outras entidades e fundos, na forma da legislação em vigor, aplicando-se em relação a essas contribuições, no que couber, as disposições desta Lei.

• V. art. 1º, Dec. 6.103/2007 (Antecipa para 2 de maio de 2007 a aplicação do Dec. 70.235/1972, relativamente aos prazos processuais e à competência para julgamento em primeira instância, de processos administrativo-fiscais relativos às contribuições de que tratam os arts. 2º e 3º da Lei 11.457/2007).

Lei 11.457/2007

§ 1º A retribuição pelos serviços referidos no *caput* deste artigo será de 3,5% (três inteiros e cinco décimos por cento) do montante arrecadado, salvo percentual diverso estabelecido em lei específica.

§ 2º O disposto no *caput* deste artigo abrangerá exclusivamente contribuições cuja base de cálculo seja a mesma das que incidem sobre a remuneração paga, devida ou creditada a segurados do Regime Geral de Previdência Social ou instituídas sobre outras bases a título de substituição.

§ 3º As contribuições de que trata o *caput* deste artigo sujeitam-se aos mesmos prazos, condições, sanções e privilégios daquelas referidas no art. 2º desta Lei, inclusive no que diz respeito à cobrança judicial.

§ 4º A remuneração de que trata o § 1º deste artigo será creditada ao Fundo Especial de Desenvolvimento e Aperfeiçoamento das Atividades de Fiscalização – Fundaf, instituído pelo Decreto-lei 1.437, de 17 de dezembro de 1975.

§ 5º Durante a vigência da isenção pelo atendimento cumulativo aos requisitos constantes dos incisos I a V do *caput* do art. 55 da Lei 8.212, de 24 de julho de 1991, deferida pelo Instituto Nacional do Seguro Social – INSS, pela Secretaria da Receita Previdenciária ou pela Secretaria da Receita Federal do Brasil, não são devidas pela entidade beneficente de assistência social as contribuições sociais previstas em lei a outras entidades ou fundos.

§ 6º Equiparam-se a contribuições de terceiros, para fins desta Lei, as destinadas ao Fundo Aeroviário – FA, à Diretoria de Portos e Costas do Comando da Marinha – DPC e ao Instituto Nacional de Colonização e Reforma Agrária – Incra e a do salário-educação.

Art. 4º São transferidos para a Secretaria da Receita Federal do Brasil os processos administrativo-fiscais, inclusive os relativos aos créditos já constituídos ou em fase de constituição, e as guias e declarações apresentadas ao Ministério da Previdência Social ou ao Instituto Nacional do Seguro Social – INSS, referentes às contribuições de que tratam os arts. 2º e 3º desta Lei.

Art. 5º Além das demais competências estabelecidas na legislação que lhe é aplicável, cabe ao INSS:

I – emitir certidão relativa a tempo de contribuição;

II – gerir o Fundo do Regime Geral de Previdência Social;

III – calcular o montante das contribuições referidas no art. 2º desta Lei e emitir o correspondente documento de arrecadação, com vistas no atendimento conclusivo para concessão ou revisão de benefício requerido.

Art. 6º Ato conjunto da Secretaria da Receita Federal do Brasil e do INSS definirá a forma de transferência recíproca de informações relacionadas com as contribuições sociais a que se referem os arts. 2º e 3º desta Lei.

Parágrafo único. Com relação às informações de que trata o *caput* deste artigo, a Secretaria da Receita Federal do Brasil e o INSS são responsáveis pela preservação do sigilo fiscal previsto no art. 198 da Lei 5.172, de 25 de outubro de 1966.

Art. 7º Fica criado o cargo de Natureza Especial de Secretário da Receita Federal do Brasil, com a remuneração prevista no parágrafo único do art. 39 da Lei 10.683, de 28 de maio de 2003.

Parágrafo único. O Secretário da Receita Federal do Brasil será escolhido entre brasileiros de reputação ilibada e ampla experiência na área tributária, sendo nomeado pelo Presidente da República.

Art. 7º-A. As atribuições e competências anteriormente conferidas ao Secretário da Receita Federal ou ao Secretário da Receita Previdenciária, relativas ao exercício dos respectivos cargos, transferem-se para o Secretário da Receita Federal do Brasil.

• Artigo acrescentado pela Lei 11.490/2007.

Art. 8º Ficam redistribuídos, na forma do § 1º do art. 37 da Lei 8.112, de 11 de dezembro de 1990, dos Quadros de Pessoal do Ministério da Previdência Social e do INSS para a Secretaria da Receita Federal do Brasil os cargos ocupados e vagos da Carreira Auditoria Fiscal da Previdência Social, de que trata o art. 7º da Lei 10.593, de 6 de dezembro de 2002.

Lei 11.457/2007

LEGISLAÇÃO

[...]
Art. 10. Ficam transformados:
I – em cargos de Auditor Fiscal da Receita Federal do Brasil, de que trata o art. 5º da Lei 10.593, de 6 de dezembro de 2002, com a redação conferida pelo art. 9º desta Lei, os cargos efetivos, ocupados e vagos de Auditor Fiscal da Receita Federal da Carreira Auditoria da Receita Federal prevista na redação original do art. 5º da Lei 10.593, de 6 de dezembro de 2002, e de Auditor Fiscal da Previdência Social da Carreira Auditoria Fiscal da Previdência Social, de que trata o art. 7º da Lei 10.593, de 6 de dezembro de 2002;
II – em cargos de Analista Tributário da Receita Federal do Brasil, de que trata o art. 5º da Lei 10.593, de 6 de dezembro de 2002, com a redação conferida pelo art. 9º desta Lei, os cargos efetivos, ocupados e vagos, de Técnico da Receita Federal da Carreira Auditoria da Receita Federal prevista na redação original do art. 5º da Lei 10.593, de 6 de dezembro de 2002.
§ 1º Aos servidores titulares dos cargos transformados nos termos deste artigo fica assegurado o posicionamento na classe e padrão de vencimento em que estiverem enquadrados, sem prejuízo da remuneração e das demais vantagens a que façam jus na data de início da vigência desta Lei, observando-se, para todos os fins, o tempo no cargo anterior, inclusive o prestado a partir da publicação desta Lei.
§ 2º O disposto neste artigo aplica-se aos servidores aposentados, bem como aos pensionistas.
§ 3º A nomeação dos aprovados em concursos públicos para os cargos transformados na forma do *caput* deste artigo cujo edital tenha sido publicado antes do início da vigência desta Lei far-se-á nos cargos vagos alcançados pela respectiva transformação.
§ 4º Ficam transportados para a folha de pessoal inativo do Ministério da Fazenda os proventos e as pensões decorrentes do exercício dos cargos de Auditor Fiscal da Previdência Social transformados nos termos deste artigo.
§ 5º Os atuais ocupantes dos cargos a que se refere o § 4º deste artigo e os servidores inativos que se aposentaram em seu exercício, bem como os respectivos pensionistas, poderão optar por permanecer filiados ao plano de saúde a que se vinculavam na origem, hipótese em que a contribuição será custeada pelo servidor e pelo Ministério da Fazenda.
§ 6º Ficam extintas a Carreira Auditoria da Receita Federal, mencionada na redação original do art. 5º da Lei 10.593, de 6 de dezembro de 2002, e a Carreira Auditoria Fiscal da Previdência Social, de que trata o art. 7º daquela Lei.
Art. 11. Os Auditores Fiscais da Receita Federal do Brasil cedidos a outros órgãos que não satisfaçam as condições previstas nos incisos I e II do § 8º do art. 4º da Lei 10.910, de 15 de julho de 2004, deverão entrar em exercício na Secretaria da Receita Federal do Brasil no prazo de 180 (cento e oitenta) dias da vigência desta Lei.
§ 1º Excluem-se do disposto no *caput* deste artigo cessões para o exercício dos cargos de Secretário de Estado, do Distrito Federal, de prefeitura de capital ou de dirigente máximo de autarquia no mesmo âmbito.
§ 2º O Poder Executivo poderá fixar o exercício de até 385 (trezentos e oitenta e cinco) Auditores Fiscais da Receita Federal do Brasil no Ministério da Previdência Social ou na Superintendência Nacional de Previdência Complementar – Previc, garantidos os direitos e vantagens inerentes ao cargo, lotação de origem, remuneração e gratificações, ainda que na condição de ocupante de cargo em comissão ou função de confiança.

• § 2º com redação determinada pela Lei 12.154/2009.

§ 3º Os Auditores Fiscais da Receita Federal do Brasil a que se refere o § 2º executarão, em caráter privativo, os procedimentos de fiscalização das atividades e operações das entidades fechadas de previdência complementar, de competência da Previc, assim como das entidades e fundos dos regimes próprios de previdência social.

• § 3º com redação determinada pela Lei 12.154/2009.

§ 4º No exercício da competência prevista no § 3º deste artigo, os Auditores Fiscais da Receita Federal do Brasil poderão, relativamente ao objeto da fiscalização:

Lei 11.457/2007

LEGISLAÇÃO

I – praticar os atos definidos na legislação específica, inclusive os relacionados com a apreensão e guarda de livros, documentos, materiais, equipamentos e assemelhados;
II – examinar registros contábeis, não se lhes aplicando as restrições previstas nos arts. 1.190 a 1.192 do Código Civil e observado o disposto no art. 1.193 do mesmo diploma legal;
III – lavrar ou propor a lavratura de auto de infração;

- Inciso III acrescentado pela Lei 12.154/2009.

IV – aplicar ou propor a aplicação de penalidade administrativa ao responsável por infração objeto de processo administrativo decorrente de ação fiscal, representação, denúncia ou outras situações previstas em lei.

- Inciso IV acrescentado pela Lei 12.154/2009.

§ 5º Na execução dos procedimentos de fiscalização referidos no § 3º, ao Auditor Fiscal da Receita Federal do Brasil é assegurado o livre acesso às dependências e às informações dos entes objeto da ação fiscal, de acordo com as respectivas áreas de competência, caracterizando-se embaraço à fiscalização, punível nos termos da lei, qualquer dificuldade oposta à consecução desse objetivo.

- § 5º acrescentado pela Lei 12.154/2009.

§ 6º É facultado ao Auditor Fiscal da Receita Federal do Brasil a que se refere o § 2º exercer, em caráter geral e concorrente, outras atividades inerentes às competências do Ministério da Previdência Social e da Previc.

- § 6º acrescentado pela Lei 12.154/2009.

§ 7º Caberá aos Auditores Fiscais da Receita Federal do Brasil em exercício na Previc constituir em nome desta, mediante lançamento, os créditos pelo não recolhimento da Taxa de Fiscalização e Controle da Previdência Complementar – Tafic e promover a sua cobrança administrativa.

- § 7º acrescentado pela Lei 12.154/2009.

Art. 12. Sem prejuízo do disposto no art. 49 desta Lei, são redistribuídos, na forma do disposto no art. 37 da Lei 8.112, de 11 de dezembro de 1990, para a Secretaria da Receita Federal do Brasil, os cargos dos servidores que, na data da publicação desta Lei, se encontravam em efetivo exercício na Secretaria de Receita Previdenciária ou nas unidades técnicas e administrativas a ela vinculadas e sejam titulares de cargos integrantes:
I – do Plano de Classificação de Cargos, instituído pela Lei 5.645, de 10 de dezembro de 1970, ou do Plano Geral de Cargos do Poder Executivo de que trata a Lei 11.357, de 19 de outubro de 2006;
II – das Carreiras:
a) Previdenciária, instituída pela Lei 10.355, de 26 de dezembro de 2001;
b) da Seguridade Social e do Trabalho, instituída pela Lei 10.483, de 3 de julho de 2002;
c) do Seguro Social, instituída pela Lei 10.855, de 1º de abril de 2004;
d) da Previdência, da Saúde e do Trabalho, instituída pela Lei 11.355, de 19 de outubro de 2006.
§ 1º *(Vetado.)*
§ 2º *(Vetado.)*
§ 3º *(Vetado.)*
§ 4º Os servidores referidos neste artigo poderão, no prazo de 180 (cento e oitenta) dias contado da data referida no inciso II do *caput* do art. 51 desta Lei, optar por sua permanência no órgão de origem.

- § 4º acrescentado pela Lei 11.501/2007.
- V. Dec. 6.248/2007 (Regulamenta o art. 12, § 4º, da Lei 11.457/2007).

§ 5º Os servidores a que se refere este artigo perceberão seus respectivos vencimentos e vantagens como se em exercício estivessem no órgão de origem, até a vigência da Lei que disporá sobre suas carreiras, cargos, remuneração, lotação e exercício.

- § 5º acrescentado pela Lei 11.501/2007.

§ 6º *(Vetado.)*

- § 6º acrescentado pela Lei 11.501/2007.

§ 7º *(Vetado.)*

- § 7º acrescentado pela Lei 11.501/2007.

§ 8º *(Vetado.)*

- § 8º acrescentado pela Lei 11.501/2007.

Art. 13. Ficam transferidos os cargos em comissão e funções gratificadas da estrutura da extinta Secretaria da Receita Previdenciária do Ministério da Previdência Social para a Secretaria da Receita Federal do Brasil.

Art. 14. Fica o Poder Executivo autorizado a proceder à transformação, sem aumento de despesa, dos cargos em comissão

Lei 11.457/2007

LEGISLAÇÃO

e funções gratificadas existentes na Secretaria da Receita Federal do Brasil.
Parágrafo único. Sem prejuízo das situações existentes na data de publicação desta Lei, os cargos em comissão a que se refere o *caput* deste artigo são privativos de servidores:
I – ocupantes de cargos efetivos da Secretaria da Receita Federal do Brasil ou que tenham obtido aposentadoria nessa condição;
II – alcançados pelo disposto no art. 12 desta Lei.
[...]

Capítulo II
DA PROCURADORIA-GERAL DA FAZENDA NACIONAL

Art. 16. A partir do 1º (primeiro) dia do 2º (segundo) mês subsequente ao da publicação desta Lei, o débito original e seus acréscimos legais, além de outras multas previstas em lei, relativos às contribuições de que tratam os arts. 2º e 3º desta Lei, constituem dívida ativa da União.

§ 1º A partir do 1º (primeiro) dia do 13º (décimo terceiro) mês subsequente ao da publicação desta Lei, o disposto no *caput* deste artigo se estende à dívida ativa do Instituto Nacional do Seguro Social – INSS e do Fundo Nacional de Desenvolvimento da Educação – FNDE decorrente das contribuições a que se referem os arts. 2º e 3º desta Lei.

§ 2º Aplica-se à arrecadação da dívida ativa decorrente das contribuições de que trata o art. 2º desta Lei o disposto no § 1º daquele artigo.

§ 3º Compete à Procuradoria-Geral Federal representar judicial e extrajudicialmente:
I – o INSS e o FNDE, em processos que tenham por objeto a cobrança de contribuições previdenciárias, inclusive nos que pretendam a contestação do crédito tributário, até a data prevista no § 1º deste artigo;
II – a União, nos processos da Justiça do Trabalho relacionados com a cobrança de contribuições previdenciárias, de imposto de renda retido na fonte e de multas impostas aos empregadores pelos órgãos de fiscalização das relações do trabalho, mediante delegação da Procuradoria-Geral da Fazenda Nacional.

§ 4º A delegação referida no inciso II do § 3º deste artigo será comunicada aos órgãos judiciários e não alcançará a competência prevista no inciso II do art. 12 da Lei Complementar 73, de 10 de fevereiro de 1993.

§ 5º Recebida a comunicação aludida no § 4º deste artigo, serão destinadas à Procuradoria-Geral Federal as citações, intimações e notificações efetuadas em processos abrangidos pelo objeto da delegação.

§ 6º Antes de efetivar a transferência de atribuições decorrente do disposto no § 1º deste artigo, a Procuradoria-Geral Federal concluirá os atos que se encontrarem pendentes.

§ 7º A inscrição na dívida ativa da União das contribuições de que trata o art. 3º desta Lei, na forma do *caput* e do § 1º deste artigo, não altera a destinação final do produto da respectiva arrecadação.
[...]

Art. 18. Ficam criados na Carreira de Procurador da Fazenda Nacional 1.200 (mil e duzentos) cargos efetivos de Procurador da Fazenda Nacional.
Parágrafo único. Os cargos referidos no *caput* deste artigo serão providos na medida das necessidades do serviço e das disponibilidades de recursos orçamentários, nos termos do § 1º do art. 169 da Constituição Federal.

Art. 18-A. Compete ao Advogado-Geral da União e ao Ministro de Estado da Fazenda, mediante ato conjunto, distribuir os cargos de Procurador da Fazenda Nacional pelas três categorias da Carreira.
• Artigo acrescentado pela Lei 11.518/2007.

Art. 19. Ficam criadas, na Procuradoria-Geral da Fazenda Nacional, 120 (cento e vinte) Procuradorias Seccionais da Fazenda Nacional, a serem instaladas por ato do Ministro de Estado da Fazenda em cidades-sede de Varas da Justiça Federal ou do Trabalho.
Parágrafo único. Para estruturação das Procuradorias Seccionais a que se refere o *caput* deste artigo, ficam criados 60 (sessenta) cargos em comissão do Grupo Direção e

Lei 11.457/2007

LEGISLAÇÃO

Assessoramento Superiores DAS-2 e 60 (sessenta) DAS-1, a serem providos na medida das necessidades do serviço e das disponibilidades de recursos orçamentários, nos termos do § 1º do art. 169 da Constituição Federal.

Art. 20. *(Vetado.)*

Art. 21. Sem prejuízo do disposto no art. 49 desta Lei e da percepção da remuneração do respectivo cargo, será fixado o exercício na Procuradoria-Geral da Fazenda Nacional, a partir da data fixada no § 1º do art. 16 desta Lei, dos servidores que se encontrarem em efetivo exercício nas unidades vinculadas ao contencioso fiscal e à cobrança da dívida ativa na Coordenação Geral de Matéria Tributária da Procuradoria-Geral Federal, na Procuradoria Federal Especializada junto ao INSS, nos respectivos órgãos descentralizados ou nas unidades locais, e forem titulares de cargos integrantes:

I – do Plano de Classificação de Cargos instituído pela Lei 5.645, de 10 dezembro de 1970, ou do Plano Geral de Cargos do Poder Executivo de que trata a Lei 11.357, de 19 de outubro de 2006;

• Inciso I com redação determinada pela Lei 11.501/2007.

II – das Carreiras:

a) Previdenciária, instituída pela Lei 10.355, de 26 de dezembro de 2001;

b) da Seguridade Social e do Trabalho, instituída pela Lei 10.483, de 3 de julho de 2002;

c) do Seguro Social, instituída pela Lei 10.855, de 1º de abril de 2004;

d) da Previdência, da Saúde e do Trabalho, instituída pela Lei 11.355, de 19 de outubro de 2006.

Parágrafo único. Fica o Poder Executivo autorizado, de acordo com as necessidades do serviço, a fixar o exercício dos servidores a que se refere o *caput* deste artigo no órgão ou entidade ao qual estiverem vinculados.

Art. 22. As autarquias e fundações públicas federais darão apoio técnico, logístico e financeiro, pelo prazo de 24 (vinte e quatro) meses a partir da publicação desta Lei, para que a Procuradoria-Geral Federal assuma, de forma centralizada, nos termos dos §§ 11 e 12 do art. 10 da Lei 10.480, de 2 de julho de 2002, a execução de sua dívida ativa.

Art. 23. Compete à Procuradoria-Geral da Fazenda Nacional a representação judicial na cobrança de créditos de qualquer natureza inscritos em Dívida Ativa da União.

Art. 24. É obrigatório que seja proferida decisão administrativa no prazo máximo de 360 (trezentos e sessenta) dias a contar do protocolo de petições, defesas ou recursos administrativos do contribuinte.

§ 1º *(Vetado.)*

§ 2º *(Vetado.)*

Capítulo III
DO PROCESSO ADMINISTRATIVO FISCAL

Art. 25. Passam a ser regidos pelo Decreto 70.235, de 6 de março de 1972:

• V. art. 1º, Dec. 6.103/2007 (Antecipa para 2 de maio de 2007 a aplicação do Dec. 70.235/1972, relativamente aos prazos processuais e à competência para julgamento em primeira instância, de processos administrativo-fiscais relativos às contribuições de que tratam os arts. 2º e 3º da Lei 11.457/2007).

• V. art. 2º, Dec. 6.104/2007, que determina que os procedimentos fiscais iniciados antes de 02.05.2007, no âmbito da Secretaria da Receita Federal e da Secretaria da Receita Previdenciária, deverão ser concluídos até 31.10.2007.

I – a partir da data fixada no § 1º do art. 16 desta Lei, os procedimentos fiscais e os processos administrativo-fiscais de determinação e exigência de créditos tributários referentes às contribuições de que tratam os arts. 2º e 3º desta Lei;

II – a partir da data fixada no *caput* do art. 16 desta Lei, os processos administrativos de consulta relativos às contribuições sociais mencionadas no art. 2º desta Lei.

§ 1º O Poder Executivo poderá antecipar ou postergar a data a que se refere o inciso I do *caput* deste artigo, relativamente a:

I – procedimentos fiscais, instrumentos de formalização do crédito tributário e prazos processuais;

II – competência para julgamento em 1ª (primeira) instância pelos órgãos de deliberação interna e natureza colegiada.

§ 2º O disposto no inciso I do *caput* deste artigo não se aplica aos processos de restitui-

Lei 11.457/2007

LEGISLAÇÃO

ção, compensação, reembolso, imunidade e isenção das contribuições ali referidas.

§ 3º Aplicam-se, ainda, aos processos a que se refere o inciso II do *caput* deste artigo os arts. 48 e 49 da Lei 9.430, de 27 de dezembro de 1996.

Art. 26. O valor correspondente à compensação de débitos relativos às contribuições de que trata o art. 2º desta Lei será repassado ao Fundo do Regime Geral de Previdência Social no máximo 2 (dois) dias úteis após a data em que ela for promovida de ofício ou em que for deferido o respectivo requerimento.

Parágrafo único. O disposto no art. 74 da Lei 9.430, de 27 de dezembro de 1996, não se aplica às contribuições sociais a que se refere o art. 2º desta Lei.

Art. 27. Observado o disposto no art. 25 desta Lei, os procedimentos fiscais e os processos administrativo-fiscais referentes às contribuições sociais de que tratam os arts. 2º e 3º desta Lei permanecem regidos pela legislação precedente.

Art. 28. Ficam criadas, na Secretaria da Receita Federal do Brasil, 5 (cinco) Delegacias de Julgamento e 60 (sessenta) Turmas de Julgamento com competência para julgar, em 1ª (primeira) instância, os processos de exigência de tributos e contribuições arrecadados pela Secretaria da Receita Federal do Brasil, a serem instaladas mediante ato do Ministro de Estado da Fazenda.

Parágrafo único. Para estruturação dos órgãos de que trata o *caput* deste artigo, ficam criados 5 (cinco) cargos em comissão do Grupo Direção e Assessoramento Superiores DAS-3 e 55 (cinquenta e cinco) DAS-2, a serem providos na medida das necessidades do serviço e das disponibilidades de recursos orçamentários, nos termos do § 1º do art. 169 da Constituição Federal.

Art. 29. Fica transferida do Conselho de Recursos da Previdência Social para o 2º Conselho de Contribuintes do Ministério da Fazenda a competência para julgamento de recursos referentes às contribuições de que tratam os arts. 2º e 3º desta Lei.

§ 1º Para o exercício da competência a que se refere o *caput* deste artigo, serão instaladas no 2º Conselho de Contribuintes, na forma da regulamentação pertinente, Câmaras especializadas, observada a composição prevista na parte final do inciso VII do *caput* do art. 194 da Constituição Federal.

§ 2º Fica autorizado o funcionamento das Câmaras dos Conselhos de Contribuintes nas sedes das Regiões Fiscais da Secretaria da Receita Federal do Brasil.

Art. 30. No prazo de 30 (trinta) dias da publicação do ato de instalação das Câmaras previstas no § 1º do art. 29 desta Lei, os processos administrativo-fiscais referentes às contribuições de que tratam os arts. 2º e 3º desta Lei que se encontrarem no Conselho de Recursos da Previdência Social serão encaminhados para o 2º Conselho de Contribuintes.

Parágrafo único. Fica prorrogada a competência do Conselho de Recursos da Previdência Social durante o prazo a que se refere o *caput* deste artigo.

Art. 31. São transferidos, na data da publicação do ato a que se refere o *caput* do art. 30 desta Lei, 2 (dois) cargos em comissão do Grupo Direção e Assessoramento Superiores DAS-101.2 e 2 (dois) DAS-101.1 do Conselho de Recursos da Previdência Social para o 2º Conselho de Contribuintes.

Capítulo IV
DO PARCELAMENTO DOS DÉBITOS PREVIDENCIÁRIOS DOS ESTADOS E DO DISTRITO FEDERAL

- V. Dec. 6.166/2007 (Regulamenta o parcelamento dos débitos dos Estados e do Distrito Federal relativos às contribuições sociais de que tratam as alíneas *a* e *c* do parágrafo único do art. 11 da Lei 8.212/1991, instituído pelos arts. 32 a 39 da Lei 11.457/2007).

Art. 32. Os débitos de responsabilidade dos Estados e do Distrito Federal, de suas autarquias e fundações, relativos às contribuições sociais de que tratam as alíneas *a* e *c* do parágrafo único do art. 11 da Lei 8.212, de 24 de julho de 1991, com vencimento até o mês anterior ao da entrada em vigor desta Lei, poderão ser parcelados em até

Lei 11.457/2007

240 (duzentas e quarenta) prestações mensais e consecutivas.

§ 1º Os débitos referidos no *caput* deste artigo são aqueles originários de contribuições sociais e obrigações acessórias, constituídos ou não, inscritos ou não em dívida ativa, incluídos os que estiverem em fase de execução fiscal ajuizada, e os que tenham sido objeto de parcelamento anterior não integralmente quitado ou cancelado por falta de pagamento.

§ 2º Os débitos ainda não constituídos deverão ser confessados de forma irretratável e irrevogável.

§ 3º Poderão ser parcelados em até 60 (sessenta) prestações mensais e consecutivas os débitos de que tratam o *caput* e os §§ 1º e 2º deste artigo com vencimento até o mês anterior ao da entrada em vigor desta Lei, relativos a contribuições não recolhidas:

I – descontadas dos segurados empregado, trabalhador avulso e contribuinte individual;

II – retidas na forma do art. 31 da Lei 8.212, de 24 de julho de 1991;

III – decorrentes de sub-rogação.

§ 4º Caso a prestação mensal não seja paga na data do vencimento, serão retidos e repassados à Secretaria da Receita Federal do Brasil recursos do Fundo de Participação dos Estados e do Distrito Federal suficientes para sua quitação, acrescidos de juros equivalentes à taxa referencial do Sistema Especial de Liquidação e de Custódia – Selic para títulos federais, acumulada mensalmente a partir do primeiro dia do mês subsequente ao da consolidação do débito até o mês anterior ao do pagamento, acrescido de 1% (um por cento) no mês do pagamento da prestação.

Art. 33. Até 90 (noventa) dias após a entrada em vigor desta Lei, a opção pelo parcelamento será formalizada na Secretaria da Receita Federal do Brasil, que se responsabilizará pela cobrança das prestações e controle dos créditos originários dos parcelamentos concedidos.

* V. art. 3º, Lei 11.531/2007, que prorroga até 31.12.2007 o prazo a que se refere este artigo.

Art. 34. A concessão do parcelamento objeto deste Capítulo está condicionada:

I – à apresentação pelo Estado ou Distrito Federal, na data da formalização do pedido, do demonstrativo referente à apuração da Receita Corrente Líquida Estadual, na forma do disposto na Lei Complementar 101, de 4 de maio de 2000, referente ao ano-calendário imediatamente anterior ao da entrada em vigor desta Lei;

II – ao adimplemento das obrigações vencidas a partir do primeiro dia do mês da entrada em vigor desta Lei.

Art. 35. Os débitos serão consolidados por Estado e Distrito Federal na data do pedido do parcelamento, reduzindo-se os valores referentes a juros de mora em 50% (cinquenta por cento).

Art. 36. Os débitos de que trata este Capítulo serão parcelados em prestações mensais equivalentes a, no mínimo, 1,5% (um inteiro e cinco décimos por cento) da média da Receita Corrente Líquida do Estado e do Distrito Federal prevista na Lei Complementar 101, de 4 de maio de 2000.

§ 1º A média de que trata o *caput* deste artigo corresponderá a 1/12 (um doze avos) da Receita Corrente Líquida do ano anterior ao do vencimento da prestação.

§ 2º Para fins deste artigo, os Estados e o Distrito Federal se obrigam a encaminhar à Secretaria da Receita Federal do Brasil o demonstrativo de apuração da Receita Corrente Líquida de que trata o inciso I do art. 53 da Lei Complementar 101, de 4 de maio de 2000, até o último dia útil do mês de fevereiro de cada ano.

§ 3º A falta de apresentação das informações a que se refere o § 2º deste artigo implicará, para fins de apuração e cobrança da prestação mensal, a aplicação da variação do Índice Geral de Preços, Disponibilidade Interna – IGP-DI, acrescida de juros de 0,5% (cinco décimos por cento) ao mês, sobre a última Receita Corrente Líquida publicada nos termos da legislação.

§ 4º Às prestações vencíveis em janeiro, fevereiro e março aplicar-se-á o valor mínimo do ano anterior.

Art. 37. As prestações serão exigíveis no último dia útil de cada mês, a contar do mês

Lei 11.457/2007

subsequente ao da formalização do pedido de parcelamento.

§ 1º No período compreendido entre a formalização do pedido e o mês da consolidação, o ente beneficiário do parcelamento deverá recolher mensalmente prestações correspondentes a 1,5% (um inteiro e cinco décimos por cento) da média da Receita Corrente Líquida do Estado e do Distrito Federal prevista na Lei Complementar 101, de 4 de maio de 2000, sob pena de indeferimento do pleito, que só se confirma com o pagamento da prestação inicial.

§ 2º A partir do mês seguinte à consolidação, o valor da prestação será obtido mediante a divisão do montante do débito parcelado, deduzidos os valores das prestações recolhidas nos termos do § 1º deste artigo, pelo número de prestações restantes, observado o valor mínimo de 1,5% (um inteiro e cinco décimos por cento) da média da Receita Corrente Líquida do Estado e do Distrito Federal prevista na Lei Complementar 101, de 4 de maio de 2000.

Art. 38. O parcelamento será rescindido na hipótese do inadimplemento:

I – de 3 (três) meses consecutivos ou 6 (seis) meses alternados, prevalecendo o que primeiro ocorrer;

II – das obrigações correntes referentes às contribuições sociais de que trata este Capítulo;

III – da parcela da prestação que exceder à retenção dos recursos do Fundo de Participação dos Estados e do Distrito Federal promovida na forma deste Capítulo.

Art. 39. O Poder Executivo disciplinará, em regulamento, os atos necessários à execução do disposto neste Capítulo.

Parágrafo único. Os débitos referidos no *caput* deste artigo serão consolidados no âmbito da Secretaria da Receita Federal do Brasil.

Capítulo V
DISPOSIÇÕES GERAIS

Art. 40. Sem prejuízo do disposto nas Leis 4.516, de 1º de dezembro de 1964, e 5.615, de 13 de outubro de 1970, a Empresa de Tecnologia e Informações da Previdência Social – Dataprev fica autorizada a prestar serviços de tecnologia da informação ao Ministério da Fazenda, necessários ao desempenho das atribuições abrangidas por esta Lei, observado o disposto no inciso VIII do art. 24 da Lei 8.666, de 21 de junho de 1993, nas condições estabelecidas em ato do Poder Executivo.

Art. 41. Fica autorizada a transferência para o patrimônio da União dos imóveis que compõem o Fundo do Regime Geral de Previdência Social identificados pelo Poder Executivo como necessários ao funcionamento da Secretaria da Receita Federal do Brasil e da Procuradoria-Geral da Fazenda Nacional.

Parágrafo único. No prazo de 3 (três) anos, de acordo com o resultado de avaliação realizada nos termos da legislação aplicável, a União compensará financeiramente o Fundo do Regime Geral de Previdência Social pelos imóveis transferidos na forma do *caput* deste artigo.

[...]

Art. 44. O art. 23 do Decreto 70.235, de 6 de março de 1972, passa a vigorar acrescido dos §§ 7º, 8º e 9º, com a seguinte redação:

- Alterações processadas no texto do referido Decreto.

Art. 45. As repartições da Secretaria da Receita Federal do Brasil deverão, durante seu horário regular de funcionamento, dar vista dos autos de processo administrativo, permitindo a obtenção de cópias reprográficas, assim como receber requerimentos e petições.

Parágrafo único. A Secretaria da Receita Federal do Brasil adotará medidas para disponibilizar o atendimento a que se refere o *caput* deste artigo por intermédio da rede mundial de computadores e o recebimento de petições e requerimentos digitalizados.

Capítulo VI
DISPOSIÇÕES TRANSITÓRIAS E FINAIS

Art. 46. A Fazenda Nacional poderá celebrar convênios com entidades públicas e privadas para a divulgação de informações previstas nos incisos II e III do § 3º do art. 198

da Lei 5.172, de 25 de outubro de 1966 – Código Tributário Nacional – CTN.

Art. 47. Fica o Poder Executivo autorizado a:

I – transferir, depois de realizado inventário, do INSS, do Ministério da Previdência Social e da Procuradoria-Geral Federal para a Secretaria da Receita Federal do Brasil e para a Procuradoria-Geral da Fazenda Nacional acervos técnicos e patrimoniais, inclusive bens imóveis, obrigações, direitos, contratos, convênios, processos administrativos e demais instrumentos relacionados com as atividades transferidas em decorrência desta Lei;

II – remanejar e transferir para a Secretaria da Receita Federal do Brasil dotações em favor do Ministério da Previdência Social e do INSS aprovadas na Lei Orçamentária em vigor, mantida a classificação funcional-programática, subprojetos, subatividades e grupos de despesas.

§ 1º Até que sejam implementados os ajustes necessários, o Ministério da Previdência Social e o INSS continuarão a executar as despesas de pessoal e de manutenção relativas às atividades transferidas, inclusive as decorrentes do disposto no § 5º do art. 10 desta Lei.

§ 2º Enquanto não ocorrerem as transferências previstas no *caput* deste artigo, o Ministério da Previdência Social, o INSS e a Procuradoria-Geral Federal prestarão à Secretaria da Receita Federal do Brasil e à Procuradoria-Geral da Fazenda Nacional o necessário apoio técnico, financeiro e administrativo.

§ 3º Inclui-se no apoio de que trata o § 2º deste artigo a manutenção dos espaços físicos atualmente ocupados.

Art. 48. Fica mantida, enquanto não modificados pela Secretaria da Receita Federal do Brasil, a vigência dos convênios celebrados e dos atos normativos e administrativos editados:

I – pela Secretaria da Receita Previdenciária;
II – pelo Ministério da Previdência Social e pelo INSS relativos à administração das contribuições a que se referem os arts. 2º e 3º desta Lei;
III – pelo Ministério da Fazenda relativos à administração dos tributos e contribuições de competência da Secretaria da Receita Federal do Brasil;
IV – pela Secretaria da Receita Federal.

Art. 49. *(Vetado.)*

Art. 50. No prazo de 1 (um) ano da data de publicação desta Lei, o Poder Executivo encaminhará ao Congresso Nacional projeto de lei orgânica das Auditorias Federais, dispondo sobre direitos, deveres, garantias e prerrogativas dos servidores integrantes das Carreiras de que trata a Lei 10.593, de 6 de dezembro de 2002.

Art. 51. Esta Lei entra em vigor:

I – na data de sua publicação, para o disposto nos arts. 40, 41, 47, 48, 49 e 50 desta Lei;
II – no primeiro dia útil do segundo mês subsequente à data de sua publicação, em relação aos demais dispositivos desta Lei.

Art. 52. Ficam revogados:

I – *(Vetado.)*
II – a partir da data da publicação desta Lei, o parágrafo único do art. 5º da Lei 10.593, de 6 de dezembro de 2002.

• Deixamos de publicar os Anexos a esta Lei.

Brasília, 16 de março de 2007; 186º da Independência e 119º da República.

Luiz Inácio Lula da Silva

(*DOU* 19.03.2007)

DECRETO 6.103,
DE 30 DE ABRIL DE 2007

Antecipa para 2 de maio de 2007 a aplicação do Decreto 70.235, de 6 de março de 1972, relativamente aos prazos processuais e à competência para julgamento em primeira instância, de processos administrativo-fiscais relativos às contribuições de que tratam os arts. 2º e 3º da Lei 11.457, de 16 de março de 2007, e dá outras providências.

O Presidente da República, no uso da atribuição que lhe confere o art. 84, inciso IV, da Constituição, e tendo em vista o disposto no *caput* e § 1º, incisos I e II, do art. 25 da Lei 11.457, de 16 de março de 2007, decreta:

Dec. 6.104/2007

LEGISLAÇÃO

Art. 1º Fica antecipada para 2 de maio de 2007 a aplicação do Decreto 70.235, de 6 de março de 1972, aos processos administrativo-fiscais de determinação e exigência de créditos tributários relativos às contribuições de que tratam os arts. 2º e 3º da Lei 11.457, de 16 de março de 2007, no que diz respeito aos prazos processuais e à competência para julgamento em primeira instância, pelos órgãos de deliberação interna e natureza colegiada da Secretaria da Receita Federal do Brasil.
[...]
Art. 3º Este Decreto entra em vigor na data de sua publicação.
Brasília, 30 de abril de 2007; 186º da Independência e 119º da República.
Luiz Inácio Lula da Silva

(*DOU* 02.05.2007)

DECRETO 6.104,
DE 30 DE ABRIL DE 2007

Dispõe sobre a execução dos procedimentos fiscais no âmbito da Secretaria da Receita Federal do Brasil e dá outras providências.

O Presidente da República, no uso da atribuição que lhe confere o art. 84, inciso IV, da Constituição, e tendo em vista o disposto na Lei 11.457, de 16 de março de 2007, decreta:
Art. 1º Os arts. 2º a 4º do Decreto 3.724, de 10 de janeiro de 2001, passam a vigorar com a seguinte redação:
- Alterações processadas no texto do referido Decreto.

Art. 2º Os procedimentos fiscais iniciados antes de 2 de maio de 2007, no âmbito da Secretaria da Receita Federal e da Secretaria da Receita Previdenciária, deverão ser concluídos até 31 de outubro de 2007.
Parágrafo único. Na impossibilidade de cumprimento do prazo estabelecido no *caput*, os procedimentos fiscais terão continuidade, observadas as normas expedidas pela Secretaria da Receita Federal do Brasil.
Art. 3º Ficam revogados os Decretos 3.969, de 15 de outubro de 2001, 4.058, de 18 de dezembro de 2001, 5.527, de 1º de setembro de 2005, e 5.614, de 13 de dezembro de 2005.

Art. 4º Este Decreto entra em vigor na data de sua publicação.
Brasília, 30 de abril de 2007; 186º da Independência e 119º da República.
Luiz Inácio Lula da Silva

(*DOU* 02.05.2007)

LEI 11.482,
DE 31 DE MAIO DE 2007

Efetua alterações na tabela do imposto de renda da pessoa física; dispõe sobre a redução a 0 (zero) da alíquota da CPMF nas hipóteses que menciona; altera as Leis 7.713, de 22 de dezembro de 1988, 9.250, de 26 de dezembro de 1995, 11.128, de 28 de junho de 2005, 9.311, de 24 de outubro de 1996, 10.260, de 12 de julho de 2001, 6.194, de 19 de dezembro de 1974, 8.387, de 30 de dezembro de 1991, 9.432, de 8 de janeiro de 1997, 5.917, de 10 de setembro de 1973, 8.402, de 8 de janeiro de 1992, 6.094, de 30 de agosto de 1974, 8.884, de 11 de junho de 1994, 10.865, de 30 de abril de 2004, 8.706, de 14 de setembro de 1993; revoga dispositivos das Leis 11.119, de 25 de maio de 2005, 11.311, de 13 de junho de 2006, 11.196, de 21 de novembro de 2005, e do Decreto-lei 2.433, de 19 de maio de 1988; e dá outras providências.

O Presidente da República:
Faço saber que o Congresso Nacional decreta e eu sanciono a seguinte Lei:
Art. 1º O imposto de renda incidente sobre os rendimentos de pessoas físicas será calculado de acordo com as seguintes tabelas progressivas mensais, em reais:

- V. art. 24, I.

I – para o ano-calendário de 2007:

Tabela Progressiva Mensal

Base de Cálculo (R$)	Alíquota (%)	Parcela a Deduzir do IR (R$)
Até 1.313,69	-	-
De 1.313,70 até 2.625,12	15	197,05
Acima de 2.625,13	27,5	525,19

Lei 11.482/2007

LEGISLAÇÃO

II – para o ano-calendário de 2008:

Tabela Progressiva Mensal

Base de Cálculo (R$)	Alíquota (%)	Parcela a Deduzir do IR (R$)
Até 1.372,81	-	-
De 1.372,82 até 2.743,25	15	205,92
Acima de 2.743,25	27,5	548,82

III – para o ano-calendário de 2009:
- Inciso III com redação determinada pela Lei 11.945/2009 (*DOU* 05.06.2009), em vigor na data de sua publicação, produzindo efeitos a partir de 1°.01.2009 (v. art. 33, I, *a*, da referida Lei).

Tabela Progressiva Mensal

Base de Cálculo (R$)	Alíquota (%)	Parcela a Deduzir do IR (R$)
Até 1.434,59	–	–
De 1.434,60 até 2.150,00	7,5	107,59
De 2.150,01 até 2.866,70	15	268,84
De 2.866,71 até 3.582,00	22,5	483,84
Acima de 3.582,00	27,5	662,94

IV – para o ano-calendário de 2010:
- *Caput* do inciso IV com redação determinada pela Lei 12.469/2011 (*DOU* 29.08.2011).
- Sobre vigência e produção de efeitos v. art. 10, da Lei 12.469/2011 (*DOU* 29.08.2011) e art. 33, I, *a*, da Lei 11.945/2009 (*DOU* 05.06.2009).

Tabela Progressiva Mensal

- Tabela com redação determinada pela Lei 11.945/2009 (*DOU* 05.06.2009).
- Sobre vigência e produção de efeitos v. art. 10, da Lei 12.469/2011 (*DOU* 29.08.2011) e art. 33, I, *a*, da Lei 11.945/2009 (*DOU* 05.06.2009).

Base de Cálculo (R$)	Alíquota (%)	Parcela a Deduzir do IR (R$)
Até 1.499,15	–	–
De 1.499,16 até 2.246,75	7,5	112,43
De 2.246,76 até 2.995,70	15	280,94
De 2.995,71 até 3.743,19	22,5	505,62
Acima de 3.743,19	27,5	692,78

V – para o ano-calendário de 2011:
- Inciso V acrescentado pela Lei 12.469/2011 (*DOU* 29.08.2011).
- Sobre vigência e produção de efeitos v. art. 10, da Lei 12.469/2011 (*DOU* 29.08.2011).

Tabela Progressiva Mensal

Base de Cálculo (R$)	Alíquota (%)	Parcela a Deduzir do IR (R$)
Até 1.566,61	-	-
De 1.566,62 até 2.347,85	7,5	117,49
De 2.347,86 até 3.130,51	15	293,58
De 3.130,52 até 3.911,63	22,5	528,37
Acima de 3.911,63	27,5	723,95

VI – para o ano-calendário de 2012:
- Inciso VI acrescentado pela Lei 12.469/2011 (*DOU* 29.08.2011).
- Sobre vigência e produção de efeitos v. art. 10, da Lei 12.469/2011 (*DOU* 29.08.2011).

Tabela Progressiva Mensal

Base de Cálculo (R$)	Alíquota (%)	Parcela a Deduzir do IR (R$)
Até 1.637,11	-	-
De 1.637,12 até 2.453,50	7,5	122,78
De 2.453,51 até 3.271,38	15	306,80
De 3.271,39 até 4.087,65	22,5	552,15
Acima de 4.087,65	27,5	756,53

VII – para o ano-calendário de 2013:
- Inciso VII acrescentado pela Lei 12.469/2011 (*DOU* 29.08.2011).
- Sobre vigência e produção de efeitos v. art. 10, da Lei 12.469/2011 (*DOU* 29.08.2011).

Tabela Progressiva Mensal

Base de Cálculo (R$)	Alíquota (%)	Parcela a Deduzir do IR (R$)
Até 1.710,78	-	-
De 1.710,79 até 2.563,91	7,5	128,31

Lei 11.482/2007

LEGISLAÇÃO

Base de Cálculo (R$)	Alíquota (%)	Parcela a Deduzir do IR (R$)
De 2.563,92 até 3.418,59	15	320,60
De 3.418,60 até 4.271,59	22,5	577,00
Acima de 4.271,59	27,5	790,58

VIII – para o ano-calendário de 2014 e nos meses de janeiro a março do ano-calendário de 2015:

- Inciso VIII com redação determinada pela Lei 13.149/2015.

Tabela Progressiva Mensal

Base de Cálculo (R$)	Alíquota (%)	Parcela a Deduzir do IR (R$)
Até 1.787,77	-	-
De 1.787,78 até 2.679,29	7,5	134,08
De 2.679,30 até 3.572,43	15	335,03
De 3.572,44 até 4.463,81	22,5	602,96
Acima de 4.463,81	27,5	826,15

IX – a partir do mês de abril do ano-calendário de 2015:

- Inciso IX acrescentado pela Lei 13.149/2015.

Tabela Progressiva Mensal

Base de Cálculo (R$)	Alíquota (%)	Parcela a Deduzir do IR (R$)
Até 1.903,98	-	-
De 1.903,99 até 2.826,65	7,5	142,80
De 2.826,66 até 3.751,05	15	354,80
De 3.751,06 até 4.664,68	22,5	636,13
Acima de 4.664,68	27,5	869,36

Parágrafo único. O imposto de renda anual devido incidente sobre os rendimentos de que trata o *caput* deste artigo será calculado de acordo com tabela progressiva anual correspondente à soma das tabelas progressivas mensais vigentes nos meses de cada ano-calendário.

Art. 2º O inciso XV do *caput* do art. 6º da Lei 7.713, de 22 de dezembro de 1988, passa a vigorar com a seguinte redação:

- Alterações processadas no texto da referida Lei.

Art. 3º Os arts. 4º, 8º e 10 da Lei 9.250, de 26 de dezembro de 1995, passam a vigorar com a seguinte redação:

- Alterações processadas no texto da referida Lei.

Art. 4º O parágrafo único do art. 1º da Lei 11.128, de 28 de junho de 2005, passa a vigorar com a seguinte redação:
"Art. 1º [...]
"Parágrafo único. O atendimento ao disposto no art. 60 da Lei 9.069, de 29 de junho de 1995, para as instituições que aderirem ao Programa até 31 de dezembro de 2006 poderá ser efetuado, excepcionalmente, até 31 de dezembro de 2008."

Art. 5º Os arts. 8º e 16 da Lei 9.311, de 24 de outubro de 1996, passam a vigorar com as seguintes alterações:
"Art. 8º [...]
"[...]
"XI – na liquidação antecipada por instituição financeira, por conta e ordem do mutuário, de contrato de concessão de crédito que o mesmo mutuário tenha contratado em outra instituição financeira, desde que a referida liquidação esteja vinculada à abertura de nova linha de crédito, em valor idêntico ao do saldo devedor liquidado antecipadamente pela instituição que proceder à liquidação da operação, na forma regulamentada pelo Conselho Monetário Nacional;
"XII – nos lançamentos a débito em conta-corrente de depósito de titularidade de entidade fechada de previdência complementar para pagamento de benefícios do Regime Geral de Previdência Social, relativos a aposentadoria e pensão, no âmbito de convênio firmado entre a entidade e o Instituto Nacional de Seguro Social – INSS;

Lei 11.482/2007

LEGISLAÇÃO

"XIII – nos lançamentos a débito em conta especial destinada ao registro e controle do fluxo de recursos, aberta exclusivamente para pagamento de salários, proventos, soldos, vencimentos, aposentadorias, pensões e similares, decorrente de transferência para conta-corrente de depósito de titularidade do mesmo beneficiário, conjunta ou não, na forma regulamentada pelo Conselho Monetário Nacional.

"§ 1º O Banco Central do Brasil, no exercício de sua competência, expedirá normas para assegurar o cumprimento do disposto nos incisos I, II, VI, VII, X, XI, XII e XIII do *caput* deste artigo, objetivando, inclusive por meio de documentação específica, a identificação dos lançamentos previstos nos referidos incisos.

"[...]"

"Art. 16. [...]

"[...]

"§ 6º O disposto no inciso II do *caput* deste artigo não se aplica na hipótese de liquidação antecipada de contrato de concessão de crédito, por instituição financeira, prevista no inciso XI do art. 8º desta Lei."

Art. 6º O § 3º do art. 2º da Lei 10.260, de 12 de julho de 2001, passa a vigorar com a seguinte redação:

"Art. 2º [...]

"[...]

"§ 3º [...]

"[...]

"III – até 1,5% (um vírgula cinco por cento) ao ano aos agentes financeiros, calculado sobre o saldo devedor dos financiamentos concedidos até 30 de junho de 2006, pela administração dos créditos e absorção do risco de crédito efetivamente caracterizado, no percentual estabelecido no inciso V do *caput* do art. 5º desta Lei;

"IV – percentual a ser estabelecido semestralmente em Portaria Interministerial dos Ministros de Estado da Fazenda e da Educação, incidente sobre o saldo devedor dos financiamentos concedidos a partir de 1º de julho de 2006 pela administração dos créditos e absorção do risco de crédito efetivamente caracterizado, no percentual estabelecido no inciso V do *caput* do art. 5º desta Lei.

"[...]"

Art. 7º A Lei 10.260, de 12 de julho de 2001, passa a vigorar acrescida do seguinte art. 6º-A:

"Art. 6º-A. Em caso de falecimento ou invalidez permanente, devidamente comprovada na forma da legislação pertinente, do estudante tomador do financiamento, o débito será absorvido pelo agente financeiro e pela instituição de ensino, observada a proporção estabelecida no inciso V do *caput* do art. 5º desta Lei."

Art. 8º Os arts. 3º, 4º, 5º e 11 da Lei 6.194, de 19 de dezembro de 1974, passam a vigorar com as seguintes alterações:

"Art. 3º Os danos pessoais cobertos pelo seguro estabelecido no art. 2º desta Lei compreendem as indenizações por morte, invalidez permanente e despesas de assistência médica e suplementares, nos valores que se seguem, por pessoa vitimada:

"*a) (Revogada.)*

"*b) (Revogada.)*

"*c) (Revogada.)*

"I – R$ 13.500,00 (treze mil e quinhentos reais) – no caso de morte;

"II – até R$ 13.500,00 (treze mil e quinhentos reais) – no caso de invalidez permanente; e

"III – até R$ 2.700,00 (dois mil e setecentos reais) – como reembolso à vítima – no caso de despesas de assistência médica e suplementares devidamente comprovadas."

"Art. 4º A indenização no caso de morte será paga de acordo com o disposto no art. 792 da Lei 10.406, de 10 de janeiro de 2002 – Código Civil.

"Parágrafo único. *(Revogado pela Lei 8.441, de 1992.)*

"§ 1º *(Revogado.)*

"§ 2º *(Revogado.)*

"§ 3º Nos demais casos, o pagamento será feito diretamente à vítima na forma que dispuser o Conselho Nacional de Seguros Privados – CNSP."

"Art. 5º [...]

"§ 1º A indenização referida neste artigo será paga com base no valor vigente na

Lei 11.482/2007

LEGISLAÇÃO

época da ocorrência do sinistro, em cheque nominal aos beneficiários, descontável no dia e na praça da sucursal que fizer a liquidação, no prazo de 30 (trinta) dias da entrega dos seguintes documentos:
"[...]
"§ 6º O pagamento da indenização também poderá ser realizado por intermédio de depósito ou Transferência Eletrônica de Dados – TED para a conta-corrente ou conta de poupança do beneficiário, observada a legislação do Sistema de Pagamentos Brasileiro.
"§ 7º Os valores correspondentes às indenizações, na hipótese de não cumprimento do prazo para o pagamento da respectiva obrigação pecuniária, sujeitam-se à correção monetária segundo índice oficial regularmente estabelecido e juros moratórios com base em critérios fixados na regulamentação específica de seguro privado."
"Art. 11. A sociedade seguradora que infringir as disposições desta Lei estará sujeita às penalidades previstas no art. 108 do Decreto-lei 73, de 21 de novembro de 1966, de acordo com a gravidade da irregularidade, observado o disposto no art. 118 do referido Decreto-lei."

Art. 9º As pessoas jurídicas com débitos vencidos relativos à Taxa de Fiscalização instituída pela Lei 7.940, de 20 de dezembro de 1989, poderão efetuar o pagamento dos seus débitos com redução de 30% (trinta por cento) nas multas e nos juros legalmente exigíveis, bem como mediante parcelamento em até 120 (cento e vinte) prestações mensais e sucessivas, desde que formulado requerimento com este sentido à Comissão de Valores Mobiliários – CVM no prazo de 120 (cento e vinte) dias após a publicação da Medida Provisória 340, de 29 de dezembro de 2006.

§ 1º Apresentado requerimento de parcelamento nos termos previstos no *caput* deste artigo, a CVM promoverá a consolidação dos débitos respectivos e adotará as demais providências administrativas cabíveis.

§ 2º A parcela mínima para fins do parcelamento de que trata o *caput* deste artigo não poderá ser inferior ao valor de R$ 200,00 (duzentos reais).

§ 3º Além do disposto neste artigo, o parcelamento previsto no *caput* deste artigo deverá observar a regulamentação da CVM aplicável ao assunto.

Art. 10. O § 13 do art. 2º da Lei 8.387, de 30 de dezembro de 1991, passa a vigorar com a seguinte redação:
"Art. 2º [...]"
"[...]
"§ 13. Para as empresas beneficiárias, fabricantes de microcomputadores portáteis e de unidades de processamento digitais de pequena capacidade baseadas em microprocessadores, de valor até R$ 11.000,00 (onze mil reais), bem como de unidades de discos magnéticos e ópticos, circuitos impressos com componentes elétricos e eletrônicos montados, gabinetes e fontes de alimentação, reconhecíveis como exclusiva ou principalmente destinados a tais equipamentos, e exclusivamente sobre o faturamento bruto decorrente da comercialização desses produtos no mercado interno, os percentuais para investimentos estabelecidos neste artigo serão reduzidos em 50% (cinquenta por cento) até 31 de dezembro de 2009.
"[...]"

Art. 11. O prazo previsto no art. 17 da Lei 9.432, de 8 de janeiro de 1997, fica prorrogado até 8 de janeiro de 2017, nas navegações de cabotagem, interior fluvial e lacustre.

• Artigo com redação determinada pela Lei 12.507/2011.

Art. 12. O item 2.2.2 – Relação Descritiva das Rodovias do Sistema Rodoviário Nacional, constante do Anexo da Lei 5.917, de 10 de setembro de 1973, passa a vigorar acrescido da ligação rodoviária a seguir descrita:
"2.2.2. [...]
"[...]

BR	PONTOS DE PASSAGEM	UNIDADES DA FEDERAÇÃO	EXTENSÃO (KM)	SUPERPOSIÇÃO BR/KM
440	Entroncamento BR-040/MG- Entroncamento BR-267/MG	MG	9,0	–

"[...]"

Art. 13. O traçado definitivo e o número da ligação rodoviária de que trata o art. 12 desta Lei serão definidos pelo órgão competente.

Art. 14. *(Vetado.)*

Art. 15. *(Vetado.)*

Art. 16. O art. 53 da Lei 8.884, de 11 de junho de 1994, passa a vigorar com a seguinte redação:

"Art. 53. Em qualquer das espécies de processo administrativo, o Cade poderá tomar do representado compromisso de cessação da prática sob investigação ou dos seus efeitos lesivos, sempre que, em juízo de conveniência e oportunidade, entender que atende aos interesses protegidos por lei.

"§ 1º Do termo de compromisso deverão constar os seguintes elementos:

"I – a especificação das obrigações do representado para fazer cessar a prática investigada ou seus efeitos lesivos, bem como obrigações que julgar cabíveis;

"II – a fixação do valor da multa para o caso de descumprimento, total ou parcial, das obrigações compromissadas;

"III – a fixação do valor da contribuição pecuniária ao Fundo de Defesa de Direitos Difusos quando cabível.

"§ 2º Tratando-se da investigação da prática de infração relacionada ou decorrente das condutas previstas nos incisos I, II, III ou VIII do *caput* do art. 21 desta Lei, entre as obrigações a que se refere o inciso I do § 1º deste artigo figurará, necessariamente, a obrigação de recolher ao Fundo de Defesa de Direitos Difusos um valor pecuniário que não poderá ser inferior ao mínimo previsto no art. 23 desta Lei.

"§ 3º A celebração do termo de compromisso poderá ser proposta até o início da sessão de julgamento do processo administrativo relativo à prática investigada.

"§ 4º O termo de compromisso constitui título exclusivo extrajudicial.

"§ 5º O processo administrativo ficará suspenso enquanto estiver sendo cumprido o compromisso e será arquivado ao término do prazo fixado se atendidas todas as condições estabelecidas no termo.

"§ 6º A suspensão do processo administrativo a que se refere o § 5º deste artigo dar-se-á somente em relação ao representado que firmou o compromisso, seguindo o processo seu curso regular para os demais representados.

"§ 7º Declarado o descumprimento do compromisso, o Cade aplicará as sanções nele previstas e determinará o prosseguimento do processo administrativo e as demais medidas administrativas e judiciais cabíveis para sua execução.

"§ 8º As condições do termo de compromisso poderão ser alteradas pelo Cade se comprovar sua excessiva onerosidade para o representado, desde que a alteração não acarrete prejuízo para terceiros ou para a coletividade.

"§ 9º O Cade definirá, em resolução, normas complementares sobre cabimento, tempo e modo da celebração do termo de compromisso de cessação."

Art. 17. O art. 40 da Lei 10.865, de 30 de abril de 2004, passa a vigorar acrescido do seguinte § 6º:

• Alteração processada no texto da referida Lei.

Art. 18. *(Vetado.)*

Art. 19. *(Vetado.)*

Art. 20. *(Vetado.)*

• V. art. 24, II.

Art. 21. *(Vetado.)*

• V. art. 24, II.

Art. 22. *(Vetado.)*

• V. art. 24, II.

Art. 23. *(Vetado.)*

Art. 24. Esta Lei entra em vigor na data de sua publicação, produzindo efeitos em relação:

I – aos arts. 1º a 3º, a partir de 1º de janeiro de 2007;

II – aos arts. 20 a 22, após decorridos 90 (noventa) dias da publicação desta Lei;

III – aos demais artigos, a partir da data de publicação desta Lei.

Art. 25. Ficam revogados:

I – a partir de 1º de janeiro de 2007:

a) a Lei 11.119, de 25 de maio de 2005; e

b) os arts. 1º e 2º da Lei 11.311, de 13 de junho de 2006;

II – a partir da data de publicação desta Lei:

a) *(Vetado.)*

Lei 11.508/2007

LEGISLAÇÃO

b) o art. 131 da Lei 11.196, de 21 de novembro de 2005; e
c) o § 2º do art. 17 do Decreto-lei 2.433, de 19 de maio de 1988.
Brasília, 31 de maio de 2007; 186º da Independência e 119º da República.
Luiz Inácio Lula da Silva

(*DOU* 31.05.2007, edição extra)

LEI 11.508, DE 20 DE JULHO DE 2007

Dispõe sobre o regime tributário, cambial e administrativo das Zonas de Processamento de Exportação, e dá outras providências.

- V. Dec. 6.814/2009 (Regulamenta a Lei 11.508/2007).

O Presidente da República:
Faço saber que o Congresso Nacional decreta e eu sanciono a seguinte Lei:
Art. 1º É o Poder Executivo autorizado a criar, nas regiões menos desenvolvidas, Zonas de Processamento de Exportação (ZPE), sujeitas ao regime jurídico instituído por esta Lei, com a finalidade de reduzir desequilíbrios regionais, bem como fortalecer o balanço de pagamentos e promover a difusão tecnológica e o desenvolvimento econômico e social do País.
Parágrafo único. As ZPE caracterizam-se como áreas de livre comércio com o exterior, destinadas à instalação de empresas voltadas para a produção de bens a serem comercializados no exterior, sendo consideradas zonas primárias para efeito de controle aduaneiro.
Art. 2º A criação de ZPE far-se-á por decreto, que delimitará sua área, à vista de proposta dos Estados ou Municípios, em conjunto ou isoladamente.
§ 1º A proposta a que se refere este artigo deverá satisfazer os seguintes requisitos:
I – indicação de localização adequada no que diz respeito ao acesso a portos e aeroportos internacionais;
II – comprovação da disponibilidade da área destinada a sediar a ZPE;
III – comprovação de disponibilidade financeira, considerando inclusive a possibilidade de aportes de recursos da iniciativa privada;
IV – comprovação de disponibilidade mínima de infraestrutura e de serviços capazes de absorver os efeitos de sua implantação;
V – indicação da forma de administração da ZPE; e
VI – atendimento de outras condições que forem estabelecidas em regulamento.
§ 2º A administradora da ZPE deverá atender às instruções dos órgãos competentes do Ministério da Fazenda quanto ao fechamento da área, ao sistema de vigilância e aos dispositivos de segurança.
§ 3º A administradora da ZPE proverá as instalações e os equipamentos necessários ao controle, à vigilância e à administração aduaneira local.
§ 4º O ato de criação de ZPE caducará:

- *Caput* do § 4º com redação determinada pela Lei 11.732/2008.

I – se, no prazo de 48 (quarenta e oito) meses, contado da sua publicação, a administradora da ZPE não tiver iniciado, efetivamente, as obras de implantação, de acordo com o cronograma previsto na proposta de criação;

- Inciso I com redação determinada pela Lei 12.865/2013.
- V. art. 21, Lei 12.865/2013 (*DOU* 10.10.2013), que determina que o prazo de 48 (quarenta e oito) meses previsto neste dispositivo da Lei 11.508/2007, com a redação dada por esta Lei, aplica-se às Zonas de Processamento de Exportação (ZPE) criadas a partir de 23 de julho de 2007, desde que não tenha sido declarada a sua caducidade até a publicação desta Lei.

II – se as obras de implantação não forem concluídas, sem motivo justificado, no prazo de 12 (doze) meses, contado da data prevista para sua conclusão, constante do cronograma da proposta de criação.

- Inciso II acrescentado pela Lei 11.732/2008.

§ 5º A solicitação de instalação de empresa em ZPE será feita mediante apresentação de projeto, na forma estabelecida em regulamento.

- § 5º acrescentado pela Lei 11.732/2008.

Art. 3º Fica mantido o Conselho Nacional das Zonas de Processamento de Exportação – CZPE, criado pelo art. 3º do Decreto-lei 2.452, de 29 de julho de 1988, com competência para:

- *Caput* com redação determinada pela Lei 11.732/2008.

I – analisar as propostas de criação de ZPE;

Lei 11.508/2007

LEGISLAÇÃO

- Inciso I com redação determinada pela Lei 11.732/2008, que manteve a redação original.

II – aprovar os projetos industriais correspondentes, observado o disposto no § 5º do art. 2º desta Lei; e

- Inciso II com redação determinada pela Lei 11.732/2008.

III – traçar a orientação superior da política das ZPE.

- Inciso III com redação determinada pela Lei 11.732/2008.

IV – *(Revogado pela Lei 11.732/2008.)*

V – decidir sobre os pedidos de prorrogação dos prazos previstos nos incisos I e II do § 4º do art. 2º e no *caput* do art. 25 protocolados a partir de 1º de junho de 2012;

- Inciso V acrescentado pela Lei 12.767/2012.

VI – declarar a caducidade da ZPE no caso de não cumprimento dos prazos previstos nos incisos I e II do § 4º do art. 2º e no *caput* do art. 25.

- Inciso VI acrescentado pela Lei 12.767/2012.

§ 1º Para fins de análise das propostas e aprovação dos projetos, o CZPE levará em consideração, entre outras que poderão ser fixadas em regulamento, as seguintes diretrizes:

- *Caput* do § 1º com redação determinada pela Lei 11.732/2008.

I – *(Revogado pela Lei 11.732/2008.)*
II – *(Revogado pela Lei 11.732/2008.)*
III – atendimento às prioridades governamentais para os diversos setores da indústria nacional e da política econômica global, especialmente para as políticas industrial, tecnológica e de comércio exterior;

- Inciso III com redação determinada pela Lei 11.732/2008.

IV – prioridade para as propostas de criação de ZPE localizada em área geográfica privilegiada para a exportação; e

- Inciso IV com redação determinada pela Lei 11.732/2008.

V – valor mínimo em investimentos totais na ZPE por empresa autorizada a operar no regime de que trata esta Lei, quando assim for fixado em regulamento.

- Inciso V acrescentado pela Lei 11.732/2008.

§ 2º *(Vetado.)*

§ 3º O CZPE estabelecerá mecanismos e formas de monitoramento do impacto da aplicação do regime de que trata esta Lei na indústria nacional.

- § 3º acrescentado pela Lei 11.732/2008.

§ 4º Na hipótese de constatação de impacto negativo à indústria nacional relacionado à venda de produto industrializado em ZPE para o mercado interno, o CZPE poderá propor:

- § 4º acrescentado pela Lei 11.732/2008.

I – elevação do percentual de receita bruta decorrente de exportação para o exterior, de que trata o *caput* do art. 18 desta Lei; ou
II – vedação de venda para o mercado interno de produto industrializado em ZPE, enquanto persistir o impacto negativo à indústria nacional.

§ 5º O Poder Executivo, ouvido o CZPE, poderá adotar as medidas de que trata o § 4º deste artigo.

- § 5º acrescentado pela Lei 11.732/2008.

§ 6º A apreciação dos projetos de instalação de empresas em ZPE será realizada de acordo com a ordem de protocolo no CZPE.

- § 6º acrescentado pela Lei 11.732/2008.

Art. 4º O início do funcionamento de ZPE dependerá do prévio alfandegamento da respectiva área.

Parágrafo único. O Poder Executivo disporá sobre as instalações aduaneiras, os equipamentos de segurança e de vigilância e os controles necessários ao seu funcionamento, bem como sobre as hipóteses de adoção de controle aduaneiro informatizado da ZPE e de dispensa de alfandegamento.

- Parágrafo único com redação determinada pela Lei 11.732/2008.

Art. 5º É vedada a instalação em ZPE de empresas cujos projetos evidenciem a simples transferência de plantas industriais já instaladas no País.

Parágrafo único. Não serão autorizadas, em ZPE, a produção, a importação ou exportação de:

I – armas ou explosivos de qualquer natureza, salvo com prévia autorização do Comando do Exército;
II – material radioativo, salvo com prévia autorização da Comissão Nacional de Energia Nuclear – CNEN; e
III – outros indicados em regulamento.

Art. 6º *(Revogado pela Lei 11.732/2008.)*

Art. 6º-A. As importações ou as aquisições no mercado interno de bens e serviços por empresa autorizada a operar em ZPE te-

Lei 11.508/2007

rão suspensão da exigência dos seguintes impostos e contribuições:

• Artigo acrescentado pela Lei 11.732/2008.

I – Imposto de Importação;
II – Imposto sobre Produtos Industrializados – IPI;
III – Contribuição para o Financiamento da Seguridade Social – Cofins;
IV – Contribuição Social para o Financiamento da Seguridade Social devida pelo Importador de Bens Estrangeiros ou Serviços do Exterior – Cofins-Importação;
V – Contribuição para o PIS/Pasep;
VI – Contribuição para o PIS/Pasep-Importação; e
VII – Adicional de Frete para Renovação da Marinha Mercante – AFRMM.

§ 1º A pessoa jurídica autorizada a operar em ZPE responde pelos impostos e contribuições com a exigibilidade suspensa na condição de:
I – contribuinte, nas operações de importação, em relação ao Imposto de Importação, ao IPI, à Contribuição para o PIS/Pasep-Importação, à Cofins-Importação e ao AFRMM; e
II – responsável, nas aquisições no mercado interno, em relação ao IPI, à Contribuição para o PIS/Pasep e à Cofins.

§ 2º A suspensão de que trata o *caput* deste artigo, quando for relativa a máquinas, aparelhos, instrumentos e equipamentos, aplica-se a bens, novos ou usados, para incorporação ao ativo imobilizado da empresa autorizada a operar em ZPE.

§ 3º Na hipótese de importação de bens usados, a suspensão de que trata o *caput* deste artigo será aplicada quando se tratar de conjunto industrial e que seja elemento constitutivo da integralização do capital social da empresa.

§ 4º Na hipótese do § 2º deste artigo, a pessoa jurídica que não incorporar o bem ao ativo imobilizado ou revendê-lo antes da conversão em alíquota 0 (zero) ou em isenção, na forma dos §§ 7º e 8º deste artigo, fica obrigada a recolher os impostos e contribuições com a exigibilidade suspensa acrescidos de juros e multa de mora, na forma da lei, contados a partir da data da aquisição no mercado interno ou de registro da declaração de importação correspondente.

§ 5º As matérias-primas, produtos intermediários e materiais de embalagem, importados ou adquiridos no mercado interno por empresa autorizada a operar em ZPE com a suspensão de que trata o *caput* deste artigo deverão ser integralmente utilizados no processo produtivo do produto final.

§ 6º Nas notas fiscais relativas à venda para empresa autorizada a operar na forma do *caput* deste artigo deverá constar a expressão "Venda Efetuada com Regime de Suspensão", com a especificação do dispositivo legal correspondente.

§ 7º Na hipótese da Contribuição para o PIS/Pasep, da Cofins, da Contribuição para o PIS/Pasep-Importação, da Cofins-Importação e do IPI, relativos aos bens referidos no § 2º deste artigo, a suspensão de que trata este artigo converte-se em alíquota 0% (zero por cento) depois de cumprido o compromisso de que trata o *caput* do art. 18 desta Lei e decorrido o prazo de 2 (dois) anos da data de ocorrência do fato gerador.

§ 8º Na hipótese do Imposto de Importação e do AFRMM, a suspensão de que trata este artigo, se relativos:
I – aos bens referidos no § 2º deste artigo, converte-se em isenção depois de cumprido o compromisso de que trata o *caput* do art. 18 desta Lei e decorrido o prazo de 5 (cinco) anos da data de ocorrência do fato gerador; e
II – às matérias-primas, produtos intermediários e materiais de embalagem, resolve-se com a:
a) reexportação ou destruição das mercadorias, a expensas do interessado; ou
b) exportação das mercadorias no mesmo estado em que foram importadas ou do produto final no qual foram incorporadas.

§ 9º Na hipótese de não ser efetuado o recolhimento na forma do § 4º deste artigo ou do inciso II do § 3º do art. 18 desta Lei caberá lançamento de ofício, com aplicação de juros e da multa de que trata o art. 44 da Lei 9.430, de 27 de dezembro de 1996.

Art. 7º (Vetado.)

Art. 8º O ato que autorizar a instalação de empresa em ZPE relacionará os produtos a serem fabricados de acordo com a sua classificação na Nomenclatura Comum do Mercosul – NCM e assegurará o tratamento instituído por esta Lei pelo prazo de até 20 (vinte) anos.

§ 1º A empresa poderá solicitar alteração dos produtos a serem fabricados, na forma estabelecida pelo Poder Executivo.

- § 1º com redação determinada pela Lei 11.732/2008.

§ 2º O prazo de que trata o *caput* deste artigo poderá, a critério do Conselho Nacional das Zonas de Processamento de Exportação – CZPE, ser prorrogado por igual período, nos casos de investimento de grande vulto que exijam longos prazos de amortização.

- § 2º com redação determinada pela Lei 11.732/2008.

Art. 9º A empresa instalada em ZPE não poderá constituir filial ou participar de outra pessoa jurídica localizada fora de ZPE, ainda que para usufruir incentivos previstos na legislação tributária.

- Artigo com redação determinada pela Lei 11.732/2008.

Art. 10. *(Vetado.)*

Art. 11. *(Vetado.)*

Art. 12. As importações e exportações de empresa autorizada a operar em ZPE estarão sujeitas ao seguinte tratamento administrativo:

I – dispensa de licença ou de autorização de órgãos federais, com exceção dos controles de ordem sanitária, de interesse da segurança nacional e de proteção do meio ambiente, vedadas quaisquer outras restrições à produção, operação, comercialização e importação de bens e serviços que não as impostas por esta Lei; e

- Inciso I com redação determinada pela Lei 11.732/2008.

II – somente serão admitidas importações, com a suspensão do pagamento de impostos e contribuições de que trata o art. 6º-A desta Lei, de equipamentos, máquinas, aparelhos e instrumentos, novos ou usados, e de matérias-primas, produtos intermediários e materiais de embalagem necessários à instalação industrial ou destinados a integrar o processo produtivo.

- Inciso II com redação determinada pela Lei 11.732/2008.

§ 1º A dispensa de licenças ou autorizações a que se refere o inciso I não se aplicará a exportações de produtos:

I – destinados a países com os quais o Brasil mantenha convênios de pagamento, as quais se submeterão às disposições e controles estabelecidos na forma da legislação em vigor;

II – sujeitos a regime de cotas aplicáveis às exportações do País, vigentes na data de aprovação do projeto, ou que venha a ser instituído posteriormente; e

III – sujeitos ao Imposto de Exportação.

§ 2º As mercadorias importadas poderão ser, ainda, mantidas em depósito, reexportadas ou destruídas, na forma prescrita na legislação aduaneira.

§ 3º O disposto no art. 17 do Decreto-lei 37, de 18 de novembro de 1966, assim como o disposto no art. 2º do Decreto-lei 666, de 2 de julho de 1969, não se aplica aos produtos importados nos termos do art. 6º-A desta Lei, os quais, se usados, ficam dispensados das normas administrativas aplicáveis aos bens usados em geral.

- § 3º acrescentado pela Lei 11.732/2008.

§ 4º Não se aplica o disposto no § 3º deste artigo aos bens usados importados fora das condições estabelecidas no § 3º do art. 6º-A desta Lei.

- § 4º acrescentado pela Lei 11.732/2008.

Art. 13. Somente serão permitidas aquisições no mercado interno, com a suspensão do pagamento de impostos e contribuições de que trata esta Lei, de bens necessários às atividades da empresa, mencionados no inciso II do *caput* do art. 12 desta Lei.

- Artigo com redação determinada pela Lei 11.732/2008.

Parágrafo único. As mercadorias adquiridas no mercado interno poderão ser, ainda, mantidas em depósito, exportadas ou destruídas, na forma prescrita na legislação aduaneira.

Art. 14. *(Vetado.)*

Art. 15. Aplicam-se às empresas autorizadas a operar em ZPE as mesmas disposições legais e regulamentares relativas a câmbio e capitais internacionais aplicáveis às demais empresas nacionais.

- Artigo com redação determinada pela Lei 11.732/2008.

Parágrafo único. Os limites de que trata o *caput* do art. 1º da Lei 11.371, de 28 de no-

Lei 11.508/2007

vembro de 2006, não se aplicam às empresas que operarem em ZPE.

Art. 16. *(Vetado.)*

Art. 17. A empresa instalada em ZPE não poderá usufruir de quaisquer incentivos ou benefícios não expressamente previstos nesta Lei.

Parágrafo único. *(Revogado pela Lei 11.732/2008.)*

Art. 18. Somente poderá instalar-se em ZPE a pessoa jurídica que assuma o compromisso de auferir e manter, por ano-calendário, receita bruta decorrente de exportação para o exterior de, no mínimo, 80% (oitenta por cento) de sua receita bruta total de venda de bens e serviços.

* *Caput com redação determinada pela Lei 11.732/2008.*

§ 1º A receita bruta de que trata o *caput* deste artigo será considerada depois de excluídos os impostos e contribuições incidentes sobre as vendas.

* *§ 1º com redação determinada pela Lei 11.732/2008.*

§ 2º O percentual de receita bruta de que trata o *caput* deste artigo será apurado a partir do ano-calendário subsequente ao do início da efetiva entrada em funcionamento do projeto, em cujo cálculo será incluída a receita bruta auferida no primeiro ano-calendário de funcionamento.

* *Caput do § 2º com redação determinada pela Lei 11.732/2008.*

I – *(Revogado pela Lei 11.732/2008.)*
a) *(Revogada pela Lei 11.732/2008.)*
b) *(Revogada pela Lei 11.732/2008.)*
c) *(Revogada pela Lei 11.732/2008.)*
II – *(Revogado pela Lei 11.732/2008.)*
a) *(Revogada pela Lei 11.732/2008.)*
b) *(Revogada pela Lei 11.732/2008.)*
c) *(Revogada pela Lei 11.732/2008.)*
d) *(Revogada pela Lei 11.732/2008.)*
e) *(Revogada pela Lei 11.732/2008.)*
III – *(Revogado pela Lei 11.732/2008.)*
a) *(Revogada pela Lei 11.732/2008.)*
b) *(Revogada pela Lei 11.732/2008.)*
c) *(Revogada pela Lei 11.732/2008.)*

§ 3º Os produtos industrializados em ZPE, quando vendidos para o mercado interno, estarão sujeitos ao pagamento:

* *§ 3º com redação determinada pela Lei 11.732/2008.*

I – de todos os impostos e contribuições normalmente incidentes na operação; e

II – do Imposto de Importação e do AFRMM relativos a matérias-primas, produtos intermediários e materiais de embalagem de procedência estrangeira neles empregados, com acréscimo de juros e multa de mora, na forma da lei.

§ 4º Será permitida, sob as condições previstas na legislação específica, a aplicação dos seguintes incentivos ou benefícios fiscais:

* *§ 4º com redação determinada pela Lei 11.732/2008.*

I – regimes aduaneiros suspensivos previstos em regulamento;

II – previstos para as áreas da Superintendência do Desenvolvimento da Amazônia – Sudam, instituída pela Lei Complementar 124, de 3 de janeiro de 2007; da Superintendência do Desenvolvimento do Nordeste – Sudene, instituída pela Lei Complementar 125, de 3 de janeiro de 2007; e dos programas e fundos de desenvolvimento da Região Cento-Oeste;

III – previstos no art. 9º da Medida Provisória 2.159-70, de 24 de agosto de 2001;

IV – previstos na Lei 8.248, de 23 de outubro de 1991; e

V – previstos nos arts. 17 a 26 da Lei 11.196, de 21 de novembro de 2005.

§ 5º Aplica-se o tratamento estabelecido no art. 6º-A desta Lei para as aquisições de mercadorias realizadas entre empresas autorizadas a operar em ZPE.

* *Caput do § 5º com redação determinada pela Lei 11.732/2008.*

I – *(Revogado pela Lei 11.732/2008.)*
II – *(Revogado pela Lei 11.732/2008.)*
III – *(Revogado pela Lei 11.732/2008.)*

§ 6º A receita auferida com a operação de que trata o § 5º deste artigo será considerada receita bruta decorrente de venda de mercadoria no mercado externo.

* *§ 6º acrescentado pela Lei 11.732/2008.*

§ 7º Excepcionalmente, em casos devidamente autorizados pelo CZPE, as matérias-primas, produtos intermediários e materiais de embalagem adquiridos no mercado interno ou importados com a suspensão de que trata o art. 6º-A desta Lei poderão ser revendidos no mercado interno, observado o disposto nos §§ 3º e 6º deste artigo.

Legislação

- § 7º acrescentado pela Lei 11.732/2008.

Art. 18-A. *(Vetado.)*
- Artigo acrescentado pela Lei 11.732/2008.

Art. 19. *(Vetado.)*

Art. 20. O Poder Executivo estabelecerá em regulamento as normas para a fiscalização, o despacho e o controle aduaneiro de mercadorias em ZPE e a forma como a autoridade aduaneira exercerá o controle e a verificação do embarque e, quando for o caso, da destinação de mercadoria exportada por empresa instalada em ZPE.

Art. 21. Para efeitos fiscais, cambiais e administrativos, aplicar-se-á aos serviços o seguinte tratamento:

I – *(Vetado.)*

II – os prestados em ZPE, por residente ou domiciliado no exterior, para empresas ali instaladas, serão considerados como prestados no exterior;

III – *(Vetado.)*
IV – *(Vetado.)*
§ 1º *(Vetado.)*
§ 2º *(Vetado.)*

Art. 22. As sanções previstas nesta Lei não prejudicam a aplicação de outras penalidades, inclusive do disposto no art. 76 da Lei 10.833, de 29 de dezembro de 2003.

- Artigo com redação determinada pela Lei 11.732/2008.

Art. 23. Considera-se dano ao erário, para efeito de aplicação da pena de perdimento, na forma da legislação específica, a introdução:

- *Caput* com redação determinada pela Lei 11.732/2008.

I – no mercado interno, de mercadoria procedente de ZPE que tenha sido importada, adquirida no mercado interno ou produzida em ZPE fora dos casos autorizados nesta Lei; e

- Inciso I com redação determinada pela Lei 11.732/2008.

II – em ZPE, de mercadoria estrangeira não permitida;

- Inciso II com redação determinada pela Lei 11.732/2008.

III – *(Revogado pela Lei 11.732/2008.)*

Parágrafo único. Aplica-se o disposto no Decreto-lei 1.455, de 7 de abril de 1976, para efeitos de aplicação e julgamento da pena de perdimento estabelecida neste artigo.

- Parágrafo único com redação determinada pela Lei 11.732/2008.

Art. 24. *(Revogado pela Lei 11.732/2008.)*

Art. 25. O ato de criação de ZPE já autorizada até 13 de outubro de 1994 caducará se até 31 de dezembro de 2015 a administradora da ZPE não tiver iniciado, sem motivo justificado, as obras de implantação.

- Artigo com redação determinada pela Lei 12.767/2012.

Art. 26. *(Vetado.)*

Art. 27. Esta Lei entra em vigor na data de sua publicação.

Art. 28. Revogam-se o Decreto-lei 2.452, de 29 de julho de 1988, as Leis 8.396, de 2 de janeiro de 1992, e 8.924, de 29 de julho de 1994, o inciso II do § 2º do art. 14 da Medida Provisória 2.158-35, de 24 de agosto de 2001, e o inciso XVI do *caput* do art. 88 da Lei 9.430, de 27 de dezembro de 1996.

Brasília, 20 de julho de 2007; 186º da Independência e 119º da República.

Luiz Inácio Lula da Silva

(DOU 23.07.2007)

LEI 11.598, DE 3 DE DEZEMBRO DE 2007

Estabelece diretrizes e procedimentos para a simplificação e integração do processo de registro e legalização de empresários e de pessoas jurídicas, cria a Rede Nacional para a Simplificação do Registro e da Legalização de Empresas e Negócios – Redesim; altera a Lei 8.934, de 18 de novembro de 1994; revoga dispositivos do Decreto-lei 1.715, de 22 de novembro de 1979, e das Leis 7.711, de 22 de dezembro de 1988, 8.036, de 11 de maio de 1990, 8.212, de 24 de julho de 1991, e 8.906, de 4 de julho de 1994; e dá outras providências.

O Presidente da República:
Faço saber que o Congresso Nacional decreta e eu sanciono a seguinte Lei:

Art. 1º Esta Lei estabelece normas gerais de simplificação e integração do processo de registro e legalização de empresários e

Lei 11.598/2007

LEGISLAÇÃO

pessoas jurídicas no âmbito da União, dos Estados, do Distrito Federal e dos Municípios.

Capítulo I
DA REDESIM E DAS DIRETRIZES PARA SUA ESTRUTURAÇÃO E FUNCIONAMENTO

Art. 2º Fica criada a Rede Nacional para a Simplificação do Registro e da Legalização de Empresas e Negócios – Redesim, com a finalidade de propor ações e normas aos seus integrantes, cuja participação na sua composição será obrigatória para os órgãos federais e voluntária, por adesão mediante consórcio, para os órgãos, autoridades e entidades não federais com competências e atribuições vinculadas aos assuntos de interesse da Redesim.

Parágrafo único. A Redesim será administrada por um Comitê Gestor presidido pelo Ministro de Estado do Desenvolvimento, Indústria e Comércio Exterior, e sua composição, estrutura e funcionamento serão definidos em regulamento.

Art. 3º Na elaboração de normas de sua competência, os órgãos e entidades que componham a Redesim deverão considerar a integração do processo de registro e de legalização de empresários e de pessoas jurídicas e articular as competências próprias com aquelas dos demais membros, buscando, em conjunto, compatibilizar e integrar procedimentos, de modo a evitar a duplicidade de exigências e garantir a linearidade do processo, da perspectiva do usuário.

Art. 4º Os órgãos e entidades que componham a Redesim, no âmbito de suas competências, deverão manter à disposição dos usuários, de forma presencial e pela rede mundial de computadores, informações, orientações e instrumentos que permitam pesquisas prévias às etapas de registro ou inscrição, alteração e baixa de empresários e pessoas jurídicas, de modo a prover ao usuário certeza quanto à documentação exigível e quanto à viabilidade do registro ou inscrição.

§ 1º As pesquisas prévias à elaboração de ato constitutivo ou de sua alteração deverão bastar a que o usuário seja informado pelos órgãos e entidades competentes:
I – da descrição oficial do endereço de seu interesse e da possibilidade de exercício da atividade desejada no local escolhido;
II – de todos os requisitos a serem cumpridos para obtenção de licenças de autorização de funcionamento, segundo a natureza da atividade pretendida, o porte, o grau de risco e a localização;
III – da possibilidade de uso do nome empresarial ou de denominação de sociedade simples, associação ou fundação, de seu interesse.

§ 2º O resultado da pesquisa prévia de que trata o inciso I do § 1º deste artigo deverá constar da documentação que instruirá o requerimento de registro no órgão executor do Registro Público de Empresas Mercantis e Atividades Afins ou de Registro Civil das Pessoas Jurídicas.

§ 3º Quando o nome empresarial objeto da pesquisa prévia de que tratam o *caput* e o inciso III do § 1º deste artigo for passível de registro pelo órgão público competente, será por este reservado em nome do empresário ou sócio indicado na consulta, pelo prazo de 48 (quarenta e oito) horas, contadas da manifestação oficial favorável.

§ 4º A pesquisa prévia de que tratam o *caput* e inciso III do § 1º deste artigo será gratuita.

Art. 5º Para os fins de registro e legalização de empresários e pessoas jurídicas, os requisitos de segurança sanitária, controle ambiental e prevenção contra incêndios deverão ser simplificados, racionalizados e uniformizados pelos órgãos e entidades que componham a Redesim, no âmbito das respectivas competências.

§ 1º As vistorias necessárias à emissão de licenças e de autorizações de funcionamento poderão ser realizadas após o início de operação do estabelecimento quando a atividade, por sua natureza, comportar grau de risco compatível com esse procedimento.

§ 2º As vistorias de interesse dos órgãos fazendários deverão ser realizadas a partir do início de operação do estabelecimento, exceto quando, em relação à atividade, lei federal dispuser sobre a impossibilidade da

Lei 11.598/2007

mencionada operação sem prévia anuência da administração tributária.

Art. 6º Os Municípios que aderirem à Redesim emitirão Alvará de Funcionamento Provisório, que permitirá o início de operação do estabelecimento imediatamente após o ato de registro, exceto nos casos em que o grau de risco da atividade seja considerado alto.

§ 1º A conversão do Alvará de Funcionamento Provisório em Alvará de Funcionamento será condicionada à apresentação das licenças ou autorizações de funcionamento emitidas pelos órgãos e entidades competentes.

§ 2º Caso os órgãos e entidades competentes não promovam as respectivas vistorias no prazo de vigência do Alvará de Funcionamento Provisório, este se converterá, automaticamente, em definitivo.

§ 3º O Alvará de Funcionamento Provisório será emitido contra a assinatura de Termo de Ciência e Responsabilidade pelo empresário ou responsável legal pela sociedade, no qual este firmará compromisso, sob as penas da lei, de observar os requisitos exigidos para funcionamento e exercício das atividades econômicas constantes do objeto social, para efeito de cumprimento das normas de segurança sanitária, ambiental e de prevenção contra incêndio.

§ 4º Do Termo de Ciência e Responsabilidade constarão informações sobre as exigências que deverão ser cumpridas com anterioridade ao início da atividade do empresário ou da pessoa jurídica, para a obtenção das licenças necessárias à eficácia plena do Alvará de Funcionamento.

Art. 7º Para os atos de registro, inscrição, alteração e baixa de empresários ou pessoas jurídicas, fica vedada a instituição de qualquer tipo de exigência de natureza documental ou formal, restritiva ou condicionante, que exceda o estrito limite dos requisitos pertinentes à essência de tais atos, observado o disposto nos arts. 5º e 9º desta Lei, não podendo também ser exigidos, de forma especial:

I – quaisquer documentos adicionais aos requeridos pelos órgãos executores do Registro Público de Empresas Mercantis e Atividades Afins e do Registro Civil de Pessoas Jurídicas, excetuados os casos de autorização legal prévia;

II – documento de propriedade, contrato de locação ou comprovação de regularidade de obrigações tributárias referentes ao imóvel onde será instalada a sede, filial ou outro estabelecimento;

III – comprovação de regularidade de prepostos dos empresários ou pessoas jurídicas com seus órgãos de classe, sob qualquer forma, como requisito para deferimento de ato de inscrição, alteração ou baixa de empresários ou pessoas jurídicas, bem como para autenticação de instrumento de escrituração;

IV – certidão de inexistência de condenação criminal, que será substituída por declaração do titular ou administrador, firmada sob as penas da lei, de não estar impedido de exercer atividade mercantil ou a administração de sociedade, em virtude de condenação criminal;

V – *(Vetado.)*

§ 1º Eventuais exigências no curso de processo de registro e legalização de empresário ou de pessoa jurídica serão objeto de comunicação pelo órgão competente ao requerente, com indicação das disposições legais que as fundamentam.

§ 2º Os atos de inscrição fiscal e tributária, suas alterações e baixas efetuados diretamente por órgãos e entidades da administração direta que integrem a Redesim não importarão em ônus, a qualquer título, para os empresários ou pessoas jurídicas.

Art. 7º-A. O registro dos atos constitutivos, de suas alterações e extinções (baixas), referentes a empresários e pessoas jurídicas em qualquer órgão dos três âmbitos de governo, ocorrerá independentemente da regularidade de obrigações tributárias, previdenciárias ou trabalhistas, principais ou acessórias, do empresário, da sociedade, dos sócios, dos administradores ou de empresas de que participem, sem prejuízo das responsabilidades do empresário, dos titulares, dos sócios ou dos administradores por tais obrigações, apuradas antes ou após o ato de extinção.

• Artigo acrescentado pela LC 147/2014.

Lei 11.598/2007

LEGISLAÇÃO

§ 1º A baixa referida no *caput* deste artigo não impede que, posteriormente, sejam lançados ou cobrados impostos, contribuições e respectivas penalidades, decorrentes da simples falta de recolhimento ou da prática comprovada e apurada em processo administrativo ou judicial de outras irregularidades praticadas pelos empresários ou por seus titulares, sócios ou administradores.

§ 2º A solicitação de baixa na hipótese prevista no *caput* deste artigo importa responsabilidade solidária dos titulares, dos sócios e dos administradores do período de ocorrência dos respectivos fatos geradores.

Art. 8º Verificada pela fiscalização de qualquer órgão componente da Redesim divergência em dado cadastral do empresário ou da pessoa jurídica originário de instrumento de constituição, alteração ou baixa, deverá constar do auto a que seja reduzido o ato de fiscalização a obrigatoriedade de atualização ou correção daquele, no prazo de 30 (trinta) dias, mediante registro de instrumento próprio no órgão executor do Registro Público de Empresas Mercantis e Atividades Afins ou do Registro Civil de Pessoas Jurídicas, conforme o caso.

Capítulo II
DOS SISTEMAS INFORMATIZADOS DE APOIO AO REGISTRO E À LEGALIZAÇÃO DE EMPRESAS

Art. 9º Será assegurada ao usuário da Redesim entrada única de dados cadastrais e de documentos, resguardada a independência das bases de dados e observada a necessidade de informações por parte dos órgãos e entidades que a integrem.

§ 1º Os órgãos executores do Registro Público de Empresas Mercantis e Atividades Afins e do Registro Civil das Pessoas Jurídicas colocarão à disposição dos demais integrantes da Redesim, por meio eletrônico:

I – os dados de registro de empresários ou pessoas jurídicas, imediatamente após o arquivamento dos atos;

II – as imagens digitalizadas dos atos arquivados, no prazo de 5 (cinco) dias úteis após o arquivamento.

§ 2º As imagens digitalizadas suprirão a eventual exigência de apresentação do respectivo documento a órgão ou entidade que integre a Redesim.

§ 3º Deverão ser utilizadas, nos cadastros e registros administrativos no âmbito da Redesim, as classificações aprovadas por órgão do Poder Executivo Federal designado em regulamento, devendo os órgãos e entidades integrantes zelar pela uniformidade e consistência das informações.

Art. 10. Para maior segurança no cumprimento de suas competências institucionais no processo de registro, com vistas na verificação de dados de identificação de empresários, sócios ou administradores, os órgãos executores do Registro Público de Empresas Mercantis e Atividades Afins e do Registro Civil de Pessoas Jurídicas realizarão consultas automatizadas e gratuitas:

I – ao Cadastro Nacional de Documentos Extraviados, Roubados ou Furtados;

II – a sistema nacional de informações sobre pessoas falecidas;

III – a outros cadastros de órgãos públicos.

Art. 11. O Poder Executivo Federal criará e manterá, na rede mundial de computadores – internet, sistema pelo qual:

I – será provida orientação e informação sobre etapas e requisitos para processamento de registro, inscrição, alteração e baixa de pessoas jurídicas ou empresários, bem como sobre a elaboração de instrumentos legais pertinentes;

II – sempre que o meio eletrônico permitir que sejam realizados com segurança, serão prestados os serviços prévios ou posteriores à protocolização dos documentos exigidos, inclusive o preenchimento da ficha cadastral única a que se refere o art. 9º desta Lei;

III – poderá o usuário acompanhar os processos de seu interesse.

Parágrafo único. O sistema mencionado no *caput* deste artigo deverá contemplar o conjunto de ações que devam ser realizadas envolvendo os órgãos e entidades da administração federal, estadual, do Distrito Federal e municipal, observado o disposto no art. 2º desta Lei, aos quais caberá a responsabilidade pela formação, atualização e incorporação de conteúdo ao sistema.

Lei 11.598/2007

LEGISLAÇÃO

Capítulo III
DA CENTRAL DE ATENDIMENTO EMPRESARIAL – FÁCIL

Art. 12. As Centrais de Atendimento Empresarial – Fácil, unidades de atendimento presencial da Redesim, serão instaladas preferencialmente nas capitais e funcionarão como centros integrados para a orientação, registro e a legalização de empresários e pessoas jurídicas, com o fim de promover a integração, em um mesmo espaço físico, dos serviços prestados pelos órgãos que integrem, localmente, a Redesim.

§ 1º Deverá funcionar uma Central de Atendimento Empresarial – Fácil em toda capital cuja municipalidade, assim como os órgãos ou entidades dos respectivos Estados, adiram à Redesim, inclusive no Distrito Federal, se for o caso.

§ 2º Poderão fazer parte das Centrais de Atendimento Empresarial – Fácil, na qualidade de parceiros, as entidades representativas do setor empresarial, em especial das microempresas e empresas de pequeno porte, e outras entidades da sociedade civil que tenham como foco principal de atuação o apoio e a orientação empresarial.

§ 3º Em cada unidade da Federação, os centros integrados de registro e legalização de empresários e pessoas jurídicas poderão ter seu nome próprio definido pelos parceiros locais, sem prejuízo de sua apresentação juntamente com a marca "Fácil".

Art. 13. As Centrais de Atendimento Empresarial – Fácil serão compostas por:

I – um Núcleo de Orientação e Informação, que fornecerá serviços de apoio empresarial, com a finalidade de auxiliar o usuário na decisão de abertura do negócio, prestar orientação e informações completas e prévias para realização do registro e da legalização de empresas, inclusive as consultas prévias necessárias, de modo que o processo não seja objeto de restrições após a sua protocolização no Núcleo Operacional;

II – um Núcleo Operacional, que receberá e dará tratamento, de forma conclusiva, ao processo único de cada requerente, contemplando as exigências documentais, formais e de informação referentes aos órgãos e entidades que integram a Redesim.

Parágrafo único. As Centrais de Atendimento Empresarial – Fácil que forem criadas fora das capitais e do Distrito Federal poderão ter suas atividades restritas ao Núcleo de Orientação e Informação.

Capítulo IV
DISPOSIÇÕES TRANSITÓRIAS

Art. 14. No prazo de:

I – 180 (cento e oitenta) dias, serão definidas pelos órgãos e entidades integrantes da Redesim competentes para emissão de licenças e autorizações de funcionamento as atividades cujo grau de risco seja considerado alto e que exigirão vistoria prévia;

II – 18 (dezoito) meses, serão implementados:

a) pelo Poder Executivo federal o cadastro a que se refere o inciso I do *caput* do art. 10 desta Lei, no âmbito do Ministério da Justiça, para ser disponibilizado na rede mundial de computadores – internet;

b) pelos Municípios com mais de 20.000 (vinte mil) habitantes que aderirem à Redesim os procedimentos de consulta prévia a que se referem os incisos I e II do § 1º do art. 4º desta Lei;

III – 3 (três) anos, será implementado pelo Poder Executivo federal sistema informatizado de classificação das atividades que uniformize e simplifique as atuais codificações existentes em todo o território nacional, com apoio dos integrantes da Redesim.

Parágrafo único. Até que seja implementado o sistema de que trata o inciso III do *caput* deste artigo, os órgãos integrantes da Redesim deverão:

I – promover entre si a unificação da atribuição de códigos da Classificação Nacional de Atividades Econômicas-Fiscal – CNAE-Fiscal aos estabelecimentos empresariais de uma mesma jurisdição, com a utilização dos instrumentos de apoio à codificação disponibilizados pela Fundação Instituto Brasileiro de Geografia e Estatística – IBGE;

II – buscar condições para atualização permanente da codificação atribuída aos agentes econômicos registrados.

Art. 15. *(Vetado.)*

Dec. 6.306/2007

LEGISLAÇÃO

Capítulo V
DISPOSIÇÕES FINAIS

Art. 16. O disposto no art. 7º desta Lei aplica-se a todos os órgãos e entidades da União, dos Estados, do Distrito Federal e dos Municípios competentes para o registro e a legalização de empresários e pessoas jurídicas, relativamente aos seus atos constitutivos, de inscrição, alteração e baixa.

Art. 17. Os arts. 43 e 45 da Lei 8.934, de 18 de novembro de 1994, passam a vigorar com as seguintes alterações:

"Art. 43. Os pedidos de arquivamento constantes do art. 41 desta Lei serão decididos no prazo máximo de 5 (cinco) dias úteis, contados do seu recebimento; e os pedidos constantes do art. 42 desta Lei serão decididos no prazo máximo de 2 (dois) dias úteis, sob pena de ter-se como arquivados os atos respectivos, mediante provocação dos interessados, sem prejuízo do exame das formalidades legais pela procuradoria."

"Art. 45. O Pedido de Reconsideração terá por objeto obter a revisão de despachos singulares ou de Turmas que formulem exigências para o deferimento do arquivamento e será apresentado no prazo para cumprimento da exigência para apreciação pela autoridade recorrida em 3 (três) dias úteis ou 5 (cinco) dias úteis, respectivamente."

Art. 18. Esta Lei entra em vigor na data de sua publicação.

Art. 19. *(Vetado.)*

Brasília, 3 de dezembro de 2007; 186º da Independência e 119º da República.

Luiz Inácio Lula da Silva

(DOU 04.12.2007)

DECRETO 6.306,
DE 14 DE DEZEMBRO DE 2007

Regulamenta o Imposto sobre Operações de Crédito, Câmbio e Seguro, ou relativas a Títulos ou Valores Mobiliários – IOF.

O Presidente da República, no uso das atribuições que lhe conferem os arts. 84, inciso IV, e 153, § 1º, da Constituição, e tendo em vista o disposto na Lei 5.143, de 20 de outubro de 1966, na Lei 5.172, de 25 de outubro de 1966, no Decreto-lei 1.783, de 18 de abril de 1980, e na Lei 8.894, de 21 de junho de 1994, decreta:

Art. 1º O Imposto sobre Operações de Crédito, Câmbio e Seguro ou relativas a Títulos ou Valores Mobiliários – IOF será cobrado de conformidade com o disposto neste Decreto.

TÍTULO I
DA INCIDÊNCIA

Art. 2º O IOF incide sobre:

I – operações de crédito realizadas:

a) por instituições financeiras (Lei 5.143, de 20 de outubro de 1966, art. 1º);

b) por empresas que exerçam as atividades de prestação cumulativa e contínua de serviços de assessoria creditícia, mercadológica, gestão de crédito, seleção de riscos, administração de contas a pagar e a receber, compra de direitos creditórios resultantes de vendas mercantis a prazo ou de prestação de serviços (*factoring*) (Lei 9.249, de 26 de dezembro de 1995, art. 15, § 1º, inciso III, alínea *d*, e Lei 9.532, de 10 de dezembro de 1997, art. 58);

c) entre pessoas jurídicas ou entre pessoa jurídica e pessoa física (Lei 9.779, de 19 de janeiro de 1999, art. 13);

II – operações de câmbio (Lei 8.894, de 21 de junho de 1994, art. 5º);

III – operações de seguro realizadas por seguradoras (Lei 5.143, de 1966, art. 1º);

IV – operações relativas a títulos ou valores mobiliários (Lei 8.894, de 1994, art. 1º);

V – operações com ouro, ativo financeiro, ou instrumento cambial (Lei 7.766, de 11 de maio de 1989, art. 4º).

§ 1º A incidência definida no inciso I exclui a definida no inciso IV, e reciprocamente, quanto à emissão, ao pagamento ou resgate do título representativo de uma mesma operação de crédito (Lei 5.172, de 25 de outubro de 1966, art. 63, parágrafo único).

§ 2º Exclui-se da incidência do IOF referido no inciso I a operação de crédito externo, sem prejuízo da incidência definida no inciso II.

§ 3º Não se submetem à incidência do imposto de que trata este Decreto as operações realizadas por órgãos da administração direta da União, dos Estados, do Distrito Federal e dos Municípios, e, desde que vinculadas às finalidades essenciais das respectivas entidades, as operações realizadas por:

I – autarquias e fundações instituídas e mantidas pelo Poder Público;

II – templos de qualquer culto;

III – partidos políticos, inclusive suas fundações, entidades sindicais de trabalhadores e instituições de educação e de assistência social, sem fins lucrativos, atendidos os requisitos da lei.

TÍTULO II
DA INCIDÊNCIA SOBRE OPERAÇÕES DE CRÉDITO

Capítulo I
DO FATO GERADOR

Art. 3º O fato gerador do IOF é a entrega do montante ou do valor que constitua o objeto da obrigação, ou sua colocação à disposição do interessado (Lei 5.172, de 1966, art. 63, inciso I).

§ 1º Entende-se ocorrido o fato gerador e devido o IOF sobre operação de crédito:

I – na data da efetiva entrega, total ou parcial, do valor que constitua o objeto da obrigação ou sua colocação à disposição do interessado;

II – no momento da liberação de cada uma das parcelas, nas hipóteses de crédito sujeito, contratualmente, a liberação parcelada;

III – na data do adiantamento a depositante, assim considerado o saldo a descoberto em conta de depósito;

IV – na data do registro efetuado em conta devedora por crédito liquidado no exterior;

V – na data em que se verificar excesso de limite, assim entendido o saldo a descoberto ocorrido em operação de empréstimo ou financiamento, inclusive sob a forma de abertura de crédito;

VI – na data da novação, composição, consolidação, confissão de dívida e dos negócios assemelhados, observado o disposto nos §§ 7º e 10 do art. 7º;

VII – na data do lançamento contábil, em relação às operações e às transferências internas que não tenham classificação específica, mas que, pela sua natureza, se enquadrem como operações de crédito.

§ 2º O débito de encargos, exceto na hipótese do § 12 do art. 7º, não configura entrega ou colocação de recursos à disposição do interessado.

§ 3º A expressão "operações de crédito" compreende as operações de:

I – empréstimo sob qualquer modalidade, inclusive abertura de crédito e desconto de títulos (Decreto-lei 1.783, de 18 de abril de 1980, art. 1º, inciso I);

II – alienação, à empresa que exercer as atividades de *factoring*, de direitos creditórios resultantes de vendas a prazo (Lei 9.532, de 1997, art. 58);

III – mútuo de recursos financeiros entre pessoas jurídicas ou entre pessoa jurídica e pessoa física (Lei 9.779, de 1999, art. 13).

Capítulo II
DOS CONTRIBUINTES E DOS RESPONSÁVEIS

Dos contribuintes

Art. 4º Contribuintes do IOF são as pessoas físicas ou jurídicas tomadoras de crédito (Lei 8.894, de 1994, art. 3º, inciso I, e Lei 9.532, de 1997, art. 58).

Parágrafo único. No caso de alienação de direitos creditórios resultantes de vendas a prazo a empresas de *factoring*, contribuinte é o alienante pessoa física ou jurídica.

Dos responsáveis

Art. 5º São responsáveis pela cobrança do IOF e pelo seu recolhimento ao Tesouro Nacional:

I – as instituições financeiras que efetuarem operações de crédito (Decreto-lei 1.783, de 1980, art. 3º, inciso I);

II – as empresas de *factoring* adquirentes do direito creditório, nas hipóteses da alínea b do inciso I do art. 2º (Lei 9.532, de 1997, art. 58, § 1º);

III – a pessoa jurídica que conceder o crédito, nas operações de crédito correspondentes a mútuo de recursos financeiros (Lei 9.779, de 1999, art. 13, § 2º).

Dec. 6.306/2007

LEGISLAÇÃO

Capítulo III
DA BASE DE CÁLCULO E DA ALÍQUOTA

Da alíquota

Art. 6º O IOF será cobrado à alíquota máxima de 1,5% (um vírgula cinco por cento) ao dia sobre o valor das operações de crédito (Lei 8.894, de 1994, art. 1º).

Da base de cálculo e das alíquotas reduzidas

Art. 7º A base de cálculo e respectiva alíquota reduzida do IOF são (Lei 8.894, de 1994, art. 1º, parágrafo único, e Lei 5.172, de 1966, art. 64, inciso I):

I – na operação de empréstimo, sob qualquer modalidade, inclusive abertura de crédito:

a) quando não ficar definido o valor do principal a ser utilizado pelo mutuário, inclusive por estar contratualmente prevista a reutilização do crédito, até o termo final da operação, a base de cálculo é o somatório dos saldos devedores diários apurado no último dia de cada mês, inclusive na prorrogação ou renovação:

1. mutuário pessoa jurídica: 0,0041%;
2. mutuário pessoa física: 0,0082%;

- Item 2 com redação determinada pelo Dec. 8.392/2015 (*DOU* 21.01.2015), em vigor 1 (um) dia após a data de sua publicação.

b) quando ficar definido o valor do principal a ser utilizado pelo mutuário, a base de cálculo é o principal entregue ou colocado à sua disposição, ou quando previsto mais de um pagamento, o valor do principal de cada uma das parcelas:

1. mutuário pessoa jurídica: 0,0041% ao dia;
2. mutuário pessoa física: 0,0082% ao dia;

- Item 2 com redação determinada pelo Dec. 8.392/2015 (*DOU* 21.01.2015), em vigor 1 (um) dia após a data de sua publicação.

II – na operação de desconto, inclusive na de alienação a empresas de *factoring* de direitos creditórios resultantes de vendas a prazo, a base de cálculo é o valor líquido obtido:

a) mutuário pessoa jurídica: 0,0041% ao dia;
b) mutuário pessoa física: 0,0082% ao dia;

- Alínea *b* com redação determinada pelo Dec. 8.392/2015 (*DOU* 21.01.2015), em vigor 1 (um) dia após a data de sua publicação.

III – no adiantamento a depositante, a base de cálculo é o somatório dos saldos devedores diários, apurado no último dia de cada mês:

a) mutuário pessoa jurídica: 0,0041%;
b) mutuário pessoa física: 0,0082%;

- Alínea *b* com redação determinada pelo Dec. 8.392/2015 (*DOU* 21.01.2015), em vigor 1 (um) dia após a data de sua publicação.

IV – nos empréstimos, inclusive sob a forma de financiamento, sujeitos à liberação de recursos em parcelas, ainda que o pagamento seja parcelado, a base de cálculo é o valor do principal de cada liberação:

a) mutuário pessoa jurídica: 0,0041% ao dia;
b) mutuário pessoa física: 0,0082% ao dia;

- Alínea *b* com redação determinada pelo Dec. 8.392/2015 (*DOU* 21.01.2015), em vigor 1 (um) dia após a data de sua publicação.

V – nos excessos de limite, ainda que o contrato esteja vencido;

a) quando não ficar expressamente definido o valor do principal a ser utilizado, inclusive por estar contratualmente prevista a reutilização do crédito, até o termo final da operação, a base de cálculo é o valor dos excessos computados no somatório dos saldos devedores diários apurados no último dia de cada mês:

1. mutuário pessoa jurídica: 0,0041%;
2. mutuário pessoa física: 0,0082%;

- Item 2 com redação determinada pelo Dec. 8.392/2015 (*DOU* 21.01.2015), em vigor 1 (um) dia após a data de sua publicação.

b) quando ficar expressamente definido o valor do principal a ser utilizado, a base de cálculo é o valor de cada excesso, apurado diariamente, resultante de novos valores entregues ao interessado, não se considerando como tais os débitos de encargos:

1. mutuário pessoa jurídica: 0,0041% ao dia;
2. mutuário pessoa física: 0,0082% ao dia;

- Alínea *b* com redação determinada pelo Dec. 8.392/2015 (*DOU* 21.01.2015), em vigor 1 (um) dia após a data de sua publicação.

VI – nas operações referidas nos incisos I a V, quando se tratar de mutuário pessoa jurídica optante pelo Regime Especial Unificado

Dec. 6.306/2007

LEGISLAÇÃO

de Arrecadação de Tributos e Contribuições devidos pelas Microempresas e Empresas de Pequeno Porte – Simples Nacional, de que trata a Lei Complementar 123, de 14 de dezembro de 2006, em que o valor seja igual ou inferior a R$ 30.000,00 (trinta mil reais), observado o disposto no art. 45, inciso II: 0,00137% ou 0,00137% ao dia, conforme o caso;

VII – nas operações de financiamento para aquisição de imóveis não residenciais, em que o mutuário seja pessoa física: 0,0082% ao dia.

> • Inciso VII com redação determinada pelo Dec. 8.392/2015 (*DOU* 21.01.2015), em vigor 1 (um) dia após a data de sua publicação.

§ 1º O IOF, cuja base de cálculo não seja apurada por somatório de saldos devedores diários, não excederá o valor resultante da aplicação da alíquota diária a cada valor de principal, prevista para a operação, multiplicada por 365 (trezentos e sessenta e cinco) dias, acrescida da alíquota adicional de que trata o § 15, ainda que a operação seja de pagamento parcelado.

> • § 1º com redação determinada pelo Dec. 6.391/2008.

§ 2º No caso de operação de crédito não liquidada no vencimento, cuja tributação não tenha atingido a limitação prevista no § 1º, a exigência do IOF fica suspensa entre a data do vencimento original da obrigação e a da sua liquidação ou a data em que ocorrer qualquer das hipóteses previstas no § 7º.

§ 3º Na hipótese do § 2º, será cobrado o IOF complementar, relativamente ao período em que ficou suspensa a exigência, mediante a aplicação da mesma alíquota sobre o valor não liquidado da obrigação vencida, até atingir a limitação prevista no § 1º.

§ 4º O valor líquido a que se refere o inciso II deste artigo corresponde ao valor nominal do título ou do direito creditório, deduzidos os juros cobrados antecipadamente.

§ 5º No caso de adiantamento concedido sobre cheque em depósito, a tributação será feita na forma estabelecida para desconto de títulos, observado o disposto no inciso XXII do art. 8º.

§ 6º No caso de cheque admitido em depósito e devolvido por insuficiência de fundos, a base de cálculo do IOF será igual ao valor a descoberto, verificado na respectiva conta, pelo seu débito, na forma estabelecida para o adiantamento a depositante.

§ 7º Na prorrogação, renovação, novação, composição, consolidação, confissão de dívida e negócios assemelhados, de operação de crédito em que não haja substituição de devedor, a base de cálculo do IOF será o valor não liquidado da operação anteriormente tributada, sendo essa tributação considerada complementar à anteriormente feita, aplicando-se a alíquota em vigor à época da operação inicial.

§ 8º No caso do § 7º, se a base de cálculo original for o somatório mensal dos saldos devedores diários, a base de cálculo será o valor renegociado na operação, com exclusão da parte amortizada na data do negócio.

§ 9º Sem exclusão da cobrança do IOF prevista no § 7º, havendo entrega ou colocação de novos valores à disposição do interessado, esses constituirão nova base de cálculo.

§ 10. No caso de novação, composição, consolidação, confissão de dívida e negócios assemelhados de operação de crédito em que haja substituição de devedor, a base de cálculo do IOF será o valor renegociado na operação.

§ 11. Nos casos dos §§ 8º, 9º e 10, a alíquota aplicável é a que estiver em vigor na data da novação, composição, consolidação, confissão de dívida ou negócio assemelhado.

§ 12. Os encargos integram a base de cálculo quando o IOF for apurado pelo somatório dos saldos devedores diários.

§ 13. Nas operações de crédito decorrentes de registros ou lançamentos contábeis ou sem classificação específica, mas que, pela sua natureza, importem colocação ou entrega de recursos à disposição de terceiros, seja o mutuário pessoa física ou jurídica, as alíquotas serão aplicadas na forma dos incisos I a VI, conforme o caso.

§ 14. Nas operações de crédito contratadas por prazo indeterminado e definido o valor do principal a ser utilizado pelo mutuário, aplicar-se-á a alíquota diária prevista para a operação e a base de cálculo será o valor do principal multiplicado por trezentos e sessenta e cinco.

§ 15. Sem prejuízo do disposto no *caput*, o IOF incide sobre as operações de crédito à

Dec. 6.306/2007

LEGISLAÇÃO

alíquota adicional de 0,38% (trinta e oito centésimos por cento), independentemente do prazo da operação, seja o mutuário pessoa física ou pessoa jurídica.

* § 15 acrescentado pelo Dec. 6.339/2008 (*DOU* 03.01.2008, edição extra), em vigor na data de sua publicação, produzindo efeitos em relação às operações contratadas a partir dessa data.

§ 16. Nas hipóteses de que tratam a alínea *a* do inciso I, o inciso III, e a alínea *a* do inciso V, o IOF incidirá sobre o somatório mensal dos acréscimos diários dos saldos devedores, à alíquota adicional de que trata o § 15.

* § 16 acrescentado pelo Dec. 6.339/2008 (*DOU* 03.01.2008, edição extra), em vigor na data de sua publicação, produzindo efeitos em relação às operações contratadas a partir dessa data.

§ 17. Nas negociações de que trata o § 7º não se aplica a alíquota adicional de que trata o § 15, exceto se houver entrega ou colocação de novos valores à disposição do interessado.

* § 17 acrescentado pelo Dec. 6.391/2008.

§ 18. No caso de operação de crédito cuja base de cálculo seja apurada por somatório dos saldos devedores diários, constatada a inadimplência do tomador, a cobrança do IOF apurado a partir do último dia do mês subsequente ao da constatação de inadimplência dar-se-á na data da liquidação total ou parcial da operação ou da ocorrência de qualquer das hipóteses previstas no § 7º.

* § 18 acrescentado pelo Dec. 7.487/2011.

§ 19. Na hipótese do § 18, por ocasião da liquidação total ou parcial da operação ou da ocorrência de qualquer das hipóteses previstas no § 7º, o IOF será cobrado mediante a aplicação das alíquotas previstas nos itens 1 ou 2 da alínea *a* do inciso I do *caput*, vigentes na data de ocorrência de cada saldo devedor diário, até atingir a limitação de 365 (trezentos e sessenta e cinco) dias.

* § 19 acrescentado pelo Dec. 7.487/2011.

Da alíquota zero

Art. 8º A alíquota do imposto é reduzida a zero na operação de crédito, sem prejuízo do disposto no § 5º:

* *Caput* com redação determinada pelo Dec. 7.011/2009.

I – em que figure como tomadora cooperativa, observado o disposto no art. 45, inciso I;

II – realizada entre cooperativa de crédito e seus associados;

III – à exportação, bem como de amparo à produção ou estímulo à exportação;

IV – rural, destinada a investimento, custeio e comercialização, observado o disposto no § 1º;

V – realizada por caixa econômica, sob garantia de penhor civil de joias, de pedras preciosas e de outros objetos;

VI – realizada por instituição financeira, referente a repasse de recursos do Tesouro Nacional destinados a financiamento de abastecimento e formação de estoques reguladores;

VII – realizada entre instituição financeira e outra instituição autorizada a funcionar pelo Banco Central do Brasil, desde que a operação seja permitida pela legislação vigente;

VIII – em que o tomador seja estudante, realizada por meio do Fundo de Financiamento ao Estudante do Ensino Superior – Fies, de que trata a Lei 10.260, de 12 de julho de 2001;

IX – efetuada com recursos da Agência Especial de Financiamento Industrial – Finame;

X – realizada ao amparo da Política de Garantia de Preços Mínimos – Empréstimos do Governo Federal – EGF;

XI – relativa a empréstimo de título público, quando esse permanecer custodiado no Sistema Especial de Liquidação e de Custódia – Selic, e servir de garantia prestada a terceiro na execução de serviços e obras públicas;

XII – *(Revogado pelo Dec. 8.325/2014.)*

XIII – relativa a adiantamento de salário concedido por pessoa jurídica aos seus empregados, para desconto em folha de pagamento ou qualquer outra forma de reembolso;

XIV – relativa a transferência de bens objeto de alienação fiduciária, com sub-rogação de terceiro nos direitos e obrigações do devedor, desde que mantidas todas as condições financeiras do contrato original;

XV – realizada por instituição financeira na qualidade de gestora, mandatária, ou agente de fundo ou programa do Governo Federal, Estadual, do Distrito Federal ou Municipal, instituído por lei, cuja aplicação do recurso tenha finalidade específica;

Dec. 6.306/2007

XVI – relativa a adiantamento sobre o valor de resgate de apólice de seguro de vida individual e de título de capitalização;
XVII – relativa a adiantamento de contrato de câmbio de exportação;
XVIII – relativa a aquisição de ações ou de participação em empresa, no âmbito do Programa Nacional de Desestatização;
XIX – resultante de repasse de recursos de fundo ou programa do Governo Federal vinculado à emissão pública de valores mobiliários;
XX – relativa a devolução antecipada do IOF indevidamente cobrado e recolhido pelo responsável, enquanto aguarda a restituição pleiteada, e desde que não haja cobrança de encargos remuneratórios;
XXI – realizada por agente financeiro com recursos oriundos de programas federais, estaduais ou municipais, instituídos com a finalidade de implementar programas de geração de emprego e renda, nos termos previstos no art. 12 da Lei 9.649, de 27 de maio de 1998;
XXII – relativa a adiantamento concedido sobre cheque em depósito, remetido à compensação nos prazos e condições fixados pelo Banco Central do Brasil;
XXIII – *(Revogado, a partir de 17.03.2008, pelo Dec. 6.391/2008 – DOU 13.03.2008.)*
XXIV – realizada por instituição financeira, com recursos do Tesouro Nacional, destinada ao financiamento de estocagem de álcool etílico combustível, na forma regulamentada pelo Conselho Monetário Nacional;
XXV – realizada por uma instituição financeira para cobertura de saldo devedor em outra instituição financeira, até o montante do valor portado e desde que não haja substituição do devedor;
XXVI – relativa a financiamento para aquisição de motocicleta, motoneta e ciclomotor, em que o mutuário seja pessoa física.

• Inciso XXVI acrescentado pelo Dec. 6.655/2008.

XXVII – realizada por instituição financeira pública federal que sejam tomadores de recursos pessoas físicas com renda mensal de até dez salários mínimos, desde que os valores das operações sejam direcionados exclusivamente para adquirir bens e serviços de tecnologia assistiva destinados a pessoas com deficiência, nos termos do parágrafo único do art. 1º da Lei 10.735, de 11 de setembro de 2003.

• Inciso XXVII acrescentado pelo Dec. 7.726/2012 (*DOU* 22.05.2012), em vigor em 23.05.2012.

XXVIII – realizada por instituição financeira, com recursos públicos ou privados, para financiamento de operações, contratadas a partir de 2 de abril de 2013, destinadas a aquisição, produção e arrendamento mercantil de bens de capital, incluídos componentes e serviços tecnológicos relacionados, e o capital de giro associado, a produção de bens de consumo para exportação, ao setor de energia elétrica, a estruturas para exportação de granéis líquidos, a projetos de engenharia, à inovação tecnológica, e a projetos de investimento destinados à constituição de capacidade tecnológica e produtiva em setores de alta intensidade de conhecimento e engenharia e projetos de infraestrutura logística direcionados a obras de rodovias e ferrovias objeto de concessão pelo Governo federal, a que se refere o art. 1º da Lei 12.096, de 24 de novembro de 2009, e de acordo com os critérios fixados pelo Conselho Monetário Nacional e pelo Banco Central do Brasil;

• Inciso XXVIII acrescentado pelo Dec. 7.975/2013.

XXIX – contratada pela Câmara de Comercialização de Energia Elétrica – CCEE, destinada à cobertura, total ou parcialmente, das despesas incorridas pelas concessionárias de serviço público de distribuição de energia elétrica nos termos do Decreto 8.221, de 1º de abril de 2014;

• Inciso XXIX acrescentado pelo Dec. 8.231/2014.

XXX – *(Revogado pelo Dec. 8.511/2015 – DOU 31.08.2015, edição extra, em vigor um dia após a data de sua publicação.)*
XXXI – efetuada por intermédio da Financiadora de Estudos e Projetos – FINEP ou por seus agentes financeiros, com recursos dessa empresa pública; e

• Inciso XXXI acrescentado pelo Dec. 8.325/2014.

XXXII – destinada, nos termos do §3º do art. 6º da Lei 12.793, de 2 de abril de 2013, ao financiamento de projetos de infraestrutura de logística direcionados a obras de rodo-

Dec. 6.306/2007

vias e ferrovias objeto de concessão pelo Governo Federal.

• Inciso XXXII acrescentado pelo Dec. 8.325/2014.

§ 1º No caso de operação de comercialização, na modalidade de desconto de nota promissória rural ou duplicata rural, a alíquota zero é aplicável somente quando o título for emitido em decorrência de venda de produção própria.

§ 2º O disposto no inciso XXV não se aplica nas hipóteses de prorrogação, renovação, novação, composição, consolidação, confissão de dívidas e negócios assemelhados, de operação de crédito em que haja ou não substituição do devedor, ou de quaisquer outras alterações contratuais, exceto taxas, hipóteses em que o imposto complementar deverá ser cobrado à alíquota vigente na data da operação inicial.

§ 3º Quando houver desclassificação ou descaracterização, total ou parcial, de operação de crédito rural ou de adiantamento de contrato de câmbio, tributada à alíquota zero, o IOF será devido a partir da ocorrência do fato gerador e calculado à alíquota correspondente à operação, conforme previsto no art. 7º, incidente sobre o valor desclassificado ou descaracterizado, sem prejuízo do disposto no art. 54.

§ 4º Quando houver falta de comprovação ou descumprimento de condição, ou desvirtuamento da finalidade dos recursos, total ou parcial, de operação tributada à alíquota zero, o IOF será devido a partir da ocorrência do fato e gerador calculado à alíquota correspondente à operação, conforme previsto no art. 7º, acrescido de juros e multa de mora, sem prejuízo do disposto no art. 54, conforme o caso.

§ 5º Fica instituída, independentemente do prazo da operação, alíquota adicional de 0,38% (trinta e oito centésimos por cento) do IOF incidente sobre o valor das operações de crédito de que tratam os incisos I, II, IV, V, VI, X, XI, XIV, XVI, XVIII, XIX, XXI e XXVI.

• § 5º com redação determinada pelo Dec. 6.655/2008.

Capítulo IV
DA ISENÇÃO

Art. 9º É isenta do IOF a operação de crédito:

I – para fins habitacionais, inclusive a destinada à infraestrutura e saneamento básico relativos a programas ou projetos que tenham a mesma finalidade (Decreto-lei 2.407, de 5 de janeiro de 1988);

II – realizada mediante conhecimento de depósito e *warrant*, representativos de mercadorias depositadas para exportação, em entreposto aduaneiro (Decreto-lei 1.269, de 18 de abril de 1973, art. 1º, e Lei 8.402, de 8 de janeiro de 1992, art. 1º, inciso XI);

III – com recursos dos Fundos Constitucionais de Financiamento do Norte (FNO), do Nordeste (FNE) e do Centro-Oeste (FCO) (Lei 7.827, de 27 de setembro de 1989, art. 8º);

IV – efetuada por meio de cédula e nota de crédito à exportação (Lei 6.313, de 16 de dezembro de 1975, art. 2º, e Lei 8.402, de 1992, art. 1º, inciso XII);

V – em que o tomador de crédito seja a entidade binacional Itaipu (art. XII do Tratado promulgado pelo Decreto 72.707, de 28 de agosto de 1973);

VI – para a aquisição de automóvel de passageiros, de fabricação nacional, com até 127 HP de potência bruta (SAE), na forma do art. 72 da Lei 8.383, de 30 de dezembro de 1991;

VII – (*Revogado pelo Dec. 7.563/2011.*)

VIII – em que os tomadores sejam missões diplomáticas e repartições consulares de carreira (Convenção de Viena sobre Relações Consulares promulgada pelo Decreto 61.078, de 26 de julho de 1967, art. 32, e Decreto 95.711, de 10 de fevereiro de 1988, art. 1º);

IX – contratada por funcionário estrangeiro de missão diplomática ou representação consular (Convenção de Viena sobre Relações Diplomáticas promulgada pelo Decreto 56.435, de 8 de junho de 1965, art. 34).

§ 1º O disposto nos incisos VIII e IX não se aplica aos consulados e cônsules honorários (Convenção de Viena sobre Relações Consulares promulgada pelo Decreto 61.078, de 1967, art. 58).

§ 2º O disposto no inciso IX não se aplica aos funcionários estrangeiros que tenham residência permanente no Brasil (Convenção de Viena sobre Relações Diplomáticas promulgada pelo Decreto 56.435, de 1965, art. 37, e Convenção de Viena sobre Relações Con-

Dec. 6.306/2007

sulares promulgada pelo Decreto 61.078, de 1967, art. 71).

§ 3º Os membros das famílias dos funcionários mencionados no inciso IX, desde que com eles mantenham relação de dependência econômica e não tenham residência permanente no Brasil, gozarão do tratamento estabelecido neste artigo (Convenção de Viena sobre Relações Diplomáticas promulgada pelo Decreto 56.435, de 1965, art. 37, e Convenção de Viena sobre Relações Consulares promulgada pelo Decreto 61.078, de 1967, art. 71).

§ 4º O tratamento estabelecido neste artigo aplica-se, ainda, aos organismos internacionais e regionais de caráter permanente de que o Brasil seja membro e aos funcionários estrangeiros de tais organismos, nos termos dos acordos firmados (Lei 5.172, de 1966, art. 98).

Capítulo V
DA COBRANÇA E DO RECOLHIMENTO

Art. 10. O IOF será cobrado:

I – no primeiro dia útil do mês subsequente ao de apuração, nas hipóteses em que a apuração da base de cálculo seja feita no último dia de cada mês;

II – na data da prorrogação, renovação, consolidação, composição e negócios assemelhados;

III – na data da operação de desconto;

IV – na data do pagamento, no caso de operação de crédito não liquidada no vencimento;

V – até o décimo dia subsequente à data da caracterização do descumprimento ou da falta de comprovação do cumprimento de condições, total ou parcial, de operações isentas ou tributadas à alíquota zero ou da caracterização do desvirtuamento da finalidade dos recursos decorrentes das mesmas operações;

VI – até o décimo dia subsequente à data da desclassificação ou descaracterização, total ou parcial, de operação de crédito rural ou de adiantamento de contrato de câmbio, quando feita pela própria instituição financeira, ou do recebimento da comunicação da desclassificação ou descaracterização;

VII – na data da entrega ou colocação dos recursos à disposição do interessado, nos demais casos.

Parágrafo único. O IOF deve ser recolhido ao Tesouro Nacional até o terceiro dia útil subsequente ao decêndio da cobrança ou do registro contábil do imposto (Lei 11.196, de 21 de novembro de 2005, art. 70, inciso II, alínea b).

TÍTULO III
DA INCIDÊNCIA SOBRE OPERAÇÕES DE CÂMBIO

Capítulo I
DO FATO GERADOR

Art. 11. O fato gerador do IOF é a entrega de moeda nacional ou estrangeira, ou de documento que a represente, ou sua colocação à disposição do interessado, em montante equivalente à moeda estrangeira ou nacional entregue ou posta à disposição por este (Lei 5.172, de 1966, art. 63, inciso II).

Parágrafo único. Ocorre o fato gerador e torna-se devido o IOF no ato da liquidação da operação de câmbio.

Capítulo II
DOS CONTRIBUINTES E DOS RESPONSÁVEIS

Dos contribuintes

Art. 12. São contribuintes do IOF os compradores ou vendedores de moeda estrangeira nas operações referentes às transferências financeiras para o ou do exterior, respectivamente (Lei 8.894, de 1994, art. 6º).

Parágrafo único. As transferências financeiras compreendem os pagamentos e recebimentos em moeda estrangeira, independentemente da forma de entrega e da natureza das operações.

Dos responsáveis

Art. 13. São responsáveis pela cobrança do IOF e pelo seu recolhimento ao Tesouro Nacional as instituições autorizadas a operar em câmbio (Lei 8.894, de 1994, art. 6º, parágrafo único).

Dec. 6.306/2007

LEGISLAÇÃO

Capítulo III
DA BASE DE CÁLCULO E DA ALÍQUOTA

Da base de cálculo

Art. 14. A base de cálculo do IOF é o montante em moeda nacional, recebido, entregue ou posto à disposição, correspondente ao valor, em moeda estrangeira, da operação de câmbio (Lei 5.172, de 1966, art. 64, inciso II).

Da alíquota

Art. 15. A alíquota máxima do IOF é de 25% (vinte e cinco por cento) (Lei 8.894, de 1994, art. 5º).

§§ 1º a 3º *(Revogados pelo Dec. 7.412/2010 – DOU 31.12.2010, em vigor na data de sua publicação, produzindo efeitos a partir de 1º.01.2011.)*

Art. 15-A. *(Revogado pelo Dec. 8.325/2014.)*

Art. 15-B. A alíquota do IOF fica reduzida para 0,38% (trinta e oito centésimos por cento), observadas as seguintes exceções:

• *Caput* acrescentado pelo Dec. 8.325/2014.

I – nas operações de câmbio relativas ao ingresso no País de receitas de exportação de bens e serviços: zero;

• Inciso I acrescentado pelo Dec. 8.325/2014.

II – nas operações de câmbio de natureza interbancária entre instituições integrantes do Sistema Financeiro Nacional autorizadas a operar no mercado de câmbio e entre estas e instituições financeiras no exterior: zero;

• Inciso II acrescentado pelo Dec. 8.325/2014.

III – nas operações de câmbio, de transferências do e para o exterior, relativas a aplicações de fundos de investimento no mercado internacional, nos limites e condições fixados pela Comissão de Valores Mobiliários: zero;

• Inciso III acrescentado pelo Dec. 8.325/2014.

IV – nas operações de câmbio realizadas por empresas de transporte aéreo internacional domiciliadas no exterior, para remessa de recursos originados de suas receitas locais: zero;

• Inciso IV acrescentado pelo Dec. 8.325/2014.

V – nas operações de câmbio relativas a ingresso de moeda estrangeira para cobertura de gastos efetuados no País com utilização de cartão de crédito emitido no exterior: zero;

• Inciso V acrescentado pelo Dec. 8.325/2014.

VI – nas operações de câmbio realizadas para ingresso no País de doações em espécie recebidas por instituições financeiras públicas controladas pela União e destinadas a ações de prevenção, monitoramento e combate ao desmatamento e de promoção da conservação e do uso sustentável das florestas brasileiras, de que trata a Lei 11.828, de 20 de novembro de 2008: zero;

• Inciso VI acrescentado pelo Dec. 8.325/2014.

VII – nas operações de câmbio destinadas ao cumprimento de obrigações de administradoras de cartão de crédito ou de débito ou de bancos comerciais ou múltiplos na qualidade de emissores de cartão de crédito decorrentes de aquisição de bens e serviços do exterior efetuada por seus usuários, observado o disposto no inciso VIII: 6,38% (seis inteiros e trinta e oito centésimos por cento);

• Inciso VII acrescentado pelo Dec. 8.325/2014.

VIII – nas operações de câmbio destinadas ao cumprimento de obrigações de administradoras de cartão de crédito ou de débito ou de bancos comerciais ou múltiplos na qualidade de emissores de cartão de crédito decorrentes de aquisição de bens e serviços do exterior quando forem usuários do cartão a União, Estados, Municípios, Distrito Federal, suas fundações e autarquias: zero;

• Inciso VIII acrescentado pelo Dec. 8.325/2014.

IX – nas operações de câmbio destinadas ao cumprimento de obrigações de administradoras de cartão de uso internacional ou de bancos comerciais ou múltiplos na qualidade de emissores de cartão de crédito ou de débito decorrentes de saques no exterior efetuado por seus usuários: 6,38% (seis inteiros e trinta e oito centésimos por cento);

• Inciso IX acrescentado pelo Dec. 8.325/2014.

X – nas liquidações de operações de câmbio para aquisição de moeda estrangeira em cheques de viagens e para carregamento de cartão internacional pré-pago, destinadas a atender gastos pessoais em viagens internacionais: 6,38% (seis inteiros e trinta e oito centésimos por cento);

• Inciso X acrescentado pelo Dec. 8.325/2014.

Dec. 6.306/2007

LEGISLAÇÃO

XI – nas liquidações de operações de câmbio de ingresso e saída de recursos no e do País, referentes a recursos captados a título de empréstimos e financiamentos externos, excetuadas as operações de que trata o inciso XII: zero;

• Inciso XI acrescentado pelo Dec. 8.325/2014.

XII – nas liquidações de operações de câmbio para ingresso de recursos no País, inclusive por meio de operações simultâneas, referente a empréstimo externo, sujeito a registro no Banco Central do Brasil, contratado de forma direta ou mediante emissão de títulos no mercado internacional com prazo médio mínimo de até cento e oitenta dias: 6% (seis por cento);

• Inciso XII acrescentado pelo Dec. 8.325/2014.

XIII – nas liquidações de operações de câmbio para remessa de juros sobre o capital próprio e dividendos recebidos por investidor estrangeiro: zero;

• Inciso XIII acrescentado pelo Dec. 8.325/2014.

XIV – nas liquidações de operações de câmbio contratadas por investidor estrangeiro para ingresso de recursos no País, inclusive por meio de operações simultâneas, para constituição de margem de garantia, inicial ou adicional, exigida por bolsas de valores, de mercadorias e futuros: zero;

• Inciso XIV acrescentado pelo Dec. 8.325/2014.

XV – nas liquidações de operações simultâneas de câmbio para ingresso no País de recursos através de cancelamento de *Depositary Receipts* – DR, para investimento em ações negociáveis em bolsa de valores: zero;

• Inciso XV acrescentado pelo Dec. 8.325/2014.

XVI – nas liquidações de operações de câmbio contratadas por investidor estrangeiro para ingresso de recursos no País, inclusive por meio de operações simultâneas, para aplicação nos mercados financeiro e de capitais: zero;

• Inciso XVI acrescentado pelo Dec. 8.325/2014.

XVII – nas liquidações de operações de câmbio para fins de retorno de recursos aplicados por investidor estrangeiro nos mercados financeiro e de capitais: zero; e

• Inciso XVII acrescentado pelo Dec. 8.325/2014.

XVIII – na operação de compra de moeda estrangeira por instituição autorizada a operar no mercado de câmbio, contratada simultaneamente com operação de venda, exclusivamente quando requerida em disposição regulamentar: zero.

• Inciso XVIII acrescentado pelo Dec. 8.325/2014.

XIX – nas liquidações de operações simultâneas de câmbio para ingresso de recursos no País, originárias da mudança de regime do investidor estrangeiro, de investimento direto de que trata a Lei 4.131, de 3 de setembro de 1962, para investimento em ações negociáveis em bolsa de valores, na forma regulamentada pelo Conselho Monetário Nacional: zero.

• Inciso XIX acrescentado pelo Dec. 8.731/2016.

XX – nas liquidações de operações de câmbio, liquidadas a partir de 3 de maio de 2016, para aquisição de moeda estrangeira, em espécie: um inteiro e dez centésimos por cento.

• Inciso XX acrescentado pelo Dec. 8.731/2016.

§ 1º No caso de operações de empréstimo em moeda via lançamento de títulos, com cláusula de antecipação de vencimento, parcial ou total, pelo credor ou pelo devedor (*put/call*), a primeira data prevista de exercício definirá a incidência do imposto prevista no inciso XII do *caput*.

• § 1º acrescentado pelo Dec. 8.325/2014.

§ 2º Quando a operação de empréstimo for contratada pelo prazo médio mínimo superior ao exigido no inciso XII do *caput* e for liquidada antecipadamente, total ou parcialmente, descumprindo-se esse prazo mínimo, o contribuinte ficará sujeito ao pagamento do imposto calculado à alíquota estabelecida no inciso citado, acrescido de juros moratórios e multa, sem prejuízo das penalidades previstas no art. 23 da Lei 4.131, de 3 de setembro de 1962, e no art. 72 da Lei 9.069, de 29 de junho de 1995.

• § 2º acrescentado pelo Dec. 8.325/2014.

§ 3º Caso o prazo médio mínimo de amortização previsto no inciso XII na data da liquidação antecipada de empréstimo seja inferior ao prazo médio mínimo da operação originalmente contratada e, desde que cumprido o prazo médio mínimo previsto no inciso XII, aplica-se a alíquota em vigor na data da liquidação do contrato de câmbio para pagamento do empréstimo, não se aplicando o disposto no § 2º.

• § 3º acrescentado pelo Dec. 8.731/2016.

Dec. 6.306/2007

LEGISLAÇÃO

§ 4º Enquadram-se no disposto no inciso I as operações de câmbio relativas ao ingresso no País de receitas de exportação de serviços classificados nas Seções I a V da Nomenclatura Brasileira de Serviços, Intangíveis e Outras Operações que produzam variações no patrimônio – NBS, exceto se houver neste Decreto disposição especial.

- § 4º acrescentado pelo Dec. 8.731/2016.

Capítulo IV
DA ISENÇÃO
Da isenção

Art. 16. É isenta do IOF a operação de câmbio:

I – realizada para pagamento de bens importados (Decreto-lei 2.434, de 19 de maio de 1988, art. 6º, e Lei 8.402, de 1992, art. 1º, inciso XIII);

II – em que o comprador ou o vendedor da moeda estrangeira seja a entidade binacional Itaipu (art. XII do Tratado promulgado pelo Decreto 72.707, de 1973);

III – (*Revogado pelo Dec. 7.563/2011.*)

IV – (*Revogado pelo Dec. 7.563/2011.*)

V – em que os compradores ou vendedores da moeda estrangeira sejam missões diplomáticas e repartições consulares de carreira (Convenção de Viena sobre Relações Consulares promulgada pelo Decreto 61.078, de 1967, art. 32, e Decreto 95.711, de 1988, art. 1º);

VI – contratada por funcionário estrangeiro de missão diplomática ou representação consular (Convenção de Viena sobre Relações Diplomáticas promulgada pelo Decreto 56.435, de 1965, art. 34);

§ 1º O disposto nos incisos V e VI não se aplica aos consulados e cônsules honorários (Convenção de Viena sobre Relações Consulares promulgada pelo Decreto 61.078, de 1967, art. 58);

§ 2º O disposto no inciso VI não se aplica aos funcionários estrangeiros que tenham residência permanente no Brasil (Convenção de Viena sobre Relações Diplomáticas promulgada pelo Decreto 56.435, de 1965, art. 37, e Convenção de Viena sobre Relações Consulares promulgada pelo Decreto 61.078, de 1967, art. 71).

§ 3º Os membros das famílias dos funcionários mencionados no inciso VI, desde que com eles mantenham relação de dependência econômica e não tenham residência permanente no Brasil, gozarão do tratamento estabelecido neste artigo (Convenção de Viena sobre Relações Diplomáticas promulgada pelo Decreto 56.435, de 1965, art. 37, e Convenção de Viena sobre Relações Consulares promulgada pelo Decreto 61.078, de 1967, art. 71).

§ 4º O tratamento estabelecido neste artigo aplica-se, ainda, aos organismos internacionais e regionais de caráter permanente de que o Brasil seja membro e aos funcionários estrangeiros de tais organismos, nos termos dos acordos firmados (Lei 5.172, de 1966, art. 98).

Capítulo V
DA COBRANÇA E DO RECOLHIMENTO

Art. 17. O IOF será cobrado na data da liquidação da operação de câmbio.

Parágrafo único. O IOF deve ser recolhido ao Tesouro Nacional até o terceiro dia útil subsequente ao decêndio da cobrança ou do registro contábil do imposto (Lei 11.196, de 2005, art. 70, inciso II, alínea *b*).

TÍTULO IV
DA INCIDÊNCIA SOBRE OPERAÇÕES DE SEGURO

Capítulo I
DO FATO GERADOR

Art. 18. O fato gerador do IOF é o recebimento do prêmio (Lei 5.143, de 1966, art. 1º, inciso II).

§ 1º A expressão "operações de seguro" compreende seguros de vida e congêneres, seguro de acidentes pessoais e do trabalho, seguros de bens, valores, coisas e outros não especificados (Decreto-lei 1.783, de 1980, art. 1º, incisos II e III).

§ 2º Ocorre o fato gerador e torna-se devido o IOF no ato do recebimento total ou parcial do prêmio.

LEGISLAÇÃO

Capítulo II
DOS CONTRIBUINTES E DOS RESPONSÁVEIS

Dos contribuintes

Art. 19. Contribuintes do IOF são as pessoas físicas ou jurídicas seguradas (Decreto-lei 1.783, de 1980, art. 2º).

Dos responsáveis

Art. 20. São responsáveis pela cobrança do IOF e pelo seu recolhimento ao Tesouro Nacional as seguradoras ou as instituições financeiras a quem estas encarregarem da cobrança do prêmio (Decreto-lei 1.783, de 1980, art. 3º, inciso II, e Decreto-lei 2.471, de 1º de setembro de 1988, art. 7º).

Parágrafo único. A seguradora é responsável pelos dados constantes da documentação remetida para cobrança.

Capítulo III
DA BASE DE CÁLCULO E DA ALÍQUOTA

Da base de cálculo

Art. 21. A base de cálculo do IOF é o valor dos prêmios pagos (Decreto-lei 1.783, de 1980, art. 1º, incisos II e III).

Da alíquota

Art. 22. A alíquota do IOF é de 25% (vinte e cinco por cento) (Lei 9.718, de 27 de novembro de 1998, art. 15).

§ 1º A alíquota do IOF fica reduzida:

I – a zero, nas seguintes operações:

a) de resseguro;

b) de seguro obrigatório, vinculado a financiamento de imóvel habitacional, realizado por agente do Sistema Financeiro de Habitação;

c) de seguro de crédito à exportação e de transporte internacional de mercadorias;

d) de seguro contratado no Brasil, referente à cobertura de riscos relativos ao lançamento e à operação dos satélites Brasilsat I e II;

e) em que o valor dos prêmios seja destinado ao custeio dos planos de seguro de vida com cobertura por sobrevivência;

f) de seguro aeronáutico e de seguro de responsabilidade civil pagos por transportador aéreo;

g) de seguro garantia.

• Alínea g com redação determinada pelo Dec. 7.787/2012, em vigor 90 (noventa) dias após a data de sua publicação (*DOU* 16.08.2012).

II – nas operações de seguro de vida e congêneres, de acidentes pessoais e do trabalho, incluídos os seguros obrigatórios de danos pessoais causados por veículos automotores de vias terrestres e por embarcações, ou por sua carga, a pessoas transportadas ou não e excluídas aquelas de que trata a alínea f do inciso I: 0,38% (trinta e oito centésimos por cento);

• Inciso II com redação determinada pelo Dec. 6.339/2008 (*DOU* 03.01.2008, edição extra), em vigor na data de sua publicação, produzindo efeitos em relação às operações contratadas a partir dessa data.

III – nas operações de seguros privados de assistência à saúde: 2,38% (dois inteiros e trinta e oito centésimos por cento);

• Inciso III com redação determinada pelo Dec. 6.339/2008 (*DOU* 03.01.2008, edição extra), em vigor na data de sua publicação, produzindo efeitos em relação às operações contratadas a partir dessa data.

IV – nas demais operações de seguro: 7,38% (sete inteiros e trinta e oito centésimos por cento).

• Inciso IV acrescentado pelo Dec. 6.339/2008 (*DOU* 03.01.2008, edição extra), em vigor na data de sua publicação, produzindo efeitos em relação às operações contratadas a partir dessa data.

§ 2º O disposto na alínea f do inciso I do § 1º aplica-se somente a seguro contratado por companhia aérea que tenha por objeto principal o transporte remunerado de passageiros ou de cargas.

Capítulo IV
DA ISENÇÃO

Art. 23. É isenta do IOF a operação de seguro:

I – em que o segurado seja a entidade binacional Itaipu (art. XII do Tratado promulgado pelo Decreto 72.707, de 1973);

II – (*Revogado pelo Dec. 7.563/2011.*)

III – rural (Decreto-lei 73, de 21 de novembro de 1966, art. 19);

IV – em que os segurados sejam missões diplomáticas e repartições consulares de carreira (Convenção de Viena sobre Relações Consulares promulgada pelo Decreto

Dec. 6.306/2007

61.078, de 1967, art. 32, e Decreto 95.711, de 1988, art. 1º);

V – contratada por funcionário estrangeiro de missão diplomática ou representação consular (Convenção de Viena sobre Relações Diplomáticas promulgada pelo Decreto 56.435, de 8 de junho de 1965, art. 34).

§ 1º O disposto nos incisos IV e V não se aplica aos consulados e cônsules honorários (Convenção de Viena sobre Relações Consulares promulgada pelo Decreto 61.078, de 1967, art. 58).

§ 2º O disposto no inciso V não se aplica aos funcionários estrangeiros que tenham residência permanente no Brasil (Convenção de Viena sobre Relações Diplomáticas promulgada pelo Decreto 56.435, de 1965, art. 37, e Convenção de Viena sobre Relações Consulares promulgada pelo Decreto 61.078, de 1967, art. 71).

§ 3º Os membros das famílias dos funcionários mencionados no inciso V, desde que com eles mantenham relação de dependência econômica e não tenham residência permanente no Brasil, gozarão do tratamento estabelecido neste artigo (Convenção de Viena sobre Relações Diplomáticas promulgada pelo Decreto 56.435, de 1965, art. 37, e Convenção de Viena sobre Relações Consulares promulgada pelo Decreto 61.078, de 1967, art. 71).

§ 4º O tratamento estabelecido neste artigo aplica-se, ainda, aos organismos internacionais e regionais de caráter permanente de que o Brasil seja membro e aos funcionários estrangeiros de tais organismos, nos termos dos acordos firmados (Lei 5.172, de 1966, art. 98).

Capítulo V
DA COBRANÇA E DO RECOLHIMENTO

Art. 24. O IOF será cobrado na data do recebimento total ou parcial do prêmio.

Parágrafo único. O IOF deve ser recolhido ao Tesouro Nacional até o terceiro dia útil subsequente ao decêndio da cobrança ou do registro contábil do imposto (Lei 11.196, de 2005, art. 70, inciso II, alínea b).

TÍTULO V
DA INCIDÊNCIA SOBRE OPERAÇÕES RELATIVAS A TÍTULOS OU VALORES MOBILIÁRIOS

Capítulo I
DO FATO GERADOR

Art. 25. O fato gerador do IOF é a aquisição, cessão, resgate, repactuação ou pagamento para liquidação de títulos e valores mobiliários (Lei 5.172, de 1966, art. 63, inciso IV, e Lei 8.894, de 1994, art. 2º, inciso II, alíneas a e b).

§ 1º Ocorre o fato gerador e torna-se devido o IOF no ato da realização das operações de que trata este artigo.

§ 2º Aplica-se o disposto neste artigo a qualquer operação, independentemente da qualidade ou da forma jurídica de constituição do beneficiário da operação ou do seu titular, estando abrangidos, entre outros, fundos de investimentos e carteiras de títulos e valores mobiliários, fundos ou programas, ainda que sem personalidade jurídica, e entidades de previdência privada.

• § 2º com redação determinada pelo Dec. 6.613/2008.

Capítulo II
DOS CONTRIBUINTES E DOS RESPONSÁVEIS

Dos contribuintes

Art. 26. Contribuintes do IOF são:

I – os adquirentes, no caso de aquisição de títulos ou valores mobiliários, e os titulares de aplicações financeiras, nos casos de resgate, cessão ou repactuação (Decreto-lei 1.783, de 1980, art. 2º e Lei 8.894, de 1994, art. 2º, inciso II, alínea a, e art. 3º, inciso II);

• Inciso I com redação determinada pelo Dec. 7.412/2010 (DOU 31.12.2010), em vigor na data de sua publicação, produzindo efeitos a partir de 1º.01.2011.

II – as instituições financeiras e demais instituições autorizadas a funcionar pelo Banco Central do Brasil, na hipótese prevista no inciso IV do art. 28 (Lei 8.894, de 1994, art. 3º, inciso III).

Dec. 6.306/2007

LEGISLAÇÃO

Dos responsáveis

Art. 27. São responsáveis pela cobrança do IOF e pelo seu recolhimento ao Tesouro Nacional (Decreto-lei 1.783, de 1980, art. 3º, inciso IV, e Medida Provisória 2.158-35, de 24 de agosto de 2001, art. 28):

I – as instituições autorizadas a operar na compra e venda de títulos e valores mobiliários;

II – as bolsas de valores, de mercadorias, de futuros e assemelhadas, em relação às aplicações financeiras realizadas em seu nome, por conta de terceiros e tendo por objeto recursos destes;

III – a instituição que liquidar a operação perante o beneficiário final, no caso de operação realizada por meio do Selic ou da Central de Custódia e de Liquidação Financeira de Títulos – Cetip;

IV – o administrador do fundo de investimento;

V – a instituição que intermediar recursos, junto a clientes, para aplicações em fundos de investimentos administrados por outra instituição, na forma prevista em normas baixadas pelo Conselho Monetário Nacional;

VI – a instituição que receber as importâncias referentes à subscrição das cotas do Fundo de Investimento Imobiliário e do Fundo Mútuo de Investimento em Empresas Emergentes.

§ 1º Na hipótese do inciso II do *caput*, ficam as entidades ali relacionadas obrigadas a apresentar à instituição financeira declaração de que estão operando por conta de terceiros e com recursos destes.

§ 2º Para efeito do disposto no inciso V do *caput*, a instituição intermediadora dos recursos deverá (Lei 9.779, de 1999, art. 16, e Medida Provisória 2.158-35, de 2001, art. 28, § 1º):

- *Caput* do § 2º retificado no *DOU* de 08.01.2008.

I – manter sistema de registro e controle, em meio magnético, que permita a identificação, a qualquer tempo, de cada cliente e dos elementos necessários à apuração do imposto por ele devido;

II – fornecer à instituição administradora do fundo de investimento, individualizados por código de cliente, os valores das aplicações, resgates e imposto cobrado;

III – prestar à Secretaria da Receita Federal do Brasil todas as informações decorrentes da responsabilidade pela cobrança do imposto.

§ 3º No caso das operações a que se refere o § 1º do art. 32-A, a responsabilidade tributária será do custodiante das ações cedidas.

- § 3º acrescentado pelo Dec. 7.412/2010 (*DOU* 31.12.2010), em vigor na data de sua publicação, produzindo efeitos a partir de 1º.01.2011.

§ 4º No caso de ofertas públicas a que se refere o § 2º do art. 32-A, a responsabilidade tributária será do coordenador líder da oferta.

- § 4º acrescentado pelo Dec. 7.412/2010 (*DOU* 31.12.2010), em vigor na data de sua publicação, produzindo efeitos a partir de 1º.01.2011.

Capítulo III
DA BASE DE CÁLCULO E DA ALÍQUOTA

Da base de cálculo

Art. 28. A base de cálculo do IOF é o valor (Lei 8.894, de 1994, art. 2º, II):

I – de aquisição, resgate, cessão ou repactuação de títulos e valores mobiliários;

II – da operação de financiamento realizada em bolsas de valores, de mercadorias, de futuros e assemelhadas;

III – de aquisição ou resgate de cotas de fundos de investimento e de clubes de investimento;

IV – do pagamento para a liquidação das operações referidas no inciso I, quando inferior a 95% (noventa e cinco por cento) do valor inicial da operação.

§ 1º Na hipótese do inciso IV, o valor do IOF está limitado à diferença positiva entre 95% (noventa e cinco por cento) do valor inicial da operação e o correspondente valor de resgate ou cessão.

§ 2º Serão acrescidos ao valor da cessão ou resgate de títulos e valores mobiliários os rendimentos periódicos recebidos, a qualquer título, pelo cedente ou aplicador, durante o período da operação.

Dec. 6.306/2007

§ 3º O disposto nos incisos I e III abrange quaisquer operações consideradas como de renda fixa.

Das alíquotas

Art. 29. O IOF será cobrado à alíquota máxima de 1,5% (um vírgula cinco por cento) ao dia sobre o valor das operações com títulos ou valores mobiliários (Lei 8.894, de 1994, art. 1º).

Art. 30. Aplica-se a alíquota de que trata o art. 29 nas operações com títulos e valores mobiliários de renda fixa e de renda variável, efetuadas com recursos provenientes de aplicações feitas por investidores estrangeiros em cotas de Fundo de Investimento Imobiliário e de Fundo Mútuo de Investimento em Empresas Emergentes, observados os seguintes limites:

I – quando referido fundo não for constituído ou não entrar em funcionamento regular: 10% (dez por cento);

II – no caso de fundo já constituído e em funcionamento regular, até 1 (um) ano da data do registro das cotas na Comissão de Valores Mobiliários: 5% (cinco por cento).

Art. 31. O IOF será cobrado à alíquota de 0,5% (zero vírgula cinco por cento) ao dia sobre o valor de resgate de quotas de fundos de investimento, constituídos sob qualquer forma, na hipótese de o investidor resgatar cotas antes de completado o prazo de carência para crédito dos rendimentos.

Parágrafo único. O IOF de que trata este artigo fica limitado à diferença entre o valor da cota, no dia do resgate, multiplicado pelo número de cotas resgatadas, deduzido o valor do imposto de renda, se houver, e o valor pago ou creditado ao cotista.

Art. 32. O IOF será cobrado à alíquota de 1% (um por cento) ao dia sobre o valor do resgate, cessão ou repactuação, limitado ao rendimento da operação, em função do prazo, conforme tabela constante do Anexo.

§ 1º O disposto neste artigo aplica-se:

I – às operações realizadas no mercado de renda fixa;

- Inciso I com redação determinada pelo Dec. 7.487/2011 (*DOU* 24.05.2011), em vigor na data de sua publicação, produzindo efeitos em relação às alterações introduzidas neste inciso, para as aplicações contratadas, a partir do primeiro dia útil subsequente à data da publicação deste ato.

II – ao resgate de cotas de fundos de investimento e de clubes de investimento, ressalvado o disposto no inciso IV do § 2º.

III – às operações compromissadas realizadas por instituições financeiras e por demais instituições autorizadas a funcionar pelo Banco Central do Brasil com debêntures de que trata o art. 52 da Lei 6.404, de 15 de dezembro de 1976, emitidas por instituições integrantes do mesmo grupo econômico.

- Inciso III acrescentado pelo Dec. 8.731/2016.

§ 2º Ficam sujeitas à alíquota zero as operações, sem prejuízo do disposto no inciso III do § 1º:

- *Caput* do § 2º com redação determinada pelo Dec. 8.731/2016.

I – de titularidade das instituições financeiras e das demais instituições autorizadas a funcionar pelo Banco Central do Brasil, excluída a administradora de consórcio de que trata a Lei 11.795, de 8 de outubro de 2008;

- Inciso I com redação determinada pelo Dec. 7.487/2011 (*DOU* 24.05.2011), em vigor na data de sua publicação, produzindo efeitos em relação às alterações introduzidas neste inciso, para as aplicações contratadas, a partir do primeiro dia útil subsequente à data da publicação deste ato.

II – das carteiras dos fundos de investimento e dos clubes de investimento;

III – do mercado de renda variável, inclusive as realizadas em bolsas de valores, de mercadorias, de futuros e entidades assemelhadas;

IV – de resgate de cotas dos fundos e clubes de investimento em ações, assim considerados pela legislação do imposto de renda.

V – com Certificado de Direitos Creditórios do Agronegócio – CDCA, com Letra de Crédito do Agronegócio – LCA, e com Certificado de Recebíveis do Agronegócio – CRA, criados pelo art. 23 da Lei 11.076, de 30 de dezembro de 2004; e

- Inciso V acrescentado pelo Dec. 7.487/2011 (*DOU* 24.05.2011), em vigor na data de sua publicação, produzindo efeitos em relação às alterações introduzidas neste inciso, para as aplicações contratadas, a partir do primeiro dia útil subsequente à data da publicação deste ato.

VI – com debêntures de que trata o art. 52 da Lei 6.404, de 15 de dezembro de 1976, com Certificados de Recebíveis Imobiliários de que trata o art. 6º da Lei 9.514, de 20 de novembro de 1997, e com Letras Financeiras de que trata o art. 37 da Lei 12.249, de 11 de junho de 2010.

- Inciso VI acrescentado pelo Dec. 7.487/2011 (*DOU* 24.05.2011), em vigor na data de sua publicação, produzindo efeitos em relação às alterações introduzidas neste inciso, para as aplicações contratadas, a partir do primeiro dia útil subsequente à data da publicação deste ato.

VII – de negociação de cotas de Fundos de Índice de Renda Fixa em bolsas de valores ou mercado de balcão organizado.

- Inciso VII acrescentado pelo Dec. 8.325/2014.

§ 3º O disposto no inciso III do § 2º não se aplica às operações conjugadas de que trata o art. 65, § 4º, alínea *a*, da Lei 8.981, de 1995.

§ 4º O disposto neste artigo não modifica a incidência do IOF:

I – nas operações de que trata o art. 30;

II – no resgate de quotas de fundos de investimento, na forma prevista no art. 31;

§ 5º A incidência de que trata o inciso II do § 4º exclui a cobrança do IOF prevista neste artigo.

Art. 32-A. A partir de 24 de dezembro de 2013, fica reduzida a zero a alíquota incidente na cessão de ações que sejam admitidas à negociação em bolsa de valores localizada no Brasil, com o fim específico de lastrear a emissão de *depositary receipts* – DR negociados no exterior.

- *Caput* com redação determinada pelo Dec. 8.165/2013.

§ 1º Para os efeitos do disposto no *caput*, exceto no caso de ofertas públicas, o valor da operação a ser considerado para fins de apuração da base de cálculo deverá ser obtido multiplicando-se o número de ações cedidas pela sua cotação de fechamento na data anterior à operação ou, no caso de não ter havido negociação nessa data, pela última cotação de fechamento disponível.

- § 1º acrescentado pelo Dec. 7.412/2010 (*DOU* 31.12.2010), em vigor na data de sua publicação, produzindo efeitos a partir de 1º.01.2011.

§ 2º No caso de ofertas públicas, a cotação a ser considerada para fins de apuração da base de cálculo do IOF de que trata este artigo será o preço fixado com base no resultado do processo de coleta de intenções de investimento ("Procedimento de *Bookbuilding*") ou, se for o caso, o preço determinado pelo ofertante e definido nos documentos da oferta pública.

- § 2º acrescentado pelo Dec. 7.412/2010 (*DOU* 31.12.2010), em vigor na data de sua publicação, produzindo efeitos a partir de 1º.01.2011.

Art. 32-B. (*Revogado pelo Dec. 7.563/2011.*)

Art. 32-C. O IOF será cobrado à alíquota de um por cento, sobre o valor nocional ajustado, na aquisição, venda ou vencimento de contrato de derivativo financeiro celebrado no País que, individualmente, resulte em aumento da exposição cambial vendida ou redução da exposição cambial comprada.

- V. art. 1º, Portaria MF 560/2011 que dispõe: "Art. 1º O recolhimento do Imposto sobre Operações de Crédito, Câmbio e Seguro, ou Relativas a Títulos ou Valores Mobiliários (IOF) incidente sobre as operações com derivativos a que se refere o art. 32-C do Decreto 6.306, de 14 de dezembro de 2007, incluído pelo Decreto 7.563, de 15 de setembro de 2011, relativo aos fatos geradores ocorridos no período de 16 de setembro a 31 de dezembro de 2011, será efetuado no dia 31 de janeiro de 2012. Parágrafo único. Em relação aos fatos geradores ocorridos a partir de 1º de janeiro de 2012, os recolhimentos do imposto a que se refere o *caput* serão efetuados até o último dia útil do mês subsequente ao de ocorrência dos fatos geradores".

§ 1º Poderão ser deduzidos da base de cálculo apurada diariamente:

I – o somatório do valor nocional ajustado na aquisição, venda ou vencimento de contratos de derivativos financeiros celebrados no País, no dia, e que, individualmente, resultem em aumento da exposição cambial comprada ou redução da exposição cambial vendida;

II – a exposição cambial líquida comprada ajustada apurada no dia útil anterior;

III – a redução da exposição cambial líquida vendida e o aumento da exposição cambial líquida comprada em relação ao dia útil anterior, não resultantes de aquisições, vendas

Dec. 6.306/2007

LEGISLAÇÃO

ou vencimentos de contratos de derivativos financeiros.

§ 2º A base de cálculo será apurada em dólares dos Estados Unidos da América e convertida em moeda nacional para fins de incidência do imposto, conforme taxa de câmbio de fechamento do dia de apuração da base de cálculo divulgada pelo Banco Central do Brasil – PTAX.

§ 3º No caso de contratos de derivativos financeiros que tenham por objeto a taxa de câmbio de outra moeda estrangeira que não o dólar dos Estados Unidos da América em relação à moeda nacional ou taxa de juros associada a outra moeda estrangeira que não o dólar dos Estados Unidos da América em relação à moeda nacional, o valor nocional ajustado e as exposições cambiais serão apurados na própria moeda estrangeira e convertidos em dólares dos Estados Unidos da América para apuração da base de cálculo.

§ 4º Para os fins do disposto neste artigo, entende-se por:

I – valor nocional ajustado – o valor de referência do contrato – valor nocional – multiplicado pela variação do preço do derivativo em relação à variação do preço da moeda estrangeira, sendo que, no caso de aquisição, venda ou vencimento parcial, o valor nocional ajustado será apurado proporcionalmente;

II – exposição cambial vendida – o somatório do valor nocional ajustado dos contratos de derivativos financeiros do titular que resultem em ganhos quando houver apreciação da moeda nacional relativamente à moeda estrangeira, ou perdas quando houver depreciação da moeda nacional relativamente à moeda estrangeira;

III – exposição cambial comprada – o somatório do valor nocional ajustado dos contratos de derivativos financeiros do titular que resultem em perdas quando houver apreciação da moeda nacional relativamente à moeda estrangeira, ou ganhos quando houver depreciação da moeda nacional relativamente à moeda estrangeira;

IV – exposição cambial líquida vendida – o valor máximo entre zero e o resultado da diferença entre a exposição cambial vendida e a exposição cambial comprada;

V – exposição cambial líquida comprada – o valor máximo entre zero e o resultado da diferença entre a exposição cambial comprada e a exposição cambial vendida;

VI – exposição cambial líquida comprada ajustada – o valor máximo entre zero e o resultado da diferença entre a exposição cambial comprada, acrescida de US$ 10.000.000,00 (dez milhões de dólares dos Estados Unidos da América), e a exposição cambial vendida;

VII – contrato de derivativo financeiro – contrato que tem como objeto taxa de câmbio de moeda estrangeira em relação à moeda nacional ou taxa de juros associada a moeda estrangeira em relação à moeda nacional; e

VIII – data de aquisição, venda ou vencimento – data em que a exposição cambial do contrato de derivativo financeiro é iniciada ou encerrada, total ou parcialmente, pela determinação de parâmetros utilizados no cálculo do valor de liquidação do respectivo contrato.

§ 5º A alíquota fica reduzida a zero:

- § 5º com redação determinada pelo Decreto 7.699/2012.

I – nas operações com contratos de derivativos para cobertura de riscos, inerentes à oscilação de preço da moeda estrangeira, decorrentes de contratos de exportação firmados por pessoa física ou jurídica residente ou domiciliada no País; e

II – nas demais operações com contratos de derivativos financeiros não incluídos no *caput*.

§ 6º O contribuinte do tributo é o titular do contrato de derivativos financeiros.

§ 7º São responsáveis pela apuração e recolhimento do tributo as entidades ou instituições autorizadas a registrar os contratos de derivativos financeiros.

§ 8º Na impossibilidade de apuração do IOF pelos responsáveis tributários, tais entidades ou instituições deverão, até o décimo dia útil do mês subsequente ao de ocorrência do fato gerador, por meio dos intermediários e participantes habilitados, as informações necessárias para a apuração da base de cálculo das operações com contratos de derivativos financeiros registrados em seus sistemas, e para o recolhimento do tributo:

I – ao contribuinte residente ou domiciliado no País;

II – ao representante legal do contribuinte residente ou domiciliado no exterior; e

III – ao administrador de fundos e clubes de investimentos, para o qual as informações de que trata o § 8º poderão ser disponibilizadas diariamente.

§ 9º Caracteriza-se impossibilidade de apuração ou de cobrança, respectivamente, quando as entidades ou instituições de que trata o 7º não possuírem todas as informações necessárias para apuração da base de cálculo, inclusive informações de outras entidades autorizadas a registrar contratos de derivativos financeiros, ou não possuírem acesso aos recursos financeiros do contribuinte necessários ao recolhimento do imposto.

§ 10. As informações a que se refere o § 8º poderão ser disponibilizadas em formato eletrônico.

• § 10 com redação determinada pelo Dec. 7.683/2012.

§ 11. Para fazer jus à alíquota reduzida de que trata o inciso I do § 5º, o valor total da exposição cambial vendida diária referente às operações com contratos de derivativos não poderá ser superior a 1,2 (um inteiro e dois décimos) vezes o valor total das operações com exportação realizadas no ano anterior pela pessoa física ou jurídica titular dos contratos de derivativos.

• § 11 acrescentado pelo Dec. 7.699/2012.

§ 12. Observado o limite de que trata o § 11, o disposto no inciso I do § 5º estará sujeito à comprovação de operações de exportação cujos valores justifiquem a respectiva exposição cambial vendida, realizadas no período de até doze meses subsequentes à data de ocorrência do fato gerador do IOF.

• § 12 acrescentado pelo Dec. 7.699/2012.

§ 13. Quando houver falta de comprovação ou descumprimento de condição de que tratam os §§ 11 e 12, o IOF será devido a partir da data de ocorrência do fato gerador e calculado à alíquota correspondente à operação, conforme previsto no *caput*, acrescido de juros e multa de mora.

• § 13 acrescentado pelo Dec. 7.699/2012.

§ 14. Quando, em razão de determinação prévia do Banco Central do Brasil, a taxa de câmbio válida para um determinado dia for definida como a mesma taxa de câmbio do dia útil imediatamente anterior, será considerada como data de aquisição, venda ou vencimento, definida no inciso VIII do § 4º, para as exposições com aquisição, venda ou vencimento nessa data, o dia útil imediatamente anterior, ficando o próprio contribuinte responsável pela consolidação das exposições destes dias.

• § 14 acrescentado pelo Dec. 7.878/2012.

§ 15. A partir de 13 de junho de 2013, a alíquota prevista no *caput* fica reduzida a zero.

• § 15 acrescentado pelo Dec. 8.027/2013.

Art. 33. A alíquota fica reduzida a zero nas demais operações com títulos ou valores mobiliários, inclusive no resgate de cotas do Fundo de Aposentadoria Programada Individual – Fapi, instituído pela Lei 9.477, de 24 de julho de 1997.

• Artigo com redação determinada pelo Dec. 7.487/2011.

Capítulo IV
DA ISENÇÃO

Art. 34. São isentas do IOF as operações com títulos ou valores mobiliários:

I – em que o adquirente seja a entidade binacional Itaipu (art. XII do Tratado promulgado pelo Decreto 72.707, de 1973);

II – efetuadas com recursos e em benefício dos Fundos Constitucionais de Financiamento do Norte (FNO) do Nordeste (FNE) e do Centro-Oeste (FCO) (Lei 7.827, de 1989, art. 8º);

III – de negociações com Cédula de Produto Rural realizadas nos mercados de bolsas e de balcão (Lei 8.929, de 22 de agosto de 1994, art. 19, § 2º);

IV – em que os adquirentes sejam missões diplomáticas e repartições consulares de carreira (Convenção de Viena sobre Relações Consulares promulgada pelo Decreto 61.078, de 1967, art. 32, e Decreto 95.711, de 1988, art. 1º);

V – em que o adquirente seja funcionário estrangeiro de missão diplomática ou representação consular (Convenção de Viena sobre Relações Diplomáticas promulgada pelo Decreto 56.435, de 1965, art. 34);

VI – de negociações com Certificado de Depósito Agropecuário – CDA e com *Warrant* Agropecuário – WA (Lei 11.076, de 2004, arts. 1º e 18).

§ 1º O disposto nos incisos IV e V não se aplica aos consulados e cônsules honorários (Convenção de Viena sobre Relações Consulares promulgada pelo Decreto 61.078, de 1967, art. 58).

§ 2º O disposto no inciso V não se aplica aos funcionários estrangeiros que tenham residência permanente no Brasil (Convenção de Viena sobre Relações Diplomáticas promulgada pelo Decreto 56.435, de 1965, art. 37, e Convenção de Viena sobre Relações Consulares promulgada pelo Decreto 61.078, de 1967, art. 71).

§ 3º Os membros das famílias dos funcionários mencionados no inciso V, desde que com eles mantenham relação de dependência econômica e não tenham residência permanente no Brasil, gozarão do tratamento estabelecido neste artigo (Convenção de Viena sobre Relações Diplomáticas promulgada pelo Decreto 56.435, de 1965, art. 37, e Convenção de Viena sobre Relações Consulares promulgada pelo Decreto 61.078, de 1967, art. 71).

§ 4º O tratamento estabelecido neste artigo aplica-se, ainda, aos organismos internacionais e regionais de caráter permanente de que o Brasil seja membro e aos funcionários estrangeiros de tais organismos, nos termos dos acordos firmados (Lei 5.172, de 1966, art. 98).

Capítulo V
DA COBRANÇA E DO RECOLHIMENTO

Art. 35. O IOF será cobrado na data da liquidação financeira da operação.

§ 1º No caso de repactuação, o IOF será cobrado na data da ocorrência do fato gerador.

§ 2º No caso da cessão de que trata o art. 32-A, o IOF será cobrado na data da ocorrência do fato gerador, exceto na hipótese do § 2º do mesmo artigo, quando a cobrança será efetuada na data da liquidação financeira da oferta pública.

- § 2º com redação determinada pelo Dec. 7.412/2010 (*DOU* 31.12.2010), em vigor na data de sua publicação, produzindo efeitos a partir de 1º.01.2011.

§ 3º O IOF deve ser recolhido ao Tesouro Nacional até o terceiro dia útil subsequente ao decêndio da cobrança ou do registro contábil do imposto.

- § 3º acrescentado pelo Dec. 7.412/2010 (*DOU* 31.12.2010), em vigor na data de sua publicação, produzindo efeitos a partir de 1º.01.2011.

TÍTULO VI
DA INCIDÊNCIA SOBRE OPERAÇÕES COM OURO, ATIVO FINANCEIRO, OU INSTRUMENTO CAMBIAL

Capítulo I
DO FATO GERADOR

Art. 36. O ouro, ativo financeiro, ou instrumento cambial sujeita-se, exclusivamente, à incidência do IOF (Lei 7.766, de 1989, art. 4º).

§ 1º Entende-se por ouro, ativo financeiro, ou instrumento cambial, desde sua extração, inclusive, o ouro que, em qualquer estado de pureza, em bruto ou refinado, for destinado ao mercado financeiro ou à execução da política cambial do País, em operação realizada com a interveniência de instituição integrante do Sistema Financeiro Nacional, na forma e condições autorizadas pelo Banco Central do Brasil.

§ 2º Enquadra-se na definição do § 1º deste artigo o ouro:

I – envolvido em operações de tratamento, refino, transporte, depósito ou custódia, desde que formalizado compromisso de destiná-lo ao Banco Central do Brasil ou à instituição por ele autorizada;

II – adquirido na região de garimpo, onde o ouro é extraído, desde que, na saída do Município, tenha o mesmo destino a que se refere o inciso I;

III – importado, com interveniência das instituições mencionadas no inciso I.

Legislação

§ 3º O fato gerador do IOF é a primeira aquisição do ouro, ativo financeiro, ou instrumento cambial, efetuada por instituição autorizada integrante do Sistema Financeiro Nacional (Lei 7.766, de 1989, art. 8º).

§ 4º Ocorre o fato gerador e torna-se devido o IOF:

I – na data da aquisição;

II – no desembaraço aduaneiro, quando se tratar de ouro físico oriundo do exterior.

Capítulo II
DOS CONTRIBUINTES

Art. 37. Contribuintes do IOF são as instituições autorizadas pelo Banco Central do Brasil que efetuarem a primeira aquisição do ouro, ativo financeiro, ou instrumento cambial (Lei 7.766, de 1989, art. 10).

Capítulo III
DA BASE DE CÁLCULO E DA ALÍQUOTA
Da base de cálculo

Art. 38. A base de cálculo do IOF é o preço de aquisição do ouro, desde que dentro dos limites de variação da cotação vigente no mercado doméstico, no dia da operação (Lei 7.766, de 1989, art. 9º).

Parágrafo único. Tratando-se de ouro físico, oriundo do exterior, o preço de aquisição, em moeda nacional, será determinado com base no valor de mercado doméstico na data do desembaraço aduaneiro.

Da alíquota

Art. 39. A alíquota do IOF é de 1% (um por cento) sobre o preço de aquisição (Lei 7.766, de 1989, art. 4º, parágrafo único).

Capítulo IV
DA COBRANÇA E DO RECOLHIMENTO

Art. 40. O IOF será cobrado na data da primeira aquisição do ouro, ativo financeiro, efetuada por instituição financeira, integrante do Sistema Financeiro Nacional (Lei 7.766, de 1989, art. 8º).

§ 1º O IOF deve ser recolhido ao Tesouro Nacional até o terceiro dia útil subsequente ao decêndio de ocorrência dos fatos geradores (Lei 11.196, de 2005, art. 70, inciso II, alínea a).

§ 2º O recolhimento do IOF deve ser efetuado no Município produtor ou no Município em que estiver localizado o estabelecimento matriz do contribuinte, devendo ser indicado, no documento de arrecadação, o Estado ou o Distrito Federal e o Município, conforme a origem do ouro (Lei 7.766, de 1989, art. 12).

§ 3º Tratando-se de ouro oriundo do exterior, considera-se Município e Estado de origem o de ingresso do ouro no País (Lei 7.766, de 1989, art. 6º).

§ 4º A pessoa jurídica adquirente fará constar da nota de aquisição o Estado ou o Distrito Federal e o Município de origem do ouro (Lei 7.766, de 1989, art. 7º).

TÍTULO VII
DAS DISPOSIÇÕES GERAIS E FINAIS
Capítulo I
DAS OBRIGAÇÕES ACESSÓRIAS
Manutenção de informações

Art. 41. As pessoas jurídicas que efetuarem operações sujeitas à incidência do IOF devem manter à disposição da fiscalização, pelo prazo prescricional, as seguintes informações:

I – relação diária das operações tributadas, com elementos identificadores da operação (beneficiário, espécie, valor e prazo) e o somatório diário do tributo;

II – relação diária das operações isentas ou tributadas à alíquota zero, com elementos identificadores da operação (beneficiário, espécie, valor e prazo);

III – relação mensal dos empréstimos em conta, inclusive excessos de limite, de prazo de até 364 (trezentos e sessenta e quatro) dias, tributados com base no somatório dos saldos devedores diários, apurado no último dia de cada mês, contendo nome do beneficiário, somatório e valor do IOF cobrado;

IV – relação mensal dos adiantamentos a depositantes, contendo nome do devedor, valor e data de cada parcela tributada e valor do IOF cobrado;

V – relação mensal dos excessos de limite, relativos aos contratos com prazo igual ou superior a 365 (trezentos e sessenta e cinco) dias ou com prazo indeterminado, conten-

Dec. 6.306/2007

do nome do mutuário, limite, valor dos excessos tributados e datas das ocorrências.
Parágrafo único. Além das exigências previstas nos incisos I e II, as seguradoras deverão manter arquivadas as informações que instruírem a cobrança bancária.
Art. 42. Serão efetuados de forma centralizada pelo estabelecimento matriz da pessoa jurídica os recolhimentos do imposto, ressalvado o disposto nos §§ 2º e 3º do art. 40.
Parágrafo único. O estabelecimento matriz deverá manter registros que segreguem as operações de cada estabelecimento cobrador e que permitam demonstrar, com clareza, cada recolhimento efetuado.

Registro contábil do imposto
Art. 43. Nas pessoas jurídicas responsáveis pela cobrança e pelo recolhimento, o IOF cobrado é creditado em título contábil próprio e subtítulos adequados à natureza de cada incidência do imposto.
Art. 44. A conta que registra a cobrança do IOF é debitada somente:
I – no estabelecimento cobrador, pela transferência para o estabelecimento centralizador do recolhimento do imposto;
II – no estabelecimento centralizador do imposto, pelo recolhimento ao Tesouro Nacional do valor arrecadado, observados os prazos regulamentares;
III – por estorno, até a data do recolhimento ao Tesouro Nacional, de registro de qualquer natureza feito indevidamente no período, ficando a documentação comprobatória arquivada no estabelecimento que o processar, à disposição da fiscalização.

Obrigações do responsável
Art. 45. Para efeito de reconhecimento da aplicabilidade de isenção ou alíquota reduzida, cabe ao responsável pela cobrança e recolhimento do IOF exigir:

- *Caput* com redação determinada pelo Dec. 7.487/2011.

I – no caso de cooperativa, declaração, em duas vias, por ela firmada de que atende aos requisitos da legislação cooperativista (Lei 5.764, de 16 de dezembro de 1971);
II – no caso de empresas optantes pelo Simples Nacional, o mutuário da operação de crédito deverá apresentar à pessoa jurídica mutuante declaração, em duas vias, de que se enquadra como pessoa jurídica sujeita ao regime tributário de que trata a Lei Complementar 123, de 2006, e que o signatário é seu representante legal e está ciente de que a falsidade na prestação desta informação o sujeitará, juntamente com as demais pessoas que para ela concorrem, às penalidades previstas na legislação criminal e tributária, relativas à falsidade ideológica (art. 299 do Código Penal) e ao crime contra a ordem tributária (Lei 8.137, de 27 de dezembro de 1990, art. 1º);
III – nos demais casos, a documentação exigida pela legislação específica.
Parágrafo único. Nas hipóteses dos incisos I e II, o responsável pela cobrança do IOF arquivará a 1ª via da declaração, em ordem alfabética, que ficará à disposição da Secretaria da Receita Federal do Brasil, devendo a 2ª via ser devolvida como recibo.

Ouro – Documentário fiscal
Art. 46. As operações com ouro, ativo financeiro, ou instrumento cambial, e a sua destinação, devem ser comprovadas mediante documentário fiscal instituído pela Secretaria da Receita Federal do Brasil (Lei 7.766, de 1989, art. 3º).
Parágrafo único. O transporte do ouro, ativo financeiro, para qualquer parte do território nacional, será acobertado exclusivamente por nota fiscal integrante da documentação mencionada (Lei 7.766, de 1989, art. 3º, § 1º).

Capítulo II
DAS PENALIDADES E ACRÉSCIMOS MORATÓRIOS
Do pagamento ou recolhimento fora dos prazos
Art. 47. O IOF não pago ou não recolhido no prazo previsto neste Decreto será acrescido de (Lei 9.430, de 27 de dezembro de 1996, art. 5º, § 3º, e art. 61):
I – juros de mora equivalentes à taxa referencial Selic, para títulos federais, acumulada mensalmente, calculados a partir do primeiro dia do mês subsequente ao do vencimento da obrigação até o último dia do mês anterior ao do pagamento e de 1% (um por cento) no mês do pagamento;

II – multa de mora, calculada à taxa de 0,33% (trinta e três centésimos por cento), por dia de atraso, limitada a 20% (vinte por cento).

Parágrafo único. A multa de que trata o inciso II será calculada a partir do primeiro dia subsequente ao do vencimento do prazo previsto para o pagamento ou recolhimento do IOF.

Aplicação de acréscimos de procedimento espontâneo

Art. 48. A pessoa física ou jurídica submetida a ação fiscal por parte da Secretaria da Receita Federal do Brasil poderá pagar, até o vigésimo dia subsequente à data de recebimento do termo de início de fiscalização, o IOF já declarado, de que for sujeito passivo como contribuinte ou responsável, com os acréscimos legais aplicáveis nos casos de procedimento espontâneo (Lei 9.430, de 1996, art. 47, e Lei 9.532, de 1997, art. 70, inciso II).

Do lançamento de ofício

Art. 49. Nos casos de lançamento de ofício, será aplicada multa de 75% (setenta e cinco por cento) sobre a totalidade ou diferença do imposto, nos casos de falta de pagamento ou recolhimento, de falta de declaração e nos de declaração inexata (Lei 9.430, de 1996, art. 44, inciso I).

Parágrafo único. O percentual de multa de que trata o *caput* será duplicado nos casos previstos nos arts. 71, 72 e 73 da Lei 4.502, de 30 de novembro de 1964, independentemente de outras penalidades administrativas ou criminais cabíveis (Lei 9.430, de 1996, art. 44, § 1º).

Agravamento de penalidade

Art. 50. Os percentuais de multa a que se referem o *caput* e parágrafo único do art. 49 serão aumentados de metade, nos casos de não atendimento pelo sujeito passivo, no prazo marcado, de intimação para (Lei 9.430, de 1996, art. 44, § 2º:
I – prestar esclarecimentos;
II – apresentar os arquivos ou sistemas de que tratam os arts. 11 e 12 da Lei 8.218, de 29 de agosto de 1991, alterados pelo art. 72 da Medida Provisória 2.158-35, de 2001;
III – apresentar a documentação técnica de que trata o art. 38 da Lei 9.430, de 1996.

Débitos com exigibilidade suspensa por medida judicial

Art. 51. Não caberá lançamento de multa de ofício na constituição do crédito tributário destinada a prevenir a decadência, cuja exigibilidade houver sido suspensa na forma dos incisos IV e V do art. 151 da Lei 5.172, de 1966 (Lei 9.430, de 1996, art. 63, e Medida Provisória 2.158-35, de 2001, art. 70).

§ 1º O disposto neste artigo aplica-se, exclusivamente, aos casos em que a suspensão da exigibilidade do débito tenha ocorrido antes do início de qualquer procedimento de ofício a ele relativo (Lei 9.430, de 1996, art. 63, § 1º).

§ 2º A interposição da ação judicial favorecida com a medida liminar interrompe a incidência da multa de mora, desde a concessão da medida judicial, até 30 (trinta) dias após a data da publicação da decisão judicial que considerar devido o imposto (Lei 9.430, de 1996, art. 63, § 2º).

§ 3º No caso de depósito judicial do valor integral do débito, efetuado tempestivamente, fica afastada também a incidência de juros de mora.

Redução de penalidade

Art. 52. Será concedida redução de 50% (cinquenta por cento) da multa de lançamento de ofício ao contribuinte que, notificado, efetuar o pagamento do débito no prazo legal de impugnação (Lei 8.218, de 1991, art. 6º, e Lei 9.430, de 1996, art. 44, § 3º).

§ 1º Se houver impugnação tempestiva, a redução será de 30% (trinta por cento) se o pagamento do débito for efetuado dentro de 30 (trinta) dias da ciência da decisão de primeira instância (Lei 8.218, de 1991, art. 6º, parágrafo único).

§ 2º Será concedida redução de 40% (quarenta por cento) da multa de lançamento de ofício ao contribuinte que, notificado, requerer o parcelamento do débito no prazo legal de impugnação, observado que (Lei 8.383, de 1991, art. 60):
I – havendo impugnação tempestiva, a redução será de 20% (vinte por cento) se o parcelamento for requerido dentro de 30 (trinta)

Dec. 6.306/2007

LEGISLAÇÃO

dias da ciência da decisão da primeira instância (Lei 8.383, de 1991, art. 60, § 1º);

II – a rescisão do parcelamento, motivada pelo descumprimento das normas que o regulam, implicará restabelecimento do montante da multa proporcionalmente ao valor da receita não satisfeito (Lei 8.383, de 1991, art. 60, § 2º).

Infrações às normas relativas à prestação de informações

Art. 53. O descumprimento das obrigações acessórias exigidas nos termos do art. 16 da Lei 9.779, de 1999, acarretará a aplicação das seguintes penalidades (Medida Provisória 2.158-35, de 2001, art. 57):

I – R$ 5.000,00 (cinco mil reais) por mês-calendário, relativamente às pessoas jurídicas que deixarem de fornecer, nos prazos estabelecidos, as informações ou esclarecimentos solicitados;

II – 5% (cinco por cento), não inferior a R$ 100,00 (cem reais), do valor das transações comerciais ou das operações financeiras, próprias da pessoa jurídica ou de terceiros em relação aos quais seja responsável tributário, no caso de informação omitida, inexata ou incompleta.

Casos especiais de infração

Art. 54. Sem prejuízo da pena criminal cabível, são aplicáveis ao contribuinte ou ao responsável pela cobrança e pelo recolhimento do IOF as seguintes multas (Lei 5.143, de 1966, art. 6º, Decreto-lei 2.391, de 18 de dezembro de 1987, Lei 7.730, de 31 de janeiro de 1989, art. 27, Lei 7.799, de 10 de setembro de 1989, art. 66, Lei 8.178, de 1º de março de 1991, art. 21, Lei 8.218, de 1991, arts. 4º a 6º e 10, Lei 8.383, de 1991, arts. 3º e 60, Lei 9.249, de 1995, art. 30):

I – R$ 2.867,30 (dois mil oitocentos e sessenta e sete reais e trinta centavos) pela falsificação ou adulteração de guia, livro ou outro papel necessário ao registro ou recolhimento do IOF ou pela coautoria na prática de qualquer dessas faltas;

II – R$ 2.007,11 (dois mil e sete reais e onze centavos) pelo embaraço ou impedimento da ação fiscalizadora, ou pela recusa da exibição de livros, guias ou outro papel necessário ao registro ou recolhimento do IOF, quando solicitados pela fiscalização.

Bolsas de Valores, de Mercadorias, de Futuros e Assemelhadas

Art. 55. A inobservância do prazo a que se refere o § 3º do art. 59 sujeitará as bolsas de valores, de mercadorias, de futuros e assemelhadas à multa de R$ 828,70 (oitocentos e vinte e oito reais e setenta centavos) por dia útil de atraso (Lei 8.021, de 12 de abril de 1990, art. 7º, § 1º, Lei 8.178, de 1991, art. 21, Lei 8.218, de 1991, art. 10, Lei 8.383, de 1991, art. 3º, e Lei 9.249, de 1995, art. 30).

Ouro – Apreensão

Art. 56. O ouro, ativo financeiro, ou instrumento cambial acompanhado por documentação fiscal irregular será objeto de apreensão pela Secretaria da Receita Federal do Brasil (Lei 7.766, de 1989, art. 3º, § 2º).

§ 1º Feita a apreensão do ouro, será intimado imediatamente o seu proprietário, possuidor ou detentor a apresentar, no prazo de 24 (vinte e quatro) horas, os documentos comprobatórios da regularidade da operação.

§ 2º Decorrido o prazo da intimação sem que sejam apresentados os documentos exigidos ou, se apresentados, não satisfizerem os requisitos legais, será lavrado auto de infração.

Art. 57. O ouro, ativo financeiro, ou instrumento cambial apreendido poderá ser restituído, antes do julgamento definitivo do processo, a requerimento da parte, depois de sanadas as irregularidades que motivaram a apreensão.

Parágrafo único. Na hipótese de falta de identificação do contribuinte, o ouro apreendido poderá ser restituído, a requerimento do responsável em cujo poder for encontrado, mediante depósito do valor do IOF e da multa aplicável no seu grau máximo ou de prestação de fiança idônea.

Art. 58. Depois do trânsito em julgado da decisão administrativa, o ouro, ativo financeiro, ou instrumento cambial que não for retirado dentro de 30 (trinta) dias, contados da data da ciência da intimação do último despacho, ficará sob a guarda do Banco Central do Brasil em nome da União e, transcorrido o quinquênio prescricional, será incorporado ao patrimônio do Tesouro Nacional.

Capítulo III
DA FISCALIZAÇÃO DO IOF

Art. 59. Compete à Secretaria da Receita Federal do Brasil a administração do IOF, incluídas as atividades de arrecadação, tributação e fiscalização (Decreto-lei 2.471, de 1988, art. 3º).

§ 1º No exercício de suas atribuições, a Secretaria da Receita Federal do Brasil, por intermédio de seus agentes fiscais, poderá proceder ao exame de documentos, livros e registros dos contribuintes do IOF e dos responsáveis pela sua cobrança e recolhimento, independentemente de instauração de processo (Decreto-lei 2.471, de 1988, art. 3º, § 1º).

§ 2º A autoridade fiscal do Ministério da Fazenda poderá proceder a exames de documentos, livros e registros das bolsas de valores, de mercadorias, de futuros e assemelhadas, bem como solicitar a prestação de esclarecimentos e informações a respeito de operações por elas praticadas, inclusive em relação a terceiros (Lei 8.021, de 1990, art. 7º).

§ 3º As informações a que se refere o § 2º deverão ser prestadas no prazo máximo de 10 (dez) dias úteis contados da data da solicitação (Lei 8.021, de 1990, art. 7º, § 1º).

§ 4º As informações obtidas com base neste artigo somente poderão ser utilizadas para efeito de verificação do cumprimento de obrigações tributárias (Lei 8.021, de 1990, art. 7º, § 2º).

§ 5º As informações, fornecidas de acordo com as normas regulamentares expedidas pelo Ministério da Fazenda, deverão ser prestadas no prazo máximo de 10 (dez) dias úteis contados da data da ciência da solicitação, aplicando-se, no caso de descumprimento desse prazo, a penalidade prevista no art. 55 deste Decreto.

Art. 60. No processo administrativo fiscal, compreendendo os procedimentos destinados à determinação e exigência do IOF, à imposição de penalidades, repetição de indébito, à solução de consultas, e no procedimento de compensação do imposto, observar-se-á a legislação prevista para os tributos federais e normas baixadas pela Secretaria da Receita Federal do Brasil.

Capítulo IV
DA COMPENSAÇÃO E DA RESTITUIÇÃO

Art. 61. Nos casos de pagamento indevido ou a maior do imposto, mesmo quando resultante de reforma, anulação, revogação ou rescisão de decisão condenatória, o contribuinte ou o responsável tributário, quando este assumir o ônus do imposto ou estiver expressamente autorizado, poderá requerer a restituição desse valor, observadas as instruções expedidas pela Secretaria da Receita Federal do Brasil (Lei 5.172, de 1966, art. 165).

Art. 62. O sujeito passivo que apurar crédito de IOF, inclusive os judiciais com trânsito em julgado, passível de restituição, poderá utilizá-lo na compensação de débitos próprios relativos a quaisquer tributos e contribuições administrados pela Secretaria da Receita Federal do Brasil (Lei 9.430, de 1996, art. 74, Lei 10.637, de 30 de dezembro de 2002, art. 49, Lei 10.833, de 29 de dezembro de 2003, art. 17, e Lei 11.051, de 29 de dezembro de 2004, art. 4º).

§ 1º A compensação de que trata este artigo será efetuada mediante a entrega, pelo sujeito passivo, de declaração na qual constarão informações relativas aos créditos utilizados e aos respectivos débitos compensados.

§ 2º A compensação declarada à Secretaria da Receita Federal do Brasil extingue o crédito tributário, sob condição resolutória de sua ulterior homologação.

§ 3º O prazo para homologação da compensação declarada pelo sujeito passivo será de 5 (cinco) anos, contado da data da entrega da declaração de compensação.

§ 4º A declaração de compensação constitui confissão de dívida e instrumento hábil e suficiente para a exigência dos débitos indevidamente compensados.

§ 5º Não homologada a compensação, a autoridade administrativa deverá cientificar o sujeito passivo e intimá-lo a efetuar, no pra-

Dec. 6.306/2007

zo de 30 (trinta) dias, contado da ciência do ato que não a homologou, o pagamento dos débitos indevidamente compensados.

§ 6º Não efetuado o pagamento no prazo previsto no § 5º, o débito será encaminhado à Procuradoria-Geral da Fazenda Nacional para inscrição em Dívida Ativa da União, ressalvado o disposto no § 7º.

§ 7º É facultado ao sujeito passivo, no prazo referido no § 5º, apresentar manifestação de inconformidade contra a não homologação da compensação.

§ 8º Da decisão que julgar improcedente a manifestação de inconformidade caberá recurso ao Conselho de Contribuintes.

§ 9º A manifestação de inconformidade e o recurso de que tratam os §§ 7º e 8º obedecerão ao rito processual do Decreto 70.235, de 6 de março de 1972, e enquadram-se no disposto no inciso III do art. 151 da Lei 5.172, de 1966, relativamente ao débito objeto da compensação.

Art. 63. O valor a ser restituído ou compensado será acrescido de juros equivalentes à taxa referencial Selic, para títulos federais, acumulada mensalmente, calculados a partir do mês subsequente ao do pagamento indevido ou a maior até o mês anterior ao da compensação ou restituição e de 1% (um por cento) relativamente ao mês em que esta estiver sendo efetuada (Lei 9.250, de 1995, art. 39, § 4º, e Lei 9.532, de 1997, art. 73).

Capítulo V
DAS DISPOSIÇÕES FINAIS

Art. 64. Não configura fato gerador o registro decorrente de erro formal ou contábil, devendo, nesta hipótese, ser mantida à disposição da fiscalização a documentação comprobatória e ser promovida a regularização pertinente.

Art. 65. É vedada a concessão de parcelamento de débitos relativos ao IOF, retido e não recolhido ao Tesouro Nacional (Lei 10.522, de 19 de julho de 2002, art. 14, e Lei 11.051, de 2004, art. 3º).

Parágrafo único. É vedada, igualmente, a concessão de parcelamento de débitos enquanto não integralmente pago parcelamento anterior, relativo ao mesmo tributo.

Art. 66. Compete à Secretaria da Receita Federal do Brasil editar os atos necessários à execução do disposto neste Decreto.

Art. 67. Este Decreto entra em vigor na data de sua publicação.

Art. 68. Ficam revogados os Decretos 4.494, de 3 de dezembro de 2002, e 5.172, de 6 de agosto de 2004.

Brasília, 14 de dezembro de 2007; 186º da Independência e 119º da República.

Luiz Inácio Lula da Silva

(*DOU* 17.12.2007; ret. 08.01.2008)

ANEXO

N. de dias	% LIMITE DO RENDIMENTO
01	96
02	93
03	90
04	86
05	83
06	80
07	76
08	73
09	70
10	66
11	63
12	60
13	56
14	53
15	50
16	46
17	43
18	40
19	36
20	33
21	30
22	26
23	23
24	20
25	16
26	13
27	10
28	06
29	03
30	00

Lei 11.636/2007

LEGISLAÇÃO

LEI 11.636, DE 28 DE DEZEMBRO DE 2007

Dispõe sobre as custas judiciais devidas no âmbito do Superior Tribunal de Justiça.

- V. Res. STJ 3/2015 (Pagamento de custas judiciais e porte de remessa e retorno de autos no âmbito do STJ).

O Presidente da República:

Faço saber que o Congresso Nacional decreta e eu sanciono a seguinte Lei:

Art. 1º Esta Lei dispõe sobre a incidência e a cobrança das custas devidas à União que tenham como fato gerador a prestação de serviços públicos de natureza forense, no âmbito do Superior Tribunal de Justiça, nos processos de competência originária ou recursal.

Art. 2º Os valores e as hipóteses de incidência das custas são os constantes do Anexo desta Lei.

Parágrafo único. Os valores das custas judiciais do Superior Tribunal de Justiça constantes das Tabelas do Anexo desta Lei serão corrigidos anualmente pela variação do Índice Nacional de Preços ao Consumidor Amplo – IPCA, do IBGE, observado o disposto no art. 15 desta Lei.

Art. 3º As custas previstas nesta Lei não excluem as despesas estabelecidas em legislação processual específica, inclusive o porte de remessa e retorno dos autos.

Art. 4º O pagamento das custas deverá ser feito em bancos oficiais, mediante preenchimento de guia de recolhimento de receita da União, de conformidade com as normas estabelecidas pela Secretaria da Receita Federal do Ministério da Fazenda e por resolução do presidente do Superior Tribunal de Justiça.

Art. 5º Exceto em caso de isenção legal, nenhum feito será distribuído sem o respectivo preparo, nem se praticarão nele atos processuais, salvo os que forem ordenados de ofício pelo relator.

Parágrafo único. O preparo compreende todos os atos do processo, inclusive a baixa dos autos.

Art. 6º Quando autor e réu recorrerem, cada recurso estará sujeito a preparo integral e distinto, composto de custas e porte de remessa e retorno.

§ 1º Se houver litisconsortes necessários, bastará que um dos recursos seja preparado para que todos sejam julgados, ainda que não coincidam suas pretensões.

§ 2º Para efeito do disposto no § 1º deste artigo, o assistente é equiparado ao litisconsorte.

§ 3º O terceiro prejudicado que recorrer fará o preparo do seu recurso, independentemente do preparo dos recursos que, porventura, tenham sido interpostos pelo autor ou pelo réu.

Art. 7º Não são devidas custas nos processos de *habeas data*, *habeas corpus* e recursos em *habeas corpus*, e nos demais processos criminais, salvo a ação penal privada.

Art. 8º Não haverá restituição das custas quando se declinar da competência do Superior Tribunal de Justiça para outros órgãos jurisdicionais.

Art. 9º Quando se tratar de feitos de competência originária, o comprovante do recolhimento das custas deverá ser apresentado na unidade competente do Superior Tribunal de Justiça, no ato de protocolo.

Art. 10. Quando se tratar de recurso, o recolhimento do preparo, composto de custas e porte de remessa e retorno, será feito no tribunal de origem, perante as suas secretarias e no prazo da sua interposição.

Parágrafo único. Nenhum recurso subirá ao Superior Tribunal de Justiça, salvo caso de isenção, sem a juntada aos autos do comprovante de recolhimento do preparo.

Art. 11. O abandono ou desistência do feito, ou a existência de transação que lhe ponha termo, em qualquer fase do processo, não dispensa a parte do pagamento das custas nem lhe dá o direito à restituição.

Art. 12. Extinto o processo, se a parte responsável pelo pagamento das custas ou porte de remessa e retorno, devidamente intimada, não o fizer dentro de 15 (quinze)

Lei 11.636/2007

LEGISLAÇÃO

dias, o responsável pela unidade administrativa competente do órgão julgador a que estiver afeto o processo encaminhará os elementos necessários ao relator e este à Procuradoria-Geral da Fazenda Nacional, para sua inscrição como dívida ativa da União.

Art. 13. A assistência judiciária, perante o Superior Tribunal de Justiça, será requerida ao presidente antes da distribuição, e, nos demais casos, ao relator.

Parágrafo único. Prevalecerá no Superior Tribunal de Justiça a assistência judiciária já concedida em outra instância.

Art. 14. O regimento interno do Superior Tribunal de Justiça disporá sobre os atos complementares necessários ao cumprimento desta Lei.

Art. 15. Esta Lei entra em vigor na data de sua publicação, produzindo efeitos respeitando-se o disposto nas alíneas *b* e *c* do inciso III do *caput* do art. 150 da Constituição Federal.

Brasília, 28 de dezembro de 2007; 186º da Independência e 119º da República.

Luiz Inácio Lula da Silva

(*DOU* 28.12.2007, edição extra)

ANEXO

TABELA DE CUSTAS JUDICIAIS DO SUPERIOR TRIBUNAL DE JUSTIÇA

TABELA A

RECURSOS INTERPOSTOS EM INSTÂNCIA INFERIOR

RECURSO	VALOR (em R$)
I – Recurso em Mandado de Segurança	100,00
II – Recurso Especial	100,00
III – Apelação Cível (art. 105, inciso II, alínea *c*, da Constituição Federal)	200,00

TABELA B

FEITOS DE COMPETÊNCIA ORIGINÁRIA

FEITO	VALOR (em R$)
I – Ação Penal	100,00
II – Ação Rescisória	200,00
III – Comunicação	50,00
IV – Conflito de Competência	50,00
V – Conflito de Atribuições	50,00
VI – Exceção de Impedimento	50,00
VII – Exceção de Suspeição	50,00
VIII – Exceção da Verdade	50,00
IX – Inquérito	50,00
X – Interpelação Judicial	50,00
XI – Intervenção Federal	50,00
XII – Mandado de Injunção	50,00
XIII – Mandado de Segurança:	
a) um impetrante	100,00
b) mais de um impetrante (cada excedente)	50,00
XIV – Medida Cautelar	200,00
XV – Petição	200,00
XVI – Reclamação	50,00
XVII – Representação	50,00
XVIII – Revisão Criminal	200,00
XIX – Suspensão de Liminar e de Sentença	200,00
XX – Suspensão de Segurança	100,00
XXI – Embargos de Divergência	50,00
XXII – Ação de Improbidade Administrativa	50,00
XXIII – Homologação de Sentença Estrangeira	100,00

Dec. 6.433/2008

LEGISLAÇÃO

DECRETO 6.433,
DE 15 DE ABRIL DE 2008

Institui o Comitê Gestor do Imposto sobre a Propriedade Territorial Rural – CGITR e dispõe sobre a forma de opção de que trata o inciso III do § 4º do art. 153 da Constituição, pelos Municípios e pelo Distrito Federal, para fins de fiscalização e cobrança do Imposto sobre a Propriedade Territorial Rural – ITR, e dá outras providências.

O Presidente da República, no uso da atribuição que lhe confere o art. 84, inciso IV, e tendo em vista o disposto no inciso XXII do art. 37 e no inciso III do § 4º do art. 153, da Constituição, e nas Leis 5.172, de 25 de outubro de 1966 – Código Tributário Nacional – CTN, 9.393, de 19 de dezembro de 1996, e 11.250, de 27 de dezembro de 2005, decreta:

Art. 1º Fica instituído o Comitê Gestor do Imposto sobre a Propriedade Territorial Rural – CGITR com a atribuição de dispor sobre matérias relativas à opção pelos Municípios e pelo Distrito Federal para fins de fiscalização, inclusive a de lançamento de créditos tributários, e de cobrança do Imposto sobre a Propriedade Territorial Rural – ITR, de que trata o inciso III do § 4º do art. 153 da Constituição, bem assim com competência para administrar a operacionalização da opção.

Art. 2º O CGITR será composto por seis membros, sendo:

I – três representantes da administração tributária federal; e

II – três representantes de Municípios ou Distrito Federal.

* Inciso II com redação determinada pelo Dec. 6.621/2008.

§ 1º Os representantes e respectivos suplentes, de que trata o inciso II, serão indicados pelas seguintes entidades:

I – Confederação Nacional dos Municípios;
II – Associação Brasileira dos Municípios; e
III – Frente Nacional dos Prefeitos.

§ 2º Cada uma das entidades referidas no § 1º indicará um representante e seu suplente.

§ 3º O Ministro de Estado da Fazenda designará, no prazo de 10 (dez) dias da publicação deste Decreto, os componentes do CGITR, indicando, dentre os representantes de que trata o inciso I do *caput*, o Presidente e o seu substituto.

§ 4º A instalação do CGITR ocorrerá no prazo de até 10 (dez) dias após a designação de seus componentes.

§ 5º Caso as entidades de representação referidas no inciso II do *caput* deixem de existir, competirá ao Ministro da Fazenda redistribuir a respectiva vaga entre as entidades remanescentes ou escolher outra entidade congênere que esteja regularmente constituída há pelo menos 1 (um) ano da vacância ocorrida.

§ 6º A Procuradoria-Geral da Fazenda Nacional participará do CGITR, sem direito a voto, prestando-lhe o apoio e assessoramento jurídico necessários.

Art. 3º Incumbe ao Presidente do CGITR:

I – convocar e presidir as reuniões;
II – coordenar e supervisionar os trabalhos; e
III – emitir voto de qualidade em caso de empate.

Art. 4º O CGITR poderá instituir grupos técnicos para execução de suas atividades.

§ 1º O ato de instituição do grupo estabelecerá seus objetivos específicos, sua composição e prazo de duração.

§ 2º Poderão ser convidados a participar dos trabalhos dos grupos técnicos representantes de órgãos e entidades, públicas ou privadas, e dos Poderes Legislativo e Judiciário.

Art. 5º O CGITR deliberará, por maioria simples, mediante resolução.

Art. 6º As deliberações do CGITR que aprovem o seu regimento interno e suas alterações deverão ocorrer por maioria absoluta de seus componentes.

Art. 7º O CGITR contará com uma Secretaria-Executiva, provida pela Secretaria da Receita Federal do Brasil, para o fornecimento de apoio institucional e técnico-administrativo necessários ao desempenho de suas competências.

Parágrafo único. Compete à Secretaria-Executiva:

I – promover o apoio e os meios necessários à execução dos trabalhos;
II – prestar assistência direta ao Presidente;
III – preparar as reuniões;

Dec. 6.433/2008

LEGISLAÇÃO

IV – acompanhar a implementação das deliberações; e

V – exercer outras atividades que lhe sejam atribuídas pelo CGITR.

Art. 8º As despesas de deslocamento e estada dos componentes do CGITR, dos técnicos designados para a execução de atividades a ele relacionadas e dos componentes dos grupos técnicos serão custeadas pelos respectivos órgãos ou entidades referidas no art. 2º.

Art. 9º A função de membro do CGITR não será remunerada, sendo seu exercício considerado de relevante interesse público.

Art. 10. A celebração de convênio da União, por intermédio da Secretaria da Receita Federal do Brasil, com os Municípios e o Distrito Federal para efeito de delegação das atribuições de fiscalização, lançamento de ofício e cobrança do ITR, estará condicionada:

I – à protocolização, pelo Município ou pelo Distrito Federal, do termo de opção; e

- Inciso I com redação determinada pelo Dec. 6.621/2008.

II – ao cumprimento dos requisitos e condições necessários à celebração do convênio, estabelecidos pela Secretaria da Receita Federal do Brasil, observadas as resoluções do CGITR.

§ 1º O termo de opção previsto neste artigo, na forma definida pelo CGITR, será exercido exclusivamente por meio eletrônico, com assinatura eletrônica do Distrito Federal ou do Município optante, mediante utilização de certificado digital válido, e estará disponível no portal do ITR, na página da Secretaria da Receita Federal do Brasil na internet, no endereço eletrônico <http://www.receita.fazenda.gov.br>.

- § 1º com redação determinada pelo Dec. 6.621/2008.

§ 2º Cumpridas as exigências previstas nos incisos I e II do *caput*, a opção produzirá efeitos, de forma irretratável, a partir do primeiro dia útil do segundo mês subsequente à data da sua realização.

- § 2º com redação determinada pelo Dec. 6.770/2009.

§ 3º O Município ou o Distrito Federal optante fará jus à totalidade do produto da arrecadação do ITR referente aos imóveis rurais nele situados, a partir do momento disciplinado no convênio.

- § 3º com redação determinada pelo Dec. 6.621/2008.

§ 4º O portal do ITR conterá a relação dos optantes, as informações e os aplicativos relacionados com o ITR, inclusive os modelos de documentos utilizados nas atividades de fiscalização e cobrança do imposto.

- § 4º com redação determinada pelo Dec. 6.621/2008.

§ 5º O indeferimento da opção será formalizado pelo CGITR, observado o devido procedimento estabelecido na legislação federal.

§ 6º A opção de que trata o *caput* não poderá implicar redução do imposto ou qualquer outra forma de renúncia fiscal.

§ 7º Ressalvada a hipótese prevista no art. 11, a opção pelo convênio será automaticamente prorrogada para os anos-calendário seguintes.

- § 7º acrescentado pelo Dec. 6.621/2008.

Art. 11. O convênio poderá ser denunciado a qualquer tempo, na forma disciplinada pelo CGITR:

I – pelo Município ou pelo Distrito Federal, por simples desistência de sua opção; ou

- Inciso I com redação determinada pelo Dec. 6.621/2008.

II – pela União, por intermédio da Secretaria da Receita Federal do Brasil, no caso de inobservância das condições estabelecidas no inciso II do art. 10.

Parágrafo único. A denúncia do convênio, em qualquer caso, produzirá efeitos a partir de 1º de janeiro do ano subsequente àquele em que ocorrer a denúncia.

Art. 12. Compete à Secretaria da Receita Federal do Brasil dispor sobre as obrigações acessórias relativas ao ITR, inclusive, estabelecendo forma, prazo e condições para o seu cumprimento, observadas as resoluções do CGITR.

Art. 13. O CGITR definirá o sistema de repasses do total arrecadado, inclusive encargos legais, para o Distrito Federal ou para os Municípios optantes.

- *Caput* com redação determinada pelo Dec. 6.621/2008.

Dec. 6.433/2008

LEGISLAÇÃO

Parágrafo único. Enquanto o CGITR não regulamentar o prazo para o repasse previsto no *caput*, esse repasse será efetuado nas mesmas condições e datas em que são transferidos decendialmente os recursos do Fundo de Participação dos Municípios, vedada qualquer forma de retenção ou condição suspensiva da transferência.

Art. 14. O CGITR regulará o modo pelo qual será solicitado o pedido de restituição dos valores do ITR recolhidos indevidamente ou em montante superior ao devido.

Art. 15. O contencioso administrativo relativo ao ITR observará a legislação tributária federal.

§ 1º No caso de impugnação e recursos, deverão eles ser protocolizados na administração tributária municipal, que procederá à devida instrução do processo administrativo fiscal e os encaminhará à unidade de julgamento da Secretaria da Receita Federal do Brasil.

§ 2º As consultas relativas ao ITR serão solucionadas somente pela Receita Federal do Brasil.

Art. 16. Os processos relativos ao ITR serão ajuizados em face da União, que será representada em juízo pela Procuradoria-Geral da Fazenda Nacional.

§ 1º Os Municípios e o Distrito Federal prestarão auxílio sobre matéria de fato à Procuradoria-Geral da Fazenda Nacional, em relação aos atos de fiscalização e cobrança derivados da opção a que se refere este Decreto, na forma a ser disciplinada em ato do CGITR.

* § 1º com redação determinada pelo Dec. 6.621/2008.

§ 2º Os créditos tributários oriundos da aplicação deste Decreto serão apurados, inscritos em Dívida Ativa da União e cobrados judicialmente pela Procuradoria-Geral da Fazenda Nacional, sendo os valores correspondentes transferidos aos Municípios ou ao Distrito Federal na exata razão da fiscalização por eles efetivada.

* § 2º com redação determinada pelo Dec. 6.621/2008.

Art. 17. As informações, os resultados dos exames fiscais e os documentos obtidos em função do disposto neste Decreto serão mantidos sob sigilo fiscal, na forma estabelecida pelo art. 198 do Código Tributário Nacional.

Art. 18. O servidor que divulgar, revelar ou facilitar a divulgação ou revelação de qualquer informação, bem como aquele que utilizar ou viabilizar a utilização de qualquer informação obtida nos termos deste Decreto, em finalidade ou hipótese diversa da prevista em lei, regulamento ou ato administrativo, será responsabilizado administrativamente por descumprimento do dever funcional de observar normas legais ou regulamentares, sem prejuízo de sua responsabilização em ação regressiva própria e da responsabilidade penal cabível.

Art. 19. Fica instituído o Grupo de Trabalho Permanente denominado Observatório Extrafiscal do ITR – OEITR, com atribuições estritas e específicas de avaliar o resultado da política extrafiscal do ITR, sobretudo no contexto da gestão compartilhada entre União, Municípios e Distrito Federal, e sugerir seu aperfeiçoamento.

* *Caput* com redação determinada pelo Dec. 6.621/2008.

§ 1º O OEITR será composto por um representante de cada um dos seguintes órgãos e entidades:

I – Ministério do Planejamento, Orçamento e Gestão, que o coordenará;
II – Ministério da Fazenda;
III – Ministério do Meio Ambiente;
IV – Ministério do Desenvolvimento Agrário;
V – Ministério da Agricultura, Pecuária e Abastecimento;
VI – Ministério das Cidades;
VII – Núcleo de Assuntos Estratégicos da Presidência da República;
VIII – Serviço Federal de Processamento de Dados – Serpro;
IX – Fundação Instituto Brasileiro de Geografia e Estatística – IBGE;
X – Instituto Brasileiro do Meio Ambiente e dos Recursos Naturais Renováveis – Ibama;
XI – Instituto Nacional de Colonização e Reforma Agrária – Incra;
XII – Empresa Brasileira de Pesquisa Agropecuária – Embrapa; e
XIII – Instituto de Pesquisa Econômica Aplicada – Ipea.

Lei 11.727/2008

LEGISLAÇÃO

§ 2º Os membros e respectivos suplentes do OEITR serão indicados pelos titulares dos órgãos e entidades representados e designados pelo Ministro de Estado do Planejamento, Orçamento e Gestão.

§ 3º O regulamento do OEITR será estabelecido em portaria do Ministro de Estado do Planejamento, Orçamento e Gestão.

Art. 20. Este Decreto entra em vigor na data de sua publicação.

Brasília, 15 de abril de 2008; 187º da Independência e 120º da República.

Luiz Inácio Lula da Silva

(DOU 16.04.2008)

LEI 11.727, DE 23 DE JUNHO DE 2008

Dispõe sobre medidas tributárias destinadas a estimular os investimentos e a modernização do setor de turismo, a reforçar o sistema de proteção tarifária brasileiro, a estabelecer a incidência de forma concentrada da Contribuição para o PIS/Pasep e da Contribuição para o Financiamento da Seguridade Social – Cofins na produção e comercialização de álcool; altera as Leis 10.865, de 30 de abril de 2004, 11.488, de 15 de junho de 2007, 9.718, de 27 de novembro de 1998, 11.196, de 21 de novembro de 2005, 10.637, de 30 de dezembro de 2002, 10.833, de 29 de dezembro de 2003, 7.689, de 15 de dezembro de 1988, 7.070, de 20 de dezembro de 1982, 9.250, de 26 de dezembro de 1995, 9.430, de 27 de dezembro de 1996, 9.249, de 26 de dezembro de 1995, 11.051, de 29 de dezembro de 2004, 9.393, de 19 de dezembro de 1996, 8.213, de 24 de julho de 1991, 7.856, de 24 de outubro de 1989, e a Medida Provisória 2.158-35, de 24 de agosto de 2001; e dá outras providências.

O Presidente da República:

Faço saber que o Congresso Nacional decreta e eu sanciono a seguinte Lei:

Art. 1º Para efeito de apuração da base de cálculo do imposto de renda, a pessoa jurídica que explore a atividade de hotelaria poderá utilizar depreciação acelerada incentivada de bens móveis integrantes do ativo imobilizado, adquiridos a partir da data da publicação da Medida Provisória 413, de 3 de janeiro de 2008, até 31 de dezembro de 2010, calculada pela aplicação da taxa de depreciação admitida pela legislação tributária, sem prejuízo da depreciação contábil.

§ 1º A quota de depreciação acelerada incentivada de que trata o *caput* deste artigo constituirá exclusão do lucro líquido para fins de determinação do lucro real e será controlada no livro fiscal de apuração do lucro real.

§ 2º O total da depreciação acumulada, incluindo a contábil e a acelerada incentivada, não poderá ultrapassar o custo de aquisição do bem.

§ 3º A partir do período de apuração em que for atingido o limite de que trata o § 2º deste artigo, o valor da depreciação, registrado na contabilidade, deverá ser adicionado ao lucro líquido para efeito de determinação do lucro real.

Art. 2º O Poder Executivo poderá definir alíquotas específicas (*ad rem*) para o Imposto de Importação, por quilograma líquido ou unidade de medida estatística da mercadoria, estabelecer e alterar a relação de mercadorias sujeitas à incidência do Imposto de Importação sob essa forma, bem como diferenciar as alíquotas específicas por tipo de mercadoria.

• V. art. 41, I.

Parágrafo único. A alíquota de que trata este artigo fica fixada em R$ 15,00 (quinze reais) por quilograma líquido ou unidade de medida estatística da mercadoria, podendo ser reduzida por ato do Poder Executivo nos termos do *caput* deste artigo.

Art. 3º O art. 8º da Lei 10.865, de 30 de abril de 2004, passa a vigorar acrescido dos seguintes §§ 17 e 18:

• Alterações processadas no texto da referida Lei.

[...]

Art. 5º Os valores retidos na fonte a título da Contribuição para o PIS/Pasep e da Cofins, quando não for possível sua dedução dos valores a pagar das respectivas contribuições no mês de apuração, poderão ser restituídos ou compensados com débitos relativos a outros tributos e contribuições administrados pela Secretaria da Receita Fe-

Lei 11.727/2008

LEGISLAÇÃO

deral do Brasil, observada a legislação específica aplicável à matéria.

- V. Dec. 6.662/2008 (Regulamenta o art. 5º da Lei 11.727/2008).

§ 1º Fica configurada a impossibilidade da dedução de que trata o *caput* deste artigo quando o montante retido no mês exceder o valor da respectiva contribuição a pagar no mesmo mês.

§ 2º Para efeito da determinação do excesso de que trata o § 1º deste artigo, considera-se contribuição a pagar no mês da retenção o valor da contribuição devida descontada dos créditos apurados naquele mês.

§ 3º A partir da publicação da Medida Provisória 413, de 3 de janeiro de 2008, o saldo dos valores retidos na fonte a título da Contribuição para o PIS/Pasep e da Cofins apurados em períodos anteriores poderá também ser restituído ou compensado com débitos relativos a outros tributos e contribuições administrados pela Secretaria da Receita Federal do Brasil, na forma a ser regulamentada pelo Poder Executivo.

Art. 6º O art. 28 da Lei 10.865, de 30 de abril de 2004, passa a vigorar com as seguintes alterações:

- Alterações processadas no texto da referida Lei.

Art. 7º O art. 5º da Lei 9.718, de 27 de novembro de 1998, passa a vigorar com a seguinte redação:

- Alterações processadas no texto da referida Lei.

Art. 8º Excepcionalmente, para o ano-calendário de 2008, a opção de que trata o § 4º do art. 5º da Lei 9.718, de 27 de novembro de 1998, será exercida até o último dia útil do quarto mês subsequente ao da publicação desta Lei, produzindo efeitos, de forma irretratável, a partir do primeiro dia desse mês.

Art. 9º O art. 64 da Lei 11.196, de 21 de novembro de 2005, passa a vigorar com a seguinte redação:

- Alterações processadas no texto da referida Lei.

Art. 10. A pessoa jurídica sujeita ao regime de apuração não cumulativa da Contribuição para o PIS/Pasep e da Cofins, produtora ou importadora de álcool, inclusive para fins carburantes, poderá descontar créditos presumidos relativos ao estoque deste produto existente no último dia do terceiro mês subsequente ao da publicação desta Lei.

- V. art. 41, IV.

§ 1º Os créditos de que trata o *caput* deste artigo corresponderão a:

I – R$ 7,14 (sete reais e quatorze centavos) por metro cúbico de álcool, no caso da Contribuição para o PIS/Pasep; e

II – R$ 32,86 (trinta e dois reais e oitenta e seis centavos) por metro cúbico de álcool, no caso da Cofins.

§ 2º Os créditos de que trata o *caput* deste artigo:

I – serão apropriados em 12 (doze) parcelas mensais, iguais e sucessivas, a partir do quarto mês subsequente ao da publicação desta Lei, observado o disposto no § 1º deste artigo; e

II – somente poderão ser utilizados para compensação com débitos relativos à Contribuição para o PIS/Pasep e à Cofins apurados no regime não cumulativo.

§ 3º A pessoa jurídica distribuidora apurará a Contribuição para o PIS/Pasep e a Cofins incidentes sobre a venda do estoque de álcool, inclusive para fins carburantes, existente no último dia do terceiro mês subsequente ao da publicação desta Lei, com base no regime legal anterior à publicação da Medida Provisória 413, de 3 de janeiro de 2008, independentemente da data em que a operação de venda se realizar.

Art. 11. Fica suspenso o pagamento da Contribuição para o PIS/Pasep e da Cofins na venda de cana-de-açúcar, classificada na posição 12.12 da Nomenclatura Comum do Mercosul – NCM.

- *Caput* com redação determinada pela Lei 12.844/2013.

§ 1º É vedado à pessoa jurídica vendedora de cana-de-açúcar o aproveitamento de créditos vinculados à receita de venda efetuada com suspensão na forma do *caput* deste artigo.

§ 2º Não se aplicam as disposições deste artigo no caso de venda de cana-de-açúcar para pessoa jurídica que apura as contribuições no regime de cumulatividade.

Art. 12. No caso de produção por encomenda de álcool, inclusive para fins carburantes:

- V. art. 41, IV.

1189

Lei 11.727/2008

LEGISLAÇÃO

I – a pessoa jurídica encomendante fica sujeita às alíquotas previstas no *caput* do art. 5º da Lei 9.718, de 27 de novembro de 1998, observado o disposto em seus §§ 4º, 8º e 9º;

II – a pessoa jurídica executora da encomenda deverá apurar a Contribuição para o PIS/Pasep e a Cofins mediante a aplicação das alíquotas de 1,65% (um inteiro e sessenta e cinco centésimos por cento) e de 7,6% (sete inteiros e seis décimos por cento), respectivamente; e

III – aplicam-se os conceitos de industrialização por encomenda da legislação do Imposto sobre Produtos Industrializados – IPI.

Art. 13. Os produtores de álcool, inclusive para fins carburantes, ficam obrigados à instalação de equipamentos de controle de produção nos termos, condições e prazos estabelecidos pela Secretaria da Receita Federal do Brasil.

- V. art. 41, II.

§ 1º A Secretaria da Receita Federal do Brasil poderá dispensar a instalação dos equipamentos previstos no *caput* deste artigo, em função de limites de produção ou faturamento que fixar.

§ 2º No caso de inoperância de qualquer dos equipamentos previstos no *caput* deste artigo, o produtor deverá comunicar a ocorrência à unidade da Secretaria da Receita Federal do Brasil com jurisdição sobre seu domicílio fiscal, no prazo de 24 (vinte e quatro) horas, devendo manter controle do volume de produção enquanto perdurar a interrupção.

§ 3º O descumprimento das disposições deste artigo ensejará a aplicação de multa:

I – correspondente a 50% (cinquenta por cento) do valor comercial da mercadoria produzida no período de inoperância, não inferior a R$ 5.000,00 (cinco mil reais), se, a partir do décimo dia subsequente ao prazo fixado para a entrada em operação do sistema, os equipamentos referidos no *caput* deste artigo não tiverem sido instalados em virtude de impedimento criado pelo produtor; e

II – no valor de R$ 5.000,00 (cinco mil reais), sem prejuízo do disposto no inciso I deste parágrafo, no caso de falta da comunicação da inoperância do medidor na forma do § 2º deste artigo.

§ 4º Para fins do disposto no inciso I do § 3º deste artigo, considera-se impedimento qualquer ação ou omissão praticada pelo fabricante tendente a impedir ou retardar a instalação dos equipamentos ou, mesmo após a sua instalação, prejudicar o seu normal funcionamento.

Art. 14. Os arts. 2º e 3º da Lei 10.637, de 30 de dezembro de 2002, passam a vigorar com as seguintes alterações:

- Alterações processadas no texto da referida Lei.

Art. 15. Os arts. 2º e 3º da Lei 10.833, de 29 de dezembro de 2003, passam a vigorar com as seguintes alterações:

- Alterações processadas no texto da referida Lei.

Art. 16. Os arts. 8º, 15 e 17 da Lei 10.865, de 30 de abril de 2004, passam a vigorar com as seguintes alterações:

- Alterações processadas no texto da referida Lei.

[...]

Art. 18. Ficam prorrogados até 30 de abril de 2012, os prazos previstos nos incisos III e IV do § 12 do art. 8º e nos incisos I e II do *caput* do art. 28, ambos da Lei 10.865, de 30 de abril de 2004.

- V. art. 41, III.
- V. Dec. 6.842/2009 (Regulamenta a concessão de alíquota zero, até 30.04.2012 ou até que a produção nacional atenda a 80% (oitenta por cento) do consumo interno, da Contribuição para o PIS/Pasep, da Cofins, da Contribuição para o PIS/Pasep-Importação e da Cofins-Importação incidentes sobre a receita bruta decorrente da venda no mercado interno e sobre a importação de papel).

Art. 19. O parágrafo único do art. 34 da Lei 10.833, de 29 de dezembro de 2003, passa a vigorar com a seguinte redação:

- Alteração processada no texto da referida Lei.

[...]

Art. 21. O inciso II do *caput* do art. 4º e a alínea f do inciso II do *caput* e o § 3º do art. 8º da Lei 9.250, de 26 de dezembro de 1995, passam a vigorar com a seguinte redação:

- Alterações processadas no texto da referida Lei.

Art. 22. O art. 24 da Lei 9.430, de 27 de dezembro de 1996, passa a vigorar acrescido do seguinte § 4º:

- Alteração processada no texto da referida Lei.

Lei 11.727/2008

LEGISLAÇÃO

Art. 23. A Lei 9.430, de 27 de dezembro de 1996, passa a vigorar acrescida dos seguintes arts. 24-A e 24-B:

* Alterações processadas no texto da referida Lei.

Art. 24. A pessoa jurídica sujeita ao regime de apuração não cumulativa da Contribuição para o PIS/Pasep e da Cofins, produtora ou fabricante dos produtos relacionados no § 1º do art. 2º da Lei 10.833, de 29 de dezembro de 2003, pode descontar créditos relativos à aquisição desses produtos de outra pessoa jurídica importadora, produtora ou fabricante, para revenda no mercado interno ou para exportação.

§ 1º Os créditos de que trata o *caput* deste artigo correspondem aos valores da Contribuição para o PIS/Pasep e da Cofins devidos pelo vendedor em decorrência da operação.

§ 2º Não se aplica às aquisições de que trata o *caput* deste artigo o disposto na alínea *b* do inciso I do *caput* do art. 3º da Lei 10.637, de 30 de dezembro de 2002, e na alínea *b* do inciso I do *caput* do art. 3º da Lei 10.833, de 29 de dezembro de 2003.

Art. 25. No caso de venda ou importação de acetona classificada no código 2914.11.00 da Tabela de Incidência do Imposto sobre Produtos Industrializados – Tipi, aprovada pelo Decreto 6.006, de 28 de dezembro de 2006, fica suspensa a exigência da Contribuição para o PIS/Pasep, da Cofins, da Contribuição para o PIS/Pasep-Importação e da Cofins-Importação.

§ 1º O disposto no *caput* deste artigo alcança exclusivamente a acetona destinada a produção de monoisopropilamina (MIPA) utilizada na elaboração de defensivos agropecuários classificados na posição 38.08 da Tipi.

§ 2º No caso de importação, a suspensão de que trata o *caput* deste artigo aplica-se apenas quando a acetona for importada diretamente pela pessoa jurídica fabricante da MIPA.

§ 3º A pessoa jurídica que der à acetona destinação diversa daquela prevista no § 1º deste artigo fica obrigada ao recolhimento das contribuições não pagas, acrescidas de juros e multa de mora, na forma da Lei, contados da data da aquisição no mercado interno ou do registro da Declaração de Importação, conforme o caso, na condição de:

I – responsável, em relação à acetona adquirida no mercado interno;

II – contribuinte, em relação à acetona importada.

§ 4º Na hipótese de não ser efetuado o recolhimento na forma do § 3º deste artigo, caberá lançamento de ofício, com aplicação de juros e da multa de que trata o *caput* do art. 44 da Lei 9.430, de 27 de dezembro de 1996.

§ 5º Nas hipóteses de que tratam os §§ 3º e 4º deste artigo, a pessoa jurídica produtora de defensivos agropecuários será responsável solidária com a pessoa jurídica fabricante da MIPA pelo pagamento das contribuições devidas e respectivos acréscimos legais.

Art. 26. Os arts. 8º e 28 da Lei 10.865, de 30 de abril de 2004, passam a vigorar com as seguintes alterações:

* Alterações processadas no texto da referida Lei.

Art. 27. A Lei 10.865, de 30 de abril de 2004, passa a vigorar acrescida do seguinte art. 40-A:

* Alteração processada no texto da referida Lei.

Art. 28. Fica suspenso o pagamento do imposto de importação incidente sobre as partes, as peças e os componentes destinados a emprego na industrialização, revisão e manutenção dos bens de uso militar classificados nos códigos 8710.00.00, 8906.10.00, 88.02, 88.03 e 88.05 da Nomenclatura Comum do Mercosul.

§ 1º A suspensão de que trata o *caput* deste artigo converte-se em isenção com a utilização do bem na forma deste artigo.

§ 2º O Poder Executivo regulamentará o disposto neste artigo.

Art. 29. A alínea *a* do inciso III do § 1º do art. 15 da Lei 9.249, de 26 de dezembro de 1995, passa a vigorar com a seguinte redação:

* Alteração processada no texto da referida Lei.

Art. 30. Até 31 de dezembro de 2008, a multa a que se refere o § 3º do art. 7º da Lei 10.426, de 24 de abril de 2002, quando aplicada a associação sem fins lucrativos que tenha observado o disposto em um dos incisos do § 2º do mesmo artigo, será reduzida a 10% (dez por cento).

Lei 11.727/2008

LEGISLAÇÃO

Art. 31. A pessoa jurídica que tenha por objeto exclusivamente a gestão de participações societárias (*holding*) poderá diferir o reconhecimento das despesas com juros e encargos financeiros pagos ou incorridos relativos a empréstimos contraídos para financiamento de investimentos em sociedades controladas.

* V. art. 41, VI.

§ 1º A despesa de que trata o *caput* deste artigo constituirá adição ao lucro líquido para fins de determinação do lucro real e da base de cálculo da contribuição social sobre o lucro líquido e será controlada em livro fiscal de apuração do lucro real.

§ 2º As despesas financeiras de que trata este artigo devem ser contabilizadas individualizadamente por controlada, de modo a permitir a identificação e verificação em separado dos valores diferidos por investimento.

§ 3º O valor registrado na forma do § 2º deste artigo integrará o custo do investimento para efeito de apuração de ganho ou perda de capital na alienação ou liquidação do investimento.

Art. 32. A Lei 10.833, de 29 de dezembro de 2003, passa a vigorar acrescida dos seguintes arts. 58-A a 58-U:

* Alterações processadas no texto da referida Lei.

Art. 33. Os produtos referidos no art. 58-A da Lei 10.833, de 29 de dezembro de 2003, enquadrados no regime tributário do IPI previsto na Lei 7.798, de 10 de julho de 1989, e a pessoa jurídica optante pelo regime especial de tributação da Contribuição para o PIS/Pasep e da Cofins de que trata o art. 52 da Lei 10.833, de 29 de dezembro de 2003, serão excluídos dos respectivos regimes no último dia do mês de dezembro de 2008.

* *Caput* com redação determinada pela Lei 11.827/2008.
* V. art. 41, VII.

§ 1º Os produtos e as pessoas jurídicas enquadrados na hipótese de que trata o *caput*, a partir da data nele referida, ficarão sujeitos ao regime geral previsto nos arts. 58-D a 58-I da Lei 10.833, de 29 de dezembro de 2003, com a redação dada por esta Lei.

§ 2º Às pessoas jurídicas excluídas, na forma deste artigo, do regime especial de tributação das contribuições de que trata o art. 52 da Lei 10.833, de 29 de dezembro de 2003, não se aplica o disposto:

I – nos arts. 49, 50, 52, 55, 57 e 58 da Lei 10.833, de 29 de dezembro de 2003; e

II – no § 7º do art. 8º e nos §§ 9º e 10 do art. 15 da Lei 10.865, de 30 de abril de 2004.

Art. 34. O art. 28 da Lei 10.865, de 30 de abril de 2004, passa a vigorar acrescido do seguinte inciso XIII:

* Alteração processada no texto da referida Lei.

Art. 35. O art. 2º da Lei 10.637, de 30 de dezembro de 2002, passa a vigorar com as seguintes alterações:

* Alterações processadas no texto da referida Lei.

Art. 36. Os arts. 2º, 3º, 51 e 53 da Lei 10.833, de 29 de dezembro de 2003, passam a vigorar com as seguintes alterações:

* Alterações processadas no texto da referida Lei.

Art. 37. Os arts. 8º, 15, 17 e 28 da Lei 10.865, de 30 de abril de 2004, passam a vigorar com as seguintes alterações:

* Alterações processadas no texto da referida Lei.

Art. 38. O art. 10 da Lei 11.051, de 29 de dezembro de 2004, passa a vigorar com as seguintes alterações:

* Alterações processadas no texto da referida Lei.

Art. 39. O art. 65 da Lei 11.196, de 21 de novembro de 2005, passa a vigorar com as seguintes alterações:

* Alterações processadas no texto da referida Lei.

[...]

Art. 41. Esta Lei entra em vigor na data de sua publicação, produzindo efeitos em relação:

I – ao art. 2º, a partir da regulamentação;

II – aos arts. 3º, 13 e 17, a partir do primeiro dia do quarto mês subsequente ao da publicação da Medida Provisória 413, de 3 de janeiro de 2008;

III – ao art. 18, a partir de 1º de maio de 2008;

IV – aos arts. 7º, 9º a 12 e 14 a 16, a partir do primeiro dia do quarto mês subsequente ao da publicação desta Lei;

* Inciso IV com redação determinada pela Lei 11.827/2008.

V – ao art. 21, a partir da data da publicação da Lei 11.441, de 4 de janeiro de 2007;

Lei 11.732/2008

LEGISLAÇÃO

VI – aos arts. 22, 23, 29 e 31, a partir do primeiro dia do ano seguinte ao da publicação desta Lei;
VII – aos arts. 32 a 39, a partir de 1º de janeiro de 2009.

- Inciso VII acrescentado pela Lei 11.827/2008.

Parágrafo único. Enquanto não produzirem efeitos os arts. 7º, 9º a 12 e 14 a 16 desta Lei, nos termos do inciso IV deste artigo, fica mantido o regime anterior à publicação da Medida Provisória 413, de 3 de janeiro de 2008, de incidência da Contribuição para o PIS/Pasep e da Cofins sobre a importação de álcool, inclusive para fins carburantes, e sobre a receita bruta auferida por produtor, importador ou distribuidor com a venda desse produto.

Art. 42. Ficam revogados:
I – a partir da data da publicação da Medida Provisória 413, de 3 de janeiro de 2008, os §§ 1º e 2º do art. 126 da Lei 8.213, de 24 de julho de 1991;
II – a partir do primeiro dia do quarto mês subsequente ao da publicação da Medida Provisória 413, de 3 de janeiro de 2008:
a) o art. 37 da Lei 10.637, de 30 de dezembro de 2002;
b) o art. 2º da Lei 7.856, de 24 de outubro de 1989;
III – a partir do primeiro dia do quarto mês subsequente ao da publicação desta Lei:
a) o parágrafo único do art. 6º da Lei 9.718, de 27 de novembro de 1998;
b) os incisos II e III do *caput* do art. 42 da Medida Provisória 2.158-35, de 24 de agosto de 2001;
c) o inciso IV do § 3º do art. 1º e a alínea *a* do inciso VII do art. 8º da Lei 10.637, de 30 de dezembro de 2002;
d) o inciso IV do § 3º do art. 1º e a alínea *a* do inciso VII do *caput* do art. 10 da Lei 10.833, de 29 de dezembro de 2003;
e) *(Revogada pela Lei 11.827/2008.)*
f) *(Revogada pela Lei 11.827/2008.)*
IV – a partir de 1º de janeiro de 2009:

- Inciso IV acrescentado pela Lei 11.827/2008.

a) os arts. 49, 50, 52, 55, 57 e 58 da Lei 10.833, de 29 de dezembro de 2003, não havendo, após essa data, outra forma de tributação além dos 2 (dois) regimes previstos nos arts. 58-A a 58-U da Lei 10.833, de 29 de dezembro de 2003, e demais dispositivos contidos nesta Lei a eles relacionados;
b) o § 7º do art. 8º e os §§ 9º e 10 do art. 15 da Lei 10.865, de 30 de abril de 2004.

Brasília, 23 de junho de 2008; 187º da Independência e 120º da República.
Luiz Inácio Lula da Silva

(DOU 24.06.2008)

LEI 11.732, DE 30 DE JUNHO DE 2008

Altera as Leis 11.508, de 20 de julho de 2007, que dispõe sobre o regime tributário, cambial e administrativo das Zonas de Processamento de Exportação, e 8.256, de 25 de novembro de 1991, que cria áreas de livre comércio nos municípios de Boa Vista e Bonfim, no Estado de Roraima; e dá outras providências.

O Presidente da República:
Faço saber que o Congresso Nacional decreta e eu sanciono a seguinte Lei:

Art. 1º A Lei 11.508, de 20 de julho de 2007, passa a vigorar acrescida do seguinte art. 6º-A:

- Alteração processada no texto da referida Lei.

Art. 2º Os arts. 2º, 3º, 4º, 8º, 9º, 12, 13, 15, 18, 22 e 23 da Lei 11.508, de 20 de julho de 2007, passam a vigorar com a seguinte redação e a mesma Lei fica acrescida do art. 18-A:

- Alterações processadas no texto da referida Lei.

Art. 3º Para efeito de interpretação do art. 5º da Lei 8.032, de 12 de abril de 1990, licitação internacional é aquela promovida tanto por pessoas jurídicas de direito público como por pessoas jurídicas de direito privado do setor público e do setor privado.

- V. art. 10.
- V. Dec. 6.702/2008 (Regulamenta o art. 3º da Lei 11.732/2008).

§ 1º Na licitação internacional de que trata o *caput* deste artigo, as pessoas jurídicas de direito público e as de direito privado do setor público deverão observar as normas e procedimentos previstos na legislação específica, e as pessoas jurídicas de direito priva-

Lei 11.770/2008

LEGISLAÇÃO

do do setor privado, as normas e procedimentos das entidades financiadoras.

§ 2º *(Vetado.)*

§ 3º Na ausência de normas e procedimentos específicos das entidades financiadoras, as pessoas jurídicas de direito privado do setor privado observarão aqueles previstos na legislação brasileira, no que couber.

§ 4º *(Vetado.)*

§ 5º O Poder Executivo regulamentará, por Decreto, no prazo de 60 (sessenta) dias contados da entrada em vigor da Medida Provisória 418, de 14 de fevereiro de 2008, as normas e procedimentos específicos a serem observados nas licitações internacionais promovidas por pessoas jurídicas de direito privado do setor privado a partir de 1º de maio de 2008, nos termos do *caput* e parágrafos deste artigo, sem prejuízo da validade das licitações internacionais promovidas por pessoas jurídicas de direito privado até esta data.

Art. 4º A Área de Livre Comércio de Pacaraima – ALCP, no Estado de Roraima, de que trata a Lei 8.256, de 25 de novembro de 1991, passa a denominar-se Área de Livre Comércio de Boa Vista – ALCBV.

[...]

Art. 6º Os produtos industrializados nas Áreas de Livre Comércio de Boa Vista – ALCBV e de Bonfim – ALCB, de que trata a Lei 8.256, de 25 de novembro de 1991, ficam isentos do Imposto sobre Produtos Industrializados – IPI, quer se destinem ao seu consumo interno, quer à comercialização em qualquer outro ponto do território nacional.

§ 1º A isenção prevista no *caput* deste artigo somente se aplica a produtos em cuja composição final haja predominância de matérias-primas de origem regional provenientes dos segmentos animal, vegetal, mineral, exceto os minérios do capítulo 26 da Nomenclatura Comum do Mercosul – NCM, ou agrosilvopastoril, observada a legislação ambiental pertinente e conforme definida em regulamento.

§ 2º Excetuam-se da isenção prevista no *caput* deste artigo as armas e munições e fumo.

§ 3º A isenção prevista no *caput* deste artigo aplica-se exclusivamente aos produtos elaborados por estabelecimentos industriais cujos projetos tenham sido aprovados pela Superintendência da Zona Franca de Manaus – Sufama.

Art. 7º A venda de mercadorias nacionais ou nacionalizadas, efetuada por empresas estabelecidas fora das Áreas de Livre Comércio de Boa Vista – ALCBV e de Bonfim – ALCB, de que trata a Lei 8.256, de 25 de novembro de 1991, para empresas ali estabelecidas fica equiparada à exportação.

Art. 8º O prazo a que se refere o art. 25 da Lei 11.508, de 20 de julho de 2007, fica prorrogado até o dia 1º de julho de 2010.

- Artigo com redação determinada pela Lei 11.941/2009.

[...]

Art. 10. Esta Lei entra em vigor na data de sua publicação, observado, quanto ao *caput* do art. 3º desta Lei, o disposto no inciso I do *caput* do art. 106 da Lei 5.172, de 25 de outubro de 1966 – Código Tributário Nacional.

Art. 11. Ficam revogados o art. 6º, o parágrafo único do art. 17 e o art. 24 da Lei 11.508, de 20 de julho de 2007.

Brasília, 30 de junho de 2008; 187º da Independência e 120º da República.

Luiz Inácio Lula da Silva

(*DOU* 01.07.2008)

LEI 11.770, DE 9 DE SETEMBRO DE 2008

Cria o Programa Empresa Cidadã, destinado à prorrogação da licença-maternidade mediante concessão de incentivo fiscal, e altera a Lei 8.212, de 24 de julho de 1991.

- V. Dec. 7.052/2009 (Regulamenta a Lei 11.770/2008).

O Presidente da República.

Faço saber que o Congresso Nacional decreta e eu sanciono a seguinte Lei:

Art. 1º É instituído o Programa Empresa Cidadã, destinado a prorrogar:

- Artigo com redação determinada pela Lei 13.257/2016 (*DOU* 09.03.2016), em vigor na data de sua publicação, produzindo efeitos a partir do primeiro dia do exercício subsequente àquele

Lei 11.770/2008

em que for implementado o disposto no art. 39 da referida lei.

I – por 60 (sessenta) dias a duração da licença-maternidade prevista no inciso XVIII do *caput* do art. 7º da Constituição Federal;

II – por 15 (quinze) dias a duração da licença-paternidade, nos termos desta Lei, além dos 5 (cinco) dias estabelecidos no § 1º do art. 10 do Ato das Disposições Constitucionais Transitórias.

§ 1º A prorrogação de que trata este artigo:

I – será garantida à empregada da pessoa jurídica que aderir ao Programa, desde que a empregada a requeira até o final do primeiro mês após o parto, e será concedida imediatamente após a fruição da licença-maternidade de que trata o inciso XVIII do *caput* do art. 7º da Constituição Federal;

II – será garantida ao empregado da pessoa jurídica que aderir ao Programa, desde que o empregado a requeira no prazo de 2 (dois) dias úteis após o parto e comprove participação em programa ou atividade de orientação sobre paternidade responsável.

§ 2º A prorrogação será garantida, na mesma proporção, à empregada e ao empregado que adotar ou obtiver guarda judicial para fins de adoção de criança.

Art. 2º É a administração pública, direta, indireta e fundacional, autorizada a instituir programa que garanta prorrogação da licença-maternidade para suas servidoras, nos termos do que prevê o art. 1º desta Lei.

Art. 3º Durante o período de prorrogação da licença-maternidade e da licença-paternidade:

- Artigo com redação determinada pela Lei 13.257/2016 (*DOU* 09.03.2016), em vigor na data de sua publicação, produzindo efeitos a partir do primeiro dia do exercício subsequente àquele em que for implementado o disposto no art. 39 da referida lei.

I – a empregada terá direito à remuneração integral, nos mesmos moldes devidos no período de percepção do salário-maternidade pago pelo Regime Geral de Previdência Social (RGPS);

II – o empregado terá direito à remuneração integral.

Art. 4º No período de prorrogação da licença-maternidade e da licença-paternidade de que trata esta Lei, a empregada e o empregado não poderão exercer nenhuma atividade remunerada, e a criança deverá ser mantida sob seus cuidados.

- Artigo com redação determinada pela Lei 13.257/2016 (*DOU* 09.03.2016), em vigor na data de sua publicação, produzindo efeitos a partir do primeiro dia do exercício subsequente àquele em que for implementado o disposto no art. 39 da referida lei.

Parágrafo único. Em caso de descumprimento do disposto no *caput* deste artigo, a empregada e o empregado perderão o direito à prorrogação.

Art. 5º A pessoa jurídica tributada com base no lucro real poderá deduzir do imposto devido, em cada período de apuração, o total da remuneração integral da empregada e do empregado pago nos dias de prorrogação de sua licença-maternidade e de sua licença-paternidade, vedada a dedução como despesa operacional.

- *Caput* com redação determinada pela Lei 13.257/2016 (*DOU* 09.03.2016), em vigor na data de sua publicação, produzindo efeitos a partir do primeiro dia do exercício subsequente àquele em que for implementado o disposto no art. 39 da referida lei.

Parágrafo único. *(Vetado.)*

Art. 6º *(Vetado.)*

Art. 7º O Poder Executivo, com vistas no cumprimento do disposto no inciso II do *caput* do art. 5º e nos arts. 12 e 14 da Lei Complementar 101, de 4 de maio de 2000, estimará o montante da renúncia fiscal decorrente do disposto nesta Lei e o incluirá no demonstrativo a que se refere o § 6º do art. 165 da Constituição Federal, que acompanhará o projeto de lei orçamentária cuja apresentação se der após decorridos 60 (sessenta) dias da publicação desta Lei.

Art. 8º Esta Lei entra em vigor na data de sua publicação, produzindo efeitos a partir do primeiro dia do exercício subsequente àquele em que for implementado o disposto no seu art. 7º.

Brasília, 9 de setembro de 2008; 187º da Independência e 120º da República.

Luiz Inácio Lula da Silva

(*DOU* 10.09.2008)

Lei 11.774/2008

LEGISLAÇÃO

LEI 11.774, DE 17 DE SETEMBRO DE 2008

Altera a legislação tributária federal, modificando as Leis 10.865, de 30 de abril de 2004, 11.196, de 21 de novembro de 2005, 11.033, de 21 de dezembro de 2004, 11.484, de 31 de maio de 2007, 8.850, de 28 de janeiro de 1994, 8.383, de 30 de dezembro de 1991, 9.481, de 13 de agosto de 1997, 11.051, de 29 de dezembro de 2004, 9.493, de 10 de setembro de 1997, 10.925, de 23 de julho de 2004; e dá outras providências.

O Presidente da República:
Faço saber que o Congresso Nacional decreta e eu sanciono a seguinte Lei:

Art. 1º As pessoas jurídicas, nas hipóteses de aquisição no mercado interno ou de importação de máquinas e equipamentos destinados à produção de bens e prestação de serviços, poderão optar pelo desconto dos créditos da Contribuição para o Programa de Integração Social/Programa de Formação do Patrimônio do Servidor Público (PIS/Pasep) e da Contribuição para Financiamento da Seguridade Social (Cofins) de que tratam o inciso III do § 1º do art. 3º da Lei 10.637, de 30 de dezembro de 2002, o inciso III do § 1º do art. 3º da Lei 10.833, de 29 de dezembro de 2003, e o § 4º do art. 15 da Lei 10.865, de 30 de abril de 2004, da seguinte forma:

* Artigo com redação determinada pela Lei 12.546/2011.

I – no prazo de 11 (onze) meses, no caso de aquisições ocorridas em agosto de 2011;
II – no prazo de 10 (dez) meses, no caso de aquisições ocorridas em setembro de 2011;
III – no prazo de 9 (nove) meses, no caso de aquisições ocorridas em outubro de 2011;
IV – no prazo de 8 (oito) meses, no caso de aquisições ocorridas em novembro de 2011;
V – no prazo de 7 (sete) meses, no caso de aquisições ocorridas em dezembro de 2011;
VI – no prazo de 6 (seis) meses, no caso de aquisições ocorridas em janeiro de 2012;
VII – no prazo de 5 (cinco) meses, no caso de aquisições ocorridas em fevereiro de 2012;
VIII – no prazo de 4 (quatro) meses, no caso de aquisições ocorridas em março de 2012;
IX – no prazo de 3 (três) meses, no caso de aquisições ocorridas em abril de 2012;
X – no prazo de 2 (dois) meses, no caso de aquisições ocorridas em maio de 2012;
XI – no prazo de 1 (um) mês, no caso de aquisições ocorridas em junho de 2012; e
XII – imediatamente, no caso de aquisições ocorridas a partir de julho de 2012.

§ 1º Os créditos de que trata este artigo serão determinados:
I – mediante a aplicação dos percentuais previstos no *caput* do art. 2º da Lei 10.637, de 2002, e no *caput* do art. 2º da Lei 10.833, de 2003, sobre o valor correspondente ao custo de aquisição do bem, no caso de aquisição no mercado interno; ou
II – na forma prevista no § 3º do art. 15 da Lei 10.865, de 2004, no caso de importação.

§ 2º O disposto neste artigo aplica-se aos bens novos adquiridos ou recebidos a partir de 3 de agosto de 2011.

§ 3º O regime de desconto de créditos no prazo de 12 (doze) meses continua aplicável aos bens novos adquiridos ou recebidos a partir do mês de maio de 2008 e anteriormente a 3 de agosto de 2011.

Art. 2º Fica suspensa a exigência da Contribuição para o PIS/Pasep, da Contribuição para o PIS/Pasep-Importação, da Cofins e da Cofins-Importação, no caso de venda ou de importação, quando destinados à navegação de cabotagem e de apoio portuário e marítimo, para a pessoa jurídica previamente habilitada, nos termos e condições a serem fixados pela Secretaria da Receita Federal do Brasil, de:
I – óleo combustível, tipo *bunker*, MF – Marine Fuel, classificado no código 2710.19.22;
II – óleo combustível, tipo *bunker*, MGO – Marine Gás Oil, classificado no código 2710.19.21; e
III – óleo combustível, tipo *bunker*, ODM – Óleo Diesel Marítimo, classificado no código 2710.19.21.

§ 1º A pessoa jurídica que não destinar os produtos referidos nos incisos do *caput* des-

Lei 11.774/2008

LEGISLAÇÃO

te artigo à navegação de cabotagem ou de apoio portuário e marítimo fica obrigada a recolher as contribuições não pagas em função da suspensão de que trata este artigo, acrescidas de juros e multa de mora, na forma da lei, contados a partir da data da aquisição ou do registro da Declaração de Importação – DI, na condição de:

I – contribuinte, em relação à Contribuição para o PIS/Pasep-Importação e à Cofins-Importação;

II – responsável, em relação à Contribuição para o PIS/Pasep e à Cofins.

§ 2º Na hipótese de não ser efetuado o recolhimento na forma do § 1º deste artigo, caberá lançamento de ofício, com aplicação de juros e da multa de que trata o *caput* do art. 44 da Lei 9.430, de 27 de dezembro de 1996.

§ 3º Nas notas fiscais relativas à venda de que trata o *caput* deste artigo deverá constar a expressão "Venda de óleo combustível, tipo bunker, efetuada com Suspensão de PIS/Cofins", com a especificação do dispositivo legal correspondente e do código fiscal do produto.

Art. 3º Os arts. 8º, 28 e 40 da Lei 10.865, de 30 de abril de 2004, passam a vigorar com a seguinte redação:

• Alterações processadas no texto da referida Lei.

Art. 4º Os arts. 2º, 13, o inciso III do *caput* do art. 17 e o art. 26 da Lei 11.196, de 21 de novembro de 2005, passam a vigorar com a seguinte redação:

• Alterações processadas no texto da referida Lei.

Art. 5º Os arts. 14 e 15 da Lei 11.033, de 21 de dezembro de 2004, passam a vigorar com a seguinte redação:

• Alterações processadas no texto da referida Lei.

[...]

Art. 8º O art. 52 da Lei 8.383, de 30 de dezembro de 1991, passa a vigorar com a seguinte redação:

• Alterações processadas no texto da referida Lei.

[...]

Art. 10. O art. 1º da Lei 11.051, de 29 de dezembro de 2004, passa a vigorar com a seguinte redação:

• Alterações processadas no texto da referida Lei.

Art. 11. Para efeito de apuração do imposto de renda, as empresas industriais fabricantes de veículos e de autopeças terão direito à depreciação acelerada, calculada pela aplicação da taxa de depreciação usualmente admitida, multiplicada por 4 (quatro), sem prejuízo da depreciação normal das máquinas, equipamentos, aparelhos e instrumentos, novos, relacionados em regulamento, adquiridos entre 1º de maio de 2008 e 31 de dezembro de 2010, destinados ao ativo imobilizado e empregados em processo industrial do adquirente.

• V. Dec. 6.701/2008 (Depreciação acelerada de que tratam os arts. 11 e 12 desta Lei).

§ 1º A depreciação acelerada de que trata o *caput* deste artigo constituirá exclusão do lucro líquido para fins de determinação do lucro real e será escriturada no livro fiscal de apuração do lucro real.

§ 2º O total da depreciação acumulada, incluindo a normal e a acelerada, não poderá ultrapassar o custo de aquisição do bem.

§ 3º A partir do período de apuração em que for atingido o limite de que trata o § 2º deste artigo, o valor da depreciação normal, registrado na escrituração comercial, será adicionado ao lucro líquido para efeito de determinação do lucro real.

§ 4º A depreciação acelerada de que trata o *caput* deste artigo deverá ser calculada antes da aplicação dos coeficientes de depreciação acelerada previstos no art. 69 da Lei 3.470, de 28 de novembro de 1958.

Art. 12. Para efeito de apuração do imposto de renda, as pessoas jurídicas fabricantes de bens de capital, sem prejuízo da depreciação normal, terão direito à depreciação acelerada, calculada pela aplicação da taxa de depreciação usualmente admitida, multiplicada por 4 (quatro), das máquinas, equipamentos, aparelhos e instrumentos, novos, adquiridos entre 1º de maio de 2008 e 31 de dezembro de 2010, destinados ao ativo imobilizado e empregados em processo industrial do adquirente.

• V. Dec. 6.701/2008 (Depreciação acelerada de que tratam os arts. 11 e 12 desta Lei).

§ 1º A depreciação acelerada de que trata o *caput* deste artigo constituirá exclusão do

Lei 11.774/2008

LEGISLAÇÃO

lucro líquido para fins de determinação do lucro real e será escriturada no livro fiscal de apuração do lucro real.

§ 2º O total da depreciação acumulada, incluindo a normal e a acelerada, não poderá ultrapassar o custo de aquisição do bem.

§ 3º A partir do período de apuração em que for atingido o limite de que trata o § 2º deste artigo, o valor da depreciação normal, registrado na escrituração comercial, será adicionado ao lucro líquido para efeito de determinação do lucro real.

§ 4º Os bens de capital e as máquinas, equipamentos, aparelhos e instrumentos de que trata este artigo serão relacionados em regulamento.

§ 5º A depreciação acelerada de que trata o *caput* deste artigo deverá ser calculada antes da aplicação dos coeficientes de depreciação acelerada previstos no art. 69 da Lei 3.470, de 28 de novembro de 1958.

Art. 13. *(Vetado.)*

Art. 13-A. As empresas dos setores de tecnologia da informação – TI e de tecnologia da informação e da comunicação – TIC poderão excluir do lucro líquido os custos e despesas com capacitação de pessoal que atua no desenvolvimento de programas de computador (*software*), para efeito de apuração do lucro real, sem prejuízo da dedução normal.

- Artigo acrescentado pela Lei 11.908/2009.

Parágrafo único. A exclusão de que trata o *caput* deste artigo fica limitada ao valor do lucro real antes da própria exclusão, vedado o aproveitamento de eventual excesso em período de apuração posterior.

Art. 14. As alíquotas de que tratam os incisos I e III do *caput* do art. 22 da Lei 8.212, de 24 de julho de 1991, em relação às empresas que prestam serviços de tecnologia da informação – TI e de tecnologia da informação e comunicação – TIC, ficam reduzidas pela subtração de 1/10 (um décimo) do percentual correspondente à razão entre a receita bruta de venda de serviços para o mercado externo e a receita bruta total de vendas de bens e serviços, após a exclusão dos impostos e contribuições incidentes sobre a venda, observado o disposto neste artigo.

§ 1º Para fins do disposto neste artigo, devem-se considerar as receitas auferidas nos 12 (doze) meses imediatamente anteriores a cada trimestre-calendário.

§ 2º A alíquota apurada na forma do *caput* e do § 1º deste artigo será aplicada uniformemente nos meses que compõem o trimestre-calendário.

§ 3º No caso de empresa em início de atividades ou sem receita de exportação até a data de publicação desta Lei, a apuração de que trata o § 1º deste artigo poderá ser realizada com base em período inferior a 12 (doze) meses, observado o mínimo de 3 (três) meses anteriores.

§ 4º Para efeito do *caput* deste artigo, consideram-se serviços de TI e TIC:

- V. Lei 12.546/2011 (Instituí o Regime Especial de Reintegração de Valores Tributários para as Empresas Exportadoras (Reintegra); dispõe sobre a redução do Imposto sobre Produtos Industrializados (IPI) à indústria automotiva; altera a incidência das contribuições previdenciárias).

I – análise e desenvolvimento de sistemas;
II – programação;
III – processamento de dados e congêneres;
IV – elaboração de programas de computadores, inclusive de jogos eletrônicos;
V – licenciamento ou cessão de direito de uso de programas de computação;
VI – assessoria e consultoria em informática;
VII – suporte técnico em informática, inclusive instalação, configuração e manutenção de programas de computação e bancos de dados, bem como serviços de suporte técnico em equipamentos de informática em geral; e

- Inciso VII com redação determinada pela Lei 12.844/2013 (*DOU* 19.07.2013, edição extra), em vigor a partir do primeiro dia do quarto mês subsequente ao de sua publicação (v. art. 49, II, c, da referida Lei).

VIII – planejamento, confecção, manutenção e atualização de páginas eletrônicas;
IX – execução continuada de procedimentos de preparação ou processamento de dados de gestão empresarial, pública ou privada, e gerenciamento de processos de clientes, com o uso combinado de mão de obra e sistemas computacionais.

- Inciso IX acrescentado pela Lei 13.043/2014.

Lei 11.774/2008

LEGISLAÇÃO

§ 5º O disposto neste artigo aplica-se também a empresas que prestam serviços de *call center* e àquelas que exercem atividades de concepção, desenvolvimento ou projeto de circuitos integrados.

- § 5º com redação determinada pela Lei 12.715/2012 (*DOU* 18.09.2012), em vigor no 1º dia do 4º mês subsequente à data de publicação da MP 563/2012, produzindo efeitos a partir de sua regulamentação (v. art. 78, § 2º da referida Lei).

§ 6º As operações relativas a serviços não relacionados nos §§ 4º e 5º deste artigo não deverão ser computadas na receita bruta de venda de serviços para o mercado externo.

§ 7º No caso das empresas que prestam serviços referidos nos §§ 4º e 5º deste artigo, os valores das contribuições devidas a terceiros, assim entendidos outras entidades ou fundos, ficam reduzidos no percentual referido no *caput* deste artigo, observado o disposto nos §§ 1º e 3º deste artigo.

§ 8º O disposto no § 7º deste artigo não se aplica à contribuição destinada ao Fundo Nacional de Desenvolvimento da Educação – FNDE.

§ 9º Para fazer jus às reduções de que tratam o *caput* e o § 7º deste artigo, a empresa deverá:

I – implantar programa de prevenção de riscos ambientais e de doenças ocupacionais decorrentes da atividade profissional, conforme critérios estabelecidos pelo Ministério da Previdência Social; e

II – realizar contrapartidas em termos de capacitação de pessoal, investimentos em pesquisa, desenvolvimento e inovação tecnológica e certificação da qualidade.

§ 10. A União compensará o Fundo do Regime Geral de Previdência Social, de que trata o art. 68 da Lei Complementar 101, de 4 de maio de 2000, no valor correspondente à estimativa de renúncia previdenciária decorrente da desoneração de que trata este artigo, de forma a não afetar a apuração do resultado financeiro do Regime Geral de Previdência Social.

§ 11. O não cumprimento das exigências de que trata o § 9º deste artigo implica a perda do direito das reduções de que tratam o *caput* e o § 7º deste artigo ensejando o recolhimento da diferença de contribuições com os acréscimos legais cabíveis.

§ 12. O disposto neste artigo aplica-se pelo prazo de 5 (cinco) anos, contado a partir do 1º (primeiro) dia do mês seguinte ao da publicação do regulamento referido no § 13 deste artigo, podendo esse prazo ser renovado pelo Poder Executivo.

§ 13. O disposto neste artigo será regulamentado pelo Poder Executivo.

[...]

Art. 16. *(Vetado.)*

Art. 17. Para efeitos de adimplemento do compromisso de exportação nos regimes aduaneiros suspensivos, destinados à industrialização para exportação, os produtos importados ou adquiridos no mercado interno com suspensão do pagamento dos tributos incidentes podem ser substituídos por outros produtos, nacionais ou importados, da mesma espécie, qualidade e quantidade, importados ou adquiridos no mercado interno sem suspensão do pagamento dos tributos incidentes, nos termos, limites e condições estabelecidos pelo Poder Executivo.

- Artigo com redação determinada pela Lei 12.350/2010.

§1º O disposto no *caput* aplica-se também ao regime aduaneiro de isenção e alíquota zero, nos termos, limites e condições estabelecidos pelo Poder Executivo.

§2º A Secretaria da Receita Federal do Brasil e a Secretaria de Comércio Exterior disciplinarão em ato conjunto o disposto neste artigo.

Art. 18. *(Vetado.)*

Art. 19. O art. 54 da Lei 11.196, de 21 de novembro de 2005, passa a vigorar com a seguinte redação:

- Alterações processadas no texto da referida Lei.

Art. 20. *(Vetado.)*

Art. 21. *(Vetado.)*

Art. 22. Esta Lei entra em vigor na data de sua publicação, produzindo efeitos, em relação aos:

I – arts. 7º e 8º, a partir do 1º (primeiro) dia do mês de junho de 2008;

Lei 11.882/2008

II – demais artigos, a partir da data de sua publicação.
Art. 23. Ficam revogados:
I – o art. 2º da Lei 9.493, de 10 de setembro de 1997; e
II – o § 3º do art. 2º e o art. 3º da Lei 11.196, de 21 de novembro de 2005.
Brasília, 17 de setembro de 2008; 187º da Independência e 120º da República.
Luiz Inácio Lula da Silva
(*DOU* 18.09.2008)

LEI 11.882, DE 23 DE DEZEMBRO DE 2008

Dispõe sobre as operações de redesconto pelo Banco Central do Brasil, autoriza a emissão da Letra de Arrendamento Mercantil – LAM, altera a Lei 6.099, de 12 de setembro de 1974, e dá outras providências.

- V. Res. Bacen 3.622/2008 (Operações de redesconto e de empréstimo de que trata a MP 442/2008, convertida na Lei 11.882/2008).

O Presidente da República:
Faço saber que o Congresso Nacional decreta e eu sanciono a seguinte Lei:
Art. 1º O Conselho Monetário Nacional, com o propósito de assegurar níveis adequados de liquidez no sistema financeiro, poderá:
I – estabelecer critérios e condições especiais de avaliação e de aceitação de ativos recebidos pelo Banco Central do Brasil em operações de redesconto em moeda nacional ou em garantia de operações de empréstimo em moeda estrangeira; e
II – afastar, em situações especiais e por prazo determinado, observado o disposto no § 3º do art. 195 da Constituição Federal, nas operações de redesconto e empréstimo realizadas pelo Banco Central do Brasil, as exigências de regularidade fiscal previstas no art. 62 do Decreto-lei 147, de 3 de fevereiro de 1967, no § 1º do art. 1º do Decreto-lei 1.715, de 22 de novembro de 1979, na alínea c do *caput* do art. 27 da Lei 8.036, de 11 de maio de 1990, e na Lei 10.522, de 19 de julho de 2002.

§ 1º Nas operações de empréstimo referidas no inciso I do *caput* deste artigo, fica o Banco Central do Brasil autorizado a:
I – liberar o valor da operação na mesma moeda estrangeira em que denominados ou referenciados os ativos recebidos em garantia; e
II – aceitar, em caráter complementar às garantias oferecidas nas operações, garantia real ou fidejussória outorgada pelo acionista controlador, por empresa coligada ou por instituição financeira.
§ 2º Na ocorrência de inadimplemento, o Banco Central do Brasil poderá, mediante oferta pública, alienar os ativos recebidos em operações de redesconto ou em garantia de operações de empréstimo.
§ 3º A alienação de que trata o § 2º deste artigo não será obstada pela intervenção, recuperação judicial, liquidação extrajudicial, falência ou insolvência civil a que sejam submetidos, conforme o caso, a instituição financeira ou o terceiro titular do ativo oferecido em garantia de empréstimo.
§ 4º O resultado, positivo ou negativo, da alienação de que trata o § 2º deste artigo será apropriado pelo Banco Central do Brasil e integrará seu balanço para os efeitos do art. 2º da Medida Provisória 2.179-36, de 24 de agosto de 2001.
§ 5º O Conselho Monetário Nacional regulamentará o disposto neste artigo, devendo observar, na fixação de critérios e condições especiais previstas no inciso I do *caput* deste artigo, regras transparentes e não discriminatórias para a aceitação de ativos em operações de redesconto.
§ 6º O Banco Central do Brasil deverá encaminhar ao Congresso Nacional, até o último dia útil do mês subsequente de cada trimestre, relatório sobre as operações realizadas com base no disposto no inciso I do *caput* deste artigo, indicando, entre outras informações, o valor total trimestral e o acumulado no ano das operações de redesconto ou empréstimo realizadas, as condições financeiras médias aplicadas nessas operações, o valor total trimestral e acumulado anual de

Legislação

créditos adimplidos e inadimplidos, além de um demonstrativo do impacto dessas operações nos resultados daquele órgão.

§ 7º Na mesma reunião conjunta com as comissões temáticas pertinentes do Congresso Nacional, conforme previsto no § 5º do art. 9º da Lei Complementar 101, de 4 de maio de 2000, o Ministro-Presidente do Banco Central do Brasil, com base no relatório previsto no § 6º deste artigo, informará e debaterá sobre os valores agregados e a taxa média praticada nas operações de redesconto em reais.

§ 8º *(Vetado.)*

§ 9º Os recursos provenientes de empréstimos em moeda estrangeira concedidos pelo Banco Central do Brasil, na forma deste artigo, poderão ser repassados, no País, com cláusula de reajuste vinculado à variação cambial.

- § 9º acrescentado pela Lei 12.058/2009.

Art. 1º-A. Os créditos do Banco Central do Brasil decorrentes de operações de redesconto ou de empréstimo não serão alcançados pela decretação de intervenção, liquidação extrajudicial ou falência da instituição financeira.

- Artigo acrescentado pela Lei 12.058/2009.

Parágrafo único. Os ativos recebidos pelo Banco Central do Brasil em operações de redesconto ou em garantia de operações de empréstimo não integrarão a massa, nem terão seu pagamento obstado pela suspensão da fluência do prazo das obrigações da instituição sob intervenção.

Art. 2º As sociedades de arrendamento mercantil poderão emitir título de crédito representativo de promessa de pagamento em dinheiro, denominado Letra de Arrendamento Mercantil – LAM.

§ 1º O título de crédito de que trata o *caput* deste artigo, nominativo, endossável e de livre negociação, deverá conter:

I – a denominação "Letra de Arrendamento Mercantil";
II – o nome do emitente;
III – o número de ordem, o local e a data de emissão;
IV – o valor nominal;
V – a taxa de juros, fixa ou flutuante, admitida a capitalização;
VI – a descrição da garantia, real ou fidejussória, quando houver;
VII – a data de vencimento ou, se emitido para pagamento parcelado, a data de vencimento de cada parcela e o respectivo valor;
VIII – o local de pagamento; e
IX – o nome da pessoa a quem deve ser pago.

§ 2º O endossante da LAM não responde pelo seu pagamento, salvo estipulação em contrário.

§ 3º A LAM não constitui operação de empréstimo ou adiantamento, por sua aquisição em mercado primário ou secundário, nem se considera valor mobiliário para os efeitos da Lei 6.385, de 7 de dezembro de 1976.

Art. 3º A LAM será emitida sob a forma escritural, mediante registro em sistema de registro e de liquidação financeira de ativos autorizada pelo Banco Central do Brasil.

Parágrafo único. A transferência de titularidade da LAM será operada no sistema referido no *caput* deste artigo, que será responsável pela manutenção do registro das negociações.

Art. 4º Aplica-se à LAM, no que não contrariar o disposto nesta Lei, a legislação cambiária.

Art. 5º O art. 8º da Lei 6.099, de 12 de setembro de 1974, passa a vigorar com a seguinte redação:

- Alterações processadas no texto da referida Lei.

Art. 6º Em operação de arrendamento mercantil ou qualquer outra modalidade de crédito ou financiamento a anotação da alienação fiduciária de veículo automotor no certificado de registro a que se refere a Lei 9.503, de 23 de setembro de 1997, produz plenos efeitos probatórios contra terceiros, dispensado qualquer outro registro público.

§ 1º Consideram-se nulos quaisquer convênios celebrados entre entidades de títulos e registros públicos e as repartições de trânsi-

Dec. 6.761/2009

to competentes para o licenciamento de veículos, bem como portarias e outros atos normativos por elas editados, que disponham de modo contrário ao disposto no *caput* deste artigo.

§ 2º O descumprimento do disposto neste artigo sujeita as entidades e as pessoas de que tratam, respectivamente, as Leis 6.015, de 31 de dezembro de 1973, e 8.935, de 18 de novembro de 1994, ao disposto no art. 56 e seguintes da Lei 8.078, de 11 de setembro de 1990, e às penalidades previstas no art. 32 da Lei 8.935, de 18 de novembro de 1994.

Art. 7º Esta Lei entra em vigor na data de sua publicação.

Brasília, 23 de dezembro de 2008; 187º da Independência e 120º da República.

Luiz Inácio Lula da Silva

(*DOU* 24.12.2008)

DECRETO 6.761,
DE 5 DE FEVEREIRO DE 2009

Dispõe sobre a aplicação da redução a zero da alíquota do imposto sobre a renda incidente sobre os rendimentos de beneficiários residentes ou domiciliados no exterior, e dá outras providências.

O Presidente da República, no uso da atribuição que lhe confere o art. 84, inciso IV, da Constituição, e tendo em vista o disposto no art. 1º da Lei 9.481, de 13 de agosto de 1997, no art. 20 da Lei 9.532, de 10 de dezembro de 1997, nos arts. 8º e 16 da Lei 9.779, de 19 de janeiro de 1999, no art. 8º da Lei 11.488, de 15 de junho de 2007, no art. 22 da Lei 11.727, de 23 de junho de 2008, e no art. 9º da Lei 11.774, de 17 de setembro de 2008, decreta:

Art. 1º Fica reduzida a zero a alíquota do imposto sobre a renda incidente sobre os valores pagos, creditados, entregues, empregados ou remetidos a residentes ou domiciliados no exterior, relativos a:

I – despesas com pesquisas de mercado, bem como aluguéis e arrendamentos de estandes e locais para exposições, feiras e conclaves semelhantes, no exterior, inclusive promoção e propaganda no âmbito desses eventos, para produtos e serviços brasileiros e para promoção de destinos turísticos brasileiros (Lei 9.481, de 13 de agosto de 1997, art. 1º, III, e Lei 11.774, de 17 de setembro de 2008, art. 9º);

II – contratação de serviços destinados à promoção do Brasil no exterior, por órgãos do Poder Executivo Federal (Lei 9.481, de 1997, art. 1º, III, e Lei 11.774, de 2008, art. 9º);

III – comissões pagas por exportadores a seus agentes no exterior (Lei 9.481, de 1997, art. 1º, II);

IV – despesas de armazenagem, movimentação e transporte de carga e emissão de documentos realizadas no exterior (Lei 9.481, de 1997, art. 1º, XII, Lei 11.774, de 2008, art. 9º);

V – operações de cobertura de riscos de variações, no mercado internacional, de taxas de juros, de paridade entre moedas e de preços de mercadorias (*hedge*) (Lei 9.481, de 1997, art. 1º, IV);

VI – juros de desconto, no exterior, de cambiais de exportação e as comissões de banqueiros inerentes a essas cambiais (Lei 9.481, de 1997, art. 1º, X); e

VII – juros e comissões relativos a créditos obtidos no exterior e destinados ao financiamento de exportações (Lei 9.481, de 1997, art. 1º, XI).

§ 1º Para os fins do disposto no inciso I do *caput*, consideram-se despesas com promoção de produtos, serviços e destinos turísticos brasileiros aquelas decorrentes de participação, no exterior, em exposições, feiras e conclaves semelhantes.

§ 2º Consideram-se serviços destinados à promoção do Brasil no exterior, na hipótese do inciso II do *caput*, aqueles referentes à consultoria e execução de assessoria de comunicação, de imprensa e de relações públicas.

§ 3º Para os fins do disposto no inciso IV do *caput*, considera-se também valor despendido pelo exportador brasileiro o pago, creditado, entregue, empregado ou remetido ao exterior por operador logístico que atue em nome do exportador e comprove a vinculação do dispêndio com a operação de exportação.

§ 4º Os rendimentos mencionados nos incisos I a V do *caput*, recebidos por pessoa física ou jurídica residente ou domiciliada em país ou dependência que não tribute a renda ou que a tribute à alíquota inferior a 20% (vinte por cento), a que se refere o art. 24 da Lei 9.430, de 27 de dezembro de 1996, sujeitam-se ao imposto sobre a renda na fonte à alíquota de 25% (vinte e cinco por cento) (Lei 9.779, de 19 de janeiro de 1999, art. 8º, e Lei 11.727, de 23 de junho de 2008, art. 22).

Art. 2º As operações referidas nos incisos I a IV do *caput* do art. 1º serão registradas por meio de sistema informatizado que contemple a identificação fiscal da fonte pagadora do rendimento no País e os dados da operação.

§ 1º As operações referentes aos incisos I e II do *caput* do art. 1º serão registradas no Sistema de Registro de Informações de Promoção – SISPROM, disponível no sítio do Ministério do Desenvolvimento, Indústria e Comércio Exterior, no endereço <www.sisprom.desenvolvimento.gov.br>.

§ 2º O registro na forma do § 1º, na hipótese de operação referida no inciso I do *caput* do art. 1º, quando efetuado por organizadora de feira, associação, entidade ou assemelhada, deverá conter a identificação das empresas e entidades participantes que efetuarem pagamento com a utilização da alíquota zero do imposto sobre a renda, bem como o valor das despesas correspondentes ao percentual relativo a cada uma das participações.

§ 3º As operações referidas nos incisos III e IV do *caput* do art. 1º serão registradas no Sistema Integrado de Comércio Exterior – Siscomex.

§ 4º O Ministério do Desenvolvimento, Indústria e Comércio Exterior disponibilizará em meio eletrônico à Secretaria da Receita Federal do Brasil os dados do registro de que trata este artigo, na forma por eles estabelecida em ato conjunto.

Art. 3º Para efeito do disposto no art. 1º, a remessa será efetuada pela instituição autorizada a operar no mercado de câmbio, mediante comprovação da regularidade tributária e:

I – do registro de que trata o art. 2º, nas hipóteses dos incisos I a IV do *caput* do art. 1º; e

II – da legalidade e fundamentação econômica da operação, nas hipóteses dos incisos V a VII do *caput* do art. 1º.

Parágrafo único. Cabe à instituição interveniente verificar o cumprimento das condições referidas no *caput*, mantendo a documentação arquivada na forma das instruções expedidas pelo Banco Central do Brasil.

Art. 4º Para fins de aplicação da redução a zero da alíquota do imposto sobre a renda, na hipótese de operações de cobertura de riscos de variações, no mercado internacional, de taxas de juros, de paridade entre moedas e de preços de mercadorias (*hedge*), mencionada no inciso V do *caput* do art. 1º, é necessário que as operações sejam comprovadamente caracterizadas como necessárias, usuais e normais, inclusive quanto ao seu valor, para a realização da cobertura dos riscos e das despesas deles decorrentes (Lei 9.481, de 1997, art. 1º, IV).

Art. 5º A redução a zero da alíquota do imposto sobre a renda, na hipótese de juros de desconto de cambiais de exportação e comissões inerentes a essas cambiais, de que trata o inciso VI do *caput* do art. 1º, é condicionada a que as importâncias pagas, creditadas, empregadas, entregues ou remetidas a pessoas jurídicas domiciliadas no exterior não estejam relacionadas a créditos obtidos no exterior, cujas vinculações ao financiamento das exportações sejam feitas mediante contratos de câmbio de exportação vencidos (Lei 9.481, de 1997, art. 1º, X).

Parágrafo único. Consideram-se vencidos os contratos de câmbio de exportação quando o prazo neles pactuado para entre-

Dec. 6.761/2009

LEGISLAÇÃO

ga de documentos ou para liquidação tenha sido ultrapassado, em 1 (um) ou mais dias.

Art. 6º A redução a zero da alíquota do imposto sobre a renda, na hipótese de juros e comissões relativos a créditos destinados ao financiamento de exportações, a que se refere o inciso VII do *caput* do art. 1º, é condicionada a que as importâncias pagas, creditadas, empregadas, entregues ou remetidas, por fonte domiciliada no País, a pessoas jurídicas domiciliadas no exterior, destinem-se, efetivamente, ao financiamento de exportações (Lei 9.481, de 1997, art. 1º, XI).

§ 1º A comprovação da operação referida no *caput* pela instituição autorizada a operar no mercado de câmbio será efetuada mediante confronto dos pertinentes saldos contábeis globais diários, observadas as normas específicas expedidas pelo Banco Central do Brasil.

§ 2º Os juros e comissões correspondentes à parcela dos créditos obtidos no exterior e destinados ao financiamento de exportações, de que trata o *caput*, não aplicados com tal finalidade, sujeitam-se à incidência do imposto sobre a renda na fonte à alíquota de 25% (vinte e cinco por cento) (Lei 9.779, de 1999, art. 9º).

§ 3º O imposto a que se refere o § 2º será recolhido até o último dia útil do primeiro decêndio do mês subsequente ao de apuração dos referidos juros e comissões (Lei 11.488, de 15 de junho de 2007, art. 8º).

Art. 7º A pessoa física ou jurídica que efetuar pagamento de rendimento a beneficiário da redução a zero da alíquota do imposto sobre a renda deverá manter em seu poder, pelo período determinado pela legislação tributária, a fatura ou outro documento comprobatório equivalente da realização das operações, bem como contrato de câmbio e os documentos relativos ao pagamento, crédito, emprego, entrega ou remessa a residentes ou domiciliados no exterior.

Art. 8º Sem prejuízo do disposto no art. 7º, e na hipótese de pagamento com utilização de recursos mantidos no exterior, em moeda estrangeira, de que trata a Lei 11.371, de 28 de novembro de 2006, deverão ser observadas as normas expedidas pelo Conselho Monetário Nacional e pela Secretaria da Receita Federal do Brasil, quanto à prestação de informações e à conservação dos documentos comprobatórios das operações realizadas no exterior.

Art. 9º O descumprimento do disposto neste Decreto sujeitará a fonte pagadora ao recolhimento do imposto sobre a renda na fonte, acrescido dos encargos legais e acarretará o impedimento à utilização do benefício, enquanto não regularizada a situação.

Art. 10. A fonte pagadora, pessoa física ou jurídica, deverá, a partir do ano-calendário de 2009, prestar à Secretaria da Receita Federal do Brasil informações sobre os valores pagos, creditados, entregues, empregados ou remetidos a residentes ou domiciliados no exterior, identificando o beneficiário do rendimento, bem como o país de residência.

Art. 11. As remessas de que trata este Decreto serão efetuadas pela instituição autorizada a operar no mercado de câmbio, observadas as instruções expedidas pelo Banco Central do Brasil.

Art. 12. O Ministério do Desenvolvimento, Indústria e Comércio Exterior, a Embratur – Instituto Brasileiro de Turismo, o Banco Central do Brasil e a Secretaria da Receita Federal do Brasil editarão, no âmbito de suas respectivas competências, as normas complementares necessárias à execução do disposto neste Decreto.

Art. 13. Este Decreto entra em vigor na data de sua publicação.

Art. 14. Ficam revogados os Decretos 5.183, de 13 de agosto de 2004, e 5.533, de 6 de setembro de 2005.

Brasília, 5 de fevereiro de 2008; 188º da Independência e 121º da República.
Luiz Inácio Lula da Silva

(DOU 06.02.2009)

LEGISLAÇÃO

INSTRUÇÃO NORMATIVA 936, DE 5 DE MAIO DE 2009, DA SECRETARIA DA RECEITA FEDERAL DO BRASIL – RFB

Dispõe sobre o tratamento tributário relativo a valores pagos a título de abono pecuniário de férias.

A Secretária da Receita Federal do Brasil, no uso da atribuição que lhe confere o inciso III do art. 261 do Regimento Interno da Secretaria da Receita Federal do Brasil, aprovado pela Portaria MF 125, de 4 de março de 2009, e tendo em vista o Ato Declaratório PGFN 6, de 16 de novembro de 2006, resolve:

Art. 1º Os valores pagos a pessoa física a título de abono pecuniário de férias de que trata o art. 143 da Consolidação das Leis do Trabalho (CLT), aprovada pelo Decreto-lei 5.452, de 1º de maio de 1943, não serão tributados pelo imposto de renda na fonte nem na Declaração de Ajuste Anual.

Art. 2º A pessoa física que recebeu os rendimentos de que trata o art. 1º com desconto do imposto de renda na fonte e que incluiu tais rendimentos na Declaração de Ajuste Anual como tributáveis, para pleitear a restituição da retenção indevida, deverá apresentar declaração retificadora do respectivo exercício da retenção, excluindo o valor recebido a título de abono pecuniário de férias do campo "rendimentos tributáveis" e informando-o no campo "outros" da ficha "rendimentos isentos e não tributáveis", com especificação da natureza do rendimento.

§ 1º Para fins do disposto no *caput*, na declaração retificadora deverão ser mantidas todas as demais informações constantes da declaração original que não sofreram alterações.

§ 2º A declaração retificadora deverá ser apresentada:

I – pela Internet, mediante a utilização do programa de transmissão Receitanet, disponível no sítio da Secretaria da Receita Federal do Brasil (RFB) no endereço <http://www.receita.fazenda.gov.br>; ou

II – em disquete, nas unidades da RFB, durante o seu horário de expediente.

§ 3º Para a elaboração e transmissão da declaração retificadora deverão ser utilizados o Programa Gerador da Declaração (PGD) relativo ao exercício da retenção indevida e o mesmo modelo (completo ou simplificado) utilizado para a declaração original, bem como deverá ser informado o número constante no recibo de entrega referente a esta declaração original.

§ 4º Se da declaração retificadora resultar saldo de imposto a restituir superior ao da declaração original, a diferença entre o saldo a restituir referente à declaração retificadora e o valor eventualmente já restituído, será objeto de restituição automática.

Art. 3º No caso de ter havido recolhimento de imposto no exercício a que se refere o art. 2º, se da retificação da declaração resultar pagamento indevido, a restituição ou compensação do imposto pago indevidamente na declaração original deverá ser requerida mediante a utilização do programa Pedido de Restituição, Ressarcimento ou Reembolso e Declaração de Compensação (PER/DCOMP), disponível no sítio da RFB na Internet, no endereço mencionado no inciso I do § 2º do art. 2º.

Art. 4º O prazo para pleitear a restituição é de 5 (cinco) anos contados da data da retenção indevida.

Art. 5º O pagamento da restituição, acrescida de juros equivalentes à taxa referencial do Sistema Especial de Liquidação e de Custódia (Selic) para títulos federais, acumulada mensalmente a partir do mês de maio do exercício correspondente ao da declaração original até o mês anterior ao da restituição, e de 1% (um por cento) no mês em que o crédito for disponibilizado ao contribuinte no banco, será efetuado por meio dos lotes mensais de restituição do Imposto sobre a Renda da Pessoa Física, disponíveis na rede bancária.

Lei 11.941/2009

LEGISLAÇÃO

Art. 6° A fonte pagadora dos rendimentos de que trata o art. 1° poderá apresentar a Declaração do Imposto de Renda Retido na Fonte (Dirf) retificadora.

Parágrafo único. A retificação de que trata o *caput* não se enquadra no disposto no art. 7° da Lei 10.426, de 24 de abril de 2002.

Art. 7° Esta Instrução Normativa entra em vigor na data da sua publicação.

Lina Maria Vieira

(DOU 06.05.2009)

LEI 11.941, DE 27 DE MAIO DE 2009

Altera a legislação tributária federal relativa ao parcelamento ordinário de débitos tributários; concede remissão nos casos em que especifica; institui regime tributário de transição, alterando o Decreto 70.235, de 6 de março de 1972, as Leis 8.212, de 24 de julho de 1991, 8.213, de 24 de julho de 1991, 8.218, de 29 de agosto de 1991, 9.249, de 26 de dezembro de 1995, 9.430, de 27 de dezembro de 1996, 9.469, de 10 de julho de 1997, 9.532, de 10 de dezembro de 1997, 10.426, de 24 de abril de 2002, 10.480, de 2 de julho de 2002, 10.522, de 19 de julho de 2002, 10.887, de 18 de junho de 2004, e 6.404, de 15 de dezembro de 1976, o Decreto-lei 1.598, de 26 de dezembro de 1977, e as Leis nos 8.981, de 20 de janeiro de 1995, 10.925, de 23 de julho de 2004, 10.637, de 30 de dezembro de 2002, 10.833, de 29 de dezembro de 2003, 11.116, de 18 de maio de 2005, 11.732, de 30 de junho de 2008, 10.260, de 12 de julho de 2001, 9.873, de 23 de novembro de 1999, 11.171, de 2 de setembro de 2005, 11.345, de 14 de setembro de 2006; prorroga a vigência da Lei 8.989, de 24 de fevereiro de 1995; revoga dispositivos das Leis 8.383, de 30 de dezembro de 1991, e 8.620, de 5 de janeiro de 1993, do Decreto-lei 73, de 21 de novembro de 1966, das Leis 10.190, de 14 de fevereiro de 2001, 9.718, de 27 de novembro de 1998, e 6.938, de 31 de agosto de 1981, 9.964, de 10 de abril de 2000, e, a partir da instalação do Conselho Administrativo de Recursos Fiscais, os Decretos 83.304, de 28 de março de 1979, e 89.892, de 2 de julho de 1984, e o art. 112 da Lei 11.196, de 21 de novembro de 2005; e dá outras providências.

O Presidente da República:

Faço saber que o Congresso Nacional decreta e eu sanciono a seguinte Lei:

Capítulo I
DOS PARCELAMENTOS

Seção I
Do Parcelamento ou Pagamento de Dívidas

Art. 1° Poderão ser pagos ou parcelados, em até 180 (cento e oitenta) meses, nas condições desta Lei, os débitos administrados pela Secretaria da Receita Federal do Brasil e os débitos para com a Procuradoria-Geral da Fazenda Nacional, inclusive o saldo remanescente dos débitos consolidados no Programa de Recuperação Fiscal – Refis, de que trata a Lei 9.964, de 10 de abril de 2000, no Parcelamento Especial – PAES, de que trata a Lei 10.684, de 30 de maio de 2003, no Parcelamento Excepcional – Paes, de que trata a Medida Provisória 303, de 29 de junho de 2006, no parcelamento previsto no art. 38 da Lei 8.212, de 24 de julho de 1991, e no parcelamento previsto no art. 10 da Lei 10.522, de 19 de julho de 2002, mesmo que tenham sido excluídos dos respectivos programas e parcelamentos, bem como os débitos decorrentes do aproveitamento indevido de créditos do Imposto sobre Produtos Industrializados – IPI oriundos da aquisição de matérias-primas, material de embalagem e produtos intermediários relacionados na Tabela de Incidência do Imposto sobre Produtos Industrializados – Tipi, aprovada pelo Decreto 6.006, de 28 de dezembro de 2006, com incidência de alíquota 0 (zero) ou como não tributados.

§ 1° O disposto neste artigo aplica-se aos créditos constituídos ou não, inscritos ou não em Dívida Ativa da União, mesmo em fase de execução fiscal já ajuizada, inclusive os que foram indevidamente aproveitados na apuração do IPI referidos no *caput* deste artigo.

Lei 11.941/2009

LEGISLAÇÃO

§ 2º Para os fins do disposto no *caput* deste artigo, poderão ser pagas ou parceladas as dívidas vencidas até 30 de novembro de 2008, de pessoas físicas ou jurídicas, consolidadas pelo sujeito passivo, com exigibilidade suspensa ou não, inscritas ou não em dívida ativa, consideradas isoladamente, mesmo em fase de execução fiscal já ajuizada, ou que tenham sido objeto de parcelamento anterior, não integralmente quitado, ainda que cancelado por falta de pagamento, assim considerados:

I – os débitos inscritos em Dívida Ativa da União, no âmbito da Procuradoria-Geral da Fazenda Nacional;

II – os débitos relativos ao aproveitamento indevido de crédito de IPI referido no *caput* deste artigo;

III – os débitos decorrentes das contribuições sociais previstas nas alíneas *a*, *b* e *c* do parágrafo único do art. 11 da Lei 8.212, de 24 de julho de 1991, das contribuições instituídas a título de substituição e das contribuições devidas a terceiros, assim entendidas outras entidades e fundos, administrados pela Secretaria da Receita Federal do Brasil; e

IV – os demais débitos administrados pela Secretaria da Receita Federal do Brasil.

§ 3º Observado o disposto no art. 3º desta Lei e os requisitos e as condições estabelecidos em ato conjunto do Procurador-Geral da Fazenda Nacional e do Secretário da Receita Federal do Brasil, a ser editado no prazo de 60 (sessenta) dias a partir da data de publicação desta Lei, os débitos que não foram objeto de parcelamentos anteriores a que se refere este artigo poderão ser pagos ou parcelados da seguinte forma:

I – pagos a vista, com redução de 100% (cem por cento) das multas de mora e de ofício, de 40% (quarenta por cento) das isoladas, de 45% (quarenta e cinco por cento) dos juros de mora e de 100% (cem por cento) sobre o valor do encargo legal;

II – parcelados em até 30 (trinta) prestações mensais, com redução de 90% (noventa por cento) das multas de mora e de ofício, de 35% (trinta e cinco por cento) das isoladas, de 40% (quarenta por cento) dos juros de mora e de 100% (cem por cento) sobre o valor do encargo legal;

III – parcelados em até 60 (sessenta) prestações mensais, com redução de 80% (oitenta por cento) das multas de mora e de ofício, de 30% (trinta por cento) das isoladas, de 35% (trinta e cinco por cento) dos juros de mora e de 100% (cem por cento) sobre o valor do encargo legal;

IV – parcelados em até 120 (cento e vinte) prestações mensais, com redução de 70% (setenta por cento) das multas de mora e de ofício, de 25% (vinte e cinco por cento) das isoladas, de 30% (trinta por cento) dos juros de mora e de 100% (cem por cento) sobre o valor do encargo legal; ou

V – parcelados em até 180 (cento e oitenta) prestações mensais, com redução de 60% (sessenta por cento) das multas de mora e de ofício, de 20% (vinte por cento) das isoladas, de 25% (vinte e cinco por cento) dos juros de mora e de 100% (cem por cento) sobre o valor do encargo legal.

§ 4º O requerimento do parcelamento abrange os débitos de que trata este artigo, incluídos a critério do optante, no âmbito de cada um dos órgãos.

§ 5º *(Vetado.)*

§ 6º Observado o disposto no art. 3º desta Lei, a dívida objeto do parcelamento será consolidada na data do seu requerimento e será dividida pelo número de prestações que forem indicadas pelo sujeito passivo, nos termos dos §§ 2º e 5º deste artigo, não podendo cada prestação mensal ser inferior a:

I – R$ 50,00 (cinquenta reais), no caso de pessoa física; e

II – R$ 100,00 (cem reais), no caso de pessoa jurídica.

§ 7º As empresas que optarem pelo pagamento ou parcelamento dos débitos nos termos deste artigo poderão liquidar os valores correspondentes a multa, de mora ou de ofício, e a juros moratórios, inclusive as relativas a débitos inscritos em dívida ativa, com a utilização de prejuízo fiscal e de base de cálculo negativa da contribuição social sobre o lucro líquido próprios.

§ 8º Na hipótese do § 7º deste artigo, o valor a ser utilizado será determinado mediante a

Lei 11.941/2009

aplicação sobre o montante do prejuízo fiscal e da base de cálculo negativa das alíquotas de 25% (vinte e cinco por cento) e 9% (nove por cento), respectivamente.

§ 9º A manutenção em aberto de 3 (três) parcelas, consecutivas ou não, ou de uma parcela, estando pagas todas as demais, implicará, após comunicação ao sujeito passivo, a imediata rescisão do parcelamento, conforme o caso, o prosseguimento da cobrança.

§ 10. As parcelas pagas com até 30 (trinta) dias de atraso não configurarão inadimplência para os fins previstos no § 9º deste artigo.

§ 11. A pessoa jurídica optante pelo parcelamento previsto neste artigo deverá indicar pormenorizadamente, no respectivo requerimento de parcelamento, quais débitos deverão ser nele incluídos.

§ 12. Os contribuintes que tiverem optado pelos parcelamentos previstos nos arts. 1º a 3º da Medida Provisória 449, de 3 de dezembro de 2008, poderão optar, na forma de regulamento, pelo reparcelamento dos respectivos débitos segundo as regras previstas neste artigo até o último dia útil do 6º (sexto) mês subsequente ao da publicação desta Lei.

§ 13. Podem ser parcelados nos termos e condições desta Lei os débitos de Contribuição para o Financiamento da Seguridade Social – Cofins das sociedades civis de prestação de serviços profissionais relativos ao exercício de profissão legalmente regulamentada a que se referia o Decreto-lei 2.397, de 21 de dezembro de 1987, revogado pela Lei 9.430, de 27 de dezembro de 1996.

§ 14. Na hipótese de rescisão do parcelamento com o cancelamento dos benefícios concedidos:

I – será efetuada a apuração do valor original do débito, com a incidência dos acréscimos legais, até a data da rescisão;

II – serão deduzidas do valor referido no inciso I deste parágrafo as parcelas pagas, com acréscimos legais até a data da rescisão.

§ 15. A pessoa física responsabilizada pelo não pagamento ou recolhimento de tributos devidos pela pessoa jurídica poderá efetuar, nos mesmos termos e condições previstos nesta Lei, em relação à totalidade ou à parte determinada dos débitos:

I – pagamento;

II – parcelamento, desde que com anuência da pessoa jurídica, nos termos a serem definidos em regulamento.

§ 16. Na hipótese do inciso II do § 15 deste artigo:

I – a pessoa física que solicitar o parcelamento passará a ser solidariamente responsável, juntamente com a pessoa jurídica, em relação à dívida parcelada;

II – fica suspensa a exigibilidade de crédito tributário, aplicando-se o disposto no art. 125 combinado com o inciso IV do parágrafo único do art. 174, ambos da Lei 5.172, de 25 de outubro de 1966 – Código Tributário Nacional;

III – é suspenso o julgamento na esfera administrativa.

§ 17. Na hipótese de rescisão do parcelamento previsto no inciso II do § 15 deste artigo, a pessoa jurídica será intimada a pagar o saldo remanescente calculado na forma do § 14 deste artigo.

Seção II
Do Pagamento ou do Parcelamento de Dívidas Decorrentes de Aproveitamento Indevido de Créditos de IPI, dos Parcelamentos Ordinários e dos Programas Refis, Paes e Paex

Art. 2º No caso dos débitos decorrentes do aproveitamento indevido de créditos do Imposto sobre Produtos Industrializados – IPI oriundos da aquisição de matérias-primas, material de embalagem e produtos intermediários relacionados na Tabela de Incidência do Imposto sobre Produtos Industrializados – Tipi, aprovada pelo Decreto 6.006, de 28 de dezembro de 2006, com incidência de alíquota zero ou como não tributados:

I – o valor mínimo de cada prestação não poderá ser inferior a R$ 2.000,00 (dois mil reais);

II – a pessoa jurídica não está obrigada a consolidar todos os débitos existentes decorrentes do aproveitamento indevido de créditos do Imposto sobre Produtos Industrializados – IPI oriundos da aquisição de matérias-primas, material de embalagem e produtos intermediários relacionados na

Lei 11.941/2009

LEGISLAÇÃO

Tabela de Incidência do Imposto sobre Produtos Industrializados – Tipi neste parcelamento, devendo indicar, por ocasião do requerimento, quais débitos deverão ser incluídos nele.

Art. 3º No caso de débitos que tenham sido objeto do Programa de Recuperação Fiscal – Refis, de que trata a Lei 9.964, de 10 de abril de 2000, do Parcelamento Especial – Paes, de que trata a Lei 10.684, de 30 de maio de 2003, do Parcelamento Excepcional – Paex, de que trata a Medida Provisória 303, de 29 de junho de 2006, do parcelamento previsto no art. 38 da Lei 8.212, de 24 de julho de 1991, e do parcelamento previsto no art. 10 da Lei 10.522, de 19 de julho de 2002, observar-se-á o seguinte:

I – serão restabelecidos à data da solicitação do novo parcelamento os valores correspondentes ao crédito originalmente confessado e seus respectivos acréscimos legais, de acordo com a legislação aplicável em cada caso, consolidado à época do parcelamento anterior;

II – computadas as parcelas pagas, atualizadas pelos critérios aplicados aos débitos, até a data da solicitação do novo parcelamento, o pagamento ou parcelamento do saldo que houver poderá ser liquidado pelo contribuinte na forma e condições previstas neste artigo; e

III – a opção pelo pagamento ou parcelamento de que trata este artigo importará desistência compulsória e definitiva do Refis, do Paes, do Paex e dos parcelamentos previstos no art. 38 da Lei 8.212, de 24 de julho de 1991, e no art. 10 da Lei 10.522, de 19 de julho de 2002.

§ 1º Relativamente aos débitos previstos neste artigo:

I – será observado como parcela mínima do parcelamento o equivalente a 85% (oitenta e cinco por cento) do valor da última parcela devida no mês anterior ao da edição da Medida Provisória 449, de 3 de dezembro de 2008;

II – no caso dos débitos do Programa de Recuperação Fiscal – Refis, será observado como parcela mínima do parcelamento o equivalente a 85% (oitenta e cinco por cento) da média das 12 (doze) últimas parcelas devidas no Programa antes da edição da Medida Provisória 449, de 3 de dezembro de 2008;

III – caso tenha havido a exclusão ou rescisão do Programa de Recuperação Fiscal – Refis em um período menor que 12 (doze) meses, será observado como parcela mínima do parcelamento o equivalente a 85% (oitenta e cinco por cento) da média das parcelas devidas no Programa antes da edição da Medida Provisória 449, de 3 de dezembro de 2008;

IV – *(Vetado.)*

V – na hipótese em que os débitos do contribuinte tenham sido objeto de reparcelamento na forma do Refis, do Paes ou do Paex, para a aplicação das regras previstas nesta Lei será levado em conta o primeiro desses parcelamentos em que os débitos tenham sido incluídos.

§ 2º Serão observadas as seguintes reduções para os débitos previstos neste artigo:

I – os débitos anteriormente incluídos no Refis terão redução de 40% (quarenta por cento) das multas de mora e de ofício, de 40% (quarenta por cento) das isoladas, de 25% (vinte e cinco por cento) dos juros de mora e de 100% (cem por cento) sobre o valor do encargo legal;

II – os débitos anteriormente incluídos no Paes terão redução de 70% (setenta por cento) das multas de mora e de ofício, de 40% (quarenta por cento) das isoladas, de 30% (trinta por cento) dos juros de mora e de 100% (cem por cento) sobre o valor do encargo legal;

III – os débitos anteriormente incluídos no Paex terão redução de 80% (oitenta por cento) das multas de mora e de ofício, de 40% (quarenta por cento) das isoladas, de 35% (trinta e cinco por cento) dos juros de mora e de 100% (cem por cento) sobre o valor do encargo legal; e

IV – os débitos anteriormente incluídos no parcelamento previsto no art. 38 da Lei 8.212, de 24 de julho de 1991, e do parcelamento previsto no art. 10 da Lei 10.522, de 19 de julho de 2002, terão redução de 100% (cem por cento) das multas de mora e de ofício, de 40% (quarenta por cento) das isoladas, de 40% (quarenta por cento) dos juros de mora e de 100% (cem por cento) sobre o valor do encargo legal.

Lei 11.941/2009

LEGISLAÇÃO

Seção III
Disposições Comuns aos Parcelamentos

Art. 4º Aos parcelamentos de que trata esta Lei não se aplica o disposto no § 1º do art. 3º da Lei 9.964, de 10 de abril de 2000, no § 2º do art. 14-A da Lei 10.522, de 19 de julho de 2002, e no § 10 do art. 1º da Lei 10.684, de 30 de maio de 2003.

Parágrafo único. Não será computada na apuração da base de cálculo do Imposto de Renda, da Contribuição Social sobre o Lucro Líquido, da Contribuição para o PIS/Pasep e da Contribuição para o Financiamento da Seguridade Social – Cofins a parcela equivalente à redução do valor das multas, juros e encargo legal em decorrência do disposto nos arts. 1º, 2º e 3º desta Lei.

Art. 5º A opção pelos parcelamentos de que trata esta Lei importa confissão irrevogável e irretratável dos débitos em nome do sujeito passivo na condição de contribuinte ou responsável e por ele indicados para compor os referidos parcelamentos, configura confissão extrajudicial nos termos dos arts. 348, 353 e 354 da Lei 5.869, de 11 de janeiro de 1973 – Código de Processo Civil, e condiciona o sujeito passivo à aceitação plena e irretratável de todas as condições estabelecidas nesta Lei.

Art. 6º O sujeito passivo que possuir ação judicial em curso, na qual requer o restabelecimento de sua opção ou a sua reinclusão em outros parcelamentos, deverá, como condição para valer-se das prerrogativas dos arts. 1º, 2º e 3º desta Lei, desistir da respectiva ação judicial e renunciar a qualquer alegação de direito sobre a qual se funda a referida ação, protocolando requerimento de extinção do processo com resolução do mérito, nos termos do inciso V do *caput* do art. 269 da Lei 5.869, de 11 de janeiro de 1973 – Código de Processo Civil, até 30 (trinta) dias após a data de ciência do deferimento do requerimento do parcelamento.

§ 1º Ficam dispensados os honorários advocatícios em razão da extinção da ação na forma deste artigo.

§ 2º Para os fins de que trata este artigo, o saldo remanescente será apurado de acordo com as regras estabelecidas no art. 3º desta Lei, adotando-se valores confessados e seus respectivos acréscimos devidos na data da opção do respectivo parcelamento.

Art. 7º A opção pelo pagamento a vista ou pelos parcelamentos de débitos de que trata esta Lei deverá ser efetivada até o último dia útil do 6º (sexto) mês subsequente ao da publicação desta Lei.

§ 1º As pessoas que se mantiverem ativas no parcelamento de que trata o art. 1º desta Lei poderão amortizar seu saldo devedor com as reduções de que trata o inciso I do § 3º do art. 1º desta Lei, mediante a antecipação no pagamento de parcelas.

§ 2º O montante de cada amortização de que trata o § 1º deste artigo deverá ser equivalente, no mínimo, ao valor de 12 (doze) parcelas.

§ 3º A amortização de que trata o § 1º deste artigo implicará redução proporcional da quantidade de parcelas vincendas.

Art. 8º A inclusão de débitos nos parcelamentos de que trata esta Lei não implica novação de dívida.

Art. 9º As reduções previstas nos arts. 1º, 2º e 3º desta Lei não são cumulativas com outras previstas em lei e serão aplicadas somente em relação aos saldos devedores dos débitos.

Parágrafo único. Na hipótese de anterior concessão de redução de multa, de mora e de ofício, de juros de mora ou de encargos legais em percentuais diversos dos estabelecidos nos arts. 1º, 2º e 3º desta Lei, prevalecerão os percentuais nela referidos, aplicados sobre os respectivos valores originais.

Art. 10. Os depósitos existentes vinculados aos débitos a serem pagos ou parcelados nos termos desta Lei serão automaticamente convertidos em renda da União, após aplicação das reduções para pagamento a vista ou parcelamento.

* *Caput* com redação determinada pela Lei 12.024/2009.

§ 1º Na hipótese em que o valor depositado exceda o valor do débito após a consolidação de que trata esta Lei, o saldo remanescente será levantado pelo sujeito passivo.

* Primitivo parágrafo único renumerado pela Lei 13.043/2014.

Lei 11.941/2009

LEGISLAÇÃO

§ 2º Tratando-se de depósito judicial, o disposto no *caput* somente se aplica aos casos em que tenha ocorrido desistência da ação ou recurso e renúncia a qualquer alegação de direito sobre o qual se funda a ação, para usufruir dos benefícios desta Lei.

- § 2º acrescentado pela Lei 13.043/2014.

§ 3º Os valores oriundos de constrição judicial depositados na conta única do Tesouro Nacional até a edição da Medida Provisória 651, de 9 de julho de 2014, poderão ser utilizados para pagamento da antecipação prevista no § 2º do art. 2º da Lei 12.996, de 18 de junho de 2014.

- § 3º acrescentado pela Lei 13.137/2015 (*DOU* 22.06.2015, edição extra), em vigor na data da publicação da MP 668/2015 (*DOU* 30.01.2015, edição extra).
- V. Portaria RFB 898/2015 (Regulamenta o disposto no § 3º da Lei 11.941/2009).

§ 4º A Procuradoria-Geral da Fazenda Nacional e a Secretaria da Receita Federal do Brasil, no âmbito das respectivas competências, editarão os atos regulamentares necessários a aplicação do disposto neste artigo.

- § 4º acrescentado pela Lei 13.137/2015 (*DOU* 22.06.2015, edição extra), em vigor na data da publicação da MP 668/2015 (*DOU* 30.01.2015, edição extra).

Art. 11. Os parcelamentos requeridos na forma e condições de que tratam os arts. 1º, 2º e 3º desta Lei:

I – não dependem de apresentação de garantia ou de arrolamento de bens, exceto quando já houver penhora em execução fiscal ajuizada; e

II – no caso de débito inscrito em Dívida Ativa da União, abrangerão inclusive os encargos legais que forem devidos, sem prejuízo da dispensa prevista no § 1º do art. 6º desta Lei.

Art. 12. A Secretaria da Receita Federal do Brasil e a Procuradoria-Geral da Fazenda Nacional, no âmbito de suas respectivas competências, editarão, no prazo máximo de 60 (sessenta) dias a contar da data de publicação desta Lei, os atos necessários à execução dos parcelamentos de que trata esta Lei, inclusive quanto à forma e ao prazo para confissão dos débitos a serem parcelados.

Art. 13. Aplicam-se, subsidiariamente, aos parcelamentos previstos nos arts. 1º, 2º e 3º desta Lei as disposições do § 1º do art. 14-A da Lei 10.522, de 19 de julho de 2002, não se lhes aplicando o disposto no art. 14 da mesma Lei.

Capítulo II
DA REMISSÃO

Art. 14. Ficam remitidos os débitos com a Fazenda Nacional, inclusive aqueles com exigibilidade suspensa que, em 31 de dezembro de 2007, estejam vencidos há 5 (cinco) anos ou mais e cujo valor total consolidado, nessa mesma data, seja igual ou inferior a R$ 10.000,00 (dez mil reais).

§ 1º O limite previsto no *caput* deste artigo deve ser considerado por sujeito passivo e, separadamente, em relação:

I – aos débitos inscritos em Dívida Ativa da União, no âmbito da Procuradoria-Geral da Fazenda Nacional, decorrentes das contribuições sociais previstas nas alíneas *a*, *b* e *c* do parágrafo único do art. 11 da Lei 8.212, de 24 de julho de 1991, das contribuições instituídas a título de substituição e das contribuições devidas a terceiros, assim entendidas outras entidades e fundos;

II – aos demais débitos inscritos em Dívida Ativa da União, no âmbito da Procuradoria-Geral da Fazenda Nacional;

III – aos débitos decorrentes das contribuições sociais previstas nas alíneas *a*, *b* e *c* do parágrafo único do art. 11 da Lei 8.212, de 24 de julho de 1991, das contribuições instituídas a título de substituição e das contribuições devidas a terceiros, assim entendidas outras entidades e fundos, administrados pela Secretaria da Receita Federal do Brasil; e

IV – aos demais débitos administrados pela Secretaria da Receita Federal do Brasil.

§ 2º Na hipótese do IPI, o valor de que trata este artigo será apurado considerando a totalidade dos estabelecimentos da pessoa jurídica.

§ 3º O disposto neste artigo não implica restituição de quantias pagas.

§ 4º Aplica-se o disposto neste artigo aos débitos originários de operações de crédito rural e do Programa Especial de Crédito para a Reforma Agrária – Procera transferidas ao Tesouro Nacional, renegociadas ou não

Lei 11.941/2009

LEGISLAÇÃO

com amparo em legislação específica, inscritas na dívida ativa da União, inclusive aquelas adquiridas ou desoneradas de risco pela União por força da Medida Provisória 2.196-3, de 24 de agosto de 2001.

Capítulo III
DO REGIME TRIBUTÁRIO DE TRANSIÇÃO

Art. 15. *(Revogado pela Lei 12.973/2014 – DOU 14.05.2014, em vigor em 1º.01.2015.)*
- V. art. 119, § 1º, II, Lei 12.973/2014.

Art. 16. *(Revogado pela Lei 12.973/2014 – DOU 14.05.2014, em vigor em 1º.01.2015.)*
- V. art. 119, § 1º, II, Lei 12.973/2014.

Art. 17. *(Revogado pela Lei 12.973/2014 – DOU 14.05.2014, em vigor em 1º.01.2015.)*
- V. art. 119, § 1º, II, Lei 12.973/2014.

Art. 18. *(Revogado pela Lei 12.973/2014 – DOU 14.05.2014, em vigor em 1º.01.2015.)*
- V. art. 119, § 1º, II, Lei 12.973/2014.

Art. 19. *(Revogado pela Lei 12.973/2014 – DOU 14.05.2014, em vigor em 1º.01.2015.)*
- V. art. 119, § 1º, II, Lei 12.973/2014.

Art. 20. *(Revogado pela Lei 12.973/2014 – DOU 14.05.2014, em vigor em 1º.01.2015.)*
- V. art. 119, § 1º, II, Lei 12.973/2014.

Art. 21. *(Revogado pela Lei 12.973/2014 – DOU 14.05.2014, em vigor em 1º.01.2015.)*
- V. art. 119, § 1º, II, Lei 12.973/2014.

Art. 22. *(Revogado pela Lei 12.973/2014 – DOU 14.05.2014, em vigor em 1º.01.2015.)*
- V. art. 119, § 1º, II, Lei 12.973/2014.

Art. 23. *(Revogado pela Lei 12.973/2014 – DOU 14.05.2014, em vigor em 1º.01.2015.)*
- V. art. 119, § 1º, II, Lei 12.973/2014.

Art. 24. *(Revogado pela Lei 12.973/2014 – DOU 14.05.2014, em vigor em 1º.01.2015.)*
- V. art. 119, § 1º, II, Lei 12.973/2014.

Capítulo IV
DISPOSIÇÕES GERAIS

- O Capítulo IV (arts. 25 a 45 e 47) determina a alteração das seguintes normas: Dec. 70.235/1972; Leis 8.212/1991; 8.213/1991; 8.218/1991; 9.249/1995; 9.430/1996; 9.469/1997; 9.532/1997; 10.426/2002; 10.480/2002; 10.522/2002; 10.887/2004; 6.404/1976; Dec.-lei 1.598/1977; Leis 8.981/1995; 10.260/2001 e 11.732/2008. Estas alterações já estão processadas nas normas que constam neste produto.

[...]

Art. 46. O conceito de sociedade coligada previsto no art. 243 da Lei 6.404, de 15 de dezembro de 1976, com a redação dada por esta Lei, somente será utilizado para os propósitos previstos naquela Lei.

Parágrafo único. Para os propósitos previstos em leis especiais, considera-se coligada a sociedade referida no art. 1.099 da Lei 10.406, de 10 de janeiro de 2002 – Código Civil.

[...]

Capítulo V
DISPOSIÇÕES FINAIS

Art. 48. O Primeiro, o Segundo e o Terceiro Conselhos de Contribuintes do Ministério da Fazenda, bem como a Câmara Superior de Recursos Fiscais, ficam unificados em um órgão, denominado Conselho Administrativo de Recursos Fiscais, colegiado, paritário, integrante da estrutura do Ministério da Fazenda, com competência para julgar recursos de ofício e voluntários de decisão de primeira instância, bem como recursos especiais, sobre a aplicação da legislação referente a tributos administrados pela Secretaria da Receita Federal do Brasil.

Parágrafo único. São prerrogativas do Conselheiro integrante do Conselho Administrativo de Recursos Fiscais – Carf:

- Parágrafo único acrescentado pela Lei 12.833/2013.

I – somente ser responsabilizado civilmente, em processo judicial ou administrativo, em razão de decisões proferidas em julgamento de processo no âmbito do Carf, quando proceder comprovadamente com dolo ou fraude no exercício de suas funções; e
II – (*Vetado.*)

Art. 49. Ficam transferidas para o Conselho Administrativo de Recursos Fiscais as atribuições e competências do Primeiro, Segundo e Terceiro Conselhos de Contribuintes do Ministério da Fazenda e da Câmara Superior de Recursos Fiscais, e suas respectivas câmaras e turmas.

§ 1º Compete ao Ministro de Estado da Fazenda instalar o Conselho Administrativo de Recursos Fiscais, nomear seu presidente, entre os representantes da Fazenda Nacional e dispor quanto às competências para julgamento em razão da matéria.

§ 2º *(Vetado.)*

§ 3º Fica prorrogada a competência dos Conselhos de Contribuintes e da Câmara Superior de Recursos Fiscais enquanto não instalado o Conselho Administrativo de Recursos Fiscais.

§ 4º Enquanto não aprovado o regimento interno do Conselho Administrativo de Recursos Fiscais serão aplicados, no que couber, os Regimentos Internos dos Conselhos de Contribuintes e da Câmara Superior de Recursos Fiscais do Ministério da Fazenda.

Art. 50. Ficam removidos, na forma do disposto no inciso I do parágrafo único do art. 36 da Lei 8.112, de 11 de dezembro de 1990, para o Conselho Administrativo de Recursos Fiscais, os servidores que, na data da publicação desta Lei, se encontravam lotados e em efetivo exercício no Primeiro, Segundo e Terceiro Conselhos de Contribuintes do Ministério da Fazenda e na Câmara Superior de Recursos Fiscais.

Art. 51. Ficam transferidos os cargos em comissão e funções gratificadas da estrutura do Primeiro, Segundo e Terceiro Conselhos de Contribuintes do Ministério da Fazenda e da Câmara Superior de Recursos Fiscais para o Conselho Administrativo de Recursos Fiscais.

Art. 52. As disposições da legislação tributária em vigor, que se refiram aos Conselhos de Contribuintes e à Câmara Superior de Recursos Fiscais devem ser entendidas como pertinentes ao Conselho Administrativo de Recursos Fiscais.

Art. 53. A prescrição dos créditos tributários pode ser reconhecida de ofício pela autoridade administrativa.

Parágrafo único. O reconhecimento de ofício a que se refere o *caput* deste artigo aplica-se inclusive às contribuições sociais previstas nas alíneas *a*, *b* e *c* do parágrafo único do art. 11 da Lei 8.212, de 24 de julho de 1991, às contribuições instituídas a título de substituição e às contribuições devidas a terceiros, assim entendidas outras entidades e fundos.

Art. 54. Terão sua inscrição no Cadastro Nacional da Pessoa Jurídica – CNPJ baixada, nos termos e condições definidos pela Secretaria da Receita Federal do Brasil, as pessoas jurídicas que tenham sido declaradas inaptas até a data de publicação desta Lei.

Art. 55. As pessoas jurídicas que tiverem sua inscrição no CNPJ baixada até 31 de dezembro de 2008, nos termos do art. 54 desta Lei e dos arts. 80 e 80-A da Lei 9.430, de 27 de dezembro de 1996, ficam dispensadas:

I – da apresentação de declarações e demonstrativos relativos a tributos administrados pela Secretaria da Receita Federal do Brasil;

II – da comunicação à Secretaria da Receita Federal do Brasil da baixa, extinção ou cancelamento nos órgãos de registro; e

III – das penalidades decorrentes do descumprimento das obrigações acessórias de que tratam os incisos I e II do *caput* deste artigo.

Art. 56. A partir de 1º de janeiro de 2008, o imposto de renda sobre prêmios obtidos em loterias incidirá apenas sobre o valor do prêmio em dinheiro que exceder ao valor da primeira faixa da tabela de incidência mensal do Imposto de Renda da Pessoa Física – IRPF.

Parágrafo único. *(Vetado.)*

Art. 57. A aplicação do disposto nos arts. 35 e 35-A da Lei 8.212, de 24 de julho de 1991, às prestações ainda não pagas de parcelamento e aos demais débitos, inscritos ou não em Dívida Ativa, cobrado por

Lei 11.941/2009

meio de processo ainda não definitivamente julgado, ocorrerá:

I – mediante requerimento do sujeito passivo, dirigido à autoridade administrativa competente, informando e comprovando que se subsume à mencionada hipótese; ou

II – de ofício, quando verificada pela autoridade administrativa a possibilidade de aplicação.

Parágrafo único. O procedimento de revisão de multas previsto neste artigo será regulamentado em portaria conjunta da Procuradoria-Geral da Fazenda Nacional e da Secretaria da Receita Federal do Brasil.

Art. 58. Os órgãos responsáveis pela cobrança da Dívida Ativa da União poderão utilizar serviços de instituições financeiras públicas para a realização de atos que viabilizem a satisfação amigável de créditos inscritos.

§ 1º Nos termos convencionados com as instituições financeiras, os órgãos responsáveis pela cobrança da Dívida Ativa:

I – orientarão a instituição financeira sobre a legislação tributária aplicável ao tributo objeto de satisfação amigável;

II – delimitarão os atos de cobrança amigável a serem realizados pela instituição financeira;

III – indicarão as remissões e anistias, expressamente previstas em lei, aplicáveis ao tributo objeto de satisfação amigável;

IV – fixarão o prazo que a instituição financeira terá para obter êxito na satisfação amigável do crédito inscrito, antes do ajuizamento da ação de execução fiscal, quando for o caso; e

V – fixarão os mecanismos e parâmetros de remuneração por resultado.

§ 2º Para os fins deste artigo, é dispensável a licitação, desde que a instituição financeira pública possua notória competência na atividade de recuperação de créditos não pagos.

§ 3º Ato conjunto do Advogado-Geral da União e do Ministro de Estado da Fazenda:

I – fixará a remuneração por resultado devida à instituição financeira; e

II – determinará os créditos que podem ser objeto do disposto no *caput* deste artigo, inclusive estabelecendo alçadas de valor.

Art. 59. *(Revogado pela Lei 12.973/2014 – DOU 14.05.2014, em vigor em 1º.01.2015.)*

• V. art. 119, § 1º, II, Lei 12.973/2014.

Art. 60. *(Revogado pela Lei 12.973/2014 – DOU 14.05.2014, em vigor em 1º.01.2015.)*

• V. art. 119, § 1º, II, Lei 12.973/2014.

Art. 61. A escrituração de que trata o art. 177 da Lei 6.404, de 15 de dezembro de 1976, quando realizada por instituições financeiras e demais entidades autorizadas a funcionar pelo Banco Central do Brasil, inclusive as constituídas na forma de companhia aberta, deve observar as disposições da Lei 4.595, de 31 de dezembro de 1964, e os atos normativos dela decorrentes.

Art. 62. O texto consolidado da Lei 6.404, de 15 de dezembro de 1976, com todas as alterações nela introduzidas pela legislação posterior, inclusive por esta Lei, será publicado no *Diário Oficial da União* pelo Poder Executivo.

Art. 63. Ficam extintos, no âmbito do Poder Executivo Federal, 28 (vinte e oito) cargos em comissão do Grupo Direção e Assessoramento Superiores – DAS e 16 (dezesseis) Funções Gratificadas – FG, sendo 16 (dezesseis) DAS-101.2, 12 (doze) DAS-101.1, 4 (quatro) FG-1, 2 (dois) FG-2 e 10 (dez) FG-3, e criados 15 (quinze) cargos em comissão do Grupo Direção e Assessoramento Superiores – DAS, sendo 2 (dois) DAS-101.5, 1 (um) DAS-101.4 e 12 (doze) DAS-101.3.

Art. 64. O disposto nos arts. 1º a 7º da Medida Provisória 447, de 14 de novembro de 2008, aplica-se também aos fatos geradores ocorridos entre 1º e 31 de outubro de 2008.

• A MP 447/2008 foi convertida na Lei 11.933/2009 (*DOU* 29.04.2009).

Art. 65. Fica a União autorizada a conceder subvenção extraordinária para os produtores independentes de cana-de-açúcar da região Nordeste e do Estado do Rio de Janeiro na safra 2008/2009.

Lei 11.941/2009

Legislação

§ 1º Os Ministérios da Agricultura, Pecuária e Abastecimento e da Fazenda estabelecerão em ato conjunto as condições operacionais para a implementação, execução, pagamento, controle e fiscalização da subvenção prevista no *caput* deste artigo, devendo observar que a subvenção será:

I – concedida diretamente aos produtores ou por meio de suas cooperativas, em função da quantidade de cana-de-açúcar efetivamente vendida às usinas de açúcar e de álcool da região;

II – definida pela diferença entre o custo variável de produção do Nordeste para a safra 2008/2009, calculado pela Companhia Nacional de Abastecimento – Conab em R$ 40,92 (quarenta reais e noventa e dois centavos) por tonelada de cana-de-açúcar e o preço médio líquido mensal da tonelada de cana padrão calculado a partir do preço apurado pelo Conselho dos Produtores de Cana-de-Açúcar, Açúcar e Álcool – Consecana, de Alagoas e de Pernambuco, ponderado pela produção desses Estados estimada no levantamento de safra da Conab de dezembro de 2008;

III – limitada a R$ 5,00 (cinco reais) por tonelada de cana-de-açúcar e a 10.000 (dez mil) toneladas por produtor em toda a safra;

IV – paga em 2008 e 2009, referente à produção da safra 2008/2009 efetivamente entregue a partir de 1º de maio de 2008 na hipótese do Estado do Rio de Janeiro e nos períodos de 1º de agosto de 2008 a 31 de dezembro de 2008 nos demais casos e 1º de janeiro de 2009 ao final da safra, considerando a média dos valores mensais da subvenção de cada período.

§ 2º Os custos decorrentes dessa subvenção serão suportados pela ação correspondente à Garantia e Sustentação de Preços na Comercialização de Produtos Agropecuários, do Orçamento das Operações Oficiais de Crédito, sob a coordenação do Ministério da Fazenda.

Art. 66. Fica a União autorizada, em caráter excepcional, a proceder à aquisição de açúcar produzido pelas usinas circunscritas à região Nordeste, da safra 2008/2009, por preço não superior ao preço médio praticado na região, com base em parâmetros de preços definidos conjuntamente pelos Ministérios da Fazenda e da Agricultura, Pecuária e Abastecimento, observada a legislação vigente.

Parágrafo único. Os custos decorrentes das aquisições de que trata este artigo serão suportados pela dotação consignada no Programa Abastecimento Agroalimentar, na ação correspondente à Formação de Estoques, sob a coordenação da Conab.

Art. 67. Na hipótese de parcelamento do crédito tributário antes do oferecimento da denúncia, essa somente poderá ser aceita na superveniência de inadimplemento da obrigação objeto da denúncia.

Art. 68. É suspensa a pretensão punitiva do Estado, referente aos crimes previstos nos arts. 1º e 2º da Lei 8.137, de 27 de dezembro de 1990, e nos arts. 168-A e 337-A do Decreto-lei 2.848, de 7 de dezembro de 1940 – Código Penal, limitada a suspensão aos débitos que tiverem sido objeto de concessão de parcelamento, enquanto não forem rescindidos os parcelamentos de que tratam os arts. 1º a 3º desta Lei, observado o disposto no art. 69 desta Lei.

Parágrafo único. A prescrição criminal não corre durante o período de suspensão da pretensão punitiva.

Art. 69. Extingue-se a punibilidade dos crimes referidos no art. 68 quando a pessoa jurídica relacionada com o agente efetuar o pagamento integral dos débitos oriundos de tributos e contribuições sociais, inclusive acessórios, que tiverem sido objeto de concessão de parcelamento.

Parágrafo único. Na hipótese de pagamento efetuado pela pessoa física prevista no § 15 do art. 1º desta Lei, a extinção da punibilidade ocorrerá com o pagamento integral dos valores correspondentes à ação penal.

Art. 70. *(Vetado.)*

Art. 71. A adjudicação de ações pela União, para pagamento de débitos inscritos na Dívida Ativa, que acarrete a participação em sociedades empresariais, deverá ter a

Lei 11.941/2009

anuência prévia, por meio de resolução, da Comissão Interministerial de Governança Corporativa e de Administração de Participações Societárias da União – CGPAR, vedada a assunção pela União do controle societário.

- V. Dec. 6.990/2009 (Regulamenta o art. 71 da Lei 11.941/2009).

§ 1º A adjudicação de que trata o *caput* deste artigo limitar-se-á às ações de sociedades empresariais com atividade econômica no setor de defesa nacional.

§ 2º O disposto no *caput* deste artigo aplica-se também à dação em pagamento, para quitação de débitos de natureza não tributária inscritos em Dívida Ativa.

§ 3º Ato do Poder Executivo regulamentará o disposto neste artigo.

Art. 72. A Lei 9.873, de 23 de novembro de 1999, passa a vigorar com as seguintes alterações:

- Alterações processadas no texto da referida Lei.

Art. 73. O art. 32 da Lei 9.430, de 27 de dezembro de 1996, passa a vigorar acrescido dos seguintes parágrafos:

- Alterações processadas no texto da referida Lei.

Art. 74. O art. 28 da Lei 11.171, de 2 de setembro de 2005, passa a vigorar com a seguinte redação:

"Art. 28. Fica vedada a cessão para outros órgãos ou entidades da administração pública federal, dos Estados, do Distrito Federal e dos Municípios de servidores do DNIT, nos seguintes casos:

"I – durante os primeiros 10 (dez) anos de efetivo exercício no DNIT, a partir do ingresso em cargo das Carreiras de que trata o art. 1º desta Lei; ou

"II – pelo prazo de 10 (dez) anos contado da publicação desta Lei, para os servidores do Plano Especial de Cargos do DNIT, instituído pelo art. 3º desta Lei.

"Parágrafo único. Excetua-se do disposto no *caput* deste artigo a cessão ou requisição para o atendimento de situações previstas em leis específicas, ou para a ocupação de cargos de Natureza Especial, de provimento em comissão do Grupo Direção e Assessoramento Superiores, DAS-6, DAS-5, DAS-4 ou equivalentes no âmbito do Ministério dos Transportes."

Art. 75. O art. 4º da Lei 11.345, de 14 de setembro de 2006, passa a vigorar com a seguinte redação:

"Art. 4º [...]

"[...]

"§ 14. Aplica-se o disposto no § 12 aos clubes sociais sem fins econômicos que comprovem a participação em competições oficiais em ao menos três modalidades esportivas distintas, de acordo com certidão a ser expedida anualmente pela Confederação Brasileira de Clubes."

Art. 76. O prazo previsto no art. 10 da Lei 11.345, de 14 de setembro de 2006, fica reaberto por 180 (cento e oitenta) dias contados da publicação desta Lei para as Santas Casas de Misericórdia, para as entidades de saúde de reabilitação física de deficientes sem fins econômicos e para os clubes sociais sem fins econômicos que comprovem a participação em competições oficiais em ao menos três modalidades esportivas distintas, de acordo com certidão a ser expedida anualmente pela Confederação Brasileira de Clubes.

Art. 77. Fica prorrogada até 31 de dezembro de 2014 a vigência da Lei 8.989, de 24 de fevereiro de 1995.

Art. 78. *(Vetado.)*

Art. 79. Ficam revogados:

I – os §§ 1º e 3º a 8º do art. 32, o art. 34, os §§ 1º a 4º do art. 35, os §§ 1º e 2º do art. 37, os arts. 38 e 41, o § 8º do art. 47, o § 2º do art. 49, o parágrafo único do art. 52, o inciso II do *caput* do art. 80, o art. 81, os §§ 1º, 2º, 3º, 5º, 6º e 7º do art. 89 e o parágrafo único do art. 93 da Lei 8.212, de 24 de julho de 1991;

II – o art. 60 da Lei 8.383, de 30 de dezembro de 1991;

III – o parágrafo único do art. 133 da Lei 8.213, de 24 de julho de 1991;

IV – o art. 7º da Lei 9.469, de 10 de julho de 1997;

V – o parágrafo único do art. 10, os §§ 4º ao 9º do art. 11 e o parágrafo único do art. 14 da Lei 10.522, de 19 de julho de 2002;

VI – o parágrafo único do art. 15 do Decreto 70.235, de 6 de março de 1972;

Lei 11.945/2009

VII – o art. 13 da Lei 8.620, de 5 de janeiro de 1993;
VIII – os §§ 1º, 2º e 3º do art. 84 do Decreto-lei 73, de 21 de novembro de 1966;
IX – o art. 1º da Lei 10.190, de 14 de fevereiro de 2001, na parte em que altera o art. 84 do Decreto-lei 73, de 21 de novembro de 1966;
X – o § 7º do art. 177, o inciso V do caput do art. 179, o art. 181, o inciso VI do caput do art. 183 e os incisos III e IV do caput do art. 188 da Lei 6.404, de 15 de dezembro de 1976;
XI – a partir da instalação do Conselho Administrativo de Recursos Fiscais:
a) o Decreto 83.304, de 28 de março de 1979;
b) o Decreto 89.892, de 2 de julho de 1984; e
c) o art. 112 da Lei 11.196, de 21 de novembro de 2005;
XII – o § 1º do art. 3º da Lei 9.718, de 27 de novembro de 1998;
XIII – o inciso III do caput do art. 8º da Lei 6.938, de 31 de agosto de 1981; e
XIV – o inciso II do § 2º do art. 1º da Lei 9.964, de 10 de abril de 2000.

Art. 80. Esta Lei entra em vigor na data de sua publicação.
Brasília, 27 de maio de 2009; 188º da Independência e 121º da República.
Luiz Inácio Lula da Silva

(DOU 28.05.2009)

LEI 11.945, DE 4 DE JUNHO DE 2009

Altera a legislação tributária federal e dá outras providências.

O Presidente da República:
Faço saber que o Congresso Nacional decreta e eu sanciono a seguinte Lei:

Art. 1º Deve manter o Registro Especial na Secretaria da Receita Federal do Brasil a pessoa jurídica que:
• V. art. 33, IV, a.

I – exercer as atividades de comercialização e importação de papel destinado à impressão de livros, jornais e periódicos, a que se refere a alínea d do inciso VI do art. 150 da Constituição Federal; e

II – adquirir o papel a que se refere a alínea d do inciso VI do art. 150 da Constituição Federal para a utilização na impressão de livros, jornais e periódicos.

§ 1º A comercialização do papel a detentores do Registro Especial de que trata o caput deste artigo faz prova da regularidade da sua destinação, sem prejuízo da responsabilidade, pelos tributos devidos, da pessoa jurídica que, tendo adquirido o papel beneficiado com imunidade, desviar sua finalidade constitucional.

§ 2º O disposto no § 1º deste artigo aplica-se também para efeito do disposto no § 2º do art. 2º da Lei 10.637, de 30 de dezembro de 2002, no § 2º do art. 2º e no § 15 do art. 3º da Lei 10.833, de 29 de dezembro de 2003, e no § 10 do art. 8º da Lei 10.865, de 30 de abril de 2004.

§ 3º Fica atribuída à Secretaria da Receita Federal do Brasil competência para:

I – expedir normas complementares relativas ao Registro Especial e ao cumprimento das exigências a que estão sujeitas as pessoas jurídicas para sua concessão;

II – estabelecer a periodicidade e a forma de comprovação da correta destinação do papel beneficiado com imunidade, inclusive mediante a instituição de obrigação acessória destinada ao controle da sua comercialização e importação.

§ 4º O não cumprimento da obrigação prevista no inciso II do § 3º deste artigo sujeitará a pessoa jurídica às seguintes penalidades:

I – 5% (cinco por cento), não inferior a R$ 100,00 (cem reais) e não superior a R$ 5.000,00 (cinco mil reais), do valor das operações com papel imune omitidas ou apresentadas de forma inexata ou incompleta; e

II – de R$ 2.500,00 (dois mil e quinhentos reais) para micro e pequenas empresas e de R$ 5.000,00 (cinco mil reais) para as demais, independentemente da sanção prevista no inciso I deste artigo, se as informações não forem apresentadas no prazo estabelecido.

§ 5º Apresentada a informação fora do prazo, mas antes de qualquer procedimento de ofício, a multa de que trata o inciso II do § 4º deste artigo será reduzida à metade.

Art. 2º O Registro Especial de que trata o art. 1º desta Lei poderá ser cancelado, a qualquer tempo, pela Secretaria da Receita

Lei 11.945/2009

Federal do Brasil se, após a sua concessão, ocorrer uma das seguintes hipóteses:

• V. art. 33, IV, *a*.

I – desatendimento dos requisitos que condicionaram a sua concessão;
II – situação irregular da pessoa jurídica perante o Cadastro Nacional da Pessoa Jurídica – CNPJ;
III – atividade econômica declarada para efeito da concessão do Registro Especial divergente da informada perante o CNPJ ou daquela regularmente exercida pela pessoa jurídica;
IV – não comprovação da correta destinação do papel na forma a ser estabelecida no inciso II do § 3º do art. 1º desta Lei; ou
V – decisão final proferida na esfera administrativa sobre a exigência fiscal de crédito tributário decorrente do consumo ou da utilização do papel destinado à impressão de livros, jornais e periódicos em finalidade diferente daquela prevista no art. 1º desta Lei.
§ 1º Fica vedada a concessão de novo Registro Especial, pelo prazo de 5 (cinco) anos-calendário, à pessoa jurídica enquadrada nas hipóteses descritas nos incisos IV ou V do *caput* deste artigo.
§ 2º A vedação de que trata o § 1º deste artigo também se aplica à concessão de Registro Especial a pessoas jurídicas que possuam em seu quadro societário:
I – pessoa física que tenha participado, na qualidade de sócio, diretor, gerente ou administrador, de pessoa jurídica que teve Registro Especial cancelado em virtude do disposto nos incisos IV ou V do *caput* deste artigo; ou
II – pessoa jurídica que teve Registro Especial cancelado em virtude do disposto nos incisos IV ou V do *caput* deste artigo.

Art. 3º *(Vetado.)*

Art. 4º Ficam isentas do Imposto sobre a Renda da Pessoa Jurídica – IRPJ e da Contribuição Social sobre o Lucro Líquido – CSLL as receitas decorrentes de valores em espécie pagos ou creditados pelos Estados, Distrito Federal e Municípios, relativos ao Imposto sobre Operações relativas à Circulação de Mercadorias e sobre Prestações de Serviços de Transporte Interestadual e Intermunicipal e de Comunicação – ICMS e ao Imposto sobre Serviços de Qualquer Natureza – ISS, no âmbito de programas de concessão de crédito voltados ao estímulo à solicitação de documento fiscal na aquisição de mercadorias e serviços.

• V. art. 33, I, *a*.

Art. 5º Ficam reduzidas a 0 (zero) as alíquotas da Contribuição para o PIS/Pasep e da Contribuição para o Financiamento da Seguridade Social – Cofins incidentes sobre as receitas decorrentes de valores pagos ou creditados pelos Estados, Distrito Federal e Municípios relativos ao ICMS e ao ISS, no âmbito de programas de concessão de crédito voltados ao estímulo à solicitação de documento fiscal na aquisição de mercadorias e serviços.

• V. art. 33, I, *a*.

Art. 6º O art. 6º da Lei 7.713, de 22 de dezembro de 1988, passa a vigorar com a seguinte redação:

• Alterações processadas no texto da referida Lei.

Art. 7º Sem prejuízo do disposto no § 3º do art. 195 da Constituição Federal, pelo prazo de 6 (seis) meses, nas operações de crédito realizadas com instituições financeiras públicas, incluídas as contratações e renegociações de dívidas, ficam afastadas as exigências de regularidade fiscal previstas no art. 62 do Decreto-lei 147, de 3 de fevereiro de 1967, no § 1º do art. 1º do Decreto-lei 1.715, de 22 de novembro de 1979, na alínea *b* do art. 27 da Lei 8.036, de 11 de maio de 1990, e na Lei 10.522, de 19 de julho de 2002.

Parágrafo único. O disposto no *caput* deste artigo aplica-se, pelo prazo de 18 (dezoito) meses, às liberações de recursos das operações de crédito realizadas com instituições financeiras públicas.

Art. 8º Os órgãos e entidades da administração pública federal responsáveis pela inscrição de pendências relativas a obrigações fiscais, legais ou de natureza financeira ou contratual devidas por Estados, Distrito Federal ou Municípios e que compõem a base de informações para fins de verificação das condições para transferência voluntária da União deverão:

I – adotar procedimento prévio de notificação como condicionante à inscrição definitiva de pendência nos sistemas próprios, cadastros ou bancos de dados de controle utilizados para essa finalidade;

Lei 11.945/2009

LEGISLAÇÃO

II – manter, em seus sistemas, cadastros ou bancos de dados de controle, as informações sobre a data da notificação e o prazo para inscrição definitiva da pendência.

§ 1º Não estão sujeitas à obrigatoriedade de notificação prévia de que trata este artigo:

I – as obrigações certas de pagamento previstas em contratos de financiamento, parcelamentos ou outros de natureza assemelhada;

II – as obrigações de transparência previstas nos arts. 51, 52 e 54 da Lei Complementar 101, de 4 de maio de 2000.

§ 2º Na hipótese de inexistência de prazo diverso previsto em regulamentação própria para o procedimento de que trata este artigo, o prazo para inscrição definitiva da pendência será de 45 (quarenta e cinco) dias, contado da data da notificação.

Art. 9º Para efeitos de aplicação do disposto no art. 8º, os órgãos e entidades referidos no *caput* desse artigo deverão providenciar a adaptação de seus sistemas próprios, cadastros ou bancos de dados de controle na forma do inciso II do referido dispositivo no prazo máximo de 1 (um) ano, contado da data de publicação desta Lei, devendo tais informações ser incorporadas ao Cadastro Único de Convênios – CAUC e outros sistemas ou portais de consulta unificada de informações sobre Estados e Municípios.

Art. 10. O ato de entrega de recursos correntes e de capital da União, a outro ente da Federação, a título de transferência voluntária, nos termos do art. 25 da Lei Complementar 101, de 4 de maio de 2000, é caracterizado no momento da assinatura do respectivo convênio ou contrato de repasse, bem como na assinatura dos correspondentes aditamentos, e não se confunde com as liberações financeiras de recurso, que devem obedecer ao cronograma de desembolso previsto no convênio ou contrato de repasse.

Art. 11. As liberações financeiras das transferências voluntárias decorrentes do disposto no art. 10 desta Lei não se submetem a quaisquer outras exigências previstas na legislação, exceto aquelas intrínsecas ao cumprimento do objeto do contrato ou convênio e respectiva prestação de contas e aquelas previstas na alínea *a* do inciso VI do art. 73 da Lei 9.504, de 30 de setembro de 1997.

Art. 12. A aquisição no mercado interno ou a importação, de forma combinada ou não, de mercadoria para emprego ou consumo na industrialização de produto a ser exportado poderá ser realizada com suspensão do Imposto de Importação, do Imposto sobre Produtos Industrializados – IPI, da Contribuição para o PIS/Pasep e da Cofins, da Contribuição para o PIS/Pasep-Importação e da Cofins-Importação.

§ 1º As suspensões de que trata o *caput* deste artigo:

I – aplicam-se também à aquisição no mercado interno ou à importação de mercadorias para emprego em reparo, criação, cultivo ou atividade extrativista de produto a ser exportado;

II – não alcançam as hipóteses previstas nos incisos IV a IX do art. 3º da Lei 10.637, de 30 de dezembro de 2002, e nos incisos III a IX do art. 3º da Lei 10.833, de 29 de dezembro de 2003, e nos incisos III a V do art. 15 da Lei 10.865, de 30 de abril de 2004;

III – aplicam-se também às aquisições no mercado interno ou importações de empresas denominadas fabricantes-intermediários, para industrialização de produto intermediário a ser diretamente fornecido a empresas industriais-exportadoras, para emprego ou consumo na industrialização de produto final destinado à exportação.

• Inciso III acrescentado pela Lei 12.058/2009.

§ 2º Apenas a pessoa jurídica habilitada pela Secretaria de Comércio Exterior poderá efetuar aquisições ou importações com suspensão na forma deste artigo.

• § 2º com redação determinada pela Lei 12.058/2009.

§ 3º A Secretaria da Receita Federal do Brasil e a Secretaria de Comércio Exterior disciplinarão em ato conjunto o disposto neste artigo.

Art. 13. Os atos concessórios de *drawback* cujos prazos máximos, nos termos do art. 4º do Decreto-lei 1.722, de 3 de dezembro de 1979, tenham vencimento entre 1º de outubro de 2008 e 31 de dezembro de 2009 poderão ser prorrogados, em caráter excepcional, por 1 (um) ano, contado do respectivo vencimento.

Art. 14. Os atos concessórios de *drawback*, incluído o regime de que trata o art. 12 desta Lei, poderão ser deferidos, a critério

Lei 11.945/2009

da Secretaria de Comércio Exterior, levando-se em conta a agregação de valor e o resultado da operação.

§ 1º A comprovação do regime poderá ser realizada com base no fluxo físico, por meio de comparação entre os volumes de importação e de aquisição no mercado interno em relação ao volume exportado, considerada, ainda, a variação cambial das moedas de negociação.

§ 2º A Secretaria da Receita Federal do Brasil e a Secretaria de Comércio Exterior disciplinarão em ato conjunto o disposto neste artigo.

Art. 15. Os arts. 3º e 5º da Lei 9.718, de 27 de novembro de 1998, passam a vigorar com a seguinte redação:

• Alterações processadas no texto da referida Lei.

Art. 16. Os arts. 1º, 2º e 3º da Lei 10.637, de 30 de dezembro de 2002, passam a vigorar com a seguinte redação:

• Alterações processadas no texto da referida Lei.

Art. 17. Os arts. 1º, 2º, 3º, 10, 58-J e 58-O da Lei 10.833, de 29 de dezembro de 2003, passam a vigorar com a seguinte redação:

• Alterações processadas no texto da referida Lei.

Art. 18. A Lei 10.833, de 29 de dezembro de 2003, passa a vigorar acrescida do seguinte art. 58-V:

• Alteração processada no texto da referida Lei.

Art. 19. Os arts. 15 e 16 da Lei 10.865, de 30 de abril de 2004, passam a vigorar com a seguinte redação:

• Alterações processadas no texto da referida Lei.

Art. 20. Os arts. 64 e 65 da Lei 11.196, de 21 de novembro de 2005, passam a vigorar com a seguinte redação:

• Alterações processadas no texto da referida Lei.

Art. 21. O art. 16 da Lei 11.371, de 28 de novembro de 2006, passa a vigorar com a seguinte redação:

• Alteração processada no texto da referida Lei.

Art. 22. Salvo disposição expressa em contrário, caso a não incidência, a isenção, a suspensão ou a redução das alíquotas da Contribuição para o PIS/Pasep, da Cofins, da Contribuição para o PIS/Pasep-Importação e da Cofins-Importação for condicionada à destinação do bem ou do serviço, e a este for dado destino diverso, ficará o responsável pelo fato sujeito ao pagamento das contribuições e das penalidades cabíveis, como se a não incidência, a isenção, a suspensão ou a redução das alíquotas não existisse.

• V. art. 33, IV, a.

Art. 23. Os incisos III e IV do art. 1º da Lei 11.482, de 31 de maio de 2007, passam a vigorar com a seguinte redação:

• Alterações processadas no texto da referida Lei.

Art. 24. O art. 2º da Lei 10.996, de 15 de dezembro de 2004, passa a vigorar com a seguinte redação:

• Alteração processada no texto da referida Lei.

Art. 25. O art. 6º da Lei 11.345, de 14 de setembro de 2006, passa a vigorar com a seguinte redação:

"Art. 6º [...]

"[...]

"§ 8º-A. A partir de 2009, o quantitativo máximo da complementação prevista no § 8º será o resultado da diferença entre 10% (dez por cento) do valor da prestação mensal prevista no *caput* do art. 4º desta Lei e a remuneração mensal constante do *caput* deste artigo, ou R$ 50.000,00 (cinquenta mil reais), prevalecendo o maior montante, sem prejuízo da manutenção da quantidade de parcelas dispostas no § 1º do art. 4º desta Lei.

"§ 8º-B. O percentual do valor da prestação mensal, previsto no § 8º-A deste artigo referente ao cálculo do quantitativo máximo da complementação de que trata o § 8º, deverá ser, em 2010, reajustado para 20% (vinte por cento), sendo acrescido em mais 10% (dez por cento) da prestação mensal a cada ano subsequente, prevalecendo para pagamento o resultado desse cálculo, ou R$ 50.000,00 (cinquenta mil reais), o que representar maior montante.

"[...]"

Art. 26. Para as entidades desportivas referidas no § 2º do art. 1º da Lei 11.345, de 14 de setembro de 2006, o prazo previsto no art. 10 da referida Lei fica reaberto por 60 (sessenta) dias contados da data de publicação desta Lei.

Art. 27. *(Vetado.)*

Art. 28. A Lei 7.827, de 27 de setembro de 1989, passa a vigorar com as seguintes alterações:

Lei 11.945/2009

LEGISLAÇÃO

"Art. 15. [...]"
"[...]"
"VI – exercer outras atividades inerentes à aplicação dos recursos e à recuperação dos créditos, inclusive a de renegociar dívidas, nos termos definidos nos arts. 15-B, 15-C e 15-D desta Lei.
"[...]"
"Art. 15-B. Ficam convalidadas as liquidações de dívida efetuadas pelas instituições financeiras federais administradoras dos Fundos Constitucionais, que tenham sido realizadas em conformidade com as práticas e regulamentações bancárias das respectivas instituições e que tenham sido objeto de demanda judicial, recebidas pelo equivalente financeiro do valor dos bens passíveis de penhora dos devedores diretos e respectivos garantes, relativamente a operações concedidas com recursos dos Fundos Constitucionais de Financiamento, de que trata esta Lei.
"§ 1º Para os efeitos desta Lei, considera-se liquidada a dívida pelo equivalente financeiro do valor dos bens passíveis de penhora quando obtida mediante o desconto a uma taxa real que corresponda ao custo de oportunidade do Fundo que tenha provido os recursos financiadores da dívida liquidada, pelo tempo estimado para o desfecho da ação judicial, aplicada sobre o valor de avaliação dos referidos bens.
"§ 2º A convalidação referida no *caput* deste dispositivo resultará na anotação de restrição que impossibilitará a contratação de novas operações nas instituições financeiras federais, ressalvada a hipótese de o devedor inadimplente recolher ao respectivo Fundo financiador da operação o valor atualizado equivalente à diferença havida entre o que pagou na renegociação e o que deveria ter sido pago caso incidissem no cálculo os encargos de normalidade em sua totalidade, quando então poderá ser baixada a aludida anotação.
"§ 3º As instituições financeiras federais administradoras dos Fundos Constitucionais deverão apresentar relatório ao Ministério da Integração Nacional, com a indicação dos quantitativos renegociados sob a metodologia referida no *caput*.
"§ 4º O disposto neste artigo somente se aplica aos devedores que tenham investido corretamente os valores financiados, conforme previsto nos respectivos instrumentos de crédito."
"Art. 15-C. As instituições financeiras federais poderão, nos termos do art. 15-B e parágrafos, proceder à liquidação de dívidas em relação às propostas cujas tramitações tenham sido iniciadas em conformidade com as práticas e regulamentações bancárias de cada instituição financeira federal."
"Art. 15-D. Os administradores dos Fundos Constitucionais ficam autorizados a liquidar dívidas pelo equivalente financeiro do valor atual dos bens passíveis de penhora, observando regulamentação específica dos respectivos Conselhos Deliberativos, a qual deverá respeitar, no que couber, os critérios estabelecidos no art. 15-B."

Art. 29. O *caput* do art. 2º da Lei 11.529, de 22 de outubro de 2007, passa a vigorar com a seguinte redação:
"Art. 2º Fica a União autorizada a conceder subvenção econômica, sob as modalidades de equalização de taxas de juros e de concessão de bônus de adimplência sobre os juros, nas operações de financiamento destinadas especificamente:
"I – às empresas dos setores de pedras ornamentais, beneficiamento de madeira, beneficiamento de couro, calçados e artefatos de couro, têxtil, de confecção, inclusive linha lar, móveis de madeira, frutas – *in natura* e processadas, cerâmicas, *software* e prestação de serviços de tecnologia da informação e bens de capital, exceto veículos automotores para transporte de cargas e passageiros, embarcações, aeronaves, vagões e locomotivas ferroviários e metroviários, tratores, colheitadeiras e máquinas rodoviárias; e
"II – às micro, pequenas e médias empresas e às empresas de aquicultura e pesca dos Municípios do Estado de Santa Catarina que decretaram estado de calamidade ou estado de emergência, conforme os Decretos Estaduais 1.910, de 26 de novembro de 2008, e 1.897, de 22 de novembro de 2008, e posteriores alterações.
"[...]"

Art. 30. O art. 12 da Lei 6.194, de 19 de dezembro de 1974, passa a vigorar acrescido dos seguintes §§ 3º e 4º:
"Art. 12. [...]"
"[...]"

Lei 11.945/2009

LEGISLAÇÃO

"§ 3º O CNSP estabelecerá anualmente o valor correspondente ao custo da emissão e da cobrança da apólice ou do bilhete do Seguro Obrigatório de Danos Pessoais causados por veículos automotores de vias terrestres.

"§ 4º O disposto no parágrafo único do art. 27 da Lei 8.212, de 24 de julho de 1991, não se aplica ao produto da arrecadação do ressarcimento do custo descrito no § 3º deste artigo."

Art. 31. Os arts. 3º e 5º da Lei 6.194, de 19 de dezembro de 1974, passam a vigorar com as seguintes alterações:

"Art. 3º Os danos pessoais cobertos pelo seguro estabelecido no art. 2º desta Lei compreendem as indenizações por morte, por invalidez permanente, total ou parcial, e por despesas de assistência médica e suplementares, nos valores e conforme as regras que se seguem, por pessoa vitimada:

"[...]

"§ 1º No caso da cobertura de que trata o inciso II do *caput* deste artigo, deverão ser enquadradas na tabela anexa a esta Lei as lesões diretamente decorrentes de acidente e que não sejam suscetíveis de amenização proporcionada por qualquer medida terapêutica, classificando-se a invalidez permanente como total ou parcial, subdividindo-se a invalidez permanente parcial em completa e incompleta, conforme a extensão das perdas anatômicas ou funcionais, observado o disposto abaixo:

"I – quando se tratar de invalidez permanente parcial completa, a perda anatômica ou funcional será diretamente enquadrada em um dos segmentos orgânicos ou corporais previstos na tabela anexa, correspondendo a indenização ao valor resultante da aplicação do percentual ali estabelecido ao valor máximo da cobertura; e

"II – quando se tratar de invalidez permanente parcial incompleta, será efetuado o enquadramento da perda anatômica ou funcional na forma prevista no inciso I deste parágrafo, procedendo-se, em seguida, à redução proporcional da indenização que corresponderá a 75% (setenta e cinco por cento) para as perdas de repercussão intensa, 50% (cinquenta por cento) para as de média repercussão, 25% (vinte e cinco por cento) para as de leve repercussão, adotando-se ainda o percentual de 10% (dez por cento), nos casos de sequelas residuais.

"§ 2º Assegura-se à vítima o reembolso, no valor de até R$ 2.700,00 (dois mil e setecentos reais), previsto no inciso III do *caput* deste artigo, de despesas médico-hospitalares, desde que devidamente comprovadas, efetuadas pela rede credenciada junto ao Sistema Único de Saúde, quando em caráter privado, vedada a cessão de direitos.

"§ 3º As despesas de que trata o § 2º deste artigo em nenhuma hipótese poderão ser reembolsadas quando o atendimento for realizado pelo SUS, sob pena de descredenciamento do estabelecimento de saúde do SUS, sem prejuízo das demais penalidades previstas em lei."

"Art. 5º [...]

"[...]

"§ 5º O Instituto Médico Legal da jurisdição do acidente ou da residência da vítima deverá fornecer, no prazo de até 90 (noventa) dias, laudo à vítima com a verificação da existência e quantificação das lesões permanentes, totais ou parciais.

"[...]"

Art. 32. A Lei 6.194, de 19 de dezembro de 1974, passa a vigorar acrescida da tabela anexa a esta Lei.

Art. 33. Esta Lei entra em vigor na data de sua publicação, produzindo efeitos:

I – a partir de 1º de janeiro de 2009, em relação ao disposto:

a) nos arts. 4º a 6º, 18, 23 e 24;

b) no art. 15, relativamente ao inciso V do § 2º do art. 3º da Lei 9.718, de 27 de novembro de 1998;

c) no art. 16, relativamente ao inciso VII do § 3º do art. 1º da Lei 10.637, de 30 de dezembro de 2002;

d) no art. 17, relativamente ao inciso VI do § 3º do art. 1º e ao art. 58-J da Lei 10.833, de 29 de dezembro de 2003;

e) no art. 19, relativamente aos §§ 11 e 12 do art. 15 da Lei 10.865, de 30 de abril de 2004;

f) no art. 20, relativamente ao § 6º do art. 64 e ao § 8º do art. 65 da Lei 11.196, de 21 de novembro de 2005;

II – a partir de 1º de abril de 2009, em relação ao disposto no art. 19, relativamente ao

Lei 12.016/2009

LEGISLAÇÃO

§ 2º do art. 16 da Lei 10.865, de 30 de abril de 2004;
III – a partir da data de início de produção de efeitos do art. 65 da Lei 11.196, de 21 de novembro de 2005, em relação ao disposto no art. 20, relativamente ao § 7º do art. 65 da Lei 11.196, de 21 de novembro de 2005;
IV – a partir de 16 de dezembro de 2008, em relação:
a) aos arts. 1º, 2º, 21, 22, 29, 30, 31 e 32;
b) ao art. 16, relativamente ao § 15 do art. 3º da Lei 10.637, de 30 de dezembro de 2002;
c) ao art. 17, relativamente ao § 23 do art. 3º, inciso XX do art. 10 e § 5º do art. 58-O da Lei 10.833, de 29 de dezembro de 2003;
d) ao art. 19, relativamente ao § 1º do art. 16 da Lei 10.865, de 30 de abril de 2004;
V – a partir da data da publicação desta Lei, em relação aos demais dispositivos.

• Deixamos de publicar o Anexo a esta Lei.

Brasília, 4 de junho de 2009; 188º da Independência e 121º da República.
Luiz Inácio Lula da Silva

(DOU 05.06.2009; ret. 24.06.2009)

LEI 12.016, DE 7 DE AGOSTO DE 2009

Disciplina o mandado de segurança individual e coletivo e dá outras providências.

O Presidente da República:
Faço saber que o Congresso Nacional decreta e eu sanciono a seguinte Lei:

Art. 1º Conceder-se-á mandado de segurança para proteger direito líquido e certo, não amparado por *habeas corpus* ou *habeas data*, sempre que, ilegalmente ou com abuso de poder, qualquer pessoa física ou jurídica sofrer violação ou houver justo receio de sofrê-la por parte de autoridade, seja de que categoria for e sejam quais forem as funções que exerça.

•• V. art. 5º, LXIX e LXX, CF.
•• V. Súmulas 271 e 625, STF.
•• V. Súmula 460, STJ.

§ 1º Equiparam-se às autoridades, para os efeitos desta Lei, os representantes ou órgãos de partidos políticos e os administradores de entidades autárquicas, bem como os dirigentes de pessoas jurídicas ou as pessoas naturais no exercício de atribuições do poder público, somente no que disser respeito a essas atribuições.

•• V. Súmula 510, STF.

§ 2º Não cabe mandado de segurança contra os atos de gestão comercial praticados pelos administradores de empresas públicas, de sociedade de economia mista e de concessionárias de serviço público.

•• V. Súmula 333, STJ.

§ 3º Quando o direito ameaçado ou violado couber a várias pessoas, qualquer delas poderá requerer o mandado de segurança.

Art. 2º Considerar-se-á federal a autoridade coatora se as consequências de ordem patrimonial do ato contra o qual se requer o mandado houverem de ser suportadas pela União ou entidade por ela controlada.

•• V. arts. 109, VIII, e 114, IV, CF.
•• V. Súmula 511, STF.

Art. 3º O titular de direito líquido e certo decorrente de direito, em condições idênticas, de terceiro poderá impetrar mandado de segurança a favor do direito originário, se o seu titular não o fizer, no prazo de 30 (trinta) dias, quando notificado judicialmente.

Parágrafo único. O exercício do direito previsto no *caput* deste artigo submete-se ao prazo fixado no art. 23 desta Lei, contado da notificação.

Art. 4º Em caso de urgência, é permitido, observados os requisitos legais, impetrar mandado de segurança por telegrama, radiograma, fax ou outro meio eletrônico de autenticidade comprovada.

§ 1º Poderá o juiz, em caso de urgência, notificar a autoridade por telegrama, radiograma ou outro meio que assegure a autenticidade do documento e a imediata ciência pela autoridade.

§ 2º O texto original da petição deverá ser apresentado nos 5 (cinco) dias úteis seguintes.

§ 3º Para os fins deste artigo, em se tratando de documento eletrônico, serão observadas as regras da Infraestrutura de Chaves Públicas Brasileira – ICP-Brasil.

Art. 5º Não se concederá mandado de segurança quando se tratar:

•• V. Súmulas 101, 266, 268 e 269, STF.

Lei 12.016/2009

LEGISLAÇÃO

• • V. Súmulas 213 e 460, STJ.
• • V. Súmulas 33 e 418, TST.

I – de ato do qual caiba recurso administrativo com efeito suspensivo, independentemente de caução;
II – de decisão judicial da qual caiba recurso com efeito suspensivo;

• • V. Súmula 267, STF.
• • V. Súmula 202, STJ.

III – de decisão judicial transitada em julgado.
Parágrafo único. *(Vetado.)*
Art. 6º A petição inicial, que deverá preencher os requisitos estabelecidos pela lei processual, será apresentada em 2 (duas) vias com os documentos que instruírem a primeira reproduzidos na segunda e indicará, além da autoridade coatora, a pessoa jurídica que esta integra, à qual se acha vinculada ou da qual exerce atribuições.

• • V. Súmula 425, TST.

§ 1º No caso em que o documento necessário à prova do alegado se ache em repartição ou estabelecimento público ou em poder de autoridade que se recuse a fornecê-lo por certidão ou de terceiro, o juiz ordenará, preliminarmente, por ofício, a exibição desse documento em original ou em cópia autêntica e marcará, para o cumprimento da ordem, o prazo de 10 (dez) dias. O escrivão extrairá cópias do documento para juntá-las à segunda via da petição.
§ 2º Se a autoridade que tiver procedido dessa maneira for a própria coatora, a ordem far-se-á no próprio instrumento da notificação.
§ 3º Considera-se autoridade coatora aquela que tenha praticado o ato impugnado ou da qual emane a ordem para a sua prática.
§ 4º *(Vetado.)*
§ 5º Denega-se o mandado de segurança nos casos previstos pelo art. 267 da Lei 5.869, de 11 de janeiro de 1973 – Código de Processo Civil.
§ 6º O pedido de mandado de segurança poderá ser renovado dentro do prazo decadencial, se a decisão denegatória não lhe houver apreciado o mérito.
Art. 7º Ao despachar a inicial, o juiz ordenará:

• • V. Súmula 701, STF

I – que se notifique o coator do conteúdo da petição inicial, enviando-lhe a segunda via apresentada com as cópias dos documentos, a fim de que, no prazo de 10 (dez) dias, preste as informações;
II – que se dê ciência do feito ao órgão de representação judicial da pessoa jurídica interessada, enviando-lhe cópia da inicial sem documentos, para que, querendo, ingresse no feito;
III – que se suspenda o ato que deu motivo ao pedido, quando houver fundamento relevante e do ato impugnado puder resultar a ineficácia da medida, caso seja finalmente deferida, sendo facultado exigir do impetrante caução, fiança ou depósito, com o objetivo de assegurar o ressarcimento à pessoa jurídica.
§ 1º Da decisão do juiz de primeiro grau que conceder ou denegar a liminar caberá agravo de instrumento, observado o disposto na Lei 5.869, de 11 de janeiro de 1973 – Código de Processo Civil.
§ 2º Não será concedida medida liminar que tenha por objeto a compensação de créditos tributários, a entrega de mercadorias e bens provenientes do exterior, a reclassificação ou equiparação de servidores públicos e a concessão de aumento ou a extensão de vantagens ou pagamento de qualquer natureza.
§ 3º Os efeitos da medida liminar, salvo se revogada ou cassada, persistirão até a prolação da sentença.

• • V. Súmula 304, STF.

§ 4º Deferida a medida liminar, o processo terá prioridade para julgamento.
§ 5º As vedações relacionadas com a concessão de liminares previstas neste artigo se estendem à tutela antecipada a que se referem os arts. 273 e 461 da Lei 5.869, de 11 janeiro de 1973 – Código de Processo Civil.
Art. 8º Será decretada a perempção ou caducidade da medida liminar *ex officio* ou a requerimento do Ministério Público quando, concedida a medida, o impetrante criar obstáculo ao normal andamento do processo ou deixar de promover, por mais de 3 (três) dias úteis, os atos e as diligências que lhe cumprirem.

Lei 12.016/2009

LEGISLAÇÃO

Art. 9º As autoridades administrativas, no prazo de 48 (quarenta e oito) horas da notificação da medida liminar, remeterão ao Ministério ou órgão a que se acham subordinadas e ao Advogado-Geral da União ou a quem tiver a representação judicial da União, do Estado, do Município ou da entidade apontada como coatora cópia autenticada do mandado notificatório, assim como indicações e elementos outros necessários às providências a serem tomadas para a eventual suspensão da medida e defesa do ato apontado como ilegal ou abusivo de poder.

Art. 10. A inicial será desde logo indeferida, por decisão motivada, quando não for o caso de mandado de segurança ou lhe faltar algum dos requisitos legais ou quando decorrido o prazo legal para a impetração.

§ 1º Do indeferimento da inicial pelo juiz de primeiro grau caberá apelação e, quando a competência para o julgamento do mandado de segurança couber originariamente a um dos tribunais, do ato do relator caberá agravo para o órgão competente do tribunal que integre.

§ 2º O ingresso de litisconsorte ativo não será admitido após o despacho da petição inicial.

Art. 11. Feitas as notificações, o serventuário em cujo cartório corra o feito juntará aos autos cópia autêntica dos ofícios endereçados ao coator e ao órgão de representação judicial da pessoa jurídica interessada, bem como a prova da entrega a estes ou da sua recusa em aceitá-los ou dar recibo e, no caso do art. 4º desta Lei, a comprovação da remessa.

Art. 12. Findo o prazo a que se refere o inciso I do *caput* do art. 7º desta Lei, o juiz ouvirá o representante do Ministério Público, que opinará, dentro do prazo improrrogável de 10 (dez) dias.

Parágrafo único. Com ou sem o parecer do Ministério Público, os autos serão conclusos ao juiz, para a decisão, a qual deverá ser necessariamente proferida em 30 (trinta) dias.

Art. 13. Concedido o mandado, o juiz transmitirá em ofício, por intermédio do oficial do juízo, ou pelo correio, mediante correspondência com aviso de recebimento, o inteiro teor da sentença à autoridade coatora e à pessoa jurídica interessada.

Parágrafo único. Em caso de urgência, poderá o juiz observar o disposto no art. 4º desta Lei.

Art. 14. Da sentença, denegando ou concedendo o mandado, cabe apelação.

•• V. Súmula 201, TST.

§ 1º Concedida a segurança, a sentença estará sujeita obrigatoriamente ao duplo grau de jurisdição.

§ 2º Estende-se à autoridade coatora o direito de recorrer.

§ 3º A sentença que conceder o mandado de segurança pode ser executada provisoriamente, salvo nos casos em que for vedada a concessão da medida liminar.

§ 4º O pagamento de vencimentos e vantagens pecuniárias assegurados em sentença concessiva de mandado de segurança a servidor público da administração direta ou autárquica federal, estadual e municipal somente será efetuado relativamente às prestações que se vencerem a contar da data do ajuizamento da inicial.

Art. 15. Quando, a requerimento de pessoa jurídica de direito público interessada ou do Ministério Público e para evitar grave lesão à ordem, à saúde, à segurança e à economia públicas, o presidente do tribunal ao qual couber o conhecimento do respectivo recurso suspender, em decisão fundamentada, a execução da liminar e da sentença, dessa decisão caberá agravo, sem efeito suspensivo, no prazo de 5 (cinco) dias, que será levado a julgamento na sessão seguinte à sua interposição.

§ 1º Indeferido o pedido de suspensão ou provido o agravo a que se refere o *caput* deste artigo, caberá novo pedido de suspensão ao presidente do tribunal competente para conhecer de eventual recurso especial ou extraordinário.

§ 2º É cabível também o pedido de suspensão a que se refere o § 1º deste artigo, quando negado provimento a agravo de instrumento interposto contra a liminar a que se refere este artigo.

Lei 12.016/2009

§ 3º A interposição de agravo de instrumento contra liminar concedida nas ações movidas contra o poder público e seus agentes não prejudica nem condiciona o julgamento do pedido de suspensão a que se refere este artigo.

§ 4º O presidente do tribunal poderá conferir ao pedido efeito suspensivo liminar se constatar, em juízo prévio, a plausibilidade do direito invocado e a urgência na concessão da medida.

§ 5º As liminares cujo objeto seja idêntico poderão ser suspensas em uma única decisão, podendo o presidente do tribunal estender os efeitos da suspensão a liminares supervenientes, mediante simples aditamento do pedido original.

∗∗ V. Súmula 626, STF.

Art. 16. Nos casos de competência originária dos tribunais, caberá ao relator a instrução do processo, sendo assegurada a defesa oral na sessão do julgamento.

Parágrafo único. Da decisão do relator que conceder ou denegar a medida liminar caberá agravo ao órgão competente do tribunal que integre.

Art. 17. Nas decisões proferidas em mandado de segurança e nos respectivos recursos, quando não publicado, no prazo de 30 (trinta) dias, contado da data do julgamento, o acórdão será substituído pelas respectivas notas taquigráficas, independentemente de revisão.

Art. 18. Das decisões em mandado de segurança proferidas em única instância pelos tribunais cabe recurso especial e extraordinário, nos casos legalmente previstos, e recurso ordinário, quando a ordem for denegada.

Art. 19. A sentença ou o acórdão que denegar mandado de segurança, sem decidir o mérito, não impedirá que o requerente, por ação própria, pleiteie os seus direitos e os respectivos efeitos patrimoniais.

Art. 20. Os processos de mandado de segurança e os respectivos recursos terão prioridade sobre todos os atos judiciais, salvo *habeas corpus*.

§ 1º Na instância superior, deverão ser levados a julgamento na primeira sessão que se seguir à data em que forem conclusos ao relator.

§ 2º O prazo para a conclusão dos autos não poderá exceder de 5 (cinco) dias.

Art. 21. O mandado de segurança coletivo pode ser impetrado por partido político com representação no Congresso Nacional, na defesa de seus interesses legítimos relativos a seus integrantes ou à finalidade partidária, ou por organização sindical, entidade de classe ou associação legalmente constituída e em funcionamento há, pelo menos, 1 (um) ano, em defesa de direitos líquidos e certos da totalidade, ou de parte, dos seus membros ou associados, na forma dos seus estatutos e desde que pertinentes às suas finalidades, dispensada, para tanto, autorização especial.

∗∗ V. Súmulas 629 e 630, STF.

Parágrafo único. Os direitos protegidos pelo mandado de segurança coletivo podem ser:

I – coletivos, assim entendidos, para efeito desta Lei, os transindividuais, de natureza indivisível, de que seja titular grupo ou categoria de pessoas ligadas entre si ou com a parte contrária por uma relação jurídica básica;

II – individuais homogêneos, assim entendidos, para efeito desta Lei, os decorrentes de origem comum e da atividade ou situação específica da totalidade ou de parte dos associados ou membros do impetrante.

Art. 22. No mandado de segurança coletivo, a sentença fará coisa julgada limitadamente aos membros do grupo ou categoria substituídos pelo impetrante.

§ 1º O mandado de segurança coletivo não induz litispendência para as ações individuais, mas os efeitos da coisa julgada não beneficiarão o impetrante a título individual se não requerer a desistência de seu mandado de segurança no prazo de 30 (trinta) dias a contar da ciência comprovada da impetração da segurança coletiva.

§ 2º No mandado de segurança coletivo, a liminar só poderá ser concedida após a audiência do representante judicial da pessoa jurídica de direito público, que deverá se pronunciar no prazo de 72 (setenta e duas) horas.

Lei 12.099/2009

LEGISLAÇÃO

Art. 23. O direito de requerer mandado de segurança extinguir-se-á decorridos 120 (cento e vinte) dias, contados da ciência, pelo interessado, do ato impugnado.

•• V. Súmulas 429 e 632, STF.

Art. 24. Aplicam-se ao mandado de segurança os arts. 46 a 49 da Lei 5.869, de 11 de janeiro de 1973 – Código de Processo Civil.

Art. 25. Não cabem, no processo de mandado de segurança, a interposição de embargos infringentes e a condenação ao pagamento dos honorários advocatícios, sem prejuízo da aplicação de sanções no caso de litigância de má-fé.

•• V. Súmulas 512 e 597, STF.

•• V. Súmulas 105 e 169, STJ.

Art. 26. Constitui crime de desobediência, nos termos do art. 330 do Decreto-lei 2.848, de 7 de dezembro de 1940, o não cumprimento das decisões proferidas em mandado de segurança, sem prejuízo das sanções administrativas e da aplicação da Lei 1.079, de 10 de abril de 1950, quando cabíveis.

Art. 27. Os regimentos dos tribunais e, no que couber, as leis de organização judiciária deverão ser adaptados às disposições desta Lei no prazo de 180 (cento e oitenta) dias, contado da sua publicação.

Art. 28. Esta Lei entra em vigor na data de sua publicação.

Art. 29. Revogam-se as Leis 1.533, de 31 de dezembro de 1951, 4.166, de 4 de dezembro de 1962, 4.348, de 26 de junho de 1964, 5.021, de 9 de junho de 1966; o art. 3º da Lei 6.014, de 27 de dezembro de 1973, o art. 1º da Lei 6.071, de 3 de julho de 1974, o art. 12 da Lei 6.978, de 19 de janeiro de 1982, e o art. 2º da Lei 9.259, de 9 de janeiro de 1996.

Brasília, 7 de agosto de 2009; 188º da Independência e 121º da República.

Luiz Inácio Lula da Silva

(*DOU* 10.08.2009)

LEI 12.099, DE 27 DE NOVEMBRO DE 2009

Dispõe sobre a transferência de depósitos judiciais e extrajudiciais de tributos e contribuições federais para a Caixa Econômica Federal; e altera a Lei 9.703, de 17 de novembro de 1998.

O Presidente da República.
Faço saber que o Congresso Nacional decreta e eu sanciono a seguinte Lei:

Art. 1º O art. 2º-A da Lei 9.703, de 17 de novembro de 1998, passa a vigorar com a seguinte redação:

• Alterações processadas no texto da referida Lei.

Art. 2º Os depósitos judiciais e extrajudiciais de tributos e contribuições federais realizados em outra instituição financeira após 1º de dezembro de 1998 serão transferidos para a Caixa Econômica Federal, de acordo com as disposições previstas na Lei 9.703, de 17 de novembro de 1998.

Art. 3º Aos depósitos judiciais e extrajudiciais não tributários relativos à União e os tributários e não tributários relativos a fundos públicos, autarquias, fundações públicas e demais entidades federais integrantes dos orçamentos fiscal e da seguridade social, de que trata o Decreto-lei 1.737, de 20 de dezembro de 1979, aplica-se o disposto na Lei 9.703, de 17 de novembro de 1998.

§ 1º Aos depósitos que forem anteriores à vigência desta Lei também se aplica o disposto na Lei 9.703, de 17 de novembro de 1998, observados os §§ 2º, 3º e 4º.

§ 2º Os juros dos depósitos referidos no § 1º serão calculados à taxa originariamente devida até a data da transferência à conta única do Tesouro Nacional.

§ 3º Após a transferência à conta única do Tesouro Nacional, os juros dos depósitos referidos no § 1º serão calculados na forma estabelecida pelo § 4º do art. 39 da Lei 9.250, de 26 de dezembro de 1995.

§ 4º A transferência dos depósitos referidos no § 1º dar-se-á de acordo com cronograma fixado por ato do Ministério da Fazenda, observado o prazo máximo de 180 (cento e oitenta) dias.

Art. 4º A transferência dos depósitos a que se refere o art. 2º-A da Lei 9.703, de 17

Lei 12.153/2009

de novembro de 1998, deverá ocorrer em até 180 (cento e oitenta) dias a partir da publicação desta Lei.

Art. 5º Esta Lei entra em vigor na data de sua publicação.

Brasília, 27 de novembro de 2009; 188º da Independência e 121º da República.

Luiz Inácio Lula da Silva

(DOU 30.11.2009)

LEI 12.153, DE 22 DE DEZEMBRO DE 2009

Dispõe sobre os Juizados Especiais da Fazenda Pública no âmbito dos Estados, do Distrito Federal, dos Territórios e dos Municípios.

O Presidente da República:
Faço saber que o Congresso Nacional decreta e eu sanciono a seguinte Lei:

Art. 1º Os Juizados Especiais da Fazenda Pública, órgãos da justiça comum e integrantes do Sistema dos Juizados Especiais, serão criados pela União, no Distrito Federal e nos Territórios, e pelos Estados, para conciliação, processo, julgamento e execução, nas causas de sua competência.

Parágrafo único. O sistema dos Juizados Especiais dos Estados e do Distrito Federal é formado pelos Juizados Especiais Cíveis, Juizados Especiais Criminais e Juizados Especiais da Fazenda Pública.

Art. 2º É de competência dos Juizados Especiais da Fazenda Pública processar, conciliar e julgar causas cíveis de interesse dos Estados, do Distrito Federal, dos Territórios e dos Municípios, até o valor de 60 (sessenta) salários mínimos.

§ 1º Não se incluem na competência do Juizado Especial da Fazenda Pública:

I – as ações de mandado de segurança, de desapropriação, de divisão e demarcação, populares, por improbidade administrativa, execuções fiscais e as demandas sobre direitos ou interesses difusos e coletivos;

II – as causas sobre bens imóveis dos Estados, Distrito Federal, Territórios e Municípios, autarquias e fundações públicas a eles vinculadas;

III – as causas que tenham como objeto a impugnação da pena de demissão imposta a servidores públicos civis ou sanções disciplinares aplicadas a militares.

•• V art. 323, CPC/2015.

§ 2º Quando a pretensão versar sobre obrigações vincendas, para fins de competência do Juizado Especial, a soma de 12 (doze) parcelas vincendas e de eventuais parcelas vencidas não poderá exceder o valor referido no *caput* deste artigo.

•• V art. 323, CPC/2015.

§ 3º *(Vetado.)*

§ 4º No foro onde estiver instalado Juizado Especial da Fazenda Pública, a sua competência é absoluta.

Art. 3º O juiz poderá, de ofício ou a requerimento das partes, deferir quaisquer providências cautelares e antecipatórias no curso do processo, para evitar dano de difícil ou de incerta reparação.

•• V. arts. 294 a 311, CPC/2015.

Art. 4º Exceto nos casos do art. 3º, somente será admitido recurso contra a sentença.

•• V. art. 203, § 1º, CPC/2015.

Art. 5º Podem ser partes no Juizado Especial da Fazenda Pública:

I – como autores, as pessoas físicas e as microempresas e empresas de pequeno porte, assim definidas na Lei Complementar 123, de 14 de dezembro de 2006;

II – como réus, os Estados, o Distrito Federal, os Territórios e os Municípios, bem como autarquias, fundações e empresas públicas a eles vinculadas.

Art. 6º Quanto às citações e intimações, aplicam-se as disposições contidas na Lei 5.869, de 11 de janeiro de 1973 – Código de Processo Civil.

•• V. arts. 238 a 275, CPC/2015.

Art. 7º Não haverá prazo diferenciado para a prática de qualquer ato processual pelas pessoas jurídicas de direito público, inclusive a interposição de recursos, devendo a citação para a audiência de conciliação ser efetuada com antecedência mínima de 30 (trinta) dias.

Art. 8º Os representantes judiciais dos réus presentes à audiência poderão conciliar, transigir ou desistir nos processos da competência dos Juizados Especiais, nos termos

Lei 12.153/2009

e nas hipóteses previstas na lei do respectivo ente da Federação.

•• V. art. 334, § 10, CPC/2015.

Art. 9º A entidade ré deverá fornecer ao Juizado a documentação de que disponha para o esclarecimento da causa, apresentando-a até a instalação da audiência de conciliação.

Art. 10. Para efetuar o exame técnico necessário à conciliação ou ao julgamento da causa, o juiz nomeará pessoa habilitada, que apresentará o laudo até 5 (cinco) dias antes da audiência.

Art. 11. Nas causas de que trata esta Lei, não haverá reexame necessário.

Art. 12. O cumprimento do acordo ou da sentença, com trânsito em julgado, que imponham obrigação de fazer, não fazer ou entrega de coisa certa, será efetuado mediante ofício do juiz à autoridade citada para a causa, com cópia da sentença ou do acordo.

•• V. arts. 806 a 823, CPC/2015.

Art. 13. Tratando-se de obrigação de pagar quantia certa, após o trânsito em julgado da decisão, o pagamento será efetuado:
I – no prazo máximo de 60 (sessenta) dias, contado da entrega da requisição do juiz à autoridade citada para a causa, independentemente de precatório, na hipótese do § 3º do art. 100 da Constituição Federal; ou
II – mediante precatório, caso o montante da condenação exceda o valor definido como obrigação de pequeno valor.

§ 1º Desatendida a requisição judicial, o juiz, imediatamente, determinará o sequestro do numerário suficiente ao cumprimento da decisão, dispensada a audiência da Fazenda Pública.

§ 2º As obrigações definidas como de pequeno valor a serem pagas independentemente de precatório terão como limite o que for estabelecido na lei do respectivo ente da Federação.

§ 3º Até que se dê a publicação das leis de que trata o § 2º, os valores serão:
I – 40 (quarenta) salários mínimos, quanto aos Estados e ao Distrito Federal;
II – 30 (trinta) salários mínimos, quanto aos Municípios.

§ 4º São vedados o fracionamento, a repartição ou a quebra do valor da execução, de modo que o pagamento se faça, em parte, na forma estabelecida no inciso I do *caput* e, em parte, mediante expedição de precatório, bem como a expedição de precatório complementar ou suplementar do valor pago.

§ 5º Se o valor da execução ultrapassar o estabelecido para pagamento independentemente do precatório, o pagamento far-se-á, sempre, por meio do precatório, sendo facultada à parte exequente a renúncia ao crédito do valor excedente, para que possa optar pelo pagamento do saldo sem o precatório.

•• V. art. 910, CPC/2015.

§ 6º O saque do valor depositado poderá ser feito pela parte autora, pessoalmente, em qualquer agência do banco depositário, independentemente de alvará.

§ 7º O saque por meio de procurador somente poderá ser feito na agência destinatária do depósito, mediante procuração específica, com firma reconhecida, da qual constem o valor originalmente depositado e sua procedência.

Art. 14. Os Juizados Especiais da Fazenda Pública serão instalados pelos Tribunais de Justiça dos Estados e do Distrito Federal.
Parágrafo único. Poderão ser instalados Juizados Especiais Adjuntos, cabendo ao Tribunal designar a Vara onde funcionará.

Art. 15. Serão designados, na forma da legislação dos Estados e do Distrito Federal, conciliadores e juízes leigos dos Juizados Especiais da Fazenda Pública, observadas as atribuições previstas nos arts. 22, 37 e 40 da Lei 9.099, de 26 de setembro de 1995.

§ 1º Os conciliadores e juízes leigos são auxiliares da Justiça, recrutados, os primeiros, preferentemente, entre os bacharéis em Direito, e os segundos, entre advogados com mais de 2 (dois) anos de experiência.

•• V. arts. 165 a 175, CPC/2015.

§ 2º Os juízes leigos ficarão impedidos de exercer a advocacia perante todos os Juizados Especiais da Fazenda Pública instalados em território nacional, enquanto no desempenho de suas funções.

Art. 16. Cabe ao conciliador, sob a supervisão do juiz, conduzir a audiência de conciliação.

Lei 12.153/2009

§ 1º Poderá o conciliador, para fins de encaminhamento da composição amigável, ouvir as partes e testemunhas sobre os contornos fáticos da controvérsia.

§ 2º Não obtida a conciliação, caberá ao juiz presidir a instrução do processo, podendo dispensar novos depoimentos, se entender suficientes para o julgamento da causa os esclarecimentos já constantes dos autos, e não houver impugnação das partes.

Art. 17. As Turmas Recursais do Sistema dos Juizados Especiais são compostas por juízes em exercício no primeiro grau de jurisdição, na forma da legislação dos Estados e do Distrito Federal, com mandato de 2 (dois) anos, e integradas, preferencialmente, por juízes do Sistema dos Juizados Especiais.

§ 1º A designação dos juízes das Turmas Recursais obedecerá aos critérios de antiguidade e merecimento.

§ 2º Não será permitida a recondução, salvo quando não houver outro juiz na sede da Turma Recursal.

Art. 18. Caberá pedido de uniformização de interpretação de lei quando houver divergência entre decisões proferidas por Turmas Recursais sobre questões de direito material.

§ 1º O pedido fundado em divergência entre Turmas do mesmo Estado será julgado em reunião conjunta das Turmas em conflito, sob a presidência de desembargador indicado pelo Tribunal de Justiça.

§ 2º No caso do § 1º, a reunião de juízes domiciliados em cidades diversas poderá ser feita por meio eletrônico.

§ 3º Quando as Turmas de diferentes Estados derem a lei federal interpretações divergentes, ou quando a decisão proferida estiver em contrariedade com súmula do Superior Tribunal de Justiça, o pedido será por este julgado.

Art. 19. Quando a orientação acolhida pelas Turmas de Uniformização de que trata o § 1º do art. 18 contrariar súmula do Superior Tribunal de Justiça, a parte interessada poderá provocar a manifestação deste, que dirimirá a divergência.

§ 1º Eventuais pedidos de uniformização fundados em questões idênticas e recebidos subsequentemente em quaisquer das Turmas Recursais ficarão retidos nos autos, aguardando pronunciamento do Superior Tribunal de Justiça.

§ 2º Nos casos do *caput* deste artigo e do § 3º do art. 18, presente a plausibilidade do direito invocado e havendo fundado receio de dano de difícil reparação, poderá o relator conceder, de ofício ou a requerimento do interessado, medida liminar determinando a suspensão dos processos nos quais a controvérsia esteja estabelecida.

§ 3º Se necessário, o relator pedirá informações ao Presidente da Turma Recursal ou Presidente da Turma de Uniformização e, nos casos previstos em lei, ouvirá o Ministério Público, no prazo de 5 (cinco) dias.

§ 4º *(Vetado.)*

§ 5º Decorridos os prazos referidos nos §§ 3º e 4º, o relator incluirá o pedido em pauta na sessão, com preferência sobre todos os demais feitos, ressalvados os processos com réus presos, os *habeas corpus* e os mandados de segurança.

§ 6º Publicado o acórdão respectivo, os pedidos retidos referidos no § 1º serão apreciados pelas Turmas Recursais, que poderão exercer juízo de retratação ou os declararão prejudicados, se veicularem tese não acolhida pelo Superior Tribunal de Justiça.

Art. 20. Os Tribunais de Justiça, o Superior Tribunal de Justiça e o Supremo Tribunal Federal, no âmbito de suas competências, expedirão normas regulamentando os procedimentos a serem adotados para o processamento e o julgamento do pedido de uniformização e do recurso extraordinário.

Art. 21. O recurso extraordinário, para os efeitos desta Lei, será processado e julgado segundo o estabelecido no art. 19, além da observância das normas do Regimento.

•• V. arts. 1029 a 1044, CPC/2015.

Art. 22. Os Juizados Especiais da Fazenda Pública serão instalados no prazo de até 2 (dois) anos da vigência desta Lei, podendo haver o aproveitamento total ou parcial das estruturas das atuais Varas da Fazenda Pública.

Art. 23. Os Tribunais de Justiça poderão limitar, por até 5 (cinco) anos, a partir da entrada em vigor desta Lei, a competência dos Juizados Especiais da Fazenda Pública, atendendo à necessidade da organização dos serviços judiciários e administrativos.

Dec. 7.052/2009

Art. 24. Não serão remetidas aos Juizados Especiais da Fazenda Pública as demandas ajuizadas até a data de sua instalação, assim como as ajuizadas fora do Juizado Especial por força do disposto no art. 23.

Art. 25. Competirá aos Tribunais de Justiça prestar o suporte administrativo necessário ao funcionamento dos Juizados Especiais.

Art. 26. O disposto no art. 16 aplica-se aos Juizados Especiais Federais instituídos pela Lei 10.259, de 12 de julho de 2001.

Art. 27. Aplica-se subsidiariamente o disposto nas Leis 5.869, de 11 de janeiro de 1973 – Código de Processo Civil, 9.099, de 26 de setembro de 1995, e 10.259, de 12 de julho de 2001.

Art. 28. Esta Lei entra em vigor após decorridos 6 (seis) meses de sua publicação oficial.

Brasília, 22 de dezembro de 2009; 188º da Independência e 121º da República.

Luiz Inácio Lula da Silva

(DOU 23.12.2009)

DECRETO 7.052, DE 23 DEZEMBRO DE 2009

Regulamenta a Lei 11.770, de 9 de setembro de 2008, que cria o Programa Empresa Cidadã, destinado à prorrogação da licença-maternidade, no tocante a empregadas de pessoas jurídicas.

O Presidente da República, no uso da atribuição que lhe confere o art. 84, inciso IV, da Constituição, e tendo em vista o disposto na Lei 11.770, de 9 de setembro de 2008, decreta:

Art. 1º Fica instituído o Programa Empresa Cidadã, destinado a prorrogar por 60 (sessenta) dias a duração da licença-maternidade prevista no inciso XVIII do *caput* do art. 7º da Constituição e o correspondente período do salário-maternidade de que trata os arts. 71 e 71-A da Lei 8.213, de 24 de julho de 1991.

§ 1º Será beneficiada pelo Programa Empresa Cidadã a empregada da pessoa jurídica que aderir ao Programa, desde que a empregada requeira a prorrogação do salário-maternidade até o final do primeiro mês após o parto.

§ 2º A prorrogação a que se refere o § 1º iniciar-se-á no dia subsequente ao término da vigência do benefício de que tratam os arts. 71 e 71-A da Lei 8.213, de 1991.

§ 3º A prorrogação de que trata este artigo será devida, inclusive, no caso de parto antecipado.

Art. 2º O disposto no art. 1º aplica-se à empregada de pessoa jurídica que adotar ou obtiver guarda judicial para fins de adoção de criança, pelos seguintes períodos:

I – por 60 (sessenta) dias, quando se tratar de criança de até 1 (um) ano de idade;

II – por 30 (trinta) dias, quando se tratar de criança a partir de 1 (um) ano até 4 (quatro) anos de idade completos; e

III – por 15 (quinze) dias, quando se tratar de criança a partir de 4 (quatro) anos até completar 8 (oito) anos de idade.

Art. 3º As pessoas jurídicas poderão aderir ao Programa Empresa Cidadã, mediante requerimento dirigido à Secretaria da Receita Federal do Brasil.

Art. 4º Observadas as normas complementares a serem editadas pela Secretaria da Receita Federal do Brasil, a pessoa jurídica tributada com base no lucro real poderá deduzir do imposto devido, em cada período de apuração, o total da remuneração da empregada pago no período de prorrogação de sua licença-maternidade, vedada a dedução como despesa operacional.

Parágrafo único. A dedução de que trata o *caput* fica limitada ao valor do imposto devido em cada período de apuração.

Art. 5º No período de licença-maternidade e licença à adotante de que trata este Decreto, a empregada não poderá exercer qualquer atividade remunerada, salvo nos casos de contrato de trabalho simultâneo firmado previamente, e a criança não poderá ser mantida em creche ou organização similar.

Parágrafo único. Em caso de ocorrência de quaisquer das situações previstas no *caput*, a beneficiária perderá o direito à prorrogação.

Art. 6º A empregada em gozo de salário-maternidade na data de publicação deste Decreto poderá solicitar a prorrogação da licença, desde que requeira no prazo de até 30 (trinta) dias.

Lei 12.350/2010

LEGISLAÇÃO

Art. 7º A Secretaria da Receita Federal do Brasil e o Instituto Nacional do Seguro Social – INSS poderão expedir, no âmbito de suas competências, normas complementares para execução deste Decreto.

Art. 8º Este Decreto entra em vigor na data de sua publicação, produzindo efeitos a partir de 1º de janeiro de 2010.

Brasília, 23 de dezembro de 2009; 188º da Independência e 121º da República.

Luiz Inácio Lula da Silva

(DOU 24.12.2009)

LEI 12.350, DE 20 DE DEZEMBRO DE 2010

Dispõe sobre medidas tributárias referentes à realização, no Brasil, da Copa das Confederações Fifa 2013 e da Copa do Mundo Fifa 2014; promove desoneração tributária de subvenções governamentais destinadas ao fomento das atividades de pesquisa tecnológica e desenvolvimento de inovação tecnológica nas empresas; altera as Leis 11.774, de 17 de setembro de 2008, 10.182, de 12 de fevereiro de 2001, 9.430, de 27 de dezembro de 1996, 7.713, de 22 de dezembro de 1988, 9.959, de 27 de janeiro de 2000, 10.887, de 18 de junho de 2004, 12.058, de 13 de outubro de 2009, 10.865, de 30 de abril de 2004, 10.931, de 2 de agosto de 2004, 12.024, de 27 de agosto de 2009, 9.504, de 30 de setembro de 1997, 10.996, de 15 de dezembro de 2004, 11.977, de 7 de julho de 2009, e 12.249, de 11 de junho de 2010, os Decretos-Leis 37, de 18 de novembro de 1966, e 1.455, de 7 de abril de 1976; revoga dispositivos das Leis 11.196, de 21 de novembro de 2005, 8.630, de 25 de fevereiro de 1993, 9.718, de 27 de novembro de 1998, e 10.833, de 29 de dezembro de 2003; e dá outras providências.

O Presidente da República:
Faço saber que o Congresso Nacional decreta e eu sanciono a seguinte Lei:

Art. 1º Esta Lei institui medidas tributárias referentes à realização, no Brasil, da Copa das Confederações Fifa 2013 e da Copa do Mundo Fifa 2014; promove desoneração tributária de subvenções governamentais destinadas ao fomento das atividades de pesquisa tecnológica e desenvolvimento de inovação tecnológica nas empresas; e dá outras providências.

Capítulo I
DAS MEDIDAS TRIBUTÁRIAS RELATIVAS À REALIZAÇÃO, NO BRASIL, DA COPA DAS CONFEDERAÇÕES FIFA 2013 E DA COPA DO MUNDO FIFA 2014

• V. art. 62.

Seção I
Disposições preliminares

Art. 2º Para os fins desta Lei, considera-se:

I – *Fédération Internationale de Football Association* (Fifa) – associação suíça de direito privado, entidade mundial que regula o esporte de futebol de associação, e suas subsidiárias, não domiciliadas no Brasil;

II – Subsidiária Fifa no Brasil – pessoa jurídica de direito privado, domiciliada no Brasil, cujo capital social total pertence à Fifa;

III – Copa do Mundo Fifa 2014 – Comitê Organizador Brasileiro Ltda. (LOC) – pessoa jurídica brasileira de direito privado, reconhecida pela Fifa, constituída com o objetivo de promover, no Brasil, a Copa das Confederações Fifa 2013 e a Copa do Mundo Fifa 2014, bem como os Eventos relacionados;

IV – Confederação Brasileira de Futebol (CBF) – associação brasileira de direito privado, sendo a associação nacional de futebol no Brasil;

V – Competições – a Copa das Confederações Fifa 2013 e a Copa do Mundo Fifa 2014;

VI – Eventos – as Competições e as seguintes atividades relacionadas às Competições, oficialmente organizadas, chanceladas, patrocinadas ou apoiadas pela Fifa, pela Subsidiária Fifa no Brasil, pelo LOC ou pela CBF:

a) os congressos da Fifa, banquetes, cerimônias de abertura, encerramento, premiação e outras cerimônias, sorteio preliminar, final e quaisquer outros sorteios, lançamentos de mascote e outras atividades de lançamento;

b) seminários, reuniões, conferências, *workshops* e coletivas de imprensa;

c) atividades culturais: concertos, exibições, apresentações, espetáculos ou outras expressões culturais, bem como os projetos Futebol pela Esperança (*Football for Hope*) ou projetos beneficentes similares;

Lei 12.350/2010

d) partidas de futebol e sessões de treino; e

e) outras atividades consideradas relevantes para a realização, organização, preparação, *marketing*, divulgação, promoção ou encerramento das Competições;

VII – Confederações Fifa – as seguintes confederações:

a) Confederação Asiática de Futebol (*Asian Football Confederation* – AFC);

b) Confederação Africana de Futebol (*Confédération Africaine de Football* – CAF);

c) Confederação de Futebol da América do Norte, Central e Caribe (*Confederation of North, Central American and Caribbean Association Football* – Concacaf);

d) Confederação Sul-Americana de Futebol (*Confederación Sudamericana de Fútbol* – Conmebol);

e) Confederação de Futebol da Oceania (*Oceania Football Confederation* – OFC); e

f) União das Associações Europeias de Futebol (*Union des Associations Européennes de Football* – Uefa);

VIII – Associações estrangeiras membros da Fifa – as associações nacionais de futebol de origem estrangeira, oficialmente afiliadas à Fifa, participantes ou não das Competições;

IX – Emissora Fonte da Fifa – pessoa jurídica licenciada ou nomeada, com base em relação contratual, para produzir o sinal e o conteúdo audiovisual básicos ou complementares dos Eventos, com o objetivo de distribuição no Brasil e no exterior para os detentores de direitos de mídia;

X – Prestadores de Serviços da Fifa – pessoas jurídicas licenciadas ou nomeadas, com base em relação contratual, para prestar serviços relacionados à organização e produção dos Eventos:

a) como coordenadores da Fifa na gestão de acomodações, de serviços de transporte, de programação de operadores de turismo e dos estoques de ingressos;

b) como fornecedores da Fifa de serviços de hospitalidade e de soluções de tecnologia da informação; ou

c) outros prestadores licenciados ou nomeados pela Fifa para a prestação de serviços ou fornecimento de bens, admitidos em regulamento;

XI – Parceiros Comerciais da Fifa – pessoa jurídica licenciada ou nomeada, com base em qualquer relação contratual, em relação aos Eventos, bem como os seus subcontratados, para atividades relacionadas aos Eventos, excluindo-se as entidades referidas nos incisos III, IV e VII a X;

XII – Voluntário da Fifa, de Subsidiária Fifa no Brasil ou do LOC – pessoa física que dedica parte do seu tempo, sem vínculo empregatício, para auxiliar a Fifa, a Subsidiária Fifa no Brasil ou o LOC na organização e realização dos Eventos; e

XIII – bens duráveis – aqueles cuja vida útil ultrapasse o período de 1 (um) ano.

§ 1º As pessoas jurídicas estrangeiras previstas neste artigo, qualquer que seja o seu objeto, somente poderão funcionar no País pelo prazo de vigência desta Lei, ainda que por estabelecimentos subordinados ou base temporária de negócios, salvo autorização do Poder Executivo, nos termos da legislação brasileira.

§ 2º É facultado à Fifa ou a qualquer de suas subsidiárias integrais constituir ou incorporar subsidiárias integrais no País, até o limite de 5 (cinco), mediante escritura pública, sob qualquer modalidade societária, desde que tal Subsidiária Fifa no Brasil tenha finalidade específica vinculada à organização e realização dos Eventos, com duração não superior ao prazo de vigência desta Lei, e tenha como único acionista ou cotista a própria Fifa ou qualquer de suas subsidiárias integrais.

§ 3º A Emissora Fonte da Fifa, os Prestadores de Serviço e os Parceiros Comerciais referidos nos incisos IX, X e XI poderão ser nomeados ou licenciados diretamente pela Fifa ou por meio de uma de suas nomeadas ou licenciadas.

§ 4º O Poder Executivo poderá estabelecer condições necessárias à defesa dos interesses nacionais, inclusive quanto ao montante de capital destinado às operações no País e à individualização do seu representante legal para resolver quaisquer questões e receber comunicações oficiais.

Lei 12.350/2010

LEGISLAÇÃO

Seção II
Da desoneração de tributos
Subseção I
Da isenção às importações

Art. 3º Fica concedida, nos termos, limites e condições estabelecidos em ato do Poder Executivo, isenção de tributos federais incidentes nas importações de bens ou mercadorias para uso ou consumo exclusivo na organização e realização dos Eventos, tais como:

I – alimentos, suprimentos médicos, inclusive produtos farmacêuticos, combustível e materiais de escritório;

II – troféus, medalhas, placas, estatuetas, distintivos, flâmulas, bandeiras e outros objetos comemorativos;

III – material promocional, impressos, folhetos e outros bens com finalidade semelhante, a serem distribuídos gratuitamente ou utilizados nos Eventos;

IV – bens dos tipos e em quantidades normalmente consumidos em atividades esportivas da mesma magnitude; e

V – outros bens não duráveis, assim considerados aqueles cuja vida útil seja de até 1 (um) ano.

§ 1º A isenção de que trata este artigo abrange os seguintes impostos, contribuições e taxas:

I – Imposto sobre Produtos Industrializados (IPI) incidente no desembaraço aduaneiro;

II – Imposto de Importação;

III – Contribuição para os Programas de Integração Social e de Formação do Patrimônio do Servidor Público incidente sobre a importação (PIS/Pasep-Importação);

IV – Contribuição para o Financiamento da Seguridade Social incidente sobre a importação de bens e serviços (Cofins-Importação);

V – Taxa de utilização do Siscomex;

VI – Taxa de utilização do Mercante;

VII – Adicional ao Frete para Renovação da Marinha Mercante (AFRMM); e

VIII – Contribuição de Intervenção no Domínio Econômico incidente sobre a importação de combustíveis.

§ 2º O disposto neste artigo aplica-se somente às importações promovidas pela Fifa, Subsidiária Fifa no Brasil, Confederações Fifa, Associações estrangeiras membros da Fifa, Parceiros Comerciais da Fifa domiciliados no exterior, Emissora Fonte da Fifa e Prestadores de Serviço da Fifa domiciliados no exterior, que serão discriminados em ato do Poder Executivo, ou por intermédio de pessoa física ou jurídica por eles contratada para representá-los, observados os requisitos estabelecidos pela Secretaria da Receita Federal do Brasil.

§ 3º As importações efetuadas na forma deste artigo não darão, em nenhuma hipótese, direito a crédito da Contribuição para o PIS/Pasep e da Contribuição para o Financiamento da Seguridade Social (Cofins).

§ 4º A isenção concedida neste artigo será aplicável, também, a bens duráveis de que trata o art. 4º cujo valor unitário, apurado segundo as normas do Artigo VII do Acordo Geral Sobre Tarifas e Comércio – Gatt 1994, seja igual ou inferior a R$ 5.000,00 (cinco mil reais), nos termos, limites e condições estabelecidos em regulamento.

Art. 4º A isenção de que trata o art. 3º não se aplica à importação de bens e equipamentos duráveis para os Eventos, os quais poderão ser admitidos no País sob o Regime Aduaneiro Especial de Admissão Temporária, com suspensão do pagamento dos tributos incidentes sobre a importação.

§ 1º O benefício fiscal previsto no *caput* é aplicável, entre outros, aos seguintes bens duráveis:

I – equipamento técnico-esportivo;

II – equipamento técnico de gravação e transmissão de sons e imagens;

III – equipamento médico;

IV – equipamento técnico de escritório; e

V – outros bens duráveis previstos em regulamento.

§ 2º Na hipótese prevista no *caput*, será concedida suspensão total dos tributos federais mencionados no § 1º do art. 3º, inclusive no caso de bens admitidos temporariamente no País para utilização econômica, observados os requisitos e as condições estabelecidos em ato do Poder Executivo.

§ 3º Será dispensada a apresentação de garantias dos tributos suspensos, observados os requisitos e as condições estabelecidos pela Secretaria da Receita Federal do Brasil.

Lei 12.350/2010

LEGISLAÇÃO

Art. 5º A suspensão dos tributos federais mencionados no § 1º do art. 3º, no caso da importação de bens sob o Regime Aduaneiro Especial de Admissão Temporária pelas entidades referidas no § 2º do art. 3º, converter-se-á em isenção, desde que tais bens tenham sido utilizados nos Eventos e, posteriormente:

I – reexportados para o exterior em até 180 (cento e oitenta) dias contados do término do prazo estabelecido pelo art. 62;

II – doados à União em até 180 (cento e oitenta) dias contados do término do prazo estabelecido pelo art. 62, que poderá repassá-los a:

a) entidades beneficentes de assistência social, certificadas nos termos da Lei 12.101, de 27 de novembro de 2009, desde que atendidos os requisitos do art. 14 da Lei 5.172, de 25 de outubro de 1966 (Código Tributário Nacional), e do § 2º do art. 12 da Lei 9.532, de 10 de dezembro de 1997; ou

b) pessoas jurídicas de direito público;

III – doados diretamente pelos beneficiários, em até 180 (cento e oitenta) dias contados do término do prazo estabelecido pelo art. 62, para:

a) entidades beneficentes de assistência social, certificadas nos termos da Lei 12.101, de 27 de novembro de 2009, desde que atendidos os requisitos do art. 14 da Lei 5.172, de 25 de outubro de 1966, e do § 2º do art. 12 da Lei 9.532, de 10 de dezembro de 1997;

b) pessoas jurídicas de direito público; ou

c) entidades sem fins lucrativos desportivas ou outras pessoas jurídicas cujos objetos sociais sejam relacionados à prática de esportes, desenvolvimento social, proteção ambiental ou assistência a crianças, desde que atendidos os requisitos das alíneas a a g do § 2º do art. 12 da Lei 9.532, de 10 de dezembro de 1997.

§ 1º As entidades relacionadas na alínea c do inciso III deverão ser reconhecidas pelos Ministérios do Esporte, do Desenvolvimento Social e Combate à Fome ou do Meio Ambiente, conforme critérios a serem definidos em atos expedidos pelos respectivos órgãos certificantes.

§ 2º As entidades de assistência a crianças a que se refere a alínea c do inciso III são aquelas que recebem recursos dos fundos controlados pelos Conselhos Municipais, Estaduais e Nacional dos Direitos da Criança e do Adolescente.

§ 3º As entidades de prática de esportes a que se refere a alínea c do inciso III deverão aplicar as doações em apoio direto a projetos desportivos e paradesportivos previamente aprovados pelo Ministério do Esporte.

§ 4º As importações efetuadas na forma deste artigo não darão, em nenhuma hipótese, direito a crédito da Contribuição para o PIS/Pasep e da Cofins.

Art. 6º A Secretaria da Receita Federal do Brasil poderá editar atos normativos específicos relativos ao tratamento tributário aplicável à bagagem dos viajantes que ingressarem no País para participar dos Eventos de que trata esta Lei.

Subseção II
Das isenções concedidas a pessoas jurídicas

Art. 7º Fica concedida à Fifa isenção, em relação aos fatos geradores decorrentes das atividades próprias e diretamente vinculadas à organização ou realização dos Eventos, dos seguintes tributos federais:

I – impostos:

a) Imposto sobre a Renda Retido na Fonte (IRRF); e

b) Imposto sobre Operações de Crédito, Câmbio e Seguro, ou relativas a Títulos ou Valores Mobiliários (IOF);

II – contribuições sociais:

a) contribuições sociais previstas na alínea a do parágrafo único do art. 11 da Lei 8.212, de 24 de julho de 1991;

b) contribuições administradas pela Secretaria da Receita Federal do Brasil na forma do art. 3º da Lei 11.457, de 16 de março de 2007, devidas por lei a terceiros, assim entendidos os fundos públicos e as entidades privadas de serviço social e de formação profissional;

c) Contribuição para o PIS/Pasep-Importação; e

d) Contribuição para a Cofins-Importação;

III – contribuições de intervenção no domínio econômico:

Lei 12.350/2010

LEGISLAÇÃO

a) Contribuição para o Programa de Estímulo à Interação Universidade-Empresa para o Apoio à Inovação, instituída pela Lei 10.168, de 29 de dezembro de 2000; e

b) Contribuição para o Desenvolvimento da Indústria Cinematográfica Nacional (Condecine), instituída pela Medida Provisória 2.228-1, de 6 de setembro de 2001.

§ 1º A isenção prevista nos incisos I e III do *caput* aplica-se exclusivamente:

I – aos rendimentos pagos, creditados, entregues, empregados, ou remetidos à Fifa ou pela Fifa, em espécie ou de outra forma, inclusive mediante o fornecimento de bens ou prestação de serviços; e

II – às operações de crédito, câmbio e seguro realizadas pela Fifa.

§ 2º O disposto neste artigo aplica-se também às seguintes pessoas jurídicas não domiciliadas no País:

I – Confederações Fifa;

II – Associações estrangeiras membros da Fifa;

III – Emissora Fonte da Fifa; e

IV – Prestadores de Serviços da Fifa.

§ 3º A isenção prevista nas alíneas *c* e *d* do inciso II do *caput* refere-se a importação de serviços.

§ 4º Para os fins desta Lei, a base temporária de negócios no País, instalada pelas pessoas jurídicas referidas no § 2º, com a finalidade específica de servir à organização e realização dos Eventos, não configura estabelecimento permanente para efeitos de aplicação da legislação brasileira e não se sujeita ao disposto nos incisos II e III do art. 147 do Decreto 3.000, de 26 de março de 1999, bem como no art. 126 da Lei 5.172, de 25 de outubro de 1966.

§ 5º A isenção de que trata este artigo não alcança os rendimentos e ganhos de capital auferidos em operações financeiras ou alienação de bens e direitos.

§ 6º O disposto neste artigo não desobriga:

I – a pessoa jurídica domiciliada no País e a pessoa física residente no País que aUfiram renda ou proventos de qualquer natureza, recebidos das pessoas jurídicas de que trata este artigo, do pagamento do Imposto sobre a Renda da Pessoa Jurídica (IRPJ) e do Imposto sobre a Renda da Pessoa Física (IRPF), respectivamente, observada a legislação específica;

II – a pessoa física residente no País que aUfira renda ou proventos de qualquer natureza decorrentes da prestação de serviços às pessoas jurídicas de que trata este artigo, do recolhimento da contribuição previdenciária de que trata o art. 21 da Lei 8.212, de 24 de julho de 1991; e

III – as pessoas jurídicas de que trata este artigo de reter e recolher a contribuição previdenciária dos segurados empregados, prevista no art. 20 da Lei 8.212, de 24 de julho de 1991.

Art. 8º Fica concedida à Subsidiária Fifa no Brasil, em relação aos fatos geradores decorrentes das atividades próprias e diretamente vinculadas à organização ou realização dos Eventos, isenção dos seguintes tributos federais:

I – impostos:

a) IRPJ;

b) IRRF;

c) IOF; e

d) IPI, na saída de produtos importados do estabelecimento importador da Fifa no Brasil;

II – contribuições sociais:

a) Contribuição Social sobre o Lucro Líquido (CSLL);

b) Contribuição para o PIS/Pasep e PIS/Pasep-Importação;

c) Cofins e Cofins-Importação;

d) contribuições sociais previstas na alínea *a* do parágrafo único do art. 11 da Lei 8.212, de 24 de julho de 1991; e

e) contribuições administradas pela Secretaria da Receita Federal do Brasil na forma do art. 3º da Lei 11.457, de 16 de março de 2007, devidas por lei a terceiros, assim entendidos os fundos públicos e as entidades privadas de serviço social e de formação profissional;

III – contribuições de intervenção no domínio econômico:

a) Contribuição para o Programa de Estímulo à Interação Universidade-Empresa para o Apoio à Inovação, instituída pela Lei 10.168, de 29 de dezembro de 2000; e

b) Contribuição para o Desenvolvimento da Indústria Cinematográfica Nacional (Con-

Lei 12.350/2010

decine), instituída pela Medida Provisória 2.228-1, de 6 de setembro de 2001.

§ 1º A isenção prevista nas alíneas *a*, *b* e *c* do inciso I, na alínea *a* do inciso II e no inciso III do *caput* aplica-se exclusivamente:

I – às receitas, lucros e rendimentos auferidos por Subsidiária Fifa no Brasil, excluindo-se os rendimentos e ganhos de capital auferidos em operações financeiras ou alienação de bens e direitos;

II – aos rendimentos pagos, creditados, entregues, empregados ou remetidos pela Subsidiária Fifa no Brasil ou para Subsidiária Fifa no Brasil, em espécie ou de outra forma, inclusive mediante o fornecimento de bens ou prestação de serviços; e

III – às operações de crédito, câmbio e seguro realizadas por Subsidiária Fifa no Brasil.

§ 2º A isenção de que trata a alínea *b* do inciso I do *caput* não desobriga a Subsidiária Fifa no Brasil de efetuar a retenção do imposto sobre a renda, de que trata o art. 7º da Lei 7.713, de 22 de dezembro de 1988.

§ 3º A isenção de que tratam as alíneas *b* e *c* do inciso II do *caput* não alcança as receitas da venda de ingressos e de pacotes de hospedagem, observado o disposto no art. 16.

§ 4º Das notas fiscais relativas às vendas realizadas pela Subsidiária Fifa no Brasil com a isenção de que tratam as alíneas *b* e *c* do inciso II do *caput* deverá constar a expressão "Venda efetuada com isenção da Contribuição para o PIS/Pasep e da Cofins", com a indicação do dispositivo legal correspondente.

§ 5º Não serão admitidos os descontos de créditos da Contribuição para o PIS/Pasep ou da Cofins, previstos respectivamente no art. 3º da Lei 10.637, de 30 de dezembro de 2002, e no art. 3º da Lei 10.833, de 29 de dezembro de 2003, pelos adquirentes, em relação às vendas realizadas por Subsidiária Fifa no Brasil, observado o disposto no § 4º.

§ 6º O disposto neste artigo não desobriga:

I – a pessoa física residente no País que aufira renda ou proventos de qualquer natureza decorrentes da prestação de serviços à pessoa jurídica de que trata este artigo, do recolhimento da contribuição previdenciária de que trata o art. 21 da Lei 8.212, de 24 de julho de 1991; e

II – a pessoa jurídica de que trata este artigo de reter e recolher a contribuição previdenciária dos segurados empregados, prevista no art. 20 da Lei 8.212, de 24 de julho de 1991.

§ 7º As importações efetuadas na forma deste artigo não darão, em nenhuma hipótese, direito a crédito da Contribuição para o PIS/Pasep e da Cofins.

§ 8º O disposto neste artigo aplica-se à Emissora Fonte, na hipótese de ser pessoa jurídica domiciliada no Brasil.

Art. 9º Fica concedida aos Prestadores de Serviços da Fifa, estabelecidos no País sob a forma de sociedade com finalidade específica para o desenvolvimento de atividades diretamente relacionadas à realização dos Eventos, isenção dos seguintes tributos federais:

I – impostos:
a) IRPJ;
b) IOF; e

II – contribuições sociais:
a) CSLL;
b) Contribuição para o PIS/Pasep; e
c) Cofins.

§ 1º A isenção de que trata o *caput* aplica-se, apenas, aos fatos geradores decorrentes das atividades próprias e diretamente vinculadas à organização ou realização dos Eventos.

§ 2º A isenção prevista no inciso I e na alínea *a* do inciso II do *caput* aplica-se, exclusivamente:

I – às receitas, lucros e rendimentos auferidos, decorrentes da prestação de serviços diretamente à Fifa ou a Subsidiária Fifa no Brasil, excluindo-se os rendimentos e ganhos de capital auferidos em operações financeiras ou alienação de bens e direitos; e

II – às operações de crédito, câmbio e seguro realizadas pelos Prestadores de Serviços da Fifa de que trata o *caput*.

§ 3º A isenção de que tratam as alíneas *b* e *c* do inciso II do *caput*:

I – não alcança as receitas da venda de ingressos e de pacotes de hospedagem, observado o disposto no art. 16;

II – aplica-se, exclusivamente, às receitas provenientes de serviços prestados diretamente à Fifa ou a Subsidiária Fifa no Brasil; e

1237

Lei 12.350/2010

III – não dará, em hipótese alguma, direito a crédito da Contribuição para o PIS/Pasep e da Cofins.

§ 4º Das notas fiscais relativas às vendas realizadas pelos Prestadores de Serviços da Fifa estabelecidos no País sob a forma de sociedade com finalidade específica, com a isenção de que tratam as alíneas b e c do inciso II do caput, deverá constar a expressão "Venda efetuada com isenção da Contribuição para o PIS/Pasep e da Cofins", com a indicação do dispositivo legal correspondente.

§ 5º O disposto neste artigo aplica-se ao LOC.

Subseção III
Das isenções a pessoas físicas

Art. 10. Estão isentos do imposto sobre a renda os rendimentos pagos, creditados, empregados, entregues ou remetidos pela Fifa, pelas demais pessoas jurídicas de que trata o § 2º do art. 7º ou por Subsidiária Fifa no Brasil, para pessoas físicas, não residentes no País, empregadas ou de outra forma contratadas para trabalhar de forma pessoal e direta na organização ou realização dos Eventos, que ingressarem no País com visto temporário.

§ 1º As isenções deste artigo também são aplicáveis aos árbitros, jogadores de futebol e outros membros das delegações, exclusivamente no que concerne ao pagamento de prêmios relacionados aos Eventos, efetuado pelas pessoas jurídicas mencionadas no caput.

§ 2º Para os fins deste artigo, não caracteriza residência no País a permanência no Brasil durante o período de que trata o art. 62, salvo o caso de obtenção de visto permanente ou vínculo empregatício com pessoa jurídica distinta da Fifa, de Subsidiária Fifa no Brasil e das demais pessoas jurídicas de que trata o § 2º do art. 7º.

§ 3º Sem prejuízo dos acordos, tratados e convenções internacionais firmados pelo Brasil ou da existência de reciprocidade de tratamento, os demais rendimentos recebidos de fonte no Brasil, inclusive o ganho de capital na alienação de bens e direitos situados no País, pelas pessoas físicas referidas no caput são tributados de acordo com normas específicas aplicáveis aos não residentes no Brasil.

Art. 11. Estão isentos do imposto sobre a renda os valores dos benefícios indiretos e o reembolso de despesas recebidos por Voluntário da Fifa, da Subsidiária Fifa no Brasil ou do LOC que auxiliar na organização e realização dos Eventos, até o valor de 5 (cinco) salários mínimos por mês, sem prejuízo da aplicação da tabela de incidência mensal do imposto sobre a renda sobre o valor excedente.

§ 1º No caso de recebimento de 2 (dois) ou mais pagamentos em um mesmo mês, a parcela isenta deve ser considerada em relação à soma desses pagamentos.

§ 2º Caso esteja obrigado a apresentar a Declaração de Ajuste Anual, o contribuinte deverá informar a soma dos valores mensais recebidos e considerados isentos na forma deste artigo.

§ 3º Os rendimentos que excederem o limite de isenção de que trata o caput não poderão ser aproveitados para fruição da isenção em meses subsequentes.

Art. 12. Estão isentas do IOF incidente sobre operações de contrato de câmbio as pessoas físicas não residentes no País, empregadas ou de outra forma contratadas para trabalhar na organização e realização dos Eventos, que ingressarem no Brasil com visto temporário.

Subseção IV
Da desoneração de tributos indiretos nas aquisições realizadas no mercado interno pela Fifa, por Subsidiária Fifa no Brasil e pela Emissora Fonte da Fifa

Art. 13. Ficam isentos do IPI os produtos nacionais adquiridos pela Fifa, por Subsidiária Fifa no Brasil e pela Emissora Fonte da Fifa, diretamente de estabelecimento industrial fabricante, para uso no consumo na organização e realização dos Eventos.

§ 1º O disposto neste artigo não se aplica aos bens e equipamentos duráveis adquiridos para utilização nos Eventos.

Lei 12.350/2010

§ 2º O Poder Executivo definirá os limites, termos e condições para aplicação do disposto no *caput*.

§ 3º A isenção prevista neste artigo será aplicada, também, nos casos de doação e dação em pagamento, bem como qualquer outra forma de pagamento, inclusive mediante o fornecimento de bens ou prestação de serviços.

Art. 14. Fica suspensa a incidência do IPI sobre os bens duráveis adquiridos diretamente de estabelecimento industrial, para utilização nos Eventos, pela Fifa, por Subsidiária Fifa no Brasil ou pela Emissora Fonte da Fifa.

§ 1º A suspensão de que trata o *caput* converter-se-á em isenção desde que os referidos bens sejam reexportados para o exterior ou doados nos prazos e condições estabelecidos no art. 5º.

§ 2º Caso não ocorra a conversão em isenção de que trata o § 1º, o IPI suspenso será exigido como se a suspensão não tivesse existido.

§ 3º Os benefícios previstos neste artigo serão aplicáveis, também, nos casos de doação e dação em pagamento, bem como qualquer outra forma de pagamento, inclusive mediante o fornecimento de bens ou prestação de serviços.

Art. 15. As vendas realizadas no mercado interno para a Fifa, para Subsidiária Fifa no Brasil ou para a Emissora Fonte da Fifa, de mercadorias destinadas a uso ou consumo exclusivo na organização e realização dos Eventos, dar-se-ão com suspensão da incidência da Contribuição para o PIS/Pasep e da Cofins.

§ 1º A suspensão de que trata este artigo converter-se-á em isenção após comprovação da utilização ou consumo do bem nas finalidades previstas nesta Lei, observado o disposto no § 5º.

§ 2º Ficam a Fifa, a Subsidiária Fifa no Brasil e a Emissora Fonte da Fifa obrigadas solidariamente a recolher, na condição de responsáveis, as contribuições não pagas em decorrência da suspensão de que trata este artigo, acrescidas de juros e multa de mora, na forma da lei, calculados a partir da data da aquisição, se não utilizar ou consumir o bem na finalidade prevista, ressalvado o disposto no § 6º.

§ 3º A suspensão prevista neste artigo somente se aplica aos bens adquiridos diretamente de pessoa jurídica indicada pela Fifa, ou por Subsidiária Fifa no Brasil, e habilitada pela Secretaria da Receita Federal do Brasil, nos termos do art. 17.

§ 4º Das notas fiscais relativas às vendas de que trata o *caput* deverá constar a expressão "Venda efetuada com suspensão da incidência da Contribuição para o PIS/Pasep e da Cofins", com a indicação do dispositivo legal correspondente.

§ 5º A suspensão, e posterior conversão em isenção, de que trata este artigo não dará, em hipótese alguma, direito a crédito da Contribuição para o PIS/Pasep e da Cofins à Fifa, a Subsidiária Fifa no Brasil e à Emissora Fonte.

§ 6º O disposto neste artigo aplica-se ainda aos bens e equipamentos duráveis adquiridos para utilização nos Eventos, desde que esses bens e equipamentos sejam reexportados ou doados nos prazos e condições estabelecidos no art. 5º.

§ 7º A Secretaria da Receita Federal do Brasil poderá relacionar os bens sujeitos aos benefícios deste artigo.

Seção III
Do regime de apuração de contribuições por Subsidiária Fifa no Brasil

Art. 16. A Contribuição para o PIS/Pasep e a Cofins serão apuradas por Subsidiária Fifa no Brasil na forma do art. 8º da Lei 10.637, de 30 de dezembro de 2002, e do art. 10 da Lei 10.833, de 29 de dezembro de 2003, observado o disposto no § 3º do art. 8º.

Parágrafo único. O disposto neste artigo aplica-se à Emissora Fonte da Fifa, na hipótese de ser pessoa jurídica domiciliada no Brasil.

Lei 12.350/2010

Seção IV
Do Regime Especial de Tributação para Construção, Ampliação, Reforma ou Modernização de Estádios de Futebol (Recopa)

- V. Dec. 7.319/2010 (Regulamenta a aplicação do Regime Especial de Tributação para Construção, Ampliação, Reforma ou Modernização de Estádios de Futebol – Recopa, de que tratam os arts. 17 a 21 da Lei 12.350, de 20 de dezembro de 2010.)

Art. 17. Fica instituído o Regime Especial de Tributação para Construção, Ampliação, Reforma ou Modernização de Estádios de Futebol (Recopa).

§ 1º O Recopa destina-se à construção, ampliação, reforma ou modernização de estádios de futebol com utilização prevista nas partidas oficiais da Copa das Confederações Fifa 2013 e da Copa do Mundo Fifa 2014, nos termos estabelecidos por esta Lei.

§ 2º O Poder Executivo regulamentará a forma de habilitação e coabilitação ao regime de que trata o *caput*.

Art. 18. É beneficiária do Recopa a pessoa jurídica que tenha projeto aprovado para construção, ampliação, reforma ou modernização dos estádios de futebol com utilização prevista nas partidas oficiais da Copa das Confederações Fifa 2013 e da Copa do Mundo Fifa 2014, nos termos do Convênio ICMS 108, de 26 de setembro de 2008.

§ 1º Compete ao Ministério do Esporte, em ato próprio, definir e aprovar os projetos que se enquadram nas disposições do *caput*.

§ 2º As pessoas jurídicas optantes pelo Regime Especial Unificado de Arrecadação de Tributos e Contribuições devidos pelas Microempresas e Empresas de Pequeno Porte – Simples Nacional, de que trata a Lei Complementar 123, de 14 de dezembro de 2006, e as pessoas jurídicas de que tratam o inciso II do art. 8º da Lei 10.637, de 30 de dezembro de 2002, e o inciso II do art. 10 da Lei 10.833, de 29 de dezembro de 2003, não poderão aderir ao Recopa.

§ 3º A fruição do Recopa fica condicionada à regularidade fiscal da pessoa jurídica em relação aos impostos e contribuições administrados pela Secretaria da Receita Federal do Brasil.

§ 4º (Vetado.)

§ 5º Aplica-se o disposto neste artigo aos projetos aprovados até 31 de dezembro de 2012.

Art. 19. No caso de venda no mercado interno ou de importação de máquinas, aparelhos, instrumentos e equipamentos novos e de materiais de construção para utilização ou incorporação no estádio de futebol de que trata o *caput* do art. 18, ficam suspensos:

I – a exigência da Contribuição para o PIS/Pasep e da Contribuição para o Financiamento da Seguridade Social (Cofins) incidentes sobre a receita da pessoa jurídica vendedora, quando a aquisição for efetuada por pessoa jurídica beneficiária do Recopa;

II – a exigência da Contribuição para o PIS/Pasep-Importação e da Contribuição para a Seguridade Social devida pelo Importador de Bens Estrangeiros ou Serviços do Exterior (Cofins-Importação), quando a importação for efetuada por pessoa jurídica beneficiária do Recopa;

III – o Imposto sobre Produtos Industrializados (IPI) incidente na saída do estabelecimento industrial ou equiparado, quando a aquisição no mercado interno for efetuada por pessoa jurídica beneficiária do Recopa;

IV – o IPI incidente na importação, quando a importação for efetuada por pessoa jurídica beneficiária do Recopa; e

V – o Imposto de Importação (II), quando os referidos bens ou materiais de construção forem importados por pessoa jurídica beneficiária do Recopa.

§ 1º Nas notas fiscais relativas:

I – às vendas de que trata o inciso I do *caput*, deverá constar a expressão "Venda efetuada com suspensão da exigibilidade da Contribuição para o PIS/Pasep e da Cofins", com a especificação do dispositivo legal correspondente; e

II – às saídas de que trata o inciso III do *caput*, deverá constar a expressão "Saída com suspensão do IPI", com a especificação do dispositivo legal correspondente, vedado o registro do imposto nas referidas notas.

Lei 12.350/2010

§ 2º As suspensões de que trata este artigo convertem-se em alíquota zero após a utilização ou incorporação do bem ou material de construção ao estádio de que trata o *caput* do art. 18.

§ 3º A pessoa jurídica que não utilizar ou incorporar o bem ou material de construção ao estádio de futebol de que trata o *caput* do art. 18 fica obrigada a recolher as contribuições e os impostos não pagos em decorrência da suspensão de que trata este artigo, acrescidos de juros e multa de mora, na forma da lei, contados a partir da data da aquisição ou do registro da Declaração de Importação, na condição:

I – de contribuinte, em relação à Contribuição para o PIS/Pasep-Importação, à Cofins-Importação, ao IPI vinculado à importação e ao Imposto de Importação; ou

II – de responsável, em relação à Contribuição para o PIS/Pasep, à Cofins e ao IPI.

§ 4º Para efeitos deste artigo, equipara-se ao importador a pessoa jurídica adquirente de bens estrangeiros no caso de importação realizada por sua conta e ordem por intermédio de pessoa jurídica importadora.

§ 5º No caso do Imposto de Importação (II), o disposto neste artigo aplica-se somente a produtos sem similar nacional.

Art. 20. No caso de venda ou importação de serviços destinados a obras de que trata o art. 18, ficam suspensas:

I – a exigência da Contribuição para o PIS/Pasep e da Cofins incidentes sobre a prestação de serviços efetuada por pessoa jurídica estabelecida no País quando os referidos serviços forem prestados à pessoa jurídica beneficiária do Recopa; e

II – a exigência da Contribuição para o PIS/Pasep-Importação e da Cofins-Importação incidentes sobre serviços quando os referidos serviços forem importados diretamente por pessoa jurídica beneficiária do Recopa.

§ 1º Nas vendas ou importação de serviços de que trata o *caput* aplica-se, no que couber, o disposto nos §§ 1º a 3º do art. 19.

§ 2º O disposto no inciso I do *caput* aplica-se também na hipótese de receita de aluguel de máquinas, aparelhos, instrumentos e equipamentos para utilização em obras de que tratam os arts. 17 e 18, quando contratado por pessoa jurídica beneficiária do Recopa.

Art. 21. Os benefícios de que tratam os arts. 18 a 20 alcançam apenas as aquisições e importações realizadas entre a data de publicação desta Lei e 30 de junho de 2014.

Parágrafo único. Os benefícios de que trata o *caput* somente poderão ser usufruídos nas aquisições e importações realizadas a partir da data de habilitação ou co-habilitação da pessoa jurídica.

Seção V
Demais disposições

Art. 22. A Fifa ou Subsidiária Fifa no Brasil apresentarão à Secretaria da Receita Federal do Brasil relação dos Eventos e das pessoas físicas e jurídicas passíveis de serem beneficiadas pelas desonerações previstas nesta Lei.

§ 1º A lista referida no *caput* deverá ser atualizada trimestralmente ou sempre que exigido na forma prevista em regulamento.

§ 2º A Secretaria da Receita Federal do Brasil divulgará a relação das pessoas físicas e jurídicas habilitadas à fruição dos benefícios de que trata esta Lei.

§ 3º Na impossibilidade de a Fifa ou de Subsidiária Fifa no Brasil apresentar a relação de que trata o *caput*, caberá ao LOC apresentá-la.

Art. 23. As desonerações previstas nesta Lei aplicam-se somente às operações que a Fifa, as Subsidiárias Fifa no Brasil, a Emissora Fonte da Fifa e os Prestadores de Serviço da Fifa demonstrarem, por intermédio de documentação fiscal ou contratual idônea, estar relacionadas com os Eventos, nos termos da regulamentação desta Lei.

Art. 24. Eventuais tributos federais recolhidos indevidamente com inobservância do disposto nesta Lei serão restituídos de acordo com as regras previstas na legislação brasileira.

Art. 25. A utilização dos benefícios fiscais concedidos por esta Lei em desacordo com os seus termos sujeitará o beneficiário, ou o responsável tributário, ao pagamento dos tributos devidos, acrescidos da taxa Selic, sem prejuízo das demais penalidades cabíveis.

Lei 12.350/2010

LEGISLAÇÃO

Parágrafo único. Fica a Fifa sujeita aos pagamentos referidos no *caput* no caso de vício contido na lista de que trata o art. 22 que impossibilite ou torne incerta a identificação e localização do sujeito passivo ou do responsável tributário.

Art. 26. A União compensará o Fundo do Regime Geral de Previdência Social de que trata o art. 68 da Lei Complementar 101, de 4 de maio de 2000, no valor correspondente à estimativa de renúncia relativa às contribuições previdenciárias decorrente da desoneração de que trata esta Lei, de forma a não afetar a apuração do resultado financeiro do Regime Geral de Previdência Social.

§ 1º A renúncia de que trata o *caput* consistirá na diferença entre o valor da contribuição que seria devido, como se não houvesse incentivo, e o valor da contribuição efetivamente recolhido.

§ 2º O valor estimado da renúncia será incluído na lei orçamentária anual, sem prejuízo do repasse, enquanto não constar na mencionada lei.

Art. 27. As alterações na legislação tributária posteriores à publicação desta Lei serão contempladas em lei específica destinada a preservar as medidas ora instituídas.

Art. 28. O Poder Executivo regulamentará o disposto neste Capítulo.

Parágrafo único. A Secretaria da Receita Federal do Brasil, nos termos do art. 16 da Lei 9.779, de 19 de janeiro de 1999, bem como os demais órgãos competentes do Governo Federal, no âmbito das respectivas competências, disciplinarão a execução desta Lei.

Art. 29. O Poder Executivo encaminhará ao Congresso Nacional e fará publicar, até 1º de agosto de 2016, prestação de contas relativas à Copa das Confederações Fifa 2013 e à Copa do Mundo Fifa 2014, em que conste, dentre outras informações que possam ser atribuídas às competições, o seguinte:

I – renúncia fiscal total;

II – aumento de arrecadação;

III – geração de empregos;

IV – número de estrangeiros que ingressaram no País para assistir aos jogos; e

V – custo total das obras de que trata o Recopa.

Capítulo II
DAS SUBVENÇÕES GOVERNAMENTAIS DE QUE TRATAM O ART. 19 DA LEI 10.973, DE 2 DE DEZEMBRO DE 2004, E O ART. 21 DA LEI 11.196, DE 21 DE NOVEMBRO DE 2005

Art. 30. As subvenções governamentais de que tratam o art. 19 da Lei 10.973, de 2 de dezembro de 2004, e o art. 21 da Lei 11.196, de 21 de novembro de 2005, não serão computadas para fins de determinação da base de cálculo do Imposto de Renda Pessoa Jurídica (IRPJ), da Contribuição Social sobre o Lucro Líquido (CSLL), da Contribuição para o PIS/Pasep e da Cofins, desde que tenham atendido aos requisitos estabelecidos na legislação específica e realizadas as contrapartidas assumidas pela empresa beneficiária.

§ 1º O emprego dos recursos decorrentes das subvenções governamentais de que trata o *caput* não constituirá despesas ou custos para fins de determinação da base de cálculo do IRPJ e da CSLL, nem dará direito a apuração de créditos da Contribuição para o PIS/Pasep e da Cofins.

§ 2º Para efeito do disposto no *caput* e no § 1º:

I – o valor das despesas ou dos custos já considerados na base de cálculo do IRPJ e da CSLL, em períodos anteriores ao do recebimento da subvenção, deverá ser adicionado ao lucro líquido para fins de determinação da base de cálculo do IRPJ e da CSLL, no período de recebimento da subvenção;

II – os créditos da Contribuição para o PIS/Pasep e da Cofins decorrentes de despesas e custos incorridos anteriormente ao recebimento da subvenção deverão ser estornados.

Capítulo III
DO *DRAWBACK*

Art. 31. A aquisição no mercado interno ou a importação, de forma combinada ou não, de mercadoria equivalente à empregada ou consumida na industrialização de produto exportado poderá ser realizada com isenção do Imposto de Importação e com redução a zero do IPI, da Contribuição para o PIS/Pasep e da Cofins, da Contribuição para o PIS/Pasep-Importação e da Cofins-Importação.

§ 1º O disposto no *caput* aplica-se também à aquisição no mercado interno ou à importação de mercadoria equivalente:

I – à empregada em reparo, criação, cultivo ou atividade extrativista de produto já exportado; e

II – para industrialização de produto intermediário fornecido diretamente a empresa industrial-exportadora e empregado ou consumido na industrialização de produto final já exportado.

§ 2º O disposto no *caput* não alcança as hipóteses previstas nos incisos IV a IX do art. 3º da Lei 10.637, de 30 de dezembro de 2002, nos incisos III a IX do art. 3º da Lei 10.833, de 29 de dezembro de 2003, e nos incisos III a V do art. 15 da Lei 10.865, de 30 de abril de 2004.

§ 3º O beneficiário poderá optar pela importação ou pela aquisição no mercado interno da mercadoria equivalente, de forma combinada ou não, considerada a quantidade total adquirida ou importada com pagamento de tributos.

§ 4º Para os efeitos deste artigo, considera-se mercadoria equivalente a mercadoria nacional ou estrangeira da mesma espécie, qualidade e quantidade, adquirida no mercado interno ou importada sem fruição dos benefícios referidos no *caput*, nos termos, limites e condições estabelecidos pelo Poder Executivo.

Art. 32. O art. 17 da Lei 11.774, de 17 de setembro de 2008, passa a vigorar com a seguinte redação:

- Alterações processadas no texto da referida Lei.

Art. 33. A Secretaria da Receita Federal do Brasil e a Secretaria de Comércio Exterior disciplinarão em ato conjunto o disposto no art. 31, inclusive sobre prazos e critérios para habilitação.

Capítulo IV
DOS LOCAIS E RECINTOS ALFANDEGADOS

Art. 34. Compete à Secretaria da Receita Federal do Brasil definir os requisitos técnicos e operacionais para o alfandegamento dos locais e recintos onde ocorram, sob controle aduaneiro, movimentação, armazenagem e despacho aduaneiro de mercadorias procedentes do exterior, ou a ele destinadas, inclusive sob regime aduaneiro especial, bagagem de viajantes procedentes do exterior, ou a ele destinados, e remessas postais internacionais.

§ 1º Na definição dos requisitos técnicos e operacionais de que trata o *caput*, a Secretaria da Receita Federal do Brasil deverá estabelecer:

I – a segregação e a proteção física da área do local ou recinto, inclusive entre as áreas de armazenagem de mercadorias ou bens para exportação, para importação ou para regime aduaneiro especial;

II – a disponibilização de edifícios e instalações, aparelhos de informática, mobiliário e materiais para o exercício de suas atividades e, quando necessário, de outros órgãos ou agências da administração pública federal;

III – a disponibilização e manutenção de balanças e outros instrumentos necessários à fiscalização e controle aduaneiros;

IV – a disponibilização e manutenção de instrumentos e aparelhos de inspeção não invasiva de cargas e veículos, como os aparelhos de raios X ou gama;

V – a disponibilização de edifícios e instalações, equipamentos, instrumentos e aparelhos especiais para a verificação de mercadorias frigorificadas, apresentadas em tanques ou recipientes que não devam ser abertos durante o transporte, produtos químicos, tóxicos e outras mercadorias que exijam cuidados especiais para seu transporte, manipulação ou armazenagem;

VI – a disponibilização de sistemas, com acesso remoto pela fiscalização aduaneira, para:

a) vigilância eletrônica do recinto;

Lei 12.350/2010

LEGISLAÇÃO

b) registro e controle:
1. de acesso de pessoas e veículos; e
2. das operações realizadas com mercadorias, inclusive seus estoques.

§ 2º A utilização dos sistemas referidos no inciso VI do § 1º deste artigo deverá ser supervisionada por Auditor-Fiscal da Receita Federal do Brasil e acompanhada por ele por ocasião da realização da conferência aduaneira.

§ 3º A Secretaria da Receita Federal do Brasil poderá dispensar a implementação de requisito previsto no § 1º, considerando as características específicas do local ou recinto.

Art. 35. A pessoa jurídica responsável pela administração do local ou recinto alfandegado, referido no art. 34, fica obrigada a observar os requisitos técnicos e operacionais definidos pela Secretaria da Receita Federal do Brasil.

Art. 36. O disposto nos arts. 34 e 35 aplica-se também aos atuais responsáveis pela administração de locais e recintos alfandegados.

§ 1º Ato da Secretaria da Receita Federal do Brasil fixará os prazos para o cumprimento dos requisitos técnicos e operacionais para alfandegamento previstos no art. 34, assegurado, quanto aos requisitos previstos nos incisos IV e VI do § 1º daquele artigo, o prazo de até 2 (dois) anos a partir da publicação do ato da Secretaria.

• § 1º acrescentado pela Lei 12.995/2014.

§ 2º No caso do requisito previsto no inciso IV do § 1º do art. 34, o prazo de cumprimento é 31 de dezembro de 2014 para:

• § 2º acrescentado pela Lei 12.995/2014.

I – os portos alfandegados que apresentem movimentação diária média, no período de 1 (um) ano, inferior a 100 (cem) unidades de carga por dia, conforme fórmula de cálculo estabelecida em ato da Secretaria da Receita Federal do Brasil; ou

II – os recintos alfandegados que comprovarem haver contratado a aquisição dos equipamentos de inspeção não invasiva, mas que, por dificuldades da empresa fornecedora, nos casos devidamente justificados, não tenham recebido tais equipamentos.

§ 3º O descumprimento do requisito previsto no inciso IV do § 1º do art. 34 não enseja a aplicação das penalidades previstas nos arts. 37 e 38 para os recintos alfandegados que, na data de publicação da Medida Provisória 634, de 26 de dezembro de 2013, já tenham recebido os equipamentos de inspeção não invasiva, ainda que a entrega tenha ocorrido depois de esgotado o prazo de que trata o § 1º.

• § 3º acrescentado pela Lei 12.995/2014.

Art. 37. A pessoa jurídica de que tratam os arts. 35 e 36, responsável pela administração de local ou recinto alfandegado, fica sujeita, observados a forma, o rito e as competências estabelecidos no art. 76 da Lei 10.833, de 29 de dezembro de 2003, à aplicação da sanção de:

I – advertência, na hipótese de descumprimento de requisito técnico ou operacional para o alfandegamento, definido com fundamento no art. 34; e

II – suspensão das atividades de movimentação, armazenagem e despacho aduaneiro de mercadorias sob controle aduaneiro, referidas no *caput* do art. 34, na hipótese de reincidência em conduta já punida com advertência, até a constatação pela autoridade aduaneira do cumprimento do requisito ou da obrigação estabelecida.

§ 1º Para os fins do disposto no inciso II do *caput*, será considerado reincidente o infrator que, no período de 365 (trezentos e sessenta e cinco) dias, contados da data da aplicação da sanção, cometer nova infração pela mesma conduta já penalizada com advertência ou que não sanar, depois de 1 (um) mês da aplicação da sanção ou do prazo fixado em compromisso de ajuste de conduta, a irregularidade que ensejou sua aplicação.

• § 1º acrescentado pela Lei 13.043/2014.

§ 2º A aplicação da multa referida no art. 38 poderá ser reduzida em 75% (setenta e cinco por cento) mediante a adesão a compromisso de ajuste de conduta técnica e operacional do infrator com a Secretaria da Receita Federal do Brasil, a partir da assinatura do respectivo termo, condicionada a referida redução ao cumprimento do respectivo compromisso.

• § 2º acrescentado pela Lei 13.043/2014.

§ 3º Para a aplicação da sanção de suspensão do alfandegamento que atinja local ou recinto de estabelecimento prestador de serviço

Lei 12.350/2010

LEGISLAÇÃO

público portuário ou aeroportuário, deverão ser adotadas medidas para preservar, tanto quanto possível, as operações dos usuários cujas atividades estejam concentradas no recinto atingido pela sanção, mediante:

- § 3º acrescentado pela Lei 13.043/2014.

I – a realização de despachos aduaneiros para a retirada ou embarque de mercadorias que estavam armazenadas no momento da aplicação da suspensão ou para aquelas que estavam em vias de chegar ao local ou recinto;

II – postergação, por até 3 (três) meses, do início da execução da suspensão, para que os intervenientes afetados possam realocar atividades; e

III – limitação dos efeitos da sanção ao segmento de atividades do estabelecimento onde se verificou a respectiva infração.

§ 4º A postergação prevista no inciso II do § 3º poderá ser condicionada à:

- § 4º acrescentado pela Lei 13.043/2014.

I – adesão da empresa interessada a compromisso de ajustamento de conduta técnica e operacional com a Secretaria da Receita Federal do Brasil, caso ainda não tenha aderido; e

II – substituição de administrador ou dirigente responsável pela área de gestão onde ocorreu a infração.

§ 5º Em qualquer caso, o descumprimento de requisito técnico ou operacional para o alfandegamento deverá ser seguido de:

- § 5º acrescentado pela Lei 13.043/2014.

I – ressarcimento pelo órgão ou ente responsável pela administração do local ou recinto de qualquer despesa incorrida pela Secretaria da Receita Federal do Brasil para suprir o requisito descumprido ou mitigar os efeitos de sua falta, mediante recolhimento ao Fundo Especial de Desenvolvimento e Aperfeiçoamento das Atividades de Fiscalização – Fundaf, criado pelo Decreto-lei 1.437, de 17 de dezembro de 1975, no prazo de 60 (sessenta) dias da apresentação do respectivo auto de cobrança; e

II – instauração pelo órgão ou ente público responsável pela administração do local ou recinto de processo disciplinar para apuração de responsabilidades; ou

III – verificação da inadimplência da concessionária ou permissionária pelo órgão ou ente responsável pela fiscalização contratual, na forma do § 2º do art. 38 da Lei 8.987, de 13 de fevereiro de 1995, caso não tenha firmado compromisso de ajuste de conduta com a Secretaria da Receita Federal do Brasil, ou se o tiver descumprido.

§ 6º As providências referidas nos incisos II e III do § 5º deverão ser tomadas pelo órgão ou ente público responsável pela administração do local ou do recinto ou pela fiscalização da concessão ou permissão, no prazo de 10 (dez) dias do recebimento da representação dos fatos pela Secretaria da Receita Federal do Brasil.

- § 6º acrescentado pela Lei 13.043/2014.

Art. 38. Será aplicada a multa de R$ 10.000,00 (dez mil reais), por dia, pelo descumprimento de requisito estabelecido no art. 34 ou pelo seu cumprimento fora do prazo fixado com base no art. 36.

Parágrafo único. O recolhimento da multa prevista no *caput* não garante o direito à operação regular do local ou recinto nem prejudica a aplicação das sanções estabelecidas no art. 37 e de outras penalidades cabíveis ou a representação fiscal para fins penais, quando for o caso.

Art. 39. A Secretaria da Receita Federal do Brasil, no âmbito de sua competência, disciplinará a aplicação do disposto nos arts. 34 a 37 desta Lei.

Capítulo V
DAS DEMAIS ALTERAÇÕES NA LEGISLAÇÃO TRIBUTÁRIA

Art. 40. Os arts. 1º, 23, 25, 50, 60, 75 e 102 do Decreto-lei 37, de 18 de novembro de 1966, passam a vigorar com a seguinte redação:

- Alterações processadas no texto do referido Decreto-lei.

Art. 41. Os arts. 23, 28, 29 e 30 do Decreto-lei 1.455, de 7 de abril de 1976, passam a vigorar com a seguinte redação:
"Art. 23. [...]
"[...]
"§ 3º As infrações previstas no *caput* serão punidas com multa equivalente ao valor aduaneiro da mercadoria, na importação, ou ao preço constante da respectiva nota fiscal ou documento equivalente, na exportação, quando a mercadoria não for localizada, ou tiver sido consumida ou revendida, observados o rito e as competências es-

Lei 12.350/2010

tabelecidos no Decreto 70.235, de 6 de março de 1972.

"[...]"

"Art. 28. Compete ao Ministro de Estado da Fazenda autorizar a destinação de mercadorias abandonadas, entregues à Fazenda Nacional ou objeto de pena de perdimento."

"Art. 29. A destinação das mercadorias a que se refere o art. 28 será feita das seguintes formas:

"I – alienação, mediante:

"a) licitação; ou

"b) doação a entidades sem fins lucrativos;

"II – incorporação ao patrimônio de órgão da administração pública;

"III – destruição; ou

"IV – inutilização.

"§ 1º As mercadorias de que trata o *caput* poderão ser destinadas:

"I – após decisão administrativa definitiva, ainda que relativas a processos pendentes de apreciação judicial, inclusive as que estiverem à disposição da Justiça como corpo de delito, produto ou objeto de crime, salvo determinação expressa em contrário, em cada caso, emanada de autoridade judiciária; ou

"II – imediatamente após a formalização do procedimento administrativo-fiscal pertinente, antes mesmo do término do prazo definido no § 1º do art. 27 deste Decreto-lei, quando se tratar de:

"a) semoventes, perecíveis, inflamáveis, explosivos ou outras mercadorias que exijam condições especiais de armazenamento; ou

"b) mercadorias deterioradas, danificadas, estragadas, com data de validade vencida, que não atendam exigências sanitárias ou agropecuárias ou que estejam em desacordo com regulamentos ou normas técnicas e que devam ser destruídas.

"[...]

"§ 5º O produto da alienação de que trata a alínea *a* do inciso I do *caput* terá a seguinte destinação:

"I – 60% (sessenta por cento) ao Fundo Especial de Desenvolvimento e Aperfeiçoamento das Atividades de Fiscalização (Fundaf), instituído pelo Decreto-lei 1.437, de 17 de dezembro de 1975; e

"II – 40% (quarenta por cento) à seguridade social.

"§ 6º Serão expedidos novos certificados de registro e licenciamento de veículos em favor de adquirente em licitação ou beneficiário da destinação de que trata este artigo, mediante a apresentação de comprovante da decisão que aplica a pena de perdimento em favor da União, ficando os veículos livres de multas, gravames, encargos, débitos fiscais e outras restrições financeiras e administrativas anteriores a tal decisão, não se aplicando ao caso o disposto nos arts. 124, 128 e 134 da Lei 9.503, de 23 de setembro de 1997 (Código de Trânsito Brasileiro).

"§ 7º As multas, gravames, encargos e débitos fiscais a que se refere o § 6º serão de responsabilidade do proprietário do veículo à época da prática da infração punida com o perdimento.

"§ 8º Cabe ao destinatário da alienação ou incorporação a responsabilidade pelo adequado consumo, utilização, industrialização ou comercialização das mercadorias, na forma da legislação pertinente, inclusive no que se refere ao cumprimento das normas de saúde pública, meio ambiente, segurança pública ou outras, cabendo-lhe observar eventuais exigências relativas a análises, inspeções, autorizações, certificações e outras previstas em normas ou regulamentos.

"§ 9º Aplica-se o disposto neste artigo a outras mercadorias que, por força da legislação vigente, possam ser destinadas, ainda que relativas a processos pendentes de apreciação judicial.

"§ 10. Compete ao Ministro de Estado da Fazenda estabelecer os critérios e as condições para cumprimento do disposto neste artigo e dispor sobre outras formas de destinação de mercadorias.

"§ 11. Compete à Secretaria da Receita Federal do Brasil a administração e destinação das mercadorias de que trata este artigo.

"§ 12. Não haverá incidência de tributos federais sobre o valor da alienação, mediante licitação, das mercadorias de que trata este artigo."

Lei 12.350/2010

LEGISLAÇÃO

"Art. 30. Na hipótese de decisão administrativa ou judicial que determine a restituição de mercadorias que houverem sido destinadas, será devida indenização ao interessado, com recursos do Fundaf, tendo por base o valor declarado para efeito de cálculo do imposto de importação ou de exportação.

"§ 1º Tomar-se-á como base o valor constante do procedimento fiscal correspondente nos casos em que:

"I – não houver declaração de importação ou de exportação;

"II – a base de cálculo do imposto de importação ou de exportação apurada for inferior ao valor referido no *caput*; ou

"III – em virtude de depreciação, o valor da mercadoria apreendida em posse do interessado for inferior ao referido no *caput*.

"§ 2º Ao valor da indenização será aplicada a taxa de juro prevista no § 4º do art. 39 da Lei 9.250, de 26 de dezembro de 1995, tendo como termo inicial a data da apreensão."

Art. 42. O art. 5º da Lei 10.182, de 12 de fevereiro de 2001, passa a vigorar com a seguinte redação:

"Art. 5º O Imposto de Importação incidente na importação de partes, peças, componentes, conjuntos e subconjuntos, acabados e semiacabados, e pneumáticos fica reduzido em:

"I – 40% (quarenta por cento) até 31 de agosto de 2010;

"II – 30% (trinta por cento) até 30 de novembro de 2010;

"III – 20% (vinte por cento) até 30 de maio de 2011; e

"IV – 0% (zero por cento) a partir de 1º de junho de 2011.

"[...]"

Art. 43. O art. 83 da Lei 9.430, de 27 de dezembro de 1996, passa a vigorar com a seguinte redação:

* Alteração processada no texto da referida Lei.

Art. 44. A Lei 7.713, de 22 de dezembro de 1988, passa a vigorar acrescida do seguinte art. 12-A:

* Alterações processadas no texto da referida Lei.

Art. 45. O art. 8º da Lei 9.959, de 27 de janeiro de 2000, passa a vigorar com a seguinte redação:

* Alterações processadas no texto da referida Lei.

Art. 46. Compete à Secretaria da Receita Federal do Brasil a normatização, cobrança, fiscalização e controle da arrecadação da contribuição destinada ao custeio do Regime de Previdência Social do Servidor de que trata a Lei 10.887, de 18 de junho de 2004.

Parágrafo único. A contribuição de que trata este artigo sujeita-se às normas relativas ao processo administrativo fiscal de determinação e exigência de créditos tributários federais e de consulta, previstas no Decreto 70.235, de 6 de março de 1972, e na Lei 9.430, de 27 de dezembro de 1996.

Art. 47. A Lei 10.887, de 18 de junho de 2004, passa a vigorar acrescida do seguinte art. 8º-A:

"Art. 8º-A. A responsabilidade pela retenção e recolhimento das contribuições de que tratam os arts. 4º a 6º e 8º será do dirigente e do ordenador de despesa do órgão ou entidade que efetuar o pagamento da remuneração ou do benefício.

"§ 1º O recolhimento das contribuições de que trata este artigo deve ser efetuado:

"I – até o dia 15, no caso de pagamentos de remunerações ou benefícios efetuados no primeiro decêndio do mês;

"II – até o dia 25, no caso de pagamentos de remunerações ou benefícios efetuados no segundo decêndio do mês; ou

"III – até o dia 5 do mês posterior, no caso de pagamentos de remunerações ou benefícios efetuados no último decêndio do mês.

"§ 2º O não recolhimento das contribuições nos prazos previstos no § 1º:

"I – enseja a aplicação dos acréscimos de mora previstos para os tributos federais; e

"II – sujeita o responsável às sanções penais e administrativas cabíveis."

Art. 48. O art. 16-A da Lei 10.887, de 18 de junho de 2004, passa a vigorar com a seguinte redação:

"Art. 16-A. A contribuição do Plano de Seguridade do Servidor Público (PSS), decorrente de valores pagos em cumprimento de decisão judicial, ainda que derivada de

Lei 12.350/2010

homologação de acordo, será retida na fonte, no momento do pagamento ao beneficiário ou seu representante legal, pela instituição financeira responsável pelo pagamento, por intermédio da quitação da guia de recolhimento remetida pelo setor de precatórios do Tribunal respectivo, no caso de pagamento de precatório ou requisição de pequeno valor, ou pela fonte pagadora, no caso de implantação de rubrica específica em folha, mediante a aplicação da alíquota de 11% (onze por cento) sobre o valor pago.

"Parágrafo único. A instituição financeira deverá efetuar o recolhimento do valor retido até o 10º (décimo) dia útil do mês posterior à sua efetivação, devendo a fonte pagadora observar, na retenção e recolhimento, o disposto no art. 8º-A."

Art. 49. Os valores retidos pelas instituições financeiras na forma do art. 16-A da Lei 10.887, de 18 de junho de 2004, a título de contribuição para o Plano de Seguridade do Servidor Público (PSS), que se encontram pendentes de recolhimento, deverão ser recolhidos no prazo de 30 (trinta) dias contado da publicação desta Lei.

Art. 50. Os arts. 32 a 34 da Lei 12.058, de 13 de outubro de 2009, passam a vigorar com a seguinte redação:

"Art. 32. [...]

"I – animais vivos classificados na posição 01.02 da Nomenclatura Comum do Mercosul (NCM), quando efetuada por pessoa jurídica, inclusive cooperativa, vendidos para pessoas jurídicas que produzam mercadorias classificadas nas posições 02.01, 02.02, 0206.10.00, 0206.20, 0206.21, 0206.29, 0210.20.00, 0506.90.00, 0510.00.10 e 1502.00.1 da NCM;

"II – produtos classificados nas posições 02.01, 02.02, 0206.10.00, 0206.20, 0206.21, 0206.29, 0210.20.00, 0506.90.00, 0510.00.10 e 1502.00.1 da NCM, quando efetuada por pessoa jurídica que industrialize bens e produtos classificados nas posições 01.02, 02.01 e 02.02 da NCM.

"[...]"

"Art. 33. As pessoas jurídicas sujeitas ao regime de apuração não cumulativa da Contribuição para o PIS/Pasep e da Cofins, inclusive cooperativas, que produzam mercadorias classificadas nos códigos 02.01, 02.02, 0206.10.00, 0206.20, 0206.21, 0206.29, 0210.20.00, 0506.90.00, 0510.00.10 e 1502.00.1 da NCM, destinadas a exportação, poderão descontar da Contribuição para o PIS/Pasep e da Cofins devidas em cada período de apuração crédito presumido, calculado sobre o valor dos bens classificados na posição 01.02 da NCM, adquiridos de pessoa física ou recebidos de cooperado pessoa física.

"[...]"

"Art. 34. A pessoa jurídica, tributada com base no lucro real, que adquirir para industrialização ou revenda mercadorias com a suspensão do pagamento da contribuição para o PIS/Pasep e da Cofins prevista no inciso II do art. 32, poderá descontar da Contribuição para o PIS/Pasep e da Cofins, devidas em cada período de apuração, crédito presumido, determinado mediante a aplicação, sobre o valor das aquisições, de percentual correspondente a 40% (quarenta por cento) das alíquotas previstas no *caput* do art. 2º da Lei 10.637, de 30 de dezembro de 2002, e no *caput* do art. 2º da Lei 10.833, de 29 de dezembro de 2003.

"[...]

"§ 3º A pessoa jurídica que, até o final de cada trimestre-calendário, não conseguir utilizar o crédito previsto na forma prevista no *caput* deste artigo poderá:

"I – efetuar sua compensação com débitos próprios, vencidos ou vincendos, relativos a tributos e contribuições administrados pela Secretaria da Receita Federal do Brasil, observada a legislação específica aplicável à matéria;

"II – solicitar seu ressarcimento em dinheiro, observada a legislação específica aplicável à matéria."

Art. 51. O art. 28 da Lei 10.865, de 30 de abril de 2004, passa a vigorar com a seguinte redação:

• Alteração processada no texto da referida Lei.

Art. 52. O art. 4º da Lei 10.931, de 2 de agosto de 2004, passa a vigorar com a seguinte redação:

• Alterações processadas no texto da referida Lei.

Art. 53. O art. 2º da Lei 12.024, de 27 de agosto de 2009, passa a vigorar com a seguinte redação:

Lei 12.350/2010

LEGISLAÇÃO

"Art. 2º Até 31 de dezembro de 2014, a empresa construtora contratada para construir unidades habitacionais de valor comercial de até R$ 75.000,00 (setenta e cinco mil reais) no âmbito do Programa Minha Casa, Minha Vida (PMCMV), de que trata a Lei 11.977, de 7 de julho de 2009, fica autorizada, em caráter opcional, a efetuar o pagamento unificado de tributos equivalente a 1% (um por cento) da receita mensal auferida pelo contrato de construção.
"[...]"

Art. 54. Fica suspenso o pagamento da Contribuição para o PIS/Pasep e da Cofins incidente sobre a receita bruta da venda, no mercado interno, de:

I – insumos de origem vegetal classificados nas posições 10.01 a 10.08, exceto os dos códigos 1006.20 e 1006.30, e na posição 23.06 da Nomenclatura Comum do Mercosul (NCM), quando efetuada por pessoa jurídica, inclusive cooperativa, vendidos:

- *Caput* do inciso I com redação determinada pela Lei 12.865/2013 (*DOU* 10.10.2013), em vigor a partir do primeiro dia do quarto mês subsequente ao de sua publicação.

a) para pessoas jurídicas que produzam mercadorias classificadas nos códigos 02.03, 0206.30.00, 0206.4, 02.07 e 0210.1 da NCM;
b) para pessoas jurídicas que produzam preparações dos tipos utilizados na alimentação de animais vivos classificados nas posições 01.03 e 01.05, classificadas no código 2309.90 da NCM; e
c) para pessoas físicas;

II – preparações dos tipos utilizados na alimentação de animais vivos classificados nas posições 01.03 e 01.05, classificadas no código 2309.90 da NCM;

III – animais vivos classificados nas posições 01.03 e 01.05 da NCM, quando efetuada por pessoa jurídica, inclusive cooperativa, vendidos para pessoas jurídicas que produzam mercadorias classificadas nos códigos 02.03, 0206.30.00, 0206.4, 02.07 e 0210.1 da NCM;

IV – *(Revogado pela Lei 12.839/2013.)*

Parágrafo único. A suspensão de que trata este artigo:

I – não alcança a receita bruta auferida nas vendas a varejo;

II – aplicar-se-á nos termos e condições estabelecidos pela Secretaria da Receita Federal do Brasil.

Art. 55. As pessoas jurídicas sujeitas ao regime de apuração não cumulativa da Contribuição para o PIS/Pasep e da Cofins, inclusive cooperativas, que produzam mercadorias classificadas nos códigos 02.03, 0206.30.00, 0206.4, 02.07 e 0210.1 da NCM, destinadas a exportação, poderão descontar da Contribuição para o PIS/Pasep e da Cofins devidas em cada período de apuração crédito presumido, calculado sobre:

I – o valor dos bens classificados nas posições 10.01 a 10.08, exceto os dos códigos 1006.20 e 1006.30, e na posição 23.06 da NCM, adquiridos de pessoa física ou recebidos de cooperado pessoa física;

- Inciso I com redação determinada pela Lei 12.865/2013 (*DOU* 10.10.2013), em vigor a partir do primeiro dia do quarto mês subsequente ao de sua publicação.

II – o valor das preparações dos tipos utilizados na alimentação de animais vivos classificados nas posições 01.03 e 01.05, classificadas no código 2309.90 da NCM, adquiridos de pessoa física ou recebidos de cooperado pessoa física;

III – o valor dos bens classificados nas posições 01.03 e 01.05 da NCM, adquiridos de pessoa física ou recebidos de cooperado pessoa física.

§ 1º O disposto nos incisos I a III do *caput* deste artigo aplica-se também às aquisições de pessoa jurídica.

§ 2º O direito ao crédito presumido de que tratam o *caput* e o § 1º deste artigo só se aplica aos bens adquiridos ou recebidos, no mesmo período de apuração, de pessoa física ou jurídica residente ou domiciliada no País, observado o disposto no § 4º do art. 3º da Lei 10.637, de 30 de dezembro de 2002, e no § 4º do art. 3º da Lei 10.833, de 29 de dezembro de 2003.

§ 3º O montante do crédito a que se referem os incisos I e II do *caput* e o § 1º deste artigo será determinado mediante aplicação, sobre o valor das mencionadas aquisições, de percentual correspondente a 30% (trinta por cento) das alíquotas previstas no *caput* do art. 2º da Lei 10.637, de 30 de dezembro

Lei 12.350/2010

de 2002, e no *caput* do art. 2º da Lei 10.833, de 29 de dezembro de 2003.

§ 4º O montante do crédito a que se referem o inciso III do *caput* e o § 1º deste artigo será determinado mediante aplicação sobre o valor das mencionadas aquisições de percentual correspondente a 30% (trinta por cento) das alíquotas previstas no *caput* do art. 2º da Lei 10.637, de 30 de dezembro de 2002, e no *caput* do art. 2º da Lei 10.833, de 29 de dezembro de 2003.

§ 5º É vedado às pessoas jurídicas de que trata o § 1º deste artigo o aproveitamento:
I – do crédito presumido de que trata o *caput* deste artigo;
II – de crédito em relação às receitas de vendas efetuadas com suspensão às pessoas jurídicas de que trata o *caput* deste artigo, exceto em relação às receitas auferidas com vendas dos produtos classificados nas posições 23.04 e 23.06 da NCM.

• Inciso II com redação determinada pela Lei 12.431/2011.

§ 6º O crédito apurado na forma do *caput* deste artigo deverá ser utilizado para desconto do valor da Contribuição para o PIS/Pasep e da Cofins a recolher, decorrente das demais operações no mercado interno.

§ 7º A pessoa jurídica que, até o final de cada trimestre-calendário, não conseguir utilizar o crédito na forma prevista no § 6º deste artigo poderá:
I – efetuar sua compensação com débitos próprios, vencidos ou vincendos, relativos a tributos e contribuições administrados pela Secretaria da Receita Federal do Brasil, observada a legislação específica aplicável à matéria;
II – solicitar seu ressarcimento em dinheiro, observada a legislação específica aplicável à matéria.

§ 8º O disposto no § 7º deste artigo aplica-se somente à parcela dos créditos presumidos determinada com base no resultado da aplicação, sobre o valor da aquisição de bens relacionados nos incisos do *caput* deste artigo, da relação percentual existente entre a receita de exportação e a receita bruta total, auferidas em cada mês.

§ 9º O disposto neste artigo aplica-se também no caso de vendas a empresa comercial exportadora com o fim específico de exportação.

§ 10. O crédito presumido de que trata este artigo aplicar-se-á nos termos e condições estabelecidos pela Secretaria da Receita Federal do Brasil.

Art. 56. A pessoa jurídica tributada com base no lucro real que adquirir para industrialização produtos cuja comercialização seja fomentada com as alíquotas zero da Contribuição para o PIS/Pasep e da Cofins previstas na alínea *b* do inciso XIX do art. 1º da Lei 10.925, de 23 de julho de 2004, poderá descontar das referidas contribuições, devidas em cada período de apuração, crédito presumido determinado mediante a aplicação sobre o valor das aquisições de percentual correspondente a 12% (doze por cento) das alíquotas previstas no *caput* do art. 2º da Lei 10.637, de 30 de dezembro de 2002, e no *caput* do art. 2º da Lei 10.833, de 29 de dezembro de 2003.

• Artigo com redação determinada pela Lei 12.839/2013.

§ 1º É vedada a apuração do crédito presumido de que trata o *caput* nas aquisições realizadas por pessoa jurídica que industrializa os produtos classificados nas posições 01.03 e 01.05 da NCM ou que revende os produtos referidos no *caput*.

§ 2º O direito ao crédito presumido somente se aplica aos produtos de que trata o *caput* adquiridos com alíquota zero das contribuições, no mesmo período de apuração, de pessoa jurídica residente ou domiciliada no País, observado o disposto no § 4º do art. 3º da Lei 10.637, de 30 de dezembro de 2002, e no § 4º do art. 3º da Lei 10.833, de 29 de dezembro de 2003.

§ 3º O disposto no *caput* não se aplica no caso de o produto adquirido ser utilizado na industrialização de produto cuja receita de venda seja beneficiada com suspensão, alíquota zero, isenção ou não incidência da Contribuição para o PIS/Pasep e da Cofins, exceto na hipótese de exportação.

Art. 56-A. O saldo de créditos presumidos apurados a partir do ano-calendário de 2006 na forma do § 3º do art. 8º da Lei 10.925, de 23 de julho de 2004, existentes na data de publicação desta Lei, poderá:

• Artigo acrescentado pela Lei 12.431/2011.

I – ser compensado com débitos próprios, vencidos ou vincendos, relativos a tributos

Lei 12.350/2010

LEGISLAÇÃO

administrados pela Secretaria da Receita Federal do Brasil, observada a legislação específica aplicável à matéria;

II – ser ressarcido em dinheiro, observada a legislação específica aplicável à matéria.

§ 1º O pedido de ressarcimento ou de compensação dos créditos presumidos de que trata o *caput* somente poderá ser efetuado:

I – relativamente aos créditos apurados nos anos-calendário de 2006 a 2008, a partir do primeiro dia do mês subsequente ao da publicação desta Lei;

II – relativamente aos créditos apurados no ano-calendário de 2009 e no período compreendido entre janeiro de 2010 e o mês de publicação desta Lei, a partir de 1º de janeiro de 2012.

§ 2º O disposto neste artigo aplica-se aos créditos presumidos que tenham sido apurados em relação a custos, despesas e encargos vinculados à receita de exportação, observado o disposto nos §§ 8º e 9º do art. 3º da Lei 10.637, de 30 de dezembro de 2002, e nos §§ 8º e 9º do art. 3º da Lei 10.833, de 29 de dezembro de 2003.

Art. 56-B. A pessoa jurídica, inclusive cooperativa, que até o final de cada trimestre-calendário, não conseguir utilizar os créditos presumidos apurados na forma do inciso II do § 3º do art. 8º da Lei 10.925, de 23 de julho de 2004, poderá:

- Artigo acrescentado pela Lei 12.431/2011.

I – efetuar sua compensação com débitos próprios, vencidos ou vincendos, relativos a tributos administrados pela Secretaria da Receita Federal do Brasil, observada a legislação específica aplicável à matéria;

II – solicitar seu ressarcimento em dinheiro, observada a legislação específica aplicável à matéria.

Parágrafo único. O disposto no *caput* aplica-se aos créditos presumidos que tenham sido apurados em relação a custos, despesas e encargos vinculados à receita auferida com a venda no mercado interno ou com a exportação de farelo de soja classificado na posição 23.04 da NCM, observado o disposto nos §§ 8º e 9º do art. 3º da Lei 10.637, de 30 de dezembro de 2002, e nos §§ 8º e 9º do art. 3º da Lei 10.833, de 29 de dezembro de 2003.

Art. 57. A partir do primeiro dia do mês subsequente ao de publicação desta Lei, não mais se aplica o disposto nos arts. 8º e 9º da Lei 10.925, de 23 de julho de 2004, às mercadorias ou aos produtos classificados nos códigos 02.03, 0206.30.00, 0206.4, 02.07, 0210.1 e 23.09.90 da NCM.

- *Caput* com redação determinada pela Lei 12.431/2011.

I – *(Revogado pela Lei 12.431/2011.)*
II – *(Revogado pela Lei 12.431/2011.)*

Art. 58. O art. 99 da Lei 9.504, de 30 de setembro de 1997, alterado pelo art. 3º da Lei 12.034, de 29 de setembro de 2009, passa a vigorar com a seguinte redação:

"Art. 99. [...]
"§ 1º [...]
"[...]
"II – a compensação fiscal consiste na apuração do valor correspondente a 0,8 (oito décimos) do resultado da multiplicação de 100% (cem por cento) ou de 25% (vinte e cinco por cento) do tempo, respectivamente, das inserções e das transmissões em bloco, pelo preço do espaço comercializável comprovadamente vigente, assim considerado aquele divulgado pelas emissoras de rádio e televisão por intermédio de tabela pública de preços de veiculação de publicidade, atendidas as disposições regulamentares e as condições de que trata o § 2º-A;

"III – o valor apurado na forma do inciso II poderá ser deduzido do lucro líquido para efeito de determinação do lucro real, na apuração do Imposto sobre a Renda da Pessoa Jurídica (IRPJ), inclusive da base de cálculo dos recolhimentos mensais previstos na legislação fiscal (art. 2º da Lei 9.430, de 27 de dezembro de 1996), bem como da base de cálculo do lucro presumido.

"[...]
"§ 2º-A. A aplicação das tabelas públicas de preços de veiculação de publicidade, para fins de compensação fiscal, deverá atender ao seguinte:

"I – deverá ser apurada mensalmente a variação percentual entre a soma dos preços efetivamente praticados, assim considerados os valores devidos às emissoras de rádio e televisão pelas veiculações comerciais locais, e o correspondente a 0,8 (oito décimos) da soma dos respectivos preços cons-

Lei 12.351/2010

tantes da tabela pública de veiculação de publicidade;

"II – a variação percentual apurada no inciso I deverá ser deduzida dos preços constantes da tabela pública a que se refere o inciso II do § 1º.

"§ 3º No caso de microempresas e empresas de pequeno porte optantes pelo Regime Especial Unificado de Arrecadação de Tributos e Contribuições (Simples Nacional), o valor integral da compensação fiscal apurado na forma do inciso II do § 1º será deduzido da base de cálculo de imposto e contribuições federais devidos pela emissora, seguindo os critérios definidos pelo Comitê Gestor do Simples Nacional (CGSN)."

Art. 59. O art. 2º da Lei 10.996, de 15 de dezembro de 2004, passa a vigorar com a seguinte redação:

* Alteração processada no texto da referida Lei.

Art. 60. O *caput* do art. 3º da Lei 11.977, de 7 de julho de 2009, passa a vigorar com a seguinte redação:

"Art. 3º Para a definição dos beneficiários do PMCMV, devem ser respeitadas, além das faixas de renda vigentes na data da solicitação dos benefícios, as políticas estaduais e municipais de atendimento habitacional, priorizando-se, entre os critérios adotados, o tempo de residência ou de trabalho do candidato no Município e a adequação ambiental e urbanística dos projetos apresentados.

"[...]"

Art. 61. *(Vetado.)*

Capítulo VI
DISPOSIÇÕES FINAIS E TRANSITÓRIAS

Art. 62. O disposto no Capítulo I desta Lei aplicar-se-á aos fatos geradores que ocorrerem no período de 1º de janeiro de 2011 a 31 de dezembro de 2015, ressalvados os dispositivos previstos na Seção IV do mesmo Capítulo.

Art. 62-A. Para efeito da análise das operações de crédito destinadas ao financiamento dos projetos para os Jogos Olímpicos e Paraolímpicos, para a Copa das Confederações da Federação Internacional de Futebol Associação – Fifa 2013 e para a Copa do Mundo Fifa 2014, a verificação da adimplência será efetuada pelo número do registro no Cadastro Nacional da Pessoa Jurídica (CNPJ) principal que represente a pessoa jurídica do mutuário ou tomador da operação de crédito.

* Artigo acrescentado pela Lei 12.462/2011.

Art. 63. Ficam revogados:
I – o inciso V do *caput* e o § 5º do art. 17 da Lei 11.196, de 21 de novembro de 2005;
II – os arts. 63 a 70 e o § 2º do art. 78 do Decreto-lei 37, de 18 de novembro de 1966;
III – o inciso VI do art. 36 da Lei 8.630, de 25 de fevereiro de 1993;
IV – *(Vetado.)*; e
V – o art. 39 da Lei 10.833, de 29 de dezembro de 2003.

Art. 64. Esta Lei entra em vigor na data de sua publicação.

Brasília, 20 de dezembro de 2010; 189º da Independência e 122º da República.
Luiz Inácio Lula da Silva

(*DOU* 21.12.2010)

LEI 12.351,
DE 22 DE DEZEMBRO DE 2010

Dispõe sobre a exploração e a produção de petróleo, de gás natural e de outros hidrocarbonetos fluidos, sob o regime de partilha de produção, em áreas do pré-sal e em áreas estratégicas; cria o Fundo Social – FS e dispõe sobre sua estrutura e fontes de recursos; altera dispositivos da Lei 9.478, de 6 de agosto de 1997; e dá outras providências.

* O STF, na Med. Caut. em ADIn 4.917 (DJE 2103.2013, divulgado em 20.03.2013), "em face da urgência qualificada comprovada no caso, dos riscos objetivamente demonstrados da eficácia dos dispositivos e dos seus efeitos, de difícil desfazimento, defiro a medida cautelar para suspender os efeitos dos arts. 42-B; 42-C; 48, II; 49, II; 49-A; 49-B; 49-C; § 2º do art. 50; 50-A; 50-B; 50-C; 50-D; e 50-E da Lei Federal 9.478/97, com as alterações promovidas pela Lei 12.734/2012, *ad referendum* do Plenário deste Supremo Tribunal, até o julgamento final da presente ação."

O Presidente da República:

Faço saber que o Congresso Nacional decreta e eu sanciono a seguinte Lei:

Lei 12.351/2010

Capítulo I
DISPOSIÇÕES PRELIMINARES

Art. 1º Esta Lei dispõe sobre a exploração e a produção de petróleo, de gás natural e de outros hidrocarbonetos fluidos em áreas do pré-sal e em áreas estratégicas, cria o Fundo Social – FS e dispõe sobre sua estrutura e fontes de recursos, e altera a Lei 9.478, de 6 de agosto de 1997.

Capítulo II
DAS DEFINIÇÕES TÉCNICAS

Art. 2º Para os fins desta Lei, são estabelecidas as seguintes definições:

I – partilha da produção: regime de exploração e produção de petróleo, de gás natural e de outros hidrocarbonetos fluidos no qual o contratado exerce, por sua conta e risco, as atividades de exploração, avaliação, desenvolvimento e produção e, em caso de descoberta comercial, adquire o direito à apropriação do custo em óleo, do volume da produção correspondente aos *royalties* devidos, bem como de parcela do excedente em óleo, na proporção, condições e prazos estabelecidos em contrato;

II – custo em óleo: parcela da produção de petróleo, de gás natural e de outros hidrocarbonetos fluidos, exigível unicamente em caso de descoberta comercial, correspondente aos custos e aos investimentos realizados pelo contratado na execução das atividades de exploração, avaliação, desenvolvimento, produção e desativação das instalações, sujeita a limites, prazos e condições estabelecidos em contrato;

III – excedente em óleo: parcela da produção de petróleo, de gás natural e de outros hidrocarbonetos fluidos a ser repartida entre a União e o contratado, segundo critérios definidos em contrato, resultante da diferença entre o volume total da produção e as parcelas relativas ao custo em óleo, aos *royalties* devidos e, quando exigível, à participação de que trata o art. 43;

IV – área do pré-sal: região do subsolo formada por um prisma vertical de profundidade indeterminada, com superfície poligonal definida pelas coordenadas geográficas de seus vértices estabelecidas no Anexo desta Lei, bem como outras regiões que venham a ser delimitadas em ato do Poder Executivo, de acordo com a evolução do conhecimento geológico;

V – área estratégica: região de interesse para o desenvolvimento nacional, delimitada em ato do Poder Executivo, caracterizada pelo baixo risco exploratório e elevado potencial de produção de petróleo, de gás natural e de outros hidrocarbonetos fluidos;

VI – operador: a Petróleo Brasileiro S.A. (Petrobras), responsável pela condução e execução, direta ou indireta, de todas as atividades de exploração, avaliação, desenvolvimento, produção e desativação das instalações de exploração e produção;

VII – contratado: a Petrobras ou, quando for o caso, o consórcio por ela constituído com o vencedor da licitação para a exploração e produção de petróleo, de gás natural e de outros hidrocarbonetos fluidos em regime de partilha de produção;

VIII – conteúdo local: proporção entre o valor dos bens produzidos e dos serviços prestados no País para execução do contrato e o valor total dos bens utilizados e dos serviços prestados para essa finalidade;

IX – individualização da produção: procedimento que visa à divisão do resultado da produção e ao aproveitamento racional dos recursos naturais da União, por meio da unificação do desenvolvimento e da produção relativos à jazida que se estenda além do bloco concedido ou contratado sob o regime de partilha de produção;

X – ponto de medição: local definido no plano de desenvolvimento de cada campo onde é realizada a medição volumétrica do petróleo ou do gás natural produzido, conforme regulação da Agência Nacional do Petróleo, Gás Natural e Biocombustíveis – ANP;

XI – ponto de partilha: local em que há divisão entre a União e o contratado de petróleo, de gás natural e de outros hidrocarbonetos fluidos produzidos, nos termos do respectivo contrato de partilha de produção;

XII – bônus de assinatura: valor fixo devido à União pelo contratado, a ser pago no ato da celebração e nos termos do respectivo contrato de partilha de produção; e

XIII – *royalties*: compensação financeira devida aos Estados, ao Distrito Federal e aos

Lei 12.351/2010

LEGISLAÇÃO

Municípios, bem como a órgãos da administração direta da União, em função da produção de petróleo, de gás natural e de outros hidrocarbonetos fluidos sob o regime de partilha de produção, nos termos do § 1º do art. 20 da Constituição Federal.

Capítulo III
DO REGIME DE PARTILHA DE PRODUÇÃO
Seção I
Disposições gerais

Art. 3º A exploração e a produção de petróleo, de gás natural e de outros hidrocarbonetos fluidos na área do pré-sal e em áreas estratégicas serão contratadas pela União sob o regime de partilha de produção, na forma desta Lei.

Art. 4º A Petrobras será a operadora de todos os blocos contratados sob o regime de partilha de produção, sendo-lhe assegurado, a este título, participação mínima no consórcio previsto no art. 20.

Art. 5º A União não assumirá os riscos das atividades de exploração, avaliação, desenvolvimento e produção decorrentes dos contratos de partilha de produção.

Art. 6º Os custos e os investimentos necessários à execução do contrato de partilha de produção serão integralmente suportados pelo contratado, cabendo-lhe, no caso de descoberta comercial, a sua restituição nos termos do inciso II do art. 2º.

Parágrafo único. A União, por intermédio de fundo específico criado por lei, poderá participar dos investimentos nas atividades de exploração, avaliação, desenvolvimento e produção na área do pré-sal e em áreas estratégicas, caso em que assumirá os riscos correspondentes à sua participação, nos termos do respectivo contrato.

Art. 7º Previamente à contratação sob o regime de partilha de produção, o Ministério de Minas e Energia, diretamente ou por meio da ANP, poderá promover a avaliação do potencial das áreas do pré-sal e das áreas estratégicas.

Parágrafo único. A Petrobras poderá ser contratada diretamente para realizar estudos exploratórios necessários à avaliação prevista no *caput*.

Art. 8º A União, por intermédio do Ministério de Minas e Energia, celebrará os contratos de partilha de produção:

I – diretamente com a Petrobras, dispensada a licitação; ou

II – mediante licitação na modalidade leilão.

§ 1º A gestão dos contratos previstos no *caput* caberá à empresa pública a ser criada com este propósito.

§ 2º A empresa pública de que trata o § 1º deste artigo não assumirá os riscos e não responderá pelos custos e investimentos referentes às atividades de exploração, avaliação, desenvolvimento, produção e desativação das instalações de exploração e produção decorrentes dos contratos de partilha de produção.

Seção II
Das competências do Conselho Nacional de Política Energética – CNPE

Art. 9º O Conselho Nacional de Política Energética – CNPE tem como competências, entre outras definidas na legislação, propor ao Presidente da República:

I – o ritmo de contratação dos blocos sob o regime de partilha de produção, observando-se a política energética e o desenvolvimento e a capacidade da indústria nacional para o fornecimento de bens e serviços;

II – os blocos que serão destinados à contratação direta com a Petrobras sob o regime de partilha de produção;

III – os blocos que serão objeto de leilão para contratação sob o regime de partilha de produção;

IV – os parâmetros técnicos e econômicos dos contratos de partilha de produção;

V – a delimitação de outras regiões a serem classificadas como área do pré-sal e áreas a serem classificadas como estratégicas, conforme a evolução do conhecimento geológico;

VI – a política de comercialização do petróleo destinado à União nos contratos de partilha de produção; e

VII – a política de comercialização do gás natural proveniente dos contratos de partilha

Lei 12.351/2010

LEGISLAÇÃO

de produção, observada a prioridade de abastecimento do mercado nacional.

Seção III
Das competências do Ministério de Minas e Energia

Art. 10. Caberá ao Ministério de Minas e Energia, entre outras competências:

I – planejar o aproveitamento do petróleo e do gás natural;

II – propor ao CNPE, ouvida a ANP, a definição dos blocos que serão objeto de concessão ou de partilha de produção;

III – propor ao CNPE os seguintes parâmetros técnicos e econômicos dos contratos de partilha de produção:

a) os critérios para definição do excedente em óleo da União;

b) o percentual mínimo do excedente em óleo da União;

c) a participação mínima da Petrobras no consórcio previsto no art. 20, que não poderá ser inferior a 30% (trinta por cento);

d) os limites, prazos, critérios e condições para o cálculo e apropriação pelo contratado do custo em óleo e do volume da produção correspondente aos *royalties* devidos;

e) o conteúdo local mínimo e outros critérios relacionados ao desenvolvimento da indústria nacional; e

f) o valor do bônus de assinatura, bem como a parcela a ser destinada à empresa pública de que trata o § 1º do art. 8º;

IV – estabelecer as diretrizes a serem observadas pela ANP para promoção da licitação prevista no inciso II do art. 8º, bem como para a elaboração das minutas dos editais e dos contratos de partilha de produção; e

V – aprovar as minutas dos editais de licitação e dos contratos de partilha de produção elaboradas pela ANP.

§ 1º Ao final de cada semestre, o Ministério de Minas e Energia emitirá relatório sobre as atividades relacionadas aos contratos de partilha de produção.

§ 2º O relatório será publicado até 30 (trinta) dias após o encerramento do semestre, assegurado amplo acesso ao público.

Seção IV
Das competências da Agência Nacional do Petróleo, Gás Natural e Biocombustíveis – ANP

Art. 11. Caberá à ANP, entre outras competências definidas em lei:

I – promover estudos técnicos para subsidiar o Ministério de Minas e Energia na delimitação dos blocos que serão objeto de contrato de partilha de produção;

II – elaborar e submeter à aprovação do Ministério de Minas e Energia as minutas dos contratos de partilha de produção e dos editais, no caso de licitação;

III – promover as licitações previstas no inciso II do art. 8º desta Lei;

IV – fazer cumprir as melhores práticas da indústria do petróleo;

V – analisar e aprovar, de acordo com o disposto no inciso IV deste artigo, os planos de exploração, de avaliação e de desenvolvimento da produção, bem como os programas anuais de trabalho e de produção relativos aos contratos de partilha de produção; e

VI – regular e fiscalizar as atividades realizadas sob o regime de partilha de produção, nos termos do inciso VII do art. 8º da Lei 9.478, de 6 de agosto de 1997.

Seção V
Da contratação direta

Art. 12. O CNPE proporá ao Presidente da República os casos em que, visando à preservação do interesse nacional e ao atendimento dos demais objetivos da política energética, a Petrobras será contratada diretamente pela União para a exploração e produção de petróleo, de gás natural e de outros hidrocarbonetos fluidos sob o regime de partilha de produção.

Parágrafo único. Os parâmetros da contratação prevista no *caput* serão propostos pelo CNPE, nos termos do inciso IV do art. 9º e do inciso III do art. 10, no que couber.

Seção VI
Da licitação

Art. 13. A licitação para a contratação sob o regime de partilha de produção obe-

Lei 12.351/2010

decerá ao disposto nesta Lei, nas normas a serem expedidas pela ANP e no respectivo edital.

Art. 14. A Petrobras poderá participar da licitação prevista no inciso II do art. 8º para ampliar a sua participação mínima definida nos termos da alínea c do inciso III do art. 10.

Subseção I
Do edital de licitação

Art. 15. O edital de licitação será acompanhado da minuta básica do respectivo contrato e indicará, obrigatoriamente:

I – o bloco objeto do contrato de partilha de produção;

II – o critério de julgamento da licitação, nos termos do art. 18;

III – o percentual mínimo do excedente em óleo da União;

IV – a formação do consórcio previsto no art. 20 e a respectiva participação mínima da Petrobras;

V – os limites, prazos, critérios e condições para o cálculo e apropriação pelo contratado do custo em óleo e do volume da produção correspondente aos *royalties* devidos;

VI – os critérios para definição do excedente em óleo do contratado;

VII – o programa exploratório mínimo e os investimentos estimados correspondentes;

VIII – o conteúdo local mínimo e outros critérios relacionados ao desenvolvimento da indústria nacional;

IX – o valor do bônus de assinatura, bem como a parcela a ser destinada à empresa pública de que trata o § 1º do art. 8º;

X – as regras e as fases da licitação;

XI – as regras aplicáveis à participação conjunta de empresas na licitação;

XII – a relação de documentos exigidos e os critérios de habilitação técnica, jurídica, econômico-financeira e fiscal dos licitantes;

XIII – a garantia a ser apresentada pelo licitante para sua habilitação;

XIV – o prazo, o local e o horário em que serão fornecidos aos licitantes os dados, estudos e demais elementos e informações necessários à elaboração das propostas, bem como o custo de sua aquisição; e

XV – o local, o horário e a forma para apresentação das propostas.

Art. 16. Quando permitida a participação conjunta de empresas na licitação, o edital conterá, entre outras, as seguintes exigências:

I – comprovação de compromisso, público ou particular, de constituição do consórcio previsto no art. 20, subscrito pelas proponentes;

II – indicação da empresa responsável no processo licitatório, sem prejuízo da responsabilidade solidária das demais proponentes;

III – apresentação, por parte de cada uma das empresas proponentes, dos documentos exigidos para efeito de avaliação da qualificação técnica e econômico-financeira do consórcio a ser constituído; e

IV – proibição de participação de uma mesma empresa, conjunta ou isoladamente, em mais de uma proposta na licitação de um mesmo bloco.

Art. 17. O edital conterá a exigência de que a empresa estrangeira que concorrer, em conjunto com outras empresas ou isoladamente, deverá apresentar com sua proposta, em envelope separado:

I – prova de capacidade técnica, idoneidade financeira e regularidade jurídica e fiscal;

II – inteiro teor dos atos constitutivos e prova de se encontrar organizada e em funcionamento regular, conforme a lei de seu país;

III – designação de um representante legal perante a ANP, com poderes especiais para a prática de atos e assunção de responsabilidades relativamente à licitação e à proposta apresentada; e

IV – compromisso de constituir empresa segundo as leis brasileiras, com sede e administração no Brasil, caso seja vencedora da licitação.

Subseção II
Do julgamento da licitação

Art. 18. O julgamento da licitação identificará a proposta mais vantajosa segundo o critério da oferta de maior excedente em óleo para a União, respeitado o percentual mínimo definido nos termos da alínea *b* do inciso III do art. 10.

Lei 12.351/2010

Seção VII
Do consórcio

Art. 19. A Petrobras, quando contratada diretamente ou no caso de ser vencedora isolada da licitação, deverá constituir consórcio com a empresa pública de que trata o § 1º do art. 8º desta Lei, na forma do disposto no art. 279 da Lei 6.404, de 15 de dezembro de 1976.

Art. 20. O licitante vencedor deverá constituir consórcio com a Petrobras e com a empresa pública de que trata o § 1º do art. 8º desta Lei, na forma do disposto no art. 279 da Lei 6.404, de 15 de dezembro de 1976.

§ 1º A participação da Petrobras no consórcio implicará sua adesão às regras do edital e à proposta vencedora.

§ 2º Os direitos e as obrigações patrimoniais da Petrobras e dos demais contratados serão proporcionais à sua participação no consórcio.

§ 3º O contrato de constituição de consórcio deverá indicar a Petrobras como responsável pela execução do contrato, sem prejuízo da responsabilidade solidária das consorciadas perante o contratante ou terceiros, observado o disposto no § 2º do art. 8º desta Lei.

Art. 21. A empresa pública de que trata o § 1º do art. 8º integrará o consórcio como representante dos interesses da União no contrato de partilha de produção.

Art. 22. A administração do consórcio caberá ao seu comitê operacional.

Art. 23. O comitê operacional será composto por representantes da empresa pública de que trata o § 1º do art. 8º e dos demais consorciados.

Parágrafo único. A empresa pública de que trata o § 1º do art. 8º indicará a 1/2 (metade) dos integrantes do comitê operacional, inclusive o seu presidente, cabendo aos demais consorciados a indicação dos outros integrantes.

Art. 24. Caberá ao comitê operacional:

I – definir os planos de exploração, a serem submetidos à análise e à aprovação da ANP;

II – definir o plano de avaliação de descoberta de jazida de petróleo e de gás natural a ser submetido à análise e à aprovação da ANP;

III – declarar a comercialidade de cada jazida descoberta e definir o plano de desenvolvimento da produção do campo, a ser submetido à análise e à aprovação da ANP;

IV – definir os programas anuais de trabalho e de produção, a serem submetidos à análise e à aprovação da ANP;

V – analisar e aprovar os orçamentos relacionados às atividades de exploração, avaliação, desenvolvimento e produção previstas no contrato;

VI – supervisionar as operações e aprovar a contabilização dos custos realizados;

VII – definir os termos do acordo de individualização da produção a ser firmado com o titular da área adjacente, observado o disposto no Capítulo IV desta Lei; e

VIII – outras atribuições definidas no contrato de partilha de produção.

Art. 25. O presidente do comitê operacional terá poder de veto e voto de qualidade, conforme previsto no contrato de partilha de produção.

Art. 26. A assinatura do contrato de partilha de produção ficará condicionada à comprovação do arquivamento do instrumento constitutivo do consórcio no Registro do Comércio do lugar de sua sede.

Seção VIII
Do contrato de partilha de produção

Art. 27. O contrato de partilha de produção preverá 2 (duas) fases:

I – a de exploração, que incluirá as atividades de avaliação de eventual descoberta de petróleo ou gás natural, para determinação de sua comercialidade; e

II – a de produção, que incluirá as atividades de desenvolvimento.

Art. 28. O contrato de partilha de produção de petróleo, de gás natural e de outros hidrocarbonetos fluidos não se estende a qualquer outro recurso natural, ficando o operador obrigado a informar a sua descoberta, nos termos do inciso I do art. 30.

Art. 29. São cláusulas essenciais do contrato de partilha de produção:

I – a definição do bloco objeto do contrato;

Lei 12.351/2010

II – a obrigação de o contratado assumir os riscos das atividades de exploração, avaliação, desenvolvimento e produção;
III – a indicação das garantias a serem prestadas pelo contratado;
IV – o direito do contratado à apropriação do custo em óleo, exigível unicamente em caso de descoberta comercial;
V – os limites, prazos, critérios e condições para o cálculo e apropriação pelo contratado do custo em óleo e do volume da produção correspondente aos *royalties* devidos;
VI – os critérios para cálculo do valor do petróleo ou do gás natural, em função dos preços de mercado, da especificação do produto e da localização do campo;
VII – as regras e os prazos para a repartição do excedente em óleo, podendo incluir critérios relacionados à eficiência econômica, à rentabilidade, ao volume de produção e à variação do preço do petróleo e do gás natural, observado o percentual estabelecido segundo o disposto no art. 18;
VIII – as atribuições, a composição, o funcionamento e a forma de tomada de decisões e de solução de controvérsias no âmbito do comitê operacional;
IX – as regras de contabilização, bem como os procedimentos para acompanhamento e controle das atividades de exploração, avaliação, desenvolvimento e produção;
X – as regras para a realização de atividades, por conta e risco do contratado, que não implicarão qualquer obrigação para a União ou contabilização no valor do custo em óleo;
XI – o prazo de duração da fase de exploração e as condições para sua prorrogação;
XII – o programa exploratório mínimo e as condições para sua revisão;
XIII – os critérios para formulação e revisão dos planos de exploração e de desenvolvimento da produção, bem como dos respectivos planos de trabalho, incluindo os pontos de medição e de partilha de petróleo, de gás natural e de outros hidrocarbonetos fluidos produzidos;
XIV – a obrigatoriedade de o contratado fornecer à ANP e à empresa pública de que trata o § 1º do art. 8º relatórios, dados e informações relativos à execução do contrato;
XV – os critérios para devolução e desocupação de áreas pelo contratado, inclusive para a retirada de equipamentos e instalações e para a reversão de bens;
XVI – as penalidades aplicáveis em caso de inadimplemento das obrigações contratuais;
XVII – os procedimentos relacionados à cessão dos direitos e obrigações relativos ao contrato, conforme o disposto no art. 31;
XVIII – as regras sobre solução de controvérsias, que poderão prever conciliação e arbitragem;
XIX – o prazo de vigência do contrato, limitado a 35 (trinta e cinco) anos, e as condições para a sua extinção;
XX – o valor e a forma de pagamento do bônus de assinatura;
XXI – a obrigatoriedade de apresentação de inventário periódico sobre as emissões de gases que provocam efeito estufa – GEF, ao qual se dará publicidade, inclusive com cópia ao Congresso Nacional;
XXII – a apresentação de plano de contingência relativo a acidentes por vazamento de petróleo, de gás natural, de outros hidrocarbonetos fluidos e seus derivados; e
XXIII – a obrigatoriedade da realização de auditoria ambiental de todo o processo operacional de retirada e distribuição de petróleo e gás oriundos do pré-sal.

Art. 30. A Petrobras, na condição de operadora do contrato de partilha de produção, deverá:
I – informar ao comitê operacional e à ANP, no prazo contratual, a descoberta de qualquer jazida de petróleo, de gás natural, de outros hidrocarbonetos fluidos ou de quaisquer minerais;
II – submeter à aprovação do comitê operacional o plano de avaliação de descoberta de jazida de petróleo, de gás natural e de outros hidrocarbonetos fluidos, para determinação de sua comercialidade;
III – realizar a avaliação da descoberta de jazida de petróleo e de gás natural nos termos do plano de avaliação aprovado pela ANP, apresentando relatório de comercialidade ao comitê operacional;
IV – submeter ao comitê operacional o plano de desenvolvimento da produção do campo, bem como os planos de trabalho e de produção, contendo cronogramas e orçamentos;

Lei 12.351/2010

V – adotar as melhores práticas da indústria do petróleo, obedecendo às normas e aos procedimentos técnicos e científicos pertinentes e utilizando técnicas apropriadas de recuperação, objetivando a racionalização da produção e o controle do declínio das reservas; e

VI – encaminhar ao comitê operacional todos os dados e documentos relativos às atividades realizadas.

Art. 31. A cessão dos direitos e obrigações relativos ao contrato de partilha de produção somente poderá ocorrer mediante prévia e expressa autorização do Ministério de Minas e Energia, ouvida a ANP, observadas as seguintes condições:

I – preservação do objeto contratual e de suas condições;

II – atendimento, por parte do cessionário, dos requisitos técnicos, econômicos e jurídicos estabelecidos pelo Ministério de Minas e Energia; e

III – exercício do direito de preferência dos demais consorciados, na proporção de suas participações no consórcio.

Parágrafo único. A Petrobras somente poderá ceder a participação nos contratos de partilha de produção que obtiver como vencedora da licitação, nos termos do art. 14.

Art. 32. O contrato de partilha de produção extinguir-se-á:

I – pelo vencimento de seu prazo;

II – por acordo entre as partes;

III – pelos motivos de resolução nele previstos;

IV – ao término da fase de exploração, sem que tenha sido feita qualquer descoberta comercial, conforme definido no contrato;

V – pelo exercício do direito de desistência pelo contratado na fase de exploração, desde que cumprido o programa exploratório mínimo ou pago o valor correspondente à parcela não cumprida, conforme previsto no contrato; e

VI – pela recusa em firmar o acordo de individualização da produção, após decisão da ANP.

§ 1º A devolução de áreas não implicará obrigação de qualquer natureza para a União nem conferirá ao contratado qualquer direito de indenização pelos serviços e bens.

§ 2º Extinto o contrato de partilha de produção, o contratado fará a remoção dos equipamentos e bens que não sejam objeto de reversão, ficando obrigado a reparar ou a indenizar os danos decorrentes de suas atividades e a praticar os atos de recuperação ambiental determinados pelas autoridades competentes.

Capítulo IV
DA INDIVIDUALIZAÇÃO DA PRODUÇÃO

Art. 33. O procedimento de individualização da produção de petróleo, de gás natural e de outros hidrocarbonetos fluidos deverá ser instaurado quando se identificar que a jazida se estende além do bloco concedido ou contratado sob o regime de partilha de produção.

§ 1º O concessionário ou o contratado sob o regime de partilha de produção deverá informar à ANP que a jazida será objeto de acordo de individualização da produção.

§ 2º A ANP determinará o prazo para que os interessados celebrem o acordo de individualização da produção, observadas as diretrizes do CNPE.

Art. 34. A ANP regulará os procedimentos e as diretrizes para elaboração do acordo de individualização da produção, o qual estipulará:

I – a participação de cada uma das partes na jazida individualizada, bem como as hipóteses e os critérios de sua revisão;

II – o plano de desenvolvimento da área objeto de individualização da produção; e

III – os mecanismos de solução de controvérsias.

Parágrafo único. A ANP acompanhará a negociação entre os interessados sobre os termos do acordo de individualização da produção.

Art. 35. O acordo de individualização da produção indicará o operador da respectiva jazida.

Art. 36. A União, representada pela empresa pública referida no § 1º do art. 8º e com base nas avaliações realizadas pela ANP, celebrará com os interessados, nos casos em que as jazidas da área do pré-sal e das áreas estratégicas se estendam por áreas não concedidas ou não partilhadas, acordo

Lei 12.351/2010

LEGISLAÇÃO

de individualização da produção, cujos termos e condições obrigarão o futuro concessionário ou contratado sob regime de partilha de produção.

§ 1º A ANP deverá fornecer à empresa pública referida no § 1º do art. 8º todas as informações necessárias para o acordo de individualização da produção.

§ 2º O regime de exploração e produção a ser adotado nas áreas de que trata o *caput* independe do regime vigente nas áreas adjacentes.

Art. 37. A União, representada pela ANP, celebrará com os interessados, após as devidas avaliações, nos casos em que a jazida não se localize na área do pré-sal ou em áreas estratégicas e se estenda por áreas não concedidas, acordo de individualização da produção, cujos termos e condições obrigarão o futuro concessionário.

Art. 38. A ANP poderá contratar diretamente a Petrobras para realizar as atividades de avaliação das jazidas previstas nos arts. 36 e 37.

Art. 39. Os acordos de individualização da produção serão submetidos à prévia aprovação da ANP.

Parágrafo único. A ANP deverá se manifestar em até 60 (sessenta) dias, contados do recebimento da proposta de acordo.

Art. 40. Transcorrido o prazo de que trata o § 2º do art. 33 e não havendo acordo entre as partes, caberá à ANP determinar, em até 120 (cento e vinte) dias e com base em laudo técnico, a forma como serão apropriados os direitos e as obrigações sobre a jazida e notificar as partes para que firmem o respectivo acordo de individualização da produção.

Parágrafo único. A recusa de uma das partes em firmar o acordo de individualização da produção implicará resolução dos contratos de concessão ou de partilha de produção.

Art. 41. O desenvolvimento e a produção da jazida ficarão suspensos enquanto não aprovado o acordo de individualização da produção, exceto nos casos autorizados e sob as condições definidas pela ANP.

Capítulo V
DAS RECEITAS GOVERNAMENTAIS NO REGIME DE PARTILHA DE PRODUÇÃO

Art. 42. O regime de partilha de produção terá as seguintes receitas governamentais:

I – *royalties*; e

II – bônus de assinatura.

§ 1º Os *royalties*, com alíquota de 15% (quinze por cento) do valor da produção, correspondem à compensação financeira pela exploração do petróleo, de gás natural e de outros hidrocarbonetos líquidos de que trata o § 1º do art. 20 da Constituição Federal, sendo vedado, em qualquer hipótese, seu ressarcimento ao contratado e sua inclusão no cálculo do custo em óleo.

* § 1º com redação determinada pela Lei 12.734/2012.

§ 2º O bônus de assinatura não integra o custo em óleo e corresponde a valor fixo devido à União pelo contratado, devendo ser estabelecido pelo contrato de partilha de produção e pago no ato da sua assinatura, sendo vedado, em qualquer hipótese, seu ressarcimento ao contratado.

* § 2º com redação determinada pela Lei 12.734/2012.

Art. 42-A. Os *royalties* serão pagos mensalmente pelo contratado em moeda nacional, e incidirão sobre a produção de petróleo, de gás natural e de outros hidrocarbonetos fluidos, calculados a partir da data de início da produção comercial.

* Artigo acrescentado pela Lei 12.734/2012.

§ 1º Os critérios para o cálculo do valor dos *royalties* serão estabelecidos em ato do Poder Executivo, em função dos preços de mercado do petróleo, do gás natural e de outros hidrocarbonetos fluidos, das especificações do produto e da localização do campo.

§ 2º A queima de gás em *flares*, em prejuízo de sua comercialização, e a perda de produto ocorrida sob a responsabilidade do contratado serão incluídas no volume total da produção a ser computada para cálculo dos *royalties*, sob os regimes de concessão e partilha, e para cálculo da participação especial, devida sob regime de concessão.

LEGISLAÇÃO

Art. 42-B. Os *royalties* devidos em função da produção de petróleo, de gás natural e de outros hidrocarbonetos fluidos sob o regime de partilha de produção serão distribuídos da seguinte forma:

* Artigo acrescentado pela Lei 12.734/2012.
* O STF, na Med. Caut. em ADIn 4.917 (*DJE* 21.03.2013, divulgado em 20.03.2013), "em face da urgência qualificada comprovada no caso, dos riscos objetivamente demonstrados da eficácia dos dispositivos e dos seus efeitos, de difícil desfazimento, defiro a medida cautelar para suspender os efeitos dos arts. 42-B; 42-C; 48, II; 49, II; 49-A; 49-B; 49-C; § 2º do art. 50; 50-A; 50-B; 50-C; 50-D; e 50-E da Lei Federal 9.478/97, com as alterações promovidas pela Lei 12.734/2012, *ad referendum* do Plenário deste Supremo Tribunal, até o julgamento final da presente ação".

I – quando a produção ocorrer em terra, rios, lagos, ilhas lacustres ou fluviais:
a) 20% (vinte por cento) para os Estados ou o Distrito Federal, se for o caso, produtores;
b) 10% (dez por cento) para os Municípios produtores;
c) 5% (cinco por cento) para os Municípios afetados por operações de embarque e desembarque de petróleo, gás natural e outro hidrocarboneto fluido, na forma e critérios estabelecidos pela Agência Nacional do Petróleo, Gás Natural e Biocombustíveis (ANP);
d) 25% (vinte e cinco por cento) para constituição de fundo especial, a ser distribuído entre Estados e o Distrito Federal, se for o caso, de acordo com os seguintes critérios:
1. os recursos serão distribuídos somente para os Estados e, se for o caso, o Distrito Federal, que não tenham recebido recursos em decorrência do disposto na alínea *a* deste inciso, na alínea *a* do inciso II deste artigo, na alínea *a* do inciso II dos arts. 48 e 49 da Lei 9.478, de 6 de agosto de 1997, e no inciso II do § 2º do art. 50 da Lei 9.478, de 6 de agosto de 1997;
2. o rateio dos recursos do fundo especial obedecerá às mesmas regras do rateio do Fundo de Participação dos Estados e do Distrito Federal (FPE), de que trata o art. 159 da Constituição;
3. o percentual que o FPE destina aos Estados e ao Distrito Federal, se for o caso, que serão excluídos do rateio dos recursos do fundo especial em decorrência do disposto no item 1 será redistribuído entre os demais Estados e o Distrito Federal, se for o caso, proporcionalmente às suas participações no FPE;
4. o Estado produtor ou confrontante, e o Distrito Federal, se for produtor, poderá optar por receber os recursos do fundo especial de que trata esta alínea, desde que não receba recursos em decorrência do disposto na alínea *a* deste inciso, na alínea *a* do inciso II deste artigo, na alínea *a* do inciso II dos arts. 48 e 49 da Lei 9.478, de 6 de agosto de 1997, e no inciso II do § 2º do art. 50 da Lei 9.478, de 6 de agosto de 1997;
5. os recursos que Estados produtores ou confrontantes, ou que o Distrito Federal, se for o caso, tenham deixado de arrecadar em função da opção prevista no item 4 serão adicionados aos recursos do fundo especial de que trata esta alínea;
e) 25% (vinte e cinco por cento) para constituição de fundo especial, a ser distribuído entre os Municípios de acordo com os seguintes critérios:
1. os recursos serão distribuídos somente para os Municípios que não tenham recebido recursos em decorrência do disposto nas alíneas *b* e *c* deste inciso e do inciso II deste artigo, nas alíneas *b* e *c* do inciso II dos arts. 48 e 49 da Lei 9.478, de 6 de agosto de 1997, e no inciso III do § 2º do art. 50 da Lei 9.478, de 6 de agosto de 1997;
2. o rateio dos recursos do fundo especial obedecerá às mesmas regras do rateio do Fundo de Participação dos Municípios (FPM), de que trata o art. 159 da Constituição;
3. o percentual que o FPM destina aos Municípios que serão excluídos do rateio dos recursos do fundo especial em decorrência do disposto no item 1 será redistribuído entre Municípios proporcionalmente às suas participações no FPM;
4. o Município produtor ou confrontante poderá optar por receber os recursos do fundo especial de que trata esta alínea, desde que não receba recursos em decorrência do disposto nas alíneas *b* e *c* deste inciso e do inciso II deste artigo, nas alíneas *b* e *c* do inciso II dos arts. 48 e 49 da Lei 9.478, de 6 de agosto de 1997, e no inciso III do § 2º do art. 50 da Lei 9.478, de 6 de agosto de 1997;

Lei 12.351/2010

5. os recursos que Municípios produtores ou confrontantes tenham deixado de arrecadar em função da opção prevista no item 4 serão adicionados aos recursos do fundo especial de que trata esta alínea;

f) 15% (quinze por cento) para a União, a ser destinado ao Fundo Social, instituído por esta Lei, deduzidas as parcelas destinadas aos órgãos específicos da Administração Direta da União, nos termos do regulamento do Poder Executivo;

II – quando a produção ocorrer na plataforma continental, no mar territorial ou na zona econômica exclusiva:

a) 22% (vinte e dois por cento) para os Estados confrontantes;

b) 5% (cinco por cento) para os Municípios confrontantes;

c) 2% (dois por cento) para os Municípios afetados por operações de embarque e desembarque de petróleo, gás natural e outro hidrocarboneto fluido, na forma e critérios estabelecidos pela ANP;

d) 24,5% (vinte e quatro inteiros e cinco décimos por cento) para constituição de fundo especial, a ser distribuído entre Estados e o Distrito Federal, se for o caso, de acordo com os seguintes critérios:

1. os recursos serão distribuídos somente para os Estados e, se for o caso, o Distrito Federal, que não tenham recebido recursos em decorrência do disposto na alínea *a* do inciso I e deste inciso II, na alínea *a* do inciso II dos arts. 48 e 49 da Lei 9.478, de 6 de agosto de 1997, e no inciso II do § 2º do art. 50 da Lei 9.478, de 6 de agosto de 1997;

2. o rateio dos recursos do fundo especial obedecerá às mesmas regras do rateio do Fundo de Participação dos Estados e do Distrito Federal (FPE), de que trata o art. 159 da Constituição;

3. o percentual que o FPE destina aos Estados e ao Distrito Federal, se for o caso, que serão excluídos do rateio dos recursos do fundo especial em decorrência do disposto no item 1 será redistribuído entre os demais Estados e o Distrito Federal, se for o caso, proporcionalmente às suas participações no FPE;

4. o Estado produtor ou confrontante, e o Distrito Federal, se for produtor, poderá optar por receber os recursos do fundo especial de que trata esta alínea, desde que não receba recursos em decorrência do disposto na alínea *a* do inciso I e deste inciso II, na alínea *a* do inciso II dos arts. 48 e 49 da Lei 9.478, de 6 de agosto de 1997, e no inciso II do § 2º do art. 50 da Lei 9.478, de 6 de agosto de 1997;

5. os recursos que Estados produtores ou confrontantes, ou que o Distrito Federal, se for o caso, tenham deixado de arrecadar em função da opção prevista no item 4 serão adicionados aos recursos do fundo especial de que trata esta alínea;

e) 24,5% (vinte e quatro inteiros e cinco décimos por cento) para constituição de fundo especial, a ser distribuído entre os Municípios de acordo com os seguintes critérios:

1. os recursos serão distribuídos somente para os Municípios que não tenham recebido recursos em decorrência do disposto nas alíneas *b* e *c* do inciso I e deste inciso II, nas alíneas *b* e *c* do inciso II dos arts. 48 e 49 da Lei 9.478, de 6 de agosto de 1997, e no inciso III do § 2º do art. 50 da Lei 9.478, de 6 de agosto de 1997;

2. o rateio dos recursos do fundo especial obedecerá às mesmas regras do rateio do Fundo de Participação dos Municípios (FPM), de que trata o art. 159 da Constituição;

3. o percentual que o FPM destina aos Municípios que serão excluídos do rateio dos recursos do fundo especial em decorrência do disposto no item 1 será redistribuído entre Municípios proporcionalmente às suas participações no FPM;

4. o Município produtor ou confrontante poderá optar por receber os recursos do fundo especial de que trata esta alínea, desde que não receba recursos em decorrência do disposto nas alíneas *b* e *c* do inciso I e deste inciso II, nas alíneas *b* e *c* do inciso II dos arts. 48 e 49 da Lei 9.478, de 6 de agosto de 1997, e no inciso III do § 2º do art. 50 da Lei 9.478, de 6 de agosto de 1997;

5. os recursos que Municípios produtores ou confrontantes tenham deixado de arrecadar em função da opção prevista no item 4 serão adicionados aos recursos do fundo especial de que trata esta alínea;

Lei 12.351/2010

f) 22% (vinte e dois por cento) para a União, a ser destinado ao Fundo Social, instituído por esta Lei, deduzidas as parcelas destinadas aos órgãos específicos da Administração Direta da União, nos termos do regulamento do Poder Executivo.

§ 1º A soma dos valores referentes aos *royalties* devidos aos Municípios nos termos das alíneas *b* e *c* dos incisos I e II deste artigo, com os *royalties* devidos nos termos das alíneas *b* e *c* dos incisos I e II dos arts. 48 e 49 da Lei 9.478, de 6 de agosto de 1997, com a participação especial devida nos termos do inciso III do § 2º do art. 50 da Lei 9.478, de 6 de agosto de 1997, ficarão limitados ao maior dos seguintes valores:

I – os valores que o Município recebeu a título de *royalties* e participação especial em 2011;

II – 2 (duas) vezes o valor *per capita* distribuído pelo FPM, calculado em nível nacional, multiplicado pela população do Município.

§ 2º A parcela dos *royalties* de que trata este artigo que contribuiu para o valor que exceder o limite de pagamentos aos Municípios em decorrência do disposto no § 1º será transferida para o fundo especial de que trata a alínea *e* dos incisos I e II.

§ 3º Os pontos de entrega às concessionárias de gás natural produzido no País serão considerados instalações de embarque e desembarque, para fins de pagamento de *royalties* aos Municípios afetados por essas operações, em razão do disposto na alínea *c* dos incisos I e II.

§ 4º A opção dos Estados, Distrito Federal e Municípios de que trata o item 4 das alíneas *d* e *e* dos incisos I e II poderá ser feita após conhecido o valor dos *royalties* e da participação especial a serem distribuídos, nos termos do regulamento.

Art. 42-C. Os recursos do fundo especial de que tratam os incisos I e II do *caput* do art. 42-B terão a destinação prevista no art. 50-E da Lei 9.478, de 6 de agosto de 1997.

- Artigo acrescentado pela Lei 12.734/2012.
- O STF, na Med. Caut. em ADIn 4.917 (*DJE* 21.03.2013, divulgado em 20.03.2013), "em face da urgência qualificada comprovada no caso, dos riscos objetivamente demonstrados da eficácia dos dispositivos e dos seus efeitos, de difícil desfazimento, defiro a medida cautelar para suspender os efeitos dos arts. 42-B; 42-C; 48, II; 49, II; 49-A; 49-B; 49-C; § 2º do art. 50; 50-A; 50-B; 50-C; 50-D; e 50-E da Lei Federal 9.478/97, com as alterações promovidas pela Lei 12.734/2012, *ad referendum* do Plenário deste Supremo Tribunal, até o julgamento final da presente ação."

Art. 43. O contrato de partilha de produção, quando o bloco se localizar em terra, conterá cláusula determinando o pagamento, em moeda nacional, de participação equivalente a até 1% (um por cento) do valor da produção de petróleo ou gás natural aos proprietários da terra onde se localiza o bloco.

§ 1º A participação a que se refere o *caput* será distribuída na proporção da produção realizada nas propriedades regularmente demarcadas na superfície do bloco, vedada a sua inclusão no cálculo do custo em óleo.

§ 2º O cálculo da participação de terceiro de que trata o *caput* será efetivado pela ANP.

Art. 44. Não se aplicará o disposto no art. 50 da Lei 9.478, de 6 de agosto de 1997, aos contratos de partilha de produção.

Capítulo VI

DA COMERCIALIZAÇÃO DO PETRÓLEO, DO GÁS NATURAL E DE OUTROS HIDROCARBONETOS FLUIDOS DA UNIÃO

Art. 45. O petróleo, o gás natural e outros hidrocarbonetos fluidos destinados à União serão comercializados de acordo com as normas do direito privado, dispensada a licitação, segundo a política de comercialização referida nos incisos VI e VII do art. 9º.

Parágrafo único. A empresa pública de que trata o § 1º do art. 8º, representando a União, poderá contratar diretamente a Petrobras, dispensada a licitação, como agente comercializador do petróleo, do gás natural e de outros hidrocarbonetos fluidos referidos no *caput*.

Art. 46. A receita advinda da comercialização referida no art. 45 será destinada ao Fundo Social, conforme dispõem os arts. 47 a 60.

Lei 12.351/2010

LEGISLAÇÃO

Capítulo VII
DO FUNDO SOCIAL – FS

Seção I
Da definição e objetivos do Fundo Social – FS

Art. 47. É criado o Fundo Social – FS, de natureza contábil e financeira, vinculado à Presidência da República, com a finalidade de constituir fonte de recursos para o desenvolvimento social e regional, na forma de programas e projetos nas áreas de combate à pobreza e de desenvolvimento:
I – da educação;
II – da cultura;
III – do esporte;
IV – da saúde pública;
V – da ciência e tecnologia;
VI – do meio ambiente; e
VII – de mitigação e adaptação às mudanças climáticas.
§ 1º Os programas e projetos de que trata o *caput* observarão o plano plurianual – PPA, a lei de diretrizes orçamentárias – LDO e as respectivas dotações consignadas na lei orçamentária anual – LOA.
§ 2º *(Vetado.)*

Art. 48. O FS tem por objetivos:
I – constituir poupança pública de longo prazo com base nas receitas auferidas pela União;
II – oferecer fonte de recursos para o desenvolvimento social e regional, na forma prevista no art. 47; e
III – mitigar as flutuações de renda e de preços na economia nacional, decorrentes das variações na renda gerada pelas atividades de produção e exploração de petróleo e de outros recursos não renováveis.
Parágrafo único. É vedado ao FS, direta ou indiretamente, conceder garantias.

Seção II
Dos recursos do Fundo Social – FS

Art. 49. Constituem recursos do FS:
I – parcela do valor do bônus de assinatura destinada ao FS pelos contratos de partilha de produção;
II – parcela dos *royalties* que cabe à União, deduzidas aquelas destinadas aos seus órgãos específicos, conforme estabelecido nos contratos de partilha de produção, na forma do regulamento;
III – receita advinda da comercialização de petróleo, de gás natural e de outros hidrocarbonetos fluidos da União, conforme definido em lei;
IV – *(Revogado pela Lei 12.734/2012.)*
V – os resultados de aplicações financeiras sobre suas disponibilidades; e
VI – outros recursos destinados ao FS por lei.
§ 1º *(Revogado pela Lei 12.734/2012.)*
§ 2º O cumprimento do disposto no § 1º deste artigo obedecerá a regra de transição, a critério do Poder Executivo, estabelecida na forma do regulamento.

Seção III
Da política de investimentos do Fundo Social

Art. 50. A política de investimentos do FS tem por objetivo buscar a rentabilidade, a segurança e a liquidez de suas aplicações e assegurar sua sustentabilidade econômica e financeira para o cumprimento das finalidades definidas nos arts. 47 e 48.
Parágrafo único. Os investimentos e aplicações do FS serão destinados preferencialmente a ativos no exterior, com a finalidade de mitigar a volatilidade de renda e de preços na economia nacional.

Art. 51. Os recursos do FS para aplicação nos programas e projetos a que se refere o art. 47 deverão ser os resultantes do retorno sobre o capital.
Parágrafo único. Constituído o FS e garantida a sua sustentabilidade econômica e financeira, o Poder Executivo, na forma da lei, poderá propor o uso de percentual de recursos do principal para a aplicação nas finalidades previstas no art. 47, na etapa inicial de formação de poupança do fundo.

Art. 52. A política de investimentos do FS será definida pelo Comitê de Gestão Financeira do Fundo Social – CGFFS.
§ 1º O CGFFS terá sua composição e funcionamento estabelecidos em ato do Poder Executivo, assegurada a participação do Ministro de Estado da Fazenda, do Ministro de Estado do Planejamento, Orçamento e Gestão e do Presidente do Banco Central do Brasil.

§ 2º Aos membros do CGFFS não cabe qualquer tipo de remuneração pelo desempenho de suas funções.

§ 3º As despesas relativas à operacionalização do CGFFS serão custeadas pelo FS.

Art. 53. Cabe ao CGFFS definir:

I – o montante a ser resgatado anualmente do FS, assegurada sua sustentabilidade financeira;

II – a rentabilidade mínima esperada;

III – o tipo e o nível de risco que poderão ser assumidos na realização dos investimentos, bem como as condições para que o nível de risco seja minimizado;

IV – os percentuais, mínimo e máximo, de recursos a serem investidos no exterior e no País;

V – a capitalização mínima a ser atingida antes de qualquer transferência para as finalidades e os objetivos definidos nesta Lei.

Art. 54. A União, a critério do CGFFS, poderá contratar instituições financeiras federais para atuarem como agentes operadores do FS, as quais farão jus a remuneração pelos serviços prestados.

Art. 55. A União poderá participar, com recursos do FS, como cotista única, de fundo de investimento específico.

Parágrafo único. O fundo de investimento específico de que trata este artigo deve ser constituído por instituição financeira federal, observadas as normas a que se refere o inciso XXII do art. 4º da Lei 4.595, de 31 de dezembro de 1964.

Art. 56. O fundo de investimento de que trata o art. 55 deverá ter natureza privada e patrimônio próprio separado do patrimônio do cotista e do administrador, sujeitando-se a direitos e obrigações próprias.

§ 1º A integralização das cotas do fundo de investimento será autorizada em ato do Poder Executivo, ouvido o CGFFS.

§ 2º O fundo de investimento terá por finalidade promover a aplicação em ativos no Brasil e no exterior.

§ 3º O fundo de investimento responderá por suas obrigações com os bens e direitos integrantes de seu patrimônio, ficando o cotista obrigado somente pela integralização das cotas que subscrever.

§ 4º A dissolução do fundo de investimento dar-se-á na forma de seu estatuto, e seus recursos retornarão ao FS.

§ 5º Sobre as operações de crédito, câmbio e seguro e sobre rendimentos e lucros do fundo de investimento não incidirá qualquer imposto ou contribuição social de competência da União.

§ 6º O fundo de investimento deverá elaborar os demonstrativos contábeis de acordo com a legislação em vigor e conforme o estabelecido no seu estatuto.

Art. 57. O estatuto do fundo de investimento definirá, inclusive, as políticas de aplicação, critérios e níveis de rentabilidade e de risco, questões operacionais da gestão administrativa e financeira e regras de supervisão prudencial de investimentos.

Seção IV
Da gestão do Fundo Social

Art. 58. É criado o Conselho Deliberativo do Fundo Social – CDFS, com a atribuição de propor ao Poder Executivo, ouvidos os Ministérios afins, a prioridade e a destinação dos recursos resgatados do FS para as finalidades estabelecidas no art. 47, observados o PPA, a LDO e a LOA.

§ 1º A composição, as competências e o funcionamento do CDFS serão estabelecidos em ato do Poder Executivo.

§ 2º Aos membros do CDFS não cabe qualquer tipo de remuneração pelo desempenho de suas funções.

§ 3º A destinação de recursos para os programas e projetos definidos como prioritários pelo CDFS é condicionada à prévia fixação de metas, prazo de execução e planos de avaliação, em coerência com as disposições estabelecidas no PPA.

§ 4º O CDFS deverá submeter os programas e projetos a criteriosa avaliação quantitativa e qualitativa durante todas as fases de execução, monitorando os impactos efetivos sobre a população e nas regiões de intervenção, com o apoio de instituições públicas e universitárias de pesquisa.

§ 5º Os recursos do FS destinados aos programas e projetos de que trata o art. 47 devem observar critérios de redução das desigualdades regionais.

Lei 12.351/2010

Art. 59. As demonstrações contábeis e os resultados das aplicações do FS serão elaborados e apurados semestralmente, nos termos previstos pelo órgão central de contabilidade de que trata o inciso I do art. 17 da Lei 10.180, de 6 de fevereiro de 2001.

Parágrafo único. Ato do Poder Executivo definirá as regras de supervisão do FS, sem prejuízo da fiscalização dos entes competentes.

Art. 60. O Poder Executivo encaminhará trimestralmente ao Congresso Nacional relatório de desempenho do FS, conforme disposto em regulamento do Fundo.

Capítulo VIII
DISPOSIÇÕES FINAIS E TRANSITÓRIAS

Art. 61. Aplicam-se às atividades de exploração, avaliação, desenvolvimento e produção de que trata esta Lei os regimes aduaneiros especiais e os incentivos fiscais aplicáveis à indústria de petróleo no Brasil.

Art. 62. A Lei 9.478, de 6 de agosto de 1997, passa a vigorar com as seguintes alterações:

"Art. 2º [...]"
"[...]"
"VIII – definir os blocos a serem objeto de concessão ou partilha de produção;"
"IX – definir a estratégia e a política de desenvolvimento econômico e tecnológico da indústria de petróleo, de gás natural e de outros hidrocarbonetos fluidos, bem como da sua cadeia de suprimento;"
"X – induzir o incremento dos índices mínimos de conteúdo local de bens e serviços, a serem observados em licitações e contratos de concessão e de partilha de produção, observado o disposto no inciso IX."
"[...]"
"Art. 5º As atividades econômicas de que trata o art. 4º desta Lei serão reguladas e fiscalizadas pela União e poderão ser exercidas, mediante concessão, autorização ou contratação sob o regime de partilha de produção, por empresas constituídas sob as leis brasileiras, com sede e administração no País."
"Art. 8º [...]"
"[...]"
"II – promover estudos visando à delimitação de blocos, para efeito de concessão ou contratação sob o regime de partilha de produção das atividades de exploração, desenvolvimento e produção;"
"[...]"
"Art. 21. Todos os direitos de exploração e produção de petróleo, de gás natural e de outros hidrocarbonetos fluidos em território nacional, nele compreendidos a parte terrestre, o mar territorial, a plataforma continental e a zona econômica exclusiva, pertencem à União, cabendo sua administração à ANP, ressalvadas as competências de outros órgãos e entidades expressamente estabelecidas em lei."
"Art. 22. [...]"
"[...]"
"§ 3º O Ministério de Minas e Energia terá acesso irrestrito e gratuito ao acervo a que se refere o *caput* deste artigo, com o objetivo de realizar estudos e planejamento setorial, mantido o sigilo a que esteja submetido, quando for o caso."
"Art. 23. As atividades de exploração, desenvolvimento e produção de petróleo e de gás natural serão exercidas mediante contratos de concessão, precedidos de licitação, na forma estabelecida nesta Lei, ou sob o regime de partilha de produção nas áreas do pré-sal e nas áreas estratégicas, conforme legislação específica."
"[...]"

Art. 63. Enquanto não for criada a empresa pública de que trata o § 1º do art. 8º, suas competências serão exercidas pela União, por intermédio da ANP, podendo ainda ser delegadas por meio de ato do Poder Executivo.

Art. 64. *(Vetado.)*

Art. 65. O Poder Executivo estabelecerá política e medidas específicas visando ao aumento da participação de empresas de pequeno e médio porte nas atividades de exploração, desenvolvimento e produção de petróleo e gás natural.

Parágrafo único. O Poder Executivo regulamentará o disposto no *caput* no prazo de 120 (cento e vinte) dias, contado da data de publicação desta Lei.

Port. RFB 2.344/2011

LEGISLAÇÃO

Art. 66. O Poder Executivo regulamentará o disposto nesta Lei.

Art. 67. Revogam-se o § 1º do art. 23 e o art. 27 da Lei 9.478, de 6 de agosto de 1997.

Art. 68. Esta Lei entra em vigor na data de sua publicação.

Brasília, 22 de dezembro de 2010; 189º da Independência e 122º da República.

Luiz Inácio Lula da Silva

(DOU 23.12.2010)

ANEXO

POLÍGONO PRÉ-SAL		
COORDENADAS POLICÔNICA/SAD69/MC54		
Longitude (W)	Latitude (S)	Vértices
5828309.85	7131717.65	1
5929556.50	7221864.57	2
6051237.54	7283090.25	3
6267090.28	7318567.19	4
6435210.56	7528148.23	5
6424907.47	7588826.11	6
6474447.16	7641777.76	7
6549160.52	7502144.27	8
6502632.19	7429577.67	9
6152150.71	7019438.85	10
5836128.16	6995039.24	11
5828309.85	7131717.65	1

PORTARIA 2.344,
DE 24 DE MARÇO DE 2011, DA SECRETARIA DA RECEITA FEDERAL DO BRASIL – RFB

Disciplina o acesso a informações protegidas por sigilo fiscal constantes de sistemas informatizados da Secretaria da Receita Federal do Brasil.

O Secretário da Receita Federal do Brasil, no uso das atribuições que lhe conferem o art. 44 do Anexo I ao Decreto 7.386, de 8 de dezembro de 2010, e o art. 273 do Regimento Interno da Secretaria da Receita Federal do Brasil, aprovado pela Portaria MF 587, de 21 de dezembro de 2010, e tendo em vista o disposto no art. 198 da Lei 5.172, de 25 de outubro de 1966 (Código Tributário Nacional), e na Lei 8.112, de 11 de dezembro de 1990, resolve:

Art. 1º O acesso a informações protegidas por sigilo fiscal, constantes de sistemas informatizados da Secretaria da Receita Federal do Brasil (RFB), observará as disposições desta Portaria.

Art. 2º São protegidas por sigilo fiscal as informações sobre a situação econômica ou financeira do sujeito passivo ou de terceiros e sobre a natureza e o estado de seus negócios ou atividades, obtidas em razão do ofício para fins de arrecadação e fiscalização de tributos, inclusive aduaneiros, tais como:

I – as relativas a rendas, rendimentos, patrimônio, débitos, créditos, dívidas e movimentação financeira ou patrimonial;

II – as que revelem negócios, contratos, relacionamentos comerciais, fornecedores, clientes e volumes ou valores de compra e venda;

III – as relativas a projetos, processos industriais, fórmulas, composição e fatores de produção.

§ 1º Não estão protegidas pelo sigilo fiscal as informações:

I – cadastrais do sujeito passivo, assim entendidas as que permitam sua identificação e individualização, tais como nome, data de nascimento, endereço, filiação, qualificação e composição societária;

II – cadastrais relativas à regularidade fiscal do sujeito passivo, desde que não revelem valores de débitos ou créditos;

III – agregadas, que não identifiquem o sujeito passivo; e

IV – previstas no § 3º do art. 198 da Lei 5.172, de 1966.

§ 2º A divulgação das informações referidas no § 1º caracteriza descumprimento do dever de sigilo funcional previsto no art. 116, inciso VIII, da Lei 8.112, de 1990.

Lei 12.402/2011

LEGISLAÇÃO

Art. 3º No âmbito da Secretaria da Receita Federal do Brasil, o acesso a informações de que trata esta Portaria restringir-se-á aos usuários que possuam senha, chave de acesso, certificação digital ou qualquer outro mecanismo de segurança que lhe tenha sido regularmente concedido, nos termos de portaria específica de sistemas e perfis, que autorize o seu acesso às bases de dados informatizadas.

Art. 4º As informações protegidas por sigilo fiscal, contidas em sistemas informatizados, somente poderão ser acessadas no interesse da realização do serviço.

Art. 5º Configura infração do servidor aos deveres funcionais de exercer com zelo e dedicação as atribuições do cargo e de observar normas legais e regulamentares, nos termos do art. 116, incisos I e III, da Lei 8.112, de 1990, sem prejuízo da responsabilidade penal e civil cabível, na forma dos arts. 121 a 125 daquela Lei, se o fato não configurar infração mais grave:

I – não proceder com o devido cuidado na guarda e utilização de sua senha ou emprestá-la a outro servidor, ainda que habilitado;

II – acessar imotivadamente sistemas informatizados da Secretaria da Receita Federal do Brasil que contenham informações protegidas por sigilo fiscal, observado o disposto no art. 4º.

Art. 6º O servidor que divulgar ou revelar informação protegida por sigilo fiscal, constante de sistemas informatizados, com infração ao disposto no art. 198 da Lei 5.172, de 25 de outubro de 1966 (Código Tributário Nacional), fica sujeito à penalidade de demissão prevista no art. 132, inciso IX, da Lei 8.112, de 1990.

Art. 7º O sujeito passivo que se considerar prejudicado pelo uso indevido das informações de que trata esta Portaria poderá dirigir representação à Secretaria da Receita Federal do Brasil com vistas à apuração do fato e, se for o caso, à aplicação de penalidades cabíveis ao servidor responsável pela infração.

Art. 8º Esta Portaria entra em vigor na data de sua publicação.

Carlos Alberto Freitas Barreto

(*DOU* 28.03.2011)

LEI 12.402, DE 2 DE MAIO DE 2011

Regula o cumprimento de obrigações tributárias por consórcios que realizarem contratações de pessoas jurídicas e físicas; acresce dispositivos à Lei 10.168, de 29 de dezembro de 2000, que institui contribuição de intervenção de domínio econômico destinada a financiar o Programa de Estímulo à Interação Universidade-Empresa para o Apoio à Inovação; altera as Leis 12.249, de 11 de junho de 2010, e 9.532, de 10 de dezembro de 1997, e o Decreto-lei 1.593, de 21 de dezembro de 1977; e dá outras providências.

A Presidenta da República:

Faço saber que o Congresso Nacional decreta e eu sanciono a seguinte Lei:

Art. 1º As empresas integrantes de consórcio constituído nos termos do disposto nos arts. 278 e 279 da Lei 6.404, de 15 de dezembro de 1976, respondem pelos tributos devidos, em relação às operações praticadas pelo consórcio, na proporção de sua participação no empreendimento, observado o disposto nos §§ 1º a 4º.

• V. art. 9º, I.

§ 1º O consórcio que realizar a contratação, em nome próprio, de pessoas jurídicas e físicas, com ou sem vínculo empregatício, poderá efetuar a retenção de tributos e o cumprimento das respectivas obrigações acessórias, ficando as empresas consorciadas solidariamente responsáveis.

§ 2º Se a retenção de tributos ou o cumprimento das obrigações acessórias relativos ao consórcio forem realizados por sua empresa líder, aplica-se, também, a solidariedade de que trata o § 1º.

§ 3º O disposto nos §§ 1º e 2º abrange o recolhimento das contribuições previdenciárias patronais, da contribuição prevista no art. 7º da Lei 12.546, de 14 de dezembro de 2011, inclusive a incidente sobre a remuneração dos trabalhadores avulsos, e das contribuições destinadas a outras entidades e fundos, além da multa por atraso no cumprimento das obrigações acessórias.

• § 3º com redação determinada pela Lei 12.995/2014.

Lei 12.402/2011

LEGISLAÇÃO

§ 4º O disposto neste artigo aplica-se somente aos tributos administrados pela Secretaria da Receita Federal do Brasil.

Art. 2º O art. 2º da Lei 10.168, de 29 de dezembro de 2000, passa a vigorar acrescido do seguinte § 6º:

"Art. 2º [...]

"[...]

"§ 6º Não se aplica a Contribuição de que trata o *caput* quando o contratante for órgão ou entidade da administração direta, autárquica e fundacional da União, dos Estados, do Distrito Federal e dos Municípios, e o contratado for instituição de ensino ou pesquisa situada no exterior, para o oferecimento de curso ou atividade de treinamento ou qualificação profissional a servidores civis ou militares do respectivo ente estatal, órgão ou entidade."

Art. 3º A Lei 10.168, de 29 de dezembro de 2000, passa a vigorar acrescida do seguinte art. 2º-B:

"Art. 2º-B. O imposto sobre a renda na fonte não incidirá sobre as importâncias pagas, creditadas, entregues, empregadas ou remetidas ao exterior por órgãos ou entidades da administração direta, autárquica e fundacional da União, dos Estados, do Distrito Federal e dos Municípios, em razão de despesas contratuais com instituições de ensino e pesquisa relacionadas à participação em cursos ou atividades de treinamento ou qualificação profissional de servidores civis ou militares do respectivo ente estatal, órgão ou entidade."

Art. 4º O art. 65 da Lei 12.249, de 11 de junho de 2010, passa a vigorar acrescido dos seguintes §§ 33 a 35:

"Art. 65. [...]

"[...]

"§ 33. As pessoas jurídicas que se encontrem inativas desde o ano-calendário de 2009 ou que estiverem em regime de liquidação ordinária, judicial ou extrajudicial, ou em regime de falência, que optaram pelo pagamento ou parcelamento dos débitos, nos termos deste artigo, poderão compensar os débitos do Imposto de Renda da Pessoa Jurídica (IRPJ) e da Contribuição Social sobre o Lucro Líquido (CSLL) apurados em razão da concessão do benefício de redução dos valores de multas, juros de mora e encargo legal, em decorrência do disposto no § 3º deste artigo, respectivamente, com a utilização de prejuízo fiscal e da base de cálculo negativa da CSLL, próprios, acumulados de exercícios anteriores, sendo que o valor a ser utilizado será determinado mediante a aplicação da alíquota de 25% (vinte e cinco por cento) sobre o montante do prejuízo fiscal e de 9% (nove por cento) sobre a base de cálculo negativa da CSLL.

"§ 34. Para fins do disposto no § 33, a pessoa jurídica inativa que retornar à atividade antes de 31 de dezembro de 2013 deverá recolher os valores referentes ao IRPJ e à CSLL objeto da compensação com todos os encargos legais e recompor o prejuízo fiscal do IRPJ e a base de cálculo negativa da CSLL correspondentes.

"§ 35. A Secretaria da Receita Federal do Brasil disciplinará o disposto nos §§ 33 e 34."

Art. 5º Os fabricantes e importadores de cigarrilhas classificadas no código 2402.10.00 da Tabela de Incidência do Imposto sobre Produtos Industrializados (Tipi) ficam sujeitos à inscrição no registro especial de que trata o art. 1º do Decreto-lei 1.593, de 21 de dezembro de 1977.

• V. art. 9º, III.

Parágrafo único. O disposto nos arts. 27 a 30 da Lei 11.488, de 15 de junho de 2007, também se aplica aos estabelecimentos industriais fabricantes de cigarrilhas.

Art. 6º Os fabricantes e importadores de cigarrilhas ficam sujeitos à apuração e ao pagamento do Imposto sobre Produtos Industrializados (IPI), da Contribuição para o PIS/Pasep e da Cofins, segundo as mesmas normas aplicáveis aos cigarros nacionais e importados, inclusive em relação às regras:

• V. art. 9º, III.

I – de equiparação a estabelecimento industrial, no caso do IPI; e

II – de substituição tributária, no caso da Contribuição para o PIS/Pasep e da Cofins.

Art. 7º Os arts. 12 e 18 do Decreto-lei 1.593, de 21 de dezembro de 1977, passam a vigorar com a seguinte redação:

"Art. 12. Os cigarros destinados à exportação não poderão ser vendidos nem expos-

Lei 12.431/2011

LEGISLAÇÃO

tos à venda no País e deverão ser marcados, nas embalagens de cada maço ou carteira de 20 (vinte) unidades, pelos equipamentos de que trata o art. 27 da Lei 11.488, de 15 de junho de 2007, com códigos que possibilitem identificar sua legítima origem e reprimir a introdução clandestina destes produtos no território nacional.

"[...]

"§ 5º A Secretaria da Receita Federal do Brasil poderá, na forma, condições e prazos por ela estabelecidos, dispensar a aplicação do disposto nos §§ 1º e 4º, desde que:

"I – a dispensa seja necessária para atender as exigências do mercado estrangeiro importador;

"II – o importador no exterior seja pessoa jurídica vinculada ao estabelecimento industrial, de acordo com o disposto no art. 23 da Lei 9.430, de 27 de dezembro de 1996; e

"III – seja comprovada pelo estabelecimento industrial, mediante documentação hábil e idônea, a importação dos cigarros no país de destino.

"§ 6º As exportações de cigarros autorizadas pela Secretaria da Receita Federal do Brasil na forma do § 5º ficam isentas do Imposto de Exportação."

"Art. 18. [...]

"[...]

"§ 3º Na hipótese de cigarros de que trata o *caput*, cuja exportação tenha sido autorizada pela Secretaria da Receita Federal do Brasil de acordo com o disposto no § 5º do art. 12, os impostos devidos, bem como a multa de que trata o § 1º do presente artigo, serão exigidos do estabelecimento industrial exportador.

"§ 4º O disposto no § 3º aplica-se inclusive à hipótese de ausência de comprovação pelo estabelecimento industrial da importação dos cigarros no país de destino, de que trata o inciso III do § 5º do art. 12."

Art. 8º Os arts. 48 e 50 da Lei 9.532, de 10 de dezembro de 1997, passam a vigorar com a seguinte redação:

• Alterações processadas no texto da referida Lei.

Art. 9º Esta Lei entra em vigor na data de sua publicação, produzindo efeitos:

I – em relação ao art. 1º, a partir de 29 de outubro de 2010;

II – em relação aos arts. 2º e 3º, a partir de 1º de janeiro de 2011;

III – em relação aos arts. 5º e 6º, a partir do primeiro dia do quarto mês subsequente ao da sua publicação;

IV – em relação aos demais artigos, a partir da data de sua publicação.

Art. 10. Ficam revogados a partir da entrada em vigor desta Lei os seguintes dispositivos:

I – os §§ 1º e 2º do art. 48 da Lei 9.532, de 10 de dezembro de 1997;

II – o § 3º do art. 49 da Lei 9.532, de 10 de dezembro de 1997;

III – o inciso II do art. 6º-A do Decreto-lei 1.593, de 21 de dezembro de 1977;

IV – o art. 11 do Decreto-lei 1.593, de 21 de dezembro de 1977.

Brasília, 2 de maio de 2011; 190º da Independência e 123º da República.

Dilma Rousseff

(*DOU* 03.05.2011)

LEI 12.431, DE 24 DE JUNHO DE 2011

Dispõe sobre a incidência do imposto sobre a renda nas operações que especifica; altera as Leis 11.478, de 29 de maio de 2007, 6.404, de 15 de dezembro de 1976, 9.430, de 27 de dezembro de 1996, 12.350, de 20 de dezembro de 2010, 11.196, de 21 de novembro de 2005, 8.248, de 23 de outubro de 1991, 9.648, de 27 de maio de 1998, 11.943, de 28 de maio de 2009, 9.808, de 20 de julho de 1999, 10.260, de 12 de julho de 2001, 11.096, de 13 de janeiro de 2005, 11.180, de 23 de setembro de 2005, 11.128, de 28 de junho de 2005, 11.909, de 4 de março de 2009, 11.371, de 28 de novembro de 2006, 12.249, de 11 de junho de 2010, 10.150, de 21 de dezembro de 2000, 10.312, de 27 de novembro de 2001, e 12.058, de 13 de outubro de 2009, e o Decreto-lei 288, de 28 de fevereiro de 1967; institui o Regime Especial de Incentivos para o Desenvolvimento de Usinas Nucleares (Renuclear); dispõe sobre medidas tributárias relacionadas ao Plano Nacional de Banda Larga; altera a legislação relativa à isenção do Adicional ao Frete para Renovação da Marinha Mercante (AFRMM); dispõe sobre a

Lei 12.431/2011

LEGISLAÇÃO

extinção do Fundo Nacional de Desenvolvimento; e dá outras providências.

A Presidenta da República:
Faço saber que o Congresso Nacional decreta e eu sanciono a seguinte Lei:

Art. 1º Fica reduzida a 0 (zero) a alíquota do imposto sobre a renda incidente sobre os rendimentos definidos nos termos da alínea *a* do § 2º do art. 81 da Lei 8.981, de 20 de janeiro de 1995, quando pagos, creditados, entregues ou remetidos a beneficiário residente ou domiciliado no exterior, exceto em país que não tribute a renda ou que a tribute à alíquota máxima inferior a 20% (vinte por cento), produzidos por:

- Caput com redação determinada pela Lei 12.844/2013 (*DOU* 19.07.2013, edição extra), em vigor na data de sua publicação, com efeitos retroativos a 04.06.2013 (v. art. 49, I, da referida Lei).

I – títulos ou valores mobiliários adquiridos a partir de 1º de janeiro de 2011, objeto de distribuição pública, de emissão de pessoas jurídicas de direito privado não classificadas como instituições financeiras; ou

II – fundos de investimento em direitos creditórios constituídos sob a forma de condomínio fechado, regulamentados pela Comissão de Valores Mobiliários – CVM, cujo originador ou cedente da carteira de direitos creditórios não seja instituição financeira.

§ 1º Para fins do disposto no inciso I do *caput*, os títulos ou valores mobiliários deverão ser remunerados por taxa de juros pré-fixada, vinculada a índice de preço ou à Taxa Referencial – TR, vedada a pactuação total ou parcial de taxa de juros pós-fixada, e ainda, cumulativamente, apresentar:

- § 1º com redação determinada pela Lei 12.844/2013 (*DOU* 19.07.2013, edição extra), em vigor na data de sua publicação, com efeitos retroativos a 04.06.2013 (v. art. 49, I, da referida Lei).

I – prazo médio ponderado superior a 4 (quatro) anos;

II – vedação à recompra do título ou valor mobiliário pelo emissor ou parte a ele relacionada nos 2 (dois) primeiros anos após a sua emissão e à liquidação antecipada por meio de resgate ou pré-pagamento, salvo na forma a ser regulamentada pelo Conselho Monetário Nacional;

III – inexistência de compromisso de revenda assumido pelo comprador;

IV – prazo de pagamento periódico de rendimentos, se existente, com intervalos de, no mínimo, 180 (cento e oitenta) dias;

V – comprovação de que o título ou valor mobiliário esteja registrado em sistema de registro devidamente autorizado pelo Banco Central do Brasil ou pela CVM, nas suas respectivas áreas de competência; e

VI – procedimento simplificado que demonstre o compromisso de alocar os recursos captados no pagamento futuro ou no reembolso de gastos, despesas ou dívidas relacionados aos projetos de investimento, inclusive os voltados à pesquisa, desenvolvimento e inovação.

§ 1º-A. Para fins do disposto no inciso II do *caput*, a rentabilidade esperada das cotas de emissão dos fundos de investimento em direitos creditórios deverá ser referenciada em taxa de juros pré-fixada, vinculada a índice de preço ou à TR, observados, cumulativamente, os seguintes requisitos:

- § 1º-A com redação determinada pela Lei 12.844/2013 (*DOU* 19.07.2013, edição extra), em vigor na data de sua publicação, com efeitos retroativos a 04.06.2013 (v. art. 49, I, da referida Lei).

I – o fundo deve possuir prazo de duração mínimo de 6 (seis) anos;

II – vedação ao pagamento total ou parcial do principal das cotas nos 2 (dois) primeiros anos a partir da data de encerramento da oferta pública de distribuição de cotas constitutivas do patrimônio inicial do fundo, exceto nas hipóteses de liquidação antecipada do fundo, previstas em seu regulamento;

III – vedação à aquisição de cotas pelo originador ou cedente ou por partes a eles relacionadas, exceto quando se tratar de cotas cuja classe subordine-se às demais para efeito de amortização e resgate;

IV – prazo de amortização parcial de cotas, inclusive as provenientes de rendimentos incorporados, caso existente, com intervalos de, no mínimo, 180 (cento e oitenta) dias;

V – comprovação de que as cotas estejam admitidas a negociação em mercado organizado de valores mobiliários ou registrados em sistema de registro devidamente autorizado pelo Banco Central do Brasil ou pela

Lei 12.431/2011

CVM, nas suas respectivas áreas de competência;

VI – procedimento simplificado que demonstre o objetivo de alocar os recursos obtidos com a operação em projetos de investimento, inclusive os voltados à pesquisa, ao desenvolvimento e à inovação; e

VII – presença obrigatória no contrato de cessão, no regulamento e no prospecto, se houver, na forma a ser regulamentada pela CVM:

a) do objetivo do projeto ou projetos beneficiados;

b) do prazo estimado para início e encerramento ou, para os projetos em andamento, a descrição da fase em que se encontram e a estimativa do seu encerramento;

c) do volume estimado dos recursos financeiros necessários para a realização do projeto ou projetos não iniciados ou para a conclusão dos já iniciados; e

d) do percentual que se estima captar com a venda dos direitos creditórios, frente às necessidades de recursos financeiros dos projetos beneficiados;

VIII – percentual mínimo de 85% (oitenta e cinco por cento) de patrimônio líquido representado por direitos creditórios, e a parcela restante por títulos públicos federais, operações compromissadas lastreadas em títulos públicos federais ou cotas de fundos de investimento que invistam em títulos públicos federais.

§ 1º-B. Para fins do disposto no inciso I do caput, os certificados de recebíveis imobiliários deverão ser remunerados por taxa de juros pré-fixada, vinculada a índice de preço ou à TR, vedada a pactuação total ou parcial de taxa de juros pós-fixada, e ainda, cumulativamente, apresentar os seguintes requisitos:

- § 1º-B com redação determinada pela Lei 12.844/2013 (DOU 19.07.2013, edição extra), em vigor na data de sua publicação, com efeitos retroativos a 04.06.2013 (v. art. 49, I, da referida Lei).

I – prazo médio ponderado superior a 4 (quatro) anos, na data de sua emissão;

II – vedação à recompra dos certificados de recebíveis imobiliários pelo emissor ou parte a ele relacionada e o cedente ou originador nos 2 (dois) primeiros anos após a sua emissão e à liquidação antecipada por meio de resgate ou pré-pagamento, salvo na forma a ser regulamentada pelo Conselho Monetário Nacional;

III – inexistência de compromisso de revenda assumido pelo comprador;

IV – prazo de pagamento periódico de rendimentos, se existente, com intervalos de, no mínimo, 180 (cento e oitenta) dias;

V – comprovação de que os certificados de recebíveis imobiliários estejam registrados em sistema de registro, devidamente autorizado pelo Banco Central do Brasil ou pela CVM, nas respectivas áreas de competência; e

VI – procedimento simplificado que demonstre o compromisso de alocar os recursos captados no pagamento futuro ou no reembolso de gastos, despesas ou dívidas relacionados a projetos de investimento, inclusive os voltados à pesquisa, ao desenvolvimento e à inovação.

§ 1º-C. O procedimento simplificado previsto nos incisos VI dos §§ 1º, 1º-A e 1º-B deve demonstrar que os gastos, despesas ou dívidas passíveis de reembolso ocorreram em prazo igual ou inferior a 24 (vinte e quatro) meses da data de encerramento da oferta pública.

- § 1º-C acrescentado pela Lei 12.844/2013 (DOU 19.07.2013, edição extra), em vigor na data de sua publicação, com efeitos retroativos a 04.06.2013 (v. art. 49, I, da referida Lei).

§ 1º-D. Para fins do disposto neste artigo, os fundos de investimento em direitos creditórios e os certificados de recebíveis imobiliários podem ser constituídos para adquirir recebíveis de um único cedente ou devedor ou de empresas pertencentes ao mesmo grupo econômico.

- § 1º-D acrescentado pela Lei 12.844/2013 (DOU 19.07.2013, edição extra), em vigor na data de sua publicação, com efeitos retroativos a 04.06.2013 (v. art. 49, I, da referida Lei).

§ 2º O Conselho Monetário Nacional definirá a fórmula de cômputo do prazo médio a que se refere o inciso I dos §§ 1º e 1º-B, e o procedimento simplificado a que se referem os incisos VI dos §§ 1º, 1º-A e 1º-B.

- § 2º com redação determinada pela Lei 12.844/2013 (DOU 19.07.2013, edição extra), em vigor na data de sua publicação, com efeitos retroativos a 04.06.2013 (v. art. 49, I, da referida Lei).

Lei 12.431/2011

§ 3º Para fins do disposto neste artigo são consideradas instituições financeiras bancos de qualquer espécie, cooperativas de crédito, caixa econômica, sociedades distribuidoras de títulos e valores mobiliários, sociedades corretoras de câmbio, de títulos de valores mobiliários, sociedades de crédito, financiamento e investimentos, sociedades de crédito imobiliário, sociedades de arrendamento mercantil.

§ 4º O disposto neste artigo aplica-se:

I – exclusivamente a beneficiário residente ou domiciliado no exterior que realizar operações financeiras no País de acordo com as normas e condições estabelecidas pelo Conselho Monetário Nacional;

II – às cotas de fundos de investimento exclusivos para investidores não residentes que possuam no mínimo 85% (oitenta e cinco por cento) do valor do patrimônio líquido do fundo aplicado em títulos de que trata o inciso I do *caput*.

- Inciso II com redação determinada pela Lei 12.844/2013 (*DOU* 19.07.2013, edição extra), em vigor na data de sua publicação, com efeitos retroativos a 04.06.2013 (v. art. 49, I, da referida Lei).

§ 4º-A. O percentual mínimo a que se refere o inciso II do § 4º poderá ser de, no mínimo, 67% (sessenta e sete por cento) do valor do patrimônio líquido do fundo aplicado em títulos de que trata o inciso I do *caput* no prazo de 2 (dois) anos, contado da data da primeira integralização de cotas.

- § 4º-A com redação determinada pela Lei 12.844/2013 (*DOU* 19.07.2013, edição extra), em vigor na data de sua publicação, com efeitos retroativos a 04.06.2013 (v. art. 49, I, da referida Lei).

§ 5º Os fundos a que se refere o inciso II do § 4º observarão as regras disciplinadas nos §§ 4º, 5º e 6º do art. 3º.

§ 6º Até 30 de junho de 2011, relativamente aos investimentos em títulos ou valores mobiliários possuídos em 1º de janeiro de 2011 e que obedeçam ao disposto no § 1º, fica facultado ao investidor estrangeiro antecipar o pagamento do imposto sobre a renda que seria devido por ocasião do pagamento, crédito, entrega ou remessa a beneficiário residente ou domiciliado no exterior, ficando os rendimentos auferidos a partir da data do pagamento do imposto sujeitos ao benefício da alíquota 0 (zero) previsto neste artigo.

§ 7º O Ministério da Fazenda poderá disciplinar o cômputo do imposto sobre a renda devido pelo investidor estrangeiro, nos casos em que este opte pela antecipação de pagamento disposta no § 6º, tendo como base para apuração do tributo:

I – o preço de mercado do título, definido pela média aritmética dos valores negociados apurados nos 10 (dez) dias úteis que antecedem o pagamento antecipado do imposto sobre a renda; ou

II – o preço apurado com base na curva de juros do papel, nos casos em que, cumulativamente ou não:

a) inexista, no prazo de antecedência disposto no inciso I, a negociação do título em plataforma eletrônica;

b) o volume negociado se mostre insuficiente para concluir que o preço observado espelha o valor do título.

§ 8º Fica sujeito à multa equivalente a 20% (vinte por cento) do valor captado na forma deste artigo não alocado no projeto de investimento, a ser aplicada pela Secretaria da Receita Federal do Brasil – RFB:

- *Caput* do § 8º acrescentado pela Lei 12.715/2012.

I – o emissor dos títulos e valores mobiliários; ou

- Inciso I acrescentado pela Lei 12.715/2012

II – o cedente, no caso de certificados de recebíveis imobiliários e de cotas de fundo de investimento em direitos creditórios.

- Inciso II com redação determinada pela Lei 12.844/2013 (*DOU* 19.07.2013, edição extra), em vigor na data de sua publicação, com efeitos retroativos a 04.06.2013 (v. art. 49, I, da referida Lei).

§ 9º Os rendimentos produzidos pelos títulos ou valores mobiliários a que se refere este artigo sujeitam-se à alíquota reduzida de imposto de renda ainda que ocorra a hipótese prevista no § 8º, sem prejuízo da multa nele estabelecida.

- § 9º acrescentado pela Lei 12.715/2012.

§ 10. Aplica-se o disposto neste artigo aos fundos soberanos que realizarem operações financeiras no País de acordo com as normas e condições estabelecidas pelo Conselho Monetário Nacional, ainda que

Lei 12.431/2011

LEGISLAÇÃO

domiciliados ou residentes em países com tributação favorecida nos termos do art. 24 da Lei 9.430, de 27 de dezembro de 1996.

* § 10 com redação determinada pela Lei 13.043/2014.

§ 11. Para fins do disposto no § 10, classificam-se como fundos soberanos os veículos de investimento no exterior cujo patrimônio seja composto por recursos provenientes exclusivamente da poupança soberana do país respectivo e que, adicionalmente, cumpram os seguintes requisitos:

* § 11 acrescentado pela Lei 12.844/2013 (DOU 19.07.2013, edição extra), em vigor na data de sua publicação, com efeitos retroativos a 04.06.2013 (v. art. 49, I, da referida Lei).

I – apresentem, em ambiente de acesso público, uma política de propósitos e de investimento definida;

II – apresentem, em ambiente de acesso público e em periodicidade, no mínimo, anual, suas fontes de recursos; e

III – disponibilizem, em ambiente de acesso público, as regras de resgate dos recursos por parte do governo.

Art. 2º No caso de debêntures emitidas por sociedade de propósito específico, constituída sob a forma de sociedade por ações, dos certificados de recebíveis imobiliários e de cotas de emissão de fundo de investimento em direitos creditórios, constituídos sob a forma de condomínio fechado, relacionados à captação de recursos com vistas em implementar projetos de investimento na área de infraestrutura, ou de produção econômica intensiva em pesquisa, desenvolvimento e inovação, considerados como prioritários na forma regulamentada pelo Poder Executivo federal, os rendimentos auferidos por pessoas físicas ou jurídicas residentes ou domiciliadas no País sujeitam-se à incidência do imposto sobre a renda, exclusivamente na fonte, às seguintes alíquotas:

* Caput com redação determinada pela Lei 12.844/2013 (DOU 19.07.2013, edição extra), em vigor na data de sua publicação, com efeitos retroativos a 04.06.2013 (v. art. 49, I, da referida Lei).

I – 0% (zero por cento), quando auferidos por pessoa física; e

II – 15% (quinze por cento), quando auferidos por pessoa jurídica tributada com base no lucro real, presumido ou arbitrado, pessoa jurídica isenta ou optante pelo Regime Especial Unificado de Arrecadação de Tributos e Contribuições devidos pelas Microempresas e Empresas de Pequeno Porte (Simples Nacional).

§ 1º O disposto neste artigo aplica-se somente aos ativos que atendam ao disposto nos §§ 1º, 1º-A, 1º-B, 1º-C e 2º do art. 1º, emitidos entre a data da publicação da regulamentação mencionada no § 2º do art. 1º e 31 de dezembro de 2030.

* § 1º com redação determinada pela Lei 13.043/2014.

§ 1º-A. As debêntures objeto de distribuição pública, emitidas por concessionária, permissionária, autorizatária ou arrendatária, constituídas sob a forma de sociedade por ações, para captar recursos com vistas em implementar projetos de investimento na área de infraestrutura ou de produção econômica intensiva em pesquisa, desenvolvimento e inovação, considerados como prioritários na forma regulamentada pelo Poder Executivo federal também fazem jus aos benefícios dispostos no caput, respeitado o disposto no § 1º.

* § 1º-A com redação determinada pela Lei 12.844/2013 (DOU 19.07.2013, edição extra), em vigor na data de sua publicação, com efeitos retroativos a 04.06.2013 (v. art. 49, I, da referida Lei).

§ 1º-B. As debêntures mencionadas no caput e no § 1º-A poderão ser emitidas por sociedades controladoras das pessoas jurídicas mencionadas neste artigo, desde que constituídas sob a forma de sociedade por ações.

* § 1º-B acrescentado pela Lei 12.715/2012.

§ 2º O regime de tributação previsto neste artigo aplica-se inclusive às pessoas jurídicas relacionadas no inciso I do art. 77 da Lei 8.981, de 20 de janeiro de 1995.

§ 3º Os rendimentos tributados exclusivamente na fonte poderão ser excluídos na apuração do lucro real.

§ 4º As perdas apuradas nas operações com os ativos a que se refere este artigo, quando realizadas por pessoa jurídica tributada com

Lei 12.431/2011

LEGISLAÇÃO

base no lucro real, não serão dedutíveis na apuração do lucro real.

- § 4º com redação determinada pela Lei 12.715/2012.

§ 5º Ficam sujeitos à multa equivalente a 20% (vinte por cento) do valor captado na forma deste artigo não alocado no projeto de investimento, a ser aplicada pela Secretaria da Receita Federal do Brasil do Ministério da Fazenda:

- § 5º com redação determinada pela Lei 12.844/2013 (*DOU* 19.07.2013, edição extra), em vigor na data de sua publicação, com efeitos retroativos a 04.06.2013 (v. art. 49, I, da referida Lei).

I – o emissor dos títulos e valores mobiliários; ou

II – o cedente, no caso de certificados de recebíveis imobiliários e fundos de investimento em direitos creditórios.

§ 6º O controlador da sociedade de propósito específico criada para implementar o projeto de investimento na forma deste artigo responderá de forma subsidiária com relação ao pagamento da multa estabelecida no § 5º.

- § 6º acrescentado pela Lei 12.715/2012.

§ 7º Os rendimentos produzidos pelos valores mobiliários a que se refere este artigo sujeitam-se à alíquota reduzida de imposto de renda ainda que ocorra a hipótese prevista no § 5º, sem prejuízo da multa nele estabelecida.

- § 7º acrescentado pela Lei 12.715/2012.

§ 8º Para fins do disposto neste artigo, consideram-se rendimentos quaisquer valores que constituam remuneração do capital aplicado, inclusive ganho de capital auferido na alienação.

- § 8º acrescentado pela Lei 12.715/2012.

Art. 3º As instituições autorizadas pela Comissão de Valores Mobiliários ao exercício da administração de carteira de títulos e valores mobiliários poderão constituir fundo de investimento, que disponha em seu regulamento que a aplicação de seus recursos nos ativos de que trata o art. 2º não poderá ser inferior a 85% (oitenta e cinco por cento) do valor do patrimônio líquido do fundo.

- *Caput* com redação determinada pela Lei 12.715/2012.

§ 1º Os cotistas dos fundos de investimento de que trata o *caput* ou dos fundos de investimentos em cotas de fundo de investimento que detenham, no mínimo, 95% (noventa e cinco por cento) dos seus recursos alocados em cotas dos fundos de investimento de que trata o *caput*, terão sua alíquota do imposto sobre a renda, incidente sobre os rendimentos produzidos pelos fundos de que trata o *caput*, reduzida a:

I – 0% (zero por cento), quando:

a) pagos, creditados, entregues ou remetidos a beneficiário residente ou domiciliado no exterior, que realizar operações financeiras no País de acordo com as normas e condições estabelecidas pelo Conselho Monetário Nacional, exceto em país que não tribute a renda ou que a tribute à alíquota máxima inferior a 20% (vinte por cento);

b) auferidos por pessoa física;

II – 15% (quinze por cento), quando auferidos por pessoa jurídica tributada com base no lucro real, presumido ou arbitrado e por pessoa jurídica isenta ou optante pelo Simples Nacional.

§ 1º-A. O percentual mínimo a que se refere o *caput* poderá ser de, no mínimo, 67% (sessenta e sete por cento) do valor do patrimônio líquido do fundo aplicado nos ativos no prazo de 2 (dois) anos contado da data da primeira integralização de cotas.

- § 1º-A com redação determinada pela Lei 12.844/2013 (*DOU* 19.07.2013, edição extra), em vigor na data de sua publicação, com efeitos retroativos a 04.06.2013 (v. art. 49, I, da referida Lei).

§ 2º Os cotistas dispostos na alínea *b* do inciso I e no inciso II do § 1º sujeitam-se à incidência do imposto sobre a renda exclusivamente na fonte.

§ 2º-A. Para fins do disposto neste artigo, consideram-se rendimentos quaisquer valores que constituam remuneração do capital aplicado, inclusive ganho de capital auferido na alienação de cotas.

- § 2º-A acrescentado pela Lei 12.844/2013 (*DOU* 19.07.2013, edição extra), em vigor na data de sua publicação, com efeitos retroativos a 04.06.2013 (v. art. 49, I, da referida Lei).

§ 2º-B. Não se aplica ao fundo de investimento de que trata o *caput* e ao fundo de investimento em cota de fundo de investimento de que trata o § 1º a incidência do

Lei 12.431/2011

LEGISLAÇÃO

imposto de renda na fonte prevista no art. 3º da Lei 10.892, de 13 de julho de 2004.

> § 2º-B acrescentado pela Lei 12.844/2013 (*DOU* 19.07.2013, edição extra), em vigor na data de sua publicação, com efeitos retroativos a 04.06.2013 (v. art. 49, I, da referida Lei).

§ 3º O não atendimento pelo fundo de investimento de que trata o *caput* ou pelo fundo de investimento em cota de fundo de investimento de que trata o § 1º de qualquer das condições dispostas neste artigo implica a sua liquidação ou transformação em outra modalidade de fundo de investimento ou de fundo de investimento em cota de fundo de investimento, no que couber.

§ 4º O fundo de investimento de que trata o *caput* e o fundo de investimento em cota de fundo de investimento de que trata o § 1º terão prazo de até 180 (cento e oitenta) dias contados da data da primeira integralização de cotas para enquadrar-se ao disposto no § 1º-A.

> § 4º com redação determinada pela Lei 12.844/2013 (*DOU* 19.07.2013, edição extra), em vigor na data de sua publicação, com efeitos retroativos a 04.06.2013 (v. art. 49, I, da referida Lei).

§ 5º Sem prejuízo do prazo previsto no § 4º, não se aplica o disposto no § 1º se, em um mesmo ano-calendário, a carteira do fundo de investimento não cumprir as condições estabelecidas neste artigo por mais de 3 (três) vezes ou por mais de 90 (noventa) dias, hipótese em que os rendimentos produzidos a partir do dia imediatamente após a alteração da condição serão tributados na forma do § 6º.

> § 5º com redação determinada pela Lei 12.844/2013 (*DOU* 19.07.2013, edição extra), em vigor na data de sua publicação, com efeitos retroativos a 04.06.2013 (v. art. 49, I, da referida Lei).

§ 5º-A. Ocorrida a hipótese prevista no § 5º e após cumpridas as condições estabelecidas neste artigo, admitir-se-á o retorno ao enquadramento anterior a partir do 1º (primeiro) dia do ano-calendário subsequente.

> § 5º-A acrescentado pela Lei 12.844/2013 (*DOU* 19.07.2013, edição extra), em vigor na data de sua publicação, com efeitos retroativos a 04.06.2013 (v. art. 49, I, da referida Lei).

§ 6º Na hipótese de liquidação ou transformação do fundo conforme previsto no § 3º, aplicar-se-ão aos rendimentos de que trata o § 1º a alíquota de 15% (quinze por cento) para os cotistas dispostos na alínea *a* do inciso I e as alíquotas previstas nos incisos I a IV do *caput* do art. 1º da Lei 11.033, de 21 de dezembro de 2004, para os cotistas dispostos na alínea *b* do inciso I e no inciso II, não se aplicando a incidência exclusivamente na fonte para os cotistas do inciso II.

§ 7º A Comissão de Valores Mobiliários e a Secretaria da Receita Federal do Brasil regulamentarão, dentro de suas respectivas competências, no que for necessário, o disposto neste artigo.

§ 8º O regime de tributação previsto neste artigo aplica-se inclusive às pessoas jurídicas relacionadas no inciso I do art. 77 da Lei 8.981, de 20 de janeiro de 1995.

§ 9º Os rendimentos tributados exclusivamente na fonte poderão ser excluídos na apuração do lucro real.

§ 10. As perdas apuradas nas operações com cotas dos fundos a que se refere o § 1º, quando realizadas por pessoa jurídica tributada com base no lucro real, não serão dedutíveis na apuração do lucro real.

Art. 4º A ementa e os arts. 1º e 2º da Lei 11.478, de 29 de maio de 2007, passam a vigorar com a seguinte redação:

"Institui o Fundo de Investimento em Participações em Infraestrutura (FIP-IE) e o Fundo de Investimento em Participação na Produção Econômica Intensiva em Pesquisa, Desenvolvimento e Inovação (FIP-PD&I) e dá outras providências."

"Art. 1º As instituições autorizadas pela Comissão de Valores Mobiliários (CVM) para o exercício da administração de carteira de títulos de valores mobiliários poderão constituir Fundo de Investimento em Participações em Infraestrutura (FIP-IE) e Fundo de Investimento em Participação na Produção Econômica Intensiva em Pesquisa, Desenvolvimento e Inovação (FIP-PD&I), sob a forma de condomínio fechado, que terão, respectivamente, por objetivo o investimento no território nacional em novos projetos de infraestrutura e de produção econômica intensiva em pesquisa, desenvolvimento e inovação.

"§ 1º [...]

"[...]

"V – outras áreas tidas como prioritárias pelo Poder Executivo Federal.

Lei 12.431/2011

LEGISLAÇÃO

"§ 1º-A. Além dos dispositivos previstos no § 1º, consideram-se novos os projetos de produção econômica intensiva em pesquisa, desenvolvimento e inovação implementados a partir da vigência desta Lei por sociedades específicas criadas para tal fim e que atendam à regulamentação do Ministério da Ciência e Tecnologia (MCT).

"§ 2º Os novos projetos de que tratam os §§ 1º e 1º-A deste artigo poderão constituir-se na expansão de projetos já existentes, implantados ou em processo de implantação, desde que os investimentos e os resultados da expansão sejam segregados mediante a constituição de sociedade de propósito específico.

"§ 3º As sociedades de propósito específico a que se referem os §§ 1º a 2º serão necessariamente organizadas como sociedade por ações, de capital aberto ou fechado.

"§ 4º No mínimo 90% (noventa por cento) do patrimônio do FIP-IE e do FIP-PD&I deverão ser aplicados em ações, bônus de subscrição, debêntures, conversíveis ou não em ações, ou outros títulos de emissão das sociedades de que trata o § 3º, desde que permitidos pela regulamentação da CVM para fundos de investimento em participações.

"§ 5º (Revogado.)

"§ 6º O FIP-IE e o FIP-PD&I deverão ter um mínimo de 5 (cinco) cotistas, sendo que cada cotista não poderá deter mais de 40% (quarenta por cento) das cotas emitidas pelo FIP-IE ou pelo FIP-PD&I ou auferir rendimento superior a 40% (quarenta por cento) do total de rendimentos dos fundos.

"§ 7º As sociedades de que trata o § 3º deverão seguir, pelo menos, as práticas de governança corporativa estabelecidas pela CVM para as companhias investidas por fundos de investimento em participações.

"§ 8º O FIP-IE e o FIP-PD&I deverão participar do processo decisório das sociedades investidas com efetiva influência na definição de suas políticas estratégicas e na sua gestão, notadamente por meio da indicação de membros do Conselho de Administração ou, ainda, pela detenção de ações que integrem o respectivo bloco de controle, pela celebração de acordo de acionistas ou pela celebração de ajuste de natureza diversa ou adoção de procedimento que assegure ao fundo efetiva influência na definição de sua política estratégica e na sua gestão.

"§ 9º O não atendimento pelo FIP-IE ou pelo FIP-PD&I de qualquer das condições de que trata este artigo implica sua liquidação ou sua transformação em outra modalidade de fundo de investimento, no que couber.

"§ 10. O FIP-IE e o FIP-PD&I terão o prazo máximo de 180 (cento e oitenta) dias após obtido o registro de funcionamento na CVM para iniciar suas atividades e para se enquadrarem no nível mínimo de investimento estabelecido no § 4º.

"§ 11. Aplica-se também o disposto no § 10 deste artigo na hipótese de desenquadramento do fundo por encerramento de projeto a que se referem os §§ 1º, 1º-A e 2º."

"Art. 2º Os rendimentos auferidos no resgate de cotas do FIP-IE e do FIP-PD&I, inclusive quando decorrentes da liquidação do fundo, ficam sujeitos à incidência do imposto sobre a renda na fonte à alíquota de 15% (quinze por cento) sobre a diferença positiva entre o valor de resgate e o custo de aquisição das cotas.

"§ 1º Os ganhos auferidos na alienação de cotas de fundos de investimento de que trata o caput serão tributados:

"I – à alíquota 0 (zero), quando auferidos por pessoa física em operações realizadas em bolsa ou fora de bolsa;

"II – como ganho líquido, à alíquota de 15% (quinze por cento), quando auferidos por pessoa jurídica em operações realizadas dentro ou fora de bolsa;

"III – (Revogado.)

"[...]

"§ 3º No caso de rendimentos distribuídos à pessoa física, nas formas previstas no caput e no § 2º, tais rendimentos ficam isentos do imposto sobre a renda na fonte e na declaração de ajuste anual das pessoas físicas.

"[...]"

Art. 5º O imposto sobre a renda incidente sobre os rendimentos periódicos a que se refere o § 3º do art. 65 da Lei 8.981, de 20 de janeiro de 1995, incidirá, pro-rata tempore, sobre a parcela do rendimento produ-

Lei 12.431/2011

LEGISLAÇÃO

zido entre a data de aquisição ou a data do pagamento periódico anterior e a data de sua percepção, podendo ser deduzida da base de cálculo a parcela dos rendimentos correspondente ao período entre a data do pagamento do rendimento periódico anterior e a data de aquisição do título.

§ 1º Ocorrido o primeiro pagamento periódico de rendimentos após a aquisição do título sem alienação pelo adquirente, a parcela do rendimento não submetida à incidência do imposto sobre a renda na fonte deverá ser deduzida do custo de aquisição para fins de apuração da base de cálculo do imposto, quando de sua alienação.

§ 2º As instituições intervenientes deverão manter registros que permitam verificar a correta apuração da base de cálculo do imposto de que trata este artigo, na forma regulamentada pela Secretaria da Receita Federal do Brasil.

Art. 6º Os arts. 55, 59, 66, 100, 121, 122, 127, 146 e 289 da Lei 6.404, de 15 de dezembro de 1976, passam a vigorar com a seguinte redação:

"Art. 55. [...]

"§ 1º A amortização de debêntures da mesma série deve ser feita mediante rateio."

"§ 2º O resgate parcial de debêntures da mesma série deve ser feito:

"I – mediante sorteio; ou

"II – se as debêntures estiverem cotadas por preço inferior ao valor nominal, por compra no mercado organizado de valores mobiliários, observadas as regras expedidas pela Comissão de Valores Mobiliários.

"§ 3º É facultado à companhia adquirir debêntures de sua emissão:

"I – por valor igual ou inferior ao nominal, devendo o fato constar do relatório da administração e das demonstrações financeiras; ou

"II – por valor superior ao nominal, desde que observe as regras expedidas pela Comissão de Valores Mobiliários.

"§ 4º A companhia poderá emitir debêntures cujo vencimento somente ocorra nos casos de inadimplência da obrigação de pagar juros e dissolução da companhia, ou de outras condições previstas no título."

"Art. 59. [...]

"[...]

"§ 1º Na companhia aberta, o conselho de administração pode deliberar sobre a emissão de debêntures não conversíveis em ações, salvo disposição estatutária em contrário.

"§ 2º O estatuto da companhia aberta poderá autorizar o conselho de administração a, dentro dos limites do capital autorizado, deliberar sobre a emissão de debêntures conversíveis em ações, especificando o limite do aumento de capital decorrente da conversão das debêntures, em valor do capital social ou em número de ações, e as espécies e classes das ações que poderão ser emitidas.

"§ 3º A assembleia geral pode deliberar que a emissão terá valor e número de série indeterminados, dentro dos limites por ela fixados.

"§ 4º Nos casos não previstos nos §§ 1º e 2º, a assembleia geral pode delegar ao conselho de administração a deliberação sobre as condições de que tratam os incisos VI a VIII do *caput* e sobre a oportunidade da emissão."

"Art. 66. [...]

"[...]

"§ 3º [...]

"*a)* pessoa que já exerça a função em outra emissão da mesma companhia, a menos que autorizado, nos termos das normas expedidas pela Comissão de Valores Mobiliários;

"[...]"

"Art. 100. [...]

"[...]

"§ 2º Nas companhias abertas, os livros referidos nos incisos I a V do *caput* deste artigo poderão ser substituídos, observadas as normas expedidas pela Comissão de Valores Mobiliários, por registros mecanizados ou eletrônicos."

"Art. 121. [...]

"Parágrafo único. Nas companhias abertas, o acionista poderá participar e votar a distância em assembleia geral, nos termos da regulamentação da Comissão de Valores Mobiliários."

"Art. 122. Compete privativamente à assembleia geral:

"[...]

"IV – autorizar a emissão de debêntures, ressalvado o disposto nos §§ 1º, 2º e 4º do art. 59;

Lei 12.431/2011

LEGISLAÇÃO

"[...]"
"Art. 127. [...]"
"Parágrafo único. Considera-se presente em assembleia geral, para todos os efeitos desta Lei, o acionista que registrar a distância sua presença, na forma prevista em regulamento da Comissão de Valores Mobiliários."
"Art. 146. Poderão ser eleitas para membros dos órgãos de administração pessoas naturais, devendo os diretores ser residentes no País.
"[...]"
"Art. 289. *(Vetado.)*"

Art. 7º *(Vetado.)*

Art. 8º As debêntures e as letras financeiras podem sofrer correção monetária em periodicidade igual àquela estipulada para o pagamento periódico de juros, ainda que em periodicidade inferior a 1 (um) ano.

Art. 9º O art. 12 da Lei 9.430, de 27 de dezembro de 1996, passa a vigorar com a seguinte redação:

- Alterações processadas no texto da referida Lei.

Art. 10. A Lei 12.350, de 20 de dezembro de 2010, passa a vigorar acrescida dos seguintes arts. 56-A e 56-B:

- Alterações processadas no texto da referida Lei.

Art. 11. O inciso IV do art. 54 da Lei 12.350, de 20 de dezembro de 2010, passa a vigorar com a seguinte redação:

- Alteração processada no texto da referida Lei.

Art. 12. O inciso II do § 5º do art. 55 da Lei 12.350, de 20 de dezembro de 2010, passa a vigorar com a seguinte redação:

- Alteração processada no texto da referida Lei.

Art. 13. O art. 57 da Lei 12.350, de 20 de dezembro de 2010, passa a vigorar com a seguinte redação:

- Alterações processadas no texto da referida Lei.

Art. 14. Fica instituído o Regime Especial de Incentivos para o Desenvolvimento de Usinas Nucleares (Renuclear), nos termos e condições estabelecidos nesta Lei.

- V. art. 17.

Parágrafo único. O Poder Executivo regulamentará o regime de que trata o *caput*, inclusive quanto à habilitação e coabilitação de pessoa jurídica ao Renuclear.

Art. 15. É beneficiária do Renuclear a pessoa jurídica habilitada perante a Secretaria da Receita Federal do Brasil que tenha projeto aprovado para implantação de obras de infraestrutura no setor de geração de energia elétrica de origem nuclear, observado o disposto no inciso XXIII do art. 21 e no inciso XIV do art. 49 da Constituição Federal.

§ 1º Compete ao Ministério de Minas e Energia a aprovação de projeto e a definição, em portaria, dos projetos que se enquadram nas disposições do *caput*.

§ 2º As pessoas jurídicas optantes pelo Regime Especial Unificado de Arrecadação de Tributos e Contribuições devidos pelas Microempresas e Empresas de Pequeno Porte (Simples Nacional), de que trata a Lei Complementar 123, de 14 de dezembro de 2006, e as pessoas jurídicas de que tratam o inciso II do art. 8º da Lei 10.637, de 30 de dezembro de 2002, e o inciso II do art. 10 da Lei 10.833, de 29 de dezembro de 2003, não poderão aderir ao Renuclear.

§ 3º A fruição do Renuclear fica condicionada à regularidade fiscal da pessoa jurídica em relação aos tributos administrados pela Secretaria da Receita Federal do Brasil.

§ 4º Aplica-se o disposto neste artigo aos projetos aprovados até 31 de dezembro de 2017.

- § 4º com redação determinada pela Lei 13.043/2014.

Art. 16. No caso de venda no mercado interno ou de importação de máquinas, aparelhos, instrumentos e equipamentos, novos, e de materiais de construção para utilização ou incorporação em obras de infraestrutura destinadas ao ativo imobilizado, fica suspensa a exigência do:

I – Imposto sobre Produtos Industrializados (IPI) incidente na saída do estabelecimento industrial ou equiparado, quando a aquisição no mercado interno for efetuada por pessoa jurídica beneficiária do Renuclear;

II – IPI incidente no desembaraço aduaneiro, quando a importação for efetuada por pessoa jurídica beneficiária do Renuclear;

III – Imposto de Importação, quando os referidos bens ou materiais de construção forem importados por pessoa jurídica beneficiária do Renuclear.

Lei 12.431/2011

LEGISLAÇÃO

§ 1º Nas notas fiscais relativas às saídas de que trata o inciso I do *caput* deverá constar a expressão "Saída com suspensão da exigibilidade do IPI", com a especificação do dispositivo legal correspondente, vedado o registro do imposto nas referidas notas.

§ 2º As suspensões de que trata este artigo convertem-se em isenção após a utilização ou incorporação do bem ou material de construção na obra de infraestrutura.

§ 3º *(Revogado pela Lei 13.043/2014.)*

§ 4º *(Revogado pela Lei 13.043/2014.)*

§ 5º No caso da suspensão aplicável ao Imposto de Importação, fica dispensado, exceto para materiais de construção, o exame de similaridade de que trata o art. 17 do Decreto-lei 37, de 18 de novembro de 1966.

- § 5º com redação determinada pela Lei 13.043/2014.

Art. 16-A. No caso de venda no mercado interno ou de importação de máquinas, aparelhos, instrumentos e equipamentos, novos, e de materiais de construção para utilização ou incorporação em obras de infraestrutura destinadas ao ativo imobilizado, fica suspensa a exigência da:

- Artigo acrescentado pela Lei 13.043/2014 (*DOU* 14.11.2014; ret. 14.11.2014, edição extra), em vigor em 1º.01.2015.

I – Contribuição para os Programas de Integração Social e de Formação do Patrimônio do Servidor Público – Contribuição para o PIS/Pasep e da Contribuição para o Financiamento da Seguridade Social – Cofins incidentes sobre a venda no mercado interno quando os referidos bens ou materiais de construção forem adquiridos por pessoa jurídica beneficiária do Renuclear;

II – Contribuição para o PIS/Pasep-Importação e da Cofins-Importação quando os referidos bens ou materiais de construção forem importados diretamente por pessoa jurídica beneficiária do Renuclear.

§ 1º Nas notas fiscais relativas às vendas de que trata o inciso I do *caput* deverá constar a expressão "Venda efetuada com suspensão do pagamento da Contribuição para o PIS/Pasep e da Cofins", com a especificação do dispositivo legal correspondente.

§ 2º As suspensões de que trata este artigo convertem-se em alíquota 0 (zero) após a utilização ou incorporação do bem ou material de construção na obra de infraestrutura.

Art. 16-B. No caso de venda no mercado interno ou de importação de serviços destinados a obras de infraestrutura para incorporação ao ativo imobilizado, fica suspensa a exigência da:

- Artigo acrescentado pela Lei 13.043/2014 (*DOU* 14.11.2014; ret. 14.11.2014, edição extra), em vigor em 1º.01.2015.

I – Contribuição para o PIS/Pasep e da Cofins incidentes sobre a prestação de serviços efetuada por pessoa jurídica estabelecida no País quando os referidos serviços forem prestados à pessoa jurídica beneficiária do Renuclear; ou

II – Contribuição para o PIS/Pasep-Importação e da Cofins-Importação incidentes sobre a prestação de serviços quando os referidos serviços forem importados diretamente por pessoa jurídica beneficiária do Renuclear.

§ 1º Nas notas fiscais relativas às prestações de serviço de que trata o inciso I do *caput*, deverá constar a expressão "Prestação de serviço efetuada com suspensão do pagamento da Contribuição para o PIS/Pasep e da Cofins", com a especificação do dispositivo legal correspondente.

§ 2º As suspensões de que trata este artigo convertem-se em alíquota 0 (zero) após o serviço ser aplicado na obra de infraestrutura.

Art. 16-C. No caso de locação de máquinas, aparelhos, instrumentos e equipamentos à pessoa jurídica beneficiária do Renuclear para utilização em obras de infraestrutura a serem incorporadas ao ativo imobilizado, fica suspensa a exigência da Contribuição para o PIS/Pasep e da Cofins incidentes sobre a receita auferida pelo locador.

- Artigo acrescentado pela Lei 13.043/2014 (*DOU* 14.11.2014; ret. 14.11.2014, edição extra), em vigor em 1º.01.2015.

Parágrafo único. As suspensões de que trata este artigo convertem-se em alíquota 0 (zero) após a aplicação do bem locado na obra de infraestrutura.

Art. 16-D. Para efeitos dos arts. 16 e 16-A, equipara-se ao importador a pessoa jurídica adquirente de bens estrangeiros, no ca-

Lei 12.431/2011

so de importação realizada por sua conta e ordem por intermédio de pessoa jurídica importadora.

* Artigo acrescentado pela Lei 13.043/2014.

Art. 16-E. A pessoa jurídica habilitada ao Renuclear que não utilizar ou incorporar o bem ou material de construção na obra de infraestrutura ou que não aplicar o serviço ou o bem locado na citada obra, fica obrigada a recolher os tributos não pagos em decorrência das suspensões usufruídas, acrescidas de juros e multa de mora, na forma da legislação específica, contados a partir do vencimento do tributo relativo à aquisição, locação ou prestação, ou do registro da Declaração de Importação – DI, na condição:

* Artigo acrescentado pela Lei 13.043/2014.

I – de contribuinte, em relação à Contribuição para o PIS/Pasep-Importação, à Cofins-Importação, ao IPI vinculado à importação e ao Imposto de Importação;

II – de responsável, em relação à Contribuição para o PIS/Pasep, à Cofins e ao IPI.

Parágrafo único. A incorporação ou utilização do bem ou material de construção na obra de infraestrutura deve ocorrer no prazo de 5 (cinco) anos, contado da data da respectiva aquisição.

Art. 17. Os benefícios de que tratam os arts. 16 a 16-C poderão ser usufruídos nas aquisições, importações e locações realizadas até 31 de dezembro de 2020 pela pessoa jurídica habilitada ou coabilitada ao Renuclear.

* Artigo com redação determinada pela Lei 13.043/2014.

Art. 18. O art. 28 da Lei 11.196, de 21 de novembro de 2005, passa a vigorar acrescido do seguinte inciso:

* Alteração processada no texto da referida Lei.

Art. 19. O § 7º do art. 4º da Lei 8.248, de 23 de outubro de 1991, passa a vigorar com a seguinte redação:

"Art. 4º [...]

"[...]

"§ 7º Aplicam-se aos bens desenvolvidos no País que sejam incluídos na categoria de bens de informática e automação por esta Lei, conforme regulamento, os seguintes percentuais:

"I – redução de 100% (cem por cento) do imposto devido, de 15 de dezembro de 2010 até 31 de dezembro de 2014;

"II – redução de 90% (noventa por cento) do imposto devido, de 1º de janeiro até 31 de dezembro de 2015; e

"III – redução de 70% (setenta por cento) do imposto devido, de 1º de janeiro de 2016 até 31 de dezembro de 2019, quando será extinto."

Art. 20. O art. 8º da Lei 9.648, de 27 de maio de 1998, passa a vigorar com a seguinte redação:

"Art. 8º A quota anual da Reserva Global de Reversão (RGR) ficará extinta ao final do exercício de 2035, devendo a Aneel proceder à revisão tarifária de modo que os consumidores sejam beneficiados pela extinção do encargo."

Art. 21. O art. 21 da Lei 11.943, de 28 de maio de 2009, passa a vigorar com a seguinte redação:

"Art. 21. A data de início de funcionamento das instalações de geração de energia elétrica, prevista na alínea *a* do inciso I do art. 3º da Lei 10.438, de 26 de abril de 2002, poderá ser prorrogada até 30 de dezembro de 2011, conforme critérios definidos em regulamento."

Art. 22. O art. 4º da Lei 9.808, de 20 de julho de 1999, passa a vigorar com a seguinte redação:

"Art. 4º Serão concedidos aos empreendimentos que se implantarem, modernizarem, ampliarem ou diversificarem no Nordeste e na Amazônia e que sejam considerados de interesse para o desenvolvimento destas regiões, segundo avaliações técnicas específicas das respectivas Superintendências de Desenvolvimento, até 31 de dezembro de 2015, o benefício de isenção do Adicional ao Frete para a Renovação da Marinha Mercante (AFRMM).

"I – (*Revogado.*)

"II – (*Revogado.*)"

Art. 23. Fica extinto o Fundo Nacional de Desenvolvimento (FND), de natureza autárquica, instituído pelo Decreto-lei 2.288, de 23 de julho de 1986.

§ 1º A União sucederá o FND nos seus direitos e obrigações e ações judiciais em que es-

Lei 12.431/2011

LEGISLAÇÃO

te seja autor, réu, assistente, oponente ou terceiro interessado.

§ 2º Os bens, direitos e obrigações do extinto FND serão inventariados em processo sob a coordenação e supervisão do Ministério do Desenvolvimento, Indústria e Comércio Exterior.

§ 3º Ato do Poder Executivo disporá sobre a estrutura e o prazo de duração do processo de inventariança.

§ 4º Ficam encerrados os mandatos dos componentes do Conselho de Orientação do FND.

§ 5º Aos cotistas minoritários fica assegurado o ressarcimento de sua participação no extinto FND, calculado com base no valor patrimonial de cada cota, segundo o montante do patrimônio líquido registrado no balanço patrimonial apurado em 31 de dezembro de 2010, atualizado monetariamente pelo Índice Nacional de Preços ao Consumidor Amplo (IPCA), divulgado pela Fundação Instituto Brasileiro de Geografia e Estatística (IBGE), do mês anterior à data do pagamento.

§ 6º Fica a União autorizada a utilizar os títulos e valores mobiliários oriundos do extinto FND para promover, perante entidades da administração indireta, o pagamento dos dividendos e o ressarcimento das cotas, mediante dação em pagamento.

Art. 24. O art. 5º da Lei 10.260, de 12 de julho de 2001, passa a vigorar com a seguinte redação:

"Art. 5º [...]

"[...]

"II – juros, capitalizados mensalmente, a serem estipulados pelo CMN;

"[...]

"VII – comprovação de idoneidade cadastral do estudante e do(s) seu(s) fiador(es) na assinatura dos contratos e termos aditivos, observado o disposto no § 9º deste artigo.

"[...]

"§ 9º [...]

"[...]

"III – (Revogado.)

"[...]

"§ 11. O estudante que, na contratação do Fies, optar por garantia de Fundo autorizado nos termos do inciso III do art. 7º da Lei 12.087, de 11 de novembro de 2009, fica dispensado de oferecer as garantias previstas no § 9º deste artigo."

Art. 25. O § 1º do art. 3º e o art. 20-A da Lei 10.260, de 12 de julho de 2001, passam a vigorar com a seguinte redação:

"Art. 3º [...]

"[...]

"§ 1º [...]

"[...]

"V – o abatimento de que trata o art. 6º-B.

"[...]"

"Art. 20-A. O Fundo Nacional de Desenvolvimento da Educação (FNDE) terá prazo até o dia 31 de dezembro de 2011 para assumir o papel de agente operador dos contratos de financiamento formalizados no âmbito do Fies até o dia 14 de janeiro de 2010, cabendo à Caixa Econômica Federal, durante este prazo, dar continuidade ao desempenho das atribuições decorrentes do encargo."

Art. 26. O art. 8º da Lei 11.096, de 13 de janeiro de 2005, passa a vigorar com a seguinte redação:

"Art. 8º [...]

"[...]

"§ 3º A isenção de que trata este artigo será calculada na proporção da ocupação efetiva das bolsas devidas."

Art. 27. O art. 11 da Lei 11.180, de 23 de setembro de 2005, passa a vigorar com a seguinte redação:

"Art. 11. Fica autorizada a concessão de bolsa-permanência, até o valor equivalente ao praticado na política federal de concessão de bolsas de iniciação científica, exclusivamente para custeio das despesas educacionais, a estudantes beneficiários de bolsa integral do Programa Universidade para Todos (Prouni), instituído pela Lei 11.096, de 13 de janeiro de 2005, matriculado em curso de turno integral, conforme critérios de concessão, distribuição, manutenção e cancelamento de bolsas a serem estabelecidos em regulamento, inclusive quanto ao aproveitamento e à frequência mínima a ser exigida do estudante."

Art. 28. O parágrafo único do art. 1º da Lei 11.128, de 28 de junho de 2005, passa a vigorar com a seguinte redação:

"Art. 1º [...]

"Parágrafo único. O atendimento ao disposto no art. 60 da Lei 9.069, de 29 de junho de 1995, para as instituições que aderirem ao Programa até 31 de dezembro de

Lei 12.431/2011

2006, poderá ser efetuado, excepcionalmente, até 31 de dezembro de 2011."

Art. 29. *(Vetado.)*

Art. 30. A compensação de débitos perante a Fazenda Pública Federal com créditos provenientes de precatórios, na forma prevista nos §§ 9º e 10 do art. 100 da Constituição Federal, observará o disposto nesta Lei.

§ 1º Para efeitos da compensação de que trata o *caput*, serão considerados os débitos líquidos e certos, inscritos ou não em dívida ativa da União, incluídos os débitos parcelados.

§ 2º O disposto no § 1º não se aplica a débitos cuja exigibilidade esteja suspensa, ressalvado o parcelamento, ou cuja execução esteja suspensa em virtude do recebimento de embargos do devedor com efeito suspensivo, ou em virtude de outra espécie de contestação judicial que confira efeito suspensivo à execução.

§ 3º A Fazenda Pública Federal, antes da requisição do precatório ao Tribunal, será intimada para responder, no prazo de 30 (trinta) dias, sobre eventual existência de débitos do autor da ação, cujos valores poderão ser abatidos a título de compensação.

§ 4º A intimação de que trata o § 3º será dirigida ao órgão responsável pela representação judicial da pessoa jurídica devedora do precatório na ação de execução e será feita por mandado, que conterá os dados do beneficiário do precatório, em especial o nome e a respectiva inscrição no Cadastro de Pessoas Físicas (CPF) ou no Cadastro Nacional da Pessoa Jurídica (CNPJ).

§ 5º A informação prestada pela Fazenda Pública Federal deverá conter os dados necessários para identificação dos débitos a serem compensados e para atualização dos valores pela contadoria judicial.

§ 6º Somente poderão ser objeto da compensação de que trata este artigo os créditos e os débitos oriundos da mesma pessoa jurídica devedora do precatório.

Art. 31. Recebida a informação de que trata o § 3º do art. 30 desta Lei, o juiz intimará o beneficiário do precatório para se manifestar em 15 (quinze) dias.

§ 1º A impugnação do beneficiário deverá vir acompanhada de documentos que comprovem de plano suas alegações e poderá versar exclusivamente sobre:

I – erro aritmético do valor do débito a ser compensado;

II – suspensão da exigibilidade do débito, ressalvado o parcelamento;

III – suspensão da execução, em virtude do recebimento de embargos do devedor com efeito suspensivo ou em virtude de outra espécie de contestação judicial que confira efeito suspensivo à execução; ou

IV – extinção do débito.

§ 2º Outras exceções somente poderão ser arguidas pelo beneficiário em ação autônoma.

Art. 32. Apresentada a impugnação pelo beneficiário do precatório, o juiz intimará, pessoalmente, mediante entrega dos autos com vista, o órgão responsável pela representação judicial da pessoa jurídica devedora do precatório na ação de execução, para manifestação em 30 (trinta) dias.

Art. 33. O juiz proferirá decisão em 10 (dez) dias, restringindo-se a identificar eventuais débitos que não poderão ser compensados, o montante que deverá ser submetido ao abatimento e o valor líquido do precatório.

Parágrafo único. O cálculo do juízo deverá considerar as deduções tributárias que serão retidas pela instituição financeira.

Art. 34. Da decisão mencionada no art. 33 desta Lei, caberá agravo de instrumento.

§ 1º O agravo de instrumento terá efeito suspensivo e impedirá a requisição do precatório ao Tribunal até o seu trânsito em julgado.

§ 2º O agravante, no prazo de 3 (três) dias, requererá juntada, aos autos do processo, de cópia da petição do agravo de instrumento e do comprovante de sua interposição, assim como a relação dos documentos que instruíram o recurso.

§ 3º O agravante, no prazo de 3 (três) dias, informará o cumprimento do disposto no § 2º ao Tribunal, sob pena de inadmissibilidade do agravo de instrumento.

Art. 35. Antes do trânsito em julgado da decisão mencionada no art. 34 desta Lei, somente será admissível a requisição ao Tribunal de precatório relativo à parte incontroversa da compensação.

Lei 12.431/2011

Art. 36. A compensação operar-se-á no momento em que a decisão judicial que a determinou transitar em julgado, ficando sob condição resolutória de ulterior disponibilização financeira do precatório.

§ 1º A Fazenda Pública Federal será intimada do trânsito em julgado da decisão que determinar a compensação, com remessa dos autos, para fins de registro.

§ 2º No prazo de 30 (trinta) dias, a Fazenda Pública Federal devolverá os autos instruídos com os dados para preenchimento dos documentos de arrecadação referentes aos débitos compensados.

§ 3º Recebidos os dados para preenchimento dos documentos de arrecadação pelo juízo, este intimará o beneficiário, informando os registros de compensação efetuados pela Fazenda Pública Federal.

§ 4º Em caso de débitos parcelados, a compensação parcial implicará a quitação das parcelas, sucessivamente:

I – na ordem crescente da data de vencimento das prestações vencidas; e

II – na ordem decrescente da data de vencimento das prestações vincendas.

§ 5º Transitada em julgado a decisão que determinou a compensação, os atos de cobrança dos débitos ficam suspensos até que haja disponibilização financeira do precatório, sendo cabível a expedição de certidão positiva com efeitos de negativa.

§ 6º Os efeitos financeiros da compensação, para fins de repasses e transferências constitucionais, somente ocorrerão no momento da disponibilização financeira do precatório.

§ 7º Entende-se por disponibilização financeira do precatório o ingresso de recursos nos cofres da União decorrente dos recolhimentos de que trata o § 4º do art. 39.

§ 8º Os valores informados, submetidos ao abatimento, serão atualizados até a data do trânsito em julgado da decisão judicial que determinou a compensação, nos termos da legislação que rege a cobrança dos créditos da Fazenda Pública Federal.

Art. 37. A requisição do precatório pelo juiz ao Tribunal conterá informações acerca do valor integral do débito da Fazenda Pública Federal, do valor deferido para compensação, dos dados para preenchimento dos documentos de arrecadação e do valor líquido a ser pago ao credor do precatório, observado o disposto no parágrafo único do art. 33.

Art. 38. O precatório será expedido pelo Tribunal em seu valor integral, contendo, para enquadramento no fluxo orçamentário da Fazenda Pública Federal, informações sobre os valores destinados à compensação, os valores a serem pagos ao beneficiário e os dados para preenchimento dos documentos de arrecadação.

Art. 39. O precatório será corrigido na forma prevista no § 12 do art. 100 da Constituição Federal.

§ 1º A partir do trânsito em julgado da decisão judicial que determinar a compensação, os débitos compensados serão atualizados na forma do *caput*.

§ 2º O valor bruto do precatório será depositado integralmente na instituição financeira responsável pelo pagamento.

§ 3º O Tribunal respectivo, por ocasião da remessa dos valores do precatório à instituição financeira, atualizará os valores correspondentes aos débitos compensados, conforme critérios previstos no § 1º, e remeterá os dados para preenchimento dos documentos de arrecadação à instituição financeira juntamente com o comprovante da transferência do numerário integral do precatório.

§ 4º Ao receber os dados para preenchimento dos documentos de arrecadação de que trata o § 3º, a instituição financeira efetuará sua quitação em até 24 (vinte e quatro) horas.

§ 5º Após a disponibilização financeira do precatório, caberá restituição administrativa ao beneficiário de valores compensados a maior.

Art. 40. Recebidas pelo juízo as informações de quitação dos débitos compensados, o órgão responsável pela representação judicial da pessoa jurídica devedora do precatório na ação de execução será intimado pessoalmente, mediante a entrega dos autos com vista, para registro da extinção definitiva dos débitos.

Art. 41. Em caso de cancelamento do precatório, será intimada a Fazenda Pública Federal para dar prosseguimento aos atos de cobrança.

§ 1º Em se tratando de débitos parcelados, uma vez cancelado o precatório, o parcelamento será reconsolidado para pagamento no prazo restante do parcelamento original, respeitado o valor da parcela mínima, se houver.

§ 2º Se o cancelamento do precatório ocorrer após a quitação dos débitos compensados, o Tribunal solicitará à entidade arrecadadora a devolução dos valores à conta do Tribunal.

Art. 42. Somente será objeto do parcelamento de que trata o art. 78 do Ato das Disposições Constitucionais Transitórias (ADCT) o valor líquido do precatório a ser pago ao beneficiário, após abatimento dos valores compensados com os créditos da Fazenda Pública Federal e das correspondentes retenções tributárias.

Parágrafo único. Os débitos compensados serão quitados integralmente, de imediato, na forma do § 4º do art. 39.

Art. 43. O precatório federal de titularidade do devedor, inclusive aquele expedido anteriormente à Emenda Constitucional 62, de 9 de dezembro de 2009, poderá ser utilizado, nos termos do art. 7º da Lei 11.941, de 27 de maio de 2009, para amortizar a dívida consolidada.

§ 1º O disposto no *caput* deste artigo aplica-se ao precatório federal de titularidade de pessoa jurídica que, em 31 de dezembro de 2012, seja considerada controladora, controlada, direta ou indireta, ou coligada do devedor, nos termos dos arts. 1.097 a 1.099 da Lei 10.406, de 10 de janeiro de 2002 – Código Civil.

- § 1º acrescentado pela Lei 13.043/2014 (*DOU* 14.11.2014; ret. 14.11.2014, edição extra), em vigor em 1º.01.2015.

§ 2º Para os fins do disposto no § 1º, inclui-se também como controlada a sociedade na qual a participação da controladora seja igual ou inferior a 50% (cinquenta por cento), desde que existente acordo de acionistas que assegure de modo permanente a preponderância individual ou comum nas deliberações sociais, assim como o poder individual ou comum de eleger a maioria dos administradores.

- § 2º acrescentado pela Lei 13.043/2014 (*DOU* 14.11.2014; ret. 14.11.2014, edição extra), em vigor em 1º.01.2015.

Art. 44. O disposto nesta Lei não se aplica aos pagamentos de obrigações definidas em lei como de pequeno valor que a Fazenda Pública Federal deva fazer em virtude de sentença judicial transitada em julgado.

Art. 45. O art. 16 da Lei 11.371, de 28 de novembro de 2006, passa a vigorar com a seguinte redação:

- Alteração processada no texto da referida Lei.

Art. 46. (Vetado.)

Art. 47. (Vetado.)

Art. 48. (Vetado.)

Art. 49. Fica desafetada parcialmente a Reserva Particular do Patrimônio Natural denominada Seringal Triunfo, no Estado do Amapá, criada pela Portaria 89-N, de 1º de julho de 1998, do Ibama.

§ 1º Ficam redefinidos os limites sul e leste da Reserva Particular do Patrimônio Natural denominada Seringal Triunfo, no Estado do Amapá, criada pela Portaria 89-N, de 1º de julho de 1998, do Ibama, os quais referem-se àqueles coincidentes com a margem esquerda do Rio Araguari, que passam agora a ser coincidentes com o limite da Área de Preservação Permanente (APP) da margem esquerda do futuro reservatório da AHE Cachoeira Caldeirão, cuja cota de referência é a elevação 58,5m, correspondente à cota de inundação do reservatório no eixo da barragem.

§ 2º A área parcialmente desafetada da Reserva Particular do Patrimônio Natural denominada Seringal Triunfo deverá ser objeto de compensação ambiental no âmbito do processo de licenciamento da AHE Cachoeira Caldeirão.

Art. 50. O art. 1º da Lei 10.312, de 27 de novembro de 2001, passa a vigorar com a seguinte redação:

"Art. 1º Ficam reduzidas a 0 (zero) as alíquotas da Contribuição para o PIS/Pasep e da Contribuição para o Financiamento da Seguridade Social (Cofins) incidentes sobre a receita bruta decorrente da venda de gás natural canalizado, destinado à produção de energia elétrica pelas usinas integrantes do Programa Prioritário de Termoeletricidade (PPT).

"§ 1º O disposto no *caput* alcança as receitas decorrentes da venda de gás natural ca-

Lei 12.431/2011

nalizado, destinado à produção de energia elétrica pelas usinas termoelétricas integrantes do PPT.

"§ 2º As receitas de que tratam o *caput* e o § 1º referem-se à cadeia de suprimentos do gás, abrangendo o contrato de compra e venda entre a supridora do gás e a companhia distribuidora de gás estadual, bem como o contrato de compra e venda entre a companhia distribuidora de gás estadual e usina.

"§ 3º Nos contratos que incluem compromisso firme de recebimento e entrega de gás, nos termos das cláusulas *take or pay* e *ship or pay*, a alíquota 0 (zero) incidirá sobre a parcela referente ao gás efetivamente entregue à usina termelétrica integrante do PPT, bem como sobre as parcelas do preço que não estiverem associadas à entrega do produto, nos termos das cláusulas *take or pay* e *ship or pay*.

"§ 4º Entende-se por cláusula *take or pay* a disposição contratual segundo a qual a pessoa jurídica vendedora compromete-se a fornecer, e o comprador compromete-se a adquirir, uma quantidade determinada de gás natural canalizado, sendo este obrigado a pagar pela quantidade de gás que se compromete a adquirir, mesmo que não a utilize.

"§ 5º Entende-se por cláusula *ship or pay* a remuneração pela capacidade de transporte do gás, expressa em um percentual do volume contratado."

Art. 51. Sem prejuízo do disposto no art. 55, para os efeitos da redução de alíquotas de que trata o art. 1º da Lei 10.312, de 27 de novembro de 2001, na redação dada pelo art. 50, a pessoa jurídica que efetuar vendas de gás natural canalizado destinadas a usinas termelétricas deverá:

I – manter registro dos atos de inclusão, exclusão e suspensão dessas usinas no PPT; e

II – estar em situação regular em relação a impostos e contribuições administrados pela Secretaria da Receita Federal do Brasil.

Art. 52. Fica concedida remissão dos débitos de responsabilidade da pessoa jurídica supridora de gás e das companhias distribuidoras de gás estaduais, constituídos ou não, inscritos ou não em Dívida Ativa da União, correspondentes à Contribuição para o PIS/Pasep e à Contribuição para o Financiamento da Seguridade Social (Cofins) incidentes sobre a receita bruta decorrente da venda de gás natural canalizado, destinado à produção de energia elétrica pelas usinas integrantes do PPT, relativamente aos fatos geradores ocorridos a partir de 1º de março de 2002 e até a data anterior à publicação desta Lei.

Parágrafo único. O disposto neste artigo não implica restituição de valores pagos.

Art. 53. O inciso II do art. 32 da Lei 12.058, de 13 de outubro de 2009, e o inciso I do parágrafo único do mesmo artigo passam a vigorar com a seguinte redação:

"Art. 32. [...]

"[...]

"II – produtos classificados nas posições 02.01, 02.02, 0206.10.00, 0206.20, 0206.21, 0206.29, 0210.20.00, 0506.90.00, 0510.00.10 e 1502.00.1 da NCM, quando efetuada por pessoa jurídica que revenda tais produtos ou que industrialize bens e produtos classificados nas posições 01.02, 02.01 e 02.02 da NCM.

"Parágrafo único. [...]

"I – não alcança a receita bruta auferida nas vendas a varejo;

"[...]"

Art. 54. O art. 7º do Decreto-lei 288, de 28 de fevereiro de 1967, passa a vigorar com a seguinte redação:

"Art. 7º [...]

"[...]

"§ 11. A alíquota que serviu de base para a aplicação dos coeficientes de redução de que trata este artigo permanecerá aplicável, ainda que haja alteração na classificação dos produtos beneficiados na Nomenclatura Comum do Mercosul.

"§ 12. O disposto no § 11 não se aplica no caso de alteração da classificação fiscal do produto decorrente de incorreção na classificação adotada à época da aprovação do projeto respectivo."

Art. 55. Esta Lei entra em vigor na data de sua publicação.

Art. 56. Revogam-se:

I – o art. 60 da Lei 6.404, de 15 de dezembro de 1976;

Lei 12.469/2011

LEGISLAÇÃO

II – o § 5º do art. 1º e o inciso III do § 1º do art. 2º da Lei 11.478, de 29 de maio de 2007;
III – o inciso III do § 9º do art. 5º da Lei 10.260, de 12 de julho de 2001; e
IV – *(Vetado.)*

Brasília, 24 de junho de 2011; 190º da Independência e 123º da República.
Dilma Rousseff

(*DOU* 27.06.2011; ret. 29.06.2011)

LEI 12.469, DE 26 DE AGOSTO DE 2011

Altera os valores constantes da tabela do Imposto sobre a Renda da Pessoa Física e altera as Leis 11.482, de 31 de maio de 2007, 7.713, de 22 de dezembro de 1988, 9.250, de 26 de dezembro de 1995, 9.656, de 3 de junho de 1998, e 10.480, de 2 de julho de 2002.

A Presidenta da República:
Faço saber que o Congresso Nacional decreta e eu sanciono a seguinte Lei:

Art. 1º O art. 1º da Lei 11.482, de 31 de maio de 2007, passa a vigorar com a seguinte redação:

• Alterações processadas no texto da referida Lei.

Art. 2º O art. 6º da Lei 7.713, de 22 de dezembro de 1988, passa a vigorar com a seguinte redação:

• Alterações processadas no texto da referida Lei.

Art. 3º Os arts. 4º, 8º, 10 e 12 da Lei 9.250, de 26 de dezembro de 1995, passam a vigorar com a seguinte redação:

• Alterações processadas no texto da referida Lei.

Art. 4º O art. 32 da Lei 9.656, de 3 de junho de 1998, passa a vigorar com a seguinte redação:
"Art. 32. [...]
"§ 1º O ressarcimento será efetuado pelas operadoras ao SUS com base em regra de valoração aprovada e divulgada pela ANS, mediante crédito ao Fundo Nacional de Saúde – FNS.
"[...]
"§ 3º A operadora efetuará o ressarcimento até o 15º (décimo quinto) dia da data de recebimento da notificação de cobrança feita pela ANS.
"[...]
"§ 7º A ANS disciplinará o processo de glosa ou impugnação dos procedimentos encaminhados, conforme previsto no § 2º deste artigo, cabendo-lhe, inclusive, estabelecer procedimentos para cobrança dos valores a serem ressarcidos.
"[...]
"§ 9º Os valores a que se referem os §§ 3º e 6º deste artigo não serão computados para fins de aplicação dos recursos mínimos nas ações e serviços públicos de saúde nos termos da Constituição Federal."

Art. 5º O montante dos valores relativos ao ressarcimento ao Sistema Único de Saúde – SUS, recebidos pela Agência Nacional de Saúde Suplementar – ANS e ainda não transferidos nos termos da Lei 9.656, de 3 de junho de 1998, será creditado ao Fundo Nacional de Saúde – FNS.

Art. 6º A Secretaria da Receita Federal do Brasil poderá exigir a aplicação do disposto no art. 35 da Lei 13.097, de 19 de janeiro de 2015, aos estabelecimentos envasadores ou industriais fabricantes de outras bebidas classificadas no Capítulo 22 da Tabela de Incidência do Imposto sobre Produtos Industrializados – Tipi, aprovada pelo Decreto 7.660, de 23 de dezembro de 2011, não mencionadas no art. 14 da Lei 13.097, de 19 de janeiro de 2015.

• Artigo com redação determinada pela Lei 13.137/2015 (*DOU* 22.06.2015, edição extra), em vigor na data de sua publicação, produzindo efeitos a partir de 01.05.2015.

Art. 7º *(Revogado pela Lei 12.809/2013.)*

Art. 8º As alterações decorrentes do disposto no art. 7º desta Lei produzem efeitos financeiros a contar de 2 de junho de 2011 para os servidores que, em 1º de junho de 2011, se encontravam recebendo a Gratificação de Representação de Gabinete ou a Gratificação Temporária.

Parágrafo único. Os efeitos retroativos de que trata o *caput* deste artigo somente serão devidos durante o período em que o servidor continuou preenchendo as condições para o recebimento da Gratificação de Representação de Gabinete ou da Gratificação Temporária.

Art. 9º Os prazos estabelecidos pela Secretaria da Receita Federal do Brasil para a apresentação de documentação comprobatória de lançamentos na Declaração de

Ajuste Anual do Imposto de Renda Pessoa Física, ao abrigo do art. 928 do Decreto 3.000, de 26 de março de 1999, não poderão ser inferiores a 30 (trinta) dias.

Art. 10. Observado o disposto no art. 8º, esta Lei entra em vigor na data de sua publicação, produzindo efeitos em relação aos arts. 1º a 3º:

I – a partir de 1º de janeiro de 2011, para fins do disposto no parágrafo único do art. 1º da Lei 11.482, de 31 de maio de 2007, relativamente ao ano-calendário de 2011;

II – (Vetado.)

III – a partir de 1º de abril de 2011, para os demais casos.

Brasília, 26 de agosto de 2011; 190º da Independência e 123º da República.

Dilma Rousseff

(DOU 29.08.2011)

DECRETO 7.574,
DE 29 DE SETEMBRO DE 2011

Regulamenta o processo de determinação e exigência de créditos tributários da União, o processo de consulta sobre a aplicação da legislação tributária federal e outros processos que especifica, sobre matérias administradas pela Secretaria da Receita Federal do Brasil.

A Presidenta da República, no uso da atribuição que lhe confere o art. 84, inciso IV, da Constituição, decreta:

Art. 1º O processo de determinação e exigência de créditos tributários da União, o processo de consulta sobre a aplicação da legislação tributária federal e outros processos administrativos relativos às matérias de competência da Secretaria da Receita Federal do Brasil serão regidos conforme o disposto neste Decreto.

TÍTULO I
DAS NORMAS GERAIS

Capítulo I
DOS ATOS E DOS TERMOS PROCESSUAIS

Seção I
Da forma

Art. 2º Os atos e termos processuais, quando a lei não prescrever forma própria, conterão somente o indispensável à sua finalidade e serão lavrados sem espaço em branco, não devendo conter entrelinhas, rasuras ou emendas não ressalvadas (Decreto 70.235, de 6 de março de 1972, art. 2º).

Parágrafo único. Os atos e termos processuais a que se refere o *caput* poderão ser encaminhados de forma eletrônica ou apresentados em meio magnético ou equivalente, conforme disciplinado em ato da administração tributária (Decreto 70.235, de 1972, art. 2º, parágrafo único, incluído pela Lei 11.196, de 21 de novembro de 2005, art. 113).

Art. 3º Os termos decorrentes de atividade fiscalizadora serão lavrados, sempre que possível, em livro fiscal, extraindo-se cópia para anexação ao processo.

Parágrafo único. Na hipótese de o termo não ser lavrado em livro fiscal, deverá ser entregue cópia autenticada à pessoa sob fiscalização (Decreto 70.235, de 1972, art. 8º).

Art. 4º É dispensado o reconhecimento de firma em petições dirigidas à administração pública, salvo em casos excepcionais ou naqueles em que a lei imponha explicitamente essa condição, podendo, no caso de dúvida sobre a autenticidade da assinatura ou quando a providência servir ao resguardo do sigilo, antes da decisão final, ser exigida a apresentação de prova de identidade do requerente (Lei 4.862, de 29 de novembro de 1965, art. 31).

Art. 5º O processo será organizado em ordem cronológica e terá suas folhas numeradas e rubricadas ou autenticadas eletronicamente (Decreto 70.235, de 1972, parágrafo único do art. 2º e art. 22).

Seção II
Da prática dos atos

Subseção I
Do local

Art. 6º Os atos serão lavrados por servidor competente no local de verificação da falta (Decreto 70.235, de 1972, art. 10).

Parágrafo único. Considera-se local de verificação da falta aquele em que for apurada a existência da infração, podendo ser, inclusive, a repartição fazendária, em face dos elementos de prova disponíveis.

Subseção II
Dos prazos

Art. 7º O prazo para a autoridade local fazer realizar os atos processuais que devam ser praticados em sua jurisdição, por solicitação de outra autoridade preparadora ou julgadora, é de 30 (trinta) dias, contados da data do recebimento da solicitação (Decreto 70.235, de 1972, art. 3º).

Art. 8º Salvo disposição em contrário, o prazo para o servidor executar os atos processuais é de 8 (oito) dias, contados da data da ciência da designação (Decreto 70.235, de 1972, art. 4º).

Art. 9º Os prazos serão contínuos, com início e vencimento em dia de expediente normal da unidade da Secretaria da Receita Federal do Brasil em que corra o processo ou deva ser praticado o ato (Decreto 70.235, de 1972, art. 5º).

Parágrafo único. Na contagem dos prazos, é excluído o dia de início e incluído o de vencimento.

Seção III
Das intimações
Subseção I
Da forma

Art. 10. As formas de intimação são as seguintes:

I – pessoal, pelo autor do procedimento ou por agente do órgão preparador, na repartição ou fora dela, provada com a assinatura do sujeito passivo, seu mandatário ou preposto, ou, no caso de recusa, com declaração escrita de quem o intimar (Decreto 70.235, de 1972, art. 23, inciso I, com a redação dada pela Lei 9.532, de 10 de dezembro de 1997, art. 67);

II – por via postal ou por qualquer outro meio ou via, com prova de recebimento no domicílio tributário eleito pelo sujeito passivo (Decreto 70.235, de 1972, art. 23, inciso II, com a redação dada pela Lei 9.532, de 1997, art. 67);

III – por meio eletrônico, com prova de recebimento, mediante:

a) envio ao domicílio tributário do sujeito passivo; ou

b) registro em meio magnético ou equivalente utilizado pelo sujeito passivo (Decreto 70.235, de 1972, art. 23, inciso III, com a redação dada pela Lei 11.196, de 2005, art. 113); ou

IV – por edital, quando resultar improfícuo um dos meios previstos nos incisos I a III do *caput* ou quando o sujeito passivo tiver sua inscrição declarada inapta perante o cadastro fiscal, publicado (Decreto 70.235, de 1972, art. 23, § 1º, com a redação dada pela Lei 11.941, de 27 de maio de 2009, art. 25):

a) no endereço da administração tributária na Internet;

b) em dependência, franqueada ao público, do órgão encarregado da intimação; ou

c) uma única vez, em órgão da imprensa oficial local.

§ 1º A utilização das formas de intimação previstas nos incisos I a III não está sujeita a ordem de preferência (Decreto 70.235, de 1972, art. 23, § 3º, com a redação dada pela Lei 11.196, de 2005, art. 113).

§ 2º Para fins de intimação por meio das formas previstas nos incisos II e III, considera-se domicílio tributário do sujeito passivo (Decreto 70.235, de 1972, art. 23, § 4º, com a redação dada pela Lei 9.532, de 1997, art. 67):

I – o endereço postal fornecido à administração tributária, para fins cadastrais; e

II – o endereço eletrônico atribuído pela administração tributária, desde que autorizado pelo sujeito passivo (Decreto 70.235, de 1972, art. 23, § 4º, inciso II, com a redação dada pela Lei 11.196, de 2005, art. 113).

§ 3º O endereço eletrônico de que trata o inciso II do § 2º somente será implementado com expresso consentimento do sujeito passivo, e a administração tributária informar-lhe-á as normas e condições de sua utilização e manutenção (Decreto 70.235, de 1972, art. 23, § 5º, com a redação dada pela Lei 11.196, de 2005, art. 113).

§ 4º A Secretaria da Receita Federal do Brasil expedirá atos complementares às normas previstas neste artigo (Decreto 70.235, de 1972, art. 23, § 6º, com a redação dada pela Lei 11.196, de 2005, art. 113).

Dec. 7.574/2011

LEGISLAÇÃO

Subseção II
Do momento

Art. 11. Considera-se feita a intimação (Decreto 70.235, de 1972, art. 23, § 2º, com a redação dada pela Lei 11.196, de 2005, art. 113):
I – se pessoal, na data da ciência do intimado ou da declaração de recusa lavrada pelo servidor responsável pela intimação;
II – se por via postal, na data do recebimento ou, se omitida, 15 (quinze) dias após a data da expedição da intimação (Decreto 70.235, de 1972, art. 23, § 2º, inciso II, com a redação dada pela Lei 9.532, de 1997, art. 67);
III – se por meio eletrônico, 15 (quinze) dias contados da data registrada (Decreto 70.235, de 1972, art. 23, § 2º, inciso III, com a redação dada pela Lei 11.196, de 2005, art. 113):
a) no comprovante de entrega no domicílio tributário do sujeito passivo; ou
b) no meio magnético ou equivalente utilizado pelo sujeito passivo; ou
IV – se por edital, 15 (quinze) dias após a sua publicação (Decreto 70.235, de 1972, art. 23, § 2º, inciso IV, com a redação dada pela Lei 9.532, de 1997, art. 67, e pela Lei 11.196, de 2005, art. 113).

Seção IV
Das nulidades

Art. 12. São nulos (Decreto 70.235, de 1972, art. 59):
I – os atos e os termos lavrados por pessoa incompetente; e
II – os despachos e decisões proferidos por autoridade incompetente ou com preterição do direito de defesa.
§ 1º A nulidade de qualquer ato só prejudica os atos posteriores que dele diretamente dependam ou sejam consequência.
§ 2º Na declaração de nulidade, a autoridade dirá os atos alcançados e determinará as providências necessárias ao prosseguimento ou solução do processo.
§ 3º Quando puder decidir o mérito em favor do sujeito passivo a quem aproveitaria a declaração de nulidade, a autoridade julgadora não a pronunciará, nem mandará repetir o ato, ou suprir-lhe a falta.

Art. 13. As irregularidades, incorreções e omissões diferentes das referidas no art. 12 não importarão em nulidade e serão sanadas quando resultarem em prejuízo para o sujeito passivo, salvo se este lhes houver dado causa, ou quando não influírem na solução do litígio (Decreto 70.235, de 1972, art. 60).

Art. 14. A nulidade será declarada pela autoridade competente para praticar o ato ou julgar a sua legitimidade (Decreto 70.235, de 1972, art. 61).

Capítulo II
DA COMPETÊNCIA PARA O PREPARO DO PROCESSO

Art. 15. O preparo do processo compete à autoridade local da unidade da Secretaria da Receita Federal do Brasil encarregada da administração do tributo (Decreto 70.235, de 1972, art. 24).
Parágrafo único. Quando o ato for praticado por meio eletrônico, a administração tributária poderá atribuir o preparo do processo a unidade da administração tributária diversa da prevista no *caput* (incluído pela Lei 11.941, de 2009, art. 25).

Art. 16. A autoridade preparadora determinará que seja informado, no processo, se o infrator é reincidente, conforme definição em lei específica, se essa circunstância não tiver sido declarada na formalização da exigência, reabrindo-se o prazo de impugnação (Decreto 70.235, de 1972, art. 13).

Capítulo III
DO EXAME DE LIVROS E DE DOCUMENTOS

Art. 17. Para o efeito da legislação tributária, não têm aplicação quaisquer disposições legais excludentes ou limitativas do direito de examinar mercadorias, livros, arquivos, documentos, papéis e efeitos comerciais ou fiscais, dos empresários e das sociedades, ou da obrigação destes de exibi-los (Lei 5.172, de 25 de outubro de 1966 – Código Tributário Nacional, art. 195; Lei 10.406, de 10 de janeiro de 2002 – Código Civil, art. 1.179).
§ 1º Os livros obrigatórios de escrituração comercial e fiscal e os comprovantes dos lançamentos neles efetuados serão conser-

vados até que ocorra a prescrição dos créditos tributários decorrentes das operações a que se refiram (Lei 5.172, de 1966 – Código Tributário Nacional, art. 195, parágrafo único; Lei 8.212, de 24 de julho de 1991, art. 32, § 11, com a redação dada pela Lei 11.941, de 2009, art. 26).

§ 2º Os comprovantes da escrituração comercial e fiscal relativos a fatos que repercutem em lançamentos contábeis de exercícios futuros serão conservados até que se opere a decadência do direito de a Fazenda Pública constituir os créditos tributários relativos a esses exercícios (Lei 9.430, de 27 de dezembro de 1996, art. 37).

Art. 18. São também passíveis de exame os documentos mantidos em arquivos magnéticos ou assemelhados, encontrados no local da verificação, que tenham relação direta ou indireta com a atividade exercida pelo sujeito passivo (Lei 9.430, de 1996, art. 34).

Art. 19. Os livros e documentos poderão ser examinados fora do estabelecimento do sujeito passivo, desde que lavrado termo escrito de retenção pela autoridade fiscal, em que se especifiquem a quantidade, espécie, natureza e condições dos livros e documentos retidos (Lei 9.430, de 1996, art. 35).

Parágrafo único. Os originais dos livros e dos documentos retidos devem ser devolvidos, mediante recibo, salvo se constituírem prova da prática de ilícito penal ou tributário, hipótese em que permanecerão retidos, extraindo-se cópia para entrega ao interessado (Lei 9.430, de 1996, art. 35, §§ 1º e 2º).

Art. 20. A autoridade fiscal encarregada de diligência ou fiscalização poderá promover a lacração de móveis, caixas, cofres ou depósitos onde se encontrarem arquivos e documentos, toda vez que ficar caracterizada a resistência ou embaraço à fiscalização, ou ainda quando as circunstâncias ou a quantidade de documentos não permitirem a sua identificação e conferência no local ou no momento em que foram encontrados (Lei 9.430, de 1996, art. 36).

Parágrafo único. O sujeito passivo e demais responsáveis serão previamente notificados para acompanharem o procedimento de rompimento do lacre e de identificação dos elementos de interesse da fiscalização (Lei 9.430, de 1996, art. 36, parágrafo único).

Art. 21. O sujeito passivo usuário de sistemas de processamento de dados deverá manter documentação técnica completa e atualizada do sistema, suficiente para possibilitar sua auditoria, facultada a manutenção em meio magnético, sem prejuízo da sua emissão gráfica, quando solicitada (Lei 9.430, de 1996, art. 38).

Art. 22. As pessoas jurídicas que utilizarem sistemas de processamento eletrônico de dados para registrar negócios e atividades econômicas ou financeiras, escriturar livros ou elaborar documentos de natureza contábil ou fiscal ficam obrigadas a manter, à disposição da Secretaria da Receita Federal do Brasil, os respectivos arquivos digitais e sistemas, pelo prazo decadencial previsto na legislação tributária (Lei 8.218, de 29 de agosto de 1991, art. 11, com a redação dada pela Medida Provisória 2.158-35, de 24 de agosto de 2001, art. 72).

§ 1º A Secretaria da Receita Federal do Brasil poderá estabelecer prazo inferior ao previsto no *caput*, que poderá ser diferenciado segundo o porte da pessoa jurídica (Lei 8.218, de 1991, art. 11, § 1º, com a redação dada pela Medida Provisória 2.158-35, de 2001, art. 72).

§ 2º A Secretaria da Receita Federal do Brasil expedirá os atos necessários para estabelecer a forma e o prazo em que os arquivos digitais e sistemas deverão ser apresentados (Lei 8.218, de 1991, art. 11, § 3º, com a redação dada pela Medida Provisória 2.158-35, de 2001, art. 72).

§ 3º Os atos a que se refere o § 2º poderão ser expedidos por autoridade designada pelo Secretário da Receita Federal do Brasil (Lei 8.218, de 1991, art. 11, § 4º, com a redação dada pela Medida Provisória 2.158-35, de 2001, art. 72).

Capítulo IV
DO DEVER DE PRESTAR INFORMAÇÕES

Art. 23. Os órgãos da Secretaria da Receita Federal do Brasil, e os Auditores Fiscais da Receita Federal do Brasil, no uso de suas atribuições legais, poderão solicitar informações e esclarecimentos ao sujeito passivo ou a terceiros, sendo as declarações, ou a recusa em prestá-las, lavradas pela autoridade administrativa e assinadas pelo declarante (Lei 2.354, de 29 de novembro de 1954, art. 7º; Decreto-lei 1.718, de 27 de novembro de 1979, art. 2º; Lei 5.172, de 1966 – Código Tributário Nacional, arts. 196 e 197; Lei 11.457, de 16 de março de 2007, art. 10).

Parágrafo único. A obrigação a que se refere o *caput* não abrange a prestação de informações quanto a fatos sobre os quais o informante esteja legalmente obrigado a observar segredo em razão de cargo, ofício, função, ministério, atividade ou profissão (Lei 5.172, de 1966 – Código Tributário Nacional, de 1966, art. 197, parágrafo único).

Capítulo V
DAS PROVAS

Art. 24. São hábeis para comprovar a verdade dos fatos todos os meios de prova admitidos em direito (Lei 5.869, de 11 de janeiro de 1973, art. 332).

Parágrafo único. São inadmissíveis no processo administrativo as provas obtidas por meios ilícitos (Lei 9.784, de 29 de janeiro de 1999, art. 30).

Art. 25. Os autos de infração ou as notificações de lançamento deverão estar instruídos com todos os termos, depoimentos, laudos e demais elementos de prova indispensáveis à comprovação do ilícito (Decreto 70.235, de 1972, art. 9º, com a redação dada pela Lei 11.941, de 2009, art. 25).

Art. 26. A escrituração mantida com observância das disposições legais faz prova a favor do sujeito passivo dos fatos nela registrados e comprovados por documentos hábeis, segundo sua natureza, ou assim definidos em preceitos legais (Decreto-lei 1.598, de 26 de dezembro de 1977, art. 9º, § 1º).

Parágrafo único. Cabe à autoridade fiscal a prova da inveracidade dos fatos registrados com observância do disposto no *caput* (Decreto-lei 1.598, de 1977, art. 9º, § 2º).

Art. 27. O disposto no parágrafo único do art. 26 não se aplica aos casos em que a lei, por disposição especial, atribua ao sujeito passivo o ônus da prova de fatos registrados na sua escrituração (Decreto-lei 1.598, de 1977, art. 9º, § 3º).

Art. 28. Cabe ao interessado a prova dos fatos que tenha alegado, sem prejuízo do dever atribuído ao órgão competente para a instrução e sem prejuízo do disposto no art. 29 (Lei 9.784, de 1999, art. 36).

Art. 29. Quando o interessado declarar que fatos e dados estão registrados em documentos existentes na própria administração responsável pelo processo ou em outro órgão administrativo, o órgão competente para a instrução proverá, de ofício, à obtenção dos documentos ou das respectivas cópias (Lei 9.784, de 1999, art. 37).

TÍTULO II
DO PROCESSO DE DETERMINAÇÃO E EXIGÊNCIA DE CRÉDITOS TRIBUTÁRIOS

Capítulo I
DO PROCEDIMENTO FISCAL

Seção I
Da aplicação no tempo das normas procedimentais relativas ao lançamento

Art. 30. Aplica-se ao lançamento a legislação que, posteriormente à ocorrência do fato gerador da obrigação tributária, tenha instituído novos critérios de apuração ou processos de fiscalização, ampliado os poderes de investigação das autoridades fiscais ou outorgado ao crédito tributário maiores garantias ou privilégios, exceto, neste último caso, para o efeito de atribuir responsabilidade tributária a terceiros (Lei 5.172, de 1966 – Código Tributário Nacional, art. 144, § 1º).

Seção II
Da competência para efetuar lançamento

Art. 31. O lançamento de ofício do crédito tributário compete:

I – a Auditor Fiscal da Receita Federal do Brasil, quando a exigência do crédito tributário for formalizada em auto de infração (Decreto 70.235, de 1972, arts. 7º e 10; Lei 10.593, de 6 de dezembro de 2002, arts. 5º e 6º, com a redação dada pela Lei 11.457, de 2007, art. 9º); ou

II – ao chefe da unidade da Secretaria da Receita Federal do Brasil encarregado da formalização da exigência ou ao Auditor Fiscal da Receita Federal do Brasil por ele designado, mediante delegação de competência, quando a exigência do crédito tributário for formalizada em notificação de lançamento (Decreto 70.235, de 1972, art. 11; Lei 10.593, de 2002, art. 6º).

Parágrafo único. O servidor que verificar a ocorrência de infração à legislação tributária federal e não for competente para formalizar a exigência decorrente comunicará o fato, em representação circunstanciada, a seu chefe imediato para adoção das providências necessárias (Decreto 70.235, de 1972, art. 12).

Art. 32. A competência para fiscalizar o cumprimento das obrigações principais e acessórias relativas ao Regime Especial Unificado de Arrecadação de Tributos e Contribuições devidos pelas Microempresas e Empresas de Pequeno Porte – Simples Nacional e para verificar a ocorrência das hipóteses de exclusão de ofício é da Secretaria da Receita Federal do Brasil e das Secretarias de Fazenda ou de Finanças do Estado ou do Distrito Federal, segundo a localização do estabelecimento, e, tratando-se de prestação de serviços incluídos na competência tributária municipal, a competência será também do respectivo Município (Lei Complementar 123, de 14 de dezembro de 2006, art. 33).

Seção III
Do início do procedimento fiscal

Art. 33. O procedimento fiscal tem início com (Decreto 70.235, de 1972, art. 7º):

I – o primeiro ato de ofício, por escrito, praticado por servidor competente, cientificado o sujeito passivo da obrigação tributária ou seu preposto;

II – a apreensão de mercadorias;

III – a apreensão de documentos ou de livros; ou

IV – o começo do despacho aduaneiro de mercadoria importada.

§ 1º O início do procedimento exclui a espontaneidade do sujeito passivo em relação aos atos anteriores e, independentemente de intimação, a dos demais envolvidos nas infrações verificadas.

§ 2º O ato que determinar o início do procedimento fiscal exclui a espontaneidade do sujeito passivo em relação ao tributo, ao período e à matéria nele expressamente inseridos.

§ 3º Para os efeitos do disposto nos §§ 1º e 2º, os atos referidos nos incisos I, II e III do *caput* valerão pelo prazo de 60 (sessenta) dias, prorrogável, sucessivamente, por igual período contado a partir do término, com qualquer outro ato escrito que indique o prosseguimento dos trabalhos, desde que lavrado e cientificado ao sujeito passivo dentro do prazo anterior.

§ 4º Para efeitos do disposto no inciso IV do *caput*, tem-se:

I – por iniciado o despacho aduaneiro de importação na data do registro da declaração de importação (Decreto 6.759, de 5 de fevereiro de 2009, art. 545); e

II – por registro da Declaração de Importação a sua numeração pela Secretaria da Receita Federal do Brasil no Sistema Integrado de Comércio Exterior – Siscomex ou, quando dispensado o registro com a utilização desse meio, na forma estabelecida por esse órgão (Decreto 6.759, de 2009, art. 545, §§ 1º e 2º).

Art. 34. O procedimento de fiscalização será iniciado pela intimação ao sujeito passivo para, no prazo de 20 (vinte) dias, contados da data da ciência, apresentar as informações e documentos necessários ao procedimento fiscal, ou efetuar o recolhimento do crédito tributário constituído (Lei 3.470, de 28 de novembro de 1958, art. 19, com a redação dada pela Medida Provisória 2.158-35, de 2001, art. 71).

§ 1º O prazo a que se refere o *caput* será de 5 (cinco) dias úteis, nas situações em que as informações e os documentos solicitados digam respeito a fatos que devam estar registrados na escrituração contábil ou fiscal do sujeito passivo, ou em declarações apresentadas à administração tributária.

§ 2º Não enseja a aplicação da penalidade prevista no § 2º do art. 44 da Lei 9.430, de 1996, o desatendimento à intimação para apresentar documentos cuja guarda não es-

Dec. 7.574/2011

teja sob a responsabilidade do sujeito passivo, ou no caso de impossibilidade material de seu cumprimento.

Seção IV
Das diligências e das perícias

Art. 35. A realização de diligências e de perícias será determinada pela autoridade julgadora de primeira instância, de ofício ou a pedido do impugnante, quando entendê-las necessárias para a apreciação da matéria litigada (Decreto 70.235, de 1972, art. 18, com a redação dada pela Lei 8.748, de 9 de dezembro de 1993, art. 1º).

Parágrafo único. O sujeito passivo deverá ser cientificado do resultado da realização de diligências e perícias, sempre que novos fatos ou documentos sejam trazidos ao processo, hipótese na qual deverá ser concedido prazo de 30 (trinta) dias para manifestação (Lei 9.784, de 1999, art. 28).

Art. 36. A impugnação mencionará as diligências ou perícias que o sujeito passivo pretenda sejam efetuadas, expostos os motivos que as justifiquem, com a formulação de quesitos referentes aos exames desejados, e, no caso de perícia, o nome, o endereço e a qualificação profissional de seu perito deverão constar da impugnação (Decreto 70.235, de 1972, art. 16, inciso IV, com a redação dada pela Lei 8.748, de 1993, art. 1º).

§ 1º Deferido o pedido de perícia, ou determinada de ofício sua realização, a autoridade designará servidor para, como perito da União, a ela proceder, e intimará o perito do sujeito passivo a realizar o exame requerido, cabendo a ambos apresentar os respectivos laudos em prazo que será fixado segundo o grau de complexidade dos trabalhos a serem executados (Decreto 70.235, de 1972, art. 18, com a redação dada pela Lei 8.748, de 1993, art. 1º).

§ 2º Indeferido o pedido de diligência ou de perícia, por terem sido consideradas prescindíveis ou impraticáveis, deverá o indeferimento, devidamente fundamentado, constar da decisão (Decreto 70.235, de 1972, arts. 18 e 28, com as redações dadas pela Lei 8.748, de 1993, art. 1º).

§ 3º Determinada, de ofício ou a pedido do impugnante, diligência ou perícia, é vedado à autoridade incumbida de sua realização escusar-se de cumpri-las.

Art. 37. No âmbito da Secretaria da Receita Federal do Brasil, compete ao Auditor Fiscal da Receita Federal do Brasil a realização de diligências e de perícias (Decreto 70.235, de 1972, art. 2º, com a redação dada pela Lei 8.748, de 1993, art. 1º; Lei 10.593, de 2002, art. 6º, com a redação dada pela Lei 11.457, de 2007, art. 9º).

Seção V
Da exigência fiscal
Subseção I
Da formalização

Art. 38. A exigência do crédito tributário e a aplicação de penalidade isolada serão formalizados em autos de infração ou notificações de lançamento, distintos para cada tributo ou penalidade (Decreto 70.235, de 1972, art. 9º, com a redação dada pela Lei 11.941, de 2009, art. 25).

§ 1º Os autos de infração ou as notificações de lançamento, em observância ao disposto no art. 25, deverão ser instruídos com todos os termos, depoimentos, laudos e demais elementos de prova indispensáveis à comprovação do fato motivador da exigência.

* § 1º retificado no *DOU* de 08.11.2011.

§ 2º Os autos de infração e as notificações de lançamento de que trata o *caput*, formalizados em relação ao mesmo sujeito passivo, podem ser objeto de um único processo, quando a comprovação dos ilícitos depender dos mesmos elementos de prova.

§ 3º A formalização de que trata este artigo será válida, mesmo que efetuada por Auditor Fiscal da Receita Federal do Brasil com exercício em unidade da Secretaria da Receita Federal do Brasil com jurisdição diversa do domicílio tributário do sujeito passivo.

§ 4º A formalização da exigência, na hipótese prevista no § 3º, previne a jurisdição e prorroga a competência da autoridade que dela primeiro conhecer.

§ 5º O disposto no *caput* aplica-se também nas hipóteses em que, constatada infração à legislação tributária, dela não resulte exigência de crédito tributário.

§ 6º Os autos de infração e as notificações de lançamento de que trata o *caput*, formalizados em decorrência de fiscalização relacionada a regime especial unificado de arrecadação de tributos, poderão conter lançamento único para todos os tributos por eles abrangidos.

§ 7º O disposto no *caput* não se aplica às contribuições de que trata o art. 3º da Lei 11.457, de 2007.

Subseção II
Do auto de infração

Art. 39. O auto de infração será lavrado no local da verificação da falta, devendo conter (Decreto 70.235, de 1972, art. 10; Lei 10.593, de 2002, art. 6º):

I – a qualificação do autuado;

II – o local, a data e a hora da lavratura;

III – a descrição dos fatos;

IV – a disposição legal infringida e a penalidade aplicável;

V – a determinação da exigência e a intimação para cumpri-la ou impugná-la no prazo de 30 (trinta) dias, contados da data da ciência; e

VI – a assinatura do Auditor Fiscal da Receita Federal do Brasil responsável pela autuação e o número de sua matrícula.

Subseção III
Da notificação de lançamento

Art. 40. A notificação de lançamento será expedida pela unidade da Secretaria da Receita Federal do Brasil encarregada da formalização da exigência, devendo conter (Decreto 70.235, de 1972, art. 11; Lei 10.593, de 2002, art. 6º):

I – a qualificação do notificado;

II – o valor do crédito tributário e o prazo para pagamento ou impugnação;

III – a disposição legal infringida, se for o caso; e

IV – a assinatura do chefe da unidade da Secretaria da Receita Federal do Brasil que emitir a notificação ou do Auditor Fiscal da Receita Federal do Brasil por ele designado, mediante delegação de competência, e a indicação de seu cargo ou de sua função e o número de matrícula.

Parágrafo único. A notificação de lançamento emitida por processamento eletrônico prescinde da assinatura referida no inciso IV, sendo obrigatória a identificação do chefe da unidade da Secretaria da Receita Federal do Brasil que a emitir ou do Auditor Fiscal da Receita Federal do Brasil por ele designado.

Subseção IV
Do lançamento complementar

Art. 41. Quando, em exames posteriores, diligências ou perícias realizados no curso do processo, forem verificadas incorreções, omissões ou inexatidões, de que resultem agravamento da exigência inicial, inovação ou alteração da fundamentação legal da exigência, será efetuado lançamento complementar por meio da lavratura de auto de infração complementar ou de emissão de notificação de lançamento complementar, específicos em relação à matéria modificada (Decreto 70.235, de 1972, art. 18, § 3º, com a redação dada pela Lei 8.748, de 1993, art. 1º).

§ 1º O lançamento complementar será formalizado nos casos:

I – em que seja aferível, a partir da descrição dos fatos e dos demais documentos produzidos na ação fiscal, que o autuante, no momento da formalização da exigência:

a) apurou incorretamente a base de cálculo do crédito tributário; ou

b) não incluiu na determinação do crédito tributário matéria devidamente identificada; ou

II – em que forem constatados fatos novos, subtraídos ao conhecimento da autoridade lançadora quando da ação fiscal e relacionados aos fatos geradores objeto da autuação, que impliquem agravamento da exigência inicial.

§ 2º O auto de infração ou a notificação de lançamento de que trata o *caput* terá o objetivo de:

I – complementar o lançamento original; ou

II – substituir, total ou parcialmente, o lançamento original nos casos em que a apuração do *quantum* devido, em face da legislação tributária aplicável, não puder ser efetuada sem a inclusão da matéria anteriormente lançada.

§ 3º Será concedido prazo de 30 (trinta) dias, contados da data da ciência da intimação da exigência complementar, para a apresentação de impugnação apenas no concernente à matéria modificada.

§ 4º O auto de infração ou a notificação de lançamento de que trata o *caput* devem ser objeto do mesmo processo em que for tratado o auto de infração ou a notificação de lançamento complementados.

§ 5º O julgamento dos litígios instaurados no âmbito do processo referido no § 4º será objeto de um único acórdão.

Subseção V
Do segundo exame da escrita

Art. 42. Em relação ao mesmo exercício, só é possível um segundo exame, mediante ordem escrita do Superintendente, do Delegado ou do Inspetor da Receita Federal do Brasil (Lei 2.354, de 1954, art. 7º, § 2º; Lei 3.470, de 1958, art. 34).

Seção VI
Das medidas de defesa do crédito tributário

Subseção I
Do arrolamento de bens e direitos para acompanhamento do patrimônio do sujeito passivo

Art. 43. O arrolamento de bens e direitos do sujeito passivo será procedido pelo chefe da unidade da Secretaria da Receita Federal do Brasil responsável pela exigência do crédito tributário, sempre que o valor dos créditos tributários de sua responsabilidade for superior a 30% (trinta por cento) do seu patrimônio conhecido (Lei 9.532, de 1997, art. 64).

§ 1º Se o crédito tributário for formalizado contra pessoa física, no arrolamento devem ser identificados, inclusive, os bens e direitos em nome do cônjuge, não gravados com a cláusula de incomunicabilidade (Lei 9.532, de 1997, art. 64, § 1º).

§ 2º Na falta de outros elementos indicativos, considera-se patrimônio conhecido o valor constante da última declaração de rendimentos apresentada (Lei 9.532, de 1997, art. 64, § 2º).

§ 3º A partir da data da notificação do ato de arrolamento, mediante entrega de cópia do respectivo termo, o proprietário dos bens e direitos arrolados, ao transferi-los, aliená-los ou onerá-los, deve comunicar o fato à unidade da Secretaria da Receita Federal do Brasil em cuja jurisdição o domicílio tributário do sujeito passivo estiver (Lei 9.532, de 1997, art. 64, § 3º).

§ 4º A alienação, oneração ou transferência, a qualquer título, dos bens e direitos arrolados, sem o cumprimento da formalidade prevista no § 3º, autoriza o requerimento de medida cautelar fiscal contra o sujeito passivo (Lei 9.532, de 1997, art. 64, § 4º).

§ 5º O termo de arrolamento de que trata o § 3º será registrado independentemente de pagamento de custas ou emolumentos (Lei 9.532, de 1997, art. 64, § 5º):

I – no competente registro imobiliário, relativamente aos bens imóveis;

II – nos órgãos ou entidades, onde, por força de lei, os bens móveis ou direitos sejam registrados ou controlados; ou

III – no Cartório de Títulos e Documentos e Registros Especiais do domicílio tributário do sujeito passivo, relativamente aos demais bens e direitos.

§ 6º As certidões de regularidade fiscal expedidas deverão conter informações quanto à existência de arrolamento (Lei 9.532, de 1997, art. 64, § 6º).

§ 7º Liquidado o crédito tributário que tenha motivado o arrolamento antes do seu encaminhamento para inscrição em dívida ativa da União, o chefe da unidade da Secretaria da Receita Federal do Brasil responsável pelo registro do respectivo termo comunicará o fato ao órgão em que o termo foi registrado, para que sejam anulados os efeitos do arrolamento (Lei 9.532, de 1997, art. 64, § 8º).

§ 8º Liquidado ou garantido, nos termos da Lei 6.830, de 22 de setembro de 1980, o crédito tributário que tenha motivado o arrolamento, após seu encaminhamento para inscrição em dívida ativa da União, a comunicação de que trata o § 8º será feita pela autoridade competente da Procuradoria da Fazenda Nacional (Lei 9.532, de 1997, art. 64, § 9º).

Art. 44. O arrolamento de que trata o art. 43 recairá sobre bens e direitos suscetíveis de registro público, com prioridade aos imóveis, e em valor suficiente para cobrir o montante do crédito tributário de responsabilidade do sujeito passivo (Lei 9.532, de 1997, art. 64-A, incluído pela Medida Provisória 2.158-35, de 2001, art. 75).

§ 1º O arrolamento somente poderá alcançar outros bens e direitos para fins de complementar o valor referido no *caput*.

§ 2º Os bens constantes do arrolamento poderão ser substituídos, mediante prévia autorização do chefe da unidade da Secretaria da Receita Federal do Brasil com jurisdição sobre o domicílio tributário do sujeito passivo.

Subseção II
Da medida cautelar fiscal

Art. 45. A Procuradoria da Fazenda Nacional poderá instaurar procedimento cautelar fiscal após a constituição do crédito, inclusive no curso da execução judicial da dívida ativa da União (Lei 8.397, de 6 de janeiro de 1992, art. 1º, com a redação dada pela Lei 9.532, de 1997, art. 65).

Parágrafo único. O requerimento da medida cautelar independe da prévia constituição do crédito tributário quando o sujeito passivo (Lei 8.397, de 1992, art. 1º, parágrafo único, com a redação dada pela Lei 9.532, de 1997, art. 65):

I – notificado pela Fazenda Pública para que proceda ao recolhimento do crédito tributário, põe ou tenta por seus bens em nome de terceiros (Lei 8.397, de 1992, art. 2º, inciso V, alínea *b*, com a redação dada pela Lei 9.532, de 1997, art. 65); ou

II – aliena bens ou direitos sem proceder à devida comunicação ao órgão da Fazenda Pública competente, quando exigível em virtude de lei (Lei 8.397, de 1992, art. 2º, inciso VII, com a redação dada pela Lei 9.532, de 1997, art. 65).

Subseção III
Da medida cautelar fiscal preparatória

Art. 46. Quando a medida cautelar fiscal for concedida em procedimento preparatório, deverá a Fazenda Nacional propor a execução judicial da dívida ativa no prazo 60 de (sessenta) dias, contados da data em que a exigência se tornar irrecorrível na esfera administrativa (Lei 8.397, de 1992, art. 11).

Seção VII
Da representação fiscal para fins penais

Art. 47. O Auditor Fiscal da Receita Federal do Brasil formalizará representação fiscal para fins penais em autos separados, protocolizada na mesma data da lavratura do auto de infração, sempre que, no curso de procedimento de fiscalização de que resulte lavratura de auto de infração relativo a tributos administrados pela Secretaria da Receita Federal do Brasil ou decorrente de apreensão de bens sujeitos à pena de perdimento, constatar fato que configure, em tese (Decreto 2.730, de 10 de agosto de 1998, art. 1º):

I – crime contra a ordem tributária tipificado nos arts. 1º ou 2º da Lei 8.137, de 27 de dezembro de 1990;

II – crime de contrabando ou de descaminho tipificado no art. 334 do Decreto-lei 2.848, de 7 de dezembro de 1940 – Código Penal; ou

III – crime contra a Previdência Social tipificado nos arts. 168-A ou 337-A do Decreto-lei 2.848, de 1940.

Art. 48. As representações fiscais para fins penais relativas aos crimes contra a ordem tributária definidos nos arts. 1º e 2º da Lei 8.137, de 1990, e aos crimes contra a Previdência Social, definidos nos arts. 168-A e 337-A do Decreto-lei 2.848, de 1940 – Código Penal acrescentados pela Lei 9.983, de 14 de julho de 2000, serão formalizadas e protocolizadas em até 10 (dez) dias contados da data da constituição do crédito tributário, devendo permanecer no âmbito da unidade de controle até que o referido crédito se torne definitivo na esfera administrativa, respeitado o prazo para cobrança amigável (Lei 9.430, de 1996, art. 83).

Parágrafo único. Caso o crédito tributário correspondente ao ilícito penal seja integralmente extinto pelo julgamento administrativo ou pelo pagamento, os autos da representação, juntamente com cópia da respectiva decisão administrativa, quando for o caso, deverão ser arquivados.

Art. 49. A representação fiscal para fins penais relativa aos crimes de contrabando ou descaminho, definidos no art. 334 do

Decreto-lei 2.848, de 1940 – Código Penal, será formalizada em autos separados e protocolizada na mesma data da lavratura do auto de infração, devendo permanecer na unidade da Secretaria da Receita Federal do Brasil de lavratura até o final do prazo para impugnação.

§ 1º Se for aplicada a pena de perdimento de bens, inclusive na hipótese de conversão em multa equivalente ao valor aduaneiro da mercadoria que não seja localizada ou que tenha sido consumida, a representação de que trata o *caput* deverá ser encaminhada pela autoridade julgadora de instância única ao órgão do Ministério Público Federal que for competente para promover a ação penal, no prazo máximo de 10 (dez) dias, anexando-se cópia da decisão.

§ 2º Não aplicada a pena de perdimento, a representação fiscal para fins penais deverá ser arquivada, depois de incluir nos autos cópia da respectiva decisão administrativa.

Art. 50. A Secretaria da Receita Federal do Brasil disciplinará os procedimentos necessários à execução do disposto nesta Seção.

Seção VIII
Da representação para fins penais

Art. 51. Além dos casos de representação previstos no art. 47, os servidores em exercício na Secretaria da Receita Federal do Brasil, observadas as atribuições dos respectivos cargos, deverão formalizar representação para fins penais, perante os titulares das unidades centrais, superintendentes, delegados ou inspetores da Secretaria da Receita Federal do Brasil aos quais estiverem vinculados, sempre que identificarem situações que, em tese, configurem crime contra a administração pública federal ou em detrimento da Fazenda Nacional.

§ 1º A representação de que trata o *caput* deverá ser:
I – levada a registro em protocolo pelo servidor que a elaborar, no prazo de 10 (dez) dias, contados da data em que identificar a situação caracterizadora de crime;
II – remetida no prazo de 10 (dez) dias, contados da data de sua protocolização, ao órgão do Ministério Público Federal que for competente para promover a ação penal.

§ 2º Deverá ser dado conhecimento da representação ao titular da unidade do domicílio fiscal do sujeito passivo, na hipótese de o servidor formalizar representação perante outra autoridade a quem estiver vinculado.

Capítulo II
DA COBRANÇA ADMINISTRATIVA DO CRÉDITO TRIBUTÁRIO

Seção I
Do pagamento –
Da redução da multa de lançamento de ofício

Art. 52. Será concedida redução de 50% (cinquenta por cento) do valor da multa de lançamento de ofício ao sujeito passivo que, notificado, efetuar o pagamento ou a compensação do crédito tributário no prazo previsto para apresentar impugnação (Lei 8.218, de 1991, art. 6º, com a redação dada pela Lei 11.941, de 2009, art. 28; Lei 9.430, de 1996, art. 44, § 3º).

§ 1º Apresentada impugnação tempestivamente, a redução será de 30% (trinta por cento) se o pagamento ou a compensação forem efetuados no prazo de 30 (trinta) dias, contados da data da ciência da decisão de primeira instância (Lei 8.218, de 1991, art. 6º, inciso III, com a redação dada pela Lei 11.941, de 2009, art. 28; Lei 9.430, de 1996, art. 44, § 3º).

§ 2º No caso de provimento a recurso de ofício interposto pela autoridade julgadora de primeira instância, será aplicada a redução de 30% (trinta por cento) se o pagamento ou a compensação for efetuado no prazo de 30 (trinta) dias contados da ciência da decisão (Lei 8.218, de 1991, art. 6º, § 1º, com a redação dada pela Lei 11.941, de 2009, art. 28).

Seção II
Do parcelamento –
Da redução da multa de lançamento de ofício

Art. 53. Será concedida redução de 40% (quarenta por cento) do valor da multa de lançamento de ofício, ao sujeito passivo que, notificado, requerer o parcelamento do crédito tributário no prazo previsto para apresentar impugnação (Lei 8.218, de

1991, art. 6º, inciso II, com a redação dada pela Lei 11.941, de 2009, art. 28; Lei 9.430, de 1996, art. 44, § 3º).

§ 1º Apresentada impugnação tempestivamente, a redução será de 20% (vinte por cento) se o parcelamento for requerido no prazo de 30 (trinta) dias, contados da data da ciência da decisão de primeira instância (Lei 8.218, de 1991, art. 6º, inciso IV, com a redação dada pela Lei 11.941, de 2009, art. 28; Lei 9.430, de 1996, art. 44, § 3º).

§ 2º No caso de provimento a recurso de ofício interposto pela autoridade julgadora de primeira instância, será aplicada a redução de 20% (vinte por cento) se o parcelamento for requerido no prazo de 30 (trinta) dias contados da ciência da decisão (Lei 8.218, de 1991, art. 6º, § 1º, com a redação dada pela Lei 11.941, de 2009, art. 28).

§ 3º A rescisão do parcelamento, motivada pelo descumprimento das normas que o regulam, implicará restabelecimento do montante da multa proporcionalmente ao valor da receita não satisfeita e que exceder o valor obtido com a garantia apresentada (Lei 8.218, de 1991, art. 6º, § 2º, com a redação dada pela Lei 11.941, de 2009, art. 28).

Seção III
Da revelia

Art. 54. Não sendo cumprida nem impugnada a exigência, a autoridade preparadora declarará a revelia, permanecendo o processo no órgão preparador, pelo prazo de 30 (trinta) dias, para cobrança amigável (Decreto 70.235, de 1972, art. 21, com a redação dada pela Lei 8.748, de 1993, art. 1º).

§ 1º No caso de identificação de impugnação parcial, não cumprida a exigência relativa à parte não litigiosa do crédito, o órgão preparador, antes da remessa dos autos a julgamento, providenciará a formação de autos apartados para a imediata cobrança da parte não contestada, consignando essa circunstância no processo original.

§ 2º Esgotado o prazo de cobrança amigável sem que tenha sido pago ou parcelado o crédito tributário, o órgão preparador encaminhará o processo à autoridade competente para promover a cobrança executiva.

Art. 55. Tratando-se de apreensão de mercadoria para fins de aplicação da pena de perdimento ou de declaração de abandono, em que não tenha sido apresentada impugnação, a autoridade preparadora, após declarar a revelia, deverá, em observância às normas que regem a matéria e, mediante o competente ato administrativo, aplicar a pena de perdimento ou declarar o abandono, para fins de destinação da mercadoria (Decreto 70.235, de 1972, arts. 21, § 2º, e 63).

Capítulo III
DA FASE LITIGIOSA
Seção I
Da impugnação

Art. 56. A impugnação, formalizada por escrito, instruída com os documentos em que se fundamentar e apresentada em unidade da Secretaria da Receita Federal do Brasil com jurisdição sobre o domicílio tributário do sujeito passivo, bem como, remetida por via postal, no prazo de 30 (trinta) dias, contados da data da ciência da intimação da exigência, instaura a fase litigiosa do procedimento (Decreto 70.235, de 1972, arts. 14 e 15).

§ 1º Apresentada a impugnação em unidade diversa, esta a remeterá à unidade indicada no *caput*.

§ 2º Eventual petição, apresentada fora do prazo, não caracteriza impugnação, não instaura a fase litigiosa do procedimento, não suspende a exigibilidade do crédito tributário nem comporta julgamento de primeira instância, salvo se caracterizada ou suscitada a tempestividade, como preliminar.

§ 3º No caso de pluralidade de sujeitos passivos, caracterizados na formalização da exigência, todos deverão ser cientificados do auto de infração ou da notificação de lançamento, com abertura de prazo para que cada um deles apresente impugnação.

§ 4º Na hipótese do § 3º, o prazo para impugnação é contado, para cada sujeito passivo, a partir da data em que cada um deles tiver sido cientificado do lançamento.

§ 5º Na hipótese de remessa da impugnação por via postal, será considerada como data de sua apresentação a da respectiva postagem constante do aviso de recebimento, o qual deverá trazer a indicação do destinatário da remessa e o número do protocolo do processo correspondente.

§ 6º Na impossibilidade de se obter cópia do aviso de recebimento, será considerada como data da apresentação da impugnação a constante do carimbo aposto pelos Correios no envelope que contiver a remessa, quando da postagem da correspondência.

§ 7º No caso previsto no § 5º, a unidade de preparo deverá juntar, por anexação ao processo correspondente, o referido envelope.

Art. 57. A impugnação mencionará (Decreto 70.235, de 1972, art. 16, com a redação dada pela Lei 8.748, de 1993, art. 1º, e pela Lei 11.196, de 2005, art. 113):

I – a autoridade julgadora a quem é dirigida;
II – a qualificação do impugnante;
III – os motivos de fato e de direito em que se fundamenta, os pontos de discordância e as razões e provas que possuir;
IV – as diligências ou perícias que o impugnante pretenda sejam efetuadas, expostos os motivos que as justifiquem, com a formulação de quesitos referentes aos exames desejados, bem como, no caso de perícia, o nome, o endereço e a qualificação profissional de seu perito; e
V – se a matéria impugnada foi submetida à apreciação judicial, devendo ser juntada cópia da petição.

§ 1º Considera-se não formulado o pedido de diligência ou perícia que deixar de atender aos requisitos previstos no inciso IV.

§ 2º É defeso ao impugnante, ou a seu representante legal, empregar expressões injuriosas nos escritos apresentados no processo, cabendo ao julgador, de ofício ou a requerimento do ofendido, mandar riscá-las.

§ 3º Quando o impugnante alegar direito municipal, estadual ou estrangeiro, incumbe-lhe o ônus de provar o teor e a vigência, se assim o determinar o julgador.

§ 4º A prova documental será apresentada na impugnação, precluindo o direito de o impugnante fazê-lo em outro momento processual, a menos que:

I – fique demonstrada a impossibilidade de sua apresentação oportuna, por motivo de força maior;

II – refira-se a fato ou a direito superveniente; ou

III – destine-se a contrapor fatos ou razões posteriormente trazidas aos autos.

§ 5º Considera-se motivo de força maior o fato necessário, cujos efeitos não era possível evitar ou impedir (Lei 10.406, de 2002, art. 393).

§ 6º A juntada de documentos depois de apresentada a impugnação deverá ser requerida à autoridade julgadora, mediante petição em que se demonstre, com fundamentos, a ocorrência de uma das condições previstas no § 4º.

§ 7º Os documentos apresentados após proferida a decisão deverão ser juntados, por anexação, aos autos para, se for interposto recurso, serem apreciados pela autoridade julgadora de segunda instância.

Art. 58. Considera-se não impugnada a matéria que não tenha sido expressamente contestada pelo impugnante (Decreto 70.235, de 1972, art. 17, com a redação dada pela Lei 9.532, de 1997, art. 67).

Seção II
Do julgamento –
Disposições gerais

Art. 59. No âmbito do processo administrativo fiscal, fica vedado aos órgãos de julgamento afastar a aplicação ou deixar de observar tratado, acordo internacional, lei ou Decreto, sob fundamento de inconstitucionalidade (Decreto 70.235, de 1972, art. 26-A, com a redação dada pela Lei 11.941, de 2009, art. 25).

Parágrafo único. O disposto no *caput* não se aplica aos casos de tratado, acordo internacional, lei ou ato normativo (Decreto 70.235, de 1972, art. 26-A, § 6º, incluído pela Lei 11.941, de 2009, art. 25):

I – que já tenha sido declarado inconstitucional por decisão plenária definitiva do Supremo Tribunal Federal; ou

II – que fundamente crédito tributário objeto de:

a) dispensa legal de constituição ou de ato declaratório do Procurador-Geral da Fazenda Nacional, na forma dos arts. 18 e 19 da Lei 10.522, de 19 de junho de 2002;

b) súmula da Advocacia-Geral da União, na forma do art. 43 da Lei Complementar 73, de 10 de fevereiro de 1993; ou

c) pareceres do Advogado-Geral da União aprovados pelo Presidente da República, na forma do art. 40 da Lei Complementar 73, de 1993.

Art. 60. O contencioso administrativo relativo ao Simples Nacional será de competência do órgão julgador integrante da estrutura administrativa do ente federativo que efetuar o lançamento ou a exclusão de ofício, observados os dispositivos legais atinentes aos processos administrativos fiscais desse ente (Lei Complementar 123, de 2006, art. 39).

Seção III
Do julgamento em primeira instância

Subseção I
Da competência

Art. 61. O julgamento de processos sobre a aplicação da legislação referente a tributos administrados pela Secretaria da Receita Federal do Brasil, e os relativos à exigência de direitos *antidumping* e direitos compensatórios, compete em primeira instância, às Delegacias da Receita Federal do Brasil de Julgamento, órgãos de deliberação interna e natureza colegiada da Secretaria da Receita Federal do Brasil (Decreto 70.235, de 1972, art. 25, inciso I; Lei 9.019, de 30 de março de 1995, art. 7º, § 5º).

Parágrafo único. A competência de que trata o *caput* inclui, dentre outros, o julgamento de:

I – impugnação a auto de infração e notificação de lançamento (Decreto 70.235, de 1972, art. 14);

II – manifestação de inconformidade do sujeito passivo em processos administrativos relativos a compensação, restituição e ressarcimento de tributos, inclusive créditos de Imposto sobre Produtos Industrializados – IPI (Lei 8.748, de 1993, art. 3º, inciso II; Lei 9.019, de 1995, art. 7º, §1º e §5º); e

III – impugnação ao ato declaratório de suspensão de imunidade e isenção (Lei 9.430, de 1996, art. 32, § 10).

Subseção II
Do julgamento

Art. 62. Terão prioridade no julgamento os processos em que estiverem presentes as circunstâncias de crime contra a ordem tributária ou de elevado valor, este definido em ato do Ministro de Estado da Fazenda, bem como, mediante requisição do interessado, aqueles em que figure como parte interveniente (Decreto 70.235, de 1972, art. 27, com a redação dada pela Lei 9.532, de 1997, art. 67; Lei 10.741, de 1º de outubro de 2003, art. 71; Lei 9.784, de 1999, art. 69-A, com a redação dada pela Lei 12.008, de 29 de julho de 2009, art. 4º):

I – pessoa com idade igual ou superior a sessenta anos;

II – pessoa portadora de deficiência, física ou mental; e

III – pessoa portadora de tuberculose ativa, esclerose múltipla, neoplasia maligna, hanseníase, paralisia irreversível e incapacitante, cardiopatia grave, doença de Parkinson, espondiloartrose anquilosante, nefropatia grave, hepatopatia grave, estados avançados da doença de Paget (osteíte deformante), contaminação por radiação, síndrome de imunodeficiência adquirida, ou outra doença grave, com base em conclusão da medicina especializada, mesmo que a doença tenha sido contraída após o início do processo.

Parágrafo único. Os processos serão julgados na ordem estabelecida em ato do Secretário da Receita Federal do Brasil, observada a prioridade de que trata o *caput*.

Art. 63. Na apreciação das provas, a autoridade julgadora formará livremente sua convicção, podendo determinar, de ofício ou a requerimento do impugnante, a realização de diligências ou de perícias, observado o disposto nos arts. 35 e 36 (Decreto 70.235, de 1972, arts. 29 e 18, com a redação dada pela Lei 8.748, de 1993, art. 1º).

Art. 64. Os laudos e os pareceres do Laboratório Nacional de Análises, do Instituto Nacional de Tecnologia e de outros órgãos federais congêneres serão adotados nos aspectos técnicos de sua competência, salvo se comprovada a improcedência desses lau-

Dec. 7.574/2011

LEGISLAÇÃO

dos ou pareceres (Decreto 70.235, de 1972, art. 30, com a redação dada pela Lei 9.532, de 1997, art. 67).

§ 1º Não se considera como aspecto técnico a classificação fiscal de produtos.

§ 2º A existência no processo de laudos ou de pareceres técnicos não impede a autoridade julgadora de solicitar outros a qualquer dos órgãos referidos neste artigo.

§ 3º Atribui-se eficácia aos laudos e aos pareceres técnicos sobre produtos, exarados em outros processos administrativos fiscais e transladados mediante certidão de inteiro teor ou cópia fiel, quando tratarem:

I – de produtos originários do mesmo fabricante, com igual denominação, marca e especificação; e

II – de máquinas, aparelhos, equipamentos, veículos e outros produtos complexos de fabricação em série, do mesmo fabricante, com iguais especificações, marca e modelo.

Subseção III
Do acórdão

Art. 65. O acórdão conterá relatório resumido do processo, fundamentos legais, conclusão e ordem de intimação, devendo referir-se, expressamente, a todos os autos de infração e notificações de lançamento objeto do processo, bem como às razões de defesa suscitadas pelo impugnante contra todas as exigências (Decreto 70.235, de 1972, art. 31, com a redação dada pela Lei 8.748, de 1993, art. 1º).

Art. 66. No acórdão em que for julgada questão preliminar, será também julgado o mérito, salvo quando incompatíveis (Decreto 70.235, de 1972, art. 28, com a redação dada pela Lei 8.748, de 1993, art. 1º).

Parágrafo único. O indeferimento de pedido de diligência ou de perícia deverá ser fundamentado e constar da decisão (Decreto 70.235, de 1972, art. 28, com a redação dada pela Lei 8.748, de 1993, art. 1º).

Art. 67. As inexatidões materiais devidas a lapso manifesto e os erros de escrita ou de cálculo existentes na decisão deverão ser corrigidos de ofício ou a requerimento do sujeito passivo, mediante a prolação de um novo acórdão (Decreto 70.235, de 1972, art. 32).

Art. 68. O órgão preparador dará ciência da decisão ao sujeito passivo, intimando-o, quando for o caso, a cumpri-la no prazo de 30 (trinta) dias, contados da data da ciência, facultada a apresentação de recurso voluntário no mesmo prazo (Decreto 70.235, de 1972, arts. 31 e 33).

Art. 69. Da decisão de primeira instância não cabe pedido de reconsideração (Decreto 70.235, de 1972, art. 36).

Subseção IV
Do recurso de ofício

Art. 70. O recurso de ofício deve ser interposto, pela autoridade competente de primeira instância, sempre que a decisão exonerar o sujeito passivo do pagamento de tributo e encargos de multa de valor total (lançamento principal e decorrentes) a ser fixado em ato do Ministro de Estado da Fazenda, bem como quando deixar de aplicar a pena de perdimento de mercadoria com base na legislação do IPI (Decreto 70.235, de 1972, art. 34, com a redação dada pela Lei 9.532, de 1997, art. 67).

§ 1º O recurso será interposto mediante formalização na própria decisão.

§ 2º Sendo o caso de interposição de recurso de ofício e não tendo este sido formalizado, o servidor que verificar o fato representará à autoridade julgadora, por intermédio de seu chefe imediato, no sentido de que seja observada aquela formalidade.

Art. 71. Não cabe recurso de ofício das decisões prolatadas, pela autoridade fiscal da jurisdição do sujeito passivo, em processos relativos a restituição, ressarcimento, reembolso e compensação de tributos administrados pela Secretaria da Receita Federal do Brasil (Lei 10.522, de 2002, art. 27).

Art. 72. Enquanto não decidido o recurso de ofício, a decisão a ele correspondente não se torna definitiva (Decreto 70.235, de 1972, art. 42, parágrafo único).

Subseção V
Do recurso voluntário

Art. 73. O recurso voluntário total ou parcial, que tem efeito suspensivo, poderá ser interposto contra decisão de primeira instância contrária ao sujeito passivo, no prazo de

30 (trinta) dias, contados da data da ciência da decisão (Decreto 70.235, de 1972, art. 33).

Art. 74. O recurso voluntário total ou parcial, mesmo perempto, deverá ser encaminhado ao órgão de segunda instância, que julgará a perempção (Decreto 70.235, de 1972, art. 35).

Seção IV
Do julgamento em segunda instância

Subseção I
Da competência

Art. 75. O julgamento de recursos de ofício e voluntários de decisão de primeira instância, e de recursos de natureza especial, compete ao Conselho Administrativo de Recursos Fiscais (Decreto 70.235, de 1972, art. 25, inciso II, com a redação dada pela Lei 11.941, de 2009, art. 25).

§ 1º O Conselho Administrativo de Recursos Fiscais será constituído por seções e pela Câmara Superior de Recursos Fiscais (Decreto 70.235, de 1972, art. 25, inciso II, § 1º, com a redação dada pela Lei 11.941, de 2009, art. 25).

§ 2º As seções serão especializadas por matéria e constituídas por câmaras (Decreto 70.235, de 1972, art. 25, § 2º, com a redação dada pela Lei 11.941, de 2009, art. 25).

§ 3º A Câmara Superior de Recursos Fiscais será constituída por turmas, compostas pelos Presidentes e Vice-Presidentes das câmaras (Decreto 70.235, de 1972, art. 25, § 3º, com a redação dada pela Lei 11.941, de 2009, art. 25).

§ 4º As câmaras poderão ser divididas em turmas (Decreto 70.235, de 1972, art. 25, § 4º, com a redação dada pela Lei 11.941, de 2009, art. 25).

§ 5º O Ministro de Estado da Fazenda poderá criar, nas seções, turmas especiais, de caráter temporário, com competência para julgamento de processos que envolvam valores reduzidos ou matéria recorrente ou de baixa complexidade, que poderão funcionar nas cidades onde estão localizadas as Superintendências Regionais da Receita Federal do Brasil (Decreto 70.235, de 1972, art. 25, § 5º, com a redação dada pela Lei 11.941, de 2009, art. 25).

§ 6º As turmas da Câmara Superior de Recursos Fiscais serão constituídas pelo Presidente do Conselho Administrativo de Recursos Fiscais, pelo Vice-Presidente, pelos Presidentes e pelos Vice-Presidentes das câmaras (Decreto 70.235, de 1972, art. 25, § 7º, com a redação dada pela Lei 11.941, de 2009, art. 25).

§ 7º A presidência das turmas da Câmara Superior de Recursos Fiscais será exercida pelo Presidente do Conselho Administrativo de Recursos Fiscais e a vice-presidência, por conselheiro representante dos contribuintes (Decreto 70.235, de 1972, art. 25, § 8º, com a redação dada pela Lei 11.941, de 2009, art. 25).

§ 8º Os cargos de Presidente das Turmas da Câmara Superior de Recursos Fiscais, das câmaras, das suas turmas e das turmas especiais serão ocupados por conselheiros representantes da Fazenda Nacional, que, em caso de empate, terão o voto de qualidade, e os cargos de Vice-Presidente, por representantes dos contribuintes (Decreto 70.235, de 1972, art. 25, § 9º, com a redação dada pela Lei 11.941, de 2009, art. 25).

§ 9º Os conselheiros serão designados pelo Ministro de Estado da Fazenda para mandato, limitando-se as reconduções, na forma e no prazo estabelecidos no regimento interno (Decreto 70.235, de 1972, art. 25, § 10, com a redação dada pela Lei 11.941, de 2009, art. 25).

§ 10. O Ministro de Estado da Fazenda, observado o devido processo legal, decidirá sobre a perda do mandato, para os conselheiros que incorrerem em falta grave, definida no regimento interno (Decreto 70.235, de 1972, art. 25, § 11, com a redação dada pela Lei 11.941, de 2009, art. 25).

Art. 76. O acórdão de segunda instância deverá observar o disposto nos arts. 65, 66, 67 e 69.

Art. 77. O julgamento no Conselho Administrativo de Recursos Fiscais será feito conforme dispuser o regimento interno (Decreto 70.235, de 1972, art. 37, com a redação dada pela Lei 11.941, de 2009, art. 25).

Dec. 7.574/2011

LEGISLAÇÃO

Subseção II
Da intimação do Procurador da Fazenda Nacional

Art. 78. Os Procuradores da Fazenda Nacional serão intimados pessoalmente das decisões do Conselho Administrativo de Recursos Fiscais na sessão das respectivas câmaras subsequente à formalização do acórdão (Decreto 70.235, de 1972, art. 23, § 7º, incluído pela Lei 11.457, de 2007, art. 44).

§ 1º Se os Procuradores da Fazenda Nacional não tiverem sido intimados pessoalmente em até 40 (quarenta) dias contados da formalização do acórdão do Conselho Administrativo de Recursos Fiscais, os respectivos autos serão remetidos e entregues, mediante protocolo, à Procuradoria da Fazenda Nacional, para fins de intimação (Decreto 70.235, de 1972, art. 23, § 8º, incluído pela Lei 11.457, de 2007, art. 44).

§ 2º Os Procuradores da Fazenda Nacional serão considerados intimados pessoalmente das decisões do Conselho Administrativo de Recursos Fiscais, com o término do prazo de 30 (trinta) dias contados da data em que os respectivos autos forem entregues à Procuradoria na forma do § 1º (Decreto 70.235, de 1972, art. 23, § 9º, incluído pela Lei 11.457, de 2007, art. 44).

Subseção III
Do recurso especial contra decisão de segunda instância

Art. 79. Caberá recurso especial à Câmara Superior de Recursos Fiscais, no prazo de 15 (quinze) dias da ciência do acórdão ao interessado, de decisão que der à lei tributária interpretação divergente da que lhe tenha dado outra câmara, turma de câmara, turma especial ou a própria Câmara Superior de Recursos Fiscais (Decreto 70.235, de 1972, art. 37, § 2º, inciso II, com a redação dada pela Lei 11.941, de 2009, art. 25).

Parágrafo único. É cabível recurso especial de divergência, previsto no *caput*, contra decisão que der ou negar provimento a recurso de ofício (Decreto 70.235, de 1972, art. 37, § 2º, inciso II, com a redação dada pela Lei 11.941, de 2009, art. 25).

Capítulo IV
DA EFICÁCIA E DA EXECUÇÃO DAS DECISÕES

Art. 80. São definitivas as decisões (Decreto 70.235, de 1972, art. 42):
I – de primeira instância, esgotado o prazo para recurso voluntário sem que este tenha sido interposto;
II – de segunda instância, de que não caiba recurso ou, se cabível, quando decorrido o prazo sem a sua interposição; ou
III – de instância especial.

Parágrafo único. Serão também definitivas as decisões de primeira instância na parte que não for objeto de recurso voluntário ou não estiver sujeita a recurso de ofício.

Art. 81. A decisão definitiva contrária ao sujeito passivo será cumprida no prazo para cobrança amigável fixado no art. 54, aplicando-se, no caso de descumprimento, o disposto no § 2º (Decreto 70.235, de 1972, art. 43).

§ 1º Na hipótese do cumprimento de decisão administrativa definitiva contrária ao sujeito passivo, a quantia depositada para evitar acréscimos moratórios do crédito tributário ou para liberar mercadoria será convertida em renda se o sujeito passivo não comprovar, no prazo legal, a propositura de ação judicial (Decreto 70.235, de 1972, art. 43, § 1º).

§ 2º Se o valor depositado não for suficiente para cobrir o crédito tributário, será aplicado o disposto no *caput* à cobrança do restante; se exceder o exigido, a autoridade competente determinará o levantamento da quantia excedente, na forma da legislação específica (Decreto 70.235, de 1972, art. 43, § 2º).

Art. 82. Mediante ordem da autoridade judicial ou, no caso de depósito extrajudicial, da autoridade administrativa competente, o valor do depósito, após o encerramento da lide ou do processo litigioso, será (Lei 9.703, de 17 de novembro de 1998, art. 1º, § 3º):
I – devolvido ao depositante pelo estabelecimento bancário em que foi feito o depósito, no prazo de 24 (vinte e quatro) horas, con-

Dec. 7.574/2011

tadas da hora da ciência da ordem da autoridade judicial ou administrativa competente, quando a sentença ou a decisão administrativa lhe for favorável ou na proporção em que o for, acrescido de juros, na forma estabelecida pelo § 4º do art. 39 da Lei 9.250, de 26 de dezembro de 1995; ou

II – transformado em pagamento definitivo, proporcionalmente à exigência do correspondente tributo, inclusive seus acessórios, quando se tratar de sentença ou decisão favorável à Fazenda Nacional, cessando, no caso de decisão em processo administrativo regulado pelo Decreto 70.235, de 1972, a suspensão da exigibilidade do crédito tributário a que se refere o § 1º do art. 86.

Art. 83. A decisão que aplicar a pena de perdimento ou declarar o abandono de mercadoria ou de outros bens será executada, pela unidade preparadora, após o prazo de 30 (trinta) dias, segundo o que dispuser a legislação aplicável (Decreto 70.235, de 1972, arts. 21 e 44).

Art. 84. A destinação de mercadorias ou de outros bens apreendidos, declarados abandonados ou dados em garantia de pagamento de crédito tributário obedecerá às normas estabelecidas na legislação aplicável (Decreto 70.235, de 1972, art. 63).

Parágrafo único. As mercadorias ou outros bens referidos no *caput*, ainda que relativos a processos pendentes de apreciação judicial, inclusive os que estiverem à disposição da Justiça como corpo de delito, produto ou objeto de crime, salvo determinação em contrário, em cada caso, de autoridade judiciária, serão destinadas conforme as normas aplicáveis (Decreto-lei 1.455, de 7 de abril de 1976, art. 30, com a redação dada pela Lei 12.350, de 20 de dezembro de 2010).

Art. 85. No caso de decisão definitiva favorável ao sujeito passivo, cumpre à autoridade preparadora exonerá-lo, de ofício, dos gravames decorrentes do litígio (Decreto 70.235, de 1972, art. 45).

Capítulo V
DOS EFEITOS DAS AÇÕES JUDICIAIS

Seção I
Do lançamento para prevenir a decadência

Art. 86. O lançamento para prevenir a decadência deverá ser efetuado nos casos em que existir a concessão de medida liminar em mandado de segurança ou de concessão de medida liminar ou de tutela antecipada, em outras espécies de ação judicial (Lei 5.172, de 1966 – Código Tributário Nacional, arts. 142, parágrafo único, e 151, incisos IV e V; Lei 9.430, de 1996, art. 63, com a redação dada pela Medida Provisória 2.158-35, de 2001, art. 70).

§ 1º O lançamento de que trata o *caput* deve ser regularmente notificado ao sujeito passivo com o esclarecimento de que a exigibilidade do crédito tributário permanece suspensa, em face da medida liminar concedida (Lei 5.172, de 1966 – Código Tributário Nacional, arts. 145 e 151; Decreto 70.235, de 1972, art. 7º).

§ 2º O lançamento para prevenir a decadência deve seguir seu curso normal, com a prática dos atos administrativos que lhe são próprios, exceto quanto aos atos executórios, que aguardarão a sentença judicial, ou, se for o caso, a perda da eficácia da medida liminar concedida.

Seção II
Da renúncia ou da desistência ao litígio nas instâncias administrativas

Art. 87. A existência ou propositura, pelo sujeito passivo, de ação judicial com o mesmo objeto do lançamento importa em renúncia ou em desistência ao litígio nas instâncias administrativas (Lei 6.830, de 1980, art. 38, parágrafo único).

Parágrafo único. O curso do processo administrativo, quando houver matéria distinta da constante do processo judicial, terá prosseguimento em relação à matéria diferenciada.

Dec. 7.574/2011

LEGISLAÇÃO

TÍTULO III
DOS OUTROS PROCESSOS ADMINISTRATIVOS
Capítulo I
DO PROCESSO DE CONSULTA
Seção I
Da legitimidade para formular consulta

Art. 88. O sujeito passivo poderá formular consulta sobre a aplicação da legislação tributária e aduaneira em relação a fato determinado, bem como sobre classificação fiscal de mercadorias (Decreto 70.235, de 1972, art. 46; Lei 9.430, de 1996, art. 50).
Parágrafo único. A consulta de que trata o *caput* é facultada aos órgãos da administração pública e às entidades representativas de categorias econômicas ou profissionais (Decreto 70.235, de 1972, art. 46, parágrafo único).

Seção II
Dos efeitos da consulta

Art. 89. Nenhum procedimento fiscal será instaurado, relativamente à espécie consultada, contra o sujeito passivo alcançado pela consulta, a partir da apresentação da consulta até o 30º (trigésimo) dia subsequente à data da ciência da decisão que lhe der solução definitiva. (Decreto 70.235, de 1972, arts. 48 e 49; Lei 9.430, de 1996, art. 48, *caput* e § 3º).
§ 1º A apresentação da consulta:
I – não suspende o prazo:
a) para recolhimento de tributo, retido na fonte ou declarado (autolançado), antes ou depois da data de apresentação; e
b) para a apresentação de declaração de rendimentos; e
II – não impede a instauração de procedimento fiscal para fins de apuração da regularidade do recolhimento de tributos e da apresentação de declarações.
§ 2º No caso de consulta formulada por entidade representativa de categoria econômica ou profissional, os efeitos referidos neste artigo só alcançam seus associados ou filiados depois de cientificada a entidade consulente da decisão (Decreto 70.235, de 1972, art. 51).

Art. 90. Em se tratando de consulta eficaz e formulada antes do vencimento do débito, não incidirão encargos moratórios desde seu protocolo até o 30º (trigésimo) dia subsequente à data da ciência de sua solução (Lei 5.172, de 1966 – Código Tributário Nacional, art. 161, § 2º).

Seção III
Dos requisitos da consulta

Art. 91. A consulta deverá ser apresentada por escrito, no domicílio tributário do consulente, à unidade da Secretaria da Receita Federal do Brasil incumbida de administrar a matéria tributária ou aduaneira sobre a qual versa (Decreto 70.235, de 1972, art. 47).

Seção IV
Da competência para a solução da consulta

Art. 92. A competência para solucionar a consulta ou para declarar sua ineficácia, é (Lei 9.430, de 1996, art. 48, § 1º):
I – da unidade central da Secretaria da Receita Federal do Brasil, quando o consulente for órgão central da administração pública federal ou entidade representativa de categoria econômica ou profissional de âmbito nacional; ou
II – da unidade regional da Secretaria da Receita Federal do Brasil com jurisdição sobre o domicílio tributário do consulente, nos demais casos.

Art. 93. A competência para solucionar consultas relativas ao Simples Nacional é da Secretaria da Receita Federal do Brasil quando se referir a tributos administrados por esse órgão (Lei Complementar 123, de 2006, art. 40).

Seção V
Da ineficácia da consulta

Art. 94. Não produzirá qualquer efeito a consulta formulada (Decreto 70.235, de 1972, art. 52):
I – em desacordo com o disposto nos arts. 88 e 91;
II – por quem tiver sido intimado a cumprir obrigação relativa ao fato objeto da consulta;

Dec. 7.574/2011

III – por quem estiver sob procedimento fiscal iniciado para apurar fatos que se relacionem com a matéria consultada;

IV – quando o fato já houver sido objeto de decisão anterior, ainda não modificada, proferida em consulta ou litígio em que tenha sido parte o consulente;

V – quando o fato estiver disciplinado em ato normativo, publicado antes de sua apresentação;

VI – quando o fato estiver definido ou declarado em disposição literal de lei;

VII – quando o fato for definido como crime ou contravenção penal; e

VIII – quando não descrever, completa ou exatamente, a hipótese a que se referir, ou não contiver os elementos necessários à sua solução, salvo se a inexatidão ou omissão for escusável, a critério da autoridade julgadora.

Seção VI
Da solução da consulta

Art. 95. Os processos administrativos de consulta serão solucionados em instância única (Lei 9.430, de 1996, art. 48, *caput*).

Parágrafo único. Não cabe recurso nem pedido de reconsideração da solução da consulta ou do despacho que declarar sua ineficácia (Lei 9.430, de 1996, art. 48, § 3º).

Art. 96. Na solução da consulta serão observados os atos administrativos, expedidos pelas autoridades competentes, relativos à matéria consultada (Lei 9.430, de 1996, art. 48, § 2º).

Art. 97. As soluções das consultas serão publicadas no *Diário Oficial da União*, na forma disposta em ato normativo da Secretaria da Receita Federal do Brasil (Lei 9.430, de 1996, art. 48, § 4º).

Art. 98. O envio de conclusões decorrentes de decisões proferidas em processos de consulta sobre classificação fiscal de mercadorias para órgãos do Mercado Comum do Sul – Mercosul será efetuado exclusivamente pela unidade indicada no inciso I do art. 92 (Lei 9.430, de 1996, art. 50, § 4º).

Seção VII
Da mudança de entendimento

Art. 99. O entendimento manifestado em decisão relativa a processo de consulta sobre classificação fiscal de mercadorias poderá ser alterado ou reformado, de ofício, pela unidade indicada no inciso I do art. 92 (Lei 9.430, de 1996, art. 50, §§ 1º a 3º).

§ 1º O consulente deverá ser cientificado da alteração ou da reforma de entendimento.

§ 2º Aplica-se o entendimento manifestado em decisão proferida por Superintendência Regional da Receita Federal do Brasil aos atos praticados pelo sujeito passivo até a data da ciência, ao consulente, da alteração ou da reforma de que trata o *caput*.

Art. 100. Se, após a resposta à consulta, a administração alterar o entendimento expresso na respectiva solução, a nova orientação atingirá apenas os fatos geradores que ocorrerem após ser dada ciência ao consulente ou após a sua publicação na imprensa oficial (Lei 9.430, de 1996, art. 48, § 12).

Parágrafo único. Na hipótese de alteração de entendimento expresso em solução de consulta, a nova orientação alcança apenas os fatos geradores que ocorrerem após a sua publicação na Imprensa Oficial ou após a ciência do consulente, exceto se a nova orientação lhe for mais favorável, caso em que esta atingirá, também, o período abrangido pela solução anteriormente dada.

Seção VIII
Do recurso especial

Art. 101. Cabe recurso especial, sem efeito suspensivo, junto à unidade indicada no inciso I do art. 92, nos casos em que se verificar a ocorrência de conclusões divergentes entre soluções de consulta relativas a idêntica matéria, fundada em idêntica norma jurídica (Lei 9.430, de 1996, art. 48, §§ 5º a 8º, 10 e 11).

§ 1º O recurso especial pode ser interposto pelo destinatário da solução divergente, no prazo de 30 (trinta) dias, contados da data da ciência da solução.

Dec. 7.574/2011

§ 2º O sujeito passivo que tiver conhecimento de solução divergente daquela que esteja observando em decorrência de resposta a consulta anteriormente formulada, sobre idêntica matéria, poderá adotar o procedimento previsto no *caput*, no prazo de 30 (trinta) dias, contados da data da respectiva publicação.

§ 3º Cabe a quem interpuser o recurso comprovar a existência das soluções divergentes sobre idênticas matérias.

§ 4º O juízo de admissibilidade do recurso será feito pela unidade regional da Secretaria da Receita Federal do Brasil que jurisdiciona o domicílio tributário do recorrente.

§ 5º A solução da divergência acarretará, em qualquer hipótese, a edição de ato administrativo específico, uniformizando o entendimento, com imediata ciência ao destinatário da solução reformada, aplicando-se seus efeitos a partir da data da ciência, respeitado o disposto no parágrafo único do art. 100.

Seção IX
Da representação

Art. 102. Qualquer servidor da administração tributária deverá, a qualquer tempo, formular representação ao órgão que houver proferido a decisão, encaminhando as soluções divergentes sobre idêntica matéria, de que tenha conhecimento (Lei 9.430, de 1996, art. 48, §§ 8º e 9º).

Parágrafo único. O juízo de admissibilidade da representação será efetuado pela Superintendência Regional da Receita Federal do Brasil a que estiver subordinado o servidor.

Capítulo II
DOS PROCESSOS DE RECONHECIMENTO DE DIREITO CREDITÓRIO

Seção I
Das disposições gerais

Art. 103. Quando dados, atuações ou documentos solicitados ao interessado forem necessários à apreciação de pedido formulado, o não atendimento no prazo fixado pela administração para a respectiva apresentação implicará arquivamento do processo (Lei 9.784, de 1999, art. 40).

Seção II
Do processo de compensação

Subseção I
Da declaração de compensação

Art. 104. O sujeito passivo que apurar crédito, inclusive os judiciais com trânsito em julgado, relativo a tributo administrado pela Secretaria da Receita Federal do Brasil, passível de restituição ou de ressarcimento, poderá utilizá-lo na compensação de débitos próprios relativos a quaisquer tributos administrados por esse órgão (Lei 9.430, de 1996, art. 74, com a redação dada pela Lei 10.637, de 30 de dezembro de 2002, art. 49).

Parágrafo único. A compensação de que trata o *caput* será efetuada mediante a entrega, pelo sujeito passivo, de Declaração de Compensação na qual constarão informações relativas aos créditos utilizados e aos respectivos débitos compensados.

Subseção II
Dos créditos vedados à compensação

Art. 105. É vedada a compensação de débitos, mediante entrega da Declaração de Compensação, além das hipóteses previstas nas normas específicas de cada tributo:

I – com o crédito relativo ao saldo a restituir apurado na Declaração de Ajuste Anual do Imposto sobre a Renda da Pessoa Física (Lei 9.430, de 1996, art. 74, § 3º, inciso I, com a redação dada pela Lei 10.637, de 2002, art. 49); e

II – com créditos relativos às contribuições sociais previstas nas alíneas *a*, *b* e *c* do parágrafo único do art. 11 da Lei 8.212, de 1991, e às contribuições instituídas a título de substituição (Lei 11.457, de 2007, art. 26, parágrafo único).

Art. 106. O valor objeto de pedido de restituição ou de ressarcimento que tenha sido indeferido pela autoridade competente da Secretaria da Receita Federal do Brasil, ainda que pendente de decisão definitiva na

Dec. 7.574/2011

esfera administrativa, não pode ser utilizado para fins de compensação (Lei 9.430, de 1996, art. 74, § 3º, inciso VI, incluído pela Lei 11.051, de 2004, art. 4º).

Subseção III
Dos débitos vedados à compensação

Art. 107. Não poderão ser objeto de compensação, mediante entrega da Declaração de Compensação (Lei 9.430, de 1996, art. 74, § 3º):

I – os débitos relativos a tributos devidos no registro da Declaração de Importação;

II – os débitos relativos a tributos administrados pela Secretaria da Receita Federal do Brasil que já tenham sido encaminhados à Procuradoria-Geral da Fazenda Nacional para inscrição em dívida ativa da União;

III – o débito consolidado em qualquer modalidade de parcelamento concedido pela Secretaria da Receita Federal do Brasil;

IV – o débito que já tenha sido objeto de compensação não homologada, ainda que a compensação se encontre pendente de decisão definitiva na esfera administrativa; e

V – os débitos relativos às contribuições sociais previstas nas alíneas a, b e c do parágrafo único do art. 11 da Lei 8.212, de 1991, e às contribuições instituídas a título de substituição (Lei 11.457, de 2007, art. 26, parágrafo único).

Subseção IV
Dos efeitos da declaração de compensação

Art. 108. A Declaração de Compensação entregue à Secretaria da Receita Federal do Brasil extingue o crédito tributário, sob condição resolutória de sua ulterior homologação (Lei 9.430, de 1996, art. 74, § 2º, com a redação dada pela Lei 10.637, de 2002, art. 49).

Art. 109. A Declaração de Compensação constitui confissão de dívida e instrumento hábil e suficiente para a exigência dos débitos indevidamente compensados (Lei 9.430, de 1996, art. 74, § 6º, incluído pela Lei 10.833, de 2003, art. 17).

Art. 110. Não homologada a compensação, a autoridade administrativa deverá cientificar o sujeito passivo e intimá-lo a efetuar, no prazo de 30 (trinta) dias, contados da data da ciência do ato que não a homologou, o pagamento dos débitos indevidamente compensados (Lei 9.430, de 1996, art. 74, § 7º, incluído pela Lei 10.833, de 2003, art. 17).

Art. 111. Não efetuado o pagamento no prazo previsto no art. 110, o débito será encaminhado à Procuradoria-Geral da Fazenda Nacional para inscrição em dívida ativa da União, ressalvado o disposto no art. 120 (Lei 9.430, de 1996, art. 74, § 8º, incluído pela Lei 10.833, de 2003, art. 17).

Subseção V
Da competência e do prazo para homologação

Art. 112. A autoridade administrativa competente para promover a homologação da compensação declarada será definida em ato da Secretaria da Receita Federal do Brasil (Lei 9.430, de 1996, art. 74, §§ 2º e 7º).

Art. 113. O prazo para homologação da compensação será de 5 (cinco) anos, contados da data da entrega da Declaração de Compensação (Lei 9.430, de 1996, art. 74, § 5º, incluído pela Lei 10.833, de 2003, art. 17).

Subseção VI
Da compensação não declarada

Art. 114. Será considerada não declarada a compensação nas hipóteses (Lei 9.430, de 1996, art. 74, § 12, com a redação dada pela Lei 11.051, de 2004, art. 4º):

I – previstas nos arts. 105 a 107; ou

II – em que o crédito:

a) seja de terceiros;

b) refira-se a "crédito-prêmio" instituído pelo art. 1º do Decreto-lei 491, de 5 de março de 1969;

c) refira-se a título público;

d) seja decorrente de decisão judicial não transitada em julgado;

e) não se refira a tributos administrados pela Secretaria da Receita Federal do Brasil; ou

Dec. 7.574/2011

LEGISLAÇÃO

f) tiver como fundamento a alegação de inconstitucionalidade de lei, exceto nos casos em que a lei (Lei 9.430, de 1996, art. 74, § 12, inciso II, alínea *f*, com a redação dada pela Lei 11.941, de 2009, art. 30):

1. tenha sido declarada inconstitucional pelo Supremo Tribunal Federal em ação direta de inconstitucionalidade ou em ação declaratória de constitucionalidade;
2. tenha tido sua execução suspensa pelo Senado Federal;
3. tenha sido julgada inconstitucional em sentença judicial transitada em julgado a favor do contribuinte; ou
4. seja objeto de súmula vinculante aprovada pelo Supremo Tribunal Federal nos termos do art. 103-A da Constituição.

Parágrafo único. O disposto nos arts. 108 a 111, 113 e 119 não se aplica às hipóteses previstas neste artigo (Lei 9.430, de 1996, art. 74, § 13, com a redação dada pela Lei 11.051, de 2004, art. 4º).

Subseção VII
Disposições complementares

Art. 115. A Secretaria da Receita Federal do Brasil disciplinará o disposto nesta Seção, inclusive quanto à fixação de critérios de prioridade para apreciação de processos de compensação (Lei 9.430, de 1996, art. 74, § 14, com a redação dada pela Lei 11.051, de 2004, art. 4º).

Art. 116. Ocorrendo manifestação de inconformidade contra a não homologação da compensação e impugnação quanto ao lançamento das multas a que se refere o art. 18 da Lei 10.833, de 2003, as peças serão reunidas em um único processo, devendo as decisões respectivas às matérias litigadas serem objeto de um único acórdão (Lei 10.833, de 2003, art. 18, § 3º).

Seção III
Dos processos de restituição, ressarcimento e reembolso

Subseção I
Da competência

Art. 117. A competência para apreciar pedidos de restituição, de ressarcimento e de reembolso de tributos administrados pela Secretaria da Receita Federal do Brasil, e de pedidos de restituição relativos a direitos *antidumping* e direitos compensatórios é do chefe da unidade da Secretaria da Receita Federal do Brasil com jurisdição sobre o domicílio tributário do sujeito passivo.

Subseção II
Da compensação de ofício

Art. 118. A Secretaria da Receita Federal do Brasil, antes de proceder à restituição ou ao ressarcimento de tributos, deverá verificar se o sujeito passivo é devedor à Fazenda Nacional (Decreto-lei 2.287, de 23 de julho de 1986, art. 7º, com a redação dada pela Lei 11.196, de 2005, art. 114).

Parágrafo único. Existindo débito em nome do sujeito passivo, o valor da restituição ou do ressarcimento será compensado, total ou parcialmente, com o valor do débito.

Seção IV
Dos recursos

Subseção I
Dos recursos contra a não homologação

Art. 119. É facultado ao sujeito passivo, no prazo referido no art. 110, apresentar manifestação de inconformidade contra a não homologação da compensação (Lei 9.430, de 1996, art. 74, § 9º, incluído pela Lei 10.833, de 2003, art. 17).

§ 1º Da decisão que julgar improcedente a manifestação de inconformidade caberá recurso ao Conselho Administrativo de Recursos Fiscais (Lei 9.430, de 1996, art. 74, § 10, incluído pela Lei 10.833, de 2003, art. 17; Decreto 70.235, de 1972, art. 25, inciso II, com a redação dada pela Lei 11.941, de 2009, art. 25).

§ 2º A manifestação de inconformidade e o recurso de que tratam o *caput* e o § 1º obedecerão ao rito processual do Decreto 70.235, de 1972 (Título II deste Regulamento), e enquadram-se no disposto no inciso III do art. 151 da Lei 5.172, de 1966 – Código Tributário Nacional, relativamente ao débito objeto da compensação (Lei 9.430, de 1996, art. 74, § 11, incluído pela Lei 10.833, de 2003, art. 17).

Subseção II
Dos recursos contra o indeferimento dos pedidos de restituição, ressarcimento e reembolso

Art. 120. É facultado ao sujeito passivo, no prazo de 30 (trinta) dias, contados da data da ciência da decisão que indeferiu seu pedido de restituição, ressarcimento ou reembolso, apresentar manifestação de inconformidade, junto à Delegacia da Receita Federal do Brasil de Julgamento competente, contra o não reconhecimento do direito creditório (Lei 8.748, de 1993, art. 3º, inciso II; Lei 9.019, de 1995, art. 7º, §§ 1º e 5º).

Parágrafo único. Da decisão que julgar improcedente a manifestação de inconformidade, caberá recurso ao Conselho Administrativo de Recursos Fiscais.

Art. 121. Compete ao Conselho Administrativo de Recursos Fiscais, observada sua competência por matéria, julgar recurso voluntário de decisão de primeira instância nos processos relativos a restituição, ressarcimento e reembolso de tributos administrados pela Secretaria da Receita Federal do Brasil (Decreto 70.235, de 1972, art. 25, inciso II, com a redação dada pela Lei 11.941, de 2009).

Subseção III
Disposições complementares

Art. 122. A Secretaria da Receita Federal do Brasil disciplinará o disposto nesta Seção, inclusive quanto à fixação de critérios de prioridade para apreciação de processos de restituição, de ressarcimento e de reembolso (Lei 9.430, de 1996, art. 74, § 14, com a redação dada pela Lei 11.051, de 2004, art. 4º).

Capítulo III
DOS PROCESSOS DE SUSPENSÃO DA IMUNIDADE E DA ISENÇÃO

Seção I
Do processo de suspensão da imunidade

Art. 123. A suspensão da imunidade tributária, em virtude de falta de observância de requisitos legais, deve ser procedida em conformidade com o disposto nesta Seção (Lei 9.430, de 1996, art. 32).

§ 1º Constatado que entidade beneficiária de imunidade de tributos federais, de que trata a alínea c do inciso VI do *caput* do art. 150 da Constituição, não está observando requisitos ou condições previstos no § 1º do art. 9º e art. 14 da Lei 5.172, de 1966 – Código Tributário Nacional, a fiscalização tributária expedirá notificação fiscal, na qual relatará os fatos que determinaram a suspensão do benefício, indicando inclusive a data em que os requisitos legais deixaram de ser atendidos.

§ 2º O disposto no § 1º não se aplica no caso de descumprimento de requisito estabelecido no art. 12 da Lei 9.532, de 1997.

§ 3º A entidade poderá, no prazo de 30 (trinta) dias, contados da data da ciência da notificação, apresentar as alegações e provas que entender necessárias.

§ 4º O delegado ou inspetor da Receita Federal do Brasil decidirá sobre a procedência das alegações, expedindo o ato declaratório suspensivo do benefício no caso de improcedência, dando ciência de sua decisão à entidade.

§ 5º Será igualmente expedido o ato suspensivo se decorrido o prazo previsto no § 3º sem qualquer manifestação da parte interessada.

§ 6º A suspensão da imunidade terá como termo inicial a data em que os requisitos legais deixaram de ser atendidos.

§ 7º Efetivada a suspensão da imunidade:

I – a entidade interessada poderá, no prazo de 30 (trinta) dias, contados da data da ciência, apresentar impugnação ao ato declaratório, a qual será objeto de decisão pela Delegacia da Receita Federal do Brasil de Julgamento competente; e

II – a fiscalização de tributos federais lavrará auto de infração, se for o caso.

§ 8º A impugnação relativa à suspensão da imunidade obedecerá às demais normas reguladoras do processo administrativo fiscal.

§ 9º A impugnação e o recurso apresentados pela entidade não terão efeito suspensivo em relação ao ato declaratório contestado.

Dec. 7.574/2011

§ 10. Caso seja lavrado auto de infração, as impugnações e os recursos contra o ato declaratório e contra a exigência do crédito tributário serão reunidos em um único processo, devendo as decisões respectivas às matérias litigadas serem objeto de um único acórdão.

§ 11. Somente se inicia o procedimento que visa à suspensão da imunidade tributária dos partidos políticos após trânsito em julgado de decisão do Tribunal Superior Eleitoral que julgar irregulares ou não prestadas, nos termos da Lei, as devidas contas à Justiça Eleitoral (Lei 9.430, de 1996, art. 32, § 11, incluído pela Lei 11.941, de 2009, art. 73).

§ 12. A entidade interessada disporá de todos os meios legais para impugnar os fatos que determinam a suspensão do benefício (Lei 9.430, de 1996, art. 32, § 12, incluído pela Lei 11.941, de 2009, art. 73).

Seção II
Do processo de suspensão da isenção

Art. 124. Os procedimentos estabelecidos no art. 123 aplicam-se também às hipóteses de suspensão de isenções condicionadas quando a entidade beneficiária estiver descumprindo as condições ou requisitos impostos pela legislação de regência (Lei 9.430, de 1996, art. 32, § 10).

Art. 125. No caso da isenção das contribuições sociais previstas nos arts. 22 e 23 da Lei 8.212, de 1991, constatado o descumprimento, pela entidade beneficiária, dos requisitos impostos pela legislação de regência, a fiscalização da Secretaria da Receita Federal do Brasil lavrará o auto de infração relativo ao período correspondente e relatará os fatos que demonstram o não atendimento de tais requisitos para o gozo da isenção (Lei 12.101, de 27 de novembro de 2009, arts. 29 e 32).

§ 1º Considera-se automaticamente suspenso o direito à isenção das contribuições referidas no *caput* durante o período em que se constatar o descumprimento de requisito na forma deste artigo, devendo o lançamento correspondente ter como termo inicial a data da ocorrência da infração que lhe deu causa.

§ 2º O disposto neste artigo obedecerá ao rito processual do Decreto 70.235, de 1972 (Título II deste Regulamento).

Capítulo IV
DO PEDIDO DE REVISÃO DE ORDEM DE EMISSÃO DE INCENTIVOS FISCAIS

Art. 126. O contribuinte optante pela aplicação de parcelas do imposto sobre a renda devido em incentivos fiscais poderá pedir revisão da ordem de emissão de incentivos fiscais emitida pela Secretaria da Receita Federal do Brasil, quando não atendida a opção formalizada na Declaração do Imposto sobre a Renda da Pessoa Jurídica – Lucro Real.

§ 1º A Secretaria da Receita Federal do Brasil, com base nas opções exercidas pelos contribuintes e no controle dos recolhimentos, expedirá, em cada exercício, à pessoa jurídica optante, extrato de conta corrente contendo os valores efetivamente considerados como imposto e como aplicação nos fundos de investimento (Decreto-lei 1.752, de 31 de dezembro de 1979, art. 3º).

§ 2º O pedido de revisão da ordem de emissão de incentivos fiscais deve ser apresentado, salvo prazo maior concedido pela Secretaria da Receita Federal do Brasil:

I – no prazo de 30 (trinta) dias, contados da ciência do extrato no qual as opções não aparecem formalizadas ou se apresentam com divergências (Decreto-lei 1.752, de 1979, art. 3º; Decreto 70.235, de 1972, art. 15); ou

II – até o dia 30 de setembro do 2º (segundo) ano subsequente ao exercício financeiro a que corresponder a opção, no caso de não recebimento do extrato (Decreto-lei 1.376, de 12 de dezembro de 1974, art. 15, § 5º, com redação dada pelo Decreto-lei 1.752, de 1979, art. 1º).

§ 3º O disposto neste artigo obedecerá ao rito processual do Decreto 70.235, de 1972 (Título II deste Regulamento).

Dec. 7.574/2011

Capítulo V
DO PROCESSO DE APLICAÇÃO DA PENA DE PERDIMENTO

Seção I
Do processo de aplicação da pena de perdimento de mercadoria e de veículo

Art. 127. As infrações a que se aplique a pena de perdimento serão apuradas mediante processo administrativo fiscal, cuja peça inicial será o auto de infração acompanhado de termo de apreensão e, se for o caso, de termo de guarda fiscal (Decreto-lei 1.455, de 1976, art. 27, *caput*).

§ 1º Feita a intimação, pessoal ou por edital, a não apresentação de impugnação no prazo de 20 (vinte) dias, contados da data da ciência, implica revelia (Decreto-lei 1.455, de 1976, art. 27, § 1º).

§ 2º A revelia do autuado, declarada pela autoridade preparadora, implica o envio do processo à autoridade competente, para imediata aplicação da pena de perdimento, ficando a mercadoria correspondente disponível para destinação, nos termos da legislação específica.

§ 3º Apresentada a impugnação, a autoridade preparadora terá o prazo de 15 (quinze) dias, contados da data do protocolo, para remessa do processo a julgamento (Decreto-lei 1.455, de 1976, art. 27, § 2º).

§ 4º O prazo mencionado no § 3º poderá ser prorrogado quando houver necessidade de diligência ou perícia (Decreto-lei 1.455, de 1976, art. 27, § 3º).

§ 5º Após o preparo, o processo será submetido à decisão do Ministro de Estado da Fazenda, em instância única (Decreto-lei 1.455, de 1976, art. 27, § 4º).

§ 6º As infrações mencionadas nos incisos II e III do *caput* do art. 23 do Decreto-lei 1.455, de 1976, quando referentes a mercadorias de valor inferior a US$ 500.00 (quinhentos dólares dos Estados Unidos da América), e no inciso IX do *caput* do art. 105 do Decreto-lei 37, de 18 de novembro de 1966, serão apuradas em procedimento simplificado, no qual (Decreto-lei 1.455, de 1976, art. 27, § 5º, incluído pela Lei 12.058, de 13 de outubro de 2009, art. 31):

I – as mercadorias serão relacionadas pela unidade da Secretaria da Receita Federal do Brasil com jurisdição sobre o local de depósito, devendo a relação ser afixada em edital na referida unidade por 20 (vinte) dias; e

II – decorrido o prazo a que se refere o inciso I:

a) sem manifestação por parte de qualquer interessado, serão declaradas abandonadas e estarão disponíveis para destinação, dispensada a formalidade a que se refere o *caput*, observado o disposto nos arts. 28 a 30 do Decreto-lei 1.455, de 1976; ou

b) com manifestação contrária de interessado, será adotado o procedimento previsto no *caput* e nos §§ 1º a 4º.

§ 7º O Ministro de Estado da Fazenda poderá complementar a disciplina do disposto no § 6º, e aumentar em até duas vezes o limite nele estabelecido (Decreto-lei 1.455, de 1976, art. 27, § 6º, incluído pela Lei 12.058, de 2009, art. 31).

§ 8º O disposto nos §§ 6º e 7º não se aplica na hipótese de mercadorias de importação proibida (Decreto-lei 1.455, de 1976, art. 27, § 7º, incluído pela Lei 12.058, de 2009, art. 31).

§ 9º O Ministro de Estado da Fazenda poderá:

I – delegar a competência para a decisão de que trata o § 5º (Decreto-lei 200, de 25 de fevereiro de 1967, art. 12); e

II – estabelecer normas complementares para disciplinar os procedimentos previstos nesta Seção.

Seção II
Do processo de retenção e de perdimento de veículo transportador de mercadoria sujeita a pena de perdimento

Art. 128. Caberá recurso contra os atos que formalizarem a exigência da multa pelo transporte de mercadoria sujeita a pena de perdimento e a retenção do veículo transportador, com efeito exclusivamente devolutivo, a ser apresentado no prazo de 20 (vinte) dias, contados da data da ciência da retenção, ao chefe da unidade da Secretaria da Receita Federal do Brasil responsável pela retenção, que o apreciará em instância única (Lei 10.833, de 2003, art. 75, § 3º).

Dec. 7.574/2011

§ 1º Decorrido o prazo de 45 (quarenta e cinco) dias, contados da data da aplicação da multa ou da ciência do indeferimento do recurso, e não recolhida a multa prevista, o veículo será considerado abandonado, caracterizando dano ao Erário e ensejando a aplicação da pena de perdimento, observado o rito estabelecido na Seção I deste Capítulo.

§ 2º A Secretaria da Receita Federal do Brasil deverá representar contra o transportador que incorrer na infração prevista no *caput* ou que seja submetido à aplicação da pena de perdimento de veículo à autoridade competente para fiscalizar o transporte terrestre.

Seção III
Do processo de perdimento de moeda

Art. 129. O processo administrativo de apuração e de aplicação da pena de perdimento de moeda obedecerá ao disposto no art. 127 e seus §§ 1º, 3º e 4º (Medida Provisória 2.158-35, de 2001, art. 89, §§ 1º a 4º; Decreto 6.759, de 2009, art. 700).

Parágrafo único. Da decisão proferida pela autoridade competente, no processo a que se refere o *caput*, não caberá recurso (Medida Provisória 2.158-35, de 2001, art. 89, § 5º).

Art. 130. As moedas retidas antes de 27 de agosto de 2001 terão seu valor convertido em renda da União (Medida Provisória 2.158-35, de 2001, art. 89, § 6º, inciso II).

Parágrafo único. O disposto no *caput* não se aplica nos casos em que o interessado tenha apresentado manifestação de inconformidade, hipótese em que serão adotados os procedimentos a que se refere o art. 128 (Medida Provisória 2.158-35, de 2001, art. 89, § 6º, inciso I).

Seção IV
Da relevação da pena de perdimento

Art. 131. O Ministro de Estado da Fazenda, em despacho fundamentado, poderá relevar penalidades relativas a infrações de que não tenha resultado falta ou insuficiência de recolhimento de tributos federais, atendendo (Decreto-lei 1.042, de 21 de outubro de 1969, art. 4º):

I – a erro ou à ignorância escusável do infrator, quanto à matéria de fato; ou

II – à equidade, em relação às características pessoais ou materiais do caso, inclusive ausência de intuito doloso.

§ 1º A relevação da penalidade poderá ser condicionada à correção prévia das irregularidades que tenham dado origem ao processo administrativo fiscal (Decreto-lei 1.042, de 1969, art. 4º, § 1º).

§ 2º O Ministro de Estado da Fazenda poderá delegar a competência atribuída por este artigo (Decreto-lei 1.042, de 1969, art. 4º, § 2º).

Capítulo VI
DO PROCESSO DE DETERMINAÇÃO E EXIGÊNCIA DAS MEDIDAS DE SALVAGUARDA

Art. 132. A determinação e a exigência dos créditos tributários decorrentes de infração às medidas de salvaguarda obedecerão ao rito processual do Decreto 70.235, de 1972 (Título II deste Regulamento) (Decreto 6.759, de 2009, arts. 768 a 773).

Capítulo VII
DOS PROCESSOS DE APLICAÇÃO E DE EXIGÊNCIA DOS DIREITOS *ANTIDUMPING* E COMPENSATÓRIOS

Art. 133. O cumprimento das obrigações resultantes da aplicação dos direitos *antidumping* e dos direitos compensatórios, provisórios ou definitivos, será condição para a introdução no comércio do País de produtos objeto de *dumping* ou subsídio (Lei 9.019, de 1995, art. 7º).

§ 1º Será competente para a cobrança dos direitos *antidumping* e compensatórios, provisórios ou definitivos, quando se tratar de valor em dinheiro, e, se for o caso, para sua restituição, a Secretaria da Receita Federal do Brasil.

§ 2º Os direitos *antidumping* e os direitos compensatórios são devidos na data do registro da Declaração de Importação (Lei 9.019, de 1995, art. 7º, § 2º, com a redação dada pela Lei 10.833, de 2003, art. 79).

Dec. 7.574/2011

§ 3º A exigência de ofício de direitos *antidumping* ou de direitos compensatórios e decorrentes acréscimos moratórios e penalidades será formalizada em auto de infração lavrado por Auditor Fiscal da Receita Federal do Brasil, observado o disposto no Título II deste Regulamento, e o prazo de 5 (cinco) anos, contados da data de registro da Declaração de Importação (Lei 9.019, de 1995, art. 7º, § 5º, incluído pela Lei 10.833, de 2003, art. 79).

§ 4º O julgamento dos processos relativos à exigência de que trata o § 3º, observado o disposto no Decreto 70.235, de 1972, compete:

I – em primeira instância, às Delegacias da Receita Federal do Brasil de Julgamento; e

II – em segunda instância, ao Conselho Administrativo de Recursos Fiscais.

§ 5º A restituição de valores pagos a título de direitos *antidumping* e de direitos compensatórios, provisórios ou definitivos, enseja a restituição dos acréscimos legais correspondentes e das penalidades pecuniárias, de caráter material, prejudicados pela causa da restituição (Lei 9.019, de 1995, art. 7º, § 7º, incluído pela Lei 10.833, de 2003, art. 79).

Art. 134. Os direitos *antidumping* ou compensatórios, provisórios ou definitivos, somente serão aplicados sobre bens despachados para consumo a partir da data da publicação do ato que os estabelecer, excetuando-se os casos de retroatividade previstos nos Acordos *Antidumping* e nos Acordos de Subsídios e Direitos Compensatórios (Lei 9.019, de 1995, art. 8º).

§ 1º Nos casos de retroatividade, a Secretaria da Receita Federal do Brasil intimará o contribuinte ou responsável para pagar os direitos *antidumping* ou compensatórios, provisórios ou definitivos, no prazo de 30 (trinta) dias, contados da data da ciência, sem a incidência de quaisquer acréscimos moratórios (Lei 9.019, de 1995, art. 8º, § 1º, incluído pela Lei 10.833, de 2003, art. 79).

§ 2º Vencido o prazo previsto no § 1º sem que tenha havido o pagamento dos direitos, a Secretaria da Receita Federal do Brasil deverá exigi-los de ofício, mediante a lavratura de auto de infração, aplicando-se a multa e os juros de mora previstos no inciso II do § 3º do art. 7º da Lei 9.019, de 1995, a partir do término do prazo previsto no § 1º (Lei 9.019, de 1995, art. 8º, § 2º, incluído pela Lei 10.833, de 2003, art. 79).

Capítulo VIII
DO PROCESSO DE DETERMINAÇÃO E EXIGÊNCIA DE DIREITOS DE NATUREZA COMERCIAL

Art. 135. A exigência de ofício de direitos de natureza comercial de que trata a Lei 12.270, de 24 de junho de 2010, dos acréscimos moratórios e das penalidades será formalizada em auto de infração lavrado por Auditor Fiscal da Receita Federal do Brasil, observados os procedimentos previstos no Título II deste Regulamento, e o prazo de 5 (cinco) anos contados da data da remessa, pagamento ou crédito da remuneração a que fizer jus o titular de direitos de propriedade intelectual (Lei 12.270, de 2010, art. 7º, § 8º).

§ 1º Verificado o inadimplemento da obrigação, a Secretaria da Receita Federal do Brasil encaminhará o débito à Procuradoria-Geral da Fazenda Nacional, para inscrição em dívida ativa da União e respectiva cobrança, observado o prazo de prescrição de 5 (cinco) anos (Lei 12.270, de 2010, art. 7º, § 9º).

§ 2º Somente serão passíveis de ressarcimento os valores recolhidos a título de cobrança de direitos de que trata o *caput* nos casos de pagamento indevido ou em valor maior que o devido, observados os procedimentos estabelecidos pela Secretaria da Receita Federal do Brasil (Lei 12.270, de 2010, art. 7º, § 10).

Capítulo IX
DO PROCESSO DE LIQUIDAÇÃO DE TERMO DE RESPONSABILIDADE

Art. 136. Ressalvado o regime de entreposto industrial previsto no Decreto-lei 37, de 1966, as obrigações fiscais relativas à mercadoria sujeita a regime aduaneiro especial serão constituídas em termo de responsabilidade (Decreto-lei 37, de 1966, art. 72).

§ 1º O termo de responsabilidade é título representativo de direito líquido e certo da Fazenda Nacional com relação às obrigações

Dec. 7.574/2011

LEGISLAÇÃO

fiscais nele constituídas (Decreto-lei 37, de 1966, art. 72, § 2°, incluído pelo Decreto-lei 2.472, de 1° de setembro de 1988, art. 1°).

§ 2° Não cumprido o compromisso assumido no termo de responsabilidade, o crédito nele constituído será objeto de exigência, com os acréscimos legais cabíveis (Decreto 6.759, de 2009, art. 760, parágrafo único).

Art. 137. A exigência do crédito tributário constituído em termo de responsabilidade deve ser precedida de (Decreto 6.759, de 2009, art. 761):

I – intimação do responsável para, no prazo de 10 (dez) dias, contados da data da ciência, justificar o descumprimento, total ou parcial, do compromisso assumido; e

II – revisão do processo vinculado ao termo de responsabilidade, à vista da justificativa do interessado, para fins de ratificação ou liquidação do crédito.

§ 1° A exigência do crédito, depois de notificada a sua ratificação ou liquidação ao responsável, deverá ser efetuada mediante:

I – conversão do depósito em renda da União, na hipótese de prestação de garantia sob a forma de depósito em dinheiro; ou

II – intimação do responsável para efetuar o pagamento, no prazo de 30 (trinta) dias, contados da data da ciência, na hipótese de dispensa de garantia, ou da prestação de garantia sob a forma de fiança idônea ou de seguro aduaneiro.

§ 2° Quando a exigência for efetuada na forma prevista no inciso II do § 1°, será intimado também o fiador ou a seguradora.

Art. 138. Decorrido o prazo fixado no inciso I do *caput* do art. 137, sem que o interessado apresente a justificativa solicitada, será efetivada a exigência do crédito na forma prevista nos §§ 1° e 2° do referido artigo (Decreto 6.759, de 2009, art. 762).

Art. 139. Não efetuado o pagamento do crédito tributário exigido, o termo será encaminhado à Procuradoria da Fazenda Nacional para inscrição em dívida ativa da União (Decreto 6.759, de 2009, art. 763).

Art. 140. A Secretaria da Receita Federal do Brasil poderá editar normas complementares para disciplinar a exigência do crédito tributário constituído em termo de responsabilidade (Decreto 6.759, de 2009, art. 764).

Art. 141. O termo não formalizado por quantia certa será liquidado à vista dos elementos constantes do despacho aduaneiro a que estiver vinculado (Decreto-lei 37, de 1966, art. 72, § 3°, com a redação dada pelo Decreto-lei 2.472, de 1988, art. 1°).

§ 1° Na hipótese do *caput*, o interessado deverá ser intimado a apresentar, no prazo de 10 (dez) dias, contados da data da ciência, as informações complementares necessárias à liquidação do crédito (Decreto 6.759, de 2009, art. 765, § 1°).

§ 2° O crédito liquidado será exigido na forma prevista nos §§ 1° e 2° do art. 137 (Decreto 6.759, de 2009, art. 765, § 2°).

Art. 142. A exigência do crédito tributário apurado em procedimento posterior à apresentação do termo de responsabilidade, em decorrência de aplicação de penalidade ou de ajuste no cálculo de tributo devido, será formalizada em auto de infração, lavrado por Auditor Fiscal da Receita Federal do Brasil, observado o disposto no Decreto 70.235, de 1972 (Decreto 6.759, de 2009, art. 766).

Art. 143. Aplicam-se as disposições deste Capítulo, no que couber, ao termo de responsabilidade para cumprimento de formalidade ou de apresentação de documento (Decreto-lei 37, de 1966, art. 72, § 4°, incluído pelo Decreto-lei 2.472, de 1988, art. 1°).

Capítulo X
DO PROCESSO DE RECONHECIMENTO DO DIREITO À REDUÇÃO DE TRIBUTO INCIDENTE SOBRE O LUCRO DA EXPLORAÇÃO NA ÁREA DA SUDENE

Art. 144. O direito à redução do Imposto sobre a Renda das Pessoas Jurídicas e adicionais não restituíveis incidentes sobre o lucro da exploração, na área de atuação da extinta Superintendência do Desenvolvimento do Nordeste – Sudene será reconhecido pela unidade da Secretaria da Receita Federal do Brasil com jurisdição sobre o domicílio tributário da pessoa jurídica, instruído com o laudo expedido pelo Ministério da Integração Nacional (Decreto 4.213, de 26 de abril de 2002, art. 3º).

§ 1º O chefe da unidade da Secretaria da Receita Federal do Brasil competente decidirá sobre o pedido de redução no prazo de 120 (cento e vinte) dias, contados da data da apresentação do requerimento.

§ 2º Expirado o prazo indicado no § 1º sem que a requerente tenha sido notificada da decisão contrária ao pedido e enquanto não sobrevier decisão irrecorrível, a interessada será considerada automaticamente no pleno gozo da redução pretendida.

§ 3º Caberá impugnação de Julgamento para a Delegacia da Receita Federal do Brasil, no prazo de 30 (trinta) dias, contados da data da ciência do despacho que denegar, parcial ou totalmente, o pedido da requerente.

§ 4º Não cabe recurso na esfera administrativa da decisão da Delegacia da Receita Federal do Brasil de Julgamento que denegar o pedido.

§ 5º Na hipótese do § 4º, a unidade competente procederá ao lançamento das importâncias que, até então, tenham sido reduzidas do imposto devido, efetuando-se a cobrança do débito.

§ 6º A cobrança prevista no § 5º não alcançará as parcelas correspondentes às reduções feitas durante o período em que a pessoa jurídica interessada esteja em pleno gozo da redução de que trata o § 2º.

Capítulo XI
DO PROCESSO DE RECONHECIMENTO DO DIREITO À REDUÇÃO DE TRIBUTO INCIDENTE SOBRE O LUCRO DA EXPLORAÇÃO NA ÁREA DA SUDAM

Art. 145. O direito à redução do Imposto sobre a Renda das Pessoas Jurídicas e adicionais não restituíveis incidentes sobre o lucro da exploração, na área de atuação da extinta Superintendência do Desenvolvimento da Amazônia – Sudam, será reconhecido pela unidade da Secretaria da Receita Federal do Brasil com jurisdição sobre o domicílio tributário da pessoa jurídica, instruído com o laudo expedido pelo Ministério da Integração Nacional (Decreto 4.213, de 2002, art. 3º).

§ 1º O chefe da unidade da Secretaria da Receita Federal do Brasil decidirá sobre o pedido em cento e 20 (vinte) dias contados da respectiva apresentação do requerimento à repartição fiscal competente.

§ 2º Expirado o prazo indicado no § 1º sem que a requerente tenha sido notificada da decisão contrária ao pedido e enquanto não sobrevier decisão irrecorrível, a interessada será considerada automaticamente no pleno gozo da redução pretendida.

§ 3º Caberá impugnação de Julgamento para a Delegacia da Receita Federal do Brasil, dentro do prazo de 30 (trinta) dias, a contar da ciência do despacho que denegar, parcial ou totalmente, o pedido da requerente.

§ 4º É irrecorrível, na esfera administrativa, a decisão da Delegacia da Receita Federal do Brasil de Julgamento que denegar o pedido.

§ 5º Na hipótese do § 4º, a repartição competente procederá ao lançamento das importâncias que, até então, tenham sido reduzidas do imposto devido, efetuando-se a cobrança do débito.

§ 6º A cobrança prevista no § 5º não alcançará as parcelas correspondentes às reduções feitas durante o período em que a pessoa jurídica interessada esteja em pleno gozo da redução de que trata o § 2º.

TÍTULO IV
DISPOSIÇÕES FINAIS

Art. 146. Os processos administrativos fiscais relativos a tributos e a penalidades isoladas e as declarações não poderão sair das unidades da Secretaria da Receita Federal do Brasil, salvo quando se tratar de (Lei 9.250, de 1995, art. 38):

I – encaminhamento de recursos à instância superior;

II – restituições de autos aos órgãos de origem; ou

III – encaminhamento de documentos para fins de processamento de dados.

§ 1º Nos casos a que se referem os incisos I e II do *caput*, deverá ficar cópia autenticada dos documentos essenciais na respectiva unidade (Lei 9.250, de 1995, art. 38, § 1º).

§ 2º É facultado o fornecimento de cópia do processo ao sujeito passivo ou a seu mandatário (Lei 9.250, de 1995, art. 38, § 2º).

§ 3º É facultada vista do processo ao sujeito passivo ou a seu mandatário.

§ 4º O processo administrativo correspondente à inscrição de dívida ativa, à execução fiscal ou à ação proposta contra a Fazenda Nacional será mantido na unidade competente, dele se extraindo as cópias autenticadas ou certidões, que forem requeridas pelas partes ou requisitadas pelo Juiz ou pelo Ministério Público (Lei 6.830, de 1980, art. 41).

§ 5º Mediante requisição do Juiz à repartição competente, com dia e hora previamente marcados, poderá o processo administrativo ser exibido em sede do Juízo, pelo funcionário para esse fim designado, lavrando o serventuário termo da ocorrência, com indicação, se for o caso, das peças a serem transladadas (Lei 6.830, de 1980, art. 41, parágrafo único).

Art. 147. Os documentos apresentados pelo sujeito passivo e que instruem o processo poderão ser substituídos por cópia e restituídos, em qualquer fase, a requerimento do sujeito passivo, desde que a medida não prejudique a instrução do processo e que deles fique cópia autenticada no processo (Decreto 70.235, de 1972, art. 64).

Parágrafo único. Caso a medida prejudique a instrução do processo, os documentos não poderão ser restituídos, sendo facultado o fornecimento de cópias na forma prevista na legislação.

Art. 148. Este regulamento incorpora a legislação editada sobre a matéria até 25 de junho de 2010.

Art. 149. Este Decreto entra em vigor na data de sua publicação.

Brasília, 29 de setembro de 2011; 190º da Independência 123º da República.

Dilma Rousseff

(DOU 30.09.2011; ret. 08.11.2011)

DECRETO 7.578,
DE 11 DE OUTUBRO DE 2011

Regulamenta as medidas tributárias referentes à realização, no Brasil, da Copa das Confederações Fifa 2013 e da Copa do Mundo Fifa 2014 de que trata a Lei 12.350, de 20 de dezembro de 2010.

A Presidenta da República, no uso da atribuição que lhe confere o art. 84, inciso IV, da Constituição, decreta:

Art. 1º As medidas tributárias referentes à realização no Brasil da Copa das Confederações Fifa 2013 e da Copa do Mundo Fifa 2014, de que tratam os arts. 2º a 16, 22 a 29 e 62 da Lei 12.350, de 20 de dezembro de 2010, serão aplicadas observando as disposições deste Decreto.

Capítulo I
DISPOSIÇÕES PRELIMINARES

Art. 2º Para fins do disposto neste Decreto, considera-se:

I – Fédération Internationale de Football Association – Fifa – associação suíça de direito privado, entidade mundial que regula o esporte de futebol de associação, e suas subsidiárias, não domiciliadas no Brasil;

II – Subsidiária Fifa no Brasil – pessoa jurídica de direito privado, domiciliada no Brasil, cujo capital social total pertence à Fifa;

III – Copa do Mundo Fifa 2014 – Comitê Organizador Brasileiro Ltda. – LOC – pessoa jurídica brasileira de direito privado, reconhecida pela Fifa, constituída com o objetivo de promover no Brasil a Copa das Confederações Fifa 2013 e a Copa do Mundo Fifa 2014, bem como os Eventos relacionados;

IV – Confederação Brasileira de Futebol – CBF – associação brasileira de direito privado, sendo a associação nacional de futebol no Brasil;

V – Competições – a Copa das Confederações Fifa 2013 e a Copa do Mundo Fifa 2014;

VI – Eventos – as Competições e as seguintes atividades relacionadas às Competições, oficialmente organizadas, chanceladas, patrocinadas ou apoiadas pela Fifa, pela Subsidiária Fifa no Brasil, pelo LOC ou pela CBF:

a) os congressos da Fifa, banquetes, cerimônias de abertura, encerramento, premiação e outras cerimônias, sorteio preliminar, final e quaisquer outros sorteios, lançamentos de mascote e outras atividades de lançamento;

b) seminários, reuniões, conferências, *workshops* e coletivas de imprensa;

Dec. 7.578/2011

c) atividades culturais: concertos, exibições, apresentações, espetáculos ou outras expressões culturais, bem como os projetos Futebol pela Esperança (*Football for Hope*) ou projetos beneficentes similares;
d) partidas de futebol e sessões de treino; e
e) outras atividades consideradas relevantes para a realização, organização, preparação, marketing, divulgação, promoção ou encerramento das Competições;
VII – Confederações Fifa – as seguintes confederações:
a) Confederação Asiática de Futebol (Asian Football Confederation – AFC);
b) Confederação Africana de Futebol (Confédération Africaine de Football – CAF);
c) Confederação de Futebol da América do Norte, Central e Caribe (Confederation of North, Central American and Caribbean Association Football – Concacaf);
d) Confederação Sul-Americana de Futebol (Confederación Sudamericana de Fútbol – Conmebol);
e) Confederação de Futebol da Oceania (Oceania Football Confederation – OFC); e
f) União das Associações Europeias de Futebol (Union des Associations Européennes de Football – Uefa);
VIII – Associações estrangeiras membros da Fifa – as associações nacionais de futebol de origem estrangeira, oficialmente afiliadas à Fifa, participantes ou não das Competições;
IX – Emissora Fonte da Fifa – pessoa jurídica licenciada ou nomeada, com base em relação contratual, para produzir o sinal e o conteúdo audiovisual básicos ou complementares dos Eventos, com o objetivo de distribuição no Brasil e no exterior para os detentores de direitos de mídia;
X – Prestadores de Serviços da Fifa – pessoas jurídicas licenciadas ou nomeadas, com base em relação contratual, para prestar serviços relacionados à organização e produção dos Eventos:
a) como coordenadores da Fifa na gestão de acomodações, de serviços de transporte, de programação de operadores de turismo e dos estoques de ingressos;
b) como fornecedores da Fifa de serviços de hospitalidade e de soluções de tecnologia da informação; ou
c) outros prestadores de serviço ou fornecedores de bens, nos termos do Anexo a este Decreto;
XI – Parceiros Comerciais da Fifa – pessoa jurídica licenciada ou nomeada com base em qualquer relação contratual, em relação aos Eventos, bem como os seus subcontratados, para atividades relacionadas aos Eventos, excetuando-se as entidades referidas nos incisos III, IV e VII a X;
XII – Voluntário da Fifa, de Subsidiária Fifa no Brasil ou do LOC – pessoa física que dedica parte do seu tempo, sem vínculo empregatício, para auxiliar a Fifa, a Subsidiária Fifa no Brasil ou o LOC na organização e realização dos Eventos;
XIII – bens duráveis – aqueles cuja vida útil ultrapasse o período de 1 (um) ano;
XIV – base temporária de negócios – a instalação de unidade no País para o exercício de atividades inerentes à realização e à organização dos Eventos pelos beneficiários domiciliados no exterior; e
XV – pacotes de hospedagem – refere-se a pacotes que incluam hospedagem, podendo estar associados a um ou vários dos serviços abaixo:
a) ingressos de qualquer tipo;
b) alimentação;
c) estacionamento;
d) entretenimento; e
e) outros serviços.
§ 1º As pessoas jurídicas estrangeiras previstas no *caput*, qualquer que seja o seu objeto, somente poderão funcionar no País até 31 de dezembro de 2015, ainda que por estabelecimentos subordinados ou base temporária de negócios.
§ 2º É facultado à Fifa ou a qualquer de suas subsidiárias integrais constituir ou incorporar subsidiárias integrais no País, até o limite de cinco, mediante escritura pública, sob qualquer modalidade societária, desde que tal Subsidiária Fifa no Brasil tenha finalidade específica vinculada à organização e realização dos Eventos, e cuja duração termine em data anterior a 31 de dezembro de 2015, e tenha como único acionista ou cotista a própria Fifa ou qualquer de suas subsidiárias integrais.
§ 3º As Subsidiárias Fifa no Brasil poderão permanecer em funcionamento após 31 de

Dec. 7.578/2011

dezembro de 2015 para cumprir obrigações previamente assumidas em relação à organização ou à realização dos Eventos, tais como os reembolsos de valores pagos por ingressos, hipótese em que não gozarão de nenhum benefício fiscal previsto na Lei 12.350, de 2010 a partir de tal data.

§ 4º A Emissora Fonte da Fifa, os Parceiros Comerciais e os Prestadores de Serviços referidos nos incisos IX, X e XI do *caput* poderão ser nomeados ou licenciados diretamente pela Fifa ou por meio de uma de suas nomeadas ou licenciadas.

Art. 3º A Secretaria da Receita Federal do Brasil poderá solicitar ao Ministério do Esporte informações relativas à Copa das Confederações Fifa 2013 e à Copa do Mundo Fifa 2014, em especial quanto:

I – aos Eventos de que trata o inciso VI do *caput* do art. 2º; e

II – aos bens e produtos vinculados aos Eventos.

Art. 4º Cabe ao Ministério da Fazenda:

I – avaliar a solicitação de extensão do prazo de permanência no País de que trata o § 1º do art. 2º da Lei 12.350, de 2010; e

II – estabelecer as condições necessárias à defesa dos interesses nacionais de que trata o § 4º do art. 2º da Lei 12.350, de 2010.

Capítulo II
DA HABILITAÇÃO

Art. 5º A fruição dos benefícios fiscais de que trata este Decreto estará condicionada à habilitação na forma deste Capítulo.

Art. 6º A Fifa ou Subsidiária Fifa no Brasil deverá apresentar, na forma disciplinada pela Secretaria da Receita Federal do Brasil, lista dos Eventos e das pessoas físicas e jurídicas passíveis de serem beneficiadas pelo disposto neste Decreto.

§ 1º Na impossibilidade de a Fifa ou de Subsidiária Fifa no Brasil apresentar a lista de que trata o *caput*, caberá ao LOC apresentá-la.

§ 2º A inclusão ou exclusão de Eventos, pessoas físicas ou jurídicas na lista de que trata o *caput*, poderá ser feita a qualquer tempo, devendo a lista ser consolidada obrigatoriamente de 3 (três) em 3 (três) meses.

§ 3º A Secretaria da Receita Federal do Brasil disciplinará o assunto de que trata o *caput* em até 45 (quarenta e cinco) dias após a publicação deste Decreto.

Art. 7º Cabe à Secretaria da Receita Federal do Brasil habilitar os Eventos e as pessoas físicas e jurídicas de que trata o *caput* do art. 6º.

§ 1º A Subsidiária Fifa no Brasil e o LOC somente poderão apresentar a lista de que trata o *caput* do art. 6º após serem habilitados.

§ 2º No caso de criação de mais de uma Subsidiária Fifa no Brasil, cada Subsidiária deverá ser habilitada separadamente.

§ 3º A Secretaria da Receita Federal do Brasil divulgará em até 30 (trinta) dias após a entrega da lista de que trata o *caput* do art. 6º, a relação das pessoas físicas e jurídicas habilitadas à fruição dos benefícios, observado o prazo estabelecido no § 3º do art. 6º.

Art. 8º A Secretaria da Receita Federal do Brasil deverá divulgar a lista dos Eventos e dos nomes das pessoas físicas e jurídicas habilitadas à fruição dos benefícios por meio de Ato Declaratório Executivo.

Parágrafo único. A publicidade do ato a que se refere o *caput* deverá ocorrer de forma consolidada no sítio oficial da Secretaria da Receita Federal do Brasil na Internet, sendo dispensada a sua publicação no *Diário Oficial da União*.

Art. 9º A habilitação dos parceiros comerciais da FIFA e das bases temporárias de negócios no País, instaladas pela FIFA, por Confederações FIFA, por Associações estrangeiras membros da FIFA, por Emissora Fonte da FIFA, ou por Prestadores de Serviços da FIFA, será condicionada à indicação de representante para resolver quaisquer questões e receber comunicações oficiais no País.

- *Caput* com redação determinada pelo Dec. 8.463/2015.

Parágrafo único. A habilitação a que se refere o *caput* pressupõe autorização prévia para funcionamento no país pela Secretaria da Receita Federal do Brasil.

Dec. 7.578/2011

Capítulo III
DA IMPORTAÇÃO COM ISENÇÃO DE TRIBUTOS

Art. 10. A isenção dos tributos federais incidentes nas importações promovidas pela Fifa, pela Subsidiária Fifa no Brasil, pelas Confederações Fifa, pelas Associações estrangeiras membros da Fifa, pelos Parceiros Comerciais da Fifa domiciliados no exterior, pela Emissora Fonte da Fifa e pelos Prestadores de Serviços da Fifa domiciliados no exterior, aplica-se:

I – aos alimentos, suprimentos médicos, produtos farmacêuticos, combustíveis e materiais de escritório;

II – aos troféus, medalhas, placas, estatuetas, distintivos, flâmulas, bandeiras e outros objetos comemorativos;

III – aos materiais promocionais, impressos, folhetos e outros bens com finalidade semelhante, a serem distribuídos gratuitamente ou utilizados nos Eventos;

IV – aos bens dos tipos e em quantidades normalmente consumidos em atividades esportivas da mesma magnitude; e

V – a outros bens não duráveis, assim considerados aqueles cuja vida útil seja de até 1 (um) ano.

§ 1º A isenção de que trata este artigo abrange os seguintes tributos:

I – Imposto sobre Produtos Industrializados – IPI incidente no desembaraço aduaneiro;

II – Imposto de Importação;

III – Contribuição para os Programas de Integração Social e de Formação do Patrimônio do Servidor Público incidente sobre a importação – Contribuição para o PIS/Pasep – Importação;

IV – Contribuição para o Financiamento da Seguridade Social incidente sobre a importação de bens e serviços – Cofins Importação;

V – Taxa de Utilização do Sistema Integrado de Comércio Exterior – Siscomex;

VI – Taxa de Utilização do Mercante;

VII – Adicional ao Frete para Renovação da Marinha Mercante – AFRMM; e

VIII – Contribuição de Intervenção no Domínio Econômico incidente sobre a importação e a comercialização de petróleo e seus derivados, gás natural e seus derivados, e álcool etílico combustível.

§ 2º A isenção prevista no *caput* será concedida com observância das seguintes condições:

I – *(Revogado pelo Dec. 8.463/2015.)*

II – os bens ou mercadorias deverão ser importados para uso ou consumo exclusivo na organização ou realização dos Eventos.

§ 3º A Secretaria da Receita Federal do Brasil disciplinará as condições de que trata o § 2º em até 45 (quarenta e cinco) dias após a publicação deste Decreto.

§ 4º Para fins de fruição da isenção, entende-se por bens consumidos os bens dos tipos e em quantidades normalmente utilizados em Eventos dessa magnitude.

§ 5º O conceito de bens consumidos estabelecido no § 4º não abrange veículos automotores em geral, nem motocicletas, motonetas, bicicletas com motor, motos aquáticas e similares, aeronaves e embarcações de todo tipo, tampouco armas.

§ 6º As importações efetuadas na forma deste artigo não darão, em nenhuma hipótese, direito a crédito da Contribuição para o PIS/Pasep e da Cofins.

Capítulo IV
DA IMPORTAÇÃO DE BENS DURÁVEIS COM ISENÇÃO DE TRIBUTOS

Art. 11. A isenção prevista no *caput* do art. 10 aplica-se, também, aos bens duráveis de que trata o art. 12, cujo valor unitário, apurado segundo as normas do Artigo VII do Acordo Geral Sobre Tarifas e Comércio – Gatt, de 1994, seja igual ou inferior a R$ 5.000,00 (cinco mil reais), observado o disposto nos arts. 75 a 89 do Decreto 6.759, de 5 de fevereiro de 2009.

§ 1º A isenção prevista no *caput* será concedida com observância das seguintes condições:

I – *(Revogado pelo Dec. 8.463/2015.)*

II – os bens ou mercadorias deverão ser importados para uso ou consumo exclusivo na organização ou realização dos Eventos.

§ 2º A Secretaria da Receita Federal do Brasil deverá disciplinar o disposto no § 1º em até 45 (quarenta e cinco) dias após a publicação deste Decreto.

Capítulo V
DA IMPORTAÇÃO COM SUSPENSÃO DE TRIBUTOS

Art. 12. Ressalvado o disposto no art. 11, a isenção de que trata o *caput* do art. 10 não se aplica à importação de bens e equipa-

Dec. 7.578/2011

mentos duráveis, os quais poderão ser admitidos no País sob o Regime Aduaneiro Especial de Admissão Temporária, com suspensão do pagamento dos tributos incidentes sobre a importação.

§ 1º O benefício fiscal previsto no *caput* é aplicável, entre outros, aos seguintes bens duráveis:

I – equipamento técnico-esportivo;
II – equipamento técnico de gravação e transmissão de sons e imagens;
III – equipamento médico; e
IV – equipamento técnico de escritório.

§ 2º Na hipótese prevista no *caput*, será concedida suspensão total do pagamento dos tributos federais mencionados no § 1º do art. 10, inclusive no caso de bens admitidos temporariamente no País para utilização econômica, observados os requisitos e as condições estabelecidos nos arts. 353 a 382 do Decreto 6.759, de 2009.

• § 2º com redação determinada pelo Dec. 8.463/2015.

§ 3º Será dispensada a apresentação de garantias dos tributos suspensos, observados os requisitos e as condições estabelecidos pela Secretaria da Receita Federal do Brasil.

§ 4º Para fins de aplicação do regime de admissão temporária de que trata este artigo, considera-se o prazo de vida útil referida no inciso XIII do *caput* do art. 2º como sendo o prazo de duração provável do bem em condições normais de uso.

• § 4º acrescentado pelo Dec. 8.463/2015.

Art. 13. A suspensão dos tributos federais mencionados no § 1º do art. 10, no caso da importação de bens sob o Regime Aduaneiro Especial de Admissão Temporária pelas entidades referidas no *caput* do art. 10, será regularizada mediante a reexportação dos bens em até 180 (cento e oitenta) dias contados do término do prazo estabelecido pelo art. 33, ou convertida em isenção, desde que tais bens sejam:

I – doados à União em até 180 (cento e oitenta) dias contados do término do prazo estabelecido pelo art. 33, a qual poderá repassá-los às pessoas jurídicas de que trata o art. 25; ou

II – doados diretamente pelos beneficiários às pessoas jurídicas de que trata o art. 26, em até 180 (cento e oitenta) dias contados do término do prazo estabelecido pelo art. 33.

§ 1º O disposto no *caput* aplica-se exclusivamente aos bens que tenham sido utilizados na organização ou realização dos Eventos.

§ 2º As importações efetuadas na forma dos arts. 10, 11 e 12 não darão, em nenhuma hipótese, direito a crédito da Contribuição para o PIS/Pasep e da Cofins.

Capítulo VI
DA BAGAGEM DOS VIAJANTES

Art. 14. A Secretaria da Receita Federal do Brasil poderá editar atos normativos específicos relativos ao tratamento tributário aplicável à bagagem dos viajantes que ingressarem no País para participar dos Eventos de que trata este Decreto.

Capítulo VII
DAS ISENÇÕES CONCEDIDAS À FIFA, ÀS CONFEDERAÇÕES FIFA, ÀS ASSOCIAÇÕES ESTRANGEIRAS MEMBROS DA FIFA, À EMISSORA FONTE DA FIFA, E AOS PRESTADORES DE SERVIÇOS DA FIFA, NÃO DOMICILIADOS NO PAÍS

Art. 15. A isenção concedida à Fifa, às Confederações Fifa, às Associações estrangeiras membros da Fifa, à Emissora Fonte da Fifa e aos Prestadores de Serviços da Fifa, não domiciliados no País, em relação aos fatos geradores decorrentes das atividades próprias e diretamente vinculadas à organização ou realização dos Eventos, abrange os seguintes tributos federais:

I – impostos:
a) Imposto sobre a Renda Retido na Fonte; e
b) Imposto sobre Operações de Crédito, Câmbio e Seguro, ou relativas a Títulos ou Valores Mobiliários – IOF;

II – contribuições sociais:
a) contribuições sociais previstas na alínea *a* do parágrafo único do art. 11 da Lei 8.212, de 24 de julho de 1991;
b) contribuições administradas pela Secretaria da Receita Federal do Brasil na forma do art. 3º da Lei 11.457, de 16 de março de 2007, devidas por lei a terceiros, assim entendidos os fundos públicos e as entidades privadas de serviço social e de formação profissional;
c) Contribuição para o PIS/Pasep – Importação; e

LEGISLAÇÃO

d) Cofins-Importação; e

III – contribuições de intervenção no domínio econômico:

a) Contribuição para o Programa de Estímulo à Interação Universidade-Empresa para o Apoio à Inovação, instituída pela Lei 10.168, de 29 de dezembro de 2000; e

b) Contribuição para o Desenvolvimento da Indústria Cinematográfica Nacional – Condecine, instituída pela Medida Provisória 2.228-1, de 6 de setembro de 2001.

§ 1º As isenções previstas nos incisos I e III do *caput* aplicam-se exclusivamente:

I – aos rendimentos pagos, creditados, entregues, empregados, ou remetidos às pessoas jurídicas citadas no *caput* ou pelas pessoas jurídicas citadas no *caput*, em espécie ou de outra forma, inclusive mediante o fornecimento de bens ou prestação de serviços; e

II – às operações de crédito, de câmbio e de seguro realizadas pelas pessoas jurídicas citadas no *caput*.

§ 2º As isenções previstas nas alíneas c e d do inciso II do *caput* referem-se apenas à importação de serviços.

§ 3º Para fins do disposto neste Decreto, a base temporária de negócios no País, instalada pela Fifa, pelas Confederações Fifa, pelas Associações estrangeiras membros da Fifa, pela Emissora Fonte da Fifa, e pelos Prestadores de Serviços da Fifa não domiciliados no País, com a finalidade específica de servir à organização e à realização dos Eventos, não configura estabelecimento permanente para efeitos de aplicação da legislação brasileira e não se sujeita ao disposto nos incisos II e III do *caput* do art. 147 do Decreto 3.000, de 26 de março de 1999, bem como no art. 126 da Lei 5.172, de 25 de outubro de 1966 – Código Tributário Nacional (CTN).

§ 4º A isenção de que trata o *caput* não alcança:

I – os rendimentos e ganhos de capital auferidos nas operações realizadas no mercado financeiro e de capitais ou na alienação de bens e direitos; e

II – as operações de câmbio realizadas para ingresso de recursos no País para aplicação nos mercados financeiros e de capitais e as operações relativas a títulos ou valores mobiliários que deverão observar o disposto no Decreto 6.306, de 14 de dezembro de 2007.

§ 5º O disposto neste artigo não desobriga:

I – a pessoa jurídica domiciliada no País e a pessoa física residente no País que auferiram renda ou proventos de qualquer natureza, recebidos das pessoas jurídicas de que trata este artigo, do pagamento do Imposto sobre a Renda da Pessoa Jurídica – IRPJ e do Imposto sobre a Renda da Pessoa Física – IRPF, respectivamente, observada a legislação específica;

II – a pessoa física residente no País que aufira renda ou proventos de qualquer natureza decorrentes da prestação de serviços às pessoas jurídicas de que trata o *caput*, do recolhimento da contribuição previdenciária de que trata o art. 21 da Lei 8.212, de 1991; e

III – as pessoas jurídicas de que trata este artigo de reter e recolher a contribuição previdenciária dos segurados empregados, prevista no art. 20 da Lei 8.212, de 1991.

Capítulo VIII
DAS ISENÇÕES CONCEDIDAS À SUBSIDIÁRIA FIFA NO BRASIL E À EMISSORA FONTE, NA HIPÓTESE DE SEREM PESSOAS JURÍDICAS DOMICILIADAS NO BRASIL

Art. 16. A isenção concedida à Subsidiária Fifa no Brasil, e à Emissora Fonte, na hipótese de serem pessoas jurídicas domiciliadas no Brasil, em relação aos fatos geradores decorrentes das atividades próprias e diretamente vinculadas à organização ou realização dos Eventos, abrange os seguintes tributos federais:

I – impostos:

a) Imposto de Renda sobre Pessoa Jurídica;

b) Imposto de Renda Retido na Fonte;

c) IOF; e

d) IPI, na saída de produtos importados do estabelecimento importador da subsidiária Fifa no Brasil ou da Emissora Fonte domiciliada no País;

II – contribuições sociais:

a) Contribuição Social sobre o Lucro Líquido;

b) Contribuição para o PIS/Pasep;

c) Cofins;

d) Contribuição para o PIS/Pasep-Importação;

e) Cofins-Importação;

Dec. 7.578/2011

LEGISLAÇÃO

f) contribuições sociais previstas na alínea *a* do parágrafo único do art. 11 da Lei 8.212, de 1991; e

g) contribuições administradas pela Secretaria da Receita Federal do Brasil na forma do art. 3º da Lei 11.457, de 2007, devidas por lei a terceiros, assim entendidos os fundos públicos e as entidades privadas de serviço social e de formação profissional; e

III – contribuições de intervenção no domínio econômico:

a) Contribuição para o Programa de Estímulo à Interação Universidade-Empresa para o Apoio à Inovação, instituída pela Lei 10.168, de 2000; e

b) Condecine, instituída pela Medida Provisória 2.228-1, de 2001.

§ 1º As isenções previstas nas alíneas *a*, *b* e *c* do inciso I, na alínea *a* do inciso II e no inciso III do *caput* aplicam-se exclusivamente:

I – às receitas, lucros e rendimentos auferidos por Subsidiária Fifa no Brasil e por Emissora Fonte no Brasil, excluindo-se os rendimentos e ganhos de capital auferidos nas operações realizadas no mercado financeiro e de capitais ou na alienação de bens e direitos;

II – aos rendimentos pagos, creditados, entregues, empregados ou remetidos pela Subsidiária Fifa no Brasil ou pela Emissora Fonte no Brasil ou para Subsidiária Fifa no Brasil e para Emissora Fonte no Brasil, em espécie ou de outra forma, inclusive mediante o fornecimento de bens ou prestação de serviços; e

III – às operações de crédito, de câmbio e de seguro realizadas por Subsidiária Fifa no Brasil ou por Emissora Fonte no Brasil.

§ 2º A isenção de que trata a alínea *b* do inciso I do *caput* não desobriga a Subsidiária Fifa no Brasil e a Emissora Fonte no Brasil de efetuar a retenção do imposto sobre a renda, de que trata o art. 7º da Lei 7.713, de 22 de dezembro de 1988, na forma estabelecida pela Secretaria da Receita Federal do Brasil.

§ 3º As isenções de que tratam as alíneas *b* e *c* do inciso II do *caput* não alcançam as receitas da venda de ingressos e de pacotes de hospedagem, observado o disposto no art. 24.

§ 4º A isenção de que trata o inciso III do § 1º não alcança as operações de câmbio realizadas para ingresso de recursos no País para aplicação nos mercados financeiros e de capitais e as operações relativas a títulos ou valores mobiliários que deverão observar o disposto no Decreto 6.306, de 2007.

§ 5º Deverão constar das notas fiscais relativas às vendas realizadas pela Subsidiária Fifa no Brasil ou pela Emissora Fonte no Brasil com a isenção de que tratam as alíneas *b* e *c* do inciso II do *caput*, a expressão "Venda efetuada com isenção da Contribuição para o PIS/Pasep e da Cofins" e a indicação do dispositivo legal correspondente.

§ 6º Deverão constar das notas fiscais relativas às saídas de que trata a alínea *d* do inciso I do *caput*, a expressão "Venda efetuada com isenção do IPI" e a indicação do dispositivo legal correspondente.

§ 7º Se os produtos não forem destinados a uso ou consumo na organização e realização dos Eventos, o beneficiário ou o responsável tributário ficará sujeito ao pagamento dos tributos e da penalidade cabível, como se a isenção não existisse.

§ 8º Não serão admitidos os descontos de créditos da Contribuição para o PIS/Pasep ou da Cofins, previstos respectivamente no art. 3º da Lei 10.637, de 2002, e no art. 3º da Lei 10.833, de 2003, pelos adquirentes, em relação às vendas realizadas por Subsidiária Fifa no Brasil ou por Emissora Fonte no Brasil, observado o disposto no § 5º.

§ 9º O disposto neste artigo não desobriga:

I – a pessoa física residente no País que aufira renda ou proventos de qualquer natureza decorrentes da prestação de serviços às pessoas jurídicas de que trata este artigo, do recolhimento da contribuição previdenciária de que trata o art. 21 da Lei 8.212, de 1991; e

II – a pessoa jurídica de que trata este artigo de reter e recolher a contribuição previdenciária dos segurados empregados, prevista no art. 20 da Lei 8.212, de 1991, na forma estabelecida pela Secretaria da Receita Federal do Brasil.

§ 10. As importações efetuadas na forma deste artigo não darão, em nenhuma hipótese, direito a crédito da Contribuição para o PIS/Pasep e da Cofins.

§ 11. A Emissora Fonte, na hipótese de ser pessoa jurídica domiciliada no Brasil, deverá ser estabelecida com finalidade específica para o desenvolvimento de atividades diretamente relacionadas à realização dos Eventos.

Dec. 7.578/2011

Capítulo IX
DAS ISENÇÕES CONCEDIDAS AOS PRESTADORES DE SERVIÇOS FIFA ESTABELECIDOS NO PAÍS E AO LOC

Art. 17. A isenção concedida aos Prestadores de Serviços da Fifa estabelecidos no País sob a forma de sociedade com finalidade específica para o desenvolvimento de atividades diretamente relacionadas à realização dos Eventos, e ao LOC, abrange os seguintes tributos federais:
I – impostos:
a) Imposto de Renda sobre Pessoa Jurídica;
b) IOF; e
II – contribuições sociais:
a) Contribuição Social sobre o Lucro Líquido;
b) Contribuição para o PIS/Pasep; e
c) Cofins.
§ 1º A isenção de que trata o *caput* aplica-se apenas aos fatos geradores decorrentes das atividades próprias e diretamente vinculadas à organização ou à realização dos Eventos.
§ 2º As isenções previstas no inciso I e na alínea *a* do inciso II do *caput* aplicam-se, exclusivamente:
I – às receitas, lucros e rendimentos auferidos, decorrentes da prestação de serviços diretamente à Fifa ou Subsidiária Fifa no Brasil, excluindo-se os rendimentos e ganhos de capital auferidos nas operações realizadas no mercado financeiro e de capitais ou na alienação de bens e direitos; e
II – às operações de crédito, de câmbio e de seguro realizadas pelo LOC ou pelos Prestadores de Serviços da Fifa de que trata o *caput*.
§ 3º As isenções de que tratam as alíneas *b* e *c* do inciso II do *caput*:
I – não alcançam as receitas da venda de ingressos e de pacotes de hospedagem, observado o disposto no art. 24;
II – aplicam-se exclusivamente às receitas provenientes de serviços prestados diretamente à Fifa ou Subsidiária Fifa no Brasil; e
III – não darão, em hipótese alguma, direito a crédito da Contribuição para o PIS/Pasep nem da Cofins.
§ 4º Deverão constar das notas fiscais relativas às vendas realizadas pelos Prestadores de Serviços Fifa estabelecidos no País sob a forma de sociedade com finalidade específica ou pelo LOC, com a isenção de que tratam as alíneas *b* e *c* do inciso II do *caput*, a expressão "Venda efetuada com isenção da Contribuição para o PIS/Pasep" e da Cofins e a indicação do dispositivo legal correspondente.
§ 5º A isenção de que trata o inciso II do § 2º não alcança as operações de câmbio realizadas para ingresso de recursos no País para aplicação nos mercados financeiros e de capitais e as operações relativas a títulos ou valores mobiliários, que deverão observar o disposto no Decreto 6.306, de 2007.

Capítulo X
DAS ISENÇÕES CONCEDIDAS A PESSOAS FÍSICAS

Art. 18. Estão isentos do imposto sobre a renda os rendimentos pagos, creditados, empregados, entregues ou remetidos pela Fifa, pelas demais pessoas jurídicas referidas no § 2º do art. 7º da Lei 12.350, de 2010, ou por Subsidiária Fifa no Brasil, para pessoas físicas, não residentes no País, empregadas ou de outra forma contratadas para trabalhar de forma pessoal e direta na organização ou realização dos Eventos, que ingressarem no País com visto temporário.
§ 1º As isenções deste artigo também são aplicáveis aos árbitros, aos jogadores de futebol e aos outros membros das delegações, exclusivamente no que concerne ao pagamento de prêmios relacionados aos Eventos efetuado pelas pessoas jurídicas referidas no *caput*.
§ 2º Para fins do disposto neste artigo, não caracteriza residência no País a permanência no Brasil até 31 de dezembro de 2015, salvo o caso de obtenção de visto permanente ou vínculo empregatício com pessoa jurídica distinta da Fifa, de Subsidiária Fifa no Brasil, e das demais pessoas jurídicas referidas no § 2º do art. 7º da Lei 12.350, de 2010.
§ 3º Sem prejuízo dos acordos, tratados e convenções internacionais firmados pelo Brasil e independentemente da existência de reciprocidade de tratamento, os demais rendimentos recebidos de fonte no Brasil, inclusive o ganho de capital na alienação de bens e direitos situados no País, pelas pessoas físicas referidas no *caput* são tributados de acordo com normas específicas aplicáveis aos não residentes no Brasil.

Dec. 7.578/2011

§ 4º Para efeitos deste artigo, prêmio é o valor auferido pelas pessoas físicas de que trata o § 1º em função da sua participação nos Eventos.

Art. 19. Estão isentos do imposto sobre a renda os valores dos benefícios indiretos e o reembolso de despesas recebidos por Voluntário da Fifa, da Subsidiária Fifa no Brasil ou do LOC que auxiliar na organização e realização dos Eventos, até o valor de cinco salários mínimos por mês, sem prejuízo da aplicação da tabela de incidência mensal do imposto sobre a renda sobre o valor excedente.

§ 1º No caso de recebimento de dois ou mais pagamentos em um mesmo mês, a parcela isenta deve ser considerada em relação à soma desses pagamentos.

§ 2º Caso esteja obrigado a apresentar a Declaração de Ajuste Anual, o contribuinte deverá informar a soma dos valores mensais recebidos e considerados isentos na forma deste artigo.

§ 3º Os rendimentos que excederem o limite de isenção de que trata o *caput* não poderão ser aproveitados para fruição da isenção em meses subsequentes.

§ 4º A parcela dos rendimentos excedente ao limite de que trata o *caput* será tributada na fonte conforme tabela progressiva mensal vigente no mês do pagamento e está sujeita ao ajuste anual.

§ 5º O imposto retido na fonte na forma deste artigo poderá ser considerado antecipação do devido no ajuste anual.

§ 6º No caso de ocorrer diferença a menor do limite de isenção em 1 (um) mês, a diferença não poderá ser transferida para meses anteriores ou posteriores para efeito da fruição da isenção.

Art. 20. Estão isentas do IOF as operações de câmbio liquidadas por pessoas físicas não residentes no País, empregadas ou de outra forma contratadas para trabalhar na organização e realização dos Eventos, que ingressarem no Brasil com visto temporário.

Parágrafo único. A isenção de que trata o *caput* não alcança as operações de câmbio realizadas para ingresso de recursos no País que tenham como objetivo a aplicação nos mercados financeiros e de capitais, devendo observar o disposto no art. 15-A do Decreto 6.306, de 2007, bem como as operações de crédito, de seguro ou relativas a títulos ou valores mobiliários.

Capítulo XI
DA DESONERAÇÃO DE TRIBUTOS INDIRETOS NAS AQUISIÇÕES REALIZADAS NO MERCADO INTERNO PELA FIFA, POR SUBSIDIÁRIA FIFA NO BRASIL E PELA EMISSORA FONTE DA FIFA

Art. 21. Ficam isentos do IPI os produtos nacionais adquiridos pela Fifa, por Subsidiária Fifa no Brasil ou pela Emissora Fonte da Fifa, diretamente de estabelecimento industrial fabricante, para uso ou consumo na organização e realização dos Eventos.

§ 1º O disposto neste artigo não se aplica aos bens e equipamentos duráveis adquiridos para utilização nos Eventos.

§ 2º A isenção prevista neste artigo será aplicada, também, nos casos de doação e dação em pagamento, e nos casos de qualquer outra forma de pagamento, inclusive mediante o fornecimento de bens ou prestação de serviços.

Art. 22. Fica suspensa a incidência do IPI sobre os bens duráveis adquiridos diretamente de estabelecimento industrial, para utilização nos Eventos, pela Fifa, por Subsidiária Fifa no Brasil ou pela Emissora Fonte da Fifa.

§ 1º Deverão constar das notas fiscais relativas às saídas de que trata o *caput*, a expressão "Venda efetuada com suspensão do IPI" e a indicação do dispositivo legal correspondente.

§ 2º Se os produtos não forem destinados à utilização nos Eventos, ficará o beneficiário ou o responsável tributário sujeito ao pagamento do imposto e da penalidade cabível, como se a suspensão não tivesse existido.

§ 3º A suspensão de que trata o *caput* será convertida em isenção desde que os referidos bens sejam exportados para o exterior ou doados nos prazos e condições estabelecidos no art. 13.

§ 4º Caso não ocorra a conversão em isenção de que trata o § 3º, o IPI suspenso será exigido como se a suspensão não tivesse existido.

§ 5º Os benefícios previstos neste artigo serão aplicáveis, também, nos casos de doação e dação em pagamento, e nos casos de qualquer outra forma de pagamento, inclusive mediante o fornecimento de bens ou prestação de serviços.

Dec. 7.578/2011

LEGISLAÇÃO

Art. 23. As vendas realizadas no mercado interno para a Fifa, para Subsidiária Fifa no Brasil ou para a Emissora Fonte da Fifa, de mercadorias destinadas a uso ou consumo exclusivo na organização e realização dos Eventos, ocorrerão com suspensão da incidência da Contribuição para o PIS/Pasep e da Cofins.

§ 1º A suspensão de que trata este artigo será convertida em isenção após comprovação da utilização ou consumo do bem nas finalidades previstas neste Decreto, observado o disposto no § 5º.

§ 2º Ficam a Fifa, a Subsidiária Fifa no Brasil e a Emissora Fonte da Fifa obrigadas solidariamente a recolher, na condição de responsáveis, as contribuições não pagas em decorrência da suspensão de que trata este artigo, acrescidas de juros e multa de mora, na forma da lei, calculados a partir da data da aquisição, se não utilizarem ou consumirem o bem na finalidade prevista, ressalvado o disposto no § 6º.

§ 3º A suspensão prevista neste artigo somente se aplica aos bens adquiridos diretamente de pessoas jurídicas indicadas pela Fifa, ou por Subsidiária Fifa no Brasil, e habilitadas pela Secretaria da Receita Federal do Brasil nos termos e prazos por ela disciplinados.

§ 4º Deverão constar das notas fiscais relativas às vendas de que trata o *caput*, a expressão "Venda efetuada com suspensão da incidência da Contribuição para o PIS/Pasep e da Cofins" e a indicação do dispositivo legal correspondente.

§ 5º A suspensão e posterior conversão em isenção de que trata este artigo não dará, em hipótese alguma, direito a crédito da Contribuição para o PIS/Pasep e da Cofins à Fifa, a Subsidiária Fifa no Brasil ou à Emissora Fonte.

§ 6º O disposto neste artigo aplica-se ainda aos bens e equipamentos duráveis adquiridos para utilização nos Eventos, desde que esses bens e equipamentos sejam exportados ou doados nos prazos e condições estabelecidos no art. 13.

§ 7º A Secretaria da Receita Federal do Brasil poderá relacionar os bens sujeitos aos benefícios deste artigo.

Capítulo XII
DO REGIME DE APURAÇÃO DE CONTRIBUIÇÕES POR SUBSIDIÁRIA FIFA NO BRASIL

Art. 24. A Contribuição para o PIS/Pasep e a Cofins serão apuradas por Subsidiária Fifa no Brasil na forma do art. 8º da Lei 10.637, de 2002, e do art. 10 da Lei 10.833, de 2003, observado o disposto no § 3º do art. 16.

Parágrafo único. O disposto neste artigo aplica-se à Emissora Fonte da Fifa, na hipótese de ser pessoa jurídica domiciliada no Brasil.

Capítulo XIII
DA DESTINAÇÃO DOS BENS DOADOS

Art. 25. A União poderá destinar os bens doados nos termos deste Decreto, a:
I – entidades beneficentes de assistência social, certificadas nos termos da Lei 12.101, de 27 de novembro de 2009, desde que atendidos os requisitos do art. 14 da Lei 5.172, de 1966 – Código Tributário Nacional, e do § 2º do art. 12 da Lei 9.532, de 10 de dezembro de 1997; ou
II – pessoas jurídicas de direito público.

Art. 26. A doação de bens diretamente pelos beneficiados de que trata este Decreto poderá ser feita para:
I – entidades beneficentes de assistência social, certificadas nos termos da Lei 12.101, de 2009, desde que atendidos os requisitos do art. 14 da Lei 5.172, de 1966 – Código Tributário Nacional, e do § 2º do art. 12 da Lei 9.532, de 1997;
II – pessoas jurídicas de direito público; ou
III – entidades sem fins lucrativos desportivas ou outras pessoas jurídicas cujos objetos sociais sejam relacionados à prática de esportes, desenvolvimento social, proteção ambiental ou assistência a crianças, desde que atendidos os requisitos das alíneas *a* a *h* do § 2º do art. 12 da Lei 9.532, de 1997.

§ 1º As entidades relacionadas no inciso III do *caput* deverão ser reconhecidas pelos Ministérios do Esporte, do Desenvolvimento Social e Combate à Fome ou do Meio Ambiente, conforme critérios a serem definidos em atos expedidos pelos respectivos órgãos certificantes.

Dec. 7.578/2011

LEGISLAÇÃO

§ 2º As entidades de assistência a crianças a que se refere o inciso III do *caput* são aquelas que recebem recursos dos fundos controlados pelos Conselhos Municipais, Estaduais, Distrital e Nacional dos Direitos da Criança e do Adolescente.

§ 3º As entidades de prática de esportes a que se refere o inciso III do *caput* deverão aplicar as doações em apoio direto a projetos desportivos e paradesportivos previamente aprovados pelo Ministério do Esporte.

Art. 27. A doação dos bens deverá ser comprovada à Secretaria da Receita Federal do Brasil nos termos por ela disciplinados, para fins de extinção do regime, de que trata o art. 12, e conversão da suspensão em isenção, de que trata o § 3º do art. 22, o § 1º e o § 6º do art. 23.

Capítulo XIV
DISPOSIÇÕES FINAIS

Art. 28. As desonerações previstas neste Decreto aplicam-se somente às operações que a Fifa, as Subsidiárias Fifa no Brasil, a Emissora Fonte da Fifa, o LOC e os Prestadores de Serviços da Fifa demonstrarem, por intermédio de documentação fiscal ou contratual idônea, estar relacionadas com os Eventos.

Art. 29. Eventuais tributos federais recolhidos indevidamente com inobservância do disposto na Lei 12.350, de 2010, serão restituídos de acordo com as regras previstas na legislação brasileira.

Art. 30. A utilização dos benefícios fiscais concedidos pela Lei 12.350, de 2010, em desacordo com os seus termos sujeitará o beneficiário, ou o responsável tributário, ao pagamento dos tributos devidos, acrescidos da taxa do Sistema Especial de Liquidação e de Custódia – Selic, sem prejuízo das demais penalidades cabíveis.

Parágrafo único. Fica a Fifa sujeita aos pagamentos referidos no *caput* no caso de vício contido na lista de que trata o art. 6º que impossibilite ou torne incerta a identificação e localização do sujeito passivo ou do responsável tributário.

Art. 31. A União compensará o Fundo do Regime Geral de Previdência Social de que trata o art. 68 da Lei Complementar 101, de 4 de maio de 2000 – Lei de Responsabilidade Fiscal, no valor correspondente à estimativa de renúncia decorrente da desoneração de que trata a Lei 12.350, de 2010, relativa às contribuições previdenciárias, de forma a não afetar a apuração do resultado financeiro do Regime Geral de Previdência Social.

§ 1º A renúncia de que trata o *caput* consistirá na diferença entre o valor da contribuição que seria devido, como se não houvesse incentivo, e o valor da contribuição efetivamente recolhido.

§ 2º O valor estimado da renúncia será incluído na Lei Orçamentária Anual, sem prejuízo do repasse, enquanto não constar na mencionada lei.

Art. 32. O disposto neste Decreto não desobriga as pessoas jurídicas e físicas beneficiadas de apresentar declarações e de cumprir as demais obrigações acessórias previstas em atos da Secretaria da Receita Federal do Brasil.

Art. 32-A. A transferência de propriedade ou a cessão de uso dos bens importados com isenção, a qualquer título, obriga ao prévio pagamento dos tributos.

• Artigo acrescentado pelo Dec. 8.463/2015.

Parágrafo único. O disposto no *caput* não se aplica aos bens transferidos ou cedidos:
I – a pessoa referida no *caput* do art. 10, mediante prévia decisão da autoridade aduaneira; e
II – depois do decurso do prazo de 5 (cinco) anos, contado da data do registro da declaração de importação.

Art. 32-B. A autoridade aduaneira poderá, a qualquer tempo, promover diligências necessárias para assegurar o controle da transferência dos bens objeto da isenção.

• Artigo acrescentado pelo Dec. 8.463/2015.

Art. 32-C. A transferência de que trata o art. 32-A, inclusive no que se refere ao cálculo dos tributos devidos, será realizada com observância das normas dispostas no Decreto-lei 37, de 18 de novembro de 1966, e no Decreto-lei 1.455, de 7 de abril de 1976, regulamentadas pelos arts. 124 a 131 do Decreto 6.759, de 2009.

• Artigo acrescentado pelo Dec. 8.463/2015.

Parágrafo único. O disposto no *caput* aplica-se, inclusive, aos tributos referidos nos incisos I, III e IV do § 1º do art. 10.

Art. 33. O disposto neste Decreto aplica-se aos fatos geradores que ocorrerem no

Dec. 7.578/2011

LEGISLAÇÃO

período de 1º de janeiro de 2011 a 31 de dezembro de 2015.

Art. 34. Este Decreto entra em vigor na data de sua publicação.

Brasília, 11 de outubro de 2011; 190º da Independência e 123º da República.

Dilma Rousseff

(*DOU* 13.10.2011)

ANEXO
LISTA DE SERVIÇOS

A. Mídia, Comunicação, Tecnologia da Informação e Telefonia:
1. Serviços de Produção e Distribuição de Meios de Comunicação:
1.1. Produção de Televisão, de Mídia, de Nova Mídia e de Serviços Gerais de Mídia;
1.2. Serviços de Telecomunicação e de Radiodifusão;
1.3. Serviços Gerais de Transmissão, de Radiodifusão e de Mídia;
1.4. Serviços Técnicos de Satélite e de Fornecimento de Satélite;
1.5. Serviços de Administração e de Distribuição de Satélite;
1.6. Serviços de frequência de subida e de descida de Satélites;
1.7. Serviços de Câmera e de Filmagem;
1.8. Serviços de Engenharia;
1.9. Produção de Vídeos e de Serviço de Administração;
1.10. Serviço de Produção de Conteúdo;
1.11. Serviços de Cabeamento;
2. Serviços de Mídia e Comunicação:
2.1. Serviços de Rede de Comunicação;
2.2. Serviços de Manutenção de Comunicação;
2.3. Novos Serviços de Mídia e de Comunicação;
2.4. Serviços de Multimídia;
2.5. Serviços de Televisão, de Internet, de Mídia Gráfica e de Design;
2.6. Serviços de Fornecimento de Conteúdo;
2.7. Serviços de Administração de Dados;
2.8. Serviço de Manutenção de Internet;
2.9. Dispositivos Eletrônicos e de Entretenimento;
2.10. Serviços de Administração e de Distribuição de Acesso a Notícias;
2.11. Serviços de Arquivamento;
2.12. Serviços de Dublagem;
2.13. Serviços de Apresentação;
2.14. Serviços de Direção, de Produção e de Direção de Palco;
2.15. Serviços de Edição;
2.16. Serviços de Efeitos Especiais;
2.17. Serviços de Fotografia;
2.18. Serviços de Direção de Meios de Comunicação;
2.19. Serviços de Comentários;
2.20. Serviços de Linguagem de Sinais;

Dec. 7.578/2011

LEGISLAÇÃO

3. Tecnologia da informação:
3.1. Serviços de Implementação;
3.2. Serviços de Manutenção de Tecnologia da informação;
3.3. Serviços de Fornecimento de Tecnologia da informação;
3.4. Serviços de Manutenção e de Fornecimento de *Hardware*;
3.5. Serviços de Desenvolvimento, de Manutenção e de Fornecimento de *Software*;

4. Serviços de Telefonia:
4.1. Serviços de Comunicação sem Fio;
4.2. Telefonia Fixa e serviços de comunicação;

5. Serviços Musicais e Artísticos:
5.1. Serviços de Administração de música;
5.2. Serviços de Produção de música;
5.3. Serviços de Produção de Concertos musicais;
5.4. Serviços de Administração artística;
5.5. Serviços de Desempenho artístico;
5.6. Serviços de Estilismo e de Maquiagem;

6. Serviços de Administração de Direitos:
6.1. Serviços de Licença de Direitos;
6.2. Serviços de Proteção de Direitos;

B. *Marketing* e Propaganda e Publicidade:
1. *Marketing*, Propaganda e Publicidade:
1.1. Serviços de Propaganda, Publicidade e *Marketing*;
1.2. Serviços de Mídia Exterior;
1.3. Serviços de Licença;
1.4. Serviços de *Merchandising*;
1.6. Painéis de LED, serviços de Sinalização e Serviços Gerais (Implementação, Administração e Manutenção de painéis);

2. Serviços de Bufê e de Restaurantes:
2.1. Serviços de Bufê;
2.2. Serviços de Alimentos e Bebidas;
2.5. Serviços de Restaurantes;
2.6. Serviços de Garçons;
2.7. Serviços de Culinária;

3. Serviços de Propaganda e Publicidade:
3.1. Serviços de Design;
3.2. Produção e implementação de sinalização temporária de estádio;
3.3. Serviços de Decoração;

Dec. 7.578/2011

LEGISLAÇÃO

3.4. Serviços de Colocação de placas de publicidade;
4. Serviços Gerais de *Marketing*:
4.1. Serviços de Assessoria de Imprensa;
4.2. Serviços de Marketing Direto;
4.3. Serviços de *Design*;
4.4. Serviços de Atendimento ao Cliente;
4.5. Serviços de Relacionamento com o Cliente;
4.6. Serviços de Assistência;
4.7. Serviços de *Call center*;
4.12. Serviços de Pesquisa;
5. Hospitalidade:
5.1. Serviços de Administração de Hospitalidade;
5.2. Serviços de Produção de Hospitalidade;
5.3. Serviços de Venda de Hospitalidade;
6. Operadores Turísticos:
6.1. Serviços de Administração de Operadores Turísticos;
6.1. Serviços de Operadores Turísticos;
6.1. Serviços de Venda Turística;
7. Ingressos:
7.1. Serviços de Gerenciamento de Ingressos;
7.1. Serviços de Produção de Ingressos;
7.1. Serviços de Vendas de Ingressos;
7.1. Serviços de Promoção e de Propaganda e de Publicidade de Ingressos;
7.1. Serviços de Administração e de Manutenção da Plataforma de Revenda de Ingressos;
7.1. Serviços de Administração e de Manutenção do Sistema de Atendimento ao Cliente;
7.1. Serviços de *Marketing* de Ingressos;
7.1. Serviços de Alocação de Assentos;
C. Serviços relacionados ao Evento e Serviços de Construção:
1. Serviços do Evento:
1.1. Serviços de Produção;
1.2. Serviços de Entretenimento;
1.3. Serviços Pirotécnicos;
1.4. Serviços de Efeitos Especiais;
1.5. Serviços de Montagem;
1.6. Serviços de Entretenimento;
1.7. Serviços e Produtos de Decoração e Mobília;
1.8. Serviços de Exposição Comercial;
2. Serviços de Construção, Manutenção e Serviços Técnicos do Evento:

Dec. 7.578/2011

2.1. Serviços de Construção de Palco;
2.2. Serviços de Monitoramento de Construção;
2.3. Infraestrutura de Tenda Temporária;
2.4. Serviços Sanitários;
2.5. Serviços de Jardinagem;
2.6. Serviços para instalação de Fundação;
2.7. Serviços para instalação de Cercas;
2.8. Serviços para instalação de Condicionamento de Ar;
2.9. Serviços de Refrigeração;
2.10. Serviços de Iluminação;
2.11. Serviços de Consultoria de Planejamento, Manutenção e Fornecimento de Energia Elétrica;
2.12. Energia elétrica, incluindo energia elétrica temporária e serviços de energia elétrica;
2.13. Serviços de *Backup* de Energia Elétrica;
2.14. Serviços de Equipamentos e Produtos de Energia Solar;
2.15. Serviços de Administração e Implementação de Campos de futebol;
2.16. Serviços de Manutenção e de Entrega de Campos de futebol;
2.17. Serviços Ecológicos;
3. Serviços Organizacionais do Evento;
3.1. Serviços de Administração do Projeto;
3.2. Serviços Organizacionais;
3.3. Serviços de Construção;
3.4. Serviços de Implementação;
3.5. Serviços de Montagem e Desmontagem;
3.6. Serviços de Reforma e de decoração de escritórios;
4. Eventos Especiais, de Responsabilidade Corporativa e Sustentabilidade:
4.1. Gestão de Obras de Caridade e Serviços de Implementação das referidas obras;
4.2. Serviços de Gestão Ambiental;
4.3. Serviços de Gestão de Sustentabilidade;
4.4. Serviços Educacionais;
4.5. serviços de Instalação de Instalações Desportivas;
4.6.;
5. Acomodações:
5.1. Serviços de Compras de Inventário de Hotéis;
5.2. Serviços de Administração de Acomodações;
5.3. Serviços de Vendas de Acomodações;
D. Serviços dos Estádios:
1. Serviços dos Estádios:
1.1. Serviços relacionados ao Acesso aos Estádios;
1.2. Serviços de Administração de Credenciamento;
1.3. Serviços de Supervisão dos Estádios;

Dec. 7.578/2011

Legislação

1.4. Serviços de Administração e Manutenção de coberturas dos Estádios;
1.6. Instalação, Supervisão e manutenção dos assentos temporários;
1.7. Serviços de manutenção de: Ar-Condicionado, Energia, Água, Tecnologia de informação, Iluminação, Cabeamento;
1.9. Serviços de Limpeza;
1.10. Serviços de Gerenciamento de Resíduos;
E. Geral:
1. Logística e Transporte:
1.1. Serviços de Transporte;
1.2. Serviços de Administração de Transporte e de Operação de Transporte;
1.3. Serviços de Logística;
1.4. Serviços Postais, Serviços de Correio Especial e Serviços de Carga;
1.5. Serviços de Direção e de formação de condutores;
1.6. Serviços de Manutenção de veículos;
1.7. Serviços de Ônibus;
1.8. Serviços de Transporte Aéreo;
1.9. Serviços de Manutenção de Aeronave;
2. Finanças e Seguros:
2.2. Serviços de Administração de Pagamento;
2.3. Serviços de Custeio;
2.4. Serviços de Repasse para Fundos;
2.6. Serviços de Garantias e Medidas de Proteção de Fundos;
2.7. Serviços Alfandegários;
2.8. Serviços de Contabilidade, de pagamentos;
2.9. Serviços Orçamentários;
2.10. Serviços de Administração do Processo de Fornecimento;
2.13. Serviços de Governança.
3. Serviços Gerais de Administração do Evento:
3.1. Serviços de Administração do Evento;
3.2. Serviços de Consultoria;
3.3. Serviços de Relatório;
3.4. Serviços de Administração;
3.5. Serviços de Planejamento;
3.6. Serviços de Locação e de *Leasing*;
3.7. Serviços de Segurança;
3.8. Serviços de Treinamento de Segurança;
3.9. Serviços de Equipamentos de Segurança;

3.10. Serviços Gerais de Recursos Humanos;
3.11. Serviços de Consultoria de Recursos Humanos;
3.12. Serviços de Funcionários Temporários;
3.13. Serviços de *Staff* e Serviços Voluntários;
3.14. Serviços de Manutenção;
3.15. Serviços de Proteção para personalidades públicas e notórias;
3.16. Serviços de Administração para personalidades públicas e notórias;
3.17. Serviços de Credenciamento;
3.18. Serviços de Administração;
3.19. Serviços de Impressão, Publicação e Meios de Impressão;
4. Vestuário, Confecção:
4.1. Serviços de Confecção (Roupas, Presentes e Prêmios);
5. Serviços Médicos e Farmacêuticos:
5.1. Serviços Médicos;
5.2. Serviços Farmacêuticos;
5.3. Serviços de Laboratórios Químicos;
5.4. Serviços relacionados ao Programa Antidoping do Evento;
6. Serviços de Tradução:
6.1. Serviços de tradução;
6.2. Serviços de interpretação;
6.3. Serviços jurídicos;
6.4. Serviços obrigatórios (ex.: serviços e ação pelos Membros do Comitê Executivo da FIFA).

LEI 12.529, DE 30 DE NOVEMBRO DE 2011

Estrutura o Sistema Brasileiro de Defesa da Concorrência; dispõe sobre a prevenção e repressão às infrações contra a ordem econômica; altera a Lei 8.137, de 27 de dezembro de 1990, o Decreto-lei 3.689, de 3 de outubro de 1941 – Código de Processo Penal, e a Lei 7.347, de 24 de julho de 1985; revoga dispositivos da Lei 8.884, de 11 de junho de 1994, e a Lei 9.781, de 19 de janeiro de 1999; e dá outras providências.

A Presidenta da República:

Faço saber que o Congresso Nacional decreta e eu sanciono a seguinte Lei:

TÍTULO I
DISPOSIÇÕES GERAIS

Capítulo I
DA FINALIDADE

Art. 1º Esta Lei estrutura o Sistema Brasileiro de Defesa da Concorrência – SBDC e dispõe sobre a prevenção e a repressão às infrações contra a ordem econômica, orientada pelos ditames constitucionais de liberdade de iniciativa, livre concorrência, função social da propriedade, defesa dos consumidores e repressão ao abuso do poder econômico.

Parágrafo único. A coletividade é a titular dos bens jurídicos protegidos por esta Lei.

Lei 12.529/2011

Capítulo II
DA TERRITORIALIDADE

Art. 2º Aplica-se esta Lei, sem prejuízo de convenções e tratados de que seja signatário o Brasil, às práticas cometidas no todo ou em parte no território nacional ou que nele produzam ou possam produzir efeitos.

§ 1º Reputa-se domiciliada no território nacional a empresa estrangeira que opere ou tenha no Brasil filial, agência, sucursal, escritório, estabelecimento, agente ou representante.

§ 2º A empresa estrangeira será notificada e intimada de todos os atos processuais previstos nesta Lei, independentemente de procuração ou de disposição contratual ou estatutária, na pessoa do agente ou representante ou pessoa responsável por sua filial, agência, sucursal, estabelecimento ou escritório instalado no Brasil.
[...]

TÍTULO V
DAS INFRAÇÕES DA ORDEM ECONÔMICA

Capítulo I
DISPOSIÇÕES GERAIS

Art. 31. Esta Lei aplica-se às pessoas físicas ou jurídicas de direito público ou privado, bem como a quaisquer associações de entidades ou pessoas, constituídas de fato ou de direito, ainda que temporariamente, com ou sem personalidade jurídica, mesmo que exerçam atividade sob regime de monopólio legal.

Art. 32. As diversas formas de infração da ordem econômica implicam a responsabilidade da empresa e a responsabilidade individual de seus dirigentes ou administradores, solidariamente.

Art. 33. Serão solidariamente responsáveis as empresas ou entidades integrantes de grupo econômico, de fato ou de direito, quando pelo menos uma delas praticar infração à ordem econômica.

Art. 34. A personalidade jurídica do responsável por infração da ordem econômica poderá ser desconsiderada quando houver da parte deste abuso de direito, excesso de poder, infração da lei, fato ou ato ilícito ou violação dos estatutos ou contrato social.

Parágrafo único. A desconsideração também será efetivada quando houver falência, estado de insolvência, encerramento ou inatividade da pessoa jurídica provocados por má administração.

Art. 35. A repressão das infrações da ordem econômica não exclui a punição de outros ilícitos previstos em lei.

Capítulo II
DAS INFRAÇÕES

Art. 36. Constituem infração da ordem econômica, independentemente de culpa, os atos sob qualquer forma manifestados, que tenham por objeto ou possam produzir os seguintes efeitos, ainda que não sejam alcançados:

I – limitar, falsear ou de qualquer forma prejudicar a livre concorrência ou a livre iniciativa;

II – dominar mercado relevante de bens ou serviços;

III – aumentar arbitrariamente os lucros; e

IV – exercer de forma abusiva posição dominante.

§ 1º A conquista de mercado resultante de processo natural fundado na maior eficiência de agente econômico em relação a seus competidores não caracteriza o ilícito previsto no inciso II do *caput* deste artigo.

§ 2º Presume-se posição dominante sempre que uma empresa ou grupo de empresas for capaz de alterar unilateral ou coordenadamente as condições de mercado ou quando controlar 20% (vinte por cento) ou mais do mercado relevante, podendo este percentual ser alterado pelo Cade para setores específicos da economia.

§ 3º As seguintes condutas, além de outras, na medida em que configurem hipótese prevista no *caput* deste artigo e seus incisos, caracterizam infração da ordem econômica:

I – acordar, combinar, manipular ou ajustar com concorrente, sob qualquer forma:

a) os preços de bens ou serviços ofertados individualmente;

b) a produção ou a comercialização de uma quantidade restrita ou limitada de bens ou a prestação de um número, volume ou frequência restrita ou limitada de serviços;

Lei 12.529/2011

c) a divisão de partes ou segmentos de um mercado atual ou potencial de bens ou serviços, mediante, dentre outros, a distribuição de clientes, fornecedores, regiões ou períodos;

d) preços, condições, vantagens ou abstenção em licitação pública;

II – promover, obter ou influenciar a adoção de conduta comercial uniforme ou concertada entre concorrentes;

III – limitar ou impedir o acesso de novas empresas ao mercado;

IV – criar dificuldades à constituição, ao funcionamento ou ao desenvolvimento de empresa concorrente ou de fornecedor, adquirente ou financiador de bens ou serviços;

V – impedir o acesso de concorrente às fontes de insumo, matérias-primas, equipamentos ou tecnologia, bem como aos canais de distribuição;

VI – exigir ou conceder exclusividade para divulgação de publicidade nos meios de comunicação de massa;

VII – utilizar meios enganosos para provocar a oscilação de preços de terceiros;

VIII – regular mercados de bens ou serviços, estabelecendo acordos para limitar ou controlar a pesquisa e o desenvolvimento tecnológico, a produção de bens ou prestação de serviços, ou para dificultar investimentos destinados à produção de bens ou serviços ou à sua distribuição;

IX – impor, no comércio de bens ou serviços, a distribuidores, varejistas e representantes preços de revenda, descontos, condições de pagamento, quantidades mínimas ou máximas, margem de lucro ou quaisquer outras condições de comercialização relativos a negócios destes com terceiros;

X – discriminar adquirentes ou fornecedores de bens ou serviços por meio da fixação diferenciada de preços, ou de condições operacionais de venda ou prestação de serviços;

XI – recusar a venda de bens ou a prestação de serviços, dentro das condições de pagamento normais aos usos e costumes comerciais;

XII – dificultar ou romper a continuidade ou desenvolvimento de relações comerciais de prazo indeterminado em razão de recusa da outra parte em submeter-se a cláusulas e condições comerciais injustificáveis ou anticoncorrenciais;

XIII – destruir, inutilizar ou açambarcar matérias-primas, produtos intermediários ou acabados, assim como destruir, inutilizar ou dificultar a operação de equipamentos destinados a produzi-los, distribuí-los ou transportá-los;

XIV – açambarcar ou impedir a exploração de direitos de propriedade industrial ou intelectual ou de tecnologia;

XV – vender mercadoria ou prestar serviços injustificadamente abaixo do preço de custo;

XVI – reter bens de produção ou de consumo, exceto para garantir a cobertura dos custos de produção;

XVII – cessar parcial ou totalmente as atividades da empresa sem justa causa comprovada;

XVIII – subordinar a venda de um bem à aquisição de outro ou à utilização de um serviço, ou subordinar a prestação de um serviço à utilização de outro ou à aquisição de um bem; e

XIX – exercer ou explorar abusivamente direitos de propriedade industrial, intelectual, tecnologia ou marca.

Capítulo III
DAS PENAS

Art. 37. A prática de infração da ordem econômica sujeita os responsáveis às seguintes penas:

I – no caso de empresa, multa de 0,1% (um décimo por cento) a 20% (vinte por cento) do valor do faturamento bruto da empresa, grupo ou conglomerado obtido, no último exercício anterior à instauração do processo administrativo, no ramo de atividade empresarial em que ocorreu a infração, a qual nunca será inferior à vantagem auferida, quando for possível sua estimação;

II – no caso das demais pessoas físicas ou jurídicas de direito público ou privado, bem como quaisquer associações de entidades ou pessoas constituídas de fato ou de direito, ainda que temporariamente, com ou sem personalidade jurídica, que não exerçam atividade empresarial, não sendo possível utilizar-se o critério do valor do faturamento bruto, a multa será entre R$

50.000,00 (cinquenta mil reais) e R$ 2.000.000.000,00 (dois bilhões de reais);
III – no caso de administrador, direta ou indiretamente responsável pela infração cometida, quando comprovada a sua culpa ou dolo, multa de 1% (um por cento) a 20% (vinte por cento) daquela aplicada à empresa, no caso previsto no inciso I do *caput* deste artigo, ou às pessoas jurídicas ou entidades, nos casos previstos no inciso II do *caput* deste artigo.

§ 1º Em caso de reincidência, as multas cominadas serão aplicadas em dobro.

§ 2º No cálculo do valor da multa de que trata o inciso I do *caput* deste artigo, o Cade poderá considerar o faturamento total da empresa ou grupo de empresas, quando não dispuser do valor do faturamento no ramo de atividade empresarial em que ocorreu a infração, definido pelo Cade, ou quando este for apresentado de forma incompleta e/ou não demonstrado de forma inequívoca e idônea.

Art. 38. Sem prejuízo das penas cominadas no art. 37 desta Lei, quando assim exigir a gravidade dos fatos ou o interesse público geral, poderão ser impostas as seguintes penas, isolada ou cumulativamente:

I – a publicação, em meia página e a expensas do infrator, em jornal indicado na decisão, de extrato da decisão condenatória, por 2 (dois) dias seguidos, de 1 (uma) a 3 (três) semanas consecutivas;

II – a proibição de contratar com instituições financeiras oficiais e participar de licitação tendo por objeto aquisições, alienações, realização de obras e serviços, concessão de serviços públicos, na administração pública federal, estadual, municipal e do Distrito Federal, bem como em entidades da administração indireta, por prazo não inferior a 5 (cinco) anos;

III – a inscrição do infrator no Cadastro Nacional de Defesa do Consumidor;

IV – a recomendação aos órgãos públicos competentes para que:

a) seja concedida licença compulsória de direito de propriedade intelectual de titularidade do infrator, quando a infração estiver relacionada ao uso desse direito;

b) não seja concedido ao infrator parcelamento de tributos federais por ele devidos ou para que sejam cancelados, no todo ou em parte, incentivos fiscais ou subsídios públicos;

V – a cisão de sociedade, transferência de controle societário, venda de ativos ou cessação parcial de atividade;

VI – a proibição de exercer o comércio em nome próprio ou como representante de pessoa jurídica, pelo prazo de até 5 (cinco) anos; e

VII – qualquer outro ato ou providência necessários para a eliminação dos efeitos nocivos à ordem econômica.

Art. 39. Pela continuidade de atos ou situações que configurem infração da ordem econômica, após decisão do Tribunal determinando sua cessação, bem como pelo não cumprimento de obrigações de fazer ou não fazer impostas, ou pelo descumprimento de medida preventiva ou termo de compromisso de cessação previstos nesta Lei, o responsável fica sujeito a multa diária fixada em valor de R$ 5.000,00 (cinco mil reais), podendo ser aumentada em até 50 (cinquenta) vezes, se assim recomendar a situação econômica do infrator e a gravidade da infração.

Art. 40. A recusa, omissão ou retardamento injustificado de informação ou documentos solicitados pelo Cade ou pela Secretaria de Acompanhamento Econômico constitui infração punível com multa diária de R$ 5.000,00 (cinco mil reais), podendo ser aumentada em até 20 (vinte) vezes, se necessário para garantir sua eficácia, em razão da situação econômica do infrator.

§ 1º O montante fixado para a multa diária de que trata o *caput* deste artigo constará do documento que contiver a requisição da autoridade competente.

§ 2º Compete à autoridade requisitante a aplicação da multa prevista no *caput* deste artigo.

§ 3º Tratando-se de empresa estrangeira, responde solidariamente pelo pagamento da multa de que trata o *caput* sua filial, sucursal, escritório ou estabelecimento situado no País.

Art. 41. A falta injustificada do representado ou de terceiros, quando intimados para prestar esclarecimentos, no curso de in-

Lei 12.529/2011

quérito ou processo administrativo, sujeitará o faltante à multa de R$ 500,00 (quinhentos reais) a R$ 15.000,00 (quinze mil reais) para cada falta, aplicada conforme sua situação econômica.

Parágrafo único. A multa a que se refere o *caput* deste artigo será aplicada mediante auto de infração pela autoridade competente.

Art. 42. Impedir, obstruir ou de qualquer outra forma dificultar a realização de inspeção autorizada pelo Plenário do Tribunal, pelo Conselheiro-Relator ou pela Superintendência-Geral no curso de procedimento preparatório, inquérito administrativo, processo administrativo ou qualquer outro procedimento sujeitará o inspecionado ao pagamento de multa de R$ 20.000,00 (vinte mil reais) a R$ 400.000,00 (quatrocentos mil reais), conforme a situação econômica do infrator, mediante a lavratura de auto de infração pelo órgão competente.

Art. 43. A enganosidade ou a falsidade de informações, de documentos ou de declarações prestadas por qualquer pessoa ao Cade ou à Secretaria de Acompanhamento Econômico será punível com multa pecuniária no valor de R$ 5.000,00 (cinco mil reais) a R$ 5.000.000,00 (cinco milhões de reais), de acordo com a gravidade dos fatos e a situação econômica do infrator, sem prejuízo das demais cominações legais cabíveis.

Art. 44. Aquele que prestar serviços ao Cade ou a Seae, a qualquer título, e que der causa, mesmo que por mera culpa, à disseminação indevida de informação acerca de empresa, coberta por sigilo, será punível com multa pecuniária de R$ 1.000,00 (mil reais) a R$ 20.000,00 (vinte mil reais), sem prejuízo de abertura de outros procedimentos cabíveis.

§ 1º Se o autor da disseminação indevida estiver servindo o Cade em virtude de mandato, ou na qualidade de Procurador Federal ou Economista-Chefe, a multa será em dobro.

§ 2º O Regulamento definirá o procedimento para que uma informação seja tida como sigilosa, no âmbito do Cade e da Seae.

Art. 45. Na aplicação das penas estabelecidas nesta Lei, levar-se-á em consideração:

I – a gravidade da infração;
II – a boa-fé do infrator;
III – a vantagem auferida ou pretendida pelo infrator;
IV – a consumação ou não da infração;
V – o grau de lesão, ou perigo de lesão, à livre concorrência, à economia nacional, aos consumidores, ou a terceiros;
VI – os efeitos econômicos negativos produzidos no mercado;
VII – a situação econômica do infrator; e
VIII – a reincidência.

Capítulo IV
DA PRESCRIÇÃO

Art. 46. Prescrevem em 5 (cinco) anos as ações punitivas da administração pública federal, direta e indireta, objetivando apurar infrações da ordem econômica, contados da data da prática do ilícito ou, no caso de infração permanente ou continuada, do dia em que tiver cessada a prática do ilícito.

§ 1º Interrompe a prescrição qualquer ato administrativo ou judicial que tenha por objeto a apuração da infração contra a ordem econômica mencionada no *caput* deste artigo, bem como a notificação ou a intimação da investigada.

§ 2º Suspende-se a prescrição durante a vigência do compromisso de cessação ou do acordo em controle de concentrações.

§ 3º Incide a prescrição no procedimento administrativo paralisado por mais de 3 (três) anos, pendente de julgamento ou despacho, cujos autos serão arquivados de ofício ou mediante requerimento da parte interessada, sem prejuízo da apuração da responsabilidade funcional decorrente da paralisação, se for o caso.

§ 4º Quando o fato objeto da ação punitiva da administração também constituir crime, a prescrição reger-se-á pelo prazo previsto na lei penal.

Capítulo V
DO DIREITO DE AÇÃO

Art. 47. Os prejudicados, por si ou pelos legitimados referidos no art. 82 da Lei 8.078, de 11 de setembro de 1990, poderão ingressar em juízo para, em defesa de seus interesses individuais ou individuais homogêneos, obter a cessação de práticas que constituam infração da ordem econômica, bem como o recebimento de indenização por perdas e danos sofridos, independentemente do inquérito ou processo administrativo, que não será suspenso em virtude do ajuizamento de ação.

TÍTULO VI
DAS DIVERSAS ESPÉCIES DE PROCESSO ADMINISTRATIVO
Capítulo I
DISPOSIÇÕES GERAIS

Art. 48. Esta Lei regula os seguintes procedimentos administrativos instaurados para prevenção, apuração e repressão de infrações à ordem econômica:

I – procedimento preparatório de inquérito administrativo para apuração de infrações à ordem econômica;

II – inquérito administrativo para apuração de infrações à ordem econômica;

III – processo administrativo para imposição de sanções administrativas por infrações à ordem econômica;

IV – processo administrativo para análise de ato de concentração econômica;

V – procedimento administrativo para apuração de ato de concentração econômica; e

VI – processo administrativo para imposição de sanções processuais incidentais.

Art. 49. O Tribunal e a Superintendência-Geral assegurarão nos procedimentos previstos nos incisos II, III, IV e VI do caput do art. 48 desta Lei o tratamento sigiloso de documentos, informações e atos processuais necessários à elucidação dos fatos ou exigidos pelo interesse da sociedade.

Parágrafo único. As partes poderão requerer tratamento sigiloso de documentos ou informações, no tempo e modo definidos no regimento interno.

Art. 50. A Superintendência-Geral ou o Conselheiro-Relator poderá admitir a intervenção no processo administrativo de:

I – terceiros titulares de direitos ou interesses que possam ser afetados pela decisão a ser adotada; ou

II – legitimados à propositura de ação civil pública pelos incisos III e IV do art. 82 da Lei 8.078, de 11 de setembro de 1990.

Art. 51. Na tramitação dos processos no Cade, serão observadas as seguintes disposições, além daquelas previstas no regimento interno:

I – os atos de concentração terão prioridade sobre o julgamento de outras matérias;

II – a sessão de julgamento do Tribunal é pública, salvo nos casos em que for determinado tratamento sigiloso ao processo, ocasião em que as sessões serão reservadas;

III – nas sessões de julgamento do Tribunal, poderão o Superintendente-Geral, o Economista-Chefe, o Procurador-Chefe e as partes do processo requerer a palavra, que lhes será concedida, nessa ordem, nas condições e no prazo definido pelo regimento interno, a fim de sustentarem oralmente suas razões perante o Tribunal;

IV – a pauta das sessões de julgamento será definida pelo Presidente, que determinará sua publicação, com pelo menos 120 (cento e vinte) horas de antecedência; e

V – os atos e termos a serem praticados nos autos dos procedimentos enumerados no art. 48 desta Lei poderão ser encaminhados de forma eletrônica ou apresentados em meio magnético ou equivalente, nos termos das normas do Cade.

Art. 52. O cumprimento das decisões do Tribunal e de compromissos e acordos firmados nos termos desta Lei poderá, a critério do Tribunal, ser fiscalizado pela Superintendência-Geral, com o respectivo encaminhamento dos autos, após a decisão final do Tribunal.

§ 1º Na fase de fiscalização da execução das decisões do Tribunal, bem como do cumprimento de compromissos e acordos firmados nos termos desta Lei, poderá a Superintendência-Geral valer-se de todos os poderes instrutórios que lhe são assegurados nesta Lei.

§ 2º Cumprida integralmente a decisão do Tribunal ou os acordos em controle de concentrações e compromissos de cessação, a Superintendência-Geral, de ofício ou por provocação do interessado, manifestar-se-á sobre seu cumprimento.

[...]

Lei 12.529/2011

Capítulo III
DO INQUÉRITO ADMINISTRATIVO PARA APURAÇÃO DE INFRAÇÕES À ORDEM ECONÔMICA E DO PROCEDIMENTO PREPARATÓRIO

Art. 66. O inquérito administrativo, procedimento investigatório de natureza inquisitorial, será instaurado pela Superintendência-Geral para apuração de infrações à ordem econômica.

§ 1º O inquérito administrativo será instaurado de ofício ou em face de representação fundamentada de qualquer interessado, ou em decorrência de peças de informação, quando os indícios de infração à ordem econômica não forem suficientes para a instauração de processo administrativo.

§ 2º A Superintendência-Geral poderá instaurar procedimento preparatório de inquérito administrativo para apuração de infrações à ordem econômica para apurar se a conduta sob análise trata de matéria de competência do Sistema Brasileiro de Defesa da Concorrência, nos termos desta Lei.

§ 3º As diligências tomadas no âmbito do procedimento preparatório de inquérito administrativo para apuração de infrações à ordem econômica deverão ser realizadas no prazo máximo de 30 (trinta) dias.

§ 4º Do despacho que ordenar o arquivamento de procedimento preparatório, indeferir o requerimento de abertura de inquérito administrativo, ou seu arquivamento, caberá recurso de qualquer interessado ao Superintendente-Geral, na forma determinada em regulamento, que decidirá em última instância.

§ 5º *(Vetado.)*

§ 6º A representação de Comissão do Congresso Nacional, ou de qualquer de suas Casas, bem como da Secretaria de Acompanhamento Econômico, das agências reguladoras e da Procuradoria Federal junto ao Cade, independe de procedimento preparatório, instaurando-se desde logo o inquérito administrativo ou processo administrativo.

§ 7º O representante e o indiciado poderão requerer qualquer diligência, que será realizada ou não, a juízo da Superintendência-Geral.

§ 8º A Superintendência-Geral poderá solicitar o concurso da autoridade policial ou do Ministério Público nas investigações.

§ 9º O inquérito administrativo deverá ser encerrado no prazo de 180 (cento e oitenta) dias, contado da data de sua instauração, prorrogáveis por até 60 (sessenta) dias, por meio de despacho fundamentado e quando o fato for de difícil elucidação e o justificarem as circunstâncias do caso concreto.

§ 10. Ao procedimento preparatório, assim como ao inquérito administrativo, poderá ser dado tratamento sigiloso, no interesse das investigações, a critério da Superintendência-Geral.

Art. 67. Até 10 (dez) dias úteis a partir da data de encerramento do inquérito administrativo, a Superintendência-Geral decidirá pela instauração do processo administrativo ou pelo seu arquivamento.

§ 1º O Tribunal poderá, mediante provocação de um Conselheiro e em decisão fundamentada, avocar o inquérito administrativo ou procedimento preparatório de inquérito administrativo arquivado pela Superintendência-Geral, ficando prevento o Conselheiro que encaminhou a provocação.

§ 2º Avocado o inquérito administrativo, o Conselheiro-Relator terá o prazo de 30 (trinta) dias úteis para:

I – confirmar a decisão de arquivamento da Superintendência-Geral, podendo, se entender necessário, fundamentar sua decisão;

II – transformar o inquérito administrativo em processo administrativo, determinando a realização de instrução complementar, podendo, a seu critério, solicitar que a Superintendência-Geral a realize, declarando os pontos controversos e especificando as diligências a serem produzidas.

§ 3º Ao inquérito administrativo poderá ser dado tratamento sigiloso, no interesse das investigações, a critério do Plenário do Tribunal.

Art. 68. O descumprimento dos prazos fixados neste Capítulo pela Superintendência-Geral, assim como por seus servidores, sem justificativa devidamente comprovada nos autos, poderá resultar na apuração da respectiva responsabilidade administrativa, civil e criminal.

Capítulo IV
DO PROCESSO ADMINISTRATIVO PARA IMPOSIÇÃO DE SANÇÕES ADMINISTRATIVAS POR INFRAÇÕES À ORDEM ECONÔMICA

Art. 69. O processo administrativo, procedimento em contraditório, visa a garantir ao acusado a ampla defesa a respeito das conclusões do inquérito administrativo, cuja nota técnica final, aprovada nos termos das normas do Cade, constituirá peça inaugural.

Art. 70. Na decisão que instaurar o processo administrativo, será determinada a notificação do representado para, no prazo de 30 (trinta) dias, apresentar defesa e especificar as provas que pretende sejam produzidas, declinando a qualificação completa de até três testemunhas.

§ 1º A notificação inicial conterá o inteiro teor da decisão de instauração do processo administrativo e da representação, se for o caso.

§ 2º A notificação inicial do representado será feita pelo correio, com aviso de recebimento em nome próprio, ou outro meio que assegure a certeza da ciência do interessado ou, não tendo êxito a notificação postal, por edital publicado no *Diário Oficial da União* e em jornal de grande circulação no Estado em que resida ou tenha sede, contando-se os prazos da juntada do aviso de recebimento, ou da publicação, conforme o caso.

§ 3º A intimação dos demais atos processuais será feita mediante publicação no *Diário Oficial da União*, da qual deverá constar o nome do representado e de seu procurador, se houver.

§ 4º O representado poderá acompanhar o processo administrativo por seu titular e seus diretores ou gerentes, ou por seu procurador, assegurando-se-lhes amplo acesso aos autos no Tribunal.

§ 5º O prazo de 30 (trinta) dias mencionado no *caput* deste artigo poderá ser dilatado por até 10 (dez) dias, improrrogáveis, mediante requisição do representado.

Art. 71. Considerar-se-á revel o representado que, notificado, não apresentar defesa no prazo legal, incorrendo em confissão quanto à matéria de fato, contra ele correndo os demais prazos, independentemente de notificação.

Parágrafo único. Qualquer que seja a fase do processo, nele poderá intervir o revel, sem direito à repetição de qualquer ato já praticado.

Art. 72. Em até 30 (trinta) dias úteis após o decurso do prazo previsto no art. 70 desta Lei, a Superintendência-Geral, em despacho fundamentado, determinará a produção de provas que julgar pertinentes, sendo-lhe facultado exercer os poderes de instrução previstos nesta Lei, mantendo-se o sigilo legal, quando for o caso.

Art. 73. Em até 5 (cinco) dias úteis da data de conclusão da instrução processual determinada na forma do art. 72 desta Lei, a Superintendência-Geral notificará o representado para apresentar novas alegações, no prazo de 5 (cinco) dias úteis.

Art. 74. Em até 15 (quinze) dias úteis contados do decurso do prazo previsto no art. 73 desta Lei, a Superintendência-Geral remeterá os autos do processo ao Presidente do Tribunal, opinando, em relatório circunstanciado, pelo seu arquivamento ou pela configuração da infração.

Art. 75. Recebido o processo, o Presidente do Tribunal o distribuirá, por sorteio, ao Conselheiro-Relator, que poderá, caso entenda necessário, solicitar à Procuradoria Federal junto ao Cade que se manifeste no prazo de 20 (vinte) dias.

Art. 76. O Conselheiro-Relator poderá determinar diligências, em despacho fundamentado, podendo, a seu critério, solicitar que a Superintendência-Geral as realize, no prazo assinado.

Parágrafo único. Após a conclusão das diligências determinadas na forma deste artigo, o Conselheiro-Relator notificará o representado para, no prazo de 15 (quinze) dias úteis, apresentar alegações finais.

Art. 77. No prazo de 15 (quinze) dias úteis contado da data de recebimento das alegações finais, o Conselheiro-Relator solicitará a inclusão do processo em pauta para julgamento.

Lei 12.529/2011

Art. 78. A convite do Presidente, por indicação do Conselheiro-Relator, qualquer pessoa poderá apresentar esclarecimentos ao Tribunal, a propósito de assuntos que estejam em pauta.

Art. 79. A decisão do Tribunal, que em qualquer hipótese será fundamentada, quando for pela existência de infração da ordem econômica, conterá:

I – especificação dos fatos que constituam a infração apurada e a indicação das providências a serem tomadas pelos responsáveis para fazê-la cessar;

II – prazo dentro do qual devam ser iniciadas e concluídas as providências referidas no inciso I do *caput* deste artigo;

III – multa estipulada;

IV – multa diária em caso de continuidade da infração; e

V – multa em caso de descumprimento das providências estipuladas.

Parágrafo único. A decisão do Tribunal será publicada dentro de 5 (cinco) dias úteis no *Diário Oficial da União*.

Art. 80. Aplicam-se às decisões do Tribunal o disposto na Lei 8.437, de 30 de junho de 1992.

Art. 81. Descumprida a decisão, no todo ou em parte, será o fato comunicado ao Presidente do Tribunal, que determinará à Procuradoria Federal junto ao Cade que providencie sua execução judicial.

Art. 82. O descumprimento dos prazos fixados neste Capítulo pelos membros do Cade, assim como por seus servidores, sem justificativa devidamente comprovada nos autos, poderá resultar na apuração da respectiva responsabilidade administrativa, civil e criminal.

Art. 83. O Cade disporá de forma complementar sobre o inquérito e o processo administrativo.

Capítulo V
DA MEDIDA PREVENTIVA

Art. 84. Em qualquer fase do inquérito administrativo para apuração de infrações ou do processo administrativo para imposição de sanções por infrações à ordem econômica, poderá o Conselheiro-Relator ou o Superintendente-Geral, por iniciativa própria ou mediante provocação do Procurador-Chefe do Cade, adotar medida preventiva, quando houver indício ou fundado receio de que o representado, direta ou indiretamente, cause ou possa causar ao mercado lesão irreparável ou de difícil reparação, ou torne ineficaz o resultado final do processo.

§ 1º Na medida preventiva, determinar-se-á a imediata cessação da prática e será ordenada, quando materialmente possível, a reversão à situação anterior, fixando multa diária nos termos do art. 39 desta Lei.

§ 2º Da decisão que adotar medida preventiva caberá recurso voluntário ao Plenário do Tribunal, em 5 (cinco) dias, sem efeito suspensivo.

Capítulo VI
DO COMPROMISSO DE CESSAÇÃO

Art. 85. Nos procedimentos administrativos mencionados nos incisos I, II e III do art. 48 desta Lei, o Cade poderá tomar do representado compromisso de cessação da prática sob investigação ou dos seus efeitos lesivos, sempre que, em juízo de conveniência e oportunidade, devidamente fundamentado, entender que atende aos interesses protegidos por lei.

§ 1º Do termo de compromisso deverão constar os seguintes elementos:

I – a especificação das obrigações do representado no sentido de não praticar a conduta investigada ou seus efeitos lesivos, bem como obrigações que julgar cabíveis;

II – a fixação do valor da multa para o caso de descumprimento, total ou parcial, das obrigações compromissadas;

III – a fixação do valor da contribuição pecuniária ao Fundo de Defesa de Direitos Difusos quando cabível.

§ 2º Tratando-se da investigação da prática de infração relacionada ou decorrente das condutas previstas nos incisos I e II do § 3º do art. 36 desta Lei, entre as obrigações a que se refere o inciso I do § 1º deste artigo figurará, necessariamente, a obrigação de recolher ao Fundo de Defesa de Direitos Difusos um valor pecuniário que não poderá ser inferior ao mínimo previsto no art. 37 desta Lei.

§ 3º *(Vetado.)*

Lei 12.529/2011

§ 4º A proposta de termo de compromisso de cessação de prática somente poderá ser apresentada uma única vez.

§ 5º A proposta de termo de compromisso de cessação de prática poderá ter caráter confidencial.

§ 6º A apresentação de proposta de termo de compromisso de cessação de prática não suspende o andamento do processo administrativo.

§ 7º O termo de compromisso de cessação de prática terá caráter público, devendo o acordo ser publicado no sítio do Cade em 5 (cinco) dias após a sua celebração.

§ 8º O termo de compromisso de cessação de prática constitui título executivo extrajudicial.

§ 9º O processo administrativo ficará suspenso enquanto estiver sendo cumprido o compromisso e será arquivado ao término do prazo fixado, se atendidas todas as condições estabelecidas no termo.

§ 10. A suspensão do processo administrativo a que se refere o § 9º deste artigo dar-se-á somente em relação ao representado que firmou o compromisso, seguindo o processo seu curso regular para os demais representados.

§ 11. Declarado o descumprimento do compromisso, o Cade aplicará as sanções nele previstas e determinará o prosseguimento do processo administrativo e as demais medidas administrativas e judiciais cabíveis para a sua execução.

§ 12. As condições do termo de compromisso poderão ser alteradas pelo Cade se se comprovar sua excessiva onerosidade para o representado, desde que a alteração não acarrete prejuízo para terceiros ou para a coletividade.

§ 13. A proposta de celebração do compromisso de cessação de prática será indeferida quando a autoridade não chegar a um acordo com os representados quanto aos seus termos.

§ 14. O Cade definirá, em resolução, normas complementares sobre o termo de compromisso de cessação.

§ 15. Aplica-se o disposto no art. 50 desta Lei ao Compromisso de Cessação da Prática.

Capítulo VII
DO PROGRAMA DE LENIÊNCIA

Art. 86. O Cade, por intermédio da Superintendência-Geral, poderá celebrar acordo de leniência, com a extinção da ação punitiva da administração pública ou a redução de 1 (um) a 2/3 (dois terços) da penalidade aplicável, nos termos deste artigo, com pessoas físicas e jurídicas que forem autoras de infração à ordem econômica, desde que colaborem efetivamente com as investigações e o processo administrativo e que dessa colaboração resulte:

I – a identificação dos demais envolvidos na infração; e

II – a obtenção de informações e documentos que comprovem a infração noticiada ou sob investigação.

§ 1º O acordo de que trata o *caput* deste artigo somente poderá ser celebrado se preenchidos, cumulativamente, os seguintes requisitos:

I – a empresa seja a primeira a se qualificar com respeito à infração noticiada ou sob investigação;

II – a empresa cesse completamente seu envolvimento na infração noticiada ou sob investigação a partir da data de propositura do acordo;

III – a Superintendência-Geral não disponha de provas suficientes para assegurar a condenação da empresa ou pessoa física por ocasião da propositura do acordo; e

IV – a empresa confesse sua participação no ilícito e coopere plena e permanentemente com as investigações e o processo administrativo, comparecendo, sob suas expensas, sempre que solicitada, a todos os atos processuais, até seu encerramento.

§ 2º Com relação às pessoas físicas, elas poderão celebrar acordos de leniência desde que cumpridos os requisitos II, III e IV do § 1º deste artigo.

§ 3º O acordo de leniência firmado com o Cade, por intermédio da Superintendência-Geral, estipulará as condições necessárias para assegurar a efetividade da colaboração e o resultado útil do processo.

§ 4º Compete ao Tribunal, por ocasião do julgamento do processo administrativo, verificado o cumprimento do acordo:

Lei 12.529/2011

I – decretar a extinção da ação punitiva da administração pública em favor do infrator, nas hipóteses em que a proposta de acordo tiver sido apresentada à Superintendência-Geral sem que essa tivesse conhecimento prévio da infração noticiada; ou

II – nas demais hipóteses, reduzir de 1 (um) a 2/3 (dois terços) as penas aplicáveis, observado o disposto no art. 45 desta Lei, devendo ainda considerar na gradação da pena a efetividade da colaboração prestada e a boa-fé do infrator no cumprimento do acordo de leniência.

§ 5º Na hipótese do inciso II do § 4º deste artigo, a pena sobre a qual incidirá o fator redutor não será superior à menor das penas aplicadas aos demais coautores da infração, relativamente aos percentuais fixados para a aplicação das multas de que trata o inciso I do art. 37 desta Lei.

§ 6º Serão estendidos às empresas do mesmo grupo, de fato ou de direito, e aos seus dirigentes, administradores e empregados envolvidos na infração os efeitos do acordo de leniência, desde que o firmem em conjunto, respeitadas as condições impostas.

§ 7º A empresa ou pessoa física que não obtiver, no curso de inquérito ou processo administrativo, habilitação para a celebração do acordo de que trata este artigo, poderá celebrar com a Superintendência-Geral, até a remessa do processo para julgamento, acordo de leniência relacionado a uma outra infração, da qual o Cade não tenha qualquer conhecimento prévio.

§ 8º Na hipótese do § 7º deste artigo, o infrator se beneficiará da redução de 1/3 (um terço) da pena que lhe for aplicável naquele processo, sem prejuízo da obtenção dos benefícios de que trata o inciso I do § 4º deste artigo em relação à nova infração denunciada.

§ 9º Considera-se sigilosa a proposta de acordo de que trata este artigo, salvo no interesse das investigações e do processo administrativo.

§ 10. Não importará em confissão quanto à matéria de fato, nem reconhecimento de ilicitude da conduta analisada, a proposta de acordo de leniência rejeitada, da qual não se fará qualquer divulgação.

§ 11. A aplicação do disposto neste artigo observará as normas a serem editadas pelo Tribunal.

§ 12. Em caso de descumprimento do acordo de leniência, o beneficiário ficará impedido de celebrar novo acordo de leniência pelo prazo de 3 (três) anos, contado da data de seu julgamento.

Art. 87. Nos crimes contra a ordem econômica, tipificados na Lei 8.137, de 27 de dezembro de 1990, e nos demais crimes diretamente relacionados à prática de cartel, tais como os tipificados na Lei 8.666, de 21 de junho de 1993, e os tipificados no art. 288 do Decreto-lei 2.848, de 7 de dezembro de 1940 – Código Penal, a celebração de acordo de leniência, nos termos desta Lei, determina a suspensão do curso do prazo prescricional e impede o oferecimento da denúncia com relação ao agente beneficiário da leniência.

Parágrafo único. Cumprido o acordo de leniência pelo agente, extingue-se automaticamente a punibilidade dos crimes a que se refere o *caput* deste artigo.

[...]

TÍTULO VIII
DA EXECUÇÃO JUDICIAL DAS DECISÕES DO CADE

Capítulo I
DO PROCESSO

Art. 93. A decisão do Plenário do Tribunal, cominando multa ou impondo obrigação de fazer ou não fazer, constitui título executivo extrajudicial.

Art. 94. A execução que tenha por objeto exclusivamente a cobrança de multa pecuniária será feita de acordo com o disposto na Lei 6.830, de 22 de setembro de 1980.

Art. 95. Na execução que tenha por objeto, além da cobrança de multa, o cumprimento de obrigação de fazer ou não fazer, o Juiz concederá a tutela específica da obrigação, ou determinará providências que assegurem o resultado prático equivalente ao do adimplemento.

§ 1º A conversão da obrigação de fazer ou não fazer em perdas e danos somente será admissível se impossível a tutela específica ou a obtenção do resultado prático correspondente.

§ 2º A indenização por perdas e danos far-se-á sem prejuízo das multas.

Lei 12.529/2011

Art. 96. A execução será feita por todos os meios, inclusive mediante intervenção na empresa, quando necessária.

Art. 97. A execução das decisões do Cade será promovida na Justiça Federal do Distrito Federal ou da sede ou domicílio do executado, à escolha do Cade.

Art. 98. O oferecimento de embargos ou o ajuizamento de qualquer outra ação que vise à desconstituição do título executivo não suspenderá a execução, se não for garantido o juízo no valor das multas aplicadas, para que se garanta o cumprimento da decisão final proferida nos autos, inclusive no que tange a multas diárias.

§ 1º Para garantir o cumprimento das obrigações de fazer, deverá o juiz fixar caução idônea.

§ 2º Revogada a liminar, o depósito do valor da multa converter-se-á em renda do Fundo de Defesa de Direitos Difusos.

§ 3º O depósito em dinheiro não suspenderá a incidência de juros de mora e atualização monetária, podendo o Cade, na hipótese do § 2º deste artigo, promover a execução para cobrança da diferença entre o valor revertido ao Fundo de Defesa de Direitos Difusos e o valor da multa atualizado, com os acréscimos legais, como se sua exigibilidade do crédito jamais tivesse sido suspensa.

§ 4º *(Revogado pela Lei 13.105/2015 – DOU 17.03.2015, em vigor após decorrido 1 (um) ano da data de sua publicação oficial.)*

Art. 99. Em razão da gravidade da infração da ordem econômica, e havendo fundado receio de dano irreparável ou de difícil reparação, ainda que tenha havido o depósito das multas e prestação de caução, poderá o Juiz determinar a adoção imediata, no todo ou em parte, das providências contidas no título executivo.

Art. 100. No cálculo do valor da multa diária pela continuidade da infração, tomar-se-á como termo inicial a data final fixada pelo Cade para a adoção voluntária das providências contidas em sua decisão, e como termo final o dia do seu efetivo cumprimento.

Art. 101. O processo de execução em juízo das decisões do Cade terá preferência sobre as demais espécies de ação, exceto *habeas corpus* e mandado de segurança.

Capítulo II
DA INTERVENÇÃO JUDICIAL

Art. 102. O Juiz decretará a intervenção na empresa quando necessária para permitir a execução específica, nomeando o interventor.

Parágrafo único. A decisão que determinar a intervenção deverá ser fundamentada e indicará, clara e precisamente, as providências a serem tomadas pelo interventor nomeado.

Art. 103. Se, dentro de 48 (quarenta e oito) horas, o executado impugnar o interventor por motivo de inaptidão ou inidoneidade, feita a prova da alegação em 3 (três) dias, o juiz decidirá em igual prazo.

Art. 104. Sendo a impugnação julgada procedente, o juiz nomeará novo interventor no prazo de 5 (cinco) dias.

Art. 105. A intervenção poderá ser revogada antes do prazo estabelecido, desde que comprovado o cumprimento integral da obrigação que a determinou.

Art. 106. A intervenção judicial deverá restringir-se aos atos necessários ao cumprimento da decisão judicial que a determinar e terá duração máxima de 180 (cento e oitenta) dias, ficando o interventor responsável por suas ações e omissões, especialmente em caso de abuso de poder e desvio de finalidade.

§ 1º Aplica-se ao interventor, no que couber, o disposto nos arts. 153 a 159 da Lei 6.404, de 15 de dezembro de 1976.

§ 2º A remuneração do interventor será arbitrada pelo Juiz, que poderá substituí-lo a qualquer tempo, sendo obrigatória a substituição quando incorrer em insolvência civil, quando for sujeito passivo ou ativo de qualquer forma de corrupção ou prevaricação, ou infringir quaisquer de seus deveres.

Art. 107. O juiz poderá afastar de suas funções os responsáveis pela administração da empresa que, comprovadamente, obstarem o cumprimento de atos de competência do interventor, devendo eventual substituição dar-se na forma estabelecida no contrato social da empresa.

Lei 12.529/2011

§ 1º Se, apesar das providências previstas no *caput* deste artigo, um ou mais responsáveis pela administração da empresa persistirem em obstar a ação do interventor, o juiz procederá na forma do disposto no § 2º deste artigo.

§ 2º Se a maioria dos responsáveis pela administração da empresa recusar colaboração ao interventor, o juiz determinará que este assuma a administração total da empresa.

Art. 108. Compete ao interventor:

I – praticar ou ordenar que sejam praticados os atos necessários à execução;

II – denunciar ao Juiz quaisquer irregularidades praticadas pelos responsáveis pela empresa e das quais venha a ter conhecimento; e

III – apresentar ao Juiz relatório mensal de suas atividades.

Art. 109. As despesas resultantes da intervenção correrão por conta do executado contra quem ela tiver sido decretada.

Art. 110. Decorrido o prazo da intervenção, o interventor apresentará ao juiz relatório circunstanciado de sua gestão, propondo a extinção e o arquivamento do processo ou pedindo a prorrogação do prazo na hipótese de não ter sido possível cumprir integralmente a decisão exequenda.

Art. 111. Todo aquele que se opuser ou obstaculizar a intervenção ou, cessada esta, praticar quaisquer atos que direta ou indiretamente anulem seus efeitos, no todo ou em parte, ou desobedecer a ordens legais do interventor será, conforme o caso, responsabilizado criminalmente por resistência, desobediência ou coação no curso do processo, na forma dos arts. 329, 330 e 344 do Decreto-lei 2.848, de 7 de dezembro de 1940 – Código Penal.

TÍTULO IX
DISPOSIÇÕES FINAIS E TRANSITÓRIAS

Art. 112. *(Vetado.)*

Art. 113. Visando a implementar a transição para o sistema de mandatos não coincidentes, as nomeações dos Conselheiros observarão os seguintes critérios de duração dos mandatos, nessa ordem:

I – 2 (dois) anos para os primeiros 2 (dois) mandatos vagos; e

II – 3 (três) anos para o terceiro e o quarto mandatos vagos.

§ 1º Os mandatos dos membros do Cade e do Procurador-Chefe em vigor na data de promulgação desta Lei serão mantidos e exercidos até o seu término original, devendo as nomeações subsequentes à extinção desses mandatos observar o disposto neste artigo.

§ 2º Na hipótese do § 1º deste artigo, o Conselheiro que estiver exercendo o seu primeiro mandato no Cade, após o término de seu mandato original, poderá ser novamente nomeado no mesmo cargo, observado o disposto nos incisos I e II do *caput* deste artigo.

§ 3º O Conselheiro que estiver exercendo o seu segundo mandato no Cade, após o término de seu mandato original, não poderá ser novamente nomeado para o período subsequente.

§ 4º Não haverá recondução para o Procurador-Chefe que estiver exercendo mandato no Cade, após o término de seu mandato original, podendo ele ser indicado para permanecer no cargo na forma do art. 16 desta Lei.

Art. 114. *(Vetado.)*

Art. 115. Aplicam-se subsidiariamente aos processos administrativo e judicial previstos nesta Lei as disposições das Leis 5.869, de 11 de janeiro de 1973 – Código de Processo Civil, 7.347, de 24 de julho de 1985, 8.078, de 11 de setembro de 1990, e 9.784, de 29 de janeiro de 1999.

Art. 116. O art. 4º da Lei 8.137, de 27 de dezembro de 1990, passa a vigorar com a seguinte redação:

• Alterações processadas no texto da referida Lei.

Art. 117. O *caput* e o inciso V do art. 1º da Lei 7.347, de 24 de julho de 1985, passam a vigorar com a seguinte redação:

"Art. 1º Regem-se pelas disposições desta Lei, sem prejuízo da ação popular, as ações de responsabilidade por danos morais e patrimoniais causados:

"[...]

Lei 12.529/2011

LEGISLAÇÃO

"V – por infração da ordem econômica;
"[...]"

Art. 118. Nos processos judiciais em que se discuta a aplicação desta Lei, o Cade deverá ser intimado para, querendo, intervir no feito na qualidade de assistente.

Art. 119. O disposto nesta Lei não se aplica aos casos de *dumping* e subsídios de que tratam os Acordos Relativos à Implementação do Artigo VI do Acordo Geral sobre Tarifas Aduaneiras e Comércio, promulgados pelos Decretos 93.941 e 93.962, de 16 e 22 de janeiro de 1987, respectivamente.

Art. 120. (Vetado.)

Art. 121. Ficam criados, para exercício na Secretaria de Acompanhamento Econômico e, prioritariamente, no Cade, observadas as diretrizes e quantitativos estabelecidos pelo Órgão Supervisor da Carreira, 200 (duzentos) cargos de Especialistas em Políticas Públicas e Gestão Governamental, integrantes da Carreira de Especialista em Políticas Públicas e Gestão Governamental, para o exercício das atribuições referidas no art. 1º da Lei 7.834, de 6 de outubro de 1989, a serem providos gradualmente, observados os limites e a autorização específica da lei de diretrizes orçamentárias, nos termos do inciso II do § 1º do art. 169 da Constituição Federal.

Parágrafo único. Ficam transferidos para o Cade os cargos pertencentes ao Ministério da Justiça atualmente alocados no Departamento de Proteção e Defesa Econômica da Secretaria de Direito Econômico, bem como o DAS-6 do Secretário de Direito Econômico.

Art. 122. Os órgãos do SBDC poderão requisitar servidores da administração pública federal direta, autárquica ou fundacional para neles ter exercício, independentemente do exercício de cargo em comissão ou função de confiança.

Parágrafo único. Ao servidor requisitado na forma deste artigo são assegurados todos os direitos e vantagens a que façam jus no órgão ou entidade de origem, considerando-se o período de requisição para todos os efeitos da vida funcional, como efetivo exercício no cargo que ocupe no órgão ou entidade de origem.

Art. 123. Ato do Ministro de Estado do Planejamento, Orçamento e Gestão fixará o quantitativo ideal de cargos efetivos, ocupados, a serem mantidos, mediante lotação, requisição ou exercício, no âmbito do Cade e da Secretaria de Acompanhamento Econômico, bem como fixará cronograma para que sejam atingidos os seus quantitativos, observadas as dotações consignadas nos Orçamentos da União.

Art. 124. Ficam criados, no âmbito do Poder Executivo Federal, para alocação ao CADE, os seguintes cargos em comissão do Grupo-Direção e Assessoramento Superiores – DAS: 2 (dois) cargos de natureza especial NES de Presidente do Cade e Superintendente-Geral do Cade, 7 (sete) DAS-6, 16 (dezesseis) DAS-4, 8 (oito) DAS-3, 11 (onze) DAS-2 e 21 (vinte e um) DAS-1.

Art. 125. O Poder Executivo disporá sobre a estrutura regimental do Cade, sobre as competências e atribuições, denominação das unidades e especificações dos cargos, promovendo a alocação, nas unidades internas da autarquia, dos cargos em comissão e das funções gratificadas.

Art. 126. Ficam extintos, no âmbito do Poder Executivo Federal, os seguintes cargos em comissão do Grupo-Direção e Assessoramento Superiores – DAS e Funções Gratificadas – FG: 3 (três) DAS-5, 2 (duas) FG-1 e 16 (dezesseis) FG-3.

Art. 127. Ficam revogados a Lei 9.781, de 19 de janeiro de 1999, os arts. 5º e 6º da Lei 8.137, de 27 de dezembro de 1990, e os arts. 1º a 85 e 88 a 93 da Lei 8.884, de 11 de junho de 1994.

Art. 128. Esta Lei entra em vigor após decorridos 180 (cento e oitenta) dias de sua publicação oficial.

Brasília, 30 de novembro de 2011; 190º da Independência e 123º da República.

Dilma Rousseff

• Assinatura retificada no *DOU* de 02.12.2011.

(*DOU* 01.12.2011; ret. 02.12.2011)

1347

Lei 12.546/2011

LEGISLAÇÃO

LEI 12.546, DE 14 DE DEZEMBRO DE 2011

Institui o Regime Especial de Reintegração de Valores Tributários para as Empresas Exportadoras (Reintegra); dispõe sobre a redução do Imposto sobre Produtos Industrializados (IPI) à indústria automotiva; altera a incidência das contribuições previdenciárias devidas pelas empresas que menciona; altera as Leis 11.774, de 17 de setembro de 2008, 11.033, de 21 de dezembro de 2004, 11.196, de 21 de novembro de 2005, 10.865, de 30 de abril de 2004, 11.508, de 20 de julho de 2007, 7.291, de 19 de dezembro de 1984, 11.491, de 20 de junho de 2007, 9.782, de 26 de janeiro de 1999, e 9.294, de 15 de julho de 1996, e a Medida Provisória 2.199-14, de 24 de agosto de 2001; revoga o art. 1º da Lei 11.529, de 22 de outubro de 2007, e o art. 6º do Decreto-lei 1.593, de 21 de dezembro de 1977, nos termos que especifica; e dá outras providências.

A Presidenta da República:
Faço saber que o Congresso Nacional decreta e eu sanciono a seguinte Lei:

Art. 1º É instituído o Regime Especial de Reintegração de Valores Tributários para as Empresas Exportadoras (Reintegra), com o objetivo de reintegrar valores referentes a custos tributários federais residuais existentes nas suas cadeias de produção.

- V. art. 52, § 1º.

Art. 2º No âmbito do Reintegra, a pessoa jurídica produtora que efetue exportação de bens manufaturados no País poderá apurar valor para fins de ressarcir parcial ou integralmente o resíduo tributário federal existente na sua cadeia de produção.

- V. art. 52, § 1º.

§ 1º O valor será calculado mediante a aplicação de percentual estabelecido pelo Poder Executivo sobre a receita decorrente da exportação de bens produzidos pela pessoa jurídica referida no *caput*.

§ 2º O Poder Executivo poderá fixar o percentual de que trata o § 1º entre zero e 3% (três por cento), bem como poderá diferenciar o percentual aplicável por setor econômico e tipo de atividade exercida.

§ 3º Para os efeitos deste artigo, considera-se bem manufaturado no País aquele:

I – classificado em código da Tabela de Incidência do Imposto sobre Produtos Industrializados (Tipi), aprovada pelo Decreto 6.006, de 28 de dezembro de 2006, relacionado em ato do Poder Executivo; e

II – cujo custo dos insumos importados não ultrapasse o limite percentual do preço de exportação, conforme definido em relação discriminada por tipo de bem, constante do ato referido no inciso I deste parágrafo.

§ 4º A pessoa jurídica utilizará o valor apurado para:

I – efetuar compensação com débitos próprios, vencidos ou vincendos, relativos a tributos administrados pela Secretaria da Receita Federal do Brasil, observada a legislação específica aplicável à matéria; ou

II – solicitar seu ressarcimento em espécie, nos termos e condições estabelecidos pela Secretaria da Receita Federal do Brasil.

§ 5º Para os fins deste artigo, considera-se exportação a venda direta ao exterior ou à empresa comercial exportadora com o fim específico de exportação para o exterior.

§ 6º O disposto neste artigo não se aplica a:
I – empresa comercial exportadora; e
II – bens que tenham sido importados.

§ 7º A empresa comercial exportadora é obrigada ao recolhimento do valor atribuído à empresa produtora vendedora se:

I – revender, no mercado interno, os produtos adquiridos para exportação; ou

II – no prazo de 180 (cento e oitenta) dias, contado da data da emissão da nota fiscal de venda pela empresa produtora, não houver efetuado a exportação dos produtos para o exterior.

§ 8º O recolhimento do valor referido no § 7º deverá ser efetuado até o décimo dia subsequente:

- § 8º com redação determinada pela Lei 12.688/2012.

I – ao da revenda no mercado interno; ou
II – ao do vencimento do prazo estabelecido para a efetivação da exportação.

§ 9º O recolhimento do valor referido no § 7º deverá ser efetuado acrescido de multa de mora ou de ofício e de juros equivalentes à taxa referencial do Sistema Especial de Liquidação e de Custódia (Selic), para títulos federais, acumulada mensalmente, calculados a partir do primeiro dia do mês subsequente ao da emissão da nota fiscal de venda dos produtos para a empresa comercial

Lei 12.546/2011

exportadora até o último dia do mês anterior ao do pagamento, e de 1% (um por cento) no mês do pagamento.

• § 9º acrescentado pela Lei 12.688/2012.

§ 10. As pessoas jurídicas de que tratam os arts. 11-A e 11-B da Lei 9.440, de 14 de março de 1997, e o art. 1º da Lei 9.826, de 23 de agosto de 1999, poderão requerer o Reintegra.

• § 10 acrescentado pela Lei 12.688/2012.

§ 11. Do valor apurado referido no *caput*:

• § 11 acrescentado pela Lei 12.688/2012.

I – 17,84% (dezessete inteiros e oitenta e quatro centésimos por cento) corresponderão a crédito da Contribuição para o PIS/Pasep; e

II – 82,16% (oitenta e dois inteiros e dezesseis centésimos por cento) corresponderão a crédito da Cofins.

§ 12. Não serão computados na apuração da base de cálculo da Contribuição para o PIS/Pasep e da Cofins os valores ressarcidos no âmbito do Reintegra.

• § 12 acrescentado pela Lei 12.844/2013.

Art. 3º O Reintegra aplicar-se-á às exportações realizadas:

• Artigo com redação determinada pela Lei 12.844/2013 (*DOU* 19.07.2013, edição extra), em vigor na data de sua publicação, com efeitos retroativos a 04.06.2013 (v. art. 49, I, da referida Lei).

• V. art. 52, § 1º.

I – de 4 de junho de 2013 até 31 de dezembro de 2013; e

II – (Vetado.)

Art. 4º O art. 1º da Lei 11.774, de 17 de setembro de 2008, passa a vigorar com a seguinte redação:

• Alterações processadas no texto da referida Lei.

Art. 5º As empresas fabricantes, no País, de produtos classificados nas posições 87.01 a 87.06 da Tipi, aprovada pelo Decreto 6.006, de 2006, observados os limites previstos nos incisos I e II do art. 4º do Decreto-lei 1.199, de 27 de dezembro de 1971, poderão usufruir da redução das alíquotas do Imposto sobre Produtos Industrializados (IPI), mediante ato do Poder Executivo, com o objetivo de estimular a competitividade, a agregação de conteúdo nacional, o investimento, a inovação tecnológica e a produção local.

§ 1º A redução de que trata o *caput*:

I – deverá observar, atendidos os requisitos estabelecidos em ato do Poder Executivo, níveis de investimento, de inovação tecnológica e de agregação de conteúdo nacional;

II – poderá ser usufruída até 31 de dezembro de 2017; e

• Inciso II com redação determinada pela Lei 12.844/2013.

III – abrangerá os produtos indicados em ato do Poder Executivo.

§ 2º Para fins deste artigo, o Poder Executivo definirá:

I – os percentuais da redução de que trata o *caput*, podendo diferenciá-los por tipo de produto, tendo em vista os critérios estabelecidos no § 1º; e

II – a forma de habilitação da pessoa jurídica.

§ 3º A redução de que trata o *caput* não exclui os benefícios previstos nos arts. 11-A e 11-B da Lei 9.440, de 14 de março de 1997, e no art. 1º da Lei 9.826, de 23 de agosto de 1999, e o regime especial de tributação de que trata o art. 56 da Medida Provisória 2.158-35, de 24 de agosto de 2001, nos termos, limites e condições estabelecidos em ato do Poder Executivo.

Art. 6º A redução de que trata o art. 5º aplica-se aos produtos de procedência estrangeira classificados nas posições 87.01 a 87.06 da Tipi, observado o disposto no inciso III do § 1º do art. 5º, atendidos os limites e condições estabelecidos em ato do Poder Executivo.

§ 1º Respeitados os acordos internacionais dos quais a República Federativa do Brasil seja signatária, o disposto no *caput* aplica-se somente no caso de saída dos produtos importados de estabelecimento importador pertencente a pessoa jurídica fabricante que atenda aos requisitos mencionados nos §§ 1º e 2º do art. 5º.

§ 2º A exigência de que trata o § 1º não se aplica às importações de veículos realizadas ao amparo de acordos internacionais que contemplem programas de integração específicos, nos termos estabelecidos em ato do Poder Executivo.

Art. 7º Poderão contribuir sobre o valor da receita bruta, excluídos as vendas canceladas e os descontos incondicionais concedidos, em substituição às contribuições pre-

Lei 12.546/2011

LEGISLAÇÃO

vistas nos incisos I e III do *caput* do art. 22 da Lei 8.212, de 24 de julho de 1991:

- *Caput* com redação determinada pela Lei 13.161/2015 (*DOU* 31.08.2015, edição extra), em vigor a partir do primeiro dia do quarto mês subsequente ao de sua publicação.
- V. Dec. 7.828/2012 (Regulamenta a incidência da contribuição previdenciária sobre a receita devida pelas empresas de que tratam os arts. 7º a 9º da Lei 12.546/2011).
- V. Ato Declaratório Interpretativo RFB 11/2015 (Conceito de empresa aplicável aos arts. 7º a 9º da Lei 12.546/2011, para o período anterior a 04.04.2013).
- V. art. 52, § 2º.

I – as empresas que prestam os serviços referidos nos §§ 4º e 5º do art. 14 da Lei 11.774, de 17 de setembro de 2008;

- Inciso I acrescentado pela Lei 12.715/2012 (*DOU* 18.09.2012), em vigor no 1º dia do 4º mês subsequente à data de publicação da MP 563/2012, produzindo efeitos a partir de sua regulamentação (v. art. 78, § 2º da referida Lei).

II – as empresas do setor hoteleiro enquadradas na subclasse 5510-8/01 da Classificação Nacional de Atividades Econômicas – CNAE 2.0;

- Inciso II acrescentado pela Lei 12.715/2012 (*DOU* 18.09.2012), em vigor no 1º dia do 4º mês subsequente à data de publicação da MP 563/2012, produzindo efeitos a partir de sua regulamentação (v. art. 78, § 2º da referida Lei).

III – as empresas de transporte rodoviário coletivo de passageiros, com itinerário fixo, municipal, intermunicipal em região metropolitana, intermunicipal, interestadual e internacional enquadradas nas classes 4921-3 e 4922-1 da CNAE 2.0;

- Inciso III acrescentado pela Lei 12.715/2012 (*DOU* 18.09.2012), em vigor em 1º.01.2013 (v. art. 78, § 2º, II da referida Lei).

IV – as empresas do setor de construção civil, enquadradas nos grupos 412, 432, 433 e 439 da CNAE 2.0;

- Inciso IV acrescentado pela Lei 12.844/2013 (*DOU* 19.07.2013, edição extra), em vigor a partir do primeiro dia do quarto mês subsequente ao de sua publicação (v. art. 49, II, *a*, da referida Lei).

V – as empresas de transporte ferroviário de passageiros, enquadradas nas subclasses 4912-4/01 e 4912-4/02 da CNAE 2.0;

- Inciso V com redação determinada pela Lei 12.844/2013 (*DOU* 19.07.2013, edição extra), em vigor a partir 1º.01.2014 (v. art. 49, IV, *a*, da referida Lei).

VI – as empresas de transporte metroferroviário de passageiros, enquadradas na subclasse 4912-4/03 da CNAE 2.0;

- Inciso VI com redação determinada pela Lei 12.844/2013 (*DOU* 19.07.2013, edição extra), em vigor a partir 1º.01.2014 (v. art. 49, IV, *a*, da referida Lei).

VII – as empresas de construção de obras de infraestrutura, enquadradas nos grupos 421, 422, 429 e 431 da CNAE 2.0.

- Inciso VII com redação determinada pela Lei 12.844/2013 (*DOU* 19.07.2013, edição extra), em vigor a partir 1º.01.2014 (v. art. 49, IV, *a*, da referida Lei).

VIII – *(Revogado pela Lei 12.844/2013.)*
IX – *(Revogado pela Lei 12.844/2013.)*
X – *(Revogado pela Lei 12.844/2013.)*
XI – *(Revogado pela Lei 12.844/2013.)*
XII – *(Vetado.)*

- Inciso XII acrescentado pela Lei 13.043/2014 (*DOU* 14.11.2014, ret. 14.11.2014, edição extra), em vigor a partir do primeiro dia do quarto mês subsequente ao de sua publicação.

XIII – *(Vetado.)*

- Inciso XIII acrescentado pela Lei 13.043/2014 (*DOU* 14.11.2014, ret. 14.11.2014, edição extra), em vigor a partir do primeiro dia do quarto mês subsequente ao de sua publicação.

§ 1º Durante a vigência deste artigo, as empresas abrangidas pelo *caput* e pelos §§ 3º e 4º deste artigo não farão jus às reduções previstas no *caput* do art. 14 da Lei 11.774, de 2008.

- V. art. 52, § 2º.

§ 2º O disposto neste artigo não se aplica a empresas que exerçam as atividades de representante, distribuidor ou revendedor de programas de computador, cuja receita bruta decorrente dessas atividades seja igual ou superior a 95% (noventa e cinco por cento) da receita bruta total.

- § 2º com redação determinada pela Lei 12.715/2012 (*DOU* 18.09.2012), em vigor no 1º dia do 4º mês subsequente à data de publicação da MP 563/2012, produzindo efeitos a partir de sua regulamentação (v. art. 78, § 2º da referida Lei).
- V. art. 52, § 2º.

§§ 3º e 4º *(Revogados pela Lei 12.715/2012 – DOU 18.09.2012, a partir do 1º dia do 4º mês subsequente à data de publicação da MP 563, de 03.04.2012, ou da data da regulamentação referida no § 2º do art.78 desta Lei, o que ocorrer depois.)*

§ 5º *(Vetado).*

Lei 12.546/2011

LEGISLAÇÃO

§ 6º No caso de contratação de empresas para a execução dos serviços referidos no *caput*, mediante cessão de mão de obra, na forma definida pelo art. 31 da Lei 8.212, de 24 de julho de 1991, e para fins de elisão da responsabilidade solidária prevista no inciso VI do art. 30 da Lei 8.212, de 24 de julho de 1991, a empresa contratante deverá reter 3,5% (três inteiros e cinco décimos por cento) do valor bruto da nota fiscal ou da fatura de prestação de serviços.

- § 6º com redação determinadada pela Lei 12.995/2014.

§ 7º As empresas relacionadas no inciso IV do *caput* poderão antecipar para 4 de junho de 2013 sua inclusão na tributação substitutiva prevista neste artigo.

- § 7º com redação determinada pela Lei 12.844/2013.

§ 8º A antecipação de que trata o § 7º será exercida de forma irretratável mediante o recolhimento, até o prazo de vencimento, da contribuição substitutiva prevista no *caput*, relativa a junho de 2013.

- § 8º acrescentado pela Lei 12.844/2013.

§ 9º Serão aplicadas às empresas referidas no inciso IV do *caput* as seguintes regras:

- § 9º acrescentado pela Lei 12.844/2013.

I – para as obras matriculadas no Cadastro Específico do INSS – CEI até o dia 31 de março de 2013, o recolhimento da contribuição previdenciária deverá ocorrer na forma dos incisos I e III do *caput* do art. 22 da Lei 8.212, de 24 de julho de 1991, até o seu término;

II – para as obras matriculadas no Cadastro Específico do INSS – CEI no período compreendido entre 1º de abril de 2013 e 31 de maio de 2013, o recolhimento da contribuição previdenciária deverá ocorrer na forma do *caput*, até o seu término;

- V. art. 2º, I, Lei 13.161/2015 (Altera a Lei 12.546/2011, quanto à contribuição previdenciária sobre a receita bruta).

III – para as obras matriculadas no Cadastro Específico do INSS – CEI no período compreendido entre 1º de junho de 2013 até o último dia do terceiro mês subsequente ao da publicação desta Lei, o recolhimento da contribuição previdenciária poderá ocorrer, tanto na forma do *caput*, como na forma dos incisos I e III do *caput* do art. 22 da Lei 8.212, de 24 de julho de 1991;

- V. art. 2º, II, Lei 13.161/2015 (Altera a Lei 12.546/2011, quanto à contribuição previdenciária sobre a receita bruta).

IV – para as obras matriculadas no Cadastro Específico do INSS – CEI após o primeiro dia do quarto mês subsequente ao da publicação desta Lei, o recolhimento da contribuição previdenciária deverá ocorrer na forma do *caput*, até o seu término;

- V. art. 2º, III, Lei 13.161/2015 (Altera a Lei 12.546/2011, quanto à contribuição previdenciária sobre a receita bruta).

V – no cálculo da contribuição incidente sobre a receita bruta, serão excluídas da base de cálculo, observado o disposto no art. 9º, as receitas provenientes das obras cujo recolhimento da contribuição tenha ocorrido na forma dos incisos I e III do *caput* do art. 22 da Lei 8.212, de 24 de julho de 1991.

§ 10. A opção a que se refere o inciso III do § 9º será exercida de forma irretratável mediante o recolhimento, até o prazo de vencimento, da contribuição previdenciária na sistemática escolhida, relativa a junho de 2013 e será aplicada até o término da obra.

- § 10 acrescentado pela Lei 12.844/2013.

§ 11. *(Vetado.)*

- § 11 acrescentado pela Lei 12.844/2013.

§ 12. *(Vetado.)*

- § 12 acrescentado pela Lei 12.844/2013.

Art. 7º-A. A alíquota da contribuição sobre a receita bruta prevista no art. 7º será de 4,5% (quatro inteiros e cinco décimos por cento), exceto para as empresas de *call center* referidas no inciso I, que contribuirão à alíquota de 3% (três por cento), e para as empresas identificadas nos incisos III, V e VI, todos do *caput* do art. 7º, que contribuirão à alíquota de 2% (dois por cento).

- Artigo com redação determinada pela Lei 13.202/2015 (*DOU* 09.12.2015), em vigor a partir de 01.12.2015.
- V. Ato Declaratório Interpretativo RFB 11/2015 (Conceito de empresa aplicável aos arts. 7º a 9º da Lei 12.546/2011, para o período anterior a 04.04.2013).

Art. 8º Poderão contribuir sobre o valor da receita bruta, excluídas as vendas canceladas e os descontos incondicionais concedidos, em substituição às contribuições previstas nos incisos I e III do *caput* do art. 22 da Lei 8.212, de 24 de julho de 1991, as empresas que fabricam os produtos classificados na Tipi, aprovada pelo Decreto 7.660, de 23 de dezembro de 2011, nos códigos referidos no Anexo I.

Lei 12.546/2011

LEGISLAÇÃO

- *Caput* com redação determinada pela Lei 13.161/2015 (*DOU* 31.08.2015, edição extra), em vigor a partir do primeiro dia do quarto mês subsequente ao de sua publicação.
- V. Dec. 7.828/2012 (Regulamenta a incidência da contribuição previdenciária sobre a receita devida pelas empresas de que tratam os arts. 7º a 9º da Lei 12.546/2011).
- V. Ato Declaratório Interpretativo RFB 11/2015 (Conceito de empresa aplicável aos arts. 7º a 9º da Lei 12.546/2011, para o período anterior a 04.04.2013).
- V. art. 52, § 2º.

I a V – *(Revogados pela Lei 12.715/2012 – DOU 18.09.2012, em vigor no 1º dia do 4º mês subsequente à data de publicação da MP 563, de 03.04.2012, produzindo efeitos a partir de sua regulamentação);*

§ 1º O disposto no *caput*:

- *Caput do* § 1º acrescentado pela Lei 12.715/2012 (*DOU* 18.09.2012), em vigor no 1º dia do 4º mês subsequente à data de publicação da MP 563/2012, produzindo efeitos a partir de sua regulamentação (v. art. 78, § 2º da referida Lei).

I – aplica-se apenas em relação aos produtos industrializados pela empresa;

- Inciso I acrescentado pela Lei 12.715/2012 (*DOU* 18.09.2012), em vigor no 1º dia do 4º mês subsequente à data de publicação da MP 563/2012, produzindo efeitos a partir de sua regulamentação (v. art. 78, § 2º da referida Lei).

II – não se aplica:

- *Caput* do inciso II acrescentado pela Lei 12.715/2012 (*DOU* 18.09.2012), em vigor no 1º dia do 4º mês subsequente à data de publicação da MP 563/2012, produzindo efeitos a partir de sua regulamentação (v. art. 78, § 2º da referida Lei).

a) a empresas que se dediquem a outras atividades, além das previstas no *caput*, cuja receita bruta decorrente dessas outras atividades seja igual ou superior a 95% (noventa e cinco por cento) da receita bruta total; e

- Alínea a acrescentada pela Lei 12.715/2012 (*DOU* 18.09.2012), em vigor no 1º dia do 4º mês subsequente à data de publicação da MP 563/2012, produzindo efeitos a partir de sua regulamentação (v. art. 78, § 2º da referida Lei).

b) aos fabricantes de automóveis, comerciais leves (camionetas, picapes, utilitários, vans e furgões), caminhões e chassis com motor para caminhões, chassis com motor para ônibus, caminhões-tratores, tratores agrícolas e colheitadeiras agrícolas autopropelidas;

- Alínea b acrescentada pela Lei 12.715/2012 (*DOU* 18.09.2012), em vigor no 1º dia do 4º mês subsequente à data de publicação da MP 563/2012, produzindo efeitos a partir de sua regulamentação (v. art. 78, § 2º da referida Lei).

c) às empresas aéreas internacionais de bandeira estrangeira de países que estabeleçam, em regime de reciprocidade de tratamento, isenção tributária às receitas geradas por empresas aéreas brasileiras.

- Alínea c acrescentada pela Lei 12.844/2013 (*DOU* 19.07.2013, edição extra), em vigor na data de sua publicação, com efeitos retroativos a 04.06.2013 (v. art. 49, I, da referida Lei).

§ 2º Para efeito do inciso I do § 1º, devem ser considerados os conceitos de industrialização e de industrialização por encomenda previstos na legislação do Imposto sobre Produtos Industrializados – IPI.

- § 2º acrescentado pela Lei 12.715/2012 (*DOU* 18.09.2012), em vigor no 1º dia do 4º mês subsequente à data de publicação da MP 563/2012, produzindo efeitos a partir de sua regulamentação (v. art. 78, § 2º da referida Lei).

§ 3º O disposto no *caput* também se aplica às empresas:

- *Caput* do § 3º acrescentado pela Lei 12.715/2012 (*DOU* 18.09.2012), em vigor em 1º.01.2013 (v. art. 78, § 2º, II da referida Lei).

I – de manutenção e reparação de aeronaves, motores, componentes e equipamentos correlatos;

- Inciso I acrescentado pela Lei 12.715/2012 (*DOU* 18.09.2012), em vigor em 1º.01.2013 (v. art. 78, § 2º, II da referida Lei).

II – de transporte aéreo de carga e de serviços auxiliares ao transporte aéreo de carga;

- Inciso II com redação determinada pela Lei 13.161/2015 (*DOU* 31.08.2015, edição extra), em vigor a partir do primeiro dia do quarto mês subsequente ao de sua publicação.

III – de transporte aéreo de passageiros regular e de serviços auxiliares ao transporte aéreo de passageiros regular;

- Inciso III com redação determinada pela Lei 13.161/2015 (*DOU* 31.08.2015, edição extra), em vigor a partir do primeiro dia do quarto mês subsequente ao de sua publicação.

IV – de transporte marítimo de carga na navegação de cabotagem;

- Inciso IV acrescentado pela Lei 12.715/2012 (*DOU* 18.09.2012), em vigor em 1º.01.2013 (v. art. 78, § 2º, II da referida Lei).

V – de transporte marítimo de passageiros na navegação de cabotagem;

- Inciso V acrescentado pela Lei 12.715/2012 (*DOU* 18.09.2012), em vigor em 1º.01.2013 (v. art. 78, § 2º, II da referida Lei).

VI – de transporte marítimo de carga na navegação de longo curso;

Lei 12.546/2011

LEGISLAÇÃO

- Inciso VI acrescentado pela Lei 12.715/2012 (*DOU* 18.09.2012), em vigor em 1º.01.2013 (v. art. 78, § 2º, II da referida Lei).

VII – de transporte marítimo de passageiros na navegação de longo curso;

- Inciso VII acrescentado pela Lei 12.715/2012 (*DOU* 18.09.2012), em vigor em 1º.01.2013 (v. art. 78, § 2º, II da referida Lei).

VIII – de transporte por navegação interior de carga;

- Inciso VIII acrescentado pela Lei 12.715/2012 (*DOU* 18.09.2012), em vigor em 1º.01.2013 (v. art. 78, § 2º, II da referida Lei).

IX – de transporte por navegação interior de passageiros em linhas regulares; e

- Inciso IX acrescentado pela Lei 12.715/2012 (*DOU* 18.09.2012), em vigor em 1º.01.2013 (v. art. 78, § 2º, II da referida Lei).

X – de navegação de apoio marítimo e de apoio portuário;

- Inciso X acrescentado pela Lei 12.715/2012 (*DOU* 18.09.2012), em vigor em 1º.01.2013 (v. art. 78, § 2º, II da referida Lei).

XI – de manutenção e reparação de embarcações;

- Inciso XI acrescentado pela Lei 12.844/2013 (*DOU* 19.07.2013, edição extra), em vigor a partir do primeiro dia do quarto mês subsequente ao de sua publicação (v. art. 49, II, *a*, da referida Lei).

XII – de varejo que exercem as atividades listadas no Anexo II desta Lei;

- Inciso XII acrescentado pela Lei 12.844/2013 (*DOU* 19.07.2013, edição extra), em vigor a partir do primeiro dia do quarto mês subsequente ao de sua publicação (v. art. 49, II, *a*, da referida Lei).

XIII – que realizam operações de carga, descarga e armazenagem de contêineres em portos organizados, enquadradas nas classes 5212-5 e 5231-1 da CNAE 2.0;

- Inciso XIII com redação determinada pela Lei 12.844/2013 (*DOU* 19.07.2013, edição extra), em vigor a partir 1º.01.2014 (v. art. 49, IV, *b*, da referida Lei).

XIV – de transporte rodoviário de cargas, enquadradas na classe 4930-2 da CNAE 2.0;

- Inciso XIV com redação determinada pela Lei 12.844/2013 (*DOU* 19.07.2013, edição extra), em vigor a partir 1º.01.2014 (v. art. 49, IV, *b*, da referida Lei).

XV – de transporte ferroviário de cargas, enquadradas na classe 4911-6 da CNAE 2.0; e

- Inciso XV com redação determinada pela Lei 12.844/2013 (*DOU* 19.07.2013, edição extra), em vigor a partir 1º.01.2014 (v. art. 49, IV, *b*, da referida Lei).

XVI – jornalísticas e de radiodifusão sonora e de sons e imagens de que trata a Lei 10.610, de 20 de dezembro de 2002, enquadradas nas classes 1811-3, 5811-5, 5812-3, 5813-1, 5822-1, 5823-9, 6010-1, 6021-7 e 6319-4 da CNAE 2.0.

- Inciso XVI com redação determinada pela Lei 12.844/2013 (*DOU* 19.07.2013, edição extra), em vigor a partir 1º.01.2014 (v. art. 49, IV, *b*, da referida Lei).
- V. Ato Declaratório Interpretativo RFB 10/2015 (Dispõe sobre o alcance do inciso XVI do § 3º do art. 8º da Lei 12.546/2011).

XVII – *(Revogado pela Lei 12.844/2013.)*
XVIII – *(Revogado pela Lei 12.844/2013.)*
XIX – *(Revogado pela Lei 12.844/2013.)*
XX – *(Revogado pela Lei 12.844/2013.)*

§ 4º A partir de 1º de janeiro de 2013, ficam incluídos no Anexo I referido no *caput* os produtos classificados nos seguintes códigos da Tipi:

- *Caput* do § 4º com redação determinada pela Lei 12.844/2013 (*DOU* 19.07.2013, edição extra), em vigor a partir do primeiro dia do quarto mês subsequente ao de sua publicação (v. art. 49, II, *a*, da referida Lei)

I – 9503.00.10, 9503.00.21, 9503.00.22, 9503.00.29, 9503.00.31, 9503.00.39, 9503.00.40, 9503.00.50, 9503.00.60, 9503.00.70, 9503.00.80, 9503.00.91, 9503.00.97, 9503.00.98, 9503.00.99;

- Inciso I acrescentado pela Lei 12.715/2012 (*DOU* 18.09.2012), em vigor no 1º dia do 4º mês subsequente à data de publicação da MP 563/2012, produzindo efeitos a partir de sua regulamentação (v. art. 78, § 2º, da referida Lei).

II – *(Vetado).*

- Inciso II acrescentado pela Lei 12.715/2012 (*DOU* 18.09.2012), em vigor no 1º dia do 4º mês subsequente à data de publicação da MP 563/2012, produzindo efeitos a partir de sua regulamentação (v. art. 78, § 2º, da referida Lei).

§ 5º No caso de contratação de empresas para a execução dos serviços referidos no § 3º, mediante cessão de mão de obra, na forma definida pelo art. 31 da Lei 8.212, de 24 de julho de 1991, a empresa contratante deverá reter 3,5% (três inteiros e cinco décimos por cento) do valor bruto da nota fiscal ou fatura de prestação de serviços.

- § 5º acrescentado pela Lei 12.844/2013.

§ 6º As empresas relacionadas na alínea c do inciso II do § 1º poderão antecipar para 1º

Lei 12.546/2011

LEGISLAÇÃO

de junho de 2013 sua exclusão da tributação substitutiva prevista no *caput*.

> § 6º com redação determinada pela Lei 12.844/2013.

§ 7º A antecipação de que trata o § 6º será exercida de forma irretratável mediante o recolhimento, até o prazo de vencimento, da contribuição previdenciária prevista nos incisos I e III do *caput* do art. 22 da Lei 8.212, de 24 de julho de 1991, relativa a junho de 2013.

> § 7º com redação determinada pela Lei 12.844/2013.

§ 8º As empresas relacionadas nos incisos XI e XII do § 3º poderão antecipar para 4 de junho de 2013 sua inclusão na tributação substitutiva prevista neste artigo.

> § 8º com redação determinada pela Lei 12.844/2013.

§ 9º A antecipação de que trata o § 8º será exercida de forma irretratável mediante o recolhimento, até o prazo de vencimento, da contribuição substitutiva prevista no *caput*, relativa a junho de 2013.

> § 9º acrescentado pela Lei 12.844/2013.

§ 10. *(Vetado.)*

> § 10 acrescentado pela Lei 12.844/2013 (*DOU* 19.07.2013, edição extra), em vigor a partir 1º.01.2014 (v. art. 49, IV, *b*, da referida Lei).

§ 11. O disposto no inciso XII do § 3º do *caput* deste artigo e no Anexo II desta Lei não se aplica:

> § 11 acrescentado pela Lei 12.873/2013.

I – às empresas de varejo dedicadas exclusivamente ao comércio fora de lojas físicas, realizado via internet, telefone, catálogo ou outro meio similar; e

II – às lojas ou rede de lojas com características similares a supermercados, que comercializam brinquedos, vestuário e outros produtos, além de produtos alimentícios cuja participação, no ano calendário anterior, seja superior a 10% (dez por cento) da receita total.

Art. 8º-A. A alíquota da contribuição sobre a receita bruta prevista no art. 8º será de 2,5% (dois inteiros e cinco décimos por cento), exceto para as empresas constantes dos incisos II a IX e XIII a XVI do § 3º do art. 8º e para as empresas que fabricam os produtos classificados na Tipi nos códigos 6309.00, 64.01 a 64.06 e 87.02, exceto 8702.90.10, que contribuirão à alíquota de 1,5% (um inteiro e cinco décimos por cento), e para as empresas que fabricam os produtos classificados na Tipi nos códigos 02.03, 0206.30.00, 0206.4, 02.07, 02.09, 02.10.1, 0210.99.00, 03.03, 03.04, 0504.00, 05.05, 1601.00.00, 16.02, 1901.20.00 Ex 01, 1905.90.90 Ex 01 e 03.02, exceto 0302.90.00, que contribuirão à alíquota de 1% (um por cento).

> Artigo acrescentado pela Lei 13.161/2015 (*DOU* 31.08.2015, edição extra), em vigor a partir do primeiro dia do quarto mês subsequente ao de sua publicação.
>
> V. Ato Declaratório Interpretativo RFB 11/2015 (Conceito de empresa aplicável aos arts. 7º a 9º da Lei 12.546/2011, para o período anterior a 04.04.2013).

Art. 8º-B. *(Vetado.)*

> Artigo acrescentado pela Lei 13.161/2015 (*DOU* 31.08.2015, edição extra), em vigor a partir do primeiro dia do quarto mês subsequente ao de sua publicação.

Art. 9º Para fins do disposto nos arts. 7º e 8º desta Lei:

> V. Dec. 7.828/2012 (Regulamenta a incidência da contribuição previdenciária sobre a receita devida pelas empresas de que tratam os arts. 7º a 9º da Lei 12.546/2011).
>
> V. Ato Declaratório Interpretativo RFB 11/2015 (Conceito de empresa aplicável aos arts. 7º a 9º da Lei 12.546/2011, para o período anterior a 04.04.2013).
>
> V. art. 52, § 2º.

I – a receita bruta deve ser considerada sem o ajuste de que trata o inciso VIII do art. 183 da Lei 6.404, de 15 de dezembro de 1976;

II – exclui-se da base de cálculo das contribuições a receita bruta:

> Inciso II com redação determinada pela Lei 12.844/2013 (*DOU* 19.07.2013, edição extra), em vigor na data de sua publicação, com efeitos retroativos a 04.06.2013 (v. art. 49, I, da referida Lei).

a) de exportações; e

b) decorrente de transporte internacional de carga;

c) reconhecida pela construção, recuperação, reforma, ampliação ou melhoramento da infraestrutura, cuja contrapartida seja ativo intangível representativo de direito de exploração, no caso de contratos de concessão de serviços públicos;

> Alínea *c* acrescentada pela Lei 13.043/2014.

III – a data de recolhimento das contribuições obedecerá ao disposto na alínea *b* do inciso I do art. 30 da Lei 8.212, de 1991;

Lei 12.546/2011

IV – a União compensará o Fundo do Regime Geral de Previdência Social, de que trata o art. 68 da Lei Complementar 101, de 4 de maio de 2000, no valor correspondente à estimativa de renúncia previdenciária decorrente da desoneração, de forma a não afetar a apuração do resultado financeiro do Regime Geral de Previdência Social (RGPS); e

V – com relação às contribuições de que tratam os arts. 7º e 8º, as empresas continuam sujeitas ao cumprimento das demais obrigações previstas na legislação previdenciária.

VI – (Vetado.)

- Inciso VI acrescentado pela Lei 12.715/2012 (DOU 18.09.2012), em vigor no 1º dia do 4º mês subsequente à data de publicação da MP 563/2012, produzindo efeitos a partir de sua regulamentação (v. art. 78, § 2º da referida Lei).

VII – para os fins da contribuição prevista no caput dos arts. 7º e 8º, considera-se empresa a sociedade empresária, a sociedade simples, a cooperativa, a empresa individual de responsabilidade limitada e o empresário a que se refere o art. 966 da Lei 10.406, de 10 de janeiro de 2002 – Código Civil, devidamente registrados no Registro de Empresas Mercantis ou no Registro Civil de Pessoas Jurídicas, conforme o caso;

- Inciso VII com redação determinada pela Lei 12.844/2013.

VIII – para as sociedades cooperativas, a metodologia adotada para a contribuição sobre a receita bruta, em substituição às contribuições previstas nos incisos I e III do caput do art. 22 da Lei 8.212, de 24 de julho de 1991, limita-se ao art. 8º e somente às atividades abrangidas pelos códigos referidos no Anexo I; e

- Inciso VIII com redação determinada pela Lei 12.995/2014.

IX – equipara-se a empresa o consórcio constituído nos termos dos arts. 278 e 279 da Lei 6.404, de 15 de dezembro de 1976, que realizar a contratação e o pagamento, mediante a utilização de CNPJ próprio do consórcio, de pessoas físicas ou jurídicas, com ou sem vínculo empregatício, ficando as empresas consorciadas solidariamente responsáveis pelos tributos relacionados às operações praticadas pelo consórcio.

- Inciso IX acrescentado pela Lei 12.995/2014.

X – no caso de contrato de concessão de serviços públicos, a receita decorrente da construção, recuperação, reforma, ampliação ou melhoramento da infraestrutura, cuja contrapartida seja ativo financeiro representativo de direito contratual incondicional de receber caixa ou outro ativo financeiro, integrará a base de cálculo da contribuição à medida do efetivo recebimento.

- Inciso X acrescentado pela Lei 13.043/2014.

§ 1º No caso de empresas que se dedicam a outras atividades além das previstas nos arts. 7º e 8º, o cálculo da contribuição obedecerá:

- Caput do § 1º com redação determinada pela Lei 13.043/2014.

I – ao disposto no caput desses artigos quanto à parcela da receita bruta correspondente às atividades neles referidas; e

- Inciso I acrescentado pela Lei 12.715/2012 (DOU 18.09.2012), em vigor no 1º dia do 4º mês subsequente à data de publicação da MP 563/2012, produzindo efeitos a partir de sua regulamentação (v. art. 78, § 2º da referida Lei).

II – ao disposto no art. 22 da Lei 8.212, de 24 de julho de 1991, reduzindo-se o valor da contribuição dos incisos I e III do caput do referido artigo ao percentual resultante da razão entre a receita bruta de atividades não relacionadas aos serviços de que tratam o caput do art. 7º e o § 3º do art. 8º ou à fabricação dos produtos de que trata o caput do art. 8º e a receita bruta total.

- Inciso II com redação determinada pela Lei 12.794/2013 (DOU 03.04.2013), em vigor a partir de 1º.01.2013 (v. art. 21, I da referida Lei).

§ 2º A compensação de que trata o inciso IV do caput será feita na forma regulamentada em ato conjunto da Secretaria da Receita Federal do Brasil, Secretaria do Tesouro Nacional do Ministério da Fazenda, Instituto Nacional do Seguro Social – INSS e Ministério da Previdência Social, mediante transferências do Orçamento Fiscal.

- § 2º acrescentado pela Lei 12.715/2012 (DOU 18.09.2012), em vigor no 1º dia do 4º mês subsequente à data de publicação da MP 563/2012, produzindo efeitos a partir de sua regulamentação (v. art. 78, § 2º da referida Lei).

§ 3º Relativamente aos períodos anteriores à tributação da empresa nas formas instituídas pelos arts. 7º e 8º desta Lei, mantém-se a incidência das contribuições previstas no

Lei 12.546/2011

art. 22 da Lei 8.212, de 24 de julho de 1991, aplicada de forma proporcional sobre o 13º (décimo terceiro) salário.

- § 3º acrescentado pela Lei 12.715/2012 (*DOU* 18.09.2012), em vigor no 1º dia do 4º mês subsequente à data de publicação da MP 563/2012, produzindo efeitos a partir de sua regulamentação (v. art. 78, § 2º da referida Lei).

§ 4º Para fins de cálculo da razão a que se refere o inciso II do § 1º, aplicada ao 13º (décimo terceiro) salário, será considerada a receita bruta acumulada nos 12 (doze) meses anteriores ao mês de dezembro de cada ano-calendário.

- § 4º acrescentado pela Lei 12.715/2012 (*DOU* 18.09.2012), em vigor no 1º dia do 4º mês subsequente à data de publicação da MP 563/2012, produzindo efeitos a partir de sua regulamentação (v. art. 78, § 2º da referida Lei).

§ 5º O disposto no § 1º aplica-se às empresas que se dediquem a outras atividades, além das previstas nos arts. 7º e 8º, somente se a receita bruta decorrente de outras atividades for superior a 5% (cinco por cento) da receita bruta total.

- § 5º acrescentado pela Lei 12.715/2012 (*DOU* 18.09.2012), em vigor no 1º dia do 4º mês subsequente à data de publicação da MP 563/2012, produzindo efeitos a partir de sua regulamentação (v. art. 78, § 2º da referida Lei).

§ 6º Não ultrapassado o limite previsto no § 5º, a contribuição a que se refere o *caput* dos arts. 7º e 8º será calculada sobre a receita bruta total auferida no mês.

- § 6º acrescentado pela Lei 12.715/2012 (*DOU* 18.09.2012), em vigor no 1º dia do 4º mês subsequente à data de publicação da MP 563/2012, produzindo efeitos a partir de sua regulamentação (v. art. 78, § 2º da referida Lei).

§ 7º Para efeito da determinação da base de cálculo, podem ser excluídos da receita bruta:

- § 7º acrescentado pela Lei 12.715/2012 (*DOU* 18.09.2012), em vigor no 1º dia do 4º mês subsequente à data de publicação da MP 563/2012, produzindo efeitos a partir de sua regulamentação (v. art. 78, § 2º da referida Lei).

I – as vendas canceladas e os descontos incondicionais concedidos;
II – *(Vetado.)*
III – o Imposto sobre Produtos Industrializados – IPI, se incluído na receita bruta; e
IV – o Imposto sobre Operações relativas à Circulação de Mercadorias e sobre Prestações de Serviços de Transporte Interestadual e Intermunicipal e de Comunicação – ICMS, quando cobrado pelo vendedor dos bens ou prestador dos serviços na condição de substituto tributário.

§ 8º *(Vetado.)*

- § 8º acrescentado pela Lei 12.715/2012 (*DOU* 18.09.2012), em vigor no 1º dia do 4º mês subsequente à data de publicação da MP 563/2012, produzindo efeitos a partir de sua regulamentação (v. art. 78, § 2º da referida Lei).

§ 9º As empresas para as quais a substituição da contribuição previdenciária sobre a folha de pagamento pela contribuição sobre a receita bruta estiver vinculada ao seu enquadramento no CNAE deverão considerar apenas o CNAE relativo a sua atividade principal, assim considerada aquela de maior receita auferida ou esperada, não lhes sendo aplicado o disposto no § 1º.

- § 9º com redação determinada pela Lei 12.844/2013.

§ 10. Para fins do disposto no § 9º, a base de cálculo da contribuição a que se referem o *caput* do art. 7º e o *caput* do art. 8º será a receita bruta da empresa relativa a todas as suas atividades.

- § 10 com redação determinada pela Lei 12.844/2013.

§ 11. Na hipótese do inciso IX do *caput*, no cálculo da contribuição incidente sobre a receita, a consorciada deve deduzir de sua base de cálculo, observado o disposto neste artigo, a parcela da receita auferida pelo consórcio proporcional a sua participação no empreendimento.

- § 11 acrescentado pela Lei 12.995/2014.

§ 12. As contribuições referidas no *caput* do art. 7º e no *caput* do art. 8º podem ser apuradas utilizando-se os mesmos critérios adotados na legislação da Contribuição para o PIS/Pasep e da Cofins para o reconhecimento no tempo de receitas e para o diferimento do pagamento dessas contribuições.

- § 12 acrescentado pela Lei 12.995/2014.

§ 13. A opção pela tributação substitutiva prevista nos arts. 7º e 8º será manifestada mediante o pagamento da contribuição incidente sobre a receita bruta relativa a janeiro de cada ano, ou à primeira competência subsequente para a qual haja receita bruta apurada, e será irretratável para todo o ano-calendário.

- § 13 acrescentado pela Lei 13.161/2015 (*DOU* 31.08.2015, edição extra), em vigor a partir do

Lei 12.546/2011

primeiro dia do quarto mês subsequente ao de sua publicação.

§ 14. Excepcionalmente, para o ano de 2015, a opção pela tributação substitutiva prevista nos arts. 7º e 8º será manifestada mediante o pagamento da contribuição incidente sobre a receita bruta relativa a novembro de 2015, ou à primeira competência subsequente para a qual haja receita bruta apurada, e será irretratável para o restante do ano.

- § 14 acrescentado pela Lei 13.161/2015 (*DOU* 31.08.2015, edição extra), em vigor a partir do primeiro dia do quarto mês subsequente ao de sua publicação.

§ 15. A opção de que tratam os §§ 13 e 14, no caso de empresas que contribuem simultaneamente com as contribuições previstas nos arts. 7º e 8º, valerá para ambas as contribuições, e não será permitido à empresa fazer a opção apenas com relação a uma delas.

- § 15 acrescentado pela Lei 13.161/2015 (*DOU* 31.08.2015, edição extra), em vigor a partir do primeiro dia do quarto mês subsequente ao de sua publicação.

§ 16. Para as empresas relacionadas no inciso IV do *caput* do art. 7º, a opção dar-se-á por obra de construção civil e será manifestada mediante o pagamento da contribuição incidente sobre a receita bruta relativa à competência de cadastro no CEI ou à primeira competência subsequente para a qual haja receita bruta apurada para a obra, e será irretratável até o seu encerramento.

- § 16 acrescentado pela Lei 13.161/2015 (*DOU* 31.08.2015, edição extra), em vigor a partir do primeiro dia do quarto mês subsequente ao de sua publicação.

§ 17. No caso de empresas que se dediquem a atividades ou fabriquem produtos sujeitos a alíquotas sobre a receita bruta diferentes, o valor da contribuição será calculado mediante aplicação da respectiva alíquota sobre a receita bruta correspondente a cada atividade ou produto.

- § 17 acrescentado pela Lei 13.161/2015 (*DOU* 31.08.2015, edição extra), em vigor a partir do primeiro dia do quarto mês subsequente ao de sua publicação.

Art. 10. Ato do Poder Executivo instituirá comissão tripartite com a finalidade de acompanhar e avaliar a implementação das medidas de que tratam os arts. 7º a 9º, formada por representantes dos trabalhadores e empresários dos setores econômicos neles indicados, bem como do Poder Executivo federal.

Parágrafo único. Os setores econômicos referidos nos arts. 7º e 8º serão representados na comissão tripartite de que trata o *caput*.

- Parágrafo único acrescentado pela Lei 12.715/2012 (*DOU* 18.09.2012), em vigor no 1º dia do 4º mês subsequente à data de publicação da MP 563/2012, produzindo efeitos a partir de sua regulamentação (v. art. 78, § 2º da referida Lei).

Art. 11. O art. 1º da Medida Provisória 2.199-14, de 24 de agosto de 2001, passa a vigorar com a seguinte redação:

"Art. 1º Sem prejuízo das demais normas em vigor aplicáveis à matéria, a partir do ano-calendário de 2000, as pessoas jurídicas que tenham projeto protocolizado e aprovado até 31 de dezembro de 2013 para instalação, ampliação, modernização ou diversificação enquadrado em setores da economia considerados, em ato do Poder Executivo, prioritários para o desenvolvimento regional, nas áreas de atuação da Superintendência de Desenvolvimento do Nordeste (Sudene) e da Superintendência de Desenvolvimento da Amazônia (Sudam), terão direito à redução de 75% (setenta e cinco por cento) do imposto sobre a renda e adicionais calculados com base no lucro da exploração.

"[...]

"§ 1º-A. As pessoas jurídicas fabricantes de máquinas, equipamentos, instrumentos e dispositivos, baseados em tecnologia digital, voltados para o programa de inclusão digital com projeto aprovado nos termos do *caput* terão direito à isenção do imposto sobre a renda e do adicional, calculados com base no lucro da exploração.

"[...]

"§ 3º-A. No caso de projeto de que trata o § 1º-A que já esteja sendo utilizado para o benefício fiscal nos termos do *caput*, o prazo de fruição passa a ser de 10 (dez) anos contado a partir da data de publicação da Medida Provisória 540, de 2 de agosto de 2011.

"[...]"

Art. 12. O art. 7º da Lei 11.033, de 21 de dezembro de 2004, passa a vigorar com a seguinte redação:

- Alteração processada no texto da referida Lei.

Lei 12.546/2011

Art. 13. O art. 19-A da Lei 11.196, de 21 de novembro de 2005, passa a vigorar com a seguinte redação:

- Alteração processada no texto da referida Lei.

Art. 14. Os cigarros classificados no código 2402.20.00 da Tipi, aprovada pelo Decreto 6.006, de 2006, de fabricação nacional ou importados, exceptuados os classificados no Ex 01, são sujeitos ao IPI à alíquota de 300% (trezentos por cento).

- V. art. 52, § 2º.

§ 1º É facultado ao Poder Executivo alterar a alíquota de que trata o *caput*, observado o disposto nos incisos I e II do art. 4º do Decreto-lei 1.199, de 1971.

§ 2º O IPI será calculado mediante aplicação da alíquota sobre o valor tributável disposto no inciso I do art. 4º do Decreto-lei 1.593, de 21 de dezembro de 1977.

Art. 15. A percentagem fixada pelo Poder Executivo, em observância ao disposto no inciso I do art. 4º do Decreto-lei 1.593, de 1977, não poderá ser inferior a 15% (quinze por cento).

- V. art. 52, § 2º.

Art. 16. O IPI de que trata o art. 14 será apurado e recolhido uma única vez:

- V. art. 52, § 2º.

I – pelo estabelecimento industrial, em relação às saídas dos cigarros destinados ao mercado interno; ou

II – pelo importador, no desembaraço aduaneiro dos cigarros de procedência estrangeira.

§ 1º Na hipótese de adoção de preços diferenciados em relação a uma mesma marca comercial de cigarro, prevalecerá, para fins de apuração e recolhimento do IPI, o maior preço de venda no varejo praticado em cada Estado ou no Distrito Federal.

§ 2º A Secretaria da Receita Federal do Brasil divulgará, por meio de seu sítio na internet, o nome das marcas comerciais de cigarros e os preços de venda no varejo de que trata o § 1º, bem como a data de início de sua vigência.

Art. 17. A pessoa jurídica industrial ou importadora dos cigarros referidos no art. 14 poderá optar por regime especial de apuração e recolhimento do IPI, no qual o valor do imposto será obtido pelo somatório de duas parcelas, calculadas mediante a utilização de alíquotas:

- V. art. 52, § 2º.

I – *ad valorem*, observado o disposto no § 2º do art. 14; e

II – específica, fixada em reais por vintena, tendo por base as características físicas do produto.

§ 1º O Poder Executivo fixará as alíquotas do regime especial de que trata o *caput*:

I – em percentagem não superior a 1/3 (um terço) da alíquota de que trata o *caput* do art. 14, em relação à alíquota *ad valorem*; ou

II – em valor não inferior a R$ 0,80 (oitenta centavos de real), em relação à alíquota específica.

§ 2º As disposições contidas no art. 16 também se aplicam ao IPI devido pelas pessoas jurídicas optantes pelo regime especial de que trata o *caput*.

§ 3º A propositura pela pessoa jurídica de ação judicial questionando os termos do regime especial de que trata o *caput* implica desistência da opção e incidência do IPI na forma do art. 14.

Art. 18. A opção pelo regime especial previsto no art. 17 será exercida pela pessoa jurídica em relação a todos os estabelecimentos, até o último dia útil do mês de dezembro de cada ano-calendário, produzindo efeitos a partir do primeiro dia do ano-calendário subsequente ao da opção.

- V. art. 52, § 2º.

§ 1º A opção a que se refere este artigo será automaticamente prorrogada para o ano-calendário seguinte, salvo se a pessoa jurídica dela desistir, nos termos e condições estabelecidos pela Secretaria da Receita Federal do Brasil.

§ 2º No ano-calendário em que a pessoa jurídica iniciar atividades de produção ou importação de cigarros de que trata o art. 14, a opção pelo regime especial poderá ser exercida em qualquer data, produzindo efeitos a partir do primeiro dia do mês subsequente ao da opção.

§ 3º Excepcionalmente no ano-calendário de 2011, a opção a que se refere o *caput* poderá ser exercida até o último dia útil do mês de novembro de 2011, produzindo efeitos a partir do primeiro dia do mês subsequente ao da opção.

Lei 12.546/2011

LEGISLAÇÃO

§ 4º A Secretaria da Receita Federal do Brasil divulgará, por meio de seu sítio na internet, o nome das pessoas jurídicas optantes na forma deste artigo, bem como a data de início da respectiva opção.

Art. 19. Nas hipóteses de infração à legislação do IPI, a exigência de multas e juros de mora dar-se-á em conformidade com as normas gerais desse imposto.

• V. art. 52, § 2º.

Art. 20. O Poder Executivo poderá fixar preço mínimo de venda no varejo de cigarros classificados no código 2402.20.00 da Tipi, válido em todo o território nacional, abaixo do qual fica proibida a sua comercialização.

• V. art. 52, § 2º.

§ 1º A Secretaria da Receita Federal do Brasil aplicará pena de perdimento aos cigarros comercializados em desacordo com o disposto no *caput*, sem prejuízo das sanções penais cabíveis na hipótese de produtos introduzidos clandestinamente em território nacional.

§ 2º É vedada, pelo prazo de 5 (cinco) anos-calendário, a comercialização de cigarros pela pessoa jurídica enquadrada por descumprimento ao disposto no *caput*.

§ 3º É sujeito ao cancelamento do registro especial de fabricante de cigarros de que trata o art. 1º do Decreto-lei 1.593, de 1977, o estabelecimento industrial que:

I – divulgar tabela de preços de venda no varejo em desacordo com o disposto no *caput*; ou

II – comercializar cigarros com pessoa jurídica enquadrada na hipótese do § 2º.

Art. 21. O art. 8º da Lei 10.865, de 30 de abril de 2004, passa a vigorar com a seguinte redação:

• Alterações processadas no texto da referida Lei.

Art. 22. O art. 25 da Lei 11.508, de 20 de julho de 2007, passa a vigorar com a seguinte redação:

• Alteração processada no texto da referida Lei.

Art. 23. O art. 11 da Lei 7.291, de 19 de dezembro de 1984, passa vigorar com a seguinte redação:

"Art. 11. [...]

"[...]

"§ 4º Para fins de cálculo da contribuição de que trata o *caput* deste artigo, do valor total do movimento geral de apostas do mês anterior serão deduzidos:

"I – os valores pagos aos apostadores; e

"II – os valores pagos, a título de prêmio, aos proprietários, criadores de cavalos e profissionais do turfe."

Art. 24. Sem prejuízo do disposto na Lei Complementar 116, de 31 de julho de 2003, é o Poder Executivo autorizado a instituir a Nomenclatura Brasileira de Serviços, Intangíveis e outras Operações que Produzam Variações no Patrimônio (NBS) e as Notas Explicativas da Nomenclatura Brasileira de Serviços, Intangíveis e Outras Operações que Produzam Variações no Patrimônio (Nebs).

Art. 25. É instituída a obrigação de prestar informações para fins econômico-comerciais ao Ministério do Desenvolvimento, Indústria e Comércio Exterior relativas às transações entre residentes ou domiciliados no País e residentes ou domiciliados no exterior que compreendam serviços, intangíveis e outras operações que produzam variações no patrimônio das pessoas físicas, das pessoas jurídicas ou dos entes despersonalizados.

§ 1º A prestação das informações de que trata o *caput* deste artigo:

I – será estabelecida na forma, no prazo e nas condições definidos pelo Ministério do Desenvolvimento, Indústria e Comércio Exterior;

II – não compreende as operações de compra e venda efetuadas exclusivamente com mercadorias; e

III – será efetuada por meio de sistema eletrônico a ser disponibilizado na rede mundial de computadores.

§ 2º Os serviços, os intangíveis e as outras operações de que trata o *caput* deste artigo serão definidos na Nomenclatura de que trata o art. 24.

§ 3º São obrigados a prestar as informações de que trata o *caput* deste artigo:

I – o prestador ou tomador do serviço residente ou domiciliado no Brasil;

II – a pessoa física ou jurídica, residente ou domiciliada no Brasil, que transfere ou adquire o intangível, inclusive os direitos de propriedade intelectual, por meio de cessão, concessão, licenciamento ou por quaisquer outros meios admitidos em direito; e

III – a pessoa física ou jurídica ou o responsável legal do ente despersonalizado, residen-

Lei 12.546/2011

LEGISLAÇÃO

te ou domiciliado no Brasil, que realize outras operações que produzam variações no patrimônio.

§ 4º A obrigação prevista no *caput* deste artigo estende-se ainda:

I – às operações de exportação e importação de serviços, intangíveis e demais operações; e

II – às operações realizadas por meio de presença comercial no exterior relacionada a pessoa jurídica domiciliada no Brasil, conforme alínea *d* do Artigo XXVIII do Acordo Geral sobre o Comércio de Serviços (Gats), aprovado pelo Decreto Legislativo 30, de 15 de dezembro de 1994, e promulgado pelo Decreto 1.355, de 30 de dezembro de 1994.

§ 5º As situações de dispensa da obrigação previstas no *caput* deste artigo serão definidas pelo Ministério do Desenvolvimento, Indústria e Comércio Exterior.

§ 6º As informações de que trata o *caput* deste artigo poderão subsidiar outros sistemas eletrônicos da administração pública.

Art. 26. As informações de que trata o art. 25 serão utilizadas pelo Ministério do Desenvolvimento, Indústria e Comércio Exterior na sistemática de coleta, tratamento e divulgação de estatísticas, no auxílio à gestão e ao acompanhamento dos mecanismos de apoio ao comércio exterior de serviços, intangíveis e às demais operações, instituídos no âmbito da administração pública, bem como no exercício das demais atribuições legais de sua competência.

§ 1º As pessoas de que trata o § 3º do art. 25 deverão indicar a utilização dos mecanismos de apoio ao comércio exterior de serviços, intangíveis e às demais operações, mediante a vinculação desses às informações de que trata o art. 25, sem prejuízo do disposto na legislação específica.

§ 2º Os órgãos e as entidades da administração pública que tenham atribuição legal de regulação, normatização, controle ou fiscalização dos mecanismos previstos no *caput* deste artigo utilizarão a vinculação de que trata o § 1º deste artigo para verificação do adimplemento das condições necessárias à sua fruição.

§ 3º A concessão ou o reconhecimento dos mecanismos de que trata o *caput* deste artigo é condicionada ao cumprimento da obrigação prevista no art. 25.

§ 4º O Ministério do Desenvolvimento, Indústria e Comércio Exterior assegurará os meios para cumprimento do previsto neste artigo.

Art. 27. O Ministério da Fazenda e o Ministério do Desenvolvimento, Indústria e Comércio Exterior emitirão as normas complementares para o cumprimento do disposto nos arts. 24 a 26 desta Lei.

Art. 28. As regras de origem de que trata o Acordo sobre Regras de Origem do Acordo Geral sobre Tarifas Aduaneiras e Comércio 1994 (Gatt), aprovado pelo Decreto Legislativo 30, de 15 de dezembro de 1994, e promulgado pelo Decreto 1.355, de 30 de dezembro de 1994, serão aplicadas tão somente em instrumentos não preferenciais de política comercial, de forma consistente, uniforme e imparcial.

• V. art. 52, § 5º.

Art. 29. As investigações de defesa comercial sob a competência do Departamento de Defesa Comercial (Decom) da Secretaria de Comércio Exterior (Secex) do Ministério do Desenvolvimento, Indústria e Comércio Exterior serão baseadas na origem declarada do produto.

• V. art. 52, § 5º.

§ 1º A aplicação de medidas de defesa comercial será imposta por intermédio de ato específico da Câmara de Comércio Exterior (Camex) e prescindirá de investigação adicional àquela realizada ao amparo do *caput*.

§ 2º Ainda que os requisitos estabelecidos nesta Lei tenham sido cumpridos, poderão ser estendidas medidas de defesa comercial amparadas pelo art. 10-A da Lei 9.019, de 30 de março de 1995, a produtos cuja origem seja distinta daquela na qual se baseou a aplicação da medida de defesa comercial a que faz referência o § 1º deste artigo.

Art. 30. Nos casos em que a aplicação de medida de defesa comercial tiver sido estabelecida por ato específico da Camex com base na origem dos produtos, a cobrança dos valores devidos será realizada pela Secretaria da Receita Federal do Brasil, considerando as regras de origem não preferenciais estabelecidas nos arts. 31 e 32 desta Lei.

• V. art. 52, § 5º.

1360

Lei 12.546/2011

Art. 31. Respeitados os critérios decorrentes de ato internacional de que o Brasil seja parte, tem-se por país de origem da mercadoria aquele onde houver sido produzida ou, no caso de mercadoria resultante de material ou de mão de obra de mais de um país, aquele onde houver recebido transformação substancial.

• V. art. 52, § 5º.

§ 1º Considera-se mercadoria produzida, para fins do disposto nos arts. 28 a 45 desta Lei:

I – os produtos totalmente obtidos, assim entendidos:

a) produtos do reino vegetal colhidos no território do país;

b) animais vivos, nascidos e criados no território do país;

c) produtos obtidos de animais vivos no território do país;

d) mercadorias obtidas de caça, captura com armadilhas ou pesca realizada no território do país;

e) minerais e outros recursos naturais não incluídos nas alíneas *a* a *d*, extraídos ou obtidos no território do país;

f) peixes, crustáceos e outras espécies marinhas obtidos do mar fora de suas zonas econômicas exclusivas por barcos registrados ou matriculados no país e autorizados para arvorar a bandeira desse país, ou por barcos arrendados ou fretados a empresas estabelecidas no território do país;

g) mercadorias produzidas a bordo de barcos-fábrica a partir dos produtos identificados nas alíneas *d* e *f* deste inciso, sempre que esses barcos-fábrica estejam registrados, matriculados em um país e estejam autorizados a arvorar a bandeira desse país, ou por barcos-fábrica arrendados ou fretados por empresas estabelecidas no território do país;

h) mercadorias obtidas por uma pessoa jurídica de um país do leito do mar ou do subsolo marinho, sempre que o país tenha direitos para explorar esse fundo do mar ou subsolo marinho; e

i) mercadorias obtidas do espaço extraterrestre, sempre que sejam obtidas por pessoa jurídica ou por pessoa natural do país;

II – os produtos elaborados integralmente no território do país, quando em sua elaboração forem utilizados, única e exclusivamente, materiais dele originários.

§ 2º Entende-se por transformação substancial, para efeito do disposto nos arts. 28 a 45 desta Lei, os produtos em cuja elaboração forem utilizados materiais não originários do país, quando resultantes de um processo de transformação que lhes confira uma nova individualidade, caracterizada pelo fato de estarem classificados em uma posição tarifária (primeiros quatro dígitos do Sistema Harmonizado de Designação e Codificação de Mercadorias – SH) diferente da posição dos mencionados materiais, ressalvado o disposto no § 3º deste artigo.

§ 3º Não será considerado originário do país exportador o produto resultante de operação ou processo efetuado no seu território, pelo qual adquire a forma final em que será comercializado, quando, na operação ou no processo, for utilizado material ou insumo não originário do país e consista apenas em montagem, embalagem, fracionamento em lotes ou volumes, seleção, classificação, marcação, composição de sortimentos de mercadorias ou simples diluições em água ou outra substância que não altere as características do produto como originário ou outras operações ou processos equivalentes, ainda que essas operações alterem a classificação do produto, considerada a quatro dígitos.

Art. 32. O Poder Executivo poderá definir critérios de origem não preferenciais específicos.

• V. art. 52, § 5º.

Parágrafo único. Os requisitos específicos definidos com base no *caput* prevalecerão sobre os estabelecidos no art. 31 desta Lei.

Art. 33. A Secretaria da Receita Federal do Brasil e a Secex, no âmbito de suas competências, promoverão a verificação de origem não preferencial sob os aspectos da autenticidade, veracidade e observância das normas previstas nos arts. 28 a 45 desta Lei ou em seus regulamentos.

• V. art. 52, § 5º.

Lei 12.546/2011

Art. 34. A comprovação de origem será verificada mediante a apresentação pelo exportador/produtor ou pelo importador de informações relativas, dentre outras:

• V. art. 52, § 5º.

I – à localização do estabelecimento produtor;
II – à capacidade operacional;
III – ao processo de fabricação;
IV – às matérias-primas constitutivas; e
V – ao índice de insumos não originários utilizados na obtenção do produto.

§ 1º A apresentação das informações a que se refere o *caput* não exclui a possibilidade de realização de diligência ou fiscalização no estabelecimento produtor ou exportador.

§ 2º O Poder Executivo poderá estabelecer os procedimentos e os requisitos adicionais necessários à comprovação de origem, bem como a forma, o prazo para apresentação e o conteúdo dos documentos exigidos para sua verificação.

Art. 35. O importador é solidariamente responsável pelas informações apresentadas pelo exportador/produtor relativas aos produtos que tenha importado.

• V. art. 52, § 5º.

Art. 36. Compete à Secex realizar a verificação de origem não preferencial, mediante denúncia ou de ofício, na fase de licenciamento de importação.

• V. art. 52, § 5º.

Art. 37. A não comprovação da origem declarada implicará o indeferimento da licença de importação pela Secex.

• V. art. 52, § 5º.

§ 1º Após o indeferimento da licença de importação para determinada mercadoria, a Secex estenderá a medida às importações de mercadorias idênticas do mesmo exportador ou produtor até que ele demonstre o cumprimento das regras de origem.

§ 2º A Secex estenderá a medida às importações de mercadorias idênticas de outros exportadores ou produtores do mesmo país ou de outros países que não cumpram com as regras de origem.

Art. 38. A licença de importação do produto objeto da verificação somente será deferida após a conclusão do processo de investigação que comprove a origem declarada.

• V. art. 52, § 5º.

Art. 39. Compete à Secretaria da Receita Federal do Brasil realizar a verificação de origem não preferencial no curso do despacho aduaneiro ou durante a realização de ações fiscais aduaneiras iniciadas após o desembaraço de mercadorias e aplicar, quando cabível, as penalidades pecuniárias estabelecidas nesta Lei.

• V. art. 52, § 5º.

Art. 40. No caso de importação de produto submetido à restrição quantitativa, quando não for comprovada a origem declarada, o importador é obrigado a devolver os produtos ao exterior.

• V. art. 52, § 5º.

Parágrafo único. O importador arcará com os ônus decorrentes da devolução ao exterior dos produtos a que se refere o *caput*.

Art. 41. Sem prejuízo da caracterização de abandono, nos termos do inciso II do art. 23 do Decreto-lei 1.455, de 7 de abril de 1976, durante o curso do despacho aduaneiro, a importação de produto submetido a restrição quantitativa, quando a origem declarada não for comprovada, estará sujeita à multa de R$ 5.000,00 (cinco mil reais) por dia, contada da data do registro da Declaração de Importação até a data da efetiva devolução do produto ao exterior.

• V. art. 52, § 5º.

Art. 42. Excetuado o caso previsto no art. 41 desta Lei, a falta de comprovação da origem não preferencial sujeitará o importador à multa de 30% (trinta por cento) sobre o valor aduaneiro da mercadoria.

• V. art. 52, § 5º.

Art. 43. A aplicação de penalidades relacionadas com a comprovação de origem não prejudica a cobrança, provisória ou definitiva, de direito *antidumping* ou compensatório ou, ainda, de medidas de salvaguarda, pela Secretaria da Receita Federal do Brasil.

• V. art. 52, § 5º.

Art. 44. A Secex e a Secretaria da Receita Federal do Brasil notificarão uma à outra por escrito a abertura e a conclusão dos respectivos processos de investigação de origem não preferencial e os conduzirão de forma coordenada.

• V. art. 52, § 5º.

Lei 12.546/2011

LEGISLAÇÃO

Parágrafo único. Em caso de abertura de investigação por um órgão sobre determinado produto e empresa que já tenham sido objeto de investigação anterior por outro órgão, as informações obtidas por este e suas conclusões deverão ser levadas em consideração no processo de investigação aberto.

Art. 45. A Secex e a Secretaria da Receita Federal do Brasil expedirão, no âmbito de suas competências, as normas complementares necessárias à execução dos arts. 28 a 44 desta Lei.

- V. art. 52, § 5º.

Art. 46. *(Vetado.)*

Art. 47. *(Revogado pela Lei 12.865/2013.)*

Art. 47-A. Fica suspensa a incidência da Contribuição para o PIS/Pasep e da Cofins sobre as receitas decorrentes da venda de matéria-prima *in natura* de origem vegetal, destinada à produção de biodiesel, quando efetuada por pessoa jurídica ou cooperativa referida no § 1º do art. 47 desta Lei.

- Artigo acrescentado pela Lei 12.715/2012 (*DOU* 18.09.2012), em vigor no 1º dia do 4º mês subsequente à data de publicação da MP 563/2012, produzindo efeitos a partir de sua regulamentação (v. art. 78, § 2º da referida Lei).

Art. 47-B. É autorizada a apuração do crédito presumido instituído pelo art. 47 em relação a operações ocorridas durante o período de sua vigência.

- Artigo acrescentado pela Lei 12.995/2014.

§ 1º É vedada a apuração do crédito presumido de que trata o *caput* e do crédito presumido instituído pelo art. 8º da Lei 10.925, de 23 de julho de 2004, em relação à mesma operação.

§ 2º São convalidados os créditos presumidos de que trata o art. 8º da Lei 10.925, de 23 de julho de 2004, regularmente apurados em relação à aquisição ou ao recebimento de soja *in natura* por pessoa jurídica produtora de biodiesel.

§ 3º A Secretaria da Receita Federal do Brasil disciplinará o disposto neste artigo.

Art. 48. É alterado o texto da coluna "Fatos Geradores" do item 9.1 do Anexo II da Lei 9.782, de 26 de janeiro de 1999, que passa a vigorar com a seguinte redação: "Registro, revalidação ou renovação de registro de fumígenos, com exceção dos produtos destinados exclusivamente à exportação".

Art. 49. Os arts. 2º e 3º da Lei 9.294, de 15 de julho de 1996, passam a vigorar com a seguinte redação:
"Art. 2º É proibido o uso de cigarros, cigarrilhas, charutos, cachimbos ou qualquer outro produto fumígeno, derivado ou não do tabaco, em recinto coletivo fechado, privado ou público.
"[...]
"§ 3º Considera-se recinto coletivo o local fechado, de acesso público, destinado a permanente utilização simultânea por várias pessoas."
"Art. 3º É vedada, em todo o território nacional, a propaganda comercial de cigarros, cigarrilhas, charutos, cachimbos ou qualquer outro produto fumígeno, derivado ou não do tabaco, com exceção apenas da exposição dos referidos produtos nos locais de vendas, desde que acompanhada das cláusulas de advertência a que se referem os §§ 2º, 3º e 4º deste artigo e da respectiva tabela de preços, que deve incluir o preço mínimo de venda no varejo de cigarros classificados no código 2402.20.00 da Tipi, vigente à época, conforme estabelecido pelo Poder Executivo.
"[...]
"§ 5º Nas embalagens de produtos fumígenos vendidas diretamente ao consumidor, as cláusulas de advertência a que se refere o § 2º deste artigo serão sequencialmente usadas, de forma simultânea ou rotativa, nesta última hipótese devendo variar no máximo a cada 5 (cinco) meses, inseridas, de forma legível e ostensivamente destacada, em 100% (cem por cento) de sua face posterior e de uma de suas laterais.
"§ 6º A partir de 1º de janeiro de 2016, além das cláusulas de advertência mencionadas no § 5º deste artigo, nas embalagens de produtos fumígenos vendidas diretamente ao consumidor também deverá ser impresso um texto de advertência adicional ocupando 30% (trinta por cento) da parte inferior de sua face frontal.
"§ 7º *(Vetado.)*"

Art. 50. O Poder Executivo regulamentará o disposto nos arts. 1º a 3º, 7º a 10, 14 a 20, 46 e 49 desta Lei.

Art. 51. Revogam-se:

IN RFB 1.289/2012

LEGISLAÇÃO

I – a partir de 1º de julho de 2012, o art. 1º da Lei 11.529, de 22 de outubro de 2007; e
II – a partir da data de entrada em vigor dos arts. 14 a 20 desta Lei, o art. 6º do Decreto-lei 1.593, de 21 de dezembro de 1977.
Art. 52. Esta Lei entra em vigor na data de sua publicação.
§ 1º Os arts. 1º a 3º produzirão efeitos somente após a sua regulamentação.
§ 2º Os arts. 7º a 9º e 14 a 21 entram em vigor no primeiro dia do quarto mês subsequente à data de publicação da Medida Provisória 540, de 2 de agosto de 2011, observado o disposto nos §§ 3º e 4º deste artigo.
§ 3º Os §§ 3º a 5º do art. 7º e os incisos III a V do *caput* do art. 8º desta Lei produzirão efeitos a partir do primeiro dia do quarto mês subsequente à data de publicação desta Lei.
§ 4º Os incisos IV a VI do § 21 do art. 8º da Lei 10.865, de 30 de abril de 2004, com a redação dada pelo art. 21 desta Lei, produzirão efeitos a partir do primeiro dia do quarto mês subsequente à data de publicação desta Lei.
§ 5º Os arts. 28 a 45 entram em vigor 70 (setenta) dias após a data de publicação desta Lei.

- Deixamos de publicar o Anexo a esta Lei, acrescentado pela Lei 12.715/2012.

Brasília, 14 de dezembro de 2011; 190º da Independência e 123º da República.
Dilma Rousseff

(*DOU* 15.12.2011)

INSTRUÇÃO NORMATIVA 1.289, DE 4 DE SETEMBRO DE 2012, DA SECRETARIA DA RECEITA FEDERAL DO BRASIL – RFB

Estabelece procedimentos necessários para habilitação ao gozo dos benefícios fiscais referentes à realização, no Brasil, da Copa das Confederações Fifa 2013 e da Copa do Mundo Fifa 2014, de que trata a Lei 12.350, de 20 de dezembro de 2010.

O Secretário da Receita Federal do Brasil, no uso das atribuições que lhe conferem os incisos III e XVI do art. 280 do Regimento Interno da Secretaria da Receita Federal do Brasil, aprovado pela Portaria MF 203, de 14 de maio de 2012, e tendo em vista o disposto na Lei 12.350, de 20 de dezembro de 2010, e no Decreto 7.578, de 11 de outubro de 2011, resolve:
Art. 1º Os procedimentos necessários à habilitação de que tratam os arts. 5º a 9º do Decreto 7.578, de 11 de outubro de 2011, para fins de gozo dos benefícios fiscais previstos nos arts. 3º, 4º e 7º ao 15 da Lei 12.350, de 20 de dezembro de 2010, relativos à realização, no Brasil, da Copa das Confederações Fifa 2013 e da Copa do Mundo Fifa 2014, são os estabelecidos nesta Instrução Normativa.
Parágrafo único. A habilitação de que trata o *caput* não dispensa a habilitação de importadores, exportadores e internadores da Zona Franca de Manaus para operação no Sistema Integrado de Comércio Exterior (Siscomex) e o credenciamento de seus representantes para a prática de atividades relacionadas ao despacho aduaneiro, disciplinada na Instrução Normativa SRF 650, de 12 de maio de 2006.

Capítulo I
DAS CONDIÇÕES PARA HABILITAÇÃO

Art. 2º Somente poderão usufruir dos benefícios fiscais de que trata a Lei 12.350, de 2010, os Eventos, as bases temporárias de negócios e as pessoas físicas e jurídicas, domiciliadas ou não no Brasil, previamente habilitadas pela Secretaria da Receita Federal do Brasil (RFB), na forma desta Instrução Normativa.
Parágrafo único. Não poderão habilitar-se à fruição dos benefícios fiscais a que se refere o *caput*, as pessoas jurídicas:
I – optantes pelo Regime Especial Unificado de Arrecadação de Tributos e Contribuições devidos pelas Microempresas e Empresas de Pequeno Porte (Simples Nacional), de que trata a Lei Complementar 123, de 14 de dezembro de 2006;
II – de que trata o inciso I do art. 8º da Lei 10.637, de 30 de dezembro de 2002; e
III – com situação irregular perante a RFB.
Art. 3º É facultado à *Fédération Internationale de Football Association (Fifa)* constituir ou incorporar até 5 (cinco) subsidiárias

IN RFB 1.289/2012

integrais no Brasil, mediante escritura pública, sob qualquer modalidade societária, desde que tais subsidiárias Fifa no Brasil tenham finalidade específica vinculada à organização e realização dos eventos, tenham duração não superior ao prazo de vigência da Lei 12.350, de 2010, e tenham como único acionista ou cotista a própria Fifa.

Parágrafo único. No caso de criação de mais de uma subsidiária Fifa no Brasil, cada uma delas deverá ser habilitada separadamente.

Art. 4º A habilitação do Parceiro Comercial da Fifa domiciliado no exterior e das bases temporárias de negócios no Brasil, instaladas pela Fifa, por Confederações Fifa, por Associações estrangeiras membros da Fifa, por Emissora Fonte da Fifa e por Prestadores de Serviços da Fifa será condicionada:

* *Caput* com redação determinada pela Instrução Normativa RFB 1.304/2012.

I – à indicação de representante, inscrito no Cadastro de Pessoas Físicas (CPF), para resolver quaisquer questões e receber comunicações oficiais; e

II – à inscrição no Cadastro Nacional da Pessoa Jurídica (CNPJ) do Parceiro Comercial da Fifa domiciliado no exterior e das bases temporárias de negócios no Brasil.

* Inciso II com redação determinada pela Instrução Normativa RFB 1.304/2012.

§ 1º No caso de Parceiro Comercial da Fifa domiciliado no exterior e de base temporária de negócios no Brasil instalada pela Fifa, por Emissora Fonte da Fifa e por Prestadores de Serviços da Fifa, o representante a que se refere o inciso I do *caput* deverá ser domiciliado no Brasil e sua indicação será efetuada por meio de procuração, cuja cópia autenticada deverá ser anexada ao requerimento de habilitação, observado ainda que:

* *Caput* do § 1º com redação determinada pela Instrução Normativa RFB 1.304/2012.

I – a procuração particular outorgada no Brasil deverá ter reconhecimento de firma do signatário;

II – a procuração outorgada em outro país deverá ser autenticada por repartição consular brasileira e estar acompanhada de sua tradução juramentada, caso não esteja em língua portuguesa.

§ 2º No caso de base temporária de negócios no Brasil instalada pelas Confederações FIFA e pelas Associações estrangeiras membros da Fifa, a indicação do representante a que se refere o inciso I do *caput* poderá recair sobre o dirigente da entidade, informado por subsidiária Fifa no Brasil, hipótese em que sua inscrição de ofício no CPF será efetuada pela Delegacia da Receita Federal do Brasil (DRF) do domicílio da Subsidiária Fifa no Brasil, caso esse representante já não esteja inscrito.

§ 3º A habilitação a que se refere o *caput* requer autorização prévia da RFB, para funcionar no Brasil, no caso de base temporária de negócios, ou para operar no comércio exterior, no caso do Parceiro Comercial da Fifa, obtida mediante inscrição de ofício da respectiva entidade no CNPJ pela DRF do domicílio tributário da requerente da habilitação, observando-se o seguinte:

* § 3º com redação determinada pela Instrução Normativa RFB 1.304/2012.

I – no caso de Parceiro Comercial da Fifa domiciliado no exterior:

a) o nome empresarial deverá corresponder ao nome da entidade no seu país de origem acrescido da expressão "Lei 12.350/2010 – exclusivamente para operar no comércio exterior";

b) a natureza jurídica deverá ser 221-6 (Empresa Domiciliada no Exterior);

c) o endereço deverá corresponder àquele constante do requerimento de habilitação;

d) o representante da entidade no CNPJ deverá ser aquele de que trata o inciso I do *caput*, observado o disposto no § 1º;

II – no caso de base temporária de negócios no Brasil:

a) o nome empresarial deverá corresponder ao nome da entidade no seu país de origem acrescido da expressão "Lei 12.350/2010";

b) a natureza jurídica deverá ser 217-8 (Estabelecimento, no Brasil, de Sociedade Estrangeira);

c) o endereço deverá corresponder àquele constante do requerimento de habilitação;

d) o representante da entidade no CNPJ deverá ser aquele de que trata o inciso I do *caput*, observado o disposto no § 1º.

§§ 4º a 6º *(Revogados pela Instrução Normativa RFB 1.304/2012.)*

IN RFB 1.289/2012

LEGISLAÇÃO

Art. 5º A Emissora Fonte, caso seja domiciliada no Brasil, e os Prestadores de Serviço da FIFA domiciliados no Brasil deverão ser constituídos sob a forma de sociedade com finalidade específica para o desenvolvimento de atividades diretamente relacionadas à realização dos Eventos.

Capítulo II
DA HABILITAÇÃO

Art. 6º A Fifa ou a Subsidiária Fifa no Brasil deverá requerer, na forma disciplinada nos arts. 7º a 20, a habilitação dos Eventos, das bases temporárias de negócios e das pessoas físicas e jurídicas passíveis de serem beneficiadas pelas desonerações previstas na Lei 12.350, de 2010.

Parágrafo único. Previamente à apresentação dos requerimentos de habilitação mencionados neste artigo, a Fifa e a Subsidiária Fifa no Brasil deverão solicitar suas próprias habilitações, por meio de requerimento no modelo constante do Anexo I a esta Instrução Normativa.

Art. 7º A habilitação do Comitê Organizador Brasileiro Ltda. (LOC) deverá ser requerida pela Fifa ou pela Subsidiária Fifa no Brasil, mediante a apresentação de formulário no modelo constante do Anexo II a esta Instrução Normativa.

Parágrafo único. Na impossibilidade de a Fifa ou a subsidiária Fifa no Brasil requerer as habilitações de que tratam os arts. 8º a 15, caberá ao LOC requerê-las depois do deferimento da sua habilitação.

Art. 8º A habilitação dos Prestadores de Serviço da Fifa domiciliados no Brasil deverá ser requerida pela Fifa ou pela Subsidiária FIFA no Brasil, mediante a apresentação de formulário no modelo constante do Anexo II a esta Instrução Normativa.

Parágrafo único. A habilitação de Prestadores de Serviço da Fifa domiciliados no exterior deverá ser requerida pela Fifa ou por Subsidiária Fifa no Brasil, por meio de formulário no modelo constante do Anexo IX a esta Instrução Normativa.

Art. 9º Os Eventos a serem habilitados deverão ser apresentados pela Fifa ou pela Subsidiária Fifa no Brasil, mediante requerimento no modelo constante do Anexo III a esta Instrução Normativa.

Art. 10. A habilitação das bases temporárias de negócios no Brasil, instaladas por Confederações Fifa, por Associações estrangeiras membros da Fifa e por Prestadores de Serviços da Fifa, deverá ser requerida pela Fifa ou por Subsidiária Fifa no Brasil, por meio de formulário no modelo constante do Anexo IV a esta Instrução Normativa.

Parágrafo único. A habilitação do Parceiro Comercial da Fifa domiciliado no exterior deverá ser requerida pela Fifa ou por Subsidiária Fifa no Brasil, por meio de formulário no modelo constante do Anexo VIII a esta Instrução Normativa.

Art. 11. A habilitação da Emissora Fonte deverá ser efetuada pela Fifa ou por Subsidiária Fifa no Brasil, mediante requerimento no modelo constante do Anexo V a esta Instrução Normativa.

Art. 12. A habilitação das pessoas jurídicas industriais, domiciliadas no Brasil, que vendam diretamente produtos nacionais para uso ou consumo da Fifa, da Subsidiária Fifa no Brasil e da Emissora Fonte da Fifa, com isenção de Imposto sobre Produtos Industrializados (IPI), deverá ser efetuada pela Fifa ou por Subsidiária Fifa no Brasil, por meio de requerimento no modelo constante do Anexo VI a esta Instrução Normativa.

Art. 13. A habilitação das pessoas jurídicas industriais, domiciliadas no Brasil, que vendam diretamente bens duráveis para a Fifa, para a Subsidiária Fifa no Brasil e para a Emissora Fonte da Fifa, com suspensão de IPI, deverá ser efetuada pela Fifa ou por Subsidiária Fifa no Brasil, por meio de requerimento no modelo constante do Anexo VI a esta Instrução Normativa.

Art. 14. A habilitação das pessoas jurídicas, domiciliadas no Brasil, que vendam mercadorias com suspensão da incidência da Contribuição para o PIS/Pasep e da Contribuição para o Financiamento da Seguridade Social (Cofins) para a Fifa, para a Subsidiária Fifa no Brasil ou para a Emissora Fonte, deverá ser efetuada pela Fifa ou por Subsidiária Fifa no Brasil, por meio de requerimento no modelo constante do Anexo VI a esta Instrução Normativa.

IN RFB 1.289/2012

LEGISLAÇÃO

Art. 15. A habilitação das pessoas físicas não residentes no Brasil, empregadas ou de outra forma contratadas para trabalhar de forma pessoal e direta na organização ou na realização dos Eventos, que ingressarem no Brasil com visto temporário, deve ser efetuada pela Fifa ou por Subsidiária Fifa no Brasil, por meio de requerimento no modelo constante do Anexo VII a esta Instrução Normativa.

§ 1º A habilitação de que trata este artigo também é aplicável aos árbitros, aos jogadores de futebol, aos outros membros das delegações, não residentes no Brasil, e aos voluntários da Fifa, da Subsidiária Fifa no Brasil ou do LOC.

§ 2º Para a habilitação de que trata este artigo é necessário que o habilitando possua documento de identificação válido, sendo aceitos a esse título o passaporte ou o documento nacional de identificação, com fotografia, conforme previsto em acordo internacional do qual o Brasil seja signatário.

Capítulo III
DA APRESENTAÇÃO E DA ANÁLISE DO REQUERIMENTO

Art. 16. O requerimento de habilitação deverá ser encaminhado à DRF do domicílio fiscal da requerente.

Art. 17. Para a concessão da habilitação, a DRF deverá verificar o cumprimento das condições estabelecidas no art. 2º.

§ 1º A regularidade fiscal será verificada em procedimento interno da RFB, ficando dispensada a juntada de documentos comprobatórios.

§ 2º Na hipótese de ser constatada insuficiência na instrução do pedido, a requerente deverá ser intimada a regularizar as pendências no prazo de 20 (vinte) dias, contado da ciência da intimação.

Art. 18. O deferimento do requerimento de habilitação será formalizado por meio de Ato Declaratório Executivo (ADE) do chefe da unidade da RFB de que trata o art. 16, emitido no prazo de até 30 (trinta) dias, contado da data de apresentação do requerimento ou do atendimento à intimação prevista no § 2º do art. 17.

§ 1º Na hipótese de ser constatada insuficiência na instrução do pedido, o prazo de 30 (trinta) dias é contado a partir do atendimento à intimação prevista no § 2º do art. 17.

§ 2º O ADE será emitido para o número de inscrição no CNPJ objeto do requerimento.

§ 3º O ADE referente à habilitação da matriz aplica-se a todos os seus estabelecimentos.

§ 4º O ADE referente à habilitação de pessoa física ou de Eventos pode abranger mais de um habilitado.

§ 5º A habilitação requerida vigorará a partir da data de assinatura do respectivo ADE, que será publicado no sítio da RFB, na internet, no endereço mencionado no § 4º do art. 4º.

§ 6º O ADE de habilitação de pessoas, físicas ou jurídicas, deverá conter os seguintes elementos informativos:

I – o número do processo de habilitação;

II – o nome da pessoa, física ou jurídica, habilitada;

III – o número de inscrição no CPF ou no CNPJ da pessoa habilitada;

IV – a data de expiração da habilitação, caso a habilitação tenha sido requerida a termo; e

V – o número do Anexo a esta Instução Normativa que contém o modelo do requerimento a que corresponde a habilitação.

§ 7º O ADE de habilitação de Eventos deverá conter os seguintes elementos informativos:

I – o número do processo de habilitação;

II – o nome do Evento;

III – a data de inicio do Evento;

IV – a data de término do Evento; e

V – o local ou locais de realização do Evento.

§ 8º O chefe da unidade da RFB de que trata o *caput* encaminhará, via caixa corporativa eletrônica, os dados do ADE referente à habilitação ao setor responsável pela sua publicação no sítio da RFB na Internet, no endereço mencionado no § 4º do art. 4º.

Art. 19. Na hipótese de indeferimento do pedido de habilitação, caberá, no prazo de 10 (dez) dias, contado da data da ciência ao interessado, a apresentação de recurso, em instância única, ao Superintendente da Re-

IN RFB 1.289/2012

ceita Federal do Brasil da região fiscal do domicílio do requerente.

§ 1º O recurso de que trata o *caput* deverá ser protocolizado na unidade da RFB à qual foi apresentado o requerimento para habilitação.

§ 2º Proferida a decisão sobre o recurso, a unidade de que trata o § 1º adotará as providências cabíveis e dará ciência ao interessado.

Art. 20. A RFB divulgará, em seu sítio na Internet, no endereço mencionado no § 4º do art. 4º, a relação das pessoas físicas e jurídicas habilitadas na forma desta Instrução Normativa.

Capítulo IV
DO CANCELAMENTO DA HABILITAÇÃO

Art. 21. O cancelamento da habilitação ocorrerá:

I – a pedido; ou

II – de ofício, sempre que se apure que o beneficiário não satisfazia, ou deixou de satisfazer, ou não cumpria, ou deixou de cumprir, os requisitos para a habilitação de que trata esta Instrução Normativa.

§ 1º O pedido de cancelamento da habilitação deverá ser protocolizado na unidade da RFB à qual foi apresentado o requerimento para habilitação pela requerente ou pela habilitada.

§ 2º O cancelamento da habilitação será formalizado por meio de ADE emitido pelo chefe da unidade da RFB que emitiu o ADE de habilitação.

§ 3º No caso de cancelamento de ofício, caberá, no prazo de 10 (dez) dias, contado da data da ciência ao interessado, a apresentação de recurso, em instância única, ao Superintendente da Receita Federal do Brasil da região fiscal do domicílio do requerente.

§ 4º O recurso de que trata o § 3º deverá ser protocolizado na unidade da RFB que concedeu a habilitação.

§ 5º O ADE de cancelamento de habilitação deverá conter os seguintes elementos informativos:

I – o número do processo de desabilitação, caso seja diferente do de habilitação;

II – o número do ADE de habilitação;

III – o nome da pessoa, física ou jurídica, ou do Evento desabilitado; e

IV – o número de inscrição no CNPJ ou no CPF da pessoa desabilitada.

§ 6º O chefe da unidade da RFB de que trata o § 2º encaminhará, via caixa corporativa eletrônica, os dados do ADE referente à desabilitação ao setor responsável pela sua publicação no sítio da RFB, na Internet, no endereço mencionado no § 4º do art. 4º.

Capítulo V
DAS DISPOSIÇÕES FINAIS

Art. 22. A habilitação na forma desta Instrução Normativa ou na forma da Instrução Normativa RFB 1.211, de 24 de novembro de 2011, não substitui a habilitação na forma da Instrução Normativa RFB 1.176, de 22 de julho de 2011, para a fruição dos benefícios do Regime Especial de Tributação para Construção, Ampliação, Reforma ou Modernização de Estádios de Futebol (Recopa), instituído nos termos do art. 17 da Lei 12.350, de 2010.

Art. 23. A Coordenação-Geral de Gestão de Cadastros (Cocad) poderá editar ato complementar relativo aos procedimentos para inscrição no CPF e no CNPJ de que tratam os §§ 2º e 3º do art. 4º.

Art. 24. Esta Instrução Normativa entra em vigor na data de sua publicação.

Art. 25. Fica revogada a Instrução Normativa RFB 1.211, de 24 de novembro de 2011.

Parágrafo único. As habilitações concedidas para fins de gozo dos benefícios fiscais relativos à realização, no Brasil, da Copa das Confederações Fifa 2013 e da Copa do Mundo Fifa 2014 com base na Instrução Normativa RFB 1.211, de 2011, permanecem válidas.

• Deixamos de publicar os Anexos desta Instrução Normativa.

Carlos Alberto Freitas Barreto

(*DOU* 05.09.2012)

Lei 12.726/2012

LEGISLAÇÃO

LEI 12.726,
DE 16 DE OUTUBRO DE 2012

Acrescenta parágrafo único ao art. 95 da Lei 9.099, de 26 de setembro de 1995, para dispor sobre o Juizado Especial Itinerante.

A Presidenta da Republica:
Faço saber que o Congresso Nacional decreta e eu sanciono a seguinte Lei:
Art. 1º O art. 95 da Lei 9.099, de 26 de setembro de 1995, passa a vigorar acrescido do seguinte parágrafo único:
"Art. 95. [...]
"Parágrafo único. No prazo de 6 (seis) meses, contado da publicação desta Lei, serão criados e instalados os Juizados Especiais Itinerantes, que deverão dirimir, prioritariamente, os conflitos existentes nas áreas rurais ou nos locais de menor concentração populacional."
Art. 2º Esta Lei entra em vigor na data de sua publicação.
Brasília, 16 de outubro de 2012; 191º da Independência e 124º da República.
Dilma Rousseff

(DOU 17.10.2012)

LEI 12.734,
DE 30 DE NOVEMBRO DE 2012

Modifica as Leis 9.478, de 6 de agosto de 1997, e 12.351, de 22 de dezembro de 2010, para determinar novas regras de distribuição entre os entes da Federação dos royalties e da participação especial devidos em função da exploração de petróleo, gás natural e outros hidrocarbonetos fluidos, e para aprimorar o marco regulatório sobre a exploração desses recursos no regime de partilha.

- No *DOU* de 30.11.2012 – edição extra, esta Lei foi parcialmente vetada. No *DOU* de 15.03.2013 (rep. 25.03.2013), todos esses vetos foram rejeitados. Esta versão foi atualizada com todos os textos anteriormente vetados.
- O STF, na Med. Caut. em ADIn 4.917 (*DJE* 21.03.2013; divulgado em 20.03.2013), em face da urgência qualificada comprovada no caso, dos riscos objetivamente demonstrados da eficácia dos dispositivos e dos seus efeitos de difícil desfazimento, deferiu, *ad referendum* do Plenário, a medida cautelar para suspender os efeitos dos arts. 42-B; 42-C; 48, II; 49, II; 49-A; 49-B; 49-C; § 2º do art. 50; 50-A; 50-B; 50-C; 50-D; e 50-E da Lei Federal 9.478/1997, com as alterações promovidas pela Lei 12.734/2012, até o julgamento final da presente ação.

A Presidenta da República:
Faço saber que o Congresso Nacional decreta e eu sanciona a seguinte Lei:
Art. 1º Esta Lei dispõe sobre o pagamento e a distribuição dos *royalties* devidos em função da produção de petróleo, de gás natural e de outros hidrocarbonetos fluidos conforme disposto nas Leis 9.478, de 6 de agosto de 1997, e 12.351, de 22 de dezembro de 2010, bem como sobre o pagamento e a distribuição da participação especial a que se refere o art. 45 da Lei 9.478, de 1997.
Parágrafo único. Os *royalties* correspondem à compensação financeira devida à União, aos Estados, ao Distrito Federal e aos Municípios pela exploração e produção de petróleo, de gás natural e de outros hidrocarbonetos fluidos de que trata o § 1º do art. 20 da Constituição.
Art. 2º A Lei 12.351, de 22 de dezembro de 2010, passa a vigorar com a seguinte nova redação para o art. 42 e com os seguintes novos arts. 42-A, 42-B e 42-C:
"Art. 42. [...]
"[...]
"§ 1º Os *royalties*, com alíquota de 15% (quinze por cento) do valor da produção, correspondem à compensação financeira pela exploração do petróleo, de gás natural e de outros hidrocarbonetos líquidos de que trata o § 1º do art. 20 da Constituição Federal, sendo vedado, em qualquer hipótese, seu ressarcimento ao contratado e sua inclusão no cálculo do custo em óleo.
"§ 2º O bônus de assinatura não integra o custo em óleo e corresponde a valor fixo devido à União pelo contratado, devendo ser estabelecido pelo contrato de partilha de produção e pago no ato da sua assinatura, sendo vedado, em qualquer hipótese, seu ressarcimento ao contratado."
"Art. 42-A. Os *royalties* serão pagos mensalmente pelo contratado em moeda nacional, e incidirão sobre a produção de petróleo, de gás natural e de outros hidrocarbonetos fluidos, calculados a partir da data de início da produção comercial.

Lei 12.734/2012

LEGISLAÇÃO

"§ 1º Os critérios para o cálculo do valor dos *royalties* serão estabelecidos em ato do Poder Executivo, em função dos preços de mercado do petróleo, do gás natural e de outros hidrocarbonetos fluidos, das especificações do produto e da localização do campo.

"§ 2º A queima de gás em *flares*, em prejuízo de sua comercialização, e a perda de produto ocorrida sob a responsabilidade do contratado serão incluídas no volume total da produção a ser computada para cálculo dos *royalties*, sob os regimes de concessão e partilha, e para cálculo da participação especial, devida sob regime de concessão."

"Art. 42-B. Os *royalties* devidos em função da produção de petróleo, de gás natural e de outros hidrocarbonetos fluidos sob o regime de partilha de produção serão distribuídos da seguinte forma:

"I – quando a produção ocorrer em terra, rios, lagos, ilhas lacustres ou fluviais:

"*a*) 20% (vinte por cento) para os Estados ou o Distrito Federal, se for o caso, produtores;

"*b*) 10% (dez por cento) para os Municípios produtores;

"*c*) 5% (cinco por cento) para os Municípios afetados por operações de embarque e desembarque de petróleo, gás natural e outro hidrocarboneto fluido, na forma e critérios estabelecidos pela Agência Nacional do Petróleo, Gás Natural e Biocombustíveis (ANP);

"*d*) 25% (vinte e cinco por cento) para constituição de fundo especial, a ser distribuído entre Estados e o Distrito Federal, se for o caso, de acordo com os seguintes critérios:

"1. os recursos serão distribuídos somente para os Estados e, se for o caso, o Distrito Federal, que não tenham recebido recursos em decorrência do disposto na alínea *a* deste inciso, na alínea *a* do inciso II deste artigo, na alínea *a* do inciso II dos arts. 48 e 49 da Lei 9.478, de 6 de agosto de 1997, e no inciso II do § 2º do art. 50 da Lei 9.478, de 6 de agosto de 1997;

"2. o rateio dos recursos do fundo especial obedecerá às mesmas regras do rateio do Fundo de Participação dos Estados e do Distrito Federal (FPE), de que trata o art. 159 da Constituição;

"3. o percentual que o FPE destina aos Estados e ao Distrito Federal, se for o caso, que serão excluídos do rateio dos recursos do fundo especial em decorrência do disposto no item 1 será redistribuído entre os demais Estados e o Distrito Federal, se for o caso, proporcionalmente às suas participações no FPE;

"4. o Estado produtor ou confrontante, e o Distrito Federal, se for produtor, poderá optar por receber os recursos do fundo especial de que trata esta alínea, desde que não receba recursos em decorrência do disposto na alínea *a* deste inciso, na alínea *a* do inciso II deste artigo, na alínea *a* do inciso II dos arts. 48 e 49 da Lei 9.478, de 6 de agosto de 1997, e no inciso II do § 2º do art. 50 da Lei 9.478, de 6 de agosto de 1997;

"5. os recursos que Estados produtores ou confrontantes, ou que o Distrito Federal, se for o caso, tenham deixado de arrecadar em função da opção prevista no item 4 serão adicionados aos recursos do fundo especial de que trata esta alínea;

"*e*) 25% (vinte e cinco por cento) para constituição de fundo especial, a ser distribuído entre os Municípios de acordo com os seguintes critérios:

"1. os recursos serão distribuídos somente para os Municípios que não tenham recebido recursos em decorrência do disposto nas alíneas *b* e *c* deste inciso e do inciso II deste artigo, nas alíneas *b* e *c* do inciso II dos arts. 48 e 49 da Lei 9.478, de 6 de agosto de 1997, e no inciso III do § 2º do art. 50 da Lei 9.478, de 6 de agosto de 1997;

"2. o rateio dos recursos do fundo especial obedecerá às mesmas regras do rateio do Fundo de Participação dos Municípios (FPM), de que trata o art. 159 da Constituição;

"3. o percentual que o FPM destina aos Municípios que serão excluídos do rateio dos recursos do fundo especial em decorrência do disposto no item 1 será redistribuído entre Municípios proporcionalmente às suas participações no FPM;

Lei 12.734/2012

LEGISLAÇÃO

"4. o Município produtor ou confrontante poderá optar por receber os recursos do fundo especial de que trata esta alínea, desde que não receba recursos em decorrência do disposto nas alíneas *b* e *c* deste inciso e do inciso II deste artigo, nas alíneas *b* e *c* do inciso II dos arts. 48 e 49 da Lei 9.478, de 6 de agosto de 1997, e no inciso III do § 2º do art. 50 da Lei 9.478, de 6 de agosto de 1997;

"5. os recursos que Municípios produtores ou confrontantes tenham deixado de arrecadar em função da opção prevista no item 4 serão adicionados aos recursos do fundo especial de que trata esta alínea;

"*f)* 15% (quinze por cento) para a União, a ser destinado ao Fundo Social, instituído por esta Lei, deduzidas as parcelas destinadas aos órgãos específicos da Administração Direta da União, nos termos do regulamento do Poder Executivo;

"II – quando a produção ocorrer na plataforma continental, no mar territorial ou na zona econômica exclusiva:

"*a)* 22% (vinte e dois por cento) para os Estados confrontantes;

"*b)* 5% (cinco por cento) para os Municípios confrontantes;

"*c)* 2% (dois por cento) para os Municípios afetados por operações de embarque e desembarque de petróleo, gás natural e outro hidrocarboneto fluido, na forma e critérios estabelecidos pela ANP;

"*d)* 24,5% (vinte e quatro inteiros e cinco décimos por cento) para constituição de fundo especial, a ser distribuído entre Estados e o Distrito Federal, se for o caso, de acordo com os seguintes critérios:

"1. os recursos serão distribuídos somente para os Estados e, se for o caso, o Distrito Federal, que não tenham recebido recursos em decorrência do disposto na alínea *a* do inciso I e deste inciso II, na alínea *a* do inciso II dos arts. 48 e 49 da Lei 9.478, de 6 de agosto de 1997, e no inciso II do § 2º do art. 50 da Lei 9.478, de 6 de agosto de 1997;

"2. o rateio dos recursos do fundo especial obedecerá às mesmas regras do rateio do Fundo de Participação dos Estados e do Distrito Federal (FPE), de que trata o art. 159 da Constituição;

"3. o percentual que o FPE destina aos Estados e ao Distrito Federal, se for o caso, que serão excluídos do rateio dos recursos do fundo especial em decorrência do disposto no item 1 será redistribuído entre os demais Estados e o Distrito Federal, se for o caso, proporcionalmente às suas participações no FPE;

"4. o Estado produtor ou confrontante, e o Distrito Federal, se for produtor, poderá optar por receber os recursos do fundo especial de que trata esta alínea, desde que não receba recursos em decorrência do disposto na alínea *a* do inciso I e deste inciso II, na alínea *a* do inciso II dos arts. 48 e 49 da Lei 9.478, de 6 de agosto de 1997, e no inciso II do § 2º do art. 50 da Lei 9.478, de 6 de agosto de 1997;

"5. os recursos que Estados produtores ou confrontantes, ou que o Distrito Federal, se for o caso, tenham deixado de arrecadar em função da opção prevista no item 4 serão adicionados aos recursos do fundo especial de que trata esta alínea;

"*e)* 24,5% (vinte e quatro inteiros e cinco décimos por cento) para constituição de fundo especial, a ser distribuído entre os Municípios de acordo com os seguintes critérios:

"1. os recursos serão distribuídos somente para os Municípios que não tenham recebido recursos em decorrência do disposto nas alíneas *b* e *c* do inciso I e deste inciso II, nas alíneas *b* e *c* do inciso II dos arts. 48 e 49 da Lei 9.478, de 6 de agosto de 1997, e no inciso III do § 2º do art. 50 da Lei 9.478, de 6 de agosto de 1997;

"2. o rateio dos recursos do fundo especial obedecerá às mesmas regras do rateio do Fundo de Participação dos Municípios (FPM), de que trata o art. 159 da Constituição;

"3. o percentual que o FPM destina aos Municípios que serão excluídos do rateio dos recursos do fundo especial em decorrência do disposto no item 1 será redistribuído entre Municípios proporcionalmente às suas participações no FPM;

"4. o Município produtor ou confrontante poderá optar por receber os recursos do fundo especial de que trata esta alínea, desde que não receba recursos em decor-

Lei 12.734/2012

LEGISLAÇÃO

rência do disposto nas alíneas *b* e *c* do inciso I e deste inciso II, nas alíneas *b* e *c* do inciso II dos arts. 48 e 49 da Lei 9.478, de 6 de agosto de 1997, e no inciso III do § 2º do art. 50 da Lei 9.478, de 6 de agosto de 1997;

"5. os recursos que Municípios produtores ou confrontantes tenham deixado de arrecadar em função da opção prevista no item 4 serão adicionados aos recursos do fundo especial de que trata esta alínea;

"*f*) 22% (vinte e dois por cento) para a União, a ser destinado ao Fundo Social, instituído por esta Lei, deduzidas as parcelas destinadas aos órgãos específicos da Administração Direta da União, nos termos do regulamento do Poder Executivo.

"§ 1º A soma dos valores referentes aos *royalties* devidos aos Municípios nos termos das alíneas *b* e *c* dos incisos I e II deste artigo, com os *royalties* devidos nos termos das alíneas *b* e *c* dos incisos I e II dos arts. 48 e 49 da Lei 9.478, de 6 de agosto de 1997, com a participação especial devida nos termos do inciso III do § 2º do art. 50 da Lei 9.478, de 6 de agosto de 1997, ficarão limitados ao maior dos seguintes valores:

"I – os valores que o Município recebeu a título de *royalties* e participação especial em 2011;

"II – 2 (duas) vezes o valor *per capita* distribuído pelo FPM, calculado em nível nacional, multiplicado pela população do Município.

"§ 2º A parcela dos *royalties* de que trata este artigo que contribuiu para o valor que exceder o limite de pagamentos aos Municípios em decorrência do disposto no § 1º será transferida para o fundo especial de que trata a alínea *e* dos incisos I e II.

"§ 3º Os pontos de entrega às concessionárias de gás natural produzido no País serão considerados instalações de embarque e desembarque, para fins de pagamento de *royalties* aos Municípios afetados por essas operações, em razão do disposto na alínea *c* dos incisos I e II.

"§ 4º A opção dos Estados, Distrito Federal e Municípios de que trata o item 4 das alíneas *d* e *e* dos incisos I e II poderá ser feita após conhecido o valor dos *royalties* e da participação especial a serem distribuídos, nos termos do regulamento."

"Art. 42-C. Os recursos do fundo especial de que tratam os incisos I e II do *caput* do art. 42-B terão a destinação prevista no art. 50-E da Lei 9.478, de 6 de agosto de 1997."

Art. 3º A Lei 9.478, de 6 de agosto de 1997, passa a vigorar com as seguintes novas redações para os arts. 48, 49 e 50, e com os seguintes novos arts. 49-A, 49-B, 49-C, 50-A, 50-B, 50-C, 50-D, 50-E e 50-F:

"Art. 48. A parcela do valor dos *royalties*, previstos no contrato de concessão, que representar 5% (cinco por cento) da produção, correspondente ao montante mínimo referido no § 1º do art. 47, será distribuída segundo os seguintes critérios:

"I – quando a lavra ocorrer em terra ou em lagos, rios, ilhas fluviais e lacustres:

"*a*) 70% (setenta por cento) aos Estados onde ocorrer a produção;

"*b*) 20% (vinte por cento) aos Municípios onde ocorrer a produção; e

"*c*) 10% (dez por cento) aos Municípios que sejam afetados pelas operações de embarque e desembarque de petróleo, gás natural e outros hidrocarbonetos fluidos, na forma e critérios estabelecidos pela ANP;

"II – quando a lavra ocorrer na plataforma continental, no mar territorial ou na zona econômica exclusiva:

"*a*) 20% (vinte por cento) para os Estados confrontantes;

"*b*) 17% (dezessete por cento) para os Municípios confrontantes e respectivas áreas geoeconômicas, conforme definido nos arts. 2º, 3º e 4º da Lei 7.525, de 22 de julho de 1986;

"*c*) 3% (três por cento) para os Municípios que sejam afetados pelas operações de embarque e desembarque de petróleo, de gás natural e de outros hidrocarbonetos fluidos, na forma e critério estabelecidos pela ANP;

"*d*) 20% (vinte por cento) para constituição de fundo especial, a ser distribuído entre Estados e o Distrito Federal, se for o caso, de acordo com os seguintes critérios:

"1. os recursos serão distribuídos somente para os Estados e, se for o caso, o Distrito

Lei 12.734/2012

Federal, que não tenham recebido recursos em decorrência do disposto na alínea *a* dos incisos I e II do art. 42-B da Lei 12.351, de 22 de dezembro de 2010, na alínea *a* deste inciso e do inciso II do art. 49 desta Lei e no inciso II do § 2º do art. 50 desta Lei;

"2. o rateio dos recursos do fundo especial obedecerá às mesmas regras do rateio do Fundo de Participação dos Estados e do Distrito Federal (FPE), de que trata o art. 159 da Constituição;

"3. o percentual que o FPE destina aos Estados e ao Distrito Federal, se for o caso, que serão excluídos do rateio dos recursos do fundo especial em decorrência do disposto no item 1 será redistribuído entre os demais Estados e o Distrito Federal, se for o caso, proporcionalmente às suas participações no FPE;

"4. o Estado produtor ou confrontante, e o Distrito Federal, se for produtor, poderá optar por receber os recursos do fundo especial de que trata esta alínea, desde que não receba recursos em decorrência do disposto na alínea *a* dos incisos I e II do art. 42-B da Lei 12.351, de 22 de dezembro de 2010, na alínea *a* deste inciso e do inciso II do art. 49 desta Lei e no inciso II do § 2º do art. 50 desta Lei;

"5. os recursos que Estados produtores ou confrontantes, ou que o Distrito Federal, se for o caso, tenham deixado de arrecadar em função da opção prevista no item 4 serão adicionados aos recursos do fundo especial de que trata esta alínea;

"*e*) 20% (vinte por cento) para constituição de fundo especial, a ser distribuído entre os Municípios de acordo com os seguintes critérios:

"1. os recursos serão distribuídos somente para os Municípios que não tenham recebido recursos em decorrência do disposto nas alíneas *b* e *c* dos incisos I e II do art. 42-B da Lei 12.351, de 22 de dezembro de 2010, nas alíneas *b* e *c* deste inciso e do inciso II do art. 49 desta Lei e no inciso III do § 2º do art. 50 desta Lei;

"2. o rateio dos recursos do fundo especial obedecerá às mesmas regras do rateio do Fundo de Participação dos Municípios (FPM), de que trata o art. 159 da Constituição;

"3. o percentual que o FPM destina aos Municípios que serão excluídos do rateio dos recursos do fundo especial em decorrência do disposto no item 1 será redistribuído entre Municípios proporcionalmente às suas participações no FPM;

"4. o Município produtor ou confrontante poderá optar por receber os recursos do fundo especial de que trata esta alínea, desde que não receba recursos em decorrência do disposto nas alíneas *b* e *c* dos incisos I e II do art. 42-B da Lei 12.351, de 22 de dezembro de 2010, nas alíneas *b* e *c* deste inciso e do inciso II do art. 49 desta Lei e no inciso III do § 2º do art. 50 desta Lei;

"5. os recursos que Municípios produtores ou confrontantes tenham deixado de arrecadar em função da opção prevista no item 4 serão adicionados aos recursos do fundo especial de que trata esta alínea;

"*f*) 20% (vinte por cento) para a União, a ser destinado ao Fundo Social, instituído por esta Lei, deduzidas as parcelas destinadas aos órgãos específicos da Administração Direta da União, nos termos do regulamento do Poder Executivo.

"§ 1º A soma dos valores referentes aos *royalties* devidos aos Municípios nos termos das alíneas *b* e *c* dos incisos I e II do art. 42-B da Lei 12.351, de 22 de dezembro de 2010, com os *royalties* devidos nos termos das alíneas *b* e *c* dos incisos I e II deste art. 48 e do art. 49 desta Lei, com a participação especial devida nos termos do inciso III do § 2º do art. 50 desta Lei, ficarão limitados ao maior dos seguintes valores:

"I – os valores que o Município recebeu a título de *royalties* e participação especial em 2011;

"II – 2 (duas) vezes o valor *per capita* distribuído pelo FPM, calculado em nível nacional, multiplicado pela população do Município.

"§ 2º A parcela dos *royalties* de que trata este artigo que contribuir para o que exceder o limite de pagamentos aos Municípios em decorrência do disposto no § 1º será transferida para o fundo especial de que trata a alínea *e* do inciso II.

"§ 3º Os pontos de entrega às concessionárias de gás natural produzido no País se-

Lei 12.734/2012

LEGISLAÇÃO

rão considerados instalações de embarque e desembarque, para fins de pagamento de *royalties* aos Municípios afetados por essas operações, em razão do disposto na alínea c dos incisos I e II.

"§ 4º A opção dos Estados, Distrito Federal e Municípios de que trata o item 4 das alíneas *d* e *e* do inciso II poderá ser feita após conhecido o valor dos *royalties* e da participação especial a serem distribuídos, nos termos do regulamento."

"Art. 49. [...]

"I – [...]

"[...]

"*d*) 25% (vinte e cinco por cento) para a União, a ser destinado ao Fundo Social, instituído por esta Lei, deduzidas as parcelas destinadas aos órgãos específicos da Administração Direta da União, nos termos do regulamento do Poder Executivo;

"II – [...]

"*a*) 20% (vinte por cento) para os Estados confrontantes;

"*b*) 17% (dezessete por cento) para os Municípios confrontantes e respectivas áreas geoeconômicas, conforme definido nos arts. 2º, 3º e 4º da Lei 7.525, de 22 de julho de 1986;

"*c*) 3% (três por cento) para os Municípios que sejam afetados pelas operações de embarque e desembarque de petróleo, de gás natural e de outros hidrocarbonetos fluidos, na forma e critério estabelecidos pela ANP;

"*d*) 20% (vinte por cento) para constituição de fundo especial, a ser distribuído entre Estados e o Distrito Federal, se for o caso, de acordo com os seguintes critérios:

"1. os recursos serão distribuídos somente para os Estados e, se for o caso, o Distrito Federal, que não tenham recebido recursos em decorrência do disposto na alínea *a* dos incisos I e II do art. 42-B da Lei 12.351, de 22 de dezembro de 2010, na alínea *a* deste inciso e do inciso II do art. 48 desta Lei e no inciso II do § 2º do art. 50 desta Lei;

"2. o rateio dos recursos do fundo especial obedecerá às mesmas regras do rateio do Fundo de Participação dos Estados e do Distrito Federal (FPE), de que trata o art. 159 da Constituição;

"3. o percentual que o FPE destina aos Estados e ao Distrito Federal, se for o caso, que serão excluídos do rateio dos recursos do fundo especial em decorrência do disposto no item 1 será redistribuído entre os demais Estados e o Distrito Federal, se for o caso, proporcionalmente às suas participações no FPE;

"4. o Estado produtor ou confrontante, e o Distrito Federal, se for produtor, poderá optar por receber os recursos do fundo especial de que trata esta alínea, desde que não receba os recursos referidos no item 1;

"5. os recursos que Estados produtores ou confrontantes, ou que o Distrito Federal, se for o caso, tenham deixado de arrecadar em função da opção prevista no item 4 serão adicionados aos recursos do fundo especial de que trata esta alínea;

"*e*) 20% (vinte por cento) para constituição de fundo especial, a ser distribuído entre os Municípios de acordo com os seguintes critérios:

"1. os recursos serão distribuídos somente para os Municípios que não tenham recebido recursos em decorrência do disposto nas alíneas *b* e *c* dos incisos I e II do art. 42-B da Lei 12.351, de 22 de dezembro de 2010, nas alíneas *b* e *c* deste inciso e do inciso II do art. 48 desta Lei e no inciso III do § 2º do art. 50 desta Lei;

"2. o rateio dos recursos do fundo especial obedecerá às mesmas regras do rateio do FPM, de que trata o art. 159 da Constituição;

"3. o percentual que o FPM destina aos Municípios que serão excluídos do rateio dos recursos do fundo especial em decorrência do disposto no item 1 será redistribuído entre Municípios proporcionalmente às suas participações no FPM;

"4. o Município produtor ou confrontante poderá optar por receber os recursos do fundo especial de que trata esta alínea, desde que não receba os recursos referidos no item 1;

"5. os recursos que Municípios produtores ou confrontantes tenham deixado de arrecadar em função da opção prevista no item 4 serão adicionados aos recursos do fundo especial de que trata esta alínea;

Lei 12.734/2012

LEGISLAÇÃO

"*f)* 20% (vinte por cento) para a União, a ser destinado ao Fundo Social, instituído por esta Lei, deduzidas as parcelas destinadas aos órgãos específicos da Administração Direta da União, nos termos do regulamento do Poder Executivo.

"§ 1º *(Revogado.)*

"§ 2º *(Revogado.)*

"§ 3º *(Revogado.)*

"§ 4º A soma dos valores referentes aos *royalties* devidos aos Municípios nos termos das alíneas *b* e *c* dos incisos I e II do art. 42-B da Lei 12.351, de 22 de dezembro de 2010, com os *royalties* devidos nos termos das alíneas *b* e *c* dos incisos I e II deste artigo e do art. 48 desta Lei, com a participação especial devida nos termos do inciso III do § 2º do art. 50 desta Lei, ficarão limitados ao maior dos seguintes valores:

"I – os valores que o Município recebeu a título de *royalties* e participação especial em 2011;

"II – 2 (duas) vezes o valor *per capita* distribuído pelo FPM, calculado em nível nacional, multiplicado pela população do Município.

"§ 5º A parcela dos *royalties* de que trata este artigo que contribuir para o valor que exceder o limite de pagamentos aos Municípios em decorrência do disposto no § 4º será transferida para o fundo especial de que trata a alínea *e* do inciso II.

"§ 6º A opção dos Estados, Distrito Federal e Municípios de que trata o item 4 das alíneas *d* e *e* do inciso II poderá ser feita após conhecido o valor dos *royalties* e da participação especial a serem distribuídos, nos termos do regulamento.

"§ 7º Os pontos de entrega às concessionárias de gás natural produzido no País serão considerados instalações de embarque e desembarque, para fins de pagamento de *royalties* aos Municípios afetados por essas operações, em razão do disposto na alínea *c* dos incisos I e II."

"Art. 49-A. Os percentuais de distribuição a que se referem a alínea *b* do inciso II do art. 48 e a alínea *b* do inciso II do art. 49 serão reduzidos:

"I – em 2 (dois) pontos percentuais em 2013 e em cada ano subsequente até 2018, quando alcançará 5% (cinco por cento);

"II – em 1 (um) ponto percentual em 2019, quando alcançará o mínimo de 4% (quatro por cento).

"Parágrafo único. A partir de 2019, o percentual de distribuição a que se refere este artigo será de 4% (quatro por cento)."

"Art. 49-B. Os percentuais de distribuição a que se referem a alínea *d* do inciso II do art. 48 e a alínea *d* do inciso II do art. 49 serão acrescidos:

"I – em 1 (um) ponto percentual em 2013 e em cada ano subsequente até atingir 24% (vinte e quatro por cento) em 2016;

"II – em 1,5 (um inteiro e cinco décimos) de ponto percentual em 2017, quando atingirá 25,5% (vinte e cinco inteiros e cinco décimos por cento);

"III – em 1 (um) ponto percentual em 2018, quando atingirá 26,5% (vinte e seis inteiros e cinco décimos por cento);

"IV – em 0,5 (cinco décimos) de ponto percentual em 2019, quando atingirá o máximo de 27% (vinte e sete por cento).

"Parágrafo único. A partir de 2019, o percentual de distribuição a que se refere este artigo será de 27% (vinte e sete por cento)."

"Art. 49-C. Os percentuais de distribuição a que se referem a alínea *e* do inciso II do art. 48 e a alínea *e* do inciso II do art. 49 serão acrescidos:

"I – em 1 (um) ponto percentual em 2013 e em cada ano subsequente até atingir 24% (vinte e quatro por cento) em 2016;

"II – em 1,5 (um inteiro e cinco décimos) de ponto percentual em 2017, quando atingirá 25,5% (vinte e cinco inteiros e cinco décimos por cento);

"III – em 1 (um) ponto percentual em 2018, quando atingirá 26,5% (vinte e seis inteiros e cinco décimos por cento);

"IV – em 0,5 (cinco décimos) de ponto percentual em 2019, quando atingirá o máximo de 27% (vinte e sete por cento).

"Parágrafo único. A partir de 2019, o percentual de distribuição a que se refere este artigo será de 27% (vinte e sete por cento)."

"Art. 50. [...]

"[...]

Lei 12.734/2012

LEGISLAÇÃO

"§ 2º [...]

"I – 42% (quarenta e dois por cento) à União, a ser destinado ao Fundo Social, instituído pela Lei 12.351, de 2010, deduzidas as parcelas destinadas aos órgãos específicos da Administração Direta da União, nos termos do regulamento do Poder Executivo;

"II – 34% (trinta e quatro por cento) para o Estado onde ocorrer a produção em terra, ou confrontante com a plataforma continental onde se realizar a produção;

"III – 5% (cinco por cento) para o Município onde ocorrer a produção em terra, ou confrontante com a plataforma continental onde se realizar a produção;

"IV – 9,5% (nove inteiros e cinco décimos por cento) para constituição de fundo especial, a ser distribuído entre Estados e o Distrito Federal, se for o caso, de acordo com os seguintes critérios:

"a) os recursos serão distribuídos somente para os Estados e, se for o caso, o Distrito Federal, que não tenham recebido recursos em decorrência do disposto na alínea a dos incisos I e II do art. 42-B da Lei 12.351, de 22 de dezembro de 2010, na alínea a do inciso II dos arts. 48 e 49 desta Lei e no inciso II do § 2º deste artigo;

"b) o rateio dos recursos do fundo especial obedecerá às mesmas regras do rateio do Fundo de Participação dos Estados e do Distrito Federal (FPE), de que trata o art. 159 da Constituição;

"c) o percentual que o FPE destina aos Estados e ao Distrito Federal, se for o caso, que serão excluídos do rateio dos recursos do fundo especial em decorrência do disposto na alínea a será redistribuído entre os demais Estados e o Distrito Federal, se for o caso, proporcionalmente às suas participações no FPE;

"d) o Estado produtor ou confrontante, e o Distrito Federal, se for produtor, poderá optar por receber os recursos do fundo especial de que trata este inciso, desde que não receba recursos em decorrência do disposto na alínea a dos incisos I e II do art. 42-B da Lei 12.351, de 22 de dezembro de 2010, na alínea a do inciso II dos arts. 48 e 49 desta Lei e no inciso II do § 2º deste artigo;

"e) os recursos que Estados produtores ou confrontantes, ou que o Distrito Federal, se for o caso, tenham deixado de arrecadar em função da opção prevista na alínea d serão adicionados aos recursos do fundo especial de que trata este inciso;

"V – 9,5% (nove inteiros e cinco décimos por cento) para constituição de fundo especial, a ser distribuído entre os Municípios de acordo com os seguintes critérios:

"a) os recursos serão distribuídos somente para os Municípios que não tenham recebido recursos em decorrência do disposto nas alíneas b e c dos incisos I e II do art. 42-B da Lei 12.351, de 22 de dezembro de 2010, nas alíneas b e c do inciso II dos arts. 48 e 49 desta Lei e no inciso III do § 2º deste artigo;

"b) o rateio dos recursos do fundo especial obedecerá às mesmas regras do rateio do FPM, de que trata o art. 159 da Constituição;

"c) o percentual que o FPM destina aos Municípios que serão excluídos do rateio dos recursos do fundo especial em decorrência do disposto na alínea a será redistribuído entre Municípios proporcionalmente às suas participações no FPM;

"d) o Município produtor ou confrontante poderá optar por receber os recursos do fundo especial de que trata este inciso, desde que não receba recursos em decorrência do disposto nas alíneas b e c dos incisos I e II do art. 42-B da Lei 12.351, de 22 de dezembro de 2010, nas alíneas b e c do inciso II dos arts. 48 e 49 desta Lei e no inciso III do § 2º deste artigo;

"e) os recursos que Municípios produtores ou confrontantes tenham deixado de arrecadar em função da opção prevista na alínea d serão adicionados aos recursos do fundo especial de que trata este inciso.

"§ 3º [...]

"§ 4º (Revogado.)

"§ 5º A soma dos valores referentes aos *royalties* devidos aos Municípios nos termos das alíneas b e c dos incisos I e II do art. 42-B da Lei 12.351, de 22 de dezembro de 2010, com os *royalties* devidos nos termos das alíneas b e c dos incisos I e II dos arts. 48 e 49 desta Lei, com a participação especial devida nos termos do inciso III do §

Lei 12.734/2012

2º deste artigo, ficarão limitados ao maior dos seguintes valores:

"I – os valores que o Município recebeu a título de *royalties* e participação especial em 2011;

"II – 2 (duas) vezes o valor *per capita* distribuído pelo FPM, calculado em nível nacional, multiplicado pela população do Município.

"§ 6º A opção dos Estados, Distrito Federal e Municípios de que trata a alínea *d* dos incisos IV e V poderá ser feita após conhecido o valor dos *royalties* e da participação especial a serem distribuídos, nos termos do regulamento.

"§ 7º A parcela da participação especial que contribuir para o valor que exceder o limite de pagamentos aos Municípios em decorrência do disposto no § 5º será transferida para o fundo especial de que trata o inciso V do § 2º."

"Art. 50-A. O percentual de distribuição a que se refere o inciso I do § 2º do art. 50 será acrescido de 1 (um) ponto percentual em 2013 e em cada ano subsequente até 2016, quando alcançará 46% (quarenta e seis por cento).

"Parágrafo único. A partir de 2016, o percentual de distribuição a que se refere este artigo será de 46% (quarenta e seis por cento)."

"Art. 50-B. O percentual de distribuição a que se refere o inciso II do § 2º do art. 50 será reduzido:

"I – em 2 (dois) pontos percentuais em 2013, quando atingirá 32% (trinta e dois por cento);

"II – em 3 (três) pontos percentuais em 2014 e em 2015, quando atingirá 26% (vinte e seis por cento);

"III – em 2 (dois) pontos percentuais em 2016, em 2017 e em 2018, quando atingirá 20% (vinte por cento).

"Parágrafo único. A partir de 2018, o percentual de distribuição a que se refere este artigo será de 20% (vinte por cento)."

"Art. 50-C. O percentual de distribuição a que se refere o inciso III do § 2º do art. 50 será reduzido em 1 (um) ponto percentual em 2019, quando atingirá 4% (quatro por cento).

"Parágrafo único. A partir de 2019, o percentual de distribuição a que se refere este artigo será de 4% (quatro por cento)."

"Art. 50-D. O percentual de distribuição a que se refere o inciso IV do § 2º do art. 50 será acrescido:

"I – em 0,5 (cinco décimos) de ponto percentual em 2013, quando atingirá 10% (dez por cento);

"II – em 1 (um) ponto percentual em 2014 e em 2015, quando atingirá 12% (doze por cento);

"III – em 0,5 (cinco décimos) de ponto percentual em 2016, quando atingirá 12,5% (doze inteiros e cinco décimos por cento);

"IV – em 1 (um) ponto percentual em 2017 e em 2018, quando atingirá 14,5% (quatorze inteiros e cinco décimos por cento);

"V – em 0,5 (cinco décimos) de ponto percentual em 2019, quando atingirá 15% (quinze por cento).

"Parágrafo único. A partir de 2019, o percentual de distribuição a que se refere este artigo será de 15% (quinze por cento)."

"Art. 50-E. O percentual de distribuição a que se refere o inciso V do § 2º do art. 50 será acrescido:

"I – em 0,5 (cinco décimos) de ponto percentual em 2013, quando atingirá 10% (dez por cento);

"II – em 1 (um) ponto percentual em 2014 e em 2015, quando atingirá 12% (doze por cento);

"III – em 0,5 (cinco décimos) de ponto percentual em 2016, quando atingirá 12,5% (doze inteiros e cinco décimos por cento);

"IV – em 1 (um) ponto percentual em 2017 e em 2018, quando atingirá 14,5% (quatorze inteiros e cinco décimos por cento);

"V – em 0,5 (cinco décimos) de ponto percentual em 2019, quando atingirá 15% (quinze por cento).

"Parágrafo único. A partir de 2019, o percentual de distribuição a que se refere este artigo será de 15% (quinze por cento)."

"Art. 50-F. O fundo especial de que tratam as alíneas *d* e *e* do inciso II dos arts. 48 e 49 desta Lei, os incisos IV e V do § 2º do art. 50 desta Lei e as alíneas *d* e *e* dos incisos I e II do art. 42-B da Lei 12.351, de 22 de dezembro de 2010, serão destinados para as áreas de educação, infraestrutura social e

Lei 12.761/2012

LEGISLAÇÃO

econômica, saúde, segurança, programas de erradicação da miséria e da pobreza, cultura, esporte, pesquisa, ciência e tecnologia, defesa civil, meio ambiente, em programas voltados para a mitigação e adaptação às mudanças climáticas, e para o tratamento e reinserção social dos dependentes químicos.

"Parágrafo único. Os Estados, o Distrito Federal e os Municípios encaminharão anexo contendo a previsão para a aplicação dos recursos de que trata o *caput* junto aos respectivos planos plurianuais, leis de diretrizes orçamentárias e leis do orçamento anual."

Art. 4º Revogam-se:
I – os §§ 1º, 2º e 3º do art. 49 e o § 4º do art. 50, todos da Lei 9.478, de 6 de agosto de 1997; e
II – o inciso IV e o § 1º do art. 49 da Lei 12.351, de 22 de dezembro de 2010.

Art. 5º Esta Lei entra em vigor na data de sua publicação.

Brasília, 30 de novembro de 2012; 191º da Independência e 124º da República.

Dilma Rousseff

(*DOU* 30.11.2012, edição extra)

LEI 12.761, DE 27 DE DEZEMBRO DE 2012

Institui o Programa de Cultura do Trabalhador; cria o vale-cultura; altera as Leis 8.212, de 24 de julho de 1991, e 7.713, de 22 de dezembro de 1988, e a Consolidação das Leis do Trabalho – CLT, aprovada pelo Decreto-lei 5.452, de 1º de maio de 1943; e dá outras providências.

A Presidenta da República.
Faço saber que o Congresso Nacional decreta e eu sanciono a seguinte Lei:

Art. 1º Fica instituído, sob a gestão do Ministério da Cultura, o Programa de Cultura do Trabalhador, destinado a fornecer aos trabalhadores meios para o exercício dos direitos culturais e acesso às fontes da cultura.

Art. 2º O Programa de Cultura do Trabalhador tem os seguintes objetivos:
I – possibilitar o acesso e a fruição dos produtos e serviços culturais;
II – estimular a visitação a estabelecimentos culturais e artísticos; e
III – incentivar o acesso a eventos e espetáculos culturais e artísticos.

§ 1º Para os fins deste Programa, são definidos os serviços e produtos culturais da seguinte forma:
I – serviços culturais: atividades de cunho artístico e cultural fornecidas por pessoas jurídicas, cujas características se enquadrem nas áreas culturais previstas no § 2º; e
II – produtos culturais: materiais de cunho artístico, cultural e informativo, produzidos em qualquer formato ou mídia por pessoas físicas ou jurídicas, cujas características se enquadrem nas áreas culturais previstas no § 2º.

§ 2º Consideram-se áreas culturais para fins do disposto nos incisos I e II do § 1º:
I – artes visuais;
II – artes cênicas;
III – audiovisual;
IV – literatura, humanidades e informação;
V – música; e
VI – patrimônio cultural.

§ 3º O Poder Executivo poderá ampliar as áreas culturais previstas no § 2º.

Art. 3º Fica criado o vale-cultura, de caráter pessoal e intransferível, válido em todo o território nacional, para acesso e fruição de produtos e serviços culturais, no âmbito do Programa de Cultura do Trabalhador.

Art. 4º O vale-cultura será confeccionado e comercializado por empresas operadoras e disponibilizado aos usuários pelas empresas beneficiárias para ser utilizado nas empresas recebedoras.

Art. 5º Para os efeitos desta Lei, entende-se por:
I – empresa operadora: pessoa jurídica cadastrada no Ministério da Cultura, possuidora do Certificado de Inscrição no Programa de Cultura do Trabalhador e autorizada a produzir e comercializar o vale-cultura;
II – empresa beneficiária: pessoa jurídica optante pelo Programa de Cultura do Trabalhador e autorizada a distribuir o valecultura a seus trabalhadores com vínculo empregatício;

- Inciso II com redação determinada pela Lei 12.868/2013.

Lei 12.761/2012

LEGISLAÇÃO

III – usuário: trabalhador com vínculo empregatício com a empresa beneficiária;

IV – empresa recebedora: pessoa jurídica habilitada pela empresa operadora para receber o vale-cultura como forma de pagamento de serviço ou produto cultural.

Art. 6º O vale-cultura será fornecido aos usuários pelas empresas beneficiárias e disponibilizado preferencialmente por meio magnético, com o seu valor expresso em moeda corrente, na forma do regulamento.

Parágrafo único. Somente será admitido o fornecimento do vale-cultura impresso quando comprovadamente inviável a adoção do meio magnético.

Art. 7º O vale-cultura deverá ser fornecido ao trabalhador que perceba até 5 (cinco) salários mínimos mensais.

Parágrafo único. Os trabalhadores com renda superior a cinco salários mínimos poderão receber o vale-cultura, desde que garantido o atendimento à totalidade dos empregados com a remuneração prevista no *caput*, na forma que dispuser o regulamento.

Art. 8º O valor mensal do vale-cultura, por usuário, será de R$ 50,00 (cinquenta reais).

§ 1º O trabalhador de que trata o *caput* do art. 7º poderá ter descontado de sua remuneração o percentual máximo de 10% (dez por cento) do valor do vale-cultura, na forma definida em regulamento.

§ 2º Os trabalhadores que percebem mais de cinco salários mínimos poderão ter descontados de sua remuneração, em percentuais entre 20% (vinte por cento) e 90% (noventa por cento) do valor do vale-cultura, de acordo com a respectiva faixa salarial, obedecido o disposto no parágrafo único do art. 7º e na forma que dispuser o regulamento.

§ 3º É vedada, em qualquer hipótese, a reversão do valor do vale-cultura em pecúnia.

§ 4º O trabalhador de que trata o art. 7º poderá optar pelo não recebimento do vale-cultura, mediante procedimento a ser definido em regulamento.

Art. 9º Os prazos de validade e condições de utilização do vale-cultura serão definidos em regulamento.

Art. 10. Até o exercício de 2017, ano-calendário de 2016, o valor despendido a título de aquisição do vale-cultura poderá ser deduzido do imposto sobre a renda devido pela pessoa jurídica beneficiária tributada com base no lucro real.

§ 1º A dedução de que trata o *caput* fica limitada a 1% (um por cento) do imposto sobre a renda devido, observado o disposto no § 4º do art. 3º da Lei 9.249, de 26 de dezembro de 1995.

§ 2º A pessoa jurídica inscrita no Programa de Cultura do Trabalhador como beneficiária, de que trata o inciso II do art. 5º, poderá deduzir o valor despendido a título de aquisição do vale-cultura como despesa operacional para fins de apuração do imposto sobre a renda, desde que tributada com base no lucro real.

§ 3º A pessoa jurídica deverá adicionar o valor deduzido como despesa operacional, de que trata o § 2º, para fins de apuração da base de cálculo da Contribuição Social sobre o Lucro Líquido – CSLL.

§ 4º As deduções de que tratam os §§ 1º e 2º somente se aplicam em relação ao valor do vale-cultura distribuído ao usuário.

§ 5º Para implementação do Programa, o valor absoluto das deduções do imposto sobre a renda devido de que trata o § 1º deverá ser fixado anualmente na lei de diretrizes orçamentárias, com base em percentual do imposto sobre a renda devido pelas pessoas jurídicas tributadas com base no lucro real.

* § 5º com eficácia suspensa por força da MP 618/2013.

Art. 11. A parcela do valor do vale-cultura cujo ônus seja da empresa beneficiária:

I – não tem natureza salarial nem se incorpora à remuneração para quaisquer efeitos;

II – não constitui base de incidência de contribuição previdenciária ou do Fundo de Garantia do Tempo de Serviço – FGTS; e

III – não se configura como rendimento tributável do trabalhador.

Art. 12. A execução inadequada do Programa de Cultura do Trabalhador ou qualquer ação que acarrete o desvio de suas finalidades pela empresa operadora ou pela

Lei 12.810/2013

LEGISLAÇÃO

empresa beneficiária acarretará cumulativamente:
I – cancelamento do Certificado de Inscrição no Programa de Cultura do Trabalhador;
II – pagamento do valor que deixou de ser recolhido relativo ao imposto sobre a renda, à contribuição previdenciária e ao depósito para o FGTS;
III – aplicação de multa correspondente a 2 (duas) vezes o valor da vantagem recebida indevidamente no caso de dolo, fraude ou simulação;
IV – perda ou suspensão de participação em linhas de financiamento em estabelecimentos oficiais de crédito pelo período de 2 (dois) anos;
V – proibição de contratar com a administração pública pelo período de até 2 (dois) anos; e
VI – suspensão ou proibição de usufruir de benefícios fiscais pelo período de até 2 (dois) anos.

Art. 13. O § 9º do art. 28 da Lei 8.212, de 24 de julho de 1991, passa a vigorar acrescido da seguinte alínea y:
"Art. 28. [...]
"[...]
"§ 9º [...]
"[...]
"y) o valor correspondente ao vale-cultura.
"[...]"

Art. 14. O § 2º do art. 458 da Consolidação das Leis do Trabalho – CLT, aprovada pelo Decreto-lei 5.452, de 1º de maio de 1943, passa a vigorar acrescido do seguinte inciso VIII:
"Art. 458. [...]
"[...]
"§ 2º [...]
"[...]
"VIII – o valor correspondente ao vale-cultura.
"[...]"

Art. 15. O art. 6º da Lei 7.713, de 22 de dezembro de 1988, passa a vigorar acrescido do seguinte inciso XXIII:
• Alteração processada no texto da referida Lei.

Art. 16. O Poder Executivo regulamentará esta Lei no prazo de 60 (sessenta) dias, contados da data de sua publicação.

Art. 17. Esta Lei entra em vigor na data de sua publicação.
Brasília, 27 de dezembro de 2012; 191º da Independência e 124º da República.
Dilma Rousseff
(DOU 27.12.2012, edição extra)

LEI 12.810,
DE 15 DE MAIO DE 2013

Dispõe sobre o parcelamento de débitos com a Fazenda Nacional relativos às contribuições previdenciárias de responsabilidade dos Estados, do Distrito Federal e dos Municípios; altera as Leis 8.212, de 24 de julho de 1991, 9.715, de 25 de novembro de 1998, 11.828, de 20 de novembro de 2008, 10.522, de 19 de julho de 2002, 10.222, de 9 de maio de 2001, 12.249, de 11 de junho de 2010, 11.110, de 25 de abril de 2005, 5.869, de 11 de janeiro de 1973 – Código de Processo Civil, 6.404, de 15 de dezembro de 1976, 6.385, de 7 de dezembro de 1976, 6.015, de 31 de dezembro de 1973, e 9.514, de 20 de novembro de 1997; e revoga dispositivo da Lei 12.703, de 7 de agosto de 2012.

A Presidenta da República:
Faço saber que o Congresso Nacional decreta e eu sanciono a seguinte Lei:

Art. 1º Os débitos com a Fazenda Nacional de responsabilidade dos Estados, do Distrito Federal, dos Municípios e das respectivas autarquias e fundações públicas, relativos às contribuições sociais de que tratam as alíneas a e c do parágrafo único do art. 11 da Lei 8.212, de 24 de julho de 1991, e às respectivas obrigações acessórias, provenientes de competências vencidas até 28 de fevereiro de 2013, inclusive décimo terceiro salário, constituídos ou não, inscritos ou não em dívida ativa da União, ainda que em fase de execução fiscal já ajuizada, ou que tenham sido objeto de parcelamento anterior não integralmente quitado, serão consolidados e pagos em 240 (duzentas e quarenta) parcelas a serem retidas no respectivo Fundo de Participação dos Estados – FPE e

Lei 12.810/2013

LEGISLAÇÃO

Fundo de Participação dos Municípios – FPM e repassadas à União, ou em prestações equivalentes a 1% (um por cento) da média mensal da receita corrente líquida do Estado, do Distrito Federal ou do Município, o que for de menor prestação.

§ 1º Os débitos cujos fatos geradores ocorrerem até 28 de fevereiro de 2013, que forem apurados posteriormente, serão incorporados ao parcelamento de que trata o *caput*, mediante o aumento do número de parcelas, não implicando no aumento do valor das prestações.

§ 2º Os débitos parcelados terão redução de 100% (cem por cento) das multas de mora ou de ofício, de 50% (cinquenta por cento) dos juros de mora e de 100% (cem por cento) dos encargos legais, inclusive honorários advocatícios.

§ 3º Os contribuintes que tiverem optado pelos parcelamentos previstos no art. 1º da Medida Provisória 589, de 13 de novembro de 2012, poderão optar, na forma de regulamento, pelo reparcelamento dos respectivos débitos segundo as regras previstas neste artigo até o último dia útil do 3º (terceiro) mês subsequente ao da publicação desta Lei.

§ 4º A multa isolada de que trata o § 10 do art. 89 da Lei 8.212, de 24 de julho de 1991, cujo fato gerador ocorra até a data estabelecida no *caput*, poderá ser incluída no parcelamento, sem a aplicação das reduções de que trata o § 2º.

- § 4º acrescentado pela Lei 13.137/2015.

Art. 2º Para fins do disposto nesta Lei, entende-se como receita corrente líquida aquela definida nos termos do inciso IV do art. 2º da Lei Complementar 101, de 4 de maio de 2000.

§ 1º O percentual de 1% (um por cento) será aplicado sobre a média mensal da receita corrente líquida referente ao ano anterior ao do vencimento da parcela, publicada de acordo com o previsto nos arts. 52, 53 e 63 da Lei Complementar 101, de 4 de maio de 2000.

§ 2º Para fins de cálculo das parcelas mensais, os Estados, o Distrito Federal e os Municípios obrigam-se a encaminhar à Secretaria da Receita Federal do Brasil do Ministério da Fazenda, até o último dia útil do mês de fevereiro de cada ano, o demonstrativo de apuração da receita corrente líquida de que trata o inciso I do *caput* do art. 53 da Lei Complementar 101, de 4 de maio de 2000.

§ 3º Às parcelas com vencimento em janeiro, fevereiro e março de cada ano serão aplicados os limites utilizados no ano anterior, nos termos do § 1º.

§ 4º As informações de que trata o § 2º, prestadas pelo ente político, poderão ser revistas de ofício.

Art. 3º A adesão ao parcelamento de que trata o art. 1º desta Lei implica autorização pelo Estado, pelo Distrito Federal ou pelo Município para a retenção, no FPE ou no FPM, e repasse à União do valor correspondente às obrigações previdenciárias correntes dos meses anteriores ao do recebimento do respectivo Fundo de Participação, no caso de não pagamento no vencimento.

§ 1º A retenção e o repasse serão efetuados a partir do mês seguinte ao vencimento da obrigação previdenciária não paga, com a incidência dos encargos legais devidos até a data da retenção.

§ 2º Na hipótese de não apresentação da Guia de Recolhimento do Fundo de Garantia do Tempo de Serviço e de Informações à Previdência Social – GFIP no prazo legal, o valor a ser retido nos termos do § 1º corresponderá à média das últimas 12 (doze) competências recolhidas ou devidas, sem prejuízo da cobrança, da restituição ou da compensação de eventuais diferenças.

§ 3º A retenção e o repasse do FPE ou do FPM serão efetuados obedecendo-se à seguinte ordem de preferência:

I – as obrigações correntes não pagas no vencimento;

II – as prestações do parcelamento de que trata o art. 1º desta Lei; e

III – as prestações dos demais parcelamentos que tenham essa previsão.

§ 4º Na hipótese de o FPE ou o FPM não ser suficiente para retenção do somatório dos valores correspondentes às obrigações devidas na forma do § 3º, o valor da diferença

Lei 12.810/2013

LEGISLAÇÃO

não retida deverá ser recolhido por meio de Guia da Previdência Social – GPS.

Art. 4º O deferimento do pedido de parcelamento de que trata o art. 1º desta Lei fica condicionado à apresentação pelo Estado, pelo Distrito Federal ou pelo Município, na data da formalização do pedido, do demonstrativo referente à apuração da receita corrente líquida do ano calendário anterior ao da publicação desta Lei.

Art. 5º As prestações do parcelamento de que trata o art. 1º desta Lei serão exigíveis mensalmente, a partir do último dia útil do 2º (segundo) mês subsequente ao mês do seu pedido.

Art. 6º O parcelamento de que trata o art. 1º desta Lei será rescindido nas seguintes hipóteses:

I – falta de recolhimento de diferença não retida no FPE ou no FPM por 3 (três) meses, consecutivos ou alternados;

II – inadimplência de débitos referente aos tributos abrangidos pelo parcelamento com competência igual ou posterior a março de 2013, por 3 (três) meses consecutivos ou alternados;

III – constatação, caracterizada por lançamento de ofício, de diferença de débito correspondente à obrigação previdenciária abrangida pelo parcelamento de que trata o art. 1º desta Lei, salvo se integralmente pago no prazo de 60 (sessenta) dias, contado da ciência do lançamento ou da decisão definitiva na esfera administrativa ou judicial; ou

IV – falta de apresentação das informações relativas ao demonstrativo de apuração da receita corrente líquida referido no § 2º do art. 2º.

Parágrafo único. A critério do ente político, a diferença de que trata o inciso III do caput poderá ser incluída no parcelamento de que trata o art. 1º desta Lei.

Art. 7º Os pedidos de parcelamento de que trata o art. 1º desta Lei deverão ser formalizados até o último dia útil do terceiro mês subsequente ao da publicação desta Lei, na unidade da Receita Federal do Brasil de circunscrição do requerente, sendo vedada, a partir da adesão, qualquer retenção referente a débitos de parcelamentos anteriores incluídos no parcelamento de que trata esta Lei.

§ 1º A existência de outras modalidades de parcelamento em curso não impede a concessão do parcelamento de que trata o art. 1º desta Lei.

§ 2º Ao ser protocolado pelo ente federativo o pedido de parcelamento, fica suspensa a exigibilidade dos débitos incluídos no parcelamento perante a Fazenda Nacional, que emitirá certidão positiva do ente, com efeito negativo, em relação aos referidos débitos.

§ 3º Em seguida à formalização do pedido de parcelamento e até que seja consolidado o débito e calculado o valor das parcelas a serem pagas na forma do art. 1º desta Lei, será retido o correspondente a 0,5% (cinco décimos por cento) da média mensal da receita corrente líquida do ano anterior do respectivo Fundo de Participação dos Estados – FPE e Fundo de Participação dos Municípios – FPM e repassadas à União, como antecipação dos pagamentos a serem efetuados no momento do início efetivo do parcelamento.

§ 4º A adesão ao parcelamento de que trata o art. 1º desta Lei não afeta os termos e as condições de abatimentos e reduções de parcelamentos concedidos anteriormente.

Art. 8º Ao parcelamento de que trata o art. 1º desta Lei aplica-se, no que couber, o disposto nos arts. 12, 13 e 14-B da Lei 10.522, de 19 de julho de 2002.

Art. 9º A Secretaria da Receita Federal do Brasil do Ministério da Fazenda e a Procuradoria-Geral da Fazenda Nacional, no âmbito das respectivas competências, editarão os atos necessários à execução do parcelamento de que trata o art. 1º desta Lei.

Art. 10. A Lei 8.212, de 24 de julho de 1991, passa a vigorar acrescida do seguinte art. 32-B:

"Art. 32-B. Os órgãos da administração direta, as autarquias, as fundações e as empresas públicas da União, dos Estados, do Distrito Federal e dos Municípios, cujas Normas Gerais de Direito Financeiro para elaboração e controle dos orçamentos estão definidas pela Lei 4.320, de 17 de março de 1964, e pela Lei Complementar 101, de 4 de maio de 2000, ficam obrigados, na forma estabelecida pela Secretaria da Receita Federal do Brasil do Ministério da Fazenda, a apresentar:

"I – a contabilidade entregue ao Tribunal de Controle Externo; e

"II – a folha de pagamento.

"Parágrafo único. As informações de que trata o *caput* deverão ser apresentadas até o dia 30 de abril do ano seguinte ao encerramento do exercício."

- § 5º com eficácia suspensa por força da MP 618/2013.

Art. 11. *(Vetado.)*

Art. 12. Os débitos com a Fazenda Nacional de responsabilidade dos Estados, do Distrito Federal, dos Municípios e das respectivas autarquias e fundações públicas, relativos ao Programa de Formação do Patrimônio do Servidor Público – Pasep, instituído pela Lei Complementar 8, de 3 de dezembro de 1970, vencidos até 28 de fevereiro de 2013, constituídos ou não, inscritos ou não em dívida ativa da União, ainda que em fase de execução fiscal já ajuizada, ou que tenham sido objeto de parcelamento anterior não integralmente quitado, serão consolidados e pagos em 240 (duzentas e quarenta) parcelas a serem retidas no Fundo de Participação dos Estados – FPE e Fundo de Participação dos Municípios – FPM e repassadas à União.

§ 1º Os débitos cujos fatos geradores ocorrerem até 28 de fevereiro de 2013, que forem apurados posteriormente, poderão ser incorporados ao parcelamento de que trata o *caput*, mediante aumento do número de parcelas, não implicando no aumento do valor das prestações.

§ 2º Os débitos parcelados terão redução de 100% (cem por cento) das multas de mora ou de ofício, de 50% (cinquenta por cento) dos juros de mora e de 100% (cem por cento) dos encargos legais.

§ 3º Os pedidos de parcelamento de que trata o *caput* deste artigo deverão ser formalizados até o último dia útil do terceiro mês subsequente ao da publicação desta Lei, na unidade da Receita Federal do Brasil de circunscrição do requerente, sendo vedada, a partir da adesão, qualquer retenção referente a débitos de parcelamentos anteriores incluídos no parcelamento de que trata esta Lei.

§ 4º A Secretaria da Receita Federal do Brasil e a Procuradoria-Geral da Fazenda Nacional, do Ministério da Fazenda, editarão os atos necessários à execução do parcelamento de que trata o *caput*.

Art. 13. O art. 2º da Lei 9.715, de 25 de novembro de 1998, passa a vigorar acrescido do seguinte § 7º:

"Art. 2º [...]

"[...]

"§ 7º Excluem-se do disposto no inciso III do *caput* deste artigo os valores de transferências decorrentes de convênio, contrato de repasse ou instrumento congênere com objeto definido."

Art. 14. O art. 1º da Lei 11.828, de 20 de novembro de 2008, passa a vigorar com a seguinte redação:

"Art. 1º No caso de doações em espécie recebidas por instituições financeiras públicas controladas pela União e destinadas a ações de prevenção, monitoramento e combate ao desmatamento, inclusive programas de remuneração por serviços ambientais, e de promoção da conservação e do uso sustentável dos biomas brasileiros, na forma estabelecida em regulamento, há isenção da incidência da Contribuição para o PIS/Pasep e da Contribuição para o Financiamento da Seguridade Social – Cofins.

"[...]"

Art. 15. O art. 26 da Lei 10.522, de 19 de julho de 2002, passa a vigorar com a seguinte redação:

- Alteração processada no texto da referida Lei.

Art. 16. A Lei 10.522, de 19 de julho de 2002, passa a vigorar acrescida do seguinte art. 26-A:

- Acréscimo processado no texto da referida Lei.

Art. 17. O art. 56 da Lei 8.212, de 24 de julho de 1991, passa a vigorar acrescido do

Lei 12.810/2013

seguinte § 2º, renumerando o parágrafo único para § 1º:

"Art. 56. [...]

"§ 1º *(Revogado pela Medida Provisória 2187-13, de 2001.)*

"§ 2º Os recursos do FPE e do FPM não transferidos em decorrência da aplicação do *caput* deste artigo poderão ser utilizados para quitação, total ou parcial, dos débitos relativos às contribuições de que tratam as alíneas a e c do parágrafo único do art. 11 desta Lei, a pedido do representante legal do Estado, Distrito Federal ou Município."

Art. 18. Os arts. 1º e 3º da Lei 10.222, de 9 de maio de 2001, passam a vigorar com a seguinte redação:

"Art. 1º Os serviços de radiodifusão sonora e de som e imagens transmitidos com tecnologia digital controlarão seus sinais de áudio de modo que não haja elevação injustificável de volume nos intervalos comerciais."

"Art. 3º O descumprimento do disposto nesta Lei sujeitará o infrator às penalidades prescritas no Código Brasileiro de Comunicações."

Art. 19. O art. 60 da Lei 12.249, de 11 de junho de 2010, passa a vigorar com as seguintes alterações:

"Art. 60. [...]

"[...]

"§ 2º A partir de 1º de abril de 2013, em relação às operadoras e agências de viagem não se aplica o limite previsto no § 1º, desde que cadastradas no Ministério do Turismo e que as operações previstas no *caput* sejam realizadas por intermédio de instituição financeira domiciliada no País.

"§ 3º O Poder Executivo disporá sobre os limites e as condições para utilização do benefício.

"§ 4º O disposto neste artigo não se aplica ao caso de beneficiário residente ou domiciliado em país ou dependência com tributação favorecida ou beneficiada por regime fiscal privilegiado, de que tratam os arts. 24 e 24-A da Lei 9.430, de 27 de dezembro de 1996."

Art. 20. Os arts. 2º, 3º e 4º-A da Lei 11.110, de 25 de abril de 2005, passam a vigorar com a seguinte redação:

"Art. 2º [...]

"[...]

"§ 2º As instituições financeiras públicas federais que se enquadrem nas disposições do § 5º do art. 1º desta Lei poderão atuar no PNMPO por intermédio de sociedade na qual participe direta ou indiretamente, desde que tal sociedade tenha por objeto prestar serviços necessários à contratação e acompanhamento de operações de microcrédito produtivo orientado e que esses serviços não representem atividades privativas de instituições financeiras, devendo essa sociedade habilitar-se no Ministério do Trabalho e Emprego.

"§ 3º Para o atendimento do disposto no § 2º deste artigo, as instituições financeiras públicas federais, diretamente ou por intermédio de suas subsidiárias, poderão constituir sociedade ou adquirir participação em sociedade sediada no Brasil, sendo vedada a aquisição das instituições de microcrédito produtivo orientado relacionadas no § 6º do art. 1º desta Lei.

"I – *(revogado.)*

"II – *(revogado.)*

"III – *(revogado.)*

"IV – *(revogado.)*

"§ 4º As operações de microcrédito produtivo rural efetuadas no âmbito do Pronaf com agricultores familiares enquadrados na Lei 11.326, de 24 de julho de 2006, desde que obedeçam à metodologia definida no § 3º do art. 1º desta Lei, podem ser consideradas como microcrédito produtivo orientado, integrante do PNMPO.

"§ 5º Na operacionalização do microcrédito produtivo rural de que trata o § 4º deste artigo, as instituições de microcrédito produtivo orientado, de que trata o § 6º do art. 1º desta Lei, poderão, sob responsabilidade da instituição financeira mandante, prestar os seguintes serviços:

"I – recepção e encaminhamento à instituição financeira de propostas de abertura de

Lei 12.810/2013

contas de depósitos à vista e de conta de poupança;
"II – recepção e encaminhamento à instituição financeira de pedidos de empréstimos, de financiamentos e de renegociação;
"III – elaboração e análise da proposta de crédito e preenchimento de ficha cadastral e dos instrumentos de crédito, com a conferência da exatidão das informações prestadas pelo proponente, à vista de documentação competente;
"IV – execução de serviços de cobrança não judicial;
"V – realização de visitas de acompanhamento e de orientação, e elaboração dos respectivos laudos e/ou relatórios;
"VI – guarda de documentos, na qualidade de fiel depositário."
"Art. 3º [...]
"[...]
"III – os requisitos para a habilitação das instituições de microcrédito produtivo orientado e das sociedades de que trata o § 2º do art. 2º desta Lei, no PNMPO, dentre os quais deverão constar:
"[...]
"§ 1º [...]
"[...]
"III – o acompanhamento, por amostragem, pelas instituições financeiras operadoras nas instituições de microcrédito produtivo orientado, nas sociedades de que trata o § 2º do art. 2º desta Lei e nos tomadores finais dos recursos;
"[...]"
"Art. 4º-A. [...]
"§ 1º A subvenção de que trata o *caput* fica limitada à respectiva dotação orçamentária fixada para o exercício.
"[...]"

Art. 21. A Lei 5.869, de 11 de janeiro de 1973 – Código de Processo Civil, passa a vigorar acrescida do seguinte art. 285-B:

• O CPC/1973 foi revogado pela Lei 13.105/2015 (CPC/2015).

Art. 22. Compete ao Banco Central do Brasil e à Comissão de Valores Mobiliários, no âmbito das respectivas competências:
I – autorizar e supervisionar o exercício da atividade de depósito centralizado de ativos financeiros e de valores mobiliários; e
II – estabelecer as condições para o exercício da atividade prevista no inciso I.

Art. 23. O depósito centralizado, realizado por entidades qualificadas como depositários centrais, compreende a guarda centralizada de ativos financeiros e de valores mobiliários, fungíveis e infungíveis, o controle de sua titularidade efetiva e o tratamento de seus eventos.

Parágrafo único. As entidades referidas no *caput* são responsáveis pela integridade dos sistemas por elas mantidos e dos registros correspondentes aos ativos financeiros e valores mobiliários sob sua guarda centralizada.

Art. 24. Para fins do depósito centralizado, os ativos financeiros e valores mobiliários, em forma física ou eletrônica, serão transferidos no regime de titularidade fiduciária para o depositário central.

§ 1º A constituição e a extinção da titularidade fiduciária em favor do depositário central serão realizadas, inclusive para fins de publicidade e eficácia perante terceiros, exclusivamente com a inclusão e a baixa dos ativos financeiros e valores mobiliários nos controles de titularidade da entidade.

§ 2º Os registros do emissor ou do escriturador dos ativos financeiros e dos valores mobiliários devem refletir fielmente os controles de titularidade do depositário central.

§ 3º Os ativos financeiros e valores mobiliários transferidos na forma do *caput*:

I – não se comunicarão com o patrimônio geral ou com outros patrimônios especiais das entidades qualificadas como depositário central;

II – devem permanecer nas contas de depósito centralizado em nome do respectivo titular efetivo ou, quando admitido pela regulamentação pertinente, de seu representante, até que sejam resgatados, retirados de circulação ou restituídos aos seus titulares efetivos; e

III – não são passíveis de constituição de garantia pelas entidades qualificadas como depositários centrais e não respondem pelas suas obrigações.

Lei 12.810/2013

LEGISLAÇÃO

§ 4º O depositário central não pode dispor dos ativos financeiros e dos valores mobiliários recebidos em titularidade fiduciária e fica obrigado a restituí-los ao seu titular efetivo ou, quando admitido pela regulamentação pertinente, ao seu representante, com todos os direitos e ônus que lhes tiverem sido atribuídos enquanto mantidos em depósito centralizado.

Art. 25. A titularidade efetiva dos ativos financeiros e dos valores mobiliários objeto de depósito centralizado se presume pelos controles de titularidade mantidos pelo depositário central.

Parágrafo único. A transferência dos ativos financeiros e dos valores mobiliários de que trata o *caput* dá-se exclusivamente em conformidade com instruções recebidas.

Art. 26. Aplica-se o disposto no art. 63-A da Lei 10.931, de 2 de agosto de 2004, à constituição de quaisquer gravames e ônus sobre ativos financeiros e valores mobiliários objeto de depósito centralizado, independentemente da natureza do negócio jurídico a que digam respeito.

Art. 27. Permanece aplicável às ações e aos valores mobiliários emitidos com amparo no regime da Lei 6.404, de 15 de dezembro de 1976, o disposto no seu art. 41, observando-se, no que couber, os procedimentos fixados nesta Lei.

Art. 28. Compete ainda ao Banco Central do Brasil e à Comissão de Valores Mobiliários, no âmbito das respectivas competências:

I – autorizar e supervisionar o exercício da atividade de registro de ativos financeiros e de valores mobiliários; e

II – estabelecer as condições para o exercício da atividade prevista no inciso I.

Parágrafo único. O registro de ativos financeiros e de valores mobiliários compreende a escrituração, o armazenamento e a publicidade de informações referentes a transações financeiras, ressalvados os sigilos legais.

Art. 29. Aplicam-se às entidades autorizadas a exercer a atividade de depósito centralizado e às entidades autorizadas a exercer a atividade de registro de ativos financeiros e de valores mobiliários, e a seus administradores e membros de conselhos fiscais, consultivos e assemelhados, as mesmas penalidades, medidas coercitivas e meios alternativos de solução de controvérsias previstos na legislação especial aplicável às câmaras e prestadores de serviços de compensação e liquidação.

Art. 30. O § 2º do art. 34 da Lei 6.404, de 15 de dezembro de 1976, passa a vigorar com a seguinte redação:

"Art. 34. [...]"

"[...]"

"§ 2º Somente as instituições financeiras autorizadas pela Comissão de Valores Mobiliários podem manter serviços de escrituração de ações e de outros valores mobiliários.

"[...]"

Art. 31. O *caput* do art. 24 da Lei 6.385, de 7 de dezembro de 1976, passa a vigorar com a seguinte redação:

"Art. 24. Compete à Comissão autorizar a atividade de custódia de valores mobiliários, cujo exercício será privativo das instituições financeiras, entidades de compensação e das entidades autorizadas, na forma da lei, a prestar serviços de depósito centralizado.

"[...]"

Art. 32. O art. 167 da Lei 6.015, de 31 de dezembro de 1973, passa a vigorar com a seguinte alteração:

"Art. 167. [...]"

"[...]"

"II – [...]"

"[...]"

"30. da sub-rogação de dívida, da respectiva garantia fiduciária ou hipotecária e da alteração das condições contratuais, em nome do credor que venha a assumir tal condição na forma do disposto pelo art. 31 da Lei 9.514, de 20 de novembro de 1997, ou no art. 347 da Lei 10.406, de 10 de janeiro de 2002 – Código Civil, realizada em ato único, a requerimento do interessado instruído com documento comprobatório firmado pelo credor original e pelo mutuário."

LEGISLAÇÃO

Art. 33. O art. 31 da Lei 9.514, de 20 de novembro de 1997, passa a vigorar acrescido do seguinte parágrafo único:
"Art. 31. [...]
"Parágrafo único. Nos casos de transferência de financiamento para outra instituição financeira, o pagamento da dívida à instituição credora original poderá ser feito, a favor do mutuário, pela nova instituição credora."

Art. 34. A Lei 9.514, de 20 de dezembro de 1997, passa a vigorar acrescida do seguinte Capítulo II-A:
"Capítulo II-A
"DO REFINANCIAMENTO COM TRANSFERÊNCIA DE CREDOR"
"Art. 33-A. A transferência de dívida de financiamento imobiliário com garantia real, de um credor para outro, inclusive sob a forma de sub-rogação, obriga o credor original a emitir documento que ateste, para todos os fins de direito, inclusive para efeito de averbação, a validade da transferência.
"Parágrafo único. A emissão do documento será feita no prazo máximo de 2 (dois) dias úteis após a quitação da dívida original."
"Art. 33-B. Para fins de efetivação do disposto no art. 33-A, a nova instituição credora deverá informar à instituição credora original, por documento escrito ou, quando solicitado, eletrônico, as condições de financiamento oferecidas ao mutuário, inclusive as seguintes:
"I – a taxa de juros do financiamento;
"II – o custo efetivo total;
"III – o prazo da operação;
"IV – o sistema de pagamento utilizado; e
"V – o valor das prestações.
"§ 1º A instituição credora original terá prazo máximo de 5 (cinco) dias úteis, contados do recebimento das informações de que trata o caput, para solicitar à instituição proponente da transferência o envio dos recursos necessários para efetivar a transferência.
"§ 2º O mutuário da instituição credora original poderá, a qualquer tempo, enquanto não encaminhada a solicitação de envio dos recursos necessários para efetivar a transferência de que trata o § 1º, decidir pela não efetivação da transferência, sendo vedada a cobrança de qualquer tipo de ônus ou custa por parte das instituições envolvidas.
"§ 3º A eventual desistência do mutuário deverá ser informada à instituição credora original, que terá até 2 (dois) dias úteis para transmiti-la à instituição proponente da transferência."
"Art. 33-C. O credor original deverá fornecer a terceiros, sempre que formalmente solicitado pelo mutuário, as informações sobre o crédito que se fizerem necessárias para viabilizar a transferência referida no art. 33-A.
"Parágrafo único. O credor original não poderá realizar ações que impeçam, limitem ou dificultem o fornecimento das informações requeridas na forma do caput."
"Art. 33-D. A instituição credora original poderá exigir ressarcimento financeiro pelo custo de originação da operação de crédito, o qual não poderá ser repassado ao mutuário.
"§ 1º O ressarcimento disposto no caput deverá ser proporcional ao valor do saldo devedor apurado à época da transferência e decrescente com o decurso de prazo desde a assinatura do contrato, cabendo sua liquidação à instituição proponente da transferência.
"§ 2º O Conselho Monetário Nacional disciplinará o disposto neste artigo, podendo inclusive limitar o ressarcimento considerando o tipo de operação de crédito ou o prazo decorrido desde a assinatura do contrato de crédito com a instituição credora original até o momento da transferência."
"Art. 33-E. O Conselho Monetário Nacional e o Conselho Curador do Fundo de Garantia do Tempo de Serviço, no âmbito de suas respectivas competências, expedirão as instruções que se fizerem necessárias à execução do disposto no parágrafo único do art. 31 e nos arts. 33-A a 33-D desta Lei."
"Art. 33-F. O disposto nos arts. 33-A a 33-E desta Lei não se aplica às operações de transferência de dívida decorrentes de cessão de crédito entre entidades que com-

LC 143/2013

LEGISLAÇÃO

põem o Sistema Financeiro da Habitação, desde que a citada transferência independa de manifestação do mutuário."

Art. 35. Esta Lei entra em vigor na data de sua publicação.

Art. 36. Revogam-se os §§ 1º e 3º do art. 1º e o art. 3º da Lei 11.828, de 20 de novembro de 2008.

Art. 37. Revoga-se o parágrafo único do art. 293 da Lei 6.404, de 15 de dezembro de 1976.

Art. 38. Revogam-se o § 3º do art. 25 da Lei 9.514, de 20 de novembro de 1997, e o art. 6º da Lei 12.703, de 7 de agosto de 2012.

Brasília, 15 de maio de 2013; 192º da Independência e 125º da República.

Dilma Rousseff

(DOU 16.05.2013)

LEI COMPLEMENTAR 143, DE 17 DE JULHO DE 2013

Altera a Lei Complementar 62, de 28 de dezembro de 1989, a Lei 5.172, de 25 de outubro de 1966 (Código Tributário Nacional), e a Lei 8.443, de 16 de julho de 1992 (Lei Orgânica do Tribunal de Contas da União), para dispor sobre os critérios de rateio do Fundo de Participação dos Estados e do Distrito Federal (FPE); e revoga dispositivos da Lei 5.172, de 25 de outubro de 1966.

A Presidenta da República:

Faço saber que o Congresso Nacional decreta e eu sanciono a seguinte Lei Complementar:

Art. 1º O art. 2º da Lei Complementar 62, de 28 de dezembro de 1989, passa a vigorar com a seguinte redação:

"Art. 2º Os recursos do Fundo de Participação dos Estados e do Distrito Federal (FPE), observado o disposto no art. 4º, serão entregues da seguinte forma:

"I – os coeficientes individuais de participação dos Estados e do Distrito Federal no FPE a serem aplicados até 31 de dezembro de 2015 são os constantes do Anexo Único desta Lei Complementar;

"II – a partir de 1º de janeiro de 2016, cada entidade beneficiária receberá valor igual ao que foi distribuído no correspondente decêndio do exercício de 2015, corrigido pela variação acumulada do Índice Nacional de Preços ao Consumidor Amplo (IPCA) ou outro que vier a substituí-lo e pelo percentual equivalente a 75% (setenta e cinco por cento) da variação real do Produto Interno Bruto nacional do ano anterior ao ano considerado para base de cálculo;

"III – também a partir de 1º de janeiro de 2016, a parcela que superar o montante especificado no inciso II será distribuída proporcionalmente a coeficientes individuais de participação obtidos a partir da combinação de fatores representativos da população e do inverso da renda domiciliar *per capita* da entidade beneficiária, assim definidos:

"*a*) o fator representativo da população corresponderá à participação relativa da população da entidade beneficiária na população do País, observados os limites superior e inferior de, respectivamente, 0,07 (sete centésimos) e 0,012 (doze milésimos), que incidirão uma única vez nos cálculos requeridos;

"*b*) o fator representativo do inverso da renda domiciliar *per capita* corresponderá à participação relativa do inverso da renda domiciliar *per capita* da entidade beneficiária na soma dos inversos da renda domiciliar *per capita* de todas as entidades.

"§ 1º Em relação à parcela de que trata o inciso III do *caput*, serão observados os seguintes procedimentos:

"I – a soma dos fatores representativos da população e a dos fatores representativos do inverso da renda domiciliar *per capita* deverão ser ambas iguais a 0,5 (cinco décimos), ajustando-se proporcionalmente, para esse efeito, os fatores das entidades beneficiárias;

"II – o coeficiente individual de participação será a soma dos fatores representativos da população e do inverso da renda domiciliar *per capita* da entidade beneficiária, observados os ajustes previstos nos incisos III e IV deste parágrafo;

"III – os coeficientes individuais de participação das entidades beneficiárias cujas rendas domiciliares *per capita* excederem valor de referência correspondente a 72% (setenta e dois por cento) da renda domiciliar *per capita* nacional serão reduzidos proporcionalmente à razão entre o excesso da renda domiciliar *per capita* da entidade beneficiária e o valor de referência, observado que nenhuma entidade beneficiária poderá ter coeficiente individual de participação inferior a 0,005 (cinco milésimos);

"IV – em virtude da aplicação do disposto no inciso III deste parágrafo, os coeficientes individuais de participação de todas as entidades beneficiárias deverão ser ajustados proporcionalmente, de modo que resultem em soma igual a 1 (um).

"§ 2º Caso a soma dos valores a serem distribuídos, nos termos do inciso II do *caput*, seja igual ou superior ao montante a ser distribuído, a partilha dos recursos será feita exclusivamente de acordo com o referido inciso, ajustando-se proporcionalmente os valores.

"§ 3º Para efeito do disposto neste artigo, serão considerados os valores censitários ou as estimativas mais recentes da população e da renda domiciliar *per capita* publicados pela entidade federal competente."

Art. 2º O art. 92 da Lei 5.172, de 25 de outubro de 1966 (Código Tributário Nacional), passa a vigorar com a seguinte redação:

- Alterações processadas no texto da referida Lei.

Art. 3º Para os coeficientes dos Estados e do Distrito Federal que vigorarão no exercício de 2013, a comunicação referida no *caput* do art. 92 da Lei 5.172, de 1966, será feita até 30 (trinta) dias após a publicação desta Lei Complementar.

Art. 4º O art. 102 da Lei 8.443, de 16 de julho de 1992 (Lei Orgânica do Tribunal de Contas da União), passa a vigorar com a seguinte redação:

"Art. 102. Entidade competente do Poder Executivo federal fará publicar no *Diário Oficial da União*, para os fins previstos no inciso VI do art. 1º desta Lei, a relação das populações:

"I – até 31 de dezembro de cada ano, no caso dos Estados e do Distrito Federal;

"II – até 31 de agosto de cada ano, no caso dos Municípios.

"§ 1º *(Revogado.)*

"§ 2º *(Revogado.)*

"§ 3º Far-se-á nova comunicação sempre que houver, transcorrido o prazo fixado nos incisos I e II do *caput*, a criação de novo Estado ou Município a ser implantado no exercício subsequente."

Art. 5º *(Vetado.)*

Art. 6º Revogam-se os arts. 86 a 89 e 93 a 95 da Lei 5.172, de 25 de outubro de 1966 (Código Tributário Nacional), e os §§ 1º e 2º do art. 102 da Lei 8.443, de 16 de julho de 1992 (Lei Orgânica do Tribunal de Contas da União).

Art. 7º Esta Lei Complementar entra em vigor na data de sua publicação, produzindo efeitos financeiros no primeiro mês que se iniciar após 60 (sessenta) dias dessa data.

Brasília, 17 de julho de 2013; 192º da Independência e 125º da República.

Dilma Rousseff

(*DOU* 18.07.2013)

INSTRUÇÃO NORMATIVA 3, DE 11 DE FEVEREIRO DE 2014, DO SUPERIOR TRIBUNAL DE JUSTIÇA – STJ

Dispõe sobre os procedimentos aplicáveis ao processamento da execução contra a Fazenda Pública e à expedição, processamento e pagamento dos precatórios e das requisições de pequeno valor no Superior Tribunal de Justiça.

O Presidente do Superior Tribunal de Justiça, usando da atribuição que lhe é conferida pelo art. 21, inciso XXXI, do Regimento Interno e considerando o disposto no art. 100 e parágrafos da Constituição Federal, com as alterações introduzidas pela Emenda Constitucional n. 62, de 9 de dezembro de 2009, na Lei 10.259, de 12 de julho de 2001, na Lei 12.431, de 24 de junho de 2011, no art. 16-A da Lei 10.887, de 18 de junho de 2004, e na Resolução 115, de 29 de junho de 2010 do Conselho Nacional de Justiça, bem como o que consta no processo STJ n. 6547/2011, resolve:

IN STJ 3/2014

LEGISLAÇÃO

Capítulo I
DAS DISPOSIÇÕES PRELIMINARES

Art. 1º Os procedimentos aplicáveis ao processamento da execução contra a Fazenda Pública e à expedição, processamento e pagamento dos precatórios e das requisições de pequeno valor no Superior Tribunal de Justiça observarão o disposto nesta instrução normativa.

Capítulo II
DA EXECUÇÃO CONTRA A FAZENDA PÚBLICA

Art. 2º O pagamento de débitos judiciais da Fazenda Pública apurados em processo de competência originária deste Tribunal será efetuado mediante requisições de pagamento, na forma do art. 100 e parágrafos da Constituição Federal e das demais disposições legais concernentes à matéria.

Art. 3º A petição de execução será dirigida ao presidente do órgão julgador, que determinará a citação da Fazenda Pública para os fins do disposto no art. 730 do Código de Processo Civil, facultada a utilização de meio eletrônico.

§ 1º Tratando-se de execução em ação plúrima ou coletiva, o pedido será iniciado por grupos de, no máximo, 25 exequentes, cuja autuação se dará em autos apartados, os quais conterão:

I – a petição de execução instruída com a memória atualizada e discriminada do cálculo;
II – a petição inicial do processo originário e a resposta do réu ou as informações da autoridade impetrada;
III – as procurações;
IV – o acórdão e as decisões proferidas;
V – a certidão de trânsito em julgado do acórdão;
VI – as demais peças que o exequente considerar necessárias à instrução da execução.

§ 2º Na petição de execução, deverá constar o CPF do exequente, que deverá ser cadastrado e conferido, por ocasião da autuação, com o número constante da base de dados da Receita Federal do Brasil.

§ 3º Em se tratando de execução de verba devida a servidor público federal, civil ou militar, a petição de execução informará a respectiva condição de ativo, inativo ou pensionista, bem como o órgão ou entidade federal a que está vinculado o servidor.

§ 4º Falecido o exequente, os herdeiros deverão requerer a habilitação no processo de execução, com o esboço de eventual meação e da cota cabível a cada um, nos termos das disposições legais aplicáveis.

§ 5º Decidida a habilitação e os eventuais incidentes, os sucessores serão incluídos como exequentes na autuação do processo, em substituição ao *de cujus*.

Art. 4º Opostos embargos, serão processados na forma da legislação processual e julgados pelos presidentes dos órgãos a que se referem os arts. 301 e 302, incisos I e II, do Regimento Interno do STJ, ou, se houver redistribuição, a quem couber no respectivo órgão.

§ 1º Tratando-se de execução de vencimentos e verba remuneratória em atraso devidos a servidor público federal, deverá a União indicar, na petição de embargos à execução, ou, se não forem opostos, no prazo de sua interposição, os valores passíveis do desconto para o plano de seguridade social do servidor, de que trata o art. 16-A da Lei 10.887/2004, para inclusão na requisição de pagamento a ser oportunamente expedida.

§ 2º Caso não haja a indicação de que trata o parágrafo anterior, a Coordenadoria de Execução Judicial informará ao relator os valores passíveis da incidência legal da contribuição referida.

Capítulo III
DA REQUISIÇÃO DE PAGAMENTO

Art. 5º Apurado o valor devido pela Fazenda Pública, em decorrência de decisão transitada em julgado, o Presidente do órgão julgador expedirá o precatório ou a requisição de pequeno valor – RPV, conforme o caso.

§ 1º As requisições serão expedidas individualizadamente, por beneficiário, ainda que os exequentes estejam em litisconsórcio.

Legislação

§ 2° Em caso de crédito de honorários advocatícios oriundo de sucumbência da Fazenda Pública ou de ajuste contratual, será atribuída ao advogado titular do crédito a qualidade de beneficiário do Precatório ou da RPV.

§ 3° Se o advogado quiser que, em seu favor, se deduza do montante da condenação o que lhe couber por força de ajuste contratual, nos termos do art. 22, § 4°, da Lei 8.906, de 4 de julho de 1994, deverá juntar o instrumento de contrato aos autos do processo de execução antes da expedição do precatório ou da RPV.

§ 4° As requisições de pagamento serão expedidas por meio eletrônico.

§ 5° Os requisitórios de pagamento serão dirigidos ao presidente do Tribunal, que determinará as providências à entidade pública executada para o depósito respectivo.

Art. 6° Considera-se de pequeno valor o crédito cujo montante, atualizado e individualizado, por credor, seja igual ou inferior a:

I – sessenta salários mínimos, quando for devedora a Fazenda Pública Federal (art. 17, § 1°, da Lei 10.259/2001);

II – quarenta salários mínimos ou o valor definido em lei local, quando for devedora a Fazenda Pública Estadual ou a do Distrito Federal (art. 87, inciso I, do Ato das Disposições Constitucionais Transitórias);

III – trinta salários mínimos ou o valor definido em lei local, quando for devedora a Fazenda Pública Municipal (art. 87, inciso II, do Ato das Disposições Constitucionais Transitórias).

§ 1° Nas hipóteses dos incisos II e III, a definição em lei de valor diferenciado não poderá ser inferior ao maior benefício previsto no regime geral da previdência social (art. 100, § 4°, da CF).

§ 2° Se os beneficiários estiverem em litisconsórcio, será expedido precatório ou RPV individualmente, conforme seus créditos se enquadrem ou não nos limites fixados nas disposições antecedentes.

§ 3° Nas ações coletivas, a expedição do precatório ou da RPV será consignada em nome dos credores substituídos ou representados, observada a disposição do parágrafo anterior.

§ 4° O pagamento de valor superior aos limites previstos nos incisos deste artigo será requisitado mediante precatório, salvo se o credor renunciar, expressamente, ao valor excedente, quando poderá receber seu crédito por meio de RPV.

§ 5° Deferida a requisição parcial, complementar ou suplementar, será considerado, em relação a cada credor, para fins de enquadramento ou não do precatório, o respectivo valor total da execução.

Art. 7° Nas requisições de pagamento serão informados os seguintes dados, constantes do processo de execução:

I – nome das partes beneficiárias e de seus procuradores;

II – número do CPF ou do CNPJ dos beneficiários e de seus procuradores;

III – número do processo de execução e data do ajuizamento do processo de conhecimento;

IV – descrição da natureza da obrigação (assunto) para fins de classificação orçamentária da despesa;

V – valor total da requisição com a indicação do valor do beneficiário, do valor dos honorários advocatícios objeto de ajuste contratual e do valor do desconto para o plano de seguridade social do servidor federal, se couber;

VI – natureza do crédito (comum ou alimentar);

VII – espécie de requisição (precatório ou RPV);

VIII – data-base de apuração dos valores da requisição para efeito de atualização monetária;

IX – data do trânsito em julgado do acórdão no processo de conhecimento, bem como a do acórdão ou da decisão nos embargos à execução que fixou o valor da condenação ou certidão de que não foram opostos embargos ou qualquer outra impugnação à execução movida contra o ente público;

X – o órgão a que estiver vinculado o beneficiário, nas ações relativas a servidor público federal, civil ou militar, com a indicação da condição de ativo, inativo ou pensionista, na data de autuação do processo originário;

XI – nas requisições de natureza alimentar, a indicação da data de nascimento do beneficiário e/ou, se for o caso, a declaração de que é portador de doença grave definida na forma da lei, para os fins da preferência prescrita no § 2º do art. 100 da Constituição Federal;

XII – se o objeto da requisição por precatório caracterizar rendimentos recebidos acumuladamente – RRA, sujeitos à tributação na forma definida no art. 12-A da Lei 7.713, de 23 de dezembro de 1988, o número de meses a que se referem os rendimentos e os valores a serem deduzidos da base de cálculo;

XIII – se os rendimentos recebidos acumuladamente se enquadrarem na faixa da requisição de pequeno valor, o montante e o número de meses relativos a exercícios anteriores e respectivos valores a serem deduzidos da base de cálculo, bem como o montante dos rendimentos e o número de meses relativos ao exercício em que for paga a requisição e os valores das deduções legais respectivas;

XIV – quaisquer outros dados imprescindíveis ao controle da entidade devedora ou exigidos em lei ou ato normativo do Conselho Nacional de Justiça.

Parágrafo único. As informações a que se refere este artigo serão demonstradas pela Coordenadoria de Execução Judicial de forma específica e detalhada por beneficiário e por natureza do crédito.

Capítulo IV
DO PROCESSAMENTO DOS PRECATÓRIOS E RPVS

Art. 8º Assinada a requisição pelo presidente do órgão julgador, será registrada e autuada como precatório ou RPV, conforme for o caso, obedecendo-se à sequência cronológica de apresentação no Tribunal.

Parágrafo único. Após a autuação da requisição, seu processamento se dará perante o presidente do Tribunal, que verificará sua regularidade formal e decidirá as questões de ordem administrativa.

Art. 9º Autuados o precatório e a requisição de pequeno valor, compete à Coordenadoria de Execução Judicial:

I – proceder à atualização do valor dos precatórios, tendo como referência o dia 1º de julho (art. 100, § 5º, Constituição Federal);

II – organizar, de acordo com a ordem cronológica de apresentação, devidamente atualizados na forma do inciso I, os precatórios de responsabilidade da União, suas autarquias, fundações de direito público e demais órgãos incluídos em seu orçamento geral e encaminhar processo administrativo com os dados cadastrais à unidade de orçamento e finanças até o dia 10 de julho, para fins de inclusão na proposta orçamentária do Tribunal para o exercício seguinte;

III – expedir ofício assinado pelo presidente do Tribunal, nos precatórios de responsabilidade das demais entidades de direito público, com notificação à autoridade máxima de cada ente, para que faça consignar em seu orçamento o débito judicial apurado e a necessária previsão de atualização monetária e deposite o montante correspondente em instituição bancária oficial localizada no Tribunal, até o final do exercício seguinte;

IV – organizar, na ordem cronológica de apresentação, a lista das requisições de pequeno valor de responsabilidade das entidades referidas no inciso II e encaminhá-la com os respectivos valores e dados cadastrais à unidade de orçamento e finanças para as providências pertinentes à quitação dos débitos, no prazo de até 60 (sessenta) dias;

V – expedir, nas requisições de pequeno valor de responsabilidade das demais entidades de direito público, ofício assinado pelo presidente do Tribunal, com notificação à autoridade máxima de cada ente, para que, no prazo de até 60 (sessenta) dias, deposite em instituição bancária oficial localizada no Tribunal o crédito judicial apurado, atualizado monetariamente;

VI – encaminhar, para publicação no *Diário da Justiça da União*, no início do mês de agosto, lista dos precatórios que foram obje-

Legislação

to das providências constantes dos incisos I, II e III, contendo o montante do débito atualizado até 1º de julho, discriminada por ente público devedor;

VII – encaminhar para publicação lista das requisições de pequeno valor por ente público devedor, após as providências dos incisos IV e V, contendo os valores dos débitos a serem pagos no prazo fixado;

VIII – estimar e propor à unidade mencionada no inciso II, para efeito de previsão orçamentária, o valor necessário ao pagamento de RPV;

IX – encaminhar à unidade de orçamento e finanças as requisições em que houver autorização de pagamento até o décimo dia útil do mês em que houver a atualização dos valores a serem pagos;

X – cientificar o beneficiário sobre o depósito a que se refere o art. 12, § 2º, desta instrução normativa;

XI – disponibilizar mensalmente aos órgãos previstos na Lei de Diretrizes Orçamentárias e às entidades devedoras a relação dos precatórios e das requisições de pequeno valor pagos, considerando as especificações na forma da lei.

§ 1º Os processos de precatórios e de requisições de pequeno valor serão encaminhados pela Coordenadoria de Execução Judicial à unidade de orçamento e finanças para pagamento até o dia 14 de cada mês, nos meses de fevereiro a novembro de cada ano.

§ 2º Os processos encaminhados para pagamento até o dia 14 deverão ser pagos pela unidade de orçamento e finanças até o último dia do mesmo mês.

Art. 10. Adotadas as providências referidas nos incisos II, IV e VI do art. 9º deste instrumento, por certificação nos autos, serão os requisitórios de pagamento submetidos ao presidente do Tribunal, que determinará o encaminhamento à Procuradoria-Geral da União, juntamente com os autos principais dos quais foram expedidos, para verificação dos cálculos de atualização monetária e regularidade formal.

§ 1º Se houver discordância, a manifestação da União deverá limitar-se à indicação de eventual erro material nos cálculos de atualização, vedada a impugnação de critérios e valores definidos na conta original, sobre os quais se operou o trânsito em julgado.

§ 2º Após manifestação da União, os autos dos requisitórios de pagamento serão remetidos ao Ministério Público Federal.

§ 3º Recebidos os autos do Ministério Público Federal, após anuência da União quanto ao pagamento, o presidente do Tribunal determinará a liquidação do precatório e da requisição de pequeno valor, observada a disponibilidade dos recursos financeiros.

§ 4º As demais entidades devedoras poderão requerer vista dos precatórios e requisições de pequeno valor pelos quais são responsáveis.

Art. 11. Eventual controvérsia de natureza jurídica, alegação de erro material ou divergência de critérios no cálculo que deu origem ao valor do precatório ou da RPV deverá ser discutida, em petição própria apresentada nos autos principais, perante o presidente do órgão julgador no qual se processou a execução, que determinará, se forem pertinentes as alegações, suspensão, cancelamento ou redução do valor da requisição.

Parágrafo único. Admitida a correção de erro material ou a modificação do valor da requisição, o presidente do órgão julgador comunicará à Presidência do Tribunal o novo valor da requisição, que determinará sua retificação, desde que não resulte em aumento de despesa; do contrário, deverá ser expedida uma requisição suplementar.

Capítulo V
DA ORDEM CRONOLÓGICA E DA DISPONIBILIZAÇÃO EM DEPÓSITO BANCÁRIO

Art. 12. O pagamento dos requisitórios obedecerá à ordem cronológica de apresentação no Tribunal, observada a precedência daqueles de natureza alimentar em relação às de natureza comum.

IN STJ 3/2014

LEGISLAÇÃO

§ 1º A autorização do pagamento referido no *caput* estará condicionada à existência dos créditos respectivos, observadas as prioridades previstas no art. 100, § 2º, da Constituição Federal.

§ 2º Verificada a disponibilidade do crédito para o pagamento dos precatórios ou das requisições de pequeno valor, o presidente do Tribunal autorizará o pagamento mediante a abertura, em instituição bancária oficial, de conta remunerada e individualizada por beneficiário.

§ 3º A instituição financeira depositária informará ao Tribunal os depósitos efetivados, para a devida intimação do credor.

Art. 13. Notificada, nos autos do precatório ou da RPV, a existência de controvérsia de execução, no processo, acerca de seu valor ou de qualquer outra pendência jurídica que impeça o seu pagamento, o presidente do Tribunal determinará o seguinte:

I – o depósito do valor do requisitório, nos termos do art. 12 desta Instrução Normativa, com a liberação do valor tido por incontroverso e o bloqueio da quantia controvertida até decisão final proferida nos autos do processo de execução, consoante o disposto no art. 11;

II – se a controvérsia envolver o valor total do requisitório, o depósito do valor do precatório ou da RPV em conta remunerada e bloqueada, até decisão final sobre a questão.

Art. 14. Compete à unidade de orçamento e finanças providenciar a disponibilidade de créditos orçamentários e recursos financeiros para o pagamento dos precatórios e das requisições de pequeno valor por meio das seguintes ações:

I – encaminhar à Secretaria de Orçamento Federal e aos demais órgãos previstos na Lei de Diretrizes Orçamentárias as informações relativas aos precatórios para inclusão na proposta orçamentária;

II – cadastrar as informações encaminhadas pela Coordenadoria de Execução Judicial, de que tratam os incisos II e IV do art. 9º, no Sistema Integrado de Administração Financeira do Governo Federal – SIAFI;

III – verificar a consonância das informações constantes dos processos para pagamento com a proposta orçamentária constante do SIAFI, devolvendo à Coordenadoria de Execução Judicial, para manifestação e instrução, aqueles em que forem constatadas discrepâncias;

IV – providenciar a emissão de ordens bancárias contendo arquivos com informações detalhadas de cada precatório a ser pago no mês, disponibilizando-as às instituições financeiras;

V – providenciar o recolhimento da contribuição patronal relativa ao plano de seguridade social do servidor público civil até o décimo dia útil, contado a partir do recebimento das informações de que trata o art. 16;

VI – providenciar a emissão de ofício à instituição financeira, solicitando bloqueio parcial ou total de precatórios, bem como a devolução de recursos referentes a processos cancelados, nos termos da decisão do ministro presidente nos respectivos processos;

VII – instruir os processos de precatórios e RPVs com os documentos de pagamento e encaminhá-los à Coordenadoria de Execução Judicial.

Parágrafo único. Após a efetivação das providências determinadas no inciso VII, os contatos necessários com a instituição financeira deverão ser realizados pela Coordenadoria de Execução Judicial, excetuados os casos que demandarem providências da unidade de orçamento e finanças.

Capítulo VI
DO SAQUE E LEVANTAMENTO DOS VALORES DEPOSITADOS

Art. 15. Os valores de precatórios e de requisições de pequeno valor, depositados na forma do art. 12, § 2º, poderão ser sacados, independentemente de alvará judicial, segundo as normas aplicáveis aos depósitos bancários, salvo se houver indicação do Tribunal para o saque mediante alvará judicial ou ordem de transferência bancária.

§ 1º Os valores sacados na forma do *caput* sujeitam-se à retenção da contribuição para o Plano de Seguridade do Servidor Publico –

Legislação

PSS, se for o caso, e do imposto de renda, nos termos legais.

§ 2º No caso dos valores depositados bloqueados, conforme o previsto nos incisos I e II do art. 13, eventual desbloqueio será ordenado pelo presidente do Tribunal após a juntada, aos autos da requisição, de decisão final proferida no processo de execução.

§ 3º Na hipótese de decisão transitada em julgado que reduzir o valor ou cancelar a expedição do precatório ou da RPV cujos valores já estiverem depositados, o Presidente do Tribunal determinará à instituição financeira depositária que estorne os recursos correspondentes ao Tribunal, para a necessária devolução ao erário.

Art. 16. A instituição financeira responsável pela retenção da contribuição do plano de seguridade social do servidor público civil, quando for o caso, em decorrência de saque de valores de precatórios ou RPVs, deverá informar ao Tribunal, até o segundo dia útil de cada mês, os valores recolhidos no mês anterior.

§ 1º O cálculo da contribuição patronal, de que trata o art. 8º da Lei 10.887/2004, será realizado com base nas informações referidas no *caput*.

§ 2º O Tribunal recolherá a contribuição a que alude o § 1º até o décimo dia útil do mês em que recebeu as informações da instituição financeira.

§ 3º Competem à unidade de orçamento e finanças as ações previstas nos §§ 1º e 2º.

Art. 17. A instituição financeira encaminhará, até o dia 10 de janeiro do ano subsequente, à unidade de orçamento e finanças do Tribunal demonstrativo dos valores retidos a título de imposto de renda na forma dos arts. 157, I, e 158, I, da Constituição Federal, bem como os valores retidos a título de contribuição previdenciária.

Art. 18. A instituição financeira fornecerá, mediante solicitação do Tribunal, as informações sobre os valores de requisições que estiverem depositados há mais de dois anos, para que haja a intimação do credor.

Art. 19. No depósito de valores de precatórios e RPVs cujos credores originais já tiverem falecido, o crédito deverá ser apresentado pelos respectivos herdeiros em processo de arrolamento ou inventário, ou, no caso de estarem esses concluídos, em procedimento de sobrepartilha, cuja partilha será decidida pelo juízo competente em favor dos herdeiros ou do cônjuge sobrevivente, e deverá ser levantado mediante alvará expedido por essa autoridade judicial.

Art. 20. Os valores depositados em cumprimento às requisições de responsabilidade das demais entidades de direito público, conforme o disposto no art. 9º, incisos III e V, desta instrução normativa serão liberados mediante alvará ou ordem de transferência assinada pelo presidente do Tribunal.

Art. 21. Depositados os valores das requisições e inexistindo controvérsia, o fato será comunicado nos autos para a extinção da execução, nos termos da lei processual.

Capítulo VII
DAS DISPOSIÇÕES FINAIS

Art. 22. A Coordenadoria de Execução Judicial fornecerá à unidade de orçamento e finanças as informações complementares, necessárias à realização do depósito de que trata o art. 12, § 2º.

Art. 23. As informações requeridas pelo Sistema de Gestão de Precatórios – SGP serão prestadas consoante a regulamentação disposta no art. 1º da Resolução 115/2010 do CNJ, pelas seguintes unidades:

I – Coordenadoria de execução Judicial, à qual incumbem aquelas relativas aos incisos I a V;

II – Coordenadoria de Orçamento e Finanças, à qual incumbem aquelas relativas aos incisos VI a X.

Art. 24. A atualização monetária dos valores requisitados, entre o período da data-base constante da requisição até o efetivo depósito, será realizada pelo Índice Nacional de Preços ao Consumidor Amplo – IPCA, calculado pelo IBGE, ou por outro que vier a ser definido.

Art. 25. Aplicam-se, subsidiariamente, no que couber, as resoluções oriundas do CNJ e do Conselho da Justiça Federal, bem como a legislação que disciplina os procedimentos sobre o assunto no âmbito da Justiça Federal.

Art. 26. Os casos omissos serão submetidos ao presidente do Tribunal para deliberação.

Art. 27. Fica revogada a Instrução Normativa 3 de 7 de julho de 2006.

Art. 28. Esta Instrução Normativa entra em vigor na data de sua publicação.

Ministro Felix Fischer

(DJE 12.02.2014)

DECRETO 8.212, DE 21 DE MARÇO DE 2014

Regulamenta o crédito presumido da Contribuição para o PIS/Pasep e da Contribuição para o Financiamento da Seguridade Social – Cofins de que tratam os art. 1º e art. 2º da Lei 12.859, de 10 de setembro de 2013, e a utilização pelas pessoas jurídicas importadoras ou produtoras de álcool dos créditos de que tratam o art. 3º da Lei 10.637, de 30 de dezembro de 2002, o art. 3º da Lei 10.833, de 29 de dezembro de 2003, e o art. 15 da Lei 10.865, de 30 de abril de 2004.

A Presidenta da República, no uso da atribuição que lhe confere o art. 84, *caput*, inciso IV, da Constituição, e tendo em vista o disposto no § 15 do art. 5º da Lei 9.718, de 27 de novembro de 1998, e nos arts. 1º a 3º da Lei 12.859, de 10 de setembro de 2013, decreta:

Art. 1º A pessoa jurídica importadora ou produtora de álcool, inclusive para fins carburantes, sujeita ao regime de apuração não cumulativa da Contribuição para o PIS/Pasep e da Contribuição para o Financiamento da Seguridade Social – Cofins poderá descontar das referidas contribuições, devidas em cada período de apuração, crédito presumido calculado sobre o volume mensal de venda no mercado interno do referido produto.

§ 1º O crédito presumido de que trata o *caput* poderá ser aproveitado em relação a vendas efetuadas até 31 de dezembro de 2016.

§ 2º O montante do crédito presumido a que se refere o *caput* será determinado mediante aplicação das seguintes alíquotas específicas:

I – R$ 21,43 (vinte e um reais e quarenta e três centavos) por metro cúbico de álcool comercializado, em relação à Contribuição para o PIS/Pasep; e

II – R$ 98,57 (noventa e oito reais e cinquenta e sete centavos) por metro cúbico de álcool comercializado, em relação à Cofins.

§ 3º As cooperativas de produtores de etanol responsáveis pelo recolhimento da Contribuição para o PIS/Pasep e da Cofins nos termos do art. 66 da Lei 9.430, de 27 de dezembro de 1996, são também responsáveis pela apuração do crédito presumido de que trata o *caput*, o qual será compensado com as contribuições devidas por suas cooperadas.

§ 4º O crédito presumido de que trata o *caput* não aproveitado em determinado mês poderá ser aproveitado nos meses subsequentes.

§ 5º O crédito presumido de que trata o *caput* somente poderá ser utilizado para dedução do valor devido de cada contribuição e não poderá ser objeto de ressarcimento ou compensação com outros tributos administrados pela Secretaria da Receita Federal do Brasil.

§ 6º O disposto neste artigo não se aplica a operações que consistam em mera revenda de álcool adquirido no mercado interno.

Art. 2º As disposições do inciso I do § 2º e do § 5º do art. 1º da Lei 12.859, de 10 de setembro de 2013, tiveram aplicação restrita ao período compreendido entre 8 de maio e 31 de agosto de 2013.

Art. 3º O saldo de créditos da Contribuição para o PIS/Pasep e da Cofins apurados pelas pessoas jurídicas importadoras ou produtoras de álcool na forma do art. 3º da Lei 10.637, de 30 de dezembro de 2002, e do art. 3º da Lei 10.833, de 29 de dezembro

Legislação

de 2003, existente em 8 de maio de 2013, poderá:

I – ser compensado com débitos próprios, vencidos ou vincendos, relativos a tributos administrados pela Secretaria da Receita Federal do Brasil, observada a legislação aplicável à matéria; ou

II – ser ressarcido em dinheiro, observada a legislação aplicável à matéria.

Parágrafo único. O pedido de compensação ou de ressarcimento dos créditos de que trata o *caput* somente poderá ser efetuado:

I – relativamente aos créditos apurados até 31 de dezembro de 2011, a partir da data de publicação deste Decreto; e

II – relativamente aos créditos apurados no período compreendido entre 1º de janeiro de 2012 e 8 de maio de 2013, a partir de 1º de janeiro de 2015.

Art. 4º O saldo credor da Contribuição para o PIS/Pasep e da Cofins apurado pela pessoa jurídica de que trata o *caput* do art. 1º na forma do art. 3º da Lei 10.637, de 30 de dezembro de 2002, do art. 3º da Lei 10.833, de 29 de dezembro de 2003, e do art. 15 da Lei 10.865, de 30 de abril de 2004, acumulado ao final de cada trimestre do ano-calendário, poderá:

I – ser compensado com débitos próprios, vencidos ou vincendos, relativos a tributos e contribuições administrados pela Secretaria da Receita Federal do Brasil, observada a legislação específica aplicável à matéria; ou

II – ser ressarcido em dinheiro, observada a legislação específica aplicável à matéria.

Parágrafo único. O disposto no *caput* aplica-se exclusivamente:

I – durante o prazo de que trata o § 1º do art. 1º; e

II – ao saldo de créditos apurados em relação a custos, despesas e encargos vinculados à produção e à comercialização de álcool, inclusive para fins carburantes.

Art. 5º Este Decreto entra em vigor na data de sua publicação.

Brasília, 21 de março de 2014; 193º da Independência e 126º da República.

Dilma Rousseff

(*DOU* 24.03.2014)

Lei 12.973/2014

LEI 12.973, DE 13 DE MAIO DE 2014

Altera a legislação tributária federal relativa ao Imposto sobre a Renda das Pessoas Jurídicas – IRPJ, à Contribuição Social sobre o Lucro Líquido – CSLL, à Contribuição para o PIS/Pasep e à Contribuição para o Financiamento da Seguridade Social – Cofins; revoga o Regime Tributário de Transição – RTT, instituído pela Lei 11.941, de 27 de maio de 2009; dispõe sobre a tributação da pessoa jurídica domiciliada no Brasil, com relação ao acréscimo patrimonial decorrente de participação em lucros auferidos no exterior por controladas e coligadas; altera o Decreto-lei 1.598, de 26 de dezembro de 1977 e as Leis nos 9.430, de 27 de dezembro de 1996, 9.249, de 26 de dezembro de 1995, 8.981, de 20 de janeiro de 1995, 4.506, de 30 de novembro de 1964, 7.689, de 15 de dezembro de 1988, 9.718, de 27 de novembro de 1998, 10.865, de 30 de abril de 2004, 10.637, de 30 de dezembro de 2002, 10.833, de 29 de dezembro de 2003, 12.865, de 9 de outubro de 2013, 9.532, de 10 de dezembro de 1997, 9.656, de 3 de junho de 1998, 9.826, de 23 de agosto de 1999, 10.485, de 3 de julho de 2002, 10.893, de 13 de julho de 2004, 11.312, de 27 de junho de 2006, 11.941, de 27 de maio de 2009, 12.249, de 11 de junho de 2010, 12.431, de 24 de junho de 2011, 12.716, de 21 de setembro de 2012, e 12.844, de 19 de julho de 2013; e dá outras providências.

A Presidenta da República:

Faço saber que o Congresso Nacional decreta e eu sanciono a seguinte Lei:

Art. 1º O Imposto sobre a Renda das Pessoas Jurídicas – IRPJ, a Contribuição Social sobre o Lucro Líquido – CSLL, a Contribuição para o PIS/Pasep e a Contribuição para o Financiamento da Seguridade Social – Cofins serão determinados segundo as normas da legislação vigente, com as alterações desta Lei.

Lei 12.973/2014

LEGISLAÇÃO

Capítulo I
DO IMPOSTO SOBRE A RENDA DAS PESSOAS JURÍDICAS E DA CONTRIBUIÇÃO SOCIAL SOBRE O LUCRO LÍQUIDO

Art. 2º O Decreto-lei 1.598, de 26 de dezembro de 1977, passa a vigorar com as seguintes alterações:

"Art. 7º [...]"

"[...]"

"§ 6º A escrituração prevista neste artigo deverá ser entregue em meio digital ao Sistema Público de Escrituração Digital – SPED."

"Art. 8º [...]"

"I – de apuração do lucro real, que será entregue em meio digital, e no qual:

"[...]"

"b) será transcrita a demonstração do lucro real e a apuração do Imposto sobre a Renda;

"[...]"

"§ 1º Completada a ocorrência de cada fato gerador do imposto, o contribuinte deverá elaborar o livro de que trata o inciso I do caput, de forma integrada às escriturações comercial e fiscal, que discriminará:

"[...]"

"b) os registros de ajuste do lucro líquido, com identificação das contas analíticas do plano de contas e indicação discriminada por lançamento correspondente na escrituração comercial, quando presentes;

"[...]"

"d) a apuração do Imposto sobre a Renda devido, com a discriminação das deduções, quando aplicáveis; e

"e) demais informações econômico-fiscais da pessoa jurídica.

"[...]"

"§ 3º O disposto neste artigo será disciplinado em ato normativo da Secretaria da Receita Federal do Brasil.

"§ 4º Para fins do disposto na alínea b do § 1º, considera-se conta analítica aquela que registra em último nível os lançamentos contábeis."

"Art. 8º-A. O sujeito passivo que deixar de apresentar o livro de que trata o inciso I do caput do art. 8º, nos prazos fixados no ato normativo a que se refere o seu § 3º, ou que o apresentar com inexatidões, incorreções ou omissões, fica sujeito às seguintes multas:

"I – equivalente a 0,25% (vinte e cinco centésimos por cento), por mês-calendário ou fração, do lucro líquido antes do Imposto de Renda da pessoa jurídica e da Contribuição Social sobre o Lucro Líquido, no período a que se refere a apuração, limitada a 10% (dez por cento) relativamente às pessoas jurídicas que deixarem de apresentar ou apresentarem em atraso o livro; e

"II – 3% (três por cento), não inferior a R$ 100,00 (cem reais), do valor omitido, inexato ou incorreto.

"§ 1º A multa de que trata o inciso I do caput será limitada em:

"I – R$ 100.000,00 (cem mil reais) para as pessoas jurídicas que no ano-calendário anterior tiverem auferido receita bruta total, igual ou inferior a R$ 3.600.000,00 (três milhões e seiscentos mil reais);

"II – R$ 5.000.000,00 (cinco milhões de reais) para as pessoas jurídicas que não se enquadrarem na hipótese de que trata o inciso I deste parágrafo.

"§ 2º A multa de que trata o inciso I do caput será reduzida:

"I – em 90% (noventa por cento), quando o livro for apresentado em até 30 (trinta) dias após o prazo;

"II – em 75% (setenta e cinco por cento), quando o livro for apresentado em até 60 (sessenta) dias após o prazo;

"III – à metade, quando o livro for apresentado depois do prazo, mas antes de qualquer procedimento de ofício; e

"IV – em 25% (vinte e cinco por cento), se houver a apresentação do livro no prazo fixado em intimação.

"§ 3º A multa de que trata o inciso II do caput:

"I – não será devida se o sujeito passivo corrigir as inexatidões, incorreções ou omissões antes de iniciado qualquer procedimento de ofício; e

"II – será reduzida em 50% (cinquenta por cento) se forem corrigidas as inexatidões, incorreções ou omissões no prazo fixado em intimação.

Lei 12.973/2014

LEGISLAÇÃO

"§ 4º Quando não houver lucro líquido, antes do Imposto de Renda e da Contribuição Social, no período de apuração a que se refere a escrituração, deverá ser utilizado o lucro líquido, antes do Imposto de Renda e da Contribuição Social do último período de apuração informado, atualizado pela taxa referencial do Sistema Especial de Liquidação e de Custódia – Selic, até o termo final de encerramento do período a que se refere a escrituração.

"§ 5º Sem prejuízo das penalidades previstas neste artigo, aplica-se o disposto no art. 47 da Lei 8.981, de 20 de janeiro de 1995, à pessoa jurídica que não escriturar o livro de que trata o inciso I do *caput* do art. 8º da presente Lei de acordo com as disposições da legislação tributária."

"Art. 12. A receita bruta compreende:
"I – o produto da venda de bens nas operações de conta própria;
"II – o preço da prestação de serviços em geral;
"III – o resultado auferido nas operações de conta alheia; e
"IV – as receitas da atividade ou objeto principal da pessoa jurídica não compreendidas nos incisos I a III.

"§ 1º A receita líquida será a receita bruta diminuída de:
"I – devoluções e vendas canceladas;
"II – descontos concedidos incondicionalmente;
"III – tributos sobre ela incidentes; e
"IV – valores decorrentes do ajuste a valor presente, de que trata o inciso VIII do *caput* do art. 183 da Lei 6.404, de 15 de dezembro de 1976, das operações vinculadas à receita bruta.

"[...]

"§ 4º Na receita bruta não se incluem os tributos não cumulativos cobrados, destacadamente, do comprador ou contratante pelo vendedor dos bens ou pelo prestador dos serviços na condição de mero depositário.

"§ 5º Na receita bruta incluem-se os tributos sobre ela incidentes e os valores decorrentes do ajuste a valor presente, de que trata o inciso VIII do *caput* do art. 183 da Lei 6.404, de 15 de dezembro de 1976, das operações previstas no *caput*, observado o disposto no § 4º."

"Art. 13. [...]
"[...]
"§ 3º O disposto nas alíneas *c*, *d* e *e* do § 1º não alcança os encargos de depreciação, amortização e exaustão gerados por bem objeto de arrendamento mercantil, na pessoa jurídica arrendatária.

"§ 4º No caso de que trata o § 3º, a pessoa jurídica deverá proceder ao ajuste no lucro líquido para fins de apuração do lucro real, no período de apuração em que o encargo de depreciação, amortização ou exaustão for apropriado como custo de produção."

"Art. 15. O custo de aquisição de bens do ativo não circulante imobilizado e intangível não poderá ser deduzido como despesa operacional, salvo se o bem adquirido tiver valor unitário não superior a R$ 1.200,00 (mil e duzentos reais) ou prazo de vida útil não superior a 1 (um) ano.

"[...]"

"Art. 17. [...]
"§ 1º Sem prejuízo do disposto no art. 13 da Lei 9.249, de 26 de dezembro de 1995, os juros pagos ou incorridos pelo contribuinte são dedutíveis como custo ou despesa operacional, observadas as seguintes normas:

"*a)* os juros pagos antecipadamente, os descontos de títulos de crédito, a correção monetária prefixada e o deságio concedido na colocação de debêntures ou títulos de crédito deverão ser apropriados, *pro rata tempore*, nos exercícios sociais a que competirem; e

"*b)* os juros e outros encargos, associados a empréstimos contraídos, especificamente ou não, para financiar a aquisição, construção ou produção de bens classificados como estoques de longa maturação, propriedade para investimentos, ativo imobilizado ou ativo intangível, podem ser registrados como custo do ativo, desde que incorridos até o momento em que os referidos bens estejam prontos para seu uso ou venda.

"§ 2º Considera-se como encargo associado a empréstimo aquele em que o tomador

1399

Lei 12.973/2014

LEGISLAÇÃO

deve necessariamente incorrer para fins de obtenção dos recursos.

"§ 3º Alternativamente, nas hipóteses a que se refere a alínea *b* do § 1º, os juros e outros encargos poderão ser excluídos na apuração do lucro real quando incorridos, devendo ser adicionados quando o respectivo ativo for realizado, inclusive mediante depreciação, amortização, exaustão, alienação ou baixa."

"Art. 19. [...]

"[...]

"V – as subvenções para investimento, inclusive mediante isenção e redução de impostos, concedidas como estímulo à implantação ou expansão de empreendimentos econômicos, e as doações, feitas pelo poder público; e

"VI – ganhos ou perdas decorrentes de avaliação de ativo ou passivo com base no valor justo.

"[...]

"§ 3º O valor do imposto que deixar de ser pago em virtude das isenções e reduções de que tratam as alíneas *a*, *b*, *c* e *e* do § 1º não poderá ser distribuído aos sócios e constituirá a reserva de incentivos fiscais de que trata o art. 195-A da Lei 6.404, de 15 de dezembro de 1976, que poderá ser utilizada somente para:

"I – absorção de prejuízos, desde que anteriormente já tenham sido totalmente absorvidas as demais Reservas de Lucros, com exceção da Reserva Legal; ou

"II – aumento do capital social.

"§ 4º [...]

"[...]

"*b*) a partilha do acervo líquido da sociedade dissolvida, até o valor do saldo da reserva de que trata o art. 195-A da Lei 6.404, de 15 de dezembro de 1976.

"§ 5º A inobservância do disposto nos §§ 3º, 4º, 8º e 9º importa em perda da isenção e em obrigação de recolher, com relação à importância distribuída ou valor da reserva não constituída, não recomposta ou absorvida indevidamente, o imposto que deixou de ser pago.

"[...]

"§ 7º No cálculo da diferença entre as receitas e despesas financeiras a que se refere o inciso I do *caput*, não serão computadas as receitas e despesas financeiras decorrentes do ajuste a valor presente de que tratam o inciso VIII do *caput* do art. 183 e o inciso III do *caput* do art. 184 da Lei 6.404, de 15 de dezembro de 1976.

"§ 8º Se, no período em que deveria ter sido constituída a reserva de incentivos fiscais de que trata o art. 195-A da Lei 6.404, de 15 de dezembro de 1976, a pessoa jurídica tiver apurado prejuízo contábil ou lucro líquido contábil inferior ao valor do imposto que deixou de ser pago na forma prevista no § 3º, a constituição da reserva deverá ocorrer nos períodos subsequentes.

"§ 9º Na hipótese do inciso I do § 3º, a pessoa jurídica deverá recompor a reserva à medida que forem apurados lucros nos períodos subsequentes."

"Art. 20. O contribuinte que avaliar investimento pelo valor de patrimônio líquido deverá, por ocasião da aquisição da participação, desdobrar o custo de aquisição em:

"[...]

"II – mais ou menos-valia, que corresponde à diferença entre o valor justo dos ativos líquidos da investida, na proporção da porcentagem da participação adquirida, e o valor de que trata o inciso I do *caput*; e

"III – ágio por rentabilidade futura (*goodwill*), que corresponde à diferença entre o custo de aquisição do investimento e o somatório dos valores de que tratam os incisos I e II do *caput*.

"§ 1º Os valores de que tratam os incisos I a III do *caput* serão registrados em subcontas distintas.

"[...]

"§ 3º O valor de que trata o inciso II do *caput* deverá ser baseado em laudo elaborado por perito independente que deverá ser protocolado na Secretaria da Receita Federal do Brasil ou cujo sumário deverá ser registrado em Cartório de Registro de Títulos e Documentos, até o último dia útil do 13º (décimo terceiro) mês subsequente ao da aquisição da participação.

"[...]

"§ 5º A aquisição de participação societária sujeita à avaliação pelo valor do patrimônio

Lei 12.973/2014

LEGISLAÇÃO

líquido exige o reconhecimento e a mensuração:

"I – primeiramente, dos ativos identificáveis adquiridos e dos passivos assumidos a valor justo; e

"II – posteriormente, do ágio por rentabilidade futura (*goodwill*) ou do ganho proveniente de compra vantajosa.

"§ 6º O ganho proveniente de compra vantajosa de que trata o § 5º, que corresponde ao excesso do valor justo dos ativos líquidos da investida, na proporção da participação adquirida, em relação ao custo de aquisição do investimento, será computado na determinação do lucro real no período de apuração da alienação ou baixa do investimento.

"§ 7º A Secretaria da Receita Federal do Brasil disciplinará o disposto neste artigo, podendo estabelecer formas alternativas de registro e de apresentação do laudo previsto no § 3º."

"Art. 21. Em cada balanço, o contribuinte deverá avaliar o investimento pelo valor de patrimônio líquido da investida, de acordo com o disposto no art. 248 da Lei 6.404, de 15 de dezembro de 1976, e com as seguintes normas:

"I – o valor de patrimônio líquido será determinado com base em balanço patrimonial ou balancete de verificação da investida levantado na mesma data do balanço do contribuinte ou até 2 (dois) meses, no máximo, antes dessa data, com observância da lei comercial, inclusive quanto à dedução das participações nos resultados e da provisão para o imposto sobre a renda;

"II – se os critérios contábeis adotados pela investida e pelo contribuinte não forem uniformes, o contribuinte deverá fazer no balanço ou balancete da investida os ajustes necessários para eliminar as diferenças relevantes decorrentes da diversidade de critérios;

"III – o balanço ou balancete da investida, levantado em data anterior à do balanço do contribuinte, deverá ser ajustado para registrar os efeitos relevantes de fatos extraordinários ocorridos no período;

"IV – o prazo de 2 (dois) meses de que trata o inciso I do *caput* aplica-se aos balanços ou balancetes de verificação das sociedades de que a investida participe, direta ou indiretamente, com investimentos que devam ser avaliados pelo valor de patrimônio líquido para efeito de determinar o valor de patrimônio líquido da investida;

"V – o valor do investimento do contribuinte será determinado mediante a aplicação sobre o valor de patrimônio líquido ajustado de acordo com os números anteriores da porcentagem da participação do contribuinte na investida; e

"VI – no caso de filiais, sucursais, controladas e coligadas, domiciliadas no exterior, aplicam-se as normas da legislação correspondente do país de domicílio."

"Art. 22. O valor do investimento na data do balanço, conforme o disposto no inciso I do *caput* do art. 20, deverá ser ajustado ao valor de patrimônio líquido determinado de acordo com o disposto no art. 21, mediante lançamento da diferença a débito ou a crédito da conta de investimento.

"Parágrafo único. Os lucros ou dividendos distribuídos pela investida deverão ser registrados pelo contribuinte como diminuição do valor do investimento, e não influenciarão as contas de resultado."

"Art. 23. [...]

"Parágrafo único. Não serão computadas na determinação do lucro real as contrapartidas de ajuste do valor do investimento ou da redução dos valores de que tratam os incisos II e III do *caput* do art. 20, derivados de investimentos em sociedades estrangeiras que não funcionem no País."

"Ajuste decorrente de avaliação a valor justo na investida

"Art. 24-A. A contrapartida do ajuste positivo, na participação societária, mensurada pelo patrimônio líquido, decorrente da avaliação pelo valor justo de ativo ou passivo da investida, deverá ser compensada pela baixa do respectivo saldo da mais-valia de que trata o inciso II do *caput* do art. 20.

"§ 1º O ganho relativo à contrapartida de que trata o *caput*, no caso de bens diferentes dos que serviram de fundamento à mais-valia de que trata o inciso II do *caput* do art. 20, ou relativo à contrapartida superior ao saldo da mais-valia, deverá ser

Lei 12.973/2014

LEGISLAÇÃO

computado na determinação do lucro real, salvo se o ganho for evidenciado contabilmente em subconta vinculada à participação societária, com discriminação do bem, do direito ou da obrigação da investida objeto de avaliação com base no valor justo, em condições de permitir a determinação da parcela realizada, liquidada ou baixada em cada período.

"§ 2º O valor registrado na subconta de que trata o § 1º será baixado à medida que o ativo da investida for realizado, inclusive mediante depreciação, amortização, exaustão, alienação ou baixa, ou quando o passivo da investida for liquidado ou baixado, e o ganho respectivo não será computado na determinação do lucro real nos períodos de apuração em que a investida computar o ganho na determinação do lucro real.

"§ 3º O ganho relativo ao saldo da subconta de que trata o § 1º deverá ser computado na determinação do lucro real do período de apuração em que o contribuinte alienar ou liquidar o investimento.

"§ 4º A Secretaria da Receita Federal do Brasil irá disciplinar o controle em subcontas de que trata este artigo."

"Art. 24-B. A contrapartida do ajuste negativo na participação societária, mensurada pelo patrimônio líquido, decorrente da avaliação pelo valor justo de ativo ou passivo da investida, deverá ser compensada pela baixa do respectivo saldo da menosvalia de que trata o inciso II do *caput* do art. 20.

"§ 1º A perda relativa à contrapartida de que trata o *caput*, no caso de bens diferentes dos que serviram de fundamento à menos-valia, ou relativa à contrapartida superior ao saldo da menosvalia não será computada na determinação do lucro real e será evidenciada contabilmente em subconta vinculada à participação societária, com discriminação do bem, do direito ou da obrigação da investida objeto de avaliação com base no valor justo, em condições de permitir a determinação da parcela realizada, liquidada ou baixada em cada período.

"§ 2º O valor registrado na subconta de que trata o § 1º será baixado à medida que o ativo da investida for realizado, inclusive mediante depreciação, amortização, exaustão, alienação ou baixa, ou quando o passivo da investida for liquidado ou baixado, e a perda respectiva não será computada na determinação do lucro real nos períodos de apuração em que a investida computar a perda na determinação do lucro real.

"§ 3º A perda relativa ao saldo da subconta de que trata o § 1º poderá ser computada na determinação do lucro real do período de apuração em que o contribuinte alienar ou liquidar o investimento.

"§ 4º Na hipótese de não ser evidenciada por meio de subconta na forma prevista no § 1º, a perda será considerada indedutível na apuração do lucro real.

"§ 5º A Secretaria da Receita Federal do Brasil disciplinará o controle em subcontas de que trata este artigo."

"Redução da mais ou menos-valia e do *goodwill*

"Art. 25. A contrapartida da redução dos valores de que tratam os incisos II e III do *caput* do art. 20 não será computada na determinação do lucro real, ressalvado o disposto no art. 33.

"[...]"

"Atividade imobiliária – Permuta – Determinação do custo e apuração do lucro bruto

"Art. 27. [...]

"[...]

"§ 3º Na hipótese de operações de permuta envolvendo unidades imobiliárias, a parcela do lucro bruto decorrente da avaliação a valor justo das unidades permutadas será computada na determinação do lucro real pelas pessoas jurídicas permutantes, quando o imóvel recebido em permuta for alienado, inclusive como parte integrante do custo de outras unidades imobiliárias ou realizado a qualquer título, ou quando, a qualquer tempo, for classificada no ativo não circulante investimentos ou imobilizado.

Lei 12.973/2014

LEGISLAÇÃO

"§ 4º O disposto no § 3º será disciplinado pela Secretaria da Receita Federal do Brasil."

"Art. 29. Na venda a prazo, ou em prestações, com pagamento após o término do período de apuração da venda, o lucro bruto de que trata o § 1º do art. 27 poderá, para efeito de determinação do lucro real, ser reconhecido proporcionalmente à receita de venda recebida, observadas as seguintes normas:

"[...]

"II – por ocasião da venda, será determinada a relação entre o lucro bruto e a receita bruta de venda e, em cada período, será computada, na determinação do lucro real, parte do lucro bruto proporcional à receita recebida no mesmo período;

"III – a relação entre o lucro bruto e a receita bruta de venda, de que trata o inciso II do *caput*, deverá ser reajustada sempre que for alterado o valor do orçamento, em decorrência de modificações no projeto ou nas especificações do empreendimento, e apurada diferença entre custo orçado e efetivo, devendo ser computada na determinação do lucro real, do período de apuração desse reajustamento, a diferença de custo correspondente à parte da receita de venda já recebida;

"[...]

"V – os ajustes pertinentes ao reconhecimento do lucro bruto, na forma do inciso II do *caput*, e da diferença de que trata o inciso III do *caput* deverão ser realizados no livro de apuração do lucro real de que trata o inciso I do *caput* do art. 8º.

"[...]"

"Art. 31. Serão classificados como ganhos ou perdas de capital, e computados na determinação do lucro real, os resultados na alienação, inclusive por desapropriação (§ 4º), na baixa por perecimento, extinção, desgaste, obsolescência ou exaustão, ou na liquidação de bens do ativo não circulante, classificados como investimentos, imobilizado ou intangível.

"§ 1º Ressalvadas as disposições especiais, a determinação do ganho ou perda de capital terá por base o valor contábil do bem, assim entendido o que estiver registrado na escrituração do contribuinte, diminuído, se for o caso, da depreciação, amortização ou exaustão acumulada e das perdas estimadas no valor de ativos.

"§ 2º Nas vendas de bens do ativo não circulante classificados como investimentos, imobilizado ou intangível, para recebimento do preço, no todo ou em parte, após o término do exercício social seguinte ao da contratação, o contribuinte poderá, para efeito de determinar o lucro real, reconhecer o lucro na proporção da parcela do preço recebida em cada período de apuração.

"[...]

"§ 6º A parcela de depreciação anteriormente excluída do lucro líquido na apuração do lucro real deverá ser adicionada na apuração do imposto no período de apuração em que ocorrer a alienação ou baixa do ativo.

"§ 7º A Secretaria da Receita Federal do Brasil, no âmbito de suas atribuições, disciplinará o disposto neste artigo."

"Art. 33. O valor contábil, para efeito de determinar o ganho ou perda de capital na alienação ou liquidação do investimento avaliado pelo valor de patrimônio líquido (art. 20), será a soma algébrica dos seguintes valores:

"[...]

"II – de que tratam os incisos II e III do *caput* do art. 20, ainda que tenham sido realizados na escrituração comercial do contribuinte, conforme previsto no art. 25 deste Decreto-lei;

"[...]

"§ 2º Não será computado na determinação do lucro real o acréscimo ou a diminuição do valor de patrimônio líquido de investimento, decorrente de ganho ou perda por variação na porcentagem de participação do contribuinte no capital social da investida."

"Despesa com emissão de ações

"Art. 38-A. Os custos associados às transações destinadas à obtenção de recursos próprios, mediante a distribuição primária de ações ou bônus de subscrição contabilizados no patrimônio líquido, poderão ser excluídos, na determinação do lucro real, quando incorridos."

Lei 12.973/2014

LEGISLAÇÃO

"Art. 38-B. A remuneração, os encargos, as despesas e demais custos, ainda que contabilizados no patrimônio líquido, referentes a instrumentos de capital ou de dívida subordinada, emitidos pela pessoa jurídica, exceto na forma de ações, poderão ser excluídos na determinação do lucro real e da base de cálculo de Contribuição Social sobre o Lucro Líquido quando incorridos.

"§ 1º No caso das entidades de que trata o § 1º do art. 22 da Lei 8.212, de 24 de julho de 1991, a remuneração e os encargos mencionados no *caput* poderão, para fins de determinação da base de cálculo das contribuições para o PIS/Pasep e Cofins, ser excluídos ou deduzidos como despesas de operações de intermediação financeira.

"§ 2º O disposto neste artigo não se aplica aos instrumentos previstos no art. 15 da Lei 6.404, de 15 de dezembro de 1976.

"§ 3º Na hipótese de estorno por qualquer razão, em contrapartida de conta de patrimônio líquido, os valores mencionados no *caput* e anteriormente deduzidos deverão ser adicionados nas respectivas bases de cálculo."

Art. 3º Ficam isentos do Imposto sobre a Renda das Pessoas Físicas os rendimentos recebidos pelos condomínios residenciais constituídos nos termos da Lei 4.591, de 16 de dezembro de 1964, limitado a R$ 24.000,00 (vinte e quatro mil reais) por ano-calendário, e desde que sejam revertidos em benefício do condomínio para cobertura de despesas de custeio e de despesas extraordinárias, estejam previstos e autorizados na convenção condominial, não sejam distribuídos aos condôminos e decorram:

I – de uso, aluguel ou locação de partes comuns do condomínio;

II – de multas e penalidades aplicadas em decorrência de inobservância das regras previstas na convenção condominial; ou

III – de alienação de ativos detidos pelo condomínio.

Seção I
Ajuste a valor presente

Art. 4º Os valores decorrentes do ajuste a valor presente, de que trata o inciso VIII do *caput* do art. 183 da Lei 6.404, de 15 de dezembro de 1976, relativos a cada operação, somente serão considerados na determinação do lucro real no mesmo período de apuração em que a receita ou resultado da operação deva ser oferecido à tributação.

Art. 5º Os valores decorrentes do ajuste a valor presente, de que trata o inciso III do *caput* do art. 184 da Lei 6.404, de 15 de dezembro de 1976, relativos a cada operação, somente serão considerados na determinação do lucro real no período de apuração em que:

I – o bem for revendido, no caso de aquisição a prazo de bem para revenda;

II – o bem for utilizado como insumo na produção de bens ou serviços, no caso de aquisição a prazo de bem a ser utilizado como insumo na produção de bens ou serviços;

III – o ativo for realizado, inclusive mediante depreciação, amortização, exaustão, alienação ou baixa, no caso de aquisição a prazo de ativo não classificável nos incisos I e II do *caput*;

IV – a despesa for incorrida, no caso de aquisição a prazo de bem ou serviço contabilizado diretamente como despesa; e

V – o custo for incorrido, no caso de aquisição a prazo de bem ou serviço contabilizado diretamente como custo de produção de bens ou serviços.

§ 1º Nas hipóteses previstas nos incisos I, II e III do *caput*, os valores decorrentes do ajuste a valor presente deverão ser evidenciados contabilmente em subconta vinculada ao ativo.

§ 2º Os valores decorrentes de ajuste a valor presente de que trata o *caput* não poderão ser considerados na determinação do lucro real:

I – na hipótese prevista no inciso III do *caput*, caso o valor realizado, inclusive mediante depreciação, amortização, exaustão, alienação ou baixa não seja dedutível;

II – na hipótese prevista no inciso IV do *caput*, caso a despesa não seja dedutível; e

III – nas hipóteses previstas nos incisos I, II e III do *caput*, caso os valores decorrentes do ajuste a valor presente não tenham sido evidenciados conforme disposto no § 1º.

Art. 6º A Lei 9.430, de 27 de dezembro de 1996, passa a vigorar com as seguintes alterações:

• Alterações processadas no texto da referida Lei.

Lei 12.973/2014

Seção II
Custo de empréstimos – Lucro presumido e arbitrado

Art. 7º Para fins de determinação do ganho de capital previsto no inciso II do *caput* do art. 25 da Lei 9.430, de 27 de dezembro de 1996, é vedado o cômputo de qualquer parcela a título de encargos associados a empréstimos, registrados como custo na forma da alínea *b* do § 1º do art. 17 do Decreto-lei 1.598, de 26 de dezembro de 1977.

Parágrafo único. O disposto no *caput* aplica-se também ao ganho de capital previsto no inciso II do *caput* do art. 27 e no inciso II do *caput* do art. 29 da Lei 9.430, de 27 de dezembro de 1996.

Art. 8º No caso de pessoa jurídica tributada com base no lucro presumido ou arbitrado, as receitas financeiras relativas às variações monetárias dos direitos de crédito e das obrigações do contribuinte, em função da taxa de câmbio, originadas dos saldos de valores a apropriar decorrentes de ajuste a valor presente não integrarão a base de cálculo do imposto sobre a renda.

Art. 9º A Lei 9.249, de 26 de dezembro de 1995, passa a vigorar com as seguintes alterações:

- Alterações processadas no texto da referida Lei.

Art. 10. A Lei 8.981, de 20 de janeiro de 1995, passa a vigorar com as seguintes alterações:

- Alterações processadas no texto da referida Lei.

Seção III
Despesas pré-operacionais ou pré-industriais

Art. 11. Para fins de determinação do lucro real, não serão computadas, no período de apuração em que incorridas, as despesas:
I – de organização pré-operacionais ou pré-industriais, inclusive da fase inicial de operação, quando a empresa utilizou apenas parcialmente o seu equipamento ou as suas instalações; e
II – de expansão das atividades industriais.

Parágrafo único. As despesas referidas no *caput* poderão ser excluídas para fins de determinação do lucro real, em quotas fixas mensais e no prazo mínimo de 5 (cinco) anos, a partir:
I – do início das operações ou da plena utilização das instalações, no caso do inciso I do *caput*; e
II – do início das atividades das novas instalações, no caso do inciso II do *caput*.

Seção IV
Variação cambial – Ajuste a valor presente

Art. 12. As variações monetárias em razão da taxa de câmbio referentes aos saldos de valores a apropriar decorrentes de ajuste a valor presente não serão computadas na determinação do lucro real.

Seção V
Avaliação a valor justo

Subseção I
Ganho

Art. 13. O ganho decorrente de avaliação de ativo ou passivo com base no valor justo não será computado na determinação do lucro real desde que o respectivo aumento no valor do ativo ou a redução no valor do passivo seja evidenciado contabilmente em subconta vinculada ao ativo ou passivo.

§ 1º O ganho evidenciado por meio da subconta de que trata o *caput* será computado na determinação do lucro real à medida que o ativo for realizado, inclusive mediante depreciação, amortização, exaustão, alienação ou baixa, ou quando o passivo for liquidado ou baixado.

§ 2º O ganho a que se refere o § 1º não será computado na determinação do lucro real caso o valor realizado, inclusive mediante depreciação, amortização, exaustão, alienação ou baixa, seja indedutível.

§ 3º Na hipótese de não ser evidenciado por meio de subconta na forma prevista no *caput*, o ganho será tributado.

§ 4º Na hipótese de que trata o § 3º, o ganho não poderá acarretar redução de prejuízo fiscal do período, devendo, neste caso, ser considerado em período de apuração seguinte em que exista lucro real antes do cômputo do referido ganho.

§ 5º O disposto neste artigo não se aplica aos ganhos no reconhecimento inicial de ativos

Lei 12.973/2014

LEGISLAÇÃO

avaliados com base no valor justo decorrentes de doações recebidas de terceiros.

§ 6º No caso de operações de permuta que envolvam troca de ativo ou passivo de que trata o *caput*, o ganho decorrente da avaliação com base no valor justo poderá ser computado na determinação do lucro real na medida da realização do ativo ou passivo recebido na permuta, de acordo com as hipóteses previstas nos §§ 1º a 4º.

Subseção II
Perda

Art. 14. A perda decorrente de avaliação de ativo ou passivo com base no valor justo somente poderá ser computada na determinação do lucro real à medida que o ativo for realizado, inclusive mediante depreciação, amortização, exaustão, alienação ou baixa, ou quando o passivo for liquidado ou baixado, e desde que a respectiva redução no valor do ativo ou aumento no valor do passivo seja evidenciada contabilmente em subconta vinculada ao ativo ou passivo.

§ 1º A perda a que se refere este artigo não será computada na determinação do lucro real caso o valor realizado, inclusive mediante depreciação, amortização, exaustão, alienação ou baixa, seja indedutível.

§ 2º Na hipótese de não ser evidenciada por meio de subconta na forma prevista no *caput*, a perda será considerada indedutível na apuração do lucro real.

Art. 15. A Secretaria da Receita Federal do Brasil irá disciplinar o controle em subcontas previsto nos arts. 5º, 13 e 14.

Seção VI
Ajuste a valor justo

Subseção I
Lucro presumido para lucro real

Art. 16. A pessoa jurídica tributada pelo lucro presumido que, em período de apuração imediatamente posterior, passar a ser tributada pelo lucro real deverá incluir na base de cálculo do imposto apurado pelo lucro presumido os ganhos decorrentes de avaliação com base no valor justo, que façam parte do valor contábil, e na proporção deste, relativos aos ativos constantes em seu patrimônio.

§ 1º A tributação dos ganhos poderá ser diferida para os períodos de apuração em que a pessoa jurídica for tributada pelo lucro real, desde que observados os procedimentos e requisitos previstos no art. 13.

§ 2º As perdas verificadas nas condições do *caput* somente poderão ser computadas na determinação do lucro real dos períodos de apuração posteriores se observados os procedimentos e requisitos previstos no art. 14.

§ 3º O disposto neste artigo aplica-se, também, na hipótese de avaliação com base no valor justo de passivos relacionados a ativos ainda não totalmente realizados na data de transição para o lucro real.

Subseção II
Ganho de capital –
Subscrição de ações

Art. 17. O ganho decorrente de avaliação com base no valor justo de bem do ativo incorporado ao patrimônio de outra pessoa jurídica, na subscrição em bens de capital social, ou de valores mobiliários emitidos por companhia, não será computado na determinação do lucro real, desde que o aumento no valor do bem do ativo seja evidenciado contabilmente em subconta vinculada à participação societária ou aos valores mobiliários, com discriminação do bem objeto de avaliação com base no valor justo, em condições de permitir a determinação da parcela realizada em cada período.

§ 1º O ganho evidenciado por meio da subconta de que trata o *caput* será computado na determinação do lucro real:

I – na alienação ou na liquidação da participação societária ou dos valores mobiliários, pelo montante realizado;

II – proporcionalmente ao valor realizado, no período-base em que a pessoa jurídica que houver recebido o bem realizar seu valor, inclusive mediante depreciação, amortização, exaustão, alienação ou baixa, ou com ele integralizar capital de outra pessoa jurídica; ou

III – na hipótese de bem não sujeito a realização por depreciação, amortização ou exaustão que não tenha sido alienado, baixado ou utilizado na integralização do capital de outra pessoa jurídica, nos cinco anos-calendário subsequentes à subscrição em bens de capital social, ou de valores mobiliários emitidos por companhia, à razão de 1/60 (um sessenta avos), no mínimo, para cada mês do período de apuração.

§ 2º Na hipótese de não ser evidenciado por meio de subconta na forma prevista no *caput*, o ganho será tributado.

§ 3º Na hipótese de que trata o § 2º, o ganho não poderá acarretar redução de prejuízo fiscal do período e deverá, nesse caso, ser considerado em período de apuração seguinte em que exista lucro real antes do cômputo do referido ganho.

§ 4º Na hipótese de a subscrição de capital social de que trata o *caput* ser feita por meio da entrega de participação societária, será considerada realização, nos termos do inciso III do § 1º, a absorção do patrimônio da investida, em virtude de incorporação, fusão ou cisão, pela pessoa jurídica que teve o capital social subscrito por meio do recebimento da participação societária.

§ 5º O disposto no § 4º aplica-se inclusive quando a investida absorver, em virtude de incorporação, fusão ou cisão, o patrimônio da pessoa jurídica que teve o capital social subscrito por meio do recebimento da participação societária.

Art. 18. A perda decorrente de avaliação com base no valor justo de bem do ativo incorporado ao patrimônio de outra pessoa jurídica, na subscrição em bens de capital social, ou de valores mobiliários emitidos por companhia, somente poderá ser computada na determinação do lucro real caso a respectiva redução no valor do bem do ativo seja evidenciada contabilmente em subconta vinculada à participação societária ou aos valores mobiliários, com discriminação do bem objeto de avaliação com base no valor justo, em condições de permitir a determinação da parcela realizada em cada período, e:

I – na alienação ou na liquidação da participação societária ou dos valores mobiliários, pelo montante realizado;

II – proporcionalmente ao valor realizado, no período-base em que a pessoa jurídica que houver recebido o bem realizar seu valor, inclusive mediante depreciação, amortização, exaustão, alienação ou baixa, ou com ele integralizar capital de outra pessoa jurídica; ou

III – na hipótese de bem não sujeito a realização por depreciação, amortização ou exaustão que não tenha sido alienado, baixado ou utilizado na integralização do capital de outra pessoa jurídica, a perda poderá ser amortizada nos balanços correspondentes à apuração de lucro real, levantados durante os cinco anos-calendário subsequentes à subscrição em bens de capital social, ou de valores mobiliários emitidos por companhia, à razão de 1/60 (um sessenta avos), no máximo, para cada mês do período de apuração.

§ 1º Na hipótese de não ser evidenciada por meio de subconta na forma prevista no *caput*, a perda será considerada indedutível na apuração do lucro real.

§ 2º Na hipótese da subscrição de capital social de que trata o *caput* ser feita por meio da entrega de participação societária, será considerada realização, nos termos do inciso II do *caput*, a absorção do patrimônio da investida, em virtude de incorporação, fusão ou cisão pela pessoa jurídica que teve o capital social subscrito por meio do recebimento da participação societária.

§ 3º O disposto no § 2º aplica-se inclusive quando a investida absorver, em virtude de incorporação, fusão ou cisão, o patrimônio da pessoa jurídica que teve o capital social subscrito por meio do recebimento da participação societária.

Art. 19. A Secretaria da Receita Federal do Brasil irá disciplinar o controle em subcontas de que tratam os arts. 17 e 18.

Seção VII
Incorporação, fusão ou cisão

Subseção I
Mais-valia

Art. 20. Nos casos de incorporação, fusão ou cisão, o saldo existente na contabilidade, na data da aquisição da participação societária, referente à mais-valia de que trata o inciso II do *caput* do art. 20 do Decreto-lei 1.598, de 26 de dezembro de 1977, decorrente da aquisição de participação societária entre partes não dependentes, poderá ser considerado como integrante do

Lei 12.973/2014

custo do bem ou direito que lhe deu causa, para efeito de determinação de ganho ou perda de capital e do cômputo da depreciação, amortização ou exaustão.

§ 1º Se o bem ou direito que deu causa ao valor de que trata o *caput* não houver sido transferido, na hipótese de cisão, para o patrimônio da sucessora, esta poderá, para efeitos de apuração do lucro real, deduzir a referida importância em quotas fixas mensais e no prazo mínimo de 5 (cinco) anos contados da data do evento.

§ 2º A dedutibilidade da despesa de depreciação, amortização ou exaustão está condicionada ao cumprimento da condição estabelecida no inciso III do *caput* do art. 13 da Lei 9.249, de 26 de dezembro de 1995.

§ 3º O contribuinte não poderá utilizar o disposto neste artigo, quando:

I – o laudo a que se refere o § 3º do art. 20 do Decreto-lei 1.598, de 26 de dezembro de 1977, não for elaborado e tempestivamente protocolado ou registrado; ou

II – os valores que compõem o saldo da mais-valia não puderem ser identificados em decorrência da não observância do disposto no § 3º do art. 37 ou no § 1º do art. 39 desta Lei.

§ 4º O laudo de que trata o inciso I do § 3º será desconsiderado na hipótese em que os dados nele constantes apresentem comprovadamente vícios ou incorreções de caráter relevante.

§ 5º A vedação prevista no inciso I do § 3º não se aplica para participações societárias adquiridas até 31 de dezembro de 2013, para os optantes conforme o art. 75, ou até 31 de dezembro de 2014, para os não optantes.

Subseção II
Menos-valia

Art. 21. Nos casos de incorporação, fusão ou cisão, o saldo existente na contabilidade, na data da aquisição da participação societária, referente à menos-valia de que trata o inciso II do *caput* do art. 20 do Decreto-lei 1.598, de 26 de dezembro de 1977, deverá ser considerado como integrante do custo do bem ou direito que lhe deu causa para efeito de determinação de ganho ou perda de capital e do cômputo da depreciação, amortização ou exaustão.

§ 1º Se o bem ou direito que deu causa ao valor de que trata o *caput* não houver sido transferido, na hipótese de cisão, para o patrimônio da sucessora, esta poderá, para efeitos de apuração do lucro real, diferir o reconhecimento da referida importância, oferecendo à tributação quotas fixas mensais no prazo máximo de 5 (cinco) anos contados da data do evento.

§ 2º A dedutibilidade da despesa de depreciação, amortização ou exaustão está condicionada ao cumprimento da condição estabelecida no inciso III do *caput* do art. 13 da Lei 9.249, de 26 de dezembro de 1995.

§ 3º O valor de que trata o *caput* será considerado como integrante do custo dos bens ou direitos que forem realizados em menor prazo depois da data do evento, quando:

I – o laudo a que se refere o § 3º do art. 20 do Decreto-lei 1.598, de 26 de dezembro de 1977, não for elaborado e tempestivamente protocolado ou registrado; ou

II – os valores que compõem o saldo da menos-valia não puderem ser identificados em decorrência da não observância do disposto no § 3º do art. 37 ou no § 1º do art. 39 desta Lei.

§ 4º O laudo de que trata o inciso I do § 3º será desconsiderado na hipótese em que os dados nele constantes apresentem comprovadamente vícios ou incorreções de caráter relevante.

§ 5º A vedação prevista no inciso I do § 3º não se aplica para participações societárias adquiridas até 31 de dezembro de 2013, para os optantes conforme o art. 75, ou até 31 de dezembro de 2014, para os não optantes.

Subseção III
Goodwill

Art. 22. A pessoa jurídica que absorver patrimônio de outra, em virtude de incorporação, fusão ou cisão, na qual detinha participação societária adquirida com ágio por rentabilidade futura (*goodwill*) decorrente da aquisição de participação societária entre partes não dependentes, apurado segundo o disposto no inciso III do *caput* do art. 20 do Decreto-lei 1.598, de 26 de dezembro de 1977, poderá excluir para fins de apuração do lucro real dos períodos de apuração subsequentes o saldo do referido ágio existente na contabilidade na data da aquisição da participação societária, à razão de 1/60 (um sessenta avos), no máximo, para cada mês do período de apuração.

§ 1º O contribuinte não poderá utilizar o disposto neste artigo, quando:

I – o laudo a que se refere o § 3º do art. 20 do Decreto-lei 1.598, de 26 de dezembro de 1977, não for elaborado e tempestivamente protocolado ou registrado;

II – os valores que compõem o saldo do ágio por rentabilidade futura (*goodwill*) não puderem ser identificados em decorrência da não observância do disposto no § 3º do art. 37 ou no § 1º do art. 39 desta Lei.

§ 2º O laudo de que trata o inciso I do § 1º será desconsiderado na hipótese em que os dados nele constantes apresentem comprovadamente vícios ou incorreções de caráter relevante.

§ 3º A vedação prevista no inciso I do § 1º não se aplica para participações societárias adquiridas até 31 de dezembro de 2013, para os optantes conforme o art. 75, ou até 31 de dezembro de 2014, para os não optantes.

Subseção IV
Ganho por compra vantajosa

Art. 23. A pessoa jurídica que absorver patrimônio de outra, em virtude de incorporação, fusão ou cisão, na qual detinha participação societária adquirida com ganho proveniente de compra vantajosa, conforme definido no § 6º do art. 20 do Decreto-lei 1.598, de 26 de dezembro de 1977, deverá computar o referido ganho na determinação do lucro real dos períodos de apuração subsequentes à data do evento, à razão de 1/60 (um sessenta avos), no mínimo, para cada mês do período de apuração.

Art. 24. O disposto nos arts. 20, 21, 22 e 23 aplica-se inclusive quando a empresa incorporada, fusionada ou cindida for aquela que detinha a propriedade da participação societária.

Art. 25. Para fins do disposto nos arts. 20 e 22, consideram-se partes dependentes quando:

I – o adquirente e o alienante são controlados, direta ou indiretamente, pela mesma parte ou partes;

II – existir relação de controle entre o adquirente e o alienante;

III – o alienante for sócio, titular, conselheiro ou administrador da pessoa jurídica adquirente;

IV – o alienante for parente ou afim até o terceiro grau, cônjuge ou companheiro das pessoas relacionadas no inciso III; ou

V – em decorrência de outras relações não descritas nos incisos I a IV, em que fique comprovada a dependência societária.

Parágrafo único. No caso de participação societária adquirida em estágios, a relação de dependência entre o(s) alienante(s) e o(s) adquirente(s) de que trata este artigo deve ser verificada no ato da primeira aquisição, desde que as condições do negócio estejam previstas no instrumento negocial.

Subseção V
Avaliação com base no valor justo na sucedida transferido para a sucessora

Art. 26. Nos casos de incorporação, fusão ou cisão, os ganhos decorrentes de avaliação com base no valor justo na sucedida não poderão ser considerados na sucessora como integrante do custo do bem ou direito que lhe deu causa para efeito de determinação de ganho ou perda de capital e do cômputo da depreciação, amortização ou exaustão.

Parágrafo único. Os ganhos e perdas evidenciados nas subcontas de que tratam os arts. 13 e 14 transferidos em decorrência de incorporação, fusão ou cisão terão, na sucessora, o mesmo tratamento tributário que teriam na sucedida.

Seção VIII
Ganho por compra vantajosa

Art. 27. O ganho decorrente do excesso do valor líquido dos ativos identificáveis adquiridos e dos passivos assumidos, mensura-

Lei 12.973/2014

dos pelos respectivos valores justos, em relação à contraprestação transferida, será computado na determinação do lucro real no período de apuração relativo à data do evento e posteriores, à razão de 1/60 (um sessenta avos), no mínimo, para cada mês do período de apuração.

Parágrafo único. Quando o ganho proveniente de compra vantajosa se referir ao valor de que trata o inciso II do § 5º do art. 20 do Decreto-lei 1.598, de 26 de dezembro de 1977, deverá ser observado, conforme o caso, o disposto no § 6º do art. 20 do mesmo Decreto-lei ou o disposto no art. 22 desta Lei.

Seção IX
Tratamento tributário do goodwill

Art. 28. A contrapartida da redução do ágio por rentabilidade futura (*goodwill*), inclusive mediante redução ao valor recuperável, não será computada na determinação do lucro real.

Parágrafo único. Quando a redução se referir ao valor de que trata o inciso III do art. 20 do Decreto-lei 1.598, de 26 de dezembro de 1977, deve ser observado o disposto no art. 25 do mesmo Decreto-lei.

Seção X
Contratos de longo prazo

Art. 29. Na hipótese de a pessoa jurídica utilizar critério, para determinação da porcentagem do contrato ou da produção executada, distinto dos previstos no § 1º do art. 10 do Decreto-lei 1.598, de 26 de dezembro de 1977, que implique resultado do período diferente daquele que seria apurado com base nesses critérios, a diferença verificada deverá ser adicionada ou excluída, conforme o caso, por ocasião da apuração do lucro real.

Seção XI
Subvenções para investimento

Art. 30. As subvenções para investimento, inclusive mediante isenção ou redução de impostos, concedidas como estímulo à implantação ou expansão de empreendimentos econômicos e as doações feitas pelo poder público não serão computadas na determinação do lucro real, desde que seja registrada em reserva de lucros a que se refere o art. 195-A da Lei 6.404, de 15 de dezembro de 1976, que somente poderá ser utilizada para:

I – absorção de prejuízos, desde que anteriormente já tenham sido totalmente absorvidas as demais Reservas de Lucros, com exceção da Reserva Legal; ou

II – aumento do capital social.

§ 1º Na hipótese do inciso I do *caput*, a pessoa jurídica deverá recompor a reserva à medida que forem apurados lucros nos períodos subsequentes.

§ 2º As doações e subvenções de que trata o *caput* serão tributadas caso não seja observado o disposto no § 1º ou seja dada destinação diversa da que está prevista no *caput*, inclusive nas hipóteses de:

I – capitalização do valor e posterior restituição de capital aos sócios ou ao titular, mediante redução do capital social, hipótese em que a base para a incidência será o valor restituído, limitado ao valor total das exclusões decorrentes de doações ou subvenções governamentais para investimentos;

II – restituição de capital aos sócios ou ao titular, mediante redução do capital social, nos cinco anos anteriores à data da doação ou da subvenção, com posterior capitalização do valor da doação ou da subvenção, hipótese em que a base para a incidência será o valor restituído, limitada ao valor total das exclusões decorrentes de doações ou de subvenções governamentais para investimentos; ou

III – integração à base de cálculo dos dividendos obrigatórios.

§ 3º Se, no período de apuração, a pessoa jurídica apurar prejuízo contábil ou lucro líquido contábil inferior à parcela decorrente de doações e de subvenções governamentais e, nesse caso, não puder ser constituída como parcela de lucros nos termos do *caput*, esta deverá ocorrer à medida que forem apurados lucros nos períodos subsequentes.

Lei 12.973/2014

Seção XII
Prêmio na emissão de debêntures

Art. 31. O prêmio na emissão de debêntures não será computado na determinação do lucro real, desde que:

I – a titularidade da debênture não seja de sócio ou titular da pessoa jurídica emitente; e

II – seja registrado em reserva de lucros específica, que somente poderá ser utilizada para:

a) absorção de prejuízos, desde que anteriormente já tenham sido totalmente absorvidas as demais Reservas de Lucros, com exceção da Reserva Legal; ou

b) aumento do capital social.

§ 1º Na hipótese da alínea *a* do inciso II do *caput*, a pessoa jurídica deverá recompor a reserva à medida que forem apurados lucros nos períodos subsequentes.

§ 2º O prêmio na emissão de debêntures de que trata o *caput* será tributado caso não seja observado o disposto no § 1º ou seja dada destinação diversa da que está prevista no *caput*, inclusive nas hipóteses de:

I – capitalização do valor e posterior restituição de capital aos sócios ou ao titular, mediante redução do capital social, hipótese em que a base para a incidência será o valor restituído, limitado ao valor total das exclusões decorrentes do prêmio na emissão de debêntures;

II – restituição de capital aos sócios ou ao titular, mediante redução do capital social, nos cinco anos anteriores à data da emissão das debêntures, com posterior capitalização do valor do prêmio na emissão de debêntures, hipótese em que a base para a incidência será o valor restituído, limitado ao valor total das exclusões decorrentes de prêmio na emissão de debêntures; ou

III – integração à base de cálculo dos dividendos obrigatórios.

§ 3º Se, no período de apuração, a pessoa jurídica apurar prejuízo contábil ou lucro líquido contábil inferior à parcela decorrente de prêmio na emissão de debêntures e, nesse caso, não puder ser constituída como parcela de lucros nos termos do *caput*, esta deverá ocorrer à medida que forem apurados lucros nos períodos subsequentes.

§ 4º A reserva de lucros específica a que se refere o inciso II do *caput*, para fins do limite de que trata o art. 199 da Lei 6.404, de 15 de dezembro de 1976, terá o mesmo tratamento dado à reserva de lucros prevista no art. 195-A da referida Lei.

§ 5º Para fins do disposto no inciso I do *caput*, serão considerados os sócios com participação igual ou superior a 10% (dez por cento) do capital social da pessoa jurídica emitente.

Seção XIII
Teste de recuperabilidade

Art. 32. O contribuinte poderá reconhecer na apuração do lucro real somente os valores contabilizados como redução ao valor recuperável de ativos que não tenham sido objeto de reversão, quando ocorrer a alienação ou baixa do bem correspondente.

Parágrafo único. No caso de alienação ou baixa de um ativo que compõe uma unidade geradora de caixa, o valor a ser reconhecido na apuração do lucro real deve ser proporcional à relação entre o valor contábil desse ativo e o total da unidade geradora de caixa à data em que foi realizado o teste de recuperabilidade.

Seção XIV
Pagamento baseado em ações

Art. 33. O valor da remuneração dos serviços prestados por empregados ou similares, efetuada por meio de acordo com pagamento baseado em ações, deve ser adicionado ao lucro líquido para fins de apuração do lucro real no período de apuração em que o custo ou a despesa forem apropriados.

§ 1º A remuneração de que trata o *caput* será dedutível somente depois do pagamento, quando liquidados em caixa ou outro ativo, ou depois da transferência da propriedade definitiva das ações ou opções, quando liquidados com instrumentos patrimoniais.

§ 2º Para efeito do disposto no § 1º, o valor a ser excluído será:

Lei 12.973/2014

LEGISLAÇÃO

I – o efetivamente pago, quando a liquidação baseada em ação for efetuada em caixa ou outro ativo financeiro; ou

II – o reconhecido no patrimônio líquido nos termos da legislação comercial, quando a liquidação for efetuada em instrumentos patrimoniais.

Art. 34. As aquisições de serviços, na forma do art. 33 e liquidadas com instrumentos patrimoniais, terão efeitos no cálculo dos juros sobre o capital próprio de que trata o art. 9º da Lei 9.249, de 26 de dezembro de 1995, somente depois da transferência definitiva da propriedade dos referidos instrumentos patrimoniais.

Seção XV
Contratos de concessão

Art. 35. No caso de contrato de concessão de serviços públicos em que a concessionária reconhece como receita o direito de exploração recebido do poder concedente, o resultado decorrente desse reconhecimento deverá ser computado no lucro real à medida que ocorrer a realização do respectivo ativo intangível, inclusive mediante amortização, alienação ou baixa.

Parágrafo único. Para fins dos pagamentos mensais referidos no art. 2º da Lei 9.430, de 27 de dezembro de 1996, a receita mencionada no *caput* não integrará a base de cálculo, exceto na hipótese prevista no art. 35 da Lei 8.981, de 20 de janeiro de 1995.

Art. 36. No caso de contrato de concessão de serviços públicos, o lucro decorrente da receita reconhecida pela construção, recuperação, reforma, ampliação ou melhoramento da infraestrutura, cuja contrapartida seja ativo financeiro representativo de direito contratual incondicional de receber caixa ou outro ativo financeiro, poderá ser tributado à medida do efetivo recebimento.

Parágrafo único. Para fins dos pagamentos mensais determinados sobre a base de cálculo estimada de que trata o art. 2º da Lei 9.430, de 27 de dezembro de 1996, a concessionária poderá considerar como receita o montante efetivamente recebido.

Seção XVI
Aquisição de participação societária em estágios

Art. 37. No caso de aquisição de controle de outra empresa na qual se detinha participação societária anterior, o contribuinte deve observar as seguintes disposições:

I – o ganho decorrente de avaliação da participação societária anterior com base no valor justo, apurado na data da aquisição, poderá ser diferido, sendo reconhecido para fins de apuração do lucro real por ocasião da alienação ou baixa do investimento;

II – a perda relacionada à avaliação da participação societária anterior com base no valor justo, apurada na data da aquisição, poderá ser considerada na apuração do lucro real somente por ocasião da alienação ou baixa do investimento; e

III – o ganho decorrente do excesso do valor justo dos ativos líquidos da investida, na proporção da participação anterior, em relação ao valor dessa participação avaliada a valor justo, também poderá ser diferido, sendo reconhecido para fins de apuração do lucro real por ocasião da alienação ou baixa do investimento.

§ 1º Para fins do disposto neste artigo, a pessoa jurídica deverá manter controle dos valores de que tratam o *caput* no livro de que trata o inciso I do *caput* do art. 8º do Decreto-lei 1.598, de 26 de dezembro de 1977, que serão baixados quando do cômputo do ganho ou perda na apuração do lucro real.

§ 2º Os valores apurados em decorrência da operação, relativos à participação societária anterior, que tenham a mesma natureza das parcelas discriminadas nos incisos II e III do *caput* do art. 20 do Decreto-lei 1.598, de 26 de dezembro de 1977, sujeitam-se ao mesmo disciplinamento tributário dado a essas parcelas.

§ 3º Deverão ser contabilizadas em subcontas distintas:

I – a mais ou menos-valia e o ágio por rentabilidade futura (*goodwill*) relativos à participação societária anterior, existente antes da aquisição do controle; e

II – as variações nos valores a que se refere o inciso I, em decorrência da aquisição do controle.

Lei 12.973/2014

LEGISLAÇÃO

§ 4º O disposto neste artigo aplica-se aos demais casos em que o contribuinte avalia a valor justo a participação societária anterior no momento da aquisição da nova participação societária.

Subseção I
Incorporação, fusão e cisão

Art. 38. Na hipótese tratada no art. 37, caso ocorra incorporação, fusão ou cisão:
I – deve ocorrer a baixa dos valores controlados no livro de que trata o inciso I do *caput* do art. 8º do Decreto-lei 1.598, de 26 de dezembro de 1977, a que se refere o § 1º do art. 37, sem qualquer efeito na apuração do lucro real;
II – não deve ser computada na apuração do lucro real a variação da mais-valia ou menos-valia de que trata o inciso II do § 3º do art. 37, que venha a ser:
a) considerada contabilmente no custo do ativo ou no valor do passivo que lhe deu causa; ou
b) baixada, na hipótese de o ativo ou o passivo que lhe deu causa não integrar o patrimônio da sucessora; e
III – não poderá ser excluída na apuração do lucro real a variação do ágio por rentabilidade futura (*goodwill*) de que trata o inciso II do § 3º do art. 37.
Parágrafo único. Excetuadas as hipóteses previstas nos incisos II e III do *caput*, aplica-se ao saldo existente na contabilidade, na data da aquisição da participação societária, referente a mais ou menos-valia e ao ágio por rentabilidade futura (*goodwill*) de que tratam os incisos II e III do *caput* do art. 20 do Decreto-lei 1.598, de 26 de dezembro de 1977, o disposto nos arts. 20 a 22 da presente Lei.

Art. 39. Nas incorporações, fusões ou cisões de empresa não controlada na qual se detinha participação societária anterior que não se enquadrem nas situações previstas nos arts. 37 e 38, não terá efeito na apuração do lucro real:
I – o ganho ou perda decorrente de avaliação da participação societária anterior com base no valor justo, apurado na data do evento; e
II – o ganho decorrente do excesso do valor justo dos ativos líquidos da investida, na proporção da participação anterior, em relação ao valor dessa participação avaliada a valor justo.
§ 1º Deverão ser contabilizadas em subcontas distintas:
I – a mais ou menos-valia e o ágio por rentabilidade futura (*goodwill*) relativos à participação societária anterior, existentes antes da incorporação, fusão ou cisão; e
II – as variações nos valores a que se refere o inciso I, em decorrência da incorporação, fusão ou cisão.
§ 2º Não deve ser computada na apuração do lucro real a variação da mais-valia ou menos-valia de que trata o inciso II do § 1º, que venha a ser:
I – considerada contabilmente no custo do ativo ou no valor do passivo que lhe deu causa; ou
II – baixada, na hipótese de o ativo ou o passivo que lhe deu causa não integrar o patrimônio da sucessora.
§ 3º Não poderá ser excluída na apuração do lucro real a variação do ágio por rentabilidade futura (*goodwill*) de que trata o inciso II do § 1º.
§ 4º Excetuadas as hipóteses previstas nos §§ 2º e 3º, aplica-se ao saldo existente na contabilidade, na data da aquisição da participação societária, referente a mais ou menos-valia e ao ágio por rentabilidade futura (*goodwill*) de que tratam os incisos II e III do *caput* do art. 20 do Decreto-lei 1.598, de 26 de dezembro de 1977, o disposto nos arts. 20 a 22 da presente Lei.

Seção XVII
Depreciação –
Exclusão no e-Lalur

Art. 40. O art. 57 da Lei 4.506, de 30 de novembro de 1964, passa a vigorar com as seguintes alterações:
"Art. 57. [...]
"§ 1º A quota de depreciação dedutível na apuração do imposto será determinada mediante a aplicação da taxa anual de depreciação sobre o custo de aquisição do ativo.
"[...]
"§ 15. Caso a quota de depreciação registrada na contabilidade do contribuinte seja

1413

menor do que aquela calculada com base no § 3º, a diferença poderá ser excluída do lucro líquido na apuração do lucro real, observando-se o disposto no § 6º.

"§ 16. Para fins do disposto no § 15, a partir do período de apuração em que o montante acumulado das quotas de depreciação computado na determinação do lucro real atingir o limite previsto no § 6º, o valor da depreciação, registrado na escrituração comercial, deverá ser adicionado ao lucro líquido para efeito de determinação do lucro real."

Seção XVIII
Amortização do intangível

Art. 41. A amortização de direitos classificados no ativo não circulante intangível é considerada dedutível na determinação do lucro real, observado o disposto no inciso III do *caput* do art. 13 da Lei 9.249, de 26 de dezembro de 1995.

Art. 42. Poderão ser excluídos, para fins de apuração do lucro real, os gastos com desenvolvimento de inovação tecnológica referidos no inciso I do *caput* e no § 2º do art. 17 da Lei 11.196, de 21 de novembro de 2005, quando registrados no ativo não circulante intangível, no período de apuração em que forem incorridos e observado o disposto nos arts. 22 a 24 da referida Lei.

Parágrafo único. O contribuinte que utilizar o benefício referido no *caput* deverá adicionar ao lucro líquido, para fins de apuração do lucro real, o valor da realização do ativo intangível, inclusive por amortização, alienação ou baixa.

Seção XIX
Prejuízos não operacionais

Art. 43. Os prejuízos decorrentes da alienação de bens e direitos do ativo imobilizado, investimento e intangível, ainda que reclassificados para o ativo circulante com intenção de venda, poderão ser compensados, nos períodos de apuração subsequentes ao de sua apuração, somente com lucros de mesma natureza, observado o limite previsto no art. 15 da Lei 9.065, de 20 de junho de 1995.

Parágrafo único. O disposto no *caput* não se aplica em relação às perdas decorrentes de baixa de bens ou direitos em virtude de terem se tornado imprestáveis ou obsoletos ou terem caído em desuso, ainda que posteriormente venham a ser alienados como sucata.

Seção XX
Contrato de concessão – Lucro presumido

Art. 44. No caso de contratos de concessão de serviços públicos, a receita reconhecida pela construção, recuperação, reforma, ampliação ou melhoramento da infraestrutura, cuja contrapartida seja ativo intangível representativo de direito de exploração, não integrará a base de cálculo do imposto sobre a renda, quando se tratar de imposto sobre a renda apurado com base no lucro presumido ou arbitrado.

Parágrafo único. O ganho de capital na alienação do ativo intangível a que se refere o *caput* corresponderá à diferença positiva entre o valor da alienação e o valor dos custos incorridos na sua obtenção, deduzido da correspondente amortização.

Seção XXI
Custos estimados de desmontagens

Art. 45. Os gastos de desmontagem e retirada de item de ativo imobilizado ou restauração do local em que está situado somente serão dedutíveis quando efetivamente incorridos.

§ 1º Caso constitua provisão para gastos de desmontagem e retirada de item de ativo imobilizado ou restauração do local em que está situado, a pessoa jurídica deverá proceder ao ajuste no lucro líquido para fins de apuração do lucro real, no período de apuração em que o imobilizado for realizado, inclusive por depreciação, amortização, exaustão, alienação ou baixa.

§ 2º Eventuais efeitos contabilizados no resultado, provenientes de ajustes na provisão de que trata o § 1º ou de atualização de seu valor, não serão computados na determinação do lucro real.

Seção XXII
Arrendamento mercantil

Art. 46. Na hipótese de operações de arrendamento mercantil que não estejam sujeitas ao tratamento tributário previsto pela Lei 6.099, de 12 de setembro de 1974, as pessoas jurídicas arrendadoras deverão reconhecer, para fins de apuração do lucro real, o resultado relativo à operação de arrendamento mercantil proporcionalmente ao valor de cada contraprestação durante o período de vigência do contrato.

§ 1º A pessoa jurídica deverá proceder, caso seja necessário, aos ajustes ao lucro líquido para fins de apuração do lucro real, no livro de que trata o inciso I do *caput* do art. 8º do Decreto-lei 1.598, de 26 de dezembro de 1977.

§ 2º O disposto neste artigo aplica-se somente às operações de arrendamento mercantil em que há transferência substancial dos riscos e benefícios inerentes à propriedade do ativo.

§ 3º Para efeitos do disposto neste artigo, entende-se por resultado a diferença entre o valor do contrato de arrendamento e somatório dos custos diretos iniciais e o custo de aquisição ou construção dos bens arrendados.

§ 4º Na hipótese de a pessoa jurídica de que trata o *caput* ser tributada pelo lucro presumido ou arbitrado, o valor da contraprestação deverá ser computado na determinação da base de cálculo do imposto sobre a renda.

Art. 47. Poderão ser computadas na determinação do lucro real da pessoa jurídica arrendatária as contraprestações pagas ou creditadas por força de contrato de arrendamento mercantil, referentes a bens móveis ou imóveis intrinsecamente relacionados com a produção ou comercialização dos bens e serviços, inclusive as despesas financeiras nelas consideradas.

Art. 48. São indedutíveis na determinação do lucro real as despesas financeiras incorridas pela arrendatária em contratos de arrendamento mercantil.

Parágrafo único. O disposto no *caput* também se aplica aos valores decorrentes do ajuste a valor presente, de que trata o inciso III do *caput* do art. 184 da Lei 6.404, de 15 de dezembro de 1976.

Art. 49. Aos contratos não tipificados como arrendamento mercantil que contenham elementos contabilizados como arrendamento mercantil por força de normas contábeis e da legislação comercial serão aplicados os dispositivos a seguir indicados:

I – inciso VIII do *caput* do art. 13 da Lei 9.249, de 26 de dezembro de 1995, com a redação dada pelo art. 9º;

II – §§ 3º e 4º do art. 13 do Decreto-lei 1.598, de 26 de dezembro de 1977, com a redação dada pelo art. 2º;

III – arts. 46, 47 e 48;

IV – § 18 do art. 3º da Lei 10.637, de 30 de dezembro de 2002, com a redação dada pelo art. 54;

V – § 26 do art. 3º da Lei 10.833, de 29 de dezembro de 2003, com a redação dada pelo art. 55; e

VI – § 14 do art. 15 da Lei 10.865, de 30 de abril de 2004, com a redação dada pelo art. 53.

Parágrafo único. O disposto neste artigo restringe-se aos elementos do contrato contabilizados em observância às normas contábeis que tratam de arrendamento mercantil.

Seção XXIII
Contribuição Social sobre o Lucro Líquido

Art. 50. Aplicam-se à apuração da base de cálculo da CSLL as disposições contidas nos arts. 2º a 8º, 10 a 42 e 44 a 49.

§ 1º Aplicam-se à CSLL as disposições contidas no art. 8º do Decreto-lei 1.598, de 26 de dezembro de 1977, devendo ser informados no livro de apuração do lucro real:

I – os lançamentos de ajustes do lucro líquido do período, relativos a adições, exclusões ou compensações prescritas ou autorizadas pela legislação tributária;

II – a demonstração da base de cálculo e o valor da CSLL devida com a discriminação das deduções, quando aplicáveis; e

III – os registros de controle de base de cálculo negativa da CSLL a compensar em períodos subsequentes, e demais valores que devam influenciar a determinação da base de cálculo da CSLL de período futuro e não constem de escrituração comercial.

§ 2º Aplicam-se à CSLL as disposições contidas no inciso II do *caput* do art. 8º-A do Decreto-lei 1.598, de 26 de dezembro de 1977, exceto nos casos de registros idênti-

Lei 12.973/2014

cos para fins de ajuste nas bases de cálculo do IRPJ e da CSLL que deverão ser considerados uma única vez.

Art. 51. O art. 2º da Lei 7.689, de 15 de dezembro de 1988, passa a vigorar com a seguinte redação:

* Alteração processada no texto da referida Lei.

Capítulo II
DA CONTRIBUIÇÃO PARA O PIS/PASEP E DA COFINS

Art. 52. A Lei 9.718, de 27 de novembro de 1998, passa a vigorar com as seguintes alterações:

* Alterações processadas no texto da referida Lei.

Art. 53. A Lei 10.865, de 30 de abril de 2004, passa a vigorar com as seguintes alterações:

* Alterações processadas no texto da referida Lei

Art. 54. A Lei 10.637, de 30 de dezembro de 2002, passa a vigorar com as seguintes alterações:

* Alterações processadas no texto da referida Lei.

Art. 55. A Lei 10.833, de 29 de dezembro de 2003, passa a vigorar com as seguintes alterações:

* Alterações processadas no texto da referida Lei.

Art. 56. No caso de contrato de concessão de serviços públicos, a receita decorrente da construção, recuperação, reforma, ampliação ou melhoramento da infraestrutura, cuja contrapartida seja ativo financeiro representativo de direito contratual incondicional de receber caixa ou outro ativo financeiro, integrará a base de cálculo da contribuição para o PIS/Pasep e da Cofins, à medida do efetivo recebimento.

Seção I
Arrendamento mercantil

Art. 57. No caso de operação de arrendamento mercantil não sujeita ao tratamento tributário previsto na Lei 6.099, de 12 de setembro de 1974, em que haja transferência substancial dos riscos e benefícios inerentes à propriedade do ativo, o valor da contraprestação deverá ser computado na base de cálculo da Contribuição para o PIS/Pasep e da Cofins pela pessoa jurídica arrendadora.

Parágrafo único. As pessoas jurídicas sujeitas ao regime de tributação de que tratam as Leis 10.637, de 30 de dezembro de 2002, e 10.833, de 29 de dezembro de 2003, poderão descontar créditos calculados sobre o valor do custo de aquisição ou construção dos bens arrendados proporcionalmente ao valor de cada contraprestação durante o período de vigência do contrato.

Capítulo III
DAS DEMAIS DISPOSIÇÕES RELATIVAS À LEGISLAÇÃO TRIBUTÁRIA

Art. 58. A modificação ou a adoção de métodos e critérios contábeis, por meio de atos administrativos emitidos com base em competência atribuída em lei comercial, que sejam posteriores à publicação desta Lei, não terá implicação na apuração dos tributos federais até que lei tributária regule a matéria.

Parágrafo único. Para fins do disposto no *caput*, compete à Secretaria da Receita Federal do Brasil, no âmbito de suas atribuições, identificar os atos administrativos e dispor sobre os procedimentos para anular os efeitos desses atos sobre a apuração dos tributos federais.

Art. 59. Para fins da legislação tributária federal, as referências a provisões alcançam as perdas estimadas no valor de ativos, inclusive as decorrentes de redução ao valor recuperável.

Parágrafo único. A Secretaria da Receita Federal do Brasil, no âmbito de suas atribuições, disciplinará o disposto neste artigo.

Art. 60. As disposições contidas na legislação tributária sobre reservas de reavaliação aplicam-se somente aos saldos remanescentes na escrituração comercial em 31 de dezembro de 2013, para os optantes conforme o art. 75, ou em 31 de dezembro de 2014, para os não optantes, e até a sua completa realização.

Art. 61. A falta de registro na escrituração comercial das receitas e despesas relativas aos resultados não realizados de que se referem o inciso I do *caput* do art. 248 e o inciso III do *caput* do art. 250 da Lei 6.404, de 15 de dezembro de 1976, não elide a tributação de acordo com a legislação de regência.

Art. 62. O contribuinte do imposto sobre a renda deverá, para fins tributários, reco-

Lei 12.973/2014

nhecer e mensurar os seus ativos, passivos, receitas, custos, despesas, ganhos, perdas e rendimentos com base na moeda nacional.

§ 1º Na hipótese de o contribuinte adotar, para fins societários, moeda diferente da moeda nacional no reconhecimento e na mensuração de que trata o *caput*, a diferença entre os resultados apurados com base naquela moeda e na moeda nacional deverá ser adicionada ou excluída na determinação do lucro real.

§ 2º Os demais ajustes de adição, exclusão ou compensação prescritos ou autorizados pela legislação tributária para apuração da base de cálculo do imposto deverão ser realizados com base nos valores reconhecidos e mensurados nos termos do *caput*.

§ 3º O disposto neste artigo aplica-se também à apuração do imposto sobre a renda com base no lucro presumido ou arbitrado, da Contribuição Social sobre o Lucro Líquido – CSLL, da Contribuição para o PIS/Pasep e da Cofins.

§ 4º A Secretaria da Receita Federal do Brasil definirá controles específicos no caso da ocorrência da hipótese prevista no § 1º.

Seção I
Avaliação a valor justo

Art. 63. Para fins de avaliação a valor justo de instrumentos financeiros, no caso de operações realizadas em mercados de liquidação futura sujeitos a ajustes de posições, não se considera como hipótese de liquidação ou baixa o pagamento ou recebimento de tais ajustes durante a vigência do contrato, permanecendo aplicáveis para tais operações:
I – o art. 110 da Lei 11.196, de 21 de novembro de 2005, no caso de instituições financeiras e das demais instituições autorizadas a funcionar pelo Banco Central do Brasil; e
II – os arts. 32 e 33 da Lei 11.051, de 29 de dezembro de 2004, no caso das demais pessoas jurídicas.

Capítulo IV
DA ADOÇÃO INICIAL

Art. 64. Para as operações ocorridas até 31 de dezembro de 2013, para os optantes conforme o art. 75, ou até 31 de dezembro de 2014, para os não optantes, permanece a neutralidade tributária estabelecida nos arts. 15 e 16 da Lei 11.941, de 27 de maio de 2009, e a pessoa jurídica deverá proceder, nos períodos de apuração a partir de janeiro de 2014, para os optantes conforme o art. 75, ou a partir de janeiro de 2015, para os não optantes, aos respectivos ajustes nas bases de cálculo do IRPJ, da CSLL, da Contribuição para o PIS/Pasep e da Cofins, observado o disposto nos arts. 66 e 67.

Parágrafo único. As participações societárias de caráter permanente serão avaliadas de acordo com a Lei 6.404, de 15 de dezembro de 1976.

Art. 65. As disposições contidas nos arts. 7º e 8º da Lei 9.532, de 10 de dezembro de 1997, e nos arts. 35 e 37 do Decreto-lei 1.598, de 26 de dezembro de 1977, continuam a ser aplicadas somente às operações de incorporação, fusão e cisão, ocorridas até 31 de dezembro de 2017, cuja participação societária tenha sido adquirida até 31 de dezembro de 2014.

Parágrafo único. No caso de aquisições de participações societárias que dependam da aprovação de órgãos reguladores e fiscalizadores para a sua efetivação, o prazo para incorporação de que trata o *caput* poderá ser até 12 (doze) meses da data da aprovação da operação.

Art. 66. Para fins do disposto no art. 64, a diferença positiva, verificada em 31 de dezembro de 2013, para os optantes conforme o art. 75, ou em 31 de dezembro de 2014, para os não optantes, entre o valor de ativo mensurado de acordo com as disposições da Lei 6.404, de 15 de dezembro de 1976, e o valor mensurado pelos métodos e critérios vigentes em 31 de dezembro de 2007, deve ser adicionada na determinação do lucro real e da base de cálculo da CSLL em janeiro de 2014, para os optantes conforme o art. 75, ou em janeiro de 2015, para os não optantes, salvo se o contribuinte evidenciar contabilmente essa diferença em subconta vinculada ao ativo, para ser adicionada à medida de sua realização, inclusive mediante depreciação, amortização, exaustão, alienação ou baixa.

Parágrafo único. O disposto no *caput* aplica-se à diferença negativa do valor de passivo e deve ser adicionada na determinação do lucro real e da base de cálculo da CSLL em janeiro de 2014, para os optantes conforme o art. 75, ou em janeiro de 2015, para os não optantes, salvo se o contribuin-

Lei 12.973/2014

te evidenciar contabilmente essa diferença em subconta vinculada ao passivo para ser adicionada à medida da baixa ou liquidação.

Art. 67. Para fins do disposto no art. 64, a diferença negativa, verificada em 31 de dezembro de 2013, para os optantes conforme o art. 75, ou em 31 de dezembro de 2014, para os não optantes, entre o valor de ativo mensurado de acordo com as disposições da Lei 6.404, de 15 de dezembro de 1976, e o valor mensurado pelos métodos e critérios vigentes em 31 de dezembro de 2007 não poderá ser excluída na determinação do lucro real e da base de cálculo da CSLL, salvo se o contribuinte evidenciar contabilmente essa diferença em subconta vinculada ao ativo para ser excluída à medida de sua realização, inclusive mediante depreciação, amortização, exaustão, alienação ou baixa.

Parágrafo único. O disposto no *caput* aplica-se à diferença positiva no valor do passivo e não pode ser excluída na determinação do lucro real e da base de cálculo da CSLL, salvo se o contribuinte evidenciar contabilmente essa diferença em subconta vinculada ao passivo para ser excluída à medida da baixa ou liquidação.

Art. 68. O disposto nos arts. 64 a 67 será disciplinado pela Secretaria da Receita Federal do Brasil, que poderá instituir controles fiscais alternativos à evidenciação contábil de que tratam os arts. 66 e 67 e instituir controles fiscais adicionais.

Art. 69. No caso de contrato de concessão de serviços públicos, o contribuinte deverá:

I – calcular o resultado tributário acumulado até 31 de dezembro de 2013, para os optantes conforme o art. 75, ou até 31 de dezembro de 2014, para os não optantes, considerados os métodos e critérios vigentes em 31 de dezembro de 2007;

II – calcular o resultado tributário acumulado até 31 de dezembro de 2013, para os optantes conforme o art. 75, ou até 31 de dezembro de 2014, para os não optantes, consideradas as disposições desta Lei e da Lei 6.404, de 15 de dezembro de 1976;

III – calcular a diferença entre os valores referidos nos incisos I e II do *caput*; e

IV – adicionar, se negativa, ou excluir, se positiva, a diferença referida no inciso III do *caput*, na apuração do lucro real e da base de cálculo da CSLL, em quotas fixas mensais e durante o prazo restante de vigência do contrato.

§ 1º A partir de 1º de janeiro de 2014, para os optantes conforme o art. 75, ou a partir de 1º de janeiro de 2015, para os não optantes, o resultado tributário de todos os contratos de concessão de serviços públicos será determinado consideradas as disposições desta Lei e da Lei 6.404, de 15 de dezembro de 1976.

§ 2º O disposto neste artigo aplica-se ao valor a pagar da Contribuição para o PIS/Pasep e da Cofins.

Art. 70. O saldo de prejuízos não operacionais de que trata o art. 31 da Lei 9.249, de 26 de dezembro de 1995, existente em 31 de dezembro de 2013, para os optantes conforme o art. 75, ou em 31 de dezembro de 2014, para os não optantes, somente poderá ser compensado com os lucros a que se refere o art. 43 da presente Lei, observado o limite previsto no art. 15 da Lei 9.065, de 20 de junho de 1995.

Capítulo V
DISPOSIÇÕES ESPECÍFICAS RELATIVAS ÀS INSTITUIÇÕES FINANCEIRAS E DEMAIS AUTORIZADAS A FUNCIONAR PELO BANCO CENTRAL DO BRASIL

Art. 71. A escrituração de que trata o art. 177 da Lei 6.404, de 15 de dezembro de 1976, quando realizada por instituições financeiras e demais autorizadas a funcionar pelo Banco Central do Brasil, deve observar as disposições do art. 61 da Lei 11.941, de 27 de maio de 2009.

Parágrafo único. Para fins tributários, a escrituração de que trata o *caput* não afeta os demais dispositivos desta Lei, devendo inclusive ser observado o disposto no art. 58.

Capítulo VI
DAS DISPOSIÇÕES RELATIVAS AO REGIME DE TRIBUTAÇÃO TRANSITÓRIO

Art. 72. Os lucros ou dividendos calculados com base nos resultados apurados entre 1º de janeiro de 2008 e 31 de dezembro de 2013 pelas pessoas jurídicas tributadas com base no lucro real, presumido ou arbitrado,

Lei 12.973/2014

em valores superiores aos apurados com observância dos métodos e critérios contábeis vigentes em 31 de dezembro de 2007, não ficarão sujeitos à incidência do imposto de renda na fonte, nem integrarão a base de cálculo do imposto de renda e da Contribuição Social sobre o Lucro Líquido do beneficiário, pessoa física ou jurídica, residente ou domiciliado no País ou no exterior.

Art. 73. Para os anos-calendário de 2008 a 2014, para fins do cálculo do limite previsto no art. 9º da Lei 9.249, de 26 de dezembro de 1995, a pessoa jurídica poderá utilizar as contas do patrimônio líquido mensurado de acordo com as disposições da Lei 6.404, de 15 de dezembro de 1976.

§ 1º No cálculo da parcela a deduzir prevista no *caput*, não serão considerados os valores relativos a ajustes de avaliação patrimonial a que se refere o § 3º do art. 182 da Lei 6.404, de 15 de dezembro de 1976.

§ 2º No ano-calendário de 2014, a opção ficará restrita aos não optantes das disposições contidas nos arts. 1º e 2º e 4º a 70 desta Lei.

Art. 74. Para os anos-calendário de 2008 a 2014, o contribuinte poderá avaliar o investimento pelo valor de patrimônio líquido da coligada ou controlada, determinado de acordo com as disposições da Lei 6.404, de 15 de dezembro de 1976.

Parágrafo único. No ano-calendário de 2014, a opção ficará restrita aos não optantes das disposições contidas nos arts. 1º e 2º e 4º a 70 desta Lei.

Capítulo VII
DA OPÇÃO PELOS EFEITOS EM 2014

Art. 75. A pessoa jurídica poderá optar pela aplicação das disposições contidas nos arts. 1º e 2º e 4º a 70 desta Lei para o ano-calendário de 2014.

§ 1º A opção será irretratável e acarretará a observância de todas as alterações trazidas pelos arts. 1º e 2º e 4º a 70 e os efeitos dos incisos I a VI, VIII e X do *caput* do art. 117 a partir de 1º de janeiro de 2014.

§ 2º A Secretaria da Receita Federal do Brasil definirá a forma, o prazo e as condições da opção de que trata o *caput*.

Capítulo VIII
DISPOSIÇÕES GERAIS SOBRE A TRIBUTAÇÃO EM BASES UNIVERSAIS

Art. 76. A pessoa jurídica controladora domiciliada no Brasil ou a ela equiparada, nos termos do art. 83, deverá registrar em subcontas da conta de investimentos em controlada direta no exterior, de forma individualizada, o resultado contábil na variação do valor do investimento equivalente aos lucros ou prejuízos auferidos pela própria controlada direta e suas controladas, direta ou indiretamente, no Brasil ou no exterior, relativo ao ano-calendário em que foram apurados em balanço, observada a proporção de sua participação em cada controlada, direta ou indireta.

§ 1º Dos resultados das controladas diretas ou indiretas não deverão constar os resultados auferidos por outra pessoa jurídica sobre a qual a pessoa jurídica controladora domiciliada no Brasil mantenha o controle direto ou indireto.

§ 2º A variação do valor do investimento equivalente ao lucro ou prejuízo auferido no exterior será convertida em reais, para efeito da apuração da base de cálculo do imposto de renda e da CSLL, com base na taxa de câmbio da moeda do país de origem fixada para venda, pelo Banco Central do Brasil, correspondente à data do levantamento de balanço da controlada direta ou indireta.

§ 3º Caso a moeda do país de origem do tributo não tenha cotação no Brasil, o seu valor será convertido em dólares dos Estados Unidos da América e, em seguida, em reais.

Capítulo IX
DA TRIBUTAÇÃO EM BASES UNIVERSAIS DAS PESSOAS JURÍDICAS

Seção I
Das controladoras

Art. 77. A parcela do ajuste do valor do investimento em controlada, direta ou indireta, domiciliada no exterior equivalente aos lucros por ela auferidos antes do imposto sobre a renda, excetuando a variação cambial, deverá ser computada na determi-

Lei 12.973/2014

nação do lucro real e na base de cálculo da Contribuição Social sobre o Lucro Líquido – CSLL da pessoa jurídica controladora domiciliada no Brasil, observado o disposto no art. 76.

§ 1º A parcela do ajuste de que trata o *caput* compreende apenas os lucros auferidos no período, não alcançando as demais parcelas que influenciaram o patrimônio líquido da controlada, direta ou indireta, domiciliada no exterior.

§ 2º O prejuízo acumulado da controlada, direta ou indireta, domiciliada no exterior referente aos anos-calendário anteriores à produção de efeitos desta Lei poderá ser compensado com os lucros futuros da mesma pessoa jurídica no exterior que lhes deu origem, desde que os estoques de prejuízos sejam informados na forma e prazo estabelecidos pela RFB.

§ 3º Observado o disposto no § 1º do art. 91 da Lei 12.708, de 17 de agosto de 2012, a parcela do lucro auferido no exterior, por controlada, direta ou indireta, ou coligada, correspondente às atividades de afretamento por tempo ou casco nu, arrendamento mercantil operacional, aluguel, empréstimo de bens ou prestação de serviços diretamente relacionados à prospecção e exploração de petróleo e gás, em território brasileiro, não será computada na determinação do lucro real e na base de cálculo da CSLL da pessoa jurídica controladora domiciliada no Brasil.

§ 4º O disposto no § 3º aplica-se somente nos casos de controlada, direta ou indireta, ou coligada no exterior de pessoa jurídica brasileira:

I – detentora de concessão ou autorização nos termos da Lei 9.478, de 6 de agosto de 1997, ou sob o regime de partilha de produção de que trata a Lei 12.351, de 22 de dezembro de 2010, ou sob o regime de cessão onerosa previsto na Lei 12.276, de 30 de junho de 2010;

II – contratada pela pessoa jurídica de que trata o inciso I.

§ 5º O disposto no § 3º aplica-se inclusive nos casos de coligada de controlada direta ou indireta de pessoa jurídica brasileira.

Art. 78. Até o ano-calendário de 2022, as parcelas de que trata o art. 77 poderão ser consideradas de forma consolidada na determinação do lucro real e da base de cálculo da CSLL da controladora no Brasil, excepcionadas as parcelas referentes às pessoas jurídicas investidas que se encontrem em pelo menos uma das seguintes situações:

I – estejam situadas em país com o qual o Brasil não mantenha tratado ou ato com cláusula específica para troca de informações para fins tributários;

II – estejam localizadas em país ou dependência com tributação favorecida, ou sejam beneficiárias de regime fiscal privilegiado, de que tratam os arts. 24 e 24-A da Lei 9.430, de 27 de dezembro de 1996, ou estejam submetidas a regime de tributação definido no inciso III do *caput* do art. 84 da presente Lei;

III – sejam controladas, direta ou indiretamente, por pessoa jurídica submetida a tratamento tributário previsto no inciso II do *caput*; ou

IV – tenham renda ativa própria inferior a 80% (oitenta por cento) da renda total, nos termos definidos no art. 84.

§ 1º A consolidação prevista neste artigo deverá conter a demonstração individualizada em subcontas prevista no art. 76 e a demonstração das rendas ativas e passivas na forma e prazo estabelecidos pela Secretaria da Receita Federal do Brasil – RFB.

§ 2º O resultado positivo da consolidação prevista no *caput* deverá ser adicionado ao lucro líquido relativo ao balanço de 31 de dezembro do ano-calendário em que os lucros tenham sido apurados pelas empresas domiciliadas no exterior para fins de determinação do lucro real e da base de cálculo da CSLL da pessoa jurídica controladora domiciliada no Brasil.

§ 3º No caso de resultado negativo da consolidação prevista no *caput*, a controladora domiciliada no Brasil deverá informar à RFB as parcelas negativas utilizadas na consolidação, no momento da apuração, na forma e prazo por ela estabelecidos.

§ 4º Após os ajustes decorrentes das parcelas negativas de que trata o § 3º, nos prejuízos acumulados, o saldo remanescente de prejuízo de cada pessoa jurídica poderá ser utilizado na compensação com lucros futuros das mesmas pessoas jurídicas no exterior que lhes deram origem, desde que os estoques de prejuízos sejam informados na forma e prazo estabelecidos pela RFB.

§ 5º O prejuízo auferido no exterior por controlada de que tratam os §§ 3º, 4º e 5º

Lei 12.973/2014

do art. 77 não poderá ser utilizado na consolidação a que se refere este artigo.

§ 6º A opção pela consolidação de que trata este artigo é irretratável para o ano-calendário correspondente.

§ 7º Na ausência da condição do inciso I do *caput*, a consolidação será admitida se a controladora no Brasil disponibilizar a contabilidade societária em meio digital e a documentação de suporte da escrituração, na forma e prazo a ser estabelecido pela RFB, mantidas as demais condições.

Art. 79. Quando não houver consolidação, nos termos do art. 78, a parcela do ajuste do valor do investimento em controlada, direta ou indireta, domiciliada no exterior equivalente aos lucros ou prejuízos por ela auferidos deverá ser considerada de forma individualizada na determinação do lucro real e da base de cálculo da CSLL da pessoa jurídica controladora domiciliada no Brasil, nas seguintes formas:

I – se positiva, deverá ser adicionada ao lucro líquido relativo ao balanço de 31 de dezembro do ano-calendário em que os lucros tenham sido apurados pela empresa domiciliada no exterior; e

II – se negativa, poderá ser compensada com lucros futuros da mesma pessoa jurídica no exterior que lhes deu origem, desde que os estoques de prejuízos sejam informados na forma e prazo estabelecidos pela Secretaria da Receita Federal do Brasil – RFB.

Art. 80. O disposto nesta Seção aplica-se à coligada equiparada à controladora nos termos do art. 83.

Seção II
Das coligadas

Art. 81. Os lucros auferidos por intermédio de coligada domiciliada no exterior serão computados na determinação do lucro real e da base de cálculo da CSLL no balanço levantado no dia 31 de dezembro do ano-calendário em que tiverem sido disponibilizados para a pessoa jurídica domiciliada no Brasil, desde que se verifiquem as seguintes condições, cumulativamente, relativas à investida:

I – não esteja sujeita a regime de subtributação, previsto no inciso III do *caput* do art. 84;

II – não esteja localizada em país ou dependência com tributação favorecida, ou não seja beneficiária de regime fiscal privilegiado, de que tratam os arts. 24 e 24-A da Lei 9.430, de 27 de dezembro de 1996;

III – não seja controlada, direta ou indiretamente, por pessoa jurídica submetida a tratamento tributário previsto no inciso I.

§ 1º Para efeitos do disposto neste artigo, os lucros serão considerados disponibilizados para a empresa coligada no Brasil:

I – na data do pagamento ou do crédito em conta representativa de obrigação da empresa no exterior;

II – na hipótese de contratação de operações de mútuo, se a mutuante, coligada, possuir lucros ou reservas de lucros; ou

III – na hipótese de adiantamento de recursos efetuado pela coligada, por conta de venda futura, cuja liquidação, pela remessa do bem ou serviço vendido, ocorra em prazo superior ao ciclo de produção do bem ou serviço.

§ 2º Para efeitos do disposto no inciso I do § 1º, considera-se:

I – creditado o lucro, quando ocorrer a transferência do registro de seu valor para qualquer conta representativa de passivo exigível da coligada domiciliada no exterior; e

II – pago o lucro, quando ocorrer:

a) o crédito do valor em conta bancária, em favor da coligada no Brasil;

b) a entrega, a qualquer título, a representante da beneficiária;

c) a remessa, em favor da beneficiária, para o Brasil ou para qualquer outra praça; ou

d) o emprego do valor, em favor da beneficiária, em qualquer praça, inclusive no aumento de capital da coligada, domiciliada no exterior.

§ 3º Os lucros auferidos por intermédio de coligada domiciliada no exterior que não atenda aos requisitos estabelecidos no *caput* serão tributados na forma do art. 82.

§ 4º O disposto neste artigo não se aplica às hipóteses em que a pessoa jurídica coligada domiciliada no Brasil for equiparada à controladora nos termos do art. 83.

§ 5º Para fins do disposto neste artigo, equiparam-se à condição de coligada os empreendimentos controlados em conjunto com partes não vinculadas.

Art. 82. Na hipótese em que se verifique o descumprimento de pelo menos uma das condições previstas no *caput* do art. 81, o resultado na coligada domiciliada no exterior equivalente aos lucros ou prejuízos por ela apurados deverá ser computado na determinação do lucro real e na base de cálculo da

CSLL da pessoa jurídica investidora domiciliada no Brasil, nas seguintes formas:
I – se positivo, deverá ser adicionado ao lucro líquido relativo ao balanço de 31 de dezembro do ano-calendário em que os lucros tenham sido apurados pela empresa domiciliada no exterior; e
II – se negativo, poderá ser compensado com lucros futuros da mesma pessoa jurídica no exterior que lhes deu origem, desde que os estoques de prejuízos sejam informados na forma e prazo estabelecidos pela Secretaria da Receita Federal do Brasil – RFB.
§ 1º Os resultados auferidos por intermédio de outra pessoa jurídica, na qual a coligada no exterior mantiver qualquer tipo de participação societária, ainda que indiretamente, serão consolidados no seu balanço para efeito de determinação do lucro real e da base de cálculo da CSLL da coligada no Brasil.
§ 2º O disposto neste artigo não se aplica às hipóteses em que a pessoa jurídica coligada domiciliada no Brasil é equiparada à controladora nos termos do art. 83.

Art. 82-A. Opcionalmente, a pessoa jurídica domiciliada no Brasil poderá oferecer à tributação os lucros auferidos por intermédio de suas coligadas no exterior na forma prevista no art. 82, independentemente do descumprimento das condições previstas no *caput* do art. 81.

* Artigo acrescentado pela Lei 13.259/2016 (*DOU* 17.03.2016, edição extra), em vigor na data de sua publicação, produzindo efeitos a partir de 01.01.2016.

§ 1º O disposto neste artigo não se aplica às hipóteses em que a pessoa jurídica coligada domiciliada no Brasil é equiparada à controladora, nos termos do art. 83.
§ 2º A Secretaria da Receita Federal do Brasil estabelecerá a forma e as condições para a opção de que trata o *caput*.

Seção III
Da equiparação à controladora

Art. 83. Para fins do disposto nesta Lei, equipara-se à condição de controladora a pessoa jurídica domiciliada no Brasil que detenha participação em coligada no exterior e que, em conjunto com pessoas físicas ou jurídicas residentes ou domiciliadas no Brasil ou no exterior, consideradas a ela vinculadas, possua mais de 50% (cinquenta por cento) do capital votante da coligada no exterior.

Parágrafo único. Para efeitos do disposto no *caput*, será considerada vinculada à pessoa jurídica domiciliada no Brasil:
I – a pessoa física ou jurídica cuja participação societária no seu capital social a caracterize como sua controladora, direta ou indireta, na forma definida nos §§ 1º e 2º do art. 243 da Lei 6.404, de 15 de dezembro de 1976;
II – a pessoa jurídica que seja caracterizada como sua controlada, direta ou indireta, ou coligada, na forma definida nos §§ 1º e 2º do art. 243 da Lei 6.404, de 15 de dezembro de 1976;
III – a pessoa jurídica quando esta e a empresa domiciliada no Brasil estiverem sob controle societário ou administrativo comum ou quando pelo menos 10% (dez por cento) do capital social de cada uma pertencer a uma mesma pessoa física ou jurídica;
IV – a pessoa física ou jurídica que seja sua associada, na forma de consórcio ou condomínio, conforme definido na legislação brasileira, em qualquer empreendimento;
V – a pessoa física que for parente ou afim até o terceiro grau, cônjuge ou companheiro de qualquer de seus conselheiros, administradores, sócios ou acionista controlador em participação direta ou indireta; e
VI – a pessoa jurídica residente ou domiciliada em país com tributação favorecida ou beneficiária de regime fiscal privilegiado, conforme dispõem os arts. 24 e 24-A da Lei 9.430, de 27 de dezembro de 1996, desde que não comprove que seus controladores não estejam enquadrados nos incisos I a V.

Seção IV
Das definições

Art. 84. Para fins do disposto nesta Lei, considera-se:
I – renda ativa própria – aquela obtida diretamente pela pessoa jurídica mediante a exploração de atividade econômica própria, excluídas as receitas decorrentes de:
a) *royalties*;
b) juros;
c) dividendos;
d) participações societárias;
e) aluguéis;

Lei 12.973/2014

f) ganhos de capital, salvo na alienação de participações societárias ou ativos de caráter permanente adquiridos há mais de 2 (dois) anos;
g) aplicações financeiras; e
h) intermediação financeira.
II – renda total – somatório das receitas operacionais e não operacionais, conforme definido na legislação comercial do país de domicílio da investida; e
III – regime de subtributação – aquele que tributa os lucros da pessoa jurídica domiciliada no exterior a alíquota nominal inferior a 20% (vinte por cento).
§ 1º As alíneas *b*, *g* e *h* do inciso I não se aplicam às instituições financeiras reconhecidas e autorizadas a funcionar pela autoridade monetária do país em que estejam situadas.
§ 2º Poderão ser considerados como renda ativa própria os valores recebidos a título de dividendos ou a receita decorrente de participações societárias relativos a investimentos efetuados até 31 de dezembro de 2013 em pessoa jurídica cuja receita ativa própria seja igual ou superior a 80% (oitenta por cento).
§ 3º O Poder Executivo poderá reduzir a alíquota nominal de que trata o inciso III do *caput* para até 15% (quinze por cento), ou a restabelecer, total ou parcialmente.

Seção V
Das deduções

Art. 85. Para fins de apuração do imposto sobre a renda e da CSLL devida pela controladora no Brasil, poderá ser deduzida da parcela do lucro da pessoa jurídica controlada, direta ou indireta, domiciliada no exterior, a parcela do lucro oriunda de participações destas em pessoas jurídicas controladas ou coligadas domiciliadas no Brasil.

Art. 86. Poderão ser deduzidos do lucro real e da base de cálculo da CSLL os valores referentes às adições, espontaneamente efetuadas, decorrentes da aplicação das regras de preços de transferência, previstas nos arts. 18 a 22 da Lei 9.430, de 27 de dezembro de 1996, e das regras previstas nos arts. 24 a 26 da Lei 12.249, de 11 de junho de 2010, desde que os lucros auferidos no exterior tenham sido considerados na respectiva base de cálculo do Imposto sobre a Renda da Pessoa Jurídica – IRPJ e da CSLL da pessoa jurídica controladora domiciliada no Brasil ou a ela equiparada, nos termos do art. 83 e cujo imposto sobre a renda e contribuição social correspondentes, em qualquer das hipóteses, tenham sido recolhidos.
§ 1º A dedução de que trata o *caput*:
I – deve referir-se a operações efetuadas com a respectiva controlada, direta ou indireta, da qual o lucro seja proveniente;
II – deve ser proporcional à participação na controlada no exterior;
III – deve estar limitada ao valor do lucro auferido pela controlada no exterior; e
IV – deve ser limitada ao imposto devido no Brasil em razão dos ajustes previstos no *caput*.
§ 2º O disposto neste artigo aplica-se à hipótese prevista no art. 82.

Art. 87. A pessoa jurídica poderá deduzir, na proporção de sua participação, o imposto sobre a renda pago no exterior pela controlada direta ou indireta, incidente sobre as parcelas positivas computadas na determinação do lucro real da controladora no Brasil, até o limite dos tributos sobre a renda incidentes no Brasil sobre as referidas parcelas.
§ 1º Para efeitos do disposto no *caput*, considera-se imposto sobre a renda o tributo que incida sobre lucros, independentemente da denominação oficial adotada, do fato de ser este de competência de unidade da federação do país de origem e de o pagamento ser exigido em dinheiro ou outros bens, desde que comprovado por documento oficial emitido pela administração tributária estrangeira, inclusive quanto ao imposto retido na fonte sobre o lucro distribuído para a controladora brasileira.
§ 2º No caso de consolidação, deverá ser considerado para efeito da dedução prevista no *caput* o imposto sobre a renda pago pelas pessoas jurídicas cujos resultados positivos tiverem sido consolidados.
§ 3º No caso de não haver consolidação, a dedução de que trata o *caput* será efetuada de forma individualizada por controlada, direta ou indireta.
§ 4º O valor do tributo pago no exterior a ser deduzido não poderá exceder o montante do imposto sobre a renda e adicional, devidos no Brasil, sobre o valor das parcelas positivas dos resultados, incluído na apuração do lucro real.

Lei 12.973/2014

LEGISLAÇÃO

§ 5º O tributo pago no exterior a ser deduzido será convertido em reais, tomando-se por base a taxa de câmbio da moeda do país de origem fixada para venda pelo Banco Central do Brasil, correspondente à data do balanço apurado ou na data da disponibilização.

§ 6º Caso a moeda do país de origem do tributo não tenha cotação no Brasil, o seu valor será convertido em dólares dos Estados Unidos da América e, em seguida, em reais.

§ 7º Na hipótese de os lucros da controlada, direta ou indireta, virem a ser tributados no exterior em momento posterior àquele em que tiverem sido tributados pela controladora domiciliada no Brasil, a dedução de que trata este artigo deverá ser efetuada no balanço correspondente ao ano-calendário em que ocorrer a tributação, ou em ano-calendário posterior, e deverá respeitar os limites previstos nos §§ 4º e 8º deste artigo.

§ 8º O saldo do tributo pago no exterior que exceder o valor passível de dedução do valor do imposto sobre a renda e adicional devidos no Brasil poderá ser deduzido do valor da CSLL, devida em virtude da adição à sua base de cálculo das parcelas positivas dos resultados oriundos do exterior, até o valor devido em decorrência dessa adição.

§ 9º Para fins de dedução, o documento relativo ao imposto sobre a renda pago no exterior deverá ser reconhecido pelo respectivo órgão arrecadador e pelo Consulado da Embaixada Brasileira no país em que for devido o imposto.

§ 10. Até o ano-calendário de 2022, a controladora no Brasil poderá deduzir até 9% (nove por cento), a título de crédito presumido sobre a renda incidente sobre a parcela positivamputada no lucro real, observados o disposto no § 2º deste artigo e as condições previstas nos incisos I e IV do art. 91 desta Lei, relativo a investimento em pessoas jurídicas no exterior que realizem as atividades de fabricação de bebidas, de fabricação de produtos alimentícios e de construção de edifícios e de obras de infraestrutura, além das demais indústrias em geral.

* § 10 com redação determinada pela Lei 13.043/2014.

§ 11. O Poder Executivo poderá, desde que não resulte em prejuízo aos investimentos no País, ampliar o rol de atividades com investimento em pessoas jurídicas no exterior de que trata o § 10.

§ 12. (Vetado.)

Art. 88. A pessoa jurídica coligada domiciliada no Brasil poderá deduzir do imposto sobre a renda ou da CSLL devidos o imposto sobre a renda retido na fonte no exterior incidente sobre os dividendos que tenham sido computados na determinação do lucro real e da base de cálculo da CSLL, desde que sua coligada no exterior se enquadre nas condições previstas no art. 81, observados os limites previstos nos §§ 4º e 8º do art. 87.

Parágrafo único. Na hipótese de a retenção do imposto sobre a renda no exterior vir a ocorrer em momento posterior àquele em que tiverem sido considerados no resultado da coligada domiciliada no Brasil, a dedução de que trata este artigo somente poderá ser efetuada no balanço correspondente ao ano-calendário em que ocorrer a retenção, e deverá respeitar os limites previstos no *caput*.

Art. 89. A matriz e a pessoa jurídica controladora ou a ela equiparada, nos termos do art. 83, domiciliadas no Brasil poderão considerar como imposto pago, para fins da dedução de que trata o art. 87, o imposto sobre a renda retido na fonte no Brasil e no exterior, na proporção de sua participação, decorrente de rendimentos recebidos pela filial, sucursal ou controlada, domiciliadas no exterior.

* Artigo com redação determinada pela Lei 13.043/2014.

§ 1º O disposto no caput somente será permitido se for reconhecida a receita total auferida pela filial, sucursal ou controlada, com a inclusão do imposto retido.

§ 2º Para o imposto sobre a renda retido na fonte no exterior, o valor do imposto a ser considerado está limitado ao valor que o país de domicílio do beneficiário do rendimento permite que seja aproveitado na apuração do imposto devido pela filial, sucursal ou controlada no exterior.

Seção VI
Do pagamento

Art. 90. À opção da pessoa jurídica, o imposto sobre a renda e a CSLL devidos decorrentes do resultado considerado na apura-

Lei 12.973/2014

ção da pessoa jurídica domiciliada no Brasil, nos termos dos arts. 77 a 80 e 82, poderão ser pagos na proporção dos lucros distribuídos nos anos subsequentes ao encerramento do período de apuração a que corresponder, observado o 8º (oitavo) ano subsequente ao período de apuração para a distribuição do saldo remanescente dos lucros ainda não oferecidos à tributação, assim como a distribuição mínima de 12,50% (doze inteiros e cinquenta centésimos por cento) no 1º (primeiro) ano subsequente.

§ 1º No caso de infração ao art. 91, será aplicada multa isolada de 75% (setenta e cinco por cento) sobre o valor do tributo declarado.

§ 2º A opção, na forma prevista neste artigo, aplica-se, exclusivamente, ao valor informado pela pessoa jurídica domiciliada no Brasil em declaração que represente confissão de dívida e constituição do crédito tributário, relativa ao período de apuração dos resultados no exterior, na forma estabelecida pela Receita Federal do Brasil – RFB.

§ 3º No caso de fusão, cisão, incorporação, encerramento de atividade ou liquidação da pessoa jurídica domiciliada no Brasil, o pagamento do tributo deverá ser feito até a data do evento ou da extinção da pessoa jurídica, conforme o caso.

§ 4º O valor do pagamento, a partir do 2º (segundo) ano subsequente, será acrescido de juros calculados com base na taxa London Interbank Offered Rate – Libor, para depósitos em dólares dos Estados Unidos da América pelo prazo de 12 (doze) meses, referente ao último dia útil do mês civil imediatamente anterior ao vencimento, acrescida da variação cambial dessa moeda, definida pelo Banco Central do Brasil, pro rata tempore, acumulados anualmente, calculados na forma definida em ato do Poder Executivo, sendo os juros dedutíveis na apuração do lucro real e da base de cálculo da CSLL.

Art. 91. A opção pelo pagamento do imposto sobre a renda e da CSLL, na forma do art. 90, poderá ser realizada somente em relação à parcela dos lucros decorrentes dos resultados considerados na apuração da pessoa jurídica domiciliada no Brasil de controlada, direta ou indireta, no exterior:

I – não sujeita a regime de subtributação;

II – não localizada em país ou dependência com tributação favorecida, ou não beneficiária de regime fiscal privilegiado, de que tratam os arts. 24 e 24-A da Lei 9.430, de 27 de dezembro de 1996;

III – não controlada, direta ou indiretamente, por pessoa jurídica submetida ao tratamento tributário previsto no inciso II do *caput*; e

IV – que tenha renda ativa própria igual ou superior a 80% (oitenta por cento) da sua renda total, conforme definido no art. 84.

Art. 92. Aplica-se o disposto nos arts. 77 a 80 e nos arts. 85 a 91 ao resultado obtido por filial ou sucursal, no exterior.

Capítulo X
DO PARCELAMENTO ESPECIAL

Art. 93. A Lei 12.865, de 9 de outubro de 2013, passa a vigorar com as seguintes alterações:

"Art. 17. O prazo previsto no § 12 do art. 1º e no art. 7º da Lei 11.941, de 27 de maio de 2009, bem como o prazo previsto no § 18 do art. 65 da Lei 12.249, de 11 de junho de 2010, passa a ser o do último dia útil do segundo mês subsequente ao da publicação da Lei decorrente da conversão da Medida Provisória 627, de 11 de novembro de 2013, atendidas as condições estabelecidas neste artigo.

"[...]"

"§ 5º Aplica-se aos débitos pagos ou parcelados, na forma do art. 65 da Lei 12.249, de 11 de junho de 2010, o disposto no parágrafo único do art. 4º da Lei 11.941, de 27 de maio de 2009, bem como o disposto no § 16 do art. 39 desta Lei, para os pagamentos ou parcelas ocorridos após 1º de janeiro de 2014.

"§ 6º Os percentuais de redução previstos nos arts. 1º e 3º da Lei 11.941, de 27 de maio de 2009, serão aplicados sobre o valor do débito atualizado à época do depósito e somente incidirão sobre o valor das multas de mora e de ofício, das multas isoladas, dos juros de mora e do encargo legal efetivamente depositados.

"§ 7º A transformação em pagamento definitivo dos valores depositados somente

Lei 12.973/2014

ocorrerá após a aplicação dos percentuais de redução, observado o disposto no § 6º.

"§ 8º A pessoa jurídica que, após a transformação dos depósitos em pagamento definitivo, possuir débitos não liquidados pelo depósito poderá obter as reduções para pagamento à vista e liquidar os juros relativos a esses débitos com a utilização de montantes de prejuízo fiscal ou de base de cálculo negativa da CSLL, desde que pague à vista os débitos remanescentes.

"§ 9º Na hipótese do § 8º, as reduções serão aplicadas sobre os valores atualizados na data do pagamento.

"§ 10. Para fins de aplicação do disposto nos §§ 6º e 9º, a RFB deverá consolidar o débito, considerando a utilização de montantes de prejuízo fiscal ou de base de cálculo negativa da CSLL de acordo com a alíquota aplicável a cada pessoa jurídica, e informar ao Poder Judiciário o resultado para fins de transformação do depósito em pagamento definitivo ou levantamento de eventual saldo.

"§ 11. O montante transformado em pagamento definitivo será o necessário para apropriação aos débitos envolvidos no litígio objeto da desistência, inclusive a débitos referentes ao mesmo litígio que eventualmente estejam sem o correspondente depósito ou com depósito em montante insuficiente a sua quitação.

"§ 12. Após a transformação em pagamento definitivo de que trata o § 7º, o sujeito passivo poderá requerer o levantamento do saldo remanescente, se houver, observado o disposto no § 13.

"§ 13. Na hipótese de que trata o § 12, o saldo remanescente somente poderá ser levantado pelo sujeito passivo após a confirmação pela RFB dos montantes de prejuízo fiscal e de base de cálculo negativa da CSLL utilizados na forma do § 7º do art. 1º da Lei 11.941, de 27 de maio de 2009.

"§ 14. O saldo remanescente de que trata o § 12 será corrigido pela taxa Selic.

"§ 15. Para os sujeitos passivos que aderirem ao parcelamento na forma do *caput*, nenhum percentual de multa, antes das reduções, será superior a 100% (cem por cento)."

"Art. 39. Os débitos para com a Fazenda Nacional relativos à contribuição para o Programa de Integração Social – PIS e à Contribuição para o Financiamento da Seguridade Social – Cofins, de que trata o Capítulo I da Lei 9.718, de 27 de novembro de 1998, devidos por instituições financeiras e equiparadas, vencidos até 31 de dezembro de 2013, poderão ser:

"I – pagos à vista com redução de 100% (cem por cento) das multas de mora e de ofício, de 100% (cem por cento) das multas isoladas, de 100% (cem por cento) dos juros de mora e de 100% (cem por cento) sobre o valor do encargo legal; ou

"[...]

"§ 4º A desistência de que trata o § 3º poderá ser parcial, desde que o débito, objeto de desistência, seja passível de distinção dos demais débitos discutidos na ação judicial ou no processo administrativo.

"[...]

"§ 9º O pedido de pagamento ou parcelamento deverá ser efetuado até o último dia do segundo mês subsequente ao da publicação da Lei decorrente da conversão da Medida Provisória 627, de 11 de novembro de 2013, e independerá de apresentação de garantia, mantidas aquelas decorrentes de débitos transferidos de outras modalidades de parcelamento ou de execução fiscal.

"[...]

"§ 16. Não será computada na apuração da base de cálculo do Imposto de Renda, da Contribuição Social sobre o Lucro Líquido – CSLL, da Contribuição para o PIS/Pasep e da Contribuição para o Financiamento da Seguridade Social – Cofins a parcela equivalente à redução do valor das multas, dos juros e do encargo legal em decorrência do disposto neste artigo."

"Art. 40. Os débitos para com a Fazenda Nacional relativos ao Imposto sobre a Renda das Pessoas Jurídicas – IRPJ à Contribuição Social sobre o Lucro Líquido – CSLL, decorrentes da aplicação do art. 74 da Medida Provisória 2.158-35, de 24 de agosto de 2001, relativos a fatos geradores ocorridos até 31 de dezembro de 2013, poderão ser:

"[...]

Lei 12.973/2014

LEGISLAÇÃO

"II – parcelados em até 180 (cento e oitenta) prestações, sendo 20% (vinte por cento) de entrada e o restante em parcelas mensais, com redução de 80% (oitenta por cento) das multas de mora e de ofício, de 80% (oitenta por cento) das multas isoladas, de 50% (cinquenta por cento) dos juros de mora e de 100% (cem por cento) sobre o valor do encargo legal.

"[...]

"§ 7º Os valores correspondentes a multas, de mora ou de ofício ou isoladas, a juros moratórios e até 30% (trinta por cento) do valor do principal do tributo, inclusive relativos a débitos inscritos em dívida ativa e do restante a ser pago em parcelas mensais a que se refere o inciso II do *caput*, poderão ser liquidados com a utilização de créditos de prejuízo fiscal e de base de cálculo negativa da Contribuição Social sobre o Lucro Líquido próprios e de sociedades controladoras e controladas em 31 de dezembro de 2011, domiciliadas no Brasil, desde que se mantenham nesta condição até a data da opção pelo parcelamento.

"§ 8º [...]

"[...]

"II – somente será admitida a utilização de prejuízo fiscal e base de cálculo negativa da Contribuição Social sobre o Lucro Líquido – CSLL próprios ou incorridos pelas sociedades controladoras e controladas e pelas sociedades que estejam sob controle comum, direto e indireto, até 31 de dezembro de 2012; e

"III – aplica-se à controladora e à controlada, para fins de aproveitamento de créditos de prejuízo fiscal e de base de cálculo negativa da Contribuição Social sobre o Lucro Líquido, o conceito previsto no § 2º do art. 243 da Lei 6.404, de 15 de dezembro de 1976.

"[...]

"§ 11. O pedido de pagamento ou de parcelamento deverá ser efetuado até o último dia do segundo mês subsequente ao da publicação da Lei decorrente da conversão da Medida Provisória 627, de 11 de novembro de 2013, e independerá da apresentação de garantia, mantidas aquelas decorrentes de débitos transferidos de outras modalidades de parcelamento ou de execução fiscal.

"[...]

"§ 15. Aplica-se ao parcelamento de que trata este artigo o disposto no *caput* e nos §§ 2º e 3º do art. 11, no art. 12, no *caput* do art. 13 e nos incisos V e IX do *caput* do art. 14 da Lei 10.522, de 19 de julho de 2002, e no parágrafo único do art. 4º da Lei 11.941, de 27 de maio de 2009.

"[...]"

Capítulo XI
DISPOSIÇÕES FINAIS

Art. 94. Para fins do disposto nesta Lei, as pessoas jurídicas domiciliadas no Brasil deverão manter disponível à autoridade fiscal documentação hábil e idônea que comprove os requisitos nela previstos, enquanto não ocorridos os prazos decadencial e prescricional.

Art. 95. O art. 25 da Lei 9.249, de 26 de dezembro de 1995, passa a vigorar acrescido do seguinte § 7º:

• Alteração processada no texto da referida Lei.

Art. 96. A pessoa jurídica poderá optar pela aplicação das disposições contidas nos arts. 76 a 92 desta Lei para o ano-calendário de 2014.

§ 1º A opção de que trata o *caput* será irretratável e acarretará a observância de todas as alterações trazidas pelos arts. 76 a 92 a partir de 1º de janeiro de 2014.

§ 2º A Secretaria da Receita Federal do Brasil definirá a forma, o prazo e as condições para a opção de que trata o *caput*.

§ 3º Fica afastado, a partir de 1º de janeiro de 2014, o disposto na alínea *b* do § 1º e nos §§ 2º e 4º do art. 1º da Lei 9.532, de 10 de dezembro de 1997, e no art. 74 da Medida Provisória 2.158-35, de 24 de agosto de 2001, para as pessoas jurídicas que exerceram a opção de que trata o *caput*.

Art. 97. Ficam isentos de Imposto sobre a Renda – IR os rendimentos, inclusive ganhos de capital, pagos, creditados, entregues ou remetidos a beneficiário residente ou domiciliado no exterior, exceto em país com tributação favorecida, nos termos do art. 24 da

Lei 12.973/2014

LEGISLAÇÃO

Lei 9.430, de 27 de dezembro de 1996, produzidos por fundos de investimentos, cujos cotistas sejam exclusivamente investidores estrangeiros.

§ 1º Para fazer jus à isenção de que trata o *caput*, o regulamento do fundo deverá prever que a aplicação de seus recursos seja realizada exclusivamente em depósito à vista, ou em ativos sujeitos a isenção de Imposto sobre a Renda – IR, ou tributados à alíquota 0 (zero), nas hipóteses em que o beneficiário dos rendimentos produzidos por esses ativos seja residente ou domiciliado no exterior, exceto em país com tributação favorecida, nos termos do art. 24 da Lei 9.430, de 27 de dezembro de 1996.

§ 2º Incluem-se entre os ativos de que trata o § 1º aqueles negociados em bolsas de valores, de mercadorias, de futuros e assemelhadas e que sejam isentos de tributação, na forma da alínea *b* do § 2º do art. 81 da Lei 8.981, de 20 de janeiro de 1995, desde que sejam negociados pelos fundos, nas mesmas condições previstas na referida Lei, para gozo do incentivo fiscal.

§ 3º Caso o regulamento do fundo restrinja expressamente seus cotistas a investidores estrangeiros pessoas físicas, também se incluirão entre os ativos de que trata o § 1º os ativos beneficiados pelo disposto no art. 3º da Lei 11.033, de 21 de dezembro de 2004, desde que observadas as condições previstas para gozo do benefício fiscal.

Art. 98. *(Vetado.)*

Art. 99. O prazo de que trata o § 4º do art. 1º da Lei 9.532, de 10 de dezembro de 1997, não se aplica a partir da entrada em vigor do art. 74 da Medida Provisória 2.158-35, de 24 de agosto de 2001.

§ 1º Na hipótese de existência de lançamento de ofício sem a observância do disposto no *caput*, fica assegurado o direito ao aproveitamento do imposto pago no exterior, limitado ao imposto correspondente ao lucro objeto do lançamento.

§ 2º Aplica-se o disposto no *caput* aos débitos ainda não constituídos que vierem a ser incluídos no parcelamento de que trata o art. 40 da Lei 12.865, de 9 de outubro de 2013.

Art. 100. A Lei 9.532, de 10 de dezembro de 1997, passa a vigorar com as seguintes alterações:

• Alterações processadas no texto da referida Lei.

Art. 101. *(Vetado.)*

Art. 102. O art. 1º da Lei 9.826, de 23 de agosto de 1999, passa a vigorar com a seguinte alteração:

"Art. 1º [...]

"[...]

"§ 3º O crédito presumido poderá ser aproveitado em relação às saídas ocorridas até 31 de dezembro de 2020.

"[...]"

Art. 103. O art. 1º da Lei 10.485, de 3 de julho de 2002, passa a vigorar com a seguinte redação:

"Art. 1º As pessoas jurídicas fabricantes e as importadoras de máquinas, implementos e veículos classificados nos códigos 73.09, 7310.29, 7612.90.12, 8424.81, 84.29, 8430.69.90, 84.32, 84.33, 84.34, 84.35, 84.36, 84.37, 87.01, 87.02, 87.03, 87.04, 87.05, 87.06 e 8716.20.00 da Tabela de Incidência do Imposto sobre Produtos Industrializados – Tipi, aprovada pelo Decreto 7.660, de 23 de dezembro de 2011, relativamente à receita bruta decorrente de venda desses produtos, ficam sujeitas ao pagamento da contribuição para o Programa de Integração Social e de Formação do Patrimônio do Servidor Público – PIS/Pasep e da Contribuição para o Financiamento da Seguridade Social – Cofins, às alíquotas de 2% (dois por cento) e 9,6% (nove inteiros e seis décimos por cento), respectivamente.

"§ 1º O disposto no *caput*, relativamente aos produtos classificados no Capítulo 84 da Tipi, aplica-se aos produtos autopropulsados ou não.

"§ 2º [...]

"[...]

"II – em 48,1% (quarenta e oito inteiros e um décimo por cento), no caso de venda de produtos classificados nos seguintes códigos da Tipi: 73.09, 7310.29.20, 7612.90.12, 8424.81, 84.29, 8430.69.90, 84.32, 84.33, 84.34, 84.35, 84.36, 84.37, 87.01, 8702.10.00 Ex 02, 8702.90.90 Ex 02, 8704.10.00, 87.05, 8716.20.00 e 8706.00.10 Ex 01 (somente os destinados

Lei 12.973/2014

aos produtos classificados nos Ex 02 dos códigos 8702.10.00 e 8702.90.90).
"[...]"

Art. 104. Aplica-se ao § 7º do art. 37-B da Lei 10.522, de 19 de julho de 2002, constante do art. 35 da Lei 11.941, de 27 de maio de 2009, e ao § 33 do art. 65 da Lei 12.249, de 11 de junho de 2010, no caso de instituições financeiras e assemelhadas, a alíquota de 15% (quinze por cento) sobre a base de cálculo negativa da CSLL, para manter a isonomia de alíquotas.

Art. 105. *(Vetado.)*

Art. 106. O art. 3º da Lei 11.312, de 27 de junho de 2006, passa a vigorar acrescido do seguinte § 3º:
- Alteração processada no texto da referida Lei.

Art. 107. *(Vetado.)*

Art. 108. *(Vetado.)*

Art. 109. As pessoas jurídicas que se encontrem inativas desde o ano-calendário de 2009 ou que estejam em regime de liquidação ordinária, judicial ou extrajudicial, ou em regime de falência, poderão apurar o Imposto de Renda e a CSLL relativos ao ganho de capital resultante da alienação de bens ou direitos, ou qualquer ato que enseje a realização de ganho de capital, sem a aplicação dos limites previstos nos arts. 15 e 16 da Lei 9.065, de 20 de junho de 1995, desde que o produto da venda seja utilizado para pagar débitos de qualquer natureza com a União.

Art. 110. O art. 43 da Lei 12.431, de 24 de junho de 2011, passa a vigorar acrescido do seguinte parágrafo único:
- Alteração processada no texto da referida Lei.

Art. 111. *(Vetado.)*

Art. 112. *(Vetado.)*

Art. 113. Os arts. 30-A e 30-B da Lei 11.051, de 29 de dezembro de 2004, passam a vigorar com as seguintes alterações:
- Alterações processadas no texto da referida Lei.

Art. 114. *(Vetado.)*

Art. 115. Aplica-se o disposto no *caput* do art. 40 da Lei 12.865, de 9 de outubro de 2013, constante do art. 93 desta Lei, aos débitos relativos à contribuição à Comissão Coordenadora da Criação do Cavalo Nacional – CCCCN, estabelecida na Lei 7.291, de 19 de dezembro de 1984.

Parágrafo único. Fica autorizado o cálculo do valor da contribuição à Comissão Coordenadora da Criação do Cavalo Nacional – CCCCN, vencida até 14 de dezembro de 2011, conforme o disposto no § 4º do art. 11 da Lei 7.291, de 19 de dezembro de 1984, vedada qualquer restituição.

Art. 116. A Secretaria da Receita Federal do Brasil editará os atos necessários à aplicação do disposto nesta Lei.

Art. 117. Revogam-se, a partir de 1º de janeiro de 2015:

I – a alínea *b* do *caput* e o § 3º do art. 58 da Lei 4.506, de 30 de novembro de 1964;

II – o art. 15 da Lei 6.099, de 12 de setembro de 1974;

III – os seguintes dispositivos do Decreto-lei 1.598, de 26 de dezembro de 1977:
a) o inciso II do *caput* do art. 8º;
b) o § 1º do art. 15;
c) o § 2º do art. 20;
d) o inciso III do *caput* do art. 27;
e) o inciso I do *caput* do art. 29;
f) o § 3º do art. 31;
g) o art. 32;
h) o inciso IV do *caput* e o § 1º do art. 33;
i) o art. 34; e
j) o inciso III do *caput* do art. 38;

IV – o art. 18 da Lei 8.218, de 29 de agosto de 1991;

V – o art. 31 da Lei 8.981, de 20 de janeiro de 1995;

VI – os §§ 2º e 3º do art. 21 e o art. 31 da Lei 9.249, de 26 de dezembro de 1995;

VII – a alínea *b* do § 1º e os §§ 2º e 4º do art. 1º da Lei 9.532, de 10 de dezembro de 1997;

VIII – o inciso V do § 2º do art. 3º da Lei 9.718, de 27 de novembro de 1998;

IX – o art. 74 da Medida Provisória 2.158-35, de 24 de agosto de 2001; e

X – os arts. 15 a 24, 59 e 60 da Lei 11.941, de 27 de maio de 2009.

Art. 118. Revoga-se o art. 55 da Lei 10.637, de 30 de dezembro de 2002, a partir da data de publicação desta Lei.

Art. 119. Esta Lei entra em vigor em 1º de janeiro de 2015, exceto os arts. 3º, 72 a 75 e 93 a 119, que entram em vigor na data de sua publicação.

Lei 13.111/2015

LEGISLAÇÃO

§ 1º Aos contribuintes que fizerem a opção prevista no art. 75, aplicam-se, a partir de 1º de janeiro de 2014:
I – os arts. 1º e 2º e 4º a 70; e
II – as revogações previstas nos incisos I a VI, VIII e X do *caput* do art. 117.
§ 2º Aos contribuintes que fizerem a opção prevista no art. 96, aplicam-se, a partir de 1º de janeiro de 2014:
I – os arts. 76 a 92; e
II – as revogações previstas nos incisos VII e IX do *caput* do art. 117.
Brasília, 13 de maio de 2014; 193º da Independência e 126º da República.
Dilma Rousseff

(*DOU* 14.05.2014)

LEI 13.111, DE 25 DE MARÇO DE 2015

Dispõe sobre a obrigatoriedade de os empresários que comercializam veículos automotores informarem ao comprador o valor dos tributos incidentes sobre a venda e a situação de regularidade do veículo quanto a furto, multas, taxas anuais, débitos de impostos, alienação fiduciária ou quaisquer outros registros que limitem ou impeçam a circulação do veículo.

A Presidenta da República:
Faço saber que o Congresso Nacional decreta e eu sanciono a seguinte Lei:
Art. 1º Esta Lei dispõe sobre a obrigatoriedade de os empresários que comercializam veículos automotores, novos ou usados, informarem ao comprador:
I – o valor dos tributos incidentes sobre a comercialização do veículo;
II – a situação de regularidade do veículo quanto a:
a) furto;
b) multas e taxas anuais legalmente devidas;
c) débitos de impostos;
d) alienação fiduciária; ou
e) quaisquer outros registros que limitem ou impeçam a circulação do veículo.
Art. 2º Os empresários que comercializam veículos automotores, novos ou usados, são obrigados a informar ao comprador a situação de regularidade do veículo junto às autoridades policiais, de trânsito e fazendária das unidades da Federação onde o veículo for registrado e estiver sendo comercializado, relativa a:
I – furto;
II – multas e taxas anuais legalmente devidas;
III – débitos quanto ao pagamento de impostos;
IV – alienação fiduciária; ou
V – quaisquer outros registros que limitem ou impeçam a circulação do veículo.
Parágrafo único. No contrato de compra e venda assinado entre vendedor e comprador devem constar cláusulas contendo informações sobre a natureza e o valor dos tributos incidentes sobre a comercialização do veículo, bem como sobre a situação de regularidade em que se encontra o bem quanto às eventuais restrições previstas no *caput*.
Art. 3º O descumprimento do disposto nesta Lei implica a obrigação de os empresários que comercializam veículos automotores, novos ou usados, arcarem com:
I – o pagamento do valor correspondente ao montante dos tributos, taxas, emolumentos e multas incidentes sobre o veículo e existentes até o momento da aquisição do bem pelo comprador;
II – a restituição do valor integral pago pelo comprador, no caso de o veículo ter sido objeto de furto.
Parágrafo único. As sanções previstas neste artigo serão aplicadas sem prejuízo das demais sanções previstas na Lei 8.078, de 11 de setembro de 1990.
Art. 4º Esta Lei entra em vigor após decorridos 60 (sessenta) dias de sua publicação oficial.
Brasília, 25 de março de 2015; 194º da Independência e 127º da República.
Dilma Rousseff

(*DOU* 26.03.2015)

CÓDIGO DE ÉTICA E DISCIPLINA DA OAB/2015

O Conselho Federal da Ordem dos Advogados do Brasil, ao instituir o Código de Ética e Disciplina, norteou-se por princípios que formam a consciência profissional do advogado e representam imperativos de sua conduta, os quais se traduzem nos seguintes manda-

Código de Ética OAB/2015

LEGISLAÇÃO

mentos: lutar sem receio pelo primado da Justiça; pugnar pelo cumprimento da Constituição e pelo respeito à Lei, fazendo com que o ordenamento jurídico seja interpretado com retidão, em perfeita sintonia com os fins sociais a que se dirige e as exigências do bem comum; ser fiel à verdade para poder servir à Justiça como um de seus elementos essenciais; proceder com lealdade e boa-fé em suas relações profissionais e em todos os atos do seu ofício; empenhar-se na defesa das causas confiadas ao seu patrocínio, dando ao constituinte o amparo do Direito, e proporcionando-lhe a realização prática de seus legítimos interesses; comportar-se, nesse mister, com independência e altivez, defendendo com o mesmo denodo humildes e poderosos; exercer a advocacia com o indispensável senso profissional, mas também com desprendimento, jamais permitindo que o anseio de ganho material sobreleve a finalidade social do seu trabalho; aprimorar-se no culto dos princípios éticos e no domínio da ciência jurídica, de modo a tornar-se merecedor da confiança do cliente e da sociedade como um todo, pelos atributos intelectuais e pela probidade pessoal; agir, em suma, com a dignidade e a correção dos profissionais que honram e engrandecem a sua classe.

Inspirado nesses postulados, o Conselho Federal da Ordem dos Advogados do Brasil, no uso das atribuições que lhe são conferidas pelos arts. 33 e 54, V, da Lei 8.906, de 04 de julho de 1994, aprova e edita este Código, exortando os advogados brasileiros à sua fiel observância.

- Aprovado pela Res. CFOAB 2/2015.

TÍTULO I
DA ÉTICA DO ADVOGADO

Capítulo I
DOS PRINCÍPIOS FUNDAMENTAIS

Art. 1º O exercício da advocacia exige conduta compatível com os preceitos deste Código, do Estatuto, do Regulamento Geral, dos Provimentos e com os princípios da moral individual, social e profissional.

Art. 2º O advogado, indispensável à administração da Justiça, é defensor do Estado Democrático de Direito, dos direitos humanos e garantias fundamentais, da cidadania, da moralidade, da Justiça e da paz social, cumprindo-lhe exercer o seu ministério em consonância com a sua elevada função pública e com os valores que lhe são inerentes.

Parágrafo único. São deveres do advogado:

I – preservar, em sua conduta, a honra, a nobreza e a dignidade da profissão, zelando pelo caráter de essencialidade e indispensabilidade da advocacia;

II – atuar com destemor, independência, honestidade, decoro, veracidade, lealdade, dignidade e boa-fé;

III – velar por sua reputação pessoal e profissional;

IV – empenhar-se, permanentemente, no aperfeiçoamento pessoal e profissional;

V – contribuir para o aprimoramento das instituições, do Direito e das leis;

VI – estimular, a qualquer tempo, a conciliação e a mediação entre os litigantes, prevenindo, sempre que possível, a instauração de litígios;

VII – desaconselhar lides temerárias, a partir de um juízo preliminar de viabilidade jurídica;

VIII – abster-se de:
a) utilizar de influência indevida, em seu benefício ou do cliente;
b) vincular seu nome a empreendimentos sabidamente escusos;
c) emprestar concurso aos que atentem contra a ética, a moral, a honestidade e a dignidade da pessoa humana;
d) entender-se diretamente com a parte adversa que tenha patrono constituído, sem o assentimento deste;
e) ingressar ou atuar em pleitos administrativos ou judiciais perante autoridades com as quais tenha vínculos negociais ou familiares;
f) contratar honorários advocatícios em valores aviltantes.

IX – pugnar pela solução dos problemas da cidadania e pela efetivação dos direitos individuais, coletivos e difusos;

X – adotar conduta consentânea com o papel de elemento indispensável à administração da Justiça;

Código de Ética OAB/2015

LEGISLAÇÃO

XI – cumprir os encargos assumidos no âmbito da Ordem dos Advogados do Brasil ou na representação da classe;

XII – zelar pelos valores institucionais da OAB e da advocacia;

XIII – ater-se, quando no exercício da função de defensor público, à defesa dos necessitados.

Art. 3º O advogado deve ter consciência de que o Direito é um meio de mitigar as desigualdades para o encontro de soluções justas e que a lei é um instrumento para garantir a igualdade de todos.

Art. 4º O advogado, ainda que vinculado ao cliente ou constituinte, mediante relação empregatícia ou por contrato de prestação permanente de serviços, ou como integrante de departamento jurídico, ou de órgão de assessoria jurídica, público ou privado, deve zelar pela sua liberdade e independência.

Parágrafo único. É legítima a recusa, pelo advogado, do patrocínio de causa e de manifestação, no âmbito consultivo, de pretensão concernente a direito que também lhe seja aplicável ou contrarie orientação que tenha manifestado anteriormente.

Art. 5º O exercício da advocacia é incompatível com qualquer procedimento de mercantilização.

Art. 6º É defeso ao advogado expor os fatos em Juízo ou na via administrativa falseando deliberadamente a verdade e utilizando de má-fé.

Art. 7º É vedado o oferecimento de serviços profissionais que implique, direta ou indiretamente, angariar ou captar clientela.

Capítulo II
DA ADVOCACIA PÚBLICA

Art. 8º As disposições deste Código obrigam igualmente os órgãos de advocacia pública, e advogados públicos, incluindo aqueles que ocupem posição de chefia e direção jurídica.

§ 1º O advogado público exercerá suas funções com independência técnica, contribuindo para a solução ou redução de litigiosidade, sempre que possível.

§ 2º O advogado público, inclusive o que exerce cargo de chefia ou direção jurídica, observará nas relações com os colegas, autoridades, servidores e o público em geral, o dever de urbanidade, tratando a todos com respeito e consideração, ao mesmo tempo em que preservará suas prerrogativas e o direito de receber igual tratamento das pessoas com as quais se relacione.

Capítulo III
DAS RELAÇÕES COM O CLIENTE

Art. 9º O advogado deve informar o cliente, de modo claro e inequívoco, quanto a eventuais riscos da sua pretensão, e das consequências que poderão advir da demanda. Deve, igualmente, denunciar, desde logo, a quem lhe solicite parecer ou patrocínio, qualquer circunstância que possa influir na resolução de submeter-lhe a consulta ou confiar-lhe a causa.

Art. 10. As relações entre advogado e cliente baseiam-se na confiança recíproca. Sentindo o advogado que essa confiança lhe falta, é recomendável que externe ao cliente sua impressão e, não se dissipando as dúvidas existentes, promova, em seguida, o substabelecimento do mandato ou a ele renuncie.

•• V. art. 111, CPC/2015.

Art. 11. O advogado, no exercício do mandato, atua como patrono da parte, cumprindo-lhe, por isso, imprimir à causa orientação que lhe pareça mais adequada, sem se subordinar a intenções contrárias do cliente, mas, antes, procurando esclarecê-lo quanto à estratégia traçada.

Art. 12. A conclusão ou desistência da causa, tenha havido, ou não, extinção do mandato, obriga o advogado a devolver ao cliente bens, valores e documentos que lhe hajam sido confiados e ainda estejam em seu poder, bem como a prestar-lhe contas, pormenorizadamente, sem prejuízo de esclarecimentos complementares que se mostrem pertinentes e necessários.

Parágrafo único. A parcela dos honorários paga pelos serviços até então prestados não se inclui entre os valores a ser devolvidos.

Código de Ética OAB/2015

LEGISLAÇÃO

Art. 13. Concluída a causa ou arquivado o processo, presume-se cumprido e extinto o mandato.

Art. 14. O advogado não deve aceitar procuração de quem já tenha patrono constituído, sem prévio conhecimento deste, salvo por motivo plenamente justificável ou para adoção de medidas judiciais urgentes e inadiáveis.

Art. 15. O advogado não deve deixar ao abandono ou ao desamparo as causas sob seu patrocínio, sendo recomendável que, em face de dificuldades insuperáveis ou inércia do cliente quanto a providências que lhe tenham sido solicitadas, renuncie ao mandato.

•• V. art. 111, CPC/2015.

Art. 16. A renúncia ao patrocínio deve ser feita sem menção do motivo que a determinou, fazendo cessar a responsabilidade profissional pelo acompanhamento da causa, uma vez decorrido o prazo previsto em lei (EAOAB, art. 5º, § 3º).

•• V. art. 111, CPC/2015.

§ 1º A renúncia ao mandato não exclui responsabilidade por danos eventualmente causados ao cliente ou a terceiros.

§ 2º O advogado não será responsabilizado por omissão do cliente quanto a documento ou informação que lhe devesse fornecer para a prática oportuna de ato processual do seu interesse.

Art. 17. A revogação do mandato judicial por vontade do cliente não o desobriga do pagamento das verbas honorárias contratadas, assim como não retira o direito do advogado de receber o quanto lhe seja devido em eventual verba honorária de sucumbência, calculada proporcionalmente em face do serviço efetivamente prestado.

Art. 18. O mandato judicial ou extrajudicial não se extingue pelo decurso de tempo, salvo se o contrário for consignado no respectivo instrumento.

•• V. art. 111, CPC/2015.

Art. 19. Os advogados integrantes da mesma sociedade profissional, ou reunidos em caráter permanente para cooperação recíproca, não podem representar, em juízo ou fora dele, clientes com interesses opostos.

Art. 20. Sobrevindo conflitos de interesse entre seus constituintes e não conseguindo o advogado harmonizá-los, caber-lhe-á optar, com prudência e discrição, por um dos mandatos, renunciando aos demais, resguardado sempre o sigilo profissional.

Art. 21. O advogado, ao postular em nome de terceiros, contra ex-cliente ou ex-empregador, judicial e extrajudicialmente, deve resguardar o sigilo profissional.

Art. 22. Ao advogado cumpre abster-se de patrocinar causa contrária à validade ou legitimidade de ato jurídico em cuja formação haja colaborado ou intervindo de qualquer maneira; da mesma forma, deve declinar seu impedimento ou o da sociedade que integre quando houver conflito de interesses motivado por intervenção anterior no trato de assunto que se prenda ao patrocínio solicitado.

Art. 23. É direito e dever do advogado assumir a defesa criminal, sem considerar sua própria opinião sobre a culpa do acusado.

Parágrafo único. Não há causa criminal indigna de defesa, cumprindo ao advogado agir, como defensor, no sentido de que a todos seja concedido tratamento condizente com a dignidade da pessoa humana, sob a égide das garantias constitucionais.

Art. 24. O advogado não se sujeita à imposição do cliente que pretenda ver com ele atuando outros advogados, nem fica na contingência de aceitar a indicação de outro profissional para com ele trabalhar no processo.

Art. 25. É defeso ao advogado funcionar no mesmo processo, simultaneamente, como patrono e preposto do empregador ou cliente.

Art. 26. O substabelecimento do mandato, com reserva de poderes, é ato pessoal do advogado da causa.

•• V. art. 111, CPC/2015.

§ 1º O substabelecimento do mandato sem reserva de poderes exige o prévio e inequívoco conhecimento do cliente.

§ 2º O substabelecido com reserva de poderes deve ajustar antecipadamente seus honorários com o substabelecente.

Código de Ética OAB/2015

LEGISLAÇÃO

Capítulo IV
DAS RELAÇÕES COM OS COLEGAS, AGENTES POLÍTICOS, AUTORIDADES, SERVIDORES PÚBLICOS E TERCEIROS

Art. 27. O advogado observará, nas suas relações com os colegas de profissão, agentes políticos, autoridades, servidores públicos e terceiros em geral, o dever de urbanidade, tratando a todos com respeito e consideração, ao mesmo tempo em que preservará seus direitos e prerrogativas, devendo exigir igual tratamento de todos com quem se relacione.

§ 1º O dever de urbanidade há de ser observado, da mesma forma, nos atos e manifestações relacionados aos pleitos eleitorais no âmbito da Ordem dos Advogados do Brasil.

§ 2º No caso de ofensa à honra do advogado ou à imagem da instituição, adotar-se-ão as medidas cabíveis, instaurando-se processo ético-disciplinar e dando-se ciência às autoridades competentes para apuração de eventual ilícito penal.

Art. 28. Consideram-se imperativos de uma correta atuação profissional o emprego de linguagem escorreita e polida, bem como a observância da boa técnica jurídica.

Art. 29. O advogado que se valer do concurso de colegas na prestação de serviços advocatícios, seja em caráter individual, seja no âmbito de sociedade de advogados ou de empresa ou entidade em que trabalhe, dispensar-lhes-á tratamento condigno, que não os torne subalternos seus nem lhes avilte os serviços prestados mediante remuneração incompatível com a natureza do trabalho profissional ou inferior ao mínimo fixado pela Tabela de Honorários que for aplicável.

Parágrafo único. Quando o aviltamento de honorários for praticado por empresas ou entidades públicas ou privadas, os advogados responsáveis pelo respectivo departamento ou gerência jurídica serão instados a corrigir o abuso, inclusive intervindo junto aos demais órgãos competentes e com poder de decisão da pessoa jurídica de que se trate, sem prejuízo das providências que a Ordem dos Advogados do Brasil possa adotar com o mesmo objetivo.

Capítulo V
DA ADVOCACIA *PRO BONO*

Art. 30. No exercício da advocacia pro bono, e ao atuar como defensor nomeado, conveniado ou dativo, o advogado empregará o zelo e a dedicação habituais, de forma que a parte por ele assistida se sinta amparada e confie no seu patrocínio.

§ 1º Considera-se advocacia pro bono a prestação gratuita, eventual e voluntária de serviços jurídicos em favor de instituições sociais sem fins econômicos e aos seus assistidos, sempre que os beneficiários não dispuserem de recursos para a contratação de profissional.

§ 2º A advocacia *pro bono* pode ser exercida em favor de pessoas naturais que, igualmente, não dispuserem de recursos para, sem prejuízo do próprio sustento, contratar advogado.

§ 3º A advocacia *pro bono* não pode ser utilizada para fins político-partidários ou eleitorais, nem beneficiar instituições que visem a tais objetivos, ou como instrumento de publicidade para captação de clientela.

Capítulo VI
DO EXERCÍCIO DE CARGOS E FUNÇÕES NA OAB E NA REPRESENTAÇÃO DA CLASSE

Art. 31. O advogado, no exercício de cargos ou funções em órgãos da Ordem dos Advogados do Brasil ou na representação da classe junto a quaisquer instituições, órgãos ou comissões, públicos ou privados, manterá conduta consentânea com as disposições deste Código e que revele plena lealdade aos interesses, direitos e prerrogativas da classe dos advogados que representa.

Art. 32. Não poderá o advogado, enquanto exercer cargos ou funções em órgãos da OAB ou representar a classe junto a quaisquer instituições, órgãos ou comissões, públicos ou privados, firmar contrato oneroso de prestação de serviços ou fornecimento de produtos com tais entidades nem adquirir bens postos à venda por quaisquer órgãos da OAB.

Art. 33. Salvo em causa própria, não poderá o advogado, enquanto exercer cargos ou funções em órgãos da OAB ou tiver assento, em qualquer condição, nos seus Conselhos, atuar em processos que tramitem perante a entidade nem oferecer pareceres destinados a instruí-los.

Parágrafo único. A vedação estabelecida neste artigo não se aplica aos dirigentes de Seccionais quando atuem, nessa qualidade, como legitimados a recorrer nos processos em trâmite perante os órgãos da OAB.

Art. 34. Ao submeter seu nome à apreciação do Conselho Federal ou dos Conselhos Seccionais com vistas à inclusão em listas destinadas ao provimento de vagas reservadas à classe nos tribunais, no Conselho Nacional de Justiça, no Conselho Nacional do Ministério Público e em outros colegiados, o candidato assumirá o compromisso de respeitar os direitos e prerrogativas do advogado, não praticar nepotismo nem agir em desacordo com a moralidade administrativa e com os princípios deste Código, no exercício de seu mister.

Capítulo VII
DO SIGILO PROFISSIONAL

Art. 35. O advogado tem o dever de guardar sigilo dos fatos de que tome conhecimento no exercício da profissão.

Parágrafo único. O sigilo profissional abrange os fatos de que o advogado tenha tido conhecimento em virtude de funções desempenhadas na Ordem dos Advogados do Brasil.

Art. 36. O sigilo profissional é de ordem pública, independendo de solicitação de reserva que lhe seja feita pelo cliente.

§ 1º Presumem-se confidenciais as comunicações de qualquer natureza entre advogado e cliente.

§ 2º O advogado, quando no exercício das funções de mediador, conciliador e árbitro, se submete às regras de sigilo profissional.

Art. 37. O sigilo profissional cederá em face de circunstâncias excepcionais que configurem justa causa, como nos casos de grave ameaça ao direito à vida e à honra ou que envolvam defesa própria.

Art. 38. O advogado não é obrigado a depor, em processo ou procedimento judicial, administrativo ou arbitral, sobre fatos a cujo respeito deva guardar sigilo profissional.

Capítulo VIII
DA PUBLICIDADE PROFISSIONAL

Art. 39. A publicidade profissional do advogado tem caráter meramente informativo e deve primar pela discrição e sobriedade, não podendo configurar captação de clientela ou mercantilização da profissão.

Art. 40. Os meios utilizados para a publicidade profissional hão de ser compatíveis com a diretriz estabelecida no artigo anterior, sendo vedados:

I – a veiculação da publicidade por meio de rádio, cinema e televisão;

II – o uso de outdoors, painéis luminosos ou formas assemelhadas de publicidade;

III – as inscrições em muros, paredes, veículos, elevadores ou em qualquer espaço público;

IV – a divulgação de serviços de advocacia juntamente com a de outras atividades ou a indicação de vínculos entre uns e outras;

V – o fornecimento de dados de contato, como endereço e telefone, em colunas ou artigos literários, culturais, acadêmicos ou jurídicos, publicados na imprensa, bem assim quando de eventual participação em programas de rádio ou televisão, ou em veiculação de matérias pela internet, sendo permitida a referência a e-mail;

VI – a utilização de mala direta, a distribuição de panfletos ou formas assemelhadas de publicidade, com o intuito de captação de clientela.

Parágrafo único. Exclusivamente para fins de identificação dos escritórios de advocacia, é permitida a utilização de placas, painéis luminosos e inscrições em suas fachadas, desde que respeitadas as diretrizes previstas no artigo 39.

Art. 41. As colunas que o advogado mantiver nos meios de comunicação social ou os textos que por meio deles divulgar não deverão induzir o leitor a litigar nem promover, dessa forma, captação de clientela.

Art. 42. É vedado ao advogado:

I – responder com habitualidade a consulta sobre matéria jurídica, nos meios de comunicação social;

II – debater, em qualquer meio de comunicação, causa sob o patrocínio de outro advogado;

III – abordar tema de modo a comprometer a dignidade da profissão e da instituição que o congrega;

IV – divulgar ou deixar que sejam divulgadas listas de clientes e demandas;

V – insinuar-se para reportagens e declarações públicas.

Art. 43. O advogado que eventualmente participar de programa de televisão ou de rádio, de entrevista na imprensa, de reportagem televisionada ou veiculada por qualquer outro meio, para manifestação profissional, deve visar a objetivos exclusivamente ilustrativos, educacionais e instrutivos, sem propósito de promoção pessoal ou profissional, vedados pronunciamentos sobre métodos de trabalho usados por seus colegas de profissão.

Parágrafo único. Quando convidado para manifestação pública, por qualquer modo e forma, visando ao esclarecimento de tema jurídico de interesse geral, deve o advogado evitar insinuações com o sentido de promoção pessoal ou profissional, bem como o debate de caráter sensacionalista.

Art. 44. Na publicidade profissional que promover ou nos cartões e material de escritório de que se utilizar, o advogado fará constar seu nome ou o da sociedade de advogados, o número ou os números de inscrição na OAB.

§ 1º Poderão ser referidos apenas os títulos acadêmicos do advogado e as distinções honoríficas relacionadas à vida profissional, bem como as instituições jurídicas de que faça parte, e as especialidades a que se dedica, o endereço, e-mail, site, página eletrônica, QR code, logotipo e a fotografia do escritório, o horário de atendimento e os idiomas em que o cliente poderá ser atendido.

§ 2º É vedada a inclusão de fotografias pessoais ou de terceiros nos cartões de visitas do advogado, bem como menção a qualquer emprego, cargo ou função ocupado, atual ou pretérito, em qualquer órgão ou instituição, salvo o de professor universitário.

Art. 45. São admissíveis como formas de publicidade o patrocínio de eventos ou publicações de caráter científico ou cultural, assim como a divulgação de boletins, por meio físico ou eletrônico, sobre matéria cultural de interesse dos advogados, desde que sua circulação fique adstrita a clientes e a interessados do meio jurídico.

Art. 46. A publicidade veiculada pela internet ou por outros meios eletrônicos deverá observar as diretrizes estabelecidas neste capítulo.

Parágrafo único. A telefonia e a internet podem ser utilizadas como veículo de publicidade, inclusive para o envio de mensagens a destinatários certos, desde que estas não impliquem o oferecimento de serviços ou representem forma de captação de clientela.

Art. 47. As normas sobre publicidade profissional constantes deste capítulo poderão ser complementadas por outras que o Conselho Federal aprovar, observadas as diretrizes do presente Código.

Capítulo IX
DOS HONORÁRIOS PROFISSIONAIS

Art. 48. A prestação de serviços profissionais por advogado, individualmente ou integrado em sociedades, será contratada, preferentemente, por escrito.

§ 1º O contrato de prestação de serviços de advocacia não exige forma especial, devendo estabelecer, porém, com clareza e precisão, o seu objeto, os honorários ajustados, a forma de pagamento, a extensão do patrocínio, esclarecendo se este abrangerá todos os atos do processo ou limitar-se-á a determinado grau de jurisdição, além de dispor sobre a hipótese de a causa encerrar-se mediante transação ou acordo.

§ 2º A compensação de créditos, pelo advogado, de importâncias devidas ao cliente, somente será admissível quando o contrato de prestação de serviços a autorizar ou quando houver autorização especial do cliente para esse fim, por esta firmada.

§ 3º O contrato de prestação de serviços poderá dispor sobre a forma de contratação de profissionais para serviços auxiliares, bem como sobre o pagamento de custas e emolumentos, os quais, na ausência de disposição em contrário, presumem-se devam ser atendidos pelo cliente. Caso o contrato preveja que o advogado antecipe tais despesas, ser-lhe-á lícito reter o respectivo valor atualizado, no ato de prestação de contas, mediante comprovação documental.

§ 4º As disposições deste capítulo aplicam-se à mediação, à conciliação, à arbitragem ou a qualquer outro método adequado de solução dos conflitos.

§ 5º É vedada, em qualquer hipótese, a diminuição dos honorários contratados em decorrência da solução do litígio por qualquer mecanismo adequado de solução extrajudicial.

§ 6º Deverá o advogado observar o valor mínimo da Tabela de Honorários instituída pelo respectivo Conselho Seccional onde for realizado o serviço, inclusive aquele referente às diligências, sob pena de caracterizar-se aviltamento de honorários.

§ 7º O advogado promoverá, preferentemente, de forma destacada a execução dos honorários contratuais ou sucumbenciais.

Art. 49. Os honorários profissionais devem ser fixados com moderação, atendidos os elementos seguintes:

I – a relevância, o vulto, a complexidade e a dificuldade das questões versadas;
II – o trabalho e o tempo a ser empregados;
III – a possibilidade de ficar o advogado impedido de intervir em outros casos, ou de se desavir com outros clientes ou terceiros;
IV – o valor da causa, a condição econômica do cliente e o proveito para este resultante do serviço profissional;
V – o caráter da intervenção, conforme se trate de serviço a cliente eventual, frequente ou constante;
VI – o lugar da prestação dos serviços, conforme se trate do domicílio do advogado ou de outro;
VII – a competência do profissional;
VIII – a praxe do foro sobre trabalhos análogos.

Art. 50. Na hipótese da adoção de cláusula quota litis, os honorários devem ser necessariamente representados por pecúnia e, quando acrescidos dos honorários da sucumbência, não podem ser superiores às vantagens advindas a favor do cliente.

§ 1º A participação do advogado em bens particulares do cliente só é admitida em caráter excepcional, quando esse, comprovadamente, não tiver condições pecuniárias de satisfazer o débito de honorários e ajustar com o seu patrono, em instrumento contratual, tal forma de pagamento.

§ 2º Quando o objeto do serviço jurídico versar sobre prestações vencidas e vincendas, os honorários advocatícios poderão incidir sobre o valor de umas e outras, atendidos os requisitos da moderação e da razoabilidade.

Art. 51. Os honorários da sucumbência e os honorários contratuais, pertencendo ao advogado que houver atuado na causa, poderão ser por ele executados, assistindo-lhe direito autônomo para promover a execução do capítulo da sentença que os estabelecer ou para postular, quando for o caso, a expedição de precatório ou requisição de pequeno valor em seu favor.

§ 1º No caso de substabelecimento, a verba correspondente aos honorários da sucumbência será repartida entre o substabelecente e o substabelecido, proporcionalmente à atuação de cada um no processo ou conforme haja sido entre eles ajustado.

§ 2º Quando for o caso, a Ordem dos Advogados do Brasil ou os seus Tribunais de Ética e Disciplina poderão ser solicitados a indicar mediador que contribua no sentido de que a distribuição dos honorários da sucumbência, entre advogados, se faça segundo o critério estabelecido no § 1º.

§ 3º Nos processos disciplinares que envolverem divergência sobre a percepção de honorários da sucumbência, entre advogados, deverá ser tentada a conciliação destes, preliminarmente, pelo relator.

Art. 52. O crédito por honorários advocatícios, seja do advogado autônomo, seja de sociedade de advogados, não autoriza o saque de duplicatas ou qualquer outro título de crédito de natureza mercantil, podendo, apenas, ser emitida fatura, quando o cliente assim pretender, com fundamento no contrato de prestação de serviços, a qual, porém, não poderá ser levada a protesto.

Código de Ética OAB/2015

Parágrafo único. Pode, todavia, ser levado a protesto o cheque ou a nota promissória emitido pelo cliente em favor do advogado, depois de frustrada a tentativa de recebimento amigável.

Art. 53. É lícito ao advogado ou à sociedade de advogados empregar, para o recebimento de honorários, sistema de cartão de crédito, mediante credenciamento junto a empresa operadora do ramo.

Parágrafo único. Eventuais ajustes com a empresa operadora que impliquem pagamento antecipado não afetarão a responsabilidade do advogado perante o cliente, em caso de rescisão do contrato de prestação de serviços, devendo ser observadas as disposições deste quanto à hipótese.

Art. 54. Havendo necessidade de promover arbitramento ou cobrança judicial de honorários, deve o advogado renunciar previamente ao mandato que recebera do cliente em débito.

TÍTULO II
DO PROCESSO DISCIPLINAR

Capítulo I
DOS PROCEDIMENTOS

Art. 55. O processo disciplinar instaura-se de ofício ou mediante representação do interessado.

§ 1º A instauração, de ofício, do processo disciplinar dar-se-á em função do conhecimento do fato, quando obtido por meio de fonte idônea ou em virtude de comunicação da autoridade competente.

§ 2º Não se considera fonte idônea a que consistir em denúncia anônima.

Art. 56. A representação será formulada ao Presidente do Conselho Seccional ou ao Presidente da Subseção, por escrito ou verbalmente, devendo, neste último caso, ser reduzida a termo.

Parágrafo único. Nas Seccionais cujos Regimentos Internos atribuírem competência ao Tribunal de Ética e Disciplina para instaurar o processo ético disciplinar, a representação poderá ser dirigida ao seu Presidente ou será a este encaminhada por qualquer dos dirigentes referidos no *caput* deste artigo que a houver recebido.

Art. 57. A representação deverá conter:

I – a identificação do representante, com a sua qualificação civil e endereço;

II – a narração dos fatos que a motivam, de forma que permita verificar a existência, em tese, de infração disciplinar;

III – os documentos que eventualmente a instruam e a indicação de outras provas a serem produzidas, bem como, se for o caso, o rol de testemunhas, até o máximo de 5 (cinco);

IV – a assinatura do representante ou a certificação de quem a tomou por termo, na impossibilidade de obtê-la.

Art. 58. Recebida a representação, o Presidente do Conselho Seccional ou o da Subseção, quando esta dispuser de Conselho, designa relator, por sorteio, um de seus integrantes, para presidir a instrução processual.

§ 1º Os atos de instrução processual podem ser delegados ao Tribunal de Ética e Disciplina, conforme dispuser o regimento interno do Conselho Seccional, caso em que caberá ao seu Presidente, por sorteio, designar relator.

§ 2º Antes do encaminhamento dos autos ao relator, serão juntadas a ficha cadastral do representado e certidão negativa ou positiva sobre a existência de punições anteriores, com menção das faltas atribuídas. Será providenciada, ainda, certidão sobre a existência ou não de representações em andamento, a qual, se positiva, será acompanhada da informação sobre as faltas imputadas.

§ 3º O relator, atendendo aos critérios de admissibilidade, emitirá parecer propondo a instauração de processo disciplinar ou o arquivamento liminar da representação, no prazo de 30 (trinta) dias, sob pena de redistribuição do feito pelo Presidente do Conselho Seccional ou da Subseção para outro relator, observando-se o mesmo prazo.

§ 4º O Presidente do Conselho competente ou, conforme o caso, o do Tribunal de Ética e Disciplina, proferirá despacho declarando instaurado o processo disciplinar ou determinando o arquivamento da representação, nos termos do parecer do relator ou segundo os fundamentos que adotar.

Código de Ética OAB/2015

Legislação

§ 5º A representação contra membros do Conselho Federal e Presidentes de Conselhos Seccionais é processada e julgada pelo Conselho Federal, sendo competente a Segunda Câmara reunida em sessão plenária. A representação contra membros da diretoria do Conselho Federal, Membros Honorários Vitalícios e detentores da Medalha Rui Barbosa será processada e julgada pelo Conselho Federal, sendo competente o Conselho Pleno.

§ 6º A representação contra dirigente de Subseção é processada e julgada pelo Conselho Seccional.

Art. 59. Compete ao relator do processo disciplinar determinar a notificação dos interessados para prestar esclarecimentos ou a do representado para apresentar defesa prévia, no prazo de 15 (quinze) dias, em qualquer caso.

§ 1º A notificação será expedida para o endereço constante do cadastro de inscritos do Conselho Seccional, observando-se, quanto ao mais, o disposto no Regulamento Geral.

§ 2º Se o representado não for encontrado ou ficar revel, o Presidente do Conselho competente ou, conforme o caso, o do Tribunal de Ética e Disciplina designar-lhe-á defensor dativo.

§ 3º Oferecida a defesa prévia, que deve ser acompanhada dos documentos que possam instruí-la e do rol de testemunhas, até o limite de 5 (cinco), será proferido despacho saneador e, ressalvada a hipótese do § 2º do art. 73 do EAOAB, designada, se for o caso, audiência para oitiva do representante, do representado e das testemunhas.

§ 4º O representante e o representado incumbir-se-ão do comparecimento de suas testemunhas, salvo se, ao apresentarem o respectivo rol, requererem, por motivo justificado, sejam elas notificadas a comparecer à audiência de instrução do processo.

§ 5º O relator pode determinar a realização de diligências que julgar convenientes, cumprindo-lhe dar andamento ao processo, de modo que este se desenvolva por impulso oficial.

§ 6º O relator somente indeferirá a produção de determinado meio de prova quando esse for ilícito, impertinente, desnecessário ou protelatório, devendo fazê-lo fundamentadamente.

§ 7º Concluída a instrução, o relator profere parecer preliminar, a ser submetido ao Tribunal de Ética e Disciplina, dando enquadramento legal aos fatos imputados ao representado.

§ 8º Abre-se, em seguida, prazo comum de 15 (quinze) dias para apresentação de razões finais.

Art. 60. O Presidente do Tribunal de Ética e Disciplina, após o recebimento do processo, devidamente instruído, designa, por sorteio, relator para proferir voto.

§ 1º Se o processo já estiver tramitando perante o Tribunal de Ética e Disciplina ou perante o Conselho competente, o relator não será o mesmo designado na fase de instrução.

§ 2º O processo será incluído em pauta na primeira sessão de julgamentos após a distribuição ao relator.

- § 2º com redação determinada pela Res. CFOAB 1/2016.

§ 3º O representante e o representado são notificados pela Secretaria do Tribunal, com 15 (quinze) dias de antecedência, para comparecerem à sessão de julgamento.

§ 4º Na sessão de julgamento, após o voto do relator, é facultada a sustentação oral pelo tempo de 15 (quinze) minutos, primeiro pelo representante e, em seguida, pelo representado.

Art. 61. Do julgamento do processo disciplinar lavrar-se-á acórdão, do qual constarão, quando procedente a representação, o enquadramento legal da infração, a sanção aplicada, o quórum de instalação e o de deliberação, a indicação de haver sido esta adotada com base no voto do relator ou em voto divergente, bem como as circunstâncias agravantes ou atenuantes consideradas e as razões determinantes de eventual conversão da censura aplicada em advertência sem registro nos assentamentos do inscrito.

Art. 62. Nos acórdãos serão observadas, ainda, as seguintes regras:

§ 1º O acórdão trará sempre a ementa, contendo a essência da decisão.

Código de Ética OAB/2015

LEGISLAÇÃO

§ 2º O autor do voto divergente que tenha prevalecido figurará como redator para o acórdão.

§ 3º O voto condutor da decisão deverá ser lançado nos autos, com os seus fundamentos.

§ 4º O voto divergente, ainda que vencido, deverá ter seus fundamentos lançados nos autos, em voto escrito ou em transcrição na ata de julgamento do voto oral proferido, com seus fundamentos.

§ 5º Será atualizado nos autos o relatório de antecedentes do representado, sempre que o relator o determinar.

Art. 63. Na hipótese prevista no art. 70, § 3º, do EAOAB, em sessão especial designada pelo Presidente do Tribunal, serão facultadas ao representado ou ao seu defensor a apresentação de defesa, a produção de prova e a sustentação oral.

Art. 64. As consultas submetidas ao Tribunal de Ética e Disciplina receberão autuação própria, sendo designado relator, por sorteio, para o seu exame, podendo o Presidente, em face da complexidade da questão, designar, subsequentemente, revisor.

Parágrafo único. O relator e o revisor têm prazo de 10 (dez) dias cada um para elaboração de seus pareceres, apresentando-os na primeira sessão seguinte, para deliberação.

Art. 65. As sessões do Tribunal de Ética e Disciplina obedecerão ao disposto no respectivo Regimento Interno, aplicando-selhes, subsidiariamente, o do Conselho Seccional.

Art. 66. A conduta dos interessados, no processo disciplinar, que se revele temerária ou caracterize a intenção de alterar a verdade dos fatos, assim como a interposição de recursos com intuito manifestamente protelatório, contrariam os princípios deste Código, sujeitando os responsáveis à correspondente sanção.

Art. 67. Os recursos contra decisões do Tribunal de Ética e Disciplina, ao Conselho Seccional, regem-se pelas disposições do Estatuto da Advocacia e da Ordem dos Advogados do Brasil, do Regulamento Geral e do Regimento Interno do Conselho Seccional.

Parágrafo único. O Tribunal dará conhecimento de todas as suas decisões ao Conselho Seccional, para que determine periodicamente a publicação de seus julgados.

Art. 68. Cabe revisão do processo disciplinar, na forma prevista no Estatuto da Advocacia e da Ordem dos Advogados do Brasil (art. 73, § 5º).

§ 1º Tem legitimidade para requerer a revisão o advogado punido com a sanção disciplinar.

§ 2º A competência para processar e julgar o processo de revisão é do órgão de que emanou a condenação final.

§ 3º Quando o órgão competente for o Conselho Federal, a revisão processar-se-á perante a Segunda Câmara, reunida em sessão plenária.

§ 4º Observar-se-á, na revisão, o procedimento do processo disciplinar, no que couber.

§ 5º O pedido de revisão terá autuação própria, devendo os autos respectivos ser apensados aos do processo disciplinar a que se refira.

Art. 69. O advogado que tenha sofrido sanção disciplinar poderá requerer reabilitação, no prazo e nas condições previstos no Estatuto da Advocacia e da Ordem dos Advogados do Brasil (art. 41).

§ 1º A competência para processar e julgar o pedido de reabilitação é do Conselho Seccional em que tenha sido aplicada a sanção disciplinar. Nos casos de competência originária do Conselho Federal, perante este tramitará o pedido de reabilitação.

§ 2º Observar-se-á, no pedido de reabilitação, o procedimento do processo disciplinar, no que couber.

§ 3º O pedido de reabilitação terá autuação própria, devendo os autos respectivos ser apensados aos do processo disciplinar a que se refira.

§ 4º O pedido de reabilitação será instruído com provas de bom comportamento, no exercício da advocacia e na vida social, cumprindo à Secretaria do Conselho competente certificar, nos autos, o efetivo cumprimento da sanção disciplinar pelo requerente.

§ 5º Quando o pedido não estiver suficientemente instruído, o relator assinará prazo ao requerente para que complemente a documentação; não cumprida a determinação, o pedido será liminarmente arquivado.

Capítulo II
DOS ÓRGÃOS DISCIPLINARES

Seção I
Dos Tribunais de Ética e Disciplina

Art. 70. O Tribunal de Ética e Disciplina poderá funcionar dividido em órgãos fracionários, de acordo com seu regimento interno.

Art. 71. Compete aos Tribunais de Ética e Disciplina:

I – julgar, em primeiro grau, os processos ético-disciplinares;

II – responder a consultas formuladas, em tese, sobre matéria ético-disciplinar;

III – exercer as competências que lhe sejam conferidas pelo Regimento Interno da Seccional ou por este Código para a instauração, instrução e julgamento de processos ético-disciplinares;

IV – suspender, preventivamente, o acusado, em caso de conduta suscetível de acarretar repercussão prejudicial à advocacia, nos termos do Estatuto da Advocacia e da Ordem dos Advogados do Brasil;

V – organizar, promover e ministrar cursos, palestras, seminários e outros eventos da mesma natureza acerca da ética profissional do advogado ou estabelecer parcerias com as Escolas de Advocacia, com o mesmo objetivo;

VI – atuar como órgão mediador ou conciliador nas questões que envolvam:

a) dúvidas e pendências entre advogados;

b) partilha de honorários contratados em conjunto ou decorrentes de substabelecimento, bem como os que resultem de sucumbência, nas mesmas hipóteses;

c) controvérsias surgidas quando da dissolução de sociedade de advogados.

Seção II
Das Corregedorias-Gerais

Art. 72. As Corregedorias-Gerais integram o sistema disciplinar da Ordem dos Advogados do Brasil.

§ 1º O Secretário-Geral Adjunto exerce, no âmbito do Conselho Federal, as funções de Corregedor-Geral, cuja competência é definida em Provimento.

§ 2º Nos Conselhos Seccionais, as Corregedorias-Gerais terão atribuições da mesma natureza, observando, no que couber, Provimento do Conselho Federal sobre a matéria.

§ 3º A Corregedoria-Geral do Processo Disciplinar coordenará ações do Conselho Federal e dos Conselhos Seccionais voltadas para o objetivo de reduzir a ocorrência das infrações disciplinares mais frequentes.

TÍTULO III
DAS DISPOSIÇÕES GERAIS E TRANSITÓRIAS

Art. 73. O Conselho Seccional deve oferecer os meios e o suporte de apoio material, logístico, de informática e de pessoal necessários ao pleno funcionamento e ao desenvolvimento das atividades do Tribunal de Ética e Disciplina.

§ 1º Os Conselhos Seccionais divulgarão, trimestralmente, na internet, a quantidade de processos ético-disciplinares em andamento e as punições decididas em caráter definitivo, preservadas as regras de sigilo.

§ 2º A divulgação das punições referidas no parágrafo anterior destacará cada infração tipificada no artigo 34 da Lei 8.906/94.

Art. 74. Em até 180 (cento e oitenta) dias após o início da vigência do presente Código de Ética e Disciplina da OAB, os Conselhos Seccionais e os Tribunais de Ética e Disciplina deverão elaborar ou rever seus Regimentos Internos, adaptando-os às novas regras e disposições deste Código. No caso dos Tribunais de Ética e Disciplina, os Regimentos Internos serão submetidos à aprovação do respectivo Conselho Seccional e, subsequentemente, do Conselho Federal.

Art. 75. A pauta de julgamentos do Tribunal é publicada em órgão oficial e no quadro de avisos gerais, na sede do Conselho Seccional, com antecedência de 15 (quinze) dias, devendo ser dada prioridade, nos julgamentos, aos processos cujos interessados estiverem presentes à respectiva sessão.

Art. 76. As disposições deste Código obrigam igualmente as sociedades de advoga-

Lei 13.202/2015

LEGISLAÇÃO

dos, os consultores e as sociedades consultoras em direito estrangeiro e os estagiários, no que lhes forem aplicáveis.

Art. 77. As disposições deste Código aplicam-se, no que couber, à mediação, à conciliação e à arbitragem, quando exercidas por advogados.

Art. 78. Os autos do processo disciplinar podem ter caráter virtual, mediante adoção de processo eletrônico.

Parágrafo único. O Conselho Federal da OAB regulamentará em Provimento o processo ético-disciplinar por meio eletrônico.

Art. 79. Este Código entra em vigor a 1º de setembro de 2016, cabendo ao Conselho Federal e aos Conselhos Seccionais, bem como às Subseções da OAB, promover-lhe ampla divulgação.

* Artigo com redação determinada pela Res. CFOAB 3/2016.

Art. 80. Fica revogado o Código de Ética e Disciplina editado em 13 de fevereiro de 1995, bem como as demais disposições em contrário.

Brasília, 19 de outubro de 2015.
Marcus Vinicius Furtado Coêlho
Presidente Nacional da OAB

(DOU 04.11.2015)

LEI 13.202, DE 8 DE DEZEMBRO DE 2015

Institui o Programa de Redução de Litígios Tributários – Prorelit; autoriza o Poder Executivo federal a atualizar monetariamente o valor das taxas que indica; altera as Leis 12.873, de 24 de outubro de 2013, 8.212, de 24 de julho de 1991, 8.213, de 24 de julho de 1991, 9.250, de 26 de dezembro de 1995, e 12.546, de 14 de dezembro de 2011; e dá outras providências.

A Presidenta da República:
Faço saber que o Congresso Nacional decreta e eu sanciono a seguinte Lei:

Art. 1º Fica instituído o Programa de Redução de Litígios Tributários – Prorelit, na forma desta Lei.

§ 1º O sujeito passivo com débitos de natureza tributária, vencidos até 30 de junho de 2015 e em discussão administrativa ou judicial perante a Secretaria da Receita Federal do Brasil ou a Procuradoria-Geral da Fazenda Nacional poderá, mediante requerimento, desistir do respectivo contencioso e utilizar créditos próprios de prejuízos fiscais e de base de cálculo negativa da Contribuição Social sobre o Lucro Líquido – CSLL, apurados até 31 de dezembro de 2013 e declarados até 30 de junho de 2015, para a quitação dos débitos em contencioso administrativo ou judicial.

§ 2º Os créditos de prejuízo fiscal e de base de cálculo negativa da CSLL poderão ser utilizados, nos termos do *caput*, entre pessoas jurídicas controladora e controlada, de forma direta ou indireta, ou entre pessoas jurídicas que sejam controladas direta ou indiretamente por uma mesma empresa, em 31 de dezembro de 2014, domiciliadas no Brasil, desde que se mantenham nesta condição até a data da opção pela quitação.

§ 3º Poderão ainda ser utilizados pela pessoa jurídica a que se refere o § 1º os créditos de prejuízo fiscal e de base de cálculo negativa da CSLL do responsável tributário ou corresponsável pelo crédito tributário em contencioso administrativo ou judicial.

§ 4º Para os fins do disposto no § 2º, inclui-se também como controlada a sociedade na qual a participação da controladora seja igual ou inferior a 50% (cinquenta por cento), desde que existente acordo de acionistas que assegure de modo permanente à sociedade controladora a preponderância individual ou comum nas deliberações sociais, assim como o poder individual ou comum de eleger a maioria dos administradores.

§ 5º Os créditos das pessoas jurídicas de que tratam os §§ 2º e 3º somente poderão ser utilizados após a utilização total dos créditos próprios.

Art. 2º O requerimento de que trata o § 1º do art. 1º deverá ser apresentado até 30 de novembro de 2015, observadas as seguintes condições:

I – pagamento em espécie equivalente a, no mínimo:

a) 30% (trinta por cento) do valor consolidado dos débitos indicados para a quitação, a ser efetuado até 30 de novembro de 2015;

Lei 13.202/2015

b) 33% (trinta e três por cento) do valor consolidado dos débitos indicados para a quitação, a ser efetuado em duas parcelas vencíveis até o último dia útil dos meses de novembro e dezembro de 2015; ou

c) 36% (trinta e seis por cento) do valor consolidado dos débitos indicados para a quitação, a ser efetuado em três parcelas vencíveis até o último dia útil dos meses de novembro e dezembro de 2015 e janeiro de 2016; e

II – quitação do saldo remanescente mediante a utilização de créditos de prejuízos fiscais e de base de cálculo negativa da CSLL.

§ 1º O requerimento de que trata o *caput* importa confissão irrevogável e irretratável dos débitos indicados pelo sujeito passivo e configura confissão extrajudicial nos termos dos arts. 348, 353 e 354 da Lei 5.869, de 11 de janeiro de 1973 – Código de Processo Civil.

§ 2º O valor de cada parcela mensal, por ocasião do pagamento de que tratam as alíneas *b* e *c* do inciso I do *caput*, será acrescido de juros equivalentes à taxa referencial do Sistema Especial de Liquidação e Custódia – Selic para títulos federais, acumulada mensalmente, calculados a partir do mês subsequente ao da consolidação até o mês anterior ao do pagamento, e de 1% (um por cento) relativamente ao mês em que o pagamento estiver sendo efetuado.

§ 3º Para aderir ao programa de que trata o art. 1º, o sujeito passivo deverá comprovar a desistência expressa e irrevogável das impugnações ou dos recursos administrativos e das ações judiciais que tenham por objeto os débitos que serão quitados e renunciar a qualquer alegação de direito sobre as quais se fundem as referidas impugnações e recursos ou ações.

§ 4º A quitação de que trata o § 1º do art. 1º não abrange débitos decorrentes de desistência de impugnações, recursos administrativos e ações judiciais que tenham sido incluídos em programas de parcelamentos anteriores, ainda que rescindidos.

§ 5º Somente será considerada a desistência parcial de impugnação e de recursos administrativos interpostos ou de ação judicial proposta se o débito objeto de desistência for passível de distinção dos demais débitos discutidos no processo administrativo ou na ação judicial.

Art. 3º Os depósitos existentes vinculados aos débitos a serem quitados nos termos desta Lei serão automaticamente convertidos em renda da União, aplicando-se o disposto no art. 2º sobre o saldo remanescente da conversão.

Art. 4º O valor do crédito a ser utilizado para a quitação de que trata o inciso II do *caput* do art. 2º será determinado mediante a aplicação das seguintes alíquotas:

I – 25% (vinte e cinco por cento) sobre o montante do prejuízo fiscal;

II – 15% (quinze por cento) sobre a base de cálculo negativa da CSLL, no caso das pessoas jurídicas de seguros privados, das de capitalização e das referidas nos incisos I a VII, IX e X do § 1º do art. 1º da Lei Complementar 105, de 10 de janeiro de 2001; e

III - 9% (nove por cento) sobre a base de cálculo negativa da CSLL, no caso das demais pessoas jurídicas.

Art. 5º Na hipótese de indeferimento dos créditos de prejuízos fiscais e de base de cálculo negativa da CSLL, no todo ou em parte, será concedido o prazo de 30 (trinta) dias para a pessoa jurídica promover o pagamento em espécie do saldo remanescente dos débitos incluídos no pedido de quitação.

Parágrafo único. A falta do pagamento de que trata o *caput* implicará mora do devedor e o restabelecimento da cobrança dos débitos remanescentes.

Art. 6º A quitação na forma disciplinada nos arts. 1º a 5º extingue o crédito tributário sob condição resolutória de sua ulterior homologação.

Parágrafo único. A Secretaria da Receita Federal do Brasil e a Procuradoria-Geral da Fazenda Nacional dispõem do prazo de 5 (cinco) anos, contado da data de apresentação do requerimento, para análise da quitação na forma do art. 2º.

Art. 7º A Secretaria da Receita Federal do Brasil e a Procuradoria-Geral da Fazenda Nacional, no âmbito de suas competências, editarão os atos necessários à execução dos procedimentos de que trata esta Lei.

Lei 13.202/2015

Art. 8º Fica o Poder Executivo autorizado a atualizar monetariamente, desde que o valor da atualização não exceda a variação do índice oficial de inflação apurado no período desde a última correção, em periodicidade não inferior a um ano, na forma do regulamento, o valor das taxas instituídas:

I – no art. 17 da Lei 9.017, de 30 de março de 1995;

II – no art. 16 da Lei 10.357, de 27 de dezembro de 2001;

III – no art. 11 da Lei 10.826, de 22 de dezembro de 2003;

IV – no art. 1º da Lei 7.940, de 20 de dezembro de 1989;

V – no art. 23 da Lei 9.782, de 26 de janeiro de 1999;

VI – no art. 18 da Lei 9.961, de 28 de janeiro de 2000;

VII – no art. 12 da Lei 9.427, de 26 de dezembro de 1996;

VIII – no art. 29 da Lei 11.182, de 27 de setembro de 2005;

IX – no inciso III do *caput* do art. 77 da Lei 10.233, de 5 de junho de 2001;

X – nos arts. 3º-A e 11 da Lei 9.933, de 20 de dezembro de 1999; e

XI – no art. 48 da Lei 12.249, de 11 de junho de 2010.

§ 1º A primeira atualização monetária relativa às taxas previstas no *caput* fica limitada ao montante de 50% (cinquenta por cento) do valor total de recomposição referente à aplicação do índice oficial desde a instituição da taxa.

§ 2º Caso o Poder Executivo tenha determinado a atualização monetária em montante superior ao previsto no § 1º do *caput*, poderá o contribuinte requerer a restituição do valor pago em excesso.

Art. 9º (Vetado.)

Art. 10. As entidades de saúde privadas filantrópicas e as entidades de saúde sem fins lucrativos que tenham obtido o deferimento do pedido de adesão ao Programa de Fortalecimento das Entidades Privadas Filantrópicas e das Entidades sem Fins Lucrativos que Atuam na Área de Saúde e que Participam de Forma Complementar do Sistema Único de Saúde – Prosus poderão incluir no programa, até o décimo quinto dia após a publicação desta Lei, decorrente da conversão da Medida Provisória 685, de 21 de julho de 2015, débitos que tenham sido objeto:

I – de parcelamento concedido anteriormente à data de que trata o § 2º do art. 37 da Lei 12.873, de 24 de outubro de 2013; e

II – dos parcelamentos a que se refere o art. 2º da Lei 12.996, de 18 de junho de 2014.

Parágrafo único. A inclusão dos débitos a que se refere o *caput* restabelece a adesão ao Prosus e a moratória concedida pelo programa.

Art. 11. Para efeito de interpretação, os acordos e convenções internacionais celebrados pelo Governo da República Federativa do Brasil para evitar dupla tributação da renda abrangem a CSLL.

Parágrafo único. O disposto no *caput* alcança igualmente os acordos em forma simplificada firmados com base no disposto no art. 30 do Decreto-Lei 5.844, de 23 de setembro de 1943.

Art. 12. Os arts. 15, 22, 24, 28 e 30 da Lei 8.212, de 24 de julho de 1991, passam a vigorar com as seguintes alterações:

"Art. 15. [...]

"Parágrafo único. Equiparam-se a empresa, para os efeitos desta Lei, o contribuinte individual e a pessoa física na condição de proprietário ou dono de obra de construção civil, em relação a segurado que lhe presta serviço, bem como a cooperativa, a associação ou a entidade de qualquer natureza ou finalidade, a missão diplomática e a repartição consular de carreira estrangeiras."

"Art. 22. [...]

"[...]

"§ 15. Na contratação de serviços de transporte rodoviário de carga ou de passageiro, de serviços prestados com a utilização de trator, máquina de terraplenagem, colheitadeira e assemelhados, a base de cálculo da contribuição da empresa corresponde a 20% (vinte por cento) do valor da nota fiscal, fatura ou recibo, quando esses serviços forem prestados por condutor autônomo de veículo rodoviário, auxiliar de condutor autônomo de veículo rodoviário, bem como por operador de máquinas."

Lei 13.202/2015

LEGISLAÇÃO

"Art. 24. A contribuição do empregador doméstico incidente sobre o salário de contribuição do empregado doméstico a seu serviço é de:
"I – 8% (oito por cento); e
"II – 0,8% (oito décimos por cento) para o financiamento do seguro contra acidentes de trabalho.
"[...]"
"Art. 28. [...]
"[...]
"§ 11. Considera-se remuneração do contribuinte individual que trabalha como condutor autônomo de veículo rodoviário, como auxiliar de condutor autônomo de veículo rodoviário, em automóvel cedido em regime de colaboração, nos termos da Lei 6.094, de 30 de agosto de 1974, como operador de trator, máquina de terraplenagem, colheitadeira e assemelhados, o montante correspondente a 20% (vinte por cento) do valor bruto do frete, carreto, transporte de passageiros ou do serviço prestado, observado o limite máximo a que se refere o § 5º."
"Art. 30. [...]
"[...]
"§ 2º [...]
"I – no inciso II do *caput*, o recolhimento deverá ser efetuado até o dia útil imediatamente posterior; e
"II – na alínea *b* do inciso I e nos incisos III, V, X e XIII do *caput*, até o dia útil imediatamente anterior.
"[...]

"§ 6º *(Revogado.)*
"[...]

Art. 13. O parágrafo único do art. 14 da Lei 8.213, de 24 de julho de 1991, passa a vigorar com a seguinte redação:
"Art. 14. [...]
"Parágrafo único. Equiparam-se a empresa, para os efeitos desta Lei, o contribuinte individual e a pessoa física na condição de proprietário ou dono de obra de construção civil, em relação a segurado que lhe presta serviço, bem como a cooperativa, a associação ou entidade de qualquer natureza ou finalidade, a missão diplomática e a repartição consular de carreira estrangeiras."

Art. 14. O art. 4º da Lei 9.250, de 26 de dezembro de 1995, passa a vigorar com as seguintes alterações:
• Alterações processadas no texto da referida Lei.

Art. 15. O art. 7º-A da Lei 12.546, de 14 de dezembro de 2011, acrescido pela Lei 13.161, de 31 de agosto de 2015, passa a vigorar com a seguinte redação:
• Alterações processadas no texto da referida Lei.

Art. 16. Esta Lei entra em vigor:
I – a partir de 1º de dezembro de 2015 quanto ao art. 15;
II – na data de sua publicação quanto aos demais dispositivos.

Art. 17. Fica revogado o § 6º do art. 30 da Lei 8.212, de 24 de julho de 1991.

Brasília, 8 de dezembro de 2015; 194º da Independência e 127º da República.
Dilma Rousseff

(*DOU* 09.12.2015)

SÚMULAS SELECIONADAS

Supremo Tribunal Federal – STF

    I. Súmulas vinculantes
    II. Súmulas

Superior Tribunal de Justiça – STJ

Tribunal Federal de Recursos – TFR

SÚMULAS SELECIONADAS

1. SUPREMO TRIBUNAL FEDERAL
I. Súmulas vinculantes

1. Ofende a garantia constitucional do ato jurídico perfeito a decisão que, sem ponderar as circunstâncias do caso concreto, desconsidera a validez e a eficácia de acordo constante de termo de adesão instituído pela Lei Complementar 110/2001.

2. É inconstitucional a lei ou ato normativo estadual ou distrital que disponha sobre sistemas de consórcios e sorteios, inclusive bingos e loterias.

3. Nos processos perante o Tribunal de Contas da União asseguram-se o contraditório e a ampla defesa quando da decisão puder resultar anulação ou revogação de ato administrativo que beneficie o interessado, excetuada a apreciação da legalidade do ato de concessão inicial de aposentadoria, reforma e pensão.

4. Salvo nos casos previstos na Constituição, o salário mínimo não pode ser usado como indexador de base de cálculo de vantagem de servidor público ou de empregado, nem ser substituído por decisão judicial.

5. A falta de defesa técnica por advogado no processo administrativo disciplinar não ofende a Constituição.

6. Não viola a Constituição o estabelecimento de remuneração inferior ao salário mínimo para as praças prestadoras de serviço militar inicial.

7. A norma do § 3º do artigo 192 da Constituição, revogada pela Emenda Constitucional n. 40/2003, que limitava a taxa de juros reais a 12% ao ano, tinha sua aplicação condicionada à edição de lei complementar.

8. São inconstitucionais o parágrafo único do artigo 5º do Decreto-lei 1.569/1977 e os artigos 45 e 46 da Lei 8.212/1991, que tratam de prescrição e decadência de crédito tributário.

9. O disposto no artigo 127 da Lei 7.210/1984 (Lei de Execução Penal) foi recebido pela ordem constitucional vigente, e não se lhe aplica o limite temporal previsto no *caput* do artigo 58.

10. Viola a cláusula de reserva de plenário (CF, artigo 97) a decisão de órgão fracionário de Tribunal que, embora não declare expressamente a inconstitucionalidade de lei ou ato normativo do poder público, afasta sua incidência, no todo ou em parte.

11. Só é lícito o uso de algemas em casos de resistência e de fundado receio de fuga ou de perigo à integridade física própria ou alheia, por parte do preso ou de terceiros, justificada a excepcionalidade por escrito, sob pena de responsabilidade disciplinar, civil e penal do agente ou da autoridade e de nulidade da prisão ou do ato processual a que se refere, sem prejuízo da responsabilidade civil do Estado.

12. A cobrança de taxa de matrícula nas universidades públicas viola o disposto no art. 206, IV, da Constituição Federal.

13. A nomeação de cônjuge, companheiro ou parente em linha reta, colateral ou por afinidade, até o terceiro grau, inclusive, da autoridade nomeante ou de servidor da mesma pessoa jurídica investido em cargo de direção, chefia ou assessoramento, para o exercício de cargo em comissão ou de confiança ou, ainda, de função gratificada na administração pública direta e indireta em qualquer dos Poderes da União, dos Estados, do Distrito Federal e dos Municípios, compreendido o ajuste mediante designações recíprocas, viola a Constituição Federal.

14. É direito do defensor, no interesse do representado, ter acesso amplo aos elementos de prova que, já documentados em procedimento investigatório realizado por órgão com competência de polícia judiciária, digam respeito ao exercício do direito de defesa.

15. O cálculo de gratificações e outras vantagens do servidor público não incide sobre o abono utilizado para se atingir o salário mínimo.

STF

SÚMULAS SELECIONADAS

16. Os artigos 7º, IV, e 39, § 3º (redação da EC 19/1998), da Constituição, referem-se ao total da remuneração percebida pelo servidor público.

17. Durante o período previsto no § 1º do artigo 100 da Constituição, não incidem juros de mora sobre os precatórios que nele sejam pagos.

• V. art. 100, § 5º, CF.

18. A dissolução da sociedade ou do vínculo conjugal, no curso do mandato, não afasta a inelegibilidade prevista no § 7º do artigo 14 da Constituição Federal.

19. A taxa cobrada exclusivamente em razão dos serviços públicos de coleta, remoção e tratamento ou destinação de lixo ou resíduos provenientes de imóveis, não viola o artigo 145, II, da Constituição Federal.

20. A Gratificação de Desempenho de Atividade Técnico-Administrativa – GDATA, instituída pela Lei 10.404/2002, deve ser deferida aos inativos nos valores correspondentes a 37,5 (trinta e sete vírgula cinco) pontos no período de fevereiro a maio de 2002 e, nos termos do artigo 5º, parágrafo único, da Lei 10.404/2002, no período de junho de 2002 até a conclusão dos efeitos do último ciclo de avaliação a que se refere o artigo 1º da Medida Provisória 198/2004, a partir da qual passa a ser de 60 (sessenta) pontos.

21. É inconstitucional a exigência de depósito ou arrolamento prévios de dinheiro ou bens para admissibilidade de recurso administrativo.

22. A Justiça do Trabalho é competente para processar e julgar as ações de indenização por danos morais e patrimoniais decorrentes de acidente de trabalho propostas por empregado contra empregador, inclusive aquelas que ainda não possuíam sentença de mérito em primeiro grau quando da promulgação da Emenda Constitucional n. 45/2004.

23. A Justiça do Trabalho é competente para processar e julgar ação possessória ajuizada em decorrência do exercício do direito de greve pelos trabalhadores da iniciativa privada.

24. Não se tipifica crime material contra a ordem tributária, previsto no art. 1º, incisos I a IV, da Lei 8.137/1990, antes do lançamento definitivo do tributo.

25. É ilícita a prisão civil de depositário infiel, qualquer que seja a modalidade do depósito.

26. Para efeito de progressão de regime no cumprimento de pena por crime hediondo, ou equiparado, o juízo da execução observará a inconstitucionalidade do art. 2º da Lei 8.072, de 25 de julho de 1990, sem prejuízo de avaliar se o condenado preenche, ou não, os requisitos objetivos e subjetivos do benefício, podendo determinar, para tal fim, de modo fundamentado, a realização de exame criminológico.

• V. Súmula 439, STJ.

27. Compete à Justiça estadual julgar causas entre consumidor e concessionária de serviço público de telefonia, quando a ANATEL não seja litisconsorte passiva necessária, assistente, nem opoente.

28. É inconstitucional a exigência de depósito prévio como requisito de admissibilidade de ação judicial na qual se pretenda discutir a exigibilidade de crédito tributário.

29. É constitucional a adoção, no cálculo do valor de taxa, de um ou mais elementos da base de cálculo própria de determinado imposto, desde que não haja integral identidade entre uma base e outra.

31. É inconstitucional a incidência do Imposto sobre Serviços de Qualquer Natureza – ISS sobre operações de locação de bens móveis.

32. O ICMS não incide sobre alienação de salvados de sinistro pelas seguradoras.

33. Aplicam-se ao servidor público, no que couber, as regras do regime geral da previdência social sobre aposentadoria especial de que trata o artigo 40, § 4º, inciso III da Constituição Federal, até a edição de lei complementar específica.

34. A Gratificação de Desempenho de Atividade de Seguridade Social e do Trabalho – GDASST, instituída pela Lei 10.483/2002, deve ser estendida aos inativos no valor correspondente a 60 (sessenta) pontos, desde o advento da Medida Provisória 198/2004, convertida na Lei 10.971/2004, quando tais inativos façam jus à paridade constitucional (EC 20/1998, 41/2003 e 47/2005).

35. A homologação da transação penal prevista no artigo 76 da Lei 9.099/1995 não faz

STF

SÚMULAS SELECIONADAS

coisa julgada material e, descumpridas suas cláusulas, retoma-se a situação anterior, possibilitando-se ao Ministério Público a continuidade da persecução penal mediante oferecimento de denúncia ou requisição de inquérito policial.

36. Compete à Justiça Federal comum processar e julgar civil denunciado pelos crimes de falsificação e de uso de documento falso quando se tratar de falsificação da Caderneta de Inscrição e Registro (CIR) ou de Carteira de Habilitação de Amador (CHA), ainda que expedidas pela Marinha do Brasil.

37. Não cabe ao Poder Judiciário, que não tem função legislativa, aumentar vencimentos de servidores públicos sob o fundamento de isonomia.

38. É competente o Município para fixar o horário de funcionamento de estabelecimento comercial.

39. Compete privativamente à União legislar sobre vencimentos dos membros das polícias civil e militar e do corpo de bombeiros militar do Distrito Federal.

40. A contribuição confederativa de que trata o art. 8º, IV, da Constituição Federal, só é exigível dos filiados ao sindicato respectivo.

41. O serviço de iluminação pública não pode ser remunerado mediante taxa.

42. É inconstitucional a vinculação do reajuste de vencimentos de servidores estaduais ou municipais a índices federais de correção monetária.

43. É inconstitucional toda modalidade de provimento que propicie ao servidor investir-se, sem prévia aprovação em concurso público destinado ao seu provimento, em cargo que não integra a carreira na qual anteriormente investido.

44. Só por lei se pode sujeitar a exame psicotécnico a habilitação de candidato a cargo público.

45. A competência constitucional do Tribunal do Júri prevalece sobre o foro por prerrogativa de função estabelecido exclusivamente pela constituição estadual.

46. A definição dos crimes de responsabilidade e o estabelecimento das respectivas normas de processo e julgamento são da competência legislativa privativa da União.

47. Os honorários advocatícios incluídos na condenação ou destacados do montante principal devido ao credor consubstanciam verba de natureza alimentar cuja satisfação ocorrerá com a expedição de precatório ou requisição de pequeno valor, observada ordem especial restrita aos créditos dessa natureza.

48. Na entrada de mercadoria importada do exterior, é legítima a cobrança do ICMS por ocasião do desembaraço aduaneiro.

49. Ofende o princípio da livre concorrência lei municipal que impede a instalação de estabelecimentos comerciais do mesmo ramo em determinada área.

50. Norma legal que altera o prazo de recolhimento de obrigação tributária não se sujeita ao princípio da anterioridade.

51. O reajuste de 28,86%, concedido aos servidores militares pelas Leis 8.622/1993 e 8.627/1993, estende-se aos servidores civis do poder executivo, observadas as eventuais compensações decorrentes dos reajustes diferenciados concedidos pelos mesmos diplomas legais.

52. Ainda quando alugado a terceiros, permanece imune ao IPTU o imóvel pertencente a qualquer das entidades referidas pelo art. 150, VI, c, da Constituição Federal, desde que o valor dos aluguéis seja aplicado nas atividades para as quais tais entidades foram constituídas.

53. A competência da Justiça do Trabalho prevista no art. 114, VIII, da Constituição Federal alcança a execução de ofício das contribuições previdenciárias relativas ao objeto da condenação constante das sentenças que proferir e acordos por ela homologados.

54. A medida provisória não apreciada pelo congresso nacional podia, até a Emenda Constitucional n. 32/2001, ser reeditada dentro do seu prazo de eficácia de trinta dias, mantidos os efeitos de lei desde a primeira edição.

55. O direito ao auxílio-alimentação não se estende aos servidores inativos.

II. Súmulas

8. Diretor de sociedade de economia mista pode ser destituído no curso do mandato.

STF

SÚMULAS SELECIONADAS

15. Dentro do prazo de validade do concurso, o candidato aprovado tem direito à nomeação, quando o cargo for preenchido sem observância da classificação.

16. Funcionário nomeado por concurso tem direito à posse.

18. Pela falta residual, não compreendida na absolvição pelo juízo criminal, é admissível a punição administrativa do servidor público.

23. Verificados os pressupostos legais para o licenciamento da obra, não o impede a declaração de utilidade pública para desapropriação do imóvel, mas o valor da obra não se incluirá na indenização, quando a desapropriação for efetivada.

24. Funcionário interino substituto é livremente demissível, mesmo antes de cessar a causa da substituição.

25. A nomeação a termo não impede a livre demissão, pelo Presidente da República, de ocupante de cargo dirigente de autarquia.

28. O estabelecimento bancário é responsável pelo pagamento de cheque falso, ressalvadas as hipóteses de culpa exclusiva ou concorrente do correntista.

35. Em caso de acidente do trabalho ou de transporte, a concubina tem direito de ser indenizada pela morte do amásio, se entre eles não havia impedimento para o matrimônio.

49. A cláusula de inalienabilidade inclui a incomunicabilidade dos bens.

66. É legítima a cobrança do tributo que houver sido aumentado após o orçamento, mas antes do início do respectivo exercício financeiro.

67. É inconstitucional a cobrança do tributo que houver sido criado ou aumentado no mesmo exercício financeiro.

69. A Constituição Estadual não pode estabelecer limite para o aumento de tributos municipais.

70. É inadmissível a interdição de estabelecimento como meio coercitivo para cobrança de tributo.

71. Embora pago indevidamente, não cabe restituição de tributo indireto.

• V. Súmula 546, STF.

72. No julgamento de questão constitucional, vinculada à decisão do Tribunal Superior Eleitoral, não estão impedidos os ministros do Supremo Tribunal Federal que ali tenham funcionado no mesmo processo, ou no processo originário.

73. A imunidade das autarquias, implicitamente contida no art. 31, V, *a*, da Constituição Federal, abrange tributos estaduais e municipais.

74. O imóvel transcrito em nome da autarquia, embora objeto de promessa de venda a particulares, continua imune de impostos locais.

75. Sendo vendedora uma autarquia, a sua imunidade fiscal não compreende o Imposto de Transmissão *Inter Vivos*, que é encargo do comprador.

76. As sociedades de economia mista não estão protegidas pela imunidade fiscal do art. 31, V, *a*, da Constituição Federal.

• Refere-se à CF/1946.

77. Está isenta de impostos federais a aquisição de bens pela Rede Ferroviária Federal.

78. Estão isentas de impostos locais as empresas de energia elétrica, no que respeita às suas atividades específicas.

79. O Banco do Brasil não tem isenção de tributos locais.

80. Para a retomada de prédio situado fora do domicílio do locador exige-se a prova da necessidade.

• V. Súmula 483, STF.

81. As cooperativas não gozam de isenção de impostos locais, com fundamento na Constituição e nas leis federais.

82. São inconstitucionais o Imposto de Cessão e a taxa sobre inscrição de promessa de venda de imóvel, substitutivos do Imposto de Transmissão, por incidirem sobre ato que não transfere o domínio.

89. Estão isentas do Imposto de Importação frutas importadas da Argentina, do Chile, da Espanha e de Portugal, enquanto vigentes os respectivos acordos comerciais.

93. Não está isenta do Imposto de Renda a atividade profissional do arquiteto.

94. É competente a autoridade alfandegária para o desconto, na fonte, do imposto de

SÚMULAS SELECIONADAS

renda correspondente às comissões dos despachantes aduaneiros.

95. Para cálculo do Imposto de Lucro Extraordinário, incluem-se, no capital, as reservas do ano-base apuradas em balanço.

96. O Imposto de Lucro Imobiliário incide sobre a venda de imóvel da meação do cônjuge sobrevivente, ainda que aberta a sucessão antes da vigência da Lei 3.470, de 28.11.1958.

101. O mandado de segurança não substitui a ação popular.

105. Salvo se tiver havido premeditação, o suicídio do segurado no período contratual de carência não exime o segurador do pagamento do seguro.

- V. arts. 797 e 798, CC.

108. É legítima a incidência do Imposto de Transmissão *Inter Vivos* sobre o valor do imóvel ao tempo da alienação, e não da promessa, na conformidade da legislação local.

110. O Imposto de Transmissão *Inter Vivos* não incide sobre a construção, ou parte dela, realizada pelo adquirente, mas sobre o que tiver sido construído ao tempo da alienação do terreno.

111. É legítima a incidência do Imposto de Transmissão *inter vivos* sobre a restituição, ao antigo proprietário, de imóvel que deixou de servir à finalidade da sua desapropriação.

112. O Imposto de Transmissão *Causa Mortis* é devido pela alíquota vigente ao tempo da abertura da sucessão.

113. O Imposto de Transmissão *Causa Mortis* é calculado sobre o valor dos bens na data da avaliação.

114. O Imposto de Transmissão *Causa Mortis* não é exigível antes da homologação do cálculo.

115. Sobre os honorários do advogado contratado pelo inventariante, com a homologação do juiz, não incide o Imposto de Transmissão *Causa Mortis*.

120. Parede de tijolos de vidro translúcido pode ser levantada a menos de metro e meio do prédio vizinho, não importando servidão sobre ele.

- V. arts. 1.301 e 1.302, CC.

121. É vedada a capitalização de juros, ainda que expressamente convencionada.

- V. Súmulas 539 e 541, STJ.

122. O enfiteuta pode purgar a mora enquanto não decretado o comisso por sentença.

126. É inconstitucional a chamada taxa de aguardente, do Instituto do Açúcar e do Álcool.

127. É indevida a taxa de armazenagem, posteriormente aos primeiros trinta dias, quando não exigível o Imposto de Consumo, cuja cobrança tenha motivado a retenção da mercadoria.

128. É indevida a taxa de assistência médica e hospitalar das instituições de previdência social.

129. Na conformidade da legislação local, é legítima a cobrança de taxas de calçamento.

130. A taxa de despacho aduaneiro (art. 66 da Lei 3.244, de 14.08.1957) continua a ser exigível após o Decreto Legislativo 14, de 25.08.1960, que aprovou alterações introduzidas no Acordo Geral sobre Tarifas Aduaneiras e Comércio (Gatt).

131. A taxa de despacho aduaneiro (art. 66 da Lei 3.244, de 14.08.1957) continua a ser exigível após o Decreto Legislativo 14, de 25.08.1960, mesmo para as mercadorias incluídas na vigente Lista III do Acordo Geral sobre Tarifas Aduaneiras e Comércio (Gatt).

132. Não é devida a taxa de previdência social na importação de amianto bruto ou em fibra.

133. Não é devida a taxa de despacho aduaneiro na importação de fertilizantes e inseticidas.

134. A isenção fiscal para a importação de frutas da Argentina compreende a taxa de despacho aduaneiro e a taxa de previdência social.

136. É constitucional a taxa de estatística da Bahia.

137. A taxa de fiscalização da exportação incide sobre a bonificação cambial concedida ao exportador.

STF

SÚMULAS SELECIONADAS

140. Na importação de lubrificantes, é devida a taxa de previdência social.

141. Não incide a taxa de previdência social sobre combustíveis.

142. Não é devida a taxa de previdência social sobre mercadorias isentas do imposto de importação.

144. É inconstitucional a incidência da taxa de recuperação econômica de Minas Gerais sobre contrato sujeito ao Imposto Federal do Selo.

147. A prescrição de crime falimentar começa a correr da data em que deveria estar encerrada a falência, ou do trânsito em julgado da sentença que a encerrar ou que julgar cumprida a concordata.

- V. Súmula 592, STF.

148. É legítimo o aumento de tarifas portuárias por ato do Ministro da Viação e Obras Públicas.

149. É imprescritível a ação de investigação de paternidade, mas não o é a de petição de herança.

150. Prescreve a execução no mesmo prazo de prescrição da ação.

151. Prescreve em um ano a ação do segurador sub-rogado para haver indenização por extravio ou perda de carga transportada por navio.

153. Simples protesto cambiário não interrompe a prescrição.

- V. art. 202, III, CC.

154. Simples vistoria não interrompe a prescrição.

157. É necessária prévia autorização do Presidente da República para desapropriação, pelos Estados, de empresa de energia elétrica.

158. Salvo estipulação contratual averbada no registro imobiliário, não responde o adquirente pelas benfeitorias do locatário.

159. Cobrança excessiva, mas de boa-fé, não dá lugar às sanções do art. 1.531 do Código Civil.

- Refere-se ao CC/1916.
- V. art. 940, CC.

161. Em contrato de transporte, é inoperante a cláusula de não indenizar.

- V. art. 734, CC.

163. Salvo contra a Fazenda Pública, sendo a obrigação ilíquida, contam-se os juros moratórios desde a citação inicial para a ação.

164. No processo de desapropriação, são devidos juros compensatórios desde a antecipada imissão de posse, ordenada pelo juiz, por motivo de urgência.

165. A venda realizada diretamente pelo mandante ao mandatário não é atingida pela nulidade do art. 1.133, II, do Código Civil.

- Refere-se ao CC/1916.

166. É inadmissível o arrependimento no compromisso de compra e venda sujeito ao regime do Decreto-lei 58, de 10 de dezembro de 1937.

167. Não se aplica o regime do Decreto-lei 58, de 10 de dezembro de 1937, ao compromisso de compra e venda não inscrito no registro imobiliário, salvo se o promitente vendedor se obrigou a efetuar o registro.

168. Para os efeitos do Decreto-lei 58, de 10 de dezembro de 1937, admite-se a inscrição imobiliária do compromisso de compra e venda no curso da ação.

169. Depende de sentença a aplicação da pena de comisso.

170. É resgatável a enfiteuse instituída anteriormente à vigência do Código Civil.

- Refere-se ao CC/1916.
- V. art. 2.038, CC.

173. Em caso de obstáculo judicial admite-se a purga da mora, pelo locatário, além do prazo legal.

174. Para a retomada do imóvel alugado, não é necessária a comprovação dos requisitos legais na notificação prévia.

175. Admite-se a retomada de imóvel alugado para uso de filho que vai contrair matrimônio.

185. Em processo de reajustamento pecuniário, não responde a União pelos honorários do advogado do credor ou do devedor.

186. Não infringe a lei a tolerância da quebra de 1% (um por cento) no transporte por estrada de ferro, prevista no regulamento de transportes.

STF

SÚMULAS SELECIONADAS

187. A responsabilidade contratual do transportador, pelo acidente com o passageiro, não é elidida por culpa de terceiro, contra o qual tem ação regressiva.

188. O segurador tem ação regressiva contra o causador do dano, pelo que efetivamente pagou, até o limite previsto no contrato de seguro.

189. Avais em branco e superpostos consideram-se simultâneos e não sucessivos.

190. O não pagamento de título vencido há mais de 30 (trinta) dias, sem protesto, não impede a concordata preventiva.

192. Não se inclui no crédito habilitado em falência a multa fiscal com efeito de pena administrativa.

- V. Súmula 565, STF.

193. Para a restituição prevista no art. 76, § 2º, da Lei de Falências, conta-se o prazo de 15 (quinze) dias da entrega da coisa e não da sua remessa.

- V. art. 85, parágrafo único, Lei 11.101/2005 (Lei de Recuperação de Empresas e Falência).
- V. Súmulas 417 e 495, STF.

216. Para decretação da absolvição de instância pela paralisação do processo por mais de 30 (trinta) dias, é necessário que o autor, previamente intimado, não promova o andamento da causa.

218. É competente o Juízo da Fazenda Nacional da Capital do Estado e não o da situação da coisa, para a desapropriação promovida por empresa de energia elétrica, se a União Federal intervém como assistente.

223. Concedida isenção de custas ao empregado, por elas não responde o sindicato que o representa em juízo.

226. Na ação de desquite, os alimentos são devidos desde a inicial e não da data da decisão que os concede.

227. A concordata do empregador não impede a execução de crédito nem a reclamação de empregado na Justiça do Trabalho.

229. A indenização acidentária não exclui a do direito comum, em caso de dolo ou culpa grave do empregador.

231. O revel, em processo civil, pode produzir provas desde que compareça em tempo oportuno.

233. Salvo em caso de divergência qualificada (Lei 623, de 1949), não cabe recurso de embargos contra decisão que nega provimento a agravo ou não conhece de recurso extraordinário, ainda que por maioria de votos.

234. São devidos honorários de advogado em ação de acidente do trabalho julgada procedente.

235. É competente para a ação de acidente do trabalho a Justiça cível comum, inclusive em segunda instância, ainda que seja parte autarquia seguradora.

- V. Súmula 501, STF.
- V. Súmula 15, STJ.

236. Em ação de acidente do trabalho, a autarquia seguradora não tem isenção de custas.

237. O usucapião pode ser arguido em defesa.

- V. Súmula 445, STF.

239. Decisão que declara indevida a cobrança do imposto em determinado exercício não faz coisa julgada em relação aos posteriores.

241. A contribuição previdenciária incide sobre o abono incorporado ao salário.

244. A importação de máquinas de costura está isenta do Imposto de Consumo.

246. Comprovado não ter havido fraude, não se configura o crime de emissão de cheques sem fundos.

247. O relator não admitirá os embargos da Lei 623, de 19.02.1949, nem deles conhecerá o Supremo Tribunal Federal, quando houver jurisprudência firme do Plenário no mesmo sentido da decisão embargada.

248. É competente, originariamente, o Supremo Tribunal Federal, para mandado de segurança contra ato do Tribunal de Contas da União.

- V. art. 102, I, *d*, CF.

249. É competente o Supremo Tribunal Federal para a ação rescisória, quando, embora não tendo conhecido do recurso extraordinário, ou havendo negado provimento ao agravo, tiver apreciado a questão federal controvertida.

- V. Súmula 515, STF.

STF

SÚMULAS SELECIONADAS

251. Responde a Rede Ferroviária Federal S.A. perante o foro comum e não perante o juízo especial da Fazenda Nacional, a menos que a União intervenha na causa.
- V. Súmulas 508, 517 e 556, STF.
- V. Súmula 42, STJ.

252. Na ação rescisória, não estão impedidos juízes que participaram do julgamento rescindendo.

253. Nos embargos da Lei 623, de 19 de fevereiro de 1949, no Supremo Tribunal Federal, a divergência somente será acolhida, se tiver sido indicada na petição de recurso extraordinário.

254. Incluem-se os juros moratórios na liquidação, embora omisso o pedido inicial ou a condenação.

256. É dispensável pedido expresso para condenação do réu em honorários, com fundamento nos arts. 63 ou 64 do Código de Processo Civil.
- Refere-se ao CPC/1939.
- V. art. 85, CPC/2015.

257. São cabíveis honorários de advogado na ação regressiva do segurador contra o causador do dano.

258. É admissível reconvenção em ação declaratória.

259. Para produzir efeito em juízo não é necessária a inscrição, no Registro Público, de documentos de procedência estrangeira, autenticados por via consular.

260. O exame de livros comerciais, em ação judicial, fica limitado às transações entre os litigantes.

261. Para a ação de indenização, em caso de avaria, é dispensável que a vistoria se faça judicialmente.

262. Não cabe medida possessória liminar para liberação alfandegária de automóvel.

263. O possuidor deve ser citado pessoalmente para a ação de usucapião.
- V. Súmula 391, STF.

264. Verifica-se a prescrição intercorrente pela paralisação da ação rescisória por mais de 5 (cinco) anos.

265. Na apuração de haveres, não prevalece o balanço não aprovado pelo sócio falecido, excluído ou que se retirou.

266. Não cabe mandado de segurança contra lei em tese.

267. Não cabe mandado de segurança contra ato judicial passível de recurso ou correição.

268. Não cabe mandado de segurança contra decisão judicial com trânsito em julgado.

269. O mandado de segurança não é substitutivo de ação de cobrança.
- V. Súmula 271, STF.

270. Não cabe mandado de segurança para impugnar enquadramento da Lei 3.780, de 12 de julho de 1960, que envolva exame de prova ou de situação funcional complexa.

271. Concessão de mandado de segurança não produz efeitos patrimoniais em relação a período pretérito, os quais devem ser reclamados administrativamente ou pela via judicial própria.
- V. Súmula 269, STF.

272. Não se admite como ordinário recurso extraordinário de decisão denegatória de mandado de segurança.

273. Nos embargos da Lei 623, de 19 de fevereiro de 1949, a divergência sobre questão prejudicial ou preliminar, suscitada após a interposição do recurso extraordinário, ou do agravo, somente será acolhida se o acórdão padrão for anterior à decisão embargada.

276. Não cabe recurso de revista em ação executiva fiscal.

277. São cabíveis embargos, em favor da Fazenda Pública, em ação executiva fiscal, não sendo unânime a decisão.

278. São cabíveis embargos em ação executiva fiscal contra decisão reformatória da de primeira instância, ainda que unânime.

279. Para simples reexame de prova não cabe recurso extraordinário.
- V. Súmula 7, STJ.

280. Por ofensa a direito local não cabe recurso extraordinário.

281. É inadmissível o recurso extraordinário, quando couber, na Justiça de origem, recurso ordinário da decisão impugnada.

STF

Súmulas selecionadas

282. É inadmissível o recurso extraordinário, quando não ventilada, na decisão recorrida, a questão federal suscitada.
* V. Súmula 356, STF.
* V. Súmula 320, STJ.

283. É inadmissível o recurso extraordinário, quando a decisão recorrida assenta em mais de um fundamento suficiente e o recurso não abrange todos eles.

284. É inadmissível o recurso extraordinário, quando a deficiência na sua fundamentação não permitir a exata compreensão da controvérsia.

285. Não sendo razoável a arguição de inconstitucionalidade, não se conhece do recurso extraordinário fundado na letra c do art. 101, III, da Constituição Federal.
* Refere-se à CF/1946.

286. Não se conhece do recurso extraordinário fundado em divergência jurisprudencial, quando a orientação do plenário do Supremo Tribunal Federal já se firmou no mesmo sentido da decisão recorrida.
* V. Súmula 83, STJ.

287. Nega-se provimento ao agravo, quando a deficiência na sua fundamentação, ou na do recurso extraordinário, não permitir a exata compreensão da controvérsia.

288. Nega-se provimento a agravo para subida de recurso extraordinário, quando faltar no traslado o despacho agravado, a decisão recorrida, a petição de recurso extraordinário ou qualquer peça essencial à compreensão da controvérsia.

289. O provimento do agravo por uma das Turmas do Supremo Tribunal Federal ainda que sem ressalva, não prejudica a questão do cabimento do recurso extraordinário.
* V. Súmula 300, STF.

291. No recurso extraordinário pela letra *d* do art. 101, III, da Constituição, a prova do dissídio jurisprudencial far-se-á por certidão, ou mediante indicação do *Diário da Justiça* ou de repertório de jurisprudência autorizado, com a transcrição do trecho que configure a divergência, mencionadas as circunstâncias que identifiquem ou assemelhem os casos confrontados.

292. Interposto o recurso extraordinário por mais de um dos fundamentos indicados no art. 101, III, da Constituição, a admissão apenas por um deles não prejudica o seu conhecimento por qualquer dos outros.
* Refere-se à CF/1946.

293. São inadmissíveis embargos infringentes contra decisão em matéria constitucional submetida ao plenário dos Tribunais.
* V. Súmulas 296 e 455, STF.

294. São inadmissíveis embargos infringentes contra decisão do Supremo Tribunal Federal em mandado de segurança.
* V. Súmula 597, STF.

295. São inadmissíveis embargos infringentes contra decisão unânime do Supremo Tribunal Federal em ação rescisória.

296. São inadmissíveis embargos infringentes sobre matéria não ventilada, pela Turma, no julgamento do recurso extraordinário.
* V. Súmula 293, STF.

300. São incabíveis os embargos da Lei 623, de 19.02.1949, contra provimento de agravo para subida de recurso extraordinário.
* V. Súmula 289, STF.

302. Está isenta da taxa de previdência social a importação de petróleo bruto.

304. Decisão denegatória de mandado de segurança, não fazendo coisa julgada contra o impetrante, não impede o uso da ação própria.

305. Acordo de desquite ratificado por ambos os cônjuges não é retratável unilateralmente.

306. As taxas de recuperação econômica e de assistência hospitalar de Minas Gerais são legítimas, quando incidem sobre matéria tributável pelo Estado.

308. A taxa de despacho aduaneiro, sendo adicional do Imposto de Importação, não incide sobre borracha importada com isenção daquele imposto.

310. Quando a intimação tiver lugar na sexta-feira, ou a publicação com efeito de intimação for feita nesse dia, o prazo judicial terá início na segunda-feira imediata, salvo se não houver expediente, caso em que começará no primeiro dia útil que se seguir.

315. Indispensável o traslado das razões da revista, para julgamento, pelo Tribunal Su-

STF

SÚMULAS SELECIONADAS

perior do Trabalho, do agravo para sua admissão.

317. São improcedentes os embargos declaratórios, quando não pedida a declaração do julgado anterior, em que se verificou a omissão.

320. A apelação despachada pelo juiz no prazo legal não fica prejudicada pela demora da juntada, por culpa do cartório.

• V. Súmulas 425 e 428, STF.

322. Não terá seguimento pedido ou recurso dirigido ao Supremo Tribunal Federal, quando manifestamente incabível, ou apresentado fora do prazo, ou quando for evidente a incompetência do Tribunal.

323. É inadmissível a apreensão de mercadorias como meio coercitivo para pagamento de tributos.

324. A imunidade do art. 31, V, da Constituição Federal não compreende as taxas.

325. As emendas ao Regimento Interno do Supremo Tribunal Federal, sobre julgamento de questão constitucional, aplicam-se aos pedidos ajuizados e aos recursos interpostos anteriormente a sua aprovação.

326. É legítima a incidência do Imposto de Transmissão *inter vivos* sobre a transferência do domínio útil.

328. É legítima a incidência do Imposto de Transmissão *Inter Vivos* sobre a doação do imóvel.

329. O imposto de transmissão *inter vivos* não incide sobre a transferência de ações de sociedade imobiliária.

330. O Supremo Tribunal Federal não é competente para conhecer de mandado de segurança contra atos dos Tribunais de Justiça dos Estados.

• V. Súmula 41, STJ.

331. É legítima a incidência do imposto de transmissão *causa mortis* no inventário por morte presumida.

335. É válida a cláusula de eleição do foro para os processos oriundos do contrato.

336. A imunidade da autarquia financiadora, quanto ao contrato de financiamento, não se estende à compra e venda entre particulares, embora constantes os dois atos de um só instrumento.

340. Desde a vigência do Código Civil, os bens dominiais, como os demais bens públicos, não podem ser adquiridos por usucapião.

• Refere-se ao CC/1916.
• V. arts. 101 e 102, CC.

341. É presumida a culpa do patrão ou comitente pelo ato culposo do empregado ou preposto.

343. Não cabe ação rescisória por ofensa a literal disposição de lei, quando a decisão rescindenda se tiver baseado em texto legal de interpretação controvertida nos tribunais.

345. Na chamada desapropriação indireta, os juros compensatórios são devidos a partir da perícia, desde que tenha atribuído valor atual ao imóvel.

346. A administração pública pode declarar a nulidade dos seus próprios atos.

347. O Tribunal de Contas, no exercício de suas atribuições, pode apreciar a constitucionalidade das leis e dos atos do Poder Público.

348. É constitucional a criação de taxa de construção, conservação e melhoramento de estradas.

353. São incabíveis os embargos da Lei 623, de 19.02.1949, com fundamento em divergência entre decisões da mesma Turma do Supremo Tribunal Federal.

354. Em caso de embargos infringentes parciais, é definitiva a parte da decisão embargada em que não houve divergência na votação.

355. Em caso de embargos infringentes parciais, é tardio o recurso extraordinário interposto após o julgamento dos embargos, quanto à parte da decisão embargada que não fora por eles abrangida.

356. O ponto omisso da decisão, sobre o qual não foram opostos embargos declaratórios, não pode ser objeto de recurso extraordinário, por faltar o requisito do prequestionamento.

• V. Súmula 282, STF.
• V. Súmula 320, STJ.

360. Não há prazo de decadência para a representação de inconstitucionalidade prevista no art. 8º, parágrafo único, da Constituição Federal.

STF

Súmulas selecionadas

363. A pessoa jurídica de direito privado pode ser demandada no domicílio da agência, ou estabelecimento, em que se praticou o ato.

365. Pessoa jurídica não tem legitimidade para propor ação popular.

368. Não há embargos infringentes no processo de reclamação.

374. Na retomada para construção mais útil, não é necessário que a obra tenha sido ordenada pela autoridade pública.

377. No regime de separação legal de bens comunicam-se os adquiridos na constância do casamento.

379. No acordo de desquite não se admite renúncia aos alimentos, que poderão ser pleiteados ulteriormente, verificados os pressupostos legais.

380. Comprovada a existência de sociedade de fato entre os concubinos, é cabível a sua dissolução judicial, com a partilha do patrimônio adquirido pelo esforço comum.

381. Não se homologa sentença de divórcio obtida por procuração, em país de que os cônjuges não eram nacionais.

382. A vida em comum sob o mesmo teto, *more uxorio*, não é indispensável à caracterização do concubinato.

383. A prescrição em favor da Fazenda Pública recomeça a correr, por dois anos e meio, a partir do ato interruptivo, mas não fica reduzida aquém de cinco anos, embora o titular do direito a interrompa durante a primeira metade do prazo.

386. Pela execução de obra musical por artistas remunerados é devido direito autoral, não exigível quando a orquestra for de amadores.

387. A cambial emitida ou aceita com omissões, ou em branco, pode ser completada pelo credor de boa-fé antes da cobrança ou do protesto.

389. Salvo limite legal, a fixação de honorários de advogado, em complemento da condenação, depende das circunstâncias da causa, não dando lugar a recurso extraordinário.

390. A exibição judicial de livros comerciais pode ser requerida como medida preventiva.

391. O confinante certo deve ser citado, pessoalmente, para a ação de usucapião.

• V. Súmula 263, STF.

392. O prazo para recorrer de acórdão concessivo de segurança conta-se da publicação oficial de suas conclusões, e não da anterior ciência à autoridade para cumprimento da decisão.

399. Não cabe recurso extraordinário, por violação de lei federal, quando a ofensa alegada for a regimento de tribunal.

400. Decisão que deu razoável interpretação à lei, ainda que não seja a melhor, não autoriza recurso extraordinário pela letra a do art. 101, III, da CF.

• Refere-se à CF/1946.

404. Não contrariam a Constituição os arts. 3º, 22 e 27 da Lei 3.244, de 14.08.1957, que definem as atribuições do Conselho de Política Aduaneira quanto à tarifa flexível.

405. Denegado o mandado de segurança pela sentença, ou no julgamento do agravo, dela interposto, fica sem efeito a liminar concedida, retroagindo os efeitos da decisão contrária.

409. Ao retomante, que tenha mais de um prédio alugado, cabe optar entre eles, salvo abuso de direito.

410. Se o locador, utilizando prédio próprio para residência ou atividade comercial, pede o imóvel locado para uso próprio, diverso do que tem o por ele ocupado, não está obrigado a provar a necessidade, que se presume.

411. O locatário autorizado a ceder a locação pode sublocar o imóvel.

412. No compromisso de compra e venda com cláusula de arrependimento, a devolução do sinal, por quem o deu, ou a sua restituição em dobro, por quem o recebeu, exclui indenização maior, a título de perdas e danos, salvo os juros moratórios e os encargos do processo.

413. O compromisso de compra e venda de imóveis, ainda que não loteados, dá direito à execução compulsória, quando reunidos os requisitos legais.

414. Não se distingue a visão direta da oblíqua na proibição de abrir janela, ou fazer

STF

SÚMULAS SELECIONADAS

terraço, eirado ou varanda, a menos de metro e meio do prédio de outrem.

415. Servidão de trânsito não titulada, mas tornada permanente, sobretudo pela natureza das obras realizadas, considera-se aparente, conferindo direito à proteção possessória.

416. Pela demora no pagamento do preço da desapropriação não cabe indenização complementar além dos juros.

417. Pode ser objeto de restituição, na falência, dinheiro em poder do falido, recebido em nome de outrem, ou do qual, por lei ou contrato, não tivesse ele a disponibilidade.

- V. Súmulas 193 e 495, STF.

419. Os Municípios têm competência para regular o horário do comércio local, desde que não infrinjam leis estaduais ou federais válidas.

420. Não se homologa sentença proferida no estrangeiro sem prova do trânsito em julgado.

423. Não transita em julgado a sentença por haver omitido o recurso *ex officio*, que se considera interposto *ex lege*.

424. Transita em julgado o despacho saneador de que não houve recurso, excluídas as questões deixadas, explicita ou implicitamente, para a sentença.

425. O agravo despachado no prazo legal não fica prejudicado pela demora da juntada, por culpa do cartório; nem o agravo entregue em cartório no prazo legal, embora despachado tardiamente.

- V. Súmulas 320 e 428, STF.

426. A falta do termo específico não prejudica o agravo no auto do processo, quando oportuna a interposição por petição ou no termo da audiência.

428. Não fica prejudicada a apelação entregue em cartório no prazo legal, embora despachada tardiamente.

- V. Súmulas 320 e 425, STF.

429. A existência de recurso administrativo com efeito suspensivo não impede o uso do mandado de segurança contra omissão da autoridade.

430. Pedido de reconsideração na via administrativa não interrompe o prazo para o mandado de segurança.

432. Não cabe recurso extraordinário com fundamento no art. 101, III, *d*, da Constituição Federal, quando a divergência alegada for entre decisões da Justiça do Trabalho.

- Refere-se à CF/1946.
- V. Súmula 505, STF.

433. É competente o Tribunal Regional do Trabalho para julgar mandado de segurança contra ato de seu presidente em execução de sentença trabalhista.

435. O Imposto de Transmissão *causa mortis* pela transferência de ações é devido ao Estado em que tem sede a companhia.

439. Estão sujeitos à fiscalização tributária ou previdenciária quaisquer livros comerciais, limitado o exame aos pontos objeto da investigação.

442. A inscrição do contrato de locação no Registro de Imóveis, para a validade da cláusula de vigência contra o adquirente do imóvel, ou perante terceiros, dispensa a transcrição no Registro de Títulos e Documentos.

443. A prescrição das prestações anteriores ao período previsto em lei não ocorre, quando não tiver sido negado, antes daquele prazo, o próprio direito reclamado, ou a situação jurídica de que ele resulta.

444. Na retomada para construção mais útil, de imóvel sujeito ao Dec. 24.150/34, a indenização se limita às despesas de mudança.

445. A Lei 2.437, de 07.03.1955, que reduz prazo prescricional, é aplicável às prescrições em curso na data de sua vigência (1º.01.1956), salvo quanto aos processos então pendentes.

447. É válida a disposição testamentária em favor de filho adulterino do testador com sua concubina.

449. O valor da causa, na consignatória de aluguel, corresponde a uma anuidade.

450. São devidos honorários de advogados sempre que vencedor o beneficiário de Justiça gratuita.

454. Simples interpretação de cláusulas contratuais não dá lugar a recurso extraordinário.

STF

SÚMULAS SELECIONADAS

• V. Súmula 5, STJ.

455. Da decisão que se seguir ao julgamento de constitucionalidade pelo Tribunal Pleno, são inadmissíveis embargos infringentes quanto à matéria constitucional.

• V. Súmula 293, STF.

456. O Supremo Tribunal Federal, conhecendo do recurso extraordinário, julgará a causa aplicando o direito à espécie.

464. No cálculo da indenização por acidente de trabalho inclui-se, quando devido, o repouso semanal remunerado.

466. Não é inconstitucional a inclusão de sócios e administradores de sociedades e titulares de firmas individuais como contribuintes obrigatórios da Previdência Social.

469. A multa de 100% (cem por cento) para o caso de mercadoria importada irregularmente é calculada à base do custo de câmbio da categoria correspondente.

470. O Imposto de Transmissão *inter vivos* não incide sobre a construção, ou parte dela, realizada, inequivocamente, pelo promitente comprador, mas sobre o valor do que tiver sido construído antes da promessa de venda.

472. A condenação do autor em honorários de advogado, com fundamento no art. 64 do CPC, depende de reconvenção.

• Refere-se ao CPC/1939.
• V. art. 82, § 2º, 84 e 85, CPC/2015.

473. A administração pode anular seus próprios atos, quando eivados de vícios que os tornam ilegais, porque deles não se originam direitos; ou revogá-los, por motivo de conveniência ou oportunidade, respeitados os direitos adquiridos e ressalvada, em todos os casos, a apreciação judicial.

474. Não há direito líquido e certo, amparado pelo mandado de segurança, quando se escuda em lei cujos efeitos foram anulados por outra, declarada constitucional pelo Supremo Tribunal Federal.

475. A Lei 4.686, de 21 de junho de 1965, tem aplicação imediata aos processos em curso, inclusive em grau de recurso extraordinário.

476. Desapropriadas as ações de uma sociedade, o poder desapropriante, imitido na posse, pode exercer, desde logo, todos os direitos inerentes aos respectivos títulos.

477. As concessões de terras devolutas situadas na faixa de fronteira, feitas pelos Estados, autorizam, apenas, o uso, permanecendo o domínio com a União, ainda que se mantenha inerte ou tolerante, em relação aos possuidores.

479. As margens dos rios navegáveis são de domínio público, insuscetíveis de expropriação e, por isso mesmo, excluídas de indenização.

482. O locatário, que não for sucessor ou cessionário do que o precedeu na locação, não pode somar os prazos concedidos a este, para pedir a renovação do contrato, nos termos do Dec. 24.150.

483. É dispensável a prova da necessidade, na retomada de prédio situado em localidade para onde o proprietário pretende transferir residência, salvo se mantiver, também, a anterior, quando dita prova será exigida.

• V. Súmula 80, STF.

486. Admite-se a retomada para sociedade da qual o locador, ou seu cônjuge, seja sócio, com participação predominante no capital social.

487. Será deferida a posse a quem, evidentemente, tiver o domínio, se com base neste for ela disputada.

• V. art. 1.210, § 2º, CC.

489. A compra e venda de automóvel não prevalece contra terceiros de boa-fé, se o contrato não foi transcrito no Registro de Títulos e Documentos.

490. A pensão correspondente à indenização oriunda de responsabilidade civil deve ser calculada com base no salário mínimo vigente ao tempo da sentença e ajustar-se-á às variações ulteriores.

491. É indenizável o acidente que cause a morte de filho menor, ainda que não exerça trabalho remunerado.

492. A empresa locadora de veículos responde, civil e solidariamente, com o locatário, pelos danos por este causados a terceiros, no uso do carro locado.

493. O valor da indenização, se consistente em prestações periódicas e sucessivas, compreenderá, para que se mantenha inalterá-

STF

SÚMULAS SELECIONADAS

vel na sua fixação, parcelas compensatórias do imposto de renda, incidente sobre os juros do capital gravado ou caucionado, nos termos dos arts. 911 e 912 do Código de Processo Civil.

- V. Refere-se ao CPC/1939.

494. A ação para anular venda de ascendente a descendente, sem consentimento dos demais, prescreve em 20 (vinte) anos, contados da data do ato, revogada a Súmula 152.

- V. art. 496, CC.

495. A restituição em dinheiro da coisa vendida a crédito, entregue nos 15 (quinze) dias anteriores ao pedido de falência ou de concordata, cabe, quando, ainda que consumida ou transformada, não faça o devedor prova de haver sido alienada a terceiro.

- V. Súmulas 193 e 417, STF.

500. Não cabe a ação cominatória para compelir-se o réu a cumprir obrigação de dar.

501. Compete à Justiça ordinária estadual o processo e o julgamento, em ambas as instâncias, das causas de acidente do trabalho, ainda que promovidas contra a União, suas autarquias, empresas públicas ou sociedades de economia mista.

- V. Súmula 235, STF.

502. Na aplicação do art. 839 do Código de Processo Civil, com a redação da Lei 4.290, de 05.12.1963, a relação valor da causa e salário mínimo vigente na Capital do Estado, ou do Território, para o efeito de alçada, deve ser considerada na data do ajuizamento do pedido.

- Refere-se ao CPC/1939.

503. A dúvida, suscitada por particular, sobre o direito de tributar, manifestado por dois Estados, não configura litígio da competência originária do Supremo Tribunal Federal.

504. Compete à Justiça Federal, em ambas as instâncias, o processo e o julgamento das causas fundadas em contrato de seguro marítimo.

505. Salvo quando contrariarem a Constituição, não cabe recurso para o Supremo Tribunal Federal, de quaisquer decisões da Justiça do Trabalho, inclusive dos presidentes dos seus Tribunais.

- V. Súmula 432, STF.

508. Compete à Justiça Estadual, em ambas as instâncias, processar e julgar as causas em que for parte o Banco do Brasil S/A.

- V. Súmulas 251, 517 e 556, STF.
- V. Súmula 42, STJ.

510. Praticado o ato por autoridade, no exercício de competência delegada, contra ela cabe o mandado de segurança ou a medida judicial.

511. Compete à Justiça Federal, em ambas as instâncias, processar e julgar as causas entre autarquias federais e entidades públicas locais, inclusive mandados de segurança, ressalvada a ação fiscal, nos termos da Constituição Federal de 1967, art. 119, § 3º.

512. Não cabe condenação em honorários de advogado na ação de mandado de segurança.

- V. Súmula 105, STJ.

513. A decisão que enseja a interposição de recurso ordinário ou extraordinário não é a do plenário, que resolve o incidente de inconstitucionalidade, mas a do órgão (Câmaras, Grupos ou Turmas) que completa o julgamento do feito.

514. Admite-se ação rescisória contra sentença transitada em julgado, ainda que contra ela não se tenha esgotado todos os recursos.

515. A competência para a ação rescisória não é do Supremo Tribunal Federal, quando a questão federal, apreciada no recurso extraordinário ou no agravo de instrumento, seja diversa da que foi suscitada no pedido rescisório.

- V. Súmula 249, STF.

516. O Serviço Social da Indústria – Sesi está sujeito à jurisdição da Justiça Estadual.

517. As sociedades de economia mista só têm foro na Justiça Federal, quando a União intervém como assistente ou oponente.

- V. Súmulas 251, 508 e 556, STF.
- V. Súmula 42, STJ.

518. A intervenção da União, em feito já julgado pela segunda instância e pendente de

SÚMULAS SELECIONADAS

embargos, não desloca o processo para o Tribunal Federal de Recursos.

519. Aplica-se aos executivos fiscais o princípio da sucumbência a que se refere o art. 64 do Código de Processo Civil.
- Refere-se ao CPC/1939.

521. O foro competente para o processo e julgamento dos crimes de estelionato, sob a modalidade da emissão dolosa de cheque sem provisão de fundos, é o do local onde se deu a recusa do pagamento pelo sacado.

527. Após a vigência do Ato Institucional 6/69, que deu nova redação ao art. 114, III, da Constituição Federal de 1967, não cabe recurso extraordinário das decisões do juiz singular.

528. Se a decisão contiver partes autônomas, a admissão parcial, pelo Presidente do Tribunal *a quo*, de recurso extraordinário que, sobre qualquer delas se manifestar, não limitará a apreciação de todas pelo Supremo Tribunal Federal, independentemente de interposição de agravo de instrumento.

536. São objetivamente imunes ao Imposto sobre Circulação de Mercadorias os produtos industrializados, em geral, destinados à exportação, além de outros, com a mesma destinação, cuja isenção a lei determinar.

539. É constitucional a lei do Município que reduz o Imposto Predial Urbano sobre imóvel ocupado pela residência do proprietário, que não possua outro.

540. No preço da mercadoria sujeita ao Imposto de Vendas e Consignações não se incluem as despesas de frete e carreto.

541. O Imposto sobre Vendas e Consignações não incide sobre a venda ocasional de veículos e equipamentos usados que não se insere na atividade profissional do vendedor, e não é realizada com o fim de lucro, sem caráter, pois, de comercialidade.

542. Não é inconstitucional a multa instituída pelo Estado-membro como sanção pelo retardamento do início ou da ultimação do inventário.

543. A Lei 2.975, de 27 de novembro de 1965, revogou, apenas, as isenções de caráter geral, relativas ao Imposto Único sobre Combustíveis, não as especiais, por outras leis concedidas.

- A Lei 2.975 é de 27 de novembro de 1956.

544. Isenções tributárias concedidas sob condição onerosa não podem ser livremente suprimidas.

545. Preços de serviços públicos e taxas não se confundem, porque estas, diferentemente daqueles, são compulsórias e têm sua cobrança condicionada à prévia autorização orçamentária, em relação à lei que as instituiu.

546. Cabe a restituição do tributo pago indevidamente, quando reconhecido por decisão, que o contribuinte *de jure* não recuperou do contribuinte *de facto* o *quantum* respectivo.

- V. Súmula 71, STF.

547. Não é lícito à autoridade proibir que o contribuinte em débito adquira estampilhas, despache mercadorias nas alfândegas e exerça suas atividades profissionais.

550. A isenção concedida pelo art. 2º da Lei 1.815, de 1953, às empresas de navegação aérea não compreende a taxa de melhoramento de portos, instituída pela Lei 3.421, de 1958.

551. É inconstitucional a taxa de urbanização da Lei 2.320, de 20.12.1961, instituída pelo município de Porto Alegre, porque seu fato gerador é o mesmo da transmissão imobiliária.

553. O Adicional ao Frete para Renovação da Marinha Mercante (AFRMM) é contribuição parafiscal, não sendo abrangido pela imunidade prevista na letra *d*, inciso III, do art. 19, da Constituição Federal.

- Refere-se à CF/1969.

554. O pagamento de cheque emitido sem provisão de fundos, após o recebimento da denúncia, não obsta ao prosseguimento da ação penal.

556. É competente a Justiça comum para julgar as causas em que é parte sociedade de economia mista.

- V. Súmulas 251, 508 e 517, STF.
- V. Súmula 42, STJ.

557. É competente a Justiça Federal para julgar as causas em que são partes a Cobal e a Cibrazem.

STF

SÚMULAS SELECIONADAS

559. O Decreto-lei 730, de 05.08.1969, revogou a exigência de homologação, pelo Ministro da Fazenda, das Resoluções do Conselho de Política Aduaneira.

561. Em desapropriação, é devida a correção monetária até a data do efetivo pagamento da indenização, devendo proceder-se à atualização do cálculo, ainda que por mais de uma vez.

• V. Súmula 67, STJ.

562. Na indenização de danos materiais decorrentes de ato ilícito cabe a atualização de seu valor, utilizando-se, para esse fim, dentre outros critérios, dos índices de correção monetária.

563. O concurso de preferência a que se refere o parágrafo único, do art. 187, do Código Tributário Nacional, é compatível com o disposto no art. 9º, inciso I, da Constituição Federal.

• Refere-se à CF/1969.

564. A ausência de fundamentação do despacho de recebimento de denúncia por crime falimentar enseja nulidade processual, salvo se já houver sentença condenatória.

565. A multa fiscal moratória constitui pena administrativa, não se incluindo no crédito habilitado em falência.

• V. Súmula 192, STF.

566. Enquanto pendente, o pedido de readaptação fundado em desvio funcional não gera direitos para o servidor, relativamente ao cargo pleiteado.

569. É inconstitucional a discriminação de alíquotas do Imposto de Circulação de Mercadorias nas operações interestaduais, em razão de o destinatário ser, ou não, contribuinte.

570. O Imposto de Circulação de Mercadorias não incide sobre a importação de bens de capital.

571. O comprador de café ao IBC, ainda que sem expedição de nota fiscal, habilita-se, quando da comercialização do produto, ao crédito do ICM que incidiu sobre a operação anterior.

572. No cálculo do Imposto de Circulação de Mercadorias devido na saída de mercadorias para o exterior, não se incluem fretes pagos a terceiros, seguros e despesas de embarque.

573. Não constitui fato gerador do Imposto de Circulação de Mercadorias a saída física de máquinas, utensílios e implementos a título de comodato.

574. Sem lei estadual que a estabeleça, é ilegítima a cobrança do Imposto de Circulação de Mercadorias sobre o fornecimento de alimentação e bebidas em restaurante ou estabelecimento similar.

575. À mercadoria importada de país signatário do GATT, ou membro da ALALC, estende-se a isenção do Imposto de Circulação de Mercadorias concedida a similar nacional.

576. É lícita a cobrança do Imposto de Circulação de Mercadorias sobre produtos importados sob regime da alíquota zero.

577. Na importação de mercadorias do exterior, o fato gerador do Imposto de Circulação de Mercadorias ocorre no momento de sua entrada no estabelecimento do importador.

578. Não podem os Estados, a título de ressarcimento de despesas, reduzir a parcela de 20% do produto da arrecadação do Imposto de Circulação de Mercadorias, atribuída aos Municípios pelo art. 23, § 8º, da Constituição Federal.

• Refere-se à CF/1969.

579. A cal virgem e a hidratada estão sujeitas ao Imposto de Circulação de Mercadorias.

581. A exigência de transporte em navio de bandeira brasileira, para efeito de isenção tributária, legitimou-se com o advento do Decreto-lei 666, de 02.07.1969.

583. Promitente-comprador de imóvel residencial transcrito em nome de autarquia é contribuinte do Imposto Predial Territorial Urbano.

584. Ao Imposto de Renda calculado sobre os rendimentos do ano-base, aplica-se a lei vigente no exercício financeiro em que deve ser apresentada a declaração.

585. Não incide o imposto de renda sobre a remessa de divisas para pagamento de serviços prestados no exterior, por empresa que não opera no Brasil.

STF

SÚMULAS SELECIONADAS

586. Incide Imposto de Renda sobre os juros remetidos para o exterior, com base em contrato de mútuo.

587. Incide Imposto de Renda sobre o pagamento de serviços técnicos contratados no exterior e prestados no Brasil.

588. O Imposto Sobre Serviços não incide sobre os depósitos, as comissões e taxas de desconto, cobrados pelos estabelecimentos bancários.

589. É inconstitucional a fixação de adicional progressivo do Imposto Predial e Territorial Urbano em função do número de imóveis do contribuinte.

590. Calcula-se o imposto de transmissão *causa mortis* sobre o saldo credor da promessa de compra e venda de imóvel, no momento da abertura da sucessão do promitente vendedor.

591. A imunidade ou a isenção tributária do comprador não se estende ao produtor, contribuinte do Imposto sobre Produtos Industrializados.

592. Nos crimes falimentares aplicam-se as causas interruptivas da prescrição, previstas no Código Penal.

- V. Súmula 147, STF.

595. É inconstitucional a taxa municipal de conservação de estradas de rodagem, cuja base de cálculo seja idêntica à do imposto territorial rural.

596. As disposições do Dec. 22.626/33 não se aplicam às taxas de juros e aos outros encargos cobrados nas operações realizadas por instituições públicas ou privadas que integram o sistema financeiro nacional.

- V. Súmulas 283, 539 e 541, STJ.

597. Não cabem embargos infringentes de acórdão que, em mandado de segurança decidiu, por maioria de votos, a apelação.

- V. Súmula 294, STF.

598. Nos embargos de divergência não servem como padrão de discordância os mesmos paradigmas invocados para demonstrá-la, mas repelidos como não dissidentes no julgamento do recurso extraordinário.

600. Cabe ação executiva contra o emitente e seus avalistas ainda que não apresentado o cheque ao sacado no prazo legal, desde que não prescrita a ação cambiária.

615. O princípio constitucional da anualidade (§ 29 do art. 153 da CF) não se aplica à revogação de isenção do ICM.

- Refere-se à CF/1969.

616. É permitida a cumulação da multa contratual com os honorários de advogado, após o advento do Código de Processo Civil vigente.

617. A base de cálculo dos honorários de advogado em desapropriação é a diferença entre a oferta e a indenização, corrigidas ambas monetariamente.

618. Na desapropriação, direta ou indireta, a taxa dos juros compensatórios é de 12% (doze por cento) ao ano.

620. A sentença proferida contra Autarquias não está sujeita a reexame necessário, salvo quando sucumbente em execução de dívida ativa.

- V. art. 10, Lei 9.469/1997.

622. Não cabe agravo regimental contra decisão do relator que concede ou indefere liminar em mandado de segurança.

623. Não gera por si só a competência originária do Supremo Tribunal Federal para conhecer do mandado de segurança com base no art. 102, I, *n*, da Constituição, dirigir-se o pedido contra deliberação administrativa do tribunal de origem, da qual haja participado a maioria ou a totalidade de seus membros.

624. Não compete ao Supremo Tribunal Federal conhecer originariamente de mandado de segurança contra atos de outros tribunais.

625. Controvérsia sobre matéria de direito não impede concessão de mandado de segurança.

626. A suspensão da liminar em mandado de segurança, salvo determinação em contrário da decisão que a deferir, vigorará até o trânsito em julgado da decisão definitiva de concessão da segurança ou, havendo recurso, até a sua manutenção pelo Supremo Tribunal Federal, desde que o objeto da liminar deferida coincida, total ou parcialmente, com o da impetração.

STF

SÚMULAS SELECIONADAS

627. No mandado de segurança contra a nomeação de magistrado da competência do Presidente da República, este é considerado autoridade coatora, ainda que o fundamento da impetração seja nulidade ocorrida em fase anterior do procedimento.

628. Integrante de lista de candidatos a determinada vaga da composição de tribunal é parte legítima para impugnar a validade da nomeação de concorrente.

629. A impetração de mandado de segurança coletivo por entidade de classe em favor dos associados independe da autorização destes.

630. A entidade de classe tem legitimação para o mandado de segurança ainda quando a pretensão veiculada interesse apenas a uma parte da respectiva categoria.

631. Extingue-se o processo de mandado de segurança se o impetrante não promove, no prazo assinado, a citação do litisconsorte passivo necessário.

632. É constitucional lei que fixa o prazo de decadência para a impetração de mandado de segurança.

634. Não compete ao Supremo Tribunal Federal conceder medida cautelar para dar efeito suspensivo a recurso extraordinário que ainda não foi objeto de juízo de admissibilidade na origem.

635. Cabe ao Presidente do Tribunal de origem decidir o pedido de medida cautelar em recurso extraordinário ainda pendente do seu juízo de admissibilidade.

636. Não cabe recurso extraordinário por contrariedade ao princípio constitucional da legalidade, quando a sua verificação pressuponha rever a interpretação dada a normas infraconstitucionais pela decisão recorrida.

637. Não cabe recurso extraordinário contra acórdão de Tribunal de Justiça que defere pedido de intervenção estadual em Município.

638. A controvérsia sobre a incidência, ou não, de correção monetária em operações de crédito rural é de natureza infraconstitucional, não viabilizando recurso extraordinário.

639. Aplica-se a Súmula 288 quando não constarem do traslado do agravo de instrumento as cópias das peças necessárias à verificação da tempestividade do recurso extraordinário não admitido pela decisão agravada.

640. É cabível recurso extraordinário contra decisão proferida por juiz de primeiro grau nas causas de alçada, ou por turma recursal de juizado especial cível e criminal.

641. Não se conta em dobro o prazo para recorrer, quando só um dos litisconsortes haja sucumbido.

642. Não cabe ação direta de inconstitucionalidade de lei do Distrito Federal derivada da sua competência legislativa municipal.

643. O Ministério Público tem legitimidade para promover ação civil pública cujo fundamento seja a ilegalidade de reajuste de mensalidades escolares.

644. Ao titular do cargo de procurador de autarquia não se exige a apresentação de instrumento de mandato para representá-la em juízo.

• Súmula alterada (*DJU* 09.12.2003).

645. É competente o Município para fixar o horário de funcionamento de estabelecimento comercial.

• V. Súmula vinculante 38, STF.

646. Ofende o princípio da livre concorrência lei municipal que impede a instalação de estabelecimentos comerciais do mesmo ramo em determinada área.

648. A norma do § 3º do art. 192 da Constituição revogada pela EC n. 40/2003, que limitava a taxa de juros reais a 12% (doze por cento) ao ano, tinha sua aplicabilidade condicionada à edição de lei complementar.

• V. Súmula vinculante 7, STF.

650. Os incisos I e IX do art. 20 da CF não alcançam terras de aldeamentos extintos, ainda que ocupadas por indígenas em passado remoto.

• Súmula retificada (*DJU* 29.10.2003).

651. A medida provisória não apreciada pelo Congresso Nacional podia, até a EC n. 32/2001, ser reeditada dentro do seu prazo de eficácia de 30 (trinta) dias, mantidos os efeitos de lei desde a primeira edição.

• Súmula retificada (*DJU* 01.07.2004).

STF

SÚMULAS SELECIONADAS

652. Não contraria a Constituição o art. 15, § 1º, do Dec.-lei 3.365/1941 (Lei da desapropriação por utilidade pública).

654. A garantia da irretroatividade da lei, prevista no art. 5º, XXXVI, da Constituição da República, não é invocável pela entidade estatal que a tenha editado.

655. A exceção prevista no art. 100, *caput*, da Constituição, em favor dos créditos de natureza alimentícia, não dispensa a expedição de precatório, limitando-se a isentá-los da observância da ordem cronológica dos precatórios decorrentes de condenações de outra natureza.

• V. art. 100, § 1º, CF.

656. É inconstitucional a lei que estabelece alíquotas progressivas para o imposto de transmissão *inter vivos* de bens imóveis – ITBI com base no valor venal do imóvel.

657. A imunidade prevista no art. 150, VI, *d*, da CF abrange os filmes e papéis fotográficos necessários à publicação de jornais e periódicos.

658. São constitucionais os arts. 7º da Lei 7.787/1989 e 1º da Lei 7.894/1989 e da Lei 8.147/1990, que majoraram a alíquota do Finsocial, quando devida a contribuição por empresas dedicadas exclusivamente à prestação de serviços.

659. É legítima a cobrança da Cofins, do PIS e do Finsocial sobre as operações relativas a energia elétrica, serviços de telecomunicações, derivados de petróleo, combustíveis e minerais do País.

660. Não incide ICMS na importação de bens por pessoa física ou jurídica que não seja contribuinte do imposto.

661. Na entrada de mercadoria importada do exterior, é legítima a cobrança do ICMS por ocasião do desembaraço aduaneiro.

662. É legítima a incidência do ICMS na comercialização de exemplares de obras cinematográficas, gravados em fitas de videocassete.

663. Os §§ 1º e 3º do art. 9º do Decreto-lei 406/1968 foram recebidos pela Constituição.

• V. art. 34, § 5º, ADCT.

664. É inconstitucional o inciso V do art. 1º da Lei 8.033/1990, que instituiu a incidência do Imposto nas Operações de Crédito, Câmbio e Seguros – IOF sobre saques efetuados em caderneta de poupança.

665. É constitucional a Taxa de Fiscalização dos Mercados de Títulos e Valores Mobiliários instituída pela Lei 7.940/1989.

667. Viola a garantia constitucional de acesso à jurisdição a taxa judiciária calculada sem limite sobre o valor da causa.

668. É inconstitucional a lei municipal que tenha estabelecido, antes da Emenda Constitucional n. 29/2000, alíquotas progressivas para o IPTU, salvo se destinada a assegurar o cumprimento da função social da propriedade urbana.

669. Norma legal que altera o prazo de recolhimento da obrigação tributária não se sujeita ao princípio da anterioridade.

670. O serviço de iluminação pública não pode ser remunerado mediante taxa.

• V. Súmula vinculante 41, STF.

683. O limite de idade para a inscrição em concurso público só se legitima em face do art. 7º, XXX, da Constituição, quando possa ser justificado pela natureza das atribuições do cargo a ser preenchido.

688. É legítima a incidência da contribuição previdenciária sobre o 13º salário.

724. Ainda quando alugado a terceiros, permanece imune ao IPTU o imóvel pertencente a qualquer das entidades referidas pelo art. 150, VI, c, da Constituição, desde que o valor dos aluguéis seja aplicado nas atividades essenciais de tais entidades.

725. É constitucional o § 2º do art. 6º da Lei 8.024/1990, resultante da conversão da MP 168/1990, que fixou o BTN fiscal como índice de correção monetária aplicável aos depósitos bloqueados pelo Plano Collor I.

727. Não pode o magistrado deixar de encaminhar ao Supremo Tribunal Federal o agravo de instrumento interposto da decisão que não admite recurso extraordinário, ainda que referente a causa instaurada no âmbito dos juizados especiais.

728. É de três dias o prazo para a interposição de recurso extraordinário contra decisão do Tribunal Superior Eleitoral, contado, quando for o caso, a partir da publicação do acórdão, na própria sessão de julgamento, nos termos do art. 12 da Lei 6.055/1974, que não foi revogado pela Lei 8.950/1994.

729. A decisão na ADC-4 não se aplica a antecipação de tutela em causa de natureza previdenciária.

730. A imunidade tributária conferida a instituições de assistência social sem fins lucrativos pelo art. 150, VI, c, da Constituição, somente alcança as entidades fechadas de previdências social privada se não houver contribuição dos beneficiários.

731. Para fim da competência originária do Supremo Tribunal Federal, é de interesse geral da magistratura a questão de saber se, em face da Loman, os juízes têm direito à licença-prêmio.

732. É constitucional a cobrança da contribuição do salário-educação, seja sob a Carta de 1969, seja sob a Constituição Federal de 1988, e no regime da Lei 9.424/1996.

733. Não cabe recurso extraordinário contra decisão proferida no processamento de precatórios.

734. Não cabe reclamação quando já houver transitado em julgado o ato judicial que se alega tenha desrespeitado decisão do Supremo Tribunal Federal.

735. Não cabe recurso extraordinário contra acórdão que defere medida liminar.

2. SUPERIOR TRIBUNAL DE JUSTIÇA

1. O foro do domicílio ou da residência do alimentando é o competente para a ação de investigação de paternidade, quando cumulada com a de alimentos.

2. Não cabe o *habeas data* (CF, art. 5º, LXXII, a) se não houve recusa de informações por parte da autoridade administrativa.

3. Compete ao Tribunal Regional Federal dirimir conflito de competência verificado, na respectiva Região, entre Juiz Federal e Juiz Estadual investido de jurisdição federal.

4. Compete à Justiça Estadual julgar causa decorrente do processo eleitoral sindical.

5. A simples interpretação de cláusula contratual não enseja recurso especial.
- V. Súmula 181, STJ.
- V. Súmula 454, STF.

6. Compete à Justiça Comum Estadual processar e julgar delito decorrente de acidentes de trânsito envolvendo viatura de Polícia Militar, salvo se autor e vítima forem policiais militares em situação de atividade.

7. A pretensão de simples reexame de prova não enseja recurso especial.
- V. Súmula 279, STF.

8. Aplica-se a correção monetária aos créditos habilitados em concordata preventiva, salvo durante o período compreendido entre as datas de vigência da Lei 7.274, de 10 de dezembro de 1984, e do Decreto-lei 2.283, de 27 de fevereiro de 1986.

9. A exigência da prisão provisória, para apelar, não ofende a garantia constitucional da presunção de inocência.

10. Instalada a Junta de Conciliação e Julgamento, cessa a competência do Juiz de Direito em matéria trabalhista, inclusive para a execução das sentenças por ele proferidas.
- A EC n. 24/1999 substituiu as Juntas de Conciliação e Julgamento por Varas do Trabalho (juiz singular) e extinguiu a representação classista na Justiça do Trabalho.

11. A presença da União ou de qualquer de seus entes, na ação de usucapião especial, não afasta a competência do foro da situação do imóvel.

12. Em desapropriação, são cumuláveis juros compensatórios e moratórios.

13. A divergência entre julgados do mesmo Tribunal não enseja recurso especial.

14. Arbitrados os honorários advocatícios em percentual sobre o valor da causa, a correção monetária incide a partir do respectivo ajuizamento.

15. Compete à Justiça Estadual processar e julgar os litígios decorrentes de acidente do trabalho.
- V. art. 109, I, CF.
- V. Súmula 235, STF.

16. A legislação ordinária sobre crédito rural não veda a incidência da correção monetária.

STJ

SÚMULAS SELECIONADAS

17. Quando o falso se exaure no estelionato, sem mais potencialidade lesiva, é por este absorvido.

18. A sentença concessiva do perdão judicial é declaratória da extinção da punibilidade, não subsistindo qualquer efeito condenatório.

19. A fixação do horário bancário, para atendimento ao público, é da competência da União.

20. A mercadoria importada de país signatário do Gatt é isenta do ICM, quando contemplado com esse favor o similar nacional.

21. Pronunciado o réu, fica superada a alegação do constrangimento ilegal da prisão por excesso de prazo na instrução.

22. Não há conflito de competência entre o Tribunal de Justiça e Tribunal de Alçada do mesmo Estado-membro.

- V. art. 4º, EC n. 45/2004 (Reforma do Judiciário), que extinguiu os Tribunais de Alçada.

23. O Banco Central do Brasil é parte legítima nas ações fundadas na Resolução 1.154/86.

24. Aplica-se ao crime de estelionato, em que figure como vítima entidade autárquica da Previdência Social, a qualificadora do § 3º do art. 171 do Código Penal.

25. Nas ações da Lei de Falências o prazo para a interposição de recurso conta-se da intimação da parte.

26. O avalista do título de crédito vinculado a contrato de mútuo também responde pelas obrigações pactuadas, quando no contrato figurar como devedor solidário.

27. Pode a execução fundar-se em mais de um título extrajudicial relativos ao mesmo negócio.

28. O contrato de alienação fiduciária em garantia pode ter por objeto bem que já integrava o patrimônio do devedor.

29. No pagamento em juízo para elidir falência, são devidos correção monetária, juros e honorários de advogado.

30. A comissão de permanência e a correção monetária são inacumuláveis.

31. A aquisição, pelo segurado, de mais de um imóvel financiado pelo Sistema Financeiro da Habitação, situados na mesma localidade, não exime a seguradora da obrigação de pagamento dos seguros.

32. Compete à Justiça Federal processar justificações judiciais destinadas a instruir pedidos perante entidades que nela têm exclusividade de foro, ressalvada a aplicação do art. 15, II, da Lei 5.010/66.

33. A incompetência relativa não pode ser declarada de ofício.

- V. art. 64, CPC/2015.

34. Compete à Justiça Estadual processar e julgar causa relativa a mensalidade escolar, cobrada por estabelecimento particular de ensino.

35. Incide correção monetária sobre as prestações pagas, quando de sua restituição, em virtude da retirada ou exclusão do participante de plano de consórcio.

36. A correção monetária integra o valor da restituição, em caso de adiantamento de câmbio, requerida em concordata ou falência.

37. São cumuláveis as indenizações por dano material e dano moral oriundos do mesmo fato.

38. Compete à Justiça Estadual Comum, na vigência da Constituição de 1988, o processo por contravenção penal, ainda que praticada em detrimento de bens, serviços ou interesse da União ou de suas entidades.

39. Prescreve em 20 (vinte) anos a ação para haver indenização, por responsabilidade civil, de sociedade de economia mista.

- V. art. 205, CC.

40. Para obtenção dos benefícios de saída temporária e trabalho externo, considera-se o tempo de cumprimento da pena no regime fechado.

41. O Superior Tribunal de Justiça não tem competência para processar e julgar, originariamente, mandado de segurança contra ato de outros tribunais ou dos respectivos órgãos.

- V. Súmula 330, STF.

42. Compete à Justiça Comum Estadual processar e julgar as causas cíveis em que é parte sociedade de economia mista e os crimes praticados em seu detrimento.

- V. Súmulas 251, 508, 517 e 556, STF.

STJ

SÚMULAS SELECIONADAS

43. Incide correção monetária sobre dívida por ato ilícito a partir da data do efetivo prejuízo.

44. A definição, em ato regulamentar, de grau mínimo de disacusia, não exclui, por si só, a concessão do benefício previdenciário.

45. No reexame necessário, é defeso, ao Tribunal, agravar a condenação imposta à Fazenda Pública.

46. Na execução por carta, os embargos do devedor serão decididos no juízo deprecante, salvo se versarem unicamente vícios ou defeitos da penhora, avaliação ou alienação dos bens.

- V. Súmula 32, TFR.

47. Compete à Justiça Militar processar e julgar crime cometido por militar contra civil, com emprego de arma pertencente à corporação, mesmo não estando em serviço.

48. Compete ao Juízo do local da obtenção da vantagem ilícita processar e julgar crime de estelionato cometido mediante falsificação de cheque.

49. Na exportação de café em grão, não se inclui na base de cálculo do ICM a quota de contribuição, a que se refere o art. 2º do Decreto-lei 2.295, de 21 de novembro de 1986.

50. O Adicional de Tarifa Portuária incide apenas nas operações realizadas com mercadorias importadas ou exportadas, objeto do comércio de navegação de longo curso.

51. A punição do intermediador, no jogo do bicho, independe da identificação do "apostador" ou do "banqueiro".

52. Encerrada a instrução criminal, fica superada a alegação de constrangimento por excesso de prazo.

53. Compete à Justiça Comum Estadual processar e julgar civil acusado de prática de crime contra instituições militares estaduais.

54. Os juros moratórios fluem a partir do evento danoso, em caso de responsabilidade extracontratual.

55. Tribunal Regional Federal não é competente para julgar recurso de decisão proferida por juiz estadual não investido de jurisdição federal.

56. Na desapropriação para instituir servidão administrativa são devidos os juros compensatórios pela limitação de uso da propriedade.

58. Proposta a execução fiscal, a posterior mudança de domicílio do executado não desloca a competência já fixada.

59. Não há conflito de competência se já existe sentença com trânsito em julgado, proferida por um dos juízos conflitantes.

60. É nula a obrigação cambial assumida por procurador do mutuário vinculado ao mutuante, no exclusivo interesse deste.

61. O seguro de vida cobre o suicídio não premeditado.

62. Compete à Justiça Estadual processar e julgar o crime de falsa anotação na Carteira de Trabalho e Previdência Social, atribuído à empresa privada.

63. São devidos direitos autorais pela retransmissão radiofônica de músicas em estabelecimentos comerciais.

64. Não constitui constrangimento ilegal o excesso de prazo na instrução, provocado pela defesa.

65. O cancelamento, previsto no art. 29 do Decreto-lei 2.303, de 21 de novembro de 1986, não alcança os débitos previdenciários.

66. Compete à Justiça Federal processar e julgar execução fiscal promovida por Conselho de fiscalização profissional.

67. Na desapropriação, cabe a atualização monetária, ainda que por mais de uma vez, independente do decurso de prazo superior a 1 (um) ano entre o cálculo e o efetivo pagamento da indenização.

- V. Súmula 561, STF.

68. A parcela relativa ao ICM inclui-se na base de cálculo do PIS.

69. Na desapropriação direta, os juros compensatórios são devidos desde a antecipada imissão na posse e, na desapropriação indireta, a partir da efetiva ocupação do imóvel.

70. Os juros moratórios, na desapropriação direta ou indireta, contam-se desde o trânsito em julgado da sentença.

71. O bacalhau importado de país signatário do Gatt é isento do ICM.

Súmulas selecionadas

72. A comprovação da mora é imprescindível à busca e apreensão do bem alienado fiduciariamente.

73. A utilização de papel-moeda grosseiramente falsificado configura, em tese, o crime de estelionato, da competência da Justiça Estadual.

74. Para efeitos penais, o reconhecimento da menoridade do réu requer prova por documento hábil.

75. Compete à Justiça Comum Estadual processar e julgar o policial militar por crime de promover ou facilitar a fuga de preso de estabelecimento penal.

76. A falta de registro do compromisso de compra e venda de imóvel não dispensa a prévia interpelação para constituir em mora o devedor.

77. A Caixa Econômica Federal é parte ilegítima para figurar no polo passivo das ações relativas às contribuições para o fundo PIS/Pasep.

78. Compete à Justiça Militar processar e julgar policial de corporação estadual, ainda que o delito tenha sido praticado em outra unidade federativa.

79. Os bancos comerciais não estão sujeitos a registro nos Conselhos Regionais de Economia.

80. A Taxa de Melhoramento dos Portos não se inclui na base de cálculo do ICM.

81. Não se concede fiança quando, em concurso material, a soma das penas mínimas cominadas for superior a 2 (dois) anos de reclusão.

82. Compete à Justiça Federal, excluídas as reclamações trabalhistas, processar e julgar os feitos relativos a movimentação do FGTS.

83. Não se conhece do recurso especial pela divergência, quando a orientação do Tribunal se firmou no mesmo sentido da decisão recorrida.

- V. Súmula 286, STF.

84. É admissível a oposição de embargos de terceiro fundados em alegação de posse advinda do compromisso de compra e venda de imóvel, ainda que desprovido do registro.

- V. Súmula 621, STF.

85. Nas relações jurídicas de trato sucessivo em que a Fazenda Pública figure como devedora, quando não tiver sido negado o próprio direito reclamado, a prescrição atinge apenas as prestações vencidas antes do quinquênio anterior à propositura da ação.

86. Cabe recurso especial contra acórdão proferido no julgamento de agravo de instrumento.

87. A isenção do ICMS relativa às rações balanceadas para animais abrange o concentrado e o suplemento.

88. São admissíveis embargos infringentes em processo falimentar.

89. A ação acidentária prescinde do exaurimento da via administrativa.

90. Compete à Justiça Estadual Militar processar e julgar o policial militar pela prática do crime militar, e à Comum pela prática do crime comum simultâneo àquele.

92. A terceiro de boa-fé não é oponível a alienação fiduciária não anotada no Certificado de Registro do veículo automotor.

93. A legislação sobre cédulas de crédito rural, comercial e industrial admite o pacto de capitalização de juros.

94. A parcela relativa ao ICMS inclui-se na base de cálculo do Finsocial.

95. A redução da alíquota do Imposto sobre Produtos Industrializados ou do Imposto de Importação não implica redução do ICMS.

96. O crime de extorsão consuma-se independentemente da obtenção da vantagem indevida.

97. Compete à Justiça do Trabalho processar e julgar reclamação de servidor público relativamente a vantagens trabalhistas anteriores à instituição do regime jurídico único.

98. Embargos de declaração manifestados com notório propósito de prequestionamento não têm caráter protelatório.

99. O Ministério Público tem legitimidade para recorrer no processo em que oficiou como fiscal da lei, ainda que não haja recurso da parte.

100. É devido o Adicional ao Frete para Renovação da Marinha Mercante na importação sob o regime de benefícios fiscais à exportação (Befiex).

STJ

SÚMULAS SELECIONADAS

101. A ação de indenização do segurado em grupo contra a seguradora prescreve em um ano.

102. A incidência dos juros moratórios sobre os compensatórios, nas ações expropriatórias, não constitui anatocismo vedado em lei.

103. Incluem-se entre os imóveis funcionais que podem ser vendidos os administrados pelas Forças Armadas e ocupados pelos servidores civis.

104. Compete à Justiça Estadual o processo e julgamento dos crimes de falsificação e uso de documento falso relativo a estabelecimento particular de ensino.

105. Na ação de mandado de segurança não se admite condenação em honorários advocatícios.

- V. Súmula 512, STF.

106. Proposta a ação no prazo fixado para o seu exercício, a demora na citação, por motivos inerentes ao mecanismo da Justiça, não justifica o acolhimento da arguição de prescrição ou decadência.

107. Compete à Justiça Comum Estadual processar e julgar crime de estelionato praticado mediante falsificação das guias de recolhimento das contribuições previdenciárias, quando não ocorrente lesão à autarquia federal.

108. A aplicação de medidas socioeducativas ao adolescente, pela prática de ato infracional, é de competência exclusiva do juiz.

109. O reconhecimento do direito a indenização, por falta de mercadoria transportada via marítima, independe de vistoria.

110. A isenção do pagamento de honorários advocatícios, nas ações acidentárias, é restrita ao segurado.

111. Os honorários advocatícios, nas ações previdenciárias, não incidem sobre as prestações vencidas após a sentença.

- Súmula alterada (*DJU* 04.10.2006).

112. O depósito somente suspende a exigibilidade do crédito tributário se for integral e em dinheiro.

113. Os juros compensatórios, na desapropriação direta, incidem a partir da imissão na posse, calculado sobre o valor da indenização, corrigido monetariamente.

114. Os juros compensatórios, na desapropriação indireta, incidem a partir da ocupação, calculados sobre o valor da indenização, corrigido monetariamente.

115. Na instância especial é inexistente recurso interposto por advogado sem procuração nos autos.

116. A Fazenda Pública e o Ministério Público têm prazo em dobro para interpor agravo regimental no Superior Tribunal de Justiça.

117. A inobservância do prazo de 48 (quarenta e oito) horas, entre a publicação de pauta e julgamento sem a presença das partes, acarreta nulidade.

118. O agravo de instrumento é o recurso cabível da decisão que homologa a atualização do cálculo da liquidação.

119. A ação de desapropriação indireta prescreve em 20 (vinte) anos.

120. O oficial de farmácia, inscrito no Conselho Regional de Farmácia, pode ser responsável técnico por drogaria.

121. Na execução fiscal o devedor deverá ser intimado, pessoalmente, do dia e hora da realização do leilão.

122. Compete à Justiça Federal o processo e julgamento unificado dos crimes conexos de competência federal e estadual, não se aplicando a regra do art. 78, II, *a*, do Código de Processo Penal.

123. A decisão que admite, ou não, o recurso especial deve ser fundamentada, com o exame dos seus pressupostos gerais e constitucionais.

124. A Taxa de Melhoramento dos Portos tem base de cálculo diversa do Imposto de Importação, sendo legítima a sua cobrança sobre a importação de mercadorias de países signatários do Gatt, da Alalc ou Aladi.

125. O pagamento de férias não gozadas por necessidade do serviço não está sujeito à incidência do Imposto de Renda.

126. É inadmissível recurso especial, quando o acórdão recorrido assenta em fundamentos constitucional e infraconstitucional, qualquer deles suficiente, por si só, para

STJ

SÚMULAS SELECIONADAS

mantê-lo, e a parte vencida não manifesta recurso extraordinário.

127. É ilegal condicionar a renovação da licença de veículo ao pagamento de multa, da qual o infrator não foi notificado.

128. Na execução fiscal haverá segundo leilão, se no primeiro não houver lanço superior à avaliação.

129. O exportador adquire o direito de transferência de crédito do ICMS quando realiza a exportação do produto e não ao estocar a matéria-prima.

130. A empresa responde, perante o cliente, pela reparação de dano ou furto de veículo ocorridos em seu estacionamento.

131. Nas ações de desapropriação inclui-se no cálculo da verba advocatícia as parcelas relativas aos juros compensatórios e moratórios, devidamente corrigidas.

132. A ausência de registro da transferência não implica a responsabilidade do antigo proprietário por dano resultante de acidente que envolva o veículo alienado.

133. A restituição da importância adiantada, à conta de contrato de câmbio, independe de ter sido a antecipação efetuada nos 15 (quinze) dias anteriores ao requerimento da concordata.

134. Embora intimado da penhora em imóvel do casal, o cônjuge do executado pode opor embargos de terceiro para defesa de sua meação.

135. O ICMS não incide na gravação e distribuição de filmes e videoteipes.

136. O pagamento de licença-prêmio não gozada por necessidade do serviço não está sujeito ao Imposto de Renda.

137. Compete à Justiça Comum Estadual processar e julgar ação de servidor público municipal, pleiteando direitos relativos ao vínculo estatutário.

138. O ISS incide na operação de arrendamento mercantil de coisas móveis.

139. Cabe à Procuradoria da Fazenda Nacional propor execução fiscal para cobrança de crédito relativo ao ITR.

140. Compete à Justiça Comum Estadual processar e julgar crime em que o indígena figure como autor ou vítima.

141. Os honorários de advogado em desapropriação direta são calculados sobre a diferença entre a indenização e a oferta, corrigidas monetariamente.

143. Prescreve em 5 (cinco) anos a ação de perdas e danos pelo uso de marca comercial.

144. Os créditos de natureza alimentícia gozam de preferência, desvinculados os precatórios da ordem cronológica dos créditos de natureza diversa.

145. No transporte desinteressado, de simples cortesia, o transportador só será civilmente responsável por danos causados ao transportado quando incorrer em dolo ou culpa grave.

146. O segurado, vítima de novo infortúnio, faz jus a um único benefício somado ao salário de contribuição vigente no dia do acidente.

147. Compete à Justiça Federal processar e julgar os crimes praticados contra funcionário público federal, quando relacionados com o exercício da função.

148. Os débitos relativos a benefício previdenciário, vencidos e cobrados em juízo após a vigência da Lei 6.899/81, devem ser corrigidos monetariamente na forma prevista nesse diploma legal.

149. A prova exclusivamente testemunhal não basta à comprovação da atividade rurícola, para efeito da obtenção de benefício previdenciário.

150. Compete à Justiça Federal decidir sobre a existência de interesse jurídico que justifique a presença, no processo, da União, suas autarquias ou empresas públicas.

151. A competência para o processo e julgamento por crime de contrabando ou descaminho define-se pela prevenção do Juízo Federal do lugar da apreensão dos bens.

153. A desistência da execução fiscal, após o oferecimento dos embargos, não exime o exequente dos encargos da sucumbência.

154. Os optantes pelo FGTS, nos termos da Lei 5.958/73, têm direito a taxa progressiva dos juros, na forma do art. 4º da Lei 5.107/66.

STJ

SÚMULAS SELECIONADAS

155. O ICMS incide na importação de aeronave, por pessoa física, para uso próprio.

156. A prestação de serviço de composição gráfica, personalizada e sob encomenda, ainda que envolva fornecimento de mercadorias, está sujeita, apenas, ao ISS.

158. Não se presta a justificar embargos de divergência o dissídio com acórdão de Turma ou Seção que não mais tenha competência para a matéria neles versada.

159. O benefício acidentário, no caso de contribuinte que perceba remuneração variável, deve ser calculado com base na média aritmética dos últimos 12 (doze) meses de contribuição.

160. É defeso, ao Município, atualizar o IPTU, mediante decreto, em percentual superior ao índice oficial de correção monetária.

161. É da competência da Justiça Estadual autorizar o levantamento dos valores relativos ao PIS/Pasep e FGTS, em decorrência do falecimento do titular da conta.

162. Na repetição de indébito tributário, a correção monetária incide a partir do pagamento indevido.

163. O fornecimento de mercadorias com a simultânea prestação de serviços em bares, restaurantes e estabelecimentos similares constitui fato gerador do ICMS a incidir sobre o valor total da operação.

164. O prefeito municipal, após a extinção do mandato, continua sujeito a processo por crime previsto no art. 1º do Dec.-lei 201, de 27 de fevereiro de 1967.

165. Compete à Justiça Federal processar e julgar crime de falso testemunho cometido no processo trabalhista.

166. Não constitui fato gerador do ICMS o simples deslocamento de mercadoria de um para outro estabelecimento do mesmo contribuinte.

167. O fornecimento de concreto, por empreitada, para construção civil, preparado no trajeto até a obra em betoneiras acopladas a caminhões, é prestação de serviço, sujeitando-se apenas à incidência do ISS.

168. Não cabem embargos de divergência, quando a jurisprudência do Tribunal se firmou no mesmo sentido do acórdão embargado.

169. São inadmissíveis embargos infringentes no processo de mandado de segurança.

170. Compete ao juízo onde primeiro for intentada a ação envolvendo acumulação de pedidos, trabalhista e estatutário, decidi-la nos limites da sua jurisdição sem prejuízo do ajuizamento de nova causa, com o pedido remanescente, no juízo próprio.

173. Compete à Justiça Federal processar e julgar o pedido de reintegração em cargo público federal, ainda que o servidor tenha sido dispensado antes da instituição do Regime Jurídico Único.

175. Descabe o depósito prévio nas ações rescisórias propostas pelo INSS.

176. É nula a cláusula contratual que sujeita o devedor à taxa de juros divulgada pela Anbid/Cetip.

177. O Superior Tribunal de Justiça é incompetente para processar e julgar, originariamente, mandado de segurança contra ato de órgão colegiado presidido por Ministro de Estado.

178. O INSS não goza de isenção do pagamento de custas e emolumentos, nas ações acidentárias e de benefícios propostas na Justiça Estadual.

179. O estabelecimento de crédito que recebe dinheiro, em depósito judicial, responde pelo pagamento da correção monetária relativa aos valores recolhidos.

181. É admissível ação declaratória, visando a obter certeza quanto à exata interpretação de cláusula contratual.

- V. Súmula 5, STJ.

182. É inviável o agravo do art. 545 do CPC que deixa de atacar especificamente os fundamentos da decisão agravada.

184. A microempresa de representação comercial é isenta do imposto de renda.

185. Nos depósitos judiciais, não incide o Imposto sobre Operações Financeiras.

186. Nas indenizações por ato ilícito, os juros compostos somente são devidos por aquele que praticou o crime.

187. É deserto o recurso interposto para o Superior Tribunal de Justiça, quando o recor-

SÚMULAS SELECIONADAS

rente não recolhe na origem, a importância das despesas de remessa e retorno dos autos.

188. Os juros moratórios, na repetição do indébito tributário, são devidos a partir do trânsito em julgado da sentença.

• Súmula republicada (*DJU* 21.11.1997).

189. É desnecessária a intervenção do Ministério Público nas execuções fiscais.

190. Na execução fiscal, processada perante a Justiça Estadual, cumpre à Fazenda Pública antecipar o numerário destinado ao custeio das despesas com o transporte dos oficiais de justiça.

193. O direito de uso de linha telefônica pode ser adquirido por usucapião.

194. Prescreve em 20 (vinte) anos a ação para obter, do construtor, indenização por defeitos da obra.

195. Em embargos de terceiro não se anula ato jurídico, por fraude contra credores.

196. Ao executado que, citado por edital ou por hora certa, permanecer revel, será nomeado curador especial, com legitimidade para apresentação de embargos.

197. O divórcio direto pode ser concedido sem que haja prévia partilha de bens.

198. Na importação de veículo por pessoa física, destinado a uso próprio, incide o ICMS.

199. Na execução hipotecária de crédito vinculado ao Sistema Financeiro da Habitação, nos termos da Lei 5.741/71, a petição inicial deve ser instruída com, pelo menos, dois avisos de cobrança.

201. Os honorários advocatícios não podem ser fixados em salários mínimos.

202. A impetração de segurança por terceiro, contra ato judicial, não se condiciona à interposição de recurso.

203. Não cabe recurso especial contra decisão proferida por órgão de segundo grau dos Juizados Especiais.

• Súmula alterada (*DJU* 03.06.2002).

204. Os juros de mora nas ações relativas a benefícios previdenciários incidem a partir da citação válida.

205. A Lei 8.009/90 aplica-se à penhora realizada antes de sua vigência.

206. A existência de vara privativa, instituída por lei estadual, não altera a competência territorial resultante das leis de processo.

207. É inadmissível recurso especial quando cabíveis embargos infringentes contra o acórdão proferido no tribunal de origem.

209. Compete à Justiça Estadual processar e julgar prefeito por desvio de verba transferida e incorporada ao patrimônio municipal.

210. A ação de cobrança das contribuições para o FGTS prescreve em 30 (trinta) anos.

211. Inadmissível recurso especial quanto à questão que, a despeito da oposição de embargos declaratórios, não foi apreciada pelo tribunal *a quo*.

212. A compensação de créditos tributários não pode ser deferida em ação cautelar ou por medida liminar cautelar ou antecipatória.

• Súmula alterada (*DJU* 23.05.2005).

213. O mandado de segurança constitui ação adequada para a declaração do direito à compensação tributária.

214. O fiador na locação não responde por obrigações resultantes de aditamento ao qual não anuiu.

215. A indenização recebida pela adesão ao programa de incentivo à demissão voluntária não está sujeita à incidência do imposto de renda.

216. A tempestividade de recurso interposto no Superior Tribunal de Justiça é aferida pelo registro no protocolo da Secretaria e não pela data da entrega na agência do correio.

218. Compete à Justiça dos Estados processar e julgar ação de servidor estadual decorrente de direitos e vantagens estatutárias no exercício de cargo em comissão.

219. Os créditos decorrentes de serviços prestados à massa falida, inclusive a remuneração do síndico, gozam dos privilégios próprios dos trabalhistas.

221. São civilmente responsáveis pelo ressarcimento de dano, decorrente de publicação pela imprensa, tanto o autor do escrito quanto o proprietário do veículo de divulgação.

STJ

SÚMULAS SELECIONADAS

222. Compete à Justiça Comum processar e julgar as ações relativas à contribuição sindical prevista no art. 578 da CLT.

223. A certidão de intimação do acórdão recorrido constitui peça obrigatória do instrumento de agravo.

224. Excluído do feito o ente federal, cuja presença levara o Juiz Estadual a declinar da competência, deve o Juiz Federal restituir os autos e não suscitar conflito.

226. O Ministério Público tem legitimidade para recorrer na ação de acidente do trabalho, ainda que o segurado esteja assistido por advogado.

227. A pessoa jurídica pode sofrer dano moral.

228. É inadmissível o interdito proibitório para a proteção do direito autoral.

229. O pedido do pagamento de indenização à seguradora suspende o prazo de prescrição até que o segurado tenha ciência da decisão.

232. A Fazenda Pública, quando parte no processo, fica sujeita à exigência do depósito prévio dos honorários do perito.

233. O contrato de abertura de crédito, ainda que acompanhado de extrato da conta-corrente, não é título executivo.

235. A conexão não determina a reunião dos processos, se um deles já foi julgado.

237. Nas operações com cartão de crédito, os encargos relativos ao financiamento não são considerados no cálculo do ICMS.

238. A avaliação da indenização devida ao proprietário do solo, em razão de alvará de pesquisa mineral, é processada no Juízo Estadual da situação do imóvel.

239. O direito à adjudicação compulsória não se condiciona ao registro do compromisso de compra e venda no cartório de imóveis.

240. A extinção do processo, por abandono da causa pelo autor, depende de requerimento do réu.

242. Cabe ação declaratória para reconhecimento do tempo de serviço para fins previdenciários.

245. A notificação destinada a comprovar a mora nas dívidas garantidas por alienação fiduciária dispensa a indicação do valor do débito.

246. O valor do seguro obrigatório deve ser deduzido da indenização judicialmente fixada.

247. O contrato de abertura de crédito em conta-corrente, acompanhado do demonstrativo de débito, constitui documento hábil para o ajuizamento da ação monitória.

248. Comprovada a prestação dos serviços, a duplicata não aceita, mas protestada, é título hábil para instruir pedido de falência.

249. A Caixa Econômica Federal tem legitimidade passiva para integrar processo em que se discute correção monetária do FGTS.

250. É legítima a cobrança de multa fiscal de empresa em regime de concordata.

251. A meação só responde pelo ato ilícito quando o credor, na execução fiscal, provar que o enriquecimento dele resultante aproveitou ao casal.

253. O art. 557 do CPC, que autoriza o relator a decidir o recurso, alcança o reexame necessário.

254. A decisão do Juízo Federal que exclui da relação processual ente federal não pode ser reexaminada no Juízo Estadual.

255. Cabem embargos infringentes contra acórdão, proferido por maioria, em agravo retido, quando se tratar de matéria de mérito.

257. A falta de pagamento do prêmio do seguro obrigatório de Danos Pessoais Causados por Veículos Automotores de Vias Terrestres (DPVAT) não é motivo para a recusa do pagamento da indenização.

258. A nota promissória vinculada a contrato de abertura de crédito não goza de autonomia em razão da iliquidez do título que a originou.

259. A ação de prestação de contas pode ser proposta pelo titular de conta-corrente bancária.

260. A convenção de condomínio aprovada, ainda que sem registro, é eficaz para regular as relações entre os condôminos.

STJ

SÚMULAS SELECIONADAS

261. A cobrança de direitos autorais pela retransmissão radiofônica de músicas, em estabelecimentos hoteleiros, deve ser feita conforme a taxa média de utilização do equipamento, apurada em liquidação.

262. Incide o imposto de renda sobre o resultado das aplicações financeiras realizadas pelas cooperativas.

264. É irrecorrível o ato judicial que apenas manda processar a concordata preventiva.

- V. Lei 11.101/2005 (Lei de Recuperação de Empresas e Falência).

268. O fiador que não integrou a relação processual na ação de despejo não responde pela execução do julgado.

270. O protesto pela preferência de crédito, apresentado por ente federal em execução que tramita na Justiça Estadual, não desloca a competência para a Justiça Federal.

271. A correção monetária dos depósitos judiciais independe de ação específica contra o banco depositário.

273. Intimada a defesa da expedição de carta precatória, torna-se desnecessária intimação da data da audiência no juízo deprecado.

274. O ISS incide sobre o valor dos serviços de assistência médica, incluindo-se neles as refeições, os medicamentos e as diárias hospitalares.

275. O auxiliar de farmácia não pode ser responsável técnico por farmácia ou drogaria.

276. As sociedades civis de prestação de serviços profissionais são isentas da Cofins, irrelevante o regime tributário adotado.

277. Julgada procedente a investigação de paternidade, os alimentos são devidos a partir da citação.

278. O termo inicial do prazo prescricional, na ação de indenização, é a data em que o segurado teve ciência inequívoca da incapacidade laboral.

279. É cabível execução por título extrajudicial contra a Fazenda Pública.

280. O art. 35, do Decreto-lei 7.661, de 1945, que estabelece a prisão administrativa, foi revogado pelos incisos LXI e LXVII do art. 5º da Constituição Federal.

281. A indenização por dano moral não está sujeita à tarifação prevista na Lei de Imprensa.

282. Cabe a citação por edital em ação monitória.

283. As empresas administradoras de cartão de crédito são instituições financeiras e, por isso, os juros remuneratórios por elas cobrados não sofrem as limitações da Lei de Usura.

- V. Súmula 596, STF.

284. A purga da mora, nos contratos de alienação fiduciária, só é permitida quando já pagos pelo menos 40% (quarenta por cento) do valor financiado.

285. Nos contratos bancários posteriores ao Código de Defesa do Consumidor incide a multa moratória nele prevista.

286. A renegociação de contrato bancário ou a confissão da dívida não impede a possibilidade de discussão sobre eventuais ilegalidades dos contratos anteriores.

287. A Taxa Básica Financeira (TBF) não pode ser utilizada como indexador de correção monetária nos contratos bancários.

288. A Taxa de Juros de Longo Prazo (TJLP) pode ser utilizada como indexador de correção monetária nos contratos bancários.

289. A restituição das parcelas pagas a plano de previdência privada deve ser objeto de correção plena, por índice que recomponha a efetiva desvalorização da moeda.

290. Nos planos de previdência privada, não cabe ao beneficiário a devolução da contribuição efetuada pelo patrocinador.

291. A ação de cobrança de parcelas de complementação de aposentadoria pela previdência privada prescreve em 5 (cinco) anos.

- V. Súmula 427, STJ.

292. A reconvenção é cabível na ação monitória, após a conversão do procedimento em ordinário.

293. A cobrança antecipada do valor residual garantido (VRG) não descaracteriza o contrato de arrendamento mercantil.

294. Não é potestativa a cláusula contratual que prevê a comissão de permanência, calculada pela taxa média de mercado apurada

STJ

SÚMULAS SELECIONADAS

pelo Banco Central do Brasil, limitada à taxa do contrato.

295. A Taxa Referencial (TR) é indexador válido para contratos posteriores à Lei 8.177/1991, desde que pactuada.

296. Os juros remuneratórios, não cumuláveis com a comissão de permanência, são devidos no período de inadimplência, à taxa média de mercado estipulada pelo Banco Central do Brasil, limitada ao percentual contratado.

297. O Código de Defesa do Consumidor é aplicável às instituições financeiras.

298. O alongamento de dívida originada de crédito rural não constitui faculdade da instituição financeira, mas, direito do devedor nos termos da lei.

299. É admissível a ação monitória fundada em cheque prescrito.

300. O instrumento de confissão de dívida, ainda que originário de contrato de abertura de crédito, constitui título executivo extrajudicial.

301. Em ação investigatória, a recusa do suposto pai a submeter-se ao exame de DNA induz presunção *juris tantum* de paternidade.

302. É abusiva a cláusula contratual de plano de saúde que limita no tempo a internação hospitalar do segurado.

303. Em embargos de terceiro, quem deu causa à constrição indevida deve arcar com os honorários advocatícios.

304. É ilegal a decretação da prisão civil daquele que não assume expressamente o encargo de depositário judicial.

305. É descabida a prisão civil do depositário quando, decretada a falência da empresa, sobrévem a arrecadação do bem pelo síndico.

306. Os honorários advocatícios devem ser compensados quando houver sucumbência recíproca, assegurado o direito autônomo do advogado à execução do saldo sem excluir a legitimidade da própria parte.

307. A restituição de adiantamento de contrato de câmbio, na falência, deve ser atendida antes de qualquer crédito.

308. A hipoteca firmada entre a construtora e o agente financeiro, anterior ou posterior à celebração da promessa de compra e venda, não tem eficácia perante os adquirentes do imóvel.

309. O débito alimentar que autoriza a prisão civil do alimentante é o que compreende as três prestações anteriores ao ajuizamento da execução e as que se vencerem no curso do processo.

• Súmula alterada (*DJU* 24.04.2006).

311. Os atos do presidente do tribunal que disponham sobre processamento e pagamento de precatório não têm caráter jurisdicional.

312. No processo administrativo para imposição de multa de trânsito, são necessárias as notificações da autuação e da aplicação da pena decorrente da infração.

313. Em ação de indenização, procedente o pedido, é necessária a constituição de capital ou caução fidejussória para a garantia de pagamento da pensão, independentemente da situação financeira do demandado.

314. Em execução fiscal, não localizados bens penhoráveis, suspende-se o processo por um ano, findo o qual se inicia o prazo da prescrição quinquenal intercorrente.

315. Não cabem embargos de divergência no âmbito do agravo de instrumento que não admite recurso especial.

316. Cabem embargos de divergência contra acórdão que, em agravo regimental, decide recurso especial.

317. É definitiva a execução de título extrajudicial, ainda que pendente apelação contra sentença que julgue improcedentes os embargos.

318. Formulado pedido certo e determinado, somente o autor tem interesse recursal em arguir o vício da sentença ilíquida.

319. O encargo de depositário de bens penhorados pode ser expressamente recusado.

320. A questão federal somente ventilada no voto vencido não atende ao requisito do prequestionamento.

• V. Súmulas 282 e 356, STF.

SÚMULAS SELECIONADAS

321. (Súmula cancelada – *DJE* **29.02.2016.)**
O Código de Defesa do Consumidor é aplicável à relação jurídica entre a entidade de previdência privada e seus participantes.

322. Para a repetição de indébito, nos contratos de abertura de crédito em conta-corrente, não se exige a prova do erro.

323. A inscrição do nome do devedor pode ser mantida nos serviços de proteção ao crédito até o prazo máximo de 5 (cinco) anos, independentemente da prescrição da execução.

- Súmula alterada (*DJE* 16.12.2009, disponibilizado em 15.12.2009).

325. A remessa oficial devolve ao Tribunal o reexame de todas as parcelas da condenação suportadas pela Fazenda Pública, inclusive dos honorários de advogado.

326. Na ação de indenização por dano moral, a condenação em montante inferior ao postulado na inicial não implica sucumbência recíproca.

327. Nas ações referentes ao Sistema Financeiro da Habitação, a Caixa Econômica Federal tem legitimidade como sucessora do Banco Nacional da Habitação.

328. Na execução contra instituição financeira, é penhorável o numerário disponível, excluídas as reservas bancárias mantidas no Banco Central.

329. O Ministério Público tem legitimidade para propor ação civil pública em defesa do patrimônio público.

331. A apelação interposta contra sentença que julga embargos à arrematação tem efeito meramente devolutivo.

332. A fiança prestada sem autorização de um dos cônjuges implica a ineficácia total da garantia.

333. Cabe mandado de segurança contra ato praticado em licitação promovida por sociedade de economia mista ou empresa pública.

334. O ICMS não incide no serviço dos provedores de acesso à Internet.

335. Nos contratos de locação, é válida a cláusula de renúncia à indenização das benfeitorias e ao direito de retenção.

336. A mulher que renunciou aos alimentos na separação judicial tem direito à pensão previdenciária por morte do ex-marido, comprovada a necessidade econômica superveniente.

339. É cabível ação monitória contra a Fazenda Pública.

342. No procedimento para aplicação de medida socioeducativa, é nula a desistência de outras provas em face da confissão do adolescente.

344. A liquidação por forma diversa da estabelecida na sentença não ofende a coisa julgada.

345. São devidos honorários advocatícios pela Fazenda Pública nas execuções individuais de sentença proferida em ações coletivas, ainda que não embargadas.

349. Compete à Justiça Federal ou aos juízes com competência delegada o julgamento das execuções fiscais de contribuições devidas pelo empregador ao FGTS.

350. O ICMS não incide sobre o serviço de habilitação de telefone celular.

351. A alíquota de contribuição para o Seguro de Acidente do Trabalho (SAT) é aferida pelo grau de risco desenvolvido em cada empresa, individualizada pelo seu CNPJ, ou pelo grau de risco da atividade preponderante quando houver apenas um registro.

352. A obtenção ou a renovação do Certificado de Entidade Beneficente de Assistência Social (Cebas) não exime a entidade do cumprimento dos requisitos legais supervenientes.

353. As disposições do Código Tributário Nacional não se aplicam às contribuições para o FGTS.

354. A invasão do imóvel é causa de suspensão do processo expropriatório para fins de reforma agrária.

355. É válida a notificação do ato de exclusão do programa de recuperação fiscal do Refis pelo *Diário Oficial* ou pela internet.

356. É legítima a cobrança da tarifa básica pelo uso dos serviços de telefonia fixa.

358. O cancelamento de pensão alimentícia de filho que atingiu a maioridade está sujeito à decisão judicial, mediante contraditório, ainda que nos próprios autos.

359. Cabe ao órgão mantenedor do Cadastro de Proteção ao Crédito a notificação do devedor antes de proceder à inscrição.

360. O benefício da denúncia espontânea não se aplica aos tributos sujeitos a lançamento por homologação regularmente declarados, mas pagos a destempo.

361. A notificação do protesto, para requerimento de falência da empresa devedora, exige a identificação da pessoa que a recebeu.

362. A correção monetária do valor da indenização do dano moral incide desde a data do arbitramento.

363. Compete à Justiça estadual processar e julgar a ação de cobrança ajuizada por profissional liberal contra cliente.

364. O conceito de impenhorabilidade de bem de família abrange também o imóvel pertencente a pessoas solteiras, separadas e viúvas.

- V. Lei 11.101/2005 (Lei de Recuperação de Empresas e Falência).

365. A intervenção da União como sucessora da Rede Ferroviária Federal S/A (RFFSA) desloca a competência para a Justiça Federal ainda que a sentença tenha sido proferida por Juízo estadual.

367. A competência estabelecida pela EC n. 45/2004 não alcança os processos já sentenciados.

368. Compete à Justiça comum estadual processar e julgar os pedidos de retificação de dados cadastrais da Justiça Eleitoral.

369. No contrato de arrendamento mercantil (*leasing*), ainda que haja cláusula resolutiva expressa, é necessária a notificação prévia do arrendatário para constituí-lo em mora.

370. Caracteriza dano moral a apresentação antecipada de cheque pré-datado.

371. Nos contratos de participação financeira para a aquisição de linha telefônica, o Valor Patrimonial da Ação (VPA) é apurado com base no balancete do mês da integralização.

372. Na ação de exibição de documentos, não cabe a aplicação de multa cominatória.

373. É ilegítima a exigência de depósito prévio para admissibilidade de recurso administrativo.

374. Compete à Justiça Eleitoral processar e julgar a ação para anular débito decorrente de multa eleitoral.

375. O reconhecimento da fraude à execução depende do registro da penhora do bem alienado ou da prova de má-fé do terceiro adquirente.

376. Compete a turma recursal processar e julgar o mandado de segurança contra ato de juizado especial.

379. Nos contratos bancários não regidos por legislação específica, os juros moratórios poderão ser convencionados até o limite de 1% (um por cento) ao mês.

380. A simples propositura da ação de revisão de contrato não inibe a caracterização da mora do autor.

381. Nos contratos bancários, é vedado ao julgador conhecer, de ofício, da abusividade das cláusulas.

382. A estipulação de juros remuneratórios superiores a 12% (doze por cento) ao ano, por si só, não indica abusividade.

383. A competência para processar e julgar as ações conexas de interesse de menor é, em princípio, do foro do domicílio do detentor de sua guarda.

384. Cabe ação monitória para haver saldo remanescente oriundo de venda extrajudicial de bem alienado fiduciariamente em garantia.

- V. arts. 700 a 702, CPC/2015.

385. Da anotação irregular em cadastro de proteção ao crédito, não cabe indenização por dano moral, quando preexistente legítima inscrição, ressalvado o direito ao cancelamento.

386. São isentas de imposto de renda as indenizações de férias proporcionais e o respectivo adicional.

387. É lícita a cumulação das indenizações de dano estético e dano moral.

388. A simples devolução indevida de cheque caracteriza dano moral.

389. A comprovação do pagamento do "custo do serviço" referente ao fornecimen-

SÚMULAS SELECIONADAS

to de certidão de assentamentos constantes dos livros da companhia é requisito de procedibilidade da ação de exibição de documentos ajuizada em face da sociedade anônima.

390. Nas decisões por maioria, em reexame necessário, não se admitem embargos infringentes.

391. O ICMS incide sobre o valor da tarifa de energia elétrica correspondente à demanda de potência efetivamente utilizada.

392. A Fazenda Pública pode substituir a certidão de dívida ativa (CDA) até a prolação da sentença de embargos, quando se tratar de correção de erro material ou formal, vedada a modificação do sujeito passivo da execução.

393. A exceção de pré-executividade é admissível na execução fiscal relativamente às matérias conhecíveis de ofício que não demandem dilação probatória.

394. É admissível, em embargos à execução, compensar os valores de imposto de renda retidos indevidamente na fonte com os valores restituídos apurados na declaração anual.

- Súmula republicada (*DJE* 21.10.2009, disponibilizado em 20.10.2009).

395. O ICMS incide sobre o valor da venda a prazo constante da nota fiscal.

396. A Confederação Nacional da Agricultura tem legitimidade ativa para a cobrança da contribuição sindical rural.

397. O contribuinte do IPTU é notificado do lançamento pelo envio do carnê ao seu endereço.

398. A prescrição da ação para pleitear os juros progressivos sobre os saldos de conta vinculada do FGTS não atinge o fundo de direito, limitando-se às parcelas vencidas.

399. Cabe à legislação municipal estabelecer o sujeito passivo do IPTU.

400. O encargo de 20% (vinte por cento) previsto no DL 1.025/1969 é exigível na execução fiscal proposta contra a massa falida.

401. O prazo decadencial da ação rescisória só se inicia quando não for cabível qualquer recurso do último pronunciamento judicial.

402. O contrato de seguro por danos pessoais compreende os danos morais, salvo cláusula expressa de exclusão.

403. Independe de prova do prejuízo a indenização pela publicação não autorizada de imagem de pessoa com fins econômicos ou comerciais.

404. É dispensável o aviso de recebimento (AR) na carta de comunicação ao consumidor sobre a negativação de seu nome em bancos de dados e cadastros.

405. A ação de cobrança do seguro obrigatório (DPVAT) prescreve em 3 (três) anos.

406. A Fazenda Pública pode recusar a substituição do bem penhorado por precatório.

407. É legítima a cobrança da tarifa de água fixada de acordo com as categorias de usuários e as faixas de consumo.

408. Nas ações de desapropriação, os juros compensatórios incidentes após a Medida Provisória 1.577, de 11/06/1997, devem ser fixados em 6% (seis por cento) ao ano até 13/09/2001 e, a partir de então, em 12% (doze por cento) ao ano, na forma da Súmula 618 do Supremo Tribunal Federal.

409. Em execução fiscal, a prescrição ocorrida antes da propositura da ação pode ser decretada de ofício (art. 219, § 5º, do CPC).

410. A prévia intimação pessoal do devedor constitui condição necessária para a cobrança de multa pelo descumprimento de obrigação de fazer ou não fazer.

411. É devida a correção monetária ao creditamento do IPI quando há oposição ao seu aproveitamento decorrente de resistência ilegítima do Fisco.

412. A ação de repetição de indébito de tarifas de água e esgoto sujeita-se ao prazo prescricional estabelecido no Código Civil.

414. A citação por edital na execução fiscal é cabível quando frustradas as demais modalidades.

417. Na execução civil, a penhora de dinheiro na ordem de nomeação de bens não tem caráter absoluto.

418. É inadmissível o recurso especial interposto antes da publicação do acórdão dos embargos de declaração, sem posterior ratificação.

Súmulas Selecionadas

419. Descabe a prisão civil do depositário judicial infiel.

420. Incabível, em embargos de divergência, discutir o valor de indenização por danos morais.

421. Os honorários advocatícios não são devidos à Defensoria Pública quando ela atua contra a pessoa jurídica de direito público à qual pertença.

423. A Contribuição para Financiamento da Seguridade Social – Cofins incide sobre as receitas provenientes das operações de locação de bens móveis.

424. É legítima a incidência de ISS sobre os serviços bancários congêneres da lista anexa ao DL 406/1968 e à LC 56/1987.

425. A retenção da contribuição para a seguridade social pelo tomador do serviço não se aplica às empresas optantes pelo Simples.

429. A citação postal, quando autorizada por lei, exige o aviso de recebimento.

430. O inadimplemento da obrigação tributária pela sociedade não gera, por si só, a responsabilidade solidária do sócio-gerente.

431. É ilegal a cobrança de ICMS com base no valor da mercadoria submetido ao regime de pauta fiscal.

432. As empresas de construção civil não estão obrigadas a pagar ICMS sobre mercadorias adquiridas como insumos em operações interestaduais.

433. O produto semielaborado, para fins de incidência de ICMS, é aquele que preenche cumulativamente os três requisitos do art. 1º da Lei Complementar 65/1991.

435. Presume-se dissolvida irregularmente a empresa que deixar de funcionar no seu domicílio fiscal, sem comunicação aos órgãos competentes, legitimando o redirecionamento da execução fiscal para o sócio-gerente.

436. A entrega de declaração pelo contribuinte reconhecendo débito fiscal constitui o crédito tributário, dispensada qualquer outra providência por parte do fisco.

437. A suspensão da exigibilidade do crédito tributário superior a quinhentos mil reais para opção pelo Refis pressupõe a homologação expressa do comitê gestor e a constituição de garantia por meio do arrolamento de bens.

446. Declarado e não pago o débito tributário pelo contribuinte, é legítima a recusa de expedição de certidão negativa ou positiva com efeito de negativa.

447. Os Estados e o Distrito Federal são partes legítimas na ação de restituição de imposto de renda retido na fonte proposta por seus servidores.

448. A opção pelo Simples de estabelecimentos dedicados às atividades de creche, pré-escola e ensino fundamental é admitida somente a partir de 24/10/2000, data de vigência da Lei 10.034/2000.

453. Os honorários sucumbenciais, quando omitidos em decisão transitada em julgado, não podem ser cobrados em execução ou em ação própria.

454. Pactuada a correção monetária nos contratos do SFH pelo mesmo índice aplicável à caderneta de poupança, incide a taxa referencial (TR) a partir da vigência da Lei 8.177/1991.

457. Os descontos incondicionais nas operações mercantis não se incluem na base de cálculo do ICMS.

458. A contribuição previdenciária incide sobre a comissão paga ao corretor de seguros.

459. A Taxa Referencial (TR) é o índice aplicável, a título de correção monetária, aos débitos com o FGTS recolhidos pelo empregador mas não repassados ao fundo.

460. É incabível o mandado de segurança para convalidar a compensação tributária realizada pelo contribuinte.

461. O contribuinte pode optar por receber, por meio de precatório ou por compensação, o indébito tributário certificado por sentença declaratória transitada em julgado.

463. Incide imposto de renda sobre os valores percebidos a título de indenização por horas extraordinárias trabalhadas, ainda que decorrentes de acordo coletivo.

464. A regra de imputação de pagamentos estabelecida no art. 354 do Código Civil não se aplica às hipóteses de compensação tributária.

STJ

Súmulas selecionadas

467. Prescreve em 5 (cinco) anos, contados do término do processo administrativo, a pretensão da Administração Pública de promover a execução da multa por infração ambiental.

468. A base de cálculo do PIS, até a edição da MP 1.212/1995, era o faturamento ocorrido no sexto mês anterior ao do fato gerador.

472. A cobrança de comissão de permanência – cujo valor não pode ultrapassar a soma dos encargos remuneratórios e moratórios previstos no contrato – exclui a exigibilidade dos juros remuneratórios, moratórios e da multa contratual.

474. A indenização do seguro DPVAT, em caso de invalidez parcial do beneficiário, será paga de forma proporcional ao grau da invalidez.

479. As instituições financeiras respondem objetivamente pelos danos gerados por fortuito interno relativo a fraudes e delitos praticados por terceiros no âmbito de operações bancárias.

480. O juízo da recuperação judicial não é competente para decidir sobre a constrição de bens não abrangidos pelo plano de recuperação da empresa.

481. Faz jus ao benefício da justiça gratuita a pessoa jurídica com ou sem fins lucrativos que demonstrar sua impossibilidade de arcar com os encargos processuais.

482. A falta de ajuizamento da ação principal no prazo do art. 806 do CPC acarreta a perda da eficácia da liminar deferida e a extinção do processo cautelar.

483. O INSS não está obrigado a efetuar depósito prévio do preparo por gozar das prerrogativas e privilégios da Fazenda Pública.

484. Admite-se que o preparo seja efetuado no primeiro dia útil subsequente, quando a interposição do recurso ocorrer após o encerramento do expediente bancário.

485. A Lei de Arbitragem aplica-se aos contratos que contenham cláusula arbitral, ainda que celebrados antes da sua edição.

486. É impenhorável o único imóvel residencial do devedor que esteja locado a terceiros, desde que a renda obtida com a locação seja revertida para a subsistência ou a moradia da sua família.

487. O parágrafo único do art. 741 do CPC não se aplica às sentenças transitadas em julgado em data anterior à da sua vigência.

488. O § 2º do art. 6º da Lei 9.469/1997, que obriga à repartição dos honorários advocatícios, é inaplicável a acordos ou transações celebrados em data anterior à sua vigência.

489. Reconhecida a continência, devem ser reunidas na Justiça Federal as ações civis públicas propostas nesta e na Justiça estadual.

490. A dispensa de reexame necessário, quando o valor da condenação ou do direito controvertido for inferior a sessenta salários mínimos, não se aplica a sentenças ilíquidas.

494. O benefício fiscal do ressarcimento do crédito presumido do IPI relativo às exportações incide mesmo quando as matérias-primas ou os insumos sejam adquiridos de pessoa física ou jurídica não contribuinte do PIS/Pasep.

495. A aquisição de bens integrantes do ativo permanente da empresa não gera direito a creditamento de IPI.

497. Os créditos das autarquias federais preferem aos créditos da Fazenda estadual desde que coexistam penhoras sobre o mesmo bem.

498. Não incide imposto de renda sobre a indenização por danos morais.

499. As empresas prestadoras de serviços estão sujeitas às contribuições ao Sesc e Senac, salvo se integradas noutro serviço social.

505. A competência para processar e julgar as demandas que têm por objeto obrigações decorrentes dos contratos de planos de previdência privada firmados com a Fundação Rede Ferroviária de Seguridade Social – Refer é da Justiça estadual.

* V. Súmula 365, STJ.

508. A isenção da Cofins concedida pelo art. 6º, II, da LC 70/1991 às sociedades civis de prestação de serviços profissionais foi revogada pelo art. 56 da Lei 9.430/1996.

509. É lícito ao comerciante de boa-fé aproveitar os créditos de ICMS decorrentes

TFR

SÚMULAS SELECIONADAS

dônea, quando demonstrada a veracidade da compra e venda.

515. A reunião de execuções fiscais contra o mesmo devedor constitui faculdade do Juiz.

516. A contribuição de intervenção no domínio econômico para o Incra (Decreto-lei 1.110/1970), devida por empregadores rurais e urbanos, não foi extinta pelas Leis 7.787/1989, 8.212/1991 e 8.213/1991, não podendo ser compensada com a contribuição ao INSS.

518. Para fins do art. 105, III, *a*, da Constituição Federal, não é cabível recurso especial fundado em alegada violação de enunciado de súmula.

521. A legitimidade para a execução fiscal de multa pendente de pagamento imposta em sentença condenatória é exclusiva da Procuradoria da Fazenda Pública.

523. A taxa de juros de mora incidente na repetição de indébito de tributos estaduais deve corresponder à utilizada para cobrança do tributo pago em atraso, sendo legítima a incidência da taxa Selic, em ambas as hipóteses, quando prevista na legislação local, vedada sua cumulação com quaisquer outros índices.

524. No tocante à base de cálculo, o ISSQN incide apenas sobre a taxa de agenciamento quando o serviço prestado por sociedade empresária de trabalho temporário for de intermediação, devendo, entretanto, englobar também os valores dos salários e encargos sociais dos trabalhadores por ela contratados nas hipóteses de fornecimento de mão de obra.

553. Nos casos de empréstimo compulsório sobre o consumo de energia elétrica, é competente a Justiça estadual para o julgamento de demanda proposta exclusivamente contra a Eletrobrás. Requerida a intervenção da União no feito após a prolação de sentença pelo juízo estadual, os autos devem ser remetidos ao Tribunal Regional Federal competente para o julgamento da apelação se deferida a intervenção.

554. Na hipótese de sucessão empresarial, a responsabilidade da sucessora abrange não apenas os tributos devidos pela sucedida, mas também as multas moratórias ou punitivas referentes a fatos geradores ocorridos até a data da sucessão.

555. Quando não houver declaração do débito, o prazo decadencial quinquenal para o Fisco constituir o crédito tributário conta-se exclusivamente na forma do art. 173, I, do CTN, nos casos em que a legislação atribui ao sujeito passivo o dever de antecipar o pagamento sem prévio exame da autoridade administrativa.

556. É indevida a incidência de imposto de renda sobre o valor da complementação de aposentadoria pago por entidade de previdência privada e em relação ao resgate de contribuições recolhidas para referidas entidades patrocinadoras no período de 1°.01.1989 a 31.12.1995, em razão da isenção concedida pelo art. 6°, VII, *b*, da Lei 7.713/1988, na redação anterior à que lhe foi dada pela Lei 9.250/1995.

558. Em ações de execução fiscal, a petição inicial não pode ser indeferida sob o argumento da falta de indicação do CPF e/ou RG ou CNPJ da parte executada.

559. Em ações de execução fiscal, é desnecessária a instrução da petição inicial com o demonstrativo de cálculo do débito, por tratar-se de requisito não previsto no art. 6° da Lei 6.830/1980.

560. A decretação da indisponibilidade de bens e direitos, na forma do art. 185-A do CTN, pressupõe o exaurimento das diligências na busca por bens penhoráveis, o qual fica caracterizado quando infrutíferos o pedido de constrição sobre ativos financeiros e a expedição de ofícios aos registros públicos do domicílio do executado, ao Denatran ou Detran.

569. Na importação, é indevida a exigência de nova certidão negativa de débito no desembaraço aduaneiro, se já apresentada a comprovação da quitação de tributos federais quando da concessão do benefício relativo ao regime de *drawback*.

571. A taxa progressiva de juros não se aplica às contas vinculadas ao FGTS de trabalhadores qualificados como avulsos.

3. TRIBUNAL FEDERAL DE RECURSOS

2. Nos termos do art. 3° do Dec.-lei 730/69, pode a Comissão Executiva do Conselho de Política Aduaneira estabelecer preço de referência e baixar a respectiva resolução.

TFR

SÚMULAS SELECIONADAS

4. É compatível com o art. 19 do Código Tributário Nacional a disposição do art. 23 do Dec.-lei 37/66.

5. A multa prevista no art. 60, item I, da Lei 3.244, de 1957, na redação do art. 169 do Dec.-lei 37, de 1966, não se aplica ao caso de embarque da mercadoria no Exterior após o vencimento do prazo de validade da respectiva guia de importação.

6. A multa prevista no art. 60, item I, da Lei 3.244, de 1957, na redação do art. 169 do Dec.-lei 37, de 1966, não se aplica ao caso de embarque da mercadoria no Exterior antes de emitida a guia de importação mas chegada ao território nacional depois da expedição do referido documento.

7. O art. 51 do Código de Propriedade Industrial (Lei 5.772, de 21.12.71) também se aplica aos pedidos de privilégio.

10. Considera-se como termo inicial dos prazos do art. 24 da Lei 5.772/71 (Código de Propriedade Industrial), para os depósitos anteriores a essa Lei, a data de sua vigência.

12. A regra do § 1º do art. 15, da Lei 4.862, de 1965, somente se refere a decisões proferidas na instância administrativa.

13. A Justiça Federal é competente para o processo e julgamento da ação de usucapião, desde que o bem usucapiendo confronte com imóvel da União, autarquias ou empresas públicas federais.

14. O processo e julgamento de ação possessória relativa a terreno do domínio da União, autarquias e empresas públicas federais, somente são da competência da Justiça Federal, quando dela participar qualquer dessas entidades, como autora, ré, assistente ou opoente.

15. Compete à Justiça Federal julgar mandado de segurança contra ato que diga respeito ao ensino superior, praticado por dirigente de estabelecimento particular.

16. Compete à Justiça Estadual julgar mandado de segurança contra ato referente ao ensino de 1º e 2º graus e exames supletivos (Lei 5.692/71), salvo se praticado por autoridade federal.

19. Compete ao Tribunal Federal de Recursos julgar conflito de jurisdição entre Auditor Militar e Juiz de Direito dos Estados em que haja Tribunal Militar Estadual (CF, art. 192).

21. Após a Emenda Constitucional n. 7, de 1977, a competência para o processo e julgamento das ações de indenização, por danos ocorridos em mercadorias, no transporte aéreo, é da Justiça Comum Estadual, ainda quando se discuta a aplicação da Convenção de Varsóvia relativamente ao limite da responsabilidade do transportador.

24. A avaliação da indenização devida ao proprietário do solo, em razão de alvará de pesquisa mineral, é processada no juízo estadual da situação do imóvel.

25. É aplicável a correção monetária, em razão da mora no pagamento da indenização decorrente de seguro obrigatório.

27. É legítima a exigência do Adicional ao Frete para a Renovação da Marinha Mercante (AFRMM), e importação sob regime aduaneiro de *drawback*, realizada antes da vigência do Dec.-lei 1.626, de 1º de junho de 1978.

28. O preço de referência (Dec.-lei 1.111, de 1970, art. 2º) aplica-se também às importações, provenientes de países membros da Alalc.

29. Os certificados de quitação e de regularidade não podem ser negados, enquanto pendente de decisão, na via administrativa, o débito levantado.

32. Na execução por carta (CPC, art. 747 c/c art. 658), os embargos do devedor serão decididos no Juízo deprecante, salvo se versarem unicamente vícios ou defeitos da penhora, avaliação ou alienação dos bens.

33. O Juízo deprecado, na execução por carta, é o competente para julgar os embargos de terceiro, salvo se o bem apreendido foi indicado pelo Juízo deprecante.

34. O duplo grau de jurisdição (CPC, art. 475, II) é aplicável quando se trata de sentença proferida contra a União, o Estado e o Município, só incidindo, em relação às autarquias, quando estas forem sucumbentes na execução da dívida ativa (CPC, art. 475, III).

* V. art. 10, Lei 9.469/1997 (Aplicação para as autarquias e fundações públicas do disposto nos arts. 188 e 475, *caput* e II, CPC).

TFR

SÚMULAS SELECIONADAS

38. Os certificados de quitação e de regularidade de situação não podem ser negados, se o débito estiver garantido por penhora regular (Código Tributário Nacional, art. 206).

39. Não está sujeita ao Imposto de Renda a indenização recebida por pessoa jurídica em decorrência de desapropriação amigável ou judicial.

40. A execução fiscal da Fazenda Pública Federal será proposta perante o Juiz de Direito da Comarca do domicílio do devedor, desde que não seja ela sede de Vara da Justiça Federal.

- V. Súmula 349, STJ.

42. Salvo convenção das partes, o processo expropriatório não se suspende por motivo de dúvida fundada sobre o domínio.

43. O direito de crédito a que se refere o art. 36 do Ripi, Dec. 70.162, de 18 de fevereiro de 1972, restringe-se às máquinas, aparelhos e equipamentos produzidos no País, não se estendendo a mercadorias importadas, de idêntica natureza, provenientes de país signatário do Acordo Geral de Tarifas e Comércio (Gatt).

44. Ajuizada a execução fiscal anteriormente à falência, com penhora realizada antes desta, não ficam os bens penhorados sujeitos à arrecadação no juízo falimentar; proposta a execução fiscal contra a massa falida, a penhora far-se-á no rosto dos autos do processo da quebra, citando-se o síndico.

45. As multas fiscais, sejam moratórias ou punitivas, estão sujeitas à correção monetária.

46. Nos casos de devolução do depósito efetuado em garantia de instância e de repetição do indébito tributário, a correção monetária é calculada desde a data do depósito ou do pagamento indevido e incide até o efetivo recebimento da importância reclamada.

47. Cancelado o débito fiscal, a correção monetária, relativa à restituição da importância depositada em garantia de instância, incide a partir da data da efetivação do depósito.

48. Não cabem embargos infringentes a acórdão proferido em agravo de petição, em execução fiscal, após a vigência do Código de Processo Civil de 1973.

49. Compete à Justiça Estadual processar e julgar as causas em que são partes instituições financeiras em regime de liquidação extrajudicial, salvo se a União, suas entidades autárquicas e empresas públicas forem interessadas na condição de autoras, rés, assistentes ou opoentes.

51. Compete à Justiça Estadual decidir pedido de brasileira naturalizada para adicionar patronímico de companheiro brasileiro nato.

53. Compete à Justiça Estadual processar e julgar questões pertinentes ao Direito de Família, ainda que estas objetivem reivindicação de benefícios previdenciários.

58. Não é absoluta a competência definida no art. 96, do Código de Processo Civil, relativamente à abertura de inventário, ainda que existente interesse de menor, podendo a ação ser ajuizada em foro diverso do domicílio do inventariado.

59. A autoridade fiscal de primeiro grau que expede a notificação para pagamento do tributo está legitimada passivamente para a ação de segurança, ainda que sobre a controvérsia haja decisão, em grau de recurso, de conselho de contribuintes.

60. Compete à Justiça Federal decidir da admissibilidade de mandado de segurança impetrado contra atos de dirigentes de pessoas jurídicas privadas, ao argumento de estarem agindo por delegação do poder público federal.

61. Para configurar a competência da Justiça Federal, é necessário que a União, entidade autárquica ou empresa pública federal, ao intervir como assistente, demonstre legítimo interesse jurídico no deslinde da demanda, não bastando a simples alegação de interesse na causa.

62. Compete à Justiça Federal processar e julgar ação de desapropriação promovida por concessionária de energia elétrica, se a União intervém como assistente.

64. A mulher que dispensou, no acordo de desquite, a prestação de alimentos, conserva, não obstante, o direito à pensão decorrente do óbito do marido, desde que comprovada a necessidade do benefício.

65. Nas operações realizadas com a empresa *Investors Overseas Services*, é indevida a

SÚMULAS SELECIONADAS

aplicação da multa aos investidores, cabendo a estes apenas o pagamento do Imposto do Selo.

66. Compete à Justiça do Trabalho processar e julgar os litígios decorrentes das relações de trabalho entre os municípios de território federal e seus empregados.

67. Compete à Justiça Federal processar e julgar os litígios decorrentes das relações de trabalho entre os territórios federais e seus empregados.

68. A correção monetária não incide nas aquisições de unidades residenciais do INPS, quando a opção de compra tiver sido anterior à vigência do Dec.-lei 19/66, sendo irrelevantes, em face da Lei 5.049/66, o valor ou a área do imóvel.

69. Incumbe ao expropriante pagar o salário do assistente técnico do expropriado.

70. Os juros moratórios, na desapropriação, fluem a partir do trânsito em julgado da sentença que fixa a indenização.

71. A correção monetária incide sobre as prestações de benefícios previdenciários em atraso, observado o critério do salário mínimo vigente na época da liquidação da obrigação.

72. Compete à Justiça do Trabalho processar e julgar os litígios decorrentes das relações de trabalho entre as fundações instituídas por lei federal e seus empregados.

73. Não cabe exigir dos Municípios o certificado de quitação, ou de regularidade de situação.

74. Os juros compensatórios, na desapropriação, incidem a partir da imissão na posse e são calculados, até a data do laudo, sobre o valor simples da indenização e, desde então, sobre referido valor corrigido monetariamente.

75. Na desapropriação, a correção monetária prevista no § 2º do art. 26 do Dec.-lei 3.365/41, incide a partir da data do laudo de avaliação, observando-se a Lei 5.670/71.

76. Em tema de Imposto de Renda, a desclassificação da escrita somente se legitima na ausência de elementos concretos que permitam a apuração do lucro real da empresa, não a justificando simples atraso na escrita.

77. Cabem embargos infringentes a acórdão não unânime proferido em remessa *ex officio* (Código de Processo Civil, art. 475).

78. Proposta a ação no prazo fixado para o seu exercício, a demora na citação, por motivos inerentes ao mecanismo da Justiça, não justifica o acolhimento da arguição de prescrição ou decadência.

80. É legítima a cobrança da taxa de despacho aduaneiro de empresas de energia elétrica no período compreendido entre a vigência do Dec.-lei 37, de 1966, e a data da extinção do tributo.

81. Mármores e granitos afeiçoados ao emprego final, mediante processo de industrialização, estão sujeitos ao Imposto sobre Produtos Industrializados.

82. Compete à Justiça do Trabalho processar e julgar as reclamações pertinentes ao cadastramento no Plano de Integração Social (PIS) ou indenização compensatória pela falta deste, desde que não envolvam relações de trabalho dos servidores da União, suas autarquias e empresas públicas.

83. Compete à Justiça Federal processar e julgar reclamação trabalhista movida contra representação diplomática de país estrangeiro, inclusive para decidir sobre a preliminar de imunidade de jurisdição.

85. A contribuição previdenciária da empresa, por serviços prestados pelo trabalhador autônomo, passou a ser devida a partir da vigência do Dec.-lei 959, de 13 de outubro de 1969.

86. Estendem-se às empresas de construção civil, que tenham aderido ao programa de contenção de preços, os favores fiscais constantes do art. 35, § 2º, da Lei 4.862, de 1965.

87. Compete à Justiça Comum Estadual o processo e julgamento da ação de cobrança de contribuições sindicais.

88. Compete à Justiça do Trabalho o processo e julgamento de reclamação ajuizada contra a Rede Ferroviária S.A., por servidor cedido pela União.

89. Compete à Junta de Conciliação e Julgamento, sediada em comarca do interior, cumprir carta precatória expedida por juiz federal, em matéria trabalhista.

TFR

SÚMULAS SELECIONADAS

• A EC n. 24/1999 substituiu as Juntas de Conciliação e Julgamento por Varas do Trabalho (juiz singular) e extinguiu a representação classista na Justiça do Trabalho.

92. O pagamento dos tributos, para efeito de extinção de punibilidade (Dec.-lei 157/67, art. 2º; STF, Súmula 560), não elide a pena de perdimento de bens autorizada pelo art. 23, Dec.-lei 1.455/76.

93. A multa decorrente do atraso no pagamento das contribuições previdenciárias não é aplicável às pessoas de direito público.

94. Provadas as despesas com assistência médico-hospitalar prestada a segurado, vítima de acidente de trânsito, tem o INPS direito à sub-rogação perante a seguradora responsável pelo seguro obrigatório.

96. As companhias distribuidoras de títulos e valores mobiliários estão sujeitas a registro nos Conselhos Regionais de Economia.

97. As resoluções do Conselho de Política Aduaneira, destinadas à fixação de pauta de valor mínimo, devem conter motivação expressa.

99. A Fazenda Pública, nas execuções fiscais, não está sujeita a prévio depósito para custear despesas do avaliador.

100. O lucro obtido com a exportação de açúcar demerara, adquirido e exportado pelo Instituto do Açúcar e do Álcool, está isento do Imposto de Renda.

101. As multas fiscais não são dedutíveis como despesas operacionais, para fins do Imposto de Renda.

102. A regra inscrita no art. 205 da Constituição, com a redação da Emenda Constitucional n. 7, de 1977, não é de aplicabilidade imediata, porque dependente de lei regulamentadora.

103. Compete ao Tribunal Federal de Recursos processar e julgar, originariamente, mandado de segurança impetrado contra ato de órgão colegiado presidido por ministro de Estado.

105. Aos prazos em curso no período compreendido entre 20 de dezembro e 6 de janeiro, na Justiça Federal, aplica-se a regra do art. 179 do Código de Processo Civil.

106. A seguradora não tem direito à restituição do Imposto sobre Produtos Industrializados, no caso de sinistro ocorrido com mercadorias, após a sua saída do estabelecimento produtor.

107. A ação de cobrança do crédito previdenciário contra a Fazenda Pública está sujeita à prescrição quinquenal estabelecida no Dec.-lei 20.910/32.

108. A constituição do crédito previdenciário está sujeita ao prazo de decadência de 5 (cinco) anos.

109. A desapropriação iniciada segundo o procedimento previsto no Dec.-lei 512, de 1969, prosseguirá na forma da Lei das Desapropriações por Utilidade Pública, no caso de manifesta discordância do expropriado com o preço oferecido.

110. Os juros compensatórios, na desapropriação, são calculados à taxa de 12% (doze por cento) ao ano.

111. Os embargos do devedor devem ser previamente preparados no prazo de 30 (trinta) dias, contado da intimação do despacho que determinar o seu pagamento.

112. Em execução fiscal, a responsabilidade pessoal do sócio-gerente de sociedade por quotas, decorrente de violação da lei ou excesso de mandato, não atinge a meação de sua mulher.

114. Compete à Justiça Comum Estadual processar e julgar as causas entre os sindicatos e seus associados.

117. A regra do art. 236, § 2º, do Código de Processo Civil, não incide quando o procurador da República funciona como advogado da União, ressalvada a disposição inscrita no art. 25 da Lei 6.830/80.

118. Na ação expropriatória, a revelia do expropriado não implica em aceitação do valor da oferta e, por isso, não autoriza a dispensa da avaliação.

119. A partir da vigência do Código de Processo Civil de 1973, é cabível acumulação da multa contratual com honorários advocatícios na execução hipotecária, regida pela Lei 5.741/71.

120. A decisão proferida em processo de retificação do registro civil, a fim de fazer prova junto à administração militar, não faz coisa julgada relativamente à União, se esta não houver sido citada para o feito.

TFR

SÚMULAS SELECIONADAS

121. Não cabe mandado de segurança contra ato ou decisão, de natureza jurisdicional, emanado de relator ou presidente de turma.

122. A companheira, atendidos os requisitos legais, faz jus à pensão do segurado falecido, quer em concorrência com os filhos do casal, quer em sucessão a estes, não constituindo obstáculo a ocorrência do óbito antes da vigência do Dec.-lei 66, de 1966.

124. Prescreve em 20 (vinte) anos a ação do beneficiário, ou do terceiro sub-rogado nos direitos deste, fundada no seguro obrigatório de responsabilidade civil.

126. Na cobrança de crédito previdenciário, proveniente da execução de contrato de construção de obra, o proprietário, dono da obra ou condômino de unidade imobiliária, somente será acionado quando não for possível lograr do construtor, através de execução contra ele intentada, a respectiva liquidação.

129. É exigível das autarquias o depósito previsto no art. 488, II, do Código de Processo Civil, para efeito de processamento da ação rescisória.

130. No cálculo do Imposto de Renda, não se inclui o ágio cambial pago na aquisição da moeda estrangeira a ser remetida para o Exterior a título de juros devidos.

131. A partir do exercício de 1967, o contribuinte do Imposto de Renda, para fazer jus à alíquota minorada de 3% (três por cento), prevista no art. 53 da Lei 4.504, de 1964, deverá comprovar o cadastramento do imóvel no Incra.

132. Os fundos de reserva e os lucros suspensos, enquanto não distribuídos, integram o patrimônio da sociedade e devem ser considerados para efeito de tributação, ainda que pessoa pública detenha a maioria das ações do seu capital.

133. Compete à Justiça Comum Estadual processar e julgar prefeito municipal acusado de desvio de verba recebida em razão de convênio firmado com a União Federal.

134. Não cabe ação rescisória por violação de literal disposição de lei se, ao tempo em que foi prolatada a sentença rescindenda, a interpretação era controvertida nos tribunais, embora posteriormente se tenha fixado favoravelmente à pretensão do autor.

136. A correção monetária, na desapropriação, deve ser calculada com base na variação nominal das Obrigações do Tesouro Nacional (OTN).

138. A pena de perdimento de veículo, utilizado em contrabando ou descaminho, somente se justifica se demonstrada, em procedimento regular, a responsabilidade do seu proprietário na prática do ilícito.

139. Mercadoria estrangeira importada de países signatários do Gatt ou do Tratado de Montevidéu para a Zona Franca de Manaus está isenta do pagamento do Adicional ao Frete para Renovação da Marinha Mercante – AFRMM.

141. Nas ações de desapropriação, computam-se, no cálculo da verba advocatícia, as parcelas relativas aos juros compensatórios e moratórios, devidamente corrigidas.

142. A limitação administrativa *non aedificandi* imposta aos terrenos marginais das estradas de rodagem, em zona rural, não afeta o domínio do proprietário, nem obriga a qualquer indenização.

143. Os serviços de composição e impressão gráficas, personalizados, previstos no art. 8º, § 1º, do Dec.-lei 406, de 1968, com as alterações introduzidas pelo Dec.-lei 834, de 1969, estão sujeitos apenas ao ISS, não incidindo o IPI.

144. Para que faça jus à isenção da quota patronal relativa a contribuições previdenciárias, é indispensável comprove a entidade filantrópica ter sido declarada de utilidade pública por decreto federal.

145. Extingue-se o processo de mandado de segurança, se o autor não promover, no prazo assinado, a citação do litisconsorte necessário.

146. A "quota de previdência" relativa aos serviços prestados pelos Estados, Municípios e suas autarquias incide sobre tarifas ou preços públicos, mesmo no regime anterior ao Dec.-lei 1.505, de 1976, não atingindo, porém, as taxas, entendidas estas na restrita acepção de espécie do gênero tributo.

147. É indispensável a instauração do procedimento administrativo, a que alude o art. 27 do Dec.-lei 1.455/76, para aplicação da pena de perdimento de mercadorias impor-

TFR

SÚMULAS SELECIONADAS

tadas, cujo prazo de permanência em recintos alfandegados tenha-se expirado.

148. É competente a Justiça Comum Estadual para processar e julgar ação cível proposta contra o Escritório Central de Arrecadação e Distribuição – Ecad.

153. Constituído, no quinquênio, através de auto de infração ou notificação de lançamento, o crédito tributário, não há falar em decadência, fluindo, a partir daí, em princípio, o prazo prescricional, que, todavia, fica em suspenso, até que sejam decididos os recursos administrativos.

154. A Fazenda Pública, nas execuções fiscais, não está sujeita a prévio depósito para custear as despesas do oficial de justiça.

159. É legítima a divisão da pensão previdenciária entre a esposa e a companheira, atendidos os requisitos exigidos.

161. Não se inclui na base de cálculo do PIS a parcela relativa ao IPI.

163. Nas relações jurídicas de trato sucessivo, em que a Fazenda Pública figure como devedora, somente prescrevem as prestações vencidas antes do quinquênio anterior à propositura da ação.

164. O gozo dos benefícios fiscais dos arts. 13 e 14, da Lei 4.239, de 1963, até o advento do Dec.-lei 1.598, de 1977, não se restringia aos rendimentos industriais ou agrícolas do empreendimento.

165. A isenção do Imposto de Importação, concedida por Resolução do CPA, não exclui a mercadoria da alíquota minorada de 1% (um por cento), prevista na Lista Nacional Brasileira, para a Taxa de Melhoramento dos Portos.

166. Os Municípios não estão sujeitos ao recolhimento do salário-educação.

167. A contribuição previdenciária não incide sobre o valor da habitação fornecida por empresa agroindustrial, a título de liberalidade, a seus empregados, em observância a acordo coletivo de trabalho.

168. O encargo de 20%, do Dec.-lei 1.025, de 1969, é sempre devido nas execuções fiscais da União e substitui, nos embargos, a condenação do devedor em honorários advocatícios.

169. Na Comarca em que não foi criada Junta de Conciliação e Julgamento, é competente o juiz de direito para processar e julgar litígios de natureza trabalhista.

- A EC n. 24/1999 substituiu as Juntas de Conciliação e Julgamento por Varas do Trabalho (juiz singular) e extinguiu a representação classista na Justiça do Trabalho.

174. A partir da vigência do Dec.-lei 1.418, de 1975, o Imposto de Renda incide na fonte sobre a remessa de divisas para o Exterior, em pagamento de serviços técnicos, de assistência técnica, administrativa e semelhantes, ali prestados por empresa estrangeira, sem prejuízo das isenções previstas no Dec.-lei 1.446, de 1976.

175. A base de cálculo da contribuição Funrural é o valor comercial da mercadoria, neste incluído o ICM, se devido.

182. É ilegítimo o lançamento do Imposto de Renda arbitrado com base apenas em extratos ou depósitos bancários.

183. Compete ao Juiz Federal do Distrito Federal processar e julgar mandado de segurança contra ato do Presidente do BNH.

184. Em execução movida contra sociedade de por quotas, o sócio-gerente, citado em nome próprio, não tem legitimidade para opor embargos de terceiro, visando livrar da constrição judicial seus bens particulares.

188. Na liquidação por cálculo do contador, a apelação da sentença homologatória ressente-se do pressuposto de admissibilidade, quando o apelante não tenha oferecido oportuna impugnação.

189. Proposta a execução fiscal, a posterior mudança de domicílio do executado não desloca a competência já fixada.

190. A intimação pessoal da penhora ao executado torna dispensável a publicação de que trata o art. 12 da Lei das Execuções Fiscais.

191. É compatível a exigência da contribuição para o PIS com o Imposto Único sobre Combustíveis e Lubrificantes.

192. O agente marítimo, quando no exercício exclusivo das atribuições próprias, não é considerado responsável tributário, nem se equipara ao transportador para efeitos do Dec.-lei 37, de 1966.

TFR

SÚMULAS SELECIONADAS

193. A majoração da alíquota do Adicional ao Frete para Renovação da Marinha Mercante não está sujeita ao princípio da anterioridade.

195. O mandado de segurança não é meio processual idôneo para dirimir litígios trabalhistas.

203. O procedimento sumário previsto na Lei 1.508/51, compreende também a iniciativa do Ministério Público para a ação penal, nas contravenções referentes à caça, conforme remissão feita pelo art. 34 da Lei 5.197/67.

204. O fato de a Lei 6.439/77, que instituiu o Sinpas, dizer que as entidades da Previdência Social têm sede e foro no Distrito Federal, podendo, provisoriamente, funcionar no Rio de Janeiro, não importa em que as ações contra elas interpostas devam ser necessariamente ajuizadas nesta última cidade.

206. O reajuste da base de cálculo de contribuições previdenciárias, instituído pelo art. 5º e parágrafos da Lei 6.332, de 1976, não está sujeito ao princípio da anterioridade.

207. Nas ações executivas regidas pela Lei 5.741/71, o praceamento do imóvel penhorado independe de avaliação.

208. A simples confissão da dívida, acompanhada do seu pedido de parcelamento, não configura denúncia espontânea.

209. Nas execuções fiscais da Fazenda Nacional, é legítima a cobrança cumulativa de juros de mora e multa moratória.

210. Na execução fiscal, não sendo encontrado o devedor, nem bens arrestáveis, é cabível a citação editalícia.

211. O Adicional ao Frete para Renovação da Marinha Mercante (AFRMM) não é devido na remessa de mercadoria nacional para a Zona Franca de Manaus.

213. O exaurimento da via administrativa não é condição para a propositura de ação de natureza previdenciária.

216. Compete à Justiça Federal processar e julgar mandado de segurança impetrado contra ato de autoridade previdenciária, ainda que localizada em comarca do interior.

217. No âmbito da Justiça Federal, aplica-se aos feitos trabalhistas o princípio da identidade física do juiz.

218. A sentença, proferida em ação expropriatória à qual se tenha atribuído valor igual ou inferior a 50 (cinquenta) OTNs, não está sujeita ao duplo grau obrigatório, nem enseja recurso de apelação.

219. Não havendo antecipação de pagamento, o direito de constituir o crédito previdenciário extingue-se decorridos 5 (cinco) anos do primeiro dia do exercício seguinte àquele em que ocorreu o fato gerador.

220. As mercadorias oriundas do estrangeiro, com simples trânsito em porto nacional, destinadas a outro País, não estão sujeitas ao pagamento de Taxa de Melhoramento dos Portos (TMP).

221. A Taxa de Melhoramento dos Portos (TMP), referente à mercadoria oriunda do estrangeiro com trânsito em porto nacional e destinada a outro porto nacional, somente é devida no destino.

224. O fato de não serem adjudicados bens que, levados a leilão, deixaram de ser arrematados, não acarreta a extinção do processo de execução.

227. A mudança de critério jurídico adotado pelo fisco não autoriza a revisão de lançamento.

234. Não cabe medida cautelar em ação rescisória para obstar os efeitos da coisa julgada.

235. A falta de peças de traslado obrigatório será suprida com a conversão do agravo de instrumento em diligência.

236. O empréstimo compulsório instituído pelo Dec.-lei 2.047, de 1983, não está sujeito ao princípio da anterioridade.

240. A intimação do representante judicial da Fazenda Pública, nos embargos à execução fiscal, será feita pessoalmente.

242. O bem alienado fiduciariamente não pode ser objeto de penhora nas execuções ajuizadas contra o devedor fiduciário.

244. A intervenção da União, suas autarquias e empresas públicas em concurso de credores ou de preferência não desloca a competência para a Justiça Federal.

SÚMULAS SELECIONADAS

247. Não constitui pressuposto da ação anulatória do débito fiscal o depósito de que cuida o art. 38 da Lei 6.830/80.

248. O prazo da prescrição interrompido pela confissão e parcelamento da dívida fiscal recomeça a fluir no dia em que o devedor deixa de cumprir o acordo celebrado.

252. O § 3º do art. 125 da Constituição Federal institui hipótese de competência relativa, pelo que não elide a competência concorrente da Justiça Federal.

253. A companheira tem direito a concorrer com outros dependentes à pensão militar, sem observância da ordem de preferência.

256. A falta de impugnação dos embargos do devedor não produz, em relação à Fazenda Pública, os efeitos de revelia.

257. Não rendem juros os depósitos judiciais na Caixa Econômica Federal a que se referem o Dec.-lei 759/69, art. 16, e o Dec.-lei 1.737/79, art. 3º.

258. Inclui-se na base de cálculo do PIS a parcela relativa ao ICM.

259. Não cabe agravo de instrumento em causa sujeita à alçada de que trata a Lei 6.825, de 1980, salvo se versar sobre valor da causa ou admissibilidade de recurso.

261. No litisconsórcio ativo voluntário, determina-se o valor da causa, para efeito de alçada recursal, dividindo-se o valor global pelo número de litisconsortes.

262. Não se vincula ao processo o juiz que não colheu prova em audiência.

263. A produção antecipada de provas, por si só, não previne a competência para a ação principal.

264. As cooperativas não estão sujeitas à tributação do Imposto de Renda por excesso de retirada de seus dirigentes.

ÍNDICES

Índice Alfabético-remissivo da Constituição da República Federativa do Brasil

Índice Alfabético-remissivo do Código Tributário Nacional, da Legislação e das Súmulas selecionadas

Índice Alfabético-remissivo do Código de Processo Civil, da Legislação e das Súmulas selecionadas

Índice de Súmulas

Índice Cronológico da Legislação Tributária e Processual Tributária

ÍNDICE ALFABÉTICO-REMISSIVO DA CONSTITUIÇÃO DA REPÚBLICA FEDERATIVA DO BRASIL

ABUSO DE PODER
– econômico; repressão: art. 173, § 4º
– *habeas corpus*; concessão: art. 5º, LXVIII
– mandado de segurança; concessão: art. 5º, LXIX
– no exercício de função, cargo ou emprego público; inelegibilidade: art. 14, § 9º

AÇÃO CIVIL PÚBLICA
– promoção pelo MP: art. 129, III

AÇÃO DECLARATÓRIA DE CONSTITUCIONALIDADE
– de lei ou ato normativo federal; processo e julgamento; STF: art. 102, I, *a*
– decisões definitivas de mérito; eficácia e efeito: art. 102, § 2º
– legitimidade: art. 103, *caput*

AÇÃO DIRETA DE INCONSTITUCIONALIDADE
– Advogado-Geral da União; citação: art. 103, § 3º
– de lei ou ato normativo federal ou estadual; processo e julgamento; STF: art. 102, I, *a*
– decisões definitivas de mérito; eficácia e efeito: art. 102, § 2º
– legitimidade: art. 103, *caput*
– Procurador-Geral da República; ouvida: art. 103, § 1º

AÇÃO PENAL PÚBLICA
– admissão de ação privada: art. 5º, LIX
– promoção pelo MP: art. 129, I

AÇÃO POPULAR
– propositura: art. 5º, LXXIII

AÇÃO RESCISÓRIA
– processo e julgamento; competência: arts. 102, I, *j*; 105, I; 108, I, *b*; ADCT, art. 27, § 10

AÇÃO TRABALHISTA
– prescrição; prazo: art. 7º, XXIX

ACORDOS INTERNACIONAIS
– competência do Congresso Nacional: art. 49, I

ADMINISTRAÇÃO PÚBLICA
– administração fazendária; áreas de ação: arts. 37, XVIII; 144, § 1º
– atos, fiscalização e controle: art. 49, X
– atos ilícitos contra o erário; prescrição: art. 37, § 5º
– cargos, empregos e funções: arts. 37, I, II, IV; 61, § 1º, II, *a*
– cargos em comissão e funções de confiança: art. 37, V e XVII
– cargos ou empregos; acumulação: art. 37, XVI, *c*; ADCT, art. 17, §§ 1º e 2º
– contas; fiscalização; controle externo: art. 71
– contratos; licitação: arts. 22, XXVII; 37, XXI
– créditos orçamentários ou adicionais; despesas excedentes: art. 167, II
– despesas; aumento: art. 63, I
– despesas com pessoal: art. 169; ADCT, art. 38, p.u.
– entidades sob intervenção ou liquidação extrajudicial; créditos; correção monetária: ADCT, art. 46
– federal; competência e funcionamento; competência privativa do Presidente da República: art. 84, VI

ÍNDICE REMISSIVO DA CF

- federal; metas e prioridades: art. 165, § 2º
- federal; Ministro de Estado; competência: art. 87, p.u.
- federal; plano plurianual; diretrizes; objetivos e metas: art. 165, § 1º
- finanças; legislação: art. 163, I
- fiscalização; controle externo e interno: art. 70
- gestão e consulta da documentação governamental: art. 216, § 2º
- gestão financeira e patrimonial; normas: art. 165, § 9º; ADCT, art. 35, § 2º
- improbidade: art. 37, § 4º
- informações privilegiadas: art. 37, § 7º
- inspeções e auditorias; Tribunal de Contas da União: art. 71, IV
- investimento; plano plurianual; inclusão: art. 167, § 1º
- Ministérios e outros órgãos; criação, estruturação e atribuições: arts. 48, X; 61, § 1º, II, e; 84, VI
- moralidade; ação popular: art. 5º, LXXIII
- orçamento fiscal; investimento e seguridade social: arts. 165, § 5º; 167, VIII
- pessoal; admissão sem concurso: art. 71, III
- pessoal; atos; apreciação da legalidade: ADCT, art. 19
- pessoal da administração direta; vencimentos: art. 39, § 1º
- prestação de contas; pessoa física ou entidade pública: art. 70, p.u.
- princípios e disposições gerais: arts. 37; 38
- publicidade dos órgãos: art. 37, § 1º
- reforma administrativa; regime e planos de carreira: art. 39, *caput*; ADCT, art. 24
- serviços públicos; licitação: art. 175, *caput*
- serviços públicos; taxas: art. 145, II
- servidor público; limites remuneratórios: art. 37, § 11
- servidor público; limites remuneratórios facultados aos Estados e ao Distrito Federal: art. 37, § 12
- servidor público; remuneração e subsídio: art. 37, XI
- sistema de controle interno; finalidade: art. 74, II

ADOÇÃO: art. 227, §§ 5º e 6º

ADVOGADO
- indispensabilidade; inviolabilidade: art. 133
- quinto constitucional: arts. 94; 107, I; 111-A, I; 115, I
- terço constitucional: art. 104, p.u., II
- vencimentos e vantagens: art. 135

ADVOGADO-GERAL DA UNIÃO
- ação de inconstitucionalidade; citação: art. 103, § 3º
- carreira: art. 131, § 2º
- crimes de responsabilidade; processo e julgamento: art. 52, II e p.u.
- nomeação: arts. 84, XVI; 131, § 1º
- requisitos: art. 131, § 1º

AGÊNCIAS FINANCEIRAS
- oficiais de fomento; política de aplicação: art. 165, § 2º

ÁGUAS
- bem dos Estados: art. 26, I
- consumo; fiscalização: art. 200, VI
- legislação; competência privativa da União: art. 22, IV

ALISTAMENTO ELEITORAL
- condição de elegibilidade: art. 14, § 3º, III
- inalistáveis: art. 14, § 2º
- obrigatório ou facultativo: art. 14, § 1º, I e II

AMÉRICA LATINA
- integração econômica, política, social e cultural: art. 4º, p.u.

ANALFABETO
- analfabetismo; erradicação: art. 214, I
- inelegibilidade: art. 14, § 4º
- voto facultativo: art. 14, § 1º, II, *a*

ANISTIA
- concessão; atribuição do Congresso Nacional: art. 48, VIII
- concessão; competência da União: art. 21, XVII

ÍNDICE REMISSIVO DA CF

- concessão; efeitos financeiros: ADCT, art. 8º, § 1º
- dirigentes e representantes sindicais: ADCT, art. 8º, § 2º
- fiscal e previdenciária: art. 150, § 6º
- servidores públicos civis: ADCT, art. 8º, § 5º
- STF: ADCT, art. 9º
- trabalhadores do setor privado: ADCT, art. 8º, § 2º

APOSENTADORIA
- aposentados e pensionistas; gratificação natalina: art. 201, § 6º
- concessão; requisitos e critérios diferenciados: art. 201, § 1º
- contagem de tempo; mandato gratuito: ADCT, art. 8º, § 4º
- ex-combatente; proventos integrais: ADCT, art. 53, V
- invalidez permanente; servidor público: art. 40, § 1º, I
- juízes togados; normas: ADCT, art. 21, p.u.
- magistrados: art. 93, VI e VIII
- professores; tempo de serviço: arts. 40, § 5º; 201, § 8º
- proventos; limites: ADCT, art. 17, caput
- servidor público; art. 40
- servidor público; aposentadoria compulsória: art. 40, § 1º, II; ADCT: art. 100
- servidor público; requisitos e critérios diferenciados; ressalvas: art. 40, § 4º
- trabalhadores de baixa renda e sem renda própria; serviço doméstico: art. 201, § 12
- trabalhadores urbanos e rurais: arts. 7º, XXIV; 201
- vedação; percepção simultânea de proventos: art. 37, § 10
- voluntária; servidor público; permanência em atividade; abono: art. 40, § 19

ARTES
- v. CULTURA e OBRAS

ASILO POLÍTICO
- concessão: art. 4º, X

ASSEMBLEIA LEGISLATIVA
- ação declaratória de constitucionalidade; legitimidade: art. 103, IV
- ação direta de inconstitucionalidade; legitimidade: art. 103, IV
- cargos; provimento: art. 27, § 3º
- competência: art. 27, § 3º
- composição: art. 27, caput
- composição; criação de Estado: art. 235, I
- Constituição Estadual; elaboração: ADCT, art. 11, caput
- emendas à Constituição Federal: art. 60, III
- Estado; desmembramento, incorporação e subdivisão: art. 48, VI
- intervenção estadual; apreciação: art. 36, §§ 1º a 3º
- polícia: art. 27, § 3º
- processo legislativo; iniciativa popular: art. 27, § 4º
- provimento de cargos: art. 27, § 3º
- Regimento Interno: art. 27, § 3º
- serviços administrativos: art. 27, § 3º

ASSISTÊNCIA JURÍDICA
- gratuita e integral; dever do Estado: art. 5º, LXXIV
- guarda do menor: art. 227, § 3º, VI
- habeas corpus e habeas data; gratuidade: art. 5º, LXXVII
- legislação concorrente: art. 24, XIII

ASSISTÊNCIA PÚBLICA
- competência comum: art. 23, II
- herdeiros e dependentes de pessoas vítimas de crime doloso: art. 245

ASSISTÊNCIA RELIGIOSA: art. 5º, VII
ASSISTÊNCIA SOCIAL
- adolescência; direitos: art. 227, § 4º
- contribuições sociais; competência para a instituição: art. 149
- infância; direitos: art. 227, § 7º
- instituições sem fins lucrativos; limitações ao poder de tributar: art. 150, VI, c, § 4º
- Município; contribuição: art. 149, §§ 1º a 4º
- objetivos; prestação: art. 203
- recursos, organização, diretrizes: art. 204

ÍNDICE REMISSIVO DA CF

ASSOCIAÇÃO
– atividade garimpeira: arts. 21, XXV; 174, § 3º
– colônias de pescadores: art. 8º, p.u.
– criação: art. 5º, XVIII
– desportiva; autonomia: art. 217, I
– dissolução compulsória ou suspensão das atividades: art. 5º, XIX
– funcionamento; interferência governamental: art. 5º, XVIII
– lei; apoio e estímulo: art. 174, § 2º
– liberdade: art. 5º, XVII e XX
– mandado de segurança coletivo: art. 5º, LXX, *b*
– representação: art. 5º, XXI
– representação; obras; aproveitamento econômico; fiscalização: art. 5º, XXVIII, *b*
– sindical; servidor público: art. 37, VI

ATIVIDADES NUCLEARES
– Congresso Nacional; aprovação: art. 21, XXIII, *a*
– Congresso Nacional; aprovação de iniciativa do Poder Executivo: art. 49, XIV
– exploração; monopólio; União: art. 21, XXIII
– fins pacíficos: art. 21, XXIII, *a*
– minérios e minerais nucleares; monopólio da União: art. 177, V
– Poder Executivo; iniciativa: art. 49, XIV
– radioisótopos; utilização: art. 21, XXIII, *b*
– radioisótopos de meia-vida igual ou inferior a duas horas; utilização: art. 21, XXIII, *c*
– responsabilidade civil: art. 21, XXIII, *d*
– usina nuclear; localização e definição legal: art. 225, § 6º

ATO JURÍDICO PERFEITO
– proteção: art. 5º, XXXVI

ATO PROCESSUAL
– publicidade; restrição: art. 5º, LX

ATOS INTERNACIONAIS
– *v.* ESTADO ESTRANGEIRO
– celebração; Presidente da República: art. 84, VIII

– competência; Congresso Nacional: art. 49, I

AUTARQUIA
– criação: art. 37, XIX
– criação de subsidiária; autorização legislativa: art. 37, XX
– exploração de atividade econômica; estatuto jurídico: art. 173, § 1º

BANCO CENTRAL DO BRASIL
– compra e venda de títulos do Tesouro Nacional: art. 164, § 2º
– depósito de disponibilidade de caixa da União: art. 164, § 3º
– emissão da moeda; competência da União: art. 164, *caput*
– empréstimos a instituição financeira ou ao Tesouro; vedação: art. 164, § 1º
– presidente e diretores; aprovação e nomeação: arts. 52, III, *d*; 84, XIV

BANIMENTO
– *v.* PENA

BENS
– confisco; tráfico de drogas: art. 243, p.u.
– da União: arts. 20, *caput*; 176, *caput*
– da União; faixa de fronteira: art. 20, § 2º
– Distrito Federal: ADCT, art. 16, § 3º
– do Estado-Membro: art. 26
– domínio da União; disposição; competência do Congresso Nacional: art. 48, V
– estrangeiros situados no Brasil; sucessão: art. 5º, XXXI
– imóveis; imposto sobre transmissão *inter vivos*: art. 156, II, § 2º; ADCT, art. 34, § 6º
– impostos sobre transmissão *causa mortis* e doação: art. 155, I e § 1º; ADCT, art. 34, § 6º
– indisponibilidade; improbidade administrativa: art. 37, § 4º
– ocupações e uso temporário; calamidade pública: art. 136, § 1º, II
– perdimento: art. 5º, XLV e XLVI
– privação: art. 5º, LIV
– requisição; estado de sítio: art. 139, VII

ÍNDICE REMISSIVO DA CF

- tráfego; limitação por meio de tributos: art. 150, V; ADCT, art. 34, § 1º
- valor artístico, cultural e histórico; proteção: art. 23, III e IV

BRASILEIRO
- adoção por estrangeiros: art. 227, § 5º
- cargos, empregos e funções públicos; acesso: art. 37, I, II e IV
- Conselho da República; participação: art. 89, VII
- direito à vida, à liberdade, à segurança e à propriedade: art. 5º, caput
- distinção; vedação: art. 19, III
- empresas jornalísticas e de radiodifusão; propriedade privativa: art. 222, caput
- energia hidráulica; aproveitamento dos potenciais: art. 176, § 1º
- extradição: art. 5º, LI
- nascido no estrangeiro; registro; repartição diplomática ou consular brasileira: ADCT, art. 95
- nato: art. 12, I
- nato; cargos privativos: arts. 12, § 3º; 87; 89, VII
- nato ou naturalizado; empresa jornalística e de radiodifusão sonora; atividades de seleção e direção; responsabilidade editorial: art. 222, § 2º
- naturalizado: art. 12, II
- naturalizado; equiparação a brasileiro nato: art. 12, § 2º
- naturalizado; extradição: art. 5º, LI
- recursos minerais; pesquisa e lavra: art. 176, § 1º

CALAMIDADE
- defesa permanente; planejamento; competência da União: art. 21, XVIII
- despesas extraordinárias; empréstimo compulsório: art. 148, I; ADCT, art. 34, § 1º

CÂMARA DOS DEPUTADOS
- v. CONGRESSO NACIONAL
- cargos, empregos e funções; criação, transformação, extinção e remuneração: art. 51, IV
- comissão; representação proporcional dos partidos: art. 58, § 1º
- comissão parlamentar de inquérito; criação e competência: art. 58, § 3º
- comissão permanente; composição e competência: art. 58, caput
- comissão temporária; composição e competência: art. 58, caput
- comissões; atribuições: art. 58, § 2º
- competência exclusiva: art. 51, IV
- competência privativa: art. 51, caput
- competência privativa; vedação de delegação: art. 68, § 1º
- composição: art. 45
- Congresso Nacional; convocação extraordinária: art. 57, § 6º
- Conselho da República; eleição de seus membros: art. 51, V
- Conselho da República; líderes partidários: art. 89, IV
- crime comum e de responsabilidade do Presidente da República; admissibilidade da acusação: art. 86
- deliberações; quorum: art. 47
- despesa pública; projeto sobre serviços administrativos: art. 63, II
- Distrito Federal; irredutibilidade de sua representação: ADCT, art. 4º, § 2º
- emendas à Constituição: art. 60, I
- emendas do Senado Federal; apreciação: art. 64, § 3º
- estado de sítio; suspensão da imunidade parlamentar: art. 53, § 7º
- Estado-membro; irredutibilidade de sua representação: ADCT, art. 4º, § 2º
- funcionamento: art. 51, § 4º
- iniciativa das leis complementares e ordinárias: art. 61, caput
- iniciativa legislativa popular: art. 61, § 2º
- legislatura; duração: art. 44, p.u.
- Mesa; ações declaratória de constitucionalidade e direta de inconstitucionalidade: art. 103, III
- Mesa; habeas data, mandado de injunção, mandado de segurança: art. 102, I, d

ÍNDICE REMISSIVO DA CF

- Mesa; pedido de informação a Ministro de Estado: art. 50, § 2º
- Mesa; representação proporcional dos partidos: art. 58, § 1º
- Ministro de Estado; convocação, pedidos de informação, comparecimento espontâneo: art. 50
- organização: art. 51, IV
- órgão do Congresso Nacional: art. 44, *caput*
- polícia: art. 51, IV
- Presidente; cargo privativo de brasileiro nato: art. 12, § 3º, II
- Presidente; exercício da Presidência da República: art. 80
- Presidente; membro do Conselho da República: art. 89, II
- Presidente; membro nato do Conselho de Defesa Nacional: art. 91, II
- projeto de lei; prazo de apreciação da solicitação de urgência: art. 64, §§ 2º e 4º
- Regimento Interno: art. 51, III
- sessão conjunta: art. 57, § 3º
- sistema eleitoral: art. 45, *caput*

CÂMARA LEGISLATIVA DO DISTRITO FEDERAL
- ações declaratória de constitucionalidade e direta de inconstitucionalidade; legitimidade: art. 103, IV
- composição: art. 32, *caput*

CÂMARA MUNICIPAL
- aprovação do Plano Diretor da Política de Desenvolvimento e Expansão Urbana: art. 182, § 1º
- competência; subsídios: art. 29, V
- composição: art. 29, IV
- fiscalização das contas do Município; controle externo: art. 31, §§ 1º e 2º
- fiscalização financeira e orçamentária dos Municípios: art. 31, *caput*
- funções legislativas e fiscalizadoras: art. 29, IX
- lei orgânica; Municípios: art. 29; ADCT, art. 11, p.u.
- política de desenvolvimento urbano; plano diretor; aprovação: art. 182, § 1º
- subsídios; Vereadores: art. 29, VI
- subsídios do Prefeito, Vice-Prefeito e Secretários Municipais; fixação: art. 29, V
- Vereadores; número: art. 29, IV; ADCT, art. 5º, § 4º

CÂMBIO
- administração e fiscalização; competência da União: art. 21, VIII
- disposições; competência do Congresso Nacional: art. 48, XIII
- operações; disposições: art. 163, VI
- política; legislação; competência privativa da União: art. 22, VII

CAPITAL ESTRANGEIRO
- investimentos; reinvestimento; lucros: art. 172
- participação; assistência à saúde; vedação: art. 199, § 3º
- participação; empresa jornalística e de radiodifusão; percentual: art. 222, §§ 1º e 4º

CARGOS PÚBLICOS
- acesso e investidura: art. 37, I, II e IV, § 2º
- acumulação: art. 37, XVI e XVII; ADCT, art. 17, §§ 1º e 2º
- acumulação; remuneração; subsídios: art. 37, XVI
- cargos em comissão e funções de confiança: art. 37, V; ADCT, art. 19, § 2º
- contratação por tempo determinado: art. 37, IX
- criação; transformação e extinção; remuneração: arts. 48, X; 96, II, *b*
- criação e remuneração; lei; iniciativa: art. 61, § 1º, II, *a*
- deficiente; reserva: art. 37, VIII
- estabilidade; perda; reintegração; disponibilidade; extinção; avaliação de desempenho: art. 41
- Estado; criação; provimento: art. 235
- nulidade dos atos de nomeação: art. 37, § 2º
- perda; critérios e garantias especiais: art. 247, *caput*
- perda; insuficiência de desempenho: art. 247, p.u.

1500

Índice Remissivo da CF

- Poder Judiciário; provimento: art. 96, I, c e e
- provimento e extinção; competência: art. 84, XXV
- remuneração; revisão; fixação; subsídios: art. 37, X e XI

CARTA ROGATÓRIA
- concessão e execução: arts. 105, I, i; 109, X

CARTEL
- vedação: art. 173, § 4º

CASAMENTO
- celebração gratuita: art. 226, § 1º
- dissolução: art. 226, § 6º
- religioso; efeito civil: art. 226, § 2º
- sociedade conjugal; igualdade de direitos entre o homem e a mulher: art. 226, § 5º
- união estável: art. 226, § 3º

CAVERNAS E SÍTIOS ARQUEOLÓGICOS
- v. CULTURA

CENSURA
- atividade intelectual, artística, científica e de comunicação: art. 5º, IX
- censor federal; funções; aproveitamento: ADCT, art. 23
- natureza política e ideológica; vedação: art. 220, § 2º

CIDADANIA
- direitos e deveres individuais e coletivos; gratuidade dos atos aos pobres: art. 5º, XXXIV
- fundamento: art. 1º, II
- legislação: arts. 22, XIII; 68, § 1º, II
- prerrogativas; mandado de injunção: art. 5º, LXXI

CIÊNCIA E TECNOLOGIA
- acesso à ciência; meios; competência: art. 23, V
- autonomia tecnológica; regulamentação nos termos da lei federal: art. 219
- cooperação entre União, Estados, DF e os Municípios: art. 219-A
- criações; patrimônio cultural brasileiro: art. 216, III
- desenvolvimento científico, pesquisa e capacitação tecnológica; promoção do Estado: art. 218
- empresas; investimentos; incentivo e proteção: art. 218, § 4º
- pesquisa; fomento: art. 218, § 5º
- política agrícola; incentivo à pesquisa e à tecnologia: art. 187, III
- recursos humanos; formação: art. 218, §§ 3º e 4º
- Sistema Nacional de Ciência, Tecnologia e Inovação (SNCTI): art. 219-B
- sistema único de saúde; incremento: art. 200, V

COISA JULGADA
- proteção: art. 5º, XXXVI

COMANDANTE DA MARINHA, EXÉRCITO E AERONÁUTICA
- crimes conexos; julgamento pelo Senado Federal: art. 52, I
- crimes de responsabilidade; processo e julgamento pelo STF: art. 102, I, c
- mandado de segurança, *habeas corpus* e *habeas data*; julgamento pelo STJ: art. 105, I, b e c
- membros natos do Conselho de Defesa Nacional: art. 91, VIII

COMBUSTÍVEIS
- líquidos e gasosos; impostos; instituição e normas: art. 155, II e §§ 3º e 4º; ADCT, art. 34, §§ 1º, 6º e 7º
- venda e revenda; regulamentação: art. 238

COMÉRCIO
- exterior; fiscalização e controle; fiscalização e controle pelo Ministério da Fazenda: art. 237
- exterior e interestadual; legislação; competência privativa da União: art. 22, VIII
- importação e exportação; petróleo e gás natural; monopólio da União: art. 177, III e § 4º
- importação e exportação; Zona Franca de Manaus: ADCT, art. 40
- minérios e minerais nucleares; monopólio da União: art. 177, V
- órgãos humanos; sangue e derivados; proibição: art. 199, § 4º

ÍNDICE REMISSIVO DA CF

– política agrícola; preços e garantia de comercialização: art. 187, II

COMISSÃO DE ESTUDOS TERRITORIAIS
– criação; composição e finalidade: ADCT, art. 12

COMISSÃO PARLAMENTAR DE INQUÉRITO (CPI)
– criação e competência: art. 58, § 3º
– inspeções e auditorias; Tribunal de Contas da União: art. 58, § 4º

COMPETÊNCIA
– documento histórico; proteção: art. 23, III
– geografia e geologia; organização e manutenção de serviços oficiais: art. 21, XV
– organização e manutenção de serviços de estatística: art. 21, XV
– requisição de documento comercial; autoridade estrangeira; autorização: art. 181
– União; classificação indicativa de diversões públicas: art. 21, XVI

COMPETÊNCIA LEGISLATIVA
– comum; abastecimento alimentar: art. 23, VIII
– concorrente; caça: art. 24, VI
– concorrente; direito econômico: art. 24, I
– concorrente; direito financeiro: art. 24, I
– concorrente; direito penitenciário: art. 24, I
– concorrente; direito tributário: art. 24, I
– concorrente; direito urbanístico: art. 24, I
– direito aeronáutico: art. 22, I
– direito agrário: art. 22, I
– direito civil: art. 22, I
– direito comercial; eleitoral; espacial: art. 22, I
– direito do trabalho: art. 22, I
– direito marítimo: art. 22, I
– direito penal: art. 22, I
– direito processual: art. 22, I
– geologia; sistema nacional; União: art. 22, VIII
– informática; União: art. 22, IV

– juizado de pequenas causas; legislação concorrente: art. 24, X
– radiodifusão; União: art. 22, IV
– sistema de consórcios: art. 22, XX
– sistema de medidas: art. 22, VI
– sistema estatístico nacional: art. 22, XVIII
– sistema monetário: art. 22, VI
– sorteios; União: art. 22, XX

COMUNICAÇÃO SOCIAL
– censura; vedação: art. 220, § 2º
– diversões e espetáculos públicos; regulação: art. 220, § 3º, I
– eletrônica; empresa jornalística e de radiodifusão: art. 222, § 3º
– empresa jornalística e de radiodifusão; alterações de controle societário: art. 222, § 5º
– empresa jornalística e de radiodifusão sonora e de sons e imagens; propriedade: art. 222
– informação jornalística; liberdade: art. 220, § 1º
– informação jornalística; vedação legal a restrições: art. 220, §§ 1º e 2º
– liberdade: art. 220, *caput*
– manifestação do pensamento, da criação e expressão; sem restrição: art. 220, *caput* e §§ 1º e 2º
– meio de comunicação social; monopólio e oligopólio; proibição: art. 220, § 5º
– monopólio ou oligopólio; vedação: art. 220, § 5º
– programa comercial; restrições legais; regulamentação: art. 220, § 4º; ADCT, art. 65
– propaganda comercial; restrições legais: art. 220, § 4º; ADCT, art. 65
– publicação impressa; autorização: art. 220, § 6º
– serviços de radiodifusão sonora e de sons e imagens; concessão, permissão e autorização: art. 223

CONCURSO PÚBLICO
– cargo público; acesso e investidura: art. 37, II, III, IV e § 2º

ÍNDICE REMISSIVO DA CF

- cargo público; justiça; provimento: art. 96, I, *e*
- ingresso; redes públicas; profissionais da educação escolar: art. 206, V
- juiz togado; estabilidade: ADCT, art. 21, *caput*
- serviço notarial e de registro; ingresso: art. 236, § 3º

CONFEDERAÇÃO SINDICAL
- ações declaratória de constitucionalidade e direta de inconstitucionalidade: art. 103, IX

CONGRESSO NACIONAL
- *v.* PODER LEGISLATIVO
- Comissão mista; atuação: ADCT, art. 26
- Comissão mista; despesas não autorizadas: art. 72
- Comissão mista; terras públicas: ADCT, art. 51
- fundos; ratificação; prazo: ADCT, art. 36
- recesso; prazos; exceção: art. 64, § 4º

CONSELHO DA JUSTIÇA FEDERAL: art. 105, p.u., II

CONSELHO DA REPÚBLICA
- cargo privativo de brasileiro nato: art. 89, VII
- competência: art. 90, *caput*
- convocação e presidência; competência: art. 84, XVIII
- estado de defesa: arts. 90, I; 136, *caput*
- estado de sítio: arts. 90, I; 137, *caput*
- instituições democráticas; estabilidade: art. 90, II
- intervenção federal: art. 90, I
- membro; eleição pela Câmara dos Deputados: art. 51, V
- membros: art. 89
- Ministros de Estado; convocação pelo Presidente da República: art. 90, § 1º
- organização: art. 89, *caput*

CONSELHO DE COMUNICAÇÃO SOCIAL: art. 224

CONSELHO DE CONTAS DO MUNICÍPIO: art. 75, *caput*

CONSELHO DE DEFESA NACIONAL
- competência: art. 91, § 1º
- convocação e presidência; competência: art. 84, XVIII
- estado de sítio: art. 137, *caput*
- membros: art. 91
- organização e funcionamento: art. 91, § 2º
- órgão de consulta do Presidente da República: art. 91, *caput*

CONSELHO FEDERAL DA ORDEM DOS ADVOGADOS DO BRASIL
- ações declaratória de constitucionalidade e direta de inconstitucionalidade; legitimidade: art. 103, VII

CONSELHO NACIONAL DE JUSTIÇA
- ações contra o órgão; competência; STF: art. 102, I, *r*
- competência: art. 103-B, § 4º
- composição: art. 103-B
- corregedoria; exercício; Ministro do STJ: art. 103-B, § 5º
- membros; aprovação e nomeação: art. 103-B, § 2º
- membros; indicações não efetuadas no prazo legal; escolha pelo STF: art. 103-B, § 3º
- órgão do Poder Judiciário: art. 92, I-A
- ouvidoria de justiça; criação; competência da União: art. 103-B, § 7º
- presidência; Presidente do STF: art. 103-B, § 1º
- sede; Capital Federal: art. 92, § 1º

CONSELHO NACIONAL DO MINISTÉRIO PÚBLICO
- ações contra o órgão; competência; STF: art. 102, I, *r*
- competência: art. 130-A, § 2º
- composição: art. 130-A
- corregedor nacional; escolha; competência: art. 130-A, § 3º
- ouvidorias; criação; competência da União e dos Estados: art. 130-A, § 5º

CONSELHO SUPERIOR DA JUSTIÇA DO TRABALHO
- competência e funcionamento: art. 111-A, § 2º, II

ÍNDICE REMISSIVO DA CF

CONSÓRCIOS PÚBLICOS: art. 241
CONSTITUCIONALIDADE
– ação declaratória: art. 102, I, a
CONSTITUIÇÃO ESTADUAL
– Assembleia Legislativa; elaboração; prazo: ADCT, art. 11
– disposição sobre os Tribunais de Contas Estaduais: art. 75, p.u.
– provimento de cargos; nomeação; criação de Estado: art. 235, X
CONSTITUIÇÃO FEDERAL
– decisão judicial que contraria dispositivo constitucional; julgamento: art. 102, III, a
– decretos-leis em tramitação e editados na promulgação: ADCT, art. 25, §§ 1º e 2º
– edição popular do texto: ADCT, art. 64
– emendas: art. 60
– Estados; organização e administração; observação dos princípios: art. 25
– guarda; competência comum da União; Estados, Distrito Federal e Municípios: art. 23, I
– guarda; STF: art. 102
– manutenção, defesa e cumprimento: ADCT, art. 1º
– revisão: ADCT, art. 3º
– revogação de dispositivos legais: ADCT, art. 25, caput
CONSUMIDOR
– Código de Defesa; elaboração: ADCT, art. 48
– dano; competência legislativa concorrente: art. 24, VIII
– defesa: arts. 5º, XXXII; 170, V
– mercadorias e serviços; incidência de impostos: art. 150, § 5º
CONTRABANDO
– prevenção e repressão: art. 144, § 1º, II
CONTRIBUIÇÃO
– v. TRIBUTOS
– compulsória destinada às entidades de serviço social: art. 240

– custeio do serviço de iluminação pública; cobrança na fatura de consumo de energia elétrica; competência dos Municípios e Distrito Federal: art. 149-A
– de intervenção sobre o domínio econômico: art. 177, § 4º
– de melhoria; competência tributária: art. 145, caput, III
– previdência social: art. 201
– previdência social; beneficiário portador de doença incapacitante: art. 40, § 21
– social: arts. 149; 195; ADCT, art. 34, § 1º
– social; alíquotas ou bases de cálculo diferenciadas: art. 195, § 9º
– social; competência da Justiça do Trabalho; execução: art. 114, § 3º
CONTRIBUIÇÃO PROVISÓRIA SOBRE MOVIMENTAÇÃO FINANCEIRA (CPMF)
– alíquota: ADCT, art. 84, § 3º
– não incidência: ADCT, art. 85, caput e §§ 2º e 3º
– produto da arrecadação; destinação: ADCT, art. 84, § 2º
– prorrogação da cobrança: ADCT, arts. 75; 84, caput e § 1º
– regulamentação pelo Poder Executivo; prazo: ADCT, art. 85, § 1º
CONTRIBUINTE
– definição para o ICMS: art. 155, § 2º, XII, a
– impostos; características: art. 145, § 1º
– Municípios; contas; exame e apreciação: art. 31, § 3º
– taxas; utilização de serviços públicos: art. 145, II
– tratamento desigual; proibição: art. 150, II; ADCT, art. 34 § 1º
CONTROLE EXTERNO
– apoio: art. 74, IV
– Congresso Nacional; competência: art. 71
– fiscalização; Município: art. 31
CONTROLE INTERNO
– exercício integrado; Poderes Legislativo, Executivo e Judiciário; finalidade: art. 74
– fiscalização; Município: art. 31

ÍNDICE REMISSIVO DA CF

– irregularidade ou ilegalidade; ciência ou denúncia ao Tribunal de Contas da União: art. 74, §§ 1º e 2º

CONVENÇÕES INTERNACIONAIS
– celebração e referendo: art. 84, VIII
– crimes; processo e julgamento: art. 109, V
– direitos humanos; aprovação pelo Congresso como emenda constitucional: art. 5º, § 3º

CONVÊNIOS DE COOPERAÇÃO: art. 241

COOPERATIVISMO
– apoio e estímulo: art. 174, § 2º
– atividade garimpeira: arts. 21, XXV; 174, §§ 3º e 4º
– cooperativa; criação e funcionamento: art. 5º, XVIII
– política agrícola: art. 187, VI

CORPO DE BOMBEIROS MILITAR
– competência: art. 144, § 5º
– competência legislativa da União: art. 22, XXI
– Distrito Federal; organização e manutenção; assistência financeira: art. 21, XIV
– órgãos: art. 144, V

CORREÇÃO MONETÁRIA
– casos de incidência: ADCT, art. 46
– empresários e produtores rurais; isenção; condições: ADCT, art. 47

CORREIO AÉREO NACIONAL
– manutenção; competência da União: art. 21, X

CORRESPONDÊNCIA
– inviolabilidade; restrições; estado de sítio e de defesa: arts. 136, § 1º, I, b; 139, III
– sigilo; inviolabilidade e exceções: art. 5º, XII

CRÉDITOS
– adicionais; projetos de lei; apreciação: art. 166, *caput*
– cooperativas; sistema financeiro nacional: art. 192
– entidade de regime de intervenção ou liquidação extrajudicial; correção monetária: ADCT, art. 46
– especiais; abertura e vigência: art. 167, V e § 2º
– especiais; utilização e transposição: arts. 166, § 8º; 168
– externo e interno; disposição; competência privativa do Senado Federal: art. 52, VII e VIII
– extraordinário; abertura e vigência: art. 167, §§ 2º e 3º
– fiscalização de operações; competência da União: art. 21, VIII
– ilimitados; proibição: art. 167, VII
– instituições oficiais da União; disposições: art. 163, VII
– instrumentos creditícios e fiscais; política agrícola: art. 187, I
– operações; contratação; critérios: arts. 165, § 8º; 167, IV
– operações; despesas de capital excedentes: art. 167, III; ADCT, art. 37
– operações; sistema de controle interno; finalidade: art. 74, III
– política; legislação; competência privativa da União: art. 22, VII
– rural; mini, pequenos e médios produtores rurais; débitos; isenção da correção monetária: ADCT, art. 47
– rural; produtores rurais; classificação: ADCT, art. 47, § 2º
– suplementar; abertura critérios: arts. 165, § 8º; 167, V
– suplementar; utilização e transposição: arts. 166, § 8º; 168

CRENÇA
– liberdade; inviolabilidade; cultos religiosos: art. 5º, VI
– religiosa; convicção filosófica ou política; vedação de privação de direitos; exceção: art. 5º, VIII
– serviço militar obrigatório; serviço alternativo: art. 143, § 1º

CRIANÇA, ADOLESCENTE E JOVEM
– abuso, violência e exploração sexuais: art. 227, § 4º
– amparo: art. 203, II
– assistência social: arts. 203, I e II; 227, § 7º

- autores de infrações penais; aplicação de medida privativa de liberdade: art. 227, § 3º, V
- autores de infrações penais; garantias: art. 227, § 3º, IV
- dependentes de droga; prevenção e atendimento: art. 227, § 3º, VII
- direito à proteção especial: art. 227, § 3º
- direito à saúde: art. 227, § 1º
- direitos: art. 227, caput
- direitos sociais: art. 6º
- estatuto da juventude: art. 227, § 8º, I
- menor; imputabilidade penal: art. 228
- órfãos e abandonados; estímulo à guarda pelo Poder Público: art. 227, § 3º, VI
- plano nacional de juventude: art. 227, § 8º, II
- proteção: art. 203, I
- proteção; competência legislativa concorrente: art. 24, XV
- restrições: art. 227, caput

CRIME
- a bordo de navio ou aeronave; processo e julgamento: art. 109, IX
- ação pública; admissão de ação privada: art. 5º, LIX
- "colarinho branco"; processo e julgamento: art. 109, VI
- comum; Deputado Federal; processo e julgamento: art. 53, § 3º
- comum; Governadores; processo e julgamento: art. 105, I, a
- comum; membros do Ministério Público da União; processo e julgamento: art. 108, I, a
- comum; Presidente da República: art. 86
- comum; Presidente da República; suspensão de funções: art. 86, § 1º, I
- comum; Senador; processo e julgamento: art. 53, § 4º
- comum e de responsabilidade; desembargadores, membros dos Tribunais de Contas, dos Tribunais Regionais Federais, Eleitorais e do Trabalho, dos Conselhos ou Tribunais de Contas dos Municípios e do Ministério Público da União; processo e julgamento: art. 105, I, a
- contra a ordem constitucional e o Estado Democrático; inafiançável e imprescritível: art. 5º, XLIV
- contra a organização do trabalho e a ordem econômico-financeira: art. 5º, XLIV
- contra o Estado; vigência; estado de defesa: art. 136, § 3º, I
- contra o sistema financeiro e a ordem econômico-financeira; processo e julgamento: art. 109, VI
- doloso contra a vida: art. 5º, XLIII
- ingresso ou permanência irregular de estrangeiro; processo e julgamento: art. 109, X
- militar; prisão: art. 5º, LXI
- militar; processo e julgamento: arts. 124; 125, § 4º
- organizado; inafiançável e imprescritível: art. 5º, XLIV
- político; estrangeiro; extradição: art. 5º, LII
- político; processo e julgamento: art. 109, IV
- político; recurso ordinário: art. 102, II, b
- racismo; inafiançável e imprescritível: art. 5º, XLII
- retenção dolosa de salário: art. 7º, X
- revisão criminal e ação rescisória; processo e julgamento; competência: arts. 102, I, j; 105, I, e; 108, I, b
- usura; taxa de juros: art. 192

CRIMES DE RESPONSABILIDADE
- Advogado-Geral da União: art. 52, II
- comandante da Marinha, do Exército e da Aeronáutica: art. 52, I
- desembargadores; membros dos Tribunais de Contas, dos Tribunais Regionais Federais, Eleitorais e do Trabalho, dos Conselhos ou Tribunais de Contas dos Municípios; processo e julgamento: art. 105, I, a
- Juízes Federais; processo e julgamento: art. 108, I, a

Índice Remissivo da CF

- membro do Ministério Público da União; processo e julgamento: arts. 105, I, *a*; 108, I, *a*
- Ministro de Estado: art. 50, § 2º
- Ministro de Estado; processo e julgamento: art. 52, I
- Ministro do STF; processo e julgamento: art. 52, II
- Presidente da República: art. 85, *caput*
- Presidente da República; processo e julgamento: arts. 52, I; 86
- Presidente da República; suspensão de funções: art. 86, § 1º, II
- Presidente da República; tipicidade: art. 85, p.u.
- Presidente do Tribunal; retardar ou frustrar liquidação de precatório: art. 100, § 7º
- Procurador-Geral da República; processo e julgamento: art. 52, II

CULTO RELIGIOSO
- interferência governamental: art. 19, I
- liberdade de exercício: art. 5º, VI
- templos, proibição de impostos: art. 150, VI, *b* e § 4º; ADCT, art. 34, § 1º

CULTURA
- acesso: art. 23, V
- bens e valores culturais; incentivos: art. 216, § 3º
- cavidades naturais e sítios arqueológicos: art. 20, X
- datas comemorativas; fixação: art. 215, § 2º
- direitos culturais; exercício: art. 215, *caput*
- legislação: art. 24, IX
- manifestação das culturas populares, indígenas e afro-brasileiras: art. 215, § 1º
- patrimônio cultural; ato lesivo; ação popular: art. 5º, LXXIII
- patrimônio cultural; danos e ameaças; punição: art. 216, § 4º
- patrimônio cultural; promoção e proteção pelo Poder Público: art. 216, § 1º
- patrimônio cultural; proteção; competência: art. 23, III e IV
- patrimônio cultural; proteção ou responsabilidade por dano: art. 24, VII, VIII e IX
- patrimônio cultural; quilombos; tombamento: art. 216, § 5º
- patrimônio histórico-cultural; proteção pelo Município: art. 30, IX
- patrimônio nacional; encargos ou compromissos gravosos; competência: art. 49, I
- patrimônio nacional; mercado interno; desenvolvimento cultural e socioeconômico: art. 219
- patrimônio nacional natural: art. 225, § 4º
- patrimônio público; conservação; competência: art. 23, I
- patrimônio público e social; instauração de inquérito: art. 129, III
- Plano Nacional; duração; objetivos: art. 215, § 3º
- Sistema Nacional de Cultura: art. 216-A

CUSTAS E EMOLUMENTOS
- ação popular; isenção: art. 5º, LXXIII
- destinação: art. 98, § 2º
- juízes; recebimento; proibição: art. 95, p.u.
- serviços forenses: art. 24, IV

DANOS
- ao meio ambiente; reparação: art. 225, § 3º
- material, moral ou à imagem; indenização: art. 5º, V e X
- nucleares; responsabilidade civil: art. 21, XXIII, *d*
- patrimônio cultural; punição: art. 216, § 4º
- reparação: art. 5º, XLV
- reparação econômica; cidadãos atingidos pelas Portarias Reservadas do Ministério da Aeronáutica: ADCT, art. 8º, § 3º
- responsabilidade; pessoas jurídicas de direito público e privado: art. 37, § 6º

DECISÃO JUDICIAL
- culpa; sentença penal condenatória: art. 5º, LXII

ÍNDICE REMISSIVO DA CF

DECORO PARLAMENTAR: art. 55, II, § 1º

DECRETO
- competência do Presidente da República; extinção de funções ou cargos públicos: art. 84, VI, *b*
- competência do Presidente da República; organização e funcionamento da administração federal: art. 84, VI, *a*
- estado de defesa: art. 136, § 1º
- estado de sítio: art. 138, *caput*
- expedição: art. 84, IV

DECRETO LEGISLATIVO
- processo e elaboração: art. 59, VI

DECRETO-LEI
- apreciação; rejeição; prazo: ADCT, art. 25, §§ 1º e 2º

DEFENSORIA PÚBLICA
- competência legislativa concorrente: art. 24, XIII
- definição, atribuição e organização: art. 134
- dotação orçamentária: art. 168
- Estados; autonomia funcional e administrativa: art. 134, § 2º; EC 74/2013
- Estados; organização: arts. 61, § 1º, II, *d*; 134, § 1º
- isonomia salarial: art. 135
- legislação concorrente; competência: art. 24, XIII
- opção pela carreira: art. 135; ADCT, art. 22
- organização administrativa e judiciária; competência: art. 48, IX
- remuneração: art. 135
- Territórios; organização: arts. 21, XIII; 22, XVII; 48, IX; 61, § 1º, II, *d*; 134, § 1º
- União; organização: arts. 48, IX; 61, § 1º, II, *d*; 134, § 1º
- vantagens: art. 135

DEFESA
- aeroespacial, civil, territorial e marítima; legislação; competência: art. 22, XXVIII
- ampla; litigantes e acusados: art. 5º, LV
- civil; competência dos corpos de bombeiros: art. 144, § 5º
- direitos; instrumentos: art. 5º, LXVIII a LXXIII
- direitos; petição e obtenção de certidões: art. 5º, XXXIV
- Ministro de Estado da Defesa; cargo: art. 12, VII
- nacional: art. 21, III
- Pátria; competência das Forças Armadas: art. 142, *caput*

DEFICIENTE
- adaptação dos logradouros e edifícios de uso público: art. 244
- assistência social: art. 203, IV e V
- ensino especializado: art. 208, III
- igualdade de direitos no trabalho: art. 7º, XXXI
- locomoção e acesso; facilidades; normas: arts. 227, § 2º; 244
- prevenção, atendimento especializado e integração: art. 227, § 1º, II
- proteção: art. 23, II
- proteção e integração social: art. 24, XIV
- servidor público: art. 37, VIII

DELEGAÇÃO LEGISLATIVA
- leis delegadas; elaboração pelo Presidente da República; solicitação ao Congresso Nacional; forma: art. 68, *caput* e § 2º
- Poder Executivo; revogação: ADCT, art. 25
- vedação; matérias: art. 68, § 1º

DEPOSITÁRIO INFIEL
- prisão civil; inadimplência: art. 5º, LXVII

DEPUTADO DISTRITAL
- elegibilidade; idade mínima: art. 14, § 3º, VI, *c*
- eleição: art. 32, § 2º
- mandato eletivo; duração: art. 32, § 2º
- número: art. 32, § 3º

DEPUTADO ESTADUAL
- estado de sítio; difusão de pronunciamento: art. 139, p.u.
- Estado de Tocantins; eleição e mandato: ADCT, art. 13, §§ 3º e 4º
- idade mínima: art. 14, § 3º, VI, c
- legislatura; duração: art. 44, p.u.

ÍNDICE REMISSIVO DA CF

- mandato eletivo; regras aplicáveis: art. 27, § 1º
- número: art. 27, caput
- Prefeito; exercício das funções: ADCT, art. 50, § 3º
- remuneração; subsídios: art. 27, §§ 1º e 2º
- servidor público civil: art. 38, I

DEPUTADO FEDERAL
- crimes inafiançáveis: art. 53, § 2º
- decoro parlamentar: art. 55, II e § 1º
- estado de sítio; difusão de pronunciamento: art. 139, p.u.
- estado de sítio; suspensão da imunidade parlamentar: art. 53, § 8º
- exercício de funções executivas: art. 56, I e § 3º
- flagrante de crime inafiançável: art. 53, § 2º
- habeas corpus; paciente: art. 102, I, d
- idade mínima: art. 14, § 3º, VI, c
- impedimentos: art. 54
- imunidades: art. 53
- imunidades; estado de sítio: art. 53, § 8º
- incorporação às Forças Armadas: art. 53, § 7º
- infrações penais comuns; processo e julgamento: art. 102, I, b
- inviolabilidade: art. 53, caput
- legislatura; duração: art. 44, p.u.
- licença: art. 56, II
- mandato; perda: arts. 55; 56
- mandato; perda; condenação criminal: art. 55, VI
- mandato; perda; processo e julgamento: art. 55, §§ 2º e 3º
- Prefeito; exercício da função: ADCT, art. 5º, § 3º
- remuneração: art. 49, VII
- servidor público civil: art. 38, I
- sessão legislativa; ausência: art. 55, III
- sistema eleitoral: art. 45, caput
- subsídios: art. 49, VII
- suplência: art. 56, § 1º
- testemunho: art. 53, § 6º
- Tocantins; eleição e mandato: ADCT, art. 13, §§ 3º e 4º
- vacância: art. 56, § 2º

DESAPROPRIAÇÃO
- competência legislativa; União: art. 22, II
- culturas ilegais de plantas psicotrópicas: art. 243
- imóvel rural; reforma agrária: art. 184
- imóvel urbano; indenização; pagamento em dinheiro: art. 182, § 3º
- imóvel urbano; indenização; pagamento em títulos da dívida pública: art. 182, § 4º, III
- utilidade pública ou interesse social; procedimento: art. 5º, XXIV

DESENVOLVIMENTO CIENTÍFICO E TECNOLÓGICO
- cooperação entre União, Estados, DF e os Municípios: art. 219-A
- empresas; concessão de incentivos: art. 218, §§ 4º e 7º
- Estado: art. 218, caput
- mercado interno: art. 219
- recursos humanos; condições especiais de trabalho: art. 218, § 3º
- recursos humanos; formação, aperfeiçoamento e remuneração: art. 218, § 4º
- recursos humanos; formação pelo Estado: art. 218, § 3º
- Sistema Nacional de Ciência, Tecnologia e Inovação (SNCTI): art. 219-B

DESENVOLVIMENTO NACIONAL E REGIONAL
- desenvolvimento nacional; garantia: art. 3º, II
- desenvolvimento nacional; planejamento; diretrizes e bases: art. 174, § 1º
- desenvolvimento regional: art. 43, caput
- desenvolvimento regional; incentivos fiscais; concessão: art. 151, I
- desenvolvimento regional; irrigação; recursos da União: ADCT, art. 42
- desenvolvimento regional; planos e incentivos: art. 43, §§ 1º e 2º
- desenvolvimento regional; programas e projetos; recursos financeiros: art. 192
- desenvolvimento regional; redução das desigualdades; ação da União: art. 43

ÍNDICE REMISSIVO DA CF

- planos; elaboração e execução; competência: art. 21, IX
- planos e programas: arts. 48, IV; 58, § 2º, VI

DESENVOLVIMENTO URBANO
- diretrizes; competência: art. 21, XX

DESPESAS PÚBLICAS
- aumento; projeto de lei; inadmissibilidade: art. 63
- autorização; comissão mista permanente; procedimentos: art. 72
- concessão de empréstimos; pagamento de pessoal: art. 167, X
- criação de cargos; concessão de vantagens: art. 169, § 1º
- extraordinárias; empréstimo compulsório: art. 148, I; ADCT, art. 34, § 1º
- ilegalidade; procedimentos do Tribunal de Contas da União: art. 71, VIII a XI e §§ 1º a 3º
- pessoal: art. 169; ADCT, art. 38
- Poder Legislativo Municipal: art. 29-A
- redução das despesas com pessoal; cargos em comissão; exoneração: art. 169, § 3º
- repasse de verbas; suspensão; entes federais: art. 169, § 2º
- transferência voluntária de recursos; pagamento de despesas com pessoal: art. 167, X

DESPORTO: art. 217
- competições desportivas; ações; julgamento: art. 217, § 1º
- legislação: art. 24, IX
- reprodução da imagem e voz humanas: art. 5º, XXVIII, a

DIPLOMATA
- cargo privativo de brasileiro nato: art. 12, § 3º, V
- chefe de missão diplomática; aprovação prévia; competência: art. 52, IV
- infração penal comum e crime de responsabilidade; processo e julgamento: art. 102, I, c

DIREITO ADQUIRIDO: art. 5º, XXXVI
DIREITO AUTORAL: art. 5º, XVII e XVIII
DIREITO DE RESPOSTA: art. 5º, V
- empregador; participação nos colegiados de órgãos públicos; interesses profissionais e previdenciários: art. 10
- financeiro; competência legislativa concorrente: art. 24, I
- individual; dignidade da pessoa humana: art. 1º, III
- individual; lesão ou ameaça: art. 5º, XXXV
- individual; tráfego; limitação por meio de tributos: art. 150, V; ADCT, art. 34, § 1º
- marítimo; competência legislativa: art. 22, I
- penal; competência legislativa: art. 22, I
- penitenciário; competência legislativa concorrente: art. 24, I
- processual; União; competência legislativa: art. 22, I
- resposta; assegurado: art. 5º, V
- reunião e associação; assegurado: arts. 5º, XVI, XVII, XVIII, XIX, XX e XXI; 136, § 1º, I, a
- suspensão ou interdição: art. 5º, XLVI, e
- trabalhador; participação nos colegiados de órgãos públicos; interesses profissionais e previdenciários: art. 10
- trabalhador; representante dos empregados junto às empresas: art. 11
- trabalho; competência legislativa: art. 22, I
- tributário; competência legislativa concorrente: art. 24, I
- urbanístico; competência legislativa concorrente: art. 24, I

DIREITOS E DEVERES INDIVIDUAIS E COLETIVOS
- ação de grupos armados; crime inafiançável e imprescritível: art. 5º, XLIV
- ação de inconstitucionalidade: art. 103
- ação penal; pública e privada: art. 5º, LIX
- ação popular: art. 5º, LXXIII
- acesso à informação: art. 5º, XIV

ÍNDICE REMISSIVO DA CF

– ameaça; apreciação do Poder Judiciário: art. 5º, XXXV
– anterioridade da lei: art. 5º, XL
– aplicação imediata: art. 5º, § 1º
– assistência judiciária: art. 5º, LXXIV
– assistência religiosa: art. 5º, VII
– ato jurídico perfeito: art. 5º, XXXVI
– atos processuais; publicidade: art. 5º, LX
– banimento: art. 5º, XLVII, *d*
– bens de estrangeiros; sucessão: art. 5º, XXXI
– cidadania; gratuidade dos atos aos pobres: art. 5º, LXXVI
– coisa julgada: art. 5º, XXXVI
– crimes hediondos: art. 5º, XLIII
– defesa do consumidor: art. 5º, XXXII
– delegação legislativa; vedação: art. 68, § 1º, II
– desapropriação: art. 5º, XXIV
– direito a certidões nas repartições públicas: art. 5º, XXXIV
– direito à honra pessoal: art. 5º, X
– direito à imagem pessoal: art. 5º, X
– direito à impenhorabilidade da pequena propriedade rural: art. 5º, XXVI
– direito à intimidade: art. 5º, X
– direito à liberdade: art. 5º, *caput*
– direito à prática de culto religioso: art. 5º, VI
– direito à propriedade: art. 5º, *caput* e XXII
– direito à segurança: art. 5º, *caput*
– direito à vida: art. 5º, *caput*
– direito à vida privada: art. 5º, X
– direito adquirido: art. 5º, XXXVI
– direito autoral: art. 5º, XXVII, XXVIII e XXIX
– direito de acesso às informações pessoais e coletivas: art. 5º, XXXIII
– direito de herança: art. 5º, XXX
– direito de petição: art. 5º, XXXIV
– direito de resposta: art. 5º, V
– direito de reunião: art. 5º, XVI
– direito dos presos: art. 5º, XLVIII, XLIX, LXIII e LXIV
– direitos das presidiárias: art. 5º, L

– discriminação atentatória: art. 5º, XLI
– erro judiciário: art. 5º, LXXV
– extradição de brasileiro: art. 5º, LI
– extradição de estrangeiro: art. 5º, LII
– função social da propriedade: art. 5º, XXIII
– garantias: art. 5º
– *habeas corpus*: art. 5º, LXVIII e LXXVII
– *habeas data*: art. 5º, LXXII e LXXVII
– identificação criminal: art. 5º, LVIII
– igualdade entre homens e mulheres: art. 5º, I
– igualdade perante a lei: art. 5º, *caput*
– inviolabilidade; comunicações telefônicas, telegráficas e de dados: arts. 5º, XII; 136, § 1º, I, c
– inviolabilidade do domicílio: art. 5º, XI
– inviolabilidade do sigilo de correspondência: arts. 5º, XII; 136, § 1º, I, *b*
– irretroatividade da lei penal: art. 5º, XL
– juízo ou tribunal de exceção: art. 5º, XXXVII
– júri: art. 5º, XXXVIII
– lesão; apreciação do Poder Judiciário: art. 5º, XXXV
– liberdade de associação: art. 5º, XVIII, XIX e XX
– liberdade de comunicação: art. 5º, IX
– liberdade de consciência e de crença: art. 5º, VI
– liberdade de expressão artística: art. 5º, IX
– liberdade de expressão científica e intelectual: art. 5º, IX
– liberdade de locomoção: art. 5º, XV
– liberdade de manifestação de convicções filosóficas e crença: art. 5º, VIII
– liberdade de manifestação de pensamento: art. 5º, IV
– liberdade de manifestação e convicções políticas: art. 5º, VIII
– liberdade de reunião: art. 5º, XVI
– liberdade de trabalho, ofício e profissão: art. 5º, XIII
– liberdade provisória: art. 5º, LXVI
– mandado de injunção: art. 5º, LXXI

ÍNDICE REMISSIVO DA CF

- mandado de segurança: art. 5º, LXIX
- mandado de segurança coletivo: art. 5º, LXX
- marcas e patentes: art. 5º, XXIX
- ocupação temporária da propriedade: art. 5º, XXV
- pena; cumprimento em excesso: art. 5º, LXXV
- pena; individualização: art. 5º, XLVI
- pena; multa: art. 5º, XLVI, c
- pena; perda de bens: art. 5º, XLVI, b
- pena; prestação social alternativa: art. 5º, XLVI, d
- pena; privação de liberdade: art. 5º, XLVI, a
- pena; restrição à pessoa do condenado: art. 5º, XLV
- pena; suspensão ou interdição de direitos: art. 5º XLVI, e
- pena de morte: art. 5º, XLVII, a
- penas cruéis: art. 5º, XLVII, e
- presunção de inocência: art. 5º, LVII
- prisão: art. 5º, LXI e LXVI
- prisão; comunicação: art. 5º, LXII
- prisão civil por dívida: art. 5º, LXVII
- prisão ilegal: art. 5º, LXV
- prisão perpétua: art. 5º, XLVII, b
- processo; autoridade competente: art. 5º, LIII
- processo; prova: art. 5º, LVI
- processo administrativo: art. 5º, LV
- processo judicial civil e penal; contraditório: art. 5º, LV
- processo legal; perdimento de bens; privação da liberdade: art. 5º, LIV
- racismo; crime inafiançável: art. 5º, XLII
- reserva legal: art. 5º, II e XXXIX
- sentença; autoridade competente: art. 5º, LIII
- terrorismo: art. 5º, XLIII
- tortura; vedação: art. 5º, III
- trabalhos forçados: art. 5º, XLVII, c
- tráfico de drogas: art. 5º, XLIII e LI
- tratados internacionais: art. 5º, § 2º
- tratamento desumano ou degradante; vedação: art. 5º, III

DIREITOS E GARANTIAS FUNDAMENTAIS: arts. 5º a 17
- aplicação imediata das normas: art. 5º, § 1º
- direitos e deveres individuais e coletivos: art. 5º
- direitos políticos: arts. 14 a 16
- direitos sociais: arts. 6º a 11
- nacionalidade: arts. 12 e 13
- partidos políticos: art. 17

DIREITOS HUMANOS
- causas relativas à matéria; competência: art. 109, V-A
- grave violação: art. 109, § 5º
- prevalência: art. 4º, II
- tratados e convenções internacionais; equivalência à emenda constitucional: art. 5º, § 3º
- Tribunal Internacional: ADCT, art. 7º

DIREITOS POLÍTICOS
- v. INELEGIBILIDADE
- cassação; perda ou suspensão: art. 15
- delegação legislativa; vedação: art. 68, § 1º, II
- restabelecimento: ADCT, art. 9º
- soberania popular; exercício: art. 14, caput
- suspensão; improbidade: art. 37, § 4º

DIREITOS SOCIAIS
- direitos dos trabalhadores: art. 7º
- educação, saúde, alimentação, trabalho, moradia, lazer, segurança, previdência social, proteção à maternidade e à infância, assistência aos desamparados: art. 6º

DISCRIMINAÇÃO: art. 3º, IV

DISTRITO FEDERAL
- Administração Pública; princípios: art. 37, caput
- assistência social; contribuição para o custeio do sistema: art. 149, §§ 1º a 4º
- autarquias e fundações instituídas e mantidas pelo Poder Público; limitações ao poder de tributar: art. 150, §§ 2º e 3º

ÍNDICE REMISSIVO DA CF

- autonomia administrativa, financeira, legislativa e política: arts. 18, *caput*; 32, *caput*
- bens: ADCT, art. 16, § 3º
- Câmara dos Deputados; irredutibilidade de sua representação: ADCT, art. 4º, § 2º
- Câmara Legislativa: art. 32, *caput*, § 3º
- Câmara Legislativa; exercício de competência antes de sua instalação: ADCT, art. 16, § 1º
- causas e conflitos com a União, os Estados e respectivas entidades da administração indireta; processo e julgamento: art. 102, I, *f*
- competência legislativa: art. 32, § 1º
- competência tributária: arts. 145, *caput*; 155, *caput*
- competência tributária; vedação ao limite de tráfego: art. 150, V
- consultoria jurídica: art. 132
- Corpo de Bombeiros Militar; utilização: art. 32, § 4º
- crédito externo e interno: art. 52, VII
- diferença de bens e serviços; limitações ao poder de tributar: art. 152
- disponibilidades de caixa depósito em instituições financeiras oficiais: art. 164, § 3º
- dívida mobiliária; fixação de limites globais pelo Senado Federal: art. 52, IX
- divisão em Municípios; vedação: art. 32, *caput*
- edição de leis para aplicação do Sistema Tributário Federal: ADCT, art. 34, § 3º
- empresa de pequeno porte; tratamento jurídico diferenciado: art. 179
- ensino; aplicação de receita de impostos: art. 212
- ensino; destinação de receita orçamentária: art. 218, § 5º
- Fazenda Pública; precatório: art. 100, *caput*; ADCT, art. 97
- fiscalização financeira, orçamentária, operacional e patrimonial: art. 75, *caput*; ADCT, art. 16, § 2º
- fundo de participação; determinação: ADCT, art. 34, § 2º
- Governador; indicação e aprovação: ADCT, art. 16
- Governador e Vice-Governador; eleição: art. 32, § 2º
- impostos; instituição e normas: art. 155
- impostos; vedada a retenção: art. 160
- impostos da União; arrecadação: arts. 153, § 5º, I; 157; 159, I a II, §§ 1º e 2º; 161; ADCT, art. 34, § 2º
- impostos municipais: art. 147
- incentivos fiscais; reavaliação: ADCT, art. 41
- instituições de assistência social e de educação sem fins lucrativos; limitações ao poder de tributar: art. 150, VI, *c*, § 4º
- intervenção da União: art. 34
- Lei Orgânica: art. 32
- litígio com Estado estrangeiro ou Organismo Internacional; processo e julgamento: art. 102, I, *e*
- mar territorial; direito de participação e compensação financeira por sua exploração: art. 20, § 1º
- microempresa; tratamento jurídico diferenciado: art. 179
- MP; organização e legislação: arts. 22, XVII; 48, IX
- orçamento; recursos para a assistência social: art. 204, *caput*
- partidos políticos; limitações ao poder de tributar: art. 150, VI, *c*, § 4º
- patrimônio, renda ou serviços de entes públicos; limitações ao poder de tributar: art. 150, VI, *a*
- pesquisa científica e tecnológica; destinação de receita orçamentária: art. 218, § 5º
- pessoal; despesa: art. 169; ADCT, art. 38
- plataforma continental; direito e compensação financeira por sua exploração: art. 20, § 1º
- polícia civil; competência legislativa concorrente da União, Estados e Distrito Federal: art. 24, XVI

1513

ÍNDICE REMISSIVO DA CF

- polícia civil e militar; utilização: art. 32, § 4º
- previdência social; contribuição para o custeio do sistema: art. 149, §§ 2º a 4º
- Procurador-Geral; nomeação e destituição: art. 128, §§ 3º e 4º
- quadro de pessoal; compatibilização: ADCT, art. 24
- receita tributária; repartição: arts. 157; 162
- receitas tributárias da União; repartição: arts. 153, § 5º, I; 157; 159, I a II, §§ 1º e 2º; 161; ADCT, art. 34, § 2º
- recursos hídricos; direito de participação financeira na exploração: art. 20, § 1º
- recursos minerais; direito de participação e compensação financeira por sua exploração: art. 20, § 1º
- reforma administrativa: ADCT, art. 24
- repartição das receitas tributárias; vedação à retenção ou restrição: art. 160
- representação judicial: art. 132
- símbolos: art. 13, § 2º
- sindicatos; limitações ao poder de tributar: art. 150, VI, c, § 4º
- sistema de ensino: art. 211, caput
- Sistema Único de Saúde; financiamento: art. 198, § 1º
- templos de qualquer culto; limitações ao poder de tributar: art. 150, VI, b, § 4º
- tributação; limites: art. 150
- turismo; promoção e incentivo: art. 180
- vedações: art. 19
- Vice-Governador; indicação e aprovação: ADCT, art. 16

DÍVIDA PÚBLICA
- agentes públicos; remuneração e proventos; tributação: art. 151, II
- agrária; imóvel rural; indenização: art. 184, caput e § 4º
- consolidada; fixação; competência: art. 52, VI
- disposição; competência: art. 48, II
- Estados, Distrito Federal e Municípios; renda; tributação; limites: art. 151, II
- Estados, Distrito Federal e Municípios; suspensão do pagamento; intervenção: arts. 34, V, a; 35, I
- externa brasileira; Congresso Nacional; Comissão Mista: ADCT, art. 26
- externa e interna: art. 234; ADCT, art. 13, § 6º
- externa e interna; disposição: art. 163, II
- mobiliária federal, do Distrito Federal, estadual e municipal; Senado Federal; fixação de limites globais: art. 52, IX
- títulos; emissão e resgate; disposição: art. 163, IV

DIVÓRCIO: art. 226, § 6º

DOMICÍLIO
- busca e apreensão; estado de sítio: art. 139, V
- casa; asilo inviolável do indivíduo: art. 5º, XI
- eleitoral: art. 14, § 3º, IV; ADCT, art. 5º, § 1º

ECOLOGIA
– v. MEIO AMBIENTE

ECONOMIA POPULAR
- responsabilidade; atos contrários: art. 173, § 5º

EDUCAÇÃO
– v. ENSINO e FUNDEB
- acesso; competência: art. 23, V
- alimentação; programa; educando: art. 212, § 4º
- ambiental: art. 225, § 1º, VI
- analfabetismo; eliminação: art. 214, I
- básica; financiamento; melhoria da qualidade de ensino: ADCT, art. 60, § 1º
- básica; obrigatória e gratuita; programas suplementares: art. 208, I e VII
- básica; profissionais; fixação de prazo para elaboração ou adequação de planos de carreira: art. 206, p.u.
- básica pública; ensino regular: art. 211, § 5º
- básica pública; fonte adicional de financiamento; salário-educação: art. 212, § 5º

Índice Remissivo da CF

- deficiente; atendimento especializado: art. 208, III
- dever do Estado e da família: arts. 205; 208
- direito: art. 205
- direito social: art. 6º
- diretrizes e bases; legislação: art. 22, XXIV
- escolas comunitárias, confessionais ou filantrópicas: art. 213, I, II; ADCT, art. 61
- escolas públicas: art. 213, caput
- ex-combatentes; gratuidade: ADCT, art. 53, IV
- garantia; educação infantil em creche e pré-escola: art. 208, IV
- garantias: art. 208
- infantil e ensino fundamental; programas: art. 30, VI
- instituições oficiais; recursos: art. 242
- instituições sem fins lucrativos; limitações ao poder de tributar: art. 150, VI, c, § 4º
- legislação: art. 24, IX
- objetivos: art. 205
- plano nacional: art. 212, § 3º
- princípios: art. 206
- profissionais da educação escolar pública; piso salarial profissional nacional: art. 206, VIII
- recursos públicos; destinação: arts. 212; 213; ADCT, arts. 60; 61
- salário-educação: art. 212, §§ 5º e 6º
- Serviço Nacional de Aprendizagem Rural; criação: ADCT, art. 62
- sistema de ensino; organização: art. 211, caput e § 1º
- trabalhador adolescente e jovem; acesso: art. 227, § 3º, III
- universidade; autonomia: art. 207, caput

ELEIÇÃO
- abuso do exercício de função, cargo ou emprego público: art. 14, § 9º
- alistabilidade; condições: art. 14, § 2º
- alistamento eleitoral; obrigatório e facultativo: art. 14, § 1º
- Câmara Territorial; Territórios com mais de cem mil habitantes: art. 33, § 3º
- Deputado Distrital: art. 32, § 2º
- Deputado Federal: art. 45
- elegibilidade; condições: art. 14, §§ 3º a 8º; ADCT, art. 5º, § 5º
- Governador; Vice-Governador, Senadores, Deputados Federais, Deputados Estaduais: ADCT, art. 13, § 3º
- Governador e Vice-Governador do Distrito Federal: art. 32, § 2º
- inalistabilidade: art. 14, §§ 2º e 4º
- normas específicas; 15 de novembro: ADCT, art. 5º
- poder econômico; influência: art. 14, § 9º
- Prefeito e Vice-Prefeito: art. 29, I e II
- Presidente e Vice-Presidente da República; normas: art. 77; ADCT, art. 4º, § 1º
- processo; alteração: art. 16
- Senador: art. 46
- Vereador: art. 29, I

ELEITOR
- alistamento eleitoral: art. 14, § 1º
- inalistáveis: art. 14, § 2º
- militar; elegibilidade: art. 14, § 8º

EMENDAS À CONSTITUIÇÃO
- aprovação: art. 60, § 2º
- direitos e garantias individuais: art. 60, § 4º, IV
- elaboração; possibilidade: arts. 59, I; 60, caput
- estado de defesa e de sítio; vedação: art. 60, § 1º
- federação: art. 60, § 4º, I
- intervenção federal; vedação: art. 60, § 1º
- promulgação: art. 60, § 3º
- proposição: art. 60, caput
- rejeição: art. 60, § 5º
- separação dos Poderes: art. 60, § 4º, III
- sistema eleitoral: art. 60, § 4º, II
- vedação: art. 60, § 4º

EMIGRAÇÃO
- competência privativa da União: art. 22, XV

ÍNDICE REMISSIVO DA CF

EMPREGADO DOMÉSTICO
– v. TRABALHADOR DOMÉSTICO

EMPREGO
– gestante: art. 7º, XVIII; ADCT, art. 10, II, *b*
– plano de acesso; princípio da ordem econômica: art. 170, VIII
– proteção; lei complementar: art. 7º; ADCT, art. 10
– público; acesso e investidura: art. 37, I, II e IV e § 2º
– público; acumulação: art. 37, XVII; ADCT, art. 17, §§ 1º e 2º
– público; criação e remuneração; iniciativa da lei: art. 61, § 1º, II, *a*
– sistema nacional; organização; competência: art. 22, XVI

EMPRESA
– brasileira; exploração de recursos minerais e de energia hidráulica; requisitos; prazo: ADCT, art. 44
– brasileira de capital nacional; energia hidráulica; jazidas: art. 176, § 1º
– concessionária e permissionária de serviços públicos: arts. 21, XI e XII; 175
– controle pelo Poder Público; disponibilidade de caixa; depósito em instituições financeiras oficiais: art. 164, § 3º
– estatal; anistia: ADCT, art. 8º, § 5º
– estatal; licitação e contratação; competência: art. 22, XXVII
– estatal; orçamento: art. 165, §§ 5º e 7º; ADCT, art. 35, § 1º
– estatal; serviço de gás canalizado; exploração: art. 25, § 2º
– investimento em pesquisa e tecnologia: art. 218, § 4º
– jornalística; propriedade: art. 222
– lucros e gestão; participação do trabalhador: art. 7º, XI
– micro e pequena; débitos; isenção de correção monetária: ADCT, art. 47
– micro e pequena; definição: ADCT, art. 47
– micro e pequena; tratamento diferenciado: arts. 170, IX; 179

– pequeno porte; favorecimento: art. 170, IX
– PIS/PASEP; contribuições: art. 239
– pública; acumulação de empregos e funções: art. 27, XVII; ADCT, art. 17, §§ 1º e 2º
– pública; apuração de infrações, bens, serviços e interesses: art. 144, § 1º, I
– pública; causas; juízes federais; processo e julgamento: art. 109, I
– pública; criação e autorização: art. 37, XIX
– pública; despesa com pessoal: art. 169, p.u., II; ADCT, art. 38
– pública; exploração de atividade econômica: art. 173
– pública; servidor público ou empregado; anistia: ADCT, art. 8º, § 5º
– pública; subsidiárias; autorização legislativa: art. 37, XX
– radiodifusão sonora e de sons e imagens; propriedade: art. 222
– representação de empregados: art. 11
– sindicato; serviços social e de formação de profissional; contribuições compulsórias: art. 240
– supranacional; fiscalização das contas nacionais; competência: art. 71, V

EMPRÉSTIMO COMPULSÓRIO
– aplicação dos recursos: art. 148, p.u.

ENERGIA
– atividades nucleares; legislação; competência: art. 22, XXVI
– elétrica; exploração, autorização, concessão e permissão: art. 21, XII, *b*
– elétrica; imposto sobre circulação de mercadorias; responsabilidade pelo pagamento: ADCT, art. 34, § 9º
– elétrica; incidência de tributo: art. 155, § 3º
– elétrica; participação assegurada dos Estados, Distrito Federal e Municípios: art. 20, § 1º
– hidráulica; autorização, concessão e exploração; brasileiro e empresa brasileira de capital nacional: art. 176, § 1º

Índice Remissivo da CF

- hidráulica; empresas brasileiras exploradoras: ADCT, art. 44
- hidráulica; exploração ou aproveitamento industrial: art. 176, *caput*
- nuclear; iniciativas do Poder Executivo; aprovação; competência: art. 49, XIV
- potenciais energéticos; terras indígenas; exploração; autorização: art. 231, § 3º
- União; competência para legislar: art. 22, IV
- usina nuclear; localização: art. 225, § 6º

ENFITEUSE: ADCT, art. 49

ENSINO
- *v.* EDUCAÇÃO e FUNDEB
- acesso: arts. 206, I; 208, V e § 1º
- aplicação de recursos: art. 212
- atividades universitárias de pesquisa e extensão; apoio financeiro do Poder Público: art. 213, § 2º
- bolsas de estudo: art. 213, § 1º
- comunidades indígenas: art. 210, § 2º
- conteúdo mínimo: art. 210, *caput*
- direitos e deveres: art. 205
- Distrito Federal e Estados; destinação de receitas orçamentárias: art. 218, § 5º
- fomento: art. 218, § 5º
- fundamental: art. 208, §§ 2º e 3º
- fundamental; alimentação e assistência à saúde; financiamento: art. 212, § 4º
- fundamental; programas: art. 30, VI
- fundamental; valor por aluno: ADCT, art. 60, §§ 2º e 3º
- História do Brasil: art. 242, § 1º
- legislação: art. 24, IX
- médio; gratuidade: art. 208, II
- noturno regular: art. 208, VI
- obrigatório; não oferecimento: art. 208, § 2º
- português: art. 210, § 2º
- princípios: art. 206
- privado; condições: art. 209
- público; gratuidade; exclusão: art. 242
- qualidade: arts. 206, V; 214, III
- regular; atendimento prioritário: art. 211, § 5º
- religioso; escolas públicas: art. 210, § 1º
- religioso; matrícula facultativa: art. 210, § 1º
- sistema: art. 211, *caput*

ENTORPECENTES E DROGAS AFINS
- confisco de bens e rendimentos provenientes de tráfico ilícito: art. 243, p.u.
- dependentes; criança, adolescente e jovem: art. 227, § 3º, VII
- plantas psicotrópicas; cultura; expropriação das terras: art. 243
- prevenção e repressão ao tráfico: art. 144, § 1º, II
- tráfico ilícito; crime inafiançável; extradição: art. 5º, XLIII e LI

ERRO JUDICIÁRIO
- indenização: art. 5º, LXXV

ESPAÇO AÉREO E MARÍTIMO
- limites: art. 48, V

ESTADO
- Acre; limites; homologação: ADCT, art. 12, § 5º
- Administração Pública; princípios: art. 37, *caput*
- Advogado-Geral; nomeação e destituição: art. 235, VIII
- agente normativo e regulador da atividade econômica; funções: art. 174, *caput*
- Amapá; transformação: ADCT, art. 14
- anexação: art. 18, § 3º
- áreas; incorporação; subdivisão e desmembramento: art. 18, § 3º
- áreas ecológicas; definição e proteção: art. 225, § 1º, III
- autarquia e fundação instituída e mantida pelo Poder Público; limitações ao poder de tributar: art. 150, §§ 2º e 3º
- autonomia: art. 18, *caput*
- bens: art. 26
- Câmara dos Deputados; irredutibilidade de sua representação: ADCT, art. 4º, § 2º
- causas e conflitos com a União, o Distrito Federal e respectivas entidades da administração indireta; processo e julgamento: art. 102, I, *f*

1517

ÍNDICE REMISSIVO DA CF

- competência: arts. 25, § 1º; 98
- competência; criação da Justiça de Paz: art. 98, II
- competência; criação de Juizados Especiais: art. 98, I
- competência legislativa supletiva: art. 24, § 2º
- competência supletiva: art. 22, p.u.
- competência tributária: arts. 145; 155
- competência tributária; imposto sobre a prestação de serviços de transporte interestadual e intermunicipal: art. 155, II e § 3º
- competência tributária; imposto sobre a venda de combustíveis líquidos e gasosos: art. 155, II e § 3º
- competência tributária; imposto sobre serviços de telecomunicações: art. 155, II e § 3º
- competência tributária; limitação do tráfego de bens e pessoas; vedação: art. 150, V
- consultoria jurídica: art. 132; ADCT, art. 69
- contribuições previdenciárias; débitos: ADCT, art. 57
- crédito externo e interno; disposições sobre limites globais pelo Senado Federal: art. 52, VII
- criação: arts. 18, § 3º; 234; 235
- desmembramento: arts. 18, § 3º; 48, VI
- diferença entre bens e serviços; limitações ao poder de tributar: art. 152
- disponibilidades de caixa-depósito em instituições financeiras oficiais: art. 164, § 3º
- dívida mobiliária; fixação de limites globais pelo Senado Federal: art. 52, IX
- dívida pública; fixação de limites globais pelo Senado Federal: art. 52, VI
- documentos públicos; vedação de recusa de fé: art. 19, II
- edição de leis para aplicação do Sistema Tributário Nacional: ADCT, art. 34, § 3º
- empresa de pequeno porte; tratamento jurídico diferenciado: art. 179
- ensino; aplicação de receita de impostos: art. 212
- ensino; destinação de receita orçamentária: art. 218, § 5º
- exploração direta de atividade econômica: art. 173
- Fazenda Pública; precatório: art. 100, *caput*; ADCT, art. 97
- fiscalização financeira, orçamentária, operacional e patrimonial: art. 75, *caput*
- fundo de participação; determinação: ADCT, art. 34, § 2º
- gás canalizado; serviços públicos locais: art. 25, § 2º
- impostos; arrecadação; distribuição aos Municípios: arts. 158; III e IV e p.u.; 159, § 3º; 160
- impostos; instituição e normas: art. 155
- impostos; vedada a retenção: art. 160
- impostos da União; arrecadação: arts. 153, § 5º; I; 157; 159; I e II, §§ 1º e 2º; 161; ADCT, art. 34, § 2º
- incentivos fiscais; reavaliação: ADCT, art. 41
- incorporação: arts. 18, § 3º; 48, VI
- instituição de aglomerações urbanas; de microrregiões; de Regiões Metropolitanas: art. 25, § 3º
- instituições de assistência social e educação sem fins lucrativos; limitações ao poder de tributar: art. 150, VI, c, e § 4º
- intervenção nos Municípios; exceções: art. 35
- litígio com Estado estrangeiro ou organismo internacional; processo e julgamento: art. 102, I, *e*
- mar territorial; direito de participação e compensação financeira por sua exploração: art. 2º, § 1º
- microempresa; tratamento jurídico diferenciado: art. 179
- Municípios; demarcação das terras em litígio: ADCT, art. 12, § 2º
- objetivos fundamentais: arts. 2º; 3º

ÍNDICE REMISSIVO DA CF

- orçamento; recursos para a assistência social: art. 204, caput
- organização: art. 25, caput
- partidos políticos; limitações ao poder de tributar: art. 150, VI, c, e § 4º
- patrimônios, renda ou serviços de entes públicos; limitações ao poder de tributar: art. 150, VI, a
- pesquisa científica e tecnológica; destinação de receita orçamentária: art. 218, § 5º
- pessoal; despesa: art. 169; ADCT, art. 38
- plataforma continental; direito de participação e compensação financeira por sua exploração: art. 20, § 1º
- polícia civil; competência legislativa concorrente da União, Estados e Distrito Federal: art. 24, XVI
- previdência social; contribuição para o custeio do sistema: art. 149, § 1º
- processo legislativo; iniciativa popular: art. 27, § 4º
- Procurador-Geral do Estado; nomeação e destituição: arts. 128, §§ 3º e 4º; 235, VIII
- quadro de pessoal; compatibilização: ADCT, art. 24
- receita tributária; repartição: arts. 157; 162
- recursos hídricos e minerais; exploração: art. 20, § 1º
- reforma administrativa: ADCT, art. 24
- reintegração de Território: art. 18, § 2º
- religião; vedações: art. 19, I
- repartição das receitas tributárias; vedação a retenção ou restrição: art. 160
- representação judicial: art. 132
- Roraima; transformação: ADCT, art. 14
- símbolos: art. 13, § 2º
- sistema de ensino: art. 211, caput
- Sistema Único de Saúde; financiamento: art. 198, § 1º
- sociedade de economia mista; autorização legislativa para criação de subsidiária: art. 37, XX
- subdivisão: arts. 18, § 3º; 48, VI
- superveniência da Lei Federal; suspensão da Lei Estadual: art. 24, § 4º
- Tocantins; criação e procedimentos: ADCT, art. 13
- tributação; limites: art. 150
- turismo; promoção e incentivo: art. 180
- vedações: art. 19

ESTADO DE DEFESA
- apreciação; competência: arts. 136, §§ 4º e 6º; 141, p.u.
- aprovação; competência: art. 49, IV
- áreas; especificação: art. 136, § 1º
- calamidade pública; restrições: art. 136, § 1º, II
- cessação: art. 141, caput
- cessação; relato pelo Presidente da República ao Congresso: art. 141, p.u.
- comunicação telegráfica e telefônica; restrições: art. 136, § 1º, I, c
- Conselho da República: arts. 90, I; 136, caput
- Conselho de Defesa Nacional: arts. 91, § 1º, II; 136, caput
- decretação: arts. 21, V; 84, IX; 136, caput e § 4º
- decretação ou prorrogação; prazo de envio para o Congresso Nacional: art. 136, § 4º
- decretação ou prorrogação; Presidente da República: arts. 84, IX; 136, caput e §§ 2º e 4º
- decreto: art. 136, § 1º
- designação de Comissão: art. 140
- direito de reunião e associação; restrições: art. 136, § 1º, I, a
- duração: art. 136, §§ 1º e 2º
- emendas à Constituição; vedação: art. 60, § 1º
- estado de sítio: arts. 137, I; 139
- executor: arts. 136, § 3º; 141, caput
- finalidade: art. 136, caput
- fundamentos: art. 136
- medidas coercitivas: arts. 136, §§ 1º e 3º; 140

ÍNDICE REMISSIVO DA CF

- ocupação e uso temporário de bens e serviços públicos e privados; restrições: art. 136, § 1º, II
- prisão: art. 136, § 3º
- prorrogação: art. 136, §§ 2º e 4º
- recesso: art. 136, § 5º
- rejeição: art. 136, § 7º
- responsabilidade de União: art. 136, § 1º, II
- responsabilidade dos executores ou agentes: art. 141, *caput*
- sigilo de correspondência; restrições: art. 136, § 1º, I, *b*
- suspensão: art. 49, IV

ESTADO DE EMERGÊNCIA
- *v.* ESTADO DE DEFESA

ESTADO DE SÍTIO
- agressão estrangeira: art. 137, II
- cessação: art. 141
- comoção grave: arts. 137, I; 139, *caput*
- Congresso Nacional; apreciação: arts. 137, p.u.; 138, § 2º; 141, p.u.
- Congresso Nacional; aprovação: art. 49, IV
- Congresso Nacional; designação de Comissão: art. 140
- Congresso Nacional; funcionamento: art. 138, § 3º
- Congresso Nacional; recesso: art. 138, § 2º
- Congresso Nacional; suspensão: arts. 49, IV; 59
- Conselho da República: arts. 90, I; 137, *caput*
- Conselho de Defesa Nacional: arts. 91, § 1º, II; 137, *caput*
- decretação: arts. 21, V; 84, IX; 137, *caput*; 138, § 2º
- decretação ou prorrogação; Presidente da República: arts. 84, IX; 137, *caput* e p.u.
- decreto: art. 138, *caput*
- duração: art. 138, *caput* e § 1º
- emendas à Constituição; vedação: art. 60, § 1º
- estado de defesa: arts. 137, I; 139
- executor: art. 138, *caput*
- fundamentos: art. 137
- garantias constitucionais; suspensão: art. 138, *caput*
- guerra: art. 137, II
- medidas coercitivas: arts. 139; 140
- parlamentares; difusão de pronunciamentos: art. 139, p.u.
- parlamentares; inviolabilidade: art. 139, p.u.
- parlamentares; suspensão de imunidade: art. 53, § 8º
- prorrogação: art. 137, p.u. e § 1º

ESTADO DEMOCRÁTICO DE DIREITO: art. 1º, *caput*

ESTADO ESTRANGEIRO
- cartas rogatórias; processo e julgamento: art. 105, I, *i*
- causas com a União; processo e julgamento: art. 109, III
- causas com Município ou pessoa residente no País; julgamento: arts. 105, III, *c*; 109, II
- extradição; processo e julgamento: art. 102, I, *g*
- litígio; processo e julgamento: art. 102, I, *e*
- relações; manutenção; competência privativa do Presidente da República: art. 84, VII
- relações e participação de organizações internacionais; competência da União: art. 21, I

ESTATUTO DA JUVENTUDE: art. 227, § 8º, I

ESTRANGEIRO
- adoção de brasileiros: art. 227, § 5º
- bens; sucessão: art. 5º, XXXI
- emigração, imigração, entrada e expulsão; legislação e competência: art. 22, XV
- extradição; crime político ou de opinião: art. 5º, LII
- filhos de pai brasileiro ou mãe brasileira; registro; repartição diplomática ou consular brasileira: ADCT, art. 95

ÍNDICE REMISSIVO DA CF

- inalistável: art. 14, § 2º
- ingresso ou permanência irregular; processo e julgamento: art. 109, X
- nacionalidade e naturalização; processo e julgamento: art. 109, X
- naturalização: arts. 12, II, *b*; 22, XIII
- pessoa física; aquisição ou arrendamento de propriedade rural: art. 190
- pessoa jurídica; aquisição ou arrendamento de propriedade rural: art. 190
- propriedade rural; autorização para aquisição ou arrendamento: art. 190
- residente no País; direito à vida, à liberdade, à segurança e à propriedade: art. 5º, *caput*

EXPORTAÇÃO
- imposto; instituição: art. 153, II

EXTRADIÇÃO
- brasileiro: art. 5º, LI
- estrangeiro: art. 5º, LII
- requisitada por Estado estrangeiro; processo e julgamento: art. 102, I, *g*

FAMÍLIA
- *v.* CASAMENTO
- assistência social: art. 203, I
- entidade familiar: art. 226, §§ 3º e 4º
- Estado; proteção: art. 226, *caput* e § 3º
- filhos maiores; amparo: art. 229
- filhos menores; assistência: art. 229
- filiação; direitos: art. 227, § 6º
- planejamento familiar: art. 226, § 7º
- proteção do Estado: art. 226, *caput* e § 8º
- violência; vedação: art. 226, § 8º

FAUNA
- *v.* MEIO AMBIENTE

FAZENDA NACIONAL
- débitos; oriundos de sentenças transitadas em julgado; pagamento; condições: ADCT, art. 86
- débitos; pagamento; ordem cronológica: ADCT, art. 86, §§ 1º a 3º
- precatórios judiciais pendentes; pagamento: art. 100; ADCT, arts. 33 e 97

FINANÇAS PÚBLICAS
- gestão: art. 165, § 9º, II; ADCT, art. 35, § 2º
- normas gerais: arts. 163; 164
- vedações: art. 167

FLORA
- *v.* MEIO AMBIENTE

FORÇAS ARMADAS
- comando superior: arts. 84, XIII; 142, *caput*
- composição e destinação: art. 142
- Deputado Federal; incorporação: arts. 27; 53, § 7º
- efetivo; fixação e modificação: art. 48
- efetivo; legislação: art. 61, § 1º, I
- emprego: art. 142, § 1º
- funções: art. 142, *caput*
- *habeas corpus*; punições disciplinares militares: art. 142, § 2º
- Oficiais; cargo privativo de brasileiro nato: art. 12, § 3º, VI
- organização: art. 142, § 1º
- preparo: art. 142, § 1º
- Presidente da República; nomeação dos Comandantes da Marinha, do Exército e da Aeronáutica: art. 84, XIII
- princípios: art. 142, *caput*
- Senador; incorporação: art. 53, § 7º

FORÇAS ESTRANGEIRAS
- trânsito e permanência temporária no território nacional: arts. 21, IV; 49, II; 84, XXII

FORO JUDICIAL
- serventias; estatização: ADCT, art. 31

FRONTEIRAS
- nacionais; serviços de transporte; exploração; competência da União: art. 21, XII, *d*
- ocupação e utilização: arts. 20, § 2º; 91, § 1º
- pesquisa; lavra e aproveitamento de energia hidráulica: art. 176, § 1º

FUNÇÃO SOCIAL
- imóvel rural; desapropriação: art. 184, § 1º
- política urbana: art. 182

– propriedade; atendimento: art. 5º, XXIII
– propriedade produtiva; normas: art. 185, p.u.
– propriedade urbana; cumprimento: art. 182, § 2º

FUNCIONÁRIO PÚBLICO
– *v.* SERVIDOR PÚBLICO

FUNDAÇÃO
– contas; atos de admissão de pessoal, inspeções e auditorias: art. 7º, II, III e IV
– criação; autorização: art. 37, XIX
– criação de subsidiária; autorização legislativa: art. 37, XX
– despesa com pessoal: art. 169, § 1º; ADCT, art. 38
– dívida pública interna e externa; disposição: art. 163, II
– impostos sobre patrimônio, renda ou serviço; proibição: art. 150, § 2º
– licitação e contratação; legislação; competência: art. 22, XXVII
– servidor; anistia: ADCT, art. 8º, § 5º
– servidor; estabilidade: ADCT, arts. 18; 19
– subsidiárias: art. 37, XX

FUNDEB: ADCT, art. 60

FUNDO DE COMBATE E ERRADICAÇÃO DA POBREZA
– instituição: ADCT, arts. 79 a 83

FUNDO DE GARANTIA DO TEMPO DE SERVIÇO
– trabalhadores: art. 7º, III

FUNDO DE PARTICIPAÇÃO DOS ESTADOS, DO DISTRITO FEDERAL, DOS TERRITÓRIOS E DOS MUNICÍPIOS: arts. 159, I, *a* e *b*; 161, II, III e p.u.; ADCT, arts. 34, § 2º; 39

FUNDO SOCIAL DE EMERGÊNCIA: ADCT, arts. 72 e 73

GARIMPO
– *v.* RECURSOS MINERAIS
– autorização e concessão para pesquisa e lavra: art. 174, §§ 3º e 4º
– garimpeiro; promoção econômico-social: art. 174, §§ 3º e 4º
– organização em cooperativas: art. 174, §§ 3º e 4º

GÁS
– natural; importação e exportação; monopólio da União: art. 177, I, III e IV
– natural; transporte por meio de condutos; monopólio da União: art. 177, IV

GESTANTE
– *v.* MATERNIDADE

GOVERNADOR
– ações declaratória de constitucionalidade e direta de inconstitucionalidade; legitimidade: art. 103, V
– Amapá e Roraima; eleição e posse: ADCT, art. 14, §§ 1º e 3º
– condições de elegibilidade: art. 14, §§ 5º a 8º
– crimes comuns; processo e julgamento: art. 105, I, *a*
– Distrito Federal; eleição: art. 32, § 2º
– Distrito Federal; eleição; mandato e posse: ADCT, art. 13, §§ 3º, 4º e 5º
– Distrito Federal; indicação e aprovação: ADCT, art. 16
– elegibilidade; idade mínima: art. 14, § 3º, VI, *b*
– Estado do Tocantins; eleição; mandato e posse: ADCT, art. 13, §§ 3º, 4º e 5º
– Estados; eleição e posse: art. 28
– *habeas corpus*; processo e julgamento: art. 105, I, *c*
– idade mínima: art. 14, § 3º, VI, *b*
– inelegibilidade de cônjuge: art. 14, § 7º; ADCT, art. 5º, § 5º
– inelegibilidade de parentes até segundo grau: arts. 14, § 7º; 24; ADCT, art. 5º, § 5º
– mandato eletivo; duração: art. 28
– mandato eletivo; servidor público: arts. 28, § 1º; 38, I, IV e V
– nomeação pelo Presidente da República: art. 84, XIV
– perda de mandato: art. 28, § 1º
– posse: art. 28
– reeleição; vedação: arts. 14, § 5º; 24
– Senado Federal; aprovação: arts. 52, III, *c*; 84, XIV
– servidor público civil: art. 38, I

ÍNDICE REMISSIVO DA CF

- sufrágio universal: art. 28
- Território; nomeação; competência privativa do Presidente da República: art. 84, XIV
- Tocantins; eleições; mandato e posse: ADCT, art. 13, §§ 3º, 4º e 5º
- voto secreto: art. 28

GREVE
- abuso: art. 9º, § 2º
- ações relativas a esse direito; competência: art. 114, II
- atividade essencial; lesão a interesse público; dissídio coletivo; competência: art. 114, § 3º
- garantia: art. 9º, *caput*
- serviços essenciais à comunidade: art. 9º, § 1º
- serviços públicos civis: arts. 9º, *caput*; 37, VII

GUERRA
- autorização; Congresso Nacional: art. 49, II
- declaração; competência: art. 21, II
- declaração; Conselho de Defesa Nacional: art. 91, § 1º
- estado de sítio: art. 137, II
- impostos extraordinários; competência tributária da União: art. 154, II
- pena de morte: art. 5º, XLVII, *a*
- requisições civis e militares; legislação; competência privativa da União: art. 22, III

HABEAS CORPUS
- concessão: art. 5º, LXVIII
- gratuidade: art. 5º, LXXVII
- julgamento em recurso ordinário; competência do STF: art. 102, II, *a*
- mandado de segurança; direito não amparado: art. 5º, LXIX
- processo e julgamento; competência da Justiça do Trabalho: art. 114, IV
- processo e julgamento; competência do STF: art. 102, I, *d* e *i*
- processo e julgamento; competência do STJ: art. 105, I, *c*
- processo e julgamento; competência dos TRFs e seus juízes: arts. 108, I, *d*; 109, VII
- punição disciplinar militar; não cabimento: art. 142, § 2º

HABEAS DATA
- concessão: art. 5º, LXXII
- gratuidade: art. 5º, LXXVIII
- julgamento em recurso ordinário; competência do STF: art. 102, II, *a*
- mandado de segurança; direito não amparado: art. 5º, LXIX
- processo e julgamento; competência da Justiça do Trabalho: art. 114, IV
- processo e julgamento; competência do STF: art. 102, I, *d*
- processo e julgamento; competência do STJ: art. 105, I, *b*
- processo e julgamento; competência dos TRFs e seus juízes: arts. 108, I, *c*; 109, VII

HABITAÇÃO
- *v.* DOMICÍLIO
- diretrizes; competência da União: art. 21, XX
- ex-combatente; aquisição: ADCT, art. 53, VI
- programas; competência: art. 23, IX
- trabalhador rural: art. 187, VII

HERANÇA
- bens de estrangeiros situados no Brasil: art. 5º, XXXI
- direito: art. 5º, XXVII e XXX

HIGIENE E SEGURANÇA DO TRABALHO
- direito do trabalhador: art. 7º, XXII

IDADE
- discriminação; condenação: art. 3º, IV

IDENTIFICAÇÃO CRIMINAL
- hipóteses legais: art. 5º, LVIII

IDOSO
- alistamento eleitoral e voto facultativo: art. 14, § 1º, *b*
- amparo; programas: art. 230, § 1º
- assistência: arts. 203, I; 229; 230
- assistência social: art. 203, V

ÍNDICE REMISSIVO DA CF

– garantia; transporte urbano gratuito: art. 230, § 2º
– proteção: art. 203, I

IGUALDADE
– direitos; trabalhadores: art. 7º, XXX, XXXI, XXXII e XXXIV
– direitos e obrigações; homens e mulheres: art. 5º, I
– regional e social: arts. 3º, III; 43; 170, VII

ILUMINAÇÃO PÚBLICA
– contribuição; Municípios e Distrito Federal; cobrança na fatura de consumo de energia elétrica: art. 149-A

IMIGRAÇÃO
– legislação; competência privativa da União: art. 22, XV

IMÓVEL
– v. PROPRIEDADE

IMPORTAÇÃO
– produtos estrangeiros; imposto: arts. 150, § 1º; 153, I

IMPOSTO DE TRANSMISSÃO *CAUSA MORTIS*
– alíquotas; fixação: art. 155, § 1º, IV
– competência para sua instituição: art. 155, § 1º
– instituição e normas: art. 155, I, *a* e § 1º; ADCT, art. 34, § 6º

IMPOSTO DE TRANSMISSÃO *INTER VIVOS*
– instituição e normas: art. 156, II e § 2º; ADCT, art. 34, § 6º

IMPOSTO SOBRE A RENDA E PROVENTOS DE QUALQUER NATUREZA (IR)
– distribuição pela União: art. 159, I e § 1º
– favorecidos: arts. 157, I; 158, I

IMPOSTO SOBRE CIRCULAÇÃO DE MERCADORIAS E SERVIÇOS (ICMS)
– condições: art. 155, § 2º
– energia elétrica, telecomunicações, derivados de petróleo: art. 155, § 2º, XII, *h*, e §§ 3º a 5º
– entrada de bem ou mercadorias importados: art. 155, § 2º, IX, *a*, e XII, *i*
– instituição: art. 155, II

– instituição e normas: art. 155, I e § 2º; ADCT, art. 34, §§ 6º, 8º e 9º
– operações que destinam mercadorias para o exterior; não incidência: art. 155, § 2º, X, *a*
– ouro, como ativo financeiro ou instrumento cambial; normas: art. 155, § 2º, X, *e*
– prestação de serviço de comunicação; radiodifusão sonora e de sons e imagens; recepção livre e gratuita; não incidência: art. 155, § 2º, X, *d*
– serviços prestados a destinatários no exterior; não incidência: art. 155, § 2º, X, *a*
– valor adicionado; definição: art. 161, I

IMPOSTO SOBRE COMBUSTÍVEIS LÍQUIDOS E GASOSOS
– incidência; limite: art. 155, § 3º

IMPOSTO SOBRE EXPORTAÇÃO
– alíquotas; alteração: art. 153, § 1º
– instituição e cobrança: arts. 150, § 1º; 153, II

IMPOSTO SOBRE GRANDES FORTUNAS
– instituição: art. 153, *caput*, e VII

IMPOSTO SOBRE IMPORTAÇÃO
– alíquotas; alteração: art. 153, § 1º
– instituição e cobrança: arts. 150, § 1º; 153, I

IMPOSTO SOBRE MINERAIS
– incidência de imposto; limite: art. 155, § 3º

IMPOSTO SOBRE OPERAÇÕES DE CRÉDITO, CÂMBIO E SEGURO, OU RELATIVAS A TÍTULOS OU VALORES MOBILIÁRIOS (IOF)
– alíquotas; alteração: art. 153, § 1º
– instituição, cobrança e repartição: arts. 150, § 1º; 153, V e § 5º; ADCT, art. 34, § 1º
– ouro, como ativo financeiro ou instrumento cambial; normas: art. 153, § 5º

IMPOSTO SOBRE PRESTAÇÃO DE SERVIÇOS
– instituição: art. 155, II

ÍNDICE REMISSIVO DA CF

IMPOSTO SOBRE PRODUTOS INDUSTRIALIZADOS (IPI)
– alíquotas; alteração: art. 153, § 1º
– distribuição pela União: art. 159, I e II, e §§ 1º a 3º
– instituição e normas: arts. 150, § 1º; 153, *caput*, IV, e § 3º; ADCT, art. 34, §§ 1º e 2º, I
– redução de seu impacto sobre a aquisição de bens de capital: art. 153, § 3º, IV

IMPOSTO SOBRE PROPRIEDADE DE VEÍCULOS AUTOMOTORES (IPVA)
– alíquotas; fixação pelo Senado Federal: art. 155, § 6º, I
– alíquotas diferenciadas: art. 155, § 6º, II
– instituição: art. 155, III

IMPOSTO SOBRE PROPRIEDADE PREDIAL E TERRITORIAL URBANA (IPTU)
– instituição pelo Município: art. 156, I e § 1º
– progressividade: art. 182, § 4º

IMPOSTO SOBRE PROPRIEDADE TERRITORIAL RURAL (ITR)
– fiscalização e cobrança: art. 153, § 4º, III
– não incidência: art. 153, § 4º, II
– progressividade: art. 153, § 4º, I

IMPOSTO SOBRE SERVIÇOS DE QUALQUER NATUREZA (ISS)
– instituição; competência: art. 156, III

IMPOSTOS DA UNIÃO: arts. 153; 154

IMPOSTOS DOS ESTADOS E DISTRITO FEDERAL: art. 155, §§ 1º a 3º

IMPOSTOS DOS MUNICÍPIOS: art. 156

IMPOSTOS ESTADUAIS: art. 155
– Território Federal; competência: art. 147

IMPOSTOS EXTRAORDINÁRIOS
– instituição: art. 154, II

IMUNIDADE PARLAMENTAR: art. 53

IMUNIDADE TRIBUTÁRIA
– ente federativo: art. 150, VI, *a*
– fundações e entidades sindicais: art. 150, VI, *c*
– instituição de assistência social sem fins lucrativos: art. 150, VI, *c*
– instituição de ensino sem fins lucrativos: art. 150, VI, *c*
– livros, jornais e periódicos; papel: art. 150, VI, *d*
– partidos políticos; patrimônio ou renda: art. 150, VI, *c*
– templos de qualquer culto: art. 150, VI, *b*

INCENTIVOS FISCAIS
– convênio entre Estados; reavaliação e reconfirmação: ADCT, art. 41, § 3º
– desenvolvimento socioeconômico regional: art. 151, I
– revogação sem prejuízo dos direitos adquiridos: ADCT, art. 41, §§ 1º e 2º
– setoriais; reavaliação: ADCT, art. 41, *caput*
– Zona Franca de Manaus: ADCT, art. 40

INCENTIVOS REGIONAIS
– atividades prioritárias; juros favorecidos: art. 43, § 2º, II
– tarifas, fretes, seguros; igualdade: art. 43, § 2º, I
– tributos federais; isenções, reduções ou diferimento temporário: art. 43, § 2º, III

INCONSTITUCIONALIDADE
– ação direta; legitimidade: arts. 103; 129, IV
– julgamento; recurso extraordinário: art. 102, III
– lei; suspensão da execução; competência privativa do Senado Federal: art. 52, X
– lei ou ato normativo; declaração pelos Tribunais: art. 97
– lei ou ato normativo; processo e julgamento: art. 102, I, *a*
– representação; leis ou atos normativos estaduais ou municipais; competência dos Estados: art. 125, § 2º

INDENIZAÇÃO
– acidente de trabalho: art. 7º, XXVIII
– dano material, moral ou à imagem: art. 5º, V e X

ÍNDICE REMISSIVO DA CF

- desapropriação rural; pagamento em dinheiro; benfeitorias: art. 184, § 1º
- despedida arbitrária ou sem justa causa: art. 7º, I
- erro judiciário: art. 5º, LXXV
- imóvel urbano; desapropriação, pagamento em dinheiro: art. 182, § 3º
- propriedade particular; uso por autoridade; danos: art. 5º, XXV
- título da dívida agrária; imóvel rural: art. 184, *caput*
- título da dívida pública; imóvel urbano; desapropriação: art. 182, § 4º, III

ÍNDIOS
- bens: art. 231, *caput*
- bens da União; terras ocupadas: art. 20, XI
- capacidade processual: art. 232
- costumes, língua, crenças, organização social e tradições: art. 231
- direito de participação no resultado da lavra: art. 231, § 3º
- direitos; processo e julgamento: art. 109, XI
- direitos originários: art. 231, *caput*
- ensino: art. 210, § 2º
- exploração das riquezas naturais do solo; nulidade e extinção de atos: art. 231, § 6º
- exploração dos recursos hídricos; potenciais energéticos e riquezas minerais; autorização do Congresso Nacional; manifestação das comunidades: art. 231, § 3º
- garimpagem em terra indígena: art. 231, § 7º
- MP; defesa das populações indígenas: art. 129, V
- MP; intervenção em processo: art. 232
- nulidade e extinção de atos de ocupação, domínio e posse de terra; efeitos: art. 231, § 6º
- ocupação, domínio e posse de terra indígena; exceção, nulidade e extinção de atos: art. 231, § 6º
- remoção das terras tradicionalmente ocupadas; vedação; exceções; deliberação do Congresso Nacional: art. 231, § 5º
- terras; demarcação e proteção: art. 231, *caput*
- terras tradicionalmente ocupadas; conceito: art. 231, § 1º
- terras tradicionalmente ocupadas; inalienabilidade, indisponibilidade e imprescritibilidade: art. 231, § 4º
- terras tradicionalmente ocupadas; usufruto das riquezas do solo, fluviais e lacustres: art. 231, § 2º

INDULTO
- concessão; competência privativa do Presidente da República: art. 84, XII

INELEGIBILIDADE
- *v.* ELEIÇÃO

INFÂNCIA
- *v.* CRIANÇA E ADOLESCENTE

INQUÉRITO
- civil e ação civil pública: art. 129, III
- policial; instauração: art. 129, VIII

INSTITUIÇÕES FINANCEIRAS
- agências financeiras oficiais; lei de diretrizes orçamentárias; política de aplicação: art. 165, § 2º
- aumento do percentual de participação das pessoas físicas ou jurídicas residentes no exterior; proibição: ADCT, art. 52, II
- débito; liquidação; empréstimos; concessão: ADCT, art. 47
- disposição; competência do Congresso Nacional: art. 48, XIII
- domiciliada no exterior; instalação no País; proibição: ADCT, art. 52, I e p.u.
- empréstimos concedidos; liquidação dos débitos: ADCT, art. 47
- fiscalização; disposições: art. 163, V
- oficial; disponibilidade de caixa; agente depositário: art. 164, § 3º
- organização; funcionamento e atribuições: art. 192

ÍNDICE REMISSIVO DA CF

INTEGRAÇÃO SOCIAL
- setores desfavorecidos; competência comum: art. 23, X

INTERVENÇÃO
- decisão judicial; recusa de execução: arts. 34, VI; 35, IV; 36, II e § 3º
- do Estado no domínio econômico: arts. 173; 177, § 4º; 198, caput

INTERVENÇÃO ESTADUAL
- nos Municípios; causas: art. 35

INTERVENÇÃO FEDERAL
- apreciação do decreto: art. 36, §§ 1º a 3º
- aprovação ou suspensão pelo Congresso Nacional: art. 49, IV
- cessação: art. 36, § 4º
- Conselho da República: art. 90, I
- Conselho de Defesa Nacional: art. 91, § 1º, II
- decretação: arts. 21, V; 36; 84, X
- emendas à Constituição; vedação: art. 60, § 1º
- Estados e Distrito Federal; vedação; exceções: art. 34
- nos Municípios localizados em território federal; causas: art. 35
- suspensão pelo Congresso Nacional: art. 49, IV

INTERVENÇÃO INTERNACIONAL
- vedação: art. 4º, IV

INVIOLABILIDADE
- advogados: art. 133
- Deputados e Senadores: art. 53, caput
- direitos à vida, à honra e à imagem: art. 5º, X
- domicílio: art. 5º, XI
- sigilo de correspondência, comunicações telefônicas, telegráficas e de dados: arts. 5º, XII; 136, § 1º, I, b e c; 139, III
- Vereadores: art. 29, VIII

JAZIDAS
- autorização, concessão e exploração; brasileiro e empresa brasileira de capital nacional: art. 176, § 1º
- autorização, concessão e exploração à data da promulgação da Constituição: ADCT, art. 43
- contribuição sobre o domínio econômico: art. 177, § 4º
- direito à propriedade do produto da lavra pelo concessionário: art. 176, caput
- direito de participação do proprietário do solo: art. 176, § 2º
- exploração ou aproveitamento: art. 176, caput
- exploração por empresas brasileiras: ADCT, art. 44
- petróleo; monopólio da União: art. 177, I

JUIZ
- ação de interesse dos membros da magistratura; processo e julgamento; competência do STF: art. 102, I, n
- aposentadoria: art. 93, VI e VIII
- carreira; provimento de cargo: art. 96, I, e
- concurso público; OAB; participação: art. 93, I
- crimes comuns e de responsabilidade; julgamento; competência: art. 96, III
- cursos oficiais de preparação e aperfeiçoamento: art. 93, IV
- do trabalho; constituição; investidura; jurisdição; competência; garantias; condições de exercício: art. 113
- do trabalho; instituição: art. 112
- Estatuto da Magistratura; lei complementar; STF; princípios: art. 93
- federal; processo e julgamento; competência: art. 109, caput
- federal; TRF; composição: art. 107; ADCT, art. 27, §§ 7º e 9º
- federal; TRF; nomeação; remoção ou permuta: art. 107, § 1º
- garantias: art. 95, caput
- inamovibilidade: arts. 93, VIII e VIII-A; 95, II
- ingresso na carreira: art. 93, I
- magistrado; escolha; aprovação prévia; competência privativa do Senado Federal: art. 52, III, a
- magistrado; nomeação; competência privativa do Presidente da República: art. 84, XVI

ÍNDICE REMISSIVO DA CF

- órgão da Justiça do Trabalho: art. 111, III
- órgão do Poder Judiciário: art. 92, IV
- proibições: art. 95, p.u.
- promoções: art. 93, II
- remoção: art. 93, VIII e VIII-A
- subsídios: arts. 93, V; 95, III
- substituto; titularidade de varas: ADCT, art. 28
- Territórios Federais; jurisdição e atribuições: art. 110, p.u.
- titular; residência: art. 93, VII
- togado; estabilidade; aposentadoria; quadro em extinção: ADCT, art. 21
- Varas do Trabalho; composição por juiz singular: art. 116
- vitaliciedade: art. 95, I

JUIZADOS ESPECIAIS
- criação: art. 98, I
- federais: art. 98, § 1º

JUÍZO DE EXCEÇÃO: art. 5º, XXXVII

JUNTAS COMERCIAIS
- legislação concorrente: art. 24, III

JÚRI
- instituição; reconhecimento: art. 5º, XXXVIII

JUROS
- desenvolvimento regional; atividades prioritárias; financiamento: art. 43, § 2º, II
- taxa; controle: art. 164, § 2º

JUSTIÇA DE PAZ
- criação e competência: art. 98, II
- juízes de paz; direitos e atribuições: ADCT, art. 30
- juízes de paz; elegibilidade; idade mínima: art. 14, § 3º, VI, c

JUSTIÇA DESPORTIVA
- v. DESPORTO

JUSTIÇA DO TRABALHO
- v. TRIBUNAL REGIONAL DO TRABALHO e TRIBUNAL SUPERIOR DO TRABALHO
- competência; relações de trabalho: art. 114, caput
- competência; greve; atividade essencial; lesão a interesse público; dissídio coletivo: art. 114, § 3º
- Conselho Superior: art. 111-A, § 2º, II
- dissídios coletivos: art. 114, § 2º
- juízes togados de estabilidade limitada no tempo; estabilidade e aposentadoria: ADCT, art. 21
- órgãos: art. 111, caput
- órgãos; constituição, investidura, jurisdição, competência, garantias, exercício: art. 113
- varas; criação: art. 112

JUSTIÇA ELEITORAL
- v. TRIBUNAL REGIONAL ELEITORAL e TRIBUNAL SUPERIOR ELEITORAL
- causas entre organismo internacional e residente ou domiciliado no País; processo e julgamento: art. 109, II
- competência e organização: art. 121, caput
- crimes comuns e de responsabilidade; julgamento: art. 96, III
- juiz da Junta Eleitoral: art. 121, § 1º
- juiz do TRE; crimes comuns e de responsabilidade: art. 105, I, a
- juiz do TRE; eleição, escolha, nomeação: art. 120, § 1º
- juiz do Tribunal Eleitoral; mandato, garantias, inamovibilidade: art. 121, §§ 1º e 2º
- juiz do TSE; eleição, nomeação: art. 119
- juiz substituto do Tribunal Eleitoral: art. 121, § 2º
- Ministro do TSE: art. 102, I, c
- órgãos: art. 118
- remuneração; subsídios: art. 93, V
- Tribunal Eleitoral; órgão do Poder Judiciário: art. 92, V

JUSTIÇA ESTADUAL
- v. TRIBUNAL DE JUSTIÇA
- causas em que a União for autora; processo e julgamento: art. 109, § 1º
- causas em que for parte instituição de previdência social e segurado; processo e julgamento: art. 109, § 3º

1528

ÍNDICE REMISSIVO DA CF

- competência dos tribunais: art. 125, § 1º
- desembargador; crimes comuns e de responsabilidade: art. 105, I, *a*
- inconstitucionalidade de leis ou atos normativos estaduais ou municipais; representação: art. 125, § 2º
- juiz de direito: art. 92, VII
- juiz de direito; atribuição de jurisdição; varas do trabalho: art. 112
- juiz de direito; crimes comuns e de responsabilidade: art. 96, III
- juizado de pequenas causas: art. 98, I
- juizado de pequenas causas; competência legislativa concorrente: art. 24, X
- juizado especial: art. 98, I
- justiça de paz: art. 98, II
- justiça de paz; situação dos juízes: ADCT, art. 30
- justiça militar estadual; proposta, criação, constituição, competência: art. 125, §§ 3º a 5º
- lei de organização judiciária; iniciativa: art. 125, § 1º
- magistrados; acesso aos tribunais de segundo grau: art. 93, III
- organização: art. 125, *caput*
- questões agrárias; varas especializadas: art. 126
- Seção Judiciária; constituição: art. 110, *caput*
- varas; localização: art. 110, *caput*

JUSTIÇA FEDERAL
- *v.* TRIBUNAL REGIONAL FEDERAL
- competência: art. 109, *caput*
- competência; ações propostas até a promulgação da Constituição: ADCT, art. 27, § 10
- juiz federal: art. 106, II
- juiz federal; competência: art. 109, *caput*
- juiz federal; órgão do Poder Judiciário: art. 92, III
- juiz federal; promoção: ADCT, art. 27, § 9º
- juiz federal; titularidade: ADCT, art. 28
- Juizados Especiais: art. 98, § 1º
- órgãos: art. 106

- Territórios; jurisdição e atribuições dos juízes federais: art. 110, p.u.
- Tribunal Federal; nomeação dos juízes: art. 84, XVI
- TFR; Ministros: ADCT, art. 27
- TRF; competência: art. 108

JUSTIÇA GRATUITA: art. 5º, LXXIV

JUSTIÇA ITINERANTE
- TRF; instalação: art. 107, § 2º
- Tribunal de Justiça; instalação: art. 125, § 7º
- TRT; instalação: art. 115, § 1º

JUSTIÇA MILITAR
- *v.* SUPERIOR TRIBUNAL MILITAR e TRIBUNAL MILITAR
- competência: art. 124
- juiz militar: art. 122, II
- juiz militar; órgão do Poder Judiciário: art. 92, VI
- justiça militar estadual: art. 125, §§ 3º a 5º
- Ministro do Superior Tribunal Militar; crimes comuns e de responsabilidade: art. 102, I, *c*
- Ministro do Superior Tribunal Militar; *habeas corpus*: art. 102, I, *d*
- Ministros civis do Superior Tribunal Militar: art. 123, p.u.
- órgãos: art. 122
- Superior Tribunal Militar; composição, nomeação: art. 123, *caput*

JUVENTUDE
- estatuto da: art. 227, § 8º, I
- plano nacional de: art. 227, § 8º, II

LAZER
- direitos sociais: arts. 6º; 7º, IV
- incentivo pelo Poder Público: art. 217, § 3º

LEI(S)
- elaboração, redação, alteração e consolidação: art. 59, p.u.
- guarda: art. 23, I
- promulgação: arts. 66, § 5º; 84, IV
- promulgação das leis pelo Presidente do Senado Federal: art. 66, § 7º
- publicação: art. 84, IV

ÍNDICE REMISSIVO DA CF

- sanção: art. 84, IV

LEI COMPLEMENTAR: art. 59, II
- delegação legislativa; vedação: art. 68, § 1º
- iniciativa: art. 61, *caput*
- *quorum*: art. 69

LEI DELEGADA
- processo de elaboração: art. 68
- processo legislativo; elaboração: art. 59, IV

LEI ORDINÁRIA: art. 59, III
- iniciativa: art. 61, *caput*

LEI ORGÂNICA DO DISTRITO FEDERAL
- aprovação: art. 32, *caput*

LEI ORGÂNICA DOS MUNICÍPIOS
- aprovação: art. 29, *caput*
- elaboração e votação: ADCT, art. 11, p.u.

LEI PENAL
- anterioridade: art. 5º, XXXIX
- irretroatividade: art. 5º, XL

LIBERDADE
- ação: art. 5º, II
- acesso à informação: art. 5º, XIV
- associação: art. 5º, XVII e XX
- consciência de crença e de culto religioso: art. 5º, VI
- discriminação aos direitos e liberdades fundamentais; punição: art. 5º, XLI
- expressão da atividade intelectual, artística, científica e de comunicação: arts. 5º, IX; 206, II
- imprensa; radiodifusão e televisão: art. 139, III
- iniciativa: art. 1º, IV
- locomoção; restrições: arts. 5º, XV e LXVIII; 139, I
- manifestação do pensamento: arts. 5º, IV; 206, II
- privação: art. 5º, XLVI, *a*, e LIV
- provisória; admissão: art. 5º, LXVI
- reunião; suspensão e restrições: arts. 5º, XVI; 136, § 1º, I, *a*; 139, IV
- sindical; condições: art. 8º
- trabalho, ofício ou profissão; exercício: art. 5º, XIII

LICENÇA
- gestante: arts. 7º, XVIII; 39, § 3º
- paternidade: arts. 7º, XIX; 39, § 3º

LICITAÇÃO: arts. 37, XXI; 175, *caput*
- obras, serviços, compras e alienações públicas: art. 37, XXI
- princípio da administração pública: art. 173, § 1º, III

LIMITES TERRITORIAIS
- demarcações; linhas divisórias litigiosas; impugnação; Estados e Municípios: ADCT, art. 12, § 2º
- Estado do Acre: ADCT, art. 12, § 5º
- Estado do Tocantins: ADCT, art. 13, § 1º
- ilhas fluviais e lacustres; bens da União: art. 20, IV
- lagos e rios; bens da União: art. 20, III
- território nacional; competência do Congresso Nacional: art. 48, V

LÍNGUA NACIONAL: art. 13, *caput*

MAGISTRATURA
- *v.* JUIZ
- aposentadoria: arts. 40; 93, VI e VIII
- aprovação da escolha de Magistrados: art. 52, III, *a*
- atividade jurisdicional; férias forenses; vedação: art. 93, XII
- disponibilidade: art. 93, VIII
- Estatuto; princípios; lei complementar; STF: art. 93, *caput*
- garantias: art. 95
- ingresso: art. 93, I
- juiz titular; residência: art. 93, VII
- juízes; quantidade por unidade jurisdicional: art. 93, XIII
- preparação e aperfeiçoamento: art. 93, IV
- promoção; entrância para entrância: art. 93, II
- promoção; tribunais de segundo grau: art. 93, III
- remoção: art. 93, VIII e VIII-A
- STF; iniciativa sobre o Estatuto: art. 93, *caput*

ÍNDICE REMISSIVO DA CF

- Tribunal Pleno; atribuições administrativas e jurisdicionais; órgão especial: art. 93, XI
- Tribunais; acesso: art. 93, III
- vedação: art. 95, p.u.
- vencimentos; subsídios: art. 93, V

MANDADO DE INJUNÇÃO
- autoridade federal; norma regulamentadora; atribuição: art. 105, I, *h*
- concessão: art. 5º, LXXI
- norma regulamentadora de atribuição específica: art. 102, I, *q*
- STJ; processo e julgamento: art. 105, I, *h*
- STF; julgamento em recurso ordinário: art. 102, II, *a*
- STF; processo e julgamento: art. 102, I, *q*
- TRE; recurso de suas decisões: art. 121, § 4º, V

MANDADO DE SEGURANÇA
- ato de autoridade federal: art. 109, VIII
- ato de Ministro de Estado, dos Comandantes da Marinha, Exército e Aeronáutica e do STJ: art. 105, I, *b*
- ato do Presidente da República, das Mesas da Câmara dos Deputados e do Senado Federal, do Tribunal de Contas da União, do Procurador-Geral da República e do STF: art. 102, I, *d*
- ato do TRF ou de juiz federal: art. 108, I, *c*
- ato em matéria trabalhista: art. 114, IV
- coletivo; legitimidade: art. 5º, LXX
- competência; juízes federais: art. 109, VIII
- competência; justiça do trabalho: art. 114, IV
- competência em recurso ordinário; STF: art. 102, II, *a*
- competência em recurso ordinário; STJ: art. 105, II, *b*
- competência originária; STF: art. 102, I, *d*
- competência originária; STJ: art. 105, I, *b*
- competência originária; TRF: art. 108, I, *c*
- concessão: art. 5º, LXIX
- decisão denegatória dos TRE: art. 121, § 4º, V
- decisão denegatória dos TRF ou dos Tribunais dos Estados, Distrito Federal e Territórios: art. 105, II, *b*
- decisão denegatória do TSE: art. 121, § 3º
- decisão denegatória dos Tribunais Superiores: art. 102, II, *a*

MANDATO ELETIVO
- condenação criminal; perda: art. 55, VI
- Deputado Distrital: art. 32, §§ 2º e 3º
- Deputado Estadual; duração e perda: art. 27, § 1º
- Deputado Federal: art. 44, p.u.
- Governador e Vice-Governador; duração: art. 28; ADCT, art. 4º, § 3º
- Governador, Vice-Governador, Senadores, Deputados Federais e Estaduais; Estado do Tocantins: ADCT, art. 13, § 4º
- impugnação: art. 14, §§ 10 e 11
- Justiça Eleitoral: art. 14, §§ 10 e 11
- parlamentar; investidura em outros cargos; compatibilidade: art. 56, I
- parlamentar; perda: art. 55
- parlamentar licenciado: art. 56, II
- parlamentar no exercício da função de Prefeito: ADCT, art. 5º, § 3º
- Prefeito; perda: art. 29, XII
- Prefeito e Vereador quando servidor público: art. 38, II e III
- Prefeito, Vice-Prefeito e Vereador: art. 29, I e II; ADCT, art. 4º, § 4º
- Presidente: art. 82
- Presidente da República; mandato atual: ADCT, art. 4º, *caput*
- Senador; exercício gratuito: ADCT, art. 8º, § 4º
- servidor público: art. 38
- Vereador; exercício gratuito: ADCT, art. 8º, § 4º

MANIFESTAÇÃO DO PENSAMENTO
- liberdade e vedação do anonimato: art. 5º, IV

MAR TERRITORIAL
- bem da União: art. 20, VI

ÍNDICE REMISSIVO DA CF

MARCAS
– indústria; garantia de propriedade: art. 5º, XXIX

MARGINALIZAÇÃO
– combate: art. 23, X
– erradicação: art. 3º, III

MATERIAL BÉLICO
– comércio e produção; autorização e fiscalização; competência da União: art. 21, VI
– legislação; competência privativa da União: art. 22, XXI

MATERNIDADE
– direitos sociais: art. 6º
– licença-gestante: arts. 7º, XVIII; 39, § 3º
– plano de previdência social: art. 201, II
– proteção: art. 203, I

MEDICAMENTO
– produção: art. 200, I

MEDIDAS PROVISÓRIAS
– apreciação; prazo: art. 62, § 6º
– aprovação de projeto de lei de conversão: art. 62, § 12
– Câmara dos Deputados; iniciativa: art. 62, § 8º
– Congresso Nacional; apreciação: arts. 57, §§ 7º e 8º; 62, §§ 7º a 9º
– conversão em lei; eficácia; prazo: art. 62, §§ 3º e 4º
– decretos-leis; edição entre 03.09.1988 e a promulgação da Constituição: ADCT, art. 25, § 2º
– eficácia: art. 62, § 3º
– impostos: art. 62, § 2º
– matérias vedadas: arts. 62, § 1º; 246
– mérito: art. 62, § 5º
– prazos: art. 62, §§ 3º, 4º, 6º, 7º e 11
– Presidente da República; edição: arts. 62, *caput*; 84, XXVI
– reedição: art. 62, § 10

MEIO AMBIENTE
– caça; competência legislativa concorrente: art. 24, VI
– dano; competência legislativa: art. 24, VIII
– defesa: art. 170, VI
– defesa e preservação; dever da coletividade e do Poder Público: art. 225, *caput*
– deveres do Poder Público: art. 225, § 1º
– equilíbrio ecológico; direito de todos: art. 225, *caput*
– fauna; competência legislativa concorrente: art. 24, VI
– fauna; preservação pela União: art. 23, VII
– flora; preservação pela União: art. 23, VII
– floresta; competência legislativa concorrente: art. 24, VI
– floresta; preservação pela União: art. 23, VII
– Floresta Amazônica: art. 225, § 4º
– Mata Atlântica: art. 225, § 4º
– natureza; competência legislativa concorrente: art. 24, VI
– Pantanal Mato-Grossense: art. 225, § 4º
– pesca; competência legislativa concorrente: art. 24, VI
– propaganda comercial nociva; vedação: art. 220, § 3º, II
– proteção: art. 23, VI
– proteção; competência legislativa concorrente: art. 24, VI
– qualidade de vida; melhoria: art. 225, *caput*
– recursos minerais: art. 225, § 2º
– recursos naturais; competência legislativa concorrente: art. 24, VI
– reparação do dano: art. 225, § 3º
– sanções penais e administrativas: art. 225, § 3º
– Serra do Mar: art. 225, § 4º
– solo; competência legislativa concorrente: art. 24, VI
– terras devolutas: art. 225, § 5º
– usinas nucleares; localização: art. 225, § 6º
– zona costeira: art. 225, § 4º

MENOR
– *v.* CRIANÇA E ADOLESCENTE

MICROEMPRESA
– definição: ADCT, art. 47, § 1º
– instituição: art. 25, § 3º

ÍNDICE REMISSIVO DA CF

- tratamento jurídico diferenciado: art. 179

MILITAR
- aposentadorias; pensões e proventos: arts. 40, §§ 7º e 8º; 42, § 2º
- condenação por Tribunal Militar: art. 142, § 3º, VI
- condições de elegibilidade: art. 14, § 8º
- filiação a partidos políticos: art. 142, § 3º, V
- garantias: arts. 42, § 1º; 142, § 3º, I
- greve; sindicalização; proibição: art. 142, § 3º, IV
- hierarquia; disciplina: art. 42, caput
- integrantes da carreira policial; ex-Território Federal de Rondônia: ADCT, art. 89
- julgado indigno: art. 142, § 3º, III
- patentes: arts. 42, § 1º; 142, § 3º, I
- patentes; perda: art. 142, § 3º, VI
- postos; perda: art. 142, § 3º, VI
- regime jurídico; iniciativa das leis: art. 61, § 1º, II, f
- remuneração; subsídio: arts. 39, § 4º; 144, § 9º
- reserva: art. 142, § 3º, II

MINISTÉRIO DE ESTADO DA DEFESA
- cargo privativo de brasileiro nato: art. 12, § 3º, VII
- composição do Conselho de Defesa Nacional: art. 91, V

MINISTÉRIO PÚBLICO
- ação civil; legitimação: art. 129, § 1º
- ação civil; promoção: art. 129, III
- ação de inconstitucionalidade; promoção: art. 129, IV
- ação penal; promoção: art. 129, I
- acesso à carreira; requisitos: art. 129, § 3º
- atividade policial; controle: art. 129, VII
- autonomia administrativa: art. 127, § 2º
- autonomia funcional: art. 127, § 2º
- comissões parlamentares de inquérito: art. 58, § 3º
- Conselho Nacional: art. 130-A
- crimes comuns e de responsabilidade; processo e julgamento: art. 96, III
- delegação legislativa; vedação: art. 68, § 1º, I
- despesa pública; projeto sobre serviços administrativos: art. 63, II
- dotação orçamentária: art. 168
- efetivo respeito dos direitos constitucionais: art. 129, II
- efetivo respeito dos Poderes Públicos e dos serviços sociais: art. 129, II
- exercício de suas funções: art. 129
- finalidade: art. 127, caput
- funcionamento: art. 127, § 2º
- funções: art. 129, IX
- funções; exercício: art. 129, § 2º
- funções institucionais: art. 129
- inamovibilidade: art. 128, § 5º, I, b
- índio; intervenção no processo: art. 232
- ingresso na carreira: art. 129, § 3º
- inquérito civil; promoção: art. 129, III
- interesses difusos e coletivos; proteção: art. 129, III
- lei complementar: ADCT, art. 29
- membro; opção pelo regime anterior: ADCT, art. 29, § 3º
- organização: art. 127, § 2º
- órgãos: art. 128
- ouvidoria; criação; competência da União e dos Estados: art. 130-A, § 5º
- populações indígenas; defesa: art. 129, V
- princípios institucionais: art. 127, § 1º
- procedimentos administrativos; expedição de notificações: art. 129, VI
- processo; distribuição: art. 129, § 5º
- propostas orçamentárias: art. 127, §§ 3º a 6º
- provimento de cargos; concurso público: art. 127, § 2º
- representação para intervenção dos Estados nos Municípios: art. 129, IV
- representação para intervenção federal nos Estados: art. 129, IV
- residência: art. 129, § 2º
- serviços auxiliares; provimento por concurso público: art. 127, § 2º
- STJ; composição: art. 104, p.u., II
- Tribunal de Justiça; composição: art. 94

ÍNDICE REMISSIVO DA CF

- TRF; composição: arts. 94; 107, I
- vedação à participação em sociedade comercial: art. 128, § 5º, II, c
- vedação à representação judicial e à consultoria jurídica de entidades públicas: art. 129, IX, 2ª parte
- vedação ao exercício da advocacia: arts. 95, p.u., V, e 128, § 5º, II, b
- vedação ao exercício de atividade político-partidária: art. 128, § 5º, II, e
- vedação ao exercício de outra função pública: art. 128, § 5º, II, d
- vedação ao recebimento de honorários, percentagens ou custas processuais: art. 128, § 5º, II, a
- vencimentos; subsídios; irredutibilidade: art. 128, § 5º, I, c
- vitaliciedade: art. 128, § 5º, I, a

MINISTÉRIO PÚBLICO DA UNIÃO
- crimes comuns; processo e julgamento: art. 108, I, a
- crimes comuns e de responsabilidade de membros que oficiem perante Tribunais; processo e julgamento: art. 105, I, a
- crimes de responsabilidade; processo e julgamento: art. 108, I, a
- habeas corpus; processo e julgamento: art. 105, I, c
- organização: arts. 48, IX; 61, § 1º, II, d
- órgão do MP: art. 128, I
- Procurador-Geral da República; aprovação prévia de nomeação pelo Senado Federal: art. 128, § 1º
- Procurador-Geral da República; nomeação pelo Presidente da República: art. 128, § 1º

MINISTÉRIO PÚBLICO DO DISTRITO FEDERAL
- atribuições e Estatuto: art. 128, § 5º
- organização: arts. 48, IX; 61, § 1º, II, d
- organização; legislação: art. 22, XVII
- organização e manutenção: art. 21, XIII
- órgão do Ministério Público da União: art. 128, I, d

- Procurador-Geral; escolha, nomeação, destituição: art. 128, §§ 3º e 4º

MINISTÉRIO PÚBLICO DO TRABALHO
- atribuições e Estatuto: art. 128, § 5º
- membro; estabilidade: ADCT, art. 29, § 4º
- órgão do Ministério Público da União: art. 128, I, b
- TRT; composição: art. 115, p.u., II
- TST; composição: art. 111-A, I

MINISTÉRIO PÚBLICO DOS ESTADOS
- atribuições e Estatuto: art. 128, § 5º
- organização: art. 61, § 1º, II, d
- órgão do MP: art. 128, II
- Procurador-Geral do Estado; escolha, nomeação e destituição: art. 128, §§ 3º e 4º
- Tribunal de Contas dos Estados; atuação: art. 130

MINISTÉRIO PÚBLICO DOS TERRITÓRIOS
- atribuições e Estatuto: art. 128, § 5º
- organização: arts. 48, IX; 61, § 1º, II, d
- organização; legislação: art. 22, XVII
- organização e manutenção: art. 21, XIII
- órgãos do Ministério Público da União: art. 128, I, d
- Procurador-Geral: art. 128, § 3º
- Procurador-Geral; destituição: art. 128, § 4º

MINISTÉRIO PÚBLICO FEDERAL
- atribuições e Estatuto: art. 128, § 5º
- órgão do MP da União: art. 128, I, a
- Procurador da República; opção de carreira: ADCT, art. 29, § 2º
- Tribunal de Contas da União; atuação: art. 130

MINISTÉRIO PÚBLICO MILITAR
- atribuições e Estatuto: art. 128, § 5º
- Membro; estabilidade: ADCT, art. 29, § 4º

MINISTRO DA JUSTIÇA
- Conselho da República; membro: art. 89, VI

ÍNDICE REMISSIVO DA CF

MINISTRO DE ESTADO
- auxílio ao Presidente da República no exercício do Poder Executivo: art. 84, II
- Câmara dos Deputados; comparecimento: art. 50, *caput*, § 1°
- competência: art. 87, p.u.
- Conselho da República; convocação pelo Presidente da República: art. 90, § 1°
- crimes de responsabilidade: art. 87, p.u., II
- crimes de responsabilidade; processo e julgamento: art. 102, I, *c*
- crimes de responsabilidade conexos com os do Presidente e Vice-Presidente da República; julgamento: art. 52, I
- decretos; execução: art. 87, p.u., II
- entidades da administração federal; orientação, coordenação e supervisão: art. 87, p.u., I
- escolha: art. 87, *caput*
- *habeas corpus*; processo e julgamento: art. 102, I, *d*
- *habeas data*; processo e julgamento: art. 105, I, *b*
- infrações penais comuns; processo e julgamento: art. 102, I, *b*
- leis; execução: art. 87, p.u., II
- mandado de injunção; processo e julgamento: art. 105, I, *h*
- mandado de segurança; processo e julgamento: art. 105, I, *b*
- nomeação e exoneração: art. 84, I
- pedidos de informação; Câmara dos Deputados e Senado Federal: art. 50
- Poder Executivo; auxílio ao Presidente da República: art. 76
- Presidente da República; delegação de atribuições: art. 84, p.u.
- Presidente da República; referendo de atos e decretos: art. 87, p.u., I
- Presidente da República; relatório anual: art. 87, p.u., III
- processo; instauração: art. 51, I
- regulamentos; execução: art. 87, p.u., II
- remuneração; subsídios: art. 49, VIII

MINISTRO DO SUPERIOR TRIBUNAL DE JUSTIÇA
- *v.* SUPERIOR TRIBUNAL DE JUSTIÇA

MINISTRO DO SUPERIOR TRIBUNAL MILITAR
- *v.* JUSTIÇA MILITAR

MINISTRO DO SUPREMO TRIBUNAL FEDERAL
- *v.* SUPREMO TRIBUNAL FEDERAL

MINISTRO DO TRIBUNAL SUPERIOR DO TRABALHO
- *v.* TRIBUNAL SUPERIOR DO TRABALHO

MINISTRO DO TRIBUNAL SUPERIOR ELEITORAL
- *v.* JUSTIÇA ELEITORAL

MISSÃO DIPLOMÁTICA PERMANENTE
- chefes; aprovação pelo Senado Federal: art. 52, IV
- chefes; crimes comuns e de responsabilidade: art. 102, I, *c*

MOEDA
- emissão: art. 48, XIV
- emissão; competência da União: art. 164

MONOPÓLIO
- vedação: art. 173, § 4°

MUNICÍPIO
- Administração Pública; princípios: art. 37, *caput*
- assistência social; custeio: art. 149, §§ 1° a 4°
- autarquias e fundações mantidas pelo Poder Público; limitações ao poder de tributar: art. 150, §§ 2° e 3°
- autonomia: art. 18, *caput*
- Câmara Municipal; competência: art. 29, V
- Câmara Municipal; composição: art. 29, IV
- Câmara Municipal; fiscalização financeira e orçamentária pelo Tribunal de Contas dos Estados ou Municípios: art. 31, § 1°
- Câmara Municipal; fiscalização financeira e orçamentária pelos Municípios: art. 31, *caput*

ÍNDICE REMISSIVO DA CF

- Câmara Municipal; funções legislativas e fiscalizadoras: art. 29, IX
- competência: art. 30
- competência tributária: arts. 30, III; 145, *caput*; 156
- competência tributária; imposto sobre propriedade predial e territorial urbana: art. 156, I
- competência tributária; imposto sobre serviços de qualquer natureza; lei complementar; fixação de alíquotas máximas e mínimas: art. 156, § 3º, I; ADCT, art. 88
- competência tributária; imposto sobre serviços de qualquer natureza; lei complementar; isenções, incentivos e benefícios fiscais: art. 156, § 3º, III; ADCT, art. 88
- competência tributária; imposto sobre transmissão *inter vivos*: art. 156, II e § 2º
- competência tributária; vedação ao limite de tráfego: art. 150, V
- Conselho de Contas; vedação de criação: art. 31, § 4º
- contribuições previdenciárias; débitos: ADCT, art. 57
- crédito externo e interno; disposições sobre limites globais pelo Senado Federal: art. 52, VII
- criação: art. 18, § 4º
- criação, fusão, incorporação e desmembramento; convalidação: ADCT, art. 96
- desmembramento: art. 18, § 4º
- diferença de bens; limitações ao poder de tributar: art. 152
- disponibilidade de caixa; depósito em instituições financeiras oficiais: art. 164, § 3º
- distinção entre brasileiros; vedação: art. 19, III
- distrito; criação, organização e supressão: art. 30, IV
- Distrito Federal; vedação de divisão: art. 32, *caput*

- dívida mobiliária; fixação de limites globais pelo Senado Federal: art. 52, IX
- dívida pública; fixação de limites globais pelo Senado Federal: art. 52, VI
- documento público; vedação de recusa de fé: art. 19, II
- educação infantil; programas: art. 30, VI
- empresa de pequeno porte; tratamento jurídico diferenciado: art. 179
- ensino; aplicação de receita de impostos: art. 212
- ensino fundamental; programas: art. 30, VI
- Estado-membro; demarcação das terras em litígio: ADCT, art. 12, § 2º
- Fazenda Pública; precatório; sentença judiciária: art. 100, *caput*; ADCT, art. 97
- fiscalização contábil, financeira e orçamentária: art. 75, *caput*
- fiscalização contábil, financeira e orçamentária; exibição das contas aos contribuintes: art. 31, § 3º
- fiscalização financeira: art. 31, *caput*
- fiscalização orçamentária: art. 31, *caput*
- fusão: art. 18, § 4º
- guardas municipais: art. 144, § 8º
- imposto sobre propriedade predial e territorial urbana; função social da propriedade: art. 156, § 1º
- imposto sobre transmissão *inter vivos*; isenção: art. 156, § 2º, I
- incentivos fiscais; reavaliação: ADCT, art. 41
- incorporação: art. 18, § 4º
- iniciativa das leis; população: art. 29, XI
- instituições de assistência social sem fins lucrativos; limitações ao poder de tributar: art. 150, VI, c e § 4º
- instituições de educação sem fins lucrativos; limitações ao poder de tributar: art. 150, VI, c e § 4º
- interesse local; legislação: art. 30, I
- legislação federal; suplementação: art. 30, II
- Lei Orgânica: art. 29, *caput*; ADCT, art. 11, p.u.

ÍNDICE REMISSIVO DA CF

- livros, jornais e periódicos; limitações ao poder de tributar: art. 150, VI, d
- mar territorial; exploração: art. 20, § 1º
- microempresa; tratamento jurídico diferenciado: art. 179
- orçamento; recursos para a assistência social: art. 204, caput
- órgãos de Contas; vedação de criação: art. 31, § 4º
- participação das receitas tributárias; vedação à retenção ou restrição: art. 160
- partidos políticos; limitações ao poder de tributar: art. 150, VI, c e § 4º
- patrimônio histórico-cultural; proteção: art. 30, IX
- patrimônio, renda ou serviços de entes públicos; limitações ao poder de tributar: art. 150, VI, a
- pessoal; despesa: art. 169; ADCT, art. 38
- planejamento; cooperação das associações representativas de bairro: art. 29, X
- plataforma continental; direito de participação e compensação financeira por sua exploração: art. 20, § 1º
- prestação de contas: art. 30, III
- previdência social; contribuição para o custeio do sistema: art. 149, §§ 1º a 4º
- quadro de pessoal; compatibilização: ADCT, art. 24
- receita tributária; repartição: arts. 158; 162
- recursos hídricos e minerais; participação e exploração: art. 20, § 1º
- reforma administrativa: ADCT, art. 24
- religião; vedações: art. 19, I
- saúde; serviços de atendimento: art. 30, VII
- serviço público de interesse local; organização e prestação: art. 30, V
- símbolos: art. 13, § 2º
- sindicatos; limitações ao poder de tributar: art. 150, VI, c e § 4º
- sistema de ensino: art. 211, caput e § 2º
- Sistema Tributário Nacional; aplicação: ADCT, art. 34, § 3º
- Sistema Único de Saúde; financiamento: art. 198, § 1º
- solo urbano; controle, ocupação, parcelamento e planejamento: art. 30, VIII
- suplementação da legislação federal e estadual: art. 30, II
- templos de qualquer culto; limitações ao poder de tributar: art. 150, VI, b e § 4º
- transporte coletivo; caráter essencial: art. 30, V
- Tribunais de Contas; vedação de criação: art. 31, § 4º
- tributação; limites: art. 150
- tributos; instituição e arrecadação: art. 30, III
- turismo; promoção e incentivo: art. 180
- vedações: art. 19

NACIONALIDADE
- delegação legislativa; vedação: art. 68, § 1º, II
- foro competente: art. 109, X
- opção: art. 12, I, c
- perda: art. 12, § 4º

NATURALIZAÇÃO
- foro competente: art. 109, X

NATUREZA
- v. MEIO AMBIENTE

NAVEGAÇÃO
- cabotagem; embarcações nacionais: art. 178

NOTÁRIOS
- concurso público: art. 236, § 3º
- Poder Judiciário; fiscalização de seus atos: art. 236, § 1º
- responsabilidade civil e criminal: art. 236, § 1º

OBRAS
- coletivas; participação individual: art. 5º, XXVII
- criadores e intérpretes; aproveitamento econômico; fiscalização: art. 5º, XXVIII
- direitos do autor e herdeiros: art. 5º, XXVII
- meio ambiente; degradação; estudo prévio: art. 225, § 1º, IV
- patrimônio cultural brasileiro: art. 216, IV

ÍNDICE REMISSIVO DA CF

- valor histórico, artístico e cultural; proteção: art. 23, III e IV

OBRAS PÚBLICAS
- licitação: art. 37, XXI

OFICIAIS DE REGISTRO
- concurso público: art. 236, § 3º
- Poder Judiciário; fiscalização dos atos: art. 236, § 1º
- responsabilidade civil e criminal: art. 236, § 1º
- vedação: art. 173, § 4º

OPERAÇÕES DE CRÉDITO
- Congresso Nacional: art. 48, II

ORÇAMENTO PÚBLICO
- anual; fundos: art. 165, § 5º, I e III
- Congresso Nacional: art. 48, II
- créditos especiais e extraordinários: art. 167, § 2º
- créditos extraordinários: art. 167, § 3º
- delegação legislativa; vedação: art. 68, § 1º, III
- diretrizes orçamentárias; projeto de lei; Presidente da República; envio: art. 84, XXIII
- fundos; instituição e funcionamento: arts. 165, § 9º; 167, IX; ADCT, art. 35, § 2º
- lei anual: ADCT, art. 35, *caput*
- plano plurianual; adequação: art. 165, § 4º
- plano plurianual; Congresso Nacional: art. 48, II
- plano plurianual; crimes de responsabilidade: art. 167, § 1º
- plano plurianual; delegação legislativa; vedação: art. 68, § 1º, III
- plano plurianual; lei: art. 165, § 1º
- plano plurianual; Presidente da República; envio ao Congresso Nacional: art. 84, XXIII
- plano plurianual; projeto de lei; apreciação de emendas pelo Congresso Nacional: art. 166, § 2º
- plano plurianual; projeto de lei; apreciação pela Comissão Mista Permanente de Senadores e Deputados: art. 166, § 1º
- plano plurianual; projeto de lei; apreciação pelo Congresso Nacional: art. 166, *caput*
- plano plurianual; projeto de lei; apresentação de emendas: art. 166, § 2º
- plano plurianual; projeto de lei; modificação: art. 166, § 5º
- plano plurianual; projeto de lei; processo legislativo: art. 166, § 7º
- plano plurianual; regulamentação: art. 165, § 9º
- Poder Executivo: art. 165, III
- proposta; Presidente da República; envio: art. 84, XXIII
- seguridade social; proposta; elaboração: art. 195, § 2º
- títulos da dívida agrária: art. 184, § 4º
- vedações: art. 167; ADCT, art. 37

ORDEM DOS ADVOGADOS DO BRASIL
- Conselho Federal; ações declaratória de constitucionalidade e direta de inconstitucionalidade; legitimidade: art. 103, VII

ORDEM ECONÔMICA
- direito ao exercício de todas as atividades econômicas: art. 170, p.u.
- documento ou informação de natureza comercial; requisição por autoridade estrangeira: art. 181
- empresa de pequeno porte; tratamento jurídico diferenciado: art. 179
- empresas nacionais de pequeno porte: art. 170, IX
- fundamentos: art. 170, *caput*
- livre concorrência: art. 170, IV
- microempresa; tratamento jurídico diferenciado: art. 179
- pleno emprego: art. 170, VIII
- princípios: art. 170
- relação da empresa pública com o Estado e a sociedade; regulamentação: art. 173, § 3º
- responsabilidade individual e da pessoa jurídica: art. 173, § 5º

ÍNDICE REMISSIVO DA CF

ORDEM SOCIAL
– fundamentos: art. 193
– objetivo: art. 193

ORGANIZAÇÃO DO TRABALHO
– empregador; participação nos colegiados de órgãos públicos; interesses profissionais e previdenciários: art. 10
– trabalhador; participação nos colegiados de órgãos públicos; interesses profissionais e previdenciários: art. 10
– trabalhador; representante dos empregados junto às empresas: art. 11

ORGANIZAÇÃO JUDICIÁRIA
– União; competência legislativa: art. 22, XVII

ÓRGÃOS PÚBLICOS
– atos, programas, obras, serviços e campanhas; caráter educativo: art. 37, § 1º
– disponibilidade de caixa; depósito em instituições financeiras oficiais: art. 164, § 3º
– inspeção e auditoria: art. 71, IV

OURO
– ativo financeiro ou instrumento cambial; impostos; normas: art. 153, § 5º

PARLAMENTARISMO
– plebiscito: ADCT, art. 2º

PARTIDO POLÍTICO
– acesso gratuito ao rádio e à televisão: art. 17, § 3º
– ações declaratória de constitucionalidade e direta de inconstitucionalidade: art. 103, VIII
– autonomia: art. 17, § 1º
– caráter nacional: art. 17, I
– coligações eleitorais: art. 17, § 1º
– criação: art. 17, *caput*; ADCT, art. 6º
– direitos fundamentais da pessoa humana: art. 17, *caput*
– estatuto: art. 17, § 10; ADCT, art. 6º
– extinção; incorporação: art. 17, *caput*
– funcionamento parlamentar: art. 17, IV
– fusão: art. 17, *caput*
– incorporação: art. 17, *caput*
– limitações ao poder de tributar: art. 150, VI, c, § 4º
– manifesto: ADCT, art. 6º
– organização e funcionamento: art. 17, § 1º
– personalidade jurídica: art. 17, § 2º
– pluripartidarismo: art. 17, *caput*
– prestação de contas: art. 17, III
– programa: ADCT, art. 6º
– recursos: art. 17, § 3º
– regime democrático: art. 17, *caput*
– registro: art. 17, § 2º; ADCT, art. 6º
– registro provisório; concessão pelo TSE: ADCT, art. 6º, § 1º
– registro provisório; perda: ADCT, art. 6º, § 2º
– requisitos: art. 17, *caput*
– soberania nacional: art. 17, *caput*
– TSE: ADCT, art. 6º, *caput*
– vedação de subordinação a entidade ou governo também no estrangeiro: art. 17, II
– vedação de utilização de organização paramilitar: art. 17, § 4º

PATRIMÔNIO CULTURAL
– ato lesivo; ação popular: art. 5º, LXXIII

PATRIMÔNIO NACIONAL
– atos gravosos: art. 49, I
– Floresta Amazônica, Mata Atlântica, Serra do Mar, Pantanal Mato-Grossense, Zona Costeira: art. 225, § 4º
– mercado interno; desenvolvimento cultural e socioeconômico: art. 219

PAZ
– celebração: arts. 21, II; 49, II; 84, XX; 91, § 1º
– Conselho de Defesa Nacional: art. 91, § 1º, I
– defesa: art. 4º, VI

PENA
– comutação; competência: art. 84, XII
– cumprimento; estabelecimento: art. 5º, XLVIII
– individualização; regulamentação: art. 5º, XLVI e XLVII
– morte: art. 5º, XLVII, *a*
– reclusão; prática do racismo: art. 5º, XLII

- suspensão ou interdição de direitos: art. 5º, XLVI, e
- tipos: art. 5º, XLVI

PETRÓLEO
- importação e exportação; monopólio da União: art. 177, III
- jazidas; monopólio: art. 177, I
- monopólio; exclusão: ADCT, art. 45
- refinação; monopólio da União: art. 177, II
- transporte marítimo ou por meio de conduto; monopólio da União: art. 177, IV

PLANEJAMENTO FAMILIAR: art. 226, § 7º

PLANO NACIONAL DE DESENVOLVIMENTO: art. 48, IV

PLANO NACIONAL DE DESENVOLVIMENTO ECONÔMICO E SOCIAL: art. 43, § 1º, II

PLANO NACIONAL DE EDUCAÇÃO: arts. 205, *caput*; 212, § 3º
- duração decenal: art. 214
- objetivos: art. 214

PLEBISCITO
- autorização: art. 49, XV
- exercício da soberania: art. 14, I
- revisão constitucional; prazo: ADCT, art. 2º

PLURALISMO POLÍTICO: art. 1º, V

POBREZA
- combate às causas: art. 23, X
- erradicação: art. 3º, III
- Fundo de Combate e Erradicação da Pobreza: ADCT, arts. 79 a 83

PODER EXECUTIVO: arts. 2º e 76 a 91
- alteração de alíquotas; competência tributária: art. 153, § 1º
- atividades nucleares; iniciativa: art. 49, XIV
- atos; fiscalização e controle: art. 49, X
- atos normativos; sustação pelo Congresso Nacional: art. 49, V
- delegação legislativa; revogação: ADCT, art. 25
- fiscalização contábil, financeira e orçamentária da União; exercício; prestação de contas: art. 70

- fiscalização contábil, financeira e orçamentária da União; finalidade: art. 74
- membros; vencimentos: arts. 37, XII; 39, § 1º
- Presidente da República; auxílio dos Ministros de Estado: art. 76
- radiodifusão sonora e de sons e imagens; outorga, concessão, permissão e autorização: art. 223, *caput*

PODER JUDICIÁRIO: arts. 2º e 92 a 126
- ações relativas à disciplina e às competições desportivas: art. 217, § 1º
- autonomia administrativa e financeira: art. 99, *caput*
- delegação legislativa; vedação: art. 68, § 1º
- direito individual; lesão ou ameaça: art. 5º, XXXV
- dotação orçamentária: art. 168
- fiscalização contábil, financeira e orçamentária da União; exercício; prestação de contas: art. 70
- fiscalização contábil, financeira e orçamentária da União; finalidade: art. 74, *caput*
- fiscalização dos atos notariais: art. 236, § 1º
- membros; vencimentos: arts. 37, XII; 39, § 1º
- órgãos: art. 92
- órgãos; dotação orçamentária: art. 169
- órgãos, sessões e julgamentos; publicidade: art. 93, IX
- radiodifusão sonora e de sons e imagens; cancelamento de concessão e de permissão: art. 223, § 4º

PODER LEGISLATIVO: arts. 2º e 44 a 75
- Administração Pública; criação, estruturação e atribuições de órgãos: art. 48, XI
- Administração Pública; fiscalização e controle dos atos: art. 49, X
- Advocacia-Geral da União; apreciação: ADCT, art. 29, § 1º
- anistia; concessão: art. 48, VIII

ÍNDICE REMISSIVO DA CF

- apreciação dos estudos da Comissão de Estudos Territoriais: ADCT, art. 12, § 1º
- atividades nucleares; aprovação de iniciativas do Poder Executivo: art. 49, XIV
- atos, convenções e tratados internacionais; referendo: arts. 49, I; 84, VIII
- atos normativos; sustação: art. 49, V
- atribuições: art. 48
- bens da União; limites: art. 48, V
- Comissão de Estudos Territoriais; apreciação: ADCT, art. 12, § 1º
- comissão mista; dívida externa brasileira: ADCT, art. 26
- comissão permanente e temporária: art. 58, *caput*
- comissão representativa: art. 58, § 4º
- comissões; atribuições: art. 58, § 2º
- comissões; representação proporcional dos partidos: art. 58, § 1º
- competência exclusiva: art. 49, *caput*
- competência exclusiva; vedação de delegação: art. 68, § 1º
- competência legislativa: art. 49, XI
- competência tributária residual da União: art. 154, I
- composição: art. 44, *caput*
- concessão e renovação de emissoras de rádio e televisão; art. 49, XII
- Conselho de Comunicação Social: art. 224
- convocação extraordinária: arts. 57, § 6º; 58, § 4º; 62, *caput*; 136, § 5º
- decreto-lei; promulgação da Constituição: ADCT, art. 25, § 1º
- Defensoria Pública da União e dos Territórios; organização: art. 48, IX
- delegação legislativa; dispositivos legais à época da promulgação da Constituição: ADCT, art. 25
- delegação legislativa; resoluções: art. 68, § 2º
- Deputado Federal; fixação de remuneração; subsídios: art. 49, VII
- diretrizes orçamentárias; apreciação: art. 166, *caput*
- diretrizes orçamentárias; apreciação de emendas ao projeto de lei: art. 166, § 2º
- diretrizes orçamentárias; apreciação pela comissão mista permanente de Senadores e Deputados: art. 166, § 1º
- dívida externa brasileira; exame: ADCT, art. 26
- dívida mobiliária federal: art. 48, XIV
- dívida pública: art. 48, II
- dotação orçamentária: art. 168
- emissão de curso forçado: art. 48, II
- espaço aéreo; limites: art. 48, V
- espaço marítimo: art. 48, V
- estado de defesa; apreciação: arts. 136, §§ 4º e 6º; 141, p.u.
- estado de defesa; aprovação: art. 49, IV
- estado de defesa; Comissão: art. 140
- estado de defesa; convocação extraordinária: art. 136, § 5º
- estado de defesa; prazo para envio da decretação ou prorrogação: art. 136, § 4º
- estado de defesa; rejeição: art.136, § 7º
- estado de sítio; apreciação: arts. 137, p.u.; 138, § 2º; 141, p.u.
- estado de sítio; aprovação: art. 49, IV
- estado de sítio; Comissão: art. 140
- estado de sítio; convocação extraordinária pelo Presidente do Senado: art. 138, § 2º
- estado de sítio; funcionamento: art. 138, § 3º
- Estado-membro; aprovação de incorporação, subdivisão ou desmembramento de áreas: art. 48, VI
- estrangeiro; autorização para aquisição ou arrendamento de propriedade rural: art. 190
- exercício pelo Congresso Nacional: art. 44, *caput*
- fiscalização contábil, financeira e orçamentária da União: art. 70, *caput*
- fiscalização contábil, financeira e orçamentária da União; finalidade: art. 74, *caput*

ÍNDICE REMISSIVO DA CF

- fiscalização financeira, orçamentária, operacional e patrimonial da União; comissão mista permanente de Senadores e Deputados: art. 72
- fiscalização financeira, orçamentária, operacional e patrimonial da União; prestação de contas: arts. 70; 71, *caput*
- Forças Armadas; fixação e modificação do efetivo: art. 48, III
- funcionamento: art. 57, *caput*
- fundos públicos; ratificação: ADCT, art. 36
- Governo Federal; transferência temporária da sede: art. 48, VII
- intervenção federal; aprovação: art. 49, IV
- Juizado de Pequenas Causas; criação: art. 98, I
- leis delegadas: art. 68
- medidas provisórias; apreciação: arts. 57, §§ 7º e 8º; 62, *caput*
- membros; vencimentos: arts. 37, XII; 39, § 8º
- Mesa: art. 57, § 5º
- Mesa; representação proporcional dos partidos: art. 58, § 1º
- Ministério Público da União; organização: art. 48, IX
- Ministério Público do Distrito Federal; organização: art. 48, IX
- Ministério Público dos Territórios; organização: art. 48, IX
- Ministérios; criação, estruturação e atribuições: art. 48, XI
- Ministro de Estado; fixação de remuneração; subsídios: art. 49, VIII
- mobilização nacional; autorização e referendo: art. 84, XIX
- operações de crédito: art. 48, II
- orçamento anual: art. 48, II
- orçamento anual; acompanhamento e fiscalização pela comissão mista permanente de Senadores e Deputados: art. 166, § 1º, II
- orçamento anual; apreciação: art. 166, *caput*
- orçamento anual; apreciação de emendas ao projeto de lei: art. 166, § 2º
- orçamento anual; apreciação de projeto de lei pela Comissão mista permanente: art. 166, § 1º
- orçamento anual; envio de projeto de lei: art. 166, § 6º
- órgãos; dotação orçamentária: art. 169
- plano nacional de desenvolvimento: art. 48, IV
- plano plurianual: art. 48, II
- plano plurianual; apreciação: art. 166, *caput*
- plano plurianual; apreciação de emendas ao projeto de lei: art. 166, § 2º
- plano plurianual; apreciação de projeto de lei pela Comissão mista permanente de Senadores e Deputados: art. 166, § 1º
- planos e programas nacionais, regionais e setoriais previstos na Constituição; apreciação: art. 165, § 4º
- plebiscito; autorização: art. 49, XV
- Poder Executivo; fiscalização e controle dos atos: arts. 49, X; 59
- Poder Executivo; sustação dos atos normativos: art. 49, V
- programa nacional, regional e setorial de desenvolvimento: art. 48, IV
- propriedade rural; autorização para aquisição ou arrendamento por estrangeiro: art. 190
- radiodifusão sonora e de sons e imagens; apreciação dos atos do Poder Executivo: art. 223, § 1º
- radiodifusão sonora e de sons e imagens; renovação da concessão e da permissão: art. 223, §§ 2º e 3º
- recesso: art. 58, § 4º
- referendo; autorização: art. 49, XV
- Regimento Interno: art. 57, § 3º, II
- remoção de índios das terras tradicionalmente ocupadas; deliberação: art. 231, § 5º
- rendas; arrecadação e distribuição: art. 48, I

ÍNDICE REMISSIVO DA CF

- revisão constitucional: ADCT, art. 3º
- sede; transferência temporária: art. 49, VI
- seguridade social; aprovação de planos: ADCT, art. 5º
- Senadores; fixação de remuneração; subsídios: art. 49, VII
- serviços e instalações nucleares; aprovação: art. 21, XXIII, *a*
- sessão extraordinária; matéria: art. 57, §§ 7º e 8º
- sessão legislativa; interrupção: art. 57, § 2º
- sistema tributário; atribuições: art. 48, I
- telecomunicações: art. 48, XII
- terras indígenas; autorização para exploração de recursos hídricos, potenciais energéticos e riquezas minerais: art. 231, § 3º
- terras indígenas; autorização para exploração de riquezas minerais e aproveitamento de recursos hídricos: art. 49, XVI
- terras públicas; aprovação prévia para alienação ou concessão: arts. 49, XVII; 188, § 1º
- terras públicas; revisão de doações, vendas e concessões: ADCT, art. 51
- Território nacional; limites: art. 48, V
- Territórios; aprovação de incorporação, subdivisão ou desmembramento de áreas: art. 48, VI
- Territórios; prestação de contas: art. 33, § 2º
- Tribunais Superiores; discussão e votação de projeto de lei de sua iniciativa: art. 64, *caput*
- Tribunal de Contas da União; escolha de Ministros: art. 73, § 2º
- Tribunal de Contas da União; escolha dos Membros: art. 49, XIII
- Tribunal de Contas da União; prestação de informações: art. 71, VII
- Vice-Presidente da República; autorização para se ausentar do País: arts. 49, III; 83
- Vice-Presidente da República; fixação de remuneração; subsídios: art. 49, VIII

POLÍCIA CIVIL
- competência: art. 144, § 4º
- competência legislativa da União, Estados e Distrito Federal: art. 24, XVI
- Distrito Federal; organização e manutenção: art. 21, XIV
- órgãos: art. 144, IV

POLÍCIA FEDERAL: art. 144, I
- competência: art. 144, § 1º
- competência legislativa: art. 22, XII
- organização e manutenção: art. 21, XIV

POLÍCIA FERROVIÁRIA FEDERAL: art. 144, § 3º

POLÍCIA MARÍTIMA: arts. 21, XXII; 144, § 1º, III

POLÍCIA MILITAR
- competência: art. 144, § 5º
- competência legislativa da União: art. 22, XXI
- Distrito Federal; organização e manutenção: art. 21, XIV
- integrantes da carreira, ex-Território Federal de Rondônia: ADCT, art. 89
- órgãos: art. 144, V

POLÍCIA RODOVIÁRIA FEDERAL: art. 144, II
- competência: art. 144, § 2º
- competência legislativa da União: art. 22, XXII

POLÍTICA AGRÍCOLA
- assistência técnica e extensão rural: art. 187, IV
- atividades agroindustriais, agropecuárias, pesqueiras e florestais: art. 187, § 1º
- compatibilização com a reforma agrária: art. 187, § 2º
- irrigação: art. 187, VII
- irrigação; aplicação de recursos; distribuição: ADCT, art. 42
- objetivos e instrumentos: ADCT, art. 50
- ocupação produtiva de imóvel rural: art. 191
- planejamento; atividades incluídas: art. 187, § 1º

ÍNDICE REMISSIVO DA CF

- planejamento e execução: art. 187
- produção agropecuária; abastecimento alimentar; competência: art. 23, VIII
- reforma agrária; compatibilização: art. 187, § 2º
- reforma agrária; desapropriação: arts. 184; 185; 186
- reforma agrária; distribuição de imóveis rurais: art. 189
- regulamentação legal: ADCT, art. 50
- terras públicas e devolutas; destinação: art. 188

POLÍTICA DE DESENVOLVIMENTO URBANO
- desapropriações: art. 182, § 3º
- execução, diretrizes, objetivos; Município: art. 182
- exigência de aproveitamento do solo não edificado; penalidades: art. 182, § 4º
- função social da propriedade; exigências do plano diretor: art. 182, § 2º
- plano diretor; aprovação; obrigatoriedade; instrumento básico: art. 182, § 1º

POLUIÇÃO
- *v.* MEIO AMBIENTE
- combate: art. 23, VI
- controle; competência legislativa concorrente: art. 24, VI

PORTUGUESES
- direitos: art. 12, § 1º

POUPANÇA
- captação e garantia: art. 22, XIX
- União; competência legislativa: art. 22, XIX

PRECATÓRIOS: art. 100; ADCT, art. 97
- alimentos: art. 100, §§ 1º e 2º
- atualização; valores de requisitórios: art. 100, § 12
- cessão: art. 100, §§ 13 e 14
- complementar ou suplementar; vedação: art. 100, § 8º
- expedição; compensação: art. 100, § 9º
- Fazenda Federal, Estadual, Distrital ou Municipal; ordem de pagamento: ADCT, art. 86, §§ 1º a 3º
- Fazenda Federal, Estadual, Distrital ou Municipal; oriundos de sentenças; pagamento; condições: ADCT, art. 86
- liquidação pelo seu valor real; ações iniciais ajuizadas até 31.12.1999: ADCT, art. 78
- pagamento de obrigações de pequeno valor: art. 100, § 3º e ADCT, art. 87
- União; débitos oriundos de precatórios; refinanciamento: art. 100, § 16

PRECONCEITOS
- *v.* DISCRIMINAÇÃO

PREFEITO
- condições de elegibilidade: art. 14, §§ 5º e 6º
- cônjuge e parentes; elegibilidade: ADCT, art. 5º, § 5º
- Deputado Estadual; exercício da função: ADCT, art. 5º, § 3º
- Deputado Federal; exercício da função: ADCT, art. 5º, § 3º
- elegibilidade; idade mínima: art. 14, § 3º, VI, c
- eleição: art. 29, II e III
- eleição direta: art. 29, I, II e III
- eleição no 2º turno; desistência: art. 29, II e III
- eleito em 15.11.1984; término do mandato: ADCT, art. 4º, § 4º
- idade mínima: art. 14, § 3º, VI, c
- imposto: art. 29, V
- inelegibilidade de cônjuge: art. 14, § 7º
- inelegibilidade de parentes até o segundo grau: art. 14, § 7º
- julgamento: art. 29, X
- mandato: ADCT, art. 4º, § 4º
- mandato eletivo; duração: art. 29, II e III
- mandato eletivo; servidor público: arts. 28; 38
- perda de mandato: art. 28, § 1º
- posse: art. 29, II e III
- reeleição: art. 14, § 5º
- remuneração; subsídios: art. 29, V
- sufrágio universal: art. 29, II e III
- voto: art. 29, II e III

ÍNDICE REMISSIVO DA CF

PRESIDENCIALISMO
– plebiscito; prazo: ADCT, art. 20

PRESIDENTE DA REPÚBLICA
– ação direta de inconstitucionalidade: art. 103, I
– Administração Federal; direção: art. 84, II
– Administração Federal; organização e funcionamento; mediante decreto: art. 84, VI, *a* e *b*
– Advocacia-Geral da União; organização e funcionamento: ADCT, art. 29, § 1º
– Advogado-Geral da União; nomeação: art. 131, § 1º
– afastamento; cessação: art. 86, § 2º
– atos, convenções e tratados internacionais; celebração: art. 84, VIII
– atos estranhos a suas funções; responsabilidade: art. 86, § 4º
– atribuições: art. 84, XXVII
– ausência do País; autorização: art. 49, III
– ausência do País; exercício do cargo: art. 83
– ausência do País; licença do Congresso Nacional: art. 83
– Banco Central do Brasil; nomeação de presidente e diretores: art. 84, XIV
– cargo; perda: art. 83
– cargo; vacância: arts. 78, p.u.; 80; 81
– cargo privativo; brasileiro nato: art. 12, § 3º, I
– cargos públicos federais; preenchimento e extinção: art. 84, XXV
– cessação do estado de defesa; relato das medidas ao Congresso Nacional: art. 141, p.u.
– cessação do estado de sítio; relato ao Congresso Nacional: art. 141, p.u.
– competências: art. 84, *caput*
– condecoração e distinções honoríficas; concessão: art. 84, XXI
– condições de elegibilidade: art. 14, §§ 5º e 6º
– Congresso Nacional; convocação extraordinária: art. 57, § 6º, I e II
– cônjuge e parentes; elegibilidade: ADCT, art. 5º, § 5º

– Conselho da República; composição: art. 89
– Conselho da República e Conselho de Defesa; convocação: art. 84, XVIII
– Conselho de Defesa Nacional; órgão de consulta: art. 91, *caput*
– Conselho Nacional de Justiça; nomeação de seus membros: art. 103-B, § 2º
– Constituição; compromisso de defender e cumprir: ADCT, art. 1º
– crimes de responsabilidade: arts. 52, I; 85
– crimes de responsabilidade; admissibilidade da acusação; julgamento: art. 86
– crimes de responsabilidade; processo e julgamento pelo Presidente do STF: art. 52, p.u.
– crimes de responsabilidade; pena: art. 52, p.u.
– crimes de responsabilidade; suspensão de funções: art. 86, § 1º, II
– crimes de responsabilidade; tipicidade: art. 85, p.u.
– decretos; expedição: art. 84, IV
– defensoria pública; legislação: art. 61, § 1º, II, *d*
– delegação legislativa; resolução do Congresso Nacional: art. 68, § 2º
– despesa pública; projeto de iniciativa exclusiva: art. 63, I
– efetivo das Forças Armadas; legislação: art. 61, § 1º, I
– elegibilidade; idade mínima: art. 14, § 3º, VI, *a*
– eleição: art. 77
– emendas à Constituição: art. 60, II
– estado de defesa; decretação: arts. 136, *caput*; 84, IX
– estado de defesa; decretação ou prorrogação: art. 136, § 4º
– estado de sítio; decretação: arts. 84, IX; 137, *caput*
– estado de sítio; decretação ou prorrogação: art. 137, p.u.
– estado de sítio; executor: art. 138, *caput*
– Forças Armadas; comando supremo: art. 84, XIII

1545

ÍNDICE REMISSIVO DA CF

- Forças Armadas; nomeação dos comandantes da Marinha, do Exército e da Aeronáutica: art. 84, XIII
- forças estrangeiras; trânsito e permanência temporária no território nacional: art. 84, XXII
- Governador de Território; nomeação: art. 84, XIV
- guerra; declaração: art. 84, XIX
- habeas corpus; processo e julgamento: art. 102, I, d
- idade mínima: art. 14, § 3º, VI, a
- impedimento; exercício da Presidência: art. 80
- impedimento; substituição pelo Vice-Presidente da República: art. 79, caput
- impedimentos; sucessão: art. 80
- indulto; concessão: art. 84, XII
- inelegibilidade: art. 14, § 7º
- infrações penais comuns; admissibilidade da acusação: art. 86
- infrações penais comuns; julgamento: art. 86
- infrações penais comuns; processo e julgamento: art. 102, I, b
- infrações penais comuns; suspensão de funções: art. 86, § 1º, I
- iniciativa das leis; discussão e votação: art. 64, caput
- instauração de processo contra; autorização; competência: art. 51, I
- intervenção federal; decretação: art. 84, X
- Juízes dos Tribunais Federais; nomeação: art. 84, XVI
- leis; diretrizes orçamentárias; iniciativa privativa: art. 165
- leis; diretrizes orçamentárias; modificação do projeto: art. 166, § 5º
- leis; iniciativa: art. 84, III
- leis; iniciativa privativa: arts. 61, § 1º, II; 84, III
- leis; sanção, promulgação e expedição: art. 84, IV
- leis complementares e ordinárias; iniciativa: art. 61, caput
- mandado de injunção; processo e julgamento de seus atos: art. 102, I, q
- mandado de segurança; processo e julgamento de seus atos: art. 102, I, d
- mandato eletivo; início e duração: art. 82
- medidas provisórias; adoção: art. 62, caput
- medidas provisórias; edição: art. 84, XXVI
- mobilização nacional; decretação: art. 84, XIX
- oficiais-generais das três armas; promoção: art. 84, XIII
- paz; celebração: art. 84, XX
- pena; comutação: art. 84, XII
- plano de governo; envio: art. 84, XI
- plano plurianual; envio: art. 84, XXIII
- plano plurianual; modificação do projeto de lei: art. 166, § 5º
- Poder Executivo; exercício: art. 76
- posse: art. 78, caput
- posse; compromisso: arts. 57, § 3º, III, § 6º; 78
- prestação de contas: arts. 51, II; 71, I
- prestação de contas; apreciação pela Comissão mista permanente de Senadores e Deputados: art. 166, § 1º, I
- prestação de contas; julgamento: art. 49, IX
- prestação de contas ao Congresso Nacional: art. 84, XXIV
- prisão: art. 86, § 3º
- processo; instauração: art. 51, I
- projeto de lei: art. 66, § 1º
- projeto de lei; solicitação de urgência: art. 64, § 1º
- projeto de lei; veto parcial ou total: art. 84, V
- projeto de lei de diretrizes orçamentárias; envio: art. 84, XXIII
- promulgação da lei: art. 66, §§ 5º e 7º
- propostas de orçamento; envio ao Congresso Nacional: art. 84, XXIII
- reeleição: arts. 14, § 5º; 82
- regulamento; expedição: art. 84, IV

ÍNDICE REMISSIVO DA CF

- relações internacionais; manutenção: art. 84, VII
- remuneração; subsídios; fixação; competência: art. 49, VIII
- representante diplomático estrangeiro; credenciamento: art. 84, VII
- sanção: arts. 48, *caput*; 66, *caput*
- sanção tácita: art. 66, § 3º
- servidor público; aumento da remuneração: art. 61, § 1º, II, *a*
- servidor público; criação de cargo, emprego ou função: art. 61, § 1º, II, *a*
- servidor público civil: art. 38, I
- servidor público da União; legislação: art. 61, § 1º, II, *c*
- servidor público dos Territórios; legislação: art. 61, § 1º, II, *c*
- Superior Tribunal Militar; aprovação de Ministros: art. 123, *caput*
- Superior Tribunal Militar; escolha dos Ministros Civis: art. 123, p.u.
- STF; nomeação dos Ministros: art. 101, p.u.
- suspensão de funções: art. 86, § 1º
- término do mandato: ADCT, art. 4º, *caput*
- Territórios; organização: art. 61, § 1º, II, *b*
- TRE; nomeação de Juízes: arts. 107, *caput*; 120, III
- TRT; nomeação de Juízes: art. 115, *caput*
- vacância do cargo: art. 78, p.u.
- vacância do cargo; eleições: art. 81
- vacância dos respectivos cargos; exercício da Presidência: art. 80
- veto parcial: art. 66, § 2º
- Vice-Presidente da República; convocação para missões especiais: art. 79, p.u.
- Vice-Presidente da República; eleição e registro conjunto: art. 77, § 1º

PREVIDÊNCIA PRIVADA
- complementar; regime facultativo: art. 202

PREVIDÊNCIA SOCIAL: arts. 201; 202
- anistia: arts. 150, § 6º; 195, § 11
- aposentadoria: art. 201
- benefícios: arts. 201; 248 a 250
- benefícios; reavaliação: ADCT, art. 58
- cobertura: art. 201, I
- competência legislativa concorrente: art. 24, XII
- contribuição: art. 201, *caput*
- contribuição; ganhos habituais do empregado: art. 201, § 11
- direitos sociais: art. 6º
- Distrito Federal; contribuição: art. 149, § 1º
- Estado-membro; débito das contribuições previdenciárias: ADCT, art. 57
- Estados; contribuição: art. 149, §§ 1º a 4º
- gestante: art. 201, II
- maternidade: art. 201, II
- Município; contribuição: art. 149, §§ 1º a 4º
- Município; débitos das contribuições previdenciárias: ADCT, art. 57
- pensão; gratificação natalina: art. 201, § 6º
- pescador artesanal: art. 195, § 8º
- produtor rural: art. 195, § 8º
- recursos: arts. 248 a 250
- segurados; pensão por morte ao cônjuge ou companheiro: art. 201, V
- segurados de baixa renda; manutenção de dependentes: art. 201, IV
- segurados de baixa renda; sistema especial de inclusão previdenciária: art. 201, § 12
- sistema especial de inclusão previdenciária; alíquotas e carência inferiores às vigentes: art. 201, § 13
- trabalhador; proteção ao desemprego involuntário: art. 201, III

PRINCÍPIO DA DIGNIDADE DA PESSOA HUMANA: art. 1º, III
PRINCÍPIO DA IGUALDADE: art. 5º, I
PRINCÍPIO DO CONTRADITÓRIO E AMPLA DEFESA: art. 5º, LV
PRINCÍPIO DO DEVIDO PROCESSO LEGAL: art. 5º, LIII e LIV
PROCESSO
- celeridade na tramitação: art. 5º, LXXVIII

ÍNDICE REMISSIVO DA CF

– distribuição: art. 93, XV

PROCESSO ELEITORAL
– lei; vigência: art. 16

PROCESSO LEGISLATIVO
– elaboração: art. 59
– iniciativa do Presidente da República: art. 84, III

PROCURADOR-GERAL DA FAZENDA NACIONAL
– execução da dívida ativa; representação: art. 131, § 3º
– União; representação judicial na área fiscal: ADCT, art. 29, § 5º

PROCURADOR-GERAL DA REPÚBLICA
– ação de inconstitucionalidade: art. 103, § 1º
– ações declaratória de constitucionalidade e direta de inconstitucionalidade; legitimidade: art. 103, VI
– aprovação: art. 52, III, e
– aprovação pelo Senado Federal: art. 84, XIV
– crimes de responsabilidade; julgamento pelo Presidente do STF: art. 52
– destinação: art. 128, § 2º
– direitos humanos; grave violação; deslocamento de competência: art. 109, § 5º
– exoneração de ofício: art. 52, XI
– habeas corpus e habeas data; processo e julgamento: art. 102, I, d
– infrações penais comuns; processo e julgamento: art. 102, I, b
– mandado de segurança; processo e julgamento de seus atos: art. 102, I, d
– mandato e nomeação; aprovação prévia pelo Senado Federal: art. 128, § 1º
– nomeação e destituição; Presidente da República: arts. 84, XIV; 128, §§ 1º e 2º
– opção de carreira: ADCT, art. 29, § 2º
– Presidente da República; delegação de atribuições: art. 84, p.u.
– recondução: art. 128, § 1º

PROCURADOR-GERAL DO DISTRITO FEDERAL E DOS ESTADOS
– destituição: art. 128, § 4º

– estabilidade; avaliação de desempenho: art. 132, p.u.
– organização em carreira: art. 132, caput

PROGRAMA DE FORMAÇÃO DO PATRIMÔNIO DO SERVIDOR PÚBLICO (PASEP)
– abono: art. 239, § 3º
– seguro-desemprego; financiamento: art. 239

PROGRAMA DE INTEGRAÇÃO SOCIAL (PIS)
– abono: art. 239, § 3º
– seguro-desemprego; financiamento: art. 239

PROJETO DE LEI
– disposição: art. 65, caput
– emendas: art. 65, p.u.
– rejeição; novo projeto: art. 67
– sanção: arts. 65, caput; 66, caput
– sanção tácita: art. 66, § 3º
– veto: arts. 66; 84, V
– votação: arts. 65, caput; 66, caput, §§ 4º e 6º

PROPRIEDADE
– comunidades remanescentes dos quilombos; concessão definitiva: ADCT, art. 68
– função social: art. 170, III
– ocupação temporária: art. 5º, XXV

PROPRIEDADE PRIVADA: art. 170, II

PROPRIEDADE RURAL
– desapropriação para fins de reforma agrária; exclusões: art. 185, I e II
– desapropriação para fins de reforma agrária; procedimento, rito e processo: art. 184, § 3º
– estrangeiro; aquisição ou arrendamento: art. 190
– função social: arts. 184; 186
– interesse social; declaração: art. 184, § 2º
– penhora; vedação: art. 5º, XX
– usucapião: art. 191

PROPRIEDADE URBANA
– aproveitamento; exigência do Poder Público Municipal: art. 182, § 4º
– concessão de uso: art. 183, § 1º

ÍNDICE REMISSIVO DA CF

- desapropriação; pagamento da indenização em títulos da dívida pública: art. 182, § 4º, III
- edificação compulsória: art. 182, § 4º, I
- função social: art. 182, § 2º
- imposto progressivo: art. 182, § 4º, II
- parcelamento compulsório: art. 182, § 4º, I
- título de domínio: art. 183, § 1º
- usucapião: art. 183

RAÇA
- discriminação; condenação: art. 3º, IV

RACISMO
- crime inafiançável e imprescritível: art. 5º, XLII
- repúdio: art. 4º, VIII

RADIODIFUSÃO SONORA E DE SONS E IMAGENS
- concessão; apreciação pelo Congresso Nacional: art. 49, XII
- concessão e permissão; cancelamento; decisão judicial: art. 223, § 4º
- concessão e permissão; prazo: art. 223, § 5º
- Congresso Nacional; apreciação dos atos do Poder Executivo: art. 223, § 1º
- empresa; propriedade: art. 222
- empresa; propriedade; pessoa jurídica: art. 222, *caput*
- outorga, concessão, permissão e autorização; Poder Executivo: art. 223, *caput*
- produção e programação; princípios e finalidades: art. 221
- renovação da concessão e permissão; Congresso Nacional: art. 223, §§ 2º e 3º

RECEITAS TRIBUTÁRIAS
- *v.* TRIBUTOS
- repartição; divulgação: art. 162
- repartição; entrega pela União: art. 159; ADCT, art. 34, § 1º
- repartição; Estado e Distrito Federal: art. 157
- repartição; Município: art. 158
- repartição; regulamentação: art. 161, I

RECURSOS HÍDRICOS
- *v.* ÁGUAS

RECURSOS MINERAIS
- defesa; competência legislativa concorrente: art. 24, VI
- exploração de aproveitamento industrial: art. 176, *caput*
- meio ambiente: art. 225, § 2º

REFERENDO
- autorização: art. 49, XV
- soberania: art. 14, II

REFORMA ADMINISTRATIVA
- disposição: ADCT, art. 24

REFORMA AGRÁRIA
- *v.* DESAPROPRIAÇÃO
- beneficiários: art. 189
- compatibilização com a política agrícola: art. 187, § 2º
- conflitos fundiários; varas especializadas; criação: art. 126
- imóveis desapropriados; isenção tributária: art. 184, § 5º
- imóvel rural; declaração de interesse social; ação; propositura; decreto: art. 184, § 2º
- imóvel rural; indenização; títulos da dívida agrária: art. 184
- imóvel rural; processo: art. 184, § 3º
- imóvel rural pequeno e médio ou produtivo; desapropriação; vedação: art. 185
- orçamento público; títulos da dívida agrária: art. 184, § 4º
- pequenos e médios imóveis rurais; vedação: art. 185, I
- propriedade produtiva; vedação: art. 185, II
- terras públicas: art. 188, § 1º
- terras públicas; alienação e concessão: art. 188, § 2º
- títulos da dívida agrária: art. 184, § 4º

REGIÕES METROPOLITANAS
- instituição: art. 25, § 3º

RELAÇÕES INTERNACIONAIS
- princípios: art. 4º

REPRESENTANTES DIPLOMÁTICOS ESTRANGEIROS
- credenciamento: art. 84, VII

1549

ÍNDICE REMISSIVO DA CF

REPÚBLICA
– plebiscito: ADCT, art. 2º

REPÚBLICA FEDERATIVA DO BRASIL: art. 1º, *caput*
– objetivos fundamentais: art. 3º
– organização político-administrativa: art. 18, *caput*
– relações internacionais; princípios: art. 4º, *caput*

REVISÃO CONSTITUCIONAL
– Congresso Nacional: ADCT, art. 3º
– plebiscito; prazo: ADCT, art. 2º
– TSE; normas: ADCT, art. 2º, § 2º

SALÁRIO-EDUCAÇÃO
– cotas estaduais e municipais da arrecadação; distribuição: art. 212, § 6º
– fonte adicional de financiamento; educação básica pública: art. 212, § 5º

SALÁRIO-FAMÍLIA: art. 7º, XII

SANGUE
– comércio; vedação: art. 199, § 4º

SAÚDE PÚBLICA
– *v.* SISTEMA ÚNICO DE SAÚDE
– alimentos; bebidas e águas; fiscalização: art. 200, VI
– aplicação de impostos e receita municipal: arts. 34, VII; 35, III; ADCT, art. 77
– assistência; liberdade à iniciativa privada: art. 199, *caput*
– dever do Estado: art. 196
– direito da criança, adolescente e jovem: art. 227, § 1º
– direito de todos: art. 196
– direitos sociais: art. 6º
– instituições privadas; participação no Sistema Único de Saúde: art. 199, § 1º
– instituições privadas com fins lucrativos; vedação de recursos públicos: art. 199, § 2º
– liberdade à iniciativa privada: art. 199, *caput*
– orçamento: ADCT, art. 55
– órgãos humanos; comércio: art. 199, § 4º
– pessoa física ou jurídica de direito privado; execução: art. 197
– Poder Público; regulamentação, fiscalização, controle e execução: art. 197
– propaganda comercial nociva; vedação: art. 220, § 3º, II
– proteção e defesa; concorrente: art. 24, XII
– regulamentação, fiscalização e controle: art. 197
– sangue; coleta, processamento e transfusão: art. 199, § 4º
– sangue; comércio: art. 199, § 4º
– serviços de atendimento municipais: art. 30, VII
– transplante de órgãos, tecidos e substâncias humanas: art. 199, § 4º
– União; competência: art. 23, II
– vedação da exploração direta ou indireta da assistência por empresas ou capitais estrangeiros: art. 99, § 3º

SEGURANÇA PÚBLICA
– atribuições: art. 144, I a V, §§ 1º ao 5º
– direito social: art. 6º
– finalidade: art. 144, *caput*
– forças auxiliares e reserva do Exército; Governador de Estado, Distrito Federal e Territórios: art. 144, § 6º
– guardas municipais: art. 144, § 8º
– organização e funcionamento: art. 144, § 7º
– órgãos; organização e funcionamento: art. 144, § 7º

SEGURIDADE SOCIAL: arts. 194 a 204
– arrecadação: ADCT, art. 56
– benefícios; fontes de custeio: art. 195, § 5º
– benefícios; irredutibilidade do valor: art. 194, p.u., IV
– benefícios; seletividade e distributividade: art. 194, p.u., III
– benefícios às populações urbanas e rurais; uniformidade e equivalência: art. 194, p.u., II
– Congresso Nacional; aprovação de planos: ADCT, art. 59
– contribuição social; importador de bens ou serviços do exterior: art. 195, IV

ÍNDICE REMISSIVO DA CF

- contribuições: art. 195, § 6º
- contribuições; alíquotas diferenciadas em razão da atividade econômica: art. 195, § 9º
- custeio: art. 194, p.u., V
- débito; pessoa jurídica; consequência: art. 195, § 3º
- definição e finalidade: art. 194, caput
- financiamento: art. 194, p.u., VI
- financiamento; contribuições sociais: art. 195, I, II e III
- financiamento; outras fontes: art. 195, § 4º
- financiamento; receitas dos Estados, Distrito Federal e Municípios: art. 195, § 1º
- financiamento; recursos provenientes do orçamento da União, dos Estados, do Distrito Federal e dos Municípios: art. 195
- financiamento; ressalva: art. 240
- gestão administrativa e quadripartite; participação: art. 194, p.u., VII
- isenção de contribuição: art. 195, § 7º
- legislação: art. 22, XXIII
- limites; benefícios: art. 248
- objetivos: art. 194, p.u.
- orçamento: art. 195, § 2º
- orçamento; recursos para a assistência social: art. 204, caput
- organização: art. 194, p.u.
- organização; regulamentação legal: ADCT, art. 59
- pessoa jurídica em débito; consequência: art. 195, § 3º
- planos de custeio e benefício; regulamentação legal: ADCT, art. 59
- recursos: arts. 249; 250
- serviços; fontes de custeio: art. 195, § 5º
- serviços; seletividade e distributividade: art. 194, p.u., III
- serviços às populações urbanas e rurais; uniformidade e equivalência: art. 194, p.u., II
- transferência de recursos: art. 195, § 10
- universalidade da cobertura e do atendimento: art. 194, p.u., I
- vedação da utilização dos recursos provenientes para despesas distintas; pagamento de benefícios: art. 167, XI
- vedação de concessão de remissão ou anistia: art. 195, § 11

SENADO FEDERAL
- Banco Central do Brasil; aprovação de Presidente e Diretores: arts. 52, III, d; 84, XIV
- cargos; criação, transformação, extinção e remuneração: art. 52, XIII
- comissão permanente e temporária: art. 58, caput
- comissões; atribuições: art. 58, § 2º
- comissões; representação proporcional dos partidos: art. 58, § 1º
- comissões parlamentares de inquérito: art. 58, § 3º
- competência privativa: art. 52
- competência privativa; vedação de delegação: art. 68, § 1º
- composição: art. 46, caput
- Congresso Nacional; convocação extraordinária: art. 57, § 6º, I e II
- Conselho da República; líderes: art. 89, V
- Conselho Nacional de Justiça; aprovação de seus membros: art. 103-B, § 2º
- crédito externo e interno; disposições sobre limites globais: art. 52, VII
- crédito externo e interno federal; concessão de garantia e fixação de limites e condições: art. 52, VIII
- crimes de responsabilidade; julgamento: art. 86
- deliberações; quorum: art. 47
- despesa pública; projeto sobre serviços administrativos: art. 63, II
- dívida mobiliária do Distrito Federal, estadual e municipal; fixação de limites globais: art. 52, IX
- dívida pública; fixação de limites globais: art. 52, VI
- emendas; apreciação pela Câmara dos Deputados: art. 64, § 3º
- emendas à Constituição: art. 60, I

1551

ÍNDICE REMISSIVO DA CF

- emprego; criação, transformação, extinção e remuneração: art. 52, XIII
- estado de sítio; convocação extraordinária do Congresso Nacional pelo Presidente: art. 138, § 2º
- estado de sítio; suspensão da imunidade parlamentar: art. 53, § 8º
- Governador de Território; aprovação: arts. 52, III, c; 84, XIV
- impostos; alíquotas; fixação: art. 155, § 1º, IV e § 2º, V
- inconstitucionalidade de lei; suspensão de execução: arts. 52, X; 103, § 3º
- legislatura; duração: art. 44, p.u.
- leis complementares e ordinárias; iniciativa: art. 61, caput
- magistrados; aprovação: art. 52, III, a
- Mesa; ação declaratória de constitucionalidade: art. 103, II
- Mesa; ação direta de inconstitucionalidade: art. 103, II
- Mesa; habeas data: art. 102, I, d
- Mesa; mandado de injunção: art. 102, I, g
- Mesa; mandado de segurança: art. 102, I, d
- Mesa; pedidos de informação a Ministro de Estado: art. 50, § 2º
- Mesa; representação proporcional dos partidos: art. 58, § 1º
- Ministro de Estado; comparecimento: art. 50, § 2º
- Ministro de Estado; convocação: art. 50, caput
- Ministro de Estado; informação: art. 50, § 2º
- missão diplomática de caráter permanente; aprovação dos chefes: art. 52, IV
- operações externas de natureza financeira; autorização: art. 52, V
- organização: art. 52, XIII
- órgão do Congresso Nacional: art. 44, caput
- Presidente; cargo privativo de brasileiro nato: art. 12, § 3º
- Presidente; exercício da Presidência da República: art. 80
- Presidente; membro do Conselho da República: art. 89, III
- Presidente; membro nato do Conselho de Defesa Nacional: art. 91, III
- Presidente; promulgação das leis: art. 66, § 7º
- projetos de lei; prazo de apreciação de solicitação de urgência: art. 64, §§ 2º e 4º
- Regimento Interno: art. 52, XII
- sessão conjunta: art. 57, § 3º
- sistema eleitoral: art. 46, caput

SENADOR
- decoro parlamentar: art. 55, II, § 1º
- estado de sítio; difusão de pronunciamento: art. 139, p.u.
- estado de sítio; suspensão da imunidade parlamentar: art. 53, § 8º
- Estado de Tocantins; eleição: ADCT, art. 13, § 3º
- exercício de funções executivas: art. 56, I, § 3º
- flagrante de crime inafiançável: art. 53, § 2º
- habeas corpus; processo e julgamento: art. 102, I, d
- idade mínima: art. 14, § 3º, VI, a
- impedimentos: art. 54
- impostos: art. 49, VII
- imunidades: art. 53
- imunidades; estado de sítio: art. 53, § 8º
- incorporação às Forças Armadas: art. 53, § 8º
- infrações penais comuns; processo e julgamento: art. 102, I, b
- inviolabilidade: art. 53, caput
- legislatura; duração: art. 44, p.u.
- licença: art. 56, II
- mandato eletivo; alternância na renovação: art. 46, § 2º
- mandato eletivo; duração: art. 46, § 1º
- perda de mandato: arts. 55, IV; 56
- remuneração; subsídios: art. 49, VII
- sessão legislativa; ausência: art. 55, III

Índice Remissivo da CF

- sistema eleitoral: art. 46, *caput*
- suplência: arts. 46, § 3º; 56, § 1º
- testemunho: art. 53, § 6º
- vacância: art. 56, § 2º

SENTENÇA
- autoridade competente: art. 5º, LIII
- estrangeira; homologação; processo e julgamento: art. 105, I, *i*
- execução; processo e julgamento: art. 102, I, *m*
- judicial; servidor público civil; perda e reintegração no cargo: art. 41, §§ 1º e 2º
- penal condenatória: art. 5º, LVII

SEPARAÇÃO DOS PODERES
- emendas à Constituição: art. 60, § 4º, III

SERINGUEIROS
- pensão mensal vitalícia: ADCT, art. 54

SERVIÇO MILITAR OBRIGATÓRIO
- condições: art. 143
- direito de eximir-se; imperativo de consciência: art. 143, § 1º
- eclesiásticos: art. 143, § 2º
- isenção: art. 143, § 2º
- mulheres: art. 143, § 2º
- tempo de paz: art. 143, § 1º

SERVIÇO NACIONAL DE APRENDIZAGEM RURAL
- criação: ADCT, art. 62

SERVIÇO POSTAL: art. 21, X

SERVIÇOS DE TELECOMUNICAÇÕES
- exploração, autorização, concessão e permissão: art. 21, XII, *a*
- exploração direta ou concessão: art. 21, XI

SERVIÇOS NOTARIAIS E DE REGISTRO
- concurso público; ingresso: art. 236, § 3º
- emolumentos; fixação: art. 236, § 2º
- notariais; responsabilidade civil e criminal: art. 236, § 1º
- oficializados pelo Poder Público; não aplicação das normas: ADCT, art. 32

SERVIÇOS PÚBLICOS
- de interesse local; exploração direta ou concessão: art. 21, XI
- direitos dos usuários: art. 175, p.u., II
- empresas concessionárias e permissionárias; regime: art. 175, p.u., I
- gestão; entes públicos; convênios de cooperação: art. 241
- licitação: art. 37, XXI
- manutenção: art. 175, p.u., IV
- ordenação legal: art. 175, p.u.
- organização: art. 30, V
- política tarifária: art. 175, p.u., III
- prestação; reclamações: art. 37, § 3º
- prestação, concessão e permissão: art. 175, *caput*
- prestação de serviços: art. 30, V

SERVIDOR PÚBLICO
- acesso: art. 37, I
- acréscimos pecuniários: art. 37, XIV
- acumulação remunerada de cargo, emprego ou função públicos; vedação: art. 37, XVI e XVII
- adicionais percebidos em desacordo com a Constituição; redução: ADCT, art. 17
- administração fazendária; precedência sobre os demais setores administrativos: art. 37, XVIII
- admissão: art. 71, III
- anistia: ADCT, art. 8º, § 5º
- aposentadoria: art. 40
- aposentadoria; atualização de proventos: ADCT, art. 20
- aposentadoria; cálculo dos proventos: art. 40, § 3º
- aposentadoria; compulsória: art. 40, § 1º, II; ADCT: art. 100
- aposentadoria; contribuição sobre os proventos; incidência: art. 40, § 18
- aposentadoria; invalidez permanente: art. 40, § 1º, I
- aposentadoria; redução de proventos percebidos em desacordo com a Constituição: ADCT, art. 17
- aposentadoria voluntária; permanência em atividade; abono: art. 40, § 19
- ato ilícito; prescrição: art. 37, § 5º
- atos de improbidade administrativa: art. 37, § 4º

1553

ÍNDICE REMISSIVO DA CF

- aumento de remuneração: art. 61, § 1º, II, *a*
- autarquias; vedação de acumulação remunerada: art. 37, XVI e XVII
- avaliação especial de desempenho: art. 41, § 4º
- cargo em comissão: art. 37, II
- cargo em comissão; preenchimento: art. 37, V
- cargo temporário; aposentadoria: art. 40, § 13
- cargos, empregos, funções; criação; competência: arts. 48, X; 61, § 1º, II, *a*
- cargos, empregos, funções; transformação; competência: art. 48, X
- concurso público: art. 37, II
- concurso público; prioridade na contratação: art. 37, IV
- concurso público; validade: art. 37, III
- convocação: art. 37, IV
- décimo terceiro salário: art. 39, § 3º
- deficiente: art. 37, VIII
- desnecessidade de cargo: art. 41, § 3º
- direito à livre associação sindical: arts. 8º; 37, VI
- direito de greve: art. 9º, *caput*
- direitos: art. 39, § 3º
- disponibilidade com remuneração proporcional: art. 41, § 3º
- emprego público; vedação de acumulação remunerada: art. 37, XVI e XVII
- empregos temporários; aposentadoria: art. 40, § 13
- equiparações e vinculações; vedação: art. 37, XIII
- escolas de governo; aperfeiçoamento: art. 39, § 2º
- estabilidade: art. 41, *caput*; ADCT, art. 19
- estabilidade; perda de cargo: art. 41, § 1º
- estabilidade; vedação para admissões sem concurso: ADCT, art. 18
- ex-Território Federal de Rondônia: ADCT, art. 89
- extinção: art. 48, X
- extinção de cargo: art. 41, § 3º
- férias: art. 39, § 3º
- função de confiança; preenchimento: art. 37, V
- função pública; vedação de acumulação remunerada: art. 37, XVI e XVII
- funções equivalentes às de agente comunitário de saúde; descumprimento de requisitos fixados em lei: art. 198, § 6º
- investidura: art. 37, II
- jornada de trabalho: art. 32, § 2º
- mandato eletivo: art. 38
- médico; exercício cumulativo de cargo ou função: art. 37, XVI; ADCT, art. 17, § 1º
- nomeação sem concurso público; efeitos: art. 37, § 2º
- padrão de vencimentos: arts. 37, XII; 39, § 1º
- pensão; contribuição sobre proventos; incidência: art. 40, § 18
- pensão por morte: art. 40, § 7º
- pensionistas; atualização de pensões: ADCT, art. 20
- profissionais de saúde; exercício cumulativo de cargo ou função: ADCT, art. 17, § 2º
- programas de qualidade: art. 39, § 7º
- proventos da inatividade; revisão: art. 40, § 8º
- quadro de pessoal; compatibilização: ADCT, art. 24
- reajustamento de benefícios; preservação do valor real: art. 40, § 8º
- regime de previdência: art. 40
- regime de previdência complementar: art. 40, § 15
- regime previdenciário; contribuição instituída pelos Estados, Distrito Federal e Municípios: art. 149, § 1º
- regime próprio de previdência social; multiplicidade; vedação: art. 40, § 20
- reintegração: art. 41, § 2º
- remuneração; publicação: art. 39, § 6º
- remuneração; subsídios; limites máximos e mínimos: arts. 37, XI; 39, § 4º
- remuneração; subsídios; revisão: art. 37, X
- remuneração; subsídios; vencimentos; irredutibilidade: arts. 37, XV; 39, § 4º

ÍNDICE REMISSIVO DA CF

– remuneração percebida em desacordo com a Constituição; redução: ADCT, art. 17
– repouso semanal remunerado: art. 39, § 3º
– responsabilidade civil: art. 37, § 6º
– riscos do trabalho; redução: art. 39, § 3º
– salário do trabalho noturno: art. 39, § 3º
– salário-família: art. 39, § 3º
– salário fixo: art. 39, § 3º
– salário mínimo: art. 39, § 3º
– seguro-desemprego: art. 239
– serviço extraordinário: art. 39, § 3º
– sociedade de economia mista; vedação de acumulação remunerada: art. 37, XVI e XVII
– vantagens percebidas em desacordo com a Constituição; redução: ADCT, art. 17
– vedação à diferenciação: art. 39, § 3º
– vedação de acumulação remunerada: art. 37, XVI e XVII
– vencimentos percebidos em desacordo com a Constituição; redução: ADCT, art. 17

SESSÃO LEGISLATIVA
– abertura: art. 57, § 1º
– extraordinária; vedado o pagamento de parcela indenizatória: art. 57, § 7º

SESSÕES PREPARATÓRIAS DAS CÂMARAS: art. 57, § 4º

SIGILO
– comunicação telegráfica, telefônica, de dados e correspondência; sigilo; inviolabilidade e restrições: arts. 5º, XII; 136, § 1º, I, *b* e *c*
– correspondência; inviolabilidade: arts. 5º, XII; 136, § 1º, I, *b*
– imprensa; radiodifusão e televisão; liberdade; restrições: art. 139, III
– informações; direitos: art. 5º, XIV e XXVIII
– informações; fonte: art. 5º, XIV
– restrições: art. 139, III

SÍMBOLOS NACIONAIS: art. 13, § 1º
SINDICATO
– aposentado: art. 8º, VII
– categoria econômica: art. 5º, II
– categoria profissional: art. 8º, II
– contribuição sindical: art. 8º, IV
– direção ou representação sindical; garantias: art. 8º, VIII
– direitos e interesses da categoria: art. 5º, III
– filiação: art. 8º, V
– fundação; autorização legal: art. 8º, I
– interferência ou intervenção: art. 5º, I
– limitações ao poder de tributar: art. 150, VI, *c*, e § 4º
– negociação coletiva: art. 8º, VI
– rural; aplicação de princípios do sindicato urbano: art. 8º
– rural; contribuições: ADCT, art. 10, § 2º

SISTEMA DE GOVERNO
– plebiscito: ADCT, art. 2º

SISTEMA FINANCEIRO NACIONAL: art. 192
– instituições financeiras; aumento de participação de capital estrangeiro; vedação: ADCT, art. 52, II
– instituições financeiras; instalação de novas agências; vedação: ADCT, art. 52, I

SISTEMA NACIONAL DE VIAÇÃO: art. 21, XXI

SISTEMA TRIBUTÁRIO NACIONAL
– *v.* TRIBUTOS
– administração tributária; compartilhamento de cadastros e informações: art. 37, XXII
– avaliação periódica: art. 52, XV
– vigência: ADCT, art. 34

SISTEMA ÚNICO DE SAÚDE
– admissão de agentes comunitários de saúde: art. 198, § 4º
– agentes comunitários de saúde; regulamentação; Lei Federal: art. 198, § 5º
– atividades preventivas: art. 198, II
– atribuições: art. 200
– controle e fiscalização de procedimentos, produtos e substâncias: art. 200, I
– direção única em cada nível de governo: art. 198, I
– diretrizes: art. 198

- entidades filantrópicas e sem fins lucrativos: art. 199, § 1º
- financiamento: art. 198, § 1º
- fiscalização e inspeção de alimentos: art. 200, VI
- formação de recursos humanos: art. 200, III
- incremento do desenvolvimento científico e tecnológico: art. 200, V
- orçamento: art. 198, § 1º
- participação da comunidade: art. 198, III
- participação supletiva da iniciativa privada: art. 199, § 1º
- produtos psicoativos, tóxicos e radioativos; participação; fiscalização; controle: art. 200, VII
- proteção ao meio ambiente: art. 200, VIII
- proteção ao trabalho: art. 200, VIII
- saneamento básico: art. 200, IV
- vigilância sanitária, epidemiológica e de saúde do trabalhador: art. 200, II

SOBERANIA: art. 1º, I
- nacional: art. 170, I
- popular; exercício: art. 14, caput

SOCIEDADE DE ECONOMIA MISTA
- criação: art. 37, XIX
- criação de subsidiária; autorização legislativa: art. 37, XX
- exploração de atividade econômica; estatuto jurídico: art. 173, § 1º
- privilégios fiscais: art. 173, § 2º

SOLO
- defesa; competência legislativa concorrente: art. 24, VI
- urbano; controle, ocupação, parcelamento e planejamento: art. 30, VIII

SUBSÍDIOS
- Deputado Estadual: art. 27, § 2º
- Governador: art. 28, § 2º
- Ministro de Estado: art. 39, § 4º
- Ministro do STF: art. 48, XV
- Ministros dos Tribunais Superiores: art. 93, V
- Prefeito: art. 29, V
- Secretário de Estado: art. 28, § 2º
- Secretário Municipal: art. 29, V

- Vereadores: art. 29, VI
- Vice-Governador: art. 28, § 2º
- Vice-Prefeito: art. 29, V

SUFRÁGIO UNIVERSAL: art. 14, caput

SÚMULA VINCULANTE
- aplicação indevida ou contrariedade à sua aplicação: art. 103-A, § 3º
- edição; provocação; legitimados a propor ação direta de inconstitucionalidade: art. 103-A, § 2º
- edição; STF; requisitos: art. 103-A
- finalidade: art. 103-A, § 1º

SUPERIOR TRIBUNAL DE JUSTIÇA
- ação rescisória de seus julgados; foro competente: art. 105, I, e
- carta rogatória; exequatur: art. 105, I, i
- competência: art. 105
- competência anterior à sua instalação: ADCT, art. 27, § 1º
- competência originária: art. 105, I
- competência privativa: art. 96, I
- competência privativa de propostas ao Legislativo: art. 96, II
- composição: art. 104
- conflito de atribuições; autoridades administrativas de um Estado e autoridades judiciárias do Distrito Federal: art. 105, I, g
- conflito de atribuições; autoridades administrativas do Distrito Federal e autoridades administrativas da União: art. 105, I, g
- conflito de atribuições; autoridades administrativas e judiciárias da União; processo e julgamento: art. 105, I, g
- conflito de atribuições; autoridades judiciárias de um Estado e autoridades administrativas de outro; processo e julgamento: art. 105, I, g
- conflito de atribuições; autoridades judiciárias de um Estado e autoridades administrativas do Distrito Federal; processo e julgamento: art. 105, I, g
- conflito de jurisdição entre Tribunais; processo e julgamento: art. 105, I, d

ÍNDICE REMISSIVO DA CF

- Conselho da Justiça Federal: art. 105, p.u., II
- crimes comuns; conselheiros dos Tribunais de Contas, desembargadores, Governadores, juízes, membros do MP; processo e julgamento: art. 105, I, *a*
- crimes de responsabilidade; juízes, conselheiros dos Tribunais de Contas, desembargadores, membros do MP; processo e julgamento: art. 105, I, *a*
- despesa pública nos projetos sobre serviços administrativos: art. 63, II
- discussão e votação da iniciativa das leis: art. 64, *caput*
- dissídio jurisprudencial; processo e julgamento: art. 105, III, *c*
- elaboração do Regimento Interno: art. 96, I, *a*
- eleição de órgãos diretivos: art. 96, I, *a*
- Escola Nacional de Formação e Aperfeiçoamento de Magistrados: art. 105, p.u., I
- *habeas corpus*; processo e julgamento: art. 105, I, *c*, e II, *a*
- *habeas data*; processo e julgamento: arts. 102, I, *d*; 105, I, *b*
- instalação: ADCT, art. 27, § 1º
- jurisdição: art. 92, p.u.
- lei federal; processo e julgamento de recursos de decisão que contrarie ou negue vigência: art. 105, III, *a*
- lei ou ato de governo local contestado em face de lei federal; processo e julgamento de recurso: art. 105, III, *b*
- leis complementares e ordinárias; iniciativa: art. 61, *caput*
- licença, férias e afastamento: art. 96, I, *f*
- mandado de injunção; processo e julgamento: art. 105, I, *h*
- mandado de segurança; processo e julgamento: arts. 102, I, *d*; 105, I, *b* e II, *b*
- Ministro: art. 119, p.u.; ADCT, art. 27, § 2º
- Ministro; aposentadoria: ADCT, art. 27, § 4º
- Ministro; aprovação de nomeação pelo Senado Federal: arts. 84, XIV; 104, p.u.
- Ministro; crimes de responsabilidade: art. 102, I, *c*
- Ministro; *habeas corpus*: art. 102, I, *d*
- Ministro; indicação: ADCT, art. 27, § 5º
- Ministro; infrações penais comuns: art. 102, I, *c*
- Ministro; infrações penais de responsabilidade: art. 102, I, *c*
- Ministro; nomeação pelo Presidente da República: arts. 84, XIV; 104, p.u.
- Ministro; requisitos: art. 104, p.u.
- Ministro; terço de desembargadores do Tribunal de Justiça: art. 104, p.u.
- Ministro; TFR: ADCT, art. 27, § 2º
- motivação das decisões administrativas: art. 93, X
- organização da secretaria e dos serviços auxiliares: art. 96, I, *b*
- órgão do Poder Judiciário: art. 92, II
- órgãos diretivos; eleição: art. 96, I, *a*
- órgãos jurisdicionais e administrativos: art. 96, I, *a*
- processo e julgamento; causa: art. 105, II, *c*
- propostas orçamentárias: art. 99, §§ 1º e 2º
- provimento de cargos necessários à administração da Justiça: art. 96, I, *e*
- reclamação para garantia da autoridade de suas decisões e preservação de sua competência; processo e julgamento: art. 105, I, *f*
- recurso especial; ato de governo local; contestação em face de lei federal; validade: art. 105, III, *b*
- recurso especial; lei federal; divergência de interpretação: art. 105, III, *c*
- recurso especial; tratado ou lei federal; contrariedade ou negativa de vigência: art. 105, III, *a*
- recurso ordinário; processo e julgamento: art. 105, II
- revisão criminal de seus julgados; processo e julgamento: art. 105, I, *e*

ÍNDICE REMISSIVO DA CF

- sede: art. 92, p.u.
- sentença estrangeira; homologação: art. 105, I, *i*
- TFR; Ministros: ADCT, art. 27, § 2º
- tratado ou lei federal; processo e julgamento de recurso de decisão que contrarie ou negue vigência: art. 105, III, *a*

SUPERIOR TRIBUNAL MILITAR: art. 122, I
- competência: art. 124
- competência privativa: art. 96, I
- competência privativa de propostas ao Legislativo: art. 96, II
- composição: art. 123, *caput*
- despesa pública nos projetos sobre serviços administrativos: art. 63, II
- discussão e votação da iniciativa de leis: art. 64, *caput*
- funcionamento: art. 24, p.u.
- jurisdição: art. 92, p.u.
- leis complementares e ordinárias; iniciativa: art. 61, *caput*
- licença, férias e afastamento: art. 96, I, *f*
- Ministro: art. 123, *caput*
- Ministro; aprovação pelo Senado Federal: arts. 84, XIV; 123, *caput*
- motivação das decisões administrativas: art. 93, X
- nomeação de Ministro pelo Presidente da República: art. 84, XIV
- organização: art. 124, p.u.
- organização da secretaria e serviços auxiliares: art. 96, I, *b*
- órgão diretivo; eleição: art. 96, I, *a*
- órgãos jurisdicionais e administrativos: art. 96, I, *a*
- propostas orçamentárias: art. 99
- provimento de cargos necessários à administração da Justiça: art. 96, I, *e*
- Regimento Interno; elaboração: art. 96, I, *a*
- sede: art. 92, p.u.

SUPREMO TRIBUNAL FEDERAL
- ação direta de inconstitucionalidade; medida cautelar: art. 102, I, *q*
- ação originária: art. 102, I
- ação rescisória de seus julgados; processo e julgamento: art. 102, I, *j*
- ações declaratória de constitucionalidade e direta de inconstitucionalidade; decisão definitiva de mérito; efeito vinculante: art. 102, § 2º
- anistia: ADCT, art. 9º
- arguição de descumprimento de preceito constitucional: art. 102, p.u.
- ato de governo que contrarie a Constituição; julgamento de recurso extraordinário: art. 102, III, *c*
- causas e conflitos entre a União, os Estados, o Distrito Federal e respectivas entidades da administração indireta; processo e julgamento: art. 102, I, *f*
- competência: art. 102
- competência; ações contra o Conselho Nacional de Justiça e o Conselho Nacional do MP: art. 102, I, *r*
- competência originária; execução de sentença: art. 102, I, *m*
- competência privativa: art. 96
- competência privativa de propostas ao Legislativo: art. 96, II
- composição: art. 101, *caput*
- conflitos de jurisdição; processo e julgamento: art. 102, I, *o*
- Conselho Nacional de Justiça; presidência: art. 103-B, § 1º
- Constituição; julgamento de recurso extraordinário de disposição contrária: art. 102, III, *a*
- crimes comuns; processo e julgamento de Ministros do Tribunal Superior do Trabalho: art. 102, I, *c*
- crimes de responsabilidade; processo e julgamento: art. 102, I, *c*
- crimes de responsabilidade de seus Ministros; julgamento pelo Presidente; pena: art. 52, p.u.
- crimes políticos; julgamento de recurso ordinário: art. 102, II, *b*
- decisões administrativas; motivação: art. 93, X

ÍNDICE REMISSIVO DA CF

- despesa pública; projetos sobre serviços administrativos: art. 63, II
- Estatuto da Magistratura; iniciativa: art. 93, *caput*
- extradição requisitada por Estado estrangeiro; processo e julgamento: art. 102, I, *g*
- *habeas corpus*; chefes de missão diplomática de caráter permanente: art. 102, I, *d*
- *habeas corpus*; Deputado Federal: art. 102, I, *d*
- *habeas corpus*; julgamento de recurso ordinário do ato denegado em única instância pelos Tribunais Superiores: art. 102, II, *a*
- *habeas corpus*; Ministros e Presidente da República: art. 102, I, *d*
- *habeas corpus*; processo e julgamento de Tribunal Superior, autoridade ou funcionário sob sua jurisdição: art. 102, I, *i*
- *habeas corpus*; Procurador-Geral da República: art. 102, I, *d*
- *habeas corpus*; Senador: art. 102, I, *d*
- *habeas data*: art. 102, I, *d*
- *habeas data*; julgamento de recurso ordinário do ato denegado em única instância pelos Tribunais Superiores: art. 102, II, *a*
- *habeas data*; processo e julgamento de seus atos: art. 102, I, *d*
- impedimento ou interesse; membros do Tribunal de origem; processo e julgamento: art. 102, I, *n*
- inconstitucionalidade de ato normativo estadual e federal; processo e julgamento: art. 102, I, *a*
- inconstitucionalidade de lei estadual; processo e julgamento: art. 102, I, *a*
- inconstitucionalidade de lei federal; julgamento de recurso extraordinário: art. 102, III, *b*
- inconstitucionalidade de tratado ou lei federal; julgamento de recurso extraordinário: art. 102, III, *b*
- inconstitucionalidade em tese: art. 103, § 3º
- inconstitucionalidade por omissão de medida para tornar efetiva norma constitucional: art. 103, § 2º
- infrações penais comuns; processo e julgamento de chefes de missão diplomática de caráter permanente: art. 102, I, *c*
- infrações penais comuns; processo e julgamento de Deputados Federais: art. 102, I, *b*
- infrações penais comuns; processo e julgamento de Ministro de Estado: art. 102, I, *c*
- infrações penais comuns; processo e julgamento de Ministros do STF, Senadores, Procuradores-Gerais da República: art. 102, I, *b*
- infrações penais comuns; processo e julgamento dos membros dos Tribunais Superiores: art. 102, I, *c*
- infrações penais comuns; processo e julgamento dos Ministros do Superior Tribunal Militar, Ministros dos Tribunais de Contas da União: art. 102, I, *c*
- intervenção; provimento; requisitos: art. 36
- jurisdição: art. 92, § 2º
- lei local; julgamento de recurso extraordinário: art. 102, III, *c*
- leis; discussão e votação: art. 64, *caput*
- leis complementares e ordinárias; iniciativa: art. 61, *caput*
- licença, férias e afastamentos; concessão: art. 96, I, *f*
- litígio entre Estado estrangeiro ou organismo internacional e a União, o Estado, o Distrito Federal ou o Território; processo e julgamento: art. 102, I, *e*
- mandado de injunção: art. 102, I, *q*
- mandado de injunção; julgamento de recurso ordinário do ato denegado em única instância pelos Tribunais Superiores: art. 102, II, *a*
- mandado de segurança: art. 102, I, *d*

– mandado de segurança; julgamento de recurso ordinário do ato denegado em única instância pelos Tribunais Superiores: art. 102, II, *a*
– membros da magistratura; processo e julgamento: art. 102, I, *n*
– Ministro; cargo privativo de brasileiro nato: art. 12, § 3º, IV
– Ministro; crimes de responsabilidade: art. 52, II
– Ministro; nomeação: art. 101, p.u.
– Ministro; nomeação pelo Presidente da República: art. 84, XIV
– Ministro; requisitos: art. 101, *caput*
– Ministro; Senado Federal; aprovação: arts. 84, XIV; 101, p.u.
– órgão do Poder Judiciário: art. 92, I
– órgãos diretivos; eleição: art. 96, I, *a*
– órgãos jurisdicionais e administrativos; funcionamento: art. 96, I, *a*
– Presidente; compromisso de manter, defender e cumprir a Constituição: ADCT, art. 1º
– Presidente; exercício da Presidência da República: art. 80
– propostas orçamentárias: art. 99, §§ 1º e 2º
– provimento de cargos necessários à administração da Justiça: art. 96, I, *e*
– reclamações; garantia de autoridade de suas decisões; preservação da sua competência; processo e julgamento: art. 102, I, *l*
– recurso extraordinário: art. 102, III
– recurso extraordinário; admissibilidade; pressupostos: art. 102, § 3º
– recurso ordinário: art. 102, II
– Regimento Interno; elaboração: art. 96, I, *a*
– revisão criminal de seus julgados; processo e julgamento: art. 102, I, *j*
– secretaria e serviços auxiliares; organização: art. 96, I, *b*
– sede: art. 92, § 1º
– súmula vinculante: art. 103-A

– STJ; exercício da competência: art. 27, § 1º
– STJ; instalação: art. 27, *caput*
– Tribunal Superior, autoridade ou funcionário cujos atos estejam sob sua jurisdição direta; processo e julgamento: art. 102, I, *i*

TAXAS: art. 145, II
– *v.* TRIBUTOS
– base de cálculo: art. 145, § 2º

TELECOMUNICAÇÕES
– concessão: ADCT, art. 66
– disposição; competência do Congresso Nacional: art. 48, XII
– legislação; competência privativa da União: art. 22, IV
– liberdade: art. 139, III
– programas de rádio e televisão; classificação; competência: art. 21, XVI
– rádio e televisão; concessão e renovação: arts. 49, XII; 223, § 5º
– rádio e televisão; produção e programação; princípios: arts. 220, § 3º, II; 221
– serviços; exploração; competência da União: art. 21, XI e XII, *a*

TELEVISÃO
– *v.* RADIODIFUSÃO SONORA E DE IMAGENS

TERRAS DEVOLUTAS: art. 20, II
– destinação; compatibilização com a política agrícola e com a reforma agrária: art. 188
– meio ambiente: art. 225, § 5º

TERRAS INDÍGENAS
– demarcação: ADCT, art. 67
– riquezas minerais; autorização para exploração: art. 49, XVI

TERRAS PÚBLICAS
– alienação; aprovação prévia do Congresso Nacional: arts. 49, XVII; 188, § 1º
– concessão; aprovação prévia do Congresso Nacional: arts. 49, XVII; 188, § 1º
– destinação; compatibilização com a política agrícola e com a reforma agrária: art. 182

ÍNDICE REMISSIVO DA CF

- devolutas; bens da União e dos Estados: arts. 20, II; 26, IV
- devolutas; destinação: art. 188
- devolutas; proteção dos ecossistemas naturais: art. 225, § 5º
- doação, venda e concessão; revisão pelo Congresso Nacional: ADCT, art. 51
- ocupação pelos quilombos: ADCT, art. 68
- reforma agrária; concessão: art. 188, §§ 1º e 2º
- reversão ao patrimônio da União, Estados, Distrito Federal ou Municípios: ADCT, art. 51, § 3º
- venda, doação e concessão; revisão pelo Congresso Nacional: ADCT, art. 51

TERRITÓRIO
- Amapá; recursos antes da transformação em Estado: ADCT, art. 14, § 4º
- Amapá; transformação em Estado: ADCT, art. 14
- competência tributária; imposto sobre operações relativas à circulação de mercadorias incidente sobre energia elétrica: ADCT, art. 34, § 9º
- criação: art. 18, §§ 2º e 3º
- defensoria pública: art. 33, § 3º
- desmembramento: art. 48, VI
- divisão em Municípios: art. 33, § 1º
- eleição de Deputados: art. 45, § 2º
- Fernando de Noronha; reincorporação ao Estado de Pernambuco: ADCT, art. 15
- Governador: art. 33, § 3º
- impostos estaduais e municipais: art. 147
- incorporação: art. 48, VI
- litígio com Estado estrangeiro ou organismo internacional; processo e julgamento: art. 102, I, *e*
- matéria tributária e orçamentária: art. 61, § 1º, II, *b*
- MP: art. 33, § 3º
- orçamento; recursos para a assistência social: art. 204, *caput*
- organização administrativa: arts. 33, *caput*; 61, § 1º, II, *b*
- organização judiciária: art. 33
- pessoal administrativo: art. 61, § 1º, II, *b*
- prestação de contas: art. 33, § 2º
- reintegração ao Estado de origem: art. 18, § 2º
- Roraima; recursos antes da transformação em Estado: ADCT, art. 14, § 4º
- Roraima; transformação em Estado: ADCT, art. 14
- serviços públicos: art. 61, § 1º, II, *b*
- servidor público: art. 61, § 1º, II, *c*
- símbolos: art. 13, § 2º
- sistema de ensino: art. 211, § 1º
- Sistema Único de Saúde; financiamento: art. 198, § 1º
- subdivisão: art. 48, VI
- transformação em Estado: art. 18, § 2º

TERRITÓRIO NACIONAL
- Comissão de Estudos Territoriais: ADCT, art. 12
- limites: art. 48, VI

TERRORISMO
- direitos e deveres individuais e coletivos: art. 5º, XLIII
- repúdio: art. 4º, VIII

TESOURO NACIONAL
- emissão de títulos; compra e venda pelo Banco Central do Brasil: art. 164, § 2º
- empréstimos do Banco Central do Brasil; vedação: art. 164, § 1º

TÍTULO DE DOMÍNIO
- área urbana; posse: art. 183, *caput* e § 1º
- imóvel rural: art. 189

TÍTULOS DA DÍVIDA AGRÁRIA
- emissão: art. 184
- orçamento público: art. 184, § 4º
- resgate: art. 184

TÍTULOS DA DÍVIDA PÚBLICA
- propriedade urbana; desapropriação: art. 182, § 4º, III

TORTURA
- direitos e deveres individuais e coletivos: art. 5º, III

TRABALHADOR DOMÉSTICO
- direitos: art. 7º, p.u.

ÍNDICE REMISSIVO DA CF

TRABALHADOR RURAL
- acordos coletivos de trabalho: art. 7º, XXVI
- adicional de remuneração: art. 7º, XXIII
- admissão; proibição de diferença de critério: art. 7º, XXX
- aposentadoria: art. 7º, XXIV
- assistência gratuita aos filhos e dependentes: art. 7º, XXV
- automação; proteção: art. 7º, XXVII
- aviso-prévio: art. 7º, XXI
- condição social: art. 7º, *caput*
- contrato de trabalho; prescrição: art. 7º, XXIX
- convenções coletivas de trabalho: art. 7º, XXVI
- décimo terceiro salário: art. 7º, VIII
- deficiente físico: art. 7º, XXXI
- direitos: art. 7º
- empregador; cumprimento das obrigações trabalhistas: ADCT, art. 1º, § 3º
- férias: art. 7º, XVII
- Fundo de Garantia do Tempo de Serviço: art. 7º, III
- garantia de salário: art. 7º, VII
- irredutibilidade de salário ou vencimento: art. 7º, VI
- jornada de trabalho: art. 7º, XIII
- jornada máxima de trabalho: art. 7º, XIV
- licença-paternidade: art. 7º, XIX; ADCT, art. 10, § 1º
- licença remunerada à gestante: art. 7º, XVIII
- menor; aprendiz: art. 7º, XXXIII
- menor; trabalho insalubre: art. 7º, XXXIII
- menor; trabalho noturno: art. 7º, XXXIII
- menor; trabalho perigoso: art. 7º, XXXIII
- mulher; proteção do mercado de trabalho: art. 7º, XX
- participação nos lucros: art. 7º, XI
- piso salarial: art. 7º, V
- relação de emprego; proteção: art. 7º, I; ADCT, art. 10
- repouso semanal remunerado: art. 7º, XV
- riscos do trabalho; redução: art. 7º, XXII
- salário; proibição de diferença: art. 7º, XXX
- salário; proteção: art. 7º, X
- salário-família: art. 7º, XII
- salário mínimo: art. 7º, IV
- seguro contra acidentes do trabalho: art. 7º, XXVIII
- seguro-desemprego: art. 7º, II
- serviço extraordinário: art. 7º, XVI
- trabalhador com vínculo permanente; igualdade com trabalhador avulso: art. 7º, XXXIV
- trabalho manual, técnico e intelectual; proibição de distinção: art. 7º, XXXII
- trabalho noturno; remuneração: art. 7º, IX

TRABALHADOR URBANO
- acordos coletivos de trabalho: art. 7º, XXVI
- adicional de remuneração: art. 7º, XXIII
- admissão; proibição de diferença de critério: art. 7º, XXX
- aposentadoria: art. 7º, XXIV
- assistência gratuita aos filhos e dependentes: art. 7º, XXV
- associação profissional ou sindical: art. 8º
- automação; proteção: art. 7º, XXVII
- aviso-prévio: art. 7º, XXI
- condição social: art. 7º, *caput*
- contrato de trabalho; prescrição: art. 7º, XXIX
- convenções coletivas de trabalho: art. 7º, XXVI
- décimo terceiro salário: art. 7º, VIII
- deficiente físico: art. 7º, XXXI
- direitos: art. 7º
- entendimento direto com o empregador: art. 11
- férias: art. 7º, XVII
- Fundo de Garantia do Tempo de Serviço: art. 7º, III
- garantia de salário: art. 7º, VII
- irredutibilidade de salário ou vencimento: art. 7º, VI
- jornada de trabalho: art. 7º, XIII
- jornada máxima de trabalho: art. 7º, XIV

ÍNDICE REMISSIVO DA CF

- licença-paternidade: art. 7º, XIX; ADCT, art. 10, § 1º
- licença remunerada à gestante: art. 7º, XVIII
- menor; aprendiz: art. 7º, XXXIII
- menor; trabalho insalubre, noturno, perigoso: art. 7º, XXXIII
- mulher; proteção do mercado de trabalho: art. 7º, XX
- participação nos colegiados de órgãos públicos: art. 10
- participação nos lucros: art. 7º, XI
- piso salarial: art. 7º, V
- relação de emprego; proteção: art. 7º, I; ADCT, art. 10
- remuneração do trabalho noturno: art. 7º, IX
- repouso semanal remunerado: art. 7º, XV
- riscos do trabalho; redução: art. 7º, XXII
- salário; proibição de diferença: art. 7º, XXX
- salário; proteção: art. 7º, X
- salário-família: art. 7º, XII
- salário mínimo: art. 7º, IV
- seguro contra acidentes do trabalho: art. 7º, XXVIII
- seguro-desemprego: art. 7º, II
- serviço extraordinário: art. 7º, XVI
- trabalhador com vínculo permanente; igualdade com trabalhador avulso: art. 7º, XXXIV
- trabalho manual, técnico e intelectual; proibição de distinção: art. 7º, XXXII

TRABALHO
- direitos sociais: art. 6º
- inspeção; organização, manutenção e execução: art. 21, XXIV
- valores sociais: art. 1º, IV

TRABALHOS FORÇADOS
- direitos e deveres individuais e coletivos: art. 5º, XLVII, c

TRÁFICO DE DROGAS
- crime inafiançável: art. 5º, XLIII

TRANSPORTE
- aéreo; ordenação legal: art. 178

- aquaviário e ferroviário; serviços; exploração; competência: art. 21, XI, d
- coletivo; deficiente; acesso adequado: arts. 227, § 2º; 244
- coletivo; serviço público de caráter essencial: art. 30, V
- coletivo urbano; concessão e permissão: art. 30, V
- embarcações estrangeiras: art. 178, p.u.
- interestadual e intermunicipal; impostos; instituição e normas: art. 155, II, § 2º; ADCT, art. 34, §§ 6º e 8º
- internacional; ordenação: art. 178, *caput*
- legislação; competência privativa da União: art. 22, XI
- marítimo; ordenação legal: art. 178
- petróleo e gás natural; monopólio da União: art. 177, IV
- política nacional; diretrizes; legislação; competência: art. 22, IX
- rodoviário de passageiros; exploração; competência: art. 21, XII, e
- sistema nacional de viação; princípios e diretrizes; competência: art. 21, XXI
- terrestre; ordenação legal: art. 178
- urbano; diretrizes; competência: art. 21, XX
- urbano; gratuidade; idosos: art. 230, § 2º

TRATADOS INTERNACIONAIS
- Congresso Nacional; referendo: art. 49, I
- crimes; processo e julgamento: art. 109, V
- direitos e garantias; inclusão na Constituição Federal: art. 5º, § 2º
- direitos humanos; aprovação pelo Congresso: art. 5º, § 3º
- Presidente da República; celebração: art. 84, VIII

TRIBUNAIS
- competência privativa: art. 96, I
- conflitos de competência: arts. 102, I; 105, I, d
- decisões administrativas; motivação: art. 93, X
- declaração de inconstitucionalidade de lei ou ato normativo: art. 97

ÍNDICE REMISSIVO DA CF

- órgão especial: art. 93, XI
- segundo grau; acesso: art. 93, III

TRIBUNAIS SUPERIORES
- competência privativa: art. 96, II
- conflitos de competência: arts. 102, I; 105, I, d
- habeas corpus: art. 102, I, d e i, e II, a
- habeas data: art. 102, II, a
- jurisdição: art. 92, § 2º
- mandado de injunção: art. 102, I, q
- mandado de segurança: art. 102, II, a
- membros; crimes de responsabilidade e infrações penais comuns: art. 102, I, c
- órgão especial: art. 93, XI
- propostas orçamentárias: art. 99, §§ 1º e 2º
- sede: art. 92, § 1º

TRIBUNAL DE CONTAS DA UNIÃO
- administrador público; prestação de contas: art. 71, II
- auditores: art. 73, § 4º
- competência: arts. 71; 73, caput; 96
- composição: art. 73, caput
- convênio federal: art. 71, VI
- crimes de responsabilidade de Ministro e de Comandantes da Marinha, do Exército e da Aeronáutica; foro competente: art. 102, I, c
- decisões; título executivo: art. 71, § 3º
- fiscalização contábil, financeira e orçamentária: art. 71
- fixação de prazo para doação de providências ao exato cumprimento da lei: art. 71, IX
- habeas data; processo e julgamento: art. 102, I, d
- jurisdição: art. 73, caput
- mandado de injunção; processo e julgamento: art. 102, I, q
- mandado de segurança; processo e julgamento: art. 102, I, d
- membros; escolha: art. 49, XII
- MP; atuação: art. 130
- Ministro; aposentadoria: art. 73, § 3º
- Ministro; aprovação: arts. 52, III, b; 73, § 2º, I; 84, XV
- Ministro; escolha: art. 73, §§ 2º e 3º
- Ministro; habeas corpus: art. 102, I, d
- Ministro; impedimentos: art. 73, § 3º
- Ministro; indicação do Presidente da República: arts. 52, III, b; 73, § 2º, I
- Ministro; infrações penais comuns: art. 102, I, d
- Ministro; nomeação pelo Presidente da República: arts. 73, § 1º, e 84, XV
- Ministro; prerrogativas e garantias: art. 73, § 3º
- Ministro; requisitos: art. 73, § 2º
- Ministro; vencimentos: art. 73, § 3º
- prestação de contas dos Territórios: art. 33, § 2º
- prestação de informações: arts. 71, VII; 77
- relatório de atividades: art. 71, § 4º
- representação: art. 71, XI
- sanção: art. 71, VIII
- sede: art. 73, caput
- sustação de contrato: art. 71, §§ 1º e 2º
- sustação de execução de ato impugnado: art. 71, X

TRIBUNAL DE CONTAS DO DISTRITO FEDERAL E DOS ESTADOS
- crimes comuns e responsabilidade; foro competente: art. 105, I, a
- organização e fiscalização: art. 75, caput

TRIBUNAL DE CONTAS DO MUNICÍPIO
- organização e fiscalização: art. 75, caput

TRIBUNAL DE EXCEÇÃO: art. 5º, XXXVII

TRIBUNAL DE JUSTIÇA: art. 92, VII
- v. JUSTIÇA ESTADUAL
- competência: art. 125, § 1º; ADCT, art. 70
- competência privativa de propostas ao Legislativo: art. 96, II
- conflitos fundiários; vara especializada; criação: art. 126
- descentralização: art. 125, § 6º
- designação de juízes de entrância especial para questões agrárias: art. 126, caput
- elaboração do Regimento Interno: art. 96, I, a

Índice Remissivo da CF

- eleição dos órgãos diretivos: art. 96, I, *a*
- julgamento de juiz estadual: art. 96, III
- julgamento de membro do MP: art. 96, III
- justiça itinerante; instalação: art. 125, § 7°
- lei de criação da Justiça Militar Estadual; iniciativa: art. 125, § 3°
- lei de organização judiciária; iniciativa: art. 125, § 1°
- licença, férias e afastamento: art. 96, I, *f*
- motivação das decisões administrativas: art. 93, X
- organização de secretaria e serviços auxiliares: art. 96, I, *b*
- órgãos jurisdicionais e administrativos: art. 96, I, *a*
- propostas orçamentárias: art. 99, §§ 1° e 2°
- provimento de cargos necessários à administração da Justiça: art. 96, I, *e*
- quinto de advogados: art. 94
- quinto do MP: art. 94

TRIBUNAL INTERNACIONAL DOS DIREITOS HUMANOS: ADCT, art. 7°

TRIBUNAL MILITAR: art. 122, II
- *v.* JUSTIÇA MILITAR
- competência: art. 96, I
- elaboração do Regimento Interno: art. 96, I, *a*
- eleição dos órgãos diretivos: art. 96, I, *a*
- licença, férias e afastamento: art. 96, I, *f*
- motivação das decisões administrativas: art. 93, X
- organização de secretaria e órgãos auxiliares: art. 96, I, *b*
- órgão do Poder Judiciário: art. 92, VI
- órgãos jurisdicionais e administrativos: art. 96, I, *a*
- propostas orçamentárias: art. 99
- provimento de cargos necessários à administração da Justiça: art. 96, I, *e*

TRIBUNAL PENAL INTERNACIONAL
- jurisdição; submissão do Brasil: art. 5°, § 4°

TRIBUNAL REGIONAL DO TRABALHO: art. 111, II
- *v.* JUSTIÇA DO TRABALHO
- competência: art. 113
- competência privativa: art. 96, I
- composição; requisitos: art. 115, *caput*
- constituição: art. 113
- descentralização: art. 115, § 2°
- despesa pública nos projetos sobre serviços administrativos: art. 63, II
- elaboração do Regimento Interno: art. 96, I, *a*
- eleição dos órgãos: art. 96, I, *a*
- garantias e condições de exercício: art. 113
- investidura: art. 113
- juiz; crime comum e de responsabilidade: art. 105, I, *a*
- jurisdição: art. 113
- justiça itinerante; instalação: art. 115, § 1°
- licença, férias e afastamento: art. 96, I, *c*
- magistrados: art. 115, p.u.
- motivação das decisões administrativas: art. 93, X
- organização da secretaria e órgãos auxiliares: art. 96, I, *b*
- órgão do Poder Judiciário: art. 92, IV
- órgãos jurisdicionais e administrativos: art. 96, I, *a*
- proporcionalidade: art. 115, *caput*
- propostas orçamentárias: art. 99, §§ 1° e 2°
- provimento de cargos necessários à administração da Justiça: art. 96, I, *e*

TRIBUNAL REGIONAL ELEITORAL: arts. 118, II; 120
- *v.* JUSTIÇA ELEITORAL
- anulação de diplomas: art. 121, § 4°, IV
- competência privativa: art. 96, I
- composição: art. 120, *caput*
- decisões contrárias à lei: art. 121, § 4°, I
- despesa pública nos projetos sobre serviços administrativos: art. 63, II
- dissídio jurisprudencial: art. 121, § 4°, II

1565

ÍNDICE REMISSIVO DA CF

- elaboração do Regimento Interno: art. 96, I, a
- eleição do Presidente e Vice-Presidente: art. 120, § 2º
- eleição dos órgãos diretivos: art. 96, I, a
- expedição de diplomas: art. 121, § 4º, III
- fixação do número de vereadores: ADCT, art. 5º, § 4º
- *habeas corpus*: arts. 121, § 4º, V; 112
- *habeas data*: art. 121, § 4º, V
- inelegibilidade: art. 121, § 4º, III
- licença, férias e afastamento: art. 96, I, f
- localização: art. 120, caput
- mandado de injunção: arts. 121; 185, § 4º, V
- mandado de segurança: art. 126, § 4º, V
- motivação das decisões administrativas: art. 93, X
- organização da secretaria e órgãos auxiliares: art. 96, I, b
- órgãos jurisdicionais e administrativos: arts. 94; 96, I, a
- perda de mandato: art. 121, § 4º, IV
- propostas orçamentárias: art. 99, §§ 1º e 2º
- provimento de cargos necessários à administração da Justiça: art. 96, I, e
- recursos: art. 121, § 4º
- recursos de decisões contrárias à Constituição: art. 121, § 4º, I

TRIBUNAL REGIONAL FEDERAL: art. 106, I
- *v.* JUSTIÇA FEDERAL
- competência: art. 108
- competência anterior à sua instalação: ADCT, art. 27, § 7º
- competência originária: art. 108, I
- competência privativa: art. 96, I
- composição: art. 107
- criação: ADCT, art. 27, §§ 6º e 11
- descentralização: art. 107, § 3º
- despesa pública nos projetos sobre serviços administrativos: art. 63, II
- elaboração do Regimento Interno: art. 96, I, a
- eleição dos órgãos diretivos: art. 96, I, a

- escolha de juiz do TRE: art. 120, II
- instalação: ADCT, art. 27, § 6º
- justiça itinerante; instalação: art. 107, § 2º
- licença, férias e afastamento: art. 96, I, f
- motivação das decisões administrativas: art. 93, X
- nomeação de juízes: art. 107, caput
- organização da secretaria e órgãos auxiliares: art. 96, I, b
- órgão do Poder Judiciário: art. 92, III
- órgãos jurisdicionais e administrativos: art. 96, I, a
- permuta de juízes: art. 107, § 1º
- propostas orçamentárias: art. 99
- provimento de cargos necessários à administração da Justiça: art. 96, I, e
- quinto de advogados: arts. 94; 107, I
- recursos: art. 108, II
- remoção de juízes: art. 107, § 1º
- sede: ADCT, art. 27, § 6º

TRIBUNAL SUPERIOR DO TRABALHO: art. 111, I
- *v.* JUSTIÇA DO TRABALHO
- advogado: art. 111-A, I
- aprovação pelo Senado Federal de Ministro: art. 84, XIV
- competência: arts. 111-A; 113
- competência privativa: art. 96, I
- competência privativa de propostas ao Legislativo: art. 96, II
- composição: art. 111-A
- Conselho Superior da Justiça do Trabalho: art. 111-A, § 2º, II
- constituição: art. 113
- despesa pública nos projetos sobre serviços administrativos: art. 63, II
- discussão e votação da iniciativa de leis: art. 64, caput
- elaboração do Regimento Interno: art. 96, I, a
- eleição dos órgãos: art. 96, I, a
- Escola Nacional de Formação e Aperfeiçoamento de Magistrados do Trabalho: art. 111-A, § 2º

ÍNDICE REMISSIVO DA CF

– garantias e condições de exercício: art. 113
– iniciativa das leis complementares e ordinárias: art. 61, *caput*
– investidura: art. 113
– jurisdição: arts. 92, p.u.; 113
– licença, férias e afastamento: art. 96, I, *f*
– membro do MP: art. 111-A, I
– motivação das decisões administrativas: art. 93, X
– nomeação de Ministro pelo Presidente da República: art. 84, XIV
– nomeação, requisitos, aprovação: art. 111-A
– órgão do Poder Judiciário: art. 92, IV
– órgãos jurisdicionais e administrativos: art. 96, I, *a*
– propostas orçamentárias: art. 99, §§ 1º e 2º
– provimento de cargos necessários à administração da Justiça: art. 96, I, *e*
– secretaria e órgãos auxiliares; organização: art. 96, I, *b*
– sede: art. 92, p.u.

TRIBUNAL SUPERIOR ELEITORAL: art. 118, I
– *v.* JUSTIÇA ELEITORAL
– aprovação de Ministro pelo Senado Federal: art. 84, XIV
– competência privativa: art. 96, I
– competência privativa de propostas ao Legislativo: art. 96, II
– composição: art. 119
– Corregedor Eleitoral: art. 119, p.u.
– decisões: art. 121, § 3º
– decisões administrativas; motivação: art. 93, X
– despesa pública nos projetos sobre serviços administrativos: art. 63, II
– discussão e votação de projetos de lei de sua iniciativa: art. 64, *caput*
– elaboração; Regimento Interno: art. 96, I, *a*
– eleição dos órgãos diretivos: art. 96, I, *a*
– *habeas corpus*: art. 121, § 3º
– jurisdição: art. 92, p.u.

– leis complementares e ordinárias; iniciativa: art. 61, *caput*
– licença, férias e afastamento: art. 96, I, *f*
– mandado de segurança: art. 121, § 3º
– nomeação de Ministro pelo Presidente da República: art. 84, XIV
– organização da secretaria e órgãos auxiliares: art. 96, I, *b*
– órgãos jurisdicionais e administrativos: art. 96, I, *a*
– partidos políticos: ADCT, art. 6º, *caput*
– partidos políticos; concessão de registro: ADCT, art. 6º, § 1º
– Presidente: art. 119, p.u.
– propostas orçamentárias: art. 99, §§ 1º e 2º
– provimento de cargos necessários à administração da Justiça: art. 96, I, *e*
– revisão constitucional: ADCT, art. 2º, § 2º
– sede: art. 92, p.u.
– Vice-Presidente: art. 119, p.u.

TRIBUTOS
– *v.* SISTEMA TRIBUTÁRIO NACIONAL
– anistia: art. 150, § 6º
– aplicação de receita de impostos no ensino: art. 212
– aplicação de recursos; condições: ADCT, art. 34, § 10
– arrecadação e distribuição aos Municípios: arts. 158, III, IV e p.u.; 159, § 3º; 161, I
– capacidade econômica do contribuinte: art. 145, § 1º
– características: art. 145, § 1º
– combustíveis líquidos e gasosos: art. 155, § 3º
– competência; instituição: art. 145, *caput*
– competência tributária da União: arts. 153; 154
– competência tributária dos Estados e do Distrito Federal: art. 155
– competência tributária dos Municípios: art. 156
– confisco: art. 150, IV

1567

ÍNDICE REMISSIVO DA CF

- contribuição de intervenção sobre o domínio econômico; destinação aos Municípios: art. 159, § 4º
- contribuição de intervenção sobre o domínio econômico; repartição do produto da arrecadação entre Estados e Distrito Federal: art. 159, III
- contribuições sociais e de intervenção sobre o domínio econômico: art. 149, § 2º, II
- critérios especiais de tributação: art. 146-A
- desvinculação; 20% da arrecadação, até 31 de dezembro de 2015; DRU: ADCT, art. 76
- diferença de bens; vedação: art. 152
- Distrito Federal; competência; cobrança de impostos municipais: art. 147
- empresa de pequeno porte; regime diferenciado: art. 146, III, d
- empréstimo compulsório; Centrais Elétricas Brasileiras (Eletrobrás): ADCT, art. 34, § 12
- energia elétrica: art. 155, § 3º
- estaduais e municipais dos Territórios; competência da União: art. 147
- extraordinários; instituições: art. 154, II
- fato gerador: art. 150, III, a
- garantias do contribuinte: art. 150
- instituição: art. 145
- lei complementar: art. 146
- limitação ao poder de tributar: art. 150
- limitações: art. 150
- limite de tráfego; vedação: art. 150, V
- lubrificantes: art. 155, § 3º
- mercadorias e serviços; incidência; consumidor; defesa: art. 150, § 5º
- microempresa; regime diferenciado: art. 146, III, d
- minerais: art. 155, § 3º
- Municípios; instituição e normas: art. 156; ADCT, art. 34, § 6º
- patrimônio, renda ou serviços; proibição e exceções: art. 150, VI, a e e, e §§ 2º, 3º e 4º; ADCT, art. 34, § 1º

- princípio da anualidade: art. 150, III, b; ADCT, art. 34, § 6º
- princípio da igualdade: art. 150, II
- princípio da legalidade: art. 150, I
- princípio da uniformidade: art. 151, I
- receita tributária; repartição; Municípios: art. 158
- recursos; desenvolvimento regional; condições: ADCT, art. 34, § 10
- reforma agrária; isenção: art. 184, § 5º
- regime único de arrecadação de impostos: art. 146, p.u.
- responsabilidade pelo pagamento: ADCT, art. 34, § 9º

TURISMO
- incentivo: art. 180

UNIÃO: arts. 20 a 24
- Administração Pública; princípios: art. 37, caput
- agentes públicos estaduais, do Distrito Federal e dos Municípios em níveis superiores aos agentes federais; limitações ao poder de tributar: art. 151, II
- águas; competência legislativa: art. 22, IV
- anistia; concessão: art. 21, XVII
- anistia fiscal: art. 150, § 6º
- anistia previdenciária: art. 150, § 6º
- aproveitamento energético dos cursos de água; exploração, autorização, concessão e permissão: art. 21, XII, b
- assessoramento jurídico: art. 131, caput
- atividades nucleares; competência legislativa: art. 22, XXVI
- autarquias e fundações instituídas e mantidas pelo Poder Público; limitações ao poder de tributar: art. 150, §§ 2º e 3º
- autonomia: art. 18, caput
- bens: art. 20
- brasileiro; vedação de distinção: art. 19, III
- calamidade pública; defesa permanente: art. 21, XVIII
- câmbio; competência legislativa: art. 22, VII

Índice Remissivo da CF

- câmbio; fiscalização: art. 21, VIII
- capitalização; fiscalização: art. 21, VIII
- causas e conflitos com os Estados, o Distrito Federal e respectivas entidades da administração indireta; processo e julgamento: art. 102, I, *f*
- causas fundadas em tratado ou contrato com Estado estrangeiro ou organismo internacional; processo e julgamento: art. 109, III
- cidadania; competência legislativa: art. 22, XIII
- classificação das diversões públicas: art. 21, XVI
- classificação dos programas de rádio e televisão: art. 21, XVI
- comércio exterior e interestadual; competência legislativa: arts. 22, VIII; 33
- competência: arts. 21, *caput*; 22, *caput*
- competência; criação de Juizados Especiais no Distrito Federal e nos Territórios: art. 98, I
- competência; criação de Justiça de Paz no Distrito Federal e nos Territórios: art. 98, II
- competência legislativa privativa: art. 22
- competência legislativa supletiva dos Estados: art. 24, § 2º
- competência para emissão da moeda; Banco Central do Brasil: art. 164
- competência tributária: arts. 145; 153
- competência tributária; vedação ao limite de tráfego: art. 150, V
- competência tributária residual: art. 154
- competência tributária residual; cumulatividade: art. 154, I
- consórcios; competência legislativa: art. 22, XX
- consultoria jurídica: art. 131, *caput*
- contrato administrativo; competência legislativa: art. 22, XXVII
- contribuição social: art. 149, §§ 1º a 4º
- corpo de bombeiros militar; competência legislativa: art. 22, XXI
- corpo de bombeiros militar do Distrito Federal; organização e manutenção: art. 21, XIV
- corpo de bombeiros militar dos Territórios; organização e manutenção: art. 21, XIX
- Correio Aéreo Nacional: art. 21, X
- crédito; fiscalização: art. 21, VIII
- crédito externo e interno; concessão de garantia e fixação: art. 52, VII
- crédito externo e interno; fixação de limites pelo Senado Federal: art. 52, VII
- danos nucleares; responsabilidade civil: art. 21, XXIII, *d*
- débitos oriundos de precatórios; refinanciamento: art. 100, § 16
- Defensoria Pública do Distrito Federal; competência legislativa sobre sua organização: art. 22, XVI
- Defensoria Pública do Território: art. 21, XIII
- Defensoria Pública dos Territórios; competência legislativa sobre sua organização: art. 22, XVII
- defesa aeroespacial; competência legislativa: art. 22, XXVIII
- defesa civil; competência legislativa: art. 22, XXVIII
- defesa marítima; competência legislativa: art. 22, XXVIII
- defesa nacional: art. 21, III
- defesa territorial; competência legislativa: art. 22, XXVIII
- desapropriação; competência legislativa: art. 22, II
- desenvolvimento urbano; habitação, saneamento básico e transportes urbanos: art. 21, XX
- direito civil, comercial, penal, processual, eleitoral, agrário, marítimo, aeronáutico, espacial e do trabalho; competência legislativa: art. 22, I
- disponibilidades de caixa; depósito no Banco Central do Brasil: art. 164, § 3º

ÍNDICE REMISSIVO DA CF

- Distrito Federal; competência legislativa sobre organização administrativa: art. 22, XVII
- dívida pública; fixação de limites globais pelo Senado Federal: art. 52, VI
- dívida pública dos Estados, do Distrito Federal e dos Municípios; limitações ao poder de tributar: art. 151, II
- documento público; vedação de recusa de fé: art. 19, II
- edição de leis para aplicação do sistema tributário nacional: ADCT, art. 34, § 3º
- educação; competência legislativa; diretrizes e bases: art. 22, XXIV
- emigração; competência legislativa: art. 22, XV
- empresa de pequeno porte; tratamento jurídico diferenciado: art. 179
- empréstimo compulsório: art. 148
- energia; competência legislativa: art. 22, IV
- energia elétrica; exploração, autorização, concessão e permissão: art. 21, XII, *b*
- ensino; aplicação de receita de impostos: art. 212
- estado de defesa; decretação: art. 21, V
- estado de sítio; decretação: art. 21, V
- Estado-membro; demarcação das terras em litígio com os Municípios: ADCT, art. 12, §§ 3º e 4º
- Estado-membro; vedação de encargos em sua criação: art. 234
- estrangeiro; competência legislativa: art. 22, XV
- execução da dívida ativa tributária; representação pela Procuradoria-Geral da Fazenda Nacional: art. 131, § 3º
- Fazenda Pública; precatório; sentença judiciária: art. 100, *caput*; ADCT, art. 97
- fiscalização contábil, financeira e orçamentária: arts. 70 a 74
- forças estrangeiras; permissão de trânsito e permanência: art. 21, IV
- garimpagem: art. 21, XXV
- gás natural; monopólio: art. 177, I
- gás natural; monopólio da importação e exportação: art. 177, III
- gás natural; monopólio do transporte por meio de condutos: art. 177, IV
- guerra; declaração: art. 21, II
- hidrocarbonetos fluidos; monopólio: art. 177, I e III
- imigração; competência legislativa: art. 22, XV
- imposto estadual; Territórios: art. 147
- imposto extraordinário em caso de guerra; competência tributária: art. 154, II
- impostos; estaduais e municipais; competência: art. 147
- impostos; instituição: art. 153
- impostos arrecadados; distribuição: arts. 153, § 5º; 157; 158, I e II; 159
- incentivos fiscais; reavaliação: ADCT, art. 41
- informática; competência legislativa: art. 22, IV
- infraestrutura aeroportuária; exploração, autorização, concessão e permissão: art. 21, XII, c
- infrações penais praticadas em detrimento de seus bens, serviços ou interesses; processo e julgamento: art. 109, IV
- instituições de assistência social sem fins lucrativos; limitações ao poder de tributar: art. 150, VI, § 4º
- instituições de educação sem fins lucrativos; limitações ao poder de tributar: art. 150, VI, § 4º
- intervenção federal; decretação: art. 21, V
- intervenção nos Estados e Distrito Federal: arts. 34; 36
- isenção de tributos estaduais, do Distrito Federal e municipais; limitações ao poder de tributar: art. 151, III
- jazidas; competência tributária: art. 22, XII
- jazidas de petróleo; monopólio: art. 177, I

ÍNDICE REMISSIVO DA CF

- lavra; autorização e concessão para pesquisa por prazo determinado: art. 176, § 3º
- lavra; transferência de pesquisa: art. 176, § 3º
- lei estadual; superveniência de lei federal: art. 24, § 4º
- licitação; competência legislativa art. 22, XXVII
- litígio com Estado estrangeiro ou organismo internacional; processo e julgamento: art. 102, I, *e*
- livros, jornais, periódicos e o papel destinado à sua impressão; limitações ao poder de tributar: art. 150, VI, *d*
- massas de água; represadas ou represáveis; aproveitamento econômico e social: art. 43, § 2º, IV
- material bélico; autorização e fiscalização para produção e comércio: art. 21, VI
- metais; títulos e garantias: art. 22, VI
- metalurgia; competência legislativa: art. 22, XII
- microempresa; tratamento jurídico diferenciado: art. 179
- minas; competência legislativa: art. 22, XII
- minérios nucleares e seus derivados; monopólio estatal: art. 21, *caput* e XXIII
- Ministério Público do Distrito Federal; competência legislativa sobre sua organização: art. 22, XVII
- Ministério Público do Distrito Federal; organização e manutenção: art. 21, XIII
- Ministério Público dos Territórios; competência legislativa sobre sua organização: art. 22, VII
- Ministério Público dos Territórios; organização e manutenção: art. 21, XIII
- mobilização nacional; competência legislativa: art. 22, XXVIII
- moeda; emissão: art. 21, VII
- monopólio: art. 177
- monopólio; vedações: art. 177, § 1º
- monopólio da pesquisa, lavra, enriquecimento, reprocessamento, industrialização e comércio de minérios e minerais nucleares e derivados: art. 177, V
- Município; demarcação das terras em litígio com os Estados-membros: ADCT, art. 12, §§ 3º e 4º
- nacionalidade; competência legislativa: art. 22, XIII
- navegação aérea; competência legislativa art. 22, X
- navegação aeroespacial; competência legislativa: art. 22, X
- navegação aeroespacial; exploração, autorização, concessão e permissão: art. 21, XII, *c*
- navegação fluvial, lacustre e marítima; competência legislativa: art. 22, X
- orçamento; recursos para a assistência social: art. 204, *caput*
- organização judiciária; competência legislativa: art. 22, XVII
- organizações internacionais; participação: art. 21, I
- partidos políticos; limitações ao poder de tributar: art. 150, VI, *c*, e § 4º
- patrimônio, renda ou serviços de entes públicos; limitações ao poder de tributar: art. 150, VI, *a*
- paz; celebração: art. 21, II
- pessoal; despesa: art. 169; ADCT, art. 38
- petróleo; monopólio da importação e exportação: art. 177, II
- petróleo; monopólio da refinação: art. 177, II
- petróleo; monopólio do transporte marítimo: art. 177, IV
- petróleo; monopólio do transporte por meio do conduto: art. 177, IV
- plano nacional e regional de desenvolvimento econômico e social: art. 21, IX
- Poder Judiciário; organização e manutenção: arts. 21, XIII; 22, XVII
- Poderes: art. 2º
- política de crédito; competência legislativa: art. 22, VII
- populações indígenas; competência legislativa: art. 22, XIV

ÍNDICE REMISSIVO DA CF

- portos; competência legislativa: art. 22, X
- portos fluviais, lacustres e marítimos; exploração, autorização, concessão e permissão: art. 21, XII, *f*
- poupança; competência legislativa: art. 22, XIV
- previdência privada; fiscalização: art. 21, VIII
- princípio da uniformidade tributária: art. 150, I
- Procuradoria-Geral da Fazenda Nacional; representação judicial na área fiscal: ADCT, art. 29, § 5º
- profissões; competência legislativa: art. 22, XVI
- proteção dos bens dos índios: art. 231, *caput*
- quadro de pessoal; compatibilização: ADCT, art. 24
- radiodifusão; competência legislativa: art. 22, IV
- receita tributária; repartição: art. 159
- recursos minerais; competência legislativa: art. 22, XII
- registro público; competência legislativa: art. 22, XXV
- relações com Estados estrangeiros: art. 21, I
- religião; vedações: art. 19, I
- repartição das receitas tributárias; vedação à retenção ou restrição: art. 160
- representação judicial e extrajudicial: art. 131, *caput*
- requisições civis e militares; competência legislativa: art. 22, III
- reservas cambiais; administração: art. 21, VIII
- rios; aproveitamento econômico e social: art. 43, § 2º, IV
- seguridade social; competência legislativa: art. 22, XXIII
- seguros; competência legislativa; fiscalização: art. 22, VII e VIII
- serviço postal: art. 21, X

- serviço postal; competência legislativa: art. 22, V
- serviços de radiodifusão sonora e de sons e imagens; exploração, autorização, concessão e permissão: art. 21, XII, *a*
- serviços de telecomunicações; exploração, autorização, concessão e permissão: art. 21, XII, *a*
- serviços de telecomunicações; exploração direta de concessão: art. 21, XI
- serviços de transmissão de dados; exploração direta de concessão: art. 21, XI
- serviços e instalações nucleares; exploração: art. 21, XXIII
- serviços e instalações nucleares; fins pacíficos: art. 21, XXIII, *a*
- serviços e instalações nucleares; utilização de radioisótopos: art. 21, XXIII, *b*
- serviços oficiais de estatística, geografia, geologia e cartografia; organização e manutenção: art. 21, XV
- serviços telefônicos e telegráficos; exploração direta ou concessão: art. 21, XI
- servidor público: art. 61, § 1º, II, *c*
- sindicatos; limitações ao poder de tributar: art. 150, VI, § 4º
- sistema cartográfico e geologia nacional; competência legislativa: art. 22, XVIII
- sistema de ensino: art. 211, *caput*
- sistema estatístico nacional; competência legislativa: art. 22, XVIII
- sistema nacional de emprego; organização: art. 22, XVI
- sistema nacional de recursos hídricos; instituição e outorga: art. 21, XIX
- sistema nacional de transporte e viação: art. 21, XXI
- sistemas de medidas e monetário; competência legislativa: art. 22, VI
- sorteios; competência legislativa: art. 22, XX
- telecomunicações; competência legislativa: art. 22, IV
- templos de qualquer culto; limitações ao poder de tributar: art. 150, VI, *b*, e § 4º

ÍNDICE REMISSIVO DA CF

– terra indígena; demarcação: art. 231, *caput*
– território: art. 18, § 2º
– trabalho; organização, manutenção e execução da inspeção: art. 21, XXIX
– trânsito e transporte; competência legislativa: art. 22, XI
– transporte aquaviário, ferroviário, rodoviário; exploração, autorização, concessão e permissão: art. 21, XII, *d* e *e*
– tributação; limites: arts. 150; 151
– turismo; promoção e incentivo: art. 180
– valores; competência legislativa: art. 22, VII
– vedações: art. 19

USINA NUCLEAR
– localização; definição legal: art. 225, § 6º

USUCAPIÃO
– *v.* PROPRIEDADE RURAL e PROPRIEDADE URBANA

VARAS JUDICIÁRIAS
– criação: art. 96, I, *d*

VEREADOR
– ato institucional: ADCT, art. 8º, § 4º
– estado de sítio; difusão de pronunciamento: art. 139, p.u.
– idade mínima: art. 14, § 3º, VI, *c*
– impedimentos: art. 29, IX
– imposto: art. 29, V
– incompatibilidades: art. 29, IX
– inviolabilidade: art. 29, VIII
– mandato eletivo; duração: art. 29, I
– remuneração; subsídios: art. 29, VI e VII
– servidor público civil: art. 38, III

VETO
– deliberação; Congresso Nacional: art. 57, § 3º, IV
– projetos de lei; competência privativa do Presidente da República: art. 84, V

VICE-GOVERNADOR
– *v.* GOVERNADOR

VICE-PREFEITO
– *v.* PREFEITO
– parlamentar; nomeação para o exercício da função de Prefeito: ADCT, art. 5º, § 3º

VICE-PRESIDENTE DA REPÚBLICA
– *v.* PRESIDENTE DA REPÚBLICA
– atribuições: art. 79, p.u.
– substituição ou sucessão do Presidente da República: art. 79, *caput*

VOTO
– direto e secreto: art. 14, I a III
– facultativo: art. 14, § 1º, II
– obrigatório: art. 14, § 1º, I
– soberania popular; manifestação: art. 14, I a III

ZONA FRANCA DE MANAUS
– critérios disciplinadores; modificação: ADCT, art. 40, p.u.
– manutenção; prazo: ADCT, art. 40, *caput*

ÍNDICE ALFABÉTICO-REMISSIVO DO CÓDIGO TRIBUTÁRIO NACIONAL, DA LEGISLAÇÃO E DAS SÚMULAS SELECIONADAS

AÇÃO(ÕES)
– anulatória; curso; interrupção e reinício: art. 169, p.u.
– anulatória; prescrição: art. 169
– de cobrança; curso; interrupção e reinício: art. 174, p.u.; Súm. 78 e 248, TFR
– de cobrança; prescrição: art. 174; Súm. 78, 107 e 248, TFR

ADMINISTRAÇÃO TRIBUTÁRIA: arts. 194 a 208; Súm. 277, 439, STF; 153, STJ; 38, 40, 44 a 48, 59 e 73, TFR
– arquivo de livros obrigatórios de escrituração comercial e fiscal e comprovantes de lançamentos: art. 195, p.u.; Súm. 439, STF
– certidão negativa expedida com dolo ou fraude: art. 208
– certidões negativas: arts. 205 a 208; Súm. 446, STJ; e 38 e 73, TFR
– dívida ativa: arts. 201 a 204; Súm. 277, STF; 153, STJ; 40, 44 a 48 e 59, TFR
– fiscalização: arts. 194 a 200; Súm. 439, STF
– juros de mora; liquidez do crédito: art. 201, p.u.; Súm. 45 a 47, TFR
– prazo para fornecimento de certidão negativa: art. 205, p.u.
– prestação de informações; intimação escrita: art. 197
– presunção de certeza e liquidez da dívida regularmente inscrita; efeito de prova: art. 204
– prova de quitação de tributos ou seu suprimento; dispensa: art. 207
– prova de quitação mediante certidão negativa: arts. 205 e 206; Súm. 38 e 73, TFR
– requisição do auxílio da força pública federal, estadual ou municipal por autoridades administrativas: art. 200
– termo de inscrição da dívida ativa; indicações obrigatórias: arts. 202 e 203; Súm. 153, STJ

ADMINISTRADORES DE BENS
– responsabilidade dos tributos devidos: art. 134, III

ALIENAÇÃO FRAUDULENTA
– bens ou rendas, por sujeito passivo em débito para com a Fazenda Pública; crédito tributário regularmente inscrito como dívida ativa: art. 185

ALIENAÇÃO JUDICIAL
– processo de falência; produto da: art. 133, § 3º

ALÍQUOTA(S)
– fixação pela lei; ressalva: art. 97, IV; Súm. 95, STJ
– imposto de importação; *ad valorem*; base de cálculo: art. 20, II; Súm. 97, TFR
– imposto de importação; alteração pelo Poder Executivo; finalidade: art. 21
– imposto de importação; base de cálculo: art. 20; Súm. 97, TFR
– imposto de importação; especificação: art. 19; Súm. 89, 132, 142, 302, 404, 577, STF; 4, 5, 6, 27 e 165, TFR
– IOF; alteração pelo Poder Executivo; finalidade: art. 65
– ITBI; limites: art. 39

ÍNDICE REMISSIVO DO CTN

– Seguro de Acidente do Trabalho (SAT); aferição: Súm. 351, STJ

ANALOGIA
– aplicação: art. 108, I e § 1º

ANISTIA: arts. 180 a 182
– concessão: art. 181
– crédito tributário: art. 175, II
– despacho da autoridade administrativa: art. 182
– infrações: art. 180

ANULAÇÃO DE DECISÃO CONDENATÓRIA
– restituição total ou parcial do tributo: art. 165, III

ARRECADAÇÃO
– atribuição da função: art. 7º
– distribuição ao Fundo de Participação dos Estados e do Distrito Federal e aos Municípios: art. 86
– distribuição aos Estados, Municípios e Distrito Federal: art. 85, II
– encargos e distribuição do produto: art. 84
– imposto sobre combustíveis, energia elétrica e minerais; distribuição: art. 95
– incorporação; receita dos Estados, Municípios e Distrito Federal: art. 85, § 2º
– obrigações acessórias: art. 85, § 2º
– participação através de convênios: art. 83
– pessoa de direito privado: art. 7º, § 3º
– receita da União: art. 86

ARREMATAÇÃO
– hasta pública: art. 130, p.u.

ARRENDAMENTO MERCANTIL: Leis 6.099/1974 e 11.882/2008

ARROLAMENTO
– crédito tributário; cobrança judicial: art. 187; Súm. 563, STF e 244, TFR
– crédito tributário; contestação: art. 189, p.u.
– crédito tributário; preferência no pagamento: art. 189

ATOS
– administrativos; vigência: art. 103, I
– jurídicos; condição suspensiva: art. 117, I
– jurídicos; condicionais; perfeitos e acabados: art. 117

– normativos; tratados, convenções internacionais e decretos: art. 100, I

BANCOS
– informações sobre bens, negócios ou atividades de terceiros: art. 197, II

BASE DE CÁLCULO
– atualização do valor monetário: art. 97, § 2º; Súm. 160, STJ
– atualização do valor monetário; exclusão: art. 100, p.u.
– definição por lei: art. 97, IV; Súm. 95, STJ
– imposto de exportação: art. 24
– imposto de exportação; alteração: art. 26
– imposto de exportação; fixação por lei: art. 25
– imposto de importação: art. 20; Súm. 97, TFR
– imposto de importação; alteração; finalidade: art. 21
– imposto sobre serviços de transportes e comunicações: art. 69
– IOF: art. 64, I a IV
– IOF; alteração pelo Poder Executivo: art. 65
– IPI: art. 47
– IPTU: art. 33; Súm. 539, 589, 668, STF e 160, STJ
– ITBI: art. 38
– ITR: art. 30
– modificação por lei: art. 97, § 1º; Súm. 160, STJ
– taxa: art. 77, p.u.; Súm. 82, 128, 129, 132, 140 a 142, 302, 324, 348, 545, 550, 595, 596, STF e 80, STJ

BEBIDAS
– exclusão da participação na arrecadação de imposto; convênios com a União: art. 83

CADIN: Leis 10.522/2002 e 11.033/2004

CAIXAS ECONÔMICAS
– informações sobre bens, negócios ou atividades de terceiros: art. 197, II

CAPACIDADE TRIBUTÁRIA PASSIVA
– impedimentos: art. 126

CAPITAL DE EMPRESAS
– base de cálculo e fato gerador; taxas; inadmissibilidade: art. 77, p.u.; Súm. 82,

ÍNDICE REMISSIVO DO CTN

128, 129, 132, 140 a 142, 302, 324, 348, 545, 550, 595, 596, STF e 80, STJ
CAPITAL ESTRANGEIRO
– registro de: Lei 11.371/2006
CERTIDÕES NEGATIVAS: arts. 205 a 208; Súm. 446, STJ; e 38 e 73, TFR
– expedida com dolo ou fraude: art. 208
– prazo; expedição: art. 205, p.u.
– prova de quitação do tributo: arts. 205 e 206; Súm. 38 e 73, TFR
– quitação de tributos; dispensa da prova: art. 207
CESSÃO DE DIREITOS
– fato gerador do ITBI: art. 35, II
CHEQUE
– pagamento de crédito tributário: art. 162, §§ 1º e 2º
CIDE: Lei 10.336/2001
CITAÇÃO
– interrupção da prescrição da ação para cobrança de crédito tributário: art. 174, p.u., I; Súm. 78, TFR
– por edital; execução fiscal: Súm. 414, STJ.
CÓDIGO TRIBUTÁRIO NACIONAL: Lei 5.172/1966
– alteradora: LC 118/2005
– FGTS; contribuição; inaplicabilidade: Súm. 353, STJ
COFINS: LC 70/1991; Súm. 423, STJ
– v. CONTRIBUIÇÃO SOCIAL
– alíquota; redução; importação e comercialização de bebidas e suas embalagens: Decs. 5.062/2004 e 5.162/2004
– alíquota; redução; importação e comercialização de combustíveis: Dec. 5.059/2004
– alteração: Lei 9.718/1998
– apuração; desconto de crédito: Lei 11.051/2004
– crédito presumido: Dec. 8.212/2014
– importação: Dec. 5.171/2004
– ressarcimento; crédito presumido do IPI: Lei 9.363/1996
COISA JULGADA
– extinção do crédito tributário: art. 156, X
COMBUSTÍVEIS
– v. IMPOSTO SOBRE COMBUSTÍVEIS, ENERGIA ELÉTRICA E MINERAIS

COMISSÁRIO
– informações sobre bens, negócios ou atividades de terceiros: art. 197, II
– responsabilidade tributária: arts. 134, IV, e 135, I
COMPENSAÇÃO
– créditos tributários: arts. 170 e 170-A; Súm. 394, STJ
– extinção do crédito tributário: art. 156, II
– tributária: Súm. 460 e 464, STJ
COMPETÊNCIA TRIBUTÁRIA: arts. 6º a 15; Súm. 69, 73 a 75, 77 a 79, 81, 336, 418, 583, 591, STF e 236, TFR
– atribuição constitucional: art. 6º; Súm. 69, STF
– disposições gerais: arts. 6º a 8º; Súm. 69, STF
– exercício; efeitos: art. 8º
– indelegabilidade; ressalva: art. 7º
– limitações: arts. 9º a 15; Súm. 73 a 75, 77 a 79, 81, 336, 418, 583, 591, STF e 236, TFR
CONCORDATA
– cobrança judicial de crédito tributário: art. 187; Súm. 563, STF e 244, TFR
CONCORRÊNCIA PÚBLICA
– prova de quitação do tributo: art. 193
CONCURSO DE CREDORES: Súm. 497, STJ
– cobrança judicial de crédito tributário: art. 187; Súm. 563, STF e 244, TFR
CONSIGNAÇÃO EM PAGAMENTO
– crédito tributário; extinção: art. 156, VIII
CONSIGNAÇÃO JUDICIAL
– crédito tributário; improcedência: art. 164, § 2º
– crédito tributário; procedência: art. 164, § 2º
– crédito tributário; sujeito passivo: art. 164
CONTRIBUIÇÃO DE MELHORIA: arts. 81 e 82 e Dec.-lei 195/1967
– competência: art. 81
– imóvel: art. 82, § 1º
– instituição: art. 81
– limite individual: art. 81
– limite total: art. 81
– notificação do contribuinte: art. 82, § 2º
– pagamento: art. 82, § 2º

ÍNDICE REMISSIVO DO CTN

- rateio: art. 82, § 1º
- requisitos: art. 82
- tributo: art. 5º

CONTRIBUIÇÃO SINDICAL
- incidência: art. 217, I

CONTRIBUIÇÃO SOCIAL
- financiamento da Seguridade Social: LC 70/1991, Leis 9.430/1996 e 11.033/2004
- financiamento da Seguridade Social; alteração: Lei 11.196/2005
- financiamento da Seguridade Social; importação de bens e serviços: Leis 10.865/2004 e 11.033/2004
- contribuição, prestadoras de serviço ao Sesc e Senac: Súm. 499, STJ

CONTRIBUIÇÕES PREVIDENCIÁRIAS
- parcelamento de débitos com a Fazenda Nacional: Lei 12.810/2013

CONTRIBUINTES
- contribuição de melhoria; notificação; forma e prazos: art. 82, § 2º
- exclusão de responsabilidade pelo crédito tributário: art. 128
- identificação para fins fiscais: Lei 8.021/1990
- imposto de exportação: art. 27
- imposto de importação: art. 22
- imposto sobre serviços de transportes e comunicações: art. 70
- IOF: art. 66
- IPI: art. 51
- IPTU: art. 34; Súm. 74 e 583, STF
- ITBI: art. 42; Súm. 78 e 108, STF
- ITR: art. 31
- obrigação principal; responsabilidade de terceiros: arts. 134 e 135; Súm. 112 e 192, TFR
- sujeito passivo da obrigação principal: art. 121, p.u., I

CONVENÇÕES INTERNACIONAIS
- competência: art. 98; Súm. 20 e 71, STJ
- normas complementares: art. 100

CONVÊNIOS
- celebrado entre Estado e Municípios: art. 213
- celebrado entre União, Estado e Municípios: art. 83
- exportação: art. 214
- norma complementar: art. 100, IV
- participação na arrecadação: art. 83
- política tributária: art. 83
- vigência: art. 103, III

CORRETORES
- intimação escrita para prestar informações sobre bens, negócios ou atividades de terceiros: art. 197, II

CRÉDITO TRIBUTÁRIO: arts. 139 a 193
- ação para cobrança; prescrição; contagem: art. 174; Súm. 78, 107 e 248, TFR
- acréscimo de juros de mora; revogação de moratória: art. 155
- alteração de lançamento; casos: art. 145
- anistia; concessão: art. 181
- anistia; exclusão: art. 175, II
- anistia; infrações; inaplicação: art. 180
- anistia; interessado; conteúdo: art. 182
- anistia; não concessão em caráter geral: art. 182
- cálculo do tributo; arbitramento; casos; ressalva: art. 148
- circunstâncias modificadoras: art. 140
- cobrança judicial: art. 187; Súm. 563, STF e 244, TFR
- compensação: art. 170; Lei 10.637/2002 e Dec. 2.138/1997
- concorrência pública; prova de quitação: art. 193
- concurso; ordem: art. 187, p.u.; Súm. 563, STF e 244, TFR
- consignação judicial: art. 164
- constituição: arts. 142 a 150; Súm. 436, STJ
- constituição pela Fazenda Pública; extinção do direito; prazo: art. 173; Súm. 108, 153 e 219, TFR
- constituição pelo lançamento; competência: art. 142
- contestação; procedimento: arts. 188, § 1º, e 189, p.u.
- da União, processo de determinação e exigência: Dec. 7.574/2011
- desconto; condições: art. 160, p.u.
- disposições gerais: arts. 139 a 141

ÍNDICE REMISSIVO DO CTN

- efetivação e garantias respectivas; indispensabilidade: art. 141, *in fine*
- exclusão: arts. 175 a 182
- exclusão, suspensão e extinção, ou dispensa ou redução de penalidades: art. 97, VI
- exigibilidade suspensa ou excluída: art. 141
- extinção: arts. 156 a 174; Súm. 71, 546, 547, 560, 596, STF; 162, STJ; 78, 107, 108, 153, 219 e 248, TFR
- extinção; tributo sujeito a lançamento por homologação: LC 118/2005
- extinção das obrigações do falido: art. 191
- extraconcursais: art. 188, *caput*
- falência; créditos extraconcursais ou importâncias passíveis de restituição: art. 186, p.u., I
- fraude na alienação ou oneração de bens ou rendas, por sujeito passivo em débito para com a Fazenda Pública; presunção; ressalva: art. 185
- garantias e privilégios: arts. 183 a 193
- impostos cujo fato gerador seja a propriedade, o domínio útil ou a posse de bens imóveis; sub-rogação na pessoa dos adquirentes: art. 130
- isenção; decorrerá de lei; especificações: art. 176; Súm. 544, STF
- isenção; exclusão do: art. 175, I
- isenção; revogação ou modificação: art. 178
- isenção; tributos; extensão: art. 177
- isenção não concedida: art. 178
- isenção ou remissão; efeitos; ressalva: art. 125, II
- isenção restrita a determinada região: art. 176, p.u.
- juros de mora e penalidades; vencimento: art. 161; Súm. 596, STF
- lançamento: arts. 142 a 146
- lançamento por homologação: art. 150
- liquidez: art. 201; Súm. 277, STF; 40, 44 a 48 e 59, TFR
- modalidade de extinção: arts. 156 e 170 a 174; Súm. 78, 107, 108, 153, 219 e 248, TFR
- modalidades de lançamento: arts. 147 a 150
- modificação nos critérios jurídicos adotados pela autoridade administrativa, no exercício do lançamento; efetivação: art. 146
- moratória: arts. 152 a 155
- natureza: art. 139
- obrigação principal: art. 139
- pagamento; cheque: art. 162, § 2º
- pagamento; forma: art. 162
- pagamento; local: art. 159
- pagamento; presunção de pagamento: art. 158
- pagamento antecipado; desconto: art. 160, p.u.
- pagamento indevido; causa de extinção: art. 165; Súm. 71, 546, 547, STF e 162, STJ
- parcelamento; condições: art. 155-A
- parcelamento; juros e multas: art. 155-A, § 1º
- penalidade; imposição; pagamento integral do: art. 157; Súm. 560, STF
- preferência: art. 186
- prescrição; ação anulatória da denegação de restituição: art. 169
- prescrição; ação para cobrança: art. 174; Súm. 78, 107 e 248, TFR
- processo administrativo: Lei 8.748/1993
- regularmente constituído; modificação ou extinção: art. 141
- remissão total ou parcial: art. 172
- responsabilidade de terceiro: art. 128
- restituição; extinção do direito de pleiteá-la: art. 168
- restituição; juros não capitalizáveis: art. 167, p.u.
- restituição de juros de mora e penalidades pecuniárias; pagamento indevido; ressalva: art. 167
- restituição total ou parcial do tributo, em caso de pagamento indevido: art. 165; Súm. 71, 546 e 547, STF; 162 e 461, STJ
- sentença de julgamento de partilha ou adjudicação: art. 192

ÍNDICE REMISSIVO DO CTN

- sujeito passivo; débitos vencidos com a mesma pessoa jurídica de direito público; imputação: art. 163
- suspensão: arts. 151 a 155; Súm. 266 e 510, STF; e 112 e 437, STJ
- transação extintiva de: art. 171
- União; processo administrativo: Dec. 4.523/2002
- vencidos ou vincendos a cargo de pessoas jurídicas de ato privado em liquidação: art. 190
- vencidos ou vincendos, a cargo do *de cujus* ou seu espólio; preferência: art. 189
- vencimento: art. 160

CRIMES CONTRA A ORDEM TRIBUTÁRIA: Lei 8.137/1990
- comunicação ao Ministério Público: Dec. 325/1991
- representação fiscal; encaminhamento ao Ministério Público Federal: Dec. 2.730/1998
- sonegação fiscal; definição: Lei 4.729/1965

CSSL: Lei 7.689/1988
- alteradora: Leis 9.249/1995, 9.316/1996 e 11.196/2005
- apuração; desconto de crédito não cumulativo: Lei 11.051/2004
- base de cálculo e isenção: Lei 9.710/1998
- despesas financeiras: Lei 9.779/1999
- instituição financeira; elevação da alíquota: LC 70/1991

CURADORES
- responsabilidade quanto a tributos devidos por seus curatelados: art. 134, II

DAÇÃO EM PAGAMENTO
- extinção do crédito tributário: art. 156, XI

DÉBITO TRIBUTÁRIO
- federal; pagamento e parcelamento: Lei 10.637/2002
- parcelamento; SRF, Procuradoria-Geral da Fazenda e INSS: Lei 10.684/2003

DECADÊNCIA
- extinção do crédito tributário: art. 156, V

DECISÃO ADMINISTRATIVA
- irreformável; extinção de crédito tributário: art. 156, IX

- norma complementar: art. 100, II
- vigência: art. 103, II

DECISÃO JUDICIAL
- trânsito em julgado; extinção do crédito tributário: art. 156, X

DECLARAÇÃO
- lançamento: art. 147
- redução ou exclusão de tributo: art. 147, § 1º
- retificação dos erros: art. 147, § 2º

DECRETOS
- competência: art. 99
- normas complementares: art. 100

DENÚNCIA ESPONTÂNEA: art. 138; Súm. 360, STJ e 208, TFR
- descaracterização: art. 138, p.u.

DEPOSITÁRIO INFIEL
- valores pertencentes à Fazenda Pública: Lei 8.866/1994

DEPÓSITO
- judicial e extrajudicial: Leis 9.703/1998 e 12.099/2009; e Dec. 2.850/1998
- prévio; exigência ilegítima; recurso administrativo: Súm. 373, STJ
- suspensão da exigibilidade: art. 151, II; Súm. 112, STJ

DESAPROPRIAÇÃO: Súm. 618, STF e 408, STJ

DESEMBARAÇO ADUANEIRO
- fato gerador do IPI: art. 46, I

DESONERAÇÃO TRIBUTÁRIA
- para a realização da Copa das Confederações Fifa 2013 e Copa do Mundo Fifa 2014: Lei 12.350/2010

DEVEDOR TRIBUTÁRIO
- indisponibilidade de bens e direitos; comunicação da decisão: art. 185-A, *caput* e § 2º
- indisponibilidade de bens e direitos; limite ao valor total exigível: art. 185-A, § 1º
- não pagamento e não apresentação de bens à penhora no prazo legal: art. 185-A

DIREITO ADQUIRIDO
- concessão de moratória: art. 155
- remissão do crédito tributário: art. 172, p.u.

ÍNDICE REMISSIVO DO CTN

DISPOSIÇÕES FINAIS E TRANSITÓRIAS: arts. 209 a 211

DISTRIBUIÇÃO
– da arrecadação de Imposto de Renda e IPI: art. 86
– fundo de participação; parcela devida a Municípios; coeficiente individual; determinação: art. 91, § 2º

DISTRITO FEDERAL
– concurso de preferência: art. 187, p.u. e II; Súm. 563, STF
– despesas da capital: art. 94, *caput* e § 1º
– elaboração e controle dos orçamentos e balanços: Lei 4.320/1964
– fato gerador: art. 77; Súm. 82, 128, 129, 132, 140 a 142, 302, 324, 348, 545, 550, 595, 596, STF e 80, STJ
– fundos de participação: arts. 86 a 90
– imposto de renda: art. 85, § 2º
– imposto de renda; distribuição: art. 85, II
– imposto sobre combustíveis, energia elétrica e minerais: art. 95
– instituição cumulativa de impostos atribuídos aos Estados e aos Municípios: art. 18, II

DÍVIDA ATIVA
– bens e rendas reservados ao pagamento: art. 185, p.u.
– certidão: art. 202, p.u.
– certidão nula; substituição: art. 203; Súm. 153, STJ
– crédito tributário; inscrição: art. 185
– inscrição na repartição administrativa: art. 201; Súm. 277, STF; 40, 44 a 48 e 59, TFR
– nulidade da inscrição e do processo de cobrança: art. 203; Súm. 153, STJ

DOLO
– certidão negativa; responsabilidade do funcionário: art. 208
– extinção de crédito tributário; inadmissibilidade: art. 150, § 4º
– revogação de moratória e penalidades: art. 155, I e p.u.

DOMICÍLIO TRIBUTÁRIO: art. 127
– determinação legal: art. 127, § 1º
– eleição pelo contribuinte: art. 127

– pessoa jurídica de direito privado: art. 127, II
– pessoa jurídica de direito público: art. 127, III
– pessoas naturais: art. 127, I
– recusa pela autoridade administrativa: art. 127, § 2º

DOMÍNIO ÚTIL DE IMÓVEL
– fato gerador do imposto sobre a propriedade predial e territorial urbana: art. 32
– fato gerador do imposto sobre a propriedade territorial rural: art. 29

ELABORAÇÃO DAS LEIS: LC 95/1998

EMPREGADOS
– obrigações tributárias: art. 135, II

EMPRESA DE PEQUENO PORTE
– Estatuto: LC 123/2006

EMPRESAS DE ADMINISTRAÇÃO DE BENS
– informações sobre bens, negócios ou atividades de terceiros: art. 197, II

EMPRÉSTIMO COMPULSÓRIO
– instituição pela União: art. 15; Súm. 418, STF e 236, TFR
– prazo e condições de resgate: art. 15, p.u.; Súm. 418, STF e 236, TFR

ENERGIA ELÉTRICA
– *v.* IMPOSTO SOBRE COMBUSTÍVEIS, ENERGIA ELÉTRICA E MINERAIS

EQUIDADE
– aplicação da lei tributária: art. 108, IV e § 2º

ERRO(S)
– crédito tributário: art. 172, II
– crédito tributário; pagamento mediante estampilha; restituição: art. 162, § 4º
– declaração; retificação de ofício: art. 147, § 2º
– identificação do sujeito passivo; restituição total ou parcial do tributo: art. 165, II; Súm. 71, 546 e 547, STF
– lançamento: art. 149, IV

ESCRITURAÇÃO DIGITAL: Dec. 6.022/2007

ESCRITURAÇÃO FISCAL
– comprovantes dos lançamentos: art. 195, p.u.; Súm. 439, STF

ÍNDICE REMISSIVO DO CTN

- livros obrigatórios; conservação: art. 195, p.u.; Súm. 439, STF

ESCRIVÃES
- informações sobre bens, negócios ou atividades de terceiros: art. 197, I
- responsabilidade tributária: arts. 134, VI e p.u., e 135, I

ESPÓLIO
- responsabilidade tributária: art. 131, III

ESTADOS
- arrecadação e distribuição: art. 84
- celebração de convênios com a União: art. 83
- concurso: art. 187, p.u., II
- despesas de capital; obrigatoriedade destinada ao orçamento de: art. 94, *caput* e § 1º
- divisão: art. 18, II
- elaboração e controle dos orçamentos e balanços: Lei 4.320/1964
- fundos de participação: arts. 86 a 90
- imposto de renda; distribuição: art. 85, II
- imposto de renda; obrigações acessórias; incorporação: art. 85, § 2º
- imposto sobre combustíveis, energia elétrica e minerais; direitos: art. 95
- ITBI; competência: arts. 35 e 41; Súm. 108, 110 a 115, 326, 328 a 331, 435, 470 e 590, STF
- taxas; fato gerador: art. 77; Súm. 82, 128, 129, 132, 140 a 142, 302, 324, 348, 545, 550, 595, 596, STF e 80, STJ

ESTATUTO DA MICROEMPRESA: LC 123/2006

EXECUÇÃO FISCAL: Lei 6.830/1980; Súm. 150, 277, STF; 121, 139, 153, 189, 314, 349, 392, 393, 400, 406, 409, 414, 435, STJ; e 40, 48, 99, 154, 168, 189, 190, 209, 210, 240, TFR

EXPORTAÇÃO
- empresas exportadoras; regime especial de aquisição de bens de capital: Lei 11.196/2005
- imposto; fato gerador: art. 23
- tributação; regime especial; serviços de tecnologia da informação: Lei 11.196/2005

EXPORTADOR
- contribuinte: art. 27

EXTRATERRITORIALIDADE
- legislação tributária dos Estados, do Distrito Federal e dos Municípios: art. 102

FALÊNCIA
- crédito tributário; cobrança: art. 187; Súm. 563, STF e 244, TFR
- crédito tributário; contestação: art. 188, § 1º
- crédito tributário; extinção das obrigações do falido: art. 191
- créditos tributários; extraconcursais: art. 188, *caput*

FALIDO
- extinção das obrigações; quitação de todos os tributos: art. 191

FALSIDADE
- efeitos quanto ao lançamento: art. 149, V

FATO(S) GERADOR(ES)
- aplicação da lei: art. 105; Súm. 669, STF
- aplicação da lei ao fato pretérito: art. 106
- câmbio: art. 143
- condição resolutória: art. 117, II
- condição suspensiva: art. 117, I
- data do lançamento: art. 144
- definição por lei: art. 97, III
- desconsideração de atos ou negócios jurídicos: art. 116, p.u.
- herdeiros ou legatários; *causa mortis:* art. 35, p.u.; Súm. 108, 110 a 115, 326, 328 a 331, 435, 470 e 590, STF
- imposto de exportação: art. 23
- imposto de importação: art. 19; Súm. 89, 132, 142, 302, 404, 577, STF; 4, 5, 6, 27 e 165, TFR
- imposto sobre serviços de transportes e comunicações: art. 68
- interpretação: art. 118
- IOF: art. 63; Súm. 588, STF
- IPTU: art. 32
- ITBI: art. 35; Súm. 108, 110 a 115, 326, 328 a 331, 435, 470 e 590, STF
- ITR: art. 29
- obrigação acessória: art. 115
- obrigação principal: art. 114; Súm. 157, STJ

ÍNDICE REMISSIVO DO CTN

- obrigação principal; responsabilidade solidária: art. 124, I
- propriedade, domínio útil ou posse de bens imóveis; ressalva: art. 130
- substituição do fato: art. 116, I
- substituição jurídica: art. 116, II
- taxa: art. 77, p.u.; Súm. 82, 128, 129, 132, 140 a 142, 302, 324, 348, 545, 550, 595, 596, STF e 80, STJ

FAZENDA PÚBLICA
- depositário infiel: Lei 8.866/1994; Súm. 304, STJ
- divulgação sobre a situação econômica ou financeira de sujeitos passivos ou de terceiros; vedação: art. 198
- execução fiscal: Súm. 406, STJ

FILHOS MENORES
- responsabilidade tributária dos pais: art. 134, I

FINSOCIAL: Dec.-lei 1.940/1982; Súm. 658, 659, STF e 94, STJ

FISCALIZAÇÃO: arts. 194 a 200
- auxílio da força pública federal, estadual e municipal: art. 200
- conservação de documento: art. 195, p.u.; Súm. 439, STF
- diligências; termos: art. 196
- escrituração fiscal e comercial: art. 195, p.u.; Súm. 439, STF
- exame de documentos: art. 195; Súm. 439, STF
- intimação escrita: art. 197
- lavratura de termos no livro fiscal: art. 196, p.u.
- União, Estados, Distrito Federal e Municípios: art. 199

FRAUDE
- certidão negativa; responsabilidade: art. 208
- extinção de crédito tributário; inadmissibilidade: art. 150, § 4º
- lançamento: art. 149
- moratória: art. 154, p.u.
- presunção, alienação ou oneração de bens ou rendas: art. 185

FUNDO DE COMÉRCIO
- aquisição: art. 133

FUNDOS DE PARTICIPAÇÃO: LC 143/2013
- cálculo do percentual: art. 86, p.u.
- coeficiente individual de participação: art. 91, § 2º
- constituição e percentual: art. 86
- crédito feito pelo Banco do Brasil: arts. 87, 92 e 93
- critérios de distribuição: art. 88 e 91
- fator representativo da população: arts. 88, p.u. e 91, § 1º, a
- fator representativo do inverso da renda *per capita*: arts. 90 e 91, § 1º, b
- índice de renda *per capita*: art. 90, p.u.
- responsabilidade do governador: art. 94, § 3º
- responsabilidade do prefeito: art. 94, § 3º
- revisão das quotas: art. 91, § 3º
- suspensão das distribuições: art. 94, § 2º

GERENTES
- obrigações tributárias: art. 135, III; Súm. 430, STJ; e 112, TFR

GOVERNADOR
- responsabilidades: art. 94, § 3º

GUERRA EXTERNA
- empréstimos compulsórios pela União: art. 15; Súm. 418, STF e 236, TFR
- impostos extraordinários pela União: art. 76

HOMOLOGAÇÃO
- lançamento: art. 150
- lançamento; extinção de crédito tributário: art. 156, VII
- prazo: art. 150, § 4º

ICMS: Súm. 536, 569, 571 a 574, 576, 577 a 579, 615, 660 a 662, STF; 20, 49, 68, 80, 87, 94, 95, 129, 135, 155, 163, 166, 237, 350, 431 a 433, 457, STJ e 258, TFR
- disposições aplicáveis, quando a incidência for sobre a distribuição: art. 75, III
- incidência; valor da tarifa de energia elétrica; potência utilizada: Súm. 391, STJ
- incidência; valor da venda a prazo: Súm. 395, STJ
- isenção; celebração de convênios: LC 24/1975

1583

ÍNDICE REMISSIVO DO CTN

– internet; provedores de acesso: Súm. 334, STJ
– serviços de comunicação: LCs 87/1996 e 115/2002
– transporte interestadual e intermunicipal e de comunicação: LCs 87/1996 e 115/2002

IMPORTADOR
– contribuintes: art. 22, I

IMPOSTO(S): arts. 16 a 76
– cobrança; vedações: art. 9º
– comércio exterior: arts. 19 a 28; Súm. 89, 132, 142, 302, 404, 577, STF; 4, 5, 6, 27, 97 e 165, TFR
– competência da União: art. 18, I
– competência do Distrito Federal: art. 18, II
– competência dos Estados: art. 18, II
– conceito: art. 16
– disposições gerais: arts. 16 a 18
– especiais: arts. 74 a 76
– extraordinários; instituição; casos: art. 76
– fato gerador: art. 16
– instituição e majoração; lei; vigência: art. 104, I
– não cumulatividade: art. 74, § 2º
– patrimônio e renda: arts. 29 a 45; Súm. 74, 75, 78, 93, 94, 108, 110 a 115, 326, 328 a 331, 435, 470, 539, 583, 584, 587, 589, 590, 668, STF; 125, 136, 160, STJ; 39, 76, 100, 101, 130, 132, 174 e 182, TFR

IMPOSTO DE EXPORTAÇÃO: arts. 23 a 28, Dec.-lei 1.578/1977
– alíquotas: art. 24, I e II
– alíquotas; alteração: art. 26
– base de cálculo; alteração: art. 26
– base de cálculo; fixação por lei: art. 25
– contribuintes: art. 27
– entrega do produto: art. 24, p.u.
– fato gerador: art. 23
– receita líquida: art. 28
– vendas a prazo: art. 24, p.u.

IMPOSTO DE IMPORTAÇÃO: arts. 19 a 22; e Dec.-lei 37/1966; Súm. 89, 132, 142, 302, 404, 577, STF; 95, 124, STJ; 4, 5, 6, 27, 97 e 165, TFR
– alíquotas; alteração: art. 21
– base de cálculo; alteração: arts. 20 e 21

– competência da União: art. 19; Súm. 89, 132, 142, 302, 404, 577, STF; 4, 5, 6, 27, 97 e 165, TFR
– contribuintes: art. 22
– fato gerador: art. 19; Súm. 89, 132, 142, 302, 404, 577, STF; 4, 5, 6, 27 e 165, TFR
– incidência: art. 75, II

IMPOSTO DE RENDA: arts. 43 a 45; Súm. 93, 94, 584, 586, 587, STF; 125, 136, 198, 215, 262, 447 e 498, STJ; 39, 76, 100, 101, 130, 174, 182 e 264, TFR
– alíquota; redução; rendimentos de beneficiários residentes ou domiciliados no exterior: Dec. 6.761/2009
– arrecadação; distribuição aos Estados, Distrito Federal e Municípios, pela União: art. 85, II
– arrecadação; incorporação à receita: art. 85, § 2º
– base de cálculo: art. 44; Súm. 584, STF; 130 e 182, TFR
– beneficiários no exterior: Lei 9.779/1999
– competência: art. 43; Súm. 93, 94, 587, STF; 125, 136, STJ; 39, 76, 100, 101 e 174, TFR
– conceito de renda: art. 43, § 1º
– contribuintes: art. 45; Súm. 94, STF e 174, TFR
– distribuição: art. 86
– fato gerador: art. 43; Súm. 93, 94, 587, STF; 125, 136, STJ; 39, 76, 100, 101 e 174, TFR
– fundos de investimento imobiliário: Lei 9.779/1999
– incidência; indenização por horas extraordinárias trabalhadas: Súm. 463, STJ
– isenção; indenização de férias proporcionais: Súm. 386, STJ
– legislação alteradora: Leis 7.713/1988 e 8.383/1991
– lei; vigência: art. 104
– pessoa física: Leis 9.250/1995, 11.196/2005, 11.482/2007 e 12.469/2011
– pessoa jurídica: Leis 9.249/1995 e 11.196/2005
– planos de previdência: Leis 11.053/2004 e 11.196/2005
– redução de alíquota: Lei 11.312/2006

ÍNDICE REMISSIVO DO CTN

- renda oriunda do exterior: art. 43, §§ 1º e 2º

IMPOSTO SOBRE COMBUSTÍVEIS, ENERGIA ELÉTRICA E MINERAIS: arts. 74 e 75
- competência: art. 74
- distribuição: art. 95
- fato gerador: art. 74
- incidência: art. 74, § 2º

IMPOSTO SOBRE O PATRIMÔNIO
- autarquia; vedação: art. 12; Súm. 73 a 75, 336 e 583, STF
- cobrança; vedação: art. 9º, II
- lei; vigência: art. 104
- União, Estados e Municípios; vedação: art. 9º, IV, a, e § 2º

IMPOSTO SOBRE SERVIÇOS DE TRANSPORTES E COMUNICAÇÕES: arts. 68 a 70
- base de cálculo: art. 69
- competência: art. 68
- contribuintes: art. 70
- fato gerador: art. 68, I

IMPUGNAÇÃO
- alteração de lançamento: art. 145, I
- relativa à contribuição de melhoria: art. 82, II e III

IMUNIDADE TRIBUTÁRIA: art. 9º; Súm. 73 a 76, 324, 536, 591, 657 e 730, STF

INCENTIVOS FISCAIS
- atividades desportivas: Lei 11.438/2006
- inovação tecnológica: Lei 11.196/2005 e Dec. 5.602/2005
- pesquisa e inovação tecnológica: Lei 10.637/2002
- Programa Empresa Cidadã; licença-maternidade; prorrogação: Lei 11.770/2008 e Dec. 7.052/2009

INCORPORAÇÃO IMOBILIÁRIA
- patrimônio de afetação: Leis 10.931/2004 e 11.196/2005

INDELEGABILIDADE
- competência tributária; ressalva: art. 7º

ÍNDICES ECONÔMICOS
- Ufir: Lei 8.383/1991

INFORMAÇÕES SIGILOSAS: art. 198

INFRAÇÃO DA LEGISLAÇÃO TRIBUTÁRIA
- responsabilidade: art. 136

INFRAÇÕES
- contra a ordem econômica: Lei 12.529/2011

INTERPRETAÇÃO
- analogia: art. 108, I e § 1º
- equidade: art. 108, IV e § 2º
- legislação tributária: arts. 107 a 112
- limitações da lei tributária: art. 110
- mais favorável ao contribuinte, em caso de dúvida: art. 112
- princípios: art. 107
- princípios gerais de direito privado; aplicação: art. 100
- princípios gerais de direito público: art. 108, III
- princípios gerais de direito tributário: art. 108, II

INTIMAÇÃO
- escrita: art. 197; Súm. 310, STF; 121, STJ e 117, TFR

INVENTARIANTE(S)
- informações sobre bens, negócios ou atividades de terceiros: art. 197, II
- responsabilidade pelos tributos devidos pelo espólio: art. 134, IV

INVENTÁRIO
- crédito tributário; cobrança: art. 187; Súm. 563, STF e 244, TFR
- crédito tributário; contestação: art. 189, p.u.
- preferência no pagamento: art. 189

IOF: arts. 63 a 67; Leis 5.143/1966 e 9.779/1999; Dec. 6.306/2007; Súm. 588, 664, STF e 185, STJ
- alíquotas; alteração: art. 65
- base de cálculo: art. 64
- competência: art. 63; Súm. 588, STF
- contribuintes: art. 66
- fato gerador: art. 63; Súm. 588, STF
- receita líquida; destinação: art. 67

ÍNDICE REMISSIVO DO CTN

IPI: arts. 46 a 51; Súm. 536, 591, STF; 95, 411, 494 e 495, STJ; 43, 81, 103, 106, 143 e 161, TFR
– aproveitamento de créditos: Lei 9.779/1999
– arrecadação; fumo e bebidas alcoólicas; exclusão: art. 83
– base de cálculo: art. 47
– competência: art. 46; Súm. 536, 591, STF; 43, 81 e 103, TFR
– conceito: art. 46, p.u.; Súm. 536, 591, STF; 43, 81 e 103, TFR
– contribuinte: art. 51
– distribuição: art. 86
– equiparação de atacadista a estabelecimento industrial: Lei 9.779/1999
– fato gerador: art. 46; Súm. 536, 591, STF e 43, 81, 103, TFR
– incidência: art. 75, I
– não cumulatividade: art. 49
– remessa de produtos: art. 50
– seletivo: art. 48
– transferência de saldo: art. 49, p.u.

IPTU: arts. 32 a 34; Súm. 74, 539, 583, 589, 668, 724, STF e 160, STJ
– áreas urbanizáveis: art. 32, § 2º
– base de cálculo: art. 33; Súm. 539, 589, 668, STF e 160, STJ
– competência: art. 32
– contribuintes: art. 34; Súm. 74 e 583, STF
– fato gerador: art. 32
– notificação do lançamento: Súm. 397, STJ
– sujeito passivo do; competência: Súm. 399, STJ
– zona urbana; melhoramentos: art. 32, § 1º

ISENÇÃO(ÕES): arts. 176 a 179; Súm. 543 e 544, STF
– concessão; interpretação da lei: art. 111, II; Súm. 100, STJ
– concessão por lei: art. 176; Súm. 544, STF
– crédito tributário: art. 175, I
– despacho da autoridade administrativa; aplicabilidade: art. 179; Súm. 543 e 544, STF
– extensão: art. 177
– fiscalização: art. 194

– ICMS; celebração de convênios: LC 24/1975
– lançamento por período certo de tempo; renovação: art. 179, § 1º
– lei; vigência: art. 104, III
– requerimento do interessado: art. 179; Súm. 543 e 544, STF
– responsabilidade solidária: art. 125, II
– restrita a determinada região: art. 176, p.u.
– revogação ou modificação: art. 178
– serviços públicos: art. 13, p.u.; Súm. 77 a 79, 81, STF

ISS: Dec.-lei 406/1968 e LC 116/2003; Súm. 588, 663, STF; 138, 156, 167, 274, 424, STJ e 143, TFR

ITBI: arts. 35 a 42; Súm. 75, 78, 108, 110 a 115, 326, 328 a 331, 435, 470 e 590, STF
– alíquota: art. 39
– base de cálculo: art. 38
– *causa mortis*: art. 35, p.u.; Súm. 108, 110 a 115, 326, 328 a 331, 435, 470 e 590, STF
– competência: arts. 35 e 41; Súm. 108, 110 a 115, 326, 328 a 331, 435, 470 e 590, STF
– contribuintes: art. 42; Súm. 78 e 108, STF
– dedução: art. 40
– desincorporação do patrimônio da pessoa jurídica: art. 36, p.u.
– fato gerador: art. 35; Súm. 108, 110 a 115, 326, 328 a 331, 435, 470 e 590, STF
– limites quanto à alíquota: art. 39
– pessoa jurídica; atividade principal: art. 37, §§ 1º a 4º; Súm. 75, 108, 110, 111, 113, 326, 328, 329, 470, 590, STF e 132, TFR
– pessoa jurídica; realização conjunta: art. 37, § 4º; Súm. 75, 108, 110, 111, 113, 326, 328, 329, 470, 590, STF e 132, TFR
– sucessão aberta no estrangeiro: art. 41

ITR: arts. 29 a 31; Dec.-lei 57/1966, Leis 9.393/1996 e 11.250/2005; Súm. 139, STJ
– arrecadação; distribuição aos Municípios: art. 85, I
– base de cálculo: art. 30
– Comitê Gestor; fiscalização; cobrança: Dec. 6.433/2008

Índice Remissivo do CTN

- competência: art. 29
- contribuintes: art. 31
- fato gerador: art. 29

JUIZADOS ESPECIAIS
- Estaduais: Lei 9.099/1995
- Fazenda Pública: Lei 12.153/2009
- Federais: Lei 10.259/2001

JUROS
- desapropriação: Súm. 618, STF; e 408, STJ

JUROS DE MORA: Súm. 163, 254, STF; 188, STJ e 209, TFR
- acréscimo ao crédito: art. 161; Súm. 596, STF
- cálculo; taxa: art. 161, § 1°
- cobrança de crédito tributário; revogação de moratória: art. 155
- consignação judicial do crédito tributário; julgamento improcedente: art. 164, § 2°
- fluência: art. 201, p.u.; Súm. 45 a 47, TFR

LANÇAMENTO: arts. 142 a 150
- alteração; requisitos: art. 145
- arbitramento; cálculo do tributo: art. 148
- atividade administrativa; responsabilidade funcional: art. 142, p.u.
- competência: art. 142
- data do fato gerador da obrigação: art. 144
- dolo: art. 149, VII
- efetuação: art. 147
- efetuação de ofício: art. 149
- homologação: art. 150
- homologação; extinção de crédito tributário: art. 156, VII
- legislação aplicável: art. 144
- modalidades: arts. 147 a 150
- modificação: art. 146
- moeda estrangeira: art. 143
- revisão; início: art. 149, p.u.
- revisão de ofício: art. 149

LEGISLAÇÃO ADUANEIRA: Lei 10.637/2002 e Dec.-lei 37/1966

LEGISLAÇÃO TRIBUTÁRIA: arts. 96 a 112
- alíquota e base de cálculo do tributo; fixação mediante lei; ressalva: art. 97, IV; Súm. 95, STJ
- alteração: Leis 8.981/1995, 9.065/1995, 9.430/1996, 9.532/1997, 9.959/2000, 10.426/2002, 10.451/2002, 10.833/2003, 10.996/2004, 11.196/2005, 11.311/2006, 11.727/2008, 11.774/2008, 11.941/2009, 11.945/2009, 12.431/2011 e 12.546/2011
- analogia; aplicação: art. 108, I e § 1°
- aplicação: arts. 105 e 106; Súm. 669, STF; e 448, STJ
- base de cálculo do tributo; modificação; majoração: art. 97 e § 1°
- conteúdo de tal expressão: art. 96
- decretos; conteúdo e alcance: art. 99
- equidade; utilização na aplicação da: art. 108, IV e § 2°
- fato gerador da obrigação tributária principal; estabelecimento em lei: art. 97, III
- hipótese de exclusão, suspensão e extinção de créditos tributários ou de dispensa ou redução de penalidades; estabelecimento em lei: art. 97, VI
- interpretação e integração: arts. 107 a 112
- interpretação literal: art. 111; Súm. 95 e 100, STJ
- lei tributária; alteração da definição: art. 110
- leis, tratados e convenções internacionais e decretos: arts. 97 a 99; Súm. 20, 71, 95 e 160, STJ
- normas complementares das leis, dos tratados e das convenções internacionais e decretos: art. 100
- para a realização da Copa das Confederações Fifa 2013 e Copa do Mundo Fifa 2014: Lei 12.350/2010, Dec. 7.578/2011 e IN RFB 1.289/2012
- penalidades, mediante lei: art. 97, V
- pessoa jurídica de direito público; aplicação: art. 120
- princípios gerais de direito privado; aplicação: art. 109
- princípios gerais de direito público; utilização na aplicação da: art. 108, III
- princípios gerais de direito tributário; utilização na aplicação da: art. 108, II
- processo de consulta sobre a aplicação da: Dec. 7.574/2011
- responsabilidade por infrações da: arts. 136 a 138; Súm. 208, TFR

ÍNDICE REMISSIVO DO CTN

- revogação ou modificação: art. 98; Súm. 20 e 71, STJ
- tributos; instituição, extinção, majoração ou redução, mediante lei: art. 97; Súm. 95 e 160, STJ
- vigência: arts. 101 a 104

LEI
- compensação: art. 170
- competência: art. 97; Súm. 95 e 160, STJ
- extinção de crédito tributário; condições: art. 171
- normas complementares: art. 100
- remissão total ou parcial do crédito tributário: art. 172

LEI DA COPA: Lei 12.350/2010
LEI DE EXECUÇÃO FISCAL: Lei 6.830/1980
LEI DE INTRODUÇÃO ÀS NORMAS DO DIREITO BRASILEIRO: Dec.-lei 4.657/1942 e Lei 12.376/2010
LEI DE RESPONSABILIDADE FISCAL: LC 101/2000
LEI DE *ROYALTIES* DO PETRÓLEO: Lei 12.734/2012
LEI DO PRÉ-SAL: Lei 12.351/2010
LEI ESPECIAL
- isenção tributária: art. 13, p.u.; Súm. 77, 78, 79 e 81, STF

LEI TRIBUTÁRIA
- interpretação de maneira mais favorável ao contribuinte: art. 112
- limitações: art. 110

LEILOEIROS
- informações sobre bens, negócios ou atividades de terceiros: art. 197, II

LIQUIDATÁRIOS
- informações sobre bens, negócios ou atividades de terceiros: art. 197, II

LIQUIDEZ
- crédito tributário; juros de mora: art. 201, p.u.; Súm. 45 a 47, TFR

LIVROS DE ESCRITURAÇÃO
- comercial e fiscal e comprovantes de lançamentos; até quando serão conservados: art. 195, p.u.; Súm. 439, STF

MANDADO DE SEGURANÇA: Súm. 101, 248, 267 a 269, 271, 294, 304, 330, 405, 429, 430, 474, 512, 597, STF; 41, 105, 169, 213, 460, STJ; 60, 103, 121 e 145, TFR
- concessão de medida liminar; suspensão da exigibilidade do crédito tributário: art. 151, IV; Súm. 266 e 510, STF

MANDATÁRIO
- obrigações tributárias resultantes de atos praticados com excesso de poderes ou infração de lei, contrato social ou estatutos: art. 135, II

MASSA FALIDA
- responsabilidade tributária: art. 134, V e p.u.; Súm. 192, TFR

MEDIDA CAUTELAR FISCAL: Lei 8.397/1992
MEMORIAL DESCRITIVO
- contribuição de melhoria: art. 82, I, *a*

MERCADO FINANCEIRO E DE CAPITAIS
- tributação; alteração: Lei 11.033/2004

MICROEMPRESA
- Estatuto: LC 123/2006

MOEDA ESTRANGEIRA
- valor tributável; conversão: art. 143

MOEDA NACIONAL
- valor tributável: art. 143

MORATÓRIA: arts. 152 a 155
- abrangência: art. 154
- aplicabilidade: art. 152, p.u.
- caráter individual; concessão: art. 153, II
- caráter individual; direito adquirido: art. 155
- caráter individual; revogação: art. 155
- concessão: art. 152, I e II
- dolo, fraude ou simulação: art. 154, p.u.
- número e vencimento de prestações: art. 153, III, *b*
- prazo; especificação em lei: art. 153, I
- requisitos da lei: art. 153
- suspensão; crédito tributário: art. 151, I

MUNICÍPIOS
- competência para o IPTU: art. 32
- concurso de preferência: art. 187, p.u. e III; Súm. 563, STF
- convênios celebrados com a União; participação em arrecadação: art. 83
- distribuição do produto da arrecadação de ITR, pela União: art. 85, I

Índice Remissivo do CTN

- elaboração e controle dos orçamentos e balanços: Lei 4.320/1964
- fato gerador das taxas cobradas pelos: art. 77; Súm. 82, 128, 129, 132, 140 a 142, 302, 324, 348, 545, 550, 595, 596, STF e 80, STJ
- imposto de renda; distribuição pela União: art. 85, II
- incorporação definitiva à sua receita do produto da arrecadação do imposto de renda; obrigações acessórias: art. 85, § 2º
- ITR; distribuição pela União: art. 85, I
- participação no imposto sobre combustíveis, energia elétrica e minerais; percentagens: art. 95
- percentagem obrigatoriamente destinada ao orçamento de despesas de capital: art. 94, *caput* e § 1º

NEGÓCIOS JURÍDICOS CONDICIONAIS
- condição resolutiva: art. 117, II
- condição suspensiva: art. 117, I
- perfeitos e acabados: art. 117

NORMAS COMPLEMENTARES
- competência: art. 100, p.u.
- definição: art. 100

NORMAS GERAIS DE DIREITO TRIBUTÁRIO: arts. 96 a 208

NOTA FISCAL
- modelo especial: art. 50

"NOVA MP DO BEM": Lei 11.196/2005

OBRAS PÚBLICAS
- contribuição de melhoria: art. 81

OBRIGAÇÃO TRIBUTÁRIA
- acessória; conversão em obrigação principal: art. 113, § 3º
- acessória; definição: art. 113, § 2º
- acessória; dispensa do cumprimento; interpretação da lei: art. 111, III; Súm. 95, STJ
- acessória; exclusão do crédito tributário; cumprimento: art. 175, p.u.
- acessória; fato gerador: art. 115
- acessória; objeto: art. 113, § 2º
- acessória; participantes da arrecadação: art. 85, § 2º
- acessória; sujeito passivo: art. 122
- acessória; suspensão da exigibilidade do crédito tributário: art. 151, p.u.
- adquirente ou remitente; responsabilidade tributária: art. 131
- atos ou negócios jurídicos condicionais reputados perfeitos e acabados: art. 117
- capacidade tributária: art. 126
- consórcios; contratações de pessoas jurídicas e físicas: Lei 12.402/2011
- convenções particulares relativas à responsabilidade tributária; limitações; ressalva: art. 123
- denúncia espontânea da infração; exclusão da responsabilidade: art. 138; Súm. 208, TFR
- disposições gerais: art. 113
- domicílio tributário: art. 127
- efeitos da solidariedade; ressalva: art. 125
- espólio; responsabilidade tributária: art. 131, III
- fato gerador: arts. 114 a 118; Súm. 157, STJ
- fato gerador; definição legal; interpretação: art. 118
- fato gerador ocorrido e com efeitos existentes: arts. 116 e 117
- pessoa jurídica de direito privado resultante de fusão, transformação ou incorporação de outra; responsabilidade tributária: art. 132
- pessoa natural ou jurídica de direito privado; aquisição, junto a outra, de fundo de comércio ou estabelecimento comercial; responsabilidade tributária: art. 133
- principal; definição: art. 114, § 1º
- principal; definição de seu fato gerador pela lei: art. 97, III
- principal; extinção: art. 113, § 1º, *in fine*
- principal; fato gerador: art. 114; Súm. 157, STJ
- principal; objeto: art. 113, § 1º
- principal; responsabilidade solidária: art. 134; Súm. 192, TFR
- principal; sujeito passivo: art. 121; Súm. 192, TFR
- principal; surgimento: art. 113, § 1º
- responsabilidade de terceiros: arts. 134 e 135; Súm. 112 e 192, TFR

ÍNDICE REMISSIVO DO CTN

- responsabilidade dos sucessores: arts. 129 a 133
- responsabilidade pelo crédito tributário; atribuição a terceiro vinculado ao fato gerador: art. 125
- responsabilidade por infrações: arts. 136 a 138; Súm. 208, TFR
- responsabilidade solidária: art. 124, p.u.
- responsabilidade tributária: arts. 128 a 138; Súm. 112, 192 e 208, TFR
- resultante de ato praticado com excesso de poderes ou infração de lei, contrato social ou estatutos; responsabilidade pelos créditos correspondentes: art. 135; Súm. 112, TFR
- solidariedade: arts. 124 e 125
- sub-rogação de créditos tributários na pessoa de adquirentes de imóveis; ressalva: art. 130
- sub-rogação de direitos por pessoa jurídica de direito público, constituída pelo desmembramento de outra; legislação tributária aplicável; ressalva: art. 120
- sucessor a qualquer título e cônjuge meeiro; responsabilidade tributária: art. 131, II
- sujeito ativo: arts. 119 e 120
- sujeito passivo: arts. 121 a 123; Súm. 192, TFR

OMISSÃO
- ato ou formalidade essencial; lançamento: art. 149, IX
- comprovação: art. 149, V
- pessoa legalmente obrigada; lançamento: art. 149, IV

ORÇAMENTO: Súm. 66 e 418, STF
- contribuição de melhoria: art. 82, I, *b*
- despesas de capital: art. 94
- distribuição de receitas; IPI; fumo e bebidas alcoólicas; exclusão: art. 83
- responsabilidade fiscal: LC 101/2000
- Seguridade Social; plano de custeio: Lei 8.212/1991

PAGAMENTO(S): arts. 157 a 169; Súm. 71, 546, 547, 560, 596, STF e 162, STJ
- antecipado: arts. 150, § 1°, e 156, VII
- cheque: art. 162, I
- consignação judicial: art. 164
- crédito; presunção: art. 158
- desconto; antecipação: art. 160, p.u.
- efetuação; domicílio do sujeito passivo: art. 159
- extinção do crédito tributário: art. 156, I
- forma: art. 162
- indevido: arts. 165 a 168; Súm. 71, 546, 547, STF e 162, STJ
- juros de mora e penalidades: art. 161; Súm. 596, STF
- moeda corrente: art. 162, I
- penalidade: art. 157; Súm. 560, STF
- prescrição da ação anulatória: art. 169
- restituição: arts. 165 a 167; Súm. 71, 546, 547, STF; 162 e 461, STJ
- restituição; prazo: art. 168
- vale postal: art. 162, I
- vencidos: art. 163

PARTIDOS POLÍTICOS
- cobrança de impostos; vedação: art. 9°, IV, c
- objetivos: art. 14, § 2°
- requisitos: art. 14

PESQUISA E INOVAÇÃO TECNOLÓGICA
- incentivos fiscais: Lei 10.637/2002

PESSOA JURÍDICA: Súm. 363, 365, STF; 39, 60, 93 e 132, TFR
- de direito privado; domicílio tributário: art. 127, III
- de direito privado; fusão, transformação ou incorporação: art. 132
- de direito privado; responsabilidade tributária: art. 133
- de direito público; concurso de preferência no pagamento: art. 187, p.u.; Súm. 563, STF e 244, TFR
- de direito público; domicílio tributário: art. 127, III
- de direito público; garantia e privilégios processuais: art. 7°, § 1°
- de direito público; imunidade tributária: art. 9°, § 2°
- de direito público; moratória: art. 152, I, *a*
- de direito público; sub-rogação de direitos: art. 120
- inscrição; declaração de inaptidão: Lei 10.637/2002

ÍNDICE REMISSIVO DO CTN

PESSOAS NATURAIS
– domicílio tributário: art. 127, I e § 1º

PIS/PASEP: Súm. 659, STF; 68, 77, 161, STJ; 82, 161 e 258, TFR
– alíquota; redução; importação e comercialização de bebidas e suas embalagens: Decs. 5.062/2004 e 5.162/2004
– alíquota; redução; importação e comercialização de combustíveis: Dec. 5.059/2004
– alíquota; redução; importação e comercialização de fertilizantes e defensivos agrícolas: Leis 10.925/2004, 11.033/2004 e 11.196/2005
– apuração; desconto de crédito não cumulativo: Leis 11.051/2004 e 11.196/2005
– base de cálculo: Súm. 468, STJ.
– crédito presumido: Dec. 8.212/2014
– importação; regulamentação: Dec. 5.171/2004
– importação de bens e serviços: Leis 10.865/2004 e 11.033/2004
– não cumulatividade: Lei 10.637/2002
– ressarcimento; crédito presumido do IPI: Lei 9.363/1996

PODER DE POLÍCIA
– conceito: art. 78; Súm. 157, STJ
– exercício regular: art. 78, p.u.

PODER EXECUTIVO
– alteração das alíquotas ou das bases de cálculo do imposto de exportação: art. 26
– alteração das alíquotas ou das bases de cálculo do imposto de importação: art. 21
– alteração das alíquotas ou das bases de cálculo do IOF; finalidade: art. 65

POSSE DE IMÓVEL
– IPTU; fato gerador: art. 32
– ITR; fato gerador: art. 29

PRAZO(S)
– contagem: art. 210; Súm. 310, STF
– contribuição de melhoria: art. 82, II
– empréstimo compulsório; fixação em lei: art. 15, p.u.; Súm. 418, STF e 236, TFR
– fornecimento de certidão negativa: art. 205, p.u.
– homologação de lançamento: art. 150, § 4º
– pagamento de contribuição de melhoria: art. 82, § 2º
– restituição do tributo: art. 168
– supressão de impostos extraordinários: art. 76

PREFEITO
– responsabilidade civil, penal ou administrativa: art. 94, § 3º

PREPOSTOS
– obrigações tributárias: art. 135, II

PRESCRIÇÃO: Súm. 150, 153, 154, 383, 443, 445, STF; 39, 106, 398, 412, STJ; e 78, e 107, 163, TFR
– ação anulatória: art. 169
– ação anulatória; interrupção de prazo: art. 169, p.u.
– ação de cobrança de crédito tributário; interrupção: art. 174; Súm. 78, 107 e 248, TFR
– ação punitiva da administração pública: Súm. 467, STJ
– conservação obrigatória de livros de escrituração: art. 195, p.u.; Súm. 439, STF
– execução fiscal: Súm. 409, STJ
– extinção do crédito tributário: art. 156, V
– interrupção; responsabilidade solidária: art. 125, III
– moratória: art. 155, p.u.

PRESTADOR DE SERVIÇO
– imposto sobre serviços de transportes e comunicações; contribuinte: art. 70

PREVIDÊNCIA PRIVADA
– tributação: Leis 11.053/2004 e 11.196/2005

PRINCÍPIO DA NÃO CUMULATIVIDADE
– aplicação: art. 74, § 2º
– exceção: art. 217

PRINCÍPIOS GERAIS DE DIREITO
– privado; aplicação da legislação tributária: art. 109
– público; aplicação da legislação tributária: art. 108, III
– tributário; aplicação da legislação tributária: art. 108, II

ÍNDICE REMISSIVO DO CTN

PROCEDIMENTOS FISCAIS
– Secretaria da Receita Federal do Brasil: Dec. 6.104/2007

PROCESSO ADMINISTRATIVO: Decs. 70.235/1972 e 6.103/2007
– crédito tributário da União: Dec. 4.523/2002
– instrução e julgamento da impugnação de elementos constantes da publicação prévia determinada pela lei relativa à contribuição de melhoria; regulamentação: art. 82, III
– prescrição; ação punitiva da Administração Pública Federal: Lei 9.873/1999; Súm. 467, STJ

PRODUTO(S) APREENDIDO(S) OU ABANDONADO(S)
– arrematante; contribuinte do imposto sobre a importação de produtos estrangeiros: art. 22, II
– leilão; base de cálculo do imposto sobre a importação de produtos estrangeiros: art. 20, III

PRODUTO INDUSTRIALIZADO
– definição: art. 46, p.u.; Súm. 536, 591, STF; 43, 81 e 103, TFR
– energia elétrica: art. 74, § 1º

PROGRAMA DE CULTURA DO TRABALHADOR: Lei 12.761/2012

PROGRAMA DE INCLUSÃO DIGITAL: Lei 11.196/2005 e Dec. 5.602/2005

PROGRAMA DE INTEGRAÇÃO SOCIAL: LC 7/1970

PROPRIEDADE IMÓVEL
– fato gerador do IPTU: art. 32
– fato gerador do ITR: art. 29

PROTESTO JUDICIAL
– crédito tributário; ação de cobrança; prescrição; interrupção: art. 174, p.u., II

PROVA: Súm. 231, 279, STF; 7, STJ e 263, TFR
– quitação de tributos: Dec. 99.476/1990
– quitação de todos os tributos; extinção das obrigações do falido: art. 191

QUITAÇÃO
– de todos os tributos; extinção das obrigações do falido: art. 191

RECAP: Lei 11.196/2005

RECEITA
– distribuição: art. 6º, p.u.; Súm. 69, STF
– líquida; imposto de exportação; destinação: art. 28
– líquida; IOF; destinação: art. 67
– tributária; destinação: arts. 83 a 95

RECUPERAÇÃO JUDICIAL
– concessão; prova de quitação de todos os tributos: art. 191-A
– crédito tributário; concurso de credores; não sujeição: art. 187; Súm. 563, STF e 244, TFR
– crédito tributário; parcelamento: art. 155-A, §§ 3º e 4º
– sucessão; responsabilidade tributária: art. 133, § 2º
– sucessão; responsabilidade tributária; exclusão em caso de alienação judicial: art. 133, § 1º, II

RECURSO(S)
– administrativo; depósito prévio; exigência ilegítima: Súm. 373, STJ
– lançamento: art. 145, II
– suspensão da exigibilidade do crédito tributário: art. 151, III

REDESIM: Lei 11.598/2007

REFIS: Leis 9.964/2000 e 10.189/2001
– notificação; exclusão; *Diário Oficial*/Internet; validade: Súm. 355, STJ

REGIME ESPECIAL DE REINTEGRAÇÃO DE VALORES TRIBUTÁRIOS PARA EMPRESAS EXPORTADORAS (Reintegra): Lei 12.546/2011

REGIME TRIBUTÁRIO DE TRANSIÇÃO – RTT: Lei 12.973/2014

REMISSÃO
– autorização: art. 172
– extinção do crédito tributário: art. 156, IV
– responsabilidade solidária: art. 125, II

REMITENTE
– responsabilidade tributária: art. 131, I

REPES: Lei 11.196/2005

REPORTO: Leis 11.033/2004 e 11.196/2005

REPRESENTAÇÃO FISCAL
– fins penais; encaminhamento ao Ministério Público Federal: Dec. 2.730/1998

Índice Remissivo do CTN

RESERVAS MONETÁRIAS
– formação mediante receita líquida do imposto sobre a exportação: art. 28
– formação mediante receita líquida do imposto sobre operações de crédito, câmbio e seguro, e sobre operações relativas a títulos e valores mobiliários: art. 67

RESPONSABILIDADE FISCAL: LC 101/2000

RESPONSABILIDADE SOLIDÁRIA
– hipóteses: art. 124
– pagamento do tributo: art. 134; Súm. 192, TFR
– remissão ou crédito: art. 125, II

RESPONSABILIDADE TRIBUTÁRIA
– adquirente ou remitente: art. 131, I
– aquisição de estabelecimento: art. 133
– atribuição por lei: art. 128
– cônjuge meeiro: art. 131, II
– espólio: art. 131, III
– extinção; pessoa jurídica de direito privado: art. 132, p.u.
– fusão, transformação ou incorporação; pessoa jurídica de direito privado: art. 132
– pessoal: art. 135; Súm. 112, TFR
– sucessor: art. 131, II

RESTITUIÇÃO
– declaração; competência: art. 147, § 2º
– declaração por iniciativa do próprio declarante: art. 148, § 1º
– extinção do direito: art. 168
– indébito tributário: Súm. 461, STJ
– juros de mora e penalidades: art. 167
– juros não capitalizáveis: art. 167, p.u.
– prazo de prescrição; interrupção: art. 169, p.u.
– prescrição da ação anulatória: art. 169
– sujeito passivo: art. 165; Súm. 71, 546, 547, STF e 162, STJ
– transferência de encargo financeiro: art. 166; Súm. 546, STF

RETIFICAÇÃO DE DECLARAÇÃO
– reduzir ou excluir tributo; admissão: art. 147, § 1º

RETROATIVIDADE DA LEI
– cabimento: art. 106

REVISÃO DE OFÍCIO
– lançamento: art. 149

SALDO
– em favor do contribuinte; transferência: art. 49, p.u.

SEGURIDADE SOCIAL
– contribuição social: LC 70/1991, Leis 9.430/1996 e 11.033/2004; Súm. 423, STJ
– contribuição social; alteração: Lei 11.196/2005
– contribuição social; importação de bens e serviços: Leis 10.865/2004 e 11.033/2004
– Plano de Custeio: Lei 8.212/1991
– retenção da contribuição para a: Súm. 425, STJ

SERVENTUÁRIOS DE OFÍCIO
– informações sobre bens, negócios ou atividades de terceiros: art. 197, I
– responsabilidade tributária: art. 134, VI e p.u.

SERVIÇO(S) PÚBLICO(S)
– fato gerador de taxas: art. 77; Súm. 82, 128, 129, 132, 140 a 142, 302, 324, 348, 545, 550, 595, 596, STF e 80, STJ
– isenção de tributos: art. 13, p.u.; Súm. 77 a 79, 81, STF
– taxas: art. 79; Súm. 670, STF

SIGILO BANCÁRIO: LC 105/2001
– regulamento: Dec. 3.724/2001

SIGILO FISCAL: Portaria RFB 2.344/2011

SIGILO PROFISSIONAL
– informações prestadas a autoridade administrativa sobre bens, negócios ou atividades de terceiros: art. 197, p.u.

SIMULAÇÃO
– extinção de crédito tributário; inadmissibilidade: art. 150, § 4º
– lançamento; efeitos: art. 149, VII
– moratória; efeitos: art. 154, p.u.
– moratória; revogação e penalidade: art. 155, I e p.u.

SINDICATOS
– vedação de cobrança de impostos: arts. 9º, IV, c, e 14, I

ÍNDICE REMISSIVO DO CTN

SÍNDICO(S)
– informações sobre bens, negócios ou atividades de terceiros: art. 197, II
– responsabilidade tributária: art. 134, V e p.u.; Súm. 192, TFR

SISTEMA TRIBUTÁRIO NACIONAL
– disposições: art. 2º
– impostos: art. 17

SÓCIOS
– responsabilidade tributária: art. 134, VII

SOLIDARIEDADE
– efeitos; ressalva: art. 125
– pessoas obrigadas: art. 124

SONEGAÇÃO FISCAL: Lei 8.137/1990

SUB-ROGAÇÃO
– arrematação em hasta pública: art. 130, p.u.
– crédito tributário; imóvel: art. 130
– pessoa jurídica de direito público: art. 120

SUCESSOR
– responsabilidade tributária: art. 131, II

SUJEITO ATIVO
– obrigação tributária: arts. 119 e 120

SUJEITO PASSIVO
– antecipação de pagamento: art. 150
– bens e rendas impenhoráveis: art. 184
– convenção particular: art. 123
– débitos para com a mesma pessoa jurídica de direito público: art. 163
– declaração para o lançamento: art. 147
– declaração para o lançamento; erros: art. 147, § 2º
– declaração para o lançamento; retificação: art. 147, § 1º
– declaração para o lançamento; revisão de ofício: art. 149
– impugnação; alteração do lançamento: art. 145, I
– lançamento por homologação: art. 150
– obrigação acessória: art. 122
– obrigação principal: art. 121; Súm. 192, TFR
– obrigação principal; contribuinte: art. 121, p.u.; Súm. 192, TFR
– obrigação principal; responsável: art. 121, p.u.; Súm. 192, TFR

– restituição do tributo: art. 165; Súm. 71, 546, 547, STF e 162, STJ

SUPER-RECEITA: Lei 11.457/2007
SUPERSIMPLES: LC 123/2006

TABELIÃES
– intimação escrita para prestar informações sobre bens, negócios ou atividades de terceiros: art. 197, I
– responsabilidade tributária: art. 134, VI

TAXA REFERENCIAL (TR): Súm. 454 e 459, STJ

TAXAS, TARIFAS E PREÇOS PÚBLICOS: arts. 77 a 80; Súm. 82, 128, 129, 132, 140 a 142, 302, 324, 348, 545, 550, 595, 596, 670, STF; e 80, 157, 356, 407, 412, STJ
– base de cálculo: art. 77, p.u.; Súm. 82, 128, 129, 132, 140 a 142, 302, 324, 348, 545, 550, 595, 596, STF e 80, STJ
– cobrança: art. 77
– fato gerador: art. 77
– instituição: art. 80
– poder de polícia: art. 78; Súm. 157, STJ
– poder de polícia; exercício: art. 78, p.u.
– saneamento básico: Lei 11.445/2007
– serviços públicos: art. 79; Súm. 670, STF

TERCEIRO(S)
– intimação escrita para apresentação; autoridade administrativa: art. 197
– lançamento; dolo, fraude ou simulação em benefício de sujeito: art. 149, VII
– lançamento; penalidade pecuniária: art. 149, VI
– lançamento efetuado com base na sua declaração: art. 147
– responsabilidade: arts. 134 e 135; Súm. 112 e 192, TFR
– responsabilidade por crédito tributário; exclusão ou atribuição da responsabilidade do contribuinte: art. 128

TERMO DE INSCRIÇÃO
– dívida ativa; indicações obrigatórias: art. 202

TERRITÓRIOS FEDERAIS
– concurso de preferência: art. 187, p.u. e II; Súm. 563, STF
– instituição de impostos pela União: art. 18, I

ÍNDICE REMISSIVO DO CTN

TRANSAÇÃO
– extinção do crédito tributário: art. 156, III

TRANSMISSÃO
– *causa mortis*; herdeiros ou legatários; fatos geradores: art. 35, p.u.; Súm. 108, 110 a 115, 326, 328 a 331, 435, 470 e 590, STF
– direitos reais sobre imóveis; imposto sobre a transmissão de bens imóveis e de direitos a eles relativos; fato gerador: art. 35, II
– propriedade; imposto sobre a transmissão de bens imóveis e de direitos a eles relativos; fato gerador: art. 35, I

TRATADOS
– normas complementares: art. 100
– permuta de informações: art. 199, p.u.
– revogação ou modificação da legislação tributária interna: art. 98; Súm. 20 e 71, STJ

TRIBUNAL DE CONTAS DA UNIÃO: LC 143/2013; Súm. 248, STF
– fundo de participação dos Estados e Municípios; coeficiente individual de participação; prazo para comunicação ao Banco do Brasil: art. 92
– fundo de participação dos Estados e Municípios; cota relativa a arrecadação de IR e IPI; suspensão do pagamento: art. 94, §§ 2º e 3º
– fundo de participação dos Estados e Municípios; creditamento de impostos; comunicação ao Banco do Brasil: art. 87, p.u.

TRIBUTO(S): Súm. 66, 67, 70, 71, 73, 74, 239, 323, 546, 560, STF; 4, 59, 92 e 227, TFR
– administradores dos bens; responsabilidade: art. 134, III e p.u.
– alíquota e base de cálculo; estabelecimento pela lei; ressalva: art. 97, IV; Súm. 95, STJ
– base de cálculo: art. 100, p.u.
– base de cálculo; majoração: art. 97, § 2º; Súm. 160, STJ
– competência legislativa: art. 6º, p.u.; Súm. 69, STF
– conceitos: arts. 3º e 5º; Súm. 545, STF
– extinção das obrigações do falido; prova de quitação dos: art. 191
– férias; abono pecuniário; tratamento tributário: IN RFB 936/2009
– instituição: art. 9º
– instituição ou extinção: art. 97, I
– inventário; responsabilidade: art. 134, V e p.u.; Súm. 192, TFR
– isenção para os serviços públicos: art. 13, p.u.; Súm. 77 a 79, 81, STF
– liquidação de sociedade de pessoas; responsabilidade dos sócios: art. 134, VII
– majoração ou redução; ressalva: art. 97, II; Súm. 95, STJ
– majoração vedada; ressalva: art. 9º, I
– modificação da base de cálculo: art. 97, § 1º; Súm. 160, STJ
– natureza jurídica específica; determinação: art. 4º
– pais; responsabilidade; filhos menores: art. 134, IV e p.u.
– prova de quitação; extinção das obrigações do falido: art. 191
– responsabilidade; devidos pela massa falida ou pelo concordatário: art. 134, V e p.u.; Súm. 192, TFR
– tutores ou curadores; responsabilidade: art. 134, II

TUTORES
– responsabilidade; tributos devidos por seus tutelados: art. 134, II

UFIR: Lei 8.383/1991

UNIÃO: Súm. 150, STJ
– cobrança de impostos para serviços públicos; isenção: art. 13, p.u.; Súm. 77 a 79, 81, STF
– concurso de preferência: art. 187, p.u. e I; Súm. 563, STF e 244, TFR
– créditos tributários; processo administrativo: Lei 8.748/1993 e Dec. 4.523/2002
– elaboração e controle dos orçamentos e balanços: Lei 4.320/1964
– empréstimos compulsórios; instituição casos excepcionais: art. 15; Súm. 418, STF e 236, TFR
– imposto de exportação; competência: art. 23

ÍNDICE REMISSIVO DO CTN

- imposto de importação; competência: art. 19; Súm. 89, 132, 142, 302, 404, 577, STF; 4, 5, 6, 27 e 165, TFR
- imposto de renda; distribuição: art. 85, II
- impostos extraordinários; instituição; casos: art. 76
- impostos nos Territórios Federais; instituição: art. 18, I
- IOF; competência: art. 63; Súm. 588, STF
- IPI; competência: art. 46; Súm. 536, 591, STF; 43, 81 e 103, TFR
- ITR; competência: art. 29
- ITR; distribuição: art. 85, I
- monopólio; pesquisa, lavra, enriquecimento, industrialização e comércio de minerais: art. 177, V
- moratória; concessão; competência: art. 152, I e *b*
- taxas; fato gerador: art. 77; Súm. 82, 128, 129, 132, 140 a 142, 302, 324, 348, 545, 550, 595, 596, STF e 80, STJ

VALE POSTAL
- pagamento de crédito tributário: art. 162, I e § 1º

VALOR FUNDIÁRIO
- base de cálculo do ITR: art. 30

VALOR TRIBUTÁVEL
- conversão: art. 143

VALOR VENAL
- base de cálculo do IPTU: art. 33; Súm. 539, 589, 668, STF e 160, STJ
- base de cálculo do ITBI: art. 38

VEÍCULOS
- compra e venda; obrigatoriedade de informação de tributos e restrições: Lei 13.111/2015

ZONA URBANA
- conceituação, para os efeitos do IPTU: art. 32, § 1º

ZPE
- regime tributário: Leis 11.508/2007 e 11.732/2008

ÍNDICE ALFABÉTICO-REMISSIVO DO CÓDIGO DE PROCESSO CIVIL

AÇÃO: arts. 16 a 20

AÇÃO DE ALIMENTOS
– valor da causa: art. 292, III

AÇÃO DECLARATÓRIA: art. 20

AÇÃO DE COBRANÇA
– valor da causa: art. 292, I

AÇÃO DE CONSIGNAÇÃO EM PAGAMENTO: arts. 539 a 549

AÇÃO DE DEMARCAÇÃO
– valor da causa: art. 292, IV

AÇÃO DE DISSOLUÇÃO PARCIAL DE SOCIEDADE: arts. 599 a 609

AÇÃO DE DIVISÃO
– valor da causa: art. 292, IV

AÇÃO DE EXIGIR CONTAS: arts. 550 a 553

AÇÃO DE FAMÍLIA: arts. 693 a 699

AÇÃO DE REIVINDICAÇÃO
– valor da causa: art. 292, IV

AÇÃO IMOBILIÁRIA: art. 23, I

AÇÃO INDENIZATÓRIA
– valor da causa: art. 292, V

AÇÃO MONITÓRIA: arts. 700 a 702

AÇÃO POSSESSÓRIA: arts. 554 a 568

AÇÃO RESCISÓRIA: arts. 966 a 975

ACÓRDÃO: art. 204

ADJUDICAÇÃO: arts. 876 a 878

ADMINISTRADOR: art. 53, IV, *b*

ADVOCACIA-GERAL DA UNIÃO: art. 75, I

ADVOCACIA PÚBLICA: arts. 182 a 184
– cadastro no sistema de processos eletrônicos: art. 246, § 1º
– honorários: art. 85, § 19
– intimações: art. 270, *caput*
– retirada dos autos: art. 272, § 6º

ADVOGADO PÚBLICO: art. 77, VI e § 6º

AGRAVO DE INSTRUMENTO: arts. 1.015 a 1.020
– cabimento: art. 1.015, *caput*
– dirigido: art. 1.016
– efeito suspensivo: art. 1.019, I
– instruída: art. 1.017, *caput*
– intimação do agravado: art. 1.019, II
– Ministério Público: art. 1.019, III

AGRAVO EM RECURSO ESPECIAL E EXTRAORDINÁRIO: art. 1.042

AGRAVO INTERNO: arts. 12, VI, e 1.021

ALIENAÇÃO: arts. 725, III, e 879 a 903

ALIENAÇÃO JUDICIAL: art. 730

ALIMENTOS: arts. 22, I, e 53, II

ALTERAÇÃO DO REGIME DE BENS DO MATRIMÔNIO: arts. 731 a 734

ALVARÁ JUDICIAL: art. 725, VII

APELAÇÃO: art. 1.009, *caput*

APLICAÇÃO DAS NORMAS: arts. 13 a 15

ARBITRAGEM: arts. 3º, § 1º, e 337, § 6º, X
– impugnação específica: art. 341, *caput*
– preliminares: art. 337
– substituição do réu: art. 338, *caput*

ARGUIÇÃO DE FALSIDADE: arts. 430 a 433

ÍNDICE REMISSIVO DO CPC

ARRENDAMENTO OU ONERAÇÃO: art. 725, III

ATA NOTARIAL: art. 384

ATENTADO À DIGNIDADE DA JUSTIÇA: art. 774

ATO ATENTATÓRIO À DIGNIDADE DA JUSTIÇA: art. 77, VI e § 2º

ATO PROCESSUAL: arts. 193 a 199
– atos das partes: arts. 200 a 202
– comunicação: arts. 236 a 275
– prática eletrônica: arts. 193 a 199
– tempo e do lugar: arts. 212 a 217

AUDIÊNCIA
– adiamento: art. 362, caput
– conciliação ou mediação: art. 334
– instrução e julgamento: arts. 358 a 368

AUXILIAR DA JUSTIÇA: art. 149

AUXÍLIO DIRETO: arts. 28 a 34, 69, I, e 377, caput
– Advocacia-Geral da União: art. 33, caput
– cabimento: art. 28
– Ministério Público: art. 33, p.u.
– provas: art. 377

BENS DO AUSENTE: arts. 744 e 745

BOA-FÉ: art. 5º

CAPACIDADE
– de estar em juízo: art. 70
– incapaz assistido: art. 71
– incapaz representado: art. 71

CAPACIDADE PROCESSUAL: arts. 70 a 76

CARTA DE ORDEM: art. 260, caput

CARTA PRECATÓRIA: art. 377, caput

CARTA ROGATÓRIA: arts. 36, caput, e 377, caput

CERTIDÃO DE DÍVIDA ATIVA: art. 784, IX

CHEQUE: art. 784, I

CITAÇÃO: arts. 27 e 238 a 259
– cooperação internacional: art. 27, I
– correio: art. 247
– edital: art. 256, caput
– hora certa: arts. 252, caput, e 254

– oficial de justiça: art. 249
– preliminares: art. 337

COISA JULGADA: arts. 337, VII e § 1º, e 485 a 508
– eficácia preclusiva: art. 508
– preliminares: art. 337

COISA VAGA: art. 746

COMPETÊNCIA: arts. 46, caput, e 61
– ação acessória: art. 61
– anulação de casamento: art. 53, I
– bens imóveis: art. 47
– bens móveis: art. 46, caput
– direito pessoal: art. 46, caput
– divórcio e separação: art. 53, I
– fixação: art. 43
– interna: arts. 21, 22 e 42 a 69
– internacional exclusiva: art. 23
– juízo federal: art. 45, caput
– reconhecimento ou dissolução de união estável: art. 53, I

COMPETÊNCIA EXCLUSIVA
– interna: art. 25, § 1º

CONCESSÃO DO *EXEQUATUR*: arts. 960 a 965

CONCILIAÇÃO: art. 3º, § 3º

CONEXÃO: arts. 54 e 337, VIII
– preliminares: art. 337

CONFISSÃO: arts. 389 a 395

CONFLITO DE COMPETÊNCIA: arts. 66, caput, e 951 a 959

CÔNJUGE
– consentimento: art. 73, caput
– falta de consentimento: art. 74, p.u.

CONSELHO NACIONAL DE JUSTIÇA: art. 12, VII

CONTESTAÇÃO: arts. 64 e 335 a 342
– novas alegações: art. 342
– prazo: art. 335, caput
– reconvenção: art. 343
– réplica: arts. 350 e 351

CONTINÊNCIA: art. 54

CONTRATO DE SEGURO DE VIDA: art. 784, VI

ÍNDICE REMISSIVO DO CPC

COOPERAÇÃO JURÍDICA INTERNACIONAL
– objeto: art. 27
– princípios: art. 26

COOPERAÇÃO NACIONAL: arts. 67 a 69

CUMPRIMENTO DA SENTENÇA: art. 513, *caput*
– competência: art. 516, *caput*
– obrigação de fazer, de não fazer ou de entregar coisa: arts. 536 e 537
– pela Fazenda Pública: arts. 534 e 535
– prestação alimentícia: art. 528, *caput*

CUMPRIMENTO DEFINITIVO DA SENTENÇA: arts. 523 a 527

CUMPRIMENTO PROVISÓRIO: arts. 520 a 522

CURADOR ESPECIAL: art. 72

DEBÊNTURE: art. 784, I

DEFEITO DE REPRESENTAÇÃO: art. 337, IX
– preliminares: art. 337

DEFENSORIA PÚBLICA: arts. 91, 95, § 5º, 77, 78, 185 a 187, 235, *caput*, e 287, II
– cadastro no sistema de processos eletrônicos: art. 246, § 1º
– demandas individuais repetitivas: art. 139, X
– despesas processuais: art. 91, *caput*
– férias: art. 220, § 1º
– fundo de custeio: art. 95, § 5º
– intimação: art. 270, *caput*
– possessória: art. 554, § 1º
– prazo em dobro: art. 186, *caput*
– representação contra o serventuário: art. 233
– representação ao corregedor: art. 235, *caput*
– reproduções digitalizadas: art. 425, VI
– responsabilidade civil: art. 187
– retirada dos autos: art. 272, § 6º
– vista: art. 152, IV, *b*

DEMANDA REPETITIVA: art. 12, III

DEMARCAÇÃO: arts. 574 a 587

DEPOIMENTO PESSOAL: arts. 385 a 388

DESCONSIDERAÇÃO DA PERSONALIDADE JURÍDICA: arts. 133 a 137
– incidente (instauração): arts. 133 a 137

DESPESA PROCESSUAL: arts. 82 a 97
– adiantamento: art. 82, § 1º

DIREITO INDISPONÍVEL: art. 345, II

DISTRIBUIÇÃO: arts. 284 a 290
– continência: art. 286, I

DIVISÃO: arts. 588 a 598

DIVÓRCIO: arts. 731 a 734

DOCUMENTO ELETRÔNICO: arts. 439 a 441

DOCUMENTO PARTICULAR: art. 784, III

DUPLICATA: art. 784, I

DUPLO GRAU DE JURISDIÇÃO: art. 496, *caput*

ELEIÇÃO DE FORO: art. 25, *caput*
– exclusão de competência: art. 25

EMANCIPAÇÃO: art. 725, I

EMBARGOS À EXECUÇÃO: arts. 914 a 920

EMBARGOS DE DECLARAÇÃO: arts. 12, V, e 1.022 a 1.026
– cabimento: art. 1.022, *caput*
– modificação da decisão: art. 1.024, § 4º
– prazo: art. 1.023, *caput*
– protelatórios: art. 1.026, § 2º

EMBARGOS DE DIVERGÊNCIA: arts. 1.043 e 1.044

EMBARGOS DE TERCEIRO: arts. 674 a 681

ENTREGA DE COISA: arts. 497 a 501

ESCRITURA PÚBLICA: art. 784, II

EXECUÇÃO
– extinção do processo: arts. 924 e 925
– suspensão e extinção: arts. 921 a 923

EXECUÇÃO CONTRA A FAZENDA PÚBLICA: art. 910

EXECUÇÃO DE ALIMENTOS: arts. 911 a 913

EXECUÇÃO PARA A ENTREGA DE COISA: arts. 806 a 814

ÍNDICE REMISSIVO DO CPC

EXECUÇÃO POR OBRIGAÇÃO DE FAZER: art. 815

EXECUÇÃO POR QUANTIA CERTA: arts. 824 a 909
– citação: arts. 827 a 830
– expropriação: art. 825

EXIBIÇÃO DE DOCUMENTO OU COISA: arts. 396 a 404

EXTINÇÃO CONSENSUAL DE UNIÃO ESTÁVEL: arts. 731 a 734

EXTINÇÃO DE USUFRUTO: art. 725, VI

EXTINÇÃO DO PROCESSO: arts. 316 e 317

FAZENDA PÚBLICA: art. 152, IV, *b*
– Ministério Público: art. 178, p.u.
– vista: art. 152, IV, *b*

FINS SOCIAIS: art. 8º

FORMAÇÃO DO PROCESSO: art. 312

FORO DE ELEIÇÃO: art. 63

FRAUDE À EXECUÇÃO: art. 792, *caput*

FUNDAÇÃO
– organização e fiscalização: arts. 764 e 765

GRATUIDADE DA JUSTIÇA: art. 337, XIII
– preliminares: art. 337

HABILITAÇÃO: arts. 687 a 692

HERANÇA JACENTE: arts. 738 a 743

HIPOTECA JUDICIÁRIA: art. 495, § 1º

HOMOLOGAÇÃO DE AUTOCOMPOSIÇÃO EXTRAJUDICIAL: art. 725, VIII

HOMOLOGAÇÃO DE DECISÃO ESTRANGEIRA: arts. 960 a 965
– requisitos: art. 963, *caput*

HOMOLOGAÇÃO DE SENTENÇA JUDICIAL ESTRANGEIRA: art. 24, p.u.

HOMOLOGAÇÃO DO PENHOR LEGAL: arts. 703 a 706

HONORÁRIOS ADVOCATÍCIOS: arts. 82 a 97
– execução: art. 827, *caput*

ILEGITIMIDADE DE PARTE: art. 330, II

IMPEDIMENTO OU SUSPEIÇÃO: art. 467, *caput*
– perito: art. 467, p.u.

IMPROCEDÊNCIA LIMINAR: arts. 12, I, e 332

IMPULSO OFICIAL: art. 2º

INCAPACIDADE DA PARTE: art. 337, IX
– preliminares: art. 337

INCIDENTE DE ARGUIÇÃO DE INCONSTITUCIONALIDADE: arts. 948 a 950

INCIDENTE DE ASSUNÇÃO DE COMPETÊNCIA: art. 947

INCIDENTE DE RESOLUÇÃO DE DEMANDAS REPETITIVAS: arts. 976 a 987

INCOMPETÊNCIA: arts. 64 a 66

INCOMPETÊNCIA ABSOLUTA: art. 337, II
– preliminares: art. 337

INCOMPETÊNCIA RELATIVA: art. 337, II
– preliminares: art. 337

INDEFERIMENTO INICIAL: art. 330, II

INÉPCIA DA PETIÇÃO INICIAL: art. 337, IV
– preliminares: art. 337

INICIATIVA DA PARTE: art. 2º

INSPEÇÃO JUDICIAL: arts. 481 a 484

INTERDIÇÃO: art. 747

INTERDITO PROIBITÓRIO: arts. 567 a 568

INTERESSE: arts. 17 e 19

INTERESSE PROCESSUAL: arts. 330, III, e 337, XI
– preliminares: art. 337

INTIMAÇÃO: arts. 269 a 275

INVENTÁRIO E PARTILHA: arts. 610 a 673
– arrolamento: arts. 659 a 667
– avaliação de cálculo do imposto: arts. 630 a 638
– citação e impugnação: arts. 626 a 629
– colação: arts. 639 a 641

Índice Remissivo do CPC

– escritura pública: art. 610, § 1º
– inventariante: arts. 617 a 625
– inventário judicial: art. 610, caput
– legitimidade: arts. 615 e 616
– pagamento de dívidas: arts. 642 a 646
– partilha: arts. 647 a 658
– primeiras declarações: arts. 617 a 625

JUIZ
– poder de polícia: art. 360

JUÍZO FEDERAL
– restituição dos autos: art. 45, § 3º

JULGAMENTO
– antecipado do mérito: art. 355
– antecipado parcial do mérito: art. 356
– conforme o estado do processo: arts. 354 a 357
– demandas repetitivas: art. 12, II

JURISDIÇÃO: art. 16
– limite: arts. 21 a 25

JUSTIÇA DO TRABALHO: art. 45, II

JUSTIÇA ELEITORAL: art. 45, II

JUSTIÇA GRATUITA: art. 82, caput

LAUDO PERICIAL: art. 473

LEGITIMIDADE: arts. 17 e 337, XI
– preliminares: art. 337

LETRA DE CÂMBIO: art. 784, I

LIQUIDAÇÃO DE SENTENÇA: arts. 509 a 512

LITIGANTE DE MÁ-FÉ: arts. 79 e 80
– perdas e danos: art. 79
– reversão ao Estado: art. 96

LITISCONSÓRCIO: art. 335, § 1º
– prazo para contestação: art. 335, § 1º
– revelia: art. 345, I

LITISPENDÊNCIA: arts. 337, 485, V, e 486, § 1º
– juízo estrangeiro: art. 24, caput
– preliminares: art. 337

MANUTENÇÃO E REINTEGRAÇÃO DE POSSE: arts. 560 a 566

MEDIAÇÃO: art. 3º, § 3º

MEDIDA DE URGÊNCIA: art. 27, IV

MEIO DE IMPUGNAÇÃO DA DECISÃO JUDICIAL: arts. 926 a 928

MINISTÉRIO PÚBLICO: arts. 77, 82, § 1º, 93, 144, I, III e § 1º, 156, § 2º, 176 a 181 e 748
– cadastro no sistema de processos eletrônicos: art. 246, § 1º
– conciliação e mediação: art. 3º, § 3º
– desconsideração da personalidade: art. 133, caput
– despesa processual: art. 91, caput
– férias: art. 220, § 1º
– impedimento ou suspeição: arts. 144, I, e 148, caput
– incompetência relativa: art. 65, p.u.
– intimação: art. 270, caput
– nulidade: art. 279, caput
– representação ao corregedor: art. 235, caput
– representação contra serventuário: art. 233
– reprodução digitalizada: art. 425, VI
– restituição dos autos: art. 234, caput
– retirada dos autos: art. 272, § 6º
– segredo de justiça: art. 11, p.u.
– vista: art. 152, IV, b

MODIFICAÇÃO DA COMPETÊNCIA: arts. 54 a 63
– competência relativa: art. 54

MULTA: arts. 82 a 97

NEGÓCIO ALHEIO: art. 53, IV, b

NORMAS FUNDAMENTAIS: arts. 1º a 14
– aplicação imediata: art. 14

NORMAS PROCESSUAIS: art. 13

NOTA PROMISSÓRIA: art. 784, I

NOTIFICAÇÃO E INTERPELAÇÃO: arts. 726 a 729

NULIDADE: arts. 276 a 283

OBRIGAÇÃO DE FAZER: arts. 815 a 821

OBRIGAÇÃO DE NÃO FAZER: arts. 822 e 823

OPOSIÇÃO: arts. 682 a 686

ORDEM CRONOLÓGICA: art. 12, caput

ORDEM DOS PROCESSOS NO TRIBUNAL: arts. 929 a 946
– incumbências do relator: art. 932, caput

ORGANIZAÇÃO DO PROCESSO: art. 357

ÍNDICE REMISSIVO DO CPC

PARIDADE DE TRATAMENTO: art. 7º

PARTES E PROCURADORES
– deveres: arts. 77 e 78

PEDIDO: arts. 319, IV, e 322 a 329
– alteração: art. 329, I
– alternativo: art. 325, *caput*
– cumulação: arts. 45, § 2º, e 327, *caput*
– genérico: art. 324, § 1º
– improcedência liminar: art. 332
– ordem subsidiária: art. 326, *caput*
– valor da causa: art. 292, VII

PENHORA
– avaliação: arts. 870 a 875
– crédito: arts. 855 a 860
– dinheiro em depósito ou aplicação financeira: art. 854
– frutos e rendimentos de coisa móvel ou imóvel: arts. 867 a 869
– impenhorável: art. 833, *caput*
– lugar: arts. 845 e 846
– modificação: arts. 847 a 853
– objeto: arts. 831 a 835
– ordem: art. 835, *caput*
– penhora de empresa: arts. 862 a 865
– percentual de faturamento de empresa: art. 866
– quotas ou ações: art. 861
– segunda penhora: art. 851

PEREMPÇÃO: art. 337, V
– preliminares: art. 337

PERÍCIA: art. 475
– complexa: art. 475
– laudo: art. 476
– prazo: art. 476

PERITO: arts. 467 e 468
– impedimento ou suspeição: art. 467, *caput*
– substituído: art. 468

PETIÇÃO INICIAL
– ação de execução: art. 798, I
– documento: art. 320
– emenda: art. 321, *caput*
– indeferimento: arts. 330 e 331
– nula: art. 803, *caput*
– requisito: arts. 319 a 321

PLURALIDADE DE RÉUS: art. 345, I

PRAZO: arts. 218 a 235
– Defensoria Pública: art. 230
– Ministério Público: art. 230

PRECATÓRIA: art. 260, *caput*

PRESTAÇÃO DE FAZER E NÃO FAZER: arts. 497 a 501

PROCEDIMENTO COMUM: arts. 318 a 512

PROCEDIMENTO DE JURISDIÇÃO VOLUNTÁRIA: arts. 719 a 770

PROCEDIMENTO ESPECIAL: arts. 539 a 770

PROCESSOS DOS TRIBUNAIS: arts. 926 a 928

PROCURAÇÃO: art. 287, *caput*
– dispensa: art. 287, p.u.

PROCESSO DE EXECUÇÃO: arts. 771 a 925
– competência: arts. 781 a 782
– exigibilidade da cobrança: arts. 786 a 788
– partes: arts. 778 e 779
– título executivo: arts. 783 a 785

PRONUNCIAMENTO DO JUIZ: arts. 203 a 205

PROVA: arts. 319, VI, e 369 a 484
– arguição de falsidade: arts. 430 a 433
– cooperação jurídica internacional: art. 27, II
– dispensa: art. 374
– ônus: art. 373, *caput*
– produção antecipada: arts. 381 a 383

PROVA DOCUMENTAL: arts. 405 a 429
– prova: art. 425, *caput*
– produção: arts. 434 a 438

PROVA PERICIAL
– dispensa: art. 472

PROVA TESTEMUNHAL
– admissibilidade: arts. 442 a 449
– impedimento: art. 447, § 2º
– incapazes: art. 447, § 1º
– inquirição em residência: art. 454, *caput*
– pericial: arts. 464 a 480
– produção: arts. 450 a 463
– substituição de testemunha: art. 451
– suspeito: art. 447, § 3º

PROVIDÊNCIAS PRELIMINARES E SANEAMENTO: arts. 347 a 353
– não incidência dos efeitos: arts. 348 e 349

RECLAMAÇÃO: arts. 988 a 993

ÍNDICE REMISSIVO DO CPC

RECONVENÇÃO: arts. 324, § 2º, e 343
– contestação: art. 343
– pedido: art. 324, § 2º

RECURSO: arts. 944 a 1.008
– adesivo: art. 997, § 2º
– cabível: art. 994
– desistência: art. 998
– prazo: art. 1.003, *caput*
– preparo: art. 1.007, *caput*
– renúncia: art. 999

RECURSO ESPECIAL: art. 1.029, *caput*

RECURSO EXTRAORDINÁRIO: art. 1.029, *caput*

RECURSO ORDINÁRIO: art. 1.027, *caput*

RECURSO REPETITIVO: art. 12, III

REGULAÇÃO DE AVARIA GROSSA: arts. 707 a 711

REMESSA NECESSÁRIA: art. 496

REPARAÇÃO DE DANO
– competência: art. 53, IV, *a*

REPERCUSSÃO GERAL: art. 1.035, § 2º
– multiplicidade de recursos: art. 1.036, *caput*

RÉPLICA: arts. 350 e 351

REPRESENTAÇÃO JUDICIAL: art. 75, *caput*

RESPONSABILIDADE PATRIMONIAL: arts. 789 a 796

RESTAURAÇÃO DOS AUTOS: arts. 712 a 718

REVELIA: arts. 344 a 346 e 348 e 349

ROGATÓRIA: art. 260, *caput*

SEGREDO DE JUSTIÇA: arts. 11, p.u., 107, I, 152, V, 195 e 189, *caput* e § 1º

SENTENÇA: arts. 316 e 485 a 508
– alteração: art. 494
– declaração incidental: art. 493
– elemento: arts. 489 a 495

SENTENÇA ARBITRAL: art. 515, VII

SENTENÇA, DECISÃO INTERLOCUTÓRIA E DESPACHO: art. 203
– decisão interlocutória: art. 203, § 2º
– despacho: art. 203, § 2º
– sentença: art. 203, § 1º

SENTENÇA ESTRANGEIRA: art. 515, VIII

SENTENÇA PENAL CONDENATÓRIA: art. 515, VI

SEPARAÇÃO CONSENSUAL: arts. 731 a 734

SOCIEDADE DE ADVOGADOS: art. 272, § 6º
– retirada dos autos: art. 272, § 6º

SUB-ROGAÇÃO: art. 725, II

SUBSTITUIÇÃO PROCESSUAL: art. 18

SUCESSÃO HEREDITÁRIA
– competência: art. 23, II

SUJEITO DO PROCESSO: arts. 70 a 188

SUSPENSÃO DO PROCESSO: arts. 313 a 315

TEMPO RAZOÁVEL: art. 6º

TESTAMENTO E CODICILO: arts. 735 a 737

TÍTULO EXECUTIVO
– extrajudiciais: art. 784, *caput*
– judiciais: art. 515, *caput*

TRANSAÇÃO: art. 784, IV
– despesas: art. 90, § 2º

TUTELA ANTECIPADA
– antecedente: arts. 303 a 304
– estabilização: art. 304, *caput*

TUTELA CAUTELAR
– antecedente: arts. 305 a 310

TUTELA DE EVIDÊNCIA: art. 311
– *v.* TUTELA PROVISÓRIA
– contraditório: art. 9º, II

TUTELA DE URGÊNCIA: arts. 300 a 302
– *v.* TUTELA PROVISÓRIA

TUTELA ESPECÍFICA: art. 497, *caput*

TUTELA PROVISÓRIA: arts. 9º, I, e 294 a 299
– competência: art. 299, *caput*
– efetivação: art. 297, p.u.

VALOR DA CAUSA: arts. 291 a 293, 319, V, e 337, III
– multa: art. 77, VI, § 5º
– preliminares: art. 337

ÍNDICE DE SÚMULAS

TEMA	TRIBUNAL	SÚMULA		
ADICIONAL DE FRETE PARA A RENOVAÇÃO DA MARINHA MERCANTE (AFRMM)	STF	553		
	STJ	100		
ADICIONAL DE TARIFA PORTUÁRIA (ATP)	STJ	50		
CERTIDÕES	STJ	446		
COMPENSAÇÃO TRIBUTÁRIA	STJ	212	460	464
CONTRIBUIÇÃO DO SALÁRIO-EDUCAÇÃO	STF	732		
CONTRIBUIÇÃO DO SISTEMA "S"	STJ	499		
CONTRIBUIÇÃO PARA FINANCIAMENTO DA SEGURIDADE SOCIAL (COFINS)	STF	659		
	STJ	423	425	
CONTRIBUIÇÃO PREVIDENCIÁRIA	STF	241	466	688
	STJ	458		
CONTRIBUIÇÃO SAT	STJ	351		
CRÉDITO TRIBUTÁRIO	STJ	436	437	
CRIME TRIBUTÁRIO	STF	24v		
DECADÊNCIA E PRESCRIÇÃO TRIBUTÁRIA	STF	8v		
DENÚNCIA ESPONTÂNEA	STJ	360		
DEPÓSITO DO MONTANTE INTEGRAL	STJ	112		
DEPÓSITO EM AÇÃO JUDICIAL	STF	28v		
DEPÓSITO EM RECURSO ADMINISTRATIVO	STF	21v		

ÍNDICE DE SÚMULAS

TEMA	TRIBUNAL	SÚMULA									
EMBARGOS À EXECUÇÃO FISCAL	STJ	394									
EXCEÇÃO DE PRÉ-EXECUTIVIDADE	STJ	393									
EXECUÇÃO FISCAL	STF	276	277	278							
	STJ	58	121	128	189	190	314	409	414		
FAZENDA PÚBLICA	STF	163									
	STJ	45	232	279	339	345	392	406			
FISCALIZAÇÃO TRIBUTÁRIA	STF	439									
FUNDO DE GARANTIA DO TEMPO DE SERVIÇO (FGTS)	STJ	353									
IMPOSTO DE RENDA (IR)	STF	93	94	584	585	586	587				
	STJ	125	136	184	215	447	463	498			
IMPOSTO PREDIAL E TERRITORIAL URBANO (IPTU)	STF	539	583	589	668						
	STJ	160	397	399							
IMPOSTO SOBRE A CIRCULAÇÃO DE MERCADORIAS E SERVIÇOS (ICMS)	STF	32v	570	572	573	574	575	576	577	579	661	662
	STJ	20	68	71	87	94	95	129	135	155	163	166
		198	237	350	391	395	431	432	433	457		
IMPOSTO SOBRE OPERAÇÕES FINANCEIRAS (IOF)	STJ	185									
IMPOSTO SOBRE PRODUTOS INDUSTRIALIZADOS (IPI)	STF	591									
	STJ	411	494	495							
IMPOSTO SOBRE SERVIÇOS DE QUALQUER NATUREZA (ISS)	STF	31v	588								
	STJ	138	156	167	274	424					
IMPOSTO SOBRE TRANSMISSÃO *CAUSA MORTIS* E DOAÇÃO (ITCMD)	STF	113	114	115	331	435	590				
IMPOSTO SOBRE TRANSMISSÃO *INTER VIVOS* (ITBI)	STF	108	110	111	326	329	470	656			
IMPOSTO TERRITORIAL RURAL (ITR)	STF	595									
	STJ	139									
IMUNIDADE TRIBUTÁRIA	STF	74	75	536	657	724					

Índice de Súmulas

TEMA	TRIBUNAL	SÚMULA										
ISENÇÃO	STF	77	78	79	81	89	134	223	244	302	544	
LUCRO IMOBILIÁRIO	STF	96										
MANDADO DE SEGURANÇA	STF	101	266	267	268	269	271	272	304	405	429	430
	STF	512	625	626	627	629	630	631	632			
	STJ	105	169	213								
PRINCÍPIO DA ANTERIORIDADE TRIBUTÁRIA	STF	669										
PROGRAMA DE INTEGRAÇÃO SOCIAL (PIS)	STJ	161	468									
REPETIÇÃO DE INDÉBITO	STJ	162	412	461								
RESPONSABILIDADE TRIBUTÁRIA	STJ	430	435									
RESTITUIÇÃO	STF	546										
SANÇÕES INDIRETAS	STF	70	323	547	646							
SIMPLES NACIONAL	STJ	448										
TARIFA	STF	148										
	STJ	407										
TAXAS	STF	12v	19v	29v	126	127	128	129	130	131	132	133
	STF	135	136	137	138	140	141	144	306	308	348	545
	STF	551	665	667	670							
	STJ	124										

* v = Súmula vinculante.

Índice Cronológico da Legislação Tributária e Processual Tributária

LEIS COMPLEMENTARES

7	– de 7 de setembro de 1970 – Programa de Integração Social.	534
24	– de 7 de janeiro de 1975 – Isenções do ICMS.	550
70	– de 30 de dezembro de 1991 – Cofins.	592
87	– de 13 de setembro de 1996 – ICMS (Lei Kandir).	696
95	– de 26 de fevereiro de 1998 – Elaboração das Leis.*	769
101	– de 4 de maio de 2000 – Lei de Responsabilidade Fiscal.	802
105	– de 10 de janeiro de 2001 – Sigilo das operações financeiras.	823
115	– de 26 de dezembro de 2002 – Altera LC 87/1996 e LC 102/2000.*	862
116	– de 31 de julho de 2003 – ISS.	886
118	– de 9 de fevereiro de 2005 – Altera o CTN.	986
123	– de 14 de dezembro de 2006 – Estatuto Nacional da Microempresa e Empresa de Pequeno Porte (Supersimples).	1067
143	– de 17 de julho de 2013 – Altera a LC 62/1989, a Lei 5.172/1966 (CTN) e a Lei 8.443/1992.	1388

LEIS

1.408	– de 9 de agosto de 1951 – Prazos judiciais.	499
4.320	– de 17 de março de 1964 – Lei do Orçamento.*	499
4.673	– de 15 de junho de 1965 – Aplicação do art. 942 do CPC.	512
4.729	– de 14 de julho de 1965 – Sonegação fiscal.	513
5.143	– de 20 de outubro de 1966 – IOF.	514
5.172	– de 25 de outubro de 1966 – CTN.	225
6.099	– de 12 de setembro de 1974 – Tratamento tributário das operações de arrendamento mercantil.	546

* Conteúdo parcial de acordo com a matéria específica de cada Código ou Coletânea.

CRONOLÓGICO DA LEGISLAÇÃO

6.822	– de 22 de setembro de 1980 – Cobrança dos débitos fixados em acórdãos do TCU.	553
6.830	– de 22 de setembro de 1980 – Lei de Execução Fiscal.	553
6.899	– de 8 de abril de 1981 – Correção monetária nos débitos de decisão judicial.	560
7.689	– de 15 de dezembro de 1988 – Contribuição social sobre o lucro das pessoas jurídicas.	562
7.713	– de 22 de dezembro de 1988 – Altera a legislação do IR.	564
8.009	– de 29 de março de 1990 – Bem de família.	576
8.021	– de 12 de abril de 1990 – Identificação dos contribuintes para fins fiscais.	577
8.038	– de 28 de maio de 1990 – Processos perante o STJ e o STF.	579
8.137	– de 27 de dezembro de 1990 – Crimes contra a ordem tributária.	584
8.212	– de 24 de julho de 1991 – Lei Orgânica da Seguridade Social (Plano de Custeio). *	588
8.383	– de 30 de dezembro de 1991 – Ufir.*	594
8.397	– de 6 de janeiro de 1992 – Medida cautelar fiscal.	615
8.437	– de 30 de junho de 1992 – Medidas Cautelares.	617
8.748	– de 9 de dezembro de 1993 – Processo administrativo fiscal.	619
8.866	– de 11 de abril de 1994 – Depositário infiel.	619
8.906	– de 4 de julho de 1994 – Estatuto da OAB.	621
8.981	– de 20 de janeiro de 1995 – Altera a legislação tributária federal.	640
9.065	– de 20 de junho de 1995 – Altera dispositivos da Lei 8.981/1995.	660
9.099	– de 26 de setembro de 1995 – Juizados Especiais Cíveis e Criminais.	662
9.249	– de 26 de dezembro de 1995 – Altera a legislação do IR e CSLL das pessoas jurídicas.	676
9.250	– de 26 de dezembro de 1995 – Altera a legislação do IR das pessoas físicas.	684
9.316	– de 22 de novembro de 1996 – Altera a legislação do IR e da CSLL.	708
9.363	– de 13 de dezembro de 1996 – Instituição de crédito presumido do IPI para ressarcimento do PIS/Pasep e Cofins.	709
9.393	– de 19 de dezembro de 1996 – ITR e pagamento da dívida representada por Títulos da Dívida Agrária.	711
9.430	– de 27 de dezembro de 1996 – Legislação tributária federal.	718
9.494	– de 10 de setembro de 1997 – Tutela antecipada contra a Fazenda Pública.	751
9.532	– de 10 de dezembro de 1997 – Legislação tributária federal.	752

Cronológico da Legislação

9.703	– de 17 de novembro de 1998 – Depósitos judiciais e extrajudiciais de tributos e contribuições federais.	770
9.710	– de 19 de novembro de 1998 – Medidas de fortalecimento do Sistema Financeiro Nacional.	771
9.718	– de 27 de novembro de 1998 – Legislação tributária federal.	773
9.779	– de 19 de janeiro de 1999 – Altera a legislação tributária.	783
9.868	– de 10 de novembro de 1999 – Processo e julgamento da ADIn e da ADC.	787
9.873	– de 23 de novembro de 1999 – Prescrição de ação punitiva pela Administração Pública Federal.	792
9.882	– de 3 de dezembro de 1999 – Arguição de descumprimento de preceito fundamental.	793
9.959	– de 27 de janeiro de 2000 – Legislação tributária federal.	795
9.964	– de 10 de abril de 2000 – Institui o Refis.	797
10.189	– de 14 de fevereiro de 2001 – Refis.	831
10.259	– de 12 de julho de 2001 – Juizados Especiais Cíveis e Criminais na Justiça Federal.	833
10.336	– de 19 de dezembro de 2001 – Cide.	837
10.426	– de 24 de abril de 2002 – Legislação tributária federal.	843
10.451	– de 10 de maio de 2002 – Legislação tributária federal.	846
10.522	– de 19 de julho de 2002 – Cadin.	848
10.637	– de 30 de dezembro de 2002 – Não cumulatividade na cobrança do PIS/Pasep.	862
10.684	– de 30 de maio de 2003 – Parcelamento de débitos.	880
10.833	– de 29 de dezembro de 2003 – Legislação tributária federal.	895
10.865	– de 30 de abril de 2004 – Contribuição para o PIS/Pasep e Cofins.	926
10.925	– de 23 de julho de 2004 – Redução das alíquotas do PIS/Pasep e da Cofins sobre fertilizantes e defensivos agropecuários.	951
10.931	– de 2 de agosto de 2004 – Patrimônio de afetação de incorporações imobiliárias.*	959
10.996	– de 15 de dezembro de 2004 – Legislação tributária federal.	970
11.033	– de 21 de dezembro de 2004 – Altera a tributação do mercado financeiro e capitais – Institui o Reporto.	971
11.051	– de 29 de dezembro de 2004 – Desconto de crédito na apuração da CSLL, do PIS/Pasep e da Cofins.	977

Cronológico da Legislação

11.053	– de 29 de dezembro de 2004 – Tributação dos planos de benefícios de caráter previdenciário.	983
11.101	– de 9 de fevereiro de 2005 – Lei de Recuperação de Empresas e Falência.	987
11.196	– de 21 de novembro de 2005 – "MP do Bem".	1027
11.250	– de 27 de dezembro de 2005 – Imposto sobre a propriedade territorial rural – ITR.	1062
11.311	– de 13 de junho de 2006 – Legislação tributária federal.	1062
11.312	– de 27 de junho de 2006 – Reduz a zero as alíquotas do IR e da CPMF nos casos que especifica.	1063
11.371	– de 28 de novembro de 2006 – Operações de câmbio, registro de capitais estrangeiros e tributação do arrendamento mercantil de aeronaves.	1065
11.417	– de 19 de dezembro de 2006 – Súmula vinculante.	1122
11.419	– de 19 de dezembro de 2006 – Informatização do processo judicial.	1124
11.438	– de 29 de dezembro de 2006 – Incentivos e benefícios às atividades desportivas.	1127
11.457	– de 16 de março de 2007 – Super-Receita.*	1132
11.482	– de 31 de maio de 2007 – Imposto de Renda	1142
11.508	– de 20 de julho de 2007 – Regime tributário, cambiário e administrativo das Zonas de Processamento de Exportação (ZPE)	1148
11.598	– de 3 de dezembro de 2007 – Diretrizes e legalização de empresários e de pessoas jurídicas e criação da Redesim	1153
11.636	– de 28 de dezembro de 2007 – Custas judiciais devidas no âmbito do STJ.	1183
11.727	– de 23 de junho de 2008 – Medidas tributárias para estimular o turismo – Sistema de proteção tarifária brasileiro – Incidência da Contribuição para o PIS/Pasep e Cofins na produção e comercialização de álcool.*	1188
11.732	– de 30 de junho de 2008 – Altera as Leis 11.508/2007 e 8.256/1991.*	1193
11.770	– de 9 de setembro de 2008 – Programa Empresa Cidadã (Licença-maternidade)	1194
11.774	– de 17 de setembro de 2008 – Altera a legislação tributária federal.*	1196
11.882	– de 23 de dezembro de 2008 – Operações de redesconto pelo Banco Central do Brasil e autorização da emissão da Letra de Arrendamento Mercantil – LAM.	1200
11.941	– de 27 de maio de 2009 – Parcelamento ordinário de débitos tributários – Remissão – Regime tributário de transição.*	1206
11.945	– de 4 de junho de 2009 – Altera a legislação tributária federal.*	1217
12.016	– de 7 de agosto de 2009 – Nova Lei do Mandado de Segurança.	1223

Cronológico da Legislação

12.099 – de 27 de novembro de 2009 – Transferência de depósitos judiciais e extrajudiciais de tributos e contribuições federais para a Caixa Econômica Federal. 1227

12.153 – de 22 de dezembro de 2009 – Juizados Especiais da Fazenda Pública. 1228

12.350 – de 20 de dezembro de 2010 – Medidas tributárias referentes à Copa das Confederações Fifa 2013 e Copa do Mundo Fifa 2014 e desoneração tributária. 1232

12.351 – de 22 de dezembro de 2010 – Lei do Pré-Sal. 1252

12.376 – de 30 de dezembro de 2010 – Altera a ementa do Dec.-lei 4.657/1942 .. 216

12.402 – de 2 de maio de 2011 – Regime tributário dos consórcios. 1268

12.431 – de 24 de junho de 2011 – Incidência do IR nas operações que especifica – Institui o Renuclear – Plano Nacional de Banda Larga – Isenção do AFRMM – Extinção do Fundo Nacional de Desenvolvimento. 1270

12.469 – de 26 de agosto de 2011 – Altera os valores constantes da Tabela do Imposto sobre a Renda da Pessoa Física. 1287

12.529 – de 30 de novembro de 2011 – Sistema Brasileiro de Defesa da Concorrência.* 1334

12.546 – de 14 de dezembro de 2011 – Regime Especial de Reintegração de Valores Tributários para as Empresas Exportadoras (Reintegra).* 1348

12.726 – de 16 de outubro de 2012 – Juizado Especial Itinerante. 1369

12.734 – de 30 de novembro de 2012 – Regras de distribuição entre os entes da Federação dos *royalties* da exploração de petróleo, gás natural e outros hidrocarbonetos. 1369

12.761 – de 27 de dezembro de 2012 – Institui o Programa de Cultura do Trabalhador e cria o vale-cultura. 1378

12.810 – de 15 de maio de 2013 – Parcelamento de débitos com a Fazenda Nacional relativos às contribuições previdenciárias de responsabilidade dos Estados, do Distrito Federal e dos Municípios. 1380

12.973 – de 13 de maio de 2014 – Altera a legislação tributária federal. 1397

13.105 – de 16 de março de 2015 – Novo Código de Processo Civil 275

13.111 – de 25 de março de 2015 – Obrigatoriedade de empresários que comercializam veículos automotores informarem a regularidade do veículo quanto a tributos e registros que limitem ou impeçam a sua circulação. 1430

13.202 – de 8 de dezembro de 2015 – Programa de Redução de Litígios Tributários – Prorelit 1442

Decretos-Leis

4.657 – de 4 de setembro de 1942 – Lei de Introdução às normas do Direito Brasileiro. 213

CRONOLÓGICO DA LEGISLAÇÃO

37	– de 18 de novembro de 1966 – Imposto de Importação. *	517
57	– de 18 de novembro de 1966 – Altera dispositivos sobre lançamento e cobrança do ITR e institui normas sobre arrecadação da dívida ativa.	522
195	– de 24 de fevereiro de 1967 – Contribuição de Melhoria.	523
406	– de 31 de dezembro de 1968 – Normas gerais do direito financeiro aplicáveis aos ICMS e ISS.	526
1.578	– de 11 de outubro de 1977 – Imposto sobre Exportação.	552
1.940	– de 25 de maio de 1982 – Institui contribuição social e cria o Finsocial.	561

DECRETOS

70.235	– de 6 de março de 1972 – Processo administrativo fiscal.	536
99.476	– de 24 de agosto de 1990 – Prova de quitação de tributos e contribuições federais.	584
325	– de 1º de novembro de 1991 – Comunicação ao MP de crime funcional contra a ordem tributária.	591
2.138	– de 29 de janeiro de 1997 – Compensação de créditos tributários.	750
2.730	– de 10 de agosto de 1998 – Representação fiscal ao MPF em crimes contra a ordem tributária.	770
2.850	– de 27 de novembro de 1998 – Procedimento para depósito judicial e extrajudicial de tributos e contribuições federais.	781
3.724	– de 10 de janeiro de 2001 – Requisição, acesso e uso, pela SRF, de informações sobre instituições financeiras	826
4.523	– de 17 de dezembro de 2002 – Processo administrativo de créditos tributários da União.	861
5.059	– de 30 de abril de 2004 – Redução das alíquotas do PIS/Pasep e da Cofins sobre a importação e a comercialização de gasolina, óleo diesel, gás liquefeito de petróleo (GLP) e querosene de aviação.	947
5.062	– de 30 de abril de 2004 – Fixa coeficiente para redução das alíquotas do PIS/Pasep e da Cofins para as hipóteses dos arts. 51 e 52 da Lei 10.833/2003.	948
5.162	– de 29 de julho de 2004 – Fixa coeficiente para redução das alíquotas específicas do PIS/Pasep e da Cofins para as hipóteses dos arts. 51 e 52 da Lei 10.833/2003.	959
5.171	– de 6 de agosto de 2004 – Regulamenta a contribuição para o PIS/Pasep-Importação e a Cofins-Importação.	968
5.602	– de 6 de dezembro de 2005 – Regulamenta o Programa de Inclusão Digital.	1060

CRONOLÓGICO DA LEGISLAÇÃO

6.022 – de 22 de janeiro de 2007 – Sistema Público de Escrituração Digital – SPED. 1130

6.103 – de 30 de abril de 2007 – Processos administrativo-fiscais.* 1141

6.104 – de 30 de abril de 2007 – Execução dos procedimentos fiscais no âmbito da Secretaria da Receita Federal do Brasil. 1142

6.306 – de 14 de dezembro de 2007 – Regulamenta o IOF 1158

6.433 – de 15 de abril de 2008 – Institui o Comitê Gestor do Imposto sobre a Propriedade Territorial Rural – CGITR 1185

6.761 – de 5 de fevereiro de 2009 – Redução da alíquota do IR sobre os rendimentos de beneficiários residentes ou domiciliados no exterior. 1202

7.052 – de 23 de dezembro de 2009 – Regulamenta a Lei 11.770/2008. 1231

7.574 – de 29 de setembro de 2011 – Processo de créditos tributários da União. 1288

7.578 – de 11 de outubro de 2011 – Medidas tributárias referentes à Copa. 1318

8.212 – de 21 de março de 2014 – Regulamenta o crédito presumido da Contribuição para o PIS/Pasep e da Contribuição para o Financiamento da Seguridade Social - Cofins 1396

INSTRUÇÕES NORMATIVAS

936 – de 5 de maio de 2009, da RFB – Tratamento tributário relativo a valores pagos a título de abono pecuniário de férias 1205

1.289 – de 4 de setembro de 2012, da RFB – Benefícios fiscais referentes à realização da Copa no Brasil.* 1364

3 – de 11 de fevereiro de 2014, do STJ – Procedimentos aplicáveis ao processamento da execução contra a Fazenda Pública e precatórios no Superior Tribunal de Justiça. 1389

PORTARIA

2.344 – de 24 de março de 2011, da RFB – Sigilo fiscal na Secretaria da Receita Federal do Brasil 1267

CÓDIGO DE ÉTICA E DISCIPLINA DA OAB/2015 1430